U0909211
即刻扫描
了解更多

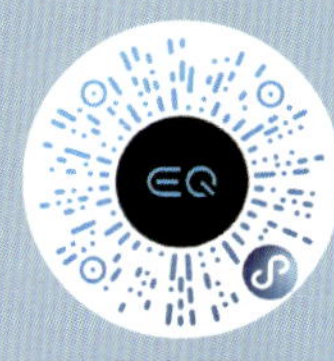

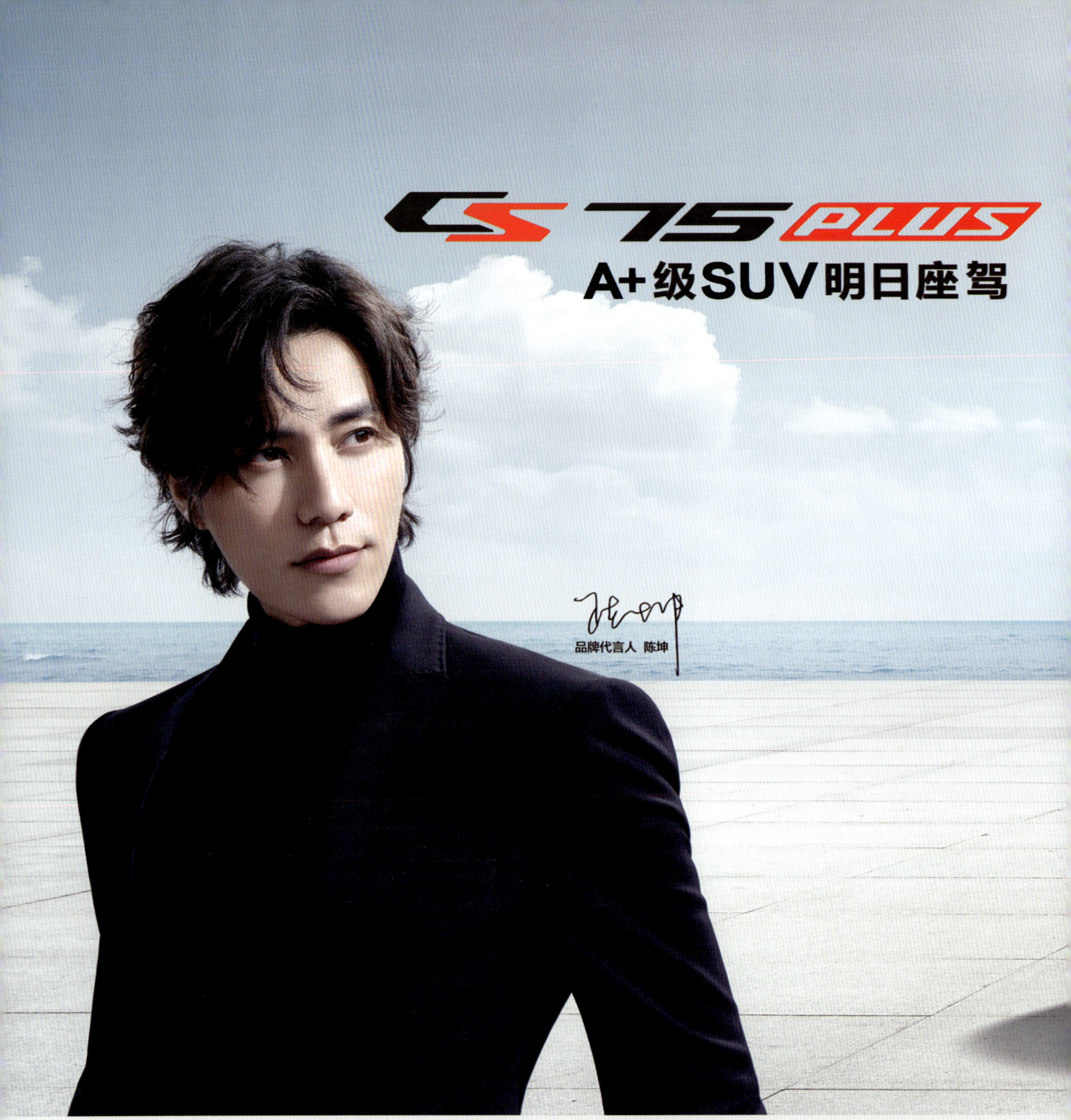
CS 75 PLUS
A+级SUV明日座驾
品牌代言人 陈坤

江铃股份 荣誉出品

L2 plus 智能驾驶

NEDC 500 km 续航

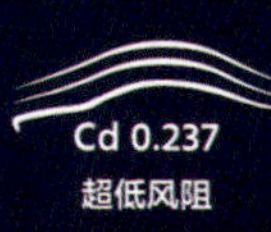
Cd 0.237
超低风阻

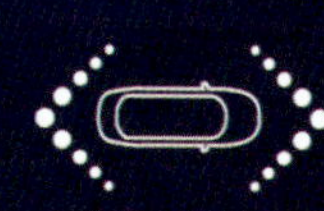
高维安全结界

几何 | A
外事礼宾用车

吉利汽车集团高端纯电品牌
几何 | A
入驻几何家

NISSAN

NISSAN
ARIYA

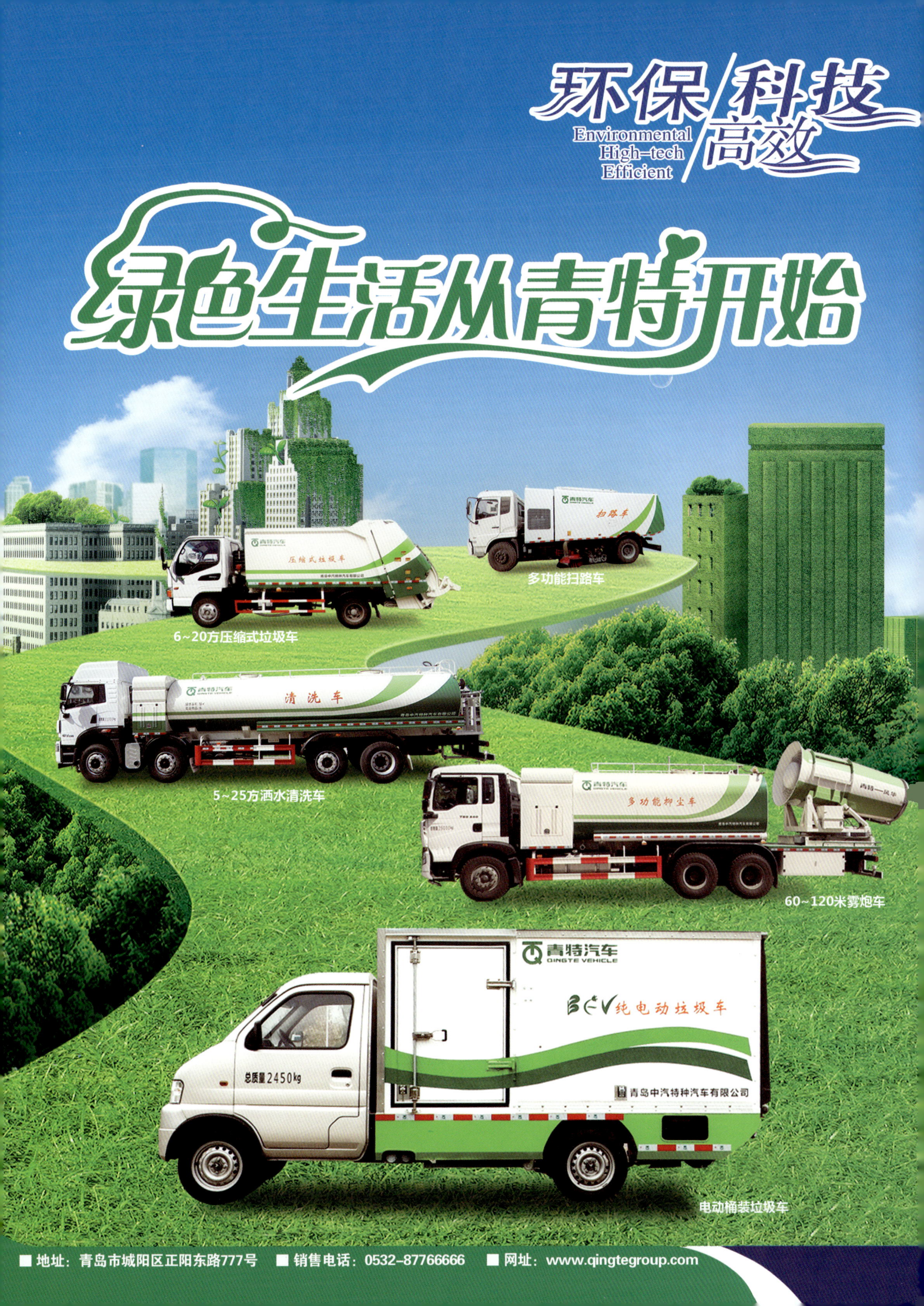

环保/科技
Environmental
High-tech
Efficient
高效
绿色生活从青特开始
6~20方压缩式垃圾车
多功能扫路车
5~25方洒水清洗车
60~120米雾炮车
青特汽车
QINGTE VEHICLE
BEV纯电动垃圾车
总质量2450kg
青岛中汽特种汽车有限公司
电动桶装垃圾车
■ 地址：青岛市城阳区正阳东路777号 ■ 销售电话：0532-87766666 ■ 网址：www.qingtegroup.com

新宝骏 *RC-5*

上市时间：2020 年 8 月 8 日

产品定位：智美新锐轿车

四大亮点：

星际几何美学

智慧生态互联

L2 级智能驾驶

健康安全守护

共四款车型：LV0 智耀精英型、LV1 智耀豪华型、LV2 智耀尊享型、LV3 智耀旗舰型

亮点：RC–5 以年轻新锐造型、高阶智能驾控、车家互联、语音远程操控的智美高度，以实力“ 告别叔叔的轿车 “。

搭载多达 17 种 L2 级自动驾驶配置，全速域自适应巡航，出行智安全；智能语音操控，可操控智能家居、主流 APP 的互联，智联万物生态；星际几何美学设计夺目，整车满足年轻人群对“ 高颜高智 ”的需求，未来必将得到更多年轻用户的青睐。

新宝骏 *RC-5w*

上市时间：2020 年 8 月 8 日

产品定位：智美新锐轿车旅行版

五大亮点：星际几何美学、宽敞舒适空间、智慧生态互联、L2 级智能驾驶、健康安全守护

共四款车型：LV0 智耀精英型、LV1 智耀豪华型、LV2 智耀尊享型、LV3 智耀旗舰型

亮点：RC–5W作为智美旅行车，拥有470L＋大尺寸后备箱，储物空间大；后排充裕空间宽敞舒适，为新一代消费者提供大空间实用需求；围绕智能网联和智能驾驶，搭载多达17项L2级自动驾驶配置，以及超越同级车型的车家互联生态。智美双全大空间，是中国自主旅游车又一力作。

一步到位的豪华
是坐拥天地，更私享宁静
中大型7座SUV 别克昂科旗
两片式超大全景天窗
Quiet Tuning静音科技
buick.com.cn | 400-820-2020

BUICK

威然 Viloran
“诚”就非凡
28.68万元起

一汽解放集团股份有限公司（深交所，A股，股票简称：一汽解放，股票代码：000800）是中国第一汽车股份有限公司的控股子公司，总部位于吉林省长春市，员工近2.48万人。一汽解放汽车有限公司（简称“一汽解放”）是一汽解放集团股份有限公司的全资子公司，成立于2003年1月18日，是在原第一汽车制造厂卡车业务的基础上组建的中、重、轻型卡车及客车制造企业。整车年生产能力31万辆。解放重卡连续四年（中重卡连续三年）稳居行业前列、牵引车连续十四年行业领先、轻型车连续四年实现高率增长。

一汽解放汽车有限公司设立有战略管理部、F事业部、商用车海外营销部、产品管理部、技术发展部、制造物流部、质量保证部、采购部、管理部、党群工作部、人力资源部、财务控制部、资本运营部、审计部、纪检工作部、征途二期项目部共16个职能部门。下属三大事业部（青岛整车事业部（青岛厂、柳州厂、无锡改装车厂）、发动机事业部（无锡柴油机厂、大连柴油机厂、前瞻技术研究院）、传动事业部（车桥厂、变速箱厂、零部件厂）、营销总部（销售公司）、三个专业厂（卡车厂、成都厂、客车厂）、一个物流公司、一个商用车开发院、四个合资公司（传动事业部长春威伯科、苏州挚途科技、鞍钢、宝友），分布在长春、大连、青岛、无锡、成都、柳州、苏州七个城市，形成了长春、青岛、成都、柳州四大整车基地和长春、无锡、大连三大总成基地的生产布局。

以“技术领先、首创体验、集成创新、强化应用、协同高效”为指引，一汽解放构建了从前瞻技术、发动机、变速器、车桥到整车的强大和完整的自主研发体系，形成了一支超过3000人的高效协同研发团队。同时设有国家重点实验室、院士、博士后工作站，拥有技术创新能力、性能开发、精益设计，试验试制、试验验证五大核心能力，打造了节能环保、安全舒适、可靠耐久、电控智能、材料工艺五大技术平台，是掌握了整车及三大动力总成核心技术的商用车企业。以长春为全球研发总部，在青岛，具备轻、中、重型卡车产品研发能力；在无锡、大连，设有发动机研发基地；在意大利都灵、奥地利斯太尔、美国硅谷和底特律设立了前瞻技术研发部门，从而形成了“四国八地”的全球研发布局。近年来，通过对细分市场需求的准确把握，一汽解放成功打造了体系节油、长换油、轻量化、自主大总成、自主电控、自主后处理、新能源、智能驾驶、长保用、免维护十大核心产品技术优势，在激烈的市场竞争中，始终保持行业领先地位。

发展历程

一汽解放坚持以客户价值为导向，率先建立了功能完备的营销服务体系，由890家经销商、1170家服务站、70家备品中心和130家备品经销商组成的解放营销服务网络遍布全国215个地级市，容量800辆以上地市覆盖率90%，全国平均服务半径64公里，为用户提供24小时全天候高效、优质服务，处于行业领先水平。解放产品出口东南亚、中东、拉美、非洲、东欧等80个国家和地区，在全世界30个国家有40个经销商。出口产品包括J6、虎V、J5K、悍V等车型。在巴基斯坦、伊朗、南非、墨西哥、哈萨克斯坦、肯尼亚、尼日利亚、菲律宾、越南9个国家建有11个组装厂。

主导产品

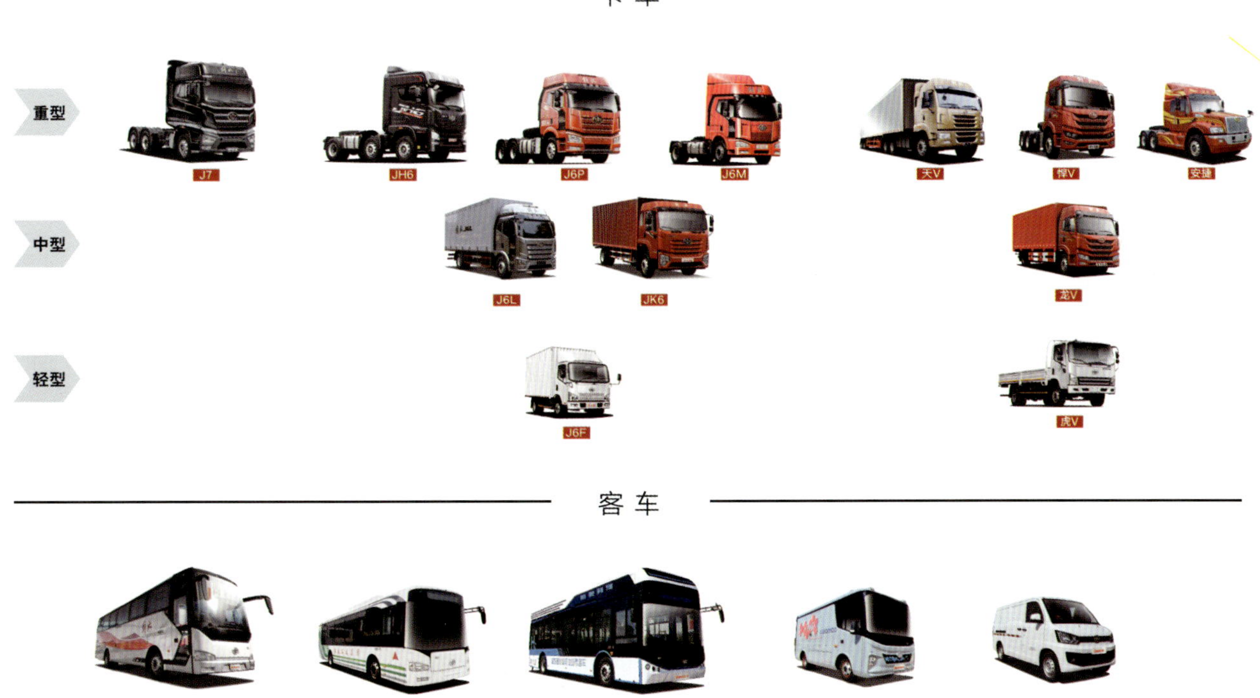

一汽解放着眼于国际化竞争，建立了与国际接轨的现代企业管理体系。公司已先后通过IATF16949质量管理体系、环境/职业健康安全管理体系（ISO14001、OHSAS 18001)认证。立足精益生产，坚持推行FPS。推进流程化组织建设，深化体制机制改革，持续提升体系能力和企业效率。建立起PDM/ERP/SCM/MES/TDS汽车制造业五大核心系统，包括基础设施（网络（语音网、IT网、视频网）、桌面、服务器、存储）、产品工艺（PDM/CAPP产品工艺数据管理系统、BOM管理系统）、采购（SRM供应商管理、ERP企业资源管理系统）、制造（MES制造执行系统）、营销（TDS顶级营销系统、DMS 经销商管理、CRM客户关系系统）以及BPM流程管理平台、MDM主数据管理平台、协同办公平台（OA办公系统、EIP企业信息门户）等，同时正在建立智能网联平台（车联网、大数据）和BI商务智能分析系统，实现了企业的数字化管理。

围绕“最值得骄傲的商用车企业，最值得信赖的商用车品牌”的发展愿景，“为用户创造财富，为员工创造幸福，为社会创造价值”的企业使命，以质量和效益为中心、以产品和服务为主线、以用户和员工为根本、以变革和创新为动力，在客户关系、品牌、供应、营销与服务、信息化（互联网+）五个方面来加强企业成长能力；在产品、技术及研发、质量、财务及成本、投资与资本、企业家精神、文化七个方面来加强企业盈利能力；在制造与物流、工艺、组织与人力、管理、体制与机制（全面深化改革）五个方面来加强企业创新能力。

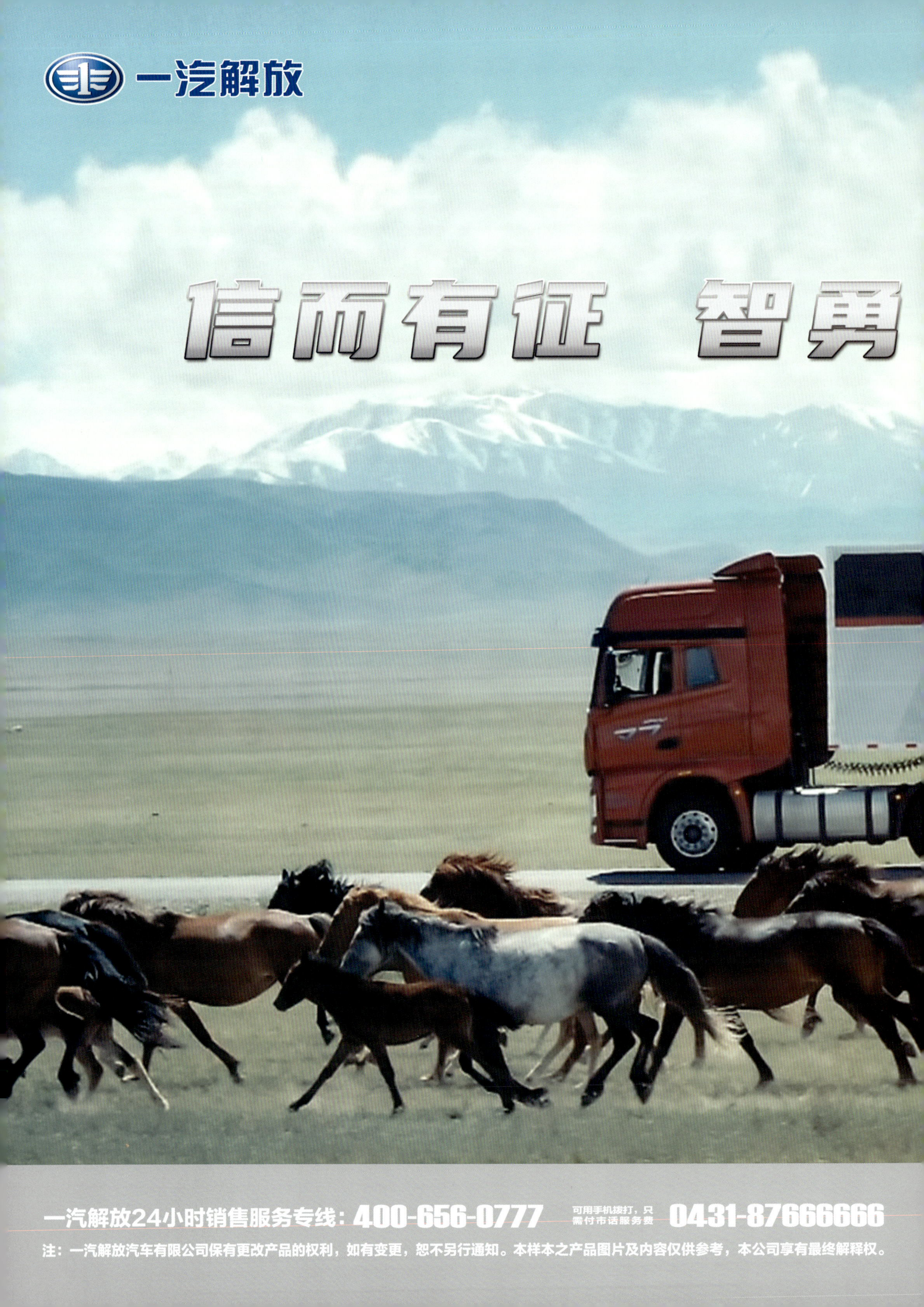
一汽解放
信而有征 智勇
一汽解放24小时销售服务专线：400-656-0777
可用手机拨打，只需付市话服务费 0431-87666666
注：一汽解放汽车有限公司保有更改产品的权利，如有变更，恕不另行通知。本样本之产品图片及内容仅供参考，本公司享有最终解释权。

企业介绍

东风柳州汽车有限公司(简称东风柳汽)创立于1954年，是由东风汽车集团股份有限公司持股75%、广西柳州市产业投资发展集团有限公司持股25%的国有全资控股公司，公司占地面积约5180亩(345.4万平方米)，现有员工5700余人，是东风公司在南方的商用车生产基地、乘用车生产基地、自主品牌研发基地和东南亚出口基地。公司旗下拥有乘龙、东风风行商乘两大品牌;商用车涵盖牵引车、载货车、自卸车、专用车、纯电动物流车、纯电动环卫车等系列产品，乘用车涵盖MPV、SUV、轿车、纯电动MPV和纯电动轿车等系列产品。

东风柳汽具有完备的四大汽车生产制造工艺及配套设施，拥有柳东商用车、乘用车两大新生产基地,具备年产10万辆商用车、40万辆乘用车生产能力。已投建的B+发动机项目主要生产EW系列2.0、1.8T排量发动机，当前已形成了10万台/年的生产能力，可满足东风集团内及其他主机厂的车型搭载需求。

东风柳汽在国内拥有近2500个营销服务网点，覆盖全国30多个省、市、自治区,销售区域遍布大江南北;海外拥有近200个营销服务网点，产品远销美洲、非洲、中东、东南亚等近40个国家和地区，连续多年保持销量领先。

东风柳汽努力把握产业发展趋势，加快创新转型，正在向为消费者提供全方位汽车产品和出行服务的综合供应商发展。目前，正积极推进新能源汽车、互联网汽车的发展，并开展智能驾驶等技术研究和产业化探索。

放眼未来，东风柳汽将继续坚持创新转型,深入探索新能源、互联网、人工智能等新兴技术与汽车产业的深度融合，加快形成核心技术，打造差异化竞争优势，不断推动自主品牌做大做强。

B级车市场新晋标杆

北京现代第十代索纳塔

彰显 硬核产品力

拥有着全球35年发展历史的索纳塔车系，在经历第八代的辉煌、第九代的蛰伏后，第十代索纳塔突破期待而来。作为北京现代门面担当，第十代索纳塔采用Sensuous Sportiness感性运动设计理念，搭载现代汽车新一代i-GMP平台，缔造出兼具智慧和运动的B级车新标杆形象。

极具辨识度的豪华黑色高光箭羽式前格栅，辅以如同“Dynamic Lasso 8分音符型轮廓”般的侧身线条，配上贯穿式光影刀刻三腰线，塑造出鲜活且动感的整车形象。19英寸豪华双色运动铝合金轮毂、风尚溜背设计和尾灯上方12根扰流鳍的加入，在增添整车运动感的同时，也大大降低了风阻系数，让美变得更加实用。其以驾驶员为中心，诠释简约、智能化的内饰设计，营造出科技感与活力感并存的数字化智能座舱效果。双12.3英寸超大智慧连体双屏显示系统配合高档皮质座椅及多项人体工程学匠心设计，更是将驾乘舒适体验提升至新的高度。

在动力层面第十代索纳塔将提供1.5T GDi+7速双离合以及2.0T GDi+8速自动变速箱两款动力总成组合供消费者选择。其中1.5T+7DCT动力组成搭载了全球首创CVVD连续可变气门持续期技术，可根据定速行驶、加速行驶等行驶条件，合理控制气门开启持续时间，让用户在畅享高效动力带来的领风驾驶体验之际，也能体验百公里油耗低至5.6L的经济性。

此外第十代索纳塔还搭载了第三代智能网联平台，为用户配备了胜似“真人对话”的情景化语音控制功能，搭配上丰富的在线娱乐资讯、实时位置共享、蓝牙钥匙及车辆远程控制等功能，让人机互动更加顺畅且自由。

懂得自由，更在意安全，本着以客户为中心的服务理念，北京现代为第十代索纳塔配备了全面的安全保护系统。多达23项主/被动安全配置的Hyundai SmartSense“智心合一”安全系统的加持，帮助用户全面应对复杂多变的用车场景，带来全方位的放松与保护。其中高速公路驾驶辅助系统（HDA）、导航自适应巡航（NSCC）、前碰撞预警制动系统（FCA-JT）、盲区防撞辅助（BCA）、乘客下车安全辅助（SEA）、前车出发提醒（LVDA）6大同级独有功能，为驾乘消费者提供全面周到的安全关怀。可以说，第十代索纳塔已经具备了L2+级别自动驾驶功能。

时光加冕，历久弥新。第十代索纳塔必将不负众望，以傲人实力赢得市场认可。

请查收来自次世代MAZDA 3昂克赛拉的「轻松脱单教程」

国庆和中秋长假已经在路上，你的出游伴侣有了吗？如果没有，接下来请查收一份来自次世代MAZDA 3昂克赛拉的「轻松脱单教程」，无论你是「母胎solo」，还是久经岁月的「剩斗士」，熟读这份教程并付诸行动，这个长假轻松脱单。

形象建设：一邂逅便倾心

爱美之心人皆有之。虽说外貌协会有些肤浅，但不注重外在的初识却注定徒劳无获，良好的形象建设更有利于吸引对方深入了解你的丰富内在。

基于“魂动”设计2.0所打造的次世代MAZDA 3昂克赛拉，将其精髓的动魄之美表现出来。一经上市便俘获了市场、用户、媒体的芳心。全新设计的“魂动之翼”镀铬饰条与远近雾一体式LED前照灯、矩阵式主动进气格栅相得益彰，显得简洁个性，充满科技美感从车头开始流动的光影溢彩贯穿至车尾，强劲而有力，雕塑出次世代MAZDA 3昂克赛拉舒展、优雅的轿跑式侧面线条。

除了线条的勾勒，色彩也是马自达造型设计中重要的一部分。次世代MAZDA 3昂克赛拉以独特的匠涂工艺为用户带来水晶魂动红和铂钢灰两款极具人气的特别色彩，在变化的光线下，分别呈现出流动的热情与机械美感，令人一眼难忘，情愫暗生。

高价值展示：激情生活拉动向往

如果形象建设过了关，你与她便很可能步入下一过程——相互了解阶段。这个阶段大家便要充分展现内在的高价值。这其中最吸引人的，当属对生活中激情与精彩的追求。

次世代MAZDA 3昂克赛拉为用户提供了“人马一体”的卓越驾控体验，让拥车生活充满运动激情。次世代MAZDA 3昂克赛拉搭载了创驰蓝天SKYACTIV-G高压缩比缸内直喷发动机，燃油经高压喷嘴注入气缸，雾化更细致，并通过优化设计的活塞头和更精准的点火正时控制，使得燃烧更充分，动力输出更加直接强劲。配合业内“聪明”的高效AT变速器，释放出酣畅淋漓的动力表现。

同时次世代MAZDA 3昂克赛拉搭载了升级版的「GVC加速度矢量控制系统」——GVC PLUS。在过弯时，通过对发动机输出转矩的控制，调节前后轴矢量载荷，使四只轮胎始终牢牢抓住地面，不论新老司机，都能够更加顺畅地驾驭弯道，走出漂亮的切弯路线。

稳中取胜：给她足够的安全感

如果做到了前两条，想必甜蜜的爱情种子已经在你们之间生根发芽，而若想让爱情天长地久，就还需要给她足够的安全感，那就是成熟稳重的处世风格。

次世代MAZDA 3昂克赛拉作为充满驾控乐趣的运动车型，但从驾乘感受来说，却充满了成熟稳重的味道。得益于全新世代「SKYACTIV-VEHICLE ARCHITECTURE创驰蓝天车辆构造技术」平台，次世代MAZDA 3昂克赛拉在“驾”“乘”质感上，都有着优秀的表现。

长达2726mm的同级最长轴距为次世代MAZDA 3昂克赛拉带来惬意舒适的驾乘空间。进入车内，大量真皮包裹及凸显高级质感的镀铬装饰带来扑面而来的豪华质感；在马自达“以人为本”的造车哲学指引下，次世代MAZDA 3昂克赛拉将轮胎、悬架、车身、座椅等整合成一个有机的整体，赋予驾乘人员最为自然舒适的理想驾乘坐姿，即便在凸显驾趣的运动驾驶时，车内成员依然会感到平稳舒适；而全新平台独特的“双壁”结构车身设计及大量采用的减振树脂模块工艺等大大提升了车辆的NVH性能，搭建出静谧的车内声场环境。配合全系标配的8扬声器音响系统和「MAZDA HARMONIC ACOUSTICS马自达环场声学音质提升」系统，使得播放车载音乐都变身成为了一场美妙的听觉盛宴，让旅途充满享受。

脱单导师次世代MAZDA 3昂克赛拉的脱单基础课便先上到这里，如果有需要高级课程的同学，不妨把脱单导师次世代MAZDA 3昂克赛拉带回家一对一辅导。当然，为了减轻各位同学的拥车生活负担，并满足同学们对车型配置、排量的多元化需求。长安马自达不仅为同学们带来了24期·0利率专属优惠金融政策，还为次世代MAZDA3昂克赛拉车型谱系实力升级焕新新增1.5L AT质悦天窗版，售价12.99万；原2.0L AT质尚版升级为质炫版，售价13.99万元。

更多企业及产品资讯烦请查询长安马自达官方网站或烦请微信公众账号「长安马自达」
长安马自达官方网站：http://www.changan-mazda.com.cn
次世代MAZDA3昂克赛拉官方网站：http://www.changan-mazda.com.cn/product/mazda3/
MAZDA CX-30官方网站：http://www.changan-mazda.com.cn/product/cx-30/
Mazda CX-5官方网站：http://cx-5.changan-mazda.com.cn
MAZDA CX-8官方网站：hhttp://cx-8.changan-mazda.com.cn

长安马自达微信公众号

U行·天下
UAES
智能链接人与车
致力于向客户
提供个性化汽车服务
全新UAES汽车服务品牌
UAES

青岛特钢

靖江特钢

铜陵泰富

扬州泰富

泰富悬架

浙江钢管

河钢集团

作为大型钢铁材料制造和综合服务商之一，河钢集团（简称河钢）以“建设具有竞争力钢铁企业”为愿景，致力于为各行各业提供具有价值的钢铁材料和工业服务解决方案。河钢拥有一级子分公司30余家，矿产资源掌握量50亿t，2019年钢产量4680万t，产品覆盖除无缝钢管以外的所有品种。

截至2019年，河钢在全球拥有员工近12.7万人，其中海外员工1.3万人，实现年营业收入3547亿元，总资产达4621亿元。连续11年位列世界企业500强，2019年居第214位。2019年在“中国企业500强”“中国制造业企业500强”“中国跨国公司100大”排行榜中分别位列第55位、第17位和第32位。

汽车用钢作为河钢集团重点战略产品，现已实现“整车造”，2019年销量突破700万t位居国内同行业前列，直供中国30余家整车集团。河钢集团拥有30余条国际水准的汽车用钢生产线，掌握高洁净度、窄成分精确控制、超快冷、高表面质量控制、宽幅量产等核心生产技术；实现了以O5板为代表的高成型性汽车用钢和以1500MPa超高强钢为代表的轻量化汽车用钢的系列化生产，近期成功开发出2000MPa热冲压成型汽车用钢；现可根据用户需求生产1500MPa及其以下强度级别的汽车用板材，以及汽车用特钢棒、线材产品。

河钢集团已通过ISO9001:2015和IATF16949：2016质量体系认证，与菲亚特、上汽、长城、吉利、北汽、东风、比亚迪、通用五菱、奇瑞、海马等国内外主机厂实现稳定合作，批量供货博世、麦格纳、采埃孚、美驰、NSK、蒂森克虏伯、法士特等100余家知名配套厂。

河钢绿色钢城（河钢唐钢）

260吨转炉

热轧薄板生产线

高强汽车板生产线

冷轧生产线

电镀锌生产线

汽车用钢“整车造”

河钢典型汽车钢产品及应用

深冲IF钢	（加磷）高强IF钢	烘烤硬化钢	低合金高强钢	双相钢	冷轧马氏体钢	热轧酸洗卷/板	汽车特殊用钢
厚度0.2~2.5mm 宽度700~2080mm	厚度0.2~2.5mm 宽度700~2080mm	厚度0.2~2.5mm 宽度700~2080mm	厚度0.2~2.5mm 宽度700~2080mm	厚度0.2~2.5mm 宽度700~2080mm	厚度0.2~2.5mm 宽度700~2080mm	厚度1.2~25mm 宽度900~2130mm	Φ5.5-Φ180mm
冷轧板：DC04~DC06 镀锌板：DX53D+Z~DX56D+Z	冷轧板：HC180Y HC220Y 250P1等 镀锌板：HC180YD HC220YD HC260YD	冷轧板：CR140BH CR180BH CR220BH CR260BH 镀锌板：HC140BD HC180BD HC220BD HC260BD	冷轧板：HC260LA HC300LA HC380LA HC420LA 镀锌板：HC260LAD HC300LAD HC380LAD HC420LAD	冷轧板：CR260/450DP CR340/590DP CR420/780DP CR550/980DP 镀锌板：HC260/450DPD HC300/500DPD HC340/600DPD HC420/780DPD	MS980、MS1300、MS1500	低碳钢：SPHC、SPHD、SPHE、Q235、Q345等 结构钢：SAPH400、SAPH440、HR380等 大梁钢：370L、440L、550L、610L、700L等 车轮钢：330CL、420CL、460CL等 扩孔钢：HR440/590HE、HR600/780HE等 低合金钢：QSTE340TM、QSTE420TM、QSTE340TM等	轴承钢：GCr15、GCr15SiMn、52100、SAE1055 齿轮钢：20CrMnTiH系列、20CrH~40CrH、20CrMoH~42CrMoH 弹簧钢：60Si2MnA、60Si2CrA、60Si2CrVA、55CrMnA 帘线钢：LX70A、LX70D、LX80A、LX80D 易切削钢：C70S6、36MnVS4、30MnVS、30MnVS6 合金结构钢：20Mn2~45Mn2、20Cr~40Cr、20CrMn
DX56D+Z 汽车顶盖 DX56D+Z 车门外板	HC180YD 后盖外板	CR180BH 发动机盖外板	HC420LA汽车座椅冲压件	CR550/980DP 保险杠加强件	MS1300门槛 MS980防撞梁	SPHE横梁盖板 420CL车轮 610L汽车纵梁 HE380轿车横梁	C70S6发动机材质 20CrMnTiH变速箱齿轮 55CrMnA螺旋弹簧
主要用于制作汽车的内外覆盖件（包括内外面板），仪表板等对深冲性较高的零部件。	主要用于车门外板、发动机盖板、顶盖等覆盖件，也可制作横梁、纵梁等加强构件。	广泛用于汽车门外板、发动机盖板等外覆件上。	主要用于制作汽车座椅、横梁等结构件。	应用于汽车车轮翼子板、保险杠、悬挂系统加强件等部位，也可用于汽车内外板。	应用于防撞梁、B柱及座椅导轨等部分。	应用于车轮、大梁、车厢、车桥、传动轴、底盘、悬挂等重要部件。	广泛用于汽车滚动轴承滚珠、齿轮、螺旋弹簧、轮胎子午线、发动机、转向节等零部件制造。

鞍钢神钢冷轧高强汽车钢板有限公司

公司基本情况简介

鞍钢神钢冷轧高强汽车钢板有限公司是由鞍钢股份有限公司持股51%、神钢投资有限公司持股49%，双方共同出资建设的专业生产冷轧高强汽车钢板的合资公司。合资公司在鞍钢本部建设一条年产60万t新型水冷式冷轧连续退火生产线，该项目投资17.5亿元。公司引进神户制钢特有的水淬火生产技术，结合鞍钢股份在中国汽车钢市场的深厚积累，致力于打造具有强劲竞争力的国内先进冷轧高强钢品牌。

鞍钢持股	神钢持股	年产	投资
51%	**49%**	**60万t**	**17.5亿元**

公司产品、设备技术及认证简介

鞍钢神钢冷轧高强汽车钢板有限公司主导产品定位于590MPa及以上级别的冷轧高强汽车钢板，涵盖0.7mm～2.3mm全厚度规格、全品种系列的高强钢生产。截至目前合资公司已完成HSLA、DP、TRIP、QP等全系列产品开发。590-1180DP等战略产品及领先产品，已经开始批量供货，1500MS，1180QP及1400QP等产品工业试制成功。合资公司产品主要应用于汽车A柱、B柱、保险杠、防撞梁、座椅滑轨、车门较链加强板等安全结构件，同时适用于用户对形状复杂及加工方式不同的产品要求。

现场关键设备完全进口，采用国际先进水淬冷却技术，具备超快冷、立式酸洗闪镍、专业的表面缺陷检查等工艺，技术水平领先。公司可按照JFS标准、JIS标准、欧洲标准或美国标准等国际通用标准的要求进行供货，也可根据客户需求进行定制开发。

公司现已通过广汽、一汽、日产、丰田、长城、柳汽、比亚迪、吉利等汽车主机厂和富士机工、顺普、日本发条、广州今仙、广州华智等汽车配套厂的高强钢材料认证。产品已经成功应用于丰田、日产、一汽轿车、长城、比亚迪、广汽新能源等汽车主机厂主体车型。

融创新篇 铸就未来

工艺装备

合资公司连续退火生产线，由西马克（SMS）总体设计，关键设备完全进口、辅助设备国产化，并引进神钢独有的水淬火技术，工艺装备水平领先。

Taylor Winfield全自动窄搭接焊机

Drever全辐射管立式退火炉

酸洗及表面处理

神钢独有的水淬技术，具备超快冷能力

工艺设备

冷却方式	气冷
	气冷+水淬
	25%H_2+风箱距离（40-120）
再加热	感应加热
二次冷却	气冷
过时效	电加热+风机冷却
酸洗	喷射+浸没
镀镍	有
光整机	6辊+板形闭环
	两种辊径

（1）快冷具备高H_2气冷及水淬工艺；

（2）具备感应再加热功能；

（3）具备二次冷却功能；

（4）过时效段具备风机冷却；

（5）酸洗及闪镍的表面处理方式；

（6）平整具备小辊径工作方式，更利于高强钢变形。

公司联系方式

联系方式：0412-6757598、0412-6757588、0412-6757595

公司网站：http://www.ahk-jv.com

公司地址：辽宁省鞍山市铁西区鞍钢厂区

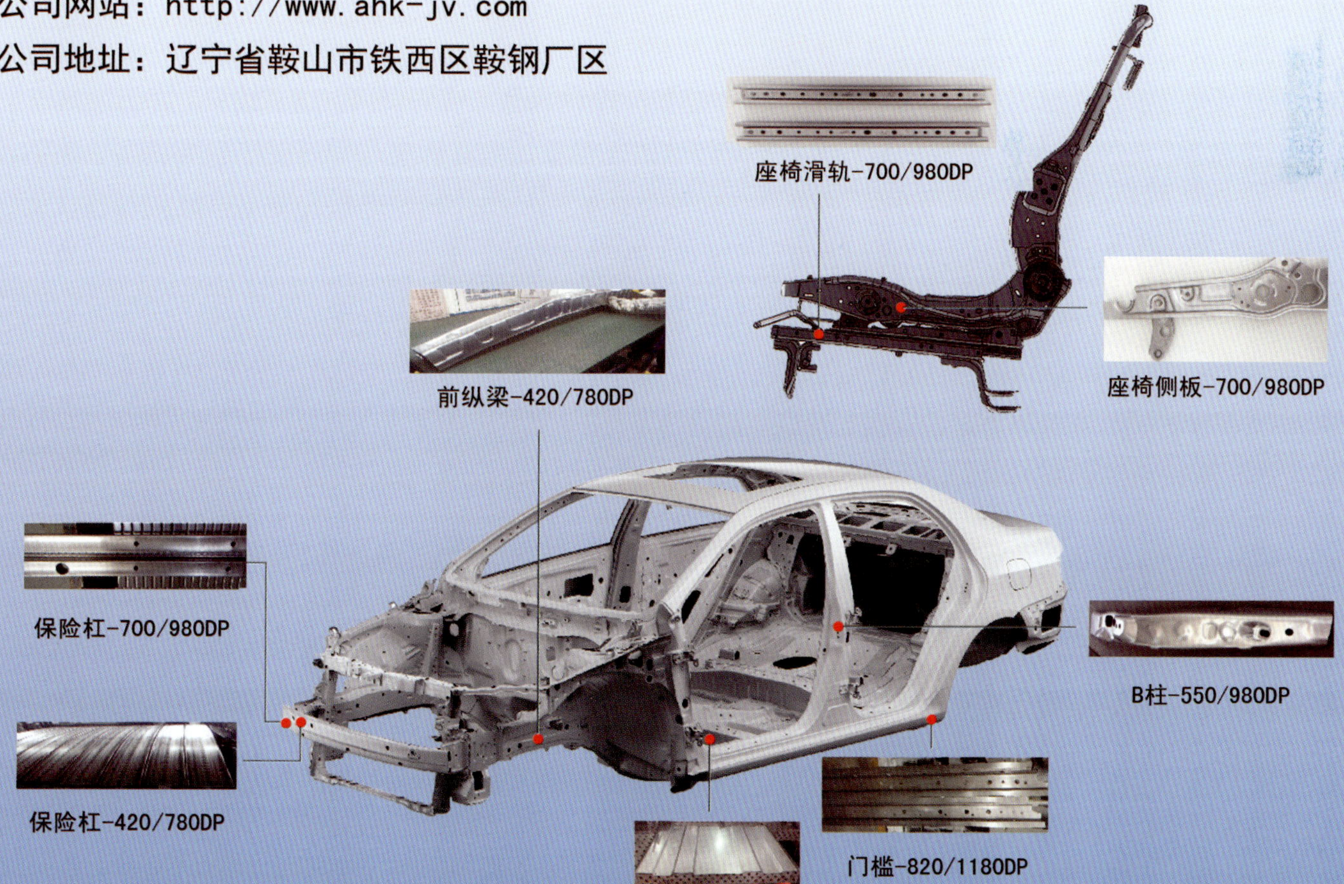

江苏沙钢集团

沙钢集团（以下简称“沙钢”）是世界500强企业，行业领先的钢铁企业。集团总部位于江苏省张家港市。目前，拥有总资产1500多亿元，职工3万余名。

沙钢先后荣获“全国用户满意企业”“中国质量服务信誉AAA级企业”“中国诚信企业”“国家创新型企业”“中国环境保护示范单位”“国家能效四星级企业”“中国钢铁工业清洁生产环境友好企业”“江苏省质量管理优秀奖”“江苏省高新技术企业”“江苏省循环经济建设示范单位”“江苏省信息化和工业化融合示范企业”“中华慈善奖企业”“中国工业大奖表彰奖”“中国钢铁'A+'级竞争力极强企业”等荣誉称号。

沙钢主导产品为宽厚板、热轧卷板、冷轧卷板、高速线材、大盘卷线材、带肋钢筋、特钢大棒材等，已形成60多个系列，700多个品种，2000多个规格。其中热轧板卷通过了欧盟CE认证，船板钢通过了十国船级社认证，高速线材、带肋钢筋等产品荣获“实物质量达国际先进水平金杯奖”“全国用户满意产品”等称号，带肋钢筋还获得了CARES认证。近年来，沙钢产品已远销至东亚、南亚、欧洲、美洲、大洋洲、非洲等80多个国家和地区，总出口量连续多年保持较高水平，并荣获“江苏省出口企业优质奖”。

在党的十九大精神指引下，沙钢将继续坚持“以钢为基、结构调整、优化投资、多元发展”总基调，坚定“做精做强钢铁主业、做大做优现代物流、做好做实非钢产业”三大发展战略不动摇，围绕提升“质量、效率、效益”，实施创新驱动，加快转型升级，重点在结构调整壮大特钢板块、进一步加快创新平台建设、工业4.0智能制造和“互联网+”、节能环保绿色发展、非钢产业延伸拓展等方面下功夫，推动企业更加稳健高效发展，为打造“百年老厂”奠定坚实基础，为建设钢铁强国做出新的更大的贡献。

地址：江苏省张家港市锦丰镇

电话：0512-58953293（线材业务）；0512-58953631（热卷业务）

0512-58953291（宽厚板业务）；0512-58953839（冷轧业务）

传真：0512-58953632；0512-58983451

8000米岸线长江货运码头

沙钢5800m³炼铁大高炉

汽车用线材主要产品结构及规格 年产量：80万t

橡胶骨架类钢丝用盘条	弹簧钢	冷镦钢
5.0～10.0㎜	5.0～20㎜	5.5～40㎜
C700DA～C84DA SWRH72A～82A SGLX72A～87A等	65Mn、60Si2MnA、55SiCrA等	SWRCH6A～22A SWRCH25K～45K 10B21～10B35、51B20 ML40Cr、SCM435等
应用于汽车轮胎子午线、胶管钢丝、胎圈钢丝等领域	应用于汽车悬架弹簧、气门簧、制动弹簧等领域	应用于汽车紧固件、机械装备紧固件、高铁紧固件等领域

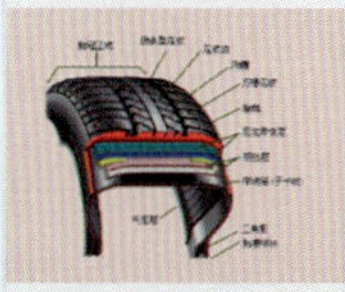

汽车用板材主要产品结构及规格 年产量：10万t

热轧酸洗板	冷轧连退洗车板	热镀锌汽车板
厚度：1.8～6.0㎜ 宽度：750～1550㎜	厚度：0.6～2.0㎜ 宽度：750～1300㎜	厚度：0.6～2.0㎜ 宽度：750～1300㎜
SAPH400、SAPH440等	DC03、DC04、HC340LA HC380LA、240ZK等	DX51D+Z-E、DX53D+Z等
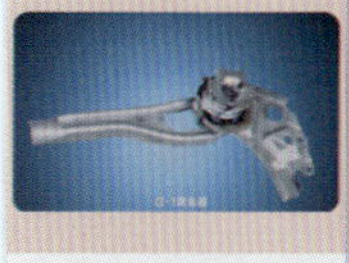	 低合金高强钢HC340LA，1.5mm	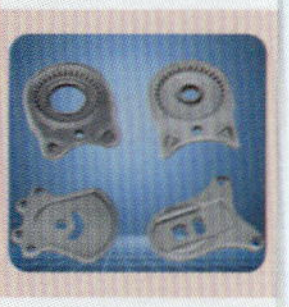
应用于汽车大梁、结构等	应用于汽车结构、冲压零部件等	应用于汽车冲压零部件、内板等

汽车用超薄带产品主要类型、规格及用途

热轧黑皮卷	热轧酸洗板
厚度：1.2～1.8㎜ 宽度：1200～1550㎜	厚度：1.2～1.8㎜ 宽度：1200～1550㎜
UTS-S355MC、UTS-S420MC、 UTS-S460MC、UTS-S500MC、 UTS-S550MC	UTS-SAPH400、UTS-SAPH440、 UTS-QStE380TM、UTS-QStE420TM、 UTS-QStE460TM、UTS-QStE500TM、 UTS-QStE550TM
 汽车大梁、横梁等	 座椅滑轨
应用于要求良好冷成型性并有较高强度要求的汽车大梁、横梁等，以及对强度要求较高的结合件	应用于要求良好冷成型加工性能的汽车构架、有较高或高强度要求的汽车大梁结构件

一、公司简介

日照钢铁控股集团有限公司（以下简称“日钢”）是一家集烧结、炼铁、炼钢、轧材、酸洗、涂镀、制管、发电、制氧、水泥于一体的大型钢铁企业。日钢坐落于美丽的海滨港口城市——山东日照，主营产品包括板材（热轧卷板、冷成型卷板、开平及纵切定尺板、酸洗板、镀锌板）、型钢、棒材、线材等。日钢装备技术先进，引进的ESP全无头生产技术，是目前先进的热轧带钢生产技术，可生产0.6mm规格的热轧极薄板，实现以热代冷。凭借ESP生产技术先进性连续两年被写入“中国钢铁行业十大事件”，2016、2017、2018年连续三年被MPI权威评选为中国钢铁行业“竞争力极强”企业，并连续10年跻身“中国企业500强”。

二、ESP产线及产品特色

日钢耗资300亿引进的无头轧制生产线是先进的薄板坯连铸连轧生产线，全长仅193米，从钢水至热轧成卷仅需7分钟，被誉为继转炉炼钢、连续铸钢之后的“第三次钢铁工业技术革命”。产线采用纯净钢冶炼技术、电磁感应加热、液芯压下、全无头轧制等先进工艺生产技术，产品具有高厚度精度控制（±0.014mm）、优良的成型性能、高强超薄规格、性能稳定等特色，产品特色符合汽车行业高质量需求以及高强减薄、轻量化等行业未来发展趋势。

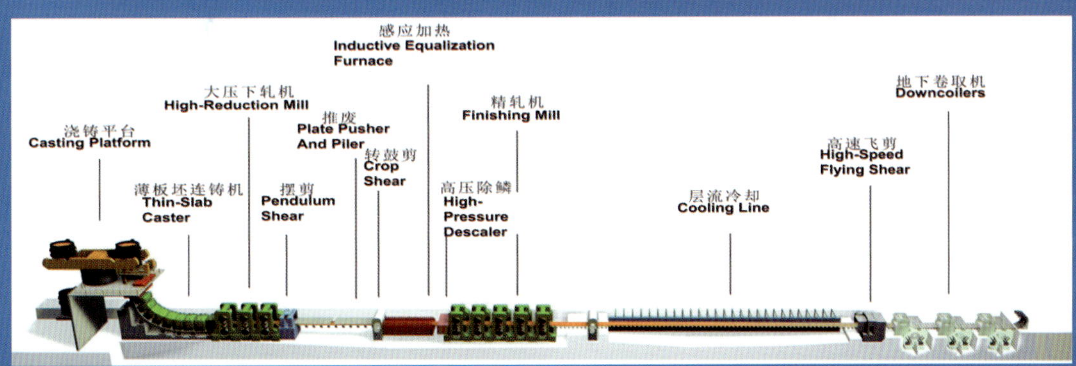

三、汽车用钢产品及座椅滑轨应用

日钢已在ESP产线成功开发SAPH系列、QStE系列、双相钢系列、S-MC系列、700MPa级高强钢系列、热成型钢等八大系列42个牌号汽车用钢产品，厚度规格涵盖1.0~3.0mm，广泛应用于汽车座椅滑轨、车轮、轻卡车厢、防撞梁、B柱等零件。

座椅滑轨是乘用汽车座椅的重要机械部件，质量要求严格，不仅加工难度大，同时还需要通过滑动阻力、噪声、回弹、间隙、耐久性、防腐、载荷承受、高低温性能、颠簸蠕动性等等几十项试验验证，是座椅零部件中质量要求较复杂的结构件之一。ESP汽车用钢凭借高厚度精度控制、优良的成型性能、高强薄规格等优势在汽车行业高强减薄、以热代冷方面已与多家知名座椅滑轨供应商建立战略合作关系。凭借优异的厚度精度获得博泽2018年年度创新奖。

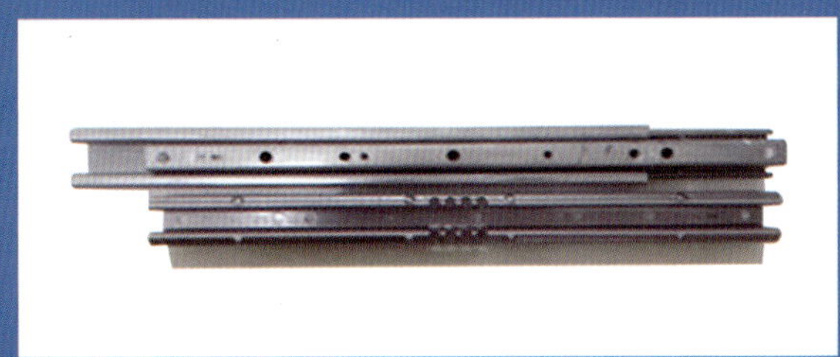

DP590代替冷轧HC340/590DP滑轨应用

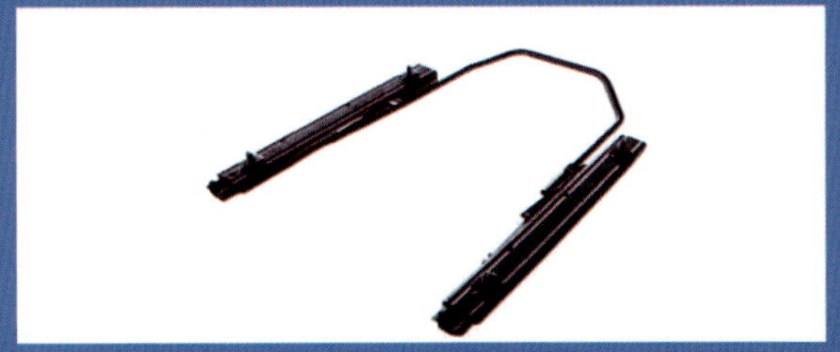

S500MC 1.8mm 高强减薄滑轨应用

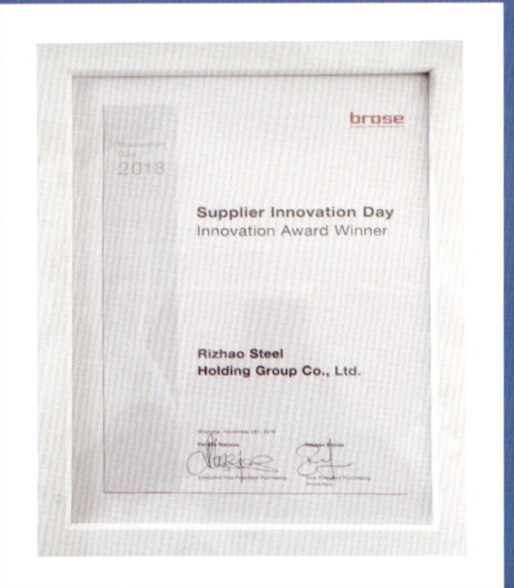

博泽2018年年度创新奖

地址：山东省日照市滨海路600号　　销售热线：0633-2969069

邮编：276806　　网址：www.rizhaosteel.com

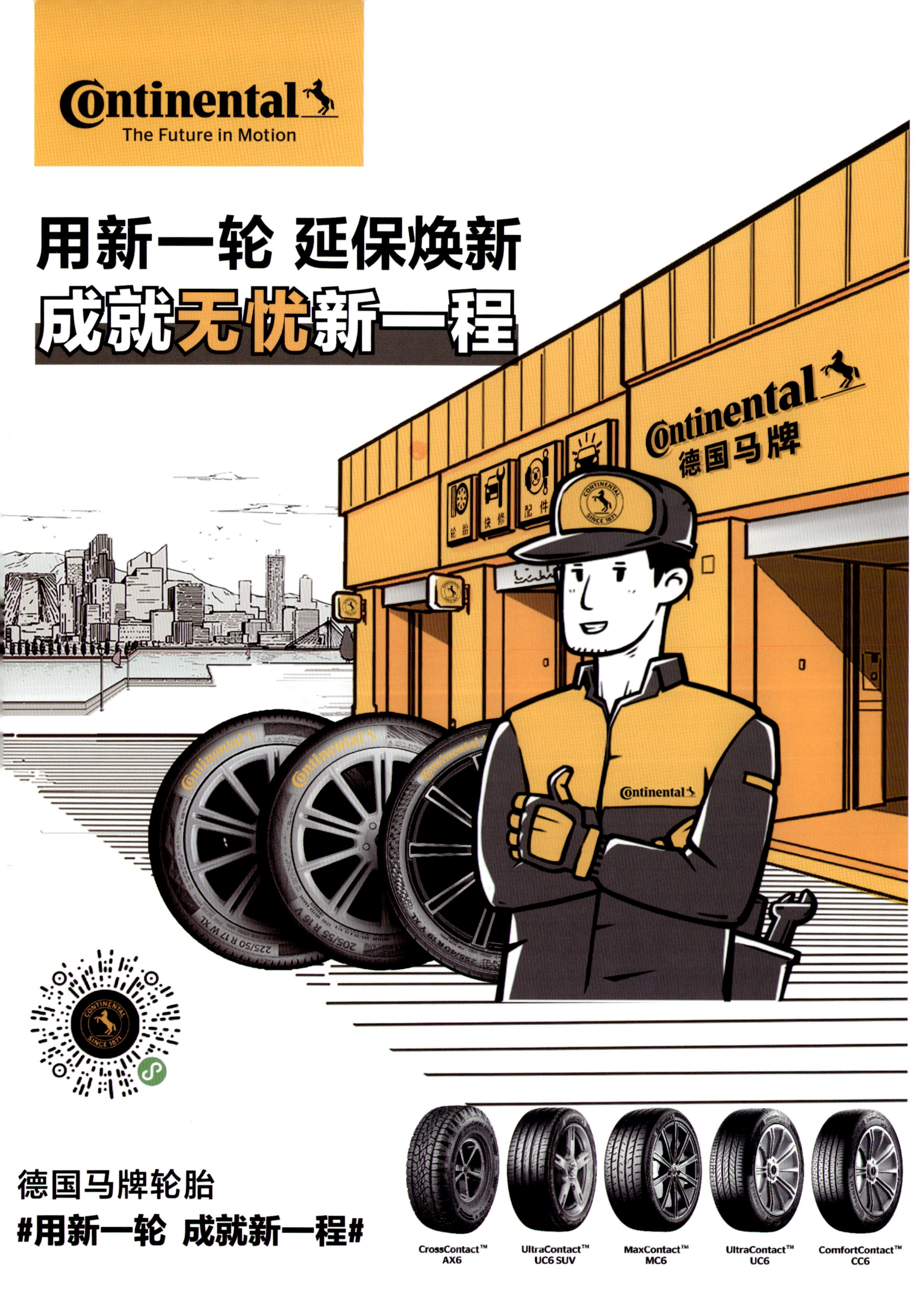
Continental
The Future in Motion
用新一轮 延保焕新
成就无忧新一程
Continental
德国马牌
轮胎
快修
配件
德国马牌轮胎
#用新一轮 成就新一程#
CrossContact™
AX6
UltraContact™
UC6 SUV
MaxContact™
MC6
UltraContact™
UC6
ComfortContact™
CC6

用新一轮 UC6 SUV
成就均衡新一程

德国马牌轮胎

#用新一轮 成就新一程#

玉柴国六
全国服务热线：95098

市公司，迄今已有近六十年从事柴油机开发生产的历史。公司是中国汽车零部件发动机行业龙头企业，中国内燃机
油机高新技术产业化基地骨干企业”“国家火炬计划重点高新技术企业”和“国际科技合作基地”，荣获全国“五

装配等关键设备及软件开发、试验测试装备，建成了国内领先的商柴、乘柴研发及生产平台，成为了国内国四、国
系列柴油机40万台、DEV系列柴油机20万台、非道路柴油机20万台的生产能力。
高压共轨柴油机，排放达到国Ⅴ、国Ⅵ水平，并先后与国内多家乘用车企业的SUV、MPV、轿车，商用车的轻卡、自
种齐全、产品配套范围广泛，目前配套产品主要有叉车、拖拉机、装载机、挖掘机、旋耕机和收割机等。同时，公
力。公司现已成为首家产品跨乘用车、商用车及非道路机械领域的大型柴油机生产企业。
准时、优质的服务。公司还与数十家国内汽车厂建立了长期、稳定的批量配套关系，产品整机出口或随整车出口欧

D43
马力：165~205匹
适配：车货载重≤16吨黄牌，轴距3800mm

D45
马力：190~220匹
适配：车货总重≤25吨中卡，轴距4700mm，5100mm；车货总重≤30吨自卸

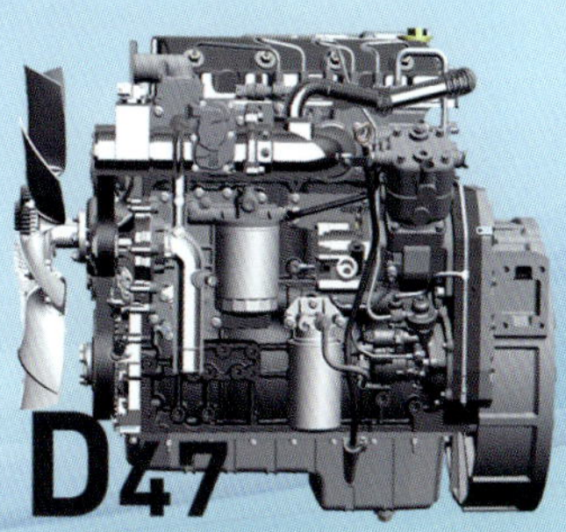

D47
马力：200~230匹
适配：车货总重≤25吨中卡，轴距4700mm，5100mm；车货总重≤30吨自卸

D67
马力：231~286匹
适配：6x2载货车

智慧动力

Intelligent Power

未来之选

For the Future

陕西万方汽车零部件有限公司

企业简介 company profile

陕西万方汽车零部件有限公司（以下简称“万方公司”）——是陕汽控股集团旗下全资子公司，资产总额 11 亿，公司位于西安市高陵区，现有员工 2000 余人。万方公司在陕汽控股集团引领下，坚持自主发展，在商用车电子电器、进 / 排气系、驾驶室悬置、制动系管路及结构件产品领域，为客户提供综合解决方案。2019 年实现销售收入 25.66 亿元，连续三年荣膺中国汽车零部件百强企业。

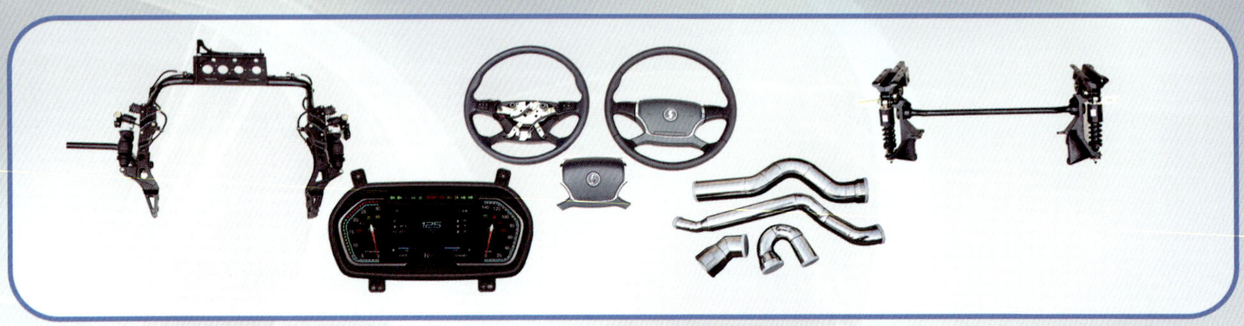

万方公司遵循“为顾客创造价值，为股东创造利益，为员工创造前途，为社会创造繁荣”的企业宗旨，立足“系统集成、自主研发、专业制造，能为整车厂提供综合解决方案的汽车零部件供应商”的自身定位，积极为陕汽重卡提供汽车零部件配套服务，同时积极拓展国内、国际汽车零部件市场。万方公司旗下的万方天运、西安埃贝赫两家子公司，分别在汽车线束和汽车尾气处理领域为诸多著名企业提供配套服务。

万方公司技术中心，是陕西省科技厅命名的“省级技术中心”，现有工程技术人员 180 人，中高级职称 41 名，科技带头人 6 名。万方公司在电子电器系统、进 / 排气系统、汽车悬置系统的开发方面，具有行业先进水平，是企业发展的中坚力量。公司工艺装备精良，Ø150mm 塔式自动弯管机、SCR 箱机器人焊接线、M3000 线束流水线、X3000 仪表台装配线等装备均属西北地区一流；公司试验检测手段齐全，质量保证体系健全，先后通过IATF16949A质量体系认证、3C强制认证，并保持正常运行，是陕西省工信厅认定的“质量标杆企业”。

万方公司依照陕汽控股集团“123456”双理念，坚持依法治企科学管理，坚持勤勉务实的作风，坚定不移抓好战略落地，持之以恒实施创新驱动，全力以赴赶超行业标杆，在陕汽控股集团“2035”战略引领下做强万方零部件、实现万方梦。

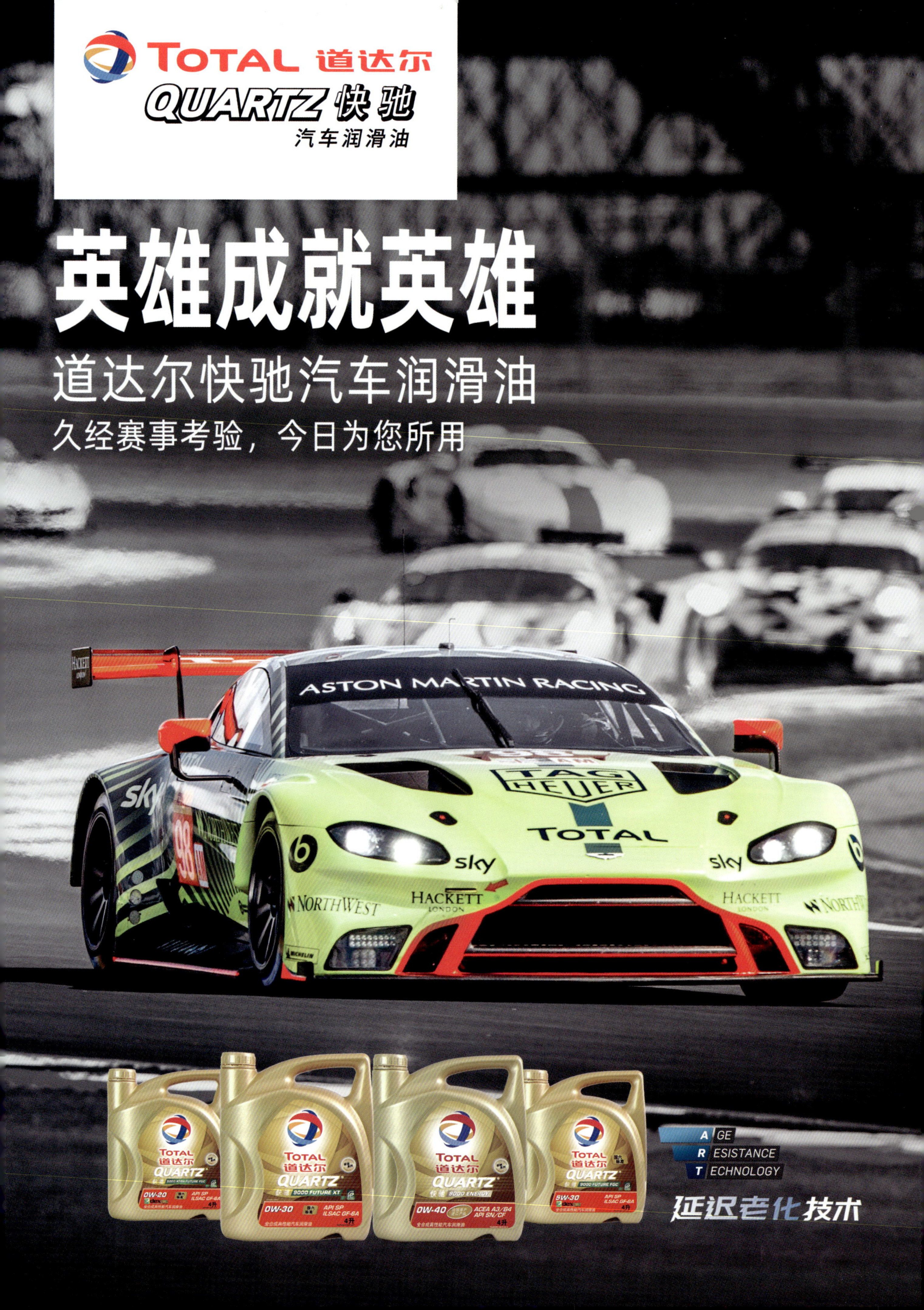

英雄成就英雄

道达尔快驰汽车润滑油

久经赛事考验，今日为您所用

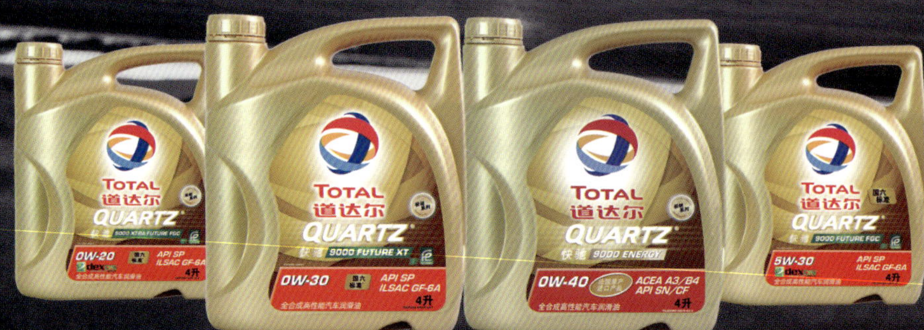

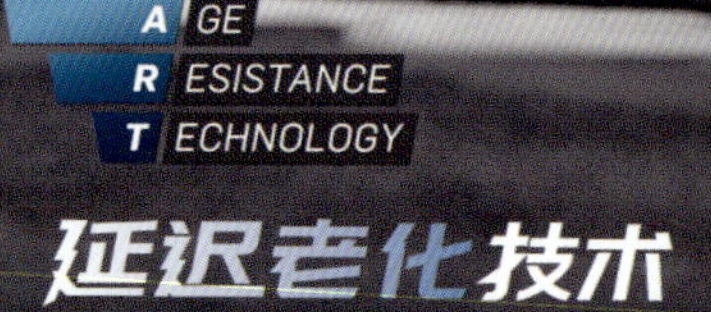

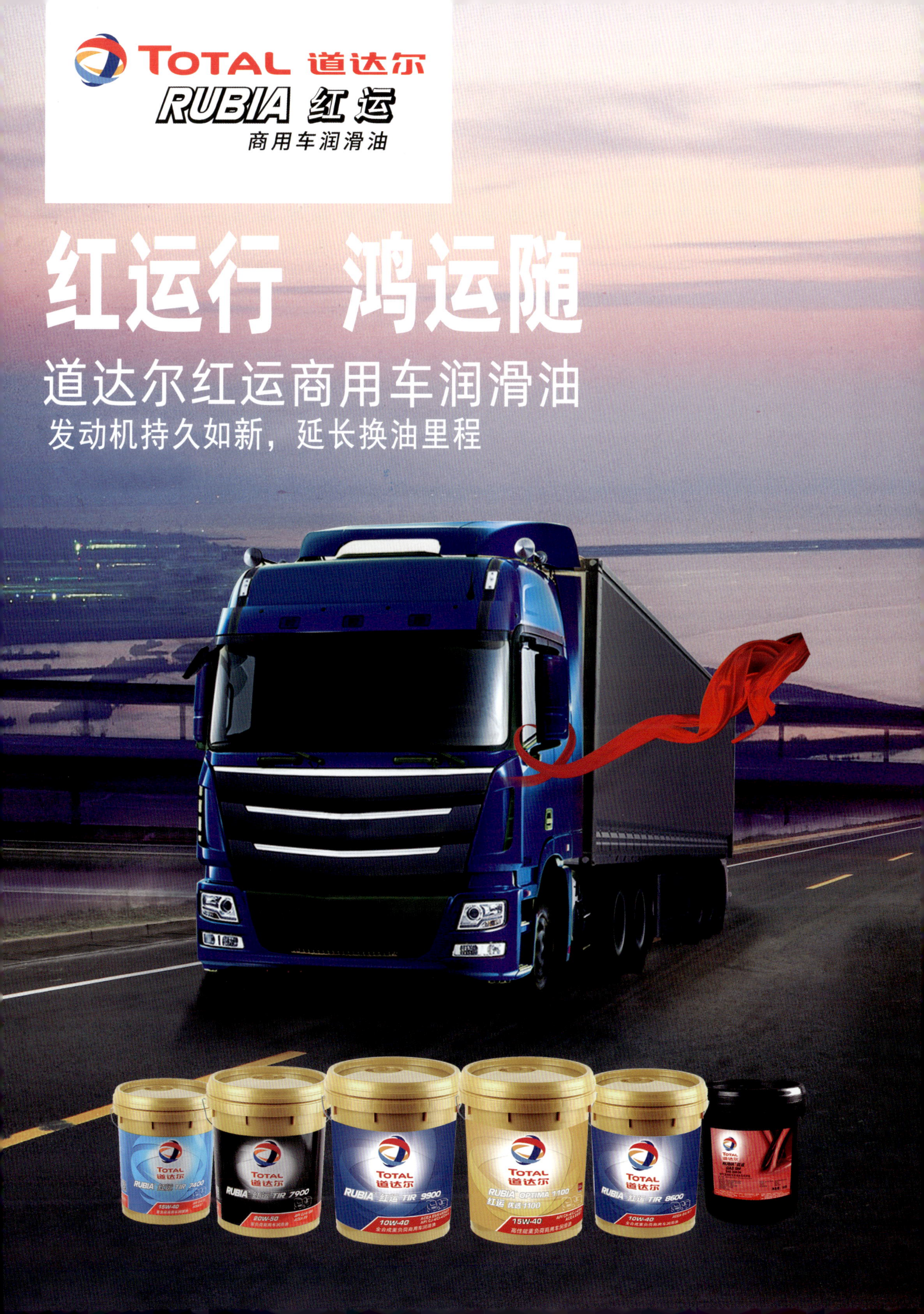
TOTAL 道达尔
RUBIA 红运
商用车润滑油
红运行 鸿运随
道达尔红运商用车润滑油
发动机持久如新，延长换油里程
TOTAL 道达尔 RUBIA 红运 TIR 7400
15W-40
TOTAL 道达尔 RUBIA 红运 TIR 7900
20W-50
TOTAL 道达尔 RUBIA 红运 TIR 9900
10W-40
TOTAL 道达尔 RUBIA OPTIMA 1100
红运 优选 1100
15W-40
TOTAL 道达尔 RUBIA 红运 TIR 8600
10W-40

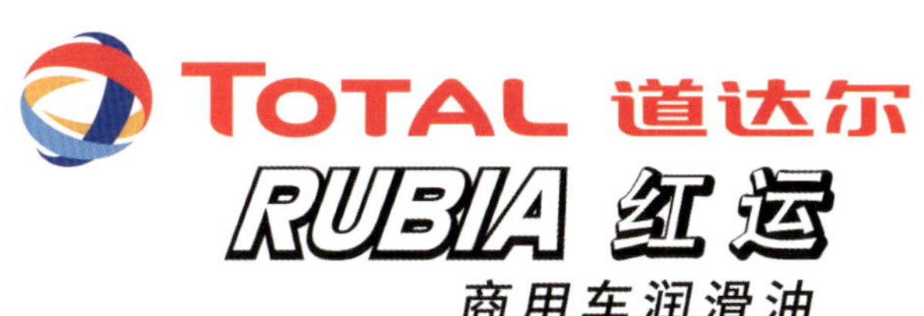

爱德曼氢能源装备有限公司

爱德曼氢能源装备公司是国内规模较大的集研发和生产金属板燃料电池及系统的企业，目标是替代进口，自主创新，致力于建成中国独立的氢能产业链和应用、运营服务生态圈。

走向氢时代 共享绿水青山

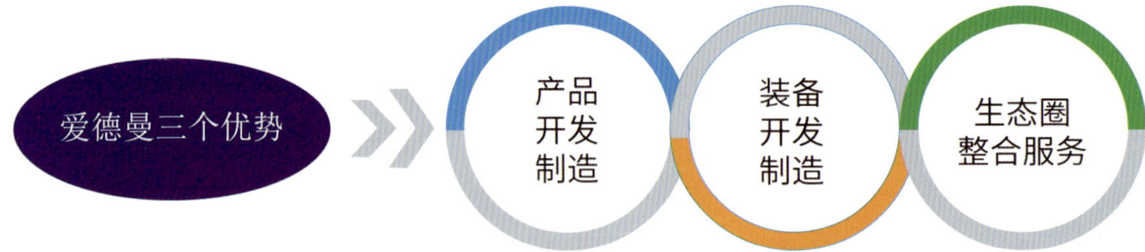

历史沿革

爱德曼集团公司于 2016 年在浙江嘉善成立，开始从事金属板燃料电池的研发，拥有完全自主知识产权。经过四年的不懈努力，公司建立了从金属双极板、膜电极到电堆和系统的完整技术开发系统、制造工艺体系和服务保障体系。拥有六十多人的研发团队，掌握特有的金属板涂层核心技术，拥有完全自主知识产权。实现了金属双极板和膜电极两大基础零部件的国产化。分别于 2016 年和 2018 年，在浙江嘉善和广东南海建设了两条金属板燃料电池电极板、膜电极、电堆和系统生产线。累积投放市场三百多台公交车和物流车，运营效果良好。

产品系列

三年里先后成功开发了从 30KW、35KW、40KW、60KW、80KW、100KW 和 128KW 系列七种金属板燃料电池产品，全部通过国家机动车产品质量监督中心的强制检测并实现量产。

下游合作伙伴

自 2017 年开始，公司先后为东风商用车、东风乘用车、东风柳汽、厦门金旅、北汽福田、中车时代、云南五龙等大型央企和国企提供燃料电池动力系统。今年在与吉利商用车、苏州金龙合作开发新车型。建立了 9 个合作伙伴，共开发了 15 种车型，其中有 7 种车型上了工信部公告，并投入生产。

车辆实际运营情况

自 2017 年至今，已经累积合作生产了 272 台燃料电池车投入运行，各项指标良好。2017 年与东风合作的 36 台物流车，实际运营里程超过 150 万公里。2019 年共销售了 236 台，其中嘉善 50 台，佛山南海 186 台，国家检测平台的数据显示，截止 2020 年 6 月 13 日，实际运营里程超过 300 万公里。

氢耗 / 百公里比较

车型	爱德曼	其它企业
7.5 吨物流车	2.5kg	3.5kg
8.5 米公交车	3.8kg	5.2kg

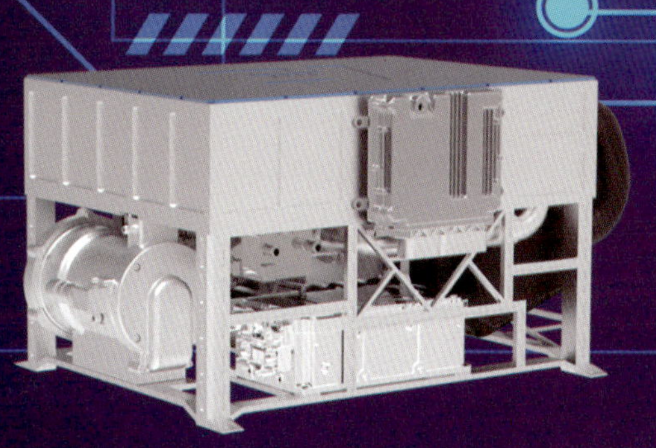

45kW燃料电池发动机

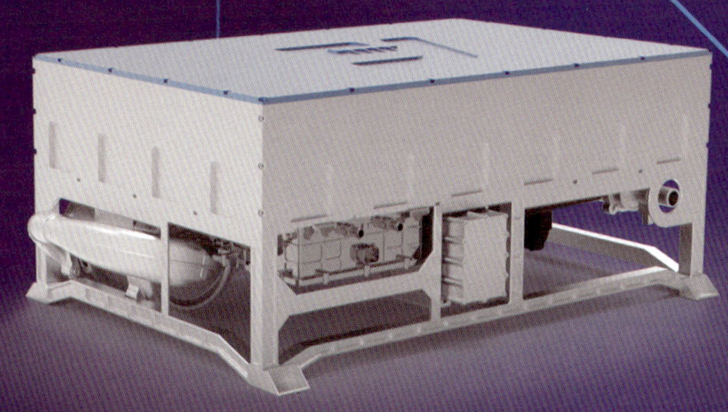

60kW燃料电池发动机

燃料电池全方位解决方案

鑫达集团目前拥有石油基复合材料、生物基复合材料两大类，
其中：石油基复合材料包括PP、ABS、PA6、PA66、POM、PPS、PPO、PI、PEEK、塑料合金10大类。
生物基复合材料包括PLA注塑级复合材料、PLA吸塑级复合材料、PLA吹塑级复合材料、生物质复合材料四大类。

鑫达集团
XD GROUP

鑫达集团成立于1985年，是有着35年历史的专业从事高分子复合材料的研发、生产与销售的纳斯达克上市公司，产品有石油基高分子复合材料、生物基高分子复合材料两大类。公司在北京设立集团管理总部，在上海设立全球研发中心、全球供应链中心和全球销售中心，在黑龙江、四川、迪拜设立生产基地。公司有国家认定企业技术中心、国家认可实验室、博士后工作站。

鑫达集团产品可广泛应用于汽车、轨道交通、海洋工程与船舶、航空装备、新能源与电力装备、电子电器、农机装备、环保包装、生物医用与医疗器械、大健康、农业、建材及日用品等领域。其中，汽车用改性塑料新材料产品已获得包括奥迪、宝马、大众、通用、北汽、红旗等主机厂颁发的产品认证，产品已覆盖中国前十大汽车主机厂，国内市场占有率达8%，销售区域境内已覆盖中国东北、华北、华东、西南、华中、华南六大核心经济区，境外已覆盖欧元区、中东区。

富奥汽车零部件股份有限公司（证券简称“富奥股份”，证券代码“000030”）是中国A股上市公司，注册资本18.1亿元。富奥股份是国内知名汽车零部件制造企业，主要从事汽车零部件的生产与研发。公司成立于1998年，前身是中国第一汽车集团的全资子公司，2007年完成国有企业改制，2013年在中国深圳证券交易所上市。所属公司36家，其中全资分、子公司15家，控股合资公司9家、参股合资公司12家。

公司产品涵盖汽车六大系列零部件，主要包括底盘系统、汽车热管理系统、发动机附件系统、制动及传动系统、转向及安全系统、新能源及汽车电子系统。主要客户为国内外知名商用车和乘用车整车企业，包括大众、丰田、奔驰、宝马、沃尔沃、福特、中国一汽、中国上汽等。公司与全球汽车零部件供应商建立长期稳定的合资合作关系，如德国大众、日本电装、德国采埃孚、法雷奥、德国蒂森克虏伯、日本石川岛、日本捷太格特等，产品涉及底盘系统、汽车空调、转向系统、悬架系统、涡轮增压、平台零件等多个领域。公司产品远销美国、欧洲，被国家发改委、商务部确定为国家汽车零部件出口基地企业。公司在全国范围内建有14家研发中心，其中10家省级研发中心，1家市级研发中心，6个国家认可试验室。公司依托整车，布局全国，先后建设东北、华东、中南、华北、西南五大产品基地，56个生产基地；坚持用户第一，连年获得整车客户优质供应商的荣誉奖项。

“十四五”期间，富奥股份继续坚持“稳中求速”和“承继、引领、开放、创新、共享”的经营理念，推进一个转变、两个打造、三个调整；聚焦核心产品战略平台，深化体制机制建设；持续推进运营质量改善；强化职能体系支撑；最大限度发挥资本运作优势，促进富奥向“专业化、规模化、国际化”发展，不断提升企业核心竞争力，实现可持续驱动发展，为促进中国汽车零部件工业发展贡献力量。

公司地址：长春市高新技术产业开发区学海街701号　邮编：130012　联系电话：0431-85127800

产品系列 》

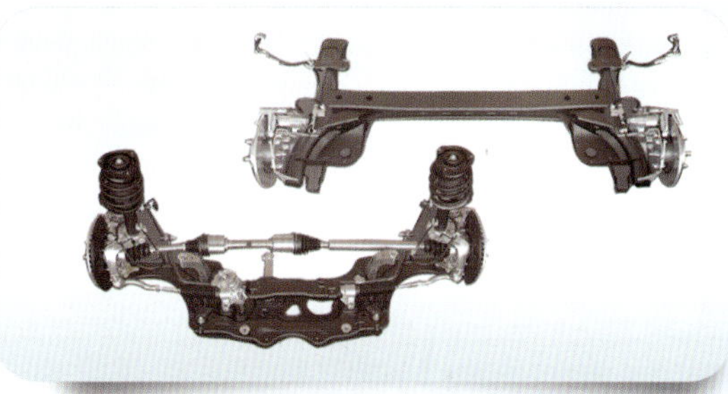

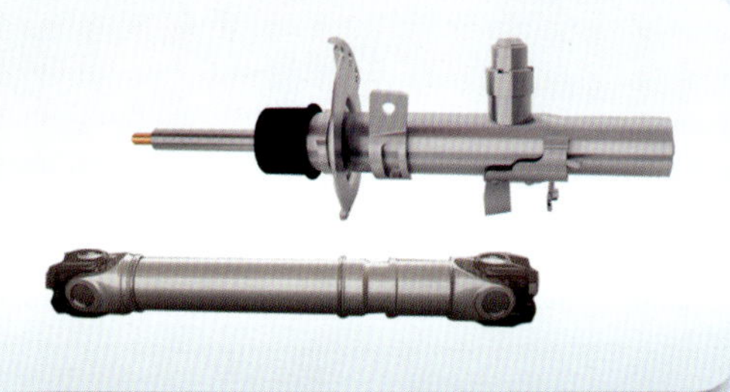

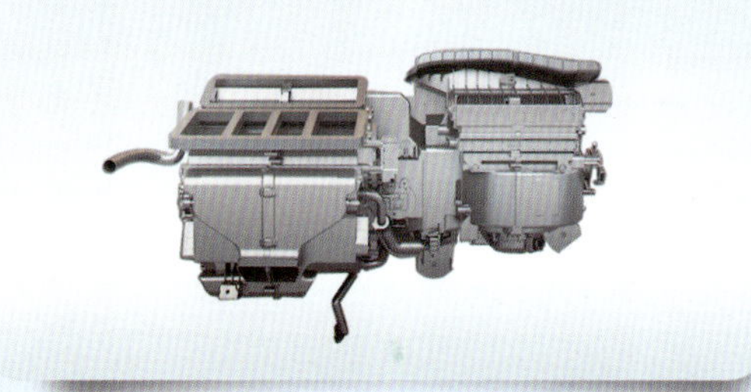

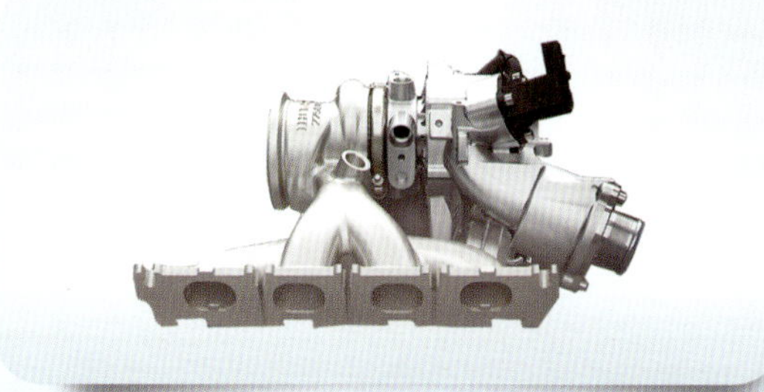

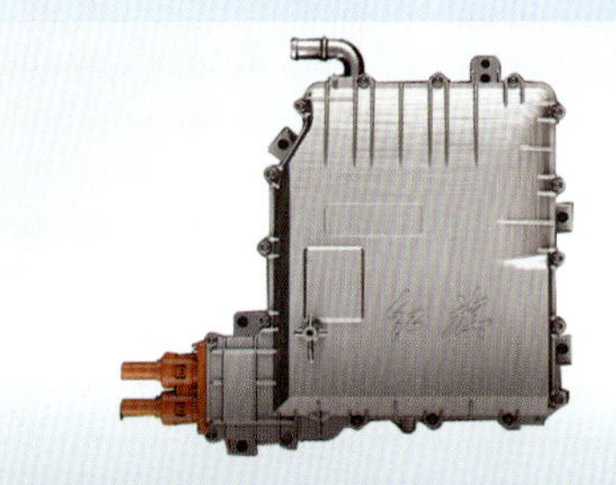

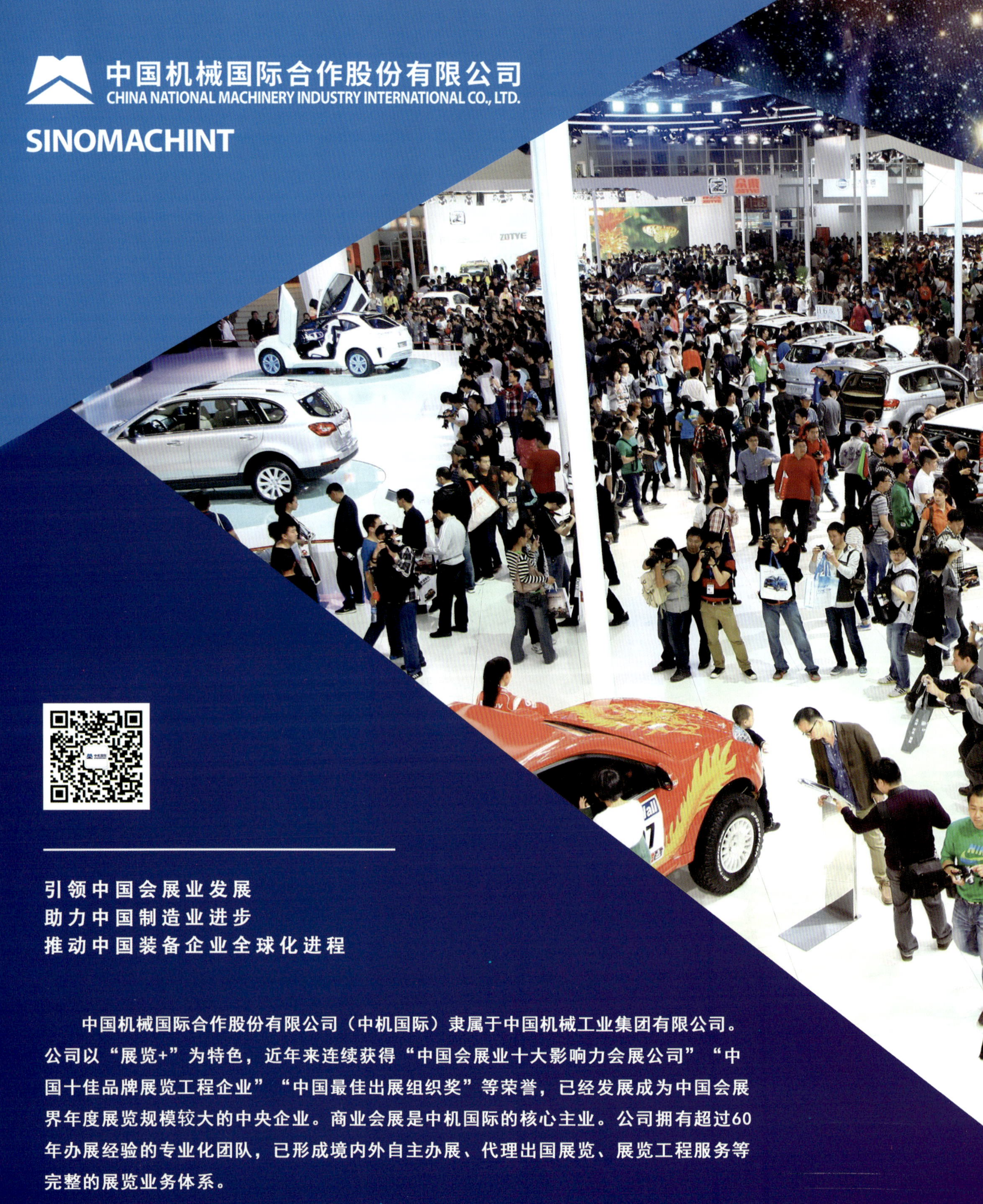
中国机械国际合作股份有限公司
CHINA NATIONAL MACHINERY INDUSTRY INTERNATIONAL CO., LTD.
SINOMACHINT
ZOTYE
引领中国会展业发展
助力中国制造业进步
推动中国装备企业全球化进程
中国机械国际合作股份有限公司（中机国际）隶属于中国机械工业集团有限公司。公司以“展览+”为特色，近年来连续获得“中国会展业十大影响力会展公司”“中国十佳品牌展览工程企业”“中国最佳出展组织奖”等荣誉，已经发展成为中国会展界年度展览规模较大的中央企业。商业会展是中机国际的核心主业。公司拥有超过60年办展经验的专业化团队，已形成境内外自主办展、代理出国展览、展览工程服务等完整的展览业务体系。

商业会展 / Commercial Exhibition

每年举办80多场高质量展会，总规模超过350万 m^2。同时，中机国际是中国较大的海外组展机构，每年在境外100多个国家和地区，组织180多场自办展和代理展。每年组织专业买家50万人次，拥有广泛的优质客户资源。

3个全球领先展

30多个行业领域

50多个境内展览

60多年会展历史

350万m²展览面积

一带一路 / The Belt and Road

在中国国际进口博览会、中国-非洲经贸博览会、中阿博览会、中国商品和服务（白俄罗斯）展览会等具有重大国际影响力的活动中，中机国际服务于国家战略，发挥会展平台优势，主动推进“一带一路”共建走深走实。

上海光裕汽车空调压缩机股份有限公司

压缩机的作用 Role of compressor

压缩机是制冷系统的心脏。它工作时可把制冷剂气体由低温、低压变为高温、高压，并维持连续不断的制冷剂循环完成吸热和放热过程。

Compressor is the heart of the cooling system.It could change the refrigerant gas from low temperature and low pressure to high temperature and high pressure,and maintain continuous circulation of heat absorption and heat release.

试验能力 Experimental ability

噪声实验室

能力&优势

- 参照GB/T 21360-2008标准
- 本体噪声≤28dB(A)（含传动轴）
- 重要设备部件德国进口

压缩机量热计

能力&优势

- 日本大西热学上海有限公司制造
- 制冷量测量范围：1000~8000W/4000~35000W
- 再现精度：±1.0%
  转速 ：600~65000r/min
- 可测量转矩：0~100N·m

电动耐久试验机组

能力&优势

- 行业先进设计
- 全真模拟压缩机使用工况
- 100%出货前检验（质量保证）
- 配置精确的可编程电源

自动耐久试验机组

能力&优势

- 自动测试参数设置
- 可变转速
- 设备自动记录测试曲线
- 过热&过冷度可调节

10S车间

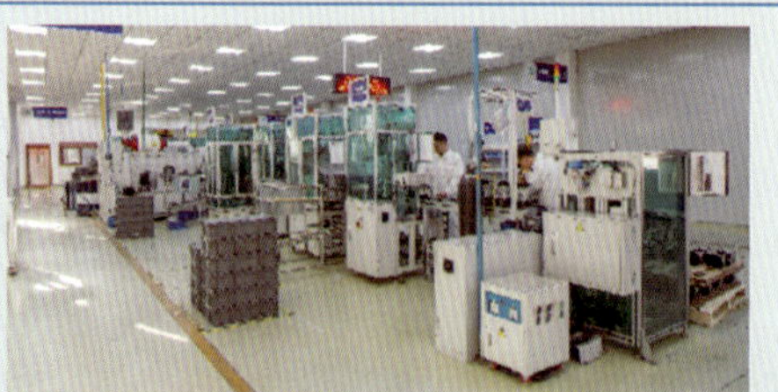

10P车间

定排量双向斜板式压缩机

Fixed displacement with two-way piston swash plate compressor

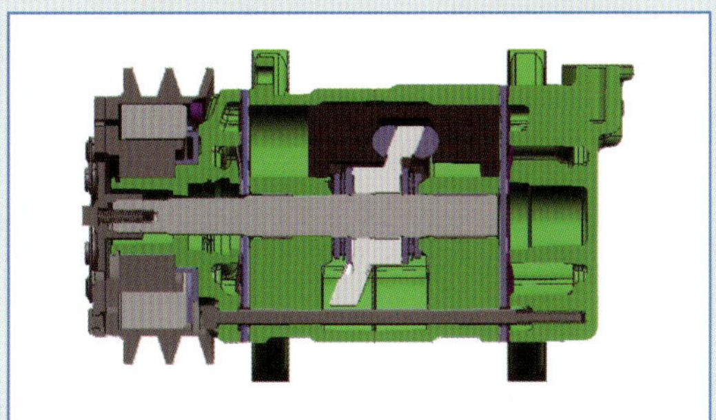

定排量双向斜板式压缩机

Fixed displacement with two-way piston swash plate compressor

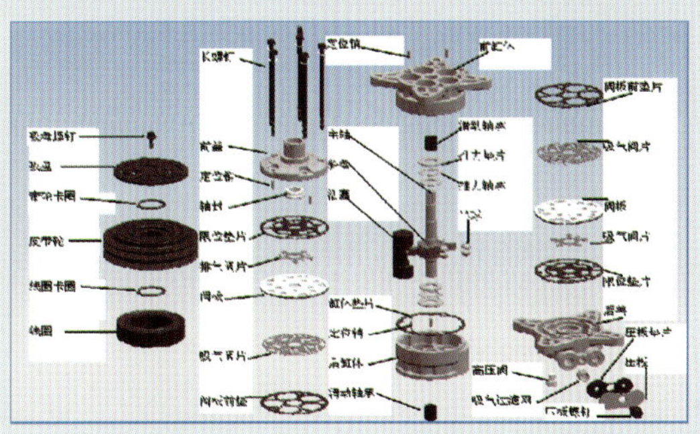

变排量单向斜盘式压缩机

Variable displacement with swash plate compressor

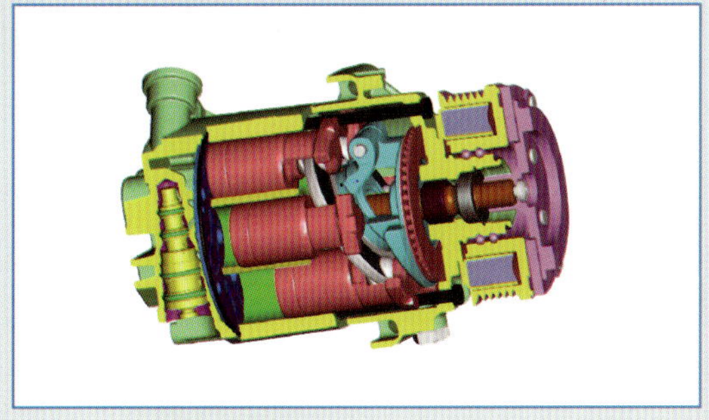

变排量单向斜盘式压缩机

Variable displacement with swash plate compressor

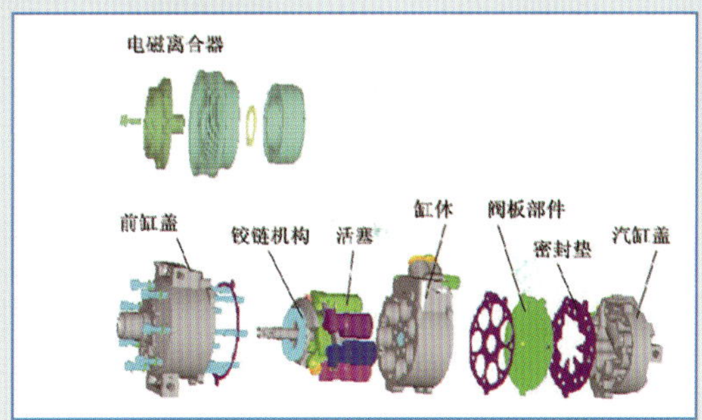

外控斜盘式压缩机

External controlled compressor with swash plate

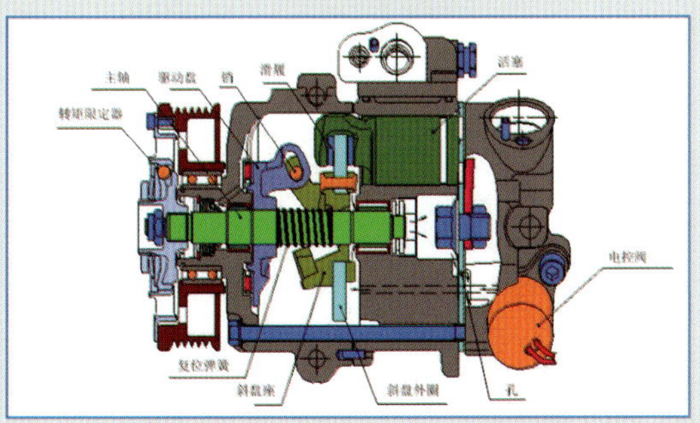

变排量连杆摇盘式压缩机

Variable displacement with wobble plate compressor swash plate compressor

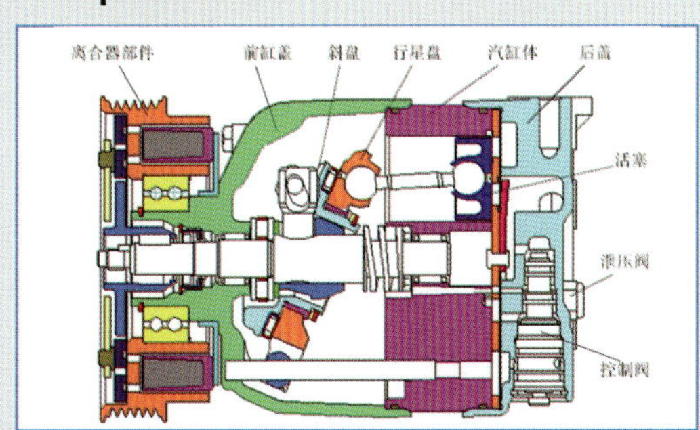

中国汽车工业企事业单位信息大全

（2020 版）

中国汽车工业协会
北京中汽华轮信息技术有限公司 编

人民交通出版社股份有限公司
北京

内 容 提 要

本书介绍了1万多家汽车工业企事业单位简况，包括地址、邮编、电话、传真、法人代表、负责人、单位人数、质量体系、网址、电子信箱、产品情况、配套关系等，特别是根据产品采购的需要，编辑了各种相关索引，为各界人士全面了解中国汽车工业企事业单位，提供了汽车行业通信联络、采购订货的最新权威参考资料。

图书在版编目(CIP)数据

中国汽车工业企事业单位信息大全：2020版/中国汽车工业协会，北京中汽华轮信息技术有限公司编. —北京：人民交通出版社股份有限公司，2020.10

ISBN 978-7-114-16805-5

Ⅰ.①中… Ⅱ.①中… ②北… Ⅲ.①汽车工业—工业企业—中国—2020—名录 ②汽车工业—行政事业单位—中国—2020—名录 Ⅳ.①F426.471-62

中国版本图书馆CIP数据核字(2020)第160174号

Zhongguo Qiche Gongye Qishiye Danwei Xinxi Daquan (2020 ban)

书　　名：中国汽车工业企事业单位信息大全(2020版)
作　　者：中国汽车工业协会　北京中汽华轮信息技术有限公司
责任编辑：刘　博　李　佳
责任校对：席少楠
责任印制：刘高彤
出版发行：人民交通出版社股份有限公司
地　　址：(100011)北京市朝阳区安定门外外馆斜街3号
网　　址：http://www.ccpcl.com.cn
销售电话：(010)59757973，85285656
编辑电话：(010)68426043，68420981
总 经 销：人民交通出版社股份有限公司发行部
经　　销：各地新华书店
印　　刷：北京市密东印刷有限公司
开　　本：889×1194　1/16
印　　张：55.75
彩　　插：74
字　　数：2458千
版　　次：2020年10月　第1版
印　　次：2020年10月　第1次印刷
书　　号：ISBN 978-7-114-16805-5
定　　价：260.00元

《中国汽车工业企事业单位信息大全》编审委员会

汉高（中国）投资有限公司	陈　辉
杭州维宜讴标准技术服务有限公司	陈　旻
中国汽车工业协会	陈士华
上汽大众汽车有限公司	陈贤章
惠州市德赛西威汽车电子股份有限公司	陈春霖
浙江巨久轮毂有限公司	林慎驹
中国汽车工业协会	罗军民
江铃汽车股份有限公司	金文辉
广汽传祺汽车销售营销公司	金业锋
厦门金龙联合汽车工业有限公司	金寿林
江铃汽车股份有限公司	金文辉
怀集登云汽配股份有限公司	欧洪先
上海汇众萨克斯减震器有限公司	金涌涛
重庆长安铃木汽车有限公司	周　波
上海通用汽车有限公司	周　艳
重庆青山工业有限责任公司	周开荃
宁波华众控股有限公司	周敏峰
广汽本田汽车有限公司	郑　衡
北汽福田汽车股份有限公司诸城奥铃汽车厂	郑夕亮
东风本田汽车有限公司	郑纯楷
诺博汽车系统有限公司	郑春来
安徽江淮汽车集团有限公司	项兴初
一汽轿车销售有限公司	赵　东
长安福特汽车有限公司	赵　非
泰乐玛汽车制动系统（上海）有限公司	赵乃华
湖南长丰动力有限责任公司	赵升洲
陕西汉江机床有限公司	赵甲宝
中国机械国际合作股份有限公司	赵立志
一汽大众捷达品牌事业部	赵英如
一汽解放汽车有限公司	胡汉杰
中南铝车轮制造（佛山）有限公司	胡斯雅
中国汽车工业协会	柳　燕
北京梅赛德斯-奔驰销售服务有限公司	段建军
上汽乘用车公司	俞经民
一汽丰田汽车销售有限公司	姜　君
上海申达股份有限公司	姚明华
蔚来汽车有限公司	秦力洪
重庆青山工业有限责任公司	袁　敏
广西汽车集团有限公司	袁智军
奇瑞汽车营销公司	贾亚权
上汽大众汽车有限公司	贾鸣镝
河钢集团有限公司	顾少伟
苏州弗尔赛能源科技股份有限公司	顾荣鑫
北京福田康明斯发动机有限公司	柴睿敏
中信泰富特钢集团股份有限公司	钱　刚
北京梅赛德斯-奔驰销售服务有限公司	倪　恺
吉利集团-极星品牌	高　竑
惠州市德赛西威汽车电子股份有限公司	高大鹏
广州市西合汽车电子装备有限公司	郭　涛
东风本田汽车有限公司	郭和平
华域视觉科技（上海）有限公司	郭肇基
东风柳州汽车有限公司	唐　竞
亚太机电股份有限公司	黄伟中
亚太机电股份有限公司	黄来兴
中国北方车辆研究所	曹　晖
广汽零部件有限公司	龚翰清
北京福田戴姆勒汽车有限公司	崔士朋
中国汽车工业协会发动机分会	康章华
东风标致	葛林德
中国汽车工业协会	董　扬
宇通集团	蒋　冰
黑龙江鑫达企业集团有限公司	韩　杰
长城汽车股份有限公司	傅小康
中汽华轮公司	曾　光
惠州华阳通用电子有限公司	曾仁武
惠州市德赛西威汽车电子股份有限公司	游　丽
爱德曼氢能源装备有限公司	蒙　檬
湖南金岭机床股份有限公司	雷立猛
长安汽车股份有限公司	谭本宏
中国重型汽车集团有限公司	谭旭光
联合汽车电子有限公司	熊伟铭
华鼎国联动力电池有限公司	熊思危
北京现代汽车有限公司	樊京涛
华晨宝马汽车有限公司	魏兰德
长城汽车股份有限公司	魏建军

《中国汽车工业企事业单位信息大全》
编辑部

主　　编：曾　光

编辑顾问：吕丽雯　　吴　力

编辑部主要成员：

李桂新　　张隽祎　　张　静　　姚金霞

王　英　　林　心　　曹艺伟　　王　东

张　丽　　高　丽

前　言

我国经济已进入以高质量发展为特征的平稳增长期，经过十多年的高速增长，汽车市场也开始进入平稳发展阶段，竞争更为激烈。作为国家“十三五”规划的收关年，2020 年的汽车行业将面临转型升级重要调整期，特别是在与新冠疫情的战斗过程中，中国品牌汽车在前所未有压力下进一步成长。以汽车电动化、，车联网、智能汽车等为代表的新产业、新技术为汽车行业将带来巨大变化，一大批跨界企业诞生的同时，节能环保的压力也催生了一大批新能源、环保、智能汽车企业，这使得汽车行业企业及产品格局发生了很大的变化，很多企业关停并转让，但同时更有一批高起点的企业出现。在此背景下，《中国汽车工业企事业单位信息大全(2020 版)》[以下简称《大全(2020 版)》]正式推出，并与广大读者见面。作为中国汽车行业最具影响力的权威工具书，《大全(2020 版)》全面收录了 1 万多家汽车行业管理机构、企事业单位的最新信息，将成为各界人士了解汽车行业发展情况的重要参考用书。作为汽车行业一项重要工作的延续，本书仍由中国汽车工业协会、北京中汽华轮信息技术有限公司联合编纂。

《大全(2020 版)》在延续权威性、准确性和规范性的基础上，具有以下突出特点：

★信息量更大、内容更新多

《大全(2020 版)》收录汽车行业企事业单位 1 万多家，整车生产企业信息的编纂以《车辆生产企业及产品公告》为依据；零部件生产企业信息有较大变动，突出介绍通过质量体系认证、有配套经验的零部件生产企业，特别是一批电动汽车相关电池、电动机、控制系统、智能网联零部件的生产企业。

★强化产品与配套索引

《大全(2020 版)》特别强化了企业按产品索引、零部件企业配套整车索引等多重索引方式，全方位、多角度地为国内外客户查阅中国汽车行业企业及其产品信息、采购产品提供帮助。其中整车产品索引着重满足政府采购、集团采购等业务发展的需要，零部件索引和配套索引重点满足各整机配套采购部门、国内外专业零部件采购商的产品采购要求。

★强化宣传版面，使其迅速成为采购商关注焦点

为促进汽车行业优强企业发展，《大全(2020 版)》特别为参与宣传版面的企业提供多重查询导引，并在正文各部分首页、产品索引、配套关系索引部分中，将其置于显著位置，以便采购商能迅速找到相关企业和其最新产品。

在 2019 年 10 月至 2020 年 8 月间，《中国汽车工业企事业单位信息大全》编辑部对《大全(2020 版)》的内容进行了全面核对。《大全(2020 版)》的编纂工作得到了汽车工业企事业单位的高度配合与支持，得到了汽车各界人士的全力协助，从而使这一工作得以顺利完成。借此机会，我们对持续支持这一工作的所有单位和读者表示由衷的感谢。由于时间紧、工作量大，本书编纂工作中一定有很多不足之处，欢迎广大读者提出宝贵意见。

《中国汽车工业企事业单位信息大全》编辑部

2020 年 8 月

编 制 说 明

《中国汽车工业企事业单位信息大全(2020 版)》的内容涵盖了我国(港、澳、台地区除外)汽车行业生产企业、管理机构和事业单位的基本情况,全书主要包括六部分,现将各个部分的编排方式说明如下:

1. 第一部分包括汽车工业管理部门、主要行业单位及相关机构,主要介绍从事汽车行业管理工作、科研检测、宣传媒体等方面的职能机构。

2. 整车生产企业部分的编写主要参考了《车辆生产企业及产品公告》(以下简称《公告》)中的内容。对隶属于几大集团又未在《公告》中出现的部分企业,也进行了收录。

3. 零部件生产企业分为七大类别,在编写中主要根据企业生产的主导产品进行归类。对部分企业同时生产多类零部件的情况,原则上在一个类别零部件出现后不再编入其他部分;将生产综合类配件的企业编入"通用件和相关工业产品生产企业"。

4. 对每个企业的产品情况,在尊重企业填报的原则下,对某些词汇进行了标准化处理,例如"减震器"改为"减振器","变速箱"改为"变速器"等。

5. 各个产品类别内的企业划分,首先按省、自治区、直辖市的行政区域划分顺序编辑,其次,每个省、自治区、直辖市内按邮政编码顺序排列。

6. 第六部分为外国汽车和零部件公司在中国的办事机构情况。

为方便查阅,《中国汽车工业企事业单位信息大全(2020 版)》特别突出了对各种索引的编排,其中产品与配套索引,主要参考零部件企业提供的相关信息。

《中国汽车工业企事业单位信息大全》编辑部

2020 年 8 月

目　录

第一部分　汽车工业管理部门、主要行业单位及相关机构

第二部分　中国汽车、改装车生产企业

第三部分　中国汽车零部件生产企业

第四部分　汽车制造设备及模具生产企业

第五部分　中国摩托车生产企业

第六部分　外国（地区）汽车公司、商社驻中国办事机构

第一部分

汽车工业管理部门、主要行业单位及相关机构

❊ 汽车工业管理部门

❊ 主要行业单位及分支机构

❊ 汽车行业科研检测与认证机构、大专院校及报纸、期刊

汽车工业管理部门

一、国家汽车工业管理部门及其主要相关机构

国家发展和改革委员会

值班室电话:010/68503333
地址:北京市西城区月坛南街38号
邮编:100824
网址:www.ndrc.gov.cn

- **产业协调司**

主要相关职能:拟定主要工业行业规划和发展政策等

- **经济运行调节局**

主要相关职能:交通运输行业经济运行分析、调控等

工业和信息化部

地址:北京市西长安街13号
邮编:100804
电话:12381
网址:www.miit.gov.cn

- **产业政策司**

主要相关职能:拟定工业产业政策并监督执行,汽车准入管理等

- **装备工业司**

主要相关职能:机械、汽车行业管理等

中国机械工业联合会

办公室电话:010/68594711、68594710
地址:北京市西城区三里河路46号
邮编:100823
网址:cmif.mei.net.cn

所属相关行业协会

中国汽车工业协会:010/63979900
中国工程机械工业协会:010/68532689
中国电器工业协会:010/68166500
中国液压气动密封件工业协会:010/63172412
中国机床工具工业协会:010/63345269
中国仪器仪表行业协会:010/68596456
中国铸造协会:010/68418899
中国锻压协会:010/53056669
中国内燃机工业协会:010/68534889
中国轴承工业协会:010/63317030

二、各省(自治区、直辖市)汽车工业相关管理部门及主要汽车集团

各省(自治区、直辖市)汽车工业相关管理部门

北京市经济和信息化局汽车与交通产业处
地址:北京市通州区运河东大街 57 号院 5 号楼六层
邮编:101101
电话:010/55578195
网址:jxj. beijing. gov. cn

天津市工业和信息化局装备工业处
地址:天津市河西区友谊路 35 号
邮编:300061
电话:022/83608087
网址:gyxxh. tj. gov. cn

河北省工业和信息化厅装备工业处
地址:石家庄市和平西路 402 号
邮编:050071
电话:0311/87800069、87908738
网址:gxt. hebei. gov. cn

山西省工业和信息化厅产业政策处
地址:太原市府东街 95 号
邮编:030002
电话:0351/3046213
网址:gxt. shanxi. gov. cn

内蒙古自治区工业和信息化厅装备工业处
地址:呼和浩特市敕勒川大街 1 号
邮编:010098
电话:0471/4825108
网址:gxt. nmg. gov. cn

辽宁省工业和信息化厅装备处
地址:沈阳市皇姑区北陵大街 45－2 号
邮编:110032
电话:024/86894130
网址:gxt. ln. gov. cn

吉林省工业和信息化厅产业政策处
地址:长春市新发路 329 号
邮编:130054
电话:0431/88906102、87075189
网址:gxt. jl. gov. cn

黑龙江省工业和信息化厅产业政策处
地址:哈尔滨市香坊区和平路 68 号
邮编:150040
电话:0451/82632140
网址:gxt. hlj. gov. cn

上海市经济和信息化委员会装备产业处
地址:上海市世博村路 300 号 5 号楼
邮编:200125
电话:021/23111111
网址:www. sheitc. sh. gov. cn

江苏省工业和信息化厅产业转型升级处
地址:南京市北京西路 16 号
邮编:210008
电话:025/69652696、69652695
网址:gxt. jiangsu. gov. cn

浙江省经济和信息化厅机械行业管理办公室
地址:杭州市体育场路 479 号
邮编:310007
电话:0571/87056755
网址:jxt. zj. gov. cn

安徽省经济和信息化厅装备工业处
地址:合肥市屯溪路 306 号金安大厦
邮编:230001
电话:0551/62871778
网址:jx. ah. gov. cn

福建省工业和信息化厅装备工业处
地址:福州市华林路 166 号福建省经贸大厦 7 楼
邮编:350001
电话:0591/87832506
网址:gxt. fujian. gov. cn

江西省工业和信息化厅产业政策处
地址:南昌市红谷滩新区卧龙路 999 号省行政中心西 3 栋 417、418 室
邮编:330036
电话:0791/88916322、88916312
网址:www. jxciit. gov. cn

山东省工业和信息化厅产业政策处
地址:济南市省府前街 1 号
邮编:250011
电话:0531/86915301、86062281
网址:gxt. shandong. gov. cn

河南省工业和信息化厅产业政策处
地址:郑州市郑东新区熊儿河路 93 号盐业大厦
邮编:450008
电话:0371/65509829、65509803
网址:www. iitha. gov. cn

湖北省经济和信息化厅机械汽车产业处
地址:武汉市武昌区水果湖东一路 7 号
邮编:430071
电话:027/87236970、87232519
网址:jxt. hubei. gov. cn

湖南省工业和信息化厅装备工业处
地址:长沙市天心区新韶东路 467 号
邮编:410004
电话:0731/88955466
网址:gxt. hunan. gov. cn

广东省工业和信息化厅装备工业处
地址:广州市吉祥路 100 号
邮编:510030
电话:020/83133200
网址:gdii. gd. gov. cn

广西壮族自治区工业和信息化厅装备工业处
地址:南宁市民族大道 113 号 4 楼
邮编:530022
电话:0771/5627633
网址:gxt. gxzf. gov. cn

海南省工业和信息化厅装备工业与科技处
地址:海口市国兴大道 9 号
邮编:570204
电话:0898/65337140
网址:iitb. hainan. gov. cn

重庆市经济和信息化委员会规划与投资处
地址:重庆市渝中区人民路 252 号
邮编:400015
电话:023/63899085
网址:wjj. cq. gov. cn

四川省经济和信息化厅汽车产业处
地址:成都市青羊区人民东路 66 号
邮编:610013
电话:028/86267211、86264181
网址:jxt. sc. gov. cn

云南省工业和信息化厅装备工业处
地址:昆明市永安路 37 号
邮编:650011
电话:0871/63512706、63515549
网址:www. ynetc. gov. cn

贵州省工业和信息化厅装备工业处
地址:贵阳市云岩区中华北路 185 号
邮编:550004
电话:0851/86892336、86822588
网址:gxt. guizhou. gov. cn

陕西省工业和信息化厅汽车工业处
地址:西安市省政府前大楼 5－024
邮编:710006
电话:029/63915601
网址:gxt. shaanxi. gov. cn

甘肃省工业和信息化厅装备产业处
地址:兰州市中央广场 1 号
邮编:730030
电话:0931/8929257、8929261
网址:gxt. gansu. gov. cn

青海省工业和信息化厅工业投资管理处
地址:西宁市城西区文景路 33－5 国投广场写字楼
邮编:810000
电话:0971/6138701
网址:gxgz. qinghai. gov. cn

新疆维吾尔自治区工业和信息化厅装备工业处
地址:乌鲁木齐市友好南路179号
邮编:830000
电话:0991/4523955
网址:www. xjeic. gov. cn

主要汽车集团

★中国第一汽车集团有限公司
地址:长春市汽车经济技术开发区新红旗大街1号
邮编:130000
总机:0431/85901140
董事长:徐留平
网址:www. faw. com. cn
一汽解放汽车销售有限公司
地址:长春市汽车产业开发区东风大街3025号
邮编:130011
电话:0431/87666666
网址:www. fawjiefang. com. cn
一汽轿车销售有限公司
地址:长春市高新区学海街701号
邮编:130012
电话:0431/85768888
网址:www. fawcarsales. com
一汽马自达汽车销售有限公司
地址:长春市汽车经济技术开发区兴顺路1366号
邮编:130011
电话:0431/85991000
网址:www. faw-mazda. com
一汽丰田汽车销售有限公司
地址:北京市朝阳区东三环中路1号环球金融中心西楼三层
邮编:100020
电话:8008101210
网址:www. ftms. com. cn

★东风汽车集团有限公司
地址:武汉市经济开发区东风大道特1号
邮编:430056
电话:027/84305555
董事长:竺延风
网址:www. dfmc. com. cn
东风汽车有限公司
地址:武汉市经济开发区东风大道10号
邮编:430056
电话:027/84283290、84283677
网址:www. dfl. com. cn

中国东风汽车工业进出口有限公司
地址:武汉市经济技术开发区创业二路2号
邮编:430056
电话:027/84301171
网址:www. chinadfm. com

★上海汽车集团股份有限公司
地址:上海市威海路489号
邮编:200041
电话:021/22011888
传真:22011777
董事长:陈虹
总裁:王晓秋
网址:www. saicmotor. com
上海汽车工业销售有限公司
地址:上海市武康路390号
邮编:200031
电话:021/24011188
网址:www. anji. com
上海汽车进出口有限公司
地址:上海市张扬路2119号
邮编:200135
电话:021/28936888

★北京汽车集团有限公司
地址:北京市顺义区双河大街99号
邮编:101300
电话:010/87664009
传真:87664048
董事长:徐和谊
网址:www. baicgroup. com. cn

★中国长安汽车集团有限公司
地址:北京市海淀区车道沟十号院
邮编:100089
电话:010/68966362
董事长:刘卫东
网址:www. ccag. cn

★长城汽车股份有限公司
地址:河北省保定市朝阳南大街2266号
邮编:071033
电话:0312/2197859
法定代表人:魏建军
网址:www. gwm. com. cn

★华晨汽车集团控股有限公司
地址:沈阳市大东区东望街39号
邮编:110044
电话:024/31666666、4008188333
法定代表人:阎秉哲
网址:www. brilliance-auto. com

★浙江吉利控股集团有限公司
地址:杭州市滨江区江陵路1760号
邮编:310051
电话:0571/28001111、4008869888
传真:87766217
法定代表人:李书福
网址:www. geely. com、www. zgh. com

★安徽江淮汽车集团股份有限公司
地址:合肥市东流路176号
邮编:230022
电话:0551/62296835、4008889933
董事长:安进
网址:www. jac. com. cn

★奇瑞汽车股份有限公司
地址:安徽省芜湖市经济技术开发区长春路8号
邮编:241006
电话:4008838888
传真:0553/5951289
法定代表人:尹同跃
网址:www. chery. cn

★中国重型汽车集团有限公司
地址:济南市高新区华奥路777号
邮编:250100
电话:0531/58068000
董事长:谭旭光
总经理:孙建设
网址:www. cnhtc. com. cn

★广州汽车集团股份有限公司
地址:广州市天河区珠江新城兴国路23号广汽中心
邮编:510623
电话:020/83151139
传真:83150335
董事长:曾庆洪
总经理:冯兴亚
网址:www. gagc. com. cn

★比亚迪汽车工业有限公司
地址:广东省深圳市坪山新区比亚迪路3009号
邮编:518118
电话:0755/89888888
法定代表人:王传福
网址:www. bydauto. com. cn

三、与汽车工业管理相关的国家部、委、局

★科学技术部
地址:北京市海淀区复兴路乙15号
邮编:100862
电话:010/58881800
网址:www. most. gov. cn

★公安部
地址:北京市东长安街14号
邮编:100741
电话:010/66262114、65202114
网址:www. mps. gov. cn

★财政部
地址:北京市西城区三里河南三巷3号

邮编:100820
电话:010/68551114
关税司
电话:010/68552972
经济建设司
电话:010/68552977
网址:www.mof.gov.cn

★住房和城乡建设部
地址:北京市海淀区三里河路9号
邮编:100835
电话:010/58934114
网址:www.mohurd.gov.cn

★交通运输部
地址:北京市东城区建国门内大街11号
邮编:100736
电话:010/65292114
运输服务司
电话:010/65292753
网址:www.mot.gov.cn

★商务部
地址:北京市东长安街2号
邮编:100731
电话:010/65198403
市场建设司
电话:010/85093671、85093665
对外贸易司
电话:010/65197435
安全与管制局
电话:010/65198796
市场建设司
电话:010/85093665
网址:www.mofcom.gov.cn

★海关总署
地址:北京市东城区建国门内大街6号
邮编:100730
电话:010/65194114
政策法规司
电话:010/65195189
关税征管司
电话:010/65195337
网址:www.customs.gov.cn

★国家市场监督管理总局
地址:北京市西城区三里河东路8号
邮编:100820
电话:010/88650000
网址:www.samr.gov.cn

★国家税务总局
地址:北京市海淀区羊坊店西路5号
邮编:100038
电话:010/63417114
网址:www.chinatax.gov.cn

★生态环境部
地址:北京市东城区东长安街12号
邮编:100006
电话:010/65646114
网址:www.mee.gov.cn

★中国人民银行
地址:北京市西城区成方街32号
邮编:100800
电话:010/66194114
网址:www.pbc.gov.cn

★中国银行保险监督管理委员会
地址:北京市西城区金融大街甲15号
邮编:100033
电话:010/66286688
网址:www.circ.gov.cn

主要行业单位及分支机构

• 查询导引 •

主要行业单位及分支机构

☞ 企业如有变更，请与编辑部联系 ☎ 010/68426043、68420981

一、主要行业单位

中国汽车工程学会
地址：北京市亦庄经济开发区荣华南路13院7号楼（中航国际广场H5）6楼
邮编：100176
电话：010/50911000
网址：www.sae-china.org
理事长：李骏
秘书长：张进华

中国汽车工业协会
地址：北京市西城区莲花池东路106号汇融大厦A座15层
邮编：100055
电话：010/63979900
网址：www.caam.org.cn
常务副会长：付炳锋

中国汽车技术研究中心有限公司
地址：天津市东丽区先锋东路68号
邮编：300300
电话：022/84370000
传真：24370843
网址：www.catarc.ac.cn
法定代表人：安铁成

中汽认证中心
地址：北京市海淀区首体南路2号11层
邮编：100044
电话：010/88301141
传真：88301243
网址：www.cccap.org.cn

中国国际贸促会汽车行业分会
地址：北京市朝阳区裕民路12号
邮编：100029
电话：010/82331410
传真：82331410-8046
网址：www.auto-ccpit.org
负责人：王侠
主要职能：组织汽车行业国际展览会；开展同世界各国汽车工业界的交流等工作

中国汽车报
地址：北京市朝阳区金台路2号人民时报社新媒体大厦6层
邮编：100733
电话：010/56002737、56002713
网址：www.cnautonews.com
法定代表人：何伟

中国机械工业集团有限公司
地址：北京市海淀区丹棱街3号国机大厦
邮编：100080
电话：010/82688888
传真：82688811
网址：www.sinomach.com.cn
电子信箱：office@sinomach.com.cn
法定代表人：张晓仑
主要职能：汽车工业工程设计，汽车整车及零部件进出口及国内贸易，汽车零部件检测与研发，汽车会展及培训等

中国汽车工业工程有限公司
地址：天津市南开区长江道591号
邮编：300113
电话：022/87869299、87869888
传真：87869666
网址：www.chinaaie.com.cn
法定代表人：丁跃达
质量体系：ISO 9001
主要业务：以汽车、发动机、农业机械、工程机械为主的机械行业工程咨询，产业研究、工程设计、项目管理、工程承包、设备设计制造和工程勘察、工程监理等

中国机械国际合作股份有限公司
地址：北京市海淀区中关村丹棱街3号A座
邮编：100080
电话：010/82606899
传真：82606999
网址：www.cnaico.com.cn
总经理：赵立志
主要职能：已形成境内外自主办展、代理出国展览、展览工程服务等完整的展览业务体系，开发国内外贸易业务，以及汽车相关主题的文化园区、产业园区的建设项目，市场范围遍及亚洲、欧洲、非洲及拉丁美洲等众多国家和地区

中国进口汽车贸易有限公司
地址：北京市海淀区中关村南三街6号北楼
邮编：100190
电话：010/82169398
传真：82169388
网址：www.ctcai.com
董事长：贾屹
主要业务：以汽车进口批发核心业务、汽车零售服务业务、汽车物流展贸园区为三大支柱业务，培育开拓汽车租赁及旧车业务、汽车出口业务、汽车电子商

务及传媒业务三个新业务板块

中国汽车零部件工业有限公司
地址:北京市海淀区丹棱街3号
邮编:100083
电话:010/82607090
传真:82607599
网址:www.chinacapac.com
职能范围:CAPAC品牌汽车零部件的生产制造,汽车零部件产品的国内外贸易,组织和承办与汽车零部件相关的国内外的展览、展示,项目开发(产业基地,汽配城的建设和延伸服务),拥有独立的零部件产品的检测和研发基地,出版发行国家级专业技术刊物《汽车零部件》

中汽华轮公司
地址:北京市海淀区莲花苑5号楼华宝大厦408室
邮编:100036
电话:010/88560270
网址:www.qcgys.com
负责人:曾光

中国汽车工业配件销售有限公司
地址:北京市海淀区定慧北里18号楼12层
邮编:100142
电话:010/88130731、88127419
传真:88127418、88116923
网址:www.qipeihui.com
负责人:王笃洋
主要业务:承办展览会;销售机械与电气设备、石油制品、橡胶制品、金属材料、汽车工业配套产品、汽车(轿车限零售)、摩托车;技术咨询、技术服务、技术培训、营销策划;货物进出口、代理进出口;技术进出口

机械工业第九设计研究院有限公司
地址:长春市创业大街1958号
邮编:130011
电话:0431/85902279、4001688886
传真:85902960
网址:www.cjxjy.com

中国汽车工程研究院股份有限公司
地址:重庆市北部新区金渝大道9号
邮编:401122
电话:023/68824060
传真:68821361
网址:www.caeri.com.cn
电子信箱:ir@caeri.com.cn
董事长:李开国
总经理:万鑫铭

二、部分行业单位的分支机构

中国汽车工业协会分支机构

中国汽车工业协会
地址:北京市西城区莲花池东路106号汇融大厦A座15层
邮编:100055
综合管理部:010/63979900-4865
行业发展部:010/63979900-5267
行业信息部:010/63979900-4196、5172
国际合作部:010/63979900-4812
贸易协调部:010/63979900-5173
零部件部:010/63979900-5255
展览部:010/63979900-5240

专用车分会
地址:武汉市经济技术开发区沌阳大道55号
邮编:430056
电话:027/84398523
秘书长:高国有
秘书长单位:汉阳专用汽车研究所

客车分会
地址:山东省聊城市黄河路261号
邮编:252000
电话:0635/8322624
理事长:孙庆民
理事长单位:中通客车控股股份有限公司

旅居车(房车)委员会
地址:沈阳市沈河区沈洲路195号3楼
邮编:110014
电话:024/81019876、81019858
秘书长:房德和

燃气汽车分会
地址:重庆市渝北区长福西路6号
邮编:401120
电话:023/68650196
秘书长:李静波

摩托车分会
地址:北京市西城区月坛南街26号
邮编:100825
电话:010/68596371
秘书长:李彬

汽车相关工业分会
地址:北京市朝阳区青年路27号院2号楼318室
邮编:100123
电话:010/67367499
秘书长:李静

车用发动机分会
地址:广西玉林市天桥西路888号
邮编:537005
电话:0775/3222114
秘书长:唐章华

汽车空调委员会
地址:长春市东风大街5508号
邮编:130011
电话:0431/82022487
秘书长:薛庆峰

车用电机电器电子委员会
地址:长沙市开福区湘江中路万达公馆3栋5单元
邮编:410000
电话:0731/84424716
秘书长:朱小平
秘书长单位:中汽长电股份有限公司

车用活塞组件委员会
地址:山东省滨州市渤海二十一路569号
邮编:256602
电话:0543/3288966
秘书长:姜殿昌
秘书长单位:渤海汽车系统股份有限公司

车用散热器委员会
地址:山东省安丘市经济技术开发区莲花山西路
邮编:262100
电话:0536/4370723
秘书长:王钟柱
秘书长单位:潍坊恒安散热器集团有限公司

车用滤清器委员会
地址:河南省新乡市高新技术开发区东杨村1号
邮编:453000
电话:0373/5825672
秘书长:相跃进
秘书长单位:平原滤清器有限公司

车用仪表委员会
地址:江苏省丹阳市丹北镇(新桥)南环路
邮编:212322
电话:0511/86361889
理事长:徐锁璋
理事长单位:江苏新通达电子科技股份有限公司

车用轴瓦委员会
地址:山东省莱州市经济开发区开明路1058号
邮编:261411
电话:0535/2177600
理事长:赵延刚

理书长单位:烟台大丰轴瓦有限责任公司

离合器委员会
地址:广东省珠海市南屏镇洪湾工业区兴湾七路1号
邮编:519000
电话:0756/6299000
理事长:方艳平
理事长单位:珠海华粤传动科技有限公司

转向器委员会
地址:广东省江门市蓬江区西环路465号
邮编:529050
电话:0750/2632702
秘书长:闵志宪
秘书长单位:江门市兴江转向器有限公司

制动器委员会
地址:上海市嘉定区招贤路385号
邮编:201821
电话:021/39163200
理事长:蔡增伟
理事长单位:上海汽车制动系统有限公司

减振器委员会
地址:重庆市渝北区空港工业园区长空路306号
邮编:401120
电话:023/67180918、67180923
理事长单位:重庆耐德中意减振器有限责任公司

传动轴委员会
地址:长春市富奥大路599A号
邮编:130013
电话:0431/85127707
理事长:郭世仁
理事长单位:富奥汽车零部件股份有限公司传动轴分公司

悬架委员会
地址:辽宁省辽阳市太子河区干渠路82号
邮编:111000
电话:0419/3679111
秘书长:刘丹
秘书长单位:富奥辽宁汽车弹簧有限公司

车轮委员会
地址:浙江省新昌县万丰科技园
邮编:312500
电话:0575/86298888
理事长:陈滨
秘书长单位:万丰奥特控股集团有限公司

车身附件委员会
地址:杭州市桐庐县富春江镇机械工业区
邮编:311500
电话:0571/64667288
理事长:郑玉英
理事长单位:浙江龙生汽车部件科技有限公司

车用灯具委员会
地址:上海市嘉定区于田南路68号
邮编:201805
电话:021/69080000
秘书长:凌铭
秘书长单位:上海机动车检测认证技术研究中心有限公司

汽车试验场分会
地址:北京市通州区大杜社
邮编:101103
电话:010/61585017
秘书长:王维
秘书长单位:交通部公路交通试验场

车桥委员会
地址:山东省青岛市城阳区正阳东路777号
邮编:266106
电话:0532/81158333
秘书长:纪国清
秘书长单位:青特集团有限公司

上市公司委员会
地址:北京市昌平区沙河镇沙阳路
邮编:102206
电话:010/80708563
秘书长:龚敏
秘书长单位:北汽福田汽车股份有限公司

中国汽车工程学会分支机构

中国汽车工程学会
地址:北京市亦庄经济开发区荣华南路13院7号楼(中航国际广场H5)6楼
邮编:100176
电话:010/50911004
理事长:李骏
秘书长:张进华
汽车产业研究院:010/50950081
网址:www. sae - china. org

汽车产品分会
电话:0431/85788202
电子信箱:xiejun@ rdc. faw. com. cn

汽车制造分会
电话:027/84307905
电子信箱:huxinyi@ dfmc. com. cn

汽车发动机分会
电话:025/85403580
电子信箱:xu_dong_chen@ sina. com

汽车材料分会
电话:027/84283780
电子信箱:gyyjs - wangy@ dfl. com. cn

汽车应用与服务分会
电话:010/50950074
电子信箱:wl@ sae - china. org

汽车技术教育分会
电话:0431/85094523
电子信箱:sunping@ jlu. edu. cn

汽车现代化管理分会
电话:021/22011722
电子信箱:liangyuancong@ saicmotor. com

汽车经济发展研究分会
电话:010/88132024
电子信箱:13001910346@ 163. com

汽车电子技术分会
电话:027/84307108
电子信箱:leixue@ dfmc. com. cn

摩托车分会
电话:022/27405742
电子信箱:cydu@ chinamotorcycle. com

专用车分会
电话:027/84398593
电子信箱:huichun@ catarc. ac. cn

矿用汽车分会
电话:0472/2642230
电子信箱:lz@ chinanhl. com

汽车安全技术分会
电话:010/62792733
电子信箱:wuke@ tsinghua. edu. cn

汽车环境保护技术分会
电话:022/84379666 - 9556
电子信箱:lijingyuan@ catarc. ac. cn

汽车车身技术分会
电话:0731/88822076
电子信箱:daniexie@ 163. com

汽车非金属材料分会
电话:0431/85789489
电子信箱:tengteng@ rdc. faw. com. cn

汽车燃料与润滑油分会
电话:0719/8221073
电子信箱:Zhuyeyun@ dfcv. com. cn

电动汽车分会
电话:010/62786907
电子信箱:hev@ tsinghua. edu. cn

汽车智能交通分会
电话:021/69589112
电子信箱:ysatis@ tongji. edu. cn

越野车技术分会
电话:010/68911172
电子信箱:fanzhaoxia@ bit. edu. cn

转向技术分会
电话:023/63411358
电子信箱:yanyao@ caeri. com. cn

测试技术分会
电话:022/84379666 - 6118
电子信箱:zhangshimin@ catarc. ac. cn

代用燃料汽车分会
电话:0431/85095271
电子信箱:dwei@ jlu. edu. cn

工程建设与装备技术分会
电话:0431/85125223
电子信箱:guqiao_jy@ faw. com. cn

涂装技术分会
电话:0431/85789501
电子信箱:gaochengyong@ rdc. faw. com. cn

货运装备技术分会
电话:029/83385574
电子信箱:liudapeng@ sxqc. com

悬架技术分会
电话:18514476448
电子信箱:liushanghong@ baicmotor. com

振动噪声分会
电话:022/84379777 - 8020
电子信箱:wudeyuan@ catarc. ac. cn

齿轮技术分会
电话:022/68609707
电子信箱:sunlili@ tanhas. com

房车与营地工程技术分会
电话:0411/84706475
电子信箱:gloriazhang@ 163. com

技术管理分会
电话:010/62797400
电子信箱:tasri@ mail. tsinghua. edu. cn

汽车可靠性技术分会
电话:0515/69860827
电子信箱:chenlin@ catarc. ac. cn

汽车空气动力学分会
电话:023/63410787
电子信箱:acc@ sae - china. org

汽车防腐蚀老化分会
电话:023/67921826
电子信箱:13883447318@ 163. com

电器技术分会
电话:010/82604898、82607858
电子信箱:chenxiangfeng@ chinacapac. com

三、地方及其相关汽车行业协会、学会

北京汽车行业协会
地址:北京市朝阳区东三环南路 25 号北京汽车大厦 1713 室
邮编:100021
电话:010/87664292
传真:87664292
网址:www. baam. org. cn

河北省汽车工业协会
地址:石家庄市合作路 81 号
邮编:050051
电话:0311/87651911
传真:87651911
网址:www. hbqcxh. com

辽宁省汽车工业协会
地址:沈阳市沈河区沈洲路 195 号 3 楼
邮编:110033
电话:024/81065618
传真:81065518
网址:www. laam. cn

吉林省汽车工业协会
地址:长春市建设街 199 号
邮编:130051
电话:0431/85087933
网址:www. jlsqcgyxh. com

上海市汽车行业协会
地址:上海市威海路 489 号 9 楼
邮编:200041
电话:021/22011795
传真:22011188
网址:www. shata. org

上海市汽车工程学会
地址:上海市威海路 489 号 9 楼
邮编:200041
电话:021/22011772
传真:22011188
网址:www. shsae. org

江苏省汽车行业协会
地址:南京市广州路 37 号科技大厦 24 楼
邮编:210008
电话:025/84711602
传真:84711602

江苏省汽车工程学会
地址:南京市中央路 331 号(西门芦席营 78 号)小二楼 210 室
邮编:210037
电话:025/85417153
传真:85417153
网址:www. sae - js. org

南京汽车行业协会
地址:南京市芦席营 68 号南汽大厦二楼
邮编:210037
电话:025/83439932
传 真:83462732
网址 www. njqchyxh. com

浙江省汽车行业协会
地址:杭州市石祥路 589 号杭州市国际会议展览中心西裙楼 55017 室
邮编:310015
电话:0571/28339591
传真:28879696
网址:www. zaam. cn

玉环市汽摩配行业协会
地址:浙江省玉环市玉城街道 333 号福朋喜来登酒店 5 楼
邮编:317600
电话:0576/87209767
传真:87209737
网址:www. cnautomoto. com

龙泉市空调汽车配件行业协会
地址:浙江省龙泉市剑川大道 566 号(中国检验检疫大楼一楼 105、108)
邮编:323700
电 话:0578/7213695
传 真:7213695
网 址:www. autopartschn. com

安徽省汽车行业协会
地址:合肥市庐江路 60 号三楼
邮编:230000
电话:0551/62642107
传真:62611928
网址:www. ahauto. org. cn
电子信箱:ahauto@ 163. com

山东省汽车行业协会
地址:济南省泺源大街 53 号
邮编:250011
电话:0531/86913219
传真:86913219

河南省汽车行业协会
地址:郑州市经开区经北一路 7 号南楼 507 室
邮编:450016
电话:0371/55989585
传真:66270229
网址:www. hnqcxh. org

湖北省汽车工程学会
地址:武汉经济技术开发区沌阳大道 55 号
邮编:430056
电话:027/59756912
传真:59756902

网址:www.hbsae.com

广东省汽车行业协会
地址:广州市东风中路448号成悦大厦19楼东侧
邮编:510030
电话:020/83740852
传真:83740857
网址:www.gd-auto.cn

四川省汽车工程学会
地址:成都市红星路三段16号正熙国际大厦1807号
邮编:610016
电话:028/86662308
传真:86662308
网址:www.westcars.org.cn

陕西省汽车工程学会
地址:西安市幸福北路39号
邮编:710043
电话:029/83388574
传真:83388574
网址:www.sxsae.org

云南省机械工业行业协会
地址:昆明市西华北路18号钻石广场10、11楼
邮编:650011
电话:0871/67112569
传真:67112569
网址:www.yami.yn.gov.cn

云南省机械工程学会
地址:昆明市红菱路309号云南省机械研究设计院内503室
邮编:650031
电话:0871/65335474
传真:65335474
网址:www.ynjxxh.com

中国电器工业协会
地址:北京市丰台区南四环西路188号12区30号楼
邮编:100070
电话:010/68166500
传真:68273696
网址:www.ceeia.com

中国铸造协会
地址:北京市海淀区首体南路2号
邮编:100044
电话:010/68418899
传真:68458356
网址:www.foundry.com.cn

中国锻压协会
地址:北京市昌平区北清路中关村生命科学园博雅C座10层
邮编:102206
电话:010/53056669
传真:53056644
网址:www.chinaforge.org.cn

中国通用机械工业协会
地址:北京市车公庄大街9号院一号楼B座2单元502室
邮编:100044
电话:010/88393520
网址:www.cgmia.org.cn

中国机床工具工业协会
地址:北京市西城区莲花池东路102号天莲大厦12层
邮编:100055
电话:010/63345269
传真:63345698
网址:www.cmtba.org.cn
电子信箱:cmtba@cmtba.org.cn

中国模具工业协会
地址:北京市海淀区首体南路20号国兴家园4号楼505、506室
邮编:100044
电话:010/88356463
传真:88356461
网址:www.cdmia.com.cn

中国轴承工业协会
地址:北京市西城区马连道路4号北京市通信管理局3层309室
邮编:100055
电话:010/63317030、63317083
传真:63315067
网址:www.cbia.com.cn
电子信箱:taopeng@cbia.com.cn

中国橡胶工业协会
地址:北京市朝阳区拂林路9号景龙国际B座5层
邮编:100107
电话:010/84915391、84915661
传真:84928207
网址:www.cria.org.cn

中国液压气动密封件工业协会
地址:北京市西城区太平街甲2号
邮编:100050
电话:010/63172412
传真:63172811
网址:www.chpsa.org.cn
电子信箱:chpsa_bgs@163.com

中国机械制造工艺协会
地址:北京市海淀区首体南路2号1207室
邮编:100044
电话:010/88301523
传真:88301523
网址:www.cammt.org.cn

中国机械通用零部件工业协会
地址:北京市海淀区北蜂窝路2号中盛大厦2502室
邮编:100823
电话:010/63262092
传真:63262092
网址:www.cmca-view.com

中国工程机械工业协会
地址:北京市经济技术开发区天华北街11号院3号楼
邮编:100176
电话:010/68532689
传真:68589824
邮箱:ccmawz@yeah.net
网址:www.cncma.org

中国仪器仪表行业协会
地址:北京市西城区百万庄大街16号1号楼6层
邮编:100037
电话:010/68596456、68596458
传真:68539126
网址:www.cima.org.cn
电子信箱:office@cima.org.cn

中国内燃机工业协会
地址:北京市西城区月坛南街26号
邮编:100825
电话:010/62928838.
传真:68532003
网址:www.ciceia.org.cn
电子信箱:nrjxhbgs@163.com

中国摩擦密封材料协会
地址:北京市海淀区三里河路甲11号中国建材大厦C座15层
邮编:100037
电话:010/88084682
传真:88084733
网址:www.cfsma.org.cn

中国焊接协会
地址:哈尔滨市松北区科技创新城创新路2077号主楼704室
邮编:150080
电话:0451/86340850
传真:86333949
网址:www.china-weldnet.com
电子信箱:cwa@public.hr.hl.cn

中国道路运输协会
地址:北京市海淀区知春路甲48号盈都大厦C座3单元15B
邮编:100098
电话:010/58731825
传真:58731837
网址:www.crta.org.cn
电子信箱:crta@crta.org.cn
业务范围:贯彻国家有关道路运输业的方针政策,沟通企业与国家交通行政主管部门的联系,开展经济技术咨询的调研,提供技术经济情报

中国交通运输协会联运分会
地址:北京市朝阳区亮马桥路39号第一上海中心C座410室
邮编:100125
电话:010/84981083
传真:84616498

网址:www. lyccta. org
电子信箱:lyccta@ 126. com
业务范围:是由全国从事多式联运领域的相关企业、事业单位,社会组织及个人自愿参加组成的全国性、行业性、非营利性的社团组织;会员 200 多家,会员结构涵盖铁路货运、港口、航运、公路货运、综合物流、物流规划研究和物流信息化等行业,是多种运输方式和综合物流服务产业链;已形成覆盖全国 29 个省、市、自治区并贯通国际运输的会员网络

中国出租汽车暨汽车租赁协会

地址:北京市朝阳区和平街和平西苑20 楼 B 座 11 层
邮编:100013
电话:010/84272411
传真:84272411
网址:www. chinatla. com
业务范围:贯彻国家有关法律法规,团结广大出租汽车经营者、管理者和相关人士,协助有关政府部门开展行业管理工作,加强横向联系,为会员单位提供多种形式服务,维护会员的合法权益,促进我国城市出租汽车事业的发展

中国安全防范产品行业协会

地址:北京市海淀区西三环北路 87 号国际财经中心 C 座 1401 号
邮编:100089
电话:010/68730588
传真:68730588、51817901
网址:xh. 21csp. com. cn
业务范围:制订行业发展规划,推进行业标准化工作和安防行业市场建设;开展国内外技术、贸易交流和合作;组织订立行规行约;承担政府主管部门委托的其他任务

中国汽车摩托车运动管理中心

地址:北京市东城区体育馆路 9 号
邮编:100763
电话:010/87182177、87182373
传真:67116872
网址:www. sport. gov. cn/qmzx
业务范围:汽车和摩托车运动管理

中国汽车维修行业协会

地址:北京市丰台区莲花池南里 24 号中盐大厦 A 座 808 室
邮编:100055
电话:010/63310622
传真:64410962
网址:www. camra. org. cn
电子信箱:camra@ vip. sina. com
业务范围:制定行规行约,规范行业行为,建立行业自律机制,协调行业内部关系,维护行业平等竞争,维护行业和会员的权益;参与汽车维修行业发展战略研究;组织学术研究和行业标准研究,开展咨询服务及技术推广等工作

中国汽车保修设备行业协会

地址:北京市西城区新德街甲 20 号
邮编:100088
电话:010/82089799
传真:62371851
网址:www. cn - qbxh. cn
电子信箱:zqb@ cn - qbxh. cn
业务范围:向业务主管部门反映行业动态,并提供全行业的有关综合统计分析资料,制定产品标准,推动标准化进程,提高产品质量,加强对外联系和产品出口,为发展外向型经济创造条件

汽车行业科研检测与认证机构、大专院校及报纸、期刊

企事业单位详细介绍

•查询导引•

汽车行业科研检测与认证机构、大专院校及报纸、期刊

☞ 企业如有变更,请与编辑部联系 ☎ 010/68426043、68420981

一、科研机构

科技部高技术研究发展中心
地址:北京市三里河路一号西苑饭店九号楼
邮编:100044
电话:010/68339522、68339089
网址:www.htrdc.com/gjszx
职能范围:国家首批启动改建的中央财政科技计划(专项、基金等)项目管理专业机构,主要承担国家重点研发计划基础前沿类和重大共性关键技术类相关领域重点专项科研项目管理工作,负责组织项目评审、立项、过程管理和结题验收等工作

工信部产业发展促进中心
地址:北京市海淀区万寿路27号院8号楼11层
邮编:100846
电话:010/68207709
传真:68207707
网址:www.idpc.org.cn
职能范围:主要业务活动包括开展国家科技重大专项重大问题研究,研究提出课题申报指南建议;承担工业、通信业和信息化领域科技重大专项的项目申请受理,组织开展项目评审、立项、过程管理和结题验收;推动科研成果产业化等

中国汽车技术研究中心有限公司
地址:天津市东丽区先锋东路68号
邮编:300300
电话:022/84370000、24711970
传真:24370843
网址:www.catarc.ac.cn
职能范围:开展汽车行业标准与技术法规、产品认证检测、质量体系认证、行业规划与政策研究、信息服务等工作

中汽研汽车工业工程(天津)有限公司
地址:天津市东丽区先锋东路68号
邮编:300300
电话:022/84379807、84379932
传真:24370598
网址:www.qcsjy.com.cn
职能范围:为汽车行业整车和零部件企业提供工程设计、管理及监理等服务

★ 中国汽车工程研究院股份有限公司

地址:重庆市北部新区金渝大道9号
邮编:401122
电话:023/68825531
传真:68821361
网址:www.caeri.com.cn
电子信箱:ir@caeri.com.cn
董事长:李开国
总经理:万鑫铭
职能范围:主要从事汽车领域技术服务业务和产业化制造业务,拥有国家机动车质量监督检验中心(重庆)、国家燃气汽车工程技术研究中心、汽车噪声振动和安全技术国家重点实验室、替代燃料汽车国家地方联合工程实验室,已建成汽车安全、汽车噪声振动、电磁兼容、汽车节能与排放、电动汽车、替代燃料汽车、汽车整车、发动机、零部件等试验室和汽车工程研发中心
☞ 详细情况请参阅彩色宣传版面

国汽(北京)智能网联汽车研究院有限公司
地址:北京市经济技术开发区荣华南路13号院7号楼中航国际广场H5办公楼
邮编:100176
电话:010/57705900、57705902
网址:www.china-icv.cn
电子信箱:chinaicv@china-icv.cn
法定代表人:张进华
职能范围:致力于聚集国内外高端专业人才,突破关键共性技术,提升创新能力,培育一批在智能网联汽车领域具有国际竞争力的企业,持续高效引领和支

撑行业发展,提升我国智能网联汽车及相关产业在全球价值链中的地位

中国电动汽车充电技术与产业联盟
地址:北京市西城区新街口外大街 28 号工信部标准化研究所六层
邮编:100088
电话:010/82054255
传真:82051491
网址:www.cctia.org.cn
职能范围:集电动汽车充电基础设施的研发、制造、规划、建设、运营、服务、投资一体化

北京汽车研究所有限公司
地址:北京市丰台区方庄南路 9 号院
邮编:100079
电话:010/67625111
传真:67629458
网址:www.bari.cn
电子信箱:qiao@bari.cn
法定代表人:陈桂祥
职能范围:以汽车排放、安全、节能和电子技术应用为科研重点,围绕汽车、发动机及其零部件开展相关政策法规、技术应用、试验检测等方面的科技研究和有关产品开发工作,提供相关技术服务、咨询与培训,参与多项国家和北京市机动车排放标准制定、修订;承担多项国家和北京市相关主管部门下达的科研项目,以及国际合作和资助项目

机械工业第九设计研究院有限公司
地址:长春市创业大街 1958 号
邮编:130011
电话:0431/85902279、4001688886
传真:85902960
网址:www.cjxjy.com
职能范围:汽车及机械行业基本建设及技术改造工程的工程咨询、工程设计(含非标设备设计)、工程总承包、工程监理等各项业务,并具有工程设计(总承包)、工程咨询、工程监理等甲级资质

中国联合工程有限公司
地址:杭州市滨江区滨安路 1060 号
邮编:310052
电话:0571/88151842
传真:88137083
网址:www.chinacuc.com
职能范围:服务于机械等多个行业,涉及工程设计、工程咨询、项目管理、采购、试车和工程总承包

中机中联工程有限公司
地址:重庆市九龙坡区渝州路 17 号 A 座 27 层
邮编:400039
电话:023/68612396、68612368
传真:68610695
网址:www.cmtdi.com
职能范围:主要业务范围涉及产业规划、工程咨询、工程设计、工程监理、项目管理及工程总承包等

机械工业第四设计研究院有限公司
地址:河南省洛阳市涧西区西苑路 13 号
邮编:471000
电话:0379/64819476、64818477
传真:64913606
网址:www.scivic.com.cn
职能范围:汽车及零部件等行业的工厂咨询、设计、总承包、监理,汽车装备制造等

★ 北方车辆研究所
地址:北京市丰台区槐树岭 4 号院
邮编:100072
电话:010/83809707、83803668
网址:noveri.norincogroup.com.cn
电子信箱:sunly927@sina.com
所长:曹晖
单位人数:1600
职能范围:以特种车辆研究设计与试验试制和民用汽车、专用汽车研究开发与试验测试为主要目标
☞ 详细情况请参阅彩色宣传版面

北京特种机械研究所
地址:北京市海淀区西四环北路 149 号
邮编:100143
电话:010/68386972、88526641
传真:88116935
职能范围:特种车辆的研制

国家计量科学研究院
地址:北京市朝阳区北三环东路 18 号
邮编:100029
电话:010/64525678
网址:www.nim.ac.cn
职能范围:国家最高的计量科学研究中心和国家级法定计量技术机构,属社会公益型科研单位,包括新能源计量研究所等相关机构

中国特种设备检测研究院
地址:北京市朝阳区和平街西苑 2 号
邮编:100029
电话:010/59068899
传真:59068966
网址:www.csei.org.cn
职能范围:主要从事压力容器、压力管道、起重机械、厂(场)内机动车辆及相关产品等的检验检测、质量抽查、研究开发、型式试验、法规标准起草、安全评定、风险评估、技术仲裁、失效分析、事故调查处理、司法鉴定、产品(体系)认证评审、节能监管、人员培训、资格考核、技术咨询、信息及网络服务等

北京市劳动保护科学研究所
地址:北京市西城区陶然亭路 55 号
邮编:100054
电话:010/63521933
传真:63524194
网址:www.bmilp.com
职能范围:主要从事安全和环境科学领域研究

北京机电研究所
地址:北京市海淀区学清路 18 号
邮编:100083
电话:010/82415018
传真:62920623
网址:www.brimet.ac.cn
职能范围:主要从事汽车内饰件成形技术及装备、精冲技术及装备、多种电源研制技术等多行业的研究开发

清华－罗姆联合研究中心
地址:北京市海淀区清华大学清华－罗姆电子工程馆 7 楼
邮编:100084
电话:010/62798725
传真:62798519
职能范围:在光电子、生物医学工程、电力电子、数字电视以及传感器网络等领域开展了广泛的产学合作并取得了一系列成果

交通运输部汽车运输节能技术服务中心
地址:北京市海淀区西土城路 8 号
邮编:100088
电话:010/62079577
传真:82011829
网址:atestsc.mot.gov.cn
业务范围:汽车节能、净化产品、制动液、发动机冷却液等的研究及项目论证等工作

中国检验检疫科学研究院
地址:北京市亦庄经济技术开发区荣华南路 11 号
邮编:100176
电话:010/53897114
传真:53897676
网址:www.caiq.org.cn
职能范围:国家设立的公益性检验检疫中央研究机构,内设工业与消费品安全研究所、化学品安全研究所、装备技术研究所等 8 个专业研究机构和综合检测中心、测试评价中心

中国标准化研究院
地址:北京市海淀区知春路 4 号
邮编:100191
电话:010/58811517
网址:www.cnis.ac.cn
职能范围:从事标准化研究的国家级社会公益类科研机构,承担节能减排、质量管理、国际贸易便利化、视觉健康与安全防护、现代服务、公共安全、信息分类编码等领域标准化研究及相关标准的制定与修订工作

北京长城华冠汽车科技股份有限公司
地址:北京市顺义区仁和镇时骏北街 1 号院 4 栋中航国际产业园
邮编:101300
电话:010/81406666

传真:81406665
网址:www.ch-auto.com
法定代表人:陆群
职能范围:是一家具备纯电动汽车量产能力及汽车设计、研发、生产、销售为一体的汽车公司,在发展其原有整车设计及研发业务的基础上,还将进行纯电动汽车整车研发生产制造业务和电池系统、整车控制系统的研发业务,为用户提供完善的系统解决方案

中国航发北京航空材料研究院
地址:北京市海淀区温泉镇环山村8号
邮编:100095
电话:010/62496050、62496051
传真:62456212、62496195
网址:www.biam.ac.cn
职能范围:主要从事先进材料、工艺、检测评价技术研究

全国汽车标准化技术委员会秘书处
地址:天津市东丽区先锋东路68号
邮编:300300
电话:022/84379292
传真:84375353
网址:www.catarc.org.cn

中国汽车技术研究中心 C-NCAP 信息中心
地址:天津市东丽区先锋东路68号
邮编:300300
电话:022/84379222-1810、84379292
传真:84379298
网址:www.c-ncap.org

天津内燃机研究所
地址:天津市南开区卫津路92号
邮编:300072
电话:022/27406949
传真:27470806
网址:www.ticeri.com
职能范围:主要从事汽油机、柴油机的研究及内燃机测试仪器设备的开发

北方工程设计研究院有限公司
地址:石家庄市裕华东路55号
邮编:050011
电话:0311/86045738
传真:86033237
网址:www.norendar.cn
职能范围:是国家综合性大型工程咨询设计单位,具有机械等多个行业的甲级设计资质

大连理工大学内燃机研究所
地址:辽宁省大连市甘井子区凌工路2号
邮编:116024
电话:0411/84708460
职能范围:主要研究方向涵盖了内燃机开发的重要领域,其中包括高效清洁燃烧动力系统振动噪声及故障诊断等

上海交通大学内燃机研究所
地址:上海市东川路800号
邮编:200240
电话:021/34205949
传真:64074085
职能范围:从事内燃机教学和研究

泛亚汽车技术中心有限公司
地址:上海市浦东新区巨峰路2199号
邮编:201206
电话:021/50165016
传真:50165598
网址:www.patac.com.cn
职能范围:汽车设计与开发,包括汽车造型、总布置、模型制作、样车试制等;整车及部件总成的试验等

上海汽车集团股份有限公司技术中心
地址:上海市安研路201号
邮编:201804
电话:021/61388000
传真:61388888
职能范围:整车整机开发、汽车产品及零部件的试验研究,汽车测试和产品质量的评定检测等

上海汽车集团股份公司商用车技术中心
地址:上海市军工路2500号
邮编:200438
电话:021/25079999
传真:25079998
职能范围:主要承担上海汽车自主品牌商用车和新能源商用车的研发任务

上海同捷科技股份有限公司
地址:上海市浦东新区南芦公路160号
邮编:201300
电话:021/58186058
传真:68010046
电子信箱:market@tji.cn
董事长:雷雨成
职能范围:已实现从产品创意设计、工程研发、样车试制、试验研究到模具设计与制造、关键零部件配套的全流程一站式交钥匙服务能力

昆山宝复汽车科技有限公司
地址:上海市松江区沈砖公路5666号
恒耀环球广场B座20楼
邮编:201600
电话:18511793868
网址:www.ksbfqc.com
电子信箱:zjs@ksbfqc.com
法定代表人:周军生
职能范围:为客户提供传统汽车及新能源汽车开发方案设计及论证、造型设计、工程设计、CAE 分析、样车试制等技术支持和服务,覆盖汽车设计的整个过程

第一汽车集团公司无锡油泵油嘴研究所
地址:江苏省无锡市钱荣路15号
邮编:214063
电话:0510/85518741
传真:85512208
网址:www.wfieri.com
职能范围:主要从事内燃机燃油喷射系统、燃烧系统、进气系统、配气机构、增压技术、代用燃料、混合动力和内燃机结构强度等方面的研究开发

苏州上普汽车技术有限公司
地址:江苏省苏州市工业园区独墅湖科教创新区新城路188号
邮编:215123
电话:0512/65914976
法定代表人:吴怡文
职能范围:专注于汽车整车、新能源汽车等交通工具领域的技术研发、自动化控制系统研发、聚焦于产品感知质量的提升及创新设计

山东交通学院山东内燃机研究所
地址:济南市燕子山西路40号
邮编:250014
电话:0531/82967022
传真:82960314
网址:nrj.sdjtu.edu.cn
职能范围:机电产品研发、重大技术设备设计与改造、汽车和发动机及相关产品检测

山东省交通科学研究院
地址:济南市港西路1877号
邮编:250102
电话:0531/85903809
传真:85951978
职能范围:从事公路建设、汽车运输等方面的科学研究及技术开发工作

山东省纺织科学研究院
地址:山东省青岛市山东路195号
邮编:266032
电话:0532/85641981
传真:85648088
网址:www.sdtin.com.cn
电子信箱:sdfzkj@163.com

中国电器科学研究院股份有限公司
地址:广州市新港西路204号
邮编:510300
电话:020/89050888
传真:84451516
网址:www.cei1958.com
职能范围:研究、设计、生产各种冷热产品实验设备和环境模拟试验设备,并提供相关技术服务

国家电动汽车试验示范区管理中心
地址:广东省汕头市龙湖区下蓬工业区
邮编:515065
电话:0754/8353589
传真:8353590
网址:www.cev.com.cn
职能范围:为新开发的电动汽车进行公正的性能评价和探索推广应用的经验;为国家发展电动汽车提供决策依据等

中国化学工业桂林工程公司
地址:广西桂林市七星路77号
邮编:541004
电话:0773/5833045
网址:www.cgec.com.cn
职能范围:橡胶制品的研发和制造、翻新轮胎质量监测、压力容器设计、工程设计、工程项目承包等

全国机动车运行安全技术检测设备标准化技术委员会
地址:成都市玉双路10号(中国测试技术研究院)
邮编:610021
电话:028/84403957
传真:84403966
职能范围:从事机动车运行安全技术及检测设备专业标准化工作的技术工作组织,负责全国机动车运行安全技术及检测设备标准化的技术归口工作

二、质量检验、认证机构

国家汽车新产品强制性检验机构

中汽研汽车检验中心(天津)有限公司(国家轿车质量监督检验中心)
地址:天津市东丽区先锋东路68号
邮编:300300
电话:022/84379568
传真:24375350
网址:www.tatc.com.cn
电子信箱:tatc@catarc.ac.cn
职能范围:进出口汽车认可实验室、汽车环保产品认可与排放检测机构、强制性产品认证(CCC)检测机构、国家汽车新产品申报公告检测机构、国家科技成果鉴定实验机构

长春汽车检测中心有限责任公司[国家汽车质量监督检验中心(长春)]
地址:长春市创业大街1063号
邮编:130011
电话:0431/85788360、85788381
网址:www.catc.com.cn
电子信箱:liuyang@catc.com.cn
职能范围:进出口汽车认可实验室、汽车环保产品认可与排放检测机构、强制性产品认证(CCC)检测机构、国家汽车新产品申报公告检测机构、国家科技成果鉴定试验机构

襄阳达安汽车检测中心有限公司[国家汽车质量监督检验中心(襄阳)]
地址:湖北省襄阳市高新技术开发区汽车试验场
邮编:441004
电话:0710/3393243
传真:3310965
网址:www.nast.com.cn
职能范围:国家级汽车试验场、国家级汽车新产品鉴定定型及强制性标准检验机构、国家指定的强制性产品认证检测机构、国家级新生产机动车排放污染检测机构、汽车专用仪器和汽车检测线的校准实验室、汽车产品认证检测机构和科研成果技术鉴定试验机构

上海机动车检测认证技术研究中心有限公司(国家机动车产品质量监督检验中心(上海)
地址:上海市嘉定区于田南路68号
邮编:201805
电话:021/69080000
传真:69080111
网址:www.smvic.com.cn
电子信箱:xiaolingh@smvic.com.cn
总经理:沈剑平
职能范围:是工业和信息化部车辆《公告》检测、生态环境部车辆环保目录检测、交通运输部车辆油耗检测、国家认监委车辆及零部件产品3C认证检测等检测机构,同时也是国家缺陷车产品召回鉴定检测机构和国家进口汽车检验机构,还是国家授权、国内唯一的汽车专用器具计量检定站,开展各类车辆专用检测试验仪器及碰撞试验假人及传感器的检定,为各类汽车及零部件企业开展长度、力学和电学等领域的测试仪器的检定,并对各类部件产品开展尺寸精密测量、材料物理和化学性能测试

国家机动车质量监督检验中心(重庆)
地址:重庆市北部新区金渝大道9号
邮编:401122
电话:023/68821302
传真:68966987
网址:www.cmvic.com
电子信箱:cmvic@caeri.com.cn
职能范围:国家汽车新产品申报公告检验机构、国家强制性产品认证检测机构、国家汽车行业科技成果检测机构、国家进出口汽车认证检测机构、缺陷汽车产品委托检测与试验检测机构、国家机动车排放污染物检测机构

国家客车质量监督检验中心
地址:重庆市北部新区汇星路1号
邮编:401122
电话:023/63426217、63426220
传真:68966987
网址:www.cqvtri.com
职能范围:汽车新产品公告检测机构、汽车新产品强制性认证(CCC)检测机构、机动车排放检测机构、国家级科技成果鉴定检测机构等

应急管理部上海消防研究所(国家消防装备质量监督检验中心)
地址:上海市闵行区莘庄西环路391号
邮编:201199
电话:021/54959866、54959907
传真:54959907
网址:www.xfjyzx.com
电子信箱:fireshnc@sh163.net
职能范围:承担各类消防车、抢险救援车等特种车辆、汽车强制性安全法规项目和汽车内饰材料等各种材料、构件、涂料、堵料的防火阻燃性能和耐火极限的检验

国家工程机械质量监督检验中心
地址:北京市延庆区东外大街55号
邮编:102100
电话:010/69145748
网址:zjzx.syc.org.cn
电子信箱:syczjzx@sohu.com
职能范围:由国家级质检中心、国家级产品检验实验室和出入境商品检验实验室组成,经授权承担各类工程机械、军用改装车、专用与特种汽车、机动工业车辆、专用机械与特种设备等产品的整机型式试验、重要零部件台架与装机试验、产品质量监督抽查检验、进出口商品检验、国内外产品比对分析试验、国家级科技成果鉴定检验、汽车公告产品检验、CCC认证检验、进口汽车强制性检验、缺陷汽车召回检验、特种设备型式试验与鉴定评审、CE认证检验、质量鉴定与仲裁检验、司法鉴定检验,检验技术、试验方法的研究与验证、检验标准的制定与修订、质量管理体系认证咨询、检验仪器与设备的开发研制等业务

★ 国家汽车质量监督检验中心(北京顺义)

地址:北京市顺义区顺兴路9号
邮编:101300
电话:010/57521131
传真:5751181
网址:www.batc.com.cn
职能范围:建有碰撞安全实验室、整车性能实验室、零部件实验室、灯光电器实验室、排放节能实验室、电磁兼容实验室等核心实验室,以及仿真实验室、材料与用品实验室、汽车召回检测实验室等特色实验室,具备汽车及相关产品强制性检验能力
☞ 详细情况请参阅彩色宣传版面

广东汽车检测中心有限公司[国家汽车质量监督检验中心(广东)]
地址:广东省佛山市禅城区季华西路罗格工业园科汇路2号
邮编:528000
电话:0757/88036999、88036990
传真:88036866
网址:www.gdatc.net
电子信箱:gatc@gdatc.net
职能范围:是承担道路机动车辆产品公

告准入检验工作的汽车整车检验检测机构

国家汽车质量检验中心(广西)
地址:广西柳州市鱼峰区车园纵四路3号
邮编:545000
电话:0772/6836053
传真:6836053
电子信箱:qinguilin@ lzlatc. cn
职能范围:具备在整车领域2个类别、新能源汽车10个类别、发动机领域1个类别、汽车安全领域14类别的检测能力,可开展工业和信息化部汽车公告、认监委的3C、生态环境部的排放、交通运输部的油耗等法规检验及政府的监督抽查检验

国家新能源与智能网联汽车检验机构

国家新能源机动车产品质量监督检验中心
地址:上海市嘉定区于田南路68号
邮编:201805
电话:021/69080000、13918847252
传真:69080111
网址:www. smvic. com. cn
电子信箱:lic@ smvic. com. cn
职能范围:新能源汽车及关键核心部件的安全、节能、环保、综合技术性能的试验、检测、评价和相关技术研究,同时进行相关技术标准的研究和制修订工作,到2020年完成氢燃料电池与48V低电压动力电池检测能力,建立氢系统整车燃料消耗、泄漏、安全等测试能力

国家新能源汽车质量监督检验中心
地址:武汉市经济技术开发区沌阳大道55号
邮编:430056
电话:027/84398524
网址:www. catarc - wh. cn
职能范围:承担我国新能源汽车及零部件领域的最高质量监督及仲裁检验,推动产业技术创新发展,业务覆盖新能源及传统燃油商用汽车、专用汽车、乘用车、汽车零部件、节能排放、碰撞安全等

国家智能网联汽车质量监督检验中心(天津)
地址:天津市东丽区先锋东路68号主楼526室
邮编:300300
电话:022/84379657
传真:24373544
网址:www. tatc. com. cn
电子信箱:lichenzhen@ catarc. ac. cn
职能范围:涵盖智能网联汽车实车道路测试、仿真测试、功能安全测试、V2X网联与信息安全测试等方面

国家智能网联汽车质量监督检验中心(湖北)
地址:湖北省襄阳市高新技术开发区汽车试验场
邮编:441004
电话:0710/3393841
传真:3310964
网址:www. nast. com. cn
职能范围:具有完善的整车ADAS试验测试自动驾驶试验测试能力,并完成了现有园区的智能化网联化改造,已能进行46种智能网联场景的检测测试

国家储能及动力电池质量监督检验中心
地址:北京市丰台区槐树岭4号院
邮编:100072
电话:010/83808542
传真:83803668
网址:noveri. norincogroup. com. cn
电子信箱:tianhuanrong@ aliyun. com
职能范围:开展各类储能及动力电池质量监督检测,为新能源汽车及矿用储能和动力电池市场准入提供测试认证服务,并为企业研发提供试验验证及技术咨询服务

国联汽车动力电池研究院有限责任公司(国家动力电池创新中心检测试验中心)
地址:北京市怀柔区北京市怀柔区雁栖经济开发区兴科东大街11号
邮编:101407
电话:010/60662925
传真:60662925
电子信箱:yankun@ glabat. com
职能范围:能够根据整车需求开展系统总体设计,机械、热特性、电性能和系统管理(能量、安全、热)等方面的建模、仿真设计和试验验证;同时具备材料、单体电池/模块及系统功能、耐久性、环境适应性、安全和失效分析的试验检测条件,能够对系统总体设计和性能设计参数进行检测验证,为整车性能设计提供数据支持,提供设计验证、产品对标、法规性检测等服务

国家动力及储能电池产品质量监督检验中心(浙江)
地址:浙江省湖州市长兴雉城镇县经济开发区(民营科技园内)
邮编:313100
电话:0572/6129778
传真:6129778
电子信箱:cxzxy66@ 163. com
职能范围:开展对电动助力车密封铅酸蓄电池、电动道路车辆用铅酸蓄电池、电动汽车用金属氢化物镍蓄电池、电动道路车辆用锂离子蓄电池等动力及储能电池产品质量监督检验工作

许昌开普检测研究院股份有限公司
[国家电动汽车充换电系统质量监督检验中心]
地址:河南省许昌市魏都区魏武大道与尚德路交会处
邮编:461000
电话:0374/3212185、3212775
传真:3212771
电子信箱:zlgl@ ketop. cn
职能范围:电动汽车交流充电桩、直流充电桩、充电连接装置以及充换电站等电动汽车充换电系统的检测

国家新能源汽车充电设施质量监督检验中心(江苏)
地址:江苏省苏州市吴中大道1368号B楼
邮编:215104
电话:0512/65251803
传真:65639646
网址:www. nevc. org. cn
职能范围:具有交/直流充电桩、交/直流充电接口、车载充电机、逆变器、动力电池、充电设施现场验收等方面的检测能力,集检验检测、认证咨询、标准制修订、科研创新等综合服务为一体

国家新能源汽车供能装置质量监督检验中心(河南)
地址:郑州市管城回族区白佛路10号
邮编:450047
电话:0371/89932717
传真:89932706
职能范围:检测能力覆盖电动汽车用充换电站、电动汽车交流充电桩、电动汽车非车载直流充电机、电动汽车车载直流充电机、电动汽车传导充电连接装置、电动汽车传导充电互操作等新能源汽车供能装置产品,在建项目包括燃料电池电动汽车充氢系统及车载氢系统

中国电力科学研究院有限公司
地址:北京市海淀区清河小营东路15号
邮编:100192
电话:010/82812114
传真:62913109
网址:www. epri. sgcc. com. cn
电子信箱:cepri@ epri. sgcc. com. cn
职能范围:交流充电桩、非车载充电机、传导充电接口等电动汽车充电设施的检测

国家电控配电设备质量监督检验中心
地址:天津市东丽区信通路6号
邮编:300300
电话:022/84376031、13752076758
传真:84376022
网址:www. ccdt - tj. com
电子信箱:tjtcdk@ 126. com
职能范围:直流充电机(站)、非车载传导式充电机、交流充电桩、非车载充电机等电动汽车充换电系统的检测

上海电器设备检测所有限公司
地址:上海市普陀区武宁路505号

邮编:200063
电话:021/62574990-442
传真:62435543
电子信箱:zhangzx@ seari. com. cn
职能范围:交流充电桩、非车载充电机、传导充电接口、缆上控制与保护装置等电动汽车充电设施的检测

国网电力科学研究院有限公司实验验证中心
地址:南京市江宁区诚信大道 19 号
邮编:211106
电话:025/81098587
传真:81098589
电子信箱:itc@ sgepri. sgcc. com. cn
职能范围:交流充电桩、非车载充电机、传导充电接口、缆上控制与保护装置等电动汽车充电设施的检测

苏州电器科学研究院股份有限公司
地址:江苏省苏州市吴中区越溪前珠路 5 号
邮编:215104
电话:0512/69551283
传真:68081686
网址:www. eeti. com. cn
电子信箱:eservice@ eeti. cn
职能范围:交流充电桩、非车载充电机、传导充电接口、缆上控制与保护装置等电动汽车充电设施的检测

威凯检测技术有限公司
(国家智能汽车零部件质量监督检验中心)
地址:广州市黄埔区科学城开泰大道天泰一路 3 号
邮编:510663
电话:020/32293783、32293780
传真:32293889-3838
网址:www. cvc. org. cn
电子信箱:office@ cvc. org. cn
职能范围:交流充电桩、车载充电机、非车载充电机、充电站、充电接口等为电动汽车电池提供充电的相关设备及电动汽车驱动用电机等新能源零部件的检测;智能汽车零部件检验将包括智能网联新能源汽车的无线通信系统,ADAS 场景模拟与评价,动力电池、驱动电机、充电设施的安全与可靠性,充电系统互操作性等

国家汽车试验场

海南热带汽车试验有限公司
地址:海南省琼海市加积镇富海横南 13 号
邮编:571400
电话:0898/62923841、62923373
传真:62923673
网址:www. hnpg. net
电子信箱:hns@ vip. 163. com
职能范围:整车性能评价,可靠性试验,材料大气老化试验,汽车道路强化腐蚀试验

交通运输部公路交通试验场
地址:北京市通州区马驹桥镇
邮编:101103
电话:010/61583482、61585018
传真:61585024
网址:www. rioh. cn
职能范围:整车道路试验,汽车正面碰撞试验,汽车与护栏碰撞试验,整车排放和发动机试验

中国定远汽车试验场
地址:安徽省定远县汽车试验场
邮编:233210
电话:0550/4021445、4021446
传真:4021437
职能范围:是国家级汽车新产品鉴定定型试验单位,有各种试验道路及先进的检测设备;承担轮式车辆和船艇新产品的论证研发、开发试验、鉴定定型工作;进行车辆、船艇使用维修方面的科研工作及国内外车船情报的分析研究

国家摩托车新产品强制性检验机构

国家摩托车质量监督检验中心(天津)
地址:天津市南开区卫津路 92 号
邮编:300072
电话:022/227405703
传真:27407628
网址:www. cnmtctj. com
职能范围:业务涉及摩托车、电动摩托车、全地形车、发动机、零部件及通用小型汽油机等机动车领域 45 类产品;产品检测认证范围覆盖 CCC 强制性产品认证、公告管理、环保信息公开、产品生产许可证、国家质量监督抽查等

国家摩托车质量监督检验中心(重庆)
地址:重庆市北部新区汇星路 1 号
邮编:401122
电话:023-63426215、63426218
网址:www. cqvtri. com
职能范围:开展摩托车、助力车、通用小型汽油机、多/单缸柴油机等产品的公告、CCC、环保、生产许可证、质量监督、进口商检、出口认证等法规检验及各种委托试验

上海摩托车质量监督检验所
地址:上海市嘉定区安亭于田南路 68 号
邮编:201805
电话:021/69080000
网址:www. smvic. com. cn
电子信箱:shuz@ smvic. com. cn
职能范围:承担国家车辆产品公告管理试验、CCC 认证试验、摩托车环境标志认证检验和法规保护产品检验、进/出口摩托车认证检验、摩托车零部件自愿认证检验、开展行业管理政策和标准法规的研究、承担摩托车企业委托的各种汽车开发和验证试验、承担各级政府机构和中介组织下达的摩托车质量检测任务,承担企业委托的摩托车质量检测试验

南昌摩托车质量监督检验所
地址:南昌市青云谱区新溪桥
邮编:330024
电话:0791/88468858、87669387
传真:88469387
职能范围:是摩托车、发动机及零部件强制性产品认证指定检验机构,国家级摩托车质检机构,国家新生产机动车排放污染检测单位,内燃机产品、电动自行车产品、汽油机助力自行车生产许可证检测单位;承担 E/emark 认证产品检测工作

其他质量检验机构

中国安全生产科学研究院安全生产检测技术中心
地址:北京市朝阳区北苑路 32 号院甲 1 号楼安全大厦
邮编:100012
电话:010/ 84911329
传真:84911334
网址:www. chinasafety. ac. cn

国家安全玻璃及石英玻璃质量监督检验中心
地址:北京市朝阳区管庄东里 1 号中国建材总院南楼
邮编:100024
电话:010/51167363、51167922
传真:65711591
网址:www. csgc. org. cn
职能范围:汽车安全玻璃检测等

北京市产品质量监督检验院
地址:北京市顺义区顺兴路 9 号
邮编:101300
电话:010/57520901、57520908
传真:57520984、57521125
网址:www. bqi. gov. cn
电子信箱:zjs@ bjtsb. gov. cn
职能范围:在授权范围内开展产品质量监督检验、检查及风险监测工作;产品质量仲裁检验与鉴定工作;产品质量生产许可检验工作及相关技术审查工作;产品认证及检验工作;产品质量委托检验、新产品样机定型试验、产品质量技术鉴定、产品技术标准验证试验、验货检验等;在用产品安全性能与质量评价、产品继续使用性能与条件评价等工作;检测技术方法与标准研究、检测设备研制等工作;检测及服务范围涵盖

信息技术软硬件产品、电子电气类产品、汽车整车及零部件等七大类产品

国家橡胶轮胎质量监督检验中心
地址:北京市海淀区阜石路甲19号
邮编:100143
电话:010/51338171
传真:51338168
网址:www. tyretest. org. cn
电子信箱:office@ tyretest. com. cn
职能范围:检验检测范围从原材料、半成品到轮胎成品,以及橡胶相关制成品的物理、化学检测,是覆盖整个轮胎生产过程的综合性国家级实验室

国家安全防范报警系统产品质量监督检验中心(北京)
地址:北京市海淀区首都体育馆南路一号
邮编:100048
电话:010/68773780、68773781
传真:68775190、68773380
网址:www. tcspbj. com
职能范围:业务范围包括社会公共安全防范、信息安全、警用装备、警用服饰等领域内系统及产品的质量检验、检查,各类安全防范工程的检测,计量器具的检定校准,开展各类防弹、防暴(爆)、防化、警用车辆类产品的测试和检验方法的研究

国家室内车内环境及环保产品质量监督检验中心
地址:北京市西城区广义街4号华星大厦
邮编:100053
电话:010/83122865,83122868
传真:83114407
网址:www. cietc – pc. com
职能范围:包括汽车、校车和公共交通汽车车内环境质量、室内环境、车内环境噪声检测、室内车内环保产品质量检验检测等

北京劳保所噪声与振动控制技术中心
地址:北京市西城区陶然亭路55号
邮编:100054
电话:010/63521933
传真:63524194
网址:www. bmilp. com
电子信箱:bjzjzx@ 126. com
职能范围:承担噪声与振动控制的产品设备检验

交通运输部汽车挂车质量监督检验测试中心
地址:北京市海淀区西土城路8号交通运输部公路科学研究院
邮编:100088
电话:010/62079579
传真:62079180
网址:www. rioh. cn
职能范围:主要从事汽车挂车(通用全挂车、通用半挂车、集装箱半挂车、专用半挂车等)和汽车列车等有关标准制定、车辆产品质量监督检验测试工作

交通运输部汽车保修设备质量监督检验测试中心
地址:北京市海淀区西土城路8号交通运输部公路科学研究院
邮编:100088
电话:010/62079579
传真:62079180
网址:www. rioh. cn
职能范围:主要从事汽车维修加工机械、汽车检测设备、汽车诊断设备等有关标准制定、产品的质量监督检查、检测评定和技术推广工作

交通运输部汽车运输行业能源利用监测中心
地址:北京市海淀区西土城路8号
邮编:100088
电话:010/62079579
传真:62079180
网址:www. rioh. cn
业务范围:主要从事汽车节能环保产品、汽车制动液及发动机冷却液等产品有关标准制定、检测评定

国家玻璃钢制品质量监督检验中心
地址:北京市延庆区康庄镇南251厂
邮编:102101
电话:010/61162140、61162014
传真:69132140
网址:www. frptest. cn

国家玻璃质量监督检验中心
地址:河北省秦皇岛市河北大街西段91号
邮编:066004
电话:0335/5911512
传真:8051865
职能范围:承担汽车用安全玻璃、钢化玻璃、夹层玻璃、中空玻璃、浮法玻璃、普通平板玻璃、吸热玻璃、压花玻璃、热反射玻璃、夹丝玻璃、玻璃马赛克的检测任务

大连汽车综合性能检测中心有限公司汽车性能检测实验室
地址:辽宁省大连市甘井子区华北路411号
邮编:116033
电话:0411/86600210、86604202

国家安全防范报警系统产品质量监督检验中心(上海)
地址:上海市岳阳路76号
邮编:200031
电话:021/64336810 – 2201
传真:64335838

中汽中心盐城汽车试验场有限公司
地址:江苏省盐城市大丰港经济区
邮编:224100
电话:0515/69860880
传真:69860860

无锡市产品质量监督检验所(国家电动自行车产品质量监督检验中心)
地址:江苏省无锡市东亭春新东路8号
邮编:214101
电话:0510/88202376
传真:88204261
网址:www. wxzjs. com
电子信箱:wxt@ wxzjs. com

公安部交通安全产品质量监督检测中心
地址:江苏省无锡市钱荣路88号
邮编:214151
电话:0510/85505281
传真:85503152
电子信箱:jczx001@ 126. com

浙江省质量技术监督检测研究院
地址:杭州市经济开发区下沙路300号
邮编:310018
电话:0571/86839998
传真:85022906
网址:www. fytest. com

宁波汽车零部件检测中心
地址:浙江省宁波市鄞州投资创业中心金谷南路99号
邮编:315104
电话:0574/28888222
传真:28888220
网址:www. catarc – nb. com

国家汽车电气零部件产品质量监督检验中心(浙江)
地址:浙江省温州市瑞安市塘下镇罗凤办事处里北洋村
邮编:325204
电话:13758755085
传真:0577/66002266
电子信箱:ratest@ 163. com
职能范围:检测能力范围覆盖85%以上的汽车电气零部件产品

福建省产品质量检验研究院
地址:福州市杨桥西路山头角121号
邮编:350002
电话:0591/83756985
传真:83756985
网址:www. fcii. net
电子信箱:jx83756985@ 163. com

厦门市产品质量监督检验院
地址:福建省厦门市思明区湖滨南路170号质检大楼一楼
邮编:361004
电话:0592/2699777
网址:www. xmzjy. org

山东省产品质量监督检验研究院
地址:济南市经十东路31000号国家质

检中心园区
邮编:250102
电话:0531/88118782、81902770
传真:89701899
网址:www. sdqi. com. cn

青岛市产品质量监督检验所
地址:山东省青岛市崂山区深圳路17 号
邮编:266061
电话:0532/88918002
传真:68069111

国家齿轮产品质量监督检验中心
地址:郑州市嵩山南路 81 号
邮编:450052
电话:0371/67973021
传真:67973021
职能范围:从事各类齿轮几何精度、内在质量的检测及汽车变速器疲劳寿命、传动性能的试验

国家电池产品质量监督检验中心
地址:河南省新乡市新七街与创业路交叉口东南角
邮编:453000
电话:0373/3398206
传真:3398678
网址:www. nqib. com. cn
职能范围:铅酸蓄电池、碱性蓄电池、电池材料、其他特种电池的检测

国家轮胎质量监督检验中心(河南)
地址:河南省焦作市山阳区世纪路 378 号
邮编:454000
电话:0391/8395283
传真:8395283
Email:glzjzxhn@ 163. com
职能范围:具备检测橡胶原料及制品、各类轮胎成品共 21 个产品、64 个参数的检测能力

洛阳西苑车辆与动力检验所有限公司
地址:河南省洛阳市涧西区西苑路 39 号
邮编:471039
电话:0379/62690108、62690116
传真:62697099
职能范围:从事拖拉机、汽车、农用运输车、工程机械、内燃机等产品的开发、设计、试验和检测以及计算机技术、电器仪表、测试设备、新材料、新工艺的技术开发与推广应用任务等

国家轴承研究所质量监督检验中心
地址:河南省洛阳市吉林路 1 号
邮编:471039
电话:0379/64881596
传真:64881523
网址:www. zys. com. cn
职能范围:滚动轴承(含滚动体、保持架)检验,合格评定,寿命可靠性试验量值传递,各类专用轴承(汽车、摩托车等)模拟试验等

武汉汽车车身附件质量监督检验站
地址:武汉市硚口区古田五路 17 号新材料孵化器 4 - 1
邮编:430034
电话:027/83344509
传真:82318175
网址:www. whcfs. org
职能范围:汽车车身附件产品强制性产品认证检验、产品定型检验、专用检测设备的开发等

湖北机电院机械产品质量检测中心
地址:武汉市江夏区大桥新区民营工业园
邮编:430200
电话:027/87867522
传真:87867522
网址:www. hbjlx. com
电子信箱:hbjdyjc@ 163. com
负责人:陈龙
职能范围:通过 AL 和 MA 授权及 CNAS 认证,从事汽车整车及零部件检验

国家建筑城建机械质量监督检验中心
地址:长沙市岳麓区银盆南路 361 号
邮编:410013
电话:0731/88923872
传真:88910912
网址:www. cmtc. net. cn
职能范围:产品质量监督抽查、生产许可证检查、科技成果检测鉴定,进出口商检、产品鉴定检测及定型试验等

长沙汽车电器检测中心有限责任公司
地址:长沙市经济技术开发区盼盼路 29 号
邮编:410100
电话:0731/82798492
传真:82798491
网址:jc. qcdq. cn
电子信箱:caetc@ 126. com
职能范围:可按照国家标准、行业标准、企业标准及国际标准开展汽车电器产品质量监督和检测认证工作

威凯检测技术有限公司
地址:广州市科学城开泰大道天泰一路 3 号
邮编:510663
电话:020/32293887
传真:32293793
网址:www. cvc. org. cn
电子信箱:yugl@ cvc. org. cn
职能范围:是国家批准授权和认可的认证机构,同时还是国家批准授权和认可的检验机构、检测实验室、校准实验室、能力验证提供者、进出口商品检验鉴定机构,服务领域涉及电器附件、电动机、信息技术设备、音视频产品、照明产品、汽车及其零部件、电池、材料、压缩机、内燃机、机械等行业

机械工业汽车零部件产品质量监督检测中心(广州)
地址:广州市萝岗区科学城新瑞路 2 号
邮编:510700
电话:020/32385316、32385317
传真:32389592

国家模具产品质量监督检验中心(广东)
地址:广东省东莞市长安镇莲湖路 10 号
邮编:523000
电话:0769/88002898 - 222
传真:23077279
网址:www. dqtmould. com
Email:gddqt@ gddqt. com
职能范围:服务内容能满足国内外模具企业原材料、标准间、模具及模具制品检测需求及质量控制与提升的要求

重庆车辆检测研究院有限公司
地址:重庆市北部新区经开园汇星路 1 号
邮编:401122
电话:023/63427888
传真:63427888
网址:www. cqvtri. com

国家非金属矿制品质量监督检验中心
地址:陕西省咸阳市滨河路 5 号
邮编:712021
电话:029/33335697
传真:33336458
网址:www. cnmpi. net
职能范围:承担摩擦材料、非金属密封材料和非金属矿产品监督检验工作,也可以进行矿物分析和微细粉粒度分布测试,还承担以上产品的标准制定、修订和标准化技术管理工作以及这些产品的标准检测设备的研发工作

国家橡胶密封制品质量监督检验中心
地址:陕西省咸阳市西华路 2 号
邮编:712023
电话:029/33621344、33621449
传真:33621360
网址:www. xbxj. chenchina. com
职能范围:各类橡胶密封制品、特种橡胶制品及橡胶、塑料材料的研究、设计、生产、经营和技术开发、咨询服务等

强制性产品认证机构

中国质量认证中心
地址:北京市南四环西路 188 号 9 区
邮编:100070
电话:010/83886666
传真:83886141
网址:www. cqc. com. cn
指定业务范围:汽车、摩托车、汽车安全带、机动车外部照明及光信号装置、机动车辆间接视野装置、汽车座椅及座椅头枕、摩托车乘员头盔、机动车辆轮胎、安全玻璃、防盗报警产品、机动车儿童

乘员用约束系统等

中国安全技术防范认证中心
地址:北京市海淀区体育馆南路1号综合楼四层
邮编:100048
电话:010/88513160
传真:88513159
网址:www.csp.gov.cn
指定业务范围:防盗报警产品、汽车行驶记录仪、车身反光标识、安防实体防护产品

应急管理部消防产品合格评定中心
地址:北京东城区永外西革新里甲108号
邮编:100077
电话:010/87898132、87898130
传真:87278660
网址:www.cccf.com.cn
指定业务范围:消防装备产品、火灾报警产品、灭火设备产品

中汽认证中心有限公司
地址:北京市海淀区首体南路2号机械科学研究总院11层
邮编:100044
电话:010/88301244
传真:88301243
网址:www.cccap.org.cn
指定业务范围:汽车、摩托车、汽车安全带、机动车外部照明及光信号装置、机动车辆间接视野装置、汽车座椅及座椅头枕、摩托车乘员头盔、机动车儿童乘员用约束系统、电动自行车

中国建筑材料检验认证集团股份有限公司
地址:北京市朝阳区管庄东里1号
邮编:100024
电话:010/51167681
传真:65715991
网址:www.ctc.ac.cn
指定业务范围:安全玻璃等

北京中化联合认证有限公司
地址:北京市朝阳区亚运村安慧里四区16号楼
邮编:100723
电话:010/84885007、84885335
传真:84885201
网址:www.hqc-china.com
指定业务范围:机动车辆轮胎等

北京中轻联认证中心
地址:北京市西城区阜成门外大街乙22号617-626室
邮编:100833
电话:010/68396625
传真:68396563
网址:www.cclc.cn
E-mail:cclc@cclc.cn
指定业务范围:机动车儿童成员用约束系统等

中汽研华诚认证(天津)有限公司
地址:天津市东丽区先锋东路68号科研楼336
邮编:300300
电话:022/84379333-1329
传真:84379328
网址:www.catarc-cert.cn
电子信箱:chubaolei@catarc.ac.cn
指定业务范围:汽车、汽车安全带、机动车外部照明及光信号装置、机动车辆间接视野装置、汽车座椅及座椅头枕、机动车儿童乘员用约束系统

公安部第三研究所
地址:上海市市辖区徐汇区岳阳路76号
邮编:200031
电话:021/64318599
传真:64318599
网址:www.cspsh.org.cn/rzzx
指定业务范围:车身反光标识、汽车行驶记录仪、防盗报警产品、安防实体防护产品

重庆凯瑞质量检测认证中心有限责任公司
地址:重庆市市辖区渝北区北部新区金渝大道9号综合研发楼A座
邮编:401122
电话:023/63424311
传真:68966987
网址:www.ccqcc.com.cn
电子信箱:liujun1@caeri.com.cn
指定业务范围:汽车

国家级重点实验室

汽车安全与节能国家重点实验室
地址:北京市海淀区中关村清华园1号
邮编:100084
电话:010/62785708
网址:www.car.tsinghua.edu.cn

电动车辆国家工程实验室
地址:北京市海淀区中关村南大街5号北京理工大学机械与车辆学院
邮编:100081
电话:010/68940589、68913668
网址:www.bit.edu.cn

内燃机燃烧学国家重点实验室
地址:天津市南开区卫津路92号
邮编:300072
电话:022/27406843-8002
网址:skle.tju.edu.cn

汽车仿真与控制国家重点实验室
地址:长春市人民大街5988号吉林大学(南岭校区)
邮编:130022
电话:0431/85687676

汽车电子控制技术国家工程实验室
地址:上海市闵行东川路800号上海交通大学机械与动力工程学院
邮编:200240
电话:021/34205915、54740000
网址:www.sjtu.edu.cn

汽车噪声振动和安全技术国家重点实验室
地址:重庆市北部新区金渝大道9号
邮编:401122
电话:023/68651263
传真:68821361
网址:www.nvhskeylab.com

三、开设汽车类专业的高等院校

北京理工大学机械与车辆学院
地址:北京市海淀区中关村南大街5号
邮编:100081
电话:010/68913639、68918270
网址:www.bit.edu.cn
设置汽车类专业:车辆工程、热能与动力工程等

清华大学车辆与运载学院
地址:北京市海淀区清华大学院内
邮编:100084
电话:010/62781851、62796373
网址:www.tsinghua.edu.cn
设置汽车类专业:车辆工程、动力机械及工程等

北京市汽车技师学院汽车工程系
地址:北京市大兴区采育经济开发区育英街11号
邮编:100016
电话:010/80278505、80278787
网址:www.bjqcjsxy.com
设置汽车类专业:汽车维修、新能源汽车维修与检测、新能源汽车制造与装配、汽车制造与装配

北京交通大学机械与电子控制工程学院
地址:北京市海淀区上园村3号
邮编:100044
电话:010/51683689、51688431

网址:www. njtu. edu. cn
设置汽车类专业:车辆工程、能源与动力工程

★ 北京航空航天大学交通科学与工程学院
地址:北京市海淀区学院路37号
邮编:100191
电话:010/82316330、82317114
网址:www. buaa. edu. cn
设置汽车类专业:新能源汽车工程、车辆工程研究方向:智能车路协同与安全控制;空地信一体化机场场面交通控制;综合交通系统需求管理;航空器适航技术;车辆智能化与系统优化;机场道面结构与安全状态监测

中国农业大学工学院车辆与交通工程系
地址:北京市海淀区清华东路17号
邮编:100191
电话:010/62736945、51423169
网址:www. cau. edu. cn
设置汽车类专业:车辆工程

北京信息科技大学机电工程学院
地址:北京市海淀区清河小营东路12号
邮编:100192
电话:010/82426906
网址:www. bistu. edu. cn
设置汽车类专业:车辆工程、新能源科学与工程

北京科技职业学院技术应用学院
地址:北京市昌平区沙阳路18号
邮编:102206
电话:010/69738080
网址:www. 5aaa. com
设置汽车类专业:汽车检测与维修技术(新能源)

天津大学机械工程学院
地址:天津市南开区卫津路92号
邮编:300072
电话:022/87401979、87402173
网址:www. tju. edu. cn
电子信箱:webmaster@ tju. edu. cn
设置汽车类专业:能源与动力工程

河北工业大学机械学院车辆工程系
地址:天津市红桥区
邮编:300130
电话:022/60204189
设置汽车类专业:车辆工程

天津理工大学机械工程学院
地址:天津市西青区宾水西道391号
邮编:300384
电话:022/60214133、60216416
网址:nem. tjut. edu. cn
设置汽车类专业:汽车电子工程、新能源科学与工程等

东北大学机械工程与自动化学院
地址:沈阳市和平区文化路3号巷11号
邮编:110819
电话:024/83687613
网址:www. neu. edu. cn
设置汽车类专业:车辆工程

沈阳工业大学机械工程学院
地址:沈阳市经济技术开发区沈辽西路111号
邮编:110870
电话:024/25496271、25496799
网址:www. sut. edu. cn
设置汽车类专业:车辆工程

大连理工大学汽车工程学院
地址:辽宁省大连市甘井子区凌工路2号
邮编:116024
电话:0411/84706475、84708320
网址:www. dlut. edu. cn
电子信箱:qcxy@ dlut. edu. cn
设置汽车类专业:车辆工程、汽车车身工程、汽车材料工程、汽车电子工程、汽车工业装备及自动化、汽车服务工程

长春汽车工业高等专科学校
地址:长春市东风大街9999号
邮编:130013
电话:0431/85751803、85751899
网址:www. caii. edu. cn
设置汽车类专业:汽车检测与维修技术、汽车制造与装配技术、数控技术、电气自动化技术、汽车物流技术、汽车产品造型技术、汽车技术服务与营销、模具设计与制造、汽车电子技术、机电一体化等

吉林大学汽车工程学院
地址:长春市人民大街5988号
邮编:130012
电话:0431/85095833、85095443
网址:auto. jlu. edu. cn
电子信箱:qcx@ jlu. edu. cn
设置汽车类专业:车辆工程

上海交通大学机械与动力工程学院
地址:上海市闵行东川路800号
邮编:200240
电话:021/34207478、54745994-881
网址:www. sjtu. edu. cn
电子信箱:gwzhou@ sjtu. edu. cn
设置汽车类专业:车辆工程

上海理工大学机械工程学院
地址:上海市军工路516号
邮编:200093
电话:021/55275287
网址:me. usst. edu. cn
设置汽车类专业:车辆工程

同济大学汽车学院
地址:上海市曹安路4800号
邮编:201804
电话:021/69589127、65983300
网址:auto. tongji. edu. cn
电子信箱:qiche@ tongji. edu. cn
设置汽车类专业:车辆工程、动力机械与工程
与汽车相关科研机构:汽车振动与噪声控制研究所、汽车车身机构技术研究所、汽车仿真技术研究所、发动机结构设计研究所、汽车传动技术研究所、氢能源及设施研究所、汽车后市场研究所、电动汽车实验室、氢能实验室、试验试制基地

上海工程技术大学机械与汽车工程学院
地址:上海市松江龙腾路333号
邮编:201620
电话:021/67791000
网址:cae. sues. edu. cn
设置汽车类专业:机械设计制造及其自动化(汽车工程)、交通运输(汽车运用工程)、市场营销(汽车营销)

南京航空航天大学能源与动力学院
地址:南京市白下区御道街29号
邮编:210016
电话:025/84892200-2300
网址:www. nuaa. edu. cn
设置汽车类专业:车辆工程

南京理工大学机械工程学院
地址:南京市孝陵卫200号
邮编:210094
电话:025/84315446
网址:www. njust. edu. cn
设置汽车类专业:车辆工程、交通工程

东南大学机械工程学院
地址:南京市东南大学路2号
邮编:211189
电话:025/52090506、52090501
网址:me. seu. edu. cn
设置汽车类专业:车辆工程

江苏大学汽车与交通工程学院
地址:江苏省镇江市京口区学府路301号
邮编:212006
电话:0511/88797620
网址:auto. ujs. edu. cn
设置汽车类专业:车辆工程、能源与动力交通工程等

浙江大学机械工程学院
地址:杭州市浙大路38号
邮编:310027
电话:0571/87951466、87951168
网址:me. zju. edu. cn
设置汽车类专业:机械工程及自动化

安徽工业大学机械工程学院
地址:安徽省马鞍山市马向路
邮编:243000
电话:0555/2316517
网址:www. ahut. edu. cn

设置汽车类专业:车辆工程

福州大学机械工程及自动化学院
地址:福州市大学新区学园路2号
邮编:350116
电话:0591/22866262
网址:www.fzu.edu.cn
设置汽车类专业:车辆工程

山东大学机械工程学院
地址:济南市经十路17923号
邮编:250061
电话:0531/88392608
网址:www.mech.sdu.edu.cn
设置汽车类专业:车辆工程

山东理工大学交通与车辆工程学院
地址:山东省淄博市张店区新村西路266号
邮编:255000
电话:0533/2786837
网址:www.sdut.edu.cn
电子信箱:jtxyxwzx2012@163.com
设置汽车类专业:车辆工程、交通运输

哈尔滨工业大学汽车工程学院
地址:山东省威海市文化西路2号
邮编:264209
电话:0631/5687025
网址:auto.hitwh.edu.cn
电子信箱:11032411@163.com
设置汽车类专业:车辆工程、热能与动力工程、交通运输、交通工程

青岛理工大学机械与汽车工程学院
地址:山东省青岛市黄岛区嘉陵江东路777号
邮编:266520
电话:0532/86875211、85071037
网址:www.qtech.edu.cn
电子信箱:omae@qut.edu.cn
设置汽车类专业:车辆工程、汽车服务工程、交通运输、交通工程和安全工程
研究方向:山东省科技攻关项目——载货汽车驱动桥虚拟设计平台研发;国家自然科学基金项目——低速高性能微型电动汽车关键技术研究、载货汽车悬架馈能制动系统优化设计及控制策略研究、基于电动轮式的多轴汽车转向及车轮驱动控制;上汽通用五菱汽车公司项目——发动机热试试验研究

河南科技大学车辆与交通工程学院
地址:河南省洛阳市西苑路48号
邮编:471003
电话:0379/64231480
网址:www.haust.edu.cn
设置汽车类专业:车辆工程、动力机械及工程

华中科技大学能源与动力工程学院
地址:武汉市珞喻路1037号
邮编:430074
电话:027/87541114、87542418
网址:www.hust.edu.cn
设置汽车类专业:动力机械及工程、热能与动力工程

武汉理工大学汽车工程学院
地址:武汉市洪山区珞狮路205号
邮编:430070
电话:027/87858200
网址:auto.whut.edu.cn
电子信箱:auto_whut@163.com
设置汽车类专业:车辆工程、动力机械及工程、载运工具运用工程、汽车运用工程、汽车电子工程等五个学科方向重点实验室:现代汽车零部件技术湖北省重点实验室、燃料电池湖北省重点实验室、湖北省汽车产业汽车零部件绿色设计与试验技术创新基地和汽车研究所(部批)、电动汽车研究院(校批)、机动车排放控制技术研究开发中心、高机动特种车辆技术研究中心,车用发动机及摩托车研究所等

湖北汽车工业学院
地址:湖北省十堰市车城西路167号
邮编:442002
电话:0719/8238177
网址:www.huat.edu.cn
设置汽车类专业:热能与动力工程(汽车发动机专业方向)、车辆工程(汽车工程)、车辆工程(汽车数字工程)、交通运输(汽车销售与服务工程)

湖南大学机械与运载工程学院
地址:长沙市岳麓山
邮编:410082
电话:0731/88823120、88822825
网址:mve.hnu.edu.cn
设置汽车类专业:机械工程、动力工程及工程热物理、机械制造及其自动化、车辆工程、机械设计及理论、机械电子工程、动力机械与工程、热能工程等

华南理工大学机械与汽车工程学院
地址:广州市天河区五山路381号
邮编:510641
电话:020/87111032、87111374
网址:www.scut.edu.cn
设置汽车类专业:车辆工程、工程车辆、制冷空调工程、车用发动机等

广西科技大学机械与交通工程学院
地址:广西柳州市东环大道268号
邮编:545006
电话:0772/2686979、2687007
网址:www.gxut.edu.cn
设置汽车类专业:车辆工程、交通运输(汽车电子技术与检测)

重庆大学汽车工程学院
地址:重庆市沙坪坝区沙正街174号
邮编:400030
电话:023/65102401、65106243
网址:www.cqu.edu.cn
设置汽车类专业:车辆工程

重庆理工大学车辆工程学院
地址:重庆市九龙坡区杨家坪兴胜路4号
邮编:400050
电话:023/62563132、62563098
网址:clgc.cqut.edu.cn
设置汽车类专业:车辆工程、机械设计制造及其自动化、工业设计、工业工程

重庆交通大学交通运输学院
地址:重庆市南岸区学府大道66号
邮编:400074
电话:023/62651921
网址:www.cqjtu.edu.cn
设置汽车类专业:交通运输专业(汽车运用工程方向)

西南交通大学机械工程学院
地址:成都市二环路北一段111号
邮编:610031
电话:028/87600692、66361556
网址:www.swjtu.edu.cn
设置汽车类专业:车辆工程

西华大学汽车与交通学院
地址:成都市金牛区金周路999号
邮编:610039
电话:028/87720037
网址:qc.xhu.edu.cn
设置汽车类专业:热能与动力工程(汽车发动机)、交通运输、交通工程、汽车服务工程和物流管理

长安大学汽车学院
地址:西安市南二环路中段
邮编:710064
电话:029/82334458、82338114
网址:www.chd.edu.cn
设置汽车类专业:车辆工程、交通运输(汽车运用工程)、热能与动力工程(汽车机电一体化)、汽车服务工程

西安交通大学机械工程学院
地址:西安市咸宁西路28号
邮编:710049
电话:029/82668721、82668602
网址:www.xjtu.edu.cn
设置汽车类专业:热能与动力工程(汽车、汽车发动机、内燃机方向)

兰州工业学院汽车工程学院
地址:兰州市七里河区龚家坪东路1号
邮编:730050
电话:0931/2861012
网址:www.lzit.edu.cn
设置汽车类专业:车辆工程等

四、报纸、期刊

报纸

《中国汽车报》
地址:北京市朝阳区金台西路 2 号人民日报社新媒体大厦 6 层
邮编:100733
电话:010/56002713
网址:www.cnautonews.com
出版单位:中国汽车报社
报道内容:汽车工业的方针政策,汽车行业各类信息

《中国工业报》
地址:北京市石景山区实兴大街 30 号院 3 号楼 3 层
邮编:100041
电话:010/68349306、67410633
网址:www.cinn.cn
出版单位:中国工业报社
报道内容:有关机械汽车行业发展动态,政策动态等

《中国交通报》
地址:北京市朝阳区安定路 5 号院 8 号楼外运大厦 A 座 15 层
邮编:100029
电话:010/65293624、64266095
网址:www.zgjtb.com
出版单位:中国交通报社
报道内容:交通(包括汽车道路运输等)行业信息

《上海汽车报》
地址:上海市威海路 489 号上海汽车工业大厦 1001－1003 室
邮编:200041
网址:www.shautonews.com
出版单位:上海汽车报社
报道内容:宣传汽车工业方针、政策、科技信息等

《中国商报·汽车导报》
地址:北京市西城区广安门内大街报国寺 1 号
邮编:100053
电话:010/83122908
网址:www.zgswcn.com

《中国消费者报·汽车周刊》
地址:北京市海淀区阜成路北三街 8 号
邮编:100048
电话:010/88315472
网址:www.ccn.com.cn

期刊

《汽车之友》
地址:北京市西城区天莲大厦
邮编:100055
电话:010/50950026
网址:www.autofan.com.cn
出版单位:《汽车之友》杂志社
报道内容:汽车普及知识

《汽车与运动》
地址:北京市海淀区阜成路 115 号北京印象 1 号楼 2 门 305 室
邮编:100142
电话:010/88144560
网址:qcyd.qikan.com
出版单位:《汽车与运动》杂志社
报道内容:定位于汽车类高档专业消费杂志,致力于为汽车爱好者、汽车运动爱好者、汽车消费者提供独到而专业的汽车及汽车文化、汽车运动资讯服务

《汽车零部件》
地址:北京市海淀区丹棱街 3 号
邮编:100080
电话:010/82606771、86079858
网址:www.qclbjzz.com
出版单位:中国汽车零部件工业有限公司
报道内容:政策与法规、动态与综述、零部件论坛、技术新视野、产经故事会、检测与标准、研究与开发市场及信息

《汽车维修与保养》
地址:北京市海淀区复兴路 65 号北京电信实业大厦 907 室
邮编:100036
电话:010/68274219、68274259
网址:www.motorchina.com
出版单位:《汽车维修与保养》杂志社
报道内容:国际最新汽车产品与技术信息

《汽车纵横》
地址:北京市大兴区荣华南路 13 号中航国际广场 7 号楼 5 层
邮编:102600
电话:010/63425939
网址:www.autoreview.com.cn
出版单位:中国汽车工业协会
报道内容:跟踪汽车产业和市场发展中的重要时事

《汽车与社会》
地址:北京市海淀区上地西路 28 号时代大厦 6 层
邮编:100085
电话:010/59741628、62041758
网址:www.auto－society.com.cn
出版单位:《汽车与社会》杂志社

《汽车与驾驶维修》
地址:北京市德胜门外北沙滩 1 号 16 信箱
邮编:100083
电话:010/64883610、64882622
网址:www.carservice.com.cn
出版单位:《汽车与驾驶维修》杂志社
报道内容:汽车售后服务及整车资讯

《商用汽车新闻》
地址:北京市海淀区阜成路 115 号(北京印象 3 号楼 114)
邮编:100142
电话:010/88138144、88152946
网址:www.cvnews.com.cn
出版单位:中国汽车报社
报道内容:整车企业、零部件企业、实用新闻资讯

《城市交通》
地址:北京市三里河路 9 号中国城市规划设计研究院交通所 545 室
邮编:100037
电话:010/58323226
网址:www.chinautc.com
出版单位:《城市交通》杂志社

《世界汽车》
地址:天津市东丽区先锋东路 68 号中国汽车技术研究中心科研楼二楼
邮编:300300
电话:022/84379206、84379209
网址:www.worldauto.com.cn
出版单位:《世界汽车》杂志社
报道内容:定期公布 C－NCAP 信息以及汽车安全

《中国汽车工业年鉴》
地址:天津市东丽开发区先锋东路 68 号
邮编:300300
电话:022/84370000
网址:www.catarc.ac.cn
出版单位:中国汽车技术研究中心
报道内容:记录我国汽车工业各方面发生的历史事实报道内容:汽车标准化方针政策及信息

《汽车情报》
地址:天津市东丽开发区先锋东路 68 号
邮编:300300
电话:022/84379216
出版单位:中国汽车技术研究中心
报道内容:汽车工业政策、行业信息、汽车技术情报

《摩托车技术》
地址:天津市东丽开发区先锋东路 68 号
邮编:300300
电话:022/84379238
电子信箱:mtc@catarc.ac.cn
出版单位:《摩托车技术》杂志社
报道内容:以技术性文章为主,兼摩托车普及性趣味性知识

《车用发动机》
地址:天津市北辰区永进道 96 号
邮编:300000
电话:022/58707822
网址:cyfd.chinajournal.net.cn

出版单位:中国北方发动机研究所

《汽车技术》
地址:长春市东风大街 8899 号
邮编:130011
电话:0431/82028067
网址:qcjs. faw. com. cn
出版单位:《汽车技术》杂志社
报道内容:以推广汽车、发动机及其零部件的先进设计、试验方法、生产制造工艺、使用维修知识及技巧为核心

《汽车维护与修理》
地址:南京市黄埔路 2 号黄埔花园 1-808
邮编:210016
电话:025/84825381
网址:www. autorepair. com. cn
出版单位:《汽车维护与修理》杂志社

《汽车电器》
地址:长沙市经济技术开发区盼盼路 29 号
邮编:410100
电话:0731/82798491、82798492
网址:www. qcdq. cn
出版单位:《汽车电器》杂志社
报道内容:国内外汽车电气科研动态,介绍产品基础理论

《摩托车信息》
地址:重庆市渝中区大坪大黄路 6 号 7 栋 C 单元 9-2
邮编:400042
电话:023/68770808、68770637
网址:www. chmotor. cn
出版单位:《摩托车信息》杂志社
报道内容:摩托车技术、使用指南等

汽车行业网站

★部分专业网站

汽车之家
网址:www. autohome. com. cn

易车网
网址:www. bitauto. com

爱卡汽车网
网址:www. xcar. com. cn

网上车市
网址:www. cheshi. com

太平洋汽车网
网址:www. pcauto. com. cn

中国汽车工业信息网
网址:www. autoinfo. org. cn

车质网
网址:12365. auto. com

中国汽车供应商网
网址:www. chinaautosupplier. com

卡车之家
网址:www. 360che. com

中国客车网
网址:www. chinabuses. com

中国商用汽车网
网址:cv. ce. cn

盖世汽车网
网址:cn. gasgoo. com

第一电动网
网址:www. d1ev. com

牛摩网
网址:newmotor. com. cn

★部分综合网站

新浪汽车
网址:auto. sina. com. cn

腾讯汽车
网址:auto. qq. com

搜狐汽车
网址:auto. sohu. com

网易汽车
网址:auto. 163. com

凤凰网汽车频道
网址:auto. ifeng. com

中国网汽车频道
网址:auto. china. com

人民网汽车频道
网址:auto. people. com. cn

新华网汽车频道
网址:www. xinhuanet. com/auto

央视网汽车频道
网址:auto. cntv. cn

环球网汽车频道
网址:auto. huanqiu. com

中央及部分地方政府专业采购网站

中国政府采购网	www. ccgp. gov. cn
北京市政府采购网	www. ccgp - beijing. gov. cn
天津市政府采购网	www. ccgp - tianjing. gov. cn
上海市政府采购网	www. shzfcg. gov. cn
重庆市政府采购网	www. cqgp. gov. cn
河北省政府采购网	www. ccgp - hebei. gov. cn
山西省政府采购网	www. ccgp - shanxi. gov. cn
辽宁省政府采购网	www. ccgp - liaoning. gov. cn
吉林省政府采购网	www. jlszfcg. gov. cn
黑龙江省政府采购网	www. hljcg. gov. cn
江苏省政府采购网	www. ccgp - jiangsu. gov. cn
浙江省政府采购网	www. zjzfcg. gov. cn
安徽省政府采购网	www. ahzfcg. gov. cn
福建省政府采购网	www. ccgp - fujian. gov. cn
江西省政府采购网	www. ccgp - jiangxi. gov. cn
山东省政府采购网	www. ccgp - shandong. gov. cn
河南省政府采购网	www. hngp. gov. cn
湖北省政府采购网	www. ccgp - hubei. gov. cn
湖南省政府采购网	www. ccgp - hunan. gov. cn
广东省政府采购网	www. ccgp - guangdong. gov. cn
广西壮族自治区政府采购网	www. ccgp - guangxi. gov. cn
海南省政府采购网	www. ccgp - hainan. gov. cn
四川省政府采购网	www. sczfcg. com
贵州省政府采购网	www. ccgp - guizhou. gov. cn
云南省政府采购网	www. yngp. com
陕西省政府采购网	www. ccgp - shaanxi. gov. cn
甘肃省政府采购网	www. ccgp - gansu. gov. cn
青海省政府采购网	www. ccgp - qinghai. gov. cn
宁夏回族自治区政府采购网	www. ccgp - ningxia. gov. cn
新疆维吾尔自治区政府采购网	www. ccgp - xinjiang. gov. cn
西藏自治区政府采购网	www. ccgp - xizang. gov. cn
大连市政府采购网	www. ccgp. dl. gov. cn
宁波市政府采购网	www. nbzfcg. cn
厦门市政府采购网	www. xmzfcg. gov. cn
青岛市政府采购网	www. ccgp - qingdao. gov. cn
深圳市政府采购网	www. zfcg. sz. gov. cn

第二部分

中国汽车、改装车生产企业

❊ 汽车生产企业

❊ 改装车及其他生产企业

汽车生产企业

企业详细介绍

●查询导引●

汽车生产企业

☞ 企业如有变更,请与编辑部联系 ☎ 010/68426043、68420981

北京市

★智车优行科技(北京)有限公司
地址:北京市朝阳区东三环北路27号嘉铭中心B座2层
邮编:100020
电话:010/65869596
网址:www.singulato.com
电子信箱:bd@singulato.com
法定代表人:沈海寅
产品情况:(奇点牌)

奇点电动轿车、电动商用车,主营业务涵盖新能源汽车和智能汽车系统研发、基于大数据与云计算的车联网服务和解决方案、创新技术产品的投资等;其汽车产品以家用轿车为主

配套情况:与英伟达、博世、大陆、塔塔、固特异、ZF、法雷奥、科大讯飞等合作

★北方华德尼奥普兰客车股份有限公司
地址:北京市丰台区朱家坟五里5号
邮编:100072
电话:010/83807100、4000679505
传真:83806689
电子信箱:bfyx618@163.com
法定代表人:赵东旭
质量体系:ISO 9001
产品情况:(北方牌)

大型公路客车、豪华旅游客车、城市公交车、自行走旅游房车、机场摆渡车及新能源客车产品;产品涵盖8.0~13.7米全系列,全面覆盖旅游、客运、公交、政府公务、机关团体等领域

出口情况:远销亚洲、非洲、欧洲等国际市场

★北京北方车辆集团有限公司
地址:北京市丰台区朱家坟五里5号
邮编:100072
电话:010/83807000
传真:83876659
网址:bfcljt.norincogroup.com.cn
电子信箱:380062366@qq.com
法定代表人:许长兴
单位人数:4000
质量体系:ISO 9001
产品情况:(北方牌)

豪华大客车、旅居房车、特种车辆

★中国长安汽车集团有限公司
地址:北京市海淀区车道沟十号院
邮编:100089
电话:010/68966362、68966537
网址:www.ccag.cn
电子信箱:office@ccag.cn
法定代表人:刘卫东
质量体系:ISO 9001
产品情况:(长安牌、哈飞牌等)

整车和动力总成、零部件、服务业三大业务板块,2019年产量1797429辆

出口情况:远销70多个国家和地区,并在马来西亚、越南、美国、墨西哥、伊朗、埃及、乌克兰等多个国家建有海外基地

★北京汽车制造厂有限公司
地址:北京市朝阳区高碑店弘胜大厦
邮编:100124
电话:010/87740311、4006106566
网址:www.baw.com.cn
电子信箱:bawintl@baw.com.cn
法定代表人:姚长生

质量体系:ISO 9001
产品情况:(北京牌、黑豹牌)

勇士乘用车、勇士皮卡车、勇士专用车、BJ212 系列、BW007、锐铃皮卡、009 大海狮、北汽豹 200 等;2019 年产量 11096 辆

出口情况:远销欧洲、非洲、南美洲、中东、东南亚等地区,建立了俄罗斯、南非、柬埔寨等海外基地

★ 北京奔驰汽车有限公司

地址:北京市经济技术开发区博兴路 8 号
邮编:100176
电话:010/67824888
传真:67711363
网址:www. bbac. com. cn
法定代表人:徐和谊
质量体系:ISO 9001
产品情况:(梅赛德斯-奔驰牌)

C 级车、E 级车、GLC SUV 和 GLA SUV 四大主力车型;2019 年销售 567306 辆

☞ 详细情况请参阅彩色宣传版面

★北京新能源汽车股份有限公司

地址:北京市大兴区经济技术开发区东环中路 5 号
邮编:100176
电话:4006506766
网址:www. bjev. com. cn
电子信箱:info@ bjev. com. cn
法定代表人:徐和谊
质量体系:IATF 16949、ISO 9001
产品情况:(北京牌、ARCFOX 牌)

电动汽车,主要产品有 EU7、EU5、EX5、EX3、EC5、EC3、LITE R300、EX360、EC220、EU 快换版、EU 驾培版等;2019 年销售 44314 辆

★北京现代汽车有限公司

地址:北京市顺义区林河工业园开发区顺通路 18 号
邮编:101300
电话:010/89490088
传真:89498260
网址:www. beijing-hyundai. com. cn
电子信箱:office@ beijing-hyundai. com. cn
法定代表人:陈宏良
质量体系:ISO 9001
产品情况:(北京现代牌)

全新胜达、昂希诺、第四代途胜、新一代 ix35、新 ix25、菲斯塔、全新索纳塔插电混动、逸行、瑞纳、领动、新名图、全新悦动、第九代索纳塔、新伊兰特 EV、悦纳、悦纳 RV 等;2019 年销售 715000 辆

★北京汽车股份有限公司

地址:北京市顺义区双河大街 99 号
邮编:101300
电话:010/56635500、4008108100
网址:www. baicmotor. com
电子信箱:bqgfjw@ baicmotor. com
法定代表人:徐和谊
质量体系:ISO 9001
产品情况:轿车 U7、D50、绅宝性能版,SUV X3、智行、X25、X35、X65,越野车 BJ90 等;2019 年销售 150716 辆

★北京汽车集团有限公司

地址:北京市顺义区双河大街 99 号
邮编:101300
电话:010/87664009
传真:87664048
网址:www. baicgroup. com. cn
法定代表人:徐和谊
质量体系:ISO 9001
产品情况:(北京牌、绅宝牌、昌河牌、福田牌、北京现代牌、北京奔驰牌等)

轿车、商用车、越野车和新能源汽车等整车制造,汽车零部件制造,汽车服务贸易、研发、教育和投融资等;2019 年销售 2261456 辆

2019 年中国汽车产销情况

· 数据资料 ·

产品名称	产量		销量	
	2019年(辆)	同比增长率(%)	2019年(辆)	同比增长率(%)
汽车总计	25720665	-7.51	25768677	-8.23
商用车	**4360472**	**1.89**	**4324497**	**-1.06**
按燃料类型:柴油车	2869395	-2.69	2835104	-5.44
汽油车	1253306	16.23	1257761	12.18
其他燃料车	237771	-5.95	231632	-7.90
按车型:货车	2724763	-2.48	2720281	-5.24
·重型货车	244766	-17.27	252728	-17.94
·中型货车	107459	-20.81	103041	-26.64
·轻型货车	1724965	-0.56	1711621	-2.58
·微型货车	647573	3.14	652891	-1.88
客车	441862	-2.67	444024	-1.38
·大型客车	72536	-6.63	73419	-4.02
·中型客车	59795	-12.50	60172	-10.49
·轻型客车	309531	0.52	310433	1.28
半挂牵引车	581227	23.59	564920	16.93
客车底盘	30169	-14.02	30315	-13.21
货车底盘	582451	10.67	564957	6.26
乘用车	**21360193**	**-9.22**	**21444180**	**-9.56**
按燃料类型:柴油车	84791	53.62	85230	58.71
汽油车	19962228	-10.01	20074313	-10.31
其他燃料车	1313174	1.74	1284637	0.85
按车型:轿车	10233042	-10.86	10307645	-10.70
MPV	1380689	-18.06	1383684	-20.23
SUV	9344444	-6.03	9353313	-6.28
交叉型乘用车	402018	-4.31	399538	-11.72

★北京福田戴姆勒汽车有限公司

地址:北京市怀柔区红螺东路21号
邮编:101400
电话:4008900977、4008900966
网址:www.aumantruck.com
电子信箱:wangxiangguo@bfda.cn
法定代表人:巩月琼
质量体系:ISO 9001
产品情况:(欧曼牌)
产品涵盖欧曼ETX、欧曼GTL、欧曼EST、欧曼EST-A四大系列,产品吨位覆盖3~49吨,包括牵引车、载货车、自卸车、各类专用车等200多个品种
☞ 详细情况请参阅彩色宣传版面

★北京宝沃汽车股份有限公司

地址:北京市昌平区北七家镇未来科学城南区未来国际中心1号楼3层
邮编:101500
电话:4006881919
网址:www.borgward.com.cn
法定代表人:陈良芸
质量体系:VDA 6.1、ISO 9001
产品情况:(宝沃牌)
传统能源车型BX7、BX7 TS、BX5、BX6以及新能源车型BXi7;2019年销售54528辆

★北汽福田汽车股份公司拓陆者事业部

地址:北京市昌平区沙河镇沙阳路
邮编:102206
电话:010/59917368
质量体系:ISO 9001
产品情况:(拓陆者牌、萨瓦纳牌、萨普牌)
拓陆者S系列、拓陆者E系列、萨瓦纳、萨普

★北汽福田汽车股份有限公司

地址:北京市昌平区沙河镇沙阳路
邮编:102206
电话:010/80708888、4008199199
网址:www.foton.com.cn
电子信箱:fotonbl@foton.com.cn
法定代表人:张夕勇
质量体系:ISO 9001、ISO 14001
产品情况:(福田牌、欧曼牌、欧辉牌、欧马可牌、奥铃牌、拓陆者牌、图雅诺牌、风景牌等)
乘用车:MP-X蒙派克、风景、传奇、迷迪、纯电动多用途乘用车;商用车:欧曼、欧马可、奥铃系列载货汽车,欧V客车,混合动力城市客车,燃料电池城市客车,萨普皮卡车,时代轻型货车,瑞沃中重型货车及工程车、邮政车、救护车、保温车、油罐车等专用汽车;2019年销售527110辆

★北汽福田汽车公司北京欧辉客车分公司

地址:北京市昌平区沙河镇沙阳路15号
邮编:102206
电话:010/59912588、59916086
传真:59916277
网址:auv.foton.com.cn
电子信箱:fotonbus@foton.com.cn
法定代表人:梁兆文
质量体系:ISO 9001
产品情况:(福田牌、欧辉牌)
新能源客车、公路客车、旅游客车、公交客车、专用校车、专用改装
出口情况:出口80多个国家和地区

★华泰汽车集团有限公司

地址:北京市朝阳区立水桥甲9号
邮编:102218
电话:010/61138666、4008102066
网址:www.hawtaimotor.com
法定代表人:苗小龙
质量体系:ISO 9001
产品情况:(华泰元田牌牌、华泰牌)
圣达菲、路盛两大系列传统及新能源SUV、轿车、微型车;2019年销售38567辆

★重庆长安汽车股份北京长安汽车公司

地址:北京市房山区普安路83号
邮编:102433
电话:010/89373260、89373709
传真:89373706
网址:www.changan.com.cn
法定代表人:伍嘉扬
单位人数:3800
质量体系:IATF 16949、ISO 14001
产品情况:北京公司的产品涵盖了长安自主品牌新能源及中高档轿车B、C、CD/D、E,SUV四大平台、六大车系的10多款车型

天津市

★天津天汽集团美亚汽车制造有限公司

地址:天津市西青区京福公路西侧602号
邮编:300112
电话:022/27538456、27538457
传真:27538455、27538053
电子信箱:tqmy2006@163.com
法定代表人:韩巍
质量体系:ISO 9001
产品情况:(美亚牌)
海狮TM6490、TM6510系列轻型商务车,瑞程TM6390系列微型客车,奇兵、奇骏系列SUV,陆程皮卡车等
出口情况:销往中国台湾、中国香港等地区

★国能新能源汽车有限责任公司

地址:天津市华苑产业区华天道2号国际创业中心7018
邮编:300191
电话:022/27968122
网址:www.nevs.com
法定代表人:吴新荣
质量体系:ISO 9001
产品情况:(龙基牌)
收购了萨博相关资产,生产纯电动乘用车

★天津一汽夏利汽车股份有限公司

地址:天津市西青区京福公路578号
邮编:300380
电话:022/87915010、4006518000
传真:28010878
网址:www.tjfaw.com.cn
电子信箱:tqservice@vip.163.com
法定代表人:雷平
质量体系:ISO 9001
产品情况:(骏派牌、宾果牌)
骏派D60、骏派70、骏派A50、骏派A70E等车型
出口情况:出口墨西哥、俄罗斯、伊朗、叙利亚、阿尔及利亚、厄瓜多尔等国家

★天津一汽丰田汽车有限公司

地址:天津市经济技术开发区第九大街81号
邮编:300457
电话:022/66230666
传真:66231364
网址:www.tftm.com.cn
法定代表人:徐留平
质量体系:ISO 9001
产品情况:[丰田(TOYOTA)牌]
皇冠、锐志、威驰、花冠、卡罗拉系列轿车,RAV4系列SUV;2019年销售514866辆

★天津比亚迪汽车有限公司

地址:天津市武清区汽车零部件产业园天福路2号
邮编:301701
电话:022/82191888
电子信箱:wang.hong21@byd.com
法定代表人:于秉华
产品情况:纯电动大客车
出口情况:出口新能源大客车

河北省

★河北长征汽车制造有限公司

地址:河北省邢台市邢台县羊范龙冈经济开发区
邮编:054000
电话:0319/2591508、2591555
传真:2591518
网址:www.hebczqc.com
电子信箱:cz-zhglb@hebczqc.com
法定代表人:高银刚
质量体系:ISO 9001
产品情况:(长征-太脱拉牌、长征牌)
载货汽车、越野载货汽车及底盘、自卸车及底盘、牵引车、渣土车等;2019年销售878辆
出口情况:远销尼日利亚、科特迪瓦、叙利亚、马里等多个国家

★河北红星汽车制造有限公司
地址:河北省邢台县会宁镇
邮编:054007
电话:4006982627
网址:www.redstarauto.cn
电子信箱:hxxzk2006@163.com
法定代表人:李凌云
质量体系:ISO 9001
产品情况:(红星牌)
纯电动运动型乘用车、纯电动厢式运输车、纯电动邮政车等

★领途汽车有限公司
地址:河北省邢台市清河县挥公大道12号
邮编:054800
电话:4006964766
网址:www.linktour.net
法定代表人:张立平
质量体系:ISO 9001
产品情况:(御捷马牌、领途牌)
小型纯电动汽车系列,包括S5、C8、K-ONE等车型

★河北中兴汽车制造有限公司
地址:河北省保定市建国路860号
邮编:071029
电话:0312/3313811、4006032000
传真:3313860-806
网址:www.zxauto.com.cn
电子信箱:tyjszx@263.net
法定代表人:肖伟
质量体系:ISO 9001
产品情况:(中兴牌)
中兴大领主、威虎G3、旗舰A9等系列皮卡车,威虎TUV,无限SUV,小老虎EV,公检法司用车、消防用车、教练车、工程车、路政用车等专用车和特种车;2019年销售23941辆
出口情况:远销90多个国家和地区

★长城汽车股份有限公司
地址:河北省保定市朝阳南大街2266号
邮编:071033
电话:4006661990
网址:www.gwm.com.cn
电子信箱:services@gwm.com.cn
法定代表人:魏建军
质量体系:ISO 9001
产品情况:(长城牌、哈弗牌、欧拉牌、魏派牌)
SUV、轿车、MPV、皮卡车,纯电动轿车、插电式混合动力多用途乘用车、纯电动多用途货车等;2019年销售1060298辆
出口情况:出口中东、非洲、中南美洲、亚太地区、欧洲、澳大利亚等120多个国家和地区

★河北长安汽车有限公司
地址:河北省定州市定曲路
邮编:073000
电话:0312/2355855、2356508
网址:www.changan.com.cn
电子信箱:changankechefw@163.com
法定代表人:兰祥文
单位人数:963
质量体系:ISO 14001
产品情况:(长安牌)
长安之星、长安星光、都市彩虹系列微型客车,单、双排小型载货汽车,厢式运输车、邮政车等专用车,纯电动载货汽车、纯电动自卸式垃圾车、两用燃料载货汽车、小学生专用校车、旅居车、救险车,载货汽车底盘;2019年销售6159辆
出口情况:出口美国、巴基斯坦、叙利亚、南非等50多个国家和地区

★浙江吉利汽车有限公司张家口分公司
地址:河北省张家口市南山经济技术开发区中瑞大街2号
邮编:075000
电话:0313/5809059
网址:www.geely.com
电子信箱:wangxueqiong@geely.com
法定代表人:王全心
质量体系:ISO 9001、ISO 14001
产品情况:(吉利领克牌)
生产领克系列轿车、SUV

山西省

★江铃重型汽车有限公司
地址:太原市经济技术开发区化章街5号
邮编:030032
电话:0351/8396909、4008801099
网址:www.jmch.com.cn
电子信箱:xztd1@jmc.com.cn
法定代表人:邱天高
单位人数:1400
质量体系:ISO 9001
产品情况:(江铃威龙牌)
主要产品涵盖全系列的重型货车,包括牵引车、自卸车、公路载货车、氢燃料重型货车等

★山西新能源汽车工业有限公司
地址:山西省晋中市榆次区吉利路388号
邮编:030605
电话:0354/3110881、3058078
电子信箱:lxj1904@163.com
法定代表人:安聪慧
质量体系:ISO 9001
产品情况:(远程牌、帝豪牌)
吉利全资子公司,生产吉利旗下帝豪全新平台B级轿车,搭载传统动力及新能源动力系统

★山西成功汽车制造有限公司
地址:山西省长治市光明路100号
邮编:047100
电话:0355/8102896、4000355666
传真:8255775
网址:www.chenggongauto.com
电子信箱:qczh@sxcgjt.com
法定代表人:王景雨
质量体系:ISO 9001
产品情况:(成功牌)
厢式运输车、纯电动多用途乘用车、纯电动厢式货车等

内蒙古

★北奔重型汽车集团有限公司
地址:内蒙古包头市青山区兵工东路9号
邮编:014030
电话:0472/3119503、4006609595
网址:www.beiben.cn
电子信箱:scb@beiben.cn
法定代表人:范志平
质量体系:ISO 9001
产品情况:(北奔牌、铁马牌)
V3ET牵引车、城市智能渣土车、4038A轮式救援车、重型高机动通用战术车、NG806×6越野车、5038A/8×8重型轮式标宽底盘、纯电动自卸汽车及底盘等;2019年销售9318辆
出口情况:出口非洲、拉丁美洲、东南亚、中亚、中东等100多个国家和地区

辽宁省

★沈阳金杯车辆制造有限公司
地址:沈阳市东陵区方南路6号
邮编:110015
电话:024/24823523、24821618
传真:24820020
网址:www.jinbei-auto.com
电子信箱:yanqiu.xu@jinbei-auto.com
法定代表人:王桂荣
质量体系:QS 9000、ISO 9001
产品情况:(金杯牌)
0.5~3吨轻型货车,同时生产厢式车、工程自卸车、特种车、运输车、SUV、皮卡车、客车、底盘等
出口情况:在越南、俄罗斯、马来西亚、菲律宾等国家建设SKD/CKD生产基地,并开展南美洲、非洲、中东、俄罗斯及边贸地区出口业务,已出口55个国家和地区

★沈阳飞机工业(集团)有限公司
地址:沈阳市皇姑区陵北街1号
邮编:110034
电话:024/86595112、86598003
传真:86896689
电子信箱:21201@sac.com.cn
法定代表人:钱雪松
质量体系:ISO 9002
产品情况:(日野牌、沈飞牌)
豪华客车、城市客车、高机动多用途轮式越野车、冷藏车、加油车等

★上汽通用(沈阳)北盛汽车有限公司
地址:沈阳市大东区北大营街15号
邮编:110044
电话:024/88345678

传真:88345961
网址:www. shanghaigm. com
电子信箱:changliang_jin. sgmsy@ saic – gm. com
法定代表人:玛丽·博拉
质量体系:ISO 9001、ISO 14001
产品情况:[别克(BUICK)牌、雪佛兰(CHEVROLET)牌]
　　别克 GL8 系列中高档商务、公务旅行车,轿车

★华晨雷诺金杯汽车有限公司
地址:沈阳市大东区东望街 39 号
邮编:110044
电话:024/31666666、4008188333
网址:www. renault – brilliance. com
电子信箱:cliff. liu@ renault – brilliance. com
法定代表人:吴小安
质量体系:ISO 9001
产品情况:(金杯牌、中华牌、华颂牌)
　　金杯海狮轻型客车、金杯阁瑞斯 MPV,中华 H530、尊驰、骏捷、骏捷 Wagon、骏捷 FRV、骏捷 FSV、骏捷 CROSS、酷宝,中华 V5、金杯 S50、特种车、工程车、救护车、囚车、厢式运输车、纯电动轻型客车、旅居车
出口情况:出口俄罗斯、美国、欧洲、中东、东南亚、非洲等国家和地区

★华晨汽车集团控股有限公司
地址:沈阳市大东区东望街 39 号
邮编:110044
电话:4008188333
网址:www. brilliance – auto. com
法定代表人:阎秉哲
单位人数:47000
质量体系:IATF 16949、ISO 9001
产品情况:(中华牌、金杯牌、华颂牌)
　　中华、金杯、华颂三大自主品牌以及华晨宝马、华晨雷诺合资品牌,产品已覆盖乘用车、商用车全领域;2019 年销售 801380 辆

★ 华晨宝马汽车有限公司
地址:沈阳市铁西经济开发区宝马大道 1 号
邮编:110143
电话:4008006666
传真:024/84556000
网址:www. bmw. com. cn
电子信箱:servicecenter@ bmw. com. cn
法定代表人:吴小安
质量体系:ISO 9001、ISO 14001
产品情况:[宝马(BMW)牌、之诺(ZINORO)牌]
　　生产 BMW3 系(含标准轴距和长轴距)、BMW5 系 Li、BMW2 系旅行车和 BMWX1 四个系列,超过 30 款车型;最新一代 BMW3 缸和 4 缸涡轮增压发动机;2019 年销售 545524 辆
☞ 详细情况请参阅彩色宣传版面

★一汽客车(大连)有限公司
地址:辽宁省大连市经济技术开发区湾里南街 1 号
邮编:116600
电话:0411/62789555
网址:www. dlkcyq. com
电子信箱:yanshuang@ yqdlkc. com
法定代表人:周安平
单位人数:500
质量体系:ISO 9001、IATF 16949
产品情况:(解放牌、远征牌)
　　大、中型城市客车、长途客车、旅游客车、混合动力城市客车、纯电动城市客车、小学生校车、纯电动厢式运输车等
出口情况:出口俄罗斯、巴基斯坦、肯尼亚等国家

★大连黄海汽车有限公司
地址:辽宁省大连市保税区填海区 IIID-12 号
邮编:116602
电话:0415/87306207、4001678811
电子信箱:dlhh@ raytour. net
法定代表人:康韵
质量体系:ISO 9001
产品情况:(黄海牌、曙光牌)
　　生产欧系轻型客车及全系专用车产品、纯电动厢式运输车等新能源汽车

★辽宁曙光汽车集团股份有限公司
地址:辽宁省丹东市振兴区鸭绿江大街 889 号
邮编:118001
电话:0415/4139272
传真:4142821
网址:www. sgautomotive. com
电子信箱:shuguang@ automotive. com
法定代表人:胡新文
质量体系:IATF 16949、ISO 14001
产品情况:(曙光牌、黄海牌)
　　黄海客车、乘用车、特种车、车桥、零部件
出口情况:出口国际 OEM 市场

★丹东黄海汽车有限责任公司
地址:辽宁省丹东市振兴区鸭绿江大街 889 号
邮编:118008
电话:0415/6272488、4008600303
网址:www. hhbuses. com
电子信箱:company@ hhsales. sina. net
法定代表人:梁文利
质量体系:ISO 9001、IATF 16949
产品情况:(黄海牌)
　　大、中、轻型客车,专用校车,旅居车、多用途乘用车、皮卡车、新能源(电动和混合电动)客车、纯电动厢式运输车,特种专用车(厢式运输车等);2019 年销售 18922 辆

★辽宁航天凌河汽车有限公司
地址:辽宁省凌源市文化路 66 号
邮编:122500
电话:0421/6763909、4001142016
网址:www. linking – auto. com
电子信箱:yueyunkai@ linking – auto. com
法定代表人:刘立强
质量体系:ISO 9001
产品情况:(凌河牌)
　　商用车、专用车、纯电动乘用车

吉林省

★一汽-大众汽车有限公司
地址:长春市汽车产业开发区安庆路 5 号
邮编:130011
电话:0431/85990888、4008171888
传真:85750888
网址:www. faw – vw. com
法定代表人:徐留平
质量体系:VDA 6. 1、ISO 9001
产品情况:[奥迪(AUDI)牌、大众牌、捷达(JETTA)牌]
　　捷达、宝来、高尔夫、速腾、迈腾、CC 六大车型品牌,产品覆盖 A 级两厢、A 级三厢入门、A 级三厢主流、A + 级、B 级等细分市场;奥迪品牌 A1、A3、A4L、A5、A6L、A7、A8L 系列轿车,奥迪 Q3、Q5、Q7 系列 SUV 车型;2019 年销售 1463163 辆

★ 一汽解放汽车有限公司
地址:长春市汽车产业开发区东风大街 2259 号
邮编:130011
电话:0431/85732070
传真:85732011
网址:www. fawjiefang. com. cn
电子信箱:jfgszb_jfgs@ faw. com. cn
法定代表人:胡汉杰
质量体系:IATF 16949、ISO 14001
产品情况:(解放牌)
　　货车拥有牵引、载货、自卸、专用、新能源、轻型货车六大产品系列,覆盖重、中、轻三大领域;在重型货车领域,有 J7、J6P、JH6、J6M、天 V、悍 V、安捷等七大产品平台;在中型货车领域,有 J6L、龙 V 两大产品平台,在轻型货车领域,有 J6F 、虎 V 两大产品平台;客车拥有 11 米公路客车等
出口情况:出口东南亚、中东、拉丁美洲、非洲、东欧等 80 个国家和地区
☞ 详细情况请参阅彩色宣传版面

★中国第一汽车集团有限公司
地址:长春市汽车经济技术开发区新红旗大街 1 号
邮编:130011
电话:0431/85901140
网址:www. faw. com. cn
电子信箱:wanglei2@ faw. com. cn
法定代表人:徐留平

单位人数:5133
质量体系:ISO 9001
产品情况:(解放牌、红旗牌、奔腾牌、远征牌、太湖牌、一汽牌、大众牌、奥迪牌、丰田牌、马自达牌等)
各类乘用车、商用车、汽车底盘、发动机及其他汽车零部件;燃料电池轿车、混合动力城市客车、纯电动城市客车等新能源汽车;自卸车、半挂牵引汽车、专用运输车等;2019 年销售 384271 辆

★一汽解放集团股份有限公司
地址:长春市高新区蔚山路 4888 号
邮编:130012
电话:0431/85781108、85781107
网址:www. fawcar. com. cn
电子信箱:fawcar0800@ faw. com. cn
法定代表人:胡汉杰
单位人数:8136
质量体系:IATF 16949、ISO 14001
产品情况:(奔腾牌、马自达牌)
现有一汽奔腾、一汽马自达等乘用车产品系列,一汽奔腾目前在售奔腾 X80 和奔腾 X40、奔腾 T77 三款 SUV 产品,奔腾 B90、奔腾 B70、奔腾 B50、奔腾 B30 四款轿车产品;一汽马自达目前在售马自达 6 阿特兹、CX-4 两款产品;2019 年销售 64963 辆
出口情况:整车出口涵盖中东、拉美、东欧、非洲、南亚等 20 余个国家和地区,以奔腾 B30 KD 生产为主,车型覆盖奔腾品牌全系

★一汽轻型商用汽车有限公司
地址:长春市经济开发区大连路 999 号
邮编:130033
电话:0431/89105126、4008877168
电子信箱:fawgm@ faw - gmldt. com
法定代表人:雷平
单位人数:6000
质量体系:ISO 14001
产品情况:(解放牌)
轻型载货车类、轻型客车类及相关总成、零部件
出口情况:出口东南亚、美洲、中东等 20 多个国家和地区

★一汽客车有限公司
地址:长春市经济开发区昆山路 3969 号
邮编:130033
电话:0431/84629050、84626519
网址:www. fawbcc. com. cn
电子信箱:wg_kc@ faw. com. cn
法定代表人:胡汉杰
质量体系:ISO 9001
产品情况:(解放牌、远征牌、太湖牌、华西牌)
6 ~ 14 米公交、旅游、团体、公路客车,客车底盘,汽车前后桥
出口情况:出口越南、伊朗、津巴布韦、塔吉克斯坦、巴基斯坦等 13 个国家和地区

★长春一汽华凯汽车有限公司
地址:长春市宽城区柳影路 169 号
邮编:130052
电话:0431/82646552
传真:82637652
网址:www. mingjungroup. com
法定代表人:张桂兰
质量体系:ISO 9001
产品情况:(解放牌、华凯牌、长春牌)
大型商用货车、SUV、客车、皮卡车、微型车

★一汽吉林汽车有限公司
地址:吉林省吉林市高新区(汽车工业园区)东山街 2888 号
邮编:132013
电话:4006068888
网址:www. fawmc. com
电子信箱:guodianli@ fawmc. com
法定代表人:张建农
单位人数:4300
质量体系:IATF 16949
产品情况:(解放牌、森雅牌、佳宝牌)
主导产品为一汽佳宝系列微型汽车,一汽森雅系列多功能车等平台产品
出口情况:远销亚洲、非洲、欧洲、美洲等 50 多个国家和地区

★延边国泰新能源汽车有限公司
地址:吉林省延吉市国际空港经济开发区兴区路 182 号
邮编:133000
电话:4000772727
网址:www. guotaiqc. cn
电子信箱:gtqcfw@ guotaiqc. com
法定代表人:朱长胜
产品情况:(长白山牌)
纯电动城市客车、氢燃料电池公交车等新能源客车及专用车产品,具备年产 10000 台新能源客车及专用车的生产能力

黑龙江省

★大庆沃尔沃汽车制造有限公司
地址:黑龙江省大庆市高新区龙兴路 33 号
邮编:163319
电话:0459/8108188
传真:8108031
网址:www. volvocars. com
法定代表人:袁小林
质量体系:ISO 9001
产品情况:(沃尔沃牌)
S90 轿车、插电式混合动力轿车等;2019 年销售 66191 辆

上海市

★上海汽车集团股份有限公司
地址:上海市威海路 489 号
邮编:200041
电话:021/22011888
传真:22011777
网址:www. saicmotor. com
电子信箱:saicmotor@ saicmotor. com
法定代表人:陈虹
单位人数:217511
产品情况:(名爵牌、荣威牌、科莱威牌)
整车(含乘用车、商用车及新能源汽车、互联网汽车);零部件(含动力驱动系统、底盘系统、内外饰系统,以及电池、电驱、电力电子等新能源汽车核心零部件和智能产品系统);2019 年销售 6172897 辆

★上汽大通汽车有限公司
地址:上海市杨浦区军工路 2500 号
邮编:200438
电话:021/61835961
网址:www. saicmaxus. com
电子信箱:wangjun_cv@ saicmotor. com
法定代表人:赵茂青
质量体系:ISO 9001
产品情况:(上汽大通 MAXUS 牌、LDV 牌、跃进牌)
上汽 MAXUS 品牌的 MPV、SUV、房车,宽体轻客、皮卡等乘商并举的产品组合和上汽跃进品牌的各类轻、中型货车以及各类特种改装车;2019 年销售 59067 辆
出口情况:市场覆盖大洋洲、南美洲、东南亚、中东、非洲的 22 个国家和地区

★一汽凌源汽车制造有限公司
地址:上海市宝山区城银路 118 号
邮编:200444
电话:4008859277
网址:www. yiqilingyuan. com
电子信箱:info@ yiqilingyuan. com
法定代表人:郑孟克
单位人数:198
质量体系:ISO 9001
产品情况:(一汽凌河牌)
中、轻型载货汽车,冷藏车、物流车等专用车,新能源汽车等

★观致汽车有限公司
地址:上海市闵行区申贵路 669 号虹桥绿谷广场 E 栋 5 楼
邮编:201105
电话:021/52635000、4009208088
网址:www. qoros. com
电子信箱:info@ qorosauto. com
法定代表人:孙莉
质量体系:ISO 9001
产品情况:[观致(QOROS)牌]
观致 3 轿车、观致 3 五门版、观致 3 都市 SUV、观致 5 SUV、观致 3 GT、观致 5S 和观致 5S 暗夜英雄版;2019 年销售 25897 辆

★上海申龙客车有限公司
地址:上海市闵行区华宁路 2898 号

邮编:201108
电话:021/34099000、4008207880
传真:64428035
网址:www. sunlongbus. com
电子信箱:sunlong@ sunlongbus. com
法定代表人:付殷芳
质量体系:ISO 9001
产品情况:(骏马牌、申龙牌)

产品涵盖新能源客车(纯电动、混合动力)、公路客运、旅游、公交、团体、专用校车、厢式物流车等各个细分市场;2019 年销售 4489 辆

出口情况:出口泰国、新加坡、俄罗斯、美国等 10 多个国家和地区

★上海申沃客车有限公司

地址:上海市闵行区颛桥镇光中路 18 号
邮编:201108
电话:021/24160000、24160108
传真:24160416
网址:www. sunwinbus. com
电子信箱:sunwinbus@ sunwinbus. com
法定代表人:蓝青松
质量体系:IATF 16949、ISO 9001
产品情况:(申沃牌)

能源种类包含燃料电池、纯电动、混合动力及传统柴油车,车型涵盖 8 ~ 18 米,车辆用途包含城市公交客车、团体客车和旅游车

★游侠汽车浙江有限公司

地址:上海市闵行区漕河泾工业区
邮编:201114
电话:021/64161836
网址:www. youxiamotors. com
电子信箱:ooperation@ youxiamotors. com
法定代表人:卫功仿
产品情况:(游侠牌)

YOUXIA X 等智能电动汽车

★上汽通用汽车有限公司

地址:上海市浦东新区申江路 1500 号
邮编:201206
电话:021/28902890
网址:www. shanghaigm. com
法定代表人:MARY TERESA BARRA
质量体系:IATF 16949、ISO 9001
产品情况:[别克(BUICK)牌、凯迪拉克(CADILLAC)牌、雪佛兰(CHEVROLET)牌]

覆盖了从高端豪华车到经济型轿车各梯度市场以及 MPV、SUV、混合动力和电动车等细分市场;2019 年销售 1600098 辆

出口情况:出口中东等地区

★特斯拉(上海)有限公司

地址:上海市浦东新区南汇新城镇同汇路 168 号 D203A
邮编:201306
电话:4009190707、4009100707
网址:www. tesla. cn
电子信箱:china - press@ tesla. com
法定代表人:Xiaotong Zhu
质量体系:ISO 9001
产品情况:(特斯拉牌)

Model 3 等纯电动轿车

★上海万象汽车制造有限公司

地址:上海市松江区书海路 999 号
邮编:201612
电话:021/67602008
传真:67602008
网址:www. wxdaewoo. com
电子信箱:shenj@ wxdaowoo. com
法定代表人:陈炫霖
质量体系:IATF 16949
产品情况:(象牌、大宇牌)

大中型、中高档公交客车、旅游团体客车等;纯电动城市客车、燃料电池低入口城市客车等新能源汽车;2019 年销售 876 辆

★威马汽车制造温州有限公司

地址:上海市青浦区会恒路 666 号中建锦绣广场 1 号楼
邮编:201702
电话:0577/56607081、4006999666
网址:www. wm - motor. com
电子信箱:service@ wm - motor. com
法定代表人:SHEN HUI
质量体系:ISO 9001、IATF 16949
产品情况:(威尔马斯特牌)

EX6 plus、EX5 电动汽车

★上海蔚来汽车有限公司

地址:上海市嘉定区安拓路 56 弄 20 号幢
邮编:201804
电话:021/69082000
网址:www. nio. com
电子信箱:recruiting. china@ nio. com
法定代表人:秦力洪
产品情况:(蔚来牌、NIO 牌)

es8、es6、ec6 等智能电动汽车

★上海汽车集团股份有限公司乘用车公司

地址:上海市嘉定区安研路 201 号
邮编:201804
电话:021/61389999、8008200068
传真:61389888
网址:www. roewe. com. cn
法定代表人:杨晓东
质量体系:ISO 9001
产品情况:(荣威牌、名爵牌)

荣威品牌旗下产品包括荣威 950、荣威 750、荣威 550、荣威 350 和荣威 W5;MG 品牌旗下产品包括 MG7、MG6、MG5 及 MG3 等系列车型;及其 RX、x8、MARVEL X、MG 系列 SUV 等;2019 年销售 673255 辆

★上汽大众汽车有限公司

地址:上海市嘉定区安亭于田路 7 号
邮编:201805
电话:021/59561888、4008201111
传真:59579101
网址:www. csvw. com
电子信箱:callcenter@ csvw. com
法定代表人:陈虹
质量体系:ISO 9001、VDA 6.1
产品情况:[大众汽车(VOLKSWAGEN)牌、斯柯达(SKODA)牌]

大众品牌:新途观、途安、新朗逸、朗行、朗境、NewPolo、PoloGTI、新桑塔纳、凌渡;斯柯达品牌:野帝、速派、全新明锐、明锐经典款、昕锐、昕动、晶锐等;2019 年销售 2001777 辆

江苏省

★南京依维柯汽车有限公司旅行车分公司

地址:南京市浦口区百合路 8 号
邮编:210028
电话:025/58009996
电子信箱:drj@ naveco. com
法定代表人:曹平
质量体系:ISO 9001
产品情况:(依维柯牌)

威尼斯系列 A45、A49、A59、A65;跃进 6 ~ 9 米多用途、公交、公路客运各系列客车底盘

出口情况:出口意大利

★ 长安马自达汽车有限公司

地址:南京市江宁区苏源大道 66 号
邮编:211100
电话:8008072777、4008002777
传真:025/51188876
网址:www. changan - mazda. com. cn
电子信箱:jyang36@ changan - mazda. com. cn
法定代表人:袁明学
质量体系:IATF 16949、ISO 9001
产品情况:[马自达(MAZDA)牌]

第二代 Mazda CX-5、次世代 MAZDA3 昂克赛拉、Mazda CX-8 三大系列 19 款车型

☞ 详细情况请参阅彩色宣传版面

★南京长安汽车有限公司

地址:南京市溧水区永阳镇毓秀路 85 号
邮编:211200
电话:025/57223888、57424888
传真:57219888
电子信箱:njzh@ changan. com. cn
法定代表人:蒋云峰
质量体系:IATF 16949、ISO 14001
产品情况:(长安牌)

长安之星系列微型客车、轻型货车及底盘、厢式运输车、警备车、囚车等

★南京金龙客车制造有限公司

地址:南京市溧水区滨淮大道 369 号
邮编:211215
电话:025/56206709、4009908080

网址:www. njgdbus. com
电子信箱:njgdskywell@ njgdbus. com
法定代表人:陈兵
单位人数:4000
质量体系:ISO 9001
产品情况:(南京金龙牌、东宇牌、开沃牌)

产品涵盖 4~18 米全系列新能源汽车产品,涉及公交、旅游、通勤、物流、专用车等领域;2019 年销售 9693 辆
出口情况:出口秘鲁、朝鲜、刚果、孟加拉国、智利、伊朗;出口配件 73 件,6~11 米客车 40 台

★南京依维柯汽车有限公司
地址:南京市浦口区百合路 8 号
邮编:211800
电话:025/89627134、4008281890
网址:www. naveco. com. cn
电子信箱:drj@ naveco. com
法定代表人:蓝青松
质量体系:IATF 16949、ISO 9001
产品情况:(依维柯牌)

依维柯欧胜、依维柯新得意、依维柯 Ouba、依维柯欧风、救护车、专用车、新能源车;2019 年销售 25500 辆
出口情况:出口亚洲、欧洲、非洲、南美洲、北美洲

★北汽蓝谷麦格纳汽车有限公司
地址:江苏省镇江市丹徒区上党镇北汽大道 1 号
邮编:212100
电话:0511/87066000
网址:www. baicmagna. com
电子信箱:shiquan@ baicvbu. com
法定代表人:马仿列
质量体系:ISO 9001、ISO 14001
产品情况:(北京牌)

生产高端自主品牌 SUV、MPV 等,是 ARCFOX 生产基地

★江苏天洋集团有限公司
地址:江苏省丹阳市丹北镇新桥工业园
邮编:212322
电话:0511/86308188
传真:86386088
网址:www. tianyanggroup. net
电子信箱:cy. shi@ tianyanggroup. net
法定代表人:吴全强
质量体系:ISO 9001、ISO 14001
产品情况:(江天牌)

大中型客车、重型货车、轻型货车、工程车、电动微型乘用车、电动微型货车等;注塑、吹塑和压制件,钣金件:重型、轻型、微型货车驾驶室、车厢、车架、底盘以及手动、自动天窗等内外饰件
配套情况:为南京汽车集团、南京 IVECO 公司等配套

★江苏卡威汽车工业集团股份有限公司
地址:江苏省丹阳市界牌镇卡威工业园
邮编:212323
电话:0511/86378610
传真:86378031
网址:www. kaweigroup. com
电子信箱:kwkf@ chinakawei. com
法定代表人:孟明华
质量体系:IATF 16949
产品情况:(卡威牌、春洲牌)

皮卡车、SUV、新能源电动汽车、客车、房车、消防车等特种专用车、汽车车身部件(汽车内外饰件塑件、烤漆,真空镀膜,成品灯具等)
出口情况:远销阿联酋、伊朗、朝鲜、菲律宾、秘鲁、委内瑞拉、尼日利亚等 20 多个国家和地区

★北汽新能源汽车常州有限公司
地址:江苏省常州市武进高新技术产业开发区武进大道西路 98 号
邮编:213166
电话:0519/69650918
网址:www. bjev. com. cn
电子信箱:zhouxuanru@ bjev. com. cn
法定代表人:何章翔
质量体系:IATF 16949、ISO 9001
产品情况:(北京牌)

纯电动轿车、纯电动邮政车等

★金龙联合汽车工业(苏州)有限公司
地址:江苏省苏州市工业园区苏虹东路 288 号
邮编:215026
电话:0512/62581658、4008282019
传真:62581679、62581666
网址:www. higer. com. cn
电子信箱:market@ higer. com
法定代表人:陈笃廉
质量体系:IATF 16949、ISO 9001
产品情况:(海格牌、金龙牌、北斗航天汽车牌)

海格 E 系、H 系、A 系、V 系、W 系、B 系、星系客车,混合动力客车、纯电动城市客车、燃料电池低入口城市客车、纯电动厢式运输车,旅居车,轻型车等产品,覆盖高端商务、客运、旅游、公交、校车和团体用车领域;2019 年销售 11412 辆
出口情况:出口东南亚、中东、非洲、俄罗斯、东欧、美洲等国家和地区

★前途汽车(苏州)有限公司
地址:江苏省苏州市高新区科灵路 78 号
邮编:215100
电话:4001516600
网址:www. qiantumotor. com
电子信箱:contact@ qiantumotor. com
法定代表人:陆群
产品情况:K50 纯电动城市跑车

★奇瑞捷豹路虎汽车有限公司
地址:江苏省常熟经济技术开发区路虎路 1 号
邮编:215500
电话:0512/52967777
网址:www. cheryjaguarlandrover. com
电子信箱:prnews@ cheryjaguarlandrover. com
法定代表人:刘杨
质量体系:IATF 16949、ISO 9001
产品情况:[捷豹(JAGUAR)牌、路虎(LANDROVER)牌、奇瑞牌]

路虎揽胜极光、路虎发现神行、捷豹 XFL、捷豹 XEL 和捷豹 E-PACE 五款车型;2019 年销售 16494 辆

★徐州徐工汽车制造有限公司
地址:江苏省徐州高新技术开发区珠江东路 19 号
邮编:221100
电话:0516/83189032、83189034
传真:83189032
网址:www. xcmg. com/xgqc
电子信箱:nxa-xsb@ xcmg. com
法定代表人:杨东升
质量体系:ISO 9001、ISO 14001
产品情况:(徐工牌)

牵引汽车、厢式运输车、畜禽运输车、载货汽车及底盘、自卸式垃圾车、纯电动载货汽车等;2019 年销售 20259 辆

★江苏敏安电动汽车有限公司
地址:江苏省淮安经济技术开发区南马厂大道 88 号
邮编:223005
电话:4009997990
网址:www. jsminan. com
法定代表人:秦荣华
产品情况:(敏安牌)

新能源纯电动乘用车

★江苏国新新能源乘用车有限公司
地址:江苏省盐城经济技术开发区希望大道南路 43 号
邮编:224002
电话:0515/83350518
网址:www. gxxnyauto. com
电子信箱:gxxny@ gxxnyauto. com
法定代表人:戴同彬
产品情况:新能源乘用车

★东风悦达起亚汽车有限公司
地址:江苏省盐城市开放大道 18 号
邮编:224002
电话:0515/80897932、4007990000
网址:www. dyk. com. cn
电子信箱:dykyouxiang163@ 163. com
法定代表人:王连春
质量体系:ISO 9001
产品情况:(起亚牌、华骐牌)

全新一代傲跑、全新一代 K3、新一代 KX5、全新一代 K3 插电混动、2019 款福瑞迪、K5 Pro、KX3 纯电动、K5 插电混动、奕跑、新一代智跑、焕驰、凯绅、KX CROSS、华骐 300E、新一代 K2、KX7;

2019 年销售 294046 辆

★中大工业集团公司
地址:江苏省盐城市通榆中路 56 号
邮编:224002
电话:0515/88201666、13401776806
传真:88333777
电子信箱:info@ zonda. com
法定代表人:徐连国
质量体系:ISO 9001
产品情况:(中大牌、金陵牌、燕京牌)
新能源纯电动客车、校车、大中型豪华客车,具有年产 15000 辆的能力
出口情况:出口 60 多个国家和地区,全球市场占有率 30% 以上

★扬州亚星客车股份有限公司
地址:江苏省扬州市(邗江)汽车产业园潍柴大道 2 号
邮编:225001
电话:0514/82989099、82989100
传真:87866131
网址:www. asiastarbus. com
电子信箱:asiastar@ asiastarbus. com
法定代表人:钱栋
单位人数:1500
质量体系:ISO 9001
产品情况:(亚星牌、丰泰牌、扬子牌)
5 ~ 18 米各型号长途客车、校车、高端旅游客车、城市客车、团体客车、豪华房车和特种专用车等环保节能型客车;2019 年销售 5096 辆
出口情况:远销北美洲、大洋洲、东欧、东南亚、俄罗斯、中东、非洲等国家和地区

★潍柴扬州亚星新能源商用车有限公司
地址:江苏省扬州市邗江区汽车产业园扬菱路 8 号
邮编:225116
电话:0514/87708298、4008280870
网址:www. wcyzsyc. cn
电子信箱:eurise@ weichai. com
法定代表人:钱栋
质量体系:IATF 16949
产品情况:(亚星牌)
纯电动城市客车、插电式混合动力城市客车、商务车、燃料电池厢式运输车等

★江苏九龙汽车制造有限公司
地址:江苏省扬州市江都区浦江东路 166 号
邮编:225200
电话:0514/86517000、86517110
传真:86517111
网址:www. joylong. net
电子信箱:joylongmotor@ 163. com
法定代表人:高鹏
质量体系:IATF 16949、ISO 9001
产品情况:(大马牌)
纯电动系列、艾菲系列、商务车系列、考斯特系列、VIP 系列、专用车和物流车等七大系列产品

★枫盛汽车(江苏)有限公司
地址:江苏省如皋市城北街道花市路 177 号
邮编:226500
电话:0513/87286785
电子信箱:1225864239@ qq. com
法定代表人:晁海林
质量体系:IATF 16949
产品情况:(枫叶牌)
30X 纯电动 SUV 乘用车

★南通皋开汽车制造有限公司
地址:江苏省如皋市城北街道仁寿西路 98 号
邮编:226500
电话:0513/87301888、87509430
传真:87301999
电子信箱:350335425@ qq. com
法定代表人:朱永祥
质量体系:ISO 9001
产品情况:(英田牌)
低速载货汽车、工程运输车、自卸车、纯电动厢式运输车、燃料电池厢式运输车等,年设计生产能力 5 万辆

浙江省

★东风能迪(杭州)汽车有限公司
地址:杭州市沈半路 171 号
邮编:310015
电话:0571/88018888
传真:88018833
网址:www. dnd - motor. com
电子信箱:dnd@ dnd - motor. com
法定代表人:乔阳
质量体系:ISO 9001
产品情况:(东风牌)
重型货车、混凝土搅拌运输车及大型豪华客车底盘、载货汽车底盘

★杭州长江汽车有限公司
地址:杭州市余杭经济技术开发区宏路 116 号
邮编:310020
电话:0571/89357519
传真:89160882
网址:www. changjiangev. com
电子信箱:mail@ hzcjkc. com
法定代表人:曹忠
质量体系:ISO 9001
产品情况:(先飞牌、长江牌)
产品系列包括奕阁、奕胜、益众、逸酷等商务电动车

★浙江飞碟汽车制造有限公司
地址:杭州市余杭区五常荆长路 33 号
邮编:311100
电话:4001085678
网址:www. chinaufo. cn
法定代表人:姜卫东
质量体系:ISO 9001
产品情况:(飞碟牌)
仓栅式运输车、车厢可卸式垃圾车、冷藏车、路面养护车、旅居车、厢式运输车、载货汽车及底盘、自卸汽车及底盘等;2019 年销量 46972 辆

★ 浙江吉利控股集团有限公司
地址:杭州市滨江区江陵路 1760 号
邮编:310051
电话:0571/28001111
传真:87766217
网址:www. geely. com
电子信箱:luck@ geely. com
法定代表人:李书福
质量体系:ISO 9001
产品情况:(吉利牌、英伦牌、帝豪牌、全球鹰牌、沃尔沃牌、吉利美日牌、知豆牌、领克牌)
吉利(远景、新博瑞、博越、金刚、金鹰、中国龙),英伦(TX4、SC5、SC5-RV、SC7、SX5),帝豪(EC7、EC7-RV、EC8),全球鹰(熊猫、GX2、GC7、自由舰),领克(领克 01)等;2019 年销量 1363655 辆
出口情况:出口乌克兰、俄罗斯、印度尼西亚等 300 多个销售服务网点
☞ 详细情况请参阅彩色宣传版面

★万向电动汽车有限公司
地址:杭州市萧山经济技术开发区
邮编:311215
电话:0571/83532155
传真:82833999
网址:www. wanxiang. com. cn
电子信箱:wxev@ wanxiang. com. cn
法定代表人:鲁伟鼎
质量体系:ISO 9001
产品情况:(万向牌)
电动轿车、电动公交车、双能源电车、电动电力服务车、电动电力工程车等车型,动力电池、驱动电动机、驱动电动机控制器

★广汽乘用车(杭州)有限公司
地址:杭州市萧山区杭州江东工业园江东四路 6188 号
邮编:311222
电话:0571/83982168、4008269111
网址:www. gacmotor. com
法定代表人:詹松光
质量体系:ISO 9001
产品情况:[传祺(Trumpchi)牌]
GA4 轿车、GS3 SUV 及 MPV 等系列战略车型,纯电动轿车、插电式混合动力轿车等
出口情况:出口欧洲、非洲、南美洲等 80 多个国家和地区

★东风裕隆商用汽车有限公司
地址:杭州市萧山区临江工业园区纬六路 299 号

邮编:311228
电话:0571/22969800、22969888
传真:22989900、22969689
电子信箱:dfhmc@ mail. hz. zj. cn
法定代表人:陈力
质量体系:ISO 9001
产品情况:(东风牌)
以生产高中档客车和客车底盘为主,同时生产中、重型载货汽车和专用车,年生产能力为 3 万辆
出口情况:出口 10 多个国家和地区

★东风裕隆汽车有限公司
地址:杭州市萧山区临江工业园区新世纪大道 2688 号
邮编:311228
电话:0571/22965900、4000588888
网址:www. dfyl - luxgen. com
法定代表人:乔阳
质量体系:IATF 16949
产品情况:(纳智捷牌、裕路牌)
URX、U5 EV、U5 SUV,全新优 6、锐 3、全新纳 5、优 6 SUV,新大 7MPV 等车型;2019 年销量 891 辆

★浙江合众新能源汽车有限公司
地址:浙江省桐乡市梧桐街道同仁路 988 号
邮编:314500
电话:0573/89806207
网址:www. hozonauto. com
电子信箱:hzqd@ hozonauto. com
法定代表人:方运舟
质量体系:IATF 16949
产品情况:(哪吒牌)
哪吒 U、哪吒 N01、EUREKA02 等纯电动汽车

★知豆电动汽车有限公司
地址:浙江省宁波南部滨海新区南滨北路 1 号模具产业园
邮编:315699
电话:4000502888
网址:www. evcar. com
电子信箱:marketing@ evcar. com
法定代表人:鲍文光
质量体系:ISO 9001
产品情况:(知豆牌)
电动微型汽车
出口情况:远销布意大利、捷克、斯洛伐克、法国、德国、斯洛文尼亚、保加利亚、罗马尼亚、阿塞拜疆、奥地利、英国、荷兰、巴西、哥伦比亚、波兰、比利时、韩国、马其顿全球 18 个国家,共出口车辆 4000 余台

★浙江吉润汽车有限公司
地址:浙江省宁波市北仑区经济开发区恒山路 1528 号
邮编:315800
电话:0574/86853301、86853058
传真:86881741
电子信箱:nbzjb@ geely. com
法定代表人:安聪慧
质量体系:ISO 9001
产品情况:(吉利牌、吉利美日牌、康迪牌、知豆牌、领克牌)
吉利宁波基地,生产自由舰、帝豪等系列品牌轿车、两用燃料轿车、纯电动轿车等
出口情况:出口南非、埃及、叙利亚、俄罗斯、乌克兰、委内瑞拉等 50 多个国家和地区

★浙江豪情汽车制造有限公司
地址:浙江省临海市头门港新区吉利大道 88 号
邮编:317000
电话:0576/85121444
传真:85121555
电子信箱:lhzjb@ geelycars. com
法定代表人:潘巨林
质量体系:ISO 9001
产品情况:(吉利牌、帝豪牌、沃尔沃牌、康迪牌、领克牌)
吉利临海基地,年产吉利豪情、优利欧、美人豹、SRV 四大系列的车型 20 多种,混合动力轿车,两用燃料轿车

★浙江永源汽车有限公司
地址:浙江省台州市三门健跳临港工业园区
邮编:317109
电话:0576/83431668
网址:jonwayauto. com
电子信箱:make@ jonwayauto. com
法定代表人:陈林志
单位人数:1000
质量体系:ISO 9001
产品情况:(飞碟牌)
轻型客车、轻型货车、SUV、沥青洒布车、环卫机械等

★浙江新吉奥汽车有限公司
地址:浙江省台州市甲南大道东段 9 号集聚区行政服务中心 217 室
邮编:318000
电话:0576/82628121
网址:www. newgonow. cn
法定代表人:缪雪中
产品情况:纯电动商用车

★浙江金刚汽车有限公司
地址:浙江省台州市路桥区灵山西街 588 号
邮编:318050
电话:0576/82363005
传真:82363333
网址:www. geely. com
电子信箱:lqzjb@ geely. com
法定代表人:顾伟明
质量体系:ISO 9001
产品情况:(吉利牌)
吉利台州基地,生产金刚系列车型

★众泰控股集团有限公司
地址:浙江省永康市经济开发区
邮编:321301
电话:0571/56303691、40008875858
网址:www. zotye. com
电子信箱:xiaoshou@ zotye. com
法定代表人:金浙勇
质量体系:ISO 9001
产品情况:(众泰牌、江南牌、君马牌、汉龙旷世牌)
生产 Z 系列轿车、T 系列 SUV 及新能源汽车;2019 年销售 152983 辆
出口情况:远销美国、俄罗斯、阿尔及利亚、智利等国家

安徽省

★安徽江淮汽车集团股份有限公司
地址:合肥市包河区东流路 176 号
邮编:230022
电话:4008889933、4008009933
网址:www. jac. com. cn
法定代表人:安进
质量体系:ISO 9001、IATF 16949
产品情况:(江淮牌、安凯牌、蔚来牌、思皓牌)
重、中、轻、微型货车、多功能商用车、MPV、SUV、轿车、客车、纯电动轿车、纯电动多用途乘用车等新能源汽车,专用底盘及变速器、发动机、车桥等核心零部件等;2019 年销售 421241 辆
出口情况:出口市场覆盖 80 个“一带一路”沿线国家,截至 2019 年底,江淮汽车累计出口超 64 万辆

★安徽安凯汽车股份有限公司
地址:合肥市包河工业区花园大道 99 号
邮编:230051
电话:0551/62297706
传真:62297710
网址:www. ankai. com
电子信箱:ankai@ ankai. com
法定代表人:戴茂方
质量体系:ISO 9001、IATF 16949
产品情况:(安凯牌)
产品覆盖各类公路客车、旅游客车、团体客车、景观车、公交客车、新能源商用车、旅居车等;2019 年销售 5692 辆
出口情况:出口英国、迪拜、沙特阿拉伯、南美洲等 50 多个国家和地区

★江淮大众汽车有限公司
地址:合肥市经济技术开发区珠江路 176 号
邮编:230601
电话:0551/62297525
网址:www. jac - vwg. com
电子信箱:president - office@ jac - vwg. com
法定代表人:李明
产品情况:(江淮大众牌)
思皓 E20X 等纯电动乘用车

★合肥长安汽车有限公司
地址:合肥市高新区大别山路966号
邮编:231283
电话:0551/65842543、65842992
电子信箱:pp13856096256@163.com
法定代表人:黄乐金
质量体系:IATF 16949
产品情况:(长安牌)
奔奔 mini、长安 CX20、悦翔 V7、CS15、逸动 DT 轿车,纯电动轿车

★奇瑞新能源汽车股份有限公司
地址:安徽省芜湖市高新技术开发区花津南路226号
邮编:241003
电话:0553/5923849、4008838888
网址:www.cheryev.cn
电子信箱:cne-ka@mychery.com
法定代表人:李立忠
质量体系:ISO 9001
产品情况:(奇瑞牌)
艾瑞泽 5e、小蚂蚁 eQ1、eQ、瑞虎 3xe 等电动乘用车

★奇瑞汽车股份有限公司
地址:安徽省芜湖市经济技术开发区长春路8号
邮编:241006
电话:0553/7533303、4008838888
网址:www.chery.cn
电子信箱:qiruitousu@mychery.com
法定代表人:尹同跃
质量体系:ISO 9001、IATF 16949
产品情况:(奇瑞牌、星途牌、瑞麒牌、威麟牌、开瑞牌、凯翼牌)
主要生产家庭轿车、微车、商用车和高端乘用车、厢式运输车(奇瑞 A1、A3、旗云、风云、东方之子、QQme、QQ3、凯翼、艾瑞泽、瑞虎,瑞麒 M1、G6、G5、G3、X1,威麟 V5X5、H5,开瑞微车,混合动力轿车、纯电动轿车)等;2019 年销售 743927 辆

★集瑞联合重工有限公司
地址:安徽省芜湖市三山区峨桥路2号联合大厦
邮编:241080
电话:0553/7527000、4000808888
传真:7527100
网址:www.ctruck.com.cn
电子信箱:contact@ctruck.com.cn
法定代表人:李胤辉
质量体系:ISO 9001
产品情况:(集瑞联合牌)
主要生产牵引车、搅拌车、自卸车、专用及载货车等

★华菱星马汽车(集团)股份有限公司
地址:安徽省马鞍山市经济技术开发区红旗南路118号
邮编:243061
电话:0555/8323600
传真:8323531
网址:www.camc.cc
电子信箱:hlzq@camc.biz
法定代表人:刘汉如
质量体系:ISO 9001
产品情况:(华菱牌、星马牌、华菱星马牌)
现拥有年产5万辆中、重型货车和5万台发动机、5万台变速器、15万根车桥的生产能力
出口情况:出口东欧、北非、东南亚、南美洲等60多个国家和地区

福建省

★福建省汽车工业集团有限公司
地址:福州市高新区海西园高新大道7号
邮编:350003
电话:0591/22027160
传真:22027131
网址:www.fjmotor.com.cn
电子信箱:w.deng@fjmotor.com.cn
法定代表人:黄纯
产品情况:(东南牌、三菱牌、金龙牌、福达牌、奔驰牌、南海牌)
轿车、SUV、MPV、各型客车、各型货车、新能源汽车等
出口情况:出口国外市场

★福建新福达汽车工业有限公司
地址:福州市福新路368号
邮编:350014
电话:0591/38123590
传真:83674088
网址:www.forta.com.cn
电子信箱:forta@forta.com.cn
法定代表人:叶宇亮
质量体系:ISO 9001
产品情况:[福达(FORTA)牌]
轻、中、重型货车、皮卡车、自卸车、厢式车、仓栅式车、清障车、小学生专用校车等专用车,大、中、轻型客车及客车底盘、纯电动客车、插电式混合动力城市客车

·数据资料·

2019年中国轿车企业前10位产销量统计表

企业名称	典型产品	生产量(辆)	销售量(辆)
一汽-大众汽车有限公司	捷达、宝来、速腾、高尔夫、奥迪、迈腾、CC、蔚领、E-BORA、E-GOLF	1452914	1463163
上汽大众汽车有限公司	桑塔纳、Polo、帕萨特、明锐、朗逸、晶锐、速派、昕锐、昕动、凌渡、辉昂	1258509	1339920
上汽通用汽车有限公司	凯迪拉克、别克系列(君威、凯越、君越、英朗、威朗、阅朗、Velite 5)、雪佛兰系列(科鲁泽、科鲁兹、科沃兹、迈锐宝、赛欧、乐风RV)	1046811	1053957
东风汽车有限公司(本部)	天籁、骐达、轩逸、骊威、阳光、启辰、蓝鸟、西玛	790580	774197
浙江吉利控股集团有限公司	帝豪、金刚、远景、博瑞、缤瑞、领克03、几何A	556138	543579
一汽丰田汽车销售有限公司	皇冠、卡罗拉、威驰、AVALON	517105	514866
广汽丰田汽车有限公司	凯美瑞、致炫、雷凌、致享、iA5	515225	524041
广汽本田汽车有限公司	雅阁、飞度、锋范、凌派、讴歌	507587	512184
北京现代汽车有限公司	悦动、瑞纳、索纳塔、名图、领动、悦纳、菲斯塔、伊兰特	467871	480324
北京奔驰有限公司	奔驰-E、奔驰-C、奔驰-A	371578	380933

★东南(福建)汽车工业有限公司
地址:福建省闽侯县青口镇东南大道66号
邮编:350119
电话:0591/22766566、4006611666
传真:22766568
网址:www.soueast-motor.com
电子信箱:admin@soueast-motor.com
法定代表人:陈锋
质量体系:ISO 9001、ISO 14001
产品情况:(东南牌、三菱牌)
东南DX7、东南DX3、东南V5plus、东南VCROSS、东南V3菱悦、东南得利卡、东南希旺、三菱翼神、三菱风迪思、三菱蓝瑟、三菱戈蓝、三菱君阁等系列车型;2019年销售31037辆

★福建奔驰汽车有限公司
地址:福州市青口投资区奔驰大道1号
邮编:350119
电话:0591/22799999
网址:www.fujianbenz.com
法定代表人:徐和谊
质量体系:ISO 9001、IATF 16949
产品情况:(梅赛德斯-奔驰牌)
梅赛德斯-奔驰中、高档商务车唯雅诺Viano、威霆Vito、凌特Sprinter、V级车V-class等;2019年销售28180辆

★云度新能源汽车股份有限公司
地址:福建省莆田市涵江区高新区涵港路海西院5-9楼
邮编:351100
电话:0594/3551268、4006686666
网址:www.yudoauto.com
法定代表人:翁林海
质量体系:IATF 16949
产品情况:(云度牌)
纯电动轿车π1Pro、π3Pro、π11360;2019年销售2566辆

★厦门金龙旅行车有限公司
地址:福建省厦门市湖里区湖里大道69号
邮编:361006
电话:0592/5654488、4008867866
传真:5608800
网址:www.xmjl.com
电子信箱:sales@xmjl.com
法定代表人:彭东庆
质量体系:IATF 16949、ISO 14001
产品情况:(金旅牌)
大、中型客车及其底盘、海狮系列轻型客车、纯电动客车、混合动力电动城市客车、燃料电池城市客车、摆渡车、专用校车、旅居车等专用客车;2019年销售19392辆
出口情况:远销东欧、远东、中东、东南亚、南非、北非、中美洲等近40个国家和地区

★厦门金龙汽车集团股份有限公司
地址:福建省厦门市湖里区湖里街道东港北路31号(港务大厦7、11层)
邮编:361012
电话:0592/2962988
传真:2960686
网址:www.xmklm.com.cn
电子信箱:kinglong@xmklm.com.cn
法定代表人:邱志向
质量体系:ISO 9001、IATF 16949
产品情况:(金龙牌、金旅牌、海格牌)
4.3~18米的大、中、轻型等各型客车;2019年销售57254辆
出口情况:远销全球五大洲160多个国家和地区

★厦门金龙联合汽车工业有限公司
地址:福建省厦门市集美区金龙路9号
邮编:361023
电话:4008866700
传真:0592/6371020、6370995
网址:www.king-long.com.cn
法定代表人:刘志军
质量体系:ISO 9001、IATF 16949
产品情况:(金龙牌)
公路客车、公交客车、专用客车等大、中、轻型客车,智慧校车,混合动力和纯电动新能源客车、燃料电池城市客车等新能源汽车;2019年销售26450辆
出口情况:出口130多个国家和地区

★福建天际汽车制造有限公司
地址:福建省泉州市经济技术开发区中国泉州汽车基地一号路3号
邮编:362000
电话:0595/82038931
传真:82038687
网址:www.xihuauto.com
电子信箱:hr@xihuauto.com
法定代表人:金迪
质量体系:ISO 9001
产品情况:(西虎牌)
6~10.5米全系列公交车、7~12米系列商务车及城际客车、旅游客车和纯电动、混合动力客车等新能源车辆
出口情况:批量出口东南亚及非洲

★福建新龙马汽车股份有限公司
地址:福建省龙岩市永定县高陂镇南环路1号
邮编:364101
电话:0597/5208606、5208960
传真:5208633
网址:www.newlongma.com
电子信箱:nlm@newlongma.com
法定代表人:朱建忠
质量体系:ISO 9001
产品情况:(福建牌、新龙马牌)
产品覆盖微型客车、MPV、SUV三大乘用车市场领域,在售产品包括微型客车启腾M70、MPV启腾EX80、SUV启腾V60、M70纯电动车及含医疗车、邮政车在内的微型客车6款专用车型

★中国重汽集团福建海西汽车有限公司
地址:福建省永安市埔岭99号
邮编:366000
电话:0598/3799666、3799888
传真:3801161
网址:www.zqhaixi.com
电子信箱:hxzhbgs@sinotruk.com
法定代表人:张凡勇
质量体系:IATF 16949
产品情况:(豪曼牌)
重、中、轻型载货汽车及底盘;篷式运输车、厢式运输车及底盘、自卸汽车等

江西省

★江铃汽车集团有限公司
地址:南昌市青云谱区迎宾北大道666号
邮编:330001
电话:0791/85229202
网址:www.jmcg.com.cn
电子信箱:gsb@jmcg.com.cn
法定代表人:邱天高
单位人数:3000
质量体系:ISO 9001、IATF 16949
产品情况:(江铃牌等)
拥有JMC系列、FORD系列、陆风系列、驭胜系列、ISUZU系列、晶马系列、骐铃系列、纯电动车系列等汽车品牌,同时具备汽车发动机、变速器、车身、车架、前桥、后桥等六大总成自主研发制造能力;2019年销售253175辆
出口情况:出口国外市场

★ 江铃汽车股份有限公司
地址:南昌市迎宾北大道509号
邮编:330001
电话:0791/85266000
传真:85266677
网址:www.jmc.com.cn
电子信箱:relations@jmc.com.cn
法定代表人:邱天高
质量体系:ISO 9001、IATF 16949
产品情况:(江铃牌、福特牌、驭胜牌、江铃全顺牌)
福特全顺;JMC轻型货车凯运、凯锐、顺达轻型货车,JMC皮卡宝典、域虎等;福特撼路者、福特途睿欧,全新驭胜S350、驭胜S330等新品;2019年销售236600辆
出口情况:出口皮卡、轻型货车、中型货车、驭胜SUV
☞ 详细情况请参阅彩色宣传版面

★江西江铃集团新能源汽车有限公司
地址:南昌市经济开发区庐山北大道48号
邮编:330013
电话:0791/87378988、4001799909
传真:87369856
网址:www.jmev.com
电子信箱:jmev@jmev.com
法定代表人:邱天高

质量体系:ISO 9001、IATF 16949
产品情况:(易至牌)
经济型纯电动轿车 E200S、E200、E160、E100 等;2019 年产销售 13360 辆

★江铃控股有限公司
地址:南昌市南昌县小兰工业园富山三路
邮编:330050
电话:0791/83806666、4008833666
网址:www.landwind.com
电子信箱:crm@landwind.com
法定代表人:徐骏
质量体系:ISO 9001、ISO 14001
产品情况:(江铃牌、陆风牌、爱驰牌)
陆风系列 SUV 越野车(X8、X9、X6),陆风风尚 MPV 多功能车,爱驰纯电动多用途乘用车等;2019 年销售 2450 辆

★江西五十铃汽车有限公司
地址:南昌市望城新区江铃大道 666 号
邮编:330100
电话:4000321321
网址:www.jiangxi-isuzu.cn
法定代表人:邱天高
质量体系:IATF 16949、ISO 9001
产品情况:(江西五十铃牌)
高端皮卡 D-MAX、国内首款合资柴油 SUV 车型 mu-X、自主品牌皮卡瑞迈等两大品牌、三大系列;2019 年产销售 1678 辆

★江西江铃集团晶马汽车有限公司
地址:南昌市小蓝经济技术开发区富山五路 636 号
邮编:330200
电话:0791/87193667、4006420006
传真:87193669
网址:www.jmcgnp.com
电子信箱:sales@jmmc.com.cn
法定代表人:邱天高
质量体系:IATF 16949、ISO 9001
产品情况:(晶马牌)
大、中、轻型客车(含新能源客车)、乘用车(不含轿车)、专用车等车型;2019 年销售 2508 辆
出口情况:远销亚洲、北美洲、非洲等国家

★江西昌河汽车有限责任公司
地址:江西省景德镇市珠山区新厂东路 208 号
邮编:333000
电话:0798/8462031、8462032
传真:8466200
网址:www.changheauto.com
电子信箱:chqc@changheauto.com
法定代表人:蒋自力
单位人数:5000
质量体系:ISO 9001、ISO 14001
产品情况:(北京牌、昌河牌、威旺牌)
SUV 产品昌河 Q7、Q35、Q25);轿车产品昌河 A6、全新北斗星和经典北斗星系列;MPV 产品昌河 M70、M50S,威旺 M60、M50F;微型货车产品福瑞达 K 系列;新能源产品北斗星 E、北斗星 X5E,威旺 407EV 以及 K14B、A151 发动机等 10 多款产品;2019 年销售 33576 辆
出口情况:年出口爱迪尔、微型车 8000 辆

★江西志骋汽车有限责任公司
地址:江西省九江市九江经济技术开发区前进西路 555 号
邮编:333002
电话:0792/8271061、4008879988
网址:www.changhe-suzuki.com
电子信箱:121378077@qq.com
法定代表人:旷光华
质量体系:IATF 16949、ISO 9001
产品情况:(昌河铃木牌、利亚纳牌、北斗星牌、昌河牌)
北斗星系列多功能轿车、利亚纳及派喜系列经济型轿车、浪迪系列小型 MPV 车以及 K 系列发动机等产品
出口情况:出口 CH7100、CH7120、CH6350

★爱驰汽车有限公司
地址:江西省上饶经济技术开发区兴园西大道
邮编:334100
电话:021/55580971、4008202555
网址:www.ai-ways.com
电子信箱:hr_resume@ai-ways.com
法定代表人:付强
产品情况:(爱驰牌)
电动 SUV、跨界车、跑车等

★江西博能上饶客车有限公司
地址:江西省上饶市经济开发区凤凰西大道 18 号
邮编:334100
电话:4001666169
传真:0793/8469616
网址:www.srkc.com.cn
电子信箱:yanglu@benergy.com.cn
法定代表人:温见远
单位人数:1070
质量体系:ISO 9001
产品情况:(上饶牌)
主要生产新能源公交车、专用校车、客运旅游团体车、无人驾驶商用车等产品
出口情况:出口 9~12 米传统大客车、8~12 米纯电动公交,产量 1000 辆

★国机智骏汽车有限公司
地址:江西省赣州市赣州经济技术开发区新能源汽车科技城旭日大道 6 号
邮编:341000
电话:4008188788
网址:www.zhijunauto.com
电子信箱:zhijunopen@zhijunauto.com
法定代表人:陈有权
单位人数:273
质量体系:ISO 9001
产品情况:(国机智骏牌)
GX5、GC1、GC2 等纯电动车

★汉腾汽车有限公司
地址:江西省上饶经济技术开发区远泉大道 3 号
邮编:341000
电话:0793/8655555、4006011001
网址:www.hantengauto.com
电子信箱:liusf@hantengauto.com
法定代表人:王根党
单位人数:3729
质量体系:ISO 9001、ISO 14001
产品情况:(汉腾牌)
汉腾 X5、X7 等系列乘用车型

★中恒天智骏(赣州)汽车有限公司
地址:江西省赣州市赣州经济技术开发区新能源汽车科技城旭日大道 6 号
邮编:341412
电话:0797/8682430
电子信箱:343926506@qq.com
法定代表人:王铁朋
质量体系:ISO 9001
产品情况:(国机智骏牌)
纯电动轿车 ZHT7000、乘用车

★江西大乘汽车有限公司
地址:江西省抚州市钟岭大道 318 号
邮编:344000
电话:0794/8733536、4006887070
网址:www.jmcgl.com.cn
电子信箱:qdb@jmcgl.cn
法定代表人:吴潇
单位人数:860
质量体系:ISO 9001、ISO 14001
产品情况:(骐铃牌、大乘汽车牌)
厢式运输车、多用途乘用车、皮卡车、纯电动轿车等;2019 年销售 25810 辆

山东省

★中国重汽集团济南商用车有限公司
地址:济南市天桥区无影山中路 53 号
邮编:250031
电话:0531/58062771、4001888666
传真:85582490
网址:www.cnhtc.com.cn
电子信箱:zhounx@cnhtc.cn
法定代表人:王瑛波
质量体系:IATF 16949、ISO 9001
产品情况:(豪沃牌、汕德卡牌、斯达-斯太尔牌)
涵盖重型货车、中重型货车、中型货车系列产品,包括燃油和天然气汽车

★中国重汽集团济南卡车股份有限公司
地址:济南市党家庄南首
邮编:250116
电话:0531/85587586、58067001
传真:85587003

网址:www. sinotruk. com
电子信箱:kache@ sinotruk. com
法定代表人:王德春
单位人数:7936
质量体系:IATF 16949、ISO 9001
产品情况:(豪沃牌、豪泺牌、斯达-斯太尔牌、汕德卡牌)

重型载货汽车、自卸车、牵引车、厢式运输车、仓栅式运输车、混凝土搅拌运输车等各类专用车、汽车底盘,洗井车、篷式运输车、载货车、特种作业车底盘、罐式气力吸排车

出口情况:出口100多个国家和地区

★中国重汽集团济南特种车有限公司

地址:济南市槐荫区济兖公路583号
邮编:250117
电话:0531/58062787、85582787
传真:85582831
网址:www. cnhtc. com. cn
电子信箱:tzcjsfw@ cnhtc. cn
法定代表人:张晓东
单位人数:987
质量体系:GJB 9001A、ISO 9000
产品情况:(HOWO牌、斯达-斯太尔牌)

威泺30工程勇士、威泺长头牵引车、HOVA矿用自卸车、HOVA低速牵引车、4×4全驱车、6×6全驱车、8×8全驱车

出口情况:远销非洲、南美洲、中东、东南亚、俄罗斯等国家和地区

★中国重型汽车集团有限公司

地址:济南市高新区华奥路777号
邮编:251010
电话:0531/58062114
网址:www. cnhtc. com. cn
法定代表人:谭旭光
质量体系:ISO 9001
产品情况:(豪沃牌、黄河牌、豪瀚牌、汕德卡牌、斯太尔牌、威泺牌)

各种载重汽车、特种汽车、客车和专用车及发动机、变速器、车桥等总成和汽车零部件;2019年销售296176辆

出口情况:全球设立了72个海外代表和办事机构,在90多个国家有263个经销商,覆盖非洲、中东、拉丁美洲、中亚、俄罗斯、东南亚、澳大利亚、爱尔兰、新西兰等国家和地区,并销往中国香港、中国台湾等地区

★中通客车控股股份有限公司

地址:山东省聊城市黄河路261号
邮编:252000
电话:0635/8321076、4007608000
传真:8322600
网址:www. zhongtong. com
电子信箱:xyz@ public. lcptt. sd. cn
法定代表人:孙庆民
质量体系:ISO 9001
产品情况:(中通牌)

5.5~18米的公路客车、城市公交客车、旅游客车、团体客车及纯电动客车、混合动力客车、铰接式城市客车、小学生校车、客车底盘、燃料电池厢式运输车等;2019年销售10346辆

出口情况:远销80多个国家和地区

★山东时风商用车有限公司

地址:山东省高唐县汇鑫路2号
邮编:252800
电话:0635/3992845、3953153、3992570
传真:3992845
网址:www. shifeng. com. cn
电子信箱:gx150302@ autoinfo. gov. cn
法定代表人:林连华
质量体系:ISO 9001
产品情况:(时风牌)

自卸汽车、厢式运输车、轻型载货汽车、仓栅式运输车、汽车底盘等

★山东时风(集团)有限责任公司

地址:山东省高唐县时风路1号
邮编:252800
电话:0635/3953153、3950119、3950309
传真:3880905
网址:www. cnshifeng. com
电子信箱:sfjtpgz@ 163. com
法定代表人:刘成强
质量体系:ISO 9001、ISO 14001
产品情况:(时风牌)

农用汽车、轻型货车、电动汽车等

出口情况:远销美国、墨西哥、阿尔巴尼亚等50多个国家

★山东国金汽车制造有限公司

地址:山东省淄博市高新区政通路135号高创园E座518室
邮编:255000
电话:0533/3911789、4006585777
网址:www. guojinauto. com
电子信箱:guojinqiche@ 126. com
法定代表人:苏毅政
产品情况:生产纯电动MPV、SUV、轿车系列车型,驱动电动机、电子控制单元、动力电池组等

★山东唐骏欧铃汽车制造有限公司

地址:山东省淄博市淄川经济开发区
邮编:255130
电话:0533/5174656、4006519308
网址:www. tjolauto. com
电子信箱:cbbgs@ 126. com
法定代表人:薛兴震
质量体系:ISO 9001、ISO 14001
产品情况:(唐骏牌、欧铃牌、轻骑牌、泰山牌)

货车、自卸车、电动专用车、洒水车、车厢可卸式垃圾车等专用车;2019年销售50057辆

出口情况:出口东南亚、中美洲、南美洲、非洲、中东、东欧等20多个国家和地区

★山东东方曼商用车有限公司

地址:山东省东营市东营区府前大街3号
邮编:257091
电话:0546/7086360
电子信箱:tlzhouzhou@ 163. com
法定代表人:朱金星
产品情况:(迈迪牌)

迈迪系列电动轿车等高速、低速电动车,威斯曼系列纯电动乘用车,东方曼系列轻型载货汽车等

★山东东方曼新能源汽车有限公司

地址:山东省东营市东营区潍河路21号
邮编:257091
电话:0546/7768777
传真:7768777
网址:www. eastmauto. com
电子信箱:239038819@ qq. com
法定代表人:路红梅
产品情况:(东方曼牌)

具有年产电动汽车10万辆、轻型货5万辆的研发验证和综合生产能力

★山东蓝诺汽车有限公司

地址:山东省东营市广饶县乐安大街1719号
邮编:257336
电话:0546/7729300、18661375071
传真:7729320
网址:www. lannuoqiche. com
电子信箱:zonghe@ mengdegroup. com
法定代表人:宋亮
单位人数:1000
质量体系:ISO 9001
产品情况:(吉海牌)

各类轻型载货汽车及底盘、纯电动载货汽车、纯电动厢式运输车、纯电动仓栅式运输车、纯电动邮政车、压缩式垃圾清运车、车载修井机等

出口情况:出口美国、秘鲁、尼日利亚、越南、意大利等国家

★ 北汽福田汽车股份有限公司诸城奥铃汽车厂

地址:山东省诸城市经济开发区福田工业园
邮编:262200
电话:0536/6171656、4008988977
传真:6171888
网址:forland. foton. com. cn
电子信箱:ningxin@ foton. com. cn
法定代表人:王术海
质量体系:ISO 9001
产品情况:(时代汽车牌、瑞沃牌、福田金刚牌、福田骁运牌)

产品涵盖微型货车、轻型货车、中重型货车全系列货车产品

出口情况:年出口时代汽车、奥铃汽车3万辆,主要出口俄罗斯及周边国家、印度、巴西、东南亚、中东、北非等国家和地区

☞ 详细情况请参阅彩色宣传版面

★山东凯马汽车制造有限公司

地址:山东省寿光市东环路5888号

邮编:262703
电话:0536/5265666、18765129919
传真:5202823
网址:www. kamaqc. com
电子信箱:kama2820@ 163. com
法定代表人:董伟涛
单位人数:3000
质量体系:IATF 16949
产品情况:(凯马牌、聚宝牌、奥峰牌)
微型、轻型、中重型载货汽车以及皮卡车、专用车、新能源汽车六大系列
出口情况:出口东南亚、中东、南美洲、非洲等地区

★上汽通用东岳汽车有限公司
地址:山东省烟台市经济开发区长江路118号
邮编:264006
电话:0535/6966666、6966822
传真:6398300
网址:www. saic - gm. com
电子信箱:xinhua_jin@ shanghaigm. com
法定代表人:玛丽·博拉
质量体系:IATF 16949、ISO 9001
产品情况:[雪佛兰(CHEVROLET)牌、别克(BUICK)牌]
雪佛兰景程/乐风/乐骋20余种车型的系列轿车,1. 4L/1. 6L DOHC发动机、1. 6L/1. 8L Ecotec发动机和3种型号的S6六速手自一体变速器

★山东汽车制造有限公司
地址:山东省莱阳市经济开发区富山路99号
邮编:265200
电话:0535/7997150、7997888
传真:7997888
网址:www. shandongqiche. com
电子信箱:jszx4765@ sina. com. cn
法定代表人:刘增清
质量体系:ISO 9001
产品情况:(山汽牌、燕台牌、陕汽牌)
轻型货车、中型货车、专用车

★一汽解放青岛汽车有限公司
地址:山东省青岛市青岛汽车产业新城解放大道100号
邮编:266043
电话:0532/55659232、4006978099
网址:www. fawjiefang. com. cn
电子信箱:fqteng@ 126. com
法定代表人:王瑞健
质量体系:ISO 9001、ISO 14001
产品情况:(解放牌、琴岛牌)
载重汽车、客车,改装汽车
出口情况:出口南非、伊朗、越南等30多个国家和地区

★青岛海西清洁能源客车有限公司
地址:山东省青岛市黄岛区骊山路169号
邮编:266555
电话:0532/86106688
网址:www. tsingdaobus. com
电子信箱:yangdongqing@ tsingdaobus. com
法定代表人:郭鹏
质量体系:ISO 9001
产品情况:客车(含新能源客车)、客车底盘(含新能源客车底盘)、客车零部件

★中国重汽集团济宁商用车有限公司
地址:山东省济宁市诗仙路369号
邮编:272100
电话:0537/2377888、2377999
传真:2377866
网址:www. jncnhtc. cn
电子信箱:0003@ 163. com
法定代表人:刘荣章
质量体系:IATF 16949、ISO 9001
产品情况:(豪运牌、豪瀚牌)
15~55吨的中国重汽豪瀚、豪运牌重型、中重型汽车,适用于长途运输、工程建设、矿山生产等各个生产领域

河南省

★海马汽车有限公司
地址:郑州市经济技术开发区航海东路1689号
邮编:450016
电话:0371/58622611
传真:65372083
网址:www. haima. com
电子信箱:wangyc@ haima. com
法定代表人:孙忠春
质量体系:IATF 16949、ISO 9001
产品情况:(海马牌、小鹏牌)
海马M6、M3、S5、海马爱尚等产品系列,小鹏牌纯电动轿车;2019年销售25015辆
出口情况:出口阿尔及利亚、菲律宾

★海马新能源汽车有限公司
地址:郑州市经济技术开发区航海东路1689号第十七大街
邮编:450016
电话:0371/67399577、4000459898
传真:65372083
网址:www. haima. com
电子信箱:kfgl@ haimazz. sina. net
法定代表人:孙忠春
单位人数:3000
质量体系:IATF 16949、ISO 9001
产品情况:(奥路卡牌、海马牌)
纯电动汽车;2019年销售2476辆
出口情况:实现埃及、智利、菲律宾、越南等20多个国家和地区的整车出口

★郑州日产汽车有限公司
地址:郑州市郑东新区莲湖路3号
邮编:450046
电话:0371/56199267、4006999766
网址:www. zznissan. com. cn
电子信箱:leiping@ zznissan. com. cn
法定代表人:周先鹏
单位人数:3000
质量体系:ISO 9001
产品情况:[东风牌、日产(NISSAN)牌]
锐骐6、锐骐2018款、纳瓦拉、NV200、帅客、MX5、MX6、全新途达、帅客纯电动乘用车、锐骐纯电动系列、锐骐单排皮卡车、警用车系列、工程系列车、底盘系列
出口情况:以拉美、中东、非洲地区为重点销售市场,在埃塞俄比亚等国家合作建立5个KD组装工厂,产品畅销世界50多个国家和地区

★郑州宇通集团有限公司
地址:郑州市管城区宇通路宇通工业园
邮编:450061
电话:0371/66718999、4006596666
传真:66899127
网址:www. yutong. com
电子信箱:ytkf@ yutong. com
法定代表人:汤玉祥
质量体系:IATF 16949、ISO 9001
产品情况:(宇通牌)
大、中型客车、专用车、工程机械、汽车零部件及其他投资业务;2019年销售58688辆

★郑州宇通客车股份有限公司
地址:郑州市管城区宇通路宇通工业园
邮编:450061
电话:0371/66718262、4006596666
网址:www. yutong. com
法定代表人:汤玉祥
质量体系:ISO 9001
产品情况:(宇通牌、凯伦宾威牌)
形成了5~18米,覆盖公路客运、旅游、公交、团体、校车、专用客车、旅居车、冷藏车等各个细分市场
出口情况:远销古巴、委内瑞拉、俄罗斯、伊朗、沙特阿拉伯、法国、挪威、以色列、马其顿、美国等国家,并销往中国香港、中国澳门地区

★河南少林客车股份有限公司
地址:河南省荥阳市京城南路001号
邮编:450199
电话:0371/64610001、4007227009
网址:www. shaolinbus. com
电子信箱:info@ shaolinbus. com
法定代表人:周聚民
质量体系:ISO 9001
产品情况:(少林牌)
大、中、轻型公路客车、城市客车、专用校车、新能源汽车、厢式运输车、旅居车及客车底盘等系列产品

★河南德力新能源汽车有限公司
地址:河南省安阳市城乡一体化示范区站南大道603号
邮编:455000
电话:0372/2823809、4006809066
网址:www. derryauto. cn

电子信箱:zhouyaguang@ derryauto. cn
法定代表人:钱得柱
质量体系:ISO 9001
产品情况:新能源货车、厢式车等物流车辆

★森源汽车股份有限公司
地址:河南省长葛市魏武路南段东侧
邮编:461500
电话:0374/6108187、13569998259
传真:6108163
网址:www. senyuanqc. com
电子信箱:xulm@ senyuanhi. com
法定代表人:楚金甫
单位人数:2800
质量体系:ISO 9001、ISO 14001
产品情况:(奔马牌、森源牌)
具有年产专用汽车、电动汽车、中轻型货车 30 万辆生产能力
出口情况:出口越南、缅甸、巴基斯坦、哈萨克斯坦等国家

★中国一拖集团有限公司
地址:河南省洛阳市建设路 154 号
邮编:471004
电话:0379/64978656、4000379488
网址:www. ytogroup. com
电子信箱:af@ yto. com. cn
法定代表人:黎晓煜
质量体系:ISO 9001
产品情况:(东方红牌、福德牌)
工程车、重型货车、自卸车、微型货车、矿用车、环卫车、皮卡车等;2019 年销售 1782 辆

★河南速达电动汽车科技有限公司
地址:河南省三门峡市经济开发区东区
邮编:472000
电话:0398/2771017
传真:2596089
网址:www. china - sdev. com
电子信箱:admin@ sudacar. com
法定代表人:李复活
单位人数:490
质量体系:IATF 16949
产品情况:(速达牌、SD 牌)
已开发出 SA01、SG01、SD01 等纯电动轿车系列产品

湖北省

★东风雷诺汽车有限公司
地址:武汉市汉阳区汉阳大道 1118 号
邮编:430051
电话:4008008886
网址:www. dongfeng - renault. com. cn
法定代表人:乔阳
质量体系:ISO 9001、ISO 14001
产品情况:(东风雷诺牌、风诺牌)
燃油车型:科雷缤、科雷嘉、科雷傲;新能源车型:雷诺 e 诺;2019 年销售 15593 辆

★东风本田汽车有限公司
地址:武汉市经济技术开发区车城东路 283 号
邮编:430056
电话:027/84286114
传真:84891840
网址:www. dongfeng - honda. com
电子信箱:wdhacnet@ wdhac. com. cn
法定代表人:李绍烛
单位人数:12405
质量体系:ISO 9001
产品情况:[本田(HONDA)牌、沁威(X-NV)牌、思威(CR-V)牌、艾力绅(ELYSION)牌、炫威(XR-V)牌、杰德(JADE)牌、思铂睿(SPIRIOR)、思域(CIVIC)牌等]
CR-V(思威)、CIVIC(思域)、SPIRIOR(思铂睿)、CIIMO(思铭)、ELYSION(艾力绅)、INSIGHT(音赛特)、JADE(杰德)、XR-V(炫威)、GREIZ(哥瑞)、GIENIA(竞瑞)等多种车型;2019 年销售 800089 辆

★东风汽车股份有限公司
地址:武汉市经济技术开发区创业路 136 号
邮编:430056
电话:8008800899、4006234308
传真:027/84287988、84287982
网址:www. dfac. com
电子信箱:dfaczq@ dfac. com
法定代表人:丁绍斌
质量体系:ISO 9001、ISO 14001
产品情况:(东风牌)
轻型货车、工程车、皮卡车、客车及底盘、校车;新能源汽车等

★东风汽车有限公司
地址:武汉市经济技术开发区东风大道 10 号
邮编:430056
电话:027/84283677
传真:84283757、84283619
网址:www. dfl. com. cn
电子信箱:dfl - od@ dfl. com. cn
法定代表人:竺延风
质量体系:ISO 9001、ISO 14001
产品情况:(东风牌、Nissan 牌、东风日产牌、启辰牌、英菲尼迪牌)
全系列商用车、全系列乘用车、零部件和汽车装备

★东风英菲尼迪汽车有限公司
地址:武汉市经济技术开发区东风大道 10 号
邮编:430056
电话:027/84283290、4008909090
网址:www. infiniti. com. cn
电子信箱:customercare@ infiniti. com. cn
法定代表人:周先鹏
产品情况:(英菲尼迪牌)
轿车 & 轿跑车(Q50、Q50L、Q60、Q70L)、SUV(QX30、QX50、QX60、QX70、QX80、ESQ)、混合动力(Q50、QX60),2019 年产 11590 辆

★东风汽车集团股份有限公司
地址:武汉市经济技术开发区东风大道特 1 号
邮编:430056
电话:027/84285555
网址:www. dfmg. com. cn
电子信箱:lirr@ dfmc. com. cn
法定代表人:竺延风
产品情况:涵盖全系列商用车、乘用车、新能源汽车、军车、关键汽车总成和零部件、汽车装备以及汽车相关业务

★东风汽车集团有限公司
地址:武汉市经济技术开发区东风大道特 1 号
邮编:430056
电话:027/84285555、84305555
网址:www. dfmc. com. cn
电子信箱:wzgl@ dfmc. com. cn
法定代表人:竺延风
单位人数:160000
质量体系:ISO 9001
产品情况:(东风牌、东风雷诺牌、启辰牌、华神牌、神宇牌、风神牌、特商牌、金卡牌、俊风牌)
涵盖全系列商用车、乘用车、新能源汽车、军车、关键汽车总成和零部件、汽车装备以及汽车相关业务;2019 年销售 3608726 辆
出口情况:海外市场遍及全球 100 多个国家和地区

★神龙汽车有限公司
地址:武汉市经济技术开发区神龙大道 165 号
邮编:430056
电话:027/84290395、4008866688
传真:84290147、84896788
网址:www. dpca. com. cn
电子信箱:dpcapr@ dpca. com. cn
法定代表人:安铁成
质量体系:ISO 9001
产品情况:(东风标致牌、东风雪铁龙牌)
东风雪铁龙世嘉、凯旋、C2、C5、萨拉·毕加索、爱丽舍、富康,东风标致 508、408、308、207、307 系列轿车,东风标致 CROSS;2019 年销售 113579 辆

★东风电动车辆股份有限公司
地址:武汉市开发区东风大道 108 号
邮编:430056
电话:027/84289808
传真:84289809
网址:www. dfev. com
电子信箱:dfev@ dfev. com
法定代表人:杨守武
质量体系:ISO 14001
产品情况:纯电动、混合动力、燃料电池等各种电动汽车以及新能源汽车核心

零部件(整车控制器和 AMT 变速器控制器)的研发与生产

★湖北三环汉阳特种汽车有限公司
地址:武汉市武汉经济技术开发区沌阳大道 266 号
邮编:430056
电话:027/84298133、84893941
传真:82892506
网址:www. triring. cn
电子信箱:hante@ triring. cn
法定代表人:蔡仕平
质量体系:ISO 9001
产品情况:(汉阳牌)
各类特种汽车底盘、专用汽车及汽车列车,自制车架总成、驱动桥总成、底盘零部件

★东风汽车集团股份有限公司乘用车公司
地址:武汉市经济技术开发区东风大道 1969 号
邮编:430058
电话:027/84583000、4008806600
网址:www. dfpv. com. cn
法定代表人:丁绍斌
质量体系:ISO 9001、ISO 14001
产品情况:(东风风神牌)
2020 款 AX7、经典 AX7、AX3、AX5、AX4、L60、A60 和东风 A9 等系列车型以及东风风神 E70 等系列新能源车型

★湖北三江航天万山特种车辆有限公司
地址:湖北省孝感市北京路 69 号
邮编:432000
电话:0712/2357858、2359667
传真:2359679
网址:www. wstech. com. cn
电子信箱:wanshan_internet@ 163. com
法定代表人:郑家龙
质量体系:ISO 9001
产品情况:(万山牌)
特种越野车、WTW 系列重型平板运输车、自行式模块运输车、液压组合挂车、WS 系列商用车、矿用自卸车、冶金专用车、核心总成零部件等
出口情况:重型平板运输车及外延产品主要出口韩国、越南、印度、保加利亚、哈萨克斯坦、挪威、荷兰、乌克兰、马来西亚、巴林、新加坡、美国等国家

★东风襄阳旅行车有限公司
地址:湖北省襄阳市高新区车城湖北路 19 号
邮编:441004
电话:0710/3392849
传真:3392876
网址:www. dfxylxc. com
电子信箱:admin@ dfxylxc. com
法定代表人:陈彬
质量体系:ISO 9001
产品情况:(东风莲花牌、东风天翼牌、东风御风牌、东风俊风牌)
东风系列客车底盘和东风莲花公路客车、公交客车、东风校车、东风天翼新能源客车、东风御风多功能商用车等
出口情况:出口俄罗斯、乌克兰、伊朗、埃及、塞内加尔、秘鲁、苏丹

★湖北新楚风汽车股份有限公司
地址:湖北省随州市曾都区交通大道 789 号恒天汽车工业园
邮编:441300
电话:0722/3307062、3307813
网址:www. hengtianqiche. com
法定代表人:张文宝
质量体系:ISO 9001
产品情况:(楚风牌)
中重型商用汽车(洒水车、教练车、牵引车、厢式运输车、仓栅式运输车、自卸车等)、客车、纯电动专用汽车
出口情况:出口朝鲜、越南、东南亚等国家和地区

★中正汽车股份有限公司
地址:湖北省十堰市茅箭区东城经济开发区普林路 3 号
邮编:442000
电话:0719/8266111、4001130002
网址:www. zhongzhengauto. com
电子信箱:zhongzhengauto@ 163. com
法定代表人:易明强
质量体系:ISO 9001
产品情况:(恒曼牌、炎龙牌)
载货汽车、自卸车、厢式及仓栅式运输车等

★东风商用车有限公司
地址:湖北省十堰市车城路 2 号
邮编:442001
电话:0719/8885555、8008805800
网址:www. dfcv. com. cn
电子信箱:dongfeng@ dfcv. com. cn
法定代表人:李绍烛
质量体系:IATF 16949、ISO 9001
产品情况:(东风牌)
东风天龙、东风天龙 KL、东风天锦、东风天锦 KR、东风天龙 KC、东风天龙旗舰
出口情况:出口东南亚、非洲、中亚
☞ 详细情况请参阅彩色宣传版面

★湖北三环汽车有限公司
地址:湖北省十堰市东环路 123 号
邮编:442012
电话:0719/8782079、8787808
传真:8781306
网址:www. sitom. com. cn
电子信箱:zhuanqi@ triring. cn
法定代表人:高红卫
质量体系:ISO 9001、ISO 14001
产品情况:(十通牌、十征牌)
载货汽车及底盘、自卸车、仓栅式运输车、平头柴油半挂牵引车、牵引车、厢式运输车及底盘、自卸式垃圾车、教练车、运油车、下灰车、低密度粉粒物料运输车、随车起重运输车、洒水车等;2019 年销售 11021 辆
出口情况:出口东南亚、南亚、中亚、非洲、中东、东北亚、南美洲等地区

★东风特种汽车有限公司
地址:湖北省十堰市白浪中路 51 号
邮编:442013
电话:0719/8287151
网址:www. dftq. net
电子信箱:sevena234@ 163. com
法定代表人:张小帆
单位人数:500
质量体系:ISO 9001
产品情况:(东风牌)
纯电动物流车、纯电动教练车、纯电动搅拌车、纯电动移动电源车等车型平台的 14 种新能源车型,覆盖微、轻、中、重型纯电动整车及底盘
出口情况:远销东南亚、南亚、非洲、中东、中南美等 20 多个国家和地区

★东风小康汽车有限公司
地址:湖北省十堰市东环路 1 号
邮编:442013
电话:0719/8310986、4008875551
网址:www. dfdongfeng. com. cn
电子信箱:251536489@ qq. com
法定代表人:尤峥
质量体系:IATF 16949、ISO 9001
产品情况:(东风小康牌、东风牌)
主要从事东风风光品牌乘用车、智能汽车和东风小康品牌商用车的研发、生产,拥有风光 E3 新能源汽车、风光 580Pro、风光 ix5、风光 580、S560 等系列 SUV、风光 330、风光 370 等系列 MPV
出口情况:出口欧洲、美洲、非洲、中东、东南亚等 70 多个国家和地区

★东风(十堰)特种商用车有限公司
地址:湖北省十堰市茅箭区东益大道 6 号
邮编:442021
电话:0719/8239043、8239235
传真:8239061、8238614
网址:www. dfscv. com. cn
电子信箱:mawei@ dfsv. com. cn
法定代表人:潘传政
质量体系:ISO 9001、ISO 14001
产品情况:(东风牌)
各类特种商用车底盘、专用消防车底盘、全系列天然气运输汽车、油田用车、森林用车、自卸汽车、大功率四驱/六驱/全驱汽车、专用起重机底盘等多种车型

湖南省

★三一集团有限公司
地址:长沙市长沙县经济技术开发区星沙三一工业城
邮编:410100

电话:0731/84031888、4009995318
网址:www.sany.com.cn
电子信箱:sany@sany.com.cn
法定代表人:唐修国
产品情况:(三一牌)
　　重型货车等
出口情况:出口110多个国家和地区,目前已在印度、美国、德国、巴西投资建设工程机械研发制造基地

★长丰集团有限责任公司
地址:长沙市经济技术开发区漓湘东路9号
邮编:410100
电话:0731/82881803
传真:82881700
网址:www.leopaard.com
电子信箱:442065146@qq.com
法定代表人:李建新
单位人数:8000
质量体系:ISO 9001
产品情况:(猎豹牌)
　　猎豹系列越野车、皮卡车等汽车整车及相关零部件

★广汽三菱汽车有限公司
地址:长沙市经济技术开发区漓湘中路15号
邮编:410100
电话:4009773030
网址:www.gmmc.com.cn
电子信箱:service_gmmc@gmmc.com.cn
法定代表人:陈茂善
质量体系:ISO 9001
产品情况:[三菱牌、广汽(GAC)牌]
　　拥有奕歌、欧蓝德、祺智(EV)、劲炫、帕杰罗(进口三菱)等多款车型;2019年销售133016辆

★湖南猎豹汽车股份有限公司
地址:长沙市经济技术开发区泉塘街道漓湘东路9号
邮编:410100
电话:0731/82881803、4000018000
网址:www.leopaard.com
法定代表人:刘康林
质量体系:ISO 9001
产品情况:(猎豹牌)
　　主要产品为系列SUV及皮卡

★三一汽车制造有限公司
地址:长沙市经济技术开发区三一工业城
邮编:410100
电话:0731/84031888
传真:5231397
网址:www.sanygroup.com
电子信箱:shill@sany.com.cn
法定代表人:彭光裕
单位人数:1300
质量体系:ISO 9001、ISO 14001
产品情况:(三一牌)
　　重型货车、客车、汽车起重机三大系列80多个品种

★广汽菲亚特克莱斯勒汽车有限公司
地址:长沙市经济技术开发区映霞路18号
邮编:410100
电话:4008789999
传真:0731/89989800
网址:www.gacfca.com
电子信箱:callcenter@gacfiatauto.com
法定代表人:严壮立
单位人数:5000
质量体系:ISO 9001
产品情况:[广汽菲亚特牌、广汽(GAC)牌、吉普(JEEP)牌、三菱牌]
　　主要生产车型包括全新Jeep自由光、大指挥官、自由侠以及菲亚特菲翔、致悦等;2019年销售73907辆

★长沙梅花汽车制造有限公司
地址:长沙市江背镇同心产业园
邮编:410135
电话:0731/86290886、4008565988
传真:86290568
网址:www.meihuabus.com
电子信箱:475650087@qq.com
法定代表人:张君伟
单位人数:722
质量体系:ISO 9001
产品情况:(同心牌、同心金象牌)
　　智能型校车、客运公交车、厢式物流车、环卫专用车、道路清障车、易燃气体运输车及新能源汽车等
出口情况:出口东南亚和非洲

★北汽福田汽车股份有限公司长沙汽车厂
地址:长沙市经济技术开发区黄兴大道南段128号
邮编:410600
电话:0731/84075211、84075186
传真:84075828
网址:www.fotonbrock.com
电子信箱:fuyouibin@foton.com.cn
法定代表人:江健
质量体系:ISO 9001
产品情况:(普罗科牌)
　　环卫清洗车、油罐车、洒水车、水泥搅拌运输车等专用汽车

★湖南恒润汽车有限公司
地址:湖南省湘潭市九华经济区宝马东路3号
邮编:411202
电话:0731/52323199、18975201999
传真:52328888
网址:www.hengrunht.com
电子信箱:hnhrgk@yeah.net
法定代表人:陈建平
质量体系:ISO 9001
产品情况:(恒润牌)
　　A0级纯电动智能SUV

★中车时代电动汽车股份有限公司
地址:湖南省株洲市国家高新技术开发区栗雨工业园五十七区
邮编:412007
电话:4001755678
传真:0731/28493788
网址:www.evcrrc.com
电子信箱:csrev@csrev.net.cn
法定代表人:申宇翔
质量体系:ISO 9001
产品情况:(中国中车牌)
　　柴油公路客车、工程车、校车、救护车,混合动力客车、纯电动城市客车、混合动力城市客车、燃料电池城市客车、纯电动厢式运输车、电传动系统产品等

广东省

★广州广汽比亚迪新能源客车有限公司
地址:广州市从化区经济开发区明珠工业园明珠大道北6号
邮编:510430
电话:020/87868668、87868111
传真:87868808
网址:www.gb-bus.com
电子信箱:li.jianhong@gb-bus.com
法定代表人:陈道宏
质量体系:ISO 9001
产品情况:(骏威牌、广汽牌)
　　混合动力城市客车及底盘,纯电动城市客车,6米、7米、7.5米商务中型燃油客车,客车底盘,小学生校车
出口情况:出口亚洲、美洲、非洲、中东等多个国家和地区

★广州小鹏汽车科技有限公司
地址:广州市天河区长兴街松岗大街8号
邮编:510530
电话:020/66806680、13560321780
传真:66806689
网址:www.xiaopeng.com
电子信箱:pr@xiaopeng.com
法定代表人:夏珩
质量体系:ISO 9001
产品情况:(小鹏)
　　超长续航智能SUV——小鹏G3及超长续航智能轿跑——小鹏P7

★广州汽车集团股份有限公司
地址:广州市越秀区东风中路448-458号成悦大厦23楼
邮编:510623
电话:020/83151139
传真:83150335
网址:www.gagc.com.cn
电子信箱:molm@gagc.com.cn
法定代表人:曾庆洪
单位人数:94856
产品情况:(本田牌、丰田牌、羊城牌)
　　业务涵盖整车(汽车、摩托车)及零部件研发、制造、汽车商贸服务、汽车金融等;2019年销售2062018辆

★ 广汽本田汽车有限公司

地址:广州市黄埔区广本路 1 号
邮编:510700
电话:8008308999
传真:020/82270620
网址:www. ghac. cn
法定代表人:李少
质量体系:ISO 9001
产品情况:[本田(HONDA)牌、理念牌、Acura(讴歌)牌]

Honda 品牌产品包括雅阁(ACCORD)、冠道(AVANCIER)、奥德赛(ODYSSEY)、缤智(VEZEL)、凌派(CRIDER)、锋范(CITY)和飞度(FIT)等系列车型;理念(EVERUS)品牌产品包括理念 S1 车型;Acura(讴歌)品牌产品包括:CDX、TLX-L、RDX 车型以及进口车型;2019 年销售 770884 辆

☞ 详细情况请参阅彩色宣传版面

★ 东风汽车有限公司东风日产乘用车公司

地址:广州市花都区风神大道 8 号
邮编:510800
电话:8008308899
网址:www. dongfeng - nissan. com. cn
电子信箱:customercare@ dfl. com. cn
法定代表人:Antoine,Rene,Damien BARTHES(安东尼.巴瑟斯)
质量体系:ISO 9001、ISO 14001
产品情况:(东风日产牌)

天籁、阳光、骐达、颐达、轩逸、骊威、玛驰、逍客、英菲尼迪、蓝鸟、启辰等

☞ 详细情况请参阅彩色宣传版面

★广汽日野汽车有限公司

地址:广州市从化区明珠工业园宝珠大道 1 号
邮编:510930
电话:020/32328888
传真:32328100
网址:www. ghmcchina. com
电子信箱:chengyikun@ ghmcchina. com
法定代表人:陈汉君
质量体系:ISO 9001
产品情况:[日野(HINO)牌]

主要生产日野牌重型货车和驱动桥等关键总成;2019 年销售 3518 辆

★北汽(广州)汽车有限公司

地址:广州市增城区增江街塔山大道 168 号
邮编:511300
电话:020/22669012
传真:22669040
法定代表人:黄文炳
质量体系:ISO 9001、ISO 14001
产品情况:(北京牌)

北汽自主品牌绅宝智道、EU 等系列;2019 年销售 15957 辆

★广汽蔚来新能源汽车科技有限公司

地址:广州市南沙区香江国际科创中心
邮编:511400
电话:020/32336900
网址:www. hycan. com. cn
电子信箱:mkt@ gac - nio. com
法定代表人:李斌
产品情况:(HYCAN 牌)

新能源汽车整车、核心零部件

配套情况:为蔚来 ES8 供货

★广汽乘用车有限公司

地址:广州市番禺区金山大道东路 633 号
邮编:511434
电话:4008136666
网址:www. gacmotor. com
法定代表人:冯兴亚
质量体系:ISO 9001
产品情况:[传祺(Trumpchi)牌]

已推出了覆盖轿车、SUV、MPV 三大领域的传祺 GA4、GA6、GA8、GS3、GS4、GS5、GS7、GS8 及 GM6、GM8 等车型;2019 年销售 384578 辆

出口情况:已在中东、东南亚、东欧、非洲、美洲等 22 个国家成功布局

★广汽丰田汽车有限公司

地址:广州市南沙区市南大道 8 号
邮编:511455
电话:8008308888、4008308888
网址:www. gac - toyota. com. cn
法定代表人:吴松
单位人数:10029
质量体系:ISO 9001
产品情况:[丰田(TOYOTA)牌、广汽(GAC)牌]

生产车型包括 CAMRY 凯美瑞(含凯美瑞双擎)、HIGHLANDER 汉兰达、C-HR、YARiS L 致炫、LEVIN 雷凌(含雷凌双擎)、YARiS L 致享系列轿车;2019 年销售 682008 辆

★宝能汽车有限公司

地址:广东省深圳市罗湖区笋岗街道宝安北路 2088 号深业物流大厦 1008
邮编:518027
电话:18018778397
网址:www. baonengmotor. com
电子信箱:hushuangshuang@ baonengmotor. com
法定代表人:孙莉
产品情况:汽车和新能源汽车整车及其零配件、模具及其相关附件、汽车电子装置,新能源汽车充电设施技术,底盘

★深圳市宝能汽车有限公司

地址:广东省深圳市观澜街道观光路 1226 号
邮编:518110
电话:0755/23586389、4006505556
网址:www. dstsp. com
电子信箱:dscare@ ca - psa. com
法定代表人:孙莉
质量体系:IATF 16949、ISO 9001
产品情况:(谛艾仕牌)

DS7、DS6、DS5LS、DS5、DS4S 等车型;2019 年销售 2055 辆

★深圳市五洲龙汽车股份有限公司

地址:广东省深圳市龙岗区龙岗街道办宝龙工业城 103 号
邮编:518116
电话:0755/89933333、4007002898
传真:89933019
网址:www. wzlmotors. cn
电子信箱:marketing@ wzlmotors. com
法定代表人:张景新
质量体系:ISO 9001
产品情况:(五洲龙牌)

混合动力、纯电动、燃料电池、清洁燃料客车,同时还包括传统柴油客车及公交车系列和专用医疗车辆系列

出口情况:远销中东、拉丁美洲、非洲、亚太等地区的 40 多个国家

★ 比亚迪汽车工业有限公司

地址:广东省深圳市坪山新区坪山横坪公路 3001 号
邮编:518118
电话:0755/89888888
传真:84202222
网址:www. byd. com. cn
电子信箱:bydauto@ byd. com
法定代表人:王传福
质量体系:ISO 9001
产品情况:(比亚迪牌、腾势牌)

F3、F3R、F6、F0、G3、G3R、L3 等传统燃油汽车,S8 运动型硬顶敞篷跑车,高端 SUV 车型 S6 和 MPV 车型 M6 以及秦插电混动,F6DM、F3DM 双模电动汽车和 E5、E6 纯电动汽车等;2019 年销售 463488 辆

出口情况:在美国、欧洲、日本、韩国、印度等国家和地区以及中国台湾地区、中国香港地区设有分公司或办事处

☞ 详细情况请参阅彩色宣传版面

★深圳腾势新能源汽车有限公司

地址:广东省深圳市坪山新区坪山横坪公路 3001 号比亚迪研发大楼
邮编:518118
电话:0755/89930999、4000688080
传真:84627530
网址:www. denza. com
电子信箱:sales@ denza. com
法定代表人:Hubertus Troska
质量体系:ISO 9001
产品情况:腾势纯电动汽车

★珠海广通汽车有限公司

地址:广东省珠海市金湾区(青湾工业园)金湖路 16 号
邮编:519015

电话:0756/8915082、4008361888
传真:8915083
网址:www.zhyle.com
法定代表人:赖信华
质量体系:ISO 9001
产品情况:(广通牌)
客车整车、纯电动城市客车及底盘、燃料电池城市客车、纯电动厢式运输车;2019 年销售 3616 辆
出口情况:远销意大利、德国、马来西亚、印度、菲律宾、泰国、越南等国家并销往中国香港、中国澳门地区

★珠海广通车辆制造有限公司
地址:广东省珠海市金湾区三灶镇机场北路 957 号厂房 2 号厂房
邮编:519040
电话:0756/6282166
网址:www.gtk-china.com
法定代表人:罗治辉
质量体系:ISO 9001
产品情况:(宇舟牌)
主营旅游大客车、双层大客车、城市公交等

★中兴智能汽车有限公司
地址:广东省珠海市金湾区三灶镇机场西路 2288 号
邮编:519040
电话:0756/3870663
网址:www.bazn.vip
电子信箱:guochenggui1988@163.com
法定代表人:蒋代卫
单位人数:400
质量体系:IATF 16949、ISO 9001
产品情况:(广客牌)
6~18 米纯电动公交车、豪华旅游车、氢燃料客车、自动驾驶客车、双层客车;2019 年销售 361 辆
出口情况:出口双层客车、12 米豪华旅游客车

★东莞中汽宏远汽车有限公司
地址:广东省东莞市麻涌镇新港南路 12 号
邮编:523130
电话:0769/22414228
传真:22412529
网址:www.winnerway.com
电子信箱:info@winnerway.com
法定代表人:吴志邦
质量体系:IATF 16949、ISO 9001
产品情况:(宏远牌)
混合动力、纯电动等新能源客车、LNG 清洁能源客车、欧五、欧六高排放等级客车;2019 年销售 2163 辆

★佛山市飞驰汽车制造有限公司
地址:广东省云浮市云城区思劳镇佛山(云浮)产业转移工业园南区 10 号
邮编:528031
电话:0757/82727909、82724855
网址:www.fsfeichi.com.cn
电子信箱:463730084@qq.com
法定代表人:江勇
单位人数:250
质量体系:IATF 16949、ISO 9001
产品情况:(飞驰牌)
产品覆盖公路客车、旅游客车、城市客车、特种装备车等,涉及柴油、LNG 及新能源(纯电动/混合动力)、氢能源等多种动力形式;2019 年销售 341 辆

★广东福迪汽车有限公司
地址:广东省佛山市南海区狮山科技工业园 B 区博爱东路
邮编:528225
电话:0757/81201037、81201004
传真:81201000
网址:www.fdqc.com
电子信箱:foday@fdqc.com
法定代表人:夏珩
单位人数:1000
质量体系:IATF 16949、ISO 9001
产品情况:(福迪牌)
整车主要有福迪雄师皮卡车系列和揽福 SUV 系列;2019 年销售 543 辆
出口情况:出口中东、东南亚、西亚、非洲、南美洲的多个国家和地区

广 西

★广西申龙汽车制造有限公司
地址:南宁市邕宁区蒲兴大道 99 号
邮编:530200
电话:0771/6781955
传真:5896487
网址:www.gxyzgreen.com
电子信箱:elgine99@163.com
法定代表人:周纪文
单位人数:600
质量体系:IATF 16949、ISO 9001
产品情况:(紫象牌)
全铝车身新能源客车整车和纯电动新能源多功能专用车整车及零部件
出口情况:远销东南亚、大洋洲、非洲等地区

★广西华奥汽车制造有限公司
地址:广西贵港产业园石卡分园
邮编:537000
电话:0775/4298888
网址:www.guangxihuaao.com
法定代表人:陈立学
质量体系:ISO 9001
产品情况:(金华奥牌)
高级商务客车、全承载纯电动和插电式公交车、公务用车、低地板机场摆渡车和电动客车、纯电动厢式运输车、专用校车

★桂林客车发展有限责任公司
地址:广西桂林市苏桥经济开发区苏桥(工业)园广州街 9 号
邮编:541000
电话:0773/2252266、4008555050
传真:6932666
网址:www.wulingbus.com
电子信箱:gkfz@gkfz.com.cn
法定代表人:李薇旻
质量体系:ISO 9001
产品情况:(五菱牌)
以幼儿校车、小学生校车为主,小型公交车、观光车、警务车、城市客车等多种车型结合

★桂林客车工业集团有限公司
地址:广西桂林市苏桥经济开发区苏桥(工业)园广州街 9 号
邮编:541805
电话:0773/2252266、5852160
传真:5852163
电子信箱:kcjtbgs@163.com
法定代表人:张建荣
质量体系:ISO 9001
产品情况:(桂林牌、五菱牌)
6~11 米客车,6~12 米城市和城乡公交车,8~12 米包括液压混合动力、柴电混合动力、纯电动等全系列、多样化新能源客车,6~9 米专用校车;2019 年销售 2742 辆

★ 上汽通用五菱汽车股份有限公司
地址:广西柳州市河西路 18 号
邮编:545007
电话:4008895050、4008612345
传真:0772/3711150
网址:www.sgmw.com.cn
电子信箱:sales@sgmw.com.cn
法定代表人:陈虹
质量体系:ISO 9001
产品情况:(五菱牌、宝骏牌)
五菱宏光紧凑型商务车,五菱之光、五菱荣光、五菱鸿途、五菱兴旺系列微型客车,雪佛兰乐驰、宝骏系列轿车,五菱小旋风、五菱 PN 系列微型货车,客车,双排座货车及底盘,货车及底盘,多用途乘用车,轿车,B 系列、P-TEC 发动机;2019 年销售 1241966 辆
出口情况:商用车出口亚洲、美洲、非洲,约 4000 台/年
☞ 详细情况请参阅彩色宣传版面

★东风柳州汽车有限公司
地址:广西柳州市屏山大道 286 号
邮编:545005
电话:0772/3281218、4008877668
传真:3281167
网址:www.dflzm.com.cn
电子信箱:rsggyx@dflzm.com
法定代表人:尤峥
质量体系:ISO 9001
产品情况:(乘龙牌、霸龙牌、风行牌、东风牌)
生产风行系列轿车、MPV、SUV 及

新能源车;2019 年销售景逸轿车 7444 辆,菱智 MPV 63405 辆,SUV 42837 辆
出口情况:出口东南亚、中东、北非、南美洲

★ 广西汽车集团有限公司

地址:广西柳州市河西路 18 号五菱大厦
邮编:545007
电话:0772/3750212、3750442
传真:3750018
网址:www. wuling. com. cn
电子信箱:lzwl@ wuling. com. cn
法定代表人:韦宏文
质量体系:ISO 9001
产品情况:(五菱牌、五菱柳机牌)
涵盖汽车零部件及发动机制造、客车及改装车制造、汽车服务与贸易等
出口情况:出口美国、越南、南非、缅甸等 10 多个国家
☞ 详细情况请参阅彩色宣传版面

海南省

★海马汽车股份有限公司

地址:海口市金盘工业区
邮编:570216
电话:0898/66822672、66820500
传真:65372083
网址:www. haima. com
电子信箱:support@ haima. com
法定代表人:孙忠春
质量体系:ISO 9001
产品情况:(海马牌)
海马汽车、福美来汽车、海马新能源

重庆市

★ 重庆长安汽车股份有限公司

地址:重庆市江北区建新东路 260 号
邮编:400023
电话:023/67594008
传真:67870261
网址:www. changan. com. cn
电子信箱:cazqc@ changan. com. cn
法定代表人:张宝林
质量体系:ISO 9001
产品情况:(长安牌)
轿车、SUV、MPV、商用车及其新能源汽车等全系列车型;2019 年销售乘用车 814565 辆、商用车 223013 辆
出口情况:出口亚洲、非洲、北美洲、欧洲等地区
☞ 详细情况请参阅彩色宣传版面

★重庆力帆乘用车有限公司

地址:重庆市北部新区经开园金开大道 1539 号
邮编:400037
电话:023/61663000、4000601777
传真:61663588
网址:www. lifan. com
法定代表人:王海彬
质量体系:ISO 9001
产品情况:(力帆牌)
纯电动轿车、两用燃料轿车、轿车;2019 年销售 2580 辆
出口情况:出口美国、德国、法国、意大利、墨西哥、俄罗斯、伊朗、伊拉克、乌拉圭、埃塞俄比亚、阿塞拜疆、越南等国家

★重庆小康工业集团股份有限公司

地址:重庆市沙坪坝区金桥路 61 - 1 号
邮编:400037
电话:023/89095666、89095683
传真:89091666
网址:www. sokon. com
电子信箱:gsbgs@ sokon. com
法定代表人:张兴海
质量体系:IATF 16949、ISO 9001
产品情况:(渝安牌、东风小康牌、小康动力牌、新感觉牌)
具备年产微型汽车 50 万辆、汽车发动机 50 万台、摩托车 30 万辆的生产能力

★庆铃汽车股份有限公司

地址:重庆市九龙坡区中梁山协兴村 1 号
邮编:400052
电话:023/65262233、4009948811
网址:www. qingling. com. cn
电子信箱:qinglingqc@ 163. com
法定代表人:罗宇光
质量体系:IATF 16949、ISO 9001
产品情况:(五十铃牌、庆铃牌)
载货汽车、皮卡车、多功能越野车、混凝土搅拌运输车、混凝土泵车、罐式车、消防车、厢式运输车、冷藏车、仓栅式运输车、警用车、旅居车等专用改装车,发动机及其他汽车零部件;2019 年销售 60678 辆
出口情况:出口日本、欧洲、美洲等国家和地区

★重庆理想智造汽车有限公司

地址:重庆市北碚区蔡家岗镇凤栖路 12 号
邮编:400707
电话:023/61663000、4000601777
网址:www. lixiang. com
电子信箱:fengweili@ chehejia. com
法定代表人:温志泓
质量体系:ISO 9001
产品情况:(理想智动牌、力帆牌)
增程式混合动力汽车理想 ONE
出口情况:出口哈萨克斯坦、尼日利亚、智利、吉尔吉斯斯坦、越南、缅甸、老挝等多个国家

★力帆实业(集团)股份有限公司

地址:重庆市北碚区蔡家岗镇凤栖路 16 号
邮编:400707
电话:023/61663000、4000601777
传真:61663777、65213175
网址:www. lifan. com
电子信箱:mail@ lifan. com
法定代表人:牟刚
单位人数:9134
质量体系:ISO 9001
产品情况:(力帆牌)
力帆 520i 轿车,力帆 X60SUV,纯电动轿车
出口情况:出口美国、德国、法国、意大利、墨西哥、俄罗斯、伊朗、伊拉克、乌拉圭、埃塞俄比亚、阿塞拜疆、越南等国家

★重庆长安新能源汽车有限公司

地址:重庆市渝北区双凤桥街道丹湖路 9 号 1 幢
邮编:401120
电话:023/63156336
网址:changan. com. cn
电子信箱:nev@ changan. com. cn
法定代表人:刘波
单位人数:200
质量体系:ISO 9001
产品情况:逸动 EV460、逸动 ET、奔奔 EV360、CS15、EV400 等新能源汽车

★长安福特汽车有限公司

地址:重庆市北部新区金山大道 666 号
邮编:401122
电话:023/67458888
传真:67458910
网址:www. ford. com. cn
法定代表人:张宝林
质量体系:ISO 9001、ISO 14001
产品情况:[福特牌、福克斯(FOCUS)牌、金牛座(TAURUS)牌、林肯(LINCOLN)牌、翼虎(KUGA)牌、翼搏(ECOSPORT)牌]
福特蒙迪欧 - 致胜、福克斯、S-MAX、嘉年华、翼搏、翼虎、锐界、探险者、TT;2019 年销售 183987 辆

★上汽依维柯红岩商用车有限公司

地址:重庆市北部新区金山大道黄环北路 1 号
邮编:401122
电话:4008117766、8008071166
传真:023/63112316
网址:www. sih. cq. cn
电子信箱:sihwebsite@ sih. cq. cn
法定代表人:蓝青松
质量体系:ISO 9001
产品情况:(红岩牌)
红岩杰狮、红岩杰卡、红岩金刚、捷豹等;2019 年销售 58077 辆
出口情况:出口东南亚、中东、非洲、南美洲等 30 多个国家和地区

★重庆瑞驰汽车实业有限公司

地址:重庆市江北区复盛镇盛泰路 111 号
邮编:401147
电话:023/88216006、4006872201
网址:www. skon - rcev. com

电子信箱:yyr@ yuanchina. com
法定代表人:梁其军
单位人数:183
质量体系:ISO 9001
产品情况:(瑞驰牌)
纯电动商用微车、纯电动封闭货车

★重庆长安铃木汽车有限公司
地址:重庆市巴南区鱼洞镇
邮编:401321
电话:023/66288623、951993
传真:66280283
网址:www. changansuzuki. com
电子信箱:webmaster@ changansuzuki. com
法定代表人:刘正均
质量体系:IATF 16949、QS 9000
产品情况:(长安牌)
维特拉、启悦、骁途等系列车型,2019 年销售 17638 辆

★华晨鑫源重庆汽车有限公司
地址:重庆市九龙坡区含谷镇鑫源路 8 号
邮编:401329
电话:023/64666916、4001856789
网址:www. jinbeicq. com
电子信箱:13896640931@ 163. com
法定代表人:龚大兴
质量体系:IATF 16949、ISO 9001
产品情况:(鑫源牌、斯威牌、金杯牌)
微型客车系列(金杯小海狮 X30、金杯新海狮 X30L)、单双排微型货车(金杯 T20/T22、金杯 T30/T32、金杯 T50/T52);MPV、SUV 等多功能车等

★北汽银翔汽车有限公司
地址:重庆市合川区土场镇银翔新城银翔大道 301 号
邮编:401520
电话:023/81660566、4001050888
网址:www. baicyx. com
电子信箱:baicyx@ baicyx. com
法定代表人:李凌日
质量体系:ISO 9001
产品情况:(北汽牌)
幻速系列 SUV、MPV 及新能源汽车;KENBO 系列威旺 205、206,货厢车、贩卖车、冷藏车等;2019 年销售 54501 辆

★重庆比速汽车有限公司
地址:重庆市合川区土场镇银翔新城银翔大道 206 号
邮编:401533
电话:023/42661366、4001799666
网址:www. bisu - auto. com
电子信箱:2757707832@ qq. com
法定代表人:张先利
质量体系:ISO 9001
产品情况:(比速牌)
比速 M3、比速 T3、比速 T5 等;2019 年销售 4779 辆

★潍柴(重庆)汽车有限公司
地址:重庆市江津区双福新区潍柴路 2 号
邮编:402260
电话:023/63436006、4006086333
网址:www. weichaimotor. com
电子信箱:callcenter@ weichaimotor. com
法定代表人:丁迎东
质量体系:IATF 16949、ISO 9001
产品情况:(英致牌、渝州牌)
潍柴 U70 SUV、皮卡等;2019 年销售 9941 辆

★庆铃汽车(集团)有限公司
地址:重庆市九龙坡区中梁山协兴村 1 号
邮编:404000
电话:023/65262233、4009948811
网址:www. qingling. com. cn
电子信箱:qljtgsb@ 163. com
法定代表人:杜卫东
质量体系:IATF 16949、ISO 9001
产品情况:(五十铃牌)
主要生产国际先进技术质量水平的五十铃轻、中、重型全系列商用车和 5 个系列柴油发动机及 1 个系列汽油发动机;2019 年销售 60678 辆

★重庆长安跨越车辆有限公司
地址:重庆市万州区申明北路 77 号
邮编:404000
电话:023/89119998、85777768
网址:www. caky. com. cn
法定代表人:韩鸣
质量体系:IATF 16949
产品情况:(长安牌)
轻型、重型载货汽车、微型客车、专用汽车和新能源汽车,包括长安新豹、长安新豹 MINI、长安跨越者、长安跨越王、新微型客车 V3 等产品
出口情况:出口美国、俄罗斯、巴基斯坦、叙利亚、孟加拉国、越南等国家

四川省

★中植新能源汽车有限公司
地址:成都经济技术开发区(龙泉驿区)车城东五路 137 号
邮编:610045
电话:028/65085080
网址:www. zevauto. com
电子信箱:yuf@ kasun. cn
法定代表人:陈汉康
产品情况:纯电动旅游班车、纯电动公交车、纯电动物流车、纯电动房车、纯电动机场摆渡车

★中植一客成都汽车有限公司
地址:成都经济技术开发区(龙泉驿区)汽车城大道 111 号
邮编:610100
电话:028/84874849、4000281169
网址:www. zzykcd. com
法定代表人:余润
单位人数:500
质量体系:IATF 16949、ISO 9001
产品情况:(中植汽车牌)
燃料电池城市客车、纯电动客车、纯电动城市客车、纯电动机场摆渡车、纯电动厢式运输车等产品
出口情况:远销东南亚、中东及北非等海外市场

★四川野马汽车股份有限公司
地址:成都经济技术开发区北京路 625 号
邮编:610100
电话:028/65987866、4006285999
网址:www. yemaauto. cn
电子信箱:ymqcscb@ 163. com
法定代表人:徐晓明
质量体系:ISO 9001
产品情况:(野马牌)
博骏、T70/T80、斯派卡传统 SUV、MPV,E60、E70、E30 新能源车型;2019 年销售 8185 辆
出口情况:F10 及 F12 出口秘鲁,F12 出口伊拉克

★四川一汽丰田汽车有限公司
地址:成都经济技术开发区经开区南三路 222 号
邮编:610100
电话:028/88435000、88435012
传真:88435018
网址:www. sftm. com. cn
电子信箱:zhengmin@ sftm. com. cn
法定代表人:王刚
质量体系:ISO 9001、ISO 14001
产品情况:[丰田(TOYOTA)牌、柯斯达牌]
柯斯达系列中型客车,普拉多、兰德酷路泽系列越野车,普锐斯混合动力轿车、轻型客车

★明君汽车产业股份有限公司
地址:成都市龙泉驿经济技术开发区汽车城大道 116 号 4 楼
邮编:610100
电话:028/88450560、4008753766
传真:88450560
网址:www. mingjunauto. com
电子信箱:mjqc@ mingjunauto. com
法定代表人:朱立新
单位人数:3000
产品情况:(华凯牌)
SUV,皮卡车,轻、中、重型货车;飞机压力加油车、运输加油车、供水洒水车、垃圾车、建筑工程车和军队方舱等专用车;变速器、取力箱、汽车齿轮、转向节、风扇离合器、汽车标牌、汽车部件铸造件、金属结构冲压焊接件等汽车零部件;汽车工艺装备产品;新能源专用车

★成都大运汽车集团有限公司
地址:成都经济技术开发区(龙泉驿)车城东七路 388 号
邮编:610105
电话:028/69929118、69063378

传真:69929001
网址:www. cddayun. com
电子信箱:cddy@ cddayun. com
法定代表人:远勤山
单位人数:2000
质量体系:ISO 9001
产品情况:(川交牌、大运牌)
各类轻、中、重型柴油载货汽车、新能源客车及物流车、LNG 清洁能源货车、市政环保专用车等;2019 年销售 81212 辆
出口情况:出口东南亚、非洲、拉丁美洲等地区

★中国重汽集团成都王牌商用车有限公司
地址:成都市青白江区弥牟镇长城路 8 号
邮编:610300
电话:028/83678009、4008978899
网址:www. cnhtc. com. cn
电子信箱:wangpai@ wangpai. cn
法定代表人:徐向阳
质量体系:ISO 9001、ISO 14001
产品情况:(王牌牌)
自卸式工程车、公路运输车、特种专用车、新能源纯电动车、低速货车五大产品系列
出口情况:出口东南亚、南美洲、非洲等 20 多个国家和地区

★一汽解放汽车有限公司成都分公司
地址:成都市新都县三河大道
邮编:610503
电话:028/89359888
传真:83905240
电子信箱:642263588@ qq. com
法定代表人:王忠诚
质量体系:ISO 9001
产品情况:(环都牌、西南五十铃牌、解放牌)
自卸车、载货汽车及底盘、厢式运输车

★成都客车股份有限公司
地址:成都市郫都区红光镇成灌路西段 1098 号
邮编:611730
电话:028/87987888、87987333
网址:www. shudubus. com
电子信箱:shudukc@ 163. com
法定代表人:王容坤
质量体系:ISO 9001
产品情况:(蜀都牌)
城市客车、公路旅游客车、专用校车、新能源客车等产品,新能源客车产品包括节能型 CNG/LNG、插电式混合动力、纯电动、双源无轨等多种能源形式;2019 年销售 403 辆
出口情况:出口南美洲等海外市场

★中恒天越野汽车有限公司
地址:四川省雅安市经济技术开发区
邮编:625100
电话:0835/2363116、4000010011
网址:www. chtcorv. com
电子信箱:news@ chtcauto. com
法定代表人:王铁朋
质量体系:ISO 9001
产品情况:(中恒天牌)
主要生产车型包括大型越野车、大型皮卡以及同平台延展车型

★四川江淮汽车有限公司
地址:四川省遂宁市安居区工业集中区汽配产业园
邮编:629000
电话:0825/8669595
网址:www. jac. com. cn
电子信箱:379694625@ qq. com
法定代表人:佘才荣
质量体系:IATF 16949、ISO 14001
产品情况:(江淮牌)
越野载货汽车及底盘、自卸汽车及底盘、仓栅式运输车、城市客车、纯电动专用车等

★吉利四川商用车有限公司
地址:四川省南充市嘉陵区远程大道一段 198 号
邮编:637000
电话:0817/7103686、4000817222
传真:3859055
网址:www. geelysc. com
法定代表人:周建群
质量体系:ISO 9001
产品情况:(嘉龙牌、远程牌)
新能源及清洁能源商用车和动力总成,包括纯电动轻型货车、纯电动冷藏车、纯电动客车等;2019 年销售 7313 辆

★现代商用汽车(中国)有限公司
地址:四川省资阳市雁江区城南工业集中发展区现代大道
邮编:641300
电话:028/26119003、18090638982
网址:www. schmc. com. cn
电子信箱:86800494@ schmc. com. cn
法定代表人:LIM KYUNG TAEK
质量体系:ISO 9001
产品情况:(南骏牌、现代牌、致道牌、康恩迪牌)
具有年产重/中型货车 6 万辆,轻型/微型货车 10 万辆,大、中、轻型客车 1 万辆,重型发动机 2 万台,重型货车车架 3 万台、重型货车车身 3 万台的能力;2019 年销售 6064 辆

★四川南骏汽车集团有限公司
地址:四川省资阳市雁江区南骏大道南骏汽车工业园内
邮编:641300
电话:028/26200888、26182908
网址:www. nanjunauto. com
电子信箱:xszh@ nanjunauto. com
法定代表人:孙振田
质量体系:ISO 9001
产品情况:(南骏牌)
轻型载货汽车及底盘、厢式运输车、自卸汽车及底盘、仓栅式运输车、车厢可卸式垃圾车、纯电动厢式运输车;2019 年销售 18356 辆
出口情况:远销东南亚、中亚、非洲、南美洲等 10 多个国家和地区

★宜宾凯翼汽车有限公司
地址:四川省宜宾临港经济技术开发区临港大道 17 号企业服务中心 328 室
邮编:644005
电话:4006667777、17628100309
网址:www. cowinhome. com
电子信箱:wangyan6@ mychery. com
法定代表人:佘久锋
质量体系:ISO 9001
产品情况:(凯翼牌)
X5、X3、E3、V3、C3R 等智能互联汽车

云南省

★东风云南汽车有限公司
地址:昆明市嵩明县杨林经济技术开发区空港大道 6 号
邮编:651700
电话:0871/68181718、68213181
传真:68185157
网址:www. dfynqc. cn
法定代表人:罗元红
质量体系:ISO 9001
产品情况:(东风牌)
东风系列平头和长头轻、中、重型柴油、汽油类载货车、改装车、客车和客、货两用车、皮卡车以及汽车底盘,纯电动厢式运输车等

★一汽红塔云南汽车制造有限公司
地址:云南省曲靖市麒麟区南宁北路
邮编:655000
电话:0874/3146528
网址:www. faw - hongta. com. cn
电子信箱:meizhong@ fawgm. com. cn
法定代表人:徐晓剑
质量体系:ISO 9001
产品情况:(解放牌)
解放公狮、霸铃、金铃、经典四大系列以及皮卡车、新能源汽车、专用车系列产品
出口情况:出口东南亚、美洲、中东等 20 多个国家和地区

★北汽云南瑞丽汽车有限公司
地址:云南省瑞丽市畹町经济开发区畹江路 99 号
邮编:678500
电话:0692/6669771、4008707808
网址:www. baicrl. com
电子信箱:hr@ baicrl. com
法定代表人:李金钢
质量体系:ISO 9001

产品情况:(北京牌、昌河牌)

道达V8等多用途乘用车、多用途货车,纯电动多用途乘用车、纯电动运动型乘用车

贵州省

★奇瑞万达贵州客车股份有限公司

地址:贵阳市国家经济技术开发区开发大道888号
邮编:550025
电话:0851/88545626、88545678
网址:www.mycherybus.com
电子信箱:liuli@mycherybus.com
法定代表人:胡湘成
质量体系:ISO 9001
产品情况:(万达牌)

5~12米高、中、低档客车,用于公路客运、旅游、城市公交、团体、专用客车、城市客车、小学生专用校车等

出口情况:出口哈萨克斯坦、缅甸、老挝等国家

★贵州航天成功汽车制造有限公司

地址:贵州省遵义市汇川区高科技工业园区内
邮编:563003
电话:0851/28611393、4008896661
传真:28611283
网址:sxcgjt.com
电子信箱:jiangming@sxcgjt.com
法定代表人:秦颖
质量体系:ISO 9001
产品情况:(航天牌)

GHT1020系列货车和GHT6400系列微型客车、单排座载货汽车、双排座载货汽车、客车、多用途货车、纯电动封闭货车、客车底盘、多用途货车底盘、载货车底盘;2019年销售210辆

出口情况:远销玻利维亚、南非、沙特阿拉伯、伊朗等13个国家

陕西省

★金龙汽车(西安)有限公司

地址:西安市经济技术开发区泾渭新城西金路西段29号
邮编:710018
电话:029/68947818、4008282019
电子信箱:670459504@qq.com
法定代表人:黄书平
质量体系:IATF 16949
产品情况:校车、新能源公交车、公路客运车、旅游客车、轻型客车等

★西安西沃客车有限公司

地址:西安市闫良经济开发区
邮编:710089
电话:029/68013000、68013102
传真:68013070、68013073
网址:www.silverbus.com
电子信箱:liang.juan@silverbus.com
法定代表人:刘宝刚
产品情况:(西沃牌)

客车、小学生专用校车、大型豪华旅游客车及底盘、大型卧铺客车及底盘

出口情况:出口俄罗斯、印度、马来西亚等国家,并销往中国香港地区

★陕西汽车控股集团有限公司

地址:西安市经济技术开发区泾渭新城陕汽大道1号
邮编:710200
电话:029/86955555、4008809818
传真:86955000
网址:www.sxqc.com
法定代表人:袁宏明
质量体系:ISO 9001
产品情况:(陕汽牌、华山牌、斯达-斯太尔牌)

主要生产重型军用越野车、重型货车、中轻型货车、大中型客车、微型车、重微型车桥、康明斯发动机及其零部件及相关的汽车服务贸易和汽车金融业务;2019年销售186916辆

出口情况:出口欧洲、非洲、亚洲等90多个国家和地区

★陕西通家汽车股份有限公司

地址:陕西省宝鸡市高新大道172号
邮编:721013
电话:0917/8765620、4008406128
网址:www.tongjiaauto.cn
电子信箱:zhglb@tongjiaauto.com
法定代表人:黄庆
质量体系:ISO 9001
产品情况:(陕汽牌、华山牌、国金汽车牌、通家福牌)

覆盖全系列商用车,包括重、中、轻型货车,新能源汽车,专用车等系列200多个品种

出口情况:出口俄罗斯、安哥拉、摩洛哥、越南、缅甸、老挝、哈萨克斯坦等10多个国家

★陕汽集团商用车有限公司

地址:陕西省宝鸡市岐山县蔡家坡经济技术开发区站前大道6号
邮编:721013
电话:0917/8769000、4008860103
传真:8769000
网址:www.hsqc.com.cn
电子信箱:sqsyczhglb@126.com
法定代表人:王延宏
单位人数:2000
质量体系:IATF 16949、ISO 9001
产品情况:(陕汽牌、华山牌)

中、重型载货汽车及底盘、工程自卸车、半挂车、专用车、低速货车等

出口情况:出口俄罗斯、安哥拉、摩洛哥、越南、缅甸、老挝、哈萨克斯坦等10多个国家

甘肃省

★兰州广通新能源汽车有限公司

地址:兰州市兰州新区淮河大道东段2100号
邮编:730030
电话:0931/6172758、6839355
电子信箱:lzsqzh@163.com
法定代表人:杨健
质量体系:ISO 9001
产品情况:锂电池、电动汽车动力总成、整车制造、智能电网储能系统

★兰州知豆电动汽车有限公司

地址:兰州市兰州新区中川街西段4536号
邮编:730300
电话:0931/2146696、18394187091
网址:www.evcar.com
电子信箱:lanzhouzhidou@evcar.com
法定代表人:鲍占永
质量体系:ISO 9001
产品情况:(知豆牌)

城市微行纯电动轿车

出口情况:远销意大利、法国、西班牙、卢森堡、瑞士、土耳其、斯洛文尼亚等国家

新　疆

★新疆天山汽车制造有限公司

地址:乌鲁木齐市经济技术开发区融合南路688号
邮编:830009
电话:0991/8790093、3071771
电子信箱:xc198320@163.com
法定代表人:王志华
质量体系:ISO 9001
产品情况:(天山牌)

10~50吨货运半挂车、15~40吨平板半挂车、7~31吨自卸车、10~50立方运油车、半挂运油车、30~40吨厢式车(仓栅式车)、5~30吨散装水泥车、6~15立方水泥搅拌车、8~30吨全挂车(全挂侧卸车)等系列改装车产品

★东风商用车新疆有限公司

地址:乌鲁木齐市经济技术开发区沂蒙山街456号
邮编:830054
电话:0991/3923010
传真:3923004
网址:www.dfcv.com.cn
电子信箱:dfxq-liuxinyuan@dfcv.com.cn
法定代表人:柯思腾(Torbjorn Christensson)
质量体系:ISO 9001
产品情况:(东风牌)

沙漠越野车、自卸汽车、牵引车、载货汽车、新能源汽车

改装车及其他生产企业

• 查询导引 •

企业详细介绍

改装车及其他生产企业

☞ 企业如有变更，请与编辑部联系　☎ 010/68426043、68420981

北京市

★北京三辰环卫机械有限公司
地址：北京市顺义区马坡镇龙跃街13号院2号楼1层104
邮编：100028
电话：010/64360842、64365926
电子信箱：bjschw@126.com
法定代表人：李嘉龙
质量体系：ISO 9001、ISO 14001
产品情况：（三辰牌）
垃圾车、洒水车等各种环卫专用车辆、环卫设备、各种机械零件、结构件的加工，年改装车生产能力超过400辆

★北京天路通科技有限责任公司
地址：北京市丰台区富丰路4号工商联大厦B座12层
邮编：100070
电话：4006508696
传真：010/63722330
网址：www.tianlutong.com.cn
电子信箱：shilu@tianlutong.com.cn
法定代表人：陈守碧
质量体系：ISO 9001、ISO 14001
产品情况：（天路牌）
吸尘车、扫路车、洒水车、纯电动市政道路吸尘车等

★北京三兴汽车有限公司
地址：北京市丰台区新村一里15号
邮编：100070
电话：010/63716231
网址：www.bsx3603.com
电子信箱：chz3603@163.com
法定代表人：刘冰
质量体系：ISO 9001、ISO 14001
产品情况：（三兴牌）
旅居车、运/加油车、高空作业车、自卸车、油罐车、军用装备和多功能吹雪车、真空吸尘车、饲料补给车、扫路车、高压清洗车、旅居车等
出口情况：出口美洲、非洲、中东、亚洲等地区

★北京环卫集团环卫装备有限公司
地址：北京市丰台区南四环中路10号
邮编：100075
电话：010/67215552、67215520
传真：67215520
网址：www.besg-bee.com
电子信箱：xiaoshou@bjcmf.com.cn
法定代表人：李嘉龙
质量体系：ISO 9001、ISO 14001
产品情况：（亚洁牌、华林牌、三辰牌）
机械清扫、洒水、吸污吸粪、垃圾收运及冬季除雪五大系列产品
出口情况：部分产品出口亚洲、非洲、拉丁美洲等地区

★北京环达汽车装配有限公司
地址：北京市大兴区旧宫镇旧忠路15号
邮编：100076
电话：010/87912665、87912246
传真：87964625
网址：www.sinotrailer.com
电子信箱：bjhuanda@vip.163.com
法定代表人：高岩
质量体系：ISO 9001、ISO 14001
产品情况：（环达牌）
专业生产销售专用挂车、电视转播车、卫星通信车、通信指挥车、房车、商旅车、检测车、监测车、危险货物运输车、展示车等车辆
出口情况：远销东欧、西亚、中东、南非等国家和地区

★北京科凌电动车辆股份有限公司
地址：北京市海淀区学院南路32号3幢3层308号
邮编：100082
电话：010/65529133、13911713696
电子信箱：duju@vip.163.com
法定代表人：杜艳春
产品情况：电动客车、各种电动专用车整车及关键零部件

★北京天坛海乔客车有限责任公司
地址：北京市朝阳区望京西路48号金隅国际A座1503室

邮编:100102
电话:010/88721880
传真:87913142
网址:www.haiqiao.com
电子信箱:95455248@qq.com
法定代表人:金俠
质量体系:ISO 9001
产品情况:(天坛牌)
指挥车、通信车、军用警用特种车、医用车、监测车、检测车、路政车、工程车、防弹车、冷藏车、服务车、宣传车、礼宾车、商务(房)车、移动实验室等

★北京星光陆通视音频广播技术有限公司
地址:北京市大兴区西红门镇金盛大街2号院
邮编:100162
电话:010/60293901、13801175169
传真:60293901
网址:bjxglt.com
电子信箱:info@zaitong.com
法定代表人:陈瑞福
质量体系:ISO 9001、ISO 14001
产品情况:(载通牌)
电视转播车、静中通、动中通卫星通信车、音频直播车、应急指挥车、多功能辅助车、多功能移动舞台车、展示车、旅居车等
出口情况:远销韩国、马来西亚、老挝、印度、津巴布韦、布隆迪、喀麦隆、赞比亚等多个国家

★北京事必达汽车有限责任公司
地址:北京市北京经济技术开发区科创十三街31号院二区13号楼101室
邮编:100176
电话:010/87619980、87601289
网址:www.bjbsp.com.cn
电子信箱:bjbsp@163.com
法定代表人:王振
质量体系:ISO 9001、ISO 14001
产品情况:(弛远牌)
喷洒车、吸粪车、车厢可卸式、自装卸式(餐厨垃圾车)、压缩车、压缩式垃圾中转站、地坑式垃圾中转站等
出口情况:部分产品远销国外

★北京诚志北分机电技术有限公司
地址:北京市亦庄经济开发区西环南路26号院嘉捷科技园22号楼A座2层
邮编:100176
电话:010/62840851、13241780059
网址:www.bjczbf.com
电子信箱:13241780059@163.com
法定代表人:马建设
质量体系:ISO 9001、ISO 14001
产品情况:(诚志牌)
主要产品有动(静)中通卫星通信车、通信指挥车、危化品事故处置剂综合补给车、危化品小型电动应急处置车、履带式危化品事故应急处置车、现场勘查车、反劫持特种车、干扰车、警车、卫星通信车和通信指挥车等其他专用车辆

★航天新长征电动汽车技术有限公司
地址:北京市亦庄经济开发区永昌南路17号
邮编:100176
电话:4000604005
传真:010/87160802
网址:www.htxczgs.com
电子信箱:xczscyx@htxczgs.com
法定代表人:毛家伟
单位人数:289
质量体系:ISO 9001、ISO 14001
产品情况:(蓝速牌)
电视转播车、指挥通信车、高空作业车、纯电动短途乘用车、半挂车、冷藏车、新能源物流车、新能源汽车系统及零部件等产品

★北京华强京工机械制造有限公司
地址:北京市通州区工业开发区广聚街1号
邮编:101113
电话:4001176111、13910551056
传真:010/61502737
电子信箱:hqjgzjg@163.com
法定代表人:张敬刚
质量体系:ISO 9001
产品情况:拖式混凝土输送泵、高性能混凝土输送泵、混凝土车载泵车、液压布料机、混凝土湿喷台车等系列产品

★北京天海氢能装备有限公司
地址:北京市通州区半壁店大街9号
邮编:101149
电话:010/81564407、81561345
传真:81563668
电子信箱:pani1@163.com
法定代表人:王磊
质量体系:ISO 9001
产品情况:(京探牌)
高空作业车、各类改装车及高空作业平台等

★北京探矿机械厂
地址:北京市通州区怡乐中路9号
邮编:101149
电话:010/81562482、81562055
传真:81564474
电子信箱:jt-rig@bjtk.com.cn
法定代表人:富克军
质量体系:ISO 9001
产品情况:(京探牌)
地质及工程钻机车、岩土工程施工设备等
出口情况:出口16个国家和地区

★北起多田野(北京)起重机有限公司
地址:北京市顺义区林河工业开发区
邮编:101300
电话:010/89498713、89498732
传真:89498715、89498726
电子信箱:sales@bq-tadano.com
法定代表人:赵婧
质量体系:ISO 9001
产品情况:(北起多田野牌)
清障车、汽车起重机、摆臂式自装卸垃圾车、车厢可卸式垃圾车

★北京市威腾专用汽车有限公司
地址:北京市顺义区林河工业开发区双河大街12号
邮编:101300
电话:010/89496006、89491815
传真:89496005
网址:www.yongmao.com.cn
电子信箱:sun@yongmao.com.cn
法定代表人:孙田
质量体系:ISO 9001
产品情况:(威腾牌)
栏板半挂车、低平板式半挂车、集装箱运输车、伸缩式半挂车、凹型半挂车、应急电源半挂车、仓栅式运输半挂车、车辆运输半挂车、随车起重运输车、厢式运输半挂车、流动舞台车、旅居野营车、大型彩车、乳化沥青封层车、液氮拖车等

★北京中卓时代消防装备科技有限公司
地址:北京市顺义区马坡镇聚源中路18号
邮编:101300
电话:010/52271112、52271119
传真:52271150
网址:www.bjzzsd.com
电子信箱:bjzzsd@guangtai.com.cn
法定代表人:李建军
质量体系:ISO 9001、ISO 14001
产品情况:(中卓时代牌)
泡沫消防车、抢险救援消防车、水罐消防车等

★北汽泰普越野车科技有限公司
地址:北京市顺义区赵全营镇昌金路167号
邮编:101300
电话:010/60438439、60438565
网址:www.baictap.com
电子信箱:wangyuju@baictap.com
法定代表人:郝桢祯
质量体系:ISO 9001
产品情况:(北京牌)
工具车、救护车、指挥车等越野车改装

★北京北电科林电子有限公司
地址:北京市顺义区张镇大街23号普利工业园内
邮编:101307
电话:010/85363902、85363916
网址:www.bdkcn.cn
电子信箱:bdkmarkting@bdkcn.cn
法定代表人:齐战勇
质量体系:ISO 9001、ISO 14001
产品情况:(新桥牌)
电视车、监测车、指挥车、通信车、半挂车、押运车、银行车等

★北京华林特装车有限公司
地址:北京市顺义区马坡镇龙跃街13号院

邮编:101399
电话:010/67215520、83628369
网址:www. bjhltzc. cn
电子信箱:hualin@ besg. com. cn
法定代表人:李嘉龙
质量体系:ISO 9001、ISO 14001
产品情况:(华林牌)
专业生产销售后装式压缩垃圾车、自卸式垃圾车和新能源环卫专用车辆
出口情况:出口车辆总计400台以上

★北京中冀福庆专用车有限公司
地址:北京市怀柔区杨宋镇北凤翔科技开发区1号
邮编:101400
电话:010/61675173、61675258
传真:61678033
电子信箱:huaisheng@ huaisheng. com. cn
法定代表人:高建
质量体系:ISO 9001
产品情况:(福庆天王牌)
自卸车、半挂车、车辆运输车、除雪车、混凝土搅拌车、旅居车

★四维－约翰逊实业股份有限公司
地址:北京市怀柔区雁栖经济开发区9号
邮编:101407
电话:010/63890895、61668516
传真:61668740
电子信箱:jinbc@ fd－johnson. com. cn
法定代表人:王挺
产品情况:(威斯坦牌)
运钞车、救护车、警用特种车、防爆车等

★北京北铃专用汽车有限公司
地址:北京市密云区经济开发区科技路甲50号
邮编:101500
电话:010/88437963、88437221
传真:88454953
电子信箱:beiling@ chinabeiling. com
法定代表人:杨建朋
质量体系:ISO 9001、ISO 14001
产品情况:(北铃牌)
各种冷藏车、厢式车、保温车、特种车
出口情况:出口覆盖俄罗斯、哈萨克斯坦、阿塞拜疆、格鲁吉亚、安哥拉、柬埔寨、越南等十几个国家和地区

★车质尚(北京)汽车制造有限公司
地址:北京市密云区经济开发区清源路2号院内1号厂房
邮编:101500
电话:010/69084991
网址:www. t－acme. com
电子信箱:czs@ czsmpv. com
法定代表人:何亮
质量体系:ISO 9001
产品情况:(车质尚牌)
清洗车、吸污车、移动高杆照明灯、内燃式蛙式夯等

★三一重工股份有限公司
地址:北京市昌平区回龙观镇北清路8号三一产业园
邮编:102206
电话:010/60738666
网址:www. sanyhi. com
电子信箱:crd@ sany. com. cn
法定代表人:梁稳根
质量体系:ISO 9001、ISO 14001
产品情况:(三一牌)
混凝土输送泵、混凝土输送泵车、混凝土搅拌站、沥青搅拌站、履带起重机、汽车起重机、旋挖钻机、压路机、摊铺机、平地机等

★北京安龙特种车辆有限公司
地址:北京市房山区顾八路三区1号院7号1层101
邮编:102400
电话:010/81368766
电子信箱:office@ anlong. cn
法定代表人:常香
质量体系:ISO 9001、ISO 14001
产品情况:(安龙牌)
囚车、警犬运输车、测量工程车

★北京北重汽车改装有限公司
地址:北京市房山区窦店村东
邮编:102433
电话:010/69390031、4006400795
网址:www. bjbzqzc. com
电子信箱:bz. qzcsyb@ 163. com
法定代表人:王建国
单位人数:300
质量体系:ISO 9001
产品情况:(北重电牌)
自卸车、半挂车、罐式车、厢式车、工程车等各类改装车
出口情况:远销海外

★北京和田汽车改装有限公司
地址:北京市大兴区庞各庄镇京开路庞各庄段37号
邮编:102601
电话:010/89282888、89282788
传真:89280999
电子信箱:bjhtzyc@ 163. com
法定代表人:孙旭
质量体系:ISO 9001
产品情况:(长城牌)
柴油自卸车、厢式运输车、除雪车、半挂车、随车起重运输车、纯电动厢式运输车

天津市

★天津市华夏车辆制造有限公司
地址:天津市西青区中北镇政府南
邮编:300112
电话:022/27914602、27395323
传真:27914602
电子信箱:huaxia2gongchang@ 163. com
法定代表人:潘洪民
质量体系:ISO 9001
产品情况:(天华兴牌)
纯电动厢式运输车

★天津市天工工程机械有限公司
地址:天津市华苑产业区海泰南北大街5号第三厂区
邮编:300180
电话:022/24930353、58396192
传真:58396192、84372240
网址:www. tgem. com. cn
电子信箱:617810547@ qq. com
法定代表人:刘长锁
质量体系:ISO 9001
产品情况:(天通牌)
高压柱塞泵及高压清洗成套设备、清洗车、计量泵及成套加药装置、路面施工机械等产品
出口情况:远销亚洲、非洲、南美洲、中东地区

★天津安骏挂车制造有限公司
地址:天津市东丽开发区四纬路13号
邮编:300300
电话:022/24990201、24993992
传真:24994854
网址:www. tianjinanjun. com
电子信箱:sale－anjun@ anda. com. cn
法定代表人:崔洪金
质量体系:ISO 9001
产品情况:主要产品包括车辆运输半挂车、油罐半挂车、自卸半挂车、集装箱运输半挂车及车载水文水井钻机
出口情况:远销欧洲、美洲、亚洲、非洲、大洋洲几十个国家和地区

★天津凯德实业有限公司
地址:天津市天津港保税区空港物流加工区保税路350号
邮编:300308
电话:022/58098777
传真:58098788
网址:www. tj－hitech. com
电子信箱:hitech@ tj－hitech. com
法定代表人:张忠家
质量体系:ISO 9001、ISO 14001
产品情况:(凯德特车牌)
压缩机车、氮气增压车、氮气发生车
出口情况:与美国卡特彼勒公司等合作

★天津星马汽车有限公司
地址:天津市经济技术开发区北海路150号
邮编:300457
电话:022/66224884、66224887
传真:66224884
网址:www. camc. cc
电子信箱:tjcamc@ 163. com
法定代表人:余江发
质量体系:ISO 9001
产品情况:(星马牌)
自卸车、混凝土搅拌运输车、散装水泥车、半挂车等

★天津清源电动车辆有限责任公司
地址:天津市经济技术开发区西区新业五街19号
邮编:300462
电话:022/66320012、4006656756
网址:www.qyev.com
电子信箱:weizhe@qyev.com
法定代表人:莊學熹
质量体系:ISO 9001
产品情况:(清源宝骑牌、清源牌)
纯电动汽车(轿车、微型货车)、混合动力汽车(轿车)、纯电动垃圾车、纯电动服务车、纯电动邮政车、清洁燃料汽车等
出口情况:出口欧洲、美洲市场

★中天高科特种车辆有限公司
地址:天津市武清开发区泉发路30号
邮编:301700
电话:022/82120407、4000179990
传真:82119157
网址:www.centechsv.com
电子信箱:csc@centechsv.com
法定代表人:王乐海
质量体系:ISO 9001、ISO 14001
产品情况:(中天之星牌)
旅居房车、广播电视转播车、通信指挥车、流动检测车、流动诊疗车、装甲运兵车、爆破器材运输车、帐篷拖车及军警特种车辆等十二大类共计180余种产品
出口情况:已向德国、澳大利亚、韩国、日本等多个国家销售特种车辆2000余辆

★天津市东方先科石油机械有限公司
地址:天津市武清区福源经济区福旺道1号
邮编:301701
电话:022/29535758、29538108
传真:29535758
网址:www.dfxk.com
电子信箱:js@dfxk.com
法定代表人:蒋治
质量体系:ISO 9001、ISO 14001
产品情况:(津石牌)
主导产品包括撬装钻机系列、车装钻机系列、陆上修井机系列、拖挂钻机系列、电动修井机系列、特种修井机系列、泥浆不落地系列、自动排管系统产品、营房等九大系列、60多个品种以及各种规格的营房
出口情况:远销俄罗斯、美国、苏丹、乌克兰、哈萨克斯坦、乌兹别克斯坦、印度尼西亚、哥伦比亚、巴西、沙特阿拉伯、罗马尼亚、叙利亚、利比亚、伊朗等30多个国家

★天津市图强专用汽车制造有限公司
地址:天津市武清区南蔡村镇京津公路西侧66号
邮编:301709
电话:022/29413196、15222630698
传真:29413196
电子信箱:935761762@qq.com
法定代表人:鲁宝贵
质量体系:GB/T 19001
产品情况:(图强牌)
半挂车、翼展车、骨架车、自卸车、颗粒物料运输车、危险品专用车、混凝土搅拌车、冷藏保温车等系列产品

★天津东方奇运汽车制造有限公司
地址:天津市宝坻区马家店工业园区
邮编:301804
电话:022/60123316、60123312
传真:60123316
网址:www.tj-dfqy.com
电子信箱:fengyongqiqhs@163.com
法定代表人:李善澎
单位人数:180
产品情况:(东方奇运牌)
车厢可卸式垃圾车、洒水车、吸尘车等

★天津嘉中科技发展有限公司
地址:天津市蓟州区京津州河科技产业园东昌路34号
邮编:301900
电话:13820166835、13820170112
网址:www.jiazhongkeji.com
电子信箱:jiazhong1@jiazhongkeji.com
法定代表人:李相中
质量体系:ISO 9001
产品情况:主要为各类环保型专用车

★扫地王(天津)专用车辆装备有限公司
地址:天津市蓟州区经济开发区盘龙山路1号扫地王环保装备园
邮编:301900
电话:022/26330200、26775001
传真:24220610
网址:www.chinasweepace.com
电子信箱:saodiwang@163.com
法定代表人:任亚军
质量体系:ISO 9001、ISO 14001
产品情况:(华环牌)
扫路车、洗路车、吸污排污车、除雪/融雪车、压缩式垃圾车及转运装置、垃圾焚烧炉等
出口情况:出口泰国、日本、摩洛哥、印度尼西亚等国家

河北省

★石家庄双环汽车股份有限公司
地址:石家庄市长安区正定大街副8号
邮编:050011
电话:0311/86865026、4006128902
传真:86819911
网址:www.hbshauto.com
电子信箱:shichang@hbshauto.com
法定代表人:刘林瑞
产品情况:(双环牌、红星牌)
小贵族轿车,SCEO

★石家庄煤矿机械有限责任公司
地址:石家庄市栾城区裕翔街167号
邮编:050018
电话:0311/85538623、4000311396
传真:85538760
网址:www.smjgs.com
电子信箱:smjgsscb@126.com
法定代表人:刘伟
质量体系:ISO 9001、ISO 14001
产品情况:(钻王牌、石煤牌)
随车起重机和环卫车辆
出口情况:远销20多个国家和地区

★河北力钧长恒专用汽车制造有限公司
地址:河北省鹿泉市黄壁庄镇
邮编:050224
电话:0311/85088888、85566666
传真:85555555、85678188
电子信箱:qianshan.com@126.com
法定代表人:白立君
质量体系:ISO 14001、OHSAS 18001
产品情况:(飞花牌)
主要产品有自卸车、普通半挂车、全挂车、集装箱(骨架)运输车、箱式(侧翻)运输车、运(加)油半挂车、粉粒物料运输车、混凝土搅拌车等专用车

★河北金运专用汽车有限公司
地址:河北省鹿泉市黄壁庄镇工业园区
邮编:050224
电话:0311/82209111、82209888
传真:82209888
电子信箱:jy82209111@163.com
法定代表人:马文宪
质量体系:IATF 16949、ISO 9001
产品情况:(钟乐牌)
各种系列集装箱运输车、半挂车、厢式货车、全挂车、轿运车、各种低平板车

★河北翼凌机械制造总厂
地址:石家庄市井陉县15号信箱
邮编:050307
电话:0311/82358555、82358872
传真:82358555
电子信箱:yilingyxb@hbyiling.com
法定代表人:陈延甲
质量体系:ISO 9001、OHSAS 18001
产品情况:(巍岭牌)
加油车、运油半挂车、自卸车、车辆运输半挂车、普通半挂车、平板半挂车、集装箱运输车、仓栅式半挂车、厢式半挂车、全挂车等

★河北敬业专用汽车有限公司
地址:石家庄市平山县南甸镇东庄村15号
邮编:050409
电话:0311/82898978
网址:www.jingyezhuanqi.com
电子信箱:297317899@qq.com
法定代表人:霍雪飞
质量体系:ISO 9001、ISO 14001
产品情况:(敬业牌)
轻量化挂车、粉罐车、随车起重车、

CONTENTS

目录

优秀整车企业及相关单位推荐

- M 开启数字"8"新传奇，推进 BMW"品牌之年"产品攻势
- 引领 D+ACES 领域创新，开拓高性能全新细分市场
- 融合大型豪华车和 M 全新设计语言，演绎内外兼修美学风格
- 兼具 M 纯粹运动驾控与大型豪华车奢华体验，驾享专属运动豪华
- 澎湃性能堪比超跑，百公里加速最快仅需 3.2S

车型	厂商建议零售价格（元）
全新BMW M8四门轿跑车	1,968,000
全新BMW M8四门轿跑车雷霆版	2,198,000
全新BMW M8四门轿跑车极光版	2,568,000

（北京）4 月 27 日，期待已久的全新 BMW M8 四门轿跑车及雷霆版车型正式上市，厂商建议零售价分别为 196.8 万元和 219.8 万元。作为宝马集团在 D+ACES（设计 + 自动化、互联化、电动化、服务化）创新领域的最新成果，新车完美融合 BMW M 的澎湃性能、大型豪华车的全新设计语言和独特奢华体验，进一步提升 BMW 产品实力和品牌魅力，拓展 BMW M 在高性能细分市场的领导力，并推进 BMW"品牌之年"塑造品牌价值的发展势头。

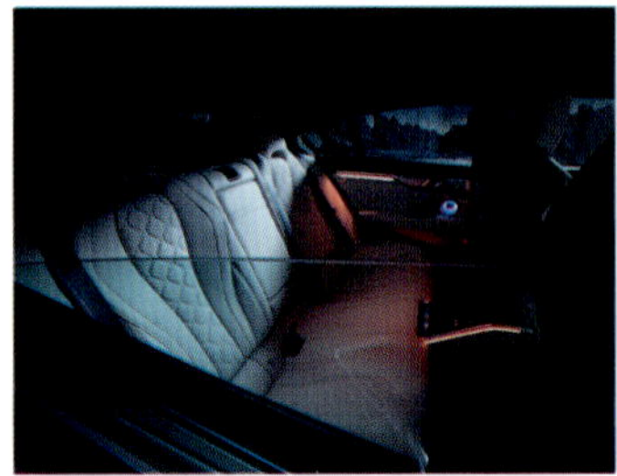

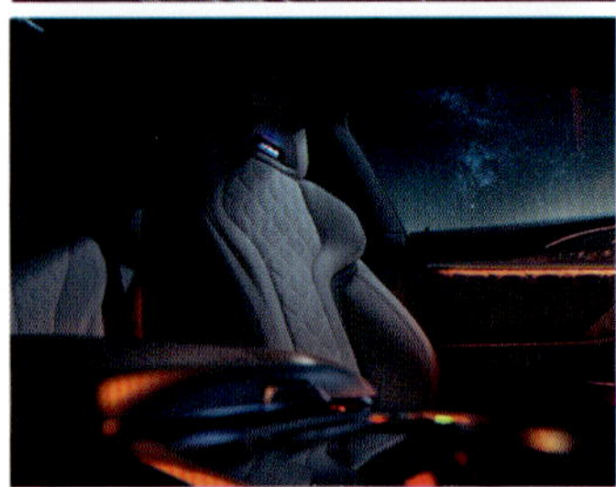

M 代表了 BMW 纯粹的运动信仰，高超的造车工艺，是 BMW 的灵魂所在。M 品牌代表着 BMW 的创新与成功，创新技术会率先在M车型上使用，随后逐步扩展到其他主力车型。在宝马，数字"8"始终代表着强劲的运动性能和特有的豪华。自 1989 年宝马推出第一代 BMW 8 系，到 2000 年的一代传奇跑车 BMW Z8，以及 2014 年推出创新极致的 BMW i8，每款车型都具备超前的设计理念和最前沿的科技，造就了"8"的传奇。全新 BMW M8 四门轿跑车及雷霆版的到来，融合 BMW 大型豪华车全新设计语言以及 M 的纯正运动性能，满足用户对大型豪华运动座驾的需求。

内外兼修，全新设计演绎奢华体验

全新 BMW M8 四门轿跑车及雷霆版车型采用全新设计语言，展现出了优雅而动感的美学设计。得益于修长的车身尺寸，极简而又精准的线条得以完全展开，以舒缓的形式勾勒出优雅的轮廓。更低的重心、具有雕刻感的细节以及修长的侧面线条，令其外观在动感张力与高贵优雅之间实现了独特的平衡。

而独具一格的M空气动力学组件，包括前后包围、侧裙、后视镜、鲨鱼腮侧通风口、带有对比色后导流板，以及超大尺寸的进气口、BMW 双肾进气格栅、宽大的前轮拱罩、双边共四出的排气的共同组合，赋予新车更加动态、独特的外观风格。

进入客舱，M 独有的运动设计元素与奢华感拂面而来。3027mm 超长轴距为用户带来了宽大舒适的乘坐体验。经过全新设计的M多功能座椅，不仅采用了多孔的 3D 绗缝工艺，还配有精致的发光 M Logo。而乘坐体验上，突出的侧垫及肩部区域，则可提供极为舒适并韧性十足的支撑性。此外，专属的 Merino 真皮内饰可设计为双色调版本，在 Bowers&Wilkins 钻石环绕音响系统、智能动态氛围灯的烘托下，为用户带来悠然的澎湃驾驭之旅。

忠于纯粹，卓越性能释放专属驾趣

全新 BMW M8 四门轿跑车及雷霆版展现了宝马集团对一款血统纯正的驾驶机器与豪华座驾的理解。新车搭载了 M TwinPower Turbo 涡轮增压技术的 4.4LV8 发动机，可释放高达 600HP（雷霆版为 625HP）的澎湃动力与 750N·m 的峰值转矩，并匹配带 Drivelogic 的 8 速 M Steptronic 手自一体变速器和全新的 M xDrive 智能全轮驱动系统，百公里加速 3.3s，而雷霆版则可达到 3.2s，性能堪比顶级超跑。上述成果的背后是发动机创新技术的大量运用。间接进气冷却系统以及燃油喷射压力从 200bar 提升至 350bar，令动力响应更为迅猛。另一技术亮点是集成式排气歧管，有效提升了发动机热效率，完美发挥 V8 发动机的澎湃性能。

专为全新 BMW M8 四门轿跑车开发的底盘技术针对赛道驾驶需求进行特别设计和调校。底盘配备了专为 M 车型新开发的集成式制动系统，可为驾驶者提供不同的制动踏板设置。同时，为动力单元配备特别调校的冷却系统，让新车无论是在市区日常通勤，还是在赛道上大展身手，都能保证较佳温度。

全新 BMW M8 四门轿跑车及雷霆版还运用智能材料组合，尤其是特别的"双气泡"碳纤维增强复合材料（CFRP）车顶，作为经典的赛车元素，不仅拥有出色的空气动力学效果，还使车身重量大幅减轻。同时新车还优化了车身及悬架刚性，为优异的驾驶性能提供了基础。

引领未来，前瞻科技革新驾驶体验

全新 BMW M8 四门轿跑车及雷霆版配备前瞻创新科技，为数字时代的运动豪华驾驶体验赋予新的内涵。新车搭载的 BMW 智能互联驾驶座舱经过 BMW M 部门全新设计，与运动豪华的内饰风格完美融合。中央控制显示屏提供独具 M 风格的显示画面，营造出极具未来气质的豪华客舱。全新第七代 BMW iDrive 人机交互系统结合先进的 BMW 智能个人助理，实现了包括自然语音识别、手势控制、屏幕触控、iDrive 旋钮以及热敏感应快捷键在内的五维智能人机交互体验。

全新 BMW M8 四门轿跑车及雷霆版配备的专业型驾驶辅助系统淋漓尽致地展现了宝马在自动驾驶领域的创新成果。比如，沿记录轨道自动倒车的自动泊车辅助系统，在狭窄的空间或驾驶者无法清晰观察后方情况时，系统可以在车速低于 35km/h 的情况下存储车辆行驶轨迹，并通过存储的最后一次前进操作，让车辆沿着原行驶轨迹倒车行驶 50m。此外，还可选择装备更多驾驶者辅助系统，提高舒适性和安全性。

全新 BMW M8 四门轿跑车及雷霆版重新诠释了豪华与性能的完美结合，为新一代客户带来优秀的设计以及驾控体验，进一步提升了宝马集团在大型豪华车细分市场的领先地位。凭借清晰的企业战略和产品战略，宝马集团正不断提升品牌实力，并以核心业务为驱动力，不断追求卓越，为 D+ACES 创新领域打下坚实基础，开辟出一条可持续发展的高质量增长之路。

全新 BMW M8 四门轿跑车极光版

耀／目／降／临

璀／璨／上／市

全新 BMW M8 四门轿跑车极光版以独特的 BMW 极光钻石绿色金属漆打造耀目漆面，金色双肾进气隔栅边框、M 鲨鱼腮侧进气口和金色／黑色双色 M 轻量化 Y 型轮毂交相辉映，再次升级，全球限量发售 400 台，中国地区承揽 5 台。

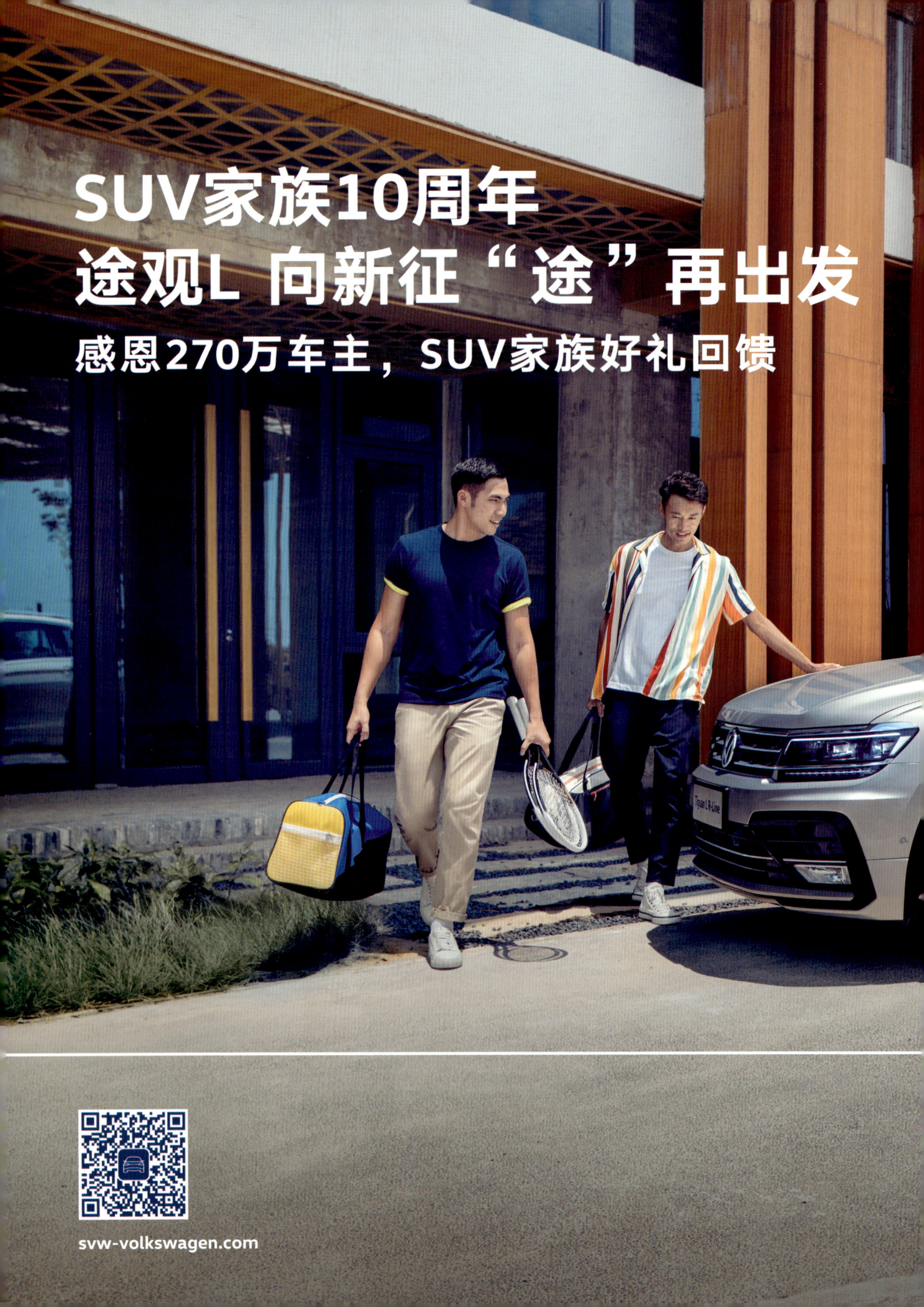
SUV家族10周年
途观L 向新征“途”再出发
感恩270万车主，SUV家族好礼回馈
svw-volkswagen.com

上汽大众
SAIC VOLKSWAGEN

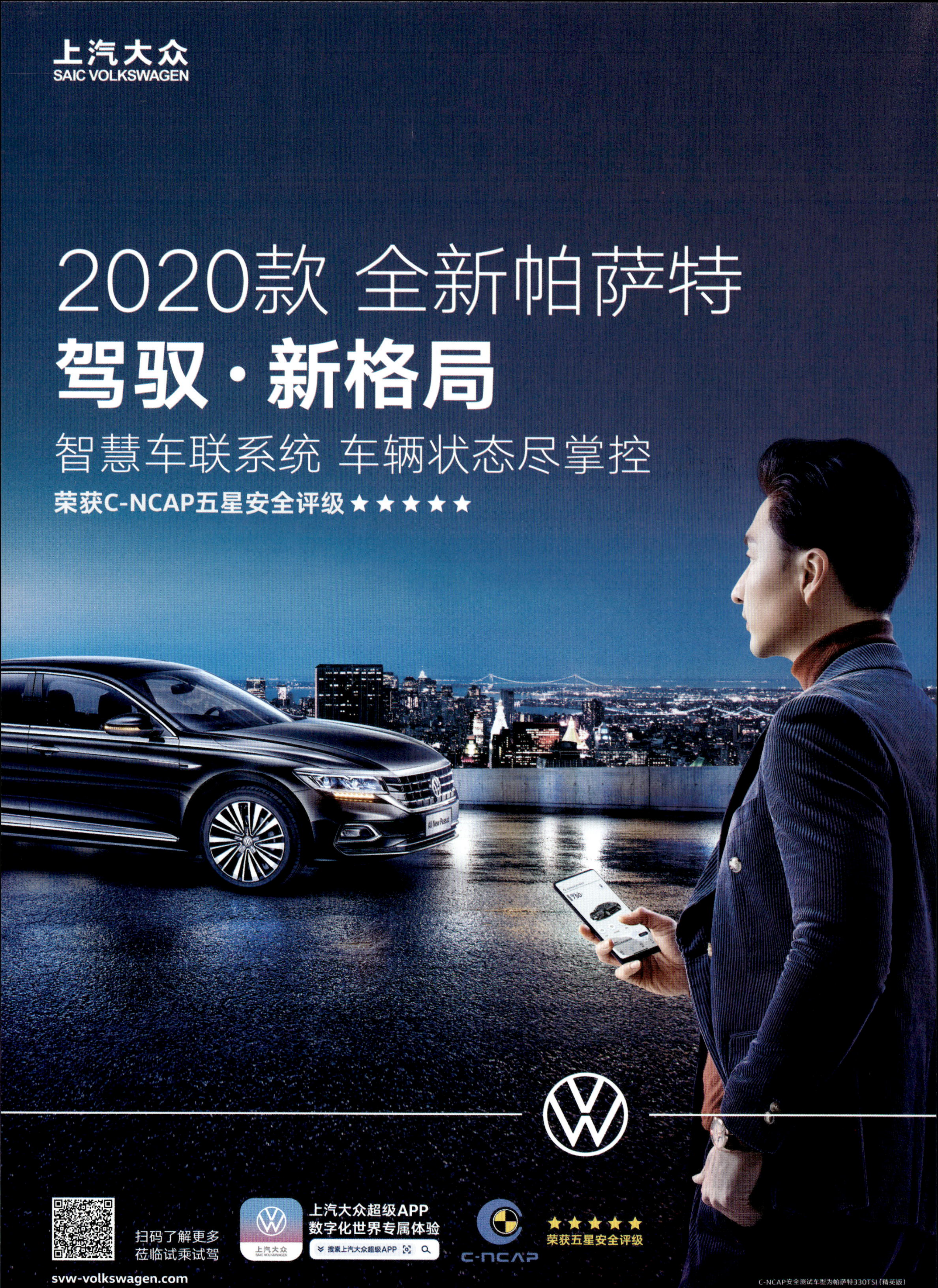
上汽大众
SAIC VOLKSWAGEN
2020款 全新帕萨特
驾驭·新格局
智慧车联系统 车辆状态尽掌控
荣获C-NCAP五星安全评级★★★★★
扫码了解更多
莅临试乘试驾
上汽大众超级APP
数字化世界专属体验
搜索上汽大众超级APP
C-NCAP
★★★★★
荣获五星安全评级
svw-volkswagen.com
C-NCAP安全测试车型为帕萨特330TSI（精英版）

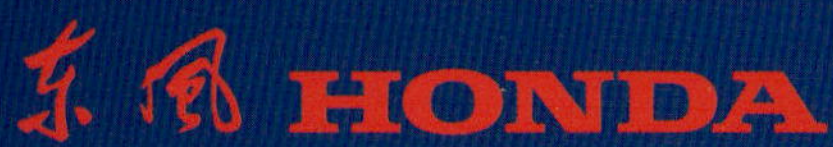

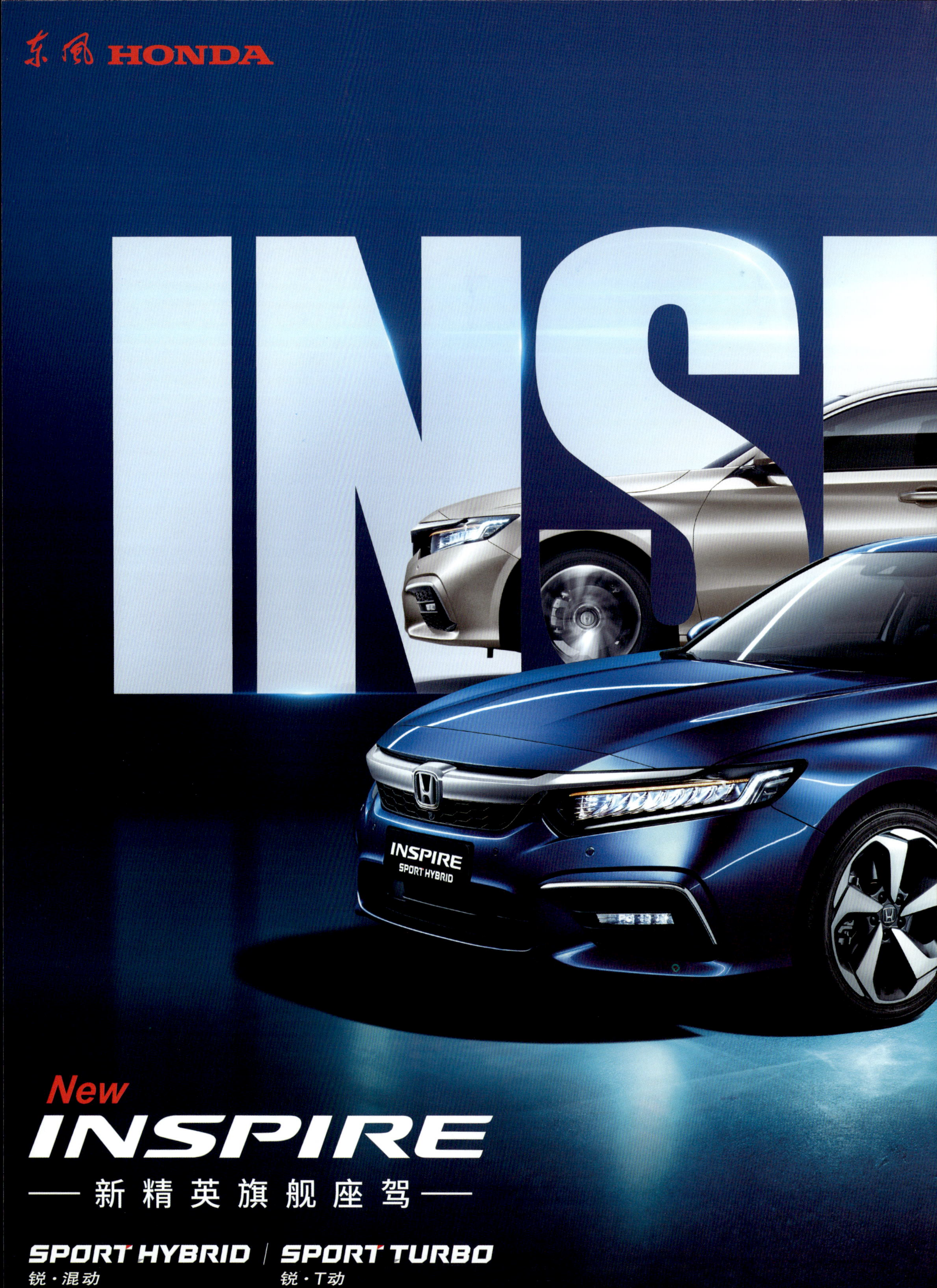
东风 HONDA
INSPIRE
SPORT HYBRID
New
INSPIRE
—— 新 精 英 旗 舰 座 驾 ——
SPORT HYBRID
锐·混动
SPORT TURBO
锐·T动

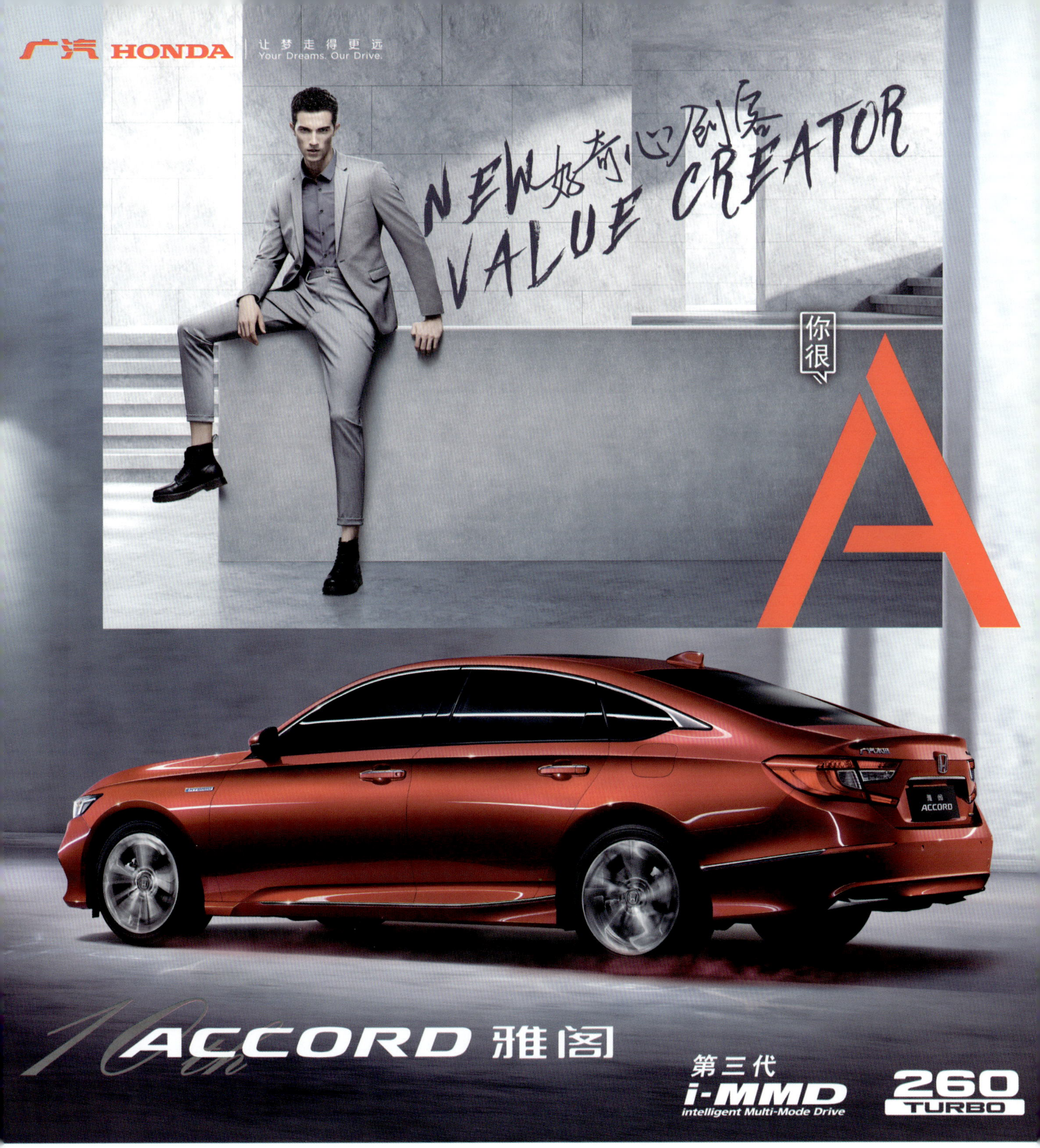

广西汽车集团有限公司成立于2015年5月，是以柳州五菱汽车有限责任公司为主体组建的广西区属大型国有企业。总部设在广西柳州，历史追溯至1958年，集团经历了拖拉机时期、微车时期及集团化运作时期。公司业务涵盖汽车零部件及发动机制造、客车及改装车制造、汽车服务与贸易。拥有超200万台套汽车零部件、80万台汽车发动机、2万台轻型客车和10万台微型改装车的综合产能。

2002年，集团以全部微型汽车整车资源与上汽集团和美国通用公司实现“三方合作”，成立了中外合资企业上汽通用五菱汽车股份有限公司，促进了五菱汽车的飞速发展。2007年，集团以存续的汽车零部件、发动机和专用车业务与香港上市公司合资，成立了柳州五菱汽车工业有限公司，这是集团继2002年三方合作之后的又一次重要资产重组，也是广西国资首次进入香港资本市场的重大实践。2012年，集团进一步延伸汽车产业链，业务扩展至汽车服务与贸易等领域。

Q490校车

五菱EV50新能源厢式物理车

五菱国宾车

五菱救护车

【地址】中国广西柳州市河西路18号五菱大厦

【网址】www.wuling.com.cn　**【电话】**0772-3750212　**【传真】**0772-3750018

发动机

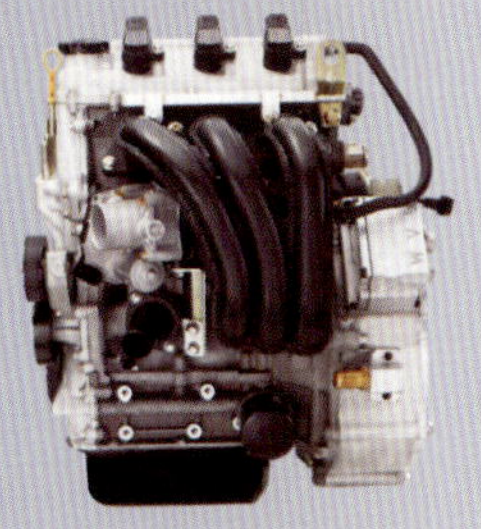

NEP增程式发动机

1.5L发动机

1.8L发动机

2.0T发动机

目前，广西汽车集团在国内已形成柳州、桂林、青岛、重庆、贵阳南北联动的制造基地，并积极扬帆出海，在印尼、印度建立了公司海外零部件生产基地。在集成原有零部件制造资源基础上，集团潜心开发高价值乘用车零部件，打造出汽车底盘、车身、内外饰、发动机等核心产品模块，乘用车零部件配套占比达70%，形成了与整车企业同步开发能力，广西乘用车底盘智能示范性工厂已建成投产。在将成熟微车制造资源输送给合资企业上汽通用五菱之后，集团即从零开始，跻身国内具有影响力的微小型改装车生产企业之列。五菱校车已发展成为幼儿校车领域的排头兵；五菱观光车成为“一带一路”高峰论坛和特朗普访华故宫接待用车。

未来，广西汽车集团将积极培育新能源汽车产业，形成企业发展的新动能，促进企业产品结构和业务结构的转型升级，努力实现高质量的发展。

零部件

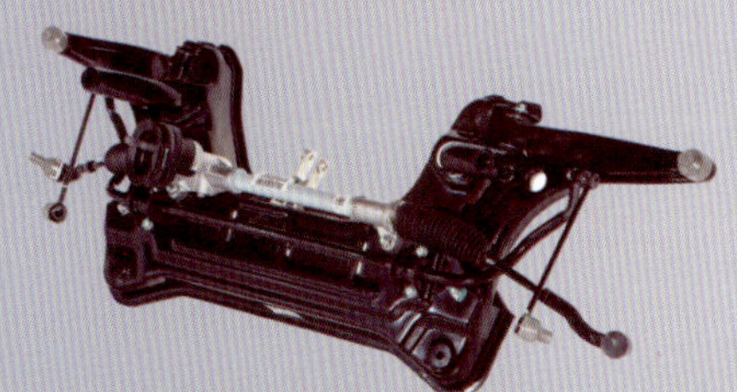

前副车架总成

前排座椅

门饰板总成

后独立悬架总成

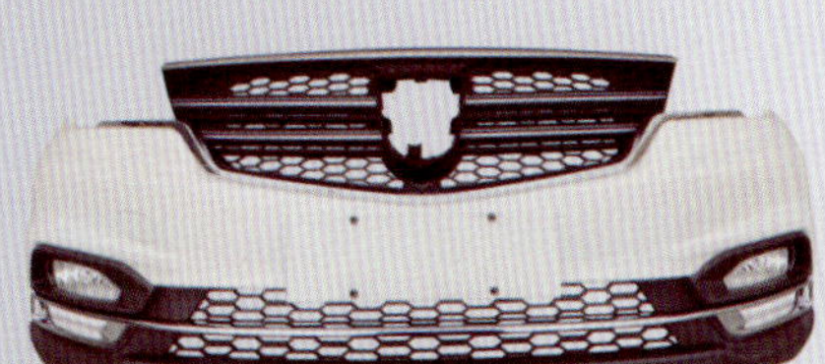

前保险杠总成

座舱系统总成

AUMAN
GTL
欧曼GTL
欧曼ESTA

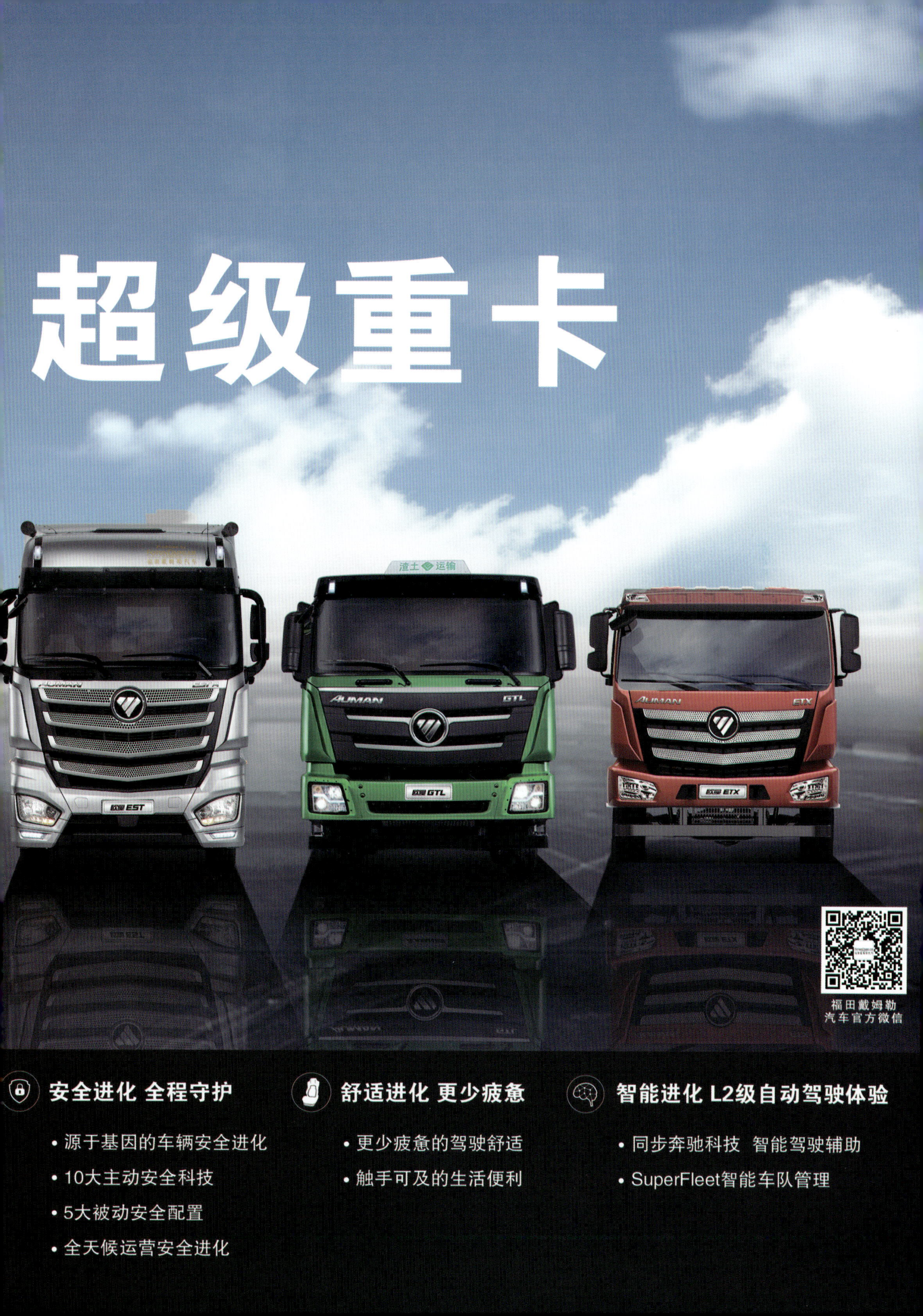

超级重卡
渣土运输
AUMAN
GTL
ETX
EST
福田戴姆勒
汽车官方微信
安全进化 全程守护
• 源于基因的车辆安全进化
• 10大主动安全科技
• 5大被动安全配置
• 全天候运营安全进化
舒适进化 更少疲惫
• 更少疲惫的驾驶舒适
• 触手可及的生活便利
智能进化 L2级自动驾驶体验
• 同步奔驰科技 智能驾驶辅助
• SuperFleet智能车队管理

北汽福田汽车股份有限公司时代事业部

Forland Business Unit, Beiqi Foton Motor Co., Ltd.

国家储能及动力电池质量监督检验中心

国家储能及动力电池质量监督检验中心隶属于中国北方车辆研究所，从2001年开始从事动力电池评价测试技术研究，现为工业和信息化部授权的新能源汽车动力电池强制性检测机构及工业产品质量控制和技术评价试验室，安标国家矿用产品安全标志中心签约试验室，中国质量认证中心（CQC）签约试验室。目前具备新能源汽车公告要求的GB/T31484-2015、GB/T31485-2015、GB/T31486-2015、GB/T31467-2015四项标准涉及的全部检测能力；在矿用大容量锂离子电池领域是安标国家中心授权开展矿用锂离子电池及电源安全标志认证的试验室。

检验检测机构
资质认定证书

资质认定
授权证书

检验检测机构
资质认定证书

检验检测机构
资质认定证书

CNAS
中国合格评定国家认可委员会
实验室认可证书

中心下设单体电池性能测试室、模块电池性能测试室、电池系性能测试室、环境适应性及安全试验室、理化分析室，试验面积约4000㎡。

中心拥有美国AV900动力电池检测系统、美国必测FTF动力电池模拟器系统、美国阿宾BT2000动力电池一致性测试仪、德国迪卡龙高精度电池综合测试仪等动力电池测试仪器等高精度电性能测试设备，还拥有高海拔模拟试验箱、针刺挤压安全试验系统、翻转试验台、跌落试验台、火烧试验系统、动态环境模拟测试系统等安全性能测试设备，并于2012年成功搭建了电池管理系统测试平台。

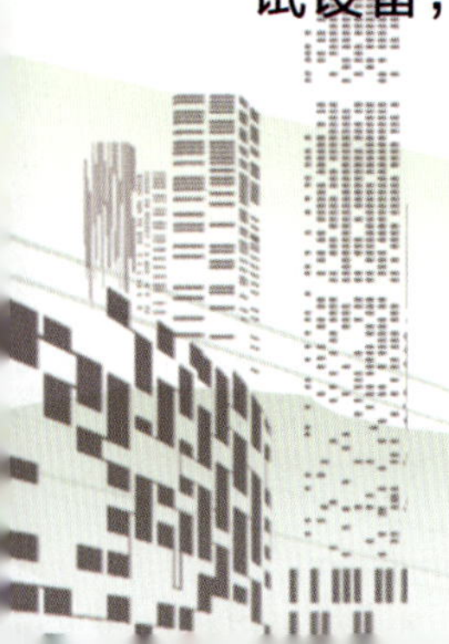

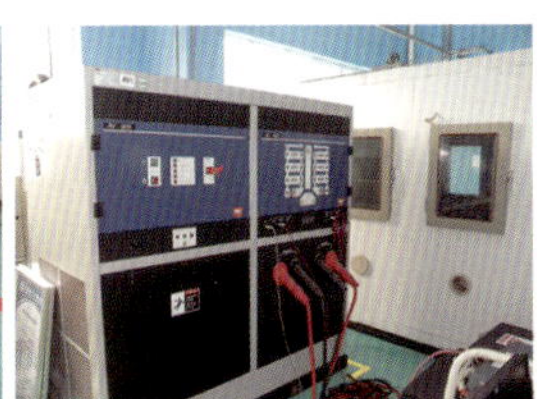

中心检测范围：

1.电性能测试：锂离子电池单体、模块、系统的容量、能量、功率测试，高低温性能、倍率充放电性能、自放电、能量效率、存储性能测试等。

2.循环寿命测试：锂离子电池单体、模块、系统的常规循环寿命及模拟工况循环寿命测试等。

3.环境适应性测试：锂离子电池单体、模块、系统的交变湿热测试、恒定湿热测试、温度冲击测试、振动测试、冲击测试、海水浸泡测试、高海拔测试、动态环境模拟测试等。

4.安全性能测试：锂离子电池单体、模块、系统的过充电、过放电、短路保护、针刺、挤压、加热、跌落、火烧测试等。

中心自“十二五”以来，承担了科技部863计划课题《动力电池及关键材料共性技术及评价体系研究》；北京市科委课题《动力电池成组应用测试平台建设》；北京市公共领域电动汽车运营保障体系建设项目的子课题；《北京市电动车用高能量锂离子电池及系统订货入选技术规则》的起草工作；工信部电子信息产业发展基金项目《锂离子电池检测公共服务平台》；北京市科技计划课题《储能用锂离子电池测试评价公共技术服务平台》等课题，并与多家国内外技术先进企业签订联合研究课题。

地　址：北京市丰台区槐树岭4号院
网　址：http://noveri.norincogroup.com.cn/
电　话：83809707

为汽车工业发展注入强劲的科技动力

中国汽车工程研究院股份有限公司
China Automotive Engineering Research Institute Co.,Ltd.

公司简介 COMPANY PROFILE

中国汽车工程研究院股份有限公司（股票简称:中国汽研，股票代码:601965）建于1965年3月，原名重庆重型汽车研究所，系国家一类科研院所。2012年6月11日，中国汽研在上海证券交易所正式挂牌上市。公司注册资本：96,117.9867万元。2013年10月，中国汽研研发和测试新基地建成并投入使用。

中国汽研主要从事汽车研发、咨询、测试和评价领域的技术服务业务和专用汽车、轨道交通关键零部件、汽车燃气系统及其关键零部件、汽车及零部件试验检测设备的制造业务。

经过50多年发展，中国汽研已拥有较强的汽车技术研发能力、领先的试验设备和较高的行业知名度，并建设成为我国汽车行业产品开发、试验研究、质量检测的重要基地及技术支撑机构。中国汽研利用募集资金，按照“优先重点发展研究开发业务，大力积极发展测试评价业务，统筹稳健发展科技成果产业化业务”的发展思路，已建成汽车安全、汽车噪声振动、电磁兼容、汽车节能与排放、电动汽车、替代燃料汽车、汽车整车、发动机、零部件等试验室和汽车工程研发中心，并努力建设成为我国汽车产业的科技创新平台和公共技术服务平台，发展成为国际先进、国内领先的汽车工程技术应用服务商和高科技产品集成供应商，为我国汽车产业的持续健康发展发挥应有的技术支撑作用和科技引领作用。

创新 拼搏 担当 快乐

中国汽研拥有国际一流水平的全尺寸汽车空气动力学——声学风洞、整车环境风洞、高低温环境舱、五轴联动数控加工中心和1200核高性能仿真计算平台，形成了先进的汽车空气动力学、热力学、风噪性能开发标准体系，以及完备的汽车空气动力学、热力学、风噪性能正向开发能力，可为国内外企业提供专业的技术服务和工程解决方案。

中国汽研智能网联汽车综合测试评价基地，建有智能信号控制系统、V2X通信系统、智能路灯控制系统、可升降限高设备等，可满足当前智能网联汽车测试的技术规范和场地测试要求。该基地也是国内重要的专业重型汽车试验基地，拥有国内目前较长、宽度较宽、车道数较多的直线性能测试道；动态广场设计一流；测试路面种类最齐，可为各类55t以下的车辆试验提供专业、便捷、可靠的测试环境。

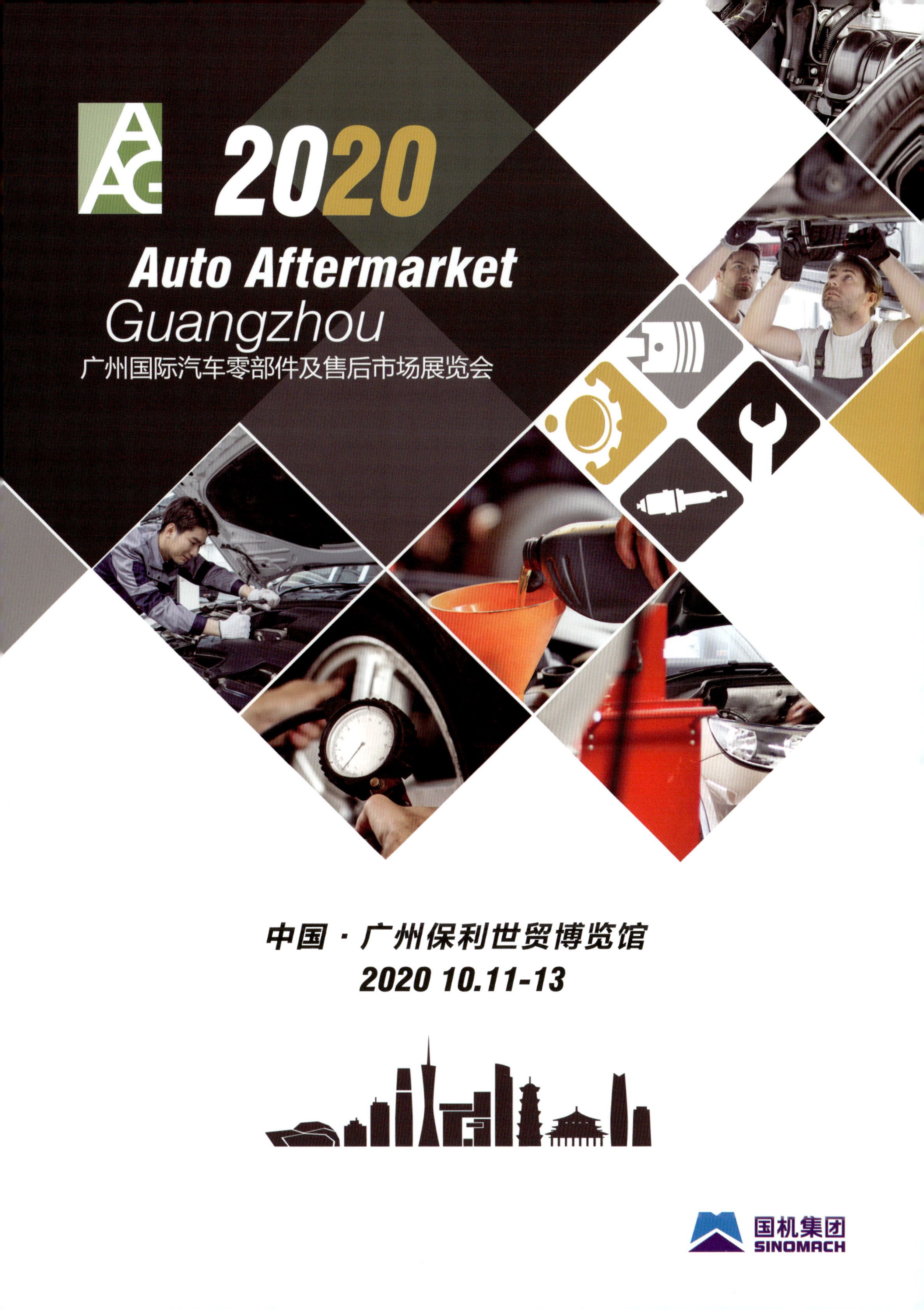
AAG
2020
Auto Aftermarket
Guangzhou
广州国际汽车零部件及售后市场展览会
中国 · 广州保利世贸博览馆
2020 10.11-13
国机集团
SINOMACH

铝罐车、冷藏车、环保专用车、建筑工程专用车、多功能物流运输车、特种车等系列产品

★石家庄中博汽车有限公司
地址:石家庄市正定新区青海大道1号
邮编:050800
电话:0311/89195887、4008361888
电子信箱:liangpu@ zhyle. com
法定代表人:赖信华
质量体系:ISO 9001、OHSAS 18001
产品情况:(广通客车牌、向阳牌)
主要研发生产纯电动大中型客车、轻型客车、专用客厢车、纯电动SUV、轻型客车、专用货车(非罐式)

★石家庄永达挂车有限公司
地址:石家庄市元氏县姬村工业区
邮编:051131
电话:13582100371
网址:www. sjzydgc. com
法定代表人:张永
质量体系:GB/T 19001
产品情况:(元永达牌)
半挂车,全挂车

★河北华佑顺驰专用汽车有限公司
地址:石家庄市元氏县南白娄工业区
邮编:051137
电话:0311/84622888
传真:84654078
网址:www. huayouzq. com
电子信箱:huayouzq@ 163. com
法定代表人:王学杰
单位人数:300
质量体系:ISO 9001
产品情况:(华佑牌)
主营产品有栏板式半挂车、仓栅式半挂车、集装箱式和骨架式半挂车

★石家庄安瑞科气体机械有限公司
地址:石家庄市装备制造基地裕翔街169号
邮编:051430
电话:0311/81663681、4000989666
传真:81663681、81663810
网址:www. cimc - sjzenric. com
电子信箱:sjzmarketing@ enricgroup. com
法定代表人:张中强
质量体系:ISO 9001、IATF 16949
产品情况:[安瑞科(Enric)牌]
压缩天然气储运设备、低温液化天然气储运设备、LPG及化工物料储运设备(LPG储罐、LPG半挂运输车及化工物料储运设备等)等
出口情况:出口美国、加拿大、巴西、哥伦比亚、阿根廷、秘鲁、泰国、新加坡、越南、印度尼西亚、菲律宾、马来西亚、缅甸、乌克兰、哈萨克斯坦、格鲁吉亚、韩国、日本、埃及、尼日利亚、俄罗斯、英国、荷兰等几十个国家和地区

★河北宏昌天马专用车有限公司
地址:石家庄市良村经济技术开发区清源街
邮编:052160
电话:0311/87752941
网址:www. hctm. com. cn
电子信箱:hctm@ 163. com
法定代表人:蒋晓冬
质量体系:ISO 9001
产品情况:(宏昌天马牌)
可改装各种自卸车、厢式货车、水泥搅拌车、散装粉灰罐车等四大类160余种产品
出口情况:出口自卸汽车

★河北春晖专用汽车制造有限公司
地址:河北省晋州市纺织工业园区
邮编:052200
电话:0311/84300999、15373944996
网址:www. hbchzq. com
法定代表人:冯敬考
质量体系:ISO 9001
产品情况:(燕赵春晖牌)
集装箱、骨架式集装箱运输半挂车、厢式半挂车、仓栅式半挂车、粉粒物料运输半挂车、压缩式垃圾运输车以及其他专用车等

★石家庄金多利专用汽车有限公司
地址:石家庄市无极县郝庄乡东郝庄工业区
邮编:052460
电话:0311/85710885、85710886
传真:85710886
网址:www. jdlzyqc. com
电子信箱:1280805566@ qq. com
法定代表人:赵红卫
单位人数:300
质量体系:ISO 9001
产品情况:(金多利牌)
主要产品为半挂车、全挂车、自卸车、专用作业车等

★石家庄金通达专用汽车有限公司
地址:石家庄市无极县郝庄乡装备制造产业聚集区15号
邮编:052460
电话:0311/85716388、4009682588
传真:85716598
网址:www. sjzjtdzq. com
电子信箱:sjzjtdzq@ 163. com
法定代表人:孙会收
单位人数:168
质量体系:ISO 9001
产品情况:(福德金牌)
混凝土搅拌车、厢式半挂车、集装箱半挂车、仓栅式半挂车等

★石家庄市宏达专用汽车制造有限公司
地址:石家庄市无极县郝庄乡装备制造产业聚集区27号
邮编:052460
电话:0311/85711666、4000966800
传真:85710008
网址:www. hbhdzq. com
电子信箱:609497220@ qq. com
法定代表人:张彦兵
质量体系:ISO 9001
产品情况:(鑫宏达牌)
主要产品有各种系列半挂车、全挂车、集装箱运输车、厢式货车、特种车等

★石家庄金盛专用汽车制造有限公司
地址:石家庄市无极县西陈村村北
邮编:052464
电话:0311/85715858、15081871888
法定代表人:王孟礼
质量体系:ISO 9001
产品情况:(恒廉牌)
半挂车、铝合金厢式运输车等

★河北驹王专用汽车股份有限公司
地址:河北省衡水市枣强县东外环北路6号
邮编:053100
电话:0318/8268806
传真:8260709
网址:www. cnjuwang. cn
电子信箱:marketing@ cnjuwang. cn
法定代表人:朱金广
单位人数:288
质量体系:ISO 9001
产品情况:(驹王牌)
各种半挂车、自卸车、罐式车、粉粒运输车、混凝土搅拌运输车、LNG天然气运输车等车型

★远大汽车制造股份有限公司
地址:河北省衡水市景县高新区
邮编:053500
电话:0318/6116777、6116778
网址:www. hbydqiche. com
电子信箱:yuanda01@ china - yuanda. cc
法定代表人:王洪刚
质量体系:ISO 9001
产品情况:(衡霸牌)
主要生产环卫车辆、工程车辆(混凝土搅拌车、城市渣土运输车、自卸车等)、特种车辆(高空作业车、清障车、消防车等)三大系列

★河北顺捷专用汽车制造有限责任公司
地址:河北省衡水市路北新区冀衡路66号
邮编:053500
电话:0318/2165555、2285009
传真:2285099
电子信箱:bizhisheng@ 126. com
法定代表人:王卷杰
质量体系:ISO 9001
产品情况:(川腾牌)
普通半挂车、仓栅式半挂车、厢式半挂车、集装箱式半挂车、平板半挂车、罐式半挂车、自卸车等

★河北九通重工股份有限公司
地址:河北省阜城县阜城镇九通路69号
邮编:053700
电话:0318/4620838、4620919
传真:4620316、4632888
电子信箱:168jjt@ 163. com

法定代表人:刘志星
质量体系:ISO 9001
产品情况:(福运祥牌)
仓栅式运输半挂车、厢式半挂车、集装箱运输半挂车、车辆运输半挂车、低平板半挂车、车厢可卸式垃圾车

★河北福玉专用汽车有限公司
地址:河北省邢台市新兴西大街 1616 号
邮编:054000
电话:0319/2996601
传真:2996171
网址:www. hbfyqc. com
电子信箱:xtqcgz@ 163. com
法定代表人:张巧荣
单位人数:300
质量体系:ISO 9001、ISO 14001
产品情况:(福玺牌)
粉粒物料运输车、半挂车、散装水泥车、化工运输车、运油车、加油车、洒水车、车厢可卸式垃圾车

★河北金后盾专用汽车制造有限公司
地址:河北省邢台市豫让桥路 689 号
邮编:054001
电话:0319/3656666
网址:www. jinhoudun. com
电子信箱:jinhoudun@ jinhoudun. com
法定代表人:郭思远
质量体系:ISO 14001、OHSAS 18001
产品情况:(金后盾牌)
检测车等军车、特种车、军用方舱

★河北华旗专用汽车制造有限公司
地址:河北省邢台县会宁镇霍楼村村东
邮编:054001
电话:0319/2815199、2815999
网址:hbhqzyc. com
法定代表人:武梅林
单位人数:300
质量体系:ISO 9001、ISO 14001
产品情况:(旗林牌)
运油车、化工液体运输车、自卸车、小型多功能加油车、散装水泥车、混凝土搅拌运输车、多功能洒水车、轿运车、SF 双层罐等 60 余种产品

★河北隆德专用汽车制造有限公司
地址:河北省邢台市威县经济开发区开放路 23 号
邮编:054700
电话:0319/6118666、6119000
传真:6119777
网址:www. hblongde. com
电子信箱:hbldzyc@ 163. com
法定代表人:翟春新
单位人数:388
质量体系:ISO 9001、ISO 14001
产品情况:(隆专牌)
扫路车、公路养护车、翼开启厢式车、半挂车、新能源纯电动汽车

★河北卓骏专用车制造有限公司
地址:河北省邢台市威县工业园区腾飞路
邮编:054799
电话:0319/6123666、13831902456
传真:6123999
网址:www. hbzhuojun. cn
法定代表人:袁梅景
质量体系:ISO 9001
产品情况:(威正百业牌)
主要产品有栏板式半挂车、自卸半挂车、仓栏式半挂车、集装箱式半挂车、冷藏式半挂车、工程机械半挂车

★河北御捷马专用车制造有限公司
地址:河北省清河县经济技术开发区太行南路 19 号
邮编:054800
电话:0319/8717612、4001626368
传真:8717626
网址:www. yogomotruck. com
电子信箱:yujiema_2009@ 163. com
法定代表人:顾金军
单位人数:200
质量体系:ISO 9001、ISO 14001
产品情况:(御捷马牌)
主要产品有冷藏保温运输车、翼开启厢式运输车、通信车、邮政车、各种物流厢式运输车及铝合金(承载式车身结构)厢式半挂车等多种车型

★河北利达特种车辆有限公司
地址:河北省邯郸市邯山区马庄工业区
邮编:056001
电话:0310/3161651、4006123900
网址:www. leader. cn
电子信箱:leader@ leader - mail. com. cn
法定代表人:张凤和
质量体系:ISO 9001
产品情况:(利达牌)
混凝土搅拌运输车、混凝土泵送车、散装水泥车、油罐车、汽车起重机、半挂车、自卸车等

★新兴能源装备股份有限公司
地址:河北省邯郸市开发区和谐大街 99 号
邮编:056107
电话:4008888954
网址:www. xxzjgs. com
电子信箱:xnbkwlyx@ 163. com
法定代表人:张相相
质量体系:IATF 16949、ISO 9001
产品情况:(宝环牌)
高中压气瓶拖车、LNG 液化天然气拖车、LNG 低温液体半挂车、油气新动力改装汽车等
出口情况:出口东南亚、南美洲等地区

★河北文平专用车制造有限公司
地址:河北省邯郸市磁县磁州镇南开河村南
邮编:056500
电话:0310/2186666、17531003368
网址:www. wpzyc. com
电子信箱:31789950@ qq. com
法定代表人:沈树军
质量体系:ISO 9001
产品情况:(冀贝佳牌)
半挂车及挂车配件

★河北富华专用汽车制造有限公司
地址:河北省邯郸市成安工业园区邯大路 33 号
邮编:056700
电话:0310/4695555、8608304
传真:4695555
网址:www. hebeifuhua. com
法定代表人:胡新平
单位人数:500
质量体系:ISO 9001、ISO 14001
产品情况:(翼马牌)
主导产品为半挂车、铁水运输车、自卸车、低平板运输车、水泥搅拌车、环卫车、各类厢式车等,共有六大系列 80 余种产品

★邯郸冀东专用车有限公司
地址:河北省肥乡经济开发区创业街 1 号
邮编:057550
电话:0310/5646666
传真:5646188
网址:www. hdjdzyc. com
电子信箱:hdjdzyc@ qq. com
法定代表人:张树银
单位人数:420
质量体系:ISO 9001
产品情况:(冀东巨龙牌)
厢式、仓栅式、骨架式、低平板等各种半挂车及自卸车

★邯郸市肥乡区远达车辆制造有限公司
地址:河北省邯郸市肥乡区元固乡郝庄村
邮编:057550
电话:0310/8528119、13383308288
传真:8528666
网址:www. hbydcl. com
电子信箱:yuandacheliang@ 163. com
法定代表人:晁学印
单位人数:560
质量体系:ISO 9001、ISO 14001
产品情况:(永康牌)
环保扫路车、高压清洗车、洗扫车、垃圾车、洒水车、半挂车、厢式半挂车、仓栅式半挂车、自卸半挂车、低平板半挂车、铁水运输半挂车、油罐车、自卸车等

★河北汇达能源有限公司
地址:河北省沧州市高新技术开发区吉林大道
邮编:061000
电话:0317/2191808
传真:2191808
网址:www. huidaenergy. com
电子信箱:hbhdcl@ 126. com
法定代表人:徐福来
质量体系:ISO 9001、ISO 14001
产品情况:(汇达牌)
LNG 运输半挂车、LNG 储罐、LNG 小型供气系统(捷瑞冷)、液氧液氮等低温液体运输半挂车、低温液体罐式集

装箱、液化气体运输半挂车等高端能源化工装备

★河北昌骅专用汽车有限公司
地址:河北省黄骅市昌骅路西段
邮编:061100
电话:0317/5332468、8881122
传真:5336005
网址:www.hhchanghua.com
电子信箱:hhchgs@163.com
法定代表人:关世杰
单位人数:800
质量体系:ISO 9001
产品情况:(昌骅牌)
9~55吨各式栏板半挂车、46~52立方铝合金罐车,集装箱运输车、运油车(化工液体罐、玻璃钢罐、不锈钢罐)、散装水泥车、混凝土搅拌运输车、厢式半挂车等系列120余个品种
出口情况:远销俄罗斯、北美洲、非洲、中东等国家和地区

★河北光华专用汽车有限公司
地址:河北省黄骅市经济技术开发区
邮编:061100
电话:0317/5339602、15230702777
网址:www.hbguanghua.com
电子信箱:guanghua_2005@126.com
法定代表人:刘玉龙
质量体系:ISO 9001
产品情况:(凯萨特牌)
各式自卸车、水泥搅拌罐车、混凝土搅拌罐车、油罐车、化工罐车、不锈钢罐车、厢式车、仓栅式车等各式半挂车
出口情况:产品批量出口

★河北亚峰专用汽车制造有限公司
地址:河北省黄骅市羊三木工业区18号
邮编:061100
电话:0317/5985889
传真:5985919
电子信箱:hbyfzq@126.com
法定代表人:刘式峰
质量体系:ISO 9001
产品情况:(亚峰牌)
混凝土泵车、运油半挂车、加油车、化工液体运输半挂车、混凝土搅拌运输车、散装水泥半挂车、城市环卫车、散装粮食车等专用汽车

★河北宏泰专用汽车有限公司
地址:河北省黄骅市羊三木乡205国道西侧
邮编:061100
电话:0317/5985988、5985688
传真:5470444
网址:www.hongtaizhuanqi.com
电子信箱:htxiaoshoubu@126.com
法定代表人:王治广
质量体系:ISO 9001、ISO 14001
产品情况:(正康宏泰牌)
运油半挂化工液体运输车、铝合金罐式车、粉粒物料运输车、搅拌车、普通半挂车、市政环卫车六大系列80多个品种的专用汽车
出口情况:远销南美洲、非洲、中东、中亚等多个国家和地区

★河北君宇广利专用汽车制造有限公司
地址:河北省沧州市孟村回族自治县新县镇杨石桥村
邮编:061401
电话:0317/6868566、4000181345
网址:www.junyuguangli.com
电子信箱:2984488242@qq.com
法定代表人:曹利
单位人数:312
质量体系:ISO 9001
产品情况:(君宇广利牌)
仓栅式运输半挂车、栏板半挂车、平板运输半挂车、平板自卸半挂车、集装箱运输半挂车、自卸半挂车等

★河北渤海石油装备专用车有限公司
地址:河北省任丘市会战道北站西路58号
邮编:062552
电话:0317/2723050、2722777
传真:2715649
电子信箱:gzcyyx@163.com
法定代表人:刘泳
质量体系:ISO 9001、OHSAS 18001
产品情况:(油龙牌)
运油车、供液车、半挂运油车、固井水泥车、随车起重运输车、砂罐车、超导热洗车、高压注水洗井车、下灰车、下灰库、立式固井下灰罐、切割罐、地埋储油罐、车装罐等产品
出口情况:出口蒙古、哈萨克斯坦、古巴、苏丹、肯尼亚等国家

★青县金锐专用汽车制造有限公司
地址:河北省沧州市青县清州镇石油机修厂南门西
邮编:062650
电话:0317/4210118、4006275509
传真:4210128
网址:www.jinruizhuanqi.com
电子信箱:jinruizhuanqi@126.com
法定代表人:周庆涛
单位人数:200
质量体系:ISO 9001
产品情况:(冀锐牌)
仓栅式半挂车、厢式车、自卸车、海港码头集装箱运输车等

★唐鸿重工专用汽车股份有限公司
地址:河北省唐山市丰南区开发区兴工街6号
邮编:063000
电话:0315/2962800、7771587
传真:2966033、2963666
电子信箱:hongda-7896@163.com
法定代表人:张娟
质量体系:ISO 9001、ISO 14001
产品情况:(唐鸿重工牌)
混凝土搅拌运输车,厢式、仓栅式、低平板、集装箱等运输半挂车,运油半挂车,自卸车等
出口情况:出口非洲、中亚、中东、东南亚地区

★唐山亚特专用汽车有限公司
地址:河北省唐山市高新区贾庵道
邮编:063000
电话:0315/7729515、4006689888
网址:www.yateauto.com
电子信箱:yateauto@yateauto.com
法定代表人:田伟
质量体系:ISO 9001、ISO 14001
产品情况:(亚特重工牌)
混凝土搅拌运输车、散装物料运输车、低温液化天然气运输车、半挂车、旅居车、环卫车辆等
出口情况:远销欧美、东南亚、非洲等地区

★唐山市宏远专用汽车有限公司
地址:河北省唐山市路南区唐胥路南侧108间
邮编:063000
电话:0315/2710035、13785501816
传真:2810017、2710036
网址:www.tshongyuan.com
电子信箱:hongyuan2008@vip.sina.com
法定代表人:高健
单位人数:130
质量体系:ISO 9001
产品情况:(立一牌)
公路测试车、路面横向力系数检测车、桥梁检测车、机械式清扫车、交通安全设施清洗车、多功能抑尘车等

★唐山上汽客车有限公司
地址:河北省唐山市曹妃甸区中小企业园区上汽大道5号
邮编:063200
电话:0315/8791911
网址:www.saicmotor.com
电子信箱:mengqi@futaijiye.com
法定代表人:王春英
质量体系:ISO 9001
产品情况:(飞翼牌)
混合动力城市客车、纯电动城市客车、纯电动客车

★唐山众兴专用汽车制造有限公司
地址:河北省唐山市丰南经济开发区华通大街
邮编:063300
电话:0315/5099188、4008110199
传真:5099188
电子信箱:652433019@qq.com
法定代表人:张岩
质量体系:ISO 9001
产品情况:(齐安牌)
半挂车、混凝土搅拌车等

★唐山冀东专用车有限公司
地址:河北省唐山市滦县新城台商工业园
邮编:063700
电话:0315/7167633、7167626
传真:7167633

电子信箱:1048107960@ qq. com
法定代表人:崔军
质量体系:ISO 9001
产品情况:(冀东巨龙牌)
半挂车、改装车、混凝土搅拌运输车、自卸汽车等

★河北鼎安专用汽车制造有限公司
地址:河北省迁安市西部工业区 736 号
邮编:064400
电话:13315515188
网址:www. hbdazyqc. cn
电子信箱:450695600@ qq. com
法定代表人:玄士红
单位人数:300
质量体系:ISO 9001
产品情况:(鼎安弘牌)
半挂车

★廊坊中建机械有限公司
地址:河北省廊坊市安次区龙河高新技术产业区地阔道 86 号
邮编:065000
电话:0316/2809702、4006861666
网址:www. cscecmachinery. com
电子信箱:zhongjianjixie@ cscec. com
法定代表人:黄东文
质量体系:ISO 9001
产品情况:(中建牌)
混凝土搅拌站、搅拌车、散装物料运输车等

★廊坊新赛浦特种装备有限公司
地址:河北省廊坊经济技术开发区耀华道 2 号
邮编:065001
电话:0316/5299931、5299919
传真:5299923
网址:www. sincep. com. cn
电子信箱:ldocean@ sincep. com. cn
法定代表人:孙玉芹
质量体系:ISO 9001、ISO 14001
产品情况:(华美牌)
单双滚筒多功能电缆测试车、射孔车、测卡解卡车、随钻测井车、撬装电缆绞车、修井车、试井车、抽吸车、清蜡车等油田专用特种作业设备
出口情况:出口中东、印度尼西亚、秘鲁、哈萨克斯坦等国家和地区

★廊坊京联汽车改装有限公司
地址:河北省廊坊市开发区翠青北道 8 号
邮编:065001
电话:0316/5918926、18730631113
网址:www. lfjinglian. cn
电子信箱:2868863726@ qq. com
法定代表人:吴宝坤
质量体系:ISO 9001
产品情况:(驼马牌)
清障车、旅居车、普通厢式货车、保温车、冷藏车、畜禽运输车等六大系列 40 余个品种的产品

★三河市新宏昌专用车有限公司
地址:河北省燕郊经济技术开发区留山大街 11 号
邮编:065200
电话:0316/3087600、4006126199
网址:www. hctm. com. cn
电子信箱:xhcren2009@ 126. com
法定代表人:蒋晓冬
质量体系:ISO 9001、ISO 14001
产品情况:(宏昌威龙牌、宏昌天马牌)
自卸车、搅拌车、环卫车、液/粉罐运输车、随车起重机等

★河北安旭专用汽车有限公司
地址:河北省廊坊市京秦高速香河出口南 50 米路东
邮编:065400
电话:0316/8315768
传真:8222123
网址:www. anrising. com
电子信箱:anxu@ anrising. com
法定代表人:冯全玉
质量体系:ISO 9001、ISO 14001
产品情况:(安旭牌)
通信车、指挥车、电视转播车、医疗车、铝合金翼开启式厢式运输车、铝合金厢式冷藏车、车厢可卸式垃圾车、除雪车等

★北京建安特西维欧特种设备有限公司
地址:河北省廊坊市香河经济开发区运河大道 15 号
邮编:065402
电话:0316/8219977、6219908
传真:8219900
网址:www. jat - cva. cn
电子信箱:jatcva@ jat - cva. cn
法定代表人:许霞霞
质量体系:ISO 9001
产品情况:(建安特西维欧牌)
低温储罐、低温汽车罐车、罐式集装箱、半挂车等
出口情况:远销世界 100 多个国家和地区

★秦皇岛新谊工程有限公司
地址:河北省秦皇岛市海港区北环路 118 号
邮编:066001
电话:0335/3018303、13903339447
网址:www. qhdxinyi. com
法定代表人:殷明媚
质量体系:ISO 9001、ISO 14001
产品情况:(旭环牌)
2.75 吨、3 吨、5 吨、8 吨、12 吨压缩式垃圾车,50~1000 吨的压缩转运站及配套使用的 0.5 吨、3 吨、5 吨、8 吨、12 吨车厢可卸式垃圾车、0.5 吨、8 吨自卸式垃圾车以及各种型号的餐厨垃圾车、洒水车、洗扫车等

★秦皇岛金程汽车制造有限公司
地址:河北省秦皇岛经济技术开发区黄海道 33 号
邮编:066004
电话:0335/7671933、7671920
传真:7671935
网址:www. jc - auto. net
电子信箱:jcqcxs@ 163. com
法定代表人:张春
质量体系:ISO 9001
产品情况:(金程牌)
金程轻型客车、金程轻型载货汽车、金程专用汽车,金程新能源汽车等系列
出口情况:出口亚洲、非洲、中东、南美洲等多个国家和地区

★秦皇岛市思嘉特专用汽车制造有限公司
地址:河北省秦皇岛市卢龙县卢龙镇迎宾路高速路出口西侧
邮编:066400
电话:0335/7399999、7135267
网址:www. sijiate. com
电子信箱:sales@ sijiate. com
法定代表人:李绍辉
单位人数:150
质量体系:ISO 9001、ISO 14001
产品情况:(思嘉特牌)
公路养护工程车为核心,智能稀浆封层车、全智能/电子控制沥青洒布车、智能同步碎石封层车、石屑撒布车、移动式沥青加热运输罐车、道路清障车、垃圾车、高空作业车等公路养护专用车、扫路机等
出口情况:出口俄罗斯、阿尔及利亚、利比亚、哈萨克斯坦等国家

★昌黎县川港专用汽车制造有限公司
地址:河北省昌黎县京山铁路张家庄车站北
邮编:066600
电话:0335/2082668、4008039838
传真:2181482、2082668
网址:www. clcgc. com
电子信箱:clcgc@ 163. com
法定代表人:田德凯
单位人数:300
质量体系:ISO 9001、ISO 14001
产品情况:(华星牌)
半挂车、全挂车、工程机械专用车、粉粒物料运输专用车、铁水运输车、乳化沥青封层车、油罐车、自卸车、起重机、厢式货车、垃圾车、垃圾中转站等

★河北览众专用汽车制造有限公司
地址:河北省保定市南市区三丰中路 2 号
邮编:071000
电话:0312/2128888、4000312858
传真:2128888
网址:www. lzrv. com. cn
电子信箱:88532317@ qq. com
法定代表人:赵泓昌
质量体系:ISO 9001
产品情况:(信天游牌、览众之星牌)
旅居车览众风骏 C 型房车系列、赛拉维 C 型房车、拖挂房车、览众风骏房车等系列产品

出口情况:远销美洲、大洋洲、日本、韩国等多个国家和地区

★保定北奥石油物探特种车辆有限公司
地址:河北省保定市徐水县121-9信箱
邮编:072552
电话:0312/8752040、8752041
传真:8752039
网址:www.basv.com.cn
电子信箱:basv@basv.com.cn
法定代表人:王乃健
质量体系:ISO 9001、ISO 14001
产品情况:(沙驼牌)
主导产品有可控震源系列、全路况运载设备、YF系列野营拖车、油田作业设备
出口情况:远销伊朗、伊拉克、苏丹、格鲁吉亚、俄罗斯、沙特阿拉伯、巴基斯坦、利比亚、阿尔及利亚、尼日尔、墨西哥等国家

★保定宏业石油物探机械有限责任公司
地址:河北省保定市徐水县121-6信箱
邮编:072553
电话:0312/8649100、8649101
传真:8649334
网址:www.honyemachine.com
电子信箱:yx@honyemachine.com
法定代表人:刘贵村
质量体系:ISO 9001、ISO 14001
产品情况:(物探牌、宏业牌)
石油钻井用专用汽车
出口情况:在哈萨克斯坦、阿尔巴尼亚、苏丹、尼日尔、乍得、巴基斯坦、缅甸、伊朗、伊拉克、也门、印度尼西亚、阿联酋、沙特阿拉伯、墨西哥、委内瑞拉等10多个国家得到了广泛应用

★天马汽车集团有限公司
地址:河北省保定市定兴县朝阳路33号
邮编:072650
电话:0312/6826188、6927033
传真:6826988
网址:www.tianmaauto.cn
电子信箱:bdtm_xs@tom.com
法定代表人:周树财
单位人数:420
质量体系:ISO 9001
产品情况:军用车辆改装及各类箱组制造,如卫生防疫车、野战急救车、军用方舱、战储包装箱组、药品保温箱组等;民用车辆改装,包括环卫车、混凝土搅拌运输车、自卸车、特种车改装及各类工程机械制造等系列产品;立体车库和仓储设备

★恒天大迪汽车有限公司
地址:河北省定兴县金台中路6号
邮编:072650
电话:0312/6820065、6926833
网址:www.htddqc.com
电子信箱:bddqc@bddqc.com.cn
法定代表人:赵鸿滨
质量体系:ISO 9001
产品情况:(大迪牌)
自卸车、半挂车、宽体矿用车、水泥搅拌车、厢式运输车100余种专用车产品,年产能15000辆
出口情况:出口中亚、非洲等地区

★新凯汽车集团有限公司
地址:河北省高碑店市世纪东路6号
邮编:072750
电话:0312/6390113、6391113
网址:www.hbxk.com
电子信箱:syjxinkai@163.com
法定代表人:孟子雯
单位人数:6600
质量体系:ISO 9001
产品情况:(新凯牌)
皮卡车、旅居车、豪华越野车、奔驰改装车、多功能商务车、轻型货车、专用车等多个系列40种产品;是奔驰商用车专用改装厂
出口情况:出口103个国家和地区

★河北华运顺通专用汽车制造有限公司
地址:河北省曲阳县北环路468号
邮编:073100
电话:0312/4291888、4001811812
传真:4299696
网址:www.hbhyst.com
电子信箱:904529814@qq.com
法定代表人:杨运增
质量体系:ISO 9001
产品情况:(顺运牌)
集装箱运输车、液压轴线运输车、自卸车、普通半挂车、低平板/仓栅式半挂车等
出口情况:远销俄罗斯、土耳其、新西兰、新加坡、哈萨克斯坦、印度、智利、玻利维亚、越南等30多个国家和地区

★张家口大地专用汽车制造有限责任公司
地址:河北省张家口市工业中横街25号
邮编:075000
电话:0313/4082026、7659151
传真:4082003
电子信箱:zjkdadi@163.com
法定代表人:张慧臣
质量体系:ISO 9001、ISO 14001
产品情况:(张拖牌)
ZTC系列粉粒物料运输车、厢式运输半挂车、半挂车、自卸汽车、散装水泥车、仓栅式运输半挂车、低平板运输半挂车、吸粪车、扫路车
出口情况:出口俄罗斯、蒙古、沙特阿拉伯等国家100辆半挂车

★中地装张家口探矿机械有限公司
地址:河北省张家口市桥东区工业路4号
邮编:075026
电话:0313/4080349、4080236
传真:4057987、4062804
网址:www.张探.com
电子信箱:ztgsxs@126.com
法定代表人:马彦
单位人数:880
质量体系:ISO 9001、ISO 14001
产品情况:(张探牌、ZT牌)
钻机车系列等
出口情况:抽油杆产品远销美国、阿根廷、印度尼西亚等国家

★张家口慧英专用汽车有限公司
地址:河北省张家口市阳原县高化工业园区
邮编:075800
电话:0313/7313333、18931302888
电子信箱:zjkhyqc@126.com
法定代表人:牛贺
质量体系:ISO 9001
产品情况:(鑫骏牌)
以粉粒物料半挂运输车和压缩式垃圾车为主,年产能达到2000辆

山西省

★山西皇城相府宇航汽车制造有限公司
地址:太原市经济技术开发区唐槐路101号
邮编:030032
电话:4006035193
传真:0351/7966098
网址:www.hcxfyhqc.com
电子信箱:hcxfyhqc@163.com
法定代表人:胡国胜
质量体系:ISO 9001
产品情况:(山西牌)
产品覆盖6~12米LNG燃气客车、纯电动客车及混合动力客车

★山西青特汽车有限公司
地址:太原市经济技术开发区正阳街南
邮编:030060
电话:0351/7819678、7819677
网址:www.qingtegroup.com
电子信箱:hgdlyf@126.com
法定代表人:纪爱师
单位人数:400
质量体系:ISO 9001
产品情况:(青特牌)
年产自卸车1400辆,半挂车600辆的生产能力

★山西恒成特种车辆制造有限公司
地址:山西省晋中市榆次区东外环建国桥北300米处
邮编:030600
电话:0354/3027288、3106999
传真:3022788
电子信箱:hengcheng@jz-hengcheng.com
法定代表人:苗成林
质量体系:ISO 9001
产品情况:(恒成牌)
具备了年产2000辆5~15吨系列全挂车和1000辆10~50吨系列半挂车、自卸车、民用车改装的生产能力

★山西威龙特种车辆制造有限公司
地址:山西省汾阳市吕梁中小企业创业

基地
邮编:032200
电话:0358/3335688、13753342596
网址:www. sxgczz. cn
电子信箱:weilong3335688@ 163. com
法定代表人:王林江
单位人数:102
产品情况:(威龙兴达牌)
年产能力:通用货车、挂车类、仓栅式运输半挂车 1500 辆、专用货车类厢式运输车 500 辆、专用作业类道路清障车 300 辆

★山西北宇专用车有限公司
地址:山西省大同市经济技术开发区金龙大街
邮编:037010
电话:0352/6206888、4001029818
传真:6206888
网址:sxbyzq. cn
电子信箱:sxbyjt@ 126. com
法定代表人:张才
单位人数:400
质量体系:ISO 9001
产品情况:自卸车、半挂车、罐式车、厢式车,有低速电动车资质

★陕汽大同专用汽车有限公司
地址:山西省大同市装备制造产业园区
邮编:037300
电话:0352/8152077、8152012
传真:8152012
网址:www. sqdtzyc. cn
电子信箱:sqdt001@ 163. com
法定代表人:刘翔韬
单位人数:450
质量体系:ISO 9001
产品情况:(陕汽牌)
常规柴油车产品、LNG/CNG 汽车、新能源汽车、专用汽车(自卸车、桥梁检测车)等

★山西承泰专用车制造有限公司
地址:山西省朔州市怀仁县亲和工业开发区
邮编:038300
电话:0349/3070999、3070888
电子信箱:2826115424@ qq. com
法定代表人:安鹏程
质量体系:ISO 9001
产品情况:(承泰牌)
仓栅式运输半挂车、厢式运输半挂车、自卸运输半挂车等

★大运汽车股份有限公司
地址:山西省运城市空港经济开发区机场大道 1 号
邮编:044000
电话:0359/2537999、2537333
传真:2537537
网址:www. dayunmotor. com
电子信箱:sale@ dayunmotor. com
法定代表人:远勤山
质量体系:ISO 9001
产品情况:(大运牌)
载货车、自卸车、牵引车、专用车、挂车五大系列车型,纯电动重型货车、中型货车、轻型货车、客车、乘用车全系列产品布局
出口情况:出口非洲、南美洲、亚洲等地区

★卓里克劳耐商用车厢制造有限公司
地址:山西省运城市临猗县卓里北郊
邮编:044000
电话:0359/4168318、4168298
传真:4168318
网址:www. zhuoli. net/KLN/
电子信箱:zljtcmf@ 163. com
法定代表人:秦建业
单位人数:300
质量体系:ISO 9001
产品情况:(卓里 - 克劳耐牌)
医疗物资保障车、医疗紧急救护车、紧急救援保障车、医疗留观救治车、紧急救援垃圾清理车、紧急救援人员运输车、半挂车、全挂车、交换式车厢和交换式底盘以及改装车、空气悬架等

★山西航天清华装备有限责任公司
地址:山西省长治市清华街
邮编:046000
电话:0355/3912567、3912222
传真:3028007
网址:www. qhm. cn
电子信箱:market@ qhm. cn
法定代表人:潘裕林
单位人数:4342
质量体系:ISO 9001、ISO 14001
产品情况:(沃达特牌)
摆臂式垃圾车、车厢可卸式垃圾车、纯电动扫路车等环卫车辆,自卸车,随车起重运输车等
出口情况:出口日本、中东、欧洲、非洲

★山西惠丰特种汽车有限公司
地址:山西省长治市南环西街 9 号
邮编:046013
电话:0355/8512115、6061252
网址:www. hftzc. com
电子信箱:hfkj2007@ 126. com
法定代表人:周贺
质量体系:ISO 9001
产品情况:(惠丰安拓牌)
系列散装炸药混装车(主要包括 BCRH、BCZH、BCLH 3 种型号),井下装药车,移动式地面站,固定式地面站,环保车辆,特种汽车改装以及锅炉、压力容器,装药器等产品
出口情况:出口俄罗斯、蒙古、赞比亚、老挝、尼日利亚等国家

内蒙古

★内蒙古腾驰重汽专用汽车有限公司
地址:呼和浩特市盛乐经济园区九强公司院内
邮编:011500
电话:0471/7390399、7390313
传真:7390399、7393012
电子信箱:gx050218@ autoinfo. gov. cn
法定代表人:邓九强
质量体系:QS 9000、ISO 9001
产品情况:(牧利卡牌)
液态食品运输车

★内蒙古北方重型汽车股份有限公司
地址:内蒙古包头市稀土高新技术产业开发区
邮编:014030
电话:0472/2642010、2642305
传真:2207538、2805195
网址:www. chinanhl. com
电子信箱:lp@ chinanhl. com
法定代表人:李军
质量体系:ISO 9001、ISO 14001
产品情况:岩斗型自卸车、煤斗型自卸车、矿用洒水车、电动轮矿用汽车、铰接式自卸车、煤矿井下用防爆工程自卸车、侧卸式混凝土运输车、液压挖掘机、旋挖钻机、自行式铲运机等
出口情况:远销 59 个国家

★包头北方创业专用汽车有限责任公司
地址:内蒙古包头市青山区内蒙古第一机械集团有限责任公司院内
邮编:014032
电话:0472/3116133
传真:3116133
网址:www. bfzhuanqi. com
电子信箱:gx050004@ autoinfo. gov. cn
法定代表人:王文侦
质量体系:ISO 9001、ISO 14001
产品情况:(北地牌、北方奔驰牌)
各类自卸车、罐式车、挂车、厢式车、特种车(防弹运钞车、刑事勘察车、警用防暴车、应急指挥车、导弹运输车及雷达天线升降车等)
出口情况:出口阿联酋、沙特阿拉伯、尼日利亚、伊朗、蒙古、俄罗斯等国家

★内蒙古北方重工业集团有限公司
地址:内蒙古包头市青山区
邮编:014033
电话:0472/3386114、3384269
网址:www. bfzg. com
电子信箱:jyglb@ bfzg. com
法定代表人:李军
质量体系:ISO 9001、ISO 14001
产品情况:(北方重工牌、SIMMACO 牌、北方压裂牌)
混凝土搅拌运输车、多功能铲运机、铰接式自卸车、刚型自卸车、多功能洒水车、摆臂式垃圾车、后装压缩式垃圾车、真空吸污车、混凝土泵车、高空作业车等
出口情况:远销全球 63 个国家和地区

★包头德翼车辆有限责任公司
地址:内蒙古包头市九原区兴胜经济开发区兴胜路

邮编:014060
电话:0472/6962500、6962929
传真:6962500、6962651
电子信箱:btdycl@126.com
法定代表人:刘甦
质量体系:ISO 9001
产品情况:(德翼牌)
挂车、自卸车、粉粒物料运输车和水泥搅拌运输车,年改装生产能力达到2万辆

★鄂尔多斯市东胜区中兴特种车辆公司
地址:内蒙古鄂尔多斯市东胜区装备制造基地布尔洞大道3号
邮编:017000
电话:0477/8398909
传真:8398906
网址:www.zxtq.cc
电子信箱:zxtqzjb@126.com
法定代表人:高海生
质量体系:ISO 9001
产品情况:(蒙凯牌)
矿用自卸车、轻量化汽车及挂车、新能源汽车、蒙凯专利自卸车及其他特种车辆

辽宁省

★北方重工集团有限公司
地址:沈阳市经济技术开发区开发大路16号
邮编:110027
电话:024/25802222、25802581
传真:25851943
网址:www.china-sz.com
电子信箱:jsyxzx@nhi.com.cn
法定代表人:王学民
质量体系:ISO 9001、ISO 14001
产品情况:(北方压裂牌)
混砂车、压裂车、仪表车等专用车

★沈阳铭辰汽车有限公司
地址:沈阳市经济技术开发区七号街九甲1-1号
邮编:110027
电话:024/89736977
传真:89736977
网址:www.mingchenauto.cn
电子信箱:mingchenauto@163.com
法定代表人:伊淑芳
单位人数:155
质量体系:ISO 9001
产品情况:(麒龙牌)
主要生产冷藏车、清障车、翼开启厢式半挂车、半挂车、旅居车、运马车,年产500多台

★沈阳航天新星机电有限责任公司
地址:沈阳市皇姑区阳山路1号
邮编:110034
电话:024/86584400、86584500
传真:86526369
电子信箱:syhtxx@163.com
法定代表人:张士成
质量体系:ISO 9001、IATF 16949
产品情况:(新阳牌)
冷藏车、厢式半挂车、加油车、厢式运输车、电热解堵车、洗井车等

★辽宁天信专用汽车制造有限公司
地址:沈阳市苏家屯区丁香街164号
邮编:110101
电话:024/29822857、29827226
传真:89111268
网址:www.sy-tianxin.com
电子信箱:lizhiyong@sy-tianxin.com
法定代表人:李志勇
质量体系:ISO 9001、ISO 14001
产品情况:(天信牌)
除雪铲、融雪剂撒布机及除雪系列、清扫车系列、绿化综合养护车系列、路面综合养护车系列及交通设施系列等五大类

★沈阳天鹰专用汽车制造有限公司
地址:沈阳市沈北新区沈北路99号
邮编:110122
电话:024/86379558、86379287
传真:31419688
网址:www.sytyzyc.com
电子信箱:tianying@sytianying.cn
法定代表人:贾惠姝
单位人数:200
质量体系:ISO 9001
产品情况:(天野牌)
厢式车、保温车、冷藏车、半挂车、罐车、全挂车、特种车(工程维修车、邮政运输车、翼展车、油槽车、保鲜奶运输车、服装车等)
出口情况:出口韩国、印度尼西亚、新加坡、越南、美国、非洲等国家

★沈阳捷通消防车有限公司
地址:沈阳市沈北新区蒲昌路67号
邮编:110136
电话:024/53838119、53838108
传真:53838119
网址:www.syxfc.com
电子信箱:syxfc119@163.com
法定代表人:郑祖华
质量体系:ISO 9001、ISO 14001
产品情况:(金猴牌)
形成云梯消防车(YT20-YT40)、高喷消防车(JP16-JP72)、和登高平台车(DG22-DG68)、水罐泡沫消防车(SG75-SG210)、抢险救援等五大系列消防车

★沈阳五洲龙新能源汽车有限公司
地址:沈阳市沈北新区盛京大街9号
邮编:110136
电话:024/62833255、62833237
传真:62833242
电子信箱:sywzlxnymotors@163.com
法定代表人:张景新
产品情况:(五洲龙牌)
油电混合动力客车、纯电动客车、清洁能源客车、校车等节能环保客车
出口情况:远销欧洲、南美洲、东南亚、中东等30多个国家和地区,并销往中国香港、中国台湾地区

★沈阳北方交通重工集团有限公司
地址:沈阳市经济技术开发区中央大街16号
邮编:110142
电话:024/31819999、4000240246
传真:31813567
网址:www.sybfjt.com
电子信箱:shenyang@bfjt.com
法定代表人:曲凯
质量体系:ISO 9001、ISO 14001
产品情况:(凯帆牌)
道路划线机、道路标线涂料车、道路清障车、高空作业车、沥青路面养护车、稀浆封层车、道路铣刨机、沥青洒布车、汽车起重机、随车起重机、高空消防车、水泥泵车、水泥罐车、环卫车、沥青拌和站等
出口情况:远销非洲

★沈阳华龙新能源汽车有限公司
地址:沈阳市浑南区兰台路8号
邮编:110168
电话:4001888369
网址:www.clean-ev.cn
电子信箱:15541530878@163.com
法定代表人:杜炬
质量体系:ISO 9001
产品情况:(华龙牌)
纯电动城市客车、纯电动厢式运输车

★沈阳广成重工有限公司
地址:沈阳市浑南新区金仓路8号
邮编:110179
电话:024/23785207、23782003
传真:23785107、23781707
电子信箱:sydc@sydoucheng.com.cn
法定代表人:张宏安
质量体系:ISO 9001
产品情况:(沈城牌)
工程建设装备专用车、混凝土搅拌车、自卸车、半挂车、粉粒物料运送专用车、液体运送车、高压气体专用车、保温冷藏车、环卫清扫专用车及零部件

★辽宁合力专用汽车制造有限公司
地址:辽宁省铁岭经济开发区辽宁专用车生产基地平安大街19号
邮编:112000
电话:024/74986300、18340139066
网址:www.bfhl8.com
电子信箱:599306246@qq.com
法定代表人:肖群生
质量体系:ISO 9001
产品情况:(丹凌牌、宁汽牌、炎帝牌、大力牌、神狐牌)
绿化喷洒车、电瓶车、垃圾车、吸污吸粪车、高压清洗车,油罐车、化工液体运输车、粉粒物料运输车、混凝土搅拌运输车、高压作业车、道路清障车、冷藏

车、自卸车、消防车等
出口情况:出口俄罗斯、丹麦、格鲁吉亚、哈萨克斯坦、阿尔及利亚、澳大利亚等国家

★辽宁乾丰专用车有限公司
地址:辽宁省铁岭市台湾工业园园一街77 号
邮编:112000
电话:024/79590777、4001685296
网址:www. qfxnyqc. com
电子信箱:lnqfgs@ 163. com
法定代表人:徐永丰
质量体系:ISO 9001
产品情况:(易圣达牌)
插电式混合动力城市客车、纯电动城市客车等

★铁岭陆平专用汽车有限责任公司
地址:辽宁省铁岭市银州区岭东街139 号
邮编:112000
电话:024/72806888
传真:72806819
网址:www. lpjq. com
电子信箱:luping705@ sina. com
法定代表人:尹成文
质量体系:ISO 9001、ISO 14001
产品情况:(陆平机器牌、三力牌)
加(运)油车系列、沥青、化工、食品运输车系列、粉粒物料运输车系列、洒水车系列、铝合金半挂罐车系列、半挂车系列、特种车系列、环卫车系列、旅居车
出口情况:出口朝鲜、哈萨克斯坦、安哥拉、塞内加尔、塞拉利昂、蒙古等国家

★辽宁广燕专用汽车制造有限公司
地址:辽宁省铁岭专用车生产基地平安大街15 号
邮编:112000
电话:4000242279
传真:024/79091566
网址:www. zggyqc. com
电子信箱:zyqcxs@ 126. com
法定代表人:张根凤
质量体系:ISO 9001
产品情况:(广燕牌)
主要产品有自卸垃圾车、压缩垃圾车、吸污车、吸粪车等环卫类专用汽车,洒水车、清障车、路面微波修补车等专用汽车,半挂车、厢式运输车、尾板升降厢式运输车等车型

★际华三五二三特种装备有限公司
地址:辽宁省铁岭县腰堡镇沙坨子二街12 号
邮编:112609
电话:024/78717955、78717933
传真:78717977、78717999
网址:www. china3523. cn
电子信箱:info@ china3523. com
法定代表人:查知
单位人数:1000
质量体系:ISO 9001、ISO 14001
产品情况:(风华牌)
炊事挂车、自行式炊事车、防弹运钞车、防暴指挥车、冷藏车、搅拌车、防弹攻击车、房车、商务车等
出口情况:出口非洲、亚洲等几十个国家和地区

★山推抚起机械有限公司
地址:辽宁省抚顺经济开发区沈东七路33 号
邮编:113122
电话:0413/7642307、57600360
传真:7600957
电子信箱:gx060224@ gonggao. org. cn
法定代表人:陈茂成
质量体系:ISO 9001
产品情况:(山推抚起牌)
主要生产举高喷射消防车、抢险救援消防车、登高平台消防车、水罐消防车、泡沫消防车、A 类泡沫消防车、随车起重运输车、高空作业车、供气消防车、器材消防车、自装卸式消防车等

★辽宁华驰专用汽车制造有限公司
地址:辽宁省抚顺市新宾满族自治县南杂木镇工业园区
邮编:113217
电话:024/55266666、4009996768
传真:55266777
网址:www. lnhczq. com
电子信箱:2115004300@ qq. com
法定代表人:王立钢
单位人数:268
质量体系:ISO 9001、ISO 14001
产品情况:(鑫华驰牌)
主导产品包括市政环卫车、多功能除雪车、除雪专用设备、工程物流运输车、抑尘车、旅居房车、流动售卖车等60余种

★辽宁海诺建设机械集团有限公司
地址:辽宁省鞍山市高新区千山路201 号
邮编:114000
电话:0412/5216111、5216777
传真:5216600
网址:www. lnhncm. com
电子信箱:sales@ hainuogroup. com
法定代表人:于洋
单位人数:1200
质量体系:ISO 9001、OHSAS 18001
产品情况:(海诺牌)
混凝土泵车、混凝土搅拌运输车、混凝土搅拌站、散装水泥车、半挂车、车厢可卸式垃圾车等

★鞍山衡业专用汽车制造有限公司
地址:辽宁省鞍山市千山区衡业街3 号
邮编:114045
电话:0412/8812301、8468616
传真:8468818
网址:www. ashyzyc. com
电子信箱:lnhyzyc@ 126. com
法定代表人:刘井野
单位人数:360
质量体系:ISO 9001、ISO 14001
产品情况:(鲸象牌)
主要有消防车、洒水车、吸污车、自卸车、垃圾车等产品
出口情况:洒水车、自卸车远销赞比亚、朝鲜等国家

★鞍山森远路桥股份有限公司
地址:辽宁省鞍山市高新区东区鞍千路281 号
邮编:114051
电话:0412/5260200、5223218
网址:www. assyrb. com
电子信箱:syxs@ assyrb. com
法定代表人:孙斌武
单位人数:653
质量体系:ISO 9001、ISO 14001
产品情况:(森远牌)
沥青路面就地热再生重铺机组、除雪车、综合养护车、灌缝车、废旧沥青混合料再生车、微表处施工车、橡胶沥青喷洒车、高速公路护栏抢修车及矫直机等
出口情况:远销欧洲、亚洲、非洲三大洲的20 多个国家和地区

★海城市凯德挂车制造有限公司
地址:辽宁海城市东四管理区大榆村
邮编:114200
电话:0412/3517888、3343288
网址:www. hckdgc. com
电子信箱:2858977388@ qq. com
法定代表人:董立新
产品情况:(新欣鑫馨牌)
半挂车

★辽宁瑞丰专用车制造有限公司
地址:辽宁省海城市开发区松花江路1 号
邮编:114200
电话:0412/3189222
传真:3189222
网址:www. lnrfzyc. com
电子信箱:rfzyczz@ 163. com
法定代表人:高兴
质量体系:ISO 9001、ISO 14001
产品情况:(特瑞达牌)
压裂车、汽车起重机等

★海城市石油机械制造有限公司
地址:辽宁省海城市西四镇
邮编:114218
电话:0412/3671868、3671348
传真:3671868
网址:www. hcsyjx. com
电子信箱:sales@ hcsyjx. com
法定代表人:郑朝重
质量体系:ISO 9001、ISO 14001
产品情况:(跃虎牌)
车装钻机、石油修井机、液压动力钳、井口工具等石油钻采设备及相关配套设施
出口情况:出口俄罗斯、哈萨克斯坦、罗马尼亚、加拿大、巴西、尼日利亚、苏丹、南非、印度等国家和地区

★营口奥捷专用汽车制造有限公司
地址:辽宁省营口市金牛山大街东140号
邮编:115001
电话:0417/4838484、4838487
电子信箱:xiaoshou@ykgcc.com
法定代表人:张坤
单位人数:600
质量体系:ISO 9001
产品情况:(铮铮牌)
普货运输车、集装箱运输车、乘用车运输车、粉粒物料运输车、化工液体运输车、混凝土搅拌运输车、低平板半挂车等
出口情况:出口北美洲、欧洲、非洲、亚洲等20多个国家和地区

★中集车辆(辽宁)有限公司
地址:辽宁省营口市滨海路南88号
邮编:115004
电话:0417/3298888
传真:3826666
网址:zhongjicheliang.bj.isitecenter.cn
电子信箱:yklncn@ykcimc.com
法定代表人:孙春安
单位人数:300
质量体系:ISO 9001、ISO 14001
产品情况:(通华牌)
集装箱半挂车、平板半挂车、栏板车、仓栅式车、低平板半挂车、混凝土搅拌车、除雪车、自卸车等
出口情况:远销东南亚、美洲、澳大利亚、非洲、中东等国家和地区

★辽宁金天马专用车制造有限公司
地址:辽宁省大石桥市哈大路博洛铺段18号
邮编:115100
电话:0417/5949999、5373025
网址:www.lnjtmgroup.com
法定代表人:蒋辉
质量体系:ISO 9001
产品情况:(骏彤牌、金天马牌)
纯吸式扫路车、垃圾压缩车、除雪半挂车、自卸半挂车、骨架集装箱半挂车等

★辽宁红旗威斯特重工有限公司
地址:辽宁省营口大石桥市哈大路博洛铺段01号
邮编:115100
电话:0417/5373888、15940796789
传真:5377788
网址:www.lnhqwst.com
电子信箱:1473766575@qq.com
法定代表人:李润泽
产品情况:(固得美牌)
各种轿运车、集装箱运输车、半挂车、厢式货车、全挂车、各种高低板,并承接专用车辆的改装与设计服务

★大连嵩霸旅行车制造有限公司
地址:辽宁省大连市甘井子区革镇堡镇后革村
邮编:116035
电话:0411/86458757、18510331073
网址:www.gaobarv.com
电子信箱:haochengrv@126.com
法定代表人:曲作军
质量体系:ISO 9001
产品情况:(嵩霸牌)
旅居车

★大连叉车有限责任公司
地址:辽宁省大连市甘井子区营祥路18号
邮编:116036
电话:0411/39576888、39576808
传真:39576886
网址:www.dalianforklift.com
电子信箱:trade@dalianforklift.com
法定代表人:孟祥亭
质量体系:ISO 9001、ISO 14001
产品情况:(犀牛牌)
1~45吨全品种通用叉车、集装箱叉车、正大面吊运机等十大类,30余个系列,300余种品种
出口情况:出口100多个国家

★华晨兴达特种车辆(大连)有限公司
地址:辽宁省大连经济技术开发区盛兴路19-4号
邮编:116600
电话:0411/39280000、39719900
传真:39280000
网址:xd.bsv-auto.com
电子信箱:yue.chang@xd.bsv-auto.com
法定代表人:郭丽娟
质量体系:ISO 9001、ISO 14001
产品情况:(佰斯威牌)
挂车和环卫类及罐式专用车

★大连辽机路航特种车制造有限公司
地址:辽宁省大连经济技术开发区铁山东三路55号
邮编:116600
电话:0411/87577000
传真:87553100
电子信箱:quxiaomei817@163.com
法定代表人:王文锋
质量体系:IATF 16949、GJB 9001B
产品情况:(辽机路航牌)
警用防护型侦察车、通信车、人员运送车、军用轻、中型等战术防弹/防爆炸车辆

★华晨专用车装备科技(大连)有限公司
地址:辽宁省大连经济技术开发区盛兴路19-4号
邮编:116635
电话:0411/39280105、39280106
传真:39280004、39280002
网址:bet.bsv-auto.com
电子信箱:1282206413@qq.com
法定代表人:张莹
质量体系:ISO 9001、OHSAS 18001
产品情况:(佰斯威牌)
冷藏车、污泥处理车、旅居车等

★华晨客车(大连)有限公司
地址:辽宁省大连市经济技术开发区盛兴路19-4号
邮编:116635
电话:0411/39280200、87213603
传真:39280200
网址:www.bsv-auto.com
电子信箱:shishi.wen@hkd.bsv-auto.com
法定代表人:张莹
质量体系:OHSAS 18001
产品情况:(佰斯威牌)
客车(轻型客车、大中型客车)、纯电动客车、纯电动环卫车、旅居车、校车、除雪车等专用货车(非罐式)生产

★本溪北方机械重汽有限责任公司
地址:辽宁省本溪市溪湖区彩屯重型路2号
邮编:117019
电话:0414/45885010
电子信箱:1014590543@qq.com
法定代表人:汤宝彦
质量体系:ISO 9001
产品情况:压力容器、汽车配件、装载车、特种车和混凝土搅拌机等

★丹东黄海特种专用车有限责任公司
地址:辽宁省丹东市元宝区古城路8号
邮编:118003
电话:0415/4156222、4159397
传真:4152690
网址:www.ddhhtzc.com
法定代表人:由永军
单位人数:6300
质量体系:ISO 9001、ISO 14001
产品情况:(黄海牌)
厢式/仓栅式/低平板式/栏板式半挂车、集装箱运输车、罐式车、自卸车、混凝土搅拌运输车、旅居车等

★辽宁抚挖锦重机械有限公司
地址:辽宁省锦州市太和区重型里20号
邮编:121005
电话:0416/2190311、2190329
传真:2190202
网址:www.lnfwjz.com
电子信箱:lnfwjz@lnfwjz.com
法定代表人:王兆坤
质量体系:ISO 9001
产品情况:(锦重牌)
随车起重机、全液压汽车起重机、越野轮胎起重机、测试井架车等
出口情况:远销海外市场

★锦州奥捷专用车制造有限公司
地址:辽宁省锦州市沟帮子经济开发区铁南工业园
邮编:121308
电话:0416/6622972、6630222
传真:6630222、6639900
网址:www.jzqcc.com
电子信箱:jinniu@jzqcc.com
法定代表人:张兆杨
质量体系:ISO 9001

产品情况:(金牛牌)

半挂车、集装箱运输半挂车、低平板半挂车、厢式运输半挂车、混凝土搅拌运输车、粉粒物料运输半挂车、仓栅式运输车、运油半挂车、运油车、散装水泥运输车、自卸车、自卸半挂车、车辆运输车等

出口情况:出口美国、加拿大、英国、韩国、中东、泰国、马来西亚、菲律宾、新加坡、澳大利亚等国家和地区

★徐工(辽宁)机械有限公司

地址:辽宁省阜新高新技术产业开发区盛祥路15-2号
邮编:123000
电话:0418/2284440、2960606
电子信箱:ysxiaoshou@126.com
法定代表人:刘庆东
单位人数:211
质量体系:ISO 9001、ISO 14001
产品情况:(辽工牌)

除雪车、清障车

★阜新洺伟特种车辆有限公司

地址:辽宁省阜新高新技术产业开发区盛祥路15号
邮编:123000
电话:0418/2682288、18641826600
传真:2682288
网址:www.lnmwjt.com
电子信箱:fuxinmingwei@163.com
法定代表人:胡洺语
单位人数:300
质量体系:ISO 9001
产品情况:(洺伟牌)

挂车、半挂车、垃圾车等

★盘锦金碧专用汽车制造有限公司

地址:辽宁省盘锦市兴隆台区公园街555号
邮编:124010
电话:4000427888
网址:www.lnjinbi.cn
电子信箱:lnjinbi@163.com
法定代表人:王树军
质量体系:ISO 9001、ISO 14001
产品情况:(金碧牌)

主导产品有化工液体运输车、散装水泥车、粉粒物料运输车、油田用下灰车、洒水车、液化气体运输车等六大系列113个品种

出口情况:出口俄罗斯等国家

★锦西化工机械集团有限公司

地址:辽宁省葫芦岛市连山区化机路25号
邮编:125001
电话:0429/2980938、2980778
传真:2980421、2980551
电子信箱:www.zhlm@zhlmjhj.com
法定代表人:陈铸山
质量体系:ISO 9001、ISO 14001
产品情况:(锦化机牌)

透平机械,搅拌设备,压力容器,大型回转设备,储运设备(铁路罐车、半挂式汽车槽车、不锈钢保温罐车等),传动装置,超重力场设备,工业用泵、阀、锅等

吉林省

★长春金马特种车有限公司

地址:长春市朝阳区富锋镇超达路9138号
邮编:130012
电话:0431/81052154、81052196
传真:81052157
网址:www.ccrcl.com
法定代表人:邹国柱
单位人数:165
质量体系:ISO 9001
产品情况:(香雪牌)

车辆运输半挂车、纯电动专用车、平板运输车、自卸式垃圾车等改装车

出口情况:远销东欧、东南亚、俄罗斯、朝鲜等国家和地区

★长春汽车改装有限责任公司

地址:长春市绿园区西新镇双丰村富民大街1368号
邮编:130013
电话:0431/87092811、87092711
传真:87091399
网址:www.ccyqlc.com
电子信箱:sales@ccarc.com.cn
法定代表人:张爱春
单位人数:700
质量体系:ISO 9001
产品情况:(冰花牌)

自卸车、厢式货车、仓栅式运输车、半挂车、水罐车、油罐车、散装混凝土罐车、混凝土搅拌运输车、高压混凝土输送泵车、压缩式垃圾车等

★长春基洋消防车辆有限公司

地址:长春市高新北区航空街4388号
邮编:130102
电话:0431/81792326、13404301777
网址:www.ccjyxf.com
电子信箱:1179858560@qq.com
法定代表人:金占杰
单位人数:300
质量体系:ISO 9001、ISO 14001
产品情况:(飞雁牌)

通信指挥、抢险救援、泡沫、水罐、泵浦、供液、干粉、泡沫干粉联用、高倍泡沫排烟、照明排烟、后勤支援、机场专用、大、小A类泡沫、液氮、举高喷射消防车等各种消防车辆

出口情况:出口缅甸、越南、赞比亚、伊拉克、苏丹、利比里亚、中非等国家和地区

★长春双龙专用汽车制造有限公司

地址:长春市汽车产业开发区长沈路5777号
邮编:130103
电话:0431/85128505、85972777
传真:85985222
电子信箱:cc-sl@163.com
法定代表人:孙晔
质量体系:ISO 9001
产品情况:(龙帝牌)

环卫专用车、液态化工原料运输车、混凝土搅拌运输车、干混砂浆车、散装水泥车、随车起重运输车等各类专用汽车,各类专用车年生产能力5000辆

出口情况:出口朝鲜、越南、俄罗斯、阿塞拜疆、中东、东南亚等国家和地区

★长春市神骏专用车制造有限公司

地址:长春市绿园经济开发区先进制造业园区沅呈路
邮编:130113
电话:0431/82625555、13596061980
网址:www.chinaccsj.com
电子信箱:2571411506@qq.com
法定代表人:赵洪彪
单位人数:220
质量体系:ISO 9001、ISO 14001
产品情况:(尚骏牌)

随车起重运输车、汽车起重机、压缩式垃圾运输车、移动式垃圾站、油田特种作业车、军队特种装备车辆等

出口情况:远销中亚、东北亚地区

★通化石油化工机械制造有限责任公司

地址:吉林省通化市通化县二密镇通梅路7777号
邮编:134000
电话:0435/3946808、3946866
传真:3616476、3946860
网址:www.thpetro.com
电子信箱:sales@thpetro.com
法定代表人:韩一泉
质量体系:ISO 9001、ISO 14001
产品情况:(通石牌)

20~150吨石油修井机及特种修井机、采油车、洗井设备、清蜡设备、洗井液处理车等

出口情况:远销北美洲、南美洲、北部非洲、中南部非洲、中东、东南亚、俄罗斯等国家和地区

★四平市奋进专用汽车有限公司

地址:吉林省四平市铁东开发区大路5050号
邮编:136001
电话:0434/3213888、3353918
传真:3599550
网址:www.spfjqc.com
电子信箱:fjzyqc@126.com
法定代表人:钟家勤
单位人数:258
质量体系:ISO 9001
产品情况:(旭达牌)

10~40吨半挂车系列、5~20吨自卸车系列、罐式车系列、9.6~12.9米厢式车系列、载货汽车车厢系列(解放、五十铃、奔驰)等五大系列,80多个品种及拖车总成产品(牵引座板支腿);生产能力为13000吨

★四平吉运专用汽车有限公司
地址:吉林省四平市铁东区重工路350号
邮编:136001
电话:0434/6963522、3389666
传真:3388696
电子信箱:fawsp@ fawsp. cn
法定代表人:张宁
质量体系:ISO 9001
产品情况:(解放牌、雄风牌)
各种半挂车、罐式车、自卸车、厢式车以及吸污车、搅拌车、轿车运输车等特种专用车,各类牵引座总成
出口情况:半挂汽车牵引座总成出口美国、英国、东南亚等多个国家和地区,自卸汽车远销亚洲、拉丁美洲

★四平雄风专用汽车有限公司
地址:吉林省四平市铁东区山门镇大洼村二社
邮编:136002
电话:0434/3301388、3303518
电子信箱:xiongfeng5681@ 126. com
法定代表人:李福
质量体系:ISO 9001
产品情况:(吉平雄风牌)
半挂车、罐式车、自卸车、平板运输车、除雪车等
出口情况:远销东南亚、中东、非洲、俄罗斯、朝鲜、蒙古等国家和地区

★公主岭市名奇专用汽车改装有限公司
地址:吉林省四平市公主岭市工业大街782号
邮编:136100
电话:0434/6214709、6215759
传真:6214709
电子信箱:gongzhulingmingqi@ 163. com
法定代表人:于济
质量体系:ISO 9001、IATF 16949
产品情况:(奋进牌)
自卸车、车辆运输半挂车、半挂车、厢式运输车

★辽源市汽车改装有限公司
地址:吉林省辽源市东辽县工业集中区
邮编:136200
电话:0437/6145358、6991701
传真:6145358
网址:www. lyqcgz. cn
电子信箱:gx070212@ autoinfo. gov. cn
法定代表人:王嘉欣
单位人数:300
质量体系:ISO 9001、IATF 16949
产品情况:(鹰力牌)
半挂车、车辆运输半挂车、自卸车

★松原市大庆油田汽车改装有限公司
地址:吉林省松原经济技术开发区吉林油田相关产业园区
邮编:138000
电话:0438/6229018
电子信箱:jlliun@ cnpc. com. cn
法定代表人:翟宝生
质量体系:ISO 9001、ISO 14001
产品情况:供水车、热油(水)清蜡车、通井车、采油车、锅炉车等

★吉林石油装备技术工程服务有限公司
地址:吉林省松原市宁江区长宁北街599号
邮编:138000
电话:0438/6336488、6336973
网址:www. jlauto. com. cn
电子信箱:597570483@ qq. com
法定代表人:闫松林
质量体系:ISO 9001、ISO 14001
产品情况:(吉石牌)
清蜡车、罐车等石油机械、自卸汽车、供水车

黑龙江省

★哈尔滨凯雷重工科技有限公司
地址:哈尔滨市哈南工业区核心区南城二路1号
邮编:150060
电话:0451/51876006
传真:51876000
网址:www. karey. cc
电子信箱:kareyhb@ 163. com
法定代表人:麻服宏
质量体系:ISO 9001、ISO 14001
产品情况:(凯雷牌)
多功能除雪车、多功能养护车、洒水车、除雪撒布车、除雪铲、融雪剂、撒布机、破冰机、扫雪滚刷、绿篱修剪机、护栏清洗、机场港口、垃圾压缩中转设备以及垃圾运输车辆、大中型勾臂车等各种专用车辆等

★哈尔滨建成北方专用车有限公司
地址:哈尔滨市哈南工业新城祥云路7号
邮编:150060
电话:0451/58779238、58779216
传真:58779217
电子信箱:hjczy4644@ vip. sina. com
法定代表人:赵晗
单位人数:291
质量体系:ISO 9001
产品情况:(建成牌)
半挂车、各种液化气体运输车、加油车、液态食品运输车、化工产品运输车、爆破器材运输车、冷藏车、平板挂车、轿车运输车、水泥搅拌车、洒水车、吸污车、散装物料车、封闭自卸车等
出口情况:远销国外

★哈尔滨工程机械制造有限责任公司
地址:哈尔滨市平房工业园区和风路1号
邮编:150060
电话:0451/82681845、82682867
传真:82682867
网址:www. hgcjx. com
电子信箱:sale. 1962@ 163. com
法定代表人:焦明达
单位人数:236
质量体系:ISO 9001
产品情况:(哈工牌)
25~120吨米塔式起重机;8~160吨汽车起重机;16~40吨越野轮胎起重机三大系列产品
出口情况:多种产品先后出口亚洲、欧洲、非洲等23个国家和地区

★哈尔滨龙江客车制造有限公司
地址:哈尔滨市道里区城乡路140号
邮编:152000
电话:0451/51640035、51922065
网址:hrbljkc. com
电子信箱:halongke@ daqingfuding. com
法定代表人:吴月梅
质量体系:ISO 9001
产品情况:(龙江牌)
新能源客车、公共客车、团体客车、旅游房车、城市专用物流车等

★绥化创博金属构件有限公司
地址:黑龙江省绥化市经济技术开发区兴发路4号
邮编:152000
电话:0455/3582555
传真:3582556
网址:www. cbgg. cn
电子信箱:shcbgc@ 163. com
法定代表人:梁波
质量体系:ISO 9001、ISO 14001
产品情况:(弘陆牌)
轻型半挂运输车系列等

★黑龙江北方专用汽车有限公司
地址:黑龙江省牡丹江市西安区西三条路8号
邮编:157000
电话:0453/6172663、6172268
传真:6172663
电子信箱:nancheguoji@ 163. com
法定代表人:王金波
质量体系:ISO 9001
产品情况:(希望牌)
军队专用车、市政工程车、清雪车、民爆运输车、油田专用车、旅游观光车、新型结构罐车、电源车等系列

★牡丹江森田特种车辆改装有限责任公司
地址:黑龙江省牡丹江市江南开发区
邮编:157003
电话:0453/6559666、6525777
网址:www. mgstxf. com
电子信箱:mdjstxf@ 163. com
法定代表人:朱立宏
单位人数:150
质量体系:ISO 9001、ISO 14001
产品情况:(振翔牌)
泡沫水罐消防车、水罐消防车、干粉消防车、二氧化碳消防车、抢险救援消防车、后援消防车、供气消防车、大功率水幕排烟车、大流量供水消防车等

★黑龙江龙华汽车有限公司
地址:黑龙江省齐齐哈尔市卜奎南大街1288号

邮编:161000
电话:0452/6015555
传真:6014567
电子信箱:lflonghuaqiche@ 163. com
法定代表人:张根发
质量体系:ISO 9001、IATF 16949
产品情况:(黑龙江牌)
公交客车、客车及专用车,电混合动力新能源电动客车,电动汽车专用电动机及控制器

★黑龙江挂车制造有限责任公司
地址:黑龙江省齐齐哈尔市铁锋区联通大道 151 号
邮编:161002
电话:0452/2537555
网址:www. hltra. com
电子信箱:wk3900@ 163. com
法定代表人:王思君
单位人数:218
质量体系:ISO 9001
产品情况:(北方牌)
半挂车、全挂车、仓栅式运输半挂车、厢式运输半挂车、集装箱运输半挂车、车辆运输车、低平板半挂车、青饲料运输全挂车、农用侧翻全挂车、农用后翻全挂车、管材运输车等

★黑龙江东方华骏专用车制造有限公司
地址:黑龙江省北安市汽车产业园区
邮编:164000
电话:0456/6872777、15245664567
网址:www. dongfanghuajun. com
电子信箱:11111111@ 163. com
法定代表人:李云龙
产品情况:(东方华俊牌)
挂车、专用车生产制造及销售

上海市

★上海杨园压力容器有限公司
地址:上海市浦东新区高东工业园区高翔环路 145 号
邮编:200137
电话:021/58487866、58486632
传真:58486332
电子信箱:sypvm@ online. sh. cn
法定代表人:陈孟德
单位人数:368
质量体系:ISO 9001、ISO 14001
产品情况:低温液体运输车、压力容器等

★上海新华汽车厂
地址:上海市闵行区江川路 2001 号
邮编:200245
电话:021/54721334、54724403
传真:54720391
网址:www. xinhuaqc. com
电子信箱:peixinqc@ peixinqc. com
法定代表人:陈永民
单位人数:300
质量体系:ISO 9001
产品情况:(培新牌)
半挂车、罐式车、厢式运输车、自卸车、集装箱运输半挂车、工程抢险汽车、客车、流动服务车、血浆运输车等

★上海乳品机械厂有限公司
地址:上海市场中路 2965 弄 8 号甲
邮编:200443
电话:021/54778847、54772303
传真:54773700
电子信箱:sygdmc@ 126. com
法定代表人:任沛
质量体系:ISO 9001
产品情况:(银光牌)
液态食品运输车等

★上海电力环保设备总厂有限公司
地址:上海市宝山区山连路 358 号
邮编:200444
电话:021/56032662、56650182
传真:66306697、36162311
网址:www. sepee. com. cn
电子信箱:salesepee@ 163. . com
法定代表人:吕建南
质量体系:ISO 9001、ISO 14001
产品情况:(双帆牌)
散料装卸机械产品包括堆取料机和卸船机两大系列;特种车辆产品包括公路大件运输用液压组合挂车、铁路可用专线施工用车辆、特殊车辆解决方案三大系列
出口情况:出口欧洲、南美洲、非洲、亚洲等地区

★上海神舟精宜汽车制造有限公司
地址:上海市奉贤区金汇镇光泰路 1858 号
邮编:201100
电话:021/5499572、34717212
传真:54995721
电子信箱:chaifan@ shjdsz. com
法定代表人:陈杰
质量体系:ISO 9001、ISO 14001
产品情况:环卫车辆、空气动力节能系统等

★上海沪光客车厂
地址:上海市闵行区陈行公路 3978 号
邮编:201114
电话:021/64298510、64292297
传真:64292297
网址:www. shhgkc. com
电子信箱:hgkcc@ 126. com
法定代表人:孙逸平
单位人数:126
质量体系:ISO 9001
产品情况:(沪光牌)
栏板半挂车、平板半挂车、自卸半挂车、槽罐半挂车、厢式半挂车、自卸车、厢式车、自卸式垃圾车、翼开启厢式车、工程车、半挂吸粪车、畜禽运输车等

★上海金盾特种车辆装备有限公司
地址:上海市浦东新区书院镇丽正路 1515 号
邮编:201304
电话:021/58197777
传真:58191919
网址:www. shjdtz. com
电子信箱:marker@ shjdtz. com
法定代表人:郑祖华
质量体系:ISO 9001、ISO 45001
产品情况:(金盛盾牌)
各类消防车及消防设备
出口情况:远销 10 多个国家和地区

★上海劲马车辆有限公司
地址:上海市奉贤区奉城镇川南奉公路 9650 号
邮编:201411
电话:021/57522294、57522298
传真:57522304
网址:www. shjiuma. com
电子信箱:chenjianming_jm@ 163. com
法定代表人:陈建明
质量体系:ISO 9001
产品情况:(九马牌)
低速货车、柴油轿货车、自卸车、平板车、敞篷车、厢式车、电动汽车等

★上海冰熊专用汽车有限公司
地址:上海市金山工业区漕廊公路 3256 号
邮编:201506
电话:021/67270560、67276378
传真:67276306
电子信箱:bx@ sh - bingxiong. com
法定代表人:朱蕾
单位人数:200
质量体系:ISO 9001、ISO 14001
产品情况:(冰熊牌)
军用车、冷藏车、保温车、特种车、公告车

★上海格拉曼国际消防装备有限公司
地址:上海市松江区申港路 3332 号
邮编:201600
电话:021/31190263、4008500119
传真:57830472
网址:www. myfire - sg. com
电子信箱:shglm@ myfire - sg. com
法定代表人:张秀伟
质量体系:ISO 9001、ISO 14001
产品情况:(上格牌)
泡沫消防车、水罐消防车、化学洗消消防车、举高喷射消防车等各类消防车

★中欧汽车股份有限公司
地址:上海市松江洞泾工业区莘砖公路 3888 号
邮编:201619
电话:4008899187、4008866187
传真:57678586
网址:www. zoemo. net
电子信箱:auto@ zhongou. com
法定代表人:吴国琳
单位人数:160
质量体系:IATF 16949
产品情况:(欧旅牌、奔旅牌)

奔驰豪华商务车、旅居车及各种特种车辆

★上海龙澄环境集团有限公司
地址:上海市青浦区新技路818号
邮编:201708
电话:021/39203824
传真:39203801
法定代表人:陆晓春
质量体系:ISO 9001、ISO 14001
产品情况:(三环牌)
后装压缩式垃圾车系列、车厢可卸式垃圾车系列、吊装式垃圾车系列、随车起重运输车系列、高空作业车等专用车系列产品

★上海中科力帆电动汽车有限公司
地址:上海市嘉定区叶城路1631号
邮编:201821
电话:021/69950099、4008210620
传真:69950099-8007
网址:www.zklf-ev.com
电子信箱:hr@zklf-ev.com
法定代表人:王延辉
产品情况:力帆LF7002CEV260、力帆620等纯电动汽车整车及零部件

★上海航空特种车辆有限责任公司
地址:上海市宝山区富联路758号
邮编:201906
电话:021/36042263
传真:36042260
网址:www.chsav.com
电子信箱:shichang@chsav.com
法定代表人:章保华
质量体系:ISO 9001、ISO 14001
产品情况:(赛沃牌)
军警车系列、消防车系列、环卫车系列、厢式车系列、新能源系列、旅居车系列及特种用途专用车

江苏省

★南京东宇汽车集团有限公司
地址:南京市鼓楼区三牌楼大街151号
邮编:210003
电话:025/83488639
传真:83478532
网址:www.dongyugroup.com
电子信箱:dy@dongyugroup.com
法定代表人:张嵘
产品情况:大中型客车、微型车、自卸车、牵引车、高压清洗车、仓栅式半挂车、集装箱运输半挂车、厢式运输半挂车、应急电源车、通信指挥车、救护车、检测车、洒水车、邮政车等各类专用汽车

★南京南汽专用车有限公司
地址:南京市秦淮区大明路9号
邮编:210007
电话:025/52629191、4006161010
网址:www.nqzyc.com
电子信箱:nqzycscb@163.com
法定代表人:王瑞
质量体系:ISO 9001
产品情况:(畅达牌)
军用车、警用车、工程车、医疗车、防弹运钞车、冷藏车、校车、多功能服务车、商旅车(房车)、新能源环卫车等系列,上百个专用车和特种车品种

★南京莱斯信息技术股份有限公司
地址:南京市秦淮区永智路8号
邮编:210007
电话:025/82285900、82285666
传真:82285555
网址:www.les.cn
电子信箱:quality@les.cn
法定代表人:毛永庆
质量体系:ISO 14001、ISO 45001
产品情况:(莱斯牌)
指挥车

★江苏极东特装车有限公司
地址:南京市栖霞区石埠桥河东里75号
邮编:210033
电话:025/85761688
传真:85761688
电子信箱:jsxjdcl@163.com
法定代表人:耿其专
质量体系:GB/T 19001
产品情况:(顺风牌、极东牌)
熟石灰运输车、散装水泥车
出口情况:远销中东、东南亚、非洲、南美洲、欧洲等地区

★南京英达公路养护车制造有限公司
地址:南京市经济技术开发区恒飞路9号
邮编:210038
电话:025/84861010
传真:84861515
网址:www.freetech.com.hk
电子信箱:hr-xiang@freetech.com.hk
法定代表人:施伟斌
质量体系:ISO 9001、ISO 14001
产品情况:(英达牌)
沥青路面热再生修补车、沥青路面综合修补车、沥青加热恒温设备、沥青路面加热设备、沥青路面现场热再生设备、沥青提升复拌设备、手扶式振动压路机、沥青裂缝修补设备、多功能除雪车、灌料模具等

★江苏中意汽车有限公司
地址:南京市溧水经济开发区曹吕路6号
邮编:210038
电话:025/85300892、4001089966
传真:85300580
网址:www.jszhongyi.com
电子信箱:zhongyi@jszhongyi.com
法定代表人:郭永祥
质量体系:ISO 9001
产品情况:(中意牌)
电力工程车、防弹运钞车、流动银行车、卫星通信指挥车、新闻流动采访车、应急电源车、公安防爆指挥车、刑事勘察车、警犬车、移动通信服务车、高档急救车和防疫型救护车、医用X光机透视车、采血车、电视转播车、雷达车、检测车、旅居车等

★南京金长江交通设施有限公司
地址:南京市栖霞经济开发区龙潭靖安大道108号
邮编:210059
电话:025/85714109、85717539
传真:85714579
网址:www.jcjjt.cn
电子信箱:njjcjjt@163.com
法定代表人:许有宝
质量体系:ISO 9001、ISO 14001
产品情况:(路鑫牌)
公路防撞护栏抢修车、沥青混合料热再生车、沥青路面养护车、沥青路面综合修补车、公路护栏/标牌清洗车、移动标志车、公路安保抢修车、除雪撒布车、高空作业车、背拖式清障车、扫路车、太阳能移动标牌车、摆臂式垃圾车、电源车、大流量排水抢险车
出口情况:远销亚洲、欧洲、非洲等地区

★航天晨光股份有限公司
地址:南京市江宁经济开发区天元中路188号
邮编:211100
电话:025/52826501、4008602501
传真:52826501
网址:www.aerosun.cn
电子信箱:htcg@aerosun.cn
法定代表人:薛亮
质量体系:ISO 9001、ISO 14001
产品情况:(三力牌)
半挂车、爆破器材运输车、粉粒物料运输车、高空作业车、罐式车、加油车、清洗车、洒水车、扫路车、垃圾车、自卸车、应急通信车、卫星通信车等

★南京特种汽车制配厂有限公司
地址:南京市江宁区谷里街道工业集中区兴谷路20号
邮编:211164
电话:025/68531233
电子信箱:441314972@qq.com
法定代表人:张嵘
质量体系:ISO 9001
产品情况:(金龙牌)
生产各类半挂车、自卸车、厢式车、罐类车、工程作业车等五大类专用汽车;各种电动专用车
出口情况:部分产品出口中东、俄罗斯、拉丁美洲等国家和地区

★南京艾伦特专用汽车有限公司
地址:南京市江宁区滨江经济开发区宁芜大道3500号
邮编:211178
电话:025/85338533
传真:85308800
网址:www.njalt.cn
电子信箱:altauto@163.com

法定代表人:张菁
质量体系:ISO 9001
产品情况:(艾伦特牌)
救护车系列、工程车系列、检测车系列、商务车系列、旅居车系列、广播直播车、通信指挥车、移动基站车、电源车、警用特种专业技术用车系列、各军种特种车辆及方舱装备等 100 多种产品
出口情况:远销东南亚、中东、南美洲、非洲等国家和地区

★江苏法瑞德专用汽车有限公司
地址:南京市溧水区东屏镇朝阳路 39 号
邮编:211200
电话:40080976000
网址:www.jsfarid.com
电子信箱:452258374@qq.com
法定代表人:王兆祥
质量体系:ISO 9001
产品情况:(法瑞德牌)
工程车、医疗车、多功能车、商务车、旅居车、警用车、宣传车、市政用车、采血车、体检车、农业科技直通车等系列产品

★南京海格专用车技术有限公司
地址:南京市高淳经济开发区秀山路 49 号
邮编:211300
电话:025/68617818
传真:68617819
网址:www.haigre.cn
电子信箱:hgzyc@vip.163.com
法定代表人:纪发跃
质量体系:ISO 9001、ISO/TS 16949
产品情况:产品涵盖医疗车、商务车、电源车、宣传展示车、通信指挥车、军警用车、市政用车、检测监测车等几十种专用车和特种车品种

★江苏中泽汽车科技有限公司
地址:江苏省盱眙经济开发区新海大道 59 号
邮编:211700
电话:0517/88288279、18994586009
网址:www.jszzcar.com
电子信箱:jszzqckj@163.com
法定代表人:张歆沂
质量体系:ISO 9001、ISO 14001
产品情况:(鑫意牌)
公路防撞抢修车、路面养护车、救险车、清淤车、清障车、自装卸式垃圾车等

★江苏鸿运汽车科技有限公司
地址:南京市浦口经济开发区紫峰路 28 号
邮编:211899
电话:025/58107012、4000505299
传真:86622921
网址:www.jshyqc.com
电子信箱:jshyqc@qq.com
法定代表人:王荣清
质量体系:ISO 9001、ISO 14001
产品情况:军用车、煤矿专用车、服务车、医疗车、指挥车、工程抢险车、警用车、高档商务车等八大系列

★镇江飞驰商务车有限公司
地址:江苏省镇江新区银河路 222 号
邮编:212000
电话:0511/85370888、4007108009
传真:85377688、80616999
电子信箱:364116150@qq.com
法定代表人:邵伟一
质量体系:ISO 9001
产品情况:商务车、MPV

★镇江飞驰汽车集团有限责任公司
地址:江苏省镇江市金港大道 456 号
邮编:212016
电话:0511/88786336、88786559
网址:www.fcqc.com
电子信箱:zjl@fcqc.com
法定代表人:胡建军
质量体系:ISO 9001
产品情况:(飞球牌)
0.5~20 吨系列冷藏保温汽车、厢式货车、厢式类特种改装车和军、民用方舱(房)、运血车及饮食保障车等,现年生产能力达 3000 辆(台套)

★镇江专用汽车制造厂有限公司
地址:江苏省镇江市丹徒新城长香东大道 66 号、68 号
邮编:212100
电话:0511/85577586
电子信箱:349137247@qq.com
法定代表人:周强恩
质量体系:ISO 9001
产品情况:(华通牌)
混凝土搅拌运输车、路面养护车
出口情况:出口亚洲、非洲、美洲

★镇江康飞汽车制造股份有限公司
地址:江苏省镇江市大港新区五峰山路 66 号
邮编:212132
电话:0511/83177916
传真:83177913
网址:www.kfjq.com
电子信箱:zjkf@kfjq.com
法定代表人:陈小军
质量体系:ISO 9001、ISO 14001
产品情况:(康飞牌)
冷藏车、厢式车、特种车、方舱

★江苏捷诚车载电子信息工程有限公司
地址:江苏省镇江市丹徒区谷阳大道 6 号
邮编:212143
电话:0511/85633593
网址:www.jsjccz.com.cn
电子信箱:jsjc88@163.com
法定代表人:张毅荣
质量体系:ISO 9001、ISO 14001
产品情况:车载通信、车载电子信息系统集成和各类特种专用车辆及方舱

★镇江天洋汽车有限公司
地址:江苏省丹阳市新桥工业园
邮编:212322
电话:4001690018
传真:0511/86082107
网址:www.tianyangmotor.com
电子信箱:admin@tianyangmotor.com
法定代表人:倪双林
质量体系:ISO 9001
产品情况:(江天牌)
轻型客车、大中型客车、专用客厢车、纯电动大中型客车及自制自用底盘、纯电动专用客厢车、纯电动专用货车等

★常州佳卓特种车辆有限公司
地址:江苏省常州市青龙西路 3 号
邮编:213017
电话:0519/68863888
传真:85501289
电子信箱:869898018@qq.com
法定代表人:程上楠
质量体系:ISO 9001
产品情况:(嘉倬牌)
运马车、厢式货车、旅居车等自主品牌车辆产品;车辆部件主要有汽车底盘、车身、车厢、大中小钣金结构件、大型覆盖件等零部件;具有单班年产 3000 辆专用车以及 20000 台套各类车辆零部件的综合产能
出口情况:与澳大利亚等国家建立了良好的合作关系

★国机重工集团常林有限公司
地址:江苏省常州市新北区黄河西路 898 号
邮编:213136
电话:0519/86781288、4008600710
传真:86750025
网址:www.changlin.com.cn
电子信箱:sales@changlin.com.cn
法定代表人:孔凡宏
质量体系:ISO 9001、ISO 14001
产品情况:(国机重工牌)
装载机、压路机、平地机、特种车辆、路面养护机械、小型多功能机械产品、随车起重运输车
出口情况:远销 100 多个国家和地区

★帝盛(常州)车辆科技有限公司
地址:江苏省常州市国家高新区宝塔山路 23 号
邮编:213164
电话:0519/68767106、13906129767
网址:www.deesonrv.com
电子信箱:hyuan@deesonrv.com
法定代表人:LIN JOHN
质量体系:ISO 9001、GB/T 24001
产品情况:(帝盛牌)
半挂车、旅居车

★江苏中汽高科股份有限公司
地址:江苏省常州市武进区高新技术产业开发区龙飞路 18 号
邮编:213164
电话:0519/86915388、86523503

传真:86650200
电子信箱:czzqs@163.com
法定代表人:龚立民
质量体系:ISO 9001、GB/T 24001
产品情况:(常奇牌)
清障车,适用于公安、道路救援、汽车4S店、汽车修理厂、高速公路等
出口情况:出口清障车

★上汽大通房车科技有限公司
地址:江苏省溧阳市昆仑街道中关村大道200号
邮编:213300
电话:021/60569322
电子信箱:hequn@saicmotor.com
法定代表人:王瑞
质量体系:ISO 9001、GB/T 24001
产品情况:(上汽大通牌)
房车、挂车、汽车零部件的研发、制造

★溧阳二十八所系统装备有限公司
地址:江苏省溧阳市溧城镇上上路26号
邮编:213300
电话:0519/87299128、87038696
传真:87299828
电子信箱:master@cev28.com
法定代表人:欧乐庆
质量体系:ISO 9001、ISO 14001
产品情况:(中驰威牌)
军、民用方舱、厢式车厢、特种车辆、旅居车及车载电子系统设计集成

★无锡彩虹专用车有限公司
地址:江苏省无锡市阳山经济开发区天顺路6号
邮编:214000
电话:0510/83958759、18605107960
传真:83955335
网址:www.wxch168.cn
电子信箱:steven_xx217@163.com
法定代表人:尹文岳
质量体系:ISO 9001
产品情况:(天顺牌)
运马车、运输货车、房车、其他专用车
出口情况:出口澳大利亚、欧洲、美国等国家和地区

★一汽解放汽车有限公司无锡锡柴汽车厂
地址:江苏省无锡市国家高新技术产业开发区长江路26号
邮编:214026
电话:4008281199、4008288998
传真:0510/85025271
网址:www.wxdew.com
电子信箱:wxdew@wxdew.com
法定代表人:王瑞健
质量体系:IATF 16949、ISO 9001
产品情况:(凤凰牌)
自卸车、半挂车、厢式运输车、仓栅式运输车、散装水泥车、压缩式垃圾车、化工液体运输车、混凝土搅拌运输车等各类专用车

★江苏省无锡探矿机械总厂有限公司
地址:江苏省无锡市新区梅村锡达路555号
邮编:214110
电话:0510/88157378、4006602226
传真:85013426
网址:www.wxtkc.com
电子信箱:ymh989@163.com
法定代表人:朱利根
质量体系:ISO 9001
产品情况:(锡探牌)
地质勘查钻机、工程施工钻机、钻探工具和冶金冷轧卷取设备等
出口情况:出口亚洲、非洲、欧洲、南美洲等20多个国家和地区

★无锡申联专用汽车有限公司
地址:江苏省无锡市惠山经济开发区惠际路86号
邮编:214174
电话:0510/66661888
网址:www.sqdtsl.com
电子信箱:sqdtsl@saicmotor.com
法定代表人:蓝青松
质量体系:ISO 9001、ISO 14001
产品情况:(申驰牌、申龙牌)
警务用车、指挥车、工程车、稽查监察车、冷藏运输车、轿车运输车、厢式车、洒水车、吸粪车、垃圾车、扫路车、防弹运钞车、旅居汽车、商务防弹车、军用特种车、新能源车等

★无锡华策汽车有限公司
地址:江苏省无锡市惠山经济开发区惠成路6号
邮编:214177
电话:0510/83621028
传真:81004188
网址:www.wxhcqc.com
电子信箱:hx@wxhcqc.com
法定代表人:郑华理
质量体系:ISO 9001
产品情况:(华新牌)
6~10米的轻型客车、豪华空调客车、无人售票公交车和厢式运输车、新能源汽车等;具备年产各类客车5000辆的能力
出口情况:远销非洲、亚洲、拉丁美洲等几十个国家和地区

★无锡中车新能源汽车有限公司
地址:江苏省无锡市惠山经济开发区金惠路569号
邮编:214177
电话:0510/82250888、82250588
传真:82250889
电子信箱:xz@fawbcc.com.cn
法定代表人:刘凌
质量体系:ISO 9001、IATF 16949
产品情况:(解放牌、太湖牌)
6~12米团体旅游客车、公路客车、城市客车,纯电动城市客车,混合动力城市客车,专用客车、小学生校车
出口情况:远销亚洲、非洲、拉丁美洲等20个国家和地区

★江苏锡宇汽车有限公司
地址:江苏省无锡市惠山区长安一汽配套工业园春惠路568号-3
邮编:214177
电话:0510/83113988、13706193963
网址:www.jsxiyu.com
电子信箱:wxxyqm@126.com
法定代表人:张志良
质量体系:ISO 9001
产品情况:(锡宇牌)
半挂车、垃圾车、洒水车、腐蚀性物品罐式运输车等

★帝特律电动汽车有限公司
地址:江苏省宜兴环科园绿园路528号
邮编:214200
电话:0510/80336372
电子信箱:ted.li@detroit-electric-de.com
法定代表人:Albert Lam
产品情况:(帝特律牌)
纯电动轿车、越野车、商务车和运动型轿车

★江苏金永达工业有限公司
地址:江苏省宜兴市经济开发区诸桥路16号
邮编:214200
电话:0510/87029558
传真:87029555
网址:www.jsjyd.net
电子信箱:jydgg2020@163.comt
法定代表人:陈锡明
质量体系:ISO 9001、ISO 45001
产品情况:(金望牌)
专业从事清障车、清洗车等专用汽车的研发、生产

★江阴市汽车改装厂有限公司
地址:江苏省江阴市青阳镇锡澄路1519号
邮编:214401
电话:0510/86503010、86503011
传真:86502055
网址:www.chinashentan.com
电子信箱:qaj8@pub.wx.jsinfo.net
法定代表人:秦安君
质量体系:ISO 9001、ISO 14001
产品情况:(神探牌)
反恐处突车、防暴运警车、智能卡口车、卫星通信指挥车、通信指挥车、警用巡逻车、刑事现场勘察车、交通事故勘察车、多功能流动警务车、现场照明车、流动邮件邮包检查车、运警车、装备运输车、电子物证车、技术侦察车、囚车、法医工作车等警用车产品
出口情况:出口老挝、朝鲜、缅甸、吉尔吉斯斯坦、塔吉克斯坦以及非洲部分国家

★江苏常隆客车有限公司
地址:江苏省江阴市新澄路2号
邮编:214432

电话:0510/86272999、86299925
传真:86271999
网址:www. alfabus. com. cn
电子信箱:changlongbus@ 126. com
法定代表人:黄坤达
质量体系:ISO 9001、ISO 14001
产品情况:(常隆牌、马可牌)
中高档客运、旅游、团体、公交系列客车,电动客车,产品覆盖 6~18 米;年产整车能力 5000 辆

★江苏海鹏特种车辆有限公司
地址:江苏省江阴市经济开发区靖江园区沿江高等级公路 9 号
邮编:214521
电话:0510/80129629、80129602
传真:80129612
网址:www. jstrailer. com
电子信箱:zhuhongyi@ jstrailer. com
法定代表人:胡鹏飞
质量体系:ISO 9001
产品情况:(海鹏牌)
半挂车、粉粒物料运输车、化工液体运输半挂车、化工液体运输车、冷藏车、面粉运输车、清障车

★江苏振翔车辆装备股份有限公司
地址:江苏省苏州市虎丘区高新区浒关工业园永安路 28 号
邮编:215007
电话:0512/65323866、68323766
传真:65350999
网址:www. js - zhenxiang. com
电子信箱:zhaowen@ js - zhenxiang. com
法定代表人:赵文
质量体系:ISO 9001、ISO 14001
产品情况:(振翔股份牌)
抢险抗旱排涝车、隧道灭火排烟车、大型通信移动指挥车、多功能地震救援强臂破拆车、灾害事故战地保障车系列特种作业汽车

★苏州华福低温容器有限公司
地址:江苏省苏州市吴中经济开发区天灵路 18 号
邮编:215128
电话:0512/65271037
网址:www. sz - huafu. com. cn
电子信箱:sales1@ sz - huafu. com. cn
法定代表人:张凤华
质量体系:ISO 9001
产品情况:(华福牌)
低温罐式集装箱、化工产品集装箱、低温液体半挂运输车、低温液体 LNG 半挂运输车、低温液体储槽、汽化器系列等产品
出口情况:远销俄罗斯、东南亚、中东等国家和地区

★苏州江南航天机电工业有限公司
地址:江苏省昆山市长江北路 1328 号
邮编:215300
电话:0512/86168188、66262335
网址:www. jncasic. com
法定代表人:杨勇
质量体系:ISO 9001、ISO 14001
产品情况:(航天牌)
三大系列应急专用车,救护救援系列(远程会诊车、应急急救车、应急手术车、应急 X 射线车、应急处置车、应急卫生防疫车、消毒灭菌车等),通信指挥系列(应急通信指挥车、气象应急通信、消防、森林防火应急通信指挥车等),后勤保障系列(应急作业车、应急修理车、应急仓储车、应急电源车等)
出口情况:手术车、处置车、X 射线车、通信指挥车等产品出口中东、欧洲、美洲、南非、东南亚等地区

★昆山专用汽车制造厂有限公司
地址:江苏省昆山市周市镇金茂路 1288 号
邮编:215300
电话:0512/55106818、4009219979
传真:55106828
电子信箱:sales@ shenhua - auto. com
法定代表人:郑钟
质量体系:ISO 9001
产品情况:(魁士牌)
具有生产 1000 辆专用车的能力,形成以生产轿运车,乘用车类(专用客厢车、商旅车、房车)和特种车类(救护车、警车等)三大类专用车产品系列
出口情况:主要出口非洲市场

★常熟华东汽车有限公司
地址:江苏省常熟市通港工业园泰光路 8 号
邮编:215500
电话:0512/52265030、52265010
传真:52265028
网址:www. h - d. cn
电子信箱:cszbgs@ h - d. cn
法定代表人:江建龙
质量体系:ISO 9001、ISO 14001
产品情况:(华东牌)
军警用车、运钞车、环卫车、雪地车、移动气象监测车、品牌展示车等特种车
出口情况:远销美国、俄罗斯、瑞典等国家

★捷达消防科技(苏州)股份有限公司
地址:江苏省常熟市辛庄工业园区
邮编:215562
电话:0512/52478710
传真:52478710
网址:www. jd - fire - industry. com
电子信箱:jiedafire@ jiedafire. com
法定代表人:张旭东
质量体系:ISO 9001、ISO 14001
产品情况:(苏捷牌、捷达消防牌)
泵浦、泡沫、水罐、干粉、泡沫干粉联用、各类救(后)援、化学救援、通信指挥、照明排烟、登高高喷消防车以及远距离大流量供水系统、灭火救援机器人等

★张家港市江南汽车制造有限公司
地址:江苏省张家港市南丰镇
邮编:215600
电话:0512/58616008、58628608
网址:old. kaweigroup. com
电子信箱:sales@ jiangnanauto. com
法定代表人:朱海华
质量体系:ISO 9001
产品情况:(春洲牌)
产品覆盖公路客运、旅游、公交、团体、校车、新能源客车、混合动力车、专用客车等领域

★上驰汽车有限公司
地址:江苏省张家港临江绿色产业园科技创新园
邮编:215621
电话:0512/82552609
网址:www. shangchmoters. com
电子信箱:shangch@ shangchmoters. com
法定代表人:董明钦
质量体系:ISO 9001
产品情况:(上驰牌、东鸥牌)
纯电动客车、纯电动厢式运输车、电动物流车、扫路车、摆臂式垃圾车、多功能抑尘车、高空作业车等
出口情况:出口欧洲,并远销中国台湾地区

★牡丹汽车股份有限公司
地址:江苏省张家港市乐余镇乐红路 30 号
邮编:215621
电话:4001391390
网址:www. mudanauto. com
法定代表人:章波丰
单位人数:280
质量体系:ISO 9001、ISO 14001
产品情况:(牡丹牌)
产品覆盖 6~10 米全系列公交车、城际客车、旅游客车以及纯电动客车、警用特种车、校车等,可以实现年产各类客车 5000 台
出口情况:出口海外市场

★江苏友谊汽车有限公司
地址:江苏省张家港市乐余镇乐红路 22 号
邮编:215622
电话:0512/58651013、58521982
传真:58650869
电子信箱:zyh@ youyiautomobile. com
法定代表人:刘庆宇
质量体系:ISO 9001
产品情况:(友谊牌)
轻型客车、公路客车、轻型公交、中型公交、大型公交、校车、纯电动客车、纯电动厢式运输车等;具有年产 1 万辆以上客车生产能力
出口情况:出口亚洲、非洲、美洲、大洋洲等地区

★张家港市沙洲车辆有限公司
地址:江苏省张家港市现代农业示范园区乐红路 81 号
邮编:215623
电话:0512/58640835、58640866
网址:www. shazhoucheliang. com

电子信箱:sales@ szvehicle. com. cn
法定代表人:何文革
单位人数:200
质量体系:ISO 9001
产品情况:(众田牌)
轻型客车、轻型载货汽车、殡仪车、环卫车、四轮农用车,具有年产5000辆整车的生产能力
出口情况:远销中东、非洲、南美洲、东欧等地区

★苏州圣汇装备有限公司
地址:江苏省张家港市金港镇临江路3号
邮编:215632
电话:0512/58373860、58376991
传真:58376726、58391169
网址:www. zshcm. com. cn
电子信箱:shenghui@ shenghui. com. cn
法定代表人:罗伟
单位人数:400
质量体系:ISO 9001、ISO 14001
产品情况:(圣汇牌)
低温液体运输半挂车等

★张家港中集圣达因低温装备有限公司
地址:江苏省张家港市金港镇南沙港西中路
邮编:215632
电话:0512/58391235
传真:58370701
网址:www. sdy - cn. com
电子信箱:sdy@ sdy - cn. com
法定代表人:徐永生
质量体系:ISO 9001、IATF 16949
产品情况:(圣达因牌)
低温液体储罐、低温液体运输车、大型常压储罐、罐式集装箱、低温绝热气瓶和气化设备以及LPG、液氨、丙烯、二甲醚等危化品储运装备

★江苏新星际华汽车有限公司
地址:江苏省张家港保税区中华路88号
邮编:215634
电话:4008475668
网址:www. newstarrv. com
电子信箱:service@ newstarrv. com
法定代表人:陈树兰
质量体系:ISO 9001
产品情况:(新星房车牌)
自行式房车及拖挂式房车等

★张家港富瑞深冷科技有限公司
地址:江苏省张家港市杨舍镇晨新(福新)路19号
邮编:215637
电话:4001300228、4009300228
传真:0512/58982295
网址:frcit. furuise. com
电子信箱:office@ furuise. com
法定代表人:黄锋
质量体系:ISO 9001、IATF 16949
产品情况:(韩中深冷牌)
低温液体储罐、汽化器、低温液体运输车、低温液体罐式集装箱等

★江苏吉麦新能源车业有限公司
地址:江苏省徐州工业园区西纬一路南侧(江苏金美尚车业有限公司内)
邮编:221004
电话:0516/87817007
网址:www. jemmell. com
电子信箱:443167265@ qq. com
法定代表人:鹿守光
产品情况:新能源载货汽车及物流车

★徐州工程机械集团有限公司
地址:江苏省徐州市金山桥经济开发区驮蓝山路26号
邮编:221004
电话:0516/87565106、4001109999
传真:87739999
网址:www. xcmg. com
电子信箱:service@ xcmg. com
法定代表人:邱成
质量体系:ISO 9001
产品情况:(徐工牌、海虹牌)
汽车起重机、高空作业车、混凝土泵车、举高喷射消防车、桥梁检测作业车、清障车、洗扫车、钻机车、垃圾车、随车起重运输车、混凝土搅拌运输车
出口情况:远销169个国家和地区

★徐州海伦哲专用车辆股份有限公司
地址:江苏省徐州市经济开发区宝莲寺路19号
邮编:221004
电话:0516/68782888、68782999
传真:68782999
网址:www. xzhlz. com
电子信箱:xzhlz@ xzhlz. com
法定代表人:丁剑平
质量体系:ISO 9001、ISO 14001
产品情况:(海伦哲牌)
高空作业车、电力保障车辆
出口情况:出口国外

★徐州利勃海尔混凝土机械有限公司
地址:江苏省徐州市经济开发区金工路10号
邮编:221004
电话:0516/87982808
传真:87793163
网址:www. xuzhouliebherr. com
电子信箱:info. xlc@ liebherr. com
法定代表人:MAXIMILIAN SCHAUT
质量体系:ISO 9001
产品情况:(利勃海尔牌)
混凝土搅拌车、搅拌站和回收站等

★徐州市久发工程机械有限责任公司
地址:江苏省徐州市铜山区大彭工业园区一号
邮编:221100
电话:0516/85059888、85055801
传真:85055369
网址:www. xzjiufa. com
电子信箱:sales@ xzjiufa. com
法定代表人:徐启朋
质量体系:ISO 9001
产品情况:(苏裕牌)
产品主要包括RT系列越野起重机、QY系列汽车起重机、DGY系列多功能吊管机、TQK系列快速移动自架设智能塔机、自装卸智能环卫车及工程机械关键零部件等
出口情况:95%以上的产品出口国外,主要销往非洲、南美洲、中东、西亚、东南亚等30多个国家和地区

★江苏祥华车业有限公司
地址:江苏省徐州市铜山区长安路68号
邮编:221116
电话:0516/66881667、4006061665
传真:83917676
电子信箱:2668628360@ qq. com
法定代表人:朱云侠
质量体系:ISO 9001
产品情况:(祥华牌)
专用汽车、自卸车

★徐州徐工特种汽车有限公司
地址:江苏省徐州市铜山新区星月大道2号
邮编:221116
电话:0516/66662719、83312982
传真:83312982
电子信箱:xzxgtq@ 126. com
法定代表人:安继文
产品情况:(劲马牌)
半挂车、矿用车、低速货车、自卸低速货车、自卸车

★徐州华邦专用汽车有限公司
地址:江苏省邳州市高新技术产业开发区邳新路88号
邮编:221300
电话:0516/86261888
传真:68581187
网址:www. xzhuabang. com
电子信箱:info@ hbs - vehicle. com
法定代表人:郭超
单位人数:380
质量体系:ISO 9001
产品情况:(国世华邦牌)
轴线车、液压转向大型平板运输车、半挂系列运输类专用汽车、原木运输车、仓栅式半挂车以及吸粪车、洒水车等各种专用车辆
出口情况:远销东南亚、非洲、拉丁美洲等地区

★江苏新之翼交通运输设备有限公司
地址:江苏省沛县大屯经济开发区
邮编:221600
电话:0516/89933789、18361587128
网址:jsxzygc. com
法定代表人:张洪珍
质量体系:ISO 9001
产品情况:(沛永航牌)
半挂车、全挂车、集装箱运输车、轿车运输车、厢式半挂车、自卸车等,并承接专用汽车的改装

出口情况:出口俄罗斯、朝鲜等国家

★徐州君安交通运输设备有限公司
地址:江苏省沛县经济开发区汉兴路西侧昆明路北侧
邮编:221600
电话:0516/81226688、18952129699
网址:www. pxgajc. com
法定代表人:刘存义
产品情况:轻量化半挂车、车辆运输车、运煤专用车、低平半挂车、骨架半挂车、集装箱半挂车、仓栅式半挂车、侧翻半挂车、义乌厢式运输车及各种特种车辆

★徐州比亚机械设备有限公司
地址:江苏省徐州市沛县龙固工业园区
邮编:221600
电话:0516/81229888、4009955008
传真:89925777
网址:www. pxbygc. com
电子信箱:331558503@ qq. com
法定代表人:姚念峰
产品情况:(沛公牌)
栏板运输半挂车、仓栅运输半挂车、集装箱运输半挂车、低平板半挂车、平板半挂车、自卸半挂车、粉粒物料运输车等七大系列 40 多种产品,具有年产 2000 辆半挂车的生产能力

★江苏富华交通运输设备股份有限公司
地址:江苏省沛县龙固经济开发区
邮编:221613
电话:0516/89920088、15852171976
传真:89920088
网址:www. jsfuhua. cn
电子信箱:fuhua@ 163. com
法定代表人:赵恩友
质量体系:ISO 9001
产品情况:(轩畅牌)
主要生产半挂车、集装箱运输半挂车、危险品罐箱骨架运输半挂车、仓栅式运输半挂车、自卸半挂车、车辆运输半挂车等

★徐州奥丰交通运输设备有限公司
地址:江苏省沛县龙固镇徐济路工业园区
邮编:221613
电话:0516/89927666、4001787600
网址:www. xzaofeng. com
法定代表人:王金峰
产品情况:轻量化挂车

★沛县迅驰专用车辆制造有限公司
地址:江苏省徐州市沛县龙固镇工业园区
邮编:221613
电话:0516/89921866
传真:89922990
网址:www. xczyc. cn
电子信箱:shd8211@ 163. com
法定代表人:孙阳
单位人数:200
产品情况:(迅驰牌)
各类型轻量化半挂车:低平板车、集装箱车、仓栅式车、自卸车

★连云港天洋汽车有限公司
地址:江苏省连云港市经济技术开发区临港产业园东方大道 172 号
邮编:222047
电话:0518/82347078
传真:81089199
网址:www. tianyanggroup. net
电子信箱:yf. wang@ tianyanggroup. net
法定代表人:吴全强
产品情况:系列重型货车、SUV、皮卡车、多功能车

★江苏天明特种车辆有限公司
地址:江苏省连云港市赣榆区柘汪镇临港产业区
邮编:222100
电话:0518/86031667、86031609
传真:85916900、86031600
网址:www. chinatmec. com
电子信箱:jstmtzcl@ 163. com
法定代表人:封新海
质量体系:ISO 9001
产品情况:(天明牌)
半挂车等

★淮安市专用汽车制造有限公司
地址:江苏省淮安市经济技术开发区迎宾大道 10 号
邮编:223005
电话:0517/83750858、83750819
传真:83751788
电子信箱:haljc@ hahyg. cn
法定代表人:胡波
质量体系:ISO 9002
产品情况:(永旋牌)
多功能联合吸污车、军用炊事车、垃圾运输车、铝合金罐车、粉罐车、低温液体运输车、集装箱运输车、自卸车、厢式车、低平板半挂车、栏板半挂车等
出口情况:远销中东、澳大利亚、南美洲、非洲、东欧等国家和地区

★江苏威拓公路养护设备有限公司
地址:江苏省沭阳县经济开发区桃园路 18 号
邮编:223005
电话:0527/80905555
传真:80906670
网址:www. witorcn. com
电子信箱:20222011@ qq. com
法定代表人:朱永山
质量体系:ISO 9001
产品情况:(威拓瑞牌)
产品涵盖道路养护专用车、桥梁检测车、环卫车、公路运输专用车、特种军用车、路面养护设备等系列产品
出口情况:远销东南亚、南美洲、大洋洲、欧洲、非洲等地区

★淮安市苏通市政机械有限公司
地址:江苏省淮安市楚州区经济开发区
邮编:223232
电话:0517/85989161、4009696303
网址:www. jssutong. com
电子信箱:sutongha@ 126. com
法定代表人:王连
质量体系:ISO 9001、ISO 14001
产品情况:(苏通牌)
纯电动箱式运输车、纯电动仓栅式运输车、纯电动冷藏车、纯电动勾臂式垃圾车、纯电动自装卸式垃圾车、纯电动桶装式垃圾压缩车、纯电动侧装式垃圾车、纯电动扫路车、纯电动道路养护车、纯电动物流车等、下水道联合疏通车、抓斗式窨井清淤车、沼液沼渣出料车、随车起重机
出口情况:远销欧美、东南亚、澳大利亚等地区

★江苏悦达专用车有限公司
地址:江苏省盐城市经济开发区希望大道 99 号
邮编:224007
电话:0515/89882086、4001068699
传真:88118808
网址:www. jsydzyc. cn
电子信箱:yuedazhuanyongche@ 126. com
法定代表人:赵山虎
质量体系:ISO 9001、ISO 14001
产品情况:(悦达牌)
后装压缩式垃圾车、侧装压缩式垃圾车、密闭式垃圾转运车、扫路车、洒水车、高压冲洗车、多功能扫洗车、厨余垃圾车、垃圾站等
出口情况:出口美国、俄罗斯、澳大利亚、乌克兰、阿塞拜疆、哈萨克斯坦、越南、老挝、缅甸、秘鲁、尼日利亚、委内瑞拉、伊拉克等 18 个国家和地区

★江苏奥新新能源汽车有限公司
地址:江苏省盐城市经济开发区希望大道南路 43 号
邮编:224007
电话:0515/68038156、68038120
传真:83350111、83350503
网址:www. aoxinauto. com
电子信箱:1046929237@ qq. com
法定代表人:尹跃
质量体系:ISO 9001
产品情况:(达福迪牌)
纯电驱动乘用车、纯电动车厢可卸式垃圾车、自卸式垃圾车、扫路车、纯电动厢式运输车、纯电动篷式运输车、纯电动仓栅式运输车、纯电动售货车、纯电动宣传车、旅游观光车等产品
出口情况:小批量出口美国、新西兰、西班牙、德国等国家

★扬州市伏尔坎机械制造有限公司
地址:江苏省扬州市工业园区牧羊路 9 号
邮编:225000
电话:0514/82081915
网址:www. yzvulcan. com
电子信箱:sales@ yzvulcan. com
法定代表人:朱其安
质量体系:ISO 9001
产品情况:(伏尔凯牌)
主要生产特种组合式液压半挂车、

多功能半挂车
出口情况：远销日本、欧洲、中东、东南亚等国家和地区

★潍柴（扬州）特种车有限公司
地址：江苏省扬州市邗江汽车工业园
邮编：225003
电话：0514/87903329、87904097
传真：87903336、87240147
网址：www.wctzc.com
电子信箱：wctzc@wctzc.com
法定代表人：王延磊
单位人数：400
质量体系：ISO 9001、ISO 14001
产品情况：（金鸽牌）
清洗扫路车、清洗车、压缩式垃圾车、车厢可卸式垃圾车、垃圾中转成套设备、清障车、矿用车和半挂车等产品
出口情况：远销韩国、纳米比亚、古巴、澳大利亚、东南亚等国家和地区

★扬州维思德建设机械有限公司
地址：江苏省扬州市蜀岗西路8号
邮编：225008
电话：0514/87635448、87635410
传真：87635408
电子信箱：sales@yzliugong.com
法定代表人：熊旻
质量体系：ISO 9001
产品情况：（柳工牌）
混凝土搅拌运输车

★扬州中集通华专用车有限公司
地址：江苏省扬州市扬子江中路139号
邮编：225009
电话：0514/87877888
传真：87870999
网址：www.chinatrailer.com
电子信箱：yz.tht@chinatralier.com
法定代表人：孙春安
质量体系：ISO 9001
产品情况：（通华牌）
罐式车、厢式半挂车、车辆运输车、集装箱半挂车、平板半挂车、低平板半挂车、自卸半挂车、混凝土搅拌车、泵车和特种半挂车等特种专用车
出口情况：远销日本、东南亚、美洲、澳大利亚、非洲、中东等国家和地区

★扬州三源机械有限公司
地址：江苏省扬州市邗江区方巷镇峰明大道18号
邮编：225117
电话：0514/80785309、80785310
传真：80785308
网址：www.yzsyjx.com
电子信箱：yzsyjx@yzsyjx.com
法定代表人：陈春元
单位人数：248
质量体系：ISO 9001、ISO 14001
产品情况：（三联牌）
扫路车、清洗扫路车等专用汽车、汽车车架、各类专用汽车厢体、总成构件等产品
配套情况：为北汽福田、亚星客车、江淮客车、盐城中大中威客车、航天晨光、张家港牡丹客车等专业厂家生产汽车车架、各类专用汽车箱体和总成构件

★扬州女神客车有限公司
地址：江苏省扬州市江都区宜陵工业园
邮编：225200
电话：0514/86883500、4000803188
网址：www.jacnsqc.com
电子信箱：sales@jsnsqc.com
法定代表人：吴金鑫
质量体系：ISO 9001
产品情况：（江淮女神牌）
体检车、妇科检查车、职业病体检车、国民体质监测车、采血车、救护车、牙科医疗车、眼科医疗车、中医诊疗车、医疗卫生服务车、装备车、救险车、工程车、应急救援车、应急电源车、应急照明车、宠物流动服务车、验光配镜服务车、白蚁防治服务车、维修（售后）服务车、产品展示车、农化服务车、检测车、监测车、应急指挥车、移动餐车、高空作业车、江淮皮卡房车、江淮皮卡厢式运输车、景区旅游观光车、矿用防爆车、江淮皮卡各类改装车等

★江苏悍威汽车有限公司
地址：江苏省泰州市海陵工业园区梅兰东路48号
邮编：225315
电话：0523/80641191
网址：hwmotor.cn
电子信箱：jshwqc@163.com
法定代表人：黄国庆
单位人数：120
质量体系：ISO 9001、ISO 14001
产品情况：专用厢式车（含房车）、新能源物流车、新能源乘用车等

★江苏银宝专用车有限公司
地址：江苏省扬州市宝应县氾水镇芦氾路
邮编：225800
电话：0514/88489999、4008288288
传真：88480099
电子信箱：yinbao@ybsv.com.cn
法定代表人：Marco Mazzu
质量体系：ISO 9001、ISO 14001
产品情况：（银宝牌）
车厢可卸式垃圾车、垃圾收集车、垃圾桶清洗车、餐厨收集车、随车起重运输车以及各类半挂车等系列产品

★南通威而多专用汽车制造有限公司
地址：江苏省南通市滨海园区东海路与春江路交叉处
邮编：226000
电话：0513/68357017、4006005128
网址：www.wellroad.cn
电子信箱：well@well-road.com
法定代表人：杜芳
质量体系：ISO 9001
产品情况：混凝土滑模、高压水清除（清理）、道路标线、交通安全保障及道路养护等五大系列道路工程专用汽车、专用机械产品

★中航爱维客汽车有限公司
地址：江苏省南通市苏通科技产业园江广路188号
邮编：226000
电话：0513/80672580、18012229855
传真：81010066
电子信箱：avicxz@motor.avic.com
法定代表人：杨毅
产品情况：（爱维客牌）
纯电动城市客车，纯电动客车

★南通中集能源装备有限公司
地址：江苏省南通市城港路155号
邮编：226003
电话：0513/85066888、4008286969
传真：85564750
网址：www.cimcenergy.com
电子信箱：ntenergy@cimc.com
法定代表人：徐永生
质量体系：ISO 9001、IATF 16949
产品情况：（中集牌）
低温储运装备、高安全核电装备、高压气瓶等系列产品

★南通中集罐式储运设备制造有限公司
地址：江苏省南通市城港路159号
邮编：226003
电话：0513/85066206、85066109
网址：www.cimc.com
电子信箱：yin.yang@cimc.com
法定代表人：季国祥
质量体系：ISO 9001、ISO 14001
产品情况：标准液体罐箱、特种液体罐箱

★威达江苏新能源汽车有限公司
地址：江苏省南通市苏通科技产业园区清枫路1号（清枫创业园内）机械厂房J11-3幢
邮编：226017
电话：0513/80290988
网址：www.weidajs.com.cn
电子信箱：18862994222@193.com
法定代表人：江永辉
产品情况：新能源汽车、专用货车、专用作业车、专用客厢车、通用货车挂车、电动汽车的动力及控制系统、电动机控制器

★柳工建机江苏有限公司
地址：江苏省南通市启东滨海工业园区通贤路18号
邮编：226236
电话：0513/83905828、4008200218
传真：83905828-6288
网址：www.liugongcm.com
法定代表人：熊华
质量体系：ISO 9001
产品情况：（柳工牌）
混凝土泵车、混凝土搅拌运输车等

★三一帕尔菲格特种车辆装备有限公司
地址:江苏省南通市如东县经济开发区黄河路189号三一工业园区
邮编:226400
电话:0513/80698531、18752463312
网址:www. sanypalfinger. com
电子信箱:shenx@ sany. com. cn
法定代表人:Martin Zehnder
单位人数:6000
质量体系:ISO 9001、ISO 14001
产品情况:(三一牌)
随车起重机、洗扫车、车厢可卸式垃圾车、高空作业车、路面养护车等
出口情况:在印度、美国、德国、巴西相继投资

★江苏陆地方舟新能源车辆股份有限公司
地址:江苏省如皋经济开发区花城大道188号
邮编:226500
电话:0513/68778926、68778900
网址:www. greenwheel. com. cn
电子信箱:service@ greenwheelev. com
法定代表人:刘长力
质量体系:ISO 9001
产品情况:(陆地方舟牌)
纯电动厢式运输车、纯电动客车等
出口情况:在非洲、亚洲、欧洲、南北美洲、大洋洲全球多个国家建立销售渠道

★江苏申龙汽车有限公司
地址:江苏省宿迁市宿城区运河宿迁港产业园管委会三楼308室
邮编:637500
电话:0817/6166666、4001178888
传真:3663999
电子信箱:gx220214@ autoinfo. gov. cn
法定代表人:周纪文
质量体系:ISO 9001
产品情况:(华西牌)
公路客车、城市客车、教练车、厢式运输车、广告宣传车等五大类产品
出口情况:远销哈萨克斯坦、吉尔吉斯斯坦、玻利维亚、朝鲜、越南等国家

浙江省

★杭州专用汽车有限公司
地址:杭州市经济技术开发区M20-15-1号
邮编:310018
电话:0571/86721821
传真:86721817、86721839
网址:www. hzzqchina. com
电子信箱:hzzq@ hzzqchina. com. cn
法定代表人:李柏泉
单位人数:250
质量体系:ISO 9001、ISO 14001
产品情况:(宏宙牌)
桥梁检测作业车、混凝土臂架泵车、拉臂工程车、散装水泥车、自装卸垃圾车、干混砂浆专用设备、常温常压槽罐化学危险品运输车、集装箱平板运输车、混凝土搅拌运输车等
出口情况:出口美国等国家

★杭州爱知工程车辆有限公司
地址:杭州市经济开发区5号大街17号
邮编:310018
电话:0571/86851958、4008268338
传真:86911592
网址:www. hzaichi. com
电子信箱:shangwu@ hzaichi. com
法定代表人:俞沉
单位人数:300
质量体系:ISO 9001、ISO 14001
产品情况:(爱知牌)
高空作业车、应急电源车、工程抢修车、钻孔立杆车、高空喷药车、电缆车等特种车;年产销各类高空作业车600余辆
出口情况:出口俄罗斯、古巴、朝鲜、菲律宾、澳大利亚、越南、孟加拉国、也门、哈萨克斯坦、蒙古等国家和地区,并销往中国香港地区

★浙江美通筑路机械股份有限公司
地址:杭州市大江东产业园江东三路3698号
邮编:310020
电话:0571/87177008、87177003
传真:87815510
网址:www. metong. com
电子信箱:metong@ metong. com
法定代表人:仇德胜
质量体系:ISO 9001、ISO 14001
产品情况:(美通牌)
沥青洒布车、沥青碎石同步封层车、稀浆封层车等

★中汽商用汽车有限公司(杭州)
地址:杭州市西湖区转塘街道凌家桥317号
邮编:310024
电话:0571/87090666
传真:87099539
网址:www. e-cnca. cn
电子信箱:zq0571@ 126. com
法定代表人:郭建君
单位人数:300
质量体系:ISO 9001、ISO 14001
产品情况:(中汽牌、ZHONGQI牌)
各类垃圾车、高压清洗车、压缩设备、流动舞台车、宣传车、展示车、厢式车、平板运输车、全挂车、高空作业车、电源车、电缆铺设车、救护车、旅居车等专用车

★杭州中骥汽车有限公司
地址:杭州市余杭区余杭街道城东路3号
邮编:311100
电话:0571/26285119
传真:26285119
网址:www. hzzjqc. com
电子信箱:hzzj. office@ boidge. com
法定代表人:戴功银
质量体系:ISO 9001、OHSAS 18001
产品情况:(中骥牌)
冷藏保温车、复合板厢车、特种冷藏集装箱以及其他专用车产品

★浙江卡尔森汽车有限公司
地址:杭州市萧山区临江工业园区纬八路3168号
邮编:311200
电话:0571/82952681、82900888
传真:82980808
网址:www. kashengauto. com
电子信箱:carlssonauto@ 163. com
法定代表人:邵文成
质量体系:ISO 9001
产品情况:(卡升牌)
产品主要是基于梅赛德斯-奔驰威霆、唯雅诺、凌特等系列多用途车平台设计开发后批量改装的豪华商务车、旅居车以及通信指挥车、道路检测车、运钞车、救护车等特殊专用车

★浙江中誉(控股)集团有限公司
地址:杭州市萧山经济技术开发区市心北路227号
邮编:311215
电话:0571/82618959、82865858
传真:82855500
网址:www. zhongyugroup. com
电子信箱:manage@ zhongyugroup. com
法定代表人:来云水
质量体系:ISO 9001
产品情况:(中誉牌)
以奔驰凌特、威霆商用车为主,同时生产豪华商务车、豪华旅居车、微型客车、救护车、礼宾车等专用车辆和各类民用特殊车辆;建设能力年产2.5万辆

★杭州市政机械制造有限公司
地址:杭州市余杭区塘栖镇姚家埭16组马家河3幢
邮编:311403
电话:0571/85383498、4008832033
传真:85383498
电子信箱:hzszjx@ 163. com
法定代表人:金冠宇
质量体系:ISO 9001
产品情况:(双箭牌)
沥青洒布车、搅拌机、综合养护车、除雪车等
出口情况:出口东南亚、非洲等地区

★杭州蓝海特种车辆有限公司
地址:杭州市千岛湖镇鼓山工业园区
邮编:311700
电话:0571/88296155
传真:88291193
网址:www. hzlanhai. net
电子信箱:lanhaitezhong@ 163. com
法定代表人:韩国强
质量体系:ISO 9001
产品情况:(大公牌)
道路巡逻车、事故勘察车、执法指挥车、救护车等

★中植汽车(淳安)有限公司
地址:浙江省淳安县千岛湖镇康盛路268号
邮编:311700
电话:0571/65022630、65022529
网址:www.zevauto.com
法定代表人:陈汉康
质量体系:ISO 9001
产品情况:(中植汽车牌、四平牌)
新能源客车

★浙江蓝能燃气设备有限公司
地址:浙江省绍兴市上虞区杭州湾上虞工业园东一区振兴大道5号
邮编:312369
电话:0575/82727606、82397666
传真:82727607
网址:www.rein.net.cn
法定代表人:肖文凯
质量体系:ISO 9001、IATF 16949
产品情况:九管CNG长管拖车

★湖州东方汽车有限公司
地址:浙江省湖州市南浔镇虹阳路338号
邮编:313009
电话:0572/3912567、3015686
传真:3013473
网址:www.hzeast.net
电子信箱:hzkeast@163.com
法定代表人:张浙兴
质量体系:GJB 9001A、GJB 9001B
产品情况:(东方牌)
各种军用改装车、方舱、民用汽车

★浙江锐野专用车辆股份有限公司
地址:浙江省湖州市长兴县和平镇工业集中区
邮编:313103
电话:0572/6970868
传真:6970888
网址:www.armadillo-rv.com
电子信箱:info@a-rv.com
法定代表人:高卫
质量体系:ISO 9001
产品情况:(阿莫迪罗牌)
高端越野房车

★浙江星驰汽车有限公司
地址:浙江省海宁市尖山新区(黄湾)海丰路106号
邮编:314415
电话:4001016599、13967372131
网址:www.xingchiauto.com
电子信箱:hr@xingchiauto.com
法定代表人:赵军
单位人数:150
质量体系:ISO 9001
产品情况:(铂驰牌)
主要生产铂驰豪华商务车、旅居车、拖挂类房车

★浙江戴德隆翠汽车有限公司
地址:浙江省桐乡市同仁路468号
邮编:314500
电话:4008709588
网址:www.longtreerv.com
法定代表人:朱善隆
质量体系:ISO 9001
产品情况:(戴德牌)
主营业务为新能源物流车、新能源汽车核心零部件(电池、电控设备、电动机)以及房车的研发、制造、销售及售后服务,同时兼营新能源物流车、房车的经营租赁及融资租赁业务

★宁波凯福莱特种汽车有限公司
地址:浙江省宁波市江北区金山路666弄16号
邮编:315033
电话:0574/87311362
网址:www.nbcareful.com
电子信箱:nbcareful@nbcareful.com
法定代表人:谢建浩
质量体系:ISO 9001、ISO 14001
产品情况:(凯福莱牌)
冷藏车、救护车、救护保障车

★浙江宝成机械科技有限公司
地址:浙江省宁波市江北区通惠路788号
邮编:315033
电话:0574/87636688、87639797
传真:87630469
电子信箱:baoceng6688@xinsa.com
法定代表人:阮志华
质量体系:ISO 9001、ISO 14001
产品情况:(宝裕牌)
垃圾收集车、垃圾转运车、垃圾压缩车、餐厨垃圾车、吸粪车、洒水车、洗扫车等环卫专用车辆,纯电动清洗车、纯电动自卸式垃圾车、纯电动厢式运输车等新能源汽车

★宁波耐克萨斯专用车有限公司
地址:浙江省宁波市鄞州区金谷中路东9号
邮编:315100
电话:13567861348
网址:www.nkssrv.com
电子信箱:naxus@nkssrv.com
法定代表人:朱云浩
单位人数:200
质量体系:ISO 9001
产品情况:(耐克萨斯牌)
高端商务车改装、自行式房车和拖挂式房车及其他专用车

★浙江中车电车有限公司
地址:浙江省宁波市鄞州区环城南路西段5259号
邮编:315112
电话:0574/55716303、4008336679
网址:www.crrcgc.cc
电子信箱:zjdc@csrzj.com.cn
法定代表人:肖勇
质量体系:ISO 9001、IATF 16949
产品情况:(中国中车牌)
6.5米、8.5米、10.5米、12米、18米等多系列电-电混合、气-电混合、纯电动等新能源商用车产品

★宁波杉杉汽车有限公司
地址:浙江省宁波市望春工业园区云林中路238号
邮编:315177
电话:0472/6169981、4001631733
法定代表人:陈琦
质量体系:ISO 9001
产品情况:(杉杉牌)
纯电动厢式运输车等

★宁波波导汽车科技有限公司
地址:浙江省宁波市奉化区东郊开发区岳林东路499号
邮编:315202
电话:0574/86581058、88952815
传真:86580082
电子信箱:info@birdauto.com.cn
法定代表人:徐立华
质量体系:ISO 9001、ISO 14001
产品情况:(剑球牌)
NKC5081TCT、NKC5090TCT型静力触探车等

★宁波明欣化工机械有限责任公司
地址:浙江省宁波市镇海区骆驼盛兴路195号
邮编:315202
电话:0574/86594546、87355710
传真:87355266
网址:www.nmhj.com
电子信箱:web@nmhj.com
法定代表人:王益良
单位人数:800
质量体系:ISO 9001
产品情况:(明欣牌)
低温液体储罐、低温气瓶、低温反应装置、低温罐箱、低温槽车和高低压空温式汽化器等
出口情况:远销欧美、俄罗斯、中东、北非、东南亚等国家和地区

★鑫百勤专用车辆有限公司
地址:浙江省慈溪市新浦镇徐家浦围垦区(慈溪现代农业园区)F-1
邮编:315322
电话:0574/63593070、4000981088
网址:www.xinbaiqin.cn
法定代表人:谢毅
质量体系:ISO 9001、ISO 14001
产品情况:(百勤牌)
畜禽运输车、散装饲料罐、散装饲料车、冷藏车、半挂车等
出口情况:出口菲律宾、马来西亚、厄瓜多尔、越南等国家

★浙江雅迪机车有限公司
地址:浙江省慈溪市杭州湾新区滨海南路
邮编:315336
电话:0574/63009582、63009566
传真:63009157
电子信箱:sales@yadea.com.cn
法定代表人:朱远召

质量体系:ISO 9001
产品情况:(雅迪牌)
具备年产电动车 300 万台,摩托车整车 30 万台,发动机 20 万台的能力
出口情况:远销 98 个国家

★飞神集团有限公司
地址:浙江省永康市汤店路 11 号
邮编:321300
电话:0579/87271688
传真:87271796
网址:www. feishen. com
法定代表人:陈向阳
质量体系:ISO 9001
产品情况:休闲运动车、全地形车、助老助残康复车、高端房车等,具有年产 200 万台各种车辆的生产能力
出口情况:远销欧美、亚太等 50 多个国家和地区

★永康市富仕达实业有限公司
地址:浙江省永康市五金科技工业园金山东路 20 号
邮编:321300
电话:0579/87230046、87230146
传真:87230796
电子信箱:sales@ chinafourstar. com
法定代表人:颜振广
质量体系:ISO 9001
产品情况:高尔夫球车、卡丁车、全地形车及非道路用车等
出口情况:远销欧洲、美洲、东南亚等 30 多个国家和地区

安徽省

★劲旅环境科技股份有限公司
地址:合肥市新站区新站工业园 E 区 2 幢
邮编:230011
电话:0551/64283051
传真:64283051
网址:www. jlhoe. com
电子信箱:hr@ jlhoe. com
法定代表人:于晓霞
质量体系:ISO 9001、ISO 14001
产品情况:(劲旗牌)
环卫清洁装备、垃圾压缩、收转装备、新能源及清洁能源装备等环卫装备

★合肥通用机械研究院有限公司
地址:合肥市长江西路 888 号
邮编:230031
电话:0551/65335666
传真:65312185
网址:www. hgmri. com. cn
电子信箱:yuanbao@ hgmri. com
法定代表人:王冰
质量体系:ISO 9001、ISO 14001
产品情况:(通用所牌)
宣传车、机场跑道除胶车等

★合肥市兴旺汽车有限公司
地址:合肥市包河经济开发区延安路 3 号
邮编:230041
电话:0551/63367161、63367153
传真:63367949
电子信箱:hfxingwang888@ 163. com
法定代表人:吴金旺
质量体系:ISO 9001
产品情况:(远旺牌)
平板运输车、舞台车、宣传车等

★安徽江淮客车有限公司
地址:合肥市包河工业区花园大道 23 号
邮编:230051
电话:0551/63732315、63732120
传真:63732035
网址:www. jac. com. cn
电子信箱:jac_bus@ 126. com
法定代表人:查保应
产品情况:(江淮·现代牌、合客牌)
中、高档轻型客车,大、中型客车,涵盖 5. 6 ~ 12 米、10 ~ 55 座的各类车型、小学生校车

★安徽江淮专用汽车有限公司
地址:合肥市包河工业区内
邮编:230051
电话:18356001949、4006920008
传真:0551/62297258
网址:www. jaczyc. com
法定代表人:王兵
质量体系:ISO 9001、ISO 14001
产品情况:(江淮牌)
具备年产 3000 辆冷藏保温车、2000 辆城市环卫车、5000 辆重型货车改装自卸车、5000 辆气瓶运输车的生产能力
出口情况:出口南美洲、欧洲、非洲、中东、东南亚等 120 多个国家和地区

★合肥开乐特种车辆有限公司
地址:合肥市安蜀山产业园井岗路西端
邮编:230061
电话:0551/6535807、65353371
传真:65358213、65358295
电子信箱:530658235@ qq. com
法定代表人:秦少华
质量体系:ISO 9001、ISO 14001
产品情况:(开乐牌)
自卸车、垃圾车、扫路车、洒水车、冷藏保温车、民用爆炸物品运输车、翼开式厢式运输车等

★合肥森隆专用汽车有限公司
地址:合肥市经济技术开发区汤口路 139 号
邮编:230601
电话:0551/63507828、62681171
传真:63840713
电子信箱:hwc99@ 163. com
法定代表人:毕晓艳
质量体系:ISO 9001、ISO 14001
产品情况:(世环牌)
环卫专用车辆、特种作业车和环卫成套设备

★合肥市富园汽车改装有限公司
地址:合肥市经济开发区汤口路 9 号
邮编:230601
电话:18919659898、13335512287
网址:www. hffy. net
法定代表人:焦澍峥
单位人数:200
质量体系:ISO 9001
产品情况:(富园牌)
流动舞台车、宣传车、旅居车、多媒体影视广告演播车、流动广告宣传车以及各种厢式变形专用汽车,货厢总成

★安徽合力股份有限公司
地址:合肥市经开区方兴大道 668 号
邮编:230601
电话:0551/63648005、4001600761
网址:www. helichina. com
电子信箱:heli@ helichina. com
法定代表人:张德进
质量体系:ISO 9001、ISO 14001
产品情况:[合力(HELI)牌]
内燃叉车、锂电池叉车、电动仓储车辆、牵引车等
出口情况:远销 140 个国家和地区,其中向欧美发达国家或地区的出口量占公司出口量的 60%

★富士汽车(安徽)有限公司
地址:合肥市肥西县杨桃路 96 号山南工业园区管委会办公楼二楼
邮编:231251
电话:0551/62869580
电子信箱:490962290@ qq. com
法定代表人:欧国语
产品情况:新能源汽车,汽车底盘、齿轮箱,汽车零部件开发

★陕汽淮南专用汽车有限公司
地址:安徽省淮南经济技术开发区吉兴路
邮编:232008
电话:0554/3306011
传真:3306666
网址:www. sqhnzyc. com
电子信箱:sqhnzyc@ 163. com
法定代表人:刘翔韬
质量体系:ISO 9001、ISO 14001
产品情况:(陕汽牌、尊通牌)
运油车、易燃液体罐式运输车等

★安徽宝岛新能源发展有限公司
地址:安徽省蚌埠市特步大道 199 号
邮编:233000
电话:0552/7186888、4000598299
电子信箱:632571968@ qq. com
法定代表人:李艳霞
质量体系:ISO 9001
产品情况:目标年产 10 万辆电动汽车和 20 万台套电动汽车配套零部件

★安徽柳工起重机有限公司
地址:安徽省蚌埠市柳工大道 18 号
邮编:233010
电话:0552/4928522

传真:4928470
网址:www.liugong.com
电子信箱:ahlgrl@liugong.com
法定代表人:余亚军
质量体系:ISO 9001
产品情况:(柳工牌)
汽车起重机、高空作业车、汽车起重机专用底盘

★安瑞科(蚌埠)压缩机有限公司
地址:安徽省蚌埠市南外环路2001号
邮编:233050
电话:0552/3139284、3139718
电子信箱:tanyan822@126.com
法定代表人:杨威锋
质量体系:ISO 9001、ISO 14001
产品情况:(双箭牌)
CNG加气站系列压缩机、油田用系列压缩机、中高压系列压缩机、特种气体系列压缩机、工艺系列压缩机、动力系列压缩机
出口情况:出口亚洲、非洲、拉丁美洲、欧洲等地区

★安徽兆鑫集团汽车有限公司
地址:安徽省蒙城县307线牛群经济园区88号
邮编:233500
电话:0558/7652226、4008749797
传真:7653766
网址:www.zxqcjt.cn
电子信箱:zhaoxin@zxqcjt.cn
法定代表人:王兆新
单位人数:218
质量体系:ISO 9001
产品情况:(兆鑫牌)
栏板式半挂车、厢式运输半挂车、集装箱运输半挂车、低平板半挂车、自卸半挂车、散装水泥运输车、混凝土搅拌运输车、半挂车、洒水车、扫地车、压缩式垃圾车等60多个品种

★安徽省蒙城县华威汽车改装有限公司
地址:安徽省蒙城县307线牛群经济园区南侧
邮编:233500
电话:0558/7696355
传真:7691599
电子信箱:279730686@qq.com
法定代表人:邵焕朝
质量体系:ISO 9001
产品情况:(吉运牌)
各种半挂车

★安徽江淮安驰汽车有限公司
地址:安徽省蒙城县经济开发区园区路1号
邮编:233500
电话:0558/2976191
电子信箱:jacwlghk@126.com
法定代表人:李明
质量体系:IATF 16949、ISO 14001
产品情况:(江淮牌)
微型电动车三大平台、四大系列产品

★安徽开乐专用车辆股份有限公司
地址:安徽省阜阳市经济技术开发区105国道21号
邮编:236000
电话:4008895856
传真:2210108
网址:www.ahkaile.com
电子信箱:webmaster@ahkaile.com
法定代表人:秦少华
单位人数:2000
质量体系:ISO 9001、ISO 14001
产品情况:(开乐牌)
半挂车、车辆运输车、冷藏车、铝合金运油车、洗扫车、翼开启厢式车等,是解放、东风、重汽、陕汽、欧曼、江淮、红岩等知名主机品牌的改装车生产基地

★安徽省龙佳交通设备有限公司
地址:安徽省界首市鸭王工业园鸭王大道20号
邮编:236500
电话:0558/4893777、15398147777
传真:4806785
网址:www.ahljcl0558.com
法定代表人:于彬
质量体系:ISO 9001、ISO 14001
产品情况:(程达牌)
专业生产集装箱运输车、各种系列半挂车、全挂车、厢式货车、车辆运输车等各种产品

★利辛县江淮扬天汽车有限公司
地址:安徽省亳州市利辛县工业园创业路1号
邮编:236700
电话:0558/8809299
传真:8705999
网址:www.jwan.cn
法定代表人:邵磊
质量体系:ISO 9001、ISO 14001
产品情况:(金皖牌)
普通半挂车、集装箱半挂车、低平板半挂车、厢式半挂车、轿车运输半挂车、自卸车、冷藏车、保温车、厢式货车、客车防弹运钞车、皮卡变形车等

★安徽丰源车业有限公司
地址:安徽省亳州市利辛县工业园科技路6号
邮编:236700
电话:15855871117
传真:0558/7189999
网址:www.ahfycy.net
电子信箱:ahlxfycy@163.com
法定代表人:宣文灿
单位人数:110
质量体系:ISO 9001、ISO 14001
产品情况:(丰源中霸牌、FENGYUAN牌)
自卸式垃圾车、自卸汽车、水泥搅拌运输车、散装饲料运输车、低密度粉粒物料运输半挂车、仓栅式运输半挂车、自卸半挂车、厢式运输半挂车、集装箱运输半挂车、平板自卸半挂车、低平板半挂车;年生产能力可达4500台
出口情况:远销东南亚、中东、非洲、美洲等地区

★利辛县凯盛汽车有限公司
地址:安徽省亳州市利辛县工业园先进路2号
邮编:236700
电话:0558/8809111、18956810677
网址:www.lxksqc.com
电子信箱:lxksqc@163.com
法定代表人:李春凯
质量体系:ISO 9001、ISO 14001
产品情况:(凯烁牌)
混凝土搅拌车、高空作业车等专用车,自卸汽车,半挂车,厢式载货车等载货车

★安徽华兴车辆有限公司
地址:安徽省利辛工业园子胥大道66号
邮编:236734
电话:0558/8750999、4000007980
传真:8750777
网址:www.zzhxcl.com
电子信箱:president798@gmail.com
法定代表人:陈阳
质量体系:ISO 9001、ISO 14001
产品情况:(皖骏牌)
半挂车等

★安徽长安专用汽车制造有限公司
地址:安徽省六安市经济开发区前进路以南经三北路以东
邮编:237010
电话:0564/3392131、3392801
传真:3392131
电子信箱:zt732008@163.com
法定代表人:王竞宇
质量体系:ISO 9001、ISO 14001
产品情况:(天柱山牌、博微牌)
炊事车、卫星转播车、气象雷达车、应急抢险车、半挂车、指挥车、旅居车等

★安徽冀东华夏专用车有限公司
地址:安徽省六安市金安区经济开发区东七路西1号
邮编:237161
电话:13933583668、18931566355
电子信箱:1186987475@qq.com
法定代表人:张树银
质量体系:ISO 9001
产品情况:(华夏牌)
自卸汽车、纯电动厢式运输车等

★安徽天达汽车制造有限公司
地址:安徽省滁州市南谯区乌衣镇安宁路155号
邮编:239050
电话:0550/3918777、18805501166
传真:3911280
网址:www.ahtdjt.com
电子信箱:dianfu@ahtdjt.com

法定代表人:张殿甫
单位人数:300
质量体系:ISO 9001、ISO 14001
产品情况:(皖汽汽车牌)
半挂车粉粒物料运输车、搅拌运输车、自卸车等专用车,智能充电柱、冲压零件等

★安徽江淮扬天汽车股份有限公司
地址:安徽省滁州市南谯区乌衣镇扬天工业园
邮编:239050
电话:0550/3912222、3912219
传真:3914666
网址:www.yangtianauto.com
电子信箱:sales@yangtianauto.com
法定代表人:龚义华
质量体系:ISO 9001
产品情况:(江淮扬天牌)
环卫车、搅拌车、粉罐车、液罐车、低平板车、厢式车、集装箱车、自卸车、普通半挂车、车辆运输车共十大系列近200个品种

★长久(滁州)专用汽车有限公司
地址:安徽省滁州市苏滁现代产业园新安江路999号
邮编:239064
电话:4000602999
网址:www.changjiurv.com
电子信箱:cjzyc@changjiu.com.cn
法定代表人:王昕
质量体系:ISO 9001
产品情况:(恒信致远牌)
各种自卸挂车、各种粉罐车、液罐车、厢式货车、车辆运输车等

★明光浩淼安防科技股份有限公司
地址:安徽省明光市体育路151号
邮编:239400
电话:0550/8090112、8097563
传真:8097784
网址:www.mgxf.com
电子信箱:hmsw@mghm.cn
法定代表人:倪军
单位人数:400
质量体系:ISO 9001、ISO 14001
产品情况:(光通牌)
灭火类、专勤类、后援类、举高类、特种消防车以及警用车辆全部系列产品
出口情况:出口南美洲、中亚、东南亚、非洲等多个国家和地区

★芜湖中集瑞江汽车有限公司
地址:安徽省芜湖市高新技术产业开发区
邮编:241002
电话:0553/3022666、3022555
传真:3022316、3025869
网址:www.cimc-whrj.com
电子信箱:cimc.rj@gmail.com
法定代表人:孙春安
质量体系:IATF 16949
产品情况:(瑞江牌)
搅拌车、罐车、自卸车、低平板半挂车、普通半挂车、低密度粉粒物料运输车等
出口情况:远销亚洲、非洲、南美洲、东欧等国际市场

★奇瑞商用车(安徽)有限公司
地址:安徽省芜湖市经济技术开发区长春路16号
邮编:241009
电话:0553/2627003、4000615656
网址:www.cheryspv.com
电子信箱:qrzyc@mychery.com
法定代表人:周必仁
质量体系:ISO 9001、IATF 16949
产品情况:(捷途牌、开瑞牌、瑞弗牌、威麟牌)
冷藏车、售卖车、广宣车、体检车、救护车、防弹车、指挥车、车厢可卸式垃圾车、洗扫车、清障车、多功能抑尘车、旅居车、纯电动多用途乘用车、纯电动冷藏车、纯电动厢式运输车等经营、医疗、环卫、军警四大系列专用车产品

★芜湖宝骐汽车制造有限公司
地址:安徽省芜湖市南陵经济开发区洪湖路1号
邮编:241300
电话:0553/2390988、2390810
传真:2390810
电子信箱:83709210@qq.com
法定代表人:杨爱喜
质量体系:GJB 9001、ISO 9001
产品情况:(帅骐牌、劲骐牌、智骐牌)
插电式新能源城市客车、纯电动城市客车、纯电动厢式运输车、高端商务改装车、各类其他专用改装车等汽车整车产品及新能源动力系统、新能源电池系统等核心汽车零部件

★大创精密装备(安徽)有限公司
地址:安徽省芜湖市南陵县经济开发区丰收大工山路9号
邮编:241300
电话:0553/6819663、4000041609
传真:6819613
网址:www.dcjmzb.com
电子信箱:info@dcjmzb.com
法定代表人:郭秋林
质量体系:ISO 9001
产品情况:(英创斐得牌)
散装饲料半挂车、散装饲料车、畜禽运输半挂车、畜禽运输车、散装饲料罐等

★安徽鑫盛汽车制造有限公司
地址:安徽省宣城市广德县经济开发区国华路41号
邮编:242200
电话:0563/6960000、4009927896
传真:6980088
电子信箱:1404877065@qq.com
法定代表人:徐勤干
质量体系:ISO 9001、IATF 16949
产品情况:(沿锋牌)
纯电动厢式运输车、纯电动冷藏车等

★安庆安达尔汽车制造有限公司
地址:安徽省安庆市望江县经济开发区望江大道58号
邮编:246200
电话:0556/7200082
传真:2727000
网址:www.aqadr.com
电子信箱:3611606143@qq.com
法定代表人:时学伟
质量体系:ISO 9001
产品情况:(安达尔牌)
6~12米纯电动客车、天然气客车、燃油客车、纯电动物流车、纯电动专用车(移动警务室、清扫车、洒水车、吸污净化车)等系列产品

福建省

★福建常春专用车制造有限公司
地址:福州市滨海工业区江田段
邮编:350206
电话:0591/28788888、28707239
传真:28703239
网址:www.fjchangchun.com
电子信箱:fjchangchun@163.com
法定代表人:陈堃
单位人数:300
质量体系:ISO 9001
产品情况:(常春宇创牌)
平板式、厢式、栏板式、仓栅式、侧翻自卸式、罐式半挂车,专用集装箱,混凝土搅拌运输车、车载电源车、部队野练车等特种车辆

★福建蓝海专用汽车制造有限公司
地址:福建省罗源县罗源湾经济开发区蓝海汽车(动车站旁)
邮编:350600
电话:4008898676、18850775567
网址:www.landhighauto.com
电子信箱:lanhaifangche@163.com
法定代表人:王景盛
质量体系:ISO 9001
产品情况:(恒乐牌)
主要产品有拖挂房车、自行式旅居车、豪华商务车、救护车、校车、交通执法车、警务用车等车型,对拖挂房车、福建奔驰、厦门金龙、东南汽车等20多款车型进行生产改装

★福建中兴专用车制造有限公司
地址:福建省莆田市涵江区高新技术工业园区赤港涵新路4388号
邮编:351115
电话:0594/6600168
传真:3555668
网址:www.fjzhongxing.com
电子信箱:info@zxzyc.cn
法定代表人:林海洋

质量体系:ISO 9001
产品情况:(轻旅牌、闽旅牌)
已具备年产 2000 台铝合金车厢、碳钢车厢;铝合金罐式半挂车、铝合金罐式集装箱、集装箱半挂运输车等产品的生产能力

★福建海山机械股份有限公司
地址:福建省莆田市荔城区荔涵大道海山路 666 号
邮编:351144
电话:0594/5028999
传真:5028131
网址:www.hishan.com.cn
电子信箱:hishan@hishan.com
法定代表人:林文来
质量体系:ISO 9001
产品情况:(海山飓风牌)
主要从事特种环保车辆、步履式挖掘机等专用施工装备

★福建武夷汽车制造有限公司
地址:福建省南平市建阳区塔下工业园区(上陈)
邮编:354200
电话:0599/8059808、5834112
传真:5826608
电子信箱:fjwyqczz@163.com
法定代表人:黄国台
质量体系:ISO 14001、OHSAS 18001
产品情况:(双富牌)
环卫装备、电源车、随车起重运输车及其他专用车等四大类产品

★ 福建省闽铝轻量化汽车制造有限公司

地址:福建省南平市武夷高新技术园区宏达路 6 号
邮编:354300
电话:0599/5811777、4009181188
传真:8723517
电子信箱:fanyongda@mlfjnp.com
法定代表人:郑礼平
质量体系:ISO 9001、IATF 16949
产品情况:(闽铝轻量化牌)
主要生产钢铝混合运输半挂车、全铝运输半挂车、全铝车厢、新能源城配厢、铝合金公交车骨架、铝合金电池舱等多种铝合金专用车
配套情况:铝合金公交车骨架已经与厦门金旅、厦门金龙等达成战略合作,同时为全国多地公交公司提供铝合金轻量化公交车体;新能源城配厢已对快运滴形成完整的产品供应链;铝合金电池舱与福建巨电新能源公司达成战略合作
☞ 详细情况请参阅彩色宣传版面

★厦门金龙礼宾车有限公司
地址:福建省厦门市集美区航天路 506-510 号
邮编:361023
电话:4006618080
网址:www.kinglongcoach.com
电子信箱:zrr@kinglongcoach.com
法定代表人:张斌
质量体系:ISO 9001
产品情况:(金礼牌)
豪华多功能房车、商务车、厢式运输车等

★厦门厦工重工有限公司
地址:福建省厦门市集美区铁山路 585 号
邮编:361023
电话:0592/6389368、4008868602
传真:5681818
网址:www.xmxgzg.com
电子信箱:info@cmxgzg.com
法定代表人:范文明
质量体系:ISO 9001、ISO 14001
产品情况:(厦工牌、宇威牌)
矿用自卸车、环卫设备(压缩式垃圾车、自卸式垃圾车、全液压清扫车、洗扫两用车、吸污车、高压清洗车、自卸式固体物料回收车、垃圾中转站等)、混凝土搅拌站成套设备、半挂车、冷藏车等产品

★福建新华旭专用车制造有限公司
地址:福建省泉州市特种汽车基地 1 号路 2 号
邮编:362000
电话:0595/82005316、22468111
传真:82005319
网址:www.xinhuaxu.com
电子信箱:gx130220@autoinfo.gov.cn
法定代表人:黄炳福
质量体系:ISO 9001、ISO 14001
产品情况:(新华旭牌)
仓栅式运输车、各种半挂车、混凝土搅拌运输车、厢式运输车、自卸车

★福建省劲牛重工发展有限公司
地址:福建省晋江市永和镇邵厝工业区
邮编:362235
电话:0595/88088789、4008233789
传真:88096129
网址:www.jn2188.com
电子信箱:fjjn2188@126.com
法定代表人:邵火灶
质量体系:ISO 9001、ISO 14001
产品情况:(福众牌)
车厢可卸式垃圾车、压缩式对接垃圾车等

★福建群峰机械有限公司
地址:福建省南安市霞美镇滨江机械装备制造基地滨江大道 18 号
邮编:362300
电话:0595/86666801、86666805
传真:86666807
网址:hw.qunfeng.com
电子信箱:hw@qunfeng.com
法定代表人:徐金山
质量体系:ISO 9001、ISO 14001
产品情况:(群峰牌)
专业从事道路清扫车、洒水车、垃圾收运设备等一系列专业化环卫设备

★漳州科晖专用汽车制造有限公司
地址:福建省漳州市金峰开发区北斗工业园区金乐路 12 号
邮编:363000
电话:0596/2527778
传真:2523698
网址:www.zzkh.com
电子信箱:zzkh2005@126.com
法定代表人:许志伟
质量体系:ISO 9001、ISO 14001
产品情况:(科晖牌)
环卫专用车辆、移动应急电源车系列、立体停车设备等

★福建金霸龙汽车有限公司
地址:福建省漳州市蓝田经济开发区小港北路
邮编:363000
电话:0596/2172876、2172558
网址:www.fjjblqc.com
电子信箱:jinbalongqiche@yeah.net
法定代表人:吴淑凤
质量体系:ISO 9001
产品情况:(三龙龙江牌)
产品涵盖自卸汽车、载货汽车、厢式运输车、仓栅式运输车、越野自卸车、越野载货汽车、越野厢式运输车、越野仓栅式运输车等全品系

★福建泰华交通设备有限公司
地址:福建省漳州市招商局经济技术开发区招商大道 76 号
邮编:363105
电话:0596/6852726、6851088
传真:6851509
网址:www.dlscn.cn
电子信箱:mail@dlscn.cn
法定代表人:陈国伟
质量体系:ISO 9001
产品情况:(大力士牌)
各类半挂车、混凝土搅拌车、粉粒物料运输车、化工液体运输车、自卸车、油槽车等系列专用车
出口情况:远销东南亚、非洲、俄罗斯、澳大利亚、法国等 20 多个国家和地区

★福建毅宏专用汽车有限公司
地址:福建省龙海市隆教乡流会村
邮编:363106
电话:0596/6890312、4006123808
电子信箱:jiangqz@yihonggroup.com
法定代表人:叶萍萍
质量体系:ISO 9001
产品情况:(凯郡牌)
房车

★福建福环专用汽车制造有限公司
地址:福建省平和县迎宾路 369 号

邮编:363700
电话:0596/5263666、5263608
传真:5263900、5263616
电子信箱:gx130228@ autoinfo. gov. cn
法定代表人:陈理木
产品情况:(福环牌)
半挂车、随车起重运输车、厢式运输车、自卸车

★福建环海环保装备股份有限公司
地址:福建省龙岩市龙岩高新区南环路6号
邮编:364000
电话:0597/2566558、4008088998
传真:2568800
网址:www. fjhhhb. com
电子信箱:sales@ fjhhhb. com
法定代表人:王东海
单位人数:400
质量体系:ISO 9001、ISO 14001
产品情况:(福环海牌)
高速公路清扫及保洁、路面养护、市政环卫、扫路机和专项垃圾处理等产品系列

★福建侨龙应急装备股份有限公司
地址:福建省龙岩市新罗区东城东宝路421号
邮编:364000
电话:0597/2331592/91
传真:2331560
网址:www. fjqiaolong. com
电子信箱:fjql@ fjqiaolong. com
法定代表人:林志国
质量体系:ISO 9001、ISO 14001
产品情况:龙吸水系列大流量排水抢险车、应急排水车等应急专用车

★龙岩市海德馨汽车有限公司
地址:福建省龙岩市新罗区龙州工业园高新区金龙路6号
邮编:364000
电话:0597/3295602、3295659
传真:3295601
网址:www. rs - helios. com
电子信箱:hdxxzb@ tellhow. com
法定代表人:刘挺
单位人数:300
质量体系:ISO 9001、ISO 14001
产品情况:(海德馨牌)
医疗车、通信车、大流量排水抢险车、抢险救援照明车、指挥车、检测车、流动服务车、淋浴车、餐车、电力工程车、电源车、装备车、宿营车、防暴车、随车起重运输车、电源半挂车等车型

★福建龙马环卫装备股份有限公司
地址:福建省龙岩市经济开发区
邮编:364028
电话:0597/2290612、4008587959
传真:2290612
网址:www. fjlm. com. cn
电子信箱:fjlm@ fjlm. com. cn
法定代表人:张桂潮
单位人数:20591
质量体系:ISO 9001、ISO 14001
产品情况:(福龙马牌)
道路清扫车、多功能高压清洗车、清洗扫路车、绿化喷洒车、压缩式垃圾车、垃圾中转压缩站、自卸式垃圾车、纯电动密闭式桶装垃圾车、纯电动路面养护车等

★龙岩畅丰专用汽车有限公司
地址:福建省龙岩市高新区莲花大道136号
邮编:364101
电话:0597/3352566、3352522
传真:3352558
网址:www. fjcfzq. com
电子信箱:fjcfzq@ 163. com
法定代表人:魏富元
质量体系:ISO 9001、ISO 14001
产品情况:(畅丰牌)
应急电源车、高空带电作业车、旁路作业车、负荷转移车(移动箱变)、新能源充电车、移动换电车、通信指挥车、大流量排水车、冷藏车等

★福建省闽兴专用汽车有限公司
地址:福建省长汀县大同镇红星村南环路侧
邮编:366300
电话:0597/6819858、6819176
传真:6819158、6819555
电子信箱:fjmxgs@ 163. com
法定代表人:李国明
单位人数:350
质量体系:ISO 9001
产品情况:(闽兴牌)
自卸车、集装箱运输半挂车、栏板式散装货物运输半挂车、低平板运输半挂车、车辆运输半挂车、罐式车(粉粒物料运输半挂车、混凝土搅拌车)等
出口情况:远销美国、非洲、东南亚等国家和地区

江西省

★江西凯马百路佳客车有限公司
地址:南昌市经济开发区玉屏西大街149号
邮编:330013
电话:0791/88678522、83800925
传真:88678511
网址:www. bonluckbus. com
电子信箱:sales@ bonluckbus. com
法定代表人:李维
质量体系:ISO 9001
产品情况:(江西牌)
5.7 ~ 27 米的新能源、清洁能源、传统动力等各种动力客车,品种包含高档城市客车、旅游客车、团体客车、长途客车、房车、校车及特种客车

★江西江铃汽车集团改装车股份有限公司
地址:南昌市小蓝工业园迎福路2977号
邮编:330052
电话:0791/85985198、4006650666
网址:www. jmcsv. com
电子信箱:hhe@ jmc. com. cn
法定代表人:伍小林
单位人数:600
质量体系:ISO 9001、IATF 16949
产品情况:(江铃牌、江铃全顺牌、红都牌)
警用装备车、救护车、防弹运钞车、工程抢险车、检测监测车、流动服务宣传车、专业物流配送车、旅居车、纯电动厢式运输车等
出口情况:部分产品远销国外市场

★江西江铃集团特种专用车有限公司
地址:南昌市小蓝经济开发区金沙南大道388号
邮编:330052
电话:0791/85773307、85773813
传真:85791118
网址:www. jmtsv. com
电子信箱:1228814437@ qq. com
法定代表人:缪勇
质量体系:ISO 9001、ISO 14001
产品情况:(江铃江特牌)
冷藏车、保温车、自卸车、电源车、防爆车等特种专用车

★江西江铃专用车辆厂有限公司
地址:南昌市迎宾中大道658号
邮编:330052
电话:0791/85273733、85278332
电子信箱:zcheng1@ jmc. com
法定代表人:周亚倬
单位人数:800
质量体系:IATF 16949、ISO 14001
产品情况:(江铃牌、江铃全顺牌)
各类冷藏车、保温车、保鲜车、自卸车、邮政车、爆破器材运输车、压缩式垃圾运输车、电源车、道路清障车、油罐车、医疗废物转运车、仓栅车、采血车、消防装备保障车、消防抢险救援车、厢式运输车及其他各类特种车等

★江西制氧机有限公司
地址:江西省九江市城西港区石牛路27号
邮编:332103
电话:0792/8903190、8902555
传真:8903191
网址:www. jopm. cn
电子信箱:jyscb0792@ 163. com
法定代表人:赵大为
单位人数:500
质量体系:ISO 9001、GB/T 24001
产品情况:(五峰牌)
液氧、液氮、液氩、液态二氧化碳、液态乙烯及液化天然气(LNG)等低温

储罐、槽车，大型常压低温储罐，天然气加气站等
出口情况：远销欧美、日本、韩国、埃及、印度、俄罗斯、新加坡、印度尼西亚、委内瑞拉、阿联酋等国家和地区

★江西宜春客车厂有限公司
地址：江西省宜春经济技术开发区春潮路12号
邮编：336000
电话：0795/3666081 18897959656
网址：www.jxyike.com.cn
电子信箱：yizhen@jiangte.com
法定代表人：奉孝君
质量体系：ISO 9001、OHSAS 18001
产品情况：（中宜牌）
客车、纯电动客车、纯电动厢式运输车等

★江西特种汽车有限责任公司
地址：江西省宜春市袁州区宜春大道708号
邮编：336000
电话：0795/3653906
传真：3653906
电子信箱：jxqite@163.com
法定代表人：刘德明
质量体系：ISO 9001、ISO 14001
产品情况：（奇特牌）
后装式垃圾压缩车、自卸式全密封垃圾车、拉臂车、医疗废物转运车、纯电动自装卸式垃圾车等

★安源客车制造有限公司
地址：江西省萍乡市萍乡经济技术开发区郑和路8号
邮编：337000
电话：0799/6665008、6789629
传真：6331466
电子信箱：sales@ayvip.com
法定代表人：何林松
单位人数：1500
质量体系：ISO 9001
产品情况：（安源牌）
大、中型客车、纯电动城市客车、混合动力城市客车、旅游客车、幼儿及小学生专用校车、半挂车、保温车、旅居车等
出口情况：出口美国、澳大利亚、爱尔兰、欧洲、中东等国家和地区

★赣州江钨汽车改装有限公司
地址：江西省赣州经济技术开发区迎宾大道南侧
邮编：341000
电话：0797/8380722、8380709
传真：8380705
电子信箱：1533232592@qq.com
法定代表人：李恃农
质量体系：ISO 9001、ISO 14001
产品情况：（环球牌）
摆臂式垃圾车、仓栅式半挂车、车厢可卸式垃圾车、对接式垃圾车、集装箱半挂车、洒水车、洗扫车、压缩对接垃圾车等

★江西玖发专用车有限公司
地址：江西省赣州市南康区镜坝工业园新能源产业基地
邮编：341401
电话：0797/7280808
传真：8069755
网址：www.jfevcar.cn
电子信箱：lius1031@163.com
法定代表人：蔡定滨
质量体系：ISO 9001、ISO 14001
产品情况：新能源纯电动整车，包括市政环卫系列、快递物流系列、电商售货系列、国检及卫星消防系列、冷链车系列、宿营车系列等

★泰和县鹏翔挂车制造有限公司
地址：江西省吉安市泰和县文田工业园区
邮编：343700
电话：0796/5297888、13970658999
电子信箱：165443636@qq.com
法定代表人：叶申
单位人数：180
质量体系：ISO 9001
产品情况：（鹏合牌）
主要产品有半挂车、仓栅式半挂车、厢式半挂车、自卸车半挂车、集装箱运输半挂车、粉粒物料运输半挂车及其他特种半挂车

★江西钧天机械有限公司
地址：江西省抚州市临川区园纵四路
邮编：344000
电话：0794/7078862、4008626116
传真：7078867
网址：www.jt-auto.net
电子信箱：juntian268@163.com
法定代表人：陈强强
单位人数：120
质量体系：ISO 9001、ISO 14001
产品情况：（钧天牌）
商务车、护栏抢修车、指挥车
出口情况：远销欧洲、美洲、东南亚等20多个国家和地区

★江西省金驰专用汽车有限公司
地址：江西省抚州市高新技术产业园纬六路
邮编：344131
电话：0794/8257977、8260009
电子信箱：673423910@qq.com
法定代表人：韩梅娇
质量体系：ISO 9001
产品情况：（瀚驰龙牌）
生产自卸车、半挂车、仓栅车、厢式车、洒水车、集装箱运输车、油罐车等产品

山东省

★山推建友机械股份有限公司
地址：济南市市中区段店南路268号
邮编：250022
电话：0531/89815377、4006188199
网址：www.janeoo.com
电子信箱：janeoo_yxb@shantui.com
法定代表人：孙甲利
单位人数：700
质量体系：ISO 9001、ISO 14001
产品情况：（建友牌）
混凝土搅拌运输车、混凝土泵车、干混砂浆背罐车、干混砂浆运输车等
出口情况：出口55个国家和地区

★济南中鲁特种汽车有限公司
地址：济南市历城区董家镇五里堂工业园
邮编：250032
电话：0531/83682355、83682358
传真：83687738、83682359
网址：www.zltruck.com
电子信箱：jnzlqc@126.com
法定代表人：石建良
质量体系：ISO 9001
产品情况：（双达牌）
主要生产军用特种车、危险化学品运输车、环卫车、行政执法车等专用汽车、多用途工程车

★济南豪瑞通专用汽车有限公司
地址：济南市天桥区药山工业大魏庄东路
邮编：250032
电话：0531/85765577、68820728
传真：85765577
网址：www.jnhrt.com
电子信箱：jnhrtzq@163.com
法定代表人：胡宝明
质量体系：ISO 9001
产品情况：（圆易牌）
自卸汽车、混凝土搅拌车、压缩式垃圾车、吸污车、洒水车、随车起重运输车、粉粒物料车等系列产品
出口情况：远销俄罗斯、哈萨克斯坦等国家

★中国重汽集团济南豪沃客车有限公司
地址：济南市高新区华奥路777号重汽科技大厦
邮编：250101
电话：0531/58061285、4001888666
网址：www.sinotrukbus.com.cn
电子信箱：hwsh@sinotrukbus.com.cn
法定代表人：刘培民
质量体系：ISO 9001、IATF 16949
产品情况：（HOWO牌、黄河牌）
5.5~24米的各型中高档公路客车、城市公交客车、旅游客车、团体客车、校车、油汽混合动力车、新能源车等

★山东聚鑫专用车制造有限公司
地址：济南市章丘区城东工业园聚鑫大

道 1 号
邮编:250200
电话:0531/83328766、83322288
传真:83318971
网址:www. jxzyqc. com
电子信箱:sdjxgjg@ 163. com
法定代表人:高润书
质量体系:ISO 9001
产品情况:(鲁专聚鑫牌)
新型城市智能渣土、新能源车等专用车产品的研发制造,并专注于轻量化的研究与应用

★济南萨博特种汽车有限公司
地址:济南市章丘区明水经济开发区工业四路 1819 号
邮编:250200
电话:0531/83726578、83726579
传真:83726580
网址:www. jnsabo. com
电子信箱:lakbwc@ 163. com
法定代表人:赵传飞
单位人数:360
质量体系:GJB 9001A、ISO 14001
产品情况:(飓风牌)
排水车、电源车、高等级路面养护车、沥青洒布车、机场除胶车、燃气管道抢险车、应急移动通信车、红钢坯热送车、各行业工程抢险车辆及装备抢修车辆、半挂车和各吨位铁水运输车及铁水罐、洒水车、垃圾车、大吨位加油车、应急移动通信基站、混凝土搅拌站等
出口情况:远销欧洲、南亚、东南亚等地区

★中集车辆(山东)有限公司
地址:济南市章丘区明水经济开发区金石东路 8001 号
邮编:250200
电话:0531/85833000、4006172737
传真:85833299
网址:www. cimc - sd. com
电子信箱:jiyin. han@ cimc. com
法定代表人:翟敬雄
质量体系:ISO 9001、ISO 14001
产品情况:(国道牌)
厢式系列(冷藏保温车、厢式运输车、快换集装箱及各种方舱等)、特种专用车系列(应急移动通信车、消防车等)、军品系列等适用载重吨位 0.5 ~ 40 吨的各类型专用车产品
出口情况:出口俄罗斯、苏丹、越南、阿尔及利亚、哈萨克斯坦、新加坡等国家和地区

★普天新能源汽车(山东)有限公司
地址:济南市章丘区双山街道办事处福康路 665 号
邮编:250200
电话:0531/83256024、13705416317
网址:www. jnputian. com
电子信箱:jnptsc@ 163. com
法定代表人:韩吉伟
单位人数:800
质量体系:ISO 9001
产品情况:(鸿雁牌)
邮政车、电信用车、电力工程车、电视转播车、微波通信车、应急电源车、应急通信车、后栏板起重运输车、厢式运输车、防弹运钞车、救护车、军用/警用车、翼开启厢式车等;铝合金油箱、油箱支架、发动机支架等汽车配件产品

★中国重汽集团济南专用车有限公司
地址:济南市章丘区枣园街道潘王路 17668 号(世纪大道以北)
邮编:250220
电话:0531/58064292、58064298
传真:58064296
网址:www. lvyes. cn
电子信箱:yljxc@ sinotruk. com
法定代表人:陈彦博
单位人数:600
质量体系:ISO 9001
产品情况:(绿叶牌)
绿化喷洒车、洒水车、加(运)油车、化工液体运输车、车厢可卸式压缩垃圾车、吸污车、吸粪车、高压清洗车、混凝土搅拌运输车、粉粒物料运输车、自卸车、厢式车、半挂车、净水车等
出口情况:出口俄罗斯、蒙古、中东、东南亚、南美洲、非洲等国家和地区

★山东巨威汽车制造有限公司
地址:山东省德州市齐河经济开发区名嘉中路 2 号
邮编:251100
电话:0534/5335777、4001654789
网址:www. juweiqiche. com
电子信箱:juweiqiche999@ 163. com
法定代表人:滕涛
质量体系:ISO 9001、GB/T 28001
产品情况:(巨威牌)
B 型房车、C 型房车、营地时房车、拖挂式房车

★山东省惠民县佳通机械制造有限公司
地址:山东省滨州市惠民县皂户李乡幸福郑村
邮编:251717
电话:0543/5250066、15966381300
电子信箱:sdhmjiatong@ 163. com
法定代表人:田吉彬
质量体系:GB/T 19001
产品情况:(欣意通牌)
仓栅式半挂车、厢式车、罐车、清障车等

★无棣县宏通机械设备有限公司
地址:山东省滨州市无棣县海丰街道五里堡村
邮编:251900
电话:13954393937
电子信箱:3178019603@ qq. com
法定代表人:刘洪涛
质量体系:ISO 9001
产品情况:机械配件、挂车配件制造、半挂车、厢式车、自卸车、运输车、清障车生产

★聊城巨龙新能源车业有限公司
地址:山东省聊城鲁西经济开发区莘县小康街东首路北
邮编:252000
电话:0635/7516681
电子信箱:1016819868@ qq. com
法定代表人:董经代
质量体系:ISO 9001
产品情况:新能源汽车

★聊城中通新能源汽车装备有限公司
地址:山东省聊城市经济开发区中华北路 9 号
邮编:252000
电话:0635/8516099、4006588080
网址:www. zhongtongauto. com
电子信箱:hangll@ zhongtongauto. cn
法定代表人:王书太
质量体系:ISO 9001、ISO 14001
产品情况:(中通牌、东岳牌)
客车、新能源客车、校车,地下管网疏通车、多功能洗扫车、医用车、指挥车、公检法用车、邮政车、物流用车、旅居车、混凝土搅拌运输车等专用车;具备年产客车 20000 辆、专用车 10000 辆、汽车底盘 10000 辆的能力
出口情况:客车、专用车产品畅销 60 多个国家和地区

★鲁西新能源装备集团有限公司
地址:山东省聊城市经济开发区辽河路 28 号
邮编:252042
电话:0635/8518936、8515586
传真:8518936
网址:www. luxixny. com
电子信箱:luxixnyzbjt@ 126. com
法定代表人:刘凯
单位人数:300
质量体系:ISO 9001、GB/T 24001
产品情况:(鲁西牌)
压缩气体装备系列:长管拖车、车用压缩天然气气瓶等;加气(液)站;专用车系列:各类承压罐车、液体、固体罐式运输车(含危化品)、骨架车、各规格行走机构等
出口情况:远销东南亚、西亚、北欧、西欧、美洲、非洲、中东等国家和地区

★东阿县中亚专用汽车有限公司
地址:山东省聊城市东阿县姜楼镇北 500 米路西
邮编:252212
电话:0635/3546188、3544777
传真:3544777
电子信箱:13563009998@ 163. com

法定代表人:佟杰
产品情况:(齐鲁中亚牌)
半挂车(厢式、仓栅式、平板式、集装箱式、罐式)、汽车改装车、罐式集装箱

★山东阳谷飞轮挂车制造有限公司
地址:山东省阳谷县城南五公里费楼工业园
邮编:252300
电话:0635/6334888
传真:6334129
网址:www.ygflzq.com
电子信箱:ygflzq@163.com
法定代表人:费振达
单位人数:600
质量体系:ISO 9001
产品情况:(景阳岗牌)
普通半挂车、厢式车、集装箱运输半挂车、仓栅式运输车、自卸车、罐式车、混凝土搅拌运输车、粉粒物料运输车等

★山东宏冠车辆有限公司
地址:山东省冠县北环路东首
邮编:252500
电话:0635/5451006、13336255799
传真:5452696
网址:www.sdhgcl.com
电子信箱:shandonghongguan@163.com
法定代表人:谢云杰
质量体系:ISO 9001
产品情况:(齐鲁宏冠牌)
半挂车、粉粒物料运输半挂车、鲜活农产品运输半挂车、厢式运输半挂车、仓栅式运输半挂车、集装箱运输半挂车、旅居车等

★聊城聊工工程机械有限公司
地址:山东省冠县工业园区(店子镇西化村)
邮编:252500
电话:0635/7125558、15206359222
网址:www.sdlgjt.com
电子信箱:liaogongjituan@126.com
法定代表人:刘跃波
质量体系:ISO 9001
产品情况:(聊工牌)
车厢可卸式汽车、自卸车、冷藏车、平板自卸车、散装粮食运输车、斯太尔自卸式垃圾车、随车起重运输车、翼开启厢式车、自卸式垃圾车及核心关键零部件等系列工程机械产品

★山东双力专用车有限公司
地址:山东省冠县贾镇工业园
邮编:252500
电话:0635/5811666
网址:www.zgshuangli.com
电子信箱:sdsl2118@163.com
法定代表人:宫增民
单位人数:600
质量体系:ISO 9001
产品情况:(双力牌)
三轮汽车、低速载货汽车、玉米联合收割机、轮式拖拉机等九大系列产品

★冠县益通车辆有限公司
地址:山东省冠县贾镇高庄铺村
邮编:252513
电话:0635/5810222、13963595688
网址:www.yitongcheliang.cn
电子信箱:13963595688@163.com
法定代表人:丁立宪
单位人数:100
质量体系:ISO 9001
产品情况:(申宝牌)
半挂车、仓栅车、自卸车、罐式车、集装箱、轻型特种半挂车等20余种产品

★山东冠通车辆有限公司
地址:山东省聊城市冠县店子镇工业园
邮编:252522
电话:0635/5810777、2193888
传真:5239888
电子信箱:734617682@qq.com
法定代表人:王占武
质量体系:ISO 9001
产品情况:(山通牌)
半挂车、自卸汽车、纯电动仓栅式运输车等

★临清市联迅汽车科技有限公司
地址:山东省临清市经济开发区(先锋路东首路南)
邮编:252600
电话:0635/2318805、15863550555
电子信箱:15863550555@163.com
法定代表人:张仰光
质量体系:ISO 9001
产品情况:(迅力牌)
自卸车、挂车、罐式车、军车、环卫车辆六大类200多个品种,具有年产10000辆轻量化专用车的生产能力
出口情况:出口俄罗斯、越南、菲律宾、安哥拉、非洲等10多个国家和地区

★山东凯旺新能源汽车科技有限公司
地址:山东省德州市经济技术开发区崇德十大道88号
邮编:253000
电话:0534/8315118、4008513866
传真:8315116
网址:www.sdkaiwang.com
电子信箱:sdkaiwang@163.com
法定代表人:王连福
质量体系:ISO 9001
产品情况:高效电驱动动力产品、仓栅式纯电专用车、厢式纯电动专用车、市政专用纯电动运输车等新能源专用车产品,仓栅系列挂车、厢式系列挂车、集装箱系列半挂车等产品

★山东齐鲁汽车制造有限公司
地址:山东省武城县运河经济开发区
邮编:253300
电话:0534/5073301、15315873111
传真:5073308
网址:www.qilubus.com
电子信箱:qiluxinnengyuan@163.com
法定代表人:李杜芹
质量体系:ISO 9001
产品情况:(齐鲁牌)
6~13.7米的高、中、普级20多种客车及天然气客车、厢式货车、纯电动城市客车、纯电动厢货物流车

★山东丽驰新能源汽车有限公司
地址:山东省德州市陵城区经济开发区迎宾街66号
邮编:253500
电话:0534/8820029
网址:www.lichi-cn.com
电子信箱:3787310498@qq.com
法定代表人:张华军
质量体系:ISO 9001
产品情况:(丽驰牌)
具备年产30万辆纯电动汽车的生产能力

★淄博舜泰汽车制造有限公司
地址:山东省淄博市临淄经济开发区智能制造产业园
邮编:255000
电话:4000808937
网址:www.itsuntae.com
法定代表人:王磊
质量体系:ISO 9001
产品情况:与东风、北汽等企业形成车型共享,生产以中短途、小微型纯电动商用车为基础的系列车型

★山东汇强车辆制造有限公司
地址:山东省淄博市博山区东过境路(白塔镇因阜村)
邮编:255200
电话:0533/2923278、18353395880
网址:www.huiqiangcheliang.com
法定代表人:张咏磷
质量体系:ISO 9001、ISO 14001
产品情况:主导产品为大型综合除冰液洒布车、机场综合除雪车、飞机除冰车、压缩垃圾车、洗扫车、养护车、洒水车、高空作业车、园林修剪及树叶收集车及其他应急设备,年生产能力1000台套

★山东鑫能昆冈轻量化装备有限公司
地址:山东省淄博市临淄区临淄大道1499号
邮编:255200
电话:0533/4280854、7484809
传真:48280940
电子信箱:zbwct@163.com
法定代表人:黄明信
质量体系:ISO 9001
产品情况:(鲁征牌)
厢式运输车、洒水车、铝合金集装

箱运输半挂车
出口情况:出口液氧、液化二氧化碳汽车半挂槽车及封闭式储罐 32 万(套)

★山东齐鲁机械深冷装备有限公司
地址:山东省淄博市临淄区辛化路 1 号
邮编:255499
电话:0533/7582738、7850279
电子信箱:348744327@ qq. com
法定代表人:张立国
质量体系:ISO 9001、OHSAS 18001
产品情况:(齐机牌)
自卸半挂车、集装箱运输半挂车、液态食品运输半挂车、润滑油罐式运输半挂车、铝合金运油半挂车、普通液体运输半挂车、危险品罐箱骨架运输半挂车、铝合金易燃液体罐式运输半挂车

★山东三星机械制造有限公司
地址:山东省滨州市邹平县韩店镇工业园
邮编:256209
电话:0543/4663661、4006236088
传真:4866760
网址:www. sxjixie. com
电子信箱:joey@ sxjixie. com
法定代表人:韩文来
单位人数:600
质量体系:ISO 9001、OHSAS 18001
产品情况:(明航牌)
铝合金罐式半挂车、仓栅式半挂车、厢式运输半挂车、液体运输专用车等

★沾化瑞通专用汽车制造有限公司
地址:山东省滨州市开发区大高航空产业园
邮编:256802
电话:0543/7530888、7530666
传真:7530999
电子信箱:867665808@ qq. com
法定代表人:毕新强
单位人数:300
质量体系:ISO 9001、ISO 14001
产品情况:(弘瑞通牌)
从事改装、油罐车、粉粒物料运输车、半挂车、特种车的生产、零部件制造

★胜利油田孚瑞特石油装备有限责任公司
地址:山东省东营市南一路 203 号
邮编:257082
电话:0546/8612581、8611983
传真:8612581、8611950
电子信箱:g-freet. slyt@ sinopec. com
法定代表人:马厚全
单位人数:1526
质量体系:ISO 9001、ISO 14001
产品情况:(胜工牌)
石油专用管加工、石油装备制造、特种车辆改装和石油工程技术服务

★胜利油田高原石油装备有限责任公司
地址:山东省东营市东城府前街 82 号
邮编:257091
电话:0546/6385862、6383679
传真:6385862
网址:www. chinahighland. com
电子信箱:salescn@ chinahighland. com
法定代表人:谭俊
单位人数:2300
质量体系:ISO 9001、ISO 14001
产品情况:(胜利高原牌)
石油钻井机械、试压车、防砂泵车、修井机

★山东明珠专用汽车制造有限公司
地址:山东省东营市垦利县经济开发区宝丰路以西
邮编:257599
电话:0546/6380777、6082790
传真:6380777
网址:www. sdmzzq. com
电子信箱:sdmzzq@ 163. com
法定代表人:李小功
质量体系:ISO 9001、ISO 14001
产品情况:(河海明珠牌)
冷藏车、市政车、液体运输车、半挂车、智能渣土自卸车等

★潍坊宝利专用车有限公司
地址:山东省潍坊市潍城区西环路与泰祥街交叉口西 200 米路南
邮编:261057
电话:0536/8161996、13863631711
传真:8167833
电子信箱:lt_zhuanyong@ 163. com
法定代表人:王玉成
单位人数:378
质量体系:ISO 9001、ISO 14001
产品情况:(驼山牌)
半挂车、厢式车、进口、国产、重型、轻型货车、客车和各类轿车

★山东荣昊专用汽车有限公司
地址:山东省高密市平日路与济青高速路交叉处鹏程工业园
邮编:261505
电话:0536/2869882、2502222
传真:2502666
网址:www. rohauto. net
电子信箱:rohauto@ 163. com
法定代表人:王光文
质量体系:ISO 9001
产品情况:(荣昊牌)
化工液体运输半挂车、粉粒物料运输车、运油半挂车、冷藏车、自卸车、集装箱半挂车、轿车运输车、可移动式垃圾车、真空抽吸排污车、水泥搅拌罐车、洒水车等 100 多个品种

★雷沃重工股份有限公司
地址:山东省潍坊市坊子区北海南路 192 号
邮编:262200
电话:0536/7602065
传真:2288631
网址:www. lovol. com. cn
电子信箱:ftgsdsb@ 163. com
法定代表人:王桂民
单位人数:13000
质量体系:ISO 9001
产品情况:(福田五星牌)
正三轮摩托车、电动正三轮摩托车等
出口情况:远销欧洲、非洲、南亚、东南亚等地区

★山东奥扬新能源科技股份有限公司
地址:山东省诸城市北外环路西首
邮编:262200
电话:0536/6073206、4000536266
网址:www. auyan. cn
电子信箱:qihaifeng@ auyan. cn
法定代表人:苏伟
单位人数:141
质量体系:IATF 16949、ISO 14001
产品情况:(奥扬牌)
平板运输车、车用 LNG 智能供气系统系列产品、LNG 加气站等深冷装备

★山东正泰希尔专用汽车有限公司
地址:山东省诸城市密州东路 98 号
邮编:262200
电话:40088008609
传真:6055288
网址:www. xierqiche. com
电子信箱:xier@ xierqiche. com
法定代表人:李希春
质量体系:ISO 9001、OHSAS 18001
产品情况:(春田牌、希尔牌)
冷藏车、爆破器材运输车、房车、餐饮车、旅居车、军警用车、检修检测车、勘察指挥车、全自动拉伸膜包装机、文化广告宣传车、电源工程车、军用方舱、厢式车和随车起重运输车等

★山东乾龙专用汽车有限公司
地址:山东省诸城市密州街道工业大道南路一号
邮编:262200
电话:0536/6051138、15053688319
传真:6051138
网址:www. sdqianlong. cn
电子信箱:wqyqianlong@ 163. com
法定代表人:张秀英
质量体系:ISO 9001
产品情况:(荣沃牌、龙锐牌)
洒水车、吸污车、垃圾车、载货汽车、仓栅式车、厢式车、固井水泥车、自卸车、半挂车、混凝土搅拌车、油罐车、餐厨垃圾车等特种车

★山东瑞泰宝驰专用汽车有限公司
地址:山东省诸城市薛馆路北侧(桥头部队西)
邮编:262200
电话:0536/5838588、4001385788
网址:www. ruitaibaochi. com

电子信箱:hechunxiao1976@ 163. com
法定代表人:脱瑞辉
质量体系:ISO 9001
产品情况:(洁星牌)
冷藏车、保温车、翼展车、玻璃钢蜂窝板厢、物流配载运输车、厢式运输车、医疗垃圾车、畜禽运输车、瓦楞板、铝板等专用车

★卡特彼勒(青州)有限公司
地址:山东省青州市南环路 12999 号
邮编:262500
电话:0536/6138511、13792675279
传真:6138512
网址:www. caterpillar. com
电子信箱:sem_sales_helpdesk@ cat. com
法定代表人:陈其华
单位人数:2000
质量体系:ISO 9001、ISO 14001
产品情况:(CAT950GC 牌、山工机械牌)
装载机、推土机、压路机、平地机、垃圾压实机等整机及路面机械结构件、工作机具等零部件
出口情况:远销俄罗斯、中东、非洲、巴西、阿根廷等国家和地区

★山东汇宇重工有限公司
地址:山东省寿光市东环路 3369 号
邮编:262700
电话:0536/5671519、5673063
传真:5671519
电子信箱:sdhyzg@ 163. com
法定代表人:韩来明
质量体系:ISO 9001
产品情况:(恒同牌)
汽车改装、挖掘机、清扫机等

★山东华岳重工有限公司
地址:山东省寿光市西环路 2201 号
邮编:262702
电话:0536/5506020、4001660309
传真:5506015
电子信箱:124440096@ qq. com
法定代表人:李强
质量体系:ISO 9001
产品情况:(树山牌)
具备年产环卫车 7000 辆、半挂改装车 4000 辆的生产能力

★烟台海德专用汽车有限公司
地址:山东省烟台市牟平区三山大街 529 号
邮编:264100
电话:0535/4212008
传真:4212572
电子信箱:cleanauto@ 163. com
法定代表人:宋宪礼
单位人数:500
质量体系:ISO 9001、ISO 14001
产品情况:(海德牌)
各种专用车辆及清洁机械,主要产品有扫路车、多功能高压清洗车、管道疏通车、自卸式垃圾车、食物垃圾收运车、垃圾压缩站、车厢可卸式垃圾车、推雪铲、扬雪机、随车起重运输车等八大系列,40 多个品种
出口情况:出口中东、东南亚、印度、美洲、欧洲等国家和地区

★威海广泰空港设备股份有限公司
地址:山东省威海市环翠区黄河街 16 号
邮编:264200
电话:0631/3953100
网址:www. guangtai. com. cn
电子信箱:guangtai@ guangtai. com. cn
法定代表人:李光太
单位人数:2100
质量体系:ISO 9001、ISO 14001
产品情况:(广泰牌)
移动医疗车系列、旅居车系列和警用车系列等特种车辆
出口情况:出口亚洲、非洲、欧洲、大洋洲的 30 多个国家和地区

★威海怡和专用车有限公司
地址:山东省威海市草庙子工业新区开元西路 2 号
邮编:264203
电话:0631/5780307、5581505
传真:5581507
网址:www. yiheauto. com
电子信箱:sales@ yihe - cn. cn
法定代表人:孙传永
单位人数:577
质量体系:ISO 9001
产品情况:(前兴牌)
主导产品包括清障车、应急通信车、环卫专用车辆、油田专用车辆、医疗车、高空作业平台等八大系列 50 多个品种

★荣成康派斯新能源车辆股份有限公司
地址:山东省荣成市兴隆路 187 号
邮编:264300
电话:0631/7552999、18663199913
传真:7575000
网址:www. compaksrv. com
法定代表人:王位元
质量体系:ISO 9001、ISO 14001
产品情况:(康派斯房牌)
自驾式房车、拖挂式房车、房车专用汽车配件、专用车改装等

★威海顺丰专用车制造股份有限公司
地址:山东省威海市文登经济开发区大连路 9 号
邮编:264400
电话:0631/8083666、8667688
网址:www. whsfqc. com
电子信箱:sf. 6666@ 163. com
法定代表人:李军
质量体系:ISO 9001、ISO 14001
产品情况:(路路通牌)
半挂车等

★北汽黑豹(威海)汽车有限公司
地址:山东省威海市文登经济开发区珠海东路 35 号
邮编:264400
电话:0631/8082136、8787799
网址:www. heibao. com
电子信箱:dahbfgb@ 163. com
法定代表人:丛拥军
产品情况:北汽轻型货车、黑豹微型载货汽车、工程自卸车、厢式运输车等系列产品
出口情况:远销中亚、东南亚、非洲等地区

★山东文登黑豹汽车有限公司
地址:山东省威海市文登区经济开发区珠海东路 35 号
邮编:264400
电话:0631/8082136、8082138
电子信箱:sbq168@ 126. com
法定代表人:荣浩
质量体系:ISO 9001
产品情况:(黑豹牌)
微型载货汽车、工程自卸车、厢式运输车等;年产能力 10 万辆
出口情况:出口埃及、秘鲁、巴基斯坦、阿根廷、巴拉圭、委内瑞拉等 10 多个国家

★烟台杰瑞石油装备技术有限公司
地址:山东省烟台市莱山区杰瑞路 27 号
邮编:264680
电话:0535/6766386、4008162161
网址:www. jereh - pe. com
电子信箱:jrsales@ jereh. com
法定代表人:孙伟杰
质量体系:ISO 9001、ISO 14001
产品情况:(杰瑞牌)
产品系列包括钻修井成套设备、固井成套装备、压裂成套装备、连续油管成套装备、氮气发生及泵送设备、高压流体产品等 100 余种
出口情况:出口南美洲、俄罗斯、澳大利亚、非洲等国家和地区

★方圆集团有限公司
地址:山东省海阳市方圆工业园
邮编:265100
电话:0535/3221111、3298418
传真:3221660
网址:www. china - fangyuan. com
电子信箱:master@ china - fangyuan. com
法定代表人:高秀
单位人数:4000
质量体系:ISO 9001、ISO 14001
产品情况:(FYG 牌)
JZC、JS 系列混凝土搅拌机、PLD 系列混凝土配料机、HBT 系列混凝土泵、HZS 系列混凝土搅拌站、TC 系列塔式起重机、SC 系列施工升降机、WBZ 系列

稳定土拌和站、JZL 系列电动履带桩机、FY 系列混凝土搅拌输送车等
出口情况:远销 30 多个国家和地区

★山东鸿达建工集团有限公司
地址:山东省莱阳市龙门东路 26 号
邮编:265200
电话:0535/7287521、4006582626
传真:7287521
网址:www.sdhd.com.cn
电子信箱:web@sdhd.com.cn
法定代表人:于函令
质量体系:ISO 9001
产品情况:(铁力士牌)
混凝土搅拌站、混凝土臂架泵车、混凝土输送泵、车载式混凝土泵、混凝土搅拌输送车、沥青混合搅拌设备、液压旋挖钻机、切削钻机、冲击钻机、小型挖掘机、塔式起重机、施工升降机等十三大系列 150 多个品种
出口情况:出口亚洲、欧洲、非洲、北美洲的 50 多个国家和地区

★烟台舒驰客车有限责任公司
地址:山东省莱阳市龙门西路 259 号
邮编:265200
电话:0535/7458007、7586807
传真:7586817
网址:www.bestbus.cn
电子信箱:shuchi88@163.cn
法定代表人:于忠国
单位人数:700
质量体系:ISO 9001、IATF 16949
产品情况:(舒驰牌)
大、中、轻型,高、中、普档公路客车、旅游客车、城市客车、校车、纯电动客车,涵盖 6~13.7 米的各型燃油、燃气客车和纯电动客车产品
出口情况:远销俄罗斯、阿尔及利亚、新西兰、秘鲁、哥伦比亚、赞比亚、新加坡、伊朗、泰国等 20 多个国家和地区,并销往中国台湾地区

★蓬莱市兴华汽车改装有限公司
地址:山东省蓬莱市经济开发区蓬寨路 1 号
邮编:265600
电话:0535/5648899、5622669
传真:5643999、5648808
电子信箱:manager@xinghua-china.com
法定代表人:吕顺兴
单位人数:800
质量体系:ISO 9001
产品情况:(兴华牌)
半挂车和自卸车

★山东蓬翔汽车有限公司
地址:山东省蓬莱市南环路 5 号
邮编:265607
电话:0535/5642374、4001590600
传真:5646034
网址:www.sdpxqc.com
电子信箱:bgs@sdpxqc.com
法定代表人:刘晓东
单位人数:1250
质量体系:IATF 16949、ISO 9001
产品情况:(蓬翔牌)
专用车、中重型货车桥、液压件和货车车架,具备年产 2 万辆专用车、20 万根驱动桥、5 万根转向桥、5 万套悬架、2 万套液压系统和 3 万套货车车架的综合生产能力
出口情况:出口南亚、中东、中美洲等地区

★山东吉鲁汽车改装有限公司
地址:山东省蓬莱市大辛店镇高速收费口北 600 米路西
邮编:265612
电话:0535/3352881、4000139566
传真:3352881
网址:www.bgzxche.net
电子信箱:ceo@bgzxche.net
法定代表人:王昌铖
单位人数:200
质量体系:ISO 9001、ISO 14001
产品情况:(吉鲁恒驰牌)
半挂车等
出口情况:远销蒙古、阿联酋、尼日利亚等多个国家

★山东丛林福禄好富汽车有限公司
地址:山东省龙口市丛林工业区北二路
邮编:265705
电话:0535/8567976、8561243
传真:8567976
网址:www.clfh.com.cn
电子信箱:yingye@clfh.com.cn
法定代表人:王惠勇
单位人数:160
质量体系:ISO 9001
产品情况:(丛林牌)
铝合金厢式挂车、冷藏保温车、集装箱式挂车、翼展车等轻量化高端商用车等

★ 青特集团有限公司
地址:山东省青岛市城阳区正阳东路 777 号
邮编:266000
电话:0532/87810000
传真:87810000
网址:www.qingtegroup.com
电子信箱:qingtegroup@qingtegroup.com
法定代表人:纪爱师
质量体系:ISO 14001、ISO 45001
产品情况:(青特牌)
具有年产特种汽车 1 万辆,各种轻、中、重型货车及大型客车系列车桥 45 万套、支撑桥 10 万支、铸件 6 万吨的能力
出口情况:远销亚洲、美洲、欧洲、非洲的多个国家和地区
☞ 详细情况请参阅彩色宣传版面

★青岛科尼乐集团有限公司
地址:山东省青岛市城阳区玉皇岭工业园
邮编:266107
电话:0532/87876387
传真:89651313
网址:www.conelejt.com
电子信箱:coneleoffice@163.com
法定代表人:林礼津
单位人数:1200
质量体系:ISO 9001
产品情况:(科尼乐牌)
混凝土泵、混凝土泵车、混凝土布料机、混凝土输送泵、混凝土臂架泵、混凝土车载泵、混凝土搅拌拖泵等
出口情况:远销俄罗斯、哈萨克斯坦、巴基斯坦、伊朗、蒙古、菲律宾、新加坡、马来西亚、越南、印度尼西亚、澳大利亚、罗马尼亚、亚美尼亚、埃及、尼日尔、刚果等国家

★青岛中汽特种汽车有限公司
地址:山东省青岛市城阳区祺阳路 1 号
邮编:266109
电话:0532/87967555、87869236
电子信箱:teche@qingtegroup.com
法定代表人:纪爱师
质量体系:ISO 9001、ISO 14001
产品情况:(青特牌)
自卸车、半挂车、大吨位载货汽车、高空作业车、工程系列用车、城市环卫用车、军用及特种作业车、市政作业车、施工工程车、机场专用车、油田专用车等
出口情况:远销欧洲、美洲、东南亚、非洲、中亚等几十个国家和地区

★中车四方车辆有限公司
地址:山东省青岛市城阳区宏平路 9 号
邮编:266111
电话:0532/87808596、68017212
传真:68017212
网址:www.crrcgc.cc/sfyx
电子信箱:gsb@crrcsfc.cc
法定代表人:兰玉贞
质量体系:ISO 9001、ISO 14001
产品情况:(昂泰牌)
公路铁路两用车等产品

★中国重汽集团青岛重工有限公司
地址:山东省青岛市高新技术产业开发区锦荣路 369 号
邮编:266111
电话:0532/68681519、84962291
网址:www.cntruck.com
电子信箱:sales@qdstc.com
法定代表人:宁朝辉
单位人数:1500
质量体系:ISO 9001、ISO 14001
产品情况:(青专牌)
自卸车、半挂车、混凝土搅拌车、粉粒物料运输车、钢厂专用车、扫路车、清洗车、飞机牵引车、军用特种车等各类专用车

出口情况:出口东南亚、中东、非洲、南美洲等地区

★青岛海誉车辆机械有限公司
地址:山东省青岛汽车产业新城烟青一级路159公里处
邮编:266200
电话:0532/85597888、18561837888
网址:www.haiyucar.com
电子信箱:qdhaiyuqiche@163.com
法定代表人:刘存欣
质量体系:ISO 9001、IATF 16949
产品情况:(海誉牌)
新能源电动汽车、半挂车、自卸车、扫路车、垃圾处理车等

★青岛海隆机械集团有限公司
地址:山东省青岛市即墨区城北四路199号
邮编:266221
电话:0532/87502031、87501506
传真:87502031
网址:www.qdhailong.com
电子信箱:info@qdhailong.com
法定代表人:黄建勇
质量体系:IATF 16949、ISO 14001
产品情况:(海隆吉特牌)
年产6万台轻、中、重型货车普通栏板式货厢和仓栅式、封闭式、翼开启式货厢的生产能力
配套及出口情况:为一汽解放、一汽解放青岛、上汽通用东岳、东风汽车、北京汽车、北京奔驰汽车等厂家配套;出口美国、印度、非洲等国家和地区

★青岛九瑞汽车有限公司
地址:山东省胶州市大沽河工业园
邮编:266300
电话:15898860000
网址:www.jory.cn
电子信箱:jory@vip.163.com
法定代表人:范之兵
质量体系:ISO 9001、ISO 14001
产品情况:(金马牌、康福佳牌)
工程抢险救援系列、公安警务系列、医疗救护车系列、通信指挥车系列、产品展示及路演车系列等

★青岛索尔汽车有限公司
地址:山东省胶州市大沽河工业园
邮编:266300
电话:0532/88283688、4006327807
网址:www.qingdaosoar.com
电子信箱:soarqiche@163.com
法定代表人:曲志龙
质量体系:ISO 9001、ISO 14001
产品情况:(康福佳牌、金马牌)
产品涵盖电力抢修车、工具库房车、供电服务车、集约化试验车、高空作业车(绝缘与非绝缘)、工程救险车、涉水救险车、旁路电缆负荷车、移动箱变车等各种电力专用车

★青岛中集特种冷藏设备有限公司
地址:山东省胶州市国家经济技术开发区湘江路68号
邮编:266300
电话:0532/86687000、86687191
网址:www.cimc.com
电子信箱:jiangbo_qcrc@cimc.com
法定代表人:樊平燕
质量体系:ISO 9001
产品情况:(中集牌)
标准冷藏箱及各类特种冷藏箱(多式联运箱、近海冷箱、深冷箱、交换车体箱、仓储冷箱、军用冷箱、侧开门冷箱、挂肉冷箱等)

★青岛中能通用机械有限公司
地址:山东省青岛市黄岛区胶州湾西路377号
邮编:266400
电话:0532/89058121、89058131
传真:89058112
网址:www.sinogasgeneral.com
电子信箱:hongjg@shhd-china.com
法定代表人:包海荣
质量体系:ISO 9001、ISO 14001
产品情况:(中油通用牌)
高压容器、长管拖车、汽车罐车、CNG/LNG加气站设备

★青岛中集环境保护设备有限公司
地址:山东省青岛经济技术开发区淮河东路2号
邮编:266500
电话:0532/55571718、55571778
传真:55571785、55571660
网址:www.qdcimctrailer.com
电子信箱:yong.chen_qdhb@cimc.com
法定代表人:翟敬雄
质量体系:ISO 9001、ISO 14001
产品情况:(中集牌)
城市垃圾收集/转运,道路清洗、保养类产品及环境保护设备、机器以及相关零部件
出口情况:远销欧美、日本、韩国、中东等国家和地区

★青岛中集专用车有限公司
地址:山东省青岛经济技术开发区淮河东路2号
邮编:266500
电话:0532/55571718、55571778
传真:55571785、55571660
网址:www.qdcimctrailer.com
电子信箱:huiling.yan_qdsv@cimc.com
法定代表人:翟敬雄
质量体系:ISO 9001
产品情况:(中集牌)
各类港口物流车、厢式车、半挂自卸、工程类低平板、轿运车等专用车辆及各种类特种方舱,拥有年生产各类专用汽车8000辆的生产能力
出口情况:集装箱运输半挂车、厢式运煤车、平板车等出口800台

★青岛五菱专用汽车有限公司
地址:山东省青岛经济技术开发区齐长城路509号
邮编:266555
电话:0532/80985050
电子信箱:wenyan@wuling.com.cn
法定代表人:詹强民
质量体系:ISO 9001、ISO 14001
产品情况:(五菱牌)
仓栅式运输车、冷藏车、厢式运输车、救护车、售货车、流动服务车、翼开启厢式车、车厢可卸式垃圾车、邮政车

★青岛东风汽车改装有限公司
地址:山东省平度市经济开发区青啤大道20号
邮编:266700
电话:0532/83307106、83307107
传真:83307117、83307108
电子信箱:gx15216@autoinfo.gov.cn
法定代表人:于忠章
单位人数:570
质量体系:ISO 9001
产品情况:(天翔牌)
半挂车、厢式车、仓栅式半挂车、加油车、低平板挂车、集装箱半挂车、水泥罐车、油罐车、全挂车、自卸车、特种车、轻型载货车

★青岛雅凯汽车工贸有限公司
地址:山东省平度市三城路340号
邮编:266700
电话:0532/83306636、4000626577
网址:www.yakaiqiche.com
电子信箱:yakaiqiche@sina.com
法定代表人:姜涛
质量体系:ISO 9001
产品情况:(青驰牌)
冷藏车、保温车、各种厢式车、罐式洒水车、车辆运输挂车等专用车,年产量5000余台

★青岛金力福工贸有限公司
地址:山东省平度市经济技术开发区青啤大道30号
邮编:266705
电话:0532/83307066
网址:www.qdjinlifu.cn
电子信箱:qingdaojinlifu@qdjinlifu.cn
法定代表人:陈永波
产品情况:(华昌牌)
专用汽车改装及栏板式、仓栅式、厢式、罐式半挂车、低平板半挂车、自卸式半挂车、集装箱半挂车、罐式集装箱半挂车、衬塑罐式半挂车等产品
出口情况:出口东欧、东南亚、澳大利亚等国家和地区

★青岛同辉汽车技术有限公司
地址:山东省青岛市平度经济开发区同辉一路3号

邮编:266705
电话:0532/83306816、4000138678
传真:83306811
网址:www. qdthqc. com
电子信箱:tonghui@ allite - auto. com
法定代表人:赵淑琴
单位人数:200
质量体系:ISO 9001、ISO 14001
产品情况:(赛哥尔牌)
压缩式垃圾车、扫路车、洒水车、高压清洗车、吸粪车、摆臂式垃圾车、车厢可卸式垃圾车、侧装式垃圾车等系列产品

★临沂华运军兴专用汽车有限公司
地址:山东省临沂市罗庄区沂河大道北罗八路东侧新北区工业园
邮编:270016
电话:0539/2928698、2905517
传真:2928089
电子信箱:gx150310@ autoinfo. gov. cn
法定代表人:谢丽丽
质量体系:ISO 9001
产品情况:(宇田牌)
自卸汽车、厢式运输车、厢式半挂车、空载集装箱运输半挂车、集装箱运输半挂车、仓栅式运输车、仓栅式运输半挂车、半挂车

★泰安古河随车起重机有限公司
地址:山东省泰安市高新技术产业开发区中天门大街1118号
邮编:271000
电话:0538/8933680、8933679
网址:www. unic. com. cn
电子信箱:unic@ unic. com. cn
法定代表人:宋东风
质量体系:ISO 9001、ISO 14001
产品情况:(古随牌)
古河 UNIC 随车起重机及其运输车

★泰安航天特种车有限公司
地址:山东省泰安市高新技术产业开发区中天门大街567号
邮编:271000
电话:0538/8502311
传真:8502300
网址:www. tasv. cn
电子信箱:tasv@ tasv. cn
法定代表人:王成桥
单位人数:1700
质量体系:ISO 9001
产品情况:(航天泰特牌、福沃牌)
矿用车系列、消防车、全路面起重机等特种车系列、油田车系列

★山东泰开汽车制造有限公司
地址:山东省泰安市高新技术开发区龙泉路2766号
邮编:271000
电话:0538/8933066
传真:8933066
网址:www. dyqczz. com
电子信箱:tajtqc@ 163. com
法定代表人:高衍生
单位人数:600
质量体系:ISO 9001、ISO 14001
产品情况:(岱阳牌)
带电高空作业车、铝合金液体运输车、清障车、粉粒物料运输车(气卸散装水泥车)、搅拌车、干混砂浆车、电源车、冷藏车等八大系列几十种产品

★泰安五岳专用汽车有限公司
地址:山东省泰安市高新技术开发区中天门大街266号
邮编:271000
电话:15866015809
传真:6618709
网址:www. wuyue. com
电子信箱:wyfsb@ sinotruk. com
法定代表人:高增东
单位人数:845
质量体系:ISO 9001
产品情况:(五岳牌)
自卸车、半挂车、罐式车、厢式车、垃圾车、起重车、军用装备、专用底盘、修井机底盘、螺旋地锚车、修井机等
出口情况:远销美洲、非洲、中东等多个地区

★泰安东岳重工有限公司
地址:山东省泰安市高新区龙潭路379号
邮编:271000
电话:0538/8932099、8932016
传真:8932059
网址:www. chinadongyue. com
电子信箱:dongyue@ chinadongyue. com
法定代表人:邵良军
单位人数:980
质量体系:ISO 9001、ISO 14001
产品情况:(东岳牌)
GT8 ~ GT55 系列汽车起重机、随车起重机及零部件
出口情况:出口东南亚、欧美地区

★希尔博(山东)装备有限公司
地址:山东省泰安市高新区一天门大街567号
邮编:271000
电话:4001538677
传真:0538/5357580
网址:www. sinotruk - hiab. com
电子信箱:sales@ sinotrukhiab. com
法定代表人:戴立新
质量体系:ISO 9001、ISO 14001
产品情况:(重汽希尔博牌)
随车起重机、随车起重运输车、汽车起重机、计量检衡车、抢险救援车等系列产品
出口情况:出口东南亚、中东、非洲、南美等多个国家和地区

★山东鲁峰专用汽车有限责任公司
地址:山东省泰安市南高新区龙潭路377号
邮编:271000
电话:0538/8430137、8930310
电子信箱:lufeng@ sdlufeng. cn
法定代表人:李卫
质量体系:ISO 9001、GJB 9001A
产品情况:(鲁峰牌)
半挂车、罐式车、清障车、自卸车、特种车等五大系列
出口情况:出口美国、俄罗斯、越南、安哥拉、南非等20多个国家和地区

★山东华驰重工机械有限公司
地址:山东省莱芜市高新技术开发区泰山路35号
邮编:271100
电话:0634/8568666、8568778
传真:6257688
电子信箱:lhcqsy@ 126. com
法定代表人:李若英
质量体系:ISO 9001、GJB 9001B
产品情况:(泰骋牌)
各种系列半挂车、集装箱运输车、厢式运输车、自卸车、低平板运输车、仓栅运输车、罐式车、水泥搅拌车、泵车以及多种特种专用车等,年生产量可达3000余台
出口情况:出口俄罗斯、中亚、东南亚、非洲等国家和地区

★山东山野特房车制造有限公司
地址:山东省宁阳县经济开发区泰阳路68号
邮编:271411
电话:0538/5810100、4006801878
传真:5810276
网址:www. sytrv. com
电子信箱:sytrv0911@ sytrv. com
法定代表人:傅生权
质量体系:ISO 9001
产品情况:房车、功能房车、品牌房车和移动房屋

★山东东岳专用汽车制造有限公司
地址:山东省济宁市高新区同济路126号
邮编:272000
电话:0537/2360059、2360341
传真:2168540
网址:www. dongyuetruck. com
电子信箱:dongyue@ 163169. net
法定代表人:张养训
单位人数:500
质量体系:ISO 9001
产品情况:(圣岳牌)
自卸车系列、罐式车系列、物流车系列、特种车系列、公路养护系列和房车系列等六大系列200多个品种
配套及出口情况:是中国重汽、一汽、东风、徐工、临工、陕汽、川汽、欧曼、北方奔驰等大型汽车制造集团的定点改装

单位;远销海外 15 个国家和地区

★济宁四通工程机械有限公司
地址:山东省济宁市任城开发区长沟镇四通工业园
邮编:272000
电话:0537/2580888、13455596351
网址:www.sdstdc.com
电子信箱:jncgstgc@163.com
法定代表人:田恒跃
单位人数:600
质量体系:ISO 9001
产品情况:(鲁鹰牌)
汽车起重机
出口情况:出口阿根廷、印度、毛里求斯、马来西亚、伊朗、不丹等 10 多个国家和地区

★兖州环亚挂车制造有限公司
地址:山东省济宁市兖州区西外环汶邹路 6 号
邮编:272100
电话:0537/3333339、4009913579
传真:3823789
电子信箱:www.yzhyqc@163.com
法定代表人:李瑞兰
质量体系:ISO 9001
产品情况:(新兖牌、环亚牌)
半挂车、后翻自卸车、自卸车、半挂自卸车、厢式车、全挂车、散装水泥车、低平板运输车、加油半挂运输车、混凝土搅拌运输车等专用汽车

★山东中材大力专用汽车制造有限公司
地址:山东省嘉祥县凤凰山经济开发区
邮编:272400
电话:0537/6809899、15650375953
网址:zcdlgs.cn
法定代表人:杜昌立
质量体系:ISO 9001、IATF 16949
产品情况:(祥力牌)
产品涵盖 CNG/H_2 碳纤维复合长管、长管拖车及管束式集装箱、LNG/CNG/H_2 储罐、储罐槽车及罐式集装箱、LNG 车用气瓶等

★嘉祥萌山专用汽车有限公司
地址:山东省嘉祥县凤凰山经济园区
邮编:272400
电话:0537/6817777、13563766777
传真:6801777
电子信箱:sdmscl@126.com
法定代表人:贾新建
质量体系:ISO 9001
产品情况:(萌山牌)
栏板半挂车、集装箱半挂车、厢式半挂车、自卸栏板半挂车、自卸厢式半挂车、超低平板半挂车、东方红 1000 型三桥挂车、拉煤王二桥挂车、农用各种型号挂车等

★山东中运专用汽车有限公司
地址:山东省济宁市嘉祥县黄垓工业园
邮编:272405
电话:0537/6786336、17853722444
网址:www.sdzyhwsb.com
电子信箱:869173168@qq.com
法定代表人:王汉广
质量体系:ISO 9001
产品情况:垃圾车、清扫车、清洗车、洒水车、吸尘车、吸污车、消防车、压缩垃圾车、高炮喷雾车、专用车配件等

★山东欧亚专用车辆有限公司
地址:山东省嘉祥县经济开发区嘉诚路路东
邮编:272499
电话:0537/6615222
传真:6615111
电子信箱:easdoy@163.com
法定代表人:CHHUOR KIM POU
质量体系:ISO 9001
产品情况:(鑫凯达牌、欧亚牌)
沥青洒布车和其他路面机械设备、稀浆封层车

★山东鲁骏汽车制造有限公司
地址:山东省济宁市梁山县梁山街道办梁庄村北
邮编:272600
电话:0537/7795333、13905476011
传真:7793555
网址:www.lujunqiche.com
电子信箱:13465475777@163.com
法定代表人:王瑞庆
质量体系:ISO 9001
产品情况:(鑫鲁骏牌)
主要产品有各种运输集装箱的骨架车和平板车,各种自卸车、各种运输工程机械的平板车和异形车等
出口情况:远销俄罗斯、蒙古、缅甸、日本、韩国、越南、新西兰、南非、刚果、澳大利亚等 53 个国家

★山东辉煌专用车有限公司
地址:山东省济宁市梁山县汽车工业园区三利路才林段
邮编:272600
电话:13793763889、15106761888
电子信箱:360537771@qq.com
法定代表人:周忠魁
产品情况:(辉煌事业牌)
半挂车、自卸车、低平板挂车、集装箱运输车、厢式侧翻半挂车、标箱半挂车、集装箱骨架半挂车、仓栅式运输半挂车、平板自卸半挂车、低平板半挂车等

★山东万事达专用汽车制造有限公司
地址:山东省济宁市梁山县拳铺工业园
邮编:272600
电话:0537/5108888、5108806
电子信箱:wanshida@cimc.com
法定代表人:丁正祥
质量体系:ISO 9001、ISO 14001
产品情况:(万事达牌)
产品涵盖碳钢液罐车、粉罐车、不锈钢液罐车、铝合金液罐车、罐式集装箱等五大系列产品 100 多个品种
出口情况:远销国际市场

★梁山昌泰交通设备制造有限公司
地址:山东省济宁市梁山县拳铺工业园区
邮编:272600
电话:0537/7769588
传真:7761288
网址:www.kunxutrailer.com
电子信箱:kunxutrailer@163.com
法定代表人:王申俄
质量体系:ISO 9001
产品情况:(琨旭牌)
栏板、仓栅、厢式、自卸、集装箱、低平板、粉罐、平板等半挂车

★山东曙岳车辆有限公司
地址:山东省济宁市梁山县拳铺工业园区
邮编:272600
电话:0537/5100101
网址:www.lieniuguache.com
法定代表人:王秋印
质量体系:ISO 9001、ISO 14001
产品情况:仓栅半挂车、栏板半挂车

★梁山宝华专用汽车制造有限公司
地址:山东省济宁市梁山县拳铺工业园区 220 国道 9 号
邮编:272600
电话:0537/7761999、7761999
传真:7763588
网址:www.lsbhgc.cn
电子信箱:lsbhgc@163.com
法定代表人:张以省
单位人数:200
质量体系:ISO 9001、ISO 14001
产品情况:(远东汽车牌)
系列半挂车、全挂车、自卸车、油罐车、粉粒物料运输车、散装水泥车、混凝土搅拌车、特种低平板半挂车等各种专用车、特种车、矿用车、模块式液压轴线半挂车

★山东永阳汽车科技股份有限公司
地址:山东省济宁市梁山县拳铺镇工业园区
邮编:272600
电话:0537/7768999、4001098985
传真:7609899
网址:www.lsyycy.com
法定代表人:崔本庆
质量体系:ISO 9001
产品情况:(济世鑫牌)
主要产品有自卸车、普通半挂车、全挂车、集装箱(骨架)运输车、厢式(侧翻)运输车、运(加)油半挂车、粉粒物料运输车、混凝土搅拌车及特种车系列,并承接专用汽车的改装;具备年生产各类专用汽车 5000 辆的生产能力

★山东华劲专用汽车制造有限公司
地址:山东省梁山县梁山街道办事处夏庄村西
邮编:272600
电话:0537/7795678、15854789666
网址:www.sdhuajinzq.com
电子信箱:1043431346@qq.com
法定代表人:周忠伟
质量体系:ISO 9001
产品情况:(华盛顺翔牌)
主要从事半挂车、仓栅式半挂车、厢式半挂车、低平板式半挂车、骨架式半挂车、自卸车、粉粒物料运输车、散装水泥车、混凝土搅拌车、车辆运输半挂车等各种半挂车、特种车、专用车的改装生产

★山东梁山华宇集团汽车制造有限公司
地址:山东省梁山县梁山镇工业区
邮编:272600
电话:0537/7736999、7734777
传真:7736788
网址:www.huayuchina.cn
电子信箱:sdlshyd@163.com
法定代表人:胡桂花
质量体系:ISO 9001
产品情况:(华宇达牌)
改装车、半挂车、自卸车、油罐车、散装水泥车、混凝土搅拌车及特种作业车,年产2万余辆
出口情况:部分产品出口俄罗斯、法国、东南亚、非洲等20多个国家和地区

★梁山飞宇达车业有限公司
地址:山东省梁山县梁山镇工业园
邮编:272600
电话:0537/7795688、13371257996
传真:7795866
网址:www.lsfydcy.com
电子信箱:lsxycyw@126.com
法定代表人:王守冬
质量体系:ISO 9001
产品情况:(恒宇事业牌)
油罐车、水泥搅拌车、集装箱运输车、汽车自卸车、半挂自卸车、全挂车、箱式货车、车辆运输车、特种车、重汽汽车改装系列
出口情况:客车、专用车产品远销60多个国家和地区

★山东汇统汽车制造有限公司
地址:山东省梁山县梁山镇工业园汇统路1号
邮编:272600
电话:0537/3230399、3230599
传真:3230369
网址:www.lshtgc.com
电子信箱:lshtgc3799@126.com
法定代表人:吴存生
单位人数:296
质量体系:ISO 9001
产品情况:(吴统牌)
半挂车、全挂车、仓栅式运输半挂车、厢式半挂车、集装箱运输半挂车、自卸半挂车、低平板半挂车、水泥搅拌车、高空作业车、粉粒物料运输半挂车、大型机械设备运输车等,并承接专用车辆的改装与设计业务
出口情况:出口苏丹、阿塞拜疆、俄罗斯、朝鲜等国家

★梁山恒通挂车制造有限公司
地址:山东省梁山县梁山镇工业园区
邮编:272600
电话:0537/7766698、7766987
传真:7768987
网址:www.lshtgc.com.cn
电子信箱:lshtgc868@163.com
法定代表人:张宝花
单位人数:1150
质量体系:ISO 9001
产品情况:(恒通梁山牌)
各种系列集装箱运输半挂车、厢式货车、罐式车、上海50、天津60、东方红1000全挂车等

★山东飞驰汽车股份有限公司
地址:山东省梁山县梁山镇工业园区
邮编:272600
电话:0537/7734888、15206745906
传真:7736668
网址:www.feichitrailer.com
电子信箱:guache@cn-feichi.com
法定代表人:于齐文
单位人数:500
质量体系:ISO 9001
产品情况:(鲁驰牌)
仓栅式运输半挂车、低平板半挂车、自卸半挂车等半挂车,混凝土搅拌运输车等专用汽车,全挂车
出口情况:远销非洲、大洋洲、美洲、中东的多个国家和地区

★山东巨源汽车科技股份有限公司
地址:山东省梁山县梁山镇工业园区
邮编:272600
电话:0537/7736858、4000258518
传真:7736866
网址:www.lsjygc.com
电子信箱:lsjy668@126.com
法定代表人:贾廷福
单位人数:360
质量体系:ISO 9001
产品情况:(骜通牌)
半挂车、低平板半挂车、半挂集装箱车、罐式车、吸污车、混凝土搅拌运输车等产品
出口情况:出口欧洲、非洲、美洲、澳大利亚、中亚、中东等国家和地区

★山东梁山新科特种车辆制造有限公司
地址:山东省梁山县梁山镇工业园区
邮编:272600
电话:0537/7730888、13905476678
传真:7736888
电子信箱:gx150300@autoinfo.gov.cn
法定代表人:张统祥
质量体系:ISO 9001
产品情况:(新科牌)
全挂车、半挂车、仓栅式车、低平板运输车、集装箱运输车、自卸车、散装水泥车、混凝土搅拌车、特种车等产品

★山东腾运专用汽车制造有限公司
地址:山东省梁山县梁山镇工业园区
邮编:272600
电话:0537/7793676、7792656
传真:7793656
网址:www.sdtengyun.cn
电子信箱:sdtyzq001@163.com
法定代表人:徐云英
单位人数:100
质量体系:ISO 9001
产品情况:(运腾驰牌)
全挂车、半挂车、仓栅车、低平板运输车、集装箱运输车、自卸车、水泥搅拌车,粉粒物料运输车

★梁山龙腾专用汽车有限公司
地址:山东省梁山县梁山镇工业园区解放路3号
邮编:272600
电话:0537/7733991 15092726671
传真:7733992
电子信箱:395160184@qq.com
法定代表人:张山景
单位人数:200
质量体系:ISO 9001
产品情况:(泊龙牌)
高压气体长管半挂车、液压子站高压气体长管半挂车、LNG低温液态气体设备、CNG液压子站、运输半挂车

★山东华骏专用汽车制造有限公司
地址:山东省梁山县梁山镇梁庄村北50米
邮编:272600
电话:0537/7792366、13791796888
传真:7790566
网址:www.huajunguache.com
电子信箱:huajunguache@163.com
法定代表人:庄同雪
单位人数:200
质量体系:ISO 9001
产品情况:(庄宇牌)
半挂车、轿运车、车辆运输车、轿车运输车、改装车、半挂车、仓栅式运输车、厢式运输车、低平板运输车、集装箱运输车、自卸车等特种车

★梁山四通专用汽车有限公司
地址:山东省梁山县拳铺工业园
邮编:272600
电话:0537/7702063、7761716
传真:7761716
电子信箱:lsstgc@163.com
法定代表人:李彦德

单位人数:750
质量体系:ISO 9001
产品情况:(陆锋牌)
低平板半挂车、栏板半挂车、厢式半挂车、仓栅式半挂车;油罐半挂车、粉粒物料半挂车、自卸车和后翻自卸半挂车、侧翻半挂车、全挂车及特种专用汽车等上百种产品
出口情况:远销俄罗斯、巴基斯坦、哈萨克斯坦、吉尔吉斯斯坦、刚果、苏丹及非洲地区

★梁山华恩车业有限公司
地址:山东省梁山县拳铺工业园区
邮编:272600
电话:0537/7760333、18266809928
传真:7760555
网址:www.huaenqiche.com
电子信箱:18266809928@qq.com
法定代表人:邱爱云
产品情况:(龙恩牌)
仓栅式半挂车、厢式半挂车、平板自卸运输车、低平板工程运输车、粉料物料运输车、集装箱骨架运输车等

★梁山华岳专用汽车制造有限公司
地址:山东省梁山县拳铺工业园区
邮编:272600
电话:0537/7606111、4001123966
传真:7606222、7609777
网址:www.lshyzq.com
电子信箱:lshyzq@163.com
法定代表人:吴兆福
质量体系:ISO 9001
产品情况:(华岳兴牌)
半挂车、全挂车、平板后翻自卸车、罐式车等专用车

★梁山平安车业有限公司
地址:山东省梁山县拳铺工业园区
邮编:272600
电话:0537/7609958
传真:7609955
网址:www.lspagc.com.cn
电子信箱:13954705499@163.com
法定代表人:张坊
产品情况:集装箱专用车和平板式半挂车、厢式车和厢式冷藏保鲜半挂车、栏板式以及低承载面半挂车、全挂车、自卸汽车等专用车,车辆运输半挂车形成六大系列50多个品种
出口情况:出口泰国、韩国、俄罗斯、越南等国家

★梁山盛源专用车制造有限公司
地址:山东省梁山县拳铺工业园区
邮编:272600
电话:0537/7705808、7702661
传真:7701498
网址:www.syzygc.com
电子信箱:shenghui7788@163.com
法定代表人:盛勇
单位人数:300
质量体系:ISO 9001
产品情况:(坤博牌)
半挂车、粉粒物料运输车、油罐车、混凝土搅拌车、半挂集装箱和自卸车
出口情况:出口东南亚、非洲等地区

★梁山威华机械制造有限公司
地址:山东省梁山县拳铺工业园区
邮编:272600
电话:0537/7606678、15253700468
传真:7606677
网址:www.lswhjx.com
电子信箱:1160725027@qq.com
法定代表人:袁庆博
质量体系:ISO 9001
产品情况:(华威翔运牌)
主要产品有自卸车、普通半挂车、全挂车、集装箱(骨架)运输车、箱式(侧翻)运输车、运(加)油半挂车、粉粒物料运输车、混凝土搅拌车及特种车系列,具备年生产各类专用汽车5000辆的生产能力

★梁山中集东岳车辆有限公司
地址:山东省梁山县拳铺工业园区
邮编:272600
电话:0537/5108028
传真:5108999
网址:www.lsdongyue.com
电子信箱:lsdyit@163.com
法定代表人:孙春安
质量体系:ISO 9001
产品情况:(中集东岳牌、梁山东岳牌)
栏板半挂车、厢式半挂车、仓栅式半挂车、罐式车、自卸车及特种车
出口情况:远销国际市场

★山东杨嘉汽车制造有限公司
地址:山东省梁山县拳铺工业园区
邮编:272600
电话:0537/7760099
传真:7601199
网址:www.lsyjgc.cn
电子信箱:lsyjjt@163.com
法定代表人:杨合连
单位人数:600
质量体系:ISO 9001、ISO 14001
产品情况:(杨嘉牌)
粉罐车、液罐车、搅拌车、铝合金罐车、自卸车、液压轴线低平板车、半挂车,具备年产10000台挂车、专用车的生产能力
出口情况:远销东欧、中东、东南亚、非洲、南美洲等地区

★山东永甲汽车科技有限公司
地址:山东省梁山县拳铺工业园区
邮编:272600
电话:15562298881
网址:www.sdcxsyqc.cn
法定代表人:薛廷廷
产品情况:产品涵盖新能源微型客车、城市公交、公路客车、栏板式半挂车、仓栅式半挂车、集装箱运输车、厢式半挂车、平板自卸半挂车、特种车及粉粒物料运输车半挂车200余种产品

★梁山五岳车业有限公司
地址:山东省梁山县拳铺工业园区解放路中段
邮编:272600
电话:0537/7609518、13863786392
传真:7609518
网址:www.lsyunchi.com
电子信箱:1025777085@qq.com
法定代表人:杨以云
产品情况:(利源达牌)
半挂车

★山东恩信特种车辆制造有限公司
地址:山东省梁山县拳铺镇工业园
邮编:272600
电话:0537/7499999、4001007900
传真:7499998
网址:www.sdenxin.com
电子信箱:76883359@qq.com
法定代表人:王存雨
单位人数:980
质量体系:ISO 9001
产品情况:(恩信事业牌)
自卸车、半挂车、罐式车、厢式车、混凝土搅拌车、特种车系列200多个品种
出口情况:出口亚洲、欧洲、非洲等地区

★梁山骏宇车业有限公司
地址:山东省梁山县拳铺镇工业园区
邮编:272600
电话:0537/7607999、15063709888
传真:7532555
网址:www.lsjunyu.com
法定代表人:王秋娟
产品情况:自卸半挂车、平板自卸半挂车、仓栅式运输半挂车、栏板式运输半挂车、平板运输半挂车、危险品罐箱骨架运输半挂车、集装箱运输半挂车、低平板半挂车、乘用车辆运输半挂车等

★梁山鹏宇车业有限公司
地址:山东省梁山县拳铺镇工业园区
邮编:272600
电话:0537/7316333、18660477999
网址:www.lspycy.com
法定代表人:邱忠金
产品情况:自卸半挂车、仓栅式半挂车、低平板半挂车、骨架半挂车、展翼半挂车、厢式半挂车、半挂车等

★梁山太阳升机械制造有限公司
地址:山东省梁山县拳铺镇工业园区
邮编:272600
电话:0537/7767699、15254720777
网址:www.tysgcjt.com
电子信箱:1250867780@qq.com

法定代表人:李四灵
产品情况:改装车、半挂车、特种车

★梁山通宇专用汽车有限公司
地址:山东省梁山县拳铺镇工业园区
邮编:272600
电话:0537/7767785、7760057
网址:www.lstygc.com
电子信箱:root@lstygc.com
法定代表人:刘敦海
质量体系:ISO 9001
产品情况:(金线岭牌)
全挂车、半挂车、仓栅式车、低平板运输车、集装箱运输车、自卸车、散装水泥车、混凝土搅拌车、特种车共六大系列,100 余种产品

★梁山鑫永成车业有限公司
地址:山东省梁山县拳铺镇工业园区
邮编:272600
电话:0537/7769088、13964996909
网址:www.lsxinyongcheng.com
电子信箱:18253733833@139.com
法定代表人:陈化均
单位人数:200
产品情况:(鑫永成牌)
专用车、半挂车、自卸车、特种车、全挂车等产品

★山东梁山義企重工机械股份有限公司
地址:山东省梁山县拳铺镇工业园区泰福路中段
邮编:272600
电话:0537/5106777、13355189992
传真:5106778
网址:www.sdyqzg.com
电子信箱:89051955@qq.com
法定代表人:张清田
单位人数:300
质量体系:ISO 9001
产品情况:(梁義牌)
全挂车、半挂车、仓栅运输半挂车、低平板运输车、集装箱运输车、自卸车、散装水泥车、水泥搅拌车及特种车辆

★梁山亚隆机械制造有限公司
地址:山东省梁山县拳铺镇工业园四通路 6 号
邮编:272600
电话:15305379686、15376554532
网址:www.lsbgczzc.com
电子信箱:lsylgs@126.com
法定代表人:王华美
质量体系:ISO 9001
产品情况:(梁锋牌)
各种系列集装箱运输车、半挂车、厢式货车、全挂车、上海 50、天津 60、东方红 1000 全挂车、挖掘机、装载机、轿运车、各种低平板车
出口情况:部分产品远销印度、南非、俄罗斯、乌克兰等国家

★梁山福耀专用车有限公司
地址:山东省梁山县拳铺镇兴园路西侧
邮编:272600
电话:13853768298
电子信箱:13853750888@qq.com
法定代表人:邱传效
产品情况:(福财牌)
挂车、半挂车、罐车、勾机板、骨架车等

★山东通华专用车辆股份有限公司
地址:山东省梁山县徐集工业园三利路蔡西段
邮编:272600
电话:0537/7706689、7603888
传真:7700666
网址:www.lsthgc.com
电子信箱:th6989@163.com
法定代表人:邱成立
单位人数:260
质量体系:ISO 9001
产品情况:(显鹏牌)
仓栅式运输半挂车、栏板式运输半挂车、骨架式集装箱运输半挂车、半挂自卸车、厢式运输车、自卸车、混凝土搅拌运输车、清障车等产品
出口情况:远销蒙古、越南、哈萨克斯坦等国家

★梁山儒源机械制造有限公司
地址:山东省济宁市梁山县拳铺镇工业园
邮编:272613
电话:0537/7360808、13563707101
传真:7360808
网址:www.sdrygc.com
电子信箱:1044530110@qq.com
法定代表人:张兆森
产品情况:(儒源牌)
仓栅式半挂车、厢式半挂车、平板自卸运输车、低平板工程运输车、粉料物料运输车、集装箱骨架运输车等系列产品

★盛润江山车辆有限公司
地址:山东省济宁市梁山县拳铺镇工业园区
邮编:272613
电话:0537/7608883、7608819
传真:7608883
电子信箱:shengrunkuaijishi@163.com
法定代表人:邱桂云
质量体系:ISO 9001
产品情况:(丰社牌)
车辆运输车、危险品罐箱骨架运输半挂车、低密度粉粒物料运输半挂车

★梁山通亚重工机械有限公司
地址:山东省梁山县拳铺工业园
邮编:272613
电话:0537/7609388
电子信箱:fengqin.yang@mailtongya.com
法定代表人:杨奉钦
质量体系:ISO 9001、ISO 14001
产品情况:拖泵、车载泵、臂架泵、液压油泵等产品
出口情况:部分产品销往俄罗斯、非洲、东南亚、中亚等 40 多个国家和地区

★梁山远东交通设备制造有限公司
地址:山东省梁山县拳铺镇工业园区
邮编:272613
电话:0537/7765569、4006776299
传真:7760760
网址:www.lstrailer.cn
电子信箱:lsyd20068@163.com
法定代表人:张兰魁
单位人数:288
质量体系:ISO 9001
产品情况:(劲越牌)
自卸车、普通半挂车、全挂车、集装箱(骨架)运输车、厢式(侧翻)运输车、运(加)油半挂车、粉粒物料运输车、混凝土搅拌车及特种车系列

★梁山跃通专用汽车制造有限公司
地址:山东省梁山县拳铺镇工业园区
邮编:272613
电话:0537/7766107、15694444446
传真:7766007
网址:www.sdlsyt.com
电子信箱:yuetongqc@126.com
法定代表人:杨尊凯
单位人数:200
产品情况:(瑞图牌)
主要生产各种系列半挂车、集装箱、运输车、厢式货车、自卸车、全挂车

★山东长兴专用汽车制造有限公司
地址:山东省梁山县拳铺镇工业园区
邮编:272613
电话:0537/7705889、18253749888
传真:7705889
网址:www.lssyzyc.com
电子信箱:1344238505@qq.com
法定代表人:郭媛媛
质量体系:ISO 9001
产品情况:(富旭实业牌)
主要生产油罐车、水泥搅拌车、集装箱运输车、汽车自卸车、半挂自卸车、全挂车、厢式货车、车辆运输车、特种车、重汽汽车改装系列
出口情况:出口东南亚、非洲等地区

★山东晨润达汽车制造有限公司
地址:山东省梁山县拳铺镇工业园区
邮编:272613
电话:0537/7606789、7608866
传真:7608866
电子信箱:chenrundagongmao@163.com
法定代表人:刘秀平
质量体系:ISO 9001
产品情况:(三威牌、晨润达牌)
半挂车、栏板车、集装箱车、仓栅式车、厢式车、自卸车、粉粒物料罐车、运

油车、快餐车、电视播放车等600余个品种
出口情况:远销蒙古、哈萨克斯坦、俄罗斯、东南亚、非洲、南美洲等国家和地区

★山东鸿盛车业有限公司
地址:山东省梁山县拳铺工业园区
邮编:272613
电话:0537/7702468、13805472927
传真:7702468
网址:www.lszxgc.com
电子信箱:syzycdgz@163.com
法定代表人:郭本福
质量体系:ISO 9001
产品情况:(鸿盛业骏牌)
生产的车型包括集装箱专用车和平板式半挂车、厢式车和厢式冷藏保鲜半挂车、栏板式以及低承载面半挂车、全挂车、自卸汽车等专用车,车辆运输半挂车六大系列50多个品种

★山东鸿宇汽车制造有限公司
地址:山东省梁山县拳铺工业园区
邮编:272613
电话:0537/7769868、7768869
传真:7769499
网址:www.hongyujiaoyun.com
电子信箱:1667030417@qq.com
法定代表人:王目华
质量体系:ISO 9001
产品情况:(鸿宇达牌)
轿运车、车辆运输车、特种车、各类厢式运输车、低平板运输半挂车、集装箱运输半挂车、油罐车、粉粒物料运输车、全挂车、自卸车等特种车

★山东鸿运达专用车有限公司
地址:山东省梁山县拳铺工业园区
邮编:272613
电话:0537/7700678、7700234
传真:7700345
网址:www.lsyqgc.com
电子信箱:940773039@163.com
法定代表人:胡文英
单位人数:350
产品情况:(鸿运达牌)
仓栅式运输半挂车、厢式运输半挂车、集装箱半挂车、自卸车、全挂车、粉粒物料运输车、混凝土搅拌车、平板后翻自卸车、油罐车等

★山东梁山通亚汽车制造有限公司
地址:山东省梁山县拳铺工业园区
邮编:272613
电话:0537/7761126、7768888
传真:7768553
网址:www.chinatongya.com
法定代表人:杨奉钦
质量体系:ISO 9001
产品情况:(通亚达牌)
主导产品有系列各类半挂车、下灰车、油罐车、铝合金罐车、不锈钢罐车、粉粒物料运输车、散装水泥车、环卫车等各种专用车、特种车
出口情况:部分产品销往澳大利亚、俄罗斯、非洲、东南亚、中亚等40多个国家和地区

★梁山鸿福交通设备有限公司
地址:山东省梁山县拳铺镇蔡林南村工业园
邮编:272613
电话:13905476828
网址:www.escmmw.com
电子信箱:3174621641@qq.com
法定代表人:王继亮
质量体系:ISO 9001
产品情况:(巨运牌)
主导产品有半挂车、仓栅式半挂车、厢式半挂车、低平板半挂车、骨架式半挂车、自卸车、车辆运输半挂车、铝合金式半挂车、铝合金翼展车等

★梁山华盛交通设备制造有限公司
地址:山东省梁山县拳铺镇工业园区
邮编:272613
电话:0537/5558099、4008883487
传真:7606444
网址:www.sdychjgc.com
法定代表人:牛善平
产品情况:各类仓栅式半挂车、厢式半挂车、低平板半挂车、集装箱半挂车、自卸车、全挂车、罐式车、货运半挂车等系列产品

★梁山骏强车业有限公司
地址:山东省梁山县拳铺镇工业园区
邮编:272613
电话:0537/7763355、13791766058
网址:www.lsjqcy.com
法定代表人:王目坤
产品情况:主要产品有普通半挂车、全挂车、集装箱(骨架)运输车、厢式运输车、侧翻运输车、自卸车、运油半挂车、粉粒物料运输车、混凝土搅拌车

★山东富源专用汽车制造有限公司
地址:山东省梁山县拳铺镇工业园区
邮编:272613
电话:0537/3227666
传真:3225999
网址:sdfyzyqc.com
法定代表人:郭本福
质量体系:ISO 9001
产品情况:(富旭实业牌)
新能源微型客车、城市公交、公路客车、栏板式半挂车、仓栅式半挂车、集装箱运输车、厢式半挂车、平板自卸半挂车、特种车及粉粒物料运输车半挂车六大系列,200余种产品
出口情况:出口俄罗斯、越南等国家

★梁山华信专用汽车制造有限公司
地址:山东省梁山县拳铺镇工业园区华信路1号
邮编:272613
电话:0537/7766533、15725377287
网址:huaxinqcw.com
电子信箱:lianghx@163.com
法定代表人:杨尊银
质量体系:ISO 9001
产品情况:(鲁岳牌)
各种半挂车、罐式车、特种车等八大系列产品
出口情况:出口南非、俄罗斯、哈萨克斯坦等国家

★山东中策专用车股份有限公司
地址:山东省梁山县拳铺镇工业园区泰福路
邮编:272613
电话:0537/7767666
传真:7607866
网址:www.lszcqc.com
电子信箱:lszcqc@126.com
法定代表人:邓爱灵
单位人数:200
质量体系:ISO 9001
产品情况:(鲁旭达牌)
以生产全挂车、半挂车、厢式车、自卸车为主
出口情况:出口俄罗斯及东南亚

★梁山盛鑫集团专用车有限公司
地址:山东省梁山县济梁路南侧287号
邮编:272614
电话:0537/7668688、7706111
传真:7706111
电子信箱:ksc168@163.com
法定代表人:杨冠峰
质量体系:ISO 9001
产品情况:(凯事成牌)
半挂车,年产能力为3000辆

★山东中泽汽车制造有限公司
地址:山东省梁山县拳铺工业园区拳堂路19号
邮编:272614
电话:0537/7765222、13905370735
传真:7765001
网址:www.sdzzqczz.com
法定代表人:李祥玉
质量体系:ISO 9001
产品情况:(中泽牌)
主导产品有低平板挂车、栏板挂车、厢式挂车、仓栅式半挂车、罐式车、自卸挂车、特种车等上百种产品

★山东沃德兴业交通设备有限公司
地址:山东省梁山县拳铺镇工业园区东马路16号
邮编:272614
电话:4001869665、15763749899
网址:www.sdwdxy.com
电子信箱:wdxy258@163.com
法定代表人:杨思孔
单位人数:220

质量体系:ISO 9001、ISO 14001
产品情况:(沃德利牌)
油罐半挂车、粉粒物料运输车、平板半挂车、低平板半挂车、栏板半挂车、厢式半挂车、仓栅半挂车、自卸车、特种车等
出口情况:部分产品出口韩国、东南亚、印度、非洲、肯尼亚、坦桑尼亚、莫桑比克、巴基斯坦、俄罗斯、乌克兰等国家和地区

★梁山运通机械制造有限公司
地址:山东省梁山县拳铺镇拳堂路圣庄村北40米
邮编:272618
电话:15563134567
电子信箱:2605057928@qq.com
法定代表人:邱传胜
质量体系:ISO 9001
产品情况:(聚运达牌)
全挂车、半挂车、仓栅车、低平板运输车、集装箱运输车、自卸车、散装水泥车、水泥搅拌车、特种车等系列产品

★山东通顺机械制造有限公司
地址:山东省济宁市梁山县拳铺工业区
邮编:272620
电话:0537/7608168、15964753288
传真:7608169
网址:www.sdtsgc.com
电子信箱:hljnmcl@163.com
法定代表人:王桂兰
质量体系:ISO 9001
产品情况:(农牧牌、通顺达牌)
半挂车

★山东盛润汽车有限公司
地址:山东省济宁市梁山县拳铺镇工业园通亚路1号
邮编:272624
电话:0537/7608888、80702800
传真:7608883
网址:www.shengrunqc.com
电子信箱:shengrunqc@163.com
法定代表人:杨奉社
单位人数:600
质量体系:ISO 9001
产品情况:(盛润牌)
液罐车、压力容器、粉罐车、危化品骨架车等八大系列
出口情况:出口世界多个国家和地区

★梁山华瑞专用汽车制造有限公司
地址:山东省梁山县拳铺工业园
邮编:272624
电话:15153744808、18660714222
传真:7762028
网址:www.lshrgc.com
电子信箱:2711865264@qq.com
法定代表人:李中华
单位人数:287
质量体系:ISO 9001
产品情况:(瑞傲牌)
普通半挂车、仓栅式运输车、厢式半挂车、厢式侧翻半挂车、自卸车、罐式车以及特种车

★山东亚中车辆股份有限公司
地址:山东省梁山县拳铺工业园区
邮编:272624
电话:13964999866
传真:7766995
网址:www.sdyazhong.cn
电子信箱:sdyazhong@163.com
法定代表人:王培彬
单位人数:285
质量体系:ISO 9001
产品情况:(亚中车辆牌)
半挂车、粉粒物料运输车、油罐车、混凝土搅拌车、半挂集装箱和自卸车

★梁山新宇车业研发制造有限公司
地址:山东省梁山县梁山镇工业园济梁公路孙庄大桥南1公里路东
邮编:272627
电话:0537/7795966、13954707798
传真:7795866
网址:www.lsxygc.cn
电子信箱:429529613@qq.com
法定代表人:解来新
单位人数:750
质量体系:ISO 9001
产品情况:(斯派菲勒牌)
半挂车、粉粒物料运输车、油罐车、混凝土搅拌车、半挂集装箱和自卸车等
出口情况:出口东南亚、非洲等地区

★山东华鲁专用汽车制造股份有限公司
地址:山东省梁山县东环城路东首
邮编:272699
电话:0537/7337999、13258001568
电子信箱:hl@hualuguache.com
法定代表人:马克涛
质量体系:ISO 9001
产品情况:(华鲁业兴牌)
各种系列半挂车、集装箱、运输车、厢式货车、自卸车、全挂车

★菏泽宏伟专用汽车有限公司
地址:山东省菏泽市开发区临商路888号
邮编:274000
电话:4000530116、15552012828
网址:www.hzhwzq.com
法定代表人:黄从新
质量体系:ISO 9001
产品情况:(智沃牌)
压缩式垃圾车、果蔬保鲜运输车、粉粒物料运输车、洒水车、挂车等专用车

★郓城骏宇车业有限公司
地址:山东省菏泽市郓城县杨庄集镇西赵庙村
邮编:274700
电话:0530/6488699、15864433779
网址:www.junyucheye.com
电子信箱:250972069@qq.com
法定代表人:袁洪银
产品情况:(郓宇牌)
半挂车、厢式车、仓栅车、罐式车、自卸车及特种车六大系列30多种产品

★山东畅达专用车有限公司
地址:山东省郓城县杨庄集工业园区
邮编:274700
电话:0530/6489000、4006610537
传真:0537/7362888
网址:www.sdcdgc.com
法定代表人:李兆波
单位人数:300
质量体系:ISO 9001、OHSAS 18001
产品情况:(梁畅牌)
侧翻半挂车自卸车、后翻半挂车自卸车、主车后翻自卸车、轿运车、集装箱运输车等特种车型

★山东源通中集专用车制造有限公司
地址:山东省郓城县杨庄集工业园区
邮编:274700
电话:0530/6486888
传真:6486777
网址:www.sdytzyc.com
法定代表人:孙忠滨
产品情况:主要生产各种系列半挂车、集装箱、运输车、厢式货车、自卸车全挂车,并承接专用汽车的改装

★山东郓城东旭专用车制造有限公司
地址:山东省郓城县杨庄集工业园区
邮编:274700
电话:0530/6718877、15254046666
传真:6718811
网址:www.dongxuzhuanqi.com
电子信箱:dx@dongxuzhuanqi.com
法定代表人:李兆友
质量体系:ISO 9001
产品情况:(郓翔牌)
油罐车、集装箱运输车、自卸车、各种系列半挂车、全挂车、厢式货车等

★山东郓城宏东专用车制造有限公司
地址:山东省郓城县杨庄集工业园区
邮编:274700
电话:0530/6757111
传真:6717988
网址:www.sdhdgc.com
电子信箱:sdhdgc@126.com
法定代表人:陈念堂
质量体系:ISO 9001
产品情况:(新宏东牌)
半挂车、厢式车、仓栅车、罐式车、自卸车及特种车六大系列100余种产品

★山东郓城金达挂车制造有限公司
地址:山东省郓城县杨庄集工业园区
邮编:274700
电话:0530/6488111、4009665811

传真:6488333
网址:www. sdjdzq. com
电子信箱:4218702@ qq. com
法定代表人:王峰
质量体系:ISO 9001
产品情况:(梁郓牌)

专业生产挂车、标准半挂车、仓栅式半挂车、平板半挂车、厢式半挂车、集装箱运输半挂车、平板后翻自卸车、平板侧翻自卸车、翼开启厢式半挂车、下灰车、粉粒物料运输车、罐车系列等

★山东郓城欧亚专用车有限公司

地址:山东省郓城县杨庄集工业园区
邮编:274700
电话:0537/7199990、15092749998
网址:www. oyzyccj. com
法定代表人:黄洪沛
质量体系:ISO 9001
产品情况:(鑫凯达牌)

半挂车、梁山挂车、散装水泥罐车、低平板半挂车、侧翻自卸半挂车、轿运车、自卸式半挂车、集装箱运输车、水泥罐车、二手车头等产品

★山东郓城中运通挂车制造有限公司

地址:山东省郓城县杨庄集工业园区
邮编:274700
电话:0530/6480777、15020182999
传真:6477666
网址:www. sdzyt. com. cn
电子信箱:2050837094@ qq. com
法定代表人:李洪德
质量体系:ISO 9001
产品情况:(中郓通牌)

半挂车、爆破器材运输车等专用车

出口情况:部分产品远销南亚、东南亚的多个国家和地区

★山东郓城诚信达专用车有限公司

地址:山东省郓城县杨庄集镇工业园区
邮编:274700
电话:0530/6486088
传真:6486066
网址:www. sdcxdgc. com. cn
电子信箱:sdcxdgc@ 126. com
法定代表人:苗生辉
单位人数:200
质量体系:ISO 9001
产品情况:(诚信达牌)

轻型半挂车、仓栅式运输车、厢式车、自卸车、骨架车、工程运输车、粉粒物料运输车、乘用车辆运输车等系列半挂车,以及清洁车、环卫车、消防车等特种车辆

出口情况:远销蒙古、哈萨克斯坦、俄罗斯、东南亚、非洲、南美洲等国家和地区

★山东郓城华郓特种车辆有限公司

地址:山东省郓城县杨庄集镇工业园区
邮编:274700
电话:0530/6716677、18254762666
传真:6484111
网址:www. sdhytzc. com
电子信箱:412893626@ qq. com
法定代表人:崔秀芹
质量体系:ISO 9001
产品情况:(华郓达牌)

仓栅式半挂车、厢式半挂车、平板自卸运输车、低平板工程运输车、粉料物料运输车、集装箱骨架运输车等系列产品

★山东郓城成达专用汽车制造有限公司

地址:山东省郓城县杨庄集镇工业园区001号
邮编:274700
电话:0531/69985132、15853112952
网址:www. sdyccd. com
法定代表人:程爱荣
单位人数:520
质量体系:ISO 9001
产品情况:(成事达牌、雨辰牌)

集装箱平板半挂车、集装箱运输车、主车、半挂自卸车、各种系列半挂车、全挂车、厢式货车、车辆运输车、上海50挂、天津60挂车,车辆吨位涵盖8～60吨

★山东郓城佳运挂车制造有限公司

地址:山东省郓城县杨庄集工业园区
邮编:274717
电话:0530/6769777、15275082222
传真:6860666
网址:www. jiayungc. com
电子信箱:250972069@ qq. com
法定代表人:李法运
质量体系:ISO 9001
产品情况:(佳郓牌)

半挂车、全挂车、厢式车、仓栅车、自卸车、水泥散装车、混凝土搅拌车、车辆运输车、集装箱运输车等

★山东郓城骏华专用车有限公司

地址:山东省郓城县杨庄集工业园区
邮编:274717
电话:0530/6486277、18053063999
传真:6486266
网址:www. junhuaguache. com
法定代表人:袁洪春
质量体系:ISO 9001
产品情况:仓栅式运输半挂车、厢式运输半挂车、自卸半挂车、粉粒物料运输半挂车等

★山东郓城永兴挂车制造有限公司

地址:山东省郓城县杨庄集工业园区88号
邮编:274717
电话:0530/6526222、18753766633
传真:6526333
网址:www. yongxingguache. com
电子信箱:18753766332@ 163. com
法定代表人:李广恩
单位人数:300
质量体系:ISO 9001
产品情况:(广恩牌)

半挂车、厢式车、仓栅车、罐式车、自卸车及特种车六大系列100余种产品

出口情况:远销亚洲、欧洲、非洲10多个国家和地区

★郓城瑞达专用车制造有限公司

地址:山东省郓城县杨庄集镇北闫庄村
邮编:274717
电话:15166700099、15063739099
网址:www. sdrdgcw. com
电子信箱:947256679@ qq. com
法定代表人:李若洋
质量体系:ISO 9001
产品情况:(瑞郓牌)

全挂车、半挂车、仓栅车、低平板运输车、集装箱运输车、自卸车、散装水泥车、水泥搅拌车、特种车共六大系列,100余种产品

出口情况:远销俄罗斯、巴基斯坦、哈萨克斯坦、吉尔吉斯坦、新西伯利亚、赤培、哈巴、海参崴、刚果、苏丹、非洲

★山东建宇特种车辆有限公司

地址:山东省郓城东园区专用汽车产业园园区路003号
邮编:274721
电话:0530/6420688、15963712888
传真:6422555
电子信箱:ridonglufei@ 163. com
法定代表人:于爱云
质量体系:ISO 9001
产品情况:(建宇牌、中运牌、路飞牌)

半挂车、仓栅式运输半挂车、车辆运输半挂车、平板自卸车、平板半挂车等专用车

★巨野金牛车业有限公司

地址:山东省菏泽市巨野县北环路东段
邮编:274900
电话:0530/2022123
传真:2023123
网址:www. jyjncy. com
电子信箱:sales@ jyjncy. com
法定代表人:宋德恩
质量体系:ISO 9001
产品情况:(祥荷牌)

半挂车等

★菏泽京九特种汽车有限公司

地址:山东省菏泽市巨野县经济技术开发区
邮编:274900
电话:0530/8218667、4001861236
传真:2081239
网址:www. hzjulin. com
电子信箱:hzjingjiu@ 163. com
法定代表人:魏秋东
产品情况:纵伸式低平板半挂车、动力鹅颈、多轴线液压平板半挂车、四抽拉

滑块升降半挂车、凹式半挂车桥、20～100吨低平板及超低平板半挂车系列,集装箱半挂车系列,轿车运输车系列,10～50吨多功能运输半挂车系列,80～1500吨以上可拼接式货台可升降重型全挂车系列,罐式、厢式、自卸等专用车辆

★山东巨野易达专用车制造有限公司
地址:山东省菏泽市巨野县麒麟镇工业园
邮编:274900
电话:0530/8115599、17853030188
传真:8115588
网址:www.yidazhuanqi.com
电子信箱:ydzqgs@qq.com
法定代表人:杨玉界
质量体系:ISO 9001
产品情况:(麟州牌)
半挂车、垃圾车、扫路车、罐式车、仪表车等

★巨野通达专用车制造有限公司
地址:山东省菏泽市巨野县麒麟镇工业园区1号
邮编:274900
电话:0530/8263456、8262345
传真:8263456
电子信箱:juyetd@163.com
法定代表人:仝西连
质量体系:ISO 9001
产品情况:(麒强牌)
车辆运输半挂车、厢式车、仓栅式运输车、低平板运输半挂车等、半挂车

★巨野路捷专用汽车制造有限公司
地址:山东省菏泽市巨野县万丰镇苏集村南1公里德商公路西侧
邮编:274900
电话:0530/2089222、15069731666
传真:2089111
网址:www.sdljzq.com
电子信箱:339778597@qq.com
法定代表人:王申路
质量体系:ISO 9001
产品情况:(瑞宜达牌)
主要生产销售车辆运输半挂车、中置轴运输车等各种轿运车
出口情况:远销蒙古、哈萨克斯坦、俄罗斯、东南亚、非洲、南美洲等国家和地区

★山东世运专用汽车有限公司
地址:山东省巨野县高新技术开发区
邮编:274900
电话:0530/6139888、13853008668
传真:8289777
电子信箱:ymj750505@163.com
法定代表人:杨克超
质量体系:ISO 9001
产品情况:(世运牌)
集装箱运输车、自卸车系列,10～150吨低平板运输车,80～1200吨液压轴线重型货物运输车,特种车、半挂车
出口情况:出口南美洲、中东、非洲、东南亚等40多个国家和地区

★山东翔蒙车辆制造有限公司
地址:山东省临沂市河东区相公街道办事处刘家团村
邮编:276000
电话:0539/8848599、4001099878
网址:www.sdxmcl.com
电子信箱:xiangmengcheliang@163.com
法定代表人:邵明松
质量体系:ISO 9001
产品情况:(翔蒙牌)
栏板式半挂车、自卸车、仓栅式运输半挂车、集装箱式半挂车、厢式半挂车等并承接专用车的改装、设计等业务

★山东易阳消防车辆装备有限公司
地址:山东省临沂市兰山区工业园大阳路中段
邮编:276000
电话:0539/8520519、8520516
传真:8520516
网址:www.yiyangxf.com
电子信箱:2402562302@qq.com
法定代表人:贾晓云
单位人数:300
质量体系:ISO 9001、ISO 14001
产品情况:(神泉牌)
森林消防车等

★山东省天河消防车辆装备有限公司
地址:山东省临沂市工业大道57号
邮编:276006
电话:0539/8354752
传真:8354753
网址:tianhe.firechina.cn
电子信箱:872199945@qq.com
法定代表人:赵庆奎
质量体系:ISO 9001、ISO 14001
产品情况:(天河牌)
具有年产1000辆消防车的生产能力

★山东沂星电动汽车有限公司
地址:山东省临沂市高新技术产业开发区
邮编:276017
电话:0539/7979566、7979577
网址:www.yixingev.com
电子信箱:info@yixingev.com
法定代表人:姜良峰
质量体系:ISO 9001
产品情况:(中文牌、飞燕牌)
已形成电动城市客车、电动旅游客车、电动商务客车、电动专用汽车(电动旅客摆渡车、电动工程车、电动物流车)等四个产品系列,车型覆盖6～14米

★山东铁马特种车辆制造有限公司
地址:山东省临沂市高新技术产业开发区沂河路北段
邮编:276017
电话:0539/2928388、7296601
传真:2928555
电子信箱:sdtiema@126.com
法定代表人:王培珍
产品情况:(大翔牌)
半挂车、专用车

★临沂强骏车辆有限公司
地址:山东省蒙阴县经济开发区
邮编:276200
电话:0539/4751111、4006168098
电子信箱:1587805151@qq.com
法定代表人:张向红
质量体系:ISO 9001
产品情况:各种半挂式、仓栅车、自卸车、集装箱运输车、二类底盘改装

★山东锣响汽车制造有限公司
地址:山东省蒙阴县经济开发区
邮编:276200
电话:0539/4550777、4009675077
网址:www.luoxiangcheliang.com
电子信箱:329435596@qq.com
法定代表人:罗公祥
质量体系:ISO 9001
产品情况:(锣响牌)
主营产品有半挂车、轻型半挂车、铝合金半挂车、侧帘式半挂车、骨架车、栏板式半挂车、自卸车、仓栅式运输半挂车、集装箱式半挂车、厢式半挂车并承接专用车改装、设计等业务

★海汇集团有限公司
地址:山东省莒县山东北路36号
邮编:276500
电话:0633/6269666
传真:6269678
网址:www.haihui.cn
电子信箱:6789@haihui.cn
法定代表人:于波涛
质量体系:ISO 9001、ISO 14001
产品情况:(海汇牌)
电动清扫车、洒水车、洗扫车、压缩式垃圾车、清障车、低平板半挂车、吸尘车、吸污车、钩臂式垃圾车、自卸车等
出口情况:出口欧美等国家和地区

★北京市政中燕工程机械制造有限公司
地址:山东省枣庄市山亭区府前西路77号
邮编:277200
电话:0632/8571888、8865966
传真:8571888
网址:www.bjzyzyc.cn
电子信箱:bjzyqzc@126.com
法定代表人:李晓东
质量体系:ISO 45001、ISO 14001
产品情况:(中燕牌)
罐式车系类:洒水车、运油车、吸污车、清洗车;牵引车系类:半挂厢式车、半挂仓栅车、半挂载货车、半挂低平板等产品;专门为首钢设计并生产的钢厂低速牵引车;新型驾驶室;环卫类系类:勾臂车、压缩垃圾车、除雪车、高压清洗

扫路车等产品

★山东红荷专用汽车有限公司
地址:山东省枣庄市滕州经济开发区红荷大道77号
邮编:277599
电话:0632/5957175、5957176
传真:5957175
网址:www.hhtruck.cn
电子信箱:sdhhqc@126.com
法定代表人:刘体平
单位人数:120
质量体系:ISO 9001
产品情况:(红荷北斗牌)
主要生产散装水泥罐车、自卸车、厢式运输半挂车、仓栅式运输半挂车、半挂车

河南省

★郑州宏达汽车工业有限公司
地址:郑州市经济技术开发区第二十二大街与南三环交叉口向南200米路东
邮编:450000
电话:0371/63591111、63592999
传真:63591356
网址:www.hdqc.com
电子信箱:hdqc@hdqc.com
法定代表人:张晓飞
质量体系:ISO 9001、ISO 14001
产品情况:(郑龙牌)
混凝土搅拌车、各种环卫机械与设施、半挂车、自卸车、厢式车、散装水泥车、运油车、清障车等,与陕汽、福田欧曼、一汽解放、东风、重汽等多家汽车底盘厂家建立长期战略合作关系
出口情况:远销澳大利亚、德国、阿尔及利亚、蒙古国、巴基斯坦、孟加拉国、越南、缅甸等国家

★郑州佛光发电设备有限公司
地址:郑州市高新技术产业开发区冬青街50号
邮编:450001
电话:0371/67982828、67847001
传真:67847358、67980077
网址:www.zzfoguang.com
电子信箱:foguangfadian@126.com
法定代表人:雷红红
质量体系:ISO 9001、ISO 14001
产品情况:(豫陆牌)
生产军用方舱、专用车辆、特种电动机、新能源电站等系列产品

★河南海力特机电制造有限公司
地址:郑州市高新区瑞达路22号
邮编:450001
电话:0371/67988119
传真:67982119
网址:www.hpsmm.net
电子信箱:hpsmmw@sina.com
法定代表人:许智远
质量体系:ISO 9001
产品情况:(海力特牌)
消防专用车辆、多功能抑尘车等环保专用车辆

★郑州中美诺优房车有限公司
地址:郑州市经济技术开发区经北二路116号
邮编:450016
电话:4001651616
网址:www.bcroyal.com
电子信箱:admin@bcroyal.com
法定代表人:李莉
质量体系:ISO 9001
产品情况:(诺优龙御牌)
主要开发生产商务房车、旅居房车、SUV改装车、方舱改装车、房车改装及房车、旅居车、改装车的零配件

★河南莱茵汽车制造有限公司
地址:河南省新郑市炎黄大道北50米
邮编:451150
电话:0371/55189105、4008581788
网址:www.rhine-star.com
电子信箱:ales_rhine@hnbenz.com
法定代表人:高建设
质量体系:ISO 9001、ISO 45001
产品情况:主要产品有豪华商务车、旅居车、救护车、通信指挥车、售后服务车、防弹运钞车等

★郑州红宇专用汽车有限责任公司
地址:河南省中牟县建设南路32号
邮编:451450
电话:0371/62169171、4006000277
传真:62191866、62191868
网址:www.zzhongyu.net
电子信箱:hongyuzhuanqi@163.com
法定代表人:王建国
质量体系:ISO 9001、ISO 14001
产品情况:(红宇牌)
主要生产冷藏保温车、爆破器材运输车、医疗废物转运车、危险化学品运输车、厢式运输车、罐式车、应急电源车、扫路车、炸药库、炸药厢及安防系统、军用方舱等系列产品;具备年产5000余辆改装车和5000余台套配套产品的生产能力
出口情况:远销中东、东南亚、大洋洲、南美洲、非洲等国家和地区

★郑州博歌车辆有限公司
地址:郑州市中牟县汽车产业园
邮编:451468
电话:0371/56577880
传真:56537881
网址:www.bogecl.com
电子信箱:rentuoboge@163.com
法定代表人:严红军
质量体系:ISO 9001
产品情况:(仁拓博歌牌)
混凝土搅拌车、干混砂浆车、桥梁检测维修车、隧道检测车、高空作业车五大类30余个品种

★郑州宇通重工有限公司
地址:郑州市经济技术开发区宇工路88号
邮编:451482
电话:4006621888
网址:www.yutongzg.com
电子信箱:hwsh@yutong.com
法定代表人:曹中彦
质量体系:ISO 9001、ISO 14001
产品情况:(宇通牌)
纯电动环卫车辆,包括纯电动洗扫车、纯电动扫路车、纯电动吸尘车、纯电动高压清洗车、纯电动路面养护车、纯电动垃圾转运车等产品

★新乡市骏华专用汽车车辆有限公司
地址:河南省新乡市凤泉区大块镇陈堡工业园
邮编:453000
电话:0373/5416666、13403738588
传真:5418989
网址:www.xxjunhua.com
电子信箱:junhua808@163.com
法定代表人:李富军
质量体系:ISO 9001
产品情况:(骏强牌)
各式半挂车、厢式车、自卸车、全挂车、粉粒物料运输车(散装水泥车)、混凝土搅拌运输车、沥青洒布车、碎石封层车、旅居车以及特种车等

★新乡市华烁车辆有限公司
地址:河南省新乡市凤泉区卫北工业园区(宝山大道666号)
邮编:453000
电话:18568734567、18655855366
传真:3973186
网址:www.zmqc888.com
法定代表人:王绍磊
质量体系:ISO 9001
产品情况:(中基华烁牌)
主要产品由多功能电源车、纯电动系列环卫车、双燃料环卫车等

★河南新飞专用汽车有限责任公司
地址:河南省新乡市高新技术产业开发区新一街339号
邮编:453000
电话:0373/5066792、5119812
传真:5066791
网址:www.xfzyc.com
电子信箱:hnxfzyc@163.com
法定代表人:莫山
质量体系:ISO 9001
产品情况:(新飞牌)
冷藏车、保温车、旅居车、疫苗运输车、医疗废物转运车、爆破器材运输车、厢式运输车、军用方舱、军用通信车、军用文体车等冷藏、厢式、军工三大系列

200 余个品种
出口情况:远销欧洲、美洲、亚洲、非洲 10 多个国家和地区,特种结构专用车配装联合国维和部队

★新乡市新能电动汽车有限公司
地址:河南省新乡市高新区德源路 111 号
邮编:453000
电话:0373/5785855、4000360070
网址:www. xxhzxh. com
电子信箱:908632972@ qq. com
法定代表人:徐勇
质量体系:ISO 9001
产品情况:具备年产 5 万辆电动汽车的生产能力

★河南天牛工业机械有限公司
地址:河南省新乡市红旗区柳青路与牧野大道交叉口东 100 米
邮编:453000
电话:0373/3552688、4009977369
传真:3333666
网址:www. hnhtn. com
电子信箱:hennan. tngy@ 163. com
法定代表人:郭建新
质量体系:ISO 9001
产品情况:(鸿天牛牌)
冷藏车,保温车、挂车、粉粒物料车、自卸车制造、旅居车、筑路工程车辆及机械制造、汽车配件

★河南高远公路养护设备股份有限公司
地址:河南省新乡市开发区高远路 6 号
邮编:453003
电话:0373/5068677、5068657
网址:www. chngaoyuan. com
电子信箱:plan@ chngaoyuan. com
法定代表人:刘廷国
质量体系:ISO 9001、ISO 14001
产品情况:(圣工牌)
全自动沥青洒布车、同步碎石封层车、稀浆封层车、灌缝车、铣刨机、多功能养护车、除雪车等

★新乡市富士通车辆有限公司
地址:河南省新乡市陈堡工业园区
邮编:453012
电话:0373/5418792、4000062850
传真:5418792
网址:www. xxfstcl. com
电子信箱:3128159230@ qq. com
法定代表人:万红旗
产品情况:粉粒物料专用车、物流运输专用车、汽车运输专用车、集装箱运输专用车、厢式半挂车、自卸式半挂车等

★河南卫华特种车辆有限公司
地址:河南省长垣县大广高速与山海大道交会处
邮编:453400
电话:0373/2157799、4000063699
传真:2157733
网址:www. wttzc. com
电子信箱:henanwt@ 126. com
法定代表人:姚瑞华
质量体系:GB/T 19001、GB/T 14001
产品情况:(卫特牌)
工业车辆、环境装备、专用汽车、高空作业及起重举升设备

★河南垣发专用车辆集团有限公司
地址:河南省长垣县人民路南亿隆大道东
邮编:453400
电话:0373/8869900、18337307772
传真:8887168
网址:www. hnyfsv. com
电子信箱:hl@ jhqz. com
法定代表人:韩利
质量体系:ISO 9001、ISO 14001
产品情况:高空作业车系列产品、水泥泵车、垃圾清运车、小型消防车等专用车辆

★焦作市华鑫联合车辆有限公司
地址:河南省武陟县城北重工业区(龙源镇万花村村北)
邮编:454450
电话:0391/6319111
网址:www. jzhxcl. cn
电子信箱:15993727802@ 163. com
法定代表人:刘龙梅
单位人数:148
质量体系:ISO 9001
产品情况:(华鑫联合牌)
低平板挂车、厢式挂车、仓栅式挂车、自卸挂车和各种高端技术特种车等产品

★河南皇马车辆有限公司
地址:河南省焦作市武陟县龙源路
邮编:454950
电话:0391/7282561
传真:7271943
网址:hnhmcl. com
电子信箱:henanhuangma@ 126. com
法定代表人:李世轩
单位人数:300
质量体系:ISO 9001
产品情况:(老于牌)
主要产品为厢式半挂车、仓栅半挂车、高低板半挂车、侧翻自卸半挂车、水泥搅拌车、粉粒物料运输车、集装箱骨架车等系列产品

★河南省新里程车辆有限公司
地址:河南省武陟县龙源镇央庄村北地
邮编:454950
电话:0391/7207238、15939155398
传真:7207228、7207238
电子信箱:gx160254@ autoinfo. gov. cn
法定代表人:云东平
质量体系:ISO 9001
产品情况:(云台牌)
低平板式半挂车、厢式半挂车、半挂车、防疫车

★河南顺达车辆有限公司
地址:河南省武陟县詹泗路三阳乡中段路北
邮编:454950
电话:0391/7205197、13703917087
网址:www. hnsdcl. com
电子信箱:henanshunda@ 163. com
法定代表人:马献成
单位人数:250
质量体系:ISO 9001
产品情况:(骏昌牌)
罐式半挂车、厢式半挂车、仓栅式运输半挂车、畜禽运输专用半挂车、集装箱运输半挂车、自卸半挂车、平板自卸车、低栏板半挂车、垃圾车等

★濮阳市龙欣专用汽车制造有限公司
地址:河南省濮阳市 106 国道濮范高速出口北 1000 米路东
邮编:457000
电话:0393/7654321、4000685708
网址:www. pylxzq. com
电子信箱:lvguang888@ 163. com
法定代表人:王晓龙
产品情况:(龙挂牌)
主要生产全挂车、冷藏半挂车、集装箱半挂运输车、仓栅式车、厢式半挂车等特种车辆

★中原特种车辆有限公司
地址:河南省濮阳市大庆路南段
邮编:457001
电话:0393/4754413、4752837
传真:4754413
网址:www. zytpetro. com
电子信箱:sales@ zytpetro. com
法定代表人:戴相富
质量体系:ISO 9001、ISO 14001
产品情况:(中油牌)
钻井、修井、洗井清蜡、固压、采油气驱、测试、运输、工程保障及发电机组等系列特种车辆产品
出口情况:出口美国、加拿大、土库曼斯坦、苏丹、沙特阿拉伯等多个国家

★河南萬祥专用汽车生产有限公司
地址:河南省襄城县建设路 366 号
邮编:461000
电话:0374/3811777、15903741777
传真:3816777
网址:www. hnwxzq. com
法定代表人:谭干
单位人数:310
产品情况:(萬祥牌)
半挂车

★河南路太养路机械股份有限公司
地址:河南省许昌市魏都民营科技园区宏腾大道
邮编:461000
电话:0374/8561999、4001686687
传真:8375888

网址:www.ltyh.cn
电子信箱:ltyh@ltyh.cn
法定代表人:刘鹏
质量体系:ISO 9001、ISO 14001
产品情况:(路太牌)
专业从事环卫清洁设备、除雪融冰设备、道路养护设备等专用车辆
出口情况:远销东南亚、北美洲、非洲等全球多个地区

★河南森源重工有限公司
地址:河南省长葛市魏武路16号
邮编:461500
电话:0374/6108256、4000659666
传真:6108256
网址:www.senyuanhi.com
电子信箱:xulm@senyuanhi.com
法定代表人:楚金甫
单位人数:5000
质量体系:ISO 9001、ISO 14001
产品情况:(森源牌)
主要产品有四大系列:以混凝土搅拌运输车、混凝土高压泵车、汽车起重机、高空作业车为代表的工程系列;以多功能融雪车、洗扫车、多功能抑尘车、移动式水平垃圾压缩中转站为代表的环卫系列;以移动警务室、行政执法车、纯电动物流车以及电动乘用车为代表的纯电动专用和乘用系列;以7吨轻型货车、12吨中型货车、18吨重型货车为主的商用车系列

★河南须河车辆有限公司
地址:河南省长葛市钟繇大道北段
邮编:461500
电话:0374/6221999、4009991759
传真:6219799
电子信箱:hnxuhe688@126.com
法定代表人:乔秋生
质量体系:ISO 9001、ISO 14001
产品情况:(白鸟牌)
流动舞台车、流动展示车、翼开启厢式车、翼开启厢式半挂车、侧开厢式配送车、侧卷帘式配送车、流动图书车、流动售卖车、快餐车、铝合金厢式车等系列专用车及其零部件

★河南志捷专用汽车有限公司
地址:河南省漯河市纬十路东段
邮编:462000
电话:0395/3222788、3333937
传真:3222399
电子信箱:hnzjqc@126.com
法定代表人:李顺安
产品情况:新能源汽车(环卫车、电动轻型货车)、半挂车、自卸车等

★河南华茂骏捷车辆有限公司
地址:河南省漯河淞江产业集聚区亿通汽车科技产业园内
邮编:462000
电话:0395/6932999、18503955819
网址:hmjjqc.com
电子信箱:admin@lhyitong.net
法定代表人:李晓朋
质量体系:ISO 9001、ISO 14001
产品情况:(华茂骏捷牌)
主要生产环卫车、半挂车、自卸车和物流车等专用汽车,主要产品年综合生产能力达5000辆

★驻马店中集华骏车辆有限公司
地址:河南省驻马店市兴业大道中段
邮编:463000
电话:0396/2916415、2901703
网址:www.hjcl.com
电子信箱:hjcl@hjcl.com
法定代表人:蒋启文
单位人数:2000
质量体系:ISO 9001、ISO 14001
产品情况:(华骏牌)
主要产品有系列半挂车、自卸车、中置轴挂车、轿运车、厢式车、牵引杆挂车、特种车等,年生产能力40000余辆
出口情况:出口东南亚、非洲、中东、南美洲等30多个国家和地区

★驻马店大力天骏专用汽车制造有限公司
地址:河南省驻马店市驿城大道装备集聚区
邮编:463000
电话:0396/3333313
传真:3311161
网址:www.zmdtjcl.net
电子信箱:xiaoshou@zmdtjcl.com
法定代表人:吴三刚
单位人数:700
质量体系:ISO 9001、ISO 14001
产品情况:(天骏德锦牌)
主要生产各类半挂车、自卸车、城市用车等特种车辆
出口情况:产品批量直接、间接出口到中东、南亚、南非等地区

★河南航天特种车辆有限公司
地址:河南省信阳市高新技术产业开发区工十五路56号
邮编:464000
电话:0376/3708034、3708089
电子信箱:hnhtclc@163.com
法定代表人:陈雪梅
产品情况:地面设备、特种车辆改装

★太康县天羽挂车制造有限公司
地址:河南省太康县未来路南段
邮编:466000
电话:0394/6841666、13949990666
网址:www.hnstygc.com
电子信箱:lvhuaqi@163.com
法定代表人:吕华奇
产品情况:(银奇牌)
生产集装箱平板半挂车、集装箱运输车、主车、半挂自卸车、各种系列半挂车、全挂车、厢式货车、车辆运输车、上海50挂、天津60挂车

★河南中力新能源汽车制造有限公司
地址:河南省平顶山市新城区育英路北段1号院
邮编:467000
电话:18768978866
网址:www.zlgjgroup.cn
电子信箱:454912703@qq.com
法定代表人:徐铁良
质量体系:ISO 9001
产品情况:主要产品有纯电动环卫车、纯电动运输车、纯电动大型客车及大型纯电动矿山用车

★河南力霸液压机械集团有限公司
地址:河南省汝州市产业集聚区霍阳大道16号河南力霸集团
邮编:467500
电话:0375/7232339、13639803957
网址:www.hnlbcl.com
电子信箱:hnlbjt@126.com
法定代表人:杨可可
单位人数:310
质量体系:ISO 9001
产品情况:(霸申特牌)
轻量化半挂车、全挂车、罐车、集装箱半挂车、仓栅式半挂车、自卸半挂车、压缩式垃圾车
出口情况:部分产品已出口东南亚国家

★河南豪骏专用车车辆有限公司
地址:河南省汝州市许襄工业园区
邮编:467500
电话:0375/6961888、6618666
传真:6617666
网址:www.hnhjcl.com
电子信箱:2419966730@qq.com
法定代表人:杨俊峰
产品情况:(豪骏昌牌)
各种半挂车、侧翻半挂车、厢式半挂车、低平板半挂车、自卸车、半挂自卸车、后翻自卸车

★中建二局洛阳机械有限公司
地址:河南省洛阳市西工区国花路50号
邮编:471000
电话:0379/62302706、62303008
网址:www.csceclymc.com
电子信箱:sales@csceclymc.com
法定代表人:李志远
质量体系:ISO 9001
产品情况:(世联牌)
混凝土搅拌站、混凝土搅拌运输车、抢修工程车、救险车、扫路车等
出口情况:远销越南、尼日利亚、阿尔及利亚、孟加拉国、文莱等国家

★洛阳中集凌宇汽车有限公司
地址:河南省洛阳市洛龙区关林路与经二路交叉口
邮编:471023
电话:0379/65937600

传真:65937675
网址:www. lingyu. com
电子信箱:info@ lingyu. com
法定代表人:李志敏
质量体系:ISO 9001、IATF 16949
产品情况:(朗宸牌、凌宇牌)
罐式专用车、环卫设备、冷藏保温车三大系列产品
出口情况:出口海外市场

★河南骏通车辆有限公司
地址:河南省三门峡市陕县世纪大道北段
邮编:472143
电话:0398/3813333、4000680398
传真:3810889
网址:www. hnjtcl. com
电子信箱:hnjtcl@ 126. com
法定代表人:潘建锋
单位人数:1500
质量体系:IATF 16949
产品情况:(骏通牌)
主要生产自卸车、半挂车、罐式车、冷链运输车、起重举升类专用车、多轮驱动专用车三大系列 200 多个产品,与陕汽、红岩、重汽、欧曼、江淮、解放、华菱等国内知名主机厂合作
出口情况:远销俄罗斯、乌兹别克斯坦、吉尔吉斯斯坦、安哥拉、越南、阿尔及利亚、智利、秘鲁等多个国家和地区

★河南红宇特种汽车有限公司
地址:河南省南阳市高新区二号工业园银丰街 268 号
邮编:473000
电话:0377/62375880、4006377963
传真:62375880
网址:www. hongyuspv. com
电子信箱:hytcgsb@ 163. com
法定代表人:华道理
质量体系:ISO 9001、ISO 14001
产品情况:(红宇牌)
电源车、发电车、照明车、抢险车、抢修车、移动应急电源车、排涝车、水质检测车等特种用途的工程用车及密封自卸式垃圾车、车厢可卸式垃圾车、餐厨垃圾车、吸粪车、洒水车等特种车辆及生活垃圾压缩机等环卫设备

★西奈克消防车辆制造有限公司
地址:河南省南阳市高新区纬十路与经十路交叉口
邮编:473000
电话:0377/83986808、83986809
传真:83986807
网址:www. xnkfire. com
电子信箱:nyfbxf@ 126. com
法定代表人:白双建
质量体系:ISO 9001、ISO 14001
产品情况:主要生产防爆消防车、特种消防车、其它特种车辆和消防装备,年产各类消防车辆 150 辆

★河南宜和城保装备科技实业有限公司
地址:河南省南阳市两相东路 18 号
邮编:473000
电话:0377/63559077、4000800667
传真:63593288
网址:www. nyyihe. com. cn
电子信箱:yh63593266@ 126. com
法定代表人:孙健军
质量体系:ISO 9001、ISO 14001
产品情况:(宜和牌)
抢险车、电源车、照明车、排涝车四大系列 30 余种型号产品

★河南中光学神汽专用车有限公司
地址:河南省南阳市高新技术产业开发区北京路 1218 号
邮编:473006
电话:4006568970
网址:www. hnzgxsq. com
电子信箱:xxb@ hnzgxsq. com
法定代表人:任重
单位人数:200
质量体系:ISO 9001、ISO 14001
产品情况:(风潮牌)
混凝土搅拌车、邮政车、旅居车、垃圾运输车、半挂散装水泥车、特种作业车,其他货车、半挂车,野营淋浴车、防化淋浴车等军用后勤保障车、电源车等

★南阳二机石油装备集团股份有限公司
地址:河南省南阳市中州西路 869 号
邮编:473006
电话:0377/63577556
传真:63552942
网址:www. ejpetro. com
电子信箱:ejcjck@ ejpetro. com
法定代表人:杨汉立
质量体系:ISO 9001、ISO 14001
产品情况:(华石牌、RG 牌)
车装钻机、橇装模块钻机、拖挂钻机、修井机、测井装备等十二大系列 200 多个品种
出口情况:低温钻机系列产品批量出口俄罗斯、加拿大等高端市场

★凯达环境科技有限公司
地址:河南省邓州市产业集聚区港粤工业园
邮编:474100
电话:0377/83989998
网址:www. kdauto. com. cn
电子信箱:gygyyoffice@ 163. com
法定代表人:胡亚运
质量体系:ISO 9001、ISO 14001
产品情况:(凯恒达牌)
商用车包含普通载货、自卸、仓栅、半挂牵引、厢式、平板、随车起重运输车、搅拌罐八大系列产品;专用车包含钩臂式垃圾车、洒水车、对接车、挂桶车、吸污车、路面养护车、抑尘车、洗扫车等

★河南通宇新源动力有限公司
地址:河南省西峡县仲景大道东段 999 号
邮编:474500
电话:0377/69726869、13849776308
传真:69726869
网址:www. hntyzyc. com
电子信箱:2977598238@ qq. com
法定代表人:王勇源
产品情况:(源首牌)
市政环卫车辆和环卫装备、半挂车辆、新能源环卫车辆、新能源物流车辆,新能源汽车动力系统总成

★奇瑞汽车河南有限公司
地址:河南省开封市自贸试验区开封片区宋城路 99 号
邮编:475000
电话:0371/23330605、23330249
网址:www. karryauto. cn
电子信箱:shiwei4@ mychery. com
法定代表人:鲍思语
产品情况:(开瑞牌)
开瑞微车、MPV、仓栅式运输车

★河南飞龙工程机械制造有限公司
地址:河南省兰考县产业集聚区未来大道 1 号
邮编:475300
电话:0371/23303666、4006226669
传真:22592689
网址:www. hnxfg. com
电子信箱:fl666999@ sina. com
法定代表人:王建峰
质量体系:ISO 9001、ISO 14001
产品情况:(新飞工牌、飞工牌)
汽车起重机、车厢可卸式垃圾车、洒水车、清障车、高空作业车、混凝土臂架泵车,与五征车辆集团、福田汽车股份有限公司及东风公司建立长期友好合作关系
出口情况:远销巴基斯坦、南非、俄罗斯、伊朗、沙特阿拉伯、尼日利亚、芬兰等国家

★商丘市宇畅挂车制造有限公司
地址:河南省商丘市北海路 999 号
邮编:476000
电话:0370/3068888、13703700188
网址:www. sqyuchang. com. cn
电子信箱:19405526@ qq. com
法定代表人:牛卫红
单位人数:400
质量体系:ISO 9001
产品情况:(宇畅牌)
全挂车、半挂车、低平板半挂车、自卸半挂车、集装箱运输半挂车、油罐车等
出口情况:出口俄罗斯、南非、东南亚、中亚等 30 多个国家和地区

★河南松川专用汽车有限公司
地址:河南省商丘市民权高新技术产业

园区
邮编:476000
电话:4000370966
传真:0370/8571019
网址:www.songchuancar.com
电子信箱:hnsclcc@163.com
法定代表人:刘飞
单位人数:200
质量体系:ISO 9001
产品情况:(松川牌)
冷藏车、保温车、邮政车、厢式运输车、军用方舱、半挂车等

★商丘市通达专用车辆制造有限公司
地址:河南省虞城县产业集聚区工业大道西段南侧
邮编:476000
电话:0370/13937045691、4133888
传真:4133888
网址:www.tdvehicle.com
电子信箱:18603706351@163.com
法定代表人:徐文连
质量体系:ISO 9001
产品情况:(智慧树牌)
半挂车、仓棚式运输半挂车、低平板半挂车、粉粒物料运输半挂车、集装箱运输半挂车、厢式运输半挂车、自卸半挂车、自卸车、油罐车、混凝土搅拌车等
出口情况:出口哈萨克斯坦、塔吉克斯坦、越南、马来西亚、中东、东南亚、非洲等国家和地区

★河南英泰汽车制造有限公司
地址:河南省民权县高新产业技术开发区电力大道南段东
邮编:476800
电话:0370/5061766、13683700839
传真:5063766
网址:www.hnytqc.com
电子信箱:15517088271@163.com
法定代表人:张秀金
单位人数:350
产品情况:(中原冷谷牌)
新型轻量化冷藏车、半挂保温车、军用方舱、新能源汽车系列产品等

★河南澳柯玛专用汽车有限公司
地址:河南省民权县高新技术产业开发区
邮编:476800
电话:0370/3033988、3033980
网址:www.aucmazyqc.com
电子信箱:aucmazhuanyongche@aucma.com
法定代表人:张兴起
质量体系:ISO 9001、ISO 14001
产品情况:(澳柯玛牌)
半挂车、冷藏车

★河南冰熊专用车辆制造有限公司
地址:河南省商丘市民权县冰熊大道1号
邮编:476800
电话:0370/8506010、13137011799
网址:bingxiong.net.cn
电子信箱:dianzsw@bingxiong.net.cn
法定代表人:陆鑑青
质量体系:ISO 9001、ISO 14001
产品情况:(冰熊牌)
冷藏车、保温车、厢式运输车、邮政车、移动通信车、半挂车、军用宣传文化车、野营淋浴车等系列专用车和军用方舱

湖北省

★湖北三六一一特种装备有限责任公司
地址:武汉市汉南区纱帽街通江四路16号
邮编:430011
电话:027/82886018、18702773988
传真:82341149
网址:www.whtzqc.com
电子信箱:642870168@qq.com
法定代表人:邓先义
单位人数:200
质量体系:ISO 9001、ISO 14001
产品情况:(云鹤牌)
水泥、石灰粉等罐车,加油车、运油车、洒水车等液罐车,消防车

★武汉九通汽车厂
地址:武汉市汉西路常码头特2号
邮编:430023
电话:027/83512081
传真:83529496
网址:www.wuhanjiutong.com
电子信箱:wh_jhc@163.com
法定代表人:秦少靖
质量体系:ISO 14001、OHSAS 18001
产品情况:(九通牌)
压缩式、多功能对接式、密封自卸式、自装自卸式、车厢可卸式等不同吨位、不同型号的环卫车;机场除雪车、机场清扫车、机场场务工程车、多功能割草机等机场保障设备

★扬子江汽车集团有限公司
地址:武汉市东西湖区金潭路18号
邮编:430040
电话:027/83824929
传真:83833831
网址:www.dfyzjev.com
电子信箱:yzjqc001@163.com
法定代表人:吴天才
质量体系:IATF 16949
产品情况:(扬子江牌)
已形成6~18米柴油、CNG、LNG、新能源、无轨电车等多种车辆产品系列,广泛应用于全国城市公共交通系统
出口情况:远销缅甸、秘鲁、孟加拉国、泰国等海外市场

★武汉新光专用汽车制造有限公司
地址:武汉市东西湖区银柏路51号
邮编:430040
电话:027/83097153、84705811
传真:83090252
网址:www.zynkon.com
电子信箱:info@zynkon.com
法定代表人:Peter Graham Rhodes
质量体系:ISO 9001、ISO 14001
产品情况:(新环牌、五环牌)
高压清洗车、吸污车、联合疏通车、工程抢险车、管道检测车等五大系列共计近30个品种的专用汽车

★武汉市汉福专用车有限公司
地址:武汉市东西湖区柏泉银柏路288号
邮编:430050
电话:027/84511831、4009692959
网址:www.whhfzyc.cn
电子信箱:hfzyc1997@163.com
法定代表人:张平
质量体系:ISO 9001、ISO 14001
产品情况:(金银湖牌)
洒水车、喷雾压尘车、农药喷洒车、路面清洗车、管道疏通车、真空吸污车、吸粪车、洗扫车、吸尘车、餐厨垃圾车、车厢可卸式垃圾车、污泥运输车、高空作业车等专用车辆
出口情况:出口印度、越南、朝鲜、缅甸、坦桑尼亚、安哥拉、南非等国家

★湖北省消防器材厂
地址:武汉市汉阳区琴断口米粮山新村140号
邮编:430051
电话:027/84657285、15002709555
传真:84657285
网址:www.hjxfc.com
电子信箱:hbhjxfc@163.com
法定代表人:刘斌
质量体系:ISO 9001、ISO 14001
产品情况:(汉江牌)
水灌及泡沫消防车、抢险救援消防车、举高消防车和A类泡沫消防车、干粉泡沫联用消防车等

★武汉客车制造股份有限公司
地址:武汉市江夏区阳光大道16号
邮编:430051
电话:027/50752999、50753666
传真:50753703
网址:www.whkc.net.cn
电子信箱:whbchrd@163.com
法定代表人:高庆寿
质量体系:ISO 9001
产品情况:(华中牌)
军改车、专用工程车、公路客车、团体客车、公交客车、新能源商用车等

★武汉市政环卫机械有限公司
地址:武汉市经济开发区东风大道东荆河路556号
邮编:430051
电话:027/84882133、84868660
传真:84637071

网址:www.szhwjx.com
电子信箱:dj@szhwjx.com
法定代表人:尚培珍
质量体系:ISO 9001、ISO 14001
产品情况:(皇冠牌)
下水道联合疏通车、吸污车、清洗车、吸引压送罐车、垃圾车(摆臂式垃圾车、车厢可卸式垃圾车)、洒水车、吸粪车、污泥自卸车等

★武汉运盛特种汽车制造有限公司
地址:武汉市武昌区白沙洲大道堤后街528号
邮编:430065
电话:027/88866812、18022899994
传真:88866833
网址:www.vimsome.com
电子信箱:ystq@vimsome.com
法定代表人:刘雪萍
质量体系:ISO 9001
产品情况:(宏大牌)
吸引压送车、联合疏通车等

★武汉龙安集团有限责任公司
地址:武汉市洪山区民院路124号
邮编:430074
电话:027/52111887、52111986
电子信箱:scb_6907@163.com
法定代表人:夏雨
质量体系:ISO 9001
产品情况:(卓通牌、龙安牌)
移动电离层应急监测车、勇士车载通信车、机动指挥控制车、综合指挥通信车等

★武汉洁力环卫汽车装备有限公司
地址:武汉市汉南区经济技术开发区兴城大道兴二路248号
邮编:430090
电话:027/84755888、4000386878
传真:84858555
网址:www.hbwlcl.com
电子信箱:hbwlcl@163.com
法定代表人:黄国喜
质量体系:ISO 9001、ISO 14001
产品情况:(琴台牌)
洒水车、高压清洗车、吸粪车、垃圾车、加(运)油车、随车起重运输车、散装水泥粉粒物料车、厢式车、自卸车、半挂车、垃圾处理设备等多个系列的产品
出口情况:出口东南亚地区

★武汉斯贝卡专用汽车有限公司
地址:武汉市蔡甸区常福新城工业园常兴路特6号
邮编:430120
电话:027/69573338
传真:69573318
网址:www.speka.cn
电子信箱:speka@vip.163.com
法定代表人:方勇
质量体系:ISO 9001、ISO 14001
产品情况:(武工牌)
主要产品有粉粒物料运输车、散装水泥车、半挂车、密闭式自卸车、仓栅式车、平板厢式车、混凝土搅拌车、环卫车(洒水车)、运油车、油田专用车系列(包括修井车、固井车、下灰车等)、铁路抢修车、勘察车、防疫车等各式特种商用车,纯电动汽车等新能源车辆

★喜爱汽车股份有限公司
地址:武汉市常福新城工业园常兴路11号
邮编:430120
电话:4001367520
传真:69573428
网址:www.xiairv.com
电子信箱:41646468@qq.com
法定代表人:王开志
质量体系:ISO 9001
产品情况:(中通牌、湖挂牌)
普通半挂车、仓栅式半挂车、厢式半挂车、集装箱半挂车、特种车等

★中船重工应急预警与救援装备股份有限公司
地址:武汉市江夏区庙山开发区阳光大道5号
邮编:430200
电话:027/87970446
传真:87970222
网址:www.china-huazhou.com
电子信箱:chinaharzone@163.com
法定代表人:余皓
单位人数:1555
质量体系:ISO 9001、ISO 14001
产品情况:(哈盛华舟牌)
特种装填车、整体自装卸补给车、软路面铺路车、道路综合保障车等
出口情况:在亚洲、非洲、南美洲分别设立了分支机构,产品先后出口40多个国家和地区

★武汉滨湖电子有限责任公司
地址:武汉市东湖新技术开发区流芳大道51号
邮编:430205
电话:027/51875013、51895656
传真:51895654
网址:whbhdz.csgc.com.cn
电子信箱:binhujsw@public.wh.hb.cn
法定代表人:邓立加
单位人数:300
产品情况:(湖光牌)
道路检测车、旅居车

★武汉神骏专用汽车制造股份有限公司
地址:武汉市黄陂区滠口经济开发区
邮编:430311
电话:027/61865958、82875601
传真:82922536
网址:www.027shenjun.com
电子信箱:fanfan509@163.com
法定代表人:余湘
质量体系:ISO 9001
产品情况:(神骏牌、超力牌)
液压大吨位组合式多功能运输车、专用运梁车、超长/超宽/超重等特型半挂车和港口专用、集装箱运输、车辆运输、厢式、栏板式运输半挂车等

★湖北绿智精工科技有限公司
地址:武汉市黄陂盘龙城经济开发区巨龙大道211号
邮编:430312
电话:027/61871372、4008510501
传真:61871150
网址:www.hbjgtec.com
电子信箱:348415385@qq.com
法定代表人:高瑞明
单位人数:250
质量体系:ISO 9001、ISO 14001
产品情况:(精工楚天牌)
具备年生产各种环卫设备800余台套、各类环卫车辆1000辆的生产能力

★天门市江汉三机特车有限责任公司
地址:湖北省天门市天门经济开发区南洋大道59号
邮编:431700
电话:0728/4851259、13886969525
传真:4851259
网址:www.jsjtr.com.cn
电子信箱:jsj@jsjsv.com
法定代表人:刘永革
质量体系:ISO 9001、ISO 14001
产品情况:(三机牌)
油田专用改装车辆,各类下灰罐,抽油机系列,半挂车,D1、D2级压力容器等
出口情况:出口中东、中亚、南美洲、非洲等地区

★湖北中油科昊机械制造有限公司
地址:湖北省荆州市荆州区九阳大道16号
邮编:434000
电话:0716/8189016、8268511
传真:8268522
网址:www.petrokh.com
电子信箱:sales@petrokh.com
法定代表人:赵晓
质量体系:ISO 9001、ISO 14001
产品情况:(科昊牌)
压裂车、固井车、混砂车等
出口情况:远销北美洲、俄罗斯、中东等多个国家和地区

★中石油江汉机械研究所有限公司
地址:湖北省沙市区豉湖路12号
邮编:434000
电话:0716/8239445、8120651
传真:8222483
电子信箱:gx170304@autoinfo.gov.cn
法定代表人:袁进平
质量体系:ISO 9001
产品情况:(海智达牌)

吸污车、连续油管作业车、连续油管作业半挂车

★湖北佳业石油机械股份有限公司
地址:湖北省荆州市荆州区西环路238号
邮编:434022
电话:0716/8020617、8020627
传真:8020573
网址:www.jypetro.com
电子信箱:jyoverseas@jypetro.com
法定代表人:李宁
质量体系:ISO 9001、GB/T 24001
产品情况:(佳虎牌)
油田特种车辆

★中石化四机石油机械有限公司
地址:湖北省荆州市荆州区四机路1号
邮编:434024
电话:0716/8429150、8429189
传真:8429152
电子信箱:sjzzk@sjpetro.com
法定代表人:王庆群
质量体系:ISO 9001、ISO 14001
产品情况:(石油四机牌、四机牌)
固井水泥车、混砂车、压裂车、修井机、钻机车、压裂管汇车、连续油管作业车等
出口情况:出口美国、加拿大等近30个国家

★湖北四钻石油设备股份有限公司
地址:湖北省荆州市荆州区西环路39号
邮编:434024
电话:0716/8429598
传真:8429598
网址:www.hbszpetro.com
电子信箱:xiaoshou@hbszpetro.com
法定代表人:张兴农
质量体系:ISO 9001、ISO 14001
产品情况:(四钻牌)
水泥车、压裂车、修井机、抽油机、石油钻井平台转盘成套设备、钻机泥浆固控系统、伸缩油缸、高压胶管、压裂柱塞泵、取力器、热交换器、气动卡瓦、液压大钳等石油钻采设备及配件
出口情况:出口美国、加拿大、哈萨克斯坦、缅甸、中东等国家和地区

★四机赛瓦石油钻采设备有限公司
地址:湖北省荆州市西环路101号
邮编:434024
电话:0716/8012162、8014727
传真:8429433
网址:www.sjs.servacorp.com
电子信箱:sjs@servacorp.com
法定代表人:谢永金
质量体系:ISO 9001、GB/T 24001
产品情况:(赛瓦牌)
仪表车、固井水泥车、压裂车、固井车、环空注入车、油田专用绞车及其他油田专用车辆
出口情况:出口美国、墨西哥、尼日利亚、新加坡、印度等国家

★湖北先行专用汽车有限公司
地址:湖北省松滋市城东工业园永兴大道10号
邮编:434200
电话:0716/6988666、6878999
网址:www.hbxxqc.com
法定代表人:肖顺美
质量体系:ISO 9001
产品情况:(先行科技牌)
道路清障车、工程抢险车、消防应急作业车等

★合加新能源汽车有限公司
地址:湖北省咸宁高新技术产业园金桂路238号
邮编:437100
电话:0715/8906661、8912550
网址:www.hbhjee.com
电子信箱:hbhejia@126.com
法定代表人:李建军
质量体系:ISO 9001、ISO 14001
产品情况:(合加牌)
新能源环卫专用车等,拥有环卫专用车年产能1万辆、各类环保设备产能3000台套

★襄阳新中昌专用汽车股份有限公司
地址:湖北省襄阳市东风汽车产业经济技术开发区名城路中段(新中昌汽车工业园)
邮编:441004
电话:0710/3328929、15586837888
传真:3328929
网址:www.xzccj.com
电子信箱:229838999@qq.com
法定代表人:冯义强
质量体系:ISO 9001
产品情况:(中昌牌)
生产各类冷藏车、保温车、蔬菜售卖车、油罐车、洒水车、半挂车、仓栅车、爆破器材运输车、飞翼车、翼开启厢式运输车、LED广告宣传车、LED舞台车、混凝土搅拌车、消防车等专用汽车;同时改装销售各种型号的高级服务车:邮政车、防爆车、环卫车、吸粪车、清障车、随车起重运输车、医疗车、高空作业车、化工液体车、加油车等
出口情况:冷藏车、飞翼车、消防车等远销国外

★湖北江山专用汽车有限公司
地址:湖北省襄阳市高新区日产工业园新星路6号
邮编:441004
电话:0710/3085325、3085323
传真:3347769
网址:www.hbjszq.com
电子信箱:hbjszqwm@163.com
法定代表人:漆燚
质量体系:ISO 9001
产品情况:(江山神剑牌)
粉粒物料自卸车、粉粒物料运输车、普通自卸汽车、森林灭火车、油罐车、洒水车等特种运输车辆

★湖北东润汽车有限公司
地址:湖北省襄阳市高新区深圳工业园特88号
邮编:441100
电话:0710/2579666、4008602690
传真:2579666
网址:www.hbdongrun.com
电子信箱:dongrun@hbdongrun.com
法定代表人:李青山
质量体系:ISO 9001
产品情况:(东润牌)
主导产品包含仓栅车、栏板车、罐式车、厢式快递运输车、集装箱运输骨架车、轿运车、冷藏车、新能源车等几大系列140余种

★湖北海立美达汽车有限公司
地址:湖北省枣阳市人民南路27号
邮编:441200
电话:0710/6376218、13094131888
网址:www.hlmdzq.com
电子信箱:hbftzyc@163.com
法定代表人:宋华伟
质量体系:ISO 9001
产品情况:(欧曼牌)
常压危化品罐式车辆、固体液体罐式运输车、自卸车、半挂厢式车、冷藏车、冷柜、城市环卫以及绿色环保电动车
出口情况:出口玻利维亚、莫桑比克、阿尔及利亚、缅甸、伊朗、朝鲜、乌拉圭、巴基斯坦、古巴等国家

★湖北圣龙专用汽车有限公司
地址:湖北省枣阳市吴店工业园
邮编:441200
电话:0710/6223904、6230665
传真:6222114
电子信箱:hbsl_huhequn@163.com
法定代表人:孟祥利
质量体系:ISO 9001
产品情况:(圣龙牌)
厢式、冷藏、保温、半挂、自卸、罐式等专用车,挂车车轴、升降支腿、前中后支架、集装箱旋锁及EPS夹芯板

★湖北合力专用汽车制造有限公司
地址:湖北省随州市北郊星光工业园1号
邮编:441300
电话:0722/3330101、13339899756
传真:3330103
网址:www.szhlqc.com
电子信箱:szhlqc@126.com
法定代表人:肖志强
质量体系:ISO 9001
产品情况:(神狐牌)
混凝土搅拌车、粉粒物料运输车、

散装水泥车、运油车、流动加油车、绿化洒水车、农药喷洒车、压缩式垃圾车、摆臂式垃圾车、挂桶式垃圾车、随车起重运输车、化工液体运输车、半挂车、17 米低平板半挂车、仓栅式半挂车、散装水泥半挂车、化工液体半挂车、运油半挂车、高空作业车、清障车、消防车等 300 多个产品
出口情况:出口俄罗斯、丹麦、格鲁吉亚、哈萨克斯坦、阿尔及利亚、澳大利亚、巴哈马等国家

★湖北华星汽车制造有限公司
地址:湖北省随州市北郊星光工业园特 1 号
邮编:441300
电话:13635738513
网址:www. hxqcgw. com
电子信箱:pc@ hxqcgw. com
法定代表人:刘猛
质量体系:ISO 9001
产品情况:自卸车、搅拌车等

★湖北江南专用特种汽车有限公司
地址:湖北省随州市北郊星光工业园特 1 号
邮编:441300
电话:0722/3330168、3328313
传真:3328313
网址:www. jndfzt. com
电子信箱:jinzyqcc@ 163. com
法定代表人:甘子林
质量体系:ISO 9001、ISO 14001
产品情况:(江特牌)
主要产品有东风油罐车系列,东风洒水车系列,东风厢式、冷藏、保温车(0. 85 ~ 15 吨)系列,散装水泥车系列(9 ~ 35 立方米),市政、环卫专用车系列(随车起重运输车、高空作业车、道路清障车、消防车、洒水车、吸粪车、吸污车、高压清洗车、垃圾自卸车、压缩自卸车)及教练车等九大系列
出口情况:部分产品远销东南亚、非洲、中东、南美洲等地区

★奥龙汽车有限公司
地址:湖北省随州市高新技术产业园区编钟大道 9 号
邮编:441300
电话:0722/3258518、3258519
传真:3258519
网址:www. aaloo. com. cn
电子信箱:aolong@ aaloo. com. cn
法定代表人:曾勇
质量体系:ISO 9001、ISO 18001
产品情况:(久龙牌)
罐式车、城市环卫车、城市客车、消防车、厢式集成车(冷藏车等)、特种车(现场混装乳化炸药车、清障车等)
配套及出口情况:是东风、解放、重汽、陕汽、欧曼、上汽依维柯红岩等主机厂委托改装生产制造企业;出口欧洲、非洲、亚洲等地区

★湖北聚力汽车技术股份有限公司
地址:湖北省随州市高新技术开发区消防路
邮编:441300
电话:4001550895、17871772996
网址:www. jllli. com
电子信箱:juli01@ juchenwang. com
法定代表人:徐浩博
质量体系:ISO 9001、ISO 14001
产品情况:(聚尘王牌)
吸尘车、抑尘车、高压清洗车、压缩垃圾车、园林绿化喷洒车、吸粪车、吸污车、密封垃圾车等
出口情况:出口俄罗斯、新西兰、安哥拉等 20 多个国家和地区

★湖北华威专用汽车有限公司
地址:湖北省随州市交通大道 1128 号
邮编:441300
电话:0722/3308006、3308008
传真:3308067
网址:www. hua - win. cn
电子信箱:huawei@ sinotruk. com
法定代表人:于有德
单位人数:650
质量体系:ISO 9001
产品情况:(华威驰乐牌)
清障车、洗扫车、高空作业车、自卸车、罐式车、厢式车、仓栅车、环卫车、随车起重运输车、工程维修车、粉粒物料车、混凝土搅拌车等
出口情况:出口中东、东欧、东南亚、西亚、非洲、俄罗斯、澳大利亚等多个国家和地区

★东风随州专用汽车有限公司
地址:湖北省随州市交通大道 267 号
邮编:441300
电话:0722/3319657
网址:www. dfztruck. com
法定代表人:Torbjorn Christensson(柯思腾)
质量体系:ISO 9001、ISO 14001
产品情况:(东风牌)
粉粒物料运输车、混凝土搅拌运输车、化工液体运输车、加油车、绿化喷洒车、厢式运输车、仓栅式运输车、油气工程车、半挂车、自卸车、牵引车、市政环卫车、背罐车等各类专用车

★东风专用汽车制造有限公司
地址:湖北省随州市交通大道 267 号
邮编:441300
电话:0722/3320168、8008800899
网址:www. dfqcw. com
电子信箱:dongfengsuizhou@ sina. com
法定代表人:Torbjorn Christensson(柯思腾)
质量体系:ISO 9001
产品情况:(东风牌)
洒水车、吸粪车、垃圾车、油罐车、化工液罐车、散装水泥车等专用车
出口情况:出口越南、朝鲜、老挝、中东、埃塞俄比亚、非洲

★湖北恒天客车有限公司
地址:湖北省随州市交通大道 789 号恒天汽车工业园
邮编:441300
电话:0722/3329826、4000072229
传真:3307979
网址:www. hbcfkc. com
电子信箱:hbcfkc@ 163. com
法定代表人:张文宝
质量体系:ISO 9001
产品情况:年生产城市客车、公路客车、幼儿园校车、小学生校车、客车特种车,新能源客车等各类产品 6000 多辆
出口情况:部分产品出口安哥拉、哈斯克斯坦、越南等国家

★随州市力神专用汽车有限公司
地址:湖北省随州市解放路西端 348 号柳树淌工业园
邮编:441300
电话:15972777278
传真:0722/3813333
网址:www. hblsqc. com
电子信箱:1437443305@ qq. com
法定代表人:付永阶
质量体系:ISO 9001、ISO 14001
产品情况:(醒狮牌)
主导产品为油罐车、粉粒物料车、化工罐车、油田专用车、多功能绿化喷洒车、散装粮食车等罐式专用车系列

★湖北腾科车辆装备有限公司
地址:湖北省随州市经济技术开发区
邮编:441300
电话:0722/3287757、13487012299
传真:3287757
网址:www. szjczyc. com
电子信箱:1842388464@ 163. com
法定代表人:陈科
质量体系:ISO 9001
产品情况:(楚江牌)
随车起重运输车、混凝土搅拌车,水泥搅拌车、散装水泥车、流动加油车、绿化洒水车、农药喷洒车、压缩式垃圾车、摆臂式垃圾车、挂桶式垃圾车、化工液体运输车、17 米低平板半挂车、运油半挂车、高空作业车、清障车、消防车等 300 多个产品
出口情况:出口俄罗斯、丹麦、格鲁吉亚、哈萨克斯坦、阿尔及利亚、澳大利亚、巴哈马

★湖北省齐星汽车车身股份有限公司
地址:湖北省随州市经济技术开发区十里铺村
邮编:441300
电话:0722/3587079

传真:3587079
网址:www. hbqxtc. com
电子信箱:hbqxtc@ 163. com
法定代表人:徐德
单位人数:1800
质量体系:ISO 9001、ISO 14001
产品情况:(齐星牌)
具有年产10万辆驾驶室、1.5万辆改装及底盘、800套大中型模具工装、5万吨精铸件、万辆无动力(电动汽车)底盘、万台城市智能立体停车设备、1000辆专用房车、2000辆轻量化罐车的生产装备能力
出口情况:主导产品出口中东、东南亚等地区

★湖北成龙威专用汽车有限公司
地址:湖北省随州市经济开发区季梁大道
邮编:441300
电话:0722/3308866、18727980699
网址:www. hbclw. com
电子信箱:hbclw_auto@ 163. com
法定代表人:刘永财
质量体系:ISO 9001、ISO 14001
产品情况:(楚飞牌)
各种洒水车、油罐车、化工液体运输车、垃圾车、高压清洗车、随车起重运输车、高空作业车、自卸车、粉粒物料运输车、散装水泥车、混凝土搅拌车、道路清障车、半挂车、运油车、液体罐式运输车、市政环卫车、清障车、车厢可卸式垃圾车、吸污车、吸粪车、压缩式垃圾车
出口情况:出口东南亚、非洲、拉丁美洲、欧洲等地区

★湖北楚胜汽车有限公司
地址:湖北省随州市经济开发区季梁大道9号
邮编:441300
电话:0722/7503969
传真:7503969
网址:www. ccrexgcs. com
电子信箱:ccrexgcs@ 126. com
法定代表人:丁刚
单位人数:1000
质量体系:ISO 9001、ISO 14001
产品情况:(楚胜牌)
混凝土搅拌运输车、油罐车、化工液体运输车、粉粒物料运输车、随车起重运输车、高空作业车、环卫垃圾车、洒水车、扫路车、吸污车、吸粪车、道路清障拖车、各种半挂车、全挂车等系列专用汽车和用途广泛的冷弯系列型钢,专用车年生产能力可达1万余辆

★湖北大力专用汽车制造有限公司
地址:湖北省随州市两水大道大力路特1号
邮编:441300
电话:0722/3308088、13886881555
传真:3309665
网址:www. hbdali. com
电子信箱:qiushuo@ hbdlai. com
法定代表人:刘锦元
质量体系:ISO 9001
产品情况:(大力牌)
洒水车、消防车、垃圾车、清障车、化工液罐车、散装水泥车等专用车
出口情况:出口越南、朝鲜、老挝、中东、埃塞俄比亚

★随州市大力环卫汽车有限公司
地址:湖北省随州市两水大道大力路特1号
邮编:441300
电话:0722/3328333、3597333
传真:3232728
网址:www. dlzycc. com
电子信箱:info@ dfszzy. com
法定代表人:赵秀军
质量体系:ISO 9001
产品情况:加(运)油车、化工液体运输车、沥青运输车、清障车、粉粒物料车、洒水车、混凝土搅拌车、散装水泥车、农药喷洒车、垃圾车、随车起重车、半挂车、工程自卸车、高空作业车、消防车、冷藏车、铁路专用多功能抑尘车等300多个产品
出口情况:出口东南亚、西亚、中东、非洲、欧美等国际市场,客户遍及越南、蒙古国、哈萨克斯坦、朝鲜、俄罗斯、南非、安哥拉、伊拉克、阿富汗等20多个国家和地区

★湖北天威汽车有限公司
地址:湖北省随州市两水工业区8号
邮编:441300
电话:0722/3308885、13872886123
网址:www. hbtwqc. net
电子信箱:1429326610@ qq. com
法定代表人:黄随
单位人数:200
质量体系:ISO 9001、ISO 14001
产品情况:洒水车(园林绿化洒水车、环卫洒水车、消防洒水车、喷药洒水车、随车起重运输洒水车、吸粪洒水两用车、高压清洗吸污多功能洒水车、半挂洒水车)、油罐车(加油车、运油车)、化工液体运输车、垃圾车(密封式垃圾车、摆臂式垃圾车、压缩式垃圾车等)、吸粪和吸污车、高压清洗车、随车起重运输车、高空作业车、自卸车、粉泣物料运输车和散装水泥车、混凝土搅拌车、道路清障车、半挂车(运油半挂车、集装箱运输半挂车、低平板半挂车、粉泣物料运输半挂车、化工液体运输半挂车等)等系列产品
出口情况:出口东南亚、非洲、拉丁美洲、欧洲等地区

★湖北新中绿专用汽车有限公司
地址:湖北省随州市两水工业园8号
邮编:441300
电话:0722/3308999、4008877089
传真:3308588
网址:www. hbxzl. com
电子信箱:13886882158@ 163. com
法定代表人:刘玉和
质量体系:ISO 9001、ISO 14001
产品情况:(中洁牌)
洒水车、喷药车、吸污车、吸粪车、压缩式垃圾车、摆臂式垃圾车、挂桶式垃圾车、车厢可卸式垃圾车、扫路车、高压清洗车、对接式垃圾车、清障车、高空作业车、随车起重运输车等
出口情况:出口沙特阿拉伯、阿塞拜疆、赤道几内亚、阿尔及利亚、乍得、委内瑞拉、多米尼加、蒙古、所罗门群岛、越南、朝鲜、坦桑尼亚、尼泊尔、老挝、缅甸、埃塞俄比亚、安哥拉、苏丹、哈萨克斯坦、吉尔吉斯斯坦、马来西亚、刚果、伊拉克、尼日利亚、肯尼亚等30多个国家

★程力专用汽车股份有限公司
地址:湖北省随州市南郊程力汽车工业园
邮编:441300
电话:0722/3815555
网址:www. hbclqc. com
电子信箱:1105500300@ qq. com
法定代表人:程阿罗
单位人数:8000
质量体系:ISO 9001、ISO 14001
产品情况:(程力威牌)
洒水车、油罐车、垃圾车、吸粪车、吸污车、自卸车、厢式货车、半挂车、清障车、随车起重运输车、高空作业车、教练车、散装水泥车、化工车、消防车、汽车配件、水泥搅拌车、牵引车等八大系列100多个品种车型
出口情况:出口俄罗斯、新西兰、安哥拉等30多个国家和地区

★玉柴东特专用汽车有限公司
地址:湖北省随州市曾都经济开发区两水一路121号
邮编:441300
电话:0722/3308938
传真:3308599
网址:www. szdtqc. com
电子信箱:ycdtgs@ yuchai. cn
法定代表人:苏朋
单位人数:360
质量体系:ISO 9001
产品情况:(特运牌)
化工液体运输车、罐式集装箱、加油车、粉粒物料运输车、运水车、洒水车、保温车、冷藏车、厢式车、平板运输车、半挂车
出口情况:出口玻利维亚、印度、缅甸、非洲等20多个国家和地区

★湖北润力专用汽车有限公司
地址:湖北省随州市曾都经济开发区世纪大道77号
邮编:441300
电话:0722/3309966、18872982999

传真:3308966
网址:www.rlqcc.com
法定代表人:尚传书
质量体系:ISO 9001、ISO 14001
产品情况:(润知星牌)
铝水抬包车、消防车和市政环卫专用车等产品

★湖北俊浩专用汽车有限公司
地址:湖北省随州市曾都经济开发区玉柴大道 58 号
邮编:441300
电话:15387291005
传真:0722/3280599
网址:www.junhaozq.com
电子信箱:313577845@qq.com
法定代表人:周千俊
单位人数:200
质量体系:ISO 9001、ISO 14001
产品情况:(多士星牌)
主要生产改装 LED 广告车、旅居房车、高端商务车、宿营车、医疗废物转运车、5D 电影车、散装饲料运输车、冷藏车、防爆车、厢式车、流动餐饮车、移动售卖车、仓栅式运输车、载货车、邮政车、两翼车、电视转播车、帘布车、押解车、工程抢险车、军用宿营车、散装粮食车、移动办公车、设备维修车、售后车等多种系列 300 多个品种车型

★湖北日昕专用汽车有限公司
地址:湖北省随州市曾都区
邮编:441300
电话:0722/3327696、3338021
传真:3338021、3327696
电子信箱:771310720@qq.com
法定代表人:黄丑平
质量体系:ISO 9001
产品情况:(日昕牌)
混凝土搅拌运输车、清障车等

★随州市东正专用汽车有限公司
地址:湖北省随州市曾都区交通大道 538 号
邮编:441300
电话:0722/3330389、18107229181
传真:3330389
网址:www.dzzyqc.com
电子信箱:dzzyqc@163.com
法定代表人:杨晗
单位人数:650
质量体系:ISO 9001、ISO 14001
产品情况:(炎帝牌)
吸粪车、吸污车、卫生防疫车、消防车、道路清扫车、高压清洗车、垃圾车、洒水车、随车起重运输车、高空作业车、混凝土搅拌运输车、搅拌罐车、粉粒物料运输车、水泥罐车、加(运)油车、厢式车、自卸车、半挂车等系列产品

★湖北力威汽车有限公司
地址:湖北省随州市曾都区经济开发区交通大道 669 号
邮编:441300
电话:13908662181、17386457777
传真:3583103
网址:www.lwqc.com
电子信箱:2979520@qq.com
法定代表人:聂忠
质量体系:ISO 9001、ISO 14001
产品情况:(中汽力威牌)
环卫车(垃圾车、洒水车、扫路车等)、抑尘车、随车起重运输车、平板运输车、冷藏车、自卸车、半挂车、高空作业车、粉粒物料运输车、混凝土搅拌车等专用车

★程力汽车集团股份有限公司
地址:湖北省随州市曾都区新 316 国道程力汽车工业园
邮编:441300
电话:4008513111
网址:www.cljtsyc.com
电子信箱:353528667@qq.com
法定代表人:程阿罗
质量体系:ISO 9001、ISO 14001
产品情况:(程力牌、程力威牌)
各类洒水车、垃圾车、吸污车,扫地车、油罐车、化工车、清障车、高空作业车、消防车、随车起重车、冷藏车、厢式车、压力容器、公路养护车、平板运输车、散装粮食车、干混砂浆车、养蜂车、舞台车、宣传车、流动售货车、重型随车起重车、水泥泵车、药品运输车、食品运输车等各系列 800 多个品种
出口情况:出口俄罗斯、新西兰、安哥拉等 30 多个国家和地区

★湖北宏宇专用汽车有限公司
地址:湖北省随州市曾都经济开发区(交通大道 1089 号)
邮编:441322
电话:0722/3307899、13997889499
网址:www.szsscc.com
电子信箱:541029348@qq.com
法定代表人:罗浩
质量体系:ISO 9001、ISO 14001
产品情况:(虹宇牌)
主导产品有工程车、罐式车、厢式车、环卫车、消防车、混凝土搅拌车、高空作业车、随车起重运输车、散装水泥车、散装物料车、清障车、半挂车、集装箱半挂车、鲜牛奶罐车、化工液体运输车、冷藏车、沥青运输车、洗尘车、自卸车、仓栅式车、牵引车和各类平头汽车驾驶室等多种产品
出口情况:在赞比亚、乌克兰、越南、蒙古国等国家设立了销售网点

★湖北腾誉专用汽车有限公司
地址:湖北省随州市经济开发区(季梁大道)
邮编:441399
电话:0722/3335311、13997885031
传真:3335311
网址:www.tyzycgs.com
电子信箱:739166459@qq.com
法定代表人:曹宏军
单位人数:200
质量体系:ISO 9001
产品情况:混凝土搅拌车、泡沫消防车、防爆车、绿化洒水车、农药喷洒车、压缩式垃圾车、摆臂式垃圾车、挂桶式垃圾车、随车起重运输车、化工液体运输车、半挂车、17 米低平板半挂车、仓栅式半挂车、散装水泥半挂车、化工液体半挂车、运输油罐半挂车、高空作业车、清障车等 300 多个产品
出口情况:远销俄罗斯、丹麦、格鲁吉亚、哈萨克斯坦、阿尔及利亚、澳大利亚、巴哈马等国家

★湖北舜德专用汽车有限公司
地址:湖北省随州市经济开发区季梁大道 27 号
邮编:441399
电话:0722/3827776、18827570179
传真:3827776
网址:www.hbsdzyc.com
电子信箱:290061896@qq.com
法定代表人:胡定国
单位人数:156
质量体系:ISO 9001、ISO 14001
产品情况:主导品种有洒水车、油罐车、垃圾车、吸粪车、吸污车、自卸车、厢式货车、半挂车、清障车、随车起重车、高空作业车、教练车、散装水泥车、化工车、消防车、汽车配件、水泥搅拌车、牵引车等八大系列 100 多个品种车型

★湖北五环专用汽车有限公司
地址:湖北省随州市经济开发区交通大道 K155 号
邮编:441399
电话:0722/3586545、3587889
传真:3586516
网址:www.hbwhgw.com
电子信箱:3077777@qq.com
法定代表人:汪密娜
质量体系:ISO 9001、ISO 14001
产品情况:(华通牌)
洒水车、油罐车、垃圾车、吸粪车、吸污车、清洗车、高空作业车、自卸车、半挂车、清障车、随车起重运输车、散装水泥车、化工车、消防车、流动舞台车、广告宣传车、爆破器材运输车、混凝土搅拌运输车、平板运输车等八大系列 100 多个品种车型

★湖北东沃专用汽车有限责任公司
地址:湖北省老河口市经济开发区城东大道 12 号
邮编:441800
电话:0710/8206688、8206508
传真:8206699
电子信箱:hbdwqc@126.com

法定代表人:陈伟
质量体系:ISO 9001
产品情况:(东驹牌)
产品主要有自卸车、半挂车、随车起重运输车、骨架集装箱运输车、翼开启厢式运输车等五大类60多个品种
出口情况:远销非洲、亚洲10多个国家和地区

★湖北神鹰汽车有限责任公司
地址:湖北省十堰市白浪中路166号
邮编:442000
电话:0719/8028880、8313888
传真:8313888
电子信箱:hbshenyinglhh@163.com
法定代表人:熊军
质量体系:ISO 9001
产品情况:(神鹰牌)
主导产品包括工程自卸车、无油缸滚筒自卸车、随车起重运输车和洒水车以及多型号(半挂、全挂)厢式车、仓栅车、罐式车(混凝土搅拌运输车、油罐车和粉罐车)等产品;已形成年产2万台工程自卸车、1万台半挂车、5000台特种专用车和1万台重型自卸车油缸的能力
出口情况:年出口矿用自卸车120辆、水泥搅拌运输车80辆

★东风华神汽车有限公司
地址:湖北省十堰市工业新区捷达路7号
邮编:442000
电话:0719/8207003
网址:www.dfsyqc.com
电子信箱:gaozhw@dfsv.com.cn
法定代表人:孙振义
质量体系:ISO 9001、ISO 14001
产品情况:(东风牌、神宇牌、华神牌)
东风牌系列载货汽车、平头自卸汽车、长头自卸汽车、专用汽车四大系列18种车型;神宇牌低速货车两大系列4种车型;天然气(CNG)汽车四大系列6种车型,年整车生产能力15000辆,年改装能力5000辆;零部件方面生产的品种有汽车半轴、同步器、取力器、横向稳定杆、吊耳、直拉杆等

★驰田汽车股份有限公司
地址:湖北省十堰市黑龙江路2号
邮编:442000
电话:0719/8887181、8795285
传真:8769699
网址:www.chitianqiche.com
电子信箱:chitianqiche@163.com
法定代表人:黄玉鸿
质量体系:ISO 9001、ISO 14001
产品情况:(驰田牌)
自卸车、半挂车、厢式车、仓栅式车、罐式车、平板自卸汽车等

★东风华神特装车辆有限公司
地址:湖北省十堰市红卫工业新区凯迪拉克大道9号
邮编:442000
电话:0719/8235666、15971872525
网址:www.dfzmzyc.com
电子信箱:dfzm@dfzmzyc.com
法定代表人:潘传政
质量体系:ISO 9001、ISO 14001
产品情况:(东风牌、东实牌、神舰牌)
各类厢式车、工程自卸车、随车起重运输车、随车起重机、中置轴半挂车、垃圾清运车、活鱼运输车等各类专用车

★湖北帕菲特工程机械有限公司
地址:湖北省十堰市经济开发区港澳台工业园
邮编:442000
电话:0719/8020888、8023867
网址:www.hbpft.com
电子信箱:dengyaxiong@hbpft.com
法定代表人:郑世海
单位人数:200
质量体系:ISO 9001、ISO 14001
产品情况:(帕菲特牌)
随车起重运输车、清障车、钻机车、车载泵、洒水车和垃圾车等专用车

★湖北康海汽车制造有限公司
地址:湖北省十堰市茅箭东城经济开发区许家鹏村
邮编:442000
电话:0719/8761336、8761449
传真:8761919
网址:www.hlqc.net
电子信箱:huangjiulin888@163.com
法定代表人:黄迎春
单位人数:120
质量体系:ISO 9001
产品情况:(海福龙牌)
主要产品有自卸车、厢式运输车、环卫垃圾车、铝合金罐式半挂车等工程专用车辆

★湖北迈创专用车有限公司
地址:湖北省十堰市普林工业园普林南路28号
邮编:442000
电话:4000719113、15717289906
传真:0719/8887110
网址:www.mczyc.com
电子信箱:23167858@qq.com
法定代表人:周玉清
单位人数:182
质量体系:ISO 9001
产品情况:(迈创达牌)
车厢可卸式垃圾车、路面养护车等

★湖北震序车船科技股份有限公司
地址:湖北省十堰市张湾区西城经济开发区丹霞路8号
邮编:442000
电话:0719/8569568、4001000616
传真:8546930
网址:www.hbzxcckj.com
电子信箱:zhenxucc@126.com
法定代表人:刘永生
质量体系:IATF 16949
产品情况:主要产品有军用、民用低平板运输车、中置轴车辆运输列车、特种挂车、重型拖车、维修工程车、救险车、物流车(燃油、纯电动)、新能源补电运输车、猛士越野车(车身、地垫、内饰)、短头运兵车(车门、车身、机罩盖)、汽车零部件及工装器具等

★东风特汽(十堰)专用车有限公司
地址:湖北省十堰市白浪中路51号
邮编:442013
电话:0719/8287151、4006911103
网址:www.dftq.net
电子信箱:sevena234@163.com
法定代表人:贺艳芝
单位人数:500
质量体系:ISO 9001
产品情况:(东风牌)
纯电动物流车、纯电动教练车、纯电动搅拌车、纯电动移动电源车等四类车型平台的14种新能源车型;智能渣土自卸车、多功能道路洗扫车、车厢可卸式垃圾车、小方量混凝土搅拌车等传统产品
出口情况:远销东南亚、南亚、非洲、中东、中南美洲等20多个国家和地区

★东风特汽(十堰)客车有限公司
地址:湖北省十堰市白浪中路80号
邮编:442013
电话:0719/8312145、4008857005
网址:www.chaolongbus.com
电子信箱:dfkc@dftqkc.com
法定代表人:潘传政
单位人数:800
质量体系:IATF 16949、ISO 9001
产品情况:(东风牌)
产品涵盖5.5~12米公路客车、城市公交、纯电动客车,以及专用校车、教练车、越野专用车和厢式运输车等客车系列延伸产品
出口情况:远销俄罗斯、智利、埃及、安哥拉、埃塞俄比亚、科特迪瓦、朝鲜、泰国、缅甸等10多个国家和地区

★湖北世纪中远车辆有限公司
地址:湖北省十堰市经济开发区滨河东路65号
邮编:442013
电话:0719/8303106、8303117
传真:8303107
电子信箱:sjzyjt@126.com
法定代表人:王涛
质量体系:ISO 9001、OHSAS 18001
产品情况:(中悦牌)
分储现混式混凝土搅拌车、流动舞台车、流动售货车、流动图书车、环卫车、飞翼厢式车、自卸车、自装卸式垃圾

车、纯电动厢式运输车、纯电动自装卸式垃圾车等新能源汽车,车架、车身等总成产品

★十堰安远专用汽车有限公司
地址:湖北省十堰市张湾区汉江街办熊家湾村一组
邮编:442013
电话:0719/8796355、8795908
传真:8795908
网址:www.ayzyqc.com
电子信箱:syaygzc@sina.com
法定代表人:朱军
质量体系:ISO 9001
产品情况:(双机牌)
仓栅式车、厢式车、除雪汽车、半挂车、油罐车以及各种高低吨位的自卸汽车

★东风专用汽车有限公司
地址:湖北省十堰市朝阳南路9号
邮编:442044
电话:0719/8247888、8247879
传真:8247582
网址:www.dfgzc.com
电子信箱:dfzq-huangyj@dfcv.com.cn
法定代表人:Torbjorn Christensson(柯思腾)
单位人数:1200
质量体系:IATF 16949、ISO 9001
产品情况:(东风牌)
普通厢式车、翼开式厢式车、冷藏保湿厢式车、仓栏车、自卸车、应急救灾车、特种军车、特种专用车、标箱车、零部件
出口情况:远销东南亚、南美洲、中东、东欧等地区

★湖北神河汽车改装有限公司
地址:湖北省十堰市郧县茶店经济开发区
邮编:442512
电话:0719/7580174
传真:7580149
网址:www.hbshenhe.com
电子信箱:hbshenhe@163.com
法定代表人:金元生
质量体系:ISO 9001、ISO 14001
产品情况:(神河牌)
系列自卸车、厢式车、仓栅式运输车、加油车、洒水车、粉粒物料运输车、半挂车和全挂车

★神河汽车有限公司
地址:湖北省十堰市郧阳区茶店镇大岭山村六组
邮编:442512
电话:0719/7580848、7580174
网址:www.hbshenhe.com
电子信箱:hbshenhe@163.com
法定代表人:金元生
质量体系:ISO 9001
产品情况:(金联达牌)
神河系列自卸车、厢式车、仓栅式运输车、洒水车、危化品运输车、半挂车和全挂车等

★十堰至喜车辆有限公司
地址:湖北省十堰市武当山特区工业园
邮编:442710
电话:0719/5661079、5662395
传真:5662321
电子信箱:2756410862@qq.com
法定代表人:李帮均
质量体系:ISO 9001
产品情况:(盟盛牌)
自卸车、洒水车、罐式车、货车等

★荆门宏图特种飞行器制造有限公司
地址:湖北省荆门市经济开发区迎春大道16号
邮编:448134
电话:0724/6066160、13972870119
网址:www.cimchtqg.com
电子信箱:yangbin@enricgroup.com
法定代表人:郑志军
单位人数:800
质量体系:ISO 9001、GB/T 24001
产品情况:(宏图牌)
液化气体运输车、各类化工介质运输车、液氨运输车、道路救援清障车、民爆器材运输车、冶金粉尘运输车、散装水泥(散装物料)运输车、危险废物处理运输车、垃圾运输车、压缩式垃圾运输车、运/加油车、半挂车、低温液体运输车

湖南省

★湖南驰程新能源有限公司
地址:长沙市天心区友谊路528号万兴大厦1515
邮编:410004
电话:15896548714
法定代表人:卢福生
产品情况:新能源动力总成及整车

★长沙中联重科环境产业有限公司
地址:长沙市高新区林语路288号中联重科麓谷第二工业园
邮编:410006
电话:4008870178
网址:www.zoomlion-enviro.com
法定代表人:张建国
质量体系:ISO 9001、GB/T 24001
产品情况:(中联牌)
除雪车、纯电动多功能抑尘车、洗扫车

★中联重科股份有限公司
地址:长沙市银盆南路361号(中联科技园)
邮编:410013
电话:4008000157
传真:0731/88807517
网址:www.zoomlion.com
电子信箱:hwsales@zoomlion.com
法定代表人:詹纯新
质量体系:ISO 9001、ISO 14001
产品情况:(ZOOMLION牌、中联牌)
混凝土运输车/泵车、起重机、筑/养路机械、扫路车、混合动力清洗车等清洗车、垃圾处理设备、纯电动餐厨垃圾车等各类垃圾车、市政环卫车、汽车起重机专用底盘、环境监测车、纯电动扫路车、清障车、车载式混凝土泵车、除雪车、纯电动路面养护车、全地面起重机等
出口情况:远销中东、南美洲、非洲、东南亚、俄罗斯以及欧美、澳大利亚等高端市场

★湖南星通汽车制造有限公司
地址:长沙市长沙县东十路与社塘路交叉口
邮编:410100
电话:4008332552、15084950690
网址:www.sintoon.com
电子信箱:3550159064@qq.com
法定代表人:张力虎
质量体系:ISO 9001、OHSAS 18001
产品情况:(星通牌)
旅居房车、特种装备专用汽车、环卫专用汽车、救护专用汽车、新能源专用汽车等系列专用汽车

★湖南猎豹特种车有限公司
地址:长沙市长沙县国家级长沙经济技术开发区东四路68号
邮编:410100
电话:4006073161、17673191818
传真:0731/88939001
网址:www.liebaotezhongche.com
法定代表人:熊启爱
单位人数:200
质量体系:ISO 9001、GB/T 24001
产品情况:(湘陵牌)
主要产品有猎豹系列专用车,警务、法务用系列改装车,检测(监测)系列专用车,反无人机车载系统专用车和军品系列产品

★长沙市比亚迪客车有限公司
地址:长沙市雨花区万家丽路二段88号
邮编:410116
电话:0731/88188888、89660387
传真:84881018
网址:www.bydcv.cn
法定代表人:王传福
产品情况:(比亚迪牌、陆胜牌、三湘牌)
城市客车、纯电动城市客车、卧铺客车、纯电动城市客车底盘等

★长沙金阳华汛专用汽车制造有限公司
地址:湖南省长沙县榔梨街道榔梨产业园101

邮编:410129
电话:0731/88270652、86408102
传真:88270656
网址:www.csjyjx.com
电子信箱:13755190604@qq.com
法定代表人:陈晓清
质量体系:ISO 9001、ISO 14001
产品情况:(金阳科技牌、岳麓牌、SUNOW 牌)
工程专用作业车、厢式专用作业车、大流量排水抢险车、混凝土泵车等

★湖南同心实业有限责任公司
地址:长沙市长沙县江背镇
邮编:410135
电话:0731/86264578、13707493580
传真:86290047、86290048
网址:www.txicint.com.cn
法定代表人:张红旗
质量体系:ISO 9001
产品情况:(同心牌、TX 牌)
各类载货汽车车身、乘用车车身以及模具设计制造,年产各类汽车车身 20 万套以上
出口情况:出口东南亚、南非、中东等地区

★湖南富凌科技有限公司
地址:长沙市长沙县果园镇
邮编:410157
电话:13467555628
传真:86183189
网址:www.hzfuling.com
电子信箱:568805520@qq.com
法定代表人:杨战宇
产品情况:(金芙蓉牌)
FR5815CDA 型自卸低速货车、FR5815PDA 型自卸低速货车等

★湖南晟通天力汽车有限公司
地址:长沙市高新开发区麓天路 2 号五强科技园 909 号房
邮编:410200
电话:0731/82852602、4008888256
网址:chinasnto.com
电子信箱:li_lh@chinasnto.com
法定代表人:张云建
质量体系:ISO 9001
产品情况:(晟通牌)
各类铝合金半挂车、铝合金厢车、铝合金罐车

★湖南省赛特汽车有限责任公司
地址:长沙市望城经济技术开发区赤岗路 389 号
邮编:410200
电话:0731/88386950
传真:81872615
网址:www.satecar.com
电子信箱:2865799788@qq.com
法定代表人:王富国
质量体系:ISO 9001
产品情况:(赛特牌)
客车

★长沙伟诺汽车制造有限公司
地址:长沙市望城区茶亭镇郭亮集镇
邮编:410203
电话:0731/88351555、88351666
传真:88351899
网址:www.cswnqc.com
电子信箱:cswnqc@126.com
法定代表人:谢建华
单位人数:120
质量体系:ISO 9001
产品情况:(伟诺牌)
主要从事道路养护、环境卫生、园林绿化等市政机械生产,旅居车和半挂车生产

★湖南鹏翔星通汽车有限公司
地址:长沙市浏阳制造产业基地永泰路 11 号
邮编:410300
电话:0731/83201888、4008760508
网址:www.pxxt.net
电子信箱:pengxiang999@163.com
法定代表人:胡鹏填
单位人数:480
产品情况:(鹏翔星通牌)
清洗车、烟花爆竹专用运输车、车厢可卸式垃圾车、汽车起重机、旅居车、半挂车等

★湖南星邦智能装备股份有限公司
地址:长沙市宁乡高新技术产业园区金洲大道东 128 号
邮编:410600
电话:0731/87116111、4006015828
网址:www.sinoboom.com.cn
电子信箱:info@sinoboom.com
法定代表人:刘国良
质量体系:ISO 9001、ISO 14001
产品情况:高空作业车等
出口情况:远销东南亚、大洋洲、中东、南美洲、欧洲等海外市场

★湖南恒润高科股份有限公司
地址:湖南省湘潭市九华经济开发区宝马东路 3 号
邮编:411202
电话:0731/52323199、18975201999
传真:52328888
网址:www.hengrunht.com
电子信箱:2497152542@qq.com
法定代表人:陈建平
质量体系:ISO 9001、ISO 14001
产品情况:(恒润牌、恒合牌)
多功能清洗车、高速公路路面综合养护车、桥梁检测车、护栏抢修车、扫路车、混凝土路面开槽机、灌缝机、市政环卫车、压缩式垃圾车、自卸式垃圾车、汽车起重机、清障车、高空作业车等

★湖南飞涛专用汽车制造有限公司
地址:湖南省沅江市经济开发区状元路 1 号
邮编:413100
电话:0737/2855301、2721105
传真:2723964
网址:www.feitao.com
电子信箱:hnzq@feitao.com
法定代表人:黄承高
质量体系:ISO 9001
产品情况:(飞涛牌)
随车起重运输车等产品

★湖南新永利交通科工贸有限公司
地址:湖南省岳阳市临港新区长湖路
邮编:414000
电话:0730/2295006、2296166
传真:2295006
网址:www.ylkgong.com
电子信箱:ylkgong@163.com
法定代表人:李锁龙
单位人数:128
质量体系:ISO 9001、ISO 14001
产品情况:(永利科工牌)
智能沥青洒布车、沥青碎石同步封层车等

★常德中车新能源汽车有限公司
地址:湖南省常德市经济技术开发区德山镇株木山村乾明路 96 号
邮编:415001
电话:0736/7315758、7301560
传真:7315758
电子信箱:dhqc@vip.163.com
法定代表人:李群波
质量体系:ISO 14001、IATF 16949
产品情况:(大汉牌)
旅游客车、纯电动城市客车

★湖南省金华车辆有限公司
地址:湖南省娄底市经济开发区薄板深加工产业园南北一路东
邮编:417000
电话:0738/8873988、8876353
传真:8876351
网址:www.jonova.cn
电子信箱:hnjhcl@163.com
法定代表人:邱杰英
质量体系:ISO 9001、OHSAS 18001
产品情况:(汽尔福牌)
主要生产环卫垃圾处理、清运、道路清洁专用车辆以及防爆运输车

★衡阳泰豪通信车辆有限公司
地址:湖南省衡阳市高新开发区芙蓉路 46 号
邮编:421001
电话:0734/8859329、2881203
传真:8859639、2881333
网址:www.tellhow.com
电子信箱:txcl@tellhow.com
法定代表人:刘春成

质量体系:ISO 14001、OHSAS 18001
产品情况:(上达牌)
军用特种改装车、军用方舱、翼开启厢式车等

★湖南星马汽车有限公司
地址:湖南省衡阳市雁峰区罗金桥 2 号
邮编:421008
电话:0734/8475841、8475930
传真:8475841
法定代表人:刘汉如
质量体系:ISO 9001
产品情况:(湖南牌)
重型自卸车、混凝土搅拌运输车、垃圾车

★湖南衡山汽车制造有限公司
地址:湖南省衡山县开云镇东风路 1 号
邮编:421300
电话:0734/5823985
传真:5823987
网址:www. hnhsqc. cn
电子信箱:sale@ hszq. com
法定代表人:刘孙荣
质量体系:ISO 9001、ISO 14001
产品情况:(衡山牌)
豪华空调大客车、团体客车、长途客车、中、轻型客车、飞机加油车、航空附属油料加注车、面包加工车、流动医院车、热力测试车、工程修理车、小学生校车、城市客车等

★中交郴州筑路机械有限公司
地址:湖南省郴州市北湖区南岭大道 1779 号
邮编:423000
电话:0735/2172032
传真:2172208
网址:www. lqczzl. com
电子信箱:cccchenzhu@ 163. com
法定代表人:张雪
质量体系:ISO 9001
产品情况:(泰坦牌)
沥青洒布车、沥青运输车、道路养护车、沥青混凝土搅拌设备、沥青碎石同步封层车、各类运输车
出口情况:远销东南亚、非洲等地区的 35 个国家

★湖南宜章通达挂车制造有限公司
地址:湖南省宜章县经济开发区产业承接园
邮编:424200
电话:0735/3716948、18670569336
网址:hntdgc. com
电子信箱:309620890@ qq. com
法定代表人:吴统明
产品情况:(通勤牌)
仓栅式半挂车、平板半挂车、集装箱式半挂车等

★湖南成鑫专用汽车有限公司
地址:湖南省郴州市嘉禾县坦塘工业园
邮编:424500
电话:0735/6635369
网址:hncx88. com
电子信箱:hnchengxincar@ 126. com
法定代表人:李民成
质量体系:ISO 9001
产品情况:(成星牌)
汽车起重机

广东省

★广东信源物流设备有限公司
地址:广州市天河区元岗路 399 号
邮编:510507
电话:020/37084116、13570573153
网址:www. xinsource. com
电子信箱:xysbcwb@ gdisg. com
法定代表人:杨效良
质量体系:ISO 9001、ISO 14001
产品情况:(上元牌)
主要产品包括多功能舞台车、智能展示车、冷藏车、翼开启厢式车、工程车、救护车、警备车、电源车、流动服务车、饮料运输车、邮政车、物流车

★广州汇联专用汽车有限公司
地址:广州市花都区港口开发区
邮编:510800
电话:020/86862004、86863541
传真:86861099
电子信箱:402149614@ qq. com
法定代表人:马海青
质量体系:ISO 9001
产品情况:(圣龙牌、汇联牌)
集装箱运输半挂车、栏板式半挂车、低平板半挂车、厢式运输车和半挂车、厢式冷藏车厢半挂车、自卸车、半挂车、罐式液体运输车及半挂车、粉料物料运输车及半挂车、混凝土搅拌运输车、环保用车辆等
出口情况:出口东南亚、中东、南美洲等地区,并销往中国香港地区

★广州华凯车辆装备有限公司
地址:广州市花都区炭步镇南街工业区
邮编:510820
电话:020/86740032、13316015878
传真:86742733
网址:www. hktzc. com
电子信箱:hktzc@ 126. com
法定代表人:汤顺养
质量体系:ISO 9001、ISO 14001
产品情况:(盾甲牌、广环牌)
装甲防暴车、警用突击车、防暴水炮车、冲锋车、装备运输车等军警特种车辆

★广州市和合医疗特种车辆有限公司
地址:广州市从化区鳌头镇棋杆幸福大道 1 号
邮编:510935
电话:020/87860111、4001288551
网址:www. gzhehe. net
电子信箱:gz5855@ 163. com
法定代表人:麦叶青
质量体系:ISO 9001
产品情况:(和麦牌)
体检车、救护车、采血车、送血车、医用车、冷藏车、应急和环境监测车、食品检测车、体质检测车、采样车、喷洒车、计划生育服务车、妇检车、手术车、牙科车、车载 X 射线设备等

★广东增城中警羊城轻型特种车有限公司
地址:广州市增城区新塘镇创新大道 29 号
邮编:511340
电话:020/82602313、82602093
传真:82606282
网址:www. zjtzc. com
电子信箱:zjyc@ zjtzc. com
法定代表人:田雪
质量体系:ISO 9001
产品情况:(中警牌)
武警、公安专用反恐、防暴车辆,包括防暴水炮车、反恐突击车、装甲运兵车、通信指挥车等警用特种车
出口情况:出口非洲、东南亚、中东等多个地区

★广州穗景客车制造有限公司
地址:广州市增城区朱村街工业路 1 号
邮编:511370
电话:020/32162228、32162228
网址:suijingmotor. com
电子信箱:disen. xu@ suijingmotor. com
法定代表人:朱海星
质量体系:ISO 9001
产品情况:(广巴牌)
双层客车

★广东明威专用汽车有限公司
地址:广州市番禺区钟村镇屏山
邮编:511495
电话:020/34712777、84774033
传真:84711683
网址:www. mw - trailer. com. cn
电子信箱:sales@ mw - trailer. com. cn
法定代表人:黄杰毅
质量体系:ISO 9001
产品情况:(明威牌)
主要生产 40 英尺二轴或三轴集装箱骨架及平板半挂车、二轴/三轴平板半挂车、集装箱运输半挂车、水泥罐式汽车及半挂车、自卸汽车及半挂车、运加油车及半挂车、车辆运输半挂车、混凝土搅拌运输半挂车、厢式运输半挂车、多轴液压重型运输车等九大系列 50 多个品种
出口情况:出口美国、荷兰、中东、非洲、澳大利亚等国家和地区,并销往中国香港、中国澳门地区

★韶关市起重机厂有限责任公司
地址:广东省韶关市曲江区马坝镇转溪

叶屋段106国道旁
邮编:512025
电话:0751/6653019、6653002
传真:6653001
网址:www. sgqzj. com
电子信箱:service@ sgqzj. com
法定代表人:李忠谊
质量体系:ISO 9001
产品情况:(韶液牌、韶起牌)
汽车起重机、随车起重运输车、起重高空作业车、自卸车、平板运输车等

★广东力士通机械股份有限公司
地址:广东省韶关市浈江区南郊六公里广韶路
邮编:512027
电话:0751/8261068、8261066
传真:8261063
电子信箱:gdlstxs@ 163. com
法定代表人:邱文忠
质量体系:ISO 9001
产品情况:(粤工牌)
QY系列8~40吨汽车起重机、GKZ(S)系列10~25米高空作业车、HBC系列混凝土车载泵车、JYD系列3~30吨清障车、总质量20~50吨系列半挂车、QLY3~12轮胎起重机、液压油缸以及山鹰牌GQ系列钢筋切断机和TDY75型油冷式电动滚筒等工程机械、特种车辆和建筑机械

★韶关挖掘机制造厂有限公司
地址:广东省韶关市北江区十里亭
邮编:512031
电话:0751/8831283、8831215
传真:8831208
电子信箱:sgxygs@ sgxy. com
法定代表人:甘建平
质量体系:ISO 9001
产品情况:[韶挖(SW)牌]
干粉砂浆生产设备、混凝土搅拌站、混凝土搅拌运输车、汽车起重机、高空作业车、建筑垃圾处理成套设备等

★广东云山汽车有限公司
地址:广东省兴宁市东莞石碣(兴宁)产业转移工业园
邮编:514526
电话:0753/3881033、3881818
传真:3881080
网址:www. ysbus. cn
电子信箱:ysqc@ ysbus. cn
法定代表人:徐毅坚
质量体系:ISO 9001
产品情况:(白云牌)
大、中、轻型客车,采血车、救护车、旅居车、水陆两用车等城市服务车,厢式零担运输车、厢式运输车等公路运输用车

★深圳东风汽车有限公司
地址:广东省惠州市大亚湾西区龙海一路96号
邮编:516083
电话:0755/27525261、4008088033
网址:www. sz - dfl. com
电子信箱:sales@ sz - dfl. com
法定代表人:潘传政
质量体系:ISO 9001
产品情况:(东风牌)
主导产品为环卫专用车辆与设备、新能源车辆、特种结构专用车

★深圳市陆地方舟新能源电动车集团公司
地址:广东省深圳市南山区海德一道88号中洲控股大厦A座31层
邮编:518000
电话:0755/81795575、4000616662
传真:86546246
网址:www. greenwheel. com. cn
电子信箱:service@ greenwheelev. com
法定代表人:田鑫
产品情况:(陆地方舟牌)
电动乘用车、电动客车、混动动力客车、燃油客车、中小学校车、电动专用车、控制器、驱动电动机等产品

★中集车辆(集团)股份有限公司
地址:广东省深圳市南山区蛇口港湾大道2号
邮编:518000
电话:0755/26802955
传真:26676875
网址:www. cimcvehiclesgroup. com
电子信箱:vehicle. hr@ cimc. com
法定代表人:麦伯良
产品情况:(中集牌)
全系列的物流半挂车及各类专用车产品
出口情况:47%以上的半挂车产品行销美国、英国、欧洲、日本、澳大利亚等国际主流市场以及中东、东南亚、南美洲等新兴市场

★中国国际海运集装箱(集团)股份公司
地址:广东省深圳市蛇口工业区港湾大道2号中集集团研发中心
邮编:518067
电话:0755/26691130
传真:26692707
网址:www. cimc. com
电子信箱:xiaoshi. liu@ stas. cimc. com
法定代表人:王宏
单位人数:60000
质量体系:ISO 9001、ISO 14001
产品情况:(中集牌)
集装箱、道路运输车辆、能源化工及食品装备、海洋工程、物流服务、空港设备等
出口情况:客户和销售网络分布在全球100多个国家和地区

★深圳中集专用车有限公司
地址:广东省深圳市坪山新区坪山锦龙大道1号
邮编:518118
电话:0755/89663098
网址:www. cimc. com
电子信箱:email@ cimc. com
法定代表人:李贵平
质量体系:ISO 9001
产品情况:(中集牌)
骨架车、平板车、厢式车、仓栅车、自卸车、栏板车、特种车、混凝土搅拌车、粉罐车、液罐车等
出口情况:出口美国、日本和非洲市场,并销往中国香港地区

★珠海鹏宇汽车有限公司
地址:广东省珠海市金湾区三灶镇机场北路957号3号厂房A区
邮编:519090
电话:0756/8978120
网址:www. gtk - china. com
法定代表人:黄椿林
质量体系:ISO 9001
产品情况:(广通客车牌)
主营医疗救护车、专业功能性救护车、指挥通信车、警用车、物资运输车、专用货厢车等

★广东永强奥林宝国际消防汽车有限公司
地址:广东省东莞市寮步镇塘唇工业区金富路
邮编:523000
电话:0769/83307688
传真:83269758
网址:www. yqalr. com
法定代表人:陈达强
质量体系:ISO 9001、ISO 14001
产品情况:[永强奥林宝牌、豪迈(CARMICHAEL)牌、西蒙(SIMON)牌]
水罐泡沫消防车、机场特种消防车、举高消防车、泡沫干粉联用消防车、抢险救援消防车、排烟消防车、照明消防车

★东莞市永强汽车制造有限公司
地址:广东省东莞市寮步镇塘唇工业区金富路
邮编:523407
电话:0769/83308918
传真:83301599
网址:www. yqqc. com
电子信箱:sales@ yqqc. com
法定代表人:陈甘玲
单位人数:1500
质量体系:ISO 9001、ISO 14001
产品情况:(永强牌)
主要产品有罐式车系列与消防车系列
出口情况:出口大洋洲、南美洲、非洲、东南亚等地区

★广东万里新能源汽车制造有限公司
地址:广东省湛江市坡头区坡头镇麻坡

路北侧
邮编:524059
电话:18681433322
电子信箱:19288641@ qq. com
法定代表人:祝链
产品情况:汽车车体制造,改装车、专用车制造

★广东宝龙汽车有限公司
地址:广东省肇庆市高新区宝龙路 1 号
邮编:526238
电话:0758/3983001、3983198
电子信箱:bulletproofcars@ 163. com
法定代表人:陈文波
质量体系:ISO 9001
产品情况:(宝龙牌)
主要产品有系列防弹运钞车、系列军警车、通信车、环卫车、电力专用车、电视转播车、工程车、旅居车、医用车、物流车、无障碍服务车等
出口情况:出口美国、巴西、东南亚、非洲等国家

★广东高达重工机械实业股份有限公司
地址:广东省佛山市高明区荷城街道蓬山路 22 号
邮编:528000
电话:0757/86332575、88611996
传真:88611999
网址:www. gdgaoda. com
电子信箱:gdgaoda@ 126. com
法定代表人:梁耀荣
质量体系:ISO 9001
产品情况:(禅珠牌)
压缩式垃圾车、摆臂式垃圾车、侧装自卸式垃圾车、大型垃圾转运车、环卫园林市政用的多功能洒水车、吸粪车

★广东粤海汽车有限公司
地址:广东省佛山市南海区九江镇物流产业园
邮编:528203
电话:4008300300、13798602517
传真:0757/86581022、86581272
网址:www. gdyh. com. cn
电子信箱:yhgs@ vip. 163. com
法定代表人:彭添成
质量体系:ISO 9001
产品情况:(粤海牌)
清障车、高空作业车、淤泥抓斗车等
出口情况:批量出口美国、加拿大、日本、古巴、尼日利亚、越南、卡塔尔、巴基斯坦、马来西亚、南非等 16 个国家和地区,并销往中国香港、中国澳门、中国台湾地区

★佛山市路之友机械制造有限公司
地址:广东省佛山市南海区罗村上柏元武头工业区 1 路
邮编:528226
电话:0757/81268316、18900871609
传真:81268317
电子信箱:lzysales@ 126. com
法定代表人:肖富斌
质量体系:ISO 9001
产品情况:(路之友牌)
厢式运输车、扫路车、自卸车、清障车、车厢可卸式垃圾车、洒水车、厢式检修车、冷藏车、压缩式垃圾车、旅居车等多个品种
配套情况:与庆铃、江铃、奥铃、东风、日产、重汽、日野等多家厂商合作,配套生产专用改装汽车

★广东顺肇专用汽车制造有限公司
地址:广东省佛山市顺德区伦教集约工业区工业大道尾
邮编:528308
电话:0757/27886826、27887812
电子信箱:precottyim@ 163. com
法定代表人:严志文
质量体系:ISO 9001
产品情况:(顺肇牌)
主要生产冷藏保温车、危险品运输车、液压(手动)翼展车、移动方舱、瓦楞板厢运输车、平板运输车、仓栅运输车等

★佛山市顺德区富日交通机械有限公司
地址:广东省佛山市顺德区勒流镇黄连港口路 1 号
邮编:528323
电话:0757/25664550、25668928
传真:25664461
电子信箱:15976698871@ 163. com
法定代表人:吴志强
质量体系:ISO 9001、IATF 16949
产品情况:(新日钢牌)
半挂车

★广东易山重工股份有限公司
地址:广东省中山市翠亨新区翠城道 36 号
邮编:528454
电话:13924985717、13924985057
传真:88722111
网址:www. e - sunhi. com
电子信箱:admin@ e - sunhi. com
法定代表人:倪振中
质量体系:ISO 9001、ISO 14001
产品情况:(易山牌)
除雪车、扫路车、道路养护用车等

★中集车辆(江门市)有限公司
地址:广东省江门市新会区大鳌镇新鳌西路 67 号
邮编:529100
电话:0750/6969888
传真:6969028
网址:www. cimc. com
电子信箱:chaoqun. zhang@ cimc. com
法定代表人:蒋启文
质量体系:ISO 9001
产品情况:(中集牌)
半挂车、混凝土搅拌车、厢式运输车、洒水车、运油车等
出口情况:远销大洋洲、非洲、印度尼西亚、越南、泰国、新加坡、菲律宾、缅甸,并销往中国香港、中国台湾地区

★广东建成机械设备有限公司
地址:广东省开平市长沙沿江东路 74 号
邮编:529300
电话:0750/2216772、2898888
传真:2288363、2206625
网址:www. kppcsem. com
电子信箱:gdkp@ kppcsem. com
法定代表人:梁志明
单位人数:220
质量体系:ISO 9001
产品情况:(久远牌)
液化天然气储运设备、低温液体储运设备、液化气体储运设备、各种食品和化工原料储运设备及可移动罐箱

★广东圣宝汽车实业有限公司
地址:广东省鹤山市鹤城镇工业二区 023 号
邮编:529700
电话:0750/8776038、4006994168
电子信箱:gdsonbo@ 163. com
法定代表人:凌少峰
质量体系:ISO 9001
产品情况:(圣宝牌)
道路清障车、轻型载货汽车、混凝土搅拌运输车、化工液体运输车、化工液体运输车半挂车、集装箱运输半挂车、平板运输车、洒水车、随车起重运输车、厢式运输车、自卸低速货车、自卸汽车、纯电动厢式运输车、低速汽车、工程机械、农业机械、机械配件、汽车配件等产品

广　西

★广西玉柴专用汽车有限公司
地址:南宁市高新区总部路 5 号
邮编:530001
电话:0771/2796865、2796905
传真:2796861
网址:ycsv. yuchai. com
电子信箱:ycnnok@ 163. com
法定代表人:查从征
质量体系:ISO 9001、ISO 14001
产品情况:(象力牌、玉柴专汽牌)
环卫设备:各型垃圾压缩转运站设备、垃圾收集站等;专用汽车包括各型环卫专用车、自卸车、混凝土搅拌运输车等,纯电动厢式运输车等新能源汽车

★北海福达特种车辆有限公司
地址:广西北海市北海大道工业园区一号
邮编:536000
电话:0779/6818258、2290300
传真:6818256
电子信箱:bhzhk@ chinafuda. com

法定代表人:黎福超
质量体系:ISO 9001
产品情况:(金鹰牌、福达牌)
专用汽车、自卸汽车、低速载货汽车及多功能拖拉机、履带拖拉机

★桂林大宇客车有限公司
地址:广西桂林市象山区净瓶路10号
邮编:541000
电话:0773/3626220、3626219
传真:3626102
网址:www.gldaewoo.com
电子信箱:market@gldaewoo.com
法定代表人:王伟
质量体系:ISO 9001
产品情况:(桂林大宇牌)
大、中、轻型,中、高档公路客车、城市公交车、豪华旅游车、城市客车、新能源城市客车(混合动力、天然气、纯电动)等
出口情况:远销非洲、南美洲、东欧、中亚、东南亚、南亚等20多个国家和地区

★柳州延龙汽车有限公司
地址:广西柳州市阳和工业新区和悦路北1号
邮编:545006
电话:0772/3591233
传真:3591233
网址:www.lzylqc.com
电子信箱:lzylgl@163.com
法定代表人:吕延中
质量体系:ISO 9001
产品情况:(延龙牌)
厢式运输车、客货车、篷式运输车、仓栅式运输车、自卸车、仓栅式商品车运输车、混凝土泵车、垃圾车、观光车、冷藏车、邮政车、囚车、救护车、随车起重运输车、车厢可卸式垃圾车、售货车、流动服务车

★柳州乘龙专用车有限公司
地址:广西柳州市阳和南路9号
邮编:545006
电话:0772/5331200、4008888311
传真:5331202
网址:www.lzclzyc.cn
电子信箱:clzycgs@163.com
法定代表人:张劲松
质量体系:ISO 9001
产品情况:(福狮牌)
半挂车系列、自卸车系列、罐式车系列三大类100多个产品,重点产品为轻量化普挂车、轻量化半挂自卸车、轻量化粉罐半挂车、新型自卸车等
配套情况:与东风柳汽汽车研究所、汉阳专用汽车研究所、北京航空航天大学等科研院所等合作

★柳州五菱汽车工业有限公司
地址:广西柳州市柳南区河西路18号
邮编:545007
电话:0772/3755875、3750442
电子信箱:jw@wuling.com.cn
法定代表人:韦宏文
质量体系:ISO 9001、IATF 16949
产品情况:(奔马牌、五菱牌)
主导产品及产能为:底盘、冲焊和内外饰三大类汽车零部件年配套能力达150万套;汽车发动机年生产能力达80万台;专用车年生产能力达10万辆

★柳州运力专用汽车有限公司
地址:广西柳州市柳江县新兴工业园乐业路12号
邮编:545112
电话:0772/3269368
传真:3269392
网址:www.yunli.cn
电子信箱:lzyl@cnhtc.cn
法定代表人:于瑞群
质量体系:ISO 9001
产品情况:(运力牌)
各类专用车(含粉粒物料运输车、混凝土搅拌运输车、加油车、重型自卸车、特种矿运车和半挂车等)及为底盘厂家配套的车厢、车架等零部件产品
出口情况:出口各类专用车650辆

重庆市

★重庆金康新能源汽车有限公司
地址:重庆市江北区福生大道229号
邮编:400021
电话:023/88561723
电子信箱:lu.wang@sokon.com
法定代表人:马剑昌
质量体系:ISO 9001
产品情况:(东风牌、瑞驰牌、赛力斯牌)
纯电动物流商用车、纯电动轿车、插电式增程混合动力轿车等

★重庆庆铃专用汽车有限公司
地址:重庆市九龙坡工业园区C区聚业路125号
邮编:400050
电话:023/65765957、65765091
网址:www.qingling.com.cn
电子信箱:qlshangzhuang@163.com
法定代表人:邹麟
质量体系:IATF 16949
产品情况:(庆铃牌)
轻型客车等

★重庆铁马工业集团有限公司
地址:重庆市九龙坡区杨家坪正街43号
邮编:400050
电话:023/68062953、68062239
电子信箱:ctm@tiemagroup.com
法定代表人:陈树清
质量体系:ISO 9001、IATF 16949
产品情况:(铁马牌)
粉粒物料运输车、混凝土搅拌车、路面养护车、特种车、油罐车、自卸车等
出口情况:出口泰国

★重庆望江工业有限公司
地址:重庆市江北区郭家沱
邮编:400071
电话:023/67110497、67110021
传真:67110020
网址:www.cqwjgy.com
电子信箱:wj67110046@126.com
法定代表人:鲜志刚
单位人数:3600
质量体系:ISO 9001、IATF 16949
产品情况:(望江牌)
摩托车及发动机、汽车改装车、汽车和摩托零部件等

★重庆重型汽车集团专用汽车有限公司
地址:重庆市双桥经开区双龙西路22号
邮编:400900
电话:023/63213156、63213185
传真:63213299
网址:www.cqzqzyc.com
电子信箱:895971854@qq.com
法定代表人:赵训伟
单位人数:323
质量体系:ISO 9001
产品情况:(红岩牌)
重型自卸车、粉粒物料运输车、厢式运输车、集装箱运输车、半挂车、罐式车及汽车燃油箱、储气筒、载货车车厢等零部件

★重庆耐德工业股份有限公司
地址:重庆市北部新区杨柳路6号
邮编:401121
电话:023/67855563、67855529
传真:67871271
网址:www.naide.com.cn
电子信箱:bgs@naide.cn
法定代表人:周成林
单位人数:2000
质量体系:ISO 9001
产品情况:(山花牌)
流量仪表、伺服液位计、LNG加气系统、CNG加气机、机电一体撬装化气体液化装备、减振器、垃圾压缩中转站、垃圾储运系统、移动医院、抢险车、野营净水装备、强力吸污车等

★重庆凯瑞特种车有限公司
地址:重庆市双桥经开区天星大道9号
邮编:401122
电话:023/81098599、81098620
传真:81098638
网址:www.krtzc.com.cn
电子信箱:krtzc@krtz.com.cn
法定代表人:尚游
单位人数:500
质量体系:ISO 9001、ISO 14001
产品情况:(先导牌、重特牌)
自卸车、城市环卫车、混凝土搅拌

运输车、军民用特种作业车和机场飞机除冰清洗车等
配套情况：与上汽依维柯红岩商用车、包头北方奔驰、重庆庆铃、广汽日野、中国重汽、一汽解放、东风汽车、长安集团等国内知名汽车企业合作

★重庆大江工业有限责任公司
地址：重庆市巴南区鱼洞大江西路601－1号
邮编：401321
电话：023/66283007
传真：66283645
网址：www.cqdjgy.com
法定代表人：贾立山
单位人数：7463
质量体系：ISO 9001
产品情况：（大江牌、渝齿牌、迈克牌、庆江牌）
年产汽车起重机高空作业车1000台、自卸车700台、车桥60000套、传动轴50000根、车用齿轮1500万件、塔式起重机300台、液压支架4500架、冲压产品10万车付、铸钢件15000吨、铸铁件13700吨、锻件32000吨的能力
出口情况：远销10多个国家和地区

★重庆长安跨越商用车有限公司
地址：重庆市九龙坡区九龙工业园C区聚业路117号
邮编：401329
电话：023/81152310、65765095
电子信箱：zhgl@bbcq－truck.com
法定代表人：韩鸣
质量体系：ISO 9001
产品情况：（长安牌、铁马牌、北方奔驰牌）
运输车、越野车、自卸车、半挂牵引车和专用车、载货汽车及底盘
出口情况：远销泰国、巴基斯坦、斯里兰卡、阿曼、印度尼西亚等12个国家和地区

★重庆盛时达汽车有限公司
地址：重庆市涪陵区新城区龙兴路8号
邮编：401336
电话：023/61030111
网址：www.chinashinstar.com
电子信箱：chinashinstar@126.com
法定代表人：王东
单位人数：3000
质量体系：ISO 9001、ISO 14001
产品情况：（炫虎牌）
新能源车、环卫车、自卸车、半挂车
出口情况：远销欧洲、美洲、非洲、东南亚等地区，并销往中国香港地区

★重庆迪马工业有限责任公司
地址：重庆市南岸区茶园工业园长电路8号
邮编：401336
电话：023/61521675、61521553
网址：cn.dima－industry.com
电子信箱：dima－industry@dongyin.com
法定代表人：黄力进
质量体系：ISO 9001、ISO 14001
产品情况：（迪马牌）
防弹运钞车、防爆运兵车、自助式流动收款车、通信车、新闻直播车、音频转播车、电视转播车、道路清扫车、压缩式垃圾车、地面垃圾站、多功能除雪车、洒水车、电力车、炊事车、检测车、救护车、器材运输车、抢险抢修车、现场工作车、专用工具车、越野房车等
出口情况：出口东南亚、非洲、南美洲等地区

★重庆南方迪马专用车股份有限公司
地址：重庆市南岸区长电路8号
邮编：401336
电话：023/62455385、62455370
传真：62455399
电子信箱：cqnfdm@163.com
法定代表人：马学斌
单位人数：102
产品情况：（南马牌）
警用特种车、防弹防爆车、通信指挥车、电视转播车、除雪车、公路养护车、市政环卫车、抢险救援车、应急电源车、净水车、机场专用车等

★重庆耐德山花特种车有限责任公司
地址：重庆市巴南区界石镇石佛路6号
邮编：401346
电话：023/61963215、61963356
网址：www.cqndsh.cn
电子信箱：ndsh@naide.cn
法定代表人：钱东炜
单位人数：170
质量体系：ISO 9001、ISO 14001
产品情况：（耐德兼松牌）
强力吸污车、移动医院、多功能净水车、淋浴车等产品

★重庆耐德新明和工业有限公司
地址：重庆市巴南区界石镇石佛路8号
邮编：401356
电话：023/61963733、61963576
传真：61963710
网址：www.endurance－shinmaywa.com
电子信箱：ndxmh@naide.cn
法定代表人：王旭
单位人数：288
质量体系：ISO 9001、ISO 14001
产品情况：（山花牌）
主要产品有大、中、小型垃圾压缩中转站成套环卫装备，车厢可卸式垃圾车（拉臂车）、后装压缩式垃圾车、移动压缩式垃圾箱，餐厨垃圾车、吸污车等环卫专用车辆
出口情况：出口日本、泰国、马来西亚、新加坡等国家

★重庆金冠汽车制造股份有限公司
地址：重庆市璧山区璧泉街道康宁路2号
邮编：402760
电话：023/41560233、4001848999
网址：www.jinguanauto.com
电子信箱：fdc@jinguanauto.com
法定代表人：孙露
质量体系：ISO 9001、ISO 14001
产品情况：（金冠圣路牌、北泉牌、圣路牌）
防弹车、通信车、后勤保障车、现场处置车、侦察车、医用车、全地形车、环卫车、房车、防护制品等
出口情况：出口运钞车、医用车、警用车、消防车、防护制品、DVR监控系统

★重庆穗通新能源汽车制造有限公司
地址：重庆市武隆县白马镇园区东路70号
邮编：408527
电话：023/77766678、4000626663
传真：77766656
网址：www.ddstkc.com
电子信箱：biz@ddstkc.com
法定代表人：王安平
质量体系：ISO 9001
产品情况：（穗通牌）
新能源客车、新能源专用汽车、豪华旅游客车、多功能智能旅居车等系列产品

四川省

★成都雅骏新能源汽车科技股份有限公司
地址：成都市天府新区新兴工业园B1
邮编：610015
电话：028/68267000、4006889819
传真：68386866
网址：www.rajaev.com
电子信箱：aaa@zgzr－group.com
法定代表人：黄卫东
质量体系：IATF 16949
产品情况：（通途牌）
纯电动厢式运输车、纯电动冷藏车、纯电动仓栅式运输车等

★四川建设机械（集团）股份有限公司
地址：成都市金牛区古柏路54号
邮编：610081
电话：028/86472004
传真：83115334
网址：www.scm－china.com
电子信箱：nx@scm－china.com
法定代表人：王保田
质量体系：ISO 9001
产品情况：（川建牌）
63～2400吨米系列塔式起重机、施工升降机、HBT系列混凝土拖式泵、混凝土搅拌输送车、BC130-36混凝土臂架式泵车、HG32布料杆、HZS120混凝土搅拌站等
出口情况：远销韩国、印度尼西亚、马来

西亚、菲律宾、新加坡、越南、泰国、老挝、缅甸、约旦、印度、斯里兰卡、孟加拉国、巴基斯坦、沙特阿拉伯、阿联酋、卡塔尔、伊朗、巴林、黎巴嫩、以色列、阿曼、科威特、哈萨克斯坦、土耳其、格鲁吉亚、立陶宛、乌克兰、俄罗斯、荷兰、加拿大、巴拿马、哥伦比亚、智利、秘鲁、肯尼亚、坦桑尼亚、安哥拉、乌干达、利比亚、南非、阿尔及利亚、赤道几内亚、苏丹、塞舌尔等国家

★成都雅骏汽车制造有限公司
地址:成都市经济技术开发区(龙泉驿区)南六路699号
邮编:610100
电话:028/68267000
传真:68389838
网址:www. rajaev. com
电子信箱:2686316800@ qq. com
法定代表人:范永军
质量体系:ISO 9001
产品情况:纯电动厢式运输车、纯电动冷藏车、纯电动自装卸式垃圾车等

★一汽(四川)专用汽车有限公司
地址:成都市龙泉驿汽车城大道116号
邮编:610100
电话:028/84533026、84533899
传真:84513159
网址:www. ssmvp. com
电子信箱:397794303@ qq. com
法定代表人:徐小文
质量体系:ISO 9001、ISO 14001
产品情况:(远达牌)
加油及运油车、洒水车、吸污车、垃圾车、清洗车、厢式运输车、集装箱运输半挂车、自卸车、自卸垃圾车、纯电动洒水车、纯电动清洗车、纯电动自卸式垃圾车等

★成都航天万欣科技有限公司
地址:成都市龙泉驿区航天北路118号
邮编:610100
电话:028/84805505、84803961
传真:84807982
网址:www. caswx. com
电子信箱:wxkj@ htwxkj. com
法定代表人:万洪魁
质量体系:ISO 9001、IATF 16949
产品情况:(铜江牌)
自卸车、随车起重运输车、消防车、各种垃圾车、通信车、旅居车

★成都航发特种车有限公司
地址:成都市龙泉驿区经开区南四路3400号
邮编:610100
电话:028/83963928
传真:83963928
电子信箱:cftcscb@ 126. com
法定代表人:冯玉平
质量体系:ISO 9001
产品情况:(双燕牌)
固井水泥车、压裂车、2000型压裂车、撬装泵、洗井车、仪表车等

★四川省客车制造有限责任公司
地址:成都市大邑县晋原镇工业集中发展区兴业五路
邮编:610200
电话:028/88267754、82266963
网址:www. sckczz. com
电子信箱:2729779311@ qq. com
法定代表人:何念贵
质量体系:IATF 16949
产品情况:(峨嵋牌)
6~12米城市公交客车和长途公路客车;具备年产各型客车2500~3000辆的生产能力

★成都华锐特种车辆有限公司
地址:成都市双流区东升街道广都大道199号
邮编:610200
电话:028/89162960、15882178161
传真:85730941
电子信箱:chengduhuarui@ vip. sina. com
法定代表人:杨毅
质量体系:ISO 9001
产品情况:(华锐牌)
半挂车、垃圾车、吸污车、自卸车、高空作业车等

★四川川宏机械有限公司
地址:成都市新都区货运大道川宏产业园
邮编:610500
电话:028/83905677
传真:82185378
网址:www. sc – chjx. com
电子信箱:150799555@ qq. com
法定代表人:卢春勋
单位人数:270
质量体系:ISO 9001、ISO 14001
产品情况:(勤宏牌、川宏牌)
主要产品有自卸式汽车、混凝土搅拌车、散装物料运输车、爆破器材运输车、各种挂车及特种车辆等

★四川川消消防车辆制造有限公司
地址:成都市温江区成都海峡两岸科技园新华大道一段八号
邮编:611130
电话:028/82688777、82688559
传真:82688984、82688200
网址:www. cxfire. com
电子信箱:congguo. yan@ stas. cimc. com
法定代表人:王德凤
单位人数:600
质量体系:ISO 9001、ISO 14001
产品情况:(川消牌、青龙牌)
各种消防车

★四川腾中重工机械有限公司
地址:四川省双流西航港经济开发区空港二路869号
邮编:611430
电话:028/85744188、82491671
传真:85744080、82591451
电子信箱:sctzzg@ 163. com
法定代表人:李颖
质量体系:ISO 9001、ISO 14001
产品情况:(利州牌)
大中型载重货车、自卸车、挂车、拖车、混凝土运输搅拌车、大型油罐车、油料运输槽车等特种车辆

★成都创奇汽车制造有限公司
地址:四川省都江堰市崇义镇崇义村二组
邮编:611835
电话:028/87221563、4000684688
网址:www. cdcqqc. net
电子信箱:306872529@ qq. com
法定代表人:纪道友
单位人数:398
质量体系:ISO 9001
产品情况:(山川牌)
专用车、半挂车、城市客车(房车)、自卸汽车等

★四川国宏汽车有限公司
地址:四川省乐山市工业集中区振兴大道97号
邮编:614800
电话:0833/2653288、2653378
传真:2653378
电子信箱:scghqc@ 163. com
法定代表人:张园
质量体系:ISO 9001
产品情况:(乐达牌)
大、中、轻型传统客车和新能源客车及新能源物流运输车

★四川建邦建工机械有限公司
地址:四川省广汉市向阳镇瓦店村7社
邮编:618300
电话:0838/5567130、13550660177
网址:www. scjbjg. com
法定代表人:孙勇全
质量体系:ISO 9001、ISO 14001
产品情况:公路护栏打桩机、公路钻孔机、公路打桩机,混凝土搅拌罐、混凝土搅拌罐车、混凝土搅拌站

★四川华勋畜牧机械有限责任公司
地址:四川省广汉市新丰镇三亚路三段5号
邮编:618312
电话:0838/5298776、028/85063916
电子信箱:schxxm@ 126. com
法定代表人:金鹏
质量体系:ISO 9001
产品情况:(川牧牌)
自卸工程车、混凝土搅拌运输车、半挂车、散装饲料运输车、散装水泥运输车、厢式运输车、仓栅式运输车等专用车
出口情况:散装饲料运输车出口朝鲜、

俄罗斯、哈萨克斯坦、古巴等国家

★眉山中车物流装备有限公司
地址:四川省眉山市东坡区
邮编:620010
电话:028/38161680、38502013
传真:38502046
网址:www.crrcgc.cc
电子信箱:gx220234@autoinfo.gov.cn
法定代表人:赵坤德
质量体系:ISO 9001
产品情况:(迈隆牌)
厢式半挂车、厢式运输半挂车、仓栅式运输半挂车、自卸半挂车、集装箱自卸半挂车、平板自卸半挂车、低平板半挂车、普通半挂车等 24 款半挂车系列产品
出口情况:出口亚洲、非洲、澳大利亚、欧洲、南美洲等国家和地区

★绵阳华瑞汽车有限公司
地址:四川省绵阳市高新区朝阳东路 17 号
邮编:621000
电话:4008888491
网址:www.myhcqc.com
电子信箱:qi.zhang@myjibei.com
法定代表人:蒋吉贵
质量体系:ISO 9001
产品情况:(金杯牌)
乘用车有智尚 S35 都市 SUV、中华豚轿车;商用车有大力神、新金典皮卡车;西部牛仔、小金牛轻/微型货车、纯电动汽车等
出口情况:出口埃及、秘鲁、尼日利亚、摩洛哥、叙利亚、乌拉圭、泰国、博茨瓦纳、伊朗、南非等国家

★四川新筑通工汽车有限公司
地址:四川省雅安市雅安经济开发区园区大道 188 号
邮编:625000
电话:0835/5167001
网址:www.xinzhutonggong.com
电子信箱:xztg@xinzhutonggong.com
法定代表人:黄明
质量体系:ISO 9001
产品情况:(通工牌)
混凝土搅拌运输车、插电式混合动力城市客车、纯电动城市客车、纯电动厢式运输车等

★遂宁市东乘车辆有限公司
地址:四川省遂宁市安居区安东大道 29 号
邮编:629000
电话:0825/8381298
传真:8381298
网址:www.sndccl.com
电子信箱:htdcvip@163.com
法定代表人:敖志平
单位人数:2500
质量体系:IATF 16949、ISO 9001
产品情况:(海特牌)
宣传车、警用勘察车、工程勘察车、车厢可卸式垃圾车等

★四川中专汽车有限公司
地址:四川省南充市西充县多扶工业园区中专汽车产业园
邮编:637200
电话:0817/4235666、4000680908
网址:www.sczzqc.com
电子信箱:1278984771@qq.com
法定代表人:杜维胜
产品情况:自卸半挂车、平板半挂车、罐车、旅居车、自卸车、重型货车等

★四川福安龙专用汽车科技有限公司
地址:四川省广安市前锋区甘坝子路 1 号
邮编:638019
电话:0826/2812000、2710195
传真:8684304
网址:www.fuanlong.com.cn
电子信箱:1182946896@qq.com
法定代表人:蒋祖超
质量体系:ISO 9001
产品情况:应急通信指挥车、应急电源车、抢险救援照明车、野外生活保障车、后勤装备车、防涝排水车

★四川东风四通车辆制造有限公司
地址:四川省资阳市雁江区外环路北段 326 号
邮编:641300
电话:028/23030886、18628822920
网址:www.dfst.com.cn
电子信箱:2549887737@qq.com
法定代表人:王富虎
质量体系:ISO 9001
产品情况:(佛莱特牌)
环卫车及设备、自卸车、混凝土搅拌车、道路清障车四大系列 50 多个品种的产品

★四川空分设备(集团)有限责任公司
地址:四川省简阳市建设中路 239 号
邮编:641400
电话:028/23186011
传真:27016546
网址:www.saspg.com
电子信箱:jtgl@saspg.com
法定代表人:计晓亮
单位人数:2496
质量体系:ISO 9001、ISO 14001
产品情况:(川空牌、川牌)
低温液体运输车、半挂车、液化气体运输车等
出口情况:远销 30 多个国家和地区

★四川长江工程起重机有限责任公司
地址:四川省泸州市江阳区酒谷大道五段 22 号
邮编:646006
电话:0830/3589106、3581954
传真:3581020
网址:www.cj-crane.com
电子信箱:cj-crane@mail.luzhou.net
法定代表人:乔健
质量体系:ISO 9001、OHSAS 18001
产品情况:(国机重工牌、长江牌)
汽车起重机和其他工程机械

云南省

★云南五龙汽车有限公司
地址:昆明市五华区昌源北路 1388 号
邮编:650101
电话:0871/68331603
传真:68358101
网址:www.ynwlqc.com
电子信箱:ynwl@163.com
法定代表人:姜安宁
质量体系:ISO 9001
产品情况:(长江牌)
纯电动客车、混合动力客车、燃料电池客车等

★云南航天神州汽车有限公司
地址:昆明市东郊大石坝航天城
邮编:650217
电话:0871/67354371、67204355
传真:67204355
网址:www.shenzhouvehicle.com
电子信箱:ynhtszqc@vip.163.com
法定代表人:叶致中
质量体系:ISO 9001、IATF 16949
产品情况:(神州牌)
主要生产新能源纯电动专用车(物流车、售货车、特种车),客车(商务车、公交车、机场 VIP 摆渡车)

贵州省

★贵州长江汽车有限公司
地址:贵州省贵安新区湖潮乡京安大道 66 号
邮编:550025
电话:18798760623
网址:www.gzchangjiangev.com
电子信箱:511078668@qq.com
法定代表人:石显银
质量体系:ISO 9001
产品情况:纯电动物流车 5 万辆/年,纯电动乘用车 15 万辆/年,纯电动客车 0.5 万辆/年,纯电动专用车 0.5 万辆/年

★贵州新山地新能源汽车制造有限公司
地址:贵州省都匀市甘塘工业园区山地汽车厂
邮编:558022
电话:0854/7010128、18585697808
传真:7010128
网址:www.gzxsdcar.com
电子信箱:2782812753@qq.com
法定代表人:林敏贵
质量体系:ISO 9001
产品情况:专用汽车及纯电动专用货车

★贵州贵航云马汽车工业有限责任公司
地址:贵州省安顺市开发区迎宾大道川渝安顺工业园
邮编:561000
电话:0851/38123900、13765370308
传真:38123903
网址:www.yunmaauto.com
电子信箱:postmaster@yunmaauto.com
法定代表人:薛东方
质量体系:ISO 9001、ISO 14001
产品情况:(云马牌)
客车、环卫专用车及设备、新能源车、清洁能源(GNG、LNG)汽车、特种车、警用设备等产品
出口情况:出口东亚、东南亚、南美洲等地区

★贵州航天特种车有限责任公司
地址:贵州省遵义市播州区鸭溪镇金刀村
邮编:563108
电话:0852/28726957、28726900
传真:28726910
网址:www.httzc.com
电子信箱:469932709@qq.com
法定代表人:吕华
质量体系:ISO 9001、ISO 14001
产品情况:(南风牌)
工程类自卸车、森林灭火弹运输车、粉粒物料运输车、混凝土搅拌运输车、公安巡逻车、石油管道高压清洗车、救护车等产品

陕西省

★陕西银桥世杰商用车有限公司
地址:西安市蓝田县工业园迎宾路北段19号
邮编:030600
电话:0354/2666777、2666788
电子信箱:sxrfcl@126.com
法定代表人:张安玲
质量体系:ISO 9001
产品情况:(荣发牌)
半挂车、改装车、钻机车、压缩式垃圾车、洒水车、煤炭专用全挂车等

★达刚控股集团股份有限公司
地址:西安市高新区毕原三路10号
邮编:710019
电话:029/88328410、85975854
传真:88313375
网址:www.dagang.com.cn
电子信箱:sales@xadagang.cn
法定代表人:傅建平
单位人数:300
质量体系:ISO 9001、ISO 14001
产品情况:(达刚牌)
液态沥青运输车、稀浆封层车、同步封层车、沥青碎石同步封层车、沥青洒布车、沥青路面养护车
出口情况:服务足迹遍及亚洲、非洲、欧洲、南美洲等60余个国家和地区

★中煤科工集团西安研究院有限公司
地址:西安市高新技术产业开发区锦业一路82号
邮编:710077
电话:029/81778066、81778222
传真:81778301
网址:www.cctegxian.com
电子信箱:yuanban@cctegxian.com
法定代表人:董书宁
质量体系:ISO 9001、ISO 14001
产品情况:车载钻机、全液压钻机等

★中车西安车辆有限公司
地址:西安市三桥建章路
邮编:710086
电话:029/82369253、82369212
网址:www.crrcgc.cc/xa
电子信箱:1071480054@qq.com
法定代表人:张向东
质量体系:ISO 9001、ISO 14001
产品情况:汽车罐车等

★陕西重曼卡专用汽车有限公司
地址:西安市泾河工业园西金路中段1450号
邮编:710200
电话:029/86963961、13379512004
传真:86040821
网址:www.sxzmk.net
电子信箱:sxzmk@chinatruck.com.cn
法定代表人:赵宪权
单位人数:270
质量体系:ISO 9001
产品情况:(西曼卡牌)
压缩式垃圾车、陕汽自卸车大厢、同力自卸车大厢、一汽自卸车大厢、半挂车厢等

★陕西重汽专用汽车有限公司
地址:西安市泾渭工业园泾诚路8号
邮编:710200
电话:029/86957428、86957395
传真:86957345
电子信箱:dszyc@sxqc.com
法定代表人:吕存孝
质量体系:ISO 9001、IATF 16949
产品情况:(德尊牌)
主要产品有冷藏保温车、快递物流车、厢式载货车、油田类专用车、污泥自卸车、仓栅车、城市环卫车和水泥搅拌车等三大系列20余个品种

★中交西安筑路机械有限公司
地址:西安市经济技术开发区泾渭新城泾高南路西段8号
邮编:710200
电话:029/86966618、86966698
传真:86966689
网址:www.rm.com.cn
电子信箱:rm@rm.com.cn
法定代表人:杨向阳
质量体系:ISO 9001、ISO 14001
产品情况:(西筑牌)
沥青碎石同步封层车、稀浆封层车等
出口情况:远销海外63个国家和地区

★西安石油机械有限公司
地址:西安市高陵县泾河工业园北区泾园四路中段
邮编:710201
电话:029/86032961、86033186
传真:86033186
网址:xapmcl.com
电子信箱:xianshyjx@126.com
法定代表人:张琪
质量体系:ISO 9001、ISO 14001
产品情况:(西石牌)
主要产品有运油车、吸污车、修井机、测井车、地震仪器车、粉粒物料自卸车、仪器车、仪表车、供液车、清蜡车、润滑油车、采油车、泵油车、原油运输车、陆地钻井平台、石油野营房车等

★中集陕汽重卡(西安)专用车有限公司
地址:西安市经济技术开发区泾渭工业园中钢路18号
邮编:710201
电话:029/86038999、86038800
传真:86038801
网址:www.xacimc.com
电子信箱:tao.han@cima.com
法定代表人:李志敏
质量体系:IATF 16949、ISO 9001
产品情况:(中集牌)
自卸车、半挂车、水泥搅拌车、矿用宽体车等各类专用汽车

★陕西长庆专用车制造有限公司
地址:陕西省西威新区泾河新城华晨产业园内
邮编:712000
电话:029/32097328、18991051167
网址:sxcqzyc.com
电子信箱:cqk2004@126.com
法定代表人:姚恩波
质量体系:ISO 9001、ISO 14001
产品情况:(长庆牌)
主要产品有普通罐式车辆、危险品罐式车辆、专用货车、特种作业车辆、大中型客车等专用车辆

★陕西同力重工股份有限公司
地址:陕西省咸阳市沣渭新区创新二路007号
邮编:712000
电话:029/38001215、33687771
传真:38001213
网址:www.sntonly.com
电子信箱:tonly2010@yeah.net
法定代表人:叶磊
质量体系:ISO 9001
产品情况:(秦同力牌)

非公路宽体自卸车、非公路矿用自卸车等非公路用车
出口情况:出口俄罗斯、蒙古、哈萨克斯坦、吉尔吉斯斯坦、马来西亚等多个国家

★西安蓝港数字医疗科技股份有限公司
地址:西安市高新技术产业开发区科技二路 65 号
邮编:712000
电话:029/33691692、4008878009
传真:33691600
网址:www.landcom.com.cn
电子信箱:landcom@landsea.net.cn
法定代表人:王武
质量体系:ISO 9001
产品情况:(蓝港牌、八达牌)
救护车,流动体检车,牙科、眼科、采血、医用豪华行政接待用车等特种医疗车

★陕西秦星汽车有限责任公司
地址:陕西省咸阳市咸阳市秦星汽车产业园
邮编:713700
电话:029/38152021、4006289666
传真:36200070-8007
电子信箱:qinxing@levdeo.com
法定代表人:舒欣
单位人数:480
质量体系:IATF 16949
产品情况:(原点之星牌)
城市公交客车、公路客车、旅游客车、旅居车、客厢车和载货车、专用车等

★榆林东方集团专用汽车制造有限公司
地址:陕西省榆林市榆阳区麻黄梁工业集中区
邮编:719000
电话:0912/3688788
传真:3688788
网址:www.yldongfang.com
电子信箱:gx260226@autoinfo.gov.cn
法定代表人:马建中
质量体系:ISO 9001
产品情况:(陕汽牌)
自卸车、半挂车、全挂车

★宝鸡宝石特种车辆有限责任公司
地址:陕西省宝鸡市高新开发区高新大道 61 号
邮编:721002
电话:0917/3388022、3388018
传真:3388011
电子信箱:bstcgs@china.com
法定代表人:南建武
质量体系:ISO 9001、ISO 14001
产品情况:(宝石机械牌)
测井车、采油车、试井车、压缩式垃圾车、井架安装车、工程车
出口情况:远销美国、加拿大、德国、叙利亚、乌兹别克斯坦、印度、巴基斯坦、印度尼西亚等国家

★陕西烽火电子股份有限公司
地址:陕西省宝鸡市清姜路 72 号
邮编:721006
电话:0917/3624411
传真:3625666
网址:www.fenghuo.cn
电子信箱:sxfh769@163.com
法定代表人:唐大楷
单位人数:2996
产品情况:(烽火卓信通牌)
主要产品包括短波/超短波通信设备、航空搜救定位设备、北斗定位设备、卫星通信设备、机(车)内通信系统、网络通信系统、物联通信系统、电声组合件及有源降噪系统、通信导航天线等
出口情况:产品广泛出口东南亚、非洲、拉美等国际市场

★陕西骏成达挂车有限公司
地址:陕西省宝鸡市陈仓区周原镇杜赵村
邮编:721300
电话:0917/6449902
法定代表人:王丹芬
质量体系:ISO 9001、ISO 14001
产品情况:(骏成达牌)
仓栅式半挂车、自卸式半挂车、高空作业车、厢式垃圾车、通信车、洒水车等

★陕西银河消防科技装备股份有限公司
地址:陕西省宝鸡市高新开发区 20 路 417 号
邮编:721306
电话:0917/8801116、8801118
传真:8801111
网址:www.bj-fire.com
电子信箱:yinhekeji119@126.com
法定代表人:孔昭斌
质量体系:ISO 9001、ISO 14001
产品情况:(银河牌)
水罐消防车、泡沫消防车、涡喷消防车、排烟消防车、泵浦移动消防平台、消防装备等
出口情况:出口 20 多个国家和地区

★陕西宝鸡专用汽车有限公司
地址:陕西省宝鸡市高新开发区高新十九路
邮编:721306
电话:0917/6756800、3321300
传真:6756888
网址:www.bhfwkj.com
电子信箱:wangbaohe_bj@126.com
法定代表人:王宝和
质量体系:GJB 9001B
产品情况:(新星牌)
轻型轮式装甲车,年产各类轻型轮式装甲车 600 余辆
出口情况:出口 12 个国家和地区

★陕西通运专用汽车集团有限公司
地址:陕西省宝鸡市蔡家坡经济技术开发区
邮编:722400
电话:0917/8569667、8569623
网址:www.sxtongyun.com
电子信箱:sxtongyunzg@qq.com
法定代表人:李天良
单位人数:800
质量体系:ISO 9001、ISO 14001
产品情况:(忠华通运牌)
主要产品有非公路宽体矿用车系列、油田特种作业车系列、环卫车系列、军警用特种车系列、场内机动车、各类汽车零部件、金属磨料及抛丸除尘设备、立体车库、电动三轮车

★陕西通力专用汽车有限责任公司
地址:陕西省宝鸡市蔡家坡经济技术开发区
邮编:722405
电话:0917/8569176、4006860002
传真:8588368、8569669
网址:www.sxtongli.com
电子信箱:shanqitongli@126.com
法定代表人:刘翔韬
单位人数:1600
质量体系:ISO 9001、IATF 16949
产品情况:(陕汽通力牌)
全系列工程自卸车、各类军用、民用专用车、非公路矿用自卸车、各类中重型汽车车架总成及汽车零部件
出口情况:出口亚洲、欧洲、美洲、非洲等 10 多个国家和地区

★陕西汉中客车有限公司
地址:陕西省汉中市汉台区汉江产业园铺镇工业园区西路 1 号
邮编:723000
电话:0916/8190061
电子信箱:sxhzkcyxgs@126.com
法定代表人:叶学卿
质量体系:IATF 16949、ISO 9001
产品情况:(汉龙牌)
纯电动城市客车

★陕汽集团旬阳宝通专用车部件有限公司
地址:陕西省安康市旬阳县城关镇青泥社区 270 号
邮编:725700
电话:0915/7227989、7225066
传真:7227989
网址:www.sxqcbt.com
电子信箱:sxqcbt@sxqcbt.com
法定代表人:刘翔韬
单位人数:160
质量体系:ISO 9001
产品情况:(陕汽牌)
非公路自卸车等工程车辆和水泥罐装车、水泥搅拌车、消防车等专用车辆

★陕西神达汽车制造有限公司
地址:陕西省白河县城关镇安坪村工业园区
邮编:725899
电话:0915/7821798、7812798
传真:7821798
网址:www.sxsdqc.com
电子信箱:sxsdcq@126.com
法定代表人:刘和兴
质量体系:ISO 9001、ISO 14001
产品情况:(神武牌)
压缩式垃圾车等

★陕西跃迪新能源汽车有限公司
地址:陕西省商洛市商丹园区商丹大道66号
邮编:726000
电话:0914/2188000
传真:8066666
网址:www.sxydkc.com
电子信箱:yudeaauto@163.com
法定代表人:逯迎春
质量体系:ISO 9001
产品情况:(跃迪牌)
主要产品是6~12米系列纯电动客车、纯电动物流车、天然气公交客车、燃油公路客车和公交客车

甘肃省

★兰州兰石集团兰驼农业装备有限公司
地址:兰州市兰州新区石羊河街198号
邮编:730050
电话:0931/2869326、2907686
传真:2130034
电子信箱:lanshilantuo@lansland.com
法定代表人:周灿
质量体系:ISO 9001、ISO 14001
产品情况:(长翼牌、兰驼牌)
三轮汽车、四轮低速货车、正三轮摩托车、专用车改装车、清洁式三轮汽车、工程机械等

★兰州电源车辆研究所有限公司
地址:兰州市七里河区民乐路64号
邮编:730050
电话:0931/2868718、2881927
传真:22868841
网址:www.lzdys.com
电子信箱:power704@163.com
法定代表人:刘富刚
单位人数:200
质量体系:ISO 9001、ISO 14001
产品情况:(兰电所牌)
应急不间断电源车、油料计量检定车等军用改装车辆

★兰州通用机器制造有限公司
地址:兰州市七里河区彭家坪路140号
邮编:730050
电话:0931/2680180、13820146432
传真:2680180
网址:www.lztyjq.com
电子信箱:ltsysbc@163.com
法定代表人:金梅央
单位人数:1290
质量体系:ISO 9001、ISO 14001
产品情况:(兰通牌)
固井压裂车、洗井清蜡车、油田配液罐车、运砂车、供液泵车等油田特种车、仪表车、固井车、锅炉车、洗井车
出口情况:远销美国、加拿大、智利、委内瑞拉、印度、沙特阿拉伯、苏丹、印度尼西亚、叙利亚、阿塞拜疆、乌兹别克斯坦、俄罗斯、罗马尼亚等国家

★甘肃建投装备制造有限公司
地址:兰州市七里河区彭家坪镇彭家坪228号
邮编:730050
电话:0931/2880760
传真:2362893
网址:www.gsjtw.cc
电子信箱:www.gcigcem@163.com
法定代表人:牛向辉
质量体系:ISO 9001、ISO 14001
产品情况:(高漠牌、格赛克牌)
混凝土搅拌运输车、洗扫车、宣传车、车厢可卸式汽车等专用汽车

★兰州矿场机械有限公司
地址:兰州市安宁区城临路10号
邮编:730070
电话:0931/7616851、7613953
传真:7616811
网址:www.gslkgs.cn
电子信箱:gs-lkgs@163.com
法定代表人:周宝宁
单位人数:150
质量体系:ISO 9001、ISO 14001
产品情况:(兰矿牌)
固井水泥车、压裂车、防砂车、混砂车、洗井车、撬装蒸汽发生器、撬装泵系列等油田用特种设备以及海上平台固井系统、仪表车、压裂管汇车、背罐车
出口情况:部分出口美国、哈萨克斯坦、苏丹、新加坡等国家

★兰州林峰石油机械制造有限责任公司
地址:兰州市安宁区城临路7号
邮编:730070
电话:0931/7685808、13909485515
传真:7685809
网址:www.lzlfjx.com
电子信箱:lfjxsy@lfjxsy.com
法定代表人:刘铃
单位人数:300
质量体系:ISO 9001
产品情况:(林峰牌)
大型压裂车组、混砂车、管汇车、仪表车、采油车、锅炉车、热油熔蜡车、洗井车、洗井清蜡车、水泥车、配液泵车、加药车、灰罐车等
出口情况:出口国外市场

★兰州城临石油钻采设备有限公司
地址:兰州市安宁区城临路9号
邮编:730070
电话:0931/7668953
传真:7668963、7668953
网址:lzclgs.com
电子信箱:chenglin@lzclgs.com
法定代表人:贺公安
质量体系:ISO 9001、ISO 14001
产品情况:(海狮牌)
压裂车、洗井清蜡车、洗井车、混砂车、锅炉车、供液泵车
出口情况:远销东南亚、中东、中亚、北非等地区

★兰州天智机械有限公司
地址:兰州市经济技术开发区高新技术产业园城临路12号
邮编:730070
电话:0931/7660606、7662255
传真:7662255
电子信箱:ltz_bgs@163.com
法定代表人:廖海智
质量体系:ISO 9001
产品情况:(天智牌)
锅炉车、清蜡车、洗井车、固井车、混砂车、压裂车、洗井清蜡车、背罐车、运砂车等

★甘肃中集华骏车辆有限公司
地址:甘肃省白银市长安路26号
邮编:730900
电话:0943/8250666
传真:8231606
网址:www.gszjhj.com
电子信箱:baiyin@cimc.com
法定代表人:郭喜洲
质量体系:ISO 9001
产品情况:(华骏牌)
主要产品为各类半挂车、自卸(改装)车和全挂车

★甘肃宏腾油气装备制造有限公司
地址:甘肃省定西市陇西县东郊王家坪
邮编:748112
电话:0932/6628663、5964240
传真:6622541、6628669
电子信箱:lujb@hhcp.com.cn
法定代表人:景天福
质量体系:ISO 9001
产品情况:(华油牌)
洗井清蜡车、压裂车、油井防砂车、钻机车
出口情况:远销俄罗斯、中亚、美国等国家和地区

青海省

★青海新路环卫设备制造有限公司
地址:青海生物科技产业园金羚大街10号
邮编:810016
电话:0971/6271520、13897640519

电子信箱:zhangning117@163.com
法定代表人:李光宪
质量体系:ISO 9001、OHSAS 18001
产品情况:[洁神牌、新路(NEWWAY)牌]
压缩式垃圾车、摆臂式垃圾车、洒水车

★青海洁神装备制造集团有限公司
地址:西宁市青海生物科技产业园银羚大街5号
邮编:810021
电话:0971/6274014、18097114220
传真:6272292
电子信箱:jsqzzzxs@163.com
法定代表人:邢文莉
质量体系:ISO 9001、ISO 14001
产品情况:(QTP牌、洁神牌)
吸污车、垃圾车、扫路车、洒水车、餐厨垃圾车、护栏清洗车等;东风公司6BT、EQD180-10等锻钢、球铁曲轴,东风朝柴CY4150、LR6105、CY6102BQ锻钢曲轴等
配套及出口情况:为朝柴、东风汽车公司、锡柴、长安汽车、潍柴、一拖、江拖、北内配套;出口东南亚、美国、欧洲

宁　夏

★宁夏合力万兴汽车制造有限公司
地址:宁夏吴忠市利通区金银滩镇
邮编:751100
电话:0953/2798999、15209637575
传真:2798999
网址:www.nxhlqc.com
电子信箱:1211549051@qq.com
法定代表人:谭春林
单位人数:500
质量体系:ISO 9001、ISO 14001
产品情况:(宁汽牌)
混凝土搅拌车、粉粒物料运输车、散装水泥车、加油车、运油车、绿化洒水车、农药喷洒车、压缩式垃圾车、摆臂式垃圾车、挂桶式垃圾车、随车起重运输车、化工液体运输车、半挂车、吸污车、吸粪车、高压清洗车、扫路车、厢式车、冷藏车、仓栅车、高空作业车、道路清障车、消防车、教练车、防爆器材运输车、道路检测车等300多个产品

新　疆

★新疆中通客车有限公司
地址:乌鲁木齐市高新区北区阜新街51号
邮编:830013
电话:0991/6531906、6531999
传真:6531999
网址:www.xjxykc.cn
电子信箱:xj-ztzxs@sina.com
法定代表人:于春印
质量体系:ISO 9001
产品情况:(中通牌、西域牌)
主营客车、特种车、汽车配件;具有年产2万辆新能源与节能型客车的制造能力
出口情况:部分产品出口

★乌鲁木齐市隆盛达环保科技有限公司
地址:乌鲁木齐市头屯河工业园银泉街32号
邮编:830032
电话:0991/3962337、3974155
传真:3962337
网址:www.xjlsd.com
电子信箱:276792250@qq.com
法定代表人:魏明
质量体系:ISO 9001
产品情况:(汇鑫天通牌)
低温液体运输车等

★新疆福田广汇专用车有限责任公司
地址:乌鲁木齐市米东区九沟北路2446号广汇工业园
邮编:831400
电话:0991/6556716、6867966
传真:6556655
网址:www.fotongh.com
电子信箱:xuzhuo@foton.com.cn
法定代表人:郭建群
单位人数:150
质量体系:ISO 9001
产品情况:(博格达牌、天禧牌)
中重型自卸车、半挂车、罐式车、厢式运输半挂车、低温液体运输半挂车,产量500辆

★新疆平云汽车有限公司
地址:新疆博乐市农五师八十九团
邮编:833400
电话:0909/6663946
传真:6663946
电子信箱:751153130@qq.com
法定代表人:方喜平
质量体系:ISO 9001
产品情况:(楚疆牌)
半挂车、压缩式垃圾车、吸污车、平板运输车、洒水车

第三部分

中国汽车零部件生产企业

❊ 发动机零部件生产企业

❊ 底盘零部件生产企业

❊ 车身零部件生产企业

❊ 电子电器零部件生产企业

❊ 通用件和相关工业产品生产企业

❊ 新能源与智能网联零部件生产企业

❊ 汽车用品及工具生产企业

汽车零部件产品分类说明

一、发动机零部件

发动机总成,活塞、活塞环、曲轴、连杆、飞轮、凸轮轴、气门、缸体等机体组件,燃油箱、燃油泵、机油泵、三滤(机油滤清器、燃油滤清器、空气滤清器),化油器、电喷系统,散热器、水泵、风扇、节温器,进排气管、消声器、净化器及涡轮增压器等。

二、底盘零部件

离合器及附件,变速器及附件,车桥及附件,悬架件,车架、车轮,转向盘、转向机等转向零件,制动器及附件等。

三、车身零部件

驾驶室、车门窗及车厢,车锁、铰链、玻璃升降器,座椅、安全带、安全气囊,安全玻璃,刮水器、洗涤器、后视镜、空气弹簧,仪表板、保险杠、内饰件,汽车空调、暖风及其组件等。

四、电子电器零部件

蓄电池,汽车驱动电动机,点火线圈、分电器、火花塞,照明与信号装置,仪表、传感器及警报系统,开关、继电器、中央配电盒,线束、拉索、软轴,汽车音响、喇叭、天线,GPS 导航系统、巡航系统、行车记录仪等。

五、通用件和相关工业产品

摩擦材料、密封件、橡胶塑料制品,标准件、紧固件,轴承、弹簧,铸锻、冲压、粉末冶金件,汽车油品、涂料、黏合剂,金属、纺织、皮革制品等。

六、新能源与智能网联零部件

电动汽车动力总成系统、电机及控制系统、动力电池及管理系统、充电系统及设备、燃料电池系统,其他新能源汽车零部件,智能驾驶和辅助驾驶系统、摄像头、雷达、夜视系统、AI 芯片、智能车载设备、智能座舱、车载诊断、碰撞救援、远程监控系统等。

七、汽车用品及工具

清洁、美容、护理用品,防盗报警用品,车用冰箱、电扇、车载电话等车内用品,行李架、尾翼、轮眉、大包围、豪华挡泥板等外部装饰,坐垫、座套、窗帘、转向盘套、脚踏垫、地胶、香座、储物箱、桃木内饰等内部装饰,太阳膜、车身彩条、彩贴,赛车装备、倒车雷达、汽车工具等。

注:生产线、工业设备、汽车工业专用模具见“汽车制造设备及模具生产企业”部分

☞采购汽车零部件请参考 P731——汽车零部件生产企业按产品索引

发动机零部件生产企业

• 查询导引 •

企业详细介绍

发动机零部件生产企业

☞ 企业如有变更,请与编辑部联系　☎ 010/68426043、68420981

北京市

★北京北内有限公司
地址:北京市丰台区大红门六合庄一号
邮编:100076
电话:010/67714072
网址:www.beinei.cn
电子信箱:bncwc@163.com
法定代表人:尹杰
质量体系:ISO 9001
产品情况:发动机及零部件
出口情况:远销欧洲、亚洲、非洲、南美洲

★北京北内柴油机有限责任公司
地址:北京市丰台区永外大红门六合庄1号
邮编:100076
电话:010/87882880
传真:87882890
网址:www.cnbeinei.com
电子信箱:guoyu@cnbeinei.com
法定代表人:郭禹
质量体系:ISO 9001
产品情况:B/FL912/913/914/C 系列风冷柴油机
出口情况:出口欧洲、北美洲、南美洲、非洲、南亚地区

★北京美联桥科技集团有限公司
地址:北京市朝阳区高碑店乡陈家林路9号院华腾世纪总部公园项目1号楼705-709室
邮编:100124
电话:010/85725668
传真:85725596
网址:www.meetautomotive.com
电子信箱:sales@meetautomotive.com
法定代表人:景建周
质量体系:ISO/TS 16949
产品情况:EGR 总成模块、EGR 阀、EGR 冷却器、EGR 管等
配套情况:已经成为上汽、重汽等知名企业的 EGR 系统供应商

★北京航天兴达科技有限公司
地址:北京市经济技术开发区经海二路28号6幢B座
邮编:100176
电话:010/87397717
传真:87396950
网址:www.htxd.com
电子信箱:htxd@htxd.com
法定代表人:李宏川
质量体系:IATF 16949、ISO 14001
产品情况:节流阀体、燃油分配器等汽车电喷系统配件
配套情况:为美国 DELPHI 公司、美国 KOHLER 公司、长春一汽、东安发动机、柳州五菱、美国新尼杰特、德国大陆集团等汽车厂、发动机和电喷系统公司开发和批量供货

★康明斯排放处理系统(中国)有限公司
地址:北京市经济技术开发区荣昌东街2号
邮编:100176
电话:010/59023000
传真:59023099
网址:www.cummins.com.cn
法定代表人:柴永全
质量体系:IATF 16949
产品情况:生产与集成氧化催化器、壁流式和半壁流式颗粒过滤器、选择性催化还原器等排放控制系统
配套情况:战略合作伙伴和重点客户包括佩卡、万国卡车、沃尔沃北美卡车、戴姆勒北美卡车、克莱斯勒、福特、英国达夫、印度塔塔、大众、俄罗斯卡马兹、加拿大西港、瑞典斯堪尼亚、东风、福田、陕汽、江淮、金龙、宇通等

★北京绿创环保集团有限公司
地址:北京市海淀区北四环中路238号柏彦大厦11层1102室
邮编:100191
电话:010/82671300
传真:62535986
网址:www.greentec.com.cn
电子信箱:public@greentec.com.cn
法定代表人:姜鹏明
质量体系:ISO 9001、ISO 14001
产品情况:(科华牌、绿创牌)
电控补气催化器、汽车消声器、汽

车表面光触媒材料等
配套情况:是奇瑞、日产、上汽、一汽、东风等多个汽车生产厂的重要咨询顾问及长期供货商

★ 北京汽车动力总成有限公司

地址:北京市通州区经济开发区东区靓丽3街1号
邮编:101108
电话:010/80868826
传真:80868850
电子信箱:pingfan@ baicmotor. com
法定代表人:黄文炳
质量体系:IATF 16949
产品情况:(北汽动力牌)
　　发动机产品 A12 系列(1.0L/1.2L/1.2T)直列四缸自吸及增压汽油机、A151 系列(1.3L/1.5L/1.5T)直列四缸自吸及增压直喷汽油机、A150 系列(1.5TD)直喷增压汽油机,A 系列轻混(1.0TD/1.5TD)直列三缸/四缸增压直喷汽油机;B 系列(1.8T/2.0T/2.3T)增压横、纵置汽油机;变速器产品:F15/F25/F35 系列、F206/F256 系列;新能源产品:A151H/A122H 增程器、E300/E350 减速器

☞ 详细情况请参阅彩色宣传版面

★北京北内发动机零部件有限公司

地址:北京市通州区西集镇杜柳棵村西01号
邮编:101108
电话:010/61551063、61553197
传真:61553197
电子信箱:lbj-zhaoshuang@ baicmotor. com
法定代表人:黄文炳
质量体系:IATF 16949、ISO 14001
产品情况:汽车发动机凸轮轴和连杆
配套情况:主要客户包括北京汽车、北京现代、北京奔驰、现代威亚、东风悦达起亚、广汽菲克、重庆长安铃木、杭州东风裕隆、福田康明斯等

★北京柴发动力技术有限公司

地址:北京市通州区漷县镇漷兴二街2号
邮编:101109
电话:010/80583740、61558870
传真:61557508
网址:www. cfdl. com. cn
电子信箱:bjks@ bjks. com. cn
法定代表人:王永梅
质量体系:ISO 9001、ISO 45001
产品情况:(科胜牌)
　　现役内燃机(再)制造升级 LNG 发动机的研发、生产

★北京大林万达汽车部件有限公司

地址:北京市平谷区平瑞街5号
邮编:101200
电话:010/69958532
传真:69958539
网址:www. daelimchem. co. kr
电子信箱:bjdl2003@ sina. com
法定代表人:李孝键
质量体系:IATF 16949、ISO 14001
产品情况:缸盖铸件和进气管
配套情况:为北京现代、东风悦达起亚、江淮汽车、北京汽车、山东威亚等供货

★北京柳成新和汽车部件有限公司

地址:北京市平谷区兴谷工业开发区M2-5-11号
邮编:101200
电话:010/69956078
传真:69956038
网址:www. shpc. co. kr
电子信箱:liuxj@ bysc. com. cn
法定代表人:洪性均
质量体系:IATF 16949、ISO 14001
产品情况:发动机的机械挺杆和液压挺杆
配套情况:为东风悦达起亚、北京现代、山东威亚供货

★北京伯肯节能科技股份有限公司

地址:北京市顺义区赵全营镇兆丰产业基地东盈路21号院3号楼
邮编:101300
电话:010/60440620
传真:60440651
网址:www. bolken. com
电子信箱:bbec@ bolken. com
法定代表人:徐焕恩
单位人数:130
质量体系:ISO 9001、ISO 14001
产品情况:天然气汽车供气系统、CNG/LNG 加气站设备、气体增压设备、燃气发电设备,系列燃料电池氢系统零部件等
配套情况:为上汽集团等供货

★北京彼欧英瑞杰汽车系统有限公司

地址:北京市顺义区杨镇地区纵二路7-1号
邮编:101309
电话:010/61418070
电子信箱:fangfang. xu@ plsticomnium. com
法定代表人:杨莉
单位人数:150
质量体系:IATF 16949、ISO 14001
产品情况:塑料燃油系统(燃油箱、注油管、汽油机和柴油机燃油泵)及其他部件、特种功能复合材料及制品
配套情况:为北京现代 MD 产品、北汽、尼桑 DF511、通用 Gamma 配套

★北京北汽摩有限公司散热器厂

地址:北京市密云区经济开发区科技路67号
邮编:101500
电话:010/69076737、89036965
电子信箱:bamzhy@ 126. com
法定代表人:郑长荣
质量体系:IATF 16949、ISO 9001
产品情况:汽车散热器、汽车前端冷却模块及空调模块产品等
配套及出口情况:为北汽制造、北汽福田等配套;各种散热器产品远销美国、加拿大、欧洲市场

★北京绿创环保设备股份有限公司

地址:北京市昌平区振兴路28号
邮编:102200
电话:010/80119670
传真:80119670
网址:www. greentec - equip. com. cn
电子信箱:admin@ greentec - equip. com. cn
法定代表人:姜鹏明
质量体系:ISO 9001、ISO 14001
产品情况:(科华牌)
　　汽车排气系统总成、在用车改造、整车 NVH 改善;柴油机后处理系统;具备年产30万套汽车排气系统总成和10万套 SCR 系统及相关产品生产能力
配套情况:为一汽轿车、北汽福田、奇瑞汽车、上汽商用车、江铃汽车、曙光汽车、郑州日产、江铃汽车等配套

★北京摩拓尼克汽车配件有限公司

地址:北京市昌平区中关村科技园区(东园)凯创路13号
邮编:102200
电话:010/60736001、60736004
传真:60736007
网址:www. bjmotonic. com
电子信箱:zhanglin@ bjmotonic. com
法定代表人:申铉敦
单位人数:170
质量体系:IATF 16949
产品情况:节气门体等空气感应元件、传感器、摇臂、活塞离合器、机油滤清器、驱动齿轮、传动轴等
配套情况:主要为北京现代、东风悦达起亚、山东威亚、北京凯菲克、日本 JATCO 等诸多汽车厂家配套

★北京福田康明斯发动机有限公司

地址:北京市昌平区沙河镇沙阳路
邮编:102206
电话:010/80736888
传真:80736666
网址:www. cummins. com. cn
法定代表人:常瑞
质量体系:IATF 16949、ISO 14001
产品情况:2.8~3.8L 轻型柴油机,11L 和 12L 重型柴油发动机

天津市

★天津市汽车水箱厂

地址:天津市南开区临潼路52号
邮编:300110
电话:022/27365286
传真:27365286
电子信箱:tianjin_yasheng@ vip. 163. com
法定代表人:李健
质量体系:IATF 16949
产品情况:汽车散热器、中冷器、汽车暖风、机油冷却器
配套情况:为全国20多家主机厂配套

★天津市神驰汽车零部件有限公司
地址:天津市西青区外环线七号桥
邮编:300112
电话:022/27510956
传真:27536279
网址:www. tianjin - muffler. com
电子信箱:xshq@ tianjin - muffler. com
法定代表人:肖建民
质量体系:IATF 16949、ISO 9001
产品情况:具有年产消声器50万套、三元催化转化器30万套的生产能力
配套情况:主要客户为一汽夏利、保定长城、天津长城、沈阳华晨、一汽丰田、石家庄双环

★天津惠德汽车进气系统股份有限公司
地址:天津市西青区中北工业园区红运路
邮编:300112
电话:022/23832181、23832182
传真:23389109
网址:www. tjhdaim. com
电子信箱:hdaim@ 163. com
法定代表人:刘德新
质量体系:IATF 16949、ISO 9001
产品情况:汽车发动机塑料进气歧管
配套情况:合作伙伴包括一汽、广汽等几十家国内一线汽车企业

★天津三五汽车部件有限公司
地址:天津市东丽经济开发区五纬路与一经路交口
邮编:300300
电话:022/23394170、58893535
电子信箱:guan_shifang@ tj - sango. com. cn
法定代表人:入江徹
质量体系:IATF 16949、ISO 14001
产品情况:汽车零部件、排气系统
配套情况:为天津一汽丰田配套

★爱三(天津)汽车部件有限公司
地址:天津市空港区物流加工区西九道169号
邮编:300308
电话:022/24893048
传真:24891145
电子信箱:tonguan@ aisan - tianjin. com
法定代表人:此原弘和
质量体系:IATF 16949、ISO 14001
产品情况:(天爱牌)
碳罐、节流阀、散热片、燃油泵以及其他发动机零部件
配套及出口情况:为天津一汽丰田、一汽丰田(长春)发动机、天津一汽丰田发动机、东风日产乘用车、南京福特马自达等供货;部分零部件出口国外

★天津亚星世纪实业股份有限公司
地址:天津市津南区双港科技园慧科路2号
邮编:300350
电话:022/58285698
传真:58285698
网址:www. yaxing - radiator. com
电子信箱:suixinsuoyu520@ 163. com
法定代表人:郭成平
质量体系:IATF 16949、ISO 14001
产品情况:(亚星牌)
汽车暖风散热器、散热器、蒸发器、冷凝器、油冷器、中冷器、前端冷却模块
配套及出口情况:为吉利、奇瑞、比亚迪、长安、华晨等配套;部分产品出口国外配套以及售后市场,配套厂商如莲花、迈凯伦、大宇等;售后如四季、伟士通、Proliance

★天津华瑞达汽车消声器有限公司
地址:天津市津南区八里台镇北中塘
邮编:300353
电话:022/88527916、88527167
传真:88529803
电子信箱:huaruida@ huaruida. cn
法定代表人:崔绍印
质量体系:IATF 16949
产品情况:(华瑞达牌)
消声器、三元催化转换器、排气歧管、排气系统附件等
配套情况:为天津一汽夏利配套

★马勒工业热系统(天津)有限公司
地址:天津市西青经济开发区赛达国际工业城D5-1
邮编:300385
电话:022/23828358
传真:23828368
网址:www. cn. mahle. com
电子信箱:thermalsystems@ mahle. com
法定代表人:Daniel Bentele
质量体系:ISO 9001、ISO 14001
产品情况:专用于公共汽车等的冷却系统

★天津卡达克汽车高新技术有限公司
地址:天津市东丽开发区四经路9号
邮编:300399
电话:022/24992681
网址:www. catarcauto. com. cn
电子信箱:lipeng2017@ catarc. ac. cn
法定代表人:李陆山
质量体系:IATF 16949、ISO 14001
产品情况:发动机塑料进气歧管、发动机紧耦合排气歧管、三元催化转化器、排气管、消声器
配套情况:为东南汽车、一汽海马、北京奔驰、东风柳汽、奇瑞汽车、华晨金杯等客户批量供货

★天津雷沃发动机有限公司
地址:天津市北辰科技园区高新大道77号
邮编:300402
电话:022/86998618、4006589888
传真:26997262
网址:www. lovolengines. com
电子信箱:lovolengines@ lovolengines. com
法定代表人:王桂民
质量体系:IATF 16949、ISO 9001
产品情况:(雷沃牌)
柴油发动机
配套及出口情况:为福田汽车3~13吨载货汽车配套;远销欧洲、中东、南美洲、非洲等100多个国家和地区

★高丘六和(天津)工业有限公司
地址:天津市新技术产业园区北辰科技园津围公路东高新大道37号
邮编:300409
电话:022/86995950
传真:86995951、86995952
网址:www. atl. com. cn
电子信箱:atlt@ atl. com. cn
法定代表人:仁田野顺次
单位人数:1248
质量体系:IATF 16949、ISO 14001
产品情况:发动机部件(轴承盖、飞轮、凸缘、支架等);车身部件(侧门防撞钢梁、车顶加固材料、A防撞柱、减振平衡块等);变速器部件(差速器支座、差速器壳、泵体、泵壳、离合器压盘、倒挡拨叉等);制动部件(前桥总成、制动盘、制动钳、制动鼓、转向节、支架等)
配套情况:主要客户有丰田、日产、本田、马自达、铃木、奔驰、宝马、大众、奥迪、一汽、东南汽车、三菱、采埃孚等

★天津信特恩粉末冶金有限公司
地址:天津市经济技术开发区第7大街81号
邮编:300457
电话:022/58222788、58885649
传真:25295519
电子信箱:baixiaosong@ sinteron. cn
法定代表人:玄哲
单位人数:100
质量体系:IATF 16949
产品情况:气门导管、气门座圈、链轮、连杆、油泵转子、齿轮、凸缘毛坯、同步器毂等各种粉末冶金关键零部件
配套情况:为北京现代、起亚等配套

★天津双叶协展机械有限公司
地址:天津市经济技术开发区第十一大街73号
邮编:300457
电话:022/59887266、59887233
传真:66230119
网址:www. futabasangyo. com
电子信箱:sunjing@ tjfutaba - sc. com
法定代表人:FUJIMOTO SHINJI(藤本信治)
单位人数:700
质量体系:ISO 14001、OHSAS 18001
产品情况:车身钣金件、排气管、消声器及汽车油箱等
配套情况:为一汽丰田配套

★天津丰田纺汽车部件有限公司
地址:天津市经济技术开发区西区新圣路99号
邮编:300457
电话:022/59060668
传真:59060686
网址:www. toyota - boshoku. com
法定代表人:小出一夫(KOIDE KAZUO)

质量体系:IATF 16949
产品情况:空气滤清器、机油滤清器和车载空气滤清器等
配套情况:为天津一汽丰田配套

★迪安汽车部件(天津)有限公司
地址:天津市经济技术开发区相安路6号
邮编:300457
电话:022/25321985
网址:www. tiautomotive. com
电子信箱:jphe@ cn. tiauto. com
法定代表人:Brian David Kaiser
质量体系:IATF 16949
产品情况:提供完整的燃油储存和输送系统及制动管路系统产品
配套情况:主要客户包括北京奔驰、东风标致、一汽-大众、长城汽车、福建奔驰、东风日产、广汽丰田等

★雅士佳(天津)汽车零件有限公司
地址:天津市汉沽区新开北路3号
邮编:300480
电话:022/67161660
传真:67161657
电子信箱:aixiali@ asc. com. cn
法定代表人:Nathan Raymond Iles
质量体系:IATF 16949、ISO 14001
产品情况:(ALRTEX 牌)
水泵
配套情况:为通用、福特、克莱斯勒、路虎、捷豹等配套

★马勒滤清系统(天津)有限公司
地址:天津市武清开发区泉旺路15号
邮编:301700
电话:022/82132000
传真:82135000
网址:www. cn. mahle. com
法定代表人:WILHELM EMPERHOFF
质量体系:IATF 16949、ISO 14001
产品情况:(东炫马勒牌)
各种滤清器,月产空气滤清器20万个、机油滤清器30万个
配套情况:为北京现代、东风悦达起亚、常州现代工程机械、长城汽车、天津一汽丰田、华泰等配套

★天津奥尼斯特汽车零部件制造有限公司
地址:天津市武清区河北屯镇政府东侧
邮编:301706
电话:022/22272227
传真:22271333
网址:www. tjhonesty. net
电子信箱:baolifa@ vip. 163. com
法定代表人:白鹏君
质量体系:IATF 16949
产品情况:汽车水泵
配套情况:与长城汽车和铜陵锐展科技发展有限公司(众泰)配套汽车水泵

★天津认知汽车配件有限公司
地址:天津市武清区逸仙科学工业园亨运路6号
邮编:301726
电话:022/82170500、82170508
传真:82170505
电子信箱:kangri@ inzi. co. kr
法定代表人:KIM JONG-HWAN(金宗焕)
质量体系:IATF 16949、ISO 14001
产品情况:气门室罩盖、进气歧管、节温器总成、温度传感器、水温器控制总成等

河北省

★河北东安精工股份有限公司
地址:石家庄市高新技术开发区燕山大街99号
邮编:050035
电话:0311/85838383、85837185
传真:85831955
网址:www. hbdongan. com
电子信箱:cl@ hbdongan. com
法定代表人:刘博
质量体系:IATF 16949、ISO 9001
产品情况:汽车齿轮轴、凸轮轴、传动轴、液压油泵轴、锻件系列等

★河北华北柴油机有限责任公司
地址:石家庄市桥西区中山西路910号
邮编:050081
电话:0311/83989388、83989389
传真:83985050
网址:hbcyj. norincogroup. com. cn
电子信箱:chbdp@ 126. com
法定代表人:甄彦斌
质量体系:IATF 16949、ISO 9001
产品情况:(华柴道依茨牌)
车用柴油机及箱体、缸套、缸盖、连杆、附件托架等核心零部件
配套及出口情况:为北奔重汽、浙江金华、陕汽集团、北方华德供货;出口伊朗、印度尼西亚、印度、南非、德国、新加坡、俄罗斯、美国、马来西亚等,年出口额500万美元

★石家庄金刚凯源动力科技有限公司
地址:石家庄市经济技术开发区世纪大道66号金刚科技工业园
邮编:052165
电话:0311/89651889、89651369
传真:89651369
网址:www. jingang. cn
电子信箱:market@ jingang. cn
法定代表人:王季明
质量体系:IATF 16949、ISO 9001
产品情况:(金刚牌)
活塞、活塞环、缸套、活塞销、气门、轴瓦
配套及出口情况:为潍柴、杭发、重汽、一汽、上汽、东风康明斯、福田康明斯、重庆康明斯、华柴、海马、比亚迪、上汽荣威等50多家国内主机集团(公司)配套;远销亚洲、欧洲、南美洲、北美洲、俄罗斯等国家和地区

★河北盛驰汽车零部件有限公司
地址:河北省深泽县北环路东段南侧
邮编:052560
电话:0311/83521008、83579998
传真:83521008
网址:www. hbsckb. com
电子信箱:hbshengchi@ 126. com
法定代表人:王国辉
质量体系:IATF 16949
产品情况:具有年产发动机气门3000万支、曲轴28万根的生产能力

★河北钛通滤清器有限公司
地址:河北省深州市黄河东路北侧
邮编:052800
电话:0318/5198111、5190222
传真:5292662、5290180
网址:www. taiturnfilter. com
电子信箱:taiturn@ taiturnfilter. com
法定代表人:赵超
质量体系:IATF 16949
产品情况:主要从事乘用车、商用车及工程机械用滤清器的研发、生产
配套情况:与多家国内外知名主机厂建立了良好、稳定的合作关系

★河北德纳V型轮有限公司
地址:河北省景县景新大街15号
邮编:053500
电话:0318/4222268
传真:4223135
网址:www. cnvxl. cn
电子信箱:hebeidena@ 163. com
法定代表人:王晓飞
质量体系:IATF 16949、ISO 14001
产品情况:板材旋压皮带轮、机加工皮带轮、曲轴位置信号盘和支架等
配套及出口情况:为上汽大众、一汽-大众、上汽通用、上汽集团、一汽轿车、武汉神龙、东风乘用车、长安铃木、重庆红岩菲亚特、长城、海马、江淮、吉利等汽车主机厂和南京采埃孚、北京永信、青岛爱恩思梯等汽车系统部件公司配套;远销北美洲、德国、捷克等国家和地区

★瑞丰动力集团有限公司
地址:河北省深州市泰山东路69号
邮编:053800
电话:0318/3312629
传真:3398866
网址:www. hbsgt. com
电子信箱:jyb@ hbsgt. com
法定代表人:孟连周
质量体系:IATF 16949、ISO 14001
产品情况:柴油机493Q(4JB1)、VM2.5L、2.0L玉柴系列、4105Q等缸体缸盖;汽油机1.6L、1.5L、1.3L、1.0L等缸体缸盖;发动机飞轮壳罩、主轴承盖、油底壳、高镍排气歧管等配套产品
配套及出口情况:为江铃汽车、江淮汽车、保定长城、吉利汽车、三一重工、众泰汽车、福田汽车、一汽四环、广西玉柴、沈阳华晨、成都成发、吉奥汽车、北汽动力、东风轻发、无锡开普等配套;出口欧美及中东地区

★河北昊天滤清器制造有限公司
地址:河北省清河县经济开发区西区漓江街南侧
邮编:054800
电话:0319/8296868、8280192
传真:8296866
网址:www.hebhaotian.com
电子信箱:sales7@hebhaotian.com
法定代表人:郭瑞军
单位人数:300
质量体系:IATF 16949
产品情况:(浩天牌)
空气滤清器、空调滤清器、机油滤清器、燃油滤清器、柴油滤芯、重型车辆滤清器、各种工程机械滤清器、洁净车间过滤器、粉尘滤芯、异型滤清器等
出口情况:出口美国、俄罗斯、波兰、南非、土耳其、印度、巴西等30多个国家和地区

★河北亿利橡塑集团有限公司
地址:河北省清河县新世纪大街27号
邮编:054800
电话:0319/8155188、4008810458
传真:8268210
网址:www.hbyili.com
电子信箱:yili@hbyili.com
法定代表人:尹长敬
质量体系:IATF 16949、ISO 14001
产品情况:(亿利旺德福牌)
空气滤清器进气系统模块、SCR尾气后处理系统、变速器操控软轴、滚塑尿素罐、散热器、柴油滤清器、机油滤清器、汽车空调滤芯等
配套情况:主要配套客户包括一汽集团、北汽福田、福田戴姆勒、陕汽、宇通客车、北方奔驰、奇瑞、江淮、山西大运、东风风神、南京徐工、大柴、潍柴、锡柴、玉柴、沃尔沃、卡特彼勒、菲亚特等

★南宫市精强连杆有限公司
地址:河北省南宫市工业区大庆街
邮编:055750
电话:0319/5287050、5078118
传真:5222089
网址:www.hbjqlg.com
电子信箱:ngxiaoshoubu@126.com
法定代表人:王立伏
质量体系:IATF 16949、ISO 14001
产品情况:具有年产1200万支连杆精锻件,600万支连杆总成和20万支曲轴的生产能力
配套情况:为一汽一发、一汽大柴、一汽四环、北汽福田、一拖洛阳、江铃、江淮、长城、南京依维柯、东风轻发、东营吉奥、奇瑞等厂家定点配套

★力源活塞工业集团股份有限公司
地址:河北省沧州市经济开发区渤海路8号
邮编:061000
电话:0317/3090666、3090777
传真:3090999
网址:www.liyuanhuosai.com
电子信箱:liyuansale@126.com
法定代表人:于文生
质量体系:IATF 16949
产品情况:(力源牌)
专业生产汽车、摩托车、压缩机、柴油机活塞
配套及出口情况:为上汽通用五菱、长安汽车、天津一汽夏利、吉利汽车、昌河汽车、奇瑞汽车等国内30多家汽车主机厂配套;远销欧美、东南亚、非洲等20多个国家和地区

★南皮县绿源环保设备有限公司
地址:河北省沧州市南皮县小崔庄
邮编:061500
电话:0317/8863525、13931767860
传真:8863525
电子信箱:nply-cy@163.com
法定代表人:崔国利
质量体系:IATF 16949
产品情况:具备年产100万升催化剂、50万套催化净化器、30万套汽车消声器和100万套精密冲压件生产能力
配套情况:为五菱、金龙、长城、北汽、华泰、曙光等国内主要整车制造商配套

★河北蓝天汽车消声器有限公司
地址:河北省河间市行别营开发区
邮编:062454
电话:0317/3802788、3802288
传真:3809566
网址:www.hbltxsq.com
电子信箱:hblantian126@126.com
法定代表人:姜海军
单位人数:500
质量体系:IATF 16949
产品情况:[蓝天(LT)牌]
具备年产60万只消声器、10万根排气管、50万根排气波纹管的能力
出口情况:远销70多个国家和地区

★沧州新旺汽车散热器制造有限公司
地址:河北省青县陈嘴乡张楼
邮编:062650
电话:0317/4381068
传真:4383868
网址:www.xinwangauto.com
电子信箱:hebeixinwang@163.com
法定代表人:张振新
质量体系:IATF 16949
产品情况:(新旺牌)
车用除霜器、散热器、车用暖风电动机、暖风水箱、自然散热器和电动汽车暖风机等
配套情况:为中通客车、长安客车、少林客车、上海申沃北方客车、友谊客车、上饶客车、无锡一汽等汽车厂配套

★唐山爱信汽车零部件有限公司
地址:河北省唐山市高新技术开发区卫国路297号
邮编:063020
电话:0315/3852168、3856160
传真:3177982
电子信箱:xuning@taac.com.cn
法定代表人:伊藤慎太郎
质量体系:IATF 16949、ISO 14001
产品情况:气门室罩盖、凸轮壳、正时链壳、进气歧管、曲轴箱机油壳、水泵等发动机配件,变速器壳体、阀门主体等配件
配套情况:为天津一汽丰田发动机供货

★辉门(廊坊)汽车零部件有限公司
地址:河北省廊坊经济技术开发区耀华道15号郎森汽车产业园7号厂房
邮编:065001
电话:0316/6070511
网址:www.federalmogul.com
电子信箱:ivy.zhang@federalmogul.com
法定代表人:成音
质量体系:IATF 16949、ISO 14001
产品情况:(辉门牌)
气门
配套情况:为福特、中国重汽、北汽、华晨宝马、大众配套

★柳伯安丽活塞环有限公司
地址:河北省廊坊市开发区郎森工业园百合道28号
邮编:065001
电话:0316/5918087、5918088
传真:5918089
网址:www.tpr.co.jp
电子信箱:fwwang@cupr.com.cn
法定代表人:唐泽武彦
质量体系:IATF 16949、ISO 14001
产品情况:汽车活塞环
配套情况:为北京现代配套

★三河市永兴福利汽车配件有限公司
地址:河北省三河市杨庄工业开发区闵各庄
邮编:065200
电话:0316/3654202、3650005
传真:3650362
电子信箱:yangliansheng518@sohu.com
法定代表人:刘淑平
质量体系:IATF 16949、QS 9000
产品情况:燃油箱总成、驻车制动器总成及相关汽车冲压件
配套情况:为北京奔驰、北汽福田、北汽制造、沈飞汽车、上汽通用五菱、秦皇岛金程自动车等配套

★秦皇岛泰和精工有限公司
地址:河北省秦皇岛市经济技术开发区都山路16号
邮编:066004
电话:0335/8570900、8571600
传真:8570900
电子信箱:sales@qhdtpi.com
法定代表人:鞠岩忠
质量体系:IATF 16949
产品情况:汽车排气系统用波纹挠性节,具备年产200万只挠性节的能力
配套及出口情况:为美国通用、上汽通用、日本丰田、韩国大宇等整车配套商

以及上海天纳克、湖南威斯特、哈尔滨艾瑞等排气系统的主要供应商供货;主要出口美国、韩国、澳大利亚、德国、南美洲等国家和地区

★承德苏垦银河连杆有限公司
地址:河北省承德市开发区东西营工业园区
邮编:067000
电话:0314/2120165、2120311
传真:2121525
网址:www.cdskyh.com
电子信箱:xsb@cdskyh.com
法定代表人:李红
单位人数:501
质量体系:IATF 16949、ISO 14001
产品情况:乘用车、商用车连杆
配套情况:为北京现代、东风悦达起亚、广汽菲克、上汽通用、神龙汽车、长城汽车、长安标致雪铁龙等配套

★保定市屹马汽车配件制造有限公司
地址:河北省保定市南二环与莲池大街路口西行 2000 米路南
邮编:071051
电话:0312/2129078、3102333
传真:3118559
网址:www.bdym.com.cn
电子信箱:ymxiaoshou@163.com
法定代表人:陈燕
质量体系:IATF 16949
产品情况:发动机排气歧管、汽车催化器、汽车消声器
配套情况:重点客户为长城汽车、江淮汽车、三菱汽车、卡威汽车、陕西通家、九龙汽车、东风汽车、恒耀汽车、新晨动力、福迪汽车等

★保定华岳汽车零部件制造有限公司
地址:河北省保定市清苑区望亭乡东安
邮编:071105
电话:0312/8086633、8086677
传真:8085388
网址:www.bdhuayue.com
电子信箱:yqs@bdhuayue.com
法定代表人:李贵新
单位人数:300
质量体系:IATF 16949
产品情况:汽缸盖系列、减速器壳总成、半轴套筒、进气歧管系列、下机体、转向器支架、传动轴中间支撑支架、变速器支架、托臂、中冷器接口、EGR 阀座、链轮室体系列等 50 多个品种
配套情况:为长城汽车动力事业部、长城汽车天津哈弗分公司、长城汽车天津哈弗分公司动力事业部、长城汽车徐水哈弗分公司底盘事业部、保定长城内燃机、保定诺博橡胶制品、台州吉奥动力、成都美瑞科动力设备、长春一汽四环发动机、南京巨星汽配等国内多家汽车发动机及整车生产厂家配套和国内外汽车零部件市场供货

山西省

★晋西机器工业集团有限责任公司
地址:太原市和平北路北巷五号
邮编:030027
电话:0351/6628395、6628011
传真:6260583
网址:jxjt.norincogroup.com.cn
电子信箱:jxgyjt@163.com
法定代表人:张朝宏
质量体系:ISO 14001
产品情况:储气瓶、消声器、铝合金燃油箱等
配套情况:为奇瑞、北方奔驰提供消声器

★山西利民车辆配件有限责任公司
地址:山西省晋中市太谷县阳邑乡新村
邮编:030812
电话:0354/6207267、6206140
传真:6207267、6207137
电子信箱:zhangxian753@163.com
法定代表人:孙平
质量体系:IATF 16949
产品情况:汽车消声器、摩托车消声器

★山西三联铸造有限公司
地址:山西省河津市铸造工业园区
邮编:043300
电话:0359/5288166、5288273
传真:5288281、5288003
网址:www.sxsanlian.com
电子信箱:foundry@sxsanlian.com
法定代表人:魏方志
质量体系:ISO 9001、ISO/TS 16949
产品情况:汽车发动机缸体、缸盖,重型汽车变速器壳体、离合器壳体等铸件

★亚新科国际铸造(山西)有限公司
地址:山西省运城市绛县 2 号信箱
邮编:043605
电话:0359/8801333
传真:8713625
网址:www.asimco-shanxi.net
电子信箱:general@asimco-shanxi.com
法定代表人:汪滨
质量体系:IATF 16949、ISO 14001
产品情况:发动机缸体、缸盖、飞轮等其他铸铁件铸造产品
配套及出口情况:主要客户有东风康明斯、重庆康明斯、潍柴、中国重汽、江淮汽车、上海日野发动机、昆山三一动力、玉柴等;远销美国、日本、印度等国家

★山西阳煤千军汽车部件有限责任公司
地址:山西省永济市涑水东街工业新区 99 号
邮编:044500
电话:0359/8086982
传真:8086966
网址:www.sxqjly.com
电子信箱:sxqjly999@163.com
法定代表人:王瑞明
质量体系:IATF 16949、ISO 9001
产品情况:汽车发动机铝合金缸盖等
配套及出口情况:与沈阳科翔、沈阳新光华晨达成长期汽缸盖毛坯供货,与铜陵锐展、郑州海马轿车、重庆鑫源、江西腾勒、湖南长丰、江苏三能等国内主机厂达成成品配套;部分产成品出口北美洲、欧洲、东南亚等地区

★山西成功淮海发动机有限公司
地址:山西省长治市城东路 102 号
邮编:046012
电话:0355/8500956、8505272
传真:3042046
网址:www.sxcgjt.com
电子信箱:77640503@qq.com
法定代表人:马国利
质量体系:IATF 16949
产品情况:HH368QA1、EE368Q-1E 等型号发动机,缸体、缸盖、进气歧管等
配套情况:为比亚迪汽车、上汽通用五菱、昌河汽车、东风客车底盘绵阳分公司、安徽华阳汽车等配套

辽宁省

★沈阳科翔动力机械有限公司
地址:沈阳市大东区前詹街 6 号
邮编:110013
电话:024/8971222、89705560
传真:22598619
网址:www.kxpowertrain.com
电子信箱:sy_kexiang@163.com
法定代表人:刘琛
质量体系:IATF 16949
产品情况:(豹牌)
发动机、缸盖、缸体
配套情况:为绵阳新晨动力机械、厦门金龙、沈阳航天三菱发动机、北京汽车动力总成、沈阳航天新光集团、柳州五菱柳机动力、湖南长丰动力等配套

★沈阳玄潭汽车部件有限公司
地址:沈阳市经济技术开发区 4 号街 1 甲 2 号
邮编:110027
电话:024/25377151
传真:25368276
网址:www.hyundam.com.cn
电子信箱:sonic@hyundam.com
法定代表人:鲁荣培
质量体系:IATF 16949、ISO 14001
产品情况:燃油泵、燃油过滤器、压力调节器、传感器等
配套情况:为一汽轿车、北京现代、东风悦达起亚、一汽海马、广汽三菱等配套

★沈阳金发汽车钢圈制造有限公司
地址:沈阳市皇姑区塔湾街 18 号
邮编:110031
电话:024/86875913、86873513
传真:86876026
电子信箱:syjfqj@163.com

法定代表人:郑超
质量体系:IATF 16949
产品情况:生产 SY6480、中顺油箱,年产 31580 只

★沈阳新光华晨汽车发动机有限公司
地址:沈阳市大东区东塔街 1 号
邮编:110043
电话:024/24317668、15382095790
传真:84313599
电子信箱:yumiao0267@163.com
法定代表人:黄昌瑞
质量体系:IATF 16949
产品情况:(豹牌)
电喷发动机、XG491Q 机型四缸 8 气门发动机、4G22D4 机型四缸 16 气门发动机、4D20T 新型柴油机
配套情况:主要为沈阳金杯海狮客车、北汽轻型货车及 SUV 越野车、河北中兴皮卡及 SUV 系列等国内知名品牌汽车配套

★沈阳航天誉兴机械制造有限公司
地址:沈阳市大东区东塔街 3 号
邮编:110043
电话:15309857617
传真:024/24344316
网址:www.ht-yuxing.com
法定代表人:杨国军
单位人数:354
质量体系:IATF 16949、ISO 9001
产品情况:2019 年产缸体 11728 件,缸盖 17668 件,歧管 30890 件,4A9 曲轴 17910 件,曲轴 11229 件
配套及出口情况:为三菱配套;2019 年出口四缸 40000 件、三缸 9000 件、弯管 12000 件

★沈阳新光华翔汽车发动机制造有限公司
地址:沈阳市大东区东塔街 3 号
邮编:110043
电话:024/31265318、24335722
传真:24320497
电子信箱:sales@xgengine.com
法定代表人:赵钧
单位人数:300
质量体系:IATF 16949
产品情况:(豹牌)
2.4LG4C、2.7LG4B 系列以及 NE01 系列节能环保汽车发动机等,主要适合高级轿车、SUV、MPV、皮卡车、轻型客车等车型

★沈阳航天新光汽车零部件有限公司
地址:沈阳市东塔街 1 号
邮编:110043
电话:024/31981888
传真:31981898
网址:www.htqc.net.cn
法定代表人:杨国军
单位人数:106
质量体系:IATF 16949
产品情况:汽车发动机进气歧管、进气接管等重力铸造铝合金产品
配套及出口情况:主要客户有沈阳航天三菱、重庆长安铃木、奇瑞汽车、一汽四环汽车发动机等企业;2019 年产品搭载出口 2 万件

★沈阳华铁汽车散热器有限公司
地址:沈阳市沈北新区马刚工业园
邮编:110123
电话:024/24201340
传真:89753848
网址:www.huatie.net
电子信箱:huatiejituan@126.com
法定代表人:由丽华
质量体系:IATF 16949、ISO 9001
产品情况:(华铁牌)
汽车中冷器、散热器,为北美地区最大的汽车中冷器出口商
配套及出口情况:为一汽哈轻、一汽长春客车、沈阳华晨金杯、金杯车辆、烟台舒驰客车、丹东黄海等汽车主机厂配套;远销北美洲、欧洲、大洋洲、中东等地区

★沈阳博龙汽车部件制造有限公司
地址:沈阳市东陵区小羊西路 60 号
邮编:110167
电话:024/23789312、23789319
传真:23789312
电子信箱:gxb@libolong.cn
法定代表人:郭静华
质量体系:IATF 16949
产品情况:汽缸盖、汽缸体等发动机核心零部件,年产汽缸盖组件能力 30 余万台
配套情况:为韩国大宇、韩国现代、北汽福田环保动力、北汽发动机、秦皇岛津丰发动机、绵阳新晨动力、柳州五菱、珀金斯雷沃动力、台州吉奥动力、成都发动机配套

★沈阳沃德汽车零部件有限公司
地址:沈阳市浑南新区航天路 10 号
邮编:110179
电话:024/83783393
电子信箱:dengyu@syaaw.com
法定代表人:李松岩
质量体系:IATF 16949
产品情况:发动机进/排气门
配套情况:为航天三菱发动机、北京汽车、重庆长安铃木、东风小康、哈尔滨东安汽车发动机等配套

★沈阳航天三菱汽车发动机制造有限公司
地址:沈阳市浑南新区航天路 6 号
邮编:110179
电话:024/24303030
传真:23749000
网址:www.same.com.cn
电子信箱:same02430@samen.com.cn
法定代表人:陈兰华
单位人数:1461
质量体系:IATF 16949、ISO 14001
产品情况:(三菱牌)
主要产品有 4G6、A9、4K 三大系列发动机,包括自然吸气、涡轮增压、缸内直喷、混合动力、可替代燃料等类别,排量覆盖 1.0~2.4L
配套情况:主要客户有东风柳汽、东风启辰、东南汽车、广汽三菱、长城汽车、华晨汽车、北汽集团、江铃集团、中国台湾中华、美国 PSI 公司等

★沈阳斯瓦特汽车零部件有限公司
地址:沈阳市浑南新区金仓路 12 号
邮编:110179
电话:024/24699996
传真:24699008
网址:www.swatchina.com
电子信箱:sales@swatchina.com
法定代表人:郑红
质量体系:IATF 16949
产品情况:(SWAT 牌)
不锈钢排气歧管、催化转化器、排气系统附件
配套情况:为三菱汽车、广汽集团、上汽集团等供货

★沈阳航天新光集团有限公司
地址:沈阳市大东区东塔街 3 号
邮编:110861
电话:024/86562333、86562037
传真:86562588
电子信箱:develop@ht-xinguang.com
法定代表人:胡河海
单位人数:1600
质量体系:GJB 9001A、ISO 14001
产品情况:各种汽油、柴油发动机总成;水泵、机油泵、缸体、缸盖、歧管、压铸件、高压点火线、塑料件及管件成型等汽车零部件
配套情况:为金杯汽车配套

★辽阳市富祥曲轴有限公司
地址:辽宁省辽阳市经济开发区振兴路 88 号
邮编:111000
电话:0419/3160555
传真:3174505
网址:www.lyfxqz.com
电子信箱:lyfsqz@163.com
法定代表人:王运秋
质量体系:IATF 16949
产品情况:6 缸、4 缸、2 缸等六大系列 70 多个规格品种的汽油发动机和柴油发动机球墨铸铁曲轴
配套情况:主要为沈阳长城富桑内燃机、沈阳东基星机械、朝阳四方通利内燃机、天津雷沃动力机械、玉柴动力机械等配套

★辽阳新风科技有限公司
地址:辽宁省辽阳市首山镇朝阳街
邮编:111299
电话:0419/39325577-789、4008888560
传真:2638836
网址:www.lyxftech.com
电子信箱:offi@xfjier.com
法定代表人:周泽濠

单位人数:1000
质量体系:IATF 16949
产品情况:具有年产 40 万套高压共轨、200 万支电磁阀和 40 万个 ECU 的生产能力
配套情况:为莱动、常柴、云内、玉柴、四达、一汽四环、江动、一拖(洛阳、姜堰)、华丰、三一等国内主流道路及非道路柴油机企业,福田、黑豹、凯马、重汽、东风等整车用户配套

★马勒发动机零部件(营口)有限公司
地址:辽宁省营口市西市区渤海大街西103 号
邮编:115004
电话:0417/4827153、4892421
传真:4811157
网址:www. cn. mahle. com
电子信箱:xiaopeng. ma@ cn. mahle. com
法定代表人:依万·莱尼汉
质量体系:IATF 16949、ISO 14001
产品情况:(营配牌)
汽车和摩托车用铸锻造毛坯件、汽油发动机和柴油发动机用活塞、轴瓦和轴套以及其他与发动机相关的零部件
配套及出口情况:为一汽-大众、美国通用、沈阳航天三菱、一汽轿车、北京比泽尔、韩国现代、日本小松、日本马自达、日本三菱、美国北极星、奇瑞、沈阳新光华晨、朝阳柴油机、扬柴、大柴、潍柴等供货;活塞环出口葡萄牙

★一汽解放大连柴油机有限公司
地址:辽宁省大连市经济技术开发区黄海中路 117 号
邮编:116000
电话:0411/39200008、4008179777
传真:39200003
网址:www. fawdde. com
电子信箱:dingmeiling@ fawdde. com
法定代表人:王志宇
质量体系:ISO 14001、IATF 16949
产品情况:(DEUTZ 牌、DC 牌)
主导产品有 C、D、E、H、K 五大系列柴油机,年生产能力 30 万台
出口情况:整机及零部件出口欧洲(哈萨克斯坦、意大利)、东南亚

★大连同泰汽车部件有限公司
地址:辽宁省大连市金州区光明街道祥泰路 9 号
邮编:116100
电话:0411/87859965、87859950
传真:87859960
网址:www. townta. com
电子信箱:210213000009437@ lnpost. cn
法定代表人:李广富
单位人数:300
质量体系:IATF 16949、ISO 14001
产品情况:汽车消声器总成及附件、各种冲压件、旋压件、车用减振器及附件、大型模具设计与制造等;年供应消声器附件 30 万套以上;减振器附件可达到 15 万套以上,各类冲压件、机加工件产品可达到 10 万套以上
配套情况:是大众市场——宝来、红旗、高尔夫、速腾、迈腾、奥迪系列;沈阳市场——中华系列;江铃市场——全顺、陆风系列等轿车消声器、减振器部件的主要供应商

★ 大连亚明汽车部件股份有限公司

地址:辽宁省大连市旅顺口区五一路 5 号
邮编:116041
电话:0411/86612955
传真:86613428
网址:www. dlym. com
电子信箱:dlym@ dlym. com
法定代表人:鲁超
质量体系:IATF 16949、OHSAS 18001、ISO 14001
产品情况:油底壳、离合器壳体、变速器壳体、下缸体、支架、罩盖类
配套及出口情况:为北京奔驰、大众变速器、上汽大众、一汽-大众、福特汽车、通用韩国、长安福特、松下、天津丰田配套;出口韩国、北美洲、加拿大、印度
☞ 详细情况请参阅彩色宣传版面

★天纳克(大连)排气系统有限公司
地址:辽宁省大连市金州区祥泰路 7 号
邮编:116100
电话:0411/87830338、87205623
传真:87832061、87832845
网址:www. walker - dalian. com
电子信箱:ttec@ tenneco. com
法定代表人:张涛
单位人数:700
质量体系:IATF 16949、ISO 14001
产品情况:消声器、催化器、排气歧管、排气系统附件等产品
配套情况:为一汽集团、一汽-大众(宝来、捷达、红旗、奥迪)、江铃全顺、金杯海狮、中华、国产雪佛兰及河北中兴皮卡等车型配套排气系统

★天纳克-埃贝赫大连排气系统有限公司
地址:辽宁省大连市金州区祥泰路 7 号
邮编:116100
电话:0411/872056005761
传真:87205601
网址:www. tenneco - eberspaecher. com
电子信箱:info@ tenneco - eberspaecher. com
法定代表人:张涛
质量体系:IATF 16949、ISO 14001
产品情况:汽车排气系统、消声器、催化器、排气歧管等
配套情况:主要客户是一汽-大众奥迪、沈阳华晨宝马和北京奔驰

★大连三丰换热器有限公司
地址:辽宁省瓦房店市松树镇工农委
邮编:116302
电话:0411/85304977、85302368
传真:85306999
电子信箱:hrq@ dlsf. cn
法定代表人:李守岩
质量体系:ISO 9001、IATF 16949
产品情况:(星月牌)
具备年生产板翅式机油冷却器 70 万台、管片式机油冷却器 5 万台、板式换热器 5 万台的能力
配套及出口情况:油冷却器产品为重庆康明斯、珀金斯雷沃动力(天津)、一汽集团、一汽大柴、东风朝柴、青岛水箱厂等主机厂配套;出口 20 多个国家和地区

★蒂森克虏伯发动机系统大连有限公司
地址:辽宁省大连市经济技术开发区泰和街 22 号
邮编:116600
电话:0411/39225888
传真:39225800
网址:www. thyssenkrupp. com. cn
电子信箱:zhiyu. hu@ thyssenkrupp. com
法定代表人:阿尔塔
质量体系:IATF 16949、ISO 14001
产品情况:汽车发动机凸轮轴
配套及出口情况:为上汽大众、一汽-大众、长安福特、长安马自达、上海汇众、一汽解放、奇瑞、一汽轿车等配套;出口日本、欧洲、美国

★辽宁华岳精工股份有限公司
地址:辽宁省本溪市本溪满族自治县小市镇北方曲轴 13 号
邮编:117100
电话:024/46823589、46825462
网址:www. lnhyjg. com
电子信箱:hyjgxdp@ 163. com
法定代表人:郑才玉
单位人数:1230
质量体系:IATF 16949、ISO 14001
产品情况:(本牌、BQ 牌)
汽车动力系统的锻钢曲轴、ADI 曲轴、球墨铸铁曲轴、主轴承盖、飞轮壳、离合器壳、车桥壳、主减速壳体毛坯、制动毂、制动盘、差速器壳、传动轴、轴承座、支架座、进/排气歧管等;车用的其他铸铝件、塑料件等轻型化材料部件、高性能节能型非晶-纳米晶软磁带材产品
配套情况:为沈阳航天三菱汽车发动机、北京汽车动力总成、三菱自动车、沈阳航天誉兴、湖南长丰动力、辽宁曙光汽车、诸城曙光车桥、中车集团沈阳汽车车桥等供货

★辽宁五一八内燃机配件有限公司
地址:辽宁省丹东市北环路 97 号
邮编:118009
电话:0415/6158210-8212
传真:6155677、6153379
网址:www. dd518c. com
电子信箱:lnwyb@ dd518c. com

法定代表人:杨彬
质量体系:IATF 16949、ISO 14001
产品情况:(丹牌)
锻钢曲轴、商品锻件,生产各类锻钢曲轴 200 多种,年产成品曲轴 80 万件
配套及出口情况:与潍柴、重庆康明斯、上柴、玉柴、道依茨一汽、天津雷沃动力,韩国斗山工程等企业配套;出口亚洲、欧洲、美洲等地区

★凤城市格汝特汽研有限责任公司
地址:辽宁省凤城市北山路 1 号
邮编:118100
电话:0415/8155157
传真:8155177
网址:www.geruter.com
电子信箱:info@geruter.com
法定代表人:王汝新
单位人数:239
质量体系:IATF 16949、ISO 14001
产品情况:化油器及铝合金压铸件
配套及出口情况:为北内集团发动机零部件、浙江万丰汽车、长城汽车、航天三菱等供货;为日本村上株式会社、日本伊藤忠株式会社、日本三菱自动车工业株式会社、中国台湾西建企业有限公司、中国台湾中华汽车工业股份有限公司供货

★凤城太平洋神龙增压器有限公司
地址:辽宁省凤城市凤城城区振兴街 9 号
邮编:118100
电话:0415/8133333
电子信箱:510329688@qq.com
法定代表人:刘济豪
单位人数:218
质量体系:IATF 16949、ISO 9001
产品情况:(隆美尔牌)
涡轮增压器
配套及出口情况:为福田欧曼、上柴、湖南柴油机等配套;远销美国、英国、俄罗斯、马来西亚、也门、非洲等国家和地区

★凤城市凤凰增压器制造有限公司
地址:辽宁省凤城市现代产业园区二龙工业园区 B 区
邮编:118100
电话:0415/8267558、8269588
网址:www.turbofh.com
电子信箱:command@turbofh.com
法定代表人:李松
质量体系:IATF 16949、ISO 14001
产品情况:(凤凰)
涡轮增压器及零配件
配套及出口情况:涡轮增压器产品为无锡四达柴油机集团、沈阳双福内燃机、南充柴油机、山东潍坊奥铃、华铃动力等多家柴油、汽油发动机生产厂家配套;远销美国、马来西亚、俄罗斯、波兰、新加坡、墨西哥、伊朗等地区

★锦州光和密封实业有限公司
地址:辽宁省凌海市双羊镇兴隆中小企业园区
邮编:121213
电话:0416/8305992、8305996
传真:8305991
网址:www.jzghmf.com
电子信箱:jzghmf@163.com
法定代表人:孙宝玲
单位人数:540
质量体系:IATF 16949、ISO 9001
产品情况:(旭光牌)
各种密封垫片、旋压皮带轮;年产各种密封垫片 1000 余万件,旋压皮带轮 100 余种
配套情况:为一汽大柴、一汽锡柴、朝柴、玉柴机器、潍柴、中国重汽、云内动力、全柴、长安汽车、五菱柳机、东安动力、东安三菱、奇瑞汽车、沈阳三菱、沈阳新光、长城汽车、江淮汽车、重庆渝安等 20 余家大型发动机生产厂提供配套产品;皮带轮主要供应阜新德尔、东安动力、东安三菱、五菱柳机、大连液压件、一汽四环、浙江全兴、龙基三泵、锦州万德等客户

★朝阳朗瑞车辆技术有限公司
地址:辽宁省朝阳市高新技术园区一期标准化厂房 37 号
邮编:122000
电话:0421/7221166、7221144
传真:7221177
网址:www.lnzylr.com
电子信箱:ln_zylr@163.com
法定代表人:孟强
质量体系:ISO 14001、ISO 45001
产品情况:燃油加热器等

★东风朝阳朝柴动力有限公司
地址:辽宁省朝阳市黄河路三段 51 号
邮编:122000
电话:0421/2720036
传真:2720131
网址:www.dcd.com.cn
电子信箱:xsgs_fwk@dcd.com.cn
法定代表人:杨宗成
质量体系:IATF 16949、ISO 14001
产品情况:(CY 牌)
102、3L、H、燃气、4DF 五大系列柴油发动机和燃气发动机产品
配套及出口情况:为东风、重汽、江淮、福田、上汽大通、沈阳金杯、江铃、安凯客车、苏州金龙、厦门金旅等 100 多家汽车制造企业配套;单机或随车出口到 40 多个国家和地区

★阜新北鑫星液压有限公司
地址:辽宁省阜新市细河区科技大街 85 号
邮编:123000
电话:0418/2195901、2195902
传真:2195903
网址:www.bxxyy.com.cn
电子信箱:bxxyyjyb@163.cm
法定代表人:王伟
质量体系:IATF 16949、ISO 9001
产品情况:专业设计生产手摇高压油泵,多功能液压控制阀、高压齿轮泵、自卸车用举升阀系统、行走工程机械多路控制阀及独立温控散热系统系列产品,产品广泛应用于重型货车驾驶室举升、运输车辆、工程机械等领域
配套情况:主要合作伙伴有福田雷沃重工、徐工集团、刘工、中集、中国重汽、陕西重汽、大迪汽车、江淮扬天、扬州盛达特种车、三一重工等

吉林省

★长春市九龙机械有限公司
地址:长春市朝阳经济开发区孵化基地一期 2 号楼
邮编:130011
电话:0431/87099608、87099708
传真:87091858
网址:www.ccjiulong.cn
电子信箱:jldengwei@foxmail.com
法定代表人:郝春丽
质量体系:ISO 9001、IATF 16949
产品情况:排气管、中冷器管、水管、空气管和各种垫片吊架
配套情况:为重型车、中型车、轻型车及客车底盘厂、一汽山东汽车改装厂、一汽锻造公司配套

★一汽铸造有限公司铸造二厂
地址:长春市东风大街 6669 号
邮编:130011
电话:0431/85903637、85751145
传真:85901601
网址:www.faw-foundry.com.cn
电子信箱:mhr_fc@faw.com.cn
法定代表人:边庆月
质量体系:IATF 16949、VDA 6.1
产品情况:主导产品包括供应大连大众的 EA888Gen3 缸体,一汽轿车 4GC(60K、35K)、4GB 等缸体铸件
配套情况:为一汽集团、一汽-大众、一汽轿车、沈阳三菱、天津一汽等配套

★富奥汽车零部件股份有限公司
地址:长春市西新经济技术开发区东风南街 777 号
邮编:130011
电话:0431/85127800
传真:85122776
网址:www.fawer.com.cn
法定代表人:甘先国
质量体系:ISO/TS 16949、VDA 6.1
产品情况:(富奥牌)
散热器总成、中冷器总成、膨胀箱总成、暖风总成、空调总成、蒸发器总成、冷凝器总成、传动轴总成、变速操纵机构、制动阀类、差速锁总成、离合器总

泵、制动凸轮、变速器润滑油泵、制动踏板总成、离合器踏板、差速器壳体、制动盘、驻车制动器总成、减振器、钢板弹簧、空气悬架导向臂、底盘支架、螺旋弹簧、稳定杆、副车架、后桥体、控制臂、稳定杆连接杆、车轮轮毂、后轮毂轴、发动机横梁总成、车轮支架、纵臂、转向节、底盘装配、油泵、水泵、空压机、燃油输油泵总成、电动汽油泵总成、涡轮增压器总成等

配套及出口情况:主要客户有一汽-大众、一汽解放、一汽轿车、一汽丰田、一汽夏利、一汽客车、一汽吉汽、一汽通用、上汽大众、上汽通用、东风神龙、沈阳华晨、广州风神、奇瑞汽车、中国重汽、北方奔驰、济南重汽、安徽华菱、长安、奇瑞、长城等 30 多家企业;远销美国、法国、意大利、韩国、日本、中东等十几个国家和地区

★长春一汽四环集团有限公司

地址:长春市振兴路 593 号
邮编:130011
电话:0431/85759026、18943152111
网址:www. fawsn. com. cn
电子信箱:jinying@ faw - sihuan. com. cn
法定代表人:张文贤
单位人数:5028
质量体系:ISO/TS 16949、ISO 14001
产品情况:排气系统、散热器格栅、制动器总成、汽车动力转向泵、动力转向油罐、EPS/电动助力转向、车身线束、车身电子、门扣手、车身标牌、地毯、行李舱等
配套情况:为一汽-大众、一汽轿车、天津一汽、一汽解放、一汽轻型车、北汽集团、沈阳通用等配套

★天纳克一汽富晟长春汽车零部件公司

地址:长春市高新技术产业开发区超越大街 2616 号
邮编:130012
电话:0431/81819899、81819703
传真:81819789
网址:www. fawsn. com. cn
电子信箱:xqu@ tenneco. com
法定代表人:王玉明
单位人数:303
质量体系:IATF 16949、ISO 14001
产品情况:高尔夫 A6、迈腾 CC、迈腾 B7L、捷达、解放 J5 和 J6 等消声器总成,以及丰田 RAV4 的冷热端排气系统总成
配套情况:主要客户有一汽-大众、一汽解放和一汽丰田

★长春一汽四环发动机制造有限公司

地址:长春市汽车产业开发区腾飞大路 2128 号
邮编:130013
电话:0431/89810066、89810016
传真:88920000
电子信箱:yqshfdj@ 163. com
法定代表人:陈余文
单位人数:227
质量体系:IATF 16949
产品情况:汽油发动机,汽油、天然气两用燃料、单燃料天然气发动机,柴油机;具有年总装 10 万台发动机和年加工 10 万件缸体、缸盖的生产能力
配套及出口情况:为一汽集团哈尔滨轻型车厂、一汽客车、重庆宇通、重庆力帆、成都一汽、河北长安、跃进汽车底盘分公司、洛阳宇通、牡丹汽车、江苏友谊汽车、东风襄阳旅行车、东风客车底盘、少林汽车、江淮汽车、万达客车等供货;远销东南亚、中东、非洲和南美洲地区

★长春曼胡默尔富维滤清器有限公司

地址:长春市汽车经济技术开发区丰越大路 2177 号
邮编:130013
电话:0431/81226819、85808305
传真:84633230
网址:www. mann - hummel. com
电子信箱:infomccn@ mann - hummel. com
法定代表人:Nicolaas Jacobus Zerbst
质量体系:IATF 16949、ISO 9001
产品情况:压缩机用、工程机械用工业滤清器、空气滤清器、机油滤清器、燃油滤清器、空气干燥罐等
配套及出口情况:为一汽解放、一汽轿车、一汽-大众、一汽青岛、一汽锡柴、潍柴、重汽、WABCO 等主机厂配套;出口德国、巴西、新加坡、印度

★富奥翰昂汽车热系统(长春)有限公司

地址:长春市汽车经济技术开发区和谐大街 6577 号
邮编:130013
电话:0431/85127388
传真:85127300
网址:www. fawer. com. cn
电子信箱:lmc_fvcc@ faw. com. cn
法定代表人:牛宏伟
单位人数:315
质量体系:IATF 16949、ISO 14001
产品情况:全自动汽车空调、全铝钎焊式散热器、铝装配式散热器和暖风等
配套及出口情况:主要业务客户有一汽-大众、一汽轿车、上汽大众、长安福特、沃尔沃等;部分产品出口欧美、东南亚市场

★一汽解放汽车有限公司发动机分公司

地址:长春市汽车经济技术开发区乙一路以北轴齿工业园区
邮编:130013
电话:0431/81279072、81279183
传真:81279061
网址:www. fawjiefang. com. cn
电子信箱:bgs_fdj@ faw. com. cn
法定代表人:钱恒荣
单位人数:554
质量体系:IATF 16949、GB/T 24001
产品情况:专业生产商用车系列曲轴连杆,年产曲轴 19 万根、连杆 30 万根
配套情况:是无锡柴油机厂和大连道依茨柴油机有限公司指定配套的企业

★富奥汽车零部件公司散热器分公司

地址:长春市西新经济技术开发区富奥大路 599B 号
邮编:130013
电话:0431/85127775、85127738
传真:85127790
网址:www. fawer. com. cn
电子信箱:sanreqi@ fawer. com. cn
法定代表人:高翻
质量体系:IATF 16949
产品情况:(富奥牌)
　　主要生产商用车、客车、非公路机械冷却系统产品,包括铜散热器、铝散热器、中冷器、膨胀箱及冷却模块
配套情况:主要客户有一汽解放(一汽集团核心供应商、一汽解放 A 级供应商)、郑州宇通、厦门金旅、上海申龙、苏州金龙、一汽吉汽、丹东曙光、华晨金杯、沃尔沃 PENTA、天津雷沃动力等

★一汽丰田(长春)发动机有限公司

地址:长春市经济技术开发区世纪大街 3888 号
邮编:130033
电话:0431/84826370、84826306
传真:84665352
网址:www. toyota. com. cn
电子信箱:jiangnini@ ftce. com. cn
法定代表人:王刚
单位人数:649
质量体系:ISO 14001
产品情况:具有年产 V6 发动机(3. 0 L、2. 5 L 汽油发动机) 10. 8 万台,6ZR 发动机(2. 0L 汽油发动机) 10. 8 万台的生产能力
配套情况:为天津一汽丰田配套

★长春富奥石川岛增压器有限公司

地址:长春市经济技术开发区洋浦大街 3377 号
邮编:130033
电话:0431/85823387
传真:85823389
网址:www. cc - fit. com. cn
电子信箱:sales@ cc - fit. com. cn
法定代表人:三田裕之
单位人数:351
质量体系:IATF 16949、ISO 14001
产品情况:车用涡轮增压器
配套情况:为一汽-大众、上汽大众、上汽大众动力总成、大连大众发动机、保定长城、一汽丰田、本田等多家国内外知名企业配套

★考泰斯(长春)塑料技术有限公司

地址:长春市经济技术开发区长惠大街

5024A 号
邮编:130033
电话:0431/84659440、84600434
传真:84633443
网址:www. textron. com. cn
电子信箱:xiangling. yang@ kautex. textron. com
法定代表人:倪小宁
质量体系:QS 9000、VDA 6.1
产品情况:汽车塑料燃油箱
配套情况:为捷达、宝来、奥迪、马自达、上汽通用配套

★一汽铸造有限公司
地址:长春市汽车产业开发区和谐大街与丙五路交会处轴齿工业园 C 区
邮编:130062
电话:0431/85751111、82023511
网址:www. faw - foundry. com. cn
电子信箱:syc_fc@ faw. com. cn
法定代表人:孙锋
单位人数:3789
质量体系:IATF 16949、ISO 14001
产品情况:缸体、缸盖、曲轴等发动机类铸件和变速器壳体、离合器壳等变速器类铸件及后桥壳等底盘铸件
配套情况:为一汽-大众等配套

★长春佛吉亚排气系统有限公司
地址:长春市高新开发区宜居路 3688 号
邮编:130103
电话:0431/89640888
网址:www. faurecia. com
电子信箱:chunqing. zhang@ fesc - faurecia. com. cn
法定代表人:杨军
单位人数:533
质量体系:IATF 16949、ISO 14001
产品情况:轿车消声器及净化器
配套情况:为一汽-大众、一汽轿车配套

★一汽铸造有限公司铸造一厂
地址:长春市前程大街 1778 号
邮编:130103
电话:0431/85751101、85907243
传真:85901352
网址:www. faw - foundry. com. cn
电子信箱:yxk_zz@ faw. com. cn
法定代表人:王跃亭
质量体系:IATF 16949、VDA 6.1
产品情况:汽缸体、汽缸盖、变速器、排气管、后桥壳、减速器壳、轮毂等铸件毛坯,年产能力 20 万吨
配套情况:满足一汽载重汽车及牵引自卸车和轻型车铸件装车需求

★成都天纳克富晟汽车零部件有限公司
地址:长春市净月高新技术产业开发区和美路 619 号中懋天地 8 号楼 19 层
邮编:130112
电话:0431/81155302
传真:81968609
网址:www. fawsn. com. cn
电子信箱:lli31@ tenneco. com
法定代表人:张涛
质量体系:IATF 16949、ISO 14001
产品情况:具备了年产 80 万套汽车排气系统总成(热端和冷端)的能力
配套情况:为一汽-大众、一汽轿车、天津一汽、一汽解放、一汽轻型车、北汽集团、沈阳通用等配套

★吉林辉虎环保设备有限公司
地址:吉林省吉林市高新区南山街大庆路 108 号
邮编:132013
电话:0432/64689215、64621216
传真:63067079
网址:www. jlhuihu. cn
电子信箱:jlhhhbgs@ 126. com
法定代表人:张庆辉
单位人数:105
质量体系:IATF 16949
产品情况:催化器、净化器、冲压件生产线、塑料油箱等
配套情况:主要配套厂家有一汽吉林、一汽通用哈尔滨轻型车厂、一汽解放、一汽通用云南红塔等

★白城中一精锻股份有限公司
地址:吉林省白城市洮北经济开发区草原东路 5355 号
邮编:137001
电话:0436/3266064、3266066
传真:3266161
网址:www. dgjt. com
电子信箱:bczy@ zhongyijingduan. com
法定代表人:张宪宝
单位人数:360
质量体系:IATF 16949、ISO 14001
产品情况:(中牌)
发动机连杆毛坯精密锻件、精密模具
配套情况:为一汽集团、一汽-大众、上汽大众、北京现代、哈尔滨东安、长安汽车、沈阳航天三菱、奇瑞汽车、东风雪铁龙等配套

黑龙江省

★哈尔滨艾瑞排放控制技术股份有限公司
地址:哈尔滨市经济技术开发区哈平路集中区威海路 19 号
邮编:150060
电话:0451/58561265、58561269
传真:58561268
网址:www. chinaairui. com
电子信箱:market@ chinaairui. com
法定代表人:卜范滨
单位人数:307
质量体系:IATF 16949、ISO 14001
产品情况:(艾瑞牌)
消声器、三元催化器、加油管、排气歧管、差速器壳体、发动机水管等,年产能力 60 万套
配套情况:为一汽丰田、一汽轿车等汽车厂和东安三菱等发动机厂配套

★ 哈尔滨东安汽车发动机制造有限公司

地址:哈尔滨市开发区哈平路集中区征仪南路 6 号
邮编:150060
电话:0451/86810519、4000550333
网址:www. dae. cc
电子信箱:sckfxm@ dae. cc
法定代表人:贾葆荣
质量体系:IATF 16949、OHSAS 18001、ISO 14001
产品情况:(DAE 牌)
1.3 ~ 2.0L 汽油发动机和自动变速器(4AT、5AT)及手动变速器(MT)
配套情况:为比亚迪汽车 F3、F3R、G3;东南汽车蓝瑟、菱悦、希旺;柳汽景逸、风行菱智;众泰汽车众泰 2008、众泰 5008;北汽福田迷迪;广汽三菱飞腾、CS7;华晨汽车骏捷;江淮汽车同悦、同悦 RS、和悦、和悦 RS;浙江永源风景线、A380;中国台湾中华 VERYCA;青年莲花 L3 等国内多家车厂和车型配套
☞ 详细情况请参阅彩色宣传版面

★哈尔滨东安汽车动力股份有限公司
地址:哈尔滨市平房区保国大街 51 号
邮编:150066
电话:0451/86597223、86574590
传真:86526770、86505502
网址:www. daae. com. cn
电子信箱:ghfz@ dae. cc
法定代表人:陈丽宝
单位人数:2389
质量体系:IATF 16949、ISO 14001
产品情况:(东安牌)
1.0 ~ 1.6L 的汽油发动机、手动变速器及自动变速器;发动机包括 M 系列自然吸气、增压直喷和新能源混合动力三大平台,变速器包括前驱、后驱和电动车减速器三大平台
配套及出口情况:为昌河汽车、陕西汉江、一汽吉轻、奇瑞汽车等配套;远销意大利、巴基斯坦等国家

★中国航发哈尔滨东安发动机有限公司
地址:哈尔滨市平房区保国大街 51 号
邮编:150066
电话:0451/86572114、86574563
传真:86502266
电子信箱:xmb@ dongangroup. cn
法定代表人:秦余春
质量体系:ISO 14001、OHSAS 18001
产品情况:(东安牌)
发动机
配套及出口情况:为昌河汽车、一汽集团、陕飞、比亚迪汽车、东南汽车等配

套;与美国 GE 公司、GOODRICH 公司、英国罗罗公司、法国欧直公司、法国 SNFA 公司、意大利 AVIO 公司和德国 ZFL 公司建立了广泛而密切的联系

★哈尔滨东安实业发展有限公司
地址:哈尔滨市平房区集智街 1 号
邮编:150066
电话:0451/86571777
传真:86502270
网址:www. donganshiye. com
电子信箱:dasyfz@ sina. com
法定代表人:秦诚教
单位人数:2000
质量体系:IATF 16949
产品情况:水泵、机油泵、油封总成、气门油封、发动机摇臂等
配套情况:为东安集团、东安三菱、上汽通用五菱、一汽轿车、海马汽车、奇瑞汽车、比亚迪等配套

★哈尔滨东安华孚机械制造有限公司
地址:哈尔滨市平房区联盟大街 139 号
邮编:150066
电话:0451/86599173、86571516
传真:86571834
网址:www. donganhuafu. com
电子信箱:donganhuafu@ 126. com
法定代表人:肖太安
单位人数:300
质量体系:IATF 16949
产品情况:DN465、DA468、DA474、东安三菱等进排气歧管
配套情况:为东安三菱、东安动力、北京华泰、郑州海马等配套

★佳木斯畅通汽车零部件有限公司
地址:黑龙江省佳木斯市光复路 1877 号
邮编:154000
电话:0454/8653456、13359631888
传真:8568600
网址:www. jmsct. com
电子信箱:jmsct@ 163. com
法定代表人:贲红岩
单位人数:570
质量体系:IATF 16949
产品情况:(龙佳牌)
　　汽车发动机进/排气歧管及总成
配套及出口情况:主要客户有一汽、福田汽车、雷沃动力、江西五十铃、沈阳金杯、柳州五菱、台州吉奥等 20 余户厂家;远销中东、南非、印度、越南等国家和地区

上海市

★华域科尔本施密特活塞有限公司
地址:上海市嘉定区安亭镇泰波路 11 号
邮编:200062
电话:021/59598077、52809361
传真:52802011
网址:www. saicgroup. com
电子信箱:ksspsale@ public1. sta. net. cn
法定代表人:张海涛
质量体系:IATF 16949、ISO 14001
产品情况:汽油机及柴油机活塞、活塞环及销
配套情况:为上汽大众、一汽-大众、上汽通用、天津一汽丰田、长安福特、长安马自达、东风康明斯等配套

★克康(上海)排气控制系统有限公司
地址:上海市浦东外高桥富特西三路 77 号 6 幢一层
邮编:200131
电话:021/51166503、51166500
传真:50461921
网址:www. katcon. com
电子信箱:qing. li@ katconchina. com
法定代表人:FERNANDO J. TURNER
单位人数:250
质量体系:IATF 16949、ISO 14001
产品情况:汽车用三元催化转换器,年设计生产能力为 90 万套三元催化转换器总成
配套情况:为上汽通用、五十铃泰国汽车、华晨汽车、江淮汽车、重庆长安等配套

★考泰斯(上海)塑料技术有限公司
地址:上海市外高桥保税区富特中路 8 号
邮编:200131
电话:021/50462868
传真:50462868
网址:www. textron. com. cn
电子信箱:xiaohua. zhou@ kautex. textron. com
法定代表人:王翔
单位人数:175
质量体系:IATF 16949、ISO 14001
产品情况:全套汽车燃油系统、各类汽车配件、农业机械产品用油箱

★马瑞利(中国)有限公司
地址:中国(上海)自由贸易试验区俱进路 685 号 3 楼
邮编:200131
电话:021/20500000
传真:58668585
网址:www. magnetimarelli. com
电子信箱:daisy. cao@ magnetimarelli. com
法定代表人:Aymeric Laurent Hommel
单位人数:500
质量体系:ISO 14001、OHSAS 18001
产品情况:电喷电控单元、进气歧管模块(包括节气门体、传感器等)、包含三元催化转化器的全套排气系统
配套情况:为华晨金杯、奇瑞汽车、神龙汽车、上汽大众、长安汽车配套

★上海博众汽油机有限公司
地址:上海市金山区张堰镇振凯路 368 号
邮编:200137
电话:021/58649500、13916730689
传真:58649505
网址:www. shbozhong. com
电子信箱:webmaster@ shbozhong. com
法定代表人:宋伯明
质量体系:IATF 16949、ISO 14001
产品情况:伺服壳体、前油封凸缘、缸盖罩壳、进气管总成、机油盘总成、轿车发动机铝铸件等轿车发动机铝铸件和有色件加工
配套情况:为上汽大众、一汽-大众、上海采埃孚转向机等配套

★上海柴油机股份有限公司
地址:上海市杨浦区军工路 2636 号
邮编:200438
电话:021/60652288
网址:www. sdec. com. cn
电子信箱:sdecdsh@ sdec. com. cn
法定代表人:蓝青松
质量体系:IATF 16949、ISO 14001
产品情况:(东风牌)
　　R、H、D、C、E、G、W 等七大系列柴油、天然气发动机,功率覆盖 50 ~ 1600kW,主要应用于货车、客车等领域

★上海佛吉亚红湖排气系统有限公司
地址:上海市闵行区联友路 669 号 6 号工业厂房
邮编:201107
电话:021/69576175、60822988
传真:69576011
电子信箱:yaying. zhang@ faurecia. com
法定代表人:Yves DUMOULIN
单位人数:293
质量体系:IATF 16949、ISO 14001
产品情况:汽车排气管、消声器和净化器
配套情况:为上汽大众、上汽通用、南京依维柯、东风日产乘用车、奇瑞汽车等配套

★上海协昌霍宁实业发展有限公司
地址:上海市闵行区景联路 189 号 15 号楼
邮编:201108
电话:021/61517981、61517982
传真:61517985
网址:www. xchnco. com
电子信箱:xchnco@ xchnco. com
法定代表人:沈晓琳
质量体系:IATF 16949、ISO 9001
产品情况:汽车涡轮增压器关键零件各类中间壳、阀门轴等
配套及出口情况:为美国独资企业 Honeywell 公司配套,是 Honeywell 公司主要的中间壳供应商;出口北美洲、日本、韩国、英国、罗马尼亚、澳大利亚、捷克

★上海臼井发动机零部件有限公司
地址:上海市闵行区莘庄工业区申富路 1188 号
邮编:201108
电话:021/54832288

网址:www. usui. com. cn
法定代表人:张福荣
单位人数:168
质量体系:IATF 16949、ISO 14001
产品情况:欧Ⅲ、欧Ⅳ系列共轨高压燃油喷射管和排气再循环冷却器,高压油管年设计产能 2000 万根
配套情况:向国内近 90 多家主要发动机及汽车厂家供货

★上海威克迈龙川汽车发动机零件公司
地址:上海市闵行区江潮路 96 号
邮编:201112
电话:021/64911754、64919716
传真:64914432
电子信箱:msh@ wkm - lc. com
法定代表人:SONG XIAO
单位人数:199
质量体系:IATF 16949、ISO 14001
产品情况:燃油分配管、冲压件、车制件等
配套情况:为上汽通用、上汽大众、一汽-大众、长安福特、DPCA、马自达、UAES、DELPHI、CONTI 等厂家配套

★上海三国精密机械有限公司
地址:上海市浦东新区王桥路 393 号
邮编:201200
电话:021/58384998
传真:58385399
网址:www. mikuni - china. cn
电子信箱:mikunish@ mikuni - sh. com. cn
法定代表人:半田和久(HANDA KAZUHISA)
质量体系:IATF 16949、ISO 14001
产品情况:汽车、摩托车电子燃油喷射装置、排放控制装置、小型化油器、大客车用加热器等,年产能力 400 万台(件)
配套及出口情况:主要客户有长城汽车、沈阳航天三菱、长安铃木、江门大长江集团、一汽海马、泰州雅马哈、东风汽车、广州汽车、大陆电子、富士常柴、春风动力、绵阳新晨动力、日本三国等;40% 左右出口日本、东南亚、欧美等国家和地区

★康明斯滤清系统(上海)有限公司
地址:上海市浦东新区川沙新镇物流大道 268 号
邮编:201202
电话:021/61686168、60852786
传真:68781478、68781471
网址:www. cummins. com. cn
电子信箱:shasha. sun@ cummins. com
法定代表人:薛松
质量体系:ISO 14001、OHSAS 18001
产品情况:发动机用冷却液和乘用车燃油滤清器等

★上海汇大机械制造有限公司
地址:上海市浦东新区张桥乐园路 38 号
邮编:201206
电话:021/58990804
传真:58990805
网址:www. huidajx. com
电子信箱:huidafm@ huidajx. com
法定代表人:沈燕青
质量体系:IATF 16949、ISO 14001
产品情况:阀体、下缸体、离合器壳体、变速器壳体、转向机壳体、控制臂、进气歧管、前盖、油底壳、延伸体、支架等
配套情况:为上汽通用、广汽菲克、三菱重工配套

★巴斯夫催化剂(上海)有限公司
地址:上海市自由贸易试验区鲁桥路 199 号
邮编:201206
电话:021/61091777
网址:www. basf. com
电子信箱:may. a. chen@ basf. com
法定代表人:TAY JUI SENG
质量体系:IATF 16949、ISO 14001
产品情况:汽车尾气催化剂
配套情况:为吉利等配套

★上海弗列加滤清器有限公司
地址:上海市浦东新区杨高北路 3595 号
邮编:201208
电话:021/58657950、58657952
传真:58658066
网址:www. shanghaifleetguard. com
电子信箱:mao. hawk@ cummis. com
法定代表人:AMY ROCHELLE DAVIS
质量体系:IATF 16949、ISO 14001
产品情况:(FLEETGUARD 牌)
空气滤清器、机油滤清器、燃油滤清器、水滤清器等,滤清器年产能力 2100 万只
配套及出口情况:为东风商用车、东风康明斯、一汽解放青岛、江铃、江淮、北奔重汽、东风日产柴、东风标致雪铁龙、宇通客车、苏州金龙、厦门金龙、东风乘用车、上汽通用、长安福特、长安马自达、东风本田发动机、东风悦达起亚、三一重工、徐工集团配套;远销北美洲、欧洲、日本、澳大利亚等国外市场

★上海峰亚耐火保温材料有限公司
地址:上海市浦东新区南汇工业园区园春路 106 号
邮编:201300
电话:021/68009522、68009180
传真:58003660
电子信箱:zhangli@ shfengya. com
法定代表人:杨其芳
单位人数:195
质量体系:IATF 16949
产品情况:汽/机车排气系统消声隔热产品、缓冲钢丝衬垫、陶瓷石墨密封圈等
配套情况:为本田、一汽马自达、东风日产、东南三菱、江淮、奇瑞、比亚迪、上汽通用五菱、长城、比亚乔、钱江、新大洲本田、雅马哈、宗申等配套

★上海祥生贝克轴瓦有限公司
地址:上海市南汇区航头镇鹤立西路 88 号
邮编:201318
电话:021/58147001、58147005
传真:58147006
网址:www. beco. com. cn
电子信箱:beco@ beco. com. cn
法定代表人:徐荣定
质量体系:IATF 16949
产品情况:(祥生牌)
轴瓦、止推片、衬套
配套情况:为上汽大众、东风康明斯、潍柴斯太尔、沈阳三菱等配套

★上海菲特尔莫古轴瓦有限公司
地址:上海市浦东新区周浦智慧产业园建林路 301 号
邮编:201318
电话:021/31119855、31119852
网址:www. federalmogul. com
电子信箱:bai. xu@ federalmogul. com
法定代表人:马振刚
质量体系:IATF 16949、ISO 14001
产品情况:(上轴牌)
汽车、内燃机主轴瓦、连杆瓦、衬套、止推片及轴瓦材料
配套情况:为上汽大众、上汽通用、上海汽车、一汽-大众、奇瑞汽车、江淮汽车、北京现代、沈阳三菱、上海柴油机、中国重汽、重庆康明斯、无锡柴油机、潍坊柴油机等配套

★上海贤众汽车零部件有限公司
地址:上海市奉贤区南桥镇南桥环城北路 316 号
邮编:201400
电话:021/57413385、57411638
传真:57181428
电子信箱:vip@ shxianzhong. com
法定代表人:朱峰
单位人数:142
质量体系:IATF 16949、ISO 14001
产品情况:汽车消声器、排气管等
配套情况:为上汽大众、上汽通用、一汽-大众、上海本特勒等配套

★上海马勒滤清系统有限责任公司
地址:上海市奉贤区环城北路 1199 号
邮编:201401
电话:021/51365716
网址:www. cn. mahle. com
电子信箱:shanghai. hr@ cn. mahle. com
法定代表人:MARTIN JOSEF WEIDLICH
质量体系:IATF 16949、ISO 14001
产品情况:机油、燃油、空气及碳罐滤清器,具有年产 600 万套滤清器的能力
配套情况:为上汽大众、一汽-大众、江铃汽车、北汽福田、奇瑞汽车、锡柴、上柴、上海拖内等配套

★上海日野发动机有限公司
地址:上海市奉贤区环城东路 179 号
邮编:201401
电话:021/67108800、4008208551
传真:67108496
网址:www. shanghaihino. com
电子信箱:fuwu@ shanghaihino. com
法定代表人:保田俊朗
单位人数:272
质量体系:ISO 9001、IATF 16949
产品情况:(日野牌)
专业生产 P11 和 J 系列车用、工程用柴油机及相关产品
配套情况:为中国重汽、北奔重汽、江淮汽车、三一重工、上海华建、上海汇众、厦门金龙、郑州宇通、安徽华菱等配套

★博马科技(上海)有限责任公司
地址:上海市奉贤区环城西路 2900 号
邮编:201401
电话:021/67589600、67589200
电子信箱:cathy. zheng@ bmturbosystems. com
法定代表人:蔡放
单位人数:400
产品情况:涡轮增压器
配套情况:为大众、通用、宝马等供货

★上海电装燃油喷射有限公司
地址:上海市奉贤区南桥镇程普路 118 号
邮编:201401
电话:021/33655850、13761619880
网址:www. shdenso. com
电子信箱:info@ shdenso. com
法定代表人:朱卫明
质量体系:IATF 16949、ISO 9001
产品情况:柴油燃油泵、喷油器总成及其配套的燃油喷射系统零部件
配套情况:为上柴、锡柴、大柴、玉柴、南通柴油机厂、无锡动力机厂等配套

★上海尤顺汽车部件有限公司
地址:上海市奉贤区庄行镇钜庭路 1133 号
邮编:201402
电话:021/60890300
传真:60890329
网址:www. ennova. com. cn
电子信箱:admin@ ennova. com. cn
法定代表人:奚勇
单位人数:432
质量体系:IATF 16949、ISO 9001
产品情况:柴油发动机配气机构系统,包括带有压缩释放制动功能的排气摇臂总成,凸轴轮、摇臂轴、电磁阀等,另有发动机橡胶密封件及工程塑料零部件等
配套情况:为一汽锡柴、潍柴动力、玉柴机器、东风商用车、上柴动力、华菱汽车、一汽解放、吉利等供货

★上海贤华内燃机配件有限公司
地址:上海市奉贤区南亭公路 3198 号
邮编:201415
电话:021/57466254、57460064
传真:57466544
网址:www. sh – xianhua. com
电子信箱:webmaster@ sh – xianhua. com
法定代表人:杨建雄
单位人数:150
质量体系:IATF 16949
产品情况:消声器、排气管以及深拉伸冲压件
配套情况:为上柴、包头北方奔驰重型汽车、杭州东风日产柴、小松常林、上海日野发动机等配套

★上海滨道滤清器有限公司
地址:上海市奉贤区奉城镇城中路 851 号 1 幢 1 层
邮编:201499
电话:021/57515038
网址:www. denckermann. com. cn
法定代表人:刘颖
质量体系:IATF 16949、ISO 14001
产品情况:乘用车和商用车的机油滤清器、燃油滤清器、欧 III/IV 柴油滤清器、空气滤清器及空调滤清器

★上海久田汽车零部件制造股份有限公司
地址:上海市金山区亭林镇林拓路 219 号
邮编:201500
电话:021/57852115、57852116
网址:www. sh – jiutian. com
电子信箱:shjiutian@ 163. com
法定代表人:张立
质量体系:IATF 16949
产品情况:塑胶模具、汽车散热器水室及其他塑料制品
配套情况:为日本电装、上汽集团、奇瑞、海南马自达等客户的专业水室供应商

★上海广凌气门座有限公司
地址:上海市金山区吕港镇朱吕公路 6588 号
邮编:201517
电话:021/57370099
传真:57378003
电子信箱:guanglingt@ 163. com
法定代表人:徐夏琴
质量体系:IATF 16949
产品情况:(GUANGLING 牌)
内燃机气门座,年产销气门座 2000 万只
配套情况:为锡柴、上柴、东风康明斯、潍柴、柳发、江淮动力、常柴、南通柴油机、常州亚美柯动力、常发、福建力佳等配套

★上海欧伊恩汽车零部件有限公司
地址:上海市松江区车墩工业园区车泾路 278 号
邮编:201611
电话:021/57609715
网址:www. autospringcome. com
电子信箱:3080@ autospringcome. com
法定代表人:胡玉意
质量体系:IATF 16949
产品情况:(OEMG 牌)
硅油风扇离合器、汽车水泵、球笼

★ 上海世德子汽车零部件有限公司

地址:上海市松江区新浜工业园区浩海路 9 号
邮编:201605
电话:021/67891166
传真:67891155
网址:www. sdz. com. cn
电子信箱:sdz@ sdz. com. cn
法定代表人:池海波
质量体系:IATF 16949、OHSAS 18001、ISO 14001
产品情况:(SDZ 牌、世德子牌)
节温器总成、出水管、机油冷却器、冷却铁水管、电动燃油泵、燃油泵总成
配套及出口情况:为力帆、东风等配套;出口北美洲、南美洲、欧洲
☞ 详细情况请参阅彩色宣传版面

★庄信万丰(上海)化工有限公司
地址:上海市松江工业区东兴路 588、598 号
邮编:201613
电话:021/23099888
电子信箱:juan. jin@ mattheyasia. com
法定代表人:Dhayalan Visuvanathan
单位人数:683
质量体系:IATF 16949、ISO 14001
产品情况:汽车尾气净化催化剂

★上海德朗汽车零部件制造有限公司
地址:上海市松江区高新科技园区洋河滨路 58 号
邮编:201615
电话:021/67696908、31218666
传真:67696103
网址:www. shdelang. com
电子信箱:info@ shdelang. com
法定代表人:徐晓光
质量体系:IATF 16949
产品情况:汽车散热器、暖风器、中冷器和蒸发器等热交换系列产品,年产 175 万套
配套情况:为上汽大众及上汽通用的一级配套供应商

★上海爱仕达汽车零部件有限公司
地址:上海市青浦区外青松公路 4508 号
邮编:201701
电话:021/59223842、59223857
电子信箱:shasdac@ shasdac. com
法定代表人:陈灵巧
质量体系:IATF 16949
产品情况:汽车用铸锻毛坯件(主要包

括汽缸体、缸盖)制造

★上海世佳汽车零部件制造有限公司

地址:上海市青浦区青浦工业园区崧盈路1018号
邮编:201702
电话:021/59869666、59869255
传真:59869152
网址:www. autosaga. com
电子信箱:rachellexm@ 163. com
法定代表人:朱霖
质量体系:IATF 16949、ISO 14001
产品情况:专业生产汽车水泵
配套及出口情况:为多家大型汽车制造厂配套;出口欧美和日本

★上海欧菲滤清器有限公司

地址:上海市青浦出口加工区北青公路8228号二区28号
邮编:201707
电话:021/59701188、59703309
传真:59701199
电子信箱:y. zhu@ cn. ufifilters. com
法定代表人:乔基奥. 基隆迪
质量体系:IATF 16949、ISO 14001
产品情况:车用滤清器
出口情况:出口欧洲、北美洲、日本、澳大利亚等国家和地区

★上海日都汽车配件有限公司

地址:上海市青浦工业园区天盈路98号5号厂房
邮编:201707
电话:021/69206020
传真:69202554
电子信箱:xjy@ shanghai - nitto. com
法定代表人:沟吕木直子
质量体系:ISO 9001
产品情况:汽车三滤、过滤器扳手、放油塞、防护手套等

★上海菱重增压器有限公司

地址:上海市青浦区新科路338号
邮编:201707
电话:021/69210030
传真:69210825
网址:www. smtc. sh. cn
电子信箱:hym@ smtc. sh. cn
法定代表人:徐秋华
质量体系:IATF 16949、ISO 9001
产品情况:专业生产涡轮增压器

★本特勒汽车系统(上海)有限公司

地址:上海市青浦区华新镇华隆路1688号
邮编:201708
电话:021/39761088
传真:39761099、39761003
网址:www. benteler. com
电子信箱:info@ bentelerchina. com
法定代表人:施宏
质量体系:IATF 16949、ISO 9001
产品情况:驱动桥、发动机排放控制装置

配套情况:为上汽大众、一汽-大众、上汽通用等配套

★上海奥众汽车部件制造有限公司

地址:上海市嘉定区安亭镇大众工业区安亭镇园区路348号
邮编:201805
电话:021/59508668
传真:59508195
网址:www. auzone. cn
电子信箱:lewis. liu@ auzone. com
法定代表人:戴益锋
质量体系:IATF 16949
产品情况:节气门体等
配套情况:为长城、吉利、比亚迪、塔塔、华泰汽车、德尔福、奇瑞汽车配套

★勃乐氏密封系统(上海)有限公司

地址:上海市嘉定工业区北和公路1357号
邮编:201807
电话:021/39538168
传真:51862170
电子信箱:zhenshengshen@ bruss - asia. com
法定代表人:SHEN ZHENSHENG(沈振声)
产品情况:汽车发动机舱盖、油封
配套情况:为奔驰、宝马、奥迪、大众、福特供货

★埃贝赫排气技术(上海)有限公司

地址:上海市嘉定工业区兴贤路1180号3幢二层E区
邮编:201807
电话:021/60163000
网址:www. eberspaecher. com
电子信箱:sunny. zhu@ eberspaecher. com
法定代表人:Andreas Stecken
质量体系:IATF 16949、ISO 14001
产品情况:机动车及工程车辆排气系统
出口情况:出口欧洲、北美洲地区

★上海大众动力总成有限公司

地址:上海市嘉定区城北路3598号
邮编:201807
电话:021/69965678
传真:59543100
电子信箱:yin. xu@ vw - powertrain. com
法定代表人:Frank Engel
质量体系:ISO 14001、ISO 9001
产品情况:EA111系列1. 4L、1. 6LMPI链传动汽油发动机和1. 4LTSI(涡轮增压燃油直喷)发动机,年产能130万台

★上海永红汽车零部件有限公司

地址:上海市嘉定区宝安公路4919号
邮编:201814
电话:021/59503326、59503368
传真:39500044
电子信箱:syhwmx@ vip. 163. com
法定代表人:唐海滨
质量体系:IATF 16949、ISO 9001
产品情况:空气滤清器、空调过滤器、滤芯等,具有年产空气滤清器总成80~120万套的生产能力
配套情况:为大众桑塔纳、一汽捷达、通用别克、广汽本田、神龙汽车、长安微型车、上汽罗孚、上汽乘用车、奇瑞汽车、永康众泰等配套空气滤清器总成,为南京长安、重庆长安等配套生产多种注塑产品

★上海爱知锻造有限公司

地址:上海市嘉定区嘉安公路3300号
邮编:201814
电话:021/69574000、69574587
传真:69574555
电子信箱:services@ sh - aichi. com. cn
法定代表人:赵旭东
质量体系:IATF 16949、ISO 14001
产品情况:主要产品有发动机连杆、曲轴、转向节、钟形外星轮、变速器齿坯等
配套及出口情况:为广汽丰田、上汽大众、上汽通用、一汽-大众、北京现代、江西五十铃、奇瑞汽车等汽车厂商及其一级零部件厂商配套;批量出口丰田汽车集团的东南亚市场

★上海天纳克排气系统有限公司

地址:上海市嘉定区嘉松北路园国路99号
邮编:201814
电话:021/69573026、67072000
传真:69573021
电子信箱:xyin1@ tenneco. com
法定代表人:赵旭东
质量体系:IATF 16949、ISO 14001
产品情况:三元催化转换器、消声器等汽车排气系统产品
配套情况:为上汽大众配套

★曼胡默尔滤清器(上海)有限公司

地址:上海市嘉定区兴庆路168号
邮编:201815
电话:021/61850000
传真:61850400
网址:www. mann - hummel. com
电子信箱:infomjcn@ mann - hummel. com
法定代表人:李嘉强
质量体系:IATF 16949、ISO 14001
产品情况:空气滤清器、空滤芯、机油及燃油滤清器、进气歧管、空调滤、旋装滤清器、曲轴箱通风系统、冷却剂储藏罐等
配套情况:为上海汽车、上汽大众、上汽通用、上汽通用五菱、长安福特、东风日产、东风标致配套

★华域皮尔博格有色零部件上海有限公司

地址:上海市嘉定区兴贤路1288号
邮编:201815
电话:021/67071999
传真:67071999
网址:www. kpsnc. com
电子信箱:sales@ kpsnc. com
法定代表人:Horst Binnig

质量体系:IATF 16949、ISO 45001
产品情况:铝合金缸体、缸盖、结构件、变速器壳体、底盘零件、新能源汽车零件等产品
配套情况:为上汽大众、上汽通用、上汽汽车、一汽-大众、江淮、神龙、奔驰、宝马、奥迪、VOLVO 等国内外各大汽车公司配套

★上海幸福摩托车有限公司
地址:上海市宝山区友谊路街道同济路 998 号
邮编:201900
电话:021/66788765、66893596
传真:66798765
电子信箱:xingfumotor@ xingfumotor. cn
法定代表人:毛维俭
质量体系:ISO 14001
产品情况:(幸福牌)
机油泵、水泵、真空泵及铝合金零件加工等,具备年产 300 万套泵类产品的能力
配套情况:已成为上汽大众、上海汽车等整车企业的 OEM 供应商

★上海浦东兴旺汽车配件有限公司
地址:上海市崇明堡镇团城公路 389 号
邮编:202157
电话:021/59411095
传真:59411095
网址:www. shpdxw. com
法定代表人:钟学军
质量体系:IATF 16949
产品情况:年生产洗涤器、储油杯、膨胀水箱等各类汽车零配件能力达 80 余万套
配套情况:为北汽福田、长城、北方奔驰公司等多家整车制造厂配套

江苏省

★南京宏铮机电制造有限公司
地址:南京市秦淮区宏光路 1 号
邮编:210022
电话:025/52633262
网址:www. qfco513. com
电子信箱:js_njhz@ 126. com
法定代表人:田澄宇
质量体系:IATF 16949
产品情况:汽车碳罐产品
配套情况:为一汽汽车、东风汽车、上海汽车、长安汽车、吉利汽车、华晨汽车、金杯汽车、众泰汽车、力帆汽车、潍柴汽车、厦门金龙汽车、苏州金龙汽车、江铃控股、野马汽车等供货

★南京威孚金宁有限公司
地址:南京市江北新区柳州北路 12 号
邮编:210031
电话:025/58498000
传真:58841652
电子信箱:wfjn@ weifu. com. cn
法定代表人:陈学军
质量体系:IATF 16949、ISO 14001
产品情况:(金宁牌)
高压燃油系统:柴油机用电控 VP 高压燃油系统(国Ⅳ)、电控 VE 高压燃油系统(国Ⅲ)、机械式 VE 型分配泵(国Ⅱ/国Ⅰ)、单缸喷油泵、喷油器总成等;低压供油产品:共轨输油泵、电动输油泵、叶片式输油泵、活塞式输油泵等;汽车电子产品:ECU 软硬件、传感器、执行器等

★马勒发动机零部件(南京)有限公司
地址:南京市浦口区泰冯路 65-1 号
邮编:210032
电话:025/58690851
传真:58740372
网址:www. cn. mahle. com
电子信箱:lingyan. li@ cn. mahle. com
法定代表人:IVAN A. LENEHAN
质量体系:IATF 16949、ISO 14001
产品情况:活塞、滤清器、轴瓦等发动机零部件
配套及出口情况:供给国内主要发动机及汽车生产厂;出口韩国、日本、欧洲、南非

★江苏可兰素环保科技有限公司
地址:南京市溧水经济开发区沂湖路 8 号
邮编:210038
电话:025/56601588、4006768988
网址:www. kelas. cc
电子信箱:adblue@ 163. com
法定代表人:石俊峰
质量体系:IATF 16949、ISO 14001
产品情况:柴油发动机 SCR 系统使用的汽车环保尿素及其加注系统、运输工具以及其他汽车空气净化等相关环保类产品,年产汽车环保尿素 60 万吨
配套情况:车用 AdBlue 产品已取得一汽集团、东风集团、江淮集团、宇通客车、海格客车、康明斯发动机、潍柴集团等知名企业的认证和配套;车用 AdBlue 加注设备在东风商用车、东风重型车厂、北汽福田汽车、大运集团等汽车制造商生产线正式应用

★长安马自达发动机有限公司
地址:南京市江宁经济技术开发区吉印大道 1299 号
邮编:211100
电话:025/51185000
传真:51185999
网址:www. cm-engine. com. cn
电子信箱:hhe9@ cfme. ford. com
法定代表人:袁明学
质量体系:IATF 16949、ISO 14001
产品情况:产品谱系包括 BZ、NEW I4、Sigma、Sky 四大系列发动机,排量覆盖 1.3~2.5L,发动机年综合生产能力达 43 万台

★蒂森克虏伯发动机零部件中国有限公司
地址:南京市江宁经济技术开发区江宁科学园
邮编:211100
电话:025/66666166
网址:www. thyssenkrupp. com
电子信箱:erin. liu@ thyssenkrupp. com
法定代表人:夏朝勇
质量体系:IATF 16949、ISO 9001
产品情况:适用于欧 IV 以上排放要求的中重型车用柴油发动机的曲轴和连杆

★南京金城三国机械电子有限公司
地址:南京市江宁科学园天元东路 1 号
邮编:211100
电话:025/85099065
传真:84990229
网址:www. jincheng. com
电子信箱:cyduckling@ 163. com
法定代表人:董文强
质量体系:IATF 16949、ISO 14001
产品情况:摩托车机油泵等
配套及出口情况:为金城、大长江、轻骑铃木、济南轻骑、建设雅马哈、钱江、嘉陵、隆鑫等配套;远销日本、欧洲等市场

★南京东华力威汽车零部件有限公司
地址:南京市秦淮路 67 号
邮编:211100
电话:025/52124325、52123523
电子信箱:nanqicyj@ 163. com
法定代表人:殷勇
质量体系:IATF 16949、ISO 14001
产品情况:货车、客车、轿车系列的中小冲压件、排气消声器总成、净化器总成、燃油箱总成等,具备年产 1000 套中小冲压件模具、夹具的能力
配套情况:主要客户有南京依维柯、南京名爵(MG)、南京长安福特(溧水)、扬州亚普、美国 ALSDA、比利时 PUNCH、德国威巴克等公司

★南京劲鸿茂科技有限公司
地址:南京市江宁区科学园乾德路 39 号
邮编:211122
电话:025/52291177、18912957618
传真:52291122
网址:www. jhmkj. cn
电子信箱:angel. lin@ jhmkj. cn
法定代表人:林玉麟
质量体系:IATF 16949、ISO 14001
产品情况:主要生产制造机动车、摩托车触媒催化转换器、工业催化剂、大气污染控制系统及其他相关环保产品

★诺玛科(南京)汽车零部件有限公司
地址:南京市江宁经济技术开发区空港工业园信诚大道 108 号
邮编:211151
电话:025/87106000
传真:87106025

网址:www. nemak. com
电子信箱:yiping. ni@ nemak. com
法定代表人:Jose Ernesto Saenz Diaz
质量体系:IATF 16949、ISO 14001
产品情况:汽车发动机铝制汽缸盖、汽缸体、悬架系统零部件
配套情况:主要客户有上汽通用、通用韩国、长安马自达、长安福特、一汽-大众、上汽大众、北京奔驰、北汽制造、捷豹路虎等

★南京飞燕活塞环股份有限公司
地址:南京市溧水区中山路17号
邮编:211200
电话:025/57226317
传真:57212801
网址:www. feiyan. com. cn
电子信箱:zjb@ feiyan. com. cn
法定代表人:薛德龙
质量体系:IATF 16949、ISO 14001
产品情况:(飞燕牌)
内燃机活塞环,年产能力超亿片
配套及出口情况:为一汽集团、东风汽车公司、南汽等众多汽车发动机厂家配套;远销亚洲、欧洲、美洲、非洲等地区

★南京海特汽车部件有限公司
地址:南京市溧水经济开发区长安工业园
邮编:211299
电话:025/56213293
传真:57426069
网址:www. cqhaite. net
电子信箱:442192218@ qq. com
法定代表人:秦瑞萍
质量体系:IATF 16949、ISO 14001
产品情况:具备年产汽车净化消声器60万套的生产能力
配套情况:已与上汽汽车、奇瑞汽车、吉利汽车、南京长安、昌河汽车等主机厂形成紧密配套关系

★南京德普瑞克催化器有限公司
地址:南京市高淳经济开发区游山路18号
邮编:211300
电话:025/57886658
传真:57886699
网址:www. chinadepurate. com
电子信箱:sale@ chinadepurate. com
法定代表人:张蕾
质量体系:ISO 9001、IATF 16949
产品情况:主要产品有通机金属蜂窝催化器,摩托车金属蜂窝催化器,汽、柴油机催化器,燃油蒸发排放控制装置及辅助配件等
配套及出口情况:与天津内燃机研究所结成战略合作伙伴;远销欧盟及美国市场

★仪征亚新科双环活塞环有限公司
地址:江苏省仪征市大庆南路5号
邮编:211400
电话:0514/83450555
传真:83450546
网址:www. cypr. com. cn
电子信箱:cypr@ cypr. com. cn
法定代表人:汪滨
质量体系:IATF 16949、ISO 9001
产品情况:(双环牌、CYPR牌)
活塞环,年产能1.8亿片
配套及出口情况:为潍柴、潍柴道依茨、玉柴、一汽(大柴、锡柴)、上柴、重汽、杭发、江铃汽车、保定长城、浙江吉利、扬柴、南通柴油机、南京依维柯、北汽福田、重庆康明斯、云内、华源莱动、江淮汽车、雷沃动力、奇瑞汽车、比亚迪汽车、力帆汽车、浙江康斯特、上海日野、小松、东风日产、泰州雅马哈、重庆渝安、浙江新柴、新光华晨、东安三菱、名爵汽车等配套;在美国、日本、韩国、法国、英国、俄罗斯等近30个国家和地区占领了一定的市场份额,与康明斯、韩国斗山、法国PSA、欧洲FORD、日产、日野等国际知名主机企业建立了战略伙伴关系

★江苏仪征金派内燃机配件有限公司
地址:江苏省仪征市金营工业园区2号
邮编:211400
电话:0514/85819079
传真:85819098
网址:www. jppr. com. cn
电子信箱:jppr@ jppr. com. cn
法定代表人:姚春英
质量体系:ISO 9001、ISO 14001
产品情况:(金派牌)
年产活塞环6000万片、气门座1000万付、螺旋弹簧4000万支
配套及出口情况:为常柴、时风、江动、广西玉柴、新柴、福建力佳等众多知名主机厂配套;远销亚洲、欧洲、非洲等地区

★日环汽车零部件制造(仪征)有限公司
地址:江苏省仪征市汽车工业园联众路6号
邮编:211400
电话:0514/83429700
传真:83429711
网址:www. namy. cn
法定代表人:田村武司
质量体系:IATF 16949、ISO 9001
产品情况:钢制活塞环
配套及出口情况:为丰田、本田、日产及发动机厂家供货;远销日本、欧洲、美洲等国家和地区

★亚新科凸轮轴(仪征)有限公司
地址:江苏省仪征市汽车工业园区双环路8号
邮编:211400
电话:0514/80857902
传真:80857959
网址:www. yzcamshaft. com
电子信箱:sales@ asimco - camyz. com
法定代表人:汪滨
质量体系:IATF 16949、ISO 14001
产品情况:冷激合金铸铁、冷激球墨铸铁、高强度球墨铸铁及钢质发动机用凸轮轴,年产140万件凸轮轴毛坯、60万件凸轮轴成品
配套情况:得到国际、国内汽车高端发动机公司包括CUMMINS(全球)、IVECO(全球)、福田康明斯、东风康明斯、柳州康明斯、上汽菲亚特红岩、一汽锡柴、南维柯、潍柴动力、安徽华菱汽车、上柴等用户的认可,并成为其凸轮轴零部件的战略或重要合作伙伴

★南京京滨化油器有限公司
地址:南京市六合区龙池街道龙华路1号
邮编:211507
电话:025/57139039
传真:57152800
网址:www. keihin - knj. com
电子信箱:huguomei@ keihin - knj. com
法定代表人:中坪仁
质量体系:IATF 16949、ISO 9001
产品情况:(KEIHIN牌)
主要生产摩托车化油器、汽车电喷配件、燃料电子喷射系统、电子装置等多种产品
配套及出口情况:为新大洲本田、五羊本田、嘉陵本田、东风本田、广汽本田等独家配套,而且还为建设雅马哈、金城、北方易初、大长江集团、苏州水星等国内知名摩托车企业配套;出口日本、泰国、印度尼西亚、巴西等多个国家和地区

★江苏金湖输油泵有限公司
地址:江苏省金湖县建设东路25号
邮编:211600
电话:0517/86882907、86887034
传真:86882906、86882127
网址:www. jhsyb. cn
电子信箱:sales@ jhsyb. cn
法定代表人:黄爱源
质量体系:IATF 16949
产品情况:(JH牌)
输油泵、提前器、联轴节
配套情况:为玉柴、朝柴、锡柴、常柴、扬柴、衡阳(南岳)上海电装、无锡威孚、北京天纬、云内、山东康达等配套

★华东泰克西汽车铸造有限公司
地址:江苏省镇江市丁卯开发区美林湾路15号
邮编:212009
电话:0511/85595678、85595607
网址:www. hdteksid. com
电子信箱:postmaster@ hdtaf. com
法定代表人:马振刚
质量体系:IATF 16949、ISO 14001
产品情况:轿车、轻型车、发动机缸体铸造
配套及出口情况:为上汽大众、上汽通

用五菱、南京依维柯、广汽菲克、北汽动力总成、吉利汽车、常州斯太尔等配套；出口欧洲、韩国和印度市场

★江苏沃得机电集团有限公司
地址:江苏省丹阳市丹北镇埤城沃得工业园
邮编:212311
电话:0511/86346022、86348038
传真:86333320
网址:www. worldgroup. com. cn
电子信箱:zhaopin@ worldgroup. com. cn
法定代表人:邵国平
质量体系:IATF 16949
产品情况:(WORLD 牌、沃得牌)
曲轴、活塞销、气门
配套及出口情况:为常柴、常发、常工、全柴、江动、时风、扬动等配套;远销中东及东南亚地区

★丹阳市长江汽车部件有限公司
地址:江苏省丹阳市丹北镇新桥西环路
邮编:212322
电话:0511/86351955
传真:86351227
网址:www. cnchj. com
电子信箱:lyf@ china - changjiang. com
法定代表人:聂顺康
质量体系:IATF 16949
产品情况:汽车、工程车消音器、电子电气、机械零部件、灯具、仪表台、注塑件、吸塑件、冲压件等
配套情况:为徐工集团、三一集团、中联重科、宇通重工、福田重机、华菱汽车、抚挖锦重、大连叉车、长庆油田、安徽柳工、徐挖约翰迪尔、北京京城重工、山河智能等供货

★丹阳市常盛机械有限公司
地址:江苏省丹阳市皇塘镇
邮编:212327
电话:0511/86633335
传真:86631919
网址:www. dycsjx. com
电子信箱:csdb18@ 163. com
法定代表人:荆和娣
质量体系:IATF 16949
产品情况:(常得宝牌)
机油滤清器、柴油滤清器、空气滤清器、车用气泵等
配套情况:为常柴、中联重科、东风、金杯、福田、玉柴等全国各大主机厂配套

★汉捷机械部件(常州)有限公司
地址:江苏省武进经济开发区菊香路 16 号
邮编:213000
电话:0519/81099916
网址:www. herm - archer. com
电子信箱:kiko. xu@ herm - archer. com
法定代表人:唐尧
质量体系:IATF 16949
产品情况:发动机进气增压器等

★常柴股份有限公司
地址:江苏省常州市怀德中路 123 号
邮编:213002
电话:0519/68683333、68852308
传真:86633706、86670765
网址:www. changchai. com. cn
电子信箱:sale@ changchai. com
法定代表人:史新昆
质量体系:IATF 16949、ISO 14001
产品情况:(常柴牌)
具有年产 120 万台柴油机、7 万余吨铸件、20 万台汽油机生产能力
配套及出口情况:为东风汽车、金杯车辆、北汽福田等配套;出口 78 个国家和地区

★蒂森克虏伯发动机系统常州有限公司
地址:江苏省常州市新北区黄河西路 788 号
邮编:213022
电话:0519/80118666
传真:85075666
网址:www. thyssenkrupp. com. cn
电子信箱:zhengmin. zhao@ thyssenkrupp. com
法定代表人:Frank Altag
质量体系:IATF 16949
产品情况:凸轮轴和缸盖罩壳模块总成等

★常州良旭车辆配件有限公司
地址:江苏省常州市新北区孟河镇港西大道 9 号
邮编:213022
电话:0519/83530217
传真:83531963
网址:www. czliangxu. com
电子信箱:czliangxu@ 163. com
法定代表人:潘金良
质量体系:IATF 16949、ISO 45001
产品情况:主要生产 HOWO、A7、T7、C7 等系列的排气管、中冷器进出气管、散热器出水管、挡泥板支架、卡箍等 400 多种独家供货产品
配套情况:为中国重汽集团、北奔重汽、潍柴动力集团配套

★常州市莱普拉机械制造有限公司
地址:江苏省常州市新区民营科技工业园内金沙江路 9 号
邮编:213022
电话:0519/85135522
传真:85132132
网址:www. laipula. com. cn
电子信箱:zicaibu@ aipula. com. cn
法定代表人:高翔
质量体系:IATF 16949
产品情况:(莱普拉牌、CP 牌)
多缸柴油机提前器和单缸柴油机调速器部件
配套情况:与无锡一汽、威孚、云内、一拖、扬动、常柴、常发等全国几十家主机厂配套

★和兴滤清器(常州)有限公司
地址:江苏省常州市新北区春江路 156 号
邮编:213033
电话:0519/68850235
电子信箱:gu. huifang@ wako - czu. cn
法定代表人:永原伸一
质量体系:IATF 16949、ISO 14001
产品情况:旋装滤清器、燃油滤清器、管路滤清器

★斯太尔动力股份有限公司
地址:江苏省常州市武进国家高新技术开发区武宜南路 377 号,创新产业园 2 号楼
邮编:213100
电话:0519/81595631
传真:80583879
网址:www. steyr - motors. cn
电子信箱:000760@ sterdl. com
法定代表人:李晓振
质量体系:ISO/TS 16949
产品情况:道路用泵喷嘴单增压 6 缸/4 缸发动机等

★迪耐斯排气系统(常州)有限公司
地址:江苏省常州市新北区汉江西路 835 号 6 号、8 号、9 号厂房
邮编:213100
电话:0519/81085931
传真:81085937
电子信箱:ya@ dinex. cn
法定代表人:TORBEN DINESEN
质量体系:IATF 16949
产品情况:先进的排放及尾气处理系统

★常州远东连杆集团有限公司
地址:江苏省常州市武进区郑陆镇东青村委朝南厮 88 号
邮编:213114
电话:0519/88966065、88966062
传真:88966062、88966063
网址:www. cnydlg. com
电子信箱:qjp630404@ 163. com
法定代表人:赖仕姝
质量体系:IATF 16949
产品情况:(滆湖牌)
年生产各类连杆能力达 700 多万支
配套情况:与常柴集团、浙江新柴股份、安徽全柴集团、朝柴、一汽锡柴、扬柴、中国一拖、云内股份、江铃股份、浙江吉利、一汽轿车、斯太尔、众泰汽车等 30 多个大中型主机厂以及轿车制造商建立牢固的配套关系

★电装(常州)燃油喷射系统有限公司
地址:江苏省常州市新北区河海西路 301 号
邮编:213125
电话:0519/85152130
传真:85127587

网址:www.denso.com.cn
电子信箱:dmcf_hr@dmcf.denso.com.cn
法定代表人:下川勝久
质量体系:IATF 16949、ISO 14001
产品情况:柴油车用燃油喷射系统;共轨、喷油器、大型商用车用供油泵

★常州环能涡轮动力股份有限公司
地址:江苏省常州市新北区勤奋路80号
邮编:213125
电话:0519/85116586
传真:85101697
网址:www.worldturbocharger.com
电子信箱:sales@worldturbocharger.com
法定代表人:裴腊妹
质量体系:IATF 16949、ISO 9001
产品情况:(环能牌)
车用涡轮增压器涡轮、压气机叶轮、转子总成和修理包、车用涡轮增压器机芯和整机等
配套及出口情况:与多家增压器制造厂配套;主要产品80%出口欧洲、美洲、大洋洲、东南亚等地区

★江苏索特动力工程有限公司
地址:江苏省金坛市丹阳门北路9-C号
邮编:213200
电话:0519/82301299
传真:82302899
网址:www.suotepower.com
电子信箱:suotepower@suotepower.com
法定代表人:汤俊
质量体系:IATF 16949、ISO 14001
产品情况:(SUOTEPOWER牌)
涡轮增压器
出口情况:远销美国、东欧、非洲、中东等50多个国家和地区

★常州博瑞油泵油嘴有限公司
地址:江苏省金坛市开发区汇福路666号
邮编:213200
电话:0519/82180012
传真:82180012
电子信箱:zc@bostcr.com
法定代表人:汤志明
质量体系:IATF 16949、ISO 14001
产品情况:共轨喷油器、共轨泵、ECU控制单元、共轨管等柴油机燃油喷射系统
出口情况:业务已遍及全球30多个国家和地区

★科华控股股份有限公司
地址:江苏省中关村科技产业园永康路63号
邮编:213354
电话:0519/87833350
传真:87836173
网址:www.khmm.com.cn
电子信箱:khmnews@163.com
法定代表人:陈洪民
质量体系:ISO 9001、IATF 16949
产品情况:汽车涡轮增压器零部件和液压泵阀、工程机械配件
配套及出口情况:为霍尼韦尔、博格华纳、上海菱重、石川岛等供货;远销北美洲、南美洲、欧洲、日本、韩国等国家和地区

★无锡蠡湖增压技术股份有限公司
地址:江苏省无锡市滨湖区胡埭镇天竹路2号
邮编:214000
电话:0510/85618800
网址:www.chinalihu.com
法定代表人:王洪其
质量体系:IATF 16949
产品情况:压气机壳和涡轮壳等涡轮增压器关键零部件,氢燃料电池动力系统总成关键零部件
配套情况:与霍尼韦尔、三菱重工、石川岛播磨、博格华纳、博世马勒等著名跨国涡轮增压器制造商建立了长期稳定的合作关系,并已成功交付客户霍尼韦尔(盖瑞特)氢燃料电池核心配套组件,应用于HONDA的CLARITY新能源汽车制造项目

★凯龙高科技股份有限公司
地址:江苏省无锡市惠山区钱桥配套区庙塘桥藕杨路158号
邮编:214000
电话:0510/68937717、4001004028
传真:68937717
网址:www.kailongtec.com
电子信箱:info@kailongtec.com
法定代表人:臧志成
质量体系:IATF 16949
产品情况:柴油机后处理系统、车/船用柴油机选择性催化还原SCR系统、主/被动再生颗粒捕集系统(DPF)、CNG/LNG/LPG后处理器、汽油机三元催化器、隧道/工业窑炉废气处理装置、汽车尾气加热系统、发动机智能温控冷却系统(ATS)、客车底盘集中润滑系统等高新技术产品
配套情况:已与潍柴、玉柴、锡柴、上柴、道依茨大柴、上汽依维柯红岩、江西五十铃、南京依维柯、云内、全柴、朝柴、洛拖、雷沃、常柴等众多道路、非道路客户建立了良好的合作关系

★江苏毅合捷汽车科技股份有限公司
地址:江苏省无锡市惠山区堰畅路30号
邮编:214000
电话:0510/66600666
传真:66606080
网址:www.jroneturbo.com
电子信箱:steven.xiong@easyland-group.com
法定代表人:刘全
质量体系:IATF 16949、ISO 14001
产品情况:具备年产100万台涡轮增压器整机和200万套核心部件的产能

★无锡市迈特动力机械有限公司
地址:江苏省无锡市梅村锡泰路578号
邮编:214000
电话:0510/82401033
传真:82418014
网址:www.wuximaite.com
电子信箱:xiaoshou@wxmaite.com
法定代表人:张健
质量体系:IATF 16949、ISO 14001
产品情况:具备年产柴油机连杆65万支、曲轴6.5万支、飞轮壳20万只、油底壳50万只、机油冷却器体7万只的综合能力
配套情况:为锡柴配套

★一汽解放汽车有限公司无锡柴油机厂
地址:江苏省无锡市永乐东路99号
邮编:214026
电话:4008281199、4008288998
传真:0510/85025271
网址:www.wxdew.com
电子信箱:wxdew@wxdew.com
法定代表人:钱恒荣
质量体系:IATF 16949、ISO 9001
产品情况:(解放牌)
发动机产品有七大系列,排量跨越2~13L,具备47万台发动机和2500台再制造发动机的年产能力
配套及出口情况:为一汽解放等整车厂配套;远销欧美40多个国家和地区

★联合汽车电子有限公司无锡厂
地址:江苏省无锡市长江路15号
邮编:214028
电话:0510/85236032
网址:www.uaes.com
电子信箱:hao.fang@uaes.com
法定代表人:盛斐
质量体系:ISO/TS 16949
产品情况:喷油器、油轨总成、高压直喷喷油器、高压油泵、液压模块、电磁阀
配套情况:为一汽集团、一汽-大众、哈航集团、吉林吉轻、一汽夏利、上汽通用(东岳)、上汽大众、上汽通用、奇瑞汽车、吉利汽车、合肥昌河、华晨汽车、上汽通用(北盛)、北汽福田、河北长城、东风汽车(襄阳)、长安铃木、长安福特、长安集团、神龙汽车、上汽通用五菱、一汽海马、东风汽车(广州)、东南汽车、比亚迪等配套

★科特拉(无锡)汽车环保科技有限公司
地址:江苏省无锡市国家高新技术产业开发区104-A
邮编:214028
电话:0510/85204887、85204880
传真:85204889
电子信箱:lvjun@catalerwuxi.com.cn
法定代表人:岡崎忠明(OKAZAKI TADAAKI)
质量体系:ISO 14001、IATF 16949
产品情况:汽车、摩托车用催化剂以及

通用发动机用催化剂

★马瑞利汽车零部件(无锡)有限公司
地址:江苏省无锡市国家高新技术产业开发区新荣路 17 号
邮编:214028
电话:0510/66612666
传真:66612333
网址:www.calsonickansei.co.jp
电子信箱:ang_liu@ck-mail.com
法定代表人:HOMMEL AYMERIC LAURENT
质量体系:IATF 16949、ISO 14001
产品情况:(康奈可牌)
散热器、冷凝器、仪表、车身控制系统

★唐纳森(无锡)过滤器有限公司
地址:江苏省无锡市新加坡工业园锡坤路 8 号
邮编:214028
电话:0510/85282010、85285596
传真:85280542
网址:www.donaldson.cn
电子信箱:brandy.xu@donaldson.com
法定代表人:CARDENAS CASTRO FRANKLIN GERARDO
质量体系:IATF 16949、ISO 9001
产品情况:发动机过滤器

★无锡威孚高科技集团股份有限公司
地址:江苏省无锡市新区华山路 5 号
邮编:214028
电话:0510/80508769
传真:80508884
网址:www.weifu.com.cn
电子信箱:gm@weifu.com.cn
法定代表人:陈学军
质量体系:IATF 16949、ISO 9001
产品情况:(WEIFU 牌)
燃油喷射系统、尾气后处理系统、汽车进气系统
配套及出口情况:为国内各大汽车厂和柴油机厂配套;远销美洲、中东、东南亚等地区

★无锡威孚奥特凯姆精密机械有限公司
地址:江苏省无锡市新区华山路 6 号
邮编:214028
电话:0510/88660630
传真:88660605、88660617
网址:www.weifuautocam.cn
电子信箱:hr_wuxi@weifuautocam.com
法定代表人:陈学军
质量体系:IATF 16949、ISO 14001
产品情况:联合汽车电子公司发动机控制系统 EV6 电控喷油器国产化项目的阀座、阀体、接杆和 EMS-DR2 等核心零部件
配套情况:是博世汽车汽油发动机电控 EV6 系统中精密零件的供应商

★无锡范尼韦尔工程有限公司
地址:江苏省无锡市新区锡梅路 28 号
邮编:214028
电话:0510/88553588
传真:85731250
网址:www.cummins.com.cn
电子信箱:huang.leilan@wuxivane.com
法定代表人:王宁
质量体系:IATF 16949、ISO 9001
产品情况:增压器用涡轮叶轮铸件

★博世汽车柴油系统有限公司
地址:江苏省无锡市新区新华路 17 号
邮编:214028
电话:0510/85333888
传真:85338100
网址:www.bosch.com.cn
电子信箱:rbcn.webmaster@cn.bosch.com
法定代表人:KIRSCH CHRISTOPH WILHELM
质量体系:IATF 16949、ISO 14001
产品情况:(BOSCH 牌)
电控高压柴油直喷系统及尾气后处理系统等
配套情况:为天津珀金斯、潍柴、朝柴、湖南动力、杭发、南京依维柯、东风南充、大柴、上柴、柳柴配套

★无锡康明斯涡轮增压技术有限公司
地址:江苏省无锡市新区新锡路 28 号
邮编:214028
电话:0510/85200800
传真:85200899
网址:www.cummins.com.cn
电子信箱:turbos@cn.holset.com
法定代表人:刘栋梁
质量体系:IATF 16949、ISO 14001
产品情况:(霍尔塞特牌)
涡轮增压器
配套情况:为大柴、锡柴、东风康明斯、重庆康明斯、玉柴等配套

★奥特凯姆(中国)汽车部件有限公司
地址:江苏省无锡市新吴区锡勤路 62 号
邮编:214028
电话:0510/85259198
网址:www.autocam.com.cn
电子信箱:xiaomin.guo@nninc.com
法定代表人:HEITER MATTHEW STEPHEN
质量体系:IATF 16949、ISO 14001
产品情况:汽/柴油喷油器部件、VCT/OCV 零部件、电动助力转向蜗杆、电动机轴

★无锡威孚环保催化剂有限责任公司
地址:江苏省无锡新区灵江路 9 号
邮编:214028
电话:0510/81136789
传真:85219041
网址:www.wfec.com.cn
电子信箱:xiang.xu@weifu.com.cn
法定代表人:谈贇(TAN YUN)
质量体系:IATF 16949、ISO 9001
产品情况:环保催化剂

★无锡珀金斯小型发动机有限公司
地址:江苏省无锡国家高新技术产业开发区新畅南路 10 号
邮编:214028
电话:0510/85372736、85372800
网址:www.caterpillar.com
电子信箱:1824690324@qq.com
法定代表人:吴洪齐
产品情况:珀金斯 400 系列发动机
出口情况:出口包括澳大利亚在内的(不包括日本)亚太地区

★无锡泽根弹簧有限公司
地址:江苏省无锡市滨湖区鸿桥路 803 号
邮编:214072
电话:0510/85121169、85121139
传真:85121143
网址:www.zgspring.com
电子信箱:sales@zgspring.com
法定代表人:张健
质量体系:IATF 16949、ISO 14001
产品情况:(SAWANE 牌)
发动机气门弹簧、油泵油嘴弹簧等,具备年产 9000 万件的生产能力
配套情况:为一汽解放无锡柴油机厂供货

★无锡方盛换热器股份有限公司
地址:江苏省无锡市滨湖区马山 5 号桥工业园
邮编:214092
电话:0510/85990878、85990897
传真:85996878
网址:www.wuxifs.com.cn
电子信箱:domestic@wuxifs.com.cn
法定代表人:丁振芳
质量体系:ISO 9001、ISO 14001
产品情况:(方晟牌)
铝制板翅式换热器

★无锡威孚马山油泵油嘴有限公司
地址:江苏省无锡市滨湖区马山七号桥
邮编:214092
电话:0510/85993027、18961886976
传真:85998727
网址:www.wxwfma.com
法定代表人:王晓东
质量体系:IATF 16949、ISO 14001
产品情况:(威孚牌、WEIFU 牌)
专业生产精密柱塞偶件,广泛使用于轻、中、高功率柴油发动机,涵盖车用、工程用等领域,拥有 1532 个产品
配套及出口情况:主要配套一汽锡柴、东风康明斯、潍柴、重汽、云内等主机发动机厂;出口欧洲、美洲、中东、东南亚等地区

★无锡久盛换热器有限公司
地址:江苏省无锡市马山碧波路 6 号

邮编:214092
电话:0510/85999022、85992266
传真:85990922
网址:www. wxcooler. com
电子信箱:js@ js - cooler. com
法定代表人:赵雪荣
质量体系:ISO 9001
产品情况:汽车中冷器等铝制板翅式换热器
出口情况:远销英国、法国、德国、意大利、美国、加拿大、日本、韩国、新西兰等国家

★无锡伟博汽车科技有限公司
地址:江苏省无锡市惠山区风电科技产业园创惠路1号、5号
邮编:214100
电话:0510/68799629
传真:68791977
网址:www. wabertec. com
电子信箱:public@ wabertec. com
法定代表人:陶勇
质量体系:ISO 9001、ISO 14001
产品情况:解决方案涉及汽车零部件,工业电器装配与检测,尤其在汽车燃油喷射系统行业
配套情况:与康明斯、一汽解放、德国博世、美国康明斯、美国卡特彼勒、亚新科、上汽商用车、江淮汽车、福田宝沃、一汽锡柴、江铃汽车、江西五十铃、东风轻型货车、新晨动力、联创电子、广东福迪、长丰汽车、卡威汽车、华泰汽车等合作

★无锡动力工程股份有限公司
地址:江苏省无锡市锡山经济开发区胶阳路2721号
邮编:214105
电话:0510/81885566、88536507
传真:88536805
网址:www. wdpower. com
电子信箱:wdpower@ wdpower. com
法定代表人:钱志翔
质量体系:ISO 9001、ISO 14001
产品情况:(万迪牌)
柴油机及其成套产品

★无锡红湖消声器有限公司
地址:江苏省无锡市新区鸿山镇机光电工业园区
邮编:214115
电话:0510/88588555、88588037
传真:88588036
网址:www. honghu - muffler. com
电子信箱:honghu@ honghu - muffler. com
法定代表人:王晓昱
质量体系:IATF 16949
产品情况:现年生产汽车排气消声器45万套,汽车三元催化器100万套
出口情况:远销欧洲、美国、日本等国家和地区,并销往中国台湾地区

★无锡市锡山环宇金属软管有限公司
地址:江苏省无锡市鹅湖镇翰林路5号
邮编:214117
电话:0510/88751037、82101158
传真:88751857
网址:www. huanyu - hose. com
电子信箱:wxhy@ huanyu - hose. com
法定代表人:陈炳泉
质量体系:IATF 16949
产品情况:汽车排气波纹管、金属软管、伸缩管、工业软管、消声器、卡箍、汽车排气波纹管年产量100万支
出口情况:远销西欧、北美洲、东南亚、中东、北非等地区

★无锡永兴机械制造有限公司
地址:江苏省无锡市胡埭镇夏荷路(新峰工业园内)10-10号
邮编:214125
电话:0510/66057788
传真:66685588
网址:www. wuxiyongxing. com
电子信箱:general1@ wuxiyongxing. com
法定代表人:张永安
质量体系:IATF 16949、ISO 14001
产品情况:(双盈牌)
各种涡轮增压器压气机叶轮

★无锡塔尔基热交换器科技有限公司
地址:江苏省无锡市国家高新技术产业开发区经一路9号华友工业园A-5号
邮编:214142
电话:0510/85300988
传真:85300288
电子信箱:liangyuan@ wuxi - thw. com
法定代表人:落合久男(OCHIAI HISAO)
质量体系:IATF 16949、ISO 14001
产品情况:柴油车机外废气排放循环控制装置产品——EGR冷却器

★无锡永凯达齿轮有限公司
地址:江苏省无锡市钱桥镇工业集中区景盛路15号
邮编:214151
电话:0510/83217781、83217753
传真:83217787
网址:www. yongkaida. com
电子信箱:ykd@ yongkaida. com
法定代表人:荣兆明
质量体系:IATF 16949、ISO 9001
产品情况:(永凯达牌)
高精度齿轮、新能源汽车齿轮、发动机皮带驱动系统
配套及出口情况:是上汽大众、一汽-大众、上汽荣威、上汽名爵、上汽汇众、奇瑞、比亚迪、海马、江淮的配套厂家,配套产品为汽车发动机齿轮、新能源汽车齿轮和自动皮带张紧器等零件;为阿特拉斯、英格索兰、寿力机械、日本日立、美国豪顿、无锡压缩机、无锡泛亚、IHI寿力、柳州富达、印度艾格、美国开利、美国昆西等公司配套压缩机齿轮

★无锡贝斯特精机股份有限公司
地址:江苏省无锡市滨湖区合欢西路18号
邮编:214161
电话:0510/85169703
传真:85163109
网址:www. wuxibest. com
电子信箱:shichang@ wuxibest. com
法定代表人:曹余华
质量体系:ISO 9001、IATF 16949
产品情况:主要产品为涡轮增压器精密轴承件、涡轮增压器叶轮、涡轮增压器中间壳、发动机缸体等关键汽车零部件和用于汽车、轨道交通等领域的工装夹具
配套情况:在精密零部件业务中,已经与霍尼韦尔(Honeywell)、康明斯(Cummins)、博世马勒(BoschMahle)、石播(IHI)、博格华纳(BorgWarner)、皮尔博格(Pierburg)等知名汽车涡轮增压器和发动机相关制造企业建立了长期稳定的业务合作关系;在工装夹具业务中已成为上汽通用、潍柴和法士特等整车整机厂的主要供应商之一

★一汽铸造有限公司无锡分公司
地址:江苏省无锡市惠山经济开发区北惠路55号
邮编:214174
电话:0510/81881788
传真:85435330
网址:www. wxfawfc. com
电子信箱:business@ fawfc. com
法定代表人:王长有
质量体系:IATF 16949、ISO 14001
产品情况:发动机缸体、缸盖、曲轴、飞轮等,年产铸件6万吨

★无锡新田鼎力科技有限公司
地址:江苏省无锡市惠山经济开发区惠畅路99号
邮编:214177
电话:0510/68915798、68915797
传真:68915929
网址:www. dinlicnc. com
电子信箱:fiona@ kinroad. net
法定代表人:顾建新
质量体系:IATF 16949、ISO 14001
产品情况:汽车柴油喷射系统核心零部件、汽车汽油发动机电控EV6系统精密零部件及汽车尾气处理系统零部件
配套情况:为威孚、博世、联合电子、奔驰、康明斯等供货

★无锡威孚力达催化净化器有限责任公司
地址:江苏省无锡市惠山区欣惠路559号
邮编:214177
电话:0510/81136666
传真:81136660
电子信箱:ni. zhu@ weifu. com. cn
法定代表人:陈学军

质量体系:IATF 16949、ISO 14001
产品情况:(隆达牌、WLD 牌)
具备 800 万件汽柴催化剂、800 万件摩托车催化剂、800 万件通机催化剂和 300 万套催化净化器年产能(其中歧管式净化器年产能 100 万套)
配套情况:为江淮汽车、北汽福田、长城汽车、天津一汽夏利、哈尔滨航空工业、比亚迪汽车、沈阳金杯、荣成华泰现代、山东黑豹、吉利汽车、江南汽车、江门中港宝田摩托车、重庆力帆、重庆建设、重庆宗申配套

★无锡科杰动力机械制造有限公司
地址:江苏省无锡市西山经济开发区(东亭)芙蓉二路
邮编:214177
电话:0510/81029566、81029568
传真:81029563
电子信箱:sales@ kjdl. net. cn
法定代表人:曹坚
质量体系:ISO 9001
产品情况:汽车发动机零部件
配套情况:为江苏四达集团、江淮汽车发动机分公司、锡柴配套

★无锡三鑫压铸有限公司
地址:江苏省无锡市惠山区玉祁街道永安路 60 号
邮编:214183
电话:0510/83899118、83888181
传真:83887519
网址:www. die - casting. com. cn
电子信箱:sxtools@ 21cn. com
法定代表人:龚小旦
质量体系:IATF 16949
产品情况:(惠山牌)
各类铝合金、锌合金压铸件和汽车发动机机油泵、水泵等
配套及出口情况:为江铃、上汽通用五菱等主机厂配套,并已成为美国 GE、美国 TELEFLEX、德国 SEW、意大利 IGuzzini 等知名跨国公司在中国压铸件 OEM 配套生产基地;产品 40% 出口美国、英国、德国、意大利、芬兰、日本、韩国等十几个国家,并销往中国台湾地区

★无锡惠山泵业有限公司
地址:江苏省无锡市玉祁镇工业园区
邮编:214183
电话:0510/83880052、83897182
传真:83889863
网址:www. wxhsqp. com
电子信箱:sales@ wxhsqp. com
法定代表人:丁黎清
质量体系:IATF 16949、ISO 14001
产品情况:(惠山牌)
冷却水泵、机油泵、发电机
配套及出口情况:为重庆长安铃木、哈东安、上汽五菱柳机、江铃福特、长城汽车、上海比亚迪、重庆力帆、长城汽车等配套;远销美国、英国、德国、法国、日本、韩国、加拿大、东南亚等 10 多个国家和地区

★无锡市融达汽车零部件有限公司
地址:江苏省无锡市惠山区洛社镇双庙工业园
邮编:214187
电话:0510/83382278
传真:83380278
网址:www. wxrdqc. com
电子信箱:wxxiehong@ 163. com
法定代表人:臧士清
单位人数:150
质量体系:IATF 16949
产品情况:气门锁夹、气门承盘、气门
配套及出口情况:为航天三菱、北汽动力、一汽海马、TVS、泰国本田、昆山牧田、长安汽车、长安铃木、长城汽车、大长江集团、望江豪爵铃木、常州豪爵、济南轻骑铃木、张家港庆洲机械等供货;已独立出口德国等国家,并销往中国台湾地区

★无锡五菱动力机械有限责任公司
地址:江苏省无锡市惠山区洛社镇新开河
邮编:214187
电话:0510/83831315
传真:83831315
网址:wxwldl. cn
电子信箱:ljwx66@ 163. com
法定代表人:李环宇
质量体系:IATF 16949、ISO 9001
产品情况:汽车发动机、摩托车发动机
配套情况:汽车发动机为山东福田奥铃、山东凯马、江淮汽车等供货;摩托车发动机为山东福田重工诸城摩托车、山东光明机器、山东先锋裕鑫车辆、轻骑集团青州大金马摩托车等供货

★无锡明宇机械有限公司
地址:江苏省无锡市惠山区洛社镇新开河村
邮编:214187
电话:0510/83831285
传真:82259956
电子信箱:han99@ pub. wx. jsinfo. net
法定代表人:韩明
质量体系:IATF 16949、ISO 14001
产品情况:连杆总成

★江苏四达动力机械集团有限公司
地址:江苏省无锡市惠山区洛社中兴东路 66 号
邮编:214187
电话:0510/83301333、4008872898
传真:83311390
网址:www. jssida. com
电子信箱:sd@ jssida. com
法定代表人:李则民
质量体系:IATF 16949
产品情况:(四达牌、行星牌、无柴牌)
多缸、单缸系列柴油机等;具有年产 20 万台柴油机生产能力
配套情况:与东风股份、中兴汽车、丹东曙光、江淮汽车、一汽通用、沈阳金杯、资阳南骏等国内知名汽车制造厂家及江苏沃得、奇瑞重工、东风农机、时风农装、盐拖马恒达、中机南方、山东金亿、山东巨明等国内知名收割机、拖拉机厂家配套

★无锡锡州机械有限公司
地址:江苏省无锡市锡北镇锡港西路 69 号
邮编:214194
电话:0510/83797788
传真:83792041、83791338
网址:www. wxxizhou. com
电子信箱:dwj@ wxxizhou. com
法定代表人:王本初
质量体系:IATF 16949、ISO 9001
产品情况:发动机零部件、加热设备系统
配套情况:为无锡威孚、北京亚新科天纬油泵油嘴、南京威孚金宁等配套

★江苏省宜兴非金属化工机械厂有限公司
地址:江苏省宜兴市丁蜀镇
邮编:214221
电话:0510/87189500、87185248
传真:87185248
网址:www. yxhjc. com
电子信箱:yxhjc@ yxhjc. com
法定代表人:冯家迪
质量体系:IATF 16949、ISO 9001
产品情况:(宇星牌)
汽油机尾气净化用陶瓷蜂窝载体
出口情况:远销美国、欧洲、韩国、日本、印度等国家和地区,并销往中国台湾地区

★江苏帕艾尼尔科技有限公司
地址:江苏省江阴市金山路 201 号创智产业园数码港 D 三楼
邮编:214400
电话:0510/68825518、18861602666
传真:68827518
网址:www. jiangsupioneer. com
电子信箱:jiangsupioneer@ 163. com
法定代表人:施晓君
质量体系:IATF 16949
产品情况:三元催化剂,三元催化转化器和四元催还转化器

★江苏奥斯特滤清器制造有限公司
地址:江苏省江阴经济开发区(石庄园区)华特西路 32 号
邮编:214446
电话:0510/88669528、86669515
传真:86666665
网址:www. ostfilters. com
电子信箱:cw001@ 51ost. com
法定代表人:林维忠
质量体系:IATF 16949
产品情况:品种涵盖机油滤清器、燃油

滤清器、空气滤清器、空调滤清器、液压滤清器1000多个型号
出口情况:远销欧洲、美洲、非洲、大洋洲等国家和地区

★优美科汽车催化剂(苏州)有限公司
地址:江苏省苏州工业园区苏虹东路398号
邮编:215000
电话:0512/62586966
传真:62586900
网址:www.umicore.cn
法定代表人:李文杰
质量体系:IATF 16949
产品情况:汽车催化剂相关产品,用于控制汽车尾气排放

★苏州事达同泰汽车零部件有限公司
地址:江苏省苏州市相城区春申湖东路19号
邮编:215000
电话:0512/65767996
传真:65490078
网址:www.sdqy.com
电子信箱:sdqy@sdqy.com
法定代表人:陆建新
质量体系:IATF 16949、ISO 14001
产品情况:专业生产汽车排气系统使用的不锈钢焊管、弯管、消声管、消声器筒体、排气组件、装饰尾管以及其他零部件
配套情况:产品供应大众、上汽通用、现代起亚、丰田、本田、东风日产、马自达、奇瑞、长城、吉利、雪铁龙、福特、奥迪、陆虎等主要汽车品牌

★皆可博(苏州)车辆控制系统有限公司
地址:江苏省苏州市工业园区港田路99号港田工业坊19幢厂房
邮编:215024
电话:0512/62993200、4001089900
传真:62993066
网址:www.jakebrake.com.cn
电子信箱:cassie.zhang@jakebrake.com
法定代表人:王伟
质量体系:IATF 16949、ISO 14001
产品情况:发动机缓速器:包括压缩释放型缓速器、泄气型缓速器及排气蝶阀等
配套情况:主要客户为东风商用车、一汽解放、福田戴姆勒、陕重汽、集瑞重工、华菱星马、西安康明斯、东风康明斯、玉柴联合动力、上柴等国内主流商用车及发动机厂家

★康斯克泵业(苏州)有限公司
地址:江苏省苏州市工业园区东富路9号47号厂房
邮编:215123
电话:0512/87175115、13646226462
传真:87175101
网址:www.concentricab.com
电子信箱:info.chsh@concentricab.com
法定代表人:MARCUS JOHN WHITEHOUSE
质量体系:IATF 16949、ISO 14001
产品情况:生产中重型柴油机用油泵、水泵

★苏州达菲特过滤技术股份有限公司
地址:江苏省苏州工业园区同胜路22号
邮编:215126
电话:0512/69363771、4008620711
传真:69363770
网址:www.difite.com
电子信箱:hr@difite.com
法定代表人:王玉
质量体系:IATF 16949
产品情况:主要产品为高端柴油滤清器、机油滤清器、空气滤清器、天然气滤清器、曲轴箱呼吸器、甲醇滤清器等过滤产品
配套情况:客户涵盖广西玉柴、江铃福特、上汽大通、福田汽车、一汽大柴、重汽王牌、长城汽车、北汽、云内动力、江西五十铃汽车、三一重工、国机一拖、全柴动力,常发农装、浙江新柴、华源莱动、东风朝柴、东风客车、苏州海格、厦门金旅、厦门金龙、英国JCB等,同时还获得英国帕金斯,美国卡特彼勒等国际公司的青睐,成为其全球供应商

★东京滤器(苏州)有限公司
地址:江苏省苏州市工业园区兴浦路207号
邮编:215126
电话:0512/62818588
传真:62818589
网址:www.roki.co.jp
法定代表人:TAKAMURA IWAO(高村岩)
质量体系:IATF 16949、ISO 9001
产品情况:汽车尾气排放控制装置(催化剂、催化转换器、EGR冷却器等),机油滤清器、燃油滤清器,机油冷却器、空气滤清器等

★飞得滤机(苏州)有限公司
地址:江苏省苏州市新区华山路150号
邮编:215129
电话:0512/66659148
传真:66651178
网址:www.roki-cn.com
电子信箱:yangy@roki-cn.com
法定代表人:岛田贵也(SHIMADA TAKAYA)
质量体系:IATF 16949、ISO 9001
产品情况:空气滤清器、机油滤清器、燃油滤清器、活性炭罐、转向助力器液压油过滤器以及其他汽车关键零部件等
配套情况:为东风本田、广汽本田、东风汽车、长安铃木、建设雅马哈、东风本田发动机、嘉陵本田发动机等配套

★NGK(苏州)环保陶瓷有限公司
地址:江苏省苏州新区鹿山路58号
邮编:215129
电话:0512/66612000
传真:66614858
网址:www.ngk.com.cn
法定代表人:松田敦
质量体系:IATF 16949、ISO 14001
产品情况:(NGK牌)
汽车排放尾气净化用陶瓷触媒介质、汽车柴油尾气微粒子陶瓷滤清器(DPF)、汽车汽油尾气微粒子陶瓷滤清器(GPF)等特种陶瓷产品

★苏州市申达汽车配件有限公司
地址:江苏省苏州市相城经济开发区华阳路169号
邮编:215143
电话:0512/66180266、13962138560
传真:66188383
网址:www.szshenda.com
法定代表人:王信东
质量体系:IATF 16949
产品情况:新能源汽车的2挡/4挡自动变速器(AMT)、催化转化器等排气系统
配套情况:与江淮汽车、金龙汽车、全柴、星马汽车、福田汽车、潍柴动力、沃尔沃、南京依维柯(上汽大众)、玉柴、江铃汽车等知名主机厂配套

★吴江吴月齿轮制造有限责任公司
地址:江苏省苏州市吴江区盛泽镇双熟村
邮编:215227
电话:0512/63606826、13806255112
网址:www.wjwycl.com
法定代表人:姚冰峰
质量体系:IATF 16949
产品情况:年各种发动机齿轮生产能力60万台(套)
配套情况:为锡柴、杭发、徐工集团等配套

★汉格斯特滤清系统(昆山)有限公司
地址:江苏省昆山市金沙江北路1858号
邮编:215300
电话:0512/57723700
传真:57723702
网址:www.hengst.com
电子信箱:info@hengst.cn
法定代表人:JENS ROETTGERING
质量体系:IATF 16949、ISO 9001
产品情况:汽车滤清器

★苏州睿昕汽车配件有限公司
地址:江苏省太仓市顾港路17号
邮编:215400
电话:0512/53108323
传真:53108990
网址:www.risingsz.com
电子信箱:sale07@risingsz.com
法定代表人:岳胜桥
质量体系:IATF 16949、ISO 14001

产品情况:汽车发动机风扇离合器、水泵离合器、电子水泵及风扇叶等
配套情况:与东风商用车、东风康明斯、东风股份、东风轻发、东风特商、东风特汽、东风随专、东风神宇、东风专用底盘、新楚风、安徽华菱、东风朝柴、安徽全柴、集瑞联合重工、大宇客车、南京依维柯等建立合作关系

★博格华纳汽车零部件(江苏)有限公司
地址:江苏省太仓市青岛东路 88 号
邮编:215413
电话:0512/53838000
传真:53838060
网址:www.turbodriven.com
法定代表人:CRAIG DAVID AARON
质量体系:IATF 16949、ISO 14001
产品情况:主要生产涡轮增压器
配套情况:为福特、通用、沃尔沃、比亚迪等国内外知名汽车品牌配套

★江苏爱吉斯海珠机械有限公司
地址:江苏省淮安市洪泽区大庆北路20 号
邮编:223100
电话:0517/80925653、80925588
电子信箱:agsqgb@163.com
法定代表人:王明泉
质量体系:IATF 16949、ISO 14001
产品情况:(爱吉斯海珠牌)
内燃机汽缸套,年产量 600 万只
配套情况:为德国曼、美国卡特比勒、日本三菱重工、大发、韩国现代等国际一流的发动机制造商以及一汽锡柴、济柴、潍柴、玉柴等国内发动机厂商配套

★江苏凯乐汽车部件科技有限公司
地址:江苏省淮安市淮阴区淮河东路 218 号
邮编:223300
电话:0517/84518303
传真:84601666
网址:www.jskaller.com
电子信箱:info@jskaller.com
法定代表人:俞晓军
单位人数:300
质量体系:IATF 16949
产品情况:汽车散热器

★江苏泗洪油嘴油泵有限公司
地址:江苏省泗洪县泗州西大街 26 号
邮编:223900
电话:0527/88351710、88351728
传真:86285262
网址:www.js-hb.com
电子信箱:cnjshb@js-hb.com
法定代表人:赵宏亮
单位人数:600
质量体系:IATF 16949、ISO 9001
产品情况:(HB 牌)
柴油机燃油系统喷油泵、喷油器两个总成和喷油嘴、柱塞、出油阀三对精密偶件
出口情况:出口 24 个国家和地区

★江苏利尔机车科技有限公司
地址:江苏省盐城市射阳县经济开发区创业路 66-6 号
邮编:224000
电话:0515/68016622、68016555
传真:68016333
网址:www.hn-radiator.com
电子信箱:haina2006@163.com
法定代表人:舒式连
质量体系:ISO 9001
产品情况:铝质汽车散热器、暖风机等
出口情况:出口欧美、东南亚、中东、非洲等市场

★江苏春光汽车配件有限公司
地址:江苏省盐城市亭湖区太湖路 16 号
邮编:224051
电话:0515/88120700、4006313633
传真:88120703
网址:www.cgfilter.com.cn
电子信箱:13905106313@139.com
法定代表人:吴春
质量体系:IATF 16949
产品情况:(春光牌)
汽车滤清器
配套及出口情况:与东风轻型货车、江铃、长城、玉柴机器、福田、江淮、通用五菱、悦达特种车等公司配套;远销 70 多个国家和地区

★盐城海纳汽车零部件有限公司
地址:江苏省盐城市大丰区经济开发区益民西路 108 号
邮编:224100
电话:0515/83507788、83507799
传真:83507700
网址:www.hana-ind.com
电子信箱:david.wang@hana-ind.com
法定代表人:王华生
质量体系:IATF 16949、GB/T 24001
产品情况:重型货车及乘用车冷却水泵
出口情况:获选美国盖茨全球供应商、美国卡特彼勒供应商、美国 GMB 供应商资格

★江苏多为泵业股份有限公司
地址:江苏省盐城市大丰区新团街 2 号
邮编:224115
电话:0515/83683588、13770045771
传真:83682058
网址:www.duoweipump.com
电子信箱:dwgf@jsdwjt.com
法定代表人:高云清
质量体系:ISO 14001、IATF 16949
产品情况:专业生产汽车水泵、排气系统产品、减振活塞座、涡轮增压器壳体
配套及出口情况:客户或潜在客户有佛吉亚、麦格纳、大陆集团、维央斯、艾里逊变速器、菲亚特-克莱斯勒等;出口美国、日本、欧洲、中东等 20 多个国家和地区

★江苏鑫悦汽车零部件有限公司
地址:江苏省东台市经济开发区振兴路 18 号
邮编:224200
电话:0515/85212128、85281951
传真:85212795
网址:www.valve-jsdx.com
电子信箱:web@valve-jsdx.com
法定代表人:宫元生
质量体系:IATF 16949
产品情况:(东翔牌)
年产各类发动机气门 1500 万支、发动机硅油减振器 50 万只
配套及出口情况:为潍柴动力、重汽集团、常柴股份、常发集团、江淮动力、日本三菱、日本本田等配套;出口美国、欧美、非洲、东南亚等国家和地区

★江苏长盈机械有限公司
地址:江苏省东台市经济开发区纬五路 11 号
邮编:224200
电话:0515/60606002、85310880
网址:www.ltfv.com.cn
电子信箱:ltfv@ltfv.com.cn
法定代表人:赖元皇
质量体系:IATF 16949、ISO 14001
产品情况:发动机进/排气门、气门弹簧座和气门锁夹
配套及出口情况:为长安汽车、长城汽车、长安铃木供货;与韩国大林成立合作项目

★江苏科力普汽车部件有限公司
地址:江苏省响水县经济开发区汇源路 1 号
邮编:224600
电话:0515/86879180
传真:86888087
网址:www.jsclipper.cn
电子信箱:jsclipper@163.com
法定代表人:孙从华
质量体系:IATF 16949
产品情况:年产各类散热器、冷凝器及中冷器 100 万台,空调两器 50 万台(套)
配套及出口情况:主要供给江苏沃得、南京协众、济南重汽、山东时风、杭州龙发、宁波北野、福州金飞鱼、一拖农装、盐城马恒达、江动集团、常州东风等众多主机厂;出口东南亚地区及欧洲市场

★江苏嘉和热系统股份有限公司
地址:江苏省扬州市广陵产业园扬霍路
邮编:225006
电话:0514/85555079、85555151
传真:85110111
网址:www.cnjiahe.com.cn
电子信箱:sale@cnjiahe.com.cn
法定代表人:李宝民
单位人数:1100

质量体系:IATF 16949
产品情况:(纵横牌)
车用铝散热器、中冷器、机油冷却器、空调系统,年产能力400万台
配套及出口情况:为上汽通用五菱、长安汽车、昌河、东风小康、东风股份、东风柳汽、北汽控股、一汽吉林、一汽通用、陕西重汽、江淮汽车、中国重汽、福田、南京依维柯、奇瑞汽车等配套;出口日本、欧美等国家和地区

★扬州五亭桥缸套有限公司
地址:江苏省扬州市平山路333号
邮编:225007
电话:0514/87621318、87621323
传真:87621309、87621029
网址:www.cylinder-liner.com
电子信箱:info@ywcc.com.cn
法定代表人:周国平
质量体系:IATF 16949、ISO 9001
产品情况:(五亭桥牌)
汽车缸套,年产各类汽缸套1000万只
配套及出口情况:为潍柴动力、上柴、一汽锡柴、道依茨一汽(大连)柴油机、玉柴机器、东风汽车有限、上汽菲亚特红岩动力总成、扬柴、江西沃尔福发动机、北汽福田环保动力、雷沃珀金斯、南汽依维柯等几十家主机厂配套;出口欧美、英国、东南亚、非洲等国家和地区

★潍柴动力扬州柴油机有限责任公司
地址:江苏省扬州市春江路218号
邮编:225009
电话:0514/87527130、87521130
电子信箱:gsb@yangchai.com.cn
法定代表人:春辉
质量体系:IATF 16949
产品情况:四缸车用柴油机,排量涵盖2~4L,广泛应用于商用车(轻型货车、轻型客车)、乘用车(SUV、MPV)等领域;现有年生产柴油机能力达30万台
配套情况:为北汽福田、跃进汽车、江淮汽车、一汽集团、东风汽车公司等20多家企业配套

★亚普汽车部件股份有限公司
地址:江苏省扬州市扬子江南路508号
邮编:225009
电话:0514/87846666
传真:87846888
网址:www.yapp.com
电子信箱:yapp@yapp.com
法定代表人:郝建
质量体系:IATF 16949、ISO 14001
产品情况:年汽车塑料油箱总成能力达750万只,塑料加油管生产能力为400万根
配套及出口情况:主要客户有大众、通用、福特、丰田、标致雪铁龙、奔驰、日产、上汽、东风、一汽等;在美国、墨西哥、巴西、俄罗斯、捷克、印度、澳大利亚设有工厂

★扬州群发换热器有限公司
地址:江苏省扬州市邗江工业园牧羊路21号
邮编:225127
电话:0514/87230296、13805275609
传真:87210462
网址:www.yzqunfa.cn
电子信箱:qfcool@126.com
法定代表人:庄雅婷
质量体系:IATF 16949
产品情况:(群发牌)
具备年产60万台中冷器、20万台不锈钢板翅式机油冷却器、60万台铝质散热器、20万台汽车变速器油冷却器的生产能力
配套及出口情况:为上汽集团、中国重汽、一汽、东风、北汽集团、陕汽集团、北方奔驰、金龙汽车等数十家大型汽车制造企业配套;远销美洲、俄罗斯、中东、东南亚等多个国家和地区

★扬州光辉汽车零部件有限公司
地址:江苏省扬州市江都区丁伙工业园
邮编:225266
电话:0514/86501381、86504788
传真:86501381
网址:www.yzgh.cn
电子信箱:sales@yzgh.cn
法定代表人:杜举才
质量体系:IATF 16949
产品情况:(光辉牌)
汽车、摩托车、通用汽油机及柴油发动机进/排气门和活塞销;具备年产各类型气门2000万只、活塞销1000万只的生产能力
配套及出口情况:为一拖(洛阳)、一拖(姜堰)、潍柴、扬柴、锡柴、四达、五菱柳机、常柴、新柴、朝柴、钱江摩托、宗申、众星、林海、华盛、五菱柳机、华晨金杯、东风小康等20多家主机厂配套;出口日本、东南亚、中东等国家和地区

★泰州市环太电器有限公司
地址:江苏省泰州市高港区刁铺街道官河路56号
邮编:225323
电话:0523/86161515、82078308
传真:86161513
网址:www.tzhtdq.com
电子信箱:huantai@tzhtdq.com
法定代表人:吉俊
单位人数:136
质量体系:ISO 9001、IATF 16949
产品情况:(环太牌)
为一汽、奇瑞生产气门摇臂、气门弹簧上下座、气门挺柱等发动机配件;为美国汽车供应商生产自动变速器油泵轴套、滚花件等系列产品
配套情况:为一汽、奇瑞配套

★江苏松林汽车零部件有限公司
地址:江苏省泰兴市向阳路18号
邮编:225400
电话:0523/87684338、87689448
传真:87011197、87011198
网址:www.jssonglin.cn
电子信箱:345582445@qq.com
法定代表人:程新民
质量体系:IATF 16949、ISO 14001
产品情况:(松林牌)
已具备生产50万支曲轴、60万支连杆、30万只飞轮壳、6万只飞轮、6万只机体的生产能力
配套及出口情况:飞轮壳、连杆主要与东风汽车公司(东风康明斯、东风商用车)、一汽锡柴、上柴、北汽福田、雷沃动力(天津)配套,多缸曲轴主要与一汽锡柴、中国重汽(杭汽发、复强动力事业部)、中国一拖、上柴、北汽福田配套;远销中东、亚太等国际市场

★江苏飞月轴瓦有限公司
地址:江苏省兴化市安丰镇沿河路8号
邮编:225700
电话:0523/83545118、83543701
传真:83543018、83543427
网址:www.jsfyzw.com
电子信箱:sale@jsfyzw.com
法定代表人:刘仁宽
单位人数:300
质量体系:IATF 16949
产品情况:(飞月牌)
轴瓦、衬套、止推片,年产能力4000万片
配套及出口情况:为50多家内燃机制造商配套;部分产品出口美国、欧洲、东南亚地区

★江苏爱尔特实业有限公司
地址:江苏省宝应县东阳路333号
邮编:225800
电话:0514/88316333
传真:88311633
网址:www.autotensioner.com
电子信箱:alt@autotensioner.com
法定代表人:王文焕
质量体系:IATF 16949、ISO 14001
产品情况:汽车张紧轮

★江苏富通轴瓦股份有限公司
地址:江苏省南通市唐闸南市后园52号
邮编:226002
电话:0513/85544053、88121811
传真:85544981
网址:www.ntbf.com.cn
电子信箱:ntbfc@163.com
法定代表人:崔永华
质量体系:ISO 9001
产品情况:(南通牌)
内燃机轴瓦、轴套、止推边及其他各种减摩领域用合金减摩零件
配套及出口情况:主要为江淮、全柴、扬

柴、通柴等配套;与日本大发柴油机、日本住友大阪制锁等配套,还对美国有关企业供应维修轴瓦

★南通星维油泵油嘴有限公司
地址:江苏省南通市滨海新区三余镇
邮编:226300
电话:0513/68916811
传真:68916806
网址:www. ntxw. cn
电子信箱:ntxw@ ntxw. cn
法定代表人:陈平
质量体系:IATF 16949
产品情况:主要产品为各种系列喷油嘴、出油阀、柱塞三对精密偶件和喷油器总成、活塞冷却喷嘴、共轨喷油器阀组件及其他汽车零部件、配件
出口情况:远销东南亚、欧美、非洲等地区

★南通江华机械有限公司
地址:江苏省南通市通州区金沙北路 16 号
邮编:226300
电话:0513/86549665、86512548
传真:86521008
网址:www. tdi – nt. com
电子信箱:tdi@ tdi – nt. com
法定代表人:谢一峰
质量体系:ISO 9001
产品情况:汽车散热器、机油冷却器、冷却水泵、水温调节器、各类旋压带轮、管类零部件等
出口情况:精密机加工销往 ehp、toro、graco 等美国知名公司

★江苏新象股份有限公司
地址:江苏省如东县马塘镇建设路 42 号
邮编:226401
电话:0513/84541430、84541431
传真:84541302
网址:www. xingxiang. com. cn
电子信箱:jsxxgs@ yeah. net
法定代表人:虞天笔
质量体系:ISO 9001、ISO 14001
产品情况:(新象牌)
各种系列的内燃机汽缸套,年生产能力 200 万只以上
配套及出口情况:为上海纽荷兰、美国约克、北汽福田等配套;出口美国、加拿大、墨西哥、俄罗斯以及其他中东国家

★江苏优冠汽车配件有限公司
地址:江苏省如皋市经济开发区起凤西路 99 号
邮编:226500
电话:0513/87568888、4000358633
传真:87307888
电子信箱:sales@ auk – filters. com
法定代表人:韩光杰
质量体系:IATF 16949
产品情况:机油滤清器、燃油滤清器、空气滤清器、空调滤清器等
配套情况:为主机厂 OEM 配套

★江苏万力机械股份有限公司
地址:江苏省海安县海安镇江海西路 168 号
邮编:226600
电话:0513/88814462、88813884
传真:88820644、88812623
网址:www. suzhong. com. cn
电子信箱:wljxvip@ 163. com
法定代表人:梅超华
单位人数:1000
质量体系:IATF 16949
产品情况:(万力牌、苏中牌)
具有年产发动机曲轴 400 多个品种、300 万件的能力
配套及出口情况:为一汽锡柴、上柴、全柴、南柴、常柴、常发、莱动、时风集团、云内动力等 20 多家大型发动机企业配套;部分出口欧美等地区

★上柴动力海安有限公司
地址:江苏省南通市海安经济开发区动力大道(中)8 号
邮编:226601
电话:0513/80686688
网址:www. sdec – ha. com
电子信箱:zhhj@ sdec. com. cn
法定代表人:徐秋华
质量体系:IATF 16949、ISO 9001
产品情况:发动机机体、缸盖铸件制造、粗加工以及其他各类汽车零部件

浙江省

★杭州轴瓦有限公司
地址:杭州市下城区善贤路 16 号
邮编:310004
电话:0571/85358012、85357970
传真:85358020
网址:www. hbbc. cn
电子信箱:hbbcxsb@ hbbc. cn
法定代表人:毛烈平
单位人数:318
质量体系:IATF 16949、ISO 14001
产品情况:(WESTLAKE 牌)
内燃机、空压机、制冷机滑动轴承(轴瓦、衬套、止推片及材料)
配套及出口情况:为上汽大众、江铃股份、庆铃集团、南京依维柯、南京名爵、中国一汽无锡柴油机厂、中国一拖、江淮汽车、奇瑞汽车、保定长城、克诺尔制动系统(大连)有限公司、亚新科美联(廊坊)、潍柴道依茨、云内动力、艾默生(沈阳)、东风乘用车等企业配套;出口美国、日本、西欧、东南亚、中东、非洲、南美洲等国家和地区

★浙江泰德汽车零部件有限公司
地址:杭州市余杭经济开发区昌达路 115 号 1 号楼
邮编:311107
电话:0571/86396977
传真:86396966
网址:www. radiator. cn
电子信箱:sales@ radiator. cn
法定代表人:龙慧儿
质量体系:IATF 16949
产品情况:汽车铝散热器、空调系统、中冷器、暖风芯子、油冷器等汽车热系统产品
出口情况:产品线涵盖欧美、日本

★杭州九龙机械制造有限公司
地址:杭州市余杭区仁和街道东山工业园区
邮编:311107
电话:0571/86399710、86399706
传真:88749866
网址:www. hzjiulong. com
电子信箱:hzjiulong@ hzjiulong. com
法定代表人:陈文强
质量体系:IATF 16949、ISO 9001
产品情况:(九龙牌)
发动机连杆、飞轮壳、取力器壳等配套零部件;具备年产重型汽车连杆 200 万支、飞轮壳 20 万套、齿轮室 50 万套的生产能力
配套情况:为西安康明斯发动机、重庆康明斯发动机、江淮汽车、纳威司达中国发动机、中国重汽集团、一汽-大众、安徽天利动力、洛阳第一拖拉机厂配套

★浙江再生手拉手汽车部件有限公司
地址:杭州市余杭区崇贤街道大安村
邮编:311108
电话:0571/87117082
网址:zssls. com. cn
电子信箱:hua529529@ 126. com
法定代表人:彭晓丹
质量体系:ISO 9001、ISO 14001
产品情况:汽车发动机、变速器整修再制造
配套情况:为吉利汽车、东风裕隆等配套

★杭州金马管业有限公司
地址:杭州市余杭区良渚镇安溪新港村
邮编:311113
电话:0571/88796168、88796158
传真:88796118
电子信箱:caiwu@ jmgy. cn
法定代表人:马历明
质量体系:IATF 16949
产品情况:汽车排气系统以及相关配件

★杭州新坐标科技股份有限公司
地址:杭州市余杭区仓前街道龙潭路 18 号
邮编:311121
电话:0571/88620919
传真:88613690
网址:www. xzbco. com
电子信箱:xzbco@ vip. sina. com
法定代表人:徐纳

质量体系:IATF 16949、ISO 14001
产品情况:气门锁夹、气门弹簧座、液压挺柱和滚轮摇臂,柴油机机械挺柱和推杆等汽车发动机配气机构系统和零部件
配套情况:是上汽大众、上汽通用五菱等知名汽车生产厂家配套供应商

★浙江定川机电制造有限公司
地址:杭州市拱墅区康桥镇蒋家浜路318号A幢三层325室
邮编:311199
电话:0571/88317409、88106139
传真:86255966
电子信箱:hbf@ hzchuan. com
法定代表人:黄斌辉
质量体系:IATF 16949
产品情况:发动机缸盖、汽车蒙皮辊轧件、侧围立柱等三维冷弯产品、新能源客车专用压缩机、直流永磁(直驱)新能源双螺杆压缩机等产品
配套及出口情况:主要合作伙伴有西沃客车、宇通、苏州金龙客车等;远销多个国家和地区

★杭州萧山汽车滤清器有限公司
地址:杭州市萧山区闻堰镇亚太路1855号
邮编:311200
电话:0571/82301448、82309009
传真:82301467
电子信箱:hz_xl@ hotmail. com
法定代表人:韩华忠
质量体系:IATF 16949
产品情况:汽车铝铸管路件、缸盖、滤清器、机油冷却器
配套情况:为杭州汽车发动机厂、潍坊柴油机厂、陕西汽车厂、东风杭汽、柳州五菱等20余家大、中型企业配套

★中国重汽集团杭州发动机有限公司
地址:杭州市萧山国家经济技术开发区红泰六路699号
邮编:311232
电话:0571/88050642、4008871098
传真:88086768、88845519
网址:www. sinotrukengine. com
电子信箱:hfsale@ sinotruk. com
法定代表人:姜爱良
质量体系:IATF 16949
产品情况:斯太尔WD615、WD415两大系列400多个品种的各类柴油机,具有年产12万台以上柴油机生产能力

★杭州双象汽车零部件有限公司
地址:杭州市萧山区瓜沥镇永联村
邮编:311241
电话:0571/82598088、82551667
传真:82553242、82598088-820
网址:www. shuang-xiang. com
电子信箱:hzshuangxiang@ 126. com
法定代表人:陈鉴
质量体系:IATF 16949
产品情况:(双象牌)
各种活塞销,年产能力800万件以上
配套及出口情况:为潍柴动力、中国重汽、广西玉柴、云内动力等国内30余家较大规模主机厂配套;出口欧美、日本、俄罗斯、东南亚等国家和地区

★杭州钱王机械有限公司
地址:杭州市临安区锦北街道龙马村前章219号
邮编:311300
电话:0571/63735074、61096616
传真:63709866
电子信箱:hzqwm@ vip. 188. com
法定代表人:顾春卫
质量体系:IATF 16949、ISO 14001
产品情况:(钱王牌)
各类厚壁整体翻边轴瓦、单边、双边凸缘轴套、单金属铝(铜)轴瓦、滑块、止推片以及铜、铝合金的各类滑动轴承等
配套情况:为潍柴、杭发、道依茨、江铃汽车、上柴、朝柴、玉柴、川柴、奇瑞汽车、吉利汽车等配套

★浙江超安机械有限公司
地址:浙江省诸暨市店口镇湄池振兴路北段55号
邮编:311814
电话:0575/87061898、87061913
网址:www. cn-chaoan. com
电子信箱:market@ cn-chaoan. com
法定代表人:徐建生
质量体系:IATF 16949
产品情况:(超安牌)
各种柴油机喷油器衬套
配套及出口情况:为一汽集团、洛阳一拖、浙江新柴、四达集团、扬动股份、宁动集团等多家柴油机生产商配套;出口美国等国家

★浙江雷贝斯散热器有限公司
地址:浙江省绍兴市柯岩生态集聚园柯岩街
邮编:312030
电话:0575/85596660、85596687
传真:85596657
网址:www. zjropas. com
电子信箱:radiator7@ zjropas. com
法定代表人:项其者
质量体系:IATF 16949、ISO 14001
产品情况:汽车用铝管片式散热器、铝钎焊式散热器、冷凝器、中冷器、层叠式蒸发器,年产能力300万台以上
配套及出口情况:为美国通用、欧宝,德国奔驰、宝马、大众,日本尼桑、本田、丰田,韩国现代、大宇、起亚和国内金杯、微型车系列等300多种车型配套;出口美国、法国、俄罗斯、意大利、英国、德国、南非、印度、波兰、智利、以色列、利比亚、土耳其、科威特、约旦、马来西亚、泰国、阿拉伯等30多个国家

★绍兴市雅克汽配有限公司
地址:浙江省绍兴县兰亭镇薛家坝
邮编:312045
电话:0575/84600821、84609159
传真:84600820
网址:www. ya-ke. cn
电子信箱:tjw@ ya-ke. cn
法定代表人:姚国均
质量体系:IATF 16949、ISO 14001
产品情况:(雅克牌)
柴油机VE分配泵泵头、DPA分配泵泵头、拖拉机提升器总成和油缸分配器等
出口情况:部分产品出口东南亚、南美洲及非洲等地区

★绍兴春晖精密机电有限公司
地址:浙江省绍兴市上虞区经济开发区
邮编:312352
电话:0575/82052087、82158555
传真:82050968
电子信箱:zxl@ zjchunhui. com
法定代表人:杨广宇
质量体系:IATF 16949
产品情况:汽车发动机凸轮轴、气门挺柱、气门导管、气门座圈以及斯太尔发动机系列配件

★绍兴振荣汽车零部件有限公司
地址:浙江省绍兴市上虞区章镇镇车站路13号
邮编:312363
电话:0575/82096119、82091142
网址:www. zhenrong. net
电子信箱:info@ zhenrong. net
法定代表人:赵正荣
单位人数:100
质量体系:IATF 16949、ISO 14001
产品情况:专业生产汽车真空助力器伺服活塞(阀体);年生产真空助力器伺服活塞(阀体)能力500余万套,其中酚醛塑料(胶木粉)阀体200余万套、工程塑料(PET、PA66等)阀体300余万套
配套情况:主要配套客户有浙江万向系统杭州分公司、诸暨万宝机械、浙江亚太机电、厦门亨东制动系统、江西江铃集团深铃汽车零部件等20余家企业

★浙江太阳股份有限公司
地址:浙江省绍兴市上虞区杭州湾经济技术开发区东一区朝阳三路
邮编:312369
电话:0575/82123456、82213728
传真:82213728、82206289
网址:www. chinacrankshaft. com
法定代表人:王荣庆
质量体系:IATF 16949、ISO 9001
产品情况:(太阳牌)
各类发动机曲轴、通用机曲轴、小

功率单缸柴油机、球墨铸铁铸件,各类曲轴年产 100 余万条
配套及出口情况:轿车发动机曲轴主要与一汽集团、吉利汽车、北汽控股配套,柴油机多缸曲轴主要配套一汽锡柴、常柴股份、江淮动力、无锡四达、新柴股份、山东华源莱动、云内动力、潍柴等合作;出口美国、日本、印度、孟加拉国、阿尔及利亚等国家

★浙江新柴股份有限公司
地址:浙江省新昌县新昌大道西路 888 号
邮编:312500
电话:0575/86290401、86230760
传真:86233519
网址:www.xinchaipower.com
电子信箱:office@xinchaipower.cn
法定代表人:白洪法
单位人数:1100
质量体系:IATF 16949
产品情况:(新柴牌)
具备年产 30 万台柴油机的生产能力,配套轻型货车等领域
配套及出口情况:为杭州叉车、合肥叉车、TCM 叉车、北京现代、烟台大宇、泉州新源、厦工新宇、江西南特、玉柴工程机械、北汽福田、山东时风、常发集团、江苏盐城拖拉机厂等配套;远销欧美、东南亚等地区

★浙江威泰汽配有限公司
地址:浙江省长兴县经济开发区南高路 111 号
邮编:313100
电话:0572/6616879
传真:6611111
网址:www.wtqp.com
电子信箱:wtad01@wtqp.com
法定代表人:张宇
质量体系:IATF 16949
产品情况:汽车滤清器
出口情况:远销美国、德国、土耳其、澳大利亚等 20 多个国家和地区

★浙江龙虎锻造有限公司
地址:浙江省德清县干山工业区 55 号
邮编:313223
电话:0572/8239768、8239809
传真:8239808
网址:chinalonghu.com
电子信箱:forging_zj@chinalonghu.com
法定代表人:陈瑞龙
质量体系:IATF 16949
产品情况:12 ~ 18 吨平台车车轮轴头、凸轮轴、制动器支架、凸轮轴支架、转向节、半轴凸缘、汽车悬架、拉杆、发动机气门摇臂、汽车门铰链及锚件、吊环等
出口情况:远销德国、美国、韩国、新加坡、泰国、印度,并销往中国台湾地区

★嘉兴众恒汽车部件有限公司
地址:浙江省嘉兴市经济开发区塘汇路 858 号
邮编:314000
电话:0573/82301696、82336632
传真:82325666
网址:www.jhparts.com
电子信箱:office7@jhparts.com
法定代表人:陈珍蕾
质量体系:IATF 16949
产品情况:(JOINHANDS 牌)
汽车电子燃油泵、柴油泵、总成与过滤网等产品
出口情况:远销美国、日本、德国、韩国、巴西、意大利等国家

★浙江海德曼过滤技术有限公司
地址:浙江省嘉兴市工业园区步焦路 999 号
邮编:314001
电话:0573/83019999
传真:83019888
网址:www.headman.cc
电子信箱:sandraguo@headman.cc
法定代表人:郭家荣
单位人数:500
质量体系:IATF 16949、ISO 14001
产品情况:(RONGSUN 牌)
燃油滤清器、机油滤清器、空气滤清器、液压油滤清器,年产各种滤清器 1000 万只
配套及出口情况:为三一集团、徐工集团、东风集团、斗山集团、PALL 公司、杭州前进齿轮箱、山河智能、科克动力等配套;远销欧洲、美洲、日本等几十个国家和地区

★浙江普礼汽配制造有限公司
地址:浙江省嘉善县魏塘街道魏中路 88 号
邮编:314116
电话:0573/84753022、84753025
传真:84753308
电子信箱:poli@poliauto.com
法定代表人:吕万贤
质量体系:IATF 16949、ISO 9001
产品情况:(CTI 牌、KM 牌)
汽车、摩托车用活塞环、转向盘套、座椅套、车灯等
配套及出口情况:为东风汽车、华源凯马配套;产品全部出口,远销美洲、欧洲、中东、南非、东南亚等地区

★浙江桓宇汽配股份有限公司
地址:浙江省平湖市新仓镇仓庆路 1 号
邮编:314205
电话:0573/85701188
网址:www.cnpiston.com
电子信箱:huanyu@cnpiston.com
法定代表人:周德表
质量体系:ISO/TS 16949
产品情况:专业生产各种轿车、微型车、重型汽车、工程机械、农用车等机动车活塞

★平湖康弗莱尔汽车发动机系统有限公司
地址:浙江省平湖市经济开发区新群路 2198 号
邮编:314213
电话:0573/85093188 - 8012
传真:85092101
网址:www.camfollowerchina.com
电子信箱:camfollowerchina@163.com
法定代表人:龚跃
质量体系:IATF 16949
产品情况:汽车发动液压挺杆、气门挺柱、液压张紧器等汽车发动机系统精密零部件

★浙江时代汽车零部件有限公司
地址:浙江省海宁市许村工业园区
邮编:314409
电话:0571/88012873、88010877
传真:88014836
网址:www.jinheng.com.cn
电子信箱:webmaster@jinheng.com.cn
法定代表人:金天荣
质量体系:IATF 16949
产品情况:(金恒牌)
产品有铜、铝散热器、中冷器、油底壳、风扇等 10 多个系列,200 多个品种
配套及出口情况:主要客户有中国一拖、中国重汽、杭州叉车、宇通客车、东风康明斯、潍柴动力等大型主机厂;出口美国、意大利等国家

★余姚市舒春机械有限公司
地址:浙江省余姚市明伟工业区荣创路 22 号
邮编:315000
电话:0574/62576130、62576133、
传真:62581565
电子信箱:sale1@shuchun.net.cn
法定代表人:舒学军
质量体系:IATF 16949、ISO 9001
产品情况:柴油机油嘴油泵,喷油器总成、喷油泵总成、柱塞偶件、针阀偶件、喷嘴、锥块系列、压油阀偶件、吸油阀、泄放阀总成、液压顶头,各种型号的摩托车发动机配件等
出口情况:出口欧美、中东、东南亚等地区

★宁波威孚天力增压技术股份有限公司
地址:浙江省宁波市江北区慈城镇宁波(江北)高新技术产业园畅阳路 268 号
邮编:315032
电话:0574/27861777、27861786
网址:www.nbwftt.com
电子信箱:yxb@nbwftt.com
法定代表人:徐云峰
质量体系:IATF 16949、ISO 9001
产品情况:(GP 牌)
涡轮增压器
配套情况:主要批量供给上汽集团、重庆力帆、东风小康、安徽江淮、昆明云

目　录 CONTENTS

中国优秀零部件及设备供应商推荐

仁 凝聚 义 担当 礼 合规 智 创新 信 诚信
Cohesion Responsibility Compliance Lnnovation Honesty

全球汽车零部件OEM配套百强

中国汽车工业三十强

中信戴卡股份有限公司
CITIC DICASTAL CO.,LTD

廿五同航　盛享未来

产业布局 / Products Layout

HSAE 航盛
科 技 领 航 盛 行 天 下

车载智能网联信息娱乐系统
INTELLIGENT CONNECTED IN-VEHICLE INFOTAINMENT SYSTEM

- In-Vehicle Infotainment
  (Radio、Display audio、Navigation)
- T终端和网联系统
  T Terminal & Network System
- 数字仪表
  Digital Cluster

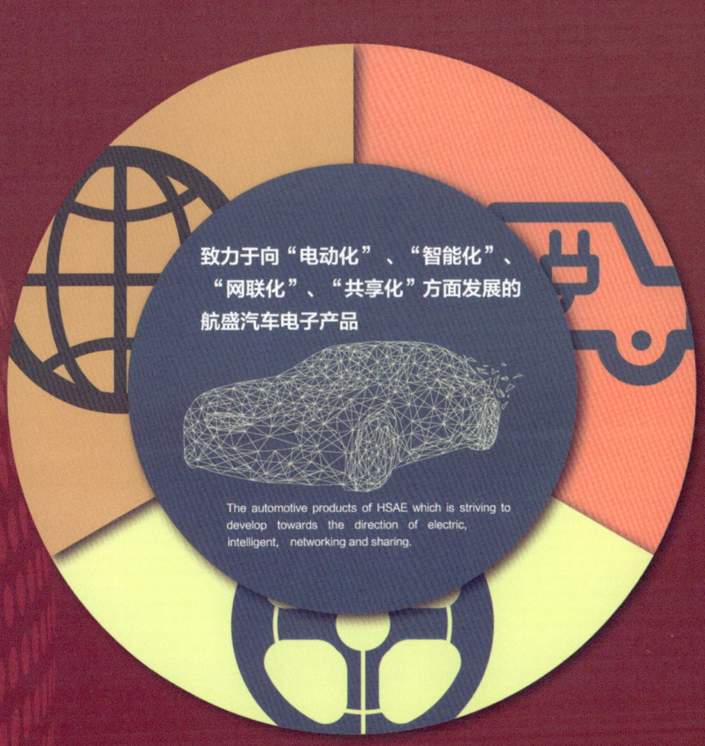

新能源汽车控制系统
NEW ENERGY VEHICLE CONTROL SYSTEM

- 整车控制器（VCU）
  Vehicle Control Unit
- 电机控制器（MCU）
  Motor Control Unit
- 电池管理系统（BMS）
  Battery Management System

智能驾驶辅助系统
ADVANCED DRIVER ASSISTANT SYSTEM

- 倒车后视摄像头
  Reversing Rear-view Camera
- 全景泊车系统
  Surround View Parking Assistance System
- 倒车雷达系统
  Reverse Sensor System
- 高级驾驶辅助系统
  Advanced Driver Assistance System
- 胎压监测系统
  Tire Pressure Monitoring System
- 自动泊车
  Automatic Parking
- 红外夜视系统
  Infrared Night Vision System

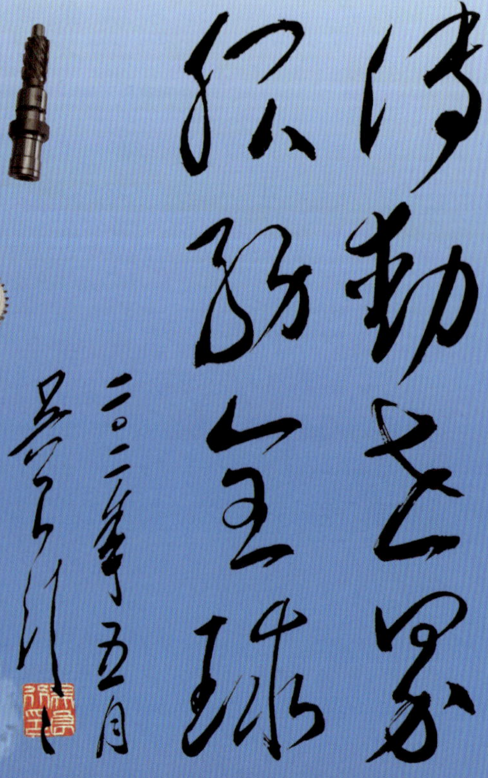

公司概况

广汽零部件有限公司（简称“广汽部件”）成立于2000年8月28日，总部位于广州，与广汽集团零部件事业本部合署办公。截至目前，广汽部件在珠三角、长三角及华中等地区设有47家投资企业及1家技术中心，目前员工人数约20000人，营业收入约400亿元，位列2020年中国汽车零部件百强企业第7位，连年荣获“广东省最具社会责任感企业”“广东省优秀企业”荣誉。

广汽部件产品包括内外饰、动力、底盘、电子电器、车灯五大板块，与电装、普利司通、麦格纳、李尔、安道拓、中航精机等国内外知名零部件企业开展合资合作，为广汽乘用车、广汽本田、广汽丰田、广汽新能源、广汽菲克、广汽三菱、东风本田、东风日产等整车厂提供优质的配套服务；与此同时，广汽部件致力于加强自主研发，打造核心竞争力，技术中心现已具备汽车座椅、微电机、起停电机、换挡器、电控单元等产品的研发和试验评价能力，为产品设计开发提供保障。

广汽部件为中长期发展规划制定了“1-2-3-5”发展战略，即“1”个中心、“2”轮驱动、“3”个提升、“5”大业务；即坚持以打造企业核心竞争力为中心，以自主发展和合资合作为两轮驱动，实现零级化、模块化、数字化三个提升，逐步发展内外饰、电子电器、底盘、新能源、智能网联五大业务。

面向未来，广汽部件将继续秉承人为本、信为道、创为先的理念，紧紧围绕广汽集团中长期发展战略，致力于成为客户信赖、员工幸福、社会期待的卓越零部件企业，为人类美好移动生活持续创造价值。

投资企业分布

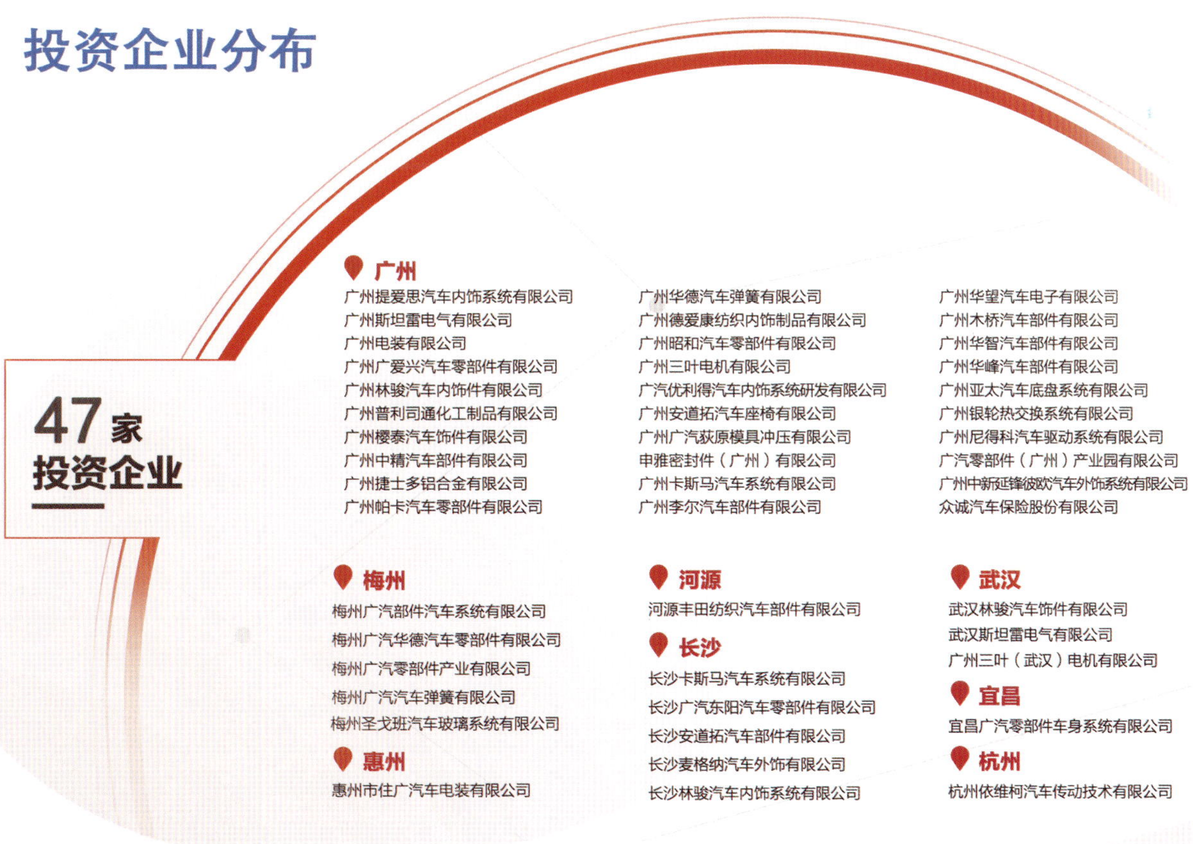

公司网站：www.gacc.com.cn　　联系地址：广州市广州大道中988号圣丰广场9楼-12楼

重庆青山工业有限责任公司

重庆青山工业有限责任公司系中国兵器装备集团公司所属的国有大型工业企业。公司始建于1965年1月，资产总额逾36亿元。

公司专注于汽车传动系统领域。拥有重庆、成都、郑州三大生产基地，已具备年产200万台手动变速器(MT)、30万台新能源汽车变速器、70万台双离合自动变速器(DCT)的生产制造能力，累计产销各类变速器2000余万台。

公司技术力量雄厚，自主研发能力强，拥有国家认定企业技术中心、CNAS认可实验室、博士后科研工作站，形成“两国三地七中心”的全球性布局，具备设计、分析、试制、匹配、试验、验证、工程化七大研发能力。专注于打造出满足3.0L以下排量乘用车的 MT、DCT、纯电动汽车变速器、混合动力汽车变速器四大产品平台，形成20个产品系列、近300个型号的产品谱系，覆盖轿车、SUV、MPV、微客等多种车型。

青山公司将秉承“感恩、诚信、自立、超越”的核心价值观，愿与各界朋友携手并进、精诚合作，为中国民族汽车工业的振兴发展做出贡献。

◆减速器产品

减速器产品（单挡+两挡）——EF112

项目	内容
轴系布置	平行轴式二级减速
尺寸（长x宽x高）	362mm×155mm×220mm
峰值功率	25kW/48V
承载转矩	150N·m
轮端转矩	1500N·m
最高转速	16000rpm
总成质量（不含油）	12kg
布置角度范围	10°~30°
总速比能力	7~15.3 (现有9.2@120N·m;15.3@55N·m)
中心距	150mm
最高系统效率	98%

减速器产品（单挡+两挡）——EF120

项目	内容
轴系布置	平行轴式二级减速
尺寸（长x宽x高）	384mm×180mm×283mm
峰值功率	110kW
承载转矩	250N·m
轮端转矩	2400N·m
最高转速	16000rpm
总成质量（不含油）	16kg
布置角度范围	0°~30°
总速比能力	7~12 (现有：10；10.28；12.1)
中心距	127.5mm/150mm/189mm可选
最高系统效率	98%

减速器产品（单挡+两挡）——EF135

项目	内容
轴系布置	三轴式
尺寸（长x宽x高）	500mm×201mm×319mm
挡　位	单挡
承载转矩	400N·m
轮端转矩	4000N·m
最高转速	12000rpm
总成质量（不含油）	27.8kg
布置角度范围	10.8°~28°
速比范围	8~10
输入输出高低差	40
中心距	214mm
传递效率：最高	97.9%
传递效率：NEDC综合	95.1%

◆电驱总成

电驱动总成（三合一）——PEF06

项目	内容
电机系统额定力矩/功率	65N·m/35kW
电机系统峰值力矩/功率	105N·m/55kW
电机峰值转速	15000rpm
工作电压范围（V）	200~430
减速器速比	12.457
减速器中心距	150
电驱动单元重量（kg）	40
轮边峰值转矩\转速	1300N·m/1200rpm
电驱动单元尺寸(长×宽×高)	355×343×315
设计寿命	10年30万km
最高系统效率	>92%
可搭载车型	A00/A0级、物流车，前驱或后驱

电驱动总成（三合一）——PEF10

项目	内容
电机系统额定力矩/功率	90N·m/37kW
电机系统峰值力矩/功率	240N·m/95kW
电机峰值转速	14000rpm
工作电压范围（V）	248~465
减速器速比	10.275/10.004
减速器中心距	127.5mm
电驱动单元重量（kg）	52
轮边峰值转矩\转速	2400N·m/1400rpm
电驱动单元尺寸(长×宽×高)	460mm×370mm×302mm
设计寿命	10年30万km
最高系统效率	>92%
可搭载车型	A/A0级、物流车，前驱或后驱

电驱动总成（三合一）——PEF15

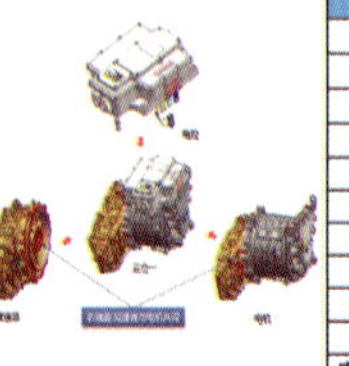

项目	内容
电机系统额定力矩	100/120/140N·m
电机系统额定功率	45/60/60kW
电机系统峰值力矩	254/280/300N·m
电机系统峰值功率	95/120/130kW
电机峰值转速	12000rpm
工作电压范围（V）	270~450
减速器速比	9.115
减速器中心距	214
电驱动单元重量（kg）	89
轮边峰值转矩	2550N·m
电驱动单元尺寸(长×宽×高)	517mm×483mm×435mm
设计寿命	8年16万km
最高系统效率	>92%
可搭载车型	A0、A级、B级、SUV、MPV

◆ 混合动力产品

混合动力产品—HF640（P2）

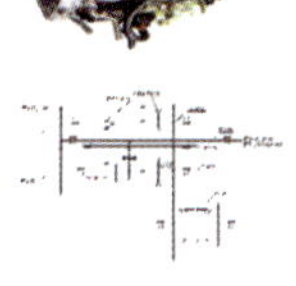

项目	内容
轴系布置	平行轴式
尺寸（长x宽x高）	416.5mm×650mm×440mm
挡位	6前进挡+倒挡
离合器	湿式双离合器
综合承载转矩	400N·m
电机功率	85kW
电机最高转速	12000rpm
总成质量（不含油）	≤120kg
布置角度范围	--
速比范围	16.13~2.81
中心距	196mm
综合传递效率	94%

混合动力产品—HEF30（DHT）

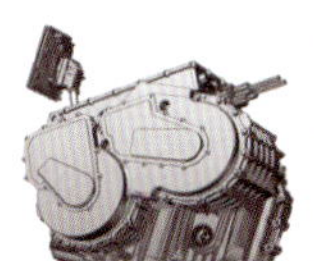

项目	内容
轴系布置	平行轴式
尺寸（长x宽x高）	420mm×601.8mm×653mm（含电控）
挡位	2前进挡
离合器	湿式单离合器
最大输入转矩	300N·m
TM电机峰值功率	143kW
TM电机最高转速	14500rpm
TM电机最大转矩	300N·m
GM电机峰值功率	96kW
GM电机最高转速	12000rpm
GM电机最大发电转矩	134N·m
总成质量（不含油）	≤128kg
布置角度范围	/
ICE速比范围	2.94~4.64
P3电机速比	10.36
中心距	197mm
综合传递效率	94%

电桥产品（P4）—PED120

项目	技术参数
轴系布置	单挡双级减速
挡位布置	N挡
尺寸（长x宽x高）	386mm×270mm×285mm
峰值功率	80kW
电机转矩	300N·m
最高转速	12000rpm
总成质量（不含油）	20kg
布置角度范围	10°~20°
总速比能力	10.04
输入输出高低差	25.4
中心距	127.5mm
最高系统效率	98%

◆ 双离合自动变速器

5挡双离合自动变速器 ——DF515

项目	内容
轴系布置	平行轴式
尺寸（长x宽x高）	359mm×470mm×297mm
挡位	5前进挡
离合器	湿式离合器（2个）
承载转矩	≤160N·m
总成质量（不含油）	≤65kg
布置角度范围	±5°
速比范围	2.7~16
输入输出高低差	74.3mm
中心距	178mm
传递效率：最高	93.5%

7挡双离合自动变速器 ——DF727

项目	内容
轴系布置	同轴式
尺寸（长x宽x高）	396mm×565mm×471mm
挡位	7前进挡(1倒挡)
离合器	湿式
承载转矩	≤300N·m
总成质量（不含油）	≤90kg
速比范围	2.7~18.2
输入输出高低差	82
中心距	191mm
传递效率：最高	94.1%

7挡双离合自动变速器 ——DF727C

项目	内容
轴系布置	同轴式+双中间轴
外观尺寸	394mm×581mm×418mm
挡位	7前进挡+R挡
离合器	湿式双离合
承载转矩	max300N·m
变速器总质量（不含油）	≤74kg
油品	HDCT219LV
速比范围	16.13~2.33
输入输出中心距	191mm/197mm
轴系布置	同轴式+双中间轴

◆ 手动变速器

5挡纵置150N·m手动变速器 ——MR515

项目	内容
轴系布置	输入轴+中间轴+输出轴
尺寸（长x宽x高）	517mm×330mm×352mm
挡位	5
承载转矩	150N·m
总成质量（不含油）	25kg
布置角度范围	后倾：0~5°
速比范围	0.856~4.388
输入输出高低差	0
中心距	63mm
传递销量：最高	98%
传递销量：综合	96%

6挡纵置230N·m手动变速器 ——MR625

项目	内容
轴系布置	输入轴+中间轴+输出轴
尺寸（长x宽x高）	640mm×380mm×360mm
挡位	6
承载转矩	250N·m
总成质量（不含油）	38.6kg
布置角度范围	后倾：0~5°
速比范围	0.886~4.651
输入输出高低差	0
中心距	65mm
传递销量：最高	98%
传递销量：综合	96%

5挡横置160N·m手动变速器 ——MF515

项目	内容
轴系布置	输入轴+中间轴+差速组件
尺寸（长x宽x高）	354mm×471mm×413mm
挡位	5前进挡+1倒挡
承载转矩	160N·m
总成质量（不含油）	35kg
布置角度范围	前倾：0~7.5°
速比范围	3.484~16.648
输入输出高低差	165mm
中心距	68mm
传递效率：最高	98%
传递效率：综合	96%

6挡横置260N·m手动变速器 ——MF626

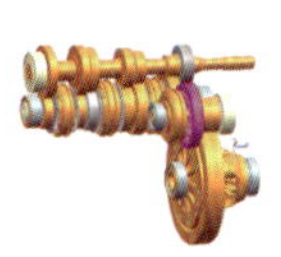

项目	内容
轴系布置	两轴半式
尺寸（长x宽x高）	405mm×496mm×416mm
挡位	6前进挡+1倒挡
承载转矩	260N·m
总成质量（不含油）	42kg
布置角度范围	\
速比范围	2.570~17.182
输入输出高低差	73mm
中心距	68mm
传递效率：最高	97%
传递效率：综合	95%

6挡横置280N·m手动变速器 ——MF628

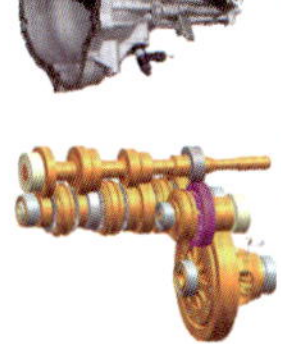

项目	内容
轴系布置	两轴半式
尺寸（长x宽x高）	403mm×504mm×441mm
挡位	6前进挡+1倒挡
承载转矩	280N·m
总成质量（不含油）	48kg
布置角度范围	\
速比范围	2.634~17
输入输出高低差	71.78mm
中心距	76mm
传递效率：最高	97%
传递效率：综合	95%

把动力传递到每一处...

Transfer power everywhere

地址：重庆市璧山区青杠街道

电话：02341819111

网址：www.tsingshan.cn

邮编：402776

传真：02341819666

上海汽车地毯总厂有限公司

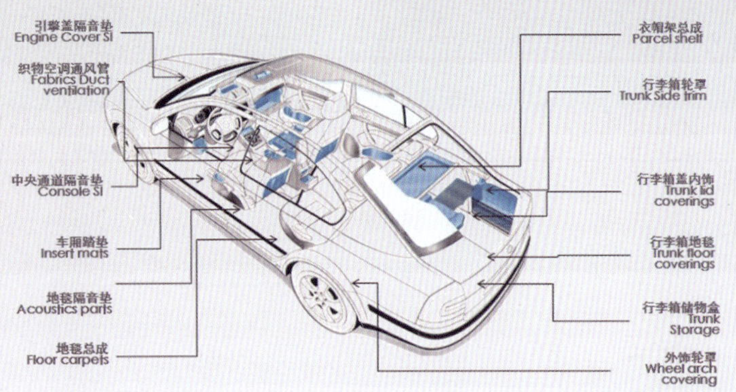

上海汽车地毯总厂有限公司为上海申达股份有限公司(上交所上市公司)控股的企业，上海东方国际集团成员单位。公司于 1985 年开始运行，目前直属企业拥有员工约 1000 人。主营业务为汽车内饰件的开发、制造和服务, 2019 年全国销售额为 21 亿人民币。

除了松江总部工厂，在全国各地拥有 6 个全资子公司和 1 个分公司：上海汽车地毯总厂仪征有限公司、长沙申纺汽车部件有限公司、上海汽车地毯总厂沈阳（科技）有限公司、宁波申纺汽车部件有限公司、上海汽车地毯总厂（铁岭）汽车材料有限公司、宝鸡申纺汽车部件有限公司以及上海汽车地毯总厂有限公司张家口分公司。

另外，公司投资的合资公司有 6 家：傲锐汽车部件（上海）有限公司、上海申阳藤汽车纺织内饰件有限公司、依蒂尔申达汽车零部件（天津）有限公司、江苏中联地毯有限公司、芜湖尚维汽车饰件有限公司、长春旭阳佛吉亚毯业有限公司。

目前公司的主要客户有上汽大众、华晨宝马和吉利沃尔沃等。合资公司主要客户有北京奔驰、上汽通用、广州本田、一汽丰田、东风日产、捷豹路虎、奇瑞、观致、标致和雪铁龙等。或许您心爱的座驾内，就有着我们的产品。

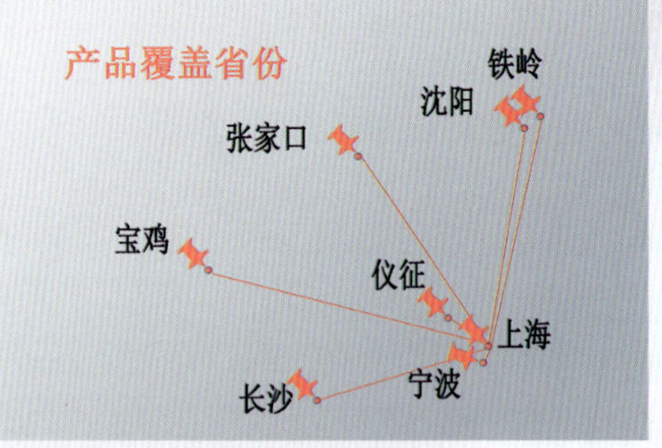

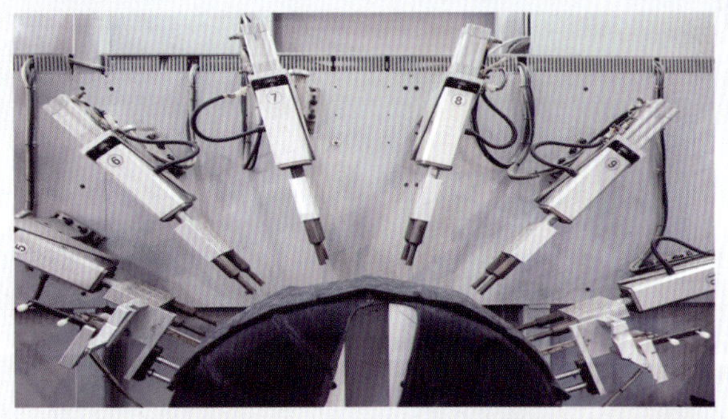

公司主要产品有汽车主地毯、行李箱内饰（行李箱轮罩、行李箱地毯、行李箱盖内饰、行李箱储物盒）、衣帽架、声学件（挡泥板、地毯隔音垫、引擎盖隔音垫、隔热垫）、脚垫等。另外还涉及非织造布和复合材料的制造。

公司拥有上海市企业技术中心一个，创新项目和新技术获得诸多专利和奖项。公司的生产规模、综合开发能力、技术装备、市场占有率以及主要经济效益指标均居国内同行业前列。

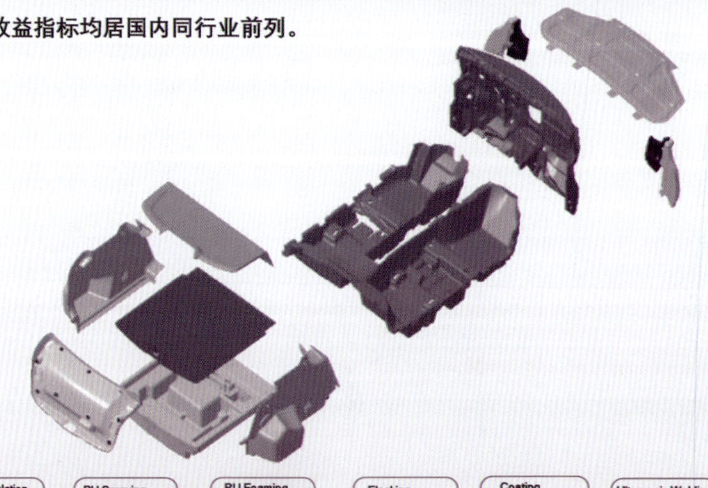

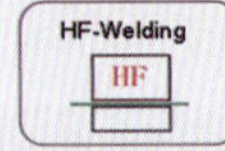

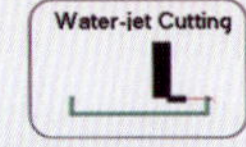

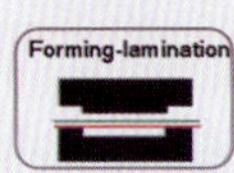

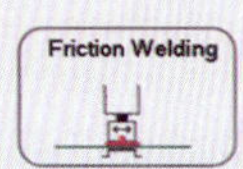

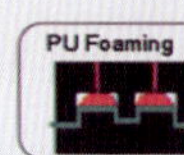

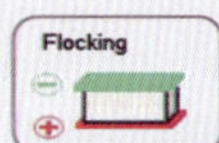

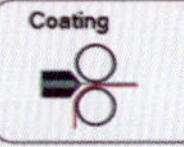

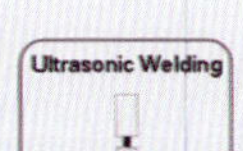

崇尚一流　超越自我

exceptional, go beyond oneself

上海市松江区松汇西路 1899 号

邮箱：public@sccp-sj.com

网址：www.sccp-sj.com

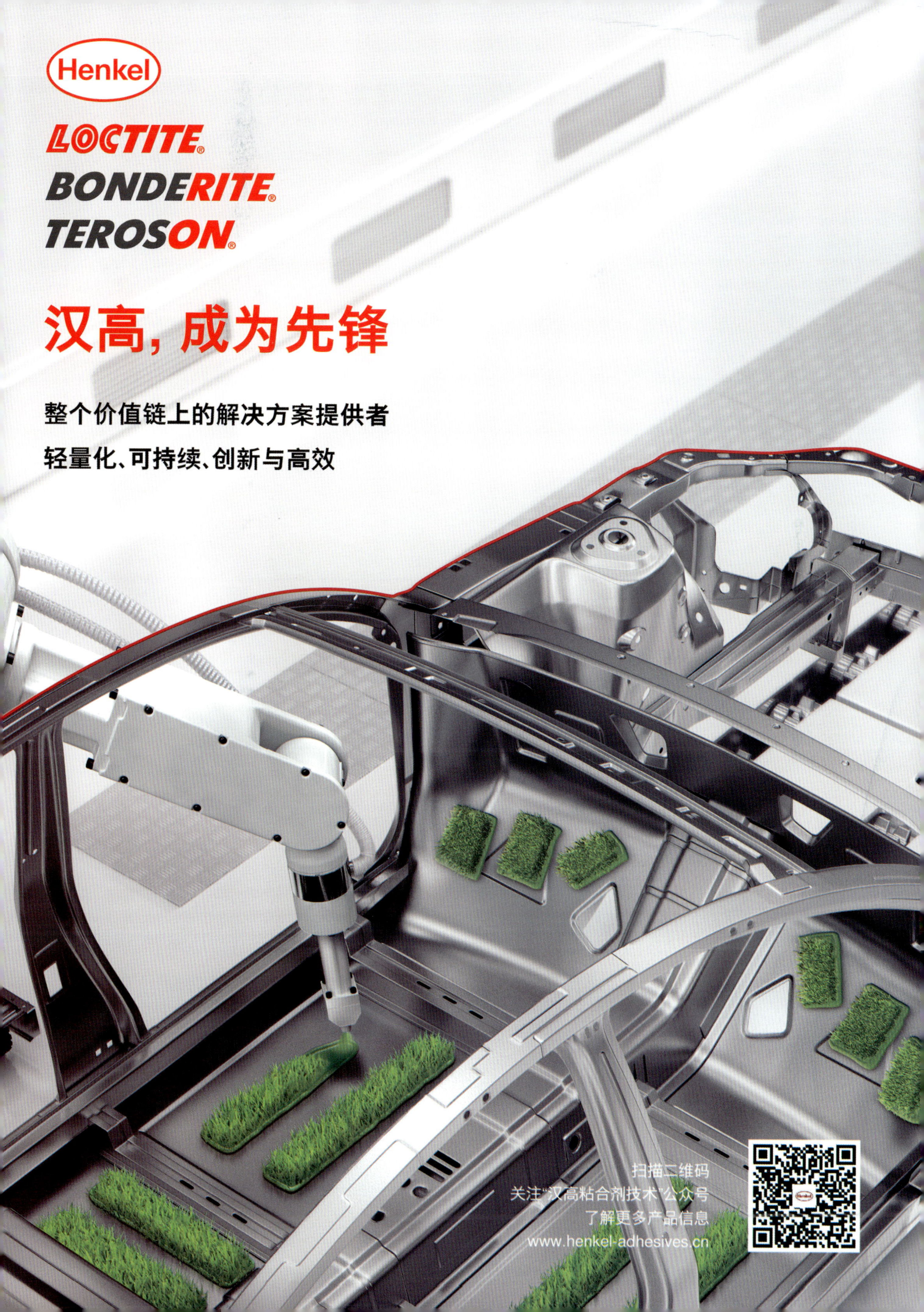
Henkel
LOCTITE®
BONDERITE®
TEROSON®
汉高，成为先锋
整个价值链上的解决方案提供者
轻量化、可持续、创新与高效
扫描二维码
关注"汉高粘合剂技术"公众号
了解更多产品信息
www.henkel-adhesives.cn

广州市西合汽车电子装备有限公司

Guangzhou Xihe Automotive Electronic Devices Co., Ltd.

公司简介

广州市西合汽车电子装备有限公司[在与德国大陆(Continental AG)汽车电子有限公司技术合作的基础上成立]是浙江科力车辆控制系统有限公司的子公司，是专业从事汽车电子制动系统ABS、EBS等产品的研发、生产、技术服务于一体的国家高新技术企业。

挂车 4S2M、2S2M ABS 系统

挂车 ABS 总成

挂车 ABS 线束

传感器延长线

电控继动阀

ABS 指示灯

卡客车 4S4M ABS+ASR 系统

ABS 控制单元

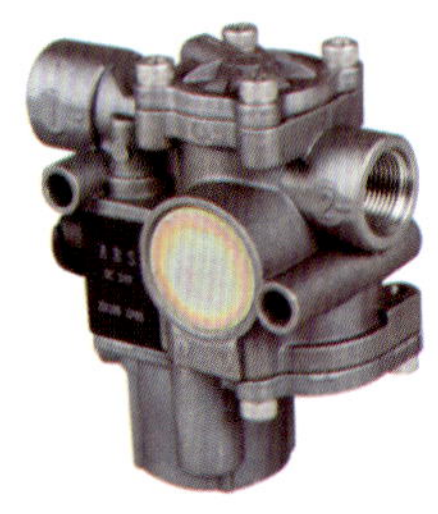

ABS 电磁阀

ASR 电磁阀

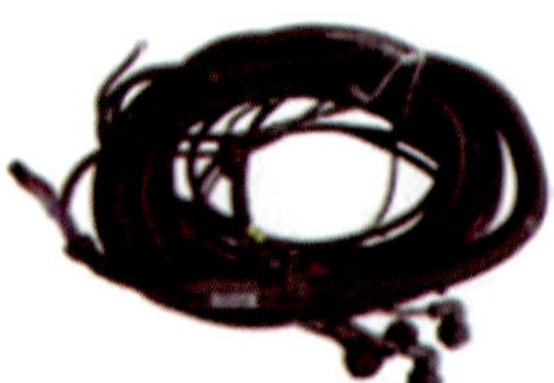

ABS 底盘线束

新型挂车 4S4M、 6S6M ABS 系统

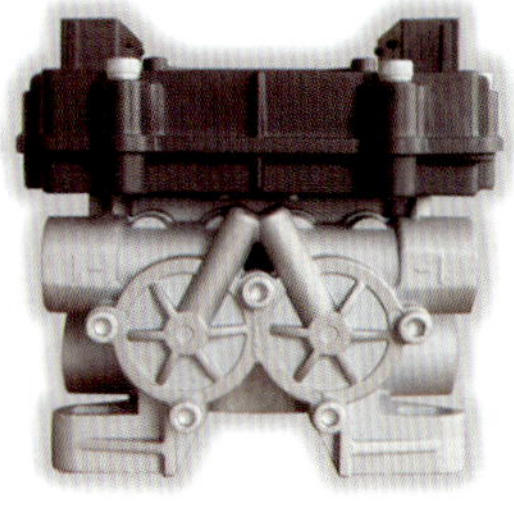

ABS 总成

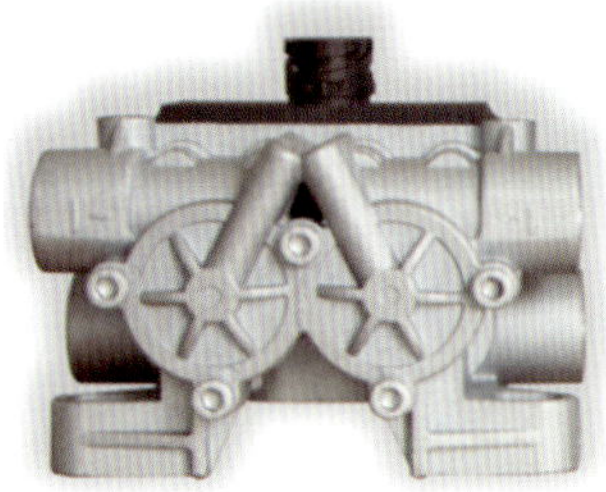

ABS 双联电磁阀

紧急继动阀

ABS 线束

EBS 系统

桥控制模块

双联电磁阀

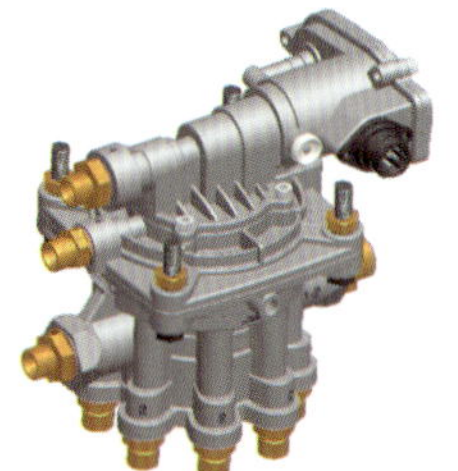

电磁流量继动阀

电控制动总阀

常德博特五金制品有限公司

CHANGDE BOLT HARDWARE PRODUCTS CO.,LTD

公司简介：

常德博特五金制品有限公司创立于2007年，是一家专业生产汽车紧固件的厂家，公司产品广泛地应用在汽车前后牌照、前端模块、水箱框架、客车空调外壳、车身等领域。

目前公司自有厂房约四千多平方米，占地面积约10亩，拥有冷镦机、攻丝机、网带炉等机器设备多台。

近年来，公司不断地进行设备和工艺改进，智能化程度更高，对产品的防锈处理也有更高要求，同时引进新的防腐表面涂层处理技术。

公司于2018年9月通过IATF16949汽车行业质量管理体系认证。

Changde Bolt Hardware Products Co., Ltd was founded in 2007, which is a special fastener manufacturer. Products are widely used in auto license plate、front frame、water box frame、bus air conditioner、body etc.
Company has more than 4000 square meter, owns the area of land is around 10mu. Owns cold forging machine、automatic tapping machine etc.
Recently, company continuously improves equipments and technology, increases automatical process, prevent rust ability improve, and lead in prevent corrosion coating technology.
Company passed IATF 16949 in 2018.

广泛应用于汽车领域

前牌照板

后牌照板

水箱支架

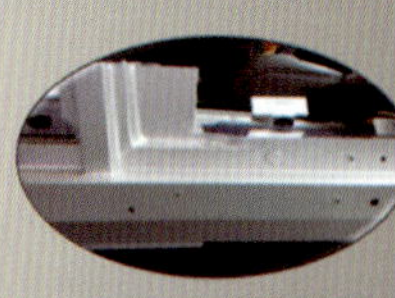

车身

客车空调外壳

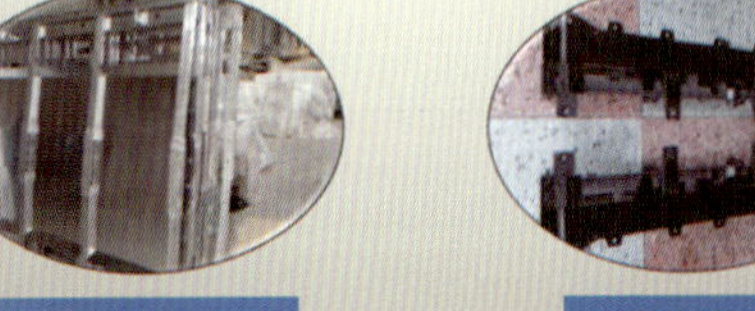

前端模块

车身

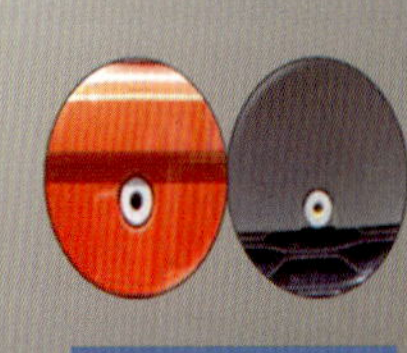

前后牌照板

公司主要设备

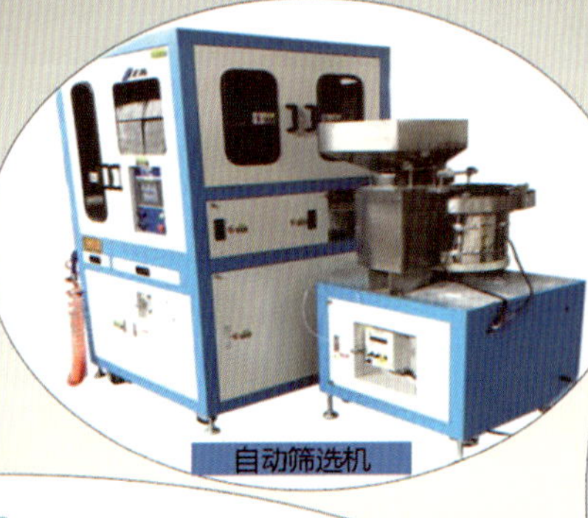

主要产品

公司地址：湖南省汉寿县龙阳镇杨旗东路126号
联系电话：13507365068　　0736-2891789
网　　址：www.cdbolt.com
电子邮箱：wu@cdbolt.com

北京必创科技股份有限公司（股票代码：300667）是一家无线传感器网络系统解决方案及MEMS传感器芯片提供商，是国内较早基于IEEE802.15.4通讯标准进行无线传感器网络相关产品研发、生产和销售的企业，是国内较早实现无线传感器网络产品产业化生产的企业。

公司为智能工业、数字油田、智能电网等领域提供监测方案；为装备制造、科研及检测、教学及实验和国防研究等领域提供检测方案；为汽车电子及消费类电子产品等领域提供MEMS产品。

公司始终坚持自主创新，致力于无线传感器网络系统相关技术的研究和产品开发。经过十余年的技术积累，目前已经掌握了物联网中核心的无线传感器网络协议技术和MEMS芯片感知技术。在无线传感器网络技术领域成功研发出多项无线网络通讯协议和行业专用算法，掌握了组网模式、拓扑控制、路由、介质访问控制和逻辑链路控制技术、定位技术、能耗管理、低开销操作系统技术、能量收集技术等多项关键支撑技术。公司在监测方案和检测方案的设计、产品选型及研发定制、专业化配置、数据采集及处理、智能化升级、安装调试、售后支持、技术开发等方面也具备较为突出的专业水平。

在MEMS芯片设计和制造技术领域，掌握了设计仿真、前道流片、封装测试等全过程生产工艺技术。公司研发了MEMS压力传感器芯片开口封装技术，生产的MEMS压力传感器芯片精度、稳定性、温度漂移等性能指标已经达到车规水平，并已在汽车前装市场批量销售。

无线传感器网络是物联网产业发展的基础和核心，受到国家政策的大力支持。未来公司将持续专注于工业无线传感器网络的监测、检测及MEMS芯片领域，充分利用多年沉淀的技术储备，以市场需求为导向，加大研发投入，保持先发优势，夯实业务根基，以专业的技术、可靠的产品品质、完善的服务体系形成较强的品牌优势，为感知融合智能、赋能产业互联奠定坚实基础。

MEMS进气歧管压力传感器-BC

1.产品说明

BCPC2101是一种基于MEMS和IC封装实现单片集成的扩散硅压阻式进气歧管压力传感器。

BCPC2101具有输出范围宽(0.35V~4.7V)，量程范围广(10Kpa~ 700Kpa)和温补校准已完成等特点。

该传感器主要用于测量发动机进气歧管压力。高精度和高可靠性使其非常适用于先进的汽车应用以及工业和消费应用。

车规级MEMS差压传感器-BPDxx

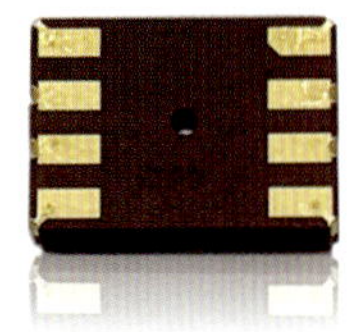

1.产品说明

BPDxxKHC系列差压压力传感器采用单晶硅压阻原理制作，高可靠陶瓷管壳封装，惠斯通电桥输出，具有体积小、精度高、使用方便的特点。

该传感器主要用于测量发动机颗粒物过滤器(DPF)压力、油箱压力、空调滤网压力等，具有优良的可靠性。

地址：北京市海淀区上地七街一号汇众科技大厦7层（100085）

PC2101

1.1产品特性

- 高精度（±2.8KPa）
- 宽工作温度范围（-40℃~140℃）
- 符合车载使用标准
- 防反接保护
- 环保贴片式封装
- 输出电压钳位

1.2 应用方向

- 发动机进气歧管压力测量
- 工业控制
- 医疗应用
- 气象站
- 高度计

KHC

1.1产品特性

- 工作温度范围：-40℃~150℃
- 高可靠陶瓷封装
- 小尺寸：7mmx5mmx2.85mm
- 差压或者表压配置方式
- 可选量程3kPa、7kPa、30kPa、100kPa、200kPa
- 镀金焊盘贴片式封装

1.2 应用方向

- 发动机颗粒物过滤器压力测量
- 汽车油箱压力测量
- 曲轴箱通风压力测量
- 空调滤网压力测量
- 差压、表压仪表
- 工业控制

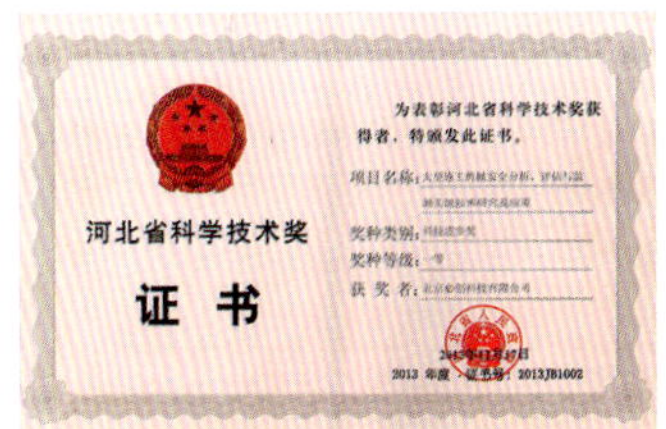

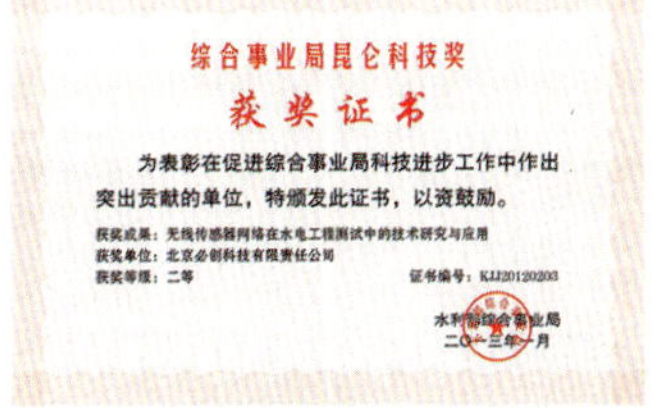

电话：400-688-3010 传真：86-10-82784200 邮箱：beetech@beetech.cn 网址：www.beetech.cn

发展中的陕西汉江机床有限公司

陕西汉江机床有限公司（原汉江机床厂）是国家第三个五年计划时期兴建的三线建设重点工程之一，机械工业大型骨干企业，国内螺纹磨床主导企业。公司是国家科技重大专项主要承担企业之一，作为责任单位承担六项，联合承担十九项。公司是中国机床工具工业协会常务理事单位，中国机床工具工业协会滚动功能部件分会第五、六、九届理事长单位，磨床分会副理事长单位。

公司秉承“诚信为本、精益求精”的企业精神，坚持“国内领先、国际一流”的企业战略，以顾客为关注焦点，争创中国知名品牌。经过50多年的发展历程，形成以自动化、数字化、智能成套成线产品为主的精密数控螺纹加工机床产业，以滚珠丝杠副、滚动直线导轨副、滚动导轨块、滚动花键副、螺杆转子副、齿轮齿条副、精密工作台和精密零部件产品为主的滚动功能部件产业，是陕西省高新技术企业。

公司总资产7亿元，拥有从加工工艺、加工设备、计量检测、标准制定的全工艺链螺纹制造核心技术。拥有各类机械设备1500余台（其中精、大、稀设备158台），各种精密检测、计量仪器仪表1300台套；现有中、高级科技人员近200人。公司拥有省级技术中心，下设螺纹磨床研究所（行业归口所）、陕西省滚动功能部件研究所、螺杆压缩机研究所，取得14项国家发明专利技术，具有强大的专机自主研发能力和装备再制造技术服务能力。

公司机床产业主要研发制造成套成线、高精、高效、自动化、智能化数控螺纹加工机床，拥有16大系列135种产品，具备为用户提供精密螺纹制造一体化工艺解决方案的技术能力。螺纹加工机床产品系列有：高精高效滚珠丝杠副生产线，微型螺母高效磨削自动化生产线，成线/成套微型滚珠丝杠副加工设备、汽车关键零部件螺杆副加工设备、精密蜗杆加工设备、螺纹环塞规加工设备、螺杆转子加工设备、成套螺纹测量仪器系列设备、专用数控加工设备。

滚动功能部件产业主要产品有：滚珠丝杠副、滚动直线导轨副、滚动导轨块、滚珠花键、滚珠导套、精密十字工作台、自锁器、线性模组、精密滚柱交叉导轨副、精密滚针导轨副等；经过50多年的发展历程，在产量、产值、规模和研发能力、制造技术水平等方面，均处于国内同行业领先水平。

公司产品远销欧美、东南亚、中东及拉美地区。用户领域广泛，涵盖机床工具制造、汽车制造、工量具刃具、航空航天、轨道交通、矿山冶金、石油化工、通用机械及IT等行业。

“汉机牌”螺纹磨床、滚珠丝杠副荣获“陕西省名牌产品”称号。2000年1月滚珠丝杠副和直线导轨副系列产品在全国较早通过了ISO9002质量认证，2006年通过了ISO9001质量认证，并获得“全国机械工业用户满意产品”称号，被中国机床工具工业协会评选为“精心创品牌活动”十佳企业，获得“中国金属成形机床制造行业排头兵”企业，是“诚信先进单位”。

开放诚信、包容并蓄的汉江机床，期待与国内外朋友携手合作、创新共赢！

汽车关键零部件螺杆副
成套成线高精、高效先进制造装备链

★精密螺纹制造一体化工艺解决方案
★引领螺纹加工行业新发展
★高精 高效 自动化 智能化
★CPK值稳定达到1.67以上

◆ 循环球式转向器螺杆副成套加工装备

SK7620A数控内螺纹磨床

SK7420×750数控丝杠磨床

用于循环球式转向器滚珠螺母、螺杆双圆弧滚道批量精密磨削加工。

◆ 电子驻车制动系统(EPB)微型螺杆副高效磨削自动化生产线

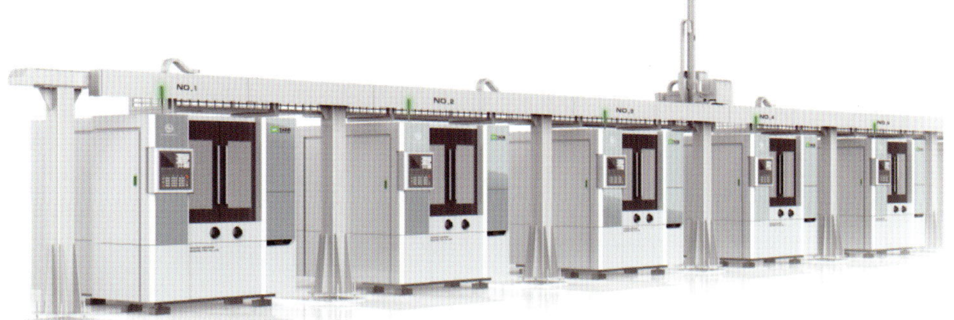

用于EPB或微型滚珠丝杠副滚珠螺母、螺杆双圆弧滚道批量精密磨削加工，由多台数控螺纹磨床和桁架机器人组成，多项新技术应用于生产线之中

◆ 电子助力转向系统(EPS)蜗杆成套加工装备

SK7712数控蜗杆磨床　　**SK6505数控蜗杆铣床**

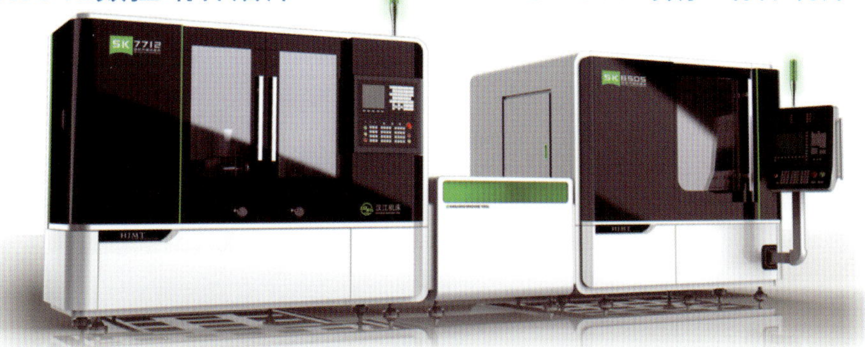

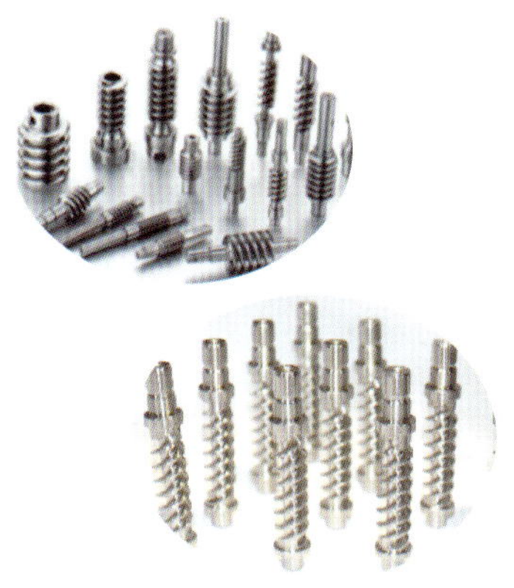

用于EPS蜗杆精密铣削、磨削加工，也可用于磨削各种齿形（ZA、ZN、ZI、ZK、ZC1）的圆柱形蜗杆。

◆ 液压助力转向系统(HPS)高精度阀芯磨削关键装备

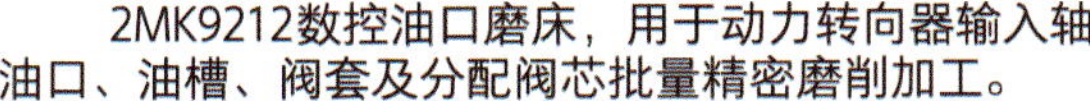

2MK9212数控油口磨床，用于动力转向器输入轴油口、油槽、阀套及分配阀芯批量精密磨削加工。

◆ 机械式汽油泵凸轮轴及发动机凸轮轴磨削关键装备

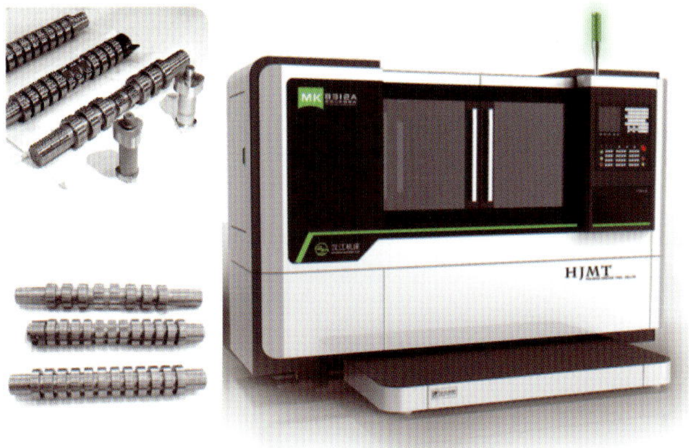

MK8312A数控凸轮轴磨床，用于汽油泵凸轮轴及发动机凸轮轴批量精密磨削加工。

陕西汉江机床有限公司
SHAANXI HANJIANG MACHINE TOOL CO.,LTD
地址：陕西省汉中市（723003）
网址：www..hjmtc.cn
电话：0916-2298013 2295448 2295869
传真：0916-2296207

关注网站

资料下载

关注微信

昊方机电

公司产品

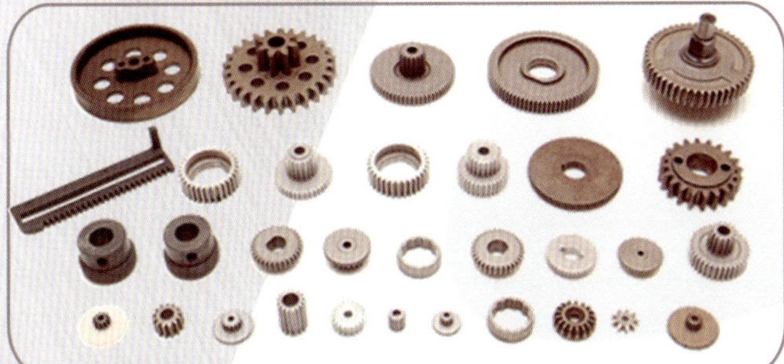

粉末压制成型件

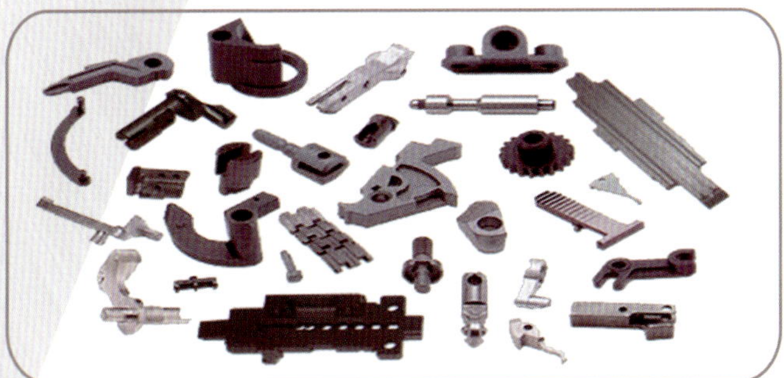

粉末注射成型件

铝压铸产品

汽车空调电磁离合器

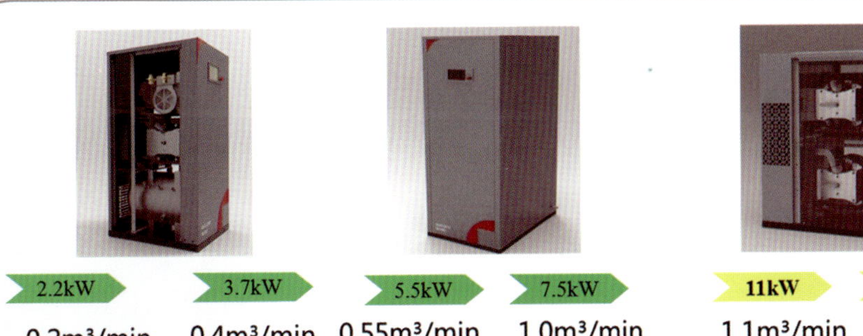

无油涡旋式空气压缩机

车间设备

江苏畅通车业发展有限公司始建于2002年，公司地址:江苏省丹阳市新区兰陵路东端、丹阳市访仙镇工业园区兴园路6号两个厂区。占地面积65000㎡，建筑面积56000㎡，注册资本8000万元。公司主要从事乘用车内外饰件和乘用车车身结构辊、冲、压件的研发与制造，先后成功开发了海马汽车内饰件、SUV外顶行李架、乘用车前后辊冲压成型防撞梁、门坎及四门防撞杆等系列产品，并已与上海汽车集团、一汽海马汽车.郑州海马汽车.浙江吉利汽车集团.上汽通用汽车有限公司武汉.青岛基地.北汽镇江基地进行量产标配，年产销能力明显提高。公司拥有员工400余名，技术工作人员60名.其中高级工程师5名，高级管理人员10名。

公司拥有注、吹塑设备30台套，辊压成型线10条，冲压设备60余台套，智能化焊装机组25台套，高低温试验、三座标测量、盐雾试验、光普仪等检测设备-应俱全。为了满足客户的异地配套，公司于2010年在郑州新区筹建了郑州畅通车船部件有限公司，2015年在武汉江夏成立了武汉多沃汽车零部件有限公司，2017年又在福建宁德注册了宁德畅通汽车零部件有限公司，基本上满足了客户异地配套的需求。

公司从2017年起，举资3000万元组建了专业团队，对标研发SUV乘用车全景天窗和爆胎应急安全系统两个项目，进展顺利，预计量产上市后可为百万辆自主品牌汽车配套服务，奋斗中感恩有您，发展中您我同行!

资质荣誉

组织机构

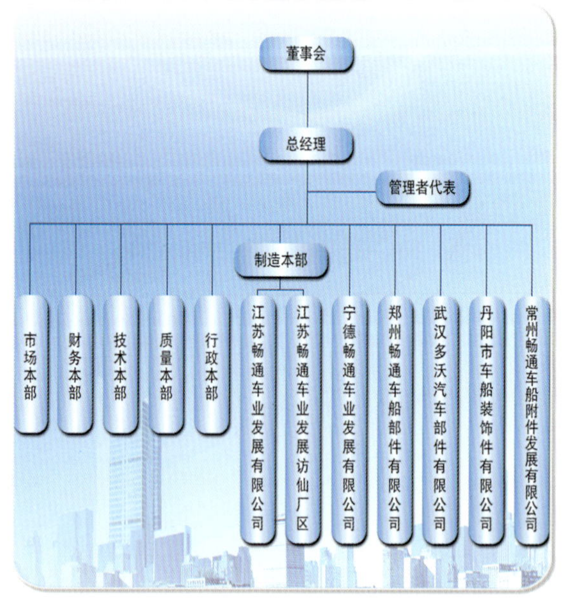

自动化生产

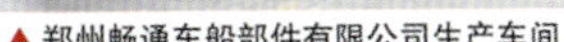

▲郑州畅通车船部件有限公司生产车间

▲江苏畅通车业发展有限公司智能化生产场景

▲武汉多沃汽车部件有限公司生产车间

上汽通用

上汽荣威RX8　IS21前防撞缓梁
FRONT ANTI-COLLISION BUMPER-BEAM

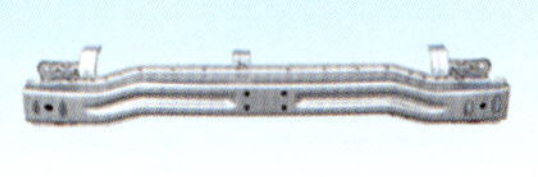

上汽荣威RX8　IS21后防撞梁总成
REAR ANTI-COLLISION BUMPER-BEAM ASSEMBLY

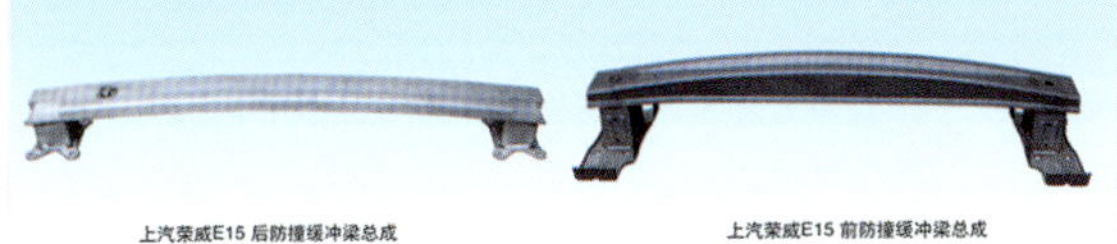

上汽荣威E15 后防撞缓冲梁总成
REAR ANTI-COLLISION BUMPER-BEAM ASSEMBLY

上汽荣威E15 前防撞缓冲梁总成
FRONT ANTI-COLLISION BUMPER-BEAM ASSEMBLY

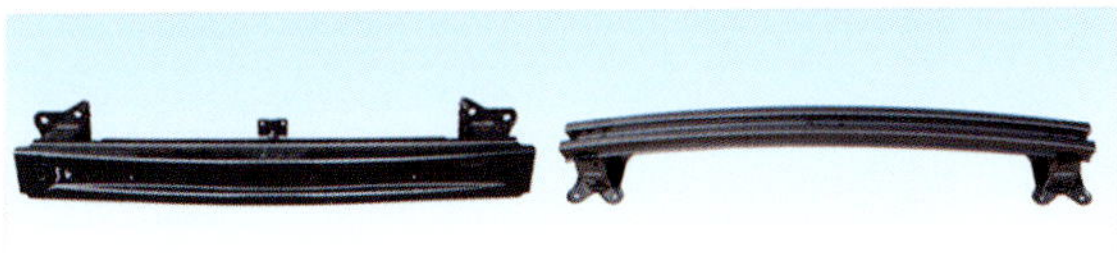

上汽荣威i6　IP31前防撞缓梁
FRONT ANTI-COLLISION BUMPER-BEAM

上汽荣威i6　后防撞缓冲梁总成
REAR ANTI-COLLISION BUMPER-BEAM ASSEMBLY

通用K216科沃兹后防撞缓梁
REAR ANTI-COLLISION BUMPER-BEAM

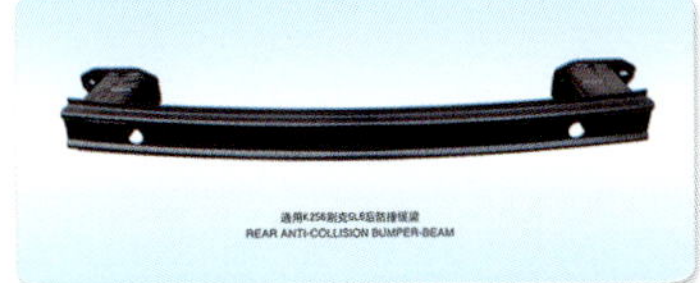

通用K256别克GL8后防撞缓梁
REAR ANTI-COLLISION BUMPER-BEAM

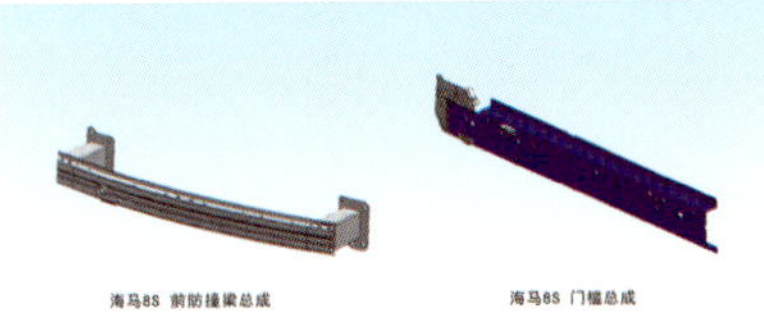

海马8S 前防撞梁总成

海马8S 门槛总成

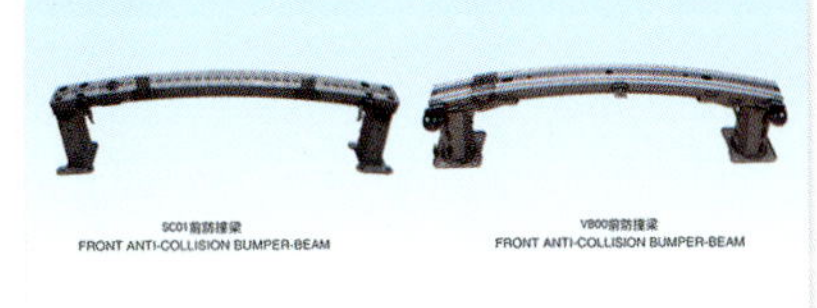

SC01前防撞梁
FRONT ANTI-COLLISION BUMPER-BEAM

VB00前防撞梁
FRONT ANTI-COLLISION BUMPER-BEAM

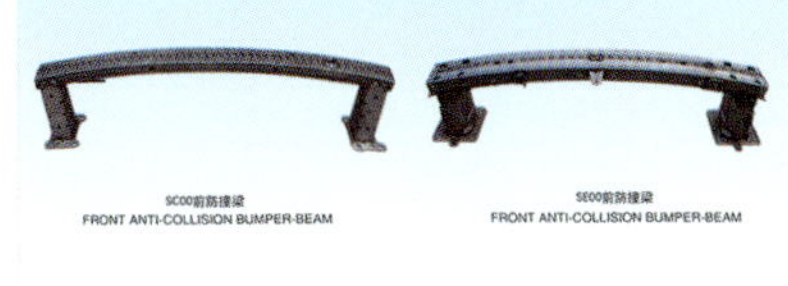

SC00前防撞梁
FRONT ANTI-COLLISION BUMPER-BEAM

SE00前防撞梁
FRONT ANTI-COLLISION BUMPER-BEAM

企业简介

江苏华骋科技有限公司成立于1990年，是一家集研发设计、生产销售为一体的综合性高科技企业。为国际、国内大中型工程机械制造企业、叉车制造企业、农林机械制造企业、乘用车制造企业长期定点配套各种组合仪表、组合前照灯、工作灯、后视镜、空气滤清器、各种信号灯等。

公司年产销规模达5亿元。拥有12万m^2厂区面积和5.8万m^2厂房建筑面积。注册资金2000万元，固定资产1.5亿元，流动资产1.2亿元，员工总数430人（其中：高、中、初级科技人员60余人）。公司主要与沃尔沃建筑机械、卡特彼勒、三菱重工、日立建机、住友、林德、丰田工业、徐工、龙工、柳工、厦工、三一重工、合力股份、杭叉、洋马、福田汽车、福迪汽车等知名企业配套。我公司现为“江苏省高新技术企业”“江苏省规划布局内重点软件企业”“江苏省软件和信息服务业十百千亿重点培育对象”；公司先后荣获“江苏省名牌产品”“江苏省AAA级资信企业”，“AA级重合同守信用企业”“A级纳税企业”等多项荣誉称号。公司通过了IATF16949质量标准体系认证和ISO14001环境体系认证，部分产品通过了3C产品认证等。公司拥有各类专业生产设备140多台、各类一流检测设备110多台并成立了省级检测中心，雄厚的技术力量和生产检测能力成就了华骋，使华骋成为了中国工程机械仪表、灯具的大型制造基地。

企业产品

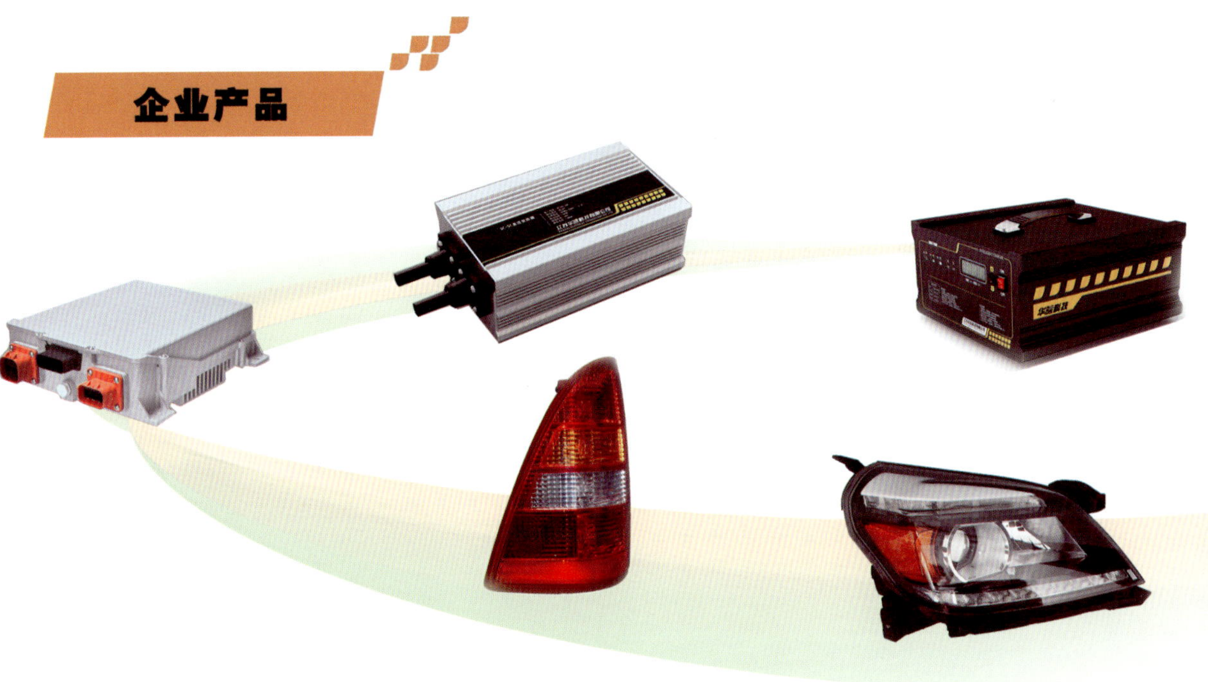

企业荣誉

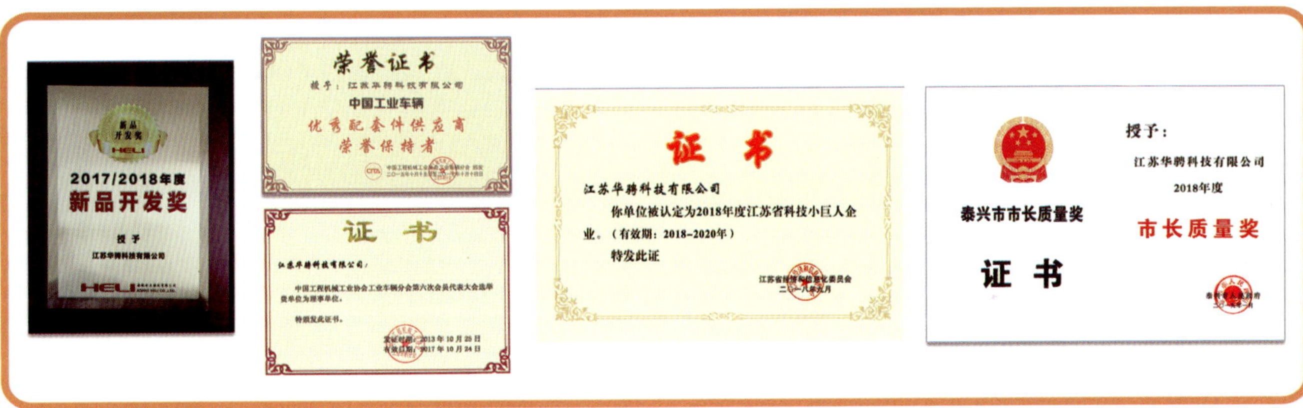

生产车间

上海申达股份有限公司

企业简介

上海申达股份有限公司（以下简称“申达股份”）是一家上海证券交易所的上市公司（SH.600626），我们的核心产业涵盖了汽车纺织内饰、纺织新材料和进出口贸易等。公司下属企业近70家，从业人员万余人，2018年总资产超百亿元，销售收入超160亿元。创立至今，公司秉承“创造一流”的企业精神始终保持稳步增长，已发展成为一家以产业用纺织品为核心业务的跨国经营企业。申达股份荣获“中国产业用纺织品行业科技创新贡献奖”等多项荣誉称号，并担任中国产业用纺织品行业协会第四届理事会副会长单位。

1998年以来，申达股份将汽车纺织内饰产业作为公司支柱产业重点发展，坚持面向市场、科技创新、严格管理和走高端战略，跟随整车厂开展全国布局，在上海、浙江、江苏、湖南、湖北、辽宁、天津、陕西、河北、广东等地建立了20余家汽车纺织内饰配套工厂，从一个单体厂发展为一个企业集群，形成与各种品牌乘用车配套的产品线，进入了发展的“快车道”，从上海走向全国并向海外延伸。凭借雄厚的实力、庞大的规模，申达股份于2017年获得了“中国产业用纺织品行业竞争力20强企业”荣誉称号，成为全国同行业内的领先者。

随着汽车产业全球化发展趋势，搭建全球性生产平台以提高产业配套和客户服务能力，成为公司汽车纺织内饰产业发展的必然选择。2015年起，申达股份迈出“国际化”拓展的重要一步，先后收购了美国NYX公司35%股权和IAC集团的汽车软饰和声学元件业务，实现业务规模跨越式的增长以及从“区域性供应商”向“全球性供应商”的转型。申达股份目前在北美、欧洲、南非等地拥有20余家工厂，并在北美、欧洲、中国设有5家全球研发中心，进一步巩固和提升我们的核心竞争力，为应对激烈的市场竞争提供有力支撑。目前，我们已成为奔驰、宝马、大众、通用、福特、捷豹路虎、丰田、本田、吉利、比亚迪等知名汽车品牌值得信赖的配套供应商。

申达股份坚持“创造一流”的企业精神，坚持“全球布局，跨国经营”的发展战略，秉承勇于创新的优良传统，在市场化、国际化、全球化的经营布局中不断创新发展，开拓进取，提升统筹运用全球市场、全球生产、全球资本、全球智力等资源的能力，致力于成为全球汽车纺织内饰领域的领先者。

车间设备

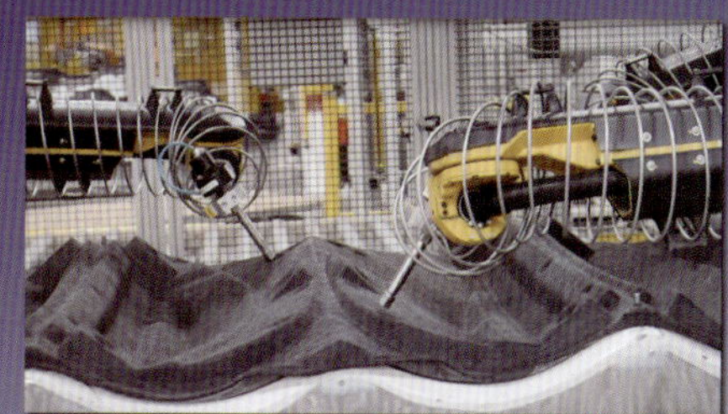

产品简介

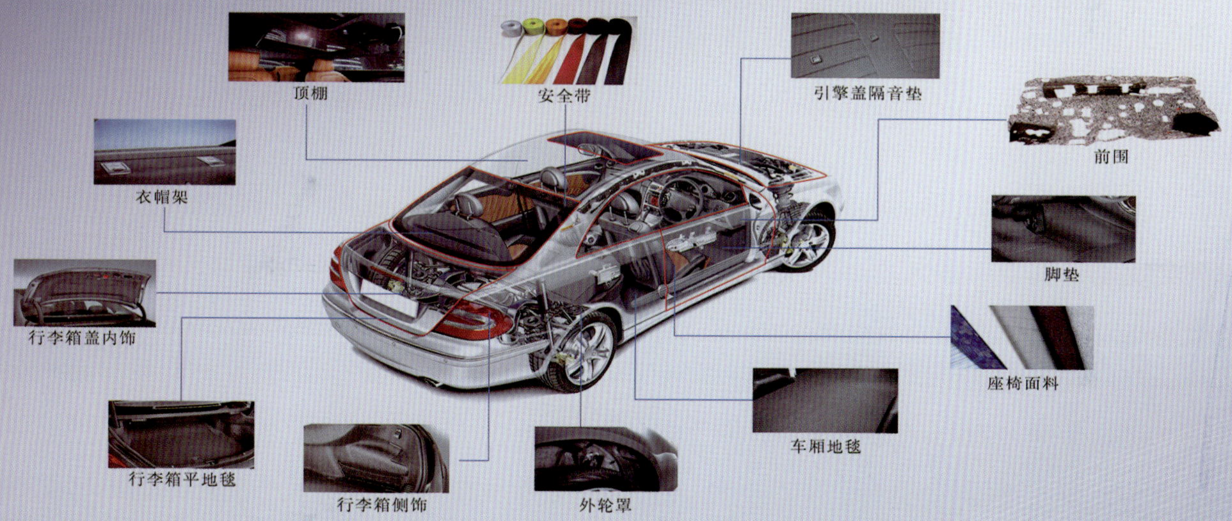

公司荣誉

奥特佳新能源科技股份有限公司

奥特佳新能源科技股份有限公司创立于2000年，是国内汽车热管理技术开发行业内具有国际竞争力的领军企业，是国内汽车行业空调零部件的主要供应商，在汽车热管理领域具有雄厚的研发、制造及市场实力。公司是深圳证券交易所上市公司，股票代码002239。公司注册资本31.31亿元，总资产82亿余元，年销售收入40亿元，雇员总数4730余人。

公司主要产品是涡旋式汽车空调压缩机、汽车电动空调压缩机、各类汽车空调系统等，公司产品在中国市场占有率约30%，在海外市场也有销售。其中涡旋式空调压缩机是公司的拳头产品，多年来已经形成了技术精良、质量稳定、可靠耐用的鲜明产品特色，产销量在国内市场占比较高。此外公司在新能源汽车热管理技术方面起步较早，研发制造的第一代电动汽车空调压缩机产品，目前已迭代进化至第四代产品。

公司拥有南京奥特佳、牡丹江富通空调、空调国际集团等7家国内外全资子公司，在全球建有6大生产基地，具备完备的制造能力，分别专门生产汽车空调压缩机和汽车空调系统。

公司的汽车空调压缩机产品的主要客户包含上汽通用五菱、东风、吉利、长安、比亚迪、长城、一汽、广汽等国内各大自主品牌车企，此外还以当地建厂或直接出口的方式为标致雪铁龙、捷豹等公司供货；汽车空调系统产品的主要客户包括通用汽车、福特汽车、捷豹-路虎集团、上汽、东风、蔚来等国内知名传统汽车或新能源汽车厂商。

奥特佳公司以“专业、专注、专家”的敬业精神，持续为汽车行业奉献热管理业务的先进技术和产品。

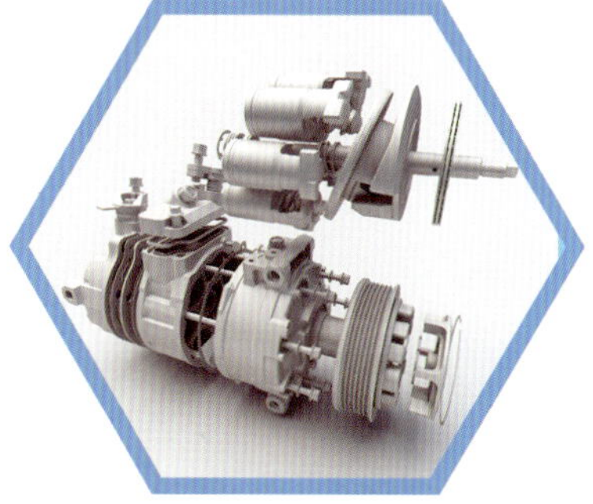
涡旋式压缩机

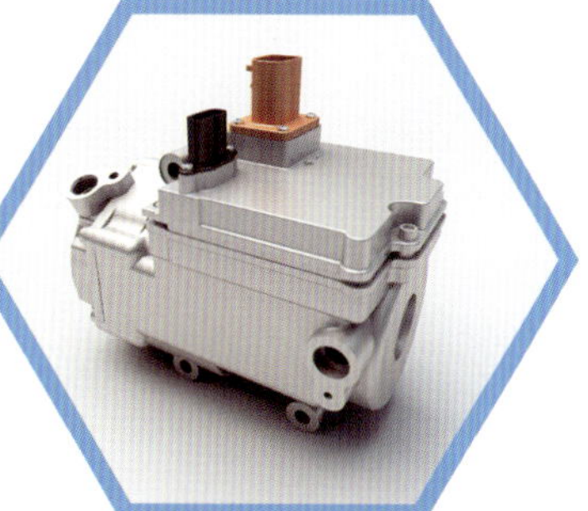
电动压缩机

武汉菱电汽车电控系统股份有限公司

ABOUTUS 公司简介

证 书

湖北省支柱产业细分领域隐形冠军示范企业

（2019-2021）

企业名称：武汉菱电汽车电控系统股份有限公司

主营产品：汽车发动机管理系统EMS

武汉菱电汽车电控系统股份有限公司成立于 2005 年，是专业从事 EMS 和新能源汽车电控系统研发、生产的高新技术企业。主营业务包括汽车发动机管理系统、摩托车发动机管理系统、电动汽车动力控制系统、混合动力汽车动力控制系统的研发、生产、销售和技术服务，产品包括汽油车的 EMS、电动车的 MCU、VCU、混合动力汽车的 EMS、VCU、MCU 和 GCU。

排放实验室

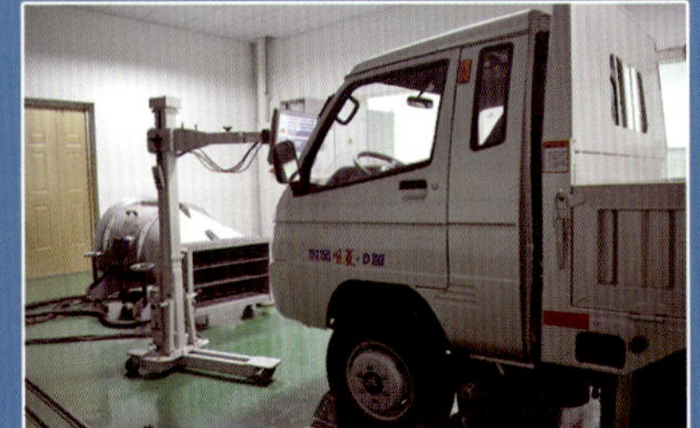

排放实验室

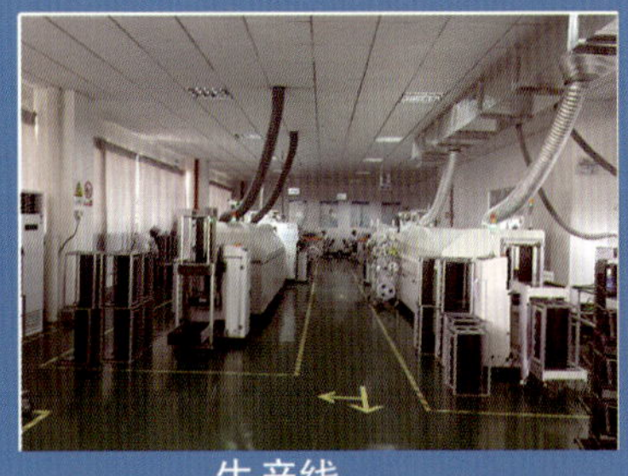

生产线

MATCHINGMODEL 匹配车型

北汽银翔 H3（电子节气门）

华晨金杯 750

九龙客车

康瑞 H3

试验场

斯威 X3

众泰大迈 X5

野马 MPV

联系我们 Contact us

地址：武汉市东西湖区金银湖街清水路特8号
电话：027-81821900　传真：027-81822580
网址：www.lincontrol.com　邮箱：whldqc@163.com

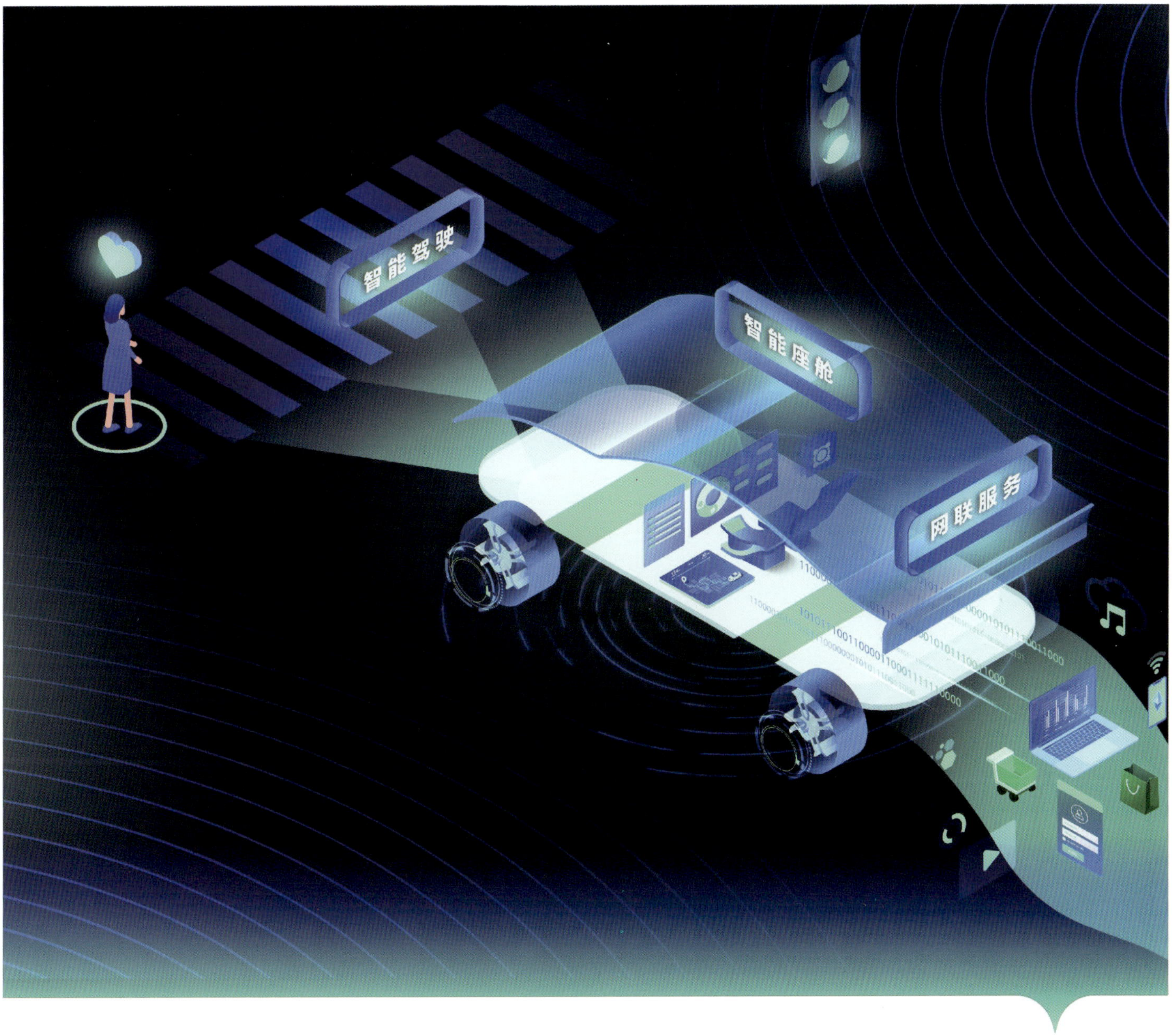

西格迈股份有限公司

公司简介

西格迈股份有限公司是成立于 1998 年，专业从事汽车减振器及电控智能悬架的设计、研发、生产及销售的“ 国家高新技术企业 ”。公司总资产 11 亿元，现有厂房占地面积 480 余亩，建筑面积 23 万多平方米，员工 1820 多名。已连续多年保持高速增长，是“ 台州市蹬羚企业 ”。

公司产业链齐全,是国内同行业自制率较高的减振器生产企业。产品覆盖欧、美、日、韩、国产车等 4000 多个车型、12000 多个型号;现已出口到全球 150 多个国家和地区。根据整车发展趋势，引进高新技术人才，已开发量产复合气囊悬架、磁流变、单筒等高端产品。公司拥有的“CNXGM”商标被省外经贸认定为“ 浙江省出口名牌 ”，产品通过了“ 浙江制造 ”国内及国际双重认证；连续两年被评为中国汽车易损件 - 减振器行业“ 五大民族品牌 ”，并获得行业颁发的金翼奖。

拥有国家专利 30 余项，其中 22 项专利技术通过省级科技成果登记。公司还与清华、浙江大学等国内知名高校院所长期开展技术攻关，与浙江大学共建了“ 科技成果转移中心 ”，与白俄罗斯国立大学共建了“市级院士工作站 ”。公司建有省级减振器研究院，拥有各类研发及检测设备 100 余台 / 套，为客户提供了全方位的保障。

公司通过了 IATF16949 体系认证、18001 职业健康体系认证、14001 环境体系认证、两化融合及知识产权贯标认证，还通过了 TSE 等国外客户认证。导入精益生产、卓越绩效及阿米巴管理等现代管理模式，进一步提升了公司整体管理水平。

凝聚民族品牌，攀登世界高峰是西格迈人孜孜不倦的追求。

加特可（广州）自动变速箱有限公司

JATCO—Leading Transmission

加特可
通过发挥自由想象，
集思广益，
孜孜不倦地挑战最新技术，
不断生产出真正满足客户与社会需求的高性能自动变速器。

为人们提供驾驶的乐趣，
为社会带来活力，
为地球传递无微不至的关怀。

这是不断挑战革新的加特可的使命所在。

Jatco CVT7 W/R

Jatco CVT7

Jatco CVT8

长春峰泰汽车胶业有限公司

长春峰泰汽车胶业有限公司（以下简称“公司”）是研发及生产各种汽车滤清器胶粘剂的专业制造商，也是国内汽车制造行业的二级配套供应商。公司具有一整套先进的生产设备及检测仪器。本公司产品经CTI华测检测中心检测，确认为不含对人体有害物质，是真正的环保型胶粘剂。

公司主要产品为聚氨酯系列。主要应用于汽车空气滤芯、机油滤芯、柴油滤芯、汽油滤芯、空调滤芯及工业滤芯的粘接与密封。公司自主研发生产的KB-398、KB-396聚氨酯胶粘剂、PUR聚氨酯组合料性能已达到国际同类产品水平。产产品经一汽技术检测中心认可，并由德国曼牌滤清器公司确认合格。公司以产品创新、质量求实、管理高效、服务一流为宗旨，竭诚为国内外新老用户提供优质的产品和一流的服务。

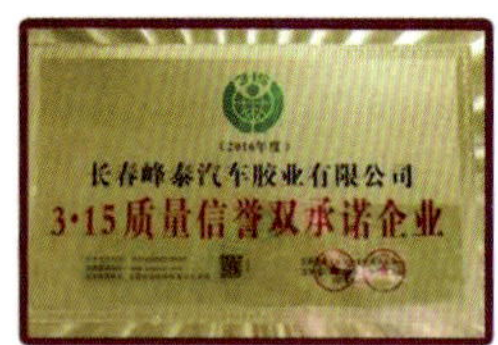

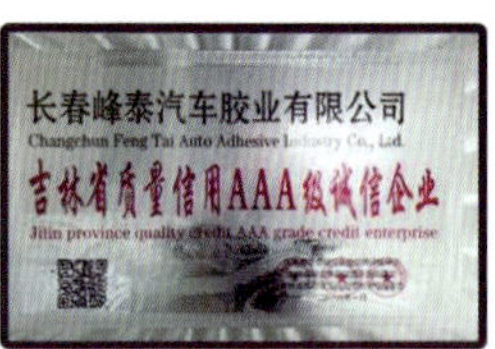

主要产品 Products

聚氨酯组合料

产品牌号	特征及用途
ZT-505 ZT-506 ZT-507 ZT-508	浇注型聚氨酯双组份组合料，是高性能空气滤清器密封弹性体专用材料。 密封性能优良、耐油、耐水解、耐热、耐低温、无毒、无污染。 本产品适用范围广泛，目前已应用于劳斯莱斯、迈巴赫、宾利、奔驰、宝马、兰博基尼、玛莎拉蒂、阿斯顿马丁、雷克萨斯、奥迪、林肯、凯迪拉克等豪华轿车及高性能跑车。 同时也应用于大众、丰田、本田、马自达等德系、日系及国产各种高中低端车型。

胶粘剂系列

产品牌号	特征及用途
ZT-305 ZT-308 ZT-401 KB-396 KB-398 B-398	本产品系列为多用途常温快固型胶粘剂。 产品无毒、无味、无污染、耐油、耐高低温、耐冲击、固化时间短，粘接强度高。 本产品系列普遍适用于机油滤清器、柴油滤清器、汽油滤清器、空调滤清器、工业滤清器及空气滤清器、纸（无纺布）与金属之间的粘接。也可用于50A安全滤芯无纺布与PP塑料的粘接固定。 同时也广泛适用于金属、橡胶、塑料、木材、陶瓷、皮革的粘接。
FT-606	机油滤芯用环保胶片

ZT-507制品

KB-398制品

DSC先进的生产设备

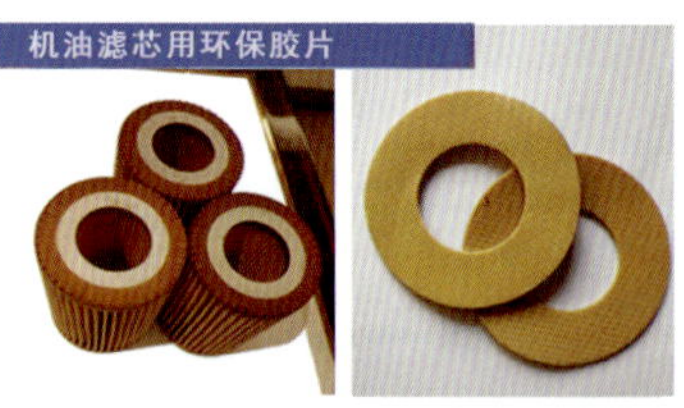
机油滤芯用环保胶片

ZT-506A制品

DSC库房一角

微控电子万能拉力试验机

长春峰泰汽车胶业有限公司
地　址：长春市二道区三道镇香水村
联系人：冯先生
传　真：0431-84526887
E-mail：junshan.feng@ccfengtai.com
手　机：13314311712
网　址：www.ccfengtai.com
QQ邮箱：2441505269@qq.com

乐凯特科技铜陵有限公司

LOCATE TECHNOLOGY TONGLING CO.,LTD

公司简介

乐凯特科技铜陵有限公司成立于 2011 年 7 月，坐落于铜陵市国家级经济开发区，注册资金 3500 万元，公司建筑总面积 36000 平方米。公司产品主要用于汽车电子如：多媒体、仪表、空调控制器、车窗控制器、倒车雷达等电子控制系统，主要生产层数 4L-10L，及工业自动化控制仪表，通讯、声学医疗仪器、家电产品等领域。

公司采用优良的设施，自动化程度高，性能安全可靠。拥有先进的高分子生产流水线，激光线路成像设备、CCD 自动曝光机等生产设备 80 多台套。目前已形成年产高精密度印制板 36 万平方米的生产能力。公司拥有一批资深的管理团队及技术骨干，一贯以客户为导向，重视技术创新，长期与国内同行龙头企业保持密切的技术合作。公司秉承“又好又快提供客户满意产品”的经营理念，为客户打造高水平、高标准、高可靠性的产品和服务。我们更新理念，博采众长，愿与行业精英携手同进，共创伟业！

	Item	Conventional
Working size	Board Size 板料尺寸	Min. 412mm×344mm Max. 620mm×543mm
Internal layer	Core thickness FR-4厚度 Cu oz 铜厚 Line width & space 线宽/线距 Etch factor 蚀刻因子	Min. 0.1mm Max. 4 oz Min. 3/3Mils (75/75μm) 5
Lamination	Range of layer count 层数 Thickness control 厚度管控 Layer to layer registration	2~10 Layer +/- 10% Max. 4 Mils (100 μm)
Drill	Min. drill size / land size Drill accuracy孔径公差 Roughness 粗糙度	8Mils/17.8 Mils (0.20/0.4mm) Min. +/- 1 Mils (25μm) Max. 1Mils (25μm)
Cu Plating	Board thickness Aspect ratio 纵横比 Throwing power 均匀度 Plating thickness (STD.DEV)	4~81.3Mils (0.1~ 3.2mm) 8:1 Min. 90% 5μm
External layer	Board thickness Line width & space Etch factor	Max. 81.3Mils (3.2mm) Min. 3/3Mils (75/75μm) 4
A.O.I Inspect	Resolution分辨	L/S : Min. 75×75μm

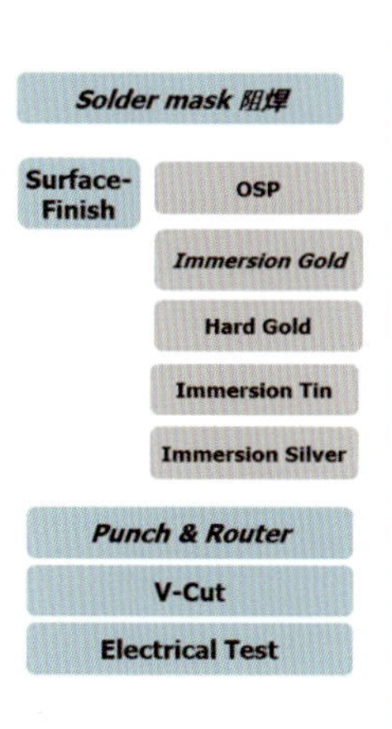

		Item	Conventional
Solder mask 阻焊		Solder dam阻焊偏移 Hardness 硬度 S/R Clearance 解析度	Min. 2Mils(50μm) 7H Max 1.38Mils(35μm)
Surface-Finish	OSP	Coating thickness膜厚	0.008~0.018Mils(0.2 ~ 0.5μm)
	Immersion Gold	Ni thickness Au thickness	0.12~0.2Mils(3.0 ~ 5.0μm) 0.0012~0.003Mils(0.03~ 0.07μm)
	Hard Gold	Ni thickness Au thickness	0.12~0.3Mils(3.0 ~ 8.0μm) 0.002~0.01Mils(0.05 ~ 0.25μm)
	Immersion Tin	Tin thickness锡厚	Min. 0.01Mils(0.25μm) Max. 0.05Mils(1.20μm)
	Immersion Silver	Silver thickness银厚	Min. 0.003Mils(0.07μm) Max. 0.02Mils(0.50μm)
Punch & Router		Dimension Tolerance 尺寸公差	+/- 4Mils(100μm)
V-Cut		Angle 角度	30, 45 degree (“V” type)
Electrical Test		Inspection area 测量面积 Continuity 低压测 Isolation高压测	Max. 16”×19” (406×488mm) 50V, 30Ω 250V, 100MΩ

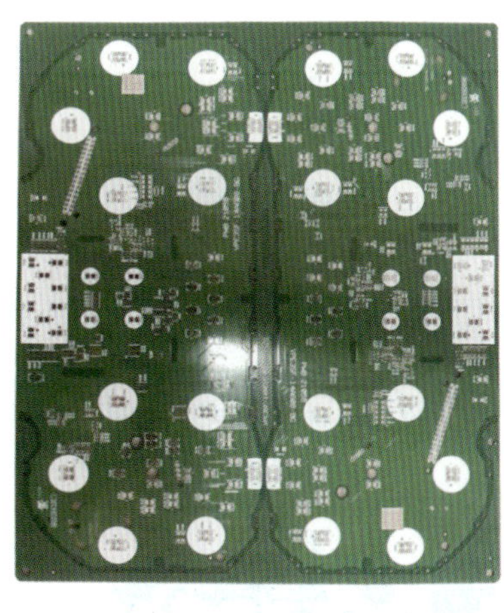

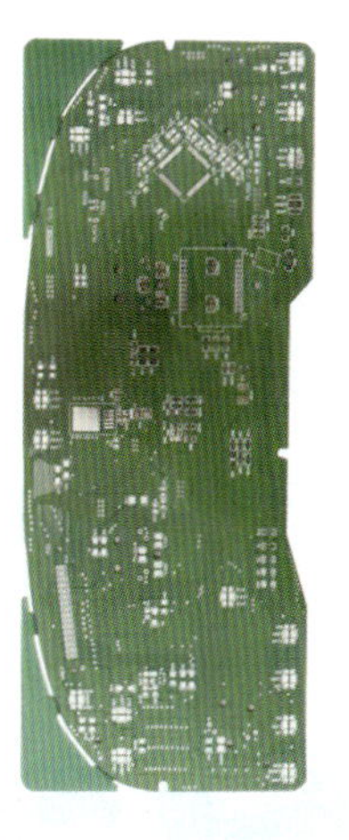

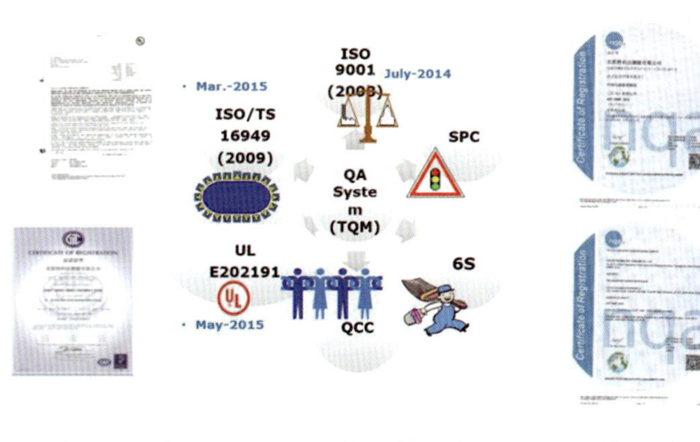

地址：安徽省铜陵市经济开发区翠湖 6 路天门山大道北段 2877 号

总经理：沈志刚　　手机：13399629888　　电话：0562-2190189-8806

传真：0562-2190666　　网址：www.locatepcb.com

内、江铃股份、江西五十铃、保定长城、常柴股份、成都云内、东风朝柴、华源莱动、新柴股份、东风康明斯、一汽锡柴、北汽福田、安徽全柴、广西玉柴等30多个主机厂

★宁波艾倍思井华汽车零部件有限公司
地址:浙江省宁波市江北区长兴路525号
邮编:315033
电话:0574/87430696、83006100
电子信箱:fangyanyan@ ihx. com. cn
法定代表人:三轮健二郎
质量体系:IATF 16949、ISO 14001
产品情况:空气进气过滤系统、生产销售柔性护套产品(包括齿条-齿轮护套、塑料等速万向节用防护套)

★宁波圣龙(集团)有限公司
地址:浙江省宁波市鄞州工业园区金达路788号
邮编:315104
电话:0574/88381888
传真:88381666
网址:www. sheng - long. com
法定代表人:罗玉龙
单位人数:2600
质量体系:ISO/TS 16949、ISO 14001
产品情况:主要产品为汽车发动机油泵、变速器油泵、发动机凸轮轴及铝压铸件4大系列50多个品种
配套及出口情况:主要为上汽通用、奇瑞汽车、江铃集团、神龙汽车、上汽通用五菱、长城汽车、北汽福田、重庆五十铃、上海天合、上海盖茨、深圳比亚迪等国内主机厂配套;出口澳大利亚福特、北美福特

★宁波圣龙汽车动力系统股份有限公司
地址:浙江省宁波市鄞州区工业园区金达路788号
邮编:315104
电话:0574/88167000
传真:88167123
网址:www. sheng - long. com
法定代表人:罗玉龙
单位人数:700
质量体系:IATF 16949、ISO 14001
产品情况:主要产品包括发动机油泵、自动变速器油泵、凸轮轴、铝压铸件
配套情况:国内主要客户包括上汽通用、长安福特、长安马自达、上汽通用五菱、武汉神龙、江铃汽车、保定长城、庆铃汽车、北汽福田等

★博格华纳汽车零部件(宁波)有限公司
地址:浙江省宁波市鄞州区金谷中路(西)188号
邮编:315104
电话:0574/88209088
网址:www. borgwarner. com
法定代表人:YUESHENG TAN
质量体系:IATF 16949、ISO 14001
产品情况:涡轮增压器、链条系统、哈瓦链、可变凸轮正时系统、排气再循环阀、排气再循环冷却器等
配套情况:为上汽大众、一汽-大众、上汽通用、长城、福特、潍柴等配套

★宁波科森净化器制造有限公司
地址:浙江省宁波市鄞州区滨海投资创业中心鄞东北路8号
邮编:315145
电话:0574/28818666
传真:28818661
网址:www. nbksjd. com
电子信箱:qianwangmu@ nbksjd. com
法定代表人:钱旺木
质量体系:IATF 16949、ISO 14001
产品情况:(科森牌)
主导产品有汽车三元催化剂、转化器、消声器、空气净化器、工业催化剂等,为汽油车、柴油车、CNG/LPG汽车、摩托车、高污染行业等提供配套服务

★华纳圣龙(宁波)有限公司
地址:浙江省宁波市鄞州投资创业中心金谷中路(西)289号
邮编:315192
电话:0574/83098319、83098274
电子信箱:zwang@ borgwarner. cn
法定代表人:罗玉龙
质量体系:ISO 9001、IATF 16949
产品情况:硅油风扇离合器、塑料风扇、机油泵及水泵等

★宁波海大嘉华汽车零部件制造有限公司
地址:浙江省宁波市镇海区九龙湖镇长石村
邮编:315202
电话:0574/86527380、88440648
传真:86527383
电子信箱:coc@ cocome. com. cn
法定代表人:房杰
质量体系:IATF 16949、ISO 9001
产品情况:(COCOME牌)
汽车水泵

★宁波市镇海奇正发动机部件有限公司
地址:浙江省宁波市镇海九龙湖三星工业园区
邮编:315203
电话:0574/86525134、13566021728
传真:86525918
网址:www. nbqizheng. com
法定代表人:刘突政
单位人数:103
质量体系:IATF 16949
产品情况:各种型号汽车曲轴和发动机支架;年产汽车曲轴10万件、发动机支架150万件
配套情况:为吉利汽车、深圳比亚迪、上海华普、重庆力帆、韩国斗山、中意马达、铜陵众泰、青年莲花等配套

★浙江亿日气动科技有限公司
地址:浙江省慈溪市经济开发区长池路739号
邮编:315300
电话:0574/63976868
传真:63976908、63976855
网址:www. china - easun. com
电子信箱:easun@ china - easun. com
法定代表人:吴科峰
单位人数:500
质量体系:IATF 16949、ISO 14001
产品情况:(亿日牌)
气源处理器、气动电磁阀、汽缸、快速接头、调速阀、消声器、气枪、PU管等气动元件、辅件

★宁波市玉龙汽车部件有限公司
地址:浙江省慈溪市长河镇工业开发区镇东路351号
邮编:315326
电话:0574/63410322、63411756
传真:63400202
网址:www. cxyulong. com
电子信箱:yl@ cxyulong. com
法定代表人:屠红芳
质量体系:IATF 16949
产品情况:(贝福来牌)
汽车塑料冷却风扇、风扇硅油离合器等
配套及出口情况:为潍柴道依茨主机配套、东风康明斯军车主机配套;远销海外

★宁波洛卡特汽车零部件有限公司
地址:浙江省慈溪市庵东工业区南
邮编:315327
电话:0574/63262380、63262378
网址:www. luokate. com
电子信箱:sales@ luokate. com
法定代表人:孙国庆
质量体系:IATF 16949、ISO 14001
产品情况:电动燃油泵、燃油泵总成、调压阀等;具有年产600万支泵芯、400万套燃油泵总成的生产能力
配套情况:为奇瑞、比亚迪、五菱汽车、吉利汽车、力帆汽车、中顺汽车、华泰、众泰、东风渝安配套

★慈溪市华表机械有限公司
地址:浙江省慈溪市庵东镇沿江路西258号
邮编:315327
电话:0574/63479976、63473128
传真:63473688
网址:www. chinahuabiao. com
电子信箱:yingxiao@ cxhuabiao. com
法定代表人:苗成洲
单位人数:300
质量体系:IATF 16949、ISO 9001
产品情况:(华表机械牌、捷豹牌、康而泰牌、JBLIFT牌)
新能源汽车纯电分时同步四驱动

力总成、纯电动汽车离合器、汽车电动助力转向系统输入轴、输出轴、尾灯制动接口、刮水器轴等、张紧轮组件、减振器组件、燃油共轨泵驱动轴、连接盘、惰齿轴等

★宁波丰沃涡轮增压系统有限公司
地址:浙江省慈溪市杭州湾新区兴慈七路 433 号
邮编:315336
电话:0574/63008893、63008466
电子信箱:zhaoya. tang@ vofonturbo. com
法定代表人:陈卫德
质量体系:IATF 16949、ISO 14001
产品情况:高效废气涡轮增压器

★浙江吉利动力总成有限公司
地址:浙江省宁波市北仑区新碶街道恒山路 1528 号
邮编:315336
电话:0574/63991130、63991132
传真:63991180
电子信箱:xiao. xiaofg@ 163. com
法定代表人:王瑞平
产品情况:汽油发动机和变速器
配套情况:主要为吉利下属各整车基地配套生产 3G10、MR479Q、4G15/4G18、4G24 等系列汽油发动机和变速器

★浙江新新塑胶制品有限公司
地址:浙江省余姚市阳明科技工业园区兴贤路 9 号
邮编:315400
电话:0574/22671888
传真:22678588
网址:www. nb – xinxin. com
法定代表人:马焕银
单位人数:260
质量体系:IATF 16949
产品情况:各类汽车精密配件(汽车燃油喷射部件、汽车发动机部件、EGR 阀杆),摩托车配件(化油器针阀、化油器主喷嘴、化油器浮子、化油器阀座、起动柱塞)等
配套情况:为日本京滨、日本 TK、钱江摩托、浙江瑞星等配套

★宁波市奉化动力机械配件有限公司
地址:浙江省宁波市奉化区江口街道南渡路 66 号
邮编:315504
电话:0574/88557186、88562638
传真:88562638
网址:www. fh – dp. com
电子信箱:manager@ fh – dp. com
法定代表人:张旭东
质量体系:IATF 16949
产品情况:汽车用柴油机摇臂总成、气门导管;具有年生产摇臂总成 20 万台、气门导管 1000 万支的能力
配套情况:为一汽、广州柴油机厂等配套

★雪龙集团股份有限公司
地址:浙江省宁波市北仑区黄山西路 211 号
邮编:315800
电话:0574/86805201
网址:www. xuelong. net. cn
电子信箱:hclin@ xuelong. net. cn
法定代表人:贺财霖
质量体系:ISO 14001、ISO 45001
产品情况:(雪龙牌)
　　汽车塑料冷却风扇总成、电动机风扇总成、风扇硅油离合器总成、各种吹塑管道总成
配套情况:为一汽集团、东风汽车公司等供货

★宁波仁永汽车零部件有限公司
地址:浙江省宁波市北仑区霞浦山前工业区山前童家村 149 号
邮编:315807
电话:0574/86905644、13906842182
传真:86903123
网址:www. nbrenyong. com
电子信箱:web@ nbrenyong. com
法定代表人:於贤永
质量体系:IATF 16949
产品情况:发动机冷却风扇及风扇嵌件、水泵叶轮等汽车零部件模具、产品
配套情况:是博格华纳圣龙、金城铃木、美国尤思艾汽车零件公司、康斯克泵业(苏州)公司等合作伙伴

★宁波凯达轴瓦有限公司
地址:浙江省宁波市北仑区小港
邮编:315821
电话:0574/26875006
传真:86177142
网址:www. cnkaida. com
电子信箱:kdjenny@ 163. com
法定代表人:朱凯鸿
单位人数:200
质量体系:IATF 16949
产品情况:汽车、工矿机械、农机等内燃机轴瓦、止推片、衬套
配套及出口情况:为上汽通用、大众、上柴、玉柴、一拖、潍柴等几十家主机厂配套;远销欧美、东南亚、中东、非洲等地区

★浙江黎明智造股份有限公司
地址:浙江省舟山市经济开发区新港园区弘禄大道 89 号
邮编:316000
电话:0580/2921116、2921117
电子信箱:business@ zhejiangliming. com
法定代表人:俞黎明
质量体系:IATF 16949、ISO 14001
产品情况:(LM 牌)
　　已具有年产气门锁片 25000 万片、气门弹簧座 12000 万件、推杆 100 万件、气门挺柱 60 万件、气门摇臂 800 万件、气门帽 2500 万件、活塞冷却喷嘴 600 万件、摇臂球头组合件 300 万套、其他各种冲压件 2000 万件的生产能力
配套情况:为天津一汽丰田、长春丰田、东风康明斯、福田康明斯、西安康明斯、一汽大柴、一汽锡柴、天津一汽夏利、一汽轿车、东风商用车、东风朝柴、玉柴、潍柴、上柴、上汽通用五菱、东安三菱、东安动力、长城汽车、保定长城内燃机、北汽福田、天津雷沃动力、江淮、吉利、奇瑞、华晨、长安、比亚迪、杭发、重汽集团、一汽海马、宗申、力帆、渝安、绵阳新晨等配套

★浙江邦得利环保科技股份有限公司
地址:浙江省临海市江南开发区长溪路 188 号
邮编:317000
电话:0576/85010118、85939801
传真:85939524
网址:www. bondlye. cn
电子信箱:sales@ bondlye. cn
法定代表人:陈法献
单位人数:150
质量体系:IATF 16949、ISO 9001
产品情况:乘用车排气歧管及催化转化器、轻型柴油车 EGR 冷却器、重型柴油车 SCR 集成系统等汽车排放后处理产品
配套及出口情况:主要客户有一汽轿车、一汽夏利、吉利汽车、比亚迪汽车、五十铃等著名整车生产企业和天纳克、佛吉亚、德尔福等国际著名排气系统生产公司;出口美国、韩国、印度、马来西亚等国家

★浙江东星汽车部件有限公司
地址:浙江省临海市杜桥镇上洋桥工业区
邮编:317016
电话:0576/85662888、85528377
传真:85528123
网址:www. chinaeaststar. com
电子信箱:sales@ chinaeaststar. com
法定代表人:潘兆星
单位人数:368
质量体系:IATF 16949、ISO 9001
产品情况:汽车发动机皮带轮系列——曲轴皮带轮、减振轮、动力转向皮带轮、风扇皮带轮、空调皮带轮、张紧轮和张紧器等
配套及出口情况:国内顾客有一汽-大众、上汽大众、福田戴姆勒、江铃、江淮、庆铃、海马等汽车主机厂和航天三菱、东安汽发等主要发动机公司以及汽车转向泵、发电机、空调机和水泵生产厂商;国外顾客包括汽车部件公司和欧洲和美国的汽车维修件主要分销商,如博格华纳、博世、电装、法雷奥、日立、艾尔比;60% 的产品远销欧洲、北美洲、南美洲、亚洲地区

★浙江银轮机械股份有限公司
地址:浙江省天台县福溪街道始丰东路

8 号
邮编:317200
电话:0576/83938338、83938339
传真:83938359、83938333
网址:www. yinlun. com
电子信箱:master@ yinlun. cn
法定代表人:徐小敏
质量体系:IATF 16949、ISO 14001
产品情况:(银轮牌)
油冷器、中冷器、散热器、冷却模块总成、尾气再循环冷却器及铝压铸件等六大系列 3000 多个品种规格,年产销量超过 1000 万件
配套情况:是北汽福田、玉柴、潍柴、中国重汽、东风柳汽、东风商用车的热交换器战略合作伙伴

★浙江欧信环保科技有限公司
地址:浙江省温岭市城东街道百丈路
邮编:317500
电话:0576/81621811
传真:86168708
网址:www. oxinhb. com
电子信箱:oxinhb@ 163. com
法定代表人:邱小贞
质量体系:IATF 16949
产品情况:催化材料、金属蜂窝载体和催化转化器

★浙江荣发动力股份有限公司
地址:浙江省温岭市城南镇中心工业区
邮编:317515
电话:0576/86259718、86259798
传真:86259798
网址:www. chinayeqi. com
电子信箱:yeqi@ chinayeqi. com
法定代表人:刘荣明
单位人数:200
质量体系:IATF 16949、ISO 14001
产品情况:(野骑牌、YEQI 牌、RONGFAMOTO 牌、K 牌)
汽车用废气涡轮增压器、摩托车发动机、发动机缸体、小型汽油机缸体、压铸铝合金缸体、工业装配流水线等,具有年生产发动机缸体 40 万套,小型汽油机 30 万套,增压器 10 万台,压铸发动机缸体 20 万套的生产能力
配套及出口情况:为北内、玉柴等主机厂配套;远销欧洲、美洲、东南亚等地区

★浙江通源环保科技有限公司
地址:浙江省温岭市城东街道科技路 1 号
邮编:317599
电话:4001167808
传真:89975937
网址:www. tyvoc. com
电子信箱:market@ tyvoc. com
法定代表人:王璟煜
质量体系:IATF 16949、ISO 9001
产品情况:机动车辆尾气净化材料及装置

★浙江玉强机械股份有限公司
地址:浙江省玉环市环东工业区
邮编:317600
电话:0576/87278737、87282085
传真:87222565
网址:www. highrate. cn
电子信箱:sales@ highrate. cn
法定代表人:叶尚云
单位人数:500
质量体系:IATF 16949
产品情况:连杆总成、发动机正时齿轮室、油泵调速器、前轮毂、汽车自动调整器、转向机扭杆、高强度螺栓、曲轴箱、摇杆、轴承盖、弹簧座、驾驶室全浮前悬置系统、备胎升降机总成、花键轴等系列产品
配套及出口情况:主要客户为一汽轿车、东风汽车、潍柴动力、中国重汽杭州发动机、陕汽集团、玉柴机器、上海电装燃油喷射、天合汽车零部件(上海)、比亚迪、豫北转向、台州永安转向器、中国重汽济南动力、北辰汽车转向器、株洲易立达、沙市久隆动力转向器、北奔重型、电装(常州)燃油喷射、亚新科廊坊美联、北京佩特来电器、恒隆集团等 100 多家厂家;部分产品远销北美洲、南美洲、欧洲等地区

★浙江强能胜动力股份有限公司
地址:浙江省玉环市机电工业园区
邮编:317600
电话:0576/87212741、87284532
传真:87210811
网址:www. qiangnen. com
电子信箱:qiangnen@ 126. com
法定代表人:叶彩娇
质量体系:IATF 16949、ISO 9001
产品情况:(强能牌)
产品包括摇臂总成系列、非标高强度螺栓系列、惰齿轮轴系列、张紧轮系列、新能源高压线束等 2000 余种产品
配套情况:是江铃福特、北汽福田、玉柴、五十铃、航天三菱、道依茨、中国一汽、福田戴姆勒、MTU 等主机厂的优质零部件供应商

★台州威德隆机械有限公司
地址:浙江省玉环市汽摩工业园区
邮编:317600
电话:0576/87281769、87281727
传真:87281767
网址:www. cn - wonderful. com
电子信箱:sales@ wdlcn. com
法定代表人:陈守志
质量体系:IATF 16949、ISO 9001
产品情况:(威德隆牌)
汽车发动机气门摇臂、摇臂轴、离合器分离杆、离合器拔叉、转向节主销等
出口情况:远销欧美、东南亚、中东等国际市场

★浙江长宏科技股份有限公司
地址:浙江省玉环市汽摩工业园区
邮编:317600
电话:0576/87200666
传真:87202108
网址:www. cnzjch. com
电子信箱:web@ cnzjch. com
法定代表人:林长平
单位人数:600
质量体系:ISO 9001
产品情况:(CHP 牌)
通用汽油机曲轴和电动工具零部件等系列产品;曲轴年产量达 1000 万根套
出口情况:出口美国、欧洲、东南亚等国家和地区

★浙江和日摇臂有限公司
地址:浙江省玉环市汽摩工业园区 112 号
邮编:317600
电话:0576/87286098
传真:87286149
网址:www. heri. com. cn
电子信箱:sales@ heri. com. cn
法定代表人:陈爱和
单位人数:1000
质量体系:IATF 16949、ISO 9001
产品情况:(HERI 牌)
汽车发动机摇臂、EVB 排气制动器、挺柱以及轮毂单元
配套及出口情况:主要与美国康明斯、卡特彼勒、约翰迪尔、福田康明斯、西安康明斯、日本富士重工、中船安庆基尔、安徽江淮、保定长城、印度 TVS、印度 Bajaj、宗申、大长江、国内外本田、雅马哈、铃木系列等主机厂配套;远销美国、英国、法国、巴西、墨西哥、巴基斯坦、日本、印度、新加坡、东南亚等全球几十个国家和地区

★浙江玉旋泵业有限公司
地址:浙江省玉环市汽摩园区东区
邮编:317600
电话:0576/89316888、89911666
传真:89316851
网址:www. yuxuan. com
电子信箱:sales@ yuxuan. com
法定代表人:苏明玉
质量体系:IATF 16949
产品情况:汽车水泵、机油泵等
出口情况:出口东南亚、中东、欧洲、美洲等地区

★台州永裕工业有限公司
地址:浙江省玉环市沙门滨港工业园区惠海路 29 号
邮编:317600
电话:0576/87561518
传真:87561128
网址:www. yongyu. com
电子信箱:sales - cn@ yongyu. cc
法定代表人:郑志新

质量体系:IATF 16949
产品情况:(永裕牌)
各式汽缸盖,年生产量 15 万只
出口情况:远销美国、大洋洲、东南亚、中东、欧洲等多个国家和地区

★台州晨辉机械制造有限公司
地址:浙江省玉环市沙门镇滨港工业城
邮编:317600
电话:0576/89908088、87284458
传真:87264010
网址:www. zjchenhui. com. cn
电子信箱:chenhui@ zjchenhui. com. cn
法定代表人:陈庆力
质量体系:IATF 16949、ISO 14001
产品情况:汽车减振皮带轮和发动机皮带轮
配套情况:为浙江全兴集团、浙江三工、瑞立集团、河南飞龙、昆明云内、哈尔滨东安发动机、吉利汽车、奇瑞汽车、比亚迪汽车、长安汽车、陕西重汽等配套

★玉环容凯汽车配件有限公司
地址:浙江省玉环市后湾工业园区
邮编:317602
电话:0576/87560158、87560056
传真:87560056
网址:www. cnrkf. com
电子信箱:sales@ cnrkf. com
法定代表人:陈高波
质量体系:IATF 16949、ISO 14001
产品情况:(RKF 牌)
主要产品涵盖燃油泵过滤器、燃油泵总成、节温器总成及冷却液循环泵相关配件

★台州普罗汽车零部件有限公司
地址:浙江省玉环市坎门东风工业区
邮编:317602
电话:0576/89915855
传真:87556537
电子信箱:proa@ mail. tzptt. zj. cn
法定代表人:江丰全
质量体系:IATF 16949
产品情况:(普罗牌)
汽车冷却水泵、轴瓦、硅油风扇离合器、球笼、橡胶件

★浙江中本机械股份有限公司
地址:浙江省玉环市坎门科技创业孵化园解放塘路 52 - 172 号(2 号楼)
邮编:317602
电话:0576/87568069、89925316
传真:87553266
网址:www. zhongben. com
电子信箱:zhongben8019@ vip. 163. com
法定代表人:高喜
质量体系:IATF 16949
产品情况:摩托车链条张紧器、汽车链条和皮带式张紧器
配套及出口情况:为新大洲本田、天津 - 本田、五羊 - 本田、重庆嘉陵 - 本田、洛阳北易、成都天兴山田、东风汽车紧固件等配套;远销欧美、日本、菲律宾等国家和地区

★台州易宏实业有限公司
地址:浙江省玉环市坎门榴岛大道 346 号
邮编:317602
电话:0576/87135680、13625760087
传真:87561844
网址:www. cn - yihong. com
电子信箱:gns_yihong@ 163. com
法定代表人:陈秀平
质量体系:IATF 16949、ISO 14001
产品情况:(GNS 牌)
汽车水泵、风扇离合器,机械式、半电子式、电子式等节气门
配套及出口情况:为一汽集团、吉利汽车等配套;远销欧美

★浙江九隆机械有限公司
地址:浙江省玉环市汽摩工业园区
邮编:317602
电话:0576/89927902
网址:www. jooloong. com
电子信箱:lon - nn@ jiulongcn. com. cn
法定代表人:叶艺龙
单位人数:1000
质量体系:IATF 16949
产品情况:(九隆牌)
发动机缸盖系列、摇臂总成系列、EGR 阀总成、汽车线束、高强度与异形紧固件系列、大中型冲压件系列、油底壳系列
配套情况:为一汽丰田(长春)发动机、广西玉柴、道依茨一汽(大连)柴油机、一汽轿车、锡柴、一汽哈尔滨轻型车厂、一汽通用红塔云南、天津一汽夏利等配套

★浙江泽威摇臂制造有限公司
地址:浙江省玉环市汽摩工业园区
邮编:317602
电话:0576/87258318
传真:87258308
网址:www. zjzewei. com
电子信箱:zw@ zjzewei. com
法定代表人:林相贵
质量体系:IATF 16949
产品情况:(泽威牌)
重型车和轻型车摇臂总成、摇臂轴、高强度螺栓、气门推杆、惰轮轴等各种柴油机、汽油机零部件
配套情况:为广西玉柴、洛阳一拖、一汽大柴、常柴、山东潍柴、韩国斗山、印度马恒达、印度塔塔、美国铁姆肯等几十家国内外企业的定点配套

★玉环市金隆机械股份有限公司
地址:浙江省玉环市珠港镇水龙工业区富康路 9 号
邮编:317602
电话:0576/87571261、87508133
传真:87508133
电子信箱:jinlong7666@ 163. com
法定代表人:郑鹏
质量体系:IATF 16949
产品情况:气门摇臂总成(含 EVB)、喷油器衬套、高强度紧固件和拨叉总成、十字轴等重型汽车发动机及高端商用、客车车桥产品
配套情况:是中国重汽集团、安凯福田集团公司的定点配套单位

★浙江宇太精工股份有限公司
地址:浙江省玉环市大麦屿经济开发区
邮编:317604
电话:0576/87339572、87337853
传真:87339532
网址:www. yousunny. com
电子信箱:yousunny@ yousunny. com
法定代表人:姚必武
质量体系:IATF 16949
产品情况:气门摇臂、摇臂座、摇臂轴、摇臂轴总成、EVB 排气制动系列产品、气门推杆、弹簧座及发动机轮系自动张紧轮、EGR 阀、排气制动蝶阀等汽车零部件

★浙江汇裕汽车零部件有限公司
地址:浙江省玉环市汽摩工业园区
邮编:317604
电话:0576/87356985、87356986
法定代表人:李玉辉
质量体系:IATF 16949
产品情况:[汇裕(HUIYU)牌]
液压挺杆
配套情况:为依维柯等多家知名发动机企业配套

★恒勃控股股份有限公司
地址:浙江省台州市海昌路 1500 号
邮编:318000
电话:0576/89226666、82607800
网址:www. chinahengbo. com
电子信箱:hengbo@ hengbo. cc
法定代表人:周书忠
质量体系:IATF 16949、ISO 14001
产品情况:(恒勃牌)
各种型号汽车、摩托车及通用机滤清器
配套情况:为福建奔驰、东风日产、广汽、上汽、吉利、奇瑞、东南、海马、江淮等汽车厂商,雅马哈、本田、铃木、大长江、川崎等摩托车厂商,富世华、富士罗宾、科勒、百力通等通用机厂商等 100 多家国内外知名主机厂配套

★浙江宏鼎汽摩配件股份有限公司
地址:浙江省台州市椒江区三甲街道青龙工业区 188 号
邮编:318014
电话:0576/88123111、88123222
传真:88120809
网址:www. zj - hongding. com

法定代表人:黄道敏
单位人数:186
质量体系:IATF 16949
产品情况:链轮罩、缸盖罩、离合器壳、空调壳体、驱动附件支架及梯形框架、行框架、油底壳、机油泵总成等
配套情况:主要客户有吉利汽车、江淮汽车、北汽集团、众泰汽车、北汽银翔、力帆汽车、川汽动力、五菱柳机、东风小康、山西淮海、华晨鑫源、长丰动力、全柴动力、玉柴机器、浙江康明斯、大农实业、万里扬变速器等大中型企业

★台州三元车辆净化器有限公司
地址:浙江省台州市黄岩区西工业园区金牛路13号
邮编:318025
电话:0576/84859899、84338660
传真:84891117
网址:www.chinaucc.com
电子信箱:info@chinaucc.com
法定代表人:王六杞
单位人数:150
质量体系:ISO 9001
产品情况:生产催化转换器、三效催化剂、VOC&SCR催化剂、DCO&DPF、消声器等排气系统产品
配套及出口情况:为北汽集团、金龙汽车等配套;远销30多个国家和地区

★浙江爱信宏达汽车零部件有限公司
地址:浙江省台州市路桥区路南街道上张村
邮编:318050
电话:0576/82507333、82507222
传真:82507000
电子信箱:zjaha@aisin-hongda.com
法定代表人:伊藤慎太郎
质量体系:IATF 16949、ISO 14001
产品情况:(爱信宏达牌)
硅油风扇离合器、水泵、机油泵、汽缸盖、正时齿轮链盖总成、铝压铸相关产品和发动机相关产品
配套及出口情况:为天津一汽丰田发动机、东风商用车发动机厂、江铃汽车、哈东安发动机、沈阳航天三菱、一汽丰田(长春)发动机、北汽福田环保动力、广汽丰田发动机等配套;部分产品出口日本,为爱信精机株式会社(五十铃、大发汽车、丰田汽车)、三菱重工业株式会社、椿本株式会社等配套

★浙江鼎利控股集团有限公司
地址:浙江省台州市路桥区新安西街889号
邮编:318050
电话:0576/82550082、82550080
传真:82550831、82550082
网址:www.dlgroup.com.cn
电子信箱:dingli@dlgroup.com.cn
法定代表人:戴学利
单位人数:1100
质量体系:IATF 16949、ISO 14001
产品情况:车用轴承、特种轴承、汽车水泵、汽车发电机、汽车起动机、通用机械和环保监测仪
出口情况:远销亚洲和欧美等地区

★浙江博星工贸有限公司
地址:浙江省金华市美和路1188号
邮编:321016
电话:0579/83930777
网址:www.zjfourstar.com
电子信箱:sales@zjfourstar.com
法定代表人:周望平
单位人数:550
质量体系:IATF 16949
产品情况:专业生产汽车发动机凸轮轴、摩托车发动机凸轮轴、通用汽油机凸轮轴及平衡轴、柴油机凸轮轴及平衡轴;现具备年产350万件套各类凸轮轴和平衡轴的生产能力
配套及出口情况:国外客户有美国B&S、美国通用动力、日本富士、日本雅马哈、日本DBS、日本川崎等;国内有奇瑞汽车、吉利汽车、浙江康斯特动力、江淮动力、常柴动力、常州罗宾富士、林海雅马哈等国内60多家企业;远销欧洲、非洲、东南亚

★浙江鸿运实业有限公司
地址:浙江省永康市大徐工业区
邮编:321300
电话:0579/87271998
传真:87231283
网址:www.chinaboyu.com
电子信箱:hy@ykhy.cn
法定代表人:应香完
单位人数:380
质量体系:IATF 16949、ISO 9001
产品情况:(鸿永牌、山马牌、三色马牌等)
重型汽车半轴、汽车交流发电机、冷凝式散热器等汽车零部件
配套及出口情况:冷凝式散热器典型客户包括浙江四方集团、常柴股份、常州常发动力、福建金飞鱼、重庆金弓、重庆凯米尔、四川峨眉动力、江苏常工动力等几十家全国知名企业;为陕汽集团汉德车桥、北汽福田安凯车桥厂、一汽集团青岛青特车桥厂等全国知名车桥厂提供军用及民用重型汽车半轴,组装成汽车后桥供军用车及奔驰、福田等民用车配套使用;出口俄罗斯、东南亚、南美洲、东欧等国家和地区

★浙江合达铝业有限公司
地址:浙江省永康市龙山镇浙商回归创业新园创新大街27号
邮编:321300
电话:0579/87477072
传真:87479292
网址:www.hedalvye.com
电子信箱:hdxs01@hedalvye.com
法定代表人:吴斌
质量体系:IATF 16949
产品情况:发动机缸盖,缸体等铝合金铸造产品

★浙江强广剑精密铸造股份有限公司
地址:浙江省永康市经济开发区上浦路208号
邮编:321301
电话:0579/87526600、13906792759
传真:87225500
网址:www.qgjco.com
电子信箱:info@qgjco.com
法定代表人:吴朝佐
质量体系:IATF 16949、ISO 9001
产品情况:生产汽车发动机缸体、缸盖、喷油泵体及摩托汽缸盖等铝合金铸件产品,具有年产50万件汽车配件与360万件摩托车配件的生产能力
配套情况:为一汽海马、郑州海马、广汽集团等配套

★浙江三人机械有限公司
地址:浙江省永康市石柱镇国道330号
邮编:321304
电话:0579/89280714、15088229899
传真:89280707
网址:www.chinasanren.com
电子信箱:ceo@sanrengroup.com
法定代表人:陈刚强
质量体系:IATF 16949
产品情况:(三人牌)
内燃机风冷汽缸套和小型动力机械关键零部件
配套及出口情况:主要客户有日本三菱重工、马勒等;远销国外市场

★浙江立丰机械零部件有限公司
地址:浙江省丽水市龙泉市金沙新区回归工程广达街81号
邮编:323000
电话:0578/7690003
网址:www.lefong.com.cn
电子信箱:admin@lefongfilter.com
法定代表人:陈庆平
质量体系:IATF 16949、ISO 9001
产品情况:各类空滤、燃油、机油滤清器

★浙江双良汽车零部件有限公司
地址:浙江省丽水市水阁工业园绿谷大道368号
邮编:323000
电话:0578/2995686、2995689
传真:2995687
电子信箱:sale7@dkk.com.cn
法定代表人:蔡良丰
质量体系:IATF 16949、ISO 14001
产品情况:(电科牌)
电动燃油泵、空气流量计、氧传感器等
出口情况:年产量的80%远销欧洲、美洲、中东、东南亚等地区

★浙江圣峰汽车部件有限公司
地址:浙江省丽水市水阁经济开发区丽沙路9号
邮编:323000
电话:0578/2995888、2995886
传真:2995889
网址:www.shengfengfilter.com
电子信箱:sales@shengfengfilter.com
法定代表人:项晓丽
质量体系:IATF 16949
产品情况:(日钻牌)
滤清器等汽车配件
出口情况:出口东南亚及美洲市场

★浙江三田滤清器有限公司
地址:浙江省龙泉市大沙经济开发区
邮编:323700
电话:0578/7218488、7218068
传真:7218058
网址:www.santianfilter.net
电子信箱:aileen@santianfilter.net
法定代表人:陈庆华
质量体系:IATF 16949、ISO 14001
产品情况:各类空气、燃油、机油,油水分离等滤清器
出口情况:畅销欧美、中东、东南亚等地区

★浙江三田汽车空调压缩机有限公司
地址:浙江省龙泉市经济开发区三田产业园(广达街81号)
邮编:323700
电话:0578/7695588、7766591
传真:7691118
网址:zjsantian.cn
电子信箱:jack@zjsantian.com
法定代表人:林剑
质量体系:IATF 16949、ISO 14001
产品情况:汽车空调压缩机的缸体、行星盘、主轴、斜盘、前后盖、活塞的喷漆等

★浙江兄弟之星汽配有限公司
地址:浙江省丽水市水阁经济开发区丽沙路5号
邮编:323704
电话:0578/2997999、2997888
传真:2999777
网址:www.brotherstar.com
电子信箱:root@xiahuaqp.com
法定代表人:夏建荣
质量体系:IATF 16949、ISO 14001
产品情况:(兄弟之星牌、顶刮刮牌)
汽车刮水片、滤清器等
出口情况:出口美国、日本、加拿大、荷兰、英国、马来西亚等国家,并销往中国台湾地区

★浙江开山缸套有限公司
地址:浙江省衢州市衢江区大洲工业功能区
邮编:324000
电话:0570/3857018、18915401519
传真:3857008
网址:www.ksgangtao.com
电子信箱:xu.yanping@kaishangroup.com
法定代表人:钱永春
单位人数:650
质量体系:IATF 16949
产品情况:(古钱牌、开山牌)
各种汽缸套,年产各类汽缸套500多万只
配套及出口情况:为全柴、玉柴、新柴、常发、江动、力佳、四方等国内十几家主机厂配套;远销美国、日本、东南亚等国家和地区,并销往中国香港、中国台湾地区

★衢州市硕通汽车零部件有限公司
地址:浙江省衢州市东港开发区东港二路58号
邮编:324022
电话:0570/8888818、8888817
传真:8882852
网址:www.chinashuotong.com
电子信箱:zjb@chinashuotong.com
法定代表人:江日和
质量体系:IATF 16949
产品情况:具有年产铝钎焊式散热器100万套、暖风机50万套、冷凝器10万套的能力
配套及出口情况:生产的汽车冷却系统已被比亚迪汽车、北汽福田、长安汽车、东风股份、东风渝安、华泰现代、青年莲花、陕汽集团、众泰汽车等国内多家汽车制造厂商选为配套产品;远销欧美、东南亚、中东等地区

★浙江衢州永丰金属制品有限公司
地址:浙江省衢州市衢江区重阳路5号
邮编:324022
电话:0570/3680088
传真:3377321
网址:www.yfmetal.cn
电子信箱:yfcjs@163.com
法定代表人:陈建水
单位人数:180
质量体系:IATF 16949、ISO 9001
产品情况:汽车同步齿轮、气门导管等汽车零部件及粉末冶金制品

★温州锦佳汽车零部件有限公司
地址:浙江省温州市龙湾区滨海工业园区三道4339号
邮编:325000
电话:0577/85859508、85859506
传真:85859509
电子信箱:08cw@chinajinjia.cn
法定代表人:万进光
质量体系:IATF 16949、ISO 14001
产品情况:电喷燃油泵、燃油泵总成、氧传感器、微电机、精密模具、塑料件等
配套及出口情况:为江淮、众泰、川汽、华泰等配套;远销美国、欧洲、南美洲、东南亚、中东等80多个国家和地区

★温州市云欣机车部件有限公司
地址:浙江省温州市龙湾区海城宾海工业区海工大道玉山路33号
邮编:325055
电话:0577/86600530、86600531
传真:86600630
网址:www.xindelw.com
电子信箱:info@xindelw.com
法定代表人:朱日德
质量体系:IATF 16949
产品情况:(信德牌)
汽车燃油泵滤网
出口情况:出口美国、日本、东南亚、中东、中北美洲等国家和地区

★浙江神邦机械有限公司
地址:浙江省瑞安市飞云云江标准厂房机械区二号楼
邮编:325200
电话:0577/65130885
网址:www.cnzjsb.com
电子信箱:120929159@qq.com
法定代表人:林旭
质量体系:IATF 16949、ISO 9001
产品情况:主导产品为管壳式冷却器、废气再循环冷却器、不锈钢板翅式油冷却器、铜质带片式水箱、铝质带片式散热器、高效管螺旋式换热器与铜铝质带片式散热器等,广泛用于内燃机、汽车、农用车等

★浙江华森散热器制造有限公司
地址:浙江省瑞安市经济开发区宏远路1099号
邮编:325200
电话:0577/65604185
传真:65602819
网址:www.xinhuasen.com
电子信箱:master@cnzhongma.com
法定代表人:虞丽华
质量体系:IATF 16949、ISO 14001
产品情况:(XINHUASEN牌)
主要产品有汽车散热器、汽车空调、汽车制动器、汽车电器等四大系列2000多种产品
配套及出口情况:为东风汽车公司、一汽集团配套;远销欧洲、美国、中东、东南亚等国家和地区

★浙江恒光汽车部件有限公司
地址:浙江省瑞安市经济开发区导航路1989号
邮编:325200
电话:0577/65139006
传真:65514666
网址:www.henkoparts.com
电子信箱:info@henkoparts.com
法定代表人:陈锦翔
质量体系:IATF 16949、ISO 14001
产品情况:(恒光牌)

喷油嘴、汽车空气流量传感器、电动燃油泵及总成、电子泵等电喷系统配件及柴油车尾气后处理系统(SCR)配件
出口情况:出口美国、巴西、加拿大、俄罗斯、墨西哥、德国、英国、韩国、澳大利亚等10多个国家

★浙江锦佳汽车零部件有限公司
地址:浙江省瑞安市开发区开发一路369号
邮编:325200
电话:0577/65155688
传真:65155708
网址:www. jinjiapump. com
电子信箱:jinjia@ chinajinjia. cn
法定代表人:万进光
质量体系:IATF 16949、ISO 14001
产品情况:(锦佳牌)
汽车电喷燃油泵、电喷无刷泵、尿素泵系统

★浙江亚美力新能源科技有限公司
地址:浙江省瑞安市南滨街道阁巷新区
邮编:325200
电话:0577/65785555
网址:www. ymlzx. net
电子信箱:kay - radiator@ ymlzx. net
法定代表人:周荣华
质量体系:IATF 16949、ISO 14001
产品情况:汽车散热器、热交换器、中冷器等发动机冷却系统产品
出口情况:远销北美洲、欧洲、中东、东南亚等地区

★温州车舟汽车部件有限公司
地址:浙江省瑞安市南滨街道阁巷新区围二路399号
邮编:325200
电话:0577/58905891
传真:58901111
网址:www. chezhou. com
电子信箱:salesdept@ chezhou. com
法定代表人:叶舟
质量体系:IATF 16949
产品情况:(车舟牌)
电控硅油离合器、气动式硅油离合器、感温式硅油离合器、塑料风扇、金属风扇
配套及出口情况:为东风商用车、东风股份、东风柳汽、陕汽集团、奇瑞汽车、雷沃动力、华菱汽车、印度塔塔等配套;远销美洲、欧洲、东南亚、中东、非洲

★浙江一铭机车部件有限公司
地址:浙江省瑞安市塘下镇场桥上灶工业区
邮编:325200
电话:0577/65266588、65267007
传真:65267008
电子信箱:65266588@ vip. 163. com
法定代表人:林晓光
质量体系:IATF 16949
产品情况:(CFB牌、YIMING牌)
各种系列汽车主轴瓦及连杆瓦、双金属铜铅衬套、20高锡合金衬套. SF-1无油润滑衬套、SF-2边界润滑衬套、钢质软氮化衬套及双金属材料等;年产各种规格衬套3000万件、轴瓦2000万套、双金属材料1000吨
配套及出口情况:为十几家主机厂配套;远销欧洲、北美洲、中东、东南亚、南美洲等地区

★浙江环球滤清器有限公司
地址:浙江省瑞安市塘下镇塘下北工业园区B区凤都二路288号
邮编:325203
电话:0577/65329885
传真:65329902
网址:www. universefilter. com
电子信箱:info@ universefilter. com
法定代表人:刘万斌
质量体系:IATF 16949、ISO 14001
产品情况:(环球牌、HK牌)
滤清器,年产能力5000多万只
配套及出口情况:与中国重汽集团、潍柴动力、三一重工、陕汽等主机厂定点配套;出口美国、加拿大、欧洲等高端市场与通用、菲亚特等世界一流汽车厂家形成配套业务

★温州瑞明工业股份有限公司
地址:浙江省瑞安市国际汽摩配产业基地北区
邮编:325204
电话:0577/65329999、65379688
网址:www. chinarm. com
电子信箱:service@ chinarm. com
法定代表人:韩玉明
单位人数:3000
质量体系:IATF 16949、ISO 14001
产品情况:铝合金汽缸盖、汽缸体、进气歧管、缸盖罩、铝支架等系列产品
配套情况:客户涵盖广汽乘用车、东风乘用车、神龙汽车、长城汽车、力帆汽车、比亚迪汽车、吉利汽车、江淮汽车等国内自主品牌主流车企与小康动力、渝安动力、柳机动力等发动机专业企业,以及上汽通用五菱、长安标致雪铁龙、广汽菲亚特等合资车企,沃尔沃、通用汽车、菲亚特、雪铁龙、卡特彼勒等国际知名品牌厂商

★浙江炬光汽车零部件有限公司
地址:浙江省瑞安市国际汽摩配产业园区(大南山北路155号)
邮编:325204
电话:0577/65320828
传真:65321238
网址:www. chinahuilong. com
电子信箱:juguang@ chinahuilong. com
法定代表人:戴乃品
质量体系:IATF 16949、ISO 14001
产品情况:(炬光牌)
轿车散热器风扇、鼓风机总成等,年产能力100万余台
配套及出口情况:为一汽轻型货车配套;出口欧洲、美洲、亚洲等地区

★温州天纳福汽车轴承股份有限公司
地址:浙江省瑞安市国际汽摩配工业园罗凤西路
邮编:325204
电话:0577/65353530
传真:65351121
网址:www. tinafor. com
电子信箱:sale@ tinafor. com
法定代表人:项公付
质量体系:IATF 16949
产品情况:汽车发动机张紧轮、皮带轮、汽车离合器分离轴承、汽车轮毂轮轴等系列产品

★浙江奥凯嘉汽车科技有限公司
地址:浙江省瑞安市国际汽摩配工业园区大南山北路89号
邮编:325204
电话:0577/65332788、65321611
传真:65333788
网址:www. haogd. com
电子信箱:sales@ haogd. com
法定代表人:吴焕志
质量体系:IATF 16949
产品情况:(浩钢达牌)
滤清器和涡轮增压器等
配套及出口情况:与锡柴、潍柴等多家国内外知名主机厂配套装机;远销欧洲、美洲、大洋洲、非洲等地区

★浙江星昊汽配科技有限公司
地址:浙江省瑞安市海安镇东工业区钢圈路2号
邮编:325204
电话:0577/65295288
传真:65295287
网址:www. vkfilter. com
电子信箱:sales@ vkfilter. com
法定代表人:韩圣文
单位人数:300
质量体系:IATF 16949
产品情况:(星昊牌)
机油滤清器、柴油滤清器、空气滤清器
出口情况:向东南亚、中东、欧洲等国家和地区出口

★浙江瑞星化油器制造有限公司
地址:浙江省瑞安市汽摩配产业基地北区凤都五路168号
邮编:325204
电话:0577/65353868、65396488
传真:65369325
网址:www. sinoruixing. com
电子信箱:sales@ rx - cn. com
法定代表人:陈其安

质量体系:IATF 16949
产品情况:(瑞星牌)
化油器,年产能力1300万台
出口情况:与KOHLER、HUSQVARNA、MTD、BRIGGS & STRATTON、TTI、CUMMINS、GGP、TORO、MITSUBISHI、YAMAHA等多家全球领先的发动机企业建立配套、合作伙伴关系

★浙江东原科技股份有限公司
地址:浙江省瑞安市塘下高速出口东侧东源路1号
邮编:325204
电话:0577/65338561、13806804828
传真:65338580
网址:www. highfil. com
电子信箱:frank@ highfil. com
法定代表人:陈晓波
质量体系:IATF 16949、ISO 9001
产品情况:[东原(HIGHFIL)牌]
专业生产机油、燃油、空气、空调、液压滤清器和空气干燥器
配套及出口情况:为吉利、依维柯等企业配套;出口美国、德国、日本、澳大利亚等100多个国家

★瑞安市益华汽车配件有限公司
地址:浙江省瑞安市塘下国际汽摩配工业园区
邮编:325204
电话:0577/65322866
传真:65323666
网址:www. ehuachina. cn
电子信箱:yhchh88@ 126. com
法定代表人:陈国伟
质量体系:IATF 16949
产品情况:(美声牌)
汽车水泵、机油泵、喇叭、调节器、闪光器、电子钟、继电器、玻璃升降器等

★温州仁谦汽车油泵有限公司
地址:浙江省瑞安市塘下镇鲍田前池路
邮编:325204
电话:0577/58808517、65216000
传真:65214000
电子信箱:rq - qa@ 263. net
法定代表人:池仁谦
质量体系:IATF 16949
产品情况:(CRQ牌)
燃油泵、过滤器、汽车附件

★温州新星滤清器有限公司
地址:浙江省瑞安市塘下镇鲍田新华工业区
邮编:325204
电话:0577/65212888
传真:65212889
网址:www. luzhixing. com
电子信箱:chinaluzhixing@ 163. com
法定代表人:陈敏光
质量体系:IATF 16949
产品情况:(滤之星牌、LOTUS牌)
机油滤清器、柴油滤清器、冷却水滤清器、燃油-水分离器、空气过滤器,年生产滤清器1000多万个
出口情况:远销欧美、东南亚、非洲等十几个国家和地区

★浙江天欧机车部件有限公司
地址:浙江省瑞安市塘下镇花园工业区
邮编:325204
电话:0577/58813000、65385166
传真:58818780
网址:www. wzto. com
电子信箱:to@ wzto. com
法定代表人:薛定昌
单位人数:200
质量体系:IATF 16949
产品情况:(TIANOU牌、XUESIMAN牌、CHANG牌)
轿车散热器风扇总成、摩托车闸把座总成两大系列
出口情况:出口南美洲、中东、东南亚等地区

★瑞安市日正汽车部件有限公司
地址:浙江省瑞安市塘下镇科技园
邮编:325204
电话:0577/65355355
传真:65391688
网址:www. rizen. cn
电子信箱:rizen@ rizen. cn
法定代表人:陈是
单位人数:370
质量体系:IATF 16949、ISO 14001
产品情况:散热器风扇总成、刮水器电动机、鼓风机、整流桥,电磁式电源开关
配套情况:为福田公司、长安汽车、德国博世、美国克莱斯勒等配套

★浙江驰田散热器制造有限公司
地址:浙江省瑞安市塘下镇西南工业区
邮编:325204
电话:0577/65370590、65377118
传真:65371185
网址:www. zjchitian. com
电子信箱:zjchitian07@ 163. com
法定代表人:管晚
质量体系:IATF 16949
产品情况:散热器、中冷器、暖风
出口情况:出口欧美、南非、东南亚、中东地区

★浙江精湛化油器有限公司
地址:浙江省瑞安市塘下镇赵宅工业区天凤大街141号
邮编:325204
电话:0577/65387201、25851018
传真:65358002
网址:www. kinzo. net
电子信箱:sale@ kinzo. co
法定代表人:张冬青
质量体系:ISO 14001
产品情况:(精湛牌)
摩托车、汽车及通用机化油器,年产各种化油器200万台
配套及出口情况:为建设集团、重庆宗申、重庆力帆、隆鑫集团、本州集团、广东豪进、广东奔马、王野动力、无锡富通等配套;出口美国、日本、东南亚、中东、非洲等10多个国家和地区

★浙江永钰过滤系统有限公司
地址:浙江省温州市经济技术开发区滨海园区滨海一道1467号
邮编:325204
电话:0577/59881802、59881809
传真:85852218
电子信箱:sales@ yongyucn. com
法定代表人:胡飞
质量体系:IATF 16949、ISO 9001
产品情况:(永钰牌)
滤清器、过滤器、油水分离器、滤座及各种总成
配套及出口情况:与全国部分大型汽车制造公司及发动机公司配套;远销东南亚、美洲、欧洲等地区

★浙江亚欧机车部件有限公司
地址:浙江省温州市经济技术开发区滨海园区三道滨海8路638号
邮编:325204
电话:0577/58809103、58809100
传真:58809101
电子信箱:sales@ yuntygroup. com
法定代表人:陈瑞森
质量体系:IATF 16949
产品情况:(远泰牌、滤神牌、重滤牌)
滤清器、刮水器及刮水臂片,年产机油、柴油滤清器1000多万只,空气滤清器200多万只,刮水器及刮水臂片100多万套
出口情况:出口美国、欧洲、中南亚、中东等国家和地区

★双宇集团有限公司
地址:浙江省瑞安市鲍田商业大街518号
邮编:325205
电话:0577/65220058、13758797075
传真:65220025
网址:www. so - yo. cn
电子信箱:sales@ so - yo. cn
法定代表人:钱圣录
单位人数:2200
质量体系:IATF 16949
产品情况:滤清器、弹簧制动气室、油冷器、中冷器、暖风散热器、散热器、发电机、起动机

★浙江华工汽车零部件有限公司
地址:浙江省瑞安市塘下镇鲍田鲍七村
邮编:325205
电话:0577/65201295、65217919
传真:65215915
网址:www. chinasangong. com
电子信箱:sangong@ wzptt. zj. cn

法定代表人:项威
质量体系:IATF 16949、ISO 14001
产品情况:(RSK 牌)
发动机冷却水泵、机油泵
配套及出口情况:为广西玉柴机器、潍柴动力配套;出口欧美、中东、非洲等国家和地区

★温州天旗汽车部件有限公司
地址:浙江省瑞安市汀田镇金前工业区
邮编:325206
电话:0577/65113985、65109918
传真:65113987
网址:www.zjruite.com
电子信箱:info@zjruite.com
法定代表人:蔡维明
质量体系:IATF 16949
产品情况:(瑞特牌)
电喷燃油泵、总成以及滤网
出口情况:远销日本、南美洲、欧洲、东南亚等国家和地区

★浙江鸿锐汽配股份有限公司
地址:浙江省温州市经济技术开发区滨海十三路388号
邮编:325206
电话:0577/58903711、13515878389
传真:58818817
电子信箱:hongrui@hraff.com
法定代表人:宋其棉
质量体系:IATF 16949
产品情况:汽车燃油滤清器、汽油滤清器、机油滤清器、机油滤芯、空气滤清器、空调滤清器、转向盘及转向盘连接器
出口情况:远销欧洲、美国、大洋洲、中东、南美洲等50多个国家和地区

★纳百川控股有限公司
地址:浙江省温州市泰顺月湖工业区分泰路59号
邮编:325216
电话:0577/67659910、67659923
网址:www.rnbc.com
电子信箱:2880191669@qq.com
法定代表人:陈荣贤
质量体系:IATF 16949、ISO 14001
产品情况:以车用铝质装配式散热器、暖风热交换器和钎焊式散热器为主的热交换系统产品
出口情况:产品全部出口,装配式产品以欧洲市场为主,钎焊产品则以美洲市场为主

★浙江开海活塞制造有限公司
地址:浙江省温州市平阳县滨海新区斗北村
邮编:325400
电话:0577/63708083、63705505
传真:63700989
网址:www.khpiston.com
电子信箱:kh@khpiston.com
法定代表人:金湘翔
质量体系:IATF 16949
产品情况:生产各类汽车、摩托车、通用汽油机等活塞500多种机型,3000多种规格,年生产能力可达500万套
配套情况:为江西为民(军工企业)、钱江集团、星月集团、瑞立集团、泰格工业集团、宁波以赛亚、浙江合鸿、中国台湾弘扬精密等企业提供活塞配套

★浙江安康汽车零部件有限公司
地址:浙江省温州市平阳县昆阳镇万全工业园区惠工路22号
邮编:325400
电话:0577/63791888、63759999
传真:63791688
网址:www.chinaankang.com
电子信箱:master@chinaankang.com
法定代表人:陈传安
质量体系:IATF 16949
产品情况:(安康牌)
活塞环,具有年销售活塞环5000万元的规模
出口情况:远销中东、欧洲、美洲等地区

★温州卓人汽车电控有限公司
地址:浙江省温州市平阳县万全镇万全轻工基地万盛路79号
邮编:325400
电话:0577/63170990
传真:63170991
网址:www.zoren.cn
电子信箱:info@zoren.cn
法定代表人:黄福仁
质量体系:IATF 16949、ISO 14001
产品情况:汽车电喷燃油泵及总成,年产值9000万元
出口情况:产品的90%出口欧美等地区

★万宏集团有限公司
地址:浙江省平阳县宋桥孙楼工业区
邮编:325410
电话:0577/63150152、63150157
传真:63150150
网址:www.zj-wanhong.com
电子信箱:wanhong@vip.163.com
法定代表人:万良华
单位人数:500
质量体系:IATF 16949、ISO 9001
产品情况:(万宏牌)
汽车发动机轴瓦、活塞环、汽缸垫等;轴瓦年产量超过4500万片,活塞环年产量达3000万片
出口情况:远销欧洲、南美洲、东亚、南亚、中东、非洲等60多个国家和地区

★浙江泰森实业有限公司
地址:浙江省温州市平阳县榆垟镇工业园区京信路1号
邮编:325410
电话:0577/63793298、63792910
传真:63792229、63796678
网址:www.zjtyson.cn
电子信箱:info@zjtyson.com
法定代表人:吴如如
质量体系:IATF 16949
产品情况:专业生产汽车水泵、风扇离合器,具有年产100万只水泵的产能
出口情况:大部分产品供应北美洲、欧洲和日本市场

★浙江京信汽车配件有限公司
地址:浙江省温州市平阳县榆垟镇京信路1号
邮编:325410
电话:0577/63791686、63791918
网址:www.cnkyungshin.com
电子信箱:yu@cnkyungshin.com
法定代表人:余海帆
质量体系:ISO 9001
产品情况:(MOTECH 牌)
各种型号汽车发动机轴瓦、冷却水泵、活塞、活塞环

★温州奕龙汽车零部件有限公司
地址:浙江省乐清市虹桥镇合兴工业园
邮编:325608
电话:0577/62278098
传真:62277898
网址:www.ylap.cn
电子信箱:info@ylap.cn
法定代表人:刘年芬
质量体系:IATF 16949、ISO 9001
产品情况:硅油风扇离合器、电控硅油风扇离合器、环形冷却风扇、中间凸缘、风叶等
配套情况:与杭发、潍柴、上柴、玉柴、川柴、宇通、杭汽、陕汽、重汽等国内大中型汽车生产厂家建立了合作关系

★浙江乐鼎波纹管有限公司
地址:浙江省乐清市南塘镇享乾口工业区
邮编:325618
电话:0577/62252888、62257867
传真:62251903
网址:www.yueguan.com
电子信箱:yg@yueguan.cn
法定代表人:周召宝
质量体系:IATF 16949、ISO 9001
产品情况:(乐管牌)
分规式(外曲型)中央排水装置、汽车排气挠性波纹管、金属波纹补偿器(膨胀节)、稠油注蒸汽管线井口补偿装置、金属波纹软管、纤维织物补偿器等
出口情况:出口美国、德国等50多个国家

★浙江天马活塞工业有限公司
地址:浙江省温州市苍南县钱库工业园区钱库大道69号
邮编:325804
电话:0577/64488666、64488555

传真:64492885
网址:www. tianma - piston. com
电子信箱:tm@ tianma - piston. com
法定代表人:林维奏
单位人数:380
质量体系:IATF 16949
产品情况:(天马牌)
活塞,年产能力500万只
配套及出口情况:为10多家汽车及主机厂配套;出口欧美、中东、南非、东南亚等国家和地区

★浙江人驰汽车配件有限公司
地址:浙江省温州市经济技术开发区金海一道405号
邮编:325805
电话:0577/86358732、86354444
网址:www. cnrenchi. com
电子信箱:admin@ cnrenchi. com
法定代表人:木海达
质量体系:IATF 16949、ISO 14001
产品情况:专业生产旋压皮带轮
配套情况:主要配套客户有重庆康明斯、西安康明斯、上汽通用五菱、东风小康、一汽锡柴、雅士佳、道氏、盖茨等

安徽省

★合肥凯创汽车零部件有限公司
地址:合肥市包河工业区北京路18号
邮编:230022
电话:0551/63368098
网址:www. kcauto. com. cn
电子信箱:info@ kcauto. com. cn
法定代表人:曹正荣
质量体系:IATF 16949
产品情况:离合器、冷却水泵、机油泵、燃油分配管、调压器、EGR阀等
配套情况:与沈阳航天三菱、哈尔滨东安三菱、江淮汽车发动机、北京汽车动力、一汽海马动力等业内主流动力总成制造商合作

★合肥恒信汽车发动机部件制造有限公司
地址:合肥市包河工业区纬三路九号
邮编:230051
电话:0551/63368379、63368388
传真:63368378
网址:www. anhuihx. net
电子信箱:wangqun@ anhuihx. net
法定代表人:宗华甫
质量体系:IATF 16949、ISO 14001
产品情况:发动机塑料进气歧管、气门室罩盖、油底壳等
配套及出口情况:为沃尔沃、潍柴动力、奔驰、奇瑞汽车、江淮汽车、东风汽车、长丰动力、北汽集团、一汽集团、锐展发动机、三一重工、东风裕隆、东风汤姆森、新晨动力、华晨汽车、美国水星海事的注册供应商;同时与美国通用汽车、大众汽车、吉利汽车,比亚迪汽车、日本丰田、印度塔塔等汽车厂建立了业务联系;出口美国

★合肥格澜过滤系统有限责任公司
地址:合肥市经济技术开发区汤口路与桃源路交口东200米
邮编:230061
电话:0551/63682255
传真:63682821
网址:www. glfilter. com
电子信箱:admin@ glfilter. com
法定代表人:车晓梅
单位人数:500
质量体系:IATF 16949、ISO 14001
产品情况:空气、机油、空调、燃油滤清器,产品覆盖国内外绝大部分车型
出口情况:60多个产品面向美国、欧洲市场

★安徽威尔低碳科技股份有限公司
地址:合肥市经济技术开发区佛掌路59号
邮编:230601
电话:0551/63847100、13721026058
传真:63847102
网址:www. walfuelsystems. com
电子信箱:office@ walfuelsystems. com
法定代表人:TAO MA
质量体系:IATF 16949、ISO 9001
产品情况:柴油滤清器、尿素滤清器、齿轮泵、滤清器部件等内燃机低压燃油系统和燃气系统产品
配套及出口情况:主要客户包括长安汽车、长城汽车、奇瑞汽车、东风汽车、黄海客车、南京依维柯、华泰汽车、江淮汽车、金旅客车、江铃汽车、KAMA、山东临工、华柴动力、ISUZU、宇通、中国重汽、广西玉柴、一汽锡柴、道依茨(大连)、东风朝柴、全柴、潍柴动力、云内等;远销德国、日本、美国等国家

★合肥中科汽配制造有限公司
地址:合肥市肥西县紫蓬镇工业园
邮编:231200
电话:0551/62565319、68588111
电子信箱:3350116739@ qq. com
法定代表人:钱顺金
质量体系:IATF 16949、ISO 9001
产品情况:齿轮、连杆、摇臂、球壳、拉杆、悬架、十字轴、汽车门铰链等
配套及出口情况:为江淮、六齿、湖南车桥等配套;出口美国、欧洲

★合肥江河汽车零部件有限公司
地址:合肥市肥西县桃花镇长安工业聚集区明珠路与天山路交口
邮编:231202
电话:0551/63846552、65325869
传真:63846552
电子信箱:hefeijianghe@ 163. com
法定代表人:张凤兰
质量体系:IATF 16949
产品情况:汽车燃油箱、货箱防护栏、车身钣金等
配套情况:为合肥昌河、南京长安、众泰汽车配套

★安徽金亿新材料股份有限公司
地址:安徽省桐城市经济开发区东环路
邮编:231400
电话:0556/6540098
传真:6541439
网址:www. gea - corp. com
电子信箱:info@ ahstauto. com
法定代表人:戴泽玉
单位人数:156
质量体系:IATF 16949、ISO 14001
产品情况:专业生产发动机核心部件气门座圈、气门导管
配套及出口情况:为国内多家汽车厂及发动机厂配套;给伊朗两家汽车厂,西班牙、土耳其、印度等缸盖厂配套

★安徽白兔湖动力股份有限公司
地址:安徽省桐城市经济开发区同祥路
邮编:231400
电话:0556/6510298、4008604199
传真:6608128、6608068
电子信箱:nancy@ greatawrc. com
法定代表人:汪舵海
质量体系:GB/T 24001、GB/T 28001
产品情况:(兔湖牌)
四缸、六缸内燃机汽缸套、铝活塞、曲轴、粉末冶金气门座圈、导管等
配套及出口情况:与60多家知名主机厂配套;远销欧洲、美洲、东南亚、非洲等十几个国家和地区

★安徽金庆龙机械制造有限公司
地址:安徽省桐城市经济开发区经一北路
邮编:231401
电话:0556/6567660、6567466
传真:6204660
网址:www. ahjql. com
电子信箱:ahsjql@ 163. com
法定代表人:左延尚
质量体系:ISO 14001、ISO 9001
产品情况:(庆龙牌)
具有年产进/排气门800万只、活塞销600万只的生产能力
配套及出口情况:为一汽、东风、玉柴、朝柴、莱动、时风等40多家发动机厂配套;部分产品出口美国、日本、东盟等20多个国家和地区

★安徽金光机械集团股份有限公司
地址:安徽省桐城市金神工业区
邮编:231440
电话:0556/6665488
网址:www. ahjinguang. com
电子信箱:ahjg88@ 163. com
法定代表人:汪建国
质量体系:IATF 16949
产品情况:(金光牌)
凸轮轴、曲轴、供油凸轮等内燃机

零部件;具有年产各类凸轮轴600万件、曲轴100万件、供油凸轮100万只的生产能力
配套情况:为一汽、江汽、南汽、朝柴、常柴、锡柴、一拖、扬动、扬柴、潍柴、新柴、全柴、东安等全国30余家大型主机厂配套

★蚌埠市瑞泰汽配制造有限公司
地址:安徽省蚌埠市工业园区
邮编:233000
电话:0552/2821818、2824126
传真:2824126、2825678
网址:www.bbrt.com.cn
电子信箱:sales@bbrt.com.cn
法定代表人:陈念东
质量体系:IATF 16949
产品情况:(瑞泰牌)
汽车、工程机械用滤清器及汽车零部件、钢材金属制品
配套及出口情况:为一汽、东风、奇瑞汽车、吉利汽车、东安、江淮汽车、合力叉车、厦门叉车厂、东风股份、一拖、中收公司等配套;出口美国、加拿大、俄罗斯、南非、南美洲、中东、日本等国家和地区,并销往中国台湾地区

★蚌埠通达汽车零部件有限公司
地址:安徽省蚌埠市高新技术开发区天河路619号
邮编:233010
电话:0552/4013654、4923790
传真:4030627、4023507
网址:www.bbtongda.com
电子信箱:lcl@bbtongda.com
法定代表人:王春蕊
单位人数:240
质量体系:IATF 16949、ISO 9001
产品情况:(珠城牌)
以冷轧、热轧、不锈钢、铝合金材料为主的金属燃油箱和液压油箱,共有70个系列、3000多种产品型号
配套情况:主要客户有江淮汽车、华菱汽车、宇通客车、金龙客车、福田汽车、安徽柳工、三一重工等30余家国内外知名主机厂

★安徽凤凰滤清器股份有限公司
地址:安徽省蚌埠市高新区黄山大道8028号
邮编:233010
电话:4000299108
传真:0552/4126622
网址:www.phoenixfilters.net
电子信箱:jonathanwu@phoenixfilters.com
法定代表人:巫界树
质量体系:IATF 16949、ISO 9001
产品情况:(凤凰牌)
空气滤清器、空调滤清器、机油滤清器、燃油滤清器四大类8000余款产品,年产能超过2600万只
配套及出口情况:主机配套市场现已与丰田、日产、三一、依维柯、汉腾、猎豹等多家主机厂建立了合作;出口市场主要销往北美洲、欧洲、日本、韩国等发达国家和地区

★蚌埠市明威滤清器有限公司
地址:安徽省蚌埠市高新区兴中路888号
邮编:233010
电话:0552/4070008、4001059968
传真:4099858
电子信箱:mwfilter@modoall.com
法定代表人:陈明志
质量体系:IATF 16949
产品情况:滤清器
配套及出口情况:为上汽大众、上汽通用、上汽集团、一汽、东风、北汽福田、江淮汽车、奇瑞汽车、长安汽车、通用五菱、上柴、一汽锡柴、玉柴、潍柴、全柴、大柴、朝柴、杭发、中国重汽、陕汽、三一重工、徐工集团、中联重科等国内主流汽车、发动机、工程机械等200多家企业配套;产品大批量出口美国、日本、欧洲、东南亚等国家和地区

★蚌埠金威滤清器有限公司
地址:安徽省蚌埠市凤阳东路224号
邮编:233043
电话:0552/3036315、3010464
传真:3019766、3014579
网址:www.bbfilter.com
电子信箱:public@bbfilter.com
法定代表人:丁延海
单位人数:1200
质量体系:IATF 16949、ISO 14001
产品情况:(BB牌)
各种汽车滤清器
配套及出口情况:为上汽大众、上汽通用、上汽集团、一汽、东风、北汽福田、江淮汽车、奇瑞汽车、长安汽车、上汽通用五菱、上柴、一汽锡柴、玉柴、潍柴、全柴、大柴、朝柴、杭汽发、中国重汽、陕汽、三一重工、徐工集团、中联重科、中国一拖、约翰迪尔、常拖等200多家国内主流汽车、发动机、工程机械、农业机械企业配套;进入美国通用、菲亚特、克莱斯勒等多个汽车零部件全球采购系统

★安徽省凤阳散热器有限公司
地址:安徽省凤阳县临淮关濠梁西路143号
邮编:233122
电话:0550/6562431
传真:6562431
电子信箱:fysrqgs@163.com
法定代表人:高光友
质量体系:IATF 16949
产品情况:(中都牌)
车用铜质、铝质散热器,中冷器、膨胀水箱、机油散热器
配套情况:为安徽江淮、安徽安凯、厦门金龙、厦门金旅、南京依维柯、合力叉车、杭叉叉车配套

★蚌埠威尔特滤清器有限公司
地址:安徽省蚌埠市淮上区沫河口工业园开源大道21号
邮编:233300
电话:0552/5875669、13329229811
网址:www.vtfilter.com
电子信箱:welte2@vtfilter.com
法定代表人:魏献浩
质量体系:IATF 16949
产品情况:(WELTE牌)
空气滤清器、空调滤清器、机油滤清器三大系列产品;年生产能力500万只,品种2000多种
出口情况:远销美国、俄罗斯、土耳其、马来西亚等国家

★安徽艾瑞库车业有限公司
地址:安徽省濉溪县濉溪芜湖现代产业园区银桦东路和芙蓉路交叉口
邮编:235000
电话:0561/2211599
传真:2211500
网址:www.erecool.com
电子信箱:erecool@126.com
法定代表人:薛虞千
质量体系:IATF 16949、ISO 14001
产品情况:主要生产汽车发动机冷却水泵、机油泵等铝压铸汽车配件
出口情况:产品以主机配套和出口为主

★安徽浩丰实业有限公司
地址:安徽省淮北市濉溪经济开发区海棠路1号
邮编:235100
电话:0561/7018777
网址:www.ahhaofeng.com
法定代表人:杨浩
质量体系:ISO 14001
产品情况:发动机活塞、机车改装件等
出口情况:远销欧美、东南亚、中东等70多个国家和地区

★安徽金力泵业科技有限公司
地址:安徽省淮北市濉溪县经济开发区白杨西路
邮编:235100
电话:0577/65385678
传真:0561/7281555
网址:www.kitaki.cn
电子信箱:sale@kitaki.cn
法定代表人:颜金洪
质量体系:IATF 16949、ISO 14001
产品情况:汽车水泵

★安徽省恒泰动力科技有限公司
地址:安徽省庐江县城西新区城西大道169号
邮编:238000
电话:0551/87186666、87417688
传真:87995599
网址:www.htpower.net

电子信箱:htpiston@ sina. com
法定代表人:章高伟
质量体系:IATF 16949、ISO 14001
产品情况:(安活牌)
具备年产 500 万只中、高档汽车活塞、100 万只汽车缸盖的生产能力
配套情况:与玉柴动力、安徽全柴、无锡开普、常柴股份、华源凯马、常发集团等知名柴油机发动机企业结成战略合作伙伴

★安徽汇展热交换系统股份有限公司
地址:安徽省芜湖市鸠江区二坝经济开发区
邮编:238312
电话:0553/6661973
传真:6660635
电子信箱:hzhr@ huizhanrjh. com
法定代表人:王文
质量体系:IATF 16949
产品情况:汽车散热器、PTC 加热器、电池液冷板、chiller、新能源汽车热管理系统
配套及出口情况:服务的客户有奇瑞汽车、江淮汽车、众泰汽车、吉利汽车、北汽福田、合众汽车、车和家、电咖等汽车品牌以及捷威动力电池、比克电池、奇达、舟之航、博耐尔汽车空调、豫新汽车空调、松芝汽车空调等众多电池和空调企业;出口北美洲

★天长缸盖有限公司
地址:安徽省天长市天扬路 688 号
邮编:239300
电话:0550/7092166、7092168
传真:7092266、7091268
网址:www. tcgg. cn
电子信箱:tcgg@ tcgg. cn
法定代表人:管宏庆
单位人数:960
质量体系:IATF 16949、ISO 14001
产品情况:(梭鱼牌)
具有年产 130 万台以上的灰铸铁、球墨铸铁、铝合金缸盖成品的生产能力和 6 万吨以上的铸造能力
配套情况:主要战略配套厂家有卡特彼勒、一汽锡柴、上汽上柴、福田雷沃、江淮纳威司达、江淮动力、潍柴动力扬柴、全柴集团、无锡动力等国内外知名企业

★安徽全柴动力股份有限公司
地址:安徽省全椒县襄河镇吴敬梓路 788 号
邮编:239500
电话:0550/5012699、2301666
网址:www. quanchai. com. cn
电子信箱:wdnyys@ public. whptt. sd. cn
法定代表人:谢力
质量体系:IATF 16949、ISO 9001
产品情况:柴油发动机、汽车零部件、塑料管材等
配套及出口情况:与北汽福田、江淮汽车、东风汽车、南汽、一汽金杯、长安跨越、山东凯马、东安黑豹汽车、雷沃重工、合力叉车等国内多家知名企业合作;远销东南亚、欧洲等多个国家和地区

★芜湖航天汽车连杆有限公司
地址:安徽省芜湖市机械工业园
邮编:241000
电话:0553/8766888、8767277
传真:8767528
网址:www. chinazhenghang. com
电子信箱:lsp@ chinazhenghang. com
法定代表人:李松平
质量体系:IATF 16949
产品情况:(ZXT 牌)
各种汽车连杆
配套及出口情况:为天津一汽夏利等配套;主要出口中东、欧美等地区

★杰锋汽车动力系统股份有限公司
地址:安徽省芜湖市鸠江经济开发区鸠兹大道北侧飞跃东路 18 号
邮编:241000
电话:0553/5932180、5932188
传真:5932133
网址:www. japhl. com. cn
电子信箱:japhl@ japhl. com. cn
法定代表人:FAN LI
质量体系:IATF 16949、ISO 14001
产品情况:汽车进/排气系统,发动机关键零部件
配套情况:为奇瑞、上汽、北汽、福田、东风、一汽、江铃、力帆、宝沃、观致、众泰等多家主机厂配套

★芜湖亚奇汽车部件有限公司
地址:安徽省芜湖市鸠江经济开发区祥泰路 5 号
邮编:241000
电话:0553/5968681、5965888
传真:5965888
电子信箱:zhouhang@ yapp. com
法定代表人:钱晨光
质量体系:IATF 16949
产品情况:汽车燃油箱,年产 400 万只

★安徽大昌科技股份有限公司
地址:安徽省芜湖市鸠江区大桥镇湾里工业园办公楼
邮编:241000
电话:0553/2665101
网址:www. ahdachang. com
电子信箱:dckj@ ahdachang. com
法定代表人:钟华山
质量体系:IATF 16949、ISO 14001
产品情况:主营汽车发动机进气歧管、发动机起动齿圈总成、汽车仪表台横梁总成、踏板机构总成、膜片弹簧离合器、换挡机构总成、手制动总成、汽车后轴以及汽车车身钣金件、空调机箱、各种冷冲压模具及检具、夹具等
配套情况:成为奇瑞汽车、江淮汽车、吉利汽车、广汽乘用车、美的空调、美国 FLOWSERVE、英国 SIMONS 公司战略合作伙

★芜湖三联锻造股份有限公司
地址:安徽省芜湖市高新技术产业开发区天井山路 20 号
邮编:241002
电话:0553/5650308、5650312
传真:5650328、5650316
电子信箱:wh3030@ 126. com
法定代表人:孙国奉
质量体系:IATF 16949、ISO 14001
产品情况:汽车连杆、球头、拉杆、轮毂、轮轴、曲轴、控制臂、转向节、传动轴、平衡轴、摇臂等汽车零件锻造及机加工产品
配套情况:为德国博世、德国 FAG、日本 NTN、北京现代、上海汇众、奇瑞汽车、长城汽车、重庆长安等

★芜湖永达科技有限公司
地址:安徽省芜湖市经济技术开发区长江北路
邮编:241009
电话:0553/5845658、7535376
传真:5843119
网址:www. yongdacasting. com
电子信箱:dag@ yongdacasting. com
法定代表人:吴向阳
单位人数:988
质量体系:IATF 16949
产品情况:主要加工缸体类、飞轮类、曲轴类、缸盖类、进气管类、罩盖和壳体类铸锻件产品
配套情况:为奇瑞汽车、美国康明斯、西安康明斯、德国 GPM(苏州工厂)、伯特利、众泰汽车等配套

★芜湖本特勒浦项汽车配件制造有限公司
地址:安徽省芜湖市经济技术开发区红旗路 6 - 8 号
邮编:241009
电话:0553/5666999、5666915
传真:5666899
电子信箱:qiaomei. wang@ benteler. com
法定代表人:施宏
质量体系:IATF 16949、ISO 14001
产品情况:主要生产汽车热成型关键零部件,包括驱动桥、发动机排放控制装置
配套情况:为奇瑞配套

★马瑞利汽车零部件(芜湖)有限公司
地址:安徽省芜湖市桥北工业区上闸路 5 号
邮编:241009
电话:0553/5842788、5716808
传真:5844856
电子信箱:bruce. li@ al - lighting. com
法定代表人:Ermanno Ferrari

质量体系:IATF 16949、ISO 14001
产品情况:塑料进气管、喷油嘴、选速器、车灯

★玉柴联合动力股份有限公司
地址:安徽省芜湖市三山区峨溪路
邮编:241080
电话:0553/7527051、4001111890
传真:7527051
网址:www.kengine.cn
电子信箱:yc6kzp@kengine.cn
法定代表人:李胤辉
质量体系:IATF 16949、OHSAS 18001
产品情况:重型车用发动机
配套及出口情况:配套柳汽、江淮汽车、东风专底、大运等多家整车厂;出口巴基斯坦、俄罗斯、印度尼西亚、韩国、缅甸等10多个国家

★安徽沃德气门制造有限公司
地址:安徽省芜湖市机械工业开发区西次五路1096号
邮编:241100
电话:0553/8118777、8118222
传真:8118788
网址:www.ahwode.com
电子信箱:sales02@wode-valve.com
法定代表人:林青锋
质量体系:IATF 16949
产品情况:(翰博牌)
进/排气门,年产能力1800万支
配套及出口情况:为力帆、隆鑫、宗申、润通、江动、大江等多家主机厂配套;远销东南亚、南美洲、中东等地区

★芜湖恒耀汽车零部件有限公司
地址:安徽省芜湖市鸠江经济开发区鸠兹大道北侧
邮编:241100
电话:0553/5658808、5658817
传真:5658811
电子信箱:shulijun@hengyao.net.cn
法定代表人:刘华
质量体系:IATF 16949
产品情况:排气歧管、净化器、热端总成、冷端总成、排气系统总成等

★芜湖东大汽车工业有限公司
地址:安徽省芜湖市新芜经济开发区
邮编:241100
电话:0553/8767688
传真:8767688
网址:www.ddaic.com
电子信箱:sales01@ddaic.com
法定代表人:陈海英
质量体系:IATF 16949、ISO 14001
产品情况:专业生产各类汽车发动机冷却水泵,生产能力达300万台/年
配套及出口情况:为奇瑞、天津一汽夏利、江淮汽车等配套;远销欧洲、美洲、大洋洲、中东、东南亚等地区

★芜湖火龙动力科技有限公司
地址:安徽省芜湖市新芜经济开发区工业大道3118号
邮编:241100
电话:0553/8767619、8767729
传真:8767619
电子信箱:web@whlxzz.com
法定代表人:张益贵
质量体系:IATF 16949
产品情况:汽车发动机缸体、缸盖等铸造;铸件生产能力3万吨,年成品加工能力10万台
配套及出口情况:与安徽全柴、奇瑞汽车、江淮汽车、沈阳华晨、沈阳科翔、柳州动力、长风动力等汽车发动机厂家配套;远销东南亚等多个国家和地区

★安徽明通汽车部件有限公司
地址:安徽省芜湖县机械工业园东区经三路669号
邮编:241100
电话:0553/8725555
传真:8818966
网址:www.china-mingtong.com
电子信箱:lily@mitofil.com
法定代表人:徐特
质量体系:IATF 16949
产品情况:(EUROFIL牌、PURRFLUX牌)
各种类型的机油、柴油、空气滤清器及总成,年产能力800多万套
出口情况:远销欧美、南美洲、非洲、中东等国家和地区

★芜湖美达机电实业有限公司
地址:安徽省芜湖县机械工业园纬三路8号
邮编:241100
电话:0553/8768482、13855303440
传真:8768480
网址:www.midabearing.com
电子信箱:mida@midabearing.com
法定代表人:文静波
质量体系:IATF 16949
产品情况:(Y.D.B牌)
进口、国产重型汽车、工程机械等系列发动机轴承、衬套和止推片
配套及出口情况:为三菱、本田、一汽集团、东风汽车公司、广西玉柴、南京跃进、北汽等配套;畅销美国、欧洲、俄罗斯、韩国、东南亚等国家和地区

★芜湖永裕汽车工业股份有限公司
地址:安徽省芜湖县湾沚镇新芜经济开发区阳光大道2188号
邮编:241100
电话:0553/8768668、8768666
传真:8768777
网址:www.whyongyu.com
电子信箱:bod@whyongyu.com
法定代表人:郑志勋
质量体系:IATF 16949
产品情况:(BOD牌)
汽车发动机缸盖、进气歧管及飞轮壳产品
配套及出口情况:为国内多家知名汽车厂商提供配套产品,先后为江淮汽车等国内著名汽车主机厂提供一级配套产品;与欧盟、中东、东南亚、南美洲和北美洲等国家和地区的知名公司展开全面合作

★安徽美瑞尔滤清器有限公司
地址:安徽省芜湖县新芜经济开发区东湾路333号
邮编:241100
电话:0553/8118118、8118163
传真:8118113
网址:www.mrefilter.cn
电子信箱:08@mrefilter.com
法定代表人:陈孝钱
质量体系:IATF 16949、ISO 14001
产品情况:(日王牌)
机油滤清器、燃油滤清器、空气滤清器
配套及出口情况:与国内外知名主机企业配套;远销欧美、中东等地区

★安徽中鼎美达环保科技有限公司
地址:安徽省广德县经济开发区(临溪路和国华路交叉口)
邮编:242200
电话:13731887669
网址:www.zdmd.com.cn
法定代表人:夏鼎湖
质量体系:IATF 16949
产品情况:柴油车壁流式颗粒捕捉器、在用车改造(黄改绿)、堇青石蜂窝陶瓷载体等

★安徽环新集团股份有限公司
地址:安徽省安庆市经开区迎宾大道16号区
邮编:246001
电话:0556/5305769、5259026
网址:www.china-arn.com
电子信箱:jjz3061@aqarn.com
法定代表人:潘一新
质量体系:ISO/TS 16949、ISO 14001
产品情况:(ARN牌)
活塞环、汽缸套、活塞、气门座圈、气门导管、工程弹簧等发动机核心零配件

★安庆帝伯粉末冶金有限公司
地址:安徽省安庆市宜秀区天柱山东路1777号
邮编:246001
电话:0556/5305769、5259026
网址:www.china-arn.com
法定代表人:开柏林
质量体系:IATF 16949、ISO 14001
产品情况:(ATP牌)
已形成了年产气门座圈、气门导管、一般部品4亿只的生产规模

配套情况:为大众、通用、神龙、福特、日产、丰田、本田、一汽、东风、长安、吉利、长城、江淮、奇瑞、比亚迪、潍柴、锡柴、玉柴等主机厂配套

★安庆帝伯格茨活塞环有限公司
地址:安徽省安庆市经济技术开发区迎宾大道 16 号
邮编:246005
电话:0556/5305882、5305880
传真:5305881、5305883
网址:www. aqatg. com
电子信箱:oemsale@ aqatg. com
法定代表人:潘一新
质量体系:IATF 16949、ISO 14001
产品情况:(ATG 牌)
活塞环
配套情况:轿车活塞环为一汽-大众、上汽大众、天津丰田、一汽丰田、东风本田、东风雪铁龙、广汽本田、芜湖奇瑞、江淮汽车、比亚迪、上汽汽车、长安铃木、保定长城等批量配套;微型车活塞环为东安三菱、沈阳三菱、长安汽车、上汽通用五菱、东安动力、昌河动力等全面配套;柴油车活塞环为潍柴、康明斯、锡柴、大柴、玉柴、依维柯、上柴、江铃、福田、江淮、云内、常柴、全柴等全面配套;摩托车活塞环为隆鑫、大长江、五羊本田、新大洲本田、金城、宗申、力帆、建设等全国前 20 家主机厂全面配套

★安庆雅德帝伯活塞有限公司
地址:安徽省安庆市经济技术开发区迎宾大道 16 号区
邮编:246005
电话:0556/5345382、5345241
传真:5345482
网址:www. tpr. co. jp
电子信箱:fanqing0562@ vip. sina. com
法定代表人:潘一新
质量体系:IATF 16949、ISO 14001
产品情况:(AAT 牌)
汽油机、柴油机、摩托车和空压机用中、高档活塞
配套及出口情况:为汽车主机厂配套;50% 的产品出口

★安庆帝伯格茨缸套有限公司
地址:安徽省安庆市兴业路 117 号
邮编:246005
电话:0556/5305205、5305107
传真:5305105、5305102
网址:www. atgl. com. cn
电子信箱:atgl@ atgl. com. cn
法定代表人:曹立新
质量体系:IATF 16949、ISO 9001
产品情况:(ATGL 牌)
汽油车、柴油车缸套,具有年产 2800 万只缸套的生产能力
配套情况:为一汽丰田、天津一汽丰田、广汽丰田、长安福特、长安马自达、沈阳三菱、上海汽车、长安汽车、长城汽车、奇瑞、江淮、比亚迪、吉利、东风雪铁龙、玉柴、上柴、上海日野、大柴、锡柴、重庆康明斯、西安康明斯、上海纽荷兰等配套

★安庆市德奥特汽车零部件制造有限公司
地址:安徽省安庆市怀宁工业园石牌大道 7 号
邮编:246121
电话:0556/5163588、4001599188
传真:5163777
电子信箱:deaote@ sohu. com
法定代表人:梁立
质量体系:IATF 16949
产品情况:(德奥特牌)
汽车、摩托车发动机活塞环系列产品等
出口情况:远销东南亚、中东、非洲、欧美等 50 多个国家和地区

★安徽艾可蓝环保股份有限公司
地址:安徽省池州市高新技术产业开发区玉镜路 12 号
邮编:247000
电话:0566/5256999、5255511
网址:www. act - blue. com
电子信箱:sales@ act - blue. com
法定代表人:刘屹
质量体系:IATF 16949、ISO 14001
产品情况:汽、柴油和天然气发动机尾气净化产品
配套及出口情况:客户包括东风、福田、江淮、奇瑞、北汽、广汽、华菱、卡威、玉柴、全柴、云内、常柴、莱动、四达等;远销亚洲、欧洲等地区

福建省

★福州赛孚玛尼环保科技有限公司
地址:福州市仓山区盖山镇齐安路 765 号创丰园 2 号楼
邮编:350008
电话:0591/88390583、4006644591
网址:www. savon. cc
电子信箱:2071292371@ qq. com
法定代表人:PanShouQuan
产品情况:(胜优牌)
节能环保型车用机油滤清器、燃油滤清器、空气净化器

★福州钜全汽车配件有限公司
地址:福州市福新东路 245 号
邮编:350014
电话:0591/83665556、28069888
传真:83624740
网址:www. jcc - parts. com
电子信箱:jcc@ jcc - parts. com
法定代表人:张惟浩
质量体系:IATF 16949、ISO 9001
产品情况:(JCC 牌)
各种铝合金活塞和有色金属铸件;活塞年产销量已超过 2000 万只
配套及出口情况:为神龙汽车、绵阳新晨、沈阳三菱、沈阳新光、柳州五菱、新大洲本田、金城铃木、南方雅马哈、轻骑铃木、厦杏摩托等 100 多家企业配套;活塞已远销美国、加拿大、意大利等国家

★福建龙生机械有限公司
地址:福州市闽侯县祥谦镇洋下工业区
邮编:350110
电话:0591/83663586
传真:87433218
网址:www. fjhongtai. com
电子信箱:sales@ fzlongsheng. com
法定代表人:林龙生
质量体系:ISO 9001
产品情况:(HJ 牌)
汽车、工程机械、柴油发电机等八大系列缸套、活塞,年产 500 万只
出口情况:畅销日本、德国、英国、韩国、美国、中东、南美洲、东南亚等国家和地区

★福建华擎发动机工业有限公司
地址:福建省闽侯县东南汽车城
邮编:350119
电话:0591/2785866
传真:27685668
电子信箱:desheng@ fjcec. com
法定代表人:邱秀忠
产品情况:发动机

★福州泰维克汽车配件有限公司
地址:福州市闽侯县青口镇白水路
邮编:350119
电话:0591/22768366、22789320
传真:22775597
网址:www. tevick. com
电子信箱:tvk2@ tevick. com
法定代表人:吴锦中
质量体系:IATF 16949
产品情况:(TVK 牌)
各种发动机铝合金活塞
配套及出口情况:为精通天马、江门力擎、江苏众星、黄岩本州、慈溪宗申、重庆松盛等配套;出口德国、日本、韩国、土耳其、泰国、巴基斯坦、越南、英国等十几个国家和地区

★福州明扬交通器材有限公司
地址:福州市长乐区营前镇营中路 17 号
邮编:350201
电话:0591/28993700、28271899
传真:28993400
网址:www. mingyang - group. com
电子信箱:mysale@ mingyang - parts. com
法定代表人:王建龙
单位人数:1200
质量体系:IATF 16949、ISO 9001
产品情况:发动机铝合金活塞环、活塞、连杆、汽缸、销等产品
配套及出口情况:为东基星机械、沈阳

星光、沈阳科翔、浙江王野动力、浙江嘉爵摩托车、浙江永源集团、江苏新世纪、上海达众摩托、上海杰士达摩托等近50家汽车、摩托车厂装车配套;远销多个国家和地区

★福州精邦机械有限公司
地址:福建省福州新区福清元洪投资区海城路11号
邮编:350314
电话:0591/85580866、85589066
传真:85580566
网址:www. korbor. net
电子信箱:sales@ korbor. net
法定代表人:钱云华
质量体系:IATF 16949、ISO 9001
产品情况:专业制造汽车发动机凸轮轴和摩托车发动机凸轮轴总成系列;年产40万套汽车凸轮轴和180万套摩托车凸轮轴
配套及出口情况:为国内多家知名主机厂配套;业务遍及欧洲、美洲及东南亚地区

★福清市高民滤清器有限公司
地址:福建省福清市高山镇高华工业区
邮编:350319
电话:0591/85881668、85889999
传真:85891799
法定代表人:林文仁
质量体系:IATF 16949
产品情况:(高民牌)
滤清器,年生产机油、柴油、空气滤清器(含滤芯)120万只

★福建东亚机械有限公司
地址:福建省仙游县木兰街坑尾18号
邮编:351200
电话:0594/8292251
传真:8288266
网址:www. dongya. cn
电子信箱:fjdy@ dongya. cn
法定代表人:林桂开
质量体系:IATF 16949、ISO 14001
产品情况:(DY牌)
活塞环
配套情况:为哈尔滨东安、东安三菱、长安汽车、柳州五菱、吉利汽车、奇瑞汽车、绵阳新晨、东风渝安、比亚迪、钱江集团、建设集团、力帆集团、宗申集团、隆鑫集团、轻骑集团、望江铃木、百力通等配套

★华闽南配集团股份有限公司
地址:福建省南平市高新区长沙高新园
邮编:353000
电话:0599/8600095、8627187
传真:8628344、8600085
网址:www. npmsun. com
法定代表人:刘平山
质量体系:IATF 16949、ISO 14001
产品情况:(NPM牌)
具有年产活塞环5000万片、活塞400万只、活塞销1200万根的生产能力
配套及出口情况:为沈阳三菱、东安动力、五菱柳机、上汽通用五菱、重汽集团、杭发、兵工集团、奇瑞、一汽轿车、比亚迪、吉利、重庆渝安、绵阳新晨动力、江淮、天津一汽夏利、江苏英田、嘉陵摩托、力帆摩托、宗申摩托等配套;部分产品远销国外市场

★福建省将乐三华轴瓦股份有限公司
地址:福建省将乐县工业园区鹏程大道19号
邮编:353300
电话:0598/2323509、2323503
传真:2323509
网址:www. fjshzw. com. cn
电子信箱:fjshscb@ fjshzw. com
法定代表人:纪世进
质量体系:IATF 16949、QS 9000
产品情况:(三华牌)
汽车发动机轴瓦
配套及出口情况:是中国一汽解放锡柴、东风朝柴、山东潍柴、南汽、扬柴、扬动等国内十几家知名发动机生产公司的定点轴瓦配件企业;远销欧美、东南亚等地区

★福建省霞浦华威机电有限公司
地址:福建省霞浦县三沙镇奇沙195号
邮编:355101
电话:0593/8691666、8691777
传真:8669999
网址:www. cnhw. com. cn
电子信箱:filter@ cnhw. com. cn
法定代表人:吴初祯
质量体系:IATF 16949
产品情况:(UL牌)
汽车滤清器、油箱内置式燃油滤清器等产品
配套及出口情况:已成为国内外著名汽车零件厂的指定供应商;远销欧美、中东、东南亚等20多个国家和地区

★厦门信源环保科技有限公司
地址:福建省厦门市集美北部工业区天阳路51号
邮编:361021
电话:0592/6155801、6155817
传真:6066716
电子信箱:syh109@ sentecee. com. cn
法定代表人:黄钊辉
质量体系:IATF 16949、ISO 14001
产品情况:摩托车、汽车用催化转换器、二次空气滤清器、汽油滤清器、机油滤清器、空气滤清器、活性炭罐、控制阀、动力油壶等
配套情况:主要客户国内有东南汽车、长安福特、柳州汽车、新大洲本田、株洲建设雅马哈、中国台湾信通等;国外有马来西亚三菱、日本日立建机、日本本田技研等

★厦门理研工业有限公司
地址:福建省厦门市集美区灌口中路465-469号
邮编:361023
电话:0592/6360076
传真:6360070
网址:www. riken. com. cn
电子信箱:rik@ riken. com. cn
法定代表人:NAOKI TOJO
质量体系:IATF 16949、ISO 14001
产品情况:(RIK牌、RIKEN牌)
活塞环、中空凸轮轴、中实凸轮轴、汽缸套、汽缸体等汽车、摩托车发动机用零部件
配套情况:主要客户为上汽通用五菱、上汽通用、东风裕隆、长安福特、长安马自达、北京现代、长安铃木、新大洲本田、五羊本田、大长江等各大主机厂

★威兰(泉州)汽车零部件有限公司
地址:福建省泉州市清濛开发区崇宏街
邮编:362005
电话:0595/85992859、22497805
传真:85992869
电子信箱:weilanparts@ 163. com
法定代表人:庄雄飞
质量体系:IATF 16949、QS 9000
产品情况:汽车发动机高强度螺栓、螺母、气门摇臂总成、气门导管等
配套情况:为江铃汽车、东风汽车公司、东风康明斯发动机等配套

★泉州市双塔汽车零件有限公司
地址:福建省南安市滨江机械装备制造基地金河大道6号
邮编:362302
电话:0595/86268350、86268366
传真:86268388
网址:www. qzst. com. cn
电子信箱:shuangta@ shuangta. com. cn
法定代表人:陈其荣
单位人数:600
质量体系:IATF 16949
产品情况:(双塔牌)
汽车发动机油底壳、汽缸罩、隔热板、机油尺、冷却水管总成、汽车保险杠总成、备胎架总成、摩托车冲压覆盖件、工程车钢轮毂等汽车、摩托车、工程车零部件
配套情况:为江铃汽车、庆铃集团、东风汽车公司、江淮汽车、柳州五菱、北汽福田、济南轻骑铃木、广东大长江、沈阳航天三菱、保定长城内燃机、成都发动机、北内集团、沈阳双福等配套

★泉州市南建泵业制造有限公司
地址:福建省南安市西郊丰州金鸡亿达工业区
邮编:362333
电话:0595/86781462、86783462
传真:86789362
网址:www. china-nanjian. com

电子信箱:tim－nj@ hotmail. com
法定代表人:黄修建
单位人数:130
质量体系:IATF 16949
产品情况:(南建牌)
　　汽车发动机冷却泵及机油泵
配套情况:为玉柴、扬柴、扬动、朝柴、锡柴等配套

★龙岩阿赛特汽车零部件制造有限公司
地址:福建省龙岩市新罗区工业西路68 号(龙州工业园)
邮编:364099
电话:0597/2260236、2268585
传真:2268826
网址:www. asaite. com
电子信箱:wuzy@ asaite. com
法定代表人:高扬捷
单位人数:230
质量体系:IATF 16949、ISO 14001
产品情况:汽车皮带轮、张紧轮
配套情况:为美国通用汽车、德国慕贝尔、长春富奥、美国水星、意大利 STIGA、威伯科等一级供应商,长安铃木、日本尼桑、韩国现代、上汽、吉利等二级供应商

★立邦(福建)滤清器制造有限公司
地址:福建省漳平市工贸新区工业路1 号
邮编:364400
电话:0597/7556888、7771688
传真:7556999
网址:www. npf2009. com
电子信箱:npf01@ npf2009. com
法定代表人:黄建群
质量体系:IATF 16949
产品情况:空气滤清器、空调滤清器、机油滤清器、燃油滤清器,年产 800 万件滤清器
出口情况:远销欧美、东南亚等地区

江西省

★江西五十铃发动机有限公司
地址:南昌市南昌县小蓝经济开发区金沙大道 366 号
邮编:330000
电话:0791/85975821
网址:www. jmcg. com. cn
电子信箱:1016218593@ qq. com
法定代表人:前垣圭一郎
质量体系:IATF 16949、ISO 9001
产品情况:493 系列、意大利 VM2. 5L、2. 8L 系列,以及从日本五十铃公司引进的具有国际先进水平的 4JJ1、4JK1 系列柴油发动机

★南昌江铃华翔汽车零部件有限公司
地址:南昌市青云谱区昌南工业园内
邮编:330001
电话:0791/87080188
传真:87080166
网址:www. jmcg. com. cn
电子信箱:xfh@ jmcghx. com. cn
法定代表人:黄平辉
质量体系:IATF 16949、ISO 14001
产品情况:燃油箱、制动器、冲压件、内外装饰和空调器塑料件
配套情况:为江铃股份、江西五十铃汽车、江铃新能源汽车、江铃控股、厦门金龙汽车、福田汽车、安徽合力等供货

★江西樟树市福铃内燃机配件有限公司
地址:江西省樟树市城北经济技术开发区
邮编:331208
电话:0795/7853813、7851333
传真:7851133、7853803
网址:www. jxflqp. com
电子信箱:ctfl@ vip. 163. com
法定代表人:陈涛
单位人数:120
质量体系:IATF 16949
产品情况:(福铃牌)
　　内燃机气门座圈、导管、弹簧座及锁片、涡流室镶块、惰齿轮 AB 轴、缸体左右加强板、电动机支架、空调支架、飞轮壳等
配套及出口情况:为江铃汽车、庆铃汽车、北汽福田、长城汽车等配套;远销美国、欧洲、东南亚等国家和地区

★江西同欣机械制造股份有限公司
地址:江西省上饶市广丰芦林工业区
邮编:334600
电话:0793/2625019、2662591
传真:2662570
网址:www. tongxin－cn. com
电子信箱:bgs@ tongxin－cn. com
法定代表人:余光海
单位人数:600
质量体系:IATF 16949、ISO 9001
产品情况:汽车、摩托车发动机凸轮轴,油泵凸轮轴及新型干法水泥生产线的熟料槽式输送机、提升机及铸钢件、铸铁件等
配套情况:为神龙汽车、奇瑞汽车、长城汽车、吉利汽车、力帆汽车、比亚迪汽车、济南轻骑、无锡开普等配套

★萍乡德博科技股份有限公司
地址:江西省萍乡市国家经济技术开发区万新工业园周贯路 1 号
邮编:337000
电话:0799/6699008、18879962299
传真:6770007
网址:www. debokj. com
电子信箱:sales－manager@ debokj. com
法定代表人:杨启清
单位人数:296
质量体系:IATF 16949
产品情况:可变几何(截面)喷嘴环组件(VNT)、密封环、浮动轴承、止推轴承、电控执行器等涡轮增压器核心零部件产品
出口情况:远销亚洲、欧洲等 10 多个国家和地区

★江西辉业曲轴连杆制造有限公司
地址:江西省吉安市吉州工业园人众路
邮编:343000
电话:0796/8251446、18174067484
传真:8937161
网址:www. jxhuiye. com
电子信箱:hy@ jxhuiye. com
法定代表人:蒋国辉
质量体系:ISO 14001、IATF 16949
产品情况:(辉业牌)
　　连杆,年产 30 万支;曲轴,年产 5 万根
配套及出口情况:为江铃汽车、成都成发汽车发动机、沈阳双福内燃机、无锡开普机械等厂家配套;出口泰国、印度、意大利、美国、日本、德国等国家

山东省

★曼胡默尔滤清器(济南)有限公司
地址:济南市高新区世纪大道 1101 号
邮编:250104
电话:0531/81281390、81281300
网址:www. mann－hummel. com
电子信箱:yanqing. feng@ mann－hummel. com
法定代表人:李嘉强
质量体系:IATF 16949、ISO 14001
产品情况:(曼牌)
　　空气过滤系统、进气歧管系统、液体过滤系统、空调滤清器等
配套情况:为重汽集团配套

★马勒贝洱热系统(济南)有限公司
地址:济南市高新区孙村重汽工业园春暄路 3000 号
邮编:250104
电话:0531/85190000
传真:85190999
网址:www. cn. mahle. com
电子信箱:carol. geng@ cn. mahle. com
法定代表人:Stefan Lorenz Land
单位人数:220
质量体系:ISO 9001、IATF 16949
产品情况:适用于重型货车的冷却模块、散热器、中冷器、硅油风扇、蒸发器、暖风芯体、冷凝器、压缩机和空调管;适用于乘用车的冷却模块、中冷器;适用于中冷器及散热器的散热管等
配套及出口情况:主要客户包括中国重汽、北奔重汽、四川现代、沃尔沃 UDT(出口)、长城汽车;出口国外市场

★山东新金发汽车零部件有限公司
地址:济南市章丘区龙山工业园潘王路 6 号
邮编:250216
电话:0531/83628911、4006186308
传真:83628958

网址:www. xinjinfa. com. cn
电子信箱:jnxjf888@ 163. com
法定代表人:朱士金
质量体系:IATF 16949
产品情况:汽车铝合金燃油箱及托架总成、离合器压盘总成及从动盘总成;具有年产燃油箱总成2万套、离合器总成3.5万套、各种垫片、销、轴等2000万件以上的能力
配套情况:与中国重汽、陕西重汽、陕西汉德车桥等公司长期配套

★中国重汽集团济南复强动力有限公司
地址:济南市章丘区圣井重汽工业园区
邮编:250220
电话:0531/58064888、58064880
传真:58064885
网址:www. chinajfp. com
电子信箱:fuqiang@ sinotruk. com
法定代表人:王勇
单位人数:800
质量体系:IATF 16949
产品情况:(中国重汽牌)
汽车零部件制造与发动机再制造

★济南沃德汽车零部件有限公司
地址:济南市长清区经济开发区沃德大道1号
邮编:250300
电话:0531/89638111 89628106
传真:89638186
网址:www. jwaa. cn
电子信箱:yingxiao@ jwaa. cn
法定代表人:曾庆东
单位人数:2000
质量体系:IATF 16949、ISO 14001
产品情况:(山河牌、沃德牌)
具备年产气门6000万支、挺杆1000万支的生产能力
配套情况:为奥迪、大众、福特、丰田、三菱、神龙、一汽、重汽、奇瑞、潍柴、玉柴、上柴等近百家家汽车厂和主机厂配套

★中国石油集团济柴动力有限公司
地址:济南市经十西路11966号
邮编:250306
电话:0531/87422200、4000208899
网址:jichai. cnpc. com. cn
电子信箱:jichai0617@ 163. com
法定代表人:孙宝福
单位人数:2100
质量体系:IATF 16949、ISO 14001
产品情况:核心产品为中大功率内燃机,年产5000台以上,还包括液力传动装置、电气控制装置、燃气动力集成装置等
出口情况:出口美国、日本、俄罗斯、意大利、印度尼西亚、新加坡、苏丹、突尼斯等40多个国家

★山东鑫亚工业股份有限公司
地址:山东省聊城市高新区长江中路1号
邮编:252000
电话:0635/8352597、8352322
传真:8351273
网址:www. sdxy. cn
电子信箱:xinya@ sdxy. com. cn
法定代表人:李文华
质量体系:IATF 16949、ISO 14001
产品情况:(亚字牌)
高压共轨系统、电控VE泵、电控单体组合泵、电控单缸泵等产品
配套及出口情况:与70余家柴油机厂配套;出口30多个国家和地区

★山东聊城德润机电科技发展有限公司
地址:山东省聊城市凤凰工业园纬二路18号
邮编:252024
电话:0635/2124588、2124589
传真:8577366
网址:www. lcdrkj. com
电子信箱:auto_partsxbd@ aliyun. com
法定代表人:张永祥
单位人数:360
质量体系:IATF 16949
产品情况:活塞销、气门弹簧座、摇臂轴、曲柄销、止推轴承、离合器推杆、半圆键、喷油器定位块、调整垫片、弹簧顶杆、VE泵组件、调速轴组件等系列产品
出口情况:远销美国、德国、俄罗斯、摩洛哥、土耳其等30多个国家

★茌平鲁环汽车散热器有限公司
地址:山东省茌平县热电民营工业园区
邮编:252100
电话:0635/4289708、4289700
网址:www. luhuanrad. com
电子信箱:luhuan@ luhuanrad. com
法定代表人:李维奇
单位人数:212
质量体系:IATF 16949
产品情况:(华环牌)
年产铝塑汽车散热器100万台,汽车中冷器20万台
出口情况:产品90%以上出口美国、加拿大、澳大利亚、泰国、日本、丹麦等几十个国家,并销往中国台湾地区

★聊城市德通交通器材制造有限公司
地址:山东省聊城市茌平县冯官屯镇309国道
邮编:252100
电话:0635/4282086、4286131
传真:4287222、4286110
网址:www. jixing. com. cn
电子信箱:sales@ jixing. com. cn
法定代表人:赵涛
单位人数:580
质量体系:IATF 16949、ISO 14001
产品情况:主导产品为铜/铝/不锈钢油冷器、工程机械、农用机械、摩托车用散热器、中央空调散热芯、缓速器用换热器、中冷器、散热器、CVT变速器风冷器、高压油散热器、车用暖风装置、车用空调器、蒸发器、冷凝器等
配套及出口情况:为一汽、东风、中国一拖、北汽、广汽(传祺)、上汽双龙、长城汽车、长安汽车、云南力帆、川汽野马、法士特齿轮、上海德朗、潍坊恒安、泰安、广州、贝迪地能中央空调、宝鸡专汽、华泰汽车、豫新、青岛东洋、吉利、奇瑞、重庆英特、青汽、天津水箱厂、北汽摩、南宁八菱等知名汽车厂及散热器厂配套;50%以上的产品出口DENSO、KOYO、TYG、Jimao、JB等客户,并远销泰国、澳大利亚、新加坡、韩国、德国、丹麦、约旦、墨西哥、阿联酋、马来西亚等国家

★山东宇洋汽车尾气净化装置有限公司
地址:山东省聊城市茌平县热电民营工业园区
邮编:252100
电话:0635/4289536、4289299
传真:4286776、4289716
网址:www. yyogroup. com
电子信箱:yujunying@ yyogroup. com
法定代表人:王教芹
单位人数:140
质量体系:IATF 16949
产品情况:年产汽车尾气净化催化剂30万L、汽车尾气催化器30万套、汽车散热器100万台、汽车空调冷凝器50万台,EGR冷却器5万台
出口情况:产品90%以上出口欧美、东南亚、澳大利亚、墨西哥、中东等国家和地区,并销往中国台湾地区

★阳谷宇星汽具制造有限公司
地址:山东省阳谷县阳金路108号
邮编:252312
电话:0635/6866999、6866688
电子信箱:yxqj@ sohu. com
法定代表人:郭步春
单位人数:237
质量体系:IATF 16949
产品情况:空气滤清器、柴油滤清器、机油滤清器、油水分离滤清器等配套滤清器
配套情况:为中国重汽斯太尔、斯太尔王、豪沃系列供货

★山东鲁联机械制造有限公司
地址:山东省临清市三和路南首
邮编:252661
电话:0635/2419468、2419898
传真:2419468
电子信箱:sdll. com@ 163. com
法定代表人:姚桂林
质量体系:IATF 16949
产品情况:(鲁联牌)
汽车锻件、内燃机连杆,年产能力560万支
配套及出口情况:为一汽、东风、重汽、潍柴、锡柴、玉柴、常柴、莱动、天津一汽

夏利、泰柴、时风等主机厂配套;出口美国、德国、印度尼西亚、巴基斯坦等国家

★乐陵市海裕汽车零部件制造有限公司

地址:山东省乐陵市经济技术开发区开元东大道 18 号
邮编:253600
电话:0534/6292792、2112096
传真:6292992
网址:www. haiyu. net. cn
电子信箱:54haiyu@ 163. com
法定代表人:李彬彬
单位人数:300
质量体系:IATF 16949
产品情况:(海裕牌)

空气滤清器、空调滤及环保机油滤清器、燃油滤清器等;年生产能力约 2600 万只

配套及出口情况:为一汽集团配套;出口南美洲、中东、欧洲、北美洲等地区,出口量占总产量 60% 以上

★淄柴动力有限公司

地址:山东省淄博市高新区裕民路 118 号淄柴工业园
邮编:255077
电话:0533/2063362、4006330977
传真:2068064
网址:www. zichai. com
电子信箱:zichai@ zichai. com
法定代表人:张三捷
质量体系:ISO 14001、OHSAS 18001
产品情况:(淄柴牌)

大功率柴油机、燃气机、双燃料机

出口情况:远销欧洲、非洲、南美洲、东南亚、西亚等十几个国家和地区

★淄博永华滤清器制造有限公司

地址:山东省淄博市沂源经济开发区
邮编:256100
电话:0533/3280888
传真:3280999
网址:www. yh - group. com
电子信箱:yonghuafilter@ 126. com
法定代表人:李永华
质量体系:ISO 14001、ISO 45001
产品情况:(永华牌)

重型货车滤清器及各种轿车、客车、工程机械滤清器,年生产能力 5000 万只

配套及出口情况:为潍柴、福田、陕汽、雷沃、莱动、时风、常柴、全柴、五征等 30 余家发动机厂、汽车厂供货;远销美国、英国、印度、俄罗斯等 10 多个国家和地区

★滨州东海龙活塞有限公司

地址:山东省滨州市滨北开发区张富路 23 号
邮编:256600
电话:0543/3513158、17554393666
网址:www. henweit. com
电子信箱:wwwfg - 002@ 163. com
法定代表人:张伟斌
质量体系:IATF 16949
产品情况:(东海龙牌)

主要生产汽油发动机、柴油发动机等各种内燃发动机系列活塞及汽缸配套产品,年生产活塞 500 余万只

出口情况:远销美国、英国、德国、意大利、韩国、俄罗斯、土耳其、阿联酋、伊朗、伊拉克、非洲等近 30 个国家和地区

★渤海汽车系统股份有限公司

地址:山东省滨州市渤海二十一路 569 号
邮编:256602
电话:0543/3288880、3288898
传真:3288777
网址:www. bhpiston. com
电子信箱:sale@ bhpiston. com
法定代表人:陈宝
单位人数:5387
质量体系:ISO/TS 16949
产品情况:(渤海牌)

各种铝合金活塞、锻钢活塞,广泛用于各种汽车、摩托车、工程动力机械等领域

配套及出口情况:与上汽集团、一汽集团、北汽集团、潍柴动力、中国重汽、玉柴机器、东风汽车、广汽集团、江淮汽车、江铃汽车、长城汽车、吉利汽车、比亚迪、奇瑞汽车、华晨汽车等国内客户,大众汽车、通用电气、康明斯、卡特彼勒、菲亚特、斯堪尼亚、约翰迪尔、道依茨、曼、科勒、五十铃、洋马等国际知名客户供货;远销北美洲、欧洲、东亚、中东等地区

★滨州渤海活塞有限公司

地址:山东省滨州市渤海二十一路 569 号
邮编:256606
电话:0543/8203302、8203679
传真:3288777
网址:www. bhpiston. com
电子信箱:sale@ bhpiston. com
法定代表人:林风华
质量体系:ISO 9001、IATF 16949
产品情况:汽车等动力机械用活塞
配套情况:为上汽集团、一汽集团、北汽集团、潍柴动力、中国重汽、玉柴机器、东风汽车、广汽集团、江淮汽车、江铃汽车、长城汽车、吉利汽车、比亚迪、奇瑞汽车、华晨汽车等配套

★东营信拓汽车消声器有限公司

地址:山东省东营市大王经济技术开发区
邮编:257335
电话:0546/6879288
传真:6878821
网址:www. chinamuffler. net
电子信箱:postmaster@ chinamuffler. com. cn
法定代表人:李广辉
质量体系:IATF 16949
产品情况:消声器、三元催化器、排气管、消声器尾饰管,改装车消声器
配套情况:为上汽大众、美国克莱斯勒公司、天合公司配套

★潍柴(潍坊)中型柴油机有限公司

地址:山东省潍坊市北宫东街 121 号
邮编:261009
电话:0536/5075417、8192870
传真:8679569
电子信箱:lizm@ weichai. com
法定代表人:张泉
质量体系:ISO 14001、OHSAS 18001
产品情况:DEUTZ(道依茨)226B 柴油机,年产 2.5 万台

★潍坊派克汉尼汾过滤系统有限公司

地址:山东省潍坊市经济开发区民主东街 7336 号
邮编:261031
电话:0536/5036888
电子信箱:fabi. zhao@ parker. com
法定代表人:杜刚
单位人数:410
质量体系:IATF 16949、ISO 9001
产品情况:(BALDWIN FILTERS 牌)

内燃机空气滤清器、机油滤清器、燃油滤清器、空气净化器等

配套情况:为潍柴动力、东风朝柴、一汽集团、济柴、中国重汽、华源莱动、华菱汽车、福田汽车、福田重工、陕汽、深圳寿力、山工机械、卡特彼勒等 30 多家企业配套

★潍坊众谊汽车配件有限公司

地址:山东省潍坊市潍城区玉清西街
邮编:261057
电话:0536/2108618、2108607
传真:8166168
网址:www. wfzhongyi. com
电子信箱:zhongyi@ wfzhongyi. com
法定代表人:陈磊
单位人数:365
质量体系:IATF 16949、ISO 14001
产品情况:(众谊牌)

汽车燃油箱及其附件、汽车钣金冲压产品、汽车门框和车用电子产品等

配套及出口情况:为重汽集团、陕汽集团、上汽依维柯红岩、北奔重汽、上海汇众、丹东黄海、安徽安凯、桂林大宇、郑州宇通等配套;已进入日本新明和、多田野等国际市场

★潍柴动力(潍坊)再制造有限公司

地址:山东省潍坊市高新技术产业开发区福寿东街 197 号
邮编:261061
电话:0536/2297978
传真:8197413
网址:www. weichai. com
电子信箱:zaizhizao@ weichai. com
法定代表人:张泉

质量体系:ISO 9001、ISO 14001
产品情况:专业从事发动机及其零部件的再制造

★潍柴动力股份有限公司
地址:山东省潍坊市高新技术开发区福寿东街197号甲
邮编:261061
电话:4006183066
网址:www.weichaipower.com
电子信箱:weichaialerts@weichai.com
法定代表人:谭旭光
质量体系:IATF 16949、ISO 14001
产品情况:(潍柴动力牌)
动力总成(发动机、变速器、车桥)、整车整机、液压控制和汽车零部件四大产业板块
配套及出口情况:为各大主机厂供货;远销俄罗斯、沙特、越南、印度尼西亚、巴西等110多个国家和地区

★山东中茂散热器有限公司
地址:山东省潍坊市坊子区双羊街1899号
邮编:261200
电话:0536/7601128、7601128
传真:7601128
网址:www.sdzmradiator.cn
电子信箱:sales@zmsrq.com
法定代表人:韩绍亮
质量体系:IATF 16949、ISO 14001
产品情况:主要生产铝制管带式及铝制板翅式水散热器、油散热器、中冷器单体与组合冷却模块,产品广泛应用于工程机械、轻型货车、重型货车、乘用车、新能源车等领域
配套情况:是卡特彼勒、潍柴、道依茨法尔、中联重机等多家国内外大型企业的体系供应商

★潍坊富源增压器有限公司
地址:山东省潍坊市坊子区凤山路56号
邮编:261206
电话:0536/7616666、7618356
传真:7619999、7613331
网址:www.fuyuan.net.cn
电子信箱:fuyuan@fuyuan.net.cn
法定代表人:陈良
质量体系:IATF 16949、ISO 9001
产品情况:涡轮增压器
配套情况:为潍柴、杭发等内燃机厂配套

★山东浩信集团有限公司
地址:山东省昌邑市围子镇浩信工业园
邮编:261307
电话:0536/5598111、5590000
传真:5598222
网址:www.haoxingroup.com
电子信箱:info@haoxingroup.com
法定代表人:吕继贤
质量体系:ISO/TS 16949、ISO 14001
产品情况:缸体、缸盖、飞轮、齿轮室等发动机类零部件,汽车轮毂、制动鼓、制动盘、转向机壳体等底盘类零部件
配套及出口情况:与潍柴动力、中国重汽、中国一汽、北汽福田、福田雷沃重工、博世、福田康明斯、无锡康明斯、北汽集团、北奔重汽、陕汽集团、上柴动力、安凯车桥、方盛车桥、长沙熙迈等企业配套;出口北美洲、西欧、东南亚等地区,与CONMET、WEBB、KIC、ADR、MAT、GUNITE、AUTOZONE、ADVANCE、KNORR、SAF、WABCO、VOLVO、DANA、SATA、LOMBARDINI等国际知名公司保持长期稳定的合作关系

★山东浩信浩德精密机械有限公司
地址:山东省昌邑市围子镇新昌平路北
邮编:261307
电话:0536/5598844
网址:www.haoxingroup.com
法定代表人:金振伟
质量体系:IATF 16949、ISO 14001
产品情况:主要从事汽车发动机缸体、缸盖、曲轴箱、转向器壳体等精密铸件的生产和开发
配套情况:已与潍柴动力、雷沃动力、福田康明斯、熙迈、德国ZF、卡特比勒、威伯科、吉利汽车、上汽通用等大型企业集团建立了稳定的配套供货关系,是潍柴动力、雷沃动力多年的战略供应商

★山东莱州金泉摇臂有限公司
地址:山东省莱州市文泉东路43号
邮编:261400
电话:0535/2211361、2228726
传真:2218195
网址:www.lzyaobilogsplitter.com
电子信箱:jqyb@chinalogsplitter.com
法定代表人:杨广超
单位人数:600
质量体系:IATF 16949、ISO 9001
产品情况:(文峰山牌)
各种型号内燃机气门摇臂,年产500万件,摇臂总成60万套
配套及出口情况:为锡柴、大柴、朝柴、潍柴、上柴、玉柴、常柴、全柴、韩国斗山工程机械等各大主机厂配套;出口欧美、东南亚等国家和地区

★莱州日进机械有限公司
地址:山东省莱州市城港南路996号
邮编:261411
电话:0535/2296902、2296912
传真:2290039
网址:www.nissin-mfg.com.cn
电子信箱:hanrb-lmc@nissin-mfg.cn
法定代表人:中西秀吏
质量体系:ISO 9001
产品情况:内燃机气门摇臂,年产200万件
配套情况:为东风本田、广汽本田和本田(中国)整车厂供货

★烟台大丰轴瓦有限责任公司
地址:山东省莱州市开发区工业苑西路98号
邮编:261423
电话:0535/2177615、2177618
传真:2177618
电子信箱:dfgm@ytdafeng.com
法定代表人:孙国友
单位人数:575
质量体系:IATF 16949、ISO 14001
产品情况:汽车轴瓦及轴瓦材料,用于潍柴、川柴、杭汽发斯太尔系列、福田493、483、491系列、玉柴柴油机系列、锡柴柴油机系列、东汽康明斯系列、上柴D6114等

★烟台亨圆隆汽车配件有限公司
地址:山东省莱州市沙河镇
邮编:261423
电话:0535/2311182、13356903698
传真:2311562
网址:www.ytzhouwa.com
电子信箱:trade@ytzhouwa.com
法定代表人:孙瑞亭
质量体系:IATF 16949
产品情况:发动机用轴瓦、衬套、止推片,年生产能力达1500万件
配套及出口情况:为潍柴、重庆潍柴、济柴、淄柴、宁动、胜动、华源莱动、滨州活塞、华丰动力、山拖等主机厂定点配套;远销国外市场

★金永和精工制造股份有限公司
地址:山东省高密市高新技术产业开发区月潭路5999号
邮编:261500
电话:0536/2210780、2306156
传真:2304757
网址:www.ginhoprecision.com
电子信箱:zss@ginhoprecision.com
法定代表人:张绍森
质量体系:IATF 16949、ISO 14001
产品情况:主导产品是汽车发动机EGR系统、涡轮增压系统、高压共轨系统用零部件
配套及出口情况:主要客户为博格华纳、福田康明斯、克莱斯勒、通用、宝马、大众、奥迪、标致、丰田、现代等汽车发动机制造公司;产品90%以上出口,远销东亚、欧洲、北美洲

★山东高密润达机油泵有限公司
地址:山东省高密市平安大道西1718号
邮编:261500
电话:0536/2352162、2320592
传真:2320592、2355165
网址:www.sdrunda.cn
电子信箱:gmrunda@163.com
法定代表人:单既明
单位人数:500
质量体系:IATF 16949
产品情况:(群欢牌)

机油泵,年产能力50万套;压力机

★潍坊三源铝业有限公司
地址:山东省安丘市经济技术开发区汶水南路20号
邮编:262100
电话:0536/4398603
传真:4395977
网址:www.wfsyly.com
电子信箱:xiaoshou@wfsyly.com
法定代表人:杨玉勇
质量体系:IATF 16949
产品情况:(淮安三源牌)
主要生产汽车散热器、中冷器、油散热器、暖风、电站空冷器、汽车空调中的冷凝器、蒸发器、微通道换热器、高压电站开关、新能源水冷板、新能源电池壳等

★潍坊恒安散热器集团有限公司
地址:山东省安丘市经济开发区莲花山西路
邮编:262123
电话:0536/4366722、4398268
传真:4361209
网址:www.henganradiator.com
电子信箱:wfhags@163.com
法定代表人:王钟柱
单位人数:900
质量体系:ISO 9001、ISO 14001
产品情况:(恒安牌)
水散热器、油散热器、中冷器、冷凝器、车用空调、EGR冷却器及模块化产品
配套及出口情况:汽车散热器为北汽福田欧曼、重汽、江淮、陕汽、昌河等十大主机厂配套(并为法国标致公司配套),工程机械类散热器为上海龙工、山工、徐工、临工、山推、柳工、宣工、烟台斗山、雷沃重工、成工等主要工程机械厂配套,农机散热器为北汽福田等配套;出口产品直接为美国、法国主机厂配套

★山东艾泰克环保科技股份有限公司
地址:山东省诸城市历山路116号
邮编:262200
电话:0536/6169923、6353405
网址:www.sdatk.com
电子信箱:public@sdatk.com
法定代表人:高培海
质量体系:IATF 16949、GB/T 24001
产品情况:主要产品有进排气系统、车用燃油箱、储气筒、SCR催化器、柴油氧化催化器DOC、颗粒氧化催化器POC、三元催化器、EGR冷却器等九大系列1500多个品种的汽车零部件
配套及出口情况:主要客户有北汽福田、福田雷沃重工、中国重汽、宇通客车、宇通重工、长安汽车、中联重科、山推、潍柴、潍柴华丰、淄博汽车厂等;部分产品出口国外

★山东亨斯特智能科技有限公司
地址:山东省潍坊市昌乐县鄌郚镇亨斯特工业园
邮编:262402
电话:0536/6655555、6653333
网址:www.hsthwt.com
电子信箱:qcxsq@163.com
法定代表人:王建亮
质量体系:ISO 9001、ISO 14001
产品情况:(亨斯特牌)
汽车消声器专用钢带、钢管、8K镜面板、汽车遥控变声排气系统、汽车消声器、三元催化器、汽车净化器等

★山东银河动力股份有限公司
地址:山东省临朐县东城街道榆前路1651号
邮编:262600
电话:0536/3715067
传真:3161000
网址:www.yhdlgf.com
电子信箱:sdyh_1228@163.com
法定代表人:吕廷富
质量体系:IATF 16949、ISO 14001
产品情况:(沂蒙牌)
各种内燃机汽缸套、四配套、普通铸件等,具有年产汽缸套300万只的生产能力
配套及出口情况:为潍柴、一汽、二汽发动机、济柴、淄柴、云内、莱动等配套;部分产品出口

★康跃科技股份有限公司
地址:山东省潍坊市寿光开发区洛前街1号
邮编:262718
电话:0536/5788238、5677888
传真:5586178
网址:www.chinakangyue.com
电子信箱:kysecu@chinakangyue.com
法定代表人:郭晓伟
质量体系:IATF 16949、ISO 14001
产品情况:(康跃牌)
涡轮增压器
配套及出口情况:为潍柴动力、玉柴机器、上柴动力、云内动力、朝柴动力、长城汽车、福田汽车、雷沃重工、一汽大柴、一汽锡柴、中国一拖、江淮汽车等30多家主机厂商配套;远销俄罗斯、美国、南非、东南亚等市场

★盖茨胜地汽车水泵烟台有限责任公司
地址:山东省烟台市经济技术开发区嘉陵江路51号
邮编:264006
电话:0535/6375385、6955807
传真:6385997
网址:www.gateswinhere.com
电子信箱:nancy.zhang@gates.com
法定代表人:沈威
单位人数:300
质量体系:IATF 16949、ISO 14001
产品情况:生产汽车水泵及其附件、汽车发动机附件
出口情况:出口美国、欧盟、亚洲

★大丰工业(烟台)有限公司
地址:山东省烟台市经济开发区广州路42号
邮编:264006
电话:0535/6371342
传真:6381335
网址:www.taihonet.com
电子信箱:taiho@taihonet.com
法定代表人:吉井利治
单位人数:575
质量体系:ISO 9001、ISO 14001
产品情况:(春生牌、大丰牌)
年产各类轴瓦衬套12000万件
配套及出口情况:为康明斯、潍柴、重汽、一汽大柴、上柴、丰田、本田、上汽通用、长城、吉利、长安汽车、一汽轿车等配套;远销美国、东南亚地区

★天润工业技术股份有限公司
地址:山东省威海市文登区天润路2-13号
邮编:264400
电话:0631/8982126
传真:8451761
网址:www.tianrun.com
电子信箱:zhqb@tianrun.com
法定代表人:邢运波
单位人数:2800
质量体系:ISO 9001、IATF 16949
产品情况:(天牌)
发动机曲轴以及连杆、铸件、锻件等
配套及出口情况:为潍柴、东风康明斯、上汽、一汽锡柴、大柴、上柴以及康明斯、戴姆勒、卡特彼勒等配套;随主机远销20多个国家和地区,出口韩国、印度、土耳其、英国、意大利、日本、美国等国外著名公司

★乳山市内燃机配件厂
地址:山东省乳山市胜利街西首
邮编:264500
电话:0631/6621673、6698238
传真:6621569
网址:www.rushanengine.cn
电子信箱:lk0320@126.com
法定代表人:仇祝朋
质量体系:IATF 16949
产品情况:(鹰目牌)
具有年产气门座1000万片、气门导管1000万支的生产能力
配套情况:为潍柴动力、锡柴、道依茨一汽(大连)柴油机、玉林柴油机、杭州汽车发动机、重汽济南发动机公司、美国KOHLER公司等多家主机厂配套

★烟台富耐克换热器有限公司
地址:山东省莱阳市富山路966号
邮编:265200

电话:0535/7317668、7325176
传真:7325276
网址:www. chinafnk. com
电子信箱:xiaoshou@ chinafnk. com
法定代表人:李志勇
质量体系:IATF 16949、ISO 9001
产品情况:换热器、空调器等散热模块,适用于汽车、新能源汽车等领域
配套及出口情况:为三一、徐工、山推、石川岛、林德、青岛捷能、中通、合力、海德等知名企业配套;出口美国、意大利等国家

★ 山东大柴缸体缸盖股份有限公司

地址:山东省莱阳市经济开发区富山路916号
邮编:265200
电话:0535/7363528、18505457178
传真:7363761
网址:www. zldcgt. com
电子信箱:webmaster@ zldcgt. com
法定代表人:张勇军
质量体系:IATF 16949
产品情况:(ZLDC 牌)
国内外柴油、汽油发动机用铸铁汽缸体和汽缸盖产品
配套及出口情况:主要客户为浙江新柴、广西玉柴动力、北京华泰汽车、无锡开普、山东云内、福建力佳、恒天动力、华源莱动等;适用于康明斯、帕金斯、菲亚特、丰田、五十铃、通用、福特等系列发动机用汽缸体、汽缸盖批量远销海外售后市场,部分品种为国外主机配套,年出口产品产销量占整体产销量的50%以上
☞ 详细情况请参阅彩色宣传版面

★烟台万斯特有限公司

地址:山东省莱阳市龙门东路
邮编:265229
电话:0535/7290999、4000913999
传真:7291571
网址:www. vast. com. cn
电子信箱:vast@ vast. com. cn
法定代表人:邹忠祥
质量体系:IATF 16949、ISO 14001
产品情况:(万斯特牌)
直径 80 ~ 250mm,壁厚≥0. 08mm 的 20 余个品种的钢质薄壁镀铬缸套;各种镶圈、镶片;内冷油道;表面镀锡、磷化、喷涂石墨、印刷石墨及顶部阳极氧化等高速、强化和环保发动机用活塞;直径 50 ~ 200mm 的 300 多个品种规格的镀铬、渗陶、喷钼、氮化等表面处理技术的活塞环
配套情况:为庆铃、玉柴、锡柴、江淮配套

★栖霞市银云活塞液压件有限公司

地址:山东省栖霞市松山开发区嵩山路19号
邮编:265300
电话:0535/3379113、3375388
传真:3375366
网址:www. scp - sch. com
电子信箱:sch@ scp - sch. com
法定代表人:方家定
单位人数:280
质量体系:QS 9000、IATF 16949
产品情况:(银云牌、牙山牌)
内燃机活塞、液压齿轮泵、机油泵三大系列产品,广泛应用于农业机械、运输机械和工程机械
配套及出口情况:为上内、潍柴、济柴、一汽集团、锡柴、江动、莱动、东风改装厂、北汽福田配套;出口巴基斯坦、印度尼西亚、缅甸、美国、新加坡等国家

★佛吉亚排气控制技术(烟台)有限公司

地址:山东省烟台市福山高新区连福街96号
邮编:265500
电话:0535/6303611、6303332
传真:6303630
电子信箱:betty. sun@ faurecia. com
法定代表人:Yves Marie DUMOULIN
单位人数:260
质量体系:IATF 16949、ISO 14001
产品情况:汽车进排气过滤系统、减振系统、车用门窗及电子控制系统、顶窗机构及电子控制系统
配套情况:为上汽通用东岳、上汽通用北盛、潍柴动力等知名汽车厂商生产的雪佛兰赛欧、雪佛兰景程、雪佛兰创酷、雪佛兰爱唯欧、别克商务 GL8、别克昂克拉、长城哈弗 H6 等多个车型供货

★龙口隆基三泵有限公司

地址:山东省烟台市龙口市龙港街道
邮编:265700
电话:0535/8842648、884217
传真:8881876
电子信箱:stock - lzy@ longjigroup. cn
法定代表人:张乔敏
质量体系:IATF 16949、ISO 9001
产品情况:(隆基牌)
汽车发动机气泵、水泵、机油泵;具有年产气泵 100 万台、水泵 60 万台、机油泵 60 万台的生产能力
配套情况:为一汽、东风、中国重汽集团的道依茨一汽(大连)柴油机、无锡柴油机、东风朝阳柴油机、广西玉柴机器、昆明云内动力、潍柴动力等知名主机厂配套

★龙口龙泵燃油喷射有限公司

地址:山东省龙口市皇城北大街 562 号
邮编:265701
电话:0535/8517401 8662207
传真:8662207、8662202
网址:www. lkyoubeng. com
电子信箱:492480962@ qq. com
法定代表人:王仁辉
质量体系:ISO/TS 16949
产品情况:P 型、P9 型、PA 型、PM 型、AD 型喷油泵总成、供油角度自动提前器、三对偶件、喷油器总成
配套情况:为一汽锡柴、一汽大柴、重汽潍柴、东风康明斯、朝柴、玉柴、上柴、天津帕金斯、北汽福田、淄柴、扬动、常柴、莱动等供货

★龙口市大川活塞有限公司

地址:山东省龙口市中村镇烟潍公路龙化站南侧
邮编:265703
电话:0535/8862888、8867488
传真:8862888、8867568
网址:www. dachuanpiston. cn
电子信箱:dachuangs@ 163. com
法定代表人:解金浩
质量体系:IATF 16949、ISO 14001
产品情况:(大川牌、百川牌)
汽缸体、汽缸盖、汽缸套、活塞
配套情况:为隆基三泵、吉林富奥制泵、江苏江动集团、廊坊美联制动、奉化为天风、柳州机械、重庆宗申、济南轻骑等知名厂家配套

★龙口中宇机械有限公司

地址:山东省龙口市经济开发区海岱汽车产业园
邮编:265716
电话:0535/8902901
传真:8902912
网址:www. lkzy. com
电子信箱:office@ lkzy. com
法定代表人:王兆宇
质量体系:IATF 16949、ISO 14001
产品情况:(中宇牌)
电磁风扇离合器、电控硅油风扇离合器、发电机、制动片、输油泵、真空泵、水泵、旋压皮带轮等汽车零部件
配套及出口情况:为淮柴动力、南京依维柯、郑州宇通、东风商用车、北汽福田、一汽解放、一汽轿车、东风柳汽、北汽新能源、扬柴、安徽全柴、盛瑞传动、华源莱动、天津雷沃、上柴、云内、东风朝柴、厦门金龙、中通客车、北京尼奥普兰、丹东黄海、安凯、欧辉客车、金华亚曼、俄罗斯 ZMZ、菲亚特全球采购、中航技等国内外整车厂、发动机厂配套;汽车用制动片远销欧美,出口量已占总产量的 70% 以上

★龙口曼胡默尔滤清器有限公司

地址:山东省龙口市经济开发区逢牟路东
邮编:265716
电话:0535/3617081、3617037
电子信箱:shanshan. zhou@ mann-hummel. com
法定代表人:李华
质量体系:IATF 16949、ISO 14001
产品情况:机油、燃油、空气和其他滤清

器产品

★龙泵集团有限公司

地址:山东省龙口市东江工业园
邮编:265718
电话:0535/8612249
传真:8612249
网址:www. longbeng. cc
电子信箱:xiaoshou@ longbeng. cc
法定代表人:王仁辉
单位人数:10000
质量体系:ISO/TS 16949
产品情况:机械式喷油泵、电控单体及组合泵、喷油器、高压共轨燃油喷射系统等系列产品,具有年产 60 万台油泵总成的生产能力
配套情况:为潍柴、锡柴、大柴、朝柴、玉柴、上柴、常柴、淄柴等全国 20 多家主要的柴油机厂家配套

★青岛汽车散热器有限公司

地址:山东省青岛市虎山路 25 号
邮编:266071
电话:0532/85016718、87657956
传真:85016795
网址:www. qingdao - radiator. com
电子信箱:brain@ qingdao - radiator. com
法定代表人:王登峰
单位人数:709
质量体系:IATF 16949、ISO 9001
产品情况:(青水牌)
汽车、暖风和工程机械用散热器,具备年产 30 万台铜散热器的生产能力
配套情况:是跃进汽车集团、一汽集团青岛汽车厂、重汽集团、重庆康明斯发动机、小松山推工程机械公司等主机厂的主要配套厂家

★青岛众意汽车零部件有限公司

地址:山东省青岛市即墨区青岛汽车产业新城解放三路 102 号
邮编:266108
电话:0532/82510366、66911719
传真:66911719
电子信箱:qdzyyan@ 163. com
法定代表人:苏怡坡
质量体系:VDA 6.1、IATF 16949
产品情况:铁制汽车燃油箱、铝合金油箱、铝合金储气筒、汽车消音器、注油管、加工冲压件上千种,能够制作各类汽车模具

★青岛东洋热交换器有限公司

地址:山东省青岛市即墨区孔雀河三路 22 号
邮编:266200
电话:0532/83503019、83503022
传真:87511522
网址:www. qdtoyo. com
电子信箱:qdtoyo@ public. qd. sd. cn
法定代表人:杨怀景
单位人数:280
质量体系:IATF 16949、ISO 14001
产品情况:年生产能力为:乘用车散热器 120 万台、商用车散热器 30 万台、中冷器 30 万台和油冷器 30 万台
配套情况:为一汽青岛汽车厂、东风汽车、南京汽车集团、昌河汽车、四川一汽丰田、长安汽车配套

★青岛普天智能制造股份有限公司

地址:山东省青岛市黄岛区平湖路 117 号
邮编:266400
电话:0532/87196188、13012401777
传真:88183772
网址:www. qdputian. cn
电子信箱:qdptqp@ 163. com
法定代表人:殷太计
质量体系:ISO/TS 16949
产品情况:为重型汽车、高档客车配套铝镁合金燃油箱、储气筒及 LNG 车载瓶
配套情况:与国内中国重汽、青岛一汽、陕西重汽、包头北奔、集瑞联合、江淮汽车、南京徐工等主要汽车厂长期配套

★青岛海之冠汽车配件制造有限公司

地址:山东省青岛市黄岛区隐珠山路 588 号
邮编:266400
电话:0532/87199939、81731056
传真:87199980
网址:www. haizhiguan. com
电子信箱:sales@ haizhiguan. com
法定代表人:杨宜亮
质量体系:IATF 16949、ISO 14001
产品情况:(海之冠牌)
汽车发动机飞轮总成、飞轮齿圈、各种铸造零部件
配套及出口情况:40% 为国内各大主机厂配套,国内客户主要有潍柴、扬柴、全柴、莱动等主机厂;产品 60% 出口美洲及欧洲等国家和地区,国外客户主要有韩国法雷奥、韩国斗山、美国爱科、美国完美等

★青岛昱方圆汽车配件有限公司

地址:山东省青岛市黄岛区临港八路 938 号
邮编:266413
电话:0532/87199780、87198850
传真:87199810
电子信箱:qdyfy@ 163. com
法定代表人:张广波
质量体系:IATF 16949、ISO 14001
产品情况:油冷器、水室、散热器

★辉门东西(青岛)活塞有限公司

地址:山东省青岛市经济技术开发区江山中路 14 号
邮编:266510
电话:0532/67791000
网址:www. federalmogul. com
电子信箱:dongxue. zhang@ federalmogul. com
法定代表人:周总国
质量体系:ISO 9001、IATF 16949
产品情况:内燃机和空气压缩机活塞

★青岛双丰散热器有限公司

地址:山东省莱西市龙口东路 58 号
邮编:266600
电话:0532/86402267、86402268
传真:88492993、88491339
网址:www. shuangfeng - china. com
电子信箱:china@ shuangfeng - china. com
法定代表人:张建国
单位人数:410
质量体系:IATF 16949
产品情况:散热器、中冷器
配套及出口情况:为中国一汽集团、东风集团、潍柴动力、福田雷沃重工、台励福叉车、辽宁抚挖重工机械、安徽合力、威海广泰空港设备、山东时风、五征等企业配套;出口美国、中东、欧洲等国家和地区

★青岛德盛机械制造有限公司

地址:山东省平度市华侨科技园香港路 6 号
邮编:266705
电话:0532/83303817、18562861910
传真:83303800
网址:www. qdschina. cn
电子信箱:qds@ qdschina. cn
法定代表人:孙佩璋
质量体系:IATF 16949、ISO 9001
产品情况:(鸿达牌)
高精密度发动机曲轴,产品涵盖高端摩托车、新能源汽车、沙滩车、全地型越野车、雪橇车等领域
配套及出口情况:为新大洲本田、大长江集团、轻骑铃木、济南轻骑、大连三洋、厦门厦杏、春风动力、重庆隆鑫、济南弘正、晋江三力、川崎光阳等知名企业配套;出口 30 多个国家和地区

★青岛富高科汽车配件有限公司

地址:山东省平度市同和工业园
邮编:266706
电话:0532/85335025
传真:85335027
电子信箱:1094490346@ qq. com
法定代表人:权益俊
质量体系:IATF 16949、ISO 14001
产品情况:汽车发动机零部件(皮带轮、减振器等)
配套情况:是北京现代、东风悦达起亚、天津丰田、上汽通用五菱、小松山推、斗山重工、卡特彼勒等大型知名企业的一级供货商

★泰安鼎鑫冷却器有限公司

地址:山东省泰安市岱岳区大汶口石膏工业园
邮编:271000
电话:0538/8162666、13953825267

传真:8160906
网址:www. sdtadx. com. cn
电子信箱:yudongming@ sdtadx. com
法定代表人:周卫平
质量体系:IATF 16949、ISO 9001
产品情况:中间冷却器、铜质散热器、铝质散热器、工程机械散热器、汽车空调附件、铝质机油散热器、钢质机油冷却器等
配套及出口情况:为中国重汽、北汽福田、陕汽集团、一汽无锡太湖汽车制造厂、郑州宇通集团、安徽华菱、福田雷沃、内蒙古一机等厂家配套;批量出口沃尔沃、斯坦尼亚等车型的中冷器至美国、加拿大及欧洲市场

★山东厚丰汽车散热器有限公司
地址:山东省泰安市擂鼓石大街112号
邮编:271000
电话:0538/8628658、8628618
传真:8628677
网址:www. houfeng. cn
电子信箱:houfengceo@ vip. 163. com
法定代表人:张广厚
质量体系:IATF 16949
产品情况:(厚丰牌、鲁美牌)
　　年产车用铜、铝散热器,管带式、平行流式冷凝器,管带式、层叠式蒸发器以及中冷器、板翅式油散热器120万套
配套及出口情况:为一汽集团、日产汽车、广汽集团、北汽福田、奇瑞、吉利、比亚迪、北奔重汽、金龙、徐工集团等配套;出口美国、加拿大

★山东振挺精工活塞有限公司
地址:山东省宁阳县七贤路1826号
邮编:271400
电话:0538/5631688、5629320
传真:5635898
网址:www. ztjg. com
电子信箱:office@ ztjg. com
法定代表人:周振挺
质量体系:IATF 16949、ISO 9001
产品情况:专业生产汽车、摩托车、通用汽油机、柴油机以及各种内燃机、空压机、压缩机活塞、活塞销;具备年产活塞、活塞销、卡簧7000万套的配套生产能力
配套情况:与宗申、大长江望江铃木、力帆、隆鑫、银翔、山东华盛、意大利比亚乔、TTI集团、美国百力通、科勒、日本雅马哈等国内外知名企业建立了长期合作关系,95%以上产品供主机配套和出口销售

★山东同创汽车散热装置股份有限公司
地址:山东省泰安市磁窑经济技术开发区
邮编:271411
电话:0538/5821677、5823788
传真:5823777
网址:www. sd - tc. com
电子信箱:sdtcgsb@ 163. com
法定代表人:沈士凯
质量体系:IATF 16949
产品情况:(TONGCHUANG 牌)
　　车用散热器、中冷器、冷凝器、蒸发器、机油散热器、车用空调、特种散热器、暖风散热器等系列产品,年设计生产能力600万台
配套情况:为国内的中国重汽、东风柳汽、吉利汽车、奇瑞汽车、江淮汽车、北汽福田、陕重汽、一汽、东风、长城汽车、比亚迪汽车、重庆力帆、河北中兴、长丰猎豹等整车制造企业配套;是北汽福田、奇瑞汽车、江淮汽车、陕重汽、东风柳汽、吉利汽车、重庆力帆等国内知名企业的战略核心供应商

★山东弘德机械工业有限公司
地址:山东省肥城市汶阳镇砖舍村
邮编:271606
电话:0538/3857138、3857156
传真:3857186
电子信箱:hongdey@ hongdey. com
法定代表人:陈峰
单位人数:400
质量体系:IATF 16949
产品情况:汽车水泵、万向接头
出口情况:出口美国、日本、韩国、欧洲等国家和地区

★济宁远东良飞净化消声器有限公司
地址:山东省济宁市高新区济大东路远东工业园
邮编:272100
电话:0537/3152888、3152886
传真:3152889
网址:www. fareast - liangfei. com
电子信箱:sales@ fareast - liangfei. com
法定代表人:郑长勇
质量体系:IATF 16949
产品情况:三元催化转化器、排气喉、排气管、消声器、触媒转化器及封装

★曲阜金皇活塞股份有限公司
地址:山东省曲阜市经济开发区金皇路1号
邮编:273100
电话:0537/4719618、4719627
传真:4411965
网址:www. jhpiston. com
电子信箱:office@ jhpiston. com
法定代表人:贺兆华
质量体系:IATF 16949、ISO 14001
产品情况:(金皇牌)
　　各型号铝活塞,年产能力3000万只
配套及出口情况:国内主要配套企业为玉柴联合动力、长安汽车、吉奥、吉利、东风小康、比亚迪、东安三菱等各大汽车、柴油机生产集团;大长江、隆鑫、轻骑、金城等摩托车发动机生产企业;出口美国、俄罗斯、日本、韩国、意大利、法国、印度尼西亚、尼日利亚、巴基斯坦等十几个国家和地区

★山东汇川汽车部件有限公司
地址:山东省泗水县经济开发区泉鑫路1号
邮编:273200
电话:0537/3903222
传真:3903366、3903226
网址:hcparts. cn
电子信箱:501911143@ qq. com
法定代表人:解居麟
质量体系:IATF 16949、ISO 14001
产品情况:汽车活塞

★山东菏泽华星油泵油嘴有限公司
地址:山东省菏泽市广州路999号
邮编:274016
电话:0530/5115111、5115112
传真:5336278、5332514
网址:www. hzdiesel. com. cn
电子信箱:overseashx@ sohu. com
法定代表人:车景仁
单位人数:1600
质量体系:IATF 16949
产品情况:(合众牌、盾牌)
　　S系列、P系列喷油器总成及喷油嘴偶件,Q型、AD型、P型、电控单体系列喷油泵总成及柱塞、出油阀偶件、高压共轨燃油喷射系统、汽油机缸内直喷系统(GDI)等数千个品种
配套及出口情况:与国内各大柴油机厂建立了良好的配套关系;出口德国、意大利、瑞士、美国及东南亚地区

★山东永华汽车零部件有限公司
地址:山东省临沂经济开发区华夏路87号
邮编:276000
电话:0539/3388111、2650333
传真:2650086
网址:www. yh - group. com
电子信箱:1130971209@ qq. com
法定代表人:李永华
质量体系:IATF 16949
产品情况:主要生产各种进口、国产内燃机滤清器和汽车油封、电器等汽车配件
配套及出口情况:为一汽、东风、福田、潍柴、重汽等配套;远销美国、英国、印度、俄罗斯等10多个国家和地区

★临沂曼宝过滤器制造有限公司
地址:山东省临沂市经济技术开发区沂河路98号
邮编:276000
电话:0539/8806199、4006406678
传真:8333087
网址:www. monbow. com
电子信箱:sales@ monbow. con
法定代表人:华俊
质量体系:IATF 16949、ISO 9001
产品情况:工程机械、载重汽车系列滤清器
配套及出口情况:为国内多家工程机械企业配套生产滤清器;远销10多个国

家和地区

★临沂市金立机械有限公司
地址:山东省临沂市兰山区工业园(马厂湖镇马厂湖村)
邮编:276015
电话:0539/8529201、8529205
传真:8529202
电子信箱:jinli@ jinli. cc
法定代表人:宋家隆
质量体系:IATF 16949、ISO 9001
产品情况:起动器、消声器、被动盘(制动毂)、各种冲压件、机架等五大系列2500 多种产品
出口情况:90% 的产品远销海外市场

★山东连杆总厂有限公司
地址:山东省沂水县长安中路 7 号
邮编:276400
电话:0539/2251161、2251154
传真:2251154
网址:www. sdlgzc. cn
电子信箱:sdlgzcyxgs@ 163. com
法定代表人:李玉龙
质量体系:QS 9000、IATF 16949
产品情况:(沂河牌)
各式发动机连杆总成
配套情况:为一汽集团、锡柴、大柴、朝柴、北汽福田、吉利汽车、扬动、常柴、莱动等配套

★山东常林铸业有限公司
地址:山东省临沭县常林西大街 112 号
邮编:276715
电话:0539/7196819
网址:www. changlinzhuye. cn
电子信箱:aclcasting@ 163. com
法定代表人:解永生
质量体系:IATF 16949、ISO 9001
产品情况:汽车发动机缸体、缸盖、冷机件、液压件
配套及出口情况:为菲亚特、奇瑞、吉利、广汽、神龙、广州冷机、钱江制冷等10 多个国内外知名厂商配套;出口美国、英国、澳大利亚、日本、韩国、德国、西班牙、意大利等国家

★日照金港活塞有限公司
地址:山东省日照市莒县城阳北路 888 号
邮编:276800
电话:0633/6820188、6820018
传真:3903678
电子信箱:jgpiston@ 163. com
法定代表人:张相花
质量体系:IATF 16949、ISO 14001
产品情况:(JG 牌)
活塞,年产活塞 1100 万只
出口情况:出口东南亚、中东、俄罗斯、欧美等国际市场

★日照柳成新和汽车部件有限公司
地址:山东省日照市经济技术开发区现代路以西、泉州路以北
邮编:276826
电话:0633/2959661、2959660
传真:2959680
网址:www. niv. co. jp
电子信箱:rxh@ sdrys. cn
法定代表人:洪性均
质量体系:IATF 16949
产品情况:汽车发动机用液压挺杆、机械挺杆

★山东双港活塞股份有限公司
地址:山东省日照市面都路 399 号
邮编:276826
电话:0633/8358388
传真:8358380
网址:www. sdsghs. com
电子信箱:sdshuanggang@ 163. com
法定代表人:赵明军
质量体系:IATF 16949、ISO 9001
产品情况:内燃机铝活塞、活塞用耐磨镶圈、四组件
配套情况:为安徽全柴、潍柴、哈尔滨东安、合肥朝柴、马勒贸易(上海)有限公司、浙江新柴配套

★山东现代威亚汽车发动机有限公司
地址:山东省日照市山海路 188 号
邮编:276827
电话:0633/2299014、2195289
传真:2299191
网址:www. shandonghyundaiwia. com
电子信箱:e1008028@ hyundaiwia. cn
法定代表人:辛文荣
单位人数:1300
质量体系:IATF 16949、ISO 14001
产品情况:汽车发动机、发动机零配件、汽车用铸锻毛坯及汽车关键零部件
配套及出口情况:主要供给北京现代、悦达起亚等;部分产品用于出口

河南省

★郑州日用友捷汽车电气有限公司
地址:郑州市经开区经南八路第十大街
邮编:450016
电话:15121007028
网址:www. shry. net
电子信箱:panke_huo@ shry. net
法定代表人:何伟
质量体系:ISO 9001、ISO/TS 16949
产品情况:主要以生产汽车发动机排风扇为主
配套情况:为上汽通用、上汽大众、长安福特、奇瑞捷豹路虎、上海汽车乘用车、华晨宝马、吉利沃尔沃、长安汽车、长安马自达、马自达日本等供货

★新乡市新平航空机械有限公司
地址:河南省新乡市高新区平原航空机电园区
邮编:453002
电话:0373/2614513、2624642
传真:2639220
网址:www. xhxpmc. com
电子信箱:sale@ xpmachine. com
法定代表人:霍光玉
质量体系:IATF 16949、ISO 9001
产品情况:(平原牌)
滤清器、过滤装置、消声器及动力压力筛等产品

★河南平和滤清器有限公司
地址:河南省新乡市高新区化工路东段 484 号
邮编:453003
电话:0373/5066201、5066391
传真:5066258
网址:www. peacefilter. com
电子信箱:sale@ peacefilter. com
法定代表人:永原伸一
质量体系:IATF 16949、ISO 14001
产品情况:(Peace 牌)
生产销售用于轿车、微型汽车、摩托车等的各种滤清器及与滤清器相关的工装、模具
配套及出口情况:与三菱、日产、丰田、铃木、马自达、五十铃、长安集团、北汽集团、广汽集团、华晨集团等发动机及整车厂战略合作;远销日本、美国、中东等国家和地区

★平原滤清器有限公司
地址:河南省新乡市高新技术开发区东杨村 1 号
邮编:453019
电话:0373/7065532、2026149
传真:2051032、5825666
网址:www. chinafilter. com. cn
电子信箱:plghjyb@ 163. com
法定代表人:崔本涛
单位人数:998
质量体系:IATF 16949、ISO 14001
产品情况:(平原牌、三滤牌)
车用(内燃机)机油滤清器、燃油滤清器、空气滤清器、颗粒捕集器
配套及出口情况:与潍柴动力、上汽集团、东风集团、康明斯、五十铃、宇通等企业建立了战略合作伙伴关系;随整车出口到 46 个国家和地区

★新乡航空工业(集团)有限公司
地址:河南省新乡市建设中路 168 号
邮编:453049
电话:0373/3862212
传真:3386605
网址:www. xhjt. com. cn
电子信箱:plghjyb@ 163. com
法定代表人:高海军
单位人数:10000
质量体系:ISO 14001、OHSAS 18001
产品情况:(平原牌、豫新牌)
平原牌汽车滤清器、豫新牌汽车空调、豫北汽车动力转向器
配套情况:与美国通用、戴姆勒、克莱斯

勒、北京奔驰、东风、奇瑞、上汽通用、日产、昌河、郑州宇通、厦门金龙、北京尼奥普兰、上柴、潍柴、康明斯、曼海姆等汽车及发动机企业结为长期战略合作伙伴

★河南中轴控股集团股份有限公司
地址:河南省焦作市建设东路137号
邮编:454003
电话:0391/2106111
传真:3938456
网址:hnzzkgjt. com
电子信箱:zzjt@ zzjt. com
法定代表人:马海洋
质量体系:ISO/TS 16949、ISO 9001
产品情况:(中轴牌)
半挂运输车、水泥搅拌车、工程自卸车、液体罐车、粉粒物料运输车等专用汽车;商用车发动机凸轮轴、乘用车发动机凸轮轴、模锻件(传动轴锻件、转向机锻件、轴类锻件)、汽车半轴、轴管(轴头)、承载轴(车桥)、传动轴、转向节、齿轮轴、缸套、车架等汽车零部件
配套及出口情况:为一汽、东风、北汽、一拖、大柴等国家大型企业配套;出口美国、日本、加拿大等国家

★河南中轴股份有限公司
地址:河南省焦作市山阳区南海路565号
邮编:454003
电话:0391/3565637、2106111
传真:3565699
电子信箱:zzdh@ chinazzdh. com
法定代表人:马海洋
质量体系:IATF 16949
产品情况:(中轴牌)
发动机凸轮轴、缸套和车架、车桥等
配套情况:为潍柴、韩国大宇、斯太尔、大柴、玉柴、宇通、陕汽、中国一拖、中通、中集华俊、江铃、长城、一汽海马、奇瑞、吉利、华晨等配套

★河南中轴中汇汽车零部件有限公司
地址:河南省博爱县工业集聚区人民路东段
邮编:454450
电话:0391/8619558、2106211
传真:8619558
网址:www. hnzhgs. com. cn
法定代表人:崔卫国
质量体系:IATF 16949
产品情况:(中轴牌、Z牌)
具有年产500万支汽车发动机凸轮轴的生产能力
配套情况:为长城汽车、吉利汽车、上汽通用五菱、奇瑞汽车、海马轿车、众泰汽车、东安动力、沈阳华晨等国内主要SUV和轿车发动机配套

★中原内配集团股份有限公司
地址:河南省孟州市产业集聚区淮河大道69号
邮编:454750
电话:0391/8190221、8192651
传真:8192423
网址:www. hnzynp. com
电子信箱:zynp@ zynpgroup. com
法定代表人:薛德龙
质量体系:ISO 14001、IATF 16949
产品情况:(河阳牌)
内燃机汽缸套、动力活塞组件系统
配套及出口情况:主要客户有一汽集团、东风集团、上汽集团、重汽集团、一拖集团、潍柴动力、长安集团、玉柴机器等全球知名发动机企业;战略合作伙伴涵盖美国通用、福特、克莱斯勒、康明斯、卡特彼勒、纳威司达、约翰迪尔、德国奔驰、大众、大富、瑞典沃尔沃、意大利菲亚特、法国标致-雪铁龙

★河南省中原活塞股份有限公司
地址:河南省孟州市梧桐南路288号
邮编:454750
电话:0391/8161717、8106012
传真:8162166
网址:www. zypiston. com
电子信箱:zhongyuan@ zypiston. com
法定代表人:乔绍亮
单位人数:465
质量体系:IATF 16949、ISO 9001
产品情况:(河阳牌)
五十铃系列、康明斯系列、云内系列、大柴系列、玉柴系列、潍柴系列、朝柴系列、锡柴系列、洛拖系列、日本三菱依维柯系列、卡特系列等国内外各种型号活塞系列;具有年产活塞350万只、组装各类四组件120多万套的规模化生产能力
配套及出口情况:为五十铃系列、康明斯系列、云内系列、大柴系列、玉柴系列、潍柴系列、朝柴系列、锡柴系列、洛拖系列、日本三菱依维柯系列、卡特系列等配套;部分产品自营出口美国、英国、俄罗斯、智利、东南亚等国家和地区

★河南中原吉凯恩气缸套有限公司
地址:河南省孟州市西虢工业园
邮编:454750
电话:0391/8518618、8519858
传真:8518599、8518596
网址:www. gknchina. com
电子信箱:hongjinfeng@ gknzhongyuan. com
法定代表人:薛德龙
质量体系:IATF 16949、ISO 14001
产品情况:中型货车及工程机械汽缸套
配套及出口情况:主要配套厂商有康明斯(包括康明斯全球、重庆康明斯、东风康明斯)、卡特彼勒、道依茨、曼、MTU、斯堪尼亚等;产品80%出口日本、北美洲、南美洲

★河南天誉动力机械有限公司
地址:河南省扶沟县工业园区力源路1号
邮编:461300
电话:0394/6221216、15516768996
传真:6221216
网址:www. hntydl. com
电子信箱:tianyudljx@ 163. com
法定代表人:王学哲
单位人数:760
质量体系:ISO/TS 16949
产品情况:(天誉牌)
国产斯太尔、康明斯、玉柴4105、6108、锡柴奥威、美国福特、通用、卡特彼勒、底特律系列缸盖缸体
配套及出口情况:为广西玉柴、洛阳一拖、中国重汽集团配套;远销美国、欧洲市场

★扶沟县隆力汽缸盖有限公司
地址:河南省扶沟县机械工业园区长丰路
邮编:461300
电话:0394/6220126、13939491837
传真:6231013
网址:www. hnfgll. com
电子信箱:fg@ hnfgll. com
法定代表人:张保军
质量体系:IATF 16949、ISO 9001
产品情况:(扶缸牌)
汽缸盖、缸体,年铸造能力达6000余吨;机加工缸盖、缸体8万余只
出口情况:远销欧美、中东、东南亚等地区

★信阳贝恩银光活塞销有限公司
地址:河南省信阳市工区路669号
邮编:464000
电话:0376/6596391、6596958
传真:6596076
电子信箱:yuan. bo@ bn - yg. com
法定代表人:布雷特
质量体系:IATF 16949、ISO 14001
产品情况:(银光牌)
发动机活塞销
配套及出口情况:为一汽集团、一汽大柴、一汽-大众、神龙汽车、东风康明斯、东风本田、天津一汽丰田、奇瑞汽车、江西五十铃、长城汽车、北汽福田、航天三菱、沈阳新光、杭发、柳发、上柴、东安动力、中国一拖、朝柴、成都云内、华源莱动等配套;远销美国、加拿大、巴西、秘鲁、东南亚等国家和地区

★一拖(洛阳)柴油机有限公司
地址:河南省洛阳市涧西区建设路154号
邮编:471004
电话:0379/64245033、64966650
传真:64245035
网址:www. ytcyj. com
电子信箱:1013168538@ qq. com
法定代表人:杨永安
单位人数:1700
质量体系:ISO 9001
产品情况:(东方红牌)
汽车、拖拉机等系列柴油机

★河南柴油机重工有限责任公司
地址:河南省洛阳市中州西路 173 号
邮编:471039
电话:0379/64076002、64076760
传真:64225395
网址:www. hnd. com. cn
电子信箱:ljk407@ 163. com
法定代表人:奚国伟
质量体系:ISO 9001、ISO 14001
产品情况:系列柴油机,广泛应用于石油钻采、特种车辆、工程机械等领域
出口情况:出口欧洲、美洲等地区

★洛阳百成内燃机配件有限公司
地址:河南省洛阳市孟津县华阳产业集聚区
邮编:471112
电话:0379/67866211、67866583
传真:67866585
网址:www. lybcnp. com
电子信箱:lybc66211@ 163. com
法定代表人:赵津杰
质量体系:IATF 16949、ISO 9001
产品情况:(百成牌)
汽缸套,年产 800 万只
配套情况:为国内时风、武进、常工、亚美柯等多家名优集团主机厂配套

★西峡县内燃机进排气管有限责任公司
地址:河南省南阳市西峡世纪大道西段 18 号
邮编:474500
电话:0377/60108810、60108815
传真:69669196
网址:www. xipai. com. cn
电子信箱:xipai@ com. cn
法定代表人:程武超
质量体系:IATF 16949、ISO 14001
产品情况:(劲派牌)
发动机排气管以及桥壳、蜗轮增压器壳、三元催化器、水泵等系列产品
配套情况:与一汽-大众、上汽集团、神龙、北汽、长城、潍柴、玉柴、康明斯、佛吉亚、标致 - 雪铁龙、菲亚特、道依茨等国内外 100 余家客户配套

★飞龙汽车部件股份有限公司
地址:河南省西峡县工业大道
邮编:474500
电话:0377/69662280、69697329
传真:69688557
网址:www. xixia - waterpump. com
电子信箱:xsb@ flacc. com
法定代表人:孙耀志
质量体系:IATF 16949、ISO 14001
产品情况:(飞龙牌)
主导产品为汽车水泵、排气歧管、涡轮增压器壳体、电动水泵等,具备年产 1100 万只汽车水泵、800 万只排气歧管及 300 万只涡壳的生产能力
配套及出口情况:为上汽通用、上汽大众、一汽-大众、上汽大众动力总成、上汽通用五菱、神龙、长安福特、长安马自达、上海汽车、东风乘用车、广汽集团、广汽本田、长安汽车、一汽海马、奇瑞汽车、比亚迪、吉利、重庆力帆、重庆小康、东安公司、航天三菱、绵阳新晨、长城汽车、一汽丰田、华晨汽车、玉柴、玉柴联合动力、潍柴、锡柴、上菲红、上柴、朝柴、北汽福田、北京福田康明斯、重庆康明斯、东风康明斯、西安康明斯、广西康明斯、大柴、天津雷沃、江淮汽车、江淮纳威司达、江铃、华菱汽车、三一重工、上海菱重、北京新能源、东风轻发、集瑞重工配套;与通用、福特、康明斯、道依茨、大众、菲亚特、博格华纳、沃尔沃、克莱斯勒、MTU、丹佛斯等 20 余家国际企业配套或进入其全球采购体系

★南阳市红阳车用配件有限公司
地址:河南省南阳市社旗县高新产业集聚区
邮编:474650
电话:0377/67887676
传真:67887676
网址:www. hycypj. com
电子信箱:hycypjgs@ 126. com
法定代表人:黄书阳
质量体系:IATF 16949、ISO 14001
产品情况:具有年产各型连杆 400 万只的生产能力
配套及出口情况:主要供应神龙汽车、比亚迪汽车、长城汽车、长安汽车、东风渝安汽车、山西成功准海发动机、德国 KNORR 汽车系统、宝马机车、绵阳新晨动力机械、北汽集团、航天三江等国内外知名汽车企业;出口德国 KNEER 集团、BMW 汽车及法国 PSA 集团

湖北省

★东风亚普汽车部件有限公司
地址:武汉市经济技术开发区车城大道 242 号
邮编:430056
电话:027/84956831、84956803
传真:84956805
网址:www. dfyapp. com
电子信箱:wujiangang@ dfyapp. com
法定代表人:夏世维
质量体系:IATF 16949、VDA 6. 1
产品情况:塑料燃油箱,总成年产能力 70 万套
配套情况:为神龙汽车、中国台湾裕隆汽车、东风自主品牌、雷诺汽车、武汉飞亚、郑州日产配套生产供应燃油箱及注油管(装车件和备件)总成等汽车用塑料件

★武汉佛吉亚通达排气系统有限公司
地址:武汉市经济技术开发区创业二路 1 号
邮编:430056
电话:027/84893201、84213703
传真:84892261
电子信箱:yajing. wang@ faurecia. com
法定代表人:王少波
质量体系:IATF 16949、ISO 14001
产品情况:(通达牌)
各类轿车排气系统(含催化净化装置)
配套情况:为神龙汽车、东风本田、奇瑞汽车、昌河汽车、长安福特、长安马自达配套

★武汉巨迪金属管业有限公司
地址:武汉市经济技术开发区创业二路 7 号
邮编:430056
电话:027/84878799
法定代表人:王少波
质量体系:IATF 16949
产品情况:专业生产汽车排气系统零部件产品(端盖、隔板、本体、端锥等)
配套情况:主要为佛吉亚、天纳克国内、国外数十家公司提供产品

★马勒滤清系统(湖北)有限公司
地址:武汉市经济技术开发区凤凰工业园
邮编:430056
电话:027/84071853
传真:84613166
网址:www. cn. mahle. com
电子信箱:xu. huang@ cn. mahle. com
法定代表人:Wilhelm Heinrich Emperhoff
质量体系:IATF 16949、ISO 14001
产品情况:空气滤清器、进气歧管、发动机缸盖罩、油冷器等汽车滤清系统及发动机外围零部件
配套情况:为神龙、通用、福特、东风本田、东风日产、郑州日产、铃木、长安、沃尔沃等整车企业配套

★考泰斯(武汉)塑料技术有限公司
地址:武汉市经济技术开发区黄陵大道 17 号军山创业园 6 号楼
邮编:430056
电话:027/69815816、69815850
网址:www. textron. com. cn
电子信箱:joyce. zhang@ kautex. textron. com
法定代表人:石小伟
质量体系:IATF 16949
产品情况:生产可用于混合动力车用塑料燃油箱
配套情况:主要产品为上汽通用雪佛兰配套车型

★康明斯燃油系统(武汉)有限公司
地址:武汉市经济技术开发区科技园东路 1 号
邮编:430056
电话:027/68847115
传真:68847000
网址:www. cummins. com. cn

电子信箱:tingting. fan@ cummins. com
法定代表人:陈剑
质量体系:IATF 16949、ISO 14001
产品情况:柴油机共轨燃油泵(CCR)、CELECT 燃油喷嘴、燃油泵以及相关零部件
配套情况:为东风康明斯 ISL8.9 升、ISZ13 升和西安康明斯 ISM11 升全电控柴油机配套

★理研汽车配件(武汉)有限公司
地址:武汉市经济技术开发区珠山湖大道 258 号
邮编:430056
电话:027/59595900、59595952
传真:59595989
网址:www. riken - wh. com. cn
电子信箱:rik@ riken - wh. com. cn
法定代表人:種村由纪雄(Yukio Tanemura)
单位人数:300
质量体系:IATF 16949、ISO 14001
产品情况:活塞环、汽车变速器用密封环等
配套情况:为长安福特、长安马自达、东风本田、东风本田发动机、东风汽车乘用车、本田汽车(中国)、东风日产发动机、东风轻型发动机、一汽海马、长安铃木、长安汽车、沈阳航天三菱发动机、一汽-大众、上汽通用五菱等配套

★八千代工业(武汉)有限公司
地址:武汉市经济技术开发区珠山湖大道 786 号
邮编:430056
电话:027/84478181
传真:84478191
网址:www. ywm - cn. com
电子信箱:axin_liu@ ywm - cn. com
法定代表人:OZAKI KATSUHIRO(尾崎勝宏)
单位人数:236
质量体系:IATF 16949、ISO 9001
产品情况:汽车树脂燃油油箱、天窗
配套情况:为东风本田配套

★武汉彼欧英瑞杰汽车系统有限公司
地址:武汉市东湖新技术开发区关山一路汽车电子产业园内
邮编:430074
电话:027/81925036
传真:87446036
电子信箱:yue. qin@ plasticomnium. com
法定代表人:Christian Francois Alfred KOPP
质量体系:ISO 14001、IATF 16949
产品情况:汽车塑料燃油箱、塑料注油管、燃油系统以及其他辅助汽车装配件
配套情况:为东风汽车公司配套

★三环集团有限公司
地址:武汉市东湖新技术开发区佳园路 33 号
邮编:430074
电话:027/87609333、87609133
传真:87609666
网址:www. triring. cn
电子信箱:huangjie@ triring. cn
法定代表人:梅汉生
产品情况:(三环牌)
专用汽车、汽车零部件和数控锻压机床产品

★武汉东鑫气门制造有限公司
地址:武汉市洪山区青王路废旧物资回收有限公司
邮编:430075
电话:027/87636834、87635557
传真:87635557
电子信箱:127146871@ qq. com
法定代表人:付开武
质量体系:IATF 16949、ISO 9001
产品情况:(手牌)
各种内燃机进/排气门,年产 300 万件
配套情况:为东风汽车发动机、东风汽车柴油发动机、东风汽车南充内燃机、柳州发动机、万都内燃机、云南内燃机等 10 多家主机厂配套

★湖北雷迪特冷却系统股份有限公司
地址:武汉市经济技术开发区军山街凤凰工业园凤亭南路 2 号
邮编:430119
电话:027/59909590
传真:59909595
网址:www. hbrdt. com
电子信箱:hbrdt@ dongjungroup. com. cn
法定代表人:赵成恩
质量体系:IATF 16949、ISO 14001
产品情况:(雷迪特牌)
具备年产 60 万套中冷器、铝焊接散热器等汽车铝热交换系统产品的生产能力
配套情况:客户主要有东风股份、东风乘用车、神龙汽车、东风客车、东风商用车、东风柳汽、东风新汽、陕汽、北汽福田、江淮汽车、三一重工等整车生产厂家

★武汉金丰汽配有限公司
地址:武汉市东湖高新技术开发区庙山小区长城创新科技园长城园 3 路 1 号
邮编:430223
电话:027/59730688
传真:59730668
网址:www. yutakagiken. co. jp
电子信箱:terryli11@ 163. com
法定代表人:AOSHIMA TAKAO(青岛隆男)
单位人数:400
质量体系:IATF 16949、ISO 14001
产品情况:催化转换器、消声器、排气管、排气歧管
配套情况:为东风本田汽车、广汽本田汽车配套

★湖北神风机械制造有限公司
地址:湖北省应城市西河渡 13 号
邮编:432400
电话:0712/3229061、3229209
传真:3229282
网址:www. shenfengmachinery. com
电子信箱:licheng@ shenfengmachinery. com
法定代表人:熊炳光
质量体系:IATF 16949
产品情况:具有年产汽车燃油箱 50 万只、摩托车燃油箱 300 万只、车架 250 万支的生产能力
配套及出口情况:产品被众多知名摩托车企业、汽车厂家采用;燃油箱、车架、模具已出口美国、叙利亚、巴基斯坦、印度等国家

★湖北六和天轮机械有限公司
地址:湖北省仙桃市工业园创业路 1 号
邮编:433000
电话:0728/3268781、3268214
传真:3268881
网址:www. cnhbtl. cn
电子信箱:liuwenjuan - 01@ 163. com
法定代表人:王俊
质量体系:IATF 16949、QS 9000
产品情况:飞轮总成等
配套情况:为神龙汽车、东风康明斯、东风汽车公司、德国大众、宝马配套

★荆州环宇汽车零部件有限公司
地址:湖北省荆州市高新区东方大道48 号
邮编:434000
电话:0716/8331055、8332400
传真:8332401
电子信箱:jzgaj@ autocrankshaft. com
法定代表人:覃文春
质量体系:QS 9000、IATF 16949
产品情况:(环宇牌)
曲轴、凸轮轴、连杆、平衡轴等
配套及出口情况:为玉柴、洛拖、全柴、莱动、丹佛斯等知名企业配套;远销欧美、东南亚

★公安县铜套有限公司
地址:湖北省公安县章庄铺镇郑公渡西街
邮编:434319
电话:0716/5801808、5801489
传真:5801020
网址:www. hbgatt1984. com
电子信箱:gatt2008@ sina. com
法定代表人:卢德宏
质量体系:IATF 16949
产品情况:(荆都牌)
汽车衬套、汽车轴瓦、汽车拉线、汽车导向器等
配套情况:与东风公司相关厂、玉柴机器、江淮汽车、通用五菱、长城汽车、九

鼎科技等国内大型主机厂配套

★湖北迪峰换热器股份有限公司
地址:湖北省大冶市大冶大道268号
邮编:435100
电话:0714/8762954、8762884
网址:www.hbdefon.com
电子信箱:sale@hbdefon.com
法定代表人:伍佳元
质量体系:ISO 9001、GB/T 24001
产品情况:(登峰牌)
管片式散热器(包括空气冷却器、氢气冷却器等)、管壳式散热器(包括滑油冷却器、淡水冷却器、加热器、冷凝器)、板翅式散热器、板式散热器等
配套及出口情况:为西门子、GE、英格索兰、IHI、库伯、瓦锡兰等配套;与美国、加拿大、德国、丹麦、东南亚等国家的知名公司建立了长期的合作关系

★湖北威风汽车配件股份有限公司
地址:湖北省黄冈市浠水经济开发区洪山工业园6号
邮编:438200
电话:0713/4241748
传真:4242195
网址:www.chinahbwf.cn
电子信箱:hbwf0713@163.com
法定代表人:张佑来
质量体系:IATF 16949
产品情况:(凸威牌)
各类汽车发动机凸轮轴
配套及出口情况:为玉柴机器、洛阳一拖、南昌凯马、无锡四达、山东华丰、北京北内配套;出口德国、俄罗斯、韩国、中东等国家和地区

★马勒三环气门驱动(湖北)有限公司
地址:湖北省麻城市将军北路特1号
邮编:438300
电话:0713/2933333、2928915
传真:2931313、2912126
网址:www.triring.cn
电子信箱:office.macheng@cn.mahle.com
法定代表人:Ivan A. Lenehan
质量体系:IATF 16949、ISO 14001
产品情况:(三环牌)
内燃机进/排气门,年气门生产能力4200万支
配套及出口情况:为一汽集团、北汽福田、东风柴油机、云内、东风康明斯、神龙汽车、哈东安、长安汽车、玉柴、柳州机械厂、江西五十铃配套;出口美国、日本、欧洲等国家和地区

★东风康明斯发动机有限公司
地址:湖北省襄阳市高新技术产业开发区
邮编:441004
电话:0710/3320888
网址:www.dcec.com.cn
法定代表人:曹思德(steven mark chapman)
质量体系:IATF 16949、ISO 14001
产品情况:(东风康明斯牌)
B、C、D、L、Z系列平台康明斯发动机,应用于轻、中、重型载重汽车、中高级城际客车、大中型公交客车、工程机械等领域
配套情况:为安徽华菱、宇通客车、厦门金龙、柳工机器等配套

★襄阳美利信科技有限责任公司
地址:湖北省襄阳市高新区深圳工业园襄阳大道4幢
邮编:441004
电话:0710/3727321、3722885
传真:3722900
电子信箱:djmlx@djmillison.com
法定代表人:余克飞
质量体系:IATF 16949、ISO 9001
产品情况:汽车发动机缸体、汽车结构件
配套及出口情况:与法国标致雪铁龙、瑞典爱立信、德国道依茨、长安集团、东风集团以及美国通用等世界500强企业建立战略合作伙伴关系;出口亚洲、欧洲、南美洲等地区

★襄阳富临精工机械有限责任公司
地址:湖北省襄阳市高新区新明路英菲尼迪汽配园A5-2
邮编:441004
电话:0710/3328061
电子信箱:1321196457@qq.com
法定代表人:蒋东
质量体系:IATF 16949
产品情况:主要产品为可变气阀,广泛用于于燃油汽车
配套情况:主要客户为神龙汽车

★东风襄阳旋压技术有限公司
地址:湖北省襄阳市汽车产业开发区米庄镇新城路
邮编:441004
电话:0710/3332469、3332485
传真:3332485
电子信箱:shuzy@dfl.com.cn
法定代表人:卢平
质量体系:IATF 16949、QS 9000
产品情况:发动机旋压皮带轮等产品

★襄阳长源东谷实业股份有限公司
地址:湖北省襄阳市襄州区钻石大道100号
邮编:441004
电话:0710/3062990、3381003
传真:3381935
网址:www.cydgsy.com
电子信箱:cydg2001@126.com
法定代表人:李佐元
单位人数:1360
质量体系:IATF 16949、ISO 14001
产品情况:缸体、缸盖、飞轮壳、连杆、主轴承盖、排气管、机油泵、齿轮室、变速器壳体等
配套情况:为东风汽车公司、一汽锡柴、康明斯发动机、神龙汽车、德国道依茨、意大利依维柯配套

★康明斯(襄阳)发动机再制造有限公司
地址:湖北省襄阳市深圳工业园南京路18号
邮编:441007
电话:0710/2869900
传真:2869901
网址:www.cummins.com.cn
电子信箱:ma.jian@cummins.com
法定代表人:李金星
质量体系:ISO 9001、ISO 14001
产品情况:发动机零部件加工

★湖北江华机械有限公司
地址:湖北省襄阳市襄城区江华路1号
邮编:441021
电话:0710/3514445、3522037
传真:3530032
网址:www.jhxfvip.com
电子信箱:jh9616hr@163.com
法定代表人:曹翔
单位人数:800
质量体系:IATF 16949、ISO 14001
产品情况:(江华牌)
汽车发动机摇臂及摇臂轴总成、发动机连杆总成、推杆总成、变速器换挡总成等
配套情况:为本田发动机、东风康明斯柴油发动机、上海日野柴油机等定点配套

★襄阳市中康汽车配件有限公司
地址:湖北省襄阳市襄州区深圳工业园南京路
邮编:441100
电话:0710/2388783
传真:2388783
网址:www.zkengineparts.com
电子信箱:chinacummins@zhongkang.net.cn
法定代表人:武豫
质量体系:IATF 16949、ISO 9001
产品情况:主要产品有康明斯发动机缸体缸盖、雷诺缸体缸盖等20多个品种
配套情况:与东风汽车公司主机配套,其中包含与东风商用车公司配套加工东风天锦货车的4H发动机缸体以及其他发动机配件

★湖北福纳车业有限公司
地址:湖北省十堰市白浪中路156号龙门工业园
邮编:442000
电话:0719/8255725、8255111
传真:8255777
电子信箱:hbfuna@hbfuna.com
法定代表人:吴春飞
质量体系:IATF 16949、ISO 14001

产品情况:汽车铝合金燃油箱、铝合金储气筒
配套及出口情况:主要为重汽、北奔、三一重工、安徽江淮、无锡宝岛、苏州朗格等配套;部分产品远销北美洲

★东风康明斯排放处理系统有限公司
地址:湖北省十堰市东益大道1号
邮编:442000
电话:0719/8287886
传真:8287889
网址:www.cummins.com.cn
法定代表人:张红
单位人数:400
质量体系:IATF 16949、ISO 14001
产品情况:柴油发动机排放处理系统产品

★十堰恒融实业有限公司
地址:湖北省十堰市工业新区凯迪拉克大街1号
邮编:442000
电话:0719/8521627
网址:www.hrsy.cc
法定代表人:陈凝恒
质量体系:IATF 16949、ISO 9001
产品情况:主要产品有系列汽车燃油箱、轿车冲压件,系列暖风机、鼓风机总成,系列换挡操纵机构等
配套情况:主要客户有东风商用车、乘用车及东风柳汽

★东风实业有限公司
地址:湖北省十堰市公园路95号
邮编:442001
电话:0719/8223133
传真:8223133
网址:www.dfsy.com.cn
电子信箱:sunhs@dfmc.com.cn
法定代表人:罗元红
质量体系:IATF 16949、ISO 9001
产品情况:(东风牌)
车身及附件系统、底盘及附件系统、发动机部件、通用零件等
配套及出口情况:为东风公司、神龙汽车、东风本田等配套;与美国李尔、美国康明斯、德国采埃孚、韩国三立、日本东海理化、意大利PEG、韩国亚进等国外知名企业建立了合资合作关系

★东风(十堰)发动机部件有限公司
地址:湖北省十堰市新疆路60号
邮编:442003
电话:0719/8233487、8235182
传真:8235182
网址:www.ds9.com.cn
电子信箱:0949133136@qq.com.cn
法定代表人:薛志国
质量体系:ISO 9001、IATF 16949
产品情况:(东风牌)
离合器总成、飞轮齿环总成、飞轮壳、主轴承盖、摇臂轴总成、凸轮轴、活塞销、离合器外壳、进排气管总成、系列端面板,年产离合器盖及压盘总成30万辆份、飞轮齿环总成50万辆份、离合器从动盘总成30万辆份、飞轮壳10万辆份
配套情况:飞轮齿环为东风汽车公司、康明斯、神龙、雷诺、日产配套

★东风辉门十堰发动机零部件有限公司
地址:湖北省十堰市张湾区花果街办安沟社区放马坪路10号
邮编:442003
电话:0719/8021833
网址:www.federalmogul.com
电子信箱:jiyun.li@federalmogul.com
法定代表人:成音
质量体系:IATF 16949、ISO 14001
产品情况:为各类乘用汽车、商用汽车设计和生产高性能活塞产品

★湖北广奥减振器制造有限公司
地址:湖北省十堰市张湾区西城路46号
邮编:442004
电话:0719/8587957、15717288177
传真:8587817
网址:www.hbguangao.com
电子信箱:shangwu@hbguangao.com
法定代表人:伍长彬
单位人数:150
质量体系:IATF 16949、ISO 14001
产品情况:发动机扭振减振器,包括橡胶减振器、硅油减振器和硅油橡胶减振器三大系列
配套情况:与东风汽车、康明斯、江淮汽车、北汽福田等20多家知名汽车及发动机配套

★东风(十堰)发动机减震器有限公司
地址:湖北省十堰市汉江南路40号
邮编:442011
电话:0719/8213422、13986883003
传真:8213422
网址:www.dfjzq.net
电子信箱:jsjsjn@163.com
法定代表人:谭晓光
质量体系:IATF 16949、ISO 14001
产品情况:发动机曲轴扭振减振器、发动机托架、转向机支架、带轮等同,具有年产6000吨铸件、100万套橡胶减振器、10万套硅油减振器、80万件/支托架的生产能力
配套情况:为东风商用车、东风商用车公司发动机厂、东风乘用车、东风康明斯发动机、东风汽车股份、东风南充内燃机、奇瑞汽车、江淮发动机分公司、长城汽车、保定长城内燃机、湖南长丰动力等供货

★东风锻造有限公司
地址:湖北省十堰市辽宁路7号
邮编:442012
电话:0719/8236152、8780239
网址:www.dffl.com.cn
电子信箱:dzclzh@126.com
法定代表人:Tony Liu(刘振声)
质量体系:IATF 16949、ISO 9001
产品情况:曲轴、连杆、轮毂、齿轮等全系列汽车钢质模锻件
配套情况:为东风汽车公司配套

★万向通达股份公司
地址:湖北省十堰市东风大道118号
邮编:442013
电话:0719/8283808、8782043
传真:8782430
网址:www.wanxiangtongda.com
电子信箱:public@tongdamail.com
法定代表人:李平一
单位人数:900
质量体系:IATF 16949、ISO 14001
产品情况:各类汽车及工程机械排气消声系统、排放后处理系统及金属燃油箱等产品;已建成年产150万套金属燃油箱、220万套排气消声系统及排放后处理系统的生产能力
配套情况:主要客户为东风商用车、广汽日野、广西玉柴、陕西重汽、江淮汽车、郑州宇通、厦门金龙、郑州日产、沃尔沃、卡特彼勒、神龙汽车、长安福特、东风乘用车、北汽乘用车等国内外主机厂

★十堰楚欣达汽车科技股份有限公司
地址:湖北省十堰市经济开发区白浪东路40号
邮编:442013
电话:0719/8301576、8316856
传真:8319755
电子信箱:shiyanxiaoshengqi@126.com
法定代表人:杨晓华
质量体系:IATF 16949、ISO 14001
产品情况:消声器、进排气系统及各种底盘黑漆件
配套情况:为陕汽、东风实业、东风神宇、东风特种商用车、三环汽车、十堰世纪中远、十堰驰田等公司配套

★湖北东风佳华汽车部件有限公司
地址:湖北省十堰市张湾区建设大道工业新区
邮编:442013
电话:0719/8364633、13597897778
网址:www.dfjhbearing.com
法定代表人:蔡光华
质量体系:IATF 16949、ISO 14001
产品情况:(佳华牌)
汽车发动机轴瓦、凸轮轴衬套、止推片及机械用衬套,产品适用于排量1.3~13L的各类发动机
配套情况:为东风系列汽油机、康明斯系列柴油机、神龙、朝柴、玉柴、南内、潍柴、锡柴等机型配套

★湖北丹江口志成铸造股份有限公司
地址:湖北省丹江口市姚沟路104号

邮编:442700
电话:0719/5203522、5203052
传真:5203052
网址:www. djzcgs. com
电子信箱:djzcgs@ djzcgs. com
法定代表人:郭元洲
单位人数:400
质量体系:IATF 16949
产品情况:底盘悬架件、车桥零部件、发动机零件、制动器四大系列 700 多个品种
配套情况:为东风汽车公司装车配套外,还为东风康明斯、东风柳州汽车公司、陕西汽车厂、北汽福田、金龙客车等汽车生产厂家配套

湖南省

★长沙飞斯特机械制造有限公司
地址:长沙市芙蓉区长冲路 99 号
邮编:410001
电话:0731/88597026－815
传真:88597026－818
网址:fpmc. cn
电子信箱:info@ fpmc. cn
法定代表人:MUSSA GIANGIACOMO
质量体系:IATF 16949、ISO 14001
产品情况:飞轮、皮带轮、凸缘、支架、轮毂、差速器壳体等

★长沙双叶汽车部件有限公司
地址:长沙市长沙县东十一路南段十八号
邮编:410100
电话:0731/88702298
传真:88702295
网址:www. futabasangyo. com
电子信箱:caiwu@ changsha－futaba. com. cn
法定代表人:柴山雄一
质量体系:IATF 16949
产品情况:主要生产汽车骨架和排气管、油箱等
配套情况:为丰田、本田、三菱、铃木等配套

★ 湖南长丰动力有限责任公司

地址:长沙市经济技术开发区漓湘路68 号
邮编:410100
电话:0731/82880770、82880702
传真:82880789
网址:www. cfhpt. com
电子信箱:cfdlhr@ 163. com
法定代表人:李昌斌
质量体系:IATF 16949
产品情况:(猎豹牌)
1. 5L 增压发动机、1. 5L 直喷增压发动机、1. 5L 自然吸气发动机、1. 2L 增压发动机、2. 0L 直喷增压发动机
配套情况:为长丰汽车配套
☞ 详细情况请参阅彩色宣传版面

★长沙熙迈机械制造有限公司
地址:长沙市星沙开发区盼盼路 8 号
邮编:410100
电话:0731/85477557
传真:85477556
网址:www. csximai. com
电子信箱:betty. xie@ csximai. com
法定代表人:MARCHIANDO NICOLA
质量体系:IATF 16949、ISO 9001
产品情况:缸体、缸盖、上缸盖罩、下缸体、飞轮壳、变速器壳体、油底壳等零部件的加工
配套情况:为菲亚特、沃尔沃、广汽集团、吉利汽车、东风风神、北汽集团、福田戴姆勒汽车等配套

★湖南江滨机器(集团)有限责任公司
地址:湖南省湘潭市板塘铺
邮编:411102
电话:0731/55560356、55580680
传真:55579683
网址:www. jbpiston. com
电子信箱:jiangbinxs@ vip. sina. com
法定代表人:金铭
单位人数:1200
质量体系:IATF 16949、ISO 9001
产品情况:(江滨牌)
发动机活塞,年产 500 万只
配套及出口情况:与潍柴、玉柴、重庆康明斯、南京依维柯、一汽锡柴、扬柴、洛拖、晋柴、渭柴、华柴等国内 20 余家企业合作;远销欧美、东南亚等地区

★湖南威斯特汽车零配件有限公司
地址:湖南省湘潭市高新区德国工业园
邮编:411104
电话:0731/52865680
传真:52865679
电子信箱:hnvast@ vip. sina. com
法定代表人:成国斌
质量体系:IATF 16949、ISO 14001
产品情况:汽车尾气净化及排气系统

★株洲湘火炬机械制造有限责任公司
地址:湖南省株洲市芦淞区董家塅高科园创业一路
邮编:412002
电话:0731/22266719、22266718
传真:22266720、22266708
网址:www. torchpistonpin. com
电子信箱:torchpistonpin@ 163. com
法定代表人:丁迎东
质量体系:IATF 16949
产品情况:(工人牌)
活塞销;年生产能力为 1000 万只商用车活塞销和 1000 万只乘用车活塞销
配套及出口情况:与玉柴、锡柴、潍柴、大柴、朝柴等 20 多家主机厂配套;出口北美洲、欧洲、东南亚、俄罗斯等国家和地区

★益阳融天滤清器科技有限公司
地址:湖南省益阳市高新区高新大道 16 号(长盛盈 2 号厂房)
邮编:413000
电话:0737/4726519、2218168
传真:2218160
电子信箱:yyrongtian@ 163. com
法定代表人:程辉
质量体系:IATF 16949
产品情况:汽车用 PP/PU 空气过滤器、空调滤清器、环保机油滤清器及工程机械过滤器等 800 多个品种
出口情况:远销欧美、中东、东南亚等地区

★湖南鑫源缸套有限责任公司
地址:湖南省津市市蔡家河
邮编:415400
电话:0736/4209713、13786644597
网址:www. hncylinder. com
电子信箱:hnxy@ vip. 163. com
法定代表人:孙宗君
单位人数:1200
质量体系:ISO 9001
产品情况:内燃机汽缸套

★湖南恒裕汽车零部件有限公司
地址:湖南省怀化市鸭嘴岩工业园怀黔路 1 号
邮编:418000
电话:0745/2828006、2828638
传真:2828949
网址:www. ringgearcn. com
电子信箱:ringgear@ 21cn. com
法定代表人:钱吉治
质量体系:IATF 16949、ISO 9001
产品情况:(湘园牌)
飞轮总成、飞轮齿圈、信号感应齿圈、信号感应飞轮总成,具有年产飞轮齿圈 200 万件、飞轮总成 50 万件的生产能力
配套及出口情况:为重庆康明斯、重汽济南动力、重汽杭发、潍柴动力、潍柴华丰动力、潍柴道依茨、广西玉柴,云内(昆明、成都)动力、中国一拖、东风汽车公司等数十家主机厂配套;出口北美洲、东欧、日本、东南亚等国家和地区

★湖南天雁机械有限责任公司
地址:湖南省衡阳市石鼓区合江套路 195 号
邮编:421005
电话:0734/8532157、8532639
传真:8532180
网址:www. tyen. com. cn
电子信箱:tyen@ tyen. com. cn
法定代表人:黄毅
质量体系:IATF 16949、ISO 14001
产品情况:(江雁牌)
涡轮增压器、高性能气门、冷却风机等发动机零部件
配套及出口情况:与潍柴、锡柴、玉柴、

大柴、全柴等国内知名发动机厂建立了稳定的配套和战略合作关系;远销欧美、东南亚等国家和地区

★南岳电控衡阳工业技术股份有限公司
地址:湖南省衡阳市雁峰区白沙洲
邮编:421007
电话:0734/8497580
传真:8401315
网址:www.nydk.cn
电子信箱:nyc@nydk.cn
法定代表人:樊江
质量体系:IATF 16949、ISO 9001
产品情况:(南岳牌)
主要生产各类柴油机燃油喷射系统、铝铸件和出口件产品,具体包括柴油机燃油喷射系统(机械泵、电控单体泵、电控单体组合泵和高压共轨系统等),汽油直喷系统(GDI),尾气后处理系统(EGR),电子控制单元(ECU),出口产品(泵室、喷油器、管类)
配套情况:为一汽集团(锡柴、大柴)、玉柴、东风康明斯、潍柴、英国JCB、上海日野等公司配套

★湖南机油泵股份有限公司
地址:湖南省衡东县城关镇北正街69号
邮编:421400
电话:0734/5223517、5239026
传真:5224853
网址:www.hnjyb.com
法定代表人:许仲秋
质量体系:IATF 16949、ISO 9001
产品情况:(湘江牌)
柴油机/汽油机机油泵、机械及电控变排量机油泵、燃油输油泵、变速器液压泵、冷却水泵、模块集成产品、硬齿面减速机、精密齿轮、高精度有色黑色铸件
配套及出口情况:国内客户有玉柴、潍柴、锡柴、大柴、上柴、重汽集团、北汽福田、奇瑞、一拖、雷沃、长城汽车、东风康明斯、福田康明斯、西安康明斯、重庆康明斯、一汽、上汽、神龙、江淮、广汽、江铃、长安汽车、吉利集团、华菱集团、东风小康、盛瑞传动、浙江青年集团等50多家主机厂;为康明斯(包括美国、英国、墨西哥、巴西和日本工厂)、美国卡特彼勒、意大利依维柯、德国道依茨、德国MTU、美国博格华纳、韩国双龙等供货

★邵阳神风动力制造有限责任公司
地址:湖南省邵阳市双清区宝庆工业集中区中小企业孵化楼
邮编:422000
电话:0739/5235474、5191517
传真:5225254
电子信箱:0761240526@qq.com
法定代表人:蒲勋
质量体系:IATF 16949
产品情况:汽车用柴油机、玉柴汽缸体

★湖南长丰汽车零部件有限责任公司
地址:湖南省永州市冷水滩区张家铺2号
邮编:425000
电话:0746/8456899、8456510
传真:8457056
电子信箱:glk@cfapchina.com
法定代表人:邹万春
单位人数:200
质量体系:IATF 16949、ISO 14001
产品情况:汽车燃油箱、座椅骨架、副车架、防护栏、仪表板支架、排气管、消声器等汽车金属零部件以及部分小型冲压件
配套情况:为广汽三菱、北汽福田、东南汽车、江铃汽车、杭州纳智捷、厦门金龙、山东华泰等配套

广东省

★广州日锻汽门有限公司
地址:广州市经济技术开发区东区北片骏业路79号
邮编:510530
电话:020/82266139
传真:82266129
网址:www.niv.co.jp
电子信箱:duliushan@nittan.com.cn
法定代表人:SEIYA OZEKI(小关诚也)
质量体系:IATF 16949、ISO 14001
产品情况:汽车气门

★考泰斯(广州)塑料技术有限公司
地址:广州市经济技术开发区东区连云路10号
邮编:510530
电话:020/32066318
传真:32066588
网址:www.textron.com.cn
电子信箱:yiwie.qin@kautex.textron.com
法定代表人:李论
质量体系:IATF 16949
产品情况:汽车发动机燃油系统(塑料燃油箱系统)

★广东海业实业有限公司
地址:广州市天河区珠江新城海安路一街19号902房
邮编:510627
电话:020/85279340
传真:38857932
网址:www.haiyefilter.com
电子信箱:service@haiyefilter.cn
法定代表人:何绍华
质量体系:ISO 9001
产品情况:(海业牌)
机油滤清器、空调滤清器、空气滤清器、燃油滤清器

★广州坤江汽车配件工业制造有限公司
地址:广州市从化区太平经济技术开发区广从大道18号
邮编:510635
电话:020/37926951
传真:87819013
网址:www.kj1688.com
电子信箱:28813892772@qq.com
法定代表人:刘鸿坤
单位人数:350
质量体系:IATF 16949
产品情况:(KINGA牌、VVO牌)
散热器、散热网、塑胶件等汽车配件产品

★广州市日森机械股份有限公司
地址:广州市天河区中山大道中231号
邮编:510660
电话:020/82306020、18922128790
传真:82316512
电子信箱:lihao@risen.cn
法定代表人:何顺祥
单位人数:200
质量体系:ISO 9001
产品情况:(泰远牌)
液压配件(液压油缸,液压站、液压阀、液压泵等)、热交换产品(汽车散热器、油冷器、风冷却器等)
配套及出口情况:参与日本大金、珠海格力、华为(HUAWEI)等项目;远销100多个国家和地区

★东风本田发动机有限公司
地址:广州市黄埔区横沙广本路111号
邮编:510700
电话:020/62808222、62808223
传真:32387675
网址:www.dhec.com.cn
电子信箱:webmaster@dhec.com.cn
法定代表人:刘国元
单位人数:1251
质量体系:ISO 9001、ISO 14001
产品情况:发动机总成及缸体、缸盖、传动轴等零部件
配套及出口情况:产品主要用于广汽本田生产的系列乘用车型,同时还向东风本田汽车和本田汽车(中国)供应缸体、缸盖、传动轴等零部件;出口日本和泰国本田

★广州马勒滤清系统有限公司
地址:广州市花都汽车城东风大道东
邮编:510800
电话:020/36871487
传真:86733386
网址:www.cn.mahle.com
电子信箱:qinliang.ling@cn.mahle.com
法定代表人:山下贵久(TAKAHISA YAMASHITA)
质量体系:IATF 16949、ISO 14001
产品情况:空气滤清器、进气歧管、发动机罩板等汽车组件
配套情况:为东风日产、广汽本田等供货

★日立汽车系统部件(广州)有限公司
地址:广州市花都区花港大道63号
邮编:510800
电话:020/86876670
传真:86876671
网址:www.hitachi.com.cn
法定代表人:僧伟利
质量体系:IATF 16949、ISO 14001
产品情况:可变气门正时控制系统(VTC)、低油耗及高动力性的活塞,机油泵,水泵等发动机用关键零部件
配套情况:为日产、本田、马自达、富士重工、三菱汽车及其他欧美汽车厂商配套

★广州市花都东捷实业有限公司
地址:广州市花都区花山镇平山民营工业园16号
邮编:510800
电话:020/86788883
传真:86788896
网址:www.dong-jie.com
电子信箱:info@dong-jie.com
法定代表人:黎国平
单位人数:300
质量体系:IATF 16949
产品情况:汽车进排气歧管系列、消声器、减振器、凸缘、波纹管、制动分泵、摩托车车架、油箱和汽油罐系列
出口情况:产品主要销往北美洲、欧洲、大洋洲、东南亚等地区

★毅峰(广州)汽配制造股份有限公司
地址:广州市花都区汽车城综合加工区岭东路22号
邮编:510800
电话:020/86876885
传真:86876888
网址:www.yifeng-filter.com
电子信箱:cs@yifeng-filter.com
法定代表人:叶穗
单位人数:300
质量体系:IATF 16949
产品情况:(ASPIRE牌)
各种汽车滤清器
出口情况:出口美国、中东、东欧、非洲、东南亚等国家和地区

★广州竞标新能源汽车部件股份有限公司
地址:广州市花都区花山镇华侨科技工业园龙腾路6号
邮编:510880
电话:020/86788286
传真:86788287
网址:www.campiu.com
电子信箱:rdd6@campiu.com
法定代表人:韩金红
质量体系:IATF 16949、ISO 14001
产品情况:汽车电喷燃油泵系列产品、新能源汽车电动水泵
配套情况:为东风日产、一汽集团等汽车厂家的OEM供应商

★日立汽车系统(广州)有限公司
地址:广州市增城区新塘镇创强路133号(增城经济技术开发区内)
邮编:511340
电话:020/66260999
传真:66260998
网址:www.hitachi.com.cn
法定代表人:僧伟利
质量体系:IATF 16949、ISO 14001
产品情况:高压燃料泵、MPI喷射系统、制动控制系统、平衡轴等汽车关键零部件

★东海橡塑(广州)有限公司
地址:广州市经济技术开发区永和经济区新安路331号
邮编:511356
电话:020/32221291
传真:32221290
网址:www.trgtokai.com
电子信箱:trg@trgtokai.com
法定代表人:SUZUKI YOJI(铃木洋治)
单位人数:1000
质量体系:IATF 16949、ISO 14001
产品情况:汽车用电子控制燃油喷射系统和减振器
配套情况:为丰田、本田、日产等配套

★电装(广州南沙)有限公司
地址:广州市南沙经济技术区黄阁镇市南大道33号
邮编:511455
电话:020/34972888
传真:34685590
网址:www.denso.com.cn
电子信箱:li_zhang@dmns.denso.com.cn
法定代表人:黑川英一
单位人数:1500
质量体系:ISO 14001、OHSAS 18001
产品情况:汽车用发动机控制系统、滤清器(三滤)、喇叭、底盘控制系统及设备、模具
配套情况:为丰田、本田、大众、通用、马自达、铃木、现代等供货

★高丘六和(广州)机械工业有限公司
地址:广州市南沙区黄阁镇黄阁中路28号A、B、C区
邮编:511455
电话:020/34972988
传真:34971988
网址:www.atl.com.cn
电子信箱:atlg2005@atlg.com.cn
法定代表人:仁田野顺次
质量体系:ISO 14001、IATF 16949
产品情况:发动机部分(排气歧管、轴承盖、飞轮、涡轮壳等)、制动部分(制动盘、转向节、支架等)、驱动部分(差速器壳、泵体等)车身部分(侧门防撞钢梁、A防撞柱等)
配套情况:为丰田汽车配套

★广汽丰田发动机有限公司
地址:广州市南沙区市南大道6号
邮编:511455
电话:020/39396688、39396699
传真:39396689
网址:www.gtec.com.cn
电子信箱:yingsi_chen@gtec.com.cn
法定代表人:鱼住吉博
单位人数:1500
质量体系:ISO 9001、ISO 14001
产品情况:生产AZ、AR、NR、AR直喷4大系列发动机
出口情况:为中国大陆、中国台湾地区及日本、泰国等国家和地区的CAMRY(凯美瑞)、CAMRY HYBRID(凯美瑞混合动力)、RAV4、ALPHARD(VELLRIRE)、LEXUS ES、YARIS等车型提供配套

★广东法拉达汽车散热器有限公司
地址:广州市番禺区市桥街禺山西路南双玉工业区
邮编:511490
电话:020/39991826
传真:39991807、39991896
网址:www.kbjxr.com
电子信箱:kbjxr@kbjxr.com
法定代表人:张建发
质量体系:ISO 14001、IATF 16949
产品情况:(北极熊牌)
汽车散热器、暖风散热器、中冷器及其他汽车零部件
出口情况:远销北美洲、南美洲、亚洲、欧洲、非洲、大洋洲等60多个国家和地区,并销往中国香港、中国澳门、中国台湾地区

★清远市万里丰活塞环有限公司
地址:广州市清远市高新技术产业开发区龙塘雄兴工业园南路7号
邮编:511540
电话:020/87292297、13729688169
传真:87293468
电子信箱:sale@wlfpr.com
法定代表人:姚芳鹏
质量体系:IATF 16949、ISO 9001
产品情况:[万里丰(WLF)牌]
汽车及摩托车活塞环

★广东鑫统仕车用热系统有限公司
地址:广东省清远市佛冈县汤塘镇联和村106国道旁
邮编:511675
电话:0763/4631728、020/36564850
传真:0763/4632899
网址:www.tongshirad.com
电子信箱:service@tongshirad.com
法定代表人:王周平
质量体系:IATF 16949
产品情况:(TONGSHI牌)
轿车散热器、货车散热器、暖风散热器、冷凝器、中冷器等汽车制冷系统

产品
出口情况:远销北美洲、拉丁美洲、中东、欧洲、东南亚等地区

★广东韶配动力机械有限公司
地址:广东省韶关市韶南大道六公里好彩路2号
邮编:512023
电话:0751/8261222
传真:8261211
网址:gdshaopei. cn
电子信箱:13680093520@ yean. net
法定代表人:陈传华
质量体系:IATF 16949
产品情况:各类发动机轴瓦、衬套、止推片、活塞环
配套情况:为多家主机厂配套

★东风本田汽车零部件有限公司
地址:广东省惠州市大亚湾西区龙山二路28号
邮编:516085
电话:0752/5200394
传真:5200640
网址:www. dhac. com. cn
电子信箱:webmaster@ dhac. com. cn
法定代表人:刘国元
质量体系:ISO 9001、ISO 14001
产品情况:本田系列轿车发动机及底盘关键零部件,包括凸轮轴、连杆、曲轴、缸套、前后转向节、叉臂、前后制动盘等
配套及出口情况:为东风本田、广汽本田、本田汽车中国及海外公司生产的本田系列车型配套;出口欧洲

★惠州市华迪实业有限公司
地址:广东省惠州市惠阳区镇隆镇高田村凤凰岗地段
邮编:516223
电话:0752/3533668
传真:3533522
电子信箱:chinahuadih@ 163. com
法定代表人:吴行伟
质量体系:IATF 16949
产品情况:(叶牌)
汽车过滤材料、汽车空气滤清器、汽车空调滤清器

★深圳华盛过滤系统有限公司
地址:广东省深圳市宝安区龙华街道东环二路48号
邮编:518109
电话:0755/29025389
网址:watsun. net
电子信箱:trade@ watsun. com
法定代表人:范阳辉
质量体系:IATF 16949、ISO 9001
产品情况:为汽车、工程机械等提供油水分离器、燃油滤清器、机油滤清器、空气滤清器及环保过滤器;年产各种滤清器及过滤器550万件/套
出口情况:在美国、德国、马来西亚、西班牙、日本、韩国、澳大利亚、中国台湾地区等拥有多个合资、合作伙伴

★和瑞过滤器(深圳)有限公司
地址:广东省深圳市宝安区沙井街道后亭第三工业区73号
邮编:518125
电话:0755/33663288
传真:33663268
网址:www. heruifilter. com
电子信箱:herui@ towafilter. com
法定代表人:铃木博也
质量体系:ISO 9001、IATF 16949
产品情况:(FREX 牌)
汽车过滤器(空调格等)
配套及出口情况:主要合作伙伴有马自达、日产、三菱、本田、曼、广汽等;远销日本、欧洲、美洲

★深圳益宝实业有限公司
地址:广东省深圳市宝安区沙井街道上南工业区黄埔路157号
邮编:518125
电话:0755/27296888
传真:27295902
电子信箱:sanyco@ szonline. net
法定代表人:吴疆宇
质量体系:ISO 14001
产品情况:(LIGAO 牌)
机油泵、水泵、摇臂、燃油管、进排气歧管、油底壳等铝合金及铸铁件
配套情况:为上汽、东安发动机、新晨动力、上汽通用、沈阳三菱、沈阳航天新光、福建华擎等主机厂配套

★三井金属(珠海)环境技术有限公司
地址:广东省珠海市南屏科技工业园屏西五路八号
邮编:519060
电话:0756/8915222
传真:8915228
电子信箱:info@ mkcz. cn
法定代表人:OKABE MASATO
质量体系:ISO 14001、IATF 16949
产品情况:供应各种汽车、摩托车、大型客/货车尾气净化用以及通用发电机、发动机尾气净化用、臭气分解用、化学工业用和臭氧分解用等各种工业用催化剂
配套情况:为汽车厂、大长江、五羊-本田、新大洲本田、豪爵铃木、轻骑铃木、川崎光阳发动机供货

★东莞京滨汽车电喷装置有限公司
地址:广东省东莞市莞城区莞龙路段狮龙路莞城科技园
邮编:523119
电话:0769/22658260
传真:22655622
网址:www. keihin-kdg. cn
电子信箱:jingbin@ keihin-kdg. com
法定代表人:中坪仁
单位人数:1500
质量体系:IATF 16949、ISO 9001
产品情况:(KEIHIN 牌)
汽车用直喷燃油嘴、电子控制单元(ECU)、节气门阀体、进气歧管、汽车空调总成、废弃循环阀等汽车重要零部件
配套及出口情况:为广汽本田、东风本田、东风本田发动机、本田(中国)等供货;国外客户有日本京滨株式会社、京滨其他全球工厂、中国香港本田贸易公司

★东莞市亿茂滤材有限公司
地址:广东省东莞市东城区温塘砖窑工业区砖窑四路198号
邮编:523121
电话:0769/23321362
网址:www. dgyimao. com
电子信箱:1105360423@ qq. com
法定代表人:吴龙涛
质量体系:IATF 16949、ISO 9001
产品情况:空气滤清器、燃油滤清器、机滤等

★东莞市箭冠汽车配件制造有限公司
地址:广东省东莞市茶山镇茶山工业园
邮编:523382
电话:0769/81860196、4008812323
传真:81860108
网址:www. janguan. com
电子信箱:pengtao@ 360arrow. com
法定代表人:张国京
质量体系:IATF 16949、ISO 9001
产品情况:(ARROW 牌)
汽车机油滤清器、燃油(旋装)滤清器、汽车(PP、PU、环保型)空气滤清器、空调滤清器、欧美纸芯、油箱内汽油滤清器、汽车刮水片、汽车喇叭等产品
出口情况:远销德国、美国、加拿大、欧洲、澳大利亚、马来西亚等国家和地区,并销往中国香港、中国台湾地区

★东莞市富滤盛滤清器有限公司
地址:广东省东莞市寮步镇新旧围良平路80号
邮编:523410
电话:0769/81109511、8009009887
传真:81109433
网址:www. filtersun. cn
电子信箱:sales@ filtersun. cn
法定代表人:付锦林
质量体系:IATF 16949、ISO 9001
产品情况:(富滤盛牌)
空气滤芯(铁盖、PU、PP、环保)、空调滤芯、机油滤芯、柴油滤芯、液压油滤芯、旋装滤清器、油水分离滤芯/总成、油气分离滤芯、精密滤芯、喷涂回收滤芯、净化过滤器、火花机用油滤芯、线切割用水滤芯、净化过滤器、异型滤清器等
配套及出口情况:为多家主机企业提供配套和为多家国内外知名企业贴牌代

工生产;出口美国、德国、芬兰、俄罗斯、乌克兰、土耳其、加拿大、澳大利亚、韩国、新加坡、泰国、马来西亚、越南、印度、印度尼西亚、伊朗、刚果金、尼日利亚等 50 多个国家和地区

★东莞市律奥过滤器有限公司
地址:广东省东莞市东城区牛山涡岭工业园 6 号厂房
邮编:523950
电话:0769/22666845
传真:22666846
网址:www. luao - filter. com
电子信箱:dl@ luao - filter. com
法定代表人:杨玲
质量体系:IATF 16949、ISO 9001
产品情况:[动力(DL)牌]
轿车、重型车用空气滤清器、柴油滤清器、机油滤清器、空调滤清器等
出口情况:出口日本、美国、新加坡、加拿大等国家,并销往中国香港、中国台湾地区

★湛江德利车辆部件有限公司
地址:广东省湛江市麻章区金康西路 32 号
邮编:524043
电话:0759/3150998
传真:3150935、3314374
网址:www. dekni. com
电子信箱:deni@ dekni. com
法定代表人:李力
单位人数:2000
质量体系:IATF 16949、ISO 9001
产品情况:(DENI 牌)
摩托车及小型汽油机化油器,汽车零部件
配套情况:为北京、上海、北美德尔福;大陆汽车电子加拿大、芜湖工厂及东风本田、东风日产、上汽通用五菱等配套

★湛江市华夏消声器有限公司
地址:广东省湛江市麻章区金川路 55 号
邮编:524094
电话:0759/2708218、2708208
传真:2708028
电子信箱:zjnfmp@ 163. com
法定代表人:麦进龙
质量体系:IATF 16949、ISO 14001
产品情况:(科特牌)
汽车排气系统消声器,年生产汽车排气系统消声器能力 25 万套
配套及出口情况:为海马一汽、郑州海马、东风日产、天津一汽丰田以及厦门金龙配套;出口美国、德国等欧美国家

★广东肇庆动力金属股份有限公司
地址:广东省肇庆市端州区玑东路 5 号
邮编:526020
电话:0758/2903370
传真:2903433
网址:www. gdzpa. com
电子信箱:sales@ gdzpa. com
法定代表人:何韶
单位人数:1300
质量体系:IATF 16949、ISO 14001
产品情况:主要从事汽车发动机铝合金缸盖、新能源带水套电动机外壳、车体铝合金底盘前/后桥支架
配套情况:为克莱斯勒、福特、通用、本田、丰田、铃木、广汽菲亚特、广汽三菱、广汽传祺、江铃汽车、久保田、卡特皮勒、三一重工、华为、中兴、蔚来汽车等配套

★肇庆本田金属有限公司
地址:广东省肇庆市三榕港工业加工区玑东路
邮编:526020
电话:0758/2903328、2903555
传真:2903390
网址:www. zhondaf. com
电子信箱:hgm@ zhondaf. com
法定代表人:高桥芳一
单位人数:1300
质量体系:IATF 16949、ISO 9001
产品情况:活塞、汽缸盖及其他精密的铝铸件
配套及出口情况:为本田雅阁、思迪、思域、CR-V、奥德赛,丰田卡罗拉、雷凌,博世、德尔福等企业配套;出口意大利、印度等国家

★广东派生智能科技股份有限公司
地址:广东省肇庆市鼎湖区新城北十区
邮编:526070
电话:0758/2653001
传真:7664108
网址:www. hongteo. com. cn
电子信箱:ht@ hongteo. com. cn
法定代表人:卢楚隆
单位人数:1094
质量体系:ISO/TS 16949
产品情况:汽车发动机、变速器铝合金压铸件
配套情况:成为宝马、奔驰、福特、东风本田发动机、东风本田汽车、本田中国、长安福特、长安马自达、康明斯、菲亚特、克莱斯勒等国内外大型整车(整机)厂商的一级供应商

★广东四会实力连杆有限公司
地址:广东省四会市贞山大道中
邮编:526200
电话:0758/3324145
传真:3319124
网址:www. slconrod. com
电子信箱:slconrod@ slconrod. com
法定代表人:周伟标
单位人数:800
质量体系:IATF 16949、ISO 9001
产品情况:(实力牌)
发动机连杆总成和其他精密锻件;年生产能力:连杆总成 800 万条,其中胀断连杆 500 万条,各类精密锻件 1 万吨
配套情况:主要客户有玉柴机器、东风汽车、东风康明斯、福田康明斯、柳州康明斯、三一重工、上柴股份、约翰迪尔、新晨动力、比亚迪汽车、吉利汽车、东风小康、长城汽车、长安汽车、力帆汽车等

★怀集登云汽配股份有限公司
地址:广东省怀集县城登云亭
邮编:526400
电话:0758/5522482
传真:5523481
网址:www. huaijivalve. com
电子信箱:sales@ huaijivalve. com
法定代表人:杨海坤
质量体系:ISO/TS 16949、ISO 14001
产品情况:(登云牌)
汽车发动机进排气门,产品覆盖型车、轻型货车、大型客车、微车、轿车、混合动力汽车等
配套及出口情况:为重庆康明斯、东风康明斯、道依茨大柴、一汽锡柴、玉柴机器、潍柴动力、三一重工、扬州柴油机、东风朝柴、东安三菱、南京福特马自达、长安汽车、海马汽车、奇瑞汽车、江淮汽车、比亚迪汽车以及卡特彼勒、美国科勒等发动机厂配套;远销美国、意大利、英国、日本、巴西、阿根廷、墨西哥、中东、东南亚等国家和地区

★佛山市丰富汽配有限公司
地址:广东省佛山市禅城区华宝南路 6 号
邮编:528051
电话:0757/82100086
传真:82100085
网址:www. yutakagiken. co. jp
电子信箱:fengfu@ fengfu - foshan. com
法定代表人:铃木章平
质量体系:IATF 16949、ISO 14001
产品情况:排气管、消声器、催化转换器等
配套情况:为广汽本田的雅阁(Accord),飞度(Fit)以及奥德赛(Odyssey)以及锋范(City)等配套

★佛山市兆锵滤清器科技有限公司
地址:广东省佛山市三水区白坭镇汇金路 16 - 2 号 F1
邮编:528100
电话:0757/87575219
传真:87575218
网址:www. zqfilter. net
电子信箱:zhaoqiang@ zqfilter. net
法定代表人:李少英
质量体系:IATF 16949
产品情况:日系、韩系、德系等多种车型的滤清器及汽车零配件
出口情况:在德国、英国、中国香港等地均设有海外平台

★法雷奥发动机冷却(佛山)有限公司
地址:广东省佛山市三水中心科技工业

区 B 区 56 号地(F1)
邮编:528100
电话:13431602043
网址:www. valeo. com. cn
电子信箱:lisa – lifang. zhang@ valeo. com
法定代表人:Francois Marion
质量体系:IATF 16949、OHSAS 18001
产品情况:发动机冷却系统主要组件,包括风扇系统、钎焊散热器、冷凝器、中冷器、油冷器和机械装配式散热器

★佛山丰田纺织汽车零部件有限公司
地址:广东省佛山市南海区狮山镇南海科技工业园北区
邮编:528222
电话:0757/81203988
传真:81203963
网址:www. toyota – boshoku. com
法定代表人:KOIDE KAZUO
单位人数:350
质量体系:IATF 16949、ISO 9001
产品情况:滤清器等单元部件
配套及出口情况:为广州樱泰汽车部件、丰爱(广州)汽车座椅部件、广汽丰田汽车等配套;出口欧洲、美洲、日本等国家和地区

★佛山市和阳精密金属制品有限公司
地址:广东省佛山市南海区狮山科技工业园 A 区科技东路 3 号
邮编:528225
电话:0757/86693666
传真:86698996
网址:www. hoyangmt. com
电子信箱:finance@ hoyangmt. Com
法定代表人:杨财富
单位人数:500
质量体系:IATF 16949
产品情况:曲轴箱盖、发动机上盖、发动机进气歧管等汽车发动机配件、其他精密工业配件
配套及出口情况:发动机配件客户有本田 HONDA、美国 Caterpillar、欧洲的 Deutz 和 Volvo 等世界知名企业;发动机配件客户有本田 HONDA, 美国 Caterpillar,欧洲的 Deutz 和 Volvo 等世界知名企业;其他精密工业配件的客户有日本的 Nissan 集团,美国 Emerson,意大利 E-Mark 等世界知名企业

★佛山市豹王滤芯制造有限公司
地址:广东省佛山市南海区和顺镇官和路南 23 号
邮编:528241
电话:0757/85114888
传真:85114999
网址:www. filter – tora. com
电子信箱:service@ fstora. cn
法定代表人:CHARUMETHEE MR. PORNCHAI(陈汉财)
质量体系:IATF 16949、ISO 9001
产品情况:(豹王牌)
滤清器、传动带、油封等
出口情况:远销美国、澳大利亚、南非、丹麦、中东、东南亚等国家和地区,并销往中国香港地区

★佛山市南海蕾特汽车配件有限公司
地址:广东省佛山市南海区里水镇河村西紫工业区
邮编:528244
电话:0757/85628650、85628651
传真:85628221
网址:www. ltcooling. com
电子信箱:sales@ ltcooling. com
法定代表人:李永能
质量体系:IATF 16949
产品情况:汽车热交换器及相关件

★佛山南海和信福莱克思金属制品公司
地址:广东省佛山市南海区里水和桂工业园二期顺景大道 18 号
邮编:528247
电话:0757/85123196
传真:85123197
网址:www. nhhx – flex. com
电子信箱:nhhx@ 21cn. com
法定代表人:邹斌
质量体系:IATF 16949、ISO 9001
产品情况:汽车排气系统软管,年产量超过 100 万支
出口情况:远销欧洲、美洲、俄罗斯、东南亚等国家和地区

★广东德力柴油机有限公司
地址:广东省佛山市顺德区容桂街道容山大厦 13A
邮编:528306
电话:0757/26383720
传真:26383720
网址:www. gddelux. com
电子信箱:admin@ gddelux. com
法定代表人:冯景祥
质量体系:ISO 9001
产品情况:(德力牌)
立式水冷单缸柴油机
出口情况:出口东南亚、欧洲、美洲等地区

★爱三(佛山)汽车部件有限公司
地址:广东省佛山市顺德区大良街道五沙新辉路 5 号
邮编:528333
电话:0757/22808200
传真:22800581
网址:www. aisan – afa. com. cn
电子信箱:shilan_lai@ aisan – afa. com. cn
法定代表人:KONOHARA HIROKAZU(此原弘和)
质量体系:IATF 16949、ISO 14001
产品情况:汽车、摩托车用铸造毛坯件、电子控制燃油喷射系统、汽车关键零部件滤清器、发动机冷水管外壳及其他零部件、生产用刀具、工具及设备
配套情况:为广汽丰田、广汽丰田发动机等配套

★爱信精机(佛山)汽车零部件有限公司
地址:广东省佛山市顺德区大良街道五沙新辉路 7 号之二
邮编:528333
电话:0757/28620906
传真:28620900
网址:www. aisin – foshan. com
电子信箱:gonghui@ aisin – foshan. com
法定代表人:伊藤慎太郎
质量体系:IATF 16949、ISO 14001
产品情况:(ASFA 牌)
发动机进气增压器、发动机排放控制装置、汽车用铸锻毛坯件制造、精冲模、精密性腔模、模具标准件
配套及出口情况:主要客户有广汽丰田发动机、广汽乘用车、南沙电装、AW(苏州)等;出口国外市场

★八千代工业(中山)有限公司
地址:广东省中山市火炬开发区集中新建区科技大道 28 号
邮编:528437
电话:0760/88290131
传真:85335639
网址:www. yachiyozs. com
电子信箱:test@ yzm – c. com
法定代表人:本木纯
单位人数:410
质量体系:IATF 16949、ISO 9001
产品情况:树脂制燃料油箱和全开启自动天窗
配套情况:为广汽本田、中国本田、武汉东风本田、吉利汽车、江西五十铃配套

★东洋热交换器(中山)有限公司
地址:广东省中山市火炬开发区十涌路 14 号
邮编:528437
电话:0760/85338036、85338032
传真:85335189
电子信箱:qjj@ trz. com. cn
法定代表人:束正宇
质量体系:IATF 16949、ISO 9001
产品情况:(TOYO 牌)
热交换器、中冷器;年生产能力 150 万台
配套情况:为广汽本田、四川一汽丰田、广州松下空调器、顺德美的空调配套

★本田金属技术(佛山)有限公司
地址:广东省佛山市高明区沧江工业园三洲园区三和路
邮编:528511
电话:0757/88627996、88620169
传真:88627992
网址:www. hondaff. cn
电子信箱:admin@ hondaff. cn
法定代表人:高桥芳一
单位人数:530

质量体系:IATF 16949、ISO 14001
产品情况:具有年产支架 50 多万套、进气歧管座 40 多万台、转向节 17.5 万套的生产能力
配套及出口情况:为东莞京滨汽车电喷装置、东风本田发动机、东风本田汽车、东风本田汽车零部件等配套;返销日本、出口美国

★富飞净化消声器(台山)有限公司
地址:广东省台山市台城南兴路 9 号
邮编:529200
电话:0750/5626516
传真:5626519
网址:www. liangfei. com. tw
电子信箱:sales@ fufei – exhaust. com
法定代表人:萧素莲
质量体系:ISO 9001
产品情况:汽车及摩托车消声器、排气管、三元催化器、排气歧管

广　西

★南宁八菱科技股份有限公司
地址:南宁市高新工业园区科德路 1 号
邮编:530003
电话:0771/4516028
传真:4517203
网址:www. baling. com. cn
电子信箱:int. sales@ baling. com. cn
法定代表人:顾瑜
质量体系:IATF 16949、ISO 14001
产品情况:管带式铜质或铝质热交换器产品
配套及出口情况:主要配套客户有一汽解放、一汽柳州特种汽车厂、东风柳汽、上汽通用五菱、长安汽车、奇瑞汽车、柳州工程机械、玉柴机器等;客户主要分布于美国、澳大利亚等全球市场

★广西科创机械股份有限公司
地址:广西玉林市玉州区岭塘工业园区
邮编:537000
电话:0775/3833396
传真:3835977
网址:www. gxkechuang. cn
电子信箱:173823663@ qq. com
法定代表人:郭梅
质量体系:IATF 16949、ISO 14001
产品情况:发动机排气管、齿轮室、通用件等系列产品
配套情况:与玉柴、柳汽、三一、Dorman 等国内外 20 余家客户配套

★玉林市成鑫机械有限责任公司
地址:广西玉林市塘步岭工业区 15 号
邮编:537002
电话:0775/2662800
传真:2660318
网址:www. yuchai. com
电子信箱:ylcx2662800@ 163. com
法定代表人:郭德明
质量体系:IATF 16949
产品情况:生产柴油机连杆、齿轮室盖板、工程机械配件产品,具有年产 130 万套连杆、25 万件盖板及 6 万件工程机械配件的能力
配套情况:配套玉柴股份等

★广西玉柴装备模具有限公司
地址:广西玉林市天桥路 168 号
邮编:537005
电话:0775/3227634
传真:3223320
网址:www. yuchai. com
电子信箱:2652675641@ qq. com
法定代表人:蔡小红
质量体系:ISO 9001
产品情况:具有年产曲轴毛坯 100 万根、机体和缸盖 40 万台、油底壳 80 万件、排气管 5 万件、底盘类铸件 2 万吨,以及曲轴机加工 25 万根/年的生产能力,产品配套轻、中、重型柴油机
配套情况:主要客户有玉柴、南京依维柯、江铃汽车、福特、上汽通用五菱、道依茨、一汽、方盛车桥等

★广西玉柴动力股份有限公司
地址:广西玉林市玉柴大道 1 号
邮编:537005
电话:0775/3220889、3222123
网址:www. yuchai. com
电子信箱:ychr1951@ 163. com
法定代表人:王秀红
质量体系:IATF 16949、ISO 9001
产品情况:具备年产多缸小缸径柴油机 30 万台的能力,适用于轻型货车、轻型客车、自卸货车、专用车、低速货车等

★ 广西玉柴机器股份有限公司

地址:广西玉林市玉柴大道 1 号
邮编:537005
电话:0775/3226231
网址:www. yuchai. com
电子信箱:ychr1951@ 163. com
法定代表人:晏平
质量体系:IATF 16949、OHSAS 18001、ISO 14001、ISO 9001
产品情况:(玉柴牌)
涵盖十大平台 30 个系列 2000 多个品种产品,功率覆盖 20 ~ 2800kW,产品包括柴油机、气体机、混合动力系统、纯电动系统
配套情况:为东风商用车、东风柳汽、湖北三环、福田诸城、福田长沙、江淮股份、郑州宇通、苏州金龙、厦门金龙、厦门金旅、中通客车、扬州亚星、厦工、柳工、徐工、临工、福田农装等供货
☞ 详细情况请参阅彩色宣传版面

★广西华原过滤系统股份有限公司
地址:广西玉林市玉公公路坡塘段西侧玉柴工业园坡塘工业集中区
邮编:537005
电话:0775/3287075、3813333
传真:3813111、3813222
网址:www. watyuan. com
法定代表人:范阳辉
单位人数:679
质量体系:ISO 9001、IATF 16949
产品情况:专业生产柴油机用的机油滤清器、柴油滤清器、空气滤清器等产品,年生产能力达 1600 万套

★广西奥特帕斯机械有限公司
地址:广西玉林市玉柴工业园上岭路
邮编:537500
电话:0775/2332905
电子信箱:gxautoparts@ 163. com
法定代表人:林孟良
质量体系:IATF 16949
产品情况:重型汽车发动机零配件飞轮壳、离合器壳等
配套情况:为广西玉柴股份有限公司配套

★广西金创汽车零部件制造有限公司
地址:广西玉林市陆川县米场工业区
邮编:537713
电话:0775/7027496、7027202
传真:7027251、3285278
网址:www. yuchai. com
电子信箱:409660472@ qq. com
法定代表人:陈世俊
质量体系:IATF 16949
产品情况:油底壳、离合器壳、飞轮壳、飞轮齿圈、前盖板、飞轮总成、汽缸盖罩、轴承盖、转向器、出水管总成、各类金属模具等
配套情况:为玉柴、昆明云内动力、柳机动力、玉柴、采埃孚、河池玉动车辆、贵港福达车辆等配套

★巴斯夫催化剂(桂林)有限公司
地址:广西桂林市骖鸾路 18 号高新技术开发区 1 号小区
邮编:541004
电话:0773/3805678
传真:5815961
网址:basf. com
电子信箱:connie. liu@ basf. com
法定代表人:TAY JUI SENG
质量体系:IATF 16949、ISO 9001
产品情况:摩托车、小型发动机尾气排放净化催化剂及其金属载体
出口情况:远销欧美、东南亚等地区

★福达控股集团有限公司
地址:广西桂林市西城经济开发区鲁山路 18 号
邮编:541199
电话:0773/3662606、3681198
传真:3662609
网址:www. chinafuda. com
电子信箱:fuda@ chinafuda. com

法定代表人:黎福超
单位人数:4000
质量体系:ISO/TS 16949、ISO 14001
产品情况:(福达牌)
主要产品有发动机曲轴、汽车离合器、汽车齿轮等
配套及出口情况:为东风、解放、陕汽集团、重汽、北汽、郑州日产、长城汽车、上汽通用五菱、福田、玉柴、东风康明斯、东风朝柴、上柴、昆明云内等近50家企业配套;出口日本、美国、德国、印度尼西亚、澳大利亚、巴西等多个国家

★桂林福达曲轴有限公司
地址:广西桂林市西城经济开发区秧塘工业园秧十八路
邮编:541199
电话:0773/3681156
传真:3681157
网址:www.glfoto.cn
电子信箱:gfgsb@glfoto.cn
法定代表人:吕桂莲
单位人数:2600
质量体系:IATF 16949、ISO 9001
产品情况:(FOTO牌)
专业生产商用车曲轴、乘用车曲轴和船机曲轴
配套情况:为奔驰、宝马、沃尔沃、雷诺、日野、洋马等配套

★柳州五菱柳机动力有限公司
地址:广西柳州市鸡喇路16号
邮编:545005
电话:0772/3150609、4008875051
传真:3150984
网址:www.wlfdj.com
电子信箱:zhouminghong@wuling.com.cn
法定代表人:文代志
质量体系:IATF 16949、ISO 14001
产品情况:(柳机牌)
功率覆盖15~180kW,产品包括汽油机、混合动力系统、纯电动系统,具备80万台/年的发动机装配能力;发动机缸体、汽缸盖、曲轴铸造毛坯业务,具备每年黑色100万件、有色45万件铸件的产能
配套情况:为上汽通用五菱、东风股份、北汽股份、北汽福田、上汽大通、江淮集团、山东时风等整车企业配套

★柳州市龙杰汽车配件有限责任公司
地址:广西柳州市阳和工业新区B-20-2中小企业园标准厂房3号1层
邮编:545006
电话:0772/3591216
传真:3591061
网址:www.longjiechina.com
电子信箱:longjie_168@sina.com
法定代表人:张良杰
质量体系:IATF 16949
产品情况:旋压皮带轮、钣旋冲压件及隔热罩、减振器、张紧轮、惰轮、风扇轴和橡胶件等汽车零部件
配套情况:主要客户有上海汽车集团、上汽通用、南京汽车集团、柳州五菱动力、上汽通用五菱、广西玉柴机器、重庆渝安淮海动力、莱顿汽车部件(苏州)、东风柳汽、江铃福特、北汽福田、昆山三一动力、南阳飞龙汽车零部件、重庆宗申动力等汽车发动机生产厂

★柳州源创电喷技术有限公司
地址:广西柳州市鱼峰区洛维工业园洛园路16号
邮编:545006
电话:0772/2619018、13768870991
传真:2631578
网址:www.injector.com.cn
电子信箱:marketingdept@injector.com.cn
法定代表人:唐凤君
质量体系:IATF 16949
产品情况:(龙头牌)
汽车、摩托车喷油器、甲醇喷射器及柴油车后处理SCR系统尿素喷射器等产品
配套情况:为伊朗的赛帕和霍德罗汽车两大汽车厂配套,是吉利甲醇汽车唯一的甲醇喷射器供应商;摩托车喷油器系列产品已经配套新大洲本田、春风摩托和日本三国等;SCR系统中的尿素喷射器现在已进入玉柴等国内主流柴油机厂配套体系

★广西汽车集团有限公司
地址:广西柳州市河西路18号五菱大厦
邮编:545007
电话:0772/3750212
传真:3750018
网址:www.wuling.com.cn
电子信箱:yangsimei@wuling.com.cn
法定代表人:韦宏文
质量体系:ISO 9001
产品情况:(五菱牌、五菱柳机牌)
微型车、乘用车零部件及发动机,主要产品为汽车四门两盖、车身底板及副车架,后桥、制动总成,汽车座椅、座舱系统、前后保险杠、消排系统等零部件产品;发动机产品涵盖0.6~3.5L排量轻微商用车、乘用车发动机系列
配套及出口情况:为上汽通用五菱等配套;出口美国、越南、南非、缅甸等10多个国家

★柳州海特迪桢瑟汽车部件有限公司
地址:广西柳州市水湾路2号柳东标准厂房B区11栋西跨
邮编:545007
电话:0772/5331525
网址:www.cqhaite.net
电子信箱:lxhtdzs@163.com
法定代表人:王劲松
质量体系:IATF 16949
产品情况:三元催化剂、净化器、消声器、排气歧管等机动车排气系统产品
配套及出口情况:为一汽集团、上汽集团、广汽集团、华晨汽车、东风汽车、沃尔沃重汽、日本大发、长安汽车、上汽通用五菱、奇瑞汽车、吉利汽车、北汽集团、北汽福田、北汽银翔、长城汽车、比亚迪、力帆汽车、东风渝安等20多家汽车主机厂商配套;在韩国、美国、东欧、东南亚有多家工厂

★柳州金鸿橡塑有限公司
地址:广西柳州市柳江区基隆开发区中杨路7号
邮编:545116
电话:0772/3252830、3252831
传真:3257900
网址:www.gxjinhong.com
电子信箱:lzjhtyx@sohu.com
法定代表人:唐源新
单位人数:200
质量体系:IATF 16949
产品情况:汽车发动机悬置软垫(橡胶式、含液体阻尼)、汽车发动机油位计、橡胶杂件、塑料零件、汽车电动玻璃升降器、发动机曲轴油封和阀门油封、液压机械油封、工程机械驾驶室窗体等
配套情况:主要客户有上汽通用五菱、柳州五菱、柳州机械厂、一汽海马汽车、长丰汽车、东风柳汽、北汽福田、广西柳工机械、玉林玉柴工程机械、东风渝安汽车、一汽吉林等

重庆市

★诺玛科(重庆)汽车零部件有限公司
地址:重庆市江北区鱼复工业园长茂路9号
邮编:400020
电话:023/63466098
传真:63466191
网址:www.nemak.com
电子信箱:joanna.zou@nemak.com
法定代表人:Jose Ernesto Saenz Diaz
单位人数:238
质量体系:IATF 16949、ISO 14001
产品情况:主要生产汽车发动机缸体、变速器壳体
配套情况:客户包括长安福特、广汽菲克、北京奔驰等

★重庆汇浦液压动力制造有限公司
地址:重庆市江北区港城西路129号
邮编:400026
电话:023/67092635
传真:67090757
网址:www.dahuipu.com
电子信箱:hp@dahuipu.com
法定代表人:陆奇文
质量体系:IATF 16949、ISO 14001
产品情况:1000~1500mL汽车发动机机油泵以及各种汽车发动机铝合金压铸件、装载机气液联合制动系统、70吨

矿车制动系统等
配套及出口情况:客户有中国龙工、柳工、沃尔沃临工、卡特彼勒、厦工、成工、福田雷沃重工、宇通重工、东风小康、北汽银翔、华川电装、大阳、建设 YAMAHA、巴西 YAMAHA 等国内外知名企业;出口东南亚、非洲、拉丁美洲、伊朗等 20 多个国家和地区

★重庆康明斯发动机有限公司
地址:重庆市沙坪坝区烈士墓壮志路 100 号
邮编:400031
电话:023/65335888、4008899990
传真:65315379
网址:www. cummins – cq. com
法定代表人:陈萍
质量体系:ISO 14001、OHSAS 18001
产品情况:N、K、M、QSK 系列柴油发动机

★重庆陵川汽车零部件制造技术有限公司
地址:重庆市沙坪坝区井口工业园井盛路 7 号
邮编:400033
电话:023/65184891、65008223
电子信箱:cqlcqc@ 163. com
法定代表人:朱东
质量体系:IATF 16949、ISO 14001
产品情况:车轮、排气系统和金属燃油箱
配套情况:为比亚迪、海马、长安、柳州五菱、长城、东风渝安等汽车主机厂配套

★四川银钢一通凸轮轴有限公司
地址:重庆市沙坪坝区井口镇南溪工业园
邮编:400033
电话:023/89053308、89053380
传真:89053360
网址:www. ygtl. com
电子信箱:ygtlscb@ 163. com
法定代表人:伍良前
质量体系:ISO/TS 16949
产品情况:热动力凸轮轴、曲轴等核心零部件及汽车变速器拨叉轴
配套及出口情况:成为宝马、克莱斯勒、本田、日产、雅马哈、铃木、比亚乔、百力通、东风、长安等企业供应商;远销德国、意大利、英国、日本、伊朗、印度、巴西、越南等国家

★重庆金丰机械有限公司
地址:重庆市沙坪坝区新桥石壁山 75 号
邮编:400037
电话:023/65216375、85285003
电子信箱:378740655@ qq. com
法定代表人:吴薇薇
质量体系:IATF 16949、ISO 14001
产品情况:轿车三元催化转化器、摩托车制动盘、轿车排气管以及三元催化转化器凸缘盘
配套情况:为广汽本田、五羊 – 本田摩托配套,与日本 YUTAKA 技研、印尼 YMI 公司、美国 SCYT 公司、意大利 HIA 公司合作

★重庆华孚工业股份有限公司
地址:重庆市沙坪坝区凤天大道 18 号
邮编:400038
电话:023/65202728、65216044
传真:65219459
网址:www. huafu. com
电子信箱:huafu@ hfgyoa. com
法定代表人:李庆安
质量体系:IATF 16949
产品情况:(华孚牌)
已形成粉末冶金制品 2 万吨、铝合金制品 4000 吨、机油泵总成 100 万套、凸轮轴总成 100 万套、同步器总成 100 万套、摇臂总成 100 万件的年生产能力
配套情况:主要客户包括一汽轿车、天津一汽丰田发动机、天津内燃机、神龙、华晨、长安、长安铃木、长安福特、长安马自达、奇瑞、海马、上汽通用五菱、五菱柳机、上海汽车变速器、青山工业、东安动力、东安三菱、沈阳航天三菱、比亚迪、长城汽车、江铃汽车、华泰汽车、唐山爱信、德国舍弗勒集团、美国百力通、美国派克、美国 SPX、日本旭日商社等

★重庆隆鑫发动机有限公司
地址:重庆市九龙坡区九龙工业园 C 区聚业路 116 号
邮编:400052
电话:023/86693699、4006369980
传真:86693433
网址:www. loncinindustries. com
电子信箱:engine_loncin@ sina. com
法定代表人:高勇
单位人数:1700
质量体系:ISO 9001
产品情况:摩托车发动机,年生产能力 300 万台
出口情况:远销美国、德国、法国、澳大利亚、西班牙、哥伦比亚、尼日利亚、越南、印尼、阿根廷、秘鲁、巴西、伊朗、尼日利亚、南非、东南亚等 120 余个国家和地区

★五十铃(中国)发动机有限公司
地址:重庆市九龙坡区中梁山协兴村 1 号
邮编:400052
电话:023/65251782
传真:65261774
网址:www. iszqleng. com
电子信箱:qinglinggeng@ 163. com
法定代表人:林修一
质量体系:IATF 16949
产品情况:五十铃柴油和汽油发动机总成,及缸体、缸盖、曲轴、连杆、凸轮轴等核心机加零部件;发动机总成主要包括 4J、4K、4Z、4H、6H、6U 等系列的车用发动机和 4J 系列非道路用发动机
配套及出口情况:主要为庆铃出产的高品质五十铃商用车提供排放达国Ⅳ以上的发动机总成;国际市场已进入五十铃全球采购体系,持续向五十铃批量出口发动机总成及核心机加零部件

★重庆宗申动力机械股份有限公司
地址:重庆市巴南区宗申工业园
邮编:400054
电话:023/66372609、66372549
传真:66372607
网址:www. zsengine. com
电子信箱:zsfdj@ vip. 163. com
法定代表人:左宗申
质量体系:IATF 16949、ISO 14001
产品情况:(宗申牌)
摩托车发动机、通用汽油机及各类农林机械、专用动力及多燃料动力、柴油机、汽车发动机、汽车零部件;具备年产摩托车发动机 500 万台、通用汽油机 300 万台、柴油机和农林机械 200 万台、各类铝合金产品 1000 万件以及铝合金铸件 2 万吨的生产能力
出口情况:出口欧美、中东、东南亚、非洲的 70 多个国家和地区

★重庆上方汽车配件有限责任公司
地址:重庆市经济技术开发区大石路 3 号
邮编:400060
电话:023/62766260、62766390
传真:62763500
网址:www. cqsfqcpj. com
电子信箱:qbfc@ vip. sins. com
法定代表人:顾长仁
质量体系:IATF 16949、ISO 14001
产品情况:产品已形成散热器、冷却模块总成、中冷器、油冷器、钢轮、暖风机等六大系列 1000 多个品种规格
配套情况:为长安汽车、长安铃木、重庆长安跨越、长安福特、东风小康、吉利汽车、奇瑞汽车、昌河汽车、力帆汽车、北汽银翔、华晨鑫源、北汽新能源等配套

★重庆莱特威汽车零部件有限公司
地址:重庆市南岸区经济技术开发区白鹤工业园
邮编:400060
电话:023/88609780、89028868
传真:88609780
电子信箱:02306@ loncinindustries. com
法定代表人:田进
质量体系:IATF 16949
产品情况:发动机曲轴箱体、油底壳、铸铝缸盖与缸体、汽缸盖罩、链轮室,离合器壳体等铝镁合金的铸造与机加工产品
配套情况:为上汽通用、一汽-大众、宝马等汽车制造厂提供产品与服务

★重庆利德工业制造有限公司
地址:重庆市大渡口区建桥工业园 A 区镁桥路 1 号

邮编:400080
电话:023/68916777
传真:68920055
网址:www. china - lide. com
电子信箱:lidesale@ china - lide. com
法定代表人:陈培新
质量体系:IATF 16949
产品情况:汽车曲轴和压铸铝件
配套情况:与国内 10 多家主机厂建立了良好的合作关系,主要有大长江、宗申、隆鑫、北方易初、大阳、豪爵、望江等主机厂

★重庆汽车消声器有限责任公司
地址:重庆市九龙坡西彭工业园铝城大道 82 号
邮编:400080
电话:023/68439872、68425345
传真:68438500
网址:www. cqxsq. com. cn
电子信箱:cqxsq@ cqxsq. com. cn
法定代表人:陈大金
单位人数:280
质量体系:IATF 16949
产品情况:(LVSHENG 牌)
消声器总成
配套情况:为重庆庆铃公司五十铃全系列、东风小康汽车等配套

★重庆佳利德汽车部件有限公司
地址:重庆市大渡口区建桥工业园镁桥路 1 号
邮编:400084
电话:023/68911675、68910107
传真:68920055、68921897
电子信箱:lideindustry@ online. cq. cn
法定代表人:陈培新
质量体系:IATF 16949
产品情况:汽车曲轴,年产能力 15 万支
配套情况:为玉柴配套

★重庆宏美制冷设备有限公司
地址:重庆市北碚区童家溪镇同兴横街 47 号
邮编:400709
电话:023/86081271、13808386509
传真:68278589、68278566
网址:www. cqhomer. com
电子信箱:taogang@ cqhomer. com
法定代表人:周虹
单位人数:300
质量体系:IATF 16949
产品情况:汽车散热器、冷凝器、蒸发器、暖风机芯、中冷器和摩托车油冷器
配套及出口情况:主机客户包括长安集团、金杯汽车、北汽福田、东风渝安和其他整车制造商;产品 30% 以上销往欧洲、美国、澳大利亚等国家和地区

★重庆燃油喷射系统有限公司
地址:重庆市北部新区翠宁路 6 号
邮编:401120
电话:023/65294642、4001001333
传真:65294322
网址:www. ccqfsc. com
电子信箱:cqfsc@ sinotruk. com
法定代表人:刘正涛
质量体系:IATF 16949
产品情况:(中国重汽牌、川渝牌、CY 牌)
康明斯 N、K、M11 系列柴油发动机用 PT 燃油泵及 PT 喷油器总成及零部件,直列式 P 型燃油喷射泵及其喷油器总成及零部件,电控供油速率燃油喷射泵及其喷油器总成及零部件,轻、中、重型共轨燃油喷射系统及其零部件,SCR 后处理系统集成及零部件等
配套及出口情况:客户有中国重汽集团济南动力、中国重汽集团杭州发动机、广西玉柴机器、美国康明斯、重庆康明斯发动机、美国德尔福、上海柴油机、天津雷沃动力、昆明云内动力、淄博柴油机、重庆科克发动机;出口欧美、东南亚地区

★佛吉亚排气控制技术(重庆)有限公司
地址:重庆市北部新区礼环北路 10 号 5 号库
邮编:401120
电话:023/88502779
电子信箱:coco. li@ faurecia. com
法定代表人:王少波
单位人数:148
质量体系:IATF 16949
产品情况:汽车排气消声系统
配套情况:为长安福特、长安马自达、长安汽车配套

★嘉陵 - 本田发动机有限公司
地址:重庆市渝北区观月南路 1 号
邮编:401120
电话:023/62793100
传真:62808670
网址:www. jlhonda. com
电子信箱:sales@ jlhonda. com
法定代表人:水野泰秀
单位人数:2500
质量体系:ISO 9001、ISO 14001
产品情况:(HONDA 牌)
通用汽油机系列, WB、WL 系列水泵
出口情况:出口欧洲、澳大利亚、日本、美国等 90 多个国家和地区

★重庆东方滤清器有限公司
地址:重庆市渝北区空港工业园高堡湖路 31 号
邮编:401120
电话:023/67181381、68181382
传真:67181383
网址:www. eastfilter. com
电子信箱:cqdf1818@ sina. com
法定代表人:凌建
质量体系:ISO 9001、IATF 16949
产品情况:[东方(DF)牌]
汽车、摩托车汽油滤清器、空气滤清器、机油滤清器、空调进风过滤器、换挡滤油器
配套情况:为长安汽车、长安铃木、河北长安、比亚迪汽车、江铃控股、重庆宗申汽车发动机、四川汽车工业集团、江南汽车制造、东风渝安车辆、重庆超力配套

★重庆光大产业有限公司
地址:重庆市渝北区空港工业园区长翔路 8 号
邮编:401120
电话:023/67182666
传真:67182666 - 2801
网址:www. cqgdcy. com
电子信箱:gdxs@ cqgdcy. com
法定代表人:刘世勇
单位人数:2000
质量体系:IATF 16949、ISO 14001
产品情况:主要产品包括汽车安全带总成、汽车发动机飞轮总成、驱动盘总成、齿圈、信号盘、全车门铰链、倒车雷达、倒车影像、行车记录仪、360°全景影像、电动车窗开关、报警器等 10 多个系列 100 多类产品
配套及出口情况:为一汽、东风、上汽、长安、长安福特、东风日产、北汽、广汽、吉利、长城、奇瑞、众泰、比亚迪、重汽等 50 余家整车及发动机厂配套;出口美国、德国、印度、韩国、英国、西班牙、土耳其等国际市场

★重庆海特汽车排气系统有限公司
地址:重庆市渝北区空港工业园区环港路 9 号
邮编:401120
电话:023/67183696、67185062
网址:www. cqhaite. net
法定代表人:秦瑞萍
单位人数:1000
质量体系:IATF 16949、ISO 14001
产品情况:汽车和摩托车尾气治理和噪声控制用三元催化剂、催化转化器、净化器、消声器、排气歧管等机动车排气系统产品;具有年产 300 万 L 三元催化剂、300 万套汽车消声器、300 万套催化转化器的生产能力
配套及出口情况:为一汽集团、上汽集团、广汽集团、华晨汽车、东风汽车、沃尔沃重汽、日本大发、长安汽车、上汽通用五菱、奇瑞汽车、吉利汽车、北汽集团、北汽福田、北汽银翔、长城汽车、比亚迪、力帆汽车、东风渝安等 20 多家汽车主机厂供货;远销北美洲、南美洲、西欧、东欧、东亚、东南亚等地区

★马勒发动机零部件(重庆)有限公司
地址:重庆市渝北区两路镇汉渝路 125 号
邮编:401120
电话:023/67837700、67837145

传真:67837254
网址:www. cn. mahle. com
电子信箱:cncq@ cn. mahle. com
法定代表人:JOACHIM FISCHER
单位人数:400
质量体系:IATF 16949、ISO 14001
产品情况:(灯塔牌)
各型各类柴油机、汽油机活塞;活塞年生产能力达 1500 万只,产品品种达 500 余个
配套及出口情况:为重汽集团、一汽锡柴、一汽大柴、东风朝柴、玉柴、庆铃、江铃、北汽、长安、东安、柳微、天汽、嘉陵、嘉陵 - 本田、新大洲 - 本田、天津 - 本田、建设、建设 - 雅马哈、金城、力帆、宗申、隆鑫等供货;出口欧洲、美洲、日本、中东、东南亚等国家和地区

★重庆飞龙江利汽车部件有限公司
地址:重庆市渝北区双凤桥街道长空路 318 号
邮编:401120
电话:023/67143214、67143201
传真:67143210
网址:www. cqfljl. com
电子信箱:hlj@ cqfljl. com
法定代表人:孙耀忠
单位人数:400
质量体系:IATF 16949、ISO 14001
产品情况:汽车水泵、发动机汽缸盖罩、前舱盖、曲轴后端盖等铝合金机加、装配类产品;悬架总成、油位计总成、密封孔盖、各类支架等橡塑、冲焊复合制品类
配套情况:主要合作伙伴有长安汽车、长安福特、长安马自达、长安铃木、哈尔滨东安、江铃、小康动力、北汽银翔、力帆、五菱柳机、欧意德动力、比亚迪等

★上汽菲亚特红岩动力总成有限公司
地址:重庆市北部新区黄环南路 1 号
邮编:401122
电话:023/63212547、63212888
传真:63212898
网址:www. sfhengine. com
电子信箱:sales@ sfhengine. com
法定代表人:蓝青松
质量体系:IATF 16949、ISO 14001
产品情况:(FPT 牌)
CURSOR、NEF、F1 三大系列,产品覆盖排量 2. 3 ~ 12. 9L、最大功率 71 ~ 353kW、最大转矩 240 ~ 2200Nm 的各个系列柴油机
配套及出口情况:为上汽依维柯红岩、宇通、CNH、申沃、金旅、南京依维柯配套;远销北美洲、欧洲

★天纳克陵川(重庆)排气系统有限公司
地址:重庆市北部新区黄茅坪黄环北路 8 号
邮编:401122
电话:023/63011751
网址:www. tenneco. com
电子信箱:hchen1@ tenneco. com
法定代表人:刘先华
质量体系:IATF 16949、ISO 14001
产品情况:汽车进排气系统及零部件
配套情况:为长安福特、长安马自达、长安铃木配套

★曼胡默尔滤清器(重庆)有限公司
地址:重庆市江北区渝冠大道 225 号
邮编:401133
电话:023/88798287
网址:www. mann - hummel. com
电子信箱:yue. zhao@ mann - hummel. com
法定代表人:李嘉强
质量体系:IATF 16949、ISO 9001
产品情况:进气歧管、空滤系统和各类管件
配套情况:是乘用车主机厂长安福特和铃木的主要供应商

★重庆小康动力有限公司
地址:重庆市长寿区菩提东路
邮编:401220
电话:023/85334244
传真:85334244
网址:www. sokon. com
法定代表人:刘昌东
质量体系:IATF 16949、ISO 9001
产品情况:汽油机、柴油机系列发动机,具备年产 75 万台(套)汽油发动机和变速器、5 万台(套)柴油发动机的生产能力
配套情况:为东风小康、长安跨越、唐骏汽车、四川南骏、江西昌河、众泰汽车、山东五征等供货

★重庆大江杰信锻造有限公司
地址:重庆市巴南区鱼洞大江西路自编 804 号
邮编:401321
电话:023/66283909、66284822
传真:66283909
网址:www. cqdjjx. com
电子信箱:huyongyi@ cqdjjx. com
法定代表人:单俊
单位人数:325
质量体系:IATF 16949、ISO 9001
产品情况:生产重型、轻型、微型汽车及轿车发动机曲轴
配套及出口情况:与长安汽车、江铃汽车、天润曲轴、北汽福田、潍柴动力、陕西汉德车桥、一汽轿车发动机、保定长城、内江金鸿曲轴、成都飞亚曲轴、重庆神箭、荆州环宇、四川阳光等国内众多知名企业长期配套;出口美国、日本、韩国、意大利、印度、澳大利亚等国家

★重庆东京散热器有限公司
地址:重庆市九龙坡区西彭镇铝城大道 82 号
邮编:401326
电话:023/68437443
传真:68437410
网址:www. cq - ctr. com
电子信箱:ctr@ cq - ctr. com
法定代表人:陈大金
单位人数:136
质量体系:IATF 16949、ISO 9001
产品情况:载货汽车及工程机械用散热器、中冷器、油冷器及其构成零部件
配套及出口情况:主要客户有庆铃汽车、江淮汽车、广汽日野、广州客车、神钢建机、日立建机、三一重工、徐工挖掘机、日本五十铃、印度尼西亚 ADR 公司等;出口日本、印尼,在泰国、印度尼西亚、马来西亚、智利等国家和中国台湾地区建立了技术援助处

★重庆金桥机器制造有限责任公司
地址:重庆市九龙坡区白市驿
邮编:401329
电话:023/65701910
传真:65701910
网址:www. cqjinqiao. cn
电子信箱:office@ cqjinqiao. cn
法定代表人:冯先伦
质量体系:IATF 16949、ISO 14001
产品情况:(金桥牌)
专业生产汽车配气凸轮轴、汽车喷油泵凸轮轴、摩托车凸轮轴
配套及出口情况:为重庆渝安、宗申、隆鑫、绵阳新晨等汽车、摩托车发动机公司配套;出口欧洲、东南亚等地区

★重庆华达汽车配件制造有限公司
地址:重庆市沙坪坝区西永镇香蕉园新村 8 号
邮编:401332
电话:023/65660666、65662380
传真:65661333
网址:www. cqhuada. cn
电子信箱:hdghg@ 126. com
法定代表人:郭洪斌
质量体系:IATF 16949
产品情况:(和众牌)
汽车燃油箱总成、汽车座椅骨架、汽车冲、焊结构件等
配套情况:为重庆庆铃、郑州日产、长安集团、东风渝安车辆、长安李尔内饰件、江西李尔内饰件、重庆宇通客车、重庆力帆汽车、郑州海马汽车等汽车整车及部件制造企业配套

★重庆瑞方渝美压铸有限公司
地址:重庆市南岸区玉马路 83 号
邮编:401336
电话:023/86835200、4001566069
传真:86835000
网址:www. cqrfym. com
电子信箱:zongjingban@ refine - yumei. com
法定代表人:周道学
质量体系:IATF 16949、ISO 9001
产品情况:发动机缸体、下缸体、油底

壳、变速器壳体、变矩器壳体等中大型铝合金压铸件
配套情况：为国内外客户如北汽集团、长安福特、上汽大众、奥迪、通用、利纳玛等知名企业提供高压压铸产品

★重庆文安机械有限公司
地址：重庆市合川区土场镇银翔大道133号
邮编：401533
电话：023/42416666、42410036
传真：42415519
网址：www.cqwenan.cn
电子信箱：cq@wenanjx.com
法定代表人：文国富
单位人数：600
质量体系：IATF 16949、ISO 9001
产品情况：汽车缸盖及发动机相关核心部件
配套情况：为北汽银翔、比速汽车、华晨鑫源、力帆汽车、广汽集团、渝安汽车、野马汽车、斯威汽车、北京汽车等发动机零部件的核心供应商，客户群体由自主品牌升级到合资品牌

★重庆海通机械制造有限公司
地址：重庆市永川区人民东路599号
邮编：402160
电话：023/49849599、49585555
传真：49849988
网址：www.htinv.com
电子信箱：help@htinv.com
法定代表人：唐昭平
质量体系：IATF 16949、ISO 9001
产品情况：具有年产汽车发动机飞轮齿圈总成300万套、齿圈350万件、张紧轮20万套、斜齿轮60万件的生产能力
配套情况：主要为重庆长安、长安铃木、力帆、东风渝安、绵阳新晨、云内动力、上汽小柴、上汽通用五菱、柳州五菱、东风朝柴、哈尔滨东安、保定长城、廊坊科森、江淮、奇瑞、无锡凯马、吉利、比亚迪等20余家汽车发动机厂配套

★重庆西源凸轮轴有限公司
地址：重庆市永川区兴龙大道2589号
邮编：402160
电话：023/61130392、61130395
传真：61130400
网址：www.camchn.com
电子信箱：marketing@camchn.com
法定代表人：陈焕顺
质量体系：IATF 16949、ISO 14001
产品情况：各种凸轮轴
配套及出口情况：为长安汽车、日本雅马哈等配套；远销北美洲、西欧

★重庆潍柴发动机有限公司
地址：重庆市江津区德感街道办事处前进街1幢1号
邮编：402262
电话：023/47858815
传真：47859767
网址：weichai.com
电子信箱：cqweichai@weichai.com
法定代表人：徐宏
单位人数：200
质量体系：ISO 14001、ISO 9001
产品情况：四大系列100多个柴油机产品，功率覆盖范围148～2400kW，形成了中、高速柴油机并举，横跨汽车、工程机械等多个应用领域
配套及出口情况：为潍柴、陕汽集团等配套；出口意大利、越南、埃及、巴基斯坦等10多个国家

★重庆江增机械有限公司
地址：重庆市江津区德感镇工业园区东方红街1号
邮编：402263
电话：023/47221234、47221158
传真：47852382
电子信箱：jtmail@jtp.com.cn
法定代表人：周余伦
质量体系：IATF 16949、ISO 9001
产品情况：J37、J44、J50、J56、J68、J92、J120、JTH130等径流增压器

★重庆都成荣锋机械制造有限公司
地址：重庆市板桥工业园区大道11号
邮编：402460
电话：18523915866、18523598261
传真：46780996
网址：www.dcrf888.com
电子信箱：dcrf888@163.com
法定代表人：李刚
单位人数：300
质量体系：IATF 16949
产品情况：微（轿）车发动机曲轴
配套情况：为重庆长安汽车、北汽银翔汽车、重庆鑫源动力配套

★重庆沃特尔粉末冶金股份有限公司
地址：重庆市铜梁区工业园区玉泉路11号
邮编：402560
电话：023/45613912
传真：45436833
网址：www.woteer.cn
电子信箱：office@woteer.cn
法定代表人：章升谊
质量体系：IATF 16949
产品情况：（沃特尔牌、WTR牌）
年产气门座圈2300万件、气门导管1500万件、气门锁夹2000万片、气门弹簧座1000万件
配套情况：为上汽通用五菱、比亚迪汽车、上海华普、新光华晨、北汽福田、绵阳新晨、潍柴动力、天津珀金斯、东风渝安、众泰汽车、华泰汽车、美国百力通、建设雅马哈等20多家主机厂配套

★重庆鑫丽鸿精密压铸有限公司
地址：重庆市铜梁区姜家岩工业区金地大道
邮编：402560
电话：023/85196160
电子信箱：xlh99968@163.com
法定代表人：张开兴
质量体系：IATF 16949
产品情况：专业生产摩托车、汽车及通用发动机曲轴箱体

★重庆红旗缸盖制造有限公司
地址：重庆市璧山区特色工业园区
邮编：402760
电话：023/41639057、41639058
传真：41639059
网址：www.hqgg.com.cn
电子信箱：office@hqgg.com.cn
法定代表人：袁熙淮
质量体系：IATF 16949
产品情况：汽车发动机汽缸盖，年产40万件；进/排气歧管，年产20万件；曲轴箱体，年产2万件
配套情况：为长安汽车、东风渝安、重庆康明斯发动机、长城汽车、上汽集团、法国法雷奥、美国法雷奥、美国TSM、美国NSI公司等配套

★重庆卡马机电有限责任公司
地址：重庆市璧山区永嘉大道113号
邮编：402760
电话：023/41881022、41881017
传真：41881022
网址：www.keima1991.com
电子信箱：tongji@keima1991.com
法定代表人：龚大胜
质量体系：IATF 16949
产品情况：汽车国Ⅵ电子节气阀（ETC），电子排气节流阀（ETV），汽车机械节流阀，摩托车国Ⅳ电喷节气阀，摩托车和通用动力的化油器
配套及出口情况：主要客户有菱电电控、奥易克斯、江淮、东风、华晨、五菱、长安、北汽、宗申、鑫源、力帆、隆鑫等；部分产品出口

★重庆三爱海陵实业有限责任公司
地址：重庆市涪陵区人民东路50号
邮编：408000
电话：023/85686608、85660000
传真：85686564
电子信箱：cqsahl@cqsahl.com
法定代表人：蒋蓉
质量体系：IATF 16949、ISO 14001
产品情况：（海陵牌）
汽车、摩托车及小型通用汽、柴油发动机进/排气门、化油器；具备了年产各类型气门5000万只、化油器300万台的生产能力
配套及出口情况：为长安汽车、长安铃木、哈东安、天津一汽夏利内燃机、日本三菱重工、百力通（重庆）发动机、泰州雅马哈动力、锡柴、大柴、嘉陵、建设摩托等配套；部分产品出口美国、日本等国家，供主机装机

★重庆万力联兴实业(集团)有限公司
地址:重庆市石柱县万寿大道 169 号(南宾工业园)
邮编:409100
电话:023/73381555、73377875
传真:67669609
网址:www.cqwlg.com
电子信箱:hchen@cqwlg.com
法定代表人:张明健
质量体系:IATF 16949、ISO 14001
产品情况:车用电动燃油泵总成、全车锁机构总成、点火开关锁、锁芯总成、机械式节气门总成、发动机铝合金等汽车零部件
配套及出口情况:为长安集团、福特马自达、北汽、一汽海马、郑州海马、一汽吉林、长城汽车、东风渝安、东南汽车、隆鑫机车等配套;出口东南亚、中东等地区

四川省

★成都天回气门导管制造有限公司
地址:成都市金牛高科技产业园北区隆安路
邮编:610083
电话:028/83586258、83588676
传真:83570381
网址:www.cd-tp.com
电子信箱:tpcompany@163.com
法定代表人:王文
单位人数:200
质量体系:IATF 16949、ISO 9001
产品情况:汽车发动机气门导管、气门摇臂和预燃烧室等
出口情况:90% 以上出口欧美市场

★成都西菱动力科技股份有限公司
地址:成都市青羊工业集中发展区腾飞大道 298 号
邮编:610091
电话:028/87078358
传真:87074109
网址:www.xlqp.com
电子信箱:xsb@xlqp.com
法定代表人:魏晓林
质量体系:IATF 16949
产品情况:汽车发动机主机配套连杆、减振皮带轮、凸轮轴等汽车零配件
配套及出口情况:主要客户有三菱、丰田、江淮、通用汽车、上汽通用五菱、一汽、一汽锡柴、长城汽车、比亚迪、海马汽车、福田、长安汽车、康明斯、卡特彼勒、帕金斯等;出口欧美、东南亚等地区

★佛吉亚(成都)排气控制技术有限公司
地址:成都市经济技术开发区(龙泉驿区)南二路 6 号
邮编:610100
电话:028/65080801
网址:www.faurecia.com
电子信箱:fengjiao.liu@faurecia.com
法定代表人:林福青
质量体系:IATF 16949
产品情况:三元催化器总成、前排气系统总成、柔性管总成、消声器总成等各种汽车用排气系统总成

★四川航天长征装备制造有限公司
地址:成都市经济技术开发区(龙泉驿区)驿都中路 189 号
邮编:610100
电话:028/84801425、84857811
传真:84804618、84801906
电子信箱:marketcz@163.com
法定代表人:唐化新
质量体系:ISO 14001、OHSAS 18001
产品情况:硅油风扇离合器、水泵等 20 多种汽车发动机零配件

★成都天兴山田车用部品有限公司
地址:成都市经济技术开发区世纪大道 2 号
邮编:610100
电话:028/84875358、84876350
传真:84879823
网址:www.chn-ytc.com
电子信箱:cg@chn-yamada.com
法定代表人:岸本一也
质量体系:ISO 9001、IATF 16949
产品情况:具有年产油泵总成 230 万套,水泵总成 160 万套,转向器总成 70 万套,变速器 40 万套的能力
配套及出口情况:主要客户有东风本田、广汽本田、本田汽车中国、东风本田发动机、重庆长安铃木、东风轻型发动机、五羊本田、广州摩托等;出口日本、美国、意大利等国家

★成都陵川车用油箱有限公司
地址:成都市龙泉驿区大面镇
邮编:610110
电话:028/84632486、84632483
传真:84632485
电子信箱:cdlc2004@sina.com
法定代表人:刘先华
质量体系:IATF 16949、ISO 14001
产品情况:(营星牌)
燃油箱
配套情况:为长安汽车、上汽通用五菱、重庆长安铃木、长城汽车、南京长安、东风汽车公司等配套

★成都正恒动力股份有限公司
地址:成都市新都工业东区聚合路 69 号
邮编:610500
电话:4000129020
网址:www.zhdl.com
电子信箱:jonathan@zhdl.com
法定代表人:刘帆
单位人数:2100
质量体系:IATF 16949、ISO 14001
产品情况:汽车发动机汽缸体,具有年产发动机缸体 100 万台的生产能力
配套及出口情况:国内客户有上汽集团、长安汽车、新晨动力、长城汽车、比亚迪汽车、奇瑞汽车、天津一汽、吉利汽车、沈阳金杯、江铃动力;海外客户有丰田大发、通用汽车、通用电气、韩国现代、菲亚特汽车

★成都万友滤机有限公司
地址:成都市新都区新都镇黄鹤路 401 号,侧门 385 号
邮编:610500
电话:028/83047617、83048290
传真:83048400、83047601
网址:www.ctr.com.cn
电子信箱:yyb@ctr.com.cn
法定代表人:江均
质量体系:IATF 16949、ISO 14001
产品情况:(CTR 牌)
塑料进气歧管、空气滤清器、燃油滤清器、机油滤清器、转向助力液过滤器、空调滤芯、空调风管、谐振器以及各种塑料零部件
配套情况:为长安福特、江铃股份、长安铃木、长安汽车、广汽本田、一汽-大众(成都)、上汽通用五菱等配套

★中汽成都配件有限公司
地址:成都市新都区新都工业园东区桂锦路 1480 号
邮编:610504
电话:028/83914588、83910595
传真:83910596
电子信箱:zhongqizl@126.com
法定代表人:夏朝嘉
质量体系:IATF 16949
产品情况:(金顶牌)
汽车发动机凸轮轴,年产 300 万支
配套情况:为上汽通用、一汽海马、哈尔滨东安三菱、东风悦达起亚、中国重汽、北汽福田、潍柴、锡柴、重庆康明斯、东风康明斯、西安康明斯、上汽通用五菱等配套

★成都威特电喷有限责任公司
地址:成都市高新西区西源大道 84 号
邮编:610599
电话:028/87838000
传真:87838001
网址:cdwit.cn
电子信箱:qingjing@cdwit.cn
法定代表人:陈荣平
质量体系:ISO 9001、IATF 16949
产品情况:柴油机电喷系统、直喷汽油机电喷系统、汽车油-电混合动力系统

★成都安好精工机械股份有限公司
地址:成都市温江区海峡科技园兴新路 128 号
邮编:611130
电话:028/82693512、82693513
传真:82693514

网址：www. safine. cn
电子信箱：sales@ safine. cn
法定代表人：费永刚
单位人数：139
质量体系：ISO 9001
产品情况：各类挺柱130余种，钢摇臂和铝合金摇臂90余种产品
出口情况：远销北美洲、拉丁美洲、欧洲、大洋洲等国际市场

★成都宁良实业有限公司
地址：成都市大邑县晋原镇工业区大安路999号
邮编：611330
电话：028/88315116、88315583
传真：68901854
网址：www. ningliang. com
电子信箱：ningliang@ ningliang. com
法定代表人：闵辉
质量体系：IATF 16949
产品情况：（DT牌、宁良牌）
机油、柴油、空气滤清器总成和部件，机油冷却过滤模块、带轮、节温器、消声器和铝合金压铸件等
配套情况：为昆明云内动力、成都云内动力、东风康明斯、常柴、扬柴、扬动、长安汽车、力帆汽车、成都王牌、一汽客车（成都）、贵州万达客车配套

★成都桐林铸造实业有限公司
地址：四川省大邑县新场镇桐林工业区
邮编：611337
电话：4000129020、13882225198
网址：www. tonglin. com
电子信箱：jonathan@ zhdl. com
法定代表人：刘帆
单位人数：1018
质量体系：IATF 16949、ISO 14001
产品情况：发动机缸体和其他铸件，年铸造能力10万吨
配套情况：为上汽集团、长安汽车、吉利汽车、长城汽车、比亚迪汽车、通用汽车、新晨动力等配套

★四川红光汽车机电有限公司
地址：成都市郫都区望丛东路19号
邮编：611730
电话：028/87863645
传真：87887021、87887919
网址：www. schg. com. cn
电子信箱：office@ schg. com. cn
法定代表人：骆开伦
单位人数：800
质量体系：IATF 16949、ISO 14001
产品情况：（红光牌）
汽车和摩托车电喷节气门体
配套情况：为大陆集团、德尔福、联合电子、伟世通、长安集团（含长安铃木、长安福特）、东安三菱、奇瑞、上汽通用五菱、华晨集团、天津一汽、海马汽车、比亚迪、北汽福田、东南汽车、江淮汽车等配套

★中自环保科技股份有限公司
地址：成都市郫都区古楠街88号
邮编：611731
电话：028/64196280、4008484456
网址：www. sinocat. net
法定代表人：陈启章
质量体系：IATF 16949、ISO 14001
产品情况：汽油、柴油、天然气等发动机排放后处理催化剂（器）、内燃机排放后处理SCR & DPF系统总成等
配套情况：主要合作伙伴包括中国一汽、豪爵、福田汽车、江淮、广汽传祺、一汽道依茨、海马汽车、雷克萨斯、东风小康、柳州五菱柳机动力、玉柴集团、潍柴动力、宇通客车、标致、中通客车、一汽无锡柴等

★成都市三宇电子机械有限公司
地址：成都市郫都区成都现代工业港北片区港北四路123号
邮编：611743
电话：13540757860、13551064530
传真：66750385
网址：www. best - engineparts. com
电子信箱：janejiang@ cdsunyu. cn
法定代表人：徐晓鸣
质量体系：IATF 16949
产品情况：发动机气门摇臂、汽车冲压件等产品
出口情况：远销欧美、东南亚、中东等地区

★成都嘉陵华西光学精密机械有限公司
地址：成都市现代工业港北区港通北三路663号
邮编：611743
电话：028/86108118、86108008
传真：86108009、86108119
网址：www. cdhx. com. cn
电子信箱：hua. xi@ cdhx. com. cn
法定代表人：曾大舟
单位人数：270
质量体系：IATF 16949
产品情况：张紧轮、皮带轮、惰轮、风扇支架、真空泵等系列产品
配套及出口情况：长期为东风汽车、东风康明斯发动机、广西玉柴机器、上海柴油机、重庆长安汽车等国内知名发动机及汽车制造公司配套；先后与美国Cummins公司、德国Stool公司建立了长期合作的关系

★四川阳光机械有限公司
地址：四川省德阳市泰山北路三段425号
邮编：618000
电话：0838/2420421
网址：www. chinasunray. com
电子信箱：sunray@ chinasunray. com
法定代表人：孙微
质量体系：IATF 16949
产品情况：[阳光（SUNREY）牌]
曲轴、连杆等汽车发动机零部件、各类电动机、黑色金属铸造件和有色金属铸造件；已具备年产连杆100万支、曲轴25万支、各种铸铁件5000吨、各种有色金属铸件500吨、各种型号的电动机20万kW以上的生产能力

★四川绵竹鑫坤机械制造有限责任公司
地址：四川省绵竹市江苏工业园南通路1号
邮编：618200
电话：0838/6602110
传真：6604896
电子信箱：sales@ scxinkun. com
法定代表人：周述军
质量体系：IATF 16949、ISO 14001
产品情况：汽车曲轴、连杆
配套情况：为欧美、福特、三菱、本田汽车曲轴、赛车连杆定点生产协作单位

★四川巴斯迪科新技术发展有限公司
地址：四川省青神县城西工业园区创业路4号
邮编：620400
电话：028/38860929、18990300606
传真：38824556
网址：www. bsdk. cn
电子信箱：scbsdk@ 163. com
法定代表人：魏长仲
单位人数：150
质量体系：IATF 16949
产品情况：发动机减振皮带轮、风扇结合组、张紧轮、橡胶制品等零件
配套及出口情况：为长春一汽、北汽集团、吉利汽车、华晨汽车、众泰汽车、无锡开普等主机厂；主要外销俄罗斯、印度、越南、东南亚等10多个国家和地区

★绵阳市万欣汽车配件有限公司
地址：四川省绵阳市安州区花荄工业园
邮编：621000
电话：0816/4326999
传真：4326016
网址：www. wanxinauto. com
电子信箱：mywx - dl@ 163. com
法定代表人：王运金
质量体系：IATF 16949
产品情况：（车欣牌）
发动机机油盘、发动机气门室罩盖、隔热罩、离合器隔板、汽车空气滤清器、制动踏板、加速踏板、汽车转向管柱及各型钣金冲压件等几百个品种
配套情况：主要客户有一汽海马、一汽海马发动机、广汽集团、哈东安动力、北汽集团、沈阳新光华晨汽车发动机、绵阳新晨动力机械、河北中兴汽车、长城汽车、比亚迪汽车、重庆力帆汽车、柳州五菱机械厂、保定长域内燃机等

★绵阳富临精工机械股份有限公司
地址：四川省绵阳市涪城区高端装备制造产业园凤凰中路37号
邮编：621000

电话:0816/8376055
传真:6800660
网址:www. fulinpm. com
电子信箱:admin@ fulinpm. com
法定代表人:谭建伟
单位人数:1800
质量体系:IATF 16949、ISO 14001
产品情况:气门挺柱、气门摇臂、VVT、VVL、自动张紧器、机油喷嘴、电子水泵、电子真空泵、新能源电控及总成、精密机械零件、锂电池正极材料、24GHz 或 77GHz 毫米波雷达等
配套情况:为美国通用、上汽通用、大众、奥迪、标致雪铁龙、雷诺、三菱、福特、丰田、捷豹路虎等国际品牌,上汽、广汽、北汽、长安、吉利、东风、长城等国内品牌配套

★绵阳新华内燃机股份有限公司
地址:四川省绵阳市涪城区剑门路西段 228 号
邮编:621000
电话:0816/2370169
网址:www. xinhuaengine. com. cn
电子信箱:junwu. liang@ xce. com. cn
法定代表人:杨明
质量体系:IATF 16949
产品情况:内燃机

★绵阳新晨动力机械有限公司
地址:四川省绵阳市高新区兴昌大道 69 号
邮编:621000
电话:0816/2370068
传真:2364007
网址:www. xce. com. cn
电子信箱:youfu. he@ xce. com. cn
法定代表人:韩松
质量体系:IATF 16949
产品情况:(剑门牌)
　　轻型汽油机、轻型柴油机、小排量发动机,用于轻/微型客车、SUV、MPV、皮卡车、轻型货车、轿车等;以及曲轴、连杆等发动机零件
配套情况:为宝马集团、华晨集团、东风汽车、郑州日产、一汽吉林、长丰猎豹、吉利汽车、金龙汽车等配套

★绵阳市天旋气门组件有限责任公司
地址:四川省绵阳市经济开发区塘汛南街 155 号
邮编:621000
电话:0816/2840034、2841274
传真:2840804
网址:www. tianxuan. cn
电子信箱:office@ tianxuan. cn
法定代表人:章升谊
质量体系:ISO 9001、OHSAS 18001
产品情况:(沃特尔牌、WTR 牌)
　　内燃机气门旋转机构、气门弹簧座、气门锁夹、气门导管、气门座圈及其相关的气门系统组件
配套及出口情况:独家配套潍柴、玉柴、淄柴、济柴、陕柴、河柴、上柴、宁动、广柴、镇江中船、安庆中船、上海菱重、中车通用、中车戚墅堰、中车大连等 20 多家柴油机厂,还配套上汽通用五菱、东风汽车、华晨汽车、江淮汽车、北汽福田、众泰汽车、美国百力通等多家汽油机厂;主要出口德国、英国、芬兰、法国、西班牙、美国、新加坡等发达国家

★绵阳华晨瑞安汽车零部件有限公司
地址:四川省绵阳市文跃路 176 号
邮编:621000
电话:0816/6393198、6393091
传真:6390571
网址:www. myhcra. com
电子信箱:sales@ myhcra. com
法定代表人:宗宇淙
质量体系:IATF 16949、ISO 14001
产品情况:凸轮轴等汽车发动机关键零部件生产
配套情况:为一汽、上汽、广汽、通用、康明斯、克莱斯勒、戴姆勒奔驰、华晨汽车集团等配套

★绵阳市宏发机械制造有限责任公司
地址:四川省绵阳市游仙区游仙西路 70 号
邮编:621000
电话:0816/2278564、6283161
传真:2295781
电子信箱:myhf@ vip. 163. com
法定代表人:王阳
质量体系:ISO 9001
产品情况:汽车用气门挺柱
出口情况:远销美国、加拿大、日本、英国、巴西、非洲 30 多个国家和地区,并销往中国台湾地区

★四川飞亚动力科技股份有限公司
地址:四川省遂宁市大英县工业集中发展区马家坝滨江北路东段
邮编:629300
电话:0825/7811018、83626335
传真:7979797
网址:www. pacrank. com
电子信箱:fy_xsb@ 163. com
法定代表人:刘建华
质量体系:IATF 16949、ISO 14001
产品情况:(宝亚牌)
　　主导产品为中、高档轿车、皮卡车、越野车等时尚车型发动机曲轴和国外高档赛车连杆
配套及出口情况:为江淮、华晨、吉利、福田、长城、奇瑞、一汽轿车、长沙比亚迪、天津一汽内燃机等配套;“H”柄和“I”柄赛车连杆全部出口美国、英国、德国、意大利、澳大利亚、瑞典、挪威、芬兰、日本、韩国等国家

★四川南充康达汽车零部件集团有限公司
地址:四川省南充市顺庆区华康路 1 号 1 幢 1 层
邮编:637000
电话:0817/2583839、2583772
传真:2583839
电子信箱:nckangda@ 163. com
法定代表人:段永红
质量体系:ISO/TS 16949
产品情况:年产中冷器 2 万台、水散热器 5 万台、三滤 10 万只
配套情况:为重汽集团、陕汽集团等配套

★四川三鑫南蕾气门座制造有限公司
地址:四川省南部县工业集中区梁家垭大道
邮编:637300
电话:0817/5522971
传真:5523496
网址:www. nanlei. com. cn
电子信箱:webmaster@ nanlei. com. cn
法定代表人:罗大英
单位人数:400
质量体系:IATF 16949
产品情况:(南蕾牌)
　　各型内燃机气门座、摇臂轴总成、气门导管和主轴承盖等,年生产缸盖 15 万片、缸体 8 万个、主轴承盖 80 万只、气门座 1000 万只、气门导管 1000 万只、摇臂轴部件总成 60 万套
配套及出口情况:为重庆康明斯、玉柴、锡柴、洛拖、北汽福田、天津珀金斯、东风南内、昆明云内、成都云内、绵阳新晨等主机厂配套;出口美国、欧盟、东南亚等国家和地区

★武胜琛兰机械制造有限公司
地址:四川省广安市武胜县工业集中区
邮编:638400
电话:0826/6664678、13980334999
电子信箱:wsc111@ 126. com
法定代表人:唐华
质量体系:ISO 9001、IATF 16949
产品情况:各型摩托车及微型车汽缸套、汽车发动机飞轮,具有年产各型缸套、飞轮等 3000 万件产品(20000 余吨铸造坯件)的生产能力
配套及出口情况:为重庆隆鑫集团、宗申产业集团、力帆集团、大长江集团等企业配套;飞轮、曲轴盖配件主要与上汽通用、重庆长安、长安福特、重庆力帆汽车等配套;部分飞轮产品随发动机主机出口,供路虎车使用

★内江雨田机械制造有限公司
地址:四川省内江市城西工业园区汉旺路 279 号
邮编:641000
电话:0832/5355099、5859913
传真:2381609
电子信箱:1250960364@ qq. com
法定代表人:甘俊
质量体系:IATF 16949
产品情况:各型微车、轿车曲轴、齿圈及飞轮总成,具有年产曲轴 40 万根、飞轮

20 万件的设计生产能力

★内江金鸿曲轴有限公司
地址:四川省内江市市中区汉渝大道1558 号
邮编:641000
电话:0832/2121185、2102116
传真:2107405、2102535
电子信箱:jhqzxzb@ 126. com
法定代表人:李朝晖
质量体系:IATF 16949、ISO 14001
产品情况:(内齿牌)
轿车、轻型车、微车发动机曲轴,三大系列 70 余个品种,具有 260 万件/年的生产能力
配套情况:主要为长安、吉利、广汽乘用车、奇瑞、比亚迪、江淮、长城、东风渝安、东安动力、五菱柳机、新晨动力、成都成发、海马汽车、久保田等配套

★四川内江富鹏机械制造有限公司
地址:四川省内江市中区壕子口花园滩路 201 号
邮编:641000
电话:0832/2085156
传真:2085156
电子信箱:fupeng_yunheng@ 163. com
法定代表人:陈丽彬
质量体系:IATF 16949
产品情况:微车、轿车曲轴及飞轮齿圈

★自贡市川力科技股份有限公司
地址:四川省自贡市高新工业园区荣川路 9 号
邮编:643000
电话:0813/2608516、2609211
传真:2608856
网址:www. zgchuanli. com
电子信箱:sales@ zgchuanli. com
法定代表人:施建国
单位人数:445
质量体系:IATF 16949、ISO 14001
产品情况:(川力牌)
各类机油泵、水泵及通机油泵
配套情况:与本田、宝马、百力通、比亚乔、富士重工、标致等国际知名企业有着长期良好的合作关系

★四川省宜宾普什汽车零部件有限公司
地址:四川省宜宾市翠屏区岷江西路150 号
邮编:644007
电话:0831/3567160、3567165
传真:3567160、3567165
网址:www. pushautoparts. com
电子信箱:37753892@ qq. com
法定代表人:郭兵
质量体系:IATF 16949、ISO 14001
产品情况:汽车发动机曲轴
配套情况:主要客户有江铃、一汽四环、东风、本田、绵阳新晨、比亚迪、吉利、北汽福田、东风裕隆、吉奥汽车、湖南长丰动力等

★宜宾天工机械股份有限公司
地址:四川省宜宾市柏溪镇
邮编:644600
电话:0831/6255653
传真:6881456
网址:www. tiangongauto. com
电子信箱:ybtg@ tiangongauto. com
法定代表人:魏常坤
质量体系:IATF 16949、ISO 14001
产品情况:(天工牌)
汽车发动机挺杆、汽车发动机连续可变相位系统(VVT)、变速器零部件、摇臂、张紧器等,年生产能力 8000 万套
配套及出口情况:主要配套客户有一汽轿车、天津一汽丰田、长安福特、长安马自达、长安汽车、上汽通用五菱、奇瑞汽车、江淮汽车、一汽海马、北汽福田、长城汽车、天津一汽夏利、吉利汽车、华普汽车、新光华晨、绵阳新晨等;出口欧美和东南亚地区

云南省

★昆明贵研催化剂有限责任公司
地址:昆明市高新区科高路 669 号
邮编:650106
电话:0871/68316867
传真:68320058
网址:www. spmcatalyst. com
电子信箱:spmc@ spmcatalyst. com
法定代表人:潘再富
单位人数:280
质量体系:IATF 16949、ISO 9001
产品情况:(贵研牌)
汽油机三效催化剂、柴油机催化剂、气体机催化剂
配套情况:为重庆长安、上汽乘用车、上汽通用五菱、东风柳汽、云内动力等配套

★云南西仪工业股份有限公司
地址:昆明市西山区海口镇山冲
邮编:650114
电话:0871/68598369、68598409
传真:68580724
网址:ynxygf. csgc. com. cn
电子信箱:lgxs@ ynxygf. com
法定代表人:谢力
单位人数:2316
质量体系:IATF 16949、ISO 14001
产品情况:(西仪牌、XIYI 牌)
471Q、B15D、BM1. 5L 等汽车发动机连杆
配套及出口情况:为长安、东安三菱、上汽集团、广汽集团、中国一汽、吉利集团、江铃集团等 10 多家主机厂定点配套;出口美国、日本

★ 昆明云内动力股份有限公司

地址:昆明市经开区经景路 66 号
邮编:650200
电话:0871/65625802
传真:65633176
网址:www. yunneidongli. com
电子信箱:gsb@ yunneidongli. com
法定代表人:杨波
质量体系:IATF 16949
产品情况:(云内牌)
具有年产商用车柴油机 40 万台、乘用车柴油机 20 万台、非道路柴油机 15 万台的生产能力;柴油车用手动变速器和自动变速器
配套及出口情况:为上汽、北汽福田、东风、一汽集团、江淮、南京依维柯、四川现代、重汽王牌、力帆等多家商用车及乘用车企业配套;产品主机出口或随整车出口欧洲、南美洲、非洲、东南亚等地区
☞ 详细情况请参阅彩色宣传版面

★云南云马缸套制造有限公司
地址:云南省禄丰县金山镇北庄科
邮编:651200
电话:0878/4220065、13908787744
电子信箱:ynlfgtc@ 163. com
法定代表人:孙建斌
质量体系:IATF 16949
产品情况:(金山牌)
汽缸套生产
出口情况:远销东南亚国家

★大理泰兴实业有限公司
地址:云南省大理市下关泰安路 84 号
邮编:671000
电话:0872/2120303、2125665
传真:2120304
电子信箱:dltxsy@ 126. com
法定代表人:赵志强
质量体系:QS 9000、IATF 16949
产品情况:(云岭牌)
生产内燃机铝活塞,年产规模 200 万只

贵州省

★贵州航天南海科技有限责任公司
地址:贵州省遵义市大连路江南航天高科技工业园区
邮编:563000
电话:0851/28613002、28694310
电子信箱:nanhai3408@ vip. 163. com
法定代表人:李自立
质量体系:ISO 9001、ISO 14001
产品情况:汽车散热器和中冷器等
配套情况:为一汽通用红塔云南、重庆力帆、云南洱源骏马集团、重庆长安跨越、四川王牌、江南奥拓等配套

陕西省

★陕西银河滤清器有限公司
地址:西安市沣东新城凤栖路 20 号
邮编:710082
电话:13709208555、84360585
传真:84360585
网址:www.iho1994.com
电子信箱:1972047656@qq.com
法定代表人:孟凡成
质量体系:ISO 9001
产品情况:汽车滤清器

★西安康明斯发动机有限公司
地址:西安市经开区泾渭科技产业园
邮编:710200
电话:029/68932085
传真:68932022
网址:www.xcec.com.cn、www.cummins.com.cn
电子信箱:jie.hao@cummins.com
法定代表人:袁宏明
质量体系:IATF 16949、ISO 9001
产品情况:主要生产 ISM11、QSM11 系列全电控柴油发动机,应用于重型货车、中高级客车等
配套情况:为陕汽集团、福田戴姆勒汽车、集瑞联合、江淮汽车、同力重工、宇通重工、徐工集团、通运重工、陕西通力、三一重工、华菱重汽、金龙客车、宇通客车、安凯客车、中通客车等供货

★陕西德仕汽车部件集团有限责任公司
地址:西安市经济技术开发区泾渭工业园泾诚路中段 8 号
邮编:710201
电话:029/86957313
传真:86957366
网址:www.sqdsbj.com
电子信箱:deshibangongshi@sxqc.com
法定代表人:唐永科
质量体系:ISO 9001、ISO 14001
产品情况:铝合金油箱等汽车零部件、专用车、重型货车轮毂、汽车灯具、储气筒及汽车电子电器;零部件年配套能力达 15 万辆份,年产各类专用车 5000 辆
配套情况:为各重型商用车企业配套

★联合汽车电子有限公司西安厂
地址:西安市高新区上林苑三路 18 号
邮编:710399
电话:029/88351023
传真:89523616
网址:www.uaes.com
法定代表人:郭晓潞
质量体系:IATF 16949
产品情况:油泵、油泵支架总成、电子油门踏板、电子节气门体、碳罐控制阀、(通用执行器)
配套情况:为一汽集团、一汽-大众、哈航集团、吉林吉轻、一汽夏利、上汽通用(东岳)、上汽大众、上汽通用、奇瑞汽车、吉利汽车、合肥昌河、华晨汽车、上汽通用(北盛)、北汽福田、河北长城、东风汽车(襄阳)、长安铃木、长安福特、长安集团、神龙汽车、上汽通用五菱、一汽海马、东风汽车(广州)、东南汽车、比亚迪等配套

★陕西普天汽车配件有限公司
地址:陕西省宝鸡市高新区汽车工业园五丈原汽车大道 36 号
邮编:721002
电话:0917/8935678
传真:8935688
网址:www.qdputian.cn
电子信箱:xaptqp@126.com
法定代表人:安传江
质量体系:IATF 16949
产品情况:为中、重型货车、高档客车、微车配套铝合金油箱、铝合金储气筒、铁油箱、车身冲压及底盘焊接
配套情况:为中国重汽、青岛一汽、陕西重汽、包头北奔、集瑞联合、江淮汽车、南京徐工等主要汽车厂长期配套

★陕西北方动力有限责任公司
地址:陕西省宝鸡市陈仓区建国路
邮编:721300
电话:0917/6239081
传真:6296065
网址:www.norincogroup.com.cn
电子信箱:fzghb615@163.com
法定代表人:张宏伟
单位人数:1470
质量体系:IATF 16949、ISO 14001
产品情况:(北动牌、北方动力牌、SNDC 牌)
柴油发动机、摩托车、泵等产品
配套及出口情况:发动机曲轴箱主要配套重庆科克、无锡开普动力、无锡动力等公司;发动机凸轮轴主要配套重庆康明斯、山西柴油机等公司;发动机曲轴主要配套河北华北柴油机、德国 BF 公司;汽车冲压件、锻件、焊接件主要配套法士特集团、陕汽集团等公司;泵滤主要配套特种车辆,特种工程机械等;摩托车批量出口东南亚、西非、南美洲等国家和地区

★宝鸡秦益科技开发有限公司
地址:陕西省宝鸡市陈仓区科技工业园区(虢镇东门)
邮编:721300
电话:0917/6212330、6295081
传真:6295004
法定代表人:张红标
质量体系:IATF 16949、ISO 9001
产品情况:(秦益牌)
沙漠空气滤清器
配套情况:为重汽集团配套

★陕西嘉和华亨热系统股份有限公司
地址:陕西省岐山县蔡家坡经济开发区蔡五路南段 98 号
邮编:722405
电话:0917/8935550、18391797067
传真:8935555
网址:www.sxjhhh.com
电子信箱:huahenggongsiban@163.com
法定代表人:李宝民
质量体系:IATF 16949、ISO 9001
产品情况:(华亨牌)
汽车用铝制钎焊散热器、中冷器、冷凝器、蒸发器等
配套及出口情况:为陕汽牌重型越野车配套;出口亚洲、欧洲、美洲、非洲等地区的十几个国家

底盘零部件生产企业

• 查询导引 •

企业详细介绍

底盘零部件生产企业

☞ 企业如有变更,请与编辑部联系 ☎ 010/68426043、68420981

北京市

★泰斯福德(北京)科技发展有限公司
地址:北京市朝阳区八里庄西里住邦2000商务中心2号楼1007
邮编:100029
电话:010/65505568、4008826969
网址:www.tesd.com.cn
电子信箱:chengxiaodong@tesd.com.cn
法定代表人:冯文彩
质量体系:ISO 9001
产品情况:TESD汽车爆胎应急安全装置产品
配套情况:为宇通客车、南京依维柯、安徽安凯汽车等汽车厂家配套

★北京京西重工有限公司
地址:北京市石景山区石景山路31号盛景国际大厦C座7层
邮编:100043
电话:010/57537313
传真:57537313
网址:www.bwigroup.com
电子信箱:hq-office@bwigroup.com
法定代表人:赵久梁
质量体系:IATF 16949、ISO 14001
产品情况:(BWI牌)
磁流变减振器、主动式稳定杆、磁流变发动机悬置、被动式减振器、减振器模块、空气弹簧模块、制动角模块、真空助力器带主缸系统、鼓式制动器、制动钳、制动盘和制动鼓、转向节、防抱死装置、电子稳控系统等
配套情况:为奥迪、宝马、通用、捷豹、路虎、法拉利、一汽-大众等配套

★中国公路车辆机械有限公司
地址:北京市丰台区西客站南广场中盐大厦A座
邮编:100055
电话:010/61930234
传真:61930200
网址:www.zjcvmc.cn
电子信箱:zjcvmc@zjcvmc.cn
法定代表人:潘卫康
质量体系:IATF 16949
产品情况:汽车空气悬架系统,E-CAS电子空气悬架控制系统等
配套及出口情况:为客车、货车企业的首选配套总成;远销美国、法国、日本、意大利、中东、东欧、东南亚、非洲

★采埃孚汽车底盘系统(北京)有限公司
地址:北京市经济技术开发区兴海一街1号
邮编:100176
电话:010/67518981、67518950
传真:67518941
网址:www.zf.com
法定代表人:鲁本·本杰明
质量体系:IATF 16949
产品情况:汽车底盘零配件和汽车车桥系统的装配
配套情况:为北京奔驰配套

★北京华德液压工业集团有限责任公司
地址:北京市亦庄经济开发区同济北路5号
邮编:100176
电话:010/67881998、4000006987
传真:67882009、67872979
网址:www.huade-hyd.com.cn
法定代表人:廖显胜
质量体系:ISO 9001、ISO 14001
产品情况:液压阀、液压泵/马达、液压成套设备、液压铸件、密封件等

出口情况:远销美国、日本、土耳其、欧洲、亚洲等国家和地区

★北京瑞韩恩梯恩汽车部件有限公司
地址:北京市通州区光机电一体化产业基地
邮编:101111
电话:010/69507324
网址:www.ntn.com.cn
电子信箱:cuifenghua17@hotmail.com
法定代表人:李宪泽
质量体系:IATF 16949
产品情况:(NTN 牌)
等速万向节
配套情况:为北京现代配套

★北京现代坦迪斯变速器有限公司
地址:北京市通州区中关村科技园光机电一体化产业基地嘉创路 2 号
邮编:101111
电话:010/51652212
网址:www.hyundai-dymos.com
法定代表人:金映均
质量体系:ISO 14001、OHSAS 18001
产品情况:主要生产 DCT,手动乘用车变速器,年产 1130 万台变速器
配套情况:主要为北京现代、东风悦达起亚汽车配套,其配套的主要车型有索纳塔、伊兰特、途胜、悦动、名驭、领翔、御翔、瑞欧、雅绅特、赛拉图、智跑、狮跑、i30、K5、K2 和远舰等轿车

★天纳克(北京)汽车减振器有限公司
地址:北京市通州区工业开发区梧桐路
邮编:101113
电话:010/80889287
网址:www.tenneco.com
电子信箱:mzou1@tenneco.com
法定代表人:吴啸林
质量体系:IATF 16949
产品情况:(tenneco 牌)
汽车减振器
配套情况:为奥迪 A6、一汽捷达、上汽桑塔纳、尼桑蓝鸟、丰田海狮、神龙富康、标致 307、福特全顺、福特福克斯等产品配套

★北京博格华纳汽车传动器有限公司
地址:北京市通州区潞城镇召里工业区
邮编:101117
电话:010/69599902、69561515
传真:69599909
网址:www.borgwarner.com
电子信箱:shelleyyu2006@126.com
法定代表人:斯坦芬蒂姆
质量体系:IATF 16949、ISO 14001
产品情况:后轮驱动的四轮驱动分动箱、基用于前轮驱动的全轮驱动智能式扭矩管理系统、新能源汽车用电子驱动桥;各式自动变速器用电磁阀
配套情况:为南京依维柯、北京奔驰配套

★北京日进汽车系统有限公司
地址:北京市平谷区兴谷工业开发区 6 号
邮编:101200
电话:010/69950805、69950789
传真:69950689
电子信箱:13391785550@163.com
法定代表人:宋浩诚
质量体系:IATF 16949、ISO 14001
产品情况:制动器总成、驱动桥总成、变速器等
配套情况:为北京现代、东风悦达起亚、广汽本田等配套

★北京永信发谷汽车部件有限公司
地址:北京市平谷区兴谷工业开发区 M2-6 号
邮编:101200
电话:010/69959810
传真:89991459
网址:www.ys-kr.com
法定代表人:李相又
质量体系:IATF 16949、ISO 14001
产品情况:动力转向助力油泵、油压阀门间距调整器
配套情况:为北京现代、上汽通用、东风悦达起亚、长安福特、长安马自达、长城汽车等供货

★北京北汽远东传动部件有限公司
地址:北京市顺义区杨镇
邮编:101309
电话:010/84913022、61419072
传真:84913020
电子信箱:bqydzhb@163.com
法定代表人:赵保江
质量体系:IATF 16949
产品情况:各种汽车及机械用传动轴
配套情况:为北汽福田、北汽制造、长丰扬子、广汽三菱等主机厂配套

★北京亚太汽车底盘系统有限公司
地址:北京市顺义区兆丰产业基地园盈路 18 号
邮编:101318
电话:010/80493503、80477713
传真:80493102
电子信箱:liuyuqing@bjapg.com
法定代表人:杜斌
质量体系:ISO/TS 16949
产品情况:鼓式制动器总成、驻车制动器总成、制动踏板总成等
配套情况:为北京奔驰、北汽福田、北汽有限、沈阳中顺等配套

★万都(北京)汽车底盘系统有限公司
地址:北京市密云区经济开发区 C 区云西七街 15 号
邮编:101509
电话:010/61029188
网址:www.mando.com
电子信箱:zhiwei.zhang@halla.com
法定代表人:李起宽
质量体系:IATF 16949、ISO 14001
产品情况:主要生产和研发汽车制动系统、转向系统、悬架系统
配套情况:主要客户有北京现代、起亚汽车、上汽通用、长城汽车、长安汽车、沃尔沃汽车、宝马汽车、东风悦达起亚、奇瑞汽车、吉利汽车等

★北京首创轮胎有限责任公司
地址:北京市房山区城关街道顾八路二区 1 号
邮编:102400
电话:010/81306066、81306556
传真:81306088
网址:www.capitaltyre.com
电子信箱:baamsc@163.com
法定代表人:牛福海
质量体系:ISO/TS 16949、ISO 9001
产品情况:(京轮牌、盾牌、奥特嘉牌、BCT 牌)
子午胎、斜交胎,年产能力为 710 万条
配套及出口情况:为一汽集团、南京依维柯、跃进轻型汽车、上汽通用五菱、重汽集团、亚星客车、华晨金杯、陕汽集团、北汽福田、北奔重汽、重庆五十铃等配套;远销美洲、欧洲、大洋洲、非洲、中东、东南亚等地区

★北京市进联汽车刹车泵有限责任公司
地址:北京市房山区琉璃河地区平各庄
邮编:102403
电话:010/89381386、13381222870
传真:89383734
网址:www.bjjlgs.com
电子信箱:jinlianzhidong@126.com
法定代表人:张国玉
质量体系:IATF 16949
产品情况:汽车真空助力器,液压制动主缸、轮缸,高离合器主缸、工作缸,感载比例阀等系列产品
配套情况:主要向比亚迪、吉利、夏利、力帆等国内汽车厂配套

天津市

★天津国际联合轮胎橡胶股份有限公司
地址:天津市河西区东江道 50 号
邮编:300220
电话:022/28041218
传真:28041353
网址:www.tutrictire.com
电子信箱:tutric@public.tpt.tj.cn
法定代表人:李强
质量体系:ISO 9001、ISO 14001
产品情况:(天力牌)
装载机胎、自卸车胎、农业胎等工程轮胎、特种轮胎
出口情况:远销北美洲、南美洲、欧洲、大洋洲、中东、东南亚等 30 多个国家和地区

★天津市大港汽车配件弹簧厂
地址:天津市滨海新区大港街中塘镇工业园区
邮编:300270

电话:022/63269103
传真:63269168
网址:www. tj - gt. com
电子信箱:tjth@ tj - gt. com
法定代表人:王恩槐
单位人数:300
质量体系:IATF 16949、ISO 14001
产品情况:汽车稳定杆、螺旋弹簧、行李舱扭簧及控制臂等系列悬架件
配套情况:为现代 MOBIS、东风悦达起亚、华晨金杯、长城汽车、比亚迪汽车、东风柳汽、郑州日产、上汽商用车、吉利集团、江淮汽车、北汽福田等 40 余家主机厂供货

★天津津丰汽车底盘部件有限公司
地址:天津市东丽区津塘公路张贵庄立交桥顾庄旁
邮编:300300
电话:022/24932820、58083198
传真:24978815
电子信箱:tjytjt@ 163. com
法定代表人:邢菲丽
产品情况:汽车转向机总成、汽车传动轴总成、转向器

★天津丰田汽车锻造部件有限公司
地址:天津市东丽区经济开发区三经路三纬路
邮编:300300
电话:022/24995151
传真:24997373
网址:www. toyota. com. cn
电子信箱:linlu@ ttfc. com. cn
法定代表人:伊藤敏弘
质量体系:IATF 16949、ISO 9001
产品情况:具有年产等速万向节用锻造毛坯年产 120 万台、曲轴锻造毛坯年产 120 万台、连杆锻造毛坯年产 80 万台的生产能力
配套情况:为天津一汽夏利配套

★天津丰津汽车传动部件有限公司
地址:天津市东丽区先锋东路 81 号
邮编:300300
电话:022/24997777
传真:24990338
网址:www. toyota. com. cn
电子信箱:songguiqin@ tfap. com. cn
法定代表人:伊藤敏弘
质量体系:ISO 9001、ISO 14001
产品情况:具有年产等速万向节 91.7 万台、前桥后桥合计 131 万台、传动轴 9.3 万台、差速器 6 万台的生产能力
配套情况:为天津一汽夏利、天津一汽丰田等配套

★东海橡塑模具(天津)有限公司
地址:天津市津南经济开发区聚英路 6 号
邮编:300350
电话:022/88518088
传真:88518266
网址:www. sumitomoriko. co. jp
电子信箱:xfhan@ trmtokai. com. cn
法定代表人:铃木达志
质量体系:ISO/TS 16949
产品情况:汽车减振器和胶管
配套情况:主要客户有一汽丰田等

★天津德科汽车部件有限公司
地址:天津市津南区八里台镇科达一路 4 号
邮编:300350
电话:022/83946936、18649034905
网址:www. decotj. com
电子信箱:sales@ decotj. com
法定代表人:孙淑廷
质量体系:IATF 16949、ISO 14001
产品情况:电动助力转向控制器

★环宇东海橡塑(天津)有限公司
地址:天津市津南区小站镇荣盛路 2 号
邮编:300353
电话:022/28611132、28611403
传真:88617022
网址:www. chinahuanyu. com. cn
电子信箱:tianjie@ htrcn. com
法定代表人:大岛司
质量体系:IATF 16949、ISO 14001
产品情况:主要生产汽车橡塑零部件,包括驱动轴和转向系统密封防尘罩、橡胶减振件、高压点火线等
配套情况:为一汽-大众、美国福特、美国通用、一汽丰田、马自达、东风日产、一汽夏利、上海汽车、一汽轿车、海马汽车、长城汽车、华晨汽车、奇瑞汽车、长安汽车、东风汽车、比亚迪、江淮、北京汽车、吉利控股、神龙汽车、上汽通用五菱等配套

★天津双协机械工业有限公司
地址:天津市西青区中北镇营建支路夏利存车厂对过
邮编:300380
电话:022/58110000
传真:58110011
网址:www. futabasangyo. com
电子信箱:zsfan2008@ 126. com
法定代表人:村松雄二
质量体系:ISO 14001、OHSAS 18001
产品情况:制动器总成、专用高强度紧固件、冲压项目、车身钣金零部件、汽车用关键零部件
配套情况:为一汽丰田配套

★天津大兴汽车配件有限公司
地址:天津市西青经济开发区赛达汇亚工业园 16 号
邮编:300385
电话:022/23889981
电子信箱:tianjindaxing@ 126. com
法定代表人:柳东羲
质量体系:IATF 16949、ISO 14001
产品情况:汽车用充气减振器及发动机减振支架、变速器减振支架、前后制动轴减振支架等产品
配套情况:主要销售给北京现代、东风悦达起亚、上汽通用等企业

★捷太格特汽车部件(天津)有限公司
地址:天津市西青开发区兴华二支路 16 号
邮编:300385
电话:022/83989580
网址:www. jtekt. com. cn
法定代表人:立石修治
质量体系:IATF 16949、ISO 9001
产品情况:(KOYO 牌)
主要生产汽车驱动轴、转向机
配套情况:为丰田系列轿车配套

★普利司通(天津)轮胎有限公司
地址:天津市北辰区引河桥北铁道东
邮编:300400
电话:022/26881111、26881133
传真:26974024
网址:www. bridgestone. com. cn
电子信箱:bstj@ bridgestonetj. com
法定代表人:藤原朗裕
质量体系:IATF 16949、ISO 14001
产品情况:(普利司通牌)
乘用车、轻型载货汽车的中高档子午线轮胎,年产能力 900 万条
配套情况:为广汽本田的雅阁、奥德赛、飞度,天津一汽丰田的威驰,天津一汽夏利的威姿、雅酷,天津一汽华利的特锐,郑州日产的帕拉丁,长城赛弗等配套

★爱德克斯(天津)汽车零部件有限公司
地址:天津市高新技术产业园区北辰科技工业园华盛道 26 号
邮编:300402
电话:022/86993688
网址:www. advics. co. jp
法定代表人:今井隆好
质量体系:IATF 16949、ISO 14001
产品情况:汽车用制动器总成,盘式制动器卡钳、制动助力器/制动总泵、驻车制动器等汽车制动零部件
配套情况:为天津一汽丰田、天津丰津汽车传动部件、一汽轿车、东风汽车有限、东南(福建)汽车、天津一汽夏利汽车、爱德克斯(广州)汽车零部件等配套

★天津丰铁汽车部件有限公司
地址:天津市新技术产业园区北辰科技工业园津围公路东侧
邮编:300402
电话:022/26991001、23317430
传真:26991004
电子信箱:ujing@ ttap. com. cn
法定代表人:前田喜久雄(KIKUO MAEDA)
质量体系:ISO 9001、ISO 14001
产品情况:汽车制动器总成、专用高强度紧固件、汽车模具、焊装夹具、钣金件、焊接件
配套情况:为一汽丰田汽车配套

★天津百利得汽车零部件有限公司
地址:天津市经济技术开发区黄海路 260 号
邮编:300457
电话:022/66237010
电子信箱:913633808@ qq. com
法定代表人:范琦
质量体系:IATF 16949
产品情况:汽车转向盘(PU 转向盘、缝皮转向盘、水转印转向盘)、汽车内饰、手柄球
配套情况:客户包括一汽-大众、长安福特、长安马自达、长安铃木、武汉神龙、上汽大众、意大利菲亚特

★天津立中集团股份有限公司
地址:天津市经济技术开发区西区光华街 58 号
邮编:300457
电话:022/59889855、59889958
网址:www. lzwheel. com
电子信箱:haojiahui@ lzwheel. com
法定代表人:臧永兴
质量体系:IATF 16949、ISO 14001
产品情况:汽车、摩托车用铸锻毛坯件、铝合金车轮及相关配件

★天津丰通汽车零部件装配有限公司
地址:天津市塘沽经济技术开发区永丰街 45 号
邮编:300457
电话:022/66230280
传真:66230277
电子信箱:ducheng@ ttaa. toyotsu. net
法定代表人:NAKAYAMA HIROKI(中山弘挥)
产品情况:汽车轮胎

★勤威(天津)工业有限公司
地址:天津市经济技术开发区西区光华街 55 号
邮编:300462
电话:022/66320600
传真:66320620
网址:www. cmi - group. com. cn
电子信箱:zjc@ cmi - tj. com
法定代表人:何明宪
质量体系:IATF 16949、ISO 14001
产品情况:汽车制动盘等铸铁制品

★天津艾达自动变速器有限公司
地址:天津市经济技术开发区西区新业六街 9 号
邮编:300462
电话:022/66320110、66320208
传真:66320133
网址:www. tianjin - aw. com. cn
法定代表人:尾崎和久(OZAKI KAZUHISA)
质量体系:IATF 16949、ISO 9001
产品情况:小型汽车自动变速器
配套情况:为一汽丰田、一汽-大众、上汽大众的产品配套

★锦湖轮胎(天津)有限公司
地址:天津市经济开发区中南二街 333 号
邮编:300462
电话:022/59825555
网址:www. kumhotire. com. cn
电子信箱:ycli@ kumhotire. com
法定代表人:Kim Myeonghwan(金明焕)
质量体系:IATF 16949、ISO 9001
产品情况:子午线轮胎,年产 700 万套
配套情况:与重庆福特、一汽-大众、上汽通用、北京现代、东风神龙等配套

★天津天海同步科技有限公司
地址:天津市静海经济开发区金海道 5 号
邮编:301600
电话:022/68681588、18622158160
传真:68688816
网址:www. tanhas. com
电子信箱:guanchanglei@ tanhas. com
法定代表人:吴朝阳
单位人数:1300
质量体系:IATF 16949、ISO 14001
产品情况:(天鸿牌)
　　行星传动总成、高精同步器总成、差速器、限滑差速器及相关产品,致力于新能源汽车超精传动产品
配套情况:主要客户有博格华纳、ZF、格特拉克、大众、唐山爱信、长安铃木、约翰迪尔、伊顿、纽荷兰、爱科、东风日产、长城汽车、吉利汽车、华泰汽车、盛瑞传动、北京汽车、科力远等

★天津北特汽车零部件有限公司
地址:天津市静海经济开发区中央大道 16 号
邮编:301600
电话:022/59591618
传真:59591617
网址:www. sh - beite. com
法定代表人:靳晓堂
质量体系:IATF 16949、ISO 14001
产品情况:汽车转向器齿条、减振器活塞杆等
配套情况:主要客户包括一汽丰田、北京现代、长城汽车等

★本特勒汽车系统(天津)有限公司
地址:天津市武清区大王古庄镇京滨工业园京滨大道 18 号
邮编:301712
电话:022/22242710
网址:www. benteler. com
法定代表人:施宏
质量体系:ISO 14001、OHSAS 18001
产品情况:生产加工汽车相关零部件,包括驱动桥、控制臂等核心汽车零部件
配套情况:在国内的主要客户为北京奔驰

★万都(天津)汽车零部件有限公司
地址:天津市武清区逸仙科学工业园亨远路 20 号
邮编:301726
电话:022/82170666
传真:82102144
电子信箱:mingxia. zheng@ halla. com
法定代表人:KIM JONGHAE(金钟海)
质量体系:IATF 16949、ISO 14001
产品情况:制动钳、制动盘、转向节、轴承盖等汽车铸造件
配套情况:为北京现代、东风悦达起亚、上汽通用、长安汽车、奇瑞汽车、昌河汽车、庆铃集团等配套

河北省

★石家庄奥通机械设备制造有限公司
地址:河北省鹿泉市铜冶镇工业区
邮编:050221
电话:0311/82137988、13933127970
传真:82232666
网址:www. aotocz. cn
电子信箱:aotocz@ aotocz. cn
法定代表人:郄少峰
质量体系:ISO 9001
产品情况:年产车轴近万根、单点悬架 1000 余套、机械悬架 500 余套、空气悬架 500 余套
出口情况:出口国外市场

★石家庄龙马机械制造有限公司
地址:河北省鹿泉市铜冶镇南铜冶
邮编:050221
电话:0311/82237235、82130777
传真:82237490、82130000
电子信箱:info@ road - master. cn
法定代表人:张向阳
质量体系:ISO 9002
产品情况:车桥制动支架、半挂车悬架、空气悬架、汽车拖车配件、传动叉、各种精密铸钢件、齿轮、集装箱锁具、铸钢牵引座等铸件

★河北宇龙传动轴有限公司
地址:河北省安平县工业园东区
邮编:053600
电话:0318/7738999、7737999
传真:7737548
网址:www. ylcdz. com
电子信箱:yulong@ ylcdz. com
法定代表人:王晓叩
质量体系:IATF 16949
产品情况:汽车传动轴,年产 100 万支以上
配套情况:为金杯、天津一汽夏利、奥拓、保定天马、保定大迪、新凯汽车、北汽福田、曙光汽车、吉奥汽车、长安客车、上海万丰汽车等配套

★河北程杰汽车转向机制造有限公司
地址:河北省安平县工业园东区纬一路 28 号
邮编:053600
电话:0318/7738888、7736118
传真:7738988
网址:www. hebchengjie. cn

电子信箱:cjxiaoshoubu@hbchengjie.com
法定代表人:马理谦
单位人数:460
质量体系:IATF 16949
产品情况:(程杰牌)
具有年产商用车、乘用车转向机100万套,转向管柱50万套的生产能力
配套及出口情况:主要配套北汽福田、长安汽车、江淮等;出口美国、俄罗斯、欧洲等国家和地区

★深州市恒泰汽车配件有限公司
地址:河北省深州市东沿湾工业区
邮编:053861
电话:0318/3588358
传真:3589788
网址:www.hebei-hengtai.com
电子信箱:hengtai@hebei-hengtai.com
法定代表人:郗二魁
单位人数:220
质量体系:IATF 16949
产品情况:聚氨酯、ABS、改性聚丙烯、高压聚乙烯、工程聚丙为主要原材料的多种性能的转向盘及各种性能的聚氨酯发泡制品和各种塑料制品
配套情况:与长安汽车、长安客车、长安轻型车、长安铃木、保定长城、北汽银翔、江淮汽车、江苏卡威、上海东方久乐、河北中兴、众泰汽车、北汽福田等多家公司建立了长期稳定的协作配套关系

★河北凯普达汽车部件制造有限公司
地址:河北省深州市高古庄镇高古庄村村南
邮编:053873
电话:0318/3465720
传真:3465720
网址:www.hebeikpd.com
法定代表人:高峰
单位人数:206
质量体系:IATF 16949
产品情况:年生产能力汽车驻车制动器50万台(套);灰铁、球墨铸铁3500吨
配套情况:和东风、北汽福田、一汽通用、中国重汽、江淮集团、沈阳金杯、中国一拖、福田雷沃重工、山东时风集团、一汽长齿、山东蒙沃变速器公司建立了良好的合作配套关系

★衡水神通汽车方向盘有限公司
地址:河北省深州市马兰井工业区
邮编:053873
电话:0318/3281108
传真:3282168
电子信箱:hebeishentong@163.com、
法定代表人:刘彦华
质量体系:IATF 16949
产品情况:(深通牌)
转向盘、遮阳板、拉手、手柄球、注塑件等
配套情况:主要客户有中兴、江淮、北奔、北汽、中通、华泰现代、东安黑豹、长丰猎豹、江铃、一拖、临工等

★饶阳县京联机械制造有限公司
地址:河北省衡水市饶阳县五公镇工业开发区
邮编:053900
电话:0318/7461330、13932883986
传真:7463556
网址:www.ryjljx.com
电子信箱:bangongshi@ryjinglian.com
法定代表人:靳墨林
质量体系:IATF 16949
产品情况:汽车变速器零部件等
配套及出口情况:为北京博格华纳传动器等企业配套;出口印度等国家

★巨鹿县育红重型汽车配件有限公司
地址:河北省巨鹿县城工业园区
邮编:055250
电话:0319/4361601、4006127321
网址:www.jlyhqp.com
电子信箱:jlyhqp@163.com
法定代表人:张会兴
质量体系:IATF 16949
产品情况:矿用自卸车的液压密封件、高低压线束、液压油缸、机械加工件、齿轮、底盘系列件等
配套情况:为北奔重汽、内蒙古北方重型汽车股份等生产厂家配套

★河北百龙汽车配件股份有限公司
地址:河北省隆尧县固城镇工业园A3区2号
邮编:055350
电话:0319/6506688、6506658
传真:6506166
网址:www.hebeibailong.com
电子信箱:bailongzyb@163.com
法定代表人:张彦彬
质量体系:ISO 9001、ISO 14001
产品情况:(百龙牌)
年产汽车制动鼓、轮毂、制动盘5万余吨
配套及出口情况:国内与北汽福田欧曼、东风德纳车桥、湖北三环车桥、柳州方盛车桥、汉德车桥等大型车桥企业建立配套合作关系;出口美国、加拿大、阿根廷、智利、巴西、德国、意大利、荷兰、俄罗斯、中东、南非、澳大利亚、新西兰、东南亚等国家和地区

★河北福众汽车配件有限公司
地址:河北省新河县新兴街北段路西
邮编:055650
电话:0319/4783777、15632957777
传真:4783873
网址:www.hbfuzhong.com
电子信箱:fz@hbfuzhong.com
法定代表人:夏世雄
单位人数:260
质量体系:IATF 16949
产品情况:年产50万台中、重型桥件,60万台轿车冲压覆盖件

★邢台众力汽车配套有限公司
地址:河北省邢台市新河县和谐路南侧、新兴街西侧
邮编:055650
电话:0319/4845873、13903193923
传真:4845077
电子信箱:zl@xtzhongli.com
法定代表人:郜存辉
质量体系:IATF 16949
产品情况:主要生产汽车车桥零部件及各种轿车覆盖冲压件,年产能力60万台重型桥件,50万台中轻桥件
配套情况:主要为一汽解放、重汽桥箱、陕汽汉德、青岛青特、福田众力车桥、安徽华菱等国内大型汽车车桥厂配套

★沧州现代摩比斯汽车零部件有限公司
地址:河北省沧州市经济开发区现代路16号
邮编:061000
电话:0317/2138200
网址:cn.mobis.co.kr
电子信箱:5200005@gmobis.com
法定代表人:郑炫星
质量体系:ISO/TS 16949
产品情况:主要生产和组装汽车底盘及驾驶舱等模块
配套情况:为北京现代、起亚等配套

★沧州纳川机械配件有限公司
地址:河北省沧州市沧东工业园区黄河路2号
邮编:061024
电话:0317/4906111、4906999
传真:4802729、4906888
网址:www.ncjx.net
电子信箱:liuzhenjun106@163.com
法定代表人:刘振军
质量体系:IATF 16949
产品情况:(东神牌)
轮毂盖、元宝梁、挡尘板(防尘罩)、后桥壳盖、挂车合页、后桥桥壳总成、油箱支架等
配套及出口情况:与东风集团德纳车桥、重汽集团客车、重汽集团零部件、山西大运集团、山西中信车桥、成都三环车桥等合作;出口东南亚、欧洲、美洲等地区

★河北兴浦汽车制动器有限公司
地址:河北省沧州市沧东开发区
邮编:061026
电话:0317/4048282
传真:4958895
网址:www.hbxingpu.com
电子信箱:vacuumbooster@hbxingpu.com
法定代表人:刘云霞
单位人数:300
质量体系:ISO 9001
产品情况:(星普牌)
真空助力器
出口情况:80%的产品远销美洲、欧洲、东南亚50多个国家和地区

★北京北齿有限公司
地址:河北省黄骅市昌骅大街北汽产业园

邮编:061100
电话:0317/5606931、5606922
网址:www.chinabgc.cn
电子信箱:office@bgw.com.cn
法定代表人:谢华
质量体系:ISO/TS 16949
产品情况:轻型变速器、各种变速器齿轮(轴)、驱动桥螺旋伞齿轮;年产轻型变速器5万台、变速器齿轮(含轴)250万件、驱动桥螺伞齿轮50万套
出口情况:远销美国、俄罗斯、意大利、墨西哥等多个国家和地区

★黄骅市津华制动部件有限公司
地址:河北省黄骅市齐家务镇刘庄
邮编:061104
电话:0317/5961287
电子信箱:shiqcai@jhzd.net
法定代表人:秦景举
质量体系:IATF 16949、ISO 14001
产品情况:(津华牌)
各种车系消声片、导向架、报警卡簧、固定夹等制动片附件系列产品

★南皮县伟达五金制造有限公司
地址:河北省南皮县大树金开发区
邮编:061500
电话:0317/8796152、8798158
传真:8798158
网址:www.hbwdwj.com
电子信箱:czzbz@126.com
法定代表人:张宝柱
质量体系:IATF 16949
产品情况:制动片附件和制动系统冲压件
出口情况:出口欧洲、美国、中南美洲等国家和地区

★河北江津五金制品股份有限公司
地址:河北省南皮县东环工业园
邮编:061500
电话:0317/8662908、8771888
传真:8862758
网址:www.hbjjwj.com
电子信箱:ywz@hbjjwj.com
法定代表人:杨文志
单位人数:536
质量体系:IATF 16949、ISO 9001
产品情况:左、右后翼子板角板、上框、2号支架、离合器支架总成、脚踏板总成、驻车操纵杆总成等100余种产品
配套情况:主要客户有一汽-大众、长城汽车、天津一汽等

★沧州市龙翔机械有限公司
地址:河北省沧州市皂坡工业园
邮编:061724
电话:0317/4808898、18631776109
传真:4802720
网址:www.czslxjx.com
电子信箱:czlxjx@126.com
法定代表人:王彦明
质量体系:IATF 16949
产品情况:汽车车桥焊接件、底盘冲压件、车身件
配套情况:为北京福田戴姆勒、北奔重汽、大运汽车、陕西重汽、曙光集团、青特集团、英田集团等十几家著名企业配套

★河北双虎车业配件有限公司
地址:河北省河间市北石槽后羊店工业园
邮编:062453
电话:0317/3831187、13832700769
传真:3837137
网址:www.shcy168.cn
电子信箱:shcy168@126.com
法定代表人:孙玉增
质量体系:ISO 9001
产品情况:(双虎牌)
三轮摩托车、电动三轮车及电动汽车等车型的各类制动器
配套及出口情况:为福田重工、江苏宗申、山东大阳、江苏金彭、江苏跃进、河南双枪、河南力之星、河南隆鑫、比德文、山东力帆配套;出口越南、韩国、印度等国家

★唐山通力齿轮有限公司
地址:河北省唐山市高新技术产业园区火炬路206号
邮编:063020
电话:0315/5925858、5925890
传真:5925868
网址:www.tcgear.com.cn
电子信箱:tsuf@tcgear.com.cn
法定代表人:邢宝昌
质量体系:IATF 16949
产品情况:越野车和中高档SUV变速器;产能10万台
配套及出口情况:客户主要为北京汽车制造厂、郑州日产汽车、河北中兴汽车;每年向阿联酋、南非、马来西亚等国家出口200多万美元的汽车变速器总成

★唐山齿轮集团有限公司
地址:河北省唐山市开发区火炬路206号
邮编:063020
电话:0315/5929001、5929082
传真:5929119
网址:www.tscl.com.cn
法定代表人:邢宝昌
质量体系:ISO/TS 16949、ISO 9001
产品情况:汽车变速器及其零部件、分动器、专用汽车、工程齿轮、减速机等

★唐山龙润机械有限公司
地址:河北省唐山市丰润区林荫东路29号
邮编:063030
电话:0315/3226022
传真:3226021
网址:www.lrjx.net
电子信箱:admin@lrjx.net
法定代表人:邢宝昌
单位人数:180
质量体系:IATF 16949、ISO 14001
产品情况:轻型、微型、轿车变速器叉轴
配套情况:主要产品配套车型有天津丰田花冠、威驰、四川丰田考斯特、沈阳金杯(海狮、阁瑞斯)、郑州日产(SUV)、福建东南得利卡等

★唐山爱信齿轮有限责任公司
地址:河北省唐山市丰润区幸福道48号
邮编:063033
电话:0315/3086218、3086144
传真:3242352
电子信箱:syan@tagc.com.cn
法定代表人:伊藤慎太郎
质量体系:IATF 16949、ISO 14001
产品情况:(TAGC牌)
FR型变速器:5M系列、038系列、035系列、G(Y)系列、R04系列;FF型变速器:F041A系列、C系列、037系列
配套情况:为天津一汽丰田、四川一汽丰田、华晨金杯、长城汽车、东南汽车、北京奔驰、郑州日产、北汽福田、东风柳汽、广汽三菱、北京汽车等供货

★唐山丞起汽车零部件有限公司
地址:河北省乐亭县富强街127号
邮编:063600
电话:0315/4690773、4690712
传真:4690713
电子信箱:hbxd6699@sina.com
法定代表人:李晓泊
质量体系:IATF 16949
产品情况:汽车变速器壳体、冲压件、汽车塑料燃油箱、发动机隔板、进气歧管等
配套情况:主要市场用户有一汽伊顿变速器、一汽哈尔滨变速器、长春汇锋汽车齿轮、山西大同齿轮集团、唐山爱信齿轮、浙江中马汽车变速器、哈东安汽车动力股份7家主机厂以及天津一汽夏利、保定长城华北汽车、郑州轻型汽车制造厂等5家汽车厂

★唐山爱特精密机器制造有限公司
地址:河北省唐山市丰润区韩城镇南外环路
邮编:064002
电话:0315/5525988
传真:5528768
网址:www.aitgear.com
电子信箱:yangguoxin@vip.163.com
法定代表人:杨国新
质量体系:IATF 16949
产品情况:轻型客车、皮卡车、SUV、商务车的变速器总成及配件以及能够自动转移转矩的螺旋齿限滑差速器
配套及出口情况:与唐山爱信齿轮、上海汽车齿轮合作;出口日本、澳大利亚、南非、泰国、中东、南美洲等国家和地区

★玉田县恒通弹簧减震器有限公司
地址:河北省唐山市玉田兴玉工业园区
邮编:064100
电话:0315/6106835
传真:6162286

网址:www. thtth. cn
电子信箱:htzsw@ thtth. cn
法定代表人:周广权
单位人数:180
质量体系:ISO 9001
产品情况:(恒通牌)
汽车悬架弹簧、单体液压支柱复位拉簧、各种机械弹簧

★瑞立美联制动技术(廊坊)有限公司
地址:河北省廊坊市安次工业园安中路2号北区
邮编:065000
电话:0316/7161859
网址:www. sorl - lf. com
电子信箱:gxw@ sorl - lf. com
法定代表人:张晓平
单位人数:700
质量体系:IATF 16949、ISO 14001
产品情况:车用空压机,有2000多个品种
配套情况:为康明斯、潍柴、玉柴等高端客户配套

★河北前锋机器有限责任公司
地址:河北省廊坊市建设南路319号
邮编:065000
电话:0316/2665858、2663655
传真:2666813
网址:www. qfgs. com. cn
电子信箱:qfgs@ qfgs. com. cn
法定代表人:杨国忠
质量体系:IATF 16949、ISO 14001
产品情况:各类车用扭杆弹簧、稳定杆、推力杆等底盘零部件,专用车辆液压油缸等
配套情况:为华晨金杯、北方奔驰、长城、福田、曙光、金龙、金旅、一汽、上汽、东风、北汽、长安、宇通、江淮等20多家汽车主机厂配套

★廊坊开发区康太斯空压机有限公司
地址:河北省廊坊市开发区创业路89号
邮编:065000
电话:0316/6088888、6066208
传真:6066209
电子信箱:15614204660@ 163. com
法定代表人:刘胜军
质量体系:IATF 16949
产品情况:(巨牛牌)
各类中重型载货汽车、大型轿车制动空压机
配套情况:为东风康明斯、天津珀金斯、玉柴动力、宇通客车、华菱汽车配套

★廊坊开发区瑞达汽车制动器有限公司
地址:河北省廊坊开发区耀华道8号
邮编:065001
电话:0316/5908255
传真:6082406
网址:www. lfruida. com
电子信箱:rdcw5908258@ 126. com
法定代表人:彭玉森
质量体系:IATF 16949、ISO 14001
产品情况:汽车前、后制动器产品
配套情况:为奇瑞、吉利、比亚迪、众泰、北汽、四川野马、一汽轿车、华泰等配套

★卢卡斯伟利达廊重制动器有限公司
地址:河北省廊坊市经济技术开发区祥云道16号
邮编:065001
电话:0316/6073108
传真:6089981
网址:www. zf. com
法定代表人:刘建平
单位人数:800
质量体系:IATF 16949、ISO 14001
产品情况:汽车制动器及相关产品
配套情况:主要客户有一汽-大众、上汽大众、通用汽车、华晨宝马、北京奔驰、一汽丰田、广汽丰田、宝沃汽车、北汽福田等

★布雷博惠联(廊坊)制动系统有限公司
地址:河北省廊坊市安次工业园安中路2号
邮编:065099
电话:0316/7161870、7161864
网址:www. brembo. com/cn
电子信箱:info@ asimco - braking. com
法定代表人:董连伟
质量体系:IATF 16949、ISO 14001
产品情况:(LF牌)
乘用车制动盘,制动卡钳和制动模块
配套情况:主要客户为一汽-大众、上汽大众、北京奔驰、一汽轿车等中高端乘用车厂

★三河市精益机械制造有限公司
地址:河北省三河市李旗庄工业园区
邮编:065206
电话:0316/3450483、3457093
传真:3450807
网址:www. cnjingyi. cn
电子信箱:jingyijixie@ vip. 163. com
法定代表人:纪志国
单位人数:600
质量体系:IATF 16949、ISO 9001
产品情况:齿轮箱减速器总成、行星减速器、集电极、大小绞盘、铝舱门等零部件
配套及出口情况:为一汽集团、东风汽车、上汽通用、一汽轿车、北京现代、一汽丰田、菲亚特、东南汽车配套;远销美国、法国、南非、沙特阿拉伯、西班牙等十几个国家和地区

★香河旭明源汽车配件有限公司
地址:河北省廊坊市香河淑阳镇秀水街7号
邮编:065400
电话:0316/8580363、8338753
传真:8580802
电子信箱:zcjgd@ 126. com
法定代表人:孙占永
质量体系:IATF 16949、ISO 14001
产品情况:汽车制动盘、蹄铁、铝制品、制动鼓等
出口情况:远销欧洲、美国

★香河凯华齿轮有限公司
地址:河北省廊坊市香河县经济开发区运河大道二号路
邮编:065400
电话:0316/8875658、8876665
传真:8871068
电子信箱:kh@ hbkhchilun. com
法定代表人:李泽先
质量体系:IATF 16949
产品情况:主要生产各类汽车同步器、汽车同步器粉末件、变速器齿轮、轴类及铁、铜基粉末冶金零部件
配套情况:主要客户包括天津一汽变速器、奇瑞汽车、浙江吉利汽车等

★香河紫辰汽车配件有限公司
地址:河北省香河县淑阳镇绣水街7号
邮编:065499
电话:0316/8589376
传真:8580801
网址:www. zichen - group. com
电子信箱:harvey. wang@ zichen - casting. com
法定代表人:魏晓旭
质量体系:IATF 16949
产品情况:汽车制动盘,年生产650余万件
出口情况:主要出口北美洲、欧洲等地区

★秦皇岛中秦渤海轮毂有限公司
地址:河北省秦皇岛市经济技术开发区黑龙江西道7号
邮编:066000
电话:0335/7078787
网址:www. xlwheels. com. cn
电子信箱:dxzzcwb@ sohu. com
法定代表人:钱炜麟
质量体系:IATF 16949
产品情况:一期年产低压铸造铝合金车轮200万只

★秦皇岛戴卡兴龙轮毂有限公司
地址:河北省秦皇岛市经济技术开发区黑龙江西道15号
邮编:066004
电话:0335/7078787、8016155
网址:www. xlwheels. com. cn
电子信箱:dxzzcwb@ sohu. com
法定代表人:杨小禹
质量体系:IATF 16949、ISO 14001
产品情况:年产高强度轻量化铸造铝合金轮毂380万只、锻造铝合金轮毂60万只

★秦皇岛兴龙轮毂有限公司
地址:河北省秦皇岛市开发区黑龙江西道7号
邮编:066004
电话:0335/8016508、7078787

传真:8581105、8581052
网址:www. xlwheels. com. cn
电子信箱:xlwheels@ 163. com
法定代表人:张殿杰
质量体系:IATF 16949、ISO 14001
产品情况:具有年产铝合金车轮 360 万只的生产能力
配套及出口情况:为郑州宇通、东风商用车、一汽轿车、北汽福田等配套;近 90% 的产品为 OEM 产品,主要供应欧美、日本等国际一流汽车厂

★秦皇岛立中车轮有限公司
地址:河北省秦皇岛市开发区金山北路 15 号
邮编:066004
电话:0335/5910205、5910333
网址:www. lzwheel. com
电子信箱:songmengjing@ lzwheel. com
法定代表人:臧永兴
质量体系:IATF 16949、ISO 14001
产品情况:主要生产 13 ~ 24 英寸的轿车、越野车和轻型货车铝合金车轮,年生产能力为 80 万只

★ 中信戴卡股份有限公司

地址:河北省秦皇岛经济技术开发区龙海道 185 号
邮编:066011
电话:0335/5358888
传真:5359999、5358564
网址:www. dicastal. com
电子信箱:sales@ dicastal. com
法定代表人:武汉琦
质量体系:IATF 16949、OHSAS 18001、ISO 14001、ISO 9001
产品情况:[戴卡(Dicastal)牌]
汽车铝合金轮毂
配套情况:为奔驰、宝马、奥迪、大众、标致 - 雪铁龙、雷诺 - 日产、菲亚特、通用、福特、克莱斯勒、丰田、本田、马自达、现代 - 起亚以及一汽、上汽、东风、广汽、北汽、长安等国外、国内主要整车制造商配套供货
☞ 详细情况请参阅彩色宣传版面

★保定市立中车轮制造有限公司
地址:河北省保定市七一东路 948 号
邮编:071000
电话:0312/5997627、5997688
网址:www. lzwheel. com
法定代表人:臧永兴
质量体系:IATF 16949、ISO 14001
产品情况:(欧马牌、TG 牌、AOEM 牌)
低压铸造铝合金车轮,铸造旋压铝合金车轮,液态模锻铝合金车轮,低压铸造、重力铸造、液态锻造等车轮模具
配套及出口情况:主要客户有宝马、奥迪、菲亚特、通用、克莱斯勒、一汽、北汽、现代、马自达等;出口欧洲、美国、日本、韩国、俄罗斯

★保定市格瑞机械有限公司
地址:河北省保定市云杉路 126 号
邮编:071051
电话:0312/3336869、3336861
网址:www. greatmachinery. com. cn
电子信箱:grjx126@ 126. com
法定代表人:王庆党
质量体系:IATF 16949、ISO 14001
产品情况:(长城牌)
汽车转向、悬架类球铰链总成、一体式摆臂总成、换向器等,年生产能力逾 1700 万件
配套情况:为长城汽车、江西五十铃、比亚迪汽车、江淮汽车、北汽福田、中兴汽车、汉腾汽车等整车企业以及采埃孚、博世、豫北转向、湖北恒隆、天津弹簧厂、沈阳中车等零部件企业配套

★保定永兴汽车同步器制造有限公司
地址:河北省保定市清苑区石桥工业园区
邮编:071100
电话:0312/8041999、8041868
传真:8041868
网址:www. yxtbq. cn
电子信箱:13703228836@ 139. com
法定代表人:史金锁
质量体系:IATF 16949
产品情况:汽车同步器齿环;具备年产各类轿车、重、中、轻、微型货车等系列产品 800 万件同步器齿环和 150 万套钢环(钢基喷钼)同步器齿环生产能力
配套情况:为安徽星瑞齿轮、重汽大同齿轮、株洲齿轮、南京汽车变速器、浙江万里扬、哈尔滨一汽变速器、北京北齿、一汽轿车长春齿轮厂、山东临工汽车桥箱、湖北襄阳江山汽车变速器、浙江长泰、桂林星火机械等配套

★保定华建机械有限公司
地址:河北省定兴县开发区华建路 198 号
邮编:072650
电话:0312/6925491、6925490
传真:6921522
网址:www. hbj. com. cn
电子信箱:bdhj@ hbj. com. cn
法定代表人:李建国
单位人数:1300
质量体系:ISO 9001
产品情况:(华建牌)
年产桥壳 8 万支、半轴 50 万支
配套情况:为广汽三菱汽车配套桥壳和半轴,为金杯汽车配套桥壳,为长城汽车配套半轴

★耐世特凌云驱动系统(涿州)有限公司
地址:河北省涿州市松林店镇凌云集团院内
邮编:072761
电话:0312/3676551、3677322
网址:www. nexteerly. com
电子信箱:lin. song@ nexteerly. com
法定代表人:李军
质量体系:IATF 16949、VDA 6. 1
产品情况:汽车用等速半轴及其零件
配套情况:为一汽集团、上汽大众、天津一汽、一汽-大众、长安铃木、奇瑞汽车、保定长城等供货

山西省

★中国重汽集团大同齿轮有限公司
地址:山西省大同市云州街 99 号
邮编:037305
电话:0352/2416315、4006080819
传真:7696111、2416444
网址:www. dcgroup. com. cn
电子信箱:dcgroup@ sinotruk. com
法定代表人:文中
质量体系:IATF 16949、ISO 14001
产品情况:年生产能力:轻、中、重型商用汽车及客车变速器 22 万台,汽车发动机齿轮 150 万件,工程机械齿轮 60 万件
配套及出口情况:为东风公司、福田欧曼、宇通客车等国内数十家主机厂供货;商用汽车变速器配装整车和 CKD 出口到东南亚、中东、非洲、南美洲、俄罗斯等地区和国家;发动机齿轮和工程机械齿轮主要为美国康明斯公司,德国曼、奔驰,美国迪尔公司、纽荷兰公司、爱科公司和英国杰西博公司供货

★襄汾县恒泰制动器有限公司
地址:山西省襄汾县南辛店乡南临夏线 18 号
邮编:041505
电话:0357/3681388、18535762020
传真:3681468
网址:www. sx - hengtai. com
电子信箱:hengtai@ vip. 163. com
法定代表人:李世荣
质量体系:IATF 16949、ISO 9001
产品情况:制动盘、制动鼓、轮毂,自主研发高碳低合金灰铸铁材料汽车制动盘、鼓
配套及出口情况:为重汽等国内汽车制造厂配套;远销美国、德国、加拿大、意大利、墨西哥、以色列、韩国等国家;为美国、德国、意大利的汽车制造公司直接配套

★山西建邦集团铸造有限公司
地址:山西省侯马市张村工业园
邮编:043000
电话:0357/4062267、4062208
传真:4062266
网址:www. sxjbjt. com
电子信箱:liyj@ sxjbjt. com
法定代表人:吴晓年
质量体系:ISO 9001、ISO 14001
产品情况:(JB 牌)
制动鼓等

★山西汤荣机械制造股份有限公司
地址:山西省侯马市凤雷街 168 号

邮编:043013
电话:0357/4092233、4092035
传真:4092013
网址:www. cnsxtr. com
电子信箱:trxszgs@ 163. com
法定代表人:曹全青
单位人数:980
质量体系:IATF 16949
产品情况:(实优牌)
生产制动鼓、制动蹄、制动底板、轮毂等
配套及出口情况:是东风、陕汽、福田、上汽红岩等重型货车厂家战略合作伙伴;大中客车市场中是三龙一通指定制动鼓独家供货;销售网络辐射北美洲、南美洲、欧洲、大洋洲、中东、非洲等国家和地区

★中信机电车桥有限责任公司
地址:山西省绛县四号信箱营销总公司
邮编:043608
电话:0359/6884593
传真:6888226
网址:zxjdcq. cn
电子信箱:zxcqyxzgs@ 163. com
法定代表人:陈坚
质量体系:IATF 16949
产品情况:(晋南牌)
重型汽车离合器、重型汽车车桥;特种车辆变速器、履带板,高铁多功能作业车配套的车轴齿轮箱、高机动越野车及警用防暴车的断开式驱动桥,已形成年生产重型汽车离合器 12 万台、重型车桥 10 万台的能力
配套情况:重型汽车离合器为工程机械制造商三一重工、发动机制造商广西玉柴配套;为旅行车(大、中型客车)制造商郑州宇通、厦门金龙、上海申龙等公司配套;重型汽车车桥为一汽集团、东风汽车集团、陕西汽车集团、安徽江淮汽车集团、北汽福田等配套

★山西银光华盛镁业股份有限公司
地址:山西省闻喜县姚村工业园区中路1号
邮编:043800
电话:0359/7468048、13834577888
传真:7468020
网址:www. yg - mg. com
电子信箱:wangzongkun@ yg - mg. net
法定代表人:任龙太
单位人数:3000
质量体系:IATF 16949、ISO 9001
产品情况:镁合金汽车轮毂等,拥有年产原生镁锭 10 万吨、镁合金 3 万吨、镁深加工产品 2 万吨的生产能力

★太重榆液长治液压有限公司
地址:山西省长治市屯留县康庄工业园区
邮编:046100
电话:4000355945
传真:6028016
网址:www. changye. net
电子信箱:czhydraulic@ 126. com
法定代表人:王红兵
质量体系:IATF 16949、ISO 9001
产品情况:(CHANGZIYEYA 牌)
汽车转向泵等
配套及出口情况:为东风康明斯、广西玉柴动力、山推股份、雷沃动力、北汽福田、重汽大齿、陕西法士特、柳州采埃孚等配套;出口美国、意大利、新加坡 20 多个国家和地区

★晋城市路宝汽车铝部件制造有限公司
地址:山西省晋城市泽州县金村工业园区
邮编:048000
电话:0356/2212221
网址:jnlbwheel. cn
电子信箱:showyoump@ 126. com
法定代表人:魏太平
质量体系:IATF 16949
产品情况:汽车铝合金轮毂
配套及出口情况:与国内部分知名铝合金轮毂企业进行战略合作;零售产品已打入欧美、中东和东南亚等地汽配市场

内蒙古

★内蒙古一机集团北方实业有限公司
地址:内蒙古包头市青山区民主路
邮编:014032
电话:0472/3118472、3635808
网址:www. nmgyj. com
电子信箱:beifangshiye8348@ 126. com
法定代表人:席世军
质量体系:IATF 16949、ISO 9001
产品情况:(北实牌)
重型汽车制动器、离合器、车轮、车架及各类冲压结构件
配套情况:主要为北奔重汽等配套

★内蒙古中钰镁合金锻造轮毂有限公司
地址:内蒙古乌海市海勃湾区乌海经济开发区海勃湾工业园
邮编:016099
电话:0473/6951111、15849303777
网址:www. zhongyumy. com
电子信箱:zymy@ zhongyumy. com
法定代表人:张瑞海
质量体系:ISO 9001、IATF 16949
产品情况:以镁合金锻造轮毂为主要产品

★内蒙古宏达压铸有限责任公司
地址:内蒙古兴安盟科右前旗工业园区都林街北侧 4 - 21 号
邮编:137700
电话:0482/8390735、8390633
传真:8390633
网址:www. yazhunm. com. cn
电子信箱:nmghdyz@ 126. com
法定代表人:宋国宏
质量体系:IATF 16949、ISO 14001
产品情况:(内压牌)
变速器前壳体、中间壳体、后壳体、离合器壳体、变速器壳体、防护罩、发电机支架、坐垫骨架、曲后油封支座、同步链罩壳、120 上盖等压铸产品
配套情况:是一汽-大众、上汽大众、大众汽车(大连)发动机、重汽集团、重汽大同齿轮的定点配套供应商

辽宁省

★沈阳金亚汽车传动轴有限公司
地址:沈阳市经济技术开发区花海路
邮编:110027
电话:024/88201915、88201801
传真:88214828
电子信箱:kitty@ shenyang - spicer. com. cn
法定代表人:涂胜国
质量体系:IATF 16949、QS 9000
产品情况:轻型、中型车传动轴总成、后桥半轴、桥管及单件
配套情况:为东南汽车、福建台亚、华晨金杯、河北中兴等配套

★沈阳上汽汽车变速器有限公司
地址:沈阳市经济技术开发区开发大路8 号
邮编:110027
电话:024/25378900、25378903
网址:www. brilliance - auto. com
电子信箱:nanx@ sagw. com
法定代表人:钱向阳
产品情况:主要生产汽车变速器及零部件
出口情况:远销东南亚

★沈阳一东四环离合器有限责任公司
地址:沈阳市皇姑区元江街 6 号
邮编:110031
电话:024/86871364、67788135
传真:86871364、86750452
网址:www. syydsh. cn
电子信箱:5680759@ qq. com
法定代表人:孟庆洪
质量体系:IATF 16949
产品情况:(四环牌)
汽车离合器
配套情况:为沈阳航天三菱、江淮汽车配套

★普利司通(沈阳)钢丝帘线有限公司
地址:沈阳市经济技术开发区十一号路4 号
邮编:110035
电话:024/25378700
传真:25378701
网址:www. bridgestone. com. cn
电子信箱:fu. ruifang@ bridgestoness. com
法定代表人:水田和则
质量体系:ISO 14001、OHSAS 18001
产品情况:(普利司通牌)
客车及载货汽车用全钢丝载重子午线轮胎

★沈阳平和法雷奥汽车传动系统有限公司
地址:沈阳市大东区大古城街31号
邮编:110122
电话:024/31301802、31301708
网址:www.valeo.com.cn
电子信箱:jiayuan.he@vph.com
法定代表人:张洛泽
单位人数:219
质量体系:IATF 16949、ISO 14001
产品情况:离合器、飞轮、传动系及其部件
配套情况:为保定长城、江淮汽车、上海汽车、华晨汽车、北京福田、华菱汽车等供货

★采埃孚伦福德汽车系统沈阳有限公司
地址:沈阳市经济技术开发区开发大路8甲3号
邮编:110141
电话:024/25348116
传真:25370930
网址:www.zf.com
法定代表人:本杰明·卢斯
质量体系:IATF 16949
产品情况:(采埃孚伦福德牌)
乘用车底盘、前后桥及其附件、汽车变速器换挡系统及其附件、汽车电子装置和零件、新能源汽车电动发动机
配套情况:为华晨宝马配套

★普利司通(沈阳)轮胎有限公司
地址:沈阳市经济技术开发区沈西六东路53号
邮编:110141
电话:024/29356470
传真:25813757
网址:www.bridgestone.com.cn
电子信箱:wang.liyan@bridgestonesy.com
法定代表人:早川弘昭
单位人数:1200
质量体系:IATF 16949、ISO 14001
产品情况:(BS牌)
载货汽车、客车用全钢丝载重子午线轮胎
配套情况:为一汽集团配套

★沈阳金杯恒隆汽车转向系统有限公司
地址:沈阳市经济技术开发区云海路15号
邮编:110141
电话:024/25377031、25377162
传真:25377035
网址:www.chl.com.cn
电子信箱:jbhlrl@163.com
法定代表人:谢耀煌
质量体系:IATF 16949
产品情况:具备40万台齿轮齿条液压助力转向系统和20万台电动助力转向系统制造能力
配套情况:主要配套客户有华晨金杯、华晨中华、丹东曙光、苏州金龙、厦门侨隆、南京金龙、河北御捷等

★中车集团沈阳汽车车桥制造有限公司
地址:沈阳市于洪区洪汇路226号
邮编:110141
电话:024/25523628、89305673
法定代表人:孙毓卿
单位人数:700
质量体系:IATF 16949、ISO 14001
产品情况:(沈舟牌)
轻型汽车车桥、机加工件(差速器壳、主减速壳、轴承座、转向节、转向臂、球支撑、琵琶式桥壳、拉杆等)
配套及出口情况:为沈阳华晨金杯、河北中兴、北京汽车、厦门金龙、江苏九龙、一汽通用等整车装配厂供货;部分产品出口

★沈阳金通汽车零部件制造有限公司
地址:沈阳市经济技术开发区冶金七街10号
邮编:110209
电话:024/27791221、27791212
网址:www.jtqp.cn
电子信箱:office@jtqp.cn
法定代表人:姜涛
单位人数:230
质量体系:IATF 16949
产品情况:(助安牌)
真空助力器,液压制动主缸、轮缸,离合器主缸、轮缸,比例阀等四大系列
配套及出口情况:主要为华晨金杯、长城汽车、一汽通用、北汽集团、沈阳金杯车辆、中航黑豹、丹东曙光、吉奥汽车等配套;出口东南亚等地区

★富奥辽宁汽车弹簧有限公司
地址:辽宁省辽阳市太子河区千渠路82号
邮编:111000
电话:0419/3679111、3679222
传真:3679189
网址:www.fawlt.com
法定代表人:甘先国
质量体系:IATF 16949、ISO 14001
产品情况:(向阳牌)
多种叠片簧、渐变刚度弹簧、少片变截面弹簧、双曲率半径及平直段的汽车钢板弹簧和空气悬架导向臂弹簧
配套及出口情况:为一汽解放、北奔重汽、安徽华菱、郑州宇通、青岛汽车、华晨金杯、吉林轻型等国内知名整车厂配套;部分产品出口美国、英国、法国、韩国、意大利等国家

★辽宁忠相铝业有限公司
地址:辽宁省辽阳市辽阳经济开发区滨河北街16号
邮编:111000
电话:0419/2283333、2358888
传真:2283333
网址:www.lnzxly.com
电子信箱:sales@zhongxiangalu.cn
法定代表人:周凤亮
质量体系:IATF 16949、ISO 9001
产品情况:(忠相牌)
主导产品为商用各类高中档货车、客车、商务车及国防、消防、安全等特种功能车辆使用的高强铝合金车轮和凸缘轴头,年产能500万只
出口情况:远销韩国、欧洲、美国等国家和地区

★蒂森克虏伯富奥辽阳弹簧有限公司
地址:辽宁省辽阳市双胜路168号
邮编:111000
电话:0419/2190976、3739110
传真:2190710
网址:www.fawer.com.cn
电子信箱:qiufang.tian@thyssenkrupp.com
法定代表人:马里奥·格洛普
质量体系:IATF 16949、ISO 14001
产品情况:螺旋弹簧、稳定杆、扭杆等,具有年产700万只螺旋弹簧、300万只稳定杆、38万只扭杆的生产能力
配套及出口情况:为长春一汽轿车、一汽-大众、上汽大众、华晨宝马、北京奔驰、重庆长安福特、长安马自达、神龙、江淮汽车、长城汽车、华晨汽车、上汽通用等知名厂家提供全系列高级品牌车的悬架配件;出口韩国、俄罗斯、土耳其等国家和地区

★鞍山太阳锻造实业有限公司
地址:辽宁省鞍山市千山区衡业街9号
邮编:114016
电话:0412/8212836、13464336188
传真:8230544
电子信箱:664089631@qq.com
法定代表人:魏诚同
单位人数:500
质量体系:ISO/TS 16949、ISO 9001
产品情况:汽车前轴、悬架件等,汽车前轴年产能力40万支以上
配套情况:为一汽解放、中国重汽集团、东风车桥公司配套

★辽宁衡业汽车新材股份有限公司
地址:辽宁省鞍山市千山区衡业街1号
邮编:114045
电话:0412/8468958
传真:8468948
网址:www.hywheel.com
电子信箱:hy@hywheel.com
法定代表人:刘井野
质量体系:IATF 16949、ISO 9001
产品情况:(衡牌)
生产汽车轮辋型钢、挡圈型钢、汽车轮辐、弹性挡圈、滚行车轮、型钢车轮等产品
配套及出口情况:为一汽集团、东风汽车、中国重汽、宇通客车、中通客车、亚星客车等配套;出口美国、英国、墨西哥、日本、韩国、印度、越南、印度尼西亚等国家

★营口金霖实业有限公司
地址:辽宁省营口市仙人岛能源化工区中小企业园中纬路21号
邮编:115200

电话:0417/7849599、7849699
传真:7843989、7848499
网址:www. ybauto. com
电子信箱:ybauto@ 126. com
法定代表人:张学霖
单位人数:500
质量体系:IATF 16949
产品情况:(永金牌)
各种国产乘用车、商用车及新能源汽车液压制动泵、离合泵、真空助力器等产品
配套及出口情况:为华晨金杯、一汽通用等多家主机厂配套;出口多个国家

★大连捷太格特创新汽车部件有限公司
地址:辽宁省大连市经济技术开发区48 号
邮编:116001
电话:0411/87338553
网址:www. jtekt. co. jp
电子信箱:jdi@ toyoda - di. com
法定代表人:立石修治
质量体系:IATF 16949、ISO 9001
产品情况:(捷太格特牌)
减振皮带轮
配套情况:为北美洲丰田、一汽丰田、哈尔滨东安、上海汽车供货

★大连液压件有限公司
地址:辽宁省大连市经济技术开发区双D 港生命二路9 号
邮编:116033
电话:0411/87556812、87556820
传真:87556818
电子信箱:1269513345@ qq. com
法定代表人:曲道堂
质量体系:IATF 16949、QS 9000
产品情况:轿车、中、重型货车的汽车液压转向助力泵,中、重型货车用汽车驾驶室翻转装置,液压油缸和液压系统
配套及出口情况:为锡柴、潍柴、大柴、陕汽、中国重汽、一汽解放、东风、北汽欧曼、青汽解放、天津夏利、华菱汽车、江淮汽车等配套;出口国外市场

★大连固特异轮胎有限公司
地址:辽宁省大连市普兰店区大连海湾工业区振兴街8 号
邮编:116033
电话:0411/86669999、83280000
传真:86661938
网址:www. goodyear. com. cn
电子信箱:tingting_liu@ goodyear. com
法定代表人:Nathaniel Chao Madarang
质量体系:IATF 16949、ISO 9001
产品情况:(GOODYEAR 牌)
轿车、轻型载货汽车子午线轮胎
配套情况:为包括宝马5 系列、奥迪A6L、奥迪A4、大众迈腾、新宝来、本田思域、丰田卡罗拉、马自达3、福特福克斯两厢/三厢、福特S-MAX、新蒙迪欧、雪铁龙新标致307、长城哈弗、长城嘉誉、凯迪拉克SLS、君悦Hybrid、名爵MG TF、名爵MG 7、荣威750/550 等多款主流车型配套

★大连正达车轮有限公司
地址:辽宁省大连市甘井子区新水泥路79 号
邮编:116039
电话:0411/86425588、86427788
传真:86427788
网址:www. zdwheel. com
电子信箱:zd@ zdwheel. com
法定代表人:李元建
单位人数:380
质量体系:ISO 9001
产品情况:汽车挡圈用型钢年产量5 万吨,轮辋型钢年产量超过10 万吨
出口情况:出口东南亚、大洋洲、大洋洲、欧洲、美洲等地区

★大连德迈仕精密科技股份有限公司
地址:辽宁省大连市旅顺口区兴发路88 号
邮编:116052
电话:0411/62187998、62657788
传真:62187977、62657766
网址:www. cdms - china. com
电子信箱:cdms@ cdms - china. com
法定代表人:何建平
质量体系:IATF 16949、ISO 9001
产品情况:各类汽车轴、精密马达轴、工业零部件等系列
配套情况:已与博世、法雷奥、丰田织机等30 余家世界汽车零部件厂商建立良好合作关系

★大连鸿源机械制造有限公司
地址:辽宁省大连市普兰店区杨树房镇经济技术开发小区
邮编:116215
电话:0411/83459201
传真:83459202
电子信箱:zhaiweilan@ haoxingroup. com
法定代表人:金振伟
单位人数:200
质量体系:IATF 16949
产品情况:制动盘、制动鼓、制动支架、制动钳体、带轮、后板、阀体、铜铸件、铝铸件,设计年产3 万吨精密的铜、铁、铝铸件
配套情况:为国外大型汽车制造商OEM 配套

★瓦房店宏达等速万向节制造有限公司
地址:辽宁省瓦房店市北共济大街一段一号
邮编:116300
电话:0411/39117201、39117209
传真:85517999、85504389
电子信箱:zwzwhccww@ 163. com
法定代表人:魏俊峰
质量体系:IATF 16949、ISO 9001
产品情况:球笼式等速万向节和传动轴总成
配套情况:为一汽CA141K2T5 型4 × 4越野货车、北汽霸道、南汽军车、江南奥拓、吉利(美日、优利欧、自由舰)轿车、徐工集团工程车等配套

★大连瑞谷科技有限公司
地址:辽宁省瓦房店市兴工大街1 号
邮编:116300
电话:0411/85570057、85570337
传真:85570057
网址:www. dlruigu. cn
电子信箱:bangongshi@ dlruigu. cn
法定代表人:姜瑞
质量体系:IATF 16949、ISO 14001
产品情况:汽车转向器、转向油泵,年生产能力50 万套
配套及出口情况:为一汽通用、华晨金杯、长安客车、江淮汽车、瓦轴、洛轴、铁马集团、大连机车轴承厂、斯凯孚、舍弗勒、铁姆肯、恩斯克、恩梯恩等知名公司配套;远销欧洲、美洲、亚洲等多个国家和地区

★大连创新齿轮箱制造有限公司
地址:辽宁省瓦房店市复州城镇新城街三段三号
邮编:116314
电话:0411/85102288、85101438
传真:85102855
网址:www. gearbox. cc
电子信箱:lngear@ 163. com
法定代表人:高成名
质量体系:IATF 16949、ISO 14001
产品情况:(CXC 牌)
汽车变速器齿轮、汽车轮边减速器齿轮等产品为主
配套情况:为一汽解放无锡柴油机厂、道依茨一汽(大连)柴油机、潍柴动力、东风朝柴、中国重汽杭州发动机和济南动力配套

★美特·捷成汽车系统(大连)有限公司
地址:辽宁省大连市经济技术开发区港兴大街39 号12 - A
邮编:116600
电话:0411/66779810、66779808
传真:66779800
电子信箱:info@ mitec - jebsen. com
法定代表人:史明远(CARSTEN SCHMIDT)
质量体系:ISO 14001、IATF 16949
产品情况:汽车驱动平衡轴

★大连海纳新能源汽车零部件有限公司
地址:辽宁省大连市经济技术开发区铁山东路98 - 13 - 9
邮编:116600
电话:0411/88014588
传真:88014688
网址:www. dl - hn. cn
法定代表人:王志伟
质量体系:ISO 9001、IATF 16949
产品情况:转向助力油泵(乘用车、商用车),电子辅助真空泵(乘用车、商用车、纯电动汽车)
配套及出口情况:为长城汽车、东南汽车、众泰汽车、厦门金龙、猎豹汽车、长

安汽车、金彭汽车、御捷汽车、云内动力、北京华泰等多家主机厂配套;部分产品直接或间接远销东南亚、大洋洲、欧洲等地区

★大连衡得商用车部件有限公司
地址:辽宁省大连市经济技术开发区48号地汽车零部件工业园
邮编:116620
电话:0411/87964386、88015700
传真:87545950
网址:www.knorr-bremse.com.cn
电子信箱:recruit.dalian@knorr-bremse.com
法定代表人:徐保平
质量体系:IATF 16949、ISO 14001
产品情况:(衡得牌)
硅油减振器

★克诺尔制动系统(大连)有限公司
地址:辽宁省大连市经济技术开发区48号地汽车零部件工业园
邮编:116620
电话:0411/87964386、88015700
传真:87545950
网址:www.knorr-bremse.com.cn
电子信箱:tinghai.fang@knorr-bremse.com
法定代表人:徐保平
质量体系:IATF 16949、ISO 14001
产品情况:全系列空压机、脚制动阀、驻车制动阀、踏板、制动器、气压盘式制动器以及其他商用车辆制动件

★大连创新零部件制造公司
地址:辽宁省大连市开发区48号地创新零部件工业园
邮编:116620
电话:0411/87586888、87586869
传真:87338555、87338500
网址:www.innovation-dalian.com
电子信箱:contact@innovation-dalian.com
法定代表人:于波
单位人数:2400
质量体系:IATF 16949、ISO 9001
产品情况:商用车及乘用车零部件、电动汽车的研发及制造等
配套情况:为德国道依茨、美国康明斯、德国克诺尔、一汽大柴、美国水星、美国伊顿配套

★丹东曙光重型车桥有限责任公司
地址:辽宁省丹东市振安区曙光路50号
邮编:118001
电话:0415/4139353、4145459
网址:www.sgautomotive.com
电子信箱:2083167057@qq.com
法定代表人:祖海
质量体系:QS 9000、ISO 14001
产品情况:(曙光牌)
车桥及零部件
配套情况:为丹东黄海、福田欧V客车、福田欧曼重型货车、厦门金龙、北奔重汽、美国德纳等配套

★辽宁通达轴业有限公司
地址:辽宁省凤城市凤山路123号
邮编:118100
电话:0415/3516879、8123754
传真:3516879
网址:www.tongdaaxle.com
电子信箱:tgda@tongdaaxle.com
法定代表人:杨鑫
单位人数:480
质量体系:IATF 16949
产品情况:(通达TONGDA牌)
全浮式、半浮式后桥半轴
配套及出口情况:为北奔重汽、东风德纳车桥、安徽安凯、福田曙光车桥、济南重汽、中车集团沈阳7407厂、青岛众力车桥等配套;远销全球几十个国家和地区

★凤城市曙光汽车半轴有限责任公司
地址:辽宁省凤城市凤山路242号
邮编:118100
电话:0415/8153013、8180140
传真:8153011、8153000
电子信箱:sgbz_office@sgautomotive.com
法定代表人:宋辉峰
质量体系:IATF 16949、QS 9000
产品情况:轻、中、重型汽车后桥半轴,轿车及轻型车转向节、半轴套管、驱动桥主齿凸缘等
配套情况:为一汽集团、东风汽车公司、南京汽车集团、北京奔驰、五十铃配套

★凤城市万丰增压器有限公司
地址:辽宁省凤城市现代产业园区B区5号
邮编:118110
电话:0415/3512199、13842521730
传真:3512188
网址:www.wanfengturbo.com
电子信箱:alan@wanfengturbo.com
法定代表人:李贵丹
质量体系:IATF 16949、ISO 9001
产品情况:增压器
出口情况:远销欧洲、北美洲

★锦州立德减振器有限公司
地址:辽宁省锦州经济技术开发区西海工业园区
邮编:121007
电话:0416/3588542、13591259955
传真:3588546
网址:www.wandeauto.com
电子信箱:wu.j@wonderauto.com.cn
法定代表人:梁海林
质量体系:IATF 16949
产品情况:(万得牌)
减振器以及与减振器相关的产品如螺旋弹簧、模具加工、冲压件制造、活塞杆制造、减振器用内外钢管制造等
配套及出口情况:为吉林汽车、金杯汽车、曙光汽车、长城汽车、中兴汽车、吉利汽车、扬子汽车、东风汽车等10余家汽车生产厂配套;远销欧洲、美洲、东南亚等地区

★锦州万友机械部件有限公司
地址:辽宁省锦州市经济技术开发区西海工业园区万得工业园
邮编:121007
电话:0416/3588530、3588544
网址:www.wonderwy.com
电子信箱:wanyou@wonderauto.com.cn
法定代表人:曾庆东
质量体系:IATF 16949、ISO 14001
产品情况:汽车减振器用活塞杆、汽车起动机、发电机用电动机轴、气弹簧、农机用油缸杆
配套及出口情况:为阿文美驰、万都、巴西Cofap、天纳克、比亚迪等供货;远销欧美、南非、印度等国家和地区

★朝阳汽车转向器有限公司
地址:辽宁省朝阳市双塔区海河路五段87号
邮编:122000
电话:0421/3907316
传真:3907302
网址:www.cyasg.com
电子信箱:cybxk@sina.com
法定代表人:武志国
单位人数:130
质量体系:IATF 16949、ISO 9001
产品情况:循环球式汽车转向器
配套情况:为江淮、东风、唐骏欧铃、凯马、大运、时风、金杯、黄海、亚星、恒通、申沃、创隆等数十家国内汽车企业配套

★朝阳浪马轮胎有限责任公司
地址:辽宁省朝阳市龙城区向阳路1号
邮编:122009
电话:0421/3621991、3621001
传真:3621989
网址:www.lmtyre.com
电子信箱:lmsale@lmtyre.com
法定代表人:李庆文
单位人数:1600
质量体系:IATF 16949、ISO 9001
产品情况:(路力士牌、新马牌、Long-march牌、Roadlux牌)
全钢丝载重子午线轮胎,年产能力280万套
配套及出口情况:为东风汽车公司、一汽集团、北方奔驰、中国石油、中海物流等大型企业直接配套;出口美国、加拿大、英国等世界五大洲90多个国家和地区

★朝阳飞马车辆设备股份公司
地址:辽宁省喀左县公营子工业园区
邮编:122304
电话:0421/7098000、18940541000
网址:www.trailer-master.com
电子信箱:yaorunqin@trailer-master.com
法定代表人:汪兆海
单位人数:1000
质量体系:IATF 16949
产品情况:(TrailerMaster牌、朝阳飞马牌)
重型商用车制动鼓、轮毂和制动盘

出口情况：出口美国、英国、意大利、德国、法国、澳大利亚、荷兰、东南亚等40多个国家和地区

★一汽凌源汽车车架制造有限公司
地址：辽宁省凌源市城北街北段91－2号
邮编：122500
电话：0421/6952016、6952484
传真：6952062
电子信箱：kyl1216@126.com
法定代表人：王岩春
单位人数：500
质量体系：IATF 16949
产品情况：轻、中、重型汽车车架总成及散件
配套情况：主要供应北汽福田欧曼重型汽车厂、北京欧马可轻型汽车厂、包头北奔重型汽车、陕西重型汽车、太原长安重型汽车、沈阳金杯车辆等国内知名汽车生产企业

★阜新恒百达机械有限公司
地址：辽宁省阜新市经济开发区沙海街77号
邮编：123000
电话：0418/6643888、6643898
传真：6643886
网址：www.fxhbdjx.com
电子信箱：ssf621218@163.com
法定代表人：邵淑芬
质量体系：ISO 9001
产品情况：液压齿轮泵、汽车转向泵支架、汽车冲压件
配套情况：已为北京和田汽车、四平奋进专用汽车、唐山冀东专用车、北汽福田、阜新德尔集团配套

★辽宁太克液压机械有限公司
地址：辽宁省阜新市开发区开通街盛明路18号
邮编：123000
电话：0418/2982777、13372956663
传真：2985177
网址：www.lntkyyjx.com
电子信箱：lntaike@163.com
法定代表人：王帅
质量体系：IATF 16949
产品情况：年产100万台液压泵，具备年产20万台液压泵及5万吨铸件的生产能力
配套及出口情况：为长春一汽发动机、一汽锡柴、东风朝柴、山东光明机械、大连叉车、青岛台励福等众多厂商配套；远销欧洲、非洲、拉丁美洲等地区

★阜新德尔汽车部件股份有限公司
地址：辽宁省阜新市经济开发区E路55号
邮编：123004
电话：0418/3333377
网址：www.fzb.com.cn
电子信箱：fzb@dare－auto.com
法定代表人：李毅
质量体系：IATF 16949、ISO 14001
产品情况：汽车转向泵、齿轮泵、变速器油泵、电动助力转向系统（EPS）电动机、电液泵（EHPS）、无钥匙进入及起动系统（PEPS）等
配套情况：产品配套于上汽通用五菱，与上汽、一汽、东风、北汽、比亚迪、吉利、江铃、江淮、华晨、海马、力帆、广西玉柴、云内动力、长丰、南骏、大运、王牌等国内主要自主品牌主机厂商建立了长期稳定的合作关系，并进入福特（江铃福特）、通用（上汽通用五菱）、依维柯（上汽依维柯、南京依维柯）、日产（郑州日产汽车有限公司）、马自达（一汽轿车的马自达系列车型）、康明斯（东风康明斯）、采埃孚（上海采埃孚转向系统有限公司）等外资或合资品牌的供应商体系

吉林省

★一汽东机工减振器有限公司
地址：长春市汽车经济技术开发区腾飞大路1966号
邮编：130001
电话：0431/85751219、85751205
传真：85783653
网址：www.faw－tokico.com
电子信箱：master@faw－tokico.com
法定代表人：赵玉林
质量体系：IATF 16949、ISO 14001
产品情况：汽车减振器
配套及出口情况：为一汽集团、一汽-大众、一汽轿车、广汽本田、一汽丰田、奇瑞汽车、一汽海马、华晨金杯等14个整车厂配套；出口美国、新加坡、俄罗斯、中东地区

★一汽解放汽车有限公司变速箱分公司
地址：长春市绿园区东风大街1398号
邮编：130011
电话：0431/85904716、80911131
传真：85901422、85904006
网址：www.fawjiefang.com.cn
电子信箱：tyc_bsx@faw.com.cn
法定代表人：倪牟淳
质量体系：IATF 16949
产品情况：中重型载货汽车、客车变速器、混合动力客车用的AMT变速器
配套情况：为一汽解放货车厂、一汽解放青岛汽车厂、一汽解放内蒙古分公司、长春一汽轻型车厂、一汽专用车、江淮汽车、一汽客车底盘厂、一汽客车无锡汽车厂、黄海汽车、烟台舒驰客车、重庆恒通客车、安凯汽车、厦门金龙、北汽福田北京客车分公司、中通客车、巴西伊顿、美国伊顿等公司配套

★大众一汽平台零部件有限公司
地址：长春市高新技术开发区光谷大街3999号
邮编：130012
电话：0431/85787915、85787959
传真：85787911
电子信箱：faw－vwpf@faw.com.cn
法定代表人：FRANK HORST ENGEL
单位人数：634
质量体系：IATF 16949、ISO 14001
产品情况：轿车前轴模块、后轴模块、左/右前悬架模块、制动器踏板总成、离合器踏板总成等，包括悬架、制动、转向系统、前桥和后桥等汽车关键底盘零部件
配套情况：为成都一汽-大众、上汽大众、德国大众供货

★天合富奥汽车安全系统长春有限公司
地址：长春市高新技术开发区硅谷大街4579号
邮编：130012
电话：0431/85542609、13404300468
网址：www.zf.com
电子信箱：longzhu.ma@trw.com
法定代表人：王晓平
单位人数：1200
质量体系：VDA 6.1、IATF 16949
产品情况：转向盘系统、安全气囊系统和气囊袋切割缝纫、制动盘系统
配套情况：主要客户有包括一汽轿车、一汽-大众、一汽丰田、上汽集团、上汽大众、北京奔驰、华晨宝马、华晨、南京福特、重庆福特、沃尔沃、广汽、广汽菲克、奇瑞等18家客户

★长春一东汽车零部件制造有限责任公司
地址：长春市高新区超然街2555号
邮编：130012
电话：0431/85197759、85158747
传真：85197751
电子信箱：471434666@qq.com
法定代表人：孟庆洪
单位人数：156
质量体系：IATF 16949、ISO 14001
产品情况：驾驶室翻转机构

★长春特必克世立汽车零部件有限公司
地址：长春市高新区华光街1899号
邮编：130012
电话：0431/87053183、87053185
传真：87053187
网址：www.cctbk.com
电子信箱：tbkcmx001@163.com
法定代表人：山田健次
质量体系：IATF 16949、ISO 14001
产品情况：载货汽车、客车用鼓式、盘式制动摩擦片
配套情况：为一汽解放公司配套，配套车型为J5P、J6系列、300桥、奥威、捍威车等，还为福田汽车、江淮汽车、华菱汽车、北方奔驰、东风柳汽、配套无石棉鼓式刹车片，为万安科技集团、武汉元丰公司、隆中控股公司、江苏恒力集团、供盘式摩擦制动块

★吉林东光奥威汽车制动系统有限公司
地址：长春市高新区卫明街999号
邮编：130012
电话：0431/85157011、85157012
电子信箱：chong.wang@jabf.cn

法定代表人:姜涛
质量体系:IATF 16949、QS 9000
产品情况:(奥威牌)
以真空助力器、制动主缸、压力调节阀、储液罐、盘式制动器、鼓式制动器为主的六大系列 100 多个品种的制动系产品
配套及出口情况:为一汽-大众、一汽轿车、神龙公司、东风日产、上汽通用五菱、长安铃木、沈阳华晨、天津一汽夏利、奇瑞、长城、吉利、海马等国内 30 多家整车厂的众多车型批量供货;远销美国、伊朗等国家

★富奥汽车零部件公司传动轴分公司
地址:长春市西新经济技术开发区富奥大路 599A 号
邮编:130013
电话:0431/85127700、85127720
传真:85127729
网址:www. fawercdz. com
电子信箱:1348114813qq@ com. cn
法定代表人:王文辉
单位人数:490
质量体系:IATF 16949、VDA 6. 1
产品情况:轻、中、重型商用车和客车传动轴、转向传动轴、转向助力泵等
配套情况:为一汽集团配套,同时为长城汽车、双环汽车、河北中兴、北奔重汽、重汽集团、宇通客车、武汉客车底盘、工程机械类厂家等供货

★富奥汽车零部件公司底盘结构件分公司
地址:长春市西新经济技术开发区富奥大路 599C 号
邮编:130013
电话:0431/85122193、85122196
传真:85122193
网址:www. fawer. com. cn
电子信箱:wangyunqi@ fawer. com. cn
法定代表人:马昆
单位人数:468
质量体系:IATF 16949、ISO 14001
产品情况:平衡悬架系列、凸轮系列、扭杆系列、铸锻件支架系列等产品
配套情况:为一汽集团供货

★采埃孚富奥底盘技术(长春)有限公司
地址:长春市东南湖大路 5000 号
邮编:130033
电话:0431/85800808、85800811
传真:85800908
网址:www. zf. com
电子信箱:lun. li@ zf. com
法定代表人:祖学忠
质量体系:IATF 16949、ISO 9001
产品情况:为乘用车配套的前后桥系统提供装配业务,生产控制臂、稳定杆连接杆、差速器壳体等底盘零部件
配套情况:为一汽-大众、一汽解放、一汽客车底盘配套

★蒂森克虏伯富奥汽车转向柱长春公司
地址:长春市经济技术开发区昆山路 4477 号
邮编:130033
电话:0431/87056330、87056375
传真:85878910
网址:www. fawer. com. cn
电子信箱:haopeng. ding@ thyssenkrupp. com
法定代表人:杜麦克
质量体系:QS 9000、IATF 16949
产品情况:汽车转向柱(捷达转向柱总成、解放系列货车转向柱,奥迪轿车系列、奔驰、长城等)
配套情况:为一汽-大众、一汽解放、大众奥迪、北京奔驰、天津一汽夏利、一汽轿车、北京汽车、长城汽车、雷诺三星等供货

★天合富奥商用车转向器长春有限公司
地址:长春市经济开发区东南湖大路 4789 号
邮编:130033
电话:0431/87053602、87053529
传真:87053533
网址:www. zf. com
电子信箱:yuhang. han@ zf. com
法定代表人:王晓平
单位人数:289
质量体系:IATF 16949、ISO 14001
产品情况:(FAWER 牌、TRW 牌)
商用车动力转向器产品
配套情况:为一汽解放、北奔重汽、柳州特种车厂等配套

★富奥威泰克汽车底盘系统有限公司
地址:长春市汽车高新技术开发区光谷大街 3499 号
邮编:130033
电话:0431/85774218、85774208
传真:85982446
电子信箱:li. wei@ towerinternational. com
法定代表人:祖学忠
单位人数:613
质量体系:IATF 16949、ISO 14001
产品情况:汽车底盘焊接总成、模块装配和车身结构件等
配套情况:为一汽-大众、一汽轿车、大众一汽平台零部件、天津一汽丰田、一汽丰田(长春)发动机、天津一汽丰田发动机、蒂森克虏伯富奥汽车转向柱长春公司、长春博泽汽车部件、伟巴斯特车顶系统(长春)公司、天津一汽夏利等配套

★一汽光洋转向装置有限公司
地址:长春市汽车经济技术开发区西湖大路 8399 号
邮编:130033
电话:0431/82025231、82025232
传真:82025238
网址:www. fawkoyo. com
电子信箱:wangyong@ fawkoyo. com
法定代表人:祖学忠
单位人数:667
质量体系:IATF 16949、ISO 14001
产品情况:(FAW-KYO 牌)
电动助力转向系统等转向器总成产品
配套情况:为一汽-大众、一汽轿车、一汽海马、天津一汽、长城汽车、华晨汽车等厂家等配套

★凯世曼铸造长春有限公司
地址:长春市经济技术开发区中山大街 5555 号
邮编:130052
电话:0431/82912263、18946565655
传真:82919774
电子信箱:fu. chenggang@ ksmcastings. cn
法定代表人:包云鹏
单位人数:620
质量体系:IATF 16949、VDA 6. 1
产品情况:丰田轿车转向器、一汽-大众奥迪发动机右支架、一汽-大众捷达变速器壳体、奥迪发动机悬置左支架、宝来变速器支架、东安发动机离合器壳体、捷达转向器壳体等,年产量 7300 吨
配套情况:为一汽-大众、哈尔滨东安发动机、一汽海马动力、一汽光洋转向装置和大众一汽发动机(大连)公司配套

★一汽富维汽车零部件公司车轮分公司
地址:长春市宽城区青年路 3458 号
邮编:130052
电话:0431/85805550、85805320
传真:85805324、85805579
网址:www. fawaywheel. com
电子信箱:yxb_clgs@ faw. com. cn
法定代表人:郜然
单位人数:1217
质量体系:IATF 16949、ISO 14001
产品情况:(FAW 牌)
型钢、滚型、旋压三大系列钢车轮,年产将达到 400 万件/套
配套情况:为一汽-大众、上汽大众等配套滚型车轮;为宇通客车、杭州日产等 30 多家豪华大客车、重型货车企业配套中重无内胎车轮

★长春永固汽车车桥有限公司
地址:长春市绿园区城西镇大营子村盛添路 888 号
邮编:130062
电话:0431/89637855
传真:82625333
网址:www. ccygcq. com
电子信箱:xsb@ ccygcq. com
法定代表人:李兆清
单位人数:220
质量体系:IATF 16949、ISO 9001
产品情况:各种汽车差速器壳、制动盘、制动鼓、轮毂、平衡支架、钢板弹簧座等各类铸铁及锻压产品,目前年加工量 6000 吨
配套情况:为一汽解放底盘、长春客车底盘、长春一汽专用汽车、青岛一汽车桥、丹东曙光重型车桥、广西方盛车桥等配套

★锦湖轮胎(长春)有限公司
地址:长春市朝阳区高新区锦湖大路677号
邮编:130103
电话:0431/87050755
网址:www.kumhotire.com.cn
电子信箱:songnn@kumhotire.com
法定代表人:金明焕
单位人数:622
质量体系:IATF 16949、ISO 9001
产品情况:(锦湖牌)
轿车轮胎
配套情况:为一汽-大众供货

★长春市汇锋汽车齿轮有限公司
地址:长春市朝阳区经济开发区育民路888号
邮编:130103
电话:0431/85025880、85011228
传真:85025881、85023222
电子信箱:huifengxiaoshou@hfgear.com
法定代表人:张远
质量体系:IATF 16949、QS 9000
产品情况:(汇锋牌)
中重型车后桥齿轮和差减总成,现已形成年产30万套桥齿轮、3万台减速器总成的生产能力,年产值3.2亿元
配套情况:为一汽集团(一汽客车、一汽车桥、一汽长轻、一汽伊顿、一汽哈齿)、东风汽车公司、青岛青特集团、北汽福田、中信机电车桥、丹东曙光车桥、北奔重汽等配套

★长春一汽富晟车桥部件有限公司
地址:长春市朝阳区育民路2899号
邮编:130103
电话:0431/85517553
电子信箱:1046568508@qq.com
法定代表人:黄锋
质量体系:IATF 16949
产品情况:制动器总成、制动鼓总成、轮毂及半轴、凸缘等
配套情况:为一汽集团等配套

★长春一东离合器股份有限公司
地址:长春市高新技术产业开发区超然街2555号
邮编:130103
电话:0431/85158488、85158668
传真:85174234
网址:www.ccyd.com.cn
法定代表人:高汝森
质量体系:IATF 16949、ISO 14001
产品情况:(一东牌)
汽车离合器,年产能力400万套;重型车驾驶室液压举升机构,年产能力50万套
配套及出口情况:为一汽解放、一汽-大众、柳州柳机、上汽五菱、长安集团、江淮汽车、渝安小康、东风柳汽、绵阳新晨、保定长城、沈阳新光、郑州宇通、北汽福田、陕西重汽、山西大运、华菱汽车等50余家国内整车厂、主机厂配套;为国外巴西大众、俄罗斯卡玛斯、通用零件、戴姆勒奔驰、沃尔沃、塔塔大宇等国际厂商配套供货

★吉林大华机械制造有限公司
地址:长春市高新技术产业开发区超然街2555号
邮编:130103
电话:0431/85157888、85157979
传真:85157809
网址:www.dahuajl.com
电子信箱:dahua@dahuajl.com
法定代表人:孟庆洪
单位人数:1000
质量体系:IATF 16949、ISO 9001
产品情况:(吉华牌)
生产齿圈、飞轮齿圈总成(摩擦离合器主动盘)、曲轴减振器、鼓式制动器为主的四大类共计约600余种产品
配套及出口情况:是通用、大众、戴姆勒、菲亚特、三菱、雷诺、福特、一汽、上汽、东风汽车等国际、国内著名汽车生产商的供应商;远销美国GM公司、美国康明斯、法国valeo公司等

★东北工业集团有限公司
地址:长春市高新区超然街2555号
邮编:130103
电话:0431/85157778
传真:85172269
网址:www.dgjt.com
法定代表人:高汝森
质量体系:ISO/TS 16949
产品情况:(蓬翔牌、奥威牌、吉华牌、一东牌)
汽车零部件覆盖汽车接收系统(鲨鱼鳍天线等)、转向管柱开关系统、转向系统(转向节)、行驶系统(车桥)、制动系统(助力器、制动钳)、传动系统(离合器、传动轴)、电控系统、发动机部件(发动机连杆、飞轮齿圈总成、齿圈)、车身及附件(汽车镜)、照明系统(前照灯、后尾灯)、其他核心零部件(液压件、液压举升机构)
配套及出口情况:为一汽、东风、上汽、长安、北汽、广汽、奇瑞、吉利、长城、江淮、比亚迪、海马、华晨等国内汽车企业;以及丰田、标致、铃木、日产、现代、本田、通用、福特、戴姆勒、大众、法雷奥、雷诺、菲亚特等国际知名汽车企业配套;出口欧美地区

★吉林省春城汽车零部件制造有限公司
地址:长春市绿园区四间工业区
邮编:130110
电话:0431/82612479、13944082202
传真:82612479
电子信箱:13944082202@qq.com
法定代表人:丁影
质量体系:ISO/TS 16949、ISO 9001
产品情况:轮毂、制动毂、轮边壳总成、传动轴、凸缘、凸缘叉、差壳、轴间差速器壳、齿轮、油封座圈、支架、垫板等汽车底盘零部件
配套及出口情况:为中国一汽集团、青岛青特众力车桥集团、广西方盛车桥等主机厂配套;远销中欧、中东、亚洲市场

★长春一汽富晟特必克制动有限公司
地址:长春市朝阳经济开发区育民路2899号
邮编:130112
电话:0431/81961789、17543011122
网址:www.fstbkzd.com
电子信箱:wna@fawsn.com.cn
法定代表人:张昕
质量体系:IATF 16949、ISO 14001
产品情况:(解放牌)
生产制动盘总成、制动器总成、制动鼓总成、突缘总成、半轴、控制臂总成、轴承座总成等1200余种零部件
配套情况:主要为一汽解放车桥分公司、一汽客车、一汽轻型车厂、长春解放汽车底盘有限公司等主机厂提供产品

★长春一汽富晟德尔汽车部件有限公司
地址:长春市净月开发区福祉大路1685号
邮编:130112
电话:0431/81297737
传真:84520244
网址:www.fawsn.com.cn
电子信箱:lsl@fzbfs.com
法定代表人:张昕
单位人数:200
质量体系:IATF 16949
产品情况:主要研制汽车动力转向油泵和汽车动力转向油罐总成;具备转向泵30万台、转向罐60万台的年生产能力
配套情况:主要客户为一汽解放、一汽青岛汽车厂、无锡柴油机厂、大连柴油机厂、柳州特种车厂、四川专用车厂、新疆汽车厂、哈尔滨轻型车厂、保定中兴汽车厂等企业,是一汽集团军车、出口车生产的指定独家供货商

★长春一汽富晟集团有限公司
地址:长春市汽车产业开发区振兴路593号
邮编:130112
电话:0431/81968609、85909595
传真:81155302、85902777
网址:www.fawsn.com.cn
法定代表人:张昕
单位人数:7000
产品情况:汽车内外饰产品、汽车电子、转向助力系统、排气系统、起动机、发电机、制动系统、大众平台CAN/LIN网关模块、备件物流等
配套情况:配套市场覆盖一汽-大众、一汽轿车、天津一汽、一汽解放、一汽轻型车、北汽集团等一汽集团市场及东北市场

★长春泰盟机械制造股份有限公司
地址:长春市农安县烧锅镇革新村烧锅工业园
邮编:130217
电话:0431/83439222
传真:83179222

网址:www. cctmjt. com
电子信箱:xinyue. zhang@ cctmjt. com
法定代表人:王韧
单位人数:235
质量体系:IATF 16949
产品情况:汽车制动盘、飞轮等
配套情况:为一汽轿车、法雷奥集团、沈阳一东四环离合器、华晨汽车、上汽大众、一汽解放等配套

★长春市建邦汽车零部件有限公司
地址:长春市九台区卡伦镇经济开发区卡伦湖大街 1611 号
邮编:130507
电话:0431/82555699、82555677
传真:82555699
网址:www. jljianbang. com
电子信箱:jianbang677@ 163. com
法定代表人:冯建国
质量体系:IATF 16949
产品情况:(建邦牌)
生产商用车多个系列百余种型号的推力杆总成及汽车用橡胶零部件
配套情况:为一汽解放、北京福田戴姆勒、陕西同力重工、东风柳汽、济南重汽、上汽依维柯红岩等汽车厂的长期合作伙伴

★吉林北方捷凯传动轴有限公司
地址:吉林省吉林市龙潭区宁波路 16 号
邮编:132021
电话:0432/63031373 - 8037
传真:63036929
网址:www. dgjtjds. com
电子信箱:jdscjs@ 163. com
法定代表人:姜涛
单位人数:170
质量体系:IATF 16949、ISO 14001
产品情况:轿车用等速万向节传动轴及其零部件产品
配套及出口情况:是一汽-大众和天津一汽夏利的 A 级供应商,并为北汽股份、上海纳铁福等市场配套供货;出口美国、南非、马来西亚、欧洲等国家和地区

★吉林圆方机械集团有限公司
地址:吉林省桦甸市经济开发区全兴大街 1999 号
邮编:132400
电话:0432/66272315、66249166
传真:66249156
网址:www. jlyfgroup. com
电子信箱:3038394@ qq. com
法定代表人:钟景旭
单位人数:900
质量体系:IATF 16949
产品情况:(银桥牌)
已形成年生产半轴 220 万件、轴管 80 万件和 2 万吨铸件的生产能力
配套情况:主要客户有一汽集团、东风德纳、中国重汽、安徽华菱、安徽安凯、郑州宇通、三一重工、南京依维柯、青特集团、山东蓬翔、广东富华、广西方盛、丹东曙光、德纳(无锡)、约翰迪尔(天津)、沃尔沃(中国)等国内外企业

★四平奇来亚汽车变速箱制造有限公司
地址:吉林省四平市红嘴高新技术开发区腾飞路孵化基地 319 室
邮编:136000
电话:0434/6070501、6070507
传真:6070501
电子信箱:0237337654@ qq. com
法定代表人:张玉芬
质量体系:ISO/TS 16949
产品情况:各类农机、客车、工程车及一汽、哈齿变速器总成
配套情况:为一汽、哈齿、省农机厂供货

★吉林省博镪机械制造有限责任公司
地址:吉林省公主岭市怀德工业集中区
邮编:136121
电话:0434/6502373、6504355
传真:6500118
电子信箱:baoqiangzhuzao@ 163. com
法定代表人:李海明
质量体系:IATF 16949
产品情况:后桥外壳系列,差、减壳系列,轮毂、制动鼓系列,转向机支架系列,飞轮外壳系列,平衡悬架等
配套及出口情况:为一汽集团解放公司,一汽铸造公司、一汽青岛汽车厂、一汽专用车公司、一汽客车公司供货;远销日本伊藤忠汽车株式会社、美国尼桑公司、德国盖泽公司

★吉林省诚毅车桥悬挂制造集团有限公司
地址:吉林省辽源市东丰县工业集中区
邮编:136300
电话:0437/6224399、13904374095
传真:6224399
电子信箱:ycy4253@ 163. com
法定代表人:王学
质量体系:IATF 16949
产品情况:(凌燕牌)
具备年生重型货车平衡悬架总成 4 万套以上,高强球铁、铸钢件 1 万吨的能力
配套情况:为北汽集团、一汽集团、宇通重工、大运汽车、安凯车桥等 10 多家大型汽车企业配套

★白城宏帝达汽车齿轮有限公司
地址:吉林省白城市工业园区渤海街 2000 号
邮编:137000
电话:0436/5094797、13904369231
传真:3248882、3687771
电子信箱:790929441@ qq. com
法定代表人:王海东
质量体系:ISO/TS 16949、ISO 9001
产品情况:(BH 牌)
CAS5-20、CAS5-25、CA141、CA142、6J80T、6J75T、6J53T、HD7J120T、6J90T 等各系列轻重型汽车变速器总成及齿轮
配套情况:为一汽轿车公司长春齿轮厂、一汽解放公司变速器分公司、山东临工汽车桥箱公司、一汽哈尔滨变速器厂、株洲齿轮厂等多个主机厂配套

黑龙江省

★万都(哈尔滨)汽车底盘系统有限公司
地址:哈尔滨市开发区哈平路集中区烟台路 8 号
邮编:150060
电话:0451/86545488、13644030212
电子信箱:weiyao. zhang@ halla. com
法定代表人:董昌陈
质量体系:ISO/TS 16949
产品情况:制动钳、鼓式制动器、制动总泵、真空助力器、制动角模块等汽车制动系统零部件
配套情况:为北京现代、东风悦达起亚、上汽通用、长安汽车、奇瑞汽车、昌河汽车、庆铃集团等配套

★哈尔滨顺源机械制造有限公司
地址:哈尔滨市平房区松花路 41 号
邮编:150060
电话:0451/82136278、55558680
传真:82136238
电子信箱:dxmhc2006@ 126. com
法定代表人:唐宏伟
单位人数:114
质量体系:IATF 16949、ISO 9001
产品情况:汽车、拖拉机、工程机械、矿山机械齿轮
配套情况:为中车集团、长城汽车、曙光集团、北汽福田等配套

★哈尔滨一汽变速箱股份有限公司
地址:哈尔滨市道里区城乡路 280 号
邮编:150070
电话:0451/86773333、55558680
传真:86773216
网址:www. mingjungroup. com
电子信箱:xsb@ fawhc. com
法定代表人:李时钰
质量体系:ISO/TS 16949
产品情况:(哈齿牌)
重型、中型、轻型变速器总成,轻型螺旋伞齿轮、中重型螺旋伞齿轮、直伞齿轮、主从动圆柱齿轮等后桥齿轮,5 吨、8 吨、12 吨取力器总成
配套情况:主要供给济南重汽、汉德车桥、北方奔驰和湖桥等国内知名厂家

★哈尔滨万向哈飞汽车底盘系统有限公司
地址:哈尔滨市经济开发区青岛路与东海路交叉口
邮编:150800
电话:0451/86545013、86545015
传真:86545013
电子信箱:yangxiaoping@ wxqc. cn
法定代表人:李平一
质量体系:ISO/TS 16949、QS 9000
产品情况:汽车前悬架总成、制动器总成、传动轴总成及其零配件

★哈飞工业集团汽车转向器有限责任公司
地址:黑龙江省依兰县依兰镇通河路10号
邮编:154800
电话:0451/57283699、57283587
传真:57283651
电子信箱:hfzwsy@ sina. com
法定代表人:王胜华
质量体系:ISO/TS 16949、ISO 9001
产品情况:(佳箭牌)
齿轮齿条液压动力式、齿轮齿条机械式、循环球机械式、机械式管柱和吸能管柱等五大系列40多个产品
配套情况:为吉利轿车、黑豹汽车等配套

★牡丹江伯瑞克金属制品有限公司
地址:黑龙江省牡丹江市文化街9号
邮编:157011
电话:0453/6593006、6598235
传真:6592793
网址:www. mdjbryco. com
电子信箱:mdjbryco@ 163. com
法定代表人:商世权
质量体系:IATF 16949
产品情况:离合器分离轴承、自动变速器中的钢片
配套及出口情况:为多家汽车发动机厂和汽车变速器厂的配套;出口美国

★桦林佳通轮胎有限公司
地址:黑龙江省牡丹江市郊区桦林镇
邮编:157032
电话:0453/6304048、6306973
传真:6304100
电子信箱:gm - hl@ giti. com
法定代表人:李怀靖
单位人数:4000
质量体系:IATF 16949、ISO 9001
产品情况:(GT牌、PW牌、桦林牌、蓝威牌、路得金牌、登特路牌、长城牌)
汽车轮胎外胎,年产684万条

★大庆高新区飞驰减振器制造有限公司
地址:黑龙江省大庆市高新区安萨路19号
邮编:163316
电话:0459/4300931、4300930
传真:4300924
电子信箱:dqfeichi@ 163. com
法定代表人:毛俊海
质量体系:ISO/TS 16949
产品情况:(万驰牌)
轿车、微型车、轻型载货汽车减振器
配套情况:为一汽集团、陕飞集团、沈汽、新凯、大迪等汽车厂配套

上海市

★上海华谊集团股份有限公司
地址:上海市静安区常德路809号
邮编:200040
电话:021/23530000
网址:www. shhuayi. com
法定代表人:刘训峰
质量体系:ISO/TS 16949、ISO 14001
产品情况:(回力牌、双钱牌、飞虎牌等)
全钢子午线汽车轮胎、涂料等精细化工品、先进材料等
配套情况:为中集集团、郑州宇通、厦门金龙、沃尔沃等30余家汽车制造厂配套

★上海米其林轮胎有限公司
地址:上海市长宁区长宁路1018号龙之梦16层
邮编:200042
电话:021/54721392、22855000
电子信箱:amber. yang@ michelin. com
法定代表人:Kamran VOSSOUGHI
单位人数:2734
质量体系:IATF 16949、ISO 9001
产品情况:(回力牌)
轿车轮胎、轻型货车轮胎
配套及出口情况:为上汽大众、上汽通用、一汽集团、一汽-大众、庆铃汽车配套;远销欧洲、美国、亚洲

★上海交运集团股份有限公司
地址:上海市恒丰路288号
邮编:200070
电话:021/62116009、32109588
传真:63173388
网址:www. cnsjy. com
电子信箱:jygf@ sh163. net
法定代表人:张仁良
单位人数:6107
质量体系:ISO/TS 16949、QS 9000
产品情况:自动变速器总成换挡机构总成,车身中小冲压焊接总成等
配套情况:为上汽通用、上汽大众、一汽-大众等厂商配套

★洋马发动机(上海)有限公司
地址:中国(上海)自由贸易试验区澳尼路588号11幢厂房一楼102部位
邮编:200120
电话:021/23120688
网址:www. yanmar - china. com
电子信箱:ying_gu@ yanmar. com
法定代表人:石原哲
质量体系:QS 9000、ISO/TS 16949
产品情况:汽车橡胶减振器系列、汽车底盘系列、制动系列、表面处理等产品
配套情况:客户包括奔驰、宝马、通用(别克)、大众(奥迪、帕萨特)、福特、沃尔沃、现代、克莱斯勒等

★上海汇众汽车制造有限公司
地址:中国(上海)自由贸易试验区浦东南路1493号
邮编:200122
电话:021/58201188
传真:58204570
网址:www. shac. com. cn
电子信箱:xujing@ shac. com. cn
法定代表人:张海涛
单位人数:2230
质量体系:IATF 16949、ISO 14001
产品情况:(汇众牌)
各类乘用车底盘,产品覆盖A0级~C级轿车、SUV、MPV
配套情况:是上汽大众、上汽通用、上汽乘用车各款轿车底盘系统的骨干配套供应商

★上海汇众萨克斯减振器有限公司

地址:上海市莘庄工业区申旺路280号
邮编:201108
电话:021/51795188
传真:54422102
网址:www. zf. com
法定代表人:MARIO FRANZ SABEL
质量体系:IATF 16949
产品情况:(Sachs牌)
汽车减振器支柱、减振器、减振支柱总成等产品
配套情况:为上汽大众、一汽-大众、华晨宝马、北京奔驰、福建奔驰、上汽通用、长安福特、神龙、长安标致雪铁龙、北京现代、东风悦达起亚、本田、长城、奇瑞、上汽、北汽等主机厂配套
☞ 详细情况请参阅彩色宣传版面

★上海欧雷法弹簧有限公司
地址:上海市浦东新区川南奉公路3655弄1号
邮编:201202
电话:021/68961012
传真:68960855
电子信箱:michael. zhou@ sogefigroup. com
法定代表人:汤银霞
质量体系:IATF 16949、ISO 9001
产品情况:悬架螺旋弹簧,年产100万件;扭杆、稳定杆,年产各80万件
配套情况:为神龙汽车、东南汽车、江铃、万通、郑州日产、广汽三菱配套

★上海蒂森克虏伯汇众汽车零部件公司
地址:上海市浦东新区金桥申江路1900号
邮编:201206
电话:021/61602199
网址:www. thyssenkrupp. com. cn
电子信箱:jia. gu2@ thyssenkrupp. com
法定代表人:MICHAEL DROLSHAGEN
质量体系:IATF 16949、ISO 14001
产品情况:汽车转向管柱、组装式发动机凸轮轴,年产转向柱能力达100万件
配套情况:为上汽大众、一汽-大众、长安福特、长安马自达、马自达日本、上汽通用、东风日产、上海汇众等配套

★上海明岐铝业有限公司
地址:上海市浦东新区曹路镇顾高公路3181号
邮编:201209
电话:021/58631240

传真:58631240
电子信箱:tianyimei@ sina. com
法定代表人:张明岐
单位人数:120
质量体系:ISO/TS 16949
产品情况:铝合金轮毂

★万向钱潮(上海)汽车系统有限公司
地址:上海市南汇工业园区汇成路1200号
邮编:201300
电话:021/60210999
传真:60210988
网址:www. wxqc. com. cn
电子信箱:myfuture@ wxqcsh. com
法定代表人:潘文标
单位人数:300
质量体系:IATF 16949、ISO 14001
产品情况:制动卡钳、集成式后卡钳、制动盘、制动角总成模块等系列产品
配套情况:主要客户包括比亚迪、上汽通用五菱、华晨等

★泰乐玛汽车制动系统(上海)有限公司

地址:上海市南汇工业园区园中路533号9号工厂
邮编:201300
电话:021/68015801
传真:68015807
网址:www. telmachina. com
法定代表人:陈耀哲
质量体系:IATF 16949
产品情况:(Telma牌)
电涡流缓速器
配套及出口情况:为国内外客车、货车配套使用;出口法国、德国、英国、美国、马来西亚等国家,并销往中国台湾地区
☞详细情况请参阅彩色宣传版面

★上海瑞展实业发展有限责任公司
地址:上海市南汇区工业园区陶桥路28号
邮编:201300
电话:021/33895106、33865151
传真:33895109
网址:www. ruizhangear. com
电子信箱:ruizhangear@ gmail. com
法定代表人:徐桥亮
质量体系:IATF 16949
产品情况:(RZG牌)
传动轴后桥弧齿锥齿轮
出口情况:主要出口美国、韩国、印度、日本、德国

★上海纳铁福传动系统有限公司
地址:上海市浦东新区康桥路958号
邮编:201315
电话:021/68666666
传真:68666667
网址:www. saicgroup. com
电子信箱:service@ shhadc. com. cn
法定代表人:张海涛
质量体系:IATF 16949、ISO 14001
产品情况:等速传动轴、十字万向节传动轴、十字万向节、偏心轴、精锻件
配套及出口情况:为上汽大众、上汽通用、上汽汽车、一汽-大众、天津一汽丰田等多家知名主机厂供货;出口欧美和日本主要汽车集团

★爱思帝达耐时上海驱动系统有限公司
地址:上海市奉贤区陈桥路1399号
邮编:201401
电话:021/67109075
传真:37565209
网址:www. exedy. com
电子信箱:cashier@ exedy - sh. com
法定代表人:冈村尚吾(Shogo Okamura)
单位人数:1853
质量体系:IATF 16949、ISO 14001
产品情况:(爱思帝牌)
手动离合器上使用的干式摩擦材料,自动变速器用的液力变矩器
配套情况:为上汽通用、奇瑞汽车、北京汽车动力总成、浙江吉利变速器、比亚迪汽车、丰田汽车(常熟)零部件、天津艾达自动变速器、加特可(广州)自动变速器、现代派沃泰自动变速器(山东)、哈尔滨东安汽车发动机等供货

★上海采埃孚伦福德底盘技术有限公司
地址:上海市奉贤区环城北路1088号
邮编:201401
电话:021/67588888、67588851
传真:67588999
网址:www. zf. com
法定代表人:沈荣根
单位人数:442
质量体系:IATF 16949
产品情况:主要生产乘用车底盘用转向横拉杆、控制臂、球铰链、稳定连接杆、转向节及轮毂等零部件
配套情况:为上汽大众、一汽-大众、通用汽车等供货

★恩斯克华纳变速器零部件上海有限公司
地址:上海市奉贤区环城西路2518号
邮编:201401
电话:021/33655757
传真:33655252
网址:www. nsk. com. cn
电子信箱:yin - h@ nsk. com
法定代表人:新井稔
质量体系:IATF 16949、ISO 14001
产品情况:变速器零部件

★奥托立夫(中国)汽车方向盘有限公司
地址:上海市综合工业开发西韩路518号
邮编:201401
电话:021/67107660
传真:67106845
电子信箱:yuming. wang@ autoliv. com
法定代表人:程翠香
单位人数:1043
质量体系:ISO 14001、IATF 16949
产品情况:汽车转向盘系统及其相关零部件
配套情况:为奇瑞、吉利、华晨汽车等供货

★上海长特锻造有限公司
地址:上海市金山区枫泾镇兴塔工业园兴桂路58号
邮编:201501
电话:021/67361222
传真:67361333
网址:www. forgecte. cn
电子信箱:shanghaichangte@ 163. com
法定代表人:林长秋
单位人数:200
质量体系:IATF 16949
产品情况:汽车内、外星轮、球笼、转向节臂、轮毂单元及发动机连杆、曲轴等其他各类型锻件
配套及出口情况:为上汽、大众、通用、奔驰、宝马、长春一汽等配套;出口日本、美国、意大利等海外市场

★上海方科汽车部件有限公司
地址:上海市化学工业区金山分区西部工业区
邮编:201507
电话:021/67256611
传真:67256825
网址:www. fangleautoparts. com
电子信箱:fanglesh@ mw - sw. com
法定代表人:陈晖明
单位人数:300
质量体系:IATF 16949、ISO 14001
产品情况:转向盘、变速杆球形把手、车位限位器、座椅、座套、铝合金及皮制汽车用品
配套及出口情况:为上汽通用、东风日产、通用五菱、奇瑞、吉利、长城、南汽名爵、上汽集团、宇通客车的供应商;北美通用、福特、克莱斯勒和北京奔驰的供应商;远销北美洲、东亚、东南亚、中东、大洋洲

★德韧干巷汽车系统(上海)有限公司
地址:上海市金山区金张公路2658号
邮编:201518
电话:021/31185588
传真:57201258
法定代表人:DAVID GORDON PETTYES
单位人数:330
质量体系:IATF 16949、ISO 14001
产品情况:(蝴蝶牌)
轿车换挡操纵机构总成
配套情况:为上汽大众、一汽-大众、神龙、上汽通用、一汽海南、一汽集团、奇瑞汽车、华晨金杯等配套

★上海耀源精机有限公司
地址:上海市松江区泗泾镇九干路158号
邮编:201601

电话:021/57617579、57617973
传真:57617972
网址:www.yaoyuansh.com
电子信箱:yaoyuan@yaoyuansh.com
法定代表人:张守玲
质量体系:IATF 16949、ISO 9001
产品情况:汽车球笼式等速万向节传动轴各部件及总成等
配套及出口情况:主机厂客户包括东风乘用车、中国台湾裕隆纳智捷、比亚迪、美国的 Polaris、John Deer、Bush Hog 以及法国的 Bellier Automobile 等;远销美国的 Polaris, John Deer, Bush Hog 以及法国的 Bellier Automobile 等客户

★上海昭和汽车配件有限公司
地址:上海市松江出口加工区南乐路1395 号
邮编:201611
电话:021/57748158
传真:57748091
网址:www.showa1.com.cn
电子信箱:recruit@showa1.com.cn
法定代表人:宫岛慎一(MIYAJIMA SHINICHI)
质量体系:IATF 16949、ISO 9001
产品情况:(SHOWA 牌)
气弹簧、减振器
配套及出口情况:为本田、铃木、日产、大发、三菱、富士重工、马自达、广汽本田、郑州日产、东风日产、中国台湾福特、巴西本田供货;出口日本、巴西

★上海恩梯恩精密机电有限公司
地址:上海市松江区松江工业区南乐路1666 号
邮编:201611
电话:021/57075111、57075118
网址:www.ntn.com.cn
电子信箱:xianrui_zheng@ntn.sh.cn
法定代表人:安井将祐(YASUI MASAYUKI)
单位人数:1495
质量体系:IATF 16949、ISO 9001
产品情况:轴承、各种专用轴承,等速万向节用部品
配套及出口情况:为广汽本田配套;产品90%外销,主要销往日本、美国、欧洲等国家和地区

★达耐时工业(上海)有限公司
地址:上海市松江出口加工区茸翔路350 号
邮编:201613
电话:021/57748388、57749655
传真:57748389
网址:www.dxchina.com.cn
电子信箱:ma-xiaoyan@dxchina.com.cn
法定代表人:伊藤和弘
单位人数:331
质量体系:IATF 16949、ISO 14001
产品情况:自动变速器用离合器总成、摩擦片、手动变速器用同步环等
配套及出口情况:为奔驰、通用大宇、现代汽车、上汽通用、天津艾达自动变速器、韩国威亚株式会社、浙江吉利变速器等供货;远销日本、欧洲、美国

★上海联谊汽车零部件有限公司
地址:上海市嘉定区安亭镇园耀路 128 号
邮编:201702
电话:021/59766708、59569900
传真:59765003
电子信箱:jiangjianping@suait.com.cn
法定代表人:贾梁
质量体系:QS 9000、IATF 16949
产品情况:主导产品涵盖发动机冷却系统、液压转向系统、离合器液压操纵系统、制动系统、传动系统等系列产品,已形成年产 1200 万套(件)零部件的能力
配套及出口情况:主要客户有上汽大众、上汽通用、一汽-大众、上汽股份、长安铃木、芜湖奇瑞、江淮汽车、固特异等;部分产品出口

★华域动力总成部件系统上海有限公司
地址:上海市青浦区华新镇纪鹤路3189 号
邮编:201708
电话:021/59796666、59796599
传真:59795141
网址:www.zf.com
电子信箱:service@zf.com
法定代表人:马振刚
质量体系:IATF 16949、ISO 14001
产品情况:(SACHS 牌、LUOTUO 牌)
乘用车液力变矩器和离合器等
配套情况:离合器产品为上汽大众、上汽通用、一汽集团、一汽-大众、东风标致雪铁龙、江铃汽车、沈阳航天三菱、奇瑞汽车、沈阳新光华晨、绵阳新晨动力等国内整车及发动机厂配套,轿车冲压件液力变矩器为上汽通用配套

★采埃孚传动系统零部件上海有限公司
地址:上海市青浦区华新镇嘉松中路1835 号 5-10 幢
邮编:201708
电话:021/67002410
传真:67002485
网址:www.zf.com
法定代表人:MAszlig;MANN HARALD KLAUS
质量体系:IATF 16949
产品情况:从事乘用车双质量飞轮开发、生产运输工具的动力传动系统零部件和总成

★上海中瑞·富士离合器有限公司
地址:上海市青浦区沈巷镇沈太路 600 号
邮编:201714
电话:021/59831819
传真:59831820
电子信箱:cfs-pc@fcc-net.cn
法定代表人:市川丰纪
质量体系:ISO 9001
产品情况:(富士牌)
摩托车、汽车用离合器
配套情况:为新大洲本田、五羊本田、雅马哈、川崎、铃木、哈雷、宝马、福特等摩托车企业供货

★宁波双林汽车部件股份有限公司
地址:上海市青浦区北盈路 202 号
邮编:201799
电话:021/39785888
网址:www.shuanglin.com
电子信箱:sales@shuanglin.com
法定代表人:邬建斌
质量体系:IATF 16949、ISO 14001
产品情况:汽车饰件、机电电子、轮毂轴承、自动变速器、新能源汽车动力系统、并涉足汽车智能驾驶领域
配套情况:主要合作客户有福特、丰田、大众、东风、长安、上汽通用五菱、吉利等国内外知名汽车厂商,同时配套佛吉亚、博泽、奥拓立夫、天合、法雷奥、李尔、博世、麦格纳、博格华纳等百强汽车零部件巨头

★本特勒汽车零部件(上海)有限公司
地址:上海市嘉定工业区城北路 4089 号
邮编:201800
电话:021/39761093
传真:39761093
网址:www.benteler-automotive.com
电子信箱:wen.han@benteler.com
法定代表人:施宏
质量体系:IATF 16949、ISO 9001
产品情况:安全气囊和车轴的管材到汽车零部件,底盘、白车身、发动机和排气系统
配套情况:为上汽大众、上汽通用、一汽-大众等国内主要主机厂配套

★上海三立汇众汽车零部件有限公司
地址:上海市嘉定区安亭镇园国路 409 号
邮编:201800
电话:021/69574058
传真:69574038
网址:www.slworld.com
电子信箱:hepengxuan@slworld.com
法定代表人:李之光
质量体系:ISO 14001、OHSAS 18001
产品情况:生产汽车制动器总成关键零部件及变速器操纵机构和换挡机构
配套情况:主要客户有现代、起亚、通用、上汽、奇瑞、北汽

★上海科曼车辆部件系统股份有限公司
地址:上海市嘉定区新甸路 1399 号
邮编:201800
电话:021/31169123
传真:31169273
网址:www.komman.com
电子信箱:komman@komman.com

法定代表人:李贤波
质量体系:IATF 16949、ISO 14001
产品情况:商用汽车全空气悬架系统等车辆关键部件系统产品
配套情况:为上汽集团、苏州金龙、福田欧辉客车、江汽集团(安凯 & 江淮)、北奔重汽、中国重汽等汽车企业配套

★上海瑞尔实业有限公司
地址:上海市嘉定区安亭大众工业园区一区米泉南路 625 号
邮编:201805
电话:021/69979222、59571515
传真:59571616
网址:www. sh – real. com
电子信箱:sales@ sh – real. com
法定代表人:李健军
质量体系:IATF 16949、ISO 14001
产品情况:汽车 ABS 控制器阀体、车轮装饰盖、车身防擦条、门槛饰板、制动总泵缸体、空气悬架系统总成及其他功能性铝合金铸件等
配套情况:为宝马、奔驰、奥迪等全球近 50 家世界主流汽车主机厂配套

★采埃孚汽车系统(上海)有限公司
地址:上海市嘉定区安亭镇百安路 188 号
邮编:201805
电话:021/59571711
传真:59502567
网址:www. zf. com
法定代表人:PER THOMAS NEJMAN
质量体系:IATF 16949、ISO 14001
产品情况:制动盘、电子辅助系统和转向系统

★大众汽车变速器(上海)有限公司
地址:上海市嘉定区博乐南路 100 号
邮编:201805
电话:021/69520000
法定代表人:Frank Engel
质量体系:ISO 9001、ISO 14001
产品情况:主要产品为手动变速器
配套及出口情况:主要客户为上汽大众、一汽-大众、一汽轿车;远销德国和波兰

★上海嘉朗实业有限公司
地址:上海市嘉定区外青松公路 496 号 2 幢
邮编:201806
电话:021/39191166 – 8089
传真:66952133
网址:www. sh – karlang. com
电子信箱:jhuang – kf@ sh – karlang. com
法定代表人:李健强
质量体系:IATF 16949、ISO 9001
产品情况:铝合金铸件和发动机底盘类、发动机类、悬制类产品
配套情况:客户包括上汽大众、一汽-大众、东风本田、东风乘用车(轩逸底盘发动机悬置支架)、武汉神龙、东南汽车、无锡爱维斯、宁海建新、TRW、苏州 BOSH、苏州德尔福等

★上海汽车变速器有限公司
地址:上海市嘉定区汇旺路 600 号
邮编:201807
电话:021/69088757
传真:69086666
网址:www. sagw. com
电子信箱:csc@ sagw. com
法定代表人:杨晓东
质量体系:IATF 16949、ISO 9001
产品情况:主要生产配套各类乘用车、商用车、新能源汽车变速器以及关键零部件
配套情况:已成为上汽通用、上汽大众、上汽通用五菱、上海汽车、东风日产、东风汽车、众泰汽车、北汽汽车、美国通用、美国福特等国内外知名汽车集团的变速器总成及关键零部件 OEM 供应商和重要的战略合作伙伴

★上海采埃孚变速器有限公司
地址:上海市嘉定区汇旺路 649 号
邮编:201807
电话:021/67089888、67089870
网址:www. zf. com
法定代表人:钱向阳
质量体系:IATF 16949
产品情况:乘用车的自动变速器和相关产品及其零部件
配套情况:为上汽大众配套

★采埃孚汽车零部件系统上海有限公司
地址:上海市嘉定区安亭镇百安公路 188 号
邮编:201814
电话:021/24169544、24169416
传真:24169401
网址:www. zf. com
电子信箱:lei. zhang@ zf. com
法定代表人:Georg Peter Franz Memmel
单位人数:284
质量体系:IATF 16949、ISO 9001
产品情况:商用车减振器及总成、商用车离合器等
配套情况:为长春客车厂、大众和奥迪集团、上汽通用、北京奔驰、一汽集团、东风日产乘用车、重汽集团、金龙客车等配套

★上海镁镁合金压铸有限公司
地址:上海市嘉定区安亭镇泰顺路 777 号
邮编:201814
电话:021/59502388
传真:59502399
网址:www. meridian – mag. com
电子信箱:fzhu@ meridian – mag. com
法定代表人:毛维俭
质量体系:IATF 16949、ISO 14001
产品情况:汽车及摩托车用镁合金压铸件,包括变速器壳体、壳盖、转向柱支架、仪表板支架、座位框架等
配套情况:为上汽大众、上汽通用、南京依维柯、南京春兰、一汽集团、一汽-大众、东风汽车公司、北京奔驰、上柴、玉柴、杭发等配套

★上海本特勒汇众汽车零部件有限公司
地址:上海市嘉定区园汽路 1299 号
邮编:201814
电话:021/39917666
传真:39917166
网址:www. benteler. com
电子信箱:Lulu. zhang@ benteler. com
法定代表人:李之光
质量体系:IATF 16949、ISO 9001
产品情况:主要生产控制臂、驱动桥等核心零部件以及 A 柱、B 柱、保险杠等结构件
配套情况:主要客户有上汽大众、长安马自达、上海汇众等

★优立昂上海汽车零部件科技有限公司
地址:上海市嘉定区工业园区北和公路 1339 号
邮编:201815
电话:021/39966818、39538186
传真:39538189
电子信箱:sucw01@ sh – union. com
法定代表人:曾伟
质量体系:ISO/TS 16949
产品情况:转向拉杆、外球头、悬架球头、转向柱总成、转向中间轴总成、转向器总成、转向柱支架、三角臂及其他机械冲压、焊接结构件

★上海上汽马瑞利动力总成有限公司
地址:上海市嘉定区兴荣路 388 号
邮编:201815
电话:021/39915010、39915000
传真:39915258
网址:www. magnetimarelli. com. cn
电子信箱:hyde. zhang@ smmpwt. com. cn
法定代表人:Martin UWE Moissl
质量体系:IATF 16949、ISO 14001
产品情况:主要产品为手自动变速器用电控液压件

★上海北特科技股份有限公司
地址:上海市嘉定区高石路 2488 号
邮编:201816
电话:021/39900006、39900770
传真:39900887
网址:www. sh – beite. com
法定代表人:靳坤
质量体系:IATF 16949、ISO 14001
产品情况:具备 5 万余吨转向器、减振器等零部件的年生产能力
配套情况:为一汽-大众、上汽大众、上汽通用、一汽轿车、一汽丰田、广汽丰田、广汽本田、东风标致、东风日产、奇瑞汽车、吉利汽车、比亚迪汽车、北京现代、长安福特、江淮汽车、长城汽车、长

安铃木、华晨汽车、海马汽车等配套

★博世华域转向系统有限公司
地址：上海市嘉定区永盛路2001号
邮编：201821
电话：021/67079000
传真：67079087
网址：www.boschhuayu－steering.com
法定代表人：王晓秋
质量体系：IATF 16949、ISO 14001
产品情况：平行轴式电动助力转向系统（EPSapa）、双齿轮式电动助力转向系统（EPSdp）、管柱式电动助力转向系统（EPSc）、液压助力转向系统（HPS）和相关零部件等
配套及出口情况：客户主要涵盖了大众、通用、吉利、上汽乘用车、奔驰、捷豹路虎等40家整车厂；部分产品出口9个国家和地区

★上海汽车制动系统有限公司
地址：上海市嘉定区招贤路385号
邮编：201821
电话：021/39163000
传真：39163333
网址：www.hc－sabs.com
电子信箱：zhaopin@sabs.com
法定代表人：张海涛
质量体系：IATF 16949、ISO 14001
产品情况：EPB电子驻车系统、制动卡钳、真空助力器ACU、制动软管
配套情况：是上海汽车、上汽大众、上汽通用、一汽-大众、长安福特、北京奔驰、华晨宝马等知名整车企业的核心供应商

★上海立峰汽车传动件股份有限公司
地址：上海市宝山区罗店镇抚远路2389号
邮编：201908
电话：021/51600105
传真：51600105－866
网址：www.slifeng.com
电子信箱：lfpt@slifeng.com
法定代表人：陈田力
质量体系：IATF 16949、ISO 9001
产品情况：汽车自动变速器的液压变速阀、阀套和高精密加工件
配套情况：客户有上汽通用、麦格纳、德尔夫、博格华纳等

★上海嘉仕久企业发展有限公司
地址：上海市崇明区城桥镇秀山路518号
邮编：202150
电话：021/69607000、69607002
传真：69607003
网址：www.sh－jsj.com
电子信箱：shjsjsh@126.com
法定代表人：祁斌
质量体系：IATF 16949
产品情况：（嘉仕久牌）
　　汽车转向节，年产能180多万件
配套情况：为一汽青岛、北汽福田、江淮汽车、华菱汽车、东风德纳、上汽依维柯红岩、杭州汇丰、重庆力帆、万安集团、北汽福田等配套

江苏省

★博世汽车转向系统金城南京有限公司
地址：南京市经济技术开发区润博路1号
邮编：210002
电话：025/88041900
电子信箱：cherry.hu@bosch.com
法定代表人：李晓义
质量体系：IATF 16949、ISO 9001
产品情况：（采埃孚金城牌）
　　轿车和轻型商用车转向叶片泵
配套情况：为一汽-大众、上汽大众、上汽通用、上汽股份、奇瑞汽车、华晨金杯、东风日产乘用车、东南汽车、长城汽车、河北中兴、南京汽车集团、北汽福田、重汽集团、北奔重汽、南京跃进、江淮汽车等供货

★南京宏峰汽车配件有限公司
地址：南京市雨花经济开发区龙藏大道1－1号
邮编：210012
电话：025/82360801、52360801
传真：52898921
电子信箱：hfqpnj@126.com
法定代表人：桂行慧
质量体系：IATF 16949、ISO 14001
产品情况：（金猫牌）
　　汽车、农用车驻车制动器、变速操纵机构及驻车制动器操纵机构等汽车零部件
配套情况：为江西五十铃、全顺、江铃陆风、江淮汽车、一汽集团、北汽福田、南京依维柯、广汽日野等配套

★南京邦奇自动变速箱有限公司
地址：南京市新港开发区恒通大道33号
邮编：210046
电话：025/85809089
传真：85809079
网址：www.punchpowertrain.cn
电子信箱：info.china@punchpowertrain.com
法定代表人：王向东
质量体系：IATF 16949
产品情况：传统变速器、用于混合动力车型（48V和插电式混合PHEV）和双离合变速器（DCT），及其零部件
配套情况：主要合作伙伴有北汽银翔、北京汽车、宝马汽车、比亚迪、长安汽车、长丰汽车、东风风行、东风小康、广汽集团、吉利汽车、长城汽车、海马汽车、现代汽车、江淮汽车、起亚汽车、陆风汽车、力帆汽车、MINI、日产、宝腾、上汽集团、东南汽车、野马汽车、众泰汽车等

★布雷博（南京）制动系统有限公司
地址：南京市江宁经济技术开发区西京路28号
邮编：211100
电话：025/52733110、87129800
网址：www.brembo.com
电子信箱：lizzie_ding@brembo.cn
法定代表人：Stephane Denis Jean Paul Rolland
质量体系：IATF 16949、ISO 14001
产品情况：制动器模块化总成、制动钳总成、鼓式制动器总成、制动盘、制动鼓、制动泵缸总成、离合器泵缸总成
配套情况：为华晨宝马、北京奔驰、福建奔驰、上汽大众、上汽通用、日本三菱、长安福特、上汽乘用车、南京依维柯、南京跃进配套

★南京东华传动轴有限公司
地址：南京市江宁经济技术开发区通淮街2号
邮编：211106
电话：025/69693015
电子信箱：nds@saicdh.com
法定代表人：殷勇
质量体系：IATF 16949、ISO 14001
产品情况：（东华牌）
　　主要生产商用车传动轴总成、农业装备传动轴总成、全地形车（ATV）传动轴总成、工程机械传动轴总成及各类传动零件等；具备年产40万套传动轴总成的生产能力
配套及出口情况：主要客户有南京依维柯、洛阳一拖、福田雷沃重工、BRP、GKN、中国龙工等；出口德国、意大利、加拿大、美国等国家

★南京东华智能转向系统有限公司
地址：南京市江宁区经济技术开发区秦淮路71号
邮编：211106
电话：13915915569、13814525685
传真：025/68576526
网址：www.njzxq.com
电子信箱：huajun@saicdh.com
法定代表人：芦勇
质量体系：IATF 16949
产品情况：（东华牌）
　　循环球式转向器、齿轮齿条式转向器、可溃电助力式转向管柱总成、液压助力转阀等
配套及出口情况：主要客户为上汽通用五菱、北京汽车、南京依维柯、依维柯跃进品牌、北汽福田等汽车厂商；出口韩国

★法雷奥凯佩科液力变矩器南京有限公司
地址：南京市江宁经济技术开发区广利路88号
邮编：211153
电话：025/86912346
传真：86912345

网址:www. valeo. com
电子信箱:jianman. li. jv@ valeo. com
法定代表人:Francois Antoine Jacques Marion
质量体系:IATF 16949、ISO 14001
产品情况:汽车自动传动部件和系统
配套情况:主要客户为上汽通用及北美通用

★南京法雷奥离合器有限公司
地址:南京市江宁区广利路 88 号
邮编:211153
电话:18251924873
传真:86912345
网址:www. valeo. com. cn
电子信箱:jianman. li. jv@ valeo. com
法定代表人:Francois Antoine Jacques Marion
质量体系:IATF 16949、ISO 9001
产品情况:离合器、双离合器、双质量飞轮和刚性飞轮以及液力转矩转换器,适用于国内各种轿车,微型车,轻、中和重型车的配套需要
配套情况:主要客户有奇瑞、日产尼桑、标致、上汽大众、一汽-大众、神龙、比亚迪、起亚现代、北京现代、上汽通用、北美通用、中国重汽、东风、南京依维柯、上海依维柯红岩

★南京创捷和信汽车零部件有限公司
地址:南京市溧水经济开发区中兴东路 5 号
邮编:211200
电话:025/52613555
传真:56213549
网址:www. nj - cv. com. cn
电子信箱:xz@ nj - cv. com. cn
法定代表人:边永杰
质量体系:IATF 16949
产品情况:车桥总成、制动器总成、转向机、悬架、变速器及其他零部件制造

★扬州东升汽车零部件股份有限公司
地址:江苏省扬州市仪征新集镇工业集中区 6 号
邮编:211400
电话:0514/83622629
传真:83622631
网址:www. yzdongsheng. net
法定代表人:刘旭
质量体系:IATF 16949
产品情况:(YDA 牌、旭日东升牌)
　　专业生产商用车稳定杆,年产各类稳定杆 300 多万件;空气悬架系统
配套情况:商用车稳定杆制造商,不仅是全球知名商用车企业的一级供应商,如 Daimler、VW、MAN、SCANIA、VOLVO、FUSO、TATA、DAEWOO 等国外客户;国内市场份额高达 60% 以上(主要客户:东风汽车、北汽福田、济南重汽、陕重汽、宇通客车、金龙客车、金旅客车、中通客车、三一重工、红岩汽车、大运汽车等);已为中通客车、厦门金龙,福田欧辉,南京金龙、中植新能源,重汽豪沃,北奔重汽、江铃重汽,福田奔驰,红岩依维柯,吉利等企业成功开发出各类空气悬架产品

★仪征跃进车桥有限责任公司
地址:江苏省仪征市大庆南路 32 号
邮编:211400
电话:0514/83452987
传真:83452283
电子信箱:42555378@ qq. com
法定代表人:肖锋
质量体系:IATF 16949
产品情况:前后桥总成、车轴

★仪征上汽通程汽车悬架有限公司
地址:江苏省仪征市汽车工业园荣威大道 880 号
邮编:211400
电话:0514/85819912
传真:85819916
网址:www. shangqitongchengauto. com
电子信箱:wang_943208@ sina. com
法定代表人:周项兴
质量体系:IATF 16949
产品情况:专业生产汽车悬架产品
配套及出口情况:为南京依维柯、江淮汽车、长丰猎豹、苏州金龙等多家国内知名汽车制造厂提供配套汽车悬架产品,并同时为多家新能源汽车及空气悬架生产企业提供导向臂产品配套服务;出口欧美及东南亚市场

★江苏华裕汽车工业有限公司
地址:江苏省淮安市盱眙县工业园区工十路
邮编:211700
电话:0517/88299033、88299080
传真:88299055
电子信箱:hy@ aboba. cn
法定代表人:张维山
质量体系:IATF 16949
产品情况:(ABOBA 牌)
　　年产制动片 300 万套、离合器总成 150 万套
出口情况:远销欧美、中东、东南亚等地区

★南京锦湖轮胎有限公司
地址:南京市浦口经济开发区春羽路 8 号
邮编:211800
电话:025/85319999
网址:www. kumhotire. com. cn
法定代表人:KIM MYEONG HWAN(金明焕)
质量体系:IATF 16949、ISO 9001
产品情况:(锦湖牌)
　　子午线轮胎的年生产能力超过 1200 多万条
配套情况:为北京现代、东风悦达起亚、奇瑞汽车、华晨金杯、一汽轿车、长安汽车、吉利汽车等配套

★镇江市宝华半挂车配件有限公司
地址:江苏省镇江市京口工业园区金鼎路 33 号
邮编:212006
电话:0511/88838888、88808888
传真:88822448
网址:www. zjbaohua. com
电子信箱:zjbaohua@ public. zj. js. cn
法定代表人:童财宝
质量体系:IATF 16949、ISO 14001
产品情况:(宝明牌)
　　专业生产半挂车鞍式牵引座、悬架系统、支承装置和挂车车桥等半挂车配件
配套及出口情况:为全国多家挂车企业配套;远销美国、中东、南美洲、东南亚、澳大利亚等国家和地区

★凯迩必机械工业(镇江)有限公司
地址:江苏省镇江市京口区丁卯开发区经十二路
邮编:212009
电话:0511/88891008、85580302
传真:88886848
网址:www. kyb. co. jp
电子信箱:kimzhr@ kybzj. com
法定代表人:郭卯应
质量体系:IATF 16949、ISO 9001
产品情况:汽车减振器
配套情况:为东风日产、天津一汽丰田、北京奔驰、东南汽车等配套

★镇江福斯特汽车零部件有限公司
地址:江苏省镇江市新区姚桥镇兴隆工业区
邮编:212139
电话:0511/83757588
传真:83757688
电子信箱:info@ tanaworks. com
法定代表人:丁德全
质量体系:IATF 16949
产品情况:汽车制动器零件

★镇江华瑞液压机械有限公司
地址:江苏省镇江市丹徒区谷阳镇三山湖山路 79 号
邮编:212143
电话:0511/85117922、13805289829
传真:85910333
网址:www. hr1971. com
电子信箱:642874389@ qq. com
法定代表人:陈薇
质量体系:ISO 9001
产品情况:多路换向阀、限速阀、负荷传感有限流量控制阀、单路稳定分流阀、平衡阀、振动阀、行走制动阀、单回路外力制动阀、转换阀等各类液压阀;年生产能力达到 40 余万台(件)
配套及出口情况:为众多知名企业的战略合作伙伴;随主机远销日本、东南亚、

欧洲、南美洲等国家和地区

★江苏华鑫泰科汽车配件有限公司

地址:江苏省扬中市春柳北路中林村
邮编:212200
电话:0511/88221366、13651868833
传真:88225986
网址:www. huaxin - tech. cn
电子信箱:gong. jin@ huaxin - plastic. com
法定代表人:贡津
质量体系:IATF 16949
产品情况:离合器从动盘阻尼片、离合器从动盘减振衬套、空调滴水管、保险带锁舌等汽车零部件

★大亚车轮制造有限公司

地址:江苏省丹阳市经济技术开发区大亚产业园大亚路006号
邮编:212300
电话:0511/86967105、86969105
传真:86982228、86969103
网址:www. darewheel. com
法定代表人:郑晖
质量体系:IATF 16949、ISO 14001
产品情况:主要产品为12~28英寸规格的铝合金车轮
配套及出口情况:是通用、菲亚特·克莱斯勒、比亚迪·戴姆勒、长城汽车、日本三菱等海内外知名品牌车企配套供货商;远销美国、日本、丹麦、意大利等国家

★吉凯恩(丹阳)工业有限公司

地址:江苏省丹阳市经济技术开发区机械工业园
邮编:212310
电话:0511/86234291
网址:www. gknchina. com
电子信箱:terry. wang@ gkn. com
法定代表人:孙立宇
质量体系:IATF 16949、ISO 14001
产品情况:农用机械的车轴、轮毂、车辆底盘、列车间的挂钩、液压悬架、连接头、转矩弹簧、特殊车轴、扭矩车轴

★江苏梅花机械有限公司

地址:江苏省丹阳市南郊区凤凰工业园华苑路1号
邮编:212342
电话:0511/86198308
传真:86845520
网址:www. dymhjx. com
电子信箱:mh@ dymhjx. com
法定代表人:韦黎敏
质量体系:IATF 16949
产品情况:(黎民牌)
新能源汽车真空泵及其他汽车真空泵
配套情况:为江铃、保定长城、福田等汽车整车厂及国内外市场供货

★丹阳市可达汽车配件有限公司

地址:江苏省丹阳市吕城镇圣旨西路699号
邮编:212351
电话:0511/86476210
传真:86828578
网址:www. kdap. com
电子信箱:dykd2000@ 163. com
法定代表人:肖斌
质量体系:IATF 16949、ISO 14001
产品情况:专业生产汽车前、后制动钳活塞
配套情况:主要配套企业有一汽-大众、上汽大众、神龙汽车、吉利、广汽、长城、比亚迪、江淮,目前主要与以上公司的标致307、江淮瑞风、东风风行、捷达、通用别克、帕萨特B5、桑塔纳、奇瑞、宝来、中华等轿车制动器配套生产制动钳活塞及冲压件,年配套量可达150万台(套)

★常州理工科技股份有限公司

地址:江苏省常州市新北区春江镇钱家边288号
邮编:213002
电话:0519/85866111、85866222
传真:85866333
网址:www. czligong. com
电子信箱:czligong@ czligong. com
法定代表人:蒋亚明
质量体系:IATF 16949
产品情况:铝合金轮毂、新能源汽车铝制品零部件等产品

★常州市金凌达汽车零部件有限公司

地址:江苏省常州市新北区薛家镇吕墅东路36号
邮编:213125
电话:15995048686
传真:0519/85955835
网址:www. china - suspensionparts. com
电子信箱:sales@ china - suspensionparts. com
法定代表人:景鑫
质量体系:IATF 16949
产品情况:横拉杆球头、拉杆、横拉杆总成、中心拉杆、直拉杆、转向主动臂、转向从动臂、上下球头、平衡杆、直轴等
出口情况:出口南美洲、东欧、东南亚、中东地区

★江苏凯特汽车部件有限公司

地址:江苏省常州市新北区空港工业园汤庄
邮编:213133
电话:0519/83204889、83204883
传真:83204898
电子信箱:mail@ kaitewheel. com
法定代表人:管建国
质量体系:IATF 16949
产品情况:汽车、摩托车铝合金车轮、轮毂

★常州超宇机械制造有限公司

地址:江苏省常州市武进区前黄镇丁舍
邮编:213172
电话:0519/86518387、86595715
传真:86268969、86595716
电子信箱:info@ cft - cz. com
法定代表人:王洪法
质量体系:IATF 16949、ISO 14001
产品情况:(CFT牌)
球笼式等速万向节和内外球笼冷锻毛坯
出口情况:远销美国、日本、韩国、智利等国家

★上齿集团有限公司

地址:江苏省溧阳市天目湖工业园区溪缘路6号
邮编:213333
电话:0519/83101142、88301189
传真:88301184、88301197
电子信箱:sales@ jssc. com. cn
法定代表人:张焰庆
质量体系:IATF 16949
产品情况:(上溧牌)
已具备年生产螺旋锥齿80万套、圆锥齿轮20万只、减速机1200台的能力
配套及出口情况:客户包括重庆庆铃、江淮车桥、江西江铃、安凯车桥、东风柳汽、方盛车桥等企业;远销美国、意大利、土耳其、德国等国际市场

★瑞菲艾伦(无锡)汽车部件有限公司

地址:江苏省无锡市新区硕放镇香楠路11号厂房
邮编:214000
电话:0510/81129512
网址:www. reflexallen. com
电子信箱:allen. wuxi@ reflexallen. com
法定代表人:GIBELLINI RENZO
质量体系:IATF 16949、ISO 14001
产品情况:汽车制动器总成及关键零部件如空气制动尼龙管、空气制动螺旋线束、ABS/EBS螺旋线束、预成型快速接插管件、尿素管等
配套情况:已与国内商用车行业的重要生产商——重汽、中集集团、一汽、三一、宇通、康明斯、日野、庆铃等建立稳定的业务往来

★小仓离合机(无锡)有限公司

地址:江苏省无锡市新区辛金路116-1号
邮编:214027
电话:0510/82137719
传真:82137729
网址:www. oguraclutch. co. jp
电子信箱:ocw - 1@ oguraclutch - wx. com
法定代表人:小仓康宏(OGURA YASUHIRO)
质量体系:ISO 9001、ISO 14001
产品情况:生产汽车空调用离合器

★相信制动系统(无锡)有限公司
地址:江苏省无锡市国家高新技术产业开发区锡锦路 18 号
邮编:214028
电话:0510/85322087
传真:85322093
网址:www. sangsin. cn
法定代表人:金孝一
单位人数:500
质量体系:IATF 16949、ISO 9001
产品情况:(SB 牌)
制动器总成等汽车关键零部件
配套情况:为现代、起亚、通用 - 大宇、雷诺 - 三星等配套

★无锡仓佑汽车配件有限公司
地址:江苏省无锡市国家高新技术产业开发区锡梅路 69 号
邮编:214028
电话:0510/88156188
传真:68866680
网址:www. tsangyow. com. cn
电子信箱:wendy. liu@ tsangyow. com. cn
法定代表人:苏祈泽
质量体系:IATF 16949、ISO 14001
产品情况:汽车变速器零组件的精密加工,并定做铸铁件、轴类、冲压件、铝铸件、锻件、组装件产品
配套情况:主要客户有 Valeo、奇瑞汽车、Delphi、Borgwarner、Exedy、Punch 等

★普利司通(无锡)轮胎有限公司
地址:江苏省无锡市国家高新技术产业开发区新梅路 67 号
邮编:214028
电话:0510/85322288
传真:85322199
网址:www. bridgestone. com. cn
电子信箱:bswx@ brisgestonewx. com
法定代表人:平光昌弥(HIRAMITSU MASAYA)
质量体系:IATF 16949、ISO 14001
产品情况:(普利司通牌)
轿车用子午线轮胎

★康斯博格汽车部件(无锡)有限公司
地址:江苏省无锡市新加坡工业园锡坤路 30 号、32 号
邮编:214029
电话:0510/85285380
网址:www. kongsbergautomotive. com
电子信箱:jingyu. zhang@ ka - group. com
法定代表人:PETER DANIEL ALPHONSE
质量体系:IATF 16949
产品情况:汽车变速器、离合器及配件、汽车电子设备、座椅部件、汽车管路系统
配套情况:为蔚来供货

★中国航发动力控制股份有限公司
地址:江苏省无锡市滨湖区刘闾路 33 号
邮编:214063
电话:0510/85707738
传真:85500738
网址:www. aaec. com. cn
电子信箱:zhdk000738@ vip. 163. com
法定代表人:朱静波
质量体系:GJB 9001B、AS 9100C
产品情况:燃机控制、新能源控制、汽车自动变速控制

★无锡和大精密齿轮有限公司
地址:江苏省无锡市安镇镇锡沪路查桥东段 27 号
邮编:214104
电话:0510/88716057、88712493
传真:88712485
网址:www. wxhota. com
电子信箱:hota@ wxhota. com
法定代表人:林炎辉
质量体系:IATF 16949、ISO 14001
产品情况:汽车、摩托车传动齿轮及轴类零件以及其他特殊精密齿轮部件
出口情况:出口美国、日本、加拿大、新加坡

★威巴克(无锡)减震器有限公司
地址:江苏省无锡国家高新技术产业开发区 B - 9 号地块
邮编:214112
电话:0510/88666222
网址:www. vibracoustic. com
电子信箱:qifeng. liu@ vibracoustic. com
法定代表人:SALAHUTDIN RASHID
质量体系:ISO 9001、IATF 16949
产品情况:橡胶金属减振器、电动机支架、变速器支架等
配套情况:客户有上汽大众、上汽通用、长安福特、一汽、一汽-大众、武汉神龙、上海汽车、东风日产、一汽丰田、江淮汽车、奇瑞汽车等国内主要整车厂及通用北美、德国大众/奥迪等国外整车厂;配套的车型有桑塔纳、帕萨特、波罗、斯柯达、别克、雪佛兰、蒙迪欧、S-MAX、沃尔沃、马自达、福克斯、奥迪、捷达、奔驰、速腾、迈腾、富康、X7、C5

★无锡摩比斯汽车零部件有限公司
地址:江苏省无锡市新科技开发区新荣路 15 号
邮编:214112
电话:0510/88553600、85080602
网址:cn. mobis. co. kr
电子信箱:5600031@ gmobis. com
法定代表人:郑夏承(JUNG HASUNG)
质量体系:IATF 16949、ISO 14001
产品情况:汽车驱动桥总成、制动器总成、柴油机燃油泵、等速万向节、减振器、柴油车机外排放控制装置、汽车用铸锻毛坯件、电子专用设备、测试仪器、电动助力转向系统、转向机、电子控制制动防抱死系统等产品
配套情况:主要为韩国现代与韩国起亚两家汽车公司提供汽车零部件

★无锡中策减震器有限公司
地址:江苏省无锡市惠山区玉祁街道芙蓉村
邮编:214183
电话:0510/83880072、83880926
传真:83898072
电子信箱:zcjz@ public1. wx. js. cn
法定代表人:顾末珍
质量体系:IATF 16949、VDA 6. 1
产品情况:(锡震牌)
橡胶金属减振器、金属波形膨胀节和沥青阻尼材料 3 大类;具有年产 2000 万只橡胶金属减振器和 4000 吨阻尼材料的能力
配套情况:为一汽-大众、上汽大众、上汽通用、长安汽车、一汽轿车、南京依维柯、神龙汽车、奇瑞汽车等配套

★无锡晶华汽车制动器有限公司
地址:江苏省无锡市惠山经济开发区洛社配套区
邮编:214187
电话:0510/83308932、82259966
传真:83308361
网址:www. wxjhjt. com
电子信箱:wuxijinghua@ foxmail. com
法定代表人:马慕琴
质量体系:IATF 16949
产品情况:汽车制动器和电动车前后桥

★江苏通用科技股份有限公司
地址:江苏省无锡市东港镇创业产业园金港大道旁
邮编:214196
电话:0510/66868926、4006858183
网址:www. ty - tyre. com
电子信箱:jstongyong@ ty - tyre. com
法定代表人:顾萃
质量体系:IATF 16949、ISO 9001
产品情况:(千里马牌、赤兔马牌、骐马牌、通运牌、喜达通牌)
全钢子午线轮胎

★江阴市创新气门嘴有限公司
地址:江苏省江阴市华士镇曙新村巷门头 62 号
邮编:214421
电话:0510/86213271、86204929
传真:86204926
网址:www. sanliang. com
电子信箱:cx@ sanliang. com
法定代表人:徐志龙
质量体系:IATF 16949、ISO 9001
产品情况:(三良牌)
生产各种型号规格的气门嘴、气门芯产品
配套及出口情况:为佳通轮胎、杭州中策橡胶、贵州轮胎股份、建大橡胶中国、正兴车轮集团、厦门日上车轮集团配套;出口美国、德国、巴西、俄罗斯、印度、韩国、泰国等 30 多个国家和地区

★江阴方辰汽车零部件有限公司
地址:江苏省江阴市周庄镇玉门西路18号
邮编:214423
电话:0510/86900175、18915218988
传真:86900175
网址:www.fangchengroup.com
电子信箱:info@fangchengroup.com
法定代表人:朱丽艳
质量体系:IATF 16949
产品情况:专业生产汽车减振缓冲块与防尘罩修理包套装

★江阴全华丰精锻有限公司
地址:江苏省江阴市高新技术产业开发区杨宦路5号
邮编:214437
电话:0510/86131327、86131573
传真:86992737
网址:www.china-qhf.com
电子信箱:zhchh@china-qhf.com
法定代表人:周栋
质量体系:IATF 16949
产品情况:(QHF牌)
汽车差速器行星、半轴齿轮等各种直齿锥齿轮,摩托车起动棘、齿轮,气门弹簧座及端面类异性件等
配套情况:棘、齿轮,气门弹簧座主要与铃木技术企业江门大长江、济南铃木、本田技术企业新大洲本田、五羊本田等摩托企业配套;锥齿轮主要与长安汽车、长城汽车、北京汽车、广汽、金杯汽车配套

★无锡联信离合器有限公司
地址:江苏省江阴市申港镇镇澄路1201号
邮编:214443
电话:0510/86687537、86687538
传真:86685200
网址:www.wjclutch.com
电子信箱:wjclutch@163.com
法定代表人:陆渝波
质量体系:IATF 16949
产品情况:(万嘉牌)
离合器从动盘总成、压盘总成及其变形产品
配套及出口情况:为扬柴、北汽福田、柳工集团、常林集团等配套;出口北美洲、南美洲、非洲、亚洲、澳大利亚等国家和地区

★江阴天广科技有限公司
地址:江苏省江阴市石庄花港西路28号
邮编:214445
电话:0510/86883975
传真:86882135
网址:www.tgclutch.com
电子信箱:hhg@tgclutch.com
法定代表人:汤明才
质量体系:IATF 16949、ISO 9001
产品情况:(江流牌)
汽车离合器总成、膜式压盘压盖、总成,轻型输送带、高强度传动带、切弦带、防静电胶板、橡胶制品等
配套情况:为东风汽车公司、一汽集团、重汽集团、陕汽集团配套

★庆昌科技(江阴)有限公司
地址:江苏省江阴市经济开发区石庄园区花港西路32号
邮编:214446
电话:0510/88458333、88458337
传真:88458339
网址:www.kcwiper.com
法定代表人:SON IL HO(孙一镐)
质量体系:IATF 16949、ISO 14001
产品情况:高档刮水片、驻车制动、行车制动、转向液油罐
配套情况:主要合作伙伴包括现代汽车、北京现代、东风悦达起亚、通用汽车、江淮汽车、福特汽车、奇瑞汽车、日产汽车、日立、现代摩比斯、博世、DNPS、ASMO等

★江苏金钟机械制造有限公司
地址:江苏省靖江市火车站站前路118号
邮编:214500
电话:18505232345
网址:www.jz-js.com
电子信箱:930776@qq.com
法定代表人:徐灿钟
质量体系:IATF 16949
产品情况:汽车转向装置、保险杠总成、离合器分离拉环等
配套情况:已和北汽福田、沈阳金杯、安徽江淮、上海龙工、徐工集团、厦门厦工、陕西重汽、宝鸡华山等汽车厂家及国内部分车身厂、转向器企业建立了良好的配套关系

★江苏恒力制动器制造有限公司
地址:江苏省靖江市经济开发区城南园区苏源热电路
邮编:214500
电话:0523/84622969
传真:84243988
网址:www.js-hengli.com
电子信箱:webmaster@js-hengli.com
法定代表人:徐旗钊
质量体系:IATF 16949
产品情况:(恒力牌)
各类鼓式制动器、16~24.5英寸气压盘式制动器总成、各类转向管柱、汽车转向装置总成及各种型号的凸轮轴、调整臂、支架、气室、推力杆、限位支架、气室支架、角转向器等
配套情况:为一汽、东风、江淮、安凯、东风柳汽、广西方盛、江铃、北汽福田、上汽依维柯、华菱、徐州美驰、宇通客车、金龙客车、中通客车、黄海客车等配套

★江苏恒义汽配制造有限公司
地址:江苏省靖江市开发区中洲西路6号
邮编:214500
电话:0523/88973001、88971005
传真:84855280、88973222
网址:www.jshygf.com.cn
电子信箱:hengyi@jshygf.com.cn
法定代表人:陈竞宏
单位人数:488
质量体系:IATF 16949、ISO 14001
产品情况:(恒义牌)
主要产品有各类差速器壳、前支架、隔圈、中间摇臂、转向臂、主减速器壳、油封座、转子架以及变速器零部件共100多系列400多个品种
配套情况:为陕汽集团、一汽山东汽车改装厂、重汽集团、北奔重汽、徐工集团、安凯集团等配套

★江苏恒明汽车配件制造有限公司
地址:江苏省靖江市斜桥镇大觉花宋路8号
邮编:214512
电话:0523/84248780、18752680886
传真:84248988
电子信箱:cai@js-hm.com
法定代表人:蔡建国
质量体系:IATF 16949
产品情况:(恒明牌)
各种车型的制动调整臂总成、转向节臂、凸轮轴等主要产品
配套情况:长期为陕西重汽、恒力公司、一汽四环、广西方盛、东风汽车公司、柳汽、湖北车桥、卢卡斯美驰、江淮、安凯、丹东黄海等几十家主机厂配套

★江苏格尔顿传动有限公司
地址:江苏省靖江市沿江公路889号
邮编:214521
电话:0523/84837959
传真:84833540
网址:www.chngld.cn
电子信箱:xiaoshou@chngld.com
法定代表人:孙乙钦
单位人数:480
质量体系:IATF 16949
产品情况:(格尔顿牌)
汽车传动轴、转向管柱、电子加速踏板、电磁驱动器总成等
配套及出口情况:主要客户包括中国一汽、东风商用车、宇通客车、金龙客车、福田戴姆勒汽车、陕西重汽、中国重汽、福田汽车、上汽集团、徐工集团、三一重工、亚星客车、中通客车、申龙客车、海格客车、恒通客车、华菱星马、集瑞联合、金旅客车、南京金龙、上汽通用五菱、上汽大通、五十铃、南京依维柯、大宇、奇瑞、吉利汽车、比亚迪汽车、长安汽车、长城汽车、海马汽车、江淮汽车、安凯汽车等;远销全球40多个国家和地区

★耐世特汽车系统(苏州)有限公司
地址:江苏省苏州市工业园区凤里街72号
邮编:215000
电话:0512/62838868

网址:www. chinese. nexteer. com
电子信箱:cici. wang@ nexteer. com
法定代表人:JIANQIANG FAN
质量体系:IATF 16949
产品情况:汽车转向系统及其零部件

★采埃孚传动技术(苏州)有限公司
地址:江苏省苏州市工业园区百合街 18 号
邮编:215021
电话:0512/67166559
传真:67166357
网址:www. zf. com
法定代表人:ANDREAS MOSER
质量体系:ISO 9001
产品情况:(ZF 牌)
客车传动和底盘系统产品,包括变速器、车桥(包括悬架)、转向系统以及部分采埃孚萨克斯客车离合器、减振器
配套情况:为厦门金龙、苏州金龙、苏州金旅、安凯汽车等配套

★曙光制动器(苏州)有限公司
地址:江苏省苏州市工业园区长阳街汀兰巷 168 号
邮编:215021
电话:0512/62831577
传真:62831580
网址:www. akebono - brake. co. jp
法定代表人:SATAKE TATSUYA(佐竹辰也)
质量体系:IATF 16949、ISO 14001
产品情况:制动器总成、制动摩擦片

★博世汽车部件(苏州)有限公司
地址:江苏省苏州市工业园区苏虹西路 126 号
邮编:215021
电话:0512/67673682
传真:62655200
网址:www. bosch. com. cn
法定代表人:YUDONG CHEN
质量体系:IATF 16949、ISO 9001
产品情况:(Bosch 牌)
防抱死制动系统 ABS、牵引力控制系统 TCS、电子稳定程序 ESP、轮速传感器、安全气囊电子控制单元及其他传感器等
配套情况:为乘用车及轻型商用车提供配套产品及服务

★苏州东风平和法雷奥离合器有限公司
地址:江苏省苏州市工业园区葑亭大道 588 号
邮编:215024
电话:0512/65333193、13914091608
网址:www. dfclutch. com
电子信箱:szjc - xiejun@ dfl. com. cn
法定代表人:FRANCOIS ANTOINE JACQUES MARION
质量体系:IATF 16949、ISO 14001
产品情况:(圆菱牌)
离合器
配套及出口情况:为东风汽车有限、一汽解放、东风康明斯发动机、解放大连柴油机、东风朝阳柴油机、解放无锡柴油机、东风杭汽、厦门金龙、徐工、安徽安凯、重庆红岩、郑州宇通、北汽福田、扬州亚星等配套;出口美国、乌克兰、土耳其、埃及、印度、加纳等国家

★AW(苏州)汽车零部件有限公司
地址:江苏省苏州市吴中区越溪旺山路 585 号
邮编:215104
电话:0512/66871111
网址:www. aw - suzhou. com. cn
电子信箱:iun649_lu@ aw - suzhou. com. cn
法定代表人:草深宗夫
单位人数:1300
质量体系:IATF 16949、ISO 14001
产品情况:汽车用自动变速器
配套情况:为丰田、马自达、福特、大众、菲亚特、雪铁龙、保时捷、宝马、奥迪等配套

★东机工汽车部件(苏州)有限公司
地址:江苏省苏州市工业园区星龙街 177 号
邮编:215126
电话:0512/62833400
传真:62833513
网址:www. hitachi. com. cn
法定代表人:僧伟利
质量体系:IATF 16949、ISO 14001
产品情况:(TOKICO 牌)
前后盘式制动器、真空助力器及制动总泵总成、独立悬架减振器及普通减振器
配套及出口情况:为东风日产、广汽丰田、一汽轿车、东南汽车等配套;出口北美福特、日本日产及韩国雷诺三星

★普莱斯冲压部件(苏州)有限公司
地址:江苏省苏州市新区旺米街 101 号
邮编:215129
电话:0512/68789330
网址:www. presskogyo. co. jp
法定代表人:中山隆史
质量体系:ISO 9001
产品情况:汽车底盘部件以及相关模具和治具

★万都底盘部件(苏州)有限公司
地址:江苏省苏州市高新区马运路 328 号
邮编:215129
电话:0512/66656114
传真:66653022
网址:www. mando. com
法定代表人:洪永一(HONG YOUNG IL)
单位人数:725
质量体系:IATF 16949、ISO 14001
产品情况:防抱死制动装置(ABS),转向器、转向柱、中间轴等转向系统产品
配套情况:为北京现代、东风悦达起亚、上汽通用、长安汽车、奇瑞汽车、昌河汽车、庆铃汽车等配套

★克诺尔车辆设备(苏州)有限公司
地址:江苏省苏州市高新区浒关开发区石阳路 69 号
邮编:215151
电话:0512/66165666
传真:66165817
网址:www. knorr - bremse. cn
法定代表人:DOMINGO MENDIETA(多明哥. 曼狄塔)
质量体系:ISO 9001、ISO 14001
产品情况:商用车辆制动系统产品

★天纳克汽车工业(苏州)有限公司
地址:江苏省苏州市高新区石阳路 22 号
邮编:215151
电话:0512/66160001
网址:www. tenneco. com
电子信箱:sding1@ tenneco. com
法定代表人:Steven Thomas Pohlman
质量体系:IATF 16949、ISO 14001
产品情况:主要生产悬架衬套、排气管吊耳及减振器上支撑
配套及出口情况:客户几乎涵盖了所有主流汽车品牌;远销欧洲、北美洲、南美洲、南非、东南亚等地区

★苏州东风精冲工程有限公司
地址:江苏省苏州市高新区新亭路 18 号
邮编:215151
电话:0512/68756103
网址:www. dffbsz. com
电子信箱:dffbskb@ dfl. com. cn
法定代表人:刘江华
质量体系:IATF 16949、ISO 14001
产品情况:汽车变速器操纵机构、汽车座椅部件、精冲零部件及精冲模具
配套情况:主要客户有神龙汽车、格特拉克、东风日产、法国雷诺、PSA 等

★苏州绿控传动科技股份有限公司
地址:江苏省苏州市吴江经济技术开发区交通南路 1268 号
邮编:215200
电话:0512/88812100
网址:www. lvkon. com
电子信箱:lkcd@ lvkon. com
法定代表人:李磊
单位人数:600
质量体系:IATF 16949、ISO 14001
产品情况:汽车 AMT 自动变速器、新能源汽车驱动电动机、纯电动及混合动力汽车动力总成
配套情况:已为中通客车、北汽福田、宇通客车、厦门金龙、苏州金龙、金旅客车、安凯客车、黄海客车、申龙客车、亚星客车、上饶客车等国内 40 余家客车企业,以及中国一汽、东风汽车、中国重汽、陕西重汽、江淮汽车等 20 余家货车企业批量供货

★苏州苏万万向节有限公司
地址:江苏省苏州市吴江区交通路4279号
邮编:215200
电话:0512/63453946、13913712392
传真:63454482、63455302
网址:www. sz – suwan. com
电子信箱:export@ sz – suwan. com
法定代表人:王春林
单位人数:280
质量体系:ISO 14001、ISO 9001
产品情况:汽车万向节、工程机械万向节、传动轴及各类联轴器
配套情况:为南京南汽传动轴、徐州美驰车桥、山推股份、徐工科技、常林股份、上海彭浦厂、宝鸡石油机械、四川宏华石油设备、重庆齿轮箱、中石化江汉石油管理局第四机械厂供货

★常州技研精工有限公司
地址:江苏省常州市新北区龙虎塘科技大道55号
邮编:215300
电话:0519/85105100
传真:85105140
网址:www. giken. com. cn
电子信箱:cgp – sales@ giken. com. cn
法定代表人:杨建邦
质量体系:IATF 16949、ISO 9001
产品情况:专业生产高精度微型轴及各种精密切削件,主要用于自动变速器系统、转向系统、油泵、汽车音响等

★富士和机械工业(昆山)有限公司
地址:江苏省昆山市经济技术开发区南河路988号
邮编:215300
电话:0512/57715858
传真:57715859
网址:www. fjw. com. cn
电子信箱:sales@ fjw. com. cn
法定代表人:宗成志
质量体系:IATF 16949、ISO 14001
产品情况:制动盘、制动鼓、转向节、轮毂、排气歧管、主减速器、差速器、飞轮、涡轮壳等
配套情况:为美国福特、伊顿、上汽通用五菱、东风汽车公司、东风日产乘用车、上海汇众、上海德尔福、天津一汽丰田、艾默生电器、霍尼韦尔、北京奔驰、广汽三菱、郑州日产配套

★远轻铝业(中国)有限公司
地址:江苏省昆山市经济技术开发区远轻路118号
邮编:215300
电话:0512/57152300、57152272
传真:57710007
电子信箱:sales@ enkei. cn
法定代表人:铃木顺一(SUZUKI JUNICHI)
质量体系:IATF 16949、ISO 14001
产品情况:(ENKEI牌)
年产铝合金轮毂330万只、涡轮增压器壳体350万套、发动机汽缸盖20万套
配套情况:为东风日产、广汽本田、东风本田、霍尼韦尔、博格华纳、康明斯、FIT、MHI、雅马哈、铃木等配套

★欧凯普底盘配件(昆山)有限公司
地址:江苏省昆山市昆山开发区环娄路218号
邮编:215300
电话:0512/57030678
传真:57971898
电子信箱:info@ ocap. cn
法定代表人:IVANO GIORDANO
质量体系:IATF 16949、ISO 9001
产品情况:汽车底盘配件

★昆山六丰机械工业有限公司
地址:江苏省昆山市庆丰西路179号
邮编:215300
电话:0512/57312278
传真:57325042
电子信箱:mliu@ liufeng. com. cn
法定代表人:宗成志
质量体系:IATF 16949、ISO 9001
产品情况:(豪马牌)
汽车铝合金轮毂
配套情况:为上汽大众、一汽-大众、上汽通用、江铃汽车、华晨金杯等国内知名企业配套

★昆山因诺泰克汽车零部件有限公司
地址:江苏省昆山市正仪镇长阳路81号
邮编:215300
电话:0512/36826885
传真:36823955
网址:www. mubea. com
电子信箱:comercial@ inauxa. es
法定代表人:ANDRZEJ WOJCIKOWSKI
质量体系:IATF 16949、ISO 14001
产品情况:主要生产汽车底盘耦合杆
配套情况:主要的客户为上汽大众、一汽-大众、上汽通用等

★正新橡胶(中国)有限公司
地址:江苏省昆山市陆家镇合丰路8号
邮编:215301
电话:4008280080
网址:www. maxxis. com. cn
电子信箱:4008280080@ mail. cst. com. cn
法定代表人:罗才仁
质量体系:IATF 16949、ISO 9001
产品情况:[玛吉斯(MAXXIS)牌]
乘用车轮胎,货车/客车轮胎
配套情况:与上汽通用、上汽大众、上海汽车、长安福特、福建奔驰、东风日产、东南汽车等知名汽车厂商合作提供配套轮胎

★昆山正大新成精密锻造有限公司
地址:江苏省昆山市开发区云雀路405号
邮编:215331
电话:0512/57671757
传真:57870880、57670964
网址:www. aapico. cn
电子信箱:aapicokunshan@ aapico. com
法定代表人:YEAP SWEE CHUAN(叶瑞泉)
单位人数:500
质量体系:ISO/TS 16949、ISO 9001
产品情况:汽车发动机连杆、同步器齿环、倒挡拨叉、换挡摇臂、汽车空调压缩机齿轮、制动系统凸缘以及空气断路器内部动静接触块等
配套情况:为德尔福、上汽通用五菱、长安福特、长安马自达、上海汽车、云内动力、WABCO、奇瑞等汽车主机厂及施耐德电器公司配套

★昆山帝标汽配有限公司
地址:江苏省昆山市陆家镇金阳东路8号
邮编:215331
电话:0512/81868899
传真:81868288
网址:www. atech – ks. com
电子信箱:sales@ atech – ks. com
法定代表人:宜秋鸿
质量体系:IATF 16949、ISO 9001
产品情况:控制臂、球接头

★太仓卡兰平汽车零部件有限公司
地址:江苏省太仓市广州东路188号13幢
邮编:215400
电话:0512/53578996
传真:53566757
网址:www. kern – liebers. com. cn
电子信箱:kltc@ kern – liebers. com. cn
法定代表人:UDO SCHNELL
质量体系:IATF 16949
产品情况:主要生产用于球铰链、球头、转向臂、控制臂卡圈等汽车悬架转向系统配件
配套情况:是上海伦福德集团、天合集团、采埃孚集团的独家供应商

★克恩 – 里伯斯(太仓)有限公司
地址:江苏省太仓市经济开发区
邮编:215400
电话:0512/53578996
传真:53578997
网址:www. kern – liebers. com. cn
电子信箱:kltc@ kern – liebers. com. cn
法定代表人:UDO SCHNELL
质量体系:IATF 16949、ISO 14001
产品情况:汽车底盘卡环
配套情况:为大众、奥迪、通用、宝马、奔驰、DPCA等配套

★舍弗勒中国有限公司二厂、三厂、四厂
地址:江苏省太仓市经济开发区舍弗勒路1 – 3号
邮编:215400
电话:0512/53958000
网址:www. schaeffler. cn

质量体系:ISO 9001、IATF 16949
产品情况:(INA 牌、LUK 牌、FAG 牌)
汽车工业应用中的超越皮带轮、变速器换挡定位销等;轮毂轴承、离合器、双质量飞轮和离合器释放系统

★江兴(太仓)金属制品有限公司
地址:江苏省太仓市陆渡郑和中路
邮编:215412
电话:0512/53450111
传真:53450113
电子信箱:sales@ ch - forging. com. cn
法定代表人:江木山
质量体系:IATF 16949、ISO 9001
产品情况:前轮转动主件、齿轮、锥齿轮、BJ 内轮、DOJ 内轮、传动承座、磁极、传动接头、换挡齿轮、起动齿轮、各类轴件等

★大陆汽车系统(常熟)有限公司
地址:江苏省常熟市东南经济开发区东南大道 58 号
邮编:215500
电话:0512/52358808
传真:52358808
网址:www. conti - online. com
电子信箱:continental@ continental - corporation. com
法定代表人:霍斌
质量体系:IATF 16949
产品情况:生产制动钳、助力器、电子驻车制动钳、鼓式制动器和电动注塑单元等产品

★丰田汽车(常熟)零部件有限公司
地址:江苏省常熟市高新技术产业开发区黄浦江路 56 号
邮编:215500
电话:0512/52905588、13801578584
电子信箱:liu_hua@ tmcap. com. cn
法定代表人:矢势弘一(YASE HIROKAZU)
质量体系:ISO 14001
产品情况:主要生产无级变速器、混合动力变速驱动桥,年产能 46 万台

★住友橡胶(常熟)有限公司
地址:江苏省常熟经济开发区沿江工业区
邮编:215513
电话:0512/52695000
传真:52695022
电子信箱:info@ tyrepacific. com. cn
法定代表人:YAMADA NAOKI(山田直树)
质量体系:IATF 16949、ISO 9001
产品情况:(邓禄普牌)
轿车以及货车、客车的子午线轮胎
配套情况:为天津一汽丰田、东风日产乘用车等配套

★本特勒汽车系统(常熟)有限公司
地址:江苏省常熟市东周路 3 号
邮编:215513
电话:0512/52023006、52023020
电子信箱:jingjing. nie@ benteler. com
法定代表人:施宏
质量体系:IATF 16949、ISO 9001
产品情况:生产加工汽车关键零部件驱动桥总成等
配套情况:为观致汽车、奇瑞汽车等客户配套

★常熟美桥汽车传动系统制造有限公司
地址:江苏省常熟市经济技术开发区通联路 16 号
邮编:215537
电话:0512/52256076、52256023
电子信箱:webmaster@ hefeiaam. com
法定代表人:DONALD LEONARD JOSEPH
质量体系:IATF 16949、ISO 14001
产品情况:前后桥、后驱动模组、取力器、驱动轴等高精度传动与驱动系统产品
配套情况:为韩国双龙汽车、北京奔驰、上汽通用等配套

★江苏中翼汽车新材料科技有限公司
地址:江苏省常熟市常昆工业园荣升路 8 号
邮编:215542
电话:0512/52578136
传真:52578938
网址:www. zyqc. com. cn
电子信箱:zhongyi@ zyqc. com. cn
法定代表人:李娟
质量体系:IATF 16949、ISO 9001
产品情况:汽车转向盘、汽车安全气囊、镁合金压铸件,年产压铸件 800 万件,转向盘 100 万套
配套情况:为上汽通用五菱、吉利汽车、日产汽车、一汽-大众、上汽大众、上汽集团、永源汽车、九龙汽车、比亚迪汽车、长城汽车、东风汽车股份、昌河汽车、福迪汽车、众泰汽车、Johnson 等供货

★采埃孚汽车科技(张家港)有限公司
地址:江苏省张家港市港城大道 1089 号
邮编:215600
电话:021/37617815
网址:www. zf. com
法定代表人:RUNYI WANG
质量体系:ISO 14001、IATF 16949
产品情况:主要产品为汽车制动系统及真空助力系统,安全气囊、安全带等乘员安全系统,转向盘、电子助力转向单元、机械及液压转向机以及汽车底盘零部件等相关产品

★安固(张家港)橡胶工业有限公司
地址:江苏省张家港市凤凰镇港口街道
邮编:215612
电话:0512/58480156、58485307
传真:58480582、58488331
电子信箱:huanghuiping@ goodtire. com. cn
法定代表人:洪宗魁
质量体系:IATF 16949、ISO 9001
产品情况:(安固牌)
丁基内胎、垫带、翻新胎
配套及出口情况:为米其林、普利司通、上海轮胎厂配套;出口丁基内胎、垫带

★南港张家港保税区橡胶工业有限公司
地址:江苏省张家港市保税区上海路
邮编:215634
电话:0512/58320228
传真:58320229
电子信箱:620101@ nankang. com. tw
法定代表人:张昌平
质量体系:ISO 14001、ISO 9001
产品情况:轮胎

★江苏盛昌隆联合科技有限公司
地址:江苏省徐州市铜山区驿城村长安路西、黄河路南 1#厂房 2 - 3 层
邮编:221000
电话:0516/87795333、18012000891
传真:87790333
电子信箱:534097886@ qq. com
法定代表人:张铮
质量体系:IATF 16949
产品情况:汽车 ABS 防抱死防滑系统和无石棉低金属制动衬片

★徐工集团工程机械股份有限公司
地址:江苏省徐州市金山桥开发区驮蓝山路 26 号
邮编:221001
电话:0516/87739106
传真:87739999
网址:xgjx. xcmg. com
法定代表人:王民
质量体系:ISO 9001、ISO 14001
产品情况:汽车起重机、随车起重机、压路机、沥青混凝土摊铺机、平地机、冷铣刨机、举高喷射消防车等核心产品及工程机械液压件等零部件产品

★徐州光环传动轴制造有限公司
地址:江苏省徐州经济开发区荆山路
邮编:221004
电话:0516/87560620、87560600
传真:87560620
电子信箱:ghcdwlx@ 163. com
法定代表人:吴建设
质量体系:IATF 16949
产品情况:传动轴

★徐州美驰车桥有限公司
地址:江苏省徐州市铜山新区珠江路 9 号
邮编:221116
电话:0516/83911088
传真:83911188
网址:www. xzmeritor. com. cn
法定代表人:杨东升
质量体系:IATF 16949、ISO 9001
产品情况:专业生产工程机械车桥、公交及客车车桥、重型货车车桥

配套及出口情况：主要客户有郑州宇通、苏州金龙、厦门金龙、厦门金旅、中通客车、桂林大宇、安凯、沃尔沃、江淮汽车、上汽依维柯红岩、福田雷沃、徐工等；国外客户主要有日本五十铃、日本日野等汽车公司

★事坦登（徐州）有限公司
地址：江苏省徐州经济技术开发区鲲鹏路89号
邮编：221600
电话：021/80120158
网址：www.standens.cn
电子信箱：sales@standens.cn
法定代表人：James Edward Hacking
质量体系：IATF 16949
产品情况：各类变截面板簧、轻型板簧、U型螺栓及冷拉拔棒材

★连云港北方变速器有限责任公司
地址：江苏省连云港市经济技术开发区昆仑山路10号
邮编：222047
电话：0518/86087856、86086888
传真：86086856、86086888
电子信箱：bbscb@163.com
法定代表人：蔡元京
质量体系：IATF 16949、ISO 9001
产品情况：轻型货车、微型车、经济型轿车以及非公路型特种车变速器产品和各类轴、盘类齿轮、箱体产品生产加工以及悬式绝缘子锻件镀锌和热处理类件的加工处理
配套情况：为铃木系列发动机配套

★连云港市艾伦钢铁有限公司
地址：江苏省连云港市东海县桃林经济开发区
邮编：222334
电话：0518/87674168、87677777
传真：87672371
网址：www.ailun888.com
电子信箱：sale@ailun888.com
法定代表人：马广群
质量体系：IATF 16949、ISO 9001
产品情况：（艾伦牌、魁星牌）
年产农用车、载重车、工程车、叉车、拖拉机5个系列160余种型号的钢圈80万套
出口情况：出口东南亚等地区，并销往中国香港、中国台湾地区

★洪泽县汽车半轴制造有限公司
地址：江苏省淮安市洪泽区工业园区东五街5号
邮编：223100
电话：0517/87229666、87801561
传真：87210066
网址：www.jshzbz.com
电子信箱：jshzhch@163.com
法定代表人：韩传怀
质量体系：IATF 16949
产品情况：（鼎立牌）
汽车、工程车、皮卡车、农用车及农机设备半轴、花键轴
配套情况：与南京依维柯、跃进集团、吉奥汽车、青特集团、徐州美驰车桥、山东云宇机械集团、江西江铃底盘、保定大迪、常发集团及美国哈兰、美国迪普特、意大利古加诺等数十家企业配套

★江苏珀然股份有限公司
地址：江苏省连云港市灌南县人民西路10号
邮编：223500
电话：0518/83886156、83886152
传真：83886152
网址：www.pomlead.com
电子信箱：wheel@pomlead.com
法定代表人：彭桂云
质量体系：IATF 16949
产品情况：重型货车、客车、挂车、危险运输车等各种商用车、轿车的高强度轻量化锻造铝合金车轮及轻量化锻造铝合金部件；规划年产能350万件
配套情况：是一汽、东风、比亚迪等国内外30多家大中型汽车厂的供应商

★江苏万阳轮毂有限公司
地址：江苏省沭阳经济开发区宁波路88号
邮编：223600
电话：0527/83968278、18761118111
传真：89991570
网址：www.wywheel.com
电子信箱：sales@wywheel.com
法定代表人：吴龙庆
质量体系：IATF 16949、ISO 14001
产品情况：从事铝合金汽车轮毂和新能源电动车铝合金车轮、铝合金ATV轮毂、UTV轮毂、Golf轮毂、Go-kart轮毂的生产

★盐城市天驰汽配有限公司
地址：江苏省盐城市盐都区潘黄镇仰徐工业园
邮编：224001
电话：0515/88444988、88394888
传真：88444222
网址：www.tianchifriction.cn
电子信箱：brake@tianchiautopart.com
法定代表人：张种如
质量体系：IATF 16949、ISO 9001
产品情况：制动蹄、制动衬片、制动片

★江苏名豪汽车零部件有限公司
地址：江苏省盐城市亭湖区新洋经济区新洋路66号
邮编：224003
电话：0515/83351599、4007995800
传真：83351609、83351566
网址：www.mensch.cn
电子信箱：chensy@mensch.cn
法定代表人：蔡正益
质量体系：IATF 16949
产品情况：离合器从动盘总成、离合器压盖总成、分离轴承等
配套情况：客户有长安福特、长安铃木、长安马自达、北京现代、北汽、比亚迪、长城汽车、东风本田、东风标致、东风柳汽、东风日产、东风雪铁龙、东风悦达起亚、东南汽车、福田、广汽本田、海南马自达、红旗、华晨宝马、华晨金杯、中华、吉利、江淮、江铃陆风、南汽、奇瑞、三菱、上汽大众、天津一汽、天马汽车、一汽奥迪、上汽通用凯迪拉克、一汽-大众、一汽丰田、一汽马自达、郑州日产、宝马、克莱斯勒、日产、雪佛兰、斯柯达、欧宝、路虎、雷克萨斯

★江苏中力齿轮有限公司
地址：江苏省盐城市张庄工业园区
邮编：224015
电话：0515/88723718
传真：88728088
网址：www.jszlcl.com
电子信箱：zl_gears@jszlcl.com
法定代表人：谷远东
单位人数：200
质量体系：IATF 16949、ISO 14001
产品情况：（中齿牌）
内燃机齿轮、减速机齿轮、汽车变速器齿轮、大型风力发电机驱动轮和驱动轴等
配套情况：为金风科技、常柴股份、杰牌传动、江苏欧瑞格传动、山东华源莱动等供货

★江苏马斯盾制动系统有限公司
地址：江苏省盐城市亭湖区南洋镇头灶村一组1幢6号
邮编：224052
电话：0515/88328395
网址：www.masten.com.cn
电子信箱：info@masten.com.cn
法定代表人：严昕
质量体系：IATF 16949
产品情况：制动气室和汽车弹簧

★江苏苏美达铝业有限公司
地址：江苏省扬州市高新技术产业开发区安桥路17号5幢
邮编：225000
电话：0514/82222128、82222182
传真：82222128
电子信箱：chenxj@sumec.com.cn
法定代表人：张新林
质量体系：IATF 16949、ISO 9001
产品情况：具有年产汽车铝合金轮毂500万件的生产能力
配套及出口情况：为国内很多汽车主机厂配套；远销东南亚、南美洲、印度、欧美等地区

★扬州富沃特工程机械制造有限公司
地址：江苏省扬州市邗江区甘泉街道双塘工业园86号
邮编：225000

电话:0514/87619888、13905270867
传真:87610517
网址:www.tfoc.com.cn
电子信箱:tfoc88@tfoc.com.cn
法定代表人:谈长稳
单位人数:250
质量体系:IATF 16949
产品情况:专业生产半挂车支承装置、鞍式牵引座、牵引销,悬架系统等半挂车配件
配套及出口情况:与扬州中集通华专用车、一汽淮阴汽车改装厂、江扬集团扬州特种车辆厂、驻马店中集华骏车辆、阜阳汽车、济南红旗考格尔汽车、天津劳尔等多家半挂车制造厂配套;远销美国、中东、南美洲、东南亚等国家和地区

★扬州德威尔汽车减震器有限公司
地址:江苏省扬州市江都丁沟工业园区腾飞路2号
邮编:225000
电话:0514/86380188、86380588
传真:86380588
网址:www.yzdwr.cn
电子信箱:wandegang@yzdwr.cn
法定代表人:万德刚
单位人数:120
质量体系:IATF 16949
产品情况:汽车减振器
出口情况:远销美国、南美洲

★海沃机械(中国)有限公司
地址:江苏省扬州市广陵产业园沙湾路18号
邮编:225006
电话:0514/87259999
传真:87252299
网址:www.hyvachina.com
电子信箱:sales@hyva.com.cn
法定代表人:Marco Mazzu
质量体系:IATF 16949、ISO 9001
产品情况:自卸车液压系统、自卸车顶盖密闭系统、拉臂车上装系统、随车起重运输车上装系统、液压活动地板系统、液压尾板系统、活动式垃圾压缩设备等中、重型车用专用设备
配套情况:是奔驰、沃尔沃、斯堪尼亚、雷诺、欧曼等欧洲各大主机厂及自卸车厂家的标准液压系统配套供应商,并为一汽、东风、重汽、陕汽、红岩、欧曼等国内各大重型货车企业和专用车厂供货

★扬州安行机电科技有限公司
地址:江苏省扬州市经济技术开发区金山路122号
邮编:225009
电话:0514/87817601
传真:82222808
网址:www.yzanxing.cn
电子信箱:yzanxing@163.com
法定代表人:聂柯
质量体系:IATF 16949
产品情况:电液缓速器,广泛应用于客车、货车及其他类型车辆的辅助制动系统
配套情况:已与綦江齿轮传动、扬州亚星、上海申龙、北汽福田、北方华德、徐工集团等企业建立了良好的合作关系

★扬州市洪泉实业有限公司
地址:江苏省扬州市江都外资工业园舜天路
邮编:225200
电话:0514/86977807、86977767
网址:www.yzhqsy.com
电子信箱:cw_hqsy@sina.com
法定代表人:俞洪泉
质量体系:IATF 16949、ISO 9001
产品情况:主要产品有缓速器、车架、冲压件、滚压件等
配套情况:为苏州金龙、江淮等供货

★金世纪(江苏)智能科技有限公司
地址:江苏省扬州市江都仙城工业园航天路10号
邮编:225200
电话:0514/80806060
传真:80806067
网址:www.jsj-wheel.cn
电子信箱:jsj-wheel@jsj-wheel.com
法定代表人:朱承华
单位人数:400
质量体系:IATF 16949、ISO 9001
产品情况:(江威牌)
各种车轮,年产100万套以上
出口情况:出口美国、中东、澳大利亚、马来西亚等国家和地区

★江苏精达车辆附件制造有限公司
地址:江苏省扬州市江都区浦头镇江灵路南首
邮编:225218
电话:0514/86421246、86421023
传真:86422019
网址:www.jdqdj.com
电子信箱:jdqdj@sina.cn
法定代表人:赵永东
质量体系:IATF 16949
产品情况:具备年生产各种气动件、汽缸、油缸90万套,延伸产品总成8万套
配套情况:为郑州宇通、南京汽车制造厂、亚星集团圣达特种车辆厂、厦门金龙、东风汽车特种车辆厂、桂林大宇等配套

★扬州福克斯减震器有限公司
地址:江苏省扬州市江都区邵伯工业园诚意路1号
邮编:225261
电话:0514/86783188
传真:86789718
网址:www.focusautoparts.com
电子信箱:hr@focusautoparts.com
法定代表人:黄国林
单位人数:380
质量体系:IATF 16949
产品情况:汽车减振器,年产300万只
出口情况:远销欧洲、北美洲、南美洲、中东、东南亚、北非等40多个国家和地区

★江苏欧瑞格传动部件有限公司
地址:江苏省泰州市高港区临港经济园板子桥路2号
邮编:225300
电话:0523/80911666、80911820
传真:80911678
网址:www.org-auto.com
电子信箱:cw2@org-auto.com
法定代表人:张文阁
质量体系:IATF 16949、ISO 9001
产品情况:汽车自动变速器,具有年产20万台的生产能力
配套情况:主要配套于国内汽车主机厂

★江苏张驰轮毂制造有限公司
地址:江苏省泰州市高港区许庄街道创新路南侧
邮编:225300
电话:0523/86113816、18762340938
网址:www.zccwheel.com
电子信箱:nancy@zccwheel.com
法定代表人:刘加平
质量体系:IATF 16949
产品情况:主要生产12~24寸的铝合金轮毂
出口情况:出口美国、欧洲、大洋洲、东南亚、中东、非洲等国家和地区

★江苏骄阳转向技术有限公司
地址:江苏省泰州市海陵区罡杨镇天罡路111号
邮编:225300
电话:0523/80765555
传真:80765099
网址:www.cngangyang.com
电子信箱:lichao198403@163.com
法定代表人:花逸峰
单位人数:300
质量体系:IATF 16949、ISO 9001
产品情况:电动转向器、助力转向器、助力油缸、控制器、传感器、转向系统总成、汽车零部件、摩托车零部件
配套及出口情况:是一汽、东风、陕汽、北汽、江淮、上汽、重汽、三一、徐工、宇通、金龙、吉利等大型企业集团的重要供应商;远销美国、俄罗斯、印度等10多个国家和地区

★江苏罡阳转向系统有限公司
地址:江苏省泰州市海陵区罡杨镇天罡路101号
邮编:225318
电话:0523/80765101、80765555
传真:80765099
网址:www.cngangyang.com

电子信箱:wangch@ cngangyang. com
法定代表人:陈杰
单位人数:800
质量体系:IATF 16949、ISO 14001
产品情况:(罡阳牌)

具备年产能各类转向器200万台(套),并形成了循环球动力转向器、电动转向器(EPS)、全液压转向器、汽车底盘零件和电控系统五大产品系列;汽车凸缘轴、摩托车曲轴等轴类零部件,轴类零部件板块具备年产能1500万套;具备年产各类压铸件和机加工件10000吨生产能力

配套及出口情况:为一汽、东风、陕汽、北汽、江淮、上汽、重汽、三一、徐工、宇通、金龙、吉利、大长江、五羊本田等重要供应商;是陕汽通家、吉利康迪、比德文、江铃、力帆、道爵、大阳、瑞驰、丽驰、五征、凯马等新能源企业的核心供应商;远销美国、俄罗斯、印度等10多个国家和地区

★江苏罡阳股份有限公司

地址:江苏省泰州市海陵区罡杨镇天罡路99号
邮编:225318
电话:0523/80765070
传真:80765088
网址:www. cngangyang. com
电子信箱:shane. hu@ cngangyang. com
法定代表人:陈杰
单位人数:3000
质量体系:IATF 16949、ISO 14001
产品情况:(罡阳牌)

具备年产各类曲轴总成1200万套、机油泵320万套、各类转向系统50万套、垂臂100万只、吊耳100万只、钢板销200万只的生产能力

配套及出口情况:汽车动力转向器为陕西重汽、北汽福田、一汽、东风、济南重汽、安徽华菱、郑州宇通、苏州金龙、东风柳汽、上海汇众等国内知名企业配套;空调压缩机偏心轴销往苏州艾默生公司;曲轴产品成为大长江集团等国内主要摩托车企业青睐产品和本田、雅马哈、铃木在中国的首选产品;曲轴产品远销20多个国家和地区,空调压缩机偏心轴远销美国总部、泰国、印度等,通用机曲轴直销美国德克姆赛公司

★江苏追日汽车同步器有限公司

地址:江苏省泰州市高港区刁铺街道北栾路1号
邮编:225323
电话:0523/86172000、86172201
传真:86170454
网址:www. jszrtbq. com
电子信箱:zr@ jszrtbq. com
法定代表人:赵孝民
单位人数:300
质量体系:IATF 16949
产品情况:(追日牌)

同步器

配套情况:为一汽、东风汽车公司等配套

★泰州贺安特动力科技有限公司

地址:江苏省泰州市高港区刁铺街道振北路北侧
邮编:225323
电话:0523/6165869、13801433523
传真:86117000
电子信箱:xiaolan. zhang@ highland-china. com
法定代表人:路惠忠
质量体系:IATF 16949
产品情况:(天鸽牌)

汽车变速器、同步器及相关零部件

配套情况:为一汽伊顿变速器、哈尔滨变速器、杭州前进变速器、上汽齿轮、江淮齿轮配套

★江苏华彤减震器制造有限公司

地址:江苏省泰州市姜堰区顾高工业园区
邮编:225500
电话:0523/88573001、88573005
传真:88573666
网址:www. hatg - cn. com
电子信箱:autoparts. ht@ hotmail. com
法定代表人:左成龙
质量体系:IATF 16949
产品情况:具备年产汽车减振器100万支及空气弹簧50万支的能力

★江苏太平洋精锻科技股份有限公司

地址:江苏省泰州市姜堰区双登大道198号
邮编:225500
电话:0523/80512685
传真:80512000
网址:www. ppforging. com
电子信箱:ppf@ ppforging. com
法定代表人:夏汉关
质量体系:IATF 16949、ISO 45001
产品情况:汽车差速器半轴齿轮和行星齿轮、汽车变速器结合齿齿轮
配套情况:与大众汽车、通用汽车、福特汽车、丰田、宝马、奔驰汽车等公司众多车型配套精锻齿轮

★江苏飞船股份有限公司

地址:江苏省泰州市姜堰区华港镇岳古路一号
邮编:225516
电话:0523/88751234、88751237
传真:88751899、88751233
网址:www. airshipgear. com
电子信箱:sales@ airshipgear. com
法定代表人:王欣林
单位人数:1100
质量体系:IATF 16949、ISO 14001
产品情况:(飞船牌)

精锻直伞齿轮年产量2000万件,螺伞齿轮年产量80万套,汽车双桥圆柱齿轮年产量50万套

配套及出口情况:为轿车、客车、微型车、货车、工程机械等行业主机厂配套;出口美国、意大利、巴西、德国、日本等国家

★江苏兴达钢帘线股份有限公司

地址:江苏省兴化市戴南镇人民西路88号
邮编:225721
电话:0523/80956874
传真:80956874
网址:xingda. com. cn
电子信箱:hr@ xingda. com. cn
法定代表人:刘锦兰
质量体系:IATF 16949、ISO 9001
产品情况:子午线轮胎用钢帘线等产品

★江苏苏美达车轮有限公司

地址:江苏省扬州市宝应县安宜工业园宝胜路8号
邮编:225800
电话:0514/80896288、80896662
传真:80896289
电子信箱:bysumec@ 163. com
法定代表人:张新林
质量体系:IATF 16949、ISO 14001
产品情况:汽车铝合金轮毂,年产能达120万只以上
出口情况:出口欧美、日本、韩国、南非、中东等20多个国家和地区

★武藏精密汽车零部件(南通)有限公司

地址:江苏省南通市南通经济开发区新兴路南东方大道西332号
邮编:226000
电话:0513/51085688
网址:www. musashi. co. jp
电子信箱:min_lu@ ntmusashi. com
法定代表人:大塚智久
质量体系:IATF 16949、ISO 14001
产品情况:轿车变速器、发动机、悬架系统的关键零部件

★南通环球转向器制造有限公司

地址:江苏省南通经济技术开发区瑞兴路99号
邮编:226016
电话:0513/6281820
传真:85918988
网址:www. hqzxq. cn
电子信箱:nthq@ hqzxq. cn
法定代表人:陈忠
单位人数:300
质量体系:IATF 16949、ISO 9001
产品情况:(环球牌)

各种车型整体式动力转向器总成,ZLD7276系列半整体式动力转向器总成,ZL40、50装载机液压助力转向器总成,各种规格循环球齿扇、齿条式机械转向器,换向器以及恒流阀、DF32. 2C多路阀等液压件产品;具有年生产各类转向器总成20万台的能力

配套情况:为厦门金旅、上海申龙、华菱汽车、五征集团、唐骏汽车、凯马汽车、临工重机、徐工集团、中联重科、三一重工、厦工股份等配套

★江苏黄海汽配股份有限公司
地址:江苏省南通市如东县芳泉路218号
邮编:226400
电话:0513/84514967、84118558
网址:www.hhauto.com
电子信箱:rdhhqp@163.com
法定代表人:刘伟楠
单位人数:910
质量体系:IATF 16949、ISO 9001
产品情况:液压制动阀,离合器总/分泵,发动机主要部件,液压元器件等
配套及出口情况:为上汽通用、长城汽车、南京依维柯等配套;出口欧美、日本、东南亚等国家和地区

★江苏汤臣汽车零部件有限公司
地址:江苏省如皋市江安镇镇南路8号
邮编:226534
电话:0513/87950188、87950326
传真:87950188
网址:www.tclbj.com
电子信箱:townsun@tclbj.com
法定代表人:吴华锋
单位人数:365
质量体系:IATF 16949、ISO 14001
产品情况:(汤臣牌)
3~13吨以上系列鼓式制动器、气压盘式制动器、各种型号的凸轮轴、调整臂、支架、圆柱齿轮、差速器壳总成、齿圈支架等
配套及出口情况:重点配套单位有采埃孚(ZF)、Voith Turbo、东风德纳、一汽解放、北方奔驰、陕西重汽、陕西汉德、东风柳汽、方盛车桥、北汽福田、三一重工等国内外知名企业;出口日本(日野)、韩国(现代)、沙特阿拉伯、古巴、朝鲜、伊朗、越南、印度等国家

★江苏骆氏减震件有限公司
地址:江苏省海安经济开发区221省道与和谐路交会处
邮编:226600
电话:0513/80812210
网址:www.luoshi.com
电子信箱:lyq@luoshi.com
法定代表人:骆联盟
质量体系:IATF 16949、ISO 14001
产品情况:减振件
配套及出口情况:是德国大众A级供应商,为一汽、东风、上汽、长安、北汽、广汽等供货;远销美国、日本、德国

浙江省

★杭州优科豪马轮胎有限公司
地址:杭州市经济技术开发区白杨街道3号大街55号
邮编:310005
电话:0571/86725885
传真:86725753
网址:www.yokohama.com.cn
电子信箱:parn@cn.yokohamatire.com
法定代表人:川田一夫
单位人数:1385
质量体系:IATF 16949、ISO 9001
产品情况:(YOKOHAMA牌)
轿车子午线轮胎
配套情况:为广汽本田、广汽丰田、长安铃木供货

★中策橡胶集团有限公司
地址:杭州市下沙经济开发区1号大街1号
邮编:310008
电话:0571/86053939、4008889870
传真:86079070
网址:www.chaoyang.com
法定代表人:沈金荣
质量体系:IATF 16949、ISO 9001
产品情况:(朝阳牌、好运牌、威狮牌、全诺牌、雅度牌)
乘用车轮胎、全钢系列轮胎、斜交系列轮胎、两轮车胎
配套情况:为北奔重汽等配套

★浙江双环传动机械股份有限公司
地址:杭州市西湖区古墩路702号赞宇大厦12楼
邮编:310013
电话:0571/81671023
传真:81671028
网址:www.gearsnet.com
电子信箱:server@gearsnet.com
法定代表人:吴长鸿
质量体系:ISO 9001、ISO 14001
产品情况:汽车及摩托车齿轮,齿轮散件年产量超过6000万件
配套情况:主要客户包括福田康明斯、卡特彼勒、盛瑞传动、一汽奔腾、中国重汽、比亚迪、华菱星马、海马汽车、邦奇、博格华纳、PACCAR、东安动力、康明斯、EATON等国内外知名企业

★杭州世宝汽车方向机有限公司
地址:杭州市经济技术开发区17号大街6号
邮编:310018
电话:0571/28025690
传真:28025691
网址:www.zjshibao.com
电子信箱:www.info@shibaogroup.com
法定代表人:张世权
质量体系:IATF 16949、ISO 14001
产品情况:循环球转向器、齿轮齿条转向器及转向节等
配套情况:为一汽轿车、一汽解放、一汽-大众、东风汽车、江淮汽车、金龙客车、奇瑞汽车、吉利汽车等配套

★浙江世宝控股集团有限公司
地址:杭州市经济技术开发区17号大街6号
邮编:310018
电话:0571/28025690
传真:28025691
网址:www.zjshibao.com
电子信箱:info@shibaogroup.com
法定代表人:张世忠
质量体系:ISO/TS 16949、VDA 6.3
产品情况:(世宝牌)
电动助力转向系统、齿轮齿条转向器、循环球转向器、转向节、转向垂臂、转向助力油缸、精密铸件
配套及出口情况:为一汽(解放、轿车、夏利、吉轻)、东风(柳汽、小康、越野车、股份)、江淮、德国戴姆勒、福田戴姆勒、北汽、长安马自达、四川现代、中国重汽、伊朗SAIPA、奇瑞、吉利、众泰、力帆等配套;出口德国、伊朗、俄罗斯

★杭州杭城摩擦材料有限公司
地址:杭州市下沙经济开发区M18-1-4
邮编:310018
电话:0571/86725888、86923435
传真:86725966
电子信箱:hfmc@hfmc.cn
法定代表人:田强
质量体系:IATF 16949、ISO 14001
产品情况:(飞雁牌)
汽车用制动片(盘片、制动鼓、蹄总成);新能源汽车节能电动机
配套及出口情况:制动片产品为上汽大众、一汽-大众、上汽通用、比亚迪等汽车厂和天合汽车制动、布雷博南京制动、亚太制动、万安科技、力邦合信等制动器公司配套;新能源汽车节能电动机为郑州宇通、厦门金龙、苏州金龙、吉利、比亚迪等新能源汽车整车配套;远销欧洲、美洲等多个国家和地区

★杭州德意万向节有限公司
地址:杭州市滨江区长河街道长江路399号
邮编:310052
电话:0571/86602051、86602080
传真:86602059
网址:www.hzdeyi.com
电子信箱:hzdywx@163.com
法定代表人:王芳
单位人数:300
质量体系:IATF 16949
产品情况:(意王牌、YW牌)
万向节十字轴总成、汽车轴承滚针
配套情况:为东风汽车集团、中国重汽集团、陕西汽车集团等配套

★浙江铁流离合器股份有限公司
地址:杭州市余杭经济开发区东湖北路958号
邮编:311103
电话:4008096728

网址:www. chinaclutch. com
法定代表人:国宁
质量体系:IATF 16949、ISO 9001
产品情况:(铁流牌、德萨牌、WESTLAKE 牌、德力克牌、雷势牌)
汽车离合器总成
配套及出口情况:是东风汽车集团销售成员之一、一汽集团和北内集团配件定点生产供应商;在为昆明云内、成都云内、厦门金龙、苏州金龙、金旅客车、青年汽车、江淮汽车、北汽福田、合力叉车等发动机厂家进行配套的基础上,又同扬柴股份、桂林玉柴机械、常柴、长安、柳微和锡柴等配套单位进行合作;远销美洲、欧洲、亚洲、非洲、中东等多个国家和地区

★杭州金士顿实业有限公司
地址:杭州市余杭区余杭经济开发区兴起路 480 号
邮编:311106
电话:0571/89266711
网址:www. justoneshox. com
电子信箱:sales@ justoneshox. com
法定代表人:梁琥
单位人数:300
质量体系:IATF 16949
产品情况:车辆悬架用减振器、车辆非悬架用减振器、沙滩车和休闲车用减振器、改装车用减振器、支撑杆气弹簧、减振器零件

★杭州余杭正达机械有限公司
地址:杭州市余杭区良渚勾运路 45 号
邮编:311112
电话:0571/88750898、88750878
传真:88753515
网址:hzyhzd. com
电子信箱:zdxzs@ hzyhzd. com
法定代表人:许正山
质量体系:IATF 16949
产品情况:(宇衡牌)
重型货车、拖车用制动器零部件(调整臂、铁蹄、凸轮轴、摩擦片)以及制动器总成和农用车用车桥
配套及出口情况:为东风杭汽、广州华劲、杭州福玛、东汽三花车桥配套;85%的产品出口欧洲、美国、澳大利亚、中东、东南亚等国家和地区

★杭州正强传动股份有限公司
地址:杭州市萧山区犁头金工业区
邮编:311201
电话:0571/82392329、82367178
传真:82367420
网址:www. zhengqiang. com
电子信箱:xuzq@ zhengqiang. com
法定代表人:许正庆
单位人数:515
质量体系:IATF 16949、ISO 14001
产品情况:(正强牌)
十字轴万向节总成,年产量 1250 万套
配套及出口情况:为一汽、东风、南京驰力配套;出口北美洲、欧洲、日本、韩国等国家和地区

★浙江万向精工有限公司
地址:杭州市萧山经济技术开发区建设一路 78 号
邮编:311202
电话:0571/82833832、82837668
传真:82835780
电子信箱:wxjg@ wanxiang. com. cn
法定代表人:潘文标
质量体系:IATF 16949、QS 9000
产品情况:(万向 WANXIANG 牌、WGC 牌)
汽车轮毂轴承单元系列(第一、二、三代,带 ABS 电子速度传感器),ABS 汽车电子防抱死制动系统产品,汽车安全气囊产品
配套及出口情况:产品替代进口进入大众、通用、福特等国际国内主流汽车厂配套;远销美国、欧洲、东南亚、中东等 40 多个国家和地区

★ 浙江亚太机电股份有限公司
地址:杭州市萧山区蜀山街道亚太路 1399 号
邮编:311203
电话:0571/82761888
传真:82761666
网址:www. chinaapg. com
电子信箱:yrgf@ apg. cn
法定代表人:黄伟中
质量体系:IATF 16949、ISO 14001、ISO 45001
产品情况:(湘湖牌、APG 牌)
主导产品为汽车制动系统、自适应巡航系统(ACC)、自动紧急制动系统(AEB)、车道偏离系统(LDWS)、前方避撞预警系统(FCWS)等智能驾驶产品
配套及出口情况:配套用户有一汽-大众、一汽轿车、上汽大众、上汽通用、上汽通用五菱、东风汽车、神龙汽车、东风日产、郑州日产、北汽集团、江铃汽车、奇瑞汽车、长安汽车、江淮汽车等;自营出口美洲、欧洲、中东等国家和地区
☞ 详细情况请参阅彩色宣传版面

★杭州前进齿轮箱集团股份有限公司
地址:杭州市萧山区萧金路 45 号
邮编:311203
电话:0571/82673888
传真:82675966
网址:www. chinaadvance. com
电子信箱:sales@ chinaadvance. com
法定代表人:杨水余
单位人数:2000
质量体系:ISO 9001、GB/T 24001
产品情况:(前进牌、ADVANCE 牌)
汽车变速器粉末冶金制品等
配套情况:为一汽集团、南京依维柯、东风汽车公司、青汽等配套

★杭州亚太埃伯恩汽车部件有限公司
地址:杭州市萧山区亚太路 1399 号
邮编:311203
电话:0571/82766109
传真:82766109
网址:www. apg - fte. com
电子信箱:apg - fte@ vip. sina. com
法定代表人:施正堂
质量体系:ISO 9001、ISO 14001
产品情况:轿车制动轮缸总成、离合器液压系统等产品
配套情况:为一汽-大众、上汽大众、上海汇众、奇瑞、神龙汽车等企业配套

★万向集团公司
地址:杭州市萧山经济技术开发区
邮编:311215
电话:0571/82832999
传真:82833999
网址:www. wanxiang. com. cn
电子信箱:wangxiang@ wanxiang. com. cn
法定代表人:鲁伟鼎
质量体系:IATF 16949、ISO 9001
产品情况:(万向牌)
汽车万向节,新能源电池、电动汽车及其他零部件
配套情况:为一汽、东风、上汽、广汽、通用、大众、福特、克莱斯勒等配套

★浙江万向系统有限公司
地址:杭州市萧山经济技术开发区
邮编:311215
电话:0571/22809909、82833197
传真:82832686
网址:www. wxqc. com. cn
电子信箱:wanghuajun@ xt. wxqc. cn
法定代表人:李平一
质量体系:ISO 9001、ISO 14001
产品情况:汽车前悬架总成、后悬架总成、后轴总成、盘式制动器总成、鼓式制动器总成、真空助力器总泵总成、离合器、总泵、分泵、比例阀、制动片等产品,以及球墨铸铁的铸造;现已形成年产前后副车架 50 万台(套)、转向节带盘式制动器总成 100 万辆(份)、后支架带盘式制动器总成 100 万辆(份)、后支架带鼓式制动器总成 100 万辆(份)、真空助力器总成 50 万辆(份)、制动总泵 50 万辆(份)、制动分泵 250 万辆(份)、车桥总成 20 万辆(份)、制动片 200 万辆(份)、气制动器总成 50 万只、铸件 5 万吨的年生产能力
配套情况:为上海德尔福、一汽海马、神龙汽车、长丰汽车、长安汽车、上汽通用五菱、昌河汽车、长城汽车、丹东曙光、吉利汽车、江西五十铃、江淮汽车、一汽天津、北汽福田等配套

★浙江万向马瑞利减震器有限公司
地址:杭州市萧山经济技术开发区创业

路8号
邮编:311215
电话:0571/22861398
传真:22861395
网址:www.wxqc.com.cn
电子信箱:wxmm@zjwxmm.com
法定代表人:李平一
单位人数:450
质量体系:IATF 16949、ISO 9001
产品情况:主要生产乘用车、商用车减振器及支柱总成、半角模块
配套及出口情况:为东风柳汽、上汽通用五菱、吉利、南京依维柯、广汽乘用车、华晨、神龙汽车、广汽菲亚特-克莱斯勒、昌河汽车等配套;远销欧洲

★万向钱潮传动轴有限公司
地址:杭州市萧山经济技术开发区建设一路888号
邮编:311215
电话:0571/82861267、82861282
电子信箱:wxcdz@wanxiang.com.cn
法定代表人:顾福祥
单位人数:600
质量体系:IATF 16949、ISO 9001
产品情况:[钱潮(QC)牌]
传动轴总成、电涡流缓速器、转向管柱等汽车零部件产品
配套及出口情况:为吉利、奇瑞、江淮等配套;业务额的35%出口美国、意大利、荷兰、伊朗等10多个国家和地区

★杭州中亚万向节有限公司
地址:杭州市萧山经济开发区宁围镇宁牧村
邮编:311215
电话:0571/82767333、82873111
传真:82767123、82834268
网址:www.xszy.com
电子信箱:xszy@xszy.com
法定代表人:鲁世君
单位人数:200
质量体系:IATF 16949、ISO 9001
产品情况:汽车万向节总成,年产800余万套
配套及出口情况:为国内浙江万达、湖北恒隆、一汽光洋、豫北光洋、重庆长融等主机厂配套;出口美国、俄罗斯、德国、法国、澳大利亚、巴西、印度等多个国家和地区

★浙江万传汽车零部件制造有限公司
地址:杭州市萧山区宁围
邮编:311215
电话:0571/82875828、82601778
传真:82875827
网址:www.hzwcqp.com
电子信箱:web@hzwcqp.com
法定代表人:孟福江
质量体系:ISO 9001
产品情况:(万传牌)
专业生产万向节十字轴总成、冶金十字包(SWC、SWL、SWZ、SWP)、翼型万向节、差速器十字轴

★万向钱潮股份有限公司
地址:杭州市萧山区万向路
邮编:311215
电话:0571/82832999
传真:82602132
网址:www.wxqc.com.cn
电子信箱:wxqc@wanxiang.com.cn
法定代表人:管大源
单位人数:9490
质量体系:IATF 16949、ISO 9001
产品情况:(钱潮牌)
轿车等速驱动轴、汽车减振器、汽车制动器、汽车传动轴、汽车轴承、汽车万向节十字轴总成等
配套情况:国内主要客户有上汽大众、上汽通用、上汽乘用车、上汽通用五菱、一汽轿车、神龙汽车、奥迪、东风悦达起亚、华晨宝马;国外主要客户有通用、福特、马自达等

★杭州博泰汽车零部件有限公司
地址:杭州市萧山区新街街道新盛村1688号
邮编:311215
电话:0571/82156292、13606702908
传真:82827860
电子信箱:nbccx@126.com
法定代表人:陈海燕
质量体系:IATF 16949
产品情况:轮毂轴承、轮毂单元和轮毂总成
出口情况:远销美国、欧洲、中东、东南亚

★杭州依维柯汽车传动技术有限公司
地址:杭州市萧山经济技术开发区鸿兴路99号
邮编:311231
电话:0571/82859888
传真:82672380
网址:www.haveco.com.cn
电子信箱:info@haveco.com.cn
法定代表人:黄旭盛
单位人数:1200
质量体系:IATF 16949、ISO 14001
产品情况:主导产品有双离合器轿车自动变速器、菲亚特C系列、H系列汽车变速器等
配套情况:为广汽菲克、广汽乘用车、一汽集团、南京依维柯、奇瑞汽车、力帆汽车、海马汽车、川汽野马、众泰汽车、东风小康、北汽银翔等客户配套

★采埃孚传动技术(杭州)有限公司
地址:杭州市萧山区萧山经济技术开发区桥南区块春晖路9号
邮编:311231
电话:0571/22892000
传真:22896673
网址:www.zf.com
电子信箱:lu.yang@zf.com
法定代表人:陈臻
质量体系:IATF 16949、ISO 9001
产品情况:重型货车及中轻型商用车变速器、客车变速器和车桥

★杭州通绿机械有限公司
地址:杭州市萧山区瓜沥镇永联村
邮编:311241
电话:0571/82838686、82605858
传真:82863837
电子信箱:cn-tlp@cn-tlp.com
法定代表人:傅小青
质量体系:IATF 16949、ISO 14001
产品情况:等速驱动轴总成

★杭州四通泵业有限公司
地址:杭州市萧山区进化镇方山工业区
邮编:311241
电话:0571/82453822、82452833
传真:82452811
网址:www.hzstby.com
电子信箱:2690625250@qq.com
法定代表人:傅柏权
单位人数:110
质量体系:IATF 16949
产品情况:(SITONG牌)
东风、斯太尔、解放汽车用气制动零部件,离合器助力器系统等共50余种产品
配套情况:为国内重型汽车、工程机械等生产厂家配套

★杭州迈特汽车配件有限公司
地址:杭州市萧山区瓜沥镇三岔路村
邮编:311243
电话:0571/57163396、82580916
传真:83510532
网址:www.cngnt.com
电子信箱:maite_zgx@163.com
法定代表人:郑国兴
质量体系:IATF 16949、ISO 14001
产品情况:产能将达到800万套三叉总成、300万套球笼车削加工、1000万套冷挤和温挤压毛坯
配套情况:为纳铁福、浙江万向集团配套

★浙江万达汽车方向机股份有限公司
地址:杭州市萧山区闻堰镇湘山路28号
邮编:311258
电话:0571/82302288
网址:www.wanda-zj.com
电子信箱:zhangyujian@wanda-zj.com
法定代表人:陈伟
质量体系:IATF 16949、ISO 14001
产品情况:(循环牌)
年产能离合器从动盘120万套、压盘总成60万套、万向节总成200万套
配套情况:配套德国大众、美国英格索兰、上汽通用五菱、江铃汽车股份、奇瑞

汽车、浙江吉利控股、上汽大众、一汽-大众、浙江众泰汽车、庆铃汽车、湖南长丰猎豹等国内外大中型汽车厂商

★浙江金固股份有限公司
地址:杭州市富阳区富春街道公园西路1181号
邮编:311400
电话:0571/63260000
传真:63369981
网址:www.jgwheel.com
电子信箱:jghr@jgwheel.com
法定代表人:孙锋峰
质量体系:IATF 16949、ISO 14001
产品情况:(金固牌)
无内胎货/客车车轮、乘用车车轮、拖车车轮、农用车车轮等,年产能达2500万套
配套及出口情况:是通用、大众、福特等高端汽车生产商的一级供应商;远销欧洲、美洲、东南亚等地区

★杭州兴发弹簧有限公司
地址:杭州市富阳区银湖街道杜墓村
邮编:311402
电话:0571/3436260
传真:63426398
网址:www.xfspring.com
电子信箱:manager@xfspring.com
法定代表人:邵承玉
质量体系:IATF 16949、ISO 14001
产品情况:(富春牌)
汽车悬架弹簧、汽车离合器弹簧、双离合器弹簧、液力变矩器弹簧、双质量飞轮弹簧、门铰链弹簧等,年生产能力8000万件
配套情况:为多家全球500强企业配套

★浙江欧力达液压机械有限公司
地址:杭州市富阳区场口镇百丈畈路1号
邮编:311411
电话:0571/63128092、63373029
传真:63373019
电子信箱:webmaster@lidayy.com
法定代表人:张桂荣
质量体系:IATF 16949
产品情况:(力达牌)
QC系列气弹簧、液压产品、液压油缸、减振器等
出口情况:远销意大利等欧洲市场

★杭州富涌机械有限公司
地址:杭州市富阳区场口镇场口新区百丈畈7号路5号
邮编:311411
电话:0571/63572267
传真:63572263
网址:www.autopartswell.com
电子信箱:fy@autopartswell.com
法定代表人:华建国
质量体系:IATF 16949
产品情况:传动轴、转向传动装置、万向节总成及联轴器等系列产品
配套及出口情况:为东风杭州汽车公司等10多家主机厂配套;部分产品出口欧美及东南亚市场

★全兴精工集团有限公司
地址:浙江省诸暨市江龙工业园区兆山路16号
邮编:311800
电话:0575/87063888、87061777
传真:87616660
网址:www.china-quanxing.com
电子信箱:liwei@zjquanxing.com
法定代表人:何文华
单位人数:3000
质量体系:IATF 16949、ISO 14001
产品情况:主要生产转向油泵、齿轮泵、高压泵、变量泵、转向器总成、新能源电动机泵及电子打气泵等;具备年产500万台转向助力泵、年产80万台转向器总成、年产30万台新能源电动机泵EHPS的制造能力
配套情况:已为德国戴姆勒奔驰、美国纳威司达、俄罗斯卡玛斯、美国佩卡、美国耐世特、玉柴机器、潍柴动力、东风康明斯、一汽锡柴、云内动力、东风朝柴、郑州宇通、一汽青岛、陕西重型汽车、北汽福田、安徽江淮汽车、中国重汽集团、四川现代汽车、东风商用车、解放重汽、中通客车、厦门金龙、苏州金龙、比亚迪客车、浙江吉利、众泰控股等128家主机厂配套合作

★绍兴铁安汽配制造有限公司
地址:浙江省诸暨市店口镇华佳路58号
邮编:311802
电话:0575/87608686、15715826977
传真:87608687
网址:www.taqpchina.com
电子信箱:tiean@zj-tiean.com
法定代表人:詹洋
质量体系:IATF 16949
产品情况:(安卡牌)
汽车制动自动调整臂、驻车制动调整臂,产品主要运用于各类农用车、中重型货车、工程机械车等商用车上
配套及出口情况:为北汽福田欧曼、江淮等国内大型整车厂指定配套;远销欧洲、美洲、东南亚

★浙江龙勇制动科技有限公司
地址:浙江省诸暨市城东浣东街道廿里牌工业区
邮编:311811
电话:0575/87431965
传真:87436158
网址:www.zjlongyong.com
电子信箱:zjlongyong@163.com
法定代表人:葛密君
质量体系:ISO 9001
产品情况:(龙勇牌)
工程机械、中重型货车、半挂车的制动系统阀门产品
配套及出口情况:拥有卡特彼勒、康明斯、沃尔沃、德尔福、科勒、江纳克、珀金斯、斗山,柳工、厦工、临工、成工、徐工、三一重工、中联重科;潍柴、道依茨大柴、上柴、江淮、金龙、福田、雷沃动力、亚星公司等国内外知名大企业客户群;出口欧美、澳大利亚、中东等国家和地区

★浙江东星科技有限公司
地址:浙江省诸暨市枫桥工业区
邮编:311811
电话:0575/87438768、87047968
传真:87439235
网址:www.chinaost.com
电子信箱:jack@chinaost.com
法定代表人:屠程鑫
质量体系:IATF 16949、ISO 14001
产品情况:(东方之星牌)
制动阀、继动阀、弹簧制动气室、手控阀等半挂车,中、重型汽车制动配件
配套及出口情况:为陕西汽车、安徽江淮汽车、上汽依维柯红岩、陕西汉德车桥、东风德纳车桥、安徽安凯、湖北车桥、中集集团等配套;出口欧洲、美国、南美洲、南非、东南亚、中东等国家和地区

★浙江枫叶机械有限公司
地址:浙江省诸暨市店口镇工业园区(潭头村)
邮编:311814
电话:0575/87768336、87066058
传真:87068872
电子信箱:fengye@fengyegroup.com
法定代表人:傅芳英
质量体系:IATF 16949
产品情况:(枫叶牌)
汽车转向助力泵、汽车冷却水泵、机油泵
配套情况:为7个整车厂和汽车发动机厂配套

★浙江三中机械有限公司
地址:浙江省诸暨市阮市镇三中工业区
邮编:311826
电话:0575/87694888
传真:87694613
网址:www.szzd.net
电子信箱:sz@szzd.net
法定代表人:陈仲明
质量体系:IATF 16949
产品情况:(三中牌)
汽车气制动阀、液压制动泵、制动气室、离合器助力器、制动调整臂、空气干燥器、换挡助力器、挂车配件及各种弹簧等
配套情况:为十几家汽车制造企业配套

★诸暨市企成机电有限公司
地址:浙江省诸暨市店口工业区

邮编:311835
电话:0575/87655188、18258460888
传真:87657088
网址:www. qichengjt. com. cn
电子信箱:qichengjt88@ 126. com
法定代表人:吕秀娟
单位人数:400
质量体系:ISO 9001、QS 9000
产品情况:(企成牌)
制动调整臂、制动凸轮轴、制动室等汽车制动部件系列产品
配套及出口情况:与一汽集团、东风汽车等 20 多家企业配套;30% 的产品出口东南亚

★浙江力源液压技术有限公司
地址:浙江省诸暨市店口镇长兰村
邮编:311835
电话:0575/87619888、13858409976
传真:87619888
电子信箱:liyuanyeya888@ 163. com
法定代表人:石海平
质量体系:ISO/TS 16949
产品情况:(杭泰牌)
高压齿轮油泵、汽车转向泵、齿轮电动机、多联齿轮油泵和液压控制阀、液压系统装置等

★诸暨市恒泰汽车部件有限公司
地址:浙江省诸暨市店口镇峰泰路 100 号
邮编:311835
电话:0575/87651962、13905858062
传真:87662278
网址:gb. zjhtzd. com
电子信箱:htzdmg@ 163. com
法定代表人:陈建红
质量体系:IATF 16949、ISO 14001
产品情况:(恒泰牌)
汽车离合器助力器、空气干燥器、制动总阀等一系列汽车制动元件产品
配套及出口情况:为一汽、东风、江淮汽车、沈阳金杯、北汽福田等众多知名主机厂配套;出口北美洲、德国、日本

★浙江诸暨万宝机械有限公司
地址:浙江省诸暨市店口镇工业区
邮编:311835
电话:0575/89007669
传真:87651912、87660566
网址:www. vie. com. cn
电子信箱:wanbao@ vie. com. cn
法定代表人:朱哲剑
质量体系:IATF 16949、ISO 14001
产品情况:(万安牌)
液压盘制动器、真空助力器带制动总泵、离合器总分泵、比例阀等产品
配套及出口情况:为上汽通用五菱、东风柳汽、江淮汽车、奇瑞汽车、力帆汽车、北汽福田、长城汽车、众泰汽车、广州汽车等国内知名乘用车企业配套;出口欧洲、美洲、非洲、澳大利亚及东南亚等地区

★万安集团有限公司
地址:浙江省诸暨市店口镇万安工业园区
邮编:311835
电话:0575/87660333
传真:87653237
网址:www. vie. com. cn
电子信箱:wakj@ vie. com. cn
法定代表人:陈利祥
质量体系:ISO/TS 16949
产品情况:(万安牌、VIE 牌)
汽车制动系统、离合器操纵系统、电子控制系统、底盘前后悬架模块系统、汽车工程塑料以及新能源汽车关键部件等
配套及出口情况:为一汽、东风、福田、宇通、陕汽、江淮、金龙、奇瑞、长城、力帆、吉利、金杯、柳汽等配套;大量出口欧洲、美洲、非洲、澳大利亚及东南亚等地区

★浙江万安泵业有限公司
地址:浙江省诸暨市店口镇万安科技园区
邮编:311835
电话:0575/87659180、87659183
传真:87662166
网址:www. viepump. com
电子信箱:waby@ vie. com. cn
法定代表人:陈锋
质量体系:IATF 16949、ISO 14001
产品情况:(恒隆万安牌)
汽车动力转向泵
配套情况:为 30 多家主机厂配套

★浙江万安科技股份有限公司
地址:浙江省诸暨市店口镇万安科技园区
邮编:311835
电话:0575/87660333、87605592
传真:89098575
网址:www. vie. com. cn
电子信箱:louy@ vie. com. cn
法定代表人:陈锋
质量体系:IATF 16949、ISO 14001
产品情况:(万安牌、VE 牌)
主导产品有汽车制动系统、离合器操纵系统、电子控制系统、底盘前后悬架模块系统、汽车工程塑料以及新能源汽车关键部件等多类产品
配套及出口情况:为一汽、东风、陕汽集团、北汽福田、南京依维柯、中集车辆、江淮汽车、奇瑞汽车、华晨汽车、长城汽车、上汽通用五菱、郑州宇通、厦门金龙、厦门金旅、苏州金龙等国内主机厂配套;出口美洲、欧洲、澳大利亚、东南亚地区

★绍兴市三鑫五金制造有限公司
地址:浙江省绍兴市镜湖区灵芝镇工业区
邮编:312000
电话:0575/85010188
传真:85176353
网址:gb. sxsxwj. com
电子信箱:info@ sxsxwj. com
法定代表人:屠军才
质量体系:ISO 9001
产品情况:汽车制动气室、制动间隙调整臂等汽车制动系列冲压产品

★浙江博尔德机械有限公司
地址:浙江省绍兴市嵊州甘霖工业园区
邮编:312000
电话:0575/83619686
传真:83661111
网址:www. bortchina. com
电子信箱:info@ bortchina. com
法定代表人:金顺利
质量体系:IATF 16949
产品情况:(BORT 牌)
专业从事汽车减振器研发、制造,生产车型覆盖率超过 80%,包括美系、欧系、日系、韩系及国产自主品牌等众多车型
出口情况:出口全球超过 45 个国家,主要销往美洲、亚洲、欧洲各个国家

★浙江展望股份有限公司
地址:浙江省绍兴市杨汛桥镇展望村
邮编:312028
电话:0575/84501080、84509333
传真:84501017
电子信箱:johnzw1220@ 126. com
法定代表人:费国杨
质量体系:IATF 16949
产品情况:[展望(ZW)牌]
汽车十字轴万向节、工程机械万向节、等速器十字轴等零部件
配套及出口情况:国内 100% 主机配套;远销欧洲、美国、巴西、日本、俄罗斯、印度等 20 多个国家和地区

★绍兴驰达汽车配件制造有限公司
地址:浙江省绍兴市柯桥区镜水南路 388 号
邮编:312030
电话:0575/84311988、84312066
网址:www. sxchida. com
电子信箱:pjs@ sxchida. com
法定代表人:潘建绍
质量体系:IATF 16949、ISO 14001
产品情况:(驰达牌)
制动调整臂、制动凸轮轴等,年产销量 300 余万套
配套及出口情况:为东风汽车集团、江淮汽车、上汽南京跃进汽车、江铃汽车、安徽华菱汽车、北汽福田、湖南中联重科、湖南三一重工、青特车桥等配套;远销欧美、中东等地区

★索密克汽车配件有限公司
地址:浙江省绍兴市柯岩街道丁巷
邮编:312030
电话:0575/84311990
传真:84313372
网址:www. somic. com. cn
电子信箱:sx@ somic. com. cn

法定代表人:沈幼生
质量体系:IATF 16949、ISO 9001
产品情况:(SOMIC 牌)
汽车转向拉杆、齿条拉杆、独立悬架摆臂、球头、稳定杆等总成
配套情况:为一汽、上汽、广汽、东风、长安汽车集团公司等 150 多家整车厂的配套供应商

★绍兴金江机械有限公司
地址:浙江省绍兴市袍江新区越英北路 218 号
邮编:312085
电话:0575/88157918、88157900
传真:88157918、88157901
网址:www. sxjinjiang. com
法定代表人:周楠林
质量体系:ISO 9001、IATF 16949
产品情况:汽车转向拉杆总成、独立悬架主销座总成、悬架摆臂总成、转向节臂及悬臂轴等零部件
配套及出口情况:为东风商用车、东风德纳车桥、江铃汽车、江淮汽车、南京依维柯、金杯汽车、浙江吉利、北汽福田、北方奔驰、厦门金龙、苏州金龙、宇通客车、中通客车、浙江青年、申沃、广汽日野、丹东黄海、安徽华菱、洛阳一拖、杭叉箱桥公司等配套;出口美国、英国、意大利、加拿大、东南亚等国家和地区

★浙江万丰奥威汽轮股份有限公司
地址:浙江省新昌工业区
邮编:312500
电话:0575/86298219、86297500
传真:86297218
网址:www. wfaw. com. cn
电子信箱:wfaw@ wfjt. com
法定代表人:陈滨
质量体系:IATF 16949、ISO 14001
产品情况:(ZCW 牌)
汽车铝合金车轮,环保涂覆、镁合金材料;已具备年 4000 万件的铝轮产能
配套及出口情况:是宝马、奔驰、路虎、通用、福特、大众、大发、现代等体系的优秀配套商;出口美国、日本、德国、法国、俄国、韩国、巴西等 30 多个国家和地区

★万丰奥特控股集团有限公司
地址:浙江省新昌县万丰科技园
邮编:312500
电话:0575/86298888
传真:86297550
网址:www. wfjt. com
电子信箱:wfjt@ wfjt. com
法定代表人:陈爱莲
质量体系:ISO/TS 16949、VDA 6.1
产品情况:(ZCW 牌、万丰牌)
汽车、摩托车铝合金车轮、镁合金车轮、进气歧管以及有色合金铸造自动化装备单元
配套情况:是大众、丰田、宝马、菲亚特、福特、通用、尼桑、标致等一级供应商

★汇大机械制造(湖州)有限公司
地址:浙江省湖州市织里镇阿祥路 555 号
邮编:313000
电话:0572/3152987
网址:www. huidajx. com
电子信箱:huidafm@ huidajx. com
法定代表人:沈燕青
质量体系:IATF 16949、ISO 14001
产品情况:主要从事轿车发动机系统、变速器系统、转向机系统的核心零部件制造
配套情况:为上汽通用等 10 多家国内外知名汽车公司配套

★浙江伏牛钢板弹簧有限公司
地址:浙江省湖州市菱湖镇西庄桥堍
邮编:313018
电话:0572/3301025、3301015
传真:3301005
网址:www. funiuchina. com
电子信箱:sale@ funiuchina. com
法定代表人:盛军
质量体系:IATF 16949、ISO 14001
产品情况:汽车钢板弹簧
配套及出口情况:为 10 多家整车企业配套;出口多个国家和地区

★浙江凯迪汽车部件工业有限公司
地址:浙江省长兴县经济技术开发区 C 区中央大道 2288 号
邮编:313100
电话:0572/6129255、6210683
传真:6129233
网址:www. autokdd. cn
电子信箱:sales@ autokdd. com
法定代表人:熊玲莉
单位人数:600
质量体系:IATF 16949
产品情况:年生产能力已经达到 300 万套球笼和 60 万套传动轴及 60 万套轮毂单元
出口情况:出口美洲、欧洲、非洲、亚洲 50 多个国家和地区

★浙江玛斯特汽配有限公司
地址:浙江省湖州市长兴经济开发区莘桥路 188 号
邮编:313100
电话:0577/6618008
传真:6517777
网址:www. masite. com
电子信箱:masite@ vip. 163. com
法定代表人:周成水
质量体系:IATF 16949
产品情况:专业生产汽车悬架扭杆弹簧总成、汽车横向稳定杆等
配套情况:为东风风行、江淮汽车、上海华普、沈阳金杯、长丰扬子等主机厂配套

★小仓离合机(长兴)有限公司
地址:浙江省长兴县林城镇工业集中区友好路 7 号
邮编:313112
电话:0572/6621007
网址:www. oguraclutch. co. jp
电子信箱:e - ogurapost@ oguraclutch. co. jp
法定代表人:小仓康宏
质量体系:IATF 16949、ISO 9001
产品情况:离合器、制动器、增压器、油雾分离器及其零部件

★浙江奇碟汽车零部件有限公司
地址:浙江省湖州市长兴县泗安镇工业园区绿荫大道 88 号
邮编:313113
电话:0572/6857567、82765666
传真:6857567、82766819
网址:www. qidie. com
电子信箱:wfsm2000@ sina. com. cn
法定代表人:闻吾其
质量体系:IATF 16949、ISO 14001
产品情况:年产能离合器从动盘 120 万套、压盘总成 60 万套、万向节总成 200 万套

★浙江昌达汽车零部件制造有限公司
地址:浙江省德清县经济开发区长虹东街 309 号
邮编:313200
电话:0572/8427698
传真:8433916
网址:www. zjchangda. com. cn
电子信箱:zjcd. 2006@ 163. com
法定代表人:沈洪泉
质量体系:IATF 16949
产品情况:(昌达牌、顺意牌)
汽车用制动器衬片、重型车制动蹄总成、离合器总成
配套及出口情况:被国内 10 多家车轴厂和主机厂确认为定点生产厂家,同时是上海公交、长沙公交等公交公司定点供应商;远销 20 多个国家和地区

★浙江福尔玛汽车部件有限公司
地址:浙江省德清县莫干山经济开发区硅谷路 33 号
邮编:313200
电话:0572/8281333
传真:88813536
网址:www. fuerma. cn
电子信箱:sales@ fuerma. cn
法定代表人:王祖福
质量体系:IATF 16949
产品情况:(Fuerma 牌)
重型拖车车轴、农用车轴、轻型拖车车轴、自卸车举升机及配件等产品
出口情况:主要客户遍及东南亚、大洋洲、中东

★浙江路得坦摩汽车部件股份有限公司
地址:浙江省湖州市安吉经济技术开发区

邮编:313300
电话:0572/5015000
传真:5015899
网址:www. roadtamer. com
电子信箱:cwb@ founding. com. cn
法定代表人:陈必君
质量体系:IATF 16949、ISO 14001
产品情况:(FDI牌、roadtamer牌)
汽车减振器、气弹簧和助力缸
配套及出口情况:为德国SAF、德国威巴克、美国PACCAR、美国CVG、伊朗公司、VOLVO、UD、TATA-DAEWOO、江淮汽车、上海汇众萨克斯等国际知名公司提供OEM配套;远销欧洲、南美洲、中东、俄罗斯、东南亚等国家和地区的售后市场和改装市场

★浙江万康机械有限公司
地址:浙江省湖州市安吉县经济开发区塘浦工业园区
邮编:313300
电话:0572/5665998、5665990
传真:5665997
网址:www. wkjx. com
法定代表人:倪永康
质量体系:IATF 16949
产品情况:(万康牌)
生产各类汽车万向节总成,年产量500万套
出口情况:远销美国、西欧、南美洲、中东等国家和地区

★浙江天瑞汽车零部件有限公司
地址:浙江省嘉兴市秀洲工业区中山西路加创路1758号
邮编:314000
电话:0573/83570080
传真:82799795
网址:www. teenray. com
电子信箱:sales@ teenray. com
法定代表人:竺成国
质量体系:IATF 16949
产品情况:主要生产各类汽车底盘件,包括前副车架、后扭力梁总成、摆臂总成、横梁总成、纵臂总成等
配套及出口情况:已和国内多家知名汽车厂商合作;客户遍及欧洲、美洲、亚洲

★嘉兴四通车轮股份有限公司
地址:浙江省嘉兴市大桥镇工业园步焦路528号
邮编:314001
电话:0573/82572779
传真:82572990
网址:www. sitongtechnic. com
电子信箱:info@ sitongtechnic. com
法定代表人:张建荣
质量体系:IATF 16949
产品情况:(瑞通牌)
各类铝合金锻造车轮,钢质工程车车轮,钢制汽车车轮和液压轴承
配套情况:为中国重汽集团济南桥箱、东风柳州汽车、广汽日野汽车、东风德纳车桥、方盛车桥(柳州)等多家汽车厂配套

★东海橡塑(嘉兴)有限公司
地址:浙江省嘉兴市经济技术开发区岗山路500号
邮编:314003
电话:0573/82210000、82210793
传真:82211656
网址:www. trjtokai. com
法定代表人:大岛司
质量体系:IATF 16949、ISO 14001
产品情况:发动机支撑、减振器、变速器支架、悬架支撑、稳定杆衬套、驱动轴减振器等汽车橡塑零部件
配套情况:主要客户为在中国投资生产的日系汽车厂家,如丰田、本田、日产、马自达、铃木、三菱等

★嘉兴盛鼎机械有限公司
地址:浙江省嘉兴市南湖区新篁工业园区
邮编:314008
电话:0573/83851150、13957391726
传真:83143553
网址:cn. chinasand. cc
电子信箱:sales@ chinasand. cc
法定代表人:盛中林
单位人数:100
质量体系:IATF 16949、ISO 14001
产品情况:制动气室、离合器助力器等几大类,盘式制动气室和鼓式制动气室等各种规格的双膜片式和活塞式的弹簧制动气室
配套及出口情况:主要为汉德车桥、南京创捷配套;远销英国、德国、波兰、西班牙等十几个欧洲国家和地区

★嘉兴市嘉力达汽车部件股份有限公司
地址:浙江省嘉兴市南湖区新篁镇菊花路6号
邮编:314008
电话:0573/83146816、13732590601
传真:83144029
网址:www. jldgs. net
电子信箱:heidi@ jldgs. net
法定代表人:洑卫良
质量体系:IATF 16949
产品情况:主要从事汽车制动室、汽车离合器助力器及制动阀的生产
出口情况:远销美洲、大洋洲、欧洲、东南亚等地区

★嘉兴嘉嘉汽车零部件制造有限公司
地址:浙江省嘉兴市秀洲区新塍镇凤舞路172号
邮编:314015
电话:0573/83411876、13957390299
传真:83411871
网址:www. cn - absorber. com
电子信箱:web@ cn - absorber. com
法定代表人:吴建忠
质量体系:IATF 16949
产品情况:(DIG牌)
全系商用车减振器,涵盖轻、中、重型货车及客车底盘减振器以及重型货车驾驶室减振器,具备年产50万支商用车减振器的生产能力以及20万支乘用车减振器的生产能力
配套情况:为东风杭汽、东风柳汽、东风日产柴、东风云南汽车、苏州金龙、亚星商务车、亚星客车、南京春兰汽车、徐州重型机械厂、安徽安凯汽车、上海客车厂、丹东黄海、厦门金旅、上海汇众、陕西汽车制造总厂、郑州日产、江淮汽车厂、东风新疆汽车厂等配套

★嘉兴润通汽车配件有限公司
地址:浙江省嘉兴市秀洲区桃园路288号
邮编:314031
电话:0573/82759371、82759372
传真:82759373
网址:www. rhctgl. com
电子信箱:rhc@ rhctgl. com
法定代表人:田磊
质量体系:IATF 16949
产品情况:制动系统气室、调节臂及相关配件

★承田汽车配件工业浙江股份有限公司
地址:浙江省嘉兴市嘉善县罗星街道灵秀路50号
邮编:314100
电话:0573/84595666
传真:84830267
网址:www. shoda - tw. com
电子信箱:sales@ shoda. com. cn
法定代表人:何宗宪
质量体系:IATF 16949、ISO 14001
产品情况:汽车自动变速器齿轮组件、行星架总成、制动器总成、各类齿轮箱变速齿轮、减速机精密齿轮、电动工具齿轮、电动车差速器总成、油电混合电动车传动轴等齿轮产品
配套情况:主要合作伙伴有北汽集团、北汽动力总成等

★浙江峰立传动技术有限公司
地址:浙江省嘉善县姚庄镇茜泾路155号
邮编:314117
电话:0573/84775380、84601322
传真:84778798
网址:www. jsfengli. com
电子信箱:13957346323@ jsfengli. com
法定代表人:盛锦贤
质量体系:ISO 9001
产品情况:汽车取力器总成,年产5万余台
配套情况:为各大汽车改装厂、专用车制造公司、变速器厂等配套

★德西福格汽车配件(平湖)有限公司
地址:浙江省嘉兴市平湖经济开发区新群路2558号

邮编:314200
电话:0573/85072558
传真:85072552
网址:www.hirschvogel.com
电子信箱:hac@hirschvogel.com
法定代表人:弗兰克迈克尔阿尼西兹
质量体系:IATF 16949、ISO 14001
产品情况:轴、轮毂、共轨、喷油器体、铝转向节、外圈、铝车轮支架、行星轮支架
配套情况:为大众、宝马、戴姆勒、博世、舍弗勒、采埃孚、长城、北汽配套

★浙江欧迪恩传动科技股份有限公司
地址:浙江省平湖市经济开发区昌盛路1000号
邮编:314200
电话:0573/85076666、85072638
网址:www.odmaxle.com
电子信箱:1111@odmaxle.com
法定代表人:李秀蓉
质量体系:IATF 16949、ISO 9001
产品情况:(ODM牌)
球笼式等速万向节年生产能力达到1000万只,驱动轴年生产能力已超过600万套
配套及出口情况:为奇瑞、昌河、五菱、江铃、起亚等汽车厂以及各种沙滩车、电动车厂配套;营销网络已遍及全球五大洲100多个国家和地区

★浙江柏瑞汽配股份有限公司
地址:浙江省平湖市曹桥街道曹桥北路1083号
邮编:314214
电话:0573/85972020
传真:85972030－60
网址:www.borry.cc
法定代表人:刘勇杰
质量体系:IATF 16949、ISO 9001
产品情况:主营液压离合器分离轴承、离合器总泵、离合器分泵等产品
出口情况:远销欧洲、北美洲、南美洲等国家和地区

★浙江三维大通精锻科技有限公司
地址:浙江省海盐县沈荡镇工业园区
邮编:314311
电话:0573/86722165、86722166
网址:www.coldextrusion.com
电子信箱:hylj@coldextrusion.com
法定代表人:刘生良
质量体系:IATF 16949、ISO 14001
产品情况:柴油发动机各类油泵油嘴、汽车传动系统、变速器系统、制动系统、流体液压系统、工程机械以及电动机电器等各种配件
配套情况:已与日本电装、麦格纳、盖茨、德纳、派克等知名企业建立了长期的合作关系

★海盐猛凌汽车配件有限公司
地址:浙江省海盐县沈荡镇南
邮编:314311
电话:0573/86722201、86725198
传真:86720214
网址:www.mlqp.cn
电子信箱:mlqp@mlqp.cn
法定代表人:汪曙青
质量体系:IATF 16949、ISO 14001
产品情况:主要生产汽车转向配件、汽车起/发电机配件、汽车减振骨架、汽车制动活塞、汽车底盘零件及其他异型锻造件
配套情况:产品主要供给日星金属(上海科友)、博世长沙、上海汇众、日立汽车、LUCAS-TVS(印度)、建新赵氏集团等客户

★海宁安玛固汽车部件有限公司
地址:浙江省海宁市长安镇辛口路175号
邮编:314408
电话:0573/87406666、4008919097
传真:87406399
电子信箱:ruweida@foxmail.com
法定代表人:茹伟达
质量体系:IATF 16949
产品情况:(安玛固牌)
生产日系、德系汽车减振器

★浙江前锦离合器有限公司
地址:浙江省海宁市连杭经济开发区启潮路中堤桥旁
邮编:314412
电话:0573/87967368、87967356
传真:87967358
电子信箱:sales@auto－clutch.com
法定代表人:陈海明
质量体系:ISO/TS 16949
产品情况:(前锦牌)
具有年产50万台(套)离合器的生产能力
配套及出口情况:为一汽集团、柳州动力机厂等配套;部分产品出口海外

★浙江杭万汽车零部件实业有限公司
地址:浙江省海宁市农业对外综合开发区
邮编:314423
电话:0573/87966695
传真:87111900
网址:www.zjhangwan.com
电子信箱:745160928@qq.com
法定代表人:郑佳振
单位人数:850
质量体系:IATF 16949
产品情况:(杭万牌)
汽车用鼓式制动器衬片、盘式制动器衬片、万向节十字轴、圆锥滚子轴承、汽车齿轮离合器从动盘总成、汽车用调整臂等产品,具有年生产汽车用鼓式制动器衬片2万吨、盘式制动器衬片20万套、汽车用调整臂60万套的生产能力
出口情况:出口国外市场

★浙江龙华汽配制造有限公司
地址:浙江省海宁市农业对外综合开发区龙珠路2号
邮编:314423
电话:0573/87968715、87968717
传真:87968716
网址:www.longhua.biz
电子信箱:root@longhua.biz
法定代表人:陈铭康
单位人数:130
质量体系:IATF 16949
产品情况:(龙华牌)
汽车离合器膜片弹簧等产品,年生产能力超过600万片
配套及出口情况:为长春一东离合器、中国重汽集团济南港信零部件、上海萨克斯动力总成、南京法雷奥离合器配套;出口欧洲、美洲、中东、东南亚等10多个国家和地区

★桐乡辰宇机械有限公司
地址:浙江省桐乡市龙翔街道工业区和顺路
邮编:314504
电话:0573/88791010、88792255
电子信箱:116749358@qq.com
法定代表人:沈志祥
质量体系:ISO 9001
产品情况:[CY(辰宇)牌]
汽车制动气室、储能弹簧制动室、各种阀类产品;年生产能力60万台(套)
配套及出口情况:与国内主要汽车厂家配套;远销美洲、大洋洲、欧洲、东南亚地区

★宁波自由者汽车部件有限公司
地址:浙江省宁波市海曙区海曙区集环路50－110号
邮编:315000
电话:0574/87310000
网址:www.freemanwheels.com
电子信箱:sales@freemanwheels.com
法定代表人:应继东
质量体系:ISO 9001、ISO 14001
产品情况:(FREEMAN牌)
汽车铝合金轮毂
配套及出口情况:跟世界著名轮毂品牌GERA、TIS、FITTIPALDI、DROPSTAR、CENTERLINE建立了合作供货关系;出口北美洲、俄罗斯、欧盟、日本、大洋洲等国家和地区

★宁波卓越圣龙工业技术有限公司
地址:浙江省宁波市鄞州区投资创业中心金达路789号
邮编:315000
电话:0574/83097837、83097917
传真:83097996
网址:www.shenglongsr.com
电子信箱:wy.fan@shenglongsr.com
法定代表人:熊续强
质量体系:IATF 16949、ISO 9001

产品情况:汽车铝合金轮毂

★宁波乐驰汽车部件有限公司

地址:浙江省宁波市瞻岐镇鄞州经济开发区永安路 55 号
邮编:315000
电话:0574/87677588
网址:www. nbthc. com
电子信箱:bryant@ nbthc. com
法定代表人:沈海平
质量体系:IATF 16949
产品情况:(派斯马克牌)
年均生产能力:5 万台牵引座、2 万根车轴、2 万套轻型美式机械悬架、2000 套空气悬架、1. 5 万套提升系统、8 万只牵引销、25 万套扭力杆
配套及出口情况:与中集车辆集团、塞夫华兰德公司等建立了长期良好的业务关系;出口欧洲、非洲、亚洲十几个国家和地区

★浙江金波减震器制造有限公司

地址:浙江省宁波市江北区夏家工业区振甬路 181 号
邮编:315021
电话:0574/87635959
传真:87627011
网址:www. jinbo88. com
电子信箱:info@ jinboshock. com
法定代表人:柳平波
单位人数:450
质量体系:IATF 16949
产品情况:(金波牌)
汽车减振器
出口情况:主要出口北美洲、南美洲、欧洲、中东、非洲市场

★宁波路威汽车轮业有限公司

地址:浙江省宁波市江北海川路 66 号
邮编:315032
电话:0574/89081733
传真:89081729
网址:nbluwei. com
法定代表人:董祥义
质量体系:IATF 16949
产品情况:生产航空级材料 6061 系列锻造铝合金轮毂,货车、客车轮毂等
出口情况:主要出口日本、欧美、美国,并销往中国台湾地区

★宁波汇众汽车车桥制造有限公司

地址:浙江省宁波市江北区通惠路366 号
邮编:315033
电话:0574/87092670
传真:87097120
网址:www. nbhzcq. com
法定代表人:阳春启
质量体系:IATF 16949、ISO 14001
产品情况:主要承接上海汽车、上汽大通、南京依维柯、江淮汽车、江铃汽车、吉利汽车、东南汽车、奇瑞汽车等各款汽车前后桥悬架总成、转向节、扭杆等产品
配套情况:获得上汽大通、江淮汽车等优秀供应商称号

★宁波培源汽车配件制造有限公司

地址:浙江省宁波市鄞州区姜山镇蔡郎桥姜丽路 126 号
邮编:315136
电话:0574/88475171
传真:88475688
网址:www. peiyuan. com. cn
电子信箱:samyu@ peiyuan. com. cn
法定代表人:俞培君
单位人数:1200
质量体系:IATF 16949
产品情况:专业生产汽车减振器各类配件、实心活塞杆、空心活塞杆、高铁减振器活塞杆、液压翻转系统活塞杆、汽车减振器外筒总成、内油管、减振器冲压件等产品
配套情况:为通用、大宇、大众、比亚迪、奇瑞等配套

★宁波优适捷传动件有限公司

地址:浙江省宁波市鄞州区云龙工业区云丽路 128 号
邮编:315137
电话:0574/88345679、88067070
传真:88474809
网址:www. usj. com. cn
电子信箱:usj@ usj. com. cn
法定代表人:许建红
质量体系:IATF 16949
产品情况:(优适捷牌)
球接、球关节轴承、拉杆连杆、控制臂、转向节、副车架、后轴等
配套及出口情况:直接与广汽、众泰、知豆电动汽车、北方奔驰、中国重汽、约翰迪尔、康斯博格、东风 ZF、谷合传动、中联重科等专业客户配套;间接与美国通用、美国福特、北汽福田、一汽、东风等汽车厂配套;批量出口美国、德国、日本、西班牙、东南亚等市场

★宁波纬尚汽车零部件有限公司

地址:浙江省宁波市鄞州区云龙镇工业园区荻江村
邮编:315137
电话:0574/87936989、88493996
传真:83089128
网址:www. nbvs. com. cn
电子信箱:service@ nbvs. com. cn
法定代表人:叶祥宝
质量体系:IATF 16949、ISO 14001
产品情况:(V-SHINE 牌)
汽车驱动轴总成,具备年产 180 万套总成的产能
配套及出口情况:约 70% 配套国内 OEM 整车厂;产品 30% 出口欧美市场,为各类汽车主机、维修市场配套

★浙江六和轻机械有限公司

地址:浙江省宁波市鄞州滨海投资创业中心合兴路 345 号
邮编:315145
电话:0574/88422022、88023058
传真:88021618
电子信箱:sales@ baodywheel. com
法定代表人:STEVEN HSU-HUI TSUNG (宗绪惠)
质量体系:IATF 16949、ISO 14001
产品情况:主要经营汽车零部件、轮毂、轮圈、汽车装饰、车辆零部件、机械配件的制造、加工

★宁波华盛汽车部件有限公司

地址:浙江省宁波市鄞州区姜山科技园区明曙路 3 号
邮编:315191
电话:0574/55226188、55226195
网址:www. nbhsqp. com
电子信箱:huashengnb@ 126. com
法定代表人:陈江波
质量体系:IATF 16949、ISO 14001
产品情况:重型货车、豪华大客车、大型运输专用车、工程车、特种车辆的驾驶室、前桥转向、后桥、悬架装置、齿轮箱、推力杆等多个系列汽车零部件产品
配套情况:主要客户有陕重汽、中国重汽、汉德车轿、珠海广通、宇通客车、中通客车等

★浙江立群汽车配件制造有限公司

地址:浙江省宁波市镇海区镇海临俞工业区河周路 2 号
邮编:315207
电话:0574/86369967、86362276
传真:86362411
网址:www. autopartslq. com
电子信箱:manager@ autopartslq. com
法定代表人:贺增
质量体系:IATF 16949、ISO 9001
产品情况:(立群牌、润群牌)
汽车万向节、转向器总成及传动轴配件等
配套及出口情况:为主机厂配套;远销海外市场

★慈溪宏康汽车零部件有限公司

地址:浙江省慈溪市周巷镇云柯大道 999 号
邮编:315300
电话:0574/63458967、63458722
传真:63458171
电子信箱:hongkangsales@ 163. com
法定代表人:陆迪
质量体系:IATF 16949、ISO 14001
产品情况:汽车用前驱及四驱等速万向节总成及其零部件
出口情况:远销欧美、大洋洲、日本等国家和地区,并销往中国台湾地区

★浙江向隆机械有限公司
地址:浙江省慈溪市龙山镇滨海工业区灵绪路88号
邮编:315311
电话:0574/56570599
传真:56570595
网址:www.cn-sps.com
电子信箱:sale@cn-sps.com
法定代表人:徐敏
单位人数:650
质量体系:IATF 16949
产品情况:(SPS牌、万向牌)
具有年产等速驱动轴350万套、万向节120万只、传动轴20万支
配套情况:主要客户有庞巴迪、北极星、约翰迪尔,春风动力等;在乘用车领域,已成功为一汽轿车、广汽乘用车、长安铃木、长城汽车、江铃汽车、海马汽车、众泰汽车、华泰汽车等整车厂配套

★宁波三钻工业有限公司
地址:浙江省慈溪市胜山镇工业开发区
邮编:315323
电话:0574/63529020、63544789
传真:63549671
网址:www.china-freewheel.com
电子信箱:szqq@public.cx.nbptt.zj.cn
法定代表人:孙龙学
单位人数:550
质量体系:IATF 16949、ISO 14001
产品情况:三柱槽壳、筒形壳、凸缘、半轴、星形套、沙滩车球笼、工程机械和矿山机械精密锻件等
配套及出口情况:为一汽-大众、上汽大众、一汽海马、奇瑞汽车、北京现代、沈阳金杯、天津一汽夏利、广汽本田等配套;出口美国、意大利、印度、韩国、俄罗斯等国家

★浙江恒威汽车部件有限公司
地址:浙江省慈溪市龙山镇慈东滨海经济开发区灵绪二路288号
邮编:315331
电话:0574/56122820
网址:www.hzautoparts.com
电子信箱:zidd@hzautoparts.com
法定代表人:应晓东
质量体系:IATF 16949
产品情况:汽车钢车轮、汽车冲压类零部件
配套及出口情况:和国内多家汽车主机厂有良好的合作关系;远销美国、加拿大、俄罗斯、意大利、南非、澳大利亚等10多个国家

★宁波普泽机电有限公司
地址:浙江省慈溪市崇寿镇绿色园区绿园二路1号
邮编:315334
电话:0574/63209188
传真:63212928
网址:www.nbpuze.com
电子信箱:puze@nbpuze.com
法定代表人:陆泽平
单位人数:400
质量体系:IATF 16949、ISO 14001
产品情况:工程机械汽车单向器、传动轴、齿轮等精密零件,汽车工程机械起动机
配套情况:已经和北京精进、汇川技术、中车电机、方正电气、湖北神电、泉州艺达、安凯客车、常发集团、佩特莱、安吉尔、海尔、九阳等国内知名企业建立了良好的配套合作关系

★万都(宁波)汽车零部件有限公司
地址:浙江省慈溪市杭州海湾新区滨海二路718号
邮编:315336
电话:0574/63868686
传真:63991688
网址:www.mando.com
法定代表人:郑京浩
质量体系:IATF 16949、ISO 14001
产品情况:汽车制动部件、减振部件和转向部件等
配套情况:主要客户是吉利汽车、沃尔沃汽车、北京现代、起亚汽车、通用汽车、江淮汽车、力帆汽车

★浙江安统汽车部件有限公司
地址:浙江省余姚市三七市镇安捷西路8号
邮编:315400
电话:0574/62935772、62920057
传真:62937401
电子信箱:antongwujin@sina.com
法定代表人:李仪平
质量体系:IATF 16949、ISO 9001
产品情况:制动总泵、分泵,离合器总泵、分泵

★宁波神丰汽车部件有限公司
地址:浙江省余姚市阳明科技工业园区舜泰东路1号
邮编:315400
电话:0574/62811588、4001182828
传真:62822888
网址:www.china-nbsf.com
电子信箱:nbsf@china-nbsf.com
法定代表人:翁国畅
质量体系:IATF 16949、ISO 14001
产品情况:(丰牌)
汽车离合器、离合器分泵及各种高强度螺栓、各式阀类和制动管路接头等汽车配套件
配套情况:为东风汽车公司、东风柳汽、东风杭汽、云南汽车厂、扬州亚星、江淮汽车、厦门金龙、南京春兰等主机厂配套

★余姚市飞翔汽车配件厂
地址:浙江省余姚市余姚镇二高村
邮编:315400
电话:0574/62818366、13857498086
传真:62817479
法定代表人:徐芸
质量体系:IATF 16949
产品情况:前梁焊接总成、上下摆臂、推杆支架、各种支架、轮芯、不锈钢冲压件、轮毂盖、密封盖、各种挡泥板

★宁波安捷制动器有限公司
地址:浙江省余姚市三七市镇安捷东路103号
邮编:315412
电话:0574/62935678、62935712
传真:62936268
电子信箱:brake@anjie.com
法定代表人:张柏青
质量体系:IATF 16949、QS 9000
产品情况:(安捷牌)
液压制动主缸+助力器、制动轮缸、制动钳、离合器主缸、离合器分缸、摩擦片、气、液制动阀类
配套及出口情况:为江铃、美国福特(TRANSIT)、江淮、TCM、合力、杭叉、德国林德、意大利欧姆、韩国现代重工、斗山机械、日本小松、菲亚特、纽荷兰等汽车、叉车、工程车配套;出口欧洲、日本市场

★余姚市宏瑞汽车零部件有限公司
地址:浙江省余姚市牟山镇金牛东路106号
邮编:315456
电话:0574/62490113、624900913
传真:62490719
网址:www.cnkangli.com.cn
电子信箱:kangli@cnkangli.com
法定代表人:魏宏
质量体系:IATF 16949
产品情况:汽车转向拉杆总成、汽车悬架系统球铰链接头、转向系统拉杆、接头、壳体、球销等毛坯锻件及精加工产品
配套情况:为上汽大众、上汽通用、一汽-大众等配套

★宁波卡西可减震器制造有限公司
地址:浙江省宁波市奉化区江口工业区聚银路26号
邮编:315500
电话:0574/28587778、13185907555
传真:28587779
电子信箱:oversea@kasico.cn
法定代表人:王建海
质量体系:ISO/TS 16949
产品情况:轿车减振器、货车减振器、转向机减振器、发动机减振器、皮带轮减振器等3000多个各类减振系统
配套及出口情况:为北汽福田、吉利集团等配套;远销欧洲、俄罗斯、南美洲、北美洲等国家和地区

★宁波市开林汽车空压机有限公司
地址:浙江省宁波市奉化区尚田工业园区尚兴路10号
邮编:315511
电话:0574/88637862、88635828
传真:88633377
电子信箱:kl - power@163.com
法定代表人:胡开林
质量体系:IATF 16949
产品情况:(开林牌)
斯太尔系列空压机、斯太尔双缸空压机、D6114系列空压机、X6130-Q3空压机、罗曼空压机、珀金斯空压机等汽车空压机
配套情况:为潍柴、杭发、重汽济南动力等配套

★宁波力品格工业机械有限公司
地址:浙江省宁波市奉化区岳林街道东郊开发区柏香路188号
邮编:315528
电话:0574/88768907
网址:www.chinayanghai.com
电子信箱:web@fhyanghai.com
法定代表人:王祖雷
单位人数:350
质量体系:IATF 16949、ISO 14001
产品情况:[力品格(LIPINGE)牌]
各种减振器、支撑气弹簧、可控气弹簧以及中、高档汽车用活塞杆
配套情况:主要合作客户包括Edscha、众泰汽车等

★宁波永信汽车部件制造有限公司
地址:浙江省宁海县科技园区竹泉路216号
邮编:315600
电话:0574/65292929
传真:65292666
网址:www.yongxingroup.com
电子信箱:webmaster@yongxingroup.com
法定代表人:王兴德
质量体系:IATF 16949、ISO 14001
产品情况:悬架系统部件、换挡操纵机构总成、汽车燃油蒸发污染物控制装置、转向系统零件以及各种汽车用橡塑零件
配套情况:为上汽大众、上海汽车、比亚迪汽车、长安汽车、沈阳华晨、北汽福田、厦门金龙、众泰汽车、江铃汽车等国内主机厂一级配套

★宁波金凌中德汽车部件有限公司
地址:浙江省宁波市宁海县科技园区竹山南路6号
邮编:315609
电话:0574/65232888
传真:65232999
网址:www.nb - jinling.com
电子信箱:nbjinling@163.com
法定代表人:金海峰
质量体系:IATF 16949
产品情况:(GLZD牌)
汽车悬架系统产品和控制臂

★宁波沃特汽车部件有限公司
地址:浙江省宁海县深圳南溪
邮编:315614
电话:0574/65289989、65289996
传真:65289995
网址:www.nbwote.com
电子信箱:shuangshui@nbwote.com
法定代表人:张杭水
单位人数:400
质量体系:IATF 16949
产品情况:汽车底盘控制臂类、汽车副车架类、散热器类、减振类、摩托车油箱等冲压焊接总成部件
配套情况:与一汽-大众、上海汇众、富奥伟世通、新大洲本田、长城汽车、宁波托普、湖北雷迪特、比亚迪汽车等国内外厂商建立了长期合作的伙伴关系

★宁波赛德森减振系统有限公司
地址:浙江省宁波市象山县城东工业园万隆路628号
邮编:315700
电话:0574/65783888、65783838
传真:65783888、65783818
网址:www.nbsds.com.cn
电子信箱:qjw@nbsds.com.cn
法定代表人:仇建文
质量体系:IATF 16949、ISO 14001
产品情况:具备年产橡胶减振器100万套、硅油减振器50万件的能力
配套情况:主要客户包括一汽无锡柴、道依茨(一汽)大连、东风朝柴、广西玉柴、潍柴动力、长城汽车、比亚迪汽车、奇瑞汽车、东风康明斯、天津雷沃等

★宁波泛亚汽车部件有限公司
地址:浙江省宁波市北仑区春晓观海路71号
邮编:315800
电话:0574/86988778
网址:www.fanyaind.com
电子信箱:buddy@fanyaind.com
法定代表人:陈叙尧
质量体系:IATF 16949
产品情况:汽车液压悬置减振器、橡胶金属减振器、弹性体支撑、中心支撑、减振器支撑顶胶、减振器总成、精密压铸件等汽车零部件
出口情况:远销美国、德国、东南亚

★宁波拓普集团股份有限公司
地址:浙江省宁波市北仑区育王山路268号
邮编:315800
电话:0574/56582888
网址:www.tuopu.com
电子信箱:tuopu@tuopu.com
法定代表人:邬建树
质量体系:ISO 14001
产品情况:[拓普(TUOPU)牌]
汽车减振系列、内饰系列、底盘系列(副车架、控制臂、转向节)及电子系列(电子传感器、电子真空泵EVP)四大类产品
配套情况:成为宝马、奔驰、奥迪、保时捷、大众、克莱斯勒、通用、福特、吉利等汽车制造商的全球供应商

★宁波合生制动科技有限公司
地址:浙江省宁波市北仑区戚家山街道金鸡路132号
邮编:315803
电话:0574/86233337 - 8008、86233323
传真:86233373
电子信箱:13958326123@126.com
法定代表人:严江晖
质量体系:IATF 16949
产品情况:主要生产汽车制动钳、制动盘及制动系统的重要零部件
配套情况:为华晨金杯、长城汽车、厦门金龙、长安汽车、昌河汽车等多家主机厂配套

★宁波万航实业有限公司
地址:浙江省宁波市北仑区沿山河北路21号
邮编:315806
电话:0574/86236660、4007110516
传真:86112878、86112876
网址:www.wonhparts.com
电子信箱:wonh@wonhparts.com
法定代表人:朱雪马
质量体系:IATF 16949、ISO 9001
产品情况:[万航(WONH)牌]
等速驱动轴、球笼式等速万向节、ATV驱动轴、传动轴、玻璃升降器等五大系列产品
配套情况:为北汽集团、长城股份、吉利汽车、力帆汽车、众泰集团、广汽集团等配套

★宁波旭升汽车技术股份有限公司
地址:浙江省宁波市北仑区沿山河北路68号
邮编:315806
电话:0574/55841804
网址:www.nbxus.com
电子信箱:xuskf@nbxus.com
法定代表人:徐旭东
质量体系:ISO 9001、IATF 16949
产品情况:主导产品是新能源和传统汽车变速系统、传动系统、电池系统等核心系统的精密机械加工零部件
配套情况:已成为特斯拉、长城、采埃孚、宁德时代、北极星、江淮、蔚来、麦格纳等国际知名整车厂及一级供应商合作伙伴

★宁波宏协股份有限公司
地址:浙江省宁波市北仑区霞浦工业区浦堤南路2号

邮编:315807
电话:0574/86906600
传真:86906500
网址:www. hongxie. com
电子信箱:sales@ hongxie. com
法定代表人:胡群浩
质量体系:IATF 16949
产品情况:离合器总成、离合器控制机构、飞轮减振器等传动部件;车身装饰件、车身结构件、车身功能件等车身部件
配套及出口情况:传动部件主要客户有一汽、北汽、吉利、广汽、东风、奇瑞、力帆、华晨、野马汽车等;车身部件主要客户有大众、福特、通用、日产、丰田、本田、神龙、路虎、吉利、长城、长安、比亚迪、柳汽、北汽、卡特彼勒等;出口欧美市场

★宁波珈多利机械有限公司
地址:浙江省宁波市出口加工区天山路9号
邮编:315899
电话:0574/55009900
传真:86805399
网址:www. nbjdl. net
法定代表人:黄元乡
单位人数:190
质量体系:IATF 16949
产品情况:月产半轴 60000 只、传动轴 30000 只、防尘套 50000 只

★浙江炜驰机械集团股份有限公司
地址:浙江省舟山市普陀区勾山街道新驰路 51 号
邮编:316102
电话:0580/3096084
传真:3096947
网址:www. zjwise. com
电子信箱:weichijituan@ sina. com
法定代表人:董伟国
单位人数:501
质量体系:IATF 16949、ISO 9001
产品情况:前后副车架、左右控制臂、横梁等汽车底盘模具
配套情况:为上汽大众、上汽通用、上汽股份、一汽-大众、长安福特、上海汇众等配套

★浙江胜隆弹簧股份有限公司
地址:浙江省临海市杜桥镇南工业发展区东海第二大道 27 号附东盛路 30 号
邮编:317016
电话:0576/89116987、89116986
传真:89116989
电子信箱:tzstth@ 163. com
法定代表人:张文兵
质量体系:IATF 16949
产品情况:汽车悬架弹簧,摩托车及电动车减振弹簧等

★浙江世泰实业有限公司
地址:浙江省三门县海游镇朝阳路 13 号
邮编:317100
电话:0576/83368288
传真:83368287
网址:www. shitai. com. cn
法定代表人:陈建会
质量体系:IATF 16949、ISO 14001
产品情况:(世泰牌)
发动机悬置减振器、底盘系统总成件、橡胶减振器、聚氨酯缓冲块、塑料件、橡胶密封条等产品
配套及出口情况:为上汽通用五菱、河北中兴、华晨、东风、北京汽车等配套;出口欧洲、美洲、亚太地区

★三门通顺铆钉有限公司
地址:浙江省三门县珠岙镇珠坎路 8 -9 号
邮编:317101
电话:0576/83112001、4001812828
传真:83110913
网址:www. maoding. com
电子信箱:zsw@ maoding. com
法定代表人:郑士旺
单位人数:150
质量体系:IATF 16949、ISO 14001
产品情况:(TSMD 牌)
汽车离合器总成、压板总成、制动蹄及制动片系列铆钉、限位销和离合器盘毂
配套及出口情况:主要成为法雷奥 VALEO、萨克斯 SACHS、舍弗勒 LUK、伊顿 Eaton 等全球性知名企业配套战略合作供应商;远销欧美、非洲、东南亚、中东等 30 多个国家和地区

★ 西格迈股份有限公司

地址:浙江省三门县浦坝港镇沿海工业城
邮编:317108
电话:0576/83581877
传真:83581999
网址:www. xgmjt. com
电子信箱:info@ xgmjt. com
法定代表人:蒋欣洋
单位人数:1200
质量体系:IATF 16949、OHSAS 18001、ISO 14001
产品情况:汽车减振器、汽车悬架总成、橡胶减振件、摩托车制动盘
出口情况:与欧洲、美洲、大洋洲、亚洲等 150 多个国家和地区的专业汽车零部件采购商进行长期合作
☞ 详细情况请参阅彩色宣传版面

★浙江凯斯特液压有限公司
地址:浙江省仙居县安洲街道高新园区西三路
邮编:317300
电话:0576/87725018、89378160
传真:87725068
网址:www. kstyy. com
电子信箱:kstyy@ kstyy. com
法定代表人:沈花妹
质量体系:ISO 9001
产品情况:主要包括 PV2R 系列高性能低噪声叶片泵、DSG06 系列低噪声高压齿轮泵、C101/102 与 KP 系列自卸车液压泵等叶片泵和齿轮泵两大类 100 多个规格型号的产品
出口情况:出口中东、南美洲、东南亚、欧美等地区

★浙江利福德机械有限公司
地址:浙江省温岭市石塘镇上马工业区
邮编:317500
电话:0576/86785858
传真:86785566
网址:www. zjlfd. cn
电子信箱:ceo@ zjlfd. cn
法定代表人:洪巧云
质量体系:IATF 16949
产品情况:(LFD 牌)
汽车前悬架摆臂、托架总成等,年产能力 500 多万套

★中马集团有限公司
地址:浙江省温岭市太平街道岙底胡路 48 号
邮编:317500
电话:0576/86051718
传真:86051511
网址:www. chinazomax. com
电子信箱:zomax@ chinazomax. com
法定代表人:吴良行
质量体系:ISO 9001、ISO/TS 16949
产品情况:(ZOMAX 牌)
汽车变速器,汽车、摩托车零部件
出口情况:远销欧美、东南亚、中东 30 多个国家和地区

★温岭市华鑫机械制造有限公司
地址:浙江省温岭市新河上莫工业区
邮编:317502
电话:0576/86577927
传真:86578699
网址:www. wlhuaxin. com
电子信箱:connie8013@ vip. 163. com
法定代表人:张宇荣
单位人数:280
质量体系:IATF 16949
产品情况:SUV、ATV、UTV、全时、分时、适时、四驱独立悬架式驱动前、后桥总成,分动箱总成,后置式变速驱动后桥总成,电动汽车减速器、变速器、差速器总成,各种机械自锁电子、电控差速锁总成,差速器壳体、半轴齿轮行星齿轮(工艺为冷挤压、温挤压和热精锻)、蜗轮蜗杆、花键轴、高精度齿轮、MT、AT 变速器零部件以及其他机械零部件

★浙江联合齿轮有限公司
地址:浙江省温岭市新河中厢工业园区
邮编:317502

电话:0576/86573358
传真:86046899
网址:www. ungroupcn. com
电子信箱:un@ ungroupcn. com
法定代表人:林冬明
单位人数:200
质量体系:IATF 16949
产品情况:(浙齿牌、联齿牌、UNCWP 牌等)

客车齿轮、越野车齿轮、皮卡车齿轮、工程车齿轮、拖拉机齿轮、叉车齿轮等;年生产能力已达 60 万套螺旋锥齿轮 50 万变速器齿轮

出口情况:出口美洲、欧洲、东南亚、非洲、中东等国际市场

★浙江大液汽车零部件有限公司

地址:浙江省温岭市东部新区金塘北路 2 号中小企业孵化园 B 区 2 号科研厂房
邮编:317505
电话:0576/86837168
传真:86837198
网址:www. cnzjdy. com
电子信箱:sales7@ cnzjdy. com
法定代表人:江津红
单位人数:150
质量体系:IATF 16949
产品情况:载货汽车、轻型客车、轿车及新能源汽车的转向助力泵

★浙江申林汽车部件有限公司

地址:浙江省温岭市箬横镇白马路 1 号
邮编:317507
电话:0576/88418610、88418608
传真:86828512
网址:www. shinyauto. com
电子信箱:sh. lin@ china. com
法定代表人:林大明
单位人数:800
质量体系:IATF 16949、ISO 14001
产品情况:主要生产轿车发动机零部件、变速器的换挡系统和操作系统零部件;已具备年产发动机、变速器等汽车零部件 300 万台(套),汽车减振器年产 150 万支的生产能力
配套及出口情况:是一汽-大众、上汽通用、上汽大众、上海汽车变速器、大众汽车变速器(上海)、上海采埃孚变速器、格特拉克(江西)传动系统、无锡铁姆肯、一汽轿车、苏州博世、无锡康斯博格等企业的定点配套单位;远销欧洲、美洲、东南亚等地区

★浙江罗保机械有限公司

地址:浙江省温岭市箬横镇人民南路东
邮编:317507
电话:0576/86818558、13606865363
传真:86815428
网址:www. tzluobao. com
电子信箱:sales@ tzluobao. com
法定代表人:金素清
质量体系:IATF 16949
产品情况:各种锥齿轮等
配套及出口情况:与福田、东方红、常州东风等国内外 80 多家大中型企业配套;远销中东地区

★浙江中马传动股份有限公司

地址:浙江省温岭市石塘镇上马工业区经一路 1 号
邮编:317513
电话:0576/86146516
传真:86146115
网址:www. zomaxcd. com
电子信箱:zomax@ zomaxcd. com
法定代表人:吴江
质量体系:IATF 16949、OHSAS 18001、ISO 14001、ISO 9001
产品情况:(ZOMAX 牌)

汽车变速器、汽车齿轮、摩托车齿轮

配套及出口情况:主要为长城、中兴、福田、麦格纳、万都、TRW、博格华纳、YAMAHA、SUZUKI、HONDA 等客户供货;出口美国、韩国、墨西哥、加拿大等国家

☞ 详细情况请参阅彩色宣传版面

★浙江大发齿轮有限公司

地址:浙江省温岭市东部新区千禧路24 街
邮编:317523
电话:13958578888、15157272666
传真:0576/86454880
网址:www. tzdf. com
电子信箱:tzdf@ tzdf. com
法定代表人:林明高
单位人数:500
质量体系:IATF 16949
产品情况:(大发牌)

汽车、摩托车等变速器用齿轮

配套情况:为上海汽车变速器、柳州上汽、山东上汽、临工桥箱、株洲齿轮、济南轻骑、三阳摩托、金城铃木等配套

★浙江跃岭股份有限公司

地址:浙江省温岭市泽国镇杭温南路 326 号
邮编:317523
电话:0576/86448228
传真:86443368
网址:www. yueling. com. cn
电子信箱:sales@ yueling. com. cn
法定代表人:林仙明
质量体系:IATF 16949、ISO 14001
产品情况:(跃岭牌)

主导产品包括汽车铝合金车轮和摩托车铝合金车轮

出口情况:出口国外市场

★浙江国昌机械有限公司

地址:浙江省台州市玉环经济开发区金海大道 39 号
邮编:317600
电话:0576/87139666、87139606
传真:87139615
网址:www. zj - gcmz. com
电子信箱:gcmz@ zj - gcmz. com
法定代表人:黄志昌
单位人数:400
质量体系:IATF 16949
产品情况:(BRILLIANT 牌)

主要生产各类重型车的制动凸轮轴、调整臂总成等系列产品

配套及出口情况:长期为中国重汽、重汽桥箱、安凯车桥、北方奔驰、汉德车桥、上汽依维柯红岩、阿文美驰、采埃孚等国内外知名厂家配套;出口北美洲、欧洲、东南亚等地区

★玉环东风汽车配件有限公司

地址:浙江省玉环经济开发区芦北大道 200 号
邮编:317600
电话:0576/87221190、13706861078
传真:87227510
网址:www. yhdf. com
电子信箱:dongfeng@ yhdf. com
法定代表人:汪杨雄
质量体系:IATF 16949、ISO 9001
产品情况:主导产品有发动机零部件、前桥、后桥、底盘、减速器、转向节配件及紧固件、U 形螺栓等八大系列
配套情况:为一汽、柳州特种汽车、上汽通用、柳州五菱汽车工业、东风汽车集团、东风柳州汽车等配套

★浙江工交机械股份有限公司

地址:浙江省玉环市滨港工业城富港路 49 号
邮编:317600
电话:0576/87135888
传真:87135301
网址:www. gong - jiao. com
电子信箱:gongjiao@ gong - jiao. com
法定代表人:林雪泉
质量体系:IATF 16949、ISO 9001
产品情况:(工交牌)

主要生产转向拉杆球销、轴向内接头、横球销、控制臂球销等底盘零部件

配套情况:是德国采埃孚集团、美国天合集团、长城等全球 500 强企业的优质配套供应商

★隆中控股集团股份有限公司

地址:浙江省玉环市城北工业区(玉城岭脚村)
邮编:317600
电话:0576/87202128、87202887
传真:87201499
网址:www. longzhong. com
电子信箱:master@ longzhong. com
法定代表人:陈柄烨
质量体系:IATF 16949、ISO 14001
产品情况:(隆中牌)

汽车制动间隙自动调整臂、汽压盘式制动器、发动机气门挺柱、水泵及发动机零部件
配套情况:为宇通客车、东风车桥、厦门金旅、一汽车桥、重汽集团、东风汽车、江淮汽车等配套

★玉环威宇汽车部件有限公司
地址:浙江省玉环市城关下斗门工业区
邮编:317600
电话:0576/87282074、87218262
传真:87282094
网址:weiyubrake. com
电子信箱:weiyugongshi@ vip. 163. com
法定代表人:董诚印
质量体系:IATF 16949
产品情况:(玉联牌)
制动泵、离合器泵、制动钳配件等
配套及出口情况:为国内东风汽车、北汽福田、昌河、万向集团等10多家主机厂配套;服务于四大洲、36个国家、超百家客户群体

★浙江方向汽车零部件股份有限公司
地址:浙江省玉环市楚门镇直塘
邮编:317600
电话:0576/89902066、89902070
传真:87420339
网址:www. mw - sw. com
法定代表人:林振毅
单位人数:900
质量体系:IATF 16949、QS 9000
产品情况:(F牌、木王牌)
汽车转向盘总成、换挡手柄总成、扶手箱总成、镁铝合金压铸件、汽车仪表、汽车电子开关等汽车内饰件产品
配套及出口情况:为上汽通用、上汽通用五菱、日产全球、一汽丰田、长安马自达、宇通客车、长城汽车等公司配套;出口美国、德国、法国、日本、澳大利亚、荷兰、东南亚等40多个国家和地区

★浙江正奥汽配有限公司
地址:浙江省玉环市大麦屿对台贸易加工区
邮编:317600
电话:0576/87373918、87373912
传真:87373911
网址:www. za - china. com. cn
电子信箱:za@ 317602. com
法定代表人:王仁锦
质量体系:IATF 16949
产品情况:(正奥牌)
专业生产奥迪、红旗、帕萨特、宝马、奔驰、沃尔沃、马自达、起亚等系列的前轮控制臂
配套及出口情况:为一汽轿车、上海英伦帝华汽车部件配套;远销德国等欧美国家和地区

★玉环迪奥机械制造有限公司
地址:浙江省玉环市黄泥坎机电工业区
邮编:317600
电话:0576/87216100
传真:87217200
网址:www. diaul. com
电子信箱:vera_pan@ tzdiao. com
法定代表人:曾勇强
单位人数:260
质量体系:IATF 16949
产品情况:汽车悬架摆臂总成、托架总成、元宝梁总成、后桥总成等
出口情况:远销欧美和东南亚地区

★玉环锐利机械有限公司
地址:浙江省玉环市机电工业园白岩村A - 17号
邮编:317600
电话:0576/87259555、87259518
传真:87280167
网址:www. suspension - parts. com
电子信箱:sales@ suspension - parts. com
法定代表人:陈守忠
质量体系:IATF 16949
产品情况:(STEEL牌)
汽车悬架球头、连杆、控制臂等汽车底盘和转向部件;年生产能力超过1000万套
出口情况:出口美国、墨西哥、巴西、阿根廷、巴拿马、德国、法国、丹麦、意大利、英国、土耳其、俄罗斯、波兰、日本、泰国、马来西亚、阿联酋、伊朗、菲律宾、印度尼西亚、南非、也门等国家

★台州吉优汽车部件有限公司
地址:浙江省玉环市机电工业园区
邮编:317600
电话:0576/87171822
传真:87171833
网址:www. jy - parts. com
电子信箱:sales@ jy - parts. com
法定代表人:黄海珠
质量体系:IATF 16949
产品情况:(FXK牌)
汽车轮毂单元、轮毂轴承及七类轮毂单元,涵盖美系、欧系、日系、韩系四大车系
出口情况:远销欧洲、美洲、中东等地区

★玉环博海机械有限公司
地址:浙江省玉环市机电工业园区
邮编:317600
电话:0576/87284518
传真:87278578
网址:www. yhbohai. com
电子信箱:service@ yhbohai. com
法定代表人:董银娥
质量体系:IATF 16949
产品情况:汽车和摩托车制动钳活塞、轮毂

★玉环凯凌机械集团股份有限公司
地址:浙江省玉环市机电工业园区
邮编:317600
电话:0576/87259990、87132651
传真:87259980、87259993
网址:www. kailingcn. com
电子信箱:sale@ kailingcn. com
法定代表人:叶文英
质量体系:ISO 9001、IATF 16949
产品情况:(凯凌牌)
具有年产摩托车制动器300万台的生产能力、自行车制动器80万套的生产能力、微型汽车制动器10万套的生产能力、各类铝铸造3000吨的生产能力
配套及出口情况:为豪爵铃木、轻骑铃木、金城铃木、建设雅马哈、林海雅马哈、轻骑标致、宗申比亚乔、宗申、力帆、隆鑫、洛阳北易等重点摩托车厂配套;出口美国、欧洲、韩国、印度、东南亚地区

★浙江耐士伦机械有限公司
地址:浙江省玉环市机电工业园区
邮编:317600
电话:0576/87298876、87298868
传真:87298866
网址:www. nessral. cn
电子信箱:nessral@ nessral. cn
法定代表人:徐时聪
单位人数:306
质量体系:IATF 16949
产品情况:(耐士伦牌)
主导产品为商用车发动机电磁离合器、后置客车发动机冷却传动机构带电磁离合器、乘用车制动系统零部件、电动机转轴等
配套情况:为东风汽车公司、江淮汽车、华菱汽车、郑州宇通、苏州金龙等配套

★浙江滨海汽车零部件股份有限公司
地址:浙江省玉环市机电工业园区12A(城关白岩)
邮编:317600
电话:0576/87264229、87256126
传真:87256123
网址:www. bhqp. com
法定代表人:王宇
质量体系:IATF 16949、ISO 14001
产品情况:货车变速器换挡装置总成、齿轮同步器部件、气阀小部件以及换挡拨头、导块、汽缸体、汽缸盖等,年产各种变速器配件8000万件
配套情况:为陕西法士特齿轮、綦江齿轮传动、上汽依维柯红岩、北奔重汽重庆变速器分公司等配套

★玉环市海通汽车部件股份有限公司
地址:浙江省玉环市经济开发区风屿西路20号
邮编:317600
电话:0576/87207585、80716088
传真:87283026
网址:www. yhhtqc. com. cn
电子信箱:yhhtqc@ yhhtqc. com

法定代表人:王炳方
单位人数:200
质量体系:IATF 16949
产品情况:(海锋牌)
专业生产助力泵泵芯、液压叶片泵泵芯、盘式制动器配件
配套情况:为一汽、万安集团、瑞立集团、阜新德尔、恒隆万安、德国威伯科等供货

★玉环市金峰实业有限公司
地址:浙江省玉环市开发区金海大道 79 号
邮编:317600
电话:0576/80767708、13777619977
传真:87280299
网址:www. zjjfqp. com
电子信箱:zjjfqp@ 300. cn
法定代表人:郑剑峰
单位人数:600
质量体系:IATF 16949、ISO 14001
产品情况:制动总泵总成、制动主缸带真空助力器总成、感载比例阀、转向拉杆、端接头、前悬架压杆总成、前轴摆臂总成、制动器总成、管接头等
配套情况:为长安汽车、东风小康、力帆、北汽银翔、华晨重庆、奇瑞、海马、一汽金杯等配套

★浙江宏珂科技股份有限公司
地址:浙江省玉环市坎门科技工业园
邮编:317600
电话:0576/87200796
传真:87235356
网址:www. yhhkjx. com
电子信箱:sales@ yhhkjx. com
法定代表人:谈中伟
单位人数:100
质量体系:IATF 16949
产品情况:(宏珂牌)
专业生产各类重型货车、拖挂车制动间隙手动调整臂及自动调整臂
出口情况:主要出口北美洲、欧洲等高端市场,为主机市场及售后市场的一线品牌定点生产配套

★浙江鑫溢机械股份有限公司
地址:浙江省玉环市芦浦镇漩门工业城
邮编:317600
电话:0576/87283698
网址:www. cn - xinyi. com
法定代表人:郑庆平
单位人数:200
质量体系:IATF 16949
产品情况:汽车离合器部件及变速器、轿车配件等
配套情况:为一汽集团、东风汽车公司、重汽集团等配套

★浙江恒鼎机械有限公司
地址:浙江省玉环市南大岙工业区
邮编:317600
电话:0576/87283177、4001866668
传真:87283187
网址:www. zjhd - hub. com
电子信箱:sales@ zjhd - hub. com
法定代表人:朱维平
质量体系:ISO/TS 16949
产品情况:(恒鼎牌、ZQD 牌)
汽车轮毂单元、轮毂轴承、后桥短轴等

★玉环东海汽车配件厂
地址:浙江省玉环市汽摩工业园区
邮编:317600
电话:0576/87238358、13586180022
传真:87238355
网址:www. cnyhtz. com
电子信箱:dohi@ cnyhtz. com
法定代表人:黄天福
质量体系:IATF 16949
产品情况:(正海牌)
转向管柱总成、转向拉杆、转向垂臂、转向摇臂、离合器助力器、总泵、车轮螺栓、拉杆接头等其他底盘零部件产品
配套及出口情况:为东风柳汽、一汽轻型、安徽华菱、苏州金龙、厦门金龙等知名汽车厂长期定点配套;远销欧美及东南亚市场

★浙江奥缔机械股份有限公司
地址:浙江省玉环市汽摩工业园区
邮编:317600
电话:0576/87286058、87286157
传真:87286087
网址:www. cn - aodi. com
电子信箱:info@ tzanjie. com
法定代表人:黄美长
质量体系:IATF 16949、ISO 9001
产品情况:汽车制动间隙自动调整臂系列产品
配套情况:为北奔重汽、一汽解放货车、安凯汽车、陕汽汉德车桥、北汽福田、东风杭汽等配套

★浙江谷氏机械股份有限公司
地址:浙江省玉环市汽摩工业园区
邮编:317600
电话:0576/87204988、87277067
传真:87204999
电子信箱:web@ cngushi. com
法定代表人:谷利平
质量体系:IATF 16949、ISO 9001
产品情况:(谷氏牌)
悬架球头、拉杆球头、控制臂、横拉杆、拉杆总成、主邦汰、副邦汰、连接杆、稳定杆等汽车底盘悬架部件
出口情况:主要销往亚洲、欧洲、北美洲

★浙江万邦汽车动力系统股份有限公司
地址:浙江省玉环市汽摩工业园区
邮编:317600
电话:0576/89902904
传真:87277338
网址:www. wanbangm. com
电子信箱:wanbang@ wanbangm. com
法定代表人:陈春木
质量体系:IATF 16949、ISO 14001
产品情况:(WANBANG 牌)
汽车变速器、液力变矩器、双质量飞轮、双离合器、发电机齿轮等零部件
配套情况:是法雷奥、萨克斯、伊顿、爱思帝、LUK 等供应商

★浙江鑫泽机械有限公司
地址:浙江省玉环市汽摩工业园区
邮编:317600
电话:0576/87287202、87284999
传真:87234022
网址:www. cnxinze. com
电子信箱:xinze@ cnxinze. com
法定代表人:陈其满
质量体系:IATF 16949
产品情况:(鑫泽牌)
紧固件(高强度螺栓、轮胎螺栓)、连杆总成、转向球头、拉杆、传动系统配件等
配套及出口情况:为无锡柴油机厂、无锡动力工程、无锡四达动力集团等 10 多家企业配套;远销欧洲、美洲、澳大利亚、东南亚、中东等国家和地区

★浙江正德制动器有限公司
地址:浙江省玉环市汽摩工业园区
邮编:317600
电话:0576/87203999
传真:87203977
网址:www. zdbrake. com
电子信箱:zd@ zdbrake. com
法定代表人:骆欢
质量体系:IATF 16949
产品情况:汽车制动钳、转向节、盘式制动器、鼓式制动器,年生产 120 万台(套)制动钳、制动器
配套及出口情况:与比亚迪汽车、韩国万都、奇瑞汽车、一汽佳宝、柳州五菱汽车等长期配套;远销北美洲和欧洲市场

★台州金泰精锻科技股份有限公司
地址:浙江省玉环市汽摩工业园区园区大道
邮编:317600
电话:0576/87226633
传真:87283037
网址:www. kt - f. cn
电子信箱:info@ kt - f. cn
法定代表人:冀梅云
质量体系:IATF 16949、ISO 9001
产品情况:主要产品包括汽车和摩托车传动、底盘和悬架系统的精密锻件,包括国内外多种车型的球笼、传动轴、轮毂、齿轮、控制臂、花键轴、高强度螺母及各种异型锻件,年均生产和加工精密锻件 7000 多万件
配套情况:为一汽、重汽等国内厂家,丰田、本田、三菱、日产、铃木、五十铃、现

代、起亚、奔驰等直接或间接供货

★玉环江宏机械有限公司
地址:浙江省玉环市汽摩工业园绕城大道35号
邮编:317600
电话:0576/89916699、89918122
传真:89916298
网址:gb. allbrakecalipers. com
电子信箱:sales@ allbrakecalipers. com
法定代表人:陈俊斌
质量体系:IATF 16949
产品情况:(江宏牌)
汽车制动钳

★台州华龙离合器有限公司
地址:浙江省玉环市汽摩配工业园区
邮编:317600
电话:0576/87277008、87277009
传真:87277006
网址:www. hl - clutch. com
电子信箱:tinazhang@ hl - clutch. com
法定代表人:张维山
质量体系:ISO 9001
产品情况:(LOOK牌、ABOBA牌)
离合器,主要做OEM配套和售后市场

★浙江汇丰汽车零部件股份有限公司
地址:浙江省玉环市汽摩配工业园兴园路1号
邮编:317600
电话:0576/87221874、87313999
传真:87229522
网址:www. huifeng - zj. com
电子信箱:info@ huifeng - zj. com
法定代表人:董服友
单位人数:1000
质量体系:IATF 16949、ISO 14001
产品情况:(HF牌)
汽车的转向机、转向管柱、制动器、助力器、管接等零部件
配套及出口情况:合作的客户主要有上汽大众、博世集团、大陆集团、蒂森克虏伯集团等;远销国外市场

★浙江路杰机械有限公司
地址:浙江省玉环市沙门镇滨港工业区有滨港大道525号
邮编:317600
电话:0576/87229533、4001811666
传真:87229529 - 2053
网址:www. roadage. com. cn
电子信箱:sales02@ cnroadage. com
法定代表人:于逊刚
质量体系:IATF 16949
产品情况:[Roadage(路杰)牌]
商用车制动间隙调整臂
配套情况:10%与国内OEM厂商、车桥厂配套

★浙江正裕工业股份有限公司
地址:浙江省玉环市双港路38 - 88号
邮编:317600
电话:0576/87278888
传真:87278889
网址:www. addchina. com
电子信箱:sales@ addchina. com
法定代表人:郑念辉
质量体系:IATF 16949、ISO 14001
产品情况:(正裕牌)
现有汽车减振器产品九大系列10000余个型号

★玉环晨翔机械有限公司
地址:浙江省玉环市玉城街道盛园路5号
邮编:317600
电话:0576/87502209、13586180276
传真:87502227
网址:www. cncxjx. com
电子信箱:web@ cncxjx. com
法定代表人:郭秋波
质量体系:IATF 16949
产品情况:球头、拉杆球头、横拉杆、直拉杆、推力杆、修理包等货车转向系统产品
出口情况:出口中南美洲、中东、东南亚、欧洲等地区

★台州通达机械有限公司
地址:浙江省玉环市玉城街道小水埠工业区工一路
邮编:317600
电话:0576/87223120
传真:87280980
网址:www. chinatdjx. com
电子信箱:sw@ chinatdjx. com
法定代表人:叶荣权
质量体系:IATF 16949
产品情况:(通达牌)
汽车底盘制动器系统零部件、摆臂、制动器活塞、热锻造件、冷挤压件、冲压件、铸造件的专业生产及转向机、气压等零部配件的精加工
配套情况:主要合作客户包括长城汽车、五菱汽车、芜湖伯特利、武汉元丰、隆中控股、吉博力、四川实通等

★浙江登福机械有限公司
地址:浙江省玉环市珠港镇城北工业区
邮编:317600
电话:0576/87209162
传真:87207369
网址:www. yhczd. com
电子信箱:master@ yhczd. com
法定代表人:陈忠登
质量体系:IATF 16949
产品情况:斯太尔半轴套管、HOWO套管、焊接16T套管产品及齿轮、轴套、连杆、曲轴、心轴、高强度螺栓等配件
配套情况:为陕汽、东风汽车公司等配套

★台州耐力特汽车传动轴有限公司
地址:浙江省玉环市珠港镇鲜迭曾家工业区
邮编:317600
电话:0576/87381335、89918881
传真:87381235
电子信箱:xsjx@ mail. tzptt. zj. cn
法定代表人:庄平辉
质量体系:IATF 16949
产品情况:(XS牌)
传动轴及其零部件,年产量在120万套
配套情况:一、二级配套于五菱、长安、昌河、春风等厂家

★玉环锦航制动器有限公司
地址:浙江省玉环市海洋经济开发区
邮编:317602
电话:0576/87510283、87556883
传真:87510282
网址:www. zjjinhang. com
电子信箱:jinhang@ zjjinhang. com
法定代表人:李锦勉
单位人数:120
质量体系:IATF 16949
产品情况:(JINHANG牌)
各类汽车制动钳及配件

★玉环郑氏机械有限责任公司
地址:浙江省玉环市解放塘路172号
邮编:317602
电话:0576/87513228、87513068
传真:87514000
电子信箱:zhedahong@ zjzhs. cn
法定代表人:郑建青
质量体系:IATF 16949
产品情况:制动部件和控制臂,控制臂年产能60万套
配套情况:50%产品为国内外原厂配套;主要客户有GOMET、DEXTER AXLE、BBP、DORMAN、SUSPA、APG(杭州亚太)、杭州万向、万安集团、上海制动器厂、一汽、东风等公司

★玉环金奥丰机械有限公司
地址:浙江省玉环市坎门科技工业区
邮编:317602
电话:0576/87568321、87506802
传真:87506421
网址:www. hdjxcn. com
电子信箱:lxp1855@ vip. 163. com
法定代表人:林祥平
质量体系:IATF 16949
产品情况:摇臂、摇臂轴、齿轮轴、拨叉轴、制动分泵和离合器总泵
配套及出口情况:与国内多家汽车制造厂商配套;远销东南亚、欧美、中东等国际市场

★台州中元动力机械有限公司
地址:浙江省玉环市坎门科技工业园
邮编:317602
电话:0576/87509968、87509978

传真:87509588
网址:www. zjzhongyuan. com
电子信箱:market@ zjzhongyuan. com
法定代表人:陈孙庆
单位人数:178
质量体系:IATF 16949、ISO 14001
产品情况:(纪元牌)
汽车助力转向泵及部件、气门摇臂总成,张紧轮、调压阀、高强度螺栓等系列产品
配套及出口情况:是东风朝柴等国内主机制造商定点配套企业;出口欧美、中东等市场

★台州山源汽车零部件有限公司
地址:浙江省玉环市坎门科技工业园区
邮编:317602
电话:0576/87509333、87509139
传真:87509369
网址:www. tzshyu. com
电子信箱:tzshyu@ vip. sina. com
法定代表人:叶定国
质量体系:IATF 16949
产品情况:(TZSHYU 牌)
盘式制动器系统零部件、发动机零部件、变速器零部件、汽车车门铰链等百余种产品
配套情况:是中国重型汽车集团公司的指定供应商

★浙江远东汽车零部件制造有限公司
地址:浙江省玉环市坎门科技工业园区
邮编:317602
电话:0576/87509515
传真:87509516
网址:www. chinaydg. com
电子信箱:sales@ china - ydg. com
法定代表人:周建友
质量体系:IATF 16949
产品情况:(东鑫牌)
发动机冷却水管总成、加油颈管总成、机油收集器、机油标尺管等管件;汽车(低速货车)钢板销、板簧压板、U 形螺栓、变速换挡机构总成、车门限位器总成、回转轴等各类底盘零部件;汽车制动管路接头系列,如两通、三通、四通、五通、六通管路接头(配合制动管)等;重型货车挡泥板支架、空滤器支架总成、车身走台板梯焊接总成、车身驾驶室立柱、油泵安装支架、车身后悬置立柱总成
配套及出口情况:为华泰汽车、东安黑豹、重庆力帆、东南福建、青年汽车、比亚迪汽车、吉奥汽车、东风电动车辆、一汽新能源汽车、天津清源电动车辆、哈东安等配套;出口欧洲、美洲、东南亚、中东、非洲等地区

★玉环市威龙汽车部件股份有限公司
地址:浙江省玉环市坎门水龙工业区富康路 3 号
邮编:317602
电话:0576/87578800、87553259
传真:87556277
电子信箱:yhweilong@ 126. com
法定代表人:曾水金
质量体系:IATF 16949
产品情况:凸缘、十字轴、轴承座、油封座圈、差速器壳等
配套情况:为一汽集团、安凯福田曙光车桥、安凯汽车、华菱汽车、方盛实业、川汽、汉德车桥、畅丰车桥、武夷汽车、青特众力车桥、一汽哈轻厂等 16 家主机厂配套

★浙江骆氏减震件股份有限公司
地址:浙江省玉环市汽摩工业园区
邮编:317602
电话:0576/87277025
网址:www. luoshi. com
电子信箱:dlx@ chinaluoshi. com
法定代表人:骆联盟
单位人数:1500
质量体系:IATF 16949、ISO 14001
产品情况:(骆氏牌)
发动机悬置、隔振块系列、底盘衬套、排气管吊耳等汽车用橡胶金属减振件
配套情况:为一汽集团、上汽集团、东风汽车集团、北汽集团、广汽集团、一汽-大众、上汽大众、德国大众、宝马汽车、菲亚特、上汽通用、福特、丰田、奇瑞、吉利等主机厂长期配套

★浙江中兴减震器制造有限公司
地址:浙江省玉环市汽摩工业园区
邮编:317602
电话:4001852228、18157301222
传真:0576/87203995
网址:www. zxshock. cn
电子信箱:wuxy@ zxshock. cn
法定代表人:李孙琴
质量体系:IATF 16949、ISO 9001
产品情况:(LEE 牌、WOODROW 牌、振鑫牌)
汽车悬架总成、汽车减振器等产品
配套及出口情况:为广汽集团、华晨集团、长丰猎豹集团、日本丰田大发株式会社(隶属日本丰田集团)、北汽集团、华泰汽车、力帆汽车等汽车集团提供整车配套或全球售后件服务;远销中东、美国、韩国等国家和地区

★浙江华邦机械有限公司
地址:浙江省玉环市汽摩配工业园区
邮编:317602
电话:0576/87253700
传真:87264999
网址:www. huabang. cn
电子信箱:sales@ bsgs. cc
法定代表人:颜邦寿
质量体系:IATF 16949
产品情况:汽车转向横直拉杆总成、变速操纵总成、转向柱管总成、控制臂总成、电子加速踏板总成系列和汽车、摩托车铝锻零部件,铝合金锻打、机加工零部件
配套情况:是上汽、长城汽车、江淮汽车、众泰汽车、长安汽车、一汽集团、北汽、东风柳汽、东风裕隆、力帆摩托、春风动力、鑫源摩托、隆鑫摩托、宗申摩托等优秀配套供应商

★浙江凯名瑞汽车部件股份有限公司
地址:浙江省玉环市绕城路 168 号
邮编:317602
电话:0576/87566638
传真:87566637
网址:www. tzcamry. com
电子信箱:y. hzp@ 163. com
法定代表人:周建国
质量体系:IATF 16949
产品情况:汽车转向系统零部件,主要产品有球销、球壳、球杆、平衡杆、球头总成等

★台州万洲机械股份有限公司
地址:浙江省玉环市大麦屿普青工业区
邮编:317604
电话:0576/87352777
传真:87235520
网址:www. wzbrake. com
电子信箱:sales@ wzbrake. com
法定代表人:黄仙德
质量体系:IATF 16949、ISO 14001
产品情况:(万洲牌)
汽车前、后浮动式制动液压卡钳等汽车制动器零配件、工程液压机械部件及其他高强度螺栓
配套及出口情况:与柳州五菱、比亚迪、亚太、伯特利、万都、万向、中博、华昌、万安等多家国内知名汽车厂商建立了长期合作伙伴关系;成功打入北美洲、欧洲、中东等汽车制动系统市场

★浙江坤鸿机械设备有限公司
地址:浙江省玉环市大麦屿经济开发区普青工业区
邮编:317604
电话:0576/89911322、89911323
传真:89911326
网址:www. cnyikelun. com
电子信箱:sales@ chinakinon. com
法定代表人:黄陈才
质量体系:IATF 16949
产品情况:(铱科轮牌)
专业从事摩托车从动轮总成、离合器系列、主动轮驱动盘、电动汽车减速器等产品
配套情况:为豪爵、厦杏、北易、林海、金浪、本州、中能、永源、嘉嘉巨能、嘉爵、雅迪等国内多家知名企业配套

★台州大川机电有限公司
地址:浙江省玉环市珠港镇坎门东风工业区

邮编:317604
电话:0576/87552466、87578800
传真:87553003
电子信箱:dcjidian@126.com
法定代表人:苏大宣
质量体系:IATF 16949、ISO 9001
产品情况:(玉轿牌)
变速器顶盖总成、变速器附件、变速操纵机构总成、变速操纵手柄总成、汽缸盖、选换挡继动摇臂及支架总成、离合器操纵机构、汽车管接头及高强度螺栓等系列产品
配套情况:为东风汽车公司、一汽集团、南京汽车集团等配套

★台州中杰齿轮股份有限公司
地址:浙江省玉环市干江镇工业区
邮编:317605
电话:0576/87451123、13905867969
传真:87452918
网址:www.zqpre.com
电子信箱:zqprey@163.com
法定代表人:蒋兴敖
质量体系:IATF 16949
产品情况:(正强牌)
解放、东风、北汽福田、跃进等各种汽车、工程车系列行星、半轴齿轮为主导产品,年生产能力500万件
出口情况:30%产品出口日本、东南亚、欧美等国家和地区

★浙江童氏汽车部件股份有限公司
地址:浙江省玉环市沙门滨港工业城采贝路11号
邮编:317607
电话:0576/87219577、4008847887
传真:87219577
网址:www.cn-tsbj.com
电子信箱:yhtsgs@163.com
法定代表人:童服仁
单位人数:200
质量体系:IATF 16949
产品情况:(TSBJ牌)
转向拉杆球头、稳定连接杆、悬架球头系列、控制臂系列、球销毛坯等转向系统零部件

★台州汇昌机电有限公司
地址:浙江省玉环市沙门滨港工业城采贝路7号
邮编:317607
电话:0576/87555888、87514555
传真:87564754
网址:www.hczf.com
电子信箱:hczf@hczf.com
法定代表人:叶会昌
质量体系:IATF 16949
产品情况:(HUICHANG牌)
汽车转向助力泵
出口情况:部分产品远销欧洲、北美洲、东南亚等国家和地区

★玉环市南洋机械制造有限公司
地址:浙江省玉环市沙门镇滨港工业城
邮编:317607
电话:0576/87283048、87573888
传真:87283032
网址:www.cnnanyang.com
电子信箱:nanyang@cnnanyang.com
法定代表人:王增国
质量体系:IATF 16949、ISO 14001
产品情况:拨叉轴、里程表主被动齿轮、输出凸缘类及自动变速器配件等
配套及出口情况:为一汽集团、南汽集团、上海汽车变速器、江西五十铃、格特拉克传动系统、江铃集团协和传动系统、株洲齿轮、杭州依维柯变速器、山东临工桥箱、杭州前进、柳州汽车等知名厂家配套;出口北美洲、欧洲、东南亚等地区

★台州和日汽车零部件有限公司
地址:浙江省玉环市沙门镇滨港工业园区
邮编:317607
电话:021/62773282
传真:62773283
网址:www.heri.net.cn
电子信箱:office@heri-sh.com
法定代表人:陈小胜
质量体系:IATF 16949
产品情况:(HERI牌)
汽车等速万向节及驱动轴总成;总成的年生成能力达120万件、万向节的年产能力达250万件
出口情况:远销东南亚、欧洲、美洲

★台州德力奥汽车部件制造有限公司
地址:浙江省玉环经济开发区(芦浦漩门)
邮编:317608
电话:0576/87251728、87572088
传真:87252880
网址:www.deliao.com
电子信箱:deliao@vip.163.com
法定代表人:李祖良
质量体系:IATF 16949
产品情况:(星德隆牌)
主要生产前后悬臂、拉杆球头、连接杆、推力杆总成等汽车底盘系列产品
配套及出口情况:主要为北汽能能源、铃木、五十铃、五菱、众泰、力帆、昌河、广汽、北汽、海马转向机厂等主机厂配套;远销北美洲、欧洲、东南亚等国际市场

★浙江利中实业有限公司
地址:浙江省玉环市经济技术开发区漩门工业城明珠大道
邮编:317608
电话:0576/89901888、89901887
传真:89901889
网址:www.lizhong.com
电子信箱:oem@lizhong.com
法定代表人:张力中
质量体系:IATF 16949
产品情况:(利众牌)
前悬臂总成、横直拉杆总成、球头、前梁总成、储液罐等汽车底盘件系列产品
配套情况:为上汽通用五菱、长安、昌河、北汽、东风股份、东风小康、奇瑞、一汽吉林、华泰现代、浙江众泰、河北双环等配套

★浙江利中汽车底盘件有限公司
地址:浙江省玉环市经济开发区金海大道210号
邮编:317608
电话:0576/89901809
传真:89901808
网址:www.lizhong.com
电子信箱:sales@zjlizhong.com
法定代表人:姜胜利
单位人数:600
质量体系:IATF 16949、ISO 14001
产品情况:汽车底盘转向件、悬架件及球笼、驱动轴总成等
出口情况:主要出口北美洲、欧洲等高端市场

★浙江天元科技股份有限公司
地址:浙江省玉环市经济开发区漩城路52号
邮编:317608
电话:4001151099
传真:0576/89918666
网址:www.cnyhty.com
电子信箱:tianyuan@cnyhty.com
法定代表人:郑小平
单位人数:580
质量体系:IATF 16949、ISO 9001
产品情况:手/自动调整臂、曼配件、盘式配件、变速器配件、车门铰链、蹄铁、车轮螺栓等;年生产重型车、客车、半挂车调整臂总成400万件;年生产曼配件、盘式配件等1500万套
配套情况:为中国重汽、陕汽汉德、北汽福田、东风柳汽、三一重工、中联重科、华菱汽车、深圳中集、徐州美驰、广东富华、江铃汽车、青特集团、方盛车桥、湖北三环、山东蓬翔、上海德纳等各大主机厂配套

★台州奥星纳机械有限公司
地址:浙江省玉环市漩港工业区
邮编:317608
电话:0576/87227681、87236217
传真:87232328
网址:www.assp.net.cn
电子信箱:sales@assp.net.cn
法定代表人:梁世海
单位人数:497
质量体系:IATF 16949
产品情况:(ASSP牌)
拉杆球头、悬架球头、横拉杆、拉杆总成、主邦汰、副邦汰、控制臂总成、三

角臂总成、连接杆等
出口情况:远销欧洲、美洲、亚洲、中东等地区

★浙江振华精锻齿轮股份有限公司
地址:浙江省玉环市干江工业区
邮编:317610
电话:0576/87455555、87451038
传真:87452888
网址:www. cn - xinwang. com
电子信箱:web@ cn - xinwang. com
法定代表人:詹加旺
质量体系:IATF 16949
产品情况:(信旺牌)
　　汽车后桥差速器齿轮、空调压缩泵齿轮及各种伞齿,年制造能力可达 250 万台(套)
配套及出口情况:为山东时风集团、巨力集团等配套;部分产品出口美国及东南亚

★浙江巨科实业有限公司
地址:浙江省台州市路桥区金清镇黄金大道 88 号
邮编:318000
电话:4008823789
网址:www. gkosy. com
电子信箱:gkosy@ gkosy. com
法定代表人:周宗成
质量体系:ISO 9001、IATF 16949
产品情况:专业生产锻造铝合金轮毂

★浙江德纳福精工机械科技有限公司
地址:浙江省玉环市玉城街道县机电产业功能区
邮编:318000
电话:0576/87235083
传真:87235073
网址:dnfjgjx. com
电子信箱:admin@ admin. com
法定代表人:周加昌
质量体系:ISO 9001
产品情况:年产摩托车轴承(钢碗)300 万套、摩托车转向器上下联板 60 万套、汽车传动轴 10 万套、各种联轴器 5 万套
配套及出口情况:为国内主要摩托车和电动车知名企业配套;出口欧洲、东南亚等地区

★浙江宏鑫科技有限公司
地址:浙江省台州市黄岩区食品工业园区德俭路 75 号
邮编:318020
电话:0576/84161816、84161817
网址:www. hxwheel. cn
电子信箱:ysr@ hxtwheel. com
法定代表人:王文志
质量体系:IATF 16949
产品情况:锻造铝合金轮辋
出口情况:远销北美洲、欧洲、澳大利亚等国家和地区

★浙江丰立智能科技股份有限公司
地址:浙江省台州市黄岩院桥镇高洋村
邮编:318025
电话:0576/84841111、4001188999
传真:84183518
网址:www. cn - fore. com
电子信箱:sales07@ cn - fore. com
法定代表人:王友利
单位人数:650
质量体系:IATF 16949、ISO 9001
产品情况:(FORE 牌)
　　螺旋锥齿轮、直斜柱齿轮、工业级气动工具、粉末冶金零部件等
配套情况:是德国博世、德国麦太保、日本日立工机、日本牧田、美国史丹利 - 百得、中捷、东成等世界知名厂商的优秀供应商

★浙江福林国润汽车零部件有限公司
地址:浙江省台州市路桥区螺洋街道双庙村吉利汽车城
邮编:318050
电话:0576/82520328、82363005
传真:82441230
电子信箱:chengcuiling@ geely. com
法定代表人:顾伟明
质量体系:ISO/TS 16949、ISO 9001
产品情况:汽车制动器总成、电动助力转向器、汽车摩擦片

★浙江鑫可精密机械有限公司
地址:浙江省台州市椒江区西太和路 150 号
邮编:318099
电话:0576/89061775
传真:88553715
网址:www. xkbsq. com
电子信箱:lin@ xkbsq. com
法定代表人:於文勇
质量体系:IATF 16949、ISO 9001
产品情况:汽车变速器精密部件
配套情况:为吉利汽车、北汽新能源汽车、广汽本田、广汽传祺、一汽、江铃汽车等 30 多家汽车集团公司开展技术匹配和受托开发

★今飞控股集团有限公司
地址:浙江省金华市环城西路 938 号
邮编:321000
电话:0579/82523262
传真:82523293
网址:www. jinfei. cn
电子信箱:jeifei@ jinfei. cn
法定代表人:葛炳灶
质量体系:ISO/TS 16949、ISO 14001
产品情况:(今飞牌、金蜂牌)
　　汽车轮毂、摩托车轮毂和电动车轮毂;具有年产 1200 万件摩托车轮毂、1000 万件汽车轮毂、300 万件电动车轮的生产规模
配套及出口情况:为印度英雄、百佳吉、日本本田、铃木、雅马哈,法国标致,意大利比亚乔,奥地利 KTM、一汽-大众、北京奔驰、一汽轿车、神龙汽车、铃木汽车、雅马哈、爱玛、雅迪、绿源、小鸟等知名厂家配套,并与中国台湾地区、韩国、以色列等客户合作;远销北美洲、欧洲、日本、俄罗斯、东南亚、中东等 10 多个国家和地区

★浙江今飞凯达轮毂股份有限公司
地址:浙江省金华市环城西路 938 号
邮编:321000
电话:0579/82523261、82523262
传真:82523293
网址:www. jfkd. com. cn
电子信箱:jinfei@ jinfei. cn
法定代表人:葛炳灶
质量体系:ISO 9001、IATF 16949
产品情况:(今飞牌)
　　各种汽车铝合金轮毂
配套及出口情况:与一汽-大众、北京奔驰、一汽轿车、神龙汽车、海南马自达等主机厂配套;远销美国、欧洲、澳大利亚等十几个国家和地区

★浙江大众齿轮有限公司
地址:浙江省金华市金东区江东镇
邮编:321000
电话:0579/82165828、13757987165
网址:www. dazhonggear. com
电子信箱:dz198@ dazhonggear. com
法定代表人:朱宝强
质量体系:IATF 16949、ISO 9001
产品情况:汽车变速器及齿轮、齿轴及同步器等配件
配套情况:为东风集团、中国一汽、中国重汽等主机厂配套

★金华汤齿齿轮箱有限公司
地址:浙江省金华市大黄山工业区
邮编:321007
电话:0579/82271341、82271938
电子信箱:tc0579@ 163. com
法定代表人:郑福明
质量体系:ISO/TS 16949
产品情况:(汤齿牌)
　　2 ~8 吨系列汽车变速器、后桥主从动锥齿轮及各类齿轴零件
配套及出口情况:为东风汽车股份、东风客车底盘厂、金龙客车联合、一汽解放青岛汽车制造厂、江苏亚星奔驰客车、亚星客车、南京跃进客车底盘厂、湖南汽车车桥厂、重庆力帆汽车、四川东风嘉泰汽车、北汽福田、四川资阳南骏车辆等 50 多家企业配套;出口越南、泰国、哈萨克斯坦、土库曼斯坦、美国、新加坡、马来西亚等国家

★浙江吉峰齿轮有限公司
地址:浙江省金华市环城南路东段清盈街 6 号
邮编:321015
电话:0579/89177896、89177899

传真:82160476
网址:zjjifeng. com
电子信箱:zjgear@126. com
法定代表人:戴红素
质量体系:IATF 16949
产品情况:(彦亭牌)
汽车变速器齿轮
配套情况:为重汽集团公司供货

★浙江东风齿轮有限公司
地址:浙江省金华市工业园区白沙路151号
邮编:321016
电话:0579/89150818、4007112509
传真:82270862
网址:www. dfgear. com
电子信箱:df@dfgear. com
法定代表人:郭金林
质量体系:IATF 16949
产品情况:(金东牌)
重型汽车、中型汽车、轻微型汽车变速器及齿轮,具有年产汽车变速器20万台和齿轮300万件的能力;电动车用电动机轴
配套情况:与国内一汽、东风、北汽、南汽(依维柯)、重汽、时风、五征、江淮等大型整车厂配套

★金华朗克离合器有限公司
地址:浙江省金华市婺城区始丰路169号2号厂房
邮编:321016
电话:13586981502
传真:0579/89172711
网址:www. ealang. com. cn
电子信箱:brenda. wu@ealang. com. cn
法定代表人:斯泰芳·朗克
质量体系:ISO 9001
产品情况:大客车空调电磁离合器、拖车风扇离合器、冷藏运输车离心式离合器
配套及出口情况:为宇通客车、宝马、奔驰、奥迪等配套;出口欧美、日本等国家和地区

★金华市柳备汽配有限公司
地址:浙江省金华市城北工业园区桃源路958号
邮编:321019
电话:0579/82422090
网址:www. liubeiautoparts. com
电子信箱:sales5@liubeiautoparts. com
法定代表人:傅戌梅
质量体系:ISO/TS 16949、ISO 9001
产品情况:制动系统(制动片、制动盘、制动卡钳、制动缸)和排气系统(消声器、三路催化剂)
出口情况:出口东南亚、南非、北美洲、欧洲等地区

★金华市新华齿轮有限公司
地址:浙江省金华市白龙桥洞溪工业园
邮编:321025
电话:0579/82206933、82206381
传真:82206711
电子信箱:xinhua@xhcl. com
法定代表人:吴新华
质量体系:IATF 16949
产品情况:具有年产100万台(套)汽车变速器齿轮的能力
出口情况:远销美国、英国、非洲、东南亚等国家和地区

★浙江万里扬股份有限公司
地址:浙江省金华市宾虹西路3999号
邮编:321025
电话:0579/82216779、82258669
网址:www. zjwly. com
电子信箱:hr@zjwly. com
法定代表人:黄河清
质量体系:IATF 16949、ISO 14001
产品情况:(万里扬牌)
乘用车变速器、商用车变速器、新能源传动系统以及汽车内饰件(包括汽车主副仪表板、转向盘、门板、内饰附件和保险杠等)等汽车零部件
配套情况:乘用车变速器主要为吉利、奇瑞、比亚迪、众泰、东风小康、北汽集团、海马、汉腾、力帆、野马等主流汽车厂提供配套;商用车变速器主要为北汽福田、东风汽车、中国重汽、一汽集团、江铃汽车、宇通客车和现代汽车等主流汽车厂提供变速器配套服务;汽车内饰件主要为华晨宝马、北京奔驰、华晨雷诺、奇瑞汽车、汉腾汽车、长安汽车、北京摩比斯、北京汽车、一汽吉林和华晨汽车等主流汽车厂配套

★金华浩翔汽配有限公司
地址:浙江省金华市婺城区临江区块西溪街以东、彩虹路以北
邮编:321025
电话:0579/82210129
传真:82220616
电子信箱:252194398@qq. com
法定代表人:杨良群
质量体系:IATF 16949、ISO 14001
产品情况:(夏风牌)
汽车前后制动盘、制动鼓
配套情况:主要配套于萧山万向制动系统、东风裕隆、华晨汽车、海南马自达、一汽轿车、东风柳汽、北汽股份、上汽通用五菱、重庆力帆、奇瑞汽车等企业

★浙江恒友齿轮有限公司
地址:浙江省武义县开发大道19号
邮编:321200
电话:0579/87616320、89082566
传真:87616319
电子信箱:hengyou@hengyougears. cn
法定代表人:吕志辉
质量体系:IATF 16949
产品情况:后桥主从动齿轮、减速机弧齿锥齿轮及其他齿轮,具有年产10万套弧齿锥齿轮的生产能力
配套情况:为北奔重汽等配套

★浙江保康轮毂制造有限公司
地址:浙江省武义县王宅镇江南工业园
邮编:321200
电话:0579/89086721
网址:www. bkwheel. com
电子信箱:sales01@bkwheel. com
法定代表人:应警辉
质量体系:IATF 16949
产品情况:(KE牌、POWCAN牌)
汽车铝合金车轮产品,适配各类SUV、MPV、皮卡等改装车型

★浙江奥通铝轮有限公司
地址:浙江省武义县桐琴工业园纬六东路7号
邮编:321300
电话:0579/87918986
传真:87918981
网址:www. automwheel. com
电子信箱:info@automwheel. com
法定代表人:李金东
质量体系:IATF 16949、ISO 9001
产品情况:(奥通牌)
铝合金轮毂
出口情况:远销美国、非洲、欧洲、中东

★永康市君健实业有限公司
地址:浙江省永康市城西工业区灵石路288号
邮编:321300
电话:0579/87388787、87388788
传真:87432824
网址:www. junjianrim. com
电子信箱:junjianrim@junjianrim. com
法定代表人:徐康军
质量体系:ISO 9001
产品情况:钢制、轻铝合金的摩托车、越野车的轮辋和轮毂总成,年产量可达200余万套
出口情况:远销欧洲、南美洲、中东、东南亚等地区

★浙江万安铝业有限公司
地址:浙江省永康市花街工业基地
邮编:321300
电话:0579/87253122、87283673
传真:87253863
网址:www. wananwheel. com
电子信箱:sales@wananwheel. com
法定代表人:方初
质量体系:ISO 9001
产品情况:专业生产摩托车、自行车铝合金轮毂、各式跑车、沙滩车铝合金轮毂和三大件(前、后边盖、链轮座)
配套情况:为国内几十家摩托车、电动车整车厂配套

★浙江泰龙科技有限公司
地址:浙江省永康市五金科技工业园区银川东路18号

邮编:321300
电话:0579/87228227、87228218
传真:87228296
网址:www. tai - long. com
法定代表人:黄伟锋
质量体系:IATF 16949、ISO 14001
产品情况:(泰龙牌)
汽车铝合金轮毂,汽车发动机汽缸盖及其他零部件
配套情况:为大众、福特、奇瑞、众泰、雅马哈、大长江、钱江等配套

★浙江步阳汽轮有限公司
地址:浙江省永康市西城街道步阳路8号
邮编:321300
电话:0579/89278892、87270878
网址:www. bywheel. com
法定代表人:徐步云
质量体系:ISO 9001、IATF 16949
产品情况:铝合金汽车轮毂,已形成年产轮毂160万只的产能
配套及出口情况:为国内主机厂整车配套;远销10多个国家和地区

★浙江庆大橡胶有限公司
地址:浙江省永康市城西新区花城东路288号
邮编:321302
电话:0579/87277108、87277388
传真:87277700
网址:www. qindtire. com
电子信箱:qind@ qindtire. com
法定代表人:李文庆
质量体系:IATF 16949
产品情况:(QIND 牌)
专业生产滑板车、电动自行车、ATV、机车、割草机等橡胶轮胎以及空气弹簧和工程胎翻新
出口情况:远销欧美

★永康市佳隆泵业有限公司
地址:浙江省永康市龙山镇前珠山工业区
邮编:321312
电话:0579/87475267、87475567
传真:87475767
网址:www. zjjialong. com
电子信箱:ykjialong@ 163. com
法定代表人:李彩霞
质量体系:IATF 16949
产品情况:主要生产铝制动总泵和离合器总泵缸体,目前铸造月生产能力40万只,产品加工和精加工月生产能力30万只
配套情况:主要合作伙伴有吉利汽车、奇瑞汽车、北京现代、宝骏汽车、五菱汽车、长城汽车、哈弗汽车、福田、江淮、浙江吉奥、尼桑、五十铃、本田、东风、双环汽车、厦门金旅、黄海、江苏九龙、丹东曙光、广州福迪、金杯、中兴、长丰、华泰、比亚迪、海马、三菱、猎豹、东南、丰田、重庆力帆、重庆天语、雪佛兰、中华、马自达、凯马、昌河、长安、南骏、一汽等

★浙江佰耐钢带有限公司
地址:浙江省东阳市李宅工业区
邮编:322105
电话:0579/86721168、13575687799
传真:86721333
网址:www. bainai. com
电子信箱:sales@ bainai. com
法定代表人:李益明
质量体系:ISO 9001
产品情况:专业生产各种优质合金热处理钢带、冷轧钢带,广泛应用于汽车零部件行业(汽车离合器、弹簧垫圈)
出口情况:远销欧美、中东等地区

★浙江巨久轮毂有限公司
地址:浙江省金华市磐安工业园区环城南路78号
邮编:322300
电话:0579/84799888、4001883959
传真:84793533
网址:www. wheelegend. com
电子信箱:sales@ wheelegend. com
法定代表人:林慎驹
质量体系:IATF 16949、ISO 14001
产品情况:(威擎 WHEELEGEND 牌)
各种高精密铝合金轮毂
出口情况:远销北美洲、日本、韩国、俄罗斯、东南亚、中东、南美洲、新西兰、非洲等10多个国家和地区

★浙江德明汽车部件有限公司
地址:浙江省丽水市南城经济开发区大沅街92号
邮编:323000
电话:0578/2976666、2976669
传真:2976688
网址:www. adiou. cn
电子信箱:admin@ adiou. cn
法定代表人:周士森
单位人数:240
质量体系:IATF 16949
产品情况:汽车控制臂等
出口情况:远销东南亚、欧洲、美洲、中东、非洲等地区

★浙江宏普轮毂制造有限公司
地址:浙江省衢州市衢江工业区龙翔路16号
邮编:324005
电话:0570/3678888、15988572759
网址:www. hpwheel. com
电子信箱:454642873@ qq. com
法定代表人:何林海
质量体系:IATF 16949
产品情况:(HP 牌)
专业生产汽车铝合金轮毂,已形成年产150万套汽车铝合金轮毂产品的生产能力

★浙江科力车辆控制系统有限公司
地址:浙江省江山市经济开发区
邮编:324100
电话:0570/4333488、4332288
网址:www. pener. net
电子信箱:sales@ pener. net
法定代表人:张利君
质量体系:IATF 16949、ISO 14001
产品情况:(百能牌)
具有年产气制动阀400万只,离合器分泵、总泵60万套,驾驶室翻转机构30万套,汽车水泵50万台的生产能力
配套及出口情况:是上汽依维柯红岩、三一重工、陕西重汽、华晨金杯、东风柳汽、江淮汽车、青年客车、丹东黄海、安凯客车、泰安航天、万里扬变速器等知名汽车品牌及汽车传动总成的零部件供应商;出口美国、欧洲、中南美洲、俄罗斯、中东、东南亚等国家和地区

★浙江迪澳汽车配件有限公司
地址:浙江省江山市淤头镇淤头岗
邮编:324111
电话:0570/4721398、4722398
传真:4721338
法定代表人:王利通
质量体系:IATF 16949
产品情况:气制动阀、离合器助力器、离合器总泵、自动调整臂等

★温州冠盛汽车零部件集团股份有限公司
地址:浙江省温州市瓯海高新技术产业园区高翔路1号
邮编:325006
电话:0577/86291871、86291825
传真:86291308、86291781
网址:www. gsp. cn
电子信箱:marketing@ gsp. cn
法定代表人:周家儒
质量体系:IATF 16949、ISO 9001
产品情况:(GS·P 牌)
球笼式等速万向节、传动轴总成、轮毂轴承单元、橡胶件、减振器等关键汽车零部件
出口情况:已进入跨国公司全球汽配采购体系,在海外120多个国家和地区建立起了营销网络

★浙江安固汽车配件有限公司
地址:浙江省瑞安市飞云镇华明路333号
邮编:325200
电话:0577/65607899、18958871116
传真:65602658
网址:www. angu. cn、www. chinaangu. com
电子信箱:info@ chinaangu. com
法定代表人:贾建光
质量体系:IATF 16949
产品情况:(安固牌)
弹簧制动气室、制动阀、手控阀、继动阀、排气制动阀、离合器助力器、真空泵等系列产品
配套及出口情况:为一汽集团、东风汽车公司、中国重汽集团、北汽福田等大型整车厂配套;出口欧美、东南亚、中东等地区

★瑞立集团瑞安汽车零部件有限公司
地址:浙江省瑞安市经济开发区大道2666号瑞立工业园
邮编:325200
电话:0577/65609900、65005000
传真:65609000、65609031
网址:www.sorl.com.cn
电子信箱:linxf588@126.com
法定代表人:张晓平
质量体系:IATF 16949、ISO 14001
产品情况:汽车制动组件、液压制动组件、汽车电器、转向助力泵、汽车ABS系统

★温州仁义达汽车配件有限公司
地址:浙江省瑞安市经济开发区发展区新埠路501号
邮编:325200
电话:0577/65139199、65518099
传真:65159268
网址:www.asbrake.cn
电子信箱:hong.hc@renyi-brake.com
法定代表人:薛建设
质量体系:IATF 16949
产品情况:(仁义牌)
年生产汽车盘式片200万套
出口情况:远销南美洲、中东、东南亚等国际市场

★ 瑞立集团有限公司
地址:浙江省瑞安市经济开发区开发区大道2666号
邮编:325200
电话:0577/65609900
传真:65609000
网址:www.sorl.com.cn
电子信箱:sorlzp@126.com
法定代表人:张晓平
质量体系:ISO/TS 16949
产品情况:(SORL牌)
汽车气制动系统、液压制动系统、转向系统、汽车电器
配套及出口情况:为上汽、一汽、东风、宇通、比亚迪等60多家国内汽车制造厂配套;出口100多个国家与地区
☞ 详细情况请参阅彩色宣传版面

★迅达汽车工业股份有限公司
地址:浙江省瑞安市鲍田工业园区
邮编:325204
电话:0577/65203788、58815566
传真:65206445
电子信箱:xd@chinaxunda.cn
法定代表人:潘高杰
质量体系:ISO 14001
产品情况:(创迅牌)
年产同步器200万件、铁基粉末冶金零件700万件、标准件3000吨
配套情况:为上汽集团、一汽集团、长安汽车、青山公司、长安铃木、上汽依维柯红岩、比亚迪汽车等配套

★浙江华信汽车零部件有限公司
地址:浙江省瑞安市国际汽摩配产业基地北区
邮编:325204
电话:0577/65325888、65335752
传真:25887688
网址:www.vasure.cn
电子信箱:admin@vasure.com
法定代表人:郑更生
单位人数:200
质量体系:IATF 16949、ISO 14001
产品情况:(GENGSHENG牌)
汽车离合器系列产品
配套及出口情况:20%产品供于国内的主机厂配套;60%的产品远销北美洲、欧洲、非洲、南美洲、中东等70多个国家和地区

★温州力邦企业有限公司
地址:浙江省瑞安市塘下镇鲍田环镇东路999号
邮编:325204
电话:0577/65359999
传真:65382801
网址:www.chinalbn.cn
电子信箱:lb@chinalbn.cn
法定代表人:郑培雷
单位人数:400
质量体系:IATF 16949
产品情况:(L·B·N牌)
汽车制动器及汽车制动泵,摩托车制动器
配套及出口情况:汽车制动器及汽车制动泵主要与奇瑞、比亚迪、吉利、东风、昌铃、北汽、曙光、丹东曙光、荣成华泰等主机厂配套;摩托车制动器主要与重庆建设、宗申、恒胜、力帆、隆鑫、广东海利、三雅、奔马民隆等集团公司配套;部分产品出口欧美地区

★温州聚泉汽车部件有限公司
地址:浙江省瑞安市塘下镇罗凤双桥工业区
邮编:325204
电话:0577/65337468、15381524331
网址:www.kcuvc.com
电子信箱:kaikai20003@163.com
法定代表人:郑爱红
质量体系:IATF 16949
产品情况:(UVC牌)
球笼(等速万向节)及传动轴总成
出口情况:出口美洲、欧洲、中东、东南亚、非洲等几十个国家和地区

★浙江稳达减振器有限公司
地址:浙江省瑞安市塘下镇汽摩配产业基地
邮编:325204
电话:0577/25610888、25658272
传真:25610777
网址:www.wenli.com.cn
电子信箱:wenda@wenli.com.cn
法定代表人:岑慎洪
质量体系:IATF 16949
产品情况:(稳立牌、WOLB牌)
汽车减振器,年生产能力超600万支
配套及出口情况:为华晨金杯配套;出口东南亚、中东、欧美等50多个国家和地区

★浙江铃丰科技有限公司
地址:浙江省瑞安市塘下镇汽摩配工业园区
邮编:325204
电话:0577/58801602、58806102
传真:65380833
电子信箱:info@fenglingcn.com
法定代表人:杨光荣
质量体系:IATF 16949
产品情况:(FENGLING牌)
汽车离合器、从动盘、真空助力器以及各种汽车制动器冲压件
配套及出口情况:为多家主机厂配套;70%以上产品远销欧洲、中东、东南亚等地区

★浙江森森汽车零部件有限公司
地址:浙江省瑞安市塘下镇鲍一工业区
邮编:325205
电话:0577/66002311、66002312
传真:65216989
网址:www.sensen.cn
电子信箱:sales@sensen.cn
法定代表人:戴丁新
单位人数:1600
质量体系:IATF 16949、ISO 14001
产品情况:(森森牌)
各类汽车减振器,年产能力700万支
配套情况:为一汽集团、东风汽车公司、四川资阳南骏汽车、山东时风集团等配套

★浙江朝日减振器有限公司
地址:浙江省瑞安市莘塍镇东新工业园
邮编:325206
电话:0577/65188183、65188182
传真:65193958
网址:www.zrshocks.com
电子信箱:zrshocks@163.com
法定代表人:张朝晖
质量体系:IATF 16949
产品情况:生产近5000多款规格的汽车减振器

★浙江正盛减振器有限公司
地址:浙江省温州经济开发区滨海十二路四道455号
邮编:325206
电话:0577/85605111、13736948786
传真:85605112
网址:www.zsshock.com
电子信箱:info@zsshock.com

法定代表人:张子明
质量体系:IATF 16949
产品情况:汽车减振器,年生产能力 150 万只

★温州天和汽车部件有限公司
地址:浙江省瑞安市阁巷高新技术园区围一路
邮编:325207
电话:0577/66853511、66853516
传真:66853535
网址:www. zjthe. com
电子信箱:tianhe@ zjthe. com
法定代表人:陈建业
质量体系:IATF 16949、ISO 14001
产品情况:(天和牌)
专业从事以换挡拨叉、齿轮、拨叉轴、拨头、导块等换挡机构为主的各种汽车、拖拉机等变速器系列零部件的生产
配套及出口情况:主要客户为世界 500 强企业——美国约翰迪尔、美国金牛、美国 EMERSON、德国采埃孚(ZF)、德国 KNORR、德国 EDSCHA、德国 TRVC、德国 WITTE、德国 ALKO、加拿大 PANGEO、加拿大 FNG、加拿大 NORTRAK 及国内的陕西法士特齿轮、北京齿轮总厂、约翰迪尔(天津)产品研究开发公司、约翰迪尔天拖、北方车辆集团、唐齿集团、一汽集团、上汽集团等企业;远销美国、德国、墨西哥、日本、西班牙、瑞士、芬兰、加拿大、俄罗斯、伊朗等国家

★瑞安市建鑫机械制造有限公司
地址:浙江省瑞安市潘岱前垟工业区
邮编:325216
电话:0577/65095061、13906870834
传真:65092148
网址:www. rajianxin. com
电子信箱:jx@ rajianxin. com
法定代表人:张建文
单位人数:200
质量体系:IATF 16949
产品情况:主要产品有拖车芯轴、扭力臂、齿轮拨叉、半挂车部件、商用车部件、工程机械部件等
出口情况:出口美国、德国、英国、意大利、中东、东南亚等国家和地区

★力邦合信智能制动系统股份有限公司
地址:浙江省温州市平阳县万全工业园区兴隆路 111 号
邮编:325400
电话:0577/63558888
传真:63551588
网址:www. cnlbn. com
电子信箱:info@ cnlbn. com
法定代表人:韩忠华
质量体系:IATF 16949
产品情况:汽车盘式制动系统、电子驻车制动系统、智能制动系统等
配套情况:为众泰、猎豹、长安、吉利、野马、奇瑞、东风小康、比亚迪、北汽、海马等汽车厂家重要的配套企业

★浙江亚之星汽车部件有限公司
地址:浙江省温州市平阳县万全镇郑楼标准厂房创业路 8 号
邮编:325400
电话:0577/63039999
传真:63039888
网址:www. zj - gold. com
电子信箱:sales@ zj - gold. com
法定代表人:陈万里
质量体系:IATF 16949、ISO 9001
产品情况:[戈尔德(GOLD)牌]
主要产品有双筒式减振器、单筒式减振器、减振器悬架总成、空气弹簧减振器等,产品分八大类共 1 万余品种,覆盖了国内外 4000 余款车型
出口情况:远销美洲、欧洲、俄罗斯、东南亚等国家和地区

★浙江吉尚汽车部件有限公司
地址:浙江省温州市平阳郑楼标准工业园区
邮编:325409
电话:0577/63588777
传真:63585666
网址:www. chinanaiba. com
电子信箱:naiba@ chinanaiba. com
法定代表人:戴丽璋
质量体系:IATF 16949
产品情况:(耐霸牌)
汽车液压制动主缸、轮缸,离合器主缸、工作缸,液压分离轴承及真空助力器等汽车液压产品
配套及出口情况:为汽车厂提供 OEM 配套;远销欧美等 20 多个国家和地区

★温州市东启汽车零部件制造有限公司
地址:浙江省温州市洞头区杨文工业区 A - 1 号
邮编:325700
电话:0577/63471728、63483837
传真:63471738
网址:www. djp. cn
电子信箱:sale@ djp. cn
法定代表人:陈集
质量体系:IATF 16949、ISO 14001
产品情况:(djp 牌)
汽车制动主缸、制动轮缸、离合器主缸、离合器工作缸、卡钳、真空助力器、比例阀、拖车连接器、冷却水泵等产品
配套及出口情况:为伊朗起亚标致汽车公司、美国特种车厂、比亚迪汽车、吉利汽车、江淮汽车、奥拓汽车公司等国内外各大整车企业及 OEM 客户配套;主要销往南北美洲、中东、东南亚、非洲、欧洲等 30 多个国家和地区

安徽省

★合肥车桥有限责任公司
地址:合肥市瑶海区铜陵路 305 号
邮编:230011
电话:0551/62293666、62293780
传真:62293700
电子信箱:hfcq@ hfcq. com
法定代表人:王东国
质量体系:ISO/TS 16949
产品情况:(JAC 牌)
汽车前后桥、轿车悬架
配套情况:为江淮汽车配套

★合肥华集汽车部件有限公司
地址:合肥市蜀山新产业园山湖路 4 号
邮编:230031
电话:0551/62327888
传真:62156987
网址:www. hfhuaji. com
电子信箱:general@ hfhuaji. com
法定代表人:韩晓峰
质量体系:IATF 16949
产品情况:(里牌)
真空助力器和制动主缸,主要为各种型号的轿车、旅行车、SUV 和 MPV 配套,同时兼顾国内外高、中、低档各种车型的售后市场

★合肥力威汽车油泵有限公司
地址:合肥市庐阳区庐阳产业园汲桥路 53 号
邮编:230041
电话:0551/65550618
传真:65554934
网址:www. hfliwei. com
电子信箱:liwei@ hfliwei. com
法定代表人:黄友福
质量体系:IATF 16949、ISO 9001
产品情况:(天力牌)
齿轮式转向助力泵、叶片式助力转向泵、高性能叶片泵、叉车主泵、叉车供油泵、叉车控制阀、微动阀等数十个品种
配套及出口情况:为一汽、东风、重汽集团、江淮汽车、北汽福田、金龙、宇通、上客、黄海、常客、安凯、北方奔驰、徐重、常林、柳工、洛建、路通、青岛专汽、济南特车、浦沅、四川长起、泰安专汽、泰安航天、安徽合力、日本 TCM、韩国斗山大宇、中国台湾台励福、杭叉、上柴、锡柴、玉柴、潍柴、东风康明斯、渭柴、重庆康明斯、北内、昌河等汽车、柴油机和工程机械制造企业配套;出口欧洲、亚洲、美洲

★合肥市川祺汽车零部件有限公司
地址:合肥市包河工业区大连路 25 号
邮编:230051
电话:0551/63459566、13955196995
传真:63412599
网址:www. chuanqiparts. com

电子信箱:51988288@ qq. com
法定代表人:徐勇
质量体系:IATF 16949
产品情况:汽车盘式制动器
出口情况:远销欧美、中东、东南亚等多个国家和地区

★合肥美桥汽车传动及底盘系统有限公司
地址:合肥市包河区包河工业园上海路9号
邮编:230051
电话:0551/62271370、62962268
传真:62271359
网址:www. hefeiaam. com
电子信箱:hefeiaam@ hefeiaam. com
法定代表人:陶诚
单位人数:1300
质量体系:IATF 16949、ISO 14001
产品情况:具备年产40万台商用车桥、12万台乘用车整体式车桥、12万套轿车悬架、2万台四驱SUV用分动器和主减速器总成的生产能力
配套情况:为江淮、福田、上汽、宇通、厦门金龙、厦门金旅、苏州金龙、南京金龙、吉利、华泰、江铃、奇瑞、沃尔沃、东风以及北汽等汽车制造厂商提供产品服务

★安徽安凯福田曙光车桥有限公司
地址:合肥市包河区葛淝路1号
邮编:230051
电话:0551/62297774、62297777
传真:62297774、62297763
网址:www. akcq. com
电子信箱:cheqiao@ ankai. com
法定代表人:查保应
质量体系:IATF 16949、ISO 14001
产品情况:8~13吨级中/大型客车后驱动桥,9.5~16吨级重/中型载货汽车后驱动桥及贯通驱动桥,4.2~6.5吨级中/大型客车前转向桥,4.5~7.5吨级重/中型载货车前转向桥等
配套情况:为福田欧曼重型货车、江淮重型货车、福田诸城汽车、东风柳汽重型货车、南汽凌野重型货车、华菱重型货车、安凯客车、江淮客车、欧V客车、扬州亚星客车、厦门金旅、中通客车等供货

★安徽安凯金达机械制造有限公司
地址:合肥市葛淝路97号
邮编:230051
电话:0551/62297626、4008751566
传真:62297627
网址:www. akjixie. com
法定代表人:王军
质量体系:IATF 16949
产品情况:新能源电动机、重型货车平衡桥、驾驶室翻转机构、客车骨架焊接、客车舱门等产品
配套情况:为江汽、安凯、福田、欧曼、大运、长安、力帆、集瑞等主机企业提供产品

★安徽宝能机械有限公司
地址:合肥市经济技术开发区方兴大道666号青鸾路29号
邮编:230601
电话:0551/63848918、63848999
传真:63848919
网址:www. baonengjixie. cn
电子信箱:297245456@ qq. com
法定代表人:黄方权
质量体系:IATF 16949
产品情况:上中下支架总成、变速器操纵杆、驻车制动器总成、制动及离合器踏板总成、开度限制器组件、汽车门铰链等
配套情况:为昌河汽车、比亚迪汽车、华泰汽车等配套

★安徽佳通轮胎有限公司
地址:合肥市经济技术开发区始信路8号
邮编:230601
电话:0551/63896275、63895205
网址:www. giti. com
电子信箱:fang. bin@ giti. com
法定代表人:陈应毅
质量体系:ISO/TS 16949
产品情况:轮胎

★安徽万安汽车零部件有限公司
地址:安徽省长丰县岗集镇
邮编:231137
电话:0551/66778863、66770969
传真:66778001
网址:www. vie. com. cn
法定代表人:陈黎慕
质量体系:IATF 16949、ISO 14001
产品情况:气制动阀类系列产品、空气干燥器、液压盘式制动器、汽车底盘悬架系统和汽车工程塑料产品等
配套情况:为江淮汽车、奇瑞汽车、安凯客车、华菱汽车等知名企业配套

★合肥万力轮胎有限公司
地址:合肥市长丰县岗集镇创业路2号
邮编:231137
电话:4000981288
网址:www. wanlitire - hf. com
电子信箱:tbr@ wanlitire. cn
法定代表人:李小云
质量体系:IATF 16949、ISO 9001
产品情况:(万力牌、万里星牌、新迪牌)

全钢子午线轮胎轻型货车系列、有内胎载重系列、无内胎中短途系列,用于货车、客车、特种车等
配套及出口情况:为江淮汽车、广汽日野、南京金龙、株洲中车、庞巴迪等供货;远销美国、澳大利亚、巴基斯坦、阿联酋等60多个国家

★合肥江淮铸造有限责任公司
地址:合肥市长丰县岗集镇
邮编:231139
电话:0551/66770328、66773166
传真:66770326
电子信箱:jaccasting@ 163. com
法定代表人:叶天汉
质量体系:IATF 16949、ISO 14001
产品情况:汽车发动机缸体、缸盖,中、重型货车前、后桥系列等上千种铸件,具备年产10万吨铸件的生产能力

★安庆汇通汽车部件股份有限公司
地址:安徽省桐城市经济开发区同祥南路
邮编:231440
电话:0556/6567987、13705567050
传真:6567997
网址:ahhuitong. com
电子信箱:anqinghuitong@ 163. com
法定代表人:徐应权
质量体系:ISO 14001、IATF 16949
产品情况:汽车悬架底盘系统、汽车推力杆、稳定杆、橡胶悬架、发动机悬置及橡胶聚氨酯弹性体等系列产品
配套情况:为东风商用车、福田欧曼、江淮汽车、华菱汽车、集瑞联合、大运汽车、江铃重汽和宇通客车、安凯客车、金龙客车、福田客车、比亚迪汽车、中国公路车辆、北京恒昌达利机械、上海科曼车辆等全国各大汽车生产企业配套

★合肥宽信机电有限公司
地址:合肥市合马路合肥青年工业园
邮编:231602
电话:0551/67317123、67317122
传真:67317322、67317123
网址:www. hfkuanxin. com
电子信箱:kxlisihai@ 163. com
法定代表人:李世海
质量体系:IATF 16949、ISO 9001
产品情况:重型汽车桥、桥壳总成、差速器壳、后轮毂、前轮毂、平衡轴总成、平衡悬架等产品
配套情况:为江淮重型货车、东风重型货车、安凯客车、福田重型货车、安徽华菱、陕汽重型货车、北奔重汽、三一重工、徐州集团、日立建机、合力叉车、TCM叉车等配套

★安徽江淮车轮有限公司
地址:安徽省蚌埠市大庆一路61号
邮编:233010
电话:0552/4928652、4928711
传真:4928855、4928652
电子信箱:qy@ jiang - huai. com
法定代表人:瞿宇辰
质量体系:IATF 16949、QS 9000
产品情况:乘用车钢制车轮、商用车钢制车轮、工程机械钢制车轮、农林机械钢制车轮等七大系列1000多个品种
配套及出口情况:是福田汽车、长安汽车、奇瑞汽车、中国重汽、江铃控股、美国佩卡、中集汽车、中国台湾中华等10多家国内外整车企业的一级供应商;远

销欧洲、北美洲、南美洲、大洋洲、亚洲、非洲等 40 多个国家和地区

★安徽省华茂汽车附件制造有限公司
地址:安徽省蚌埠市怀远县经济开发区乳泉大道 37 号
邮编:233400
电话:0552/8011600、8018310
传真:8018310
网址:www. ahhm. com. cn
电子信箱:ahhm@ 163. net
法定代表人:许平强
质量体系:IATF 16949
产品情况:车架、汽车副梁、前锁紧机构总成、铰链总成、钢板销、加速踏板总成、离合踏板总成、座椅调角器、铸造加工系列汽车零部件
配套情况:为江淮、福田、长安等主机厂配套

★北泰汽车底盘系统(安徽)有限公司
地址:安徽省蚌埠市大庆路 503 号
邮编:233499
电话:0552/4922616、4921600
传真:4922993
电子信箱:1433103083@ qq. com
法定代表人:钱曾琼
质量体系:ISO/TS 16949、ISO 14001
产品情况:(NORST 牌)
制动蹄片、控制臂拉杆、转向拉杆、稳定拉杆、减振器、制动器、底盘冲压件等
配套及出口情况:与克莱斯勒、通用、福特、大众、别克、东风、北汽、北京现代、江淮汽车、奇瑞、长城汽车、金龙客车、德尔福、辉门、泰明顿、天合、京西重工、AC 德科等厂家建立长期战略合作关系;在欧洲、北美设有仓储物流工厂,并在底特律建有产品研发中心

★安徽车桥有限公司
地址:安徽省宿州市汴河东路 3 号
邮编:234000
电话:0557/3310950、13805578422
传真:3323744
网址:www. anqiao. 中国
电子信箱:1977394417@ qq. com
法定代表人:王岩松
质量体系:ISO 9001
产品情况:(ANQIAO 牌)
具有年产半挂车车轴总成 15 万根、制动器 50 万套、特种车桥 2 万套的生产能力
出口情况:出口非洲、亚洲、欧洲等地区

★阜阳市鼎铭汽车配件制造有限公司
地址:安徽省阜阳市颍泉区工业园繁华路 355 号
邮编:236000
电话:0558/2264584、13956811767
传真:2263704
电子信箱:fyqp688@ 163. com
法定代表人:刘新强
质量体系:IATF 16949
产品情况:三踏板系列产品及第三横梁系列产品
配套情况:为江淮汽车配套

★安徽星瑞齿轮传动有限公司
地址:安徽省六安市经济开发区皋城东路
邮编:237006
电话:0564/3311213、3313235
电子信箱:ahxrcl@ ahxrcl. com
法定代表人:项兴初
质量体系:IATF 16949、ISO 14001
产品情况:(六齿牌)
汽车变速器总成、E 系列新能源汽车传动箱等
配套情况:为江淮、江铃、福田、华泰、奇瑞、合力叉车、上海纽荷兰农机等配套

★六安江淮永达机械制造有限公司
地址:安徽省六安市开发区皋城东路北侧
邮编:237161
电话:0564/3697611
传真:3697610
网址:www. jhydcl. com
电子信箱:sales@ china – yongda. com. cn
法定代表人:李全
质量体系:IATF 16949、GB/T 24001
产品情况:电动工具零部件、纺织机械零部件、电动车零部件、汽车零部件、齿轮润滑泵及各类行星齿轮减速器
配套及出口情况:为整机厂家配套;远销亚洲、欧洲、美洲

★安徽丰汇车业配件有限公司
地址:安徽省六安市霍山县经济开发区世林路
邮编:237200
电话:0564/5223299、5223488
传真:5223633
电子信箱:393123864@ qq. com
法定代表人:张家荣
质量体系:IATF 16949
产品情况:汽车制动器、鼓式制动器总成、盘式制动器总成、汽车制动系等

★安徽省辉煌机械制造有限公司
地址:安徽省含山县林头工业区
邮编:238161
电话:0555/4718038
传真:4351068
网址:www. hh – machine. net
电子信箱:hhmake@ 163. com
法定代表人:胡宗道
质量体系:ISO 9001、ISO 14001
产品情况:汽车零部件及各种传动设备箱体、箱壳、机械零部件的铸造及加工
配套及出口情况:为江淮汽车、奇瑞汽车、江铃汽车等配套;为 VIDEX 公司、MACHINE SAZI TABRIZ(M. S. T)公司、NAUTLUS 集团以及欧洲等公司出口各种铸件和加工产品

★安徽英克尔汽车零部件有限公司
地址:安徽省滁州市新安江路 399 号
邮编:239000
电话:0550/2171300
网址:www. tzyke. com
电子信箱:ykesales – 1@ tzyke. com
法定代表人:汤爱平
单位人数:600
质量体系:IATF 16949
产品情况:年生产能力已达到 480 万只等速万向节和 100 万根传动轴总成
出口情况:远销美洲、欧洲、独联体等 60 多个国家和地区

★安徽德鸿机件制造有限公司
地址:安徽省滁州市来安工业新区 B 区
邮编:239200
电话:0550/5686118、5685838
传真:5685822
网址:www. ahdehong. com
电子信箱:dehong@ wzdehong. com
法定代表人:戴小军
单位人数:300
质量体系:IATF 16949
产品情况:汽车驾驶室液压翻转系统(手动液压泵、电动液压泵、液压换向阀、液压油缸、液压转向助力缸、液压锁等)总成
配套及出口情况:为北奔重汽等配套;远销欧洲、非洲、南美洲、中东、东南亚等 30 多个国家和地区

★安徽省金阳铸造有限公司
地址:安徽省全椒县二郎口镇
邮编:239531
电话:0550/5261888
传真:5261388
网址:www. ahjinyang. com
电子信箱:web@ ahjinyang. com
法定代表人:胡以俊
质量体系:IATF 16949
产品情况:(金阳牌)
F 系列、R 系列、S 系列柴油机机体,多品牌轻型货车制动鼓、轮毂、后簧吊耳、制动蹄等
配套情况:为上汽集团、南京依维柯、南京汽车零件厂、美菱集团等配套

★芜湖黄燕实业有限公司
地址:安徽省芜湖市金山路 61 号
邮编:241000
电话:0553/5650355、5650361
传真:5650366
电子信箱:whhy_cg@ 163. com
法定代表人:倪勤松
质量体系:ISO/TS 16949
产品情况:铝合金轮毂

★芜湖恒隆汽车转向系统有限公司
地址:安徽省芜湖市经济技术开发区凤鸣湖北路龙山隧道北 200 米
邮编:241000

电话:0553/5935125、5935206
传真:5935100、5849593
电子信箱:whl@ henryauto. cn
法定代表人:夏义军
质量体系:IATF 16949
产品情况:汽车动力转向系统,电动、电液转向系统,动力转向器年产能力 65 万台(套)
配套情况:为奇瑞汽车配套

★芜湖意维利科技有限公司
地址:安徽省芜湖市新芜经济开发区芜屯快速通道 3118 号
邮编:241000
电话:0553/8128080、13868381809
传真:8128077
网址:www. iveli - wh. com
电子信箱:sales@ iveli - wh. com
法定代表人:黄修良
质量体系:IATF 16949
产品情况:主要生产汽车电动助力转向器(EPS)专用蜗轮蜗杆副,各种高精密、低噪音蜗轮蜗杆副等,各种高精密、低噪音齿轮产品,各种精密花键传动输出轴类产品等

★芜湖玉泰汽车制动有限公司
地址:安徽省芜湖县机械工业园
邮编:241000
电话:0553/8768881、8768685
传真:8768685
网址:www. china - yutaibrake. com
电子信箱:sales2@ yutaibrake. com
法定代表人:董建峰
质量体系:IATF 16949
产品情况:制动总泵、制动分泵、离合器总泵、离合器分泵等系列产品

★芜湖盛力科技股份有限公司
地址:安徽省芜湖高新技术产业开发区西山路 17 号
邮编:241002
电话:0553/3026288、3026107
传真:3026111
网址:www. slzd. com
电子信箱:wuhu@ slzd. com
法定代表人:张武江
单位人数:322
质量体系:ISO 9001
产品情况:(安湖牌)
汽车及工程机械气制动元器件、真空助力器和液压制动元器件
配套情况:为重汽集团、江淮汽车等配套

★芜湖世特瑞转向系统有限公司
地址:安徽省芜湖市经济技术开发区龙山路 18 号
邮编:241006
电话:0553/5952905
网址:www. whstl. cn
法定代表人:张世权
质量体系:IATF 16949
产品情况:具备年产 30 万台(套)液压助力转向器总成、20 万台(套)机械转向器总成、15 万套转向管柱带中间轴总成的生产能力
配套情况:配套主机厂有奇瑞汽车、海马汽车、众泰控股、浙江永源汽车、吉奥汽车;并已与比亚迪、北汽等主机厂达成了合作意向

★芜湖普威技研有限公司
地址:安徽省芜湖市经济技术开发区裕安路 10 号
邮编:241006
电话:0553/5922939、13956207290
传真:5922973
网址:www. whpuwei. com
法定代表人:何自富
质量体系:IATF 16949
产品情况:汽车脚踏板、仪表板横梁、车身件、底盘件、新能源汽车蓄电池包等汽车零部件
配套情况:业务遍及奇瑞、凯翼、观致、吉利、马自达、北汽、众泰等主流自主汽车品牌及新能源汽车厂商

★芜湖伯特利汽车安全系统股份有限公司
地址:安徽省芜湖市经济技术开发区泰山路 19 号
邮编:241009
电话:0553/5669308
网址:www. btl - auto. com
电子信箱:wbtl - jubao@ btl - auto. com
法定代表人:袁永彬
质量体系:IATF 16949、ISO 9001
产品情况:(WBTL 牌)
各种乘用车与商用车前后盘式制动器、后鼓式制动器、后综合驻车制动器(IPB)、后盘带鼓制动器(DIH)、制动主缸、真空助力器、铸铝转向节
配套情况:主要客户有奇瑞汽车、长安汽车、上汽通用、大众汽车、吉利汽车、北京汽车、力帆汽车、宇通客车、金龙客车、江淮汽车、广州汽车、比亚迪、东风小康等

★顺达(芜湖)汽车饰件有限公司
地址:安徽省芜湖市经济技术开发区银湖北路 239 号
邮编:241009
电话:0553/5846456
传真:5846446、2221805
网址:www. whshundags. com
电子信箱:shundags2016@ vip. 163. com
法定代表人:郎玉山
质量体系:IATF 16949
产品情况:镁合金骨架转向盘和汽车仿桃木饰件,年产转向盘 60 万只、桃木内饰件 8 万套
配套情况:为奇瑞、吉利、力帆、东风、江铃汽车配套

★芜湖华亨汽车部件有限公司
地址:安徽省芜湖市经济技术开发区银湖北路 30 - 2 号
邮编:241009
电话:0553/5846222、5847222
传真:5846522
网址:www. whhuaheng. cn
电子信箱:sales@ whhuaheng. com
法定代表人:姚瑞华
质量体系:IATF 16949
产品情况:轿车、微型车、轻型车真空助力器带主缸总成系列产品,具备年生产 30 万台(套)的能力
配套情况:为南京依维柯、上汽依维柯、奇瑞、江淮、宇通等主机厂配套

★芜湖飞驰汽车零部件技术有限公司
地址:安徽省芜湖市鸠江经济开发区富强路 65 号
邮编:241009
电话:0553/8241978、8241616
传真:8242593
电子信箱:info@ whfeichi. com
法定代表人:朱金星
质量体系:IATF 16949、ISO 14001
产品情况:研发、生产、销售以汽车车轮为主的金属零部件

★芜湖恒坤汽车部件有限公司
地址:安徽省芜湖市鸠江经济开发区阳天路 5 号
邮编:241009
电话:0553/5811688、5713588
传真:5811640、5713788
电子信箱:236854322@ qq. com
法定代表人:夏坤财
质量体系:IATF 16949
产品情况:(恒坤牌)
汽车液压制动系列
配套情况:为奇瑞、吉利、长城等主机厂配套;农机液压系列为奇瑞重工、海山机械、洛阳中收、江苏沃得等国内 10 余家主机厂配套

★耐世特凌云驱动系统(芜湖)有限公司
地址:安徽省芜湖市经济技术开发区淮海路 18 号
邮编:241019
电话:0553/5935801、5936666
传真:5935222
网址:www. nexteerly. com
电子信箱:wei. sun3@ nexteerly. com
法定代表人:李军
质量体系:IATF 16949、ISO 14001
产品情况:等速万向节前驱动轴
配套情况:是奇瑞汽车、广汽菲克、东风汽车有限、东风日产乘用车、神龙汽车等主机厂重要的配套企业

★芜湖禾田汽车工业有限公司
地址:安徽省芜湖市芜湖县新芜经济开发区工业大道 1258 号

邮编:241100
电话:0553/8767892、8767891
传真:8767890
电子信箱:sale@ hetian168. com
法定代表人:潘海斌
质量体系:IATF 16949、ISO 9001
产品情况:发动机液压悬置减振器、变速器悬置减振器、减振器橡胶隔振块、橡胶金属衬套、铝锻控制臂、铁锻控制臂、锻铝转向节等 5000 多个品种各类别的产品
出口情况:远销欧洲、北美洲、南美洲等地区

★芜湖佳先传动轴有限公司
地址:安徽省芜湖市新芜经济开发区东区西次五路 1288 号
邮编:241100
电话:0553/8791888、8791738
网址:www. cnjxa. com
电子信箱:tzjiaxian@ vip. 163. com
法定代表人:郑建坤
质量体系:IATF 16949、ISO 14001
产品情况:年产超过 360 万只球笼和 60 万根传动轴总成
出口情况:远销美洲、欧洲、非洲、东南亚等 50 多个国家和地区

★芜湖大捷离合器有限公司
地址:安徽省芜湖市新芜经济开发区纬二路 2188 号
邮编:241100
电话:0553/8767488、8767937
传真:8767599、8767692
网址:www. dajieclutch. com
电子信箱:simon. zhang@ dajieclutch. net
法定代表人:张毓奇
质量体系:IATF 16949、ISO 14001
产品情况:(大捷牌)
年生产能力达离合器盖总成 120 万套和从动盘总成 150 万套
配套及出口情况:客户包括吉利汽车、奇瑞汽车、东风汽车、北汽银翔、吉奥汽车、力帆汽车、众泰汽车、全柴、常柴等;远销东南亚

★芜湖禾丰离合器有限公司
地址:安徽省芜湖县机械工业园区
邮编:241100
电话:0553/8768656
网址:www. hefengchina. com
电子信箱:auto@ hefengchina. com
法定代表人:谢素琴
质量体系:IATF 16949
产品情况:(GSTPD 牌)
汽车离合器及从动盘、压盘
出口情况:远销欧洲、美洲、南美洲、中东、东南亚等地区

★芜湖泰吉机械有限公司
地址:安徽省芜湖县机械工业园区
邮编:241100
电话:0553/8768193
传真:8768173
网址:www. chinatjjx. com
电子信箱:tjjx. 2008@ 163. com
法定代表人:叶建亚
单位人数:120
质量体系:IATF 16949
产品情况:(泰吉牌)
汽车、摩托车制动钳部件,年生产能力 120 万辆(份)
配套情况:为 20 多家大型生产企业配套

★安徽骆氏升泰汽车零部件有限公司
地址:安徽省芜湖县芜湖机械工业园区工业大道 1156 号
邮编:241100
电话:0553/8767633、8768137
传真:8767833
网址:www. luoshi. com
法定代表人:梁俊峰
质量体系:IATF 16949
产品情况:(骆氏牌)
汽车控制臂等
出口情况:远销欧洲、北美洲等地区

★安徽德孚转向系统股份有限公司
地址:安徽省芜湖县新芜经济开发区纬四路东 88 号
邮编:241100
电话:0553/2591889
传真:8128757
网址:www. defuah. com
电子信箱:xiuming_li@ defupse. com
法定代表人:刘世斌
质量体系:IATF 16949、ISO 14001
产品情况:(德孚牌)
汽车转向助力系统、新能源汽车用电液转向助力系统

★安徽贵达汽车部件有限公司
地址:安徽省芜湖市新芜经济开发区南次一路 2368 号
邮编:241199
电话:0553/8127618、18010737565
网址:www. gdbrakes. com
电子信箱:anhuiguida@ 163. com
法定代表人:林和平
产品情况:生产制动蹄铁和刚背
出口情况:远销多个国家和地区

★绩溪县徽跃机械有限公司
地址:安徽省绩溪县西区会山路 25 号
邮编:242000
电话:0563/8162578
传真:8168772
网址:www. huiyueshock. com
法定代表人:章基跃
质量体系:ISO 9001
产品情况:汽车减振器
出口情况:远销欧美、中东、东南亚、非洲等多个国家和地区

★施密特汽车管件(安徽)有限公司
地址:安徽省宣城市宁国经济技术开发区
邮编:242000
电话:0563/2185062、2185259
传真:4181880 - 6404
电子信箱:fengkai@ zhongdinggroup. com
法定代表人:马小鹏
质量体系:IATF 16949、ISO 14001
产品情况:中、高档轿车汽车转向系统油缸、转向管柱和汽车用减振器套筒产品
配套情况:已开发包括采埃孚、MANDO、TRW、蒂森克虏伯、新航、荆州恒隆等在内的客户

★安徽科源机械有限公司
地址:安徽省广德经济开发区光藻路与鹏举路交会处
邮编:242200
电话:0563/6986986、6987666
传真:6986000
网址:www. zjkeyuan. com
电子信箱:keyuan@ zjkeyuan. com
法定代表人:詹爱平
质量体系:IATF 16949
产品情况:各种汽车悬架件、控制臂、制动踏板、制动钳活塞、汽车底盘件和各类冷挤压配件
配套及出口情况:主要为国内知名汽车制造厂和商家配套;出口欧美、中东、东南亚等地区

★安徽一飞重工有限公司
地址:安徽省广德经济开发区国安路 20 号
邮编:242200
电话:0563/6990888、87243666
传真:6990789
网址:www. yfgy. com
电子信箱:yfgy01@ yfgy. com
法定代表人:张学飞
质量体系:IATF 16949、ISO 9001
产品情况:传动轴、万向接头、悬架系统零件、控制臂、三脚架、拖曳臂、弹簧销、后悬臂、后轴管、转向节等

★安徽博行机械有限公司
地址:安徽省广德县经济开发区国安北路 30 号
邮编:242200
电话:0563/2253956、13967663706
传真:2251785
网址:www. tzbxjx. com
电子信箱:stoneliubusiness@ tzbxjx. com
法定代表人:刘学轮
质量体系:ISO 9001、IATF 16949
产品情况:制动器卡钳及附件、制动器卡钳修理包
配套情况:为博世、霍尼韦尔等供货

★安徽优合科技股份有限公司
地址:安徽省宣城市广德县经济开发区国华路

邮编:242200
电话:0563/2220383
传真:2220382
网址:www. auherkeji. com
电子信箱:info@ auher. com
法定代表人:卢军
质量体系:IATF 16949
产品情况:铝合金车轮,年轮毂产量达到100万件
出口情况:远销美国、俄罗斯、东南亚、中东、日本、韩国等几十个国家和地区

★安徽盛隆铸业有限公司
地址:安徽省宁国市河沥园区
邮编:242300
电话:0563/4251955
传真:4251978
网址:www. vie. com. cn
法定代表人:齐金龙
质量体系:IATF 16949、ISO 14001
产品情况:汽车制动总分泵、感载比例阀、离合器总分泵、空气增压器、离合器助力器、动力转向油泵壳体、液压盘式制动器钳体、支架、转向节、轮毂、气压盘式制动器钳体、支架、自动调整臂等汽车零部件铸件
配套情况:为一汽、东风、江淮、宇通、金龙、申沃、上汽通用五菱、吉利、奇瑞、比亚迪、力帆等全国众多主机厂配套

★安徽飞鹰汽车零部件股份有限公司
地址:安徽省宁国市经济开发区外环西路128号
邮编:242300
电话:0563/4189999、4186208
传真:4186211
网址:www. ng - feiying. com
电子信箱:feiyinggufen@ 126. com
法定代表人:孙奇春
质量体系:IATF 16949
产品情况:(飞鹰牌)
汽车用制动器衬片和离合器及压盘总成
配套及出口情况:为陕汽配套,并给上海、南昌、成都、昆明等城市公交汽车系统配套;畅销中东、南美洲、北美洲等20多个国家和地区

★安徽省宁国新鼎汽车零部件有限公司
地址:安徽省宁国市梅林镇工业集中区
邮编:242321
电话:0563/4833366、15256302704
网址:www. ngxinding. com
电子信箱:sales01@ ngxinding. com
法定代表人:陈澍
质量体系:IATF 16949
产品情况:汽车阀门、减振、EGR控制系统等产品
出口情况:部分产品出口欧美、东南亚、中东地区

★马鞍山嘉华汽车零部件有限公司
地址:安徽省马鞍山市经济技术开发区
邮编:243041
电话:0555/2108386
传真:2108537
电子信箱:masjh@ 126. com
法定代表人:张峰
质量体系:IATF 16949
产品情况:JAC、NJ储气筒,年产37371只;JAC、NJ液压举升翻转装置,年产9322只

★黄山菲英汽车零部件有限公司
地址:安徽省黄山市经济开发区百川路82号
邮编:245000
电话:0559/2168188、4001884498
传真:2168199
网址:www. hs - feiying. com
电子信箱:hstoughpro@ 126. com
法定代表人:杜孟子
质量体系:IATF 16949
产品情况:(Toughpro菲英牌)
各种国产、进口中重型汽车用制动器衬片、汽车离合器从动盘总成和压盘总成;具备年产汽车制动器衬片3500万片、离合器总成50万件的生产能力

★安徽明雁齿轮有限公司
地址:安徽省绩溪县生态工业园区清凉峰路
邮编:245300
电话:0563/8164301
传真:8160701
网址:www. chinamingyan. com
电子信箱:web@ chinamingyan. com
法定代表人:胡少名
质量体系:IATF 16949
产品情况:汽车与工程机械齿轮、变速器

★安徽省小小科技股份有限公司
地址:安徽省绩溪县生态工业园区霞间路1号
邮编:245300
电话:0563/8162760、8158208
传真:8166203
网址:www. chinaxxkj. com
电子信箱:web@ chinaxxkj. com
法定代表人:许道益
质量体系:IATF 16949、ISO 9001
产品情况:汽车同步器精锻件、高精度齿轮和大规格链条套筒
配套及出口情况:为东风、解放、奇瑞、福田、比亚迪等大中型汽车主机厂和变速器同步器厂家专业配套;远销欧洲、美洲市场

★昌辉汽车转向系统(黄山)有限公司
地址:安徽省黄山市休宁溪口
邮编:245436
电话:0559/7588807、13855912708
传真:7581269
网址:www. changhui. com
电子信箱:ch11@ changhui. com
法定代表人:王进丁
产品情况:汽车电动助力转向系统(EPS)、电动液压转向助力系统(EHPS)等产品;市场应用目标主要为中高级轿车、微型汽车、新能源电动车、载重汽车和客车配套

★安徽合正汽车零部件有限公司
地址:安徽省安庆市开发区滨江新区高新技术中小企业孵化中心B14幢
邮编:246000
电话:0556/5221608
传真:5221608
网址:www. herzzparts. com
电子信箱:sales@ herzzparts. com
法定代表人:潘玉英
质量体系:IATF 16949、ISO 9001
产品情况:汽车球笼式等速万向节及驱动轴总成,涵盖全球汽车90%的售后市场车系
出口情况:远销欧洲、美洲、东南亚、非洲等多个国家和地区

★安徽安簧机械股份有限公司
地址:安徽省安庆市经济技术开发区3.9平方公里工业园
邮编:246005
电话:0556/5305705、5305715
传真:5305695
网址:www. aqbh. com
电子信箱:aqbh@ aqbh. com
法定代表人:黄乐明
质量体系:IATF 16949
产品情况:(安簧牌、百协牌)
汽车板簧及弹性元件、汽车转向节、发动机活塞等精密锻件、叉车前后桥等
配套及出口情况:为江淮集团、上汽依维柯、奇瑞、金杯、长城、华菱、金龙、亚奔、北汽等公司配套;活塞锻件出口美国市场

★安庆安簧汽车零部件有限公司
地址:安徽省安庆市经济技术开发区3.9平方公里工业园
邮编:246005
电话:0556/5305715
传真:5305720
网址:www. aqbh. com
电子信箱:xs@ aqbh. com
法定代表人:黄乐明
质量体系:IATF 16949
产品情况:重、中、轻、微型车板簧和空气悬架导向簧、推力杆及汽车横向稳定杆等弹性元件;年产钢板弹簧4万吨
配套情况:是江淮、跃进、奇瑞、金杯、依维柯、长城、金龙、亚奔、华菱、安凯、扬天等汽车集团公司骨干配套单位

★安徽福斯特汽车部件有限公司
地址:安徽省安庆市怀宁县经济开发区工业园三期
邮编:246100
电话:0556/8862999
传真:8862010
网址:www. faster - wheel. com
电子信箱:zg03@ faster - wheel. com
法定代表人:信伟
质量体系:IATF 16949
产品情况:汽车铝合金轮毂

★安徽岳塑汽车工业股份有限公司
地址:安徽省岳西县经济开发区
邮编:246600
电话:0556/2184588、5695918
传真:2182888
网址:www. ahys. cc
电子信箱:web@ ahyxxs. com
法定代表人:储岳清
质量体系:IATF 16949、ISO 14001
产品情况:(岳塑牌)
汽车变速操纵机构总成、汽车橡胶塑料板簧衬套与垫片等
配套情况:为江淮汽车、奇瑞汽车、厦门金龙、北汽福田等汽车公司配套

★安徽东星汽车部件有限公司
地址:安徽省枞阳县横埠镇汽车零部件工业园
邮编:246725
电话:0556/2028200、15156287228
传真:2028278
网址:www. eastar - group. cn
电子信箱:wqf@ eastar - group. cn
法定代表人:邬全法
质量体系:IATF 16949
产品情况:汽车底盘模块总成、汽车橡胶减振件、衬套、冲压件、金属表面处理、涂装

★安徽汇泰车轮有限公司
地址:安徽省枞阳县汽车零部件工业园
邮编:246725
电话:18156929191
网址:www. huitai - wheel. com
电子信箱:2656885921@ qq. com
法定代表人:陈锦鹏
质量体系:IATF 16949、ISO 9001
产品情况:钢制车轮
配套情况:主要为江淮商务车、轿车配套

福建省

★爱德克斯(福州)汽车零部件有限公司
地址:福州市闽侯县青口投资区祥谦镇辅翼村
邮编:350112
电话:0591/22776628
传真:22776627
网址:www. aisin. co. jp
电子信箱:ads@ advics - fz. com
法定代表人:今井隆好
质量体系:IATF 16949、ISO 14001
产品情况:汽车防抱死制动系统(ABS,ESC),电子稳定系统等汽车制动零部件

★正道汽车配件(福州)有限公司
地址:福州市闽侯县青口投资区
邮编:350119
电话:0591/87013608、87013612
传真:87013616
网址:www. rightway. com. tw
电子信箱:rightway@ rightway - cn. com
法定代表人:郭建廷
质量体系:IATF 16949、ISO 14001
产品情况:活塞、涨断式连杆、稳定杆、转向拉杆、摆臂球头、转向横拉杆及控制臂

★福州福享汽车工业有限公司
地址:福州市闽侯县青口投资区宏溪路2号
邮编:350119
电话:0591/87015088、87015011
传真:87015002
网址:www. fushiang. com
电子信箱:fsm. business@ fushiang. com
法定代表人:简荣华
质量体系:ISO 9001、IATF 16949
产品情况:主要产品为汽车车身零件(挡泥板、前大梁等车身结构件)、底盘零件(车架等)及电动车电池箱
配套情况:主要客户有东南汽车、福建奔驰、宁德时代新能源、广汽菲克、郑州日产、通用汽车、沃尔沃汽车等

★福州六和机械有限公司
地址:福州市闽侯县青口镇白水路
邮编:350119
电话:0591/38205818
传真:22772230
网址:www. flm. com. cn
电子信箱:flm@ liufeng. com. cn
法定代表人:宗成志
质量体系:IATF 16949、ISO 14001
产品情况:(LIOHO 牌)
前轴总成、制动盘、轮毂、制动鼓、转向节、卡钳、支架、叉臂、变速器泵体、涡轮壳、排气歧管、飞轮等产品

★本特勒汽车系统(福州)有限公司
地址:福州市闽侯县青口镇青口投资区新城路
邮编:350119
电话:0591/22796969
传真:22797676
网址:www. benteler. com
电子信箱:christie. chen@ benteler. cn
法定代表人:施宏
质量体系:IATF 16949、ISO 9001
产品情况:驱动桥总成
配套情况:为福建奔驰汽车配套

★丰生(福州)制动器有限公司
地址:福州市闽侯县青口镇投资区
邮编:350119
电话:0591/87013868 - 2225
传真:22770855
电子信箱:m - caiwu@ hosei. com. cn
法定代表人:畔柳俊男
质量体系:IATF 16949、ISO 14001
产品情况:汽车制动器及其配件
配套情况:为东南汽车配套

★福建台亚汽车工业有限公司
地址:福州市闽侯县青口镇投资区
邮编:350119
电话:0591/87013399、22778850
传真:22766227
电子信箱:zhao. chen@ dana. com
法定代表人:CAMPBELL MICHAEL ANDREW
质量体系:IATF 16949、ISO 14001
产品情况:微、轻型汽车后桥总成及齿轮、差速器壳、主减速器壳、轴管等零部件
配套及出口情况:主要客户有东南汽车、上汽通用、东风柳汽、郑州日产、厦门金龙、浙江铁牛汽车、北京奔驰、华晨金杯;远销泰国、大洋洲等国家和地区

★福州新信制动系统有限公司
地址:福建省福清市阳下镇洪宽工业村洪宽大道 13 号
邮编:350323
电话:0591/85192381、88516751
传真:85192391
网址:www. assuredbrake. com
电子信箱:sales@ assuredbrake. com
法定代表人:郭建廷
单位人数:266
质量体系:IATF 16949
产品情况:汽车、摩托车盘式制动片,汽车、摩托车鼓式制动片,重型工业机械制动片,工业机械用离合器片等
配套及出口情况:主要客户有一汽集团、东南汽车、郑州日产、长城汽车、东风柳汽、北汽福田、华晨金杯、众泰汽车、雅马哈、比亚乔、钱江摩托等;主要与 TOYOTA、NISSAN、SUZUKI、HONDA、MAZDA、GM、FORD 等全球知名汽车企业 OEM 配套

★福建佳通轮胎有限公司
地址:福建省莆田市秀屿区荺石红埔工业区
邮编:351146
电话:0594/5898385、5898395
传真:5898688
电子信箱:liu. yunqin@ giti. com
法定代表人:李怀靖
质量体系:IATF 16949、ISO 9001
产品情况:汽车轮胎外胎,年产 934. 98 万条

★厦门开发减震器有限公司
地址:福建省厦门市集美北部工业区连胜路 333 号
邮编:361021
电话:0592/6157273、6157282
传真:6100235
电子信箱:xmkaifa@ 163. com
法定代表人:董瀚文
质量体系:IATF 16949、ISO 9001
产品情况:汽车减振器及尾门撑杆

★厦门日上集团股份有限公司
地址:福建省厦门市集美区杏林北路 30 号
邮编:361021
电话:0592/6666888
传真:6256607
网址:www. sunrisewheel. com
电子信箱:800@ sunrisewheel. com
法定代表人:吴子文
质量体系:IATF 16949、ISO 14001
产品情况:(日上牌)
无内胎钢圈与型钢钢圈
出口情况:远销欧洲、美洲、东南亚、中东、非洲等地区

★协富光洋(厦门)机械工业有限公司
地址:福建省厦门市海沧区新阳工业区西园路 88 号
邮编:361022
电话:0592/6804380
传真:6804382
网址:www. sfk - xiamen. com
法定代表人:SEGAWA HARUHIKO
质量体系:IATF 16949、ISO 9001
产品情况:(SFK 牌)
齿轮齿条式液压动力转向器、齿轮齿条式机械转向器、电动转向系统、转向管柱等
配套情况:主要客户有厦门捷太格特、天津一汽丰田、广汽丰田、神龙汽车、一汽海马、广汽本田、东风裕隆、长安马自达、长安汽车、观致汽车、长安铃木、广汽三菱、吉利汽车、东风日产、郑州日产、东南汽车、广汽长丰、长安标致雪铁龙、广汽乘用车、东风本田、北汽银翔、力帆汽车

★厦门白马橡塑金属工业有限公司
地址:福建省厦门市集美区董任路 8 号
邮编:361022
电话:0592/6076575、13295926087
传真:6076576
电子信箱:xwhrpms@ public. xm. fj. cn
法定代表人:孙可德
质量体系:QS 9000
产品情况:(W. H 牌)
各式轮胎内胎配套用气门嘴

★厦门正新橡胶工业有限公司
地址:福建省厦门市集美区杏林西滨路 15 号
邮编:361022
电话:0592/6211606
传真:6214649
网址:www. xcs. com. cn
电子信箱:xcsp@ mail. xcs. com. cn
法定代表人:陈秀雄
单位人数:30000
质量体系:IATF 16949、ISO 9001
产品情况:(正新牌、CST 牌)
摩托车轮胎、轿车轮胎、货车轮胎、大客车轮胎、拖车轮胎、ATV 轮胎、卡丁车轮胎等
出口情况:销售网络遍布 140 多个国家

★捷太格特转向系统(厦门)有限公司
地址:福建省厦门市海沧区新阳工业区西园路 90 号
邮编:361026
电话:0592/6530888
网址:www. jtekt. com. cn
法定代表人:TATEISHI SHUJI
质量体系:IATF 16949、ISO 9001
产品情况:主要生产各种车辆用电动助力转向器
配套情况:被一汽丰田、广汽丰田、东风日产、吉利汽车等国内外整车厂广泛采用

★厦门正新海燕轮胎有限公司
地址:福建省厦门市海沧新阳工业区西园路 15 号
邮编:361026
电话:0592/6885333
电子信箱:cstpj@ mail. xcs. com. cn
法定代表人:陈秀雄
质量体系:IATF 16949、ISO 9001
产品情况:(海燕牌)
全钢、半钢子午线轮胎及其他轮胎
出口情况:远销国外市场

★厦门永裕机械工业有限公司
地址:福建省厦门市同安区同安工业集中区思明园 5 号
邮编:361100
电话:0592/5932999
传真:5930299
网址:www. yusin. com
电子信箱:yusin@ yusin. com
法定代表人:纪经得
质量体系:ISO 9001、ISO 14001
产品情况:汽车液压制动总泵、制动分泵,离合器总泵、离合器分泵,盘式制动器总成,鼓式制动器总成以及橡塑产品
出口情况:主要销往美国、欧洲、墨西哥、东南亚、马来西亚、日本等国家和地区的售后市场

★福建田中机械科技股份有限公司
地址:福建省泉州市鲤城区常泰街道五星街 77 号
邮编:362000
电话:0595/22423880、22423886
传真:22459382
网址:www. tianzhongjx. com
电子信箱:tzmfcl@ vip. sina. com
法定代表人:黄志明
质量体系:ISO 14001、IATF 16949
产品情况:(TAB 牌)
主要产品有扭力胶芯、推力杆总成、减振胶垫等汽车配件
配套情况:终端客户包括奔驰汽车、SCANIA、曼、五十铃、三菱、日野、日产、丰田、现代等

★泉州鲤城福辉汽车配件有限公司
地址:福建省泉州市鲤城区江南高新园区常泰路
邮编:362000
电话:0595/22478130、22467716
传真:22467557
网址:www. qzfuhui. com
电子信箱:fuhui@ qzfuhui. com
法定代表人:许英英
质量体系:IATF 16949
产品情况:年生产、销售 100 万根制动凸轮轴及调整臂、平衡梁轴及其他销轴类产品
配套情况:为一汽集团、东风汽车公司、厦门金龙、苏州金龙等配套

★泉州恒劲机械有限公司
地址:福建省泉州市树兜工业区奇树路 59、61 号
邮编:362000
电话:0595/22411111、22429999
传真:22422999
网址:www. china - hengjing. com
电子信箱:hj@ china - hengjing. com
法定代表人:蒋长铭
单位人数:200
质量体系:IATF 16949
产品情况:(QJC 牌)
制动凸轮轴、调整臂、轴头、制动支架等汽车、半挂车底盘件配件,及挖掘机斗齿、齿座、驱动齿块、链轨节等锻造系列产品
配套情况:为一汽、庆铃、中国重汽、陕汽、ArvinMeritor 等配套

★晋江宏辉汽车配件制造有限公司
地址:福建省晋江经济开发区(五里园区)裕源路 8 - 9 号
邮编:362200
电话:0595/82100888、82100999
传真:82100777
网址:www. fjhhqp. com
电子信箱:fjhonghui@ 163. com
法定代表人:陈永红
质量体系:IATF 16949
产品情况:(象标牌、添翼牌、同鹰牌)
万向节十字轴总成、差速器十字轴等
配套及出口情况:为国内知名车桥公司配套;与东南亚、亚洲、中东、非洲、南美洲等国家和地区的客户建立长期而稳

定的合作关系

★建新橡胶(福建)有限公司

地址:福建省晋江市灵源街道小浯塘工业区
邮编:362200
电话:0595/88198255、88183185
传真:88198115、88198185
网址:www.jianxin.cn
电子信箱:sales@jianxin.cn
法定代表人:蔡庆火
质量体系:ISO 9001、ISO 14001
产品情况:(建新牌)

汽车丁基胶内胎和天然胶内胎、汽车垫带;摩托车、电动车、自行车内胎等

出口情况:出口欧洲、美洲、东南亚等地区

★福建征途汽车部件制造有限公司

地址:福建省晋江市西园街道赖厝高新科技工业区
邮编:362200
电话:0595/85683631、4008744855
传真:85696282
网址:www.zhengtu.com
电子信箱:zhengtu@pub2.qz.fj.cn
法定代表人:赖育林
单位人数:100
质量体系:QS 9000、IATF 16949
产品情况:(顺途牌、征途牌、索密克牌)

各类车型的球头系列产品、转向拉杆总成、修理包、控制臂体、底盘配件等部件

配套情况:为北汽福田配套

★晋江市航万汽车部件有限公司

地址:福建省晋江市内坑镇工业区
邮编:362260
电话:0595/85358777、85179688
传真:85179699
网址:www.qgwx.com
电子信箱:qgwx688@sina.com
法定代表人:林秀莲
单位人数:500
质量体系:ISO 9001
产品情况:(泉工牌、万象牌、乡阳牌、泉力王牌)

万向节十字轴总成、差速器十字轴、扭力胶芯等汽车配件

★晋江市立新汽车配件有限公司

地址:福建省晋江市东石镇塔头孙村工业北路47号
邮编:362271
电话:0595/85585552、13808540662
传真:85520966
网址:www.lixinforging.com
电子信箱:sylvia@lixin-spareparts.com
法定代表人:孙建立
质量体系:IATF 16949
产品情况:[励鑫(LIXIN)牌、闵锻(MIN-DUAN)牌]

货车转向横拉杆接头总成、直拉杆总成、吊耳、转向弯臂、轮胎压块、混凝土泵车锻造管卡等总成配件以及各种型号的传动轴、链轨节、球接头、控制臂、调整臂等汽车底盘锻造毛坯

配套情况:与长城汽车、东风汽车有限公司配套

★泉州市鸿星汽车配件有限公司

地址:福建省南安市福建省泉州市霞美镇滨江工业区3号
邮编:362300
电话:0595/82899777
网址:www.fjhxqp.com
电子信箱:hongxing@fjhongxing.com
法定代表人:吴鸿浦
单位人数:330
质量体系:ISO 9001
产品情况:(鸿星牌)

汽车传动轴总成、凸缘、凸缘叉、伸缩叉、传动花键轴、制动凸轮轴等

配套及出口情况:为多家车桥厂、变速器生产厂家配套;远销欧洲、中东、东南亚等10多个国家和地区

★福建明佳机械科技股份有限公司

地址:福建省南安市滨江机械装备制造基地
邮编:362302
电话:0595/86769999、86750803
传真:86758877
网址:www.cnacr.com
电子信箱:acr@cnacr.com
法定代表人:黄衍国
单位人数:500
质量体系:IATF 16949
产品情况:(ACR牌)

汽车减振器、发动机橡胶减振垫、扭力胶芯、推力杆总成

配套情况:为东风柳州、日本五十铃、南京徐工、包头北奔、广汽日野、厦门厦工等配套

★福建申利卡铝业发展有限公司

地址:福建省南安市仑苍镇高新技术园
邮编:362304
电话:0595/86155888
网址:www.shlkwheel.com
电子信箱:slkwheel@slkwheel.com
法定代表人:吴金彻
质量体系:IATF 16949、ISO 9001
产品情况:汽车铝合金轮毂,年产能250万件

★福建省石狮市同兴齿轮有限公司

地址:福建省石狮市九龙山工业区
邮编:362700
电话:0595/88681081、88657789
传真:83036789
网址:www.tongxingcl.com
电子信箱:tongxing@tongxingcl.com
法定代表人:洪炳乐
质量体系:IATF 16949
产品情况:(同兴牌)

各类同步器、差速器半轴齿轮、行星齿轮、圆柱齿轮、万向节、十字轴、轴承、调整臂等

配套及出口情况:为一汽集团配套;远销欧洲、美国、中东、亚洲、美洲、俄罗斯等国家和地区

★福建龙翌合金有限公司

地址:福建省石狮市外北环路港塘村段鹏龙工业大厦
邮编:362700
电话:0595/88950588、15106001688
传真:83081268
网址:www.wzlhq.com
电子信箱:2008wzlhq@163.com
法定代表人:王聪哲
质量体系:ISO/TS 16949
产品情况:(福胜牌、万众牌)

离合器从动盘及压盘总成

配套及出口情况:为陕汽集团、厦门金龙、大运重型货车等配套;远销东南亚、中东、俄罗斯、欧美等国家和地区

★正兴车轮集团有限公司

地址:福建省漳州市北环路1608号
邮编:363000
电话:0596/2600308
传真:2600926
网址:www.zenixauto.com
电子信箱:64182410@qq.com
法定代表人:赖建辉
质量体系:IATF 16949、ISO 14001
产品情况:(正兴牌)

各型汽车车轮,车轮年生产能力1500万套

配套及出口情况:为印度塔塔、日野、普利司通、邓普禄、大宇、中国重汽、重庆红岩、北奔重汽、郑州宇通、金龙客车、江淮、一汽客车、福田汽车等国内外90多家大、中型汽车厂配套;远销日本、韩国、印度、东南亚、欧洲、非洲、美洲等30多个国家和地区

★华安正兴车轮有限公司

地址:福建省漳州市华安县工业集中区九龙工业园
邮编:363000
电话:0596/2600161、2600063
传真:2600926
网址:www.zenixauto.com
电子信箱:1172957781@qq.com
法定代表人:赖建辉
质量体系:IATF 16949
产品情况:锻造铝合金车轮
配套及出口情况:为宇通、中国重汽、江淮、安凯、南京金龙、苏州金龙、厦门金龙、集瑞联合重工、安徽华菱、东风、江西凯马百路佳客车等配套;远销日本、韩国、印度,及东南亚、欧洲、非洲、美洲

等 30 多个国家和地区

★福建三田汽车零部件有限公司
地址:福建省诏安县深桥工业园北区
邮编:363500
电话:0596/6096588、6096688
传真:6096688
网址:www.samtin.hk
电子信箱:stuyu@ samtin.hk
法定代表人:郑师窕
质量体系:IATF 16949
产品情况:(TIANXIN 牌)
转向节主销、汽车离合器轴承和转向拉杆总成

★长泰冠佳工贸有限公司
地址:福建省漳州市长泰县兴泰工业园区
邮编:363900
电话:0596/8317328、15359440069
传真:8317329
法定代表人:王聪荣
质量体系:ISO/TS 16949
产品情况:主要包括电动助力转向系统、粘性连轴器、充气减振器、空气悬架、液压挺杆)

★漳州恒忆锻造工业有限公司
地址:福建省漳州市长泰县兴泰工业园区
邮编:363900
电话:0596/8317139
传真:8318456
网址:www.redhotforging.com
电子信箱:sales1@ redhotforging.com
法定代表人:谢炳煌
质量体系:IATF 16949
产品情况:汽车底盘件、拉杆球头、悬架球头、转向球头、中心拉杆、正副邦汰、转向轴、连杆轮毂,机车下联板、摇臂、起动杆、叉齿轴等各类锻件,年产量 4000 吨

★漳州常山品兴汽配有限公司
地址:福建省漳州市常山华侨农场工业区 7 号
邮编:363900
电话:0596/8629189
传真:8627481
网址:www.pinsin.cn
电子信箱:pinsin - auto@ 163.com
法定代表人:许世益
质量体系:IATF 16949
产品情况:(品兴牌)
制动总泵、制动分泵、离合器总泵、离合器分泵、液压助力器,比例阀等;具备年产量 100 万套的生产能力
出口情况:远销欧美、中东、东南亚等地区,并销往中国台湾地区

★福建畅丰机械集团有限公司
地址:福建省龙岩市经济开发区
邮编:364000
电话:0597/5616182、5616185
传真:5616213
网址:www.fjchangfeng.com
电子信箱:caiqun.lai@ fjchangfeng.com
法定代表人:王煜群
质量体系:ISO/TS 16949
产品情况:(畅丰牌)
重型货车车桥及底盘零部件
配套及出口情况:为东风、福田、华菱、江淮、宝华、王牌、金旅、厦工、中联等十几家国内汽车厂配套;部分产品远销东南亚、欧美等地区

★龙岩市万腾车桥制造有限公司
地址:福建省龙岩市新罗区工业西路 68 号
邮编:364000
电话:0597/3371222、4001899530
传真:2267888
网址:www.fjwtcq.net
电子信箱:wtcq@ fjwtcq.com
法定代表人:庄树仁
质量体系:IATF 16949
产品情况:(万腾牌)
汽车、农用车、工程机械前后驱动桥,前转向驱动桥总成

★龙岩市中林工业有限公司
地址:福建省龙岩市新罗区工业西路 68 号(龙州工业园)
邮编:364000
电话:0597/2268688、2295777
传真:2268686
网址:www.ly - zhonglin.com
电子信箱:zm2717@ ly - zhonglin.com
法定代表人:朱敏
质量体系:IATF 16949
产品情况:(中林牌)
汽车钢板弹簧
配套及出口情况:为三一重工等配套;远销亚太、中东、非洲等地区的多个国家

江西省

★江西江铃集团车桥齿轮有限责任公司
地址:南昌市青云谱区昌南工业园金鹰路 30 号
邮编:330001
电话:0791/87081626、87081612
传真:87081629
网址:www.jxjlqc.com
电子信箱:672702042@ qq.com
法定代表人:赖长发
单位人数:190
质量体系:IATF 16949、OHSAS 18001
产品情况:汽车螺伞齿轮年生产能力达 45 万套,主要配套于 MPV、SUV、中高端皮卡车和轻型货车、工程机械和农机行业
出口情况:远销国外市场

★格特拉克(江西)传动系统有限公司
地址:南昌市经济技术开发区梅林大街 169 号
邮编:330013
电话:0791/88555000
传真:88555100
网址:www.getrag.com.cn
电子信箱:getrag@ getrag.com.cn
法定代表人:Peter Seidl
单位人数:4700
质量体系:ISO 14001、ISO 45001
产品情况:手动变速器、双离合变速器、混合动力变速器、eDRiVE 等
配套情况:为美国福特、美国通用、江铃汽车、双环汽车、长安铃木、北汽福田、华晨汽车、海马汽车、奇瑞汽车、东风汽车、东南汽车、郑州日产、吉利汽车、东风柳汽、东风裕隆、长城汽车、广汽日野、广汽集团、长丰汽车、吉奥汽车、江淮汽车、江铃控股、宝腾汽车、中兴汽车、曙光汽车集团、中华汽车、哈东安、沈阳三菱、豪爵摩托等供货

★格特拉克江西传动系统公司南昌工厂
地址:南昌市经济技术开发区梅林大街 169 号
邮编:330013
电话:0791/88557198、88555027
传真:83828190
网址:www.getrag.com.cn
电子信箱:getrag@ getrag.com.cn
单位人数:1100
质量体系:ISO 9001、IATF 16949
产品情况:主要生产后驱手动变速器
配套及出口情况:为美国福特、美国通用、江铃汽车、华晨汽车、一汽海马、奇瑞汽车、东风汽车公司、东南汽车、郑州日产等供货;出口北美洲、南美洲、东南亚、南非,并随整车销往全球 150 多个国家和地区

★南昌久耐汽车离合器有限公司
地址:南昌市小蓝经济开发区富山五路 1230 号
邮编:330025
电话:0791/85950995、4009158581
网址:www.jnclutch.com
法定代表人:蒋建飞
质量体系:IATF 16949
产品情况:汽车离合器、汽车部件及配件

★南昌齿轮有限责任公司
地址:南昌市经济技术开发区蛟桥
邮编:330044
电话:0791/87081626、83876888
传真:83876686
电子信箱:office@ ncgear.com.cn
法定代表人:陈华军
质量体系:ISO 9001
产品情况:(金刚石牌、南齿牌)
各种齿轮、齿轮箱、锻件和盾构刀具
配套及出口情况:为江铃汽车、南京汽车集团、长城汽车、河北中兴、洛阳一拖

等配套;远销亚洲、欧洲、美洲

★江西省欧泰诗汽车部件有限公司
地址:南昌市南昌县小蓝经济开发区富山五路1230号
邮编:330052
电话:0791/85957886
传真:85957733
网址:www.outaishi.com
电子信箱:sales@outaishi.com
法定代表人:蒋建飞
单位人数:260
质量体系:IATF 16949
产品情况:专业生产国产、进口汽车离合器总成及制动片
配套及出口情况:为广西集团、陕西重汽、一汽夏利配套;远销欧洲、美国、中东等20多个国家和地区

★江西王力汽车板簧有限公司
地址:南昌市高新技术产业开发区创新三路以东
邮编:330096
电话:0791/88122799
传真:88122799
网址:www.wlqcbh.co
电子信箱:226112503@qq.com
法定代表人:陶冬妹
质量体系:ISO/TS 16949
产品情况:各类汽车板簧
出口情况:远销欧美、东南亚

★江西方大长力汽车零部件有限公司
地址:南昌市高新区艾溪湖一路
邮编:330096
电话:4000033397、18007084026
传真:0791/88392808
网址:www.clleafspring.com
电子信箱:jxfdchlxs@163.com
法定代表人:曾海华
质量体系:IATF 16949、ISO 14001
产品情况:(长力牌)
汽车钢板弹簧、稳定杆、扭杆
配套情况:钢板弹簧总成为江铃、郑州日产、海马、上汽、东南汽车、长城汽车、河北中兴、北汽福田、柳州五菱、上汽通用五菱、昌河、江淮、奇瑞、郑州宇通、中集集团、中联重科、杭州行地等配套;稳定杆为东南汽车、众泰、海马、华泰、奇瑞、长安、东风柳汽、江铃配套;扭杆为江铃、北汽福田、东风裕隆、长城汽车配套

★江西远成汽车技术股份有限公司
地址:南昌市新建区望城新区璜溪大道168号
邮编:330100
电话:0791/83671922、4008883937
传真:83671977
网址:www.yuanchenggufen.com
电子信箱:jx-yuancheng@jx-yuancheng.com
法定代表人:王远青
单位人数:1100
质量体系:ISO 14001
产品情况:(昌力牌)
具有年产3万套汽车空气悬架、20万吨汽车钢板弹簧、12000吨汽车紧固件、2000吨工装模具和专用设备的年生产能力
配套及出口情况:与上汽红岩、大运集团、北汽福田、东风商用车、东风旅行车、江铃汽车等知名整车企业达成长期合作关系;远销欧美、东南亚等地区

★江西江铃集团深铃汽车零部件有限公司
地址:南昌市小蓝经济开发区富山二路128号
邮编:330200
电话:0791/85988796、85983618
传真:5988790
电子信箱:cxh8621@163.com
法定代表人:李洪
单位人数:150
质量体系:IATF 16949、ISO 14001
产品情况:汽车制动系统、包括汽车制动主缸总成和制动轮缸总成、汽车盘式制动器总成、汽车离合器主缸总成和离合器轮缸总成以及其他汽车零部件
配套情况:与江铃股份,江铃控股、格特拉克(江西)传动系统、江铃底盘、江铃华翔汽车零部件、重庆庆铃汽车、北汽福田等供货

★江西汽车钢板弹簧有限公司
地址:江西省高安市高安新世纪工业园龙工大道
邮编:330800
电话:0795/5289200、5289768
传真:5289768
电子信箱:jxqcgbth@jxqcgbthgs.com
法定代表人:邓健
质量体系:IATF 16949
产品情况:(瑞洲牌)
汽车钢板弹簧
配套及出口情况:与奇瑞汽车、长安汽车、华菱汽车、昌河汽车、江铃轻型货车及比亚迪汽车等国内知名厂家配套;远销欧美、东南亚以及中东地区

★江西赣齿传动机械有限公司
地址:江西省新干县城南工业园区
邮编:331300
电话:0796/2621259、15079609936
传真:2682856
网址:www.jxgc-gears.com
电子信箱:info@jxgc-gears.com
法定代表人:冯素梅
质量体系:IATF 16949
产品情况:(赣齿牌)
专业生产汽车变速器总成及变速器齿轮
配套及出口情况:为多家主机厂配套;出口中东、南非等多个国家和地区

★景德镇正德制动系统有限公司
地址:江西省景德镇市瓷都大道高新区正佳路1号
邮编:333000
电话:0798/8380008、8386111
传真:8382899
网址:www.zdbrake.com
电子信箱:zd@zdbrake.com
法定代表人:骆建清
质量体系:IATF 16949
产品情况:汽车制动钳、转向节、盘式制动器、鼓式制动器
配套及出口情况:与比亚迪汽车、韩国万都、奇瑞汽车、一汽佳宝、柳州五菱汽车等供货;远销北美洲、欧洲

★江西万向昌河汽车底盘系统有限公司
地址:江西省景德镇市珠山区茅家坂昌河工业园
邮编:333039
电话:0798/8466181、8466184
传真:8441888
电子信箱:chenjing@wxqc.cn
法定代表人:李平一
单位人数:360
质量体系:IATF 16949
产品情况:减振器、转向节、制动器、轮毂单元、轮毂轴承等汽车前悬架系统、制动系统、传动系统产品
配套情况:为昌河汽车配套

★江西波星实业集团有限公司
地址:江西省上饶市鄱阳县田畈街工业园027号
邮编:333105
电话:0793/6321178
传真:6321886、6321156
网址:www.jxboxing.com
电子信箱:postmaster@jxboxing.com
法定代表人:张津梁
质量体系:IATF 16949
产品情况:电涡流缓速器制动系统及零配件

★江西天岳汽车电器有限公司
地址:江西省宜春市经济技术开发区
邮编:336000
电话:0795/2197239、3859877
传真:2197210
网址:www.tian-yue.com
电子信箱:zjty@vip.163.com
法定代表人:陈振勉
单位人数:306
质量体系:IATF 16949
产品情况:(天岳牌)
汽车散热器电动风扇总成、空调风扇总成及其衍生产品
配套及出口情况:客户有一汽集团、天津夏利、重庆力帆、上海比亚迪、保定长城、浙江吉利、一汽吉轻、上海波导、上海中顺、石家庄双环、丹东曙光、天津三电、一汽杰克赛尔、一汽富奥、江西新

电、南京协众;远销欧美、东南亚、中东

★江西振扬精密机械制造有限公司
地址:江西省萍乡市经济开发区萍安北路
邮编:337000
电话:0799/6337570
传真:6325388
网址:www.jx-xzy.com
电子信箱:aw@jx-xzy.com
法定代表人:谢良
质量体系:IATF 16949、ISO 14001
产品情况:(XZY牌)
汽车十字轴、转向节主销、后桥差速器等锻造件
配套及出口情况:客户有包头北奔重型汽车、安徽安凯福田曙光车桥、陕西汉德、济南重汽、山东蓬翔汽车、郑州宇通精益达、合肥美桥、青岛青特众力车桥、丹东曙光车桥、安徽华菱、一汽解放、广西方盛车桥等多家大型知名企业;产品随客车出口俄罗斯、巴西、阿根廷、南非、马来西亚等国家

★格特拉克江西传动系统公司赣州分公司
地址:江西省赣州市经济技术开发区迎宾大道38号
邮编:341000
电话:0797/8069000
传真:8166288
网址:www.getrag.com.cn
电子信箱:ganzhou@getrag.com.cn
法定代表人:吴起明
单位人数:1600
质量体系:IATF 16949、ISO 9001
产品情况:汽车中、高档变速器
配套情况:主要与美国福特、长安汽车、江铃汽车、北汽集团、东风集团、广汽集团、奇瑞汽车、吉利汽车、东风柳汽、东南汽车、长城汽车、一汽集团、江淮汽车、华晨汽车、猎豹汽车、观致汽车、郑州日产等诸多国内外知名汽车制造商保持良好的合作关系

★赣州群星机械有限公司
地址:江西省赣州市沙河工业园三二三国道北侧
邮编:341000
电话:0797/8189776、8189788
传真:8189776
网址:www.gzqxjx.com
电子信箱:gzqxjx@gzqxjx.com
法定代表人:胡德平
单位人数:500
质量体系:IATF 16949、QS 9000
产品情况:同步器、变速器齿轮、叉轴
配套情况:主要客户有北京摩比斯、东安三菱、格特拉克、江淮汽车、重庆青山、九江昌河、一汽长齿、长城汽车、海马汽车、比亚迪汽车、南京奥思丁等

★赣州经纬科技股份有限公司
地址:江西省赣州市章贡高新区沙河产业园323国道园区段20号
邮编:341000
电话:0797/8163673
传真:8163673
网址:www.jwautoparts.com
电子信箱:jwt@jwautoparts.com
法定代表人:冯幸平
单位人数:500
质量体系:IATF 16949
产品情况:年生产变速器总成、散件30万台,新能源汽车动力总成及新能源汽车变速器
配套情况:主要客户有华晨汽车、长丰猎豹、北汽福田、五菱汽车、比亚迪汽车、汉腾汽车、韩国现代汽车、南京越博、中科深江等

★格特拉克江西传动系统公司于都分公司
地址:江西省于都县工业园区
邮编:342300
电话:0797/6329183
传真:6329696
网址:www.getrag.com.cn
电子信箱:yudu@getrag.com.cn
法定代表人:吴起明
质量体系:IATF 16949、OHSAS 18001
产品情况:具有年产汽车齿轮90万件、汽车变速器总成35万台(套)的生产能力
配套情况:为华晨汽车、长安汽车、广汽三菱、奇瑞汽车、中华汽车、哈尔滨东安、东风汽车、福特、福田汽车、吉利汽车、长城汽车、海马汽车、江淮汽车、江铃控股、江铃汽车、宝腾汽车、双环汽车、东南汽车、郑州日产、中兴汽车等供货

★江西省广蓝传动科技股份有限公司
地址:江西省兴国县经济开发区新区
邮编:342400
电话:0797/5342616、5342619
传真:5342619
网址:www.jxxgbc.com
电子信箱:jxgxbc@163.com
法定代表人:李金平
单位人数:370
质量体系:IATF 16949
产品情况:(国兴牌、贡江牌)
具备年产精密铸件10000吨,铝合金压铸件6000吨,换挡拨叉、拨叉轴及组件600万套生产能力
配套情况:主要为德国采埃孚、德国格特拉克(江西)传动系统、北京汽车、上海华菱汽车、奇瑞汽车、比亚迪汽车、江淮汽车、浙江万里扬、株洲欧格瑞等20多家公司配套

★江西江铃底盘股份有限公司
地址:江西省抚州市临川区金柅大道168号
邮编:344000
电话:0794/8623193、8221374
传真:8222182
网址:www.jlchassis.com
电子信箱:zhul@jlchassis.com
法定代表人:赖长发
质量体系:IATF 16949、ISO 14001
产品情况:具有年产0.5~8.0吨各类轻型车驱动桥总成,3.0~6.0吨工程车驱动桥总成40万台(套)的生产能力
配套情况:主要为江铃汽车、北汽福田、郑州日产、东风汽车、一汽红塔、广汽日野、厦门金龙等企业配套

山东省

★山东新中安重汽零部件制造有限公司
地址:济南市天桥区218号
邮编:250001
电话:0531/68827808、15726149009
传真:68826088
网址:www.sdxinzhongan.com
电子信箱:xinzhongan@126.com
法定代表人:石志杰
质量体系:IATF 16949
产品情况:(新中安牌)
差速器总成、凸缘、齿轮、十字轴、齿圈、半轴管、轮边壳体、中后桥中段/后段等
配套情况:为北京福田戴姆勒、陕汽集团、中国重汽、东风柳汽、青特车桥、安凯车桥、方盛车桥及蓬翔汽车等多家汽车主机厂供货

★济南液压泵有限责任公司
地址:济南市中区文庄路22号
邮编:250022
电话:0531/87169808、87169700
传真:87169701
网址:www.jnyyb.cn
电子信箱:xiaoshouzx@jnyyb.cn
法定代表人:赵海昌
单位人数:360
质量体系:ISO 9001、ISO 14001
产品情况:(泉城牌)
液压齿轮油泵、齿轮马达和多路阀
配套情况:客户有徐工、柳工、山东临工、龙工、约翰迪尔、宇通重工、国机重工、山推、佳木斯煤机、中集集团、中联重科、三一重工、厦工、斗山、青岛雷沃、卡特彼勒(青州)等国内各大主机厂

★山东威明汽车产品有限公司
地址:济南市高新技术产业开发区天辰大街
邮编:250101
电话:0531/88875806、86861000
传真:88875875
电子信箱:xin.xu@wabco-auto.com
法定代表人:于素杰
单位人数:210
质量体系:IATF 16949、QS 9000
产品情况:空气压缩机、空气干燥器、四回路保护阀、空气处理单元、制动阀、继

动阀、自动感载阀、挂车控制阀、离合器总泵、离合器助力缸、制动气室、制动器、防抱死制动系统、空气悬架、电子控制制动系统等

★中国重汽集团济南桥箱有限公司

地址:济南市高新区孙村镇西顿邱
邮编:250117
电话:0531/85587369、58068396
传真:85588046、85588047
电子信箱:qiaoxiang@ sinotruk. com
法定代表人:万春玲
单位人数:2397
质量体系:IATF 16949
产品情况:(CNHTC 牌)
中重型货车、大中型客车车桥、离合器总成及铸钢桥壳,曲轴、连杆等锻件

★济南中森机械制造有限公司

地址:济南市章丘区明水经济开发区赭山工业园
邮编:250200
电话:0531/83270388、83270315
传真:83270366、83270328
网址:www. znsn. cn
电子信箱:zs@ znsn. cn
法定代表人:崔健
质量体系:IATF 16949
产品情况:汽车半轴套管、平衡轴壳、铸造横梁、变速器主轴、输入轴、凸缘、电子式燃油传感器及汽车电器接插件等产品
配套情况:为中国重汽、东风集团、陕汽集团、重庆红岩、潍柴动力等重型汽车主机及部件生产企业配套

★济南威成汽车零部件有限公司

地址:济南市章丘区明水镇经济开发区赭山工业园内
邮编:250200
电话:0531/58902601、58902781
传真:83269839
网址:www. jnweicheng. com
电子信箱:18663738278@ 163. com
法定代表人:崔凯
单位人数:150
质量体系:IATF 16949
产品情况:ABS 齿圈、气制动阀类等产品
配套情况:已与几十家汽车厂和汽车改装厂形成了长期供货关系

★山东富华车桥有限公司

地址:济南市章丘区相公镇南王工业园
邮编:250203
电话:0531/83831182、83828182
传真:83828182
网址:www. fuhuacheqiao. cn
电子信箱:whw@ sdfhcheqiao. com
法定代表人:王华卫
质量体系:ISO 9001
产品情况:(富赛牌)
挂车车桥、空气悬架、单点悬架等
配套情况:为中国重汽配套

★济南第二汽车配件有限公司

地址:济南市长清区平安北路
邮编:250306
电话:0531/87412088、87402116
传真:87412322
网址:www. jneq. com
电子信箱:cqeqp@ sina. com
法定代表人:张玉新
单位人数:800
质量体系:IATF 16949、ISO 9001
产品情况:(平安牌)
汽车行星架总成、制动底板总成、气室支架总成、桥壳、差速器壳、轴头、过桥箱、过桥箱盖等汽车配件
配套情况:为重汽集团、青岛青特集团、一汽山东汽车改装厂、广西方盛车桥厂、陕汽汉德车桥、安徽安凯、北汽福田、曙光车桥等 10 多家企业配套

★济南鑫源鑫机械制造有限公司

地址:济南市长清区平安街道办事处石马
邮编:250306
电话:0531/87459782、87414666
传真:87459782
网址:www. jnxyx. cn
电子信箱:zfx@ jnxyx. cn
法定代表人:王玉伟
质量体系:IATF 16949
产品情况:斯太尔、豪沃、曼、奔驰、雪佛兰、LS 等系列产品,有 300 余种车桥零部件和拖拉机驱动桥总成
出口情况:出口韩国、西班牙、美国、中东等国家和地区

★济南汇九齿轮有限公司

地址:济南市平阴县孝直镇
邮编:250402
电话:0531/87719999、87866666
传真:87716742
网址:www. huijiu. net
电子信箱:huijiu@ huijiu. net
法定代表人:韩刚
质量体系:IATF 16949
产品情况:摩托车发动机用初级主、从动齿轮;重型汽车驱动桥及客车驱动桥用齿轮和主被动锥齿轮;汽车柴油机用齿轮等各种精密齿轮
配套及出口情况:为重汽集团济南桥箱、安徽安凯福田曙光车桥、一汽山东汽车改装厂车桥厂、北方奔驰车桥、南京依维柯车桥分公司、陕西重汽汉德车桥、潍柴动力、潍柴道依茨、湖南机油泵、济南柴油机、广东大长江集团、济南轻骑铃木、重庆望江铃木、济南轻骑发动机、长春长铃汽油机、重庆力帆、宗申、隆鑫等配套;出口欧美及东亚地区

★山东海诺机械有限公司

地址:山东省德州市齐河县经济开发区纬四路北
邮编:251100
电话:0534/8991666、8997086
传真:8991888
网址:www. sdhainuojixie. com
法定代表人:赵琳
质量体系:IATF 16949
产品情况:(MEICHI 牌)
货车驱动桥总成、车桥及车桥铸造毛坯等
配套及出口情况:与国内各重型货车生产企业如一汽解放、东风重工、上汽依维柯红岩、方盛车桥、汉德车桥、蓬翔汽车、华菱汽车等配套;已与 DANA、EQI、KTW、JOHN DEERE、JLG, NACCO 等公司建立了长期战略合作关系

★鲁银集团禹城粉末冶金制品有限公司

地址:山东省德州(禹城)国家高新技术产业开发区东四环东侧德信大街南侧
邮编:251200
电话:0534/2128089、2128501
传真:2128096
电子信箱:lyfmyjz@ 163. com
法定代表人:李柱明
质量体系:IATF 16949、ISO 14001
产品情况:汽车同步器齿毂,年产 100 万套;铁基粉末冶金件,年产 3000 吨

★山东力得汽车科技股份有限公司

地址:山东省聊城市东昌府区郑家镇林里村(工业园区内)
邮编:252000
电话:0635/8636888
传真:8635688
网址:www. shandonglide. com
电子信箱:wxqc2008@ sina. com
法定代表人:李路峰
质量体系:ISO 9001、IATF 16949
产品情况:车桥、汽车制动器、制动鼓、轮毂、汽车零部件、轴承、轴承配件、冲压件及机械配件

★山东贞元汽车车轮有限公司

地址:山东省聊城市高新区黄河路 66 号
邮编:252000
电话:0635/5058556、5058586
传真:5058579
网址:www. shandongzhenyuan. com
电子信箱:sdzhenyuan@ 163. com
法定代表人:胡爱君
质量体系:IATF 16949
产品情况:商用汽车车轮
配套情况:与中国重汽集团、中国一汽签订战略合作协议

★山东光岳转向节有限责任公司

地址:山东省聊城市光岳路 1 号
邮编:252000

电话:0635/8529039、8528684
传真:8528698
电子信箱:shixiang318@163.com
法定代表人:郭继顺
质量体系:IATF 16949、OHSAS 18001
产品情况:(聊生牌)
汽车转向节专业生产基地,年生产能力超过300万只
配套情况:为一汽集团、东风汽车公司、跃进汽车集团、丹东曙光汽车集团、安徽江淮汽车、北方奔驰、重汽集团、北汽福田、时风集团等全国各大汽车、农用车整车厂家供货

★山东骏程金属科技有限公司
地址:山东省茌平县信发街道茌禹路以西北环路以南
邮编:252100
电话:0531/67808999、0635/6058888
传真:0531/67808666
网址:www.jc-wheels.com
电子信箱:info@jc-wheels.com
法定代表人:孙谱
质量体系:IATF 16949、ISO 9001
产品情况:锻造铝合金车轮、锻造铝合金部件

★茌平信发铝制品有限公司
地址:山东省茌平县热电工业园西园区
邮编:252100
电话:0635/7100994、7100988
传真:7100987
网址:www.xinfawheels.com
电子信箱:info@xinfawheels.com
法定代表人:孙谱
质量体系:IATF 16949
产品情况:年生产能力200万只铝合金车轮
出口情况:远销美国、欧洲、日本、中东、亚洲等国家和地区

★德州齿轮有限公司
地址:山东省德州市德城区大学西路1956号
邮编:253018
电话:0534/2312666、2312610
传真:2329388
网址:www.dzcl.com
电子信箱:dzclgs@126.com
法定代表人:李政
单位人数:556
质量体系:IATF 16949
产品情况:具有年产各种圆柱齿轮260万只,各类汽车变速器、取力器等齿轮传动箱3万台的能力
配套情况:为中国重汽、北京齿轮总厂、三一重工、长城汽车、一汽哈齿、徐工集团、福田汽车、山东临工桥箱、天津中德、宝雅新能源汽车、富路车业等供货

★山东金麒麟股份有限公司
地址:山东省乐陵市阜乐路999号
邮编:253600
电话:0534/81173866、4008127698
网址:www.chinabrake.com
电子信箱:ad@chinabrake.com
法定代表人:孙鹏
质量体系:IATF 16949、ISO 14001
产品情况:(LPB牌、LJP牌)
主要生产汽车制动片、制动盘,覆盖国内几乎全部乘用车车型和大部分商用车车型
配套及出口情况:为一汽、北汽、长安、东风、现代、华晨、吉利、比亚迪等配套;产品80%以上出口全球70多个国家和地区,是世界诸多大型汽车零部件销售公司的长期合作伙伴

★山东先河汽车转向器有限公司
地址:山东省淄博市淄川区洪山镇洪山大街6号
邮编:255100
电话:0533/5852450、13864412321
传真:5852450
网址:www.qczxq.com
电子信箱:lwdzbxh@163.com
法定代表人:张辉新
质量体系:ISO 9001、IATF 16949
产品情况:主要生产管柱式和循环球式电动助力转向器产品
配套情况:为一汽集团、北汽集团、重汽集团、金龙客车集团、时风集团和山东唐骏集团等大型企业生产的轿车、货车、客车批量配套

★山东雷帕得汽车技术股份有限公司
地址:山东省淄川经济开发区双山路9号
邮编:255130
电话:0533/6023866
传真:6225555
网址:leopardautomotive.com
电子信箱:leopardautotech@126.com
法定代表人:丁烨
质量体系:ISO 9001、IATF 16949
产品情况:汽车钢板弹簧、稳定杆、导向臂、气门弹簧等汽车零部件

★山东宏马工程机械有限公司
地址:山东省淄博市博山区八陡镇增福村
邮编:255200
电话:0533/4515789、4517998
传真:4515789
网址:www.hongma.com.cn
电子信箱:hongyan-ly@163.com
法定代表人:马宗祥
单位人数:1000
质量体系:IATF 16949、ISO 9001
产品情况:板簧

★山东特种工业集团有限公司
地址:山东省淄博市博山区石炭坞
邮编:255201
电话:0533/4520732、4520751
传真:4508802
网址:www.norincogroup.com.cn
电子信箱:office@sdjq.com.cn
法定代表人:杨守杰
单位人数:1700
质量体系:ISO/TS 16949、ISO 9001
产品情况:各型号焊接方轴管、整体挂车车轴等
出口情况:远销欧洲、南美洲、大洋洲、东南亚等地区

★淄博富华汽车配件有限公司
地址:山东省淄博市博山区白塔镇小店村
邮编:255202
电话:0533/4689519、18953358166
传真:4689516
网址:www.zibofuhua.com
电子信箱:zibofuhua@163.com
法定代表人:宋本超
单位人数:100
质量体系:IATF 16949
产品情况:汽车钢板弹簧、制动凸轮轴、精锻件、单点悬架等,年生产能力板簧1万吨,锻打件1万吨,制动凸轮轴12万条,单点悬架年产6000套

★淄博格尔齿轮有限公司
地址:山东省淄博市桓台县果里镇张北路96号
邮编:256410
电话:0533/8404000、8404016
传真:8404015、8404040
网址:www.chinageer.cn
电子信箱:zbgeer@163.com
法定代表人:田长清
单位人数:600
质量体系:IATF 16949
产品情况:(JD牌)
圆柱齿轮,产量430万件;螺旋锥齿轮,产量36万套
配套及出口情况:客户有潍柴动力、卡特(青州)、徐州工程机械集团、中国龙工集团、临沂工程机械集团;出口螺旋锥齿轮3万套

★山东宏盛橡胶有限公司
地址:山东省东营市大王工业园
邮编:257335
电话:0546/6892888
传真:6892666
网址:www.hstyre.com
电子信箱:hongsheng@hstyre.com
法定代表人:张友尧
单位人数:4500
质量体系:ISO/TS 16949
产品情况:(华盛牌、金鑫牌、台通牌、KAPSEN牌)
商用车轮胎、乘用车轮胎等
出口情况:出口欧洲、美洲、东南亚、中东地区

★东营信义汽车配件有限公司
地址:山东省东营市大王经济技术开发区

邮编:257335
电话:0546/6080691、4000546900
网址:www. xinyiauto. com
电子信箱:xinyi@ xinyiauto. com
法定代表人:李广辉
质量体系:IATF 16949、ISO 9001
产品情况:(信义牌)
　　制动片、制动盘
配套及出口情况:为戴姆勒、克莱斯勒、上汽大众、上汽通用、长春一汽、天津一汽、南汽集团、北汽集团、厦门金龙、郑州日产、吉利汽车、奇瑞汽车、上汽通用五菱、江铃汽车、江淮汽车、华泰现代、长城汽车、长丰集团、中国重汽、北汽福田等国内外 20 余家汽车公司、70 余种车型配套;出口北美洲、南美洲、欧洲、中东等地区

★东营万迪诺制动系统有限公司
地址:山东省东营市大王经济开发区
邮编:257335
电话:0546/6878468
网址:www. winset. com. cn
电子信箱:sale@ winset. com. cn
法定代表人:赵光斌
单位人数:400
质量体系:IATF 16949
产品情况:(万迪诺牌)
　　钳体总成(双缸)、制动盘、制动毂、轮毂、排气歧管(涡轮器)、水泵壳、连杆、排气管、转向节、减速器壳等精密部件

★山东皓宇橡胶有限公司
地址:山东省东营市大王经济开发区
邮编:257335
电话:0546/6882076、6883985
传真:6881588
网址:www. haoyuxiangjiao. cn
电子信箱:haoyuxiangjiao@ 163. com
法定代表人:李广华
单位人数:1200
质量体系:ISO 9001、ISO 14001
产品情况:(犇牛牌)
　　全钢载重汽车子午线轮胎,年生产能力 160 万条

★山东恒宇科技有限公司
地址:山东省东营市广饶县大王工业园
邮编:257335
电话:0546/6851526、6851506
传真:6872266、6851427
电子信箱:headway@ hengyugroup. com
法定代表人:李来伟
质量体系:ISO 9001、IATF 16949
产品情况:专业生产各种型号的半钢子午线轮胎和全钢载重子午线轮胎

★山东恒丰橡塑有限公司
地址:山东省东营市广饶县大王经济技术开发区
邮编:257335
电话:0546/6893242
网址:www. hengfengchina. com
法定代表人:李圣法
单位人数:2500
质量体系:IATF 16949、ISO 9001
产品情况:(昌丰牌)
　　全钢载重子午胎年产能达 350 万套
出口情况:远销欧洲、美洲、非洲、亚太等地区

★山东哈迪斯机车配件有限公司
地址:山东省东营市广饶县大王镇 31 号路以南,团结路以西
邮编:257335
电话:0546/6095929、6095928
电子信箱:hdsairspring@ 163. com
法定代表人:王学江
质量体系:QS 9000、IATF 16949
产品情况:以生产与销售空气弹簧减振配件、车轮、轻量化集装箱、轻量化汽车部件等为主

★山东双王橡胶有限公司
地址:山东省东营市广饶县大王镇高新经济开发区
邮编:257335
电话:0546/6891778、4000049888
传真:6893169
网址:www. shuangwanggroup. com
电子信箱:sdswjt@ 126. com
法定代表人:张清光
单位人数:535
质量体系:IATF 16949、ISO 9001
产品情况:(双王牌、路易通牌)
　　年产半钢子午胎 1200 万条,铝合金车轮 900 万只,原油加工及深加工能力 500 万吨

★信义集团公司
地址:山东省东营市广饶县大王镇经济开发区
邮编:257335
电话:0546/6879998
传真:6881189
网址:www. chinaxinyi. cc
电子信箱:xinyi6881189@ 126. com
法定代表人:李广辉
质量体系:ISO/TS 16949、QS 9000
产品情况:(信义牌)
　　主要产品有汽车制动片、制动盘、制动器、消声器、三元催化器、脱硝催化剂等;已形成年产制动片 3000 万套、制动盘 500 万套、消声器 100 万件的生产能力
配套及出口情况:为上汽大众、中国一汽、中国重汽、浙江吉利等 30 多家汽车公司上百余种车型主机配套,为美国克莱斯勒、福特、TRW 等供货;出口 70 多个国家和地区

★山东国风橡塑有限公司
地址:山东省广饶县大王镇东工业园
邮编:257335
电话:0546/6881466、4000971677
传真:6882356
电子信箱:sddyguofeng@ 163. com
法定代表人:李崇欣
单位人数:300
质量体系:IATF 16949
产品情况:高性能半钢子午胎、载重胎、工程胎、轻型货车胎等
出口情况:出口 10 多个国家

★盛泰集团有限公司
地址:山东省东营市广饶县西水工业区
邮编:257336
电话:0546/6497767、4006003131
传真:6506016
网址:www. shengtaigroup. com
电子信箱:3a@ shengtaigroup. cn
法定代表人:宋文奇
单位人数:4000
质量体系:IATF 16949、ISO 14001
产品情况:(三 A 牌、海豚牌)
　　具有全钢载重子午胎 300 万套、高性能半钢子午胎 600 万套、车轮 200 万套的年产能力
出口情况:远销美国、加拿大、中东、东南亚等 30 多个国家和地区

★兴源轮胎集团有限公司
地址:山东省东营市广饶县西水工业区
邮编:257336
电话:0546/6506839、6506660
传真:6506568、6497311
网址:www. xingyuangroup. com
电子信箱:hanweigang@ xingyuangroup. com
法定代表人:宋文广
单位人数:7000
质量体系:IATF 16949、ISO 14001
产品情况:[华鲁(HILO)牌、国宝牌、安耐特牌、强威牌、广大牌、兴源牌]
　　全钢载重子午胎
配套及出口情况:为一汽、东风、包钢、龙工、柳工、柳汽等配套;远销中东、非洲、东南亚、拉丁美洲等 80 多个国家和地区,并销往中国香港、中国澳门地区

★奥戈瑞车轮集团有限公司
地址:山东省东营市广饶县西水工业园
邮编:257336
电话:0546/7797022、7797915
传真:7792060
网址:www. ogreengroup. com
电子信箱:ogreen@ ogreengroup. com
法定代表人:王子义
单位人数:2800
质量体系:IATF 16949
产品情况:(奥戈瑞牌、沃轮牌、陆格牌、富利斯通牌、TREAD LINE 牌、川越牌、坤驼牌)
　　年产全钢载重子午线轮胎 200 万

套、无内胎汽车车轮 200 万套、有内胎汽车车轮 100 万套、汽车内胎 100 万套、2000 万条半钢子午线轮胎
配套及出口情况：为一汽、东风、北汽福田、寿光凯马、山东奥峰、江苏春兰、青岛汽车改装厂等十几家企业配套；远销欧洲、中东、非洲、大洋洲、拉丁美洲等 50 多个国家和地区

★广饶永正汽车配件有限责任公司
地址：山东省东营市广饶县西水工业园
邮编：257336
电话：0546/6507226
传真：6507226
网址：www. yzwheel. cn
电子信箱：yzwheel@ yzwheel. cn
法定代表人：徐金华
质量体系：IATF 16949
产品情况：无内胎车轮和型钢车轮

★山东镁卡车轮有限公司
地址：山东省东营市广饶县西水工业园
邮编：257336
电话：0546/7792018、7792013
传真：7792669
网址：www. meikawheel. com
电子信箱：sales001@ meikawheel. com
法定代表人：刘德杰
质量体系：IATF 16949、ISO 14001
产品情况：主要生产货车、客车、挂车、罐车等商用车，以及轿车领域的高强度轻量化锻造铝合金车轮

★山东华盛橡胶有限公司
地址：山东省广饶县稻庄工业园
邮编：257336
电话：0546/7799599、4006253888
传真：7799566、7799577
网址：www. hstyre. com
电子信箱：hongsheng@ hstyre. com
法定代表人：张树林
单位人数：6000
质量体系：IATF 16949、ISO 14001
产品情况：［华盛牌、金鑫牌、台通牌、KAPSEN 牌、FULLTURE 牌、KONSTRUKTA 牌、HABILEAD(海倍德)牌］
商用车轮胎、乘用车轮胎；已具备年产全钢子午线轮胎 500 万条，半钢子午线轮胎 2400 万条，输送带 3000 万平方米的生产能力

★山东正诺集团有限公司
地址：山东省东营市广饶县稻庄高效生态经济园
邮编：257341
电话：0546/7793955
电子信箱：sdznjx@ 126. com
法定代表人：商好峰
质量体系：ISO/TS 16949
产品情况：汽车高性能制动盘、制动鼓为主导产品

★东营宝丰汽车配件有限公司
地址：山东省东营市垦利县经济开发区胜兴路 66 号
邮编：257500
电话：0546/2881009、2776888
网址：www. frictionchina. com
电子信箱：jianliang. zhou@ frictionchina. com
法定代表人：田式国
单位人数：680
质量体系：IATF 16949、ISO 9001
产品情况：（BAOFENG 牌）
汽车盘鼓式制动器总成、制动钳、制动盘、制动片等汽车零部件
出口情况：远销北美洲与西欧

★山东万达宝通轮胎有限公司
地址：山东省东营市垦利经济开发区
邮编：257506
电话：0546/2896767、2869058
传真：2061318
网址：www. bototyre. com
电子信箱：100215@ chinawanda. com
法定代表人：尚永峰
单位人数：3000
质量体系：IATF 16949、ISO 9001
产品情况：已拥有年产 300 万条全钢载重胎、1500 万条半钢子午胎、10 万条工程机械轮胎的生产能力
配套及出口情况：与一汽集团、陕西汽车控股集团、北汽福田集团等众多汽车厂商进行合作；远销全球 162 个国家和地区

★大铁（潍坊）汽车工业有限公司
地址：山东省潍坊市符山镇官路村
邮编：261055
电话：0536/8113051、8113052
传真：8113004
法定代表人：严景镇
质量体系：IATF 16949
产品情况：制动总泵、制动分泵、制动盘

★潍坊通达齿轮箱有限责任公司
地址：山东省潍坊市经济技术开发区长松路 1699 号
邮编：261061
电话：0536/7590678、7590677
传真：7590678、7590679
网址：www. wftdgear. com
电子信箱：wftdgear@ 126. com
法定代表人：沈志国
单位人数：200
质量体系：IATF 16949
产品情况：（鲁通牌）
生产一汽、东风、重汽系列 CA142、HC680、HC980、75H4G、DC6J80T、120T、EQ145 等变速器齿轮及总成，道依茨内燃机配套齿轮
配套情况：客户有中国重汽集团济南商用车、潍柴动力、邦飞利传动设备（上海）、福田阿波斯农业装备等

★潍坊埃锐制动系统有限公司
地址：山东省潍坊市经济开发区泰祥街 6 号
邮编：261061
电话：0536/5175818、4008053610
传真：8669567
网址：www. airuibrake. com
电子信箱：airuisales@ airuibrake. com
法定代表人：周元学
质量体系：IATF 16949
产品情况：年产制动 800 万套，制动器总成 200 万套，电磁、液压、机械式车桥总成 5 万根及各种冲压件、汽车底盘件
配套及出口情况：为一汽-大众的合格供应商；出口欧美、大洋洲多个国家和地区

★山东富祥动力股份有限公司
地址：山东省潍坊市高新区潍安路以东樱前街以南
邮编：261200
电话：0536/7660295、18863639456
网址：www. fuxiangdongli. com
电子信箱：gongc@ fuxiangdongli. com
法定代表人：徐红军
质量体系：ISO 9001、IATF 16949
产品情况：柴油机零部件轻量化产品、新能源传动系统部件、新能源减速器壳体、汽车自动变速器壳体及液压阀板等关键零部件；拥有 8000 吨/年铝合金压铸能力，具备年产 20 万套变速器壳体及阀体的生产能力
配套情况：战略合作伙伴有比亚迪汽车、哈东安、一汽、长城、潍柴等

★盛瑞传动股份有限公司
地址：山东省潍坊市高新区潍安路以东，盛瑞街 518 号
邮编：261205
电话：0536/5605025
传真：5605000
网址：www. shengrui. cn
电子信箱：shengrui@ shengrui. cn
法定代表人：刘祥伍
质量体系：IATF 16949
产品情况：（盛瑞牌）
主要从事高端自动变速器和重型柴油机零部件的研发、生产
配套情况：为潍柴动力、珀金斯动力、中国一拖等配套

★山东鲁达轿车配件股份有限公司
地址：山东省莱州市经济技术开发区朱旺前路 258 号
邮编：261400
电话：0535/3077852、3073885
传真：3077983、3073879
网址：www. ludachina. com
电子信箱：disc@ ludachina. com
法定代表人：刘国志
质量体系：IATF 16949、ISO 14001
产品情况：（鲁达牌、奥开牌）

制动盘、制动鼓、制动片、制动蹄片;年产制动盘(鼓)1000万件,制动片(蹄片)500万套
配套情况:为奇瑞、长城等4家汽车公司配套

★莱州新安达汽车零部件有限公司
地址:山东省莱州市开发区玉泰东路118号
邮编:261400
电话:0535/2290149
传真:2291149
网址:www.china-anda.com
电子信箱:xanda@china-anda.com
法定代表人:潘国胜
单位人数:200
质量体系:IATF 16949
产品情况:空气干燥器、变速器箱体、发动机缸盖、机油冷却器、进出水管等铸造件
配套及出口情况:客户有中国重汽集团、东风汽车、陕汽集团、福田戴姆勒、康明斯发动机、天津雷沃等国内各大汽车厂以及北京佩特来、意大利SCM、德国威克诺森、日本FUKOKU、英国Lister Petter等;出口欧洲

★莱州华鲁汽车配件有限公司
地址:山东省莱州市驿道镇驻地
邮编:261400
电话:0535/2532981、4006811797
传真:2532981
网址:www.hualuqipei.com.cn
电子信箱:sandingjixie@126.com
法定代表人:赵浩材
单位人数:800
质量体系:IATF 16949
产品情况:汽车制动盘、制动鼓,年产400余万件
出口情况:产品全部出口欧洲、北美洲、中东、南非等地区

★莱州华汽机械有限公司
地址:山东省莱州市云峰北路3589号
邮编:261400
电话:0535/2260666、2231228
传真:2211464
电子信箱:sales@brakedisc.cn
法定代表人:楼志刚
单位人数:1000
质量体系:IATF 16949、ISO 9001
产品情况:汽车制动盘、制动毂、制动片
配套情况:为浙江亚太配套

★莱州双力机械有限公司
地址:山东省莱州市朱桥工业园
邮编:261400
电话:0535/2392294、2392335
传真:2392294
网址:www.lzsljixie.cn
电子信箱:lzsljxgs@163169.net
法定代表人:李日新
单位人数:400
质量体系:IATF 16949
产品情况:汽车制动盘,年产300余万件
出口情况:远销北美洲、欧洲

★莱州金狮汽车配件有限公司
地址:山东省莱州市土山镇龙环前路506号
邮编:261413
电话:0535/2229298、18663883396
传真:2291288
网址:www.gl-autoparts.com
电子信箱:sales@gl-autoparts.com
法定代表人:尹秋艳
单位人数:500
质量体系:IATF 16949
产品情况:货车盘、轿车盘、制动片
出口情况:全部出口欧洲

★莱州鲁源汽车配件有限公司
地址:山东省莱州市土山镇龙潭路298号
邮编:261413
电话:0535/2836757、2331035
传真:2332616
电子信箱:songjunhong@haoxingroup.com
法定代表人:于建国
质量体系:IATF 16949、ISO 9001
产品情况:汽车制动盘、制动鼓;年生产能力达300多万片
配套及出口情况:为南方天合、长安、奇瑞、吉利、柳汽配套;远销美国、加拿大、欧洲等国家和地区

★莱州鸿源台钳制造有限公司
地址:山东省莱州市平里店镇
邮编:261414
电话:0535/2616865、2615562
传真:2615563
网址:www.laizhouhongyuanvise.com
电子信箱:lzhybv@public.ytptt.sd.cn
法定代表人:王纬
质量体系:IATF 16949、ISO 9001
产品情况:制动鼓、轮毂、球铁铸件等
出口情况:远销美国、加拿大、墨西哥、澳大利亚、英国、俄罗斯、德国等国家

★莱州三力汽车配件有限公司
地址:山东省莱州市朱桥镇驻地
邮编:261419
电话:0535/3455880、3455896
传真:3455886
网址:www.sanliauto.com
电子信箱:info@sanliauto.com
法定代表人:杨丽燕
质量体系:IATF 16949、ISO 14001
产品情况:(三力牌)
汽车制动盘、制动鼓等
配套及出口情况:制动盘已给国内多种车型提供配套;主要出口欧洲、北美洲、南美洲、中东、南非、大洋洲等地区

★高密同创气门芯有限公司
地址:山东省高密市凤凰大街(西)1908号
邮编:261500
电话:0536/2366766
传真:2349696
网址:www.valvecore.cn
电子信箱:sales@valvecore.cn
法定代表人:李健
质量体系:IATF 16949、ISO 9001
产品情况:(同创牌)
年产轮胎气门芯12亿只,汽车、家用空调气门芯1亿只
出口情况:远销印度、意大利等50多个国家和地区,并销往中国台湾地区

★山东豪迈气门嘴有限公司
地址:山东省高密市豪迈路3008号(密水科技工业园内)
邮编:261500
电话:0536/2127858
传真:2126039
网址:qmz.himile.com
电子信箱:valve@himile.com
法定代表人:王玲
质量体系:IATF 16949、ISO 9001
产品情况:产品涵盖各种车型用胶座气门嘴,无内胎压紧式气门嘴,无内胎卡扣式气门嘴和TPMS(汽车胎压监测系统)专用气门嘴四大系列,年产1.5亿套
出口情况:出口占销售总额的50%,产品远销全球五大洲

★山东高天金属制造有限公司
地址:山东省高密市醴泉大街969号
邮编:261500
电话:0536/2322140、2323704
传真:2323630、2323704
网址:www.gaotian.com
电子信箱:sales@gaotian.com
法定代表人:单长亮
单位人数:108
质量体系:ISO 9001
产品情况:(高天牌)
轮胎气门嘴、气门芯等;年产多个系列的近百种规格的各类气门嘴2亿多套,年产气门嘴用铜材8000吨
出口情况:出口美国、马来西亚、阿根廷、土耳其、欧洲、美洲、南非等国家和地区

★山东红光橡胶科技有限公司
地址:山东省高密市咸家工业区红光大道西首
邮编:261528
电话:0536/2721115、13853690696
传真:2726111
网址:www.hgairspring.cn
电子信箱:vonlin@jtdtyre.com
法定代表人:刘斌
质量体系:IATF 16949、ISO 14001
产品情况:生产各种型号空气弹簧、空

气悬架、汽车爆胎应急装置产品、工业轮胎、工程轮胎、实心轮胎、农业轮胎、农业子午轮胎
配套及出口情况：为多家知名的汽车制造商配套；远销美国、欧盟等国家和地区

★山东通力车轮有限公司
地址：山东省诸城市龙都街道驻地
邮编：262200
电话：0536/6447438、6447427
传真：6447438、6448551
电子信箱：web@ tongliwheel. com
法定代表人：胡方森
单位人数：1200
质量体系：IATF 16949
产品情况：［诸龙（ZHULONG）牌］
乘用车、商用车、摩托车、工程机械车车轮，现年综合产能600万只
配套及出口情况：为北汽福田、五征集团、沈阳金杯汽车、北京轻型汽车厂、厦门金龙 上海华源凯马、上海华浦等供货；出口俄罗斯、英国、东南亚、南非等多个国家和地区

★诸城市义和车桥有限公司
地址：山东省诸城市泰薛路王家铁钩村段南侧
邮编：262200
电话：0536/6046238、6569700
传真：6110875
网址：www. yihecheqiao. com
电子信箱：2736363344@ qq. com
法定代表人：陈忠义
质量体系：IATF 16949、ISO 9001
产品情况：各种商用车桥（前桥、后桥总成）、乘用车桥（麦弗逊式独立悬架、双横臂式独立悬架等）、锻造前轴、各种转向拉杆、U形螺栓；电动车前/后桥等产品
配套及出口情况：主要配套北汽福田、中国重汽、一汽、东风、陕汽、北方奔驰、南京依维柯、江淮、长安等十几家国内主要汽车生产厂家；远销美国、荷兰、加拿大等国家

★通伊欧轮胎（诸城）有限公司
地址：山东省诸城市昌城镇芦河北路301号
邮编：262216
电话：0536/6338271、6336010
传真：6335965
电子信箱：hlqu@ toyo - tlz. com. cn
法定代表人：宫崎祐次
质量体系：ISO 9001、ISO 14001
产品情况：（TOYO牌）
货车和客车全钢子午线轮胎

★山东泸河集团有限公司
地址：山东省诸城市昌城镇泸河工业区
邮编：262216
电话：0536/6336020、6336003
传真：6401038
网址：www. luhe. com
电子信箱：ben_liu911@ hotmail. com
法定代表人：许传弟
单位人数：2000
质量体系：IATF 16949
产品情况：（泸河牌）
主导产品有全钢子午胎、半钢子午胎、斜交胎和橡胶机械等
配套及出口情况：主要配套厂家有北汽福田、江淮汽车、山东凯马、沈阳金杯、四川现代、一汽红塔等；与50多位外商和30多个国内代理公司建立了长期稳定的合作关系

★诸城市曙光车桥有限责任公司
地址：山东省诸城市经济开发区西首
邮编：262233
电话：0536/6079235、6079288
电子信箱：wangxueyan2210@ 126. com
法定代表人：赵福岩
质量体系：IATF 16949
产品情况：主要生产以轻型货车为主的汽车后驱动桥总成及配件，主要产品有6450系列、130系列、五十铃系列、1060系列、140、145、1088等七大系列的单级后驱动桥

★日照市北业制动泵有限公司
地址：山东省日照市五莲县松柏工业园
邮编：262302
电话：0633/5511305、4006121711
传真：5511711
电子信箱：byxsb@ rzbeiye. com
法定代表人：臧福运
质量体系：IATF 16949
产品情况：汽车制动系统
配套情况：为20余家主机厂配套

★山东英豪实业有限公司
地址：山东省青州市309国道378公里处
邮编：262500
电话：0536/3550078、13793679538
传真：3501388
网址：www. yinghaoshiye. com
电子信箱：694237798@ qq. com
法定代表人：刘英
单位人数：560
质量体系：IATF 16949
产品情况：主要生产汽车横直拉杆总成、传动轴总成以及十字轴等各种汽车零部件200余种
配套情况：为北汽福田汽车、北汽黑豹汽车、唐骏汽车、雷沃阿波斯、中国一拖、爱科农业机械、常发重工、时风集团等供货

★山东云洲车轮有限公司
地址：山东省青州市经济开发区昭德北路与纽约路交叉口
邮编：262500
电话：0536/6136766、4008918887
传真：6136768
网址：www. yun - zhou. com
电子信箱：xiaoshou@ yun - zhou. com
法定代表人：李春国
质量体系：IATF 16949
产品情况：（云洲牌）
产品涵盖乘用车车轮、商用车车轮、工程车车轮、电动汽车车桥、大型拉伸配件、冲压配件等
配套情况：主要配套单位有上汽集团、江淮集团、凯马集团、德国克拉斯、美国卡特彼勒、唐骏欧铃等120多家装载机厂家及大金马摩托、昌时车业、雷丁电动汽车等厂家

★青州市建富齿轮有限公司
地址：山东省青州市昭德北路899号
邮编：262500
电话：0536/3295306、3295301
传真：3295303
网址：www. jianfugear. com
电子信箱：1439072565@ qq. com
法定代表人：张建富
单位人数：326
质量体系：IATF 16949
产品情况：（JIANFU牌）
汽车车桥弧齿轮，年产各种齿轮150万套
配套情况：为中国重汽集团、上汽依维柯红岩、蓬翔车桥、安凯车桥、方盛车桥、青特众力车桥、北方奔驰、一汽、东风、奔驰、福田戴姆勒、曼汽车、陕西汉德车桥、北汽福田供货

★寿光市泰丰汽车底盘制造有限公司
地址：山东省寿光市洛城街道留吕工业园
邮编：262734
电话：0536/5636988、5675088
传真：5631149、5636988
网址：www. taifengdp. com
电子信箱：taifeng@ taifengnet. com
法定代表人：张风太
质量体系：ISO 9001
产品情况：汽车底盘，主要为重型货车、轻型货车、矿车、自卸车、客车、新能源汽车、特种车等车型进行配套
配套情况：为北汽福田、南京徐工、中通客车、申沃客车、中航爱维克、中航军用特种车等多家知名主机厂供货

★潍坊市跃龙橡胶有限公司
地址：山东省寿光市台头镇
邮编：262735
电话：0536/2230223
传真：5519456
网址：www. yuelonggroup. net
电子信箱：info@ yuelonggroup. net
法定代表人：刘新刚
单位人数：8500
质量体系：ISO 9001
产品情况：（跃龙牌 凯通牌、易通牌、康耐斯牌）

全钢货车子午线轮胎、半钢乘用车子午线轮胎
配套及出口情况:与北汽福田、中国重汽、时风集团等多家企业配套;远销德国、美国、日本等全球 130 多个国家和地区

★山东银宝轮胎集团有限公司
地址:山东省寿光市台头镇工业园
邮编:262735
电话:0536/2154888、4008166678
传真:2154888
网址:www. yinbaotyre. com
电子信箱:ybltzhb@ 163. com
法定代表人:刘永华
质量体系:IATF 16949、ISO 14001
产品情况:(银宝牌)
全钢载重子午线轮胎、轿车轮胎、工程机械轮胎、农业轮胎、特种轮胎等
配套及出口情况:为中国重汽、北汽福田、陕西重汽、广汽日野、中联重科、日本川崎重工、小松机械等配套;出口欧洲、美洲、大洋洲、中东等地区

★烟台三和新能源科技股份有限公司
地址:山东省烟台开发区上海大街 56 号
邮编:264000
电话:0535/6718008、6714285
传真:6714669
网址:www. ytsat. com. cn
法定代表人:陈国庆
质量体系:ISO 9001、IATF 16949
产品情况:汽车自动变速器箱体及阀体零件、大型汽车空调压缩机六缸体、新能源电动汽车电池箱体、水冷电动机壳体等高端汽车零部件、新能源汽车产品轻量化产品
配套情况:为日本雅马哈、丰田、本田、上汽通用等世界著名公司设计制作铝合金精密成型模具及塑料成型模具,主要用于北汽、猎豹、现代起亚、力帆、长安、江铃、御捷、宇通、金龙、中车、中通、上汽、吉利等知名新能源电动汽车

★烟台市清泉特钢锻造制品有限公司
地址:山东省烟台市高新园区博斯纳路南首
邮编:264000
电话:0535/6758067、3942670
传真:6758031、6758067
网址:www. ytduanzao. com
电子信箱:info@ yt - qingte. com
法定代表人:张源建
质量体系:IATF 16949、ISO 14001
产品情况:(清泉寨牌)
汽车前桥、前轴、平衡轴总成、差速器壳、连杆及各种锻件毛坯和机加工产品
配套及出口情况:主要为陕西汉德车桥、青特集团、山东蓬翔汽车(原山东汽车改装厂)、北方奔驰重型汽车、青岛海通车桥、北京众力福田车桥、安徽安凯金达汽车部件、烟台杰瑞集团、烟台艾迪精密机械等公司配套;国外客户包括北美洲的卡特彼勒、特雷克斯等

★烟台宏田汽车零部件股份有限公司
地址:山东省烟台市牟平区台湾工业园
邮编:264000
电话:0535/6576008、4678678
传真:6893878
网址:www. hongtianco. com
电子信箱:juling@ ytmasterparts. com
法定代表人:马惠泽
单位人数:200
质量体系:IATF 16949、ISO 14001
产品情况:汽车制动盘、制动鼓
出口情况:出口欧洲、美国等地区

★烟台未来自动装备有限责任公司
地址:山东省烟台市芝罘区楚凤四街 4 号
邮编:264002
电话:0535/6520011、6520022
传真:6530206
网址:www. yantaifast. com
电子信箱:scb@ yantaifast. com
法定代表人:宋翠云
单位人数:350
质量体系:IATF 16949、ISO 9001
产品情况:(法斯特牌)
具备年产 20 万条油缸、3000 台(套)液压(电气)系统集成、20 万条汽缸的生产能力
出口情况:出口日本、德国、意大利、美国、加拿大、丹麦、瑞典、法国、俄罗斯、东南亚等国家和地区

★烟台爱科机械设备有限公司
地址:山东省烟台市莱山区盛泉工业园广场北路 1 号
邮编:264003
电话:0535/6727778、6727797
传真:6727797、6728026
网址:www. al - ko - yt. com
电子信箱:lide@ saf - alko. com
法定代表人:魏向阳
质量体系:ISO 9001、ISO 14001
产品情况:AL-KO 商用小挂车底盘、自行式房车底盘、拖挂式房车底盘等

★烟台胜地汽车零部件制造有限公司
地址:山东省烟台市经济技术开发区泰山路 80 号
邮编:264006
电话:0532/85761111、0535/6383326
传真:85768370
网址:www. winhere. com. cn
电子信箱:autoparts@ winhere. com. cn
法定代表人:张宝芝
质量体系:IATF 16949、ISO 14001
产品情况:(Winhere 牌)
主要产品为制动盘、制动鼓,年产超过 4800 万片
配套及出口情况:配套长城汽车、比亚迪、BWI、万向、江淮、长安等公司;出口美国、德国、英国、日本、荷兰、印度等国家

★烟台鸿安实业有限公司
地址:山东省烟台市开发区鸿安工业园
邮编:264006
电话:0535/6951779、6950875
传真:6942639、6951779
网址:www. hongangroup. com. cn
电子信箱:zyf7159@ 163. com
法定代表人:谢路波
单位人数:3000
质量体系:IATF 16949
产品情况:汽车转向助力泵、齿轮泵、全液压转向器、液压阀等液压产品,共轨喷油泵、电控喷油泵、电控 VE 泵、共轨喷油器、P 系列喷油器等燃油喷射系列产品以及皮带轮、金属铸造、粉末冶金、橡塑制品等
配套情况:为中国一汽、东风、江淮、吉利、福田、华晨、力帆、玉柴、云内、全柴、新柴、常柴、莱动等供货

★烟台海德智能装备有限公司
地址:山东省烟台市牟平区南关大街 878 号
邮编:264100
电话:0535/4710169、4710181
传真:4710166
电子信箱:hdjoo255@ public. ytptt. sd. cn
法定代表人:宋豪杰
质量体系:IATF 16949、ISO 14001
产品情况:汽车动力转向泵

★三角轮胎股份有限公司
地址:山东省威海市台湾路 67 号
邮编:264200
电话:0631/5322983、4000631096
网址:www. triangle. com. cn
电子信箱:sjgw@ triangle. com. cn
法定代表人:丁木
质量体系:ISO 9001、ISO 14001
产品情况:(三角牌)
商用车轮胎、乘用车轮胎、斜交工程胎、子午工程胎和巨胎等
配套及出口情况:为中国重汽、一汽解放、东风汽车、金龙客车、宇通客车、中通客车、上汽通用五菱、一汽轿车、郑州日产、长安铃木、江铃汽车等 50 多家汽车制造商以及临工、三一重工、中联重科、青岛雷沃等工程机械制造商配套;远销全球 180 多个国家和地区,并在北美洲、欧洲、俄罗斯、印度等地设立了分支机构;与卡特彼勒、特雷克斯、斗山、现代、沃尔沃等公司建立全球合作

★威海万丰奥威汽轮有限公司
地址:山东省威海市高新技术开发区火炬路 218 号
邮编:264209
电话:0631/5621989

传真:5621989
网址:www. wfjt. com
电子信箱:whwf@ wfjt. com
法定代表人:董瑞平
质量体系:IATF 16949、ISO 14001
产品情况:(ZCW 牌)
汽车铝合金车轮,年产 200 万件
配套及出口情况:与神龙汽车、奇瑞汽车、郑州日产、江淮汽车等合作,为德国DBV、ROD 等配套;远销法国、德国、韩国、日本

★腾森橡胶轮胎(威海)有限公司
地址:山东省威海市经济技术开发区腾森路 1 号
邮编:264209
电话:0631/3856681、4000079599
传真:3852211
网址:www. timsun. com. cn
电子信箱:yxb08@ timsun. cn
法定代表人:马光明
单位人数:800
质量体系:IATF 16949、ISO 9001
产品情况:(腾森牌、奥利森牌、朗森牌)
现代化摩托车、电动车轮胎及丁基内胎

★荣成市黄海离合器有限公司
地址:山东省荣成市黎明南路 601 号
邮编:264300
电话:0631/7551286、7551297
传真:7551286
网址:www. hhclutch. cn
电子信箱:rcqp@ public. whptt. sd. cn
法定代表人:盛建涛
质量体系:IATF 16949、ISO 14001
产品情况:(黄海牌)
重型汽车离合器总成系列:HHML430(拉式离合器)、DS430、DS395、DS350、DS325、DS300、DS275 膜片弹簧离合器总成;轻型汽车离合器总成系列:DS240、122、210、DS255 膜片弹簧离合器总成,131、480、2310、1305-2、475、375Q 螺旋弹簧离合器总成等
配套情况:为中国重汽、北汽福田、北方奔驰、重庆红岩、大运汽车、临工桥箱、常柴、扬柴、莱动、云内、无锡四达、全柴、天拖迪尔、宁波迪尔、一拖、福田雷沃重工、上海纽荷兰、清江拖拉机、江苏悦达、常州威格特、常州东风农机等供货

★成山集团有限公司
地址:山东省荣成市南山北路 98 号
邮编:264300
电话:0631/7523999
传真:7523888
网址:www. chengshan. com
电子信箱:chengshan@ chengshan. com
法定代表人:车宏志
单位人数:8000
质量体系:ISO/TS 16949、VDA 6. 1
产品情况:(成山牌)
各种车用子午线轮胎、斜交轮胎
配套情况:为 30 多家汽车制造商配套

★ 浦林成山(山东)轮胎有限公司

地址:山东省荣成市南山北路 98 号
邮编:264300
电话:4006188899
网址:www. prinxchengshan. com
电子信箱:yuwang@ prinxchengshan. com
法定代表人:车宏志
质量体系:IATF 16949、ISO 14001
产品情况:[浦林(Prinx)牌、成山(Chengshan)牌、澳通(Austone)牌、富神(Fortune)牌]
产品涵盖乘用、商用、工业、农业及部分特种车辆轮胎
配套情况:为中国重汽、中国一汽、江铃汽车、庆铃汽车、上汽依维柯红岩、东风柳汽等配套;出口 130 多个国家和地区
☞ 详细情况请参阅彩色宣传版面

★文登市三峰轮胎有限公司
地址:山东省威海市文登区龙山路 148 号
邮编:264400
电话:0631/8086998、8358698
传真:8358798
网址:www. sanfengchina. cn
电子信箱:sanfeng@ sanfengchina. cn
法定代表人:刘玉明
质量体系:ISO 9001、ISO 14001
产品情况:(三峰牌)
微、轻、中型货车、客车轮胎、农业轮胎、工程机械轮胎、特种轮胎等 100 多个规格品种
出口情况:远销东南亚、欧洲、美洲等 20 多个国家和地区

★山东双力板簧有限公司
地址:山东省威海市文登区高村镇兴高路 10 号
邮编:264408
电话:0631/8761078、8761086
传真:3906016
网址:www. shuanglibanhuang. com
电子信箱:shuangli2020@ 126. com
法定代表人:周建勇
质量体系:IATF 16949
产品情况:生产微型货车、轻型货车、中型货车等汽车板簧 5 万吨的生产能力
配套及出口情况:产品主要供北汽福田、东安黑豹、时风集团、中国重汽等国内公司;散件出口越南、伊朗等国家,随整车出口到印度、俄罗斯、土耳其、哥伦比亚等 40 多个国家

★山东日信工业有限公司
地址:山东省乳山市金岭经济技术开发区世纪大道 273 号
邮编:264500
电话:0631/6681246
传真:6681358
电子信箱:yumingyan@ sd - nissin. com
法定代表人:别府直和
质量体系:IATF 16949、ISO 14001
产品情况:制动系统、汽车制动器及配件,汽车发动机支架及底座

★烟台美丰机械有限公司
地址:山东省海阳市盘石店镇工业园
邮编:265112
电话:0535/3642518、4006683777
网址:www. meifeng. tm
电子信箱:info@ mefine. cn
法定代表人:王勇
质量体系:IATF 16949、ISO 14001
产品情况:(磐石牌、途朗宝牌)
汽车制动盘、制动鼓,年生产力达到 900 万件
配套及出口情况:为上汽、东风、福田配套;远销亚洲、美洲、欧洲、中东地区

★烟台乐泰汽车配件有限公司
地址:山东省烟台市栖霞经济开发区吉林路
邮编:265323
电话:0535/5573602
传真:5573600
网址:www. letec - automotive. com
电子信箱:sales@ letec - automotive. com
法定代表人:王欣光
质量体系:IATF 16949
产品情况:汽车制动盘、制动鼓和汽车发动机飞轮总成
出口情况:主要产品 600 余种型号全部出口欧洲市场

★山东玲珑轮胎股份有限公司
地址:山东省招远市金龙路 777 号
邮编:265400
电话:0535/3600036、4001133999
网址:www. linglong. cn
电子信箱:linglong_xs@ linglong. cn
法定代表人:王锋
质量体系:IATF 16949、ISO 9001
产品情况:(玲珑牌、山玲牌、利奥牌)
轿车轮胎、SUV 轮胎、货车和客车轮胎、特种轮胎等
配套及出口情况:成为中国一汽、陕西重汽、东风汽车、北汽福田、重庆红岩、上汽通用五菱、济南重汽、厦门金龙等国内 60 多家主机厂的主要供应商;远销全球 180 多个国家和地区

★山东上汽汽车变速器有限公司
地址:山东省烟台市福山高新区永达街 969 号
邮编:265500
电话:0535/63122607
传真:2609090
电子信箱:liangfangl@ sagw. com
法定代表人:陶海龙

质量体系:IATF 16949、ISO 14001
产品情况:汽车横置变速器总成和各类汽车变速器部件
配套情况:为上汽通用、上汽通用东岳等配套

★蓬莱天日汽车部件有限公司
地址:山东省蓬莱市经济开发区哈尔滨路 7 号
邮编:265607
电话:0535/5622989、5617781
传真:5979799
网址:www. plsuns. com
电子信箱:info@ plsuns. com
法定代表人:孙瑶
单位人数:400
质量体系:IATF 16949
产品情况:重型货车使用的推力杆和聚氨酯接头
配套及出口情况:为一汽、东风、北汽、重汽、柳汽、柳特、陕汽、华菱、日产柴、山推等国内主要载重汽车和工程机械生产厂家供货;远销美国、日本、韩国等国家

★蓬莱万寿机械有限公司
地址:山东省蓬莱市经济开发区金创路 58 号
邮编:265607
电话:0535/3358015、3358018
电子信箱:wanshou@ wanshoujx. com
法定代表人:杨东洲
质量体系:IATF 16949
产品情况:系列无缝钢管整体式驱动桥壳、整体铸造桥壳、新型汽车制动鼓、轮毂总成,系列悬架总成、差减壳总成及工程机械驱动桥配件等
配套情况:为国内厂家配套

★山东隆基机械股份有限公司
地址:山东省龙口市龙口经济开发区
邮编:265700
电话:0535/8842175
传真:8881899
网址:www. sdljjx. com. cn
电子信箱:stock - lzy@ longjigroup. cn
法定代表人:张海燕
单位人数:2828
质量体系:IATF 16949、ISO 9001
产品情况:(隆基牌)
制动盘、制动毂、轮毂、制动钳、制动片产品
配套及出口情况:为济南重汽、陕西汉德、北方奔驰、广西柳汽、安凯福田、郑州宇通、奇瑞、吉利、比亚迪、重庆长安、通用五菱等配套;远销欧美、中东、大洋洲、非洲、东南亚等 50 多个国家和地区

★隆基集团有限公司
地址:山东省龙口市龙口经济开发区隆基路 1 号
邮编:265700
电话:0535/8886888、8841746
传真:8842886
网址:www. longjigroup. cn
电子信箱:zglongjijy@ 126. com
法定代表人:张海燕
质量体系:QS 9000、ISO/TS 16949
产品情况:汽车制动盘、制动毂、轮毂、制动片、制动钳及气泵、水泵、机油泵
配套及出口情况:为一汽、东风、重汽、陕汽、北奔、宇通、奇瑞、吉利、比亚迪、长安、通用等知名品牌汽车厂配套;远销欧美、中东、大洋洲、非洲、东南亚等 50 多个国家和地区

★龙口富元机械有限公司
地址:山东省龙口市东江高新区
邮编:265701
电话:0535/3463708、8950011
传真:3463709
网址:www. cnbrakecn. com
电子信箱:longkoufuyuan@ 163. com
法定代表人:张海波
质量体系:IATF 16949
产品情况:汽车制动盘、制动鼓
出口情况:远销美洲、南非、中东、韩国、东南亚、英国、比利时等国家和地区

★山东裕东汽车零部件有限公司
地址:山东省龙口市龙港开发区
邮编:265703
电话:0535/8881272、8863329
传真:8863328
网址:www. sd - yd. com
电子信箱:sales@ sd - yd. com
法定代表人:孙振林
单位人数:320
质量体系:IATF 16949
产品情况:(裕东牌)
汽车制动盘、制动鼓,年产各类制动盘、鼓近 1000 万件
出口情况:远销欧洲、美洲、中东、亚太等全球 20 多个国家和地区

★龙口市富洋机械配件有限公司
地址:山东省龙口市芦头镇麻家工业园
邮编:265704
电话:0535/8646118
传真:8648966
网址:www. fuyangautoparts. com
电子信箱:yuchunling8@ 163. com
法定代表人:孙丰刚
单位人数:300
质量体系:IATF 16949
产品情况:汽车制动盘、制动鼓等

★龙口金正机械有限公司
地址:山东省龙口市徐福镇浩源工业园
邮编:265713
电话:0535/3456888、3452666
传真:3451999
网址:www. brakerotor. cc
电子信箱:webmaster@ brakerotor. cc
法定代表人:郑凯
单位人数:1500
质量体系:IATF 16949
产品情况:汽车制动盘、制动毂、水泵、油泵、气泵等零部件
配套及出口情况:为美国克莱斯勒、通用配套;主要出口美洲、欧洲、韩国、日本、加拿大、南非、西欧等国家和地区,并销往中国台湾地区

★龙口海盟机械有限公司
地址:山东省龙口市经济开发区
邮编:265716
电话:0535/8887366、8887188
传真:8880266
网址:www. haimeng. com
电子信箱:sales@ haimeng. com
法定代表人:王晓光
单位人数:2642
质量体系:IATF 16949、ISO 14001
产品情况:(海盟牌)
制动盘、制动鼓、制动蹄、轮毂和车桥等
出口情况:主要出口美国、欧洲等 30 多个国家和地区

★兴民智通(集团)股份有限公司
地址:山东省龙口市经济开发区
邮编:265716
电话:0535/8880188
传真:8886708
网址:www. xingmin. com
电子信箱:master@ xingmin. com
法定代表人:高赫男
质量体系:IATF 16949、ISO 14001
产品情况:(兴民牌)
乘用车钢制车轮、轻型货车钢制车轮、重型货车钢制车轮、拖车钢制车轮、农林机械钢制车轮、雪地轮六大系列 1000 多个品种,年产销钢制车轮超过 1000 万件;智能网联汽车硬件及数据服务
配套及出口情况:是福田汽车、长安汽车、北京汽车等 10 多家国内外整车企业的一级供应商;远销 40 多个国家和地区

★龙口中宇汽车风扇离合器有限公司
地址:山东省龙口市北马镇大陈家
邮编:265717
电话:0535/3127379
传真:8981143
网址:www. fanclutch. cn
电子信箱:longkouzhongyu@ 163. com
法定代表人:王学亮
质量体系:IATF 16949、ISO 14001
产品情况:电磁风扇离合器、无刷式电磁风扇离合器、热双金属片温度控制开关、汽车助力真空泵、燃油输油泵、硅油风扇离合器、空调电磁离合器、旋压皮带轮等产品
配套情况:为潍柴、福田、一汽、依维柯、

玉柴、云内、尼奥普兰、郑州宇通、意大利菲亚特、俄罗斯 ZMZ、美国 FDP 等国内外汽车厂、发动机厂定点配套

★青岛金盛集团有限公司
地址:山东省青岛市重庆中路971－3号
邮编:266043
电话:0532/84838678、85521639
传真:85521999
网址:www.qingdaojinsheng.cn
电子信箱:jsjt@qdjsjt.com
法定代表人:房利
质量体系:IATF 16949
产品情况:(金口牌)
各类轻、中、重型豪华汽车驾驶员座椅、悬置梁总成、前翻及后悬开启机构、商用车全车焊接件、各类轻、中、重型汽车传动轴,各种铸锻件、塑料橡胶制品
配套及出口情况:为一汽集团、东风汽车等国内几家中、重型汽车公司配套;部分产品远销美国、日本、韩国,并销往中国香港地区

★赛轮集团股份有限公司
地址:山东省青岛市市北区郑州路橡胶谷43号
邮编:266045
电话:4006608329
网址:www.sailuntyre.com
法定代表人:袁仲雪
单位人数:11000
质量体系:IATF 16949、ISO 9001
产品情况:(SAILUN 牌)
具备全钢子午线轮胎超650万条、半钢子午线轮胎逾4000万条、非公路轮胎7万吨以上的年生产能力
出口情况:远销欧洲、美洲、亚洲、非洲等150多个国家和地区

★山东金宇轮胎有限公司
地址:山东省青岛市市北区郑州路橡胶谷43号B栋
邮编:266045
电话:4006608329
网址:www.jinyutire.com
电子信箱:sl@sailuntire.com
法定代表人:吴百杰
单位人数:1200
质量体系:IATF 16949、ISO 9001
产品情况:(金宇牌、金路牌)
具有年产全钢子午线轮胎300万条、半钢子午线轮胎1200万条、工程轮胎2万条的生产能力
配套及出口情况:为一汽集团等配套;远销海外100多个国家和地区

★青岛福临轮胎有限公司
地址:山东省青岛市市南区闽江路2号国华大厦B座11层
邮编:266071
电话:0532/85936928、85936925
传真:85936969
网址:www.fullruntyre.com
电子信箱:fullrun@fullruntyre.com
法定代表人:刘自金
质量体系:ISO 9001
产品情况:(FULLRUN/福临牌、AUTOGRIP/奥特瑞普牌、FULLWAY/福威牌、ANTYRE/爱客牌、TURNPIKE/途凯乐牌等)
轮胎
出口情况:产品90%出口,远销150多个国家和地区

★青岛方正机械集团有限公司
地址:山东省青岛市李沧区大崂路1002号商会大厦10楼
邮编:266100
电话:0532/80920827、17865325303
传真:80920827
网址:www.chinaqf.com
电子信箱:sales@chinaqf.com
法定代表人:方修君
质量体系:IATF 16949
产品情况:双联驱动桥橡胶悬架、双驱动桥系列、随动桥系列、挂车空气悬架、半挂车空气悬架、汽车专用车桥、弯管桥、驾驶室气囊减振器等产品
配套及出口情况:为一汽集团、北汽福田、东风汽车公司等配套;远销美国、澳大利亚、越南、缅甸、非洲等国家和地区

★青岛海通车桥有限公司
地址:山东省青岛市李沧区瑞金路7号甲
邮编:266100
电话:0532/87896230
传真:87895211
网址:www.cheqiao.cn
电子信箱:bgs@cheqiao.cn
法定代表人:王立福
单位人数:798
质量体系:IATF 16949、ISO 14001
产品情况:(HT 牌)
轻、中、重型载货汽车车桥总成
配套情况:为一汽解放青岛汽车厂、重汽集团、山东蓬翔、一汽解放车桥等公司配套

★青岛约克运输设备有限公司
地址:山东省青岛市城阳区惜福镇街道正阳东路777号
邮编:266106
电话:0532/87869236
法定代表人:纪爱师
单位人数:2100
质量体系:IATF 16949、ISO 14001
产品情况:(YUEK 牌)
一体轴系列、欧式焊接系列、十六轮刚性悬架系列、一线三桥系列、短轴系列、自动转向桥系列、凹式桥系列;产品线覆盖8～20吨支承桥、20～100吨刚性悬架(一线两桥)、52吨支撑桥等多型号、规格的车桥产品

★青岛青特铸造有限公司
地址:山东省青岛市城阳区正阳东路777号
邮编:266108
电话:0532/87980222、87869236
电子信箱:qtgroup@public.qd.sd.cn
法定代表人:纪爱师
质量体系:IATF 16949、ISO 14001
产品情况:(青特牌)
各种中、重型载货汽车车桥的灰铁、球铁铸件毛坯,减速器壳、差速器壳、轮毂、制动鼓等铸件,发动机缸体、缸盖等铸件,年产各种铸件5万吨

★齐鲁轮业有限公司
地址:山东省青岛市城阳区城西工业园
邮编:266109
电话:0532/88697122、88697168
传真:88697188
网址:www.qlwheel.com
电子信箱:qlwheel@126.com
法定代表人:刘井野
单位人数:400
质量体系:IATF 16949、ISO 14001
产品情况:型钢车轮(5°斜底车轮)和滚型车轮(15°深槽车轮)两大系列产品

★青岛青特众力车桥有限公司
地址:山东省青岛市城阳区正阳东路777号
邮编:266109
电话:0532/87766666、13969825836
网址:www.qtcheqiao.com
电子信箱:qt_cw@126.com
法定代表人:纪建奕
单位人数:100
质量体系:IATF 16949、ISO 14001
产品情况:(青特牌)
驱动车桥总成及零部件
配套情况:为北京福田戴姆勒欧曼、一汽解放青岛汽车等国内各大汽车厂家配套

★青岛天赢智能工业股份有限公司
地址:山东省青岛市即墨区环秀街道办事处西山前正阳街2号
邮编:266200
电话:0532/87528111
传真:87528000
网址:www.mds-china.com
电子信箱:9327451@qq.com
法定代表人:马之良
质量体系:IATF 16949、ISO 9001
产品情况:乘用车底盘悬架和转向系统组装产品、新能源汽车底盘产品等

★青岛丰宝汽车离合器有限公司
地址:山东省青岛市即墨区大信镇丰宝路1号
邮编:266229
电话:0532/82537999、82530998
传真:82530999
网址:www.qdfengbao.com

电子信箱:info@ qdfengbao. com
法定代表人:刘太亮
质量体系:IATF 16949
产品情况:(丰宝牌)
一汽解放系列、东风系列和重汽系列等车用离合器总成,汽车离合器年生产量 120 万套以上
配套及出口情况:为一汽解放系列、东风系列、重汽系列、西安陕汽、北汽欧曼、济南泰安专用汽车厂、中通客车厂等多家汽生产厂商配套;随多家汽车生产商的车辆出口,远销多个国家和地区

★青岛森麒麟轮胎股份有限公司
地址:山东省青岛市即墨区天山三路 5 号
邮编:266229
电话:0532/68968612
网址:www. senturytire. com. cn
电子信箱:zhengquan@ senturytire. com
法定代表人:秦龙
质量体系:IATF 16949、ISO 14001
产品情况:[森麒麟(SENTURY)牌、路航(LANDSAIL)牌、德林特(DELINTE)牌]
具备年产 1200 万条半钢子午线轮胎的生产能力
配套及出口情况:为吉利汽车、北汽汽车、奇瑞汽车、观致汽车、江淮汽车、华晨金杯、华晨中华、华晨鑫源、北汽银翔、众泰汽车、力帆汽车、吉利知豆、南京金龙等汽车厂家的主要供应商;远销 150 多个国家和地区,客户遍布美洲、欧洲、亚太、非洲等地区

★青岛三星精锻齿轮有限公司
地址:山东省胶州市广州北路 300 号
邮编:266300
电话:0532/82290665、82290801
传真:82292700
网址:www. qdjdcl. com
电子信箱:qdjdcl@ 163. com
法定代表人:傅志刚
质量体系:IATF 16949、ISO 9001
产品情况:(三星牌)
产品已形成汽车、工程机械、农业机械、机电产品四大类别,其中汽车类形成微、轻、中、重型车用的齿轮及轴类零件系列;工程机械类形成 1.5 ~8 吨装载机用精锻齿轮系列;农业机械类形成齿轮及轴类零件系列;机电产品类形成风力发电、叉车等机电产品系列精锻差速器齿轮近 500 种
配套情况:为一汽、东风、重汽、陕汽、北方奔驰、龙工、厦工、柳工、徐工、山工、临工、美驰等厂家配套

★青岛双星轮胎工业有限公司
地址:山东省青岛市黄岛区泊里镇港兴大道 66 号
邮编:266400
电话:0532/55527780、55527776
网址:www. doublestar. com. cn
电子信箱:wcf@ doublestar. com. cn
法定代表人:苏明
质量体系:IATF 16949、ISO 9001
产品情况:全钢载重子午胎、半钢子午胎、斜交载重轮胎、轻型农用车轮胎、工程轮胎、内胎垫带、特种轮胎等
配套及出口情况:是中国一汽、东风汽车、中国重汽、福田汽车、陕汽、中集集团、江淮汽车、长安汽车、五征汽车等几十家国内著名汽车生产厂家的主要供应商;出口欧美、非洲、东南亚、中东等 140 多个国家和地区

★双星集团有限责任公司
地址:山东省青岛市黄岛区两河路 666 号
邮编:266400
电话:4000176666
网址:www. doublestar. com. cn
法定代表人:柴永森
质量体系:ISO/TS 16949
产品情况:(双星牌)
全钢载重子午胎、半钢子午胎、斜交载重轮胎、轻型农用车轮胎、工程轮胎、内胎垫带、特种轮胎等
配套及出口情况:是中国一汽、东风汽车、中国重汽、福田汽车、陕汽、中集集团、江淮汽车、长安汽车、五征汽车等几十家国内著名汽车生产厂家的主要供应商;出口欧美、非洲、东南亚、中东等 140 多个国家和地区

★青岛盛博机电有限公司
地址:山东省青岛市胶南临港开发区
邮编:266431
电话:0532/87192501、83191939
传真:83191962
网址:www. brakepads. cn
电子信箱:sale1@ brakepads. cn
法定代表人:杜效德
质量体系:IATF 16949、ISO 9001
产品情况:(VQDX 牌)
研发制造各类汽车、柴油车的制动片及制动系统
出口情况:出口北美洲、南美洲、西欧、东欧、东亚、东南亚、中东、非洲等地区,并销往中国香港、中国澳门、中国台湾地区

★青岛华瑞汽车零部件股份有限公司
地址:山东省青岛市黄岛区茂山路 868 号
邮编:266510
电话:0532/58718950
传真:58718957
网址:www. hrap. cn
电子信箱:qdhrqc@ 126. com
法定代表人:刁玉臣
质量体系:IATF 16949、ISO 14001
产品情况:制动器类:多种型号的液压盘式、气压鼓式和气压盘式制动器总成;离合器类:多种型号的农业装备用离合器;车桥类:多种汽车用前桥总成,拖拉机、收割机驱动桥总成;散件类:多种汽车、工程机械、农业装备用的行星架、轴承座、差速器壳体、板材件;摩擦材料类:多种型号的气压盘式制动块、油压盘式制动块和油压鼓式制动蹄总成
配套及出口情况:为一汽集团、东风汽车公司、上汽通用、北汽福田等配套;部分产品远销欧美及澳大利亚

★威伯科汽车控制系统(中国)有限公司
地址:山东省青岛市经济技术开发区渭河路 917 号
邮编:266510
电话:0532/86861000
传真:86837899
网址:www. wabco - auto. com
电子信箱:xiaoxiao. gu@ wabco - auto. com
法定代表人:于素杰
单位人数:240
质量体系:IATF 16949、ISO 14001
产品情况:空气压缩机、空气干燥器、四回路保护阀、空气处理单元、制动阀、继动阀、自动感载阀、挂车控制阀、离合器总泵、离合器助力缸、制动气室、制动器、防抱死制动系统、空气悬架、电子控制制动系统等

★青岛华瑞丰机械有限公司
地址:山东省青岛经济技术开发区前湾港路 492 号
邮编:266599
电话:0532/86810848
传真:86810848
网址:www. hrap. cn
电子信箱:lixiaojing0530@ 163. com
法定代表人:张学先
单位人数:209
质量体系:ISO 9001、IATF 16949
产品情况:汽车制动系统及部件、车桥总成及部件、车架部件
配套情况:为北汽股份、东风凯马、江淮安驰、长安汽车、雷沃重工、五菱工业、安凯福田曙光车桥、义和车桥等的一级供应商

★青岛北海车轮有限公司
地址:山东省平度市明村镇驻地
邮编:266724
电话:0532/86321101
传真:86321801
网址:www. beihaiwheel. com
电子信箱:sales@ beihaiwheel. com
法定代表人:柳素芝
质量体系:ISO 9001、IATF 16949
产品情况:各种无内胎,有内胎系列车轮

★青岛恒达轮胎有限公司
地址:山东省平度市前楼工业园
邮编:266724
电话:0532/68972391、8631888

传真:68972391、86312666
网址:www.hengdatyre.com
电子信箱:marina@hengdatyre.com
法定代表人:周晓辉
单位人数:400
质量体系:ISO 9001
产品情况:(FOREVER 牌、HENGTAR 牌、HONGCHI 牌)
斜交工程机械轮胎、工业轮胎、农业轮胎、载重轮胎、轻型载重轮胎、港口胎;年综合生产能力为轮胎 200 万套
出口情况:远销欧洲、中东、北美洲、东南亚、大洋洲、非洲等地区

★泰安启程车轮制造有限公司
地址:山东省泰安市泰山区东部新区科技西路 68 号
邮编:271000
电话:0538/5059201
网址:www.qcwheel.com
电子信箱:qicheng@qcwheel.com
法定代表人:李宗奇
质量体系:IATF 16949、ISO 14001
产品情况:铝合金轮毂产品
出口情况:远销美国、日本等市场

★山东丰润机械制造有限公司
地址:山东省莱芜市高新区苍龙泉大街以南(九龙山北路以东)
邮编:271100
电话:0634/5620977、5621808
传真:5620557
电子信箱:frcaiwubu@163.com
法定代表人:焦守法
单位人数:1200
质量体系:ISO/TS 16949
产品情况:年产汽车齿轮 80 万套、轻型货车配件 50 万件、变速器 5 万台
配套情况:主要合作伙伴有沃尔沃、中国重汽、青特集团、陕西重汽、畅丰车桥、北奔重汽、曙光集团、湖北三环、一汽蓬翔、一汽、安凯车桥等

★山东泰金精锻股份有限公司
地址:山东省莱芜市高新区汇源大街 001 号
邮编:271100
电话:0634/8661166、8671123
传真:8671123
网址:www.tigold.com.cn
电子信箱:tigold@tigold.com.cn
法定代表人:于涛
单位人数:131
质量体系:IATF 16949
产品情况:各类车用轴类零件等产品
配套情况:为天津一汽、格特拉克、奇瑞、长城、北汽、浙江中马、浙江双环、神龙、华泰、兵器集团和唐山爱信等厂家供货

★山东汇金股份有限公司
地址:山东省莱芜市口镇
邮编:271114
电话:0634/5788902
网址:www.huijinfoundry.com
电子信箱:cg@sdhuijin.com
法定代表人:李兆霞
单位人数:1300
质量体系:IATF 16949、QS 9000
产品情况:(TUSIKOU 牌)
主要生产乘用车零部件、商用车零部件、工程机械/农业装备零部件等,年铸造生产能力 6 万吨
配套情况:主要为通用北美、通用中国、福特北美、福特中国、上汽、广汽、纳铁福(SDS)、GKN 美国、沃尔沃美国、德纳北美、德纳无锡、卡罗拉中国、卡拉罗国际、赛麦道依茨法尔(SDF)、美国爱科、三菱重工、美国瀚瑞森、美国西屋、中国中铁和美国江森自控等国内外知名企业配套

★山东泰丰钢业有限公司
地址:山东省新泰市高新技术开发区
邮编:271200
电话:0538/7059589、7069876
传真:7059915
网址:www.sdtfsteel.com
电子信箱:sdtfgy@tfsteelpipe.com
法定代表人:曹善国
质量体系:ISO 9001、IATF 16949
产品情况:主要生产汽车传动轴管等
配套及出口情况:为一汽、东风、中国重汽等大型汽车制造企业及许昌远东传动轴等制造企业供货;部分产品出口加拿大、俄罗斯、蒙古国、斯里兰卡、沙特阿拉伯等国家

★山东泰山轮胎有限公司
地址:山东省肥城市泰西大街 1 号
邮编:271600
电话:0538/3269341、3269992
传真:3269678、3260511
网址:www.taishantyre.com
电子信箱:tstyre@126.com
法定代表人:武朋
单位人数:1023
质量体系:ISO 9001、ISO 14001
产品情况:(泰山牌)
载重货车汽车轮胎、农用拖拉机轮胎、工程机械轮胎、全钢巨型工程机械轮胎、特型轮胎、农用子午胎等六大系列 500 多个品种规格
配套及出口情况:为北汽福田、徐工起重机械、重庆重汽、北奔重汽、宝鸡华山车辆厂、常林工程机械、成都工程机械、佳木斯约翰迪尔、天津约翰迪尔、洛阳一拖等配套;出口 30 多个国家和地区

★山东金固汽车零部件有限公司
地址:山东省济宁市高新区诗仙路 333 号
邮编:272073
电话:0537/7977979
网址:www.jgwheel.com
法定代表人:金佳彦
质量体系:ISO 14001、IATF 16949
产品情况:各型汽车钢制车轮

★山东环宇车轮有限公司
地址:山东省济宁市兖州区新兖镇辛北庄村东 20 米
邮编:272114
电话:0537/3839888、13953703648
传真:3839666
网址:www.sdhycl.cn
电子信箱:hyc1888@sina.com
法定代表人:刘学东
质量体系:ISO 9001
产品情况:日产型钢车轮 10000 只、滚形车轮 5000 只,年产量 500 多万只的生产能力
配套情况:为陕汽集团、重汽集团、福田汽车等配套

★山东省梁山神力汽车配件有限公司
地址:山东省济宁市梁山县经济开发区公明路西段
邮编:272600
电话:0537/7365188、8323089
传真:7323944
网址:www.ls-sl.com
电子信箱:shenli@chinaaxle.cn
法定代表人:冯敬友
单位人数:260
质量体系:IATF 16949
产品情况:[梁山神力(SHENLI)牌]
汽车用鼓式、盘式制动器衬片、制动蹄及制动蹄总成、挂车车轴(车桥)、悬架
出口情况:远销美国、加拿大、澳大利亚、阿联酋、南非等 40 多个国家和地区

★山东太岳汽车弹簧制造有限公司
地址:山东省济宁市梁山县拳铺工业园区
邮编:272600
电话:0537/7761041、13181330866
传真:7763908
网址:www.sdtyth.com
电子信箱:13505476918@163.com
法定代表人:郑东臣
质量体系:IATF 16949、ISO 14001
产品情况:(安富牌)
各类汽车等刚度、渐变刚度、少片变截面钢板弹簧或新型汽车钢板弹簧
配套及出口情况:国内主要客户有中国重汽集团、山西大运汽车、梁山中集东岳车辆、芜湖中集瑞江、山东梁山通亚、山东梁山华宇集团、山东九州汽车、山东恩信特种车辆、河北鹏达专用汽车、石家庄金丰专用车、天津同力重工、山东罗响汽车、宁波派斯马克汽车部件、厦门天佰汽车配件、广州耐安汽车配件等;出口阿联酋、马来西亚、伊拉克、韩国、美国、尼日利亚、利比亚、叙利亚、俄罗斯、德国、泰国、澳大利亚、印度等国家

★山东顺安达汽车科技股份有限公司
地址:山东省梁山县梁山镇工业园区
邮编:272600
电话:0537/7736856、86070067
网址:www. shunanda - auto. com
电子信箱:shunanda@ lssad. com
法定代表人:梁吉生
单位人数:200
质量体系:IATF 16949
产品情况:生产汽车电子控制系统、商用汽车 ABS/EBS、继动阀、制动气室等产品
出口情况:远销巴西、印度、土耳其、伊朗等国家

★山东赛强机械制造股份有限公司
地址:山东省梁山县拳铺镇工业园区
邮编:272600
电话:13705325534、13563709082
传真:0537/7768033
网址:www. segems. cn
电子信箱:info@ segems. cn
法定代表人:曹务军
质量体系:ISO 9001
产品情况:(赛强牌)
牵引座、牵引销、悬架系统、半挂支承装置、储气筒、集装箱转锁、工具箱、紧绳器、备胎支架等多个品种的产品,另外定做各种规格的挂车配件及冲压件
出口情况:部分产品出口

★山东正阳机械股份有限公司
地址:山东省梁山县徐集工业园区
邮编:272600
电话:0537/7702666、13406294205
传真:7666689
网址:www. zygcpj. com
电子信箱:zygslgj@ 163. com
法定代表人:吴桂花
质量体系:ISO 9001
产品情况:(正阳牌)
主要生产半挂车悬架系统、车桥系列产品,年产车桥 6 万根、悬架 6 万套
出口情况:出口北美洲、南美洲、中东、东南亚、非洲等地区的 32 个国家

★山东金盛车桥制造有限公司
地址:山东省梁山县拳铺镇工业园区
邮编:272613
电话:0537/7763998、7763996
传真:7666366
网址:www. jinshengcheqiao. com
电子信箱:sales06@ jsaxle. com
法定代表人:孙文学
质量体系:ISO 9001、ISO 14001
产品情况:(金盛桥牌)
具有年产半挂车车轴 6 万只、悬架总成 5 万套的生产能力
出口情况:出口东南亚、中东、西亚等多个国家和地区

★江铃集团山东华岳车辆部件有限公司
地址:山东省梁山县拳铺镇泰福路 1 号
邮编:272613
电话:0537/7769156、4001061899
传真:7767558
网址:www. jlhuayue. com
电子信箱:jlhysn@ 163. com
法定代表人:赖长发
单位人数:200
质量体系:IATF 16949、ISO 14001
产品情况:(梁山东岳牌)
半挂车车轴、悬架、支腿、牵引座等零部件,具备年产车轴 15 万支,悬架、支腿、牵引座等零部件 20 万套的生产能力
配套及出口情况:和中集集团、中国重汽、东风集团、一汽等多个集团所属专用车企业建立了长期供货关系;远销中东、非洲、拉丁美洲等多个国家和地区

★山东湖西王集团铸业有限公司
地址:山东省单县北环路中段
邮编:274300
电话:0530/6108968、6108996
网址:www. sdhxw. com
电子信箱:huxixz@ 126. com
法定代表人:朱启军
单位人数:1060
质量体系:IATF 16949
产品情况:(湖西王牌)
支架、行星架、过桥箱、轴承座、轮边、轮毂、制动鼓、变速器壳、泵壳、桥壳、传动套、缓冲底座、机器人底座、制动压力盘、支撑盘等 70 余种零部件
配套及出口情况:主要为国外客户的中国工厂、中国重汽、陕汽、三一重工、方盛车桥、肯维车桥等国内一流的客户;客户主要分布于欧美、日本等发达国家,拥有美国 CAT(卡特)、美国 Meritor(美驰)、美国 DANA(德纳)、美国 CNH(凯斯纽荷兰)、美国 AGCO(爱科)、美国 ATI、德国 ZF(采埃孚)、德国克拉斯、日本安川电机等世界知名客户

★山东省三利轮胎制造有限公司
地址:山东省曹县昆仑山路北段路西
邮编:274400
电话:0530/3231972、3232888
网址:www. sanlityre. com
电子信箱:sanlicfy@ 163. com
法定代表人:安军
单位人数:1000
质量体系:IATF 16949、ISO 14001
产品情况:[三立牌、BEARWAY(百威)牌、MARSWAY(马士威)牌]
半钢子午线轮胎、载重汽车轮胎、轻型货车轮胎、农用轮胎、中小工程轮胎、巨型工程机械轮胎等;有年产各种轮胎 1000 万套生产能力
配套及出口情况:与一汽通用云南红塔、东风汽车、北汽福田、长安跨越、江淮汽车等配套;出口中东、南北美洲、非洲、东南亚等 30 多个国家和地区

★郓城县亿万汽车配件制造有限公司
地址:山东省郓城县工业园 188 号
邮编:274700
电话:0530/6157717、6156678
传真:6156678
网址:www. yiwan - wheel. com
电子信箱:yiwan - wheel@ 163. net
法定代表人:刘成亮
质量体系:IATF 16949、OHSAS 18001
产品情况:轮毂、轮辋、轮辐等重型汽车产品
出口情况:远销日本、韩国、东南亚等国家和地区

★山东金马汽车装备科技有限公司
地址:山东省临沂市罗庄南部循环示范区新 206 国道与彭庄路交会处
邮编:276000
电话:4001539516
网址:www. cnjinma. cn
电子信箱:jinma@ cnjinma. cn
法定代表人:李政霖
质量体系:IATF 16949
产品情况:主导产品为 14 ~ 32 英寸铝合金汽车车轮,年产能 150 万支铝合金汽车车轮

★山东航宇汽车配件有限公司
地址:山东省临沂市兰山区马厂湖镇解放路和工业二路交会处
邮编:276015
电话:0539/8941678、8523567
传真:8948666
网址:www. hangyuwheel. com
电子信箱:shandonghangyu@ sina. com
法定代表人:王存栋
单位人数:400
质量体系:ISO 9001
产品情况:(富山牌、久瑞牌)
车轮,已具备年产 100 万套无内胎车轮和型钢车轮的生产规模
配套及出口情况:为多家知名汽车制造公司配套;远销多个国家和地区

★山东恒日悬架弹簧股份有限公司
地址:山东省日照市五莲县许孟工业园
邮编:276800
电话:0633/5673588、15266337511
传真:5673588
网址:www. sdhrbh. com
电子信箱:april@ sdhrbh. com
法定代表人:徐清梅
质量体系:ISO 9001、IATF 16949
产品情况:已形成年产汽车钢板弹簧 5 万吨、汽车制动阀 400 万套、法兰毛坯系列产品 12 万吨、成品法兰 5 万吨、管桩端板 6 万吨的规模

★现代坦迪斯汽车传动系统日照有限公司
地址:山东省日照市开发区上海路 496 号
邮编:276803

电话:0633/2161811
网址:www. hyundai - dymos. com
电子信箱:30961565@ qq. com
法定代表人:吴浩均
质量体系:IATF 16949、ISO 14001
产品情况:主要生产手动变速器、主减速器、后驱动桥、电子式副变速器等产品

★**金马工业集团股份有限公司**
地址:山东省日照市东港区上海路399号
邮编:276826
电话:0633/8325225、8326948
传真:8785887
网址:www. sdjinma. net、m. sdjinma. net
电子信箱:sdjinma@ sdjinma. net
法定代表人:马祖斌
单位人数:2500
质量体系:IATF 16949、ISO 14001
产品情况:汽车转向机活塞、曲轴、凸缘、轮毂、控制臂、拉杆球壳、拨叉、球座、车钩、尾钩等
配套及出口情况:为博世、采埃孚、赛夫华兰德、瀚瑞森、利纳马、美驰、马勒、日产、重汽、奇瑞等供货;畅销欧洲、亚洲、美洲等40多个国家和地区

★**山东丰源轮胎制造股份有限公司**
地址:山东省枣庄市峄城区经济开发区南环路1号
邮编:277300
电话:0632/8029199、4001632019
传真:8029199
网址:www. fytire. com
电子信箱:sales@ fytire. com
法定代表人:刘永安
质量体系:IATF 16949、ISO 14001
产品情况:(远路牌)
现有HP、UHP、C型轻型货车、SUV(HT/AT/MT)、雪地胎、漂移胎、缺气保用轮胎、耐刺扎轮胎、防静电轮胎、出租车专用轮胎、新能源汽车专用轮胎等近1000个规格产品
配套及出口情况:配套华晨、众泰、江铃、北汽等10多个汽车厂、新能源汽车厂;远销欧洲、美洲等全球100多个国家和地区

河南省

★**郑州奥特科技有限公司**
地址:郑州市高新技术开发区合欢街96号
邮编:450001
电话:4006836862、8008836862
传真:0371/65692390
网址:www. autol. net
电子信箱:sales@ autol. net
法定代表人:赵大平
质量体系:IATF 16949、ISO 9001
产品情况:商用车集中润滑解决方案等
出口情况:出口40多个国家和地区

★**郑州精益达汽车零部件有限公司**
地址:郑州市经济技术开发区第八大街69号
邮编:450016
电话:0371/85330811、85330801
电子信箱:jyd@ molead. com
法定代表人:赵慧敏
质量体系:IATF 16949、ISO 14001
产品情况:车桥、悬架、消声器、车用空调、电子产品、线束、座椅、边窗、舱门、仪表台、行李架、内饰件总成、车载卫生间、原子灰等20余种产品
配套及出口情况:为宇通客车配套;产品随整车远销古巴、俄罗斯、伊朗、沙特阿拉伯等国家,并销往中国香港、中国澳门地区

★**郑州新交通汽车板簧有限公司**
地址:郑州市中牟县汽车工业园区
邮编:451450
电话:0371/66827746、60216868
传真:66811419
电子信箱:1183054797@ qq. com
法定代表人:杨国顺
质量体系:IATF 16949
产品情况:(交统牌)
汽车板簧
配套及出口情况:与郑州宇通、郑州日产、中集、大运、江淮、重汽、北汽、柳汽、一汽、东风等国内著名汽车厂商做配套及零配市场服务;部分产品出口国外

★**郑州新华重型机器有限公司**
地址:河南省中牟县姚家镇工业园区10号
邮编:451468
电话:0371/62360608、62360612
传真:62385381
网址:www. zzxhzj. com
电子信箱:sales@ rollingmills. cn
法定代表人:景朝峰
质量体系:ISO 9001
产品情况:(景瑞牌)
汽车板簧
配套及出口情况:为中集集团、北京环达、青岛胜狮、天津劳尔、扬州盛达、扬天汽车、北京威腾等OEM配套供应JRX301、JRX402、JRX405、JRX408、JTG-25等半挂、全挂车系列板簧,以及JRD1390-10、JRD1390-12、JRD1390-13、JRD1690-7、JRD1690-12等半挂车系列板簧,JRD14(16)90-12等全挂车系列汽车板簧;出口欧美、非洲、东盟等国际市场

★**郑州华威齿轮有限公司**
地址:河南省新密市嵩山大道289号
邮编:452370
电话:0371/69992168、15036121888
网址:www. zzhwcl. com
电子信箱:hwclyxb@ 163. com
法定代表人:王志林
单位人数:260
质量体系:IATF 16949
产品情况:(华威牌)
生产CUV、SUV、皮卡车等汽车和轿车齿轮,生产能力50万套
配套情况:为保定长城、华晨金杯、广汽长丰、吉奥汽车等配套

★**豫北转向系统(新乡)有限公司**
地址:河南省新乡市和平大道322号
邮编:453003
电话:0373/5088737
传真:5088703
网址:www. yubei - steering. com. cn
电子信箱:yb103scb@ 163. com
法定代表人:高海军
单位人数:2300
质量体系:IATF 16949、ISO 9001
产品情况:(翼环牌)
各类动力转向系统,包括循环球动力转向器、齿轮齿条动力转向器、电动助力转向系统
配套及出口情况:国内主要配套一汽、东风、长安汽车、长安福特、北汽、江铃、庆铃、吉利、长城、江淮、宇通等大型汽车公司;同时通过了福特、通用、菲亚特、五十铃等国外著名汽车公司的配套体系审核;主要出口美国、印度、俄罗斯、土耳其、巴西、日本、韩国等国家和地区

★**格瑞泰克(新乡)汽车零部件有限公司**
地址:河南省新乡市长垣县
邮编:453400
电话:0373/8784666
传真:8784777
网址:www. grtk. com. cn
电子信箱:grtk_xx@ 163. com
法定代表人:王维芳
质量体系:IATF 16949
产品情况:专业生产汽车底盘件与杆、轴类加工
配套情况:为日产汽车正式供货商

★**河南省五一机械有限公司**
地址:河南省长垣县位庄工业区
邮编:453424
电话:0373/8718459
传真:8719408
电子信箱:hn51jx@ 163. com
法定代表人:赵守国
质量体系:IATF 16949
产品情况:各种汽车减振器,年产110万支
配套及出口情况:为一汽集团、沈阳金杯等配套;出口东南亚、非洲等地区

★**河南星光机械有限公司**
地址:河南省原阳县福宁集工业园区
邮编:453500
电话:0373/7321588、7321528
传真:7321968
网址:www. hnxgjx. com. cn

电子信箱:xgfj888@126.com
法定代表人:李争波
单位人数:140
质量体系:IATF 16949、ISO 14001
产品情况:制动卡钳总成、制动盘、制动鼓、转向节等
配套情况:为东风日产乘用车公司供应商,启辰719项目配套

★河南万向系统制动器有限公司
地址:河南省原阳县黄河大道西段北侧
邮编:453500
电话:0373/7522786
传真:7295906
网址:www.wanxiang.com.cn
电子信箱:henanwanxiang@126.com
法定代表人:李平一
质量体系:IATF 16949、ISO 9001
产品情况:(JIXING牌)
重、中、轻、微、轿车及工程车6大系列制动器总成,具有年产鼓式制动器160万只、钳盘式制动器35万只、气制动器50万只、各种轮缸250万只、球墨铸件7000吨的生产能力
配套及出口情况:为一汽集团、东风汽车公司、北汽福田、长安、昌河、比亚迪、天津一汽夏利、东南汽车等主机厂配套;在美国、英国、德国等10个国家拥有近30家公司

★河南广瑞汽车部件股份有限公司
地址:河南省辉县市产业集聚区城西工业园
邮编:453600
电话:0373/6232590、6232587
传真:6294685、6235917
网址:www.hnhqp.com
电子信箱:hngrgf@hngrgf.com
法定代表人:郭发印
质量体系:IATF 16949、ISO 14001
产品情况:球墨铸铁汽车零部件、高强高韧汽车动力转向器壳体总成,年产400万套
配套及出口情况:为一汽、东风、一拖等配套;产品辐射南北美洲、欧洲、日本、印度、东南亚等20多个国家和地区,国外主要用户有美国福特汽车公司、TRW全球汽车零部件采供体系、德纳公司、意大利OMR汽车零部件公司、ARGO公司、约翰.迪尔公司、德国博世力士乐公司、日本久保田株式会社等

★欧玛(中国)汽车部件有限公司
地址:河南省辉县市城西工业区西外环路东
邮编:453600
电话:13903733428、13503733968
网址:www.omrc-automotive.com
电子信箱:omrc@sina.com
法定代表人:Marco Bonometti
质量体系:IATF 16949、ISO 14001
产品情况:汽车、工程机械及农用机械的驱动桥与联动桥的铸造和机械精加工,同时可生产5吨以下包含ADI在内的各种牌号的球磨铸铁和灰铁铸件
配套情况:为约翰·迪尔、凯斯·纽荷兰、爱科、小松、卡特彼勒、菲亚特、北奔重汽、洛阳一拖、陕西重汽等配套

★焦作博瑞克控制技术有限公司
地址:河南省焦作市博爱县发展大道1688号
邮编:454000
电话:0391/2086222
传真:2082222
网址:www.brktek.com
电子信箱:info@brktek.com
法定代表人:臧克兴
质量体系:IATF 16949、ISO 14001
产品情况:气动、液压防抱制动系统(气动ABS),ABS功能扩展(制动力感载分配功能EBD、轮胎压力报警功能TPMS、驱动防滑控制功能ASR、发动机拖拽控制功能DRG、能量再生制动功能EABS),智能制动系统(快速制动功能、制动力辅助功能、制动管理功能、磨损及温度报警功能,辅助制动——液力缓速器,行车制动——气压盘式制动器),气动、液压车辆稳定控制系统ESC,ESC扩展功能有——挂车稳定控制系统RSC、坡道起步辅助+防溜车功能HIL,定速巡航系统CCS
配套情况:为安徽江淮扬天、安徽开乐、中集车辆集团、丹东黄海客车、北京北方尼奥普兰、中国重汽、湖北华威、梁山华宇、梁山通亚供货

★焦作金箍制动器股份有限公司
地址:河南省焦作市博爱县发展大道东段1688号
邮编:454000
电话:0391/2088888、2085555
传真:2086666
网址:www.jzbrakes.com
电子信箱:jzjgzdq@126.com
法定代表人:段京丽
单位人数:700
质量体系:ISO 9001
产品情况:(金箍牌)
汽车防抱死系统(ABS)、工业制动器、盘式制动器
配套情况:为洛阳福赛特汽车、无锡神州客车、安徽江淮扬天汽车、山西文水县晋风挂车等配套

★风神轮胎股份有限公司
地址:河南省焦作市焦东南路48号
邮编:454003
电话:0391/3999011、4006592669
传真:3933952
网址:www.aeolustyre.com
法定代表人:王锋
质量体系:IATF 16949、ISO 9001
产品情况:(风神牌、风力牌、卡之力牌、双喜牌等)
年产工程机械轮胎80多万套;年产货车、客车轮胎700万套
配套及出口情况:是柳工、龙工、厦工等国内工程机械车辆生产巨头的战略供应商,是东风商用车公司主要轮胎战略供应商,是VOLVO等全球建筑设备企业的配套产品供应商;畅销全球140多个国家和地区

★焦作鑫琦车轮有限公司
地址:河南省焦作市博爱县磨头镇工业区
邮编:454450
电话:0391/8069960、13782687708
传真:8069961
网址:www.xq-wheel.com
电子信箱:xq_wheel@126.com
法定代表人:丹爱民
质量体系:ISO 9001
产品情况:(应时牌)
专业生产各种钢制载重汽车车轮及轮辐
配套情况:为国内多个大中型汽车厂家配套生产

★河南中轴福漫锻造有限公司
地址:河南省焦作市温县耿庄村南
邮编:454893
电话:0391/2106292、13803918031
网址:www.zzfmdz.com
电子信箱:zzfmxsb@126.com
法定代表人:周纯涛
质量体系:IATF 16949、ISO 9001
产品情况:汽车传动系统锻件及成品、汽车转向节锻件及成品、汽车轴管锻件及成品、汽车转向器锻件、钢质发动机活塞锻件、齿轮锻件等
配套及出口情况:为中国一汽、东风汽车、中国重汽、宇通汽车、陕汽集团等配套;出口美国、英国、德国等国家

★宏源精工车轮股份有限公司
地址:河南省安阳市开发区东外环光明路南段
邮编:455000
电话:0372/2517069
传真:2528219
网址:www.ayhyxg.com
电子信箱:info@hongyuan-section.com
法定代表人:黄洪亮
单位人数:1100
质量体系:ISO 9001
产品情况:主要从事各类热轧、冷轧及冷拉异型钢及其深加工产品加工;型钢产品包括:商用车、轮式工程机械有内胎和无内胎车轮型钢及车轮配件、轿车门铰链型钢、重型汽车大梁用扁钢等专用型钢和深加工配件产品
配套及出口情况:为江淮汽车、东风公司、正兴、日上配套汽车车轮挡圈;出口美国、英国、印度、南非

★安钢集团兆通型钢科技有限公司
地址:河南省安阳市邺城大道西段(北环107国道)
邮编:455000
电话:0372/3686000
传真:3686995
网址:www.agjtzt.com
电子信箱:ayhfgy@163.com
法定代表人:冯振华
质量体系:ISO 9001
产品情况:汽车大梁钢系列、自卸车厢体钢系列、汽车罐体钢系列和汽车车轮钢系列

★河南环燕轮胎股份有限公司
地址:河南省鹤壁市浚县黄河路南段
邮编:456250
电话:0392/5522527、4000392116
传真:5529001
网址:www.huanyan.com
电子信箱:1045889709@qq.com
法定代表人:乔康存
单位人数:500
质量体系:ISO 9001
产品情况:(环燕牌、神农牌、川云牌)
农业轮式机械系列、工程轮式机械系列、电动摩托车系列、轻型载重半钢子午线系列轮胎

★林州市合鑫铸业有限公司
地址:河南省林州市陵阳工业园
邮编:456561
电话:0372/5582007、6581910
传真:6581910、6581395
网址:www.linzhouhx.com
电子信箱:linzhouhx@163.com
法定代表人:吴元吉
单位人数:520
质量体系:IATF 16949、ISO 9001
产品情况:重型车、轿车制动鼓、轮毂、桥壳、差减壳体、转向器壳体等铸件
配套情况:主要客户有潍柴动力、中国重汽、沙市久隆、汉德车桥、杭州汽发、广西柳汽、康明斯动力、德纳车桥、西屋制动、约翰迪尔等30余家国内外知名厂商

★安阳市天瑞车桥有限公司
地址:河南省林州市史家河工业园
邮编:456592
电话:13603461052
网址:www.aytrcq.com
电子信箱:13603461052@163.com
法定代表人:郭家铭
质量体系:IATF 16949、ISO 14001
产品情况:主要生产铸造后桥壳、减速器壳、差速器壳、轴承座等产品300余种
配套情况:为东风德纳、四川现代、中联重科等国内知名企业配套

★业诺车轮有限公司
地址:河南省许昌市魏都区民营经济园
邮编:461000
电话:0371/55191165
网址:www.hengfenggroup.cn
电子信箱:ynqc01@xchengfeng.com
法定代表人:刘建立
质量体系:IATF 16949
产品情况:产品覆盖无内胎货车车轮,型钢货车车轮,轻量化车轮和铝合金货车车轮
出口情况:出口南美洲、北美洲、东南亚、俄罗斯、中东、非洲等国家和地区

★许昌远东传动轴股份有限公司
地址:河南省许昌市建安区昌盛路中段
邮编:461111
电话:0374/5654034、5651328
传真:5651320
网址:www.xcyuandong.com
电子信箱:yodon@yodonchina.com
法定代表人:刘延生
质量体系:IATF 16949、ISO 14001
产品情况:(许传牌、许汽传牌)
具备年产600万套非等速传动轴的生产能力,产品涵盖轻型、中型、重型和工程机械四大系列12000多个品种
配套情况:拥有北汽集团、北方奔驰、陕西重汽、东风柳汽、上汽通用五菱、江淮汽车、大运汽车、安徽华菱、江西江铃、长安汽车、长城汽车、郑州日产、宇通集团、徐州重型、广西柳工、厦工股份、山东临工、三一集团、中联重科、三江航天、泰安航天等一大批知名客户

★许昌市天源祥达汽车部件有限公司
地址:河南省长葛市后河工业区14号
邮编:461503
电话:0374/6615866、13503893218
传真:6611886
网址:www.xcxdqp.com
电子信箱:xiangdaqp@126.com
法定代表人:王春亭
质量体系:IATF 16949
产品情况:(祥达牌)
板簧座、钢板支架、悬架总成、轴间差速器壳、一轴盖、轴承座等汽车底盘配件
配套情况:向北汽、江汽、大运、陕汽等供货

★驻马店中集华骏铸造有限公司
地址:河南省驻马店市雪松路西段
邮编:463000
电话:0396/3678811、3678877
传真:3678866
网址:www.hjfoundry.com
电子信箱:cimchjzz@cimc.com
法定代表人:蒋启文
单位人数:600
质量体系:IATF 16949
产品情况:加工能力为年产200万套轮毂、制动鼓成品及各类汽车底盘零件
配套及出口情况:为一汽、东风、重汽、富华、汉德等配套;出口欧洲、美洲、亚太、澳大利亚等地区

★驻马店市新创业管桩附件有限公司
地址:河南省驻马店市中原大道与淮河大道交叉口东北角
邮编:463001
电话:0396/3830777
传真:3813888
网址:www.zmdxcy.cn
电子信箱:zmdxcy_rsin@163.com
法定代表人:林容
质量体系:IATF 16949
产品情况:主导产品为汽车轮毂、制动鼓等汽车零配件及建筑用管桩端板,年生产能力为30000吨(1200000件)
配套及出口情况:主要客户为山东青特、广州特耐得、山东宝隆、山东金盛、南京创捷、富合、永力泰、郑州安联、安徽天驰等国内知名整车、车桥生产企业;直接出口中东地区和通过外贸商外销到欧美、东南亚等市场

★中国神马集团橡胶轮胎有限责任公司
地址:河南省平顶山市湛河区荆山路18号
邮编:467001
电话:0375/4857200
传真:4857202
电子信箱:smlt4857200@126.com
法定代表人:孙福忠
质量体系:ISO/TS 16949、ISO 9001
产品情况:各种汽车内外轮胎

★凯迈(洛阳)机电有限公司
地址:河南省洛阳市涧西区丽春西路中段
邮编:471003
电话:0379/63382348、68615020
传真:63382166
网址:www.lynf.cn
电子信箱:bangongshi@camame.cn
法定代表人:张克俭
单位人数:500
质量体系:IATF 16949、ISO 9001
产品情况:(南峰牌)
电涡流缓速器、发动机智能冷却系统(ATS)等
出口情况:远销20多个国家和地区

★洛阳华冠齿轮股份有限公司
地址:河南省洛阳市孟津县朝阳镇
邮编:471131
电话:0379/67877126
传真:67877126
网址:www.lyhgcl.com
电子信箱:lyghxsb@163.com
法定代表人:梅利红
质量体系:IATF 16949
产品情况:(冠华牌)
高精度圆锥伞齿轮、圆柱斜齿轮、圆柱直齿轮、螺旋锥齿轮(盆角齿轮)、

差速器总成、异型锻件等产品
配套及出口情况:配套中国重汽、陕汽、北汽福田、东风德纳、一汽解放、柳汽、方盛、卡特比勒、美驰等国内知名大型企业40余家;出口德国、意大利、美国等国家

★三门峡戴卡轮毂制造有限公司
地址:河南省三门峡市城乡一体化示范区戴卡路1号
邮编:472000
电话:0398/2916422
传真:2917154、2861275
网址:smxdicastal. com
电子信箱:smx@ smxwheel. com
法定代表人:李勇
质量体系:IATF 16949、ISO 14001
产品情况:铝合金汽车轮毂,年生产能力为400万只
配套及出口情况:为上汽通用、上汽大众、一汽-大众、天津一汽、长安福特、长安马自达、华泰现代、上汽通用五菱、美国通用、美国AR等供货;出口北美洲、欧洲市场

★淅川丹江减振器有限公司
地址:河南省南阳市淅川县机械制造产业集聚区
邮编:474450
电话:0377/83980830、83980831
传真:83980839
网址:www. xichuanddj. com
电子信箱:2417460998@ qq. com
法定代表人:姚平
单位人数:420
质量体系:ISO 14001、OHSAS 18001
产品情况:乘用车系列减振器活塞杆、商用车系列减振器活塞杆、座椅减振器系列活塞杆等
配套情况:为一汽、东风、奇瑞等国内知名厂家以及国内前20名的摩托车厂家配套

★南阳淅减汽车减振器有限公司
地址:河南省淅川县西坪头工业园区
邮编:474450
电话:0377/69219869、69219883
网址:www. cijan. com. cn
电子信箱:359130641@ qq. com
法定代表人:赵志军
质量体系:ISO 14001、OHSAS 18001
产品情况:(丹江牌)
具有年产2000万支汽车减振器、20万套汽车弧齿的生产能力
配套情况:主要为一汽-大众、上汽-大众、东风日产、神龙汽车、宇通客车、中车集团等40多家汽车厂配套

★西峡县西泵特种铸造有限公司
地址:河南省西峡县世纪大道东段258号
邮编:474500
电话:0377/65107128、65107123
传真:65107123
电子信箱:xizhugsb@ 126. com
法定代表人:孙耀忠
质量体系:IATF 16949
产品情况:排气歧管等
配套情况:为一汽-大众、上汽大众、一汽锡柴、一汽大柴、北汽福田、沈阳航天三菱、广西玉柴、东安动力、天津一汽夏利、奇瑞汽车等配套

★南召县和平制动器有限公司
地址:河南省南召县城东滨河路8号
邮编:474650
电话:0377/66922555、66921123
传真:66922111
网址:www. heping - auto. com
电子信箱:sales@ heping - auto. com
法定代表人:刘连忠
质量体系:IATF 16949
产品情况:盘式制动器、轮毂、轴承座
配套情况:为长城汽车公司的主要配套厂家

★开封瑞利工业有限公司
地址:河南省开封经济技术开发区杏花营工业园区魏都路西段
邮编:475000
电话:0378/3688188
传真:3688189
网址:www. juili. com. tw
电子信箱:pso - hua@ juili. com. tw
法定代表人:吴明灿
质量体系:IATF 16949
产品情况:主要生产汽车部件(底盘)
配套及出口情况:主要客户包括东风汽车集团、武汉神龙、上海汽车、东南汽车等;以远销欧美、东南亚地区为主

湖北省

★伟福科技工业(武汉)有限公司
地址:武汉市东西湖区革新大道19号
邮编:430040
电话:027/83068806
传真:83068846
网址:www. ftech - wh. com. cn
电子信箱:ftw@ ftw. com. cn
法定代表人:飞田茂晴(TOBITA SHIGEHARU)
单位人数:570
质量体系:ISO 14001
产品情况:汽车底盘、悬架装置及各类踏板等,生产规模达到年产30万台(套)
配套情况:为东风本田、东风日产、广汽三菱配套

★武汉富拉司特汽车零部件有限公司
地址:武汉市东西湖区径河五路6号
邮编:430040
电话:027/83090850
传真:83090851
网址:www. n - plast. co. jp
电子信箱:63934263@ qq. com
法定代表人:广濑信
质量体系:IATF 16949、ISO 14001
产品情况:汽车转向盘和安全气囊等产品
配套情况:为本田、日产、东风汽车等供货

★武汉协和齿环有限公司
地址:武汉市经济技术开发区创业三路38号
邮编:430056
电话:027/84892690、84899871
传真:84892686、84890552
网址:www. wuhankyowa. com
电子信箱:ywl@ wuhankyowa. com
法定代表人:汪磊
质量体系:IATF 16949、ISO 14001
产品情况:(WHKYOWA牌)
汽车变速器用精锻同步器齿环
配套及出口情况:为上海汽车、长城汽车、重庆青山工业、奇瑞汽车、比亚迪、唐山爱信、丰田汽车集团、格特拉克、神龙汽车、吉利汽车配套;齿环产品常年销往日本(日本日产、五十铃、日野汽车集团)、德国等海外市场

★东风格特拉克汽车变速箱有限公司
地址:武汉市经济技术开发区后官湖大道239号
邮编:430056
电话:027/84281900
网址:www. dfgetrag. com. cn
电子信箱:dgt_publicrelation@ dfgetrag. com
法定代表人:尤峥
质量体系:IATF 16949、ISO 14001
产品情况:汽车变速器
配套情况:为小鹏G3配套减速器

★武汉泛洲机械制造有限公司
地址:武汉市经济技术开发区锦龙路8号
邮编:430056
电话:027/84897210
传真:84897211
网址:www. whfanzhou. com
电子信箱:whfanzhou@ whfanzhou. com
法定代表人:汪磊
单位人数:1200
质量体系:IATF 16949、ISO 14001
产品情况:汽车精密冲压零部件、汽车变速器同步器齿环、高强度耐磨铜合金材料
配套情况:为一汽-大众、上汽通用、吉利汽车、长安汽车、神龙汽车、长城汽车、比亚迪、奇瑞汽车等30余家客户配套

★武汉万宝井汽车部件有限公司
地址:武汉市经济技术开发区全力二路9号

邮编:430056
电话:027/84212400
传真:84212201
网址:www. yorozu - corp. co. jp
电子信箱:wybmts@ ybm - yorozu. com. cn
法定代表人:MIURA SATOSHI(三浦聪)
质量体系:IATF 16949、ISO 14001
产品情况:汽车驱动桥和车厢关联零部件及其模具、夹具
配套情况:为东风日产、广汽本田配套

★约斯特(中国)汽车部件有限公司
地址:武汉市经济技术开发区后官湖大道 550 号
邮编:430058
电话:027/84874881
传真:84874889
网址:www. jost - china. com
电子信箱:jane. zhu@ jost - china. com
法定代表人:Lars Brorsen
质量体系:IATF 16949、ISO 9001
产品情况:生产用于牵引车和半挂车的牵引座产品
配套及出口情况:为部分重型车、牵引车企业配套;出口欧洲、美洲、南非、澳大利亚

★湖北东峻实业集团有限公司
地址:武汉市经济技术开发区后官湖大道 88 号
邮编:430058
电话:027/84220762
传真:84956066
网址:www. dongjungroup. com. cn
电子信箱:dongjun@ dongjungroup. com. cn
法定代表人:张崇峻
单位人数:2000
质量体系:ISO/TS 16949
产品情况:(杰星牌、湛卢牌、雷迪特牌)
汽车动力转向系统、冷却系统、汽车电子产品、铸造件等产品
配套情况:已成为东风、神龙、日产、长城、本田、福田、江淮、比亚迪、力帆、三一重工、宇通等多家汽车企业的主要供应商

★湖北东风钢板弹簧有限公司
地址:武汉市蔡甸区张湾街
邮编:430117
电话:027/84912090
传真:84912088
网址:www. hb - df. com
电子信箱:office@ hb - df. com
法定代表人:陈义民
质量体系:IATF 16949
产品情况:(金璜泰牌)
各种类型汽车钢板弹簧
配套及出口情况:为东风汽车有限、北汽福田、上汽通用五菱、湖北三环集团、湖北世纪中远集团、十堰先骐汽车零部件等配套;远销意大利、法国、阿联酋等国家

★武汉万向汽车制动器有限公司
地址:武汉市江夏区纸坊镇武昌大道 2 号
邮编:430201
电话:027/87021305、87021326
传真:87021303
网址:www. wanxiang. com. cn
电子信箱:whwxzhb@ xt. wxqc. cn
法定代表人:潘文标
质量体系:IATF 16949、ISO 9001
产品情况:汽车制动器
配套情况:主要为神龙富康、厦门金龙、长丰猎豹、武汉万通、海南马自达等大型公司提供配套

★武汉元丰汽车电控系统有限公司
地址:武汉市东湖新技术开发区光谷大道 299 号
邮编:430205
电话:027/81889177、84297656
传真:81650458
网址:www. youfin. cn
电子信箱:admin@ youfin. cn
法定代表人:吴学军
质量体系:IATF 16949
产品情况:(元丰牌)
具有年产 50 万套 ABS/ESC 的生产能力
配套情况:为东风汽车、江淮汽车、长城汽车、吉利汽车、金龙汽车、郑州宇通、陕汽集团等配套

★武汉元丰汽车零部件有限公司
地址:武汉市东湖新技术开发区光谷大道 299 号
邮编:430205
电话:027/81889177、84297656
传真:81650458
网址:www. youfin. cn
电子信箱:admin@ youfin. cn
法定代表人:张望善
单位人数:400
质量体系:IATF 16949
产品情况:(元丰牌)
各型液压盘式制动器和气压盘式制动器,电子驻车液压盘式制动器(EPB)
配套情况:为东风汽车、江淮汽车、上汽通用五菱、长城汽车、陕汽集团、吉利汽车、郑州宇通、金龙汽车配套

★湖北星星轮毂有限公司
地址:湖北省天门市经济开发区接官路 155 号
邮编:431700
电话:0728/5343008、5343389
传真:5343018
电子信箱:404242499@ qq. com
法定代表人:陈日鸿
质量体系:IATF 16949
产品情况:铝合金轮毂及其他汽车零部件
配套情况:主要为东风汽车、重庆力帆、郑州日产、重庆庆铃、中兴汽车、绵阳华瑞、常州东风、四川汽车等主机厂配套

★湖北风祥汽车悬架弹簧有限公司
地址:湖北省荆门市钟祥市莫愁大道
邮编:431900
电话:0724/4265807、4285056
传真:4265807
电子信箱:postmaster@ dfzxas. com. cn
法定代表人:万应和
质量体系:ISO/TS 16949、QS 9000
产品情况:汽车钢板弹簧
配套情况:为东风轻型车、江铃全顺、湖南车桥、江淮底盘、南京汽车集团、厦门金旅等配套

★湖北东风捷祥汽车减振器股份有限公司
地址:湖北省钟祥市经济技术开发区西环路 75 号
邮编:431900
电话:0724/4225668
传真:4225698
电子信箱:gz - office@ autopart - ww. com
法定代表人:林坚殊
质量体系:IATF 16949、QS 9000
产品情况:汽车减振器、减振弹簧、球头、盘式制动片、轮毂等
配套及出口情况:为多家 OEM 厂家配套;远销美国、西欧、南非、中东、越南、泰国、新加坡、荷兰、西班牙等国家和地区

★钟祥市金祥汽车半轴有限公司
地址:湖北省钟祥市双河镇
邮编:431913
电话:0724/4836503
传真:4836539
网址:www. kingxa. com
电子信箱:kingxa@ kingxa. com
法定代表人:代子祥
单位人数:275
质量体系:IATF 16949
产品情况:(金祥牌)
具备年产系列汽车半轴 100 万支的生产能力
配套及出口情况:主要同东风、解放、北汽福田、中联重科、金龙汽车、时风、五征、南骏等主机配套,与全国 20 余家大型车桥企业建立了长期稳固的业务关系,年配套量 55 万支;随东风、福田等整车出口世界多个国家和地区

★湖北亚川汽车齿轮集团有限公司
地址:湖北省云梦县城关建设西路 89 号
邮编:432500
电话:0712/4325962、4330186
传真:4330119
网址:www. hubeigear. com
电子信箱:4321588@ qq. com
法定代表人:郑赛毅

单位人数:418
质量体系:IATF 16949、ISO 14001
产品情况:(轻菱牌)
取力器、分动器、发动机齿轮、后桥主从动齿轮、贯通桥齿轮等
配套及出口情况:为一汽集团、东风汽车、中国重汽、柳州五菱等 45 家企业配套,部分产品供军车配套及东风康明斯发动机等发动机公司配套;部分产品出口欧美国家

★湖北八宜汽车零部件有限公司
地址:湖北省仙桃市汉沙东路 181 号
邮编:433000
电话:0728/2811980、2814215
传真:2814218
网址:hbbayi. com
电子信箱:hubei81@ yeah. net
法定代表人:周艾兰
单位人数:820
质量体系:IATF 16949、ISO 14001
产品情况:生产车架总成、拉杆总成、车身冲压零部件等系列产品;其中车架总成、拉杆总成系列年生产能力可达 30 万辆(份)
配套情况:为东风商用车、东风股份、东风乘用车配套

★仙桃市鼎鑫铸业有限公司
地址:湖北省仙桃市胡场镇汉沙大道特 8 号
邮编:433004
电话:0728/2812892
传真:2812892
网址:www. youfin. cn
电子信箱:1034789014@ qq. com
法定代表人:林学春
质量体系:ISO 9001
产品情况:各型液压盘式制动器和气压盘式制动器
配套及出口情况:为东风汽车、江淮汽车、长城汽车、吉利汽车、金龙汽车、郑州宇通、陕汽集团等配套;在澳大利亚、伊朗和美国设有常驻办事机构

★潜江市东方汽车零部件有限公司
地址:湖北省潜江市东风路 31 号
邮编:433010
电话:0728/6480455、6292692
传真:6239945
网址:www. hbqjdq. com
电子信箱:hbqjdq@ hbqjdq. com
法定代表人:邹家华
质量体系:IATF 16949、ISO 14001
产品情况:制动器总成、发动机支架总成等产品
配套及出口情况:为东风汽车有限商用车、东风汽车股份、东风康明斯发动机、神龙汽车、东风柳州汽车、北汽福田、苏州金龙、郑州宇通客车等主机厂配套生产汽车零部件;部分产品随主机出口

★湖北恒隆汽车系统集团有限公司
地址:湖北省荆州市技术开发区东方大道与沙岑路交会处
邮编:434000
电话:0716/8304756、13627167189
传真:8304736、8304739
网址:www. chl. com. cn
电子信箱:287905971@ qq. com
法定代表人:陈涵霖
质量体系:IATF 16949、ISO 14001
产品情况:(恒隆牌、久隆牌)
已形成各类汽车转向器 750 万台(套)的生产能力和系统配套能力
配套及出口情况:为一汽-大众、一汽解放、神龙汽车、东风汽车、北汽福田、华晨金杯、陕西重汽、中国重汽、上汽通用五菱、江铃福特、奇瑞汽车、比亚迪汽车、长安汽车等厂商配套;国际市场上进入美国克莱斯勒、菲亚特、福特、通用、沃尔沃、AVTOVAZ 等知名汽车厂商配套体系

★荆州恒隆汽车零部件制造有限公司
地址:湖北省荆州市经济技术开发区恒隆路
邮编:434000
电话:0716/4127678
传真:8327850
网址:www. chl. com. cn
电子信箱:1063827250@ qq. com
法定代表人:谢耀煌
质量体系:IATF 16949、ISO 14001
产品情况:主要覆盖电动转向系统及液压转向系统两大系统产品,具备年产各类转向系统 650 万台(套)的生产能力
配套情况:为一汽-大众、北美通用、华晨金杯、神龙、奇瑞、东南、海马等国内外 40 多家汽车主机厂配套

★荆州市宏润汽车零部件股份有限公司
地址:湖北省荆州市开发区燎原路 89 号
邮编:434000
电话:0716/8332636、8836575
传真:8326748
网址:www. dsxtg. com
电子信箱:646697193@ qq. com
法定代表人:范力
质量体系:IATF 16949、ISO 9001
产品情况:各类汽车转向系统
配套情况:为荆州恒隆、久隆、捷隆公司配套

★荆州市华远汽车零部件股份有限公司
地址:湖北省荆州市沙市区岑河农场工业园 1 号
邮编:434000
电话:0716/8390015
传真:8390089
网址:www. jzshuayuan. com
电子信箱:183101087@ qq. com
法定代表人:陈先保
质量体系:IATF 16949
产品情况:齿轮齿条式液压转向器、机械式转向器、电子助力转向器(EPS)等,具有年生产销售转向器 20 万台(套)、年生产转向器零部件 400 万台(套)的能力
配套及出口情况:是湖北恒隆集团、湖南株洲易力达以及深圳比亚迪等国内 10 余家客户的核心零部件供应商;总成产品同时出口中东、欧美等地区

★沙市久隆汽车动力转向器有限公司
地址:湖北省荆州市沙市区沙岑路与东方大道交会处
邮编:434000
电话:0716/4133428
网址:www. chl. com. cn
电子信箱:LL7675@ 163. com
法定代表人:陈涵霖
质量体系:IATF 16949、ISO 14001
产品情况:(久隆牌)
已具备年产 100 万台循环球转向器生产能力
配套情况:为一汽解放汽车、北汽福田、一汽青岛汽车、广汽日野、江淮汽车、东风商用汽车、上汽依维柯、陕西重汽、三一重工、克莱斯勒、印度通用供货

★湖北天力汽车零部件制造有限公司
地址:湖北省荆州市沙市区十号路 108 号
邮编:434000
电话:0716/8107632、8107930
网址:www. tinlik. cn
电子信箱:service@ hbtinlik. com
法定代表人:胡正文
质量体系:IATF 16949
产品情况:汽车驾驶室液压翻转机构、包括举升油缸、手动泵、手/电一体化油泵、液压锁卡等,汽车转向系统零部件,阀芯、阀套、转向助力油缸等,汽车转向系统衬套,减振套等橡塑产品
配套情况:配套众多整车厂及相关配套企业

★荆州荆福汽车零部件有限公司
地址:湖北省荆州市沙市区西湖路 98 号
邮编:434000
电话:0716/8263931、8181225
传真:8520119
网址:www. jzjingfu. com
电子信箱:info@ jzjingfu. com
法定代表人:侯福财
单位人数:400
质量体系:IATF 16949、ISO 14001
产品情况:内球头、外球头、拉杆总成、副邦汰、转向摇臂、控制臂等
配套及出口情况:主机配套客户为北方奔驰、大洋洲 Holden、湖北三环、三一重工、柳汽、福特等;出口北美洲、中南美洲、中东、东南亚、非洲、欧洲、大洋洲等地区

★荆州庆洋机械有限公司
地址:湖北省荆州市玉桥开发区恒隆路8号
邮编:434000
电话:0716/8334366
传真:8334166
网址:www. kym. com. tw
电子信箱:kym@ vip. 163. com
法定代表人:黄介山
质量体系:ISO 9001
产品情况:等速万向节

★湖北车桥有限公司
地址:湖北省公安县青吉工业园
邮编:434300
电话:0716/5226671、5225925
传真:5228925 - 2
网址:www. hbaxle. com
电子信箱:marketing@ hbaxle. com
法定代表人:卢娅妮
质量体系:IATF 16949、ISO 14001
产品情况:(博盈牌)
具备年产汽车主从动锥齿轮 50 万套、主减速器总成 30 万台,各类轻、中、重冲焊桥壳 30 万根和 40 万台汽车前后桥总成的生产能力
配套情况:合作伙伴包括安凯客车、北汽制造、北汽福田、长安客车、东风汽车、湖北东峻、桂林大宇、海格汽车、华菱汽车、江淮汽车、江苏常隆客车、江西凯马百路佳客车、南京依维柯、奇瑞汽车、青特集团、三环车桥、唐骏汽车、陕西欧舒特、陕汽控股、上海申龙、上海申沃、曙光撤侨、苏州金龙、厦门金旅、烟台舒驰、亚星客车、一汽通用、中国重汽、中通客车等

★荆州市恒丰制动系统有限公司
地址:湖北省荆州市公安县孱陵创业园
邮编:434300
电话:0716/5156106、5156126
传真:5151212
网址:www. jzhf. cn
电子信箱:jzhf@ jzhf. cn
法定代表人:罗小峰
质量体系:IATF 16949、ISO 9001
产品情况:各类汽车制动器、前后轮毂、螺旋主被齿轮毛坯

★湖北三众车桥股份有限公司
地址:湖北省公安县南平镇中远大道58号
邮编:434318
电话:0716/5819468、5822111
传真:5818116
网址:www. 湖北三众车桥. com
电子信箱:sanzhongcq@ 163. com
法定代表人:邓宏波
单位人数:268
质量体系:IATF 16949、ISO 14001
产品情况:(三众牌)
系列前后桥总成,主要产品为东风系列 SZ1080、SZS1、SZ1090、SZ1118、SZ1094、SZ1141、SZ1053 等七大型号 608 种规格和五十铃系列 SZ1043、SZ1058、SZ1059 等三大型号 45 种规格的汽车前后桥总成
配套情况:为东风公司、北汽福田、山东五征、吉奥、长安、重汽、四川大运、成都王牌等配套

★湖北金驰机器股份有限公司
地址:湖北省石首市江北工业园(新厂镇建设路)
邮编:434400
电话:0716/7612822、7612158
传真:7612186
网址:www. hbjcjq. com
电子信箱:jc@ 126. com
法定代表人:杨太平
质量体系:OHSAS 18001
产品情况:(金驰牌)
年产销能力汽车储气筒 60 万只以上,汽车制动室 10 万只,汽车制动阀类 5 万套
配套情况:为东风股份、福田、宇通、中通、深圳中集、现代、长安等国内世界知名的主机厂配套

★湖北冶钢汽车弹簧有限公司
地址:湖北省黄石市黄石大道 199 号
邮编:435001
电话:0714/3293179、3293156
传真:3293155
网址:www. hbygth. net
电子信箱:ygth199@ 163. com
法定代表人:王美娟
质量体系:IATF 16949
产品情况:汽车悬架弹簧

★湖北三环离合器有限公司
地址:湖北省黄石市磁湖路 165 号
邮编:435002
电话:0714/6359741、6350281
传真:6353585、6353466
网址:www. triringclutch. com
电子信箱:zhuji@ triringclutch. com
法定代表人:常定军
质量体系:IATF 16949、ISO 14001
产品情况:(三环牌)
汽车离合器、双质量飞轮等
配套及出口情况:是一汽、东风、江淮、长安、神龙、玉柴、上柴、潍柴、福田、奇瑞、柳机等三十余家主机厂的独家和主要配套商;出口西亚、欧洲、东南亚、南美洲等地区

★黄石鑫华轮毂有限公司
地址:湖北省黄石市团城山开发区大泉东路生物园
邮编:435002
电话:0714/6398000、6398811
传真:6398800
网址:www. toptruewheel. com
电子信箱:info@ toptruecn. com
法定代表人:孙楚平
质量体系:IATF 16949、ISO 14001
产品情况:轮毂
出口情况:出口大洋洲、欧洲、美洲、中东、韩国、日本等国家和地区,并销往中国台湾地区

★湖北神风汽车弹簧有限公司
地址:湖北省蕲春县九棵松工业区 8 号
邮编:435317
电话:0713/7648636
传真:7648596
网址:www. chinasfth. cn
电子信箱:sf@ chinasfth. com
法定代表人:吴礼林
单位人数:380
质量体系:IATF 16949
产品情况:(鄂簧牌)
各类等截面、变截面和渐变刚度板簧
配套及出口情况:为东风汽车公司、东风柳汽、江淮商用车、江淮专用车、武汉市公用客车厂、柳州五菱等几家大型汽车厂配套;随整车出口俄罗斯、东南亚等国家和地区

★湖北故联实业股份有限公司
地址:湖北省咸宁市长江工业园
邮编:437000
电话:0715/8386599、15374582556
传真:8386697
网址:www. gulianjd. com
电子信箱:sales@ gulianjd. com
法定代表人:于乔
质量体系:IATF 16949
产品情况:汽车自动调整臂,具备年产 30 万套汽车调整臂的生产能力
配套情况:已被荆州车桥、湖南中联重科车桥、湖北车桥、厦门金旅等车桥厂家列人配套供应商目录

★湖北北辰汽车转向系统有限公司
地址:湖北省咸宁市长江工业园区金桂大道 18 号
邮编:437100
电话:0715/8152288、8152266
网址:www. northstars. cn
法定代表人:张崇峻
质量体系:IATF 16949、ISO 14001
产品情况:汽车动力转向系统,包括转向器、转向垂臂、转向直拉杆、转向传动装置、转向助力油泵等
配套情况:是东风商用车的主要供应商之一

★湖北天雄科技股份有限公司
地址:湖北省浠水县洪山工业园天雄路1号
邮编:438200
电话:0713/4219666
传真:4219777
网址:www. tsung. com. cn

电子信箱:tsung@ tsung. com. cn
法定代表人:吕季明
质量体系:IATF 16949
产品情况:(天雄牌)
汽车动力转向油罐、中冷器管、塑料油箱、塑料挡泥板等
配套情况:为东风商用车、东风柳州汽车、陕西重汽、福田汽车、宇通汽车、江淮汽车、重汽、华菱汽车等配套

★湖北力美制动元件有限公司
地址:湖北省麻城市宋埠镇宋埠大道 299 号
邮编:438307
电话:0713/2062329
传真:2062267
网址:www. hblmzd. cn
电子信箱:411490057@ qq. com
法定代表人:丁周炎
质量体系:IATF 16949
产品情况:(力美牌)
各种汽车制动阀、制动器、制动泵和容器类产品
配套及出口情况:为一汽、东风、东风德纳,江淮、北汽福田等 20 多个主机厂配套;部分产品随主机出口

★湖北远成鄂弓汽车悬架弹簧有限公司
地址:湖北省襄阳市高新区日产工业园新星路 3 号
邮编:441000
电话:0710/3390793、3396602
传真:3396601、3396602
网址:www. yuanchenggufen. com
电子信箱:254809215@ qq. com
法定代表人:张彦妮
单位人数:1100
质量体系:IATF 16949、ISO 14001
产品情况:(鄂弹牌)
汽车钢板弹簧及空气悬架弹簧导向臂,年产能力 5 万吨
配套及出口情况:为东风汽车公司配套;远销欧美、东南亚、非洲等国家

★襄阳江凯汽车变速器有限公司
地址:湖北省襄阳市高新开发区富康大道 27 号
邮编:441004
电话:0710/5103006、5103088
电子信箱:54810721@ qq. com
法定代表人:李忠奇
质量体系:ISO/TS 16949
产品情况:生产变速器花键轴、齿轮等零件
配套情况:为东风汽车公司配套

★东风德纳车桥有限公司
地址:湖北省襄阳市中原西路 1 号
邮编:441004
电话:0710/3720000
传真:3482500
网址:www. ddac. com. cn
电子信箱:wei. huang@ ddac. com. cn
法定代表人:Antonio Valencia
单位人数:4550
质量体系:IATF 16949、ISO 14001
产品情况:具有年生产车桥总成 80 万根,主从动齿轮 65 万套的能力
配套情况:为东风汽车公司、宇通客车、厦门金龙等大型客车和货车整车、底盘生产企业提供 6 ~ 12 米客车系列车桥总成及轻、中、重型货车、农用车系列车桥总成

★湖北江山重工有限责任公司
地址:湖北省襄阳市樊城区追日路 5 号
邮编:441005
电话:0710/3347668
传真:3347678
网址:jszg. norincogroup. com. cn
电子信箱:jszgxcb@ 163. com
法定代表人:蔺建成
单位人数:2000
质量体系:ISO 14001
产品情况:专用汽车、数控机床等整机产品和液压组件、汽车变速器等核心总成

★襄阳恒德汽车配件有限公司
地址:湖北省襄阳市高新技术开发区汽车工业园新光路 3 号
邮编:441100
电话:0710/3387219、13774169550
传真:3387208
网址:www. hengdeap. com
电子信箱:xwz_hd@ hengdeap. com
法定代表人:杨志强
质量体系:IATF 16949、ISO 9001
产品情况:具备年产 100 万只乘用车铝合金轮毂的能力
出口情况:产品已出口 30 多个国家(90% 以上为出口产品),主要出口巴基斯坦、迪拜、马来西亚、印度、英国等国家

★湖北飞龙摩擦密封材料股份有限公司
地址:湖北省枣阳市新华路 78 号
邮编:441200
电话:0710/6352088、6312393
传真:6321825
网址:www. feiroen. com
电子信箱:mike_liao@ 126. com
法定代表人:兰永忠
单位人数:1000
质量体系:IATF 16949、ISO 9001
产品情况:(隆中牌)
汽车用鼓式制动片、盘式制动片、制动蹄总成、气压盘式制动器等四大类产品,已形成年产无石棉鼓式制动片 3 万吨、盘式制动片 500 万套、制动蹄总成 300 万套、气压盘式制动器 3 万只的生产能力
配套及出口情况:为东风、一汽、中国重汽、福田、江淮、柳工、陕汽等 20 多个全国知名厂家配套;出口欧美、非洲、东南亚、中东等十几个国家和地区

★湖北三环铸造股份有限公司
地址:湖北省随州市交通大道 1116 号
邮编:441300
电话:0722/3580280
传真:3828066
网址:www. hbshzz. cn
电子信箱:bgs_shzz@ 163. com
法定代表人:余高洋
单位人数:1200
质量体系:IATF 16949、ISO 14001
产品情况:(楚威牌)
桥壳、轮毂、制动鼓、减速器壳、差速器壳等各类汽车底盘零部件和工程机械零部件
配套及出口情况:拥有东风德纳、东风柳汽、徐工科技、陕西汉德、济南重汽等 32 家国内客户;拥有印度塔塔、印度爱莎、美国 AAM、美国 AXLETEK 4 家国际客户

★湖北神马齿轮制造有限公司
地址:湖北省随州市涢水南路 9 号
邮编:441300
电话:0722/3813470、3815486
传真:3811482
网址:www. hbsmcl. com
电子信箱:bgs@ hbsmcl. com
法定代表人:谢爱国
质量体系:ISO 9001
产品情况:(EC 牌)
汽车变速器,工程车变速器副箱齿轮、取力器总成、工程机械齿轮、螺伞等
配套情况:主供东风变速器、三江集团等

★湖北三环车桥有限公司
地址:湖北省谷城县城关镇后街 34 号
邮编:441700
电话:0710/7232476、4001110710
传真:7234069
网址:www. zggccq. cn
电子信箱:cheqiao@ triring. cn
法定代表人:陶德文
质量体系:IATF 16949、ISO 14001
产品情况:(三环牌)
年产各类汽车前轴、曲轴、铁路货车钩尾框等锻件 100 万件、车桥总成 40 万台(套)
配套情况:为一汽、东风、北汽福田、中国重汽、陕西重汽、江淮汽车、日野(中国)、印度塔塔、印度利兰、伊朗 VAMCO、戴姆勒公司等配套

★湖北三环锻造有限公司
地址:湖北省襄阳市谷城县经济开发区发展大道 29 号
邮编:441700
电话:0710/7232310
传真:7241753

网址:www. hbshdz. cn
电子信箱:hbshdz@ 263. net
法定代表人:张运军
质量体系:IATF 16949、ISO 14001
产品情况:(东银牌)
各类汽车转向节、转向节臂、凸缘等
配套及出口情况:同汉德车桥、东风德纳、宇通客车、济南重汽、中国一汽、柳汽、安凯车桥、包头北奔、方盛车桥、江淮汽车、中国南车等 20 多个国内主机厂建立了战略合作伙伴关系;汽车转向节、转向臂等产品出口美国、德国、荷兰、韩国、印度、墨西哥

★苏州仁和老河口汽车股份有限公司
地址:湖北省老河口市仁和路 173 号
邮编:441800
电话:0710/8224899
传真:8231111
网址:www. churun. com. cn
电子信箱:lhkrh@ 163. com
法定代表人:李启群
质量体系:IATF 16949、ISO 14001
产品情况:(仁和牌)
汽车制动间隙自动调整臂
配套情况:产品被大量使用于东风系列、解放系列载重车以及苏州金龙、厦门金龙、北方奔驰、郑州宇通等豪华客车

★湖北华阳汽车制动器股份有限公司
地址:湖北省十堰市车城南路 32 - 1 号
邮编:442000
电话:0719/8876107、8876109
传真:8876111
网址:www. syhuayang. com
电子信箱:tao. weibin@ syhuayang. com
法定代表人:李文清
单位人数:118
质量体系:IATF 16949、ISO 14001
产品情况:商用车制动器总成及其零部件,年产能力 35 万只
配套情况:是东风汽车公司重、中、轻型商用车制动器的主要供应商

★东风汽车零部件(集团)有限公司
地址:湖北省十堰市车城西路 9 号
邮编:442000
电话:0719/8202425
传真:8221521
网址:www. dfpcgroup. com
电子信箱:tanhp@ dfl. com. cn
法定代表人:陈兴林
质量体系:ISO/TS 16949
产品情况:悬架承载系统、气制动系统、转向系统、发动机热系统、车身内饰系统、进气及燃油滤清模块、汽车电子控制模块、仪表传感元件、电动机、紧固件、车轮、空压机、油水泵、精密铸造、粉末冶金和有色铸件等主体业务
配套情况:主要客户有东风商用车、神龙汽车、东风日产、东风本田、东风悦达起亚、东风乘用车、东风股份、东风康明斯、东风裕隆、郑州日产、郑州宇通、中国重汽、陕西重汽、苏州金龙、中国一汽、北汽福田、上汽通用五菱、一汽丰田、广汽丰田、一汽-大众、吉利汽车、长安汽车、奇瑞、比亚迪、潍柴动力、玉柴股份等

★十堰精密新动力科技股份有限公司
地址:湖北省十堰市龙门大道 9 号十堰精密工业园
邮编:442000
电话:0719/8313000
传真:8315666
网址:www. jmzzsy. com
电子信箱:mail@ jmzzsy. com
法定代表人:吕钧
单位人数:400
质量体系:IATF 16949
产品情况:(传神牌)
汽车中、后桥减速器总成及零件,平衡悬架总成及零件,新能源电子桥等
配套及出口情况:与东风汽车、山东时风集团、湖南车桥厂、南方重汽、三一重工、中联重科、北汽福田等国内知名汽车企业合作;远销伊朗、马来西亚、巴基斯坦、阿联酋等国家和地区

★星源(十堰)悬架有限公司
地址:湖北省十堰市茅箭区北京中路 38 号
邮编:442000
电话:0719/8126315、8127805
传真:8126318
电子信箱:xyxjzgb@ 163. com
法定代表人:谢平
质量体系:IATF 16949
产品情况:汽车平衡悬架、挂车悬架、空气悬架系统总成以及浮动桥、推力杆总成
配套情况:与中集车辆(集团)、集瑞联合重工、东风汽车有限、河南天骏、陕汽榆林东方等国内知名厂家建立了良好合作关系

★十堰格润工贸有限公司
地址:湖北省十堰市普林工业园普林南路 9 号
邮编:442000
电话:0719/8783529
传真:8783529
电子信箱:gerunzhang@ 163. com
法定代表人:张景刚
质量体系:IATF 16949、ISO 14001
产品情况:东风系列制动器总成、制动底板、制动蹄铁、重型车轮毂,年产各种制动器总成 5 万只、制动器底板 8 万只、制动器蹄铁 36 万只、重型车轮毂 2 万件
配套情况:主要为东风德纳车桥、陕汽汉德车桥配套

★东科克诺尔商用车制动技术有限公司
地址:湖北省十堰市花果街道放马坪路 40 号
邮编:442003
电话:0719/8208818
传真:8249504
网址:www. knorr - bremse. cn
电子信箱:fen. qin@ knorr - bremse. com
法定代表人:徐保平
质量体系:IATF 16949、ISO 14001
产品情况:商用车制动系统产品

★东风(十堰)汽车制动件有限公司
地址:湖北省十堰市花果街放马坪 28 号
邮编:442003
电话:0719/8248224、8248847
传真:8541277
网址:www. dfzdj. net
电子信箱:scb@ dfzdj. cn
法定代表人:岳胜桥
质量体系:IATF 16949、ISO 14001
产品情况:硅油风扇离合器、离合器助力器、空气干燥器、电涡流缓速器、皮带张紧轮及各种汽车用制动阀等
配套及出口情况:为东风汽车有限公司、东风康明斯发动机、常州柴油机等国内部分整车厂和发动机厂家配套;远销欧洲,与德国奔驰、宝马轿车配套

★十堰市华迪汽车零部件有限公司
地址:湖北省十堰市张湾区凯迪拉克大街 20 号
邮编:442003
电话:0719/8232875
传真:8286056
电子信箱:sy - hdgs@ 163. com
法定代表人:程超
质量体系:IATF 16949、ISO 14001
产品情况:(华迪牌)
空气干燥器、制动器、车门限位器及汽车冲压件
配套情况:为东风汽车有限、东风康明斯发动机等国内部分整车厂和发动机厂家配套

★十堰同创传动技术有限公司
地址:湖北省十堰市东风大道 78 号
邮编:442012
电话:0719/8797200
传真:8782710
网址:www. tcsync. com. cn
电子信箱:tcsync@ 163. com
法定代表人:万贤毅
质量体系:IATF 16949、ISO 14001
产品情况:主要生产汽车变速器同步器齿环、齿座、滑套、锥毂及粉末冶金齿座、同步环等
配套情况:为一汽、东风、中国重汽变速器、中国重汽大同齿轮、綦江齿轮传动、上汽变速器厂、六安星瑞齿轮厂及格特拉克、日本达耐时公司在内的国内外 30 多家企业配套

★东风(十堰)汽车锻钢件有限公司
地址:湖北省十堰市辽宁路 11 号
邮编:442012
电话:0719/8236374、8209097
传真:8236016
网址:www. dfqcdgj. com
电子信箱:dfdg52@ 163. com
法定代表人:薛志国
质量体系:IATF 16949、ISO 14001
产品情况:(超力达牌)
各类汽车悬架吊耳、传动轴凸缘叉、凸缘、万向节叉、车桥转向节、转向机齿条活塞、摇臂轴、转向垂臂、发动机气门等零件、U 形螺栓、减振器下销、横向稳定杆、变速器齿轮、前上控制臂及后轴销支座、横拉杆接头体、推力杆头、外止推板、盖板等零件及毛坯

★湖北红岩车桥实业有限公司
地址:湖北省十堰市白浪东路 40 号
邮编:442013
电话:0719/8317586
传真:8311161
电子信箱:hycqdn@ 163. com
法定代表人:蒋亨杰
质量体系:IATF 16949
产品情况:行星齿轮、半轴齿轮、十字轴、行星齿轮垫片、半轴齿轮垫片、差速器壳、减速器壳、减速器总成等

★十堰市湖桥实业有限公司
地址:湖北省十堰市吉林路 56 号
邮编:442013
电话:0719/8319575、8316356
传真:8301306
电子信箱:sy. zt@ 163. com
法定代表人:胡玮
质量体系:IATF 16949
产品情况:(湖桥牌)
差减壳、双桥、减速器总成、主从动齿轮、支架、半轴套管、十字轴、转向节等
配套情况:为东风汽车有限公司多家专业厂配套

★十堰市定红工贸有限公司
地址:湖北省十堰市经济开发区汇合工业园汇合路 7 号
邮编:442013
电话:0719/8316718
传真:8302012
电子信箱:894352865@ qq. com
法定代表人:王发芳
质量体系:IATF 16949
产品情况:东风公司各种车型的驾驶室转向器支架、翻转支架、扭力杆、扭力臂、钢板吊耳、减振器支架、前后钢板盖板、中垫板、U 形螺栓底板、发动机支架等车身悬架件以及各种车型平衡悬架总成等
配套情况:为东风南充、陕汽华山、成都新大地、湖北力神等 10 余家主机厂配套

★东风(十堰)汽车液压动力有限公司
地址:湖北省十堰市经济开发区龙门大道 26 号
邮编:442013
电话:0719/8251189
传真:8287238
网址:www. dfyydl. com
电子信箱:dongye@ vip. 163. com
法定代表人:卢永刚
质量体系:ISO 14001、GB/T 28001
产品情况:电动、手动汽车驾驶室翻转升降机构及动力转向器、手动油泵总成、电动泵、油缸总成、油管、助力器等
配套及出口情况:为东风公司、济南重汽、北汽福田、三一重工、上汽集团、航天集团等 20 余家汽车主机厂配套;与印度马恒达、塔塔公司,日本五十铃、双日公司、井关株式会社交流合作;已获得德国戴姆勒临时供应商代码

★湖北万联达汽车科技股份有限公司
地址:湖北省十堰市经济开发区龙门工业园吉林路 252 号
邮编:442013
电话:0719/8315238、8301488
传真:8315238
电子信箱:wld - scxsb@ 163. com
法定代表人:陈洪
质量体系:IATF 16949、ISO 14001
产品情况:传动轴总成、转向拉杆总成、转向垂臂总成、销轴等转向系统配件,散热器、冷凝器等热交换器配件
配套情况:为东风汽车、湖北三环专用车、东风德纳车桥、成都王牌汽车、云南力帆汽车、陕西宝鸡华山汽车、江淮汽车等 30 余家企业配套

★十堰东风采埃孚减振器有限公司
地址:湖北省十堰市十堰高新技术产业开发区
邮编:442013
电话:0719/8257006
传真:8287371
网址:www. zf. com
电子信箱:sds@ zf. com
法定代表人:罗元红(董事长)
质量体系:IATF 16949
产品情况:商用车减振器
配套情况:为东风、宇通、金龙、一汽、重汽等国内知名汽车厂商配套

★东风汽车底盘系统有限公司
地址:湖北省十堰市广东路 2 号
邮编:442042
电话:0719/8200163、8223648
传真:8211038
网址:www. dongfengwheel. com
电子信箱:178144788@ qq. com
法定代表人:叶征吾
质量体系:IATF 16949、QS 9000
产品情况:(东风牌)
主要生产汽车车轮,发动机旋压皮带轮及冲压件产品;钢制车轮年生产能力为 1140 万套,发动机旋压皮带轮生产能力 1000 万只
配套情况:为东风汽车公司、奇瑞汽车、长安汽车等十几个主机厂配套

★东风(十堰)汽车钢板弹簧有限公司
地址:湖北省十堰市张湾工业园风神大道 17 号
邮编:442046
电话:0719/8232225、8232069
电子信箱:dkfjd@ 163. com
法定代表人:陈洪安
质量体系:IATF 16949
产品情况:汽车钢板弹簧
配套情况:为东风汽车配套

★双星东风轮胎有限公司
地址:湖北省十堰市汉江北路 21 号
邮编:442053
电话:0719/8615337、55589105
传真:8615337
电子信箱:zh@ doublestar. com. cn
法定代表人:周士峰
质量体系:IATF 16949、ISO 14001
产品情况:(东风牌)
轿车子午线轮胎,汽车斜交轮胎
配套及出口情况:成为一汽、东风汽车、北汽福田、东汽股份、安徽江淮、陕西重汽、四川银河、重庆长安、河北长安、南京长安等国内 10 多家汽车厂家的配套合作伙伴;轮胎出口欧美、东南亚等 40 多个国家和地区

★东风(十堰)有色铸件有限公司
地址:湖北省十堰市花果放马坪路 40 号
邮编:442062
电话:0719/8208881、8246201
传真:8208881
网址:www. dfnfc. com
电子信箱:dfyszj@ dfnfc. com
法定代表人:薄振芳
单位人数:540
质量体系:IATF 16949、ISO 14001
产品情况:离合器壳体、变速器壳体、机油冷却器座总成、油底壳、阀体曲轴后油封座等铝、镁合金压铸件
配套情况:主要客户有东风商用车、神龙汽车、东风康明斯发动机、东风乘用车、东风日产乘用车、宁波圣龙汽车动力系统、上汽菲亚特红岩动力总成、陕西法士特齿轮、西安康明斯发动机、广西康明斯工业动力、康明斯全球采购、克莱斯勒

★东风电子科技公司汽车制动系统公司
地址:湖北省十堰市花果放马坪路 40 号
邮编:442062
电话:0719/8246404、8235030
传真:8235511

电子信箱:scb@ dfzd. com
法定代表人:谢世锋
质量体系:ISO/TS 16949
产品情况:汽车制动系产品(串联阀、感载阀、继动阀、气压式防抱死制动系统ABS等商用车气压制动元件),各类发动机燃油泵、机油滤清器座、发动机ECU冷却器及发动机排气制动产品
配套情况:为东风商用车、陕西重汽、北汽福田、北奔重型、上海依维柯红岩、华菱重汽、厦门金龙、金旅等国内知名整车厂配套

★湖北星源科技有限公司
地址:湖北省十堰市房县东城工业区
邮编:442100
电话:0719/3244335
传真:3224574
电子信箱:fxxygm@ 126. com
法定代表人:谢平
质量体系:IATF 16949、ISO 9001
产品情况:平衡悬架、挂车悬架、空气悬架系统总成以及推力杆总成
配套情况:为东风汽车有限公司配套

★湖北华阳汽车变速系统股份有限公司
地址:湖北省十堰市郧阳区城关镇大桥南路2号
邮编:442500
电话:0719/7300066
传真:7300068
网址:www. hybiansu. com
电子信箱:hybs@ hybiansu. com
法定代表人:陈伦宏
质量体系:IATF 16949、ISO 14001
产品情况:汽车换挡机构系列产品,重、中、轻型车变速器壳体、上盖总成、顶盖总成、汽车拨叉、各类支架、其他铝合金压铸件及精密铸钢件、新能源变速器及附件
配套情况:为东风载重车、东风轻型车、康明斯发动机、东风各改装车厂、湖北三环、长安汽车、一汽长春齿轮、益阳齿轮、湖南三一汽车、广东韶关齿轮、山西大同齿轮等厂家配套

★十堰凯琦铸造有限公司
地址:湖北省十堰市郧阳区经济开发区长岭大道22号
邮编:442500
电话:0719/7228521、15507288032
传真:7228551
电子信箱:1003150573@ qq. com
法定代表人:陈洪安
质量体系:IATF 16949、QS 9000
产品情况:汽车制动蹄、制动底板、制动盘、制动鼓、轮毂、转向器壳体、平衡桥支架、离合器压盘等八大系列
配套及出口情况:主要客户有东风德纳车桥、广西方盛车桥、陕汽汉德车桥、美驰华阳制动器、内蒙古北方奔驰等;出口印度、伊朗、日本等国家

★郧西县神风实业有限公司
地址:湖北省十堰市郧西县城关镇工业园区2号
邮编:442600
电话:0719/6227419、6236669
传真:6227419
电子信箱:hbshenfeng@ 163. com
法定代表人:童立鹏
质量体系:IATF 16949
产品情况:东风系列各种车型汽车底盘零件、驾驶室悬置系统零件、发动机悬置系统零件、钢板弹簧装置零件等系列汽车零部件;年生产能力机加工汽车零部件500万件、铸铁12000吨、铸钢3000吨
配套情况:为东风商用车、东风汽车股份、东风设备制造厂、东风创普、厦门金龙等配套

★湖北省丹江口丹传汽车传动轴有限公司
地址:湖北省丹江口市丹江大道495号
邮编:442700
电话:0719/5213600
传真:5221068
网址:www. danchuan. com. cn
电子信箱:scb@ danchuan. com. cn
法定代表人:肖江
质量体系:IATF 16949、ISO 9001
产品情况:具有年产汽车传动轴60万套、铸钢桥30000套、铸钢件10000吨、精密铸造件5000吨、汽车零件800万件的生产能力
配套情况:为东风汽车公司、宇通客车、北汽福田等配套

★湖北神力锻造有限责任公司
地址:湖北省丹江口市新港大道15号
邮编:442700
电话:0719/5228849、5239696
传真:5228849、5221715
网址:www. dfsl. com. cn
电子信箱:tianxiaobo@ dfcv. com. cn
法定代表人:张朝敏
质量体系:IATF 16949、ISO 9001
产品情况:中、重型货车和大型客车等商用车前轴与大功率发动机曲轴毛坯
配套情况:为东风汽车、重汽集团、沃尔沃等配套

★东风(十堰)精工齿轮有限公司
地址:湖北省丹江口市六里坪镇工业园
邮编:442716
电话:0719/5711772、5062779
传真:5713123
电子信箱:master@ df - gear. net
法定代表人:薛志国
质量体系:IATF 16949、ISO 14001
产品情况:热精锻差速器齿轮、冷精锻齿轮、精锻十字轴、精锻汽车制动凸轮轴
配套情况:为东风汽车有限、神龙汽车、奇瑞汽车等配套

★远安永安车桥有限责任公司
地址:湖北省远安县鸣凤镇解放路313号
邮编:444200
电话:0717/3812932
传真:3812932
网址:www. yacq. com
电子信箱:hbyacq@ 163. com
法定代表人:简开贵
单位人数:480
质量体系:IATF 16949
产品情况:中、重型汽车车桥总成及车桥配件,车桥年生产能力10万台
配套及出口情况:为北汽福田诸城汽车厂、长沙汽车厂、东风柳汽、东风德纳车桥、五征汽车厂等国内知名汽车主机厂配套汽车车桥及车桥零部件;车桥随主机厂整车出口亚洲、非洲、欧美等地区

★湖北航特科技有限责任公司
地址:湖北省荆门高新区常青路1号
邮编:448035
电话:0724/6075001、6075045
传真:2499104
电子信箱:ma. fuping@ hangte. cn
法定代表人:陈阳陵
质量体系:ISO 9001、ISO/TS 16949
产品情况:催化器、制动器
出口情况:出口美国、日本、德国、捷克、匈牙利、俄罗斯、韩国、意大利、法国、印度、东南亚等国家和地区

★湖北航特装备制造股份有限公司
地址:湖北省荆门市高新区常青路1号
邮编:448035
电话:0724/6075004、6075000
传真:6075003
网址:www. hangte. cn
电子信箱:sales@ hangte. cn
法定代表人:肖为
质量体系:IATF 16949、ISO 14001
产品情况:(航特牌)
摩托车盘式液压制动器,汽车转向器壳体等铝合金铸件以及汽车摩托车等专用催化剂、催化器
配套及出口情况:为本田、铃木、雅马哈在中国的合资企业、大长江、轻骑、嘉陵、建设、新大洲、金城、隆鑫等配套;出口美国、日本、韩国、捷克、德国、意大利、印度等国家

★荆门市东神汽车部件制造有限公司
地址:湖北省荆门高新区·掇刀区创业一路2号
邮编:448124
电话:0724/2491905、2498799
传真:2491720
电子信箱:454256165@ qq. com
法定代表人:李翠兰
质量体系:IATF 16949
产品情况:半轴、凸轮轴等,年产能力40万支

湖南省

★住友橡胶(湖南)有限公司
地址:长沙市长沙县长龙街道凉塘东路1318 号
邮编:410100
电话:0731/86407001、86407005
网址:www. dunlop. com. cn
电子信箱:gz_fu@ srh. dunlop. com. cn
法定代表人:山田直树
质量体系:IATF 16949、ISO 9001
产品情况:(邓禄普牌)
乘用车的子午线轮胎,年产量最高可达 1000 万条轮胎

★中航飞机起落架有限责任公司
地址:长沙市望城经济开发区航空路
邮编:410200
电话:0731/82719778、82719760
传真:82719770
网址:www. lamc. avic. com
法定代表人:杨如军
单位人数:4000
质量体系:GJB 9001A
产品情况:系列油缸、泵阀、橡塑制品、悬架系统、减振器、连杆、传动轴等
配套情况:为北汽福田、北京现代、陕汽、重汽、杭叉、合力宝叉、青岛台励福、大叉等配套

★长沙青特车桥有限公司
地址:湖南省浏阳市高新技术产业开发区永阳路 25 号
邮编:410323
电话:0731/83204666
网址:www. qingtegroup. com
电子信箱:596224073@ qq. com
法定代表人:纪爱师
质量体系:IATF 16949、ISO 14001
产品情况:生产汽车、工程车驱动后桥总成等
配套情况:为五十铃供货

★株洲易力达机电有限公司
地址:湖南省株洲市芦淞区董家塅高科园航空路 100 号
邮编:412002
电话:0731/28579269、28554901
网址:www. nfelite. com
电子信箱:cs@ nfelite. com
法定代表人:许仲秋
质量体系:IATF 16949、ISO 14001
产品情况:(易力达牌)
电动助力转向器(EPS),生产能力达 200 万套以上
配套及出口情况:为一汽、长安、东风、北汽福田、一汽海马、东南汽车、力帆汽车等多家汽车厂批量配套,与奇瑞汽车、长城汽车、江淮汽车、众泰汽车、北汽控股等建立了合作关系;出口美国、伊朗等多个国家

★益阳康益机械发展有限公司
地址:湖南省益阳市高新区梅林路康益园区
邮编:413000
电话:0737/4219398
传真:4219388
网址:www. yiyang - gears. com. cn
电子信箱:sales@ yiyang - gears. com. cn
法定代表人:吴永六
质量体系:IATF 16949、ISO 14001
产品情况:(益隆牌)
轻型汽车变速器年生产能力为50000 台
配套及出口情况:为东风汽车集团、江淮汽车集团、一汽红塔、重庆长安等大型企业配套;出口北美洲、东南亚、西亚等地区

★湖南中联重科车桥有限公司
地址:湖南省津市市孟姜女大道 800 号
邮编:415400
电话:0736/4211337、4211340
传真:4210576、4201861
网址:www. zoomlion. com
电子信箱:hnqdpbdgm@ vip. 163. com
法定代表人:罗凯
质量体系:IATF 16949、ISO 9001
产品情况:(邦乐牌、大汉牌)
汽车车桥等
配套情况:为东风汽车集团、一汽集团、北汽福田、南京跃进汽车、金龙客车、郑州宇通、江淮汽车集团等配套

★湖南运达机电科技股份有限公司
地址:湖南省常德市澧县澧阳镇护城居委会 8 组运达南路 98 号
邮编:415500
电话:0736/3213008
网址:www. yundagroup. com
电子信箱:yajd@ yundagroup. com
法定代表人:石晓军
质量体系:IATF 16949
产品情况:制动器总成、制动气室、调整臂、制动泵
配套情况:为一汽集团、东风汽车、北汽福田、中联重科、厦门金龙、苏州金龙、郑州宇通等配套

★湖南省洪江市安达有限责任公司
地址:湖南省洪江市安江镇胜利街枫树坪 55 号
邮编:418100
电话:0745/7212082、7211406
传真:7212082
电子信箱:hjadqp@ 126. com
法定代表人:罗志强
质量体系:IATF 16949
产品情况:(AP 牌)
汽车转向节臂
配套情况:为中联重科车桥、湖南车桥、航天部贵州红光车桥、广东江门兴江转向器、四川南骏汽车、云南一汽红塔等配套

★株洲齿轮有限责任公司
地址:湖南省株洲市天元区明日路 10 号
邮编:421000
电话:0731/22521021
传真:22521001
网址:www. chinese - gear. com
电子信箱:xiaosgs@ chinese - gear. com
法定代表人:丁迎东
质量体系:IATF 16949、QS 9000
产品情况:(株齿牌)
年产螺伞齿轮 120 万套、精锻齿轮 1000 万件、过桥箱齿轮 30 万套、变速器齿轮 800 万套、轿车变速器 30 万台、分动器及行星传动总成 8 万台(套);新能源汽车减速器
配套情况:为一汽集团、陕汽集团、重汽集团、北汽福田、北奔重汽、潍柴动力、力帆汽车、华晨金杯、东风汽车公司、重庆重汽、宇通客车、奇瑞汽车、安凯车桥、一汽海马,吉利汽车等配套

★衡阳风顺车桥有限公司
地址:湖南省衡阳市华新开发区长丰大道 18 号
邮编:421001
电话:0734/8117305、17673195312
传真:8117399
网址:www. fsaxle. com
电子信箱:zhangdong@ leopaard. com
法定代表人:李昌斌
单位人数:400
质量体系:IATF 16949、ISO 14001
产品情况:汽车车桥、悬架、变速器、分动器等
配套情况:为广汽三菱、长丰扬子、河北中兴、南海福迪、北汽福田、石家庄双环等配套

★湖南凌风车架有限责任公司
地址:湖南省衡阳市雁峰区罗金桥二号
邮编:421008
电话:0734/8414315、8475706
传真:8414315
电子信箱:ifgs@ lingfeng. cn
法定代表人:黄本忠
质量体系:IATF 16949
产品情况:SUV、皮卡车系列车架,年产能力 10 万台;中、轻型汽车前轴,年产能力 10 万根
配套情况:为广汽三菱、北汽福田、安徽扬子、浙江吉奥、南海福迪、绵阳华瑞、东风车桥等配套

广东省

★广州市花都全球自动变速箱有限公司
地址:广州市花都区新华 107 国道铁道桥西侧
邮编:253499
电话:4008929928

网址:www. chinawwt. com
电子信箱:wangyj@ chinawwt. com
法定代表人:黄志勇
质量体系:IATF 16949、ISO 14001
产品情况:自动变速器

★ 广州市西合汽车电子装备有限公司

地址:广州市番禺区南村镇骏拓工业园2栋
邮编:510060
电话:020/34698206、39218750
传真:39218751
网址:www. sivco. com. cn
电子信箱:sivco_sale@ 163. com
法定代表人:郭涛
质量体系:IATF 16949
产品情况:(SIVCO 牌)
主要生产商用车 ABS、TPMS、EBS
配套情况:为中国重汽、北奔、大运、东风、中集等主机厂配套
☞ 详细情况请参阅彩色宣传版面

★广州新确汽车配件有限公司

地址:广州市花都区汽车城车城大道南19号
邮编:510080
电话:020/86733858
传真:86733857
网址:www. suncall. co. jp
电子信箱:recruit@ suncall - gc. com. cn
法定代表人:杉村和俊
单位人数:100
质量体系:IATF 16949、ISO 14001
产品情况:(SUNCALL 牌)
发动机气门弹簧、变速器齿轮

★爱德克斯(广州)汽车零部件有限公司

地址:广州市南沙区黄阁镇阁中路第28号
邮编:510245
电话:020/34970988、13416372826
网址:www. advics. co. jp
电子信箱:ou_minshan@ advics - gz. cn
法定代表人:都築秋成
质量体系:IATF 16949、ISO 14001
产品情况:前/后车轴(AXLE ASSY)、制动主油缸(BMC)、脚踏停车制动器(PKB)、汽车稳定控制系统(ESC)
配套情况:为丰田供货

★广州友井汽车配件有限公司

地址:广州市花都区汽车城消防支队旁
邮编:510445
电话:020/37312498、37312418
传真:37312438
网址:www. gzyoujing. com
电子信箱:gzyoujing@ 163. com
法定代表人:周秘
单位人数:100
质量体系:ISO 9001
产品情况:日系汽车转向拉杆球头系列、悬架球头系列、平衡杆球头系列

★ 加特可(广州)自动变速箱有限公司

地址:广州市高新技术产业开发区科学城荔红二路8号
邮编:510530
电话:020/82267338
传真:82267002
网址:www. jatcochina. com
电子信箱:hu_xuan@ jatco. co. jp
法定代表人:AKIYAMA YOSHINOBU(秋山佳信)
单位人数:2137
质量体系:IATF 16949、ISO 14001
产品情况:(JATCO 牌)
主要生产中大型前置前驱车用CVT(Jatco CVT8)、轻小型前置前驱车用CVT(Jatco CVT7)、小型前置前驱车用CVT(Jatco CVT7 W/R)等产品,年产120万台
配套情况:主要客户有东风日产乘用车、郑州日产、雷诺北京、东风裕隆
☞ 详细情况请参阅彩色宣传版面

★广州恩梯恩裕隆传动系统有限公司

地址:广州市经济技术开发区骏达路11号
邮编:510530
电话:020/82266458
网址:www. ntn. com. cn
电子信箱:fr_li@ ntnyulon. com
法定代表人:IKUO WATANABE(渡边郁雄)
质量体系:IATF 16949、ISO 14001
产品情况:等速万向节
配套情况:为东风日产、一汽轿车、广汽三菱、北京现代、东南汽车、上汽通用、东风裕隆、长安福特等供货

★广州日正弹簧有限公司

地址:广州市经济技术开发区开发大道1820号
邮编:510530
电话:020/82266136
传真:82266187
电子信箱:15379@ nus. com. cn
法定代表人:OYAMA JIRO(尾山二郎)
质量体系:IATF 16949、ISO 14001
产品情况:汽车用减振弹簧和稳定杆
配套情况:为广汽丰田、广汽本田、东风日产乘用车、广州昭和汽车配件、东风本田、长安福特等供货

★广州溢滔钱潮减震科技股份有限公司

地址:广州市白云区云城西路888号绿地中心4102-4103
邮编:510540
电话:020/32585001
传真:32585002
网址:www. ytairspring. com
电子信箱:sales1@ ytairspring. com
法定代表人:庞学东
质量体系:IATF 16949
产品情况:空气弹簧、电子复合减振、空气悬架、电子气泵产品
配套情况:主要合作伙伴有江淮汽车、宇通客车、东风汽车、广汽日野、陕西重汽、东风柳汽、东风李尔、广汽研究院等

★广州瑞立科密汽车电子股份有限公司

地址:广州市萝岗区科学城南翔支路1号
邮编:510663
电话:020/32057001、4009685880
传真:32057002、82260136
网址:www. kormee. com
电子信箱:kormee@ kormee. com
法定代表人:黄万义
质量体系:IATF 16949
产品情况:(科密牌、KORMEE 牌)
汽车防抱死制动系统(ABS)、电控制动系统(EBS)、主动防撞系统(AEBS)、电子驻车系统(EPB)、胎压监测系统(TPMS)及电涡流缓速器等
配套及出口情况:为一汽集团、东风汽车、北汽福田、中国重汽、陕西重汽、江淮汽车、上汽依维柯红岩、宇通客车、厦门金龙、厦门金旅、中通客车、中集车辆等100多家整车供货;远销巴西、印度、土耳其、伊朗等国家

★广州昭和汽车零部件有限公司

地址:广州市经济开发区宏明路6号&8号
邮编:510760
电话:020/82268289
传真:82269091
网址:www. gzshowa. com
法定代表人:MATSUMURA TETSUYA(松村哲也)
质量体系:IATF 16949、ISO 9001
产品情况:(SHOWA 牌)
汽车减振器、汽车转向器及其零部件
配套及出口情况:主要客户为广汽本田、东风本田、东风本田发动机、广汽三菱、本田汽车(中国)等;出口西欧、日本、东南亚等国家和地区

★广州优尼精密有限公司

地址:广州市花都区花港大道77号A栋
邮编:510800
电话:020/36866668
传真:36867968
网址:www. unipres. com. cn
电子信箱:xie. yuping@ unipres. com
法定代表人:熊智斌
质量体系:IATF 16949、ISO 9001
产品情况:自动变速器及其精密零部件、制造汽车用精锻毛坯件、精密冲压半成品

★广东大钧离合器有限公司

地址:广州市花都区汽车城车城大道南

邮编:510800
电话:020/28610991、28610992
传真:28610993
网址:www. sdeclutch. com
电子信箱:sale@ sdeclutch. com
法定代表人:潘俊锋
质量体系:IATF 16949
产品情况:(SDE牌)
设计年产能离合器从动盘总成300万套,离合器盖总成100万套

★广州六和桐生机械有限公司
地址:广州市花都区汽车城东风大道8号
邮编:510800
电话:020/86733000
传真:86733228
网址:www. lioho. com
电子信箱:oycuichsn - klc@ liufeng. com. cn
法定代表人:宗绪顺
质量体系:IATF 16949、ISO 14001
产品情况:(KIRIU牌)
汽车制动、转向、发动机零组件,前后驱动轴总成等
配套及出口情况:主要为东风日产、一汽海马、广州日立压缩机等主机厂配套;出口日本和东南亚

★广州万宝井汽车部件有限公司
地址:广州市花都区新华镇汽车城东风大道28号
邮编:510800
电话:020/86733222、86733788
传真:86733111
网址:www. yorozu - corp. co. jp
电子信箱:chenshy@ ybm - yorozu. com. cn
法定代表人:三浦聪
质量体系:IATF 16949、ISO 14001
产品情况:驱动桥总成及相关部件
配套情况:为东风日产、长安铃木、丰田配套

★广州市华南橡胶轮胎有限公司
地址:广州市从化区鳌头镇万力路3号
邮编:510940
电话:020/87880830
网址:www. wanli - global. com
电子信箱:wanli@ wanlitire. cn
法定代表人:李小云
质量体系:ISO 9001、ISO/TS 16949
产品情况:(万力牌)
子午线轮胎
配套及出口情况:主要客户有上汽大众、一汽奔腾、一汽-大众、一汽红旗、一汽解放、东风、长丰猎豹、深圳比亚迪、海南马自达、郑州日产、广州五十铃等;产品70%以上供出口,畅销欧美、大洋洲等120多个国家和地区

★万力轮胎股份有限公司
地址:广州市从化区鳌头镇万力路3号
邮编:510940
电话:4008800771
网址:www. wanlitire. cn
电子信箱:wanli@ wanlitire. cn
法定代表人:李小云
质量体系:IATF 16949
产品情况:(万力牌、钻石牌、SUNNY牌、APTANY牌)
各种汽车子午线轮胎
配套情况:为东风雪铁龙/标致、东风乘用车、郑州日产、江淮汽车、一汽轿车、广汽传祺、广汽本田等26个整车厂82个车型进行配套

★广东戴卡旭汽车零部件有限公司
地址:广州市增城区永和镇东凌工业园
邮编:511300
电话:020/32981266、82983038
传真:82983003
电子信箱:info@ gzdaa. com
法定代表人:徐季平
质量体系:IATF 16949、VDA 6.1
产品情况:汽车铝合金轮毂,设计年产量120万件
配套及出口情况:与日本本田、东风本田、广汽本田、广汽丰田等合作,专供汽车铝合金轮毂;出口北美洲、东南亚

★广州曙光制动器有限公司
地址:广州市经济技术开发区禾丰一街8号
邮编:511356
电话:020/82986818
传真:82986820
网址:www. akebono - brake. co. jp
电子信箱:zhang. minqin@ akebono-brake. com
法定代表人:齐藤明(SAITO AKIRA)
质量体系:IATF 16949、ISO 9001
产品情况:盘式、鼓式制动器

★东洋橡塑(广州)有限公司
地址:广州市经济技术开发区永和经济区禾丰二街10号
邮编:511356
电话:020/82986828
传真:82986838
网址:www. toyo - rubber. co. jp
电子信箱:huanglin@ toyo - ag. com
法定代表人:MIYAZAKI YUJI(宫崎祐次)
质量体系:IATF 16949
产品情况:(TOYO牌)
汽车减振器、等速万向节、特种密封材料等
配套情况:为广汽本田、广汽丰田、东风乘用车、日产等配套

★广州驭风旭铝铸件有限公司
地址:广州市增城区新塘永和管理区塔岗开发区东凌工业园
邮编:511356
电话:020/32985682、22669976
传真:32985633
电子信箱:lsw@ gzwaa. com
法定代表人:徐季平
质量体系:IATF 16949、ISO 14001
产品情况:汽车铝合金轮毂研发和生产
配套情况:为日本丰田、日本本田、日本三菱、日本日产、广汽丰田、广汽本田配套

★广州市华劲机械制造有限公司
地址:广州市增城区新塘镇永和翟洞村永安大道101号
邮编:511356
电话:020/26216038、4001180900
传真:26216092
网址:www. hj - machine. com
电子信箱:hj@ hj - machine. com
法定代表人:郑耀华
单位人数:800
质量体系:IATF 16949、ISO 9001
产品情况:(华劲牌)
半挂车(挂车)车轴总成、悬架系统及零部件
配套情况:为中兴专用车等供货

★广州双叶汽车部件有限公司
地址:广州市南沙区黄阁镇黄阁中路22号
邮编:511455
电话:020/34973700、13711326284
传真:34973708
网址:www. futabasangyo. com
电子信箱:oujianwen@ gfap. com. cn
法定代表人:深津博茂
质量体系:IATF 16949、ISO 9001
产品情况:制动器总成、驱动桥总成、电子控制燃油系统、汽车冲模及相关零部件
配套情况:为广汽丰田配套

★韶能集团韶关宏大齿轮有限公司
地址:广东省韶关市沐溪工业园沐溪三路
邮编:512028
电话:0751/8172004
传真:8172005
网址:www. sg - gear. com
电子信箱:hdcl@ sg - gear. com
法定代表人:陈昌镇
单位人数:1080
质量体系:IATF 16949、ISO 14001
产品情况:主要产品为汽车变速器总成及其零部件、离合器零件、工程机械齿轮、电动叉车后桥等
配套情况:变速器总成主要客户有东风汽车、长安客车、江淮汽车、广汽日野、常州黄海、厦门金龙、扬州亚星、云南力帆等

★广东柳菱宏通实业有限公司
地址:广东省梅州市梅江区八一大道73号
邮编:514016
电话:0753/2350583、2357173
传真:2351587
网址:www. mzgear. com

电子信箱:mzgear@ 126. com
法定代表人:胡志远
单位人数:300
质量体系:IATF 16949
产品情况:(MEIGONG 牌)
各种微/中/重型汽车、工程机械变速器齿轮、驱动桥螺旋锥齿轮、差速器齿轮、堆高机变速器齿轮、摩托车变速器齿轮等
配套及出口情况:为上汽通用五菱、东风汽车、厦门工程机械、山东台励福和中国台湾台励福、沈阳金杯、江西江铃、杭州友嘉、五羊本田等主机厂配套;批量出口海外市场

★BPW(梅州)车轴有限公司
地址:广东省梅州市梅县城东
邮编:514743
电话:0753/2651883
传真:2651889
网址:www. bpw. cn
电子信箱:bpwchina@ bpw. cn
法定代表人:克里斯坚·彼得·苛兹
单位人数:500
质量体系:IATF 16949
产品情况:BPW 刚性悬架车轴、空气悬架车轴及车轴关联零部件

★普利司通(惠州)轮胎有限公司
地址:广东省惠州市惠澳大道惠南高新科技产业园惠泰路 1 号
邮编:516025
电话:0752/2056688
传真:2056677
网址:www. bridgestone. com. cn
电子信箱:zhong. sheng@ bridgestonehz. com
法定代表人:横山知靖
质量体系:IATF 16949、ISO 14001
产品情况:(普利司通牌)
载货汽车、客车用全钢丝子午线轮胎
出口情况:出口蒙古国

★深圳市凯卓立液压设备股份有限公司
地址:广东省深圳市南山区西丽镇茶光路深圳集成电路设计应用产业园 513 室
邮编:518055
电话:0755/26517000、4000905550
传真:26517900
网址:www. cadrolift. com
电子信箱:sale@ cadrolift. cn
法定代表人:王泽黎
质量体系:ISO 9001、ISO 14001
产品情况:(凯卓立牌)
各式车载液压起重尾板、自卸车密闭式车盖系统、各型厢式车翼开系统、残疾人车轮椅升降系统、可控液压支撑平衡系统、流动演出车辆舞台扩展系统、野战用伸缩方舱控制系统等
出口情况:远销美洲、欧洲、东南亚、大洋洲、中东、非洲等地区

★深圳市特尔佳科技股份有限公司
地址:广东省深圳市龙华区观澜高新技术产业园观盛五路 8 号
邮编:518110
电话:0755/26513588、4008801700
传真:26519166
网址:www. terca. cn
电子信箱:sales@ terca. cn
法定代表人:连松育
单位人数:197
质量体系:ISO/TS 16949
产品情况:电涡流缓速器、液力缓速器
出口情况:出口泰国、智利、菲律宾、韩国、越南、澳大利亚、意大利、加纳、古巴、土耳其、阿曼等国家和地区

★力野精密工业(深圳)有限公司
地址:广东省深圳市龙岗区龙岗镇坪地街道坪西社区龙岭北路 39 号
邮编:518117
电话:0755/89949771、89949772
传真:89949936
网址:www. gdasic. com
电子信箱:asic@ gdasic. com
法定代表人:石明津
质量体系:IATF 16949、ISO 9001
产品情况:(ASIC 牌)
转向系统、变速器系统、空调系统、发动机系统等精密锻件

★力派尔(珠海)汽车配件有限公司
地址:广东省珠海市金湾区三灶镇青湾工业区青湾二路 6 号
邮编:519040
电话:0756/3862200、7632000
网址:www. lprautoparts. cn
电子信箱:leon. lee@ lprautoparts. cn
法定代表人:LUCIANO ARICI
单位人数:280
质量体系:IATF 16949、ISO 14001
产品情况:(LPR 牌)
盘式制动片、鼓式制动蹄、制动卡钳、制动盘、制动鼓、简易套装、水泵、制动泵、制动软管、球笼等
配套情况:为菲亚特、雷诺、福特、菲罗多、霍尼韦尔等配套

★珠海华粤传动科技有限公司
地址:广东省珠海市南屏镇洪湾工业区兴湾七路 1 号
邮编:519060
电话:0756/8819200、6299000
传真:8819218、8819209
网址:www. cncclutch. com
电子信箱:cncoem@ cncclutch. com
法定代表人:倪川
质量体系:IATF 16949、ISO 14001
产品情况:(华粤牌)
汽车离合器、从动盘总成
配套及出口情况:为上汽通用、上汽通用五菱、上汽大众、一汽-大众、一汽海马、海马轿车、北汽集团、奇瑞汽车、比亚迪汽车等主机厂配套;约 40% 的产品出口德国、法国、英国、美国、秘鲁、印度等国家和地区

★东莞恩斯克转向器有限公司
地址:广东省东莞市城区莞龙路段狮龙路莞城科技园
邮编:523119
电话:0769/22620960
传真:22620910
网址:www. cn. nsk. com
法定代表人:织户宏昌
质量体系:IATF 16949、ISO 14001
产品情况:电动助力转向器(EPS)等
配套情况:为 10 多家主要汽车厂配套

★东莞双叶金属制品有限公司
地址:广东省东莞市大岭山镇科技工业园
邮编:523816
电话:0769/89202500
传真:89202528
网址:www. futabasangyo. com
电子信箱:account1@ dfmp. com. cn
法定代表人:寺本隆二
质量体系:IATF 16949、ISO 14001
产品情况:汽车用车身零部件、制动器总成、燃油控制系统、底架、汽车发动机排放控制装置,汽车模具等

★东莞金洲齿轮机械有限公司
地址:广东省东莞市沙田镇西太隆工业区
邮编:523992
电话:0769/88688001
传真:88803225
电子信箱:dgjzcl@ 163. com
法定代表人:王勇
质量体系:IATF 16949
产品情况:各种螺旋锥齿轮等
配套及出口情况:为广西方盛、安徽安凯、南京创捷、南京依维柯、合肥车桥等中大型企业提供配套服务;国内的宇通、青年、安凯、金龙、金旅、福田、江淮、金杯、瑞风等客车或乘用车均在大量使用金洲齿轮;出口美国、德国、英国等国家

★肇庆骏鸿实业有限公司
地址:广东省肇庆市高新工业区临江工业园
邮编:526238
电话:0758/3130187、3130898
传真:3130186
电子信箱:info@ sonnytyres. com
法定代表人:林丛海
质量体系:IATF 16949、ISO 9001
产品情况:(新迪牌、JHJ 牌)
半钢子午线轮胎
配套及出口情况:与北汽福田等多家汽车公司 OEM 配套;出口美国、南美洲、欧洲、中东等国家和地区

★爱德克斯(云浮)汽车零部件有限公司
地址:广东省云浮市云安区都杨镇鸿雅南路 3 号
邮编:527500
电话:0776/8457080
传真:8457081
网址:www. aisin. co. jp
电子信箱:chen_jiali@ advics - yf. cn
法定代表人:今井隆好
单位人数:300
质量体系:ISO 9001、ISO/TS 16949
产品情况:制动助力器、盘式制动钳
配套情况:为丰田汽车、大发工业、日野自动车、富士重工业、铃木、三菱自动车工业等配套

★河谷(佛山)智能装备股份有限公司
地址:广东省佛山市禅城区高新技术开发区罗格围工业区
邮编:528000
电话:0757/82011888
传真:82817096
网址:herg. com. cn
电子信箱:info@ herg. com. cn
法定代表人:姚燕业
质量体系:ISO 9001
产品情况:(HERG 牌)
汽车底盘集中润滑系统
配套及出口情况:为厦门金旅、中通、宇通、飞驰、金龙等客车厂配套;出口美国、德国、日本、印度、巴西、土耳其等国家

★佛山市富合汽车工业配件有限公司
地址:广东省佛山市顺德区龙江大坝工业园
邮编:528000
电话:0757/23872635、23872634
传真:23872636
网址:gb. fuhe - china. com
电子信箱:info@ fuhe - china. com
法定代表人:蔡长平
质量体系:IATF 16949、ISO 9001
产品情况:半挂车车轴、支承装置(支腿)、悬架、牵引座(鞍座)、牵引销、集装箱锁具和板簧(汽车弹簧)等半挂车零部件

★佛山市永力泰车轴有限公司
地址:广东省佛山市三水工业园区 E 区 1 号 F1、F2
邮编:528031
电话:0757/88311386、88311383
传真:87662166
网址:www. ltcmc. com
电子信箱:13318369292@ 189. cn
法定代表人:刘靖峰
单位人数:400
质量体系:IATF 16949、ISO 9001
产品情况:(L1 牌)
美式车轴、德式车轴、串联悬架、单点悬架、刚性悬架、空气悬架、支腿、牵引座和牵引销等各种拖车配件,具有年产半挂车车轴 15 万根、各种悬架 5 万余套的生产能力

★佛山优达佳汽配有限公司
地址:广东省佛山市禅城区华宝路 16 号
邮编:528041
电话:13923197464
传真:82100380
网址:www. yutakagiken. co. jp
电子信箱:chen_zihao@ yutaka. com. cn
法定代表人:铃木章平
质量体系:ISO 9001、ISO 14001
产品情况:(YUTAKA 牌)
汽车用液力变矩器
配套情况:为本田配套

★佛山金光汽车零部件有限公司
地址:广东省佛山市禅城区南庄镇广东佛山禅城经济开发区吉利工业园新源 2 路 45 号
邮编:528061
电话:0757/82013900
传真:82013901
网址:www. kanemitsu - fkc. com. cn
电子信箱:wang_zhifang@ kanemitsu-fkc. com. cn
法定代表人:大西将隆
质量体系:IATF 16949
产品情况:传动轮
配套情况:为本田、丰田、日产、马自达、通用、长安铃木等配套

★佛山捷贝汽车配件有限公司
地址:广东省佛山市南海区丹灶镇生态路 8 号南海国家生态工业示范园区
邮编:528216
电话:0757/85407111
传真:85407110
网址:www. hitachi. com. cn
电子信箱:t_wu@ jbf. com. cn
法定代表人:MOTOHASHI KUNIHIKO(本桥 邦彦)
质量体系:IATF 16949
产品情况:(HITACHI 牌)
汽车制动器总成及其部件、摩托车的盘式制动器及其零件
配套情况:为本田、日产、马自达供货

★佛山市南海安驰铝合金车轮有限公司
地址:广东省佛山市南海区狮山镇长虹岭工业园
邮编:528225
电话:0757/81821307、81821306
传真:85582606
网址:www. anchiwheel. com
电子信箱:maggie@ acwheel. com
法定代表人:吴振英
单位人数:300
质量体系:QS 9000、IATF 16949
产品情况:(AC 牌、ACW 牌、STUTTGART 牌)
铝合金汽车轮毂
配套及出口情况:为比亚迪汽车、奇瑞汽车等配套;远销美洲、欧洲、大洋洲、非洲、中东、东南亚

★中南铝车轮制造(佛山)有限公司
地址:广东省佛山市南海区狮山镇长虹岭工业园长兴西路 3 号(办公楼)二楼 A 区
邮编:528225
电话:0757/85778888
传真:85778849
网址:www. znlwheel. com
电子信箱:pub@ znlwheel. com
法定代表人:梁权辉
质量体系:IATF 16949、ISO 14001
产品情况:(ZNL 牌、FNZ 牌)
铝合金汽车轮、铝合金摩托车轮;设计年产能为 400 万只高端 OEM 铝合金汽车轮
配套及出口情况:合作伙伴有长安福特、长安马自达、一汽-大众、福建奔驰、东风日产、广汽丰田、长安铃木、广汽本田、东风小康、江铃汽车、长安汽车、长安商用、标致、陆风汽车、新龙马、福田汽车、北汽银翔、豪爵、广州天马、五羊-本田、嘉陵本田、建设·雅马哈、厦门厦杏、零点等;为美国哈雷摩托、美国北极星摩托、英国凯旋摩托、日本雅马哈等核心供应商

★本田汽车零部件制造有限公司
地址:广东省佛山市南海区南海科技工业园本田路 1 号
邮编:528237
电话:0757/81198888、13927701691
传真:81198889
网址:www. chamhonda. cn
电子信箱:master@ cham - honda. com. cn
法定代表人:KATSUSHI INOUE
单位人数:2700
质量体系:ISO 9001、ISO 14001
产品情况:变速器、曲轴、连杆等零部件
配套情况:为广汽本田、东风本田等配套

★广东亚新汽车传动有限公司
地址:广东省佛山市顺德高新区(容桂)新发路 9 号
邮编:528305
电话:0757/28378022、13825581289
传真:28399998
网址:www. accel. cn
电子信箱:andy. li@ accel. com. cn
法定代表人:易秀成
单位人数:500
质量体系:IATF 16949
产品情况:(ACCEL 牌)
汽车离合器从动盘(年产能力 150 万片)、压盘(年产能力 60 万片)、制动片等

出口情况：远销欧美、非洲、东南亚、中东等50多个国家和地区

★广东富华机械集团有限公司
地址：广东省佛山市顺德区勒流街道港口中路9号
邮编：528322
电话：0757/22191082、22191371
网址：www.fuwa.cn
电子信箱：sh@fuwa.cn、cjh@fuwa.cn
法定代表人：吴志强
质量体系：IATF 16949
产品情况：（Fuwa牌）
涵盖半挂车桥、货车桥、客车桥、工程桥、冷藏集装箱、支腿、悬架系统、鞍座、牵引销、摩擦片、调节臂、气室等产品
出口情况：远销70多个国家和地区

★武藏精密汽车零部件（中山）有限公司
地址：广东省中山市火炬高技术开发区沿江东四路40－42号
邮编：528437
电话：0760/85336689
传真：85337689
网址：www.musashi.co.jp
电子信箱：mingyan_xu@zsmusashi.com
法定代表人：大塚智久
质量体系：IATF 16949、ISO 14001
产品情况：汽车转向与悬架系统零部件
配套情况：为广汽本田、东风本田、本田汽车（中国）、东风本田发动机、东风本田汽车零部件、广州昭和汽车零部件配套

★中山日信工业有限公司
地址：广东省中山市火炬开发区建业路37号
邮编：528437
电话：0760/23895999
传真：85338331
网址：nbz.net.cn
电子信箱：sales@nbz.net.cn
法定代表人：别府直和
单位人数：800
质量体系：IATF 16949、ISO 14001
产品情况：ABS、VSA、真空助力器、制动钳等制动系统的零部件
配套情况：为广汽本田、东风本田等配套

★中山富拉司特工业有限公司
地址：广东省中山市火炬开发区科技西路30号
邮编：528437
电话：0760/88287700、88287726
传真：85316212
网址：www.n－plast.co.jp
电子信箱：haixia－tang@c－plast.com.cn
法定代表人：広瀬信
质量体系：IATF 16949、ISO 9001
产品情况：汽车安全气囊、转向盘、出风口、面板、其他产品
配套情况：为广汽本田、东风日产等配套

★江门市恒威汽车动力转向器有限公司
地址：广东省佛山市高明区西安河江开发区跃华路广德街5号
邮编：528500
电话：0757/88513388
传真：88513389
网址：www.autopower.cn
电子信箱：hwautopower@wei－peng.com
法定代表人：岑润洪
质量体系：ISO 9001
产品情况：汽车转向器及配套件
配套及出口情况：为北汽制造、华泰汽车、一汽通用云南、广东福迪、金程自动车工业、北京福田环保动力、众泰汽车、杭州永源汽车部件、华晨绵阳华瑞汽车配套；出口俄罗斯、埃及、伊朗、南非等国家

★广东何氏协力机械制造股份有限公司
地址：广东省佛山市高明区杨梅镇
邮编：528515
电话：0757/88853222、88853898
传真：88853000
网址：www.hos－unite.com
电子信箱：sales@hos－unite.com
法定代表人：何炽峰
单位人数：167
质量体系：IATF 16949、ISO 9001
产品情况：（何氏牌）
重载车辆车轴总成和悬架系统；具备年产50000条8～20吨车轴总成的能力

★江门市兴江转向器有限公司
地址：广东省江门市蓬江区西环路465号
邮编：529030
电话：0750/2632732、2632606
传真：2632730、2632612
网址：www.xingjiang.com
电子信箱：xingjiang@xingjiang.com
法定代表人：陈联俊
单位人数：400
质量体系：ISO 9001、IATF 16949
产品情况：汽车动力转向器
配套情况：为陕汽集团、东风柳汽、重汽集团、宇通客车、厦门金龙、徐州重工、中联等配套

★广东富华重工制造有限公司
地址：广东省台山市三台大道北一号
邮编：529200
电话：0750/5966984、5966985
传真：5966980
网址：www.fuwa.cn
电子信箱：cuijun.kuang@fuwa.cn
法定代表人：吴志强
质量体系：ISO 9001、IATF 16949
产品情况：具有年产挂车桥80万支、货车及客车前桥50万支、货车及客车驱动桥50万支、工程桥5万支、悬架、制动器零部件各30万套、盘式制动器20万套、摩擦片900万片的生产能力

★广东迪生力汽配股份有限公司
地址：广东省台山市西湖外商投资示范区国际路1号
邮编：529200
电话：0750/5588101
传真：5588074
网址：www.dcenti.cn
电子信箱：dcenti@vip.163.com
法定代表人：赵瑞贞
单位人数：1000
质量体系：IATF 16949、ISO 14001
产品情况：铝合金轮毂

★鹤山市捷仕克汽车配件有限公司
地址：广东省鹤山市共和镇工业东区共建路22号
邮编：529728
电话：17099738910
传真：8303922
网址：www.gck.com
电子信箱：sales@gck.cn
法定代表人：詹益湖
质量体系：IATF 16949、ISO 9001
产品情况：（GCK牌）
汽车传动轴、等速万向节总成及其零部件

广　西

★广西玉柴曲轴有限公司
地址：广西玉林市经济开发区
邮编：537005
电话：0775/3227634
传真：3283259
网址：www.yuchai.com
电子信箱：2652675341@qq.com
法定代表人：蔡小红
质量体系：IATF 16949
产品情况：重型车用变速器

★桂林南方橡胶（集团）公司
地址：广西桂林市七星路36号
邮编：541004
电话：0773/5815653
传真：5815652
电子信箱：nfxjyx@163.com
法定代表人：蒋家华
质量体系：ISO/TS 16949
产品情况：汽车及摩托车轮胎

★中国化工橡胶桂林有限公司
地址：广西桂林市七星区横塘路80号
邮编：541004
电话：0773/8658010
传真：8658059
网址：www.gllt.chemchina.com
电子信箱：lxb9892@163.com

法定代表人:郭保华
质量体系:ISO/TS 16949、ISO 14001
产品情况:(火炬牌、卓成牌、凯途牌、驰原牌等)
全钢、斜交巨型工程轮胎、工程机械轮胎、载重汽车轮胎等
出口情况:出口 50 多个国家和地区

★广西鸣新底盘部件有限公司
地址:广西桂林市铁山路 18 号
邮编:541004
电话:0773/5615920
传真:5615921
网址:www.gxmxin.com
法定代表人:陈中敢
质量体系:IATF 16949、ISO 14001
产品情况:汽车控制臂总成、转向横直拉杆总成、稳定杆总成、球头总成、铝合金控制臂总成、电磁制动器总成、机加工零部件
配套及出口情况:主要客户有上汽通用五菱、福特、东风汽车、海马汽车、一汽、三一、桂林大宇等;出口欧美市场,同万向美国、美国 John Deere、AL-KO 等公司建立了业务合作关系

★柳州市荆大汽车制动管制造有限公司
地址:广西柳州市马厂路 1 号白露工业园
邮编:545000
电话:0772/2728833
网址:www.lzjingda.com
电子信箱:lzjd20060425@163.com
法定代表人:周建华
质量体系:IATF 16949、ISO 9001
产品情况:主导生产汽车制动管
配套情况:是上汽通用五菱指定制造各种微型、乘用汽车系列制动硬管的配套供应商

★柳州市恒力传动轴有限责任公司
地址:广西柳州市柳北区沙塘镇沙塘街 102 号之三
邮编:545003
电话:0772/2712685、2710006
传真:2711115
电子信箱:ningyu135@163.com
法定代表人:陈雄章
质量体系:IATF 16949、QS 9000
产品情况:微车传动轴总成、后桥连接凸缘
配套情况:为上汽通用五菱、广西柳工配套

★方盛车桥(柳州)有限公司
地址:广西柳州市阳和阳惠路东 2 号
邮编:545006
电话:0772/3120504、3113963
传真:3134086
网址:www.fangshengaxle.com
电子信箱:cqxsb@tom.com
法定代表人:张劲松
质量体系:IATF 16949
产品情况:商用车车桥,包括客车桥系统和货车桥系列,桥总成空气悬梁系统
配套及出口情况:客车桥主要配套于郑州宇通、厦门金龙、欧辉客车、比亚迪客车、中通客车、南车时代、上海申龙、重庆恒通、桂林大宇、上海申沃、青年客车等国内主流客车厂;货车桥主要为东风柳汽、福田集团、东风集团、一汽集团等供货;随整车出口及直接出口 60 多个国家和地区

★柳州采埃孚机械有限公司
地址:广西柳州市和平路 143 号
邮编:545007
电话:0772/3691588
传真:3691519
网址:www.lzzf.com
电子信箱:wenhong.huang@zf.com
法定代表人:曾光安
质量体系:ISO 9001
产品情况:(ZF 牌)
变速器、驱动桥及其零部件

★柳州吉凯恩动力机械有限公司
地址:广西柳州市柳太路 7 号
邮编:545007
电话:0772/3915152
网址:www.gknchina.com
电子信箱:cheryl.chen@gknwheels.com
法定代表人:覃庆友
质量体系:OHSAS 18001、ISO 14001
产品情况:矿用、港机、工程、叉车车轮及双联万向节
出口情况:出口澳大利亚、英国、荷兰、美国、日本、韩国等国家

★柳州长虹航天技术有限公司
地址:广西柳州市柳北区柳长路 611 号
邮编:545012
电话:0772/2542258、2542263
传真:2542488、2542258
电子信箱:fengwei923@163.com
法定代表人:唐卫国
质量体系:IATF 16949、ISO 14001
产品情况:汽车前桥总成、汽车真空助力器、汽车制动主缸、汽车电器、NJP 型全自动胶囊充填机等

★柳州上汽汽车变速器有限公司
地址:广西柳州市阳和工业新区工业园 B-20-2、B-21-2 号
邮编:545036
电话:0772/3726312、2602899
电子信箱:sagwlzrlzy@163.com
法定代表人:陶海龙
质量体系:IATF 16949、ISO 14001
产品情况:汽车变速器
配套及出口情况:为上汽通用五菱等西南地区的整车生产企业配套;出口拉丁美洲、印度、东南亚

★柳州克雷拉减振器有限公司
地址:广西柳州市阳和工业新区阳旭路 9 号
邮编:545036
电话:0772/3143790
传真:3116285
网址:www.keleila.cn
电子信箱:lzkllyf@163.com
法定代表人:胡朝红
单位人数:270
质量体系:IATF 16949
产品情况:(克雷拉牌)
各类汽车减振器
配套情况:为上汽通用五菱、东风柳汽、北汽福田、长丰猎豹、一汽佳宝等 20 多家主机厂配套

★柳州双吉机械股份有限公司
地址:广西柳州市新兴工业园四方北二路 1 号
邮编:545112
电话:0772/3256705、7220881
传真:3256705
网址:www.lzsjm.com
电子信箱:sales@lzsjm.com
法定代表人:李桂成
质量体系:IATF 16949、ISO 9001
产品情况:(桂成牌)
自卸车用 KRM 系列液压油缸举升系统、套筒式液压油缸、工程机械油缸、预应力液压千斤顶和油缸零配件等
配套及出口情况:为一汽柳特、东风柳汽、中国重汽、柳工集团等配套;出口阿联酋、印度尼西亚、越南、澳大利亚、美国等国家和地区

★柳州一阳科技股份有限公司
地址:广西柳州市柳东新区车园纵一路 6 号
邮编:545616
电话:0772/3518178、5333610
传真:4008266163-08892
网址:lzarays.com
电子信箱:xingzheng@lzarays.com
法定代表人:邓毅明
质量体系:IATF 16949
产品情况:各类汽车铝合金轮毂
配套情况:是上汽通用五菱、东风柳汽、北汽福田、比亚迪、众泰等汽车厂的最主要铝合金轮毂供应商

重庆市

★重庆斯凯力汽车零部件有限公司
地址:重庆市江北区望江路
邮编:400020
电话:13330202991、13320335159
网址:www.cqskyli.com
法定代表人:余涛
单位人数:125
质量体系:ISO 9001、IATF 16949
产品情况:汽车转向节叉系列产品
配套情况:为潍柴配套

★重庆铁马变速箱有限公司
地址:重庆市渝北区双凤桥街道空港开发区68,82号地
邮编:400020
电话:023/88167877、88167878
网址:www.bbtgearbox.com.cn
电子信箱:xsgs@bbtgearbox.com.cn
法定代表人:杨林
单位人数:700
质量体系:ISO/TS 16949、GJB 9001A
产品情况:(北方奔驰牌)
重型汽车变速器、大型客车变速器、分动器和取力器等
配套情况:为北奔、福田、红岩、宇通、金龙、金旅、安凯、长起、中联等20多家重型汽车、大型客车和专用汽车企业配套

★重庆清平机械有限责任公司
地址:重庆市江北区南桥寺4227信箱
邮编:400021
电话:023/86067436、86067400
传真:86067368
网址:www.cqqp.com
电子信箱:cqqp489@163.com
法定代表人:张先智
单位人数:500
质量体系:ISO 9001
产品情况:(清平牌、QP牌)
高精度特种齿轮及齿轮箱等,广泛用于汽摩等领域;具备年产齿轮800万只、齿轮箱2.5万台的生产能力

★本特勒汽车系统(重庆)有限公司
地址:重庆市江北区海尔路886号
邮编:400026
电话:023/67768201
传真:67768114
网址:www.benteler.com
法定代表人:施宏
单位人数:147
质量体系:ISO 14001、IATF 16949
产品情况:生产加工汽车底盘件以及车身结构件等
配套情况:为福特、一汽-大众、沃尔沃、长安铃木等供货

★重庆聚兴交通工业(集团)有限公司
地址:重庆市九龙坡区九龙工业园C区聚业路113号
邮编:400039
电话:023/65765659
传真:68601654
网址:www.chinajuxing.com.cn
电子信箱:cqjuxing1234@126.com
法定代表人:张洛
质量体系:ISO 14001
产品情况:(JX牌、起飞牌)
气门摇臂、换挡拨叉、变速器毂、摇臂轴、拨叉轴、汽车变速器、单向器、传动齿轮、蜗轮蜗杆、高精减速电动机小模数齿轮、各类模锻毛坯等
配套及出口情况:为广东大长江、钱江摩托、五羊-本田、济南轻骑铃木、洛阳北方易初、嘉陵-本田、新大洲-本田、重庆力帆、庆铃汽车、长安汽车、中国台湾光阳、中国台湾三阳、中国嘉陵、建设、隆鑫、宗申、广汽日野、北奔重汽等配套;远销印度、韩国、欧美、南美洲、东南亚

★重庆富川机电有限公司
地址:重庆市九龙坡区白市驿镇白盛路71号
邮编:400050
电话:023/65702059
传真:65708211
网址:www.futran.cn
电子信箱:futran@futran.cn
法定代表人:傅传明
质量体系:IATF 16949
产品情况:大长江、宗申、嘉陵等摩托车磁电机、变速器、分动器、取力器的齿轮、法士特齿轮、汽车磁电机、齿轮等
配套情况:为大长江、宗申、嘉陵、法士特、本田等配套

★重庆川渝精工机械配件开发有限公司
地址:重庆市巴南区花溪工业园区
邮编:400054
电话:023/62575018、62581051
网址:www.cy-jg.com
电子信箱:yxgs@mail.cy-jg.com
法定代表人:高同大
单位人数:1300
质量体系:IATF 16949
产品情况:(精工牌、锐克牌)
三(四)轮摩托车后桥、倒挡器、变速器、传动轴,电动车后桥及四驱系统,全地形车后桥及四驱系统,微型四轮车等小排量车后桥及变速器总成
配套情况:为日本本田、雅马哈以及全国多家摩托车制造厂、汽车厂配套

★重庆建设工业(集团)有限责任公司
地址:重庆市巴南区花溪工业园区建设大道1号
邮编:400054
电话:023/66296266
传真:66295555
网址:jianshe.csgc.com.cn
法定代表人:车连夫
质量体系:IATF 16949
产品情况:民品主要产品有汽车转向器、传动轴、中间轴、脚踏板、CVT等
配套情况:与长安汽车、长城汽车、吉利汽车、比亚迪汽车、耐世特、博世、蒂森克虏伯、纳铁福等知名企业有长期供货关系

★爱思帝(重庆)驱动系统有限公司
地址:重庆市北部新区龙景路4号
邮编:400060
电话:023/62900350、62811516
传真:62900348
网址:www.exc.exedy.com
电子信箱:clctch@exedy.com.cn
法定代表人:岡村尚吾
质量体系:IATF 16949、ISO 14001
产品情况:(EXEDY牌)
汽车离合器、飞轮减振器
配套情况:为长安集团、东风本田、东风日产、一汽轿车、比亚迪、庆铃汽车、东安发动机等整车和发动机厂配套

★重庆齐信汽车零部件有限公司
地址:重庆市南岸区江桥路6号
邮编:400067
电话:023/62750343
传真:62752595
网址:www.cqqixin.cn
电子信箱:chongqingqixin@163.com
法定代表人:肖忠毅
单位人数:1200
质量体系:IATF 16949、ISO 14001
产品情况:主要生产微型车、轻型车、轿车的转向节、半轴、后桥壳焊接总成、连接凸缘、齿轮等五大系列100余种产品
配套情况:为上汽通用五菱、柳州五菱工业、长安、长安福特、广汽、北汽、东风小康、奇瑞、郑州日产、南方天合等汽车主机厂及零部件公司配套

★綦江长风齿轮(集团)有限公司
地址:重庆市綦江区古南街道西齿北路11号
邮编:400803
电话:023/48662238
传真:48662468、48663372
网址:www.cqcfcl.cn
电子信箱:cfcl111@126.com
法定代表人:周庆龙
质量体系:IATF 16949
产品情况:年产重型汽车齿轮、桥齿轮120万件以上,中重型弧锥齿轮15万套以及各型汽车零件锻件逾万吨
配套情况:为中国重汽、一汽车桥、汉德车桥、安凯车桥、东风汽车公司、上汽依维柯红岩等配套

★重庆新高远实业有限公司
地址:重庆市大足区双龙街道双钱路15号
邮编:400900
电话:023/43330159、43330588
传真:43336779
网址:www.cqxgy.com.cn
电子信箱:gaoyuanqp@188.com
法定代表人:谭光辉
质量体系:IATF 16949
产品情况:取力器总成、差速器十字轴、半轴、贯通轴、液压件等底盘件

★贝卡尔特(重庆)钢帘线有限公司
地址:重庆市双桥经济技术开发区鞍贝路5号
邮编:400900
电话:023/43386000、43386002

传真:43386111
电子信箱:ying1. liu@ bekaert. com
法定代表人:廖骏
单位人数:600
质量体系:IATF 16949
产品情况:(贝卡尔特牌)
轮胎钢帘线

★重庆中南铝合金轮毂有限公司
地址:重庆市北部新区汽车园金开大道2003号
邮编:401120
电话:023/67193001
网址:www. znlwheel. com
电子信箱:5125826@ qq. com
法定代表人:梁权辉
单位人数:375
质量体系:IATF 16949、ISO 14001
产品情况:主要生产汽车铝合金车轮,年产能力为220万件左右
配套及出口情况:主要供应长安福特、长安、长安铃木、一汽-大众、江铃陆风、东风渝安、奇瑞等国内知名的汽车主机厂;出口德国、日本、泰国、菲律宾,并销往中国台湾地区

★重庆耐德中意减振器有限责任公司
地址:重庆市渝北区长安工业园长空路306号
邮编:401120
电话:023/67180918、67187111
传真:67180900
网址:www. edshock. com
电子信箱:huangzhen@ naide. cn
法定代表人:李东
质量体系:IATF 16949、ISO 14001
产品情况:(耐德牌、华意牌、华美牌、华科牌)
汽车减振器
配套情况:为华晨汽车、吉利汽车、长安汽车、奇瑞汽车、上汽通用五菱、安徽安凯客车、重庆恒通客车等配套

★重庆红岩方大汽车悬架有限公司
地址:重庆市渝北区国家农业科技园区金果大道308号
邮编:401120
电话:023/67468800、67468877
传真:67468818
电子信箱:office@ leafspring. cn
法定代表人:郑文峰
质量体系:IATF 16949
产品情况:(红岩牌)
具备年产能钢板弹簧14.1万吨,稳定杆6万件,悬举600只,空气悬架3000套
配套及出口情况:为中国重汽、上汽依维柯红岩、陕西重汽、北奔重汽、北汽福田、广汽日野、安徽华菱等重型货车和中型货车重庆五十铃配套;为郑州宇通、厦门金龙、苏州金龙、厦门金旅、欧V客车、重庆恒通、安徽安凯等客车配套;出口德国、意大利、英国、爱尔兰、土耳其、澳大利亚、新加坡、马来西亚等国家

★重庆驰骋轻型汽车部件股份有限公司
地址:重庆市渝北区回兴街道宝桐二路39号
邮编:401120
电话:023/67457394、67457391
传真:67457391、67457398
电子信箱:cqcc_kfb@ 163. net
法定代表人:戚守柱
质量体系:IATF 16949、QS 9000
产品情况:微车和轿车的前后副车架(前梁托架)、侧尾后内蒙皮、前悬架总成、后轴总成、稳定杆及多种车身覆盖件
配套情况:为长安汽车、昌河汽车等配套

★重庆卡福汽车制动转向系统有限公司
地址:重庆市渝北区金开大道长福西路10号
邮编:401120
电话:023/89053688、89053665
传真:89053666
网址:www. cqcaff. com
电子信箱:xsgs@ cqcaff. com
法定代表人:罗玉红
单位人数:800
质量体系:IATF 16949、ISO 14001
产品情况:(CAFF牌)
商用车转向类产品、乘用车悬架及车架类产品、液压制动类产品
配套情况:主要客户有陕汽集团、上汽依维柯红岩、中国重汽、庆铃、长安汽车集团、北汽股份、北方奔驰、郑州宇通、北汽福田、上汽通用五菱、东南汽车、长安铃木和江铃控股等

★本特勒建安汽车系统(重庆)有限公司
地址:重庆市渝北区两江新区礼盛路
邮编:401120
电话:023/88211529、18725760784
网址:www. benteler. com
电子信箱:haimei. liu@ benteler. com
法定代表人:龙思源
单位人数:135
质量体系:IATF 16949
产品情况:汽车底盘模块、底盘零部件

★重庆北特科技有限公司
地址:重庆市渝北区龙兴镇迎龙大道19号
邮编:401120
电话:023/67252509
网址:beite. net. cn
电子信箱:491433432@ qq. com
法定代表人:靳晓堂
质量体系:IATF 16949
产品情况:汽车转向器齿条、减振器活塞杆等高精度保安杆件、零部件
配套情况:为一汽-大众、上汽大众、上汽通用、一汽轿车、一汽丰田、广汽丰田、广汽本田、东风标致、东风日产、奇瑞汽车、吉利汽车、比亚迪汽车、北京现代、长安福特、江淮汽车、长城汽车、长安铃木、华晨汽车、海马汽车等配套

★克诺尔商用车系统(重庆)有限公司
地址:重庆市北部新区经开园长福西路10号11栋
邮编:401122
电话:023/89015888
传真:89015955
网址:www. knorr - bremse. com. cn
电子信箱:cq - hr. ckg@ knorr - bremse. com
法定代表人:徐保平
质量体系:IATF 16949
产品情况:商用车阀类产品(制动、底盘和变速器控制阀、空气处理阀),空气干燥器和离合器伺服系统产品

★重庆渝江压铸有限公司
地址:重庆市北部新区大竹林街道天山大道东段1号
邮编:401123
电话:023/67682938
传真:67682938
网址:www. cq - yj. com
电子信箱:cq - yj@ cq - yj. cn
法定代表人:周道学
质量体系:IATF 16949、ISO 14001
产品情况:具有年产7万余吨铝合金压铸产品的生产能力和机械加工年产达8000余万件各类铝合金零件的生产能力

★重庆江达铝合金轮圈有限公司
地址:重庆市九龙坡区西彭镇白彭路66号附6号1号厂房
邮编:401326
电话:023/65810005
网址:www. jadewheels. com
电子信箱:jade@ jadewheels. com
法定代表人:龚大胜
质量体系:IATF 16949、ISO 14001
产品情况:各型汽车铝合金轮毂,设计总产能可达300万件
配套及出口情况:主要为客户长安铃木、重庆长安汽车、上汽通用五菱、奇瑞汽车、长城汽车、东风汽车、吉利汽车、众泰汽车、庆铃汽车、华晨汽车、北京汽车、力帆汽车、昌河汽车、川汽等提供铝合金轮毂配套服务;部分产品出口

★重庆中奥离合器制造有限公司
地址:重庆市合川区合阳办金尊街340号
邮编:401329
电话:023/42885663
电子信箱:cqzadh@ 163. com
法定代表人:盛利
质量体系:IATF 16949
产品情况:(渝中奥牌)

各种车型的换挡操纵器，选、换挡软轴系列，手柄球及挡位铭牌系列，防尘压板，油门拉线，熄火拉线，驻车制动拉索，离合器拉线，驻车拉索，K14B、YY5发动机支架及微车差、减速器壳，载重货车、客车、特种车辆变速器行星框架等产品

★重庆杜克高压密封件有限公司
地址：重庆市九龙坡区凤笙路15号附8号
邮编：401329
电话：023/89088738、89086167
传真：89088760
电子信箱：secretary@ dukeseal. com
法定代表人：杜中云
质量体系：ISO/TS 16949、QS 9000
产品情况：斯太尔车桥、轮毂及主减速器油封，乘用车、商用车动力转向器油封，奔驰车桥油封
配套情况：为中国重汽、北汽福田、红岩汽车、华菱汽车、豫北机械、四平转向机、恒隆集团、南京汽车等配套

★重庆红旗弹簧有限公司
地址：重庆市沙坪坝区曾家镇龙药工业园
邮编：401331
电话：023/65751299、65751298
传真：65351266、65751216
网址：www. hqspring. cn
电子信箱：hqthcchenqin@ online. cq. com
法定代表人：覃义云
单位人数：800
质量体系：IATF 16949、ISO 14001
产品情况：（红渝牌）
具有年产重型、轻型、微型、客车钢板弹簧150万台的生产能力
配套及出口情况：主要为上汽依维柯红岩商用车、北方奔驰重型汽车、集瑞联合重工、中国重型汽车集团、庆铃汽车、长安汽车（集团）、东风汽车、江西五十铃、北京汽车工业控股、上汽通用五菱、东风渝安、长安跨越、华晨鑫源重庆汽车、奇瑞汽车、吉奥汽车、重庆力帆、昌河汽车、重庆恒通客车、郑州日产、日产柴油车株式会社、俄罗斯 Russkaya Mekhanika等供货；部分产品出口日本、东南亚和欧美市场

★重庆传动轴股份有限公司
地址：重庆市铜梁工业园区蒲吕镇龙云路26号
邮编：401331
电话：023/45660280、65636137
网址：www. cqcdz. com
电子信箱：cqcdz201@ 163. com
法定代表人：段全
质量体系：IATF 16949
产品情况：（华华牌）
重、中、轻、微及专用汽车传动轴
配套及出口情况：为庆铃、长安、重汽、东风汽车公司、陕汽集团、一汽集团、福田公司、资阳南骏等100多家单位配套；出口东南亚、中东、欧洲等地区

★重庆渝安创新科技有限公司
地址：重庆市沙坪坝区凤凰镇
邮编：401334
电话：023/89851241
网址：www. yuanabsorber. com
电子信箱：yyr@ yuanchina. com
法定代表人：唐恩繁
单位人数：578
质量体系：ISO 9001、IATF 16949
产品情况：减振器产品1300多个品种，3500多种状态，摩托车减振器年销售量400万台（套），汽车减振器年产能120万台（套），智能悬架系统系列产品年产能10万台
配套及出口情况：为豪爵铃木、贝纳利、钱江、雅马哈、春风、宗申、比亚乔、雅迪、隆鑫、力帆等国内外摩托车主机厂，东风小康、金康、长安汽车、大阳、南骏、潍柴汽车等配套；远销欧美、中东、东南亚、非洲、南美洲等40多个国家和地区

★重庆荆江汽车半轴股份有限公司
地址：重庆市綦江区古南金福一路3号
邮编：401421
电话：023/48641483、48642179
传真：48663760
网址：www. cqjjbz. com
电子信箱：cqqlbz@ 126. com
法定代表人：周世平
单位人数：285
质量体系：IATF 16949
产品情况：（綦铃牌）
汽车半轴
配套及出口情况：已为庆铃汽车、江西江铃底盘、郑州日产汽车、长城汽车、四川一汽丰田、德纳管理（上海）、福建台亚汽车、陕西汉德车桥、中国重汽集团、包头北奔重型汽车、安凯福田曙光车桥、三一重工、东风柳州汽车、方盛车桥（柳州）等国内多家企业配套；部分产品出口亚洲、欧美等地区

★綦江齿轮传动有限公司
地址：重庆市綦江区桥河
邮编：401421
电话：023/48609892、48609422
传真：48609001
网址：www. qjgt. com
电子信箱：sales@ qjgt. com
法定代表人：王学智
单位人数：3600
质量体系：IATF 16949
产品情况：（綦江牌）
已形成年产10万台客车变速器和10万台货车变速器、12万套螺伞齿轮的生产能力；产品适用于客车、货车、专用车、特种车、改装车以及新能源、混合动力系统
配套及出口情况：为中国重汽、东风襄阳旅行车、安凯汽车、欧辉客车、申龙客车供货；产品随整车以及散件出口美国、加拿大、西班牙、东南亚等20余个国家和地区

★重庆长兴工业有限公司
地址：重庆市合川工业园区草街拓展区通江路3号
邮编：401572
电话：023/68466039、13983871129
传真：68882115
网址：www. cxclutch. com
电子信箱：manager@ cqchangxin. com
法定代表人：伍怀秋
质量体系：IATF 16949、ISO 9001
产品情况：（常鑫牌）
摩托车离合器厂生产各型干/湿式离合器，包括手动/自动系列，双离合系列，大排量沙滩车系列，通用机械系列和建筑工程机械系列共300余品种，适用于排量为36CC至1600CC系列的摩托车、沙滩车、通用机和建工机械；汽车离合器厂可提供离合器盖总成、离合器从动盘总成、飞轮齿圈总成、双质量飞轮总成、双离合器总成、液力变矩器、湿式离合器等适用于1.5L排量以下轿车/微车及大型农机的零部件产品；已实现各类离合器年销售量达600多万套
配套及出口情况：主要客户包括隆鑫、宗申、力帆、银翔、大长江、钱江、春风、环松等20多家大中型摩托车主机厂；为印度TVS、日本DAYTONA、西班牙GASGAS、墨西哥ITALIKA等国际知名公司设计和生产了200多万套高品质各式离合器/CVT产品

★重庆创精温锻成型有限公司
地址：重庆市江津区双福工业园区
邮编：402247
电话：023/47261421、47261405
传真：47261431
网址：www. cqchuangjing. com
电子信箱：cqcjwd@ 163. com
法定代表人：胡活
单位人数：308
质量体系：IATF 16949
产品情况：精锻结合齿轮、锥齿轮、齿轴、AT花键齿、同步环、轮毂等
配套情况：为上汽通用、唐山爱信、长城、长安、比亚迪、吉利、上汽通用五菱等配套

★重庆长风基铨机械有限公司
地址：重庆市江津区德感街道德园路409号
邮编：402260
电话：023/66296266
电子信箱：1842009760@ qq. com
法定代表人：汪红川
质量体系：IATF 16949
产品情况：长安铃木、众泰、长城、SC等制动、离合、加速踏板

配套情况:为长安铃木、众泰汽车、长城汽车、SC 等企业配套

★重庆齿轮箱有限责任公司

地址:重庆市江津区德感镇东方红大街
邮编:402263
电话:023/47211101、47211468
传真:47211128
网址:www. chongchi. com
电子信箱:cgclcc@ chongchi. com
法定代表人:汪彤
单位人数:2000
质量体系:ISO 9001、ISO 14001
产品情况:(重齿牌)

硬齿面齿轮传动系统及联轴节、减振器研制

出口情况:远销全球 40 多个国家和地区

★重庆长安离合器制造有限公司

地址:重庆市铜梁区旧县镇永兴村
邮编:402565
电话:023/65600366、86083011
传真:65601197、45860900
网址:www. changanclutch. com. cn
电子信箱:cqca_xsb@ myclutch. cn
法定代表人:谢驰
单位人数:284
质量体系:IATF 16949、ISO 14001
产品情况:(茂茂牌)

主要产品有微车、轿车、轻型货车及重型货车系列离合器总成、飞轮总成、齿圈等,离合器压盘总成和从动盘总成不同类型的产品 400 余种

配套及出口情况:主要为重庆长安、重庆渝安、重庆力帆、柳州五菱、绵阳新晨、浙江吉利、东风轻型发动机、成都发动机(集团)、沈阳星光华翔等主机企业配套;部分产品出口欧洲、美洲、亚洲等国际市场

★重庆红旗钢圈有限公司

地址:重庆市潼南区凉风垭工业园
邮编:402660
电话:023/68194397、44551951
传真:68194397、44597366
网址:www. hongqigangquan. com
电子信箱:liu - 18188@ 163. com
法定代表人:刘云根
质量体系:IATF 16949、ISO 9001
产品情况:(渝圈牌、红旗牌)

微型、轻型、中型、重型及工程车类钢圈

配套情况:与重庆庆铃汽车、四川一汽丰田汽车、徐工集团等几十个大型汽车制造厂家建立了长期紧密的合作关系

★南方天合底盘系统有限公司

地址:重庆市璧山区璧城镇红宇大道 9 - 1 号
邮编:402760
电话:023/45587510
传真:45587600
网址:www. zf. com
法定代表人:高军
质量体系:IATF 16949、ISO 14001
产品情况:(川宇牌)

汽车底盘系统、制动器总成、总泵带真空助力器总成、动力转向器及其关联产品(含上述产品的零部件)

配套情况:为长安汽车、长安铃木、长安福特、长安马自达、重庆庆铃、昌河汽车、北汽福田、奇瑞汽车、一汽集团、东风汽车公司、上汽通用五菱等配套

★重庆市创普实业有限公司

地址:重庆市璧山区璧泉街道福顺大道 21 号
邮编:402760
电话:023/41480568
网址:www. zgtrump. cn
电子信箱:cqcpsy00621@ 163. com
法定代表人:戴修云
单位人数:500
质量体系:ISO 9001、IATF 16949
产品情况:(TRUMP 牌)

汽车、摩托车、微型轿车等的变速器零部件

配套情况:为长安汽车、吉利汽车、东风小康、力帆集团配套

★重庆蓝黛变速器有限公司

地址:重庆市璧山区璧泉街道剑山路 100 号
邮编:402760
电话:023/41810188
网址:www. cqld. com
电子信箱:landai@ cqld. com
法定代表人:朱堂福
质量体系:IATF 16949、ISO 9001
产品情况:前驱五挡、六挡、后驱五挡手动变速器,AMT,6AT,新能源变速器,扭矩范围 100 ~ 350N · m
配套情况:为吉利汽车、小康动力、长安跨越、众泰汽车、汉腾汽车、君马汽车、四川野马、力帆、通用五菱、北汽福田等配套

★重庆蓝黛动力传动机械股份有限公司

地址:重庆市璧山区璧泉街道剑山路 100 号
邮编:402760
电话:023/41410185、41410199
传真:41410197
网址:www. cqld. com
电子信箱:xiaoshou@ cqld. com
法定代表人:朱堂福
质量体系:IATF 16949、ISO 9001
产品情况:(蓝黛牌)

乘用车变速器齿轮及壳体等零部件、变速器总成、摩托车主副轴组件

配套及出口情况:是吉利汽车、奇瑞汽车、力帆股份、众泰汽车等多家知名乘用车企业的动力传动部件供应商;部分产品出口中东地区、印度

★重庆三友机器制造有限责任公司

地址:重庆市璧山区工业开发区河西工业园
邮编:402760
电话:023/41780430
传真:41781402
网址:www. cqsyjq. com
电子信箱:sy@ cqsanyou. sina. net
法定代表人:鲁珊杉
质量体系:IATF 16949、ISO 9001
产品情况:主要产品为中高端汽(轿)车底盘系统零件(制动盘、转向节、轮毂、差速器等)及总成,动力系统(自动变速器链轮、齿毂、发动机柔性飞轮盘、轴承盖、半轴支架、防撞梁等),悬架系统(摆臂、支架、控制臂、连杆、拖车钩等)
配套及出口情况:是国外品牌(福特、通用、大众、VOLVO、捷豹路虎、标致雪铁龙、马自达、铃木、五十铃等)和国内品牌(广汽、江铃、吉利等)的一级供应商;部分产品出口北美和亚太

★重庆红宇精密工业有限责任公司

地址:重庆市璧山区红宇大道 9 号
邮编:402760
电话:023/45585000
传真:45511555
网址:www. hongyu. com
电子信箱:info@ hongyu. com
法定代表人:王绍慧
单位人数:2000
质量体系:IATF 16949、ISO 14001
产品情况:液力变矩器和自动变速器油泵等
出口情况:出口国外市场

★重庆龙润汽车转向器有限公司

地址:重庆市璧山工业园铁山路 22 号
邮编:402761
电话:023/41476888、41461888
传真:41478666
网址:www. cqlongrun. com
电子信箱:cqlongrun@ 163. com
法定代表人:龙冯刚
质量体系:IATF 16949
产品情况:具有年产转向器 260 万台(套)、转向柱 200 万台(套)、EPS 电子管柱 40 万套、转向横拉杆 60 万台(套)的生产能力
配套情况:为上汽通用五菱、长安汽车、东风小康、一汽汽车、昌河汽车、奇瑞汽车、海马汽车、力帆汽车、北汽汽车、日本丰田等生产厂家的重要合作伙伴

★重庆市星极齿轮有限责任公司

地址:重庆市璧山区青杠街道三溪路99 号
邮编:402761
电话:023/41786823、41786821
传真:41786823

网址:www. xjcl. cn
电子信箱:luo. dan@ xicl. cn
法定代表人:邱前远
单位人数:340
质量体系:IATF 16949、ISO 14001
产品情况:成套微型轿车变速器齿轮、齿毂和发动机齿轮,电动汽车及混合电动汽车变速器成套齿轮
配套情况:重要客户有长城汽车、比亚迪汽车、上汽、上汽通用、广汽乘用车、长安汽车青山公司、华晨汽车等

★ 重庆青山工业有限责任公司

地址:重庆市璧山区青杠经济技术开发区
邮编:402761
电话:023/41819111、8008072122
传真:41819666
网址:www. tsingshan. cn
电子信箱:tsingshan@ tsingshan. cn
法定代表人:刘波
质量体系:ISO 14001、OHSAS 18001
产品情况:(青山牌)
主要产品为后驱、前驱手动变速器,AMT、DCT自动变速器,新能源(混合动力、纯电动)变速器总成和关键零部件
配套情况:为长安汽车、上汽集团、一汽集团、东风汽车公司、海马、江淮等配套
☞ 详细情况请参阅彩色宣传版面

★重庆华陵工业有限公司
地址:重庆市璧山区青杠镇白云大道666号
邮编:402761
电话:023/41783952、13752970782
网址:www. hl1995. com
电子信箱:hualing2009@ tom. com
法定代表人:曾德华
质量体系:IATF 16949、QS 9000
产品情况:主要生产各类摩托车传动齿轮和传动轴;年产各类摩托车主副轴总成能力达700万套,其他各类传动齿轮、传动轴能力达350万件

★重庆重汽远东传动轴有限责任公司
地址:重庆市双桥区敬业大道20号
邮编:404100
电话:023/43382713
传真:43383113
网址:www. hycdz. com. cn
电子信箱:office@ hycdz. cn
法定代表人:赵贺
质量体系:IATF 16949
产品情况:(红岩牌、斯太尔牌)
为各类汽车、工程机械等传动轴总成、制动器、端面啮合齿传动轴、取力器传动轴、EQ140传动轴、EQ153传动轴
配套情况:是重庆红岩汽车的定点配套企业,同时也是斯太尔汽车和军车定点配套厂家

★重庆博奥镁铝金属制造有限公司
地址:重庆市万盛经开区南桐镇平山大道5号
邮编:404100
电话:023/88319558
电子信箱:286396695@ qq. com
法定代表人:滕航
质量体系:IATF 16949、ISO 14001
产品情况:汽车变速器壳体、转向盘骨架、仪表板骨架、汽车中控支架、座椅骨架、汽缸盖、齿轮室、齿轮室盖等汽车产品,镁合金轮毂、曲轴箱体、曲轴箱盖、摩托车后背架等摩托车产品,年产镁合金压铸产品700多万件
配套情况:为宝马、KSS、福特、上汽通用、重庆延锋江森座椅、比亚乔、长安、力帆等供货

★重庆万丰奥威铝轮有限公司
地址:重庆市涪陵区清溪镇平原三社
邮编:408013
电话:023/72715286、72715217
网址:www. wfjt. com
电子信箱:yan. li@ wfjt. com
法定代表人:董瑞平
质量体系:IATF 16949、ISO 14001
产品情况:汽车铝合金轮毂

四川省

★四川宁江山川机械有限责任公司
地址:成都市龙泉驿区柏合镇合志西路16号
邮编:610100
电话:028/84611788、84611409
传真:84600226
网址:www. ningda. com. cn
电子信箱:njam@ ningda. com. cn
法定代表人:唐旭东
质量体系:IATF 16949、ISO 14001
产品情况:(宁达牌、山川牌)
具备年产各种汽车减振器1000万支、焊管3万吨的能力
配套及出口情况:产品覆盖重庆长安、长安铃木、东风乘用车、东风柳汽、东风雪铁龙、上汽通用五菱、一汽轿车、长城汽车、江淮汽车、华泰汽车、东风日产等主流乘用车市场和一汽解放、中国重汽、陕西重汽、东风柳汽、华菱重汽、北汽福田、红岩汽车、北方奔驰等商用车市场;出口美国、伊朗、巴基斯坦等国家

★成都九鼎科技(集团)有限公司
地址:成都市龙泉驿区航天北路118号
邮编:610100
电话:028/84800572
传真:84808232
网址:www. nine - ding. com
电子信箱:9ding@ 21cn. com
法定代表人:王洪涛
质量体系:IATF 16949、ISO 14001
产品情况:(鼎盛、D牌)
汽车减振器
配套情况:与一汽、北汽、广汽,长城、华晨、东风、上汽通用五菱、江铃、江淮、郑州日产等20余家汽车主机厂建立了长期稳定的配套关系

★成都金固车轮有限公司
地址:成都市龙泉驿区经济技术开发区汽车城大道99号
邮编:610100
电话:028/84645803
传真:84645800
网址:www. jgwheel. com
电子信箱:377828628@ qq. com
法定代表人:金佳彦
质量体系:IATF 16949
产品情况:无内胎货车/客车车轮、乘用车车轮、拖车车轮、农用车车轮等,年产能可达2500万套

★成都宁兴汽车弹簧有限公司
地址:成都市经济技术开发区(柏合镇)城柏街1111号
邮编:610105
电话:13558763746
电子信箱:nxsprin@ 163. com
法定代表人:胡绍田
质量体系:IATF 16949
产品情况:各种汽车悬架螺旋弹簧年产800万支
配套情况:为长安铃木、长安汽车、南京长安、昌河汽车、江铃陆风、吉利、奇瑞、陕飞、东风小康等品牌汽车提供一次或二次配套

★成都宁江昭和汽车零部件有限公司
地址:成都市龙泉驿区柏合镇合志西路18号(园区3号门)
邮编:610106
电话:028/82858981
网址:www. cnshowa. com
电子信箱:cns@ cnshowa. com
法定代表人:唐旭东
质量体系:ISO 9001、IATF 16949
产品情况:摩托车减振器80万支、汽车减振器120万支、汽车电子助力转向器15万支
配套情况:为长安铃木、长安汽车、长安马自达、嘉陵工业股份、雅马哈、宗申等配套

★成都联创精密机械有限公司
地址:成都市龙泉驿区汽车大道555号
邮编:610106
电话:028/65988190
网址:www. leacree. cn
电子信箱:info@ leacree. com
法定代表人:蒋斌
质量体系:IATF 16949、ISO 9001
产品情况:(LEACREE牌、CETA牌)
汽车减振器、空气悬架总成等产品

★四川永合汽车离合器有限公司
地址:成都市新都区新繁镇外东大石桥
邮编:610501
电话:028/83083256、83093043
传真:83083256
电子信箱:398062367@ qq. com
法定代表人:李伟
质量体系:ISO/TS 16949
产品情况:(YONGHE 牌)
专业生产斯太尔、奔驰、红岩、东风、解放、太脱拉等国内外汽车离合器总成
配套情况:为重汽集团下属济南商用车、徐州重型机械厂、泰山五岳专用汽车、三一汽车等配套

★四川金雕离合器有限公司
地址:成都市新繁外南街136号
邮编:610501
电话:028/83080042、83081846
传真:83080843、83093335
网址:www. jindiao. com
电子信箱:office@ jindiao. com
法定代表人:罗宗舜
质量体系:ISO 9001
产品情况:(金雕牌、华都牌)
汽车离合器从动盘总成、离合器总成
配套及出口情况:为重汽集团配套;远销美国、加拿大、古巴、意大利、南非、德国等国家

★成都奥兴汽配制造有限公司
地址:成都市郫都区郫筒镇何公路116号
邮编:611230
电话:028/82353020、63940505
电子信箱:wxl@ cdaxjt. com
法定代表人:张全熙
质量体系:IATF 16949
产品情况:汽车变速器壳等,具有年产250万套的生产能力

★成都兴光工业科技有限公司
地址:成都市郫都区何公路116号
邮编:611730
电话:028/82353020、63940505
电子信箱:wxl@ cdaxjt. com
法定代表人:张全熙
质量体系:IATF 16949
产品情况:(兴光牌)
微车各型变速器壳体、延伸箱体、换挡箱、汽车调速器油泵壳体、滤清器座总成、汽缸盖罩及各类铝合金压铸件等
配套情况:为一汽集团、东风汽车公司、上汽集团、长安汽车等配套

★四川都江机械有限责任公司
地址:四川省都江堰市经济开发区泰兴大道11号
邮编:611830
电话:028/68814077、68814100
传真:68814100、68814088
电子信箱:office@ duji. com. cn
法定代表人:姚国平
质量体系:IATF 16949
产品情况:(都机牌)
6~8米高档中型客车桥和高档轻型货车桥
配套及出口情况:为一汽丰田、郑州宇通、一汽客车、重庆恒通、东风股份、江淮汽车、重庆长安等20多个企业供货;出口印度、伊朗、土耳其等海外市场

★成都红岩方大汽车悬架有限公司
地址:四川省彭州市蒙阳镇外南街
邮编:611934
电话:028/83829276、83820318
传真:83829276
电子信箱:chengduhongyan@ 126. com
法定代表人:王有志
质量体系:IATF 16949
产品情况:钢板弹簧总成

★四川川南减震器集团有限公司
地址:四川乐山市犍为县玉津镇铜高村九组
邮编:614400
电话:0833/4262186、4263333
传真:4262359
网址:www. cnabsorber. cn
电子信箱:njzzhb@ 163. com. cn
法定代表人:陈仁华
质量体系:IATF 16949、ISO 14001
产品情况:(川南牌)
各型摩托车、电动车及汽车减振器
配套及出口情况:主要客户有本田全球采购(包括日本本田、印尼本田、泰国本田、马来西亚本田等海外本田)、五羊本田、新大洲本田、豪爵、标致、钱江、隆鑫、嘉陵、雅迪、爱玛、奇瑞等;出口40多个国家和地区

★四川丹齿精工科技有限公司
地址:四川省丹棱县外北街1号
邮编:620020
电话:028/37201411
传真:37202287
电子信箱:office@ zcsdc. com
法定代表人:贺圣国
质量体系:IATF 16949、ISO 14001
产品情况:(丹齿牌)
汽车后桥主减速齿轮、变速器齿轮、发动机正时齿轮以及通用精密传动齿轮等
配套情况:主要为上汽通用五菱、吉利、奇瑞、重庆长安、北汽福田、一汽夏利、比亚迪、法士特、欧瑞格传动等著名自主品牌汽车、新能源汽车配套

★四川绵阳三力股份有限公司
地址:四川省绵阳市涪金路379号
邮编:621000
电话:0816/5085000、5085108
电子信箱:info@ sanli - m. com
法定代表人:税尚伟
质量体系:IATF 16949、ISO 14001
产品情况:汽车转向系统及其零部件
配套及出口情况:主要客户有神龙汽车、四川丰田汽车、长安铃木汽车、长安汽车、上汽通用五菱、上海德尔福等;出口欧洲、北美洲、澳大利亚、韩国、日本

★四川绵阳华驰方向机有限公司
地址:四川省绵阳市高新区三堆路13号
邮编:621000
电话:0816/2533050、2535061
传真:2535060、2538892
网址:www. mysteering. com
电子信箱:ceo@ mysteering. com
法定代表人:陈忠辅
单位人数:400
质量体系:IATF 16949
产品情况:(克野牌)
多种规格的循环球机械、动力转向器,齿轮齿条机械、动力转向器系列产品以及转向传动轴系列产品
配套及出口情况:为东风汽车公司、长安汽车、一汽通用红塔云南、北汽福田等配套;随整车出口

★四川绵阳德鑫机械有限公司
地址:四川省绵阳市国家高新技术开发区(新区)永兴镇
邮编:621006
电话:0816/2570396、2570038
传真:2570578
网址:www. dxjx. cn
电子信箱:scmy@ dxjx. cn
法定代表人:马德新
质量体系:IATF 16949、ISO 14001
产品情况:(DX牌)
汽车转向传动轴(管柱)总成,年生产能力达80万套以上
配套情况:主要客户有东风商用车、东风股份、一汽解放、一汽解放青岛、陕西重型汽车、宝鸡华山工程车辆、东风柳汽、安徽华菱、江淮汽车、四川现代汽车、四川南骏汽车集团、保定长安客车、四川野马、成都大运、江铃重型、三一重工等国内数十家汽车制造公司

★鸿凯双泰(四川)零部件有限公司
地址:四川省三台县潼川镇南河路231号
邮编:621100
电话:0816/5221163
传真:5224470
网址:www. vastvictory - st. com
电子信箱:ssw@ vastvictory - st. com
法定代表人:宋成义
质量体系:IATF 16949、ISO 9001
产品情况:(三圈牌)
摩托车、汽车车轮及其他零部件
配套及出口情况:为建设雅马哈、五羊本田、新大洲本田、美国北极星、轻骑铃木、宗申比亚乔、嘉陵集团等国内知名

摩托车厂家配套；大排量车轮远销美国、日本、欧洲、东南亚

★四川名齿齿轮制造股份有限公司
地址：四川省雅安市工业园区
邮编：625100
电话：0835/3222759、3222919
传真：3222759、3222919
网址：www. scmccl. com
电子信箱：scmccl@ 163. com
法定代表人：李巨川
单位人数：400
质量体系：IATF 16949
产品情况：各类重、中、轻、微型汽车和工程机械差速器行星半轴齿轮、中桥主从动圆柱齿轮
配套情况：为中国重汽集团、东风汽车、陕西汉德车桥、上汽依维柯红岩、广西柳工集团、龙工（控股）集团、徐工集团、厦工集团等几十家大型主机厂配套

★四川建安工业有限责任公司
地址：四川省雅安市经开区滨河东路6号
邮编：625100
电话：0835/2635399
网址：www. ja－auto. com
电子信箱：info@ ja－auto. com
法定代表人：龙思源
质量体系：IATF 16949、ISO 14001
产品情况：（JIANAN 牌）
已形成年产微型汽车后桥 150 万套/年、轻型汽车驱动桥 23 万套/年、轿车悬架 80 万套/年、齿轮 200 万套/年的生产能力
配套及出口情况：主要供应长安集团、上汽集团、一汽集团、东风集团、奇瑞集团以及吉利汽车、江淮汽车、浙江众泰、川汽野马、郑州海马、资阳南骏、绵阳华润、绵阳华鑫等微型汽车、轻型汽车及轿车生产厂家；出口美国、东南亚等国家和地区

★广元市安驭铝合金车轮有限公司
地址：四川省广元市国家级经济技术开发区袁家坝有色金属园区
邮编：628000
电话：0839/3412188、3412160
传真：3412160
网址：www. actwheel. com
电子信箱：caijs@ actwheel. com
法定代表人：罗灿盛
质量体系：IATF 16949
产品情况：主要生产、销售各种高致密铝合金车轮，年产铝合金车轮 150 万件

★四川营山五四机械有限责任公司
地址：四川省营山县工业集中区
邮编：637700
电话：0817/5060083、8226067
传真：8222452
电子信箱：ysws0018@ 163. com
法定代表人：陈健
质量体系：ISO 9001
产品情况：皮卡车及五十铃等车厢、车架，越野车冲压件、轿车组件等
配套情况：为长安、庆铃、力帆、北汽福田等配套

★四川广安光前集团有限公司
地址：四川省广安市广安区前锋工业园区
邮编：638019
电话：0826/2810199、2810326
传真：2810058
网址：www. scguangqian. net
电子信箱：guangqianjituan@ 163. com
法定代表人：蒋洪建
质量体系：IATF 16949
产品情况：汽车变速器箱体系列、发动机系列、汽车泵体系列等产品，集模具制造、压力铸造、精机加工为一体
配套情况：配套上汽、铃木等国内外知名汽车制造商

★四川华玉车辆板簧有限公司
地址：四川省内江市乐贤工业集中发展区
邮编：641000
电话：0832/2195078、5355682
网址：www. schybh. com
电子信箱：schybh@ 163. com
法定代表人：贺鹏飞
单位人数：150
质量体系：IATF 16949
产品情况：（华玉牌）
汽车钢板弹簧
配套及出口情况：为力帆骏马振兴车辆、中国重汽成都王牌商用车、成都大运汽车集团等主机厂配套；远销英国、美国、日本、韩国、俄罗斯、泰国、沙特阿拉伯等国家

★四川现代坦迪斯汽车系统有限公司
地址：四川省资阳市雁江区现代大道 2 号附 1 号
邮编：641399
电话：028/26901213
网址：www. hyundai－dymos. com
电子信箱：wangqs@ hyundai－transys. com
法定代表人：崔镇赫
质量体系：IATF 16949、ISO 14001
产品情况：主要制造汽车变速器、驱动桥和座椅等，年产零部件可供应 3 万～6 万台商用车，乘用车车桥年产能达到 30 万根
配套情况：为国内多家知名整车企业批量供货

★四川省和越气压减震器有限责任公司
地址：四川省简阳市贾家工业园
邮编：641400
电话：028/27964008、4001509669
网址：www. schyjz. net
电子信箱：scshyqyjzq@ 163. com
法定代表人：汪平和
质量体系：IATF 16949
产品情况：车辆悬架用气压减振器等，生产能力达年产 10 万支

★隆昌山川精密焊管有限责任公司
地址：四川省隆昌市
邮编：642177
电话：0832/3896273、3896471
传真：3891622、3891818
网址：www. jmhg. cn
电子信箱：404136792@ qq. com
法定代表人：李国辉
质量体系：IATF 16949、ISO 14001
产品情况：（山川牌）
各型汽车结构用管和轿、微、重等各类车型减振器产品；具有年产 10 万吨电焊冷拔精密管（其中优质焊管 7 万吨，冷拔精密焊管 3 万吨）、600 万支减振器和年产 100 万支后背支撑杆的生产能力
配套情况：精密焊管产品拥有一汽东机工、东风公司、长安公司、博世公司、德尔福公司、上海纳铁福、上海汇众、上海萨克斯、广州昭和、宁江昭和、上海昭和等国际国内客户，减振器产品拥有中国长安、中国一汽、中国重汽等国内著名整车客户

★宜宾三江机械有限责任公司
地址：四川省宜宾市翠屏区岷江北路 72 号
邮编：644007
电话：0831/3522004、3522071
传真：3522570
网址：www. sjjx. cn
电子信箱：sjjx@ sjjx. cn
法定代表人：白锦春
质量体系：IATF 16949、ISO 14001
产品情况：（SANJIANG 牌）
中重型载货汽车及客车传动、制动配件：空气干燥器、各种制动阀、调节阀、弹簧制动气室，轮胎充放气系统附件，汽车离合器、变速、加速操纵机构，汽车悬架及其他系统附件等
配套情况：为北奔重汽配套

★泸州长江机械有限公司
地址：四川省泸州市江阳区酒谷大道 4 段 18 号
邮编：646000
电话：0830/8961304
传真：8961304
网址：www. cjmp. com. cn
电子信箱：chenyong@ cjmp. com. cn
法定代表人：张勇
质量体系：IATF 16949
产品情况：汽车同步器齿环，具备年产齿环 2000 万件产能
配套及出口情况：为一汽集团、上汽集团、东风汽车、长安集团、中国重汽、法士特公司等客户长期配套；为德国、英国、日本等国家的企业批量供货

云南省

★昆明方大春鹰板簧有限公司
地址:昆明市五华区普吉路 200 号
邮编:650101
电话:0871/65397188、65397166
传真:65397167、65397189
网址:www. kmchunying. com
电子信箱:kmcy@ kmchunying. com
法定代表人:白仁甲
单位人数:500
质量体系:IATF 16949、ISO 14001
产品情况:(春鹰牌)
　　重、中、轻、微型和变截面等系列钢板弹簧
配套及出口情况:为东风柳汽、柳州五菱、一汽通用红塔云南、云南力帆骏马、东风云南、万达客车、达州汽车、楚雄华力汽车机械制造公司等配套;出口东南亚

★曲靖重型机械制造有限公司
地址:云南省曲靖市经济技术开发区西城工业园区
邮编:655000
电话:0874/3140934、13988920727
传真:3145574
网址:www. cnqjzj. com
电子信箱:qjzj@ 188. com
法定代表人:马永升
单位人数:505
质量体系:ISO 9001
产品情况:年产 6 万套轻型汽车车架总成及配件

贵州省

★贵州轮胎股份有限公司
地址:贵阳市修文县扎佐工业园黔轮大道
邮编:550008
电话:0851/84767260、84767378
网址:www. gztyre. com
电子信箱:jjjcs@ gtc. com. cn
法定代表人:黄舸舸
单位人数:7000
质量体系:IATF 16949、ISO 9001
产品情况:(前进牌、大力士牌、多力通牌、劲虎牌、金刚牌等)
　　货车/客车轮胎、工程机械轮胎、农业机械轮胎、林业机械轮胎、工业车辆轮胎、矿用轮胎、实心轮胎和特种轮胎
出口情况:出口美国、英国、意大利、南非等 70 多个国家

★贵州新安航空机械有限责任公司
地址:贵州省安顺市西秀区中华东路东段
邮编:561003
电话:0851/33391590、33461209
传真:33390126
电子信箱:xaam@ avic. com
法定代表人:陈永强
质量体系:IATF 16949、ISO 9001
产品情况:汽车电磁阀、双向阀、止回阀、真空执行器、制动总泵、离合器总泵、压力调节阀等
配套情况:为上汽大众、一汽-大众、奇瑞汽车、吉利汽车等配套

★贵州群建精密机械有限公司
地址:贵州省遵义市大连路江南航天高科技工业园区
邮编:563003
电话:0851/28612343、28612173
传真:28612325、28636247
电子信箱:qj3247@ sina. com
法定代表人:母庚礼
质量体系:IATF 16949、QS 9000
产品情况:高精度齿轮、传动部件,大中型塑料模具及塑件

陕西省

★西安三鸣汽车零部件有限责任公司
地址:西安市经济技术开发区泾渭新城泾渭路 36 号创新工业园
邮编:710043
电话:029/86033971、86035997
传真:86033972
网址:www. xasm. com. cn
电子信箱:sanming@ xasm. com. cn
法定代表人:周立平
质量体系:IATF 16949
产品情况:(三鸣牌)
　　双联式等速万向节总成系列产品
配套情况:为陕汽集团、东风等配套

★西安合力汽车配件有限公司
地址:西安市鄠邑区蒋村镇叶寨工业园
邮编:710065
电话:029/84900281、84900359
传真:84900281
网址:www. xaheli. net
电子信箱:mngcm@ 126. com
法定代表人:叶少腾
单位人数:400
质量体系:ISO 9001
产品情况:变速器汽缸系列、制动鼓、转向节、制动器配件和出口管件

★西安航空制动科技有限公司
地址:西安市高新区科技七路 5 号
邮编:710075
电话:029/38249903、38249102
传真:38249745
网址:www. xbc514. com
电子信箱:xbc@ avic. com
法定代表人:付鹏锋
质量体系:ISO 9001、ISO 14001
产品情况:(华兴牌)
　　汽车制动盘、制动鼓、制动器总成、后卡钳总成、半轴等
配套情况:为一汽-大众、东风汽车公司、上汽大众、上汽汇众等配套

★陕西航天动力高科技股份有限公司
地址:西安市高新技术产业开发区锦业路 78 号
邮编:710077
电话:029/81881811
传真:81881812
网址:www. china - htdl. com
电子信箱:power@ china - htdl. com
法定代表人:朱奇
单位人数:2288
质量体系:IATF 16949、ISO 9001
产品情况:(华宇牌、航力牌、天庆牌等)
　　特种泵、燃气表、液力传动等

★陕西法士特齿轮有限责任公司
地址:西安市莲湖区大庆路西段与枣园南路交会处西北角
邮编:710077
电话:029/88889413
传真:84623110
网址:www. chinafastgear. com
电子信箱:fastgear@ saggw. com
法定代表人:谭旭光
单位人数:3200
质量体系:IATF 16949、OHSAS 18001
产品情况:重型汽车变速器、分动器、取力器、齿轮及相关产品
配套情况:为一汽集团、东风汽车公司、北汽福田、重汽集团、陕汽集团、重庆重汽、柳汽、丹东黄海、北奔重汽等配套

★西安航天远征流体控制股份有限公司
地址:西安市长安区飞天路 289 号
邮编:710100
电话:029/85207587
传真:85614459
网址:www. xahtyz. com
电子信箱:425501385@ qq. com
法定代表人:闫福杭
单位人数:350
质量体系:IATF 16949、ISO 9001
产品情况:自动变速器高速电磁阀、重型车变速器换挡系统总成、重型汽车制动系统总成、专用汽车配件系列、汽车发动机燃气控制系统(一级减压器总成,双燃料车减压器总成)
配套情况:与陕汽集团等多家企业建立良好的战略合作关系

★陕西法士特汽车传动集团有限责任公司
地址:西安市高新区西部大道 129 号
邮编:710119
电话:029/88889413、4008899901
网址:www. chinafastgear. com
电子信箱:fastgear@ fastgroup. cn
法定代表人:严鉴铂
单位人数:543
质量体系:ISO/TS 16949、QS 9000
产品情况:(法士特牌)
　　已形成年产销汽车变速器 100 万台、齿轮 5000 万只和汽车锻件 10 万吨

的综合生产能力；纯电动汽车传动系统等
配套及出口情况：产品被一汽、东风、重汽、陕汽、北汽福田等60余家主机厂的上千种车型选为定点配套产品；出口美国、澳大利亚、东欧、南美洲、东南亚、中东等10多个国家和地区

★西安法士特汽车传动有限公司
地址：西安市高新区西部大道129号
邮编：710119
电话：029/88889413
网址：www. chinafastgear. com
电子信箱：fastgear@ fastgroup. cn
法定代表人：严鉴铂
质量体系：ISO 14001、OHSAS 18001
产品情况：变速器、取力器

★西安双特智能传动有限公司
地址：西安市高新区西部大道171号
邮编：710119
电话：029/88600322、89287035
传真：88889563
网址：www. xafcit. com
电子信箱：xafc@ xafcit. com
法定代表人：THOMAS JOSEPH BLUTH
质量体系：IATF 16949
产品情况：重型液力自动变速器等
配套情况：主要合作伙伴有宇通客车、海格客车、金龙客车、金旅客车、亚星客车、福田欧辉、中国一汽、陕汽商用、北奔重汽、东风汽车、江淮、青特集团、潍柴动力、玉柴、西安康明斯、一汽锡柴、上柴动力、福田康明斯等

★陕西万安汽车零部件有限公司
地址：西安市高陵区泾河工业园（北区）南北六纵路西侧
邮编：710200
电话：029/86964832
传真：86068389
网址：www. vie. com. cn
电子信箱：whd06@ 126. com
法定代表人：何其江
产品情况：弹簧制动缸等
配套情况：为陕重汽等配套

★陕西蓝通传动轴有限公司
地址：西安市蓝田工业园文姬路延伸段
邮编：710500
电话：029/82721355
传真：82721355
网址：www. ltcdz. com
法定代表人：徐勇
质量体系：IATF 16949
产品情况：各类汽车传动轴总成，产品分为六大系列：军车系列：SX2150K、SX2190、SX2110、SX2153、SX2300等；重型车系列：德龙、奥龙、斯太尔；中型车系列：东风EQ1090、EQ1141、CA1090；轻型车系列：NJ1040、BJ1040、BJ2020；微型车系列：SX1010；工程机械系列；具有年产传动轴30万套以上生产能力

★陕西华兴汽车制动科技有限公司
地址：陕西省兴平市西城区48号信箱044分箱
邮编：713106
电话：029/38249406
传真：32849970
网址：www. sxhxzd. com
电子信箱：kaifa. xiaoshou@ 163. com
法定代表人：马小刚
质量体系：IATF 16949
产品情况：（华兴牌）
制动器、制动鼓、制动盘、精密锻造产品
配套情况：轿车产品主要市场客户有一汽-大众、上汽大众、上海汇众、芜湖奇瑞、比亚迪；微型车产品主要市场客户有北汽集团、河北长安、海马郑州、陕汽通家、重庆鑫源、长安跨越等；SUV及客车产品市客户有广汽长丰、郑州宇通、上海科曼；轻型货车市场客户有东风汽车公司

★陕西汉德车桥有限公司
地址：陕西省宝鸡市高新开发区国家高新技术产业开发区
邮编：721006
电话：029/8742418
网址：www. hdcq. com
电子信箱：hdcqhr@ 163. com
法定代表人：袁宏明
质量体系：IATF 16949、ISO 14001
产品情况：（汉德牌）
4.2～25吨转向前轴、10～45吨双级减速驱动桥、6～13吨单级减速驱动桥、5～18吨转向驱动前桥、7.5～13吨挂车桥、3～13吨电驱动桥；涵盖重、中型货车桥、电动车桥、工程车桥、客车桥四大系列
配套及出口情况：与陕汽集团、东风商用车、上海汇众、安徽华菱、郑州宇通等重型汽车及客车制造企业合作；出口欧洲、亚洲、北美洲等10多个国家和地区

★宝鸡瑞泰尔汽车零部件有限公司
地址：陕西省岐山县曹家镇
邮编：722408
电话：0917/8742942、8744555
传真：8742869
网址：www. bjrtr. com
电子信箱：bjrtr1@ 163. com
法定代表人：李小东
单位人数：200
质量体系：IATF 16949
产品情况：（瑞泰尔牌）
膜片离合器总成、离合器压盘及盖总成、发动机支架、后板簧前支架、牵引装置总成等各种重型汽车零部件的铸造、机加工
配套情况：为陕西重汽、陕西法士特、陕西三鸣汽车零部件、陕西欧舒特、陕西汉德车桥、陕西德仕汽车零部件等公司配套

★宝鸡法士特齿轮有限责任公司
地址：陕西省宝鸡市国家高新技术开发区虢镇科技园
邮编：722409
电话：0917/8730780、8730628
网址：www. chinafastgear. com
法定代表人：严鉴铂
质量体系：IATF 16949、ISO 14001
产品情况：汽车变速器、齿轮、锻件

★陕西东铭车辆系统股份有限公司
地址：陕西省铜川市新区南部工业园区樱园路8号
邮编：727031
电话：0919/2801113、2801118
网址：www. sxdfcq. com
电子信箱：sqdc. qgb@ 163. com
法定代表人：仵引和
单位人数：800
质量体系：IATF 16949
产品情况：（路遥牌）
轻微型汽车驱动桥、电动汽车车桥、汽车齿轮；具备年产新能源电动车桥20万套、特种电动车1000辆、重型汽车零部件4万吨的生产能力
配套情况：主要为昌河、东风小康、陕汽集团、法士特、比亚迪、河北中兴、奇瑞汽车、众泰、长安、北汽福田等配套

宁　夏

★银川佳通长城轮胎有限公司
地址：宁夏银川经济技术开发区开元东路南侧16号
邮编：750021
电话：0951/2966518
传真：2966897
网址：www. giti. com/zh－cn
电子信箱：wangqiyi@ giti. com
法定代表人：李怀靖
质量体系：ISO 9001
产品情况：钢子午线轮胎、半钢子午线轮胎

新　疆

★新疆斯拓汽车零部件制造有限公司
地址：乌鲁木齐市头屯河区金屯路19号
邮编：830023
电话：0991/3966777
网址：www. srr. ltd
电子信箱：st@ csituo. com
法定代表人：武文江
质量体系：ISO/TS 16949
产品情况：汽车减振器，涵盖了日韩系列、欧美系列、中国系列等常用车系
出口情况：远销中亚、亚太、中东、南美洲、欧洲等地区

★双钱集团(新疆)昆仑轮胎有限公司
地址:乌鲁木齐市米东北路 7880 号
邮编:831400
电话:0991/3304709
传真:3391133
网址:www. china - kunlun. com
电子信箱:zhucihua@ kunluntyre. com
法定代表人:武立民
单位人数:2000
质量体系:IATF 16949、ISO 9001
产品情况:(昆仑牌、新力牌)
具备年产 100 万条全钢载重子午线轮胎和 120 万套斜交工程胎的能力
出口情况:远销东南亚及周边中亚国家

车身零部件生产企业

☞ 企业如有变更,请与编辑部联系 ☎ 010/68426043、68420981

北京市

★比泽尔制冷技术(中国)有限公司
地址:北京市北京经济技术开发区经海四路20号
邮编:100023
电话:010/67819000
传真:67819092
网址:www.bitzer.cn
电子信箱:info@bitzer.cn
法定代表人:克里斯蒂安·威勒(Christian Wehrle)
质量体系:ISO 9001、ISO 14001
产品情况:车辆空调制冷压缩机

★埃贝赫汽车技术(北京)有限公司
地址:北京市经济技术开发区科创二街新城工业园B1-1厂房
邮编:100023
电话:010/67892686
传真:67892636
网址:www.eberspaecher.cn
电子信箱:preheater@eberspaecher.com
法定代表人:乌维·萨斯
质量体系:IATF 16949
产品情况:(埃贝赫牌)
燃油加热器及电加热器、PTC加热器、客车空调系统
配套情况:为一汽、华晨宝马、北京奔驰等配套

★北京海纳川汽车部件股份有限公司
地址:北京市大兴区采育镇采育经济开发区育隆大街6号
邮编:100031
电话:010/63173722
传真:63132253
网址:www.bhap.com.cn
电子信箱:hnc@bhap.com.cn
法定代表人:蔡速平
质量体系:ISO/TS 16949
产品情况:产品覆盖汽车内外饰系统、汽车座椅系统、汽车电子系统、汽车热交换系统、汽车底盘及其他系统
配套及出口情况:为北汽、一汽、上汽、华晨、江淮、长安、奇瑞、陕汽、长城、中国重汽等国内20多家大型汽车企业配套;汽车天窗系列产品在北美洲、欧洲、亚洲都有广泛的业务,为全球领先的汽车制造商进行配套和服务

★北京博泽汽车部件有限公司
地址:北京市大兴区西红门镇鼎业路23号
邮编:100076
电话:010/56590760
传真:56590747
网址:www.brose-china.cn
电子信箱:peking@brose.com
法定代表人:董强
质量体系:IATF 16949、ISO 14001
产品情况:轿车车门内板系统、座椅系统、玻璃升降器、摇窗机系统、冷却风扇系统等
配套情况:客户有北京奔驰、北京汽车、长城、李尔等

★海斯坦普汽车组件(北京)有限公司
地址:北京市北京经济技术开发区融兴北一街2号院
邮编:100176
电话:010/59920265
网址:www.gestamp.com
电子信箱:lucy_zhang@cn.gestamp.com
法定代表人:陈宝
单位人数:1000
质量体系:IATF 16949
产品情况:A柱总成、B柱总成、地板加固件、牵引力操纵杆、发动机悬架机架、门槛板、车门铰链、车门限位器、自动开闭系统和驾驶控制系统等
配套情况:主要的客户有大众、福特、标致、通用、宝马、吉利沃尔沃、捷豹路虎、戴姆勒、广汽、现代、本田、雷诺-尼桑

★北京敏实汽车零部件有限公司
地址:北京市平谷区新城北部产业用地M2-2区5号
邮编:101200
电话:010/52597304、61993856
网址:www.minthgroup.com
电子信箱:zhang.tianhe@minthgroup.com
法定代表人:颜振辉
质量体系:IATF 16949、ISO 14001
产品情况:汽车装饰件等
配套情况:主要客户为北京现代、北京

长安等

★伟巴斯特东熙汽车配件北京有限公司
地址:北京市平谷区兴谷工业开发区 M2－5 区 1 号
邮编:101200
电话:010/69958786、69958784
传真:69958785
网址:www. webasto. com/cn
电子信箱:info@ webastochina. com
法定代表人:金珉镐
质量体系:IATF 16949
产品情况:汽车天窗及其他汽车电子设备系统、汽车车身电子设备系统
配套情况:主要供货奔驰、宝马、大众、日产、北汽与北京现代的车型

★北京安道拓汽车部件有限公司
地址:北京市顺义区林河工业开发区林河南大街路南
邮编:101300
电话:010/89407755
传真:89407551
电子信箱:serena. cheng@ adient. com
法定代表人:赵跃华
质量体系:IATF 16949、ISO 14001
产品情况:汽车座椅及车门板等汽车内饰件,年产 50 万辆(份)
配套情况:为北京奔驰、北京现代、北汽福田等供货

★延锋海纳川汽车饰件系统有限公司
地址:北京市顺义区林河工业开发区顺通路 55 号
邮编:101300
电话:010/89407766
传真:89407277
网址:www. yfai. com
电子信箱:zhiyin. m@ yfai. com
法定代表人:王卫中
质量体系:IATF 16949、ISO 14001
产品情况:(延锋牌)
座舱系统、内饰系统、外饰系统、座椅系统和转向盘、遮阳板及内饰电子产品等
配套情况:为北京现代、北汽福田、北京奔驰等整车制造商配套

★北京北汽大世汽车系统有限公司
地址:北京市顺义区民泰路 16 号(科技创新功能区)
邮编:101300
电话:010/61435005
电子信箱:tanghy@ bbdas. com. cn
法定代表人:王建辉
单位人数:205
质量体系:IATF 16949、ISO 14001
产品情况:汽车座椅系统
配套情况:为北京现代配套

★北京海纳川瑞延汽车饰件有限公司
地址:北京市顺义区仁和镇二三产业发展基地
邮编:101300
电话:010/89495755
传真:89451621
法定代表人:杜斌
质量体系:IATF 16949、ISO 14001
产品情况:车门内护板、内顶板、仪表板、座椅、遮阳板、地毯、后厢板、柱装饰板、车内灯具及其他汽车饰件
配套情况:为北京现代配套

★北京李尔现代坦迪斯汽车系统有限公司
地址:北京市顺义区仁和镇河南村村委会南 500 米
邮编:101300
电话:010/89491121
网址:www. hyundai－dymos. com
法定代表人:KIM JONG HO
质量体系:IATF 16949、ISO 14001
产品情况:座椅、座椅发泡,目前年产 60 万台座椅
配套情况:为北京现代配套

★北京现代摩比斯汽车零部件有限公司
地址:北京市顺义区双河路 59 号
邮编:101300
电话:010/89448860
网址:cn. mobis. co. kr
法定代表人:韩相辰
单位人数:1400
质量体系:IATF 16949、ISO 14001
产品情况:底盘模块、驾驶舱模块、FRONT END 模块、IN－PANEL 以及前后保险杠
配套情况:为北京现代、起亚汽车供货

★北京平和富奥汽车部件有限公司
地址:北京市顺义区南彩镇彩祥西路 1 号
邮编:101399
电话:010/60400017
电子信箱:chunyan_liu0814@ 126. com
法定代表人:朱国宏
质量体系:IATF 16949、ISO 14001
产品情况:主要生产汽车车门锁及门铰链
配套情况:目前合作的整车厂主要包括北京现代、北汽集团等

★翰昂汽车零部件(北京)有限公司
地址:北京市顺义区南彩镇彩园工业区彩祥西路 6 号
邮编:101399
电话:010/89478080
传真:89473408
电子信箱:finance@ vccb. com
法定代表人:孙廷元
质量体系:IATF 16949、ISO 14001
产品情况:(Visteon 牌)
汽车空调、汽车散热器及相关配套产品
配套情况:为北京现代、华泰汽车、东风悦达起亚、长安汽车等配套

★北京世东凌云科技有限公司
地址:北京市怀柔区凤翔科技开发区二园 11 号
邮编:101401
电话:010/61677911
传真:61678011
网址:www. lingyun. com. cn
电子信箱:liuxueyun1128@ 126. com
法定代表人:牟月辉
质量体系:IATF 16949
产品情况:汽车装饰件和密封件,年产能力 50 万套
配套情况:主要客户包括北京现代、东风悦达起亚、上汽通用、保定长城、北汽股份等

★北京新泉志和汽车饰件系统有限公司
地址:北京市怀柔区雁栖经济开发区雁栖北三街 7 号
邮编:101407
电话:010/69646911
网址:www. xinquan. cn
电子信箱:1303202014@ qq. com
法定代表人:唐志华
质量体系:IATF 16949、ISO 14001
产品情况:中高档汽车仪表板、门护板等饰件产品
配套情况:与福田汽车、宝沃汽车、北京汽车、戴姆勒汽车等大中型商用车汽车企业也建立了长期稳定的合作

★北京北方凌云悬置系统科技有限公司
地址:北京市怀柔区雁栖开发区北三街 16 号
邮编:101407
电话:010/69667120
传真:69667125
网址:www. lingyun. com. cn
电子信箱:hzlnf@ 163. com
法定代表人:赵延成
质量体系:IATF 16949
产品情况:驾驶室悬置系统
配套情况:主要为北京福田戴姆勒汽车、包头北奔重型汽车、山西大运汽车、三一重工股份等多个主机厂研发生产驾驶室悬置系统产品

★大世(北京)汽车附件有限公司
地址:北京市密云区经济开发区科技路 C9－1 号
邮编:101500
电话:010/69075111、69076732
传真:69076309
电子信箱:dasgkr@ 163. com
法定代表人:宋倪燮
质量体系:IATF 16949、ISO 14001
产品情况:汽车座椅滑道
配套情况:为北京现代配套

★北京中材汽车复合材料有限公司
地址:北京市延庆县八达岭经济开发区康西路 261 号
邮编:102101
电话:010/61163250、61162648
传真:61162648
网址:www. sinomatech. com
电子信箱:0513033396@ qq. com

法定代表人:蒋昭成
质量体系:IATF 16949、ISO 14001
产品情况:汽车复合材料零部件系列、发动机周边部件、车用结构功能件、车用覆盖件、轨道交通系列,SMC 片材等
配套情况:已和中国重汽、陕西重汽、北汽、上汽、奇瑞、上汽依维柯红岩、东风、一汽、玉柴、康明斯、杭发、潍柴动力等汽车及发动机制造商建立了长期合作伙伴关系

★北京光华荣昌汽车部件有限公司
地址:北京市昌平区流村镇工业园区
邮编:102204
电话:010/89774862、89774865
网址:www. bjghrc. com
电子信箱:info@ bjghrc. com
法定代表人:赵月强
质量体系:IATF 16949、ISO 9001
产品情况:汽车座椅、后视镜及空气悬架电控系统
配套情况:主要客户有一汽-大众、福田汽车、北京汽车、长安汽车、吉利汽车、众泰汽车、一汽、中国重汽、东风汽车、江淮汽车等

★北京海纳川瑞延采育汽车配件有限公司
地址:北京市大兴区采育经济开发区采和路9号
邮编:102606
电话:010/80278300、80278307
传真:80273760
电子信箱:admin@ bhcp. com. cn
法定代表人:杜斌
单位人数:120
质量体系:IATF 16949、ISO 14001
产品情况:汽车 NVH 系统(消声隔热系统)、汽车地毯、汽车顶棚、汽车行李舱、汽车 PU 发泡、EPP 发泡等系列产品
配套情况:供货北汽集团、北汽福田、北京长安、北京华泰等

★北京北汽模塑科技有限公司
地址:北京市大兴区采育镇北京采育经济开发区育政街22号
邮编:102606
电话:010/80278488
电子信箱:yaojinmei@ bbmpt. com. cn
法定代表人:陈宝
质量体系:IATF 16949、VDA 6.3
产品情况:汽车保险杠、门槛、防擦条等汽车外饰产品
配套情况:与北京现代、北京奔驰、北汽福田、北汽有限、长安汽车北京基地等主机厂合作

天津市

★天津市益中汽车安全带厂
地址:天津市西青经济开发区大寺工业园鸿泽路5号
邮编:300051
电话:022/23883301、23883310
传真:23883301
电子信箱:tjyz@ tjyz. com
法定代表人:苑久润
质量体系:IATF 16949、QS 9000
产品情况:(益中牌)
汽车安全带,年产能力 800 万条
配套情况:为天津一汽夏利、神龙汽车、奇瑞汽车、长城汽车、长安汽车、一汽通用红塔云南、厦门金龙、北奔重汽、长安铃木、江铃汽车、跃进轻型汽车、福田汽车、宇通客车、丹东曙光专用车、重汽济南卡车公司、广汽三菱等供货

★天津华丰汽车装饰有限公司
地址:天津市南开区长江道543号
邮编:300110
电话:022/27365984
传真:27363263
网址:www. toyota - boshoku. com
法定代表人:焦杨
质量体系:ISO 9002、ISO 14001
产品情况:座椅及顶棚、遮阳板、车门内饰板、行李舱隔板等内外饰件
配套情况:为天津一汽丰田(威驰、花冠、皇冠、锐志、卡罗拉、RAV4 等车型的座椅及顶棚、地毯、遮阳板、车门内饰板、行李舱隔板等内饰件产品)、天津一汽夏利汽车配套

★天津国华塑胶有限公司
地址:天津市河北区金钟河大街
邮编:300240
电话:022/26332462、26325979
传真:26332463
电子信箱:liucx@ 1jialian1988. com
法定代表人:陈辉
质量体系:IATF 16949
产品情况:汽车保险杠、仪表板、内饰件
配套情况:为一汽集团、天津一汽丰田、一汽-大众、长春丰越、北京奔驰、吉利汽车集团配套

★天津耀皮玻璃有限公司
地址:天津市滨海新区大港北围堤路1168号
邮编:300271
电话:022/63203102
传真:63203101
网址:www. sypglass. com
电子信箱:lizhen@ sypglass. com
法定代表人:柴楠
质量体系:ISO 9001
产品情况:高等级汽车玻璃原片

★天津新明纤维树脂制品有限公司
地址:天津市东丽经济开发区一经路39号
邮编:300300
电话:022/24996786、24998828
传真:24996938
电子信箱:hanhui@ tjshinmei. com
法定代表人:平山谕
质量体系:IATF 16949、ISO 14001
产品情况:汽车内/外装饰零部件
配套情况:为天津一汽丰田配套

★东海化成(天津)汽车部品有限公司
地址:天津市津南经济开发区聚英路6号
邮编:300350
电话:022/58790768
传真:59790706
网址:www. tcttokai. com. cn
电子信箱:rong99215@ 126. com
法定代表人:水上勇夫
质量体系:IATF 16949、ISO 14001
产品情况:头枕、座椅扶手、车门扶手、仪表周围控制板、储物盖等汽车内饰件产品,吸音隔音产品
配套情况:主要客户有一汽丰田、四川一汽丰田、东风日产、广汽本田、东风本田、东风雷诺、长安福特、长城汽车、天津丰田合成、天津英泰汽车等

★天津电装空调管路有限公司
地址:天津市西青经济开发区赛达国际工业城 B1—1、B1—2 号
邮编:300380
电话:022/83963738
传真:83963739
网址:www. denso. com. cn
法定代表人:大矢修三
单位人数:875
质量体系:IATF 16949
产品情况:生产汽车空调用各种管路,包括软管、配管、热水管等
配套情况:为丰田、本田等汽车厂家配套

★电装(天津)空调部件有限公司
地址:天津市西青经济开发区赛达二大道15号
邮编:300385
电话:022/23889288
传真:23889268
网址:www. denso. com. cn
法定代表人:饭田康博
质量体系:IATF 16949、ISO 14001
产品情况:汽车空调用的蒸发器、冷凝器以及散热器
配套情况:为天津一汽丰田、一汽-大众、上汽通用等汽车厂家配套

★天津三电汽车空调有限公司
地址:天津市西青经济开发区赛达二大道8号
邮编:300385
电话:022/23889988
传真:23889986
网址:www. china - tsac. com
电子信箱:wangyi@ china - tsac. com
法定代表人:Nakayama Rai
质量体系:IATF 16949、ISO 9001
产品情况:(SANDEN 牌)
具有年产汽车热交换器 320 万台、汽车空调系统 100 万套的生产能力
配套及出口情况:为一汽集团、一汽-大众、神龙汽车、奇瑞汽车、天津一汽夏利等配套;部分产品出口

★天津富奥电装空调有限公司
地址:天津市西青经济开发区赛达世紀大路 22 号
邮编:300385
电话:022/2388918
传真:23389199
网址:www. denso. com. cn
法定代表人:甘先国
单位人数:932
质量体系:IATF 16949、ISO 14001
产品情况:汽车空调产品
配套情况:为一汽丰田的皇冠轿车、花冠轿车、锐志轿车;四川一汽丰田的普拉多吉普车和陆地巡洋舰吉普车;还为一汽-大众奥迪 C6 轿车、一汽新型红旗轿车和上汽通用凯迪拉克轿车配套

★均胜汽车安全系统(天津)有限公司
地址:天津市西青区经济开发区赛达三大道 10 号
邮编:300385
电话:022/58967888
传真:58967887
电子信箱:yanan. huang@ cn. takata. com
法定代表人:范琦
质量体系:IATF 16949、ISO 14001
产品情况:汽车安全气囊、安全带、NASI2 等汽车安全装置及其零配件
配套及出口情况:主要客户有一汽-大众、一汽奥迪、一汽马自达、吉林汽车、华晨宝马、华晨中华、上汽通用、北京奔驰、北京现代、北京汽车、宝沃汽车、一汽丰田、国能电动汽车等;远销德国等国家

★久田(天津)汽车配件有限公司
地址:天津市北辰区华盛道 61 号华北集团外资园
邮编:300402
电话:022/86993854、86995881
传真:86995883
电子信箱:zhao@ hisada – tj. com
法定代表人:原田英二朗
质量体系:ISO 9001
产品情况:车门立柱、下框、头枕等
配套及出口情况:为一汽丰田汽车配套,供应丰田花冠、皇冠、锐志等多种车型;出口日本、土耳其、泰国、英国等其他国家和地区

★天津日板安全玻璃有限公司
地址:天津市大港区南环路 1168 号
邮编:300450
电话:022/63203001、63203002
网址:www. nsg. com
电子信箱:chang. man@ nsg. com
法定代表人:立元克典
质量体系:ISO 14001
产品情况:(NSG 牌)
汽车用玻璃的加工
配套情况:为丰田汽车、马自达等配套

★格拉默车辆内饰(天津)有限公司
地址:天津市经济技术开发区黄海路 172 号
邮编:300457
电话:022/66299955
网址:www. grammer. com
电子信箱:lili. meng@ grammer. com
法定代表人:蔡伯刚
质量体系:IATF 16949
产品情况:高科技座椅系统和汽车内饰
配套情况:为华晨宝马、大众、戴姆勒奔驰等供货

★爱信(天津)车身零部件有限公司
地址:天津市经济技术开发区睦宁路 91 号
邮编:300457
电话:022/58686226、58686289
传真:58686276、58686270
电子信箱:sp@ aisin – tianjin. com
法定代表人:伊藤慎太郎
质量体系:IATF 16949、ISO 14001
产品情况:门锁、门铰链、玻璃升降器、限位器、门框嵌条、天窗玻璃、把手
配套情况:为天津一汽丰田、广汽丰田配套

★丰田纺织(天津)汽车部件有限公司
地址:天津市经济技术开发区泰丰路 135 号
邮编:300457
电话:022/66231808
传真:66231811
网址:www. toyota – boshoku. com
法定代表人:小出一夫
质量体系:IATF 16949、ISO 14001
产品情况:汽车座椅骨架冲压件、座椅骨架以及机能部品
配套情况:为天津一汽丰田配套

★大悍(天津)汽车零部件有限公司
地址:天津市经济技术开发西区泰嘉路
邮编:300457
电话:022/25616666 – 8062
传真:25616666
网址:www. dahan – china. com
电子信箱:dahan – tj@ 163. com
法定代表人:杨崇锋
质量体系:IATF 16949、ISO 14001
产品情况:(DA HAN 牌)
汽车标牌字牌、装饰条、散热器总成、门内外拉手、轮毂罩、出风口等汽车内外装饰件产品
配套情况:为吉利、东风、北京汽车、奇瑞、力帆、荣威、奥迪等配套

★天津英泰汽车饰件有限公司
地址:天津市经济开发区第十一大街 61 号
邮编:300457
电话:022/66231188
传真:66231000
电子信箱:dan. su@ toyota – boshoku. com
法定代表人:KOIDE KAZUO(小出一夫)
质量体系:IATF 16949、ISO 14001
产品情况:(INTEX 牌)
汽车座椅、顶棚、地毯、车门内饰板和行李舱内饰板等汽车用内外饰产品
配套情况:为天津一汽丰田配套

★天津信泰汽车零部件有限公司
地址:天津市经济开发区第十一大街 9 号
邮编:300457
电话:022/25299535
传真:25299537
网址:www. minthgroup. com
法定代表人:鲍立春
质量体系:IATF 16949
产品情况:汽车外饰件、密封件、车身结构件
配套情况:为天津一汽丰田、郑州日产、北京奔驰等配套

★天津双林汽车部件有限公司
地址:天津市开发区洞庭路 158 号
邮编:300457
电话:022/59822600
网址:www. shuanglin. com
电子信箱:jfbai@ tj. shuanglin. com
法定代表人:刘旭东
质量体系:IATF 16949
产品情况:汽车座椅、内饰塑料件
配套情况:客户有天津一汽丰田、宝马、北京奔驰、奇瑞等

★宝沃佛吉亚天津汽车部件系统有限公司
地址:天津市新技术产业园区武清开发区泉明路 8 号 7 号厂房
邮编:301700
电话:022/22997300
网址:www. faurecia. com
电子信箱:chang. qu@ faurecia. com
法定代表人:曹金辉
质量体系:IATF 16949
产品情况:汽车座椅
配套情况:为宝沃在中国组装的车型提供座椅

河北省

★河北拓达车门有限公司
地址:石家庄市裕华区方兴路 68 号
邮编:050031
电话:0311/80968933
传真:85494823
电子信箱:2302568749@ qq. com
法定代表人:吕毅前
质量体系:IATF 16949、ISO 14001
产品情况:(拓达牌)
客车门机系列产品
配套情况:为全国客车厂家配套

★东方久乐汽车安全气囊有限公司
地址:河北省新乐市南环路 132 号
邮编:050700
电话:0311/88582666
传真:88582591
网址:www. eastjoylong. net
电子信箱:dfjl@ eastjoylong. net
法定代表人:李玉民
单位人数:420

质量体系:IATF 16949、ISO 14001
产品情况:(东方久乐牌)

其主导产品为汽车安全气囊系统及其关联零部件,其中不仅包括安全气囊系统的核心部件——电子控制单元(ACU)、电点火具、气体发生器,还包括转向盘、时钟弹簧、线束、罩盖、气袋、安全带等被动安全系统的相关部件

配套情况:为一汽集团、东风集团、奇瑞汽车、长安汽车、吉利汽车、天津一汽华利、江淮汽车、北汽、北汽福田等配套

★邢台华威汽车内饰有限公司

地址:河北省邢台市威县七级镇
邮编:054701
电话:0319/6273128、6273129
传真:6273058
网址:www.xthw0319.com
电子信箱:xthw0319@vip.sina.com
法定代表人:王胜君
质量体系:IATF 16949、ISO 14001
产品情况:(兆达牌)

地毯、顶棚、隔热垫、遮阳板、侧围护板、隔音垫、转向盘等产品

配套情况:为长春一汽、北京轻汽、江铃五十铃汽车、江淮汽车、北汽福田、长城汽车、山东五征集团、奇瑞汽车等 20 多个汽车生产厂家配套

★河北通用玻璃工业有限公司

地址:河北省邢台市柏乡县
邮编:055450
电话:0311/3713819
传真:3713619
网址:www.tyglass.com
电子信箱:ty088@126.com
法定代表人:张建军
质量体系:IATF 16949
产品情况:各种汽车玻璃,年销售收入 1000 万元
配套情况:为长城汽车、宇通客车、江淮汽车、中通客车、北方奔驰、中银扬子等配套

★河北凤展织带有限公司

地址:河北省宁晋县耿庄桥镇工业区
邮编:055550
电话:0319/5586881、13731598888
网址:www.hbfzzd.com
电子信箱:gm@hbfzzd.com
法定代表人:温日学
质量体系:IATF 16949
产品情况:主导产品为汽车安全带织带
配套情况:是上海天合、奥托立夫、中国直升机设计研究所、北京德尔福、重庆光大、延锋百利德、天津益中等安全带总成厂的供货商

★黄骅渤海机械制造有限公司

地址:河北省黄骅市开发区北平路
邮编:061100
电话:0317/5324730、13932796651
传真:5324733
网址:www.bohaimotor.com
电子信箱:bohaisales@163.com
法定代表人:刘书清
单位人数:500
质量体系:IATF 16949、ISO 14001
产品情况:货车仪表台横梁焊接总成等焊接组合件、大型冲压钣金件、焊接支架类产品、高品质表面处理产品等
配套情况:为中国重汽、北汽、长城御捷合资厂等国内大型汽车制造商的战略供应商

★沧州三星微特电机有限责任公司

地址:河北省南皮县城西环南路 9 号
邮编:061500
电话:0317/8851013、13315774222
传真:8854573
网址:www.czsanxing.com
电子信箱:tzq@czsanxing.com
法定代表人:陶锴
质量体系:IATF 16949、ISO 14001
产品情况:(水晶牌、神风牌)

汽车刮水器、暖风除霜器、暖风散热器

出口情况:随国内客车配套出口

★新南风加热制冷(沧州)有限公司

地址:河北省沧州市南皮县乌马营镇乌马营工业区
邮编:061503
电话:0317/8619999、8618555
传真:8616410
网址:www.newnanfeng.com
电子信箱:sunny.liu@newnanfeng.com
法定代表人:门政妆
质量体系:IATF 16949、ISO 14001
产品情况:(南风牌)

汽车加热器、散热器、除霜器及相关零部件

配套情况:为厦门金龙、宇通客车、丹东黄海、扬州亚星、上海申沃、安徽安凯等配套

★河北利达金属制品集团有限公司

地址:河北省南皮县吴家坊工业区
邮编:061503
电话:0317/8616968、8619777
传真:8616998
网址:www.hbldjs.com
电子信箱:825010725@qq.com
法定代表人:林建立
单位人数:400
质量体系:IATF 16949、ISO 14001
产品情况:钣金冲压件、汽车座椅骨架焊接件、汽车头枕骨架焊接件、机加工件、机箱机柜、汽车模具、检具、治具
配套情况:为长城汽车 北京现代等配套

★河北安吉宏业机械股份有限公司

地址:河北省泊头市南仓街 461 号
邮编:062150
电话:0317/8262212、8262822
传真:8262299
网址:www.hbhongye.com
电子信箱:hbhy@hbhongye.com
法定代表人:冉兴
质量体系:IATF 16949、GJB 9001B
产品情况:车用水冷加热器、风冷加热器、电加热器、燃气加热器、尾气加热器、除霜器、散热器、各种风机、各种散热水箱以及无刷发电机、无刷水泵、电磁泵、PTC 发热体等小型电气产品
配套及出口情况:为宇通客车、金龙客车、中通客车、北汽福田、比亚迪等汽车的主流供应商;远销欧洲、美洲、日本、韩国等多个国家和地区

★河北宏业永盛汽车加热器股份有限公司

地址:河北省泊头市南仓街 461 号
邮编:062150
电话:0317/8262234
传真:8221410
网址:www.hyyongsheng.com
电子信箱:hbhy@hbhongye.com
法定代表人:任希旺
质量体系:ISO 9001、IATF 16949
产品情况:独立式水冷、风冷、燃气加热器、电加热器、尾气加热器、除霜器、散热器、各种风机及控制系统
配套情况:成为宇通客车、金龙客车、中通客车、北汽福田、比亚迪等汽车的主流供应商

★河北百吉汽车配件有限公司

地址:河北省河间市米各庄镇百吉路 1 号
邮编:062454
电话:0317/3808761、3802666
传真:3808888
网址:www.baijiqipei.com
电子信箱:hbfuao@163.com
法定代表人:田立敏
单位人数:200
质量体系:ISO 9001
产品情况:(百吉牌)

汽车倒车镜、汽车镜杆

配套及出口情况:为长春解放商用车备用品公司的合作伙伴;远销东南亚、北美洲、南非等地区

★遵化金阳汽车部件有限公司

地址:河北省遵化市马兰峪镇
邮编:064206
电话:0315/6944404
电子信箱:cwxzhang@163.com
法定代表人:陈文兴
质量体系:IATF 16949
产品情况:吉普车的底盘、车身、悬架、内衬装饰等
配套情况:为北京奔驰配套

★廊坊市金色时光科技发展有限公司

地址:河北省廊坊市新开路 194 号
邮编:065000
电话:0316/6083393
传真:6083394
网址:www.aew-group.com
电子信箱:admin@aew-group.com
法定代表人:张海涛

质量体系:ISO 9001
产品情况:(AEW牌、舒安牌)
汽车座椅加热系统产品

★廊坊华安汽车装备有限公司
地址:河北省廊坊经济技术开发区花园道8号
邮编:065001
电话:0316/6088000、6078835
传真:6086778
电子信箱:huaanauto@huaanauto.com
法定代表人:张秀敏
质量体系:IATF 16949、ISO 14001
产品情况:(HUAAN牌)
主营产品汽车燃油蒸发控制系统活性炭罐总成、汽车内饰前后中扶手、门把手基座以及扰流板、加油小门、格栅等产品
配套情况:主要客户有上汽大众、一汽-大众、上汽通用、奥迪、长安福特、捷豹路虎、长城、上汽、广汽、海马、吉利、奇瑞等国内外各大汽车主机厂

★捷温汽车系统(中国)有限公司
地址:河北省廊坊市经济技术开发区金源道3号
邮编:065001
电话:0316/6071100
传真:6071260
网址:www.wet-group.com
电子信箱:info@wet-group.com
法定代表人:Silvano Azzopardi
质量体系:IATF 16949、ISO 14001
产品情况:汽车座椅加热器、座椅温度技术、转向盘加热、温度控制器、汽车线缆加工技术等
配套及出口情况:为宝马、奥迪供货;出口欧洲、日本、北美洲

★廊坊全兴希尔思交通器材有限公司
地址:河北省廊坊市经济技术开发区祥云道南11号
邮编:065001
电话:0316/6066689、2550699
电子信箱:lijiaze@sears-gsk.com.cn
法定代表人:安东尼 克里夫顿(ANTHONY BERNARD CLIFTON
质量体系:IATF 16949、ISO 9001
产品情况:座椅及零部件
出口情况:出口欧洲、美洲

★三河世原汽车科技有限公司
地址:河北省三河市燕郊经济技术开发区小庄南路南侧
邮编:065201
电话:0316/3385040、17610361638
法定代表人:金文基
质量体系:IATF 16949、OHSAS 18001
产品情况:生产13种轿车车身覆盖件,具备年产85万台汽车车体覆盖件生产能力
配套情况:为北京现代汽车公司配套

★廊坊市全振汽车配件有限公司
地址:河北省廊坊市大城县新城区东环路
邮编:065900
电话:0316/5560088、5560468
传真:5573766
网址:www.lfquanzhen.cn
电子信箱:lfqzscb@lfquanzhen.cn
法定代表人:陈振国
单位人数:400
质量体系:IATF 16949
产品情况:汽车成型地毯、玻璃钢制品、隔音隔热垫、车顶内饰等
配套情况:为一汽集团、长安集团、江汽集团、北汽集团、北汽福田等国内外知名汽车制造厂家配套

★旭硝子汽车玻璃(中国)有限公司
地址:河北省秦皇岛市经济技术开发区秦皇西大街108号
邮编:066004
电话:0335/5910000
传真:5910888
网址:www.agc.co.jp
电子信箱:zhizhen.li@agc.com
法定代表人:松冈浩之
单位人数:1600
质量体系:IATF 16949、OHSAS 18001
产品情况:(海燕牌)
汽车用平、弯钢化玻璃及夹层玻璃等的制造与销售,年产120万辆套,年销售收入10028.2万元
配套及出口情况:为丰田、本田、通用、克莱斯勒、福特、大众等国际知名公司在中国的主要供应商,并为一汽集团、东风集团、上汽集团、南汽集团等众多国内大型汽车集团配套;出口日本、韩国

★秦皇岛燕大汽车零部件制造有限公司
地址:河北省秦皇岛市开发区雪山路6号
邮编:066004
电话:0335/8501626、8501635
传真:8501628
电子信箱:info@qhdbip.com
法定代表人:杨一鸣
质量体系:IATF 16949、QS 9000
产品情况:BTC213吉普车前门角窗总成及后门玻璃滑道梁总成、夏利电动玻璃升降器、解放151平头货车车门框总成、汽车转向器连杆、哈飞锐意车架总成
配套情况:为一汽集团、青岛汽车厂、北京奔驰、天津一汽夏利配套

★保定宏协承汽车部件有限公司
地址:河北省保定市风能街115号
邮编:071023
电话:0312/5909828
传真:5909829
网址:www.hongxie.com
电子信箱:peng.zh@163.com
法定代表人:虞佩凤
质量体系:IATF 16949
产品情况:门框、上线防撞梁、亮饰条等产品
配套情况:客户包括大众、福特、通用、日产、丰田、上汽、长城、吉利、柳汽、东南汽车、金龙汽车、日本久保田、卡特彼勒等国内外主机厂

★涿州市盛弘机械有限责任公司
地址:河北省涿州市豆庄乡东兴隆庄村
邮编:072750
电话:0312/3956393、18714091196
传真:3956362、3985226
网址:www.shenghongjixie.net
电子信箱:panwenying2009@163.com
法定代表人:李建国
质量体系:IATF 16949、ISO 14001
产品情况:汽车车门窗框、保险杠、防撞梁、车门外饰板、车门滑道、天窗滑轨、挡风板、玻璃滑轨、流水檐等辊压件,车门铰链及限位器,大中小冲压件、组焊件等汽车车身零部件
配套情况:为奔驰、日产、东风汽车、丰田汽车、金杯汽车、长城汽车、北京汽车、华晨金杯、长安商用车等配套

★ 凌云工业股份有限公司
地址:河北省涿州市松林店
邮编:072761
电话:0312/3676616、3952100
传真:3951234
网址:lygf.norincogroup.com.cn
法定代表人:赵延成
质量体系:ISO 14001、OHSAS 18001
产品情况:(凌云牌、亚大牌)
高强度、轻量化汽车安全防撞系统部件和车身结构部件,低渗透、低排放汽车尼龙管路系统和汽车橡胶管路系统,汽车等速万向节前驱动轴,汽车装饰密封系统等
配套情况:为上汽通用、一汽-大众、上汽大众、北京奔驰、长安汽车等配套
☞ 详细情况请参阅彩色宣传版面

★北方凌云工业集团有限公司
地址:河北省涿州市松林店镇
邮编:072761
电话:0312/3676616
传真:3952235
网址:www.lyig.com
电子信箱:lyjtbgs@lyig.cn
法定代表人:赵延成
质量体系:ISO/TS 16949
产品情况:(凌云牌、亚大牌)
高强度、轻量化汽车防撞系统和车身结构件、低渗透、低排放汽车尼龙管路系统和汽车橡胶管路系统、汽车门锁系统、电池盒等
配套及出口情况:主要配套对象是奔驰、宝马、上汽通用、上汽大众、一汽-大众、长安福特、长安汽车、广汽丰田、东风本田、广汽本田、东风日产、北京现代、东风悦达起亚、北汽福田、比亚迪、保定长城、依维柯、吉利汽车、北京汽

车、华晨汽车、马自达等;出口汽车车身部件,出口金额1.45亿元;汽车尼龙管路,出口金额0.79亿元;汽车门锁,出口金额1.59亿元

辽宁省

★沈阳丰田纺织汽车部件有限公司
地址:沈阳市经济技术开发区开发二十一号路166号
邮编:110023
电话:024/31562255
传真:31562277
网址:www.toyota-boshoku.com
电子信箱:125148924@qq.com
法定代表人:小出一夫
质量体系:ISO 14001、IATF 16949
产品情况:汽车门板、顶棚等汽车内外饰品
配套情况:主要客户有华晨宝马等

★延锋彼欧沈阳汽车外饰系统有限公司
地址:沈阳市经济技术开发区开发二十二号路186号
邮编:110027
电话:024/85907510
网址:www.yfpo.com
电子信箱:jchen47@yfpo.com
法定代表人:袁新华
质量体系:IATF 16949、ISO 14001
产品情况:汽车外饰零部件
配套情况:为华晨宝马汽车配套

★劳士领汽车配件(沈阳)有限公司
地址:沈阳市经济技术开发区开发二十二号路306号
邮编:110027
电话:024/31853100
网址:www.roechling.com
电子信箱:niki.jiang@roechling-automotive.cn
法定代表人:Neidinger Gerhard Erich Reinhold
质量体系:ISO 14001
产品情况:汽车发动机舱件、汽车底部护板、通风格栅、风道等
配套情况:主要客户是华晨宝马汽车有限公司

★沈阳兴远东汽车零部件有限公司
地址:沈阳市皇姑区塔湾街16号
邮编:110037
电话:024/86875228
传真:86876539
网址:www.xydauto.com
电子信箱:xyd@xydauto.com
法定代表人:孙宝伟
质量体系:IATF 16949、ISO 14001
产品情况:顶棚、地毯、隔音件、模块化总成及其他其汽车零部件

★沈阳三电汽车空调有限公司
地址:沈阳市大东区东基工业园区正新路16-1号
邮编:110045
电话:024/88261611、13644044606
传真:88261700
网址:www.sanden.co.jp
电子信箱:sanden@sanden-china.com.cn
法定代表人:谷云龙
质量体系:IATF 16949、ISO 14001
产品情况:汽车空调系统、蒸发器、冷凝器等
配套及出口情况:为上汽通用北盛、华晨金杯、北奔重汽配套;出口伊朗,并销往中国台湾地区

★沈阳马勒汽车热系统有限公司
地址:沈阳市大东区轩畅路3号
邮编:110045
电话:024/82569964
网址:www.cn.mahle.com
电子信箱:zhe.lin@smts-co.com
法定代表人:王骏
质量体系:IATF 16949、ISO 14001
产品情况:汽车空调总成、发动机冷却模块及其零部件
配套情况:主要供给上汽通用、北京奔驰、华晨宝马等整车厂

★辽沈工业集团有限公司
地址:沈阳市大东区正新路42号
邮编:110045
电话:024/88261282、88279220
传真:88261207
网址:lsjt.norincogroup.com.cn
电子信箱:djjtmail@163.com
法定代表人:杨万林
单位人数:3574
质量体系:ISO 9001、ISO 14001
产品情况:玻璃升降器、车锁、汽车空调器等

★沈阳金杯广振汽车部件有限公司
地址:沈阳市经济技术开发区开发大路10号街12号
邮编:110141
电话:024/25396261
传真:25396263
电子信箱:gysun@kwangjin-kr.com
法定代表人:郑基范
质量体系:IATF 16949、ISO 14001
产品情况:电动、手动玻璃升降器
配套情况:为上汽通用汽车、沈阳华晨金杯汽车、江淮汽车、一汽通用汽车、北京现代汽车等配套

★沈阳李尔汽车座椅内饰系统有限公司
地址:沈阳市经济技术开发区开发大路6甲2号
邮编:110141
电话:024/62781625
网址:www.lear.com
电子信箱:hcheng@lear.com
法定代表人:Amit Sharma
单位人数:100
质量体系:IATF 16949、OHSAS 18001
产品情况:车辆用座椅、内饰件、组合仪表板及相关零部件
配套情况:为华晨宝马配套

★沈阳金杯延锋汽车内饰系统有限公司
地址:沈阳市浑南新区航天路12号
邮编:110168
电话:024/23717539、31483700
传真:23717537
电子信箱:rui.yang01@yfai.com
法定代表人:许晓敏
质量体系:IATF 16949、QS 9000
产品情况:座椅、门板、仪表板、遮阳板等
配套情况:为华晨宝马汽车、沈阳金杯车辆、辽宁曙光汽车集团配套

★沈阳福达汽车零部件有限公司
地址:沈阳市浑南新区高科路12号
邮编:110179
电话:024/23787038、23787037
网址:www.syfuda.com
电子信箱:office@syfuda.com
法定代表人:李晖明
单位人数:240
质量体系:IATF 16949
产品情况:汽车门窗框、前后保险杠、各类导轨、仪表板横梁等以及各种滚压成型、滚压弯曲类零件,各种中小金属冲压件及焊装件,年产能力30万台(套)
配套情况:为长城汽车、一汽哈尔滨轻型车、安徽长丰扬子配套

★辽宁忠旺集团有限公司
地址:辽宁省辽阳市文圣路299号
邮编:111000
电话:0419/3688888
网址:www.zhongwang.com
法定代表人:陈岩
质量体系:IATF 16949、ISO 9001
产品情况:工业铝挤压产品等,为多家客户开发了全新的铝制部件整车车身,具有全铝新能源车的全方位能力

★辽宁金兴汽车内饰有限公司
地址:辽宁省辽阳市振兴路158号
邮编:111000
电话:0419/3990806、3990155、3990823
传真:3990805
网址:www.china-jx.com.cn
电子信箱:lyjxqc@126.com
法定代表人:桂文靖
单位人数:1800
质量体系:IATF 16949、ISO 14001
产品情况:汽车仪表板、车门饰板、组合通道盒、转向盘、立柱板、顶棚、地毯等内饰产品
配套情况:是一汽-大众、一汽轿车、一汽解放、一汽夏利、一汽吉轻、一汽哈轻、华晨金杯、金杯汽车、丹东黄海、安徽奇瑞、重庆长安、重庆力帆、德国宝马、意大利菲亚特、德国奔驰等的定点供应商;模具工厂是一汽-大众、德国宝马的定点供应商

★松下压缩机(大连)有限公司
地址:辽宁省大连市甘井子区东海路78号
邮编:116033
电话:0411/62658000、62658136
传真:62658116
网址:panasonic. cn
电子信箱:cmarket@ papcdl. panasonic. cn
法定代表人:范文
质量体系:IATF 16949、ISO 9001
产品情况:制冷、空调用压缩机和机组以及有关零部件、半成品,产品在运输用空调领域应用于电动客车空调等

★东风河西大连汽车饰件系统有限公司
地址:辽宁省大连市大连保税区南港路4号
邮编:116600
电话:0411/39251333、87616956
传真:39251066
网址:www. kasai. co. jp
电子信箱:klzhang@ dk - dl. cn
法定代表人:游国清
质量体系:IATF 16949、ISO 14001
产品情况:汽车内外饰件
配套情况:主要为东风日产乘用车大连工厂提供配套

★京滨大洋冷暖工业(大连)有限公司
地址:辽宁省大连市经济技术开发区31区
邮编:116600
电话:0411/87301071、87301073
传真:87301075
网址:www. keihin - tch. cn
电子信箱:sales@ grandocean - showa. com
法定代表人:高山雄介
单位人数:458
质量体系:IATF 16949、ISO 14001
产品情况:(大洋昭和牌)
各种车用空调系统及零部件,汽车冷凝器、蒸发器等
配套情况:主要客户有一汽-大众、上汽大众、广汽本田、本田中国、东莞京滨汽车电喷装置、长安福特

★锦州锦恒汽车安全系统股份有限公司
地址:辽宁省锦州市经济技术开发区渤海大街4段16号
邮编:121007
电话:0416/3575100、3575052
传真:3585717
网址:www. jinhengairbag. com
电子信箱:business@ jinhengairbag. com
法定代表人:曾庆东
质量体系:IATF 16949、ISO 14001
产品情况:(锦恒牌)
汽车安全气囊、安全带
配套及出口情况:为上汽大众、一汽、东风、北京汽车、海南汽车、上汽通用五菱、奇瑞汽车、长城汽车、力帆汽车、长安汽车、吉利汽车、华晨汽车、中兴汽车、日产汽车、东南汽车、长丰汽车、江淮汽车、众泰汽车等20多个主机厂的80多个车型配套安全气囊;出口国外市场

★沈阳金杯锦恒汽车安全系统有限公司
地址:辽宁省锦州市经济技术开发区西海大街万得工业园
邮编:121007
电话:024/25816748
网址:www. wonderauto. com. cn
电子信箱:wonder@ wonderauto. com. cn
法定代表人:姚恩波
单位人数:7000
质量体系:IATF 16949、ISO 9001
产品情况:汽车安全气囊、安全带及相关汽车零部件
配套情况:为上汽大众、一汽、东风、北京汽车、海南汽车、上汽通用五菱、奇瑞汽车、长城汽车、力帆汽车、长安汽车、吉利汽车、华晨汽车、中兴汽车、日产汽车、东南汽车、长丰汽车、江淮汽车、众泰汽车等20多个主机厂的80多个车型研发、配套安全气囊

吉林省

★长春一汽富维汽车零部件股份有限公司
地址:长春市东风南街1399号
邮编:130011
电话:0431/85765337
传真:85765338
网址:www. fawfw. com. cn
电子信箱:cyz_shgf@ faw. com. cn
法定代表人:张丕杰
单位人数:13000
质量体系:IATF 16949
产品情况:汽车座椅、仪表板、门板、座椅骨架、保险杠、格栅、后视镜、汽车滤清器、汽车照明装置、汽车冲压产品、车轮总成、汽车电子等汽车零部件
配套情况:为一汽集团内一汽解放、一汽轿车、一汽-大众、一汽客车、一汽丰田、一汽吉林汽车、一汽通用、天津一汽夏利等整车企业配套,也是国内外多家知名整车企业的战略合作伙伴

★一汽-法雷奥汽车空调有限公司
地址:长春市绿园区东风大街5508号
邮编:130011
电话:0431/85982777、85903364
网址:www. valeo. com. cn
电子信箱:fawfvc85903364@ 126. com
法定代表人:牛宏伟
质量体系:IATF 16949、ISO 9001
产品情况:冷凝器、蒸发器和汽车空调总成等
配套情况:主要OEM客户是一汽-大众、一汽轿车、一汽解放、一汽吉林、天津一汽夏利、上汽大众、一汽-大众成都工厂、郑州日产、保定长城等

★伟巴斯特车顶系统(长春)有限公司
地址:长春市汽车产业开发区富奥大路(乙二路)1398号
邮编:130011
电话:0431/85742168、88605066
传真:85742158、84649343
网址:www. webasto. cn
电子信箱:info@ webastochina. com
法定代表人:JAN HENNING MEHLFELDT
质量体系:IATF 16949、ISO 9001
产品情况:汽车天窗、供暖系统
配套情况:为一汽轿车、一汽-大众等配套

★佛吉亚(长春)汽车部件系统有限公司
地址:长春市高新技术产业开发区光谷大街3946号
邮编:130012
电话:0431/85527000、85500043
传真:85550010、88965965
网址:www. faurecia. com
电子信箱:aimee. zhao@ faurecia. com
法定代表人:许鲁
单位人数:300
质量体系:IATF 16949、ISO 14001
产品情况:高档汽车仪表板、门板及座椅等
配套情况:为一汽-大众的奥迪系列配套

★长春佛吉亚旭阳汽车内饰系统有限公司
地址:长春市高新开发区光谷大街3946号
邮编:130012
电话:0431/85527000
电子信箱:yang. bai@ faurecia. com
法定代表人:许明哲
质量体系:IATF 16949、ISO 14001
产品情况:主要产品为高档汽车仪表板、门板等
配套情况:为一汽-大众等配套

★长春英利汽车工业股份有限公司
地址:长春市高新开发区卓越大街2379号
邮编:130012
电话:0431/85022771、87030801
传真:87030806
网址:www. engley. com
电子信箱:yangxue@ engley. net
法定代表人:林启彬
单位人数:646
质量体系:IATF 16949、ISO 9001
产品情况:长短玻纤增强塑料件、车身金属冲压件、滚压件及仪表板骨架总成焊接零件
配套情况:为一汽-大众、一汽轿车、北京奔驰、华晨宝马、上汽大众、一汽丰田、上汽通用、富豪、天津一汽、北京汽车、华晨汽车、长城汽车、广汽集团、上汽集团、吉利汽车、长安标致雪铁龙、观致汽车、奇瑞捷豹路虎等国内各大整车制造企业配套

★一汽富维东阳汽车塑料零部件有限公司
地址:长春市高新区光谷大街2555号
邮编:130012
电话:0431/85886515
传真:85886523
网址:www. fawtyg. com
电子信箱:genghn@ fawtyg. com
法定代表人:陈培玉

单位人数:1000
质量体系:IATF 16949、ISO 14001
产品情况:为一汽轿车公司供应马自达系列、奔腾系列、红旗系列产品保险杠及侧裙板产品;为一汽-大众公司供应奥迪系列、迈腾、CC、宝来、高尔夫等中、高端车型保险杠产品
配套情况:为一汽、一汽-大众、一汽轿车等配套

★长春盖尔瑞孚艾斯曼汽车零部件公司
地址:长春市高新区硅谷大街5000号
邮编:130012
电话:0431/85886618、85806743
传真:85886616
网址:www. gearchief. com
电子信箱:focus@ gearchief. com
法定代表人:霍朝军
单位人数:700
质量体系:IATF 16949、ISO 14001
产品情况:真皮、聚氨酯、桃木等系列换挡手柄,驻车制动手柄护套等内饰产品
配套情况:是一汽-大众、上汽大众、北京奔驰、武汉神龙、上汽汽车、一汽轿车、天津一汽等OEM车厂的配套供应商

★格拉默车辆内饰(长春)有限公司
地址:长春市净月高新技术产业开发区生态东街3088号
邮编:130012
电话:0431/84667875-2982
网址:www. grammer. com
电子信箱:flora. xu@ grammer. com
法定代表人:蔡伯刚
质量体系:IATF 16949、ISO 14001
产品情况:头枕、扶手、中控台等
配套情况:为奥迪、宝马、迈腾、速腾、大众、宝来、高尔夫供货

★长春正海汽车内饰件有限公司
地址:长春市汽车产业开发区捷达大路1677号
邮编:130013
电话:0431/85737275、85737296
传真:85730677
电子信箱:lishuang@ zhenghai. com
法定代表人:郭焕祥
单位人数:400
质量体系:VDA 6.1、IATF 16949
产品情况:主要生产内饰顶棚等汽车内饰件产品
配套情况:为一汽集团红旗、奔腾,一汽-大众奥迪A6、奥迪C6/B7、捷达、宝来、迈腾,神龙公司富康、爱丽舍、标致307、标致206,上汽通用乐风、乐骋,奇瑞公司奇瑞系列,吉利美日、金刚、远景,天津威姿和威乐,沈阳华晨阁瑞斯等21家汽车厂60多种车型配套内饰顶棚,并为奥迪C6等车型配套座椅后护板,为奥迪、奇瑞等系列车型配套免玻纤DVD等产品

★长春新泉志和汽车饰件有限公司
地址:长春市汽车经济技术开发区首善大街1588号
邮编:130022
电话:0431/85734213、85982909
网址:www. xinquan. cn
电子信箱:luyinjie@ xinquan. com
法定代表人:唐志华
单位人数:1400
质量体系:IATF 16949、ISO 14001
产品情况:汽车内外饰件及模具
配套情况:主要服务一汽、华晨等主要客户

★长春德而塔富维安道拓高新科技公司
地址:长春市经济技术开发区武汉路1808号
邮编:130031
电话:0431/87062065、87062085
传真:87062071
电子信箱:webmaster@ ccdfj. com
法定代表人:藤田昭
单位人数:214
质量体系:IATF 16949、ISO 14001
产品情况:汽车座椅

★长春奥托立夫汽车安全系统有限公司
地址:长春市经济技术开发区常德路1831号
邮编:130033
电话:0431/89107200
网址:www. autoliv. com
电子信箱:wei. peng@ autoliv. com
法定代表人:程翠香
质量体系:IATF 16949、ISO 14001
产品情况:汽车电子安全系统,座椅安全带系统以及电子控制单元,汽车转向盘系统等
配套情况:为一汽-大众、一汽轿车、上汽大众、华晨宝马、北京奔驰、长城汽车等配套

★长春富维安道拓汽车饰件系统有限公司
地址:长春市经济技术开发区东南湖大路4736号
邮编:130033
电话:0431/88700000、88700123
电子信箱:yuchen. jiang@ adient. com
法定代表人:陈培玉
质量体系:IATF 16949、ISO 14001
产品情况:汽车座椅、仪表板、副仪表板、门板、顶棚及饰件产品
配套情况:主要客户有一汽-大众、一汽轿车、一汽解放、一汽吉林、一汽夏利、济南重汽、陕西通家、北汽等主机厂

★长春华众延锋彼欧汽车外饰有限公司
地址:长春市经济技术开发区东南湖大路5001号
邮编:130033
电话:0431/87066279、87066267
传真:87066300
电子信箱:cgc. receptionist@ hz-yfpo. com
法定代表人:周敏峰
单位人数:450
质量体系:IATF 16949
产品情况:汽车保险杠及门下护板
配套情况:主要为一汽-大众等客户配套供货

★福耀集团长春有限公司
地址:长春市经济技术开发区浦东路4499号
邮编:130033
电话:0431/84659288、84605201
传真:84659223
网址:www. fuyaogroup. com
电子信箱:jingyuan. lv01@ fuyaogroup. com
法定代表人:曹德旺
单位人数:1692
质量体系:IATF 16949、ISO 14001
产品情况:汽车玻璃
配套情况:为一汽-大众、一汽轿车、天津一汽丰田、天津一汽夏利、华晨金杯、北京现代、北京奔驰、北汽福田、长城汽车、宇通客车等配套

★长春博泽汽车部件有限公司
地址:长春市经济技术开发区温州街1177号
邮编:130033
电话:0431/84991000、84991003
传真:84991100
网址:www. brose. com
电子信箱:changchun@ brose. com
法定代表人:Reza Ray Mirzaei
单位人数:700
质量体系:IATF 16949、ISO 14001
产品情况:车门系统、玻璃升降器、座椅系统、门锁、冷却风扇总成
配套情况:客户有一汽-大众、北京奔驰、华晨宝马、长城、丰田、日产、一汽、上汽大众

★法雷奥压缩机(长春)有限公司
地址:长春市经济开发区海安路1243号
邮编:130033
电话:0431/84992006
网址:www. valeo. com. cn
电子信箱:liyang. sun@ valeo. com
法定代表人:弗朗索瓦·安托万·雅克·马里恩
单位人数:710
质量体系:IATF 16949、ISO 14001
产品情况:(Valeo牌)
空调压缩机
配套情况:主要客户有一汽轿车、日产中国、东风日产、北京奔驰、雷诺三星、福建奔驰、奇瑞、华晨宝马

★长春旭阳工业(集团)股份有限公司
地址:长春市净月高新技术产业开发区千朋路888号
邮编:130033
电话:0431/89118018
网址:www. xuyanggroup. com
电子信箱:xuyang@ xuyanggroup. com
法定代表人:许明哲
质量体系:VDA 6.1、QS 9000
产品情况:主要包括汽车座椅及仪表板

系列、汽车地毯等隔音降噪系列、门板等内饰件系列、高分子材料及橡胶密封条系列
配套情况:主要客户为一汽-大众、一汽轿车、一汽解放、奔驰、宝马、沃尔沃、丰田、广汽等企业

★长春旭阳富维安道拓汽车座椅骨架公司
地址:长春市净月开发区千朋路388号
邮编:130033
电话:0431/85078180、85876885
传真:85078298
网址:www.xuyangcfaa.com
电子信箱:jq.li@xuyangcfaa.com
法定代表人:许明哲
质量体系:IATF 16949、ISO 14001
产品情况:主导产品为轿车、货车座椅骨架总成、座椅总成、仪表板骨架总成、各类汽车冲压件及零部件表面处理
配套情况:客户为一汽-大众、一汽轿车、一汽解放、富维-安道拓、长春李尔、长春佛吉亚旭阳座椅、上海西德科东昌、一汽吉林汽车、中兴公司长春分公司等多家企业

★长春佛吉亚旭阳汽车座椅有限公司
地址:长春市云友路999号
邮编:130033
电话:0431/89851911
网址:www.xuyanggroup.com
电子信箱:xuyang@xuyanggroup.com
法定代表人:许明哲
单位人数:259
质量体系:IATF 16949、ISO 14001
产品情况:奥迪Q5、高尔夫A6、迈腾CC、奥迪A6L、速腾、迈腾、奥迪A4、宝来等汽车座椅骨架总成
配套情况:为一汽-大众等配套

★一汽富晟李尔汽车座椅系统有限公司
地址:长春市绿园区汽车产业开发区丰越大路2222号
邮编:130041
电话:0431/89277290
网址:www.fawsnlear.com
法定代表人:张昕
质量体系:IATF 16949、ISO 14001
产品情况:各类汽车座椅及内饰产品
配套情况:为一汽-大众、一汽轿车配套

★一汽富晟四维尔汽车零部件有限公司
地址:长春市硅谷大街8858号
邮编:130061
电话:0431/81909088、81909059
传真:81909088
网址:www.fawsn.com.cn
电子信箱:fawsnswell@.fsachina.com
法定代表人:迟守利
单位人数:225
质量体系:IATF 16949、ISO 14001
产品情况:主要生产各类汽车标牌、装饰条、门扣手、扰流板、出风口、散热器格栅以及车轮盖等塑料注塑电镀涂装类内外装饰件
配套情况:主要客户包括一汽-大众、一汽轿车、沈阳华晨、天津一汽、一汽通用、一汽吉林、沈阳通用、北京汽车等国内外知名的汽车企业

★长春市华维汽车零部件有限公司
地址:长春市朝阳区经济开发区育民路2488号
邮编:130103
电话:0431/85025555
传真:85029128
网址:www.cchuawei.net
电子信箱:cchwgs@aliyun.com
法定代表人:李维华
质量体系:IATF 16949
产品情况:主要生产汽车钣金件即大型车身表面冲压零部件、四门两盖和整车面漆车身
配套情况:主要客户为一汽-大众、一汽轿车;配套车型有奥迪、迈腾、速腾、高尔夫、新宝来、捷达、马自达等

★长春敏实汽车零部件有限公司
地址:长春市绿园区西新工业集中区龙七街与双三路交会处
邮编:130103
电话:0431/86781635、13843194919
传真:86781633
网址:www.minthgroup.com
电子信箱:979268551@qq.com
法定代表人:鲍立春
单位人数:187
质量体系:IATF 16949、ISO 14001
产品情况:主要生产汽车车窗装饰条、密封条等外饰件
配套情况:为一汽-大众、一汽轿车供应汽车外饰产品

★吉林省东风化工有限责任公司
地址:吉林省吉林市龙潭区黎明路145号
邮编:132021
电话:0432/63039363、63039089
传真:63039089
网址:www.jldongfeng.cn
电子信箱:ewchem@jldongfeng.cn
法定代表人:张银
质量体系:IATF 16949、ISO 14001
产品情况:以生产经营汽车SMC汽车零部件、GMT汽车零部件、手糊玻璃钢汽车零部件、汽车金属冲压件、汽车三元催化器、碳纤维电热品等为主
配套及出口情况:为一汽-大众、上汽大众、一汽轿车、一汽解放、一汽客车等主机厂配套产品;部分产品出口欧洲

★舒兰市通用机械有限责任公司
地址:吉林省舒兰市舒兰大街1128号
邮编:132600
电话:0432/68258860、68258880
传真:68223654
电子信箱:jlsltyqg@163.com
法定代表人:乔国章
单位人数:280
质量体系:IATF 16949、QS 9000
产品情况:车门窗框、滑道、流水槽等辊压件,踏板总成,车厢
配套情况:为一汽轿车、一汽吉林、一汽哈尔滨轻型车厂、一汽青岛汽车制造厂、北汽福田、沈阳金杯配套

★和龙双昊高新技术有限公司
地址:吉林省和龙市工业集中区双昊大路1号
邮编:133500
电话:15844326966
传真:0433/4247979
网址:www.hlsunhoo.com
电子信箱:info@hlsunhoo.com
法定代表人:徐敏武
质量体系:IATF 16949
产品情况:汽车空调关键部件储液干燥器(储液器)、液气分离器、过冷器、压力开关、电动机、空调管路、膨胀阀等
配套情况:主要目标客户包括一汽、上汽、通用、福特、长安、奇瑞等

★公主岭华翔汽车顶棚系统有限公司
地址:吉林省公主岭市经济开发区华翔大街1号
邮编:136102
电话:0434/6813323、6810681
传真:6810681
电子信箱:zhangenxu@gzlahx.com
法定代表人:舒荣启
单位人数:350
质量体系:IATF 16949、ISO 14001
产品情况:汽车内顶棚等
配套情况:为一汽集团、一汽-大众、一汽轿车等配套

★吉林省科泰汽车零部件有限公司
地址:吉林省公主岭市大岭镇南兴村一屯
邮编:136108
电话:0434/6783080、13500896513
网址:jlketai.com
电子信箱:13500896513@163.com
法定代表人:张学清
质量体系:IATF 16949
产品情况:主要产品有一汽-大众轿车各种型号的螺纹板、加强板、PS板、左右塔台上部件,速腾B柱上下部左右加强板和螺纹板、帕萨特B6门槛左右落片、B6前门防撞梁左右落片、帕萨特B6B柱门左右落片、B6通道落片、迈腾CC B柱左右落片、迈腾CCFL前保险杠骨架落片;解放货车油箱端盖、隔板、托架、储气筒、尿素罐端盖,年生产能力为650多万件;总成产品有一汽解放公司的军车机油桶、加水桶总成、油箱托架、箍带
配套情况:为一汽-大众、上汽大众供货

黑龙江省

★哈尔滨齐塑汽车饰件有限公司
地址:哈尔滨市经开区哈平路集中区新疆东路6号

邮编:150060
电话:0451/86810573、86811967
传真:86810532
网址:www. hqisu. cn
电子信箱:hqisu_mehr@ 163. com
法定代表人:赵荣贵
质量体系:QS 9000、IATF 16949
产品情况:汽车塑料内、外饰件
配套情况:为长安福特、一汽-大众、长安汽车、哈轻等多家公司提供了优质的整车配套塑料件、内外饰塑料制品

★哈尔滨哈轻塑胶有限公司
地址:哈尔滨市道里区通达街469号
邮编:150076
电话:0451/84601127、84825371
传真:84602878
网址:www. hqsjgs. com
电子信箱:hqsjxsk@ 126. com
法定代表人:刘军
质量体系:ISO/TS 16949、ISO 9001
产品情况:(安宜牌)
汽车塑料内外饰件(前格栅、保险杠、仪表盘、前门内板等)
配套情况:是法国佛吉亚、东安动力等公司重要供应商

★牡丹江富通汽车空调有限公司
地址:黑龙江省牡丹江市西十二条路
邮编:157003
电话:0453/6173012、6173050
传真:6421779
网址:www. fotonac. com
电子信箱:fotonac@ fotonac. com
法定代表人:丁涛
单位人数:521
质量体系:IATF 16949、ISO 14001
产品情况:V-5系列、SP系列、FM10G(S)系列汽车空调压缩机
配套及出口情况:为一汽-大众、一汽轿车、天汽、海汽、一汽青岛、东风贝洱、日产、上汽五菱、福特-江铃、华晨金杯、奇瑞、长安、吉利等20多个车厂的配套;出口北美洲、东欧、日本、韩国、中东地区

上海市

★浙江金海环境技术股份有限公司
地址:上海市徐汇区零陵路899号飞洲国际大厦10A座
邮编:200030
电话:021/54891220、0575/87847722
传真:021/54891281
网址:www. goldensea. cn
电子信箱:jhhj@ goldensea. cn
法定代表人:丁宏广
单位人数:1427
质量体系:IATF 16949、ISO 9001
产品情况:(GOLDENSEA牌、金海牌)
各类空调过滤材料、过滤网及空气过滤器、风扇、注塑件、模具等
配套及出口情况:为通用、神龙、福特、日产、马自达、铃木、现代、一汽、海马、长城、奇瑞、北奔、陕汽等配套;远销日本、韩国、泰国、马来西亚、英国、以色列、意大利、美国等国家

★上海天合汽车安全系统有限公司
地址:上海市嘉定区安亭镇园耀路168号
邮编:200052
电话:021/61422000、61422184
传真:61422001
网址:www. trw. cc
电子信箱:linling. zhu@ trw. com
法定代表人:宋宁华
单位人数:705
质量体系:IATF 16949、ISO 14001
产品情况:安全带、安全气囊、转向盘系统及相关零部件
配套情况:为上汽大众、上汽通用、上汽制造、长安福特、长安马自达、一汽-大众、北京奔驰、华晨宝马、奇瑞汽车等企业供货

★上海双桦汽车零部件股份有限公司
地址:上海市浦东福山路458号同盛大厦9楼
邮编:200122
电话:021/50139055、58876888
网址:www. shshuanghua. com
电子信箱:merry@ shuanghuash. com
法定代表人:张涛
质量体系:IATF 16949
产品情况:(双桦牌)
蒸发器、冷凝器、油冷器、暖风、中冷器等汽车空调关键零部件
配套及出口情况:通过35家汽车空调系统总成企业为上海汽车、奇瑞汽车、长城汽车、长安汽车、东风汽车、重汽集团等整车厂配套;远销20个国家和地区,主要国际客户包括UAC等

★上海新力机器厂有限公司
地址:上海市浦东新区浦三路540号
邮编:200125
电话:021/34902002
网址:www. shxljq. com
电子信箱:shxlmpxs@ 163. com
法定代表人:吴青峰
质量体系:ISO 9001
产品情况:(飞菱牌、上力牌)
各类车用管片式热交换器、冷凝器、汽车空调总成等
配套情况:产品被广泛应用于金杯轻型客车、金龙大客车、上海申沃客车、上海世博公交车、戴姆勒-奔驰商务车等

★胜铎盛士达汽车流体连接器上海公司
地址:上海市浦东新区外高桥保税区爱都路388号
邮编:200131
电话:021/50460606
传真:50463596
电子信箱:info@ yiming. cn
法定代表人:辛长宝
质量体系:IATF 16949、ISO 14001
产品情况:主要生产汽车空调管和转向动力管
配套情况:主要客户有上汽大众和一汽-大众

★上海丰田纺汽车部件有限公司
地址:上海市浦东新区外高桥保税区新灵路218号
邮编:200131
电话:021/50463237
传真:50463137
网址:www. toyota-boshoku. com
电子信箱:wenjing. yang@ toyota-boshoku. com
法定代表人:庄志强
单位人数:100
质量体系:ISO 14001、IATF 16949
产品情况:汽车安全带及内饰件
配套情况:为丰田汽车配套

★上海恩坦华汽车门系统有限公司
地址:上海市外高桥保税区富特中路401号
邮编:200131
电话:021/50462288
传真:32557272
电子信箱:lxie@ intevaproducts. com
法定代表人:LON A OFFENBACHER
单位人数:297
质量体系:IATF 16949、ISO 9001
产品情况:汽车内门板系统、门锁及门锁执行器
配套及出口情况:为上汽大众、上汽通用、上海汽车、华晨金杯、奇瑞汽车、广汽三菱配套;远销德国大众、欧美市场

★贺尔碧格(上海)有限公司
地址:上海市徐汇区贺阔路39号
邮编:200233
电话:021/64850855
传真:64850958
电子信箱:info-hoesha@ hoerbiger. com
法定代表人:杨祖旺
单位人数:280
质量体系:ISO 9001、ISO 14001
产品情况:汽车压缩机

★延锋汽车饰件系统有限公司
地址:上海市柳州路399号
邮编:200235
电话:021/33381000
传真:33381999
网址:www. yanfengco. com
电子信箱:info@ yanfengco. com
法定代表人:张海涛
质量体系:IATF 16949
产品情况:(延锋牌)
专注于汽车内外饰、座椅、电子及被动安全领域
配套及出口情况:为上汽大众、上汽通用、上海汽车、神龙汽车、东风日产、长安福特、长安马自达、北京现代、奇瑞汽车、北汽福田、北京汽车、江淮汽车、华晨汽车、克莱斯勒等配套;出口汽车内

外饰、座椅、电子及被动安全产品

★上海天原集团胜德塑料有限公司
地址:上海市闵行区龙吴路 4747 号
邮编:200241
电话:021/64341039、64340889
传真:62530585
网址:www. tyshengde. com
电子信箱:scb@ tyshengde. com
法定代表人:王伟其
质量体系:IATF 16949、ISO 9001
产品情况:仪表板及其配件、门板、散热器隔栅、轮罩、储液罐、油管等汽车硬塑件和新型工程塑料件
配套情况:为上汽通用、上汽大众、一汽集团、重庆福特、北汽福田、奇瑞汽车等供货

★圣戈班韩格拉斯世固锐特玻璃上海公司
地址:上海市闵行经济技术开发区文井路 18 号
邮编:200245
电话:021/64630016、23517666
传真:64630061
电子信箱:sghss. marketing@ sgh - china. com
法定代表人:JAVIER GIMENO
单位人数:970
质量体系:ISO 9001、IATF 16949
产品情况:夹层玻璃、前风窗玻璃、钢化玻璃、侧窗和后窗玻璃及天窗、小客车玻璃、工程汽车玻璃
配套情况:为韩国起亚、神龙汽车、一汽轿车等配套

★圣戈班安全玻璃(上海)有限公司
地址:上海市闵行经济技术开发区文井路 45 号
邮编:200245
电话:021/23517666
电子信箱:marketing@ sgh - china. com
法定代表人:JAVIER GIMENO
质量体系:IATF 16949、ISO 14001
产品情况:汽车玻璃模块化总成
配套情况:为上汽大众(Polo、帕萨特、桑塔纳)、上汽通用别克君威、东风标致 307 配套

★上海法雷奥汽车电机雨刮系统有限公司
地址:上海市闵行区剑川路 2281 号
邮编:200245
电话:021/64626150、64302183
网址:www. valeo. com. cn
电子信箱:zhengwei. he@ valeo. com
法定代表人:FRANCOIS ANTOINE JACQUES MARION
单位人数:555
质量体系:IATF 16949、VDA 6. 1
产品情况:刮水系统及其配件(电动机、刮杆、刮片以及传动装置等)
配套及出口情况:为上汽大众、上汽通用、一汽集团、一汽-大众、长安福特、长安马自达、奇瑞汽车、华晨宝马、上海汽车、福建奔驰、华晨金杯、一汽海马、广汽三菱等供货;远销北美洲、印度、澳大利亚

★华域汽车车身零件(上海)有限公司
地址:上海市国定东路 303 号
邮编:200433
电话:021/65480006、65480524
网址:www. hasco - hytec. com
电子信箱:xuejunzh@ shanghaitn. com. cn
法定代表人:马振刚
质量体系:IATF 16949、ISO 9001
产品情况:汽车车身结构件及外覆盖件
配套情况:为上汽通用、上汽大众配套

★上海爱德夏机械有限公司
地址:上海市闸北区江扬南路 2 号
邮编:200434
电话:021/26101300
传真:56881727、56881031
电子信箱:ylu@ edscha. com. cn
法定代表人:Torsten Greiner
质量体系:IATF 16949、VDA 6. 1
产品情况:生产车辆门铰链、前后盖铰链、车门限位器、驻车制动器、油箱扣盖等
配套及出口情况:客户包括大众汽车、上汽通用、一汽-大众、天津一汽丰田、沈阳华晨金杯、长安福特、北京奔驰、神龙汽车等;国外客户有 CTC(马自达汽车有限公司)、Edscha - OHI(日本丰田汽车公司)、墨西哥通用汽车、巴西通用汽车、伦敦出租车等

★西德科东昌汽车座椅技术有限公司
地址:上海市宝山城市工业园区丰翔路 1658 号
邮编:200444
电话:021/36161600
传真:36161606
网址:www. sitech - dongchang. com
电子信箱:info@ sitech - dongchang. com
法定代表人:INGO FLEISCHER
单位人数:814
质量体系:IATF 16949、ISO 14001
产品情况:汽车座椅及座椅零部件
配套情况:为上汽大众、一汽-大众等供货

★上海霍富汽车锁具有限公司
地址:上海市宝山区宝山城市工业园区园泰路 396 号
邮编:200444
电话:021/36161956
传真:36161933
网址:www. huf - group. com
电子信箱:info@ huf - sh. com
法定代表人:THOMAS EUGEN TOMAKIDI
单位人数:344
质量体系:IATF 16949
产品情况:汽车锁
配套及出口情况:为大众、通用、菲亚特、标致、上汽荣威、东风柳汽、江淮汽车等配套;出口北美洲、韩国、伊朗

★上海明济车用空调压缩机有限公司
地址:上海市金山区朱泾工业园新顺路 68 号
邮编:200540
电话:021/33861382、18939889631
传真:33861382
网址:www. shmjkt. com
电子信箱:ypc@ shmjkt. com
法定代表人:黄运军
质量体系:IATF 16949
产品情况:内外控变排量汽车空调压缩机
出口情况:远销东南亚、中东、中南美洲、北美洲、大洋洲,并销往中国香港、中国台湾地区

★上海陈立实业有限公司
地址:上海市沪闵路 3458 弄 66 号
邮编:201108
电话:021/64893831
传真:34074196
网址:www. chenli. com. cn
电子信箱:webmaster@ chenli. com. cn
法定代表人:厉美萍
单位人数:500
质量体系:IATF 16949、ISO 9001
产品情况:汽车内饰件、散热器、燃油箱及车用进出风管,贯流、轴流、离心叶轮等空调配件
配套及出口情况:与一汽海马、昌河汽车、上汽通用、海尔集团、海信集团等建立长期合作关系;水管、高精度风叶远销美国、德国、日本

★空调国际(上海)有限公司
地址:上海市闵行区莘庄工业区春光路 108 号
邮编:201108
电话:021/54422590 - 8901
传真:54425926
网址:www. ai - thermal. com
电子信箱:qzhou@ ai - thermal. com
法定代表人:REJIE SAMUEL
单位人数:316
质量体系:IATF 16949、ISO 14001
产品情况:主要生产传统动力和新能源乘用车和商务车的空调系统及冷却系统——HVAC、制冷管路、冷凝器,同时生产汽车热交换器、风道及空调控制器
配套情况:为福特、通用、三菱等供货

★伟巴斯特车顶供暖系统上海有限公司
地址:上海市闵行区银都路 466 弄 33 号
邮编:201108
电话:021/33577000
传真:33577071、33577072
网址:www. webasto. cn
电子信箱:wrc. info@ webasto. com
法定代表人:JAN HENNING MEHLFELDT
单位人数:721
质量体系:IATF 16949、ISO 9001
产品情况:汽车天窗、供暖系统
配套情况:为上汽大众、一汽-大众、一汽轿车、上汽通用、奇瑞汽车、东风悦达

起亚、江铃控股、吉利汽车等配套

★上海加冷松芝汽车空调股份有限公司
地址:上海市莘庄工业区华宁路4999号
邮编:201108
电话:021/54424998、4007001118
传真:54422478
网址:www.shsongz.com.cn
电子信箱:sales@shsongz.com
法定代表人:CHEN HUAN XIONG
单位人数:3000
质量体系:IATF 16949、ISO 14001
产品情况:(SONGZ牌)
大中型客车空调、乘用车及轻型客车空调、冷冻冷藏车空调及车用空调零部件,燃料电池车前置冷却模块、纯电动汽车乘员舱和蓄电池的综合热管理系统等
配套及出口情况:批量配套长安汽车、东南汽车、依维柯、金龙、金旅、东风汽车、江淮汽车、奇瑞汽车、福田汽车等多个厂家;远销巴西、马来西亚、印度尼西亚等30多个国家

★上海胜僖汽车配件有限公司
地址:上海市闵行区浦江镇鲁南路201号
邮编:201112
电话:021/64917717
传真:64917679
网址:www.sh-shengxi.com
电子信箱:wangjiang@sh-shengxi.com
法定代表人:胜本僖一
质量体系:IATF 16949、ISO 14001
产品情况:后视镜、制动片、活塞、座椅头枕等压铸配件

★久乐宇信上海汽车安全系统有限公司
地址:上海市浦东新区张江高科东区庆达路219号
邮编:201201
电话:021/68416211、62110951
网址:www.eastjoylong.net
电子信箱:lihg@ejl-wss.com
法定代表人:李博
质量体系:IATF 16949、ISO 14001
产品情况:汽车安全气囊及气体发生器和系统匹配等
配套情况:已为一汽、东风、奇瑞、江铃、北汽、华泰、江淮、南汽、吉利、长安等国内近25家汽车企业50余款车型匹配汽车安全气囊

★上海东方久乐汽车安全气囊有限公司
地址:上海市浦东新区张江高科技产业园区东区庆达路219号
邮编:201201
电话:021/58972808
传真:58976993
网址:www.eastjoylong.net
电子信箱:dfjl@eastjoylong.net
法定代表人:李博
质量体系:IATF 16949、ISO 14001
产品情况:(东方久乐牌)
汽车安全气囊及其配件

配套情况:为奇瑞汽车配套

★上海耀皮玻璃集团股份有限公司
地址:中国(上海)自由贸易试验区张东路1388号4-5幢
邮编:201203
电话:021/61633599
传真:61633500
网址:www.sypglass.com
电子信箱:stock@sypglass.com
法定代表人:赵健
单位人数:2661
质量体系:ISO/TS 16949、ISO 14001
产品情况:(耀皮牌)
钢化玻璃、夹层玻璃

★上海汽车空调配件股份有限公司
地址:上海市浦东新区北蔡莲溪路1188号
邮编:201204
电话:021/58912477
传真:58436398
网址:www.saaa.com.cn
电子信箱:dongxh@saaa.com.cn
法定代表人:张朝晖
单位人数:696
质量体系:IATF 16949、ISO 14001
产品情况:汽车用空调管路总成、发动机吸油管、动力转向管等
配套及出口情况:主要客户有上汽通用、上汽大众、一汽-大众、奥迪、神龙、福特、上海汽车、奇瑞等汽车厂和Delphi、Behr等系统供应商;远销美国、加拿大、日本、瑞典、泰国、韩国、波兰、意大利、德国、印度、巴西等国际市场

★上海爱斯达克汽车空调系统有限公司
地址:上海市浦东新区沪南路1768号
邮编:201204
电话:021/38663051
网址:www.sdaac.com
电子信箱:qijing.shi@sdaac.com
法定代表人:张建功
质量体系:IATF 16949、ISO 14001
产品情况:(爱斯牌、爱维牌)
HVAC系统,管片式、管带式和平行流式冷凝器,层叠式蒸发器、暖风和其他热交换零件;具备年产120多万套汽车空调系统的生产能力
配套情况:主要OEM客户是上汽通用、上汽大众、一汽-大众、重庆五十铃、武汉神龙、长安铃木等

★上海岱美汽车内饰件股份有限公司
地址:上海市浦东新区莲溪路1299号
邮编:201204
电话:021/58917962、61609700
网址:www.daimay.com
电子信箱:daimay@daimay.com
法定代表人:姜银台
单位人数:9036
质量体系:IATF 16949、ISO 14001
产品情况:遮阳板、座椅及头枕、转向盘和顶棚中央控制器等
配套及出口情况:客户包括通用、福特、克莱斯勒、大众、标致雪铁龙、三菱扶桑等国外主流整车厂商,以及上汽、一汽、东风、奇瑞、长城等国内优势汽车企业;是通用、福特、大众全球供应商

★上海埃驰汽车零部件有限公司
地址:上海市浦东新区华东路
邮编:201206
电话:021/50219926、50219125
传真:50219926
电子信箱:jtao@lear.com
法定代表人:陈翊
单位人数:600
质量体系:IATF 16949
产品情况:各种汽车座椅蒙面总成、门板等,塑料注塑模具
配套情况:为上汽通用配套

★上海三电汽车空调有限公司
地址:上海市浦东新区金穗路1900号
邮编:201206
电话:021/38984500
传真:58996866
网址:www.sanden.co.jp
电子信箱:inquiry@sanden-shanghai.com
法定代表人:宣乐
质量体系:IATF 16949、ISO 14001
产品情况:(三电牌)
SD6V、SD7V变排量斜盘式压缩机,涡旋式压缩机(车用空调压缩机)
配套情况:为一汽-大众、神龙汽车、广汽本田、上海德尔福、芜湖博耐尔等配套

★上海延锋金桥汽车饰件系统有限公司
地址:上海市浦东新区巨峰路2166号
邮编:201206
电话:021/38613000、38613290
传真:38613222
电子信箱:info@mail.yf.sh.cn
法定代表人:钱怡
单位人数:1195
质量体系:IATF 16949、ISO 14001
产品情况:(延锋牌)
座舱系统、仪表板、门内外饰件及其他汽车内饰产品
配套情况:为上汽通用、华晨金杯配套

★上海马勒热系统有限公司
地址:上海市浦东新区陇桥路355号
邮编:201206
电话:021/38522999
网址:www.cn.mahle.com
电子信箱:hr.sbts@sbts-co.com
法定代表人:王骏
质量体系:IATF 16949、ISO 14001
产品情况:空调及冷却模块、冷凝器、蒸发器、暖风、中冷器等热系统全系列产品
配套及出口情况:为上汽通用、上汽大众、北京奔驰、长安福特、长安马自达、伟世通、一汽轿车、一汽-大众、华晨金杯、华晨宝马、上汽汽车、东南汽车、福建奔驰等配套;远销泰国、日本、韩国、

印度

★三菱重工汽车空调系统上海有限公司
地址:上海市浦东新区秦桥路 211 号浦发金桥工业城金桥出口加工区 71 号
邮编:201206
电话:021/58996686
网址:www. mhi. com. cn
电子信箱:weizhen_jin@ maccsh. com
法定代表人:原口义典
质量体系:IATF 16949、ISO 14001
产品情况:空调压缩机、空调总成、冷凝器、热保护器、风扇组件、控制面板

★上海浦东亚成汽车配件有限公司
地址:上海市浦东新区顾曹路 288 号
邮编:201209
电话:021/58631542、58630808
传真:58631383
电子信箱:shulihuahua@ 163. com
法定代表人:陈树雄
质量体系:IATF 16949、QS 9000
产品情况:(冷堡牌、提登牌)
汽车铜、铝冷热交换器、空调器、冷藏器、冷冻器、暖风散热器及其配件
配套情况:为北汽福田、厦门金龙、华晨金杯、中顺汽车等配套

★上海赛科利汽车模具技术应用有限公司
地址:上海市浦东新区金穗路 775 号
邮编:201209
电话:021/31089888
传真:50212950
网址:www. ssdt. com. cn
电子信箱:sales@ ssdt. com. cn
法定代表人:张海涛
质量体系:IATF 16949、VDA 6.4
产品情况:为国内外多家知名整车厂提供了侧围、翼子板、铝板前盖、四门两盖、前后地板等大型车身覆盖件和结构件模具
配套情况:为国内外多家知名整车厂提供了侧围、翼子板、铝板前盖、四门两盖、前后地板等大型车身覆盖件和结构件模具

★上海锦持汽车零部件再制造有限公司
地址:上海市浦东新区新元南路 600 号 12A 3 楼
邮编:201306
电话:021/68587536
网址:www. jcrestorer. com
电子信箱:jinchiqiche@ jcrestorer. com
法定代表人:刘建
质量体系:ISO 9001
产品情况:专业从事汽车零部件再制造,主要包括再制造前照灯、再制造钣金件、再制造保险杠、原厂侧围共享

★上海海泰汽配有限公司
地址:上海市南汇区南汇工业园区宣黄路 139 号
邮编:201314
电话:021/58185818、58189122
传真:58182220、58183078
网址:www. sh - putai. com
电子信箱:webmaster@ sh - putai. com
法定代表人:徐兆山
质量体系:IATF 16949、VDA 6.1
产品情况:堵件(密封盖)、内外饰件、发动机舱盖、支架、车轮轴饰盖等各系列 1000 余种产品
配套及出口情况:主要客户包括上汽通用、上汽大众、上汽集团、一汽-大众、奇瑞汽车、北美通用;远销北美洲、南非

★上海通领汽车科技股份有限公司
地址:上海市浦东新区古爱路 228 号
邮编:201314
电话:021/50888999
网址:www. tongling. com
法定代表人:项建武
质量体系:IATF 16949、ISO 14001
产品情况:汽车门板饰条总成、汽车仪表板饰条总成、汽车中央控制台总成等
配套情况:为通用汽车、大众汽车、美国大众、上海汽车、上汽通用、上汽大众、一汽-大众、长安福特、神龙汽车、东风日产、长安汽车等配套

★安道拓(上海)座椅有限公司
地址:上海市浦东康桥工业园区康安路 669 号
邮编:201315
电话:021/68079000
传真:68121919
网址:www. yanfengadient. com
电子信箱:copyrightht@ yanfengadient. com
法定代表人:孙中伟
质量体系:IATF 16949、ISO 14001
产品情况:(KEIPER 牌)
汽车座椅骨架和功能件
配套及出口情况:为上汽大众、铃木、日产、戴姆勒、上汽通用汽车配套;远销韩国、日本、印度

★延锋安道拓座椅有限公司
地址:上海市浦东新区康桥工业区康安路 669 号
邮编:201315
电话:021/68079000
传真:68121919
网址:www. yfjci. com
电子信箱:xudong. fei@ adient. com
法定代表人:贾健旭
质量体系:ISO 14001、ISO 45001
产品情况:(延锋牌)
座椅总成及零部件
配套情况:为上汽集团、上汽大众、上汽通用、捷豹、路虎、沃尔沃、上汽通用五菱、长安标致雪铁龙、江淮、长安汽车、上汽大通、长城汽车、北京奔驰、宝马、东风雷诺、长安马自达、东风本田、神龙汽车、东风日产、众泰汽车、长安福特、福田汽车、南京依维柯、东风乘用车、奇瑞汽车、吉利汽车、东风悦达起亚、北京汽车、东风汽车等配套

★上海耀皮康桥汽车玻璃有限公司
地址:上海市浦东新区康桥工业区康柳路 55 号
邮编:201315
电话:021/68193000
传真:68194622
网址:www. sypglass. com
电子信箱:xma@ syp. sfhglass. com
法定代表人:柴楠
质量体系:VDA 6.1、IATF 16949
产品情况:(耀皮牌)
各类汽车前风窗、车门、侧窗、后风窗玻璃
配套情况:为上汽通用、上汽大众、上汽商用、上汽乘用、东风悦达起亚、南汽、福建东南等国内诸多汽车厂家及大洋洲通用、大洋洲福特、法国标致雪铁龙等国际汽车厂商的合格供应商

★延锋百利得上海汽车安全系统有限公司
地址:上海市浦东新区康桥工业区秀浦路 426 号
邮编:201315
电话:021/38118111
传真:68060333
网址:www. yfkey. com
电子信箱:mni@ yfkey. com
法定代表人:贾健旭
质量体系:IATF 16949
产品情况:安全气囊模块、转向盘、安全带等
配套情况:为上汽大众、上汽通用、上汽股份、上汽通用五菱、一汽-大众、一汽集团、长安福特、长安马自达、长安铃木、北京现代、北京奔驰、郑州日产、上海汇众、江淮汽车、奇瑞汽车、北汽福田、神龙汽车等配套

★格拉默车辆内饰(上海)有限公司
地址:上海市浦东新区康桥镇康桥路 868 号
邮编:201315
电话:021/80231899
网址:www. grammer. com
电子信箱:info@ grammer. com
法定代表人:蔡伯刚
单位人数:237
质量体系:IATF 16949、OHSAS 18001
产品情况:主要生产座椅系统和汽车内饰(中央控制台、座椅扶手、座椅头枕)等其他汽车关键零部件
配套及出口情况:为上汽通用、上汽大众、上海汽车、福建奔驰、沃尔沃、捷豹路虎等配套;出口欧洲、北美洲等地区

★上海飞利环球汽车零部件有限公司
地址:上海市浦东新区周浦镇沪南公路 3690 号
邮编:201318
电话:021/68189165、68066789
传真:68066793
网址:www. feilihuanqiu. com
电子信箱:flhq@ wzhqnsj. com
法定代表人:张晨毅

质量体系:ISO 14001、VDA 6.3
产品情况:发动机舱盖、双组分吸音棉毡、直立棉毡、复合棉毡、PP 毛毡、轻质泡棉、发动机舱隔音垫、前围隔音垫、汽车地毯总成、汽车衣帽架总成、行李舱地毯总成、备胎盖板总成等
配套情况:主要客户有上汽大众、上汽通用、上汽乘用车、上汽大通、上汽通用五菱、德国大众、一汽-大众、一汽轿车、武汉神龙、东风集团、东风柳汽、东风裕隆、沃尔沃、中国吉利、华晨宝马、华晨汽车、福建奔驰、北京奔驰、广汽本田、广汽丰田、昆山丰田、广汽集团、保定长城、奇瑞路虎、奇瑞汽车、江淮汽车、华泰汽车、江铃汽车等合资及自主品牌

★上海吉翔汽车车顶饰件有限责任公司
地址:上海市浦东康桥工业区秀浦路叠桥路
邮编:201319
电话:021/68078000、38964086
传真:58138085
电子信箱:xu. haizhen@ adient. com
法定代表人:Andreas Ing. Jagl
单位人数:650
质量体系:IATF 16949、VDA 6.1
产品情况:车顶内饰件,聚氨酯板材
配套情况:为上汽大众、上汽通用、一汽集团、江铃汽车、庆铃汽车配套

★上海宏宝汽配有限公司
地址:上海市奉贤区头桥镇奉新公路3961 号
邮编:201409
电话:021/57552000、57553002
传真:57556564
网址:shhbqp. cn
电子信箱:business - shb@ 126. com
法定代表人:范华弟
单位人数:145
质量体系:IATF 16949
产品情况:汽车用玻璃升降器总成;车门限位器总成;精密机加工产品系列
配套情况:主要顾客有上汽大众、安徽奇瑞、浙江吉利、天津一汽夏利、湖南长丰汽车、上海实业交通、武汉博泽、上海恩坦华等

★上海宏昌汽配有限公司
地址:上海市奉贤区头桥镇新奉公路4313 号
邮编:201409
电话:021/57554735、57556198
传真:57554866
网址:www. sh - hongchang. com
电子信箱:office@ sh - hongchang. com
法定代表人:张忠远
质量体系:IATF 16949
产品情况:发动机及中央通道隔热罩、车门铰链及限位器总成、汽车座椅部件和其他冲压零部件数百种
配套及出口情况:为上汽大众(A 级供应商)、一汽-大众、上汽通用、上汽通用五菱、安徽奇瑞、上汽汽车(南京 MG 名爵)、广汽集团等知名汽车主机厂的一级配套企业,并为知名的汽车配件供应商佛吉亚(包括上海、南京、长春、重庆等)供货,同时进入了北美通用(GM)等国际顶级汽车厂商的全球采购系统

★上海申驰实业有限公司
地址:上海市奉贤区奉城镇启民村 258 号
邮编:201411
电话:021/57528188、57528088
传真:57529766
网址:www. sh - shenchi. com
电子信箱:shendan@ shenchi88. com
法定代表人:沈丹
单位人数:900
质量体系:IATF 16949、ISO 14001
产品情况:座椅骨架、座椅滑槽、座椅仰卧器、座椅靠背、大小锁扣等数百种冲压件和电焊/铆接组装件,同时还涉及汽车安全气囊、汽车天窗等相关汽车零件产品

★上海飞尔汽车零部件股份有限公司
地址:上海市奉贤区庄行镇庄邬路 88 号
邮编:201415
电话:021/33650822
传真:57406738
网址:www. feiersh. com
电子信箱:panpan. gu@ feiersh. com
法定代表人:吕竹新
单位人数:580
质量体系:IATF 16949、ISO 14001
产品情况:专注于汽车内饰塑料件、内饰总成的研发、生产和销售

★上海金科机械制造有限公司
地址:上海市奉贤柘林工业区郊奉路1136 号
邮编:201424
电话:021/64432713、57446941
传真:64432843
电子信箱:pamelaw@ shjinkeco. com
法定代表人:董荣根
质量体系:IATF 16949
产品情况:门铰链、车门闭合系统(连接件)、液压阀等汽车金属机加工零部件
出口情况:供货于 AAP(通用 T1)、ISH(奔驰 T1)、Witte 等企业

★上海金山易通汽车离合器有限公司
地址:上海市金山区枫泾镇万枫公路2498 弄 25 号
邮编:201501
电话:021/67220620、67356256
传真:67355801
电子信箱:lhqc - 888@ 163. xom
法定代表人:沈尉林
单位人数:474
质量体系:IATF 16949、ISO 14001
产品情况:汽车空调压缩机皮带盘,摩托车前叉总成,汽车配件

★上海威可特汽车热交换器制造有限公司
地址:上海市金山区亭卫公路 3999 号
邮编:201506
电话:021/60138668、60138668
传真:57587049
网址:www. reachcooling. com
法定代表人:罗军
质量体系:IATF 16949、ISO 14001
产品情况:汽车热交换器、汽车空调系统及配件、汽车仪表及配件
出口情况:远销北美洲、欧洲、南美洲

★上海干巷汽车镜有限公司
地址:上海市金山区干巷镇朱吕公路4000 号
邮编:201518
电话:021/57200225、57202621
传真:57202622
网址:www. gam. com. cn
电子信箱:ho@ gam. com. cn
法定代表人:夏道余
质量体系:ISO/TS 16949、VDA 6.1
产品情况:(蝴蝶牌)
各类汽车后视镜总成、轿车换挡操纵器总成、轿车变速器拨叉总成等
配套情况:为上汽大众、一汽-大众、上汽通用、神龙汽车、一汽集团、东风汽车公司、南京汽车集团等配套

★麦格纳汽车镜像(上海)有限公司
地址:上海市金山区金张公路 2998 号
邮编:201518
电话:021/57200231、57205720
传真:57205487
电子信箱:sale@ czqiujing. com
法定代表人:王必成
质量体系:IATF 16949、ISO 14001
产品情况:(求精牌)
内外后视镜
配套情况:为上汽大众、上汽通用、神龙汽车、天津一汽丰田、长安福特、长安马自达、东风日产乘用车、华晨金杯等配套

★上海梅克朗汽车镜有限公司
地址:上海市金山区吕向和平工业区漾平路 8 号
邮编:201518
电话:021/57202689
网址:www. mekra - lang. com. cn
电子信箱:sheng@ mekra - lang. com. cn
法定代表人:朱亚群
单位人数:250
质量体系:IATF 16949、ISO 14001
产品情况:商用车后视镜系统和各种后视镜镜片
配套情况:为北汽福田、安徽江淮、南昌江铃、四川丰田、厦门金龙、上汽依维柯、上汽依维柯红岩、北方奔驰、日本五十铃、日产柴、三菱、日野;韩国现代、大宇等供货

★上海蒙塔萨汽车零部件有限公司
地址:上海市金山区吕巷和平工业区
邮编:201518
电话:021/57207320、57207612

传真:57203050
电子信箱:ise@ ise. com. cn
法定代表人:Nicolas Villarreal Martinez
单位人数:235
质量体系:IATF 16949、ISO 14001
产品情况:金属焊接总成、变速器零件、铰链三大系列
配套情况:为上汽大众、一汽-大众、大众汽车变速器(上海)公司、大众汽车变速器(大连)公司、华晨宝马等配套

★ 上海汽车地毯总厂有限公司

地址:上海市松江区松江西路与草长浜路交会处附近东南
邮编:201600
电话:021/67727091
传真:67727989
网址:www. sccp - sj. com
电子信箱:xinglh@ sccp - sj. com
法定代表人:万玉峰
质量体系:IATF 16949、ISO 14001
产品情况:(SCCP 牌)
轿车地毯、衣帽架、行李舱内饰、隔音机、汽车地毯、行李舱产品专用生产线
配套情况:为上汽大众、一汽-大众、上汽通用、华晨宝马、吉利汽车、江淮汽车等供货
☞ 详细情况请参阅彩色宣传版面

★上海三井复合塑料有限公司
地址:上海市松江区松江工业区俞塘路 511 号
邮编:201600
电话:021/57741111
传真:57740055
网址:www. shmpc. com. cn
电子信箱:jiangjf@ shmpc. com. cn
法定代表人:三岛丰太郎(MISHIMA TOYOTARO)
单位人数:142
质量体系:IATF 16949、ISO 9001
产品情况:汽车发动机舱零件、内外饰塑料件
配套情况:为上汽集团、上汽大众、丰田、本田、马自达、上汽通用等配套

★上海鑫毅交通工业有限公司
地址:上海市松江区车墩镇车新公路 368 号
邮编:201611
电话:021/57609090
传真:57609595
网址:www. simyi. com
电子信箱:simyi@ simyi. com
法定代表人:黄星文
单位人数:1300
质量体系:IATF 16949、ISO 14001
产品情况:(鑫毅牌、南吉牌)
机盖、翼子板、车门、行李舱盖、保险杠等汽车车身覆盖件及其模具、冶具、检具
配套情况:为浙江永源、众泰江南、吉利华普等供货

★上海威乐汽车空调器有限公司
地址:上海市松江区九亭镇久富经济开发区威乐路 1 号
邮编:201615
电话:021/67627299、67627162
传真:67690962
网址:www. sh - velle. com
电子信箱:sales01@ sh - velle. com
法定代表人:周建生
单位人数:500
质量体系:IATF 16949、ISO 9001
产品情况:(威乐牌)
电动涡旋压缩机、传统车压缩机、蒸发器、冷凝器、膨胀阀、控制器 & 拉索、管路等
配套情况:为吉利汽车配套

★上海四维尔控股集团有限公司
地址:上海市青浦区华新工业园区
邮编:201700
电话:021/60342604、18367433900
传真:69780639
网址:www. swellchina. com
电子信箱:ljfxyz - 3320940125@ 163. com
法定代表人:罗旭强
质量体系:ISO/TS 16949
产品情况:汽车侧裙、尾翼、扰流板、保险杠等内外饰件
配套情况:为一汽 - 大众佛山工厂车型配套

★上海毓恬冠佳汽车零部件有限公司
地址:上海市青浦工业园区崧煌路 580 号
邮编:201703
电话:021/59868966
传真:69758136
网址:www. mobitech. com. cn
电子信箱:sh - base@ mobitech. com. cn
法定代表人:赵剑平
质量体系:IATF 16949、ISO 14001
产品情况:汽车天窗

★上海耀华大中新材料有限公司
地址:上海市青浦区沪青平公路 3828 号 118 号
邮编:201703
电话:021/69750900
传真:69751381
电子信箱:zhudeping@ ydam. com. cn
法定代表人:徐忠龙
质量体系:IATF 16949
产品情况:底部护板、导流板、前端模块、备胎仓、座椅骨架、天窗板、尾门、载货汽车面板、保险杠、行李架托板等汽车复合材料制品
配套情况:为上汽通用、上海申沃、一汽、东风柳汽、洛阳福赛特、南汽、重庆奥拓、沈阳金杯等配套

★高田(上海)汽配制造有限公司
地址:上海市青浦工业区崧泽大道 8000 号
邮编:201707
电话:021/69212880
传真:69212886
法定代表人:KRISTOFER TODD SHERBINE
质量体系:ISO/TS 16949、ISO 17025
产品情况:(TAKATA 牌)
汽车安全气囊、安全带、转向盘、气囊气体发生器等汽车安全装置及其零配件
配套及出口情况:为广汽本田、东风汽车、郑州日产和广汽三菱等供货;出口东南亚、欧洲、美洲

★上海大众联翔汽车零部件有限公司
地址:上海市青浦区香花桥镇北青公路 9735 号
邮编:201707
电话:021/31233080
电子信箱:webmaster@ svwlx. cn
法定代表人:陈军
质量体系:IATF 16949
产品情况:汽车玻璃包边和汽车塑料内饰件
配套情况:为上汽大众、一汽-大众、奥迪、江淮汽车、伟世通等配套

★上海新朋联众汽车零部件有限公司
地址:上海市青浦区华卫路 29 号
邮编:201708
电话:021/69780612、69780611
网址:www. xinplz. com
电子信箱:xplzf@ xinplz. com
法定代表人:宋琳
质量体系:IATF 16949、ISO 14001
产品情况:车用大型覆盖件的开卷、冲压及车身总成件
配套情况:为上汽大众、吉利等配套

★上海新朋实业股份有限公司
地址:上海市青浦区华新镇华隆路 1698 号
邮编:201708
电话:021/31275888
传真:31166532
网址:www. xinpeng. com
电子信箱:hr@ xinpeng. com
法定代表人:宋琳
质量体系:ISO 9001、ISO 14001
产品情况:汽车的四门两盖、车厢覆盖件等汽车零部件产品

★上海三盾汽车饰件有限公司
地址:上海市青浦区华新镇纪鹤路 3188 号
邮编:201708
电话:021/59790588
传真:59791298
网址:www. sdautoparts. com
电子信箱:sandun_sh@ 163. com
法定代表人:朱冬芬
质量体系:IATF 16949
产品情况:主要产品包括气辅拉手、中间扶手、车门内饰、各种转向盘、骨架和表皮二次注塑、门板、手套箱植绒、副仪表板植绒、ABCD 柱植绒、密封条植绒

配套情况:为大众、通用、日产、沃尔沃、长城等主机厂间接和直接开发配套产品

★上海和达汽车配件有限公司
地址:上海市青浦区青赵公路5458号
邮编:201712
电话:021/59222665
传真:59220463
电子信箱:wuxiafeng@ heda. cn
法定代表人:于铁军
质量体系:IATF 16949、ISO 45001
产品情况:生产汽车的装饰件、玻璃槽、滑槽、门框及其他汽车配件
配套情况:与上汽大众、一汽-大众、上海汽车、上汽通用、长城汽车、长安福特、广汽丰田、东风神龙、奇瑞汽车等多家主机厂配套,并通过延锋伟世通与佛吉亚与国内外主机厂实现二次配套

★上海万超汽车天窗有限公司
地址:上海市嘉定北工业区新和路789号
邮编:201800
电话:021/39538388
传真:39538606
网址:wanchao. zgqpc. com
电子信箱:info@ wanchao - sh. com
法定代表人:贾公棋
质量体系:IATF 16949、ISO 45001
产品情况:(万超牌)
汽车天窗、汽车点火锁等
配套情况:主要顾客有一汽解放、济南重汽、东风柳汽、上汽通用五菱、昌河、沈阳华晨金杯、比亚迪汽车、海马汽车、浙江众泰汽车、长沙众泰汽车、江铃汽车、北京福田、东风日产、武汉东风、南京徐工、北汽银翔等20多家汽车制造公司

★上海华特企业集团股份有限公司
地址:上海市嘉定区外冈镇恒裕路385号
邮编:201800
电话:021/69574261、69017507
网址:www. sh - huate. com
电子信箱:ms@ sh - huate. com
法定代表人:陈阳
质量体系:IATF 16949、ISO 14001
产品情况:年产遮阳板1000万件,空腔隔音块9000万件,EPP粒子产品5000吨,中央扶手200万件,全自动排档45万件,全自动拉手230万件,并具备年产能PU发泡棉250万件以上,新PVC皮革面料600万平方米,250万件换挡手柄,300万件气辅拉手、600万件EPP系列产品、200万套整车隔音隔振垫、100万套行李舱地毯总成、100万套汽车座椅泡沫总成、200万件真空成型轮罩、10000吨EVA/EPDM/TPO板材及200万套车用地毯复合材料的供货能力
配套情况:为上汽大众、上汽通用、天津一汽丰田、南京汽车集团、一汽海马等配套

★上海博泽汽车部件有限公司
地址:上海市安亭工业园区塔山路585号
邮编:201805
电话:021/69979015、69979170
网址:www. brose. com
电子信箱:shbrose@ shbrose. com
法定代表人:Kurt Sauernheimer
质量体系:IATF 16949、ISO 14001
产品情况:车门系统、玻璃升降器、座椅系统、冷却风扇总成
配套情况:主要客户有上汽大众、上汽通用、上汽集团、长安福特、江森自控、德尔福、上海贝洱热系统

★佛吉亚(上海)汽车部件系统有限公司
地址:上海市奉浦工业园区肖湾路318号2号厂房
邮编:201805
电话:021/69576576
网址:www. faurecia. com
电子信箱:zhihui. xiao@ faurecia. com
法定代表人:Franccedil;ois,Claude Tardif
质量体系:IATF 16949、ISO 14001
产品情况:汽车座椅骨架(产品有电动、手动、前排、后排座椅骨架)
配套情况:为上汽大众PASSAT领驭、途观、新POLO,通用别克君威、君越、雪佛兰科鲁兹,东风标致系列,东风雪铁龙系列配套

★延锋彼欧汽车外饰系统有限公司
地址:上海市嘉定工业区安亭镇墨玉路540号
邮编:201805
电话:021/39186000
传真:39186767
网址:www. yfpo. com
电子信箱:rzrong1@ yfpo. com
法定代表人:王卫中
质量体系:ISO 14001、OHSAS 18001
产品情况:保险杠、保险杠总成模块、防擦条、门槛、翼子板以及其他汽车外饰零部件
配套情况:为上汽通用、上汽大众、上汽乘用车、长安福特、长安马自达、沃尔沃、神龙汽车、东风雷诺、东风风神、北京汽车、广汽乘用车、奇瑞捷豹路虎等配套

★上海新安汽车隔音毡有限公司
地址:上海市嘉定区安亭镇宝安公路5355号
邮编:201805
电话:021/59565307
传真:39570368
网址:www. xinansh. com
电子信箱:renke@ xinansh. com
法定代表人:查勤兴
质量体系:IATF 16949、ISO 9001
产品情况:各类隔音毡、隔音垫
配套情况:为桑塔纳B2、桑塔纳2000、帕萨特B5、POLO A04、GOL和一汽-大众BORA A4配套各类隔音毡、隔音垫

★安通林汽车配件制造(上海)有限公司
地址:上海市嘉定区外冈镇外冈工业一区恒飞路25号
邮编:201806
电话:021/59586310
网址:www. grupoantolin. com
电子信箱:nancy. xu@ grupoantolin. com
法定代表人:ERNESTO ANTOLIN ARRIBAS
质量体系:IATF 16949、ISO 14001
产品情况:座舱系统模块、仪表板、中央控制台等
配套情况:为福特汽车、上汽大众、宝马、日产、奇瑞、五十铃、南京汽车等供货

★上海光裕汽车空调压缩机有限公司
地址:上海市嘉定北开发区新甸路220号
邮编:201807
电话:021/39966698
传真:39966689
网址:www. gycompressor. com
电子信箱:gy@ gycompressor. com
法定代表人:靳晓堂
质量体系:IATF 16949、ISO 14001
产品情况:汽车空调压缩机

★上海众宝汽车配件有限公司
地址:上海市宝山区城市工业园区山连路511号
邮编:201812
电话:021/61676213
传真:61676217
网址:www. shzhongbao. com. cn
电子信箱:office@ shzhongbao. com. cn
法定代表人:张伟鉴
质量体系:IATF 16949
产品情况:汽车内外饰以及线束等注塑零部件制造
配套情况:为上汽大众、上汽通用、上海汽车等配套

★上海英提尔交运汽车零部件有限公司
地址:上海市嘉定区园国路955号
邮编:201814
电话:021/69574666
传真:69574311
网址:www. intier - jiaoyun. com
法定代表人:杨伟荣
质量体系:IATF 16949、GB/T 24001
产品情况:产品包括上汽大众的Santana系列、Passat、Lavida、Polo座椅骨架总成,斯柯达FABIA NF后座骨架,TOURAN TAXI骨架,MQB平台系列车型座椅骨架,上汽通用的别克系列轿车座椅骨架总成、201翻转机构,广汽菲克K4座椅骨架,福建奔驰VS20座椅骨架等
配套情况:为上汽大众、上汽通用、广汽菲克、福建奔驰、江淮汽车供货

★福耀集团(上海)汽车玻璃有限公司
地址:上海市嘉定区安亭镇园福路588号
邮编:201814

电话:021/69573811
传真:69573818
网址:www. fuyaogroup. com
电子信箱:huihua. huang@ fuyaogroup. com
法定代表人:曹德旺
质量体系:IATF 16949、ISO 14001
产品情况:(福耀牌)
汽车玻璃,主要服务于长江三角洲市场和海外市场
配套情况:国内主要顾客有上汽通用、上汽大众、上海汽车、悦达起亚,国外客户有美国通用、欧洲通用、韩国通用、北美通用、德国大众、南非大众、韩国现代、英国陆虎、意大利菲亚特、德国欧宝、欧洲福特等

★上海福耀客车玻璃有限公司
地址:上海市嘉定区安亭镇园汽路 1258 号
邮编:201814
电话:021/31156938
网址:www. fuyaogroup. com
电子信箱:qiongfei. yang01@ fuyaogroup. com
法定代表人:曹德旺
质量体系:IATF 16949、ISO 14001
产品情况:[福耀(FUYAO)牌]
汽车安全玻璃,主要立足于国内外汽车玻璃 OEM 市场和维修市场
配套情况:为韩国大宇、苏州金龙、上海申龙等大型客车及工程机械车厂家提供优质配套玻璃

★韩华高新材料(上海)有限公司
地址:上海市嘉定工业区兴荣路 1201 号
邮编:201821
电话:021/39963996
传真:39963911
网址:www. hanwha. com
电子信箱:cf. jin@ hanwha. com
法定代表人:CHOI WOO SUK(崔佑锡)
质量体系:ISO 9001、IATF 16949
产品情况:上汽通用、凯越前、后防撞杆,上汽大众、桑塔纳、帕萨特隔音板,上汽通用备胎罩
配套情况:为上汽大众、上汽通用配套

★上海奥托立夫汽车安全系统有限公司
地址:上海市嘉定区高台路 820 号
邮编:201821
电话:021/69928122、69928120
网址:www. autoliv. com
电子信箱:helen. zeng@ autoliv. com
法定代表人:程翠香
质量体系:IATF 16949、ISO 14001
产品情况:安全气囊

★吉尧汽车零配件(上海)有限公司
地址:上海市宝山区杨行镇锦富路 65 号
邮编:201901
电话:021/63639250、63634776
传真:32051393
网址:www. fortunef. com
电子信箱:bill@ fortunef. com
法定代表人:冯民
质量体系:ISO 9001
产品情况:(JY 牌)
厢式车后门锁机械、埋藏式侧门锁、门铰链、门挂钩、门封条、不锈钢厢包角、铝型材以及软篷车滑轮、搭扣、轨道、车厢内护板、捆紧装置、拉紧器冷冻机、汽车尾板、厢板等
出口情况:出口产值 8000 万元

★上海航空发动机制造有限公司
地址:上海市虹口区广中路 600 号
邮编:201906
电话:021/36042798
传真:56651482
电子信箱:tsplane@ 163. com
法定代表人:李鸣
质量体系:IATF 16949、GB/T 24001
产品情况:中高档轿车车身结构件
配套情况:为上汽大众、上汽通用配套

★华域三电汽车空调有限公司
地址:上海市浦东新区胜利路 1117 号
邮编:201906
电话:021/63869900
传真:63840914
电子信箱:gmo@ ssb. com. cn
法定代表人:张海涛
质量体系:IATF 16949
产品情况:(易通牌、SSB 牌)
汽车空调压缩机及汽车空调模块、发动机冷却系统及元件等系列产品
配套及出口情况:乘用车主要配套上汽大众、上汽通用、一汽-大众、神龙公司、东风本田、上海汽车、长城汽车、沃尔沃等,商用车主要配套一汽集团、上汽大通、北汽股份、南京依维柯、北汽福田等;出口 30 多个国家和地区

★上海利用锁具有限公司
地址:上海市宝山区城银路 888 号
邮编:201908
电话:021/36160366
网址:www. lylock. com
电子信箱:mail@ lylock. com
法定代表人:祁美娟
质量体系:IATF 16949、ISO 9001
产品情况:(马牌、利用牌)
汽车锁产品机械式车门锁以及集控式车门锁,前后盖锁及座椅锁系列
配套及出口情况:主要客户包括上汽大众、上汽通用、上海汽车集团、长城汽车、重庆力帆、上海延锋江森座椅、延锋江森座椅(马来西亚)股份有限公司;出口菲律宾、马来西亚、欧美等国家和地区

★上海申视汽车新技术有限公司
地址:上海市宝山区杨南路 1558 弄 50 号
邮编:201908
电话:021/66864979、
传真:66864980
网址:shanghaishenshi. glass. cn
电子信箱:shshenshi@ 163. com
法定代表人:乐宁生
质量体系:IATF 16949
产品情况:大客车外后视镜和小客车后视镜镜片
配套及出口情况:是目前国内主要的大客车整车生产厂家的配套商,也是为通用、福特等汽车配套车用镜片的主要出口供货商

江苏省

★ 奥特佳新能源科技股份有限公司
地址:南京市秦淮区光华路 162 号拉萨产业交流中心 9 楼
邮编:210001
电话:025/52602600、4008280606
传真:52600072
网址:www. aotecar. com
电子信箱:atc@ aotecar. com
法定代表人:张永明
单位人数:8000
质量体系:ISO/TS 16949、ISO 14001
产品情况:(奥特佳牌、ATC 牌)
汽车空调压缩机、汽车空调系统及相关技术方案
配套情况:主要合作伙伴包括通用、标致、大众、上汽、吉利、奇瑞、蔚来汽车、长安、长城、北汽、比亚迪、马自达、一汽、广汽传祺、力帆、江淮、东风、中华、众泰、上汽通用五菱、海马、依维柯
☞ 详细情况请参阅彩色宣传版面

★宏光空降装备有限公司
地址:南京市龙蟠南路宏光路 1 号
邮编:210022
电话:025/52633492
传真:52632902
网址:www. avic513. cn
电子信箱:hg@ nj513. com
法定代表人:田力
质量体系:GJB 9001B、ISO/TS 16949
产品情况:汽车安全带、气囊、转向盘等乘员保护系统
配套情况:为上汽大众、武汉神龙、奇瑞汽车、南京依维柯、郑州日产等多家厂配套

★南京宏光汽车附件有限公司
地址:南京市秦淮区双桥新村
邮编:210022
电话:025/52623513
传真:52622511
电子信箱:hongguangqifu@ 163. com
法定代表人:田力
质量体系:IATF 16949
产品情况:锁栓、锁舌、制动爪、框架等
配套情况:主要客户包括南京宏光 - 奥托立夫汽车安全装备、长春宏光 - 奥托立夫汽车安全装备、长春奥托立夫贸鸿汽车安全系统、长春英利汽车部件、上海天合汽车安全系统、上海延锋百利得

汽车安全系统等公司

★南京台兴汽车零部件制造有限公司
地址:南京市溧水区团山东路9号
邮编:210037
电话:025/56613060
传真:85504832
网址:www.njtaixing.com
法定代表人:沈德华
质量体系:IATF 16949
产品情况:(金星牌)
汽车及摩托车标牌、后视镜、遮阳板、空调出风口、客货车顶窗、转向盘、汽车装饰条、安全带、汽车轮毂盖、仪表盘、仪器仪表标牌等
配套情况:为一汽-大众、上汽大众、上汽通用、南京汽车集团、神龙汽车、东风汽车公司、亚星商用车、厦门金龙、上汽通用五菱、东南汽车、上汽仪征、南京金城、天津本田、洛阳易初、山东华日、无锡轻骑等配套

★南京奥托立夫汽车安全系统有限公司
地址:南京市经济技术开发区恒谊路19号
邮编:210038
电话:025/85803990、15952016028
网址:www.autoliv.com
电子信箱:yuanyuan.sha@autoliv.com
法定代表人:程翠香
质量体系:IATF 16949、ISO 14001
产品情况:安全带、气囊、转向盘等乘员保护系统
配套情况:客户有上汽大众(桑塔纳、帕萨特、POLO),宝马3系、奔驰、武汉神龙、奇瑞、江铃福特全顺、重庆长安、四川丰田、西安沃尔沃、海南普力马、合肥江淮瑞风等

★南京西百客汽车空调股份有限公司
地址:南京市雨花台区龙藏大道1-2号
邮编:210039
电话:13851857121
电子信箱:xbk@spancold.com
法定代表人:华秀
质量体系:IATF 16949、ISO 9001
产品情况:产品涵盖旅行客车空调、城市公交空调和轨道车辆空调三大类
配套情况:为国内外多家客车公司、公交公司、轨道车辆公司和城市地铁公司配套

★南京延锋安道拓座椅有限公司
地址:南京市江宁经济技术开发区殷富街400号1幢
邮编:211100
电话:025/87186501、87136698
电子信箱:zhengfang.huang@adient.com
法定代表人:臧纯高
质量体系:IATF 16949、ISO 14001
产品情况:汽车座椅总成
配套情况:为上汽大众南京分公司、上汽乘用车、南京依维柯、众泰公司等配套

★南京协众汽车空调集团有限公司
地址:南京市江宁区科学园科宁路389号
邮编:211100
电话:025/66608666
传真:52161988
网址:www.njxiezhong.com
电子信箱:can.xu@njxiezhong.com
法定代表人:陈存友
质量体系:IATF 16949、ISO 14001
产品情况:主要产品有汽车空调系统、前端模块总成;平行流式蒸发器、层叠式蒸发器;平行流式冷凝器、过冷式冷凝器;暖风芯体、散热器、中冷器、油冷器;空调管路;空调线束;注塑件、冲压件、电动汽车空调系统(包括热泵电动空调系统、电池冷却包系统、空气净化器、储能式蒸发器、高效冷凝器、同轴管)等,具备年产300万套汽车空调的生产能力
配套情况:主要客户有北汽、北汽福田、PSA、神龙汽车、东风集团、长安标致雪铁龙、一汽、吉利、众泰、华晨等知名汽车企业;其中电动车空调系统已成功服务于北汽、北汽福田、PSA、华晨、一汽、吉利、敏安、前途等多个客户

★江苏万顺新富瑞科技有限公司
地址:江苏省镇江市句容市边城镇光明中小企业科创园8-1号
邮编:211164
电话:0511/87619223、87619202
传真:87619226
网址:www.xfrglass.com
电子信箱:474229173@qq.com
法定代表人:梁中奎
质量体系:IATF 16949、ISO 9001
产品情况:汽车调光玻璃、汽车风窗玻璃、汽车除雾除霜玻璃等

★延锋彼欧仪征汽车外饰系统有限公司
地址:江苏省扬州市(仪征)汽车工业园屹丰大道77号
邮编:211400
电话:0514/83023606
网址:www.yfpo.com
电子信箱:fding2@yfpo.com
法定代表人:袁新华
质量体系:IATF 16949、ISO 14001
产品情况:汽车外饰件等

★仪征耀皮汽车玻璃有限公司
地址:江苏省仪征经济开发区闽泰大道1号
邮编:211415
电话:0514/80856922
传真:80862760
网址:www.sypglass.com
电子信箱:office@sypglass.com
法定代表人:EDDIE CHAI
质量体系:IATF 16949
产品情况:年生产能力100万套汽车玻璃
配套情况:主要为上汽大众、上汽通用、东风悦达起亚等及国内外多家汽车厂配套

★江苏盛龙机电制造有限公司
地址:江苏省淮安市金湖县戴楼工业园区浦楼路6号
邮编:211600
电话:0517/86991138、18015191308
传真:86991138
网址:www.js-shenglong.com
电子信箱:13813874308@126.com
法定代表人:唐明尧
质量体系:IATF 16949
产品情况:MB-N气动内摆门总成、MB-W气动外摆门总成、DK-1电动外摆提升门泵、DK-11电动外摆提升门泵、DK-111电动外摆平移门泵、SLQ200-300公交气动塞拉门系统、SLQ200-300公交电动塞拉门系统、SLZT300站台安全门、电功折叠门、客车集中润滑系统、轻量化锻造铝车轮、司机安全门、不锈钢投币机等十大系列500余个品种
配套及出口情况:与宇通客车、比亚迪客车、北汽福田、厦门金龙、厦门金旅、安徽安凯、安徽江淮、扬州亚星、中通客车、苏州金龙、中通客车、南京金龙等配套;远销马来西亚、韩国、印度等国家

★恩坦华汽车零部件(镇江)有限公司
地址:江苏省镇江市丁卯开发区四平山路300号
邮编:212009
电话:0511/88885999、13952866633
传真:88885111
电子信箱:nhan@intevaproducts.com
法定代表人:郑欣
质量体系:IATF 16949、ISO 14001
产品情况:装配制造维修轿车和货车用车窗玻璃升降器及其部件、门锁装置及其部件、驻车制动装置、传动装置和换向器箱等
配套情况:主要客户有印度福特、澳大利亚福特、长安福特、日本马自达、海南马自达、韩国现代、上汽大众、一汽-大众、武汉神龙、沈阳金杯、奇瑞、江淮等

★江苏江洲汽车部件有限公司
地址:江苏省扬中市迎宾大道386号
邮编:212200
电话:0511/88368808、88368088
传真:88327390、85157378
网址:www.jzns.cn
电子信箱:jfg@jzns.cn
法定代表人:蒋丰根
质量体系:IATF 16949
产品情况:(江洲牌)
注塑件、吸塑件、顶棚、地毯、车门内饰板及各种塑料卡扣

配套情况:为一汽-大众、上汽大众、上汽通用、天津一汽丰田、长安铃木、重庆力帆、比亚迪汽车等配套

★江苏新达能汽车部件有限公司
地址:江苏省扬中市西来桥镇中兴路 10 号
邮编:212221
电话:0511/88564906、88137730
传真:88566228
电子信箱:daneng@ xindaneng. com
法定代表人:陈金虎
质量体系:IATF 16949、ISO 14001
产品情况:安全带总成及零配件,年产能力达 200 万套以上
配套及出口情况:为华晨金杯、陕西重汽、上汽依维柯、东风柳汽、常州东风、华泰现代、江铃汽车、江淮现代、东安黑豹、上海汇众、广汽长丰、苏州金龙等企业配套;出口美国、日本、印度、欧盟、非洲、南美洲 5 万套以上安全带

★必加利(丹阳)汽车装饰部件有限公司
地址:江苏省丹阳经济开发区通港西路 68 号 16 栋
邮编:212300
电话:0511/86997075
传真:86997076
网址:www. hikarikk. co. jp
电子信箱:shuhh@ hikarikk – china. com
法定代表人:高木香子
质量体系:IATF 16949
产品情况:采用丝印、压制、成型加工的显示和装饰零部件以及其他零部件的制造销售

★ 江苏畅通车业发展有限公司
地址:江苏省丹阳市开发区兰陵路
邮编:212300
电话:0511/86926606、86926611
传真:86926606
网址:www. jsdy. com
电子信箱:info@ jsdy. com
法定代表人:李明
质量体系:IATF 16949
产品情况:汽车内饰件、各类汽车座椅、乘用车防撞缓冲梁、车用导轨、导槽等多系列产品
配套及出口情况:为上汽股份、海马汽车、海马郑州、宇通客车、丹东黄海、苏州金龙、北汽福田等配套;出口美国、澳大利亚、俄罗斯、巴西、巴基斯坦等国家,并销往中国台湾地区
☞ 详细情况请参阅彩色宣传版面

★希格玛精密机械(江苏)有限公司
地址:江苏省丹阳经济开发区齐梁北路 118 号
邮编:212314
电话:0511/86077003
传真:86077030
网址:www. sigma – k. net
电子信箱:xujun@ sigma – k. net
法定代表人:下中利孝
质量体系:IATF 16949
产品情况:汽车发动机、安全气囊、刮水器、自动变速器等精密部件的制造和销售
配套及出口情况:为丰田、本田、福特、马自达、现代等配套;出口北美洲、欧洲等地区

★丹阳市飞越车辆附件有限公司
地址:江苏省丹阳市访仙镇独山村
邮编:212321
电话:0511/86462088、86788279
传真:86785668
网址:www. jsdyfy. com
电子信箱:jsdyfy@ 126. com
法定代表人:杨正炳
质量体系:IATF 16949
产品情况:客车用空调出风口系列,顶灯、通道灯系列;行李架支腿系列;安全顶窗、换气扇、换气天窗系列;轮罩系列;车用应急控制阀、吊环、安全锤系列;校车停车指示牌系列;车用锁具、拉手系列;车用急救箱系列;聚氨酯自结皮发泡系列等内饰件
配套及出口情况:为中通客车、宇通客车等配套;出口欧洲、南美洲、东南亚、中东等地区

★丹阳市宏达源汽车配件有限公司
地址:江苏省丹阳市访仙镇汽车零部件产业集中区 01 号
邮编:212321
电话:0511/86461886
传真:86788099
网址:www. hongdayuan. com
电子信箱:shf007@ 126. com
法定代表人:孙洪方
质量体系:IATF 16949
产品情况:(鸿牌)
客车、公交车、部分轿车、货车内饰件系列及电动自行车、轮椅车用件系列产品
配套及出口情况:为多家主机汽车制造厂配套;远销国外市场

★江苏新昌汽车部件有限公司
地址:江苏省丹阳市新桥外资工业园 002 号
邮编:212322
电话:0511/86308686、86308680
传真:86352928
网址:www. jsxch. com
电子信箱:xsb_xc@ jsxch. com
法定代表人:王琴芳
质量体系:IATF 16949、ISO 14001
产品情况:暖风机、车门板、内饰板、风罩、保险杠等
配套情况:为江淮汽车、一汽轻型车、比亚迪汽车、重庆力帆乘用车、上汽集团、韩国现代、安凯客车等配套

★丹阳市永昌车辆部件有限公司
地址:江苏省丹阳市新桥镇
邮编:212322
电话:0511/86306823、86357031
传真:86306825、86306821
网址:www. china – yongchang. com
电子信箱:web@ china – yongchang. com
法定代表人:范钧恩
质量体系:IATF 16949
产品情况:汽车内外饰件、工程车消声器、电子电气、机械零部件
配套情况:与北汽福田、厦门金龙、厦门金旅、三一集团、中联重科、山河智能、沈阳金杯等企业长期合作

★丹阳金城配件有限公司
地址:江苏省丹阳市新桥镇姚家弄工业园
邮编:212322
电话:0511/86360300、86308566
传真:86359944、86308566
网址:www. jincheng – cn. com
电子信箱:jincheng – cn@ vip. 163. com
法定代表人:孙明桂
质量体系:IATF 16949、ISO 14001
产品情况:汽车智能天窗、汽车内外装饰件及汽车灯具
配套情况:主要为江淮汽车、北京华泰、吉奥汽车、绵阳华瑞、江苏九龙等配套

★丹阳市新华隆汽配有限公司
地址:江苏省丹阳市丹北镇(新桥)中心北路
邮编:212323
电话:0511/86381883、13806103906
传真:86371883
网址:www. hlqp. com
电子信箱:18950471@ qq. com
法定代表人:姚刚
质量体系:IATF 16949
产品情况:(龙辉牌)
各型货车仪表台、车门板等塑料内外饰件
配套情况:已与山东凯马、山东唐骏欧铃、四川现代、湖南同心、南骏汽车、江淮汽车、湖北三环汽车、郑和车身、东风专汽、北京汽车制造厂等厂家配套汽车仪表台、车门护板

★丹阳吉盛汽车零部件有限公司
地址:江苏省丹阳市界碑镇双丰路
邮编:212323
电话:0511/86387606
传真:86384978
电子信箱:yj – qp@ 163. com
法定代表人:倪佳
质量体系:IATF 16949
产品情况:(迎江牌)
汽车内饰件
配套情况:为江淮汽车、沈阳金杯、一汽哈尔滨轻型车厂、一汽通用红塔云南、山东五征集团、奇瑞汽车等配套

★丹阳市华升汽车部件有限公司
地址:江苏省丹阳市界牌武阳开发区
邮编:212323
电话:0511/86387998、86366388
传真:86382378
电子信箱:cjh@ jshsgs. com
法定代表人:陈歆
质量体系:IATF 16949
产品情况:(索威牌)
汽车灯具、倒车镜
配套情况:为中国重型汽车、陕西汽车集团、重庆重汽等配套

★丹阳镇威汽配有限公司
地址:江苏省丹阳市界牌镇大成桥工业区
邮编:212323
电话:0511/86366701、8008286026
传真:86380700
网址:www. wiperupc. com
电子信箱:charlie@ wiperupc. com
法定代表人:张传枝
质量体系:IATF 16949
产品情况:(佰视佳牌)
汽车刮水器
出口情况:远销北美洲、欧洲、日本、南美洲等国家和地区

★江苏日昌汽配有限公司
地址:江苏省丹阳市界牌镇大成桥工业区
邮编:212323
电话:0511/86367962、86388960
传真:86382607
网址:www. chinarichang. com
电子信箱:rc@ chinarichang. com
法定代表人:陈福民
质量体系:IATF 16949
产品情况:(日昌牌)
汽车灯具、内外饰件等
配套情况:为沈阳金杯配套

★江苏恒昌镜业有限公司
地址:江苏省丹阳市界牌镇工业园
邮编:212323
电话:0511/88019890、88018856
传真:86377000
网址:www. hengchangjs. com
电子信箱:sales@ hengchangjs. com
法定代表人:江菊美
质量体系:ISO 9001
产品情况:汽车后视镜

★丹阳市红峰塑业有限公司
地址:江苏省丹阳市界牌镇红烛工业区
邮编:212323
电话:0511/86387078、86385856
传真:86385056
网址:www. hongfeng - cn. com
电子信箱:web@ hongfeng - cn. com
法定代表人:张光红
质量体系:ISO 9001
产品情况:(红峰牌)
汽车灯具、仪表台、保险杠、后视镜、中网等塑料件

★丹阳市坤华汽配有限公司
地址:江苏省丹阳市界牌镇界西工业规划区
邮编:212323
电话:0511/86365576、86368300
传真:86388375
电子信箱:khrcf@ 163. com
法定代表人:陈国华
质量体系:IATF 16949
产品情况:(坤华牌)
汽车灯具、塑件、内饰件、钣金件
配套情况:为北京汽车、沈阳中顺、浙江吉奥、河北中兴、石家庄双环等 10 多家汽车厂配套

★江苏俊鑫汽配有限公司
地址:江苏省丹阳市界牌镇武阳开发区
邮编:212323
电话:0511/86381351、13852939922
传真:86388758
网址:www. longling. cn
电子信箱:info@ longling. cn
法定代表人:徐俊
质量体系:ISO 9001
产品情况:货车后视镜、日系货车后视镜、欧系货车后视镜
配套及出口情况:为江铃、一汽、东风、长城等汽车厂配套;出口欧洲、中东、东南亚等地区

★丹阳市汽车配件五厂有限公司
地址:江苏省丹阳市界牌镇永盛西路
邮编:212323
电话:0511/86387767
传真:86388278
网址:www. dyqipei. cn
电子信箱:info@ dyqipei. cn
法定代表人:钱如刚
质量体系:IATF 16949、ISO 14001
产品情况:遮阳罩、前后挡泥板、发动机垫板和各种塑料小配件等内外饰件
配套情况:主要为陕西重汽配套

★丹阳市光华汽车内饰件有限公司
地址:江苏省丹阳市窦庄工业园区迎宾大道西侧
邮编:212325
电话:0511/86410466
传真:86410466
网址:www. jswenguang. com
电子信箱:info@ jswenguang. com
法定代表人:张建蓉
质量体系:IATF 16949
产品情况:生产汽车风道行李架、通风窗、出风口、前后顶、包层柱、各种车用内饰件
配套情况:主要客户有郑州宇通、苏州金龙、厦门金龙、厦门金旅、海马汽车、柳州五菱、江淮汽车、长城汽车、福田汽车、中通客车、南京依维柯等

★江苏文光车辆附件有限公司
地址:江苏省丹阳市窦庄工业园永兴路 2 号
邮编:212325
电话:0511/86418118
传真:86416096
网址:www. jswenguang. com
电子信箱:info@ jswenguang. com
法定代表人:张文学
质量体系:IATF 16949
产品情况:车灯、内饰件、汽车模具
配套情况:为宇通客车、金龙客车、合肥现代、南京依维柯、东风日产、上汽大众、一汽-大众、一汽轿车、江淮客车、长城汽车、阿尔文美驰、北汽福田、五菱汽车、厦门金旅、东风汽车公司、中通客车、一汽海马、福耀集团等配套

★常州市亚丰汽车配件制造有限公司
地址:江苏省常州市天宁区弘智路 9 号
邮编:213000
电话:0519/85500702、85572626
传真:85502837
网址:www. czyafeng. cn
电子信箱:xuhong@ czyafeng. cn
法定代表人:沈文涛
质量体系:IATF 16949
产品情况:灯具系列产品、汽车保险杠等汽车内外饰件以及房车内饰改装
配套情况:为北汽福田、厦门金旅、厦门金龙、河北中兴、天津天汽美亚、少林客车、一汽通用红塔云南、吉利汽车、沈阳金杯、重庆建设等配套

★常州市华嘉车业有限公司
地址:江苏省常州市小河镇通江路 57 号
邮编:213000
电话:0519/83503828
传真:83243828
电子信箱:huajia@ yejie. cn
法定代表人:吴朝俊
质量体系:IATF 16949
产品情况:汽车前后护杠、行李架、踏板、大包围等汽车外饰件,具有年生产汽车内外饰件 200 万套的生产能力
配套情况:与国内外多家汽车生产厂家及汽车零售巨头达成战略伙伴关系,同时成为国内数百家 4S 店长期供货商

★常州市明宇交通器材有限公司
地址:江苏省常州市新北区孟河镇小河工业园富平路 10 号
邮编:213000
电话:0519/83506008
传真:83507008
网址:www. czmingyu. com
电子信箱:mingyu@ vip. 163. com
法定代表人:姚小明
质量体系:IATF 16949
产品情况:(永昊牌)
汽车灯具、后视镜
配套及出口情况:为国内大众、上汽、神

龙、东风、北汽、奇瑞、吉利、长安等 20 多款车型配套系列灯具;出口美国、东南亚

★江苏昊邦智能控制系统股份有限公司
地址:江苏省常州市钟楼区龙城大道 2219 号
邮编:213012
电话:0519/8880755、68880766
传真:83268556
网址:www. hbcn. com. cn
电子信箱:info@ hbcn. com. cn
法定代表人:樊夕珍
质量体系:IATF 16949、GB/T 24001
产品情况:(HAOB 牌)
工程汽车座椅及其座椅配件
配套及出口情况:为徐工、三一重工、临工、中联重科、福田、日野、北奔等多个大品牌企业配套座椅;座椅配件主要为中国台湾 GSK 集团配套,并成为 GSK 的长期战略合作伙伴;远销海外市场

★江苏新泉汽车饰件股份有限公司
地址:江苏省常州市新北区黄河西路 555 号
邮编:213022
电话:0519/88198555
传真:86357077
网址:www. xinquan. cn
电子信箱:dyxq001@ 163. com
法定代表人:唐志华
质量体系:IATF 16949、ISO 14001
产品情况:汽车内、外饰件系统零部件及模具
配套及出口情况:与一汽-大众、上海汽车、奇瑞汽车、吉利汽车、广汽菲克、宝沃汽车、上汽大众等乘用车配套,和一汽解放、东风汽车、福田戴姆勒、中国重汽、陕重汽等大中型商用车汽车企业也建立了长期稳定的合作关系;远销日本、荷兰、缅甸、马来西亚、越南、肯尼亚、巴基斯坦等国家

★常州市盛士达汽车空调有限公司
地址:江苏省常州市新北区金江沙路 18 号
邮编:213022
电话:0519/85173088
网址:www. senstargroup. com
电子信箱:fanglijuan@ senstargroup. com
法定代表人:辛志伟
质量体系:IATF 16949、ISO 9001
产品情况:主要产品包括汽车空调管总成、汽车动力转向管总成、涡轮增压管总成、自动变速器管路总成等
配套情况:主要客户有一汽-大众、神龙汽车、本田、丰田、雷诺、起亚、铃木、马自达、郑州日产、东风日产、上汽大众、菲亚特、三菱、上汽通用、上汽乘用车、广州电装、华晨汽车、北京奔驰、长安福特、吉利汽车、长城汽车等 40 多家知名公司

★科达斯特恩常州汽车塑件系统有限公司
地址:江苏省常州市钟楼经济开发区枫林路 39 号
邮编:213023
电话:0519/88056988
传真:88056832
网址:www. kdstn - autointerior. com
电子信箱:yxj@ kd - stn. com
法定代表人:石建新
质量体系:IATF 16949
产品情况:汽车仪表板、门护板等内饰附件
配套情况:客户有华晨金杯、一汽通用、奇瑞、北汽、吉利、广汽、天汽等

★常州华阳万联汽车附件有限公司
地址:江苏省常州市钟楼经济开发区合欢路 54 号
邮编:213024
电话:0519/83909533
传真:83906322
网址:www. jsczhy. cn
电子信箱:suzen_tan@ jsczhy. com
法定代表人:岳逸德
质量体系:IATF 16949
产品情况:(其大牌)
主要生产经营汽车座椅滑轨、升降机构、调角器、旋转机构、减振器、座椅骨架等六大类 112 个品种
配套及出口情况:国内为神龙富康轿车、江淮瑞风商务车、奇瑞轿车系列、北汽陆霸、福田、欧曼重汽、依维柯汽车新跃进货车系列、扬州亚星集团的大中型客车、郑州宇通大中型客车定点配套;为英国、美国、日本等客户配套座椅骨架和滑轨

★常州市鸿协安全玻璃有限公司
地址:江苏省常州市横林镇 312 国道饮马桥东
邮编:213101
电话:0519/88785028、88786988
传真:88785998、88787118
网址:www. hongxie - cn. com
电子信箱:master@ hongxie - cn. com
法定代表人:林宏欣
质量体系:IATF 16949、ISO 9001
产品情况:汽车安全玻璃等

★常州长江玻璃有限公司
地址:江苏省常州市新北区顺园路 35 号
邮编:213125
电话:0519/86606928
传真:86603342
网址:www. cnsafeglass. com
电子信箱:info@ cnsafeglass. com
法定代表人:万焕春
质量体系:IATF 16949、ISO 9001
产品情况:(长江牌)
钢化、夹层、中空汽车安全玻璃
配套情况:为郑州宇通、苏州金龙、厦门金旅、厦门金龙、西安西沃、上海申沃、金华尼奥普兰、北京尼奥普兰、丹东黄海、中通客车、江淮安凯、江淮合客、北汽福田、扬州亚星、江西百路佳等配套

★江苏浩峰汽车附件有限公司
地址:江苏省常州市新北区孟河镇白兔村
邮编:213129
电话:0519/83481568
电子信箱:haofeng@ js - haofeng. com
法定代表人:朱建方
质量体系:IATF 16949
产品情况:生产汽车空调蒸发风机、冷凝风机、鼓风机、暖风机、冷凝器、散热器风机、玻璃升降器、玻璃洗涤器、汽车电缆线和摩托车车灯;年配套国内外知名品牌车用空调智能调速模块、干燥筒、膨胀阀零部件 12000 余万件
配套及出口情况:配套客户覆盖江苏超力集团,西门子电器、韩国斗源集团、上海德尔福、一汽法雷奥、上汽集团等;出口中东、欧美地区

★常州顺扬车辆配件有限公司
地址:江苏省常州市新北区孟河镇
邮编:213138
电话:0519/83500867
传真:83508867
网址:www. czshunyang. com
电子信箱:shunyang1971@ 163. com
法定代表人:曹顺勤
质量体系:IATF 16949
产品情况:汽车冲压覆盖件及外饰件
配套情况:为国内外多家汽车主机厂供应配件

★常州市联顺车辆配件厂
地址:江苏省常州市新北区孟河镇安定路 8 号
邮编:213138
电话:0519/83241209
传真:83501699
电子信箱:czlianshun@ 163. com
法定代表人:谭尚文
质量体系:IATF 16949
产品情况:(联顺牌)
汽车后视镜、保险杠、中网、灯具等塑料制品
配套及出口情况:为郑州日产、四川一汽丰田、五十铃皮卡、庆铃、福特全顺、江铃陆风、长城汽车等配套;远销东南亚、非洲、中东、南美洲等地区

★常州市永光车业有限公司
地址:江苏省常州市新北区孟河镇晨风路 8 号
邮编:213138
电话:0519/85038888、85039111
传真:85030633
网址:www. czyongguang. cn
电子信箱:sales@ czyongguang. cn
法定代表人:陈佰兆
质量体系:IATF 16949

产品情况:(永兆牌)

主要包括摩托车整套塑件灯具及汽车灯具、内外饰件,产量达到30万台(套)

配套情况:与常州光阳、吉林一汽、上汽通用、大运重汽等建立了密切的合作关系

★常州市瑞悦车业有限公司

地址:江苏省常州市新北区孟河镇环镇北路211号

邮编:213138

电话:0519/85088588、85088088

传真:83244868

网址:www.ruiyuechina.com

电子信箱:zhousy@fumanchina.com

法定代表人:孟瑞章

质量体系:IATF 16949

产品情况:(富满牌)

汽车保险杠、中网、前门内饰板、仪表台等塑料件、灯具、内外后视镜等

配套情况:为一汽、上汽、江淮、福田、长城、金龙、华泰、北汽、金杯等20多家汽车主机厂配套

★常州市东晨车辆部件有限公司

地址:江苏省常州市新北区孟河镇蒙河路南段1号

邮编:213138

电话:0519/83500888

传真:83500111

网址:www.czdongchen.com

电子信箱:dongchen-cn@vip.163.com

法定代表人:徐国峰

质量体系:IATF 16949、ISO 14001

产品情况:(霞叶牌)

汽车安全带、汽车内外饰件、汽车后视镜及灯具等汽车零部件

配套及出口情况:与国内多家汽车制造公司配套;远销欧洲、南美、东南亚、中东等国家和地区

★常州市瀚翔汽车部件有限公司

地址:江苏省常州市新北区孟河镇小河汽摩三路3号

邮编:213138

电话:0519/83501279

传真:83245248

电子信箱:hansion@vip.163.com

法定代表人:陈健

质量体系:ISO 9001

产品情况:汽车车灯、车镜、中网、保险杠、散热器总成、内外饰件等系列产品

出口情况:远销中东、东南亚、非洲、南美洲、欧美等几十个国家和地区

★常州市飞拓模塑有限公司

地址:江苏省常州市新北区通江工业园望江路98号

邮编:213138

电话:0519/83246008、83247008

传真:83249008、83243298

网址:www.czfeituo.com

电子信箱:feituo@cn-feituo.com

法定代表人:钱为明

质量体系:ISO 9001

产品情况:(飞拓牌)

汽车车灯、车镜、中网、保险杠、自外饰件等产品,具有年产100万台(套)汽车灯具、塑件、内外饰件的生产能力

出口情况:远销中东、东南亚、非洲、南美洲、欧美等地区

★常州市凯凌车配有限公司

地址:江苏省常州市新北区小河镇工业园区

邮编:213138

电话:0519/83241731、13616121833

传真:83508113

网址:www.klchepei.com

电子信箱:czkailing@gmail.com

法定代表人:恽文英

质量体系:IATF 16949

产品情况:(凯视牌)

豪华客车后视镜及多种汽车塑件

配套及出口情况:为国内几十家知名客车企业配套;出口东南亚、欧洲、美洲、非洲等地区

★常州市曙光车业有限公司

地址:江苏省常州市新北区孟河镇望江路18号

邮编:213139

电话:0519/83501198

传真:83501898

网址:www.sgcy.com.cn

电子信箱:info@sgcy.com.cn

法定代表人:巢纪方

质量体系:IATF 16949

产品情况:(知音牌)

仪表板、门板、挡泥板、格栅和遮阳罩等各类汽车内、外饰产品

配套情况:为中国重汽、陕西重汽、东风商用车、山西大运、上汽依维柯红岩、安徽华菱等10多家国内大型整车制造商供货

★常州神鹰碳塑复合材料有限公司

地址:江苏省常州市武进经济开发区锦华路5号

邮编:213145

电话:0519/86553039

传真:86556884

网址:www.tskplastic.com

电子信箱:sales@cztsk.com

法定代表人:张国良

质量体系:IATF 16949

产品情况:塑胶成型制品包括汽车仪表板总成、汽车保险杠、汽车空调管道等汽车零部件以及工业液压油箱、农机类塑料部件等;碳纤维制品包括碳纤维汽车零部件、碳纤维传动轴、碳纤维无人机等

配套及出口情况:主要客户包括上汽、三菱、众泰、海马、厦门金龙、金旅、北京汽车、起亚、黄海汽车、Siemens、Saint-gobain、faurecia、W. E. T、Ingersoll Rand、日本Kubota、Hitachi、Matoba、YANMAR、美国BOSCH(博世)、CAT(卡特)、SPX、A123等;出口日本、美国、菲律宾、中东等国家和地区

★江苏创云环保科技有限公司

地址:江苏省常州市武进区锦程路18号

邮编:213145

电话:0519/80957288、4009901728

传真:80957018

网址:www.trauwin.com

电子信箱:zhouyinghua@trauwin.com

法定代表人:钱松

质量体系:IATF 16949、ISO 9001

产品情况:汽车空调滤芯等

★常州康普瑞汽车空调有限公司

地址:江苏省常州市武进区牛塘镇工业园区东宝路6号

邮编:213163

电话:0519/86387266

网址:www.kaac.com.cn

电子信箱:zgj@kprui.net

法定代表人:马炳新

质量体系:IATF 16949、ISO 14001

产品情况:汽车空调压缩机产品

配套情况:为重庆东风小康、华晨鑫源、长安跨越、四川现代、潍柴汽车等供货

★常州普宸电子有限公司

地址:江苏省常州市金坛经济开发区华丰路186号

邮编:213200

电话:0519/82896208

传真:82896218

网址:www.cn-puchen.com

电子信箱:sales@cn-puchen.com

法定代表人:黄文宸

质量体系:IATF 16949、ISO 9001

产品情况:汽车空调配件控制阀、泄压阀、速度传感器、过热保护器

★江苏金鹏汽车座椅有限公司

地址:江苏省常州市金坛区丹凤路15号

邮编:213200

电话:0519/828965555、82888528

传真:82895555

网址:www.chengpeng.com

电子信箱:sale@chengpeng.com

法定代表人:严乔成

质量体系:IATF 16949

产品情况:(成鹏牌)

乘客座椅、商务座椅、驾驶员座椅、导游座椅、城市客车座椅、救护车座椅、工程车座椅、座椅部件

配套及出口情况:与西安沃尔沃、扬州亚星、北京尼奥普兰、聊城中通勃发、辽宁丹东黄海、上海汇众、南京长安、合肥昌河、景德镇长安等各汽车制造商配

套;出口土耳其、澳大利亚、俄罗斯、南美洲、巴西、加拿大、美国、墨西哥、英国、德国、法国、摩洛哥、孟加拉国等国家和地区,并销往中国台湾地区

★奥托立夫江苏汽车安全零部件有限公司

地址:江苏省常州市金坛区薛埠镇奥托立夫大道 1 号
邮编:213200
电话:0519/80180810、82580176
网址:www. autoliv. com
电子信箱:finance. internacp@ autoliv. com
法定代表人:程翠香
质量体系:IATF 16949
产品情况:汽车用安全气囊气体发生器以及小型气体发生器,汽车安全装置用传火药、自点火药,汽车安全装置用产气药
配套情况:客户有奇瑞、吉利、华晨汽车

★江苏源力汽车内饰件有限公司

地址:江苏省常州市金坛区金城镇白塔工业集中区金宜路 1 号
邮编:213214
电话:0519/82869898、13961111377
传真:82865078
电子信箱:jiangsuyuanli@ 163. com
法定代表人:姚卫军
质量体系:IATF 16949
产品情况:(源源牌)

重型货车内饰、轻型货车内饰、轿车内饰、PVC + 车硬质聚氨酯材料、发动机隔热隔音件、注塑件等产品

★江苏德尔福汽车内装饰有限公司

地址:江苏省常州市金坛区金城镇花桥村委马家村 118 号
邮编:213214
电话:0519/82865474
传真:82868126
网址:www. defnzs. com
电子信箱:jtdelphi@ 163. com
法定代表人:管留生
质量体系:IATF 16949
产品情况:汽车工程机械顶棚内饰、地毯、门护板、注塑件、座椅等系列产品
配套情况:客户有山东富路车业、山东丽驰新能源汽车、山东唐骏鑫钰马车业、山东东营蒙德金马机车、大力客车、聊城中通轻型客车、陕汽、山东东方曼汽车、亳州市悦顺电动特种车辆、常林集团、德工集团等

★溧阳市力士汽车配件制造有限公司

地址:江苏省溧阳市天目湖工业园滨河路 7 号
邮编:213300
电话:0519/87223733、87216354
传真:87223733
网址:www. lylsqp. com
电子信箱:sales@ lylsqp. com
法定代表人:史长生
质量体系:IATF 16949
产品情况:焊接总成、支架焊接总成、车身零件、功能件
配套情况:客户有上海汽车、南汽、上汽、江淮、扬子、宇通、长安、吉利等几十家汽车厂

★江苏力乐汽车部件股份有限公司

地址:江苏省溧阳市埭缪镇建设南路 1 号
邮编:213324
电话:0519/68699917
传真:68695000
网址:www. lile. com. cn
电子信箱:info@ lile. com. cn
法定代表人:马金保
质量体系:IATF 16949、ISO 9001
产品情况:(力乐牌)

年生产汽车座椅调角器、滑轨等能力达 3000 万套
配套及出口情况:为一汽-大众、奇瑞、华晨、长城、北汽福田、比亚迪、东风、江淮、上汽通用五菱、东南三菱、双环等配套;远销中东、南亚、西亚等地区

★江苏九久交通设施有限公司

地址:江苏省溧阳市社渚镇工业园区 58 号
邮编:213341
电话:0519/87527568、87568222
传真:87526636
网址:www. jsjiujiu. cn
电子信箱:info@ jsetf. com
法定代表人:虞建成
质量体系:IATF 16949
产品情况:汽车简易两点式安全带、自锁两点式安全带、紧急锁止三点式安全带、预警式安全带、公英制滚针特种轴承和钢套等产品
配套及出口情况:与国内众多大中型汽车制造厂配套;出口欧美、亚洲等十几个国家和地区

★江苏三乔智能科技有限公司

地址:江苏省溧阳市南渡镇金源路 104 国道南河大桥旁
邮编:213371
电话:0519/87682999、1730145518
网址:www. jssqzn. com
电子信箱:sanjo@ jssqzn. com
法定代表人:肖和平
质量体系:IATF 16949
产品情况:房车门窗、车载冰箱、房车座椅等
出口情况:远销韩国、日本、欧洲

★无锡宏盛换热器制造股份有限公司

地址:江苏省无锡市滨湖区梁康路 8 号
邮编:214000
电话:0510/85998299
传真:85990685
网址:www. hs – exchanger. com
电子信箱:webmaster@ hs – exchanger. com
法定代表人:钮法清
质量体系:IATF 16949
产品情况:主要生产空气压缩机、工程机械、汽车等配套的钎焊铝制板翅式换热器
出口情况:远销美国、德国、比利时、意大利、日本、澳大利亚等 20 多个国家和地区

★荣理研(无锡)科技有限公司

地址:江苏省无锡国家高新技术产业开发区 120 – B 号地块
邮编:214028
电话:0510/85323111
传真:85323033
电子信箱:yzh@ sakaerikenwx. com. cn
法定代表人:岡野剛久(YOSHIHISA OKANO)
质量体系:IATF 16949、ISO 14001
产品情况:后视镜

★佛吉亚(无锡)座椅部件有限公司

地址:江苏省无锡国家高新技术产业开发区 B28 – b 地块
邮编:214028
电话:0510/88159688
传真:88157756
网址:www. faurecia. com
电子信箱:tracy. shen@ faurecia. com
法定代表人:马川
质量体系:IATF 16949、ISO 14001
产品情况:汽车座椅调节装置
配套情况:为标致雪铁龙、大众、铃木、日产、福特、奥迪、奇瑞等供货

★无锡理昌科技有限公司

地址:江苏省无锡市长江路 38 号
邮编:214028
电话:13584184097
网址:www. tokai – rika. co. jp
电子信箱:z. zhu@ trcw. com. cn
法定代表人:奚志雄
质量体系:IATF 16949、ISO 9001
产品情况:汽车用安全带、婴儿座椅、模具及其他汽车零配件
配套情况:为日产、三菱、丰田、本田、铃木、福特、通用、现代等供货

★市光(无锡)汽车零部件有限公司

地址:江苏省无锡市国家高新技术产业开发区 B 区 B7 – A 号地块
邮编:214028
电话:0510/80527200
传真:85330897
网址:www. ichikoh. com
电子信箱:yuping. zhao@ valeo. com
法定代表人:ORDOOBADI ALI
质量体系:IATF 16949
产品情况:汽车后视镜、防炫室内镜
配套情况:为日产、丰田供货

★无锡佳龙换热器股份有限公司

地址:江苏省无锡市滨湖区马山生物医药工业园霞光里 5 号

邮编:214092
电话:0510/85999888、85992288
传真:85990150、85993388
网址:www. wxjl. cn
电子信箱:sales@ wxjlcooler. com
法定代表人:鲁文龙
质量体系:IATF 16949、ISO 9001
产品情况:铝制板翅式换热器和管翅式换热器,换热器年生产能力达3600吨以上(约20万台)
出口情况:远销德国、意大利、英国、法国、俄罗斯、美国、加拿大、巴西、澳大利亚、土耳其、印度、印度尼西亚、泰国、马来西亚、日本、韩国等多个国家和地区

★有信制造(无锡)有限公司
地址:江苏省无锡市锡山经济技术开发区高邓路60号
邮编:214112
电话:0510/68003000、68003080
传真:68003008
网址:www. u - shin - ltd. com
电子信箱:ning. fang@ g - ushin. com
法定代表人:HONG WEI BAO
质量体系:IATF 16949、ISO 14001
产品情况:汽车安全系统(遥控器、锁车架、锁、中央门锁系统、驾驶杆锁、插锁和手柄)

★无锡海特铝业有限公司
地址:江苏省无锡市滨湖区周新东路72号
邮编:214121
电话:0510/85069506
传真:85061423
网址:www. hatal. com. cn
电子信箱:guanjun. zha@ hatal. com. cn
法定代表人:周福海
质量体系:IATF 16949
产品情况:(海德鲁牌)
汽车热交换系统用精密冷拔铝管、压板接头、支架型材,汽车空调系统膨胀阀体型材,储液器冷挤压铝材,汽车减振系统用铝管,制动系统ABS棒料,悬架件锻造用铝棒等
配套情况:为德尔福、法雷奥、日本电装、美国伟世通等配套

★爱信(无锡)车身零部件有限公司
地址:江苏省无锡经济开发区高运路129号
邮编:214131
电话:0510/85628278
传真:85625798
网址:www. awbp. cn
电子信箱:caidong@ awbp. cn
法定代表人:奚志雄
质量体系:IATF 16949、ISO 14001
产品情况:生产汽车自动天窗
配套情况:产品主要供上汽通用、南京马自达、长安铃木、江淮汽车、吉利汽车等国内大型车厂配套

★无锡明芳汽车部件工业有限公司
地址:江苏省无锡经济开发区高运路129号
邮编:214131
电话:0510/85601661、85602712
传真:85602713
网址:www. xmf. cc
电子信箱:business@ xmf. cc
法定代表人:奚志雄
质量体系:IATF 16949、ISO 9001
产品情况:具备年产20万台汽车电动天窗、20万台玻璃升降机、50万台车门铰链、100万台门锁扣等生产能力
配套及出口情况:为上汽通用、东风日产、郑州日产、长安福特、长安马自达、长安铃木、浙江吉利、山东华泰、长城汽车、长丰汽车等国内外汽车OEM工厂配套;出口欧洲和北美洲工厂

★无锡大昌机械工业有限公司
地址:江苏省无锡市滨湖经济开发区高运路135号
邮编:214131
电话:0510/85611198
传真:85611098
网址:www. mitsui - kinzoku. co. jp
电子信箱:administrator@ xdc. com. cn
法定代表人:谭耘
质量体系:IATF 16949
产品情况:汽车零部件、汽车门锁、制位杆、发动机罩锁
配套及出口情况:为东风日产和长安福特供货;出口日本、美国

★无锡井上华光汽车部件有限公司
地址:江苏省无锡市惠山区杨市镇
邮编:214154
电话:0510/83550915、83559077
传真:83557415
网址:www. inoac. co. jp
电子信箱:zhang. xiayan@ wxhg. com. cn
法定代表人:三轮健二郎
质量体系:IATF 16949、ISO 14001
产品情况:(IHA牌)
Jetta顶部饰条、奇瑞顶部饰条、富康顶部饰条、奇瑞车内饰条、Bora车内饰条、Audi车门下面饰条、桑塔纳2000型承玻璃饰条、桑塔纳2000型车窗饰条、桑塔纳2000型车内饰条、威驰前窗饰条、东方之子玻璃周围饰条、东方之子顶部饰条、MPV座椅挂钩等
配套及出口情况:为一汽-大众、上汽大众、天津一汽丰田、奇瑞汽车等配套;出口日本、韩国、泰国

★无锡华光汽车部件集团有限公司
地址:江苏省无锡市洛社镇藕杨路18号
邮编:214154
电话:0510/83551633、83559976
传真:83552596
网址:www. huaguang - group. com
法定代表人:薄铸栋
质量体系:ISO 14001
产品情况:汽车车身附件零件:辊轧/冲压类:整体窗框、玻璃导轨、门导轨、顶盖横梁、前后防撞梁、车门防撞梁,总成装配类:脚踏板、行李架、保险杠护条,注塑/挤出类:前/后风窗条、内外水切、车顶条、防擦条、尾翼、光亮饰条
配套及出口情况:主要客户包括一汽-大众、一汽马自达、天津一汽丰田、上汽大众、上汽通用、上海汽车、神龙汽车、东风悦达起亚、东风乘用车、东风日产、东风裕隆、江淮汽车、奇瑞汽车、广汽丰田、长安福特、长安马自达等主机厂以及武汉东环、佛吉亚、上海耀皮等饰件厂;出口欧美、日本、韩国等国家和地区

★无锡市振华汽车部件股份有限公司
地址:江苏省无锡市滨湖区胡埭镇陆藕东路188号
邮编:214161
电话:0510/85592426、85592554
传真:85592399
电子信箱:zqfwb@ wxzhenhua. com. cn
法定代表人:钱犇
质量体系:IATF 16949、GB/T 24001
产品情况:汽车车身冲压件、焊接件
配套情况:为上汽大众、上汽通用、上海汽车、神龙汽车、裕隆汽车、观致汽车、上柴动力、联合汽车电子等国内汽车公司配套

★无锡双鸟科技股份有限公司
地址:江苏省无锡市惠山区石塘湾工业园区
邮编:214185
电话:0510/83263888、83268508
传真:83262944、83262491
网址:www. autocompressor. cn
电子信箱:sales@ autocompressor. cn
法定代表人:蒋志峰
质量体系:IATF 16949
产品情况:汽车空调压缩机系列、工程机械空调系列、层叠式蒸发器系列、平行流冷凝器系列、汽车空调用胶管等近200种汽车零部件产品
出口情况:远销欧洲、美洲、中东、东南亚等地区

★无锡市凯顺汽车附件有限公司
地址:江苏省无锡市锡山区锡北镇(张泾)工业园西新路55号
邮编:214194
电话:0510/88700160
传真:88212068
网址:www. wxkaishun. com
电子信箱:sale@ wxkaishun. com
法定代表人:李杰
质量体系:ISO 9001
产品情况:(凯顺牌)
刮水器总成、刮水器电动机、连动杆、洗涤器总成等
配套及出口情况:与国内大中型企业

(如徐工集团、山东临工、三一重工等十几家工程机械厂家)配套;部分产品出口欧洲、中东、亚洲、美洲等国家和地区

★世泰仕塑料有限公司
地址:江苏省江阴市月城镇双泾协统工业园
邮编:214400
电话:0510/86596009、86596028
传真:86596002
电子信箱:zhonghua. qian@ sts - plastics. net
法定代表人:Andreas Gerhard Becker
质量体系:IATF 16949
产品情况:货车复合材料部件(各种汽车外用顶盖、保险杠、前面板、两侧板、车门板、后举门等SMC、RTM制品及SMC片材)
配套情况:为一汽长春、一汽青岛、一汽柳特、一汽红塔、一汽成都、一汽海南、南京依维柯、江铃汽车、河北中兴、重庆长安、中国重汽、山工集团等配套

★格拉默车辆座椅(江苏)有限公司
地址:江苏省江阴市青阳镇振阳路25号
邮编:214401
电话:0510/66287887
网址:www. grammer. com
电子信箱:sally. yuan@ grammer. com
法定代表人:蔡伯刚
质量体系:IATF 16949
产品情况:车辆座椅、车辆座椅功能件(滑轨、调角器)及其他汽车座椅零部件

★江阴协统汽车附件有限公司
地址:江苏省江阴市月城镇双泾村月双路9号-11号
邮编:214404
电话:0510/86592967
传真:86593807
网址:www. jsxietong. com
电子信箱:jsxt@ jsxietong. com
法定代表人:钱德洪
质量体系:IATF 16949、ISO 14001
产品情况:(协统牌)
各类汽车内外饰件;年生产各种内饰件基材120万平方米、各种附件80万件(套)、装配气动压制成型机80台、热固性聚氨酯内饰件15万件(套)
配套情况:为一汽长春、一汽青岛汽车厂、一汽柳特、北方奔驰、一汽成都、东风柳汽、海南马自达、南汽依维柯、江铃全顺、中国重汽、山工集团、临工金利等不同车型定点配套

★江苏奥派交通装备股份有限公司
地址:江苏省江阴市周庄镇长青路25号
邮编:214423
电话:0510/86901928
传真:86901958
网址:www. jyops. com
电子信箱:info@ jyops. com
法定代表人:黄伟忠
质量体系:IATF 16949、ISO 9001
产品情况:汽车保险杠、车门装饰板、轮眉、中网等装饰件及发动机护板、散热器架

★江南模塑科技股份有限公司
地址:江苏省江阴市周庄镇长青路8号
邮编:214423
电话:0510/86222318
传真:86222380
网址:www. 000700. com
电子信箱:msgm@ 000700. com
法定代表人:曹克波
质量体系:ISO/TS 16949
产品情况:保险杠、仪表板、扰流板、防擦条、门槛条等汽车内外饰件产品,塑料制品、模具、模塑高科技产品
配套情况:已成为华晨宝马、北京奔驰、上汽通用、上汽大众、捷豹路虎、沃尔沃、北京现代、神龙汽车等众多知名品牌公司的定点厂商

★江阴道达汽车饰件有限公司
地址:江苏省江阴市周庄镇周西村尤家坝58号
邮编:214423
电话:0510/86906728
传真:86906710
网址:www. daodachina. com
电子信箱:postmaster@ daodachina. com
法定代表人:朱晓东
质量体系:IATF 16949、ISO 14001
产品情况:保险杠总成、格栅总成等
配套及出口情况:客户有上汽大众、上汽通用、一汽-大众、武汉神龙、华晨金杯、北京现代、东风悦达等,是上汽通用、上海汽车、北京现代、武汉神龙、沃尔沃的一级供应商,上汽大众的A级供应商;远销法国、南非、北美洲等国家和地区

★江阴模塑集团有限公司
地址:江苏省江阴市澄江中路282号
邮编:214434
电话:0510/86401458
传真:86401459
网址:www. jymosu. com
电子信箱:manager@ jymosu. com
法定代表人:曹明芳
单位人数:8000
质量体系:VDA 6.1、QS 9000
产品情况:汽车产业主要涉及保险杠等零部件的开发、生产
配套情况:为上汽大众、上汽通用等配套

★江苏瑞源汽车配件制造有限公司
地址:江苏省靖江市城北园区北三环路68-8
邮编:214500
电话:0523/82662659
传真:82619509
网址:www. jsryqp. com. cn
电子信箱:jjxj@ vip. qq. com
法定代表人:陈武
单位人数:382
质量体系:IATF 16949、ISO 14001
产品情况:汽车锁(包含发动机罩锁、后盖锁、点火锁、油箱锁、行李舱锁、内外把手等)、汽车门铰链(包含厢式车铰链)、汽车门限位器和注塑、吹塑、压铸、冲压件、电镀、拉索等零部件
配套情况:客户有上汽大众、一汽-大众、东风日产等

★靖江世博汽配有限公司
地址:江苏省靖江市城南园区富阳路6号
邮编:214500
电话:0523/84626668
网址:www. jjshibo. com
电子信箱:jjsbqp@ 163. com
法定代表人:邱明
质量体系:IATF 16949
产品情况:汽车门锁、铰链、座椅锁及点火锁等
配套情况:客户有上汽通用、南京依维柯、江淮汽车、长安汽车、李尔、力帆汽车、上汽通用五菱、上汽大通、三菱汽车、丰田汽车、中国重汽、江铃汽车、长城汽车、上汽大众、一汽集团、众泰汽车、厦门金龙、东风汽车、沈阳金杯、宇通集团、南京汽车集团、上汽集团、长安集团、北汽福田、神龙汽车、厦门金旅、金龙客车、北京汽车、青年汽车、柳州五菱、中兴汽车、长安标致雪铁龙

★江苏金鼎汽车锁制造有限公司
地址:江苏省靖江市东兴镇东兴大道168号
邮编:214533
电话:0523/84682965
传真:84689639
网址:www. china - jinding. com
电子信箱:chenxianzhen186@ 163. com
法定代表人:张国网
单位人数:160
质量体系:IATF 16949、ISO 14001
产品情况:汽车锁(含中控门锁、点火锁、控制器及遥控钥匙等)、汽车发动机罩锁、汽车车门铰链和汽车车门限位器
配套情况:客户有郑州日产、中国重汽、力帆汽车、江淮汽车、重庆庆铃、大运汽车

★皓月汽车安全系统技术股份有限公司
地址:江苏省靖江市东兴镇公新路999号
邮编:214533
电话:0523/80501114、84680039
传真:84680015
网址:www. haoyue. com
电子信箱:haoyue@ haoyue. com
法定代表人:姚明成
质量体系:IATF 16949、ISO 14001

产品情况:(皓月牌)
汽车门锁、拉索、铰链等汽车零部件
配套及出口情况:为上汽集团、上汽大众、上汽通用、东风公司、神龙、华晨金杯、江铃、北汽福田、长城、长安、江淮、南汽、弗吉亚、庆铃、中国重汽、中兴、李尔、郑州日产等全国大型主机厂配套;出口泰国、美国、加拿大等国家

★苏州普美驾驶室有限公司
地址:江苏省苏州高新区联港路333号
邮编:215000
电话:0512/68089115、66656333
传真:68089116
电子信箱:yuanwiaolei@pmcabin.com.cn
法定代表人:中山隆史
质量体系:ISO 9001
产品情况:液压挖土机用机舱(驾驶室)
配套情况:为卡特比勒、神钢建机供货

★苏州红荔汽车零部件有限公司
地址:江苏省苏州市吴中区经济开发区越湖路999号
邮编:215000
电话:0512/65619875
传真:65259811
网址:www.hongliauto.com
法定代表人:赵明
单位人数:300
质量体系:IATF 16949、ISO 14001
产品情况:(红荔牌)
汽车座椅骨架、汽车安全气囊支架、空气净化系列及五金冲压件等
配套情况:为FAURECIA、TRW、FEDDERS、FU GE DRIVES、INTIER等公司配套

★苏州新智机电工业有限公司
地址:江苏省苏州市木渎镇木胥西路66-66号
邮编:215101
电话:0512/66517385
传真:66517991
网址:www.szxinzhi.com
电子信箱:xinzhi@szxinzhi.com
法定代表人:李江
质量体系:IATF 16949、ISO 14001
产品情况:汽车空调变排量压缩机用控制阀、电磁离合器、转矩限制器,汽车发动机用碳罐电磁阀等汽车零部件
配套情况:为奥迪、别克君威、别克GL8、帕萨特、捷达、福特嘉年华、福特蒙迪欧、日产、雪佛兰SPARK、马自达3、马自达6、一汽海马323、标致307、途胜、比亚迪F3、沃尔沃S40、欧蓝德、夏利、奇瑞、吉利、千里马、长安雨燕、江铃系列、长城系列等配套

★艾杰旭汽车玻璃(苏州)有限公司
地址:江苏省苏州市工业园区望江路158号
邮编:215121
电话:0512/62852501
传真:62852502
网址:www.agc.com/cn
法定代表人:MATSUOKA HIROYUKI(松冈浩之)
质量体系:IATF 16949、OHSAS 18001
产品情况:(AGC牌)
汽车级浮法玻璃

★苏州新同创汽车空调有限公司
地址:江苏省苏州市工业园区唯亭镇亭融街15号
邮编:215122
电话:4006220086
网址:www.ntcac.com
电子信箱:sales@ntcac.com
法定代表人:荀书斌
单位人数:300
质量体系:IATF 16949
产品情况:(NTCAC牌)
用于6~13.7米公交、客运的JLR、LDT、KQZN等系列空调;用于6~12米纯电动客车的D系列纯电动空调;用于4~6米轻型客车、专用车的常规及纯电动系列空调
配套情况:为苏州金龙等配套

★特瑞科汽车系统(苏州)有限公司
地址:江苏省苏州工业园区杏林街57号
邮编:215126
电话:0512/62831688、62831618
传真:62831600
电子信箱:amy.fei@tricoproducts.com.cn
法定代表人:DAVID WILLIAM PARKER
质量体系:IATF 16949、ISO 14001
产品情况:刮水器
配套情况:为北京奔驰、南京汽车集团、上汽通用等配套

★饰而杰汽车制品(苏州)有限公司
地址:江苏省苏州市工业园区出口加工区B区
邮编:215126
电话:0512/62622000
传真:62622050
电子信箱:suzhou.casher@srgglobal.com
法定代表人:KEITH OKLEY TAYLOR
质量体系:IATF 16949、ISO 14001
产品情况:(SR牌)
散热格栅、开关座、油漆、灯和照明部件等

★苏州工业园区雅式汽车零部件有限公司
地址:江苏省苏州市工业园区胜浦分区兴浦路109号
邮编:215126
电话:0512/62826678、62826679
传真:62826680
网址:www.arsale.cc
电子信箱:simon_chen@arsale-sz.com
法定代表人:查昕
单位人数:100
质量体系:IATF 16949
产品情况:商用车乘客座椅及配件
出口情况:远销中东、俄罗斯、东南亚、美洲等国家和地区

★苏州双林汽车配件有限公司
地址:江苏省苏州市吴中区胥口镇浦金路999号
邮编:215128
电话:0512/65611609
网址:www.shuanglin.com
法定代表人:刘旭东
质量体系:IATF 16949
产品情况:主要生产空调系统、发动机冷却系统门板系统、天窗系统、水室等汽车内外饰件及天窗水渠等注塑件
配套情况:主要客户有上汽贝洱、上海恩坦华、南京法雷奥、广州捷普等

★太航常青汽车安全系统苏州股份公司
地址:江苏省苏州市相城区漕湖大道79号
邮编:215131
电话:18015517253
网址:www.thcq.com
电子信箱:guoziyang@thcq.com
法定代表人:郭萍
单位人数:600
质量体系:IATF 16949
产品情况:安全气囊、转向盘、新能源汽车被动安全系统;具有年产150万套安全气囊总成和转向盘总成的生产能力
配套情况:客户包括中国一汽、北京汽车、江淮汽车、江淮大众、猎豹汽车、银翔汽车、东风汽车、依维柯、众泰汽车、昌河汽车、福田汽车、云度汽车等20多家国内汽车厂商

★苏州万隆汽车零部件股份有限公司
地址:江苏省苏州市相城区渭塘镇渭南路388号
邮编:215134
电话:0512/65403251
传真:65401082
网址:www.szwl.com
电子信箱:wanlong@szwl.com
法定代表人:李梅生
单位人数:2800
质量体系:IATF 16949、ISO 9001
产品情况:主要生产汽车仪表板、保险杠、门内护板及汽车内外饰件,洗衣机、空调内外饰件
配套情况:为上汽通用、上汽大众、东风标致、上汽、一汽马自达、江淮瑞风、郑州日产、南京依维何、江铃汽车、东风柳汽、北汽福田等汽车厂家设计了多台(套)汽车塑料零部件及模

★苏州华瑞汽车部件有限公司
地址:江苏省苏州市吴江区经济技术开发区龙桥路699号
邮编:215200

电话:0512/63317088
传真:63030868
电子信箱:mkt@ chinahuarui. net
法定代表人:池万兴
质量体系:IATF 16949
产品情况:空调压缩机轴总成、空调压缩机部件以及其他部件
配套及出口情况:配套东风乘用车、东风商务车、一汽、北汽福田、沃尔沃、现代、奇瑞、大运、华泰、TATA、GM 知名汽车制造商,另一部分产品供德尔福、法雷奥、马勒、东风贝洱、协众、新电、首钢福田、松芝空调、杰信电装、GPD、FOUR SEASONS、BOSCH、AAP 等客户;远销德国、意大利、印度、韩国、埃及等几十个国家

★苏州中成新能源科技股份有限公司
地址:江苏省苏州市吴江区江兴东路同里段
邮编:215217
电话:0512/63310006
传真:63310008 - 88
网址:www. zcparts. com
电子信箱:sales@ zcparts. com
法定代表人:戴长春
单位人数:850
质量体系:IATF 16949、ISO 14001
产品情况:汽车空调压缩机(含电动汽车压缩机),日生产能力为 5600 台
配套情况:主要配套东风乘用车、东风商用车、一汽、北汽福田、沃尔沃、现代、江淮、奇瑞、北奔、陕汽、大运、三一重工、柳汽、华泰、TATA、GM 等知名汽车制造商,有一部分产品供德尔福、法雷奥、马勒贝洱、东风贝洱、东风派恩、协众、新电、首钢福田、松芝空调、杰信电装、GPD、FOUR SEASONS、BOSCH、APP 等客户

★江苏澳盛复合材料科技有限公司
地址:江苏省苏州市吴江区平望镇中鲈生态科技工业园
邮编:215221
电话:0512/63647111
传真:63647222
网址:www. aosheng - china
电子信箱:info@ aosheng - china. com
法定代表人:许文前
质量体系:IATF 16949、ISO 9001
产品情况:碳纤维复合材料及碳纤维制品,包括汽车零部件、装饰件和外观件等

★长亨汽配工业(昆山)有限公司
地址:江苏省昆山市玉山镇江浦路 489 号
邮编:215300
电话:0512/57590791、57590793
传真:57590762
电子信箱:393116672@ qq. com
法定代表人:林泉亨
质量体系:IATF 16949、QS 9000
产品情况:保险杠、翼子板、中网、车身饰条、内饰板等汽车注塑零部件
出口情况:出口欧洲、美洲、亚洲、非洲、大洋洲,并销往中国台湾地区

★ 苏州飞宇精密科技股份有限公司

地址:江苏省昆山市玉山镇玉杨路 888 号
邮编:215300
电话:0512/57772341、57772342
传真:57770630、57772341
网址:www. fy - mold. com
电子信箱:andrew. ni@ fl - mold. com
法定代表人:乐勇
质量体系:IATF 16949
产品情况:主要从事汽车天窗、发动机隔热罩等金属零件的设计、制造和销售
配套及出口情况:主要产品用于宝马、奥迪、兰博基尼、奔驰、福特、大众等汽车;出口德国、匈牙利、捷克、波兰、美国、墨西哥、荷兰、韩国、法国
☞ 详细情况请参阅彩色宣传版面

★昆山丰田纺汽车部件有限公司
地址:江苏省昆山市经济开发区庆丰西路 333 号
邮编:215301
电话:0512/57308309
传真:57308365
电子信箱:jinfen. mei@ toyota - boshoku. com
法定代表人:庄志强
质量体系:ISO 14001、IATF 16949
产品情况:门板和车内饰件
配套情况:为丰田、通用、日产供货

★昆山佳利亚汽车零部件有限公司
地址:江苏省昆山市玉山镇模具区益胜路 168 号
邮编:215316
电话:0512/36683118、13913253107
传真:36683118
电子信箱:enixxu@ 163. com
法定代表人:吴秀芹
质量体系:IATF 16949、ISO 14001
产品情况:汽车安全带
配套情况:为一汽集团公司、东风汽车公司等国内大型企业配套

★丰田工业电装空调压缩机昆山有限公司
地址:江苏省昆山市经济技术开发区星辉路 355 号
邮编:215333
电话:0512/57630770
传真:57630771
网址:www. denso. com/cn
法定代表人:松田裕昭(MATSUDA HIROAKI)
单位人数:588
质量体系:IATF 16949、ISO 9001
产品情况:汽车空调用压缩机
配套情况:主要客户是广州电装、长安福特、日产中国、东风日产、东风本田、江铃汽车、上汽通用、广汽菲亚特克莱斯勒、神龙汽车、东风雷诺等

★璋全五金制品(昆山)有限公司
地址:江苏省昆山市经济开发区洪湖路 1188 号
邮编:215333
电话:0512/57618800
传真:50317500
网址:www. steelonechina. com
电子信箱:steelonechina@ qq. com
法定代表人:云财福
质量体系:IATF 16949
产品情况:行李舱铰链、座椅扶手、后排座椅、仪表盘骨架总成、油管等汽车零部件制造、特殊管件加工

★海斯坦普汽车组件(昆山)有限公司
地址:江苏省昆山市千灯镇玉溪中路 100 号
邮编:215341
电话:0512/57951988
网址:www. gestamp. com
法定代表人:FRANCISCO JOSE RIBERAS MERA
质量体系:IATF 16949
产品情况:汽车用精锻毛坯件(A 柱、B 柱、加固件、门槛板、保险杆、其他车身结构件)
配套情况:客户包括上汽通用、上汽大众、上汽、一汽-大众、长安福特、吉利沃尔沃、捷豹路虎、比亚迪、北京奔驰、武汉神龙、华晨宝马等

★伟速达(中国)汽车安全系统有限公司
地址:江苏省太仓经济开发区广州东路 89 号
邮编:215400
电话:0512/53671888
传真:53202556
网址:www. vastchina. cn
电子信箱:827405468@ qq. com
法定代表人:PHILIPPE DEQUECKER
质量体系:IATF 16949、ISO 14001
产品情况:汽车门锁、锁机构及车门把手等汽车零部件
配套情况:为上汽通用、上汽大众、一汽-大众、长安福特、长安马自达等配套

★太仓博泽汽车部件有限公司
地址:江苏省太仓经济技术开发区广州东路 188 号
邮编:215413
电话:0512/53679340
网址:www. brose. co
电子信箱:yingyi. zhao@ brose. com
法定代表人:于海彬
质量体系:IATF 16949、ISO 14001
产品情况:座椅导轨、车门系统、玻璃升降器

配套情况:客户有奇瑞捷豹路虎、长安福特、吉利沃尔沃等

★太仓京和机电有限公司
地址:江苏省太仓市双凤镇凤南路36号
邮编:215416
电话:4001015701
传真:0512/53639996
网址:www.kme-cn.com
电子信箱:judy.z@kme-cn.com
法定代表人:胡孟杰
质量体系:IATF 16949、ISO 14001
产品情况:车用直流变频空调
配套及出口情况:为日本五十铃、德国伟巴斯特、日本三菱、日本松下、不二

★常熟瑞利汽车部件有限公司
地址:江苏省常熟市经济技术开发区观致路8号
邮编:215537
电话:0512/82366888
传真:52199912
网址:www.juili.com.tw
电子信箱:general@juili.com.tw
法定代表人:吴明灿
质量体系:IATF 16949、ISO 14001
产品情况:发动机盖、行李舱总成、前车门窗框、前后车门窗框、顶棚等冲压件
配套情况:主要客户包括东风汽车集团、武汉神龙、上海汽车、东南汽车、奇瑞量子汽车等工机、伊藤忠、美的、海尔、格力、约克、艾欧史密斯等供货;出口德国、日本等国家

★凯毅德汽车系统(常熟)有限公司
地址:江苏省常熟市东南经济开发区黄山路鑫杭工业园
邮编:215500
电话:0512/52308900
传真:52305900
网址:www.kiekert.com
电子信箱:namkeen.xiao@kiekert.com
法定代表人:KARL LAMBERTZ
质量体系:IATF 16949、ISO 14001
产品情况:门锁系统、机电一体化系统、汽车门锁相关的电子系统和门板模块
出口情况:在德国、俄罗斯、捷克、美国、墨西哥、韩国、日本等国家拥有生产、研发和销售机构

★马勒压缩机(苏州)有限公司
地址:江苏省常熟市东南经济开发区马勒路1号
邮编:215500
电话:0512/81881166
传真:62839892
网址:www.cn.mahle.com
法定代表人:Dr. Roger Busch
质量体系:IATF 16949
产品情况:汽车空调压缩机
配套情况:主要客户有菲亚特、江淮汽车、上汽通用、本田等

★常熟市汽车饰件股份有限公司
地址:江苏省常熟市海虞北路288号
邮编:215500
电话:0512/52330050
网址:www.caip.com.cn
电子信箱:caip@caip.com.cn
法定代表人:罗小春
质量体系:IATF 16949、ISO 14001
产品情况:(CAIP牌)
轿车门内护板总成、后窗饰板总成及其他内饰零部件
配套情况:为一汽-大众、上汽通用、奇瑞汽车、北京奔驰、宝马、奇瑞捷豹路虎、奥迪、沃尔沃、吉利汽车、福特、观致汽车、北汽、蔚来汽车、宝沃汽车、福田汽车、广汽集团、众泰汽车等汽车厂配套

★江苏忠明祥和精工股份有限公司
地址:江苏省常熟市银丰路8号
邮编:215500
电话:0512/52839988
传真:52839065
网址:www.tysan.cn
电子信箱:zmxh@tysa.cn
法定代表人:邹耀忠
单位人数:1000
质量体系:IATF 16949
产品情况:汽车座椅调角器、汽车座椅滑轨等
配套情况:为奇瑞汽车、五菱系列汽车、长安系列汽车、铃木系列汽车、一汽轿车、吉利轿车等配套

★江苏皮尔金顿耀皮玻璃有限公司
地址:江苏省常熟经济开发区兴港路10号
邮编:215536
电话:0512/52297000
传真:52297582
网址:www.sypglass.com
法定代表人:CHAI EDDIE(柴楠)
质量体系:ISO 9001
产品情况:高端汽车玻璃原片等

★张家港孚冈汽车部件有限公司
地址:江苏省张家港经济开发区中房路2号
邮编:215600
电话:0512/58288100
传真:58239008
网址:www.fuganggroup.com
电子信箱:info@fuganggroup.com
法定代表人:谢志刚
单位人数:100
质量体系:IATF 16949、ISO 14001
产品情况:中央闭锁器、后行李舱开启机构、后视镜起动机构、油箱开启机构等产品
配套情况:为上汽大众、一汽-大众、上汽通用等整车厂配套

★丰田合成(张家港)科技有限公司
地址:江苏省张家港保税区中华路111号、113号
邮编:215634
电话:0512/58389351
传真:58389358
电子信箱:chenke@tgp.com.cn
法定代表人:福井博规
质量体系:IATF 16949、ISO 14001
产品情况:汽车转向盘、安全气囊等汽车内外装零部件
配套情况:为广汽丰田、四川一汽丰田供货

★江苏大同海德世车门系统有限公司
地址:江苏省盐城经济技术开发区赣江路49号
邮编:224000
电话:0515/80891333、88148888
传真:88187833
网址:www.hi-lex.co.jp
电子信箱:jyf010203@163.com
法定代表人:宋学性
质量体系:IATF 16949、ISO 14001
产品情况:汽车玻璃升降器
配套情况:为东风悦达起亚配套

★江苏康杰机械股份有限公司
地址:江苏省盐城市盐都区盐龙街道泰川南路9号
邮编:224022
电话:0515/81360998、13962085708
网址:www.kangjiegroup.cn
电子信箱:wuwenjiezg@126.com
法定代表人:吴文杰
质量体系:ISO 9001、ISO 14001
产品情况:各类汽车热交换产品
配套情况:为上汽集团(上海贝洱)、北汽、重庆长安、江西五十铃、比亚迪、东风汽车公司、长城汽车、中航股份等知名厂商配套热交换器

★扬州市邗江扬子汽车内饰件有限公司
地址:江苏省扬州市北郊公道镇
邮编:225000
电话:0514/87391425、13852720733
传真:87391425
网址:www.yangzi.com.cn
电子信箱:zkun0807@126.com
法定代表人:丁韧
质量体系:IATF 16949、ISO 14001
产品情况:汽车、工程机械内外饰件
配套情况:货车配套用户包括陕西重汽、济南重汽、北方奔驰、北汽福田、东风柳汽、上海汇众、一拖彪马、四川红岩、山西大运等;客车配套用户包括厦门金龙、苏州金龙、厦门金旅、郑州宇通、亚星客车、金华、北方尼奥普兰、安徽凯斯鲍尔、东风客车、西沃客车、烟台舒驰等;乘用车配套客户包括福建奔驰、江淮瑞风、东风风行等

★江苏弗莱迪斯汽车系统有限公司
地址:江苏省扬州市邗江区司徒庙路588号
邮编:225100
电话:0514/82273868
网址:www. fediss. com. cn
电子信箱:fediss@ fediss. com. cn
法定代表人:滕慧明
单位人数:500
质量体系:ISO 14001、IATF 16949
产品情况:汽车安全带、铝制舱门、气弹簧、热交换器等四大类10个系列

★扬州市江都区洪业汽车部件有限公司
地址:江苏省扬州市江都区浦江东路170号
邮编:225200
电话:0514/80916372、15952720606
网址:www. yz - hybj. cn
电子信箱:yzhy@ yz - hybj. cn
法定代表人:樊万顺
质量体系:IATF 16949
产品情况:汽车座椅、汽车线束、汽车门锁、推拉窗和倒车镜
配套情况:为长安汽车、福田汽车、中通客车、江淮汽车、奇瑞汽车、上海大通、海格客车、安凯客车等配套

★扬州杰信车用空调有限公司
地址:江苏省扬州市江都区外资工业园舜天路99号
邮编:225200
电话:0514/86979162、18936261977
网址:www. yzjiexin. com
电子信箱:denso_jiexin@ jiexin. net
法定代表人:陈锦鹏
单位人数:356
质量体系:IATF 16949
产品情况:(杰信牌)
车用空调及车用暖风、工程机械空调及暖风、冷冻冷藏装置,年产客车空调、小型空调及暖风20万台(套)
配套情况:为厦门金龙、东风汽车公司、合肥客车、扬州江淮宏运客车、杭州江淮信腾等配套

★扬州杰信电装空调有限公司
地址:江苏省扬州市江都区外资工业园舜天路99号
邮编:225200
电话:0514/86880677、86880673
传真:86974101
网址:www. denso. com
电子信箱:cwk@ yzdmyj. com. cn
法定代表人:陈锦鹏
质量体系:IATF 16949
产品情况:客车空调、管片式蒸发器和冷凝器芯体

★扬州市欣辉汽车附件有限公司
地址:江苏省扬州市江都区永安工业园
邮编:225200
电话:0514/86152800、18086766058
传真:86152800
网址:www. yzxinhui. net
电子信箱:jdqcfj@ 163. com
法定代表人:伊辉
单位人数:480
质量体系:ISO 9001、ISO 14001
产品情况:(永吉牌)
年产各类驾驶室总成4万台
配套情况:为爱科、凯斯纽荷兰、上汽集团、雷沃、中联重科、VOLVO、JCB、苏州龙梅配套

★英泰集团有限公司
地址:江苏省扬州市江都区小纪英泰工业园
邮编:225241
电话:0514/86591118、4001092666
传真:80808283、86591317
网址:www. yingtaigroup. com
电子信箱:yt0099@ 163. com
法定代表人:马祥根
单位人数:600
质量体系:ISO 9001、ISO 14001
产品情况:(英泰牌)
高档汽车饰件、各种工程机械及汽车用散热器、锂离子电池等
配套情况:为康明斯、珀金斯、瑞典沃尔沃、道依茨、上柴、玉柴、上海神都、通柴等配套

★扬州神舟汽车内饰件有限公司
地址:江苏省扬州市江都区小纪镇宗村宜武路1号
邮编:225245
电话:0514/86631138、86636916
传真:86631037
网址:www. cnshiyun. com
电子信箱:webmaster@ cnshiyun. com
法定代表人:徐斌
质量体系:IATF 16949、ISO 9001
产品情况:(时运牌)
客车内饰件、车身覆盖件和工程车驾驶室总成等3大系列1000多个产品,年产量达20万台(套)
配套情况:为郑州宇通、苏州金龙、厦门金龙、上海申龙、北汽福田、中通客车、江铃五十铃、江淮客车等国内知名的大型汽车厂家和福田重工、三一重工、中联重科、玉柴重工、上海龙工、中国柳工等著名的工程机械生产企业配套

★泰州劲松股份有限公司
地址:江苏省泰州市海阳路40号
邮编:225300
电话:0523/82848888、82848033
传真:82848083
网址:www. jinsong. com. cn
电子信箱:office@ hope - invest. com
法定代表人:宣白云
质量体系:IATF 16949
产品情况:座舱系统(含仪表板总成)、内饰系统(含门内板、门柱内饰)、外饰系统(含涂装外装饰件)等,年产能力90万台(套)
配套情况:为上汽大众、奇瑞汽车、上汽通用、昌河汽车、北汽福田、上海汇众等配套

★泰州市韩新汽车配件有限公司
地址:江苏省泰州市经济开发区民营科技园建设路
邮编:225300
电话:0523/82906319、13967580300
传真:82096110
网址:www. hanxinauto. com. cn
电子信箱:sales@ hanxinauto. com. cn
法定代表人:王国伟
单位人数:500
质量体系:IATF 16949
产品情况:汽车内饰件、汽车塑料件、各类保温材料等
配套情况:为三星、现代、起亚、双龙、海尔、格力等10多家大型公司配套

★江苏德福来汽车部件有限公司
地址:江苏省泰兴市城东高科技产业园
邮编:225400
电话:0523/82811986、18652388966
传真:82800688
网址:www. dflbj. com
电子信箱:web@ dflbj. com
法定代表人:许俊生
单位人数:500
质量体系:IATF 16949、ISO 14001
产品情况:汽车天窗、三角窗、侧窗、外水切、车顶用水沟装饰条、铝合金装饰条等
配套情况:与长安铃木、上汽集团、重庆力帆、北汽福田、厦门金龙、华晨中华、华泰汽车等主机厂建立了一级供应关系

★江苏炳凯富汽车零部件制造有限公司
地址:江苏省泰兴市黄桥工业园区胜利路10号
邮编:225411
电话:0523/87122231、87122513
传真:87122050
网址:www. bkfcooling. com
电子信箱:dannysong2008@ 163. com
法定代表人:宋永通
质量体系:IATF 16949
产品情况:平行流冷凝器和层叠式蒸发器

★江苏科达车业有限公司
地址:江苏省宝应县开发区金湾路206号
邮编:225800
电话:0514/88264656
传真:88266067
网址:www. kedacy. com
电子信箱:jskeda@ jskdcy. com
法定代表人:张洪贵

质量体系:IATF 16949、ISO 14001
产品情况:(盈科牌)
汽车内外装饰件、模塑制品件,年产能力100万台(套)以上
配套情况:为一汽集团、长安汽车、长城汽车、江铃汽车、北汽集团等配套

★江苏锋驰汽车车身制造有限公司
地址:江苏省宝应县黄塍镇工业集中区中区朝阳路
邮编:225807
电话:0514/88603588、88608938
传真:88601999
网址:www.jsfcauto.cn
电子信箱:jfmilan@sina.com
法定代表人:吉沐兴
单位人数:100
质量体系:ISO 9001
产品情况:汽车覆盖件的模具、驾驶室
配套及出口情况:为多家汽车、工程机械厂家配套驾驶室,如中国重汽、北奔重汽、东风汽车、徐工、小松等国内外知名主机厂供货;远销东欧、西欧、中东、非洲

★扬州市德尔玛车业有限公司
地址:江苏省宝应县望直港镇工业集中区创业路
邮编:225811
电话:0514/88326888、13605255898
传真:88326528
网址:www.yzdeerma.com
电子信箱:13605255898@yzdeerma.com
法定代表人:房兆选
质量体系:IATF 16949
产品情况:挡泥板、车门、行李舱盖、散热器支架、前杠支架、护栏等各类汽车覆盖件
配套情况:为雪佛兰、沃尔沃全系列车型配套

★南通冠东模塑股份有限公司
地址:江苏省海门市滨江街道福州路179号
邮编:226100
电话:0513/81260160、68189828
网址:www.gdcd.com
电子信箱:market@gdcd.com
法定代表人:郑新平
单位人数:1300
质量体系:IATF 16949、ISO 9001
产品情况:汽车车灯配件、汽车内外饰件、汽车功能件等精密模具、精密注塑件及线束
配套情况:高光注塑件产品直接供给捷豹路虎、上汽大众、上汽集团和通用汽车等知名整车生产厂商,其他模具、注塑件和线束则主要供给小糸车灯、法雷奥(VALEO)、海拉(Hella)、伟世通(Visteon)和联合汽车电子等一流汽车配件厂商,进而间接应用于宝马、奔驰、凯迪拉克、奥迪、沃尔沃、克莱斯勒、大众、福特、别克、斯柯达、雪佛兰、东风标致、马自达、广汽本田、东风汽车、海马汽车、长安汽车、江铃汽车、长城汽车等国内外著名汽车品牌

★康奈可海门车用空调压缩机有限公司
地址:江苏省海门市滨江街道珠海路353号
邮编:226100
电话:0513/81232323、17715023580
网址:www.calsonickansei.co.jp
电子信箱:chao_zheng@ck-mail.com
法定代表人:山西政博
质量体系:IATF 16949、ISO 14001
产品情况:汽车空调压缩机
配套情况:为东风日产的骐达、玛驰和骊威等车型供货

★南通海林汽车橡塑制品有限公司
地址:江苏省海门市正余镇
邮编:226153
电话:0513/82674088、13706287665
传真:82790988
电子信箱:ntty@nthl.com.cn
法定代表人:张禹林
质量体系:IATF 16949、VDA 6.1
产品情况:发动机零件、车灯及车灯密封件、汽车内饰件、车身系统零件等,年产各类橡塑制品2000多万件(套)
配套及出口情况:为上汽大众等配套;出口美国、德国等国家

★江苏铁锚玻璃股份有限公司
地址:江苏省南通市海安县长江西路128号
邮编:226600
电话:0513/88813003、88814008
传真:88789678
网址:www.tiemao.cn
电子信箱:tmbl@tiemao.cn
法定代表人:吴赍华
质量体系:IATF 16949、ISO 9001
产品情况:(铁锚牌)
汽车安全玻璃
配套情况:为一汽解放、东风、北汽福田、重汽集团、南京依维柯、上汽通用五菱等配套

浙江省

★杭州钱江汽配电器有限公司
地址:杭州市余杭区良渚镇运河村勾庄工业区
邮编:310023
电话:0571/88734368、88734166
传真:88734166
电子信箱:nibose@163.com
法定代表人:史德荣
质量体系:IATF 16949、ISO 14001
产品情况:(德荣牌)
风窗玻璃电动洗涤器总成
配套情况:为长安汽车、长安铃木、比亚迪汽车等配套

★浙江远翅控股集团有限公司
地址:杭州市萧山区新街镇山末址村
邮编:311217
电话:0571/82613923、82619801
传真:82618000
电子信箱:yuanchi@vip.163.com
法定代表人:严绮云
质量体系:ISO/TS 16949
产品情况:(远翅牌)
年产汽车仪表板总成44万套、汽车保险杠56万只、汽车转向盘10万只、其他汽车塑料件110万件
配套情况:为上汽通用五菱、重庆长安配套

★杭州祥和实业有限公司
地址:杭州市富阳区东洲工业功能区八号路8号
邮编:311401
电话:0571/63409900、63461200
传真:63462401
网址:www.hzxianghe.com
电子信箱:hzfyxhkt@163.com
法定代表人:何平
单位人数:270
质量体系:IATF 16949
产品情况:客车空调、乘用车、新能源汽车空调系统等汽车空调配件
出口情况:出口法国、哥斯达黎加、塞尔维亚等国家

★浙江龙生汽车部件科技有限公司
地址:杭州市桐庐县富春江镇机械工业区
邮编:311500
电话:0571/64667288
网址:www.longsheng988.com
电子信箱:longsheng@longsheng988.com
法定代表人:俞龙生
单位人数:800
质量体系:IATF 16949、ISO 14001
产品情况:汽车座椅功能件、安全件及其关键零部件

★光启技术股份有限公司
地址:浙江省桐庐县富春江镇机械工业区
邮编:311504
电话:0571/64651988、0755/86329077
传真:0571/64651988
网址:www.longsheng988.com
电子信箱:ir@kc-t.cn
法定代表人:刘若鹏
单位人数:800
质量体系:ISO/TS 16949
产品情况:(龙生牌)
滑轨、调角器和其他零部件座椅、靠背、座盒等20多个系列共100余个品种
配套情况:与中国汽车座椅领域多家知名厂商建立稳定的合作关系,并为国内众多著名汽车企业提供配套产品

★浙江鸿森机械有限公司
地址:浙江省诸暨市阮市镇董公开发区
邮编:311802
电话:0575/87696107、87607883
传真:87698985
网址:www. zjhsjx. com
电子信箱:hongsen6@ zjhsjx. com
法定代表人:金莲子
单位人数:300
质量体系:ISO 9001、ISO 14001
产品情况:(鸿森牌)
制冷空调用各类阀门,年生产能力1500 万件
配套及出口情况:与国内知名空调制冷企业建立长期业务合作关系;出口美国、韩国、南非、中东、大洋洲等国家和地区

★浙江敏特汽车空调有限公司
地址:浙江省嵊州市三江工业区江二路28 号
邮编:312400
电话:0575/83367036、83261288
传真:83344307
电子信箱:info@ shminte. com
法定代表人:吴一清
质量体系:IATF 16949
产品情况:产品类型主要包括 H 形热力膨胀阀和 F 形热力膨胀阀两大类
配套及出口情况:与上汽通用五菱、上汽、长安、柳汽、北汽、吉利等众多主机厂配套;远销美国、欧洲、拉丁美洲、东南亚等国家和地区

★浙江新龙实业有限公司
地址:浙江省新昌县七星街道 5 楼 2 号
邮编:312500
电话:0575/86296968、86296628
传真:86296628
电子信箱:xinlong@ zjxlindustry. com
法定代表人:吴岳民
质量体系:IATF 16949、QS 9000
产品情况:(新龙牌)
空调管组件

★浙江中宝实业控股股份有限公司
地址:浙江省新昌县省级高新技术产业园区(南岩)
邮编:312500
电话:0575/86299666、86299200
传真:86299156
网址:www. myzbao. com
电子信箱:zbao@ myzbao. com
法定代表人:吴良定
质量体系:ISO 9001、ISO 14001
产品情况:(中宝牌)
精密钣金结构件、制冷配件等
配套及出口情况:为神龙汽车、华晨金杯、长安汽车、上汽通用五菱、昌河汽车、北汽福田、杭州东风等配套;远销美国、日本、欧盟、东南亚、中东等 30 多个国家和地区

★浙江三花智能控制股份有限公司
地址:浙江省新昌县七星街道下礼泉
邮编:312599
电话:0575/86255360、86255656
网址:www. zjshc. com
电子信箱:baoxg@ zjshc. com
法定代表人:张亚波
质量体系:IATF 16949、GB/T 28001
产品情况:(三花牌)
汽车膨胀阀、电磁阀和换向阀等制冷空调控件元件和零部件
配套情况:已成为松下、大金、三菱、东芝、日立、富士通、LG、三星、开利、特灵、约克、格力、美的、海尔等世界著名制冷、空调主机厂的战略供方和合作伙伴

★化药(湖州)安全器材有限公司
地址:浙江省湖州市长兴县和平镇回车岭村
邮编:313103
电话:0572/6956007
网址:www. nipponkayaku. co. jp/cn
法定代表人:川村茂之
质量体系:IATF 16949、ISO 14001
产品情况:汽车安全气囊用气体发生器和安全带收紧器用气体发生器

★浙江瑞虹机电股份有限公司
地址:浙江省长兴县林城经济开发区瑞虹路 1 号
邮编:313112
电话:0572/6871822
传真:6873999
网址:www. zjruihong. cn
电子信箱:sales@ zjruihg. com
法定代表人:李明勇
质量体系:IATF 16949、ISO 14001
产品情况:主要产品有各类汽车空调电动机端盖、各类汽车空调压缩机离合器线圈壳体、压缩机活塞等

★浙江金禾成汽车空调有限公司
地址:浙江省德清县经济开发区丰庆街598 号
邮编:313200
电话:0572/8823988
传真:8823268
网址:www. hrxchina. com
电子信箱:peter@ hrxchina. com
法定代表人:刘万信
单位人数:400
质量体系:IATF 16949
产品情况:主导产品为汽车空调蒸发器、冷凝器等
配套及出口情况:OE 客户有北汽福田、众泰汽车、山东唐骏等,售后市场客户包括贝洱、三电等;远销美洲、欧洲、东南亚、中东、非洲等国际市场

★嘉兴市易嘉机械有限公司
地址:浙江省嘉兴市秀洲区新塍镇大通村
邮编:314015
电话:0573/83501533
传真:83500291
网址:www. jxyijia. com. cn
电子信箱:master@ jxyijia. com. cn
法定代表人:黄来宝
质量体系:IATF 16949
产品情况:汽车配件、汽车空调压缩机、电动工具等零件
配套情况:为上汽大众、上汽通用、德国博世、美国百得、美国爱默生等国内外著名公司配套

★浙江蓝特光学股份有限公司
地址:浙江省嘉兴市洪合镇洪福路 1108 号
邮编:314023
电话:0573/83382809
传真:83349898
网址:www. lante. com. cn
电子信箱:sales@ lante. com. cn
法定代表人:徐云明
单位人数:1000
质量体系:IATF 16949、ISO 9001
产品情况:汽车后视镜、LOGO 投影灯、车载镜头等产品

★宜兰汽车配件制造(平湖)有限公司
地址:浙江省平湖市经济开发区新兴二路 1199 号
邮编:314200
电话:0573/85078999、85078992
传真:85078900
网址:www. top - elan. com
电子信箱:service@ top - elan. com
法定代表人:陈铿胜
质量体系:IATF 16949、ISO 9001
产品情况:(宜兰牌)
产品体系涵盖汽车门坎发光迎宾踏板、汽车内部光条氛围灯、换挡氛围灯、晴雨挡、行李架及亮饰条等
配套情况:为上汽通用、长安福特、长安马自达、东风日产乘用车、一汽海马、东南汽车、奇瑞汽车、神龙汽车、江铃陆风等配套

★宁波德业科技股份有限公司
地址:浙江省宁波市北仑区甬江南路26 - 28 号
邮编:315000
电话:0574/86222335
传真:86222338
网址:www. deye. com. cn
电子信箱:it@ deye. com. cn
法定代表人:张和君
质量体系:ISO 9001
产品情况:(德业牌)
汽车空调、蒸发器、冷凝器等热交换器

★宁波昌扬机械工业有限公司
地址:浙江省宁波市骆驼工业区方严路1 号

邮编:315000
电话:0574/86567558
网址:www. changyangcn. com
电子信箱:tracy. jj. cheng@ changyangcn. com
法定代表人:孔燕成
质量体系:IATF 16949、ISO 14001
产品情况:主要致力于汽车天窗导轨、挡风网边条、扶手、滚压件、窗框的研发、制造,已形成年产 500 万套的生产能力
配套及出口情况:为众多汽车厂(沃尔沃、捷豹、奥迪、宝马、大众、福特、上海汽车、日产、现代、吉利、奇瑞、东南汽车等)生产的主流车型提供配套产品;远销欧美地区

★宁波明望汽车饰件有限公司
地址:浙江省宁波市海曙区干欣路 139 号
邮编:315010
电话:0574/88449118
传真:88449187
电子信箱:mingwang@ vip. 163. com
法定代表人:毛明光
质量体系:IATF 16949
产品情况:汽车内外饰件、汽车座椅、转向盘及仪表台
配套情况:主要配套厂家产品有金杯海狮客车极地之光内饰板及旋转翻动座椅,柳汽 6 吨平车高架控制板、遮阳板,南汽依维柯双排顶棚,同时为青汽、福汽、杭汽、江淮汽车厂、金龙旅行车、江苏悦达汽车等厂家配套

★宁波井上华翔汽车零部件有限公司
地址:浙江省宁波市江北区洪塘镇投资工业园 C 区长兴路 525 号
邮编:315033
电话:0574/83006100
电子信箱:yangfan@ ihx. com. cn
法定代表人:三轮健二郎
质量体系:ISO 14001、IATF 16949
产品情况:(NBHX 牌)
汽车内饰件产品,如汽车仪表板(搪塑、注塑)、门内饰板及其他塑料配件
配套情况:为天津丰田、上汽大众、东风日产、东南奔驰等配套

★宁波华翔汽车车门系统有限公司
地址:浙江省宁波市江北区投资创业园 C 区长兴路 525 号
邮编:315033
电话:0574/83006262
网址:nbhx – ads. com. cn
电子信箱:info@ nbhx – ads. com. cn
法定代表人:舒荣启
质量体系:IATF 16949、ISO 14001
产品情况:汽车门内饰板、车门模块系统、车身侧面内饰及汽车零部件的设计制造
配套情况:主要为上汽大众、一汽-大众、上海汽车、奇瑞捷豹路虎、福建奔驰、长安标致雪铁龙、东风裕隆等汽车制造厂配套零部件

★宁波新露聚氨酯实业有限公司
地址:浙江省宁波市鄞州区五乡工业园区五乡北路 2 号
邮编:315111
电话:0574/88332643、88485044
传真:88385044
网址:www. nbxinlu. com
电子信箱:webmaster@ nbxinlu. com
法定代表人:石国良
质量体系:IATF 16949
产品情况:赛车椅、吉普车椅等
出口情况:与北美洲、欧洲客户建立了长期的贸易合作关系

★宁波帅特龙集团有限公司
地址:浙江省宁波市明州工业园区洞桥镇元贞桥
邮编:315157
电话:0574/89201659、89201660
传真:89201600
网址:www. nbstl. cn
电子信箱:isales@ nbstl. cn
法定代表人:吴志光
质量体系:IATF 16949、ISO 14001
产品情况:电子换挡控制器总成、烟灰盒总成、外门手柄总成、内门手柄总成、顶棚拉手总成、饮料杯架总成、储物盒总成、遮阳帘总成等系列产品
配套情况:为德国奥迪、一汽-大众、一汽轿车、上汽大众、上汽通用、广汽本田、天津一汽丰田、上海汽车、长城汽车、北京现代、奇瑞汽车、江淮汽车等配套

★宁波祢若电子科技有限公司
地址:浙江省宁波市镇海区蟹浦镇慈海北路 1819 号
邮编:315200
电话:0574/55335877、55335879
传真:86509908
网址:www. nbmrkj. com
电子信箱:sale@ nbmrkj. com
法定代表人:胡珊珊
质量体系:IATF 16949
产品情况:智能电致变色防炫目镜片(EC 玻璃),主要用于汽车内、外后视镜、遮阳滤光镜等

★宁波鑫海爱多汽车雨刷制造有限公司
地址:浙江省宁波市骆驼机电工业园区
邮编:315202
电话:0574/86572666、86572668
传真:86572685、86585927
电子信箱:sales@ aiduo – wiper. com
法定代表人:袁根连
质量体系:IATF 16949、ISO 14001
产品情况:汽车刮水器产品
配套情况:刮水器主要提供给德国大众、华晨汽车等

★宁波世通汽车零部件有限公司
地址:浙江省宁波市骆驼机电工业园区通园北路 268 号
邮编:315202
电话:0574/86571120、13597061100
传真:86691692
网址:www. stonemotor. com
电子信箱:13819898944@ sina. com
法定代表人:陈世奇
质量体系:IATF 16949
产品情况:(顺发牌)
具有年产 20 万套电动玻璃升降器、100 万只电动机的生产能力
配套及出口情况:为比亚迪、吉利、力帆、猎豹等配套;出口多个国家和地区

★宁波新泉汽车饰件系统有限公司
地址:浙江省宁波市杭州湾新区兴慈二路 338 号
邮编:315300
电话:0574/63936401
网址:www. xinquan. cn
电子信箱:luoque@ xinquan. com
法定代表人:唐志华
质量体系:IATF 16949
产品情况:主要生产仪表板、门护板等汽车饰件

★浙江吉俱泰汽车内饰有限公司
地址:浙江省宁波市杭州湾新区兴慈二路 350 弄 9 号
邮编:315300
电话:0574/58962568
电子信箱:jjt09@ zj – jjt. com
法定代表人:黄道祝
质量体系:IATF 16949、ISO 14001
产品情况:汽车座椅、座椅部件
配套情况:为吉利帝豪配套座椅

★宁波华德汽车零部件有限公司
地址:浙江省宁波市杭州湾新区滨海二路 580 号
邮编:315318
电话:0574/63936111
传真:63936999
网址:www. chinahuade. com
电子信箱:huade@ chinahuade. com
法定代表人:胡华强
质量体系:IATF 16949、ISO 9001
产品情况:主营产品为各类汽车门拉手和内外饰件,各类汽车电器开关、保险丝盒、法兰组件、电动机以及电动机组件,电镀格栅、电镀字标字牌及电镀饰条等
配套情况:为一汽集团、一汽-大众、东风汽车、神龙汽车、上汽通用、上汽大众配套

★宁波四维尔工业有限责任公司
地址:浙江省慈溪市匡堰镇樟树村
邮编:315333

电话:0574/63535499、63530788
传真:63530988
网址:www. swellchina. com
电子信箱:swell@ swellchina. com
法定代表人:刘刚年
质量体系:IATF 16949、ISO 14001
产品情况:(四维尔牌)
汽车外饰件系列(标牌、格栅、车轮盖、装饰条等)、汽车内饰件系列(出风口、除霜器、门扣手、挡板、仪表板等)、其他汽塑件系列(发动机罩、导流板、其他塑料件等)等三大产品系列
配套情况:是一汽集团、一汽-大众、上汽大众、上汽通用、东风公司、神龙公司、天津丰田、长安福特、广汽本田、海南马自达等知名汽车生产厂商的一级配套供应商

★宁波四维尔汽车零部件有限公司
地址:浙江省宁波市杭州湾经济开发区
邮编:315333
电话:0574/63536183
传真:63530988
网址:www. swellchina. com
电子信箱:swellmade@ swellchina. com
法定代表人:刘刚年
质量体系:IATF 16949、ISO 14001
产品情况:汽车内外装饰件、汽车标牌等
配套情况:为北美三大汽车集团、德国大众、德国奥迪、沃尔沃、雪铁龙、一汽集团、一汽-大众、上汽大众、上汽通用、东风公司、神龙公司等配套

★宁波四维尔汽车智能科技有限公司
地址:浙江省宁波市杭州湾经济开发区
邮编:315336
电话:0574/63905320
传真:63905306
网址:www. swellchina. com
电子信箱:swellbs@ swellchina. com
法定代表人:罗旭强
质量体系:IATF 16949、ISO 14001
产品情况:汽车刮水器

★宁波誉立精密模具有限公司
地址:浙江省宁波市杭州湾新区庵东镇元祥工业区纬一西路十甲路158 号
邮编:315336
电话:0574/63932298
传真:63261333
网址:www. yljmmould. com
电子信箱:yuli@ yljmmould. com
法定代表人:孙立军
质量体系:IATF 16949、ISO 14001
产品情况:汽车仪表、汽车空调控制器、出风口及其他汽车内饰件的模具开发与产品生产
配套情况:主要为国内外知名的一级汽车零部件供应商(BOSCH, Valeo, TRW, YFVisteon, Faurecia, Clarion, Delphi, Desay SV, Flextronics, Denso)供货

★宁波杭州湾新区双林汽车部件有限公司
地址:浙江省宁波市杭州湾新区滨海五路 598 号
邮编:315336
电话:0574/63986161
网址:www. shuanglin. com
法定代表人:刘旭东
质量体系:IATF 16949
产品情况:汽车仪表台,前后保险杠总成、汽车门板等
配套情况:主要客户有吉利、众泰、福特等

★慈溪市振惠转向器后视镜有限公司
地址:浙江省宁波市杭州湾新区金溪路三站
邮编:315336
电话:0574/63073885、18857428881
传真:63073868
电子信箱:wzh - cixi@ vip. sina. com
法定代表人:裘尧庆
质量体系:IATF 16949
产品情况:[振惠(ZHENHUI)牌]
汽车电动后视镜及其电动转向器、内视镜
配套及出口情况:为长丰猎豹、东风日产、郑州日产、北汽福田、长春一汽、华泰公司等配套;远销美国、巴西、西班牙、马来西亚,并销往中国台湾地区

★宁波舜宇精工股份有限公司
地址:浙江省余姚市城区金舜东路 518 号
邮编:315400
电话:0574/62882309、62882303
传真:62882302
网址:www. sunnymould. com
电子信箱:business@ sunnymould. com
法定代表人:倪文军
质量体系:ISO 9001、IATF 16949
产品情况:汽车内外饰件及功能件注塑模具和内外饰功能件产品以及特殊工艺表面处理注塑产品
配套情况:主要客户包括长城、北汽、江淮、铃木、马自达、沃尔沃、广汽菲克、江铃、长安、中国重汽、奥迪、通用、大众、福特、上汽、一汽、奇瑞等;模具客户包括 MAGNA、Visteon、ITW 等

★宁波鑫星汽车部件有限公司
地址:浙江省余姚市高新技术开发区南区磨刀桥路 57 号
邮编:315400
电话:0574/62705248
传真:62714418
网址:www. xinxing - china. com
电子信箱:sales@ xinxing - china. com
法定代表人:徐荣南
质量体系:IATF 16949、ISO 9001
产品情况:(鑫星牌)
汽车 LOGO、进气格栅、内外装饰件等产品
配套情况:已成为长安汽车、长安福特、长丰猎豹、长安铃木、上汽大众、上汽通用五菱、现代汽车、长城汽车、东风汽车、庆铃汽车等几十家知名企业的定点配套厂家

★宁波舜江汽车部件制造有限公司
地址:浙江省余姚市梁辉开发区鸿运路3 号
邮编:315403
电话:0574/62777308、62777850
传真:62777208
网址:www. nbsjap. com
电子信箱:xs8201@ nbsjap. com
法定代表人:姜志明
质量体系:IATF 16949
产品情况:车顶行李架系列、加油管系列、加油口盖系列、脚踏板等几大系列近百余种产品
配套及出口情况:为一汽、一汽-大众、上汽大众、沈阳金杯、柳州五菱、奇瑞汽车、悦达起亚、上海延锋、广西玉柴、长丰猎豹、厦门金龙等国内汽车厂配套,并与美国 APR 公司、TRUCKTEC 公司、GLOUBAL RUSH 公司等国外客户合作配套;工程车行李架、皮卡车脚踏板等产品出口美国、加拿大

★神通科技集团股份有限公司
地址:浙江省余姚市兰江街道工业园区谭家岭西路 788 号
邮编:315408
电话:0574/62590629
传真:62590629
网址:www. shentong - china. com
电子信箱:zqb@ shentong - china. com
法定代表人:方立锋
质量体系:IATF 16949、ISO 14001
产品情况:汽车内、外饰件系统塑料件,动力系统塑料件,座椅系统塑料件,包括汽车副仪表板总成、手套箱总成、门拉手总成、出风口、A/B/C 柱、进风口格栅、车轮装饰罩、座椅抽屉总成、发动机塑料进气歧管、发动机舱盖等
配套情况:主要客户有一汽-大众、上汽通用、上汽大众、北京奔驰、神龙、天津丰田、海南马自达、吉利,以及北美通用、德国大众等

★浙江松原汽车安全系统股份有限公司
地址:浙江省余姚市牟山镇运河沿路一号
邮编:315456
电话:0574/62497388
传真:62497398
网址:www. songyuansafety. com
电子信箱:dengys@ songyuansafety. com
法定代表人:胡铲明
质量体系:ISO 9001、IATF 16949
产品情况:汽车安全带总成及零部件等汽车被动安全系统产品及特殊座椅安全装置

配套情况：为宇通客车、郑州日产等配套

★宁波鸿通汽车零部件有限公司
地址：浙江省余姚市临山镇湖堤－湖北道口
邮编：315461
电话：0574/62062222、62062201
传真：62062200
网址：www.hongtongauto.com
电子信箱：hongtong@hongtong.com
法定代表人：姚素娟
质量体系：IATF 16949、ISO 14001
产品情况：车门铰链、冲压件、发动机罩铰链、滑动移门铰链、加油口盖、轿车保险杠、卡箍、空调类冲压件、尾门铰链、注塑件、橡胶件、支架、钢丝弹簧件等汽车配件
配套情况：为神龙汽车、奇瑞汽车、华晨金杯、厦门金龙等配套

★宁波乾方汽车配件有限公司
地址：浙江省宁波市奉化区江口三横开发区南渡路69号
邮编：315511
电话：0574/88637846、59552828
传真：59552786、88630456
网址：www.qianfang.com.cn
电子信箱：sales@qianfang－cn.com
法定代表人：胡伟国
质量体系：IATF 16949
产品情况：（乾方牌）
汽车门铰链、车门限位器、冲压件、机加工件等
配套及出口情况：为吉利汽车、江淮汽车、金龙客车、金旅客车、青年汽车、桂林大宇、宇通客车、三一集团、南京依维柯、东风杭汽、广州五十铃等配套；远销海外

★宁海县金凌海裕汽车部件有限公司
地址：浙江省宁波市宁海县桃源街道金山三路18号
邮编：315615
电话：0574/83551865
传真：83551868
网址：www.nb－jinling.com
电子信箱：nbjinling@163.com
法定代表人：金海峰
质量体系：IATF 16949、ISO 14001
产品情况：汽车烟灰盒总成、顶棚拉手总成、门内外手柄总成等汽车内外饰件
配套情况：为北京现代、长城汽车、沈阳金杯、北汽福田、众泰汽车等配套

★宁波新华泰模塑电器有限公司
地址：浙江省宁波市象山县西周镇工业园区昌明路220号
邮编：315721
电话：0574/65876613、18858218211
传真：65872333
网址：www.huataiinc.com
电子信箱：sales2@huataiinc.com
法定代表人：朱照华
单位人数：318
质量体系：IATF 16949
产品情况：产品主要有汽车内饰件、遮阳板、汽辅拉手、空调风道、高精度的模具、排气管等
配套及出口情况：一级配套一汽丰田、北汽、宝沃汽车；二级供应宝马、东风日产、上汽通用、长安福特、一汽-大众、沃尔沃、吉利等主机厂家；远销美国、欧洲等国家和地区

★宁波胜维德赫华翔汽车镜有限公司
地址：浙江省宁波市象山西周工业园区
邮编：315722
电话：0574/59187944
网址：www.smr－automotive.com
法定代表人：Yiqian Wang
质量体系：IATF 16949、ISO 14001
产品情况：汽车后视镜、加油小门系列汽车零部件，产品包含转向灯、电折、加热片、喷漆和摄像技术
配套情况：客户包括上汽大众、一汽-大众、长安福特、上汽通用、北京奔驰、奇瑞、捷豹路虎、沃尔沃、东风日产、长安铃木、上海汽车、北京汽车等

★宁波华翔电子股份有限公司
地址：浙江省宁波市象山县西周镇象西开发区
邮编：315722
电话：0574/65837888
网址：www.nbhx.com.cn
电子信箱：hxtzb@nbhx.com.cn
法定代表人：周晓峰
质量体系：ISO/TS 16949
产品情况：汽车内外饰件、汽车底盘附件、汽车电器及空调配件、汽车发动机附件、汽车消声器等
配套情况：为上汽大众、上海汽车、上汽通用、一汽-大众、天津一汽丰田等国内汽车制造商配套

★宁波华翔特雷姆汽车饰件有限公司
地址：浙江省象山县西周镇工业开发区
邮编：315722
电话：0574/65835068、13819853830
传真：65839262
法定代表人：林福青
质量体系：IATF 16949、ISO 14001
产品情况：高档汽车内饰件

★宁波恒富汽车部件发展有限公司
地址：浙江省象山县西周镇象西工业园区
邮编：315722
电话：0574/65831118、13805852368
传真：65832126、65837863
网址：www.china－hengfu.com
电子信箱：zkaij@china－hengfu.com
法定代表人：张春富
质量体系：IATF 16949、ISO 9001
产品情况：（恒富牌）
生产汽车空调壳体、空调电动机壳体、控制面板、暖风水阀、线束等12个系列的产品
配套及出口情况：与比亚迪汽车、上海通用电气、库柏电气、科世达华阳、博泽电机、博世集团、天纳克中国、北汽、日本电装等建立了稳定的合作伙伴关系；远销欧美等地区

★宁波东昊汽车部件有限公司
地址：浙江省宁波市北仑大浦河北路2号
邮编：315800
电话：0574/86141777、86122220
传真：86142211
网址：www.cnds.cc
电子信箱：sc01@cnds.cc
法定代表人：柯云岳
质量体系：IATF 16949、ISO 14001
产品情况：出风口、内拉手、储物盒、烟灰缸、杯托等系列汽车内饰功能件、喷涂产品、精密模具
配套情况：为长安福特、神龙、上汽、吉利、长安、奇瑞、延锋、佛吉亚等大型企业提供模具及汽车内饰部件等配套

★宁波纽特汽车配件有限公司
地址：浙江省宁波市北仑区大港二路68号
邮编：315800
电话：0574/86868755－2303
传真：86868757
网址：www.newtech4x4suv.com
电子信箱：sales9@strona－outdoor.com
法定代表人：李淑惠
质量体系：IATF 16949、ISO 14001
产品情况：各种材质的防撞杆、车顶行李架、车顶行李舱、自行车架、扰流板、备胎盖等
配套及出口情况：为德国大众、大洋洲福特/马自达、大洋洲日产、美国通用、美国福特等配套；主要外销欧美、中东、中南美洲、加勒比等地区

★宁波信泰机械有限公司
地址：浙江省宁波市北仑区大港工业城大港六路8号
邮编：315800
电话：0574/55878277
传真：86801089
网址：www.minthgroup.com
法定代表人：陈海挺
质量体系：IATF 16949、ISO 14001
产品情况：主要产品有饰条类、饰件类、门框及门系统零部件类、窗框类、三角窗、玻璃导轨等

★宁波继峰汽车零部件股份有限公司
地址：浙江省宁波市北仑区大碶璎珞河路17号
邮编：315800
电话：0574/86168228
传真：86813075

网址:www.nb-jf.com
电子信箱:xianwei.shao@nb-jf.com
法定代表人:王义平
质量体系:IATF 16949
产品情况:车座椅头枕总成、中间扶手总成、门扶手总成及头枕支杆等四大系列共200余种产品
配套情况:主要客户有宝马、奥迪、大众、福特、长城等主机厂及江森、李尔、佛吉亚等座椅厂

★宁波裕民机械工业有限公司
地址:浙江省宁波市小港经济技术开发区义成路78号
邮编:315803
电话:0574/26850555、26850557
传真:26850500
网址:www.yumin-co.com
电子信箱:wangtt@yumin-co.com
法定代表人:宗宇淙
单位人数:545
质量体系:IATF 16949、ISO 14001
产品情况:汽车天窗导轨附件、车门滑轨系统、内外水切密封装饰条、后视镜、室内镜、前制动器、车身附件等
配套情况:为宝马、奔驰、奥迪、捷豹路虎、大众、斯柯达、通用、雪佛兰、凯迪拉克、福特、沃尔沃、日产、雪铁龙标致、华晨汽车、长城汽车、比亚迪汽车、上汽、北汽、东风汽车、长安汽车等众多知名汽车品牌提供配套服务

★宁波出口加工区提爱思泉盟内饰公司
地址:浙江省宁波出口加工区天山路5号
邮编:315806
电话:0574/26877577
传真:26877588
网址:www.tstech.co.jp
法定代表人:间濑恒一
质量体系:IATF 16949
产品情况:汽车座椅套、汽车装饰罩以及汽车内饰零部件
配套及出口情况:主要客户有TRI-MONT MFG. INC.;出口日本、美国、加拿大等国家

★宁波保税区提爱思泉盟汽车内饰公司
地址:浙江省宁波市保税区南区庐山西路167-9号-2
邮编:315806
电话:0574/86825999、26877589
传真:86825998
电子信箱:huan_huang@ningbots.com.cn
法定代表人:间濑恒一
质量体系:IATF 16949
产品情况:汽车座椅表皮的裁断、缝制加工等汽车内饰件的生产
配套情况:主要客户有武汉提爱思全兴汽车零部件有限公司

★宁波宏协承汽车部件有限公司
地址:浙江省宁波市北仑区小港街道陈山西路88号
邮编:315822
电话:0574/86802999
传真:86829666
网址:www.hongxie.com
电子信箱:sales@hongxie.com
法定代表人:胡宏
质量体系:IATF 16949、ISO 14001
产品情况:(东菱牌)
静态密封装饰系统、门框及滑动系统、被动安全防御系统及其系列产品
配套及出口情况:客户包括大众、福特、通用、日产、丰田、长城、长安、吉利、比亚迪、柳汽、东南、北汽、金龙汽车、日本久保田、卡特彼勒等国内外主机厂;部分出口欧洲、北美洲、南美洲、中东地区,服务国外售后市场

★浙江天成自控股份有限公司
地址:浙江省天台县西工业园区
邮编:317200
电话:0576/83906272
传真:837377895
网址:www.china-tc.com
电子信箱:xs@china-tc.com
法定代表人:陈邦锐
质量体系:IATF 16949、ISO 9001
产品情况:业务涵盖工程机械座椅、商用车座椅、乘用车座椅、航空座椅及儿童座椅等版块
配套及出口情况:为龙工、山工、柳工、宇通、金龙、金华尼奥普兰等50多家国内大型主机厂配套;出口美国、英国、意大利、加拿大、澳大利亚、新加坡、荷兰等20多个国家

★台州法雷奥温岭汽车零部件有限公司
地址:浙江省温岭市城东街道振业路6号
邮编:317500
电话:0576/81690000、81690025
电子信箱:ying1.chen@valeo.com
法定代表人:Francois MARION(弗朗索瓦·马里恩)
质量体系:IATF 16949、QS 9000
产品情况:(VALEO牌)
汽车刮水器系统及其配件(电动机、刮杆、刮片以及传动装置等)
配套及出口情况:主要客户为日产/东风日产/郑州日产、上汽/上汽通用、武汉神龙、一汽/一汽-大众、金杯华晨、保定中兴、保定长城、郑州日产、南京依维柯、芜湖奇瑞、合肥江淮、南昌江铃、重庆铃木等;远销欧美等地区

★浙江鑫凯汽车零部件有限公司
地址:浙江省温岭市东部新区金塘北路22号
邮编:317500
电话:0576/86223617
传真:86112481
网址:www.zjxinkai.com
法定代表人:卢均德
质量体系:IATF 16949
产品情况:(鑫凯牌)
汽车风窗洗涤器总成、汽车空调风管、发动机进气管、汽车防尘罩、军用水壶、微电机、喷嘴、汽车风扇等
配套情况:为郑州日产、比亚迪、东风小康、北汽福田、东风康奈、上汽通用、沃尔沃等主机厂一级供应商

★浙江真奇汽车零部件有限公司
地址:浙江省温岭市石桥头镇土坦头工业区
邮编:317515
电话:0576/86288027、86280188
传真:86289088
网址:www.washerpumps.com
电子信箱:market@washerpumps.com
法定代表人:杨国庆
质量体系:IATF 16949、ISO 14001
产品情况:汽车风窗洗涤器、洗涤泵及微型直流电动机
配套及出口情况:为法雷奥、北汽股份、东风汽车、长安汽车、上汽通用五菱、东风雷诺、比亚迪汽车等10多家OEM提供配套;出口美洲、东欧、东南亚、中东等地区,并销往中国台湾地区

★浙江国雨汽车零部件有限公司
地址:浙江省台州市椒江区海正大道389号
邮编:318000
电话:0576/88897788
传真:88320668
网址:www.yptel.cn
电子信箱:gyrubber@163.com
法定代表人:尚才国
单位人数:400
质量体系:IATF 16949
产品情况:(国雨牌)
汽车电动刮水器总成、汽车刮水片、汽车刮水器橡胶条、橡胶杂件、高档油封等
配套及出口情况:为上汽大众配套;远销美国、德国、澳大利亚、日本、韩国、伊朗、俄罗斯等国家

★浙江永峰塑业有限公司
地址:浙江省临海市沿江镇上金村
邮编:318013
电话:0576/85725725、85077333
传真:85075111
网址:www.yongfengchina.com
电子信箱:yongfeng800@163.com
法定代表人:王云定
质量体系:IATF 16949
产品情况:(永峰牌)
汽车内/外饰件、保险杠、油壶、仪表台及汽车塑料件
配套情况:为北汽福田、丹东黄海、吉奥汽车、江淮汽车、长城汽车、广东福迪配套

★浙江俱进汽摩配件有限公司
地址:浙江省台州市椒江区三甲街道青龙开发区
邮编:318014
电话:0576/88120898、88120999
传真:88120998
网址:www.chinajujin.com
电子信箱:jujin@chinajujin.com
法定代表人:黄道祝
单位人数:520
质量体系:IATF 16949、ISO 14001
产品情况:(俱进牌)
汽车座椅、真皮座套、聚氨酯发泡、汽车内饰件、精密冲压件等;年生产能力达到汽车座椅30万台(套)
配套情况:为吉利汽车集团等配套

★新立科技股份有限公司
地址:浙江省台州市黄岩区澄江街道新江路128号
邮编:318020
电话:0576/84298888
传真:84298881
电子信箱:sales@china-sailing.com
法定代表人:黄伟军
质量体系:IATF 16949、ISO 14001
产品情况:汽车塑料内外饰件、汽车电子产品及注塑模具
配套及出口情况:主要为长城、吉利、沃尔沃、上汽通用、宝马、现代、丰田、克莱斯勒、蔚来、知豆、威马汽车等10多家汽车厂提供汽车零部件配套服务;并为伟巴斯特、英纳法、延锋、中国台湾全兴(GSK)、安道拓等汽车零部件供应商提供高品质的汽车内外饰件模具及产品

★浙江俏宇机车部件有限公司
地址:浙江省台州市路桥区横街海滨大道
邮编:318056
电话:0576/82620888、82622228
传真:82620881
网址:www.cnqiaoyu.com
电子信箱:info@cnqiaoyu.com
法定代表人:杨桂明
质量体系:ISO 9001
产品情况:(俏宇牌)
摩托车、汽车后视镜,各种镜片(凹凸镜片或异形镜片)
配套及出口情况:为吉利汽车、钱江集团、济南轻骑、轻骑铃木、大阳、嘉陵集团、豪剑集团、华南集团等配套;出口欧洲、东南亚等地区

★浙江博阳压缩机有限公司
地址:浙江省兰溪市经济开发区曙光路
邮编:321100
电话:0579/88948507
网址:www.zjboyang.com
电子信箱:sales@zjboyang.com
法定代表人:陈金红
质量体系:ISO 9001、IATF 16949
产品情况:空调压缩机、中低温制冷压缩机、冷凝机组等产品

★浙江东峰制冷配件有限公司
地址:浙江省东阳市歌山路339号
邮编:322100
电话:0579/86558222、86019960
传真:86558666、86558000
电子信箱:jimmy@dyrc.com.cn
法定代表人:陈尚进
质量体系:IATF 16949、ISO 9001
产品情况:(东峰牌)
制冷管路,为汽车空调、商用空调及冷冻冷藏设备配套的系列产品

★浙江创新汽车空调有限公司
地址:浙江省龙泉市开发区广通街83号
邮编:323700
电话:0578/7218591
传真:7218052
网址:www.zjlqcx.com
电子信箱:sales001@zjlqcx.com
法定代表人:叶伟锋
单位人数:330
质量体系:IATF 16949
产品情况:(创新牌)
汽车空调平行流冷凝器、管带式冷凝器和层叠式蒸发器、散热器、干燥瓶、膨胀阀等
出口情况:主要出口东南亚、中东、南美洲等地区

★浙江松信汽车空调有限公司
地址:浙江省龙泉经济开发区松溪弄松信产业园区
邮编:323704
电话:0578/7690099、7242222
传真:7690066
网址:www.songxin.cn
电子信箱:sales@songxin.cn
法定代表人:李信伟
单位人数:200
质量体系:IATF 16949、ISO 14001
产品情况:(松信牌)
汽车空调冷凝器、蒸发器1500多个品种,年生产能力达130万台(套)
配套及出口情况:为国内外整车一级、二级配套;远销美国、南美洲、东南亚、中东等国家和地区

★浙江龙腾空调有限公司
地址:浙江省龙泉市经济开发区低丘缓坡综合区块4-03地块
邮编:323799
电话:0578/7218603、13905785118
传真:7218604
网址:www.lontium.cc
电子信箱:lqlt7218603@163.com
法定代表人:郭国奇
质量体系:IATF 16949、ISO 14001
产品情况:汽车空调管路、空调零部件及新能源汽车电动系统总成
配套及出口情况:为宇通客车、北汽福田、北汽威旺、吉利帝豪、上汽五菱、奇瑞、依维柯、皮卡、力帆、集瑞货车等厂家配套;远销中东、非洲、东南亚等地区

★浙江爽凯汽车空调有限公司
地址:浙江省青田县港头工业区
邮编:323903
电话:0578/6868697、6952666
传真:6071927
网址:www.zjshuangkai.com
电子信箱:zjsk@zjshuangkai.com
法定代表人:戴成锵
质量体系:IATF 16949
产品情况:(爽凯牌)
汽车空调蒸发器(层叠式蒸发器、管带式蒸发器)和冷凝器(平行流冷凝器、管带式冷凝器)以及暖风水箱
配套及出口情况:主要配套客户包括巴西福特、重庆赛特、福州泰全(东南汽车)等;为美国GM公司、韩国LANOS(俄罗斯工厂)、东风小康、长安之星、五菱之光车型、一汽佳宝、徐工工程车等配套;远销北美洲、南美洲、欧洲、亚洲、大洋洲、非洲等30个国家和地区

★温州市环球汽车衬垫有限公司
地址:浙江省温州市瓯海区郭溪镇三溪工业园新棣路15号
邮编:325000
电话:0577/88412875
传真:88425188
网址:www.feili.com.cn
法定代表人:张兴俊
单位人数:400
质量体系:IATF 16949、ISO 14001
产品情况:(飞利牌)
汽车内饰件、整车隔音隔热垫
配套情况:为上汽大众、一汽-大众、上汽通用、武汉神龙、广汽本田、福建奔驰、华晨宝马、芜湖奇瑞、合肥江淮、吉利汽车等30多家主机厂的紧密合作伙伴

★温州市东风通用机电厂
地址:浙江省温州市炬光园中路2号
邮编:325029
电话:0577/89615188
传真:89612988
网址:www.wzdf.com
电子信箱:master@wzdf.com
法定代表人:戴瑞发
质量体系:IATF 16949、ISO 14001
产品情况:(鹿城牌)
各种汽车门锁、遥控中控锁、带点火开关的转向锁和汽车锁芯、车门内外把手、组合开关、洗涤器、储液罐、转向盘等产品
配套及出口情况:主要客户有上汽通用五菱、长安汽车、长安铃木、昌河汽车、上海汽车、北京汽车、华泰汽车、比亚迪汽车、东风汽车公司等;出口欧洲等地区

★温州市丽豹汽车配件有限公司
地址:浙江省温州市瓯海区丽岙镇泊岙工业区
邮编:325060
电话:0577/85382628
传真:85382638
网址:www. chinalibao. com
电子信箱:info@ chinalibao. com
法定代表人:丁章锐
质量体系:IATF 16949
产品情况:(丽豹牌)
挡泥板、中央扶手箱、车顶行李架、侧门踏板、前后护杠、发动机下护板、改装中网、休息脚垫等
配套及出口情况:为江淮、一汽马自达、比亚迪、一汽奔腾、吉利、长安福特、长安马自达、广汽丰田等十几个汽车主机厂 OEM 配件供应商;远销北美洲、南美洲、东欧、中东、东南亚等近 50 个国家和地区

★中欧汽车电器有限公司
地址:浙江省瑞安市滨江大道 1306 号
邮编:325200
电话:0577/65609638、65609656
传真:65609668
电子信箱:message@ zhongou. com
法定代表人:吴国琳
质量体系:QS 9000、IATF 16949
产品情况:(中欧牌)
三刮刮水器总成、玻璃升降器总成、车门锁总成、暖风电动机、车用开关等
配套及出口情况:为一汽集团、东风汽车公司等 10 多家主机厂配套;向美国、德国、韩国、东南亚等国家和地区的 OEM 市场和散件市场出口

★浙江万里安全器材制造有限公司
地址:浙江省瑞安市经济开发区开发三路 488 号
邮编:325200
电话:0577/59887000、58903070
传真:58802309
电子信箱:zjwl@ valuesafer. com
法定代表人:彭震
质量体系:IATF 16949
产品情况:[万里安泰(Wanliantai)牌、汽车挚友(Autofriend)牌]
汽车安全带,年产 300 多万条
配套及出口情况:为一汽集团、东风汽车公司、重汽集团、青岛汽车厂、成都王牌等配套;远销欧洲、美洲、非洲、中东、东南亚市场

★温州海鸥汽车锁系统股份有限公司
地址:浙江省温州市经济技术开发区金海大道 305 号
邮编:325203
电话:0577/85329111、56575560
传真:85329222
网址:www. haiousuoye. com
电子信箱:haiousuoye@ 126. com
法定代表人:赵依茹
质量体系:IATF 16949
产品情况:(晋亿牌)
门锁总成、点火开关总成
配套及出口情况:与宇通、金龙、中通、东风、长安、吉利、奇瑞、马自达、菲亚特等企业配套;远销欧洲、美洲、中东、东南亚等地区

★浙江宇航车辆配件有限公司
地址:浙江省瑞安市塘下北工业区凤都六路 99 号
邮编:325204
电话:0577/65337898、66000588
传真:65337858
电子信箱:ruianyuhang@ 163. com
法定代表人:陈浩
质量体系:IATF 16949
产品情况:(展宇牌)
汽车手动/电动玻璃升降器、汽车门限位器,年生产能力 100 万套
配套及出口情况:为比亚迪汽车、北京汽车、中国重汽、厦门金龙、众泰汽车等公司配套;远销欧洲、美洲、东南亚、中东地区

★浙江雷牌机件有限公司
地址:浙江省瑞安市塘下镇汽摩配工业园区
邮编:325204
电话:0577/65355555
传真:65367877
网址:www. leipai. com
电子信箱:leipai@ leipai. com
法定代表人:陈惊雷
单位人数:600
质量体系:IATF 16949
产品情况:(雷牌)
具备年生产汽车锁具 2 万套,摩托车锁具 400 多万套,电动车锁具 150 万套,锁具配件 1000 多万套的生产能力
配套及出口情况:为本田制锁、力帆、宗申、隆鑫、嘉陵、轻骑、吉利汽车等配套;部分产品远销东南亚、中东、南美洲、非洲等地区,并销往中国台湾地区

★浙江世联汽车门系统有限公司
地址:浙江省瑞安市塘下镇新坊工业区强新路 5 号
邮编:325204
电话:0577/66816507
传真:65362700
网址:www. xhsalient. com
电子信箱:sales - 0002@ xhsalient. com
法定代表人:陈子宜
质量体系:ISO 9001
产品情况:轿车中控门锁、机盖锁、尾箱锁、锁机马达
配套情况:为重庆力帆、新感觉、常州阳光、山崎等多家主机厂配套

★浙江正东机车部件有限公司
地址:浙江省瑞安市塘下镇新坊经济技术开发区
邮编:325204
电话:0577/65363188、65369902
传真:85801811、65362397
网址:www. chinazhengdong. com
电子信箱:zd@ chinazhengdong. com
法定代表人:王兴明
质量体系:ISO 9001
产品情况:(正东牌)
汽车锁具、摩托车锁具
配套及出口情况:摩配与建设雅马哈、韩国大林、TVS、重庆建设、北方易初、广州五羊、隆鑫、力帆等国内外十几家知名企业集团建立了定点配套关系;汽配与中国一汽、东风柳汽、吉利、比亚迪、湖北三环、力帆、川汽、法国标致等十几家大型汽车主机厂建立了友好的协作关系;远销欧美、亚非等 20 多个国家和地区

★浙江开拓电器股份有限公司
地址:浙江省瑞安市浙南产业聚集区阁巷分区围一路 66 号
邮编:325204
电话:0577/65351188、65373898
传真:65377770
网址:www. kaikaichina. com
电子信箱:kaikaichina@ kaikaichina. com
法定代表人:韩邦开
单位人数:160
质量体系:IATF 16949
产品情况:(KK 牌)
各类汽车刮水器总成、汽车散热器风扇、冷凝器风扇、空调鼓风机、座椅电动机等
配套及出口情况:为印度塔塔、俄罗斯拉达、墨西哥福特公司配套;远销亚洲、欧洲、美洲等地区

★浙江龙纪汽车零部件股份有限公司
地址:浙江省瑞安市南滨街道江南大道 669 号
邮编:325206
电话:0577/65103777、65366981
传真:65366981
网址:www. zjljqp. com
电子信箱:yuzhonghe168@ 163. com
法定代表人:余忠核
质量体系:IATF 16949、ISO 14001
产品情况:主要产品有车用行李架系列、车身铝饰条系列、防撞梁(铝)系列、防撞杆系列、车门铰链系列、电动踏板等六大系列产品
配套情况:主要为上汽通用、一汽-大众、通用五菱、上汽、一汽解放、众泰、陕汽、汉腾、君马、北汽等近 20 家大中型整车厂配套

★温州安利车辆部件有限公司
地址:浙江省瑞安市汀田镇北凤渎工业区

邮编:325206
电话:0577/65103388
传真:65103088
网址:www.anli86.com
电子信箱:13958816806@126.com
法定代表人:叶其龙
质量体系:IATF 16949
产品情况:(桑罗特牌)
货车驾驶室翻转机构总成,驾驶室锁止机构总成,制动、离合组合踏板总成及电子加速踏板总成
配套情况:主要客户有重汽集团济南轻型货车部、中国重汽集团成都商用车、中国重汽集团福建海西汽车、沈阳金杯车辆、一汽红塔汽车、山东时风商用车等

★浙江雷力汽车零部件有限公司
地址:浙江省温州市平阳榆垟工业园区
邮编:325400
电话:0577/63793998、63793978
传真:63791758
网址:www.leili.com.cn
电子信箱:xsb3@leili.com.cn
法定代表人:杨介元
质量体系:IATF 16949
产品情况:(雷力牌)
汽车风窗电动刮水器和客车门锁
配套及出口情况:为扬州亚星客车、金华青年汽车、湖南中车时代电动汽车、厦门金龙旅行车、重庆穗通实业、四川现代汽车、东风襄阳旅行车、一汽客车大连客车厂等配套;出口东南亚、欧洲、南美洲、北美洲等地区

★温州市金勒普汽车零部件有限公司
地址:浙江省瑞安市飞云石碣门飞云新区(纬十一路)顺和路656号
邮编:325409
电话:0577/65552889
传真:65552881
网址:www.cnruihao.com
电子信箱:info@cnruihao.com
法定代表人:池进光
质量体系:IATF 16949、ISO 14001
产品情况:(瑞浩牌)
铝钎焊热散热器、汽车散热器、铝和铜扩张管式蒸发器、冷凝器、热水箱、油冷却器、蒸发器总成和加热器总成
出口情况:远销欧美、东南亚等市场

★浙江赛凯车业有限公司
地址:浙江省乐清市虹桥镇溪西高新技术工业园区C区-1座
邮编:325600
电话:0577/62338008、62338004
传真:62338007
网址:www.zj-saikai.com
电子信箱:saikai@zj-saikai.com
法定代表人:陈万松
质量体系:IATF 16949
产品情况:具有100万套以上安全带的生产能力
配套及出口情况:为江淮汽车集团、东风柳汽、北汽福田、上海万丰汽车、钱江集团、美国卡丁车、吉利集团等全国多家主机厂配套;随车出口东南亚及越南地区

★温州市光大汽配制造有限公司
地址:浙江省洞头县岭背工业区福荣路15号
邮编:325700
电话:0577/63486691、63478853
传真:63487317
电子信箱:dtzp@163.com
法定代表人:甘良鹏
质量体系:IATF 16949
产品情况:(洞球牌)
保险杠、车门饰板、挡泥板、上下车踏板、门窗密封条等重型车、轿车配件
配套及出口情况:与北方奔驰、福田欧曼、斯太尔、重庆铁马、上海汇众等多家知名企业配套;出口东欧、美洲等地区

安徽省

★安徽爱德夏汽车零部件有限公司
地址:合肥市蜀山区玉兰大道一号
邮编:230031
电话:0551/65841072
传真:65842948
网址:www.edscha.com
法定代表人:TORSTEN GREINER
质量体系:IATF 16949、ISO 14001
产品情况:轿车门铰链、门限位器、前盖和后盖铰链、停车制动器等
配套情况:为上汽大众、上汽通用、一汽集团、一汽-大众、神龙汽车、奇瑞汽车等配套

★安徽江南机械有限责任公司
地址:合肥市玉兰大道一号
邮编:230031
电话:0551/65841002
传真:65841868
网址:www.ahjn.com
电子信箱:jiangnan@ahjn.com
法定代表人:司晶璟
质量体系:IATF 16949、ISO 14001
产品情况:汽车踏板、行李舱铰链、滑移门支架、备胎固定器、防撞杆、前罩锁扣及机械工具类产品;具有年产120万辆/份轿车铰链类组件、50万辆/份滑移门支架、50万套汽车踏板和30万套车用备胎固定器等产品的生产能力
配套及出口情况:为上汽通用、一汽-大众、神龙、上汽集团、江铃福特、江淮、安徽奇瑞等汽车厂家配套;部分产品出口美国

★合肥华瑞汽车零部件有限公司
地址:合肥市包河区工业园延安路9号
邮编:230051
电话:0551/63358707、63358709
网址:www.hefeihuarui.com
电子信箱:hefeihuarui@163.com
法定代表人:葛传英
质量体系:IATF 16949
产品情况:主要产品有汽车横梁、冲压覆盖件、底盘悬架件、金加工件等
配套情况:为江淮汽车、安徽安凯、安徽安凯金达工贸、安徽汇金汽车零件等配套

★合肥达因汽车空调有限公司
地址:合肥市高新区柏堰科技园石楠路7号
邮编:230088
电话:0551/62722668、4001885598
网址:www.chinadyne.com
法定代表人:谢文良
质量体系:IATF 16949
产品情况:(达因牌)
汽车空调压缩机
出口情况:海外市场覆盖北美洲、中南美洲、欧洲、亚洲等

★合肥汇通控股股份有限公司
地址:合肥市经济技术开发区汤口路99号
邮编:230601
电话:0551/63845666、63829288
传真:63845666
网址:www.conver.com.cn
电子信箱:hfht@conver.com.cn
法定代表人:陈王保
质量体系:IATF 16949、ISO 14001
产品情况:电镀格栅、标牌、车轮护罩、车门扶手、副仪表板及仪表板装饰件、转向盘真皮缝制、变速操纵机构装饰等装饰件;加热器壳体总成、顶蒸发器总成、电子风扇总成、洗涤器壶总成等汽车功能件;前机盖隔热隔音垫、前舱隔热垫、前挡板减振垫、A、B、C、D柱减振垫、翼子板减振垫等汽车NVH产品
配套情况:为江淮、奇瑞、大众、长城、昌河、安凯等配套

★安徽江淮松芝空调有限公司
地址:合肥市经济技术开发区紫石路2869号
邮编:230601
电话:0551/66183969、7116275
网址:www.shsongz.com.cn
电子信箱:xuxiaomei@ahjhsz.com
法定代表人:陈志平
质量体系:IATF 16949、ISO 9001
产品情况:轿车、SUV、商务车、货车等用多种汽车空调,散热器、中冷器、油冷器等多种热交换器

★安徽金诚汽车装饰设计开发有限公司
地址:合肥市双凤经济开发区鹤翔湖路88号
邮编:231131
电话:0551/66391241、66391242

网址:www. ahjincheng. com. cn
电子信箱:jczs@ ahjincheng. com. cn
法定代表人:孟先锋
质量体系:IATF 16949
产品情况:主要从事客车内外饰件的系统设计、开发和生产制造,且具备整车试制能力,产品覆盖汽车内饰件(前后顶、风道、行李架等)和仪表台
配套情况:主要合作伙伴有福田欧辉客车、安凯客车、厦门金龙旅行车、珠海银龙客车、一汽客车、宇通客车

★安徽金诚复合材料有限公司
地址:合肥市双凤开发区魏武路8号
邮编:231131
电话:0551/66391234、66391188
传真:66391288
网址:www. ahjc. com. cn
电子信箱:jincen - cn@ jincen - cn. com
法定代表人:艾迁
质量体系:IATF 16949、GJB 9001B
产品情况:汽车内外饰件、车载卫生间、车载冰柜
配套及出口情况:主要合作伙伴有安徽江淮、安凯股份、厦门金龙、苏州金龙、宇通客车、西安沃尔沃、北汽福田、厦门金旅、中通博发、丹东黄海、星马股份等;部分产品出口德国、韩国、乌克兰、澳大利亚、东南亚等国家和地区

★合肥亿力机械制造有限公司
地址:合肥市肥西县上派镇集中工业区
邮编:231200
电话:0551/68893659、18955126963
传真:68841541
网址:www. ahyili. com
电子信箱:shenghaiqianping@ sina. com
法定代表人:梁鹏
单位人数:200
质量体系:ISO 9001
产品情况:各种汽车车架、门架的结构件、冲压件、铆焊件
配套情况:为合力叉车、日资优嘉力公司、江淮重工、好运机械、中联重科、上海梯佑叉车、安徽威玛重工、台励福(台资)、韩资青岛松新元等配套

★安徽天祥空调科技有限公司
地址:安徽省滁州市全椒经济开发区
邮编:239058
电话:0550/5258666
传真:5298616
网址:www. accauto. com. cn
电子信箱:acc@ accauto. com. cn
法定代表人:骆宣佐
质量体系:IATF 16949
产品情况:各种车型汽车空调冷凝器、蒸发器、散热器、汽车机油冷却器和中冷器等几大系列产品
配套及出口情况:为一汽、东风、上汽等汽车空调系统主机厂配套;出口欧洲、北美洲和东南亚地区

★芜湖新泉汽车饰件系统有限公司
地址:安徽省芜湖经济技术开发区凤鸣湖北路30号
邮编:241000
电话:0553/5935512
网址:www. xinquan. cn
电子信箱:503674310@ qq. com
法定代表人:唐志华
质量体系:IATF 16949
产品情况:主要生产仪表板、门饰板等汽车内饰件产品,年产汽车仪表板60万套
配套情况:为奇瑞等知名汽车制造公司配套

★麦凯瑞(芜湖)汽车外饰有限公司
地址:安徽省芜湖市经济技术开发区
邮编:241000
电话:0553/5659088
网址:www. magna. com/zh
电子信箱:xiuhui. wang@ magna. com
法定代表人:NICHOLAS JAMES MORGAN
质量体系:IATF 16949
产品情况:年产奇瑞保险杠24.2万件、奇瑞车门内护板2万件,年产能可达30万台(套)
配套情况:为奇瑞汽车配套

★芜湖尚唯汽车饰件有限公司
地址:安徽省芜湖市经济技术开发区凤鸣湖北路28号
邮编:241000
电话:0553/2673603、18056539577
网址:cn - sunway. com
法定代表人:杜战军
质量体系:IATF 16949、ISO 9001
产品情况:产品有全套乘用车地毯饰件、行李舱内饰总成,各种减振垫、隔音隔热垫和乘用车顶棚等
配套情况:主要合作伙伴有吉利汽车、奇瑞汽车、众泰汽车等

★芜湖正海汽车内饰件有限公司
地址:安徽省芜湖市鸠江经济开发区祥晖路1号
邮编:241008
电话:0553/2307882
网址:www. zhenghai. com
电子信箱:wuhu@ zhenghai. com
法定代表人:郭焕祥
质量体系:IATF 16949、ISO 14001
产品情况:汽车内饰件、工程塑料制品、聚氨酯材料及制品
配套情况:为一汽集团红旗、奔腾,一汽-大众奥迪A6、奥迪C6/B7、捷达、宝来、迈腾,神龙公司富康、爱丽舍、标致307、206,上汽通用乐风、乐骋,奇瑞公司奇瑞系列,吉利美日、金刚、远景,天津威姿和威乐,沈阳华晨阁瑞斯等21家汽车厂60多种车型配套内饰顶棚,并为奥迪C6等车型配套座椅后护板,为奥迪、奇瑞等系列车型配套免玻纤DVD等产品

★芜湖恒信汽车内饰制造有限公司
地址:安徽省芜湖市经济技术开发区凤鸣湖北路26号
邮编:241009
电话:0553/5842035
传真:5843473
网址:www. anhuihx. com
电子信箱:hxyingxiao@ anhuihx. com
法定代表人:赵玉秀
质量体系:IATF 16949
产品情况:汽车前端模块系列产品、汽车仪表板、门护板等内饰件产品
配套情况:主要客户有中航爱维客、江淮、奇瑞、吉利、东风等

★芜湖莫森泰克汽车科技股份有限公司
地址:安徽省芜湖市经济技术开发区凤鸣湖路12号
邮编:241009
电话:0553/5962360
传真:5962378
网址:www. motiontec. cn
电子信箱:motiontec@ motiontec. cn
法定代表人:周玉成
单位人数:300
质量体系:IATF 16949、ISO 9001
产品情况:汽车天窗、玻璃升降器、电动滑门、电动尾门等开闭件及配套电子控制器(ECU)
配套及出口情况:客户涵盖上汽通用五菱、一汽-大众、奇瑞、观致、吉利、东风、江铃、北汽等众多主机厂;远销俄罗斯、伊朗、埃及等多个国家和地区

★博耐尔汽车电气系统有限公司
地址:安徽省芜湖市经济技术开发区凤鸣湖南路2-8号
邮编:241009
电话:0553/5991841、5998021
网址:www. bonaire. cn
法定代表人:何自富
质量体系:IATF 16949、ISO 14001
产品情况:汽车空调系统和发动机热管理系统及其零部件;新能源汽车空调和电池热管理领域
配套及出口情况:为奇瑞、吉利、众泰、华泰等多家汽车主机厂的汽车零部件供应商;出口美国、南美洲、东欧、北非、中东、东南亚的十几个国家

★信义汽车部件(芜湖)有限公司
地址:安徽省芜湖市经济技术开发区信义路2号
邮编:241009
电话:0553/5899999、5895829
传真:5906888
电子信箱:tangyl@ xinyiglass. com
法定代表人:李圣根
质量体系:IATF 16949、ISO 14001

产品情况:汽车安全玻璃、特种密封材料、特种玻璃及其他汽车零部件

★郎溪飞马工业织品有限公司
地址:安徽省郎溪经济开发区
邮编:242131
电话:0563/2269079
传真:2269080
网址:www. wxfeima. com
电子信箱:sales@ wxfeima. com
法定代表人:钱仁才
质量体系:IATF 16949、ISO 14001
产品情况:(飞马牌)
主要生产汽车用安全带织带
配套情况:奇瑞、比亚迪、吉利、长城、昌河、北汽、上汽、柳汽、长安、大众、一汽、东风、中国重汽、众泰、江淮等汽车公司都使用本公司生产的织带

★安徽民生集团有限公司
地址:安徽省宣城市泾县北郊香山
邮编:242500
电话:0563/5081818
电子信箱:ahms@ msfrp. com
法定代表人:范民
质量体系:ISO 9001、ISO 14001
产品情况:保险杠、EPP 发泡件等汽车配件,高分子复合材料
配套情况:为多家汽车厂配套

★铜陵华源汽车内饰材料有限公司
地址:安徽省铜陵市经济技术开发区泰山大道南段 289 号
邮编:244061
电话:0562/2658864、2658665
传真:2658515
网址:www. hyns. com. cn
电子信箱:web@ hyns. com. cn
法定代表人:薛行远
质量体系:IATF 16949
产品情况:(华源牌)
可年生产汽车内装饰材料(麻毡板)6000 吨,汽车内装饰零件 30 万件
配套情况:麻纤维板产品配套于江淮货车、中国重汽、陕西重汽、黄海客车、金龙客车、江淮客车、奇瑞轿车、华晨轿车、上汽大众轿车、上汽通用轿车;汽车内饰零件配套于丹东黄海客车、江淮客车

★安徽江山机械有限公司
地址:安徽省岳西县莲云经济开发区莲塘路 15 号
邮编:246600
电话:4008700060
传真:0556/2185777
网址:www. ahjsjx. cn
电子信箱:ahjsjxgs@ sina. com
法定代表人:余晓彬
质量体系:IATF 16949
产品情况:铝合金脚踏板、塑料装饰板、一体塑料脚踏板总成、铝合金油泵壳体、汽车刮水器、重型货车挡泥板、微型货车保险杠等
配套情况:主要为安徽江淮汽车轻(重)型商用车公司、陕西重型汽车、陕西宝鸡华山工程车辆、安徽江淮安驰汽车、扬州江淮轻型汽车、青州江淮汽车等国内知名企业配套

★安徽省优拓汽车配件制造有限公司
地址:安徽省池州市经济技术开发区金安园区梧桐路 79 号
邮编:247099
电话:0566/2561888、1579648946
网址:www. youtowiper. com
电子信箱:info@ youtoparts. com
法定代表人:殷小恒
质量体系:IATF 16949
产品情况:汽车智能刮水器、冬季刮雪刮片、无骨刮水片、有骨刮水片等

福建省

★福州和胜汽车配件有限公司
地址:福建省闽侯县青口镇投资区
邮编:350119
电话:0591/22765066、22771732
传真:22760315
网址:www. hersheen - fz. com
电子信箱:sale@ hersheen. com
法定代表人:刘金德
质量体系:IATF 16949、ISO 14001
产品情况:地毯、顶棚、隔音、隔热、吸塑、真空成型以及热压塑料件、内饰件等
配套情况:为东南汽车、东风日产、华晨金杯、郑州日产、东风柳汽等配套

★福州联泓交通器材有限公司
地址:福建省闽侯县青口投资区
邮编:350119
电话:0591/22762833
传真:22762883
网址:www. lianhong. com. cn
电子信箱:ms@ lianhong. com. cn
法定代表人:杨登宏
质量体系:IATF 16949、ISO 14001
产品情况:汽车座椅、顶棚及内饰件(抬头显示器、衣帽架等)
配套情况:合作伙伴有福建奔驰、东南汽车、东风裕隆、云度汽车、敏安汽车、五菱汽车、知豆汽车、长城汽车、上汽大通、长安马自达、长丰汽车、名爵、宇通集团、华颂、东风汽车、广汽三菱、合众汽车、江铃汽车、宝骏汽车、中欧汽车等

★福州福光橡塑有限公司
地址:福建省闽侯县青口投资区
邮编:350199
电话:0591/22772890、22769756
传真:22769754
网址:www. fukwang. com
电子信箱:hxg@ fukwang. com
法定代表人:佐藤进
质量体系:IATF 16949、ISO 14001
产品情况:车体产品包括门框密封、车门防水衬条、车窗玻璃导槽、车窗内外水切条、风窗密封条、发动机罩密封条、后盖密封条等
配套情况:为东风日产(天籁、阳光、蓝鸟、轩逸、俊逸),广汽本田(飞度、奥德赛),东南汽车(得利卡、富利卡、菱帅),长安福特(蒙迪欧 - 致胜、福克斯)等配套

★福建省万达汽车玻璃工业有限公司
地址:福建省福清市福耀工业区Ⅰ区
邮编:350301
电话:0591/85383777、4009886868
传真:85363983
网址:www. fuyaogroup. com
电子信箱:wenxi. xue@ fuyaogroup. com
法定代表人:曹德旺
质量体系:ISO 14001、OHSAS 18001
产品情况:汽车安全玻璃,主要服务于出口维修市场
出口情况:远销北美洲、大洋洲、东南亚、欧洲等市场;主要出口配套客户包括英国宝马、路虎、VOLVO、俄罗斯大众、现代、北美通用、北美克莱斯勒、大洋洲 HOLDEN、伟巴斯特、FRITZ 等国外汽车制造厂

★福耀玻璃工业集团股份有限公司
地址:福建省福清市福耀工业区二区
邮编:350301
电话:0591/85383777
传真:85363983
网址:www. fuyaogroup. com
电子信箱:fysales@ fuyaogroup. com
法定代表人:曹德旺
质量体系:OHSAS 18001、IATF 16949
产品情况:[福耀(FY)牌]
汽车前风窗玻璃、后风窗玻璃、侧窗玻璃、三角窗玻璃、防弹玻璃
配套及出口情况:为一汽集团、一汽-大众、华晨金杯、神龙汽车、北京奔驰、上汽大众、长城汽车、上汽通用五菱、郑州宇通、广汽本田、长安汽车、长安铃木、长安福特、长安马自达配套;在美国、俄罗斯、德国、日本、韩国等 9 个国家和地区建立现代化生产基地

★福建宏协承汽车部件有限公司
地址:福建省福清市融侨经济技术开发区光电科技园
邮编:350301
电话:0591/85363937
传真:85363050
网址:www. hongxie. com
法定代表人:胡宏
质量体系:IATF 16949
产品情况:专业生产汽车门框、装饰密封件

★福建东联机车部件有限公司
地址:福建省福鼎市分水关东联工业园
邮编:355200
电话:0593/7877777、7877333
传真:7877111
网址:www. c – eu. cn
电子信箱:sales@ c – eu. cn
法定代表人:王国光
质量体系:IATF 16949、ISO 14001
产品情况:专业生产汽车刮水器总成(刮水片、刮水电动机、刮水臂、刮水连动杆)和车窗升降器总成以及各类小型直流电动机,年生产能力为 1300 万条刮水片,240 万条刮水臂,130 万台各式电动机,60 万条刮水连动杆
配套及出口情况:是东风汽车、长安汽车、江苏宗申等国内知名汽车厂商的配套供应商,同时也是俄罗斯 PAZ、伊朗 SAIPA(塞帕)等国外车厂的认证供应商;远销德国、法国、美国、韩国、意大利、巴西、俄罗斯、印度等 30 多个国家

★厦门金龙橡塑制品有限公司
地址:福建省厦门市厦禾路 668 号 B 座 22 – 23 层
邮编:361004
电话:0592/2962988
传真:2960686
网址:www. xmklm. com. cn
电子信箱:kinglong@ xmklm. com. cn
法定代表人:刘启文
质量体系:QS 9000、ISO 9002
产品情况:各种汽车内外装饰件、行李架、后视镜、高位制动灯、挤塑及注塑件、玻璃钢制件、发泡件、电器类等
配套情况:为上汽通用五菱、厦门金旅等配套

★厦门健秀镜业有限公司
地址:福建省厦门市集美北部工业区 95 – 99 号
邮编:361021
电话:0592/6680180
传真:6684868
电子信箱:ksource@ ksource. com. cn
法定代表人:庄胜吉
质量体系:IATF 16949、ISO 14001
产品情况:汽车、摩托车后视镜、电子室内镜、防炫室内镜

★厦门金龙汽车座椅有限公司
地址:福建省厦门市集美区铁山路 186 号
邮编:361022
电话:15259286366、13959233939
网址:www. autoseat. com. cn
电子信箱:jw@ autoseat. com. cn
法定代表人:周方明
质量体系:IATF 16949
产品情况:大、中型客车系列座椅,轻型客车、MPV 系列座椅,公交车系列、重型货车整套座椅和礼宾车座椅,并可提供救护车、采血车、警务车等特殊车型的座椅,具有年产 50 万位座椅的生产能力
配套及出口情况:为厦门金龙客车、厦门金旅客车、福建龙马汽车、安徽华菱重汽等主机厂配套;远销东南亚、南非、埃及、欧洲等国家和地区

★厦门松芝汽车空调有限公司
地址:福建省厦门市集美灌南工业区莲上路 17 – 29 号
邮编:361023
电话:0592/7559261
传真:7559262
网址:www. shsongz. com. cn
法定代表人:CHEN HUAN XIONG
单位人数:3000
质量体系:IATF 16949
产品情况:各类车辆空调器
配套及出口情况:主要为厦门金龙、苏州金龙供货;远销海外

★厦门金龙汽车车身有限公司
地址:福建省厦门市集美区灌口镇灌口中路 169 号
邮编:361023
电话:0592/6379576
传真:5621910
网址:www. xmgdab. com
法定代表人:周方明
质量体系:ISO 9001
产品情况:汽车车身制造、汽车配件加工、车身冲压模具制造、工装夹检具制造等
配套情况:为北汽福田、厦门金旅、沈阳中顺、长城汽车、一汽通用红塔云南等十几家知名汽车厂配套

★厦门金龙汽车空调有限公司
地址:福建省厦门市集美区金龙路 805-809 号
邮编:361023
电话:0592/6378662、6378680
传真:6378665
电子信箱:postmaster@ xmjlkt. com
法定代表人:丁明彬
质量体系:ISO 14001、ISO 9001
产品情况:(金龙空调牌)
各系列大、中、轻型客车空调、节能环保型空调、纯电动空调、校车空调及各类型换热器产品

★厦门富可汽车配件有限公司
地址:福建省厦门市同安工业集中区思明园 311 号
邮编:361100
电话:0592/7236057、7236056
传真:7236055
网址:www. fukewiper. com
电子信箱:fuke@ fukewiper. cn
法定代表人:王书屋
单位人数:500
质量体系:IATF 16949、ISO 9001
产品情况:(CARALL 牌)
汽车刮水片、汽车喇叭、行车记录仪等
出口情况:远销欧美、中东、非洲、东南亚等国家和地区

★美途汽配实业(厦门)有限公司
地址:福建省厦门市同安区城东洪塘路 182 号
邮编:361100
电话:0592/6039191、4001105758
网址:www. meto. com. cn
电子信箱:china@ meto. com. cn
法定代表人:吴升柱
质量体系:IATF 16949
产品情况:(METO 牌)
汽车刮水器
出口情况:远销欧洲、北美洲、俄罗斯、东南亚等 30 多个国家和地区

★泉州国胜汽车部件实业有限公司
地址:福建省泉州市鲤城区浮桥王宫工业区国胜大厦
邮编:362000
电话:0595/22484621、22411801
传真:22484620
网址:www. qzguosheng. com
电子信箱:business@ ksgroup. co
法定代表人:傅美华
质量体系:IATF 16949
产品情况:(KS 牌)
安全带、三元净化器、故障警告牌、汽车行驶记录仪、儿童座椅
配套及出口情况:为北京奔驰、一汽海马、南京依维柯、江铃汽车、江淮汽车、上汽通用五菱、厦门金旅、厦门金龙、奇瑞汽车、北汽福田、广汽三菱、昌河汽车、东风汽车公司、一汽解放青岛、陕汽集团、重汽集团等配套;远销美国、法国、东南亚等国家和地区

★龙海市九龙座椅有限公司
地址:福建省漳州市龙池开发区白礁工业园
邮编:363107
电话:0596/6863706、6863736
电子信箱:jlzy2@ sanloong. com
法定代表人:刘启文
单位人数:333
质量体系:IATF 16949
产品情况:专业从事各种客车座椅生产
配套情况:主要客户包括厦门金龙、厦门金旅、南京金龙、比亚迪客车、福田汽车、五菱汽车等国内知名客车厂

★三明科飞产气新材料股份有限公司
地址:福建省三明市高新技术开发区金沙园创业园
邮编:365500
电话:0598/5850318、5853979
传真:5852606
网址:www. cofferxm. com

电子信箱：cofferxm@126.com
法定代表人：戴良玉
质量体系：ISO 9001
产品情况：专业生产安全气囊专用产气新材料
出口情况：出口美国、欧洲、日本、韩国、以色列、澳大利亚、印度、巴西、智利等国家和地区，并销往中国台湾地区

江西省

★江西江铃李尔内饰系统有限公司
地址：南昌市小蓝经济开发区富山五路1568号
邮编：330001
电话：0791/82217324
电子信箱：0lliu04@jmcglear.com
法定代表人：昌宏顺
单位人数：600
质量体系：IATF 16949、QS 9000
产品情况：汽车座椅及内饰件
配套情况：为江铃福特、江铃控股、江西五十铃、江铃新能源配套

★江西新电汽车空调系统有限公司
地址：南昌市小蓝工业园汇仁大道399号
邮编：330052
电话：0791/85982026
传真：85982028
网址：www.jxxindian.com
电子信箱：huhs@jxxindian.com
法定代表人：罗秀莲
质量体系：IATF 16949、ISO 14001
产品情况：（新电牌）
NHR、TFR、SUV、重型货车、轻型客车、微车、轿车等汽车空调系统及热交换器
配套情况：为江铃汽车、北汽福田、一汽海马、上汽通用五菱、昌河汽车、长城汽车、南京长安等配套

★南昌江铃集团梅克朗汽车镜有限公司
地址：南昌市小蓝经济开发区富山三路
邮编：330200
电话：0791/85988873、85988871
传真：85988870
网址：www.mekra.com.cn
电子信箱：wangyan@mekra.com.cn
法定代表人：朱亚群
质量体系：IATF 16949、ISO 14001
产品情况：汽车后视镜
配套情况：为江铃汽车集团的全系列汽车配套

★翰昂汽车零部件（南昌）有限公司
地址：南昌市小蓝经济开发区工业一路300号
邮编：330200
电话：0791/85986663、85986684
传真：85986658
网址：www.jmcg.com.cn
电子信箱：visteonjv@163.com
法定代表人：Jeong Won Son
质量体系：IATF 16949、ISO 14001
产品情况：汽车空调系统、空调管路
配套情况：为江铃汽车、长安福特、长安马自达、北京奔驰配套

★江西行新汽车科技股份有限公司
地址：南昌市小蓝经济开发区金沙南一路188号
邮编：330200
电话：0791/85777077、85777088
传真：4008266163－06857
网址：www.jxxxc.com
电子信箱：zjz@jxxxc.com
法定代表人：张进舟
质量体系：IATF 16949、ISO 14001
产品情况：（行新牌）
汽车仪表板、保险杠、转向盘、内外饰件、坐垫等，年生产转向盘200万台（套），内外饰件100万台（套）
配套情况：为江铃汽车、跃进汽车、上汽通用五菱、北奔重汽、青年客车、北汽福田、陕汽集团、广州羊城、力帆汽车、川汽、河北长安等配套

★江西省索密特实业股份有限公司
地址：江西省上饶市三江工业园工业大道201号
邮编：334000
电话：0793/8159073、8159079
传真：8159968
网址：www.smtsy.cn
电子信箱：1020897172@qq.com
法定代表人：林德华
单位人数：150
质量体系：IATF 16949、ISO 9001
产品情况：［索美特（SWOET）牌］
各种手动、电动玻璃升降器，年产量达60万台（套）

山东省

★山东统亚模塑科技实业有限公司
地址：济南市高新区科航路1999号
邮编：250104
电话：0531/87176888、88661978
传真：88688068
网址：www.sdtyp.com
电子信箱：sdtyms@126.com
法定代表人：朱庆凯
单位人数：150
质量体系：ISO 9001、IATF 16949
产品情况：汽车高位进气系统、整体仪表台、容器类及汽车内外饰等
配套情况：主要客户有重汽、一汽、华泰、曼胡默尔、采埃孚、浪潮集团、积成电子、TOTO等知名企业

★济南鲁新金属制品有限公司
地址：济南市章丘区城东工业园三涧大道
邮编：250200
电话：0531/61330003、61330005
网址：www.yatonggroup.com
电子信箱：chengguihua@yatonggroup.com
法定代表人：焦召明
单位人数：150
质量体系：IATF 16949、ISO 14001
产品情况：中国重汽N07车型（A7）的驾驶室连接板、流水槽、翼子板；斯太尔车身车门内板；车架连接板、大小横梁；HOWO保险杠总成、长短地板、轮罩、油缸支架等；HOKA保险杠总成、工具箱总成；浩瀚车型高顶顶盖；唐骏欧铃保险杠、前围中板、地板前横梁、地板、下框架等
配套情况：为中国重汽集团及山东唐骏欧铃汽车公司提供一级配套

★济南润友模塑有限公司
地址：济南市章丘区圣井高科技园润友工业园
邮编：250200
电话：0531/58679085、58679086
传真：58679093
网址：www.jnryms.cn
法定代表人：郭培杰
质量体系：IATF 16949、ISO 9001
产品情况：中国重汽HOWO08、HOWO10、HOWOT7H、T5G、A7、C7H、豪卡、豪瀚等汽车内外饰件；陕汽新M3000汽车内外饰件；重型汽车铝合金储气筒；SMC片状模塑料等
配套及出口情况：是中国重汽和陕汽的定点配套供应商；远销国外10多个地区

★山东通盛制冷设备有限公司
地址：山东省聊城市凤凰工业园纬一路33号
邮编：252000
电话：0635/8579160、8322810
网址：www.sdtongsun.com.cn
电子信箱：sales@sdtongsun.com.cn
法定代表人：郭元栋
质量体系：IATF 16949、ISO 9001
产品情况：产品覆盖客车空调、工程车空调、冷藏机组和汽车电子（仪表线束、发动机线束、底盘线束、压缩机、膨胀阀、继电器等），具有年产制冷设备3万套的生产能力

★山东三岭汽车内饰有限公司
地址：山东省德州市宁津县经济开发区
邮编：253400
电话：0534/5861052
传真：5864289
网址：www.sdslgroup.com
电子信箱：saslqc@126.com
法定代表人：倪桂龙
单位人数：410
质量体系：IATF 16949
产品情况：（倪岭牌）
主导产品有STR系列、STRW系列、HOWO系列、黄河王子系列、德龙

F2000系列、A7系列、T7系列、T5G系列等重型货车以及轻型货车等汽车驾驶室内饰件
配套情况:为中国重汽、陕西重汽、上汽依维柯、湖南三一、安徽集瑞重工、山西大运、内蒙古华泰等厂家配套

★山东丰达汽车内饰有限公司
地址:山东省宁津县正阳路工业园区49号
邮编:253400
电话:0534/5211368、13505446299
传真:5215028
电子信箱:sdfengda66@163.com
法定代表人:李向军
单位人数:122
质量体系:ISO 9001、IATF 16949
产品情况:(丰达牌)
门板塑料件、座椅盖板、隔热垫、门板防音垫、行李舱内饰件、保险杠
配套情况:为一汽、天津丰田、沈阳金杯、厦门金龙、武汉万通、华泰圣达菲、南汽名爵等公司的重要配套商

★金晶(集团)有限公司
地址:山东省淄博市高新技术开发区宝石镇王庄
邮编:255200
电话:0533/3584605、4166333
网址:www.cnggg.cn
电子信箱:sales@cnggg.cn
法定代表人:王刚
质量体系:ISO 14001、ISO 9001
产品情况:汽车玻璃等
出口情况:远销欧美、日本、韩国、东南亚、大洋洲、中东等100多个国家和地区

★山东黑山玻璃集团有限公司
地址:山东省淄博市博山区八陡黑山前384号
邮编:255203
电话:0533/4590696、4590600
网址:www.heishanglass.com
电子信箱:lee@heishanglass.com
法定代表人:韩祥军
单位人数:830
质量体系:ISO 9001、ISO 14001
产品情况:(CREST牌)
汽车玻璃配光镜系列等
出口情况:远销亚洲、美洲、欧洲、非洲等地区

★山东省博兴县开元车辆配件有限公司
地址:山东省博兴县经济开发区富源路639号
邮编:256500
电话:0543/2126377、0532/68971246
传真:0543/2126377、0532/68971246
电子信箱:sale01@kaiyuan4x4.com
法定代表人:张心明
质量体系:IATF 16949
产品情况:专业生产保险杠、龙门架、踏板、行李架、(镀铝、镀锌、不锈钢三大系列)汽车消声器、三元催化器等汽车配件,年生产能力20余万套
配套及出口情况:为江淮汽车、河北中兴、郑州日产、长春一汽、东风凯马、保定长城、保定恒天、天汽美亚、沈阳华晨、山西成功、江西江铃、四川华瑞等汽车制造商配套;出口俄罗斯、中东、南亚、北美洲、南美洲等国家和地区

★山东东虹工贸有限公司
地址:山东省青州市齐王路8777号
邮编:262500
电话:0536/3572565
网址:www.donghong-cn.com
法定代表人:李庆斌
质量体系:ISO 9001、IATF 16949
产品情况:生产货厢、车架等汽车零部件,改装、生产厢式车等自主品牌车

★烟台正海合泰科技股份有限公司
地址:山东省烟台市福山高新区祥福街57号
邮编:264000
电话:0535/6303726、6303916
传真:6303579
网址:www.zhenghai.com
电子信箱:zongheguanlibu@zhenghai.com
法定代表人:郭焕祥
单位人数:890
质量体系:IATF 16949、ISO 14001
产品情况:汽车顶棚类、地毯类、天窗遮阳板类、轮胎护罩类、座椅后护板类、免玻纤DVD类、蓄电池护罩类、聚氨酯类部件等汽车内饰产品
配套情况:为一汽集团红旗、奔腾,一汽-大众奥迪A6、奥迪C6/B7、捷达、宝来、迈腾,神龙公司富康、爱丽舍、标致307、206,上汽通用乐风、乐骋,奇瑞公司奇瑞系列,吉利美日、金刚、远景,天津威姿和威乐,沈阳华晨阁瑞斯等21家汽车厂60多种车型配套内饰顶棚,并为奥迪C6等车型配套座椅后护板,为奥迪、奇瑞等系列车型配套免玻纤DVD等产品

★烟台三环锁业集团股份有限公司
地址:山东省烟台市芝罘区
邮编:264001
电话:0535/6254401、6834132
网址:www.tri-circle.com
法定代表人:刘清华
质量体系:IATF 16949、ISO 14001
产品情况:锁具
出口情况:畅销世界180多个国家和地区

★烟台只楚名盛汽车饰件表面处理公司
地址:山东省烟台市芝罘科技工业园东岳路7号
邮编:264002
电话:0535/6857516、6857508
传真:6857507
电子信箱:zcms18@163.com
法定代表人:荣宝良
单位人数:107
质量体系:IATF 16949
产品情况:汽车内饰件、仪表板
配套情况:客户有上汽通用、烟台东岳通用、上汽大众

★烟台汽车内饰总公司
地址:山东省烟台市芝罘区烟福路2号
邮编:264002
电话:0535/6510443、6529616
传真:6510494
网址:www.qcns.cn
电子信箱:yt@qcns.cn
法定代表人:李伟
质量体系:IATF 16949
产品情况:车用门内饰板总成、高架箱、PP木粉板、汽车复合地毯、轿车门板插接件、座椅、车用顶棚、主/副仪表板及其他各种汽车注塑零部件
配套情况:为上汽通用、一汽集团、一汽解放、一汽-大众、青岛汽车厂、上汽集团等多家汽车主机厂配套

★烟台首钢电装有限公司
地址:山东省烟台市经济技术开发区嘉陵江路88号
邮编:264006
电话:0535/3979000
电子信箱:jiuming_wang@ysd.denso.com
法定代表人:林喜峰
单位人数:141
质量体系:IATF 16949、ISO 9001
产品情况:工程机械空调系统,大客车、中型客车空调系统,冷藏车空调系统
配套及出口情况:主要客户有丰田、本田、卡特彼勒、小松、三一等厂家;出口日本、印度尼西亚、菲律宾等国家

★烟台霍富汽车锁有限公司
地址:山东省烟台市经济技术开发区五指山路9号
邮编:264006
电话:0535/3411811、6378608
电子信箱:info_yt@huf-group.com
法定代表人:苏博
单位人数:1206
质量体系:ISO 14001、IATF 16949
产品情况:(HUF牌)
生产汽车无钥匙进入系统、无钥匙启动识别系统、汽车进入认证系统、机械锁系统、门把手系统、电动行李舱系统、胎压监测系统、车载信息系统等
配套及出口情况:为奔驰、宝马、奥迪、大众、通用,雪铁龙-标致和福特等供货;出口美国、英国、西班牙、葡萄牙、波兰、罗马尼亚、巴西、印度等国家

★烟台东星集团有限公司
地址:山东省烟台市经济技术开发区珠

江路 20 号
邮编:264006
电话:0535/6375234
传真:6371341
网址:www. dongxing - group. com. cn
电子信箱:webmaster@ dongxing - group. com. cn
法定代表人:林喜峰
单位人数:4000
质量体系:IATF 16949、ISO 9001
产品情况:(东星牌)
车用空调、高性能钕铁硼永磁材料、车用粉末冶金零部件、工程机械零部件、冶金生产配套装备、冲压产品、高低压电气设备
配套情况:客户有卡特彼勒、GE、丰田、本田、索尼、松下、安川、贝洱、法雷奥、现代、三星、LG、斗山机械、东洋机电、一汽集团、上汽集团、广汽集团、北汽福田以及首钢集团、宝钢、鞍钢、包钢等

★山东新高工业有限公司
地址:山东省威海市临港经济技术开发区草庙子镇台北路 51 号
邮编:264211
电话:0631/5580088
网址:www. sxi. net. cn
电子信箱:zhangguzhen@ sxi. net. cn
法定代表人:井上和久
质量体系:IATF 16949
产品情况:无纺布和过滤器

★威海邦德散热系统股份有限公司
地址:山东省威海市环翠区桥头镇兴达路 5 号
邮编:264212
电话:0631/5520788、5520999
电子信箱:yujingjing@ shbd. cn、
法定代表人:吴国良
质量体系:IATF 16949
产品情况:(邦德牌)
冷凝器、蒸发器、散热器、中冷器、油冷器、储液器、压板管路、微通道扁管等部件
出口情况:为加拿大、韩国、俄罗斯、中国台北、中国香港、泰国、美国、荷兰、德国、波兰、印度、意大利等众多企业进行配套及售后服务

★明池玻璃股份有限公司
地址:山东省文登市小观镇明池路 3 号
邮编:264402
电话:0631/8855777、8969777
传真:8853999
网址:www. ming - chi. com
电子信箱:factory@ ming - chi. com
法定代表人:杨通权
质量体系:IATF 16949、ISO 14001
产品情况:汽车安全玻璃

★山东康泰实业有限公司
地址:山东省招远市金城路 389 号
邮编:265400
电话:0535/8213750、4006582511
网址:www. kangtaigroup. com
电子信箱:kangtai@ kangtaigroup. com
法定代表人:康炳元
单位人数:1100
质量体系:ISO 9001、IATF 16949
产品情况:(荣康牌)
主要生产汽车座椅、悬架、后桥、控制臂等产品
配套情况:为中誉奔驰、通用东岳、通用五菱配套

★烟台吉兴汽车部件有限公司
地址:山东省烟台市福山区金山路 111 号
邮编:265505
电话:0535/3450107
网址:www. gissinggroup. com
电子信箱:wenping. cao@ gissinggroup. com
法定代表人:刘明春
单位人数:106
质量体系:IATF 16949、ISO 9001
产品情况:顶棚、隔音垫、隔热垫、后搁板、地毯、行李舱盖、备胎盖板等汽车内饰部件
配套情况:为上汽通用等供货

★龙口市宏兴机械车辆配套有限公司
地址:山东省龙口市市府驻地牟黄路南
邮编:265700
电话:0535/8660868、8660866
传真:8660876
网址:www. hongxingchanye. com. cn
电子信箱:manager@ hongxingchanye. com. cn
法定代表人:逄丽娟
质量体系:IATF 16949
产品情况:(宏兴牌)
重型货车横梁、衬梁、尾梁、支架等件;隔热垫、地板垫、寒区车挡板等各种密封、隔热、保温材料;隔热吸音垫系列、钣金件及焊接件等系列产品
配套情况:与中国重汽、北方奔驰、一汽红塔高唐、聊城中通客车等汽车公司配套

★龙口泰进机械有限公司
地址:山东省龙口市北马唐家泊 1 号
邮编:265702
电话:0535/8918196、8911357
传真:8918885
网址:www. lktaijin. com
电子信箱:taijin1357@ 163. com
法定代表人:王兰涛
单位人数:300
质量体系:IATF 16949
产品情况:(龙升牌)
电动玻璃升降器、手动玻璃升降器、加速踏板支架、货箱锁等车身附件
配套情况:为北汽福田、北汽新能源、中国重汽、江淮、东风股份、长安、比亚迪、奇瑞、通用五菱、吉利新大洋、河北中兴、厦门金龙等 40 多家汽车厂配套

★青岛新泉汽车饰件有限公司
地址:山东省即墨市龙泉镇石泉二路
邮编:266200
电话:0532/68020937
网址:www. xinquan. cn
电子信箱:myjyy1@ 163. com
法定代表人:唐志华
质量体系:IATF 16949、ISO 14001
产品情况:汽车组合仪表台(不含计量仪器仪表生产)、玻璃升降器、汽车门板、汽车顶棚、汽车座椅、汽车座椅调角器、汽车仪表板及仪表板模具
配套情况:为广菲克、上汽大众、一汽-大众、上海汽车、吉利汽车、奇瑞汽车、宝沃汽车、北汽等乘用车配套;和一汽解放、东风、福田戴姆勒、中国重汽、陕重汽等大中型商用车汽车企业也建立了长期稳定的合作关系

★青岛奥源汽车零部件有限公司
地址:山东省青岛市黄岛区东元路 1158 号
邮编:266400
电话:0532/86613068、89053688
传真:86613333
电子信箱:qdaoyuan_xsb@ 163. com
法定代表人:张登录
质量体系:IATF 16949
产品情况:汽车座椅、保险杠、裙板等
配套情况:为上汽通用五菱配套

★青岛双林汽车部件有限公司
地址:山东省青岛市黄岛区茂山路 787 - 1 号
邮编:266400
电话:0532/80980998
网址:www. shuanglin. com
电子信箱:nxue@ qd. shuanglin. com
法定代表人:刘旭东
质量体系:IATF 16949
产品情况:汽车保险杠内外饰件总成、门板内饰总成、仪表板总成
配套情况:为上汽通用五菱配套

★泰安晟泰汽车零部件有限公司
地址:山东省宁阳县华丰工业园
邮编:271413
电话:0538/5853379
传真:5852023
网址:www. sdshengtai. com
电子信箱:nytaianst@ 163. com
法定代表人:许秀珠
质量体系:IATF 16949、ISO 14001
产品情况:(晟泰牌)
主导产品是汽车玻璃升降器,主要有绳轮式、支臂式、智能防夹等 30 多个品种,年生产能力 300 万套
配套及出口情况:是上汽通用五菱、长安集团、东风集团、中国重汽、陕西重汽、一汽、北汽等车厂的核心配套供应

商;有多种产品出口到欧美等国家

河南省

★郑州宇晟汽车产品科技开发有限公司
地址:郑州市高新区红松路 52 号嘉图置业 1 号楼 2 单元 402
邮编:450001
电话:18537111511
网址:www. yusenn. com
电子信箱:sale@ yusenn. com
法定代表人:李义勇
质量体系:IATF 16949、ISO 14001
产品情况:汽车整车采暖系统、独立式电空调、汽车冷暖空调集中控制系统、汽车风挡冷暖除霜器、汽车暖风机、高档暖气片、循环水泵、自动温控阀门、各种异型管件、接头、阀门等

★郑州科林车用空调有限公司
地址:郑州市高新技术开发区长椿路 8 号
邮编:450006
电话:0371/85331333
传真:67848447
网址:www. clingac. cn
电子信箱:klkt@ clingac. com
法定代表人:杨波
质量体系:IATF 16949、ISO 14001
产品情况:高端客车空调系统,新能源乘用车空调热系统及相关零部件,具备年产 10 万套车用客车空调热系统,年产 10 万套新能源乘用车空调热系统的生产能力
出口情况:畅销亚欧、南美洲、中东、东南亚、非洲、独联体、北美洲等 130 多个国家和地区

★日立化成工业郑州汽车配件有限公司
地址:郑州市经济技术开发区第二十一大街 22 号航海东路 1405 号中信广场 412 室
邮编:450016
电话:0371/55057000
传真:55057001
网址:www. hitachi. com. cn
法定代表人:越智敬人
质量体系:IATF 16949
产品情况:主要生产高性能轻量化汽车后尾门

★郑州东风李尔泰新汽车座椅有限公司
地址:郑州市经济技术开发区第十九大街东、经南八北二路南
邮编:450016
电话:0371/55155774、55155780
电子信箱:bbchen@ lear – china. com
法定代表人:罗元红
质量体系:IATF 16949、ISO 14001
产品情况:汽车座椅总成
配套情况:为东风日产乘用车公司郑州工厂配套

★河南大井星光汽车零部件制造有限公司
地址:郑州市中原区须水工贸园区
邮编:450042
电话:0371/67813811
传真:67813111
电子信箱:admim@ actoxa. com
法定代表人:史德仁
质量体系:IATF 16949、ISO 14001
产品情况:汽车门锁、发动机罩锁等汽车零部件
配套情况:为东风汽车有限、郑州日产汽车、东风汽车股份、株式会社大井制作所供货

★郑州市金根汽车零部件有限公司
地址:河南省荥阳市郑源路 1 号
邮编:450100
电话:0371/64970991、64600026
传真:64970993
网址:www. jingen. com
电子信箱:xsb@ jingen. com
法定代表人:周宏伟
质量体系:IATF 16949、ISO 9001
产品情况:(金根牌)
聚氨酯软化仪表台、各档客车座椅、客车空调、汽车内饰件、汽车注塑件、汽车线束、汽车仪表、灯具
配套情况:是河南少林、郑州宇通、洛阳凌宇、东风旅行车、重庆恒通、万山特种车、烟台鹏驰汽车附件、深圳五洲龙等汽车主机厂家主要配套商

★河南中孚实业股份有限公司
地址:河南省巩义市新华路 31 号
邮编:451200
电话:0371/64569099
传真:64569086
网址:www. zfsy. com. cn
电子信箱:zfsy@ zfsy. com. cn
法定代表人:崔红松
质量体系:IATF 16949
产品情况:汽车板材、全铝车身
出口情况:出口德国、波兰、韩国等 20 多个国家和地区

★郑州泰新汽车内饰件有限公司
地址:河南省中牟县与东风路交叉口向南 500 米路东
邮编:451450
电话:0371/60868966
传真:60868966
网址:www. zztaixin. com
法定代表人:小野纯生
质量体系:IATF 16949
产品情况:主要生产各类汽车座椅、汽车内饰件、冲压件及对外承接模具、焊接夹具、检具等
配套情况:主要为郑州日产皮卡、帕拉丁、NV200、帅客;东风日产逍客、奇骏;东风启辰;奇瑞汽车 D50、R50、MV50、K50、K60 等汽车提供专用座椅等

★郑州凯雪冷链股份有限公司
地址:郑州市中牟县中牟汽车工业园
邮编:451450
电话:0371/56656005、4000609090
网址:www. kaixuelenglian. com
电子信箱:kaixue@ kaixuecn. com
法定代表人:冯仁君
质量体系:ISO 9001、ISO 14001
产品情况:(凯雪牌)
产品覆盖车用制冷机组、冷冻/冷藏展示柜、冷库及客车空调

★河南新科隆电器有限公司
地址:河南省新乡市开发区 18 号街坊
邮编:453001
电话:0373/5068992
网址:www. hnxkldq. com
电子信箱:lizhen@ hnkl. cn
法定代表人:程清丰
质量体系:ISO 9001、ISO 14001
产品情况:蒸发器、冷凝器等

★豫新汽车热管理科技有限公司
地址:河南省新乡市建设中路 168 号
邮编:453049
电话:0373/3862212、3862620
传真:3862620、3862912
网址:www. yx – kt. com
法定代表人:张世良
质量体系:ISO 9001、IATF 16949
产品情况:(豫新牌)
具备年产轿车空调系统 120 万套、货车空调系统 5 万套、空调冷凝器、蒸发器芯体 400 万只的生产能力
配套及出口情况:为东风日产、神龙汽车、上汽荣威、上汽通用五菱、昌河、众泰、宇通客车、北方华德尼奥普兰、黄海客车、少林客车、盐城中威、扬州亚星、柳工、厦工、中联重科、徐工、三一重工、福田雷沃重工、东风柳汽、青岛一汽、宇通重工、集瑞重工配套;豫新车用空调已随整车出口国外

★河南平原光电有限公司
地址:河南省焦作市工业路 1 号
邮编:454001
电话:0391/2623896、2609258
网址:pygd. norincogroup. com. cn
电子信箱:webmaster@ norincogroup. com. cn
法定代表人:郭海星
质量体系:ISO 9001、ISO 14001
产品情况:汽车后视镜

★河南环宇玻璃科技股份有限公司
地址:河南省许昌县蒋李集镇寇庄工业区
邮编:461107
电话:0374/5733866、5733166
传真:5733000
网址:www. hyglass. net
电子信箱:bgs@ hyglass. net
法定代表人:寇保成

质量体系:IATF 16949
产品情况:各类安全玻璃
配套及出口情况:为宇通集团、一拖集团、雷沃重工、江淮汽车、徐工集团、山东临工、柳工、时风集团、道依茨、艾克、纽荷兰、现代重工等企业配套;出口美洲、非洲、中东、东南亚等30多个国家和地区

★洛阳雅程科贸有限公司
地址:河南省洛阳市洛龙区洛龙路农科院东300米
邮编:471022
电话:0379/65511569、18937936513
传真:65511569
网址:www. lyyacheng. com
电子信箱:yachengkemao@ 163. com
法定代表人:张雅程
质量体系:ISO 9001
产品情况:(雅程牌)
　　重型货车、工程机械、农业机械座椅总成及配件,具备年产40万套座椅总成及座椅附件的生产能力
出口情况:间接出口多个国家和地区

★河南北方星光机电有限责任公司
地址:河南省邓州市古城路001号
邮编:474150
电话:0377/62286236、62286809
传真:62287000
电子信箱:zhangjun@ hnbfxg. com
法定代表人:史德仁
质量体系:ISO/TS 16949、VDA 6.1
产品情况:汽车门锁及操纵联接件为主导产品
配套情况:为一汽集团、一汽-大众、神龙汽车等配套

★开封河西汽车饰件有限公司
地址:河南省开封市开发区汉兴路以南、六大街以东
邮编:475000
电话:0378/23381555
网址:www. kasai. co. jp
电子信箱:lufeng@ k - kasai. com
法定代表人:徐晓平
质量体系:IATF 16949
产品情况:中、高档汽车内外饰件
配套情况:主要客户有郑州日产等

湖北省

★武汉辉弘汽车车身附件有限公司
地址:武汉市汉南经济开发区华顶工业园C区14-2
邮编:430011
电话:027/82340605
传真:82340605
网址:whhzcar. cn. gongchang. com
电子信箱:hz3188@ 126. com
法定代表人:林浩
质量体系:IATF 16949、ISO 14001
产品情况:重型货车门锁、各类门锁控制杆件
配套情况:主要为陕西重汽德龙F2000/F3000、中国重汽豪骏、山西大运、沃尔沃、东风十堰特种车身等配套

★武汉佳特轿车零部件有限公司
地址:武汉市解放大道2777号
邮编:430011
电话:027/82341080
网址:www. whjtchina. com
电子信箱:jt@ vip. sina. com
法定代表人:姚明成
质量体系:IATF 16949、ISO 14001
产品情况:主导产品是为重型车、轻型车、微型车和轿车配套生产的机械锁、电控锁、玻璃升降器、铰链、冲压件等,汽车锁年生产能力达100万把车锁和100万支锁芯
配套情况:主要用户有神龙公司、上汽大众、一汽-大众、东风、南京依维柯、重汽公司等

★武汉艾帕克汽车配件有限公司
地址:武汉市东西湖区将军路街办事处银潭路12号
邮编:430040
电话:027/83941716
电子信箱:wapaccw@ wapac. com. cn
法定代表人:水木尚树(MIZUKI NAOKI)
质量体系:IATF 16949、ISO 9001
产品情况:汽车钣金零部件,提供车身骨架零配件
配套情况:为东风本田配套,主要提供CRV、思域等车型配件

★东风延锋汽车饰件系统有限公司
地址:武汉市沌口经济技术开发区耀华路48号
邮编:430056
电话:027/68844499
传真:68845122
网址:www. yanfengco. com
电子信箱:xzhang3@ dfyf. com
法定代表人:江川
质量体系:IATF 16949、ISO 14001
产品情况:(东风伟世通牌)
　　汽车内外饰件,年产仪表板12万套、门板15万套、保险杠5万套
配套情况:为东风日产乘用车、东风本田、神龙汽车等配套

★武汉东风泰极爱思安道拓汽车座椅公司
地址:武汉市经济技术开发区13MC地块
邮编:430056
电话:027/84297666、15871456401
电子信箱:lf_peng@ tachi - s - jci. com. cn
法定代表人:中山太郎
质量体系:IATF 16949、ISO 9001
产品情况:汽车座椅,年产座椅为6万套
配套情况:主要为东风本田的高级轿车思铂睿SPIRIOR配套汽车座椅

★海斯坦普汽车组件(武汉)有限公司
地址:武汉市经济技术开发区1C1地块创业道26号四楼
邮编:430056
电话:027/65396754
网址:www. gestamp. com
电子信箱:wangjing@ cn. gestamp. com
法定代表人:Francisco Jose Riberas Mera
质量体系:ISO/TS 16949
产品情况:汽车轻量化车身件、底盘件,售后配件,大型及精密模具

★东风彼欧汽车外饰系统有限公司
地址:武汉市经济技术开发区22MB地块商务服务中心(车城东路39号302室)
邮编:430056
电话:027/84219572
网址:www. yfpo. com
电子信箱:jinqiu@ dfpo. com. cn
法定代表人:廖圣寿
质量体系:IATF 16949、ISO 14001
产品情况:汽车塑料外饰系统和零部件(保险杠、门槛、塑料翼子板、塑料尾门等)

★武汉武耀安全玻璃股份有限公司
地址:武汉市经济技术开发区车城东路164号
邮编:430056
电话:027/84892112、84258383
传真:84892085
网址:www. wypglass. com
电子信箱:wyp@ wypglass. com
法定代表人:雷炫
质量体系:ISO 9001、IATF 16949
产品情况:(WYP牌)
　　各种汽车用安全玻璃及其总成系统
配套及出口情况:为雷诺、标致、雪铁龙、日产、本田等配套;出口欧美等地区

★武汉万兴汽车零配件制造有限公司
地址:武汉市经济技术开发区车城东路309号
邮编:430056
电话:027/84473578
电子信箱:guanli@ wanhine - gsk. com. cn
法定代表人:郑子政
质量体系:IATF 16949、ISO 14001
产品情况:汽车座椅、车门饰板、头枕、扶手、注塑件、一体成型件、冲压件及其他汽车内饰件
配套情况:为东风日产乘用车、一汽海马等配套

★东风鸿泰武汉控股集团有限公司
地址:武汉市经济技术开发区车城东路39号
邮编:430056

电话:027/84258583
传真:84258548
网址:www. dfhtkg. com. cn
法定代表人:夏世维
质量体系:ISO/TS 16949
产品情况:仪表板及副仪表板、门护板、双色高光注塑件、隔音零件及各类大中注塑件等
配套情况:为神龙汽车、东风乘用车、东风裕隆、东风商用车、安徽奇瑞、上汽通用、东南汽车等整车制造企业配套生产多种零部件和总成

★武汉燎原模塑有限公司
地址:武汉市经济技术开发区创业四路33 号
邮编:430056
电话:027/84258200、84258205
传真:84897327
网址:www. whlymp. com
电子信箱:liaoyuan@ whlymp. cm
法定代表人:廖圣寿
质量体系:IATF 16949、ISO 14001
产品情况:彩色保险杠以及车门防擦条等轿车高档外装饰件
配套情况:神龙公司确定为汽车彩色装饰件中心定点配套商

★武汉汉联汽车配件有限公司
地址:武汉市经济技术开发区沌阳街新民村特 1 号
邮编:430056
电话:027/84259187、84253549
传真:84259227
电子信箱:hllh0303@ public. wh. hb. cn
法定代表人:龚磊
质量体系:QS 9000、IATF 16949
产品情况:汽车保险杠、内外饰件、各种塑料件、模具
配套情况:为上汽大众、一汽-大众、神龙汽车配套

★东风博泽汽车系统有限公司
地址:武汉市经济技术开发区枫树北路109 号
邮编:430056
电话:027/84736320
传真:84215112
网址:www. brose. com
电子信箱:yining. wang@ brose. com
法定代表人:陈兴林
质量体系:IATF 16949、ISO 14001
产品情况:汽车门板模块、玻璃升降器、车锁装置、座椅骨架、座椅调节器及其部件、冷却风扇模块、微电机系统及部件
配套情况:客户有神龙汽车、长安福特、吉利、奇瑞、广汽菲克、福建奔驰、比亚迪、李尔、雷诺、东风格特拉克等

★武汉东环车身系统有限公司
地址:武汉市经济技术开发区枫树三路38 号
邮编:430056
电话:027/84305948
传真:84305990
网址:www. wdacs. com
电子信箱:market@ wdacs. com
法定代表人:陈弘
质量体系:IATF 16949、ISO 14001
产品情况:电动(含防夹)/手动玻璃升降器、驻车制动操纵杆以及中小型冲压焊接零部件
配套情况:为神龙汽车、长城汽车、长安汽车、东风乘用车、东风商用车、东风股份、东风柳汽、东风日产、奇瑞汽车、北汽福田、江铃汽车、上汽大通、华菱汽车、北汽银翔、东风小康、众泰汽车等配套

★东风马勒热系统有限公司
地址:武汉市经济技术开发区枫树五路
邮编:430056
电话:027/84281055
传真:84281052
网址:www. cn. mahle. com
电子信箱:yuyang. lei@ dbts. cn
法定代表人:陈兴林
质量体系:IATF 16949、OHSAS 18001
产品情况:汽车散热器、中冷器、冷却模块、冷却风扇、冷凝器、空调系统、硅油风扇离合器、尾气再循环冷却器、电池冷却板等,覆盖乘用车、商用车两大系列
配套情况:主要客户有一汽解放、陕西重汽、东风商用车、福田戴姆勒、上汽依维柯红岩、东风股份、郑州日产、神龙汽车、长安标致雪铁龙、东风日产乘用车、东风乘用车、东风本田、福建奔驰、潍柴、东风康明斯、上汽菲亚特红岩动力、日本日产柴、英国本田、沃尔沃商用车等国内外客户

★武汉敏惠汽车零部件有限公司
地址:武汉市经济技术开发区民营科技园南区 8 号厂房
邮编:430056
电话:027/84229115
传真:67457900
网址:www. minthgroup. com
电子信箱:juan. chen@ minthgroup. com
法定代表人:李申
单位人数:500
质量体系:IATF 16949
产品情况:车身结构件,饰条及汽车装饰件
配套情况:为东风本田、神龙汽车、武汉丸顺配套

★武汉提爱思全兴汽车零部件有限公司
地址:武汉市经济技术开发区万家湖路187 号
邮编:430056
电话:027/84236388
传真:84236597
网址:www. tstech. co. jp
电子信箱:xiaolei. hu@ ts - gsk. com
法定代表人:陈镇发
单位人数:600
质量体系:IATF 16949、ISO 14001
产品情况:汽车座椅、门内饰板等汽车零部件
配套情况:为东风本田配套

★湖北三环汽车工程塑料有限公司
地址:武汉市经济技术开发区珠山湖大道 111 号
邮编:430056
电话:027/84893021、84891325
传真:84891325
电子信箱:wuguanghui@ whfeiya. com
法定代表人:郝勇
质量体系:IATF 16949、ISO 14001
产品情况:神龙、众泰仪表板总成,年产99738 只;众泰保险杠,年产 7991 件

★东风河西(武汉)顶饰系统有限公司
地址:武汉市经济技术开发区珠山湖大道 789 号
邮编:430056
电话:027/84857001
法定代表人:游国清
质量体系:IATF 16949、ISO 14001
产品情况:汽车顶棚
配套情况:主要客户是东风本田、东风日产等

★日精仪器武汉有限公司
地址:武汉市蔡甸区后官湖大道 258 号
邮编:430058
电话:027/84895388
传真:84953237
网址:www. nippon - seiki. co. jp
法定代表人:平田祐二(HIRATA YUJI)
质量体系:IATF 16949、ISO 9001
产品情况:汽车仪表等
配套情况:为东风本田、神龙 PSA、广汽本田、长安铃木、马自达等配套

★武汉中人瑞众汽车零部件产业有限公司
地址:武汉市东湖开发区关南工业园关南路 18 号
邮编:430073
电话:027/87561777、87413216
传真:87561777
网址:www. zrrz. com
电子信箱:b. zhang@ zrrz. com
法定代表人:李庆新
质量体系:IATF 16949、ISO 9001
产品情况:车身件、底盘件、结构件等汽车零部件的冲压、焊接、装配;年加工钢材量达 3.5 万吨
配套及出口情况:为神龙、一汽-大众、上汽大众、东风日产等多家国内汽车厂家配套;批量零部件供应全球市场

★武汉总和汽车零部件有限公司
地址:武汉市汉南区纱帽街兴三路 200 号

邮编:430090
电话:020/84857266
传真:32223259
网址:www. tstech. co. jp
电子信箱:1065232472@ qq. com
法定代表人:楢原和彦
质量体系:IATF 16949
产品情况:头枕等汽车座椅零部件
配套情况:主要客户有东风本田、广汽本田等

★武汉广佳汽车饰件有限公司
地址:武汉市汉南区薇湖路516号
邮编:430090
电话:027/84856999
传真:84785678
网址:www. hirosawa. com. cn
电子信箱:hyw - mgd - rs@ hirosawa. com. cn
法定代表人:余泽民
单位人数:500
质量体系:IATF 16949、ISO 14001
产品情况:汽车内饰件
配套情况:主要客户为东风本田、东风日产、东风标致、东风雪铁龙、福特、沃尔沃、郑州日产、通用等著名车企

★佛吉亚全兴(武汉)汽车座椅有限公司
地址:武汉市常福工业示范园常禄大道37号地
邮编:430100
电话:027/84470266、84212193
传真:84213601
网址:www. faurecia. com
电子信箱:junjun. yu@ faurecia. com
法定代表人:陈镇发
单位人数:285
质量体系:IATF 16949、ISO 14001
产品情况:汽车座椅
配套情况:为神龙汽车、东风日产配套

★武汉耀皮康桥汽车玻璃有限公司
地址:武汉市江夏区经济开发区金港新区通用大道18号
邮编:430208
电话:027/86697658
传真:86699890
网址:www. sypglass. com
电子信箱:jun. li@ sypglass. com
法定代表人:柴楠
质量体系:IATF 16949
产品情况:年生产能力100万套汽车玻璃

★湖北三江航天江河橡塑有限公司
地址:湖北省孝感市开发区孝天办事处京广大道107号
邮编:432000
电话:0712/2951782、2688007
传真:2322285
电子信箱:135779204@ qq. com
法定代表人:李方朔
质量体系:IATF 16949、ISO 14001
产品情况:门护板、仪表台、保险杠、空调风道等各种汽车内外塑料饰件

★法雷奥汽车空调湖北有限公司
地址:湖北省荆州市沙市区江津西路285号
邮编:434000
电话:0716/8253230、8251611
网址:www. valeo. com. cn
电子信箱:qiqin. zhang@ valeo. com
法定代表人:张劲松
单位人数:700
质量体系:IATF 16949、ISO 9001
产品情况:汽车空调系统、空调总成、蒸发器、控制盒、过滤器和电动机总成等
配套及出口情况:为东风日产、一汽-大众、上汽大众、神龙公司、华晨宝马、长安福特、南京福特、安徽奇瑞、南京依维柯等配套;部分产品还出口到欧洲和日本

★湖北美标汽车制冷系统有限公司
地址:湖北省荆州经济技术开发区深圳大道76号
邮编:434007
电话:0716/8253166、8270318
传真:8510528
网址:www. mbac. com. cn
法定代表人:陈能卯
质量体系:IATF 16949、ISO 14001
产品情况:(MB牌)
具备年产60万台汽车空调蒸发器、冷凝器、30万套汽车空调系统及50万套汽车空调管路的产能
配套情况:为一汽解放、一汽青岛、东风股份、安徽华菱、成都王牌、山西大运、济宁重汽、厦门金旅、奇瑞、Valeo等国内众多知名厂家批量供货

★襄阳广佳汽车饰件有限公司
地址:湖北省襄阳市高新区上海路33号
邮编:441000
电话:0710/2399700
传真:2399721
网址:www. hirosawa. com. cn
电子信箱:lydia@ hirosawa. com. cn
法定代表人:黄建中
质量体系:IATF 16949
产品情况:主营业务为汽车内饰件之注塑成型及表面喷涂、曲面印刷等
配套情况:主要配套服务乘用车有襄阳东风日产天籁、楼兰及英菲尼迪等

★航宇救生装备有限公司
地址:湖北省襄阳市高新区新华路29号
邮编:441003
电话:0710/3101081、3101234
传真:3101034
网址:www. ali. avic. com
电子信箱:ali@ china - ali. com
法定代表人:马永胜
质量体系:ISO 14001、OHSAS 18001
产品情况:(汉江牌)
汽车门锁、锁芯及钥匙、行李包锁
配套情况:为天津一汽夏利、吉利汽车、长安汽车、上汽通用五菱、厦门金龙、西沃、安凯客车、五十铃配套

★马瑞利(襄阳)汽车零部件有限公司
地址:湖北省襄阳市高新区新星路11号
邮编:441004
电话:0710/3314388
网址:www. calsonickansei. co. jp
电子信箱:fang_yu@ ck - mail. com
法定代表人:HOMMEL AYMERIC LAURENT
质量体系:IATF 16949、ISO 14001
产品情况:汽车驾驶舱模块、前端模块、仪表板、空调总成、排气管总成(前中后段)、散热器支架、电动机风扇总成

★湖北中航精机科技有限公司
地址:湖北省襄阳市高新区追日路8号
邮编:441003
电话:0710/3345433
传真:3345024
网址:www. hapm. cn
电子信箱:auto@ hapm. cn
法定代表人:雷自力
单位人数:219
质量体系:IATF 16949、ISO 14001
产品情况:具备年产550万辆(份)轿车座椅调角器、轿车座椅滑轨100万辆(份)、变速器拨叉30万辆套、座椅骨架集成40万座、高调器120万件、各类精冲制品1.5亿件以及大型连续精冲模具80副的生产能力
配套及出口情况:与美国江森、美国李尔、美国福特、德国KEIPER、瑞士FEINTOOL等国际知名公司建立了广泛的合作关系;出口澳大利亚、伊朗、马来西亚、泰国、阿根廷等国家

★东风河西襄阳汽车饰件系统有限公司
地址:湖北省襄阳市高新区天籁大道15号
邮编:441007
电话:0710/3318327
网址:www. kasai. co. jp
电子信箱:qxie@ dfyf. com
法定代表人:游国清
质量体系:IATF 16949、ISO 14001
产品情况:主要生产汽车门内饰板、软内饰等汽车饰件系统产品
配套情况:主要的客户为东风汽车、神龙汽车、东风日产、东风本田、东风汽车股份、南京名爵等汽车公司

★老河口圣德汽车附件有限公司
地址:湖北省老河口市商业街228号
邮编:441800
电话:0710/8302868、8302593
传真:8308717
电子信箱:lhksdgdq@ sina. com

法定代表人:高德岐
质量体系:IATF 16949、ISO 14001
产品情况:汽车门锁、门铰链、附件
配套情况:为东风汽车公司配套

★湖北双鸥汽车饰件有限公司
地址:湖北省十堰市和谐大道 8 号
邮编:442000
电话:0719/8464618、8464688
网址:www. hbsosj. com
法定代表人:杨耀山
质量体系:IATF 16949、ISO 14001
产品情况:(双鸥牌)
转向盘、仪表板、保险杠、地毯、遮阳板、门护板、天窗、隔音隔热垫等系列饰件产品
配套情况:为东风、柳汽、江淮、奇瑞、力帆、庆铃、广汽日野等国内主要主机厂配套

★十堰冠达汽车零部件有限公司
地址:湖北省十堰市吉林路 19 号
邮编:442000
电话:0719/8789047
电子信箱:sygd2004@ 163. com
法定代表人:张辉
质量体系:IATF 16949、ISO 14001
产品情况:(冠达牌)
汽车工程塑料件、汽车安全玻璃、汽车模具产品;其中年产塑料制品 3000 吨、汽车用安全玻璃 200 万平方米、各类注射模、冲压膜 300 余套
配套情况:为东风汽车配套

★正和汽车科技(十堰)股份有限公司
地址:湖北省十堰市茅箭区东风大道 66 号
邮编:442000
电话:0719/8781366
网址:www. zhmtsy. com
电子信箱:zhqc@ zhmsty. com
法定代表人:王泽洋
质量体系:IATF 16949、ISO 14001
产品情况:车身总成及车身零部件,年可产车身 10 万台(套)
配套情况:为东风南充汽车、东风(十堰)改装车、重汽集团济南商用车、陕汽宝鸡华山工程车辆等配套

★东风(十堰)林泓汽车配套件有限公司
地址:湖北省十堰市张湾区红卫工业新区凯迪拉克大街 28 号
邮编:442000
电话:0719/8223478、8222458
传真:8223776、8222458
网址:www. dflhgs. com
电子信箱:guanlibu@ dflhgs. com
法定代表人:陆啸龙
质量体系:IATF 16949、ISO 14001
产品情况:汽车用内外后视镜、塑料零部件、金属结构件产品
配套及出口情况:主要为东风商用车、东风汽车股份、东风柳州汽车、神龙汽车、东风汽车集团乘用车公司、东风本田汽车、广汽本田等 40 余家整车企业服务;产品随整车已实现大批量出口

★湖北美瑞特空调系统有限公司
地址:湖北省十堰市张湾区汉江路街道发展大道 135 号
邮编:442000
电话:0719/8255756、8316822
网址:hbmrt. net
电子信箱:mrtcw@ 163. com
法定代表人:林伟
质量体系:IATF 16949
产品情况:汽车空调系统产品(包括汽车空调、暖风机、鼓风机、冷凝器、蒸发器等)的研发、制造
配套情况:为东风商用车公司配套

★湖北三环车身系统有限公司
地址:湖北省十堰市车城南路 23 号
邮编:442001
电话:0719/8872298
传真:8893641
网址:www. triring. cn
电子信箱:1637137843@ qq. com
法定代表人:高红卫
质量体系:IATF 16949、ISO 14001
产品情况:汽车驾驶室总成、玻璃升降器总成和车身系统冲压零部件
配套情况:为东风汽车、神龙汽车、三环十通、汉阳特种汽车制造厂、四川嘉泰、美驰华阳公司等主机厂配套

★十堰市鑫亚车身部件有限公司
地址:湖北省十堰市贵州路 37 号
邮编:442001
电话:0719/8260344
传真:8239130
网址:www. syxycsbj. com
电子信箱:289894427@ qq. com
法定代表人:李天祥
单位人数:400
质量体系:IATF 16949、ISO 14001
产品情况:定点生产东风汽车公司车身零部件,年产 15 万辆(份),此外还具有年产 5000 辆汽车车身总成和 2000 台驱动桥的生产能力
配套情况:为东风汽车公司配套

★东风(十堰)车身部件有限责任公司
地址:湖北省十堰市张湾区贵州路 23 号
邮编:442001
电话:0719/8238886、18671900033
网址:www. dfcpcs. com
电子信箱:zhaoz@ dfcpcs. com
法定代表人:王义斌
单位人数:509
质量体系:IATF 16949
产品情况:主要产品有汽车保险杠、踏板支架、玻璃升降器、仪表梁总成、工具箱、备胎架以及汽车车身中大型冲压件、焊接零(合)件等总成产品
配套情况:客户有东风实业、陕西重汽、比亚迪、斯威汽车、四川现代、金杯、长安汽车、北汽银翔、广汽菲克、启辰、广汽传祺、众泰汽车、一汽-大众、北京汽车、长城汽车、中国重汽、江淮汽车、上汽集团、吉利汽车

★东风 – 派恩汽车铝热交换器有限公司
地址:湖北省十堰市经济技术开发区江家山路 3 号
邮编:442002
电话:0719/8522425、8520633
传真:8363269
网址:www. paninco. com. cn
电子信箱:paninco@ paninco. com. cn
法定代表人:韩力
质量体系:IATF 16949、ISO 14001
产品情况:重型货车、轻型货车、轿车、军车等车型系列环保型空调,冷凝器芯体、蒸发器芯体、暖风芯子、HVAC、管路、线束
配套情况:为东风商用车、东风汽车股份、东风康明斯发动机、东风日产柴、陕汽集团、东风特汽(十堰)客车、东风客车底盘、安徽华菱、吉利汽车等配套

★东风银轮(十堰)非金属部件有限公司
地址:湖北省十堰市张湾区车城街办镜潭路 16 号
邮编:442002
电话:0719/8260433
传真:8521337、8239657
网址:www. dfyl – flying. com
电子信箱:dfylbgs8260433@ 163. com
法定代表人:张红
单位人数:226
质量体系:IATF 16949、ISO 14001
产品情况:(正翔牌、Flying 牌)
汽车暖风机、汽车空调、增压器连接管、动力转向泵等
配套及出口情况:主要客户为东风商用车、东风股份、东风日产、神龙公司、东风本田、东风神宇、上汽大通、徐工、大运等配套;部分产品出口美国、法国、印度尼西亚

★十堰市十金汽车部件有限责任公司
地址:湖北省十堰市马家河路 9 号
邮编:442012
电话:0719/8783359
传真:8782419
网址:www. shijincn. cn
电子信箱:582856167@ qq. com
法定代表人:王新刚
单位人数:170
质量体系:IATF 16949、ISO 14001
产品情况:汽车车厢、车架、消声器、进气管等
配套情况:为大运汽车、大运川交汽车、东风商用车、东风神宇配套

★东风延锋十堰汽车饰件系统有限公司
地址:湖北省十堰市武当路68号
邮编:442047
电话:0719/8237934、8236948
传真:8237142
电子信箱:xinling@dfl.com.cn
法定代表人:孙运军
质量体系:IATF 16949、ISO 14001
产品情况:商用车及乘用车仪表板、门护板、保险杠等各类饰件
配套情况:为东风装车原装配套

★东风(十堰)汽车部件有限公司
地址:湖北省十堰市丹江口市六里坪镇岗河村
邮编:442176
电话:0719/5714053、5711567
传真:5713204
电子信箱:hedongfang668@vip.163.com
法定代表人:王义斌
质量体系:IATF 16949、ISO 14001
产品情况:大型冲压件,年产200万件;轿车车身,年产50000辆(份)

★福耀玻璃(湖北)有限公司
地址:湖北省荆门市高新技术产业开发区交通大道
邮编:448124
电话:0724/8686618
网址:www.fuyaogroup.com
电子信箱:yan.zhao@fuyaogroup.com
法定代表人:曹德旺
质量体系:IATF 16949、ISO 14001
产品情况:[福耀(FUYAO)牌]
汽车玻璃,主要为华中地区各大汽车厂配套
配套及出口情况:为神龙汽车、东风本田、东风乘用车、东风商用车、东风渝安、江淮汽车、奇瑞汽车、昌河汽车、江铃汽车、北汽株洲等厂家配套;在美国、俄罗斯、德国、日本、韩国等9个国家和地区建立现代化生产基地和商务机构,并在中国、美国、德国设立6个设计中心

湖南省

★湖南伟力汽车零部件有限公司
地址:长沙市暮云镇南托岭(伊莱克斯大道)新兴工业园C3栋
邮编:410014
电话:0731/82034997、82034998
传真:88590086
网址:www.weiliparts.com
电子信箱:3547890760@qq.com
法定代表人:杨浩
质量体系:IATF 16949
产品情况:各类蒸发风机和冷凝风机、微特电机等

★长沙广汽东阳汽车零部件有限公司
地址:长沙市经济技术开发区凤树路277号
邮编:410100
电话:0731/88702509
电子信箱:gaty@csgaty.com
法定代表人:张平秀
质量体系:IATF 16949、ISO 14001
产品情况:汽车保险杠、外饰件及扰流板
配套情况:为广汽菲克、广汽三菱配套

★长沙英利汽车部件有限公司
地址:长沙市经济技术开发区星沙产业基地(长龙街道)凉塘东路1299号
邮编:410137
电话:0731/86396768
网址:www.engley.com
电子信箱:251316216@qq.com
法定代表人:林臻吟
质量体系:IATF 16949、ISO 14001
产品情况:汽车塑料件前端框架、车底护板和焊接金属件仪表板骨架等
配套情况:为吉利汽车、沃尔沃、大众集团、华晨汽车、广汽菲克等配套

★长沙新泉汽车饰件系统有限公司
地址:湖南省浏阳市高新技术产业开发区永泰路21号
邮编:410323
电话:0731/83699552
网址:www.xinquan.cn
电子信箱:shenqifeng@xinquan.cn
法定代表人:唐志华
质量体系:IATF 16949、ISO 14001
产品情况:汽车组合仪表、保险杠、仪表台、玻璃升降器、汽车门板、汽车顶棚、座椅及座椅调角器等汽车零部件
配套情况:为广菲克、上汽大众、一汽-大众,自主上海汽车、吉利汽车、奇瑞汽车、宝沃汽车及北汽等乘用车配套;和一汽解放、东风、福田戴姆勒、中国重汽、陕重汽等供货

★株洲时代新材料科技股份有限公司
地址:湖南省株洲市天元区海天路18号
邮编:412007
电话:0731/22837728、2884741
网址:www.trp.com.cn
电子信箱:tmt@teg.cn
法定代表人:杨军
单位人数:6889
质量体系:ISO 9001
产品情况:推力杆、转向拉杆、发动机悬置等减振产品;车身修饰件、精密注塑件等轻量化产品;消声片、地毯、顶棚等产品
出口情况:产品开始批量出口美国、缅甸、泰国等国家和地区

★恒立实业发展集团股份有限公司
地址:湖南省岳阳市岳阳楼区冷水铺路冷水铺居委会10幢301
邮编:414000
电话:0730/8245289
传真:8221311
网址:www.hlsyfzjt.com
电子信箱:fx2919@163.com
法定代表人:马伟进
质量体系:ISO/TS 16949、VDA 6.1
产品情况:汽车空调装置,年产大型客车空调5000套、中/轻型客车空调2万套、轿车空调40万套
配套情况:为上汽大众桑塔纳、一汽红旗、金杯海狮、广汽三菱、江淮万都、宇通汽车、厦门金龙、北汽福田、中联重科等配套

★华达汽车空调(湖南)有限公司
地址:湖南省娄底市经济技术开发区南北三路与东西二街东南交叉口
邮编:417000
电话:0738/8871861、8871041
网址:www.valeo.com.cn
电子信箱:hzcldpf@163.com
法定代表人:曹志惠
质量体系:IATF 16949、ISO 14001
产品情况:(HZ牌)
温控系统压缩机
配套情况:为一汽集团、东风汽车公司、重庆五十铃、郑州日产、东南汽车、风神汽车等配套

★邵阳市通达汽车零部件制造有限公司
地址:湖南省邵阳市宝庆西路443号
邮编:422000
电话:0739/5324654
传真:5324473
网址:www.sytd.net
电子信箱:sytd@vip.163.com
法定代表人:王邵军
质量体系:ISO 14001、IATF 16949
产品情况:[SHAOLING(邵零)牌]
主要生产汽车支撑气弹簧、汽车座椅调角器、各类机加工零部件以及汽车发动机配件
配套情况:为上汽通用五菱、一汽海马、神龙汽车、郑州宇通、厦门金龙等供货

★湖南长丰汽车空调有限公司
地址:湖南省永州市猎豹汽车配套招商工业园
邮编:425000
电话:0746/8453968、18974609153
传真:8453998
电子信箱:28002952@qq.com
法定代表人:骆国荣
质量体系:IATF 16949、ISO 14001
产品情况:各种汽车空调系统及其零部件,各项夹具、模具、检具和设备
配套情况:以猎豹系列轻型越野车及轿车为主导车型配套生产车用空调产品

★湖南长丰汽车沙发有限责任公司
地址:湖南省永州市冷水滩区张家铺1号
邮编:425001

电话:0746/8456019-3539
传真:8456811、8457679
电子信箱:zhb@ cfasofa. com
法定代表人:艾新国
质量体系:IATF 16949、QS 9000
产品情况:(长丰牌)
汽车座椅、天窗、玻璃升降器等
配套情况:为广汽三菱配套

★湖南长丰汽车内装饰有限公司
地址:湖南省永州市冷水滩区猎豹北路65号
邮编:425100
电话:13907461778
传真:8457435
网址:www. hncfai. com
电子信箱:412617004@ qq. com
法定代表人:洪伟涵
单位人数:160
质量体系:IATF 16949、ISO 14001
产品情况:汽车地毯、门内饰板、隔音隔热垫、遮阳板等汽车内装饰件
配套情况:为广汽三菱、东风公司轻型车、东南汽车等配套

广东省

★广州维高集团有限公司
地址:广州市白云区神山镇神山大道8号
邮编:510460
电话:020/36418228
传真:36418008
网址:www. vigogroup. com
电子信箱:lqf15920982331@ 163. com
法定代表人:许悦松
单位人数:1432
质量体系:IATF 16949、ISO 9001
产品情况:仪表总成、后视镜总成、灯具总成、开关、传感器、内外饰塑料件、精密模具、车联网系统等
配套情况:为广汽本田、广汽丰田、广汽乘用车、广汽日野、本田(中国)、江森自控、广州樱泰、广州电装、发尔特克、广州提爱思、五羊本田、建设雅马哈、新大洲本田、江门大长江、中国嘉陵、广州大阳、轻骑铃木等配套

★广州广爱兴汽车零部件有限公司
地址:广州市经济技术开发区东区骏业路261号
邮编:510530
电话:020/82265138
传真:82265118
网址:www. tstech. co. jp
电子信箱:caixueqing@ g-tsk. com
法定代表人:张平秀
质量体系:IATF 16949、ISO 14001
产品情况:汽车门内饰板、遮阳板、开关饰板总成等
配套情况:主要客户有广汽本田等

★四维尔丸井广州汽车零部件有限公司
地址:广州市萝岗区东区骏功路15号
邮编:510530
电话:020/62959018
传真:62959019
网址:www. swellmarui. com
电子信箱:sales@ swellmarui. com
法定代表人:AKAMI HIDEO(赤见秀雄)
质量体系:ISO 9001、IATF 16949
产品情况:汽车标牌、散热器格栅、车轮盖、装饰条、门把手等内外饰件
配套情况:为广汽本田、本田汽车(中国)、本田汽车用品(广东)、东风日产乘用车、日产投资(中国)、东风阳光汽车服务、天津一汽丰田、广汽丰田、长春丰越汽车、丰田通商(上海)、一汽海马、广汽三菱等供货

★广州市柏琳汽车零件制造有限公司
地址:广州市白云区竹料工业区正亮路16号
邮编:510545
电话:020/86395320、36591769
传真:86351783
网址:www. gzberlin. com
电子信箱:blinfo@ gzberlin. com
法定代表人:曾万里
质量体系:IATF 16949
产品情况:汽车空调压缩机
出口情况:远销欧洲、北美洲、南美洲、日本、韩国、亚洲等国家和地区

★ 广汽零部件有限公司
地址:广州市广州大道中998号圣丰广场10-12楼
邮编:510620
电话:020/83882608
传真:83858481
网址:www. gac-component. com
电子信箱:gaccyyb@ gac-component. com
法定代表人:李进
质量体系:ISO 9001
产品情况:座椅、内外室、车身冲焊、底盘动力、电气、空调系统总成及其相关产品等
配套及出口情况:为广汽本田、广汽丰田、东风本田(武汉)、东风日产乘用车、一汽海马等供货;出口美国、德国、日本、东南亚等国家和地区
☞ 详细情况请参阅彩色宣传版面

★广州毅昌科技股份有限公司
地址:广州市高新技术开发区科学城科丰路29号
邮编:510670
电话:020/32200805
传真:32200868
网址:www. echom. com
电子信箱:guosuming@ echom. com
法定代表人:熊海涛
质量体系:ISO 9001、IATF 16949
产品情况:汽车外饰(保险杠总成、侧围、侧裙、翼子板),汽车内饰(仪表板总成、门护板总成、IML/INS 表面工艺、IMG 阴模成型、阳模成型、激光弱化、震动摩擦焊),汽车电子(汽车氛围灯),轻量化(塑料后尾门总成、塑料前端模块总成),精密模具(汽车高光格栅、双色车灯等)

★广州三叶电机有限公司
地址:广州市经济技术开发区东区联广路263号
邮编:510760
电话:020/32020168
传真:32020600
网址:www. mitsuba. cn
电子信箱:gzmitsubams@ 126. com
法定代表人:SAITO RYU(斋藤立)
质量体系:IATF 16949、ISO 9001
产品情况:(MITSUBA 牌)
汽车刮水器总成、玻璃升降器电动机、清洗器总成、刮水臂及胶条、继电器、喇叭等
配套及出口情况:主要客户有广汽本田、东风本田、本田汽车(中国)、东风日产乘用车、郑州日产、长安马自达、广汽乘用车、广汽三菱、重庆长安铃木、广州今仙电机、重庆海德世拉索系统集团等;出口汽车刮水器总成、刮水器刮臂及胶条、清洗器总成、摩托车起动机等产品

★佛吉亚(广州)汽车部件系统有限公司
地址:广州市花都区汽车城车程大道北侧厂房
邮编:510800
电话:020/28611099
传真:28611162
网址:www. faurecia. cn
电子信箱:tong. xu@ faurecia. com
法定代表人:Francois Claude TARDIF
质量体系:IATF 16949、ISO 14001
产品情况:x12d、x12f、b753 汽车座椅骨架
配套情况:为东风日产、长安标致雪铁龙配套

★康奈可(广州)汽车科技有限公司
地址:广州市花都区汽车城东风大道18号
邮编:510800
电话:020/86733188、66852899
网址:www. calsonickansei. co. jp
电子信箱:wenwen_huang@ ck-mail. com
法定代表人:HOMMEL AYMERIC LAURENT
质量体系:IATF 16949、ISO 14001
产品情况:(Kangnaike 牌)
驾驶座舱模块(CPM)

★广州艾司克汽车内饰有限公司
地址:广州市花都区汽车城东风大道东

邮编:510800
电话:020/86709156、86709160
传真:86709160
电子信箱:hehuizi2004@126.com
法定代表人:三上正彦
质量体系:ISO 14001
产品情况:汽车顶棚、汽车内饰件
配套情况:为本田配套

★广州泰昌汽车部件有限公司
地址:广州市花都区汽车城东风大道东
邮编:510800
电话:020/86733685
传真:86733690
电子信箱:renruihong070813@126.com
法定代表人:岩橋德雄
质量体系:IATF 16949、ISO 14001
产品情况:调角器总成、滑槽总成、管组件焊接铆接等汽车座椅产品,年产量能力50万台
配套及出口情况:为广州泰李汽车座椅、上海延锋江座椅、广州东风江森座椅、武汉提爱思全兴汽车零部件、东风日产、广汽本田等配套;出口印度尼西亚、英国,并销往中国台湾地区

★阿尔发(广州)汽车配件有限公司
地址:广州市花都区汽车城东风大道西
邮编:510800
电话:020/86733318
传真:86733300
网址:www.alphagz.com
电子信箱:y-liang@alphagz.com
法定代表人:入澤昭
质量体系:IATF 16949、ISO 14001
产品情况:汽车门内外拉手、发动机锁等相关产品
配套情况:为东风日产乘用车配套

★广州河西汽车内饰件有限公司
地址:广州市花都区汽车城东风大道以东
邮编:510800
电话:020/61971666
传真:61971661、61971662
网址:www.kasai.co.jp
电子信箱:yangtanghia@kasai-group.com
法定代表人:山道昇一(YAMAMICHI SHOICHI)
质量体系:IATF 16949、ISO 14001
产品情况:门内饰板、后装板、后遮阳板等
配套情况:为东风日产、郑州日产、广汽丰田、广汽本田、东风本田配套

★广州安通林汽车配件有限公司
地址:广州市花都区新华工业区红棉大道48号9号厂房
邮编:510800
电话:020/36873378
传真:36873358
网址:www.grupoantolin.com
电子信箱:dengwei55@163.com
法定代表人:ERNESTO ANTOLIN ARRIBAS
质量体系:IATF 16949、ISO 14001
产品情况:非金属材料的汽车内饰件-顶棚
配套情况:为东风日产等配套

★广州枝华后视镜制造有限公司
地址:广州市花都区新华街镜湖大道与雅瑶中路交会处
邮编:510800
电话:020/61812362
传真:61812369
网址:www.gzzhihua.com
电子信箱:sales@gzzhihua.com
法定代表人:朱粤华
质量体系:IATF 16949
产品情况:汽车、摩托车后视镜
配套及出口情况:为大长江集团、大阳摩托车等全国50多家摩托车生产企业提供后视镜及挡风玻璃;远销意大利、美国、日本、韩国、中东、东南亚等国家和地区

★广州法雷奥发动机冷却有限公司
地址:广州市黄埔区东区东博路8号
邮编:510812
电话:18826276579
网址:www.valeo.com.cn
电子信箱:minshu.lin.ext@valeo.com
法定代表人:Francois Marion
产品情况:车辆前端模块,主要包含主支架、主动进气格栅、防撞/吸能系统、热交换系统、风扇和照明系统等

★广州今仙电机有限公司
地址:广州市花都区花山镇华侨科技工业园
邮编:510880
电话:020/86948778
传真:86943899
网址:www.imasen.co.jp
电子信箱:limeiyun@imasenchn.com
法定代表人:森诚一
质量体系:IATF 16949、ISO 14001
产品情况:汽车手动、电动座椅调节器、车灯、玻璃升降器、模具、夹具等
配套情况:为广汽本田、东风本田、东风日产的座椅制造商等供货

★广州爱机汽车配件有限公司
地址:广州市花都区花山镇龙辉工业路5号
邮编:510880
电话:020/86948151
传真:86948152
网址:www.ghapii.com.cn
电子信箱:wangqian@ghapii.com.cn
法定代表人:萩原茂
单位人数:790
质量体系:IATF 16949、ISO 9001
产品情况:车身部件加工、模具加工
配套情况:为广汽本田、本田汽车(中国)、东风日产乘用车、广汽三菱、柳州五菱、广州小鹏汽车科技公司配套

★广州精益汽车空调有限公司
地址:广州市花都区花山镇平山民营工业园7号
邮编:510880
电话:020/86789862、13632232080
传真:86789023
网址:www.jingyikt.com
电子信箱:chenzj@cnjingyigroup.com
法定代表人:欧阳卫民
质量体系:IATF 16949
产品情况:6~14米客车空调,冷藏车空调,电动客车空调机,压缩机、线束、铜管等汽车空调零部件

★广州泰李汽车座椅有限公司
地址:广州市花都区汽车城东风大道东
邮编:510880
电话:020/86733996、86733558
传真:86733553、86733318
电子信箱:cjli@tacle.com.cn
法定代表人:中山太郎
质量体系:IATF 16949、ISO 14001
产品情况:汽车座椅及其他零部件
配套情况:为东风日产乘用车配套

★广州中新延锋彼欧汽车外饰件有限公司
地址:广州市增城区中新镇中福北路3号
邮编:511300
电话:020/39183083
网址:www.yfpo.com
电子信箱:760917417@qq.com
法定代表人:毛成光
质量体系:IATF 16949、ISO 14001
产品情况:保险杠总成、门槛总成、防擦条总成、格栅总成、扰流板、车轮饰罩等汽车外饰零部件
配套情况:为广汽乘用车、上汽大众、上汽通用、长安马自达、上海汽车、沃尔沃、神龙汽车、长安福特、东风雷诺、东风风神、北京汽车、一汽-大众、奇瑞捷豹路虎、宝沃汽车配套

★广州福耀玻璃有限公司
地址:广州市增城区新塘镇荔新公路段
邮编:511340
电话:020/32876220、32876068
传真:85363706
网址:www.fuyaogroup.com
电子信箱:jiheui.qiao@fuyaogroup.com
法定代表人:曹德旺
质量体系:IATF 16949、ISO 14001
产品情况:[福耀(FUYAO)牌]
汽车玻璃生产与销售,主要服务于华南地区及海外OEM市场
配套情况:为宾利、奔驰、宝马、奥迪、通用、丰田、大众、福特、克莱斯勒等配套

★广东海德世拉索系统有限公司
地址:广州市增城区新塘镇新祥路7号

邮编:511340
电话:020/82686600
传真:82683300
网址:www. hi - lex. co. jp
电子信箱:385256444@ qq. com
法定代表人:寺浦实
质量体系:IATF 16949、ISO 14001
产品情况:各类型汽车玻璃升降器、控制操纵线及民用控制操纵线
配套及出口情况:主要为广汽本田、丰田、日产等知名汽车厂配套;出口日本、东南亚、北美洲地区

★广州奥托立夫汽车安全系统有限公司
地址:广州市经济技术开发区永和经济开发区新业路66号
邮编:511356
电话:020/32224861、32223333
传真:32223326
网址:www. autoliv. com
电子信箱:carmen. ou@ autoliv. com
法定代表人:程翠香
质量体系:ISO 14001、IATF 16949
产品情况:汽车安全带和安全气囊

★广州庆成金属工业有限公司
地址:广州市经济技术开发区永和经济开发区新庄三路9号
邮编:511356
电话:020/82978558 - 160
传真:82978658
网址:www. qc4i. com. cn
电子信箱:sales_n@ mail. qc4i. com
法定代表人:杨殿铎
质量体系:IATF 16949、ISO 9001
产品情况:汽车外覆盖件、结构件及电子、电动机、电器行业的模、夹、检具与冲压焊接件
配套情况:产品主要是供给本田、全球福特、日产、广汽、海马、江铃、东风裕隆等国内外的各大车厂

★槌屋(广州)汽车配件有限公司
地址:广州市经济技术开发区永和经济开发区永盛路5号
邮编:511356
电话:020/82986900
传真:82986731
网址:www. tsuchiya - group. com. cn
电子信箱:wei_hu@ tsuchiya - group. com. cn
法定代表人:大原鉱一(OHARA KOICHI)
质量体系:IATF 16949、ISO 14001
产品情况:汽车组合仪表等关键装饰件、汽车标识、汽车用保护装饰膜

★广州白木汽车零部件有限公司
地址:广州市经济技术开发区永和经济开发区永顺大道西贤堂路2号
邮编:511356
电话:020/82122000、32221720
网址:www. shiroki. co. jp
电子信箱:zhongdongbo@ gz-shiroki. com. cn
法定代表人:TOYAMA ZENKO(当山全拡)
质量体系:ISO 14001、IATF 16949
产品情况:(SHIROKI牌)
汽车窗框
配套情况:为东风汽车(日产)、广汽丰田汽车配套

★伟巴斯特(广州)车顶系统有限公司
地址:广州市经济技术开发区永和经济区沧海三路8号
邮编:511356
电话:020/66618512
网址:www. webasto. com/cn
电子信箱:info@ webastochina. com
法定代表人:Jan Henning Mehlfeldt
质量体系:ISO 9001、IATF 16949
产品情况:汽车天窗
配套情况:为一汽-大众、长安福特、长安马自达、长城汽车、上汽通用等配套

★广州林骏汽车内饰件有限公司
地址:广州市经济技术开发区永和经济区新安路333号
邮编:511356
电话:020/32223100
传真:32221819
电子信箱:linjun@ linjun. com. cn
法定代表人:龚翰清
质量体系:IATF 16949、ISO 14001
产品情况:汽车成型地毯等汽车饰件产品
配套情况:为广汽本田、天津一汽丰田、东风日产乘用车等配套

★广州敏惠汽车零部件有限公司
地址:广州市经济开发区永和开发区永顺大道西四号
邮编:511356
电话:020/32221166
传真:32221165
网址:www. minthgroup. com
电子信箱:yaru. zhao@ minthgroup. com
法定代表人:TAKAHASHI KYUJIRO(高橋久次郎)
单位人数:2600
质量体系:IATF 16949、ISO 14001
产品情况:车门框、挡风条、座椅滑轨等
配套情况:为上汽大众、上汽通用、广汽本田、东风日产、东风本田、东南汽车、海南马自达、长安福特、天津丰田、神龙富康、一汽轿车等配套

★广州电装有限公司
地址:广州市增城区永宁街创强路171号
邮编:511358
电话:020/82980288
传真:82980008
网址:www. denso. com. cn
法定代表人:饭田康博(YASUHIRO IIDA)
质量体系:IATF 16949、ISO 14001
产品情况:HVAC空调单元总成、冷凝器、电动风扇、散热器等
配套情况:为广汽丰田、广汽本田、东风本田、长安铃木、广汽乘用车等配套

★广州提爱思汽车内饰系统有限公司
地址:广州市增城区永宁街创强路173号
邮编:511358
电话:020/82704792、82705009
传真:82705304
网址:www. tstech. co. jp
电子信箱:gjwgy@ gztst. com
法定代表人:张平秀
质量体系:IATF 16949、ISO 14001
产品情况:雅阁、歌诗图、奥德赛、凌派和锋范等汽车座椅
配套情况:主要客户为广汽本田和本田中国

★广州中新汽车零部件有限公司
地址:广州市增城区中新镇中福北路3号
邮编:511365
电话:020/82866382
传真:82868383
网址:www. gzzhongxin. com. cn
电子信箱:bgs@ zhongxinplastic. com. cn
法定代表人:朱怡共
质量体系:IATF 16949、ISO 9001
产品情况:(新中牌)
汽车、摩托车零部件,内外饰件,主要包括发动机类(发动机右/左底护板、加油口盖总成、气缸盖罩总成、膨胀箱总成等),内饰件类(后左/右门饰板总成、衣帽架、左/右前立柱、转向轴上/下盖等),涂装类(前挡泥板、右前/后门下饰件总成等),外饰类(车轮中心盖等),中空类(进气管总成、控制盒总成、左/右后导风管等),年产5336.68万件
配套及出口情况:主要为广汽本田、广汽丰田、东风日产、东风本田、东风本田发动机、本田中国、本田汽车用品、广汽乘用车、广汽日野、广汽菲克、海马汽车、五羊 - 本田摩托、GGP园林、佳能珠海、康奈可、广州樱泰、广州三叶电机、惠州东风易进、福州仕林电机等配套;年出口汽车零部件135万件

★广州安道拓汽车座椅有限公司
地址:广州市番禺区化龙镇现代产业园龙秀路3号
邮编:511434
电话:020/22937562、22937573
电子信箱:alice. li@ adient. com
法定代表人:陈和平
质量体系:IATF 16949、ISO 14001
产品情况:主要有座椅总成、座椅骨架、机械零件、焊接工程
配套情况:主要客户有广汽本田、广汽乘用车、广汽丰田

★阿斯莫(广州)微电机有限公司
地址:广州市南沙区黄阁镇市南大道33号
邮编:511455
电话:020/34972888
传真:34971313
网址:www. denso. com
电子信箱:yonglin - xie@ gu. asmo. com. cn
法定代表人:前田圣司
质量体系:IATF 16949、ISO 14001
产品情况:车辆刮水器、风窗洗涤器、电动后太阳挡
配套情况:为广汽丰田供货

★丰田纺织(广州)汽车部件有限公司
地址:广州市南沙区黄阁镇乌洲山北路1号
邮编:511455
电话:020/34682662
传真:34682275
网址:www. toyota - boshoku. com
电子信箱:webmaster@ feng - ai. com
法定代表人:小出一夫
质量体系:IATF 16949、ISO 14001
产品情况:汽车座椅骨架冲压件、座椅骨架以及机能部品
配套情况:为丰田汽车配套

★广州樱泰汽车饰件有限公司
地址:广州市南沙区黄阁镇乌洲山北路3号
邮编:511455
电话:020/34683060
传真:34683063
电子信箱:watouwei@ gz - intex. com
法定代表人:小出一夫
质量体系:IATF 16949、ISO 14001
产品情况:汽车内饰件
配套情况:为广汽丰田配套

★松下·万宝(广州)压缩机有限公司
地址:广州市番禺区钟村万宝基地万宝北街36号
邮编:511495
电话:020/84778123、22870088
传真:34712140
网址:pwapcgz. panasonic. cn
电子信箱:pwapcgz_sales@ cn. panasonic. com
法定代表人:王松
单位人数:5000
质量体系:ISO 9001、ISO 14001
产品情况:(Panasonic 牌)
汽车空调用旋转式压缩机,用于新能源汽车等领域

★清远爱机汽车配件有限公司
地址:广东省清远市高新区银盏工业园嘉福工业区
邮编:511542
电话:0763/3697788
传真:3697799
网址:www. qhapii. com. cn
电子信箱:wujunhong@ qhapii. com. cn
法定代表人:HAGIWARA SHIGERU(萩原茂)
质量体系:IATF 16949、ISO 9001
产品情况:主要生产汽车骨架零配件和汽车的模具、夹具和检具
配套情况:为广汽本田配套

★广东大豪汽车零部件实业有限公司
地址:广东省汕头市龙湖区黄山路32街区珠业四街8号
邮编:515000
电话:0754/89839003、89839004
传真:89839000
网址:www. darhour - gd. com
电子信箱:gd@ darhour - gd. com
法定代表人:薛芝坚
质量体系:IATF 16949
产品情况:主要生产汽车安全带、汽车儿童座椅等汽车零部件
配套情况:为上汽通用五菱、海马汽车集团、华晨汽车集团、一汽汽车集团等国内外汽车制造企业配套

★惠州东风易进工业有限公司
地址:广东省惠州市大亚湾东风车城
邮编:516085
电话:0752/3050788、5201521
网址:www. yi - j. com
电子信箱:yijin@ yi - j. com
法定代表人:张秋文
质量体系:IATF 16949、ISO 14001
产品情况:汽车仪表板总成及相关零部件、组合仪表、油箱浮筒及相关零部件、内外装饰件及相关零部件、安全气囊及相关零部件、空调系统及相关零部件、热交换系统及相关零部件、排气系统及相关零部件、悬架系统及相关零部件、汽车电子通信系统及相关零部件,其他汽车相关原材料及零部件以及以上各相关之设备及模、夹、检、治工具等
配套及出口情况:为东风日产、东风风神、东南汽车等配套;出口多个国家和地区

★河源丰田纺织汽车部件有限公司
地址:广东省河源市高新技术开发区科八路南边滨江大道西边
邮编:517000
电话:0762/3600980
传真:3601226
网址:www. toyota - boshoku. com
电子信箱:hanru. ye@ toyota - boshoku. com
法定代表人:庄志强
质量体系:IATF 16949、ISO 14001
产品情况:汽车座椅面套及其他内饰件

★信义汽车玻璃(深圳)有限公司
地址:广东省深圳市横岗镇228工业区信义路25号
邮编:518115
电话:0755/28631333
传真:28630993
网址:www. xinyiglass. com
电子信箱:420482312@ qq. com
法定代表人:李贤义
质量体系:IATF 16949、ISO 14001
产品情况:汽车玻璃等

★泰祥汽车配件(深圳)有限公司
地址:广东省深圳市龙岗区坪地镇富坪中路8号
邮编:518117
电话:0755/84566056
传真:89941864
网址:www. bosch - aa. com. cn
电子信箱:qian. lu2@ cn. bosch. com
法定代表人:Johannes Ulrich Thiele
单位人数:3200
质量体系:IATF 16949、ISO 9001
产品情况:汽车电装系列产品、汽车刮水器系列产品、汽车空调系列产品

★广东三井汽车配件有限公司
地址:广东省珠海市金湾区三灶科技工业园永辉路2号
邮编:519040
电话:0756/7767013
传真:7767028、7767038
网址:www. mcg. net. cn
电子信箱:postmaster@ mcg. net. cn
法定代表人:谭耘
质量体系:IATF 16949、ISO 14001
产品情况:汽车中央门锁、玻璃升降机和电动天窗等
配套及出口情况:为丰田、本田、日产等配套;出口北美洲、东南亚

★珠海华尚汽车玻璃工业有限公司
地址:广东省珠海市三灶科技园琴石工业区
邮编:519040
电话:0756/7622972、7622973
传真:7622888
网址:www. bsgautoglass. net
电子信箱:sales@ bsgautoglass. net
法定代表人:周增广
质量体系:IATF 16949
产品情况:汽车玻璃、窗框

★东莞宜安科技股份有限公司
地址:广东省东莞市清溪银泉工业区
邮编:523000
电话:0769/87737777
传真:87337777
网址:www. e - ande. com
电子信箱:sales@ e - ande. com
法定代表人:杨洁丹
单位人数:2345
质量体系:IATF 16949、ISO 9001
产品情况:超薄、轻汽车车门等汽车精密结构件

★东莞市海莎过滤器有限公司
地址:广东省东莞市东城区下桥工业园

R栋
邮编:523112
电话:0769/23326900
传真:23326986
网址:www. helsha - filter. com
电子信箱:link@ helsha - filter. com
法定代表人:高阳
质量体系:ISO 9001、IATF 16949
产品情况:空调过滤器、空气过滤器、机油过滤器

★小仓离合机(东莞)有限公司
地址:广东省东莞市石碣镇科技工业园
邮编:523290
电话:0769/86361603
传真:86324531
网址:www. oguraclutch. co. jp
电子信箱:ocd - kaikei5@ oguraclutch. com. cn
法定代表人:小仓康宏
质量体系:IATF 16949、ISO 14001
产品情况:汽车空调用离合器
配套情况:为松下万宝(广州)压缩机、华达杰克赛尔、重庆建设车用空调器等配套

★东莞市索霏亚汽车配件有限公司
地址:广东省东莞市石排镇福隆第二工业区2路
邮编:523330
电话:0769/86525887、18566182014
传真:86525887
网址:www. mita - sfy. com
电子信箱:surefire001@ 126. com
法定代表人:刘菲
质量体系:ISO 9001、IATF 16949
产品情况:汽车刮水器
配套及出口情况:主要客户有日本丰田、本田售后市场;畅销日本、东南亚及欧美地区

★东莞山多力汽车配件有限公司
地址:广东省东莞市企石镇永发工业区
邮编:523511
电话:0769/86722101
传真:86722197
网址:www. sandolly. com. cn
电子信箱:lixiaolin08@ 163. com
法定代表人:黄世贤
质量体系:IATF 16949、ISO 14001
产品情况:(SANDOLLY 牌)
汽车刮水器及臂片
配套情况:为比亚迪、吉利远景、江铃全顺、陆风风尚、迷迪、明爵 MG3、普力马、丘比特、三一重工、威乐、威姿、新奥拓、宝骏、中华酷宝、中兴无限、悦翔等配套

★东莞奔迅汽车玻璃有限公司
地址:广东省东莞市虎门镇路东村
邮编:523926
电话:0769/85260396
传真:85238935
网址:www. bensonautomobileglass. com
电子信箱:harold@ bensonautomobileglass. com
法定代表人:李贤义
单位人数:1200
质量体系:IATF 16949、ISO 14001
产品情况:汽车安全玻璃等

★丽声实业(东莞)有限公司
地址:广东省东莞市虎门镇大宁社区宁江路2号
邮编:523930
电话:0769/86232324、86232333
传真:86232303
网址:www. dgrhythm. com
电子信箱:business@ rhythm. com. hk
法定代表人:吴国明
质量体系:ISO 9001、ISO 14001
产品情况:汽车车载时钟、监视照相机、汽车仪表盘、LED照明、外观加饰精密注塑产品等

★信义玻璃控股有限公司
地址:广东省东莞市虎门镇路东信义玻璃工业园
邮编:523935
电话:0769/85266666
传真:85268888
网址:www. xinyiglass. com
电子信箱:info@ xinyiglass. com. hk
质量体系:VDA 6.3、IATF 16949
产品情况:(XYG 牌)
汽车玻璃、密封胶条
配套情况:与奇瑞汽车、宇通客车、北汽福田等结为战略合作伙伴关系

★东莞港湾汽车玻璃有限公司
地址:广东省东莞市虎门镇新湾宏业北路
邮编:523938
电话:0769/85713855
网址:www. dkg. com. cn
电子信箱:px. ge@ dkg. com. hk
法定代表人:李永鸿
质量体系:ISO 9001
产品情况:汽车安全玻璃
出口情况:95%的产品出口海外市场

★东莞广泽汽车饰件有限公司
地址:广东省东莞市厚街镇桥头第三工业园
邮编:523960
电话:0769/89278888
传真:89088098
网址:www. hirosawa. com. cn
电子信箱:weiying@ hirosawa. com. cn
法定代表人:余泽民
质量体系:IATF 16949、ISO 14001
产品情况:汽车仪表盘、饰板、转向盘,摩托车挡板等汽车内饰件之注塑成型及表面喷涂、曲面印刷等
配套及出口情况:为广汽本田、东风日产乘用车、一汽海马、郑州日产、东南汽车、长安汽车、北京奔驰、华晨金杯、武汉万通、广西柳汽等配套;部分产品远销日本、美洲、欧洲、非洲等国家和地区

★佛山英利汽车部件有限公司
地址:广东省佛山市南海区丹灶镇华南五金产业基地东阳三路15号之一
邮编:528200
电话:0757/81092779
网址:www. engley. com
电子信箱:chenyuan - yu@ foshan. engley. net
法定代表人:林启彬
质量体系:IATF 16949、ISO 14001
产品情况:车身金属零件、仪表板骨架、前端框架、车底护板、轮罩等
配套情况:为一汽-大众、广汽集团、长安标致雪铁龙、比亚迪汽车等供货

★佛山佛吉亚旭阳内饰系统有限公司
地址:广东省佛山市南海区狮山镇官窑联奥路3号之一
邮编:528200
电话:0757/63865754
网址:www. xuyanggroup. com
电子信箱:cuili. chen@ faurecia. com
法定代表人:许明哲
单位人数:5000
质量体系:IATF 16949、ISO 14001
产品情况:汽车门内板、仪表板、中央控制台等汽车内饰产品
配套情况:为一汽-大众、一汽轿车、一汽解放、奔驰、宝马、沃尔沃、丰田、广汽等配套

★盟和(佛山)汽车配件有限公司
地址:广东省佛山市南海区丹灶镇南海工业园区朝阳路18号
邮编:528216
电话:0757/85433800
传真:85433806
网址:www. meiwasangyo. co. jp
电子信箱:l - qiaofen@ meiwafs. com. cn
法定代表人:YUZAWA ICHIRO(汤泽伊知郎)
质量体系:ISO 14001、IATF 16949
产品情况:汽车内部的装饰配件,包括行李舱盖板、车顶、车门内饰及脚踏地毯等产品
配套及出口情况:主要向广汽本田、丰田、日产三大汽车整车公司供货;出口欧洲、美洲

★艾杰旭汽车玻璃(佛山)有限公司
地址:广东省佛山市南海区南海科技工业园松夏C区华沙路
邮编:528225
电话:0757/85888000
传真:81202806
网址:www. agc. co. jp
电子信箱:huifang. liu@ agc. com
法定代表人:MATSUOKA HIROYUKI

(松岡浩之)
质量体系:IATF 16949
产品情况:汽车用加工玻璃(夹层玻璃、钢化玻璃)的制造与销售,年产 100 万套汽车玻璃
配套情况:为宝马、大众、丰田、本田、日产等配套

★佛山市富晟四维尔汽车零部件有限公司
地址:广东省佛山市南海区狮山镇红沙工业区
邮编:528225
电话:0757/85862640、85862641
传真:85862641
网址:www.swellchina.com
电子信箱:ouyangwenjuan@fsachina.com
法定代表人:迟守利
质量体系:IATF 16949
产品情况:主要生产汽车用散热器格栅总成、装饰条、标牌、字牌等
配套情况:为北美三大汽车集团、德国大众、德国奥迪、沃尔沃、雪铁龙、一汽集团、一汽-大众、上汽大众、上汽通用、东风公司、神龙公司等配套

★广东发尔特克汽车用品有限公司
地址:广东省佛山市南海区狮山镇小塘三环西工业园区
邮编:528225
电话:0757/86667291、86667686
传真:86631899
网址:www.faltec.co.jp、www.tpr.co.jp
电子信箱:yejieyun@faltec-acc.com.cn
法定代表人:TAKANO HIROSHI
质量体系:ISO 14001
产品情况:根据日产车型设计、生产及销售 OEM 部件以及各种内外高级饰品、电装用品等

★爱信精机(佛山)车身零部件有限公司
地址:广东省佛山市南海区狮山镇小塘三环西路 A 区 5 号
邮编:528225
电话:0757/86650000
网址:www.asfb.cn
电子信箱:li.cf@asfb.cn
法定代表人:ITO SHINTARO(伊藤慎太郎)
质量体系:ISO 9001、IATF 16949
产品情况:天窗、座椅电动机、座椅调节器、门把手、门中柱、门铰链、行李架等车身零部件
配套及出口情况:主要顾客为广汽丰田、广州丰爱、天津丰爱、广州樱泰等,出口国外市场

★佛山市南海元祥汽车空调配件有限公司
地址:广东省佛山市南海区里水镇西线公路甘蔗工业区 86 号
邮编:528244
电话:0757/85604018
传真:85612314
网址:www.ushine.net.cn
电子信箱:auto@ushine.net.cn
法定代表人:温宏枢
质量体系:ISO 9001、IATF 16949
产品情况:汽车用空调冷凝器
出口情况:远销欧洲、美洲

★广东顺德太昌客车空调有限公司
地址:广东省佛山市顺德区大良凤翔工业区顺翔路 20 号
邮编:528300
电话:4000113198
传真:0757/28666993
网址:www.sdtaichang.com
电子信箱:862131910@qq.com
法定代表人:苏顺兴
质量体系:ISO 9001
产品情况:客车空调
配套及出口情况:为郑州宇通、河南少林、上海申龙、厦门金龙、厦门金旅、苏州金龙、扬州亚星、江苏友谊、金华青年、安徽安凯、安徽江淮、桂林大宇、东风襄阳、佛山飞驰、广汽集团、珠海广通、北汽福田、丹东黄海、中通客车等配套;出口欧洲、美洲、澳大利亚等国家和地区

★广东麦格纳汽车镜像有限公司
地址:广东省佛山市顺德区容桂街道容里社区居委会新有中路 18 号
邮编:528303
电话:0757/26383751、29292901
传真:26623575
网址:www.magna.com
电子信箱:719909199@qq.com
法定代表人:王必成
单位人数:680
质量体系:IATF 16949、ISO 14001
产品情况:内外后视镜以及车顶灯、内外门把手、侧三角窗、车窗玻璃导轨等,年产各类后视镜能力达 270 万台(套)
配套情况:为广汽本田、东风本田、广汽丰田、奇瑞汽车、长城汽车、神龙、庆铃、江铃、长安铃木、昌河、华晨金杯、北汽福田、广汽三菱、河北中兴、江淮、一汽海马、一汽-大众、一汽集团、北京奔驰、比亚迪等配套

★丰田合成(佛山)汽车部品有限公司
地址:广东省佛山市顺德区大良街道顺番公路五沙段 3 号
邮编:528333
电话:0757/22813371
传真:22813370
网址:www.toyoda-gosei.co.jp/cn
电子信箱:f_xuefei@tgfautoparts.com.cn
法定代表人:FUKUI HIROKI(福井博规)
质量体系:ISO 14001、IATF 16949
产品情况:(TOYODA 牌)
汽车内外装饰塑料部件,包括仪表板、换挡箱、音响盖、名牌标志装饰板、发动机罩等
配套情况:为广汽丰田、东风日产乘用车、广汽丰田发动机、日产中国、广州樱泰汽车装饰等配套

★丰田合成(佛山)橡塑有限公司
地址:广东省佛山市顺德区大良街道顺番公路五沙段 5 号
邮编:528333
电话:0757/22801260
传真:22801261
网址:www.toyoda-gosei.com
电子信箱:tgr_0691@tgfoshan.com.cn
法定代表人:FUKUI HIROKI(福井博规)
质量体系:IATF 16949、ISO 14001
产品情况:汽车门窗密封条、EPDM 风窗玻璃密封条、车门框装饰件、行李舱密封条
配套情况:为丰田汽车、本田汽车、东风本田配套

★佛山东海理化汽车部件有限公司
地址:广东省佛山市顺德区大良顺番公路五沙段 10 号顺德工业园
邮编:528333
电话:0757/22803921、22803929
传真:22320198
网址:www.tokai-rika.co.jp
电子信箱:duanminai@trcf.com.cn
法定代表人:INOUE NAOHIKO(井上直彦)
质量体系:IATF 16949、ISO 14001
产品情况:(著牌)
汽车安全锁等汽车安全防护配件
配套情况:为广汽丰田配套

★本田制锁(广东)有限公司
地址:广东省中山市小榄镇广田路 8 号
邮编:528415
电话:0760/22268898
传真:22268893
电子信箱:info@hondalockgd.com.cn
法定代表人:高桥登
质量体系:ISO 9001、IATF 16949
产品情况:汽车锁总成、后视镜、门把手、门锁机构、ABS 轮速传感器、电动发动机锁、一键起动开关、转矩传感器、尾箱锁开关、物箱锁、内视镜、天线盖等;摩托车锁总成等
配套及出口情况:国内客户有广汽本田、东风本田、本田中国、东风本田发动机、五羊-本田、新大洲本田、嘉陵本田、东风柳汽、浙江吉利等;海外客户有 Honda Lock Mfg. Co., Ltd., HL-A Co., Inc., Honda Lock Thai Co., Ltd., PT. Honda Lock Indonesia, Honda Lock VietNam Co., Ltd., Honda Lock exico, S. A. de C. V., Sandhar Technologies Ltd.

★伟福科技工业(中山)有限公司
地址:广东省中山市火炬开发区火炬大道 16 号

邮编:528437
电话:0760/85335336
传真:85335007
网址:www. ftech - zs. com. cn
电子信箱:liushudan@ ftz. com. cn
法定代表人:森政博
单位人数:754
质量体系:ISO 9001、IATF 16949
产品情况:车架、连杆、玻璃升降器、踏板等
配套情况:主要客户有广汽本田、本田中国、东风本田(广州)、东风本田(武汉)、日产中国投资有限公司、东风日产等

★中山实化成塑料有限公司
地址:广东省中山市坦洲镇第三工业区龙塘二路8号
邮编:528467
电话:0760/86637223、87131173
传真:86637265
网址:www. zs - minoru. com
电子信箱:unkokus@ zs - minorukasei. com
法定代表人:生本尚久
质量体系:IATF 16949
产品情况:塑胶部件吹塑成形(如座椅、空调风道、汽车尾翼等),以及其他电子电器精密塑胶件的注塑成形

★江门市宏力后视镜实业有限公司
地址:广东省江门市高新技术开发区东升路139号
邮编:529000
电话:0750/3869916、3869926
传真:3869933
网址:www. jmsl. cn
电子信箱:vinsonyu@ china - shongli. com
法定代表人:肖景辉
质量体系:IATF 16949
产品情况:汽车后视镜
配套情况:配套重汽集团、东风商用、湖南三一重工、山东临工等知名汽车生产企业

广 西

★桂林皮尔金顿安全玻璃有限公司
地址:广西桂林市高新技术产业开发区九号区
邮编:541004
电话:18177368552
网址:www. nsg. com
电子信箱:xiaorong. liu@ cn. nsg. com
法定代表人:TATEMOTO KATSUNORI
质量体系:ISO 14001
产品情况:钢化玻璃、夹层玻璃
配套及出口情况:为东风日产、广汽本田、上汽通用五菱、柳汽、重庆长安、江西昌河、广汽三菱配套;出口北美洲、欧洲

★广西方鑫汽车科技有限公司
地址:广西柳州市西江路北二巷39号
邮编:545000
电话:0772/3160996、3163268
传真:3591699
网址:www. lzfx. com. cn
电子信箱:gmo@ lzfx. com. cn
法定代表人:杨开沈
质量体系:IATF 16949
产品情况:汽车饰件、发动机塑料进气歧管、凸轮轴罩盖、汽缸罩盖、三通管、离合器壳底盖等
配套情况:主要客户有上汽通用、东风柳汽、广西柳工机械、一汽柳州特种汽车厂、东风渝安车辆、广西玉柴机器等

★柳州双林汽车部件科技有限公司
地址:广西柳州市柳北区马厂路1号白露工业园D-3
邮编:545002
电话:0772/2510858
网址:www. shuanglin. com
电子信箱:ylmeng@ lz. shuanglin. com
法定代表人:刘旭东
单位人数:400
质量体系:IATF 16949
产品情况:汽车内、外饰件等塑胶零部件
配套情况:为上汽通用五菱、方盛三龙等配套

★柳州五菱宝马利汽车空调有限公司
地址:广西柳州市马厂路1号白露工业园A区
邮编:545002
电话:0772/2025601、2025888
传真:2029666
电子信箱:wulingbml@ 163. com
法定代表人:韦明凤
质量体系:IATF 16949
产品情况:具有年产各类优质汽车空调系统80万台(套),冷凝器/蒸发器芯体200万台、空调管路80万套、全铝质散热器30万台的年生产能力
配套情况:是上汽通用五菱、北汽福田、奇瑞汽车、东风渝安、成都神钢、成都成工等国内著名汽车和工程机械企业的重要供应商

★柳州易舟汽车空调有限公司
地址:广西柳州市阳和工业新区阳泰路东3号
邮编:545006
电话:0772/3591302、3591333
传真:3591163
网址:www. yi - zhou. com
电子信箱:yizhou@ yi - zhou. com
法定代表人:鲍山钟
质量体系:IATF 16949、ISO 9001
产品情况:(易舟牌)
涡旋式汽车空调压缩机和车用空调,中小型电动汽车空调蒸发器(冷凝器)总成
配套情况:为江淮、众泰、北汽、上汽通用五菱等10多家知名企业配套

★广西易德科技有限责任公司
地址:广西柳州市柳南区河西工业园欣悦路8号
邮编:545007
电话:0772/2398733、5050234
传真:2398720
电子信箱:qinmei@ gxyide. com
法定代表人:王光意
质量体系:IATF 16949
产品情况:汽车空调系统、汽车装饰件等产品
配套情况:主要客户有上汽通用五菱

★广西双英集团股份有限公司
地址:广西柳州市阳和工业新区阳旭路东1号1-4栋
邮编:545036
电话:0772/3591231
网址:www. syjt. com
电子信箱:236694176@ qq. com
法定代表人:杨英
质量体系:IATF 16949
产品情况:各类汽车座椅骨架总成、微型轿车水箱上下纵梁、散热器下横梁和脚踏总成等零部件

重庆市

★重庆长安福铃汽车铰链有限责任公司
地址:重庆市江北区建新东路260号
邮编:400023
电话:023/67592019、67014200
传真:67014200
网址:www. cqjl. com
电子信箱:jlc@ cqjl. com
法定代表人:龚洪林
质量体系:ISO 14001、IATF 16949
产品情况:长安汽车各型车门铰链产品,年配套生产能力30万车副
配套情况:为长安汽车配套

★重庆天人工业(集团)有限公司
地址:重庆市江北区唐家沱港城工业园C区
邮编:400026
电话:023/67783888
传真:67783999
网址:www. skyman. com. cn
电子信箱:skyman@ skyman. com. cn
法定代表人:龚正
单位人数:600
质量体系:ISO/TS 16949、ISO 14001
产品情况:车身冲压件、车身结构件、底盘结构件总成、CCB及座椅骨总成等冲焊产品
配套情况:为福特、铃木、马自达、长城汽车、日产汽车、长安等配套

★重庆东电制冷设备有限公司
地址:重庆市九龙坡区华福大道北段

306 号
邮编:400052
电话:023/86972961
网址:www. sinoddzl. cn
电子信箱:sinoddzl@ 163. com
法定代表人:张波
质量体系:IATF 16949
产品情况:车用空调系统、控制器等产品及汽车零部件
配套情况:为长安、东风小康、上汽通用五菱、北汽威旺、昌河等车型配套

★重庆建设车用空调器有限责任公司
地址:重庆市九龙坡区华建支路 1 号
邮编:400052
电话:023/68719234、68127004
传真:68801807
网址:www. jscomp. com. cn
电子信箱:jsyx296@ 126. com
法定代表人:颜学钏
质量体系:IATF 16949、ISO 14001
产品情况:(建设牌、JSS 牌)
具备年产车用空调压缩机 300 万台的生产能力
配套及出口情况:产品被长安公司、长安铃木、长安福特(哈飞工厂)、长城汽车、江淮汽车、吉利汽车、东风神龙、东风日产等国内知名主机厂采用;出口法国标致、墨西哥日产、伊朗 SAIPA、马来西亚 Proton 等国外主机厂

★重庆安通林拓普车顶系统有限公司
地址:重庆市北部新区花朝工业园一期 B 区 A2 栋
邮编:401120
电话:023/67455975、67455969
传真:67457188
电子信箱:qrpeng@ antolin - tuopu. com
法定代表人:Ernesto Antolin Arribas
质量体系:IATF 16949、ISO 14001
产品情况:汽车顶棚系统
配套情况:为长安福特、长安马自达等供货

★延锋汽车饰件系统重庆有限公司
地址:重庆市北部新区金开大道 1999 号
邮编:401120
电话:023/67457210、63568005
传真:67457208
网址:www. yanfengco. com
电子信箱:280137576@ qq. com
法定代表人:钱怡
单位人数:500
质量体系:IATF 16949、ISO 14001
产品情况:(延锋牌)
汽车座舱系统、内饰系统
配套情况:为长安福特、长安马自达、长安铃木、广汽三菱等配套

★重庆延锋彼欧富维汽车外饰有限公司
地址:重庆市北部新区金开大道 1999 号
邮编:401120
电话:023/67457281
网址:www. yfpo. com
电子信箱:xxiao1@ yfpo. com
法定代表人:王卫中
单位人数:128
质量体系:IATF 16949、ISO 14001
产品情况:保险杠蒙皮、保险杠总成、门槛总成、防擦条、格栅总成及扰流板
配套情况:是长安福特、长安铃木的供应商

★凌云西南工业有限公司
地址:重庆市江北区鱼嘴镇康泰路 84 号
邮编:401120
电话:023/88215605、67745176
传真:67181010、67181717
网址:www. lingyun. com. cn
电子信箱:daili@ cq - lingyun. com
法定代表人:李阳扶
质量体系:ISO 14001、IATF 16949
产品情况:车门防撞杆,前后保险杠防撞梁总成等
配套情况:与长安福特、长安股份、长安铃木、重庆庆铃、上汽依维柯红岩等汽车主机厂合作

★南方英特空调有限公司
地址:重庆市渝北区高堡湖路 1 号
邮编:401120
电话:023/61213106
传真:61212555
网址:www. s - ai. com. cn
电子信箱:office@ s - ai. com. cn
法定代表人:高军
质量体系:IATF 16949、ISO 14001
产品情况:(SAI 牌)
主要从事车用空调系统、热交换器系统、新能源热管理系统产品及其配套零部件开发、制造
配套情况:为长安汽车、长安福特、长安马自达、长安铃木、长安标致雪铁龙、广汽集团、一汽集团、北汽集团等配套

★重庆长泰汽车零部件有限公司
地址:重庆市渝北区科技产业园区兴科四路 108 号
邮编:401120
电话:023/67457880、86046050
传真:67457900
电子信箱:yan. li@ minthgroup. com
法定代表人:项海滨
单位人数:500
质量体系:IATF 16949、VDA 6. 1
产品情况:各种密封装饰件、饰条、车身结构件
配套及出口情况:为长安福特、长安马自达、长安铃木、四川一汽丰田、长安汽车、一汽海马等配套;远销北美洲、印度、泰国

★重庆远翅塑料有限公司
地址:重庆市渝北区空港开发区尚科路 18 号
邮编:401120
电话:023/67181363、6718360
电子信箱:yuanchi@ vip. 163. com
法定代表人:李江波
单位人数:152
质量体系:ISO 14001、IATF 16949
产品情况:年产仪表板 30 万套、保险杠 60 万套、门内护板 90 万件的生产能力

★南方佛吉亚汽车部件有限公司
地址:重庆市渝北区龙兴镇两江大道 618 号
邮编:401120
电话:023/88792713
网址:www. faurecia. com/en
电子信箱:chenglin. ding@ faurecia. com
法定代表人:李鑫
质量体系:IATF 16949
产品情况:汽车座椅、内饰系统、汽车外饰系统
配套情况:为长安福特,长安标致雪铁龙,长安汽车、长安标致、东风雪铁龙等配套

★福耀玻璃(重庆)有限公司
地址:重庆市北部新区经开园翠宁路 1 号
邮编:401122
电话:023/67193750、67193888
网址:www. fuyaogroup. com
电子信箱:ping. song@ fuyaogroup. com
法定代表人:曹德旺
单位人数:1400
质量体系:IATF 16949、ISO 14001
产品情况:[福耀(FUYAO)牌、fy 牌]
汽车玻璃,辐射西南市场
配套情况:为长安、长安福特、长安铃木、庆铃、柳汽、四川丰田、上汽通用五菱、力帆汽车等各大汽车厂配套

★翰昂汽车零部件(重庆)有限公司
地址:重庆市北部新区礼嘉礼洁路 6 号
邮编:401122
电话:13983734887
网址:www. hvccglobal. com
电子信箱:gtao1@ hanonsystems. com
法定代表人:Jeong Won Son
单位人数:186
质量体系:IATF 16949
产品情况:汽车空调系统、汽车发动机冷却模块等
配套情况:客户有长安福特、长安铃木、长安马自达、现代、起亚等

★伟巴斯特车顶系统(重庆)有限公司
地址:重庆市北部新区礼洁路 12 号
邮编:401122
电话:023/67880808、60363067
传真:67880388、67880801
电子信箱:info@ webastochina. com
法定代表人:Jan Henning Mehlfeldt
质量体系:IATF 16949、ISO 9001

产品情况:汽车天窗

★重庆宏协承汽车部件有限公司
地址:重庆市北部新区云竹路 29 号
邮编:401122
电话:023/67190032、61790079
传真:67190028
网址:www.hongxie.com
法定代表人:胡宏
单位人数:1700
质量体系:IATF 16949、ISO 14001
产品情况:专业生产汽车门框、装饰密封件
配套情况:为福耀集团、重庆长安、合肥长安、重庆力帆、江铃、北汽银翔、北京汽车、东风柳汽等供货

★重庆超力高科技股份有限公司
地址:重庆市经济技术开发区汽车工业园金开大道 2001 号
邮编:401122
电话:023/89110278
网址:www.sinocl.com
电子信箱:chaoli@sinocl.com
法定代表人:陈苏红
单位人数:1400
质量体系:IATF 16949、ISO 14001
产品情况:(超力牌)
汽车空调、冷却模块总成、冷凝器、蒸发器、油冷器、中冷器、散热器、压缩机等
配套情况:与上汽通用五菱、上汽通用、吉利汽车、上汽大众、东风日产、通用乌兹别克斯坦及康奈可、三菱重工、东风贝洱、法雷奥、TITANX、博格思众等国内外汽车制造商及一级零部件供应商建立合作关系,是长安汽车、吉利汽车、上汽依维柯红岩等厂商的优秀供应商

★重庆延锋安道拓汽车部件系统有限公司
地址:重庆市渝北区工业园长福西路 4 号
邮编:401122
电话:023/89185771、86001988
传真:86000002
网址:www.cqyfas.com
电子信箱:houchen.1.wang@adient.com
法定代表人:汪武扬
单位人数:2000
质量体系:IATF 16949、ISO 14001
产品情况:座椅总成
配套情况:为长安福特、沃尔沃、长安铃木、长安、长安标致、北汽银翔等配套

★重庆宏立至信科技发展集团股份公司
地址:重庆市江北区鱼嘴镇渝冠大道 218 号附 2 号
邮编:401133
电话:023/88799702
网址:www.cqhlzx.com
电子信箱:hr@cqhlzx.com
法定代表人:王忠莲
质量体系:IATF 16949、ISO 14001
产品情况:汽车座椅

★利富高(重庆)精密树脂制品有限公司
地址:重庆市长寿经济技术开发区龙山路 2 号
邮编:401221
电话:023/40766158
网址:www.nifco.co.jp
电子信箱:admin@cqnifco.com
法定代表人:崔炫惇
质量体系:IATF 16949、ISO 14001
产品情况:空气导管、仪表镶盘、通道扶手、装饰条及其他紧固件类汽车内部零部件
配套情况:供货于重庆现代汽车公司及其他汽车公司

★重庆博泽汽车部件有限公司
地址:重庆市沙坪坝区兴旺路 63 号
邮编:401331
电话:023/65919094、65919111
传真:65919007
网址:www.brose.de
电子信箱:chongqing@brose.com
法定代表人:吴刚
质量体系:ISO 14001、IATF 16949
产品情况:车门和门锁系统、玻璃升降器、座椅系统、空调鼓风机、冷却风扇总成
配套情况:客户有长安福特、沃尔沃、一汽-大众、长安李尔、伟世通、法雷奥、贝洱、佛吉亚、南方英特、江森自控等

四川省

★成都一汽富维延锋彼欧汽车外饰公司
地址:成都市经济技术开发区(龙泉驿区)南二路 198 号
邮编:610100
电话:028/88427799
传真:88427800
网址:www.yfpo.com
电子信箱:notice@faway-yfpo.com
法定代表人:刘洪敏
质量体系:IATF 16949、ISO 14001
产品情况:汽车保险杠等
配套情况:已成为成都地区一汽-大众和沃尔沃两大汽车厂保险杠产品的独家供应商,每年为客户提供 70 万套轿车保险杠总成

★成都英利汽车部件有限公司
地址:成都市经济技术开发区(龙泉驿区)南四路 268 号
邮编:610100
电话:028/65080999
网址:www.engley.com
法定代表人:林上炜
质量体系:IATF 16949、ISO 14001
产品情况:前端框架、底部护板、仪表板骨架和白车身金属冲压件
配套情况:为一汽-大众、上汽大众、上汽通用、富豪、吉利汽车、广汽菲克等供货

★成都市富晟四维尔汽车零部件有限公司
地址:成都市龙泉驿经济开发区
邮编:610100
电话:028/65316165
传真:65316166
网址:www.swellchina.com
法定代表人:迟守利
质量体系:ISO 14001、IATF 16949
产品情况:主要以汽车格栅及标牌的制造和开发为主
配套情况:为北美三大汽车集团、德国大众、德国奥迪、沃尔沃、雪铁龙、一汽集团、一汽-大众、上汽大众、上汽通用、东风公司、神龙公司等配套

★成都嘉润汽车部件有限公司
地址:成都市龙泉驿区车城东四路 302 号
邮编:610100
电话:028/65080881、65080885
网址:www.cdjiarun.com
电子信箱:cdjiarun@vip.163.com
法定代表人:许景林
质量体系:IATF 16949
产品情况:汽车车身金属冲压、焊接零部件
配套情况:为一汽-大众 A 级供应商、沃尔沃和一汽丰田的核心供应商

★成都航天模塑股份有限公司
地址:成都市龙泉驿区航天北路 118 号
邮编:610100
电话:028/84805888
传真:84850143
网址:www.ccsmp.com
电子信箱:wangjian@ccsmp.com
法定代表人:彭建清
质量体系:IATF 16949
产品情况:内饰系统(仪表板、门板、植绒手套箱等),外饰系统(保险杠、车身下装饰件、扰流板、防擦条、轮罩、高光外饰板等),发动机塑料部件(进气歧管、大众 EA211 平台压力管和平台油轨、缸盖罩盖等),注塑模具
配套情况:为一汽-大众、神龙汽车、一汽丰田、东风本田、北汽福田、海马轿车、江淮汽车等国内大型汽车制造厂配套

★成都丰田纺汽车部件有限公司
地址:成都市龙泉驿区经开区南三路 336 号
邮编:610100
电话:028/88435070
传真:88435090
网址:www.toyota-boshoku.com
电子信箱:chengdufengtianfang@163.com
法定代表人:田迎春
质量体系:IATF 16949、ISO 14001
产品情况:汽车座椅及内外饰件

配套情况:为四川一汽丰田配套,专供普拉多越野车和柯斯达客车的座椅及内饰件

★成都马勒汽车热系统有限公司
地址:成都市经济技术开发区(龙泉驿区)合菱西路88号
邮编:610199
电话:028/62978660
网址:www. cn. mahle. com
电子信箱:zhengjun. xie@ smts - co. com
法定代表人:王骏
质量体系:IATF 16949、ISO 14001
产品情况:生产汽车空调模块、发动机冷却系统以及零部件

★信义节能玻璃(四川)有限公司
地址:四川省德阳市岷山路三段33号
邮编:618000
电话:0838/2696666
网址:www. xinyiglass. com
电子信箱:lc@ xinyiglass. com
法定代表人:李圣根
质量体系:ISO 9001、IATF 16949
产品情况:汽车玻璃等

★四川富士电机有限公司
地址:四川省射洪县经济开发区河东大道中段6号
邮编:629200
电话:0825/6982409、6981559
传真:6983173
网址:www. scfsdj. com
电子信箱:zhb@ scfj. mail. sohu. net
法定代表人:范成志
单位人数:558
质量体系:ISO 14001、IATF 16949
产品情况:汽车刮水器、汽车玻璃升降器、汽车散热器风扇总成等产品,年产量达150多万台(套)
配套情况:为长安汽车(含重庆、北京、南京、河北、合肥、哈尔滨等分公司)、上汽通用五菱、中国重汽(成都、福建)、四川现代汽车、东风汽车集团、江铃汽车、华晨汽车等配套各型车用刮水器、玻璃升降器、散热器风扇总成

★四川天喜车用空调股份有限公司
地址:四川省南充市顺庆区华生东路1号
邮编:637000
电话:0817/2130099、2161619
电子信箱:export@ tianxiac. com
法定代表人:胡邦洪
质量体系:IATF 16949
产品情况:(天喜牌)
　　拥有新能源纯电动冷暖型TXD系列、顶置式TXL系列、迎风式TXF系列50个品种的客车空调产品
配套情况:已与宇通客车、金旅客车、金龙客车、恒通客车、安凯客车、现代客车等全国知名大中型客车厂建立了合作关系

贵州省

★贵州华昌汽车电器有限公司
地址:贵阳市经开区清水江路323号华阳电器园区
邮编:550009
电话:0851/88657888
传真:88657888
网址:www. gzhcqc. com. cn
法定代表人:谭润清
质量体系:IATF 16949、ISO 14001
产品情况:锁匙总体、内外门把手、加油口盖等,年产200万套锁匙总体及内外门把手
配套情况:为上汽大众、神龙汽车、广汽集团、海马汽车、一汽集团、比亚迪汽车、东风乘用车、长安集团、吉利汽车、长城汽车、力帆汽车等配套

★贵州华阳汽车零部件有限公司
地址:贵阳市小河经济技术开发区清水江路323号
邮编:550009
电话:0851/88657801、88657810
电子信箱:xiaofang@ mhc. cn
法定代表人:陈智
质量体系:IATF 16949、QS 9000
产品情况:燃油加油口盖锁、电动门锁、座椅锁、门把手
配套及出口情况:为广汽本田、上汽大众、长安铃木、长安汽车配套;出口日本、美国等国家

★贵州贵航汽车零部件股份有限公司
地址:贵阳市小河浦江路361号
邮编:550009
电话:0851/83877503、83809050
传真:83803931
网址:www. gzghgf. com
电子信箱:gaco@ gaco. avic. com
法定代表人:唐海滨
单位人数:4800
质量体系:ISO/TS 16949、VDA 6.1
产品情况:(金翅牌、万江牌、探星牌、永红牌、华昌牌)
　　密封件、组合开关、电动窗开关、特种开关、锁匙总体、门把手、刮水器、玻璃升降器、铝质散热器、滤清器、中冷器、暖风器、汽车空调座椅天窗冲压件和焊接件、汽车开关控制电路、工程机械冷却系统、工业空调冷凝器等
配套及出口情况:为上汽大众、一汽-大众、一汽轿车、一汽集团、东风汽车公司、神龙汽车、广汽本田、一汽通用红塔云南、长安汽车、上汽通用五菱、昌河、天津一汽夏利、天汽、重汽集团、南京依维柯、嘉陵、建设、新大洲等配套;出口美国、德国、意大利、韩国、马来西亚、伊朗等国家,是美国通用汽车、热动力、唐纳森、爱默森、德国大众、意大利比亚乔等公司的合作伙伴

★贵阳万江航空机电有限公司
地址:贵阳市新添大道北段170号
邮编:550018
电话:0851/86310328、86303408
传真:86310456
网址:www. wjec. cn
电子信箱:mail@ wjec. cn
法定代表人:杨建
单位人数:1300
质量体系:IATF 16949、ISO 14001
产品情况:(贵万江牌)
　　主要生产刮水器、玻璃升降器系列产品,年产刮水器250万套、升降器200万件
配套及出口情况:是一汽-大众、上汽-大众、上汽通用、武汉神龙、东风日产等合资品牌汽车企业和上汽、吉利、奇瑞、江淮、海马、东风、一汽等自主品牌汽车企业的核心供应商,以及博世、法雷奥、东洋、辉门等国际知名汽车刮水器企业的合作伙伴;远销伊朗

陕西省

★陕西庆华汽车安全系统有限公司
地址:西安市灞桥区田洪正街1号
邮编:710025
电话:029/83368675
网址:qhqc. norincogroup. com. cn
电子信箱:qinghua885@ 163. com
法定代表人:石文科
单位人数:500
质量体系:IATF 16949
产品情况:汽车安全气囊总成、气体发生器等
配套情况:先后配套ARC、延锋百利得、KSS、丰田合成等国际汽车安全系统知名企业,并通过了通用、福特、丰田、本田、现代、起亚、长安、长城、吉利、比亚迪等欧美、日系、韩系及其国内主流汽车厂商的认证

★艾尔希庆华(西安)汽车有限公司
地址:西安市高新区科技路48号创业广场大厦B0103室
邮编:710068
电话:029/62895066、62895006
传真:62895099
电子信箱:bing. lv@ arcqinghua. com
法定代表人:MICHAEL EDWARD GOODIN
质量体系:IATF 16949、ISO 14001
产品情况:汽车安全气囊用的气体发生器

★西安伊思灵华泰汽车座椅有限公司
地址:西安市临潼区渭水七路4568号
邮编:710077
电话:029/84273516
网址:www. isriht. com
电子信箱:wenbin. hu@ isriht. com

法定代表人:黄继军
单位人数:700
质量体系:IATF 16949、ISO 14001
产品情况:(华泰牌)
　　各类汽车座椅、工程用车座椅及汽车零部件
配套情况:为一汽解放、陕重汽、北奔重型货车、上汽依维柯、南京依维柯、苏州金龙、宇通客车、青年客车、西沃客车、安凯客车、三一重工、广西玉柴、中联重科、斗山工程机械等用户配套座椅

★中化近代环保化工(西安)有限公司

地址:西安市经济技术开发区泾河工业园泾渭南路 36 号
邮编:710201
电话:029/86030038、86033368
传真:86033990
网址:www. jincool. com
电子信箱:jincool@ sinochem. com
法定代表人:陈蜀康
质量体系:IATF 16949、ISO 14001
产品情况:(金冷牌)
　　从事臭氧层消耗物质(ODS)环保替代物 HFC - 134a、HFC - 125 及相关有机氟产品、催化剂开发和生产
配套情况:与国内 80% 以上的主流汽车建立了稳定的配套合作关系

★陕西泰德汽车空调有限公司

地址:西安市经济技术开发区泾渭工业园泾高南路中段 16 号
邮编:710201
电话:029/86968568
网址:www. sxtdkt. com
电子信箱:tdkttx@ xatdsy. com
法定代表人:校甲国
质量体系:IATF 16949
产品情况:重型货车、微型车、工程机械车辆、SUV 等多个系列的高品质空调系统
配套及出口情况:主要为陕西重型汽车、长沙众泰汽车、北汽新能源、东风越野车、重庆力帆汽车、中国重汽济南商用车、中航爱维客、宝鸡华山工程车辆、江铃汽车、陕汽通家、山西大运等国内知名厂家配套空调系统产品;产品配套出口到中东、非洲等多个国家

★天合东方西安安全气囊气体发生器公司

地址:西安市经济技术开发区泾渭新城泾信路 9 号
邮编:710201
电话:029/86057895
传真:86057866
网址:www. zf. com
电子信箱:amy. wu@ zf. com
法定代表人:宋宁华
质量体系:IATF 16949
产品情况:安全气囊气体发生器

电子电器零部件生产企业

• 查询导引 •

企业详细介绍

电子电器零部件生产企业

☞ 企业如有变更，请与编辑部联系　☎ 010/68426043、68420981

北京市

★中国船舶重工集团动力股份有限公司
地址：北京市海淀区首体南路 9 号主语国际 1 号楼
邮编：100044
电话：010/88573330
网址：www. china – csicpower. com. cn
法定代表人：何纪武
单位人数：25000
质量体系：ISO/TS 16949、QS 9000
产品情况：（风帆牌）
车用起动及高性能起停电池、新能源汽车燃料电池发动机、氢气储运等
配套情况：为一汽-大众、上汽大众、上汽通用、北京现代、东风汽车、长安汽车等配套

★北京新峰天霁科技有限公司
地址：北京市丰台区方庄南路 9 号院
邮编：100079
电话：010/67625111 – 3310、67629676
传真：67629676、67629684
网址：xinfeng. bari. cn
电子信箱：bari – xf@ 163. com
法定代表人：刘永平
质量体系：IATF 16949
产品情况：（新峰牌）
发动机曲轴箱强制通风装置（PCV 阀）、废气再循环装置（EGR 阀）、车用传感器系列、汽车后轮防抱制动系统（HABS）、汽车排气制动器、汽油车燃油蒸发污染物控制装置（碳罐）
配套情况：为长安、东安、柳机、北汽福田、北汽有限、吉利、长城、金杯、海马、江淮、比亚迪、力帆等发动机和整车企业配套，年配套 250 万套（件）

★北京兴科迪科技有限公司
地址：北京市海淀区茶棚路 2 号
邮编：100091
电话：010/88855635、18601922838
网址：www. sincodest. com
电子信箱：sales@ sincodest. com
法定代表人：白云飞
质量体系：ISO 9001、ISO 14001
产品情况：车载麦克风、车载蓝牙免提系统、汽车自动放炫目内视镜、汽车胎压监测系统、汽车智能内后视镜、汽车多功能外后视镜、车载感应开关、车载雷达、无线通信模块、车载多功能天线等
配套及出口情况：成为德国奥迪、德国大众、一汽奥迪、一汽-大众、一汽轿车、北京奔驰、上汽大众、奇瑞汽车、北汽股份、上汽集团、长安汽车、一汽马自达、长城汽车、吉利汽车、集瑞联合等全球知名品牌的合作伙伴；与欧美、中东、南美洲、印度等国家和地区的商会建立了合作关系

★北京四维图新科技股份有限公司
地址：北京市海淀区永丰路与北清路交会处东南四维图新大厦 A 座 3 – 13 层
邮编：100094
电话：010/82306399、4008100880
传真：82306158
网址：www. navinfo. com
电子信箱：info@ navinfo. com
法定代表人：吴劲风
质量体系：IATF 16949、ISO 9001
产品情况：（四维图新牌）
是数字地图内容、车联网和动态交通信息服务、基于位置的大数据垂直应用服务提供商
配套情况：数字地图获得宝马、大众、奔驰、通用、沃尔沃、福特、上汽、丰田、日产、现代、标致等主流车厂的订单；车联网服务云平台已经或即将为丰田、奥迪、大众、沃尔沃、长城等国内外主流车厂的车联网项目提供服务

★北京北斗星通导航技术股份有限公司
地址：北京市海淀区中关村永丰高新技术产业基地丰贤东路 7 号北斗星

通大厦
邮编:100094
电话:010/69939966
传真:69939100
网址:www.bdstar.com
电子信箱:bdstar@bdstar.com
法定代表人:周儒欣
质量体系:ISO 9001
产品情况:车载导航信息娱乐系统、全液晶仪表(数字仪表)、抬头显示器(HUD)、车载智能联网及终端产品(T-BOX)等汽车电子产品;汽车电子电器测试与验证的工程服务、汽车电子电器的软件开发服务、高级驾驶辅助系统、车载信息娱乐系统及相关业务等汽车工程服务
配套情况:为宝马、奔驰、大众等国际知名汽车厂商提供汽车电子电器测试与验证服务

★北京星网宇达科技股份有限公司
地址:北京市海淀区远大路金源时代商务中心2号楼A座5C
邮编:100097
电话:4000268699
传真:010/88861465
网址:www.starneto.com
电子信箱:zy@starneto.com
法定代表人:迟家升
质量体系:ISO 9001
产品情况:北斗导航产品

★易图通科技(北京)有限公司
地址:北京市丰台区南四环西路128号院1号楼东配5层
邮编:100160
电话:010/63711098
传真:63710896
网址:www.emapgo.com.cn
电子信箱:yun.liu@emapgo.com.cn
法定代表人:王志勋
质量体系:IATF 16949、ISO 9001
产品情况:(易图通牌)
导航电子地图,广泛应用于车载导航、位置服务(LBS)、GIS应用、智能交通、网络地图、车辆监控、移动定位、物流管理、Telematics应用等诸多领域
配套情况:客户包括东风裕隆、比亚迪、吉利、长城汽车、江淮汽车、华晨汽车、上汽大众、一汽-大众、神龙汽车、东风日产、东风本田、一汽丰田、沃尔沃、克莱斯勒、法拉利、斯巴鲁等近20家车厂

★北京北汽李尔汽车系统有限公司
地址:北京市经济技术开发区瑞合东二路3号院1号楼1层101
邮编:100172
电话:010/69288588
电子信箱:bpang@lear.com
法定代表人:许小江
质量体系:IATF 16949
产品情况:汽车座椅系统、车身电子控制系统及其他汽车电子电器
配套情况:为汽车整车企业配套

★北京北内创意电控发动机有限责任公司
地址:北京市北京经济技术开发区荣华中路8号院5号楼5层601-A
邮编:100176
电话:010/87716331
网址:www.bjchuangyi.cn
电子信箱:bncy2000@163.com
法定代表人:常广财
产品情况:整车及动力总成所需电子控制系统的技术开发

★北京合众思壮科技股份有限公司
地址:北京市经济技术开发区科创十二街8号院北斗产业园
邮编:100176
电话:010/58275000
传真:58275100
网址:www.unistrong.com
电子信箱:sales@unistrong.com
法定代表人:郭信平
质量体系:ISO 9001、ISO 14001
产品情况:(集思宝牌)
业务市场主要分为北斗移动互联和北斗高精度两大应用
出口情况:远销90多个国家和地区

★北方导航控制技术股份有限公司
地址:北京市亦庄经济技术开发区科创十五街2号
邮编:100176
电话:010/58089788
网址:bfdh.norincogroup.com.cn
法定代表人:浮德海
质量体系:ISO 14001
产品情况:卫星与地面通信、压力容器、专用汽车等

★北京华力创通科技股份有限公司
地址:北京市海淀区东北旺西路8号院(中关村软件园)乙18号
邮编:100193
电话:010/82966300
传真:82803295
网址:www.hwacreate.com.cn
电子信箱:info@hwacreate.com.cn
法定代表人:高小离
质量体系:ISO 14001、ISO 9001
产品情况:北斗/GPS兼容定位模块、北斗/GPS兼容型卫星导航模拟器

★北京佩特来电器有限公司
地址:北京市通州区宋庄镇小堡村南
邮编:101118
电话:010/69596333
传真:80856297
网址:www.prestolite-bj.com
电子信箱:marketing@prestolite-bj.com
法定代表人:张云龙
质量体系:ISO/TS 16949、ISO 14001
产品情况:车用起动机、发电机和新能源驱动电动机;具备年产发电机200万台、起动机100万台的生产能力
出口情况:在印度和俄罗斯设立分公司

★北京顺恒达汽车电子股份有限公司
地址:北京市通州区永乐经济开发区恒业八街6号院13号1至4层101
邮编:101118
电话:010/69597544、57057158
传真:69595524
电子信箱:xs@shunhengda.com
法定代表人:董军
质量体系:IATF 16949、QS 9000
产品情况:(SHD牌)
汽车电动、手动玻璃升降器、中控锁、电动窗自动关闭器、一键起动控制器、电动开关、防夹电动升降器、遥控器、防盗器等汽车电器产品;年产升降器300万只、其他电器100万套
配套情况:为长安铃木、沈阳金杯、江铃汽车、江铃陆风、北汽福田、比亚迪汽车等配套

★北方海拉车灯有限公司
地址:北京市顺义区林河大街32号
邮编:101300
电话:010/58411188
网址:www.hella.com
电子信箱:tiancong.wang@hella-bhap.com
法定代表人:王发浩
质量体系:ISO 14001、ISO/TS 16949
产品情况:(海拉牌)
商用车及特种车辆用工作灯、前照灯、信号灯、警示灯、内饰灯以及电子电器产品
配套及出口情况:为一汽集团、华晨集团、奇瑞汽车等供货;部分产品远销美国

★北京三立车灯有限公司
地址:北京市顺义区林河大街32号
邮编:101300
电话:010/89448511、13120325000
传真:89476938
网址:www.sl.co.kr
电子信箱:liuguanqun@slword.com
法定代表人:禹富植
质量体系:IATF 16949、ISO 14001
产品情况:汽车灯具(前照灯、后尾灯、室内灯、高位制动灯、雾灯等)
配套情况:主要客户为北京现代,为其索纳塔、伊兰特、御翔、途胜、雅绅特、悦动、领翔、I30、IX35等车型独家提供各类车灯

★北京帝格线束有限责任公司
地址:北京市怀柔区雁栖镇下庄村甲418号
邮编:101400
电话:010/61641454
传真:61642936
网址:www.bjdgxs.com.cn
电子信箱:61641000@163.com
法定代表人:朱春山
单位人数:280
质量体系:IATF 16949
产品情况:汽车线束

配套情况:为北汽福田、北京汽车制造厂、河北中兴汽车、天马汽车集团公司等主机厂配套线束产品

★北京福斯汽车电线有限公司
地址:北京市怀柔区北京雁栖经济开发区雁栖大街39号
邮编:101407
电话:010/61667047、61667841
传真:61667794、61665861
电子信箱:business@ bj - force. com
法定代表人:霍焰
质量体系:IATF 16949、VDA 6.1
产品情况:[福斯(ORCE)牌]
汽车电线电缆
配套情况:为大众、奥迪、福特、日产、通用、马自达、沃尔沃等众多国际品牌和一汽、东风、长安、长城等国内品牌配套

★北京斯普乐电线电缆有限公司
地址:北京市怀柔区雁栖经济开发区雁东二路58号
邮编:101407
电话:010/61665369
传真:61666369
网址:www. spl - cable. com
电子信箱:yqy@ spl - cable. com
法定代表人:刘万峰
质量体系:ISO 9001、IATF 16949
产品情况:各种汽车电线
配套情况:为一汽集团、天汽、北汽控股等配套

★北京裕罗电器装配有限公司
地址:北京市密云区经济开发区B区科技路13号
邮编:101500
电话:010/69076801 - 106
传真:69075212
网址:www. yura. co. kr
电子信箱:huoguiling@ yura. co. kr
法定代表人:严大烈
单位人数:1000
质量体系:IATF 16949、OHSAS 18001
产品情况:汽车线束、火花塞、点火线圈、预热塞等
配套情况:为北京现代配套

★高德软件有限公司
地址:北京市昌平区科技园区昌盛路18号B1座1 - 5层
邮编:102200
电话:010/84107000、4008100080
传真:84107777
网址:www. autonavi. com
电子信箱:fu. wang@ alibaba - inc. com
法定代表人:韦东
质量体系:ISO 14001、ISO 9001
产品情况:AUTONAVI导航地理信息系统,汽车自主导航电子地图
配套情况:与特斯拉、丰田、本田、捷豹路虎、美国通用、福特汽车、韩国现代、起亚汽车宝马、东风、吉利、长城、北汽、江淮等几十家车企合作

★北京八大处奥博科技发展有限公司
地址:北京市石景山区八大处高科技园区西井路3号3号楼1398房间
邮编:102412
电话:010/60303832、60303850
传真:60303833
电子信箱:bdcaobo@ vip. 163. com
法定代表人:杜伟
质量体系:IATF 16949
产品情况:(BADACHU牌)
汽车各类电子控制器、汽车行驶记录仪、熄火电磁阀、电控气断油缸等70多个品种;具有年生产200万件套产品的能力
配套情况:为一汽解放、一汽解放青岛、锡柴、大柴、一汽通用红塔云南、北汽福田、北京欧曼重型汽车厂、珀金斯动力、北汽福田环保动力、北京客车厂、丹东黄海、沈汽、一汽吉轻、一汽哈尔滨轻型车厂等配套

★北京海纳川航盛汽车电子有限公司
地址:北京市大兴区采育镇北京采育经济开发区育隆大街1号
邮编:102606
电话:010/53321843、18511866786
电子信箱:mail@ hnc - hsae. com
法定代表人:许小江
质量体系:IATF 16949
产品情况:汽车前装影音娱乐系统、智能导航及多媒体系统、车身控制集成系统、智能交通及防盗系统等汽车前装电子产品和物联网(车载远程信息服务系统)的终端产品
配套情况:与包括北汽、福田、现代、长城、长安等重要汽车产业客户合作

★北京慨尔康科技发展有限公司
地址:北京市大兴区生物医药基地永大路23号
邮编:102629
电话:010/61253333、61253311
传真:61253322
网址:www. krkkj. com
电子信箱:xs_krk@ 163. com
法定代表人:石少杰
质量体系:ISO 14001、IATF 16949
产品情况:(KRK牌、实强牌)
年产能力:点火线圈800万只、电子节气门120万只、高压线总成220万套、传感器300万只
配套情况:配套于长安汽车、北汽集团、一汽海马、比亚迪汽车、吉利汽车、奥易克斯等40余家主机厂和电喷系统公司

天津市

★天津柯文实业股份有限公司
地址:天津市西青区西青道百川路42号
邮编:300112
电话:022/27795512 - 8043
传真:27795513
网址:www. tjkewen. com. cn
法定代表人:杨萍
质量体系:ISO 14001、IATF 16949
产品情况:专业从事汽车线束部品(保险盒、端子、护套、保护壳、扣钩、扎带等)研发与生产、精密模具设计与制造
配套情况:与通用、一汽、上汽、广汽、长城及北汽新能源等国内外知名汽车制造厂商建立合作关系

★天津七一二通信广播股份有限公司
地址:天津市河北区新大路185号
邮编:300140
电话:022/65388293、65388342
传真:65388646
网址:www. 712. cn
电子信箱:marketing@ tcb. com. cn
法定代表人:王宝
质量体系:ISO 9001、OHSAS 18001
产品情况:GPS车载定位器等
出口情况:出口荷兰、西班牙等国家

★天津斯巴克瑞汽车电子股份有限公司
地址:天津市河西区梅江道4号
邮编:300221
电话:022/28261762、28261772
传真:88250416
网址:www. ignition - coil. com
电子信箱:market@ sparktronic. cn
法定代表人:孙卫东
质量体系:ISO/TS 16949、QS 9000
产品情况:(泰可发牌、TOEC牌)
专业生产干式汽车点火线圈,产品主要应用在汽车、摩托车、燃气汽车等上,年生产百余种点火线圈数百万支
配套及出口情况:与长春一汽、天津一汽、沈阳华晨、东风汽车、玉柴机器、比亚迪汽车、吉利四川商用车、中国重汽、俄罗斯LADA、乌兹别克斯坦大宇汽车、印度TATA、印度Mahindra等中外企业保持着良好的合作关系;出口北美洲、南美洲、欧洲、大洋洲、东南亚、中东、非洲等38个国家和地区,并销往中国台湾、中国香港地区

★天津中发华冠机械有限公司
地址:天津市河西区郁江道65号
邮编:300221
电话:022/88253342
传真:88251640
网址:www. chkk. co. jp
电子信箱:zfhg@ vip. com
法定代表人:横井康弘
质量体系:ISO 14001、ISO 9001
产品情况:汽车用拉索和里程表软轴
配套情况:为天津一汽夏利、天津一汽丰田配套

★天津津裕电业股份有限公司
地址:天津市河北区南口路12号
邮编:300232
电话:022/26353582
传真:26272055
网址:www. tj - jy. com
电子信箱:yw@ tj - jy. com

法定代表人:林明宗
质量体系:ISO 9001、IATF 16949
产品情况:电子控制系统及电路连接线束等
配套情况:主要客户为三一集团、卡特彼勒集团、沃尔沃集团、龙工集团等

★槌屋(天津)汽车配件有限公司
地址:天津市西青经济开发区赛达二大道 13 号
邮编:300285
电话:022/23882121
传真:23882122
网址:www. tsuchiya - group. com. cn
电子信箱:baohaiman@ tsuchiyatj. com. cn
法定代表人:大原鉱一
质量体系:IATF 16949、ISO 14001
产品情况:汽车组合仪表汽车关键零部件

★天津穗积电材有限公司
地址:天津市东丽经济开发区二纬路 18 号
邮编:300300
电话:022/24994454、24994457
传真:24994453
网址:www. tjhozumi. com
电子信箱:yingye@ tjhozumi. com
法定代表人:穗积实
质量体系:IATF 16949、ISO 9001
产品情况:汽车用灯泡灯头及荧光灯用灯头

★天津电装电机有限公司
地址:天津市东丽经济开发区六经路三号
邮编:300300
电话:022/58885600
传真:58885618
网址:www. denso. com. cn
法定代表人:篠原幸弘
单位人数:1343
质量体系:IATF 16949、ISO 14001
产品情况:发电机、起动机、传感器在内的汽车电子控制装置及零部件产品
配套情况:为丰田、本田等汽车厂配套

★天津市新阳汽车电子有限公司
地址:天津市津南区八里台工业园丰泽四大道 14 号
邮编:300350
电话:022/88566605
传真:88823123
网址:www. sunautocn. com
电子信箱:auto@ sunautocn. com
法定代表人:任增春
质量体系:IATF 16949、ISO 14001
产品情况:天然气发动机点火线圈,汽油机点火线圈,点火模块、阻燃高压线、绝缘胶套等点火部件,传感器四大系列汽车电喷系统电子部件产品
配套及出口情况:为一汽、东风、福田、玉柴、中国重汽、中通客车等全国知名汽车制造商提供点火线圈产品的配套业务,并成为奔驰、宝马、奥迪、凯迪拉克等众多国际知名品牌全球售后市场汽车点火线圈产品的知名制造商和供应商;远销多个国家和地区

★天津津河电工有限公司
地址:天津市西青经济开发区中北工业园南园海光路 13 号
邮编:300380
电话:022/27396830
传真:27396850
网址:www. tjjhdg. com
电子信箱:jinhe@ tjjhdg. com
法定代表人:孟君奎
质量体系:IATF 16949、ISO 9001
产品情况:汽车自动空调线束、安全气囊旋转连接器、线束、插接件、保险盒等汽车电装部品
配套及出口情况:为天津一汽丰田等配套;部分产品出口

★图尔克(天津)传感器有限公司
地址:天津市西青经济开发区兴华四支路 18 号
邮编:300381
电话:4006510025
网址:www. turck. com. cn
电子信箱:4006510025@ turck. com
法定代表人:Ulrich Turck
质量体系:ISO 9001
产品情况:各类传感器、工业现场总线、处理器控制开关及监控装置

★电装(天津)马达有限公司
地址:天津市西青经济开发区赛达四支路 2 号
邮编:300385
电话:022/83961808
传真:83961718
网址:www. denso. com. cn
法定代表人:梶田宜孝
单位人数:832
质量体系:ISO/TS 16949
产品情况:车用刮水器系统、洗涤器系统和各类车用微型电动机等产品
配套情况:为天津一汽丰田、四川丰田、广汽丰田、广汽本田、北京现代、长安铃木、长安福特、上汽通用、东风悦达起亚及长春一汽丰越等汽车微电机产品的主要供货厂家之一

★罗姆半导体(中国)有限公司
地址:天津市西青区津港公路微电子工业区 微三路 7 号
邮编:300385
电话:022/83989000
网址:www. rohmtj. com
法定代表人:滝泽幸弘(TAKIZAWA YUKIHIRO)
质量体系:IATF 16949、ISO 9001
产品情况:支持大型、小型两种车载液晶面板的 6 通道 LED 驱动器、面向车载系统开发出 200V 耐压肖特基势垒二极管 RBxx8BM/NS200、确保安装可靠性的车载用超小型 MOSFET RV4xxx 系列等片式二极管、片式发光二极管、传感器、半导体激光器、液晶显示器等半导体分产元器件

★天津市飞乐汽车照明有限公司
地址:天津市西青区中北工业园辰星路 11 号
邮编:300393
电话:022/27985577
传真:27985202
网址:www. tjfeile. com
电子信箱:tjfeile@ tjfeile. com
法定代表人:陈再亮
单位人数:500
质量体系:IATF 16949、ISO 14001
产品情况:汽车前照灯、后组合灯、雾灯、制动灯、转向灯、室内灯等汽车照明系统设备及汽车电器
配套情况:为一汽轿车、广汽本田、本田中国、东风本田、天津一汽夏利、一汽吉林、华晨金杯、中华汽车、广汽中兴、江铃五十铃、一汽解放、陕汽集团、北汽福田诸城奥铃汽车厂、一汽青岛等供货

★豪圣电机(天津)有限公司
地址:天津港保税区(空港)西三道 99 号
邮编:300456
电话:022/84909161
电子信箱:hslee1838@ 163. com
法定代表人:JUNG JIN GUN
质量体系:IATF 16949、ISO 14001
产品情况:主要产品为多种汽车用电动机
配套情况:供货现代、起亚、通用等

★纬湃汽车电子(天津)有限公司
地址:天津市经济技术开发区渤海路 2 号
邮编:300457
电话:022/25328637
传真:25328698
网址:www. continental - automotive. cn
法定代表人:DAVID CHARLES REVILL
质量体系:ISO/TS 16949
产品情况:汽车控制系统、传感器、车身电子和车载通信系统等
配套情况:为通用、福特、大众、克莱斯勒等全球许多重要的客户提供产品及服务

★天津摩比斯汽车零部件有限公司
地址:天津市经济技术开发区第九大街 12 号
邮编:300457
电话:022/25291100、25299010
电子信箱:5701546@ gmobis. com
法定代表人:KIM SEOHONG(金瑞洪)
质量体系:IATF 16949、ISO 14001
产品情况:汽车电子控制系统、安全气囊控制单元及其他汽车电子设备
配套及出口情况:为北京现代、东风悦达起亚、东风日产、一汽集团配套;出口欧美、亚洲等地区

★天津矢崎汽车配件有限公司
地址:天津市经济技术开发区洞庭路

138 号
邮编:300457
电话:022/25323538
网址:www. yazaki - china. com
法定代表人:川井崇
质量体系:ISO 9001、IATF 16949
产品情况:汽车线束
配套情况:为郑州日产、丰田汽车配套

★天津电装电子有限公司
地址:天津市经济技术开发区洞庭路166 号
邮编:300457
电话:022/25327684
传真:25327683
网址:www. denso. com. cn
法定代表人:KONDO HIROSHI(近藤浩)
单位人数:1825
质量体系:IATF 16949、ISO 14001
产品情况:发动机 ECU 产品、汽车组合仪表、燃油泵、主车体 ECU、A/C ECU、A/C PANEL、继电器、门控 ECU、安全气囊 ECU、KEYLESS 受信机、车载导航系统等
配套情况:为在中国的丰田、大发等日系汽车厂供货

★天津杰士电池有限公司
地址:天津市经济技术开发区黄海路189 号
邮编:300457
电话:022/25325681 - 90
传真:25328527
网址:www. gs - battery. com. cn
电子信箱:ttyoem@ gs - battery. com. cn
法定代表人:山口義彰
质量体系:ISO 9001、IATF 16949
产品情况:(统一牌)
汽车蓄电池、摩托车蓄电池等
配套情况:为丰田、福特、通用、日产、马自达、华晨金杯、东南汽车、天津一汽夏利、广汽本田、嘉陵、宗申、雅马哈、光阳等国内外企业配套

★天津东海理化汽车部件有限公司
地址:天津市经济技术开发区黄海路200 号
邮编:300457
电话:022/25320790
传真:25322643
电子信箱:pingli. huang@ trct. com. cn
法定代表人:堀田正人(HOTTA MASATO)
质量体系:IATF 16949、ISO 14001
产品情况:汽车组合开关、中央控制板总成、自动窗开关、螺旋线缆分总成、门锁系统、换挡装置及各种小开关等
配套情况:为天津一汽丰田、天津一汽夏利、北京奔驰等配套

★天津斯坦雷电气有限公司
地址:天津市经济技术开发区南海路140 号
邮编:300457
电话:022/65179797、25321345
传真:25320173
电子信箱:lf@ stanleytj. com. cn
法定代表人:米谷光弘
质量体系:QS 9000、IATF 16949
产品情况:(STANLE 牌)
各种汽车灯具、汽车用灯泡、发光二极管、冷阴极管荧光灯等各种光源的制造
配套情况:为一汽丰田、东风日产、马自达、三菱、福特等在中国投资的日系厂商提供汽车灯具的配套

★天津津住汽车线束有限公司
地址:天津市西青区西青道 271 号
邮编:300457
电话:022/87912668、87911786
传真:87911908
网址:www. tjws1994. cn
电子信箱:duijiaoxian@ 163. com
法定代表人:长野友明
单位人数:2200
质量体系:ISO 9001、ISO 14001
产品情况:汽车线束、汽车电线
配套及出口情况:客户主要有一汽丰田、一汽轿车、广汽三菱等;出口日本

★天津博顿电子有限公司
地址:天津市武清区徐官屯工业区泰源路4 号
邮编:301700
电话:022/29370813、13902180460
网址:www. bodungroup. com. cn
电子信箱:202955542@ qq. com
法定代表人:吴宝忠
质量体系:IATF 16949、ISO 14001
产品情况:汽车多媒体产品(扬声器、车载功放 AMP、音效提升模块 ADAE、主动降噪 ANC 等),汽车节能环保(智能进气格栅 AGS、主动进气格栅 GCM、前端模块 FEM),汽车车身电控系统(车身控制器、电动座椅器控制器、空调/热管理控制器等),新能源汽车电控系列(整车控制器、电源管理系统、低速行人警示器等)
配套及出口情况:与 30 多家国内外知名汽车制造商深入合作,其中包括上汽集团、通用五菱、长安、吉利、广汽、东风、柳汽、北汽、长城等;外资品牌包括广汽丰田、沃尔沃、雷诺、郑州日产等;远销欧美等地区

★电装(天津)车身零部件有限公司
地址:天津市武清区逸仙科学工业园翠溪道 2 号
邮编:301700
电话:022/82172680
传真:82172683
网址:www. denso. com. cn
法定代表人:奥山英树(OKUYAMA HIDEKI)
单位人数:115
质量体系:ISO 14001、OHSAS 18001
产品情况:汽车仪表盘、传感器等
配套情况:为丰田、北现、悦达起亚等厂家配套

河北省

★河北冀雅电子有限公司
地址:石家庄市西三庄街 298 号
邮编:050070
电话:0311/87757909
网址:www. jiyalcd. com
电子信箱:office@ jiyalcd. com
法定代表人:董文献
质量体系:ISO 9001
产品情况:(冀雅牌)
主导产品为 640 × 480 点阵以下各类单色 LCD 及单色、彩色 LCM(包括彩色 TFT 模块)系列产品,年生产能力:单色 LCD 屏产品 150 万对,单色、彩色LCM 产品 3500 万块
出口情况:远销韩国、日本、菲律宾、德国、英国、法国、丹麦、意大利、荷兰、奥地利、美国、加拿大、巴西等全球几十个国家和地区,并销往中国台湾地区

★河北美泰电子科技有限公司
地址:石家庄市昌盛大街 21 号
邮编:050299
电话:0311/83933866、83933867
传真:83933866
网址:www. mtmems. com
电子信箱:gen. pan@ mtmems. com
法定代表人:杨拥军
质量体系:IATF 16949、ISO 9001
产品情况:MMEMS 压力传感器,可以用来测量气囊压力、燃油压力、发动机机油压力、进气管道压力、发动机进气量及轮胎压力

★清河县万通拉索胶业有限公司
地址:河北省清河县王官庄工业区西一街
邮编:054802
电话:0319/8136787、8136316
传真:8136186
网址:www. hb - wantong. com
电子信箱:wt@ hb - wantong. com
法定代表人:杨会志
单位人数:218
质量体系:IATF 16949
产品情况:(万顺牌、万亨牌)
汽车操纵拉索和胶管,年产操纵拉索、胶管 300 万套以上
配套及出口情况:与一汽集团、东风汽车、上汽集团、北汽福田等建立合作伙伴关系;远销中东、东南亚、欧洲、南美洲、非洲等 30 多个国家和地区

★沧州惠邦机电产品制造有限责任公司
地址:河北省南皮县惠邦路
邮编:061500
电话:0317/8861193、8861192
传真:8861190
网址:www. orbon. com. cn

电子信箱:orbon@ orbon. com. cn
法定代表人:叶光昱
质量体系:IATF 16949、ISO 9001
产品情况:电池箱体产品实现了工装模具设计制造、材料分剪、冲压成型加工、焊接与装配、表面处理等
配套情况:与力神、国轩高科、中航锂电等主流企业合作

★河北长立汽车配件有限公司
地址:河北省河间市瀛州经济开发区
邮编:062453
电话:0317/3678918
传真:3678916
网址:www. starter - china. com
电子信箱:hbcl666@ starter - china. com
法定代表人:侯立冬
质量体系:ISO 9001、ISO 14001
产品情况:汽车起动机、发电机
出口情况:出口日本和东南亚

★廊坊莱尼线束系统有限公司
地址:河北省三河市区 102 国道北侧密三路东北外环路南侧岩峰大街 1 号
邮编:065200
电话:0316/3725000、3725001
传真:3725098
网址:www. leoni. com
电子信箱:lina. liu@ leoni. com
法定代表人:许小江
质量体系:IATF 16949、ISO 14001
产品情况:汽车线束
配套情况:为北京奔驰等配套

★三河因派克汽车部件有限公司
地址:河北省三河市燕郊开发区北环路北侧大道养生堂东侧
邮编:065201
电话:0316/3313455 - 108
电子信箱:minbeom. kang@ infac. com
法定代表人:崔五吉
单位人数:250
质量体系:IATF 16949、ISO 14001
产品情况:拉线类(年可生产各种汽车拉线 500 万条)、电磁阀类、开关类、真空阀类、天线及连接线等汽车部件和产品
配套及出口情况:主要为北京现代、东风悦达起亚、现代摩比斯、上海马勒、天津马勒、山东威亚和哈尔滨变速器等配套;主要为美国克莱斯勒和韩国现代起亚的产品配套

★风帆有限责任公司
地址:河北省保定市富昌路 8 号
邮编:071057
电话:0312/3208556、3208571
传真:3208550
网址:www. sail. com. cn
电子信箱:ff@ sail. com. cn
法定代表人:李勇
单位人数:8300
质量体系:ISO 9001、IATF 16949
产品情况:(风帆牌)
汽车起动铅酸蓄电池,工业用储能铅酸蓄电池
配套及出口情况:为一汽-大众、一汽轿车、一汽吉林、一汽丰田、一汽海南、四川丰田、上汽大众、上汽五菱、上汽股份、南汽集团、上汽通用、神龙汽车、东风日产、东风本田、东风股份、北京现代、北京奔驰、北汽有限、北汽福田、北京汽车、江淮汽车、奇瑞、广本、长安福特、长安汽车、吉利、长城、比亚迪、宇通、金龙等配套;远销澳大利亚、中东地区、匈牙利、安哥拉等国家

★保定来福汽车照明集团有限公司
地址:河北省容城县县城东四公里保津公路南侧
邮编:071700
电话:0312/5613165、5608639
传真:5611652
网址:www. lifelamp. com. cn
电子信箱:xiaoshou@ lifelamp. com. cn
法定代表人:杨利亚
质量体系:IATF 16949
产品情况:高强度气体放电灯等汽车照明产品
配套及出口情况:与一汽、东风商用车、东风日产、天津丰田、广州丰田、北汽福田、北汽集团、保定长城、上汽通用五菱、一汽轿车、奇瑞、比亚迪等配套;出口日本、印尼、泰国为日产、丰田、本田、铃木、五十铃、富士重工、三菱等著名汽车公司配套

★容城来福灯泡有限公司
地址:河北省容城县县城东四公里津保公路南侧
邮编:071700
电话:0312/5613165、5608639
传真:5611652
网址:www. lifelamp. com. cn
电子信箱:xiaoshou@ lifelamp. com. cn
法定代表人:杨利亚
单位人数:500
质量体系:IATF 16949
产品情况:(LIFE 牌)
汽车照明产品、汽车灯泡、年产量 1.2 亿只
配套及出口情况:与一汽、东风商用车、东风日产、天津丰田、广汽丰田、北汽福田、北汽集团、保定长城、上汽通用五菱、一汽轿车、奇瑞、比亚迪等配套;出口日本、印度尼西亚、泰国;为日产、丰田、本田、铃木、五十铃、富士重工、三菱等著名汽车公司配套

山西省

★山西中航锦恒科技有限公司
地址:太原市经济技术开发区武洛街 12 号
邮编:030032
电话:0351/5629615
网址:www. zhonghangjinheng. com
电子信箱:sxzhjhkj@ 163. com
法定代表人:邢战武
质量体系:IATF 16949、ISO 14001
产品情况:汽车仪表、时钟弹簧、空调压缩机用控制阀等产品

内蒙古

★内蒙古一机集团宏远电器股份有限公司
地址:内蒙古包头市稀土高新区青工南路 5 号
邮编:014030
电话:0472/5913010
网址:www. nmgyj. com
电子信箱:no. 17@ nmgyj. com
法定代表人:张耀
质量体系:IATF 16949、ISO 14001
产品情况:军用装甲车辆电子控制产品与军用电动机、工程车辆用监测显示器等电子产品和几十种电缆、北方奔驰货车的驾驶员室倾翻装置和备胎支架等

辽宁省

★沈阳东北蓄电池有限公司
地址:沈阳市经济技术开发区浑河 20 街 39 号
邮编:110027
电话:024/25875578、25858196
传真:25858196
电子信箱:webmaster@ wygk. cn
法定代表人:付辉
质量体系:QS 9000、IATF 16949
产品情况:(东北牌)
蓄电池,生产能力 160 万 KVAh
配套情况:为一汽集团、华晨金杯、丹东黄海、南京依维柯、陕汽集团、宇通客车、重汽集团等配套

★沈阳法雷奥车灯有限公司
地址:沈阳市大东区大古城街 29 号
邮编:110122
电话:024/31402088、31404551
网址:www. valeo. com. cn
电子信箱:763732700@ qq. com
法定代表人:弗朗索瓦·安托万·雅克·马里恩
单位人数:500
质量体系:IATF 16949
产品情况:生产尾灯及前照灯总成
配套情况:为一汽-大众、奥迪、华晨宝马、北京奔驰、一汽丰田、沃尔沃全球和吉利生产的汽车提供车灯产品

★北方重工集团公司汽车转向系统分公司
地址:沈阳市经济技术开发区开发大路 16 - 5 号
邮编:110141
电话:024/25811911、24833709
传真:24833709、25810159
电子信箱:sales@ nhi. com. cn
法定代表人:高健
质量体系:QS 9000、IATF 16949
产品情况:(追风牌)

年产汽车组合开关50万只、各种转向器转向管柱15万只
配套情况：组合开关为一汽集团、北汽制造、沈阳金杯、沈阳汽车制造厂、河北中兴、北汽福田、安徽扬子、陕汽集团、重汽集团等配套，转向机、转向管柱为国内多家企业的皮卡、轻型货车、吉普车等车型配套

★沈阳新阳光机电科技有限公司
地址：沈阳市沈北新区辉山大街123－24号
邮编：110164
电话：024/24501390、24532719
传真：24533127
网址：www. smest. com
电子信箱：smest@ 163. com
法定代表人：付电明
质量体系：ISO 9001
产品情况：无轨电车、有轨电车电气设备，各种电源、专用变频器、高性能客车和军用荧光灯逆变器等
出口情况：出口亚洲、美国、欧洲等多个国家和地区

★沈阳长足电气系统有限公司
地址：沈阳市浑南新区高歌路8－1号
邮编：110179
电话：024/67852991
传真：67852991
网址：www. sychangzu. com
电子信箱：web@ sczes. com
法定代表人：王秀芹
质量体系：IATF 16949、ISO 14001
产品情况：线束等汽车电子产品
配套情况：主要的客户有一汽-大众、上汽、奥迪、宝马、丰田等知名企业

★莱尼线束系统（铁岭）有限公司
地址：辽宁省铁岭市台湾工业园园一街1288号
邮编：112000
电话：024/72267501
网址：www. leoni. com
电子信箱：rich. ji@ leoni. com
法定代表人：吕乐明
质量体系：IATF 16949、ISO 14001
产品情况：汽车线束
配套情况：为奥迪/大众、Aston-Martin、宾利、宝马、戴姆勒、克莱斯勒、通用汽车、兰博基尼、陆虎、宝时捷、Rolls Royce、Rover Cars、斯科达、Seat等供货

★营口阿部配线有限公司
地址：中国（辽宁）自由贸易试验区营口市西市区西飞街19号
邮编：115004
电话：0417/4814540、4806063
传真：4814584
网址：www. ykyah. com
电子信箱：zhanghui@ ykyah. com
法定代表人：阿部正之
质量体系：IATF 16949、ISO 14001
产品情况：汽车灯光控制系统线束、汽车车身辅助控制线束、汽车安全控制系统线束、汽车电子控制系统线束，新能源汽车整车线束
配套及出口情况：为丰田、日产、大众、通用、福特、沃尔沃、尼桑、一汽集团等配套；远销北美洲、欧洲、东亚

★大连原田工业有限公司
地址：辽宁省大连市经济技术开发区金马路101号
邮编：116000
电话：0411/87612111
传真：87612117、87628654
网址：www. harada. cn
电子信箱：info@ harada. com. cn
法定代表人：原田章二
质量体系：IATF 16949、ISO 14001
产品情况：汽车天线、中继导线、车内电视天线、各种机器用棒状天线、天线部品、各种电动控制器、不锈钢管、各种电线、电线束等
配套及出口情况：为广汽本田、东风本田、天津一汽丰田、郑州日产、南京福特供货；出口日本、北美洲、欧洲、东南亚

★大连松下汽车电子系统有限公司
地址：辽宁省大连市甘井子区虹港路300号
邮编：116033
电话：0411/86304354
传真：86304347
网址：www. panasonic. com. cn
电子信箱：tianyuchun@ cn. panasonic. com
法定代表人：刘国臣
单位人数：3300
质量体系：QS 9000、IATF 16949
产品情况：（Panasonic牌）
车载电子产品、信息娱乐系统，包括音响、导航、ECU、电子钥匙等产品
配套及出口情况：国内市场OEM销售占有率达到了13%；产品约64%出口海外亚洲、欧洲、美洲、大洋洲等十几个国家和地区

★大连阿尔派电子有限公司
地址：辽宁省大连市金州经济开发区迎宾路2号
邮编：116100
电话：0411/87698716、87691371
传真：87675820
网址：www. alpine. com
电子信箱：yu－yingqi@ alpine. com. cn
法定代表人：佐久间隆
单位人数：2600
质量体系：QS 9000、IATF 16949
产品情况：汽车通信导航设备、汽车音响
配套及出口情况：为广汽本田配套；出口美国、欧洲、日本等国家和地区

★大连东显电子有限公司
地址：辽宁省大连市经济技术开发区淮河中路99－5号
邮编：116620
电话：0411/39966586、39966517
传真：39966587
网址：www. ed－lcd. com
电子信箱：sale@ ed－lcd. com
法定代表人：段运生
质量体系：ISO 9001、IATF 16949
产品情况：液晶显示器以及TFT显示控制板和配套软件等，广泛应用于汽车电子等领域
配套情况：是松下、欧姆龙、伟创力、海尔、美的、海信、中国一汽、东风汽车、通用五菱、吉利汽车等知名厂家的战略供应商，是QNX、Crank、NXP、socionext的全球认证合作伙伴

★丹东阿尔卑斯电子有限公司
地址：辽宁省丹东市振兴区汤池工业园区集环路71－1号
邮编：118000
电话：0415/6166173
网址：www. alps. com
电子信箱：lian. sui@ cn. alps. con
法定代表人：今井正志
质量体系：ISO 9001、IATF 16949
产品情况：汽车音响，调谐器等

★辽宁承业汽车零部件制造有限公司
地址：辽宁省凤城市凤凰城区承业路9号
邮编：118100
电话：0415/3518633、18941591276
传真：3518885
网址：www. lncy. net. cn
电子信箱：yxb@ lncy. net. cn
法定代表人：王芳
质量体系：IATF 16949
产品情况：商用车用起动机、发电机，另外出口后市场以轿车起动机、发电机Valeo、LADA、ISUZU全系产品为主
配套情况：主要为道依茨一汽大连柴油机、一汽锡柴、潍柴动力、东风朝柴动力等车用柴油机配套

★辽宁启明汽车电器有限公司
地址：辽宁省锦州经济技术开发区威海街100号
邮编：121000
电话：0416/7988689、13358768677
电子信箱：qining@ alternatorandstarter. com
法定代表人：丁卫红
质量体系：IATF 16949
产品情况：汽车用发电机及其零部件
配套及出口情况：为道依茨（大连）、东风朝柴、合肥朝柴等配套；出口北美洲、欧洲市场

★锦州海科汽车电子有限公司
地址：辽宁省锦州市开发区渤海大街4段15号
邮编：121000
电话：0416/2662963、5082920
电子信箱：zhengli_20070905@ 126. com
法定代表人：王艳红
质量体系：ISO/TS 16949
产品情况：汽车用混合集成电路、汽车

发电控制芯片、车辆电驱动控制系统
配套情况:汽车发电控制芯片产品为锦州汉拿电机公司等国内发电机生产厂供货

★锦州华一精工有限公司
地址:辽宁省锦州市松山新区黄海大街8号
邮编:121003
电话:0416/3317588、13941655328
传真:3317599
网址:www.spinningpulley.com
电子信箱:ssh@jzqp.com
法定代表人:沈守华
质量体系:ISO 14001、IATF 16949
产品情况:汽车发电机旋压带轮,汽车用助力泵、水泵、空调旋压带轮、汽车起动机永磁定子等
配套情况:为各大汽车主机厂配套

★锦州东佑精工有限公司
地址:辽宁省锦州市经济技术开发区渤海大街4-15号
邮编:121007
电话:0416/7915388、7915355
传真:7915377
网址:www.jzdwp.com
电子信箱:jzdwp@jzdwp.com
法定代表人:朴真用(PARK JIN YONG)
质量体系:IATF 16949、ISO 14001
产品情况:(东佑精工牌)
汽车发电机用调节器和整流桥,具有年产960万套的生产能力
配套及出口情况:为锦州汉拿电机配套;远销欧洲、韩国、东南亚等国家和地区

★锦州韩华电装有限公司
地址:辽宁省锦州市经济技术开发区渤海大街四段2号
邮编:121007
电话:0416/2933839、2930056
网址:www.jzhhdz.cn
电子信箱:hhdz_sales@163.com
法定代表人:朴真用(PARK JIN YONG)
单位人数:280
质量体系:IATF 16949、ISO 14001
产品情况:汽车起动机电枢、发电机转子、油泵电动机电枢等
配套情况:主要客户有锦州汉拿电机、沈阳玄潭汽车部件、联合汽车电子、马勒电驱动、俄罗斯PRAMO公司、BOSCH、DELPHI等

★锦州佳岚电装有限公司
地址:辽宁省锦州市经济技术开发区西海大街3段33号
邮编:121007
电话:0416/3575600、3958003
传真:3575602
网址:www.jzjialan.cn
电子信箱:jkzwkim@163.com
法定代表人:刘勇东
质量体系:ISO 9001、IATF 16949
产品情况:汽车发电机、起动机和微电机等汽车电动机炭刷及炭刷架总成
配套情况:为锦州汉拿电机、中航工业航空电机、湖北雷米电机、常州天发动力总成、博耐特实业、宁波远洲汽车电器、车王电子、秦皇岛环星汽车电子等公司配套

★锦州万得汽车集团有限公司
地址:辽宁省锦州市经济技术开发区西海大街万得工业园
邮编:121007
电话:0416/3799983、3799970
传真:3799987
网址:www.wonderauto.com.cn
电子信箱:wonder@wonderauto.com.cn
法定代表人:曾庆东
单位人数:7000
质量体系:ISO 9001
产品情况:汽车电气系统(发电机、起动机、驱动电动机、电控助力转向系统),汽车主被动安全系统(安全气囊、安全带、ESC、ACC、TPMS、LDW),汽车悬架系统(减振器活塞杆及减振器总成),发动机配气系统(发动机气门、挺柱等)
配套情况:主要客户有长城、众泰、奇瑞、上汽通用五菱、东南汽车、东风、吉利、中华、上汽大众、北汽、江淮、东风悦达企业、北京现代、神龙、一汽-大众、比亚迪、长安、中国重汽、中兴、郑州日产、长安铃木、江铃、一汽海马、东风裕隆、华泰、天津一汽、昌河、金旅、一汽、东风小康、福田、汉腾、金龙客车、广汽乘用车、知豆、东安动力、云内动力等

★锦州汉拿电机有限公司
地址:辽宁省锦州市滨海新区天山路1段4号
邮编:121013
电话:0416/3880061、3880052
传真:3880059
网址:www.jheeco.com
电子信箱:sales@jheeco.com
法定代表人:刘勇东
质量体系:IATF 16949、ISO 9001
产品情况:(JHECO牌)
汽车用发电机、起动机
配套情况:为一汽集团、天津一汽夏利、奇瑞汽车、北京现代、东风悦达起亚、华晨金杯等40多家企业配套

吉林省

★长春富维伟世通汽车电子有限公司
地址:长春市汽车产业开发区自立街395号
邮编:130011
电话:0431/85124007、85124004
传真:85742949
网址:www.ccvfae.com
电子信箱:cgang@visteon-jv.com
法定代表人:陈培玉
质量体系:ISO 14001、IATF 16949
产品情况:(GUOTENG牌)
VFAE未来座舱产品、车载信息娱乐系统、胎压监测模块及传感器、网关控制模块、平视显示系统、多功能组合仪表、车身控制模块、电子钟、点火线圈、报警指示灯等
配套情况:主要客户有一汽轿车、一汽-大众、上汽大众等;配套的车型主要有红旗H7、迈腾B7L、迈腾CC、新帕萨特、高尔夫、速腾、宝来、捷达等

★长春一汽富维海拉车灯有限公司
地址:长春市西新经济技术开发区西湖大路8577号
邮编:130011
电话:0431/81950066、81950055
网址:www.fawfw.com.cn
电子信箱:ao.you@faway-hella.com
法定代表人:陈培玉
质量体系:ISO/TS 16949
产品情况:汽车前照灯、尾灯、雾灯、侧转向灯等各类车灯产品
配套情况:为一汽-大众等配套

★长春市灯泡电线有限公司
地址:长春市朝阳区开运街1244号
邮编:130012
电话:0431/85952987
传真:85951467
电子信箱:hushaosong63@126.com
法定代表人:孙玉德
质量体系:IATF 16949、ISO 14001
产品情况:(CHANGMING牌)
汽车电线束
配套情况:为一汽集团、一汽-大众、上汽大众、长城汽车、韩国现代起亚汽车公司的核心供应商

★长春一汽富晟李尔汽车电器有限公司
地址:长春市高新开发区超强西街2677号
邮编:130012
电话:0431/87062768、80525984
传真:87062753
网址:www.fawsn.com.cn
电子信箱:317337525@qq.com
法定代表人:张昕
质量体系:IATF 16949
产品情况:整车线束、发动机线束、车门控制器、胎压传感器、座椅控制器以及混合动力产品等
配套情况:为一汽-大众、一汽轿车、一汽红旗等一汽集团企业配套

★博世汽车部件(长春)有限公司
地址:长春市高新区超越大街2616-2号
邮编:130012
电话:0431/81950866
传真:81950880
网址:www.fawsn.com.cn
法定代表人:DR. ROTH NORMANN GERHARD
质量体系:IATF 16949、ISO 14001
产品情况:主要产品包括刮水系统总

成、摇窗电动机、辅助水泵等

★长春一汽延锋伟世通电子有限公司
地址:长春市高新区高新路 4370 号 1 号厂房 3 区域
邮编:130012
电话:0431/81873183
电子信箱:yqxg－sygs@ fawcom. com. cn
法定代表人:王延军
质量体系:QS 9000、IATF 16949
产品情况:(天宝牌)
各类汽车音响、闪光器、刮水器控制器等汽车电子产品
配套情况:为一汽集团、一汽-大众、一汽轿车等配套

★长春春原汽车电线有限公司
地址:长春市开运街 1244 号
邮编:130012
电话:0431/85952987、85922948
传真:85929913
电子信箱:hushaosong63@ 126. com
法定代表人:孙玉德
质量体系:ISO/TS 16949
产品情况:汽车电线束
配套情况:为韩国现代起亚汽车厂、保定长城汽车厂生产的汽车配套电线束

★长春百思特汽车零部件有限公司
地址:长春市汽车经济技术开发区长虹大路 1188 号
邮编:130013
电话:0431/85730160、13756271703
传真:85730163
网址:www. cc－best. net
电子信箱:cc_best@ 188. com
法定代表人:田忠
质量体系:IATF 16949
产品情况:注塑件、挤出件、电器件
配套情况:为一汽解放、一汽吉林汽车、长春海拉车灯、北京海拉车灯、威海威嘉电器、海尔滨弘瑞电器等全国 30 余家汽车及零部件厂配套

★长春住电汽车线束有限公司
地址:长春市高新区繁荣路 5599 号
邮编:130015
电话:0431/5921434、88570730
传真:5921649
网址:www. sws. co. jp
电子信箱:ying. wang@ cseb. com. cn
法定代表人:冯德汉
质量体系:IATF 16949、ISO 14001
产品情况:主要产品为各种汽车电线束,目前生产的线束产品为 BoraA5、GolfA5、MX 等车型电线束
配套情况:为一汽-大众速腾、高尔夫 A6、新宝来、迈腾、迈腾 CC 等配套

★富奥汽车零部件公司电子电器分公司
地址:长春市经济技术开发区浦东路 2258 号
邮编:130031
电话:0431/84612050、84612980
传真:84610936
网址:www. fawer. com. cn
电子信箱:dianqi@ fawer. com. cn
法定代表人:葛延翔
质量体系:IATF 16949
产品情况:发动机控制单元 ECU、变速器控制单元 TCU、轮胎压力智能监测系统(TPMS)、遥控门锁(RKE)、车身控制单元 BCM、电动窗控制开关、电子加速踏板、新能源汽车电池封装、熔断器盒、整车线束等
配套情况:为一汽轿车、一汽商用车等供货

★盈佳科技(长春)有限公司
地址:长春市经济技术开发区东南湖大路 2899 号
邮编:130033
电话:0431/84678888、84678896
传真:84678889
网址:www. itranspace. com
电子信箱:zhangdan0703@ 126. com
法定代表人:周荣昌
质量体系:ISO 14001、IATF 16949
产品情况:主要产品有汽车中央控制门锁、电动玻璃升降器、门板模块系统、BCM、PEPS、防盗报警器、发动机 IMMO 控制器、后视镜控制模块、汽车影像技术(倒车摄像头、AVM、LDWS、DVR、HUD)、汽车毫米波雷达技术(BSD、ACC、FCWS)、胎压监测系统(TPMS)、汽车加油口盖开启闭锁器和行李舱盖开启闭锁器等一系列相关电子产品
配套情况:主要客户有奥迪、一汽-大众、一汽轿车、一汽吉林、天津一汽、长城汽车、上汽大众、奇瑞汽车、广汽长丰、吉利汽车、野马汽车等

★长春海拉车灯有限公司
地址:长春市经济技术开发区昆山路 593 号
邮编:130033
电话:0431/85078114、13504424323
网址:www. hella. cn
电子信箱:info@ hella. cn
法定代表人:张明军
质量体系:QS 9000、IATF 16949
产品情况:(海拉牌)
前照灯、尾灯、小灯等各种汽车灯具;具有年产前照灯 240 万只、尾灯 150 万只的产能
配套及出口情况:主要为一汽-大众、一汽轿车、华晨宝马、沈阳金杯、上汽大众、东风日产、通用、福特、神龙汽车、吉利、奇瑞、菲亚特等大型汽车厂家配套生产汽车车灯;部分车灯产品出口日本

★吉林世纪青山汽车零部件制造有限公司
地址:长春市经济技术开发区浦东路 25 号欧美工业园 15 号厂房
邮编:130033
电话:0431/85800001、3331111
传真:85800002
电子信箱:hansx@ facl. com. cn
法定代表人:孙志宏
质量体系:IATF 16949、ISO 9001
产品情况:汽车车身电子控制系统

★大陆汽车电子(长春)有限公司
地址:长春市经济技术开发区武汉路 1981 号
邮编:130033
电话:0431/84684000
传真:84613761
网址:www. continental－automotive. cn
法定代表人:汤恩
单位人数:2815
质量体系:QS 9000、VDA 6. 1
产品情况:汽车电子产品系列、汽车传感器系列、燃油导轨系列
配套及出口情况:为一汽、一汽-大众、上汽大众、上汽通用、广汽本田、本田中国、上汽通用五菱、长安福特、长安铃木、华晨金杯、奇瑞等供货;近 30% 的份额出口德国、日本(本田、铃木、日产、丰田)、韩国(通用大宇、现代起亚、雷诺三星)、俄罗斯、马来西亚

★长春市夸克普精汽车电子有限责任公司
地址:长春市经济技术开发区自由大路 8888 号
邮编:130033
电话:0431/84650482、89659381
传真:84650482
网址:www. hxbest. com
电子信箱:hxxs@ hxbest. com
法定代表人:刘淑芹
单位人数:300
质量体系:IATF 16949
产品情况:具有汽车座椅加热垫单班生产能力 3200 片/班;汽车座椅加热垫年生产能力 260 万片/年
配套及出口情况:为福特、马自达、路霸、圣达菲、红旗、长城、中华、奇瑞、猎豹、比亚迪等配套;远销加拿大、德国、丹麦等国家

★长春日用友捷汽车电气有限公司
地址:长春市经济开发区威海路 2007 号
邮编:130033
电话:0431/84600611、81173859
传真:81173855
网址:www. shry. net
电子信箱:haixiu_yu@ shry. net
法定代表人:何伟
质量体系:QS 9000、IATF 16949
产品情况:(顺达牌)
汽车散热器风扇总成和冷凝器风扇总成及汽车空调鼓风机与特殊交、直流微电动机

★长春海德世汽车拉索有限公司
地址:长春市高新开发区超群街 2723 号
邮编:130103
电话:0431/89685686、89685711
传真:89685993
网址:www. hi－lex. co. jp
电子信箱:cchlhr@ hi－lex. com. cn

法定代表人:张屏
单位人数:236
质量体系:IATF 16949、ISO 9001
产品情况:汽车拉索、玻璃升降器
配套及出口情况:为广汽本田、东风本田、东风乘用车、一汽轿车、一汽-大众、天津一汽丰田、四川一汽丰田、一汽海马、长安集团、长安福特、长安铃木、庆铃汽车、华晨汽车、比亚迪汽车、长城汽车、吉利汽车等几十家国内汽车主机厂配套;远销日本、美国、英国等国家

★吉林东光车灯有限公司
地址:吉林省吉林市高新技术产业开发区香山路 101 号
邮编:132013
电话:0432/66576863、66576808
电子信箱:dgruibao@ 126. com
法定代表人:张国军
单位人数:639
质量体系:ISO 14001、IATF 16949
产品情况:汽车灯具,年生产能力 50 万辆以上
配套情况:主要为一汽-大众的奥迪 Q5、GOLF A6、奥迪 B8PA、奥迪 B8 轿车系列配套;与一汽轿车的奔腾 B50、B70F、X80、B50F、新马自达 6、马自达睿翼、马自达阿特兹轿车系列配套;与沈阳华晨 H530 轿车系列配套;与北京长安睿骋、悦翔 V5、CS75 轿车配套;与沈阳通用科鲁兹、新科鲁兹轿车配套

★吉林航盛电子有限公司
地址:吉林省吉林市高新区深东路 3100 号
邮编:132013
电话:0432/65128656、65128583
传真:65128654
网址:www. hanosonic. com
电子信箱:hanosonic@ hangsheng. com. cn
法定代表人:杨洪
质量体系:ISO 14001、IATF 16949
产品情况:(航盛宏宇 HSHY 牌)
扬声器、功放、低音箱、报警器以及相关衍生产品
配套情况:与一汽-大众、上汽大众、捷克大众、通用欧宝、菲亚特、福田汽车、宇通客车、华晨、奇瑞、东风股份、东风日产、三一重工等众多知名汽车制造商长期合作

★吉林市吉达软轴有限公司
地址:吉林市龙潭区阿拉底管理区友谊街 23 - 1 - 575 号
邮编:132227
电话:0432/63019232、63019388
传真:63019858
电子信箱:jidanets@ public. jl. jl. cn
法定代表人:裴光勋
质量体系:IATF 16949、ISO 14001
产品情况:各种汽车软轴拉索,年产能力 200 万件
配套情况:为一汽解放、一汽吉林轻型车厂、一汽通用红塔云南、一汽哈尔滨轻型车厂、一汽长春轻型车厂、一汽客车、一汽专用车、比亚迪汽车、天津一汽夏利、比亚迪汽车等厂家配套

★白山市浩阳汽车零部件有限公司
地址:吉林省白山市喜丰路 9 号
邮编:134300
电话:0439/3285158、3285199
传真:3285158
电子信箱:hhqp@ 163. com
法定代表人:李建国
质量体系:IATF 16949、ISO 14001
产品情况:AUDI18 蓄电池管,年产 50 万套;JETTA 连接管,年产 20 万套

★辽源市鹰力汽车电器有限公司
地址:吉林省辽源市东辽县白泉镇金岗小街
邮编:136600
电话:0437/5891002
电子信箱:sales@ eaglepower. cn
法定代表人:白洁
质量体系:ISO 9001
产品情况:(EAGLEPOWER 牌)
汽车发电机及其组件二极管、整流桥、调节器、定子、转子等产品
配套及出口情况:为大柴、一发、斯太尔、491 等型号的发动机配套;主要出口欧美市场

黑龙江省

★哈尔滨威帝电子股份有限公司
地址:哈尔滨市经开区哈平路集中区哈平西路 11 号
邮编:150060
电话:0451/87101777、87101888
传真:87100888
网址:www. viti. net. cn
电子信箱:viti@ viti. net. cn
法定代表人:陈振华
单位人数:281
质量体系:IATF 16949
产品情况:汽车 CAN 总线、汽车云总线、汽车仪表、汽车行驶记录仪、传感器、ECU 控制单元等几十种不同产品
配套情况:与金龙客车、宇通客车等企业建立了长期合作关系

★哈尔滨万宇科技股份有限公司
地址:哈尔滨市开发区哈平路集中区渤海路 2 号
邮编:150060
电话:0451/86810836
传真:86810840
网址:www. wanyu. com
电子信箱:hxsb@ wanyu. com
法定代表人:万喻
单位人数:200
质量体系:IATF 16949、ISO 14001
产品情况:汽车电脑稳频喇叭
配套情况:为上汽通用、宝马、长安福特、长安马自达、福特亚太、北盛汽车、华晨宝马、广汽本田、神龙汽车、南京依维柯、南京名爵、北京汽车、奇瑞汽车、中兴汽车、长城汽车、大众集团、一汽轿车、宇通汽车、比亚迪、上海商用汽车等配套

★哈尔滨东安志阳汽车电气有限公司
地址:哈尔滨市平房经济技术开发区温州路 9 - 1 段
邮编:150060
电话:0451/86782600、86782654
传真:86782653
电子信箱:daly - piston@ 263. net. cn
法定代表人:杨世民
单位人数:120
质量体系:IATF 16949、QS 9000
产品情况:汽车点火线圈、电喷系统中曲轴位置传感器、碳罐电磁阀、节气门位置传感器等

★哈尔滨东安机电制造有限责任公司
地址:哈尔滨市哈南工业新城核心区松花路 66 号
邮编:150066
电话:0451/86599641、86572114
传真:86599641
电子信箱:dajdjsb@ 163. com
法定代表人:李楠林
单位人数:771
质量体系:ISO 14001、OHSAS 18001
产品情况:汽车发电机、节气门体总成、传感器、分电器、机油泵、水泵、洗涤器等
配套情况:为东安动力、东南汽车、奇瑞汽车、一汽佳宝、华晨汽车、比亚迪汽车、昌河汽车、吉利汽车、柳州微型车、唐山齿轮、江陵齿轮等配套

★黑龙江天有为电子有限责任公司
地址:黑龙江省绥化市经济开发区兴绥路 9 号
邮编:152000
电话:0455/8396602
传真:8396620
网址:www. hljtyw. cn
电子信箱:hljtyw_jsbxm@ 163. com
法定代表人:王文博
质量体系:ISO 14001、IATF 16949
产品情况:汽车组合仪表及配套产品
配套情况:为五菱、宝骏、吉利、东风小康、一汽、福田、凯马、金杯、中华、现代、中国重汽、北汽、奇瑞、长安、吉奥、五征、中兴、LG、雷沃、雪铁龙、众泰、广汽、汉腾、江淮、陕汽、爱卡、威马供货

上海市

★上海实业交通电器有限公司
地址:上海市徐汇区漕溪北路 400 号
邮编:200030
电话:021/61545000
传真:64384862
网址:www. stec - cn. com
电子信箱:stec@ stec - cn. com

法定代表人:周郎辉
质量体系:ISO/TS 16949、VDA 6.1
产品情况:(声佳牌)
制造涉及汽车舒适系统、车身控制系统、安全系统的十几大类数百种规格的汽车电动机、汽车电器、汽车电子电器产品
配套及出口情况:汽车电动机、汽车电器、汽车电子电器产品已为上汽大众、上汽通用、上海汽车、上汽通用五菱、一汽集团、一汽-大众、东风汽车、郑州日产、广汽本田、奇瑞、长安汽车、华晨金杯、北盛通用、长丰汽车、南京汽车、南京依维柯、江西五十铃等国内知名的汽车公司配套;远销北美洲、欧洲、日本、东南亚等30多个国家和地区

★东风电子科技股份有限公司
地址:上海市普陀区中山北路2000号中期大厦22层
邮编:200063
电话:021/62033003
传真:62032133
网址:www.detc.com.cn
电子信箱:postmaster@detc.com.cn
法定代表人:陈兴林
质量体系:ISO/TS 16949
产品情况:汽车仪表系统、饰件系统、制动系统(含ABS气压防抱死制动系统)、供油系统产品、GPS车载导航系统部件及车身控制系统等汽车电子系统产品;汽车、摩托车及其他领域的传感器及其他部件产品、塑料零件、有色金属压铸件
配套情况:为东风股份、神龙、北汽福田欧曼重型汽车厂、陕汽集团、潍柴动力、厦门金龙、东风商用车、东风日产乘用车、东风本田、东风康明斯、东风风神、玉柴、广汽本田、郑州日产等配套

★上海日用-友捷汽车电气有限公司
地址:上海市嘉定区马陆镇育绿路260号
邮编:200080
电话:021/31275988
传真:31273335
网址:www.shry.net
电子信箱:admin@shry.net
法定代表人:何伟
质量体系:ISO 14001、OHSAS 18001
产品情况:(顺达牌)
汽车散热器风扇总成、冷凝器风扇总成、汽车空调鼓风机与特殊交、直流微电动机
配套情况:为上汽大众、一汽-大众、上汽通用、长安福特、东风日产、长安汽车、长安马自达、马自达日本、奇瑞捷豹路虎、吉利沃尔沃、上汽乘用车、华晨宝马、长城汽车、北汽乘用车配套

★上海汽车电器总厂有限公司
地址:上海市杨浦区平凉路1055号
邮编:200090
电话:021/65463319、65053683
电子信箱:xuejing@shaew.com
法定代表人:陈德美
质量体系:ISO 9001
产品情况:(地球牌、金浆牌、华运牌)
汽车电器、电动机
配套情况:为上汽大众、一汽、东风、南汽等配套

★上海三智汽配实业有限公司
地址:上海市浦东新区峨山路91弄28号
邮编:200127
电话:021/58739950、58736452
传真:58759921、58392993
电子信箱:sanzhi@online.sh.cn
法定代表人:沈宇
质量体系:ISO 14001、IATF 16949
产品情况:蓄电池线束总成、烟灰盒总成、塑料件、内饰品、发动机塑料件、热压件、橡胶密封件
配套情况:为上汽大众、一汽-大众、上汽通用、上汽股份、烟台东岳、奇瑞汽车、华晨金杯等配套

★上海新跃联汇电子科技有限公司
地址:上海市田林路130号78幢
邮编:200233
电话:021/60822000、60839577
传真:60822333
网址:www.shxylh.com
电子信箱:weizhang.liu@shxylh.com
法定代表人:刘付成
单位人数:300
质量体系:IATF 16949、ISO 9001
产品情况:(XINYUE牌)
汽车位置传感器、精密导塑传感器等产品
配套情况:为博世(德国)、联合汽车电子、恒隆集团、株洲易力达配套

★上海仪电汽车电子系统有限公司
地址:上海市徐汇区桂林路406号1号楼10楼
邮编:200233
电话:021/62523309、59599566
传真:62408263
电子信箱:aes@aes.inesa.com
法定代表人:顾德庆
质量体系:ISO/TS 16949
产品情况:汽车电子电器、汽车照明模块、汽车仪表及空调控制器、汽车线束等汽车零部件
配套情况:国内客户有大众、通用、奥迪、斯柯达、日产、长安汽车、长城、上汽乘用车、福特、上汽通用五菱、奇瑞、北汽、马自达、华晨汽车、江淮、吉利、比亚迪、观致、红旗、北汽福田、众泰、猎豹等

★上海航天汽车机电股份有限公司
地址:上海市徐汇区漕溪路222号航天大厦
邮编:200235
电话:021/64828990
传真:64518393
网址:www.ht-saae.com
电子信箱:saae@saae-ch.com
法定代表人:张建功
质量体系:ISO 9001
产品情况:(SAAE牌)
空调、传感器、电动机、控制器等汽车电子系统产品
配套情况:为上汽大众(帕萨特、桑塔纳3000)、一汽-大众宝来、比亚迪F3、福莱尔、奇瑞QQ、东方之子、上汽通用别克、一汽海马、金龙中型客车、一汽红旗、江铃皮卡、长城皮卡、田野皮卡、金杯轻型客车等配套

★上海海能汽车电子有限公司
地址:上海市嘉定区恒定路518号
邮编:200240
电话:021/69931222
电子信箱:qiwenjuan@sh-henergy.com
法定代表人:张敏
质量体系:IATF 16949
产品情况:主要产品为发动机ECU控制器(天然气、柴油机、排气后处理),商用车新能源电动力系统(纯电动、并联式混合动力等),AMT机械自动变速器(常规动力、混动动力),上下游工具(CAN标定工具、PC诊断仪、手机诊断仪、EOL下线检测工具)
配套情况:主要用户有广西玉柴、东风、柳汽、宇通、福田、中通、厦门金龙、上海申龙、苏州金龙、厦门金旅、安凯、济南豪沃、青年汽车、丹东黄海、珠海广通、广汽客车、重庆恒通、武汉扬子江、江淮客车、万象等

★上海浦成传感器有限公司
地址:上海市普陀区兰溪路808号
邮编:200333
电话:021/52803871
传真:52819468
网址:www.pucheng.com.cn
电子信箱:root@pucheng.com.cn
法定代表人:张谦
质量体系:IATF 16949
产品情况:(PUCHENG牌)
氧传感器、轮速传感器、制动报警传感器等传感器
出口情况:远销北美洲、欧洲、南美洲、中东等地区

★上海金亭汽车线束有限公司
地址:上海市宝山区城市工业园区山连路168号
邮编:200444
电话:021/36160606
传真:36160101
网址:www.sjahl.com.cn
电子信箱:sjahl@sjahl.com
法定代表人:莫思铭
单位人数:2800
质量体系:ISO 14001、IATF 16949
产品情况:(JAH牌)
高级汽车线束、电子线束、组合仪表等
配套情况:主要为上汽通用、上汽大众、沃尔沃汽车等著名汽车厂商以及康明

斯、延锋安道拓、佛吉亚等知名汽车零部件厂生产高级汽车线束、组合仪表、研制开发先进的电器装置

★上海百强汽车摩托车零配件有限公司

地址:上海市闵行区七莘路2099号华友大厦南栋11楼
邮编:201101
电话:021/64191355
传真:64191353、64191354
网址:www.nhc.com.tw
电子信箱:sale@nhc.com.cn
法定代表人:王友芳
质量体系:IATF 16949
产品情况:(BAIQIANG牌)
主要生产各类机动车用拉索产品
出口情况:远销美国、日本、欧洲、中东、东南亚等国外市场

★迪克斯汽车电器(上海)有限公司

地址:上海市闵行区联曹路568号
邮编:201102
电话:021/54802121、54803131
传真:54809292
网址:www.dixie.com.cn
电子信箱:service@dixie.com.cn
法定代表人:SHAOWEI WANG
单位人数:200
质量体系:IATF 16949
产品情况:发电机、起动机及其电磁开关、转子、定子、炭刷架、单向器等零部件,年生产能力达到整机100万台、各类零部件120万套
配套及出口情况:为厦门金龙、安凯客车、江苏亚星、丹东黄海、上柴配套;出口北美洲、欧洲、东南亚等地区,并销往中国台湾地区

★贝洱海拉温控系统(上海)有限公司

地址:上海市闵行区莘庄工业区光中路868号
邮编:201108
电话:021/33291888
传真:33291999
网址:www.bhtc.com
电子信箱:china@bhtc.com
法定代表人:Thomas Schulte
质量体系:IATF 16949、ISO 14001
产品情况:汽车空调系统控制设备和元件、智能化汽车冷却系统电子控制元件
配套及出口情况:为途观、高尔夫、帕萨特、迈腾、朗逸等大众系列车型供货;随Epsilon、Delta平台出口通用全球各地工厂

★上海日精仪器有限公司

地址:上海市莘庄工业区春光路288号
邮编:201108
电话:021/54420803、34073441
传真:54422801
网址:www.shns.cn
电子信箱:dy-fc@shns.cn
法定代表人:HIRATA YUJI(平田祐二)
单位人数:760
质量体系:IATF 16949、ISO 9001
产品情况:(SHNS牌)
摩托车仪表、汽车仪表、空调遥控器、油量传感器等
配套情况:为广汽本田、上汽通用、奇瑞捷豹路虎、东风日产乘用车、本田汽车(中国)、神龙汽车、东风本田、一汽轿车、长安福特、长安马自达、天津一汽丰田以及大长江、新大洲本田、五羊本田广州、新大洲本田天津分公司、济南轻骑铃木、常州豪爵铃木、重庆建设雅马哈、江苏林海雅马哈、株洲南方雅马哈、雅马哈发动机商贸(上海)有限公司等摩托车及发动机公司供货

★上海伟世通汽车电子系统有限公司

地址:中国(上海)自由贸易试验区康桥东路1268号
邮编:201139
电话:021/38119700
电子信箱:xgu6@visteon.com
法定代表人:江川
单位人数:600
质量体系:IATF 16949、OHSAS 18001
产品情况:模拟式、数字式汽车仪表、多功能显示器、空调开关、钥匙遥控器、电子钟、电磁阀及贴片仪表板等汽车电子产品

★东方久乐汽车电子上海股份有限公司

地址:上海市浦东新区合庆镇仁庆路39号
邮编:201201
电话:021/58978200
传真:50491388
网址:www.ejlae.com
电子信箱:jldz@eastjoylong.net
法定代表人:王勇
质量体系:ISO 14001、OHSAS 18001
产品情况:(东方久乐牌)
主导产品为汽车安全气囊系统电子控制单元(ACU)、外围传感器(SIS)、防夹控制器(APM、车身控制器(BCM)、助力控制器(EPS)、换挡控制器(SCU)
配套情况:为国内近20家主机厂的40余个车型进行产品开发与配套

★上海海拉电子有限公司

地址:上海市浦东新区建业路411号
邮编:201201
电话:021/61606888
传真:58382594
网址:www.hella.cn
电子信箱:liliy.yang@hella.com
法定代表人:TOMAS NOVAK
单位人数:1300
质量体系:ISO 9001、IATF 16949
产品情况:(HELLA牌)
车身控制模块、舒适控制单元(无钥匙进入和一键起动系统)等汽车电子产品;记忆座椅模块、加速踏板传感器、真空泵、前照灯水平调节系统和清洗系统、中央锁定执行器、空调系统执行器、发动机舱内执行器等传感器和执行器;真空泵、供电电子器件-直流/直流转换器、燃油泵控制模块、电池管理、二氧化碳减排智能解决方案等能源管理部件
配套情况:客户覆盖了国内外的主要汽车制造商和车身系统制造商

★马夸特开关(上海)有限公司

地址:上海市浦东新区庆达路650号
邮编:201201
电话:021/58973302
传真:58972399
网址:www.marquardt.com
电子信箱:chenyun.wang@marquardt.com.cn
法定代表人:DR. CLAUS BISCHOFF
单位人数:824
质量体系:ISO 9001、ISO 14001
产品情况:电子转向管柱锁、一键起动开关、窗提升开关、多功能转向盘开关、传感器及控制系统
配套情况:为宝马、奔驰、奥迪供货

★上海法雷奥汽车电器系统有限公司

地址:上海市浦东新区泰华路800号
邮编:201203
电话:021/20626000
网址:www.valeo.com.cn
电子信箱:xiaohui.jiang@valeo.com
法定代表人:周郎辉
质量体系:IATF 16949、ISO 14001
产品情况:交流发电机、起动机、加强型起动机和混合动力系统(12V和48V皮带传动起动发电机,以及其他高压驱动电动机)
配套情况:主要客户有上汽通用、上汽大众、上汽通用(沈阳)北盛、上海汽车、东风悦达起亚、南汽集团、一汽海马、长城汽车、一汽轿车、北京奔驰、上汽通用五菱、比亚迪、一汽-大众、一汽吉林、神龙汽车、江铃汽车、奇瑞汽车、长安福特、长安马自达、东风小康、天津一汽夏利、北京现代、江淮汽车、东风日产、重庆长安、重庆康明斯、哈东安、潍柴、上柴等

★上海新光汽车电器有限公司

地址:上海市浦东新区金吉路568号1幢4层
邮编:201206
电话:021/58343880、38721015
传真:58532329
电子信箱:xgae@shxgae.com
法定代表人:刘雪冬
质量体系:IATF 16949
产品情况:汽车中央电器、熔断丝盒、电器线束、精密冲制零件、精密注塑零件、高精度模具等
配套情况:为上汽大众、上汽通用、奇瑞汽车、一汽-大众、上海汇众、联合电子、德尔福派克等配套

★上海本安仪表系统有限公司

地址:上海市浦东新区金桥出口加工区

金沪路 1099 号
邮编:201206
电话:021/60897558、4000902281
传真:50328061
网址:www. isinstruments. com
电子信箱:pangy@ isinstruments. com
法定代表人:沈锦仁
质量体系:ISO 14001、IATF 16949
产品情况:汽车总线数据记录及诊断分析系统、汽车行驶记录仪、车联网智能终端产品,新能源客车远程监控系统等
配套情况:为北汽福田、宇通客车、厦门金旅、桂林大宇、安徽安凯、重汽集团、陕汽集团等配套行驶记录仪

★ 联合汽车电子有限公司

地址:上海市浦东新区榕桥路 555 号
邮编:201206
电话:021/61688888
传真:58995244
网址:www. uaes. com
电子信箱:uaes@ uaes. com
法定代表人:王晓秋
质量体系:IATF 16949、OHSAS 18001、ISO 14001
产品情况:汽油发动机管理系统、变速器控制系统、车身电子、混合动力和电力驱动控制系统
配套情况:为一汽集团、一汽-大众、哈航集团、吉林吉轻、一汽夏利、上汽通用(东岳)、上汽大众、上汽通用、奇瑞汽车、吉利汽车、合肥昌河、华晨汽车、上汽通用(北盛)、北汽福田、河北长城、东风汽车(襄阳)、长安铃木、长安福特、长安集团、神龙汽车、上汽通用五菱、一汽海马、东风汽车(广州)、东南汽车、比亚迪等配套
☞ 详细情况请参阅彩色宣传版面

★上海航天汽车机电公司汽车电子分公司

地址:中国(上海)自由贸易试验区金吉路 568 号 3 幢
邮编:201206
电话:021/58343880、18717999522
传真:58341778
网址:www. ht - saae. com
法定代表人:刘雪冬
质量体系:QS 9000、VDA 6. 1
产品情况:汽车空调蒸发风机、冷凝风机、离合器液压泵、轮速传感器、温度传感器、里程表传感器、汽车中央电器、熔断丝盒等产品
配套情况:主要客户包括上汽大众、一汽-大众、汇众、长城汽车、一汽吉林、奇瑞汽车、华晨金杯、东风汽车、东风柳汽、华普国润、江铃控股、华泰汽车、吉利汽车、印度通用、上汽通用、上海汽车集团、联合汽车电子、武汉神龙等

★依必安派特电机(上海)有限公司

地址:上海市南汇工业园宣中路 289 号
邮编:201300
电话:021/20307300
传真:58189023
网址:www. ebmpapst. com. cn
电子信箱:huan. zhang@ cn. ebmpapst. com
法定代表人:Thomas Wagner
单位人数:198
质量体系:IATF 16949、ISO 9001
产品情况:电动机

★上海开腾信号设备有限公司

地址:上海市南汇工业园区南宣公路 89 号
邮编:201314
电话:021/58182113、58185283
传真:58189139
网址:www. catasignal. com
电子信箱:davdwan@ catasignal. com
法定代表人:张文虎
质量体系:IATF 16949、ISO 9001
产品情况:LED 汽车灯
出口情况:产品 100% 出口美国、德国、英国、法国、奥地利等欧美国家

★上海逸航汽车零部件有限公司

地址:上海市南汇区航头镇航帆路 5 号
邮编:201316
电话:021/58225421、58222145
传真:58222259
网址:www. shyihang. com
电子信箱:yihang@ shyihang. com
法定代表人:王继光
质量体系:IATF 16949、ISO 9001
产品情况:调速模块、传感器、充电模块、汽车开关、汽车线束、座椅网格、座椅腰托、内饰灯等
配套情况:与延锋内饰、延锋江森、延锋百利得等子公司建立了良好合作关系

★上海宇南汽车电器有限公司

地址:上海市浦东新区航头镇航帆路 5 号
邮编:201317
电话:021/20936811、13371913230
传真:20936822
电子信箱:crx@ swn21. com
法定代表人:康美娣
质量体系:IATF 16949
产品情况:汽车空调系统用控制仪表盘、执行器、调速电阻等产品,具有年产控制器仪表盘 70 万台、执行器 90 万台、调速电阻 70 万台的生产能力
配套情况:为东风悦达起亚、通用、上汽集团、江淮汽车、长安福特、长安马自达、一汽马自达、东南汽车、华晨、长城等配套

★上海东风康斯博格莫尔斯控制系统公司

地址:上海市南汇区康桥东路 1288 号
邮编:201319
电话:021/58138827、58134189
传真:58134433、58133320
网址:www. kongsbergautomotive. com
电子信箱:stmdfs@ stmdf. com
法定代表人:JON GERHARD MUNTHE
质量体系:IATF 16949、QS 9000
产品情况:推拉索、拉索、控制器、踏板及油气管等
配套及出口情况:为神龙汽车、东风汽车、一汽、金龙客车、郑州宇通、上海申沃、江淮、北汽福田等配套;出口美国、日本、英国、德国、瑞典等国家

★柯锐世(上海)企业管理有限公司

地址:上海市浦东新区康桥路 700 - 800 号
邮编:201319
电话:021/22857192、22856727
传真:58123789
网址:www. energizerautomotivebatteries. cn
电子信箱:zhendong. xu@ clarios. com
法定代表人:WONG YUEN(黄辕)
单位人数:342
质量体系:ISO/TS 16949、QS 9000
产品情况:免维护汽车蓄电池,年产量 250 万只
配套情况:为上汽大众、上汽通用、广汽本田、一汽-大众、天津一汽夏利、一汽海马、北京奔驰、厦门金龙、上海拖内等配套

★上海泰好电子科技有限公司

地址:上海市浦东新区祝桥镇金亮路 83 号
邮编:201323
电话:021/68106330
传真:68101323
网址:www. shtaihao. com
电子信箱:taihao@ shtaihao. com
法定代表人:吴银虎
质量体系:IATF 16949
产品情况:汽车轮胎气压监视系统
配套情况:为上汽大众供货

★上海为彪汽配制造有限公司

地址:上海市浦东新区祝桥镇金闻路 51 号
邮编:201323
电话:021/58592875、33756999
传真:33756100
电子信箱:jcb10336@ cubelec. com. cn
法定代表人:尤山泉
单位人数:185
质量体系:IATF 16949、ISO 14001
产品情况:汽车开关、传感器、冲压件及塑胶件

★上海阳明汽车部件有限公司

地址:上海市金山区枫泾工业园区环东一路 502 号
邮编:201501
电话:021/67356616
传真:67355811
网址:www. ymchina. com
电子信箱:sales@ sh. ymchina. com
法定代表人:吕超
质量体系:IATF 16949
产品情况:(阳明牌)

全车电器开关,产品全面覆盖乘用车、商用车领域
配套及出口情况:产品原装配套于上汽通用、上汽通用五菱、上海汽车、北京汽车、吉利汽车、宇通客车、中国重汽等十几个整车厂;部分产品自营出口 30 多

个国家和地区

★上海中鹏岳博实业发展有限公司

地址:上海市金山区山阳镇金康东路3888 号
邮编:201508
电话:021/57243333
传真:57245959
网址:www. champon. com. cn
电子信箱:sales@ champon. com. cn
法定代表人:戴超伟
单位人数:230
质量体系:IATF 16949
产品情况:(中鹏牌)
年生产能力转向器 500 万只、折叠器 30 万只、微电机 1000 万只、各类冲压五金件
配套及出口情况:主要为国内 20 多家汽车主机厂配套;出口伊朗、美国、意大利、马来西亚、巴西、俄罗斯、土耳其、印度、罗马尼亚等国家,并销往中国台湾地区

★上海核工碟形弹簧制造有限公司

地址:上海市松江区九亭镇松江高科技园区涞坊路 2039 号
邮编:201600
电话:021/67697265、67697267
网址:www. hegongsprings. com
电子信箱:351601296@ qq. com
法定代表人:王勇
质量体系:ISO 9001、IATF 16949
产品情况:(核工牌)
线束及连接器

★上海克拉电子有限公司

地址:上海市松江区泗泾镇高新技术开发区陈泾路 565 号
邮编:201601
电话:021/57628686、13916898815
网址:www. ske. com. cn
电子信箱:skemgr@ ske. com. cn
法定代表人:梯奥道·海尔曼
单位人数:375
质量体系:IATF 16949、ISO 9001
产品情况:新能源电动车系统预充电电阻器、车用空调/冷却风扇调速模块、(芯片)车用空调风机调速电阻、车用冷却风扇调速电阻、(瓷骨架)车用空调风机调速电阻、车用抗干扰阻尼电阻等
配套情况:为大众配套

★美特斯工业系统(中国)有限公司

地址:上海市松江区春林路 18 号 1 幢1、2、4、5 层
邮编:201612
电话:021/54271188、24151000
传真:24151199
网址:www. mtschina. com
电子信箱:info@ mtschina. com
法定代表人:温仲元
质量体系:ISO 9001
产品情况:(MTS 牌)
力学性能测试、模拟系统、位移传感器等
配套情况:为奔驰、丰田、通用、福特、大众、一汽集团、东风汽车公司、上汽大众、上汽通用等供货

★富通集团(上海)电线有限公司

地址:上海市松江工业区美能达路 318 号
邮编:201613
电话:021/57742000
传真:57741552
网址:www. hitachi. com. cn
电子信箱:lu. junfang@ fsw. ftjt. net
法定代表人:顾正国
质量体系:ISO 9001、IATF 16949
产品情况:用于空调、汽车装备、各种电动机的漆包线、用于电子器材的可弯曲扁平电缆

★上海特殊陶业有限公司

地址:上海市松江工业区松胜路 736 号
邮编:201613
电话:021/67740987
网址:www. ngkntk. com. cn
电子信箱:sales@ ngkntk. com. cn
法定代表人:长谷川和伸(HASEGAWA KAZUNOBU)
质量体系:IATF 16949、ISO 14001
产品情况:汽车配件(火花塞、预热塞);精密陶瓷(切削工具、陶瓷封装基板、多层印刷线路板)
出口情况:远销日本、韩国、美国等国家

★上海东洋电装有限公司

地址:上海市松江区荣乐东路 1988 号
邮编:201613
电话:021/57741332
传真:57741346
网址:www. toyo - denso. co. jp
电子信箱:stee@ citiz. net
法定代表人:小出洁
单位人数:822
质量体系:IATF 16949、ISO 9001
产品情况:汽车各类开关、线束、点火模块、点火线圈等各类电装产品

★欧科佳(上海)汽车电子设备有限公司

地址:上海市松江高科技园区九泾路128 号 5 号楼 A 座
邮编:201615
电话:021/37639808、4001060565
传真:37633360
网址:www. actia. com. cn
电子信箱:yijuan. lv@ actia. com. cn
法定代表人:Xiaoping Zhang(张小平)
单位人数:166
质量体系:ISO 9001、IATF 16949
产品情况:总线智能仪表、组合仪表等汽车电子产品,车联网智能客车管理系统、睿视行车载视频信息点播系统、智能车载行驶记录系统等车联网产品,汽车诊断系统等产品
配套情况:为郑州宇通、厦门金龙、厦门金旅、苏州金龙、中通客车、青年客车、安凯客车、黄海客车、上海申沃、重庆恒通等 40 多家及武汉神龙、长安标致雪铁龙、长安汽车、吉利汽车、奇瑞汽车、广汽乘用车、上汽通用、上汽乘用车、北汽控股、东风乘用车、江淮汽车等公司配套

★上海徕木电子股份有限公司

地址:上海市松江区洞泾镇洞薛路 651弄 88 号
邮编:201615
电话:021/67679075、67679077
传真:67627615
网址:www. laimu. com. cn
电子信箱:zhushanghai@ laimu. com. cn
法定代表人:朱新爱
单位人数:1148
质量体系:ISO 9001、IATF 16949
产品情况:汽车电子设备连接器等精密电子元件及组件

★微进电子科技(上海)有限公司

地址:上海市松江区九亭镇中心路 1158号 6 幢 602 - 1
邮编:201615
电话:021/50785190
网址:www. vjdz. com. cn
电子信箱:1071526188@ qq. com
法定代表人:周钰
质量体系:IATF 16949
产品情况:乘用车组合仪表、防夹车窗(PW)、防夹天窗、汽车面板、ECU 控制单元

★上海海华传感器有限公司

地址:上海市松江区洞泾镇洞舟路 459号 14 幢
邮编:201619
电话:021/59102329
传真:59102132
网址:www. hhsensor. com
电子信箱:postmaster@ hhsensor. com
法定代表人:杨永才
质量体系:ISO 9001、IATF 16949
产品情况:压力传感器、液位传感器、速度传感器、温度传感器和加热器
配套情况:为上汽大众、上汽通用、上汽股份、一汽-大众、奇瑞汽车、北京德尔福万源发动机管理系统、长安伟世通发动机控制系统、上海弗列加滤清器、上海永红汽车零部件、上海曼·胡默尔滤清器、重庆力帆、四川绵阳、吉利汽车、钱江摩托、立峰集团、豪进集团等供货

★上海熊猫线缆股份有限公司

地址:上海市松江区洞泾镇张泾路 505 号
邮编:201619
电话:021/57675838、57675847
传真:57675848
网址:www. pandawire. cn
电子信箱:webmaster@ pandawire. cn
法定代表人:钱汉新
质量体系:ISO 9001、ISO 14001
产品情况:(熊猫牌)

塑料绝缘电线电缆
配套情况：是上汽大众、一汽-大众、上海贝尔、上海三菱电梯、江苏春兰、青岛海尔等知名企业的合作伙伴

★上海保隆汽车科技股份有限公司
地址：上海市松江区沈砖公路5500号
邮编：201619
电话：021/57690000、31273333
传真：57690035
网址：www.baolong.biz
电子信箱：sbic@baolong.biz
法定代表人：陈洪凌
质量体系：IATF 16949、ISO 14001
产品情况：（威乐牌、TOPSEAL牌、DigiTire牌）
汽车电子类的轮胎压力监测系统、压力传感器、光雨量传感器、360环视系统等，汽车轻量化结构件类的仪表梁、扭力梁、副车架等，通用部件类的气门嘴、平衡块、排气尾管、空气弹簧等
配套及出口情况：是美国福特、美国通用、美国丰田、上海汽车、上汽通用、中国一汽、海马汽车等国内外知名汽车厂的合格供应商；畅销欧美、澳大利亚、东南亚等80多个国家和地区

★日立汽车系统部件（上海）有限公司
地址：上海市青浦区北青公路8228号青浦出口加工区二区8号
邮编：201707
电话：021/54667002－108
传真：59701991
网址：www.hitachi－automotive.cn
法定代表人：僧伟利
质量体系：IATF 16949、ISO 14001
产品情况：电动化系统和自动驾驶系统等
出口情况：大部分产品远销欧洲、美洲

★纽福克斯光电科技（上海）有限公司
地址：上海市青浦区外青松公路4589号
邮编：201712
电话：021/59224688、59224699
传真：59224800
网址：www.newfocusauto.com
电子信箱：441786366@qq.com
法定代表人：左云贵
质量体系：ISO 9001、IATF 16949
产品情况：（NFA牌）
车用转换器、多功能电源、冷暖箱、充电器、汽车照明产品HID（高强度气体放电灯）、汽车辅助灯、工作灯等
配套及出口情况：为吉利等供货；远销欧美、日本、澳大利亚等国家和地区

★上海鼎杰电子有限公司
地址：上海市嘉定区宝安公路2760号
邮编：201801
电话：021/69156266
传真：69156314
网址：fairsun.chinaepu.com
电子信箱：shanghai@fairsun.com
法定代表人：洪鼎杰
质量体系：IATF 16949、ISO 14001
产品情况：（Fairsun牌）
汽车转向开关、继电器、点火线圈、车锁、车用电子调节器及汽车灯具等
配套及出口情况：为北奔重汽、重庆铁马等配套；主要为美国、德国、日本、中东地区等业界领先的厂商提供配套产品

★上海博泽电机有限公司
地址：上海市嘉定区马陆镇嘉新公路1266号
邮编：201801
电话：021/39574708、60957888
网址：www.brose.com
电子信箱：info@xianzhong.biz
法定代表人：Reza Ray Mirzaei
质量体系：ISO 9001、IATF 16949
产品情况：冷却风扇总成、玻璃升降器电动机、空调鼓风机、EBS电动机、座椅电动机、变速器执行电动机
配套情况：客户有一汽-大众、长城、东风汽车、神龙汽车、上海实业交通、大陆、法雷奥、贝洱、天合、德尔福

★凯晟动力技术（上海）股份有限公司
地址：上海市嘉定区安虹路299号主楼5层
邮编：201804
电话：021/59591916
传真：59591910
网址：www.kesens.com
电子信箱：kesens@kesens.com
法定代表人：陈志贤
质量体系：ISO/TS 16949、OHSAS 18001
产品情况：汽油发动机电控单元（ECU）及其组件、自动机械变速器（AMT）控制单元（TCU）、新能源汽车动力控制系统、电动机控制单元（MCU）、燃气发动机控制系统、氧传感器和发动机执行机构等
配套情况：与标致雪铁龙汽车、起亚汽车、重庆力帆、华晨汽车、东风汽车、北汽集团、上汽通用五菱、五菱柳机等客户建立了直接或间接的业务配套关系

★上海沪工汽车电器有限公司
地址：上海市嘉定区黄渡工业园区谢春路1288号
邮编：201804
电话：021/69592666
传真：69595229、69592860
网址：www.hg－china.com
电子信箱：shgae@hg－china.com
法定代表人：邱伟平
质量体系：IATF 16949、ISO 14001
产品情况：（沪工牌）
专业生产各类汽车熔断丝盒、汽车控制器、汽车执行器、汽车继电器、汽车开关、汽车门锁执行等产品
配套情况：为上汽大众、一汽-大众、上汽通用、沈阳华晨、一汽集团、一汽海马、北汽福田、江淮汽车、安徽奇瑞、江西昌河等厂家配套

★上海源悦汽车电子股份有限公司
地址：上海市嘉定区外冈镇恒永路8号
邮编：201806
电话：021/38019200、38019203
网址：www.yyteck.com
法定代表人：傅国
质量体系：ISO 9001
产品情况：汽车制动系统（ABS、ESC、EPB）、电子助力转向系统（EPS）、新能源整车控制系统（VCU）、废气再循环系统（EGR/SCR）、车载双温区自动空调（HVAC）、随动前照灯系统（AFS）、胎压监测系统（TPMS）、电子水泵（Water pump）、电子油泵（Oil pump）等电控单元
配套情况：是长安汽车电装中心研发类唯一合作供应商；为中国重汽EGR/SCR电控单元配套多年；为万向集团供应ABS/EPB/ESC电控单元；与知名电动机厂商合作为比亚迪开发较有竞争优势的无刷EPS系统，其中源悦提供性价比颇有优势的EPS电控单元；在新能源市场，为多家车厂合作开发BMS/Charger等电控单元

★上海胜华波汽车电器有限公司
地址：上海市嘉定区安亭百安路898号
邮编：201805
电话：021/69573687
网址：www.chinashb.com
电子信箱：zhouyan@chinashb.com
法定代表人：金迦勒
质量体系：IATF 16949、ISO 14001
产品情况：汽车电动刮水器总成、汽车座椅电动机、发电机、玻璃升降器、其他车用电器、化油器、电动天窗，座椅弯管件、轴类HDM及蜗杆等金属件，传感器等各类汽车电动机及零部件
配套及出口情况：为一汽、东风、上汽、北汽、奇瑞汽车、华晨汽车、长安汽车、吉利汽车、江淮汽车、比亚迪汽车、中国重汽、昌河汽车、江铃汽车、福田汽车、长城汽车、长丰汽车、上汽通用五菱、东风柳汽、海马汽车等配套；远销北美洲、欧洲、澳大利亚、东南亚

★上海合璧电子电器有限公司
地址：上海市嘉定区安亭镇安晓路318号
邮编：201805
电话：021/59505466
传真：59505477
网址：www.hoppy.com.cn
电子信箱：sales@hoppy.com.cn
法定代表人：詹其力
质量体系：ISO 9001
产品情况：端子台、熔断丝座、开关、插座、灯座、空调排水器等零组件；线束加工及电装合组立；精密模具设计、制造，线切割加工及热硬化性、热可塑性成形产品

★上海楹裕电子有限公司
地址：上海市嘉定区安亭镇大众工业园区园业路68号
邮编：201805

电话:021/69576066、69576326
传真:39578106
网址:shyingyu. com
电子信箱:sales@ shyingyu. com
法定代表人:徐菊香
质量体系:ISO 9001、IATF 16949
产品情况:线束、连接器、注塑件、各类组装件
出口情况:直接出口北美洲约占 30%,欧洲约占 20%,日本约占 10%,其他间接出口约 30%

★上海李尔实业交通汽车部件有限公司
地址:上海市嘉定区安亭镇园区路 268 号 6 幢
邮编:201805
电话:021/59508000、31272118
传真:59508884
网址:www. lear. com
电子信箱:mxu02@ lear. com
法定代表人:肖允
质量体系:ISO 14001
产品情况:线束、开关、gm 遥控发射器、rke 射频、电子报警模块、起止开关等
配套及出口情况:为上汽通用、上汽大众等配套;部分产品远销北美洲等国际市场

★上海硕大电子科技有限公司
地址:上海市嘉定区安亭镇园区路 388 号
邮编:201805
电话:021/69574222、69574111
传真:69574333
网址:www. sogreat. cn
电子信箱:office@ sogreat. cn
法定代表人:陈洪进
质量体系:ISO 14001、IATF 16949
产品情况:专业从事汽车点火线圈、汽车传感器、电磁阀线圈、喷油嘴线圈以及其他结构或工艺类似的磁电产品和部件的生产

★上海奉天电子股份有限公司
地址:上海市嘉定区汇德路 468 号
邮编:201806
电话:021/31150488
传真:52848947
网址:shfte. com
电子信箱:customer_service@ shfte. com
法定代表人:彭雄飞
质量体系:IATF 16949
产品情况:自动空调控制器、DC-AC 逆变器、启停车 DC-DC 转换器、48V 系统 DC-DC、充电机总成 OBC&DC-DC、高压水加热器以及车联网 USB(含 MFI)模块等
配套情况:客户有上汽大众、上汽通用、上海汽车、一汽解放、一汽轿车、东风日产、神龙汽车、东风汽车、江淮汽车、吉利汽车、一汽-大众、北京汽车、法国标致雪铁龙 PSA、长城汽车、广汽集团等

★莱尼电气系统(上海)有限公司
地址:上海市嘉定区嘉松北路 1288 号
邮编:201806
电话:021/39939960
传真:39939500
网址:www. leoni. com
电子信箱:fang. wang@ leoni. com
法定代表人:吕乐明
质量体系:IATF 16949、ISO 14001
产品情况:线束
配套情况:为梅赛德斯-奔驰(北京、福建)、上汽通用、上汽大众、上海汽车等供货

★上海通宇高温线有限公司
地址:上海市嘉定区清能路 105 号
邮编:201806
电话:021/51047683、18964531050
传真:51047673
网址:www. tygwx. com
电子信箱:zhangxiaoyang@ tongyucable. com
法定代表人:章和平
质量体系:ISO 9001
产品情况:铁氟龙电线、硅胶电线、高温电缆线、耐火线、新能源汽车线以及各类专用线缆等,可广泛应用于航天、军工机械、汽车等行业

★丽清汽车科技(上海)有限公司
地址:上海市嘉定工业区汇旺东路 666 号 1 幢、2 幢
邮编:201807
电话:021/51688820
法定代表人:刘美秀
质量体系:IATF 16949、ISO 14001
产品情况:汽车、摩托车用照明发光二极管电子配线板及总成

★上海王力电子电器有限公司
地址:上海市嘉定区曹安公路 16 号桥解放岛路 1 号
邮编:201812
电话:021/39117568
传真:39117568 - 8031
网址:www. orteksh. com
电子信箱:mail@ orteksh. com
法定代表人:张宪钦
质量体系:IATF 16949
产品情况:(ORTEK 牌)
车载音响、蓝牙功能车载音响、扬声器、天线、电喇叭、车载仪表、电动车音响仪表等
配套及出口情况:已广泛与神钢、久保田、住友、斗山、现代、徐工、临工、柳工、龙工等厂家配套;远销日本、欧美、东南亚等国家和地区

★昌辉(上海)汽车零部件有限公司
地址:上海市嘉定区安亭汽车城百安公路 1558 号
邮编:201814
电话:021/39501788、39501818
网址:www. changhui. com
电子信箱:chlbj01@ changhui. com
法定代表人:王进丁
质量体系:ISO/TS 16949、VDA 6. 1
产品情况:(昌辉牌)
泊车辅助系统、倒车雷达、BCM、车载摄像头、各种汽车传感器等;汽车开关、全车锁、车门把手、EGR 阀等;汽车电动助力转向系统(EPS)、电动液压转向助力系统(EHPS)等;汽车发电机、起动机、电子扇(风扇电动机)等
配套及出口情况:主要为国内 20 多家汽车主机厂原装配套;出口海外 50 多个国家和地区

★上海科世达 - 华阳汽车电器有限公司
地址:上海市嘉定区安亭镇 621 号
邮编:201814
电话:021/59570077
传真:59578294
电子信箱:xihua. shen@ kostal. com
法定代表人:ANDREAS KOSTAL
质量体系:IATF 16949
产品情况:(KOSTAL 牌)
组合开关、电动窗开关及门模块、雨量灯光传感器、无钥匙进入与起动、座椅调节开关及记忆模块、仪表板开关、车身控制模块
配套及出口情况:为上汽大众、一汽-大众、上汽通用、长安福特、一汽轿车、中华、东风标致、东风雪铁龙、日本马自达、奇瑞等配套;出口日本、德国、爱尔兰、意大利、巴西、西班牙、韩国等国家

★安波福电气系统有限公司
地址:上海市嘉定区安亭镇园国路 60 号
邮编:201814
电话:021/39585001、59563300
传真:69573663、69573785
网址:www. delphi. com
电子信箱:majdiabulaban@ delphiauto. com
法定代表人:RATHNINDE RATHNINDE WALAWWE ANURUDDHA
质量体系:ISO 14001
产品情况:线束总成、车用薄壁导线、高压点火线、接插件和端子等
配套情况:为上汽大众、上汽通用、一汽-大众等配套

★安波福中央电气(上海)有限公司
地址:上海市嘉定区安亭镇园国路 60 号第 7 幢 A 区
邮编:201814
电话:021/39893966
网址:www. delphi. com
电子信箱:amy. wu@ aptiv. com
法定代表人:SIMON XIAOMING YANG
质量体系:IATF 16949、ISO 9002
产品情况:乘用车线束及车用连接器
配套情况:总公司配套上汽通用、东风神龙、一汽-大众、华晨、东风日产、江铃福特、一汽集团、长安福特、上汽商用车等

★上海福太隆汽车电子科技有限公司
地址:上海市嘉定区安亭镇园耀路 55 号 1 幢 2 层
邮编:201814

电话:021/69573749
网址:www. sh - ftl. com. cn
电子信箱:ftl@ sh - ftl. com. cn
法定代表人:陈金玉
质量体系:ISO 14001、IATF 16949
产品情况:汽车空调控制器、空调风门电动机等汽车电子产品
配套情况:为一汽-大众、一汽夏利、上汽大众、上汽、奇瑞汽车、长城汽车、海马等配套

★上海昌辉投资管理(集团)有限公司
地址:上海市嘉定区安亭中国国际汽车城百安路1558号
邮编:201814
电话:021/69573088
传真:69573555
网址:www. changhui. com
法定代表人:王进丁
质量体系:IATF 16949、ISO 26262
产品情况:(昌辉牌)
专注于汽车组合开关、汽车锁总成、全车开关、电动助力转向系统等行业产品

★采埃孚汽车科技(上海)有限公司
地址:上海市嘉定区众百路289号
邮编:201814
电话:021/67075725
传真:39575811
网址:www. zf. com
电子信箱:tony. huang@ trw. com
法定代表人:Runyi Wang
质量体系:IATF 16949、ISO 14001
产品情况:电子助动转向系统,分别有管柱式传动电子助力转向系统和皮带式传动电子助力转向系统

★大陆泰密克汽车系统(上海)有限公司
地址:上海市嘉定工业区兴贤路600号
邮编:201815
电话:021/39163711、39163700
传真:69527270、69527280
网址:www. continental - corporation. cn
法定代表人:汤恩
质量体系:IATF 16949
产品情况:EBS电子控制模块、仪表与人机界面、车身与安全等零部件
配套情况:为上汽大众配套

★上海鹰击汽车部件有限公司
地址:上海市嘉定区新徕路398号
邮编:201815
电话:021/69913705、69913706
传真:69913705、69913706
网址:www. engeam. com
电子信箱:sales@ engeam. com
法定代表人:张彧
质量体系:IATF 16949
产品情况:各类汽车组合开关、座椅调节开关、接触类开关、排档显示器、控制器及汽车内饰件
配套情况:主要客户有上汽集团、北汽、江铃汽车等

★华域视觉科技(上海)有限公司
地址:上海市嘉定区叶城路767号
邮编:201821
电话:021/67085999
传真:67085189
网址:www. hascovision. com
电子信箱:admin@ hascovision. com
法定代表人:张海涛
质量体系:ISO 9001、IATF 16949
产品情况:(SK牌)
专业生产销售各种汽车电子照明灯具,数百个品种
配套及出口情况:主要为长安集团、广汽集团、一汽集团、上汽股份、上汽大通、上汽大众、上汽通用、东风集团等主机厂配套;已有40多种产品出口美国、加拿大、日本、巴西、印度、泰国、捷克、南非等国际市场

★上海耀通电子仪表有限公司
地址:上海市崇明工业园区西门路699号
邮编:202150
电话:021/69626316、69625513
传真:69625721
网址:www. yaotongsh. com. cn
电子信箱:yzpch@ 126. com
法定代表人:姚忠培
质量体系:IATF 16949
产品情况:(YAOTONG牌)
各类仪表和传感器以及相关汽车电子产品
配套情况:为三一、中联、徐工、柳工、龙工、斗山、山推机械、山河智能、中国农机院、中国航天、上柴、北奔、科泰、雅柯斯、东风扬子江、申沃客车等国内外知名企业配套

★上海德科电子仪表有限公司
地址:上海市崇明区东冉路218号
邮编:202178
电话:021/31116050
传真:31116097
网址:www. sde - cn. com
电子信箱:sde@ sde - cn. com
法定代表人:马克
质量体系:OHSAS 18001、IATF 16949
产品情况:(SDE牌)
汽车组合仪表、空调控制器、传感器、车身控制器等汽车电子
配套及出口情况:为上汽大众、上汽通用、一汽-大众、上海汽车、海马、长安、长城、吉利等配套;已经成为通用韩国大宇、印度通用、泰国通用、泰国五十铃、澳大利亚五十铃等国外著名汽车企业的主要供应商

江苏省

★南京三维汽车电器有限公司
地址:南京市高新开发区小柳工业园
邮编:210031
电话:025/58493505、58490409
传真:58490105
网址:www. njsw. com. cn
电子信箱:njsw@ njswqcdq. cn
法定代表人:高照华
质量体系:IATF 16949
产品情况:(SW牌)
火花塞、高压点火线、点火线圈等
配套情况:与菲亚特、上汽集团、广汽集团、东风集团、江淮汽车、南京金城、重庆隆鑫、重庆力帆、广州飞肯、广东富兴、金华康柏瑞特、浙江白杨、浙江嘉恒、江苏苏美达、盐城博尔特等主机厂配套

★博世汽车技术服务(中国)有限公司
地址:南京市经济技术开发区东区润博路1号
邮编:210038
电话:025/85392698、85389808
传真:85392582、85303344
网址:www. bosch. com. cn
电子信箱:info. hd@ cn. bosch. com
法定代表人:Loeffler Peter
质量体系:IATF 16949、ISO 14001
产品情况:(雷电牌、博世牌)
汽车、摩托车火花塞,制动片和汽车诊断设备
配套情况:为上汽大众、一汽-大众、中国嘉陵等配套

★南京瑞安电气股份有限公司
地址:南京市雨花经济开发区龙腾南路28号
邮编:210039
电话:025/68731001
网址:www. csdqc. icoc. cc
电子信箱:njreception@ ruef. cn
法定代表人:郑鹏
质量体系:ISO 14001、IATF 16949
产品情况:主要生产车用燃油泵初滤器、汽车用电磁阀、塑料件等汽车零部件
配套情况:是德尔福、博世、大陆电子、伟世通、IMI集团、一汽-大众、上汽大众等全球供应商

★南京双环电器股份有限公司
地址:南京市经济开发区恒竞路23号
邮编:210046
电话:025/85307752、85325649
传真:85575030
网址:www. shuanghuan. cn
电子信箱:shuanghuan@ shuanghuan. cn
法定代表人:魏钦志
质量体系:ISO 9001、IATF 16949
产品情况:(驾宁牌)
温度传感器和温控开关、压力传感器及压力报警开关、转速传感器及车速里程表传感器、油量传感器、电热塞、空气加热器、火焰预热装置、汽车组合开关和电气控制开关、电压调节器、闪光器及其他电器
配套情况:为北汽福田(欧曼汽车厂、欧V客车、雷沃重工、雷沃动力、奥铃汽车、环保动力)、重汽集团、玉柴机器、玉

柴动力、玉柴重工、扬柴、全柴、朝柴、常柴、常发、莱动等供货

★延锋伟世通电子科技(南京)有限公司
地址:南京市江宁区九龙湖国际企业总部园 C1 座 7 楼
邮编:211102
电话:025/81069000
传真:81069272
电子信箱:ygeng@ yfve. com. cn
法定代表人:谢斌
质量体系:OHSAS 18001、ISO 14001
产品情况:业务覆盖信息控制系统、音响娱乐系统、区域控制器系统及 BMS 电池管理系统四大模块;具体产品包括车载收音音响、导航、娱乐系统、功放、仪表、时钟、多功能显示模块、空调控制器、中控电子、车身控制模块、遥控钥匙、电池管理系统、新能源汽车电子等多类产品的控制软件
配套情况:主要客户包括上汽、长安马自达、上汽通用五菱、华晨宝马、北汽、江淮、东南、吉利、江铃等

★苏澳电子(南京)有限公司
地址:南京市江宁区汤山街道黄栗墅吉门路 1 号
邮编:211133
电话:025/84108888、84108889
传真:84108885
网址:www. zeeman. com. tw
电子信箱:sales - nj@ zeeman. cn
法定代表人:杨淑卿
质量体系:IATF 16949
产品情况:汽车及电子产品用熔断丝及熔断丝座

★南京奥联汽车电子电器股份有限公司
地址:南京市江宁区谷里街道东善桥工业集中区
邮编:211153
电话:025/52745422
传真:52745405
网址:www. njaolian. com
电子信箱:mail@ njaolian. com
法定代表人:陈光水
质量体系:IATF 16949、ISO 14001
产品情况:车用空调控制器、电子加速踏板总成、换挡操纵器总成、柴油机低温起动系统、电子节气门、SCR 排放控制系统、AMT 传动系统、车用线束以及塑料模具设计、制造、注塑等
配套情况:为上汽通用、一汽-大众、一汽丰田、一汽夏利、长安福特、长安马自达、上汽商用车、一汽解放、一汽轿车、中国重汽、东风汽车、上海德尔福、玉柴、潍柴等 50 余家厂商配套

★南京普罗安全系统有限公司
地址:南京市江宁区滨江开发区翔凤路 31 号
邮编:211162
电话:025/68177900
传真:68177900 - 8200
网址:www. protechsrs. com
电子信箱:jing. yan@ protechsrs. com
法定代表人:朱彻
质量体系:IATF 16949、ISO 14001
产品情况:主要从事研发、测试与制造汽车安全技术、汽车被动安全系统电子装置、电子控制系统的输入(传感器和采样系统)输出(执行器)部件以及上述系统的关键零件、部件销售

★南京胜捷电机制造有限公司
地址:南京市溧水区洪蓝镇谭村 1 号
邮编:211221
电话:025/68815888、57432222
传真:68815882
网址:www. simco. com. cn
电子信箱:info@ simco. com. cn
法定代表人:肖杰
质量体系:IATF 16949、ISO 14001
产品情况:汽车空调电动机和散热器风机
配套情况:主要配套厂家有上汽通用五菱(独家配套供应商,年配套量 150 万台)、比亚迪汽车(80% 份额,年配套量 70 万台)、长城汽车(70% 份额,年配套 22 万台)、众泰汽车(独家供应商,年配套 5 万台)、长丰汽车(独家供应商,年配套量 5.5 万台)、江铃陆风(年配套 2 万台)、中兴汽车(年配套 5 万台);空调电子扇的年配套量 50 万台,鼓风机马达为上海德尔福、广州电装的供应商;水箱散热电子扇已进入重庆长安轿车配套体系

★南京钧乔行汽车灯具有限公司
地址:南京市高淳经济开发区沧溪路 18 号
邮编:211300
电话:025/56809206
传真:57355639
网址:www. njjunmax. com
法定代表人:黄琮余
质量体系:ISO 14001
产品情况:卤素气密灯及中灯等汽车照明产品

★江苏理士电池有限公司
地址:江苏省金湖县工业园区神华大道北侧、同泰大道西侧
邮编:211600
电话:0517/86986608
网址:www. leoch. com
电子信箱:1463694635@ qq. com
法定代表人:张德明
质量体系:IATF 16949
产品情况:专业生产汽车、摩托车、电动车等专用铅酸蓄电池产品

★镇江震东电光源有限公司
地址:江苏省镇江市京口工业园区金阳大道 1 号
邮编:212006
电话:0511/85585522、85585552
传真:85585539
网址:www. sinlete. com
电子信箱:jianqianghu@ vip. sina. com
法定代表人:胡建强
质量体系:ISO 14001、ISO 9001
产品情况:(震东牌、SINLETE 牌、金乃特牌、秦明牌)
汽车、摩托车灯泡
配套及出口情况:主要供应海拉、北汽福田、陕汽、大长江、力帆、绿源、新日、爱玛等汽车、摩托车、电动车等主机厂、灯具厂;远销东南亚、南美洲、欧美等地区

★ 特耐斯(镇江)电碳有限公司
地址:江苏省镇江市新区丁卯经七南路
邮编:212009
电话:0511/88887232、88887230
传真:88889475
网址:www. cn - tris. com
电子信箱:zwb@ cn - tris. com
法定代表人:桑建平
质量体系:ISO 14001、IATF 16949
产品情况:(TRIS 牌)
汽车用直流电动机炭刷(起动电动机、发电机、燃油泵、暖风机、散热风机、座椅摇窗电动机等),刷架总成,碳换向器以及其他碳制品
配套情况:为天津电装 & 阿斯莫、长沙博世、索恩格(中国)、上海法雷奥、大连电产、博格华纳、华生电机、厦门建松、湖北神电、上海联合电子、上海日用友捷等国内外知名厂商配套
☞ 详细情况请参阅彩色宣传版面

★江苏擎天车业科技有限公司
地址:江苏省丹阳市丹北镇金桥村工业园
邮编:212300
电话:0511/8159966
传真:88159966
电子信箱:info@ china - qingtian. com
法定代表人:彭爱堂
质量体系:IATF 16949
产品情况:(SHIHONG 牌)
车灯

★江苏锐新汽配有限公司
地址:江苏省丹阳市丹北镇新桥金桥村
邮编:212300
电话:0511/86302002
传真:86389878
电子信箱:609476360@ qq. com
法定代表人:陈民强
质量体系:IATF 16949、ISO 9001
产品情况:灯具和塑料件

★江苏源冠汽车配件有限公司
地址:江苏省丹阳市新桥镇金桥工业园
邮编:212300
电话:0511/86383718、86387988
传真:86383728
网址:www. ygbus. net
电子信箱:116458@ qq. com
法定代表人:蔡连清

质量体系:IATF 16949
产品情况:大客车、中型客车灯具及饰件;灯具年生产能力达30000台(套)
配套及出口情况:与一汽大连、宇通、恒通、金龙、常州黄海、扬子江客车、龙马客车、五洲龙客车等厂家进行一级和二级配套;与土耳其、巴西、印度尼西亚、俄罗斯、欧美地区等主机厂直接配套合作,产品远销世界70多个国家和地区

★江苏超力电器有限公司
地址:江苏省丹阳市访仙镇工业集中区兴园东路1号
邮编:212321
电话:0511/86469888
传真:86462968
网址:www. chaoli - electric. com
电子信箱:chaoli@ chaoli - electric. com
法定代表人:沈中泉
质量体系:IATF 16949、VDA 6.1
产品情况:(超力牌)
生产汽车专用的各类电动机、风机、散热器模块、空调总成等产品及汽车电动助力转向系统(EPS)、汽车怠速起停系统(BSG)及电动空调等新能源产品
配套及出口情况:与一汽轿车、海马汽车、上海汽车、广汽乘用车、东风日产、长安汽车、奇瑞汽车、长城汽车、东风柳汽、江淮、华晨金杯、北汽集团、郑州宇通、厦门(苏州)金龙等,并与法雷奥、德尔福、道尔曼、斗源等国际品牌厂商有着广泛合作;向北美洲、西欧、大洋洲、南亚、东北亚等地区出口

★帝宝交通器材(丹阳)有限公司
地址:江苏省丹阳市丹北镇新桥姚家弄工业园
邮编:212322
电话:0511/88039866 - 2101
传真:88039899
网址:www. dydepoautolamp. com
电子信箱:depo2101@ dydepoautolamp. com
法定代表人:许叙球
质量体系:IATF 16949
产品情况:(DB帝宝牌)
汽车灯具,配套生产能力达35万套/年
配套情况:为上汽大众、神龙汽车、南京依维柯、北京奔驰、吉利汽车、长城汽车等配套

★江苏新通达电子科技股份有限公司
地址:江苏省丹阳市丹北镇新巷村1号
邮编:212322
电话:0511/86361886、86361889
传真:86352106
网址:www. tongdajs. com
电子信箱:web@ tongdajs. com
法定代表人:徐锁璋
质量体系:IATF 16949、ISO 14001
产品情况:以汽车仪表、传感器、控制器、车载网络和车用多媒体为主导
配套情况:主要服务于一汽-大众、江淮大众、福特(商用车全球)、美国新能源、上汽、东风乘用车、广汽丰田、广汽、郑州日产、吉利、北汽宝沃、北汽福田、江铃福特、东风柳汽、上汽通用五菱、江淮、长城、奇瑞、力帆等国内外知名汽车厂

★江苏秦龙汽车科技有限公司
地址:江苏省丹阳市丹北镇姚家弄工业园区
邮编:212322
电话:0511/86053661、15162962007
传真:86357366
网址:www. js - qinlong. com
电子信箱:jiangsuqinlong@ 163. com
法定代表人:陈邦林
质量体系:IATF 16949、ISO 14001
产品情况:(秦龙牌)
年可配套50万台整车灯具、塑料件
配套情况:主要客户有北汽银翔、奇瑞集团、郑州日产、中国重汽、北奔重汽、陕西重汽、福田汽车、一汽通用、徐工集团等

★江苏洪昌科技股份有限公司
地址:江苏省丹阳市新桥镇
邮编:212322
电话:0511/86351690、86362087
传真:86351600
网址:www. jshongchang. cn
电子信箱:hongchang8@ vip. 163. com
法定代表人:杨凌芳
质量体系:ISO 14001、IATF 16949
产品情况:汽车灯具、内饰件、保险杠产品、汽车冲压件
配套及出口情况:是苏州金龙、东风渝安、吉利汽车、厦门金龙、株洲北汽、中国重汽集团、韩国大宇、宇通客车等国内10多家知名汽车厂家的供应商;灯具产品远销俄罗斯、韩国等国家

★江苏上铖汽车部件有限公司
地址:江苏省丹阳市新桥镇
邮编:212322
电话:0511/86357496、18952910966
传真:86362898
网址:www. hanlin. com. cn
电子信箱:micky@ hanlin. com. cn
法定代表人:胡跃明
质量体系:IATF 16949
产品情况:汽车灯具、中网、面罩、保险杠等塑料件

★江苏远洋车灯有限公司
地址:江苏省丹阳市新桥镇
邮编:212322
电话:0511/86356780
传真:86356780
网址:www. jsyycd. com
电子信箱:yylamp@ yuanyanglamp. com
法定代表人:周建国
质量体系:IATF 16949
产品情况:(远航牌)
汽车灯具、仪表台、饰件等
配套及出口情况:为郑州宇通、厦门金龙、上海申沃、上海申龙、航天客车等20多家主机厂配套;远销海外

★丹阳谊善车灯设备制造有限公司
地址:江苏省丹阳市新桥镇东环路1号
邮编:212322
电话:0511/86361988
传真:86352831
电子信箱:yishan@ jsyishan. cn
法定代表人:黄建忠
质量体系:IATF 16949、ISO 14001
产品情况:汽车灯具
配套及出口情况:为吉利汽车、韩国摩比斯、东风汽车公司、北汽、长城汽车、上汽依维柯红岩、中兴汽车、众泰汽车、菲亚特等主机厂和全球采购公司配套;出口意大利、韩国、马来西亚、伊朗等国家

★江苏德力嘉汽摩配件有限公司
地址:江苏省丹阳市新桥镇群益工业园区
邮编:212322
电话:0511/86351962、86359711
传真:86351962
电子信箱:info@ jsdlj. com
法定代表人:徐玉英
质量体系:IATF 16949
产品情况:汽车灯具、汽车内饰件、冲压件、保险杠等
配套及出口情况:为华晨金杯、合肥昌河、江西铃木等国内知名汽车厂家配套汽车灯具和外饰件;远销美国、日本、韩国等国家

★常诚车业江苏有限公司
地址:江苏省丹阳市新桥镇外资工业园001号
邮编:212322
电话:0511/86355799
网址:www. utas - nova. com
电子信箱:info@ utas - nova. com
法定代表人:丁志军
质量体系:IATF 16949、ISO 14001
产品情况:已具备百万辆汽车整车灯具年配套能力
配套情况:先后与江淮集团、北汽集团、上汽集团、上汽通用、美国通用、通用五菱、广汽、广汽菲亚特、长安标致、华晨汽车、北京现代、一汽集团、卡特彼勒等国内外多家大型汽车制造企业建立了配套合作关系

★丹阳东港灯具有限公司
地址:江苏省丹阳市界牌镇
邮编:212323
电话:0511/86365288、86365266

传真:86387615
网址:www. dongganglamp. com
电子信箱:donggang@ dongganglamp. com
法定代表人:肖正清
质量体系:IATF 16949
产品情况:(丹港牌)
汽车灯具、仪表台、保险杠、装饰件、倒车镜、安全天窗等
配套及出口情况:客车用产品覆盖厦门金龙联合汽车、厦门金旅、金龙联合(苏州)、安徽安凯、安徽江淮客车、东风特汽(十堰)客车、保定长安客车、柳州五菱汽车工业、东风有限东风客车公司等80 余家知名大中型客车企业;出口澳大利亚、西班牙、印度尼西亚、巴西、墨西哥、哥伦比亚、韩国、印度、马来西亚、新加坡、泰国、越南、肯尼亚、阿根廷、智利、埃及、中东、南非、秘鲁等国家,并销往中国香港地区

★江苏天聚灯业有限公司
地址:江苏省丹阳市界牌镇安乐工业园
邮编:212323
电话:0511/85167883、13861389369
传真:86389383
网址:www. cntianju. com
电子信箱:don. leo@ cntianju. com
法定代表人:李金龙
质量体系:ISO 9001、IATF 16949
产品情况:汽车及摩托车内饰、前照灯、尾灯、雾灯、保险杠等配件
配套及出口情况:与大众、通用、马自达、北京海拉、江淮、北汽福田等合作;远销美国、英国、法国、中东等国家和地区

★江苏海德莱特汽车部件有限公司
地址:江苏省丹阳市界牌镇武阳工业园
邮编:212323
电话:0511/86386783、86379083
传真:86384086
网址:www. hdlt. cn
电子信箱:info@ hdlt. cn
法定代表人:张莱娣
质量体系:IATF 16949、ISO 14001
产品情况:(海德莱特牌)
道路机动车辆前照灯、各种信号灯、塑料件等内外饰件
配套情况:为一汽集团、长丰扬子、奇瑞汽车、重庆力帆、江淮汽车、吉奥汽车等公司重点配套

★安费诺汽车连接系统(常州)有限公司
地址:江苏省常州市新北区天山路 20 号
邮编:213000
电话:0519/85608626
网址:www. amphenol - auto. com
电子信箱:mark. yu@ amphenol - cz. com
法定代表人:STEPHEN BRADLEY DORROUGH
质量体系:IATF 16949
产品情况:安全气囊连接器及线束、汽车内外饰照明连接器及线束、新能源汽车连接器及线束、汽车安全带线束、汽车天窗线束、汽车信息及娱乐系统线束以及其他各类汽车不同部位的小型线束

★安费诺(常州)连接系统有限公司
地址:江苏省武进高新技术产业开发区南区
邮编:213000
电话:0519/68896917
网址:www. amphenol - tcs. com
电子信箱:denny. jia@ amphenol - tcs. com
法定代表人:Stephen Bradley Dorrough
质量体系:ISO 14001、ISO 9001
产品情况:高速、高密度连接器和背板系统

★江苏新华陵汽车电器有限公司
地址:江苏省常州市天宁区中吴大道 1485 号
邮编:213001
电话:0519/86643816、86698198
传真:86643840
网址:www. czhualing. com
电子信箱:wzp@ czhualing. com
法定代表人:吴志平
质量体系:IATF 16949、ISO 14001
产品情况:(超灵牌)
货车、皮卡车、商务车、中/小客车及特种车用组合开关、点火开关、车用电器和全车锁
配套情况:为北汽福田、南汽集团、一汽红塔、东风公司、郑州日产、众泰汽车、安徽江淮、江铃汽车等整车厂原装配套和新产品研发协作企业

★新誉轨道交通科技有限公司
地址:江苏省常州市武进高新技术产业开发区凤林南路 199 号
邮编:213001
电话:0519/88389830、88776088
传真:88770888
网址:cn. newunitedrt. com
电子信箱:nug@ newunited. com
法定代表人:周立成
质量体系:ISO 14001、ISO 9001
产品情况:车辆用永磁电动机、油泵及各种小型直流电动机
出口情况:出口欧洲、美洲、非洲、东南亚等地区

★常州市东南电器电机股份有限公司
地址:江苏省常州市天宁区丽华北路 13 号
邮编:213004
电话:0519/88812542
传真:88812542
电子信箱:caodaliang@ dongdian - group. com. cn
法定代表人:周祖贻
质量体系:IATF 16949
产品情况:主要产品包括摩托车起动电机、汽车电子水泵、汽车电子真空泵、电动车轮毂电动机、轮椅车电动机及控制器等
配套及出口情况:为大长江(豪爵)、轻骑铃木、新大洲本田、北方易初、南京金城、中国台湾光阳、中国台湾三阳等知名摩托车生产厂家配套;与比亚迪、奇瑞、上汽、广汽、北汽、江淮、金龙、吉利等汽车厂家建立了合作关系;远销美国、德国、瑞士、日本等欧美及东南亚市场,是日本铃木公司的全球采购基地

★常州亚美柯宝马电机有限公司
地址:江苏省常州市劳动东路 10 号
邮编:213011
电话:0519/88373990、18951226787
传真:88355468
网址:www. gbmcn. com
电子信箱:gbm6787@ gbmcn. com
法定代表人:刘国葆
质量体系:IATF 16949、ISO 9001
产品情况:(GBM 牌、宝马牌)
步进电动机、直流电动机、交流电动机等
出口情况:远销欧美、中东市场

★常州市丰源微特电机有限公司
地址:江苏省常州市戚墅堰采菱路黄河桥东堍
邮编:213011
电话:0519/88350578、13328182891
传真:88380578
网址:www. fy - motor. com
电子信箱:office@ fym - motor. com
法定代表人:沈伟民
质量体系:IATF 16949、ISO 9001
产品情况:永磁式步进电动机、直线电动机、怠速电动机、减速电动机,年生产能力电动机 800 万台
出口情况:产品 60% 出口,远销德国、意大利、英国、美国、东南亚等国家和地区

★江苏雷利电机股份有限公司
地址:江苏省常州市武进区钱家塘路 19 号
邮编:213011
电话:0519/88770606、88771763
传真:88775000
网址:www. czleili. com
电子信箱:webmaster@ leiligroup. com
法定代表人:苏建国
质量体系:IATF 16949、ISO 9001
产品情况:(宏利牌)
微型步进电动机、同步电动机、直流有刷电动机、直流无刷电动机、微型水泵等多种电动机产品
配套情况:水泵件为 KAUTEX 配套,30000 套/月;点烟器为 CASCO 配套,30000 套/月

★常州必能信汽车电器有限公司
地址:江苏省常州市新闸工业园新龙路 27 号

邮编:213012
电话:0519/83266885、83250011
传真:83263150
网址:www.belesen.com
电子信箱:autoparts@belesen.com
法定代表人:许学俭
质量体系:ISO 14001、IATF 16949
产品情况:汽车高压点火线圈总成、点火线橡胶护套、高压阻尼点火线
配套情况:合作伙伴有一汽-大众、东风汽车公司、奇瑞汽车、中国台湾光阳机车等

★常州士林三叶电机有限公司
地址:江苏省常州新区电子园新四路9号
邮编:213013
电话:0519/85485925
传真:85485928
网址:www.mitsuba.co.jp
电子信箱:hong.gao@csmc.net.cn
法定代表人:刘俊忠
质量体系:ISO 9001
产品情况:主要生产摩托车用超速离合器、起动机及磁石发电机等产品

★莱尼电气线缆(中国)有限公司
地址:江苏省常州市新北区长江北路6号
邮编:213022
电话:0519/89887405、89887000
传真:85124727
网址:www.leoni.com
电子信箱:rainie.yin@leoni.com
法定代表人:JERRY CUMMINS
质量体系:ISO 9001、IATF 16949
产品情况:汽车线束
配套情况:为通用汽车、欧宝等配套

★大茂伟瑞柯车灯有限公司
地址:江苏省常州市新北区泰山路228号
邮编:213022
电话:0519/85111180、68198338
网址:gb.varroctyc.com
电子信箱:sales@varroctyc.com
法定代表人:庄泰旭
质量体系:IATF 16949、QS 9000
产品情况:汽车、机车灯具
配套情况:为长安福特、长安马自达、一汽海马、河北中兴、郑州日产、奇瑞汽车、江铃汽车、常州光阳、株洲建设雅马哈、南京金城、广州大长江、广州五羊本田、上海新大洲本田、济南轻骑等配套

★常州星宇车灯股份有限公司
地址:江苏省常州市新区秦岭路182号
邮编:213022
电话:0519/85115588
传真:85113616
电子信箱:223577179@qq.com
法定代表人:周晓萍
质量体系:IATF 16949、ISO 14001
产品情况:汽车车灯,具有年产各类车灯2500万只的生产制造能力
配套情况:为一汽集团(一汽-大众、一汽轿车、一汽丰田、一汽夏利、一汽海马、一汽解放、一汽丰越、一汽吉林汽车)、上汽大众、上汽通用、奇瑞汽车、东风日产、广汽乘用车、神龙汽车等公司配套

★常州高博能源材料有限公司
地址:江苏省常州市综合保税区北海路8号
邮编:213022
电话:0519/85765677、85765127
传真:85962087
电子信箱:julie.zhu@lithiumwerks.com
法定代表人:Geir Lolleng
质量体系:ISO 9001、ISO 14001
产品情况:锂离子电池

★日本电产凯宇汽车电器江苏有限公司
地址:江苏省常州市戚墅堰经济开发区东方东路156号
邮编:213025
电话:0519/88411620
传真:88411276
网址:www.nidec-kaiyu.com
电子信箱:czkaiyu@163.com
法定代表人:甲斐照幸
质量体系:IATF 16949
产品情况:(洛凯牌)
汽车电动助力转向系统(EPS)电动机、热交换系统的散热器冷却风扇(发动机电子扇、空调冷凝器电子扇)、空调蒸发风机、电控机械式自动变速器(AMT)电动机、踏板电动机、电动真空泵电动机;后续将要陆续量产的产品有无刷电子制动电动机、无刷空调电动压缩机电动机、无刷电子风扇、无刷空调蒸发风机、无刷电子油泵电动机、无刷DCT电动机等
配套情况:主要配套汽车品牌有上汽(上汽乘用车、上汽大通、上汽通用五菱)、江铃(江铃股份、陆风)、北汽(北汽股份、北汽银翔、昌河)、长安、吉利、比亚迪、东风(东风乘用车、东风小康)、东风日产、奇瑞、江淮、众泰、猎豹、天津一汽、东南、华晨、北汽福田、厦门金龙等

★森萨塔科技(常州)有限公司
地址:江苏省常州市新北区创新大道18号
邮编:213031
电话:0519/85161121
传真:85161233
网址:www.sensata.com
电子信箱:linda-ge@sensata.com
法定代表人:CHANG JING
质量体系:ISO 9001、IATF 16949
产品情况:为汽车和空调市场客户提供专业的传感器和控制器产品和服务

★常州富兴机电有限公司
地址:江苏省常州市新北区昆仑路69号
邮编:213032
电话:0519/85132957
传真:85132956
网址:www.fullingmotor.com
电子信箱:info@fullingmotor.com
法定代表人:王宇飞
质量体系:ISO 9001、IATF 16949
产品情况:专业生产各类混合式步进电动机、直流无刷电动机及相关的驱动器,年生产各类电动机200万台以上,产品广泛应用于自动化、汽车等领域
出口情况:远销美国、德国、瑞士、意大利、法国、俄罗斯等30多个国家和地区

★汉得利(常州)电子股份有限公司
地址:江苏省常州市新区黄河西路199号
邮编:213032
电话:15251937081
网址:www.be-star.com
电子信箱:finance@be-star.com
法定代表人:吴逸飞
质量体系:ISO 9001、IATF 16949
产品情况:主要产品包括传感器、扬声器、蜂鸣器、微型麦克风、受话器、陶瓷元器件等
配套及出口情况:为宝马、奔驰、法拉利、别克、奥迪等多款高端车型生产配套产品;出口北美洲、欧洲、东南亚等地区

★常州通宝光电股份有限公司
地址:江苏省常州市新北区春江镇(圩塘)桃花港路1-1号
邮编:213034
电话:0519/85863456
网址:www.cztbgd.com
电子信箱:tongbao@cztbgd.com
法定代表人:刘国学
质量体系:IATF 16949
产品情况:车用LED模组和车用灯具
配套情况:为国内外多家车灯厂和整车厂配套

★江苏龙城精锻有限公司
地址:江苏省常州市武进高新区龙域西路26号
邮编:213100
电话:0519/68027800
传真:89626713
网址:www.longchengforging.com
电子信箱:contact@longchengforging.com
法定代表人:庄龙兴
质量体系:IATF 16949、ISO 9001
产品情况:汽车发电机精锻爪极、汽车发电机转子、汽车发电机轴、汽车发电机皮带轮、柴油高压共轨燃油喷射系统精锻件等汽车零件
配套及出口情况:汽车发电机爪极主要为法雷奥集团、佩特来电器、雷米国际、日本电装、日本泽藤、伊斯克拉、英格索兰各大跨国汽配生产商配套;海外销售额超过50%

★常州市凯程精密汽车部件有限公司
地址:江苏省常州市武进区横林镇江村东路 4 号
邮编:213101
电话:0519/67898510、18918297889
传真:88491333
网址:www. kcprecision. cn
电子信箱:sales1606@ kcprecision. cn
法定代表人:周姝程
质量体系:IATF 16949
产品情况:汽车电动尾门、电子冷却水泵等汽车产品

★常州市松泽电器有限公司
地址:江苏省常州市武进经济开发区果香路 9 号
邮编:213104
电话:0519/69698599
网址:www. czszdq. com
电子信箱:czszdq@ 126. com
法定代表人:顾千虎
质量体系:IATF 16949
产品情况:(松泽牌)
汽车起动电动机、电磁开关、单向器、定子总成、转子总成等配套部件
配套及出口情况:服务于潍柴、重汽、康明斯、一汽、玉柴、云内、全柴、莱动、朝柴等国内所有柴油发动机厂;远销欧洲、美洲市场

★江苏江南电机有限公司
地址:江苏省常州市横山桥镇五一村
邮编:213119
电话:0519/88610058、88603333
传真:88605288
网址:www. jnmotor. com
电子信箱:jnmotor@ 163. com
法定代表人:梅一峰
质量体系:IATF 16949
产品情况:具有电枢 100 万只、起动机 60 万台、发电机 20 万台的年生产能力
配套及出口情况:为锡柴、一拖、常发、常柴、莱动等多家主机厂配套;远销欧美及东南亚市场

★江苏日盈电子股份有限公司
地址:江苏省常州市武进区横山桥镇芳茂村
邮编:213119
电话:0519/68850588
网址:www. riyingcorp. com
电子信箱:riying@ riyingcorp. com
法定代表人:是蓉珠
单位人数:1200
质量体系:IATF 16949、ISO 14001
产品情况:(日盈牌)
汽车电子、汽车洗涤系统、电线束系统、接插件
配套情况:客户包含奥迪、大众、通用、沃尔沃、大长江、铃木、雅马哈、本田等众多知名品牌

★常州九鼎车业股份有限公司
地址:江苏省常州市新北区高新技术开发区
邮编:213138
电话:0519/83246678、83506528
传真:83245528
网址:www. cn - jiuding. com
电子信箱:sales@ cn - jiuding. com
法定代表人:吕纪坤
质量体系:IATF 16949、ISO 14001
产品情况:(九鼎牌)
汽车灯具
配套及出口情况:为上汽大众、重庆福特、北京奔驰、陆虎捷豹、印尼丰田、印尼本田等配套;出口欧美 20 多个国家

★江苏永明汽车部件有限公司
地址:江苏省常州市新北区孟河镇晨风路 9 号
邮编:213138
电话:0519/83502558、83502058
传真:83241520
网址:www. czyongming. com
电子信箱:ycm@ czyongming. com
法定代表人:叶长明
质量体系:ISO 9001、IATF 16949
产品情况:(明祥牌)
生产汽车、半挂车专用车灯具、注塑(铁制)挡泥板、仪表台、保险杠、中网,年生产汽车、挂车灯具、挡泥板 100 万余台(套)
配套及出口情况:为数百家挂车厂定点配套;半圆挡泥板出口中东、北美洲、东南亚

★常州市五一灯具有限公司
地址:江苏省常州市新北区孟河镇汤家一路 8 号
邮编:213138
电话:0519/83241245
传真:83241141
网址:www. cn - wy. com
电子信箱:contact@ cn - wy. com
法定代表人:汪华生
质量体系:IATF 16949
产品情况:主要产品有各种乘用车、商用车的全套系列灯具、后视镜、软(硬)吸塑仪表台、内顶装饰件、大小应急出口天窗等,有 100 万台(套)的年生产能力
配套及出口情况:乘用车产品主要为北汽、广汽、众泰、吉利新大洋、吉利康迪、重庆力帆、江淮、北京华泰、瑞驰、道爵、敏实、雷丁、河南奔马、宝雅和速派奇等主机厂配套;客车产品主要为厦门金旅、厦门金龙、福田欧辉、江淮、现代、大宇、比亚迪、柳州五菱、一汽、东风、黄海客车、青年尼奥普兰、河南少林等主机厂配套;货车产品主要为北汽福田、中国重汽、湖北齐星、江淮、一汽川专等主机厂配套;工程机械产品类主要为三一重工、柳工、长江起重机等主机厂配套;出口欧洲、美洲、大洋洲、南亚、东南亚、非洲等地区

★常州良盛车业有限公司
地址:江苏省常州市新北区小河通江工业园区
邮编:213138
电话:0519/83241364、13961257518
传真:83246112
电子信箱:cbl66@ 163. com
法定代表人:贾玉琴
质量体系:IATF 16949
产品情况:(LUOLIYA 牌)
汽车灯具、车灯、保险杠、五金件等
配套情况:为中国重汽、北汽福田、重庆力帆、江淮汽车等多家大中型企业配套

★江苏恒力电机集团股份有限公司
地址:江苏省常州市武进经济开发区祥云路 18 号
邮编:213161
电话:0519/86553365、86553373
传真:86552468
电子信箱:jshengdian@ jshengdian. com
法定代表人:周新
质量体系:IATF 16949
产品情况:(武电牌)
起动机、发电机,年产能力 200 万台
配套情况:为锡柴、扬动、上柴、扬柴、常柴等 60 多家主机厂配套

★常州常利来电子有限公司
地址:江苏省常州市牛塘镇湖滨北路 121 号
邮编:213163
电话:0519/86380818、13776822888
传真:86579777
网址:www. fpc - china. com
电子信箱:jfmiao@ fpc - china. com
法定代表人:冯志清
质量体系:IATF 16949、ISO 9001
产品情况:(恒创牌)
各类熔断丝和汽车用柔性印制电路板等
配套及出口情况:为新大洲配套;远销欧洲、美洲等地区

★常州市百信以拓汽车电器系统有限公司
地址:江苏省常州市武进经发区西太湖大道 19 号
邮编:213163
电话:0519/86390677、18651973788
传真:86390683
网址:cz - bx. com
电子信箱:2444979080@ qq. com
法定代表人:杨征宇
质量体系:IATF 16949
产品情况:(百信牌)
起动机、发电机、充电器等汽车电器系统产品
配套情况:为多家大型起动机生产厂配套

★常州易控汽车电子股份有限公司
地址:江苏省常州市科教城科技三号楼D座3楼
邮编:213164
电话:0519/89605000
传真:89605007
网址:www.ectek.com.cn
电子信箱:service@ectek.com.cn
法定代表人:李进
质量体系:ISO 9001、ISO 14001
产品情况:满足国四及以上排放要求的车用柴油机电控系统(含后处理系统)、新能源汽车动力控制、燃料电池控制及关键零部件开发的研发和定型
配套情况:主要客户有一汽、东风、中车、玉柴、云内、陕汽、锡柴、大柴、常柴、全柴、雷沃、北油、重油、南岳电控等厂家

★安费诺(常州)高端连接器有限公司
地址:江苏省常州市武进高新技术开发区凤栖路6号
邮编:213164
电话:0519/88311899、18112312688
网址:www.amphenol.com
电子信箱:grace.zheng@amphenol-tcs.com
法定代表人:Stephen Bradley Dorrough
质量体系:ISO 9001、ISO 14001
产品情况:高密度、高端连接器

★江苏天发动力科技有限公司
地址:江苏省常州市武进区牛塘卢西工业园1-11号
邮编:213168
电话:0519/86355685、86355686
传真:86355860
网址:www.changweichina.com
电子信箱:changwei@changweichina.com
法定代表人:裴亚军
质量体系:IATF 16949、ISO 14001
产品情况:(常威牌)
轿车用永磁行星减速起动机、清洁型柴油轿车用行星减速起动机等各类起动机
配套情况:与吉利集团、力帆汽车、华泰现代、海马汽车、青年汽车、华晨汽车、江铃汽车、东风汽车、中国一拖集团等国内著名的发动机厂商OEM配套

★常州市武起常乐电机有限公司
地址:江苏省常州市礼嘉工业园
邮编:213176
电话:0519/88316558、88230207
传真:88230205
电子信箱:baofang@changlemotor.com
法定代表人:鲍方
质量体系:IATF 16949
产品情况:(常乐牌)
车用电动机,低速电动汽车电动机及控制器

★江苏金榆科技集团有限公司
地址:江苏省常州市金坛区金城镇丹阳门北路张角山8号
邮编:213200
电话:0519/82872879、82850115
传真:82853344、82872877
电子信箱:jyjhlby@aliyun.com
法定代表人:刘昕亮
质量体系:IATF 16949、ISO 9001
产品情况:(金低牌、金互牌、金榆牌)
汽车传感器、防抱死控制系统ABS、ABS线束、ABS电磁阀、汽车行驶记录仪、轮胎压力检测系统TPMS、互感器、轮速传感器等
配套情况:为四川客车、江淮汽车、九龙客车、上汽大众、一汽解放等配套

★江苏凯灵汽车电器有限公司
地址:江苏省金坛市经济开发区金胜路8号
邮编:213200
电话:0519/82317989
传真:82311285
电子信箱:jskldq@126.com
法定代表人:徐福芳
质量体系:IATF 16949
产品情况:(凯灵牌)
具有200万台JK系列汽车组合开关、300万只DL系列电喇叭、100万套汽车门锁点火锁及百余种汽车电器零配件的年生产能力
配套情况:主要客户有一汽、东风、奇瑞、江淮、长安、重汽、福田等几十家汽车制造厂

★欧司朗光电半导体(中国)有限公司
地址:江苏省无锡市新区锡勤路57号
邮编:214000
电话:0510/81908190
网址:www.osram.com.cn
电子信箱:jie.yang@osram-os.com
法定代表人:LIM KHOON TECK
质量体系:IATF 16949
产品情况:产品组合包括面向汽车照明、普通照明等应用的高性能发光二极管(LED)、指示灯用微型LED以及红外发光二极管(IRED)、半导体激光器和检测器

★康奈可科技(无锡)有限公司
地址:江苏省无锡市出口加工区J4号地块
邮编:214028
电话:0510/66617200、66617212
网址:www.calsonickansei.co.jp
电子信箱:yuqian_sun@ck-mail.com
法定代表人:HOMMEL AYMERIC LAURENT
质量体系:ISO 14001、IATF 16949
产品情况:空调用电动机执行器、鼓风电动机、仪表用步进电动机
出口情况:产品100%出口

★无锡电装汽车部件有限公司
地址:江苏省无锡市国家高新技术产业开发区梅育路97号
邮编:214028
电话:0510/88156611
传真:88153250
网址:www.denso.com.cn
法定代表人:向井康(MUKAI YASUSHI)
质量体系:IATF 16949、ISO 14001
产品情况:点火线圈
配套情况:为丰田、本田、马自达等厂商配套

★电装天电子(无锡)有限公司
地址:江苏省无锡市国家高新技术产业开发区新华路19号
邮编:214028
电话:0510/88662288、88662688
传真:88662233
网址:www.fujitsu.com
电子信箱:jie.zhang@denso-ten.com
法定代表人:深津顺康(FUKATSU YORIYASU)
质量体系:ISO 9001、IATF 16949
产品情况:汽车导航仪等车载电子设备

★无锡阿尔卑斯电子有限公司
地址:江苏省无锡市新加坡工业园行创4路5号
邮编:214028
电话:0510/85281211
传真:85280311
网址:www.alps.com
电子信箱:fan.yang@cn.alps.com
法定代表人:今井正志(IMAI MASASHI)
质量体系:ISO 9001、IATF 16949
产品情况:(ALPS牌)
电子开关、数码通信储存卡连接器等

★无锡晶晟科技股份有限公司
地址:江苏省无锡市新区汉江路9号
邮编:214028
电话:0510/85229588、18168898790
传真:85226658
网址:www.wxjewel.com
法定代表人:冯科杰
质量体系:ISO 9001、IATF 16949
产品情况:(晶晟牌)
各类车载电磁线圈和电磁阀、车用传感器、电子加速踏板等产品
配套情况:与国内外著名汽车制造商建立紧密的合作关系

★艾默林汽车活动组件(无锡)有限公司
地址:江苏省无锡市新区新锦路2号
邮编:214028
电话:0510/68783588
传真:68783595
网址:www.aml-systems.com
电子信箱:jingyu.zhang@aml-systems.com

法定代表人:叶润强
质量体系:IATF 16949、ISO 14001
产品情况:汽车前照灯调光执行器、拉线式调节器、自适应型光照明系统和弯道辅助照明调节器等
配套情况:客户涵盖大多知名汽车品牌(包括宝马、奥迪、大众、福特、通用、长城等)及国内外车灯品牌(法雷奥、星宇、长城汽车车灯、小糸、海拉、马瑞利、伟瑞柯车灯等)

★无锡莱顿电子有限公司
地址:江苏省无锡市滨湖区十八湾路288号湖景科技园19号
邮编:214064
电话:0510/85501808
网址:www.trensor.com
电子信箱:company@trensor.com.cn
法定代表人:周敬训
质量体系:IATF 16949
产品情况:敏感芯片、传感器等高技术产品

★无锡创维彩登科技有限公司
地址:江苏省无锡市滨湖区胡埭工业园西拓区科创四路8号
邮编:214073
电话:0510/85130078
传真:85130378
网址:www.tridentchina.com
电子信箱:manager@tridentchina.com
法定代表人:刘国路
质量体系:IATF 16949、ISO 9001
产品情况:汽车收放机、倒车雷达、GPS导航、汽车发动机整车线束、智能后视镜等,汽车音响年产能20万台,汽车整车线束产能达到20万套以上
配套情况:为一汽、江苏友谊汽车、北汽福田、北奔重汽、广汽三菱、奇瑞汽车、长城汽车、上海万丰等配套

★无锡法雷奥汽车零配件系统有限公司
地址:江苏省无锡市锡山经济技术开发区春晖东路28号
邮编:214101
电话:0510/68559669
网址:www.valeo.com.cn
电子信箱:yan.yin@valeo.com
法定代表人:FRANCOIS ANTOINE JACQUES MARION
质量体系:IATF 16949、ISO 14001
产品情况:用于发动机的传感器、执行器以及控制器

★无锡鑫宏业线缆科技股份有限公司
地址:江苏省无锡市锡山区合心路17号
邮编:214101
电话:0510/68780888
传真:68780858
网址:www.xhycable.com
电子信箱:sales@xhycable.com
法定代表人:卜晓华
质量体系:IATF 16949、ISO 9001
产品情况:电气设备连接线、光伏线、汽车线、新能源汽车车内高压动力连接线缆、充电桩线缆、机车车辆配线、高品质电动机绕组线等各种特种电线电缆及线束组件加工

★无锡爱邦辐射技术有限公司
地址:江苏省无锡市钱桥配套园区伟业路8号
邮编:214151
电话:0510/83700387、15371089978
网址:www.elpont.net
电子信箱:sales@elpont.net
法定代表人:张宇蔚
质量体系:ISO 9001
产品情况:各种耐温系列绝缘电线

★无锡金阳电机有限公司
地址:江苏省无锡市沪宁高速九号道口玉祁镇
邮编:214183
电话:0510/83887209、83882811
传真:83881108
电子信箱:wuxi.jy@pub.wx.jsinfo.net
法定代表人:陈彬生
质量体系:IATF 16949
产品情况:(金阳牌)
汽车起动机、起动机电枢、定子、线圈、电磁开关等;主要系列有博世、法雷奥、福特、日野、日立、日本电装、三菱等,适用于奔驰、宝马、雷诺、标致、雪铁龙、欧宝、福特、丰田、五十铃、三菱、现代等车型
配套及出口情况:为哈尔滨东安、柳州五菱等几家主机发动机厂配套;出口美国、东南亚、欧洲等国家和地区

★无锡市闽仙汽车电器有限公司
地址:江苏省无锡市惠山区玉祁镇工业园祁达路8号
邮编:214183
电话:0510/83890666
传真:83897859
网址:www.minxian.com
电子信箱:mx@minxian.com
法定代表人:叶龙贵
质量体系:IATF 16949
产品情况:(闽仙牌)
具备年产起动机和发电机各110万台的能力
配套及出口情况:为无锡柴油机厂、新昌柴油机厂、云内动力、全柴动力、玉柴动力等配套;远销日本、东南亚、东欧等国家和地区

★无锡市华星汽车电器有限公司
地址:江苏省无锡市玉祁镇开发区祁北路
邮编:214183
电话:0510/83333273、15052210228
传真:83332523
网址:www.hxaep.com
电子信箱:shenjian10000@163.com
法定代表人:沈建芬
质量体系:IATF 16949
产品情况:(锡星牌)
已形成年产起动机30万台,电磁开关150万只的生产能力
配套及出口情况:为广西玉柴动力、上海法雷奥汽车电器系统、深圳(长春)依斯克拉汽车电器、江苏恒力集团、浙江松田集团、浙江博宇(钜翔)、江苏江动集团等配套;远销日本、美国、德国、俄罗斯、伊朗、巴西、墨西哥、马来西亚、阿尔及利亚、迪拜、土耳其、新加坡等国家和地区,并销往中国台湾地区

★无锡市神力齿轮冷挤有限公司
地址:江苏省无锡市东港镇东升工业区
邮编:214196
电话:0510/88792342、88797480
传真:88790989
网址:www.wuxishenli.com
电子信箱:zgl@wuxishenli.com
法定代表人:王新民
质量体系:IATF 16949
产品情况:(ZGL牌)
汽车、内燃机用起动电动机单向离合器,发电机超越皮带轮,座椅调节器齿轮,年产量超过500万只
配套及出口情况:50%的产品与国内OE配套,有东方康明斯、北汽康明斯、重汽杭发、潍柴、锡柴、玉柴、朝柴、江铃、庆铃、上汽、海马、吉利、力帆等企业;50%的产品出口美洲、欧洲、东南亚等几十个国家和地区,其中有15%的出口产品与国外OE配套

★无锡共成控制线有限公司
地址:江苏省江阴市长泾镇共青路17号
邮编:214411
电话:0510/86316051、86316052
传真:86304048
网址:www.wks-cn.com
电子信箱:wys@wks-cn.com
法定代表人:李文义
质量体系:IATF 16949、ISO 14001
产品情况:主要生产汽车、自行车、农林机械等车辆用控制拉索及相关配件;年产套管5000万米、拉线8000万条、铝合金产品1000万件
配套及出口情况:为上汽大众、一汽-大众、长安福特、长安马自达、一汽海马等配套;与全球汽车零部件百强企业麦格纳、日立、博泽、松下、安通林、恩坦华等配套

★中臻工业有限公司
地址:江苏省江阴市长泾镇云顾路
邮编:214411
电话:0510/86313083、86304888
传真:86313000、86308388
网址:www.zhong-zhen.com
电子信箱:info@chinaxsj.com

法定代表人:李东升
质量体系:IATF 16949
产品情况:(新索王牌、金索王牌、索王牌、劲索王牌)
控制拉索总成、三套管、双丝管、全自动数控金属绕管机、拉索行业非标件
配套情况:已成为通用、福特、雷诺、铃木、青年莲花等品牌的配套厂商

★江苏富天江电子电器有限公司
地址:江苏省靖江市江洲路8号
邮编:214500
电话:0523/84807819
网址:www.fgls.com.cn
法定代表人:饭岛洋
质量体系:ISO 9001、ISO 14001
产品情况:各种直流无刷电动机和交流变频电动机及相关电子元器件,拥有年产各类电动机500万台的生产能力

★江苏晨阳电光源有限公司
地址:江苏省靖江市公所桥街71号
邮编:214527
电话:0523/84611162、84611846
传真:84613710
电子信箱:chengyang_gy@163.com
法定代表人:沈谦益
质量体系:ISO 9001
产品情况:(晨阳牌)
道路机动车辆用灯泡、LED道路照明、LED室内照明、LED景观照明、LED机动车灯
配套及出口情况:为浙江嘉利、重庆秦川、上海小糸、南宁燎旺、重庆金科等国内主机厂配套;出口巴西、阿根廷、德国、美国等国家

★苏州住立精工有限公司
地址:江苏省苏州市工业园区星龙街汀兰巷48号
邮编:215000
电话:0512/62831110
传真:62831112
电子信箱:sales@jinggongah.com
法定代表人:蔡上民(TSAI SHANG-MING)
质量体系:IATF 16949、ISO 9001
产品情况:主要从事半导体用引线架、电子部品用引线架的生产

★苏州工业园区福特斯汽车电子有限公司
地址:江苏省苏州市工业园区中新科技城展业路2号
邮编:215000
电话:0512/87187777
传真:82175006
网址:www.volkse.com
电子信箱:info@volkse.com
法定代表人:陈荣浪
质量体系:IATF 16949、ISO 14001
产品情况:(Volkse牌)
汽车、摩托车氧传感器
配套及出口情况:为多家汽车制造商、电喷摩托车系统厂家配套;出口欧美和东南亚

★苏州奥易克斯汽车电子有限公司
地址:江苏省苏州市吴江市联杨路139号清华苏州汽车产业园7幢汽车电子系统检测中心二楼
邮编:215000
电话:0512/63029932
网址:www.aecs-auto.com
电子信箱:aecs@aecs-auto.com
法定代表人:于树怀
质量体系:IATF 16949、ISO 14001
产品情况:节气门、电子节气门体、电子点火器、燃气转换开关、氧传感器等发动机电控产品,涵盖汽油发动机和双燃料发动机;并拥有纯电动车整车电控技术、增程式电动车增程器电控技术、48V弱混系统电控技术和插电混合动力汽车整车电控技术等主流的新能源汽车电控技术
配套情况:客户包括一汽、上汽、江淮、柳机、东风等国内知名汽车厂商

★共成(苏州)交通器材有限公司
地址:江苏省苏州市工业园区苏虹西路289号
邮编:215021
电话:0512/68733001
传真:68733185
网址:www.wks-cn.com
法定代表人:李文义
质量体系:ISO 14001、IATF 16949
产品情况:主要生产汽车拉索
配套情况:为巴兹(西班牙)、凯毅德(常熟)、恩坦华(上海)、凯毅德(墨西哥)、博泽(长春)、凯毅德(郑州)、博泽(太仓)、恩坦华(罗马尼亚)、麦格纳等配套

★苏州驶安特汽车电子有限公司
地址:江苏省苏州市工业园区杨泰路娄葑创投工业坊36栋
邮编:215021
电话:0512/62805858
传真:67900173
网址:www.sate.com.cn
电子信箱:sate@sate.com.cn
法定代表人:窦晓东
质量体系:IATF 16949、ISO 14001
产品情况:TPMS等汽车功能性电子产品
配套情况:为国内外轿车、客车、货车、摩托车、工程机械等各类车辆的生产企业提供OEM用TPMS组件或全套产品

★艾克希电子(苏州)有限公司
地址:江苏省苏州工业园区星龙街428号苏春工业坊13C,13D
邮编:215024
电话:0512/69565712
网址:www.pkcgroup.cn
电子信箱:ashley.liu@enics.com
法定代表人:PETRI ILMARI HELIN
单位人数:430
质量体系:ISO 9001
产品情况:商用车及其他交通运输设备用线束、电气盒、专用线缆和其他相关零部件

★苏州汽车电器制造有限公司
地址:江苏省苏州市虎丘路66号
邮编:215100
电话:0512/65576698、65332923
传真:65577066
电子信箱:daiguangwei@auto-electric.cn
法定代表人:戴光炜
质量体系:IATF 16949、QS 9000
产品情况:(里程牌)
车用仪表线路板、转向灯线路板、各类数显式电子钟、车用控制器盒等
配套情况:为东风汽车公司、一汽集团、重汽集团、上汽、南京汽车集团、北汽集团、郑州宇通、金龙等配套

★苏州丰安机电有限公司
地址:江苏省苏州工业园区葑亭大道598号2#厂房
邮编:215122
电话:0512/62749127、62749105
传真:62742889
电子信箱:jh9859@hanmail.net
法定代表人:李东朝
质量体系:IATF 16949
产品情况:汽车用模具、汽车电子装置系统(车身电子控制系统)、汽车关键零部件(电动助力转向系统)、汽车用仪表盘开关、汽车用锁具及上述产品的相关零部件、电子调节装置、接插件以及相关模具和零部件

★苏州工业园区安固电器有限公司
地址:江苏省苏州市工业园区东旺路6号
邮编:215123
电话:0512/62653559、62653699
传真:67414881
网址:www.angu.com
电子信箱:angu@angu.com
法定代表人:陈峰
单位人数:600
质量体系:IATF 16949、ISO 9001
产品情况:(AG牌)
汽车高速电动机换向器产品
出口情况:产品55%出口美洲、欧洲、东南亚,并销往中国香港、中国台湾地区

★苏州瑞延电子科技有限公司
地址:江苏省苏州市吴中郭巷善兴路185号
邮编:215124
电话:0512/69381829、65966881
传真:65966885
电子信箱:szhc@sz-hc.com.cn
法定代表人:申载日

质量体系:IATF 16949、ISO 14001
产品情况:汽车用组合开关、车窗升降开关及其他各类开关、锁匙总体、电子控制系统及相关零部件
配套及出口情况:为北京现代、东风悦达起亚、上汽大众、烟台通用供货;部分产品出口

★爱乐联接(苏州)有限公司
地址:江苏省苏州工业园区长阳街9号P厂房
邮编:215126
电话:0512/62991800
传真:62991840
网址:www.eracontact.com
电子信箱:sales@era-ct.com
法定代表人:Erich Aichele
质量体系:IATF 16949、ISO 9001
产品情况:(BREMI牌)
线束、铝制蓄电池线、火花塞、电动汽车高压线束
配套情况:为一汽-大众、上汽大众一级供应商等配套

★安波福电子(苏州)有限公司
地址:江苏省苏州市工业园区长阳街123号
邮编:215126
电话:0512/62831888、62636440
传真:62836306
电子信箱:recruit.sz@delphi.com
法定代表人:王展
质量体系:QS 9000、IATF 16949
产品情况:音响、动力总成及安全系统等多种高科技汽车电子设备
配套情况:为上汽大众、上汽通用、一汽集团、一汽-大众配套

★日立汽车系统(苏州)有限公司
地址:江苏省苏州市工业园区星龙街255号
邮编:215126
电话:0512/62833600
传真:62833700
网址:www.hitachi.com.cn
法定代表人:僧伟利
质量体系:IATF 16949、ISO 14001
产品情况:高效率发动机控制系统及其关联部件、汽车电子控制产品

★伟创力电子电气(苏州)有限公司
地址:江苏省苏州市工业园兴浦路333号现代工业坊2号厂房
邮编:215126
电话:0512/62871500
传真:62871501
电子信箱:szsales@saturnee.com
法定代表人:TAN KWANG HOOI
质量体系:ISO 14001
产品情况:电子液压控制设备(电磁阀)、电子产品、线束
配套情况:为克莱斯勒、福特、通用汽车配套

★埃比电子传感器(苏州)有限公司
地址:江苏省苏州高新区华山路158-24号
邮编:215129
电话:0512/66611004、13338663828
电子信箱:cathy.chen@abelektronik.com
法定代表人:Evan Meyer Slavitt
质量体系:IATF 16949、ISO 14001
产品情况:车身电子控制系统等汽车电子装置,传感器等新型电子元器件及相关产品
配套情况:与宝马、奔驰、大众、波音等有良好的合作关系,解决其在传感器方面的需求

★苏州仪元科技有限公司
地址:江苏省苏州市高新区嵩山路143号
邮编:215129
电话:0512/66900980、66900981
传真:65118341
网址:www.sie.com.cn
电子信箱:wangchunxiao@sie.com.cn
法定代表人:王尚勇
质量体系:ISO 14001、IATF 16949
产品情况:(XINGLIAN牌)
柔性印制线路板、接插元件、开关
配套情况:与日本Panasonic,Sony,Murata,Stanley,Hitachi,Rohm,Toshiba等企业以及欧美Honeywell,Philip,Amphenol,GE等国际知名公司有多年的合作关系

★苏州上声电子股份有限公司
地址:江苏省苏州市相城区元和科技园中创路333号
邮编:215133
电话:0512/65795888
传真:65795999
网址:www.chinasonavox.com
法定代表人:周建明
质量体系:IATF 16949、ISO 14001
产品情况:专业从事汽车扬声器、汽车音响系统及相关电子等产品
配套情况:为上汽大众、南京依维柯、上汽通用、北京奔驰、江铃汽车、长安汽车、天津一汽夏利、法国雷诺、意大利菲亚特等配套

★苏州住电装有限公司
地址:江苏省苏州市相城区潘阳工业园春秋路15号
邮编:215143
电话:0512/65710060、65718111
传真:65710065、65710035
电子信箱:pei-ding@gate.sws.co.jp
法定代表人:松冈充彦
质量体系:ISO 9001、IATF 16949
产品情况:汽车线束、机电用线束
配套情况:为日本丰田、日本本田、日本马自达、美国通用供货

★苏州长风航空电子有限公司
地址:江苏省苏州市高新区建林路379号
邮编:215151
电话:0512/69586666
传真:67533266
法定代表人:李伟
质量体系:ISO 14001、ISO 9001
产品情况:全液晶组合仪表、车身控制器、中控信息与娱乐系统中的系列产品

★日立电线(苏州)有限公司
地址:江苏省苏州市吴中区胥口镇胥江工业园时进路558号
邮编:215164
电话:0512/66210777、66213333
传真:66216788、66216667
网址:www.hitachi.com.cn
法定代表人:园山正树
质量体系:IATF 16949、ISO 9001
产品情况:精密生产仪器内部使用的电线、电缆,用于汽车等行业

★崇德碳技术(苏州)有限公司
地址:江苏省苏州市吴江区经济技术开发区潘龙路389号
邮编:215200
电话:0512/63198098
网址:www.schunkchina.com
电子信箱:scc@schunkchina.com
法定代表人:DR. ARNO PETER ROTH
质量体系:ISO 9001、IATF 16949
产品情况:为电流传输以及高摩擦载荷滑动轴承及密封元件提供碳石墨、石墨及碳化硅制成的部件,用于电动汽车等领域

★苏州波特尼电气系统有限公司
地址:江苏省苏州市吴江区芦墟镇临沪大道
邮编:215211
电话:0512/63259861
传真:63259867
网址:www.sws.co.jp
法定代表人:卡斯滕·舒尔泽(CARSTEN SCHULZE)
质量体系:ISO 9001、IATF 16949
产品情况:电子线束、组合仪表、车用电子设备系统
配套情况:为德国大众、上汽大众供货

★苏州天浩汽车科技股份有限公司
地址:江苏省苏州市吴江区同里镇屯村东路181号
邮编:215216
电话:0512/63377666
传真:63377555
网址:www.tnho-auto.com
电子信箱:doris.lznf@outlook.com
法定代表人:郑坚
质量体系:IATF 16949
产品情况:(LZNF牌)
主营汽车OEM电子零部件等,主

要产品有汽油发动机管理系统(电子控制单元ECU、防盗控制系统、传感器、执行器等相关部件)、BCM、PEPS系统、远程信息处理系统TELEMATICS、CNG部件(电子控制单元ECU、点火提前器、仿真器和转换开关等)
出口情况:远销南美洲、中东、东南亚、非洲的多个国家和地区

★欧司朗彩显特种光源(昆山)有限公司
地址:江苏省昆山开发区综合保税区外河泾路199号6号房2楼
邮编:215300
电话:0512/83632600
传真:83632500
网址:www.osram.com.cn
法定代表人:DR. MUELLER ROLAND
质量体系:IATF 16949
产品情况:(OSRAM牌)
主要从事汽车等行业的各类专业电光源产品、LED灯具及相关模组

★昆山中发六和机械有限公司
地址:江苏省昆山市出口加工区B区中央大道288号
邮编:215300
电话:0512/57712830
传真:57717701
网址:www.chkk.co.jp
法定代表人:宗绪顺
单位人数:288
质量体系:ISO 14001、ISO 9001
产品情况:汽车用控制线缆

★帝宝交通器材(昆山)有限公司
地址:江苏省昆山市虹桥路1185号
邮编:215300
电话:0512/57755678
传真:57755658
电子信箱:depo@vip.163.com
法定代表人:许叙轩
质量体系:IATF 16949、ISO 14001
产品情况:汽车灯具
配套情况:为一汽海马、东南汽车、厦门金龙、一汽通用红塔云南、东风柳汽、江西五十铃、长城汽车、克莱斯勒等供货

★昆山沃京电子有限公司
地址:江苏省昆山市经济开发区洪湖路186号
邮编:215300
电话:0512/57815677
传真:57815699
网址:www.working-e.com
电子信箱:wjg@working-e.com
法定代表人:王金革
质量体系:IATF 16949
产品情况:主要产品有电动工具开关、汽车开关、汽车线束、汽车内饰及内饰灯
配套情况:是德尔福、联合电子、延锋江森、德朔实业、德国德马格、格拉默等企业的长期战略合作伙伴

★昆山凯迪汽车电器有限公司
地址:江苏省昆山市青阳支路100号
邮编:215300
电话:0512/55122888、55162303
传真:55161599
网址:www.cadic.com.cn
电子信箱:cadic@cadic.com.cn
法定代表人:厉自强
单位人数:370
质量体系:ISO 14001、IATF 16949
产品情况:(Cadic牌)
汽车点火线圈等,年产能600万只
出口情况:90%的产品出口,出口欧洲、美洲、东南亚

★江苏正通电子股份有限公司
地址:江苏省昆山市新镇路10号
邮编:215300
电话:0512/36885550
传真:36885551
网址:www.zento.cn
法定代表人:黄道铭
质量体系:IATF 16949、ISO 14001
产品情况:车用开关、接插件、线束、精密塑料件、钣金件、镶件等产品
配套情况:成为数家知名企业的车用部件与零配件供应商

★同致电子科技(昆山)有限公司
地址:江苏省昆山市玉山镇晨丰路8号
邮编:215300
电话:0512/57268188
传真:57268185
网址:www.tungthih.com
法定代表人:陈信忠
质量体系:IATF 16949、ISO 14001
产品情况:主要生产倒车雷达、车用摄像头、车身控制系统、胎压侦测系统、智能车内后视镜、自动泊车系统等汽车专业电子产品
配套情况:为上汽通用、上汽大众、东风日产、奇瑞等国内外多家汽车生产厂家的配套

★昆山三多乐电子有限公司
地址:江苏省昆山市张浦镇滨江北路358号
邮编:215300
电话:0512/82089008
传真:82089000
网址:www.ks-santohno.com
法定代表人:张宏伟
单位人数:190
质量体系:IATF 16949、ISO 9001
产品情况:主要生产精密注塑齿轮、汽车注塑零部件、机能组装零部件、精密插件成形品、精密模具等
配套情况:与国际知名企业建立了长期友好的合作关系,如RICOH、KOITO、丰田等

★江苏火凤凰线缆系统技术股份有限公司
地址:江苏省昆山市张浦镇振新东路535号
邮编:215321
电话:0512/57274111
传真:57274000
网址:www.f-phoenix.com
电子信箱:phoenix@f-phoenix.com
法定代表人:蔡瑞孟
质量体系:IATF 16949、ISO 9001
产品情况:(FPK牌)
车用总线系列线缆,电子电动机引出系列线缆,汽车传感器系列线缆等

★仁仁电机有限公司
地址:江苏省昆山市南港镇增光路1号
邮编:215326
电话:0512/57421126
传真:57423540
电子信箱:kszjy@126.com
法定代表人:胡幼敏
质量体系:ISO 9001
产品情况:(LIKW牌)
汽车、机车类发电机、起动电动机总成及零部件
配套情况:为上汽通用、长安福特、长安马自达等配套

★太仓阿尔派电子有限公司
地址:江苏省太仓经济开发区广州西路1号
邮编:215400
电话:0512/53568111
传真:53568112
网址:www.alpine.com
法定代表人:佐久间隆(SAKUMA TAKASHI)
质量体系:IATF 16949、ISO 14001
产品情况:(ALPINE牌)
汽车通信导航设备及汽车音响
配套及出口情况:为福特、克莱斯勒、奔驰、宝马、本田等配套;出口日本、泰国、马来西亚、美国、德国、墨西哥等国家

★凡甲电子(苏州)有限公司
地址:江苏省太仓市沙溪镇长富工业园区
邮编:215400
电话:0512/53290598
传真:53290599
网址:www.otop.com.tw
电子信箱:sales@otop.com.tw
法定代表人:游万益
单位人数:1000
质量体系:IATF 16949、ISO 9001
产品情况:各种电子连接器及其零组件
配套情况:主要客户有广达、仁宝、纬创、英业达、三星、SONY、比亚迪等

★苏州扬信德汽车零部件有限公司
地址:江苏省太仓市双凤镇维新村温州工业园
邮编:215400

电话:0512/53557777
传真:53435866
网址:www.yasid.com.cn
电子信箱:guchunyan-001@163.com
法定代表人:戴新弟
质量体系:IATF 16949、ISO 14001
产品情况:(扬信德牌、森森牌)
专业生产汽车组合开关、点火开关、翘板开关、电动燃油泵
配套及出口情况:与中国一汽旗下四大公司、长安、东风、陕西重汽、福田汽车等26家汽车生产厂家配套;远销美国、德国、英国、澳大利亚、意大利、南非、巴西、墨西哥、阿根廷、土耳其、东南亚等国家和地区,并销往中国台湾地区

★江苏车视杰电子有限公司
地址:江苏省太仓市中市南路1号
邮编:215400
电话:13913575630
网址:www.jeacar.com
电子信箱:79768061@qq.com
法定代表人:罗健刚
单位人数:184
质量体系:IATF 16949、ISO 14001
产品情况:(JEACAR牌)
主要生产汽车多媒体影音导航系列产品:蓝牙、车载DVD、GPS、无碟多媒体、倒车后视、移动数字电视、实时路况信息导航与动态信息服务系统

★合兴汽车电子(太仓)有限公司
地址:江苏省太仓市广州东路117号
邮编:215413
电话:0512/33066711
网址:www.cwb.com.cn
法定代表人:陈文葆
质量体系:IATF 16949
产品情况:汽车电器电子、电子连接器,终端低压电器及配件

★马勒电驱动(太仓)有限公司
地址:江苏省太仓市双凤镇瓯江路11号
邮编:215415
电话:0512/81606888
传真:81607799
网址:www.letrika.com
法定代表人:BREZIGAR MATJAZ
质量体系:IATF 16949、ISO 14001
产品情况:起动机、发电机、直流电动机、交流电动机及控制系统等

★苏州东南碳制品有限公司
地址:江苏省太仓市双凤富豪经济开发区
邮编:215416
电话:0512/81611111、81611125
传真:81611112
电子信箱:donon@donon.com.cn
法定代表人:朱约辉
质量体系:IATF 16949、ISO 14001
产品情况:炭刷、炭刷架,年产1.6亿只炭刷和1600万套炭刷架总成
配套及出口情况:是日本本田、日本五十铃、欧洲依斯克拉、一汽-大众、东风、重汽等国内外知名企业的主要供应商;远销美国、日本、欧洲、东南亚等国家和地区

★常熟特殊陶业有限公司
地址:江苏省常熟经济技术开发区兴华港区大道8号
邮编:215500
电话:0512/52260700
网址:www.ngkntk.com.cn
电子信箱:chenyuemin@cn.ngkntk.com
法定代表人:IWAYA MASAKI(岩谷雅树)
单位人数:156
质量体系:IATF 16949、ISO 14001
产品情况:氧传感器和其他传感器

★太平洋汽车部件科技(常熟)有限公司
地址:江苏省常熟经济技术开发区万福路7号
邮编:215500
电话:0512/52019512
传真:52019511
网址:www.pacific-ind.co.jp
法定代表人:SHIRATA TAKAYUKI(白田隆幸)
质量体系:ISO 9001
产品情况:汽车轮胎气压监测系统(TPMS)及汽车零部件

★常熟住电装汽车部品有限公司
地址:江苏省常熟市东南经济开发区东南大道86号
邮编:215500
电话:0512/51937588
传真:51937577
网址:www.sws.co.jp
法定代表人:OKADA HAJIME(冈田肇)
单位人数:300
质量体系:ISO 14001、IATF 16949
产品情况:汽车电子系统零部件(线束用连接器)及模具

★常熟林芝电子技术有限公司
地址:江苏省常熟市方桥路18号正发工业园
邮编:215500
电话:0512/52842666
网址:www.leeshr.com
电子信箱:sale@leeshr.com
法定代表人:何正安
单位人数:130
质量体系:IATF 16949
产品情况:(林芝牌)
主要生产各种规格汽车卤素灯泡及LED
配套及出口情况:主要合作伙伴包括北京汽车、陕汽集团、博世、PHILIPS等;大多数产品出口到包括欧洲及美国在内的数十个国家和地区

★柏科(常熟)电机有限公司
地址:江苏省常熟市海虞镇人民北路虞泰路2号
邮编:215500
电话:0512/52840501、52843182
传真:52848378
电子信箱:luisteng@pico.com.cn
法定代表人:滕国平
质量体系:IATF 16949
产品情况:年生产再制造汽车电动机30万台,主要产品有通用车上的发电机及起动机,有Delco系列、Ford系列;日本车上用的发电机及起动机,有三菱系列、日本电装系列及各种欧洲车上用的发电机及起动机

★奕东电子(常熟)有限公司
地址:江苏省常熟市董浜镇华烨大道48号
邮编:215535
电话:0512/52681999
传真:52684188
网址:www.yidong.com.cn
电子信箱:zym@yidong.com.cn
法定代表人:饶辉志
质量体系:IATF 16949、ISO 9001
产品情况:主要产品有液晶显示屏端子、混合集成电路端子、各类连接器端子、集成电路引线框架、通信用铁壳类产品、各类手持设备配件、汽车电子金属配件、液晶显示模块铁框、LED导光板、背光源、精密模具等
出口情况:远销日本、德国、新加坡等国家,并销往中国香港、中国台湾地区

★常熟银羊电子有限公司
地址:江苏省常熟市支塘镇任阳中兴北路2号
邮编:215539
电话:0512/52585949
传真:52581500
网址:www.china-yinyang.com
电子信箱:sales@china-yinyang.com
法定代表人:陈必亮
单位人数:580
质量体系:ISO 14001、IATF 16949
产品情况:(银羊牌)
汽车点火线圈、回扫变压器、LED照明产品等
出口情况:产品以外销为主

★日立汽车系统(常熟)有限公司
地址:江苏省常熟市尚湖镇鸳鸯桥工业园
邮编:215551
电话:0512/52429277
传真:52429276
网址:www.hitachi.com.cn
法定代表人:僧伟利
质量体系:ISO 14001、IATF 16949
产品情况:专业生产汽车点火线圈
配套情况:为丰田、尼桑、马自达、通用、福特等供货

★张家港市华天电子科技有限公司
地址:江苏省张家港市乐余镇乐丰路99号
邮编:215621
电话:0512/58662001、18921951599
传真:58662201
电子信箱:zjght@ vip. sohu. com
法定代表人:盛春
质量体系:IATF 16949、ISO 9001
产品情况:电子路牌、电脑语音报站器、车载显示屏、电子导向牌、投币机、车载监视器、3G硬盘监控等公交智能化系列产品

★张家港市神光汽摩零配件制造有限公司
地址:江苏省张家港市锦丰镇杨锦路2号
邮编:215625
电话:0512/58561701、58562517
传真:58562517
电子信箱:yangguanming@ sgqm. com
法定代表人:徐正洪
质量体系:IATF 16949
产品情况:(神光牌、郁桥牌)
火花塞,年产1500万只;镍－铜复合中心电极,年产1亿支
配套及出口情况:为南京华德火花塞、株洲火花塞配套;出口中东、东南亚等地区

★江苏天宝汽车电子有限公司
地址:江苏省徐州经济技术开发区凤凰大道19号
邮编:221000
电话:0516/80567200
传真:87731170
网址:www. toppower. com
法定代表人:倪嘉文
质量体系:IATF 16949、ISO 14001
产品情况:(天宝牌)
CD机、导航、车载收音机、汽车报警器
配套及出口情况:为国内上汽大众、上汽通用、上汽乘用车、奇瑞等多家整车厂配套;部分产品远销美国、东南亚等国家和地区

★徐州华夏电子有限公司
地址:江苏省徐州市同山新区钱江路1号
邮编:221003
电话:0516/87370981、87370985
传真:87371001
网址:www. hxh. js. cn
电子信箱:yq@ hxh. js. cn
法定代表人:窦月涛
质量体系:IATF 16949、ISO 14001
产品情况:汽车接插件、电子线束、汽车天线、精密五金冲压件、注塑件等
配套及出口情况:为上汽通用、上汽大众、一汽-大众、奇瑞、福特等配套;出口欧洲、东南亚等地区

★徐州翔跃电子有限公司
地址:江苏省徐州市金山桥开发区庙山路11号
邮编:221004
电话:0516/85539800
传真:85539805
网址:www. wi－tek. com. cn
电子信箱:wi－tek@ vip. 163. com
法定代表人:梁金中
质量体系:ISO 14001、IATF 16949
产品情况:生产电压调节器及车用整流桥等产品

★江苏云意电气股份有限公司
地址:江苏省徐州市铜山区黄山路26号
邮编:221116
电话:0516/83913026
传真:83507801
网址:www. yunyi－china. com
电子信箱:yunyixz@ yunyi－china. cn
法定代表人:付红玲
质量体系:IATF 16949、ISO 14001
产品情况:车用整流器和调节器等汽车电子产品

★淮海机电科技股份有限公司
地址:江苏省徐州市铜山新区北京南路166号
邮编:221116
电话:0516/61210569、85756761
传真:85853335、83916079
电子信箱:hhzyjd@ hhzyjd. com
法定代表人:安继文
质量体系:ISO 9001
产品情况:电动车电动机、微型直流电动机、汽车空调用电动机、汽车用冷凝扇和吹风机等系列产品
配套及出口情况:为主要汽车厂、电动自行车厂配套;出口美国、东南亚、澳大利亚

★江苏奥尼克电气股份有限公司
地址:江苏省徐州市徐州工业园区大吴锦程工业园6号
邮编:221132
电话:0516/87238998、87239268
网址:www. autonic. cn
电子信箱:sale1@ autonic. cn、
法定代表人:张晓民
单位人数:120
质量体系:IATF 16949
产品情况:(ANC牌、AUTONIC牌)
汽车整流桥、电子调节器

★江苏建威电子科技有限公司
地址:江苏省徐州市睢宁西关开发区前进路99号
邮编:221200
电话:0516/88365529、15062035213
传真:88365519
电子信箱:jwdz@ jsjwdz. com
法定代表人:张宇侠
质量体系:IATF 16949
产品情况:汽车整流器

★大陆汽车电子(连云港)有限公司
地址:江苏省连云港经济技术开发区
邮编:222006
电话:0518/81157875、81157877
法定代表人:马场璋
质量体系:IATF 16949、ISO 9001
产品情况:ABS防滑制动系统传感器、传感器线圈、电源装置及其他车用传感器、汽车用主动与被动式安全系统产品
配套及出口情况:国内主要供应广汽本田、东风日产、上汽大众、上汽通用、长安沃尔沃、一汽-大众、长安铃木、北京奔驰、武汉神龙等厂商;70%以上的产品外销北美洲、欧洲、日本等国家和地区

★天能集团江苏特种电源有限公司
地址:江苏省沭阳经济开发区天能路
邮编:223611
电话:0527/83512810
法定代表人:李明钧
质量体系:ISO 9001、ISO 14001
产品情况:特种车辆用蓄电池

★江苏北斗星通汽车电子有限公司
地址:江苏省宿迁市宿豫经济开发区峨眉山路1号
邮编:223801
电话:15851153533
网址:www. jsbdstar. com
电子信箱:303106150@ qq. com
法定代表人:徐林浩
质量体系:IATF 16949
产品情况:汽车影音电子产品、车载信息娱乐多媒体系统、车载无线数据终端、驾驶辅助系统、汽车仪表、汽车空调控制器、汽车电池管理系统、GPS/北斗汽车防盗系统、汽车行驶记录仪

★江苏摩比斯汽车零部件有限公司
地址:江苏省盐城市亭湖区开放大道18号
邮编:224002
电话:0515/88278000
网址:cn. mobis. co. kr
法定代表人:KIM YOUNGHWA
质量体系:OHSAS 18001、ISO 14001
产品情况:主要有发动机底盘、驾驶舱、前围等模块事业;汽车仪表台发泡及骨架、汽车水晶前照灯以及汽车音响等部品产品
配套情况:为东风悦达起亚、北京现代、俄罗斯现代、克莱斯勒、长沙菲亚特等整车厂提供配套

★沪强企业(盐城)有限公司
地址:江苏省建湖县冠华东路1299号
邮编:224700
电话:0515/86251998
传真:86251999
网址:www. nhc. com. tw
电子信箱:jhhq6251998@ 163. com
法定代表人:王友芳

质量体系:IATF 16949
产品情况:汽车、摩托车拉线,座椅拉线及铸件等
出口情况:远销美国、日本、欧洲、中东、东南亚等国外市场

★江苏江扬线缆有限公司
地址:江苏省扬州市科技园路1号
邮编:225009
电话:0514/87963175
传真:82122661
网址:www. jsjyxl. cn
电子信箱:jsjyqcx@ 126. com
法定代表人:丁文权
质量体系:IATF 16949、ISO 9001
产品情况:(江扬牌)
汽车用弹簧线缆、环保阻燃型新能源车用线缆、ABS电缆、耐高温导线、高频数据电缆,电动车辆等新能源车辆用电缆等数十种新产品
配套情况:为宇通客车、厦门金龙、重庆长安、东南汽车、长城汽车、江铃汽车、奇瑞汽车、北京汽车、东风裕隆、郑州日产等整车企业配套

★江苏奥力威传感高科股份有限公司
地址:江苏省扬州市邗江工业园祥园路8号
邮编:225127
电话:0514/85881520、85881628
传真:85881563
网址:www. yos. net. cn
电子信箱:shaquan@ yos. net. cn、
法定代表人:李宏庆
质量体系:IATF 16949、VDA 6.1
产品情况:汽车油位传感器、电阻片、凸缘、注塑产品、吹塑产品

★扬州阿波罗蓄电池有限公司
地址:江苏省扬州市扬子江南路18号
邮编:225131
电话:0514/87528888、4008283868
传真:87528999
电子信箱:apollo@ apollo - battery. com
法定代表人:阮佳飞
质量体系:IATF 16949、ISO 14001
产品情况:(DF牌)
起动用铅酸蓄电池,年设计产能750万只
配套及出口情况:为卡特彼勒、亚星集团、吉利集团、上海华普汽车、安徽安凯客车、江淮客车、马恒达·盐拖、江苏沃得集团、常林集团、爱科农机等配套;出口欧洲、大洋洲、北美洲、中东、非洲等地区

★日清纺大陆精密机械(扬州)有限公司
地址:江苏省扬州市江都区和路仙城工业园
邮编:225200
电话:0514/80919550
网址:www. continental - automotive. cn
电子信箱:caimeng@ ncmy-yangzhou. com. cn
法定代表人:马场璋
质量体系:IATF 16949、ISO 9001
产品情况:汽车EBS阀块项目

★扬州市奥特瑞汽车电子科技有限公司
地址:江苏省扬州市江都区小纪工业园人民路9号
邮编:225200
电话:0514/86592220、17372726999
传真:86592220
网址:www. yzatr. com
电子信箱:yangzhouatr@ 163. com
法定代表人:王敏
质量体系:IATF 16949
产品情况:气罐智能排水系统、自动停车臂、最新一代爆胎应急系统、智能空调快速制冷系统、手自一体智能驻车系统
配套情况:配套厦门金旅、厦门金龙、金龙联合(苏州)、比亚迪、中通客车、东风扬子江、郑州宇通、济南豪沃客车、北汽福田、丹东黄海汽车等

★江苏亚泰机电有限公司
地址:江苏省扬州市江都区丁沟镇振兴东路28号
邮编:225236
电话:0514/86381259、86181838
传真:86383505、86181935
网址:www. yataijd. com
电子信箱:yatai888@ vip. sina. com
法定代表人:王兴林
单位人数:239
质量体系:IATF 16949
产品情况:汽车空调冷凝风机、蒸发风机、暖风机及各种直流电动机,目前年生产能力100万台(套)
配套及出口情况:为中国重汽、东风汽车、北汽福田、北方奔驰、陕汽、南汽、郑州日产、江淮汽车、众泰轿车、力帆轿车等配套;部分产品出口美国、澳大利亚、意大利等国家

★江苏瑞翔电器有限公司
地址:江苏省扬州市江都区樊川镇科技园区
邮编:225251
电话:0514/85183067、13805258092
传真:85183068
网址:www. ruixiangcommutator. com
电子信箱:rx001@ ruixiangcommutator. com
法定代表人:付昌权
质量体系:ISO 9001
产品情况:(瑞昱翔牌、RXCOMMUTATOR牌)
电动机换向器和电动机集电环
配套情况:为玉柴机器、雪花电器等配套

★泰州赛星电子有限公司
地址:江苏省泰州市海陵区凤凰西路98号软件园3号楼
邮编:225300
电话:0523/86891987
网址:www. tzsse. com
电子信箱:zjysxdz@ aliyun. com
法定代表人:钟健怡
单位人数:200
质量体系:IATF 16949、ISO 9001
产品情况:生产电子控制板、线束组件
配套情况:为上汽等供货

★江苏微特利电机股份有限公司
地址:江苏省泰州市海陵区罡杨镇
邮编:225318
电话:0523/89661030
网址:www. weiteli. cn
电子信箱:tz_zhyj@ 163. com
法定代表人:李锦洲
单位人数:650
质量体系:ISO 9001、IATF 16949
产品情况:新能源汽车驱动电动机、NEMA标准高效电动机、IEC高效电动机、变桨系列、伺服类及其他高效电动机

★ 江苏华骋科技有限公司
地址:江苏省泰兴市虹桥镇华骋路1号
邮编:225444
电话:0523/87422858、87422835
传真:87411089、87422803
网址:www. cnhcjt. com
电子信箱:txhcxs@ 126. com
法定代表人:张冬华
单位人数:430
质量体系:IATF 16949
产品情况:各种组合仪表、组合前照灯、工作灯、后视镜、空气滤清器、各种信号灯
配套情况:为沃尔沃建筑机械、卡特彼勒、三菱重工、日立建机、住友、林德、丰田工业、徐工、龙工、柳工、厦工、三一重工、合力股份、杭叉、洋马、福田汽车、福迪汽车等知名企业配套
☞ 详细情况请参阅彩色宣传版面

★江苏海龙电器有限公司
地址:江苏省泰州市姜堰经济开发区鸡鸣西路196号
邮编:225500
电话:0523/88819198
传真:88818178
网址:www. hailongvvt. com
电子信箱:sales@ hailongvvt. com
法定代表人:朱圣明
质量体系:IATF 16949、ISO 14001
产品情况:电磁阀、驱动器等发动机用电器零部件
配套及出口情况:为吉利、柳汽、五菱柳机、神龙、东风小康、重庆鑫源、比亚迪、北汽银翔、众泰、新晨动力、上汽集团等国内各大汽车制造商达成长期稳定的合作关系;远销英国、伊朗、马来西亚等

国家

★江苏兴龙金属制品股份有限公司
地址:江苏省兴化市戴南镇董北
邮编:225700
电话:0523/83781572、83781571
传真:83782808
网址:www. cnxinglong. com
电子信箱:sales@ cnxinglong. com
法定代表人:王元洪
单位人数:420
质量体系:ISO 9001
产品情况:(兴龙牌)
车用控制索拉筋线等
配套及出口情况:为一汽集团、东风汽车公司、上汽大众、柳微、扬客、沈阳金杯等配套;70% 的产品出口海外,远销美国、英国、意大利、德国、韩国、西班牙、澳大利亚等国家

★江苏银锡高温线缆有限公司
地址:江苏省兴化市张郭镇赵万路 100-108 号
邮编:225722
电话:0523/83761065、83764265
网址:www. yinxi. com. cn
电子信箱:sales@ yinxi. com. cn
法定代表人:章志伟
质量体系:IATF 16949
产品情况:(远志牌)
专业生产研发高品质高温线缆,用于汽车、新能源等行业

★扬州五岳电器有限公司
地址:江苏省宝应县淮江大道 2 号软件信息产业园 D 座
邮编:225800
电话:0514/88986588、80893310
传真:88986599、88276665
网址:www. wuyuetech. com
电子信箱:pepicn@ 126. com
法定代表人:陈艳
质量体系:IATF 16949、ISO 9001
产品情况:热保护器温控器、恒温器、过载保护器以及温度传感器
配套情况:为威灵、三星、小天鹅、欧司朗、松下、飞利浦、九阳、好孩子、德国大众等公司配套

★南通友星机电工业有限公司
地址:江苏省南通市工农路 388 号
邮编:226007
电话:0513/83566812、85281348
传真:83588191
网址:www. yxae. net
电子信箱:ntyxae@ 163. com
法定代表人:张平
质量体系:IATF 16949、ISO 9001
产品情况:主要产品为汽车连接器,接插件总成附件等;新能源汽车接插件
配套情况:主要为全顺、江铃轻型货车及皮卡、北汽福田、保定长城、浙江吉利、比亚迪配套

★南通友星线束有限公司
地址:江苏省南通市经济技术开发区科兴路 11 号
邮编:226009
电话:0513/85929068、85929066
传真:85929067
电子信箱:market@ unistar - cn. com
法定代表人:潘晓林
质量体系:IATF 16949、ISO 14001
产品情况:(友星牌)
汽车线束接插件;年产全车线束 40 万套

★南通大地电气股份有限公司
地址:江苏省南通市港闸区永和路 8 号
邮编:226011
电话:0513/89028375、89028305
传真:85670979
网址:www. ntgec. com
电子信箱:ntdadi@ ntgec. com
法定代表人:蒋明泉
质量体系:ISO 9001、IATF 16949
产品情况:(DD 牌)
为商用汽车、家用轿车、工程机械、发动机、农业园林机械及新能源车配套电线束
配套情况:客户包括北汽福田、北汽股份、三一重工、久保田农机、洋马农机、潍柴动力、上柴动力、GGP 园林机械等

★南通合硕电子有限公司
地址:江苏省海门市高新区建材路 88 号
邮编:226113
电话:0513/68906828
网址:www. hiseen. com
电子信箱:jinyan. lu@ myhiseen. com
法定代表人:张洪娟
单位人数:160
质量体系:ISO 14001、IATF 16949
产品情况:调光电动机、前照灯线束、中控开关及其他、导光条、塑料及五金制品
配套及出口情况:是上汽大众、上汽通用的二级供应商;远销美国

★江苏恩达通用设备有限公司
地址:江苏省海安县西园大道 6 号
邮编:226600
电话:0513/88161300、88865675
传真:88855559
网址:www. edty. com
电子信箱:edty@ edty. com
法定代表人:姜伟
质量体系:IATF 16949
产品情况:柴油机、燃气机及发电机组监控系统,道路、非道路用车辆电控系统线束总成;设计产能:发动机电控系统线束总成、整车电气系统线束总成 500 万套,后处理及周边简易线束 2000 万件;监控安保系统产品年生产能力 50 万套,线路板 OEM 加工年生产能力 2000 万件

★南通联科汽车零部件股份有限公司
地址:江苏省南通市海安工业园
邮编:226600
电话:0513/88897556、13962921086
传真:88897556
网址:www. lkmotor. com
电子信箱:lkmotor888@ 163. com
法定代表人:毛兆清
质量体系:IATF 16949、ISO 9001
产品情况:汽车电动玻璃升降器电动机、天窗电动机、座椅电动机等车用电动机
出口情况:远销欧洲、北美洲、中东、印度、俄罗斯等国家和地区

浙江省

★杭州人人集团有限公司
地址:杭州市拱墅区八丈井东路 17 号
邮编:310004
电话:0571/85370373、85372124
传真:85370370
网址:www. renren. com. cn
电子信箱:market@ renren. com. cn
法定代表人:郭长财
质量体系:ISO 14001、IATF 16949
产品情况:(人人牌)
组合开关、点火开关锁芯组总成、点烟器、继电器、翘板开关、电源总开关、熔断器、电缆线等产品
配套及出口情况:为一汽、东风(乘用车、商用车)、广汽本田、神龙、华晨金杯、南京依维柯、江铃、跃进、上汽通用五菱、济汽、江淮等配套;出口日本、美国等国家

★杭州高特电子设备股份有限公司
地址:杭州市西湖区紫霞街 176 号 2 号 9 楼
邮编:310012
电话:0571/88883356、4006551209
传真:88911186
网址:www. china - gold. com
电子信箱:oldhr@ china - gold. com
法定代表人:徐剑虹
质量体系:IATF 16949
产品情况:阀控式铅酸蓄电池(VRLA)、动力锂电池

★浙江三花汽车零部件有限公司
地址:杭州市经济技术开发区 12 号大街 301 号
邮编:310018
电话:0571/87555255
传真:87559200
网址:www. sanhuagroup. com
电子信箱:xiafei@ sanhuagroup. com
法定代表人:张亚波
质量体系:IATF 16949、ISO 14001

产品情况:(三花牌)

主要生产膨胀阀、储液器、调温阀、控制器等

配套及出口情况:主要供应马勒、法雷奥、豫新、比亚迪等知名集团企业;在美国、印度、欧洲、日本、韩国、墨西哥等地建有生产基地及物流中心

★杭州矢崎配件有限公司

地址:杭州市经济技术开发区 12 号大街杭州出口加工区
邮编:310018
电话:0571/86714298、86737120
传真:86714328
网址:www. yazaki - china. com
电子信箱:hzyhrd3@ hzy - yazaki. com. cn
法定代表人:松浦邦雄
质量体系:ISO 9001、IATF 16949
产品情况:(YAZAKI 牌)

汽车用电线、仪表、组合开关、中央电气控制器、接插件等零配件

配套情况:为本田、丰田、三菱等汽车厂商配套

★摩菲伊肯控制技术(杭州)有限公司

地址:杭州市经济技术开发区 23 号大街 77 号
邮编:310018
电话:0571/87886060
传真:86848878
网址:www. fwmurphy. com
电子信箱:sxu@ econtrols. com
法定代表人:Laura Weissler Guglielmo
质量体系:ISO 9001、IATF 16949
产品情况:发动机整机控制系统

★杭州新星光电有限公司

地址:杭州市江干区九华路 1 号
邮编:310019
电话:0571/87751505
传真:86736384
网址:www. chinaxinxing. cn
电子信箱:xxgd@ chinaxinxing. cn
法定代表人:季石安
单位人数:1000
质量体系:ISO 9001
产品情况:车载影音视听设备、车载无线通信以及导航定位系统、车载多功能控制系统、车载数字激光音响机芯、车载近红外微光/远红外热成像安全辅助驾驶系统等产品
配套情况:为丰田凯美瑞、大众领驭、新 CR-V、本田思域、奥迪 A4 等车型配套

★杭州科岛微电子有限公司

地址:杭州市江干区机场路 248 号
邮编:310021
电话:0571/8860986、56373238
传真:56301228
网址:www. hzsti. com
电子信箱:sales@ hzsti. com
法定代表人:柯国华
质量体系:IATF 16949
产品情况:硅传感器(MEMS)系列产品及汽车专用集成电路

★浙江杰斯特电器有限公司

地址:杭州市余杭区迎宾路 355 号金鑫大厦 21 楼
邮编:310053
电话:0571/87177601、4006158883
传真:87177610
网址:www. zjjust. com
电子信箱:root@ zjjust. com
法定代表人:许仁贤
质量体系:ISO 9001、IATF 16949
产品情况:(西湖牌、杰斯特牌)

主要产品有汽车用干荷式及密封免维护蓄电池

★杭州金日汽车零部件有限公司

地址:杭州市余杭区经济开发区望梅路 619 号万事利科技园 14 幢
邮编:311100
电话:0571/26238588
传真:26238599
网址:www. qxpautomirror. com
电子信箱:hzgoldensun888@ aliyun. com
法定代表人:唐晓洪
单位人数:500
质量体系:ISO 9001
产品情况:(kinfor 品牌)

电子风扇、散热器、冷凝器、仪表板、发电机、起动机、导流板、前挡格栅、车盖、轮眉等产品

出口情况:远销美国、欧洲、中东、非洲、东南亚等国家和地区,并销往中国台湾地区

★万通智控科技股份有限公司

地址:杭州市余杭区临平振兴东路 12 号
邮编:311100
电话:0571/89361220、86226853
传真:89361222
网址:www. hamaton. com
电子信箱:marketing@ hamaton. com. cn
法定代表人:张健儿
质量体系:IATF 16949、ISO 9001
产品情况:[恒迈特(HAMATON)牌]

TPMS 胎压监测系统、轮胎气门嘴、轮胎车轮汽保工具

配套及出口情况:为上汽通用、大众、北汽、广汽、长安等诸多知名主机厂配套;远销欧洲、北美洲、澳大利亚等国家和地区

★杭州南华汽车配件有限公司

地址:杭州市余杭区瓶窑凤都工业园区国辅路 4 号
邮编:311115
电话:0571/88534618
传真:88533277
网址:www. hznanhua. com
电子信箱:hznanhua@ vip. 163. com
法定代表人:吴建华
质量体系:ISO 9001、IATF 16949
产品情况:ND3 型新能源双螺杆车载气源系统、臂架泵车分动箱、混凝土搅拌车减速机、汽车专用高阻燃环保型电线、汽车整车线束、新能源汽车高压线总成、工程机械线束、汽车组合开关等产品
配套情况:是北京公交、长春公交、济南公交、杭州公交、南宁公交、广州公交等国内众多公共交通公司指定产品,是三一重工和一汽集团客车的优秀供应商

★电装(杭州)有限公司

地址:杭州市萧山区江东工业园区江东三路 7277 号
邮编:311222
电话:0571/82981005
传真:82981519
网址:www. denso. com. cn
电子信箱:umei - chen@ hx. asmo. com. cn
法定代表人:前田圣司
质量体系:ISO 14001、IATF 16949
产品情况:汽车用小型电动机和相关零部件

★杭州恩斯克汽车零部件有限公司

地址:杭州市萧山区闻堰镇亚太路 1833 号
邮编:311258
电话:0571/82314818
传真:82486656
网址:www. cn. nsk. com
电子信箱:shou - l@ nsk. com
法定代表人:织户宏昌
单位人数:1710
质量体系:ISO 14001、IATF 16949
产品情况:电控转向系统及电动助力转向系统
配套及出口情况:为上汽大众、一汽-大众、日产、铃木等配套;出口俄罗斯、印度、南非

★杭州广安汽车电器有限公司

地址:杭州市富阳区鹿山工业园区裕阳路 6 号
邮编:311407
电话:0571/23231012、23231060
网址:www. guangan. com
电子信箱:sale@ guangan. com
法定代表人:臧竞之
质量体系:ISO 14001、IATF 16949
产品情况:汽车空调控制器、汽车风门电动机、汽车空调 ECU、汽车传感器、汽车电控盒、汽车仪表、汽车调速模块等
配套情况:主要为通用汽车、福特汽车、东风日产、四川现代、日本五十铃、一汽轿车、东风汽车、江淮汽车、长城汽车、江铃汽车、奇瑞汽车、吉利汽车等厂家配套

★浙江康盛股份有限公司

地址:浙江省淳安县千岛湖镇康盛路

268 号
邮编:311700
电话:0571/64837093
传真:64836560
网址:www. kasun. cn
电子信箱:kszjb@ kasun. cn
法定代表人:王亚骏
单位人数:10000
质量体系:ISO 14001、ISO 9001
产品情况:交流双诱导永磁同步电动机、氢燃料电池等
出口情况:出口美国、德国、意大利、波兰、韩国、日本、澳大利亚、印度、南美、南非等 20 多个国家和地区

★露笑集团有限公司
地址:浙江省诸暨市陶朱街道展诚大道 8 号
邮编:311800
电话:0575/89072688
传真:89072698
网址:www. roshowgroup. com
电子信箱:roshow@ roshowgroup. com
法定代表人:鲁小均
质量体系:ISO 14001
产品情况:(露笑牌)
各类电磁线产品、新能源汽车驱动电动机、涡旋压缩机、车用网络控制系统、汽车数字仪表等

★浙江如新智能科技有限公司
地址:浙江省诸暨市枫桥镇枫谷路 27 号情森服饰 2 号楼
邮编:311811
电话:0571/88319058、88319028 - 829
网址:www. nushinetech. com
电子信箱:sales@ nushinetech. com
法定代表人:徐鹏斐
质量体系:IATF 16949、ISO 9001
产品情况:虚拟仪表、流媒体后视镜、车载中控主机、车身控制模块等

★卧龙电气集团浙江灯塔电源有限公司
地址:浙江省绍兴市海塘路 75 号
邮编:312000
电话:0575/88615586
电子信箱:hujianfeng@ wolong. com
法定代表人:王建乔
质量体系:ISO 14001、ISO 9001
产品情况:全系列铅酸蓄电池和锂离子电池

★浙江汽车仪表有限公司
地址:浙江省绍兴市袍江工业区洋江东路
邮编:312000
电话:0575/88207186、88207136
传真:88207158
网址:www. qcyb. com
电子信箱:zqybxsb@ 163. com
法定代表人:马敏杰
质量体系:ISO 14001、IATF 16949
产品情况:(诞海牌)
汽车组合仪表、传感器,具有年产汽车组合仪表 100 万套的生产能力
配套情况:为一汽集团、东风汽车、长城汽车、通用红塔、金龙客车、华泰等国内汽车厂配套

★浙江金池科技有限公司
地址:浙江省绍兴市袍江工业园区荷湖路 3 号
邮编:312000
电话:0575/88158698、13867574868
传真:88158698
网址:www. hlekey. com
电子信箱:zla@ goldcity - cn. com
法定代表人:凌舞
质量体系:IATF 16949
产品情况:仪表板(2D、3D)、触控开关、座椅压力传感器、SBR 座椅传感器、装饰面板、后视镜加热器
配套及出口情况:终端客户包括仪表板(北汽福田、东风柳汽、江淮、北汽银翔);触控开关(凯迪拉克、长安);座椅压力传感器(北汽银翔);后视镜加热器(吉利帝豪);远销法国、土耳其、俄罗斯、罗马尼亚、孟加拉国、墨西哥

★延锋伟世通怡东汽车仪表有限公司
地址:浙江省绍兴市柯桥经济开发区曙光路 56 号
邮编:312030
电话:0575/84090121、84317359
传真:84091103、84090358
网址:sby. com. cn
电子信箱:yfvbc - hr@ 163. com
法定代表人:陆克坚
质量体系:ISO 14001、ISO 9001
产品情况:(经纬牌、怡东牌)
各类汽车仪表、汽车电器
配套及出口情况:主要客户有一汽、东风、重汽、北京现代、湖南长丰、长安福特、武汉神龙、北轻、江铃等国内主要汽车制造厂;部分产品远销海外

★绍兴市群鑫电器有限公司
地址:浙江省绍兴市上虞区驿亭五夫工业开发区
邮编:312353
电话:0574/62499389
传真:62499390
网址:www. cngroupstar. com
电子信箱:hillton@ cngroupstar. com
法定代表人:谢新苗
质量体系:IATF 16949
产品情况:LED 灯具照明、LED 汽车信号组合灯等各类汽车灯具
配套及出口情况:已和厦门金旅、青年汽车、比亚迪、北方股份、航天科工、青岛中集等主机厂取得配套;远销欧洲、美国、澳大利亚

★浙江比洛德新能源有限公司
地址:浙江省湖州市八里店吴兴科技创业园 7 号楼
邮编:313000
电话:0572/2763672
传真:2091528
网址:www. zjbelord. com
电子信箱:3171617367@ qq. com
法定代表人:姚荣根
质量体系:ISO 9001、IATF 16949
产品情况:车用智能电子风扇散热系统 ATS、无刷直流风机、氢燃料电池、控制器、显示器、纯电动散热器总成、风机常规及混合动力总成等
配套情况:主要合作伙伴有宇通、金龙、海格客车、安凯客车、黄海客车、亚星客车、青年汽车、中国重汽、中通客车、金旅客车、申沃客车、福田汽车、恩驰汽车、沃尔沃、北汽新能源、安源客车、恒通客车、峨眉客车、银龙新能源

★浙江大东吴汽车电机股份有限公司
地址:浙江省湖州市湖织大道 2599 号大东吴工业园区
邮编:313000
电话:0572/2569608
传真:2569628
网址:www. ddwaem. com
电子信箱:info@ ddwaem. com
法定代表人:吴淑英
质量体系:IATF 16949、ISO 14001
产品情况:(大东吴牌)
发电机及零部件,起动机及零部件
配套情况:为扬柴、珀金斯(福田)、成发集团、保定长城、昆明云内、江淮等配套

★浙江安美德汽车配件有限公司
地址:浙江省湖州市腊山路 288 号
邮编:313000
电话:0572/2352270、2280588
传真:2280268
电子信箱:add_china@ 163. com
法定代表人:黄会平
质量体系:IATF 16949、ISO 14001
产品情况:(安美德牌)
汽车发电机

★浙江德宏汽车电子电器股份有限公司
地址:浙江省湖州市南太湖大道 1888 号
邮编:313000
电话:0572/2756127、2103112
传真:2105906
网址:www. dehong. com. cn
电子信箱:sales@ dehong. com. cn
法定代表人:张宁
质量体系:ISO 9001、IATF 16949
产品情况:(申湖牌)
车用交流发电机等
配套及出口情况:主要客户有江铃汽车、道依茨一汽、福田发动机厂、福田康明斯、中国重汽、保定长城、东风朝柴、庆铃汽车、江淮汽车、绵阳新晨、成都成发、云内动力、潍柴动力、玉柴、常柴、郑

州日产、一汽四环、天津雷沃、东风轻发等;进入美国康明斯、美国纳威斯达等国际知名企业的全球采购体系

★今朝电气(湖州)有限公司

地址:浙江省湖州市长兴县经济开发区经四路666号
邮编:313100
电话:0572/6876666
传真:6803679
网址:www.jezoo.com
电子信箱:zjz@jezoo.com
法定代表人:李永山
单位人数:400
质量体系:IATF 16949、ISO 14001
产品情况:专业生产汽车电线束用连接器(接插件)、卡扣、熔断器盒(熔断丝盒)、电瓶夹等汽车电器产品

★嘉兴高鑫汽车电器有限公司

地址:浙江省嘉兴市经济开发区858号
邮编:314000
电话:0573/82336709
传真:8226700
网址:www.gausschina.cn
法定代表人:AFONSO BORGONOVO
质量体系:ISO 9001、IATF 16949
产品情况:主要生产各类汽车整流器和调节器
出口情况:出口50多个国家

★诚亿电子(嘉兴)有限公司

地址:浙江省嘉兴市经济开发区岗山路972号
邮编:314000
电话:0573/82337777
传真:82339999
网址:www.chanyee.com
电子信箱:cypcb@chanyee.com
法定代表人:邱锡曼
质量体系:IATF 16949、ISO 9001
产品情况:各类高密度刚性线路板,产品广泛应用于汽车电子、工业控制、消费电子、智能终端等领域
配套及出口情况:主要客户有博世、Delta(中达)、LG、IMI、保隆、西门子等;远销美国、墨西哥、保加利亚、意大利、印度等十几个国家

★嘉兴海拉灯具有限公司

地址:浙江省嘉兴市经济技术开发区开禧路1188号
邮编:314001
电话:0573/89899000
网址:www.hella.cn
法定代表人:Eswaran Raman(艾斯瓦伦·拉曼)
质量体系:ISO 9001、IATF 16949
产品情况:汽车前照灯、尾灯、雾灯等各类车灯产品
配套情况:为上汽大众、上汽通用、北美通用、尼桑、雷诺、奇瑞捷豹路虎、沃尔沃、标致雪铁龙、比亚迪、吉利等厂商配套

★浙江优普生精密电子有限公司

地址:浙江省嘉善县罗星街道金秀路108号
邮编:314100
电话:0573/84062988、84062991
传真:84062889
网址:www.upsan.com.cn
电子信箱:upsan@126.com
法定代表人:蔡溪圳
质量体系:ISO 9001
产品情况:隔磁套、不锈钢管、衬套等
配套情况:与国际知名企业通用电气、大桥、艾默生、富士康、安费诺、欧姆龙、泰尔茂等建立了良好的合作关系

★浙江朗德电子科技有限公司

地址:浙江省嘉兴市嘉善县世纪大道3088号科创中心6栋3层
邮编:314199
电话:0573/89101625、89101626
传真:8910620
网址:www.rockerstone.com
电子信箱:info@rockerstone.com
法定代表人:陈磊
质量体系:IATF 16949
产品情况:汽车动力总成领域终端产品的工业化生产,包括氧传感器、曲轴位置传感器、凸轮轴位置传感器、ABS轮速传感器、进气温度/压力传感器、机油压力传感器等

★浙江赛亿汽车部件制造有限公司

地址:浙江省平湖经济开发区兴平四路1288号
邮编:314200
电话:0573/85225222、85225028
传真:85225038
网址:www.xior.cn
法定代表人:徐映
质量体系:IATF 16949
产品情况:[中驰(ZHONGCHI)牌]
汽车各种传感器、机油压力报警开关、温控开关、节温器、断油电磁阀等
配套及出口情况:为玉柴、日本久保田、上海纽荷兰、英国 Lister Peter、柳州五菱、雷沃动力、宇通、潍柴、上柴、哈尔滨东安、云内动力等国内外汽车、发动机制造厂配套;远销美国、英国、德国、法国、墨西哥、日本、马来西亚、新加坡、印度尼西亚、土耳其等国家

★浙江艾盟电机制造有限公司

地址:浙江省平湖市经济开发区新凯路2688号
邮编:314200
电话:0573/85632552
网址:www.zjaimeng.cn
电子信箱:chengxinhua1971@phxqjm.com
法定代表人:程新华
质量体系:ISO 9001
产品情况:散热器风扇总成、鼓风电动机、刮水器电动机、冷凝电动机
出口情况:远销欧美等国际市场

★网壳智能科技有限公司

地址:浙江省海盐县盐北路368号
邮编:314300
电话:0573/86988588、86868888
传真:86988868
电子信箱:sales@otshid.com
法定代表人:舒锋
质量体系:ISO/TS 16949
产品情况:(星都牌)
HID汽车灯具及配套电子镇流器等

★嘉兴市光泰照明有限公司

地址:浙江省海盐县沈荡工业园区
邮编:314311
电话:0573/86720723、86722342
网址:www.gt-light.com
电子信箱:sales@gt-light.com
法定代表人:朱忠明
质量体系:IATF 16949、ISO 14001
产品情况:(GuangTai牌、GRANT牌)
HID氙气灯、卤素灯、封闭灯、LED灯及各类灯具
出口情况:远销美国、加拿大、日本、意大利、俄罗斯、德国等30多个国家和地区

★浙江宝捷机电有限公司

地址:浙江省海宁市杭平路10号(漕河泾开发区海宁分区)
邮编:314400
电话:0573/87257311
传真:87257351
网址:www.rbourgeois.cn
电子信箱:sales.dpt@rbourgeois.cn
法定代表人:RAYMOND NICOLAS BOURGEOIS(雷蒙德·尼古拉斯·布尔乔亚)
质量体系:ISO 9001、IATF 16949
产品情况:感应电动机、直流电动机、交流发电机铁芯、线型电动机、罩级电动机、传统电动机

★宁波耐特电器有限公司

地址:浙江省宁波市江北区私营工业区新横七路7号
邮编:315000
电话:0574/87507922、13905743506
传真:87526722
网址:www.netmotor.com.cn
电子信箱:netmotor@netmotor-china.com
法定代表人:王伯岐
质量体系:ISO 9001
产品情况:(NET牌)
汽车电器、汽车零部件、空调及零部件、电动机、风扇、风机及配件、塑料制品、金属制品
出口情况:出口美国、欧洲、亚洲地区

★宁波德普隆汽车系统有限公司
地址:浙江省宁波市江北区振甬路89号南门
邮编:315000
电话:0574/87633188、13819429966
网址:www.cn-depulong.com
电子信箱:youjun.chu@cn-depulong.com
法定代表人:徐敏
质量体系:ISO 9001、IATF 16949
产品情况:电子换挡器产品,用于新能源汽车、高档汽车等
出口情况:远销澳大利亚、印度、马来西亚、泰国、北美洲、英国等国家和地区

★宁波精华电子科技股份有限公司
地址:浙江省宁波市鄞州区首南街道茶亭庵村
邮编:315000
电话:0574/55006886、55006917
传真:55005666
电子信箱:sales@jinghuacn.net
法定代表人:康晴
质量体系:IATF 16949、ISO 14001
产品情况:汽车用前照灯调节器、步进调节器、风门执行器、LED模组及各类执行器PCBA
配套及出口情况:是福特、通用、长安、标致、起亚、奇瑞、长城、北汽、比亚迪、吉利、力帆、江铃、东南、江淮、众泰、东风等二级供应商和长期合作伙伴;出口印度、泰国、伊朗、巴西等国家,并销往中国台湾地区

★宁波恒帅股份有限公司
地址:浙江省宁波市江北科技创业园区C区通宁路399号
邮编:315032
电话:0574/87585866
传真:87585898
网址:www.motorpump.com
电子信箱:nbhmc@motorpump.com
法定代表人:许宁宁
质量体系:ISO 14001、IATF 16949
产品情况:汽车风扇电动机、风窗电动洗涤泵、喷水嘴、电子循环泵、前照灯泵、前照灯清洗喷嘴等
配套情况:为宝马、奔驰、通用、本田和现代等全球汽车制造商的长期合作伙伴

★宁波市欣新电器科技有限公司
地址:浙江省宁波市江北区通宁路520弄96号
邮编:315032
电话:0574/87882019、87889538
传真:87881275
网址:www.xxdqkj.com
电子信箱:motor75@mail.nbptt.zj.cn
法定代表人:王立新
质量体系:IATF 16949
产品情况:电动机
出口情况:远销欧美、日本、东南亚等国家和地区

★宁波市贤龙汽车配件有限公司
地址:浙江省宁波市江北区庄桥东邵北197号
邮编:315032
电话:0574/83021509
传真:87561218
电子信箱:nbxl@cnxianlong.com
法定代表人:包贤龙
质量体系:IATF 16949
产品情况:汽车分电器、汽车绞盘电动机、VVT电磁阀
配套及出口情况:为沈阳华晨、保定长城等多家主机厂配套;出口美国、欧洲、东南亚等国家和地区

★宁波立德电器有限公司
地址:浙江省宁波市江北私营工业区新横七路
邮编:315036
电话:0574/87264434
传真:87346624
网址:www.leader-dcgearmotor.com
电子信箱:heliping@china-techstar.com
法定代表人:何三星
质量体系:IATF 16949
产品情况:汽车玻璃升降器电动机

★宁波普瑞均胜汽车电子有限公司
地址:浙江省宁波市高新区冬青路555号1栋
邮编:315040
电话:0574/87182683
网址:www.preh.com
电子信箱:jintao.wang@preh.cn
法定代表人:刘元
质量体系:IATF 16949、ISO 9001
产品情况:(Preh牌)

年产空调控制器16万套、多功能转向盘开关32万套、空调控制模块260万套、新能源汽车动力管理系统

配套及出口情况:空调控制器用户有一汽-大众、上汽大众;多功能转向盘开关用户有上汽大众;空调控制模块用户有通用汽车(全球);年出口空调控制模块160万套

★宁波均胜群英汽车系统股份有限公司
地址:浙江省宁波市高新区聚贤路1266号
邮编:315040
电话:0574/89076620、89076715
电子信箱:inform@joyson.cn
法定代表人:刘玉达
质量体系:IATF 16949、ISO 14001
产品情况:智能驾驶系统、汽车安全系统、新能源汽车动力管理系统以及高端汽车功能件总成等
配套情况:成为宝马、奔驰、奥迪、大众、通用、福特等汽车制造商的A级供应商,并屡获保时捷、大众、通用等汽车制造商优秀供应商奖

★宁波新思创机电科技股份有限公司
地址:浙江省宁波市鄞州区洞桥镇洞北路36号
邮编:315105
电话:0574/868295001
传真:88235866
网址:www.strongteck.com
电子信箱:sales@strongteck.com
法定代表人:徐永纪
单位人数:200
质量体系:IATF 16949、ISO 14001
产品情况:汽车传感器、电子产品、钛酸锂电芯等产品
配套及出口情况:与柳汽、广汽、北汽等众多知名汽车制造厂商建立长期稳定合作关系;与德国的Febi公司、美国的Dorman公司、德国的农机Claas公司、美国知名汽车零部件商Autozone、加拿大Spectra等合作

★宁波高发汽车控制系统股份有限公司
地址:浙江省宁波市鄞州投资创业中心下应北路717号
邮编:315105
电话:0574/88413428、88413438
网址:www.gaofacable.com
法定代表人:钱高法
质量体系:IATF 16949、ISO 14001
产品情况:变速操纵器及软轴、电子加速踏板、汽车拉索、电磁风扇离合器
配套及出口情况:为一汽-大众、上汽大众、吉利、比亚迪、上汽通用五菱、郑州宇通、厦门金龙、中国重汽、江淮汽车等30多家汽车厂定点配套;出口德国大众、美国通用等欧美公司

★宁波汽车软轴软管有限公司
地址:浙江省宁波市东钱湖工业园区宝源路1-2号
邮编:315121
电话:0574/88327772
传真:88327782
网址:www.nbcable.com
电子信箱:nbcable@nbcable.com
法定代表人:郑海华
单位人数:1600
质量体系:ISO 9001、IATF 16949
产品情况:(鹏程牌)

汽车控制拉索总成、操纵机构总成、电子加速踏板总成、电子驻车系统

配套情况:为一汽集团、上汽集团、上汽通用、东风汽车公司、北汽集团、南京汽车集团、江淮、江铃、广汽本田、奇瑞汽车、华晨中华、郑州日产、法国法雷奥、美国通用、美国TDM、德国欧宝、加拿大Flexngate等配套

★宁波市鄞州永林电子电器有限公司
地址:浙江省宁波市横溪工业区
邮编:315131

电话:0574/88065188、4008260001
传真:88068180、88063217
网址:www.ylerelays.com
电子信箱:manager@ylerelays.com
法定代表人:王林沪
质量体系:IATF 16949、ISO 14001
产品情况:(YLE 牌)
专业从事继电器、传感器等电装部件
出口情况:远销 100 多个国家和地区

★宁波科高电声有限公司
地址:浙江省宁波市鄞州区瞻岐镇合一村、卢一村
邮编:315145
电话:0574/88230001、88230460
传真:88230068
电子信箱:kegao@xiangyagnchina.com
法定代表人:高建华
质量体系:ISO 9001
产品情况:扬声器配件,包括盆架、铝压铸、蹄铁、后罩、汽车音响网罩等
配套及出口情况:为国际众多知名名牌配套;远销欧洲、美洲、东南亚等 30 多个国家和地区

★宁波市海曙雪利曼电子仪表有限公司
地址:浙江省宁波市高桥工业区陆家庄
邮编:315175
电话:0574/88446845
传真:88446268
网址:www.xueliman.com
电子信箱:tlh@xueliman.com
法定代表人:童卫明
单位人数:258
质量体系:ISO 14001、IATF 16949
产品情况:(雪利曼牌)
主要从事汽车 CAN 总线、汽车仪表、传感器、汽车记录仪等汽车电器的研发、生产
配套及出口情况:为宇通客车、厦门金龙、厦门金旅、绍兴金龙、中通客车、桂林大宇、安凯客车、上海申沃、一汽无锡客车、北汽福田欧曼重型货车、上汽依维柯红岩商用车、上海汇众、安徽华菱、洛阳彪马等配套;出口美国、伊朗、东南亚

★宁波恒特汽车零部件有限公司
地址:浙江省宁波市鄞州区古林镇葑水港工业区望兴路 19 号
邮编:315176
电话:0574/88427838
传真:88428177
网址:www.nb-hengte.com
电子信箱:sales@nb-hengte.com
法定代表人:屠岳明
质量体系:IATF 16949
产品情况:(HUAXIANG 牌)
汽车电动玻璃窗升降电动机、天窗电动机、遮阳帘电动机、制动泵电动机、空调出风口电动机、座椅电动机、汽车尾门电动机、后视镜电动机等
配套及出口情况:为一汽-大众、神龙汽车、吉利汽车、奇瑞汽车、通用、长安等多家汽车厂配套;远销欧美、东南亚等地区

★华瑞电器股份有限公司
地址:浙江省宁波市鄞州区姜山镇科技园区
邮编:315191
电话:13567895377
传真:0574/88454022
网址:www.china-commutator.com
电子信箱:frank@hrdq.cn
法定代表人:孙瑞良
质量体系:IATF 16949、ISO 14001
产品情况:(华瑞牌)
换向器
出口情况:畅销欧洲、美洲、日本、韩国,并远销中国香港、中国台湾地区

★宁波阿尔卑斯电子有限公司
地址:浙江省宁波市镇海区蛟川街道金元路 299 号
邮编:315221
电话:0574/86599700、86831226
传真:86599716
网址:www.alps.com
电子信箱:qiaoer.wang@cn.alps.com
法定代表人:今井正志
质量体系:IATF 16949、ISO 9001
产品情况:硬盘驱动器磁头、轻触开关和音频、视频磁头,其中轻触开关月产 1 亿个,各类磁头月产 200 万个
出口情况:出口日本

★宁波纽时达火花塞股份有限公司
地址:浙江省慈溪市坎墩工业园区
邮编:315303
电话:0574/63288200、63288230
传真:63287204
网址:www.chinanst.com
电子信箱:nstsp@vip.163.com
法定代表人:郑鑫权
质量体系:ISO 9001、IATF 16949
产品情况:(纽时达牌)
火花塞,年生产能力达 5000 万只
配套及出口情况:为多家发动机制造厂配套;远销欧洲、美洲、东南亚、中东等许多国家和地区

★宁波兴慈热动电器有限公司
地址:浙江省慈溪市坎墩街道永安西路 398 号
邮编:315303
电话:0574/63288244、63092366
传真:63282338
网址:www.xingci.com
电子信箱:sales@xingci.com
法定代表人:施长泉
质量体系:IATF 16949、ISO 14001
产品情况:(兴慈牌)
各类调温器、电热塞、空气加热器、水温传感器、油压报警器、火焰预热塞、电动熄火控制器、散热器盖等汽车发动机配件
配套及出口情况:主要与长安、上汽、神龙、东风柳汽、绵阳宝马、柳州五菱、长丰猎豹、北汽银翔、力帆、东安三菱、一汽轿车、索格菲、玉柴、上柴、新柴等 60 多家主机厂定点配套;出口日本、俄罗斯、美国、德国等国家

★慈溪市博宇电器有限公司
地址:浙江省慈溪市龙山工业园区龙镇大道 88 号
邮编:315311
电话:0574/63974018
传真:63974011
网址:www.bo-yu.com
电子信箱:cixiboyu@163.com
法定代表人:陈黎
质量体系:IATF 16949
产品情况:(博宇牌)
汽车玻璃升降器电动机、天窗电动机、后刮水电动机、踏脚板电动机、车库门电动机等系列产品
配套及出口情况:为国内的沈阳金杯、瑞立集团等多家主机厂配套;主要产品出口美洲、欧洲、中东及东南亚一些国家

★宁波志华电子有限公司
地址:浙江省慈溪市掌起镇 329 国道北首掌起工业区
邮编:315313
电话:0574/63972530、63972533
传真:63972534
网址:www.jiulin.com
电子信箱:sales@jiulin.com
法定代表人:杨志华
质量体系:IATF 16949
产品情况:汽/机车防盗警报器、扬声器配件(T 形铁、U 形铁)、汽/机车零配件等

★宁波福尔达智能科技有限公司
地址:浙江省慈溪市逍林镇逍林大道 1493-1569 号
邮编:315321
电话:0574/63511308
传真:63516588
网址:www.fuerda-china.com
电子信箱:fuerda@fuerda-china.com
法定代表人:翁伟峰
质量体系:IATF 16949、ISO 14001
产品情况:各款中高端乘用车智能电子集成控制系统(空调控制器总成、伺服电动机、车身智能集成控制系统 BCM、无钥匙进入智能集成控制系统 PEPS、轮胎防爆预警系统 TPMS),照明系统(顶灯控制模块等),关键功能件(空调出风口总成、拉手总成、眼镜盒总成、烟灰缸总成、杂物盒总成等)等

配套情况:为一汽-大众、上汽大众、上汽通用、北京奔驰、福建奔驰、广汽丰田、一汽丰田、美国福特、一汽集团、一汽轿车、天津夏利、长城、华晨、奇瑞、江淮等配套

★宁波凯尔汽车电器有限公司
地址:浙江省慈溪市道林镇樟新北路1538号
邮编:315321
电话:0574/63510509、63510600
传真:63510515
网址:www. nb - kr. com
电子信箱:sc@ nb - kr. com
法定代表人:史叶权
单位人数:200
质量体系:IATF 16949
产品情况:起动电动机、油泵电动机、发电机、座椅电动机、电枢和其他汽车配件相关金工零部件等
出口情况:远销国外市场

★宁波浩华智能科技有限公司
地址:浙江省慈溪市新浦镇新浦江路27号
邮编:315322
电话:0574/63575282、63572961
传真:63575025、63575282
网址:www. nbhhcj. com
电子信箱:13606880989@ 139. com
法定代表人:徐织眯
质量体系:ISO 14001、IATF 16949
产品情况:(浩华牌)
主要生产汽车、摩托车控制拉索五金配件
配套情况:为日本TSK、美国泰利福、沃尔沃、日本大和兴业、上汽通用、上海泰利福、重庆利时德、十堰达峰等国内外许多大集团公司常年供货

★车王电子(宁波)有限公司
地址:浙江省余姚市经济开发区A区远东工业城内CN6地块
邮编:315400
电话:0574/62760669
传真:62700583
网址:www. more. com. tw
法定代表人:蔡裕成
质量体系:ISO 9001、IATF 16949
产品情况:(MORE牌)
发电机电压调整器、整流器、电子点火模组、发电机、分电盘、后视镜、车用摄像头、无线胎压监测系统、夜视系统

★宁波威奇尔电子有限公司
地址:浙江省余姚市兰江工业区直江路28号
邮编:315400
电话:0574/22683555
传真:22683777
网址:www. vikeer. com
法定代表人:张豪杰
质量体系:IATF 16949
产品情况:汽车仪表、ADAS、汽车电子等汽车智能驾驶舱集成供应的专业方案解决商
配套情况:为海马汽车、东风风神、华晨汽车、南京依维柯、一汽通用等配套

★宁波唯尔电器有限公司
地址:浙江省余姚市西环南路565号
邮编:315408
电话:0574/62599999、62593088
传真:62598888
网址:www. nbwell. com
电子信箱:andy@ nbwell. com
法定代表人:俞国麟
质量体系:ISO 9001
产品情况:PVC胶粒、PVC及橡皮绝缘电线电缆、电源线、延长线、绕线盘、转换插座、小型灯具等产品
出口情况:出口北美洲、欧洲、澳大利亚、日本;为美国GE(通用电气)、HOMEDEPOT、COSTCO、沃尔玛、开玛等供货

★浙江达可尔汽车电子科技有限公司
地址:浙江省余姚市马渚镇储北东路82号
邮编:315450
电话:0574/62450813
网址:www. yuanzhou. com
电子信箱:sales@ yuanzhou. com
法定代表人:谢百年
质量体系:ISO 14001、IATF 16949
产品情况:(远州牌)
发电机、起动机;具有年产发电机300万台、起动机150万台、ISG电动机5万台、EV电动机5万台的生产能力
配套及出口情况:为各大汽车主机厂配套;远销俄罗斯、印度、德国、美国等国家

★宁波正耀汽车电器有限公司
地址:浙江省余姚市马渚镇马云路1号
邮编:315450
电话:0574/62465403、62465393
网址:www. yyae. com. cn
电子信箱:sales@ yyae. com. cn
法定代表人:陈正土
质量体系:ISO 14001、IATF 16949
产品情况:(YY牌)
年产电器插接器、熔断器盒、中央配电盒及其他线束附件产品约3亿件
配套情况:为一汽集团、东风汽车公司、北汽福田、沈阳金杯、奇瑞汽车、江淮汽车、东南汽车、长安、长城汽车、比亚迪汽车等配套

★宁波庆昌镒万汽车配件有限公司
地址:浙江省余姚市牟山镇金牛西路73号
邮编:315456
电话:0574/62890285
传真:62890280
网址:www. keauto. cn
电子信箱:emily@ keauto. cn
法定代表人:孙一镐
质量体系:IATF 16949、ISO 14001
产品情况:专业生产油门拉索、车门拉索、制动拉索、座椅拉索、摇窗器拉索、加油口盖拉索等汽车用各种控制拉索

★宁波天瑞电器有限公司
地址:浙江省余姚市泗门镇工业园区
邮编:315470
电话:0574/62132755、62132783
传真:62131720、62132222
网址:m. cnifamily. com
电子信箱:jimmy@ cnifamily. com
法定代表人:沈建立
单位人数:500
质量体系:ISO 14001、ISO 9001
产品情况:各种汽车电器及附件、聚光灯、应急灯等

★宁波雷自达电器有限公司
地址:浙江省余姚市低塘街道历山村兴业路1号
邮编:315490
电话:0574/62258896、62227999
传真:62258899
网址:www. lezd. com
电子信箱:sales@ lezd. com
法定代表人:柴仙凤
质量体系:IATF 16949
产品情况:(LEZD牌)
汽车起动机、发电机及其配件;已形成年产100万起动机和60万台发电机的生产能力
配套及出口情况:为上汽集团、上汽大通、上汽依维柯红岩商用车、上汽菲亚特红岩动力总成、上海柴油机、广西玉柴、江淮汽车等配套;出口欧洲、美国、非洲、亚洲等国家和地区

★浙江阳明汽车部件有限公司
地址:浙江省余姚市低塘街道新堰东路88号
邮编:315490
电话:0574/62288889
传真:62265577
网址:www. ymchina. com
电子信箱:sales@ ymchina. com
法定代表人:吕光聪
质量体系:IATF 16949
产品情况:(阳明牌)
全车电器开关,产品全面覆盖乘用车、商用车领域
配套及出口情况:产品原装配套于上汽通用、上汽通用五菱、上海汽车、北京汽车、吉利汽车、宇通客车、中国重汽等十几个整车厂;部分产品自营出口30多个国家和地区

★宁波大光汽车零部件有限公司
地址:浙江省余姚市低塘街道镇南路85号

邮编:315490
电话:0574/62260690、62269999
传真:62263218、62264318
网址:www. autodaiko. com
电子信箱:daiko@ autodaiko. com
法定代表人:沈晓峰
质量体系:IATF 16949
产品情况:点火线圈、分电器总成、分电器盖、分火头、白金、电容器等
出口情况:远销日本、美国、加拿大、英国、欧盟、中东、东南亚、非洲、南美洲等国家和地区

★星宇电子(宁波)有限公司
地址:浙江省宁波市方桥工业区恒丰路西
邮编:315514
电话:0574/88846983、87029557
传真:88846999
网址:www. xingyunb. com
电子信箱:webmaster@ xyelectron. com
法定代表人:陈志娣
质量体系:ISO 9001、IATF 16949
产品情况:电磁线圈和特种电磁阀等
配套情况:为国际上的众多知名品牌配套

★宁波太平洋电控系统有限公司
地址:浙江省宁波市北仑区进港路600号
邮编:315800
电话:0574/86966522、86966503
传真:86966526
电子信箱:nbdk@ nbdk. ppforging. com
法定代表人:夏汉关
质量体系:IATF 16949、ISO 14001
产品情况:汽车发动机进排气正时系统(VVT、DVVT)、可变升程控制系统(VVL)、涡轮增压泵阀和变速器控制阀等产品
配套情况:配套于海马汽车、吉利汽车、江淮汽车、北汽汽车等众多车型

★宁波韵升汽车电机系统有限公司
地址:浙江省宁波市北仑区小港街道安居路26号
邮编:315801
电话:0574/27952520、27952519
传真:27952530
网址:www. ysae. cn
电子信箱:ysae@ ysweb. com
法定代表人:竺晓东
质量体系:IATF 16949、ISO 14001
产品情况:发电机和起动机,年产发电机100万台、起动机50万台
配套及出口情况:为多家整车厂的供应商配套;远销美国、英国、德国、东南亚等国家和地区

★宁波拓普电器有限公司
地址:浙江省宁波市北仑区龙潭山路1号
邮编:315806
电话:0574/86889791、55833918
传真:86874691
网址:www. tuopu. com
电子信箱:sln@ tuopu. com
法定代表人:邬建树
质量体系:IATF 16949
产品情况:[拓普(TUOPU)牌]
汽车各种特殊线束、线束橡胶护套、塑料件等
配套情况:为上汽大众、长安福特、长安马自达、德尔福派克、上海金亭、通用、MAGNAS INTIER、三菱、法雷奥等供货

★浙江探陆泽车灯有限公司
地址:浙江省临海市靖江南路158号东昌工业园
邮编:317099
电话:0576/85139569、85139562
网址:www. taluuze. com
法定代表人:李达标
质量体系:IATF 16949
产品情况:汽车改装前照灯及相关产品

★浙江远邦动力科技股份有限公司
地址:浙江省仙居县永安工业集聚区丰溪中路20号
邮编:317317
电话:0576/87728888
传真:87828000
网址:www. taitech. cn
电子信箱:hanliu@ 263. net
法定代表人:尹冬明
单位人数:200
质量体系:IATF 16949、ISO 14001
产品情况:各系列单向器总成,年生产能力达500万只

★温岭市寰宇汽车配件有限公司
地址:浙江省温岭市城西工业区九龙大道1049号
邮编:317500
电话:0576/86114630、13566676997
传真:86222376
网址:www. cwqp. com
法定代表人:梁开平
质量体系:IATF 16949
产品情况:永磁直流电动机系列、减速永磁直流电动机系列,用于各种型号汽车刮水器、汽车洗涤器、车用油泵等
配套情况:为东风、一汽、跃进、长城等20多家汽车厂配套

★温岭市达昌电器股份有限公司
地址:浙江省温岭市工业城九龙大道西路
邮编:317500
电话:0576/86138534、8686138328
传真:86138788
网址:www. chinadachang. com
电子信箱:wzfb@ hotmail. com
法定代表人:王志方
质量体系:IATF 16949
产品情况:换向器(整流子)
出口情况:远销欧美、亚洲,并销往中国台湾地区

★浙江环方汽车电器有限公司
地址:浙江省玉环市坎门红旗工业区
邮编:317602
电话:0576/87565158、87553791
传真:87556116
网址:www. huanfang. com
电子信箱:lzguo@ huanfang. com
法定代表人:庄道芳
质量体系:IATF 16949、ISO 14001
产品情况:(环方牌)
电磁开关、继电器、电磁阀等,已形成年产1100万只电磁开关,150万只继电器的生产能力
配套及出口情况:主要配套于天津电装、锦州汉拿、成都华川电装、博世、依斯克拉、长沙日立、雷米、长沙汽电、常州天发动力、芜湖杰诺瑞、广汽集团、常州小松等;部分产品远销欧洲、北美洲等地区

★玉环普天单向器有限公司
地址:浙江省玉环市坎门科技工业园区
邮编:317602
电话:0576/87509806
传真:87509811
网址:www. putian - cn. com
电子信箱:yanfu_chen@ putian - cn. com
法定代表人:黄文达
单位人数:1000
质量体系:IATF 16949、ISO 14001
产品情况:(普天牌)
已实现单向器年产量1200万只,单件齿轮、星轮800万只,P轴300万只
配套情况:主要客户有德国博世、天津电装、华川电装、长沙日立、美国雷米、锦州汉拿、北京佩特莱等公司,并已成为德国博世全球采购的优选供应商及依斯克拉全球重型汽车指定配套商

★长鹰信质科技股份有限公司
地址:浙江省台州市椒江区前所街道信质路28号
邮编:318016
电话:0576/88928188、88923198
传真:88926198
网址:www. chinaxinzhi. com
电子信箱:xz@ chinaxinzhi. com
法定代表人:尹巍
质量体系:IATF 16949、ISO 14001
产品情况:(信质牌)
汽车发电机定子及总成、微特电机转子、电动车定子及总成、电动工具电动机转子和电梯曳引机定子、VVT(汽车可变气门正时系统)等
配套情况:为国内外众多大型电动机电器厂商提供专业配套服务,如法雷奥(Valeo)、博世(Bosch)、电装(Denso)等

★浙江龙鼎车业有限公司
地址:浙江省台州市黄岩北城大桥路719号
邮编:318020

电话:0576/84051655、18767621788
传真:84082667
网址:cn. longdingautolamp. com
电子信箱:vicky@ longdingautolamp. com
法定代表人:何米增
质量体系:IATF 16949
产品情况:专业生产 LED 天使眼改装前照灯总成、LED 改装尾灯,主要供 4S 店精品市场,涵盖丰田、本田、大众、日产、别克、起亚等国内外热销车型

★浙江天翀车灯集团有限公司
地址:浙江省台州市黄岩区北院大道 51 号
邮编:318020
电话:0576/84350888、84350588
传真:84350889
网址:www. tchong. com
电子信箱:tzhytchong@ 163. com
法定代表人:范家秋
质量体系:IATF 16949、ISO 14001
产品情况:各种汽车灯具、汽车电子及各种模具
配套情况:为一汽集团、上汽集团、北汽集团、东风汽车集团、华晨集团、奇瑞汽车、江淮汽车、长城汽车、厦门金龙等配套

★浙江海威电器股份有限公司
地址:浙江省台州市路桥区卖芝桥 888-8 号科技园区
邮编:318050
电话:0576/82425333
传真:89207270
网址:www. chinahaiwei. com
电子信箱:sales@ chinahaiwei. com
法定代表人:王海勇
质量体系:IATF 16949
产品情况:本田、丰田系列汽车起动机、发电机、风扇电动机、鼓风机、助力转向电动机(EPS 电动机)以及摩托车起动电动机等,具备年产各类电动机 3 万套的生产能力
配套及出口情况:与国内多家主机厂长期配套;远销欧洲、中东、美国、德国、加拿大、马来西亚、伊朗等国家和地区,并销往中国台湾地区

★巨江电源科技有限公司
地址:浙江省兰溪市游埠工业园区
邮编:321106
电话:4001002193、4001002302
网址:www. chinajeje. com
电子信箱:bobchen@ chinajeje. com
法定代表人:王栋
质量体系:ISO 9001、IATF 16949
产品情况:(三冠牌、阿诺德牌、鸿雁牌等)
汽车起动用铅酸蓄电池
配套及出口情况:为多家汽车主机厂配套;远销欧洲、美洲、非洲、东南亚等地区

★康灵集团有限公司
地址:浙江省永康市石柱镇
邮编:321300
电话:0579/87350388
网址:www. kangling. com
电子信箱:03@ kangling. com
法定代表人:严绍康
质量体系:ISO/TS 16949
产品情况:(灵山湖牌)
汽车单向器和交流发电机,具有月产单向器 80 万台和交流发电机 1.5 万台的能力
配套情况:为博世、法雷奥等国内外知名企业的供货商

★永康市灵山电机有限公司
地址:浙江省永康市石柱镇下里西工业区白家乐路 1 号
邮编:321304
电话:0579/87358521
传真:87355884
网址:www. cnlingshan. com
电子信箱:lingshan@ cnlingshan. com
法定代表人:严绍雄
质量体系:IATF 16949
产品情况:(灵山牌)
具有月产交流发电机 6 万 ~ 7 万台的生产能力
出口情况:出口欧洲、北美洲、韩国、巴西、东南亚、中东等国家和地区

★浙江博星电子有限公司
地址:浙江省缙云县城大桥南路 317 号
邮编:321400
电话:0578/3130998
传真:3135978
网址:www. zjboxing. com
电子信箱:zjboxing@ 126. com
法定代表人:周立敬
质量体系:IATF 16949
产品情况:车用整流桥、整流管、晶闸管、模块及电力半导体器件、管芯
配套及出口情况:为国内 50 余家企业配套;远销欧美、非洲、东南亚等地区

★浙江固驰电子有限公司
地址:浙江省缙云县新建镇笕川村笕溪路 3 号
邮编:321402
电话:0578/3175778、8008570307
传真:3175111
网址:www. guerte. com
电子信箱:guerte@ guerte. com
法定代表人:范涛
质量体系:OHSAS 18001、ISO 14001
产品情况:(固尔特牌)
ZQ 系列整流管芯、CELL 芯片、5-200A 单三相整流桥、电力半导体模块等
出口情况:出口韩国、俄罗斯、美国、加拿大、德国等国家和地区

★浙江朕炜电器有限公司
地址:浙江省东阳市白云街道甑山路 8 号
邮编:322100
电话:0579/86880592、86880806
传真:86880592
网址:www. zjzhenwei. cn
电子信箱:dyzjzhenwei@ vip. 163. com
法定代表人:楼甜甜
质量体系:IATF 16949
产品情况:汽车点火线圈、汽车点火模块
配套及出口情况:为长安汽车、哈尔滨东安动力等配套;远销多个国家和地区

★浙江联宜电机有限公司
地址:浙江省东阳市横店影视城工业大道 196 号
邮编:322118
电话:0579/86622113
传真:86630757
网址:www. linix. com. cn
电子信箱:001@ linix. com. cn
法定代表人:许晓华
单位人数:1500
质量体系:ISO 9001、ISO 14001
产品情况:(LINIX 牌)
交流、永磁直流、无刷、步进、伺服电动机等微特电动机和电动推杆执行器,平行轴、蜗轮、行星齿轮减速器,电动机驱动及代步车等专业控制器以及老年人代步车、清扫车等终端产品
出口情况:主要客户遍布北美洲、欧洲、东南亚等地区的 40 多个国家

★浙江嘉利(丽水)工业股份有限公司
地址:浙江省丽水市经济技术开发区丽沙路 1 号
邮编:323000
电话:0578/2698020、2698123
传真:2698000
网址:www. cnjiali. com
电子信箱:lishuijiali@ vip. 163. com
法定代表人:黄玉琦
单位人数:2000
质量体系:IATF 16949
产品情况:汽车及摩托车灯具总成,已具备年产两轮车灯具 500 万套、汽车灯具 150 万套的生产能力
配套情况:为一汽集团、东风汽车公司、重汽集团、奇瑞汽车、长安汽车、昌河汽车、本田、铃木、雅马哈等主机厂配套

★丽水市信毅单向器有限公司
地址:浙江省丽水市水阁工业区枫岭街 3 号
邮编:323000
电话:0578/2138142、2959829
传真:2178119
网址:www. zpsf. cn
电子信箱:lschm@ zpsf. cn
法定代表人:陈萌
质量体系:IATF 16949

产品情况:(赛普神飞牌)

汽车起动机单向离合器系列,产品分别用于奔驰、宝马、福特、奥迪、雪佛兰、丰田、本田、铃木、日产、现代、起亚等车型;具有年产单向器 2000 万套的生产能力

配套情况:主要客户有上海博世、美国 WAI、成都华川、锦州汉拿、北汽飞驰、北京佩特莱、泉州艺达、无锡苏盛等公司

★浙江方正电机股份有限公司

地址:浙江省丽水市莲都区水阁工业区石牛路 73 号
邮编:323010
电话:0578/2171041
网址:www. fdm. com. cn
电子信箱:service@ fdm. com. cn
法定代表人:顾一峰
质量体系:ISO 9001、IATF 16949
产品情况:[方德(FDM)牌]

微电机及控制器、节能与新能源汽车驱动总成、汽车控制系统

配套情况:是通用汽车、一汽-大众、万向电动汽车、美国江森公司的战略合作伙伴

★浙江晶钻电子科技有限公司

地址:浙江省丽水市水阁工业区绿谷大道 370 号
邮编:323010
电话:0577/65358838、13757761422
网址:www. jingzuan. com
电子信箱:trade@ jingzuan. com
法定代表人:张成况
质量体系:IATF 16949
产品情况:(晶钻牌)

汽车电气喇叭、倒车可视雷达、TPMS 等系列产品

出口情况:远销欧美、南美洲、日本、中东、东南亚等几十个国家和地区,并销往中国香港、中国台湾地区

★浙江毅力汽车空调有限公司

地址:浙江省龙泉市大沙工业园区
邮编:323700
电话:0578/7288882、13454391562
传真:7219048
网址:www. zj - yl. com
电子信箱:calvin@ zj - yl. com
法定代表人:黄忠毅
质量体系:IATF 16949、ISO 14001
产品情况:(毅力牌)

汽车空调压力开关、电子压力传感器、压缩机油封、调速电阻模块、干燥过滤器等空调零配件

出口情况:远销欧洲、北美洲、南非等地区

★浙江瑞翔机电科技股份有限公司

地址:浙江省丽水市庆元县江滨路北门工业园区 2 号
邮编:323899
电话:0578/6227777、66085562
电子信箱:ruixiang@ vip. 163. com
法定代表人:戴绍国
质量体系:IATF 16949
产品情况:(RUIXIANG 牌)

散热器风扇电动机、汽车玻璃升降器电动机、汽车空气悬架打气泵电动机

★ 温州天球电器有限公司

地址:浙江省温州市高翔工业区创新路 4 号
邮编:325000
电话:0577/86188139
传真:86186586、86185973
网址:www. wztianqiu. com
电子信箱:ysx@ wztianqiu. com
法定代表人:陈笑冰
质量体系:IATF 16949、OHSAS 18001、ISO 14001
产品情况:主要产品有汽车用各种电动、手动玻璃门窗升降器,电动门窗组合开关,仪表开关以及后视镜开关、遥控中央门锁、点烟器等
配套及出口情况:主要配套厂家有一汽、东风、上汽通用五菱、北汽、长城、夏利、庆铃、江淮、海马、福田等;部分出口东南亚、中东、欧洲等地区
☞ 详细情况请参阅彩色宣传版面

★浙江新亚电子科技有限公司

地址:浙江省温州市经济技术开发区温州大道 620 号
邮编:325000
电话:0577/86522888、86528380
传真:86528922
网址:www. xinya - wz. com
电子信箱:leitong@ xinya - wz. com
法定代表人:黄大荣
质量体系:IATF 16949、ISO 14001
产品情况:汽车线束、非标连接器等
配套及出口情况:汽车行业主要客户有大众、奥迪、博世等;部分产品出口

★汇润电气有限公司

地址:浙江省温州市滨海经济技术开发区第五大道 368 号
邮编:325011
电话:0577/86808281、86808060
传真:86580580
电子信箱:oxsen@ oxsen. cn
法定代表人:段世喜
质量体系:IATF 16949、ISO 9001
产品情况:(OXSEN 牌)

汽车电动燃油泵、输油泵总成和氧传感器

配套及出口情况:配套客户有南京依维柯、郑州日产、上海汇众、一汽-大众、东风朝柴、潍柴动力、吉奥汽车等;90% 的产品出口北美洲、欧洲、中东、非洲

★温州欧博电气有限公司

地址:浙江省温州市滨海经济开发区金海二道 425 号
邮编:325011
电话:0577/86589188
传真:86589189
网址:www. rb - electric. tw
电子信箱:sale2@ rb - electric. tw
法定代表人:陈志林
质量体系:ISO/TS 16949
产品情况:(铃恩牌、虹牌)

汽车电动机、燃油泵、燃油泵总成、节气门阀体电动机、燃油泵配件等

出口情况:远销欧美及东南亚地区

★浙江正泰汽车科技有限公司

地址:浙江省温州市经济技术开发区滨海二十一路 338 号
邮编:325011
电话:0577/56576777、4001008900
传真:56576777
网址:www. chintautoparts. com
电子信箱:autotech@ chint. com
法定代表人:南存辉
质量体系:ISO 9001、IATF 16949
产品情况:(CHNT 牌)

汽车继电器、喇叭、开关、电子、传感器五大系列产品

配套及出口情况:主要服务中国一汽、东风、北汽、陕汽、奇瑞、长城、力帆、青年、金龙客车、黄海客车、尼奥普兰、约翰迪尔、巴西 ZM 公司、Doosan 公司等上百家国内外知名企业;远销欧洲、北美洲、南美洲、中东、东南亚等地区

★浙江明冠实业有限公司

地址:浙江省温州市经济开发区金海园区金海一道 433 号
邮编:325011
电话:0577/85857899
传真:85857875
网址:cn. machage. net
电子信箱:zjmg@ machage. net
法定代表人:郑小晚
质量体系:ISO 9001、IATF 16949
产品情况:组合开关、点火开关、汽车电子产品、汽车用各类锁具、曲轴位置传感器、速度传感器等
配套及出口情况:配套的 OEM 公司有日产、卢卡斯等;远销五大洲

★温州科博达汽车部件有限公司

地址:浙江省温州市开发区机场大道 5135 号
邮编:325011
电话:0577/28805888
传真:86523551
网址:www. keboda. com
电子信箱:wzhk@ hua - ke. com
法定代表人:柯桂华
质量体系:IATF 16949、ISO 14001
产品情况:主要产品包括点烟器、卡箍、

预热器等
配套情况：点烟器产品主要客户包括上汽大众、上汽通用、一汽-大众、一汽奥迪等主机厂，配套奥迪 A6、迈腾、帕萨特、斯柯达、君悦、君威等众多车型；卡箍、预热器等产品配套康明斯、潍柴、大柴、玉柴、锡柴等国内外重要客户的多款发动机

★汇润机电有限公司
地址：浙江省温州市甬江路 55 号
邮编：325011
电话：0577/86808059
传真：86808292
网址：www.achr.cn
电子信箱：achr@achr.cn
法定代表人：谢尚伟
质量体系：ISO 9001、IATF 16949
产品情况：（ACHR 牌）
汽车电喷燃油泵、总成、锆芯及车用氧传感器、电动汽车电动机、节气门电动机、永磁无刷电动机、助力转向电动机、机器人电动机等产品
配套及出口情况：与上汽集团、东风郑州日产、一汽轿车、南京依维柯等汽车制造公司实现配套；90% 出口欧美等地区

★浙江超达汽车配件有限公司
地址：浙江省温州市瓯海经济开发区大鹏路 3 号
邮编：325014
电话：0577/86362551
传真：86783577
网址：www.chinachaoda.com
电子信箱：sales@chinachaoda.com
法定代表人：周再权
质量体系：IATF 16949
产品情况：（超达牌）
组合开关、全车锁、点火开关、加油口盖、电喇叭、翘板开关、传感器等
配套及出口情况：为重庆力帆、依维柯、长安、东风、陕汽集团、江淮汽车、北汽福田、时风、五征、黑豹等主机厂配套；远销东南亚、南美洲、中东、北美洲、欧洲

★浙江展邦电子科技有限公司
地址：浙江省温州市瓯海区郭溪街道下屿工业区富泉路 75 号
邮编：325016
电话：0577/56559666、86258100
传真：86258109
网址：www.zapon.com.cn
电子信箱：zapon@zapon.com.cn
法定代表人：刘明中
质量体系：ISO 14001、IATF 16949
产品情况：生产单、双、多层线路板

★浙江万超电器有限公司
地址：浙江省温州市瓯海区瞿溪街道瓯海大道 2898 号
邮编：325016
电话：0577/86261629、86269629
网址：www.wanchao.com.cn
电子信箱：info@wanchao.com.cn
法定代表人：贾永光
质量体系：ISO 9001、IATF 16949
产品情况：（万超牌）
无钥匙进入及起动系统、电动驻车装置总成、组合开关、点火开关、电气电器开关、PEPS 控制器、电子转向锁（ESCL）、智能钥匙一键启动开关、天线、BCM 控制器、TPMS 控制器、TPMS 传感器等
配套情况：是中国一汽、上汽通用五菱、东风柳汽、东风小康、长城汽车、猎豹汽车、比亚迪汽车、中国重汽、北汽银翔、重庆力帆等国内知名汽车厂家的合格供应商

★温州科丰汽车零部件有限公司
地址：浙江省温州市瑞安市塘下镇罗凤西路 588 号
邮编：325024
电话：0577/58883999、13967727733
传真：58883999
网址：www.chinakf.cn
电子信箱：kefengauto@chinakf.cn
法定代表人：侯海详
单位人数：320
质量体系：IATF 16949、ISO 14001
产品情况：汽车发动机系统、变速器系统、底盘系统三大系统涵盖 12 种系列传感器 2000 多个产品型号，品种包括里程表传感器、曲轴位置传感器、凸轮轴位置传感器、爆震传感器、进气压力传感器、温度传感器、节气门位置传感器、ABS 传感器、机油压力传感器、水温传感器等
配套及出口情况：客户有玉柴、潍柴、东风、一汽、东风、博世、春风、武汉菱电、伊朗 SAIPA、美国德尔福等；远销伊朗、美国、东南亚、南非等十几个国家

★温州丰迪接插件有限公司
地址：浙江省温州经济技术开发区滨海二十路 359 号
邮编：325025
电话：0577/86908923－8049、8050
传真：4008266163－40618
网址：www.86fdj.com
电子信箱：hkd@86fdj.com
法定代表人：黄志才
质量体系：IATF 16949
产品情况：汽车蓄电池电线束正负极接头、汽车保险盒、蓄电池电子控制模块、接插件、线夹、扎带、防水塞、电子组件、新能源汽车电池包连接件等九大类 3000 多种汽车零部件产品
配套及出口情况：配套奔驰、奥迪、大众、通用、PSA、福特、东风日产等欧系、美系、日韩系汽车品牌及上汽集团、一汽集团、东风汽车集团、长安集团、广汽集团、吉利集团、北汽集团等国内各大知名汽车品牌制造商；部分产品出口墨西哥、罗马尼亚、匈牙利、韩国、马来西亚、泰国、印度、德国、美国等欧美国家

★浙江科威汽车配件有限公司
地址：浙江省温州经济技术开发区滨海三道 4299 号
邮编：325025
电话：0577/86806757、13868462662
传真：86802297
网址：www.keweichina.com
电子信箱：info@keweichina.com
法定代表人：陈孝坤
质量体系：IATF 16949
产品情况：（昂峰牌）
汽车继电器、点火线圈、控制器、传感器等

★温州市国晟汽车电器有限公司
地址：浙江省温州市滨海工业园区十五路一道白榆路 205 号
邮编：325025
电话：0577/85820885、85820886
传真：85828085
网址：www.wz－gc.com
电子信箱：sales@wz－gc.com
法定代表人：蔡玲玲
单位人数：100
质量体系：IATF 16949
产品情况：以汽车、工程机械等发动机怠速马达、怠速控制阀、节气门位置传感器及其他传感器等系列为主导产品
配套情况：与国内外一级品牌配套

★温州长江汽车电子有限公司
地址：浙江省温州市经济技术开发区滨海园区二道 289 号
邮编：325025
电话：0577/86529609
传真：86527583
网址：www.cncaea.cn
电子信箱：caea@cncaea.cn
法定代表人：诸毅
单位人数：1500
质量体系：IATF 16949、ISO 14001
产品情况：业务覆盖汽车空调控制系统、娱乐控制系统、车身电子控制模块及各类电子电器开关
配套情况：主要为美国通用、德国大众、德国奥迪、上汽通用、一汽-大众、上汽大众、一汽轿车、上海汽车、长安汽车、奇瑞汽车、长城汽车等国内外知名整车制造商供货

★浙江高鹏汽车电器有限公司
地址：浙江省温州市经济技术开发区海城街道华山路 28 号
邮编：325025
电话：0577/85228236
传真：85222055
网址：www.chinagaopeng.net

电子信箱:sale1@ chinagaopeng. net
法定代表人:黄高朋
单位人数:200
质量体系:IATF 16949
产品情况:(高鹏牌)
刮水电动机总成、暖风电动机总成、挡位灯开关、车门内外拉手等系列产品
配套及出口情况:与北汽福田、五征集团、时风集团等多家企业提供装车配套、二次配套等;远销欧美、巴基斯坦、韩国、东南亚、中东等多个国家和地区

★温州中野交通电器有限公司
地址:浙江省温州市瓯海区丽岙镇白门工业区
邮编:325060
电话:0577/85388388、15724206904
传真:85381397
网址:www. wzzhongye. com
电子信箱:2587647571@ qq. com
法定代表人:任中良
单位人数:300
质量体系:IATF 16949
产品情况:(中野牌、彩云飞牌)
汽车、摩托车电喇叭,年生产能力达1000万只
配套及出口情况:为铃木、长安、北汽等配套;出口欧洲、美洲、中东、东南亚等地区

★浙江品之恒汽车配件有限公司
地址:浙江省温州市瑞安经济开发区阁巷新区江南大道139号24幢
邮编:325062
电话:0577/85325685、13388575685
传真:85325696
网址:www. wzpinheng. com
电子信箱:13388575685@ 139. com
法定代表人:周希盛
质量体系:IATF 16949
产品情况:汽车转向柱集成开关系统产品(组合开关、点火开关)
配套情况:成为苏州金龙、厦门金龙、厦门金旅、北汽福田、中通客车、陕西重汽、济南重汽、三一重工等国内各大客、货车企业的一级或二级供应商,并在中华、奇瑞轿车等相关车型上得到了批量应用

★温州市沪泰电子线缆有限公司
地址:浙江省永嘉县乌牛镇工业区
邮编:325103
电话:0577/67397218
传真:67397058
网址:www. china - hutai. com
电子信箱:hutai@ china - hutai. com
法定代表人:孙永南
质量体系:ISO 9001
产品情况:汽车连接线
配套情况:为国内外大中型企业配套

★浙江佳固电器有限公司
地址:浙江省瑞安经济开发区葛乡市东二路178号新小微企业园15号楼
邮编:325200
电话:0577/65098829、65667568
传真:65668139
网址:www. chinajiagu. com
电子信箱:zhejiangjiagu@ 163. com
法定代表人:何邦云
质量体系:IATF 16949、ISO 14001
产品情况:换向器,年产能力8000万只
出口情况:远销美国、日本、韩国、印度等国家

★瑞安市亚星汽车配件有限公司
地址:浙江省瑞安市东山经济开发区上东路818号
邮编:325200
电话:0577/65625263
传真:65600134
网址:www. cnyxqp. com
电子信箱:ruianyaxing@ china. com
法定代表人:陈传茂
单位人数:200
质量体系:ISO 9001、IATF 16949
产品情况:(MAOYI 牌)
刮水器系列配套产品、客车自动外摆式门泵、双内摆式门泵、行李舱盖泵、客车大功率交流发电机、电动车直流永磁无刷电动机、直流他励电动机等系列驱动电动机
配套及出口情况:为苏州金龙、厦门大金龙、厦门小金龙、金华青年、安徽安凯、丹东黄海、聊城中通、郑州宇通、牡丹、友谊、合肥江淮、河南少林、长安胜利、亚星奔驰、成都一汽客车厂、重庆客车厂、江西萍乡客车厂、云南美的客车厂等30多家企业配套;远销欧美、澳大利亚、俄罗斯、乌克兰、印度、东南亚、中东、北非等国家和地区

★浙江汉博汽车传感器有限公司
地址:浙江省瑞安市东山经济开发区上东路901号
邮编:325200
电话:0577/66683101
传真:66683101
网址:www. aborn. cn
电子信箱:sales3@ aborn. cn
法定代表人:叶信荣
质量体系:IATF 16949、ISO 14001
产品情况:(ABORN 牌)
ABS传感器、曲轴位置传感器、凸轮轴位置传感器,年产能达600万只
配套及出口情况:20%为整车厂二次配套;80%产品为美国、德国、英国、巴西等国际知名公司贴牌生产

★温州戴立汽车电器有限公司
地址:浙江省瑞安市国际汽摩配产业基地
邮编:325200
电话:0577/66087337、13967706088
传真:66087337
网址:www. cn - daili. com
电子信箱:daikl@ cn - daili. com
法定代表人:戴克立
质量体系:IATF 16949
产品情况:(宏立牌、戴立牌)
蜗牛喇叭、盆型电喇叭、电控气喇叭三大系列产品为主导
配套及出口情况:为东风汽车公司等国内知名汽车公司配套;出口欧洲、美洲、中东等地区

★浙江辉波蕾汽车部件有限公司
地址:浙江省瑞安市国际汽摩配工业园区双榕路(罗凤)
邮编:325200
电话:0577/25615589
传真:25615587
网址:www. vbrig. com
电子信箱:brad@ vbrig. com
法定代表人:周成伍
单位人数:145
质量体系:ISO 14001、IATF 16949
产品情况:(VBRLG 牌)
汽车点火线圈、继电器、电子闪光器、点火开关等
出口情况:出口美国、俄罗斯、中南非、亚洲、中东

★瑞安市红旗换向器有限公司
地址:浙江省瑞安市锦湖街道进星村礁石工业区建西路2号
邮编:325200
电话:0577/65666959、65675893
传真:65660004
网址:www. cn - redflag. com
电子信箱:webmaster@ red - flag. cn
法定代表人:陈进福
单位人数:350
质量体系:IATF 16949
产品情况:(HJ 牌)
生产各种直流电动机和串激电动机用换向器
配套及出口情况:为许多知名企业配套;远销美国、德国、英国、意大利、越南等国家,并销往中国台湾地区

★浙江卓进电器有限公司
地址:浙江省瑞安市锦湖西岙东路56号
邮编:325200
电话:0577/65666581、65667619
传真:65667619
电子信箱:webmaster@ chinazhuojin. com
法定代表人:吴卓进
质量体系:IATF 16949、VDA 6. 1
产品情况:(卓进牌、卓人牌)
刮水器、汽车暖风机、柴油发动机停油电磁铁以及微型电动机(按摩电动机、车库门电动机)等
配套及出口情况:为北汽福田、上柴动力、新柴动力、诸暨凯达等主机厂配套;出口美国、泰国等国家

★利达机电有限公司
地址:浙江省瑞安市经济开发区大道685号
邮编:325200
电话:0577/65155986
传真:65155988
网址:www.lida-rq.com
电子信箱:master@lida-rq.com
法定代表人:夏克清
质量体系:ISO 9001、IATF 16949
产品情况:(利达牌)
电动机换向器(整流子)、电动工具开关
出口情况:远销日本、东南亚、北美洲、巴西等国家和地区

★瑞安市超声电器有限公司
地址:浙江省瑞安市经济开发区发展区上东路818号
邮编:325200
电话:0577/58818877、65664425
网址:www.csdqc.icoc.cc
电子信箱:hr@ruef.cn
法定代表人:项风华
单位人数:170
质量体系:IATF 16949
产品情况:汽车电磁阀,汽车电喷系统附件,卡扣、接头等汽车配件
配套情况:与德尔福、博世、大陆电子、伟世通、IMI集团、一汽-大众、上汽大众等众多国内外知名企业建立了良好的伙伴关系,是其正式全球供应商

★浙江长城换向器有限公司
地址:浙江省瑞安市经济开发区开发大道511号
邮编:325200
电话:0577/65156888、65156788
传真:65156688
网址:www.chinacgw.cn
电子信箱:cgw@chinacgw.cn
法定代表人:徐建设
质量体系:ISO 9001、IATF 16949
产品情况:(GW牌、CGW牌)
换向器,年产能力1.2亿只
出口情况:远销欧洲、美洲、大洋洲、非洲、东南亚(日本、韩国等)等国家和地区,并销往中国香港、中国台湾地区

★温州华隆汽车电子有限公司
地址:浙江省瑞安市经济开发区上东路1311号
邮编:325200
电话:0577/65517668、65155008
传真:65517838
网址:www.hllb.com
电子信箱:master@hllb.com
法定代表人:林朝楚
质量体系:IATF 16949
产品情况:(华隆路宝牌)
调节器、分电器、燃油泵、电动车控制器
配套情况:为美国机械中心、日本装配、中国台湾NC维修配套

★浙江利丰电器股份有限公司
地址:浙江省瑞安市经济开发区毓蒙路998号
邮编:325200
电话:0577/65607533
传真:65607508
网址:www.chinalifeng.net
电子信箱:lifeng996@chinalifeng.net
法定代表人:张余明
质量体系:ISO 9001、IATF 16949
产品情况:(利丰牌)
钩型、槽型、平面型先进2000多个规格的电动机换向器和集电环,年产能力1亿只
出口情况:产品70%以上远销美国、英国、日本等十几个国家和地区,并销往中国香港、中国台湾地区

★瑞安市天瑞换向器有限公司
地址:浙江省瑞安市潘岱芦浦工业区
邮编:325200
电话:0577/65099298、65067555
传真:65099198
网址:www.tianrui-china.cn
电子信箱:tianrui@tianrui-china.cn
法定代表人:陈瑞晚
质量体系:IATF 16949
产品情况:专业生产电动机换向器(整流子),产品广泛应用于汽车电动机及其他直流电动机上
出口情况:远销欧洲、美洲、东南亚

★浙江凯硕汽车电子有限公司
地址:浙江省瑞安市塘下镇北工业园区时代路431号
邮编:325200
电话:0577/66070902、65299555
传真:66070903
网址:www.zjksu.com
法定代表人:陈步斌
质量体系:IATF 16949
产品情况:汽车点火线圈、汽车电子控制器、进气压力传感器
出口情况:部分产品出口欧洲、美洲、中东、非洲等国际市场

★安固集团有限公司
地址:浙江省瑞安市沿江西路509号
邮编:325200
电话:0577/65672862、65663846
传真:65665949、65669925
网址:www.angugroup.com
电子信箱:angu@angu.com
法定代表人:陈辉
单位人数:1200
质量体系:ISO 9001、IATF 16949
产品情况:(AG牌)
电动机换向器(整流子)产品
配套及出口情况:被日本牧田、韩国LG评为优秀供应商;出口海外市场

★浙江亚伯兰电器有限公司
地址:浙江省瑞安市北工业区万景路588号
邮编:325204
电话:0577/58879778、58879775
传真:58879766
网址:www.yabailan.cn
电子信箱:xiaoshoubu@yabailan.cn
法定代表人:王上聚
单位人数:300
质量体系:IATF 16949
产品情况:(亚伯兰牌)
主要致力于汽车各类电器开关、喇叭、空调娱乐面板、触摸屏等产品
配套及出口情况:主要用户为北汽、众泰、东风小康、比亚迪、沃尔沃等国内外知名主机制造商;远销欧美、中东、东南亚等地区

★浙江松田汽车电机系统股份有限公司
地址:浙江省瑞安市北工业园区大南山北路88号
邮编:325204
电话:0577/65321888、25628888
传真:65335333
网址:www.chinasongtian.com
电子信箱:chief@chinasongtian.com
法定代表人:戴丁松
质量体系:IATF 16949、ISO 14001
产品情况:(松田牌)
散热器风扇、电动玻璃升降器、空调鼓风机总成、刮水器电动机总成、起动机等
出口情况:出口欧洲、美洲、中东等地区

★浙江正田电机制造有限公司
地址:浙江省瑞安市韩田工业区凤凰西路69号
邮编:325204
电话:0577/65379900、65353589
传真:65923338
网址:www.zheng-tian.com
电子信箱:sales@zheng-tian.com
法定代表人:陈进光
质量体系:IATF 16949
产品情况:(正田牌)
汽车交流发电机,年产能力30多万台
出口情况:畅销国外

★浙江亿邦汽车电器有限公司
地址:浙江省瑞安市汽摩配产业基地凤都六路118号
邮编:325204
电话:0577/65355358、65351441
传真:65377441
网址:www.cnyisen.biz
电子信箱:sale@cnyisen.biz
法定代表人:戴福生
质量体系:IATF 16949

产品情况:(大盛牌)

汽车起动继电器,电控断油缸、倒车灯开关、制动灯开关、电子闪光器、排气阀门类、电子控制器、水温感应塞等 20 多个系列产品

配套及出口情况:为多家大型企业配套;远销中东和欧美

★浙江胜王传感科技有限公司

地址:浙江省瑞安市塘下韩田飞凤中路 101 - 123 号

邮编:325204

电话:0577/65383985、13967769251

传真:65369988

网址:www. cenwan. com

电子信箱:master@ cenwan. com

法定代表人:陈晓胜

质量体系:IATF 16949、ISO 9001

产品情况:(胜王牌)

主要产品有压力传感器、位置传感器、温度传感器、液位传感器、速度传感器、雷达传感器、图像传感器等 20 多个系列,共 1 万余品种,覆盖了国内外 4000 余款车型

配套及出口情况:为知名的工程车和重型货车的生产厂家 OEM 配套;远销 50 多个国家和地区

★浙江新特立汽车电器有限公司

地址:浙江省瑞安市塘下花园工业区

邮编:325204

电话:0577/65377828

传真:65369208

网址:www. sintly. com

电子信箱:master@ zjxinteli. com

法定代表人:韩一荣

质量体系:IATF 16949

产品情况:(SINTLY 牌、XARIN 牌)

主要以重型车为主,生产各种汽车用减速型继电器、磁力开关、电磁式电源开关、各种车用电器开关 300 余种产品

配套及出口情况:与国内外知名主机厂、起动机厂家长期合作;部分产品远销中东和欧美

★浙江远征汽摩附件有限公司

地址:浙江省瑞安市塘下罗凤北工业区凤都二路 185 号

邮编:325204

电话:0577/65676666、18357758908

网址:www. yzheng. com. cn

电子信箱:vland23@ 163. com

法定代表人:王永火

单位人数:872

质量体系:IATF 16949、ISO 9001

产品情况:(远征牌、VLAND 牌)

改装 LED 车灯、保险杠等汽车附件

★浙江创佳汽车部件有限公司

地址:浙江省瑞安市塘下罗凤北工业区万景路 728 号

邮编:325204

电话:0577/65532984

传真:65173969

网址:www. chuangjiagroup. com. cn

电子信箱:kjc. wz@ 163. com

法定代表人:陈继开

质量体系:IATF 16949

产品情况:汽车电子、电器开关、点火锁开关,汽车门锁系统、车门铰链、电动玻璃升降器、刮水器总成及柴油机起动熄火控制器等,具有年产各类产品 100 万套的生产能力

配套及出口情况:与江淮汽车、上汽南京跃进、北汽福田、川汽等十几家汽车制造公司建立了良好的配套关系;出口欧洲、美洲、东南亚、中东等地区

★浙江奔泰汽车部件有限公司

地址:浙江省瑞安市塘下镇北工业区凤都二路 185 号 A 幢

邮编:325204

电话:0577/58815519

传真:58815551

网址:www. pentair1. com

电子信箱:sales1@ pentair1. com

法定代表人:王心畅

质量体系:IATF 16949

产品情况:主要从事雾灯、转向盘、行李舱和改装件等汽车零部件

出口情况:远销美国、加拿大、德国、俄罗斯、阿联酋、巴基斯坦、土耳其、日本、韩国、新加坡、马来西亚、泰国等 50 多个国家和地区,并销往中国台湾地区

★浙江固久汽车电器有限公司

地址:浙江省瑞安市塘下镇官渎工业区

邮编:325204

电话:0577/65350380、65361588

传真:65361588

网址:www. gujiu. com

电子信箱:sale@ gujiu. com

法定代表人:戴祥洪

质量体系:ISO 14001、IATF 16949

产品情况:(固久牌)

汽车电喇叭

出口情况:出口欧洲、美洲、中东等地区

★浙江天岳汽车电器有限公司

地址:浙江省瑞安市塘下镇韩田沿河北路 3 号

邮编:325204

电话:13967758979、13587488396

传真:0577/65356126

网址:www. tian - yue. com

电子信箱:tyshu. chang@ 163. com

法定代表人:舒畅

质量体系:IATF 16949

产品情况:(天岳牌)

汽车电动门锁系列、点火开关系列、组合开关系列三大类产品

配套及出口情况:客户有一汽通用轻型商用车、长城汽车、北京汽车制造厂、上汽依维柯红岩商用车、曙光汽车集团、中兴汽车、吉奥汽车、石家庄双环汽车;远销欧美、东南亚、中东地区

★浙江优陆汽车配件有限公司

地址:浙江省瑞安市塘下镇汽摩配工业园区

邮编:325204

电话:0577/65208284、65350229

传真:65387158

电子信箱:sales@ airflowmeter. cn

法定代表人:陈国春

质量体系:IATF 16949

产品情况:(奥神牌)

汽车空气流量器、刮水器电动机、暖风电动机、轿车传感器、张紧器等

★瑞安市阳宇机动车零部件有限公司

地址:浙江省瑞安市塘下镇吴岙新街 107 号

邮编:325204

电话:0577/65365566

传真:65390935

网址:www. rayangyu. com

电子信箱:zora@ rayangyu. com

法定代表人:钟锦考

质量体系:IATF 16949

产品情况:(YANGYU 牌)

汽车节气门位置传感器、怠速控制器、废气再循环阀、节气门体

配套及出口情况:为国内外汽车厂 OEM 配套;出口欧美等地区

★胜华波集团有限公司

地址:浙江省瑞安市新方工业区

邮编:325204

电话:0577/65389888、65363272

网址:www. chinashb. com

电子信箱:sales@ chinashb. com

法定代表人:王上胜

单位人数:2600

质量体系:ISO/TS 16949、QS 9000

产品情况:(胜华波牌)

汽车电动刮水器总成、汽车座椅电动机、发电机、玻璃升降器、其他车用电器、化油器、电动天窗,座椅弯管件、轴类 HDM 及蜗杆等金属件,传感器等各类汽车电动机及零部件

配套及出口情况:为一汽、东风、上汽、北汽、奇瑞汽车、华晨汽车、长安汽车、吉利汽车、江淮汽车、比亚迪汽车、中国重汽、昌河汽车、江铃汽车、福田汽车、长城汽车、长丰汽车、上汽通用五菱、东风柳汽、海马汽车等国内知名企业配套;国外市场主要有北美洲、欧洲、澳大利亚和东南亚;主要客户有佛吉亚、麦格纳、凯斯乐、江森、李尔等,配套(OEM)车型有北美三大公司通用、福特、克莱斯勒,欧洲的大众、雪铁龙、标致雷诺等

★南洋汽摩集团有限公司
地址:浙江省瑞安市新坊工业区
邮编:325204
电话:0577/65379949
传真:65360495
网址:www. nanyangchina. com
电子信箱:trade@ nanyangchina. com
法定代表人:徐艾
单位人数:1400
质量体系:IATF 16949
产品情况:(南洋·星球牌、HONT 牌、SNMOO 牌)
汽车组合开关、汽车用铜、铝制散热器、汽车中冷器、等速万向节(球笼)、汽车暖风机、大客车前独立悬架系统、摩托车套锁及数控精密加工中心
配套及出口情况:与北汽福田、沈阳金杯、陕西欧舒特、安凯公司、一汽青岛、江门大长江、新大洲本田、轻骑铃木、重庆嘉陵、重庆宗申、雅马哈、五羊本田等配套;出口欧洲、南美洲、非洲、中东、东南亚等地区

★浙江瑞鹏电机股份有限公司
地址:浙江省瑞安市经济开发区飞云新区下厂村
邮编:325206
电话:0577/65510000、13356153396
传真:65512222
网址:www. chinaruipeng. com
电子信箱:sales2@ chinaruipeng. com
法定代表人:林建光
质量体系:ISO/TS 16949、VDA 6.1
产品情况:[瑞鹏(RPSY)牌]
主要产品有行星减速电动机、汽车刮水系统、汽车空调电动机、永磁直流电动机、汽车车门电动机及商用电动机等
配套及出口情况:为一汽集团、重汽集团、一汽通用、长安集团、东风集团、陕汽重型、吉奥汽车等 20 余家汽车企业的主机厂配套;部分产品出口欧美、中东等 20 余个国家和地区

★瑞安市南风汽车零部件有限公司
地址:浙江省瑞安市陶山镇曾山工业区
邮编:325206
电话:0577/66609233、66609660
传真:66609211
网址:www. nanfeng - auto. com
电子信箱:nanfeng@ nf - auto. com
法定代表人:南枫
质量体系:IATF 16949
产品情况:专业生产节温器总成、暖水阀、进气歧管、气门室盖

★瑞安市博宇电器有限公司
地址:浙江省瑞安市锦湖街道礁石工业区 1 路 7 号
邮编:325207
电话:0577/65576299、65576958
传真:65576199
电子信箱:boreyu188@ 163. com
法定代表人:李道德
质量体系:IATF 16949、ISO 14001
产品情况:(博宇牌)
电器换向器,年产 2500 万只

★瑞安市瑞鑫电器有限公司
地址:浙江省瑞安市经济开发区飞云新区华顺路 289 号
邮编:325207
电话:0577/65671991、65669995
传真:65661995
网址:www. rx - dq. com
电子信箱:rx@ rx - dq. com
法定代表人:张瑞国
单位人数:300
质量体系:IATF 16949、ISO 14001
产品情况:汽车、摩托车电动机炭刷架和其他配件,年产电动机炭刷架 5000 万只
配套及出口情况:为德国博世、日本日立、本田、美国佩特莱等全球知名汽车、摩托车电动机制造商配套;电动工具电动机碳刷架为德国博世、日本牧田、日立、利优比、中国香港 TTI 等世界知名电动工具制造商配套;远销日本、欧洲、北美洲等国家和地区,并销往中国台湾地区

★浙江琳瑞汽车电器股份有限公司
地址:浙江省平阳县滨海新区阳屿路 26 号
邮编:325400
电话:0577/63791358
传真:63793178
网址:www. wzlinrui. com
电子信箱:linrui@ wzlinrui. com
法定代表人:余风迪
质量体系:IATF 16949
产品情况:(劲松牌)
空调风机及暖风机、散热器、除霜器、加热器等系列配套产品
配套及出口情况:为青年汽车金华亚曼车辆、柳州五菱工业、安徽安凯车辆等配套;远销俄罗斯、东南亚、非洲、北美洲、中东等国家和地区

★飞鹏车辆配件有限公司
地址:浙江省平阳县宋桥镇孙楼工业区
邮编:325400
电话:0577/58118876、58118860
传真:63775990、63775986
网址:www. globalfeipeng. com
电子信箱:sales@ globalfeipeng. com
法定代表人:叶鹏
质量体系:IATF 16949
产品情况:(飞鹏牌)
大功率刮水器总成、大功率整体式交流发电机与多速电磁风扇离合器,年生产能力均达 20 万台(套)以上,同时生产各种其他汽车配件
配套及出口情况:与国内金龙、宇通、安凯、中通、上汽通用等 30 多家主机厂配套;出口印度、新西兰、泰国、波兰、以色列、埃及、西班牙、土耳其、巴西、新加坡、德国等 20 多个国家,并销往中国台湾地区

★平阳县纯德汽车配件有限公司
地址:浙江省平阳县万全镇郑楼礼品园区
邮编:325400
电话:0577/63771258、13506577718
传真:63772778
网址:www. chundeqp. com
电子信箱:chundeqipei@ 126. com
法定代表人:陈如钦
质量体系:IATF 16949
产品情况:(纯德牌)
汽车玻璃升降器开关、空调控制器、倒车后视镜、汽车组合开关等
出口情况:远销海外市场

★温州市年格汽车配件有限公司
地址:浙江省温州市平阳县郑楼工业区
邮编:325400
电话:0577/63771898
传真:63770658
网址:china - niange. com
电子信箱:jinaoyu123@ 163. com
法定代表人:蔡丰余
质量体系:IATF 16949
产品情况:(远球牌)
刮水电动机总成、刮水电动机以及各种直流电动机等
配套及出口情况:为河北少林客车、苏州金龙客车、中通客车等配套;远销英国、法国、西班牙、俄罗斯、韩国、印度尼西亚、泰国、沙特阿拉伯、埃及、土耳其、伊朗、澳大利亚、新西兰、哥伦比亚、厄瓜多尔、加拿大等国家

★温州沪宏汽车电器有限公司
地址:浙江省平阳县郑楼万全工业区万盛路 1 号
邮编:325409
电话:0577/63176228、63176226
传真:63176229
电子信箱:master@ wzhuhong. com
法定代表人:王爱和
质量体系:IATF 16949
产品情况:汽车刮水电动机、暖风电动机、洗涤器系列产品
配套及出口情况:为山东时风集团、山东五征集团、东风汽车、北汽福田等配套;远销俄罗斯、美国、印度、中东等国家和地区

★浙江顺加汽车配件有限公司
地址:浙江省平阳县万全轻工基地机械园经三路 1 号
邮编:325499
电话:0577/63839999、13506569656
网址:www. seineca. com
法定代表人:蔡星原
质量体系:IATF 16949

产品情况：（SEINECA 顺加牌）

主要生产 ABS 制动传感器、曲轴位置传感器、节气门传感器、进气压力传感器、车速传感器、爆震传感器、凸轮轴传感器等汽车传感器产品

出口情况：远销北美洲、南美洲、中东、非洲等地区

★浙江利未机电科技有限公司

地址：浙江省温州市平阳县滨海新区阳屿路万洋众创城 F09－13
邮编：325499
电话：13906875335、13587528082
传真：0577/58186669
网址：www. liwei－motor. com
电子信箱：zhejianglevi@ 163. com
法定代表人：薛春海
质量体系：IATF 16949
产品情况：汽车电动玻璃升降器电动机、遮阳篷电动机、刮水器电动机、客车门泵电动机、工程车油泵电动机、推杆电动机等系列电气传动产品，年产配套能力 100 万只
配套及出口情况：为依维柯、江淮、宇通等配套；远销美国、意大利等国家

★浙江卓派电气有限公司

地址：浙江省乐清市产业功能园永和二路 8 号
邮编：325600
电话：0577/62125666
传真：62125111
网址：www. zhop. cn
电子信箱：zjzp@ zhop. cn
法定代表人：李丹
质量体系：IATF 16949
产品情况：（ZHOP 牌）

汽车、摩托车电气线路的接插件、端子、熔断丝盒、熔断器等产品

出口情况：远销欧洲、美国、澳大利亚等 10 多个国家和地区

★国威科技有限公司

地址：浙江省乐清市经济技术开发区中心大道
邮编：325600
电话：0577/62666999、62666668
传真：62666680
电子信箱：business@ kuwe. com. cn
法定代表人：陈俐
质量体系：IATF 16949、QS 9000
产品情况：（V-HAND 牌）

汽车车身控制器（BCM）、汽车 CD、收音机、无钥匙门禁系统（PKE）、遥控中控（RKE）、可视倒车雷达（带蓝牙）（RPA）、组合开关、转向锁、全车锁芯、全车小开关、门锁机构等系列产品

配套及出口情况：为一汽-大众、上汽大众、上海汽车、一汽集团、一汽海马、东风集团、长安汽车、现代华泰、华晨汽车、奇瑞汽车、东南汽车、上汽通用五菱、天津一汽夏利、吉利汽车、长安铃木、长城汽车、比亚迪公司、江铃控股等全国数十家大型汽车厂配套；并与美国 MTD、日本铃木、德国大众、伊朗德塔米克斯等国际大公司建立合作关系

★金谷汽车部件有限公司

地址：浙江省乐清市经济开发区纬二十路 278 号
邮编：325600
电话：0577/62995178、62991135
传真：62981134
网址：www. gvei. cc
电子信箱：gvei@ gvei. cc
法定代表人：陈丽洁
质量体系：IATF 16949、ISO 14001
产品情况：汽车插件、ECU、线束等
配套情况：已获得多家知名主机厂认可

★乐清市红星辰电子有限公司

地址：浙江省乐清市天成工业园区
邮编：325600
电话：0577/62307272、62306555
传真：62307271
网址：www. zchase. com
电子信箱：hsq@ hxtelec. com
法定代表人：赵章财
质量体系：ISO 9001、IATF 16949
产品情况：电连接器、接插件和端子、FFC/FPC 高频电缆连接器等系列产品
出口情况：远销欧美、东南亚

★温州益能电器有限公司

地址：浙江省乐清市磐石镇重石工业区重石新路 47 号
邮编：325602
电话：0577/62843679、62845785
传真：62849785
网址：www. yn－china. com
电子信箱：webmaster@ yn－china. com
法定代表人：葛相益
质量体系：IATF 16949
产品情况：塑件、端子、护套、线束，汽车专用复合型针座及模具
配套及出口情况：为一汽集团、东风汽车公司、奇瑞汽车、吉利汽车、江淮汽车、天海集团等配套；远销日本、韩国、东南亚、欧洲等国家和地区

★浙江美硕电气科技股份有限公司

地址：浙江省乐清市磐石镇重石工业园区
邮编：325602
电话：0577/62518886、62518811
传真：62518821
网址：www. msrelay. cn
电子信箱：sales@ msrelay. com
法定代表人：黄晓湖
质量体系：ISO 9001、IATF 16949
产品情况：汽车继电器等

★白象电机有限公司

地址：浙江省乐清市温州大桥工业园内
邮编：325603
电话：0577/62866559、62882297
传真：62888865
网址：www. china－wiper. com
电子信箱：yite@ china－wiper. com
法定代表人：蒋瀛
质量体系：ISO 9001、IATF 16949
产品情况：（白象牌、异特牌）

汽车、工程车、摩托车、特种车刮水器以及各种刮水器电动机和直流电动机

配套及出口情况：为各大主机厂配套；出口欧洲、美洲、澳大利亚、日本、韩国、中东、东南亚等地区

★浙江威想电器有限公司

地址：浙江省乐清市柳市新光工业区西岙路 18 号
邮编：325604
电话：0577/61716688、62796666
传真：61716588
网址：www. yqwx. cn
电子信箱：yqwx@ yqwx. cn
法定代表人：陈仁连
质量体系：IATF 16949
产品情况：生产汽车电动机用炭刷、刷架、机壳等配件，年生产能力达 5 亿只
配套及出口情况：为美国礼恩派集团、广汽零部件等国内外知名电动机厂商提供专业配套；远销亚洲、北美洲、欧洲等地区

★浙江人禾电子有限公司

地址：浙江省乐清市柳市镇象阳工业区德宇路
邮编：325604
电话：0577/61988777、15868025551
传真：61988711
网址：www. r－hi. cn
法定代表人：杨从稷
质量体系：ISO 9001、IATF 16949
产品情况：（RHI 牌）

PVC 浸塑系列有接线端子护套、线束用接插件软护套、末端保护套、电池正负极保护套、线缆护套、五金类保护套等，新能源事业部的产品有电池连接铜排以及护套、接线端子以及护套、电瓶夹以及护套

出口情况：电池出口欧美、大洋洲、新加坡等国家和地区，并销往中国台湾地区

★温州嘉特汽车电器有限公司

地址：浙江乐清市柳市排岩头东工业区
邮编：325605
电话：0577/61676555、62729266
传真：62679055
网址：www. cncjt. com
电子信箱：cncjt@ cncjt. com
法定代表人：翁浩汉
质量体系：IATF 16949
产品情况：专业生产汽车、摩托车、家电用的各种接插件、熔断丝盒、中央配电装置、保险片等

★神奇电碳集团有限公司
地址:浙江省乐清市七里港工业区
邮编:325605
电话:0577/62670000、62671111
传真:62671208
网址:www.sunki.cn
法定代表人:虞春生
单位人数:1000
质量体系:ISO 9001
产品情况:(SUNKL 牌)
汽车、摩托车用电刷及其刷架总成、电动工具电刷、工业牵引电刷、电动机滑环及高纯石墨、石墨密封环等
出口情况:远销 40 多个国家和地区

★温州意华接插件股份有限公司
地址:浙江省乐清市翁垟街道华星路意华新园区
邮编:325606
电话:0577/57101988、57100720
传真:62815159
网址:www.czt.cn
电子信箱:sales@czt.com.cn
法定代表人:陈献孟
质量体系:ISO 14001、ISO 9001
产品情况:汽车电子连接线束等配套产品

★浙江泰康电子有限公司
地址:浙江省乐清市翁垟镇祥安北路
邮编:325606
电话:0577/62812222、62815559
传真:62812318
网址:www.taiking.cn
电子信箱:taiking@taiking.cn
法定代表人:陈金澄
质量体系:ISO 9001、IATF 16949
产品情况:(TAIKING 牌)
开关、电连接器、装饰件、机加工件等产品
配套及出口情况:为上汽大众、上汽通用、一汽、美国通用、美国福特、奥托立夫、法国弗吉亚、日本久保田、吉利、长城、奇瑞等公司配套;出口海外市场

★乐清市星火汽车电子有限公司
地址:浙江省乐清市淡溪第二工业区
邮编:325608
电话:0577/62396888
传真:62396777
网址:www.xinghuo.com
电子信箱:xinghuo@xinghuo.com
法定代表人:夏宣林
质量体系:IATF 16949、ISO 14001
产品情况:汽车电器开关、线束连接器、电子钟、传感器、中央控制模块、微动开关及各类插座等
配套情况:为上海德科电子仪表、浙江恒科电子、浙江新星光电、广州霍尼韦尔摩擦材料、延锋伟世通怡东汽车仪表、哈尔滨航天科技控股集团、深圳万德仕电子、广州国光电器集团等企业配套

★浙江通升电子有限公司
地址:浙江省乐清市淡溪镇第二工业区
邮编:325608
电话:0577/62395789、62395799
传真:62395787、62395887
网址:www.tscn.com.cn
电子信箱:ts@tscn.com.cn
法定代表人:陈锡通
质量体系:IATF 16949、ISO 14001
产品情况:车用连接器系列塑件、压接端子、线束及模具制造,产品广泛应用于车载音响、娱乐连接、一键起动、舒适进入、新能源线束、智能远程及汽车周边线束配套等领域

★浙江安欣电业有限公司
地址:浙江省乐清市虹桥镇四都工业区
邮编:325608
电话:0577/61302675
传真:61302676
网址:www.china-ax.com
电子信箱:zhejianganxin@163.com
法定代表人:黄安
质量体系:ISO 9001、ISO 14001
产品情况:汽车及摩托车系列连接器、压接端子、橡胶件、轻触开关、电源开关
出口情况:出口欧洲、东南亚等地区

★大明电子有限公司
地址:浙江省乐清市虹桥镇西工业区 M-1 号
邮编:325608
电话:0577/62316688
传真:62316788
网址:www.daming.com
电子信箱:daming@daming.com
法定代表人:周明明
质量体系:OHSAS 18001、ISO 14001
产品情况:(大明牌)
年产开关 500 万套、空调面板 150 万套、收放机面板 200 万套
配套及出口情况:主要客户长安集团、上汽、江淮汽车、比亚迪、华晨汽车、北汽、广汽长丰、沈阳三电、延锋伟世通、空调国际、长城汽车、江铃控股、武汉神龙、吉利等;国外主要客户有日本铃木、韩国斗源、韩国起亚、伊朗 SPCO

★钻宝电子有限公司
地址:浙江省乐清市虹桥镇溪西工业园区
邮编:325608
电话:0577/62337888
传真:62335588
网址:www.zuanbao.com
电子信箱:sales@zuanbao.com
法定代表人:包秀峰
单位人数:800
质量体系:ISO 14001、ISO 9001
产品情况:(钻宝牌、ZUANBAO 牌)
电子元件(插座、连接器类)、发电机(励磁、永磁)、风力发电机(配套照明 LED)等
出口情况:出口欧洲、美洲、东南亚等地区

★温州奥海电气有限公司
地址:浙江省乐清市虹桥镇信岙工业区信达路 5 号
邮编:325608
电话:0577/62302381
传真:62302382
网址:www.chinaaohai.cn
电子信箱:sale1@chinaaohai.com
法定代表人:赖海潮
质量体系:IATF 16949
产品情况:车用端子、接插件、保险盒、针座、软护套、防水塞以及各类型异形件等
出口情况:出口东南亚、欧洲、南北美洲等地区

★浙江致威电子科技有限公司
地址:浙江省乐清市虹桥镇幸福东路 1077 号
邮编:325608
电话:0577/62337777
传真:62337333
网址:www.zwelec.com
电子信箱:zsx@zwelec.com
法定代表人:赵顺荣
单位人数:400
质量体系:IATF 16949、ISO 14001
产品情况:汽车熔断丝盒总成、新能源汽车 AC 和 DCDC 车载充电接口、随车充电器等汽车电子电力分配与电源管理系列产品
配套情况:为上汽通用、上汽通用五菱、上汽集团、福特、马自达、一汽-大众、众泰汽车、北京汽车、吉利汽车、沃尔沃等配套

★合兴汽车电子股份有限公司
地址:浙江省乐清市虹桥镇幸福东路 1098 号
邮编:325608
电话:0577/62335511
传真:62335522
网址:www.cwb.com.cn
电子信箱:cwb@cwb.com.cn
法定代表人:陈文葆
单位人数:2500
质量体系:IATF 16949、ISO 14001
产品情况:(CWB 牌)
汽车电器电子、电子连接器和终端低压电器配件
配套及出口情况:主要客户有上汽通用、长城汽车、中华汽车、联合汽车电子、博世、大陆等;在北美洲、欧洲、亚洲都设有公司和营销办事处

★浙江合兴电子元件有限公司
地址:浙江省乐清市虹桥镇幸福东路

1098 号
邮编:325608
电话:0577/62312253
传真:62313682
网址:www. cwb. com. cn
电子信箱:cwb@ cwb. com. cn
法定代表人:陈文义
质量体系:IATF 16949、ISO 14001
产品情况:汽车线束、传感器部件、汽车连接器产品
配套及出口情况:产品分别在上汽通用、上汽大众、一汽-大众、长安等汽车上大量使用;与大陆、德尔福、博世、伟世通等国际知名企业建立了良好的合作伙伴关系

★浙江程逸汽车电器有限公司
地址:浙江省乐清市清江镇南塘三江工业区
邮编:325608
电话:0577/62368299、62362300
传真:62358299
网址:www. cyelec. com. cn
电子信箱:cyelec@ 163. com
法定代表人:周晓霞
质量体系:IATF 16949
产品情况:各种前照灯调节器、空调风量开关及 AC 开关、电动窗开关、电动座椅开关、组合开关、线束、灯具等各类汽车电器开关
配套情况:为湖北中生、湖北法雷奥、湖北开特、长安汽车配套

★浙江康信汽车电器有限公司
地址:浙江省乐清市石帆镇朴湖工业区
邮编:325608
电话:0577/61380777
传真:61381700
网址:www. kxeswitch. com
电子信箱:info@ conshion. com
法定代表人:倪月菊
质量体系:IATF 16949、ISO 9001
产品情况:（KXE 牌）
汽车开关、汽车继电器、汽车控制模块、汽车连接器、车速传感器、汽车中控锁、汽车喷水电动机、汽车熔断丝等系列产品
出口情况:远销欧美、中东、东南亚等 100 多个国家和地区

★浙江科锋汽车电器有限公司
地址:浙江省苍南县灵溪镇苍南工业区建兴东路
邮编:325800
电话:0577/68005188、65182009
传真:65261608、68005118
网址:www. kefon. com
电子信箱:cl@ kefon. com
法定代表人:陈棉余
质量体系:IATF 16949
产品情况:（科峰牌）
交流电动机、驾驶室举升电动机、玻璃升降器、刮水器连动杆、组合开关、水泵等
配套情况:为福田、奇瑞、上汽通用五菱、重汽配套

安徽省

★合肥诚辉电子有限公司
地址:合肥市高新区香樟大道 168 号科技实业园 C2 栋
邮编:230018
电话:0551/65370435
传真:65370439
网址:www. lcdch. com
电子信箱:lcd－ch@ 163. com
法定代表人:杜浩
质量体系:ISO 9001、IATF 16949
产品情况:（诚辉牌）
LCD、LED、LCM, TFT:3. 5 英寸、5 英寸、7 英寸、10. 1 英寸、12. 3 英寸;用于汽车及摩托车的液晶仪表显示器等

★安徽通宇电子股份有限公司
地址:合肥市高新技术产业开发区机电产业园丰乐河路
邮编:230088
电话:0551/65367560、18956096560
传真:65318237
网址:www. tongyudz. com
电子信箱:tongyudianzi@ vip. 163. com
法定代表人:秦少华
质量体系:IATF 16949、ISO 14001
产品情况:汽车车身控制系统包含车身控制器、智能接线盒、电动座椅控制单元、后视镜控制单元、发动机防盗控制单元、遥控钥匙、座椅调节开关等;汽车智能中控系统包含汽车通信信息娱乐系统(telematics);汽车主动安全辅助系统(ADAS 系统)包含前视防撞预警、车道偏离报警系统、360°全景行车系统、胎压报警系统、前装行车记录仪等
配套情况:与一汽、江淮、东风、华晨、比亚迪、戴姆勒等国内整车厂商建立了良好的合作关系

★合肥佳讯精密机械制造有限公司
地址:合肥市高新区杨林路 11 号
邮编:230088
电话:0551/65393746
传真:65393746
网址:www. js－oap. com
电子信箱:sales@ jiasun. net
法定代表人:张淑萍
质量体系:IATF 16949
产品情况:汽车发电机超越皮带轮产品

★合肥晟泰克汽车电子股份有限公司
地址:合肥市经济技术开发区合掌路 27 号
邮编:230601
电话:0551/65735707
传真:65735701
网址:www. hfstk. com
电子信箱:stk@ hfstk. com
法定代表人:许永华
质量体系:IATF 16949、ISO 9001
产品情况:倒车雷达、控制器、里程表传感器、泊车辅助系统、胎压监测系统、汽车转向防盗装置、传感器、摄像头、新能源电子等汽车电子产品
配套情况:为江淮、奇瑞、吉利、日产、东风、上汽、北汽、众泰等主机厂配套

★合肥创佳汽车电器有限公司
地址:合肥市经济技术开发区始信路 118 号
邮编:230601
电话:0551/63825602
传真:63825602
网址:www. chuangjiagroup. cn
法定代表人:陈继开
质量体系:IATF 16949、ISO 14001
产品情况:刮水器总成、电动玻璃升降器总成、洗涤器总成以及各型继电器、组合开关、汽车门锁、车门铰链、熄火控制器、点火锁等
配套情况:为安徽江淮、山东五征、南京跃进、川汽集团等十几家汽车制造厂定点配套

★安徽森力汽车电子有限公司
地址:合肥市经济技术开发区紫云路与蓬莱路交叉口
邮编:230601
电话:0551/67109768、67109801
传真:67109780
网址:www. ahsenli. com. cn
法定代表人:翟平
质量体系:IATF 16949
产品情况:汽车收音机系列、导航功能的 MP5、360 全景、行驶记录仪、倒车后视摄像头、流媒体后视镜等六大类,40 多个产品
配套情况:为江淮、奇瑞、合肥昌河、浙江众泰等多个汽车制造厂配套

★合肥蓝海电子科技有限公司
地址:合肥市长丰县双凤经济开发区梅冲湖路 31 号
邮编:231131
电话:0551/66395860、66395870
传真:66395860
网址:www. lanhaihf. com
电子信箱:sales@ lanhaihf. com
法定代表人:许光
质量体系:IATF 16949、ISO 14001
产品情况:燃油传感器、尿素传感器、雨量传感器、压力传感器、液位传感器、转速传感器、速度传感器、货车用三卡加油口盖等商用车用系列传感器
配套及出口情况:终端客户有一汽、东风、北汽福田、陕西重汽、宇通汽车、苏州金龙、厦门金龙、江淮汽车等;国外客户有 VOLVO、IVECO、DAF MAN

★合肥邦立电子股份有限公司
地址:合肥市高新区柏堰科技园香蒲路3号
邮编:231202
电话:0551/63846506、63846505
传真:65328714
网址:www.hfbldz.com
法定代表人:方锡邦
质量体系:IATF 16949、ISO 14001
产品情况:(工大邦立牌)
燃油传感器、ABS 轮速传感器、汽车车身控制器、车内换气控制系统、汽车天线放大器、EGR 位置传感器、汽车挡位传感器、整车线束等八大系列产品
配套情况:为东风汽车、北汽福田、江淮汽车、华菱汽车、奇瑞汽车等国内知名企业配套

★ 安徽昊方机电股份有限公司

地址:安徽省蚌埠市高新技术开发区长青南路1288号
邮编:233010
电话:0552/2155999
网址:www.hofo-em.com
电子信箱:general@hofo-em.com
法定代表人:杜朝晖
质量体系:IATF 16949、OHSAS 18001、ISO 14001
产品情况:(HOFO 牌)
汽车空调电磁离合器
出口情况:远销欧美、日本等市场;与法国法雷奥、美国德尔福、韩国汉拿等国际采购巨头有深层次合作
☞详细情况请参阅彩色宣传版面

★安徽祈艾特电子科技股份有限公司
地址:安徽省蚌埠市高新区兴旺路558号
邮编:233010
电话:0552/4116116、4111176
传真:4116117
网址:www.saihua.net.cn
电子信箱:bbshdz@163.com
法定代表人:吴凤静
质量体系:IATF 16949
产品情况:主导产品为汽车点火控制电路、点火控制模块、点火控制线圈三大类共计100多个品种
出口情况:远销北美洲、东南亚,并销往中国台湾地区

★蚌埠市双环电子集团股份有限公司
地址:安徽省蚌埠市兴中路818号
邮编:233010
电话:0552/4093010、3088882
传真:3063777
网址:www.doublecircle.com
电子信箱:xudongli@doublecircle.com
法定代表人:李福喜
质量体系:ISO 9001、IATF 16949
产品情况:(双环牌)
各类电阻器、电感器、继电器等电子元件以及 PDU、BDU 等汽车电子产品,产品应用于汽车电子、新能源、充电桩、电动汽车等领域
配套情况:汽车电阻为上汽大众和美国通用汽车配套

★安徽湛蓝光电科技有限公司
地址:安徽省宿州市经济技术开发区金江三路南侧
邮编:234000
电话:0557/3239383、4008220032
传真:3239308
电子信箱:info@ledazure.com
法定代表人:江向东
质量体系:IATF 16949
产品情况:具有年产 LED 灯珠2亿颗,LED 汽车用灯30万只的生产能力

★安徽赛宇汽车部件有限公司
地址:安徽省淮北市濉溪县濉芜现代产业园区
邮编:235000
电话:0561/6863868
传真:6863568
网址:www.china-salion.com
电子信箱:plugwire05@china-salion.com
法定代表人:陈隐慧
质量体系:IATF 16949
产品情况:专业生产各类汽车高压线总成及相关高压线零部件
出口情况:远销欧洲、亚洲、俄罗斯、中东、南美洲、北美洲等国家和地区

★安徽力普拉斯电源技术有限公司
地址:安徽省淮北市濉溪县经济开发区女贞路1号
邮编:235100
电话:0561/6063319
网址:www.leoch.com
电子信箱:officeah@leoch.com
法定代表人:董磊
质量体系:ISO 14001、ISO 9001
产品情况:阀控式铅酸免维护蓄电池

★安徽理士电源技术有限公司
地址:安徽省濉溪经济开发区迎春路1号
邮编:235100
电话:0561/6061333
网址:www.leoch.cn
电子信箱:officeah@leoch.com
法定代表人:李纪清
质量体系:IATF 16949、ISO 9001
产品情况:(理士牌)
各类蓄电池、车用电池、锂电池等

★安徽新能电源科技有限公司
地址:安徽省界首市田营循环经济工业区
邮编:236510
电话:0558/4739800
网址:www.xinnengpower.com
电子信箱:13706890004@qq.com
法定代表人:刘伯平
质量体系:ISO 9001
产品情况:(王品牌)
密闭铅酸蓄电池、蓄电池壳、极板加工
出口情况:向美洲、欧洲、澳大利亚、非洲、亚洲等全世界100多个国家和地区的客户提供优质电池

★安徽省天富电子(集团)有限公司
地址:安徽省天长市永福东路888号
邮编:239300
电话:0550/2392255、2382188
网址:www.tianfu.cc
电子信箱:tianfu@tianfu.cc
法定代表人:赵士明
单位人数:900
质量体系:ISO 9001
产品情况:汽车干式点火线圈等

★天长市天峰机电科技有限公司
地址:安徽省天长市金集汽车配件产业园
邮编:239352
电话:0550/7949977、7949988
传真:7949638、7949666
网址:www.tianfengjidian.com
电子信箱:kefu@tianfengjidian.com
法定代表人:冯善琴
质量体系:ISO 9001
产品情况:各类起动电动机及配件
配套及出口情况:适用及配套国内主要柴油机厂家如上柴、淮柴、宣工、扬柴、重发、杭发的起动电动机20多个品种;出口欧洲、美洲及东南亚地区

★芜湖安瑞光电有限公司
地址:安徽省芜湖经济技术开发区凤鸣湖北路11号
邮编:241000
电话:0553/5203088
传真:5907928
网址:www.myanrui.com
电子信箱:sales@myanrui.com
法定代表人:林科闯
质量体系:IATF 16949、ISO 14001
产品情况:现拥有年产250万套汽车整车汽车灯具及1000KK 全色系 LED 封装产品的生产能力

★大陆汽车车身电子系统芜湖有限公司
地址:安徽省芜湖经济开发区天柱山路18号
邮编:241000
电话:0553/7539802、5654243
网址:www.continental-automotive.cn
电子信箱:jiaojiaoli@continental.com.cn
法定代表人:汤恩
质量体系:IATF 16949
产品情况:汽车仪表零部件、装饰、采暖、通风和空调控制单元、中控辅助显示、彩色抬头显示器、功能型注塑部件等

★ 芜湖瑞昌电气系统有限公司

地址:安徽省芜湖市经济技术开发区凤鸣湖北路 36 号
邮编:241000
电话:0553/5312770
传真:5317378
网址:www. kwelec. com
电子信箱:rcdq@ kwelec. om
法定代表人:张建仁
单位人数:300
质量体系:IATF 16949
产品情况:主要生产汽车整车线束
配套及出口情况:主要客户是奇瑞汽车,并给集瑞联合重工、万向电动车批量供货;出口瑞虎 3X(A13T)整车线束、新 QQ(J00)整车线束 10000 套/年

☞ 详细情况请参阅彩色宣传版面

★芜湖致通汽车电子有限公司

地址:安徽省芜湖市经开区衡山路 35 号 A 座 8 楼
邮编:241000
电话:0553/5932353
传真:5932509
网址:www. cngve. com
电子信箱:sales@ cngve. com
法定代表人:许英哲
质量体系:IATF 16949
产品情况:汽车电子传感器、电子功能模块及电子控制系统等系列产品,已建成具备年产 100 万套汽车电子产品的生产场地

★博世汽车部件(芜湖)有限公司

地址:安徽省芜湖市鸠江经济开发区官陡门路 88 号
邮编:241000
电话:0553/2967050
网址:www. bosch. com
电子信箱:fang. liu2@ cn. bosch. com
法定代表人:Daquan Xu
质量体系:ISO 14001、ISO 9001
产品情况:汽车多媒体产品和车载无线终端产品

★芜湖博康机电有限公司

地址:安徽省芜湖市鸠江经济开发区徽州路 82 号
邮编:241000
电话:0553/5312859
传真:5870926
网址:www. wuhubokang. com
电子信箱:commercial01. bkjd@ bokang-group. com
法定代表人:朱忠民
质量体系:IATF 16949、ISO 9001
产品情况:生产汽车零部件线束、新能源汽车线束、汽车塑料饰品、汽车电动座椅开关等汽车零部件(配套)产品;年大约生产 1000 万根各类汽车零部件线束
配套情况:终端客户包括奔驰、东风标致、奇瑞、奇瑞捷豹路虎、众泰汽车、沃尔沃汽车、郑州日产、奇瑞新能源、吉利汽车、长城汽车、大众汽车、长丰猎豹、海马汽车、长安汽车、东风汽车、蔚来汽车、上汽通用、上汽大通、一汽、北京汽车等

★芜湖杰诺瑞汽车电器系统有限公司

地址:安徽省芜湖市鸠江区永昌路 79 号
邮编:241000
电话:0553/8298942、8298969
传真:8298990
网址:www. whgnr. com
电子信箱:dongzhixiong@ whgnr. com
法定代表人:曾庆平
质量体系:ISO 9001、IATF 16949
产品情况:汽车起动机、发电机和新能源驱动电动机及控制器系统
配套及出口情况:主要顾客有奇瑞、上汽通用五菱、江淮、云内动力、北汽福田、福泰动力、AVTOVAZ 等诸多客户;发电机批量出口东欧、美国、大洋洲、韩国等售后市场

★芜湖天海电装有限公司

地址:安徽省芜湖市弋江区高新技术开发区
邮编:241000
电话:0553/3021688、2307878
电子信箱:2524748456@ qq. com
法定代表人:张景堂
质量体系:IATF 16949、QS 9000
产品情况:连接器系统、电线束系统、汽车电子系统
配套情况:配套奇瑞、上汽、众泰等厂家

★安徽凯迪电气有限公司

地址:安徽省芜湖市高新区漳河路 28 号
邮编:241000
电话:0553/5717020
传真:5717020
网址:www. kaidiele. com
法定代表人:张强
质量体系:ISO 14001、IATF 16949
产品情况:接插器、电气盒、制动系统报警器、汽车仪表件、保险器、塑胶件、金属件
配套及出口情况:为一汽、奇瑞、江淮、厦门金龙、莱尼线束系统、石家庄泰明顿摩擦材料有限公司等大型汽车厂家和配套厂家服务;部分产品已出口东南亚、澳大利亚等国家和地区

★芜湖双林汽车部件有限公司

地址:安徽省芜湖市鸠江经济开发区徽州路 159 号
邮编:241007
电话:0553/5886550
网址:www. shuanglin. com
法定代表人:刘旭东
质量体系:ISO 14001、IATF 16949
产品情况:点火线圈及汽车饰件
配套情况:主要配套客户包括联合汽车电子、长城等

★昌辉汽车电气系统(安徽)有限公司

地址:安徽省芜湖市鸠江经济开发区万春西路 158 号
邮编:241007
电话:0553/5968911
传真:5968910
网址:www. changhui. com
电子信箱:chwhxs@ changhui. com
法定代表人:王进丁
质量体系:IATF 16949
产品情况:汽车车身控制器、汽车电子传感器、汽车智能开关、汽车车窗智能防夹系统等汽车电子产品

★芜湖伯特利电子控制系统有限公司

地址:安徽省芜湖市经济技术开发区泰山路 19 号
邮编:241009
电话:0553/5669307、5681185
传真:5669288
电子信箱:investor@ btl – auto. com
法定代表人:陈忠喜
质量体系:IATF 16949、ISO 9001
产品情况:制动防抱死系统、电子稳定性控制系统、汽车惯量传感器
配套情况:已成为奇瑞汽车公司选定的战略发展供应商

★纬湃汽车电子(芜湖)有限公司

地址:安徽省芜湖市经济技术开发区银湖北路 27 号
邮编:241009
电话:0553/5654243
网址:www. conti – online. com
法定代表人:史森
质量体系:ISO 14001、IATF 16949
产品情况:主要生产电子节气门体、空气控制阀 、数字线性执行器 、电子废气再循环控制阀、直流电动机、燃油系统、油位传感器、燃油泵、UDA 泵等产品
配套及出口情况:为一汽集团、上汽集团、华晨集团、广汽集团、中国重汽、陕汽、奇瑞、江淮、吉利、长城、神龙汽车、上汽大众、一汽-大众、上汽通用、上汽通用五菱、北京现代、北京奔驰、北汽福田、北奔重汽、华晨宝马、南汽、长安铃木、长安福特等供货;出口 10 多个国家,供应包括通用大宇、日本铃木等国外用户

★埃泰克汽车电子(芜湖)有限公司

地址:安徽省芜湖市经济技术开发区银湖北路 48 号
邮编:241009
电话:0553/5663258
传真:5663221
网址:www. atech – automotive. com
电子信箱:xuanqiang. shu@ atech – auto-

motive. com
法定代表人:Chen Zejian
质量体系:IATF 16949、ISO 14001
产品情况:(ATECH 牌)
车身控制器(BCM)、新能源汽车电子产品(ISG/BMS)、车载音响产品(前装/后装)、车载信息服务产品、PEPS、车载空气净化器、遥控钥匙、空调控制器、汽车传感器、空挡开关等高技术含量的汽车电子产品
配套情况:目前配套的客户包括奇瑞、长安、北汽、众泰、长城、力帆等国内各大主机厂

★宁国金鑫电机有限公司
地址:安徽省宁国市染坊路28号
邮编:242300
电话:0563/4182998
传真:4180555
网址:www. ngjinxin. com
电子信箱:ahngdjzc@ 163. com
法定代表人:王金龙
质量体系:ISO 14001、IATF 16949
产品情况:发电机及转子、定子
配套及出口情况:为奇瑞、吉利、比亚迪、北汽集团配套;远销美国、欧洲等国家和地区

★ 乐凯特科技铜陵有限公司
地址:安徽省铜陵市经济技术开发区天门山大道北段2877号
邮编:244002
电话:0562/2190189
传真:2190666
网址:www. locatepcb. com
电子信箱:gm@ locatepcb. com
法定代表人:沈志刚
质量体系:IATF 16949
产品情况:高精密双面、多层印制电路板的制造与销售
☞ 详细情况请参阅彩色宣传版面

★黄山顺昌汽车电器有限公司
地址:安徽省黄山市屯溪区阳湖帅鑫工业园
邮编:245041
电话:0559/2336866、2336855
传真:2336867
电子信箱:hssc888@ vip. 163. com、
法定代表人:孙顺水
质量体系:IATF 16949
产品情况:柴油车起动熄火控制器、汽车组合开关、点火开关、刮水器电动机总成、燃油传感器、汽车电子产品、汽车五金配件等
配套情况:与安徽江淮、北汽福田、一汽通用红塔、沈阳金杯、中国重汽、安徽华菱、奇瑞汽车、山东黑豹、山东五征、三一重工等配套

★黄山市瑞兴汽车电子有限公司
地址:安徽省黄山市黄山经济开发区梅林大道87号
邮编:245200
电话:0559/2592297、2588657
传真:2595506
网址:www. rxaes. com
电子信箱:rxaes@ rxaes. com
法定代表人:何千道
质量体系:IATF 16949
产品情况:(瑞兴牌)
传感器、转向柱组合开关、电动窗开关、前照灯开关、警告灯开关、制动灯开关、倒车灯开关、中央控制盒及汽车控制模块等电子电器产品
配套及出口情况:为领克、吉利、宝沃、比亚迪、江铃、北汽、长安、华晨、众泰、力帆、潍柴等中高端汽车主机厂配套;部分产品已远销美国、俄罗斯、加拿大等国家

★昌辉汽车电器(黄山)股份公司
地址:安徽省黄山市休宁县溪口
邮编:245436
电话:0559/7581086
传真:7581269
网址:www. changhui. com
电子信箱:chhs@ changhui. com
法定代表人:王进丁
质量体系:IATF 16949、ISO 14001
产品情况:(CHANGHUI 牌)
主要产品包括汽车组合开关、全车功能开关、点火锁及车锁、门把手总成、EGR 废气再循环系统等
配套及出口情况:主要为通用、福特、大众、戴姆勒和长城、奇瑞、江淮等国内外40多家知名汽车主机厂配套;产品自营出口海外20多个国家和地区

★安徽永恒动力科技有限公司
地址:安徽省安庆市怀宁县工业园
邮编:246100
电话:0556/4642977
电子信箱:4642888@ 163. com
法定代表人:开明敏
质量体系:IATF 16949、ISO 9001
产品情况:专业生产铅酸蓄电池极板及其产品组装

福建省

★福州佳新创辉机电有限公司
地址:福州市金山开发区金塘路11号
邮编:350002
电话:0591/83056181、83058536
传真:83748949
网址:www. jiaxin - soqi. com
电子信箱:sales_01@ jiaxin - soqi. com
法定代表人:黄义勇
质量体系:ISO 9001
产品情况:系列发电机及相关水泵等
配套情况:客户包括百利通、科勒等知名企业

★福州丹诺西诚电子科技有限公司
地址:福州市鼓楼区铜盘软件大道89号福州软件园C区19号楼
邮编:350003
电话:0591/87863115、83712495
传真:83717147
网址:www. xcfz. cn
电子信箱:fzxcdz@ xcfz. cn
法定代表人:陈颖
单位人数:270
质量体系:IATF 16949、ISO 14001
产品情况:(西诚牌)
汽车灯具、开关、对光控制系统、汽车空调控制器、挡位指示器等汽车电子电器零部件
配套及出口情况:为通用、福特天合、伟世通、德尔福、江森自控等配套;远销美国、巴西、印度

★福建源光电装有限公司
地址:福州市仓山区白湖亭仓山科技园2区4号
邮编:350007
电话:0591/83449234、63382550
传真:83447804
网址:www. sws. co. jp
电子信箱:1538836582@ qq. com
法定代表人:王来春
质量体系:IATF 16949
产品情况:(JK 牌)
汽车电子装置制造(汽车发动机控制系统、车身电子控制系统等系列)等
配套及出口情况:为日产轿车配套;产品全部出口

★福州住电装有限公司
地址:福州市仓山区金山工业集中区福湾工业园5号地
邮编:350008
电话:0591/88000505
传真:88000512
网址:www. sws. co. jp
电子信箱:fzws2007@ 163. com
法定代表人:加藤孝裕
质量体系:ISO 9001、IATF 16949
产品情况:汽车线束(电线组合件)及汽车电线
出口情况:100% 出口日本

★大通(福建)新材料股份有限公司
地址:福州市江滨东大道77号
邮编:350015
电话:0591/83655014、83617575
传真:83660592
网址:fzdt. gcdt. net
电子信箱:liuchun@ gcdt. net
法定代表人:韩孝煌
质量体系:ISO 9001、IATF 16949
产品情况:(武夷牌)

聚氨酯漆包线等产品

★飞毛腿(福建)电子有限公司
地址:福州市马尾区江滨东大道 98 号(自贸试验区内)
邮编:350015
电话:0591/63158888、4006856888
传真:87307773
网址:www.scudcn.com
电子信箱:coso@scudgroup.com
法定代表人:冯明竹
质量体系:ISO 14001、ISO 9001
产品情况:动力锂离子电池、汽车定位终端、车载播放器、车载 LCD 等产品
出口情况:远销美国、日本、韩国、新加坡、南非、尼日利亚、荷兰、法国等十几个国家和地区

★许瑞兴(福州)交通器材有限公司
地址:福州市闽侯县青口投资区东南汽车城
邮编:350119
电话:0591/22761105
传真:22761107
电子信箱:hsh_fuzhou@126.com
法定代表人:许猛
质量体系:ISO/TS 16949
产品情况:车辆操纵线及其相关零部件

★福建源光线束电器有限公司
地址:福州市闽侯县青口镇吉山路晨鸿泰实业有限公司内
邮编:350119
电话:0591/22799095
传真:22799089
网址:www.thbjk.com
电子信箱:fjygzxb@163.com
法定代表人:张景堂
单位人数:600
质量体系:IATF 16949
产品情况:线束
配套情况:主要客户有东南(福建)汽车、厦门金龙、厦门金龙旅行车、福建新龙马汽车、福耀集团(福建)等

★福州泰全电机有限公司
地址:福州市闽侯县青口镇千家山工业区
邮编:350119
电话:0591/22765233
传真:22761126
电子信箱:fi@taigene.com.cn
法定代表人:钟双麟
质量体系:IATF 16949、ISO 14001
产品情况:汽车及摩托车用电动机、汽车空调及鼓风机、蒸发器、温度调节器、压缩机、储液干燥器、冷媒管等配件
配套情况:为蒂森克虏伯(TKP)、天合汽车集团(TRW)、苏州耐世特(NEXTEER)、法国法雷奥集团(VALEO)、东南汽车(SEM)协力厂配套

★福州小糸大亿车灯有限公司
地址:福州市闽侯县青口镇投资工业区
邮编:350119
电话:0591/38202525、22765266
传真:22767466
网址:www.koito.co.jp
电子信箱:ln-cai@tayih.com
法定代表人:山本格也
质量体系:IATF 16949、ISO 14001
产品情况:汽车用照明灯具(前照灯、后灯及其他标示灯)
配套情况:为东南(福建)汽车、东风汽车有限、广汽丰田汽车、五羊-本田摩托(广州)等供货

★合力泰科技股份有限公司
地址:福建省莆田市涵江区涵中西路 1 号
邮编:351111
电话:0796/8979666-60180
网址:www.holitech.net
电子信箱:liyanjun@holitech.net
法定代表人:文开福
质量体系:IATF 16949、ISO 14001
产品情况:车载显示 RTP、车载显示 TFT、车载显示 CTP、车载显示 TFT 背光等车载显示应用产品
配套情况:客户包括华为、小米、OPPO、VIVO、TCL、三星、微软等国内外知名企业

★莆田市三箭塑胶五金有限公司
地址:福建省莆田市荔城区黄石镇
邮编:351144
电话:0594/2177222
传真:2176368
网址:www.caspauto.com
电子信箱:casp@caspauto.com
法定代表人:张琼花
质量体系:IATF 16949
产品情况:(CASP 牌)
汽车车灯及相关配件

★福建省仙游电机股份有限公司
地址:福建省仙游县鲤城街道南大路 96 号
邮编:351200
电话:0594/8292455、8292457
传真:8292456
网址:www.fjxydj.com
电子信箱:xydj-mz@163.com
法定代表人:叶羽纺
质量体系:IATF 16949
产品情况:(闽中牌)
无刷发电机和减速起动机,具备年产 50 万台各类汽车发电机的生产能力
配套及出口情况:主要与一汽集团、东风集团、福田集团、南汽、江淮、玉柴、朝柴、扬柴、云内、全柴、常柴、莱动、如柴等 20 多个主机厂家的各种型号发动机配套;批量出口美国、日本、东南亚等国家和地区

★福建南平太阳电缆股份有限公司
地址:福建省南平市工业路 102 号
邮编:353000
电话:0599/8736222、4008502300
传真:8735870、8735172
网址:www.npcable.com
电子信箱:tydl@suncable.cn
法定代表人:李云孝
质量体系:ISO 9001
产品情况:(太阳牌)
汽车线等

★福建万达电机有限公司
地址:福建省福安市电机电器工业区兴达路 239 号
邮编:355000
电话:0591/6376877、6379446
传真:6379999
网址:www.wonder-cn.com
电子信箱:wonder@dayu-casting.com
法定代表人:余壮飞
质量体系:ISO 14001、ISO 9001
产品情况:[万德(WONDER)牌]
各种电动机
出口情况:出口美国、德国、澳大利亚、荷兰、英国、意大利、加拿大、中东、东南亚等国家和地区

★福建爱邦电器有限公司
地址:福建省福鼎市太姥山镇文渡工业园区金潮路 3 号
邮编:355209
电话:0593/7250007、7250266
传真:7590199、7250866
网址:www.iiib.biz
电子信箱:158510588@qq.com
法定代表人:戴红卫
质量体系:IATF 16949、ISO 9001
产品情况:汽车、摩托车用电线连接器、熔断丝盒、保险片、线束、灯具等

★普力生(厦门)机电有限公司
地址:福建省厦门市集美区杏林广兴南路 9 号
邮编:360122
电话:0592/6212074、6215436
传真:6212814
网址:www.plassen.com.cn
电子信箱:apple@plassen.com.cn
法定代表人:陈荣达
质量体系:ISO 9001
产品情况:摩托车数显仪表、摩托车步进电动机仪表、摩托车机械仪表、沙滩车电子仪表、卡丁车电子仪表、高尔夫球车电子仪表、汽车电子仪表、发电机电子仪表、电动车控制系统、油量计等

★厦门直播星股份有限公司
地址:福建省厦门市湖里区悦华路 143-2 号天安工业园 3 号楼六层 A 单元之一
邮编:361000
电话:0592/5611293、18911642150
传真:5611293
网址:www.satonway.com

电子信箱:dibsat@163.com
法定代表人:黄彩斌
质量体系:ISO 14001、IATF 16949
产品情况:(卫斯路 DIBSAT 牌)
产品涵盖车载卫星电视自动跟踪接收系统、车船用高清液晶电视、车船载多媒体播放系统等多个领域

★厦门市欧声电子科技有限公司
地址:福建省厦门市火炬高新区(翔安)产业区同龙二路 561 号 401 单元
邮编:361000
电话:0592/5623717、5623718
传真:5623719
电子信箱:info@osunhorn.com
法定代表人:廖道紫
质量体系:IATF 16949
产品情况:汽车电喇叭
出口情况:出口南美洲、东欧、东南亚,并销往中国香港、中国澳门、中国台湾地区

★厦门海普锐科技股份有限公司
地址:福建省厦门市同安区同集中路 2288 号
邮编:361000
电话:0592/7115591、7115531
传真:7115521
网址:www.hiprecise.com.cn
电子信箱:sales@hiprecise.com
法定代表人:李普天
质量体系:ISO 9001
产品情况:为客户提供高端线束加工设备和服务以及智能化生产系统解决方案

★厦门宏发电声股份有限公司
地址:福建省厦门市集美北部工业区孙坂南路 90-101 号
邮编:361021
电话:0592/6106688、4006001502
传真:6106678、6686063
网址:cn.hongfa.com
电子信箱:marketing@hongfa.com
法定代表人:郭满金
质量体系:ISO 14001、ISO 9001
产品情况:(宏发牌)
继电器、低压电器、高低压成套设备、电容器、精密零件及自动化设备等

★厦门海菱科技股份有限公司
地址:福建省厦门市集美区诚毅北大街 51 号软件园三期 B11 栋 11 楼商务中心
邮编:361021
电话:0592/5778667、18259450764
传真:5736988
网址:www.harine.com.cn
电子信箱:mail@harine.com.cn
法定代表人:谢洪喜
质量体系:IATF 16949、ISO 9001
产品情况:车载娱乐视听、车辆安全辅助、车载多媒体信息和车联网系统等

★柏科智能(厦门)科技有限公司
地址:福建省厦门市集美区银亭路 28 号理工科技园 3 楼
邮编:361021
电话:0592/5108583、5108830
网址:myipico.cn
电子信箱:wuchy2@300188.cn
法定代表人:滕国平
质量体系:ISO/TS 16949
产品情况:多款 ECU/TCU(发动机电脑、变速器电脑)的再制造

★厦门金龙汽车电器有限公司
地址:福建省厦门市集美区灌口南路 593 号 502-503 单元
邮编:361023
电话:0592/6025080
传真:6025080
网址:www.gmee.cn
电子信箱:service@gmee.cn
法定代表人:李艳
单位人数:200
质量体系:ISO 9001
产品情况:(金龙牌)
汽车线束、UL 电子线束等
配套情况:为金龙客车等配套

★厦门盈趣汽车电子有限公司
地址:福建省厦门市海沧区后祥西路 1 号
邮编:361026
电话:0592/7766398
传真:7770510
网址:www.likego.com
电子信箱:sales@likego.com
法定代表人:林松华
质量体系:ISO 9001、IATF 16949
产品情况:电子防炫目内后视镜、流媒体后视镜、高清行车影像记录仪、新能源电动车 VCU 等多款高端智能车载产品
配套及出口情况:为海马汽车、吉利汽车、众泰汽车、长安福特、日产汽车、江淮汽车等国内主机厂车厂提供汽车智能电子产品;出口东南亚、中东、欧美等国际市场

★海拉(厦门)电气有限公司
地址:福建省厦门市火炬高新区集成路 1446 号厂房第一层
邮编:361026
电话:0592/3380001、13338368656
传真:3163028
网址:www.hella.cn
电子信箱:xiaomei.zheng@hella.com
法定代表人:Mary-Anne Gisela Irmgard Krasemann
质量体系:IATF 16949、ISO 9001
产品情况:汽车继电器及其他汽车电子控制产品,主要有 S2、Micro 等型号的继电器及油位传感器
配套情况:主要客户有上汽大众、上汽通用、一汽-大众、现代汽车等整车厂,并成为德尔福汽车线束、汕头 YAZAKI 等汽车配件一级供应商

★吉门保险丝制造(厦门)有限公司
地址:福建省厦门市海沧区(东孚)山边中路 89 号
邮编:361027
电话:0592/6315555
传真:6197161、5748436
网址:www.zeeman.cn
电子信箱:sales@zeeman.cn
法定代表人:郑金池
质量体系:IATF 16949
产品情况:(吉门牌)
熔断丝、熔断丝座及各项配件
配套及出口情况:为一汽-大众配套;产品 70% 外销美国、欧洲、中南美洲、东南亚等国家和地区

★佛吉亚歌乐电子(厦门)有限公司
地址:福建省厦门市同安区城东工业区榕泉路 15 号
邮编:361100
电话:0592/7132350
传真:7132650
网址:www.clarion.com
法定代表人:杨卫华
单位人数:300
质量体系:IATF 16949、QS 9000
产品情况:(CLARION 牌)
车用机芯、汽车音响整机
配套情况:为上汽通用、本田、海马、长城、标致、雪铁龙等配套

★厦门达真电机有限公司
地址:福建省厦门市同安区洪塘头一路 142 号
邮编:361100
电话:0592/6023839、7398190
传真:6022091
网址:www.xmdazhen.com
电子信箱:sales@xmdazhen.com
法定代表人:陈红岩
质量体系:ISO 9001、IATF 16949
产品情况:(达真牌)
微电机、磁感应组件及冲压零件
出口情况:远销日本、韩国、美国、墨西哥、以色列、印度、俄罗斯、印度尼西亚、马来西亚等国家,并销往中国台湾、中国香港地区

★厦门捷欧汽车电子有限公司
地址:福建省厦门市同安区环东海域美溪道湖里工业园 21 号三楼
邮编:361100
电话:0592/5329229、18150100360
传真:5328329
电子信箱:308570048@qq.com
法定代表人:许江东

质量体系:IATF 16949
产品情况:电子加速踏板、车灯随动系统、电动车换挡杆及各种传感器等汽车电子产品

★泉州市圣能电源科技有限公司
地址:福建省泉州市安溪县龙美工业区
邮编:362000
电话:0595/23321228
网址:www. chinashengneng. com
电子信箱:wenyi@ chinashengneng. com
法定代表人:陈文艺
质量体系:ISO 14001、ISO 9001
产品情况:(昕能牌、奥亚特牌、万松牌、卡能尔牌、孟帕亚牌、轩能牌)
密封铅酸蓄电池
出口情况:远销欧美、东南亚、中东、非洲

★泉州市名品电子股份有限公司
地址:福建省泉州市经济技术开发区清濛园区 D-05(A)号地块
邮编:362000
电话:0591/22418798、22418785
传真:22418767
网址:www. minpn. com
电子信箱:sale1@ minpn. com
法定代表人:颜凌峰
质量体系:IATF 16949
产品情况:倒车雷达系统、倒车可视系统、行车记录产品、HUD 抬头显示系统、汽车盲区监测(并道辅助 BSM)系统、TPMS 胎压检测系统、自动泊车系统(APA)、PEPS 一键起动系统等汽车电子产品
配套及出口情况:为东南汽车、厦门金龙、福汽新龙马、猎豹汽车、众泰汽车、汉腾汽车量产供货;出口东南亚、俄罗斯、中东、欧美等国家和地区,并销往中国台湾地区

★福建艺达电驱动股份有限公司
地址:福建省泉州市经济技术开发区玉狮路 20 号
邮编:362005
电话:0595/22463588、8008585226
传真:22463587、22491392
网址:www. yida. cc
电子信箱:yida@ yida-co. com
法定代表人:陈孙艺
单位人数:445
质量体系:IATF 16949、ISO 14001
产品情况:(金笛牌、KPL 开普勒牌)
新能源驱动电动机、喇叭、发电机、起动机
配套情况:为一汽集团、锡柴等配套

★南安市诗来福汽车电机制造有限公司
地址:福建省南安市码头仙美留安工业区
邮编:362312
电话:0595/86452988、86460276
传真:86460275
网址:www. slfdj. net
电子信箱:slfdj@ slfdj. net
法定代表人:李志辉
质量体系:ISO 9001
产品情况:(诗来福牌)
专业生产汽车交流发电机及其配件,具有年产 40 万台发电机的生产能力
配套情况:为北奔重汽、德国曼底盘、沃尔沃客车、北方尼奥普兰、凯斯鲍尔、桂林大宇、厦门金龙、郑州宇通、中通客车、广通、扬子、扬州亚星、少林客车、海门客车、江淮汽车、合肥客车、友谊客车、华新客车、牡丹客车、浙江飞蝶客车、上海客车等配套

★福建省闽华电源股份有限公司
地址:福建省安溪县经济开发区龙桥工业园
邮编:362442
电话:0595/23235550、23013823
传真:23235321、23205603
网址:www. chinaminhua. com
电子信箱:hr@ chinaminhua. com
法定代表人:谢文坚
单位人数:2000
质量体系:ISO 9001、ISO 14001
产品情况:(闽华牌)
高容量密封型免维护无镉铅酸蓄电池及铅酸蓄电池极板
出口情况:出口东南亚、中东,并销往中国香港、中国台湾地区

★漳州鑫美达汽车零部件有限公司
地址:福建省漳州市龙池开发区港龙工业园
邮编:363017
电话:0596/6863768
网址:www. zzxmd. com. cn
电子信箱:13709388130@ 139. com
法定代表人:刘启文
质量体系:IATF 16949、ISO 9001
产品情况:汽车电气系统、汽车电子控制系统及其配套产品
配套情况:客户有金旅客车、上饶客车、上海申龙、银隆新能源、株洲中车时代

★漳州市华威电源科技有限公司
地址:福建省漳州市云霄县列屿镇工业集中区
邮编:363309
电话:0596/8991888
传真:8998999-1888
网址:www. huawei-battery. com
电子信箱:hw@ huawei-battery. com
法定代表人:柯志民
单位人数:3000
质量体系:ISO 9001、ISO 14001
产品情况:电动车电池、汽车电池、储能电池及配套塑料五金制品
出口情况:远销欧洲、北美洲、东南亚、中东、南美洲等 130 多个国家和地区

★龙岩市佳鑫机械有限公司
地址:福建省龙岩市东肖经济开发区黄邦路 8 号
邮编:364012
电话:0597/2799806、2799892
传真:2799892
网址:www. fjjxjx. com
电子信箱:jx@ fjjxjx. com
法定代表人:连幼朋
单位人数:300
质量体系:IATF 16949
产品情况:(连宇牌)
汽车交流发电机、全车线束、液压油缸
配套及出口情况:为龙工集团、厦工、漳州三龙配套;远销东南亚市场

江西省

★南昌富亿达电机电器有限公司
地址:南昌市小蓝经济技术开发区富山五路汽车零部件产业园
邮编:330100
电话:0791/87381239、87381238
传真:87381238
网址:www. fyddj. com
电子信箱:ncfuyida. 2007@ 163. com
法定代表人:袁福奇
质量体系:IATF 16949、ISO 14001
产品情况:汽车发电机、起动机、真空泵、电磁开关
出口情况:80% 的产品销往 20 多个国家和地区

★江西江铃秦川电器有限公司
地址:南昌市南昌县小蓝工业园富山大道
邮编:330200
电话:0791/85989666、85989218
传真:85989366
网址:www. cq-qc. com
电子信箱:13870076078@ 163. com
法定代表人:吴志涛
单位人数:700
质量体系:IATF 16949、QS 9000
产品情况:汽车线束,主要产品为五十铃 N 系列和 T 系列车型全车线束
配套情况:为江铃五十铃汽车、江铃控股、长安汽车等知名汽车制造厂商配套

★佛吉亚歌乐电子(丰城)有限公司
地址:江西省丰城市高新园区
邮编:331100
电话:0795/7156666、4008307916
网址:www. faureciacoagent. com
电子信箱:xiongwei@ faureciacoagent. com
法定代表人:杨卫华
单位人数:1400
质量体系:ISO 14001、IATF 16949
产品情况:车载娱乐、车载导航、驾驶安全、车身电子、车联网信息及塑胶五金部件等汽车智能电子系统与塑胶五金

部件
配套情况:为一汽、长安、奇瑞、吉利、江淮、长城、海马、广汽长丰、众泰、吉奥汽车、曙光、汇众、江铃、福迪、厦门金龙、东风渝安、重庆金冠、重庆迪马、南京依维柯等汽车厂家配套

★江西浩风电器有限公司
地址:江西省宜春市经济开发区工业1路A1-9
邮编:336000
电话:0795/3668811、13970508811
传真:3668788
电子信箱:ehaofeng@126.com
法定代表人:赵永安
质量体系:IATF 16949
产品情况:水温传感器、温控开关、机油压力开关、燃油泵总成、玻璃升降器、汽车用管路等
配套情况:为北汽集团配套

★江西德尔盛汽车电机有限公司
地址:江西省宜春市经济开发区工业一路
邮编:336000
电话:0795/3666300、3666301
传真:3919988
电子信箱:export@dellsun.cn
法定代表人:赵林珍
质量体系:IATF 16949
产品情况:玻璃升降器总成系列,升降电动机、刮水电动机、座椅电动机、天窗电动机等
出口情况:出口美国、法国、意大利、俄罗斯、加拿大、伊朗等国家

★赣州禾盈通用零部件有限公司
地址:江西省赣州市章贡区沙河工业园金盆山路禾盈工业园
邮编:341000
电话:0797/8487089
传真:8487398
网址:www.heyingcn.com
电子信箱:gt4@heyingcn.com
法定代表人:尹剑锋
单位人数:800
质量体系:IATF 16949、ISO 9001
产品情况:汽车通用零部件产品包括汽车扣件、车灯开关、车用线束、天窗开关、阻尼齿轮、汽车铆钉、汽车用阻尼齿轮等

★江西奥沃森新能源有限公司
地址:江西省赣州市上犹县黄埠工业园北区
邮编:341214
电话:0797/8577111、8577333
传真:8577555
网址:www.jxoursun.com
电子信箱:gnxs01@jxoursun.com
法定代表人:熊建文
质量体系:ISO 9001、IATF 16949
产品情况:免维护蓄电池
配套及出口情况:是金龙、众泰、福田、吉利、中联重科等多家知名企业的主要供应商;远销中东、亚洲、非洲、欧美等地区

山东省

★山东鲁得贝车灯股份有限公司
地址:济南市高新技术开发区汉峪金谷A2-3楼24层
邮编:250101
电话:0531/88879699、88879719
传真:88879680、88879689
网址:www.ldb.com.cn
电子信箱:service@ldb.com.cn
法定代表人:李育正
单位人数:400
质量体系:IATF 16949、QS 9000
产品情况:(鲁得贝牌)
汽车灯具、后视镜及锁具,年产能力500万只车灯
配套情况:为中国一汽集团、中国东风集团、北汽福田、中国重汽集团、重庆重汽集团、陕西汽车制造厂、跃进汽车、比亚迪汽车、浙江金华尼奥普兰车辆等厂家配套

★山东寰宇线缆有限公司
地址:济南市章丘区圣井高科技园
邮编:250220
电话:0531/88817112
传真:836894444
网址:www.huanyudianqi.cn
电子信箱:81083713@qq.com
法定代表人:郑存林
质量体系:IATF 16949
产品情况:(寰宇之星牌)
汽车线缆、UL线、摩托车线等核心产品
配套情况:为中国重汽、江淮汽车、莲花汽车、陕西重汽、五菱汽车供货

★山东东岳电机有限公司
地址:山东省聊城市东昌府区凤凰工业园3号路
邮编:252000
电话:0635/8577616、8577618
传真:8577619
电子信箱:liaodian@liaodian.net
法定代表人:郭振
质量体系:ISO 9001
产品情况:(聊电牌)
汽车起动机、发电机
配套情况:为一汽大柴、一汽锡柴、一拖集团、东风汽车公司、东风朝柴、玉柴、北汽福田、潍柴、扬柴等配套

★山东泉海汽车科技有限公司
地址:山东省高唐县政通西路
邮编:252800
电话:0635/2139588
传真:2137988
网址:www.shandongquanhai.com
电子信箱:shandongquanhai@sina.com
法定代表人:车成明
单位人数:400
质量体系:ISO 9001、IATF 16949
产品情况:车载GPS多媒体导航系统、车载音响、组合仪表、车用线束、车用电器、车用喇叭、倒车后视监控系统等产品
配套情况:客户有一汽通用云南红塔汽车制造厂、一汽通用哈尔滨商用汽车、沈阳华晨金杯车辆、聊城中通客车、陕西重型汽车、中国重汽集团、山东唐骏欧铃、中国时风集团、福田雷沃国际重工、力帆骏马车辆、德州富路电动轿车、河北御捷电动轿车、临沂大阳电动车

★德州天宇汽车电子有限公司
地址:山东省德州市新湖北路31号
邮编:253016
电话:0534/7062706、18905346815
传真:7062726
电子信箱:dzdzcwk@163.com
法定代表人:刘吉昌
单位人数:400
质量体系:ISO 14001、ISO 9001
产品情况:低频变压器、高频变压器、电感线圈、汽车用点火线圈、继电器等
配套及出口情况:主要为绵阳新晨发动机厂、一汽客车配套;产品中的90%出口到欧洲市场

★淄博永泰电机有限公司
地址:山东省淄博市淄川区磁村镇工业园
邮编:255192
电话:0533/5558099、5559099
传真:5554511、5559262
网址:www.zbytdj.com
电子信箱:zbytdj@sina.com
法定代表人:于成龙
质量体系:IATF 16949
产品情况:(永泰牌)
发电机和电动汽车用直流电动机,年生产能力50万台
配套及出口情况:为东风朝柴、锡柴四达、江苏扬动、华源莱动、北汽福田等十几个主机厂配套;出口东南亚、拉丁美洲等地区

★山东山博电机集团有限公司
地址:山东省淄博市博山区北山路76号
邮编:255200
电话:0533/2641888、2641000
传真:2641030
电子信箱:bem@boshanem.cn
法定代表人:李仲敏
质量体系:ISO 9001
产品情况:(山牌)
控制微电机、车辆电动机、交流电动机、精密齿轮传动装置等产品
出口情况:大批电动机产品出口亚洲、非洲、欧洲、美洲、大洋洲等50多个国

家和地区

★潍坊万隆电气股份有限公司
地址:山东省潍坊市高新技术开发区银枫路 9 号
邮编:261061
电话:0536/8865380、4000678988
传真:8865381
网址:www.wanlongdianqi.com
电子信箱:wanlongdianqi@163.com
法定代表人:刘林
单位人数:126
质量体系:ISO 9001、IATF 16949
产品情况:各种车用起动机、车用电器控制系统、新能源汽车电动机/控制器、工业机器人等
配套情况:为北汽福田、福田雷沃重工、天津帕金斯、无锡锡柴、安徽全柴动力、山东华源莱动、潍柴华丰动力、潍柴集团扬柴、洛阳柴油机厂、华东柴油机、山东时风集团、荣成海山集团等配套

★诸城海韵汽车配套有限公司
地址:山东省潍坊市诸城市站前街 1313 号
邮编:262200
电话:0536/6098106
传真:6098107
网址:www.zchaiyun.net
电子信箱:zhuchenghaiyun@163.com
法定代表人:王启效
质量体系:ISO 9001、IATF 16949
产品情况:主要产品线束、散热器、中冷器、座椅、汽车控制电器覆盖全系列商用车,线束、散热器已延伸到乘用车,现在已形成年产线束 30 万套、散热(中冷)器 20 万套、座椅 20 万套的生产能力
配套情况:是北汽福田核心供应商,同时也为一汽解放、长安汽车、安源客车、唐骏欧铃等多厂家主机厂配套

★山东泰瑞汽车机械电器有限公司
地址:山东省诸城市舜王街道政府驻地
邮编:262214
电话:0536/6489167
传真:6489161
网址:www.shandongtairuiqiche.com
电子信箱:tairuigongsi@163.net
法定代表人:张波
单位人数:1000
质量体系:IATF 16949
产品情况:(泰瑞牌)
汽车车身、汽车灯具、汽车电子仪表、货厢等产品
配套情况:为北汽福田、济南重汽、烟台东岳、柳州五菱等国内重要汽车生产企业配套

★烟台利时德拉索系统有限公司
地址:山东省烟台市芝罘区环海路 89 号
邮编:264002
电话:0535/6877215
传真:6846289
电子信箱:yaqin@cn.hi-lex.com
法定代表人:寺浦实
质量体系:IATF 16949
产品情况:用于各种汽车、农用机械、建筑机械和办公设备的电线电缆及相关部件产品
配套情况:为丰田、马自达供货

★三立(烟台)车灯有限公司
地址:山东省烟台市福山区永达路
邮编:264006
电话:0535/6438511
传真:6438510
网址:www.sl.co.kr
电子信箱:zhangxingyang@slworld.com
法定代表人:金秉完
质量体系:IATF 16949、ISO 14001
产品情况:汽车电子装置、模具,汽车灯具包括前照灯、尾灯、雾灯等
配套及出口情况:为现代起亚、通用、福特、上汽通用、上海汽车、奇瑞、东风供货;远销美国、欧洲、日本、澳大利亚等国家和地区

★威海新光电碳制品有限公司
地址:山东省威海市高技术产业开发区初村镇驾山路 73 号
邮编:264200
电话:0631/5711058、5711055
传真:5711008
网址:www.gtcarbon.cn
电子信箱:rqgmdt@163.com
法定代表人:金坤明
质量体系:IATF 16949
产品情况:(GUANGMING 牌)
汽车电动机用炭刷,年产炭刷 15000 万块,各类刷架总成及组件 800 万套

★威海爱思特传感技术有限公司
地址:山东省威海市高技术开发区双岛湾科技城电子信息与智能制造产业园 11 栋 369-8 号
邮编:264209
电话:0631/5651833、5705788
传真:3657679
网址:www.st4u.cn
电子信箱:sales@st4u.cn
法定代表人:严宗学
单位人数:500
质量体系:IATF 16949
产品情况:超声波传感器及传感器应用设备
配套情况:为现代 & 起亚汽车、现代 MOBIS、韩国大宇汽车、印度 TATA 汽车、伊朗霍德罗汽车,斗山重工配套

★威海威嘉电气有限责任公司
地址:山东省威海市高新技术产业开发区火炬路 197 号
邮编:264209
电话:0631/5625505、5625511
传真:5625506
网址:www.sdwje.com
电子信箱:wje@sdwje.com
法定代表人:张惠修
单位人数:200
质量体系:QS 9000、IATF 16949
产品情况:轿车电线束、货车电线束、重型机械、SUV 电线束、发动机电线束(柴油、汽油)、安全气囊电线束等
配套情况:为一汽青岛汽车厂、一汽轿车、东风汽车公司发动机厂、韩国大宇重工业烟台公司等配套

★东洋机电(中国)有限公司
地址:山东省烟台市福山高新技术产业区福海路 1003 号
邮编:265500
电话:0535/6980035
传真:6980012
网址:www.dongyang-china.com
电子信箱:xul@dy.co.kr
法定代表人:曹秉昊
质量体系:IATF 16949、ISO 14001
产品情况:液压油缸、汽车微电机、高尔夫球车、汽车洗车机等
配套情况:液压油缸供多家国内外知名工程机械厂家;汽车电动机供多家国内外知名汽车整车及配件厂

★大韩电子(烟台)有限公司
地址:山东省烟台市福山高新技术产业区永达街
邮编:265500
电话:0535/6307137、6307138
传真:6307135
电子信箱:rui.shang@deychina.com
法定代表人:李英秀
质量体系:IATF 16949、ISO 14001
产品情况:汽车信号传输线束,年产 15 万套
配套情况:客户有韩国通用、雷诺三星、现代汽车、斗山工程机械等

★烟台矢崎汽车配件有限公司
地址:山东省烟台市福山高新技术产业区永达街 886 号
邮编:265500
电话:0535/6329901
传真:6329919
网址:www.yazaki-china.com
电子信箱:panjing@cn.yazaki.com
法定代表人:川井崇
单位人数:5000
质量体系:ISO 9001、IATF 16949
产品情况:汽车用线束
配套及出口情况:为日本丰田、铃木配套;产品 100% 出口日本

★安波福电气系统有限公司烟台分公司
地址:山东省烟台市福山区永达街 980 号

邮编:265500
电话:0535/6363300
传真:6363300
电子信箱:wenwen. teng@ delphi. com
法定代表人:徐伟
质量体系:ISO 14001
产品情况:汽车线束系统、连接器系统、电缆系统和其他汽车相关零部件

★烟台日用友捷汽车电气有限公司
地址:山东省烟台市福山区明泉路56号
邮编:265508
电话:0535/2138318
网址:www. shry. net
法定代表人:何伟
质量体系:ISO 9001、IATF 16949
产品情况:用于汽车座椅调节器及玻璃升降器的电动执行元件、汽车新型发动机的冷却风扇总成和鼓风机、汽车电子组件等

★莱尼电气系统(蓬莱)有限公司
地址:山东省蓬莱市刘家沟镇工业园
邮编:265608
电话:0535/3353719、5967978
传真:5967978
电子信箱:meng. xiao@ leoni. com
法定代表人:吕乐明
单位人数:1000
质量体系:IATF 16949
产品情况:汽车线束
配套情况:为韩国双龙、韩国通用供货

★青岛悠进电装有限公司
地址:山东省青岛市城阳区惜福镇街道铁骑山路66号
邮编:266000
电话:0532/87931561
网址:www. qdsanyuan. com
电子信箱:zhuzhouyoujin@ 126. com
法定代表人:刘庆平
质量体系:ISO 9001、IATF 16949
产品情况:已具备300万套汽车整车线束的年生产能力
配套情况:主要客户有上汽通用五菱、北汽、一汽、陕汽、美国通用汽车、韩国现代起亚汽车、李尔、美国德纳、伟巴斯特等

★马勒贝洱热系统(青岛)有限公司
地址:山东省青岛市城阳区上马街道
邮编:266112
电话:0532/87011757
传真:87812656
网址:www. cn. mahle. com
电子信箱:di. wang@ cn. mahle. com
法定代表人:Stefan Lorenz Land
质量体系:ISO 9001、IATF 16949
产品情况:汽车发动机热控电子系统的开发与生产以及生产相关的温度控制装制、汽车电子控制系统的输入输出部件

★辉门迪瓦(青岛)汽车零部件有限公司
地址:山东省青岛经济技术开发区通河路269号
邮编:266510
电话:0532/86860618
网址:www. federalmogul. com
电子信箱:may. chen@ federalmogul. com
法定代表人:成音
质量体系:ISO 9001、IATF 16949
产品情况:主要生产火花塞、刮水器、系统保护产品

★青岛松下电子部品(保税区)有限公司
地址:山东省青岛市保税区东京路49号
邮编:266555
电话:0532/58887999、58887709
电子信箱:hanxiai@ cn. panasonic. com
法定代表人:小泽正人
质量体系:ISO 14001、ISO 9001
产品情况:转向开关、组合开关、舵角传感器、遥控车钥匙等电子元件及模具部件
出口情况:出口日本、韩国、欧洲、美国等国家和地区

★山东省泰安泰龙软轴软管厂
地址:山东省宁阳县华丰工业园
邮编:271413
电话:0538/5851028
传真:5851029
网址:www. tatailong. com
电子信箱:tailong@ intek. com. cn
法定代表人:赵传喜
质量体系:IATF 16949
产品情况:(泰龙牌)
各种汽车、工程机械用操纵机构,软轴钢索总成等
配套情况:为长安汽车、海马汽车、华晨汽车、东风柳汽、上汽通用五菱、长城汽车、吉利汽车等主机厂配套

★莱尼电气系统(济宁)有限公司
地址:山东省济宁市高新区黄屯第七工业园
邮编:272104
电话:0537/5040200、5040213
传真:5040700
网址:www. leoni. com
电子信箱:florrie. chen@ leoni. com
法定代表人:吕乐明
质量体系:ISO 9001、IATF 16949
产品情况:汽车线束
配套及出口情况:为通用、奔驰、沃尔沃供货;出口韩国

★曲阜天博汽车零部件制造有限公司
地址:山东省曲阜市旅游经济开发区发展大道58号
邮编:273100
电话:0537/4436203、4436203
传真:4412775、4436865
网址:www. qftemb. com
电子信箱:sales@ qftemb. com
法定代表人:吕新民
质量体系:ISO 14001、IATF 16949
产品情况:(天博牌)
调温器、热敏开关、传感器、轮速传感器、油压开关、制动片、电喇叭、加浓阀等
配套及出口情况:为上汽通用、上汽大众、广汽本田、一汽-大众、天津一汽丰田、沈阳三菱、东安、五菱、神龙汽车、大柴、锡柴、玉柴等配套;批量出口英国、美国、法国等30多个国家和地区

★曲阜市翔天机械有限公司
地址:山东省曲阜市杏坛路6号
邮编:273100
电话:0537/4665188
传真:4665706
网址:www. qfxtjx. com
电子信箱:qfxtjx@ 163. com
法定代表人:林艳鹏
单位人数:150
质量体系:ISO 9001、IATF 16949
产品情况:机油压力报警器壳体、传感器壳体、倒车灯开关壳体、热敏开关壳体、ABS传感器衬套、汽车腔体等汽车零部件
配套及出口情况:为曲阜天博、广州韩装、天津神州、天津松下等配套;远销欧美、东南亚、非洲

★山东龙立电子有限公司
地址:山东省临沂市高新技术产业开发区宝山路中段
邮编:276001
电话:0539/8252537、8282399
网址:www. sdlongli. com
电子信箱:fad@ sdlongli. com
法定代表人:高文彬
质量体系:ISO 9001、IATF 16949
产品情况:LDEA系列欧标交流充电枪、新能源汽车高压配电盒、新能源汽车低压控制盒、LGY系列新能源汽车卡扣式高压连接器、LGS5系列新能源汽车断电保护开关

★临沂高新区鸿图电子有限公司
地址:山东省临沂市国家高新区双月园路创新大厦B座
邮编:276017
电话:13573993254、15216587766
网址:www. lyhongtu. com. cn
电子信箱:archer@ lyhongtu. com. cn
法定代表人:许齐放
单位人数:140
质量体系:IATF 16949
产品情况:(鸿图牌)
制动报警传感器、ABS轮速传感器、车速传感器、制动附件套装等汽车电子传感器
出口情况:远销欧美、亚洲、中东等多个国家和地区

★临沂天一电子有限公司
地址:山东省临沂市河东区工业园区中昇街 2251 号
邮编:276034
电话:0539/8389098、13355077786
传真:8389097
网址:www. tianyiautoparts. com
电子信箱:ty8094070@ 163. net
法定代表人:刘春廷
单位人数:200
质量体系:ISO 9001、IATF 16949
产品情况:汽车制动片报警传感器(报警线)、汽车用接插件、塑料件
出口情况:出口欧美、亚洲、中东等多个国家和地区

河南省

★郑州天迈科技股份有限公司
地址:郑州市高新区莲花街 316 号 10 号楼 106 - 606 号房、108 - 608 号房
邮编:450001
电话:0371/65943808、4006001276
网址:www. tiamaes. cn
电子信箱:xsb@ tiamaes. com
法定代表人:郭建国
质量体系:ISO 9001、IATF 16949
产品情况:车载终端类、车载视频监控调度终端、行车记录仪、客流调查器、车载 LED 屏(头、腰、尾、内)、节站器、LED 全彩车尾屏、报站器
出口情况:远销海外

★郑州市锦飞汽车电气系统有限公司
地址:郑州市经济技术开发区第七大街 166 号
邮编:450016
电话:0371/67398800
传真:67398808
网址:www. zzjinfei. com
电子信箱:hr@ zzjinfei. com
法定代表人:沈钦锋
质量体系:IATF 16949
产品情况:汽车空调控制系统、一键起动(PEPS)系统
配套情况:为日产汽车、江铃汽车、福特汽车、郑州日产、上汽通用五菱、东风乘用车、众泰汽车、奇瑞汽车、海马汽车、宝骏汽车、上汽集团、荣威汽车、上汽大通、合众新能源、奇点汽车、宇通客车等配套

★郑州文光车辆附件有限公司
地址:郑州市经济技术开发区第十七大街东经南五路南
邮编:450016
电话:0371/55631866
传真:55631899
网址:www. jswenguang. com
电子信箱:zzwg@ jswenguang. com
法定代表人:张文学
质量体系:IATF 16949
产品情况:汽车车灯、内装饰件、精密冲压件、模具
配套情况:主要客户有郑州海马、郑州宇通等

★郑州跃博汽车电器有限公司
地址:河南省登封市中岳办事处东十里铺
邮编:452470
电话:0371/62800883、62800818
传真:62800600
网址:www. yueboo. cn
电子信箱:yb007@ vip. 163. com
法定代表人:赵同军
单位人数:500
质量体系:IATF 16949
产品情况:能够配合客户进行整车电器架构设计及 CAN/LIN 的应用,开发智能电器盒、独立 BCM、系统控制模块、功能开关、全车线束等高品质产品
配套情况:为上汽通用五菱、郑州日产、长安汽车、华泰汽车、众泰汽车、华晨金杯、力帆汽车、比亚迪、宇通、金龙、东风、奇瑞、江铃、比亚迪、长城汽车、一汽、重汽、双环、江铃汽车、三一重工、福田等 40 多家汽车制造企业配套

★新乡市荣泰电器有限公司
地址:河南省新乡市高新技术开发区创业园
邮编:453000
电话:0373/3520526
传真:3520626
网址:www. rongtaigs. com
电子信箱:rtdq@ 126. com
法定代表人:刘双成
质量体系:IATF 16949、ISO 14001
产品情况:专业从事中央电器控制盒、CAN-BUS 总线仪表、控制器、整车线束的研发、生产
配套情况:为东风日产等配套

★新乡北方车辆仪表有限公司
地址:河南省新乡市科隆大道 1069 号
邮编:453000
电话:0373/5059695
传真:5022427
网址:www. bfyb. com. cn
电子信箱:bfybbgs@ 126. com
法定代表人:刘君
质量体系:ISO 14001、ISO 9001
产品情况:(新北仪牌)

特种车辆综合光电显控及管理系统,主要产品包括传感器,电缆类(电源和控制电缆组、信号数据电缆组件、集成线束),电源类(车辆电源补偿器、蓄电池综合测试装置、智能控制配电装置),光电类(车载夜视仪系统、油质检测装置、近景观察装置、全景观察主机、车辆观察监视仪),控制器(驾驶员操纵装置、高压静电把手、多功能手柄式选挡),指示器类(组合仪表、仪表总成)
出口情况:随整车销往多个国家和地区

★鹤壁市恒泰电器有限公司
地址:河南省鹤壁市春雷路南段 25 号
邮编:458000
电话:0392/2679502、2691122
传真:2659236
网址:hebihengtai. cn
电子信箱:hbliujun2008@ sina. com
法定代表人:刘小梅
单位人数:400
质量体系:IATF 16949
产品情况:汽车插接件、中央配电盒、熔断丝盒、汽车线束总成、ABS 线束、汽车用低压电线、电缆等
配套情况:为中国重汽集团、陕汽集团、郑州宇通集团、东风、重庆北汽集团、苏州金龙集团等配套

★河南天海电器有限公司
地址:河南省鹤壁市经济技术开发区松江路 003 号
邮编:458000
电话:0392/3314522
网址:www. thb. com. cn
电子信箱:wangzhiwei@ thb. com. cn
法定代表人:张景堂
质量体系:IATF 16949、ISO 14001
产品情况:汽车用连接器、电器熔断丝盒、汽车电子产品、电线束、线束专用设备、新能源汽车动力系统产品
配套及出口情况:主要合作伙伴有奥迪、大众、通用、上汽集团、一汽、沃尔沃、福特、上汽通用、中华、郑州日产、北汽集团、猎豹汽车、东风、上汽通用五菱、长城汽车、众泰汽车、东南汽车、长安汽车、奇瑞汽车、吉利汽车、比亚迪汽车、江淮汽车、宇通等;出口美国、德国、意大利、西班牙、澳大利亚、韩国等国家

★河南泛华电器有限责任公司
地址:河南省鹤壁市山城区鹤壁市山城区汤河街 15 号
邮编:458000
电话:15939257615
网址:hnfhdq. com
电子信箱:hnfhbgs@ 163. com
法定代表人:焦志敏
质量体系:IATF 16949
产品情况:专业从事汽车线束、汽车接插器、波纹管、PVC 管的研发和制造

★天海汽车电子集团股份有限公司
地址:河南省鹤壁市淇滨区淇滨大道 215 号
邮编:458006
电话:0392/3314522
传真:3335171
网址:www. thb. com. cn
电子信箱:sale@ thb. com. cn
法定代表人:张景堂

质量体系:ISO 14001
产品情况:连接器、电器保险盒、汽车电子产品、电线束、线束专用设备、新能源汽车动力系统
出口情况:在中国、美国、墨西哥、德国等国家设有23家分公司和36个销售办事处

★鹤壁君隆电气有限公司
地址:河南省鹤壁市淇滨区海河路东段131号
邮编:458030
电话:0392/2602666、2602999
传真:3313222
网址:www.hebijunlong.com
电子信箱:junloog2008@163.com
法定代表人:李爱军
质量体系:IATF 16949
产品情况:汽车线束、摩托车线束、电线插接件等
配套情况:为中国一拖、浙江吉奥、安徽安驰等配套

★洛阳市振盛强软轴软管有限公司
地址:河南省洛阳市西工区道北路279号
邮编:471001
电话:0379/62311242、62318163
传真:62322135
电子信箱:ericup@vip.163.com
法定代表人:赵长明
质量体系:IATF 16949
产品情况:(振盛强牌)
推拉式操纵轴、拉线、拉索

★洛阳市黄河软轴控制器股份有限公司
地址:河南省洛阳市高新区侯天路1号
邮编:471003
电话:0379/64322464、64337997
传真:64319114、64324750
网址:www.hhrz.com
电子信箱:lyhhrz@163.com
法定代表人:杨长儒
质量体系:IATF 16949
产品情况:(RKC牌)
主要产品有LJ软轴控制器系列和ME电子操控系列两大类
配套及出口情况:为一汽、东风、北汽福田、华德尼奥普兰、重庆恒通、宇通重工、三一、福田雷沃、山工、柳工、徐工、成工、山东临工、厦工、中国一拖、约翰迪尔佳联、武汉船舶重工等上百家大型主机厂配套;出口东南亚、非洲、欧美等地区

★开封住成电装有限公司
地址:河南省开封市开封新区魏都路西段
邮编:475000
电话:0371/23381063、23381152
传真:23380935
网址:www.sws.co.jp
电子信箱:li-xiaoli@hzc-china.com
法定代表人:绪方佳幸
质量体系:IATF 16949
产品情况:为东风日产主力车型(如奇骏、逍客、轩逸、TIIDA、骊威等)研发、生产汽车线束
配套及出口情况:为东风日产等配套;出口菲律宾、日本

湖北省

★武汉斯坦雷电气有限公司
地址:武汉市东西湖区革新大道818号
邮编:430040
电话:027/83265953
网址:www.stanley.co.jp
电子信箱:chentong@stanleywh.com
法定代表人:TOMINAGA SHINJI(富永伸治)
质量体系:ISO 9001、IATF 16949
产品情况:汽车灯具、电子产品、模具

★三叶士林电机(武汉)有限公司
地址:武汉市东西湖区径河街吴北路513号
邮编:430040
电话:027/83249606
传真:83088055
网址:www.mitsuba.co.jp
电子信箱:cong.liu@mscwh.com
法定代表人:多田巧(TADA TAKUMI)
质量体系:IATF 16949、ISO 14001
产品情况:汽车冷却风扇电动机、刮水器系统、起动机、燃料泵、汽车电子控制系统、其他汽车电装品以及其配套零部件
配套情况:为东风汽车配套

★荷贝克电源系统(武汉)有限公司
地址:武汉市东西湖区吴家山新城十三路3号
邮编:430040
电话:027/83266826
传真:83266831
网址:www.hoppecke.com.cn
电子信箱:hoppecke_wh@hoppecke.com.cn
法定代表人:马克措纳
质量体系:ISO 9001、ISO 14001
产品情况:铅酸蓄电池和VRLA(阀控式)铅酸蓄电池以及镍镉蓄电池

★武汉菱电汽车电控系统股份有限公司
地址:武汉市东西湖区金银湖街清水路特8号
邮编:430048
电话:027/81821900、81821977
传真:81822580
网址:www.lincontrol.com
电子信箱:whldqc@163.com
法定代表人:王和平
质量体系:ISO 14001、IATF 16949
产品情况:汽油发动机管理系统、柴油发动机管理系统、替代能源发动机管理系统、混合动力发动机管理系统等
配套情况:为福田汽车等国内多家汽车、发动机企业配套

★武汉长光电源有限公司
地址:武汉市经济技术开发区车城大道172号
邮编:430056
电话:027/84891319、84891322
网址:www.cgb.com.cn
电子信箱:xuehongd@126.com
法定代表人:郑海东
质量体系:ISO 14001、ISO 9001
产品情况:(卫新牌)
阀控式铅酸蓄电池
出口情况:部分产品出口

★武汉友德汽车电器有限公司
地址:武汉市经济技术开发区车城东道128号
邮编:430056
电话:027/68847777
传真:68847778
电子信箱:jli17@lear.com
法定代表人:Yih Sng
质量体系:IATF 16949
产品情况:汽车电线束、汽车电器及相关零部件,年产汽车电线束15万套
配套情况:为神龙汽车配套

★法雷奥市光(中国)车灯有限公司
地址:武汉市经济技术开发区创业路41号
邮编:430056
电话:027/59408208、59423014
网址:www.valeo.com.cn
电子信箱:quan.yu@valeo.com
法定代表人:Franois MARION
质量体系:ISO 14001、IATF 16949
产品情况:前照灯和尾灯,包括卤素前照灯、氙气前照灯和LED前照灯
配套情况:主要客户有神龙、一汽-大众、一汽-大众奥迪、东风日产、上汽通用、上汽大众、北京奔驰、华晨宝马、吉利、东风本田、奇瑞量子汽车、江淮汽车等

★武汉东江菲特科技股份有限公司
地址:武汉市经济技术开发区创业四路47号
邮编:430056
电话:027/84211729
传真:84212495
网址:www.wh-dongjiang.com
电子信箱:dj@wh-dongjiang.com
法定代表人:张在波
质量体系:ISO 14001、IATF 16949
产品情况:电磁阀、液压换压阀、底盘阀等汽车阀类产品
配套情况:为神龙汽车、东风汽车公司、北汽福田、江淮汽车等大型汽车制造厂配套

★东风富士汤姆森调温器有限公司
地址:武汉市经济技术开发区沌口街枫

树二路 51 号
邮编:430056
电话:027/84281596
网址:www. dftc. com. cn
电子信箱:xs@ dftc. com. cn
法定代表人:韩力
质量体系:ISO 14001、IATF 16949
产品情况:调温器、温控开关、热动元件、散热器盖等
配套情况:为通用、大众、康明斯、福特、丰田、本田、雪铁龙、铃木、五十铃等知名汽车厂家在华的合资厂配套

★武汉银泰科技电源股份有限公司
地址:武汉市经济技术开发区沌口小区特 2 号
邮编:430056
电话:4001751516、13810426838
传真:84258573
网址:www. yintai - batt. com
电子信箱:chinabatterypower@ 163. com
法定代表人:耿皓
质量体系:ISO 14001、ISO 9001
产品情况:(银泰牌)
储能阀控式铅酸蓄电池、燃料电池、锂离子 18650 电池组、锂亚硫酰氯电池等
出口情况:出口亚洲、欧洲、非洲、美洲等 18 个国家和地区

★湖北三环汽车电器有限公司
地址:武汉市经济技术开发区沌阳大道 371 号
邮编:430056
电话:027/84899516、84893044
网址:www. triring - zs. com
电子信箱:jszx@ triring - zs. com
法定代表人:王汉荣
质量体系:ISO 14001、IATF 16949
产品情况:(中生牌)
喇叭、开关、车锁、电子、车阀等
配套及出口情况:与东风、一汽、神龙、东风日产、吉利、奇瑞、江淮、长安、沃尔沃、上汽通用五菱、比亚迪、江铃、长城、长丰、力帆、众泰、北汽、中国重汽、陕西重汽、重庆红岩等主机制造商建立了长期稳定的供求关系;远销欧洲、韩国、伊朗、印度、越南、埃及等国家和地区,并销往中国台湾地区

★艾菲发动机零件(武汉)有限公司
地址:武汉市经济技术开发区全力南路 60 号
邮编:430056
电话:027/84294943、84294931
传真:84222940
网址:www. efiautomotive. com. cn
电子信箱:contact@ efiautomotive. com
法定代表人:Patrick THOLLIN
质量体系:IATF 16949、ISO 9001
产品情况:(electricfil 牌)
动力系统传感器、动力系统促动器、动力系统机电模块、电池管理模块、点火系统
配套情况:为德国大众全球(大众墨西哥发动机厂、大众大连发动机、大众上海发动机等)、美国福特、上汽通用、澳大利亚 HOLDEN、奇瑞汽车等汽车整车厂及零配件厂配套

★武汉诚盛电子有限公司
地址:武汉市经济技术开发区万家湖路 189 号
邮编:430056
电话:027/84236588
传真:84236577
网址:www. whcs. com. cn
电子信箱:gxb@ whcs. com. cn
法定代表人:闵烨
质量体系:ISO 14001、IATF 16949
产品情况:汽车钟、汽车灯具、继电器、车载多功能显示器、注塑件、喷涂件、非金属电镀件等产品
配套情况:为神龙汽车、江铃汽车、东风日产乘用车、东南汽车、奇瑞汽车等汽车厂配套,并通过法国标致、雪铁龙集团全球采购供应商资格审核

★武汉太平爱克电线电缆有限责任公司
地址:武汉市经济技术开发区珠山湖大道 40 号
邮编:430056
电话:027/84899733、84799288
传真:84897325
电子信箱:leitongbin@ acome - taiping. com
法定代表人:Jacques de HEERE
质量体系:IATF 16949、ISO 14001
产品情况:汽车用电线电缆
配套情况:为标致、雷诺、通用、福特、奥迪、奔驰等所有主要的整车厂提供耐高温电线

★武汉正奥汽车电气系统有限公司
地址:武汉市经济技术开发区珠山湖大道 40 号
邮编:430056
电话:027/84212612、84755366
传真:84213997
网址:www. leoni - zhengao. com
电子信箱:htlsd05@ 163. com
法定代表人:乔虹
质量体系:IATF 16949、ISO 14001
产品情况:主要经营产品为轿车整车线束、蓄电池电缆、空调线束以及其他小线束
配套情况:主要客户有东风乘用车、神龙汽车、长安标致雪铁龙、东风贝洱、友德、航盛等

★湖北开特汽车电子电器系统股份公司
地址:武汉市武昌区白沙洲堤后街 52 号
邮编:430064
电话:027/50752907、50752918
网址:www. kait. com. cn
电子信箱:service@ kait. com. cn
法定代表人:郑海法
质量体系:IATF 16949、ISO 9001
产品情况:传感器、功率模块、执行器、控制器等
配套情况:为东风汽车公司、东风标致雪铁龙、一汽-大众、长安汽车、吉利汽车、奇瑞汽车、江淮汽车等配套

★广州三叶电机(武汉)有限公司
地址:武汉市汉南区纱帽街幸福工业园
邮编:430090
电话:027/84398895
传真:84398895
网址:www. mitsuba. co. jp
电子信箱:luojuan_wh@ mitsuba. cn
法定代表人:顾伟成
质量体系:IATF 16949、ISO 9001
产品情况:汽车用的车窗电动机、前后刮水电动机、小型电动机、前后刮水总成、玻璃清洗器及喇叭等汽车零部件

★武汉汉升汽车传感系统有限责任公司
地址:武汉市蔡甸区大集天鹅湖大道 122 号
邮编:430113
电话:027/69165122
传真:69164942
网址:www. whhansheng. com
法定代表人:王平
质量体系:IATF 16949
产品情况:(汉升牌)
主要生产电控系列传感器(凸轮、曲轴、转速、温度、压力、差压、排温等)、机械式机油压力传感器、电子式压力传感器、温度传感器、转速传感器、油量液位传感器、高压压力传感器、停油电磁阀、电磁气阀、刮水器电动机总成等
配套情况:为中国一汽、上汽集团、东风汽车公司、江淮汽车、北汽福田、一汽解放、红岩、福田雷沃重工、玉柴、云内集团、道依茨、潍柴、全柴、徐工集团、三一、柳工、阿斯莫、南岳电控、成都威特电喷等主机厂配套

★武汉光庭科技有限公司
地址:武汉市东源新技术开发区凤凰山产业园凤凰园三路 1 号
邮编:430200
电话:027/87613871、87613872
网址:www. kotei. com. cn
电子信箱:yujiex@ kotei. com
法定代表人:朱敦尧
单位人数:1000
质量体系:IATF 16949、ISO 14001
产品情况:车载导航娱乐系统、图形化液晶仪表、车载通信系统等

★武汉住电电装有限公司
地址:武汉市东湖新技术开发区关山一路武汉汽车电子产业园
邮编:430223

电话:027/81691193、81691196
传真:81691190
网址:www. sws. co. jp
电子信箱:hanfang@ whsw. net. cn
法定代表人:TSUTSUI MASAHITO(筒井雅仁)
单位人数:1900
质量体系:ISO 9001、IATF 16949
产品情况:汽车线束
配套情况:为东风本田配套

★孝感爱创立电线有限公司
地址:湖北省孝感高新区孝汉大道36号
邮编:432000
电话:0712/2112038、2106688
传真:2118135
网址:www. xgacl. com
电子信箱:acl@ xgacl. com
法定代表人:吴升豪
质量体系:ISO 9001、IATF 16949
产品情况:汽车用电线
出口情况:远销日本、美国、欧洲等国家和地区

★湖北华中光电科技有限公司
地址:湖北省孝感市长征路199号
邮编:432000
电话:0712/2873901、2873868
传真:2323238
网址:www. hb238. com
电子信箱:238@ hb238. com. cn
法定代表人:陈海波
单位人数:1300
质量体系:IATF 16949
产品情况:汽车灯具等
配套及出口情况:主要配套于上汽通用、长安福特、重庆长安、东风本田、神龙汽车、吉利汽车等公司;出口中东、欧美、日本、韩国等国家和地区

★湖北孝感华中车灯有限公司
地址:湖北省孝感市长征路199号
邮编:432000
电话:0712/2322183、2322144
传真:2322163
电子信箱:hzcd@ hzcd. com. cn
法定代表人:陈德安
质量体系:IATF 16949、QS 9000
产品情况:(华中牌)
具有年产120万套各种中、高档汽车灯具的研制和生产能力
配套情况:为重庆长安、重庆长安铃木、河北长安、南京长安、北京长安、陕西重型汽车、东风渝安(小康)汽车、福建东南汽车、华晨鑫源汽车、保定长安客车、广汽中兴汽车的骨干配套企业

★湖北汉光科技股份有限公司
地址:湖北省孝感市长征路257号
邮编:432000
电话:0712/2684404、2687755
传真:2682222
网址:www. ourhg. com
电子信箱:01@ ourhg. com
法定代表人:梅祖军
质量体系:ISO 14001、ISO 9001
产品情况:(汉光牌、三工牌)
汽车卤钨灯、封闭式汽车前照灯、节能灯、LED灯、PAR灯、彩色聚光灯等
出口情况:远销欧美、日本、韩国、东南亚、印度等国家和地区,并销往中国香港、中国澳门、中国台湾地区

★孝感矢崎汽车部件有限公司
地址:湖北省孝感市孝汉大道纵四路8号
邮编:432000
电话:0712/2107770
网址:www. yazaki - china. com
电子信箱:3236206160@ qq. com
法定代表人:内山裕司
质量体系:ISO 9001、IATF 16949
产品情况:车用线束
配套情况:为东风本田、东风日产配套

★孝感市瑞莱特汽车照明有限公司
地址:湖北省孝感市国家高新技术产业开发区孝天工业园文昌大道39号
邮编:432100
电话:0712/2584985
传真:2584984
网址:www. realight. cn
电子信箱:info@ realight. cn
法定代表人:段庆华
质量体系:IATF 16949
产品情况:(REALIGHT牌)
汽车卤钨灯、氙气灯、组合灯、HID、LED汽车前找灯、LED汽车尾灯及汽车辅助照明光源,品种达1000多个
出口情况:远销东南亚、中东、美洲、欧洲、非洲等20多个国家和地区

★湖北小糸车灯有限公司
地址:湖北省孝感市孝感国家高新技术开发区文昌路特1号
邮编:432100
电话:0712/2108700、2108716
传真:2108710
网址:www. koito. co. jp
电子信箱:ding - yanzhi@ hkoito. com. cn
法定代表人:内山正巳
质量体系:ISO 14001、IATF 16949
产品情况:汽车灯具

★开特电子云梦有限公司
地址:湖北省云梦县经济开发区(南环路40号)
邮编:432599
电话:0712/4225805
网址:www. kait. com. cn
电子信箱:2933995942@ qq. com
法定代表人:郑海法
质量体系:IATF 16949
产品情况:主要产品为NTC温度传感器产品
配套及出口情况:为奥迪、大众、福特、通用、标致雪铁龙、日产、马自达、铃木、克莱斯勒、一汽、东风、上汽、长安、北汽、广汽、奇瑞、吉利、比亚迪、江淮、长城、华泰、力帆等众多汽车品牌直接或间接配套;是全球知名汽车热系统供应商的电子零部件重点供应商,包括Valeo(法雷奥)、Male-Behr(马勒贝洱)、Delphi(德尔福)、Visteon(伟世通)、Sanden(三电)、AI(空调国际)等

★湖北烨和电子科技有限公司
地址:湖北省孝昌县经济开发区城南工业园站前二路八号
邮编:432900
电话:0712/4767777
传真:4777999
网址:www. auto - part. com. cn
电子信箱:service@ mail. pntronic. com
法定代表人:代幼富
单位人数:200
质量体系:ISO 9001
产品情况:各式贴片二极管、各式车用整流二极管、车用调节器专用集成电路、各式车用发电机电压调节器与整流器及车用交流发电机等产品
出口情况:远销美国、德国、俄罗斯、印度、巴西等10多个国家,并销往中国台湾、中国香港地区

★荆州市神明汽配有限公司
地址:湖北省荆州市沙市区十号路关沮工业园109号
邮编:434000
电话:0716/8107906、8509498
电子信箱:ap@ jzshenming. com
法定代表人:郑存奎
质量体系:IATF 16949
产品情况:发电机、起动机的电盖、驱盖、转子铁芯片、导向角、齿轮、机壳、中盖、罩盖等

★荆州神电实业股份有限公司
地址:湖北省荆州开发区纬五路南
邮编:434100
电话:0716/8333326、8303006
传真:8333603
电子信箱:sales@ jzsdsy. com
法定代表人:周海平
质量体系:ISO 9001
产品情况:汽车电动机
配套情况:为一汽集团、重汽集团、奇瑞汽车、南京汽车集团、五菱、博世、康明斯、西门子、第一电通、泽藤等国内外近百家汽车及零部件制造商配套

★亮锐科技(湖北)有限公司
地址:湖北省松滋市飞利浦路17号
邮编:434200
电话:0716/6222921、6665286
传真:6223921

电子信箱:william. l@ lumileds. com
法定代表人:单军
质量体系:ISO 14001、OHSAS 18001
产品情况:各种型号灯具
配套情况:为上汽大众、一汽轿车、东风汽车公司、北京奔驰、天津一汽夏利、神龙汽车、上汽通用五菱、长安汽车、昌河汽车、南京依维柯配套

★睿信汽车电器(荆州)有限公司
地址:湖北省荆州开发区深圳大道 78 号
邮编:434400
电话:0716/8812178、8812159
传真:8812160
网址:www. broadauto. com
电子信箱:fuxx@ broadauto. com
法定代表人:付晓祥
质量体系:IATF 16949
产品情况:(博得牌)
汽车起动机和发电机
出口情况:产品 85% 出口北美洲、欧洲、中东、东南亚等地区

★湖北航天电缆有限公司
地址:湖北省黄石市黄金山开发区金山大道 198 号
邮编:435000
电话:0714/3189108
传真:3189188
网址:www. casc - cable. com
电子信箱:cable@ casc - cable. com
法定代表人:王金麟
质量体系:ISO 9001、IATF 16949
产品情况:(双峰牌)
主要产品有中低压电力电缆、控制电缆、电气装备用线、通信电缆、核电站用电缆、风能电缆、光伏电缆、特种电线电缆和环保电线等,广泛用于汽车、电子等领域

★骆驼集团华中蓄电池有限公司
地址:湖北省谷城县经济开发区谷水路 16 号
邮编:441000
电话:0728/3605810
电子信箱:541218081@ qq. com
法定代表人:康军
质量体系:IATF 16949
产品情况:蓄电池(注有酸液)、电池极板、电池零部件的生产、销售

★东风电驱动系统有限公司
地址:湖北省襄阳市大庆东路 227 号
邮编:441001
电话:0710/3405507、4006355287
传真:3763862
网址:www. dfyb. com
电子信箱:267888888@ qq. com
法定代表人:江川
质量体系:ISO 14001、IATF 16949
产品情况:(东风牌)
空心线圈式仪表机芯及驱动、步进电动机类仪表机芯及驱动、CAN 总线仪表、TFT-LCD 平板液晶显示仪表、车用传感器、整车控制器(VECU)、车身控制器(BCM)、汽车行驶记录仪(VDR)、整车网络系统
配套情况:是东风(重、中、轻、微型商用车、客车)、东风康明斯发动机、北汽福田、陕西重汽、安徽华菱、东风柳汽、北方奔驰、潍柴动力、玉柴机器等国内知名厂家的主要供应商

★湖北环宇车灯有限公司
地址:湖北省襄阳市襄城区虎头山路 1 号
邮编:441022
电话:0710/3605015
网址:www. hycdcn. com
电子信箱:hbhuanyucd@ triing. cn
法定代表人:丁智勇
单位人数:400
质量体系:ISO 9001、IATF 16949
产品情况:(环宇牌)
各种商用车、乘用车灯具(防炫目前照灯等),年产能力 60 万辆份
配套情况:主要为东风柳汽、东风商用、东风股份、四川现代、陕重汽、安徽华菱、上汽红岩、山西大运、三环、北方奔驰等系列商用车配套,同时为东风自主品牌乘用车、上海商用车、华泰汽车、华晨集团、长江汽车等乘用车配套

★骆驼集团股份有限公司
地址:湖北省襄阳市高新区汉江北路 65 号
邮编:441057
电话:0710/3344082、3344102
传真:3344151
网址:www. chinacamel. com
电子信箱:camel@ chinacamel. com
法定代表人:刘长来
单位人数:6175
质量体系:ISO 9001
产品情况:(骆驼牌)
铅酸蓄电池、纯铅薄极板电池、动力锂离子电池等
配套及出口情况:已成为大众、福特、通用等优秀供应商,主要配套单位已达 60 多家;远销欧洲、美洲、非洲、东南亚等地区

★随州市盛星机械有限公司
地址:湖北省随州市北郊星光工业园
邮编:441300
电话:0722/3316508、13886884859
传真:3313268
网址:www. shengxing - hb. com
电子信箱:taiyuan7832@ 163. com
法定代表人:包艳玲
单位人数:500
质量体系:IATF 16949
产品情况:各类汽车起动机、发电机、汽车车桥系列零配件等
配套情况:为东风汽车电气、东风变速器、湖北神电电气、东风德纳车桥、长春富奥依斯克拉电气等配套

★湖北华龙车灯有限公司
地址:湖北省随州市经济开发区 19 号
邮编:441300
电话:0722/3587308、3587309
传真:3587300
网址:hbhlcd. com
电子信箱:hbhlcd@ vip. 163. com
法定代表人:徐骞
质量体系:ISO 14001、IATF 16949
产品情况:(华鸿牌)
年产各类乘用车、商用车灯具 1000 余万只
配套情况:为东风汽车有限、东风汽车股份、神龙汽车、东风乘用车、一汽、中国重汽、上汽依维柯红岩商用车、陕汽集团、三一重工等国内大型整车厂配套

★湖北新飞翔电子科技有限公司
地址:湖北省老河口市洪山咀穆家沟
邮编:441800
电话:0710/8512330、8514252
传真:8512990、8511474
电子信箱:782814487@ qq. com
法定代表人:陆晓斌
质量体系:IATF 16949
产品情况:(飞翔牌)
东风系列电磁阀、分电器、闪光器、蜂鸣器
配套情况:为东风汽车公司、神龙汽车、北汽福田配套

★湖北天运汽车电器系统有限公司
地址:湖北省十堰经济开发区科技园路 1 号
邮编:442000
电话:027/8303525
传真:84253601
网址:www. hbtianyun. com
电子信箱:327384120@ qq. com
法定代表人:马运凡
质量体系:ISO 14001、IATF 16949
产品情况:换挡用电磁阀等换挡系列、门灯开关等开关系列、车身控制器等控制器系列、门把手灯等 LED 系列及其他产品
配套情况:为东风风神、北京现代、东风悦达起亚、东风日产、纳智捷汽车、上汽通用、长城汽车、奇瑞汽车、比亚迪、众泰汽车、长安福特、上汽集团、四川现代、陕汽重型等配套

★湖北正奥汽车附件集团有限公司
地址:湖北省十堰市茅箭区东风大道 9 号
邮编:442012
电话:0719/8797291
传真:8784135
网址:www. hbzhengao. com
电子信箱:zhengao@ hbzhengao. com
法定代表人:陈正土
单位人数:2500

质量体系:ISO/TS 16949、QS 9000
产品情况:主导产品有汽车电线束系列,汽车橡塑密封条系列,汽车操纵软轴、软管,汽车链条等金属制品系列,共四大类 2000 余种
配套情况:主要为东风商用车、神龙、东风乘用车、三一重工、奇瑞汽车、北汽福田、比亚迪汽车、江淮汽车、东风渝安、长城汽车、东风日产、广汽集团、重庆力帆、重庆长安等配套

★湖北达峰汽车智能控制系统有限公司
地址:湖北省十堰市茅箭区黑龙江路 6 号
邮编:442012
电话:0719/8781126、8785486
传真:8781127
网址:www.dfruanzhou.com
电子信箱:sydf@sykd.cn
法定代表人:乔虹
质量体系:IATF 16949
产品情况:主导产品有怠速油门操纵器系列、加速传动操纵器系列、离合器操纵索系列、熄火操纵索系列、发动机舱盖拉索系列、驻车制动钢丝绳总成系列、变速操纵线系列、里程表软轴、玻璃升降器软轴、门锁拉线系列、换挡器操纵机构系列等
配套情况:配套东风汽车、柳州五菱、神龙、东风日产、长城、广汽、奇瑞、长安、比亚迪、江淮、东风本田、黄海客车等汽车集团公司

★十堰东风三立车灯有限公司
地址:湖北省十堰市白浪东路 51 号
邮编:442013
电话:0719/8303522
传真:8303510
网址:www.slworld.com
电子信箱:admin@dfsamlip.com
法定代表人:罗元红(董事长)
质量体系:ISO 14001、IATF 16949
产品情况:汽车前照灯等各种车灯、底板、后视镜、FEM(Front End Module)等汽车零备件
配套情况:主要客户是东风汽车

湖南省

★湖南凯杰科技有限责任公司
地址:长沙市经济技术开发区东三路五号长城信息星沙科技园区综合楼一楼 101、103
邮编:410100
电话:0731/85252196
网址:www.hyflex.com.cn
电子信箱:liguihua@hyflex.com.cn
法定代表人:邓子畏
质量体系:ISO 9001、IATF 16949
产品情况:专业为国内外企业提供挠性线路板(FPCB)以及印制板(PCB)单、双面装配服务

★长沙安瑞电器有限公司
地址:长沙市经济技术开发区漓湘路 98 号和祥科技园 J 栋 2 楼
邮编:410100
电话:0731/84066995、84066996
传真:84066982-888
网址:www.csardq.cn
电子信箱:csarddq@163.com
法定代表人:张绍林
质量体系:ISO 9001、IATF 16949
产品情况:汽车线束等,总产量为 6800 万/年
配套情况:主要配套对象为三一重工、恒天九五重工、重庆力帆、比亚迪、福迪等大型企业

★博世汽车部件(长沙)有限公司
地址:长沙市经济技术开发区漓湘中路 26 号
邮编:410100
电话:0731/4020036、18570648005
传真:82929018
网址:www.bosch.com.cn
电子信箱:career.rbcc@cn.bosch.com
法定代表人:Straub Bernhard Heinrich
单位人数:4200
质量体系:ISO 14001、IATF 16949
产品情况:(BOSCH 牌)
主要产品包括汽车稳定系统和制动防抱死系统用的起动机、发电机冷却风扇、举窗电动机、座椅电动机、空调鼓风电动机及风机、刮水电动机、刮水系统、刮水片、起动/停止系统、起动机和发电机等
配套情况:为一汽集团、一汽轿车、上汽大众、南京汽车集团、东风汽车、神龙汽车、大柴、南京依维柯、锡柴、北京奔驰、重汽集团、江铃汽车、重庆康明斯、四川绵阳、沈阳新光等配套

★长沙汽电汽车零部件有限公司
地址:长沙市星沙经济技术开发区盼盼路 29 号
邮编:410100
电话:0731/82798410、82798489
传真:82798412
网址:www.csqidian.com
电子信箱:zengjie@csaep.com
法定代表人:尹建弘
质量体系:IATF 16949、ISO 14001
产品情况:主要生产起动机、发电机、点火线圈、分电器、微电机、电子调节器、空调离合器等总成及零件
配套及出口情况:长期供应上汽大众、一汽-大众、南京依维柯、潍柴动力、玉林柴油机厂、大连柴油机厂、神龙富康等主机厂;出口美国、欧洲、以色列、伊朗、韩国等国家和地区

★湖南海福来科技有限公司
地址:长沙市雨花区环保科技产业园振华路 199 号创业中心大楼
邮编:410116
电话:0731/85522049、18975147426
传真:84124669
网址:www.hifuly.com
电子信箱:info@hifuly.com
法定代表人:周耀
质量体系:IATF 16949
产品情况:汽车点火线圈
出口情况:客户主要来自北美洲、南美洲、德国和东南亚,并和 BREMI 和 YEC 建立合作关系多年

★湖南航天磁电有限责任公司
地址:长沙市望城经济开发区金星北路 1106 号湖南航天科技工业城
邮编:410200
电话:0731/88448217、88446882
传真:88448186
网址:www.spacemagnet.com
电子信箱:business@spacemagnets.com
法定代表人:郑自儒
单位人数:800
质量体系:ISO 9001、IATF 16949
产品情况:(航天磁牌)
高档永磁铁氧体电动机瓦磁、扬声器环磁、稀土永磁等,应用领域涉及汽车等
出口情况:近 50% 的产品销往欧洲、美洲、亚洲 30 多个国家和地区

★日立汽车系统(长沙)有限公司
地址:长沙市高新技术产业开发区桐梓坡西路 218 号
邮编:410205
电话:0731/88948988
传真:88948997
网址:www.hitachi.com.cn
法定代表人:蒲生庆一
单位人数:400
质量体系:IATF 16949
产品情况:汽车用起动机、发电机

★长沙博大科工股份有限公司
地址:湖南省浏阳高新技术产业开发区永福路 7 号
邮编:410323
电话:0731/83207899、83207898
传真:83207896
电子信箱:csboda@csboda.com.cn
法定代表人:蒋剑锋
质量体系:IATF 16949、ISO 9001
产品情况:起动机外壳、发电机外壳、调速器外壳、蓝驱系统零部件、汽车空调压缩机零部件、新能源汽车零部件、模具类、高压开关部件、五金冲压件等

★湘潭迅东机电科技有限公司
地址:湖南省湘潭市九华经济开发区标致路 3 号
邮编:411100
电话:0731/55889666、55882031
传真:55889888

网址:www. xtxundong. com
电子信箱:xundong@ vip. 163. com
法定代表人:龙华
质量体系:IATF 16949
产品情况:汽车玻璃升降器、电动机、车门锁机、开关等系列汽车零部件

★株洲湘火炬火花塞有限责任公司
地址:湖南省株洲高新区南部工业园4B 区
邮编:412001
电话:0731/28450013
传真:28450227
网址:www. torchsparkplug. com
电子信箱:wangmin@ cntorch. com
法定代表人:丁迎东
质量体系:ISO 9001、IATF 16949
产品情况:(火炬牌)
火花塞、点火线圈、高压线、水封件
配套情况:为上汽通用、长安福特、一汽轿车、长安汽车、沈阳三菱、东安三菱、奇瑞汽车、江淮汽车、吉利汽车、绵阳新晨、大长江集团、钱江、雅马哈、百利通、科勒、富士、TTI 等知名汽车、摩托车及小型汽油机生产厂家配套

★株洲湘火炬汽车灯具有限责任公司
地址:湖南省株洲市渌口湘火炬工业园黄河南路268 号
邮编:412007
电话:0731/22882346、22881311
传真:22881231
网址:www. torch - lite. com
电子信箱:service@ torch - lite. com
法定代表人:陈学毅
单位人数:320
质量体系:ISO 9001、IATF 16949
产品情况:(DGI 牌、泰普牌)
汽车灯具、后视镜、汽车线束及其附件产品,年产能力 5000 万件
配套及出口情况:为中集车辆、陕汽集团、重汽集团、广汽三菱、东风越野车、东风特种车身厂、十堰正和车身、北汽福田、江南汽车、江铃陆风、柳工股份、山推股份、中联重科、杭叉股份、合叉股份等配套;产品出口北美洲、欧洲、东南亚等多个国家和地区

广东省

★广州杰赛科技股份有限公司
地址:广州市海珠区新港中路 381 号杰赛科技总部大厦
邮编:510310
电话:020/84118000、84119755
传真:84284508
网址:www. chinagci. com
电子信箱:marketing@ chinagci. com
法定代表人:朱海江
质量体系:ISO 14001
产品情况:[杰赛(JIESAI)牌]
车载移动音频视频传输系统等产品

★广州华望汽车电子有限公司
地址:广州市番禺区化龙镇石化公路明经路段 9 号汉林工业园 3 号厂房
邮编:510434
电话:020/31108311
法定代表人:黄旭盛
质量体系:IATF 16949
产品情况:生产制造汽车微电机、汽车电控、汽车电子等汽车机电一体化产品
配套情况:为广汽传祺、广汽三菱、广汽本田、中航精机、大运汽车、奇点汽车、长安汽车等知名汽车公司供货

★广州市睿星汽车配件有限公司
地址:广州市白云区鹤边大彭岭七横路29 号 F7 二栋
邮编:510440
电话:13652895968、13929598208
传真:020/61069107
网址:www. reasonindustrial. com
电子信箱:13929598208@ 163. com
法定代表人:张清
质量体系:IATF 16949
产品情况:汽车迎宾灯、投影灯

★广州市奥迪诗音响科技有限公司
地址:广州市白云区均禾街石马奥迪诗工业园
邮编:510440
电话:020/36409111、36409222
传真:36409999
网址:www. adst. cc
电子信箱:ads@ adst. cc
法定代表人:赵志伟
质量体系:ISO 9001
产品情况:[奥迪诗(ADS)牌]
汽车音响等
出口情况:远销欧美、东南亚、中东、大洋洲等 60 多个国家和地区

★广州斯坦雷电气有限公司
地址:广州市经济技术开发区东区骏业路 138 号
邮编:510530
电话:020/82266668、82266602
传真:82266206
网址:www. stanley. co. jp
电子信箱:zhengyali@ stanleygz. com
法定代表人:黄旭盛
质量体系:ISO 9001、IATF 16949
产品情况:汽车及摩托车用灯具等
配套情况:为广汽本田配套灯具

★广州丰泰美华电缆有限公司
地址:广州市科学城开达路 2 号
邮编:510530
电话:020/82180888
传真:82180222
网址:www. gzfengtai. com
电子信箱:cxb@ gzfengtai. com
法定代表人:蔡白桦
质量体系:ISO 9001、IATF 16949
产品情况:汽车低压电线等产品

★广州飞歌汽车音响有限公司
地址:广州市高新技术产业开发区(广州科学城)南翔三路 11 号二、三栋
邮编:510660
电话:020/66677998
传真:66677998
网址:www. flyaudio. cn
电子信箱:954900484@ qq. com
法定代表人:关忠强
单位人数:1000
质量体系:ISO/TS 16949、ISO 9001
产品情况:专业从事车载导航娱乐系统的研发、制造,为整车企业提供汽车电子解决方案
配套情况:为长安福特、北京现代、广汽丰田、斯巴鲁、东南汽车、比亚迪、北汽幻速、东风风神、吉利帝豪等配套

★广州敏视数码科技有限公司
地址:广州市天河区陂路以西黄州工业区 6 栋 1 楼
邮编:510660
电话:020/66670988
传真:66670977
网址:www. sharpvision. cn
电子信箱:shelley@ stonkam. com
法定代表人:石锡敏
单位人数:400
质量体系:IATF 16949、ISO 14001
产品情况:智能摄像机、数字液晶显示器、高清系统、无线传输系统、车载硬盘录像机系统、高清电子后视镜系统、360°全景系统以及高级驾驶辅助系统(ADAS)等高科技产品
出口情况:远销美国、英国、德国、法国、日本等 150 多个国家和地区,出口率高达 99%

★尼得科智动(广州)车载电子有限公司
地址:广州市高新技术科技产业开发区科学城南翔一路 52 号
邮编:510663
电话:020/82075366、82075333
传真:82075386
网址:www. omron. com. cn
电子信箱:g_mei@ gc. omron. com. cn
法定代表人:WADA KATSUHIRO(和田克弘)
质量体系:IATF 16949、ISO 14001
产品情况:(OMRON 牌)
电动车窗开关、直流/交流转换器、遥控钥匙(Keyless)、智能防盗钥匙(IMMOBI)、插座、LFI、座位记忆开关、电子驻车开关、转向盘控制开关、起动停止开关等

★广州金升阳科技有限公司
地址:广州市黄埔区科学城科学大道科

汇发展中心科汇一街5号
邮编:510663
电话:020/38601850
传真:38601272
网址:www. mornsun. cn
电子信箱:sales101@ mornsun. cn
法定代表人:尹向阳
质量体系:ISO 9001、IATF 16949
产品情况:(MORNSUN牌)
产品线囊括AC/DC电源模块、DC/DC电源模块、EMC辅助器、隔离变送器、IGBT驱动器、LED驱动器、适配器等系列

★广州导远电子科技有限公司
地址:广州市黄埔区南翔二路1号旗锐科技园B101
邮编:510670
电话:020/38036761、38038783
网址:www. asensing. com
电子信箱:marketing@ asensing. com
法定代表人:李荣熙
质量体系:IATF 16949
产品情况:垂直陀螺(VG)、惯性测量单元(IMU)、姿态航向参考系统(AHRS)、GPS/INS组合导航系统、寻北仪(非磁罗盘)等

★广州安通林灯具有限公司
地址:广州市黄埔区(保税区)广保大道213号
邮编:510730
电话:020/36382180
传真:62856081
电子信箱:speedril@ 163. com
法定代表人:MARTA CUEVAS LORZA
质量体系:IATF 16949、ISO 9001
产品情况:汽车顶灯、牌照灯、行李舱灯、侧转向灯、高位制动灯等灯具
配套情况:为神龙汽车、湖北法雷奥车灯、广州宝龙等配套

★广州恒利达电路有限公司
地址:广州市黄埔区南岗镇庙头工业区第二栋
邮编:510730
电话:020/82087388、82087250
传真:82087148
电子信箱:marketing@ gzhenglida. com
法定代表人:向柏林
质量体系:ISO 9001
产品情况:车载视听、GPS导航

★广州利时德控制拉索有限公司
地址:广州市经济技术开发区西区保税区保盈大道19号
邮编:510730
电话:020/82068759
传真:82068796
电子信箱:hr. gtc@ cqtsk. com. cn
法定代表人:张本焱
质量体系:IATF 16949
产品情况:车用拉索、汽车玻璃升降器
配套情况:为本田、丰田、日产供货

★广东雷腾智能光电有限公司
地址:广州市花都区风神大道南岭西路雷腾工业园
邮编:510800
电话:020/28003729、28003728
传真:28003727
网址:www. rayton. cc
电子信箱:jiajing. liu@ rayton. cc
法定代表人:刘树菁
质量体系:ISO 9001、IATF 16949
产品情况:(雷盈牌、RTD牌)
LED汽车灯、LED摩托车灯,主要应用于车用组装厂汽配及摩配市场
出口情况:产品远销至以美国为首的北美洲市场、以巴西为首的南美洲市场、以埃及为主的北非市场、以英国、法国、德国、西班牙为主体的欧洲市场以及马来半岛、越南、菲律宾为主的东南亚市场,产品应用于30多个国家和地区

★广州市诺思赛光电科技有限公司
地址:广州市花都区红棉大道68号珠宝城B区7栋
邮编:510800
电话:020/86878062
网址:www. 020led. cn
法定代表人:杨坤
质量体系:IATF 16949、ISO 9001
产品情况:(020牌)
LED汽车车灯
配套及出口情况:为世界500强企业原厂车灯配置战略合作伙伴;以出口欧美为主

★法雷奥舒适驾驶辅助系统广州有限公司
地址:广州市花都区汽车产业基地内高新路一号自编101号
邮编:510800
电话:020/35560882
网址:www. valeo. com. cn
电子信箱:henghua. liu@ valeo. com
法定代表人:Francois,Antoine,Jacques MARION
质量体系:ISO 14001、IATF 16949
产品情况:各种开关,用于车门或货车的组合开关、挡位开关以及转向盘开关等
配套情况:为东风日产(全车系、全系列产品)、广汽本田(雅阁-转向盘开关、天窗开关等),东风本田(思域-天窗开关、CRV-天窗开关),长安铃木(天语-刮水器开关、门锁开关等),郑州日产(NV200-组合开关、后视镜调整开关等,皮卡-组合开关、电动窗开关等),东南汽车(DE/C1-制动灯开关),SGM(凯迪拉克-触摸板开关、别克新君越-触摸板开关)吉利TIER1吉具泰(帝豪-电动座椅开关)配套

★康奈可(广州)汽车电子有限公司
地址:广州市花都区汽车城东风大道
邮编:510800
电话:020/66852899
传真:86733266
网址:www. calsonickansei. co. jp
电子信箱:wenwen_huang@ ck-mail. com
法定代表人:HOMMEL Aymeric laurent
质量体系:ISO 14001、IATF 16949
产品情况:(康奈可牌)
CKGC空调制品(HVAC)、CKGC内装制品(INST)、CKGC排气制品(EXH)

★广州市佛达信号设备有限公司
地址:广州市花都区汽车城东风大道西城路5号
邮编:510800
电话:020/86733871
传真:86733872
网址:www. forda-led. com
电子信箱:info@ forda-led. com
法定代表人:刘信国
质量体系:ISO 14001、IATF 16949
产品情况:LED信号灯、LED警示灯、LED工作灯、LED前照灯、LED前雾灯
出口情况:远销英国、法国、德国、意大利、澳大利亚、中东、美国等20多个国家和地区

★广州市悦照车灯有限公司
地址:广州市花都区铁山河路美东工业园25栋
邮编:510800
电话:020/37705255、4001020039
传真:37705322
网址:www. aozoom. com. cn
电子信箱:aozoom@ aozoom. com. cn
法定代表人:秦飞
质量体系:IATF 16949、ISO 9001
产品情况:(AOZOOM澳兹姆牌)
主要产品是数字化安定器、HID氙气灯、HID透镜、LED透镜、LED转向灯、LED室内灯等汽车照明产品
出口情况:远销欧美、俄罗斯、非洲、东南亚等国家和地区

★广州市众科电器有限公司
地址:广州市花都区新华街汽车城东风大道以东
邮编:510800
电话:020/86732395、86732353
传真:86732399
网址:www. sws. co. jp
电子信箱:gzk@ gzk-china. com
法定代表人:梅建平
质量体系:IATF 16949
产品情况:汽车电线束
配套情况:为东风日产、东风柳汽等多家汽车公司配套

★马瑞利汽车电子(广州)有限公司
地址:广州市花都区永利路2号整幢

邮编:510800
电话:020/28113331
网址:www.magnetimarelli.com
电子信箱:andy.huang@magnetimarelli.com.cn
法定代表人:HEINRICH GERHARD SCHURING
质量体系:ISO 14001、IATF 16949
产品情况:汽车仪表、车身电脑及控制系统、多媒体导航系统、远程信息控制系统

★广州纽威光电科技有限公司
地址:广州市花都区花山第二工业区龙南路6号
邮编:510880
电话:020/37705050、4009003499
传真:87040715
网址:www.okhid.com
电子信箱:okhid6@okhid.com
法定代表人:陈卫
质量体系:ISO 14001、IATF 16949
产品情况:汽车氙气灯、LED工作灯等

★广州从化科昂诗汽车配件有限公司
地址:广州市从化区明珠工业园工业南路7号
邮编:510931
电话:020/37965001
传真:37965000
网址:www.g-tekt.jp
电子信箱:www.rb@163.com
法定代表人:MIZUKI NAOKI(水木尚树)
质量体系:ISO 14001、IATF 16949
产品情况:汽车关键零部件(含组合仪表)
配套情况:为丰田、本田、日产、日野供货

★广州市信征汽车零件有限公司
地址:广州市经济技术开发区永和经济区新业路46号自编22栋
邮编:511356
电话:020/32223128
网址:www.sincer.com.cn
电子信箱:sales@sincer.com.cn
法定代表人:马源清
质量体系:IATF 16949、ISO 9001
产品情况:各类汽车线束、汽车座椅加热系统、汽车座椅通风加热系统、汽车座椅乘员感应器(SBR)、汽车座椅调节开关、汽车座椅温度控制ECU以及电动机控制器

★广州小糸车灯有限公司
地址:广州市番禺区石楼镇岳溪村跨国产业基地B01区
邮编:511447
电话:020/39307015
传真:39307020
网址:www.koito.co.jp
电子信箱:li-jiming@gkoito.com
法定代表人:内山正巳
单位人数:2000
质量体系:ISO 14001、IATF 16949
产品情况:汽车灯具
配套情况:为广汽本田、广汽丰田、东风日产乘用车等配套

★广州塔祈巴那电器有限公司
地址:广州市番禺区石楼镇岳溪村跨国产业园
邮编:511447
电话:020/84656600
传真:84656601
网址:www.tachibana.com.cn
电子信箱:accoungt.gz.@tachibana.com.cn
法定代表人:松本浩二
质量体系:ISO 14001、ISO 9001
产品情况:PVC发热线与PVC电线、硅橡胶发热线与硅橡胶电线、各种铝箔加热器、车载加热坐垫
出口情况:出口日本、东南亚、美国、欧洲、澳大利亚等国家和地区

★广东奥迪威传感科技股份有限公司
地址:广州市番禺区沙头街银平路3街4号
邮编:511490
电话:020/84802041
传真:84665207
网址:www.audiowell.com
电子信箱:inquire@audiowell.com
法定代表人:张曙光
质量体系:ISO 9001、IATF 16949
产品情况:(AUDIOWELL牌)
超声波传感器、蜂鸣器和超声波雾化片
出口情况:远销东欧、北美洲、中东、非洲、中南美洲、亚洲、西欧、澳大利亚等国家和地区

★金禄电子科技股份有限公司
地址:广东省清远市清城区高新技术开发区安丰工业园盈富工业区M1-04,05A号
邮编:511500
电话:0763/3698080、3698091
传真:3696068
网址:www.camelotpcb.com
电子信箱:market10@camelotpcb.com
法定代表人:李继林
质量体系:ISO 9001、IATF 16949
产品情况:生产各类印制线路板(PCB),核心产品用于汽车各部件
配套及出口情况:是新能源汽车电池制造企业宁德时代的主要供应商;约50%的产品远销欧美,东南亚等多个国家

★广东井得电机股份有限公司
地址:广东省五华县转水镇枫林村188号
邮编:514479
电话:0753/4888888
传真:4888168、4888999
网址:gdkingtec.com
电子信箱:william@gdkingtec.com
法定代表人:黄明智
质量体系:IATF 16949
产品情况:(莲花牌)
重型汽车、工程机械、柴油发电机组用起动机和发电机
配套及出口情况:为上柴、潍柴、重庆康明斯、重汽杭发、河北华北柴油机、南通柴油机、无锡动力工程、北方动力等配套;出口欧洲、美洲、东南亚等20多个国家和地区

★广汽强华(梅州)汽车零部件有限公司
地址:广东省梅州市梅县畲江镇广州(梅州)产业转移工业园
邮编:514779
电话:0753/2321738、2321778
传真:2316798
网址:www.gacqh.com
电子信箱:sales@gacqh.com
法定代表人:李云辉
质量体系:IATF 16949、ISO 9001
产品情况:(强华牌)
商用车、乘用车发电机和起动机,年设计生产能力200万台(套)
配套情况:为重庆康明斯、中国重汽、潍柴动力、广西玉柴、洛阳一拖、河柴、无锡动力、杭州发动机等企业配套

★汕头东京电子有限公司
地址:广东省汕头市龙湖区练江中路工业厂房H3座一楼至三楼、四楼西侧、五楼、H4幢底层至二层及七层西侧
邮编:515041
电话:0754/88178567
传真:88464492
网址:www.tokyoparts.co.jp
电子信箱:zhangfuzhen@tokyoparts.com.cn
法定代表人:手嶋博幸
单位人数:800
质量体系:ISO 14001、IATF 16949
产品情况:车载空调用伺服电动机、汽车转向系统及车把手周边的各种开关
配套情况:产品主要用于本田、丰田及日产汽车等

★汕头经济特区矢崎汽车部件有限公司
地址:广东省汕头市汕头经济特区龙湖工业区万吉北一街3号
邮编:515041
电话:0754/88265924
传真:88267031
网址:www.yazaki-china.com
电子信箱:sya.si.jb@cn.yazaki.com
法定代表人:石川隆
质量体系:ISO 9001、IATF 16949
产品情况:汽车组合线束、机电组合线束

配套及出口情况:为美国克莱斯勒、日本日产、富士重工、本田、广汽本田配套;出口美国、日本

★广东汕头超声电子股份有限公司
地址:广东省汕头市龙湖区龙江路12号
邮编:515065
电话:0754/88192281
传真:83931233
网址:www.gd-goworld.com
电子信箱:csdz@gd-goworld.com
法定代表人:许统广
单位人数:6811
质量体系:ISO 9001、IATF 16949
产品情况:(GOWORLD牌)
多层印制电路板(PCB)、彩色液晶显示器及模块(CSTN-LCD&LCM)、超薄覆铜板(CCL)、数字式超声探伤仪器等电子元器件和整机产品
配套及出口情况:为特斯拉配套;美国、欧盟、澳大利亚、日本等发达国家,并销往中国香港地区

★华南矢崎(汕头)汽车配件有限公司
地址:广东省汕头市濠江区滨海街道上头居委海缆路上段
邮编:515098
电话:0754/87882122
传真:87882322
网址:www.yazaki-china.com
电子信箱:hny.shen.h@cn.yazaki.com
法定代表人:石川隆
质量体系:ISO 9001、ISO 14001
产品情况:汽车用电线组束及电子产品

★汕头市金茂电光源实业有限公司
地址:广东省汕头市潮阳区谷饶镇横山路口
邮编:515159
电话:0754/87621122
传真:87621187
网址:www.jinmaolamp.com
电子信箱:info@jinmaolamp.com
法定代表人:陈锦茂
单位人数:400
质量体系:IATF 16949
产品情况:(金茂牌)
主要品种有各种规格品种的汽车、摩托车卤素灯、前照灯、转向灯、制动灯、仪表灯及其他特种灯泡,年产能力8000万只
出口情况:大部分产品远销欧洲、中东、中南亚、南美洲

★广东骑光车灯工业有限公司
地址:广东省汕头市澄海区澄华街道泰安路
邮编:515800
电话:0754/85862811
传真:85869617
电子信箱:qgpcd@163.com
法定代表人:蔡锦辉
质量体系:ISO 9001
产品情况:(骑光牌)
汽车及摩托车灯具、塑料覆盖件、五金配件
配套情况:为广州大运、广州大阳、广州日雅、广东大治等供货

★惠州日铁锻造有限公司
地址:广东省惠州市大亚湾区西区石化大道西30号
邮编:516000
电话:0752/5109668
电子信箱:wendycwq@hsfc.com.cn
法定代表人:NOBUTAKA TANIMOTO
质量体系:IATF 16949、ISO 9001
产品情况:汽车配束线及相关产品
配套情况:为广汽丰田配套

★惠州市凯越电子股份有限公司
地址:广东省惠州市水口镇水口大道洛塘2区1-2号
邮编:516000
电话:0752/5780999
传真:5708078
网址:www.kaiyuegroup.com.cn
电子信箱:yangdong@kaiyuegroup.com.cn
法定代表人:邹小亮
单位人数:1300
质量体系:ISO 9001、IATF 16949
产品情况:(图音牌、KYCHN牌、路特仕牌、凯越中国牌)
智能语音导航等产品
配套及出口情况:和江铃、一汽等主流车厂达成紧密合作关系;远销东南亚、中东、南美洲、东欧等地区

★深圳市博实结科技有限公司
地址:广东省惠州市仲恺高新区惠风西三路1号博实结产业园
邮编:516000
电话:0752/2616523、2616520
网址:www.bsjkj.com
电子信箱:bsjkj@139.com
法定代表人:周小强
质量体系:ISO 9001、IATF 16949
产品情况:主要包含各行业车载终端(有线/无线)、4G视频监控系列、全系列模组(如2G/4G通信模块、定位模块、WIFI模块、蓝牙模块、NB-IOT模块等产品线)、智能车锁(如共享单车锁、物流锁、办公室门锁)等系列产品

★惠州市业铭电子有限公司
地址:广东省惠州市陈江大欣三区二栋四楼
邮编:516001
电话:13422975810
网址:www.cableym.com
电子信箱:1070916711@qq.com
法定代表人:杨春艳
质量体系:ISO 9001、IATF 16949
产品情况:专业生产车充线、车载线、报警器及零件、DC电源线、充电电源、RCA/HDMI/USB/AV连接线、测试线、特殊线材定制、各类汽车周边连接线、LED灯及连接线、塑胶模具及塑胶加工
出口情况:远销日本、韩国、欧洲、澳大利亚、美国、中东、俄罗斯、巴西、南非等市场

★惠州三华工业有限公司
地址:广东省惠州市仲恺高新技术开发区14号小区三华工业园
邮编:516001
电话:0752/2771196、2771317
传真:2771199
网址:cnsanhua.com
电子信箱:sales@cnsanhua.com
法定代表人:任传海
质量体系:ISO 9001、IATF 16949
产品情况:车载电源
配套及出口情况:是TCL、Sony、Samsung、松下、创维、长城、日本JVC、美国P&G等国内外知名企业的合作伙伴;远销欧洲、北美洲、日本、巴西、印度、东南亚等国家和地区

★广东德赛集团有限公司
地址:广东省惠州市江北云山西路12号德赛大厦
邮编:516003
电话:0752/2833888
传真:2833999
网址:www.desay.com
电子信箱:market@chinadesay.com
法定代表人:姜捷
质量体系:ISO/TS 16949、ISO 9001
产品情况:(DESAY牌)
新能源电池、汽车电子、北斗导航技术、IC设计等

★惠州市华阳多媒体电子有限公司
地址:广东省惠州市东江高新科技产业园上霞北路1号华阳工业园B区4号楼
邮编:516005
电话:0752/5300888
传真:5300666
网址:www.adayome.com
电子信箱:web@adayome.com
法定代表人:李道勇
质量体系:IATF 16949
产品情况:汽车抬头显示(HUD)、车载影音、车载导航(北斗、GPS、GLONASS)、车载无线充电、车载翻转机构、空调控制系统、胎压监测系统(TPMS)、驾驶辅助系统(全景泊车、倒车影像、偏道报警等)、车载空气净化器、车身控制单元等产品

★惠州华阳通用电子有限公司
地址:广东省惠州市东江高新科技产业园霞北路1号华阳工业园A区
邮编:516005

电话:4008877883
网址:www.foryouge.com
电子信箱:sales@foryouge.com.cn
法定代表人:曾仁武
质量体系:ISO 9001、IATF 16949
产品情况:(FORYOU牌)

主要生产车载信息娱乐系统、北斗/GPS/GLONASS(单模或双模)、车载互联系统、空调控制系统、胎压监测系统(TPMS)、车载仪表、驾驶辅助系统(全景环视、倒车影像、偏道报警等)、车载空气净化器、车身控制单元等产品
配套及出口情况:为一汽、广汽三菱、东南汽车、长城汽车等,国外三菱、丰田、福特、现代、建伍、飞利浦、Audiovox、德尔福等配套;远销80多个国家和地区

★惠州市正牌科电有限公司
地址:广东省惠州市惠城区小金口金石七路288号
邮编:516006
电话:0752/5828888
传真:2835129
网址:www.ttc9.com
电子信箱:sales@ttc9.com
法定代表人:何朝辉
质量体系:ISO 9001、IATF 16949
产品情况:(TTC牌)

数字编码器、电子开关和高低压连接器等产品,广泛用于汽车电子、新能源汽车和充电设备等
出口情况:远销多个国家和地区

★惠州市德赛西威汽车电子股份有限公司
地址:广东省惠州市仲恺高新区和畅5路西103号
邮编:516006
电话:0752/2655888
传真:2655999
网址:www.desaysv.com
电子信箱:service.fm@desay-svautomotive.com
法定代表人:TAN CHOON LIM
质量体系:ISO 9001、IATF 16949
产品情况:(德赛西威牌、SVAUTO牌)

车载信息娱乐系统、空调控制器、驾驶信息显示系统、显示模组与系统、车身控制模块以及智能驾驶辅助系统等产品
配套情况:为一汽-大众、上汽大众、上汽通用、一汽轿车、北京现代、福田汽车、奇瑞、吉利、神龙、海马、长城、广汽、马自达、沃尔沃、卡特彼勒等国内外主要整车及工程机械厂商配套

★信华精机有限公司
地址:广东省惠州市仲恺高新区惠风西四路1号
邮编:516006
电话:0752/2635338
传真:2635268
网址:www.shinwa.com.cn
电子信箱:yexug@shinwa.com.cn
法定代表人:寺田明彦
质量体系:ISO 9001、IATF 16949
产品情况:车用汽车音响CD机芯、DVD机芯;车载蓝牙、数字广播、WiFi等车载影音娱乐系统专用模块;ADAS系统专用车载镜头、安防镜头类产品;(锂)电池管理系统;精密镀膜加工
配套情况:向大陆、德赛西威、德尔福、伟世通、航盛等公司长期提供产品

★惠州市住广汽车电装有限公司
地址:广东省惠州市仲恺高新区仲恺大道(惠环段)388-6号
邮编:516006
电话:0752/5795566
传真:2600159
电子信箱:jh_hxl@163.com
法定代表人:张平秀
质量体系:IATF 16949
产品情况:汽车线束
配套情况:主要生产猎豹系列车型的专用配线以及广汽三菱劲炫产品的配线

★惠州住润电子装备有限公司
地址:广东省惠州市惠城区汝湖镇虾村
邮编:516021
电话:0752/2806026、2866408
传真:2806379
网址:www.sws.co.jp
电子信箱:hongping-liao@gate.sws.co.jp
法定代表人:松冈充彦
单位人数:3200
质量体系:ISO 9001、ISO 14001
产品情况:主要生产汽车用电线束及关联部件
配套情况:为丰田汽车等配套

★惠州古河汽配有限公司
地址:广东省惠州市小金口金源社区金兴街16号
邮编:516023
电话:0752/2821458、2821099
传真:2821100
电子信箱:service@faph.net.cn
法定代表人:藤原崇
质量体系:IATF 16949、ISO 14001
产品情况:各类汽车配线
配套情况:为本田、丰田、马自达、铃木、五十铃等供货

★惠州住润电装有限公司
地址:广东省惠州市小金口镇九龙高新科技工业园
邮编:516023
电话:0752/2820000
传真:2821526
网址:hzr-sws.com
电子信箱:gu-cailian@hzr.sws.com
法定代表人:MASAHITO TSUTSUI(筒井雅仁)
质量体系:ISO 14001、IATF 16949
产品情况:汽车和摩托车专用线束和其他汽车电子设备
配套及出口情况:主要客户有广汽本田、东风本田发动机、广汽丰田、广汽菲克、日本本田、日本日产、美国本田等知名汽车生产厂商;出口日本、美国

★惠州住润汽车部品有限公司
地址:广东省惠州市小金口镇九龙高新科技工业园
邮编:516023
电话:0752/2783027
传真:2783900
网址:www.sws.co.jp
电子信箱:qian-chen2@gate.sws.co.jp
法定代表人:岡田肇
质量体系:ISO 14001、IATF 16949
产品情况:汽车用零部件以及汽车线束相关联产品

★惠州住润汽车线业有限公司
地址:广东省惠州市小金口镇九龙高新科技工业园
邮编:516023
电话:0752/2821621
传真:2821625
网址:www.sws.co.jp
电子信箱:shian-li@gate.sws.co.jp
法定代表人:难波创一郎
质量体系:ISO 9001、IATF 16949
产品情况:主要产品有汽车发动机电控装置专用电线,汽车安全气囊及装置电控专用电线,汽车电子产品之汽车专用电线、汽车用胶管和粗电线

★惠州住电电装有限公司
地址:广东省惠州市大亚湾西区第一工业园
邮编:516083
电话:15899542272
传真:5189338
网址:www.sws.co.jp
电子信箱:lishan-li@gate.sws.co.jp
法定代表人:长野友明
质量体系:ISO 9001、IATF 16949
产品情况:汽车电子装置(含发动机控制系统、底盘控制系统、车身电子控制系统),汽车关键零部件(组合仪表)
配套情况:为东风日产各车型供货

★惠州光弘科技股份有限公司
地址:广东省惠州市大亚湾响水河工业园永达路5号
邮编:516083
电话:0752/5108688
传真:5108268
网址:www.dbg.com.cn
电子信箱:market@dbg.com.cn
法定代表人:唐建兴
单位人数:7000
质量体系:IATF 16949、ISO 9001
产品情况:线路板的表面贴装(SMT)、

DIP、PCBA 组装及测试(PCBASSY & Test)、继电器及各类电子产品的 OEM 加工服务
配套情况:为索尼、飞利浦等供货

★惠州住成电装有限公司
地址:广东省惠州市大亚湾新寮东风车城
邮编:516085
电话:0752/5202835、5202836
传真:5201822
网址:www. sws. co. jp
电子信箱:zou - siting@ hzc - china. com
法定代表人:绪方佳幸
质量体系:ISO 9001、IATF 16949
产品情况:汽车线束
配套情况:为东风日产(骐达、颐达、逍客、轩逸、骊威、骏逸等车型)配套

★广龙电子部件(惠州)有限公司
地址:广东省惠州市仲恺高新技术产业开发区陈江街道办事处陈江大道中 21 号
邮编:516229
电话:0752/3897932
传真:3897986
网址:www. shinchin - sci. com
法定代表人:洪永清
质量体系:ISO 9001、IATF 16949
产品情况:车用灯、开关、熔断丝座等

★惠州硕贝德无线科技股份有限公司
地址:广东省惠州市东江高新区上霞片区 SX - 01 - 02 号
邮编:516255
电话:0752/2836333
传真:2836699
网址:www. speed - hz. com
法定代表人:朱坤华
质量体系:ISO 9001、IATF 16949
产品情况:车载智能天线、无线充电产品等
配套情况:主要合作伙伴有上汽通用、广汽集团、丰田、福特、日产、吉利汽车、长城汽车、长安汽车等

★惠州市海龙模具塑料制品有限公司
地址:广东省惠州市惠东县大岭镇珠三角产业转移园 B 区海龙工业园
邮编:516300
电话:0752/8592108、8592118
传真:8592158
网址:www. szhilong. com
电子信箱:ymc@ hilong. cn
法定代表人:颜美聪
质量体系:ISO 9001、IATF 16949
产品情况:蓄电池壳
配套情况:为日产、本田、福特供货

★深圳市瑞联高科通讯有限公司
地址:广东省深圳市宝安区宝田工业区 56 栋 A 座
邮编:518000
电话:0755/85270833
传真:85270833
网址:www. szrmt. com. cn
电子信箱:2851399000@ qq. com
法定代表人:方向龙
单位人数:110
质量体系:IATF 16949、ISO 9001
产品情况:智能导航、智能穿戴、行车记录仪等产品研发

★深圳市景旺电子股份有限公司
地址:广东省深圳市宝安区西乡街道铁岗水库路 166 号
邮编:518000
电话:0755/27697333
传真:27697399
网址:www. kinwong. com
电子信箱:kwpr@ kinwong. com
法定代表人:刘绍柏
质量体系:ISO 9001、IATF 16949
产品情况:印刷电路板及高端电子材料
配套情况:为上汽大众供货

★深圳市蓝晟电子有限公司
地址:广东省深圳市光明新区公明街道长圳社区长兴科技工业园 36A 栋
邮编:518000
电话:0755/27179816、27179815
传真:27179811
网址:www. landsun. cc
电子信箱:sales@ landsun. cc
法定代表人:孙晓东
质量体系:IATF 16949
产品情况:专注于汽车 FAKRA 连接器、高清摄像头线束及车身线束的研发与生产,年产摄像头线束、汽车导航影音线束及连接器等 1000 万条(个)以上,产品广泛应用于汽车安防系统、汽车影音系统、汽车导航系统等汽车电子领域

★深圳市兴嘉林电子科技有限公司
地址:广东省深圳市龙岗区布吉镇中兴路 12 号(丹竹头段)港华高科技园 E 栋 2 楼
邮编:518000
电话:0755/84419519、4007059608
传真:84419316
网址:cn. sonls. com
电子信箱:ksdvd@ vip. 163. com
法定代表人:王森林
质量体系:IATF 16949、ISO 9001
产品情况:智能电动后门升降系统、车载导航系统、汽车防盗报警定位系统等产品

★深圳顺络电子股份有限公司
地址:广东省深圳市龙华区观澜街道大富苑工业区顺络观澜工业园
邮编:518000
电话:0755/29832333、29832516
传真:82269029
网址:www. sunlordinc. com
电子信箱:sunlord@ sunlordinc. com
法定代表人:袁金钰
质量体系:IATF 16949、ISO 9001
产品情况:共模扼流器用于 EMI 抑制,电感用于电路滤波或者扼流,二合一电感专门应用于音响功放,变压器用于超声波倒车辅助和 BMS,无线线圈用于防盗系统和进入系统,陶瓷压力传感器用于空调冷媒、机油等各处压力检测
配套情况:主要客户包括比亚迪、索尼(Sony)、松下(Panasonic)等

★天马微电子股份有限公司
地址:广东省深圳市南山区大新路 88 号天马大厦
邮编:518000
电话:0755/36351000
传真:86225772
网址:www. tianma. cn
电子信箱:mkt@ tianma. cn
法定代表人:陈宏良
质量体系:IATF 16949、ISO 9001
产品情况:车载 TFT、车载 CTP 等车载显示应用

★深圳市赛格导航科技股份有限公司
地址:广东省深圳市南山区科技园南区 T - 2 栋 B 座 6 层
邮编:518000
电话:0755/26719988
网址:www. chinagps. cc
电子信箱:2251562777@ qq. com
法定代表人:张家同
质量体系:ISO 9001、IATF 16949
产品情况:(CHINAGPS 牌、赛格车圣牌、金证卡尔牌)
前装级 BCM 汽车车身控制模块、车联网整体解决方案(T-BOX、APP、平台软件、外包运营)、智能信息娱乐系统、ADAS 主动安全、气动控制、自动空调控制、DCU 防夹控制等产品和技术的应用与开发
配套情况:为海马汽车、猎豹汽车、上汽通用五菱、知豆汽车、东风柳汽、江铃特种、北汽新能源、厦门金龙、玉柴重工、中联重科等汽车厂提供产品研发和配套量产

★谷林电器(深圳)有限公司
地址:广东省深圳市坪山新区坑梓街道秀新社区新乔围工业区新发路 7 号
邮编:518000
电话:0755/28981885
传真:28981922
网址:www. valley - wood. com
电子信箱:vwsz@ valley - wood. com
法定代表人:陈永达
质量体系:IATF 16949、ISO 9001
产品情况:汽车 CD 机芯、音响机芯、随身听机芯等
出口情况:产品 100% 外销

★深圳市中聚泰光电科技有限公司
地址:广东省深圳市光明新区公明镇长圳村长凤路 379 号生金科技园三楼
邮编:518001
电话:0755/29687865、13828710029
传真:29874389
网址:www. sunet - sz. com
电子信箱:cherry@ sunet - sz. com
法定代表人:张艳萍
质量体系:IATF 16949
产品情况:FAKRA、射频同轴、控制模块
配套情况:为诺基亚、MOTO、宝马、大众、GE、奔驰、日产等供货

★深圳市众鸿科技股份有限公司
地址:广东省深圳市福田区福强路 4001 号深圳市世纪工艺品文化市场 306 栋 H 馆六层
邮编:518017
电话:0755/83456563
网址:www. myzhonghong. com
电子信箱:majm@ zhonghongcarav. com. cn
法定代表人:苏军
单位人数:240
质量体系:ISO 9001
产品情况:车载娱乐、导航、智能中控、全液晶数字仪表、流媒体后视镜、数字功放、T-BOX、智能座舱系统以及新能源汽车 BMS 电池管理系统、充电桩、BCM 模块等
配套情况:为长安轿车、长安铃木、北汽、北汽新能源、一汽、吉利、上汽、东南汽车、日本丰田、日产、众泰、奇瑞、凯翼、陕西重汽、陕汽新能源、东风商用、东风小康、北汽银翔、华晨鑫源、力帆、御捷电动车等配套

★深圳市京华电子股份有限公司
地址:广东省深圳市福田区华发北路 1 号京华大院 4 栋 3 楼
邮编:518031
电话:0755/83350504
传真:83351507
网址:www. jingwah. com
电子信箱:szjingwah@ 163. com
法定代表人:王国庆
单位人数:4000
质量体系:ISO/TS 16949
产品情况:[京华(JW)牌]
导航仪、车载音响等汽车电子产品
出口情况:远销美国、加拿大、日本、韩国、德国、俄罗斯等国家

★深圳市凯立德科技股份有限公司
地址:广东省深圳市福田区深南大道 6023 号创建大厦 27 层
邮编:518042
电话:0755/82882889、83250929
传真:83434619
网址:www. careland. com. cn
电子信箱:kefu@ careland. com. cn
法定代表人:蔡友良
单位人数:329
质量体系:OHSAS 18001、ISO 14001
产品情况:电子地图、导航系统和车载智能终端产品及服务

★深圳市合正汽车电子有限公司
地址:广东省深圳市龙岗区吉华街道甘李工业园甘李六路 12 号中海信创新产业城 13 栋
邮编:518052
电话:0755/33510152
网址:www. hzcarpc. com. cn
电子信箱:1743173983@ qq. com
法定代表人:罗剑平
质量体系:ISO 9001
产品情况:智能车载信息娱乐系统

★深圳市华宝电子科技有限公司
地址:广东省深圳市南山区留仙大道 3333 号塘朗城广场(西区)A 座 14 层
邮编:518054
电话:0755/26455800、26458800
传真:26066918
网址:www. sinohb. com
电子信箱:cs@ sinohb. com
法定代表人:庄少华
质量体系:ISO 9001、IATF 16949
产品情况:汽车行驶记录仪、车载 GPS 监控系统、车载视频终端(DVR)、车载信息屏等安全电子产品
配套情况:为丰田、上汽、金龙、江淮等众多汽车制造厂配套

★深圳市路畅科技股份有限公司
地址:广东省深圳市南山区海天一路 11 号 5 栋 C 座 9 楼
邮编:518057
电话:4008821826
网址:www. roadrover. cn
电子信箱:sales@ roadrover. cn
法定代表人:郭秀梅
质量体系:IATF 16949
产品情况:(畅新牌、LC 牌、畅安牌、畅安 S 牌、畅云牌)
北斗/GPS 双模车载导航产品、汽车智能驾驶舱及车联网产品
配套情况:为奔驰、宝马、大众、通用、奥迪、福特、三菱、比亚迪、长城等配套

★深圳市力辉电机有限公司
地址:广东省深圳市南山区沙河西路深圳湾科技生态园一区 2 栋 B 座 4 楼
邮编:518057
电话:0755/36899898
传真:36882799
网址:www. power - motor. cn
电子信箱:info. power@ power - motor. com
法定代表人:闫鲲
质量体系:IATF 16949
产品情况:微电机

★深圳市健科电子有限公司
地址:广东省深圳市盐田区北山道北山工业区 3 栋 6 楼
邮编:518081
电话:0755/25214880
传真:25227666
网址:www. ignition - module. com
电子信箱:sales@ ignition - module. com
法定代表人:黄卫华
质量体系:IATF 16949、ISO 14001
产品情况:汽车点火模块、传感器、BLDC 微电机控制器以及新能源汽车控制模块等多种汽车电子产品
出口情况:出口美国、欧洲等国家和地区

★深圳格力浦电子有限公司
地址:广东省深圳市宝安区前进一路诺铂广场 410 室
邮编:518100
电话:4006868633、13421834860
网址:www. szclip. com
电子信箱:xucan@ szclip. com
法定代表人:吴明泽
质量体系:IATF 16949、ISO 9001
产品情况:专业设计生产通信连接器、汽车连接器、工业连接器等各类精密连接器,五金、塑胶结构件及组件,精密模具加工和表面处理
配套情况:主要合作伙伴有华为、中兴、博世、大众等

★深圳宝兴电线电缆制造有限公司
地址:广东省深圳市宝安区沙井街道办沙井路步涌同富裕工业园
邮编:518100
电话:0755/27759591、66866600
传真:27755846
网址:www. baohing. com
电子信箱:sales@ baohing. com
法定代表人:邓力
质量体系:IATF 16949、ISO 9001
产品情况:产品线包括电源线、电子线、新能源线(电动车电缆等)、汽车线等,应用领域遍布电源、汽车等领域

★深圳市恒驱电机股份有限公司
地址:广东省深圳市宝安区福永街道新田社区新田大道 71 - 1 号 A 栋
邮编:518102
电话:0755/29169191、4000755631
传真:29169007
网址:www. hengdrive. com
电子信箱:sales@ hengdrive. com
法定代表人:张建文
质量体系:IATF 16949、ISO 9001
产品情况:汽车、电动车等直流无刷电动机
配套及出口情况:为上汽华域、小糸、福特、沃尔沃、安道拓、延锋、比亚迪、东

风、宇通、开沃、博世、三电、马勒、法雷奥等汽车部件客户提供合作研发和批量配套;在美国、加拿大、德国、英国、法国、意大利、日本、韩国、印度等地都有签约代理商

★深圳市宝凌电子股份有限公司

地址:广东省深圳市宝安区西乡宝凌路8号
邮编:518102
电话:0755/27955115、27955331
传真:27955330
网址:www. carradio. com. cn
电子信箱:liyan@ carradio. com. cn
法定代表人:曹晓龙
质量体系:IATF 16949
产品情况:收音机平台、智能多媒体主机、智能液晶仪表、车载终端 T-BOX、HUD 辅助信息显示、360 全景 + ADAS + 雷达融合、行车记录仪、车载 USB 充电等产品,具有年产百万台的生产能力
配套情况:合作伙伴有一汽-大众、上汽通用五菱、奇瑞、吉利、宝骏汽车、北京汽车、东南汽车、一汽、福田汽车、华晨金杯、中国重汽、福建新龙马、南京依维柯、东风雪铁龙、厦门金龙、陕西重汽等

★深圳市联和安业科技有限公司

地址:广东省深圳市宝安区西乡街道臣田社区宝民二路东方雅苑南边7层
邮编:518102
电话:0755/61139168
传真:61139139
网址:www. gps118. net
电子信箱:1391223543@ qq. com
法定代表人:王洽和
质量体系:ISO 9001
产品情况:(AMWELL 星安牌)
GPS 定位器、汽车防盗器、行车记录仪、北斗定位终端、汽车风控管理软件、GPS 定位系统
配套情况:与比亚迪等合作

★ 深圳市航盛电子股份有限公司

地址:广东省深圳市宝安区福永福园一路航盛工业园
邮编:518103
电话:0755/66858888
网址:www. hangsheng. com. cn
电子信箱:zhenghongyue@ tji. cn
法定代表人:王建刚
质量体系:IATF 16949、ISO 14001、ISO 9001
产品情况:(航盛牌)
生产智能网联汽车信息系统、智能驾驶辅助系统、新能源汽车控制系统等产品
配套情况:为东风、日产、大众、一汽、广本等配套
☞ 详细情况请参阅彩色宣传版面

★深圳市歌美迪电子技术发展有限公司

地址:广东省深圳市宝安区福永街道凤凰第一工业区风兴巷1号厂房2栋7楼、9楼
邮编:518103
电话:0755/29806722、29806922
传真:29806522
网址:www. germid. com. cn
电子信箱:398779193@ qq. com
法定代表人:潘磊
质量体系:IATF 16949
产品情况:WinCE 导航系统,安卓导航系统、行车记录系统、倒车可视系统、CANBUS 汽车信息系统、自动防炫、手动防炫、倒车雷达探测、温度指南针显示、测速雷达等
配套及出口情况:在前装市场为丰田、福特、尼桑、现代、通用等汽车厂 OEM 配套;后装市场领域远销北美洲、南美洲、欧洲、大洋洲、中东、日本等国家和地区

★法雷奥汽车内部控制(深圳)有限公司

地址:广东省深圳市宝安区福永街道怀德社区翠岗工业园六区第3栋、第3栋2号
邮编:518103
电话:0755/36885222
网址:www. valeo. com. cn
电子信箱:hong. cheng@ valeo. com
法定代表人:Francois Antoine Jacques MARION
质量体系:IATF 16949
产品情况:用于泊车辅助的传感器及其系统、人机界面、控制单元以及助力电子等

★天派电子(深圳)有限公司

地址:广东省深圳市宝安区福永新和新兴工业6区 A1 栋
邮编:518103
电话:0755/61501541、61501506
传真:61501501
网址:www. skypine. cn
电子信箱:sales@ skypine. com
法定代表人:郭信平
单位人数:2000
质量体系:ISO 14001、IATF 16949
产品情况:(天派牌)
车载 DVD、车载 GPS 导航、车载数字电视、车载 PC 等
配套情况:是奔驰 smart 原装车载导航全球唯一供应商,同时是三菱、斯巴鲁、标致雪铁龙、日本大发等众多车厂的原装车载导航供应商;在国内市场,天派为奇瑞、华晨、广汽长丰等汽车厂商提供专业配套服务

★深圳市航盛电路科技股份有限公司

地址:广东省深圳市宝安区福永镇和平村福园一路航盛工业园 C2、B2 栋
邮编:518103
电话:0755/33921666
传真:33259118
网址:www. hangshengpcb. com
电子信箱:mkt@ hangshengpcb. com
法定代表人:肖锦鸿
质量体系:IATF 16949、ISO 9001
产品情况:高密度双面及多层线路板,广泛应用汽车电子、航空电子等领域

★深圳市德众尚杰汽车电子有限公司

地址:广东省深圳市宝安区福永镇怀德翠岗第五工业区 41A 栋6楼
邮编:518103
电话:0755/36869108、4001003227
传真:36869107
网址:www. vwvdo. com
电子信箱:2850613913@ qq. com
法定代表人:程卫兵
质量体系:ISO 9001
产品情况:大众智能车载导航系统、汽车导航影音
配套及出口情况:为北京大众集团、山东大众集团配套;远销美国、欧洲、俄罗斯、加拿大、南美洲、大洋洲、东南亚

★深圳市兆威机电股份有限公司

地址:广东省深圳市宝安区燕罗街道燕川社区燕湖路62号
邮编:518103
电话:0755/27322645
传真:27323949
网址:www. zwgear. com
电子信箱:sales@ szzhaowei. net
法定代表人:李海周
质量体系:IATF 16949
产品情况:SUV 汽车尾门电动推杆齿轮箱方案、自动转向盘调节机构齿轮箱(EPS 电动助力转向系统)、安全保护头枕齿轮箱、电子驻车制动系统齿轮箱(EPB)、新能源汽车智能充电桩齿轮箱方案、汽车离合器门阀电动机齿轮箱等齿轮传动机构产品
配套情况:为比亚迪汽车、德国博世、长城汽车等配套

★深圳斯坦雷电气有限公司

地址:广东省深圳市宝安区沙井街道垦岗泰丰工业区建安路16号
邮编:518104
电话:0755/29755272
传真:29755077
网址:www. stanley. co. jp
电子信箱:luocimei@ stanleyelec - ssz. com
法定代表人:米谷光弘(YONEYA MITSUHIRO)
单位人数:1000
质量体系:IATF 16949、ISO 9001
产品情况:(SANDEN 牌)
电子元件、汽车用电子零件及汽车用照明灯具部件等产品
配套情况:为广汽本田、东风本田等配套

★积架宝威汽车配件(深圳)有限公司
地址:广东省深圳市宝安区沙井街道沙四居委会高新科技园 B 栋
邮编:518104
电话:0755/81768399
传真:81768366
网址:www. jaeger - poway. com
电子信箱:marketing@ jaeger - poway. com
法定代表人:黄有光
质量体系:ISO 14001、ISO 9001
产品情况:(积架宝威牌、JAEGERPOWAY 牌)
汽车连接线、插头及插座等

★古河电工(深圳)有限公司
地址:广东省深圳市宝安区沙井街道辛养社区西部工业园 A2 厂房三楼
邮编:518104
电话:0755/33848011
传真:33845105
网址:www. furukawa. co. jp
电子信箱:pengyunli@ fesz. com. cn
法定代表人:铃木博德
单位人数:1800
质量体系:IATF 16949、ISO 9001
产品情况:汽车线束、电子零部件的生产与销售
配套情况:主要的客户为中国的日资汽车企业

★深圳市万至达电机制造有限公司
地址:广东省深圳市光明新区公明镇马山头第四工业区 110 栋
邮编:518106
电话:0755/29886108、29886208
传真:29886508
网址:www. wanzhida. cn
电子信箱:wzd@ wanzhida. cn
法定代表人:张用万
质量体系:IATF 16949、ISO 9001
产品情况:产品包括直流有刷电动机、空心杯电动机、减速电动机、无刷电动机、步进电动机及其他电动机
配套及出口情况:主要客户有宝马汽车、夏普、西门子、佳能、海康威视等;远销美国、欧洲、日本、韩国、东南亚等国家和地区

★伟力驱动技术(深圳)有限公司
地址:广东省深圳市石岩镇镇宝工业区 5 栋 5 楼
邮编:518108
电话:0755/86106536、27646680
传真:86106236、27658036
网址:www. vid. wellgain. com
电子信箱:info@ vidmotion. com
法定代表人:吴慧文
质量体系:IATF 16949
产品情况:VID29 系列仪表步进电动机等微型电动机产品

★深圳市百盛兴业科技有限公司
地址:广东省深圳市龙华区大浪街道浪口社区浪口工业区 60 栋 3 层
邮编:518109
电话:0755/27042170、61110728
传真:61110763
网址:luview. cn
电子信箱:1250286124@ qq. com
法定代表人:胡启院
质量体系:IATF 16949
产品情况:汽车后视系统、车载摄像头、车载显示器、车载录像机等
出口情况:远销美国、英国、德国、法国、澳大利亚、俄罗斯、荷兰、南非、巴西、以色列、新西兰、马来西亚等国家和地区,并销往中国香港、中国台湾地区

★深圳南方德尔汽车电子有限公司
地址:广东省深圳市龙华新区观澜新城社区竹园工业园(观澜大道 69 号)
邮编:518110
电话:0755/33500533
传真:33500733
网址:www. fzbauto. com
电子信箱:lixin - sz@ dare - auto. com
法定代表人:李毅
单位人数:1000
质量体系:IATF 16949、ISO 14001
产品情况:主要为车厂和一级供应商提供一键起动 PEPS、车身控制 BCM、胎压监测 TPMS、摄像头环视系统 AVM、雨量光线传感器 RLS、电子油泵 EOP 控制器、电子液压助力转向 EHPS 控制器、起停油泵 SSP 控制器、电子水泵 EWP 控制器等产品
配套情况:为江铃汽车优质供应商

★深圳市索菱实业股份有限公司
地址:广东省深圳市南山区深南大道 9678 号大冲商务中心 1 栋 2 号楼 B 座 28 楼
邮编:518110
电话:0755/86702766、4008803363
传真:86562511
网址:www. szsoling. com
电子信箱:dm88@ szsoling. com
法定代表人:肖行亦
单位人数:1536
质量体系:ISO/TS 16949
产品情况:[索菱(SOLING)牌、索莱特牌、DHD 牌、妙士酷牌]
CID 系统产品,利用无线通信、移动网络和卫星导航技术为用户提供专业的汽车卫星导航定位、无线通信、信息娱乐、安防监控和汽车移动互联网等服务
配套及出口情况:为一汽马自达、广汽丰田、广汽三菱、东风乘用车、上汽通用、华晨汽车、浙江吉利、众泰汽车、上海海马、江淮安驰、大连中升集团、庞大汽贸集团、富士通天、浙江元通等汽车厂家和汽车经销商提供专业配套服务;出口欧洲、美洲、东南亚等 60 多个国家和地区

★深圳市聚飞光电股份有限公司
地址:广东省深圳市龙岗区平湖街道鹅公岭社区鹅岭工业区 4 号
邮编:518111
电话:0755/29632290、23678550
传真:29632282、29632285
网址:www. jfled. com. cn
电子信箱:sales@ jfled. com. cn
法定代表人:邢美正
质量体系:IATF 16949、ISO 9001
产品情况:背光 LED、照明 LED、灯条产品、车用 LED、显示屏 LED 及数码管等全系列 LED 器件与产品

★捷温电子(深圳)有限公司
地址:广东省深圳市龙岗区坂田吉华路 466 号新天下华赛工业厂区 1 号厂房 1 楼
邮编:518112
电话:0755/28297651、28297668
传真:28297668
网址:www. wet - group. com
电子信箱:jessie. li@ gentherm. com
法定代表人:SILVANO AZZOPARDI
质量体系:IATF 16949
产品情况:带有加热和制冷功能的温控座椅系统,转向盘加热系统、杯架和储物盒制冷制热系统以及与这些产品配套的电子和线束
配套情况:主要客户有奔驰、宝马、大众、通用、福特、丰田、本田、起亚等

★深圳市中通福瑞电子科技有限公司
地址:广东省深圳市龙华新区大浪英泰工业区 E 区 D 栋
邮编:518112
电话:0755/33929186、33929186
网址:www. carit. com. cn
电子信箱:420482312@ qq. com
法定代表人:王庆阳
质量体系:ISO 9001、ISO/TS 16949
产品情况:产品覆盖汽车影音、数字移动影院、车载娱乐、导航几大领域
配套情况:为大众、丰田、本田、别克、现代、起亚等配套

★双亿新大电子(深圳)有限公司
地址:广东省深圳市龙岗区横岗西坑西湖工业区 25 号
邮编:518115
电话:0755/84712071、84712072
传真:84712076
网址:www. e - newgrand. com
电子信箱:newgszac@ 163. com
法定代表人:胡春吉
质量体系:IATF 16949、ISO 9001
产品情况:安全气囊专用时钟弹簧、螺旋电缆、点火线、柔性扁平电线(FFC)、圆头扁平线(RFC)、连接端子以及各种

开关按键等

★深圳市天丽汽车电子科技有限公司
地址:广东省深圳市龙岗区龙岗街道新生社区井田路 13 号
邮编:518116
电话:0755/89884630、89884942
传真:28401404
网址:www. tianlico. com
电子信箱:tianlicocn@ 163. com
法定代表人:杨鹤鸣
质量体系:OHSAS 18001、ISO 14001
产品情况:(TRONIX 牌)
有汽车通用型、专用型 AM/FM 天线,汽车 UHF/VHF 天线,汽车 CB 天线,玻璃天线等
配套情况:为比亚迪配套

★深圳市麦思美汽车电子有限公司
地址:广东省深圳市龙岗区坪地街道埔仔路 26 号杰科产业园 2 栋 4 楼
邮编:518117
电话:0755/23156669
网址:www. maxmade - ae. cn
电子信箱:ytang@ maxmade - ae. cn
法定代表人:郑剑波
质量体系:IATF 16949、ISO 9001
产品情况:车载 GPS 导航终端产品
出口情况:客户遍及欧美、日本及东南亚市场

★莱嘉光电(深圳)有限公司
地址:广东省深圳市宝安区沙井镇芙蓉大道芙蓉工业区西区 B 入口
邮编:518125
电话:0755/81770310、15813899899
传真:27295508
网址:www. lightingguard. com
电子信箱:kai@ hongbright. com
法定代表人:张洪亮
质量体系:ISO 9001、IATF 16949
产品情况:汽车前照灯 LED 透镜组,产品应用于乘用车、货车、客车、工程车的车头灯、雾灯、日行灯及车前部照明等领域

★深圳市凯中精密技术股份有限公司
地址:广东省深圳市宝安区沙井镇新桥芙蓉工业区
邮编:518125
电话:0755/27255619
传真:27255617
网址:www. kaizhong. com
电子信箱:sales@ kaizhong. com
法定代表人:张浩宇
质量体系:IATF 16949、ISO 9001
产品情况:(凯中牌)
换向器、集电环、连接器等精密零部件

★东昌电机(深圳)有限公司
地址:广东省深圳市宝安区燕罗街道广田绿色装饰产业园
邮编:518125
电话:0755/29547668、29547888
传真:29547698
网址:www. dongchangmotor. com. cn
电子信箱:songcq@ dcmod. com
法定代表人:莫仕东
质量体系:ISO/TS 16949
产品情况:盘式电动机、直流伺服电动机、直流无刷电动机、直流永磁电动机、串激电动机、感应电动机、罩极电动机等系列分马力电动机

★深圳市艾丽声电子有限公司
地址:广东省深圳市宝安区西乡街道黄田社区杨背工业区三期十栋三楼 B 区、四楼
邮编:518126
电话:0755/29962166、29962288
传真:29962211
网址:www. alenson. com
电子信箱:info@ alenson. com
法定代表人:宋增荣
质量体系:ISO 9001
产品情况:柴油机起动电源、水泵控制保护器、电动汽车充电桩等产品
出口情况:远销欧洲、美洲、东南亚、中东、非洲多个国家和地区

★艾礼富电子(深圳)有限公司
地址:广东省深圳市宝安区西乡镇鹤洲恒丰工业城
邮编:518126
电话:0755/27325533
传真:27325511
网址:www. aleph - cn. com
电子信箱:zhangduo@ aleph - cn. com
法定代表人:熊基凯
质量体系:IATF 16949、ISO 9001
产品情况:磁簧开关、磁簧继电器、光电传感器、液位传感器、接近传感器等,并承接各类精密电子的电镀业务

★深圳市五株科技股份有限公司
地址:广东省东莞市石碣镇科技中路 161 号
邮编:518128
电话:0755/27518690、4008386928
传真:27518812
网址:www. topcb. com. cn
电子信箱:web@ topcb. com. cn
法定代表人:蔡志浩
质量体系:IATF 16949、ISO 9001
产品情况:各种精密双面、高多层、HDI、各类快样板、金属基板、FPC 电路板、软硬结合板等

★深圳市著牌实业股份有限公司
地址:广东省深圳市坪山新区碧岭沙坑二路 15 号
邮编:518131
电话:0755/28198044
网址:www. zhupai. com
电子信箱:szzhupai@ 126. com
法定代表人:吴远彪
质量体系:IATF 16949、ISO 9001
产品情况:行车记录仪、汽车应急起动电源、汽车门锁闭锁器等车身附件及电子控制系统
配套情况:为上汽、奇瑞、长安、东风、北汽、长城、中兴、海南马自达、比亚迪、吉利、陕西重汽以及印度 TATA、俄罗斯通用伏尔加等进行配套或 OEM 二次配套服务

★旭程电子(深圳)有限公司
地址:广东省深圳市龙岗区横岗镇荷坳金源工业区
邮编:518172
电话:0755/89767089、89767800
传真:89767319
网址:www. xcfuse. com
电子信箱:yewu@ xcfuse. com
法定代表人:黄奇波
单位人数:700
质量体系:IATF 16949、ISO 9001
产品情况:全系列熔断丝管、插片式熔断丝、熔断丝座、KSD 系列温控开关、FSD 系列微型温控器开关、汽车温控器等电子元器件

★珠海共电有限公司
地址:广东省珠海市香洲区工业北区兴华路 176 号
邮编:519000
电话:0756/2267003、2267144
传真:2267006
网址:www. zhkyoden. com
电子信箱:liaowenzhi@ kyoden. net
法定代表人:TAIETSU TOSHITATSU(太越俊达)
质量体系:IATF 16949、ISO 9001
产品情况:继电器、OA 机器零配件、注塑品等

★珠海藤仓电装有限公司
地址:广东省珠海市吉大石花西路 161 号
邮编:519015
电话:0756/3331111
传真:3331430
网址:www. fujikura. com. cn
电子信箱:zxw@ fzl. com. cn
法定代表人:KAKIZAKI MASAYOSHI(柿崎正吉)
质量体系:IATF 16949、ISO 9001
产品情况:汽车线束及其短路盒、熔断丝盒、接插件、胶夹、密封圈等橡胶塑料配件
配套情况:为东风本田配套

★贤丰控股股份有限公司
地址:广东省珠海市金湾区三灶科技工业园
邮编:519040
电话:0756/7512333

传真:7511606
网址:www. ronsen. com. cn
电子信箱:service@ sz002141. com
法定代表人:韩桃子
单位人数:927
质量体系:IATF 16949、ISO 9001
产品情况:漆包线

★采埃孚电子(珠海)有限公司
地址:广东省珠海市珠海大道东段北侧南屏科技工业园绿园路1号
邮编:519060
电话:0756/8910688
传真:8910699
网址:www. zf. com
法定代表人:RINGO SCHEITHAUER
质量体系:ISO 9001
产品情况:汽车模块以及适用于汽车、家电和工业用途的开关、传感器等电子零部件

★东莞杜邦电子材料有限公司
地址:广东省东莞市篁村电子工业开发区
邮编:523000
电话:0772/8255833
网址:www. dupont. com
电子信箱:sandy - x. y. zhu@ dupont. com
法定代表人:张锋沛
质量体系:ISO 9001
产品情况:主要产品为电子浆料

★东莞市捷和光电股份有限公司
地址:广东省东莞市清溪镇荔横村横湖村(厂房)
邮编:523000
电话:0769/86989991
传真:86989556
网址:www. jahurd. com
电子信箱:dongm@ jahurd. com
法定代表人:黄孟杰
单位人数:192
质量体系:ISO 9001
产品情况:LED汽车灯

★立讯精密工业股份有限公司
地址:广东省东莞市清溪镇青皇村青皇工业区葵青路17号
邮编:523000
电话:0769/89089000
网址:www. luxshare - ict. com
电子信箱:public@ luxshare - ict. com
法定代表人:王来春
质量体系:ISO 14001、ISO 9001
产品情况:连接器、连接线、电动机、无线充电、FPC、天线、声学和电子模块等产品广泛应用于消费电子、通信、企业级、汽车及医疗等全球多个重要领域

★深圳市鼎业欣电子有限公司
地址:广东省东莞市沙田镇环保南路富恒工业园C栋5楼B
邮编:523000
电话:0769/81262095、15814484473
传真:81563983
网址:www. szdiyexinpcb. com
电子信箱:market@ szdiyexinpcb. com
法定代表人:王献明
质量体系:IATF 16949
产品情况:车载视频接口处理、视频软件硬件处理以及CAN线解码

★东莞金的精密五金有限公司
地址:广东省东莞市石碣镇科技西路捷成工业园A栋
邮编:523000
电话:0769/81339198
传真:81339190
法定代表人:盛晓东
质量体系:IATF 16949、ISO 9001
产品情况:汽车端子、连接器端子等精密注塑产品

★东莞市赛歌汽车零配件有限公司
地址:广东省东莞市望牛墩镇东兴路东兴工业区
邮编:523196
电话:0769/88512205、88512207
传真:88512202
网址:www. seger. com. cn
电子信箱:export@ seger. com. cn
法定代表人:塞利姆·巴依卡勒
质量体系:IATF 16949
产品情况:(赛歌牌)
　　各种汽车电、气喇叭
配套及出口情况:为25家著名汽车整车生产厂家如(奔驰、福特、德国欧宝、丰田、英国本田、克莱斯勒、三菱及雷诺等)提供OEM配套服务;远销50个国家和地区

★东莞友华汽车配件有限公司
地址:广东省东莞市寮步镇寮步富兴路9号101室
邮编:523406
电话:13431249556
传真:83326158
网址:www. yokowo. co. jp
电子信箱:jh_zhao@ cn. yokowo. com
法定代表人:佐藤昌明
质量体系:ISO 9001、IATF 16949
产品情况:电动机天线、电子锁、GPS天线、汽车微型天线等
出口情况:产品100%外销

★东莞友华通信配件有限公司
地址:广东省东莞市寮步镇寮步富兴路9号102室
邮编:523406
电话:0769/22982285
传真:22982295
网址:www. yokowo. co. jp
电子信箱:sales@ yokowo. com. cn
法定代表人:高木太一
质量体系:OHSAS 18001、ISO 14001
产品情况:车载通信天线

★东莞美福电子有限公司
地址:广东省东莞市东坑镇初坑管理区大地工业园C栋
邮编:523455
电话:0769/83382952、83386452
传真:83382953、83386367
网址:www. mateford. com. cn
电子信箱:dg_mateford@ mateford. com
法定代表人:陈清琦
质量体系:ISO 9001、IATF 16949
产品情况:(MateFord牌、美科电阻牌)
　　年生产(一般品和特殊品)电阻器共达50亿只,产品主要用于Monitor、UPS及IT产业、光电产业、汽车产业等
配套及出口情况:客户有AUDI、BENZ、BMW、比亚迪、吉利、大众、珠海银隆等;远销德国、意大利、泰国、印度等国家

★佛吉亚歌乐电子(东莞)有限公司
地址:广东省东莞市东坑镇东坑大道南骏达工业区
邮编:523455
电话:0769/83387001
传真:83385604
网址:www. clarion. com
电子信箱:xiaodong. liu@ faurecia. com
法定代表人:本杰明
质量体系:ISO 14001、IATF 16949
产品情况:(Clarion牌)
　　汽车音响、导航系统及车载电脑
配套及出口情况:为东南汽车、风神汽车、神龙汽车、郑州日产、奇瑞汽车、一汽海南、华晨金杯、上汽通用等配套;为日产、铃木、五十铃、现代、富士、大发、三菱、本田、阿尔法、绅宝、菲亚特等汽车生产商供货

★东莞市新泰汽车配件有限公司
地址:广东省东莞市横沥镇三江工业区89栋
邮编:523477
电话:0769/82181165、13688913820
传真:85151586
网址:www. gdnewtop. com
电子信箱:info@ gdnewtop. com
法定代表人:李万科
单位人数:300
质量体系:IATF 16949
产品情况:汽车开关(电动门窗开关、电动后视镜折叠开关、电动尾门开关、转向盘开关、前照灯开关、雾灯开关、天窗开关、紧急停车警示开关、除霜开关、电动座椅开关、加热开关等),整车线束及其他电子线束
配套情况:为丰田、本田、尼桑、五十铃等配套

★古河汽车配件(东莞)有限公司
地址:广东省东莞市清溪镇青湖工业园
邮编:523660
电话:0769/87295600

传真:87295700
网址:www. furukawa. co. jp
电子信箱:xiaofei. he@ furukawaelectric. com
法定代表人:大林清三
质量体系:ISO 14001、IATF 16949
产品情况:汽车用的低压电线等线束
配套及出口情况:为丰田、本田供货;出口日本

★广东科维北斗电子股份有限公司
地址:广东省东莞市凤岗镇黄洞村旭龙工业城内第二期28号A幢、B幢
邮编:523690
电话:0769/81286983、4006789489
传真:81286338
网址:www. kovan. cn
电子信箱:kovan001@ kovan. cn
法定代表人:陆培仁
质量体系:IATF 16949、ISO 14001
产品情况:[KOVAN(科维)牌]
车载影音导航系统、车载北斗—GPS双模式卫星导航系统、车载3G网络应用(车联网)、车载手机互联互动、A5智能后视镜、胎压监测系统等汽车多媒体智能娱乐信息系统产品
出口情况:远销欧洲、美洲、中东、东南亚等50多个国家和地区

★东莞市艺展电子有限公司
地址:广东省东莞市凤岗玉泉工业区兴园路6号
邮编:523696
电话:0769/89176388、82699298
传真:82699255
网址:www. yessun. cn
电子信箱:omt3@ yessun. cn
法定代表人:朱海清
单位人数:600
质量体系:ISO 14001、IATF 16949
产品情况:(JYT牌)
DVD大屏机、DVD传统机、智能后视镜、行车记录仪、车载控制器等
配套及出口情况:为北汽、一汽、华晨、东风、上汽、吉利等知名汽车厂配套;远销东南亚、中东、俄罗斯、北美洲等20多个国家和地区,并销往中国台湾地区

★东莞市卡卡电子科技有限公司
地址:广东省东莞市塘厦镇石潭埔管理区环市东路395号
邮编:523717
电话:0769/38928866、4000130518
网址:www. szdome. com
电子信箱:service@ blackview. com. cn
法定代表人:卞学新
质量体系:ISO 9001、IATF 16949
产品情况:(凌度牌)
产品涵盖智能行车电脑、行车录像仪、车载导航、防碰撞预警系统、夜视系统、防盗预警系统等,涉及汽车安全、汽车智能辅驾、汽车娱乐、IOV等领域

★广东远峰电子科技股份有限公司
地址:广东省东莞市松山湖高新技术产业开发区工业东路18号
邮编:523808
电话:0769/81238998
网址:www. yftech. com
电子信箱:2692107701@ qq. com
法定代表人:杨军凯
质量体系:ISO/TS 16949、ISO 9001
产品情况:高端隐藏式专车专用记录仪、TPMS胎压监测系统、行车记录仪
配套情况:主要合作伙伴有四维图新、车音网、科大讯飞等

★东莞阿尔卑斯电子有限公司
地址:广东省东莞市长安镇乌沙李屋兴发南路新星工业园
邮编:523857
电话:0769/85333771
传真:85335776
网址:www. alps. com
电子信箱:33696614@ qq. com
法定代表人:今井正志
质量体系:ISO 9001、IATF 16949
产品情况:(ALPS牌)
空调控制面板、电子智能钥匙

★东莞市鑫亚低碳设备科技有限公司
地址:广东省东莞市长安镇上角红棉路6号
邮编:523878
电话:0769/82380213、82380215
传真:85331810
网址:www. world - xinya. com
电子信箱:webmaster@ world - xinya. com
法定代表人:陈秋亭
质量体系:IATF 16949
产品情况:HID车灯线束、HID车灯配件、LED车灯线束及配件、汽车线束、车载氢氧机、360°环形火花塞、轮胎胎压监测系统等
配套及出口情况:为克莱斯勒、上汽大众、德国奥迪、福特汽车、东南汽车、日产帕拉丁、宇通客车等供货;远销欧美、亚洲等地区

★东莞亚生特电器有限公司
地址:广东省东莞市虎门镇北栅西坊工业区1街5号
邮编:523925
电话:0769/85555718
传真:85157309
网址:www. yacenter. net
电子信箱:sales@ yacenter. net
法定代表人:杨志明
质量体系:IATF 16949、ISO 14001
产品情况:汽车音响线束、防盗线束、车镜线束、转向机线束、HID线束、OBD诊断系列、电动座椅、制动系统线束等汽配线束
出口情况:远销日本、欧美等国家和地区

★维峰电子(广东)股份有限公司
地址:广东省东莞市虎门镇路东管理区长兴路01A号
邮编:523932
电话:0769/85358920
传真:85358915
网址:www. wcon - china. com
电子信箱:sales@ wc. com
法定代表人:李文化
单位人数:550
质量体系:ISO 9001、IATF 16949
产品情况:线对板类精密连接器及线缆组合
配套及出口情况:主要客户有比亚迪等;产品70%以上出口欧美国家

★肇庆市高元电子有限公司
地址:广东省肇庆市端州区端州大道大冲广场南侧
邮编:526060
电话:0758/2721888、2703328
传真:2717088、2745202
网址:www. yamagen - hk. com
电子信箱:yamagen@ yamagen - hk. com
法定代表人:高山清志
质量体系:IATF 16949、ISO 9001
产品情况:汽车音响、精密金属冲压件及其模具

★佛山电器照明股份有限公司
地址:广东省佛山市禅城区汾江北路64号
邮编:528000
电话:0757/82966054
传真:82966166
网址:www. chinafsl. com
电子信箱:chuanqin. li@ chinafsl. com
法定代表人:吴圣辉
质量体系:ISO 14001、ISO 9001
产品情况:(FSL牌)
汽车、摩托车、电动车类照明灯泡、LED灯具
配套及出口情况:为北汽集团、福田汽车、长安汽车、吉利汽车、奇瑞等配套;40%左右的产品出口110多个国家和地区

★市光法雷奥佛山汽车照明系统有限公司
地址:广东省佛山市禅城区张槎镇华宝南路7号
邮编:528000
电话:0757/88036584、18520902062
网址:www. valeo. com. cn
电子信箱:junling - shadow. hu@ valeo. com
法定代表人:Francois, Antoine, Jacques MARION
质量体系:IATF 16949、OHSAS 18001
产品情况:(法雷奥牌)
前照灯和尾灯,包括卤素前照灯、氙气前照灯和LED前照灯
配套及出口情况:主要客户有广汽丰田、天津一汽、尼桑、东方日产、ICHIKOH;60%的产品远销日本、泰国、

西班牙等国家和地区

★佛山华永科技有限公司
地址:广东省佛山市张槎镇城西工业区古新路1号
邮编:528051
电话:0757/82965808、82965818
传真:82965799
网址:www.tricore.com.tw
电子信箱:huifang.huang@tricore.com.tw
法定代表人:黄田中
质量体系:ISO 9001、IATF 16949
产品情况:微小电动机、电磁阀、触发线圈、变压器、微动开关等

★广东好帮手电子科技股份有限公司
地址:广东省佛山市三水区西南工业园C区
邮编:528133
电话:0757/86166666、4001515999
传真:87820000-9999
网址:www.coagent.cn
电子信箱:llh@caska.cn
法定代表人:卢婉红
质量体系:IATF 16949
产品情况:[卡仕达(CASKA)牌、科骏达(KOGND)牌]
车载娱乐、车载导航、驾驶安全、车身电子、车联网信息及塑胶五金部件等汽车智能电子系统与塑胶五金部件
配套及出口情况:为长安、江淮、一汽、奇瑞、吉利、长城、海马、广汽长丰、松下、电装、马自达等配套;远销南美洲、北美洲、欧洲、中东、东南亚、南亚、非洲、大洋洲等地区

★马瑞利汽车照明系统(佛山)有限公司
地址:广东省佛山市南海区丹灶镇南海国家生态工业示范园区凤凰大道16号
邮编:528200
电话:0757/85130898
传真:85130800
网址:www.magnetimarelli.com
电子信箱:miffy.lu@al-lighting.com
法定代表人:Ermanno Ferrari
质量体系:ISO 14001、IATF 16949
产品情况:汽车前照灯与尾灯系统

★广东华日照明有限公司
地址:广东省佛山市南海区狮山科技工业园A区
邮编:528200
电话:0757/86696611、86696612
传真:86696800
网址:www.huarilighting.com
电子信箱:webmaster@huarilighting.com
法定代表人:李江华
单位人数:1300
质量体系:ISO 9001、ISO 14001
产品情况:(HR牌)
汽车HID氙气灯、高低压卤素灯等

★广东雪莱特光电科技股份有限公司
地址:广东省佛山市南海区桂澜北路2号亿能国际广场19F
邮编:528225
电话:0757/86236111
传真:86236050
网址:www.cnlight.com
电子信箱:info@cnlight.com
法定代表人:柴国生
单位人数:2000
质量体系:ISO 9001、IATF 16949
产品情况:汽车灯具、充电桩等
出口情况:远销美国、日本、韩国、英国、俄罗斯、印度、澳大利亚等几十个国家和地区,并销往中国台湾地区

★佛山克莱汽车照明股份有限公司
地址:广东省佛山市南海区狮山科技工业园A区科技大道29号
邮编:528225
电话:0757/86695678、4006153133
传真:86692669
网址:www.fskl.com.cn
电子信箱:fskl@autotech.net.cn
法定代表人:何孝文
质量体系:ISO 9001、IATF 16949
产品情况:(EAGLEYE牌、鹰牌、宝丽牌、克莱牌、威歌牌)
照明灯、指示灯、防雾灯具、喇叭、熔断丝、熔断丝座、卡箍、三角反光牌
出口情况:远销欧洲、美洲、日本、韩国等国家和地区

★佛山市善为汽车电器有限公司
地址:广东省佛山市南海区狮山科技工业园C区骏业南路8号
邮编:528225
电话:0757/88035965
传真:88035963
网址:www.fssunway.com
电子信箱:sales@fssunway.com
法定代表人:柴学谦
质量体系:ISO 9001、IATF 16949
产品情况:(善为牌)
雾灯和自动灯泡

★佛山市塔孚汽车照明有限公司
地址:广东省佛山市南海区狮山镇松岗松夏工业园日田园田科技有限公司自编号A02
邮编:528234
电话:0757/81807121、81807120
传真:85853010
网址:www.tuffplus.cn
电子信箱:manager@tuffplus.cn
法定代表人:柯敏
质量体系:IATF 16949、ISO 9001
产品情况:(TUFF PLUS牌)
前照灯远近光透镜模组、前雾灯反射镜或透镜模组、日行灯及其他功能信号灯具模组,其中包括塑料透镜、光导、厚壁件等光学组件
出口情况:产品80%以上出口西欧、北欧、美国、加拿大、澳大利亚等40多个国家和地区

★广东俊一明玻璃科技有限公司
地址:广东省佛山市顺德区大良五沙顺德科技工业园顺园西路3号
邮编:528300
电话:0757/22806080
传真:28801233
网址:www.j-ym.com
电子信箱:zjb2@j-ym.com
法定代表人:王耀明
质量体系:ISO 14001、ISO 9001
产品情况:ITO导电玻璃、高级平镜、高级化妆镜、放大镜、汽车后视镜及玻璃深加工等产品及配套设备

★广东瑞图万方科技股份有限公司
地址:广东省佛山市顺德高新区(容桂)科技产业园建业中路7号
邮编:528305
电话:0757/29218888
传真:28812609
网址:www.ritu.cn
电子信箱:chengxiangfeng@ritu.cn
法定代表人:柳宗伟
质量体系:ISO 14001、ISO 9001
产品情况:(道道通牌)
道道通导航电子地图及软件产品,车联网服务平台、盲人导航软件等导航应用扩展产品,智能停车应用等行业信息服务
配套情况:主要合作伙伴有奔驰、本田、福特、三菱、斯巴鲁、长城汽车、东南汽车、长安汽车、吉利汽车、奇瑞汽车、东风汽车、江淮汽车、广汽传祺、北汽、陕汽重型、中国重汽、福田汽车、力帆等

★广东帕尔福电机股份有限公司
地址:广东省佛山市顺德区北滘镇顺江社区居民委员会兴业路4号加利源商贸中心5座401、501号
邮编:528311
电话:15817889819
传真:0757/23271894
网址:www.powerfulmotor.cn
电子信箱:powerfulpengyi@163.com
法定代表人:张怀国
质量体系:IATF 16949
产品情况:汽车电动助力转向器电动机、摇窗电动机等汽车电动机,目前汽车电动助力转向器电动机年综合产能约为200万台

★广东威捷极光汽车灯具有限公司
地址:广东省佛山市顺德区杏坛镇新科技工业园3路2号
邮编:528325
电话:0757/27380248、27389862
传真:27381748
网址:www.winjetauto.com

电子信箱：sales－8@ winjetauto. com
法定代表人：郑锦光
单位人数：1000
质量体系：ISO 9001、IATF 16949
产品情况：（威捷牌）
汽车灯具
出口情况：远销美国、欧洲等国家和地区

★佛山顺德矢崎汽车配件有限公司
地址：广东省佛山市顺德区均安镇智安中路3号
邮编：528329
电话：0757/28600320
网址：www. yazaki－china. com
电子信箱：lihua. he@ cn. yazaki. com
法定代表人：石川隆
质量体系：ISO 14001、ISO 9001
产品情况：（Yazaki牌）
车用线束
配套情况：为广汽本田、广汽丰田配套

★广东泰安模塑科技股份有限公司
地址：广东省中山市火炬开发区集中新建区28栋A1厂房
邮编：528437
电话：0760/85288608
传真：85288948
网址：www. tmtplastic. com
电子信箱：gm@ tmtplastic. com
法定代表人：钟晨华
单位人数：400
质量体系：IATF 16949、ISO 9001
产品情况：电源、电器配件产品（插板、开关、灯座等）

★有信制造（中山）有限公司
地址：广东省中山市火炬开发区茂南路10号
邮编：528437
电话：0760/85336668
传真：85336669
网址：www. u－shin－ltd. com
电子信箱：admin@ u－shin. net. cn
法定代表人：Hong Wei Bao
质量体系：IATF 16949、ISO 9001
产品情况：汽车专用锁系列、汽车空调控制面板、各种汽车开关等产品
配套情况：为长安铃木、广汽本田、东风本田、一汽轿车、长丰汽车、长安福特、长安马自达等知名厂家供货

★新会康宇测控仪器仪表工程有限公司
地址：广东省江门市新会区西门路圭峰高科技工业村
邮编：529100
电话：0750/6316000
传真：6318900
网址：www. chinakangyu. com
电子信箱：sale@ chinakangyu. com
法定代表人：李炳蔚
质量体系：IATF 16949、ISO 9001
产品情况：从事压力、位移、溶氧等传感器、各类智能控制系统以及传感器敏感元件的研发、生产，用于汽车电子等领域

★ 广东和宇传感器有限公司

地址：广东省江门市新会区会城西门路圭峰高科技村主车间
邮编：529100
电话：0750/6318843
传真：6318900
网址：www. chinakangyu. com. cn
电子信箱：dingfeng. fu@ heyusensor. com
法定代表人：李炳蔚
质量体系：ISO 9001、IATF 16949
产品情况：（和宇牌）
发动机机油压力传感器、柴油发动机高压共轨压力传感器、变速器用压力传感器、空调冷媒压力传感器、燃气汽车用压力传感器传感器等各类车用压力传感器
配套情况：为玉柴、康明斯、辽阳新风、重庆凯瑞燃气（铃木吉利配套）等配套
☞ 详细情况请参阅彩色宣传版面

★广东意希诺科技有限公司
地址：广东省开平市翠山湖新区城南一路5号
邮编：529353
电话：0750/2882555、2880222
传真：2880230
网址：www. nitl. net
电子信箱：autoparts@ yibon. com. cn
法定代表人：侯元界
质量体系：IATF 16949
产品情况：主要研发生产燃油计量阀、SCV控制阀、DRV控制阀，汽车各种传感器、汽车点火线圈等燃油共轨系统零部件
出口情况：远销东南亚、中东、北美洲、欧美、非洲等地区

★雅图高新材料股份有限公司
地址：广东省鹤山市古劳镇三连工业区二区
邮编：529700
电话：0750/8778888
传真：8773326
网址：www. yatupaint. com
电子信箱：yatu@ yatupaint. cn
法定代表人：冯兆均
质量体系：IATF 16949、ISO 9001
产品情况：新能源汽车涂料、汽车原厂高温涂料、汽车后市场修补涂料及高端工业涂料
配套及出口情况：与国内百强4S汽车经销商集团长期合作，并获得10多家汽车原厂售后修补涂料认证和推荐；出口欧美等近100个国家，并在美国、中美洲、中东、南非和俄罗斯等国家建立分支机构

★鹤山市信成配件有限公司
地址：广东省鹤山市共和镇铁岗工业区聚龙路2号
邮编：529728
电话：13425507995、13715577525
传真：8318990
网址：www. xinchengco. com
电子信箱：henry@ xinchengco. com
法定代表人：李国成
单位人数：112
质量体系：IATF 16949
产品情况：（力响牌、信成牌）
摩托车电喇叭、汽车电喇叭，已有盆形、螺旋形、筒形等三大系列、100多个型号，年生产能力达1500万套
配套及出口情况：配套客户有本田、铃木、雅马哈、比亚乔、轻骑标致、法国标致、印度TVS等；喇叭出口欧美、中东、东南亚等地区，并成为国际著名品牌的全球定点采购供应商

★广明源光科技股份有限公司
地址：广东省鹤山市共和镇新兴路328号
邮编：529728
电话：0750/8309800、13824030216
传真：8309198
网址：www. gmyok. com
电子信箱：sell@ gmyok. com
法定代表人：洪燕南
单位人数：1600
质量体系：IATF 16949、ISO 14001
产品情况：（广明源牌、COMYAN牌）
卤素灯、前照灯、雾灯、信号灯
出口情况：远销欧美等几十个国家和地区

广　西

★南宁燎旺车灯股份有限公司
地址：南宁市振华路26号
邮编：530001
电话：0771/5636531、3392089
传真：5623099
网址：www. lwcd. com. cn
电子信箱：lwrlzyb@ lwcd. com. cn
法定代表人：旷林昌
质量体系：QS 9000、IATF 16949
产品情况：（瞭望牌）
生产各种中、高档汽车、摩托车灯具，年生产能力达150万台（套）以上
配套情况：为长安汽车、上汽通用五菱、东风柳汽、中国嘉陵、昌河汽车、柳州工程机械、大宇客车等配套

★广西四达电器有限公司
地址：广西玉林市玉州区玉柴大道1号
邮编：537005
电话：0775/3226231
传真：2663618
网址：www. yuchai. com
电子信箱：ychr1951@ 163. com

法定代表人:陈功章
质量体系:IATF 16949
产品情况:汽车发电机、起动机以及相关汽车电器,产品广泛用于各类中、高档载重货车、客车(含独立式非独立式汽车空调)、农用车等;具有年产汽车用发电机40万台和减速起动机5万台的生产能力
配套情况:为玉柴等配套

★联合汽车电子有限公司柳州分公司
地址:广西柳州市鱼峰区车园横五路8号
邮编:545000
电话:0772/8255833
网址:www. uaes. com
电子信箱:tingting. zhang@ uaes. com
法定代表人:崔浩
质量体系:ISO 14001、IATF 16949
产品情况:车辆应用的电子控制系统(汽油发动机管理系统、汽车车身电子和传动控制系统)及其零部件、混合动力汽车和电动汽车的动力系统(包含电力电子、电动机、电池组和电池管理系统)及其零部件(不包括电池单元)
配套情况:为一汽集团、一汽-大众、哈航集团、吉林吉轻、一汽夏利、上汽通用(东岳)、上汽大众、上汽通用、奇瑞汽车、吉利汽车、合肥昌河、华晨汽车、上汽通用(北盛)、北汽福田、河北长城、东风汽车(襄阳)、长安铃木、长安福特、长安集团、神龙汽车、上汽通用五菱、一汽海马、东风汽车(广州)、东南汽车、比亚迪等配套

★柳州航盛科技有限公司
地址:广西柳州市马厂路一号白露工业基地
邮编:545002
电话:0772/3161515
网址:www. hangsheng. com. cn
电子信箱:hangsheng@ hangsheng - lz. net
法定代表人:郭永庚
单位人数:383
质量体系:IATF 16949
产品情况:车载汽车电子、组合仪表、扬声器系统、控制开关等汽车电子产品
配套情况:为上汽通用五菱、东风柳汽、柳州五菱、一汽柳特、东风股份、福建汽车、江铃汽车、东风小康等配套

★柳州方盛电气系统有限公司
地址:广西柳州市阳和工业新区阳和北路西4号
邮编:545006
电话:0772/8852706、8852021
电子信箱:liangfeng@ deren. com
法定代表人:邱建民
质量体系:IATF 16949
产品情况:汽车线束
配套情况:为东风柳汽、上汽通用五菱、柳工挖掘机、柳工装载机、柳工叉车配套

★柳州市双飞汽车电器配件制造有限公司
地址:广西柳州市柳石路新兴工业园27号
邮编:545112
电话:0772/7507268
传真:7507278
网址:www. lzsfdq. com
电子信箱:scb@ lzsfdq. com
法定代表人:苏进
单位人数:3500
质量体系:IATF 16949
产品情况:整车线束、接插件、电线、后装产品
配套情况:为上汽通用五菱、东风柳州汽车(东风)、柳州工程机械、柳州特种汽车厂(一汽)、桂林大宇等配套

★柳州悠进电装有限公司
地址:广西柳州市车园纵六路30号
邮编:545600
电话:0772/2562060
传真:2562585
网址:www. qdsanyuan. com
电子信箱:1947752969@ qq. com
法定代表人:张杰民
质量体系:IATF 16949
产品情况:汽车线束、电线电缆、注塑产品、汽车电器控制总成等;具备年产100万套整车线束的生产能力
配套情况:主要客户为上汽通用五菱及广西周边汽车主机厂

海南省

★海南台丰交通器材有限公司
地址:海口市美兰区桂林洋开发区
邮编:571127
电话:0898/65710259
传真:65710255
网址:www. safety. com. tw
电子信箱:hainan@ safety. com. tw
法定代表人:许思源
质量体系:IATF 16949
产品情况:汽车及摩托车离合器操纵线、加速踏板线、制动线、里程表线、阻风门线

重庆市

★重庆斯凯力科技有限公司
地址:重庆市江北区郭家沱街道
邮编:400020
电话:023/67107360
传真:67107360
网址:www. skyli. com. cn
电子信箱:xsb@ 163. com
法定代表人:周茂春
单位人数:160
质量体系:IATF 16949
产品情况:汽车、摩托车、通用汽油机等领域的传感器、温控开关、恒温器、转向机、转向伸缩轴系列产品
配套情况:为AVIC、安吉红叶、北汽福田、百力通、重庆润通、重庆银翔、大阳摩托、华泰汽车、力帆、菱电科技、隆鑫摩托、宁波大叶、宁波德霖、比亚乔、南风集团、浙江钱江、宗申摩托、宗申塞尔瓦配套

★重庆祥盛实业发展有限公司
地址:重庆市江北区南桥寺村18号
邮编:400021
电话:023/60310270、67650337
传真:67669821
网址:www. cqshinesun. com. cn
电子信箱:a67651011@ cta. cq. cn
法定代表人:吴江
质量体系:ISO/TS 16949
产品情况:汽车灯具、后视镜、全车拉手、内外装饰件、车用电器,已形成年产汽车零部件100万套的能力
配套情况:为长安汽车、江铃控股、陕汽制造、长安福特、长安马自达、延锋伟世通(重庆)汽车饰件系统等多家企业配套

★重庆瑞阳科技股份有限公司
地址:重庆市江北区建新东路90号第一层
邮编:400023
电话:023/89139186、89139157
传真:89139180
网址:www. cqrykj. com
电子信箱:cqry@ cqrykj. com、
法定代表人:姜国清
单位人数:474
质量体系:IATF 16949、QS 9000
产品情况:汽车空调控制器总成、BCM等智能控制系列汽车零部件;电动车电动机、控制器、后桥等动力集成控制系统总成及电动整车套件
配套情况:与国内东风、金杯、成功、北汽等厂商在新能源汽车上进行了广泛而深入的合作

★重庆长华汽车线束有限公司
地址:重庆市江北区港安二路8号
邮编:400025
电话:023/67946790
网址:www. cqcah. com
电子信箱:cah@ cqcah. com
法定代表人:TANIGUCHI OSAMI(谷口修水)
质量体系:IATF 16949、ISO 14001
产品情况:汽车线束
配套情况:主要客户包括长安汽车、东安发动机、庆铃汽车、长安铃木

★重庆金美通信有限责任公司
地址:重庆市沙坪坝区小杨公桥51号
邮编:400030
电话:023/65319556、61705320
传真:65319559、65358532
网址:www. jinmeicom. com
电子信箱:glb@ jinmeicom. com

法定代表人:梁东宇
单位人数:718
质量体系:ISO 9001、ISO 14001
产品情况:汽车电子产品

★重庆三信电子股份有限公司
地址:重庆市九龙坡区创新大道68号
邮编:400041
电话:023/68460555
传真:68460055
网址:sanxin. com. cn
电子信箱:yxb@ sanxin. com. cn
法定代表人:邱宏
单位人数:600
质量体系:ISO 9001
产品情况:电动车控制器、汽车胎压监测系统(TPMS)、防盗器(RKE)、机油压力传感器
配套情况:为嘉陵-本田、建设-雅马哈、轻骑-铃木、大长江、望江-铃木、嘉陵、金城、钱江、大阳、轻骑、力帆、宗申、隆鑫、银钢、比亚乔、众星、精通天马、春风摩托等配套

★重庆华洋单向器制造有限公司
地址:重庆市九龙坡区华岩镇中梁村
邮编:400052
电话:023/65200250、65531916
传真:65531778
网址:www. hydxq. com
电子信箱:huayangzz@ 163. com
法定代表人:杨怀兰
质量体系:IATF 16949
产品情况:[腾飞(TF)牌]
汽车起动机单向器和通用发电机、扫雪机、割草电动机等的单向器以及一些冷挤压零件、起动轴、齿轮等;年产单向器200万套
配套情况:与江苏恒力、四川极道、乐山东风、厦门三利通用、河北迎辉、福安振中、重庆吉力电装等建立了长期稳定的配套关系,间接的为重庆宗申、隆鑫、日本富士重工等配套

★重庆吉力芸峰实业(集团)有限公司
地址:重庆市巴南区李家陀陈家湾三村40号
邮编:400054
电话:023/65570560、62570545
传真:62570560
网址:jl-dz. huibo. cn
电子信箱:china@ jl-dz. com
法定代表人:夏宇
单位人数:2100
质量体系:IATF 16949、ISO 9001
产品情况:起动机、磁电机、发电机、电路控制系统等
配套及出口情况:与本田、康明斯等配套;出口日本、美国、德国、韩国、意大利、俄罗斯、巴西、印度尼西亚、伊朗、越南、巴基斯坦、土耳其等国家

★重庆集诚汽车电子有限责任公司
地址:重庆市南岸区江溪路11号
邮编:400060
电话:023/88511791、88511787
传真:88511790
网址:www. cjae. com. cn
电子信箱:cjae@ cjae. com. cn
法定代表人:欧黎
单位人数:400
质量体系:IATF 16949、ISO 14001
产品情况:各型车用传感器、车用EDU功率驱动组件及ECU电子控制组件
配套情况:为长安汽车、一汽轿车、海马汽车、昌河汽车、力帆汽车、吉利汽车等配套

★重庆三木华瑞机电有限公司
地址:重庆市大渡口区建桥工业园A区金桥路29号
邮编:400080
电话:023/68929172
电子信箱:sm@ cq-sm. sina. net
法定代表人:詹华雄
质量体系:ISO 9001
产品情况:主要产品包括汽车覆盖件、电子点火器、点火线圈、调压整流器、起动继电器、防盗报警器、电子闪光器以及汽油发电机组一体化点火器、调压器,还有磁电机和起动电动机等系列产品,具有年产10万套汽车覆盖件、500万套电装品、250万套磁电机和200万套起动电动机的生产能力
配套情况:是嘉陵、力帆、隆鑫、钱江、银钢和银翔等摩托车企业的主力配套企业,是北方易初公司指定的出口电器供应商,是广州天马、江门力擎、江门联合、海利、大阳、裕隆、广州劲隆等10多家摩托车企业的主要配套厂家

★重庆三祥汽车电控系统有限公司
地址:重庆市北部新区翠桃路37号(凉井工业园)2号楼第2、3层
邮编:400112
电话:023/67518022
网址:www. sun-song. cn
电子信箱:1539859875@ qq. com
法定代表人:魏振方
质量体系:IATF 16949
产品情况:主要致力于汽车电动助力转向系统总成EPS及相关电路控制系统的研发与生产,已经投产的转向管助式EPS广泛应用于微型轿车、微型客车和电动车领域,如奔奔、路宝、北斗星、小贵族电动车、长安微型客车系列车型

★重庆矢崎仪表有限公司
地址:重庆市江北区鱼嘴镇长惠路24号
邮编:400123
电话:023/86208888
传真:88752091
网址:www. cqyazaki. com. cn
电子信箱:cqyazaki@ cqyazaki. com. cn
法定代表人:张本焱
单位人数:800
质量体系:ISO 9001、IATF 16949
产品情况:汽车组合仪表、汽车多功能显示器、汽车时钟等,具备年生300万台汽车组合仪表的能力
配套及出口情况:为中国丰田、沃尔沃、标致、三菱、五十铃等供货;并是重庆庆铃、神龙汽车、上海汽车、长城汽车、重庆力帆汽车、吉利汽车、东风柳汽、郑州日产、潍柴汽车的核心供应商;出口日本(丰田、三菱)

★重庆北碚区颜宏齿轮工业有限责任公司
地址:重庆市北碚区蔡家镇凤栖路10号
邮编:400700
电话:023/68308188、68309999
传真:68308189
网址:www. yhgear. com
电子信箱:yhgear@ 126. com
法定代表人:颜宏
单位人数:546
质量体系:IATF 16949、ISO 14001
产品情况:产品主要包括汽车、摩托车起动电动机用电枢轴输出轴系列、汽车发电机用电枢轴系列、通用发电机电枢轴系列、汽车用微电机、暖风机用电枢轴系列、输出轴齿轮系列、主链轮系列、行星齿轮系列、军用手摇发电机齿轮系列化及小模数齿轮、小模数蜗杆、蜗轮系列等九大类

★重庆远博机械有限公司
地址:重庆市北碚区歇马镇卫星村
邮编:400712
电话:023/68240175、68240924
传真:68240924
电子信箱:785609088@ qq. com
法定代表人:艾劲松
单位人数:180
质量体系:IATF 16949
产品情况:汽车及摩托车起动机和通用发动机起动机端齿盖及其他铝合金制品,起动机端齿盖年产量达500万套
配套及出口情况:为嘉陵、建设、隆鑫、力帆、宗申等配套;出口欧洲、美洲

★重庆津住汽车线束有限公司
地址:重庆市北部新区金开大道1995号
邮编:401120
电话:023/86002266、86002288
传真:86002288
网址:www. sws. co. jp
电子信箱:29108279@ qq. com
法定代表人:仁木敏彦
质量体系:IATF 16949
产品情况:汽车线束
配套情况:为重庆长安铃木配套

★重庆海德世拉索系统(集团)有限公司
地址:重庆市北部新区云端街6号
邮编:401120

电话:023/67410818、67410891
传真:67410899
网址:www. hi - lex. com. cn
电子信箱:luofei@ hi - lex. com. cn
法定代表人:寺浦实
单位人数:1600
质量体系:IATF 16949、ISO 14001
产品情况:主要生产汽车控制拉索、玻璃升降器、门模板、电动后背门开闭系统、电动侧滑门开闭系统、充电口盖系统、电动加油口盖系统等产品
配套及出口情况:主要为广汽本田、东风本田、长安汽车、一汽轿车、一汽-大众、上汽通用、上汽大众、华晨宝马、长安福特、东风日产、东风柳汽、一汽丰田、广汽丰田、四川一汽丰田、长安铃木、庆铃汽车、长城汽车、吉利汽车等几十家国内汽车主机厂配套;远销日本、美国、英国等国家

★重庆民康工贸有限公司
地址:重庆市渝北区工业园西区祥和路 11 号
邮编:401120
电话:023/67192911
法定代表人:丁琳
质量体系:IATF 16949
产品情况:主要产品有整车线束、发动机线束、高压阻尼线等
配套情况:是长安集团、长安新能源、东风日产、东风小康、长安福特、长安铃木、力帆集团、绵阳金杯等主机厂的重要配套商

★重庆深渝电子有限公司
地址:重庆市渝北区回兴街道服装城大道 83 号
邮编:401120
电话:023/67159768、67378878
电子信箱:sydz@ sydz. com. cn
法定代表人:尹德馨
质量体系:ISO/TS 16949、QS 9000
产品情况:(波宇牌)
MP3 汽车播放器、带 USB 接口汽车播放器、汽车行驶记录仪、汽车倒车雷达、蓝牙车载产品等与各类机动车配套的汽车音响产品、汽车电子产品和汽车通信产品
配套情况:为长安铃木、庆铃、重庆力帆、重庆宇通客车、重庆重汽等配套

★桑德科技(重庆)有限公司
地址:重庆市渝北区回兴镇霓裳大道 11 号
邮编:401120
电话:023/67188866、4000033589
网址:www. cq - sound. com
电子信箱:zhouchuannan@ cq - sound. com
法定代表人:王长征
质量体系:IATF 16949、ISO 14001
产品情况:车载音响机芯、整机及导航等系列
配套情况:配套产品包括奇瑞的旗云系列 MP5 影音导航产品,长安铃木的新奥拓 YC5 机型,长安奔奔 A102、B211,印尼尼桑公司的 X-Trial 和 XGEAR,东风风神 S30 车型(H30 车型)的 DVD 影音导航,庆铃汽车 700P 车型,江铃的 N351 车型等车载 DVD 及 MP5 导航产品

★重庆博耐特实业(集团)有限公司
地址:重庆市渝北区空港工业园长翔路 16 号
邮编:401120
电话:023/46750999、88201966
传真:67182566、46752999
电子信箱:bright@ cqbright. com
法定代表人:刘世全
质量体系:ISO/TS 16949
产品情况:汽车起动电动机、发电机、微电机
配套情况:与天津一汽、长安汽车、柳州五菱、东安动力、奇瑞汽车、长安铃木、东安三菱、吉利汽车、力帆汽车、渝安汽车、上海华普、吉奥汽车、众泰汽车、玉柴机器、锡柴、东风汽车、全柴动力、东风朝柴、内蒙古欧意德、绵阳川汽、山西淮海等 20 多家主机厂长期配套

★重庆长安志阳汽车电气有限责任公司
地址:重庆市渝北区双凤桥街道飞宏路 5 号
邮编:401120
电话:023/88663048、86001008
传真:86001001
网址:www. cachiyeung. com
电子信箱:zhoutao@ cachiyeung. com
法定代表人:王成
质量体系:IATF 16949、ISO 14001
产品情况:主要生产点火线圈、阀类(碳罐电磁阀、ECRV 阀、三通阀、PCV 阀、单向阀等)、传感器(凸轮轴位置传感器、曲轴位置传感器、进气歧管温度压力传感器等)三大类环保产品
配套及出口情况:为长安汽车、长安铃木、长安福特、重庆渝安淮海、深圳比亚迪汽车、奇瑞汽车、天津锐意泰克、北京阳光泰克、柳州五菱等多家汽车主机厂配套;远销美国、法国、德国、伊朗、巴基斯坦、印度

★重庆华宇实业有限责任公司
地址:重庆市北部新区人和天龙路
邮编:401121
电话:023/86852173、67639682
传真:67639681
电子信箱:hybgs@ sunki. cn
法定代表人:虞春生
单位人数:118
质量体系:IATF 16949
产品情况:(华宇牌)
摩托车起动机、汽车空调电动机、电动工具电动机等微特电动机
配套情况:为嘉陵、建设、力帆、轻骑、长安汽车、一汽集团等配套

★重庆秦川实业(集团)股份有限公司
地址:重庆市北部新区经开园翠晴路 2 号
邮编:401122
电话:023/67196666
传真:67196899
网址:qinchuan. cn
电子信箱:wuxiaohui@ qinchuan. cn
法定代表人:琚克刚
质量体系:ISO/TS 16949、ISO 14001
产品情况:(QINCHUAN 牌)
整车灯具、线束、消声器及尾气净化装置和汽车开关
配套情况:为长安汽车、江铃汽车、长安福特、上汽依维柯红岩、奇瑞汽车、吉利汽车等整车制造企业及德尔福派克等国际大型零部件制造企业配套

★华域视觉科技(重庆)有限公司
地址:重庆市经济技术开发区汇金路 2 号
邮编:401122
电话:023/67465411、67465400
传真:67465400
电子信箱:627363844@ qq. com
法定代表人:郭肇基
质量体系:IATF 16949、ISO 14001
产品情况:汽车灯具及零部件
配套情况:为长安铃木、长安福特、长安五工厂、四川一汽丰田、南京福特等配套

★联合汽车电子(重庆)有限公司
地址:重庆市渝北区经开园云枣路 3 号
邮编:401122
电话:023/67257188、67257088
传真:67196778
电子信箱:yixin. wang@ uaescq. com
法定代表人:熊伟铭
质量体系:IATF 16949、ISO 14001
产品情况:汽车、摩托车发动机控制系统
配套情况:为长安股份、长安福特、长安福特、长安马自达及国内其他汽车 OEM 厂和摩托车企业配套

★重庆平江实业有限责任公司
地址:重庆市渝北区龙山路 68 号
邮编:401147
电话:023/67660380、67656664
传真:67660404、67669616
电子信箱:cqpingjiang@ 163. com
法定代表人:邹强
质量体系:IATF 16949
产品情况:汽车电喷燃油泵及总成、汽车系列电动机、ABS 电动机及总成;具有年产燃油泵芯 200 万只、燃油泵总成 100 万台(套)、电动机及电动机总成 200 万台(套)的生产能力
配套情况:为长安汽车、长安跨越汽车、渝安汽车、奇瑞汽车、比亚迪汽车、长城汽车、力帆汽车、吉奥汽车等主机厂

配套

★重庆渝南鑫光汽车部件有限公司
地址:重庆市巴南区鱼洞镇大同工业区
邮编:401321
电话:023/66272237、18084051773
传真:66271668
电子信箱:office@ xingguang - dm. com
法定代表人:王萍
质量体系:IATF 16949、ISO 14001
产品情况:(代木牌)
摩托车反射器、车灯,高速公路反射器标志(三角警告牌),汽车转向柱管
配套情况:为宗申摩托、嘉陵摩托、力帆公司、恒胜摩托等配套

★重庆利迈陶瓷技术有限公司
地址:重庆市九龙坡区金凤电子信息园二期六栋一楼
邮编:401329
电话:023/68623625
传真:68623630
网址:www. le - mark. cn
电子信箱:sales@ le - mark. cn
法定代表人:雷彼得
单位人数:149
质量体系:IATF 16949、ISO 9001
产品情况:(Le-Mark 牌)
氮化硅陶瓷发热元件,广泛应用于各种类型燃油、燃气设备的点火、加热、传感等
出口情况:同辉门(Federal-Mogul)、爱默生(Emerson)等众多的国内外客户建立了紧密的合作关系

★重庆市爱华机电有限公司
地址:重庆市江津区双福新区同创路 8 号
邮编:402247
电话:023/47268234、47268219
网址:www. cqaihua. net
电子信箱:254483756@ qq. com
法定代表人:邹筱翠
单位人数:400
质量体系:ISO 9001、IATF 16949
产品情况:主要生产摩托车系列起动电机,汽车电动机、直流电动机
配套及出口情况:主要客户有广东大长江集团、新大洲本田、望江铃木、广州五羊本田、重庆建设雅马哈、株洲建设雅马哈、广东大运、南京富天汽车零部件、增城奔马、中国嘉陵、隆鑫、浙江钱江摩托、力帆、银翔等公司;国外客户有印度TVS-Lucas、印度巴格拉、印度马恒达,印度英雄、日本铃木株式会社、日本富士重工、韩国世元、美国 Cooper 电器有限公司等

★重庆嘉利建桥灯具有限公司
地址:重庆市江津区双福新区创业大道11 号
邮编:402260
电话:023/81222256
电子信箱:774100133@ qq. com
法定代表人:黄玉明
质量体系:IATF 16949
产品情况:专业制造摩托车和汽车灯具

★重庆龙文机械设备有限公司
地址:重庆市江津区珞璜工业园区大道12 号
邮编:402283
电话:023/61062656、61062610
传真:61065159
网址:www. cqlongwen. cn
电子信箱:roy777@ sohu. com
法定代表人:刘钰伦
质量体系:IATF 16949、ISO 14001
产品情况:各种汽车、摩托车起动电机齿轮轴、汽车行星驱动轴、通机曲轴齿轮、汽车摇窗电动机蜗杆、蜗轮轴
配套情况:拥有嘉陵股份(集团)、一汽集团、重庆力帆集团、重庆长安集团、重庆长安福特、成都华川电装、北京佩特来电器、襄阳东风电气、迪克斯汽车电器(上海)、无锡闽仙汽车电器、辽宁承业汽车零部件、芜湖杰诺瑞汽车电器系统、日本电产凯宇汽车电器(江苏)、康明斯、锦州汉拿电机等一大批长期稳定的合作客户

★重庆神驰电池有限责任公司
地址:重庆市江津区德感工业园东江路11 号
邮编:402289
电话:023/61065683、18696706336
传真:61065682
网址:www. cqscdc. com
电子信箱:laotu1986@ 163. com
法定代表人:陈蓉
单位人数:300
质量体系:ISO 9001
产品情况:(神驰牌、祥驰牌、航驰牌、星驰牌、远驰牌)
各型铅酸蓄电池
配套及出口情况:为嘉陵、建设、银钢、巴山、银翔等摩托车企业配套;部分产品出口

★重庆三三电器股份有限公司
地址:重庆市璧山区剑山路 198 号
邮编:402760
电话:023/41666833
传真:41666933
网址:www. sansan. cc
电子信箱:xs68@ sansan. cc
法定代表人:黄泽胜
质量体系:IATF 16949
产品情况:主营汽车仪表、摩托车电子仪表、SMT 贴片、速度传感器、胎压计等业务,具有年产 300 万套仪表的综合生产能力
配套情况:汽车仪表供给比亚迪、海马、江淮、力帆、华晨、东风等国内知名品牌汽车厂家;摩托车仪表主要供给大长江集团、宗申、隆鑫、力帆、润通、印度TVS、德国 GOVECS 等国内外知名企业

四川省

★成都高新区华汇实业有限公司
地址:成都市成华区龙潭工业园成济路1 号
邮编:610052
电话:028/84215378、13902392952
传真:84215339
网址:www. huahuienterprise. com
电子信箱:sales@ huahuienterprise. com
法定代表人:任晓峰
质量体系:IATF 16949、ISO 9001
产品情况:生产执行器、调速模块、电子水泵、水阀、温度传感器等系列产品
配套情况:已大量使用在吉利远景、奇瑞东方之子、吉利帝豪、吉普勇士、力帆520、力帆 620 等车型上

★成都成航车辆仪表有限责任公司
地址:成都市郫都区现代工业港南片区南北大道 99 号
邮编:610091
电话:028/87400531、87400525
传真:87409275
电子信箱:zhccaic@ 126. com
法定代表人:邓书权
质量体系:IATF 16949、ISO 9001
产品情况:传感器、车用仪表、车用调速器、燃油泵等
配套情况:为重汽集团、上汽依维柯红岩、陕西汽车制造厂、北奔重汽、重庆铁马、安徽凯斯鲍尔客车、亚星商务车、潍柴、无锡威孚、北京亚新科天纬等配套

★成都凯天电子股份有限公司
地址:成都市青羊区黄田坝
邮编:610091
电话:028/87409888、87400309
网址:www. caic - china. com
电子信箱:info@ caic - china. com
法定代表人:陈铁燕
单位人数:1800
质量体系:ISO 9001、ISO 14001
产品情况:仪表及传感器、燃油增压泵
配套情况:为重汽集团、重庆重汽、陕汽集团、北奔重汽、安凯客车、亚星商用车、吉利汽车、昌河汽车、庆铃汽车、重庆铁马、玉柴发动机、东风康明斯、长安铃木等配套

★成都天兴仪表(集团)有限公司
地址:成都市龙泉驿区经济开发区车城大道南三段 333 号
邮编:610100
电话:028/84613723、84613731
电子信箱:314246958@ qq. com
法定代表人:李道友
质量体系:ISO/TS 16949
产品情况:(天兴牌)

汽车仪表、摩托车仪表,电动燃油泵、传感器等车用部品
配套及出口情况:与主机厂配套;出口欧美、日本、东南亚等国家和地区

★博世汽车部件(成都)有限公司
地址:成都市经济技术开发区车城东一路 1 号
邮编:610101
电话:028/65202001
网址:www. bosch. com. cn
电子信箱:civing. xiang@ cn. bosch. com
法定代表人:Frank Scheidemantel
质量体系:IATF 16949、ISO 14001
产品情况:汽车传感器、ABS/ESP

★成都日用友捷汽车电气有限公司
地址:成都市龙泉驿区柏合镇歇凉关路 1088 号
邮编:610105
电话:028/88425120
网址:www. shry. net
电子信箱:admin@ shry. net
法定代表人:何伟
质量体系:ISO 9001、ISO 14001
产品情况:用于汽车座椅调节器及玻璃升降器的电动执行元件,汽车新型发动机的冷却风扇总成和鼓风机、汽车电子组件
配套情况:为上汽大众、上汽通用、一汽-大众、长安福特、奇瑞捷豹路虎、上海汽车乘用车、华晨宝马、吉利沃尔沃、长安汽车、东风日产、长城汽车、北汽乘用车等配套

★成都华川电装有限责任公司
地址:成都市龙泉驿区柏合镇合灵路 7 号
邮编:610106
电话:028/84612431、84600334
传真:84600676
网址:www. chcd. com. cn
电子信箱:gsbgs@ chcd. com. cn
法定代表人:耿辉雄
质量体系:IATF 16949、ISO 14001
产品情况:主要产品有三大类:一是传统汽车电动机,主要包括汽车交流发电机、起动电动机、刮水器总成、(散热器/冷凝器)风扇总成;二是节能和新能源电动机,主要包括高效发电机、起停电动机、转向助力电动机、智能刮水器、智能风扇、轻量化电动机以及 48V I-BSG 电动机、低速电动车用电动机、纯电动驱动电动机等;三是电动机集成相关产品,主要包括车用自动门梯系统、输变电领域电动机系统等
配套及出口情况:主要为长安公司、长安福特、长安铃木、上海汽车、广州汽车、奇瑞汽车、海马汽车、金杯汽车等用户的轿车和微车配套;远销美国、法国、波兰、巴西、墨西哥、日本、印度等国家和地区,与美国水星、印度 TVS、法雷奥集团、美国库柏、意大利比亚乔、意大利隆巴迪、日本昭和、韩国现代等 10 余家海外客户建立了战略合作伙伴关系

★四川泛华航空仪表电器有限公司
地址:成都市新都工业东区兴业路 389 号
邮编:610500
电话:028/61791699
电子信箱:fanhua@ avicfanhua. com. cn
法定代表人:张建勇
质量体系:ISO 14001、ISO 9001
产品情况:(航电牌)
发动机电点火系统(点火装置、点火电缆、点火电嘴),高压电感式点火系统(第一代),低压电容式点火系统(第二代),高能电容式点火系统(第三代),变能变频自适应点火系统(第四代)
配套情况:为江淮、力帆、渝安、保定长城、一汽通用红塔云南、昌河、江铃、济重、陕重等 10 多家企业配套

★四川极道电装实业有限公司
地址:成都市现代工业区港北区港泰大道 300 号
邮编:611730
电话:028/87720888
传真:87985898
网址:www. scjddz. com
法定代表人:周志文
质量体系:IATF 16949
产品情况:(极道牌)
汽车及通用动力用起动机、发电机等产品
配套情况:为沈阳金杯、重庆长安、绵阳新晨等汽车、发动机厂家供货

★四川华丰企业集团有限公司
地址:四川省绵阳市三江大道 118 号
邮编:621000
电话:0816/2330318
传真:2332716
网址:www. huafeng796. com
电子信箱:luchuan@ huafeng796. com
法定代表人:杨艳辉
质量体系:IATF 16949、ISO 14001
产品情况:(华丰牌)
燃油汽车连接器、电动汽车连接器等产品
配套及出口情况:为北京奔驰、一汽轿车配套;远销美国、德国、英国、法国、俄罗斯、芬兰、荷兰、日本、印度等国家

★绵阳市万欣测控技术有限公司
地址:四川省绵阳市游仙经济实验区游仙西路 89 号
邮编:621000
电话:0816/6283258
传真:2273300
网址:www. mywanxin. com
电子信箱:mywanxin@ mywanxin. com
法定代表人:王剑韬
质量体系:IATF 16949
产品情况:(绿柳牌、车欣牌)
直通式、插入式热式气体质量流量传感器、汽车空气流量计、压力传感器、曲轴位置传感器、温度传感器等
配套情况:为长虹电源、一汽海马、郑州海马、哈尔滨东安、绵阳新晨动力、重庆力帆、广汽菲亚特等配套

★雅安小航电器有限责任公司
地址:四川省雅安市雨城区草坝工业集中区
邮编:625099
电话:0835/2865647、2865200
传真:2865200
网址:www. yaxhdq. com
电子信箱:2929702787@ qq. com
法定代表人:戴树晓
质量体系:IATF 16949、ISO 14001
产品情况:汽车电线束总成、中央控制盒、汽车继电器系列、电压调节器、电子闪光器、面板安装式通用翘板开关、汽车用插接件
配套情况:为济南重汽、陕西重汽、随州车身厂、红岩汽车、一汽客车、四川银河、重庆力帆等主机厂配套

★四川力扬工业有限公司
地址:四川省遂宁市安居区演化寺工业园
邮编:629011
电话:1890906529
网址:www. liyangpower. com
电子信箱:869517564@ qq. com
法定代表人:范炯流
质量体系:ISO 9001、ISO 14001
产品情况:主导产品为干荷摩托车蓄电池、干荷免维护摩托车蓄电池、免维护摩托车电池,汽车蓄电池,电动车电池等六大系列百多种规格型号
出口情况:出口北美洲、西欧

★遂宁市奕东电子有限公司
地址:四川省遂宁市经济开发区德泉路微电子产业园二期 C 栋厂房
邮编:629099
电话:0825/5821001
传真:5800008
网址:www. yidong. com. cn
电子信箱:sc1 – fn002@ yidong. com. cn
法定代表人:邓玉泉
质量体系:ISO 14001、ISO 9001
产品情况:LCD 端子、背光源导光板、FPC 柔性线路板、连接器及铁框、补强钢片、模具制造、电镀等

★四川圣锦高新科技股份有限公司
地址:四川省广安市邻水县经济开发区二区圣锦路
邮编:638500
电话:18111398852
传真:0826/3267951
网址:www. scsjin. cn
电子信箱:scsj – xszx19@ cqsjqp. cn

法定代表人:喻文才
质量体系:IATF 16949、ISO 9001
产品情况:汽车散热器风扇总成、汽车冷凝风扇总成、汽车顶置蒸发风机总成、汽车鼓风电动机总成、汽车EPS转向助力电动机总成、无刷电动机、电磁水泵等
配套情况:主要客户为上汽通用五菱、东风柳汽、东风日产、长安跨越、长安汽车、吉利汽车、江淮汽车、福田汽车、力帆汽车、北汽银翔、潍柴汽车、东风小康、南方英特、南宁八菱、柳州宝马利、扬州嘉和、重庆松芝、四川赛特等知名企业

★自贡市江阳磁材有限责任公司
地址:四川省富顺县晨光工业园区
邮编:643200
电话:0813/7296655、7296666
传真:7296665
网址:www. joint - mag. com
电子信箱:sale@ jiang - yang. cn
法定代表人:邓清荣
质量体系:IATF 16949
产品情况:(恒达牌)
摩托车磁电机磁瓦、摩托车起动电动机磁瓦、汽车起动电动机磁瓦、汽车玻璃升降器电动机磁瓦、汽车转向助力电动机磁瓦、汽车刮水器电动机磁瓦、汽车风扇电动机磁瓦、汽车座椅电动机磁瓦,汽车油泵电动机磁瓦、电动工具类磁瓦(永磁氧铁磁瓦)

贵州省

★贵州贵航汽车零部件公司华阳电器公司
地址:贵阳市小河区盘江南路20号
邮编:550006
电话:0851/83831231、3832995
传真:83806482
电子信箱:hydq@ ghhydq. cn
法定代表人:张凌云
质量体系:IATF 16949、ISO 14001
产品情况:(探星牌)
组合开关、电动窗开关、特种开关
配套情况:为通用、一汽、神龙、海马、长城、南汽、济重、陕汽等20多家主机厂配套

★贵阳航空电机有限公司
地址:贵阳市经济开发区乌江路8号
邮编:550009
电话:0851/83835763
传真:83834270、83842246
网址:www. avicgaemc. com
电子信箱:gy185fj@ 163. com
法定代表人:陈文华
单位人数:988
质量体系:IATF 16949、ISO 14001
产品情况:汽车起动机、发电机,年产能力60万台以上
配套及出口情况:为北内云豹、厦门金龙、江淮客车、江苏牡丹等厂家配套1.1~2.0kW外齿合减速式和行星减速式起动机;部分产品出口

★贵州雅光电子科技股份有限公司
地址:贵阳市国家高新技术开发区金阳园区都匀路12号
邮编:550025
电话:0851/88118863、18608515251
传真:88118188
网址:www. elton. com. cn
法定代表人:席建军
质量体系:IATF 16949
产品情况:(雅光牌)
新型汽车电子功率器件、功率集成电路IC、功率模块、磁阻传感器等系列产品
配套及出口情况:是通用、吉利、长安、东风、比亚迪等的供应商;已开始配套汽车发电机制造商——法国Valeo和美国博格华纳;并与欧洲、北美洲、南美洲、东南亚、中东等国家和地区以及中国台湾客户开展业务合作

★遵义长征汽车零部件有限公司
地址:贵州省遵义市汇川区惠川机电工业园外高桥工业示范区内秦皇岛路临116号
邮编:563002
电话:0851/27569618、27569616
传真:28922159
电子信箱:cz15@ vip. 163. com
法定代表人:张西进
质量体系:IATF 16949、QS 9000
产品情况:汽车点火线圈、高压阻尼线年产各50万只/套
配套情况:为重庆长安、上汽通用五菱、西门子(长春)、保定长城、宁波吉利、重庆力帆、重庆渝安等汽车及发动机生产厂配套

★贵州天义技术有限公司
地址:贵州省遵义市隋阳路33号
邮编:563002
电话:0851/28416979、28416819
传真:28416989
网址:www. tyauto. com. cn
电子信箱:caiwubu@ tyauto. com. cn
法定代表人:董康
质量体系:IATF 16949
产品情况:汽车电磁继电器及控制器
配套及出口情况:为上汽大众、一汽-大众、神龙汽车、一汽轿车、江铃五十铃、郑州日产、德国大众等配套;远销欧美国际市场和亚太经济贸易地区

陕西省

★陕西航空电气有限责任公司
地址:西安市高新区锦业二路17号
邮编:710065
电话:029/38242998
网址:www. saec. avic. com
电子信箱:saec@ avic. com
法定代表人:杨卫平
质量体系:ISO 14001、OHSAS 18001
产品情况:低压直流、交流变频、恒速恒频和变速恒频电源系统、二次电压系统产品等

★西安庆安电气控制有限责任公司
地址:西安市莲湖区沣镐东路140号
邮编:710077
电话:029/84282506、84257413
传真:84257393
电子信箱:liufengchang@ diankonggongsi. com
法定代表人:高喜安
质量体系:ISO 9001、ISO 14001
产品情况:汽车用电动机、电气、电动机构
配套情况:为北汽制造(勇士、骑士等)、重庆跨越(轻型货车)、比亚迪汽车(F3)配套

★陕西凌云科技有限责任公司
地址:西安市高新区长安科技产业园创汇路19号
邮编:710119
电话:029/85692598、85691047
传真:85691064
网址:www. lingyungroup. com. cn
电子信箱:lykj@ lingyungroup. com. cn
法定代表人:吕俊峰
质量体系:ISO 9001
产品情况:车载信息娱乐系统、车载液晶电视、嵌入式地理信息系统、ARM主板、车辆监控系统、汽车音响等

★陕西凌华电子有限公司
地址:陕西省宝鸡市峪泉南路1号
邮编:721006
电话:0917/3312988
传真:3312788
网址:www. linghua. net
电子信箱:lh@ linghua. net
法定代表人:周永义
质量体系:ISO 9001、GB/T 24001
产品情况:GPS车载监控机、北斗车载监控机、汽车行驶记录仪等

★陕西凌云电器集团有限公司
地址:陕西省宝鸡市峪泉南路1号
邮编:721006
电话:0917/3604488、3314488
传真:3314247
网址:www. lingyungroup. com. cn
电子信箱:765@ lingyungroup. com. cn
法定代表人:李中健
质量体系:ISO 14001
产品情况:(凌云牌)
电子高频组件、汽车视听电子、车载导航信息娱乐系统、车辆监控调度系

统、车载移动数字电视机顶盒、铅酸蓄电池、车用警灯警报器等
配套及出口情况:为北奔重汽配套;出口欧洲、亚洲、非洲等多个地区

★陕西凌云蓄电池有限公司
地址:陕西省宝鸡市高新开发区汽车工业园陕六路8号
邮编:721304
电话:0917/2798188、4001001691
传真:2798158、2798159
网址:www.lyxdc.cn
电子信箱:lingyunxudianchi@yeah.net
法定代表人:全勇
质量体系:IATF 16949、ISO 9001
产品情况:(凌云牌)
汽车起动型铅酸蓄电池等
配套及出口情况:为陕汽集团、北奔重汽、重汽集团、上汽依维柯红岩、华菱汽车、苏州金龙、宇通客车、中通客车、申龙客车、三一重工、徐工、大运汽车、山东时风集团、中联重科、集瑞重工、北汽乘用车、力帆汽车等厂家配套;出口美国、俄罗斯、澳大利亚、伊朗等十几个国家和地区

通用件和相关工业产品生产企业

●查询导引●

企业详细介绍

通用件和相关工业产品生产企业

☞ 企业如有变更，请与编辑部联系 ☎ 010/68426043、68420981

北京市

★北京兆信信息技术股份有限公司

地址：北京市朝阳区小关东里核工业北京地质研究院10号院9号楼3层4层
邮编：100029
电话：010/64209511、4006060736
网址：www.panpass.com
电子信箱：450276724@qq.com
法定代表人：张永红
质量体系：ISO 9001、ISO 14001
产品情况：中国产品质量365防伪查询系统、防伪证书、防伪标签、防伪证卡等
配套情况：为一汽集团、上汽大众、长安福特、江淮汽车、中国重汽等供货

★北京天山新材料技术有限公司

地址：北京市石景山区八大处高科技园区双园路5号
邮编：100041
电话：010/88795588
传真：68865252
网址：www.tonsan.com
电子信箱：overseas@tonsan.com
法定代表人：蔡志伟
质量体系：IATF 16949、ISO 9001
产品情况：（可赛新牌）厌氧胶、硅橡胶、聚氨酯、改性硅烷酯、环氧修补剂和瞬干胶等工程胶黏剂产品类型，主要包括螺栓锁固剂、管螺纹密封剂、圆柱固持剂、厌氧型/硅橡胶平面密封剂、铸造修补剂、耐磨/耐腐蚀修补剂、机床导轨涂层、橡胶修补等
配套情况：为东安航天三菱、长安铃木、长安汽车、上柴、锡柴、朝柴、上汽通用五菱、长城、吉利、比亚迪、上齿、唐齿爱信、安凯、美驰、汉德、川汽、青特、山汽改、一汽、东风、中通、福田、金龙等配套

★北京白菊汽车零部件有限公司

地址：北京市丰台区科学城海鹰路9号2号楼226室（园区）
邮编：100071
电话：010/63778189、15313757855
电子信箱：364918745@qq.com
法定代表人：寇红艳
质量体系：ISO/TS 16949
产品情况：以汽车零部件注塑、焊接、组装为主，兼营其他产品配套部件
配套情况：为北京现代、北京奔驰、北汽福田、东风悦达起亚等供货

★瀚德（中国）汽车密封系统有限公司

地址：北京市大兴区亦庄经济技术开发区经海二路28号院3号楼、5号楼
邮编：100076
电话：010/58543047
传真：68383491
网址：www.hennigesautomotive.com
电子信箱：nina.bai@hennigesautomotive.com
法定代表人：邓峰
质量体系：IATF 16949、ISO 14001
产品情况：汽车密封系统产品
配套情况：为一汽-大众（奥迪、捷达、宝来）、一汽红旗、上汽通用别克、上汽大众波罗、神龙汽车（富康、毕加索）、雪佛兰开拓者、切诺基、南京依维柯等供货

★中国铝业集团有限公司

地址：北京市海淀区西直门北大街62号
邮编：100082
电话：010/82298080
传真：82298081
网址：www.chinalco.com.cn
法定代表人：姚林
质量体系：IATF 16949
产品情况：拥有完整的汽车板材、型材、锻件及零部件的生产线，联合开发了乘用车全铝车身、客车全铝车身、铝挂车等轻量化车身总成，可为汽车行业提供轻量化材料选型、结构设计、成型分析、

连接技术、表面处理技术等一揽子解决方案
配套情况:和一汽、东风、长安、吉利、上汽通用、蔚来汽车、成都客车等公司建立了良好的合作关系,通过了相关汽车公司的认证

★中国石化润滑油有限公司
地址:北京市海淀区安宁庄西路 6 号
邮编:100085
电话:4008109886
传真:010/62917732
网址:www. sinolube. com
电子信箱:csc. lube@ sinopec. com
法定代表人:夏世祥
质量体系:ISO 9001、ISO 14001
产品情况:(长城牌、金吉星牌)
内燃机润滑油、工业齿轮油、液压油、润滑脂、防冻液、制动液、金属加工液、船用油及润滑油添加剂等 2000 多个品种的产品,已广泛应用于机械、冶金、石油化工、电子等制造领域
出口情况:在东南亚、大洋洲、欧洲、南美洲、非洲等 60 多个国家和地区设有经销网络

★北京龙苑伟业新材料有限公司
地址:北京市海淀区永丰科技园丰润东路 10 号
邮编:100094
电话:010/58957938、58957939
网址:www. longyuanweiye. com. cn
电子信箱:bbwy168@ sina. com
法定代表人:张晓光
质量体系:IATF 16949、ISO 9001
产品情况:主要产品分为四大类:装焊用胶(点焊密封胶及胶带、减振膨胀胶及胶带、折边胶、结构胶、补强胶片、高膨胀填充胶带等)、涂装用胶(接缝胶、抗石击涂料、指压胶等)、总装用胶(丁基密封胶及胶带、挡风及侧窗粘接密封胶等)、其他用胶(刮削显示剂等)

★中材科技股份有限公司
地址:北京市海淀区远大南街鲁迅文化园创作展示中心 1 号楼
邮编:100097
电话:010/88433966 - 200
传真:88437712
网址:www. sinomatech. com
电子信箱:sinoma@ sinomatech. com
法定代表人:薛忠民
质量体系:ISO 9001
产品情况:汽车用复合材料等

★北京利富高塑料制品有限公司
地址:北京市经济技术开发区泰河一街 7 号
邮编:100176
电话:010/87126000、87126020
传真:87126050
网址:www. nifco. com
电子信箱:binlu@ bjnifco. com
法定代表人:崔炫惇
单位人数:500
质量体系:IATF 16949、OHSAS 18001
产品情况:汽车内饰塑料产品
配套情况:为北京现代汽车配套

★新光凯乐汽车冷成型件股份有限公司
地址:北京市通州区金桥科技产业基地环科中路 12 号
邮编:101102
电话:010/60506892
传真:60592009
网址:www. singukeller. com
电子信箱:info@ singukeller. com
法定代表人:史蒂芬·古特
质量体系:ISO 9001、IATF 16949
产品情况:汽车冷成型件及其他精密黑色金属制成品
配套情况:为扬柴、福田、常柴等配套

★北京星宇车科技有限公司
地址:北京市平谷区兴谷路 28 号
邮编:101200
电话:010/69958500
传真:69958518
电子信箱:13520064919@ 139. com
法定代表人:韩昌勋
质量体系:ISO 14001、OHSAS 18001
产品情况:汽车冲压件
配套情况:为北京现代配套

★北京和承阿仁艾汽车配件有限公司
地址:北京市平谷区兴谷开发区平瑞街 19 号
邮编:101299
电话:010/89986221
传真:89986002
电子信箱:beijinghecheng@ 126. com
法定代表人:秋宗玖
质量体系:IATF 16949、ISO 14001
产品情况:汽车制动器总成、专用高强度紧固件、密封件、油压管、软管及其他汽车零部件
配套情况:为北京现代配套

★北京韩太汽车部件有限公司
地址:北京市顺义区仁和镇顺通路 21 号 3 幢
邮编:101300
电话:010/89401107、89401108
传真:89401109
电子信箱:jhpark@ hkmt. co. kr
法定代表人:权赫祥
质量体系:ISO/TS 16949、ISO 9001
产品情况:汽车零部件
配套情况:北京现代售后汽车配件及零部件

★金刚化工(北京)有限公司
地址:北京市顺义区顺通路 51 号
邮编:101300
电话:010/89498181、15910886788
传真:89498144
网址:www. kcc. cpooo. com
电子信箱:zwj771@ kccworld. co. kr
法定代表人:许南锺
质量体系:IATF 16949、ISO 9001
产品情况:汽车用漆等
配套情况:为北京现代、江苏悦达、江淮汽车等项目配套供应汽车用漆

★北京蓝星清洗有限公司
地址:北京市顺义区空港工业 B 区安祥路 5 号
邮编:101318
电话:010/80483053、4006876540
传真:80483230
网址:www. bjlxqx. chemchina. com
电子信箱:gaoxiawei@ bluestar. chemchina. com
法定代表人:王建军
质量体系:IATF 16949、ISO 9001
产品情况:汽车发动机冷却液、汽车玻璃清洗剂、润滑油、汽车养护用品等精细化工产品
配套情况:为奇瑞汽车、北汽福田、比亚迪汽车、东风本田、郑州日产、常林股份、中联重科、中通客车等乘用车和商用车厂家配套

★北京有研粉末新材料研究院有限公司
地址:北京市怀柔区雁栖经济开发区雁栖路 3 号
邮编:101400
电话:010/61667255、52361085
传真:61667255
网址:www. hytqpm. com
电子信箱:bgs@ hytqpm. com
法定代表人:胡强
质量体系:IATF 16949
产品情况:粉末冶金中空凸轮轴、粉末冶金含油轴承、金属烧结过滤元件及器件等粉末冶金零部件
配套情况:主要供应给北汽、一汽、长城、北京现代等国内外知名汽车厂家

★北京天元奥特橡塑有限公司
地址:北京市怀柔区杨宋镇北凤翔科技开发区 12 号
邮编:101400
电话:010/61676028
传真:61676028、61676528
网址:www. tyat. com. cn
电子信箱:tyatbgs@ 126. com
法定代表人:董晓燕
质量体系:IATF 16949、ISO 14001
产品情况:汽车胶管、橡胶减振密封制品(发动机悬置、橡胶空气弹簧、V 形推力杆、O 形密封圈、各类油封等)、注塑制品、吹塑制品、塑料挤出胶管及汽车用导静电拖带等产品
配套及出口情况:主要为一汽集团(一汽-大众、一汽轿车、一汽解放、青岛汽车厂)、东风集团(东风裕隆、东风乘用车、东风商用车、东风股份、东风李尔)、北汽福田集团(福田 - 戴姆勒、北京多功能、山东多功能)、上汽通用、广汽菲克、长城汽车、华晨汽车、长安汽车、吉利汽车、众泰汽车、江铃控股、长丰猎

豹、华泰汽车、海马汽车、力帆汽车、野马汽车、中国重汽集团、江淮汽车(含江淮乘用车)、陕西重汽、北方奔驰、郑州宇通、成都王牌、安徽华菱、集瑞联合等国内汽车企业配套;与曼胡默尔、康迪泰克、哈德森、VOLVO、MAN、万国卡车、卡玛斯等国外汽车厂配套,远销美国、法国、俄罗斯、意大利、中东等国家和地区

★赛龙(北京)汽车部件有限公司
地址:北京市密云区工业开发区科技路69号
邮编:101500
电话:010/69076303
传真:69076307
电子信箱:slbj2003@126.com
法定代表人:徐仁锡
质量体系:IATF 16949、ISO 14001
产品情况:碳/碳复合材料及制动片等
配套情况:国内主要客户包括北京现代(北京 MANDO、无锡 MOBIS)、一汽丰田(天津 Advics)、上汽通用(苏州 BOSCH、上海 BWI)、上汽大众(上海制动系统、美国 TRW)、一汽-大众(上海制动系统、美国 TRW)

★韩华高新材料(北京)有限公司
地址:北京市昌平区中关村科技园东区利祥路4号
邮编:102200
电话:010/60735435
传真:60735459
网址:www.hanwha.com
法定代表人:姜旻锜
质量体系:IATF 16949、ISO 14001
产品情况:(韩华牌)
以 GMT、EPP 为原料,生产汽车零部件
配套情况:已成为北京现代、东风悦达起亚、上汽大众、上汽通用、一汽-大众、北京奔驰等大型整车厂的供应商

★北京迪普首泰高新技术开发有限公司
地址:北京市门头沟区石龙工业开发区华园路2号
邮编:102300
电话:010/69808548
传真:69806084
电子信箱:zhangyan8330@163.com
法定代表人:石根
质量体系:ISO/TS 16949、ISO 14001
产品情况:冷却水管、燃油管、空调管、模压件等橡胶制品
配套情况:为一汽集团、一汽-大众等汽车厂配套

★北京特森特能源科技有限公司
地址:北京市房山区琉璃河工业区
邮编:102403
电话:010/89381002、4008909980
网址:www.cntst.com
电子信箱:admin@cntst.com
法定代表人:郑瑞卿
质量体系:IATF 16949
产品情况:[特斯特(TESITE)牌]
内燃机润滑油、车辆齿轮油、工业齿轮油、液压油、润滑脂、防冻液、制动液、金属加工液等
出口情况:已同东南亚、中东、美国、欧洲、南非等百余家客户建立了良好合作关系

★北京高盟新材料股份有限公司
地址:北京市房山区燕山东流水工业区14号
邮编:102502
电话:010/81334710、13661025221
网址:www.co-mens.com
电子信箱:ljyljy2006@163.com
法定代表人:何宇飞
质量体系:IATF 16949
产品情况:汽车用胶黏剂、塑料和橡胶制品等

★北京聚菱燕塑料有限公司
地址:北京市房山区燕山岗南路2号
邮编:102599
电话:010/69336661
电子信箱:jly@jly-plastic.com.cn
法定代表人:李刚
质量体系:IATF 16949、ISO 9001
产品情况:(聚菱燕牌)
汽车用 PP 共混合金材料,年产2000吨
配套情况:为天津一汽丰田、广汽丰田、东风本田、广汽本田、东风日产乘用车、郑州日产、长安铃木、长安汽车、华晨金杯、广汽三菱、北京奔驰、柳州五菱、株洲雅马哈、新大洲本田、四川一汽丰田等配套

★北京钰林化工有限公司
地址:北京市大兴区安定镇安定中街2号
邮编:102607
电话:010/89245331、89245332
传真:80219964
网址:yulinhuagong.com
电子信箱:bjyulin@163.com
法定代表人:时锋林
质量体系:IATF 16949、ISO 9001
产品情况:(钰林牌)
集高端水性客车漆研发、生产、涂装工艺设计、喷涂于一体
配套情况:与北京公交控股(集团)、北京公交保修分公司八厂、九厂,北京八方达客车、北汽福田客车、中国中车唐山轨道客车等近20家企业携手合作

★统一石油化工有限公司
地址:北京市大兴区芦城开发区创新路1号
邮编:102612
电话:010/61238888、61238999
传真:61200181
网址:www.tongyioil.com
法定代表人:霍振祥
质量体系:IATF 16949、ISO 9001
产品情况:(统一牌)
汽车、摩托车、工程机械及工业用润滑油及润滑脂、制动油、不冻液、汽车护理品等
配套情况:为一汽集团、东风汽车公司、东风日产乘用车、东风柳汽、上汽通用五菱、北奔重汽、华泰现代、川汽集团、陕汽集团、北汽福田、长城汽车、河北中兴、少林客车、湖北三环、哈东安、潍柴、大柴、锡柴、华北柴油机等厂家的装车、售后服务用油配套

★北京第三纺织机械有限公司
地址:北京市大兴区工业开发区广兴大街2号
邮编:102628
电话:010/63437906、63437040
传真:63437040
网址:www.bj-sfj.com
电子信箱:bjsfj@bj-sfj.com
法定代表人:韩增章
质量体系:IATF 16949
产品情况:(晶花牌、风飒牌)
气弹簧、汽车专用轴连轴承、风扇驱动装置总成、喷油泵传动轴总成、张紧轮支架总成、正时皮带张紧轮等汽车发动机零部件
配套情况:气弹簧为一汽解放、一汽轿车、天津一汽、江铃陆风、长城汽车、奇瑞汽车、江淮汽车配套;汽车水泵轴连轴承为爱信宏达汽车零部件、华纳圣龙、合肥凯创汽车零部件、西峡水泵、哈东安机电、比亚迪汽车等配套;正时皮带张紧轮、过渡轮合件为江铃汽车、北汽福田配套;张紧轮为大柴配套,喷油泵传动轴总成为大柴、锡柴配套

天津市

★天津市油管厂
地址:天津市南开区黄河道临潼路54号
邮编:300110
电话:022/27364738、27365279
传真:27364565
电子信箱:tjsygc@vip.163.com
法定代表人:阎宝光
质量体系:IATF 16949、VDA 6.1
产品情况:汽车制动管路、燃油管路、输气管路及发动机燃油管路、机油管路,年产能力1000万~1500万支
配套情况:为上汽大众帕萨特 B5 轿车燃油管路配套,为天津一汽夏利2000、天津一汽丰田 NBC5 配套,为奇瑞轿车管路配套,为国内丰田车型及日系车型配套

★丰田合成星光天津汽车部品有限公司
地址:天津市西青区中北镇天河路6号
邮编:300112
电话:022/27395051、87961111
传真:27395050
网址:www.toyoda-gosei.co.jp
电子信箱:chaiyuhai@star-light.cn

法定代表人:福井博规
质量体系:IATF 16949、ISO 14001
产品情况:密封条全系列产品:车门密封条、车门框密封条、车门玻璃导槽、行李舱密封条、风窗玻璃胶条、发动机罩密封条、内外挡水条、风窗/车顶/侧围装饰条、整流板

★天津新伟祥工业有限公司
地址:天津市武清区上马台镇金发路 2 号
邮编:300190
电话:022/82289920
传真:82289731
网址:www. nws. cn
电子信箱:nws@ nws. cn
法定代表人:陈友三
质量体系:IATF 16949、ISO 9001
产品情况:主导产品为涡轮增压器用涡轮壳、中间壳以及排气管系列产品,涵盖灰铸铁、球墨铸铁、蠕墨铸铁、合金铸铁及铸钢等全系材质
配套及出口情况:成功地使用在戴姆勒、宝马、奥迪、大众、福特、通用、雷诺、标致-雪铁龙、丰田、沃尔沃等国际知名汽车品牌上,并获得了客户的普遍认可;远销美国、欧洲、日本等国家和地区

★三友(天津)高分子技术有限公司
地址:天津市河西区泰山路 6 号
邮编:300211
电话:022/28262143、28262757
传真:28261570
网址:www. sanyoutj. com
电子信箱:sanyou@ sanyoutj. com. cn
法定代表人:徐桥华
质量体系:IATF 16949、ISO 14001
产品情况:主要产品为汽车焊装胶、涂装胶、挡风玻璃胶、空腔蜡、丁基胶带、膨胀胶带、加强胶片、消音胶片、高膨胀卡扣、汽车维修用胶和电子胶黏剂及灌封料、封装料等
配套情况:供应的客户涵盖欧、美、日在华合资品牌和国产品牌,包括大众、通用、丰田、日产、本田、铃木、马自达、夏利、北汽、五菱、长安、比亚迪、中兴、宇通、黄海、金龙等几十家汽车厂

★天津鹏翎集团股份有限公司
地址:天津市滨海新区中塘工业区葛万公路 1703 号
邮编:300270
电话:022/63269287、63269748
传真:63269741
网址:www. pengling. cn
电子信箱:office@ pengling. cn
法定代表人:张洪起
质量体系:IATF 16949、ISO 9001
产品情况:(鹏翎牌)
主要产品涵盖了汽车冷却管路总成,汽车燃油管路总成,汽车空调管路总成,汽车油气管路总成,汽车涡轮增压管路总成,汽车天窗排水管路,汽车空滤管路总成、汽车变速器油冷管路总成、汽车真空管路总成;汽车发动机盖密封条、汽车挡风玻璃密封条、汽车行李舱密封条、汽车车门框密封条等多个系列
配套及出口情况:主要客户有一汽-大众、上汽大众、长城汽车、广汽集团、上汽通用五菱、比亚迪汽车、江淮汽车等;出口俄罗斯、英国、德国、美国、日本、泰国、马来西亚

★天津滨海中冠胶管有限公司
地址:天津市大港区小王庄镇西树深工业区
邮编:300273
电话:022/63179505、63179508
传真:63179507
网址:zhongguanjg. com
电子信箱:zg@ zhongguanjg. com
法定代表人:张宝海
质量体系:IATF 16949
产品情况:主要产品有冷却水管、暖风水管、四层燃油胶管、双层燃油复合胶管、空滤胶管等各类汽车用胶管;水管年生产能力为 150 万米,油管年生产能力为 300 万米
配套及出口情况:主要客户包括长安跨越、江淮汽车、东风小康、豫新汽车、上海旺佳实业、长城麦克斯、重庆华达油箱、江铃伟世通、江西新电汽车空调系统等;远销欧洲、美国、日本、韩国

★领航石油化工(天津)有限公司
地址:天津市开发区南港工业区创业路(东)49 号
邮编:300280
电话:022/63116999
网址:www. yhsh. cn
电子信箱:yhsh@ yhsh. cn
法定代表人:张国军
质量体系:IATF 16949、ISO 9001
产品情况:(领航牌)
工业润滑油、润滑脂、汽车润滑油、摩托车润滑油、齿轮油、防冻液、制动液等七大系列千余种产品
配套情况:与康明斯、德国奔驰、瑞典沃尔沃等合作

★天津丰田合成有限公司
地址:天津市东丽经济技术开发区丽北路 4 号
邮编:300300
电话:022/24990427、24993847
传真:24994647
电子信箱:liujun@ tianjintg. com. cn
法定代表人:福井博规
质量体系:IATF 16949、ISO 14001
产品情况:汽车用制动软管总成、等速万向节防尘罩、发动机缸盖橡胶衬垫、空气滤清器软管分总成等
配套情况:为天津一汽丰田、广汽本田、重庆长安配套

★天津井上高分子材料制品有限公司
地址:天津市东丽经济开发区四纬路 30 号
邮编:300300
电话:022/58238500
传真:58238666
网址:www. inoac - tip. com
电子信箱:tipinoac@ inoacchina. com
法定代表人:于漭
质量体系:IATF 16949、ISO 9001
产品情况:(井上牌)
海绵复合品(表皮+底布)、软质海绵加工、硬质海绵发泡成型品(EA)等

★天津市华科工贸发展有限公司
地址:天津市东丽区金桥工业园凯达道 4 号
邮编:300300
电话:15620268808
传真:84891261 - 808
网址:www. chem - metal. com
电子信箱:15620268808@ 163. com
法定代表人:郭莹
质量体系:ISO 9001
产品情况:年产金属加工液、轧制液、淬火液、脱漆剂、磷化剂、钝化剂、发黑剂、水处理剂、除锈剂、防锈剂/油、润滑剂等化学品 5000 吨,广泛运用于汽车、摩托车、自行车等领域
配套情况:与北京现代、北汽福田、天津本田、秦皇岛戴卡轮毂、立中铝业、奥迪斯电梯、卡特彼勒-亚实履带、天津飞鸽自行车、富士达电动车、河北钢铁集团、淮北矿业集团、西特科照明、天津钢管集团等建立长期战略合作伙伴关系

★天津市旷达汽车内饰件有限公司
地址:天津市津南经济开发区(双港)重庆街 6 号
邮编:300350
电话:022/28593488、28573602
传真:28593178
网址:www. kuangdacn. com
电子信箱:tianjin@ kuangda. com
法定代表人:沈介良
质量体系:IATF 16949、ISO 9001
产品情况:车座装饰面料
配套情况:主要为一汽夏利、长城汽车、现代汽车等华北地区各大汽车主机厂提供前期开发、销售、仓储和售后服务工作

★东海橡塑(天津)有限公司
地址:天津市津南区津南经济开发小区
邮编:300350
电话:022/28512121
传真:28397064
电子信箱:yuanyuan. zhao@ trttokai. com. cn
法定代表人:大岛司
质量体系:QS 9000、IATF 16949
产品情况:汽车用防振橡胶、胶管、CD 音响防振隔片
配套及出口情况:为丰田、电装、日产、本田、马自达配套;出口日本、美国、泰国

★天津市润生塑胶制品有限公司
地址:天津市津南区双港镇科工贸产业

园区
邮编:300350
电话:022/28592170、28592106
传真:28592782
电子信箱:qc@ chemilon. com
法定代表人:刘东方
质量体系:ISO/TS 16949、ISO 9001
产品情况:(佳美龙牌、润生牌)
EPP 成型件、IXPE 及相关制品
配套及出口情况:为长城汽车、一汽、一汽轿车等配套 EPP 成型件 9000 吨,为长城、一汽、奇瑞、丰田等配套 XPE、IXPE 及相关制品 10000 吨;出口欧洲、美洲、澳大利亚等国家和地区

★天津市环宇橡塑股份有限公司
地址:天津市津南区小站工业区二号路1 号
邮编:300353
电话:022/28616342
传真:28618056
网址:www. chinahuanyu. com. cn
电子信箱:sales@ chinahuanyu. com. cn
法定代表人:张永山
质量体系:IATF 16949、ISO 14001
产品情况:汽车用防尘罩、减振橡胶、高压阻尼点火电线等
配套及出口情况:主要客户有一汽夏利、上海纳铁福、一汽光洋、一汽丰田发动机等;国外客户遍布美国、加拿大、意大利、澳大利亚、日本、韩国、新加坡等国家和地区

★海程新材料科技有限公司
地址:天津市西青区辛口镇工业区泰兴路5 号
邮编:300380
电话:022/87993750
传真:87993709
网址:www. myhaicheng. com
电子信箱:hr@ myhaicheng. com
法定代表人:谢宇
质量体系:IATF 16949、ISO 14001
产品情况:汽车用隔振胶块、汽车用加强衬板、汽车用后轮罩减振胶、汽车用密封垫、汽车用膨胀胶、汽车用 3D 膨胀胶、汽车用阻尼板、NBR/PVC 系列产品
配套情况:为一汽丰田、吉林一汽、天津一汽、浙江吉利、绵阳华瑞等十几家汽车厂供货

★利富高(天津)精密树脂制品有限公司
地址:天津市新技术产业园区华苑产业区(环外)海泰华科五路 5 号
邮编:300384
电话:022/58288288
传真:58288299
网址:www. nifco. co. jp
电子信箱:admin - m@ ntj - nifco. com
法定代表人:山本利行
质量体系:IATF 16949、ISO 14001
产品情况:汽车、摩托车零配件、非金属制品模具
配套情况:为一汽丰田和一汽丰田属下各配套协力工厂及华北地区的其他汽车主机厂供货

★天津三国有限公司
地址:天津市西青经济开发区兴华二支路
邮编:300385
电话:022/23973920
传真:23972281
网址:www. mikuni. com. cn
电子信箱:zhoushiying@ mikuni - tj. com. cn
法定代表人:半田和久
质量体系:IATF 16949、ISO 9001
产品情况:冲压件、精密机械加工、表面处理,汽车空调管路相关部件等

★泰伦特生物工程股份有限公司
地址:天津市北辰经济技术开发区高端装备产业园区山河路 6 号
邮编:300401
电话:4006777688
传真:26974998
网址:www. tj - talent. com
电子信箱:marketing@ tj - talent. com
法定代表人:马宝行
质量体系:ISO 14001
产品情况:金属加工润滑系列、金属防护系列、工艺清洁系列、表面处理系列、生物水处理系列、设备维护品系列和工艺溶液循环再生利用系列产品
配套情况:主要合作伙伴有奇瑞汽车、江铃汽车、东风汽车、现代汽车、起亚汽车、丰田汽车、玉柴集团、立中集团、中信戴卡等

★天津天汽模汽车部件有限公司
地址:天津市北辰区青光镇韩家墅村
邮编:300401
电话:022/86858826
传真:26951873
网址:www. tqmcy. com
电子信箱:tqmqcbjcwb@ 163. com
法定代表人:常世平
质量体系:IATF 16949、ISO 14001
产品情况:汽车冲压件及装焊件制造
配套情况:为一汽丰田、一汽夏利、北京汽车、北京新能源汽车、长城汽车的一级供应商,并间接为北京奔驰、华晨宝马和北京现代提供服务,与蔚来汽车和国能新能源(萨博汽车)合作

★天津日进塑料有限公司
地址:天津市北辰科技园区华盛道 61 号
邮编:300402
电话:022/58833966、13920323126
传真:58833960、58833973
电子信箱:haozhihua@ tj. enissin. com
法定代表人:长田和德
质量体系:IATF 16949、ISO 14001
产品情况:汽车专用塑料产品
配套情况:主要提供给丰田、本田、日产、马自达、三菱、铃木等

★电装天精密电子(天津)有限公司
地址:天津市经济技术开发区第十大街59 号南侧厂房
邮编:300457
电话:022/25327211
传真:25325326
网址:www. denso - ten. com
法定代表人:贝野秀昭
质量体系:ISO 14001
产品情况:车用树脂部件的成型与加工
配套情况:为一汽丰田等配套

★阪东机带(天津)有限公司
地址:天津市经济技术开发区海通街 37 号
邮编:300457
电话:022/66237077、66237075
传真:66237036
网址:www. bando - belt. com
法定代表人:MIKI MOTOSHI(三木基史)
单位人数:130
质量体系:IATF 16949、ISO 9001
产品情况:主要产品为用于汽车发动机、汽车空调、摩托车的各种传动皮带
配套情况:为日本丰田、本田、日产、三菱、铃木、美国通用、德国大众、北京现代等配套

★天津六合镁制品有限公司
地址:天津市经济技术开发区黄海路268 号
邮编:300457
电话:022/59816478、18622595922
传真:66230018
网址:www. tjlhm. net
电子信箱:lhm@ lhtj. com
法定代表人:王斌
质量体系:IATF 16949、ISO 9001
产品情况:镁、铝合金汽车零部件(转向盘骨架、安全带芯轴、驻车制动支架、转向柱支架、汽车座椅骨架、仪表盘支架、变速器壳体等)
配套情况:配套车型主要覆盖通用、福特、大众、日产、尼桑、五十铃、名爵、神龙、标致、长城、吉利、克莱斯勒、Proton、大发、现代、菲亚特等

★出光润滑油(中国)有限公司
地址:天津市经济技术开发区泰华路 81 号
邮编:300457
电话:022/66230288
传真:66230021
网址:www. idemitsu. com. cn
电子信箱:li. chunxue@ idemitsu. com
法定代表人:KUSAKA RYUJI(日下竜司)
质量体系:IATF 16949、ISO 9001
产品情况:汽车发动机油、变速器油
配套情况:为一汽丰田、本田、马自达、铃木、吉利等配套

★天津大发精密机械有限公司
地址:天津市经济技术开发区西区规划路十三以东,规划路六以北
邮编:300457
电话:022/59825989
传真:59825976
电子信箱:xuejinyuan@ tjtdpm. com

法定代表人:金冈秀辉
质量体系:IATF 16949
产品情况:汽车用铸锻毛坯件及汽车专用高强度紧固件
配套情况:为一汽丰田发动机、一汽丰田、江西五十铃、天津富奥电装有限公司等供货

★天津沛衡五金弹簧有限公司
地址:天津市经济开发区洞庭路 169 号
邮编:300457
电话:022/66237259、66237239
传真:66237235、66237238
网址:www.tjpeiheng.com
电子信箱:lipan@tjpeiheng.com
法定代表人:高琦
质量体系:IATF 16949、ISO 14001
产品情况:(立洲牌)
　　各种发动机气门弹簧、减振弹簧、离合器弹簧、扭杆弹簧、汽车座椅弹簧等和各种弹性冲压件
配套情况:为国内几十家大中型企业提供配套,主要客户包括丰田汽车、天津一汽等厂商

★天津汇丰汽车部件有限公司
地址:天津市经济技术开发区西区新业七街 19 号
邮编:300462
电话:022/66320950、15967548431
传真:66320956
电子信箱:tj-huifeng@163.com
法定代表人:俞国民
质量体系:IATF 16949
产品情况:汽车制动软管,年配套生产能力 50 万辆

★天津山口汽车紧固件制造有限公司
地址:天津市经济技术开发区西区中南三街 87 号
邮编:300462
电话:022/66331900、66331903
传真:66331908
网址:www.shankou.com.cn
电子信箱:sksales@shankou.com.cn
法定代表人:杨平贵
质量体系:IATF 16949、ISO 14001
产品情况:生产全产业链的高端紧固件

★天津新确汽车配件有限公司
地址:天津市经济技术开发区泰华路 78 号
邮编:300470
电话:022/59901879、59901955
网址:www.suncall.co.jp
电子信箱:liu-ss@suncall-tc.com
法定代表人:杉村和俊
质量体系:IATF 16949、ISO 14001
产品情况:齿圈及卡销弹簧

★天津日石润滑油脂有限公司
地址:天津市滨海新区汉沽化工街 5 号
邮编:300480
电话:4006811806
传真:022/67161288
网址:www.tjnisseki.com
法定代表人:苟连杰
质量体系:ISO 9001、ISO 14001
产品情况:车用润滑油
配套情况:为东风本田、广汽本田、三菱、东风日产乘用车、新大洲本田、重汽集团、日立建机、五十铃、神钢建机、丰田、雅马哈、洋马农机等供货

★鲜一瑞科汽车配件(天津)有限公司
地址:天津市静海经济开发区北区 3 号路西面南侧
邮编:301600
电话:022/59583555
传真:59583500
网址:www.sunilsfsintec.com
电子信箱:info@sunilsfsintec.com
法定代表人:金志勋
质量体系:IATF 16949、ISO 14001
产品情况:工具、模具、汽车零部件、配件及五金件
配套情况:主要客户有北京现代摩比斯、东风悦达起亚、斗山、长城汽车、海马汽车、吉利汽车、丰田汽车、天合汽车、高田汽车等

★天津市凯诺实业有限公司
地址:天津市静海开发区新区广海道 19 号
邮编:301605
电话:022/68775281、68771191
传真:68775285、68775282
网址:www.tjbchg.com
电子信箱:tjbc@tjbchg.com
法定代表人:张宝成
单位人数:1000
质量体系:IATF 16949、ISO 9001
产品情况:(TJBC 牌)
　　各式不锈钢管束总成、喉箍
配套及出口情况:为中国重汽集团、北汽集团、北汽福田、长安客车、长安福特、力帆汽车、潍柴动力等上百家国内重点主机企业的认证供应商;远销德国、美国、意大利、加拿大、荷兰、法国、瑞典、日本、新加坡、泰国、马来西亚等国家

★天津诗兰姆汽车零部件有限公司
地址:天津市武清开发区广源道 36 号
邮编:301700
电话:022/59181689
传真:59181694
网址:www.schlemmer.com.cn
电子信箱:info-tianjin@schlemmer.com.cn
法定代表人:周燕燕
质量体系:IATF 16949
产品情况:各类波纹管、注塑件
配套情况:为北京奔驰、一汽丰田、北汽、长城汽车等配套

★天津提爱思塑料制品有限公司
地址:天津市武清区王庆坨镇大范口村
邮编:301700
电话:022/29517917、29517924
传真:29517913
网址:www.tiaisi.com
法定代表人:王永博
质量体系:IATF 16949、ISO 14001
产品情况:汽车塑料零部件
配套情况:与天津一汽丰田、新大洲本田摩托、天津丰田合成、长城汽车、天津阿斯化学、天津一汽夏利、天津约翰迪尔工程机械长期合作

★天津创真金属科技有限公司
地址:天津市武清区上马台镇工业园区北宝路东
邮编:301701
电话:022/82284308、82284309
传真:82284307
网址:www.tjczgs.com
电子信箱:tjcyi@yahoo.com.cn
法定代表人:于铁生
质量体系:IATF 16949、ISO 9001
产品情况:金属零件的热处理加工和热处理设备的制造

★保光(天津)汽车零部件有限公司
地址:天津市武清区大王古经济区京滨工业园古旺路 1 号
邮编:301712
电话:022/22194677、22194577
传真:22198077
网址:www.bkt.asia
电子信箱:qiaorui@bkt.asia
法定代表人:金柄勳
质量体系:IATF 16949、ISO 9001
产品情况:汽车用密封材料、增强材料、阻隔材料、阻尼材料等
配套情况:为德国大众、德国奥迪、戴姆斯、韩国现代起亚、日本丰田、中国一汽等配套

★天津平和机工汽车部件有限公司
地址:天津市武清区逸仙科学工业园亨远路 19 号
邮编:301712
电话:022/82167010、82177000
传真:82167000
电子信箱:lubaoli@ph.co.kr
法定代表人:李昌周
质量体系:IATF 16949
产品情况:精密冲压件、铝合金铸造件、管件、节气阀滑轮等

★天津平和汽车配件有限公司
地址:天津市武清区逸仙科学工业园庆铃大路 18 号
邮编:301712
电话:022/82177000、82177021
传真:82177012
电子信箱:zhangyuan@ph.co.kr
法定代表人:李昌周
质量体系:IATF 16949
产品情况:发动机支撑、底盘悬架胶套、橡胶水管等橡胶零部件

★圣保路石油化工(天津)股份有限公司
地址:天津市蓟州盘山路98号
邮编:301900
电话:022/29889899、4000229899
网址:www.sarlboro.com
法定代表人:李铮
质量体系:IATF 16949、ISO 9001
产品情况:发动机油、传动系统用油、自动变速器油等产品

★拜尔斯道夫天津石油化工股份有限公司
地址:天津市蓟州区东赵各庄镇西苏庄村北200米
邮编:301900
电话:022/82719755、4000987256
传真:82719756
网址:www.beiersdorfchina.com
电子信箱:bfg@beiersdorfchina.com
法定代表人:蔡小亮
质量体系:IATF 16949、ISO 9001
产品情况:(拜尔斯道夫牌)
润滑油剂及汽车养护用品

河北省

★安耐驰能源科技股份有限公司
地址:石家庄市经济技术开发区创业路20号
邮编:050018
电话:0311/89699386、4000601610
网址:www.annaichi.net
电子信箱:yonglong878@163.com
法定代表人:杨盼
质量体系:ISO 9001
产品情况:(安耐驰合成型牌、安耐驰精驰牌、耐驰牌)
汽车、摩托车等用润滑油
配套情况:已取得VOLVO、大众等国际著名汽车发动机厂家认证

★ 河钢集团有限公司

地址:石家庄市裕华区体育南大街385号
邮编:050023
电话:0311/66778886
传真:66778600
网址:www.hbisco.com
电子信箱:csc@hbisco.com
法定代表人:于勇
质量体系:GB/T 19001
产品情况:(HBIS牌)
热轧酸洗卷/板、冷轧卷/板、热镀锌卷/板、汽车用特殊钢棒线材
配套及出口情况:汽车板产品已通过菲亚特、上汽、北汽、吉利、长城等18家主机厂认证;特殊钢产品已通过宝马、奔驰、奥迪、大众、丰田等30余家主机厂认证;出口美国、英国、德国等20多个国家和地区
☞详细情况请参阅彩色宣传版面

★石家庄泰明顿摩擦材料有限公司
地址:石家庄市高新区黄河大道150号
邮编:050035
电话:0311/85967455、85962993
传真:85962411
网址:www.tmdfriction.com
电子信箱:chenfeng@tmdfriction.com.cn
法定代表人:Stefan Bernhard Guennewig
质量体系:IATF 16949、ISO 9001
产品情况:汽车用制动片
配套情况:为一汽-大众、上汽大众、神龙汽车、南京依维柯、重汽集团等配套

★河北伟新锻造有限公司
地址:石家庄市高新技术产业开发区东区大西帐村南
邮编:050801
电话:0311/85384552、85384596
传真:85384008
网址:www.sjzwx.net
电子信箱:wxdz@188.com
法定代表人:李树伟
质量体系:IATF 16949
产品情况:转向轴锻件、轴承座锻件、连杆锻件、齿轮轴锻件、曲轴锻件、缸体锻件、转向节锻件、传动轴锻件等汽车锻件
配套及出口情况:为一汽、东风、重汽、长城、美驰车桥等供货;出口日本、韩国、澳大利亚等国家

★石家庄市宏森熔炼铸造有限公司
地址:石家庄市藁城区兴安镇武家庄
邮编:052160
电话:0311/88901111、88908777
传真:88901222、88908881
网址:www.sjzhs.com
电子信箱:a@sjzhs.com
法定代表人:武长庆
质量体系:ISO 9001、IATF 16949
产品情况:专业生产优质铸造生铁、球墨铸铁、高纯生铁、灰铁和球墨铸件及精密铸件
配套情况:已与卧龙电气、江特电机等合作

★石家庄辰泰滤纸有限公司
地址:河北省晋州市后彭头开发区
邮编:052260
电话:0311/89868738
传真:89868737
网址:www.chentai.net
电子信箱:info@chentai.net
法定代表人:李库
质量体系:IATF 16949、ISO 14001
产品情况:(万通牌)
汽车空气滤纸、机油滤纸、燃油滤纸
配套情况:与曼-胡默尔等合作

★晋州市安达汽车配件有限公司
地址:河北省晋州市总十庄镇工业区南
邮编:052260
电话:0311/84303043、1393312899
传真:84300192
电子信箱:adqp@carcn.cn
法定代表人:冯建章
质量体系:IATF 16949
产品情况:主要产品有汽车专用各种胶管(水管、油管、电喷管、真空制动胶管、动力转向管、工程车高压管等)、橡胶模压制品、内饰顶棚、塑料装饰件、多层复合燃油管等七大类近千余种规格产品
配套情况:为长安集团、众泰汽车、东风小康、奇瑞汽车、比亚迪汽车、上汽通用五菱、南京长安、北汽福田、上海尚翔汽车配件等20多家汽车厂提供配套产品

★河北阿木森滤纸有限公司
地址:河北省辛集市位伯工业区
邮编:052360
电话:0311/83382383、83312259
传真:83312269
网址:www.amslz.com
电子信箱:amszhangjinliang@163.com
法定代表人:王士远
单位人数:380
质量体系:ISO 9001、ISO 14001
产品情况:(阿木森牌)
汽车用滤纸等产品
出口情况:出口日本、欧洲、中东、东南亚、美洲等几十个国家和地区

★石家庄金士顿轴承科技有限公司
地址:河北省辛集市新垒头镇经济开发区纬一路路南
邮编:052360
电话:0311/69138800、87372050
传真:87372370
网址:www.zcjsd.net
电子信箱:zcjsd0311@163.com
法定代表人:陈月旺
单位人数:177
质量体系:ISO 9001、ISO 14001
产品情况:空气轴承、精轧机专用轴承(滚动轴承滑动轴承)、空气悬浮鼓风机,氢燃料电池用纯无油空压机
配套情况:为亿华通氢燃料客车提供空压机等

★河北亚太塑料制品有限公司
地址:河北省衡水市经济开发北区滏阳三路
邮编:053000
电话:0318/2212865、2102558
电子信箱:yt@yataigongsi.com
法定代表人:张铁柱
质量体系:IATF 16949、ISO 9001
产品情况:(亚大牌)
主要生产尼龙管、高压树脂管、螺形管、七芯线、测压管、喷涂软管、加气软管等各种管子系列产品
配套情况:主要配套中国一汽、东风公司、济南重汽、青汽、中集集团、华菱汽车、北汽福田、三一重工、华联重科等厂家

★河北金星科技有限公司
地址:河北省衡水市冀州区长安东路800号

邮编:053200
电话:0318/5821698、8638566
传真:8638599
网址:www.jxrubber.com
电子信箱:info2@jxrubber.com
法定代表人:解立勇
质量体系:IATF 16949
产品情况:(金星牌)
液压制动软管及总成、真空制动软管、汽车空调软管、ATV 制动管等橡胶软管
出口情况:远销北美洲、亚太、中东、欧洲等十几个国家和地区

★河北华特汽车部件有限公司
地址:河北省景县城西开发区
邮编:053500
电话:0318/8058721、8058712
传真:4312496
网址:www.cnhwat.com
电子信箱:13313189169@vip.163.com
法定代表人:宋立华
质量体系:IATF 16949、ISO 9001
产品情况:尼龙压力管、制动管、树脂增强软管、汽车排气管、消声器、汽车中冷器进出气管、金属软管、伸缩管、碳钢及不锈钢弯管;汽车电子加速踏板总成;卡箍、支架、底盘横梁、三角臂、车身连接件、发动机支承、托架总成等冲压件;空气悬架总成;定子、转子、加速机构总成等橡胶塑料制品
配套情况:为中国重汽、北汽福田、东风汽车、集瑞重工、大运汽车、东风朝阳柴油机等多家知名企业配套

★河北三丰橡塑制品有限公司
地址:河北省景县景安大街西首
邮编:053500
电话:0318/4318688、4318699
传真:4318622
电子信箱:jixing_hbsf@vip.163.com
法定代表人:王印国
质量体系:IATF 16949、ISO 9001
产品情况:(吉星牌)
客车和货车用动力转向油管、离合器油管、金属软管、尼龙管、举升翻转油管等
配套情况:主要配套客户包括宇通客车、厦门金龙旅行车、北汽福田、比亚迪、陕西重汽、江淮、济宁重汽、包头北奔等

★河北宏广橡塑金属制品有限公司
地址:河北省景县开发区西苑路
邮编:053500
电话:0318/4222511、4312287
传真:4220046
网址:www.hbhongguang.com
电子信箱:overseas@hbhongguang.com
法定代表人:张爱良
质量体系:IATF 16949、ISO 9001
产品情况:(宏广牌)
主要生产尼龙管、树脂管、橡胶管、金属软管等八大系列数百个品种,年生产各种尼龙树脂制品1000吨以上
配套情况:为长春一汽、上汽大众、沈阳金杯、中国重汽等企业配套

★龙星化工股份有限公司
地址:河北省沙河市东环路龙星街1号
邮编:054100
电话:0319/8869003、8869002
传真:8864717
网址:www.hb-lx.com.cn
法定代表人:魏亮
质量体系:IATF 16949、ISO 14001
产品情况:具备年产炭黑46万吨、白炭黑3.5万吨、发电66MW、炭黑油16万吨以及聚偏氟乙烯产品2000吨
配套及出口情况:主要用户包括米其林、固特异、韩泰、佳通、普利司通、大陆、住友等国际轮胎制造商和风神、中策、双钱、华南以及山东大王地区的优秀轮胎公司;远销北美洲、欧洲、东南亚等国家和地区

★威县盛达密封件有限公司
地址:河北省威县汽车工业产业聚集区188号(亚湖)
邮编:054704
电话:0319/6398888、15175909999
传真:6392368
网址:www.hbsdqpjt.com
电子信箱:hebsd@aliyun.com
法定代表人:任俊兰
单位人数:588
质量体系:IATF 16949
产品情况:(宏磊牌)
主要有密封件、橡胶制品、胶管、内饰、铝窗、空滤等七大类产品
配套及出口情况:与长安、日产、北方奔驰、金龙、宇通等几十家汽车主机厂配套;出口欧美、大洋洲、中东、非洲及亚洲周边等40多个国家和地区

★河北永盛汽车配件制造有限公司
地址:河北省邢台市威县鸭窝经济技术开发区
邮编:054704
电话:0319/6390888、6392566
传真:6391000
网址:www.hbysqp.com
电子信箱:ysxiaoshou888@163.com
法定代表人:朱士磊
质量体系:IATF 16949
产品情况:(汇鑫牌)
年生产三元乙丙橡胶密封件1350万米
配套情况:为长安汽车、北汽、北汽新能源、中国重汽、大运汽车等企业配套

★河北华意东陆车辆零部件有限公司
地址:河北省清河县城关工业区
邮编:054800
电话:0319/8050889、8051118
传真:8050599
网址:www.huayidonglu.com
电子信箱:cnhbhuayi@126.com
法定代表人:米义东
质量体系:ISO 9001
产品情况:橡胶水管、波纹管、滤清器、密封条、软轴拉线等
配套情况:为一汽、福田、北汽、北方奔驰、广汽日野、长安汽车等合作

★清河县长城密封件有限公司
地址:河北省清河县挥公大道9号
邮编:054800
电话:0319/8037930、8030930
传真:8030009
网址:www.ccmfj.com
电子信箱:2355265161@qq.com
法定代表人:解恭谦
质量体系:IATF 16949、ISO 9001
产品情况:(金城堡牌)
螺旋保护套、胶管、密封条、支腿垫板、模压件等橡胶制品
配套情况:为三一重工、北汽福田、洛阳一拖、徐工集团等配套

★河北贵航鸿图汽车零部件有限公司
地址:河北省清河县经济技术开发区挥公大道6号
邮编:054800
电话:0319/8031516、13931969333
传真:8030828
网址:www.hongtugs.com
法定代表人:宋修航
单位人数:580
质量体系:IATF 16949、ISO 14001
产品情况:汽车密封系列产品
配套情况:与上汽通用五菱、一汽集团、东风汽车有限公司、东风悦达起亚、北汽、东风柳汽、上海汽车等合作

★河北凯旋密封件有限公司
地址:河北省清河县小屯工业区
邮编:054800
电话:0319/8030820、8031762
传真:8030161
网址:www.hebeikd.com
电子信箱:kaida003@hebeikd.com
法定代表人:赵春侠
质量体系:IATF 16949、ISO 14001
产品情况:橡胶密封条、PVC密封条、汽车空调管、胶管
出口情况:远销美洲、欧洲、东南亚、非洲、东亚、中东、南亚等地区

★河北新华欧亚汽配集团有限公司
地址:河北省清河县小屯工业区
邮编:054800
电话:0319/8031226、8031398
网址:www.hbxhoy.com
电子信箱:1072055346@qq.com
法定代表人:解东林
质量体系:ISO/TS 16949
产品情况:整车橡胶类密封条、注塑类等产品
配套及出口情况:为一汽集团、长安集团等供货;远销美国、法国等国际市场

★河北新锐密封件有限公司
地址:河北省清河县小屯汽摩工业园区
邮编:054800
电话:0319/8032777、8016777
传真:8032669
网址:www.xinruirubber.com
电子信箱:hbxr@xinruirubber.com
法定代表人:宋梅雪
质量体系:IATF 16949
产品情况:车窗密封条、胶管、螺旋保护套等汽车配件
出口情况:出口印度、东南亚、南非、欧美、日本、法国、澳大利亚等国家和地区,并销往中国台湾地区

★河北星源密封件集团有限公司
地址:河北省邢台市清河三羊西街城关工贸区
邮编:054800
电话:0319/8051259、8051266
传真:8050913
电子信箱:xycaiwubu@126.com
法定代表人:马如其
质量体系:IATF 16949、ISO 9001
产品情况:(奇星牌)
密封条、胶管、注塑件、模压件等

★清河县永兴实业有限公司
地址:河北省邢台市清河县城关工业区8号
邮编:054800
电话:0319/8050093、13730553726
传真:8050092
网址:www.hbyxqc.com
电子信箱:business@hbyxqc.com
法定代表人:魏立彪
质量体系:IATF 16949
产品情况:(清驰牌)
总装用胶、焊装用胶、涂装用胶、三元乙丙密封条、PVC 橡塑制品、单组分聚氨酯密封胶、客车用密封件及其他橡胶制品
配套及出口情况:为吉利汽车、长安汽车、福田汽车等配套;远销美国、越南、阿联酋、新加坡等国家

★河北新华汽车零部件集团有限公司
地址:河北省清河县城西王二庄开发区
邮编:054802
电话:0319/8031065、8176216
传真:8137777
网址:www.hbxhjt.com
电子信箱:xinhua@hbxhjt.com
法定代表人:张月娥
质量体系:IATF 16949、ISO 14001
产品情况:(爱征牌)
生产车辆门窗橡胶、塑料密封件,年产能力2680万米
配套情况:为一汽集团、上汽通用五菱、三菱、昌河汽车、亚星商用车、宇通客车、长城汽车、北汽福田等配套

★河北永昌车辆部件科技有限公司
地址:河北省清河县挥公大道8号
邮编:054802
电话:0319/8354888、8354999
传真:8354444
网址:www.hbycmfj.com
电子信箱:zjl@hbycmfj.com
法定代表人:程朝文
单位人数:460
质量体系:IATF 16949、ISO 14001
产品情况:年产密封条1200万米,密封件160万套
配套情况:与一汽-大众、北京现代汽车、华晨汽车、一汽轿车、吉利汽车、众泰汽车、云度汽车、四川现代、东南汽车、东风股份、中国重汽、北汽福田等国内外60多家(乘用车、商用车、电动车)汽车厂配套

★河北实达密封件集团有限公司
地址:河北省清河县王官庄镇西环路8号
邮编:054802
电话:0319/8138886
传真:8138918
网址:www.shidaseal.com
电子信箱:shida@shidaseal.com
法定代表人:宋纯广
单位人数:320
质量体系:IATF 16949、ISO 14001
产品情况:密封条及密封件、橡胶制品、橡塑制品、拉线、滤清器、汽车内饰件、冲压件、汽车门窗等
配套及出口情况:协作配套的厂家有中国北车长春轨道客车、上汽通用五菱、一汽吉林、厦门金龙联合工业、成都王牌商用车、陕西重型汽车、济南重汽、北汽新能源、郑州海马、东南汽车、知豆新能源、三一重工集团、龙工(上海)工程机械、中联重科、久保田等20多个厂家;远销欧美、日本、韩国、东南亚等地区

★河北万龙密封科技有限公司
地址:河北省清河县小屯工业区
邮编:054802
电话:13363821853
网址:www.wl-jt.com
电子信箱:info@wl-jt.com
法定代表人:郭子朝
质量体系:IATF 16949
产品情况:橡胶软管、塑料件及车用密封件等
出口情况:远销日本、美国、法国、伊朗、巴西等国家

★河北技奥胶件有限公司
地址:河北省清河县小屯工业园区
邮编:054802
电话:0319/8030999、18631967895
传真:8030238
网址:www.hbjiao.com
电子信箱:ja@hbjiao.com
法定代表人:宋香桥
单位人数:260
质量体系:IATF 16949、ISO 14001
产品情况:主要产品包括橡胶密封条、三元乙丙密封条、汽车密封条、车门密封条、汽车内饰条、发泡密封条、门窗密封条、机械密封条、硅胶密封条、PVC 密封条、阻燃密封条、防火膨胀密封条、橡胶密封件、聚氨酯 PU 发泡等
配套情况:已成为重庆力帆、陕西重汽、浙江永源飞碟、十堰正和、河北拓达车门厂(郑州宇通、金龙、黄河、大宇)等知名企业的优质供应商

★河北宏安汽摩配件有限公司
地址:河北省邢台市清河县大寨路北
邮编:054802
电话:0319/8136789、8132299
传真:8138058
网址:www.china-hongan.com
电子信箱:carina@china-hongan.com
法定代表人:马宏伟
质量体系:IATF 16949
产品情况:(品利得牌)
橡胶制品、塑料制品、汽车与摩托车钢索、滤清器等
配套及出口情况:为昌河汽车、五十铃配套;出口欧美、大洋洲、中东、非洲、亚洲周边等的40多个国家和地区

★河北亿泰克轴承有限公司
地址:河北省邢台市临西县运河工业园区
邮编:054901
电话:0319/8543333
传真:8543456
网址:www.etkbearing.com
电子信箱:ceo@etkbearing.com
法定代表人:李岳芬
质量体系:ISO 9001
产品情况:(ETK 牌)
带座轴承、外球面轴承等

★河北华密橡胶科技股份有限公司
地址:河北省邢台市任县经济开发区
邮编:055150
电话:0319/7609668、7609666
传真:7609988
网址:www.hmxj.com
电子信箱:business@hmxj.com
法定代表人:李藏稳
质量体系:IATF 16949、ISO 9001
产品情况:主要产品有动、静、往复、旋转密封件及衬套、隔振块、发动机悬置等各种减振件
配套及出口情况:与一汽、东风、北京现代、保定长城、北方重型、丹东曙光、华泰汽车、山西大运、三一重工等多家汽车企业建立密切关系;远销德国、英国、美国、俄罗斯等数十个国家

★巨鹿县宏伟密封电器配件有限公司
地址:河北省邢台市巨鹿县城西大寨工业区
邮编:055250
电话:0319/3791517、3791518
传真:3791520
网址:www.hwmf.com
电子信箱:3176136089@qq.com

法定代表人:杨敬敏
单位人数:100
质量体系:ISO 9001
产品情况:油封和密封件,有1500多种橡胶系列
出口情况:出口东南亚、欧洲、美国、南美洲、中东、非洲等国家和地区

★河北琦睿特橡塑制品有限公司
地址:河北省宁晋县营台开发区
邮编:055550
电话:0319/5496989、4000319586
传真:5496899
网址:www.hbqrt.com
电子信箱:info@hbqrt.com
法定代表人:薄世为
单位人数:250
质量体系:IATF 16949
产品情况:汽车空调管、橡胶油管、水管、内燃机车胶管,针织胶管、缠绕胶管、夹布胶管、编织胶管等系列
出口情况:部分出口美国、日本及东南亚地区

★新河县华兴机械制造有限公司
地址:河北省新河县北环路5号
邮编:055650
电话:0319/4782360
传真:4782373、4845875
网址:www.xhhxgs.com
电子信箱:root@xhhxqp.com
法定代表人:郜云峰
单位人数:500
质量体系:IATF 16949
产品情况:(旺通牌)
汽车用底盘悬架冲压件、拉伸组合件、轿车前摆臂、发动机主横梁、油封座圈、转向节主销、后桥壳盖、防尘盘、调整垫片等产品
配套情况:已与中国一汽集团、北京现代、北汽新能源、长城汽车、东风汽车、北汽、中联重科集团、江淮汽车、大江信达公司等配套

★邯郸钢铁集团有限责任公司
地址:河北省邯郸市复兴路232号
邮编:056015
电话:0310/6072141
传真:4041978
网址:www.hgjt.com.cn
电子信箱:admin@mail.hgjt.cn
法定代表人:郭景瑞
单位人数:23000
质量体系:IATF 16949、OHSAS 18001
产品情况:热轧卷板,广泛应用于汽车、建筑、机械、压力容器等制造行业
出口情况:出口欧美等国家和地区

★沧州名晟汽车零部件有限公司
地址:河北省沧州高新区中小企业科技创业园19A号厂房
邮编:061001
电话:0317/5501289
传真:5501288
网址:www.bt-ql.net
电子信箱:cangzhoumingsheng@126.com
法定代表人:席浩程
单位人数:100
质量体系:IATF 16949
产品情况:(清岚牌)
汽车拉索上面所需的五金冲压配件
配套及出口情况:为重庆海德世、广东海德世、长春海德世、十堰达峰、芜湖奇峰、无锡共成等配套;出口日本、欧洲、美洲

★沧州三星汽车零部件有限公司
地址:河北省沧州市纸房头工业园区
邮编:061026
电话:0317/5259280、13901193667
网址:www.sanxingbc.com
电子信箱:791810024@qq.com
法定代表人:马耀平
质量体系:ISO 9001
产品情况:商用汽车用盘式制动片及其附件
出口情况:出口欧洲、非洲、中东等地区

★河北沧州文达汽车配件有限公司
地址:河北省黄骅市滕庄子工业园区1号
邮编:061100
电话:0317/5478888
传真:5479888
网址:www.wendacn.com
电子信箱:sale@wendacn.com
法定代表人:杨志刚
质量体系:IATF 16949
产品情况:一汽、东风、重汽系列车型冲压件、紧固件
配套情况:为一汽集团(中型货车采购部、专用车厂)、重汽集团济南卡车公司、一汽山东汽车改装厂、陕汽集团及汉德车桥、徐州美驰车桥等主机厂配套

★海兴县越达弹簧制造有限公司
地址:河北省海兴县赵毛陶镇吕吴工业园区
邮编:061201
电话:0317/6556058、6555556
传真:6556678
网址:www.yuedatanhuang.com.cn
电子信箱:yuedatanhuang@163.com
法定代表人:吴保树
质量体系:IATF 16949
产品情况:汽车座椅弹簧、铁线、发泡钢丝、焊接骨架、冲压件、电子电器弹簧
配套情况:主要客户有长城汽车、长安汽车、北京现代、东风悦达起亚、北京汽车、一汽丰田、LG电子、三星电子等

★沧州鑫利达五金制造有限责任公司
地址:河北省南皮县经济开发区
邮编:061500
电话:0317/8566598、8566585
传真:8566589
网址:www.czxinlida.com
电子信箱:zhaoxin@cangzhouxinlida.com
法定代表人:赵新
质量体系:IATF 16949
产品情况:生产各种规格的汽车制动卡簧、消声片、制动片附件
配套及出口情况:与辉门、TMD、TTI等合作;部分产品出口

★沧州新宇紧固件有限公司
地址:河北省河间市卧佛堂镇镇上开发区
邮编:062453
电话:0317/3823091
传真:3190238
网址:www.czxylt.com
电子信箱:ltkg@czxylt.com
法定代表人:钱盼新
单位人数:500
质量体系:ISO 9001
产品情况:(LT牌)
喉箍、卡箍、电瓶夹产品;年生产能力可达11000万套
配套及出口情况:为北汽福田、沈阳华晨、合肥合力等10多家重点主机厂配套;出口韩国、俄罗斯、美国、加拿大、新加坡、伊朗等国家

★唐山钢铁集团有限责任公司
地址:河北省唐山市路北区滨河路9号
邮编:063000
电话:0315/2702409、2702013
网址:www.tangsteel.com.cn
法定代表人:王兰玉
质量体系:ISO 14001、OHSAS 18001
产品情况:高强汽车板、热轧薄板、冷轧薄板、镀锌板、彩涂板、中厚板、不锈钢、棒材、线材、型材等产品
出口情况:远销欧洲、美洲、非洲、东南亚等150多个国家和地区

★唐山爱信佳工汽车零部件有限公司
地址:河北省唐山市高新技术开发区卫国北路297号
邮编:063020
电话:0315/3856391
传真:3852112
网址:www.aisin.co.jp
电子信箱:553676023@qq.com
法定代表人:村濑博保
质量体系:IATF 16949
产品情况:汽车制动器制动片、汽车变速器摩擦材料、副油箱
配套情况:为丰田汽车配套

★廊坊舒畅汽车零部件有限公司
地址:河北省廊坊市开发区丁香道1号
邮编:065001
电话:0316/2579081、2579090
传真:2579086
法定代表人:赵延成
质量体系:IATF 16949、ISO 14001
产品情况:汽车燃油系统接头、汽车注塑件等相关产品

★共和兴塑胶(廊坊)有限公司
地址:河北省廊坊市开发区祥云道11号

邮编:065001
电话:0316/6076612、6076689
网址:www. kyowa - gsk. com
法定代表人:河岛竜太
单位人数:330
质量体系:IATF 16949、ISO 14001
产品情况:汽车内饰件用人造革(座椅、门板、遮阳板、仪表盘等)
配套情况:为天津一汽丰田、广汽丰田、广汽本田、东风日产、上汽通用、北京现代等配套

★河北长安塑胶有限公司
地址:河北省霸州市堂二里镇北崔家堡村北
邮编:065701
电话:0316/7492081、7492075
传真:7492057
网址:www. cncasj. com
电子信箱:casj@ cn - casj. com
法定代表人:王吉生
质量体系:IATF 16949
产品情况:(兴钢牌)
主要生产各种高、中档 PVC 人造革及 PU 合成革,包括汽车内饰专用革等

★霸州市汇行汽车零部件有限公司
地址:河北省霸州市王圪达村
邮编:065701
电话:0316/7432109
传真:7432407
网址:www. bzhhsj. com
电子信箱:cuishuhui@ bzhhsj. com
法定代表人:崔树会
质量体系:IATF 16949
产品情况:挡泥板、发动机底护板、发电机导热罩、保护盖、转向轴护盖、下型板、衬板等塑料制品
配套情况:为一汽集团、沈阳汽车制造厂、北京汽车制造厂、北人集团、山东聊城中通控股、福耀集团、旭硝子汽车玻璃(中国)公司、山西利虎玻璃工业、江西消防车辆制造厂、东风汽车集团等配套

★秦皇岛长城玻璃工业有限公司
地址:河北省秦皇岛市海港区西港北路57 号
邮编:066000
电话:0335/3860641、7666899
传真:3849796
网址:www. glassgreatwall. com
电子信箱:develop@ glassgreatwall. com
法定代表人:朱新生
单位人数:160
质量体系:ISO 9001
产品情况:汽车配光镜等

★邦迪管路系统有限公司
地址:河北省秦皇岛经济技术开发区龙海道57 号
邮编:066004
电话:0335/8051720、5326105
传真:8050083
电子信箱:jbi@ cn. tiauto. com
法定代表人:鲍建生
质量体系:IATF 16949、QS 9000
产品情况:汽车管路、燃油箱、油泵、钢带、制冷管路
配套情况:为一汽-大众、华晨金杯、东风汽车公司、北京奔驰、天津一汽夏利配套

★秦皇岛燕大国海不锈钢业有限公司
地址:河北省秦皇岛经济技术开发区三期雪山路8 号
邮编:066004
电话:0335/8500555、8500333
传真:8501152
网址:www. yandaguohai. com
电子信箱:sales@ yandaguohai. com
法定代表人:朱金彪
质量体系:ISO 9001
产品情况:汽车应用针织网
出口情况:出口亚太、欧洲、美洲、南非等20 多个国家和地区

★保定市宏腾科技有限公司
地址:河北省保定市满城区新兴工业园
邮编:071000
电话:0312/7132773
网址:www. hongtengkeji. net
电子信箱:changshengjiaonian@ 163. com
法定代表人:王建红
质量体系:ISO 9001、ISO 14001
产品情况:高性能的环保胶黏制品;密封、隔音、降噪、复合材料;线束及光电产品、汽车零部件,广泛用于汽车等行业
配套情况:为奔驰汽车、长城汽车、长安汽车、麦格纳等国内外知名企业供货

★保定市诺博橡胶制品有限公司
地址:河北省保定市徐水区大王店产业园经一路东侧
邮编:071000
电话:0312/8655865、13315216168
网址:www. nuobo. net
电子信箱:nuoboxiaoshou@ 163. com
法定代表人:郑春来
单位人数:500
质量体系:IATF 16949、ISO 9001
产品情况:橡胶减振产品、发动机悬置和汽车密封条产品
配套情况:为长城等配套

★河北前进无纺集团有限公司
地址:河北省安国市祁州工业城鑫康路2 号
邮编:071200
电话:0312/3550577、3536876
传真:3554878
网址:www. qjwf. com
电子信箱:qianjinnonwoven@ sina. com
法定代表人:王文朋
质量体系:ISO 9001
产品情况:(LIFENG 牌)
汽车工业滤纸,汽车装饰布等
出口情况:产品出口率达到80%,远销中东、欧美等十几个国家和地区

★保定建强制动软管有限公司
地址:河北省保定市高阳县于堤工业区春强街4 号
邮编:071500
电话:0312/5659835、5659825
传真:5659869
网址:www. cn - jq. com
电子信箱:hebeijianqiang@ 126. com
法定代表人:张建强
质量体系:IATF 16949、ISO 14001
产品情况:(建强牌、CHAOQIANG 牌)
液压制动软管、空调软管
配套情况:为大长江集团、济南轻骑铃木、钱江集团等配套

★保定隆达铝业有限公司
地址:河北省保定市清苑区
邮编:072250
电话:0312/7681161
传真:7681166
网址:lizhong. com. cn
电子信箱:bdguanli@ longdalvye. com
法定代表人:甄跃军
质量体系:IATF 16949
产品情况:年生产汽车发动机专用铸造铝合金能力超过了40 万吨
配套情况:客户有一汽集团、重庆庆铃、东风本田

★阔丹凌云汽车胶管有限公司
地址:河北省涿州市开发区朝阳路205 号
邮编:072750
电话:0312/5520800、5520801
传真:5520899
网址:www. codan - lingyun. com. cn
电子信箱:zb@ codan - lingyun. com. cn
法定代表人:王何阳
质量体系:IATF 16949、ISO 14001
产品情况:汽车空调软管、空调管总成、动力转向软管及总成、油冷却软管及总成、水冷却软管及总成、燃油管、钢丝编织软管、钢丝编织管总成、消防呼吸管等橡胶相关产品
配套情况:在国内与长安福特、上汽通用、长城、吉利、比亚迪等众多主流汽车品牌协作多年

★河北亚大汽车塑料制品有限公司
地址:河北省涿州市开发区工业园区朝阳路207 号
邮编:072761
电话:0312/7128805、7128882
传真:7128874
网址:www. chinaust. com
电子信箱:chinaust@ chinaust. cn
法定代表人:赵延成
质量体系:IATF 16949、ISO 14001
产品情况:尼龙11 压力管,广泛用于汽车工业的气制动管路、液压制动管路、燃油输配、真空助力、真空控制管路等

系统
配套及出口情况:除了为桑塔纳、奥迪、依维柯、切诺基、标致、太脱拉、斯太尔、捷达、雪铁龙和高尔夫等进口车型配套外,还广泛用于东风、解放、红岩和黄河等国产车型上;出口 PA11 管总成

★定州市四新工业有限公司
地址:河北省定州市定曲路桥西 3 号
邮编:073000
电话:0312/2354752、2358202
传真:2352863
网址:www. sixincasting. com
电子信箱:sixin@ sixincasting. com
法定代表人:刘成群
单位人数:500
质量体系:IATF 16949、ISO 14001
产品情况:(四新牌)
年产铸钢件 2000 吨、不锈钢及有色金属铸件 800 吨、汽车拨叉 100 万套
配套及出口情况:是国内一汽、东风、重汽等公司战略供应商;不锈钢铸件全部出口欧洲、美国

★定州市孟生球铁有限公司
地址:河北省定州市西城区韩家洼
邮编:073000
电话:0312/2379478
传真:2379654
网址:www. dzmengsheng. com
电子信箱:hr@ dzmengsheng. com
法定代表人:周孟生
单位人数:400
质量体系:IATF 16949、ISO 14001
产品情况:生产汽车离合器、动力转向器、制动器等各种球墨铸铁件、合金铸铁件和灰铸铁件
配套及出口情况:作为二级供应商为一汽-大众、上汽大众、上海汽车集团、北京现代、比亚迪、尼桑、奇瑞、吉利、江铃、东风康明斯等配套;远销美国、德国等国家

★河北星月制动元件有限公司
地址:河北省故城县青年街北段
邮编:253800
电话:0318/5391888、5322114
传真:5322705
网址:www. hbxingyue. com
电子信箱:xiaoshou@ hbxingyue. com
法定代表人:申坤瑞
单位人数:170
质量体系:IATF 16949
产品情况:(星月牌)
鼓式、盘式两大系列近几百余种型号的制动片总成系列产品
配套及出口情况:与一汽轿车、华晨金杯、比亚迪、天津一汽、吉利汽车、力帆汽车、众泰汽车、大金龙、小金龙、松花江、云雀、佳宝、马自达、扬州九龙等 20 种轻、微型车、轿车及嘉陵、铃木等十几种摩托车建立主机配套关系,还被国外 40 多种汽车,60 多种摩托车使用;远销英国、美国、德国、法国、意大利等国家

山西省

★山西太钢不锈钢股份有限公司
地址:太原市尖草坪街 2 号
邮编:030003
电话:0351/2132615
传真:3134170
网址:tgbx. tisco. com. cn
电子信箱:webmanager@ tisco. com. cn
法定代表人:高建兵
质量体系:IATF 16949、ISO 9001
产品情况:(太钢牌)
不锈钢、冷轧硅钢、碳钢热轧卷板、合金模具钢、军工钢等,不锈钢、不锈复合板、高牌号冷轧硅钢、电磁纯铁、高强度汽车大梁钢、花纹板、焊瓶钢
配套及出口情况:为中国重汽、北汽福田、陕汽、北奔重汽配套;与全球 80 多个国家和地区开展了经贸合作

★山西三强新能源科技有限公司
地址:太原市清徐县中高白工业区
邮编:030402
电话:0351/5993535、13753166675
传真:5994666
网址:sqtanhei. com
法定代表人:牛帅军
质量体系:IATF 16949、ISO 14001
产品情况:橡胶用炭黑产品
配套及出口情况:与杭州中策橡胶、山东玲珑轮胎、浦林成山(山东)轮胎、青岛双星轮胎、朝阳浪马轮胎、山东恒丰橡胶等国内知名轮胎企业达成战略合作;远销印度、日本、美国等国家

★国营山西锻造厂
地址:山西省翼城县南梁镇庄里村
邮编:043514
电话:0359/6553228、6553269
传真:6553366、6553272
网址:www. sxdzc. com
电子信箱:5439@ sxdzc. com
法定代表人:黄志恒
单位人数:980
质量体系:IATF 16949、ISO 9001
产品情况:系列汽车前轴、曲轴、转向节锻件,系列阀体锻件,军品履带车辆锻件等
配套情况:为中国重汽集团、一汽商用车、东风商用车、陕汽集团、江淮集团、北汽福田、柳汽集团、大运汽车、三一集团、徐工集团、宇通客车、金龙客车、青年客车、比亚迪客车等配套

★山西金宇粉末冶金有限公司
地址:山西省临猗县城郇阳西街 439 号
邮编:044100
电话:0359/4022080、4023607
传真:4022019
网址:www. jy2718. com
电子信箱:root@ jy2718. com
法定代表人:刘和气
质量体系:IATF 16949、ISO 9001
产品情况:粉末冶金制品、摩擦材料

内蒙古

★包头钢铁(集团)有限责任公司
地址:内蒙古包头市河西工业区
邮编:014010
电话:0472/2189021
网址:www. btsteel. com
法定代表人:魏栓师
质量体系:ISO 9001
产品情况:冷轧(碳素/低碳)钢板和钢带、冷轧深冲压钢、高质量汽车用钢等
配套情况:应用于奇瑞、青岛一汽等汽车驾驶室侧围内门和侧围内饰

★内蒙古一机集团富成锻造有限责任公司
地址:内蒙古包头市青山区民主路北
邮编:014032
电话:0472/3117310、3117173
传真:3117728
网址:www. yjfcdz. com
电子信箱:fucheng@ yjfcdz. com
法定代表人:车佃忠
质量体系:IATF 16949、ISO 9001
产品情况:以重型车辆锻件为核心业务,培育发动机曲轴锻件、铝合金轮毂锻件
配套情况:与大柴、锡柴、朝柴等主要发动机厂建立了稳定的合作关系

辽宁省

★沈阳辽石曲轴制造有限公司
地址:沈阳市辽中区蒲东街道迎宾路 110 号
邮编:110000
电话:024/87812222、18155555588
传真:87829010
网址:www. syqzc. cn
电子信箱:lcg180270@ 163. com
法定代表人:吴玉国
单位人数:328
质量体系:IATF 16949
产品情况:球墨铸铁、锻钢曲轴
配套情况:为吉利供货

★沈阳华晨东兴汽车零部件有限公司
地址:沈阳市浑南新区南屏东路 26 - 2 号
邮编:110026
电话:024/31950235、31950236
电子信箱:dongxing@ brilliance - parts. com
法定代表人:王介峰
质量体系:IATF 16949、ISO 14001
产品情况:中小型金属冲压件、焊接件
配套情况:为沈阳华晨金杯和华晨中华配套中小型汽车冲压件、焊接件

★沈阳三丰橡胶有限公司
地址:沈阳市经济技术开发区二十五号路 36 号
邮编:110027

电话:024/89255775、15840089746
传真:89255750
网址:www.triprorubber.com
电子信箱:tripro@triprorubber.com
法定代表人:黎海林
质量体系:ISO 9001、ISO 14001
产品情况:混炼胶、橡胶制品;混炼胶应用于密封件,胶管、输送带、轮胎、汽车等多个领域
出口情况:出口印度、新加坡、加拿大、澳大利亚、南美洲等国家和地区

★沈阳第四橡胶(厂)有限公司
地址:沈阳市经济技术开发区十三号路68号
邮编:110027
电话:024/25804401、25804559
网址:www.fysxs.com
电子信箱:sxskfzx@163.com
法定代表人:江南
单位人数:700
质量体系:ISO 9001、ISO 14001
产品情况:(飞宇牌)
橡胶密封圈、密封垫、密封块等
出口情况:远销欧盟、泰国、印度尼西亚等国家和地区

★沈阳奥吉娜化工有限公司
地址:沈阳市于洪区青海西路108号
邮编:110027
电话:024/25201501、25201067
传真:25201480、25201156
网址:www.original.com.cn
电子信箱:ty@original.com.cn
法定代表人:魏国平
质量体系:ISO 9001、ISO 14001
产品情况:(奥吉娜牌)
工业用油、工业润滑脂、发动机油、自动变速器油及齿轮油、防冻液、助力转向油、其他辅助油液、制动液、液压油等
配套情况:为华晨宝马、奇瑞汽车、天津一汽、长城皮卡、北汽欧曼、福莱尔、三菱发动机、新光发动机、朝柴等配套

★沈阳防锈包装材料有限责任公司
地址:沈阳市于洪区鸭绿江街51-1号
邮编:110032
电话:024/86617056、86611516
网址:www.chinavci.com
电子信箱:china_vci@163.com
法定代表人:刘洪文
单位人数:600
质量体系:ISO 9001、ISO 14001
产品情况:(沈防牌)
气相防锈纸、气相防锈膜、气相防锈剂、气相防锈缓冲材料、复合包装材料、真空包装材料、防锈油、水基防锈清洗液等
配套及出口情况:为宝钢、太钢、鞍钢、沈阳机床、一汽-大众、BMW、东风汽车有限公司、中原内配等供货;出口美国、意大利、土耳其、新加坡、日本、韩国等20多个国家

★沈阳帕卡濑精有限总公司
地址:沈阳市大东区小什字街21号
邮编:110042
电话:024/84314501、84314512
传真:84314509、84314510
网址:www.syparker.com
电子信箱:wulijun@syparker.com
法定代表人:邢军
质量体系:ISO 9001、ISO 14001
产品情况:脱脂剂、磷化剂、钝化剂、高压清洗剂、除锈剂、防锈油、防腐蜡等
出口情况:部分产品远销日本、韩国、马来西亚等国家

★沈阳远程摩擦密封材料有限公司
地址:沈阳市经济技术开发区北三路22号
邮编:110100
电话:024/62930097、25827368
传真:62930068
网址:www.syycmc.com
电子信箱:fany@fanyyc.com
法定代表人:赵艳晶
单位人数:140
质量体系:IATF 16949、ISO 9001
产品情况:各种高、中档制动片,离合器片、树脂制动带等
配套及出口情况:为沈阳黄河公交公司、通力公交公司等供货;出口印度尼西亚、南非、埃及、突尼斯、尼日利亚、韩国、古巴、委内瑞拉、巴西等国家

★沈阳东宝海星金属材料科技有限公司
地址:沈阳市苏家屯区加林路5号
邮编:110108
电话:024/31578088
传真:31578088
电子信箱:3155798583@qq.com
法定代表人:孙长际
质量体系:IATF 16949、ISO 9001
产品情况:生产轧制差厚板,用于仪表板横梁变壁厚钢管

★阿诺德紧固件(沈阳)有限公司
地址:沈阳市欧盟经济开发区建设路119-2号
邮编:110122
电话:024/88790633
传真:88790999
网址:www.arnold-cn.com
电子信箱:info@arnold-fastening.com
法定代表人:瑞恩·哈博斯托克
质量体系:IATF 16949、ISO 9001
产品情况:(TAPTITE2000牌、duo-Taptite牌、Remform牌、KT牌)
自攻螺栓、公制螺栓等

★沈阳东亿机械制造有限公司
地址:沈阳市经济开发区沈辽路6号街
邮编:110141
电话:024/89357995
传真:89357996
网址:www.china-dongyi.com
电子信箱:dongyi@china.com
法定代表人:逄型伟
质量体系:IATF 16949
产品情况:汽车、发动机用紧固螺栓等

★沈阳来金汽车零部件有限公司
地址:沈阳市经济技术开发区沧海路22号
邮编:110141
电话:024/25365519
传真:25365508
网址:www.sylaijin.cn
法定代表人:张建运
单位人数:1200
质量体系:IATF 16949、ISO 9001
产品情况:汽车冲压件、焊接总成件
配套情况:为宝马、奔驰、奥迪、大众、华晨集团、一汽集团、奇瑞、德克斯米尔、海斯坦普等配套

★沈阳福特润滑油科技有限公司
地址:沈阳市法库辽河经济开发区
邮编:110400
电话:024/87151903、4006115100
传真:87151969
电子信箱:jinuooil@126.com
法定代表人:张朋
质量体系:ISO 9001
产品情况:(吉诺牌)
车用润滑油、工业润滑油、电器润滑油、切削液、防冻液和钙基脂、锂基脂等
配套及出口情况:为一汽集团配套;远销日本、韩国、朝鲜、新加坡、泰国等国家

★辽阳康达塑胶树脂有限公司
地址:辽宁省辽阳市宏伟区万和七路28号
邮编:111000
电话:0419/5580699
传真:5580696
网址:www.lykdsj.com
电子信箱:kangda-ly@163.com
法定代表人:曹汉平
质量体系:IATF 16949、ISO 9001
产品情况:(康达牌)
汽车保险杠、仪表板及各种内外饰件的专用树脂材料、管道料
配套情况:为一汽-大众、天津一汽夏利、华晨金杯、长安汽车、一汽集团、南京汽车集团等配套

★辽宁润迪汽车环保科技股份有限公司
地址:辽宁省辽阳市太子河区千渠路86号
邮编:111000
电话:0419/2389888、2380099
传真:2385599
网址:www.lnrundi.com
电子信箱:rundi@lnrundi.com
法定代表人:李其章
质量体系:IATF 16949、ISO 14001
产品情况:润滑油、机动车制动液、发动机冷却液和车用尿素溶液等产品
配套情况:为一汽股份、东风股份、重庆长安、长安福特、华晨汽车、长城汽车、河北中兴、广汽三菱、北汽集团、东风小

康、江铃汽车等 40 多家整车主机厂配套

★辽阳艺蒙织毯有限公司
地址:辽宁省辽阳市太子河区兰墉路 166 号
邮编:111000
电话:0419/2390788 - 8008、2390888
传真:2390028、2390988
网址:www. ymzt. com
电子信箱:ymzt@ ymzt. com
法定代表人:褚乃博
单位人数:350
质量体系:IATF 16949
产品情况:汽车内饰用顶棚呢、汽车成型毯、后衣帽架用毯、行李舱用毯、汽车脚踏垫等
配套情况:产品已装配到宝马、奥迪、捷达、红旗、五十铃多功能商务车、福特全顺商务面包车、金杯系列面包车中华等近 30 个车型

★铁岭助驰橡胶密封制品有限公司
地址:辽宁省铁岭市经济开发区橡塑工业园区
邮编:112000
电话:024/72691011、18604108877
传真:72691082
网址:www. tlzcmf. com
电子信箱:tlzcmf@ 126. com
法定代表人:赵向东
质量体系:ISO 9001
产品情况:(助弛牌)
O 形橡胶密封圈、旋转轴唇型橡胶密封圈、往复运动橡胶密封圈、汽车液压制动皮碗、汽车制动皮膜等橡胶密封制品
配套情况:为一汽集团、华晨金杯等配套

★铁岭华晨橡塑制品有限公司
地址:辽宁省铁岭市银州区汇工街 78 号
邮编:112000
电话:024/74560404、79891502
传真:74166108
网址:www. tlhcxs. com
电子信箱:qyglb@ tlhcxs. com
法定代表人:曲建伟
单位人数:500
质量体系:IATF 16949、ISO 14001
产品情况:(TB 牌)
具有年生产 8000 万件个塑料件、各类密封条 800 万米、涂装保险杠 30 万件、模压制品 700 吨的生产能力
配套情况:为华晨金杯、沈阳金杯、长城汽车、河北中兴、中顺汽车、上汽乘用车、一汽集团、东风汽车有限公司、石家庄双环、丹东黄海等配套

★铁岭蓝天橡胶制品有限公司
地址:辽宁省铁岭市平顶堡镇建设村
邮编:112601
电话:024/78750996、78750164
传真:78750289
网址:www. tlltxj. com
电子信箱:lntlltxj@ 126. com
法定代表人:褚曙光
质量体系:IATF 16949
产品情况:(蓝盾牌、嘉世迪牌)
橡胶密封件、橡塑制品等

★抚顺特殊钢股份有限公司
地址:辽宁省抚顺市望花区鞍山路东段 8 号
邮编:113001
电话:024/56681420、56689161
传真:56681420
网址:www. fs - ss. com
电子信箱:yxb@ fs - ss. com
法定代表人:季永新
质量体系:IATF 16949、ISO 9001
产品情况:以特种合金高温合金、耐蚀合金和钛合金、工模具钢、汽车用高档结构钢作为三大主导产品;以特种合金、超高强度钢、工模具钢、方扁钢、特种不锈钢、高合金管材作为六大支柱品牌产品
出口情况:远销美国、德国、英国、澳大利亚、韩国、东南亚等 20 多个国家和地区

★哥俩好新材料股份有限公司
地址:辽宁省抚顺市哥俩好工业园区 15 - 18 号
邮编:113217
电话:024/55261146、4006302333
传真:55262508
网址:www. geliahao. com. cn
电子信箱:geliahao@ vip. 163. com
法定代表人:杨猛
单位人数:324
质量体系:ISO 9001、ISO 14001
产品情况:(哥俩好牌)
胶黏剂、涂料、合成树脂、汽车用化学品四大系列
出口情况:远销俄罗斯、东南亚

★ 鞍钢神钢冷轧高强汽车钢板有限公司

地址:辽宁省鞍山市铁西区环钢路 1 号
邮编:114021
电话:0412/6757588
传真:6757591
网址:www. ahk - jv. com
电子信箱:zheng. yiqi@ ahk - jv. com
法定代表人:王义栋
质量体系:IATF 16949、ISO 14001、ISO 45001、ISO 9001
产品情况:主导产品定位于 590MPa 及以上级别的冷轧高强汽车钢板
☞ 详细情况请参阅彩色宣传版面

★鞍钢股份有限公司
地址:辽宁省鞍山市铁西区
邮编:114021
电话:0412/8417273
传真:6723080
网址:www. ansteel. com. cn
电子信箱:ag6723090@ 163. com
法定代表人:王义栋
质量体系:IATF 16949、ISO 9001
产品情况:汽车用钢
配套情况:与蒂森克虏伯、维苏威、通用电气等国外知名企业有着长期的战略合作,是德国大众、宝马,美国通用汽车、韩国 STX 等众多国际知名企业的全球供货商

★辽宁海华科技股份有限公司
地址:辽宁省鞍山市千山区鞍山路 309 号
邮编:114229
电话:0412/3545937、3545450
传真:3545192
网址:www. ashh. com. cn
电子信箱:anshanhaihua@ 163. com
法定代表人:李治生
单位人数:100
质量体系:IATF 16949、ISO 9001
产品情况:(海华牌)
润滑油、润滑脂;年生产能力 10 万吨(精品润滑油 6 万吨、精品润滑脂 4 万吨)

★营口福斯油品有限公司
地址:辽宁省营口市西市区嘉晨大道 10 号
邮编:115000
电话:0417/3360000
传真:3362666
网址:www. fuchs. com. cn
电子信箱:ai. dan@ fuchs. com. cn
法定代表人:克劳斯·哈铁格(klaus Hartig)
质量体系:IATF 16949、VDA 6. 1
产品情况:机油
配套情况:为北京奔驰、上汽大众、一汽-大众、上汽通用、东南汽车、奇瑞汽车、吉利汽车等供货

★辽宁三特石油化工有限公司
地址:辽宁省营口市大石桥市旗口镇
邮编:115113
电话:0417/5044766、5043248
传真:5043449
网址:www. lnsqty. com. cn
电子信箱:lnsqty@ 163. com
法定代表人:王海祥
质量体系:IATF 16949、ISO 9001
产品情况:(三特牌、龙力牌、龙威牌、金力威牌、天力威牌、开路先锋牌)
机动车制动液、防冻液、齿轮油、润滑脂等特种油品
配套情况:被一汽集团青岛汽车厂、沈阳金杯、郑州日产、北汽福田欧曼重型汽车厂、丹东黄海、江南奥拓、山东黑豹等主机厂定为原厂装车用油及售后服务用油

★大连渤海橡胶塑料有限公司
地址:辽宁省大连市甘井子区红旗街道棠梨南沟
邮编:116000
电话:0411/84288949、15998577873
传真:84289820
网址:www.dlbhxs.com.cn
电子信箱:wubing@dlbhxs.com
法定代表人:郝传伟
质量体系:IATF 16949
产品情况:汽车橡胶部品、塑料制品、冲压部品、模切制品等
配套情况:主要客户有马自达、黄海客车、北汽威旺、中国一汽、北汽集团、斯巴鲁、海马汽车、郑州日产、富士电机等

★大连安达汽车零部件有限公司
地址:辽宁省大连市甘井子区红旗街道岔鞍居民委
邮编:116021
电话:0411/84280269
传真:84280269
网址:www.daliananda.com
电子信箱:dad@daliananda.com
法定代表人:赵丰
单位人数:480
质量体系:IATF 16949、ISO 14001
产品情况:专业从事商用货车橡胶减振软垫、反作用杆、推力杆、各种橡胶密封件制造、发动机、飞轮壳、缸盖罩等铝件的铸造及加工
配套及出口情况:是一汽集团(一汽解放、一汽青岛、一汽解放柳州特种汽车、一汽解放成都分公司、一汽奥迪传动轴、无锡柴油机厂、大连柴油机厂、山东唐骏殴铃、长春四环发动机、一汽客车底盘、丹东曙光)的A级供应商;出口德国等国家

★三达奥克化学股份有限公司
地址:辽宁省大连市高新园区龙头分园庆龙街51号
邮编:116023
电话:0411/65856888
传真:65853619
网址:sdoke.com
电子信箱:sdok@sdoke.com
法定代表人:丛力
质量体系:ISO 9001、ISO 14001
产品情况:(SANDAOKE 牌)
金属加工液系列产品、金属表面处理系列产品、机械制造清洗系列产品等

★大连三环复合材料技术开发股份公司
地址:辽宁省大连金普新区三十里堡临港工业区海顺路25号
邮编:116103
电话:0411/39952632、4008108666
传真:39952608
网址:www.dlsh.cn
电子信箱:sh@dlsh.cn
法定代表人:魏东
单位人数:154
质量体系:ISO 9001
产品情况:(FZ 牌)
减摩耐磨自润滑复合材料及轴承产品
出口情况:出口美洲、欧洲、东南亚等地区

★东北特殊钢集团股份有限公司
地址:辽宁省大连市金洲新区大连登沙河临港工业区河滨南路18号
邮编:116105
电话:0411/62693075、62693148
网址:www.dtgroup.cn
电子信箱:scjyb_tangwc@dtsteel.com
法定代表人:龚盛
单位人数:6222
质量体系:IATF 16949、ISO 9001
产品情况:不锈钢长型材、轴承钢、工模具钢、汽车用钢等
出口情况:远销美国、德国、意大利、日本、韩国、印度、澳大利亚、新加坡等36个国家和地区

★大连近江汽车零部件有限公司
地址:辽宁省大连市甘井子区毛茔子北海工业园地
邮编:116113
电话:0411/87112085、87112086
传真:87112085
网址:www.jinjiangpipe.com
电子信箱:dljjtaosheng@163.com
法定代表人:陶晟
质量体系:IATF 16949
产品情况:专业从事焊接不锈钢管生产,广泛用于汽车消声器以及排气系统,排气弯管,消声器筒体,排气组件等
配套情况:是马瑞利、康明斯、佛吉亚、天纳克、埃贝赫等供应商

★东海软管(大连)有限公司
地址:辽宁省大连市普兰店区海湾工业区海湾路25号
邮编:116200
电话:0411/83159001
传真:83159080
网址:www.trdtokai.com
电子信箱:trdtokai@trdtokai.com
法定代表人:铃木洋治
单位人数:800
质量体系:IATF 16949、ISO 14001
产品情况:汽车用单层、双层、补强线胶管等
配套及出口情况:产品广泛地应用于日本以及中国国内的合资项目,如丰田、本田、日产、马自达、三菱、富士重工、铃木、日野自动车等;产品49%返销住友理工,45%销往美国

★瓦房店轴承集团有限责任公司
地址:辽宁省瓦房店市北共济街一段1号
邮编:116300
电话:0411/39116205、8009151168
传真:39118799、39118819
网址:www.zwz-bearing.com
电子信箱:zwz@zwz-bearing.com
法定代表人:刘军
单位人数:11000
质量体系:ISO 9001、ISO 14001
产品情况:(ZWZ 牌)
重大技术装备配套轴承、汽车车辆轴承、精密机床及精密滚珠丝杠、精密大型锻件等
出口情况:远销100多个国家和地区

★鞍钢蒂森克虏伯汽车钢有限公司
地址:辽宁省大连市经济技术开发区钢铁路68号
邮编:116600
电话:0411/87518888
传真:87516006
网址:www.tagal.cn
电子信箱:sales@tagal.com.cn
法定代表人:王义栋
质量体系:IATF 16949、ISO 9001
产品情况:热镀锌及合金化钢板材和带材产品以及镀锌镁、镀铝硅钢板材和带材产品
配套情况:为一汽轿车、广汽菲克、东风日产乘用车、一汽-大众、神龙汽车供货

★大连光洋瓦轴汽车轴承有限公司
地址:辽宁省大连市经济技术开发区双D港辽河东路96号
邮编:116620
电话:0411/87407272
传真:87407373
网址:www.jtekt.com.cn
电子信箱:koyo-zwz@koyo-zwz.com
法定代表人:刘军
质量体系:IATF 16949、ISO 9001
产品情况:(Koyo-ZWZ 牌)
汽车轮毂轴承及轴承单元
配套情况:为上汽大众、天津一汽丰田、沈阳宝马、东南汽车、中国台湾国瑞等配套

★本溪钢铁(集团)有限责任公司
地址:辽宁省本溪市环山路36号
邮编:117022
电话:024/42843889
传真:42842074
网址:www.bxsteel.com
电子信箱:gmgsfjl3@bxsteel.com
法定代表人:杨成广
单位人数:80000
质量体系:IATF 16949、ISO 14001
产品情况:(本钢牌)
冷轧汽车板等
配套及出口情况:为一汽集团、东风汽车公司、中国重汽、洛拖、陕汽齿轮等配套;已通过通用、丰田等国际知名企业全球认证,出口美国、欧盟、日本、韩国等80多个国家和地区

★丹东轴承有限责任公司
地址:辽宁省丹东市黄海大街 16 号
邮编:118008
电话:0415/6227666、13942550966
传真:6227615
网址:www. ddzc. cn
电子信箱:ddzc@ ddzc. cn
法定代表人:毕诗渊
质量体系:IATF 16949
产品情况:(DDZC 牌)
各类轴承,年产能力 200 万套
配套情况:为一汽集团等配套

★丹东市振华橡胶制品有限公司
地址:辽宁省丹东市振兴区汤池镇集贤村大东园 5 号
邮编:118303
电话:0415/6250058、13700180480
传真:6250058
网址:www. zhrubber. com
电子信箱:zhenhuaxiangjiao@ chemnet. com
法定代表人:裴少华
质量体系:ISO 9001
产品情况:各类橡胶制品、汽车底盘专用胶管等汽车配套各种橡胶杂件
配套情况:客户有沈阳华晨金杯、广汽日野、五洲龙汽车、常州黄海汽车、北京北方华德尼奥普兰等

★锦州秀亭制管有限公司
地址:辽宁省锦州市太和区千山南路 3 号
邮编:121013
电话:0416/7988818、7988866
传真:7988819、7988866
网址:www. cnxtg. com
电子信箱:guokuo@ cnxtg. com
法定代表人:马兆荣
单位人数:120
质量体系:IATF 16949、ISO 9001
产品情况:不锈钢汽车 EGR 管(不锈钢平管、不锈钢凹槽管、不锈钢扁管及不锈钢 U 形管),不锈钢温控器管等;各种管材年生产能力达 1000 吨
出口情况:产品 70% 出口美国、英国、德国、法国、西班牙、丹麦、瑞典、日本等国家和地区

★兴城市粉末冶金有限公司
地址:辽宁省兴城市铁北路 1 号
邮编:125106
电话:0429/3911602、3911621
传真:5432525
网址:www. xcpm. com
电子信箱:xcpm@ xcpm. com
法定代表人:苏泉涌
单位人数:450
质量体系:IATF 16949
产品情况:(泉涌牌)
主导产品为粉末冶金制品、精锻齿轮产品和汽车同步器产品
配套情况:主要客户有长春一汽解放、长春一汽实业零部件、赣州群星机械、天津天海同步科技、新乡博世泰尔、株洲齿轮、南京巨星汽配等

吉林省

★一汽锻造(吉林)有限公司
地址:长春市东风大街 83 号
邮编:130011
电话:0431/85907786
传真:85901775
网址:www. faw. com. cn
电子信箱:dzcb_dz@ faw. com. cn
法定代表人:马顺龙
质量体系:IATF 16949、ISO 9001
产品情况:(一汽牌)
各类车型的发动机、底盘、变速器三大总成锻件产品
配套情况:主要为一汽集团及国内外其他整车市场配套

★长春一汽联合压铸有限公司
地址:长春市二道区东风大街 153-1 号
邮编:130011
电话:0431/85984110
传真:85981428
网址:www. faw - cfu. com
电子信箱:yingxiao@ faw - cfu. com
法定代表人:洪绅福
质量体系:IATF 16949、ISO 14001
产品情况:铝合金压铸件
配套情况:主要为一汽集团、一汽-大众、MOTOROLA、哈东安等配套

★长春一汽实业递宏鑫汽车部件有限公司
地址:长春市绿园区春城大街 81 号
邮编:130011
电话:0431/85900346、85769046
传真:85754466
网址:www. yqsydhx. com
电子信箱:mail@ yqsydhx. com
法定代表人:赵晓林
质量体系:IATF 16949
产品情况:汽车冲压零件、机加工零件、模具制造、各种工装夹具、焊接零件总成等产品
配套情况:为一汽-大众、一汽轿车、一汽解放、一汽吉林轻型车厂、一汽通用、一汽富奥等配套

★长春富奥东睦粉末冶金有限公司
地址:长春市绿园区东风大街越野路
邮编:130011
电话:0431/85906373、13180899477
传真:85906373
网址:www. fawer. com. cn
电子信箱:zh_fa@ faw. com. cn
法定代表人:曹阳
质量体系:IATF 16949
产品情况:粉末冶金制品
配套情况:为一汽车集团各分公司、子公司配套

★康迪泰克流体技术(长春)有限公司
地址:长春市汽车产业开发区长沈路 5518 号
邮编:130011
电话:0431/87096484、85122341
传真:87096407
网址:www. contitech. cn
法定代表人:段长安
单位人数:500
质量体系:IATF 16949、VDA 6. 1
产品情况:汽车空调管总成、动力转向管路总成、燃油管路总成等管路制品及其他零部件
配套情况:为一汽-大众、一汽轿车、北京奔驰、福建奔驰、上汽大众、沈阳华晨宝马、林德叉车、阿特拉斯等国内外汽车生产厂家以及工程用车厂家配套

★长春依多科化工有限公司
地址:长春市高新技术产业开发区创新路 808 号
邮编:130012
电话:0431/85080800
传真:85080808
网址:www. eftec. com
电子信箱:lotus. bao@ eftec. com. cn
法定代表人:Christophe Thuet
质量体系:IATF 16949、ISO 14001
产品情况:(EFBOND 牌、TOGOCOLL 牌、EFCOAT EFSLAM 牌)
聚氨酯黏结剂、密封胶、丙烯酸酯涂料、PVC 密封胶、涂料
配套情况:为一汽-大众、一汽轿车、一汽解放、天津一汽丰田、通用汽车、奇瑞汽车等供货

★长春亚大汽车零件制造有限公司
地址:长春市高新技术产业开发区达新路 797 号
邮编:130012
电话:0431/85170404、87020200
传真:85103267
网址:www. chinaust. com
电子信箱:sales. cc@ chinaust. com
法定代表人:赵延成
单位人数:690
质量体系:IATF 16949、VDA 6. 1
产品情况:主要生产尼龙 11 管路及总成,广泛应用于汽车的燃油输送和燃气输送系统、气制动和液压制动系统、动力转向系统、引进机床设备的油气控制系统、装配线的气动系统等方面
配套情况:是一汽-大众、一汽轿车、一汽解放的合作伙伴,为一汽奥迪、捷达、货车、轻型客车、大客车、各种变形车配套

★长春力登维科技产业有限公司
地址:长春市高新技术产业开发区顺达路 1018 号
邮编:130012
电话:0431/81939986

传真:81939978
网址:www. armstrongodenwald. com. cn
法定代表人:王炳根
质量体系:IATF 16949
产品情况:生产及研发汽车内密封、隔音、减振等功能的泡沫塑料、橡胶产品以及热模压、真空及切割工艺产品
配套情况:为一汽集团、一汽-大众、烟台首钢电装、长春汽车滤清器、杰克赛尔汽车空调、天津真美音响配套

★长春恩福油封有限公司
地址:长春市高新技术开发区星火路323号
邮编:130012
电话:0431/85178003
网址:www. nok - freudenberg. com
电子信箱:info@ nok - freudenberg. com
法定代表人:折田纯一
质量体系:IATF 16949、ISO 14001
产品情况:骨架和油封
配套情况:为一汽-大众、上汽大众、上汽通用五菱、沈阳三菱、东安三菱、唐山爱信齿轮、长春齿轮、大柴、东风康明斯、朝柴等配套

★长春市永畅实业有限责任公司
地址:长春市高新开发区超然街1889号
邮编:130012
电话:0431/89851822、87619336
传真:89851811
网址:www. ccycsh. com
法定代表人:张凤霞
质量体系:IATF 16949、ISO 9001
产品情况:(畅牌、一汽牌)
润滑油、润滑脂、制动液、防冻液、动力转向油、汽车面漆、各种黏结密封胶等
配套情况:为一汽解放配套

★长春汉高表面技术有限公司
地址:长春市高新区超达路6077号
邮编:130012
电话:0431/85556077
传真:85556000
网址:www. henkel. cn
电子信箱:jifengzhou@ henrkel. com
法定代表人:于占飞
质量体系:QS 9000、IATF 16949
产品情况:汽车工业用聚氯乙烯塑性溶胶、PVC密封涂料及预处理产品、汽车表面防护用品
配套情况:为一汽-大众、一汽轿车、一汽解放、一汽吉林、沈阳宝马、沈阳华晨金杯(中华、海狮)、青岛汽车厂、哈轻及汽车零部件企业配套

★劳士领汽车配件(长春)有限公司
地址:长春市汽车产业开发区高尔夫路222号
邮编:130013
电话:0431/85742011
网址:www. roechling. com
电子信箱:shanshan. zhang@ roechlingautomotive. cn
法定代表人:Gerhard Neidinger
单位人数:248
质量体系:IATF 16949
产品情况:汽车进气歧管、油轨、压力管、清洗液罐、风扇、底盘护板、轮毂罩、通风格栅、门内护板、导流槽等
配套情况:主要客户有一汽-大众、上汽大众、宝马、奔驰、福特、沃尔沃、一汽等

★长春大东集团有限公司
地址:长春市汽车经济技术开发区凯达北街555号
邮编:130013
电话:0431/85776912
传真:85776667
网址:www. dadongcn. com
电子信箱:info@ dadongcn. com
法定代表人:张耀俊
质量体系:ISO/TS 16949
产品情况:主要产品包括汽车空心/实心稳定杆、汽车动力转向高低压油管、工程机械高压油管、离合器管、发动机涡轮增压管、发动机冷却水管
配套情况:主要客户为一汽-大众、大众一汽(大连)发动机、一汽轿车、北汽福田等

★长春爱尔铃克铃尔有限公司
地址:长春市经济技术开发区锦州路118号
邮编:130033
电话:0431/85878500
传真:85878509
网址:www. elringklinger. de
电子信箱:info. cn@ elringklinger. com
法定代表人:沃尔夫
单位人数:800
质量体系:IATF 16949、VDA 6. 1
产品情况:[爱尔铃(Elring)牌]
汽车发动机汽缸垫片、其他平面垫片、隔热罩、气门室罩盖、金属橡胶垫片及橡胶垫片
配套及出口情况:为一汽-大众、上汽大众、一汽集团、上汽通用、东风康明斯、长安福特、哈尔滨三菱、沈阳三菱、沈阳新光、上海齿轮厂、神龙公司、南京依维柯、杭州依维柯、西亚特、潍坊道依茨、奇瑞、天津珀金斯、江西江铃、大连柴油机、上海柴油机、无锡柴油机、广西玉柴等供货;出口德国、美国、韩国、中东等国家和地区

★长春德联化工有限公司
地址:长春市经济技术开发区昆山路4518号
邮编:130033
电话:0431/85888101、85857876
传真:85888111
网址:www. delian. cn
电子信箱:zhaoxi@ delian. cn
法定代表人:徐威大
单位人数:190
质量体系:IATF 16949、ISO 14001
产品情况:防冻液、制动液、汽油清净剂、动力转向油、齿轮油、润滑油、制冷剂、玻璃胶、增强阻尼垫、玻璃水等
配套情况:为一汽-大众、一汽轿车、北京奔驰、华晨宝马、北奔重汽、河北中兴等配套

★长春旭阳汽车橡塑制品有限公司
地址:长春市净月经济开发区千朋路600号
邮编:130033
电话:0431/88608007、13080033068
网址:www. xuyanggroup. com
电子信箱:xuyang@ xuyanggroup. com
法定代表人:刘铁成
质量体系:ISO/TS 16949、QS 9000
产品情况:PVC/ABS汽车仪表板表皮,PVC汽车门板表皮,PVC/PPF、PVC/PEF复合片材、TFO汽车仪表板表皮、门板表皮、脚垫等内饰产品
配套情况:为一汽富维安道拓、东风友联、北京延锋、柳汽、宇通等配套

★长春旭阳佛吉亚毯业有限公司
地址:长春市净月开发区千朋路800号
邮编:130033
电话:0431/88608105
电子信箱:sunshuying0731@ 163. com
法定代表人:许明哲
单位人数:650
质量体系:IATF 16949、ISO 14001
产品情况:地毯总成、行李舱地毯及护面、外轮罩护面及毯胚织造制品
配套情况:配套奥迪B8、Q3、CC、高尔夫、迈腾、速腾、马自达、J61、J71等车型

★长春一汽四环本合石油化工有限公司
地址:长春市经济技术开发区和平大街2491号
邮编:130062
电话:0431/87987889、87981877
传真:87959917
网址:www. benhe. com. cn
电子信箱:bhrhy@ qq. com
法定代表人:王晓杰
质量体系:IATF 16949
产品情况:(解放牌、青汽牌、雳霸牌、挚途牌、至尊牌、极嘉牌、驰护牌、安递能牌)
柴机油、汽机油、天然气专用机油、轻/重负荷齿轮油、ATF/CVTF/DCTF自动变速器油、(抗磨)液压油、液力传动油、制动油、液力缓速器油、润滑脂、防冻液、车用SCR尿素溶液;年产量1万~2万吨
配套情况:为中国第一汽车集团配套

★长春旷达汽车内饰件有限公司
地址:长春市朝阳经济开发区旷达路

1111 号
邮编:130103
电话:0431/85038888、85030888 - 8000
传真:85036611
网址:www. kuangdacn. com
电子信箱:kuangda@ kuangda. com
法定代表人:沈介良
单位人数:173
质量体系:IATF 16949、ISO 14001
产品情况:主要生产汽车内装饰面料,用于汽车的座椅、门板、顶棚、立柱等
配套情况:为一汽-大众、一汽轿车、一汽解放等配套;同时也是德国大众 A 级供应商

★长春市富锋冲压件有限公司
地址:长春市朝阳科技工业园区
邮编:130103
电话:0431/85031199
传真:85035069
网址:www. cfg. com. cn
电子信箱:ccffmf@ cffmf. sina. net
法定代表人:王玉亮
质量体系:IATF 16949、ISO 14001
产品情况:轿车白车身冲压件和隔热板两大品种
配套情况:主要客户有一汽-大众、上汽大众、一汽轿车、奥迪、德国大众、克莱斯勒、长城汽车、丰田汽车

★吉林省一汽福伦工业油品有限责任公司
地址:长春市朝阳科技开发区育民路 5055 号
邮编:130103
电话:0431/85028855、85029955
网址:www. faw - fulun. com
电子信箱:fawfulun@ 163. com
法定代表人:毛英梅
质量体系:ISO 9001
产品情况:(名仕牌、铭驰牌)
发动机机油、齿轮油、制动液、防冻液、润滑脂等产品
配套情况:为一汽集团配套

★本特勒长瑞汽车系统(长春)有限公司
地址:长春市朝阳区经济开发区育民路 588 号
邮编:130103
电话:0431/85858400、85858412
传真:81878409
网址:www. benteler. com
电子信箱:tracy. guo@ benteler. com
法定代表人:施宏
单位人数:305
质量体系:ISO 9001、IATF 16949
产品情况:汽车结构件、底盘件
配套情况:为一汽-大众、上汽大众、华晨宝马、丰田等配套

★长春一汽实业合成材料有限公司
地址:长春市农安县农安镇水源路
邮编:130200
电话:0431/83236577
传真:83224325
网址:www. cchc. com. cn
电子信箱:cchc@ cchc. com. cn
法定代表人:夏海春
单位人数:248
质量体系:IATF 16949、ISO 9001
产品情况:(CHC 牌)
阻尼板、黏性擦布、密封胶
配套情况:为一汽-大众、一汽轿车、沈阳华晨、北京现代、天津一汽丰田、河北长城、中兴汽车、北汽福田等配套

★ 长春峰泰汽车胶业有限公司

地址:长春市二道区三道镇香水村
邮编:130123
电话:13314311712
传真:0431/84526887
网址:www. ccfengtai. com
电子信箱:junshan. feng@ ccfengtai. com
法定代表人:冯俊山
质量体系:IATF 16949、ISO 14001
产品情况:(峰泰牌)
各种汽车滤清器胶黏剂
配套情况:供应曼胡默尔滤清器、长春科德宝·宝翎滤清器、长春索菲玛滤清器、淄博永华滤清器、北京安恒滤清器、新乡平原滤清器、天津利顺达滤清器、河北亿利橡塑集团等 30 多个滤清器制造商
☞ 详细情况请参阅彩色宣传版面

★富奥汽车零部件公司紧固件分公司
地址:吉林省吉林市船营区新生街 67 号
邮编:132012
电话:0432/65082540、65082371
传真:65082508
网址:www. fawerjgj. cn
法定代表人:张鹏飞
单位人数:1200
质量体系:IATF 16949、ISO 14001
产品情况:(吉标牌)
主导产品有车轮螺栓、防松螺栓、缸盖螺栓、连杆螺栓、焊接螺母、自锁螺母、凸缘螺母、组合螺栓、偏心螺栓等各类紧固件、标准件和非标异形件
配套情况:是一汽-大众、上汽大众、一汽轿车、一汽解放、长城汽车、北汽集团等多家企业的 A 级供应商

★吉化集团吉林市星云化工有限公司
地址:吉林省吉林市龙潭区黎明路东盛路 6 号
邮编:132021
电话:0432/65117258、65117270
网址:www. xingyunchem. com
电子信箱:1311276862@ qq. com
法定代表人:于广臣
单位人数:1800
质量体系:IATF 16949、ISO 9001
产品情况:(星云军牌、舒洁牌、吉星娇子牌)
车用润滑油、防冻液、油品添加剂、催化剂、工业清洗剂等
配套及出口情况:为一汽集团配套;出口日本、韩国、伊朗、尼日利亚、意大利、巴基斯坦、新加坡等国家

★吉林方大江城碳纤维有限公司
地址:吉林省吉林市经济技术开发区九站街 516 - 1 号
邮编:132101
电话:0432/62283600
传真:62283600
网址:jljccf. cn
电子信箱:jljccf@ 163. com
法定代表人:罗影
质量体系:ISO 9001、ISO 14001
产品情况:碳纤维及碳纤维复合材料制品,产品主要用于汽车等领域

★吉林吉轻腾达阻尼材料有限公司
地址:吉林省公主岭市经济开发区清泉大街 10 号
邮编:132600
电话:0434/6597996、13904440460
传真:6597977
电子信箱:jqznb@ 163. com
法定代表人:栗冰
质量体系:IATF 16949、ISO 14001
产品情况:(HUIYINBI 牌)
沥青阻尼板、中空垫片(PA66 + EVA 高泡沫,EPDM 高泡沫,TPO/PUR 隔音袋)、丁基阻尼膜、增强环氧膜、PUR 针刺棉吸收噪音产品、模压橡胶件等
配套情况:为一汽-大众(奥迪、宝来)、一汽股份(红旗)、奇瑞、一汽海马、福田商用车、江淮汽车、东风汽车公司、东南(福建)、沈阳金杯、辽宁曙光等配套

★公主岭轴承有限责任公司
地址:吉林省公主岭市工业大街 1128 号
邮编:136100
电话:0434/6868651、6868661
传真:6868650
网址:www. zgz. asia
电子信箱:zgzbearing@ 163. com
法定代表人:崔晓明
质量体系:IATF 16949、QS 9000
产品情况:(ZGZ 牌)
深沟球轴承、滚针轴承、圆锥滚子轴承、推力滚子轴承、推力球轴承、角接触轴承、短圆柱轴承七大系列 1000 多种规格的标准、非标准轴承
配套及出口情况:为一汽集团、东风汽车公司、中国重汽等配套;部分产品出口东南亚及欧美国家

★公主岭铸铭汽车零部件有限公司
地址:吉林省公主岭市怀德镇八一厂北侧
邮编:136121
电话:0434/6500220

传真:6500220
电子信箱:gongzhulingzhuming@126.com
法定代表人:郭雪辉
质量体系:IATF 16949、ISO 2000
产品情况:牌号球铁、灰铁底盘类汽车铸件
配套及出口情况:为一汽集团、丹东曙光等主机厂配套;出口韩国、德国等国家

黑龙江省

★哈尔滨轴承制造有限公司
地址:哈尔滨市香坊区红旗大街14号
邮编:150036
电话:0451/55666780、87902448
网址:www.hrbbrg.com.cn
电子信箱:tangwz@hrb.asia
法定代表人:薛坤朋
单位人数:880
质量体系:IATF 16949、ISO 9001
产品情况:(HRB牌)
各类轴承
配套情况:为一汽集团配套

★黑龙江鑫达企业集团有限公司
地址:哈尔滨经济开发区哈平路集中区大连北路9号
邮编:150060
电话:0451/86781111
传真:84346611
网址:www.xdholding.com
电子信箱:chinaxd@chinaxd.net
法定代表人:马庆维
质量体系:IATF 16949、ISO 9001
产品情况:通用塑料:聚丙烯复合材料、ABS复合材料,工程塑料:尼龙复合材料,塑料合金:PC/ABS合金、PP/PE合金,生物塑料:聚乳酸符合材料
配套情况:终端客户已覆盖一汽、东风、大众、奥迪、宝马等中国前十大汽车主机厂,直接国际战略客户已覆盖法雷奥、马勒、佛吉亚、三星、LG、惠而浦等

★东北轻合金有限责任公司
地址:哈尔滨市平房区新疆三道街副9号
邮编:150060
电话:0451/86565555、86802672
传真:86802288、86802680
网址:www.nela.com.cn
电子信箱:sale@nela.com.cn
法定代表人:范云强
质量体系:IATF 16949、ISO 9001
产品情况:(天鹅牌)
铝、镁及其合金板、带、箔、管、棒、型、线、粉材、锻件等产品
出口情况:出口欧美、日本、韩国、东南亚等16个国家和地区

★哈尔滨紫杉油脂股份有限公司
地址:哈尔滨市阿城区双丰科技园
邮编:150313
电话:0451/53809476、4000666447
网址:www.yewoil.net
电子信箱:yew_oil@163.com
法定代表人:孙庆有
质量体系:ISO 9001
产品情况:(紫杉牌)
工业润滑油、商用车润滑油
配套及出口情况:为中国一汽供货;出口俄罗斯

上海市

★上海华谊精细化工有限公司
地址:上海市徐家汇路560号18楼
邮编:200025
电话:021/23536668、23534816
传真:23534865
网址:www.chinascc.com
电子信箱:scc@chinascc.com
法定代表人:何扣宝
单位人数:184
质量体系:ISO 9001、ISO 14001
产品情况:(飞虎牌、光明牌、一品牌、狮头牌、眼睛牌、畅飞牌)
汽车涂料
出口情况:还原染料产品50%出口

★上海申达无纺布制造有限公司
地址:上海市曹杨路930号205-207室
邮编:200042
电话:021/52668778、52668662
传真:52669992
网址:www.nonwovens-shenda.com
电子信箱:wangjun@nonwovens-shenda.com
法定代表人:王俊
质量体系:IATF 16949
产品情况:各类工业用、车用无纺布
配套及出口情况:主要服务于上汽大众、海马汽车、一汽解放、东风柳汽、江铃全顺等主机厂;出口意大利

★上海上标集团紧固件有限公司
地址:上海市静安区俞泾港路11号525室
邮编:200071
电话:021/69151901
传真:69151915
网址:www.china-sfc.com
电子信箱:sfc4153@china-sfc.com
法定代表人:杨伏来
质量体系:ISO/TS 16949
产品情况:各类标准件、紧固件,并根据用户需要定制非标产品及异形件
配套及出口情况:为上汽大众、上汽通用、厦门金龙配套;远销北美洲、南美洲、大洋洲、欧洲、南非、中东等地区

★上海汽车粉末冶金有限公司
地址:上海市宝山区蕴川路5475号467室
邮编:200072
电话:021/56053288
传真:56954785
电子信箱:sapm@shautopm.com.cn
法定代表人:贾梁
质量体系:IATF 16949、ISO 9001
产品情况:(飞星牌、上牌)
汽车粉末冶金零件
配套及出口情况:主要客户有上汽大众、一汽-大众、上汽通用、上海汽车集团、奇瑞汽车、东风汽车有限公司、东风悦达起亚、长城汽车;远销美国、巴西

★中国宝武钢铁集团有限公司
地址:中国(上海)自由贸易试验区世博大道1859号
邮编:200122
电话:021/58350000、58358888
传真:68404832
网址:www.baowugroup.com
电子信箱:customer@baosteel.com
法定代表人:陈德荣
质量体系:ISO/TS 16949
产品情况:汽车用钢

★ 上海申达股份有限公司

地址:中国(上海)自由贸易试验区耀华路251号一幢一层
邮编:200126
电话:021/62328282
电子信箱:600626@sh-shenda.com
法定代表人:姚明华
质量体系:ISO/TS 16949、ISO 14001
产品情况:汽车地毯、内饰面料、安全带等汽车纺织内饰产品
配套情况:为上汽大众、上汽通用、一汽-大众、东风汽车公司、广汽本田等配套
☞ 详细情况请参阅彩色宣传版面

★中国石化上海高桥石油化工有限公司
地址:上海市利津路78号
邮编:200129
电话:021/58711001
传真:58712207
网址:sgpc.sinopec.com
电子信箱:gpcc@sinogpc.com
法定代表人:侯勇
单位人数:4189
质量体系:ISO 9001、ISO 14001
产品情况:汽油、柴油、润滑油等石油化工产品
配套情况:为上汽大众配套

★迈进精密部件(上海)有限公司
地址:上海市浦东新区外高桥保税区日樱北路199号54号楼
邮编:200131
电话:021/50461717
传真:50460707
电子信箱:susan-huang@advanex-shanghai.com
法定代表人:FOO YOKE KHAN
质量体系:IATF 16949、ISO 9001

产品情况:(银皓牌)
紧密弹簧、冲压件
配套情况:为日本电装配套

★邦迪管路系统(上海)有限公司
地址:上海外高桥保税区富特中路401 号
邮编:200131
电话:021/50460699
传真:50460699
电子信箱:dyu@ cn. tiauto. com
法定代表人:鲍建生
质量体系:IATF 16949
产品情况:流体运载管路系统和部件
配套情况:为上汽通用、上汽大众、东南汽车配套

★上海德润宝特种润滑剂有限公司
地址:上海市浦东新区江东路 1726 弄 149 号办公楼
邮编:200137
电话:021/60936188、58645073
传真:60936205
网址:www. petrofer. com. cn
电子信箱:info@ petrofer. com. cn
法定代表人:CONSTANTIN M. FISCHER
单位人数:600
质量体系:ISO 9001、ISO 14001
产品情况:水溶性金属切削液、优质切削油、热处理淬火介质、压铸脱模剂、清洗剂、工业润滑油
配套情况:为一汽-大众、福田康明斯、上汽集团、上汽大众、福特、奔驰、比亚迪、宝马、沃尔沃、长城汽车等供货

★上海高桥加德士润滑油有限公司
地址:上海市浦东新区浦北路 3759 弄 97 号
邮编:200137
电话:021/58614383
传真:58610163
电子信箱:lf. zhao@ gqcaltex. com
法定代表人:施雷
质量体系:IATF 16949、ISO 9001
产品情况:(加德士牌)
车用油、工业用油、船舶用油三大类中高级润滑油
配套情况:为上汽通用配套

★上海荣南科技有限公司
地址:上海市奉贤区金汇镇金大公路 8029 号 6 幢 1 号车间
邮编:200233
电话:021/54451508
传真:54451506
网址:www. zhongnan. com
电子信箱:karen. kang@ zhongnan. com
法定代表人:金涛
质量体系:IATF 16949、ISO 14001
产品情况:主要产品为整车密封条、天窗密封条、整车密封件、防夹条和双色注塑件
配套情况:为 FCA、BYD、东风、上汽大通、Webasto 全球、Magna 全球等配套

★圣戈班高功能塑料(上海)有限公司
地址:上海市闵行经济技术开发区昆阳路 1476 号
邮编:200245
电话:021/54721568
网址:www. plastics. saint - gobain. com
电子信箱:joe. qiao@ saint - gobain. com
法定代表人:JAVIER GIMENO
单位人数:384
质量体系:IATF 16949、ISO 9001
产品情况:(TYGON 牌、SYNFLEX 牌、SANI-TECH 牌、CHEMFLUOR 牌、FURON 牌)
塑料发泡材料、薄膜及玻纤织物覆氟塑料产品、高功能塑料轴承和密封制品及塑料软管

★亨斯迈聚氨酯(中国)有限公司
地址:上海市闵行区江川路街道文井路 452 号
邮编:200245
电话:021/33576588
网址:www. huntsman. com
电子信箱:anny_jia@ huntsman. com
法定代表人:丁林
质量体系:IATF 16949、ISO 9001
产品情况:聚氨酯产品(包括组合聚醚、异氰酸酯)

★上海三环弹簧有限公司
地址:上海市宝山区合兆路 677 号
邮编:200940
电话:021/51212800、51212919
网址:www. shsanhuan. com
电子信箱:shsanhuan@ 163. com
法定代表人:汪磊
质量体系:IATF 16949
产品情况:异形弹簧、夹箍及汽车安全带涡卷弹簧,年生产能力超过 1.8 亿件
配套情况:为上汽大众、上汽通用、一汽-大众、奇瑞汽车、长安福特、长安马自达等配套

★上海富驰高科技股份有限公司
地址:上海市宝山区逸仙路 4318 号
邮编:200940
电话:021/56445609、56445177
传真:56444890、56447490
网址:www. future - sh. com
电子信箱:marketa@ future - sh. com. cn
法定代表人:钟伟
单位人数:1541
质量体系:IATF 16949、ISO 9001
产品情况:专业金属注射成型(MIM)和陶瓷注射成型(CIM)产品

★上海达克罗涂复工业有限公司
地址:上海市宝山区罗店镇市一东路 9 号(近潘泾路)
邮编:201098
电话:021/51082228
传真:56655969
网址:www. sh - dacromet. com
电子信箱:dacromet@ sh - dacromet. com. cn
法定代表人:董瑞平
单位人数:367
质量体系:IATF 16949、ISO 9001
产品情况:主要从事汽车零部件等表面环保涂层的加工生产

★上海杜索润滑油有限公司
地址:上海市金山区枫泾镇兴塔工业园区曹黎路 123 号
邮编:201101
电话:021/57364566、18017380289
传真:57364566
网址:www. dusso. com. cn
电子信箱:huangy@ dusso. com. cn
法定代表人:周文潮
质量体系:IATF 16949
产品情况:(DUSSO 牌)
工业设备润滑油、金属加工介质、车辆润滑油、特种润滑剂及辅助产品
配套情况:为吉利供货

★上海锦湖日丽塑料有限公司
地址:上海市闵行区华漕镇纪高路 1399 号
邮编:201107
电话:021/62969608
传真:62969622
网址:www. kumhosunny. com
电子信箱:ksmarketing@ kumhosunny. com
法定代表人:辛敏琦
质量体系:IATF 16949、ISO 9001
产品情况:PC/ABS、ABS 改性塑料
配套情况:主要合作伙伴包括通用、大众、福特、现代、标致、雪铁龙、丰田、克莱斯勒、铃木、一汽、奇瑞、日产等主要汽车主机厂

★上海杰事杰新材料集团股份有限公司
地址:上海市闵行区北松路 800 号
邮编:201109
电话:021/64900066
传真:64906922
网址:www. geniuscn. com
电子信箱:shanghai@ geniuscn. com
法定代表人:杨桂生
质量体系:ISO/TS 16949、QS 9000
产品情况:PP、ABS、PA、PC 系列改性工程塑料、蓄电池用 PE 隔板
配套情况:是北京现代、东风悦达起亚、神龙汽车、东南汽车、大众、通用、马自达、福特、奇瑞汽车、比亚迪汽车、松下、博世、德力西的工程塑料供应商和合作伙伴

★上海蒂姆新材料科技有限公司
地址:上海市闵行区浦江镇万芳路 399 号
邮编:201114
电话:021/80227000
传真:80227111

网址:www.shhlchem.com
电子信箱:dongchuansheng@shhlchem.com
法定代表人:张义
质量体系:ISO 14001
产品情况:主营产品为汽车、建筑、制鞋、食品包装等行业使用的胶黏剂
配套情况:合作伙伴包括比亚迪、丹东黄海、聊城中通客车、柳州五菱、南车时代、南京金龙、申龙客车、苏州金龙、扬州亚星、中国北车、重汽集团等

★上海沪德汽车轴承有限公司
地址:上海市闵行区勤劳路20号
邮编:201114
电话:021/54333665-8005、13901645159
传真:54333710
网址:www.sh-hdyb.com
法定代表人:王德忠
质量体系:IATF 16949
产品情况:各类汽车发动机和汽车离合器分离轴承
配套情况:为一汽海马动力、比亚迪汽车、上汽通用五菱、长安汽车集团重庆青山变速器分公司等供货

★上海川航通用汽车零部件有限公司
地址:上海市浦东新区合庆镇向阳南路200号
邮编:201201
电话:021/68916525、58970608
传真:68916528
电子信箱:chtyzpb@163.com
法定代表人:章元明
质量体系:IATF 16949、ISO 14001
产品情况:注塑件、泡塑件、精密模具、钣金冲压件等
配套情况:主要客户是上汽通用、上汽大众、上海汽车、博泽、联合电子、名辰

★上海凯众材料科技股份有限公司
地址:上海市浦东新区建业路813号
邮编:201201
电话:021/58386588
网址:www.carthane.com
电子信箱:info@carthane.com
法定代表人:杨建刚
质量体系:ISO/TS 16949、ISO 14001
产品情况:(Carthane牌、Vulkdlkm牌)
轿车零部件(缓冲止位块、防尘罩及塑料件、塑料踏板总成)、高性能聚氨酯弹性体和其他特殊聚氨酯产品
配套及出口情况:主要客户包括上汽大众、一汽-大众、上汽通用等国内主要轿车生产厂和通用全球、福特、大众欧洲、保时捷、马自达、铃木等国外主流汽车厂并广泛用于上汽乘用车、吉利汽车、上汽通用五菱、奇瑞汽车、北汽和南京依维柯等厂家;出口北美洲、欧洲、日本、韩国等国家和地区

★上海康达化工新材料集团股份有限公司
地址:上海市浦东新区庆达路655号
邮编:201201
电话:021/68918998
网址:www.shkdchem.com
电子信箱:kdxc@shkdchem.com
法定代表人:王建祥
质量体系:IATF 16949、ISO 14001
产品情况:为全球客户提供胶黏剂,密封剂和表面处理系统的应用解决方案,主要面向工业市场和新能源应用行业

★约翰威尔弹簧(上海)有限公司
地址:上海市浦东新区张江高科园东区东胜路38号A-3楼
邮编:201201
电话:021/50326638
传真:58995312
电子信箱:qa_shanghai@jwsprings.com
法定代表人:FREDRIK MIKAEL ANDERSSON
质量体系:IATF 16949、ISO 14001
产品情况:各类弹簧

★上海华信摩擦材料有限公司
地址:上海市奉贤区奉城镇奉云路399号
邮编:201203
电话:021/58575530、58576769
网址:www.hxmc.cn
电子信箱:lh@hxmc.cn、wzq@hxmc.cn
法定代表人:金立平
质量体系:IATF 16949、ISO 14001
产品情况:(SHHX牌)
汽车及工程机械用制动材料,年配套量达到300多万套
配套情况:为浙江亚太、南方天合、万向系统等20多家主要制动器公司配套,配套车型涉及国内几十家汽车主机厂

★上海日轮汽车配件有限公司
地址:上海市浦东新区北蔡镇新陈路825号
邮编:201204
电话:021/50910799
传真:58442427
网址:www.nichirinchina.com
电子信箱:zlm@nichirinchina.com
法定代表人:张朝晖
单位人数:308
质量体系:ISO 14001
产品情况:(NICHIRIN牌、日轮牌)
汽车空调用橡胶软管、汽车空调软管总成、汽车液压制动管总成、摩托车液压制动管总成、汽车动力转向装置管总成
配套及出口情况:为广汽本田、东风本田、本田(中国)、东风日产乘用车、广州电装、烟台电装、上汽通用、上汽大众、一汽-大众等供货;出口东南亚、印度、澳大利亚等10多个国家和地区

★斯凯孚(上海)轴承有限公司
地址:上海市浦东新区新金桥路999号
邮编:201206
电话:021/50325655、50312360
传真:50311412
网址:www.skf.com.cn
电子信箱:li.yuan.zhang@skf.com
法定代表人:WERNER JUERGEN DIETRICH HOFFMANN
质量体系:IATF 16949
产品情况:外径32~62mm的深沟球轴承

★上海凯密特尔化学品有限公司
地址:上海市浦东新区盛夏路399弄
邮编:201210
电话:021/58120929
传真:58121062
网址:www.chemetall.com.cn
电子信箱:xujingbing@chemetall.com.cn
法定代表人:JUERGEN HERZOG
单位人数:2000
质量体系:IATF 16949、ISO 9001
产品情况:金属表面处理系列、漆雾凝聚剂系列化学品
配套情况:为上汽大众、一汽-大众、长安福特、长安马自达、攀枝花钢铁集团、奇瑞轿车、宝钢、武汉钢铁集团、吉利汽车、上汽集团、江淮汽车等供货

★上海飞特亚空气过滤有限公司
地址:上海市浦东新区沪南公路9601号
邮编:201300
电话:021/68014653、58003069
传真:68015072
网址:www.shfiltrair.com
电子信箱:shfty@shfiltrair.com
法定代表人:陈贝也
质量体系:ISO 9001、OHSAS 18001
产品情况:空气过滤系列产品
配套及出口情况:主要用于上汽大众、上汽通用、比亚迪、东风日产等企业;出口挪威、西班牙、比利时等多个国家,并销往中国香港地区

★上海富国橡塑工业有限公司
地址:上海市南汇区芦潮港农场深水港经济园区
邮编:201309
电话:021/58252100
传真:58252102、58252024
电子信箱:cao_xiaoping@sh-fukoku.com
法定代表人:早乙女昇 SAOTOME NOBORU
单位人数:455
质量体系:IATF 16949、ISO 14001
产品情况:橡胶产品(轮胎、天然橡胶除外)、硅橡胶产品、树脂产品及金属产品
出口情况:出口美国、日本、泰国

★上海吉川涂料有限公司
地址:上海市浦东新区祝桥镇金闻路12号2幢2层17室
邮编:201323
电话:021/58106980

电子信箱:jccoatings@126.com
法定代表人:王一川
质量体系:ISO 9001
产品情况:汽车涂料(pvc焊缝封胶、防石击涂料、折边胶、自干胶等)
配套情况:为吉利汽车、吉奥汽车、大运汽车等供货

★上海元禾汽车零件有限公司
地址:上海市奉贤区奉城镇奉陆路88号
邮编:201400
电话:021/31776170、31776178
传真:31776178
网址:www.yuanhemotor.com
电子信箱:server@yuanhemotor.com
法定代表人:张伯生
单位人数:100
质量体系:IATF 16949、ISO 9001
产品情况:配件冲压、焊接、机械加工、模具制造
配套情况:为上汽大众、上海汇众、上汽通用供货

★上海三达汽车配件有限公司
地址:上海市奉贤区奉浦陈桥路1839号
邮编:201401
电话:021/67106143
传真:67107772
网址:www.shsanda.com
电子信箱:shsanda@shsanda.com
法定代表人:沈荣根
单位人数:109
质量体系:IATF 16949、ISO 14001
产品情况:(HAITONG牌)
汽车管路管件
配套及出口情况:为大众、通用、现代、戴姆勒等公司提供汽车及发动机管件,已连续多年成为上汽大众、一汽-大众、大众一汽(大连)公司的A级供应商;远销北美洲、日本、欧洲等国家和地区

★上海继尔新材料科技有限公司
地址:上海奉贤区杨跃路568号4#厂房
邮编:201406
电话:021/57470125、13501998764
传真:57475810
网址:www.shanghaiger.com
电子信箱:ger68@126.com
法定代表人:罗琨
质量体系:IATF 16949
产品情况:专业生产改性工程塑料,汽车零部件产品包括发动机罩盖、轮毂罩、格栅、吉利后视镜、后视镜基板等
配套情况:主要合作伙伴有福特、上汽通用汽车、奇瑞汽车、上汽集团、奔驰、日产、大众、宝马、马自达、雪铁龙等

★上海四明橡塑制品有限公司
地址:上海市奉贤区钱桥镇经济园区前桥路298号
邮编:201407
电话:021/57597267
传真:57595400
网址:www.shanghaisimingrubber.com
电子信箱:email-1@shanghaisimingrubber.com
法定代表人:蒋四明
质量体系:IATF 16949、ISO 14001
产品情况:汽车散热器和暖风器高性能橡胶密封垫
配套情况:为上汽大众、上汽通用、东风汽车公司、一汽集团等配套

★上海金力泰化工股份有限公司
地址:上海市化工区楚工路139号
邮编:201417
电话:021/31156999
传真:31156068
网址:www.knt.cn
法定代表人:景总法
质量体系:IATF 16949、ISO 14001
产品情况:(金力泰牌)
底材前处理试剂、阴极电泳涂料、水性及溶剂型汽车面漆涂料、汽车低温涂料、汽车内外饰件涂料、水性及溶剂型工程机械涂料、水性及溶剂型防腐涂料、水性陶瓷涂料
配套情况:为吉利远景、江铃风尚、江铃宝典、五菱之星、东风渝安、长安之星、福田蒙派克、福田欧曼、福田奥铃、长城赛弗、江淮康铃、江淮格尔发、陕汽德御等配套

★上海特强汽车紧固件有限公司
地址:上海市奉贤区星火开发区民乐路251号
邮编:201419
电话:021/57503499
传真:57503498
网址:www.shtq.com
电子信箱:lzw@shtq.com
法定代表人:坂田润一
质量体系:IATF 16949、ISO 9001
产品情况:(TQ牌)
汽车用高强度螺栓,年生产能力15000吨
配套情况:主要客户有广汽本田、东风本田发动机、东风本田、本田汽车(中国)、神龙汽车(标致和雪铁龙)、东风康明斯等

★上海东风汽车专用件有限公司
地址:上海市浦东新区星火开发区阳明路199号
邮编:201419
电话:021/57503751、57502122
传真:57502122
电子信箱:huguofu@sdaf.net.cn
法定代表人:方明红
单位人数:180
质量体系:IATF 16949
产品情况:汽车紧固件
配套情况:为神龙汽车、东风汽车公司、上汽通用五菱等配套

★上海海立铸造有限公司
地址:上海市金山区金廊公路7225号
邮编:201500
电话:021/57319182、57381034
传真:57321183
网址:www.highly.cc
法定代表人:缪剑晖
单位人数:498
质量体系:ISO 14001、ISO 9001
产品情况:制冷压缩机零件(汽缸、曲轴、缸盖等)、汽车零部件的铸造件以及曲轴、活塞、缸盖、汽缸等机械加工件

★上海新上橡汽车胶管有限公司
地址:上海市金山区亭林镇亭华路119号
邮编:201505
电话:021/60471581、60471589
传真:60471593
网址:www.xinshangxiang.com
电子信箱:shangxiang8888@163.com
法定代表人:江红贵
质量体系:IATF 16949
产品情况:(浦江牌)
冷却水胶管、动力转向油管、燃油胶管及其他橡胶件
配套情况:直接或间接地为新桑塔纳、朗逸、帕萨特、斯柯达、途观、捷达、宝来、迈腾、奥迪、别克、赛欧、依维柯、荣威、MG等国内车型配套

★臼井汽车零部件(上海)有限公司
地址:上海市金山工业区金流路118号
邮编:201506
电话:021/67328899、13917459835
网址:www.usui.co.jp
电子信箱:yeqingtang@usui.co.jp
法定代表人:张福荣
单位人数:152
质量体系:IATF 16949、ISO 14001
产品情况:高压油管
配套情况:为通用、福特、本田、丰田、博世、德尔福、万都、西门子、一汽、东风、重汽、潍柴等供货

★上海华峰铝业股份有限公司
地址:上海市金山区月工路1111号
邮编:201506
电话:021/67276665、67271999
传真:67270000、67276852
网址:www.huafeng.com
电子信箱:hfneimao@huafeng.com
法定代表人:陈国桢
质量体系:IATF 16949、ISO 9001
产品情况:主要产品包括热传输领域内各系列、各牌号及各种规格状态的铝合金板带箔材料,主要应用于汽车冷却系统、空调系统及新能源汽车动力蓄电池壳等领域
配套及出口情况:主要客户有德国马勒、日本电装、韩国翰昂等全球顶级汽配供应商;远销欧美、日本、韩国等多个国家和地区

★上海华峰超纤科技股份有限公司
地址:上海市金山区亭卫南路 888 号
邮编:201508
电话:021/31108666、57243140
传真:31106839
网址:microfibre. huafeng. com
电子信箱:chengming2003@ 126. com
法定代表人:尤小平
单位人数:2011
质量体系:IATF 16949、ISO 14001
产品情况:超细纤维合成革,用于汽车内饰领域

★上海松发合金材料有限公司
地址:上海市松江新浜工业园区红牡丹路 155 号
邮编:201605
电话:021/67891177、57892977
传真:67891183
网址:www. china - songfa. com
电子信箱:sales@ china - songfa. com
法定代表人:赵章林
单位人数:100
质量体系:ISO 9001
产品情况:(SONGFA 牌)
生产银合金触点、线材、片材年产能为 50 吨,铜钢等金属复合材料年产能 1 万余吨
出口情况:远销美国、欧洲、俄罗斯、日本、菲律宾等国家和地区

★帝伯三徕拓橡塑制品(上海)有限公司
地址:上海市松江区新桥镇新格路 625 号 6 幢
邮编:201612
电话:021/57687272
传真:67687153
网址:www. tprsunlight. com
电子信箱:xujing@ tpr - sl. com
法定代表人:丸山茂
单位人数:165
质量体系:IATF 16949、ISO 9001
产品情况:(TPR SUNLIGHT 牌)
汽车、电动机、液压机器等工业用橡胶产品

★上海康迪泰克管件有限公司
地址:上海市松江区新润路 588 号 8 幢、9 幢、10 幢
邮编:201612
电话:021/60170888
传真:67629388
电子信箱:qiuju. cai@ fluid. contitech. cn
法定代表人:段长安
单位人数:102
质量体系:IATF 16949、ISO 9001
产品情况:主要生产汽车各类输油管件、转向管路、动力总成、燃油管、商用车管路等汽车管路系统
配套情况:主要与大众、通用、上海汽车、标致雪铁龙等汽车厂商配套

★旺卓橡塑科技(上海)有限公司
地址:上海市松江区大昆工业园区中德路 218 号
邮编:201614
电话:021/57646570、4000888525
传真:51685781
网址:www. sh - wangzhuo. com
电子信箱:yujh512@ sina. com
法定代表人:虞建华
质量体系:ISO 9001
产品情况:(WangZhuo 牌、旺卓牌)
密封条、密封垫片、保温隔热材料、降噪消声材料等开发与生产
配套及出口情况:为通用、宇通、广汽丰田供货;远销美国、德国、新加坡、韩国、日本等国家

★胡默尔连接器系统(上海)有限公司
地址:上海市黄陂北路 227 号中区广场 2202 室
邮编:201700
电话:021/63758551
传真:63758553
网址:www. hummel. com. cn
电子信箱:info. hcs. cn@ hummel-group. com
法定代表人:Holger Anton Hummel
质量体系:ISO 9001
产品情况:专业生产电缆接线技术中所需的各种旋紧件、接插件、软管及配件、自动化元器件等

★上海昭和高分子有限公司
地址:上海市青浦工业园区崧泽大道 8333 号
邮编:201700
电话:021/69212122、62175222
传真:69212129
网址:www. sshp. com. cn
电子信箱:fuhongxi@ sshp. com. cn
法定代表人:邱佳
质量体系:ISO 9001、ISO 14001
产品情况:乙烯基酯树脂、酚醛树脂和不涉及安全生产许可证的功能性树脂、树脂复合材料、胶黏剂和高性能涂料及其中间体

★上海友升铝业有限公司
地址:上海市青浦区沪青平公路 2058 号
邮编:201702
电话:021/59761698
传真:39811408、59760338
网址:www. unisonal. com
电子信箱:hr@ unisonal. com
法定代表人:罗世兵
质量体系:IATF 16949、ISO 14001
产品情况:铝合金汽车零部件,包括副车架、电池托盘、车身件等
配套情况:为奔驰、宝马、福特、Volvo、奥迪、通用、大众、捷豹路虎、东风汽车、日产、北汽、上汽、广汽、吉利、蔚来等配套

★上海华培动力科技(集团)股份有限公司
地址:上海市青浦出口加工区崧秀路 218 号 3 幢厂房
邮编:201703
电话:021/5978 6158
传真:59789712
网址:www. sinotec. cn
电子信箱:jzhai@ sinotec. cn
法定代表人:吴怀磊
质量体系:IATF 16949、ISO 9001
产品情况:包括精密铸造、砂铸,机加工及各种焊接装配
配套及出口情况:客户包含博格华纳、盖瑞特、三菱重工、石川岛播磨、博世马勒、德国大陆等全球知名涡轮增压器整机制造商及索尼玛、威斯卡特、美达工业等涡轮增压器零部件制造商;出口北美洲、欧洲等地区

★上海安字实业有限公司
地址:上海市青浦区赵巷镇赵重公路 139 号
邮编:201703
电话:021/63772845、63368100
传真:63369800、63368108
网址:www. anzizx. cn
电子信箱:anzi - dns@ anzizx. cn
法定代表人:浦勤跃
质量体系:IATF 16949、ISO 9001
产品情况:(上海安字牌)
各种铆钉
配套及出口情况:为比亚迪、延锋江森、通用、大众供货;远销欧洲、美洲、亚洲、大洋洲等 30 多个国家和地区

★上海普利特复合材料股份有限公司
地址:上海市青浦区工业园区新业路 558 号
邮编:201707
电话:021/31115900
传真:51685255
网址:www. pret. com. cn
电子信箱:sales@ pret. com. cn
法定代表人:周文
质量体系:IATF 16949、ISO 14001
产品情况:(普利特牌)
汽车用改性塑料产品
配套情况:和宝马、奔驰、奥迪、路虎、大众、福特、通用、吉利、上汽、长城、长安、奇瑞等众多国内外汽车制造商建立了长期战略合作伙伴关系,是宝马、奔驰全球认可的第一家中国原材料供应商,并成为延锋伟世通、佛吉亚、华翔电子、德科斯米尔等众多全球化汽车零部件企业的主要合作伙伴和优秀供应商

★上海亚大汽车塑料制品有限公司
地址:上海市青浦区华新镇华志路 1488 号
邮编:201708
电话:021/69788013
传真:69788001
网址:www. chinaust. com. cn

电子信箱:chinaust@ vip. sina. com
法定代表人:赵延成
质量体系:IATF 16949、ISO 14001
产品情况:汽车用单、多层尼龙燃油管及总成,尼龙制动管及总成,天窗排水管、通气管、空调管及总成,发动机冷却水管等产品,产品广泛应用于汽车燃油、制动、车身、发动机等系统
配套情况:为上汽大众、上汽通用、上海汽车、奇瑞、亚普等主机厂和零部件厂的首选配套和主要供应商

★申雅密封件有限公司
地址:上海市青浦县大盈外青松公路张华港桥
邮编:201712
电话:021/59221580
传真:59221520
电子信箱:webmaster@ 4s – sealing. com
法定代表人:RAMSEY CHANGOO
质量体系:IATF 16949、ISO 14001
产品情况:车门门框密封条、车门头道密封条、车窗导槽密封条、发动机罩密封条、行李舱密封条等
配套情况:客户主要有上海汽车、上汽大众、上汽通用、广汽本田、长安福特等

★上海底特精密紧固件股份有限公司
地址:上海市青浦区久业路 89 号
邮编:201799
电话:021/60570389
传真:60570388
网址:www. shanghaidite. com
电子信箱:info@ shanghaidite. com
法定代表人:杨大泓
质量体系:IATF 16949、ISO 9001
产品情况:(施必牢牌、DTFLOCK 牌)
施必牢高精度防松防脱紧固件、工具、量具、检测设备
配套情况:客户包括一汽、东风、宇通、金龙、上汽、重汽、陕汽、上柴、大柴、福田重工、三一重工、振华港机、长春客车厂、宝鸡石油机械厂等 50 多家大型国企

★上海宝钢阿赛洛激光拼焊有限公司
地址:上海市安亭百安路 1369 号
邮编:201800
电话:021/69573658、69573900
传真:69573950
网址:www. baosteel – arcelor. com
电子信箱:linjun@ baosteel – arcelor. com
法定代表人:周铭
质量体系:IATF 16949、ISO 14001
产品情况:为汽车制造企业生产激光拼焊板、产品范围覆盖直线焊、折线焊和曲线焊
配套情况:主要客户有上汽大众、上汽通用等

★卓越紧固系统(上海)有限公司
地址:上海市嘉定工业区(北区)兴文路 1051 号
邮编:201800
电话:021/33517729、33517713
传真:33517638
网址:superior. luosi. com
电子信箱:xujm@ shbc. com. cn
法定代表人:李林宏
质量体系:IATF 16949、ISO 9001
产品情况:汽车、摩托车等行业的高强度螺栓、精密螺钉、螺母、垫片及其他精密异形产品

★格朗吉斯铝业(上海)有限公司
地址:上海市嘉定区娄塘镇嘉唐公路 1111 号
邮编:201800
电话:021/59541111
网址:www. granges. com
电子信箱:moggi. zhu@ granges. com
法定代表人:Johan Menckel(马越寒)
质量体系:ISO 14001、OHSAS 18001
产品情况:热交换器轧制铝材

★上海红阳密封件有限公司
地址:上海市嘉定区宝安公路 2990 号
邮编:201801
电话:021/59157953
传真:59157953
电子信箱:shcw59154776@ 163. com
法定代表人:翁志江
质量体系:IATF 16949、ISO 14001
产品情况:汽车门窗密封件等,年产量 500 万米
配套情况:为上汽大众、一汽-大众、江铃汽车、奇瑞汽车、昌河汽车等配套

★上海帕卡兴产化工有限公司
地址:上海市嘉定区马陆开发区宝安公路 2765 号
邮编:201801
电话:021/69156888、69152234
传真:69156294
网址:www. shpi – chem. com
法定代表人:林兴国
质量体系:IATF 16949、ISO 9001
产品情况:金属表面防腐、乳化型冷轧油、钢板防锈油、溶剂稀释型防锈油、防锈蜡(油)、轧制润滑油(剂)等
配套情况:得到宝钢集团、鞍钢集团、马钢集团、上汽集团、一汽集团、广汽集团、东风集团、江淮汽车等知名企业的高度评价

★康迪泰克(上海)橡塑技术有限公司
地址:上海市嘉定区马陆镇沪宜公路 1785 号
邮编:201801
电话:021/59151134
传真:59159475
网址:www. contitech. cn
电子信箱:kate. sun@ ptg. contitech. cn
法定代表人:Song Qi(祁松)
质量体系:ISO/TS 16949、ISO 14001
产品情况:汽车用橡胶同步带、切割带、多楔带、工业带及摩托车带等
配套情况:为大众汽车、通用汽车供货

★上海利富高塑料制品有限公司
地址:上海市嘉定区马陆镇申霞路 305 号
邮编:201801
电话:021/59903030
传真:59903966
网址:www. nifco. co. jp
电子信箱:wkzhang@ nifco. com. cn
法定代表人:山本利行
质量体系:IATF 16949、ISO 9001
产品情况:汽车及其他各种塑料零部件
配套情况:为丰田、本田、日产、通用汽车等日系和欧美的大型汽车厂商配套

★易士登工业金属制造(上海)有限公司
地址:上海市浏翔公路 2248 弄 20 号
邮编:201801
电话:021/69152508
传真:69152622
网址:www. easternindustrialchina. com. cn
电子信箱:lujing@ easternindustrialchina. com. cn
法定代表人:John L Sullivan III
质量体系:IATF 16949、ISO 9001
产品情况:生产汽车配件、五金机械、塑料制品及相关电器产品
出口情况:在美国、加拿大、墨西哥设有多家子公司

★上海长园电子材料有限公司
地址:上海市嘉定区嘉好路 1690 号
邮编:201802
电话:18121263789
网址:www. cyg – electronics. com
电子信箱:13761824136@ 126. com
法定代表人:陈志强
质量体系:IATF 16949、ISO 9001
产品情况:无卤环保套管、母排套管、中厚壁套管、标识套管、耐特殊环境套管、双壁管、聚四氟乙烯套管、环保 PE 套管、PVC 套管、玻纤管、硅胶管、防静电发泡材料及辐照外协加工等

★上海天洋热熔粘接材料股份有限公司
地址:上海市嘉定区南翔惠平路 505 号
邮编:201802
电话:021/69122667、69122664
传真:69122663
网址:www. hotmelt. com. cn
电子信箱:tianyuan@ hotmelt. com. cn
法定代表人:李哲龙
质量体系:ISO 9001
产品情况:(JCC 牌)
热熔胶网膜、胶膜、胶粉和胶粒,广泛应用于汽车内饰、汽车配件及汽车过滤材料等领域

★福斯润滑油(中国)有限公司
地址:上海市嘉定区南翔镇高科技园区

嘉绣路 888 号
邮编:201802
电话:021/39122000
传真:39122100
网址:www.fuchs.com.cn
法定代表人:KLAUS HARTIG
质量体系:ISO 9001、ISO 14001
产品情况:汽车发动机初装油、售后服务用油及齿轮油、加工用金属加工油液及设备用油等产品
配套情况:先后为北京奔驰、福建奔驰、沈阳宝马、一汽-大众、上汽大众、上汽通用、江铃福特、华晨汽车、比亚迪汽车、东南汽车、奇瑞汽车、吉利集团、约翰迪尔、杰西博 JCB 等著名汽车公司提供汽车发动机初装油、售后服务用油及齿轮油等产品,也为这些公司提供生产加工用金属加工油液及设备用油

★上海兴盛密封垫有限公司
地址:上海市嘉定区黄渡工业园区杨林路 702 号
邮编:201804
电话:021/69597259
传真:69597252
网址:www.shanghai-gasket.com.cn
电子信箱:xingsheng@shanghai-gasket.com
法定代表人:淺田啓起
质量体系:IATF 16949、ISO 9001
产品情况:各种汽车、摩托车发动机用密封垫、汽车自动变速器阀板垫片、车用空调压缩机垫片及其他工业用密封垫产品
配套情况:主要用户包括通用汽车、福特汽车、大众汽车、上海汽车、丰田汽车、铃木汽车、马自达汽车、东安三菱、BorgWarner、WABCO、三电贝洱、电装、德尔福、铃木摩托、本田摩托、雅马哈摩托、中国中车等在内的汽车、摩托车、整机、零部件企业

★上海众大汽车配件有限公司
地址:上海市嘉定区安亭镇园国路 1488 号
邮编:201805
电话:021/69573232
传真:69573790
电子信箱:baoyuew@shanghaitn.com.cn
法定代表人:赵旭东
质量体系:IATF 16949、ISO 9001
产品情况:上海帕萨特轿车小冲压件
配套情况:为上汽大众配套

★上海众浩汽车配件有限公司
地址:上海市嘉定区安亭镇园海路 555 号
邮编:201805
电话:021/59563311、59563733
传真:59563623-1017
网址:www.shzhap.com
电子信箱:webmaster@shzhap.com
法定代表人:薛明浩
质量体系:IATF 16949
产品情况:汽车冲压零部件和焊接产品
配套及出口情况:主要客户有上汽大众、上海汽车、采埃孚、上海天合等多家汽车行业的主机厂及其配套企业;远销新加坡、美国、德国、匈牙利、以色列等多个国家

★东来涂料技术(上海)股份有限公司
地址:上海市嘉定工业区新和路 1221 号
邮编:201807
电话:021/39538597、39538593
传真:39538501
网址:www.onwings.com.cn
电子信箱:marketing@onwings.com.cn
法定代表人:朱忠敏
质量体系:IATF 16949、ISO 14001
产品情况:(高飞漆牌、onwings 牌)汽车低温修补漆、汽车原厂漆、塑料件漆、电脑调色修补漆
配套情况:通过爱驰汽车、东南汽车、一汽轿车、英菲尼迪、长安汽车、长安福特、比亚迪、小鹏汽车、蔚来汽车、上汽通用、一汽奥迪、领克、林肯、东风雷诺、福特、沃尔沃、东风日产、郑州日产、一汽丰田、广汽丰田、标致雪铁龙、一汽-大众、奇瑞汽车、上汽通用五菱、广汽菲亚特、北京现代、吉利汽车、宇通客车、东风风行、海马汽车、启辰、东风裕隆、广汽传祺等主机厂认证

★泰明顿摩擦材料技术(上海)有限公司
地址:上海市嘉定区嘉唐公路 1521 号 6 幢
邮编:201807
电话:021/60297820
网址:tmdfriction.com
法定代表人:陈耀
质量体系:ISO/TS 16949、QS 9000
产品情况:制动片、制动片混料的研发与生产

★道森橡塑制品(上海)有限公司
地址:上海市嘉定区兴荣路 785 号
邮编:201807
电话:021/33517979
传真:33517575
电子信箱:sales@james-dawson.com
法定代表人:Paul Jeremy Edwards
质量体系:IATF 16949
产品情况:硅胶管、涡轮增压管、中冷管、水冷管、回油管

★上海球明标准件有限公司
地址:上海市嘉定区浏翔公路 6798 号
邮编:201811
电话:021/59974579、59972996
传真:59970251
网址:www.sqm88.com
电子信箱:sqm@sqm88.com
法定代表人:周曰球
质量体系:IATF 16949、ISO 14001
产品情况:汽车专用簧片螺母、弹性件、冷冲件、弹性圆柱销、垫片及铰链总成等
配套情况:主要一级配套客户有上汽通用全国工厂、上汽、北汽、一汽、长城、奇瑞捷豹路虎、宝马;主要二次配套户客有延锋全国各工厂、延锋江森座椅、彼欧、德尔福、麦格纳、佛吉亚、埃驰、安通林、三电贝洱、丰田纺织、宁波华翔

★弗兰科希管件系统(上海)有限公司
地址:上海市嘉定区安亭镇百安公路 537 号 1 区
邮编:201814
电话:021/69573800
网址:www.fraenkische-fpss.cn
电子信箱:info@fraenkische-cn.cn
法定代表人:OTTO FRIEDRICH KIRCHNER
质量体系:IATF 16949、ISO 14001
产品情况:汽车用塑料油管、水管、气管及电缆保护管
配套情况:向联合电子、大陆电子、德尔福、博世、李尔、莱尼等国际知名的汽车工业一线供应商供货

★上海伟德汽车零部件有限公司
地址:上海市嘉定区安亭镇大众工业园二区泰裕路 8 号
邮编:201814
电话:021/59503949
传真:59503948
网址:www.shweide.cn
电子信箱:zhanghuiliw@126.com
法定代表人:张惠丽
质量体系:IATF 16949
产品情况:汽车 V 带、多楔带、同步带和多种特殊胶带等
配套情况:客户有上汽大众、南京依维柯、上汽通用、吉利、江淮纳威司达、五菱柳机、宝钢阿赛洛

★斯凯孚(上海)汽车技术有限公司
地址:上海市嘉定区安亭镇园国路 328 号
邮编:201814
电话:021/69574300
传真:69574320
网址:www.skf.com.cn
电子信箱:tianyu.lu@skf.com
法定代表人:WERNER JUuml;RGEN DIETRICH HOFFMANN
质量体系:ISO/TS 16949
产品情况:轿车轮毂轴承单元(第一、第二代和第三代)以及变速器圆锥滚子轴承、轿车离合器分离轴承、前悬架轴承、张紧轮轴承、转向机轴承
配套情况:为上汽大众、一汽-大众、上汽通用、重庆福特、武汉神龙、芜湖奇瑞、沈阳华晨以及其他全球知名汽车制造商配套

★超捷紧固系统(上海)股份有限公司
地址:上海市嘉定区澄浏中路丰硕路 100 弄 39 号

邮编:201818
电话:021/59907230
传真:59907111
网址:www. shchaojie. com. cn
电子信箱:kris@ shchaojie. com. cn
法定代表人:宋广东
质量体系:IATF 16949、ISO 9001
产品情况:汽车发动机涡轮增压系统连接件,高强度、高精密紧固件,非标异型件等产品;广泛用于汽车涡轮增压、底盘、车灯、后视镜、变速器、内饰等汽车系统零部件连接、调节与紧固
配套情况:产品主要供给国内外知名汽车零件一级供应商,如博世、麦格纳、卡斯马、德韧、ECS、菱重、博马科技、富奥石川岛等,终端 OEM 为 GM、VW、Ford、长城、蔚来等中外知名企业

★宝钢日铁汽车板有限公司
地址:上海市宝山钢铁股份有限公司厂区内纬五路冷轧综合楼
邮编:201900
电话:021/26643519、26643528
传真:26643880
电子信箱:yuxw@ baosteel. com
法定代表人:姚林龙
质量体系:IATF 16949、ISO 9001
产品情况:汽车钢板

★宝山钢铁股份有限公司
地址:上海市宝山区富锦路 885 号宝钢指挥中心
邮编:201900
电话:021/26647000
传真:26646999
网址:www. baosteel. com
电子信箱:ir@ baosteel. com
法定代表人:邹继新
质量体系:ISO 14001、ISO 9001
产品情况:汽车用高强钢等

★上海中国弹簧制造有限公司
地址:上海市宝山区蕴川路 291 号
邮编:201901
电话:021/51212800
网址:www. chinaspring. com. cn
电子信箱:recruit@ chinaspring. com. cn
法定代表人:马振刚
质量体系:IATF 16949、ISO 14001
产品情况:(三环牌)
汽车悬架弹簧、发动机气门弹簧、稳定杆、模具弹簧、异形弹簧、碟形弹簧、热卷弹簧、机车弹簧、各类冲压件、精密弹簧及其他各类弹簧
配套情况:与多家国际汽车厂商配套

★上海宝陆汽配型钢有限公司
地址:上海市宝山区富联二路 518 号-1
邮编:201906
电话:021/56022610
传真:56026041
电子信箱:baolu@ guomai. sh. cn
法定代表人:陆正良
质量体系:ISO/TS 16949
产品情况:铝板、圆钢和薄钢板冷冲压汽车零部件
配套情况:为上汽大众桑塔纳系列车型、帕萨特、奇瑞汽车、上汽华克配套

★上海向明轴承股份有限公司
地址:上海市崇明区城桥镇东门路 156 号
邮编:202150
电话:021/69611080
传真:69611187
电子信箱:2866529772@ qq. com
法定代表人:郁建忠
质量体系:IATF 16949
产品情况:(XM 牌)
汽车用水泵轴连轴承,汽车风扇支架轴承和精密机床主轴承,年产轴承 700 万套
配套及出口情况:为上汽大众桑塔纳、东风汽车康明斯、南京跃进依维柯及上海柴油机公司等配套;55% 的产品远销美国、英国、西班牙、韩国等国家

★上海运良锻造实业有限公司
地址:上海市崇明区工业园区秀山路 1 号
邮编:202150
电话:021/39621028、39621058
传真:39621058
网址:www. yunliang - forgetech. com
电子信箱:shylhxd@ 126. com
法定代表人:陆浩
质量体系:ISO/TS 16949
产品情况:形成年产模锻件 50000 吨的生产能力
配套及出口情况:主要客户有福特汽车、上汽大众、上汽通用、一汽-大众、上海汇众、奇瑞汽车及美国特斯拉汽车等国内外汽车制造商;出口日本、美国、德国、印度等国家

★恩梯恩阿爱必(常州)有限公司
地址:上海市松江区南乐路 1666 号 6 号楼 2 楼
邮编:201611
电话:021/57745500
网址:www. ntn. com. cn
电子信箱:admin. list@ ntn. com. cn
法定代表人:沢津桥寿久
质量体系:IATF 16949、ISO 14001
产品情况:(NTN 牌)
汽车发动机用摇臂轴承
配套情况:为日本本田、日本日进、一汽等公司配套

江苏省

★南京晨光集团有限责任公司
地址:南京市正学路 1 号
邮编:210006
电话:025/52822220、52822667
传真:52828157
电子信箱:cacgg@ cacgg. com
法定代表人:徐彤
质量体系:ISO 9001、ISO 14001
产品情况:(三力牌)
专用汽车、柔性管件(金属软管和波纹补偿器等)、压力容器等
配套及出口情况:为重汽集团、江淮汽车、贵州红湖机械、东风汽车公司、上汽通用、北汽福田、一汽集团等配套;部分产品出口

★南京利德东方橡塑科技有限公司
地址:南京市栖霞区迈皋桥创业园 7 号
邮编:210028
电话:025/83130816、4009007425
网址:www. nj7425. chemchina. com
电子信箱:xx1@ nj7425. com
法定代表人:杨舒媛
质量体系:IATF 16949、ISO 9001
产品情况:(利德东方牌、ORLETE 牌、7425 牌)
汽车制动软管、空调软管、动力转向管及油管、水管、气管等,汽车用油封、O 形圈等
配套及出口情况:为解放、东风、大众、标致、雪铁龙、通用、菲亚特、依维柯、马自达、日产、铃木、奇瑞、江铃、江淮、长安等引进车型和国产的轿车、轻型车、微轿、载重车、大客车、摩托车配套;出口美国、日本、东南亚等国家和地区

★南京金三力橡塑有限公司
地址:南京市高新技术开发区龙泰路 6 号
邮编:210032
电话:13805174790
网址:www. jinsanli. com
电子信箱:info@ njrp. com. cn
法定代表人:王国伟
质量体系:ISO 14001、ISO 9001
产品情况:(三力牌、NJRP 牌)
汽车、家电等工业用的密封和减振橡胶制品
配套情况:为博世集团、伍德沃德控制器、三菱电机、住友电工、马勒集团、通用汽车、派克 - 欧哈尔、上汽大众、南京汽车集团、康明斯滤清系统、上海东风泰利福莫尔斯控制系统、南京依维柯、哈尔滨北方特种车辆、太原重型机械集团等供货

★南京汽车锻造有限公司
地址:南京市栖霞区西岗
邮编:210033
电话:025/58120000、58120078
传真:58120099、58120077
网址:www. njforge. com
电子信箱:njforge@ njforge. com
法定代表人:王尤佳
质量体系:IATF 16949、ISO 14001
产品情况:以生产汽车、工程机械、船用绑扎锻件为主
配套情况:主要客户有卡特彼勒、上海

汽车、上汽大众、上汽通用、上海纳铁福、中国重汽、南京依维柯、德国 ELBE、意大利 Tenaris 等

★江苏龙蟠科技股份有限公司
地址:南京市经济技术开发区恒通大道6号
邮编:210038
电话:025/85804868、85804818
传真:85804898
网址:www.lopal.com.cn
电子信箱:zhaoshang@lopal.cn
法定代表人:石俊峰
质量体系:ISO 9001、ISO 14001
产品情况:(龙蟠牌、可兰素牌、3ECARE牌)
包含润滑油液脂、车用环保尿素、氢能源、锂电材料四大业务领域
配套情况:为北汽、广汽、江淮、合力、宇通、东风、一汽、金龙、中联重科、上柴、锡柴、雷沃、潍柴、扬柴等国内60多家企业配套

★南京海王汽车零部件有限公司
地址:南京市栖霞区八卦洲街道鹏岛路252号大同工业园2栋4-5楼
邮编:210038
电话:025/85660486
传真:85574322
网址:www.njhaiwang.com
电子信箱:gm@njhaiwang.com
法定代表人:邹建海
质量体系:IATF 16949、ISO 9001
产品情况:车辆管路系统,制动软管、硬管,空调管,燃油管,异型管等
配套及出口情况:为一汽、东风、上汽、南京依维柯、江淮、奇瑞、长安、吉利、卡威、扬子江汽车、北汽集团、陆地方舟、道爵汽车、福迪汽车、成功汽车、金龙汽车、东风、御捷、知豆等供货;远销北美洲、欧洲、东南亚、中东等地区

★南京轴承有限公司
地址:南京市雨花经济开发区凤仪路28号
邮编:210039
电话:025/85417495
传真:85417189
网址:www.njjnzc.com
电子信箱:njjnzc@njjzc.com
法定代表人:卢小强
质量体系:IATF 16949、ISO 14001
产品情况:(精宁牌)
汽车离合器分离轴承系列,年产800万套;深沟球轴承、圆锥滚子轴承
配套及出口情况:为一汽、东风、上汽、福田、江淮、重汽、陕汽、柳汽、南维柯、广汽、华菱、北奔、红岩、金龙、宇通、大运、航天泰特、三一重工、中联重科、长安、昌铃、五菱、江铃、华晨金杯、东南、吉利、长城、比亚迪、奇瑞等国内各大汽车公司以及陕西法士特、重庆青山、格特拉克、唐山爱信、浙江中马、浙江万里扬、株洲欧格瑞、唐山通力等变速器厂和长春一东、桂林福达、湖北三环、苏汽配、重庆爱思帝等离合器公司配套;远销欧洲、中东、南美洲、东南亚地区

★南京金杉汽车工程塑料有限责任公司
地址:南京市雨花经济开发区青年路8号
邮编:210039
电话:025/86664605
传真:86660194
网址:www.js-engplastics.com
电子信箱:market@js-engplastics.com
法定代表人:吴锡忠
质量体系:IATF 16949
产品情况:汽车工程塑料,主要应用于汽车内外饰部件的制造与生产
配套及出口情况:产品覆盖上汽大众、上汽通用、上汽、华晨中华、天津一汽、福建奔驰、奇瑞、吉利等几十家主机厂几百种车型的内外饰等上千个项目;出口乌克兰

★江苏长江涂料有限公司
地址:南京市化学工业园园区西路157号
邮编:210047
电话:4001107888
传真:025/58394891
网址:www.cjtl.com
电子信箱:fzb@cjtl.com
法定代表人:张卫中
质量体系:ISO 9001、ISO 14001
产品情况:(长江牌)
乳胶漆、防腐漆、汽车漆
配套情况:与杜邦公司(DuPont)、艾仕德、德固赛、DOW、DSM、德国赫伯兹(HERBERTS)、拜尔(Bayer)、BYK、巴斯夫(BASF)、日本旭化成等国际化学工业公司及国内多家科研院所建立了合作伙伴关系

★南京聚隆科技股份有限公司
地址:南京市江北新区聚龙路8号
邮编:210061
电话:025/58840064
网址:www.njjulong.cn
电子信箱:julong@njjulong.cn
法定代表人:刘曙阳
质量体系:IATF 16949
产品情况:(聚隆牌)
高性能改性尼龙、高性能工程化聚丙烯、长玻纤增强复合材料、高性能塑料合金和塑木环境工程材料等,产品广泛应用于汽车等领域
配套及出口情况:已进入通用、福特、克莱斯勒三大美系汽车公司的采购目录,纳入大众、标致雪铁龙、马自达等跨国汽车公司的供应商体系,获得国内自主品牌长城、上汽、广汽、吉利、长安、东风、北汽等汽车厂商的供应商认证;出口美国、以色列、德国、俄罗斯、澳大利亚等30多个国家

★舍弗勒(南京)有限公司
地址:南京市江宁经济开发区建衡路88号
邮编:211100
电话:025/87738777、81061777
网址:www.schaeffler.cn
电子信箱:info_china@schaeffler.com
法定代表人:YILIN ZHANG
质量体系:IATF 16949、ISO 9001
产品情况:主要产品为精密轴承和精密传动部件

★南京奥普织物有限公司
地址:南京市江宁经济开发区清水亭西路209号
邮编:211102
电话:025/57919959、57919999-8001
传真:52781333
网址:www.njaopo.com
电子信箱:2891999@njaopo.com
法定代表人:王建宁
质量体系:IATF 16949
产品情况:汽车座椅面料、内饰面料,年产各种面料200万米
配套及出口情况:主要客户有上汽集团、吉利汽车、比亚迪汽车、海马汽车、奇瑞汽车、东南汽车、广汽本田、大发汽车、依维柯汽车、华晨汽车、宇通客车、金龙客车、安凯客车等;出口客车面料至巴西、阿根廷、马来西亚等国家

★南京云海特种金属股份有限公司
地址:南京市溧水经济开发区秀山东路9号
邮编:211200
电话:025/57234888
传真:57234168
网址:www.rsm.com.cn
电子信箱:info@rsm.com.cn
法定代表人:梅小明
质量体系:IATF 16949、ISO 9001
产品情况:转向盘骨架、动力控制单元分配箱、X61G水箱支架、泵壳、泵盖等金属制品

★南京宏佳机械制造有限公司
地址:南京市溧水区石湫镇
邮编:211222
电话:025/68817166、68817170
传真:56615711
网址:www.njhongjia.com
电子信箱:webmaster@njhongjia.com
法定代表人:王勤
质量体系:IATF 16949、ISO 14001
产品情况:软管连接用各型钢带式弹性夹箍、喉箍、钢丝式卡箍以及各种片簧等弹性、冲压零部件;年产零件近10000万只
配套情况:为上汽大众、奇瑞汽车、一汽-大众、长安铃木、郑州日产、长城汽车、天津鹏翎等供货

★南京金牛机械制造股份有限公司
地址:南京市高淳县龙井路 8 号
邮编:211300
电话:025/57339543
传真:56816099
网址:www. njjncn. com
电子信箱:njjncn@ njjncn. com
法定代表人:易小平
质量体系:IATF 16949、ISO 14001
产品情况:(飞钻牌)
高精度粉末冶金产品

★仪征海天铝业有限公司
地址:江苏省仪征市汽车工业园联众路 16 号
邮编:211400
电话:0514/83583012
传真:83583011
网址:www. yz - htly. com
电子信箱:chq192@ aliyun. com
法定代表人:汪卫
质量体系:IATF 16949、ISO 9001
产品情况:专业生产铝管、铝棒、铝型材、无缝铝管、单双金属翅片管,用于汽车等行业
出口情况:远销国外

★南京优仁有色金属有限公司
地址:南京市六合经济开发区龙池街道新港湾路 35 号
邮编:211507
电话:025/57138980、57138982
传真:57138901、57138669
网址:www. tubemaster. com. cn
电子信箱:xiaoshou@ tubemaster. com. cn
法定代表人:CHEN XIAOBO(陈小波)
质量体系:IATF 16949
产品情况:高频焊接散热管
出口情况:畅销国外市场

★江苏欧一油品科技有限公司
地址:江苏省盱眙经济技术开发区龙山路 20 号
邮编:211700
电话:0517/88298785、88298786
传真:88298781
网址:www. js - eurone. com
电子信箱:info@ js - eurone. com
法定代表人:赵建月
质量体系:ISO 9001
产品情况:(EURONE 牌)
润滑油、润滑脂、防冻液、制动液等,具有年产 20 万吨的生产能力

★镇江立达纤维工业有限责任公司
地址:江苏省镇江市宗泽路 18 号
邮编:212003
电话:0511/88837398
传真:8827463
电子信箱:sales@ e - lida. com
法定代表人:施舒拉
质量体系:IATF 16949
产品情况:(哈维斯牌)
主要产品有树脂毡系列、无氨阻燃毡、环保型树脂毡、MP 毡、PP、PET 纤维毡、各类汽车内饰模压成型件、空调器隔音垫系列;可年产阻燃吸音棉毡 800 万平方米,年产各类汽车模压成型件 60 万套
配套情况:为北方、扬州亚星、三江雷诺、中大集团、上汽通用等配套

★镇江飞亚轴承有限责任公司
地址:江苏省镇江市朱方路三茅宫
邮编:212005
电话:0511/85623531、85623814
传真:85622581
网址:www. fyb - bearing. cn
电子信箱:fyb - n@ fyb - bearing. cn
法定代表人:康顺杰
质量体系:IATF 16949、ISO 9001
产品情况:(FYB 牌)
滚针轴承、圆柱滚子轴承、汽车离合器分离轴承、汽车同步器钢环、推力轴承、滚轮轴承、组合轴承等
配套及出口情况:主要配套的客户有现代、福特、丰田、铃木、长安、一汽、东风汽车、重汽、比亚迪、长城、奇瑞、吉利等;近 40% 的产品销往欧美、东南亚各国

★镇江市标力紧固件有限公司
地址:江苏省镇江市谏壁镇莺歌桥东首
邮编:212006
电话:0511/83364249、83362396
传真:83364249
网址:www. zjblgs. com
电子信箱:biaoligs@ 163. com
法定代表人:朱玉琴
质量体系:IATF 16949、ISO 14001
产品情况:(标力牌)
六角螺栓、螺母、铆钉,高强度螺栓、螺母及各种凸缘面螺栓、螺母等,年生产能力 2.5 亿件
配套情况:为上汽集团、中国重汽、江淮汽车集团、常柴股份、跃进汽车集团等配套

★镇江长江汽车内饰件有限公司
地址:江苏省扬中市兴隆镇长江工业区
邮编:212214
电话:0511/88138787、88138788
传真:88484601
网址:www. cjnsj. com
电子信箱:sale@ changjiangneishi. com
法定代表人:黄良胜
质量体系:IATF 16949
产品情况:隔音隔热棉、风道衬板、铝塑板、人革面料、PVC 发泡板、汽车成型顶蓬、内护板、地板革、电池/电动机/电控舱防火材料、PVC 地板革、司机包围、风道、检修盖、圆孔消音铝板、汽车扶手、天窗、车门应急阀
配套情况:客户有青年汽车、金旅客车、西安西沃、金龙客车、玉柴机器、福田客车、北方客车

★江苏常新密封材料有限公司
地址:江苏省扬中市经济技术开发区港茂路 658 号
邮编:212215
电话:0511/88322772、88366910
传真:88324768
网址:www. changxin - seal. com
电子信箱:lk5077@ changxinseal. com
法定代表人:夏丽君
质量体系:ISO 9001、ISO 14001
产品情况:(江岛牌、XINSU 牌)
聚四氟乙烯,聚醚醚酮,PVDF、PFA、FPM 等有机氟橡胶产品,碳素石墨、柔性石墨密封件及填料,PP、POM、PA、PE、PMMA、PVC 等工程塑料

★丹阳旭铃精密零部件有限公司
地址:江苏省丹阳市开发区通港西路 68 号日产园南区 3、4 栋
邮编:212300
电话:0511/86997090
传真:86997092
网址:www. asahi - danyang. com. cn
电子信箱:241494867@ qq. com
法定代表人:铃木康则
质量体系:ISO 9001、IATF 16949
产品情况:碟形弹簧、波形弹簧及其延伸产品,同时生产各种异型弹簧

★江苏奇一科技有限公司
地址:江苏省丹阳市经济开发区长湾西路 9 号
邮编:212314
电话:0511/88012900
传真:88012811
网址:www. china - qiyi. com
电子信箱:renshike@ china - qiyi. com
法定代表人:朱华平
质量体系:IATF 16949、ISO 14001
产品情况:纳米粉体增强 HDPE 降噪阻尼片材、高填充降噪阻尼隔热片材、轿车用内嵌可发膨胀片、环保型复合结构发泡聚丙烯(FPP)板材、聚乳酸(PLA)全生物降解材料等高分子复合材料;座椅塑料件、调角旋钮、顶腰器手柄、调角器护板、杂物盒等汽车饰件

★江苏恒神股份有限公司
地址:江苏省丹阳市通港路 777 号
邮编:212314
电话:0511/86939000、13615292850
传真:86939312
网址:www. hscarbonfibre. com
电子信箱:xiao. meng@ hscarbonfibre. com
法定代表人:李仰东
质量体系:IATF 16949、GB/T 24001
产品情况:纤维材料、复合材料及其制品,用于汽车等领域

★汉高(江苏)汽车零部件有限公司
地址:江苏省丹阳市新桥镇群益工业园

邮编:212322
电话:0511/86306262
传真:86306268
网址:www. henkel. cn
电子信箱:caiqin. pei@ cn. henkel. com
法定代表人:JEREMY ANDREW HUNTER
质量体系:IATF 16949、ISO 9001
产品情况:(汉高牌)
3EVA(EPDM)阻隔片材、橡胶基阻尼片材、环氧基加强片材、三维空腔填充物(即膨胀片)
配套及出口情况:为上汽通用、上汽大众、神龙公司、上汽通用五菱、长春一汽、广汽本田、长安福特、南京跃进、江淮公司、苏州金龙等大型汽车公司供货;出口欧洲,并销往中国香港、中国澳门、中国台湾地区

★江苏普锐科技发展有限公司
地址:江苏省丹阳市界北村工业规划区
邮编:212323
电话:0511/86369388、86377002
传真:86365666
网址:www. cnfuao. com
电子信箱:cwb@ cnfuao. com
法定代表人:吴泽云
质量体系:IATF 16949
产品情况:(漠锐牌)
汽车塑件,提供塑件表面处理,塑件电镀服务

★江苏万奔汽车配件有限公司
地址:江苏省丹阳市陵口镇
邮编:212353
电话:0511/86662109、86664191
传真:86666577
网址:www. wanben. com
电子信箱:wanben888@ 163. com
法定代表人:张华
质量体系:IATF 16949
产品情况:(万奔牌)
各类汽车密封条等产品
配套情况:为南京依维柯、郑州宇通、厦门金龙、长城汽车、一汽海马、华晨金杯等配套

★江苏欧朗汽车管路系统有限公司
地址:江苏省常州市新区河海西路398号
邮编:213000
电话:0519/88299742
传真:85104639
网址:www. obosaa. com
电子信箱:olsales@ obosaa. com
法定代表人:周太平
质量体系:IATF 16949
产品情况:专业生产汽车流体管件,产品涉及新能源管、发动机管、压差管,水管等
配套情况:产品一级或二级配套于大众、上汽、丰田、克莱斯勒、吉利、北汽、博世、马勒等国内外主流整车和系统厂商

★常州三和塑胶有限公司
地址:江苏省常州市武进高新区凤鸣路22号
邮编:213004
电话:0519/86226500、86226501
传真:86226511、86226522
网址:www. sanhe - foam. cn
电子信箱:info@ sanhe - foam. cn
法定代表人:陈解建
质量体系:IATF 16949、ISO 9001
产品情况:NBR/PVC、EPDM/CR、PE、EVA四大类10种发泡系列产品
出口情况:远销北美洲、欧洲、日本、中东、东南亚等20多个国家和地区

★常州光洋轴承股份有限公司
地址:江苏省常州市新北区汉江路52号
邮编:213022
电话:0519/85158888、86808888
传真:85150888
网址:www. nrb. com. cn
电子信箱:sales@ nrb. com. cn
法定代表人:李树华
质量体系:IATF 16949、ISO 9001
产品情况:(NRB牌)
滚针轴承、滚子轴承、离合器分离轴承与轮毂轴承,主要运用于汽车变速器、离合器、重型货车车桥和轮毂等重要总成
配套情况:客户包括一汽、东风、上汽、长安、重汽、奇瑞等整车集团和陕西法士特、綦江齿轮、上海汽车变速器、重庆青山等国内重型货车、客车、轿车、微型车变速器主机厂配套,同时延伸至采埃孚、伊顿、爱信(唐山)、格特拉克(江西)等国际知名变速器主机厂

★常州东风轴承有限公司
地址:江苏省常州市新北区黄河西路198号
邮编:213022
电话:0519/85910541、85910030
传真:85910131
网址:www. df - bearing. com
电子信箱:info@ df - bearing. com
法定代表人:黄志仁
质量体系:IATF 16949、ISO 9001
产品情况:(DFB牌)
具备年产滚针轴承5000万套,滚针8亿支,短圆柱滚子轴承200万套,汽车离合器分离轴承250万套、汽车用衬套400万件、调心垫片400万件的生产能力
配套情况:为主要汽车变速器厂、摩托车发动机厂、电动工具厂等配套

★常州华狮化工有限公司
地址:江苏省常州市新北区泰山路217号
邮编:213022
电话:0519/85158068
传真:85158066
网址:www. czhuashi. com
电子信箱:info@ czhuashi. com
法定代表人:黄勤力
质量体系:ISO 9001、ISO 14001
产品情况:(华狮牌)
汽车轮毂漆、仿电镀效果漆、各类机壳塑胶漆、高亮度(PU)聚氨酯漆、紫外线(UV)光固化漆、水性环保漆涂料等

★普利司通(常州)汽车配件有限公司
地址:江苏省常州市新北区天山路78号
邮编:213032
电话:0519/85922910、85922901
传真:85922902
网址:www. bridgestone. com. cn
电子信箱:bsbcap@ 126. com
法定代表人:西泽政司
质量体系:IATF 16949、ISO 14001
产品情况:汽车防振橡胶件
配套情况:为天津一汽丰田、广州日产等配套

★江苏迪欧姆股份有限公司
地址:江苏常州市武进区遥观镇勤新工业集中区
邮编:213102
电话:0519/89182958、89181155
传真:89182958
网址:www. dompipe. com
电子信箱:sales@ dompipe. com
法定代表人:周飞耀
质量体系:IATF 16949
产品情况:年设计生产中高端精密焊管8万吨,冷拔精密焊接钢管5万吨,冷拔或冷轧精密无缝钢管1万吨;产品主要用于汽车、摩托车等行业

★常州杰安轴承制造有限公司
地址:江苏省常州市武进区遥观镇通济工业区华昌路87号
邮编:213102
电话:0519/86553625、13961465611
传真:83606067
网址:www. czjan. com
电子信箱:info@ czjan. com
法定代表人:汪利杰
质量体系:IATF 16949
产品情况:各种型号滚针轴承
出口情况:远销欧美、东南亚及中东等地区

★常州市武滚轴承有限公司
地址:江苏省常州市新北区丽园路88号
邮编:213125
电话:0519/85951209
传真:85950807
网址:www. wugun. cn
电子信箱:office@ wugun. cn
法定代表人:刘有光
质量体系:IATF 16949、ISO 14001

产品情况:各种汽车变速器(MT、AMT、AT、DCT、CVT)、汽车动力转向器、电动转向器等用滚针轴承、圆柱滚子轴承、轴套等各类专用精密轴承和精密零件;年产轴承能力 3000 万套

★托普拉精密紧固件(常州)有限公司

地址:江苏省常州市新北区玉龙北路 568 号
邮编:213127
电话:0519/89883650
传真:89883225
网址:www. topura - cn. com
电子信箱:top@ topura - cn. com
法定代表人:川上新吾
质量体系:IATF 16949、ISO 14001
产品情况:(TOPURA 牌)
高强度精密紧固件、精密金属部品、模具
配套情况:为日系汽车生产商(日产、本田、丰田、铃木等)供货

★常州苏特轴承制造有限公司

地址:江苏省常州市武进经济开发区禾香路 11 号
邮编:213149
电话:0519/83661214、83663652
传真:83660196
网址:www. sutebearing. com
电子信箱:sutejs@ hx - zc. com
法定代表人:蒋亚电
单位人数:400
质量体系:IATF 16949、ISO 14001
产品情况:连杆用滚针保持架组件、超越离合器、实体套圈滚针轴承、圆柱滚子轴承、向心滚针保持架组件、推力平面轴承、标准及修正线滚针
配套及出口情况:与重庆宗申、重庆力帆、重庆隆鑫、济南轻骑、博世、日立等数百家大中型企业配套;出口欧洲、美洲、非洲、亚洲等 20 多个国家和地区

★常州腾龙汽车零部件股份有限公司

地址:江苏省常州市武进经济开发区腾龙路 15 号
邮编:213149
电话:0519/69692888
传真:69690996
网址:www. cztl. com
法定代表人:蒋学真
质量体系:IATF 16949、ISO 9001
产品情况:汽车用各种散热器铝管、蒸发器铝管和空调管组件、汽车热交换系统空调管路总成、汽车热交换系统连接管、汽车热交换系统附件、汽车传感器等
配套及出口情况:产品直接或间接配套于宝马、奔驰、大众、福特、通用、雪铁龙、标致、本田等国际主流品牌汽车及长城、奇瑞、通用五菱、吉利、上汽、长安、比亚迪等国内主要车企;出口北美洲、南美洲、欧洲、日本、东南亚等国家和地区

★江苏南方轴承股份有限公司

地址:江苏省常州市武进区高新技术产业开发区龙翔路 9 号
邮编:213161
电话:0519/86552111、89810195
传真:86565058、86564735
网址:www. nf - bearings. com
电子信箱:sales@ nf - bearings. com
法定代表人:史建伟
质量体系:IATF 16949、ISO 14001
产品情况:滚针轴承和超越离合器
配套及出口情况:为法雷奥、博世、西门子、麦格纳等知名汽车零部件生产商批量供货,并为本田、铃木、雅马哈、大长江等知名摩托车生产厂家配套;出口美国、英国、法国、德国、意大利、西班牙、加拿大、韩国、日本、泰国、印度等国家,并销往中国台湾地区

★江苏容天乐机械股份有限公司

地址:江苏省常州市武进区湖塘镇武鸣南路 81 号
邮编:213161
电话:0519/86528566、86536798
传真:86536398
网址:www. wjt - bearing. com
电子信箱:jsrtl@ jsrtl. com
法定代表人:吴伯勤
质量体系:IATF 16949、ISO 9001
产品情况:(容天乐牌)
2000 余个品种的各类滚针、短圆柱和水泵系列轴承
配套及出口情况:为一汽集团、东风汽车公司、长安汽车、奇瑞汽车、江淮汽车、航天三菱、哈航、重汽集团、江铃、上汽通用五菱等各大汽车主机厂及轻骑、建设、隆鑫、宗申、力帆等各大摩托车厂配套;出口意大利、俄罗斯、美国、韩国等 10 多个国家

★常州市大洋轴承制造有限公司

地址:江苏省常州市武进区湖塘镇
邮编:213162
电话:0519/88592578
传真:88232578
电子信箱:info@ cdaya. com. cn
法定代表人:李孟玲
质量体系:ISO 14001
产品情况:(CDAYA 牌)
K 系列滚针保持架组件、短圆柱滚子轴承、平面推力轴承、实体套圈滚针轴承等

★斯泰必鲁斯(江苏)有限公司

地址:江苏省常州市武进高新技术产业开发区龙翔路 8 号
邮编:213164
电话:0519/86623500
传真:86623550
网址:www. stabilus. com/cn
电子信箱:info@ cn. stabilus. com
法定代表人:WILHELM BROHL
质量体系:IATF 16949、ISO 14001
产品情况:各类气弹簧件、充气减振器和液压挺杆等,应用于各种高档车辆

★常州市民力轴承股份有限公司

地址:江苏省常州市武进高新技术产业开发区南区西湖路 15 号
邮编:213164
电话:0519/86559388、86568869
传真:86551183
网址:minli - cn. com
电子信箱:kyoei528@ qq. com
法定代表人:许民强
质量体系:IATF 16949、ISO 9001
产品情况:(CWN 牌)
各类滚针轴承、冲压外圈滚针离合器、圆柱滚子轴承、支承滚轮、螺栓滚轮、四点接触球和滚子组合轴承
出口情况:远销东南亚、欧美、韩国等国家和地区,并销往中国香港、中国台湾地区

★森瑞(常州)橡塑制品有限公司

地址:江苏省常州市武进高新区西湖路 8 号津通工业园 15B
邮编:213164
电话:0519/86226080
传真:86226085
网址:www. sinclair - rush. com. cn
电子信箱:dwang@ sinclair - rush. com. cn
法定代表人:Bradford M. Philip
质量体系:ISO 9001
产品情况:防护帽、手柄套系列及塑胶(PVC)和泡沫橡胶管等

★常州市清潭特种轴承有限公司

地址:江苏省常州市武进区龙逸路 70 号
邮编:213167
电话:0519/86468001
传真:86468003
网址:www. cnczt. cn
电子信箱:cnczt@ cnczt. cn
法定代表人:杨学锋
质量体系:IATF 16949、ISO 14001
产品情况:主要生产各种滚针轴承、平面轴承及单向轴承等系列产品
出口情况:远销东南亚、中东、欧美、北美洲等地区

★旷达汽车饰件系统有限公司

地址:江苏省常州市武进区雪堰镇旷达路 1 号
邮编:213179
电话:0519/86547329、86543304
传真:86543841
网址:www. kuangdacn. com
电子信箱:wenqin. xu@ kuangdacn. com
法定代表人:龚旭东
质量体系:IATF 16949、ISO 9001
产品情况:(旷达牌)

主要从事汽车内饰面料的复合加工、销售和汽车座套、汽车坐垫的研发、生产，年产各种汽车座套200万台(套)
配套情况：汽车坐垫已批量供应大众、奥迪等汽车主机厂4S店

★常州朗博密封科技股份有限公司
地址：江苏省常州市金坛区金东工业园区金博路1号
邮编：213221
电话：0519/82300207
传真：82300268
网址：www.jmp-seal.com
电子信箱：master@jmp-seal.com
法定代表人：戚建国
质量体系：IATF 16949、ISO 14001
产品情况：(JMP牌)
车用O形圈及垫圈、轮毂组件、油封、轴封等产品
配套情况：主要客户为华域三电、南京奥特佳、重庆建设摩托、上汽通用武汉分公司、上海汽车集团等国内知名汽车用压缩机及空调系统生产企业

★常州市利来密封件有限公司
地址：江苏省常州市金坛区水北镇望家墩
邮编：213221
电话：0519/82551031、82559031
传真：82553812
网址：www.nhkseal.cn
电子信箱：ll@nhkseal.cn
法定代表人：潘田荣
质量体系：IATF 16949、ISO 9001
产品情况：(NHK牌)
汽车发动机、汽车空调及管路、摩托车发动机及整车、电动工具等用各种橡胶密封制品和其他机械用橡胶制品
配套及出口情况：为国内外100多家骨干企业配套；约25%的产品直接或间接出口美国、日本、韩国、欧盟等发达国家和地区

★雄宇集团无锡模具工业有限公司
地址：江苏省无锡市南湖中路28号山水城工业园
邮编：214000
电话：0510/68551666
传真：68557191
网址：www.chi-mold.com
电子信箱：xieja@chi86.com
法定代表人：谢家学
质量体系：IATF 16949、ISO 9001
产品情况：中控门锁机构件、张紧轮零件、汽车减振机构、全车铰链和排气系统冲压件等
配套情况：客户有久保田、中发(丰田)、松下、共立、三洋、五十铃等

★无锡民联轴承制造有限公司
地址：江苏省无锡市南郊太湖镇梁南
邮编：214000
电话：0510/85071661
传真：85070026
网址：www.mlwx.com
法定代表人：张建中
质量体系：IATF 16949、ISO 9001
产品情况：中重型汽车离合器分离轴承总成及各类环形锻件

★无锡新得宝金属软管有限公司
地址：江苏省无锡市扬名高新技术产业园C区17号
邮编：214024
电话：0510/85401864、85407480
传真：85411472
网址：www.xdbrg.com
电子信箱：yyang@xdbrg.com
法定代表人：王纪民
质量体系：IATF 16949、ISO 14001
产品情况：(新得宝牌)
汽车排气管用波纹管(挠性节)、不锈钢金属软管、不锈钢波纹管
配套及出口情况：为上汽通用、上汽股份、上汽通用五菱、一汽、北汽股份、长城、江淮、奇瑞、吉利、海马、华晨、东风、江铃等汽车厂家配套；出口北美洲、欧洲市场；金属软管、波纹管配套美国UTC集团旗下的设备制造公司

★博尔豪夫(中国)紧固件有限公司
地址：江苏省无锡市高新技术产业开发区宝德工业园20-22号地块
邮编：214028
电话：0510/88651616
传真：88651615
网址：www.boellhoff.com
电子信箱：sales@bollhoff-china.com
法定代表人：AMMER SVEN
质量体系：IATF 16949
产品情况：(SNAPLOC牌)
螺纹套等汽车紧固件

★三樱(无锡)汽车部件有限公司
地址：江苏省无锡市国家高新技术产业开发区新梅路80号
邮编：214028
电话：0510/85322771
传真：85322775
电子信箱：www@sanoh-wx.com
法定代表人：永井邦和(NAGAI KUNIKAZU)
质量体系：IATF 16949
产品情况：车用五金件、涂层板以及工程塑料、汽车制动管等
配套情况：汽车制动管为上汽大众、广汽本田、东风日产乘用车、天津一汽丰田、东风本田等配套

★无锡市万力粘合材料股份有限公司
地址：江苏省无锡市新区长江南路17号-17
邮编：214028
电话：0510/85345357、85345529
传真：85347822
网址：www.wlnh.net
电子信箱：zhouqiping@wlnh.net
法定代表人：周其平
质量体系：ISO 9001、ISO 14001
产品情况：(吉力牌)
PUR热熔胶、EVA热熔胶、热熔压敏胶、聚烯烃热熔胶、水基胶、双组分聚氨酯胶等环保型胶黏剂
出口情况：部分产品远销欧美、加拿大、日本等十几个国家和地区

★精密烧结合金(无锡)有限公司
地址：江苏省无锡市新吴区新梅路86号
邮编：214028
电话：0510/85322101、8827563
传真：85322312
网址：www.wuxipsp.com.cn
电子信箱：info@wuxipsp.com.cn
法定代表人：井上洋一(INOUE YOICHI)
质量体系：IATF 16949
产品情况：发动机零部件(气门座、链齿轮、发动机可变凸轮时机机构)、变速器零部件(无级变速传动零件、无级变速器油泵零件)、减振器零部件(减振器活塞、减振器底座)、其他零部件(座椅安全带导动板等)
配套情况：为广汽丰田、广州南沙电装、天津一汽丰田、一汽丰田(长春)供货

★铁姆肯(无锡)轴承有限公司
地址：江苏省无锡市新区锡锦路8号
邮编：214061
电话：0510/85201111
传真：85203223
网址：www.timken.com
电子信箱：liang.qian@timken.com
法定代表人：郁澜
质量体系：IATF 16949、ISO 14001
产品情况：圆锥滚子轴承、滚子轴承、深沟球轴承

★光洋滚针轴承(无锡)有限公司
地址：江苏省无锡市滨湖区胡埭镇翔鸽路32号
邮编：214072
电话：0510/68789913
网址：www.jtekt.com.cn
法定代表人：立石修治(SHU JI TATEISHI)
质量体系：IATF 16949、ISO 14001
产品情况：主要为汽车以及工业客户提供高质量高精度的滚针轴承
配套及出口情况：为上汽大众、上汽通用配套；出口欧洲、美洲

★无锡恩福油封有限公司
地址：江苏省无锡市锡山经济开发区凤威路280号
邮编：214101
电话：0510/88267325
电子信箱：wnfhr@nok-freudenberg.com
法定代表人：折田纯一(JUNICHI ORITA)

质量体系:IATF 16949、ISO 14001
产品情况:专业生产各种油封制品、O形密封圈、防尘罩等,产品广泛用于汽车等领域
出口情况:远销英国、日本、伊朗、以色列等国家

★士溢(无锡)精密压铸有限公司
地址:江苏省无锡市锡山区安镇镇查桥
邮编:214104
电话:0510/88713958、88713968
传真:88713978
电子信箱:462315965@qq.com
法定代表人:陈朝茂
质量体系:IATF 16949
产品情况:铝合金、锌合金压铸件、注塑件、各类钣金冲压件

★无锡市宇新机械有限公司
地址:江苏省无锡市锡山区大成路1101号
邮编:214105
电话:0510/85860652、85860425
传真:85865715
网址:www.wuxiyuxin.com
电子信箱:sale@wuxiyuxin.com
法定代表人:夏秋石
质量体系:IATF 16949、ISO 9001
产品情况:高强度紧固件、精密冲压件等
配套及出口情况:重要合作伙伴有一汽锡柴、威孚高科、江铃汽车、江淮汽车、江苏常柴等;出口美国、德国、芬兰、日本等10多个国家

★江苏亚太轻合金科技股份有限公司
地址:江苏省无锡市新吴区坊兴路8号
邮编:214111
电话:0510/88271111
传真:88276010
网址:www.yatal.com
电子信箱:sales@yatal.com
法定代表人:周福海
质量体系:IATF 16949、ISO 14001
产品情况:汽车用精密铝管、专用型材和高精度棒材等汽车铝挤压材及其他工业铝挤压材;为汽车热交换系统配套铝管和各种接头型材

★无锡市美峰橡胶制品制造有限公司
地址:江苏省无锡市新区梅村街道群兴路9号
邮编:214112
电话:0510/83102752
传真:83102654
电子信箱:office@meifengrubber.com
法定代表人:曹新
质量体系:IATF 16949、ISO 9001
产品情况:(美峰牌)
各类橡胶密封制品
配套情况:为一汽集团、锡柴、朝柴、杭发等配套

★无锡阿尔法精密机械制造有限公司
地址:江苏省无锡市新吴区梅村张公路38号
邮编:214112
电话:0510/88551250
网址:www.afc-casting.com
电子信箱:afc@afc-casting.com
法定代表人:沈永红
质量体系:IATF 16949
产品情况:为轴承配套生产轴承座,为精加工及压力传感器提供铸件毛坯
配套情况:是东风悦达起亚一级供应商

★无锡华利达金属制品有限公司
地址:江苏省无锡市鹅湖镇翰林路88号
邮编:214116
电话:0510/88753397、88753297
传真:88751297
网址:www.wxhldjs.com
电子信箱:sales@wxhldjs.com
法定代表人:浦卫芬
质量体系:IATF 16949
产品情况:汽车排气系统减振软管(不锈钢波纹管),不锈钢链条和机械零部件的制造及加工
配套及出口情况:主要客户有威孚力达、柳汽、红湖、达峰等20多家客户,主要给奇瑞、长安、北汽、力帆、江淮、五菱等配套;产品50%出口欧美及东南亚地区

★无锡双象超纤材料股份有限公司
地址:江苏省无锡市新区鸿山镇后宅中路135号
邮编:214145
电话:0510/88993888、88993883
传真:88997888、88993882
网址:www.sxcxgf.com
电子信箱:sxpvc@sxcxgf.com
法定代表人:唐越峰
质量体系:IATF 16949、ISO 14001
产品情况:具备年产PVC人造革2500万平方米、PU合成革1400万平方米、超细纤维超真皮革300万平方米、塑料薄膜10000吨的生产能力
出口情况:远销美国、德国、意大利、日本、俄罗斯、韩国、印度、澳大利亚等50多个国家

★银邦金属复合材料股份有限公司
地址:江苏省无锡市新吴区鸿山街道(后宅)鸿山路99号
邮编:214145
电话:0510/88998588、88990938
传真:88998688
网址:cn-yinbang.com
电子信箱:sales@cn-yinbang.com
法定代表人:沈健生
质量体系:IATF 16949、ISO 9001
产品情况:铝合金复合材料、铝基多金属复合材料;产品广泛应用于汽车热交换、工程机械等领域

配套情况:与国际一线的主机厂商建立合作,共同服务于特斯拉、BMW、奔驰、GE、中车、卡特彼勒、GE等品牌

★无锡法斯特管业有限公司
地址:江苏省无锡市钱桥镇新街103号
邮编:214151
电话:13646179872
传真:83238822
网址:fastube.cebtob.cn
电子信箱:sjsp@sujia.biz
法定代表人:薛宏超
质量体系:IATF 16949、ISO 9001
产品情况:[FASTUBE(法斯特)牌、苏嘉牌]
年产传动轴用钢管3万吨、车架用管2万吨、其他汽车用钢管(排气管、减振器管)2万吨、机械及电气用管40万吨
配套及出口情况:为上汽、丰田、一汽、东风、日产、江淮、比亚迪、奇瑞、柳汽、北汽等配套;出口油气用管、汽车用管

★江苏高尔德汽车钢管有限公司
地址:江苏省无锡市惠山区西漳村新盛路8号
邮编:214152
电话:0510/83238012、13771071271
传真:83233622
网址:www.jsgorden.com
电子信箱:sales@jsgorden.com
法定代表人:丁子怡
质量体系:IATF 16949
产品情况:汽车等行业使用精密焊管

★无锡光洋轴承有限公司
地址:江苏省无锡市滨湖区胡埭镇翔鸽路30号
邮编:214160
电话:0510/85161901
网址:www.jtekt.com.cn
电子信箱:wkb60@wkb.com.cn
法定代表人:立石修治
质量体系:IATF 16949、ISO 9001
产品情况:(KOYO牌)
微型轴承、小口径球轴承、小口径滚针轴承、精密小型轴承、单向联轴器、汽车专用轴承及轴承部件;此外还生产轴承的清洗设备、研磨设备、装配设备及设备零部件
出口情况:远销日本、东南亚等国家和地区

★无锡市巨龙塑化有限公司
地址:江苏省无锡市滨湖区胡埭工业园联合路12号
邮编:214161
电话:0510/83700441、83702495
传真:83027755
网址:www.wuxijulong.com
电子信箱:wxjl@wuxijulong.com
法定代表人:吴海祥

质量体系：ISO 9001
产品情况：（巨龙牌）
各类塑料周转箱、物流箱及塑料托盘、特种产品塑料包装箱、汽车（电动车）塑料配件与工程塑料制品
配套情况：为上汽大众、长春一汽、南京依维柯、雅马哈等配套

★无锡罗尔胶带制品有限公司
地址：江苏省无锡市滨湖区胡埭镇坝头
邮编：214161
电话：0510/85590896
传真：85596996
网址：www.rollbelt.com
电子信箱：sales@rollbelt.com
法定代表人：赵平华
质量体系：ISO 9001
产品情况：橡胶V带、橡胶同步带、橡胶多楔带、橡胶高速平面皮带（无缝带）、输送带等橡胶传动带

★无锡朴业橡塑有限公司
地址：江苏省无锡市惠山区西漳工业园区牌楼村西昌路1号
邮编：214171
电话：0510/68866118、68867762
传真：83758937
网址：www.puii.cn
电子信箱：ruler@puii.cn
法定代表人：王朴生
质量体系：IATF 16949、ISO 9001
产品情况：橡胶零配件、脚垫、橡胶制品、模具等
出口情况：远销荷兰、德国、英国、美国、日本、韩国等国家

★无锡市贝尔特胶带有限公司
地址：江苏省无锡市惠山区惠萃路87号
邮编：214176
电话：0510/83704314、83623338
传真：83704835、83622889
网址：www.wuxibelt.cn
电子信箱：master@wuxibelt.com
法定代表人：朱国有
质量体系：IATF 16949、ISO 9001
产品情况：（绿象牌）
各种汽车传动带
配套情况：为汽车主机厂配套

★无锡市奔达密封件有限公司
地址：江苏省无锡市惠山区金惠路802号
邮编：214177
电话：0510/83761814、83761245
传真：83620585
网址：www.wuxibenda.com
电子信箱：sales@wuxibenda.com
法定代表人：赵志军
质量体系：ISO/TS 16949
产品情况：（奔达牌）
各种密封材料、密封垫片、汽缸垫和发动机大修包等；年产密封垫片3000万片
配套及出口情况：为锡柴、潍柴、云内动力、雷沃动力等柴油机生产商配套；出口美国、日本、中东、东南亚、南美洲、非洲等国家和地区

★路路达润滑油（无锡）有限公司
地址：江苏省无锡市惠山区洛社镇石塘湾工业园区振石路65号
邮编：214185
电话：0510/68753888、15961776361
传真：68868066
网址：www.luroda.com
电子信箱：lurodatousu@163.com
法定代表人：狄卫一
质量体系：IATF 16949、ISO 9001
产品情况：（路路达牌）
车用润滑油、摩托车用油、工程机械用油、工业用润滑油、附属用油

★无锡二橡胶股份有限公司
地址：江苏省无锡市锡山经济开发区芙蓉东一路99号
邮编：214193
电话：0510/83789007、83788267
传真：83789008
网址：www.wxrb2.com
电子信箱：wuai3@wxrb2.com
法定代表人：王一华
质量体系：IATF 16949、ISO 9001
产品情况：（五爱牌）
冷却水管、油管、暖风管、空滤管、通气管、真空管、中冷器管、盘管汽车橡胶软管
配套情况：为上汽大众、上海汽车、一汽-大众、北京汽车、沃尔沃汽车、宇通客车、金龙客车等20多家汽车制造厂供货

★江苏凌特精密机械有限公司
地址：江苏省宜兴经济开发区杏里路1号
邮编：214200
电话：0510/68991118、68991125
传真：87500168
网址：www.lingtejixie.com
电子信箱：office@lingtejixie.com
法定代表人：陆乾
质量体系：IATF 16949、ISO 14001
产品情况：汽车轴承座、支架制作、油泵盖等
配套情况：为WILO/康明斯、NVCC、福特、三星、利纳马、阿及力克、上海菱重、多玛、三菱、S&T、威乐等供货

★无锡雷恩森弹簧有限公司
地址：江苏省宜兴市万石工业集中北区南漕南路
邮编：214200
电话：0510/80790018、80790028
网址：www.liaisonspring.com
电子信箱：wb790218@126.com
法定代表人：吴斌
质量体系：ISO 9001、IATF 16949
产品情况：汽车弹簧

★无锡鹏德汽车配件有限公司
地址：江苏省宜兴市和桥镇和闸路698号
邮编：214211
电话：0510/87871999、87889698
传真：87816655、87801570
网址：www.autocarfittings.com
电子信箱：zgqp@autocarfittings.com
法定代表人：谈伟光
质量体系：IATF 16949、ISO 9001
产品情况：（鹏德牌）
排气系统零部件、车身系统零部件；年生产汽车冲压件及机加工能力2800万件（套）
配套及出口情况：主要客户有南京依维柯、长城、奇瑞等汽车主机厂，佛吉亚、克康、天纳克、埃贝赫、保隆、泰乐玛、奇昊等大型国际知名汽车零部件跨国公司及小天鹅通用电器、日本百事德机械等，是大众、通用、福特、现代、丰田、本田、克莱斯勒、标致、马自达等的二级配套商；部分产品出口日本、巴西、泰国、南非、欧美等国家和地区

★江苏高科石化股份有限公司
地址：江苏省宜兴市徐舍镇鲸塘工业集中区
邮编：214244
电话：4009672778
传真：0510/87681155
网址：www.gaokesh.com
电子信箱：jsgk@jsgaoke.com
法定代表人：许春栋
质量体系：ISO 14001、IATF 16949
产品情况：（高科牌）
生产工业润滑油、车用润滑油、特种油剂三大系列十三大类200多个规格型号

★江阴兴澄特种钢铁有限公司
地址：江苏省江阴市滨江东路297号
邮编：214400
电话：0510/86193388、80676169
传真：86191400
网址：xctg.citicsteel.com
电子信箱：sales@cp-ssteel.com
法定代表人：俞亚鹏
质量体系：IATF 16949、ISO 9001
产品情况：（兴澄牌）
主要生产齿轮钢、轴承钢、弹簧钢等，广泛用于汽车、新能源等行业

★江阴韩一钢铁有限公司
地址：江苏省江阴市夏港开发区长达路56号
邮编：214400
电话：0510/86031660、86031661
传真：86031662
网址：www.hanilsteelchina.com
电子信箱：admin@hanilsteelchina.com.cn
法定代表人：严正宪

质量体系:IATF 16949、ISO 14001
产品情况:汽车高压油管、汽车排气系统的消声器及减振器用管

★江阴机械制造有限公司
地址:江苏省江阴市月城镇月翔路 8 号
邮编:214400
电话:0510/86883279、86878628
传真:86897535
电子信箱:yjz@ jymw. com. cn
法定代表人:陈龙
质量体系:IATF 16949、ISO 9001
产品情况:涡轮壳、压气机壳、中间壳等

★无锡沃尔德轴承有限公司
地址:江苏省江阴市青阳工业园振阳路 100 号
邮编:214401
电话:0510/86557067
传真:86557065
网址:www. wd – bearing. com
电子信箱:sales@ wd – bearing. com
法定代表人:巢玉
质量体系:IATF 16949
产品情况:精密深沟球轴承、精密圆柱滚子轴承、精密圆锥滚子轴承、汽车水泵轴承、汽车轮毂轴承

★无锡共成金属有限公司
地址:江苏省江阴市长泾镇兴园路 96 号
邮编:214411
电话:0510/86316071、86316072
传真:86316075
网址:www. wks – cn. com
电子信箱:wks@ wks – cn. cn
法定代表人:李文义
质量体系:IATF 16949、ISO 14001
产品情况:铝合金压铸及精密加工部件,产品以汽车、机床部件及电动机壳体为主
配套情况:主要客户有久保田、中发(丰田)、松下、共立、三洋、五十铃等

★无锡瑞昌精密铸造有限公司
地址:江苏省江阴市顾山镇锡张路 88 号
邮编:214413
电话:0510/86326577、13001520571
网址:www. wxrcjz. com
电子信箱:hyang. g@ wxrcjz. com
法定代表人:王飞鸿
质量体系:IATF 16949、ISO 9001
产品情况:涡轮叶轮以及其他精铸件

★江阴市三良工业汽车配件有限公司
地址:江苏省江阴市华士红星路 539 号
邮编:214421
电话:0510/86206328、68972699
传真:86203938
网址:www. rubbersl. com
电子信箱:sanliang@ rubbersl. com
法定代表人:徐建雄
质量体系:ISO 9001
产品情况:各种汽车轮胎用垫带及各种混炼胶,具有年产各种轮胎垫带 1200 万条、混炼胶 10 万吨/年的生产能力
配套及出口情况:已成为上海轮胎橡胶集团、韩泰轮胎、佳通轮胎、建大轮胎、贵阳轮胎、安基轮胎等国内外知名品牌的稳定配套单位;远销韩国、美国、中东等国家和地区

★江阴延利汽车饰件股份有限公司
地址:江苏省江阴市周庄镇世纪大道北段 388 号
邮编:214423
电话:0510/86903915、86239615
传真:86225986
网址:www. jyylsj. com
电子信箱:yanli@ ylsl. net
法定代表人:庄鸣
质量体系:IATF 16949、ISO 14001
产品情况:汽车用麻纤维、竹纤维复合板系列、汽车内饰系列、汽车外装饰条和防撞条系列及高性能无甲醛天然植物纤维复合材料等
配套及出口情况:为上汽大众、一汽轿车、上汽通用、长安福特、东风股份、武汉神龙、北京现代、海南汽车、沈阳金杯、比亚迪、吉利、奇瑞、长城等主机厂配套;远销印度尼西亚、美国、意大利等国家,并销往中国香港地区

★ 中信泰富特钢集团股份有限公司

地址:江苏省江阴市长山大道 1 号
邮编:214429
电话:0510/80675555
传真:86192800
网址:www. citicsteel. com
法定代表人:俞亚鹏
质量体系:IATF 16949、ISO 9001
产品情况:拥有合金钢棒材、特种中厚板材、特种无缝钢管、特冶锻造、合金钢线材、连铸合金圆坯六大产品群以及调质材、银亮材、汽车零部件、磨球等深加工产品系列
出口情况:远销美国、日本、欧盟、东南亚等 60 多个国家和地区
☞ 详细情况请参阅彩色宣传版面

★威茨曼金属制品(江阴)有限公司
地址:江苏省江阴市临港街道苏港路 218 号
邮编:214442
电话:0510/86033352
传真:86033102
网址:www. witzenmann. cn
电子信箱:info – prc@ witzenmann. com
法定代表人:奚英军
质量体系:IATF 16949、ISO 9001
产品情况:汽车用金属波纹管等
配套情况:为一汽-大众、上汽大众、上汽通用、北京现代、悦达起亚等国内主要汽车制造商配套

★江阴申桦密封件有限公司
地址:江苏省江阴市申港镇申新路 59 号
邮编:214443
电话:0510/86687188
传真:86687189
网址:www. essonseals. com
电子信箱:cn@ essonseals. com
法定代表人:游舒溶
单位人数:300
质量体系:IATF 16949、ISO 9001
产品情况:橡胶包布、橡胶/金属衬垫、防尘套、O 形环和油封等橡胶密封件产品
出口情况:产品 80% 外销美国、德国、法国等知名企业

★江苏富仕隆紧固件有限公司
地址:江苏省靖江市城南工业园兴业路 99 号
邮编:214500
电话:0523/84913811
传真:84913822
网址:www. rivet – china. com
电子信箱:info@ rivet – china. com
法定代表人:王焰
质量体系:IATF 16949、ISO 9001
产品情况:(FASTFIX 牌)
铆钉
出口情况:远销西欧、北美洲等 80 多个国家和地区

★华达汽车科技股份有限公司
地址:江苏省靖江市江平路 51 号
邮编:214500
电话:0523/84598399、84598389
传真:84591558
网址:www. hdqckj. com
电子信箱:hdqp@ vip. 163. com
法定代表人:陈竞宏
质量体系:IATF 16949、ISO 9001
产品情况:主要生产各类轿车金属管制件、大型冲压拉伸件、隔热板系列、焊接总成件计 2000 多个品种及模具、检具、焊接夹具等工装制造产品
配套情况:为一汽-大众、上汽通用、上汽大众、广汽本田、东风本田、东风日产、广汽丰田、东风悦达起亚、江淮汽车、奇瑞汽车等大型轿车企业配套

★新程汽车工业有限公司
地址:江苏省靖江市经济开发区中洲路 33 号
邮编:214500
电话:0523/84879000
传真:84879000
网址:www. jsxc. cc
电子信箱:jsxc@ jsxc. cc
法定代表人:顾炼
单位人数:2100
质量体系:IATF 16949、ISO 9001
产品情况:小冲件到大型车身冲压件、发动机隔热板系列、脚踏板总成系列、

车身焊接总成件、发动机管类零件
配套情况：是上汽通用、一汽-大众、广汽本田、东风本田（广州）发动机、东风本田（武汉）、上汽大众、武汉神龙、东风悦达起亚等国内11家汽车厂的核心配套成员

★苏州市润凯汽车配件制造有限公司
地址：江苏省苏州市浒关工业园浒创路25号
邮编：215000
电话：0512/66169908
传真：66169908
网址：www.szrkqp.com
法定代表人：陈林男
质量体系：IATF 16949、ISO 14001
产品情况：各种冲压金属零部件产品，支撑垫圈、波形弹簧、阻尼弹簧等
配套情况：为上汽、陕汽、潍柴、VALEO等供货

★苏州运恒精冲科技有限公司
地址：江苏省苏州市吴江区经济开发区光明路1213号
邮编：215000
电话：0512/63311213
网址：www.orientech.net.cn
电子信箱：orientech@orientech.net.cn
法定代表人：洪福卿（ANG HOCK KING）
质量体系：IATF 16949
产品情况：精冲模具及金属零件

★明阳科技（苏州）股份有限公司
地址：江苏省苏州市吴江区同里镇屯村东路281号
邮编：215000
电话：0512/63371346
网址：www.mingyang.org
电子信箱：sw01@mingyang.org
法定代表人：王明祥
质量体系：IATF 16949
产品情况：自润滑轴承、粉末冶金零件

★群胜科技（苏州）有限公司
地址：江苏省苏州市相城区漕湖街道湖村荡路40号
邮编：215000
电话：0512/8098789
网址：www.bestselect.com.cn
电子信箱：sales@bestselect.com.cn
法定代表人：杨潮钰
质量体系：IATF 16949、ISO 9001
产品情况：主要生产有色金属复合材料、粉末冶金类产品

★苏州工业园区富事达塑业有限责任公司
地址：江苏省苏州市工业园区通园路198号
邮编：215002
电话：0512/65249604、4009282100
传真：62889532
网址：www.first-plastic.com
电子信箱：sale01@first-plastic.com
法定代表人：包建成
单位人数：220
质量体系：ISO 9001、ISO 14001
产品情况：物流包装容器、内衬、大型围板箱为主的全系列产品
配套情况：主要合作客户包括东风本田、上汽通用、奇瑞汽车、柳州五菱、长安福特、延锋江森等

★苏州劳灵精密机械有限公司
地址：江苏省苏州市通园路75号
邮编：215006
电话：0512/62888645
网址：www.raoing.com
电子信箱：biao.wang@raoing.com
法定代表人：金祖铭
质量体系：ISO 9001、OHSAS 18001
产品情况：LZC/SGM油底壳壳体、东风齿轮室、东风飞轮壳、东风上/下缸体、三菱重工变矩器壳体、散热片壳体、散热片等铝合金压铸产品

★科德宝·宝翎无纺布（苏州）有限公司
地址：江苏省苏州市高新区滨河路1588号
邮编：215011
电话：0512/68251586
电子信箱：info-cn@freudenberg-filter.com
法定代表人：希夫特（JOERG SIEVERT）
质量体系：IATF 16949、QS 9000
产品情况：（Viledon牌、MicronAir牌）汽车内饰无纺布，产品主要用于汽车顶棚、座椅、天窗、遮阳板、衣帽架、发动机盖隔音垫、行李舱地毯、轮罩等

★乔治费歇尔金属成型科技苏州有限公司
地址：江苏省苏州市工业园区长阳街117号
邮编：215021
电话：0512/62836333
传真：62836062
电子信箱：mujia.zhang@georgfischer.com
法定代表人：CARLOS EDUARDO VASTO
质量体系：IATF 16949、ISO 9001
产品情况：为车辆底盘、传动系统和车身提供铸造零件
配套情况：为奇瑞汽车、长城汽车等配套

★劳士领工程塑料（苏州）有限公司
地址：江苏省苏州工业园区长阳街448号
邮编：215024
电话：0512/62652899
传真：62652699
网址：www.roechling-plastics.cn
电子信箱：rep@roechling-suzhou.com
法定代表人：SCHMIDT EUGEN
质量体系：ISO 9001
产品情况：专门从事各种工程塑料半成品生产，产品用于汽车等领域

★苏州德凯胜高分子技术有限公司
地址：江苏省苏州工业园区星龙街428号苏春工业坊4C单元
邮编：215024
电话：0512/82280099
网址：www.shawcor.com
法定代表人：REX RAMON ARGUELLES
质量体系：IATF 16949、ISO 9001
产品情况：热缩管等汽车橡塑产品

★欧瑞康巴尔查斯涂层（苏州）有限公司
地址：江苏省苏州市工业园区长阳街9号
邮编：215024
电话：0512/67620369
传真：67620359
网址：www.oerlikon.com/balzers/cn
电子信箱：info.balzers.cn@oerlikon.com
法定代表人：DAVID STEPHANE FRANZ
质量体系：IATF 16949
产品情况：热处理和薄膜解决方案涂层

★苏州德龙复合材料有限公司
地址：江苏省苏州市吴中经济开发区南溪江商务写字楼19楼
邮编：215100
电话：18915559289
网址：www.delong-group.com
电子信箱：marketing@delong-group.com
法定代表人：陈娣平
质量体系：IATF 16949、ISO 9001
产品情况：主要生产EPP、EPE、PEPP、ETPU、EPLA等汽车轻量化材料及其他成型产品
配套情况：主要客户有宝马、奔驰、北京现代、沃尔沃、一汽-大众、众泰汽车、奥迪、比亚迪汽车、荣威、北汽、上汽通用、丰田、吉利汽车、三菱汽车等

★苏州石川制铁有限公司
地址：江苏省苏州市吴中经济开发区天灵路10-12号
邮编：215104
电话：0512/68561763
传真：65289949
网址：www.cn-siim.com
电子信箱：sales@cn-siim.com
法定代表人：盐谷外司（SHIOTANI GAISHI）
质量体系：IATF 16949、ISO 14001
产品情况：专业生产球墨铸铁产品
配套情况：为日本丰田、康明斯柴油发动机、日立金属、丹麦AVK、SPIRAX工程（中国）、美国HONEYWELL涡轮增压系统供货

★耀普科技（苏州）有限公司
地址：江苏省苏州工业园区唯西路96号3#厂房
邮编：215121
电话：0512/69362633
网址：www.jopp.com
电子信箱：info@jopp.com
法定代表人：MARTIN CHRISTIAN BUECHS

质量体系:ISO 14001、IATF 16949
产品情况:主要生产变速系统及其部件,发动机部件和电动工具部件
配套及出口情况:为大众、宝马、福特、通用、保时捷、博世、采埃福、百得等配套;远销欧美、东南亚、中东等地区

★苏州春兴精工股份有限公司
地址:江苏省苏州市工业园区唯亭镇金陵东路120号
邮编:215121
电话:0512/62625333、62625301
传真:62625325
网址:www.chunxing-group.com
电子信箱:sales-cx@chunxing-group.com
法定代表人:袁静
单位人数:2400
质量体系:IATF 16949、ISO 9001
产品情况:汽车等精密铝合金结构件
配套情况:主要客户包括诺基亚西门子、阿尔卡特朗讯、摩托罗拉、波尔威、安弗施、施耐德、电产、贝洱、法可赛、哈金森、博世、江森、三星等跨国公司

★哈金森工业橡胶制品(苏州)有限公司
地址:江苏省苏州工业园区临埠街6号
邮编:215122
电话:0512/85188298-8802
网址:www.hutchinson-industry.cn
电子信箱:ind.marketing@hutchinson-suzhou.cn
法定代表人:ERIC ANTOLIN
质量体系:IATF 16949、ISO 9001
产品情况:为新能源客车、中小商务车等提供专业减振降噪解决方案,产品包括弹性减振体、金属减振体、弹性衬套、吸音棉、弹性联轴器、密封圈等
配套情况:为国际知名品牌Mercedes-Benz、IRISBUS、VOLVO、IVECO进行长期合作

★苏州日进塑料有限公司
地址:江苏省苏州市工业园区(娄封北区扬泰路)创投工业坊56号
邮编:215122
电话:0512/65935111
传真:65935122
网址:sz-enissin.com
法定代表人:长田和德
单位人数:240
质量体系:IATF 16949、ISO 9001
产品情况:汽车用精密塑料零部件及其模具制作

★苏州金枪新材料股份有限公司
地址:江苏省苏州市工业园区星湖街218号生物纳米园A4楼305室
邮编:215123
电话:0512/62608901、66019908
传真:62608906
网址:www.jqxcl.com
法定代表人:曹建强
质量体系:ISO 9001、ISO 14001
产品情况:(金枪牌、华飞牌、迪马牌)
主要产品为轨道交通盾构胶、导电导热胶、环氧厌氧胶、水性胶、改性硅烷MS胶、水性油墨胶、丙烯酸密封胶、陶瓷化硅橡胶、聚氨酯、绝缘材料等300多种规格型号的产品,广泛应用于汽车等领域

★大同精密金属(苏州)有限公司
地址:江苏省苏州市工业园区青丘街246号
邮编:215126
电话:0512/62833531
传真:62833003
网址:www.dpmsz.cn
电子信箱:daido@dpmsz.cn
法定代表人:TATSUKI SHIZUO(立木志津夫)
质量体系:IATF 16949、ISO 9001
产品情况:(Daido牌)
主要生产精密滑动轴承
配套情况:为本田、日产、三菱、五十铃、福特、广汽、长安、吉利、云南西仪、JAT-CO、KYB、东机工等国内外知名企业配套

★华龙(苏州)橡胶产品有限公司
地址:江苏省苏州市工业园区苏虹路17号
邮编:215126
电话:0512/67621526、67621528
传真:67621527
电子信箱:jf_shi@hlnrubber.net
法定代表人:CHUA YEW KEE
质量体系:IATF 16949、QS 9000
产品情况:精密成型橡胶汽车零件

★艾迪尔彩登夹具(苏州)有限公司
地址:江苏省苏州市工业园区星龙街428号苏春工业坊16单元
邮编:215126
电话:0512/87178660
传真:62838665
网址:www.idealtridon.cn
法定代表人:MICHAEL HARRY REESE
质量体系:IATF 16949、ISO 14001
产品情况:(彩登牌)
卡箍及密封产品

★盖茨优霓塔传动系统(苏州)有限公司
地址:江苏省苏州市工业园区钟园路128号
邮编:215126
电话:0512/62836886
网址:www.gates.cn
电子信箱:guptmarketing@gates.com
法定代表人:沈威
质量体系:IATF 16949、ISO 9001
产品情况:(Gater牌)
专业生产汽车和工业用正时带,多楔带、三角带以及摩托车变速带
配套情况:为一汽-大众、上汽通用、广汽本田、神龙汽车、江铃福特、上海德尔福等配套

★苏州井上橡塑有限公司
地址:江苏省苏州市吴中经济开发区河东工业园尹中路198号
邮编:215128
电话:0512/65976711、65873611
传真:65976713
电子信箱:yishengyan@inoacchina.com
法定代表人:内藤真兵
质量体系:IATF 16949、ISO 14001
产品情况:橡胶的模具注塑挤出产品(以汽车零部件为主)
配套情况:为宝马、丰田、尼桑供货

★苏州轴承厂股份有限公司
地址:江苏省苏州市高新区鹿山路35号
邮编:215129
电话:0512/66657360、66657350
传真:66657355
网址:www.sbfcn.com
电子信箱:sales@sbfcn.com
法定代表人:朱志浩
质量体系:IATF 16949、ISO 14001
产品情况:(中华牌、SZZH牌)
冲压外圈滚针轴承、冲压外圈滚针离合器、圆柱滚子轴承、圆柱滚子离合器和球轴承组件、推力轴承、滚轮轴承、直线运动滚子导轨支承和滚动体等;具有年产滚针轴承1.8亿套、滚针50亿支的生产能力
配套及出口情况:为东风汽车公司、一汽集团、松下、海尔、博世、伟世通等配套;远销欧洲、北美洲、南美洲、日本、韩国、印度、马来西亚等国家和地区

★创迈精密金属成型(苏州)有限公司
地址:江苏省苏州市高新区塔园路369-9号
邮编:215129
电话:0512/66626188
电子信箱:sales@transmatic.com.cn
法定代表人:帕特里克·杰·汤普森
质量体系:IATF 16949、ISO 14001
产品情况:汽车工业中制动系统、传动系统、变速器、离合器、传感器等用精密金属拉伸冲压产品

★自润轴承(苏州)有限公司
地址:江苏省苏州市高新区湘江路1111号
邮编:215129
电话:0512/66670228
传真:66671251
网址:www.oiles.cn
法定代表人:吉田正洋
质量体系:IATF 16949、ISO 14001
产品情况:生产自润轴承等精密轴承产品

★爱尔铃克铃尔汽车部件中国有限公司
地址:江苏省苏州市工业园区高新区鹿

山路660号
邮编:215129
电话:0512/85667745、85556721
传真:85666712
电子信箱:info. cn@ elringklinger. com
法定代表人:WOLF STEFAN FRANZ WALTER
质量体系:IATF 16949、ISO 9001
产品情况:车用铝制热隔板

★苏州恩斯克轴承有限公司
地址:江苏省苏州市苏州新区泰山路22号
邮编:215129
电话:0512/66655666
传真:66659138
网址:www. cn. nsk. com
法定代表人:織户宏昌
单位人数:370
质量体系:IATF 16949、ISO 14001
产品情况:圆锥滚子轴承,月产300万套
出口情况:出口国外市场

★苏州西诺泛斯橡胶制品有限公司
地址:江苏省苏州市新区泰山路向街2号
邮编:215129
电话:0512/69370573
网址:www. sinofas. com
电子信箱:sinofas@ sinofas. com
法定代表人:ALEXANDRE ABERGEL
质量体系:IATF 16949
产品情况:橡胶产品和橡胶金属产品,广泛应用于汽车、重型机械等行业
配套情况:与奔驰、宝马、奥迪、雪铁龙、大众、通用等建立长期合作关系

★苏州市康普来表面处理科技有限公司
地址:江苏省苏州市相城区北桥街道聚峰路锦峰工业园
邮编:215131
电话:0512/69229098
网址:www. coplate. com
电子信箱:sophy@ coplate. com
法定代表人:苏雪根
单位人数:500
质量体系:IATF 16949、ISO 9001
产品情况:具备表面处理综合加工能力,可提供不同基材上镀金、镀银、镀铜、镀镍、镀锡、镀三元合金、喷粉、化学成膜等工艺
配套情况:直接配套于宁波旭升、TRW、上海株木等;间接配套于特斯拉、大众、通用

★苏州金澄精密铸造有限公司
地址:江苏省苏州市相城区太平街道聚金路
邮编:215137
电话:0512/65438088
网址:www. jcpesz. com
电子信箱:hgm@ jcpesz. com
法定代表人:毛土林
单位人数:900
质量体系:IATF 16949、ISO 9001
产品情况:变速器、发动机、机油泵等壳体系列及减振支架产品,具有年产铝合金压铸件1.5万吨的生产能力
配套情况:为康迪泰克、特瑞堡、上海变速器、江淮汽车、长城汽车、吉利汽车等配套

★舍弗勒摩擦产品(苏州)有限公司
地址:江苏省苏州市高新区浒关工业园道安路36号
邮编:215151
电话:0512/68088908
传真:68241328
网址:www. schaeffler – friction. de/cn
电子信箱:info. schaeffler-frictionschaeffler. com
法定代表人:YILIN ZHANG
单位人数:400
质量体系:IATF 16949、ISO 9001
产品情况:(LuK牌、雷贝斯托牌)
汽车离合器摩擦产品、汽车变速器部件及汽车制造模具、工业摩擦产品、用于制造离合器摩擦片的纱线,年产量为2000万片摩擦片
配套及出口情况:为大众、宝马、奥迪等供货;出口欧洲、北美洲、南美洲、非洲、亚洲

★苏州金诚轴承有限公司
地址:江苏省苏州市高新区浒关工业园青花路29号
邮编:215151
电话:0512/67239518
传真:67239022
网址:www. sjbbearing. com
电子信箱:sales@ sjbbearing. com
法定代表人:李良其
质量体系:IATF 16949、ISO 9001
产品情况:(汉森牌)
主力产品包括汽车空调压缩机专用轴承系列,冲压外圈单向离合器系列,冲压外圈滚针轴承系列
配套及出口情况:为一汽法雷奥、华达、江铃汽车、一汽-大众、东风、东南、北京奔驰、日产、菲亚特配套;远销欧洲、美国、日本、新加坡,并销往中国台湾地区

★苏州宝化炭黑有限公司
地址:江苏省苏州市浒墅关镇宝安路169号
邮编:215151
电话:0512/65396209
传真:65395199
网址:www. baohuacarbon. com
电子信箱:baohuacarbon@ baosteel. com
法定代表人:沈金良
质量体系:IATF 16949、ISO 9001
产品情况:(宝马牌)
软质炭黑,硬质炭黑,产品广泛用于国内外大型轮胎企业
出口情况:出口亚洲地区

★苏州苏信特钢有限公司
地址:江苏省苏州市高新区通安镇钢成路28号
邮编:215153
电话:0512/88878237
网址:www. sugang. com. cn
法定代表人:刘家善
质量体系:IATF 16949、ISO 9001
产品情况:汽车发动机用钢、非调质钢、齿轮钢、不锈钢和页岩气用钢等绿色环保钢材为主的特色系列产品
出口情况:远销韩国、印度、欧洲、南美洲、非洲等国际市场

★苏州东吾丰机械科技有限公司
地址:江苏省苏州市相城区望亭镇如意路8号
邮编:215155
电话:0512/65382611、13912771759
传真:66704653
网址:www. szdwf. com
法定代表人:吴天军
单位人数:100
质量体系:IATF 16949、ISO 14001
产品情况:生产产品为紧固件(螺钉、螺栓)和精密机加工零部件

★苏州新豪轴承股份有限公司
地址:江苏省苏州市吴中区胥口镇石中路188号
邮编:215156
电话:0512/66245070、66244291
网址:www. xinhaobearing. com
电子信箱:xinhao@ xinhaobearing. com
法定代表人:黄伟达
单位人数:110
质量体系:IATF 16949、ISO 14001
产品情况:(新豪牌)
主要生产销售各类向心滚针轴承和推力滚针轴承、单向轴承、平面推力轴承、冲压圈轴承等系列产品及其零件
配套情况:主要客户有上海三电贝洱汽车空调、上海汽车齿轮总厂、上汽大众、一汽-大众、比亚迪、上汽通用、奇瑞汽车、三菱、长安等国内外知名企业

★瑞纳智绝缘材料(苏州)有限公司
地址:江苏省吴江市震泽镇梅新路169号
邮编:215231
电话:0512/81557766
传真:81557150
网址:www. relats. com
电子信箱:relatschina@ relats. com
法定代表人:培瑞·瑞纳智·卡萨斯(PERE·RELATS·CASAS)
质量体系:IATF 16949、ISO 14001
产品情况:耐高温型隔热密封件及电缆、可吸音及机械保护套管、以玻璃纤维为基底的可伸缩性电热绝缘套管

★昆山中和弹簧有限公司
地址:江苏省昆山市开发区雄鹰路176号
邮编:215300
电话:0512/36691668
传真:36691658
网址:www.chkk.co.jp
法定代表人:宗绪顺
单位人数:116
质量体系:ISO 14001
产品情况:精密弹簧、悬架弹簧、控制拉索等汽车零部件
出口情况:出口日本

★星光树脂制品(昆山)有限公司
地址:江苏省昆山市周市镇陆杨迎宾西路2号
邮编:215300
电话:0512/57641220
传真:57641211
网址:www.starlite.cn
电子信箱:xingguang@starlite.cn
法定代表人:SAIGO TAKASHI(西鄉隆志)
质量体系:IATF 16949、ISO 9001
产品情况:合成树脂制品及其他相关产品、合成树脂制品原料的深加工产品、合成树脂成型模具、精密模具及其相关金属制品、酚醛树脂等工程塑料及塑料合金的新材料和用此类新材料生产的相关产品
配套情况:为嘉兴村上汽车配件、爱三集团、华域三电汽车空调等供货

★博富科技股份有限公司
地址:江苏省昆山市张浦镇德新路2号
邮编:215321
电话:0512/82622888、4008897832
传真:50368561
网址:www.bfttech.com
法定代表人:邢宇
质量体系:IATF 16949、ISO 9001
产品情况:高分子材料改性和低voc环保材料、天然纤维改性高分子材料、空调涂层材料等,涵盖汽车、家电等产业
配套情况:客户包括奔驰汽车、宝马汽车、克莱斯勒汽车、丰田汽车、通用汽车等

★艾瑞森表面技术(苏州)股份有限公司
地址:江苏省昆山市陆家镇金阳东路28号
邮编:215331
电话:0512/36830678、4007059580
网址:www.arison.com.cn
电子信箱:service@arison.com.cn
法定代表人:毛昌海
质量体系:IATF 16949、ISO 9001
产品情况:提供专业PVD/PECVD涂层服务及解决方案,产业涉及汽车、新能源等领域

★鑫光热处理工业(昆山)有限公司
地址:江苏省昆山市陆家镇金阳东路6号
邮编:215331
电话:0512/86166988
传真:86160655
网址:www.kingkwang.com
电子信箱:cw537@kingkwang.com
法定代表人:蔡勇村
单位人数:400
质量体系:IATF 16949、ISO 9001
产品情况:提供专业表面热处理、金属热处理、真空热处理、氮化热处理及高频热处理的加工

★书元机械企业(昆山)有限公司
地址:江苏省昆山市花桥镇蓬青路366号
邮编:215332
电话:0512/57601666
传真:57601280
电子信箱:gm8051@kok-xhina.com
法定代表人:许张梅琳
质量体系:IATF 16949、ISO 9001
产品情况:(KOK牌)
　　油封、油环、机械油封、气门油封、防尘套、衬套、发动机垫片、活塞油封等
配套情况:为新大洲本田、广州天马、青岛海尔等配套

★昆山恩斯克有限公司
地址:江苏省昆山市经济技术开发区黄浦江中路258号
邮编:215335
电话:0512/57715654
传真:57715689
网址:www.cn.nsk.com
法定代表人:織户宏昌(HIROMASA ORITO)
单位人数:1248
质量体系:IATF 16949、ISO 9001
产品情况:单列球轴承和汽车专用轴承,广泛用于汽车和摩托车等领域

★旭日塑料制品(昆山)有限公司
地址:江苏省昆山市经济技术开发区盛希路20号
邮编:215335
电话:0512/57636958
网址:www.asahiplastic.com
电子信箱:ye.zhenglin@asahiplastic.com
法定代表人:杉浦武
质量体系:ISO 9001、ISO 14001
产品情况:塑料制品,加工组装电动工具,树脂模具的设计、制作

★昆山茂顺密封件工业有限公司
地址:江苏省昆山市周市镇横长泾路510号
邮编:215337
电话:0512/57661139、13951184228
传真:57665827、57664409
网址:www.ksnak.com
电子信箱:sales@nak.com.cn
法定代表人:许春堂
质量体系:IATF 16949、ISO 14001
产品情况:汽车、摩托车油封及其他橡胶制品

★劳士领汽车配件(昆山)有限公司
地址:江苏省昆山市玉山镇山淞路18号
邮编:215347
电话:0512/36639669
网址:www.roechling-automotive.com
电子信箱:min.pan@roechling-automotive.cn
法定代表人:GERHARD ERICH REINHOLD NEIDINGER
质量体系:ISO 14001
产品情况:进气歧管、通风格栅、副散热器、转向油壶、加热管、门板等
配套情况:主要客户有上汽大众、长安福特、上汽通用、上汽、广汽菲克等

★和承汽车配件(太仓)有限公司
地址:江苏省太仓市北京路86号
邮编:215400
电话:0512/53568025、53872819
传真:53572790、53872899
电子信箱:0407440473@qq.com
法定代表人:朴墉雨(PARK YONGWOO)
质量体系:IATF 16949、ISO 9001
产品情况:汽车用密封条、高低压管类,年产密封条900万根、管类500万根
配套情况:为北京现代、东风悦达起亚、上汽汇众、德尔福、奇瑞汽车配套

★慕贝尔汽车部件(太仓)有限公司
地址:江苏省太仓市经济开发区常州路5号
邮编:215400
电话:0512/53950900
传真:53950920
网址:www.mubea-discsprings.com.cn
电子信箱:info.discspring@mubea.com
法定代表人:Andrzej WOJCIKOWSKI
单位人数:800
质量体系:IATF 16949、ISO 14001
产品情况:(MUBEA牌)
　　弹簧卡箍、悬架弹簧、碟形弹簧、皮带张紧轮
配套情况:为上汽大众、一汽-大众、上汽通用、韩国现代、日本日产、MBL等配套

★舍弗勒(中国)有限公司一厂
地址:江苏省太仓市经济开发区朝阳路18号
邮编:215400
电话:0512/53957700
传真:53574064
网址:www.schaeffler.cn
电子信箱:info-cn@schaeffler.com
质量体系:ISO 9001、IATF 16949
产品情况:(INA牌、LUK牌、FAG牌)
　　汽车发动机、变速器零部件以及滚针轴承
配套情况:为一汽-大众、上汽大众、上

汽通用、北京现代、华晨金杯、奇瑞汽车等配套

★台新纤维制品(苏州)有限公司
地址:江苏省太仓市洛阳路57号
邮编:215400
电话:0512/53564751、53720621
传真:53564775
电子信箱:tsyw@ taisin. com. cn
法定代表人:吴钦勇
质量体系:IATF 16949、ISO 14001
产品情况:地毯、行李舱毯、轮盖毯、顶棚毯等汽车内装材料

★太仓克恩-里伯斯纺织元件有限公司
地址:江苏省太仓市南京路88号
邮编:215400
电话:0512/53578996
传真:53578997
网址:www. kern - liebers. com. cn
电子信箱:info@ kern - liebers. com. cn
法定代表人:UDO SCHNELL
质量体系:ISO 14001
产品情况:各种高品质的弹簧产品、精密冲压件产品等

★老虎表面技术新材料(苏州)有限公司
地址:江苏省太仓市青岛东路28号
邮编:215400
电话:0512/53737709、4008816086
网址:m. tiger - coatings. cn
电子信箱:office. cn@ tiger - coatings. com
法定代表人:CLEMENS STEINER(石太能)
质量体系:ISO 14001、ISO 45001
产品情况:轮毂底粉、车身饰件涂料等
配套情况:获得宝马、奔驰、大众、通用及主要国内品牌车厂的广泛认证和应用

★江苏冠联新材料科技股份有限公司
地址:江苏省太仓市陆渡新浏路58号
邮编:215412
电话:0512/82708291、15151680888
传真:82708295
网址:www. gualn. com
电子信箱:gualn@ gualn. com
法定代表人:周新榕
单位人数:400
质量体系:IATF 16949、ISO 9001
产品情况:橡胶混炼胶,用于橡胶制品行业和轮胎行业
配套情况:为库博、建大、住友、哈金森、松下、三星、通用、福特、克莱斯勒等供货

★苏州温橡特种橡胶有限公司
地址:江苏省太仓市经济开发区北京路188号
邮编:215414
电话:0512/81616666、81602828
传真:81609666、81616667
电子信箱:sales@ siliconehose. cn
法定代表人:陈爱兰
质量体系:IATF 16949、QS 9000
产品情况:(温橡牌)
普通橡胶、硅橡胶两大系列橡胶汽配产品1000多个品种
配套及出口情况:为东风汽车公司、潍柴、东风康明斯B、C系列柴油机、重汽集团、潍柴动力等配套;出口美国、澳大利亚、加拿大、日本、韩国等国家

★江苏德威新材料股份有限公司
地址:江苏省太仓市沙溪镇沙南东路99号
邮编:215421
电话:0512/53229393、53229379
网址:www. chinadewei. com
电子信箱:dongmi@ chinadewei. com
法定代表人:周建明
质量体系:IATF 16949、ISO 9001
产品情况:汽车线束绝缘材料

★依多科(常熟)汽车材料有限公司
地址:江苏省常熟经济开发区通港路88号
邮编:215500
电话:0512/52978550
网址:www. eftec. com
电子信箱:yijia. yao@ eftec. com
法定代表人:CHRISTOPHE THUET
质量体系:IATF 16949、ISO 14001
产品情况:车用涂料、密封胶、塑料黏合剂、防护蜡

★苏州昌恒精密金属压铸有限公司
地址:江苏省常熟市东南经济开发区黄浦江路183号
邮编:215500
电话:0512/52305581-116
传真:51928586
网址:www. scpdiecasting. com
电子信箱:james. zhang@ scpdiecasting. com
法定代表人:肖宝娟
质量体系:IATF 16949
产品情况:汽车泵体(油泵/水泵)及电动机壳体,尾气回收阀、节流阀壳体、齿轮、张紧轮支架等汽车传动系统及进气系统零部件,发动机壳体、变速器壳体、发动机支架,电子控制单元壳体等其他类汽车零部件
配套及出口情况:为Mazda一级供应商,并作为二级供应商为BMW、VW、OPEL、GM、FORD、NISSAN、FCA、PSA、长城哈弗等品牌服务;出口欧洲、北美洲、日本等国家和地区

★常熟恩斯克轴承有限公司
地址:江苏省常熟市高新技术产业开发区东南大道666号
邮编:215500
电话:0512/52301111
网址:www. cn. nsk. com
法定代表人:ORITO HIROMASA(织户宏昌)
单位人数:840
质量体系:IATF 16949、ISO 14001
产品情况:(NSK牌)
生产和销售精密轴承及其相关零部件
配套情况:为丰田、大众供货

★常熟市标准件厂有限公司
地址:江苏省常熟市梅李镇通港路358号
邮编:215500
电话:0512/52810064、52811688
传真:52811984
网址:www. china - dali. cn
电子信箱:csf@ china - dali. cn
法定代表人:蒋永峰
单位人数:920
质量体系:IATF 16949、ISO 9001
产品情况:(大力牌)
螺栓、螺钉、螺母、螺柱、组合件、非标异形件及精密零件,具备年产各类紧固件18万吨的生产能力
配套及出口情况:为沃尔沃-雷诺、标致-雪铁龙、福特-马自达等国际汽车(集团)配套;远销欧盟、日本、中东、东南亚等国家和地区

★江苏常铝铝业集团股份有限公司
地址:江苏省常熟市白茆镇西
邮编:215532
电话:0512/52359029、52359028
传真:52892675
网址:changlv. gdongli. com
电子信箱:office@ alcha. com
法定代表人:张平
质量体系:IATF 16949、ISO 9001
产品情况:主要产品有空调散热器用铝箔、汽车热交换器用铝材、薄板等其他合金类产品

★常熟市迅达粉末冶金有限公司
地址:江苏省常熟市辛庄镇张桥东旺村张卫公路50号
邮编:215552
电话:0512/52468818、52468689
传真:52467898
网址:www. xdpm. com. cn
电子信箱:zhu. xinggen@ xdpm. com. cn
法定代表人:朱杏根
质量体系:IATF 16949、ISO 14001
产品情况:粉末冶金制品
出口情况:远销日本、欧洲、美国、加拿大、东南亚等国家和地区

★张家港保税区亚鑫精密制管有限公司
地址:江苏省张家港保税区台湾路
邮编:215600
电话:0512/58398588
传真:58327002
网址:www. chinayxhl. com
电子信箱:sale@ chinayxhl. com
法定代表人:毛敏峰
质量体系:IATF 16949、ISO 9001
产品情况:汽车专用精密钢管、汽车用

精密焊管等
配套情况:主要客户包括上海汇众萨克斯、萨克斯汽车零部件、采埃孚富奥底盘技术(长春)、东风采埃孚减振器、上海汇众、一汽东机工减振器等公司

★利富高(江苏)精密树脂制品有限公司
地址:江苏省张家港经济开发区晨新路9号
邮编:215600
电话:0512/58799588
传真:58188200
网址:www.nifco.co.jp
法定代表人:山本利行
质量体系:IATF 16949、ISO 9001
产品情况:生产汽车紧固件和电子阻尼器等汽车精密零配件、精密树脂制品
出口情况:出口欧洲、美洲市场

★苏州金鸿顺汽车部件股份有限公司
地址:江苏省张家港市经济开发区长兴路30号
邮编:215600
电话:0512/58796199、55373883
传真:58796198
网址:www.jinhs.com
电子信箱:sc6207@jinhs.com
法定代表人:洪建沧
质量体系:ISO 14001、ISO 45001
产品情况:(JHS牌)
汽车零部件的冲压、焊接、ED、涂装加工;高强度零件的工装设计、制造和加工,主要应用于汽车零部件
配套情况:主要客户有上汽大众、上汽汽车、上汽通用、广汽菲克、东风裕隆、大陆汽车、英国CVG、德国BENTELER、加拿大COSMA、法国Feurecia、福建东南汽车等

★张家港恩斯克精密机械有限公司
地址:江苏省张家港市经济开发区振兴路34号
邮编:215600
电话:0512/58676496
传真:58180970
网址:www.cn.nsk.com
法定代表人:織户宏昌
单位人数:760
质量体系:IATF 16949、ISO 14001
产品情况:(NSK牌)
轴承及精密机械部件,产品主要供给汽车等领域使用

★江苏华程工业制管股份有限公司
地址:江苏省张家港市塘桥镇人民东路337号
邮编:215611
电话:0512/58440258、58439007
传真:58441775
网址:www.hc-pipe.com
电子信箱:hcpipe@hc-pipe.com
法定代表人:严加彬
质量体系:IATF 16949、ISO 9001
产品情况:主要产品有汽车用管等,如汽车稳定杆等
配套及出口情况:主要客户包括长春一汽、上汽大众、美国(上海)通用等;外销美国、英国、比利时、奥地利、德国、韩国、澳大利亚、印度等20多个国家,并销往中国台湾地区

★江苏沙钢集团有限公司

地址:江苏省张家港市锦丰镇
邮编:215624
电话:0512/58568768
传真:58568252
网址:www.sha-steel.com
电子信箱:sg@shasteel.cn
法定代表人:沈彬
质量体系:IATF 16949、OHSAS 18001、ISO 14001、ISO 9001
产品情况:宽厚板、热轧卷板、冷轧卷板、高速线材、大盘卷线材、带肋钢筋、特钢大棒材等产品
出口情况:出口东亚、南亚、欧洲、美洲、大洋洲、非洲等90多个国家和地区
☞ 详细情况请参阅彩色宣传版面

★江苏瑞威沃管业有限公司
地址:江苏省张家港市南丰经济技术开发区
邮编:215628
电话:0512/58615218、58616572
传真:58902292
网址:www.jiangsu-revivo.cn
电子信箱:jaf@jiangsu-revivo.cn
法定代表人:林洪才
质量体系:IATF 16949、ISO 14001
产品情况:汽车管件
配套情况:为欧洲宝马汽车配套

★江苏立万精密制管有限公司
地址:江苏省张家港市金港镇江海中路
邮编:215632
电话:0512/58931799、56939086
传真:56939087
网址:www.jsliwan.com
电子信箱:gmb@jsliwan.com
法定代表人:倪志红
质量体系:IATF 16949
产品情况:年生产电焊精密钢管可达50000吨,电焊冷拔精密管20000吨,精密无缝管30000吨,应用于汽车、摩托车等行业

★中复神鹰碳纤维有限责任公司
地址:江苏省连云港市经济开发区大浦工业区
邮编:222069
电话:0518/86070008
网址:www.zfsycf.com.cn
电子信箱:sales@zfsycf.com.cn
法定代表人:张国良
质量体系:ISO 9001
产品情况:碳纤维原丝、碳纤维、碳纤维制品,用于新能源汽车等领域

★江苏沙钢集团淮钢特钢股份有限公司
地址:江苏省淮安市西安南路188号
邮编:223022
电话:0517/83036666、83631098
传真:83631344
网址:www.huaigang.com
电子信箱:jshg2005@sina.com
法定代表人:陈少慧
单位人数:5000
质量体系:IATF 16949、ISO 9001
产品情况:年产弹簧钢、轴承钢、船用锚链钢、合金管坯钢、汽车用钢等优特钢320万吨

★宿迁市长城机械密封制造有限公司
地址:江苏省宿迁市宿豫经济开发区太行山路68号
邮编:223801
电话:0527/88202087、80805561
传真:88202078
网址:www.changmi.com
法定代表人:叶龙祥
质量体系:ISO 9001
产品情况:(CHANGMI牌)
汽车泵用密封等
出口情况:远销欧美、非洲、中东、东南亚等地区

★江苏方意汽车配件制造股份有限公司
地址:江苏省盐城市盐都区盐龙街道纬五路3号
邮编:224000
电话:0515/88588686、13814377726
传真:88238689
网址:www.jsfangyi.com
电子信箱:yun@ycfangtian.com
法定代表人:宦传方
单位人数:160
质量体系:IATF 16949、ISO 9001
产品情况:(FANGTIAN牌)
专业生产汽车制动片,目前已开发2000余种盘式制动片、1300余种鼓式制动蹄

★利富高(盐城)精密树脂制品有限公司
地址:江苏省盐城市经济技术开发区乌江路60号
邮编:224007
电话:0515/80505211
网址:www.nifco.co.jp
法定代表人:崔炫惇(CHOI HYUNDON)
质量体系:IATF 16949
产品情况:汽车塑料零件
配套情况:为东风悦达起亚二级配件套厂商

★盐城乔胜机动车配件有限公司
地址:江苏省盐城市城南区伍佑街道宏达街88号

邮编:224041
电话:0515/88811788
传真:88811678
网址:www. njkseal. com
电子信箱:njk@ njkseal. com
法定代表人:陈宏昌
质量体系:IATF 16949
产品情况:主要是油封及橡胶零配件,产品适用于汽车、摩托车等行业
出口情况:远销美国、西欧、日本、东南亚、美洲等国家和地区

★江苏森威精锻有限公司
地址:江苏省大丰市经济技术开发区南翔路 299 号
邮编:224100
电话:0515/83858199
传真:83858100
网址:www. js - spf. com
电子信箱:shiweibing@ sw. wxqc. cn
法定代表人:李平一
质量体系:IATF 16949、ISO 14001
产品情况:主要产品有汽车等速万向节系列精锻件、汽车变速器轴类冷锻件、汽车变速器齿轮类冷精锻件、工程机械精密锻件等
配套情况:为一汽-大众、上汽大众、神龙汽车、德尔福(北方凌云)、吉凯恩(上海)、卡特彼勒(天津)、德尔福(上海)和采埃孚(上海)等供货

★扬州麦斯通复合材料有限公司
地址:江苏省扬州市维扬经济开发区新谊路 7 号
邮编:225008
电话:0514/87875888、87878224
传真:87873999
网址:www. mtcpanel. com
电子信箱:junhua. xu@ mtcpanel. com
法定代表人:郭江程
单位人数:130
质量体系:ISO 9001
产品情况:冷藏保温厢板和干货厢板等
出口情况:远销新西兰、澳大利亚、美国、英国、法国、中东、中亚、非洲等 20 多个国家和地区,并销往中国香港地区

★扬州保来得科技实业有限公司
地址:江苏省扬州市经济技术开发区邗江南路 399 号
邮编:225127
电话:0514/85862606、4000001515
电子信箱:service@ mail. porite. com. cn
法定代表人:菊池真纪
质量体系:IATF 16949、ISO 9001
产品情况:(保来得牌、Porite 牌)
粉末冶金机械结构零件
配套情况:汽车发动机相关零件为一级配套,为神龙、大众、福特等配套;汽车变速器相关零件为二级配套,为通用、克莱斯勒等配套

★胜赛思精密压铸(扬州)有限公司
地址:江苏省扬州市江都区经济开发区舜天路 299 号
邮编:225200
电话:0514/6973264、86330999
传真:6972600
电子信箱:weixia. li@ sensus. com
法定代表人:余锦瑞
质量体系:IATF 16949、ISO 14001
产品情况:铝合金精密压铸件,用于空调压缩机、转向系统、制动系统、传动系统、发动机系统及仪表
配套及出口情况:配套客户有奔驰、福特、马自达、采埃孚、法雷奥、博格华纳、威伯科、三电、耐世特、松下、盖普美、慕贝尔、耐世特、天合等;远销北美洲、欧洲、日本

★扬州立德粉末冶金股份有限公司
地址:江苏省扬州市江都区大桥镇兴港路 1 号
邮编:225212
电话:0514/86951111、86660051
传真:86739507
网址:www. pm - leader. com
电子信箱:sale@ pm - leader. com
法定代表人:葛莲
单位人数:205
质量体系:IATF 16949
产品情况:专业从事汽车、摩托车用粉末冶金零件的研发和生产
配套情况:为汽车、摩托车、电动工具等厂家配套

★江苏苏中铝业有限公司
地址:江苏省泰州市海陵区苏陈镇苏蔡路 853 号
邮编:225300
电话:0523/89609187
传真:89681055
网址:www. cngangyang. com
电子信箱:zhangq@ cngangyang. com
法定代表人:凌小忠
单位人数:450
质量体系:IATF 16949
产品情况:铝合金压铸件
配套及出口情况:是一汽、东风、陕汽、北汽、江淮、上汽、重汽、三一、徐工、宇通、金龙、吉利等大型企业集团的重要供应商;远销美国、俄罗斯、印度等 10 多个国家和地区

★五行科技股份有限公司
地址:江苏省泰州市姜堰区姜溱路 16 号
邮编:225500
电话:0523/88814565、88819944
传真:88818855
网址:www. 5elem. com
电子信箱:cn@ 5elem. com
法定代表人:沙月华
质量体系:IATF 16949、ISO 9001
产品情况:碳纤增强工程塑料,玻纤增强工程塑料等,用于汽车等领域

★泰州鑫宇精工股份有限公司
地址:江苏省泰州市姜堰区经济开发区天目西路
邮编:225500
电话:0523/88338088、88338752
传真:88331364
网址:xinyu - tam. com
电子信箱:cxm@ jinding. sina. net
法定代表人:荆剑
质量体系:IATF 16949、ISO 14001
产品情况:优质的不锈钢、碳钢、合金钢、铸件类的熔模铸件

★江苏弘鼎汽车零部件有限公司
地址:江苏省高邮市汤庄镇工业园区
邮编:225645
电话:0514/84712228、84716588
传真:84713988
网址:www. yzhd. cn
电子信箱:yzhd@ yzhd. cn
法定代表人:汤才宝
单位人数:300
质量体系:IATF 16949、ISO 9001
产品情况:标准件(包括国标、非标件),各类汽配件、液压件、铸造件等
配套情况:为机械、汽车、锻造等国内几十家企业配套

★南亚共和塑胶(南通)有限公司
地址:江苏省南通市通京大道 88 号
邮编:226008
电话:0513/89100150
传真:85285005
网址:www. nypc. com. cn
电子信箱:nykyowa@ npc. com. cn
法定代表人:山崎浩
质量体系:ISO 14001、ISO 9001
产品情况:(KYOWA 牌)
PVC 印贴压膜、吸塑成型膜等贴合产品及处理
出口情况:出口东亚、非洲

★日精工程塑料(南通)有限公司
地址:江苏省南通市经济技术开发区广州路东、民兴路南 25 号
邮编:226009
电话:0513/85981877
传真:85981867
网址:www. nippon - seiki. co. jp
法定代表人:栃倉正美
质量体系:IATF 16949、ISO 9001
产品情况:工程塑料等

★日立化成工业(南通)化工有限公司
地址:江苏省南通经济技术开发区通达路 77 号
邮编:226017
电话:0513/89058784
传真:85926141
网址:www. hitachi. com. cn
法定代表人:矢吹孝朗

质量体系:ISO 9001、ISO 14001
产品情况:生产电子、汽车及工业用精细材料、太阳能电池模块及平板显示器用异向导电膜

★广东鸿泰南通精机科技有限公司
地址:江苏省南通市南通高新技术产业开发区杏园西路 668 号
邮编:226399
电话:0513/68655298、68655299
传真:80603587
网址:gdntht. com
电子信箱:yscw. chen@ gdhtsk. com
法定代表人:余学聪
质量体系:ISO 9001、IATF 16949
产品情况:汽车摩托车用铸锻毛坯件
配套情况:一级配套于广汽、丰田、上汽、吉利、博世、康明斯、亿元伟达;二级配套于本田、通用

★南通川林有色金属铸造有限公司
地址:江苏省南通市如东县掘港镇城南工业园区通洋路 6 号
邮编:226400
电话:0513/68126666、13338838555
传真:68126658
网址:www. nt – chuanlin. com
电子信箱:tony@ nt – chuanlin. com
法定代表人:杨金明
质量体系:ISO 9001
产品情况:有色金属零件铸造、CNC 精加工、柴油机活塞等
出口情况:远销美国、法国、德国、日本、加拿大、西班牙、以色列、新加坡等国家

★南通锦辰制动系统有限公司
地址:江苏省南通市如东县洋口港经济开发区经一路
邮编:226413
电话:0513/84902661、84902663
传真:84902666
网址:www. gsbrakes. com
电子信箱:sales@ gsbrakes. com
法定代表人:陈宏宾
质量体系:IATF 16949
产品情况:可年生产盘式制动片 600 万套,鼓式制动片 480 万套

★南通江洲工程材料科技有限公司
地址:江苏省如皋市如城街道怡年西路 88 号光华科技创业园 3 号楼
邮编:226500
电话:0513/87650085、13862735086
传真:87656985
网址:www. tonprene. cn
电子信箱:tonprene@ 163. com
法定代表人:周皞
质量体系:ISO 9001
产品情况:专业从事热塑性弹性体 TPV 研发、生产,应用于汽车玻璃导槽复合密封条、三角窗、刮水器、高压点火线等汽车配件

★江苏九鼎新材料股份有限公司
地址:江苏省如皋市中山东路 1 号
邮编:226500
电话:0513/80695000、80695019
网址:www. cjdg. com
电子信箱:cjdg@ jiudinggroup. com
法定代表人:王文银
质量体系:IATF 16949、ISO 9001
产品情况:(鼎牌)
玻璃钢汽车配件
出口情况:出口北美洲、欧洲、东南亚、日本、韩国等 50 多个国家和地区

★南通华东油压科技有限公司
地址:江苏省南通市白蒲镇工业园区
邮编:226511
电话:0513/88571063、13606275122
传真:88571178
网址:hyzcn. com
电子信箱:wangjm@ hyzcn. com
法定代表人:丁洋
单位人数:810
质量体系:ISO 9001
产品情况:(皋液牌)
液压铸件及其加工、液压元器件、液压机
配套及出口情况:主要用户有中联重科、三一重工、徐工、柳工、海特克、镇江液压件总厂、北京华德、上海液气、江苏金海、宁波华液、七洋液压、北部精机等;出口美国、欧洲、日本等国家和地区

★江苏华生汽车零部件制造有限公司
地址:江苏省如皋市江安镇工业园区
邮编:226534
电话:0513/87595288、13301425555
传真:87595388
网址:www. jshsqp. com
法定代表人:毛永铭
质量体系:IATF 16949
产品情况:主要生产各种冲压件 100 余种

★亚太轻合金(南通)科技有限公司
地址:江苏省海安经济开发区海防路 29 号
邮编:226600
电话:0513/88271111、18912852511
网址:www. aplah. com
电子信箱:ben. peng@ aplah. com
法定代表人:周福海
质量体系:IATF 16949、ISO 9001
产品情况:各种牌号精密冷拉圆管、多孔挤压扁管和各种挤压型材
配套情况:与三电、德尔福、大陆集团、博世、贝洱、电装、摩比斯、法雷奥合作

★江苏鹰球集团有限公司
地址:江苏省海安县工业园区镇南路 108 号
邮编:226600
电话:0513/88832617、88832618
传真:88833248
网址:www. jsyq. cn
电子信箱:hayqjtyxb@ 126. com
法定代表人:申承秀
质量体系:IATF 16949、ISO 14001
产品情况:(鹰球牌)
专业从事粉末冶金含油轴承、结构零件、不锈钢零件、金属粉末注射成型零件、软磁铁氧体磁心的研发与生产,产品广泛应用于汽车等领域

★海安县恒益滑动轴承有限公司
地址:江苏省海安县海安镇工业园区开元大道 68 号
邮编:226600
电话:0513/88789316、88789320
网址:www. hazc. com
电子信箱:lbd@ hazc. com
法定代表人:卢镔
质量体系:ISO 9001
产品情况:滑动轴承
配套情况:为西门子 SIEMENS VAI、达涅利 Danieli、西马克 SMS Siemag、美铝 Alcoa、涿神有色金属、中国重型机械研究所、中色科技、华北铝业、上海重型机器厂、陕西压延设备厂、常州宝菱重工、二重等国内外知名企业长期供应商

浙江省

★杭州兴达特种橡胶有限公司
地址:杭州市莫干山路 1418 – 6 号(上城区工业园区)
邮编:310011
电话:0571/88176166
传真:88174522、88172991
网址:www. boomrubber. com
电子信箱:boom@ boomrubber. com
法定代表人:陈聪智
单位人数:700
质量体系:ISO 9001、ISO 14001
产品情况:橡胶异形管、套、塞、片、圈、垫、架等工业异形件,内镶各种骨架材料的密封圈、减振器、橡胶套以及各种橡胶金属件等
配套及出口情况:是福特、路虎、沃尔沃等数百家跨国企业的长期稳定供货合作伙伴;远销欧洲、美洲、大洋洲、日本、韩国、中东、东南亚等多个国家和地区

★杭州相良塑料有限公司
地址:杭州市江干区经济技术开发区 4 号大街 3 号
邮编:310018
电话:0571/86910132
传真:86910131
网址:www. sagara. cn
电子信箱:business@ sagara. cn
法定代表人:紫垣隆
质量体系:IATF 16949
产品情况:塑料、橡塑的注塑成型、模具设计与制造等业务

★杭州泰明顿摩擦材料有限公司
地址:杭州市江干区下沙经济技术开发区 M16－1－3
邮编:310018
电话:0571/86923106
传真:86923697
网址:www.tmdfriction.com
电子信箱:vivian.yang@tmdfriction.com
法定代表人:Stefan Bernhard Guennewig
质量体系:IATF 16949、ISO 9001
产品情况:轿车系列无石棉制动材料
配套情况:为上汽大众、一汽-大众、上汽通用、上海汽车、一汽轿车、北京奔驰、华晨汽车、上汽制动、天合汽车、北京万都、浙江亚太、中国重汽、包头奔驰、郑州宇通、梅州 BPW 等供货

★钱江弹簧(杭州)有限公司
地址:杭州市经济技术开发区 22 号大街 78 号
邮编:310018
电话:0571/86781868
网址:www.qjspring.com
电子信箱:sale@qjspring.com
法定代表人:张涌森
质量体系:IATF 16949、ISO 9001
产品情况:(钱江牌)
汽车悬架弹簧、汽车稳定杆、汽车零部件弹簧等高端弹簧

★杭州藤仓橡胶有限公司
地址:杭州市下沙经济技术开发区 8 号路 M6－5－4
邮编:310018
电话:0571/86846303、86912036
传真:86912037
网址:www.hangzhoufujikura.com
电子信箱:hzfjkr84@hangzhoufujikura.com
法定代表人:高桥良尚
质量体系:IATF 16949、ISO 9001
产品情况:膜片、密封垫、密封材、O 形圈、防振橡胶 LIM 产品等高品质橡胶部品及合成部品

★杭州安耐特实业有限公司
地址:杭州市富阳场口工业园
邮编:311000
电话:0571/63131071、4008848988
传真:63558890
电子信箱:gm@annat.com.cn
法定代表人:蔡晓洋
质量体系:IATF 16949、ISO 14001
产品情况:(Annat 牌)
汽车盘式制动片、鼓式制动片,年产能力 300 万套

★杭州持正科技股份有限公司
地址:杭州市余杭区仓前开发区余杭塘路 2622 号
邮编:311100
电话:0571/88611166
传真:88611218
网址:www.3chain.com
法定代表人:姚胜强
质量体系:ISO 9001、IATF 16949
产品情况:(SFR 牌、OSEE 牌、TVH 牌)
主要以摩托车链条、汽车链条、发动机时规链、板式链等链条产品

★杭州弹簧有限公司
地址:杭州市余杭区星桥北路 76 号
邮编:311100
电话:0571/86260850
传真:86260851
网址:www.hz－spring.net
电子信箱:hzthccn@mail.hz.zj.cn
法定代表人:白冰
质量体系:IATF 16949、ISO 9001
产品情况:(兰菱牌)
气门弹簧、液压件弹簧、离合器弹簧、悬架弹簧、工业阀门弹簧、碟形弹簧、模具弹簧、截锥涡卷弹簧、电动工具弹簧、异形弹簧、压缩弹簧等
配套及出口情况:为上汽通用五菱、吉利汽车、中国重汽、潍柴汽车等配套;为韩国斗山、美国约翰迪尔、美国伊顿等年供货均在数百万件

★杭州东华链条集团有限公司
地址:杭州市余杭经济技术开发区昌达路 1 号
邮编:311102
电话:0571/85148188
传真:85040765
网址:www.dhchain.com
电子信箱:nxgs@dhchain.com
法定代表人:鲁小林
质量体系:IATF 16949
产品情况:[东华(DONGHUA)牌、自强牌、盾牌]
链条、链轮、齿轮等多种传动产品
配套及出口情况:为江迪尔、纽荷兰、克拉斯、久保田、洋马等企业提供链条;50% 以上的产品出口欧美、日本、东南亚等国家和地区

★浙江蓝翔轴承有限公司
地址:杭州市余杭区经济技术开发区宏达路 12 号
邮编:311102
电话:0571/86210077、86210829
传真:86210199
网址:www.lxb.com.cn
电子信箱:ldg@lxb.com.cn
法定代表人:蓝德光
单位人数:500
质量体系:IATF 16949、ISO 14001
产品情况:(LXB 牌)
静音电动机轴承、精密轴承、汽车轴承、摩托车轴承等
配套及出口情况:为日本 MABUCHIMOTOR、日本 SHIMANO、韩国 LG、德国 BBS、美国 LEESON、海尔、利欧、方正等配套;远销美国、意大利、德国、埃及、中东等 20 多个国家和地区

★杭州西湖摩擦材料有限公司
地址:杭州市余杭经济开发区兴元路 490 号
邮编:311103
电话:0571/86183772
传真:86183187
网址:www.hxmbrake.com
电子信箱:sales@hxmbrake.com
法定代表人:沈永生
质量体系:IATF 16949、ISO 14001
产品情况:(锐豹牌)
汽车制动器片(蹄),年产各类进口、国产汽车制动蹄总成、汽车制动器衬片 1000 多个品种、2000 多个规格,年产量达 2000 万套件以上
出口情况:远销 20 多个国家和地区

★浙江华江科技股份有限公司
地址:杭州市余杭区塘栖镇塘旺街 9 号
邮编:311106
电话:0571/89022815、89022816
传真:86318686
网址:www.zjhjkj.com
电子信箱:zhb@zjhjkj.com
法定代表人:马国维
质量体系:IATF 16949、ISO 14001
产品情况:可年产 GMT、CMT 产品 1500 万平方米和 PU 发泡及各种复合材料 3000 万平方米

★浙江科特汽配有限公司
地址:杭州市余杭区塘栖镇张家墩路 169 号
邮编:311106
电话:0571/86319088、13059971555
网址:www.zkt.cn
电子信箱:web@zkt.cn
法定代表人:倪松富
质量体系:IATF 16949、ISO 14001
产品情况:(旋球牌)
无石棉离合器面片
出口情况:远销日本、欧洲、北美洲、大洋洲等国家和地区

★杭州竞舟轴承有限公司
地址:杭州市余杭区良渚工业城
邮编:311113
电话:0571/88777665、88777186
传真:88776896
网址:www.jzbearing.com
电子信箱:741728949@qq.com
法定代表人:于文化
单位人数:600
质量体系:IATF 16949、ISO 9001
产品情况:[竞舟(JZ)牌]
外径 42～320mm 的公/英制圆锥滚子轴承、圆柱轴承和双列圆锥滚子轴承

★浙江浙大方圆化工有限公司
地址:杭州市余杭区良渚镇七贤桥(大

陆工业园区)
邮编:311113
电话:0571/88770021、88770366
传真:88770386
网址:www.choice-fy.com
电子信箱:admin@choice-fy.com
法定代表人:单静波
质量体系:IATF 16949、ISO 9001
产品情况:(求是牌、倍力驰牌、欧士丽牌)

润滑油、制动液、防冻液、润滑脂等;制动液年产能为6000吨,防冻液季节性产能为5000吨/年

★浙江华正新材料股份有限公司
地址:杭州市余杭区余杭街道华一路2号华正科技园
邮编:311121
电话:0571/88650709
传真:88652961
网址:www.wazam.com.cn
电子信箱:hzxc@hzccl.com
法定代表人:刘涛
单位人数:1700
质量体系:IATF 16949、ISO 14001
产品情况:高端覆铜板、功能性复合材料、热塑性蜂窝材料等
配套及出口情况:为沪士电子、特斯拉等二级配套;远销欧美、北美洲、东南亚、韩国、俄罗斯、印度等国家和地区

★永杰新材料股份有限公司
地址:杭州市萧山区杭州江东工业园区江东二路1288号
邮编:311200
电话:0571/82985966、82986588
传真:82981555
网址:www.dongnanal.com
电子信箱:whx@dongnanal.com
法定代表人:沈建国
质量体系:IATF 16949、ISO 9001
产品情况:提供汽车工业制造所需的板材、箔材产品,应用于货车底架、油罐罐体、乘用车车身、车身机构和散热器等
出口情况:远销欧美等50多个国家和地区

★杭州萧山红旗摩擦材料有限公司
地址:杭州市萧山区河上镇大桥工业区
邮编:311200
电话:0571/22869058
传真:22869057
网址:www.hqfriction.com
电子信箱:sale@hqfriction.com
法定代表人:严秀文
质量体系:IATF 16949、ISO 9001
产品情况:(萧摩牌)

年产各种摩擦片2100万片
配套及出口情况:为中国一拖、福田雷沃、龙工、临工、云洲科技等配套;35%的产品出口海外市场,主要市场为欧洲、美洲、东南亚、中东和非洲

★杭州永固汽车零部件有限公司
地址:杭州市萧山区红垦农场红泰四路168号
邮编:311200
电话:0571/82619018
传真:82852998
网址:www.zjtoyou.com
电子信箱:market@zjtoyou.com
法定代表人:莫云兴
质量体系:IATF 16949
产品情况:(永固牌)

汽车轮毂轴承、汽车轮毂单元、变速器轴承、深沟球轴承等
配套情况:为日本松下、德国博世电动工具、杭州万向集团、英国GMS公司等配套

★杭州沈氏轴承有限公司
地址:杭州市萧山区宁围街道宁牧村
邮编:311200
电话:0571/82767789
传真:82835338
网址:www.s-bearing.com
电子信箱:ss@s-bearing.com
法定代表人:沈坚
单位人数:200
质量体系:IATF 16949
产品情况:轴承及轴承保持架
配套及出口情况:为山东临工、合肥车桥、上汽通用、一汽海马、一汽-大众等配套;远销美国、加拿大、日本、韩国等国家

★浙江萧山固陵汽配有限公司
地址:杭州市萧山区萧绍东路180号
邮编:311201
电话:0571/82786658、82787973
传真:82786941
网址:www.goaling.com
电子信箱:gl@goaling.com
法定代表人:陈智勇
质量体系:IATF 16949、ISO 9001
产品情况:(固陵牌)

载货汽车、客车、拖车轮胎螺栓、螺母、U形螺栓、高强度标准件、汽车液压制动软管总成和各类接头、机械精密零件
配套情况:合作伙伴有东风、解放、欧曼、金龙、宇通、依维柯、上汽汇众、斯太尔、黄海等

★杭州康新轴承制造有限公司
地址:杭州市萧山区蜀山街道桥头陈康新工业园
邮编:311203
电话:0571/82681833、82702811
传真:82681811、82393555
网址:www.cnkxb.com
电子信箱:sales@cnkxb.com
法定代表人:汤甘诗
质量体系:IATF 16949
产品情况:汽车离合器分离轴承、汽车发动机张紧轮和张紧器
配套情况:部分产品为OEM配套

★钱潮轴承有限公司
地址:杭州市萧山经济技术开发区金一路606号
邮编:311215
电话:0571/82835379、82835781
传真:82834352
网址:www.wxqc.com.cn
电子信箱:wxtz@wanxiang.com.cn
法定代表人:李平一
质量体系:IATF 16949、ISO 9001
产品情况:(QC牌)

圆锥滚子轴承、圆柱滚子轴承、球轴承、微型轴承、汽车水泵轴连轴承、超精密高速磨头主轴轴承、汽车水泵总成等系列产品
配套及出口情况:与通用、福特、大众、阿文美驰、DANA、ZF、TRW、BPW、现代、铁姆肯及国内一汽、东风、重汽、上汽、北方奔驰等主机厂长期战略合作;远销美国、加拿大、意大利、德国、澳大利亚、日本、中东等国家和地区

★杭州萧山鼎立机械有限公司
地址:杭州市萧山区宁围镇新安村桥园路28号
邮编:311215
电话:0571/22806017、22806767
传真:22806766
电子信箱:info@steadyway.com
法定代表人:王飞
质量体系:IATF 16949、ISO 14001
产品情况:汽车轮毂单元

★杭州力亿轴承有限公司
地址:杭州市萧山区浦阳镇尖山村
邮编:311215
电话:0571/82869576
传真:82604692
网址:www.hzly-bearing.com
电子信箱:hzly_bearing@163.com
法定代表人:孙锋
质量体系:IATF 16949
产品情况:汽车轮毂单元轴承

★浙江丰波机电科技有限公司
地址:杭州市大江东产业集聚区
邮编:311225
电话:0571/82871588、82830578
传真:82690023、82767268
网址:www.sbfastener.com
电子信箱:info@sbfastener.com
法定代表人:徐雅珍
质量体系:IATF 16949
产品情况:轮毂单元、轮毂轴承,年产200多万套
出口情况:出口北美洲等海外市场

★杭州优科豪马橡胶制品有限公司
地址:杭州市萧山区江东本级区块前进工业园区三丰路89号

邮编:311227
电话:0571/56975288
网址:www. yokohama. com. cn
法定代表人:结城正博
质量体系:IATF 16949、ISO 9001
产品情况:汽车、建筑机械用胶管及其零部件、密封材料、电子封装材料和黏合剂相关产品

★杭州之江有机硅化工有限公司
地址:杭州市大江东产业集聚区临江国家高新区新世纪大道1717号
邮编:311228
电话:0571/82392027、82392010
传真:82392312
网址:www. chinazhijiang. com
电子信箱:office@ chinazhijiang. com
法定代表人:何永富
质量体系:IATF 16949、ISO 9001
产品情况:(金鼠牌)
密封黏结剂、功能型涂料等化工新材料
出口情况:远销北美洲、南美洲、欧洲、东南亚、中东等地区

★杭州雷迪克节能科技股份有限公司
地址:杭州市萧山经济技术开发区桥南区春潮路89号
邮编:311231
电话:0571/22806188、22806126
传真:22806116
网址:www. radical. cn
电子信箱:info@ radical. cn
法定代表人:沈仁荣
质量体系:IATF 16949、ISO 14001
产品情况:(RADLCAL 牌)
轮毂轴承、轮毂轴承单元、圆锥轴承、张紧轮、离合器分离轴承和三球销万向节等六大类2000余个品种
出口情况:70%以上产品远销欧洲、美洲等地区

★爱克斯精密钢球(杭州)有限公司
地址:杭州市萧山经济技术开发区桥南区鸿达路189号
邮编:311231
电话:0571/22801288
传真:22801268
网址:www. aksball. cn
电子信箱:acb@ aksball. cn
法定代表人:杉本美则
单位人数:260
质量体系:IATF 16949、ISO 9001
产品情况:精密轴承用精密钢球,产品主要用于汽车及家电类产品

★浙江兆丰机电股份有限公司
地址:杭州市萧山经济技术开发区桥南区块兆丰路6号
邮编:311232
电话:0571/22803999、22801122
传真:22801188
网址:www. hzfb. com
电子信箱:info@ hzfb. com
法定代表人:孔爱祥
质量体系:IATF 16949、ISO 9001
产品情况:(HZF 牌)
专业生产第一、二、三代汽车轮毂轴承单元及各类精密轴承
配套及出口情况:为奥迪 A6、本田雅阁、丰田凌志、通用别克、大众系列,奔驰、宝马等中、高档轿车配套;远销美国、加拿大、德国、意大利、韩国等30多个国家和地区

★浙江龙头机械有限公司
地址:杭州市萧山区党山镇为民路
邮编:311245
电话:0571/82522681、82522683
传真:82521111
网址:www. zjlongtou. cn
电子信箱:1783276168@ qq. com
法定代表人:姚永灿
单位人数:200
质量体系:ISO 9001
产品情况:(美欧亚牌)
生产蜗轮减速机系列、汽车管件、高低压油管、铸造各类球铸、普铸产品等产品
配套及出口情况:为近百家整机企业配套;出口美洲、欧洲、亚洲地区

★浙江大铭汽车零部件有限公司
地址:杭州市萧山经济技术开发区
邮编:311253
电话:0571/82864738、82690838
电子信箱:zjdm_bearing@ 126. com
法定代表人:赫建祥
质量体系:IATF 16949
产品情况:各类车用轮毂轴承和轮毂单元
配套及出口情况:为四川汽车、华泰汽车、力帆汽车、上汽通用五菱、绵阳金杯、长安汽车、郑州海马、北京汽车、吉奥汽车、众泰汽车等多家汽车厂配套;远销中东、欧美等发达国家和地区

★浙江国泰萧星密封材料股份有限公司
地址:杭州市萧山区浦阳镇工业园区
邮编:311255
电话:0571/82326953、8008571506
传真:82321234、82325562
网址:www. zjcps. cn
电子信箱:cwb@ zjcps. cn
法定代表人:俞江帆
单位人数:630
质量体系:ISO 9001、ISO 14001
产品情况:(萧星牌)
各类编织填料(盘根)、柔性石墨制品、聚四氟乙烯制品、金属垫片及非金属垫片、无石棉密封制品、橡胶密封件及密封辅件等九大系列数万个品种的产品

★浙江凌志新材料有限公司
地址:杭州市临安区经济开发区天柱街57号
邮编:311305
电话:0571/63819258、63819112
传真:63819112
网址:www. liniz. com
电子信箱:liniz@ liniz. com
法定代表人:陈勇
质量体系:IATF 16949、ISO 9001
产品情况:高档有机硅材料,包括车灯用胶、导热垫片、导热凝胶、锂电池用胶黏剂和密封胶等汽车及其他领域产品

★临安东方滑动轴承有限公司
地址:杭州市临安区太阳镇太阳大街207号
邮编:311314
电话:0571/63831188
网址:www. dfb – cn. com
电子信箱:dfb@ vip. 163. com
法定代表人:沈百仁
质量体系:IATF 16949
产品情况:曲轴止推片、液压配件侧板产品
配套情况:为一汽集团、重型汽车集团、东风汽车公司、上汽集团等50家主机厂配套

★杭州优纳摩擦材料有限公司
地址:杭州市富阳区新登镇5号路
邮编:311400
电话:0571/63422890
网址:www. united – friction. com
电子信箱:info@ united – friction. com
法定代表人:陈忠
质量体系:IATF 16949
产品情况:客车用盘式制动器衬片、轿车系列盘式制动器衬片等;已经形成汽车用盘式制动器衬片产品型号2000余种,年产800万套的生产能力
配套及出口情况:为宇通、金龙、安凯、北奔等国内主要客车制造厂配套;出口德国、英国、意大利、法国、美国等欧美国家

★杭州富春弹簧有限公司
地址:杭州市富阳区银湖街道高桥工业区88号
邮编:311400
电话:0571/63426402、63427788
传真:63427398
网址:www. xfspring. com
电子信箱:manager@ xfspring. com
法定代表人:邵承玉
单位人数:350
质量体系:IATF 16949、ISO 9001
产品情况:(富春牌)
主要产品为汽车底盘系统(悬架弹簧、稳定杆)和动力传动系统(离合器、液力变矩器、双质量飞轮)等用汽车弹簧

★杭州特种纸业有限公司
地址:杭州市富阳区鹿山街道上里工业区
邮编:311407
电话:0571/63488222
传真:63488497
网址:www. newstarpaper. cn
电子信箱:sales@ newstarpaper. cn
法定代表人:王建业
单位人数:300
质量体系:IATF 16949、ISO 9001
产品情况:(新星牌)
空气滤纸、机油滤纸、柴油滤纸、机空滤纸、皱纹滤纸、旁通滤纸、高精度油水分离复合滤纸、固化纸等汽车滤纸系列

★桐庐宇鑫汽配有限公司
地址:浙江省桐庐县横村工业区龙富路288 号
邮编:311512
电话:0571/64672389、64672558
传真:64672568
网址:www. zgzjyx. cn
电子信箱:mccl@ hzmc. cn. com
法定代表人:王胜鑫
质量体系:IATF 16949、ISO 14001
产品情况:(宇鑫牌)
各种汽车、摩托车、工程机械等车用盘式制动片及摩擦材料;具备年产300 万套的生产能力
配套及出口情况:为青年客车等多家客车厂及主机厂配套;远销欧美、中东、东南亚市场

★浙江波士特机械有限公司
地址:浙江省诸暨市店口工业区
邮编:311800
电话:0575/87628883
传真:87616799
网址:www. zjbst. com
电子信箱:james@ zjbst. com
法定代表人:冯波
单位人数:300
质量体系:IATF 16949、ISO 9001
产品情况:(BST 牌)
年可生产 1000 万套气制动软管铜管件和尼龙、橡胶软管
配套及出口情况:主要合作客户有东风商用车、陕重汽、陕西法士特汽车传动集团、一汽客车(大连)、克诺尔集团巴西公司;远销欧洲、美洲、东南亚、中东等地区

★浙江科达利实业有限公司
地址:浙江省诸暨市店口镇新湖支路1 号
邮编:311800
电话:0575/87652213、87651588
传真:87655444
网址:www. kdlhose. com
电子信箱:kedali@ china. com
法定代表人:陈志源
单位人数:300
质量体系:IATF 16949、ISO 9001
产品情况:(科达利牌)
车用空调软管、液压制动软管、气压制动软管、动力转向软管、真空软管及总成系统
配套及出口情况:与江淮、北汽、南汽、一汽、上汽、东风、现代、奇瑞、吉利、华晨集团等主机厂配套;远销欧美、中东、东南亚等地区

★浙江金昌弹簧有限公司
地址:浙江省诸暨市望云西路 8 号
邮编:311800
电话:0575/87102555、87101268
传真:87103728
网址:www. zjspring. com
电子信箱:jinchang@ zjspring. com
法定代表人:金根生
单位人数:360
质量体系:IATF 16949、ISO 9001
产品情况:压缩螺旋弹簧、拉簧、扭簧、卡簧、鼓形弹簧、宝塔形弹簧、碟簧、钢板弹簧、平面蜗卷弹簧、摇窗机弹簧、膜片弹簧、波形弹簧、模具弹簧、方扁钢弹簧、钢板宝塔弹簧,各类轿车、微型汽车悬架减振弹簧,摩托车前后减振弹簧、载货汽车气室制动弹簧等
配套情况:为一汽集团、东风汽车集团、北汽集团、上汽通用五菱、众泰汽车、吉利汽车、海马汽车、奇瑞汽车、江淮汽车、力帆汽车、华晨汽车、柳工集团、徐工集团、瑞立集团、万向集团等各大汽车主机厂和汽车零部件企业的一、二级供应商

★诸暨市康宇弹簧有限公司
地址:浙江省诸暨市大唐镇雍宇路一号
邮编:311801
电话:0575/87747618、87742728
传真:87747718
网址:www. cnkangyu. com
电子信箱:sale1@ cnkangyu. com
法定代表人:寿永民
质量体系:IATF 16949、ISO 9001
产品情况:(康宇牌)
轿车减振弹簧、重型机械、交通机械等系列弹簧
出口情况:远销马来西亚、美国、法国、保加利亚、柬埔寨、日本、俄罗斯等国家

★浙江三 A 弹簧有限公司
地址:浙江省诸暨市草塔镇府洲路 113 号
邮编:311812
电话:0575/87071568、87076108
传真:87071577
网址:www. 3asprings. com
电子信箱:sales@ 3asprings. com
法定代表人:金海宝
质量体系:IATF 16949
产品情况:(三 A 牌、双金牌)
具有年生产 500 万只汽车悬架弹簧、100 万根汽车稳定杆、1000 万件汽油机及柴油机气门弹簧和 1000 万件其他品种弹性件的能力
配套情况:为安徽奇瑞、浙江吉利、长城汽车、比亚迪、浙江众泰等配套

★浙江伊思灵双第弹簧有限公司
地址:浙江省诸暨市经济开发区文种路11 号
邮编:311812
电话:0575/87071688、87079986
传真:87073068
网址:isri - shuangdi. com
电子信箱:spring@ isri - shuangdi. com
法定代表人:楼静先
质量体系:IATF 16949、ISO 14001
产品情况:汽车悬架弹簧、离合器弹簧、阀弹簧、减振弹簧等各类汽车弹簧,机械密封件弹簧、发动机气门弹簧以及矩形截面模具弹簧,其他各类压簧、扭簧、拉簧、螺旋弹簧、异形弹簧、蝶形弹簧及弹性冲压件
配套及出口情况:为多家汽车零部件公司配套;远销欧洲、美洲、日本等国家和地区

★英科控股有限公司
地址:浙江省诸暨市王家井镇洋湖工业区
邮编:311813
电话:0575/87558399、87755399
传真:87756399、87334063
网址:www. incospring. com
电子信箱:kiki@ incospring. com
法定代表人:楼森
质量体系:ISO 9001
产品情况:(英科牌)
主要生产各种压簧、拉簧、扭簧、碟簧、波簧、电梯板簧、矩形弹簧等弹簧及不锈钢冲压件
配套及出口情况:为路德坦摩汽车悬架、中兴减振器、江西巨晃实业等多家汽车零部件公司配套;远销欧洲、美洲、日本等国家和地区

★浙江峰威机械有限公司
地址:浙江省诸暨市店口镇解放路 822 号
邮编:311835
电话:0575/87651792、87618982
传真:87662759
网址:www. zjfengwei. com
电子信箱:chinafengwei792@ 163. com
法定代表人:冯夫云
质量体系:IATF 16949
产品情况:(峰威牌)
主要生产横直拉杆球头总成、各种油管、阀门、油杯、底盘配件及各种卡箍等
配套情况:与一汽、东风、柳工、福田、五菱等多家企业配套

★浙江三叶机械有限公司
地址:浙江诸暨市店口工业区
邮编:311835

电话:0575/87659768、87617318
传真:87659768
网址:www. cnmingjie. com
电子信箱:chinasanye@ cnmingjie. com
法定代表人:俞校军
质量体系:ISO 14001、IATF 16949
产品情况:(茗捷牌)
　　年生产气管铜接头、尼龙管、尼龙管总成、橡胶管总成各2000余万套
配套及出口情况:为多家主机企业配套;出口欧洲、东南亚、中东等地区

★浙江梅盛实业股份有限公司
地址:浙江省绍兴市柯桥区钱清镇梅东村
邮编:312025
电话:0575/84051226
网址:www. meishenggroup. com
电子信箱:info@ meishenggroup. com
法定代表人:钱国春
单位人数:560
质量体系:IATF 16949
产品情况:超细纤维、麂皮、贴面革等高端新材料,用于汽车内饰、汽车坐垫等
出口情况:远销意大利、美国等国家

★三力士股份有限公司
地址:浙江省绍兴市柯岩街道余渚工业园区
邮编:312031
电话:0575/84366806、13735333501
传真:84369624
网址:www. v - belt. com
电子信箱:3069839792@ qq. com
法定代表人:吴琼瑛
质量体系:IATF 16949、ISO 14001
产品情况:(三力士牌)
　　各种橡胶V带(包布V带、切割V带及特种传动V带)、多楔带、同步带及农机传动带、汽车传动带
出口情况:远销欧洲、美洲、亚洲、非洲70多个国家和地区

★浙江世纪华通集团股份有限公司
地址:浙江省绍兴市上虞区曹娥街道越爱路66号
邮编:312300
电话:0575/82218511、82122071
传真:82129700、82186126
网址:www. sjhuatong. com
电子信箱:sjhuatong@ sjhuatong. com
法定代表人:王苗通
质量体系:ISO/TS 16949
产品情况:汽车热交换系统塑料件、空调系统塑料件、车灯系统塑料件、内饰件、外饰件、座椅系统塑料件、安全系统塑料件、其他汽车塑料件、有色金属铸造件、金属冲压件等系列
配套情况:为上汽大众桑塔纳、帕萨特、POLO、斯柯达(晶锐、明锐、昊锐)、朗逸、途观;上汽通用新君威、新君越、英朗、新凯越、克鲁兹、乐风、乐骋、GL8、林荫大道;上海汽车荣威550/750;一汽集团奥迪、新宝来;东风集团富康、标致206/307、雪铁龙C5、逍客;广汽本田雅阁、飞度、奥德赛等车型配套

★绍兴上虞万里汽车轴承有限公司
地址:浙江省绍兴市上虞区东关竺可桢科技园区
邮编:312300
电话:0575/82570000、82570266
传真:82570277
网址:www. wlbrg. com
电子信箱:wanli@ wlbrg. com
法定代表人:陈青
质量体系:IATF 16949
产品情况:(WAB牌)
　　汽车水泵轴连轴承、汽车前轮毂轴承、汽车离合器分离轴承、汽车张紧轮轴承和其他各种汽车轴承
出口情况:远销美国、西欧、中东等国家和地区

★浙江创城汽车零部件有限公司
地址:浙江省绍兴市上虞区章镇工业园区
邮编:312363
电话:0575/82099778、13505857457
电子信箱:sales@ ccxj. cc
法定代表人:金森君
质量体系:IATF 16949、ISO 14001
产品情况:汽车橡胶零部件,橡胶制品含底盘减振器类、缓冲块、密封件、车身附件类、线束护套、点火线圈及其他橡胶类产品
配套情况:主要配套客户有福特汽车、吉利汽车、比亚迪汽车、德尔福等

★浙江安格鲁传动系统有限公司
地址:浙江省绍兴市上虞区沥海工业园
邮编:312366
电话:0575/82691903
传真:82691901
网址:www. acron. com. cn
电子信箱:acron@ acron. com. cn
法定代表人:阮益谊
质量体系:IATF 16949、ISO 9001
产品情况:汽车多楔带、时规带、V带、工业(模压)多楔带、同步带、工业V带等六大类
配套情况:为康明斯、卡马兹、比亚迪、长城、吉利、新晨动力等众多厂商配套

★浙江优联汽车轴承有限公司
地址:浙江省嵊州市三江工业园区新一路
邮编:312400
电话:0575/83268206
传真:83268202
网址:m. unifar. com. cn
电子信箱:unifar@ unifar. com. cn
法定代表人:王健
质量体系:IATF 16949
产品情况:汽车离合器分离轴承、张紧轮轴承及惰轮和汽车单向发电机皮带轮,年产量600多万套
出口情况:出口韩国、东南亚、英国、美国、巴西、意大利等国家和地区

★浙江省新昌新轴实业有限公司
地址:浙江省绍兴市新昌县南明街道南门外100号
邮编:312500
电话:0575/86011818、86024107
传真:86049523
网址:www. xzsybearing. com
电子信箱:ylq86011066@ 126. com
法定代表人:尚方俊
单位人数:500
质量体系:IATF 16949
产品情况:(XZSY牌)
　　汽车水泵轴承、深沟球轴承、汽车离合器轴承、汽车轮毂轴承、圆锥滚子轴承、圆柱滚子轴承及非标轴承,年生产轴承能力2000万套
出口情况:远销美国、日本、英国、德国、巴西、印度、俄罗斯、西班牙、土耳其、中东等国家和地区

★浙江斯菱汽车轴承股份有限公司
地址:浙江省新昌县梅渚镇江东路3号
邮编:312500
电话:0575/86766248、86177888
传真:86177002
网址:www. slingbearings. com
电子信箱:slbearing@ 126. com
法定代表人:姜岭
质量体系:IATF 16949
产品情况:汽车轴承

★浙江五洲新春集团股份有限公司
地址:浙江省新昌县七星街道泰坦大道199号
邮编:312500
电话:0575/86013666、86339555
传真:86013835
网址:www. xcc - zxz. com
电子信箱:xcc@ xcc - zxz. com
法定代表人:张峰
单位人数:2600
质量体系:IATF 16949、ISO 9001
产品情况:(XCC牌)
　　主要生产精密汽车轴承、轴连轴承和电动机轴承等,年产轴承5000万套、轴承套圈2.2亿套、优质轴承钢管30000吨
配套及出口情况:汽车轴承配套于尼桑、现代等品牌汽车;主要出口美国、日本、韩国、巴西等国家

★新昌县开源汽车轴承有限公司
地址:浙江省新昌县省级高新技术园区
邮编:312500
电话:0575/86295308、86295777
传真:86297891
网址:www. zdbearings. com
电子信箱:xzd@ zdbearings. com
法定代表人:姜岭

质量体系:IATF 16949
产品情况:(XZD 牌)
以汽车轮毂轴承、轮毂单元为主,同时生产汽车发电机专用轴承、深沟球轴承及各类非标轴承等产品;年生产轮毂轴承 500 万套,轮毂单元 200 万套
出口情况:主要出口欧洲、美洲、非洲、东南亚、西亚等地区(包括德国、意大利、法国、波兰、土耳其、美国、加拿大、墨西哥、阿根廷、巴西、南非、印度、阿联酋等国家)

★浙江美力科技股份有限公司
地址:浙江省新昌县新昌大道西路 1365 号
邮编:312500
电话:0575/86086086
传真:86060678
网址:www. china - springs. com
电子信箱:sales@ china - springs. com
法定代表人:章碧鸿
质量体系:IATF 16949、ISO 14001
产品情况:(美力牌)
悬架系统弹簧、座椅弹簧、变速器膜片弹簧、离合器弧形弹簧等弹簧产品
配套情况:主要客户包括长安汽车、中国一汽、福特汽车、北汽集团、长城汽车、比亚迪、吉利汽车、沃尔沃、东风汽车、雷诺汽车、博格华纳、Faurecia、Brose、Lear、Mando、延锋安道拓、延锋百利得、Autoliv、TENNECO、BENTELER、DELPHI、Webasto 等

★浙江天马轴承集团有限公司
地址:浙江省湖州市德清县雷甸镇运河路 8 号
邮编:313000
电话:0572/8487432、8487027
传真:8487029
网址:www. tmb. net. cn
电子信箱:tmzc@ tmb. net. cn
法定代表人:马兴法
质量体系:IATF 16949、ISO 9001
产品情况:(TMB 牌)
短圆柱滚子轴承(单双列、四列)、深沟球轴承、圆锥滚子轴承、调心滚子与调心球轴承、角接触球轴承(单双列)、推力滚子与推力球轴承、非标轴承等
出口情况:远销欧美等发达国家和地区

★浙江固耐橡塑科技有限公司
地址:浙江省湖州市方家山路 99 号
邮编:313000
电话:0572/2352222
网址:www. gngnk. com
电子信箱:news@ gngnk. com
法定代表人:王昌盛
单位人数:600
质量体系:OHSAS 18001、IATF 16949
产品情况:轴承橡胶密封件、汽车、摩托车用油封、汽车轮毂轴承油封、汽车水泵轴承油封、橡胶杂件等产品

★谢德尔精密部件湖州有限公司
地址:浙江省湖州市吴兴区旄儿港路 2628 号
邮编:313005
电话:0572/2770010
网址:www. scherdel. com
电子信箱:info@ scherdel. de
法定代表人:Olaf Korf
质量体系:ISO 14001、IATF 16949
产品情况:紧固件产品及其他精密部件

★浙江德瑞摩擦材料有限公司
地址:浙江省湖州市织里幻楼
邮编:313008
电话:0572/3220088、3737111
传真:3222222、3717000
网址:www. dualray. com
法定代表人:钱博一
单位人数:150
质量体系:IATF 16949
产品情况:各类汽车离合器面片
出口情况:远销欧洲、美洲、东南亚、中东等市场

★湖州双狮链传动有限公司
地址:浙江省湖州市双林镇阳道桥工业区
邮编:313012
电话:0572/3485628、3489088
传真:3489388
网址:www. shuangshi - chain. com
电子信箱:js@ shuangshi - chain. com
法定代表人:王怀宇
单位人数:500
质量体系:ISO 9001
产品情况:(锐狮牌)
汽车发动机正时链、机油泵链、共轨泵链、平衡链、驱动链等,年产汽车及摩托车用链和各种工业及农机链条 1200 万米以上
配套及出口情况:为汽车发动机、摩托车、叉车等生产厂配套;远销欧美、东南亚 20 多个国家和地区

★浙江正信石油科技有限公司
地址:浙江省湖州市南浔区善琏镇含山中兴路 199 号
邮编:313014
电话:0571/88318396、0572/3675021
传真:0571/88309205
网址:www. chxin - oil. com
电子信箱:sales@ chxin - oil. com
法定代表人:陈顺府
质量体系:ISO 9001、ISO 14001
产品情况:(CHXIN 牌、OILWAY 欧维润牌、正源 ZHENGYUAN 牌等)
高档白油及特种油,白油产品目前主要应用于锂电池隔膜等行业,特种油产品则应用于各种车辆等产业

★浙江禾欣控股有限公司
地址:浙江省嘉兴市东方路 1568 号禾欣工业园
邮编:314000
电话:0573/82222929、82228699
传真:82228696
网址:www. hexin - puleather. com
电子信箱:hexin@ hexin - puleather. com
法定代表人:朱善忠
质量体系:ISO 9001、ISO 14001
产品情况:(禾欣牌)
超细纤维、PU 聚氨酯合成革,用于汽车内饰;轮胎坐垫用聚氨酯树脂等产品
配套情况:与可乐丽株式会社、BAYER、BASF、STAL 等企业建立长期稳定的合作关系

★浙江嘉龙雕刻股份有限公司
地址:浙江省嘉兴市经济开发区塘汇工业园区平一路
邮编:314001
电话:0573/82225688、82225788
传真:82226988
网址:www. jialong. com
电子信箱:jialong@ jialong. com
法定代表人:龚宜明
质量体系:ISO 9001
产品情况:汽车内装纹理雕刻
配套情况:为上汽大众、一汽-大众、神龙汽车等配套

★嘉兴臼井鹤见精密管路系统有限公司
地址:浙江省嘉兴市经济开发区天带桥路 122 号
邮编:314001
电话:0573/82608060
传真:82608065
网址:www. usui. co. jp
法定代表人:张福荣
质量体系:IATF 16949、ISO 9001
产品情况:精密、高清洁度的不锈钢管等汽车用配管

★合克萨斯精工(嘉兴)有限公司
地址:浙江省嘉兴市经济开发区昌盛东路 1002 号
邮编:314003
电话:0573/83918251、83918265
传真:83918265
网址:www. hexas. com. cn
法定代表人:长谷川裕恭
质量体系:ISO 14001、IATF 16949
产品情况:汽车用高强度紧固件(螺栓、螺母等)
配套情况:为丰田、马自达供货

★浙江中达精密部件股份有限公司
地址:浙江省嘉兴市经济开发区正原路 789 号
邮编:314003
电话:0573/82221111
传真:82223333
网址:www. cob - bearing. com

电子信箱:cob@ cob - bearing. com
法定代表人:张国强
质量体系:IATF 16949、ISO 9001
产品情况:(COB 牌)
固体润滑材料及滑动轴承
配套情况:为上汽、一汽、柳汽、徐工集团、玉柴机械、震雄集团等配套

★明新旭腾新材料股份有限公司
地址:浙江省嘉兴市南湖区大桥镇明新路 188 号
邮编:314004
电话:0573/83285566
网址:www. mingxinleather. com
电子信箱:sales@ mingxinleather. com
法定代表人:庄君新
质量体系:IATF 16949
产品情况:(民新皮业牌)
汽车内饰皮革,用于汽车座椅、转向盘、仪表板、门板等
配套情况:为菲亚特、帕拉丁等配套

★嘉兴市清河高力绝缘有限公司
地址:浙江省嘉兴市秀洲工业区福特路 328 号
邮编:314031
电话:0573/82792001
传真:82791711
网址:www. qinghe - material. com
电子信箱:qinghejy@ vip. 163. com
法定代表人:葛民
单位人数:160
质量体系:ISO 14001、IATF 16949
产品情况:(祺阳牌)
B 级、F 级、H 级和 C 级有溶剂绝缘漆、无溶剂绝缘树脂(胶);类似杜邦 E1151 系列的水溶性硅钢片漆
配套情况:为苏州金莱克、百得苏州、正泰集团等供货,并且成为杜邦绝缘系统指定供应商

★浙江长盛滑动轴承股份有限公司
地址:浙江省嘉善经济开发区鑫达路 6 号
邮编:314100
电话:0573/84184850
传真:84183450、84184307
网址:www. csb. com. cn
电子信箱:jwf@ @ csb. com. cn
法定代表人:孙志华
质量体系:IATF 16949、ISO 9001
产品情况:(CSB 牌)
无油轴承、自润滑轴承、复合轴承、滑动轴承
配套及出口情况:为一汽-大众、上汽大众、上汽通用等配套;50% 左右的产品出口欧美、日本等 20 多个国家和地区

★嘉善誉丰汽车零件有限公司
地址:浙江省嘉善县经济开发区(四期)成功路 118 号
邮编:314100
电话:0573/84715198 - 8119
传真:84715195
网址:www. syf. com. cn
电子信箱:syf@ syf. com. cn
法定代表人:李上达
质量体系:IATF 16949、ISO 14001
产品情况:以生产各类汽车小型金属类配件,气门顶杆、支架等
配套情况:主要客户包括奔驰、SKF、ZF、马勒、博格华纳等企业

★浙江飞宇自动化科技股份有限公司
地址:浙江省嘉善县魏塘镇工业园区长盛路 9 号
邮编:314100
电话:0573/84032202、13867307127
传真:84033000
网址:www. cfbearing. com
电子信箱:cfb@ cfbearing. com
法定代表人:李四根
质量体系:IATF 16949
产品情况:滑动轴承
出口情况:远销西欧、美洲、东南亚的 20 多个国家和地区

★嘉善三星滑动轴承科技股份有限公司
地址:浙江省嘉善县干窑镇北亭耀路 1 号
邮编:314107
电话:0573/84615058
网址:www. sanxingbearing. com
电子信箱:jssxb@ vip. 163. com
法定代表人:钱学伟
质量体系:ISO 9001
产品情况:无油润滑轴承用于减振器和汽车各滑动部位
出口情况:出口东南亚等地区

★嘉善恒远滑动轴承有限公司
地址:浙江省嘉善县大云镇卡帕路 168 号中德生态工业园 B 区 5 栋
邮编:314113
电话:0573/84351979、84515689
传真:84027072
网址:www. oilesbearing. com
电子信箱:pvb@ oilesbearing. com
法定代表人:张建强
质量体系:ISO 9001、IATF 16949
产品情况:滑动轴承,用于汽车等行业
出口情况:产品 80% 出口欧美国家,主要出口德国、挪威、意大利、瑞典、英国、西班牙、北美洲、中东地区

★浙江双飞无油轴承股份有限公司
地址:浙江省嘉善县宏伟北路 18 号
邮编:314115
电话:0573/84518018
网址:www. sf - bearing. com
电子信箱:info@ sf - bearing. com
法定代表人:周引春
质量体系:IATF 16949、QS 9000
产品情况:(ZOB 牌)
产品已经涵盖全系列滑动轴承:无油润滑轴承、水润滑轴承、镶嵌固体润滑轴承、边界润滑轴承、油润滑轴承、脂润滑轴承;产品广泛运用于汽车(乘用车、商用车、新能源汽车)、工程机械等行业
出口情况:产品 45% 以上出口德国、意大利、日本、美国、加拿大、韩国等 40 多个国家和地区,并销往中国台湾地区

★福莱斯乐摩擦材料(平湖)有限公司
地址:浙江省平湖市经济开发区宏建路 1688 号
邮编:314200
电话:0573/85290700、85725308
传真:85290720
网址:www. fras - le. com
电子信箱:info. asia@ fras - le. com
法定代表人:埃度阿多 · 马南齐 · 法戈斯
质量体系:IATF 16949
产品情况:鼓式、盘式制动摩擦片

★桑德兰紧固件(浙江)有限公司
地址:浙江省海盐县武原镇桑德兰大道 1 号
邮编:314300
电话:0573/86161334、86161331
网址:www. sundram. com
电子信箱:sfz@ sundram. net. cn
法定代表人:Sampathkumar Moorthylyengar
质量体系:IATF 16949、ISO 9001
产品情况:高强度标准与非标准螺栓、螺钉和数控加工产品

★浙江荣鑫带钢有限公司
地址:浙江省海宁市农业对外综合开发区新兴路
邮编:314400
电话:0573/87967670
传真:87967670
网址:www. cnrxdg. com
法定代表人:黄海明
单位人数:220
质量体系:ISO 9001、IATF 16949
产品情况:生产涡卷弹簧、膜片弹簧(离合器)等冷轧优质特种带钢,产品主要用于汽车等领域
出口情况:远销欧美、东亚和东南亚市场

★浙江众腾汽车密封件有限公司
地址:浙江省海宁市长安镇德丰公路新德大桥南堍
邮编:314408
电话:0573/87258288
传真:87482233
网址:www. hnzhongteng. com
电子信箱:zokhnzt@ 163. com
法定代表人:张孝龙
质量体系:IATF 16949
产品情况:汽车轮毂轴承单元密封件、ABS 编码器、防尘盖、轮毂单元系列等高端橡胶密封件

★海宁奥通汽车零件有限公司
地址:浙江省海宁市长安镇顾家路29号
邮编:314408
电话:0573/87416602
传真:87416718
网址:www. atmgroup. com. cn
电子信箱:atmparts@ 126. com
法定代表人:傅阿新
质量体系:IATF 16949
产品情况:汽车轮毂轴承总成
配套及出口情况:与多家汽车厂、车桥厂及制动器总成厂合作;主要进入北美洲的大型连锁汽配超市

★海宁佳盛汽车零部件有限公司
地址:浙江省海宁市长安镇修川北路39号
邮编:314408
电话:0573/87476899、87476699
传真:87489168、87476518
网址:www. nfcauto. com
电子信箱:sales@ nfcauto. com
法定代表人:CAO ZHENG
质量体系:IATF 16949、ISO 9001
产品情况:双列球角接触轮毂轴承系列、双列圆锥滚子轴承系列等

★宏达高科控股股份有限公司
地址:浙江省海宁市许村镇建设路118号
邮编:314409
电话:0573/87550882
传真:87552681
网址:www. zjhongda. com. cn
法定代表人:沈国甫
质量体系:IATF 16949、ISO 9001
产品情况:(宏达牌)
汽车内饰面料
配套及出口情况:为上汽大众、上汽通用、奔驰、宝马、上海汽车、一汽-大众、神龙汽车、北京现代、北京汽车、长城汽车、比亚迪、江淮汽车、吉利汽车、奇瑞汽车等大型汽车制造企业的多款车型配套;出口美国、德国、日本等国家

★浙江万方安道拓纺织科技有限公司
地址:浙江省海宁市经编产业园吉恩仕大道2号
邮编:314419
电话:0573/87987777、87987781
传真:87987788、87987796
网址:www. zhejiangwanfang. com
电子信箱:wfsxy@ zhejiangwanfang. com
法定代表人:毛伟华
质量体系:ISO 14001、IATF 16949
产品情况:汽车内饰面料系列,适用于汽车内侧、顶棚和座椅等装饰
配套情况:主要客户有帝人、日产、本田、丰田、通用等公司

★宁波海通汽车配件股份有限公司
地址:浙江省宁波市江北区康庄南路499号
邮编:315032
电话:0574/87561749、13805896456
传真:87584277
网址:www. ht - pulley. com
电子信箱:haitong6@ 163. com
法定代表人:陆君
质量体系:IATF 16949、ISO 9001
产品情况:各类加工带轮(皮带轮、单向轮、减振轮、中间轮、平衡轮)、凸缘类加工件、轴类加工件、不锈钢精密加工件
配套情况:主要合作伙伴包括比亚迪汽车、玉柴集团、TELMA、法雷奥等

★ 浙江摩多巴克斯科技股份有限公司

地址:浙江省宁波市江北区通惠路799号
邮编:315031
电话:15726800888
传真:0574/87562800
网址:www. motorbacs. com
电子信箱:admin@ motorbacs. com
法定代表人:陆志伟
单位人数:288
质量体系:IATF 16949
产品情况:(motorbacs 牌)
主要生产汽车车架管梁、内高压成型管件、汽车发动机管件
配套情况:主要供货于长城、比亚迪、吉利、海马和五菱工业等主要主机厂
☞ 详细情况请参阅彩色宣传版面

★爱柯迪股份有限公司
地址:浙江省宁波市江北区金山路588号
邮编:315033
电话:0574/87562111
传真:88447259
网址:www. ikd - china. com
电子信箱:business@ ikd - china. com
法定代表人:张建成
质量体系:IATF 16949、ISO 14001
产品情况:铝合金精密压铸件
配套及出口情况:主要客户为全球知名的大型跨国汽车零部件供应商,包括法雷奥、博世、格特拉克(2016年被麦格纳收购)、克诺尔、麦格纳、电产、博格华纳、大陆、马勒、耐世特、舍弗勒、蒂森克虏伯、采埃孚等;业务均衡覆盖美洲、欧洲以及亚洲的汽车工业发达地区

★依工宁波电子元件紧固装置有限公司
地址:浙江省宁波市北仑坝头西路333号
邮编:315040
电话:0574/87901958、87901968
传真:87901978
电子信箱:valerie. gu@ trw. com
法定代表人:王迅飙
质量体系:IATF 16949、ISO 9001
产品情况:汽车紧固装置

★宁波正达机电有限公司
地址:浙江省宁波市江东区宁穿路498号
邮编:315040
电话:0574/87804793
传真:87800178
电子信箱:chengda@ nbchengda. com
法定代表人:朱月珠
质量体系:ISO/TS 16949、QS 9000
产品情况:汽车零件、电子电动机零件等
配套及出口情况:是上海法雷奥、温岭法雷奥等企业的固定供货商;远销欧美等地区

★纽尚(宁波)汽车轴承制造有限公司
地址:浙江省宁波市鄞州经济开发区祥云路183号
邮编:315105
电话:0574/28892115、28892125
传真:28892151
网址:www. newsun - bearings. com
电子信箱:oem@ newsun - bearings. com
法定代表人:孙建新
质量体系:IATF 16949
产品情况:汽车制动系统:液压离合器分离轴承、离合器总泵、分泵、机械离合器分离轴承;发动机系列:张紧轮、张紧轮轴承、惰轮、液压张紧轮、张紧器;轮毂系列:轮毂轴承、轮毂轴承单元及修理包
配套情况:是海马、一汽、长安等汽车厂的合作伙伴

★宁波通达精密铸造有限公司
地址:浙江省宁波市鄞州区云龙镇荷花桥工业区
邮编:315135
电话:0574/88345758
传真:88474088
网址:www. nbtdcasting. com
电子信箱:sales@ nbtdcasting. com
法定代表人:王志通
单位人数:550
质量体系:ISO 9001、IATF 16949
产品情况:专业生产各类碳钢、合金钢、球墨铸铁、灰铁、铝和不锈钢等材质的精密铸造件,产品种类10000余种,年产量15000吨以上
出口情况:远销欧洲、北美洲、亚洲

★宁波普锐明汽车零部件有限公司
地址:浙江省宁波市鄞州区咸祥镇定山路55号
邮编:315141
电话:0574/88403292
传真:87427266
网址:www. nbpremium. com
电子信箱:cydu@ nbpremium. com
法定代表人:朱红光
质量体系:IATF 16949、ISO 9001
产品情况:各种零部件高压铝铸件

★宁波市鄞州亚大汽车管件有限公司
地址:浙江省宁波市鄞州区塘溪镇

邮编:315142
电话:0574/88402901、88315555
传真:88402555、88402222
网址:www. nnk. com. cn
电子信箱:nagoya@ nnk. com. cn
法定代表人:杜玉仙
质量体系:IATF 16949、ISO 9001
产品情况:汽车管件、空调管件及其他金属零配件
配套及出口情况:为一汽、东风、大众、通用、丰田等知名汽车厂商配套;产品全部返销日本,主要用户包括丰田、本田、日产等汽车厂商

★东睦新材料集团股份有限公司
地址:浙江省宁波市鄞州工业园区(姜山)景江路1508号
邮编:315191
电话:0574/87399810、87886179
传真:87831133
网址:www. pm - china. com
电子信箱:nbtm@ pm - china. com
法定代表人:朱志荣
质量体系:IATF 16949、ISO 14001
产品情况:(NBTM牌)
粉末冶金零件,包括发动机正时带轮、链轮、气门阀座、气门导管、主轴承盖、油泵齿轮、变速器齿毂、转向助力泵转子和定子、ABS激励环、减振器活塞、导向器、底阀座等
出口情况:部分产品出口美国、日本、欧洲等国家和地区

★宁波裕江特种胶带有限公司
地址:浙江省宁波市天童北路702号
邮编:315192
电话:0574/87410350、8008301315
传真:87410330
网址:www. yujiangrubber. com
电子信箱:xs_yjh@ yujiangrubber. com
法定代表人:黄小明
质量体系:ISO 14001、IATF 16949
产品情况:汽车同步带、V带、多楔带;年产传动带2000万条
配套及出口情况:为长安汽车、一汽锡柴、一汽大连柴油机、保定长城内燃机、奇瑞汽车、广西玉柴等配套;远销多个国家

★浙江中平粉末冶金有限公司
地址:浙江省宁波市镇海区蟹浦镇汇源路18号
邮编:315204
电话:0574/86508002
传真:86506002
网址:www. zhongping. com
电子信箱:gsb@ zhongping. com
法定代表人:郑平龙
单位人数:350
质量体系:ISO 9001、IATF 16949
产品情况:(中平牌)
各种高中密度、高强度、高精度铁基粉末冶金结构件,含油轴承
配套情况:为格力、美的、日本昭和、三星、韩国LG、格兰仕、黄石东贝、钱江制冷、广州万宝、江苏白雪、东风等知名公司配套

★宁波海山克尔铃密封件有限公司
地址:浙江省宁波市镇海区庄市街道金溪路63号
邮编:315211
电话:0574/86322881、86322880
传真:86322882
网址:www. hs - sealed. com
电子信箱:useky@ hs - sealed. com
法定代表人:施东坡
质量体系:IATF 16949
产品情况:(Cloring牌)
汽缸垫、骨架橡胶密封件、隔热罩、排气歧管、模具等
配套情况:为福特、马自达、大众、上汽通用、奇瑞、江铃汽车、长安汽车、上柴、玉柴、大柴、洛柴、潍柴、锡柴、绵阳新晨、一汽天内、云南动力、林海雅马哈、日本三菱、日本雅马哈、美国科勒等配套

★浙江五环轴承集团有限公司
地址:浙江省慈溪市横河开发区
邮编:315300
电话:0574/63032966
传真:63833115
网址:www. nwhbearing. com
电子信箱:export@ nwhbearing. com
法定代表人:俞沛耀
单位人数:1000
质量体系:ISO 9001
产品情况:(NWH牌)
轴承
出口情况:出口美国、日本、德国、东南亚、中东等国家和地区,并销往中国台湾地区

★宁波磐吉奥机械工业有限公司
地址:浙江省慈溪市回顿街道大昌路99号
邮编:315300
电话:0574/23669866
网址:www. pangeo. cn
法定代表人:潘海汝
单位人数:600
质量体系:IATF 16949
产品情况:汽车配件等
出口情况:产品全部出口外销

★慈溪博格曼密封材料有限公司
地址:浙江省慈溪市浒山镇慈甬路787-817号
邮编:315302
电话:0574/63977258、63977275
网址:www. burgmannpackings. com
电子信箱:info@ burgmannpackings. net. cn
法定代表人:WOLFGANG BOMMES
质量体系:ISO 9001、ISO 14001
产品情况:盘根、垫片、自密封和石墨环等产品
出口情况:远销欧洲、美洲、日本、东南亚等10多个国家和地区

★慈溪市龙山汽配有限公司
地址:浙江省慈溪市龙山镇
邮编:315311
电话:0574/63973162、63973152
传真:63973159
网址:www. cn - longshan. com
电子信箱:sale@ cnlongshan. com
法定代表人:金云康
单位人数:1000
质量体系:ISO 14001、IATF 16949
产品情况:以冲压、拉伸、冷挤压及五金加工为主
配套及出口情况:为法雷奥、博世、大陆、康明斯、上实交通、麦格纳、恩坦华、博泽等供货;远销北美洲、西欧、日本等国家和地区

★慈溪市宜美佳铝业有限公司
地址:浙江省慈溪市龙山镇慈东滨海区潮生路688号
邮编:315311
电话:0574/63982888
传真:63982882
网址:www. cxymj. com
电子信箱:zhang@ cxymj. com
法定代表人:罗布湾
质量体系:ISO 9001、IATF 16949
产品情况:专业生产汽车用铝合金材料,产品涵盖汽车天窗导轨、热交换系统铝材、铝制副车架、橡塑减振器铝制品等
配套情况:主要供应通用、大众等知名主机厂

★宁波中宏轴承集团有限公司
地址:浙江省慈溪市杭州湾新区滨海二路608号
邮编:315318
电话:0574/63198288、13805814458
网址:www. zh - bearings. com
电子信箱:jenny@ zh - bearings. com
法定代表人:胡立江
单位人数:500
质量体系:ISO 9001、IATF 16949
产品情况:(OHNON牌、NTY牌)
各类深沟球轴承、汽车水泵轴连轴承、UCP外球面轴承、七类滚针轴承及汽车水泵总成
出口情况:产品80%远销欧美、日本、东南亚

★环驰轴承集团有限公司
地址:浙江省慈溪市横河工业区横彭公路12号
邮编:315318
电话:0574/63199899、63198088
传真:63197123

网址:www. hch. cn
电子信箱:info@ hchbearing. com
法定代表人:胡成江
质量体系:ISO 14001、IATF 16949
产品情况:(HCH 牌)
高质量、高精度的深沟球轴承和圆锥滚子轴承,广泛运用于电动机、汽车等
配套及出口情况:为三星、松下、三洋、东芝、LG、菲亚特、标致、KIA、现代、双龙、马亨达、惠尔浦、GE 等配套;远销 70 多个国家和地区

★浙江长华汽车零部件股份有限公司
地址:浙江省慈溪市周巷镇环城北路 707 号
邮编:315324
电话:0574/63991780
传真:63302534 - 8009
网址:www. zjchanghua. com
电子信箱:zyy@ zjchanghua. com
法定代表人:王长土
质量体系:ISO 14001、IATF 16949
产品情况:紧固件(标准件和非标准件),冲压件及总成件等 2000 多个品种
配套情况:为一汽-大众、上汽大众、奇瑞汽车、神龙汽车、江铃汽车、上汽通用、东风日产乘用车、东风本田(武汉)、庆铃汽车等 20 余家汽车主机厂供货

★宁波捷奥汽车零部件有限公司
地址:浙江省慈溪市庵东镇工业园区
邮编:315327
电话:0574/63478169、63479718
传真:63472678
网址:www. nbjieao. com
电子信箱:nbja@ nbjieao. com
法定代表人:王素芸
单位人数:130
质量体系:IATF 16949
产品情况:锌、铝合金压铸件,具有年生产 1500 余吨,600 万件的锌/铝压铸件生产能力
配套及出口情况:为麦格纳唐纳利(上海)汽车系统、上海奔原汽车后视镜、宁波华翔汽车后视镜、浙江恒耀实业等配套;出口德国

★宁波鑫健新材料科技有限公司
地址:浙江省慈溪市龙山镇三北工业园区园区二路
邮编:315331
电话:0574/63730666、63730777
传真:63730111
网址:www. nbxjkj. com
电子信箱:songjunkun@ vip. sina. com
法定代表人:潘夏冬
质量体系:ISO 9001、IATF 16949
产品情况:专业制造漆包线、铝线和铜包铝

★慈溪汇丽机电股份有限公司
地址:浙江省慈溪市匡堰镇工业开发区
邮编:315333
电话:13757405088、13757405018
网址:www. cixihuili. com
电子信箱:trade@ cixihuili. com
法定代表人:罗宇
单位人数:850
质量体系:ISO 9001、ISO 14001
产品情况:铸造和加工各类灰铸铁、球铁、合金铁、铸铝零件,包括变速器壳体、轴壳、取力器壳体、电动机部件、泵阀部件等
配套情况:主要客户有 GE、REGAL BELOIT、YASKAWA、BALDOR、TOSHIBA、EMERSON、ABB、CUMMINS、BOMBARDIER、SIEMENS 等

★宁波丰茂远东橡胶有限公司
地址:浙江省余姚市远东工业城 CE10 - 11
邮编:315400
电话:0574/62762222、62760368
传真:62760988
网址:www. fengmao. com
电子信箱:sales@ fengmao. com
法定代表人:蒋春雷
质量体系:IATF 16949
产品情况:(丰茂牌)
汽车传动带、旋转轴唇形密封圈、硅胶管、张紧轮、模压制品
配套情况:为长安福特、一汽-大众、海马汽车、长安汽车、上汽通用五菱、比亚迪、奇瑞、吉利、铃木、力帆、华泰、东风日产、昌河、一汽、东风、尼奥普兰等国内大型主机厂配套

★余姚市恒威卡箍有限公司
地址:浙江省余姚市陆埠镇南雷村白鹤桥路 16、18 号
邮编:315420
电话:0574/62383333、62386200
传真:62386222
网址:www. hwkg. com
电子信箱:webmaster@ hwkg. com
法定代表人:张其锋
质量体系:IATF 16949、ISO 9001
产品情况:(HWKG 牌)
胶管、尼龙塑料软管、夹布胶管、水带等接口处的连接紧固及密封件
配套及出口情况:为中国重汽、一汽、东风汽车、上汽公司等公司配套;出口欧洲、美洲、中东、东南亚等地区

★宁波凯驰胶带有限公司
地址:浙江省余姚市牟山镇金牛中路 65 号
邮编:315456
电话:0574/62498188、62498908
传真:62497297、62496192
网址:www. gul - tz. com
电子信箱:kaichi@ gul - tz. com
法定代表人:胡志洪
单位人数:300
质量体系:IATF 16949、ISO 9001
产品情况:橡胶同步带、多楔带、平皮带等产品,年产能力 6000 万条
出口情况:出口欧洲、美洲、东南亚,并销往中国香港、中国台湾地区

★宁波乔士橡塑有限公司
地址:浙江省余姚市泗门镇西郊工业园区同济路 6 号
邮编:315470
电话:0574/62165688
传真:62156588
网址:www. qsxs. com
电子信箱:info@ qsxs. com
法定代表人:诸先桥
单位人数:200
质量体系:IATF 16949、OHSAS 18001
产品情况:(QSXS 牌)
专业生产商用车气制动气室橡胶隔膜及其他橡胶制品,乘用车液压制动储液罐(油杯)、控制阀体、真空单向阀及其他塑料制品;已形成年产气室橡胶隔膜 1500 万只、储液罐 500 万套的规模
配套情况:为中国南车、比亚迪、中国瑞立、罗伯特博世、采埃孚、瀚德、克诺尔、威伯科等全球汽车及配件制造商的长期合作伙伴

★ 建新赵氏科技有限公司
地址:浙江省宁波市宁海县科技园区科园北路 281 号
邮编:315600
电话:0574/59975000
网址:www. jianxin. com
电子信箱:jx@ jianxin. com
法定代表人:赵国行
单位人数:5300
质量体系:IATF 16949、ISO 14001、OHSAS 18001、ISO 9001
产品情况:(建新牌)
主要生产整车密封条、橡胶金属减振装置、汽车底盘系统装置、铝压铸、天窗总成、胶管、亮条等产品
配套及出口情况:主要客户有一汽-大众、上汽大众、上汽通用、神龙汽车、长安福特、广汽菲克、蔚来汽车、宝沃、吉利、车和家等;出口整车密封条、橡胶金属减振装置,为美国通用、克莱斯勒、德国大众、奥迪、保时捷配套
☞ 详细情况请参阅彩色宣传版面

★宁波奉东成摩擦材料有限公司
地址:浙江省宁波市奉化区莼湖滨海新区滨湾路 1 号
邮编:315511
电话:0574/88901868
传真:88637168
网址:www. dcfmc. com
电子信箱:dc. brake@ dcfmc. com
法定代表人:徐东

质量体系:IATF 16949
产品情况:(DC-brake 牌、福路德牌)
制动片
出口情况:出口北美洲、南美洲、亚洲等地区

★宁波市天普橡胶科技股份有限公司
地址:浙江省宁波市宁海县桃源街道金龙路 5 号
邮编:315600
电话:0574/65332990
网址:www. nbtip. com
电子信箱:tip@ tipgroupm. com
法定代表人:尤建义
质量体系:IATF 16949
产品情况:主要从事汽车用高分子材料流体管路系统和密封系统零件及总成
配套情况:为全球日产、日本马自达、欧洲丰田、本田、神龙、大众、福特、通用等国际大型汽车厂 OEM 配套

★宁波美亚达汽车部件制造有限公司
地址:浙江省宁波市宁海县梅林工业区
邮编:315609
电话:0574/65291980、13906845208
传真:65292556
网址:www. meiyada. com
电子信箱:nbmydxs@ cnool. net
法定代表人:吴能达
质量体系:IATF 16949
产品情况:汽车空气弹簧及弹性衬套、橡胶软管、油封、O 形密封圈等汽车橡胶零部件

★宁波捷豹集团有限公司
地址:浙江省宁海县梅林东路 39 号
邮编:315609
电话:0574/65292211
传真:65552333
网址:www. jiebaogroup. com
电子信箱:jb2014@ jiebaogroup. cn
法定代表人:陆兴宝
单位人数:800
质量体系:IATF 16949、ISO 14001
产品情况:[捷豹(JB)牌]
为汽车振动控制系统、发动机进/排气系统、操纵系统、动力传动系统、电子控制系统、内/外饰系统等配套橡胶件、塑料件总成及零部件
配套情况:为上汽大众等配套

★宁波兴亚橡塑有限公司
地址:浙江省宁海县梅林南路 8 号
邮编:315609
电话:0574/55872969、15957481383
网址:www. nbxingya. com
电子信箱:elena. zhou@ xingyarubber. com
法定代表人:陈伟官
质量体系:ISO 14001
产品情况:橡胶汽车配件(防尘罩、密封圈、车用线束护套、减振器、橡胶衬套、汽车制动气室橡胶隔膜等其他制动器零等)
配套情况:与通用、德尔福、李尔等等知名企业建立了良好的合作关系

★宁波无边橡塑有限公司
地址:浙江省宁波市宁海县梅林街道塔山工业区
邮编:315613
电话:0574/65175972、59970978
传真:65175999、65175995
电子信箱:nhwbmj@ mail. nbptt. zj. cn
法定代表人:蒋迎峰
质量体系:IATF 16949、ISO 14001
产品情况:(WOB 牌)
气门油封、曲轴油封等以氟胶为原料橡胶密封产品
配套情况:为江铃汽车等配套

★宁波索普橡塑有限公司
地址:浙江省宁海县西店镇西店南路 210 号
邮编:315613
电话:0574/65186568、65182016
传真:65182981
网址:www. nbspxs. com
电子信箱:zjc@ nbspxs. com
法定代表人:张建昌
质量体系:IATF 16949、ISO 14001
产品情况:橡胶制品

★康迪泰克传动系统(宁海)有限公司
地址:浙江省宁波市宁海县科技园区科三路
邮编:315615
电话:0574/65552357、65552391
传真:65552364
电子信箱:lxb@ jiebaogroup. com
法定代表人:Claudia Holtkemper
质量体系:IATF 16949、VDA 6. 1
产品情况:生产汽车同步带、工业同步带、模压多楔带等产品
配套及出口情况:为上汽大众、一汽-大众、华晨宝马配套;出口国外市场

★浙江林氏汽车零部件有限公司
地址:浙江省宁波市象山县滨海工业园区金海大道 5 号
邮编:315712
电话:0574/25750488
传真:25750404
网址:www. linshichina. com
法定代表人:林峰帆
质量体系:IATF 16949
产品情况:汽车橡胶密封件、欧Ⅲ及以上柴油滤清器
配套情况:已成为博世、威孚集团、开普动力等知名汽车零部件集团的优秀供应商

★宁波诗兰姆汽车零部件有限公司
地址:浙江省宁波市象山县西周经济开发区
邮编:315722
电话:0574/65839258
传真:65839259
网址:www. schlemmer. com. cn
电子信箱:info@ schlemmer. com. cn
法定代表人:舒荣启
单位人数:1200
质量体系:IATF 16949、ISO 14001
产品情况:年生产各类波纹管 4 亿米,注塑件 13 亿件

★宁波菲力克汽配有限公司
地址:浙江省宁波市北仑区坝头西路 278 号
邮编:315800
电话:0574/26878071、13486079764
传真:26878072
网址:www. kinrom. com
电子信箱:lily@ kinrom. com
法定代表人:董菁荣
单位人数:500
质量体系:IATF 16949、ISO 9001
产品情况:汽车发动机、排放系统管道,包括排气软管、EGR 管、排气尾管等,年产能 700 万件

★宁波杜邦帝人鸿基薄膜有限公司
地址:浙江省宁波市北仑区大港工业城凤洋二路 9 号
邮编:315800
电话:0574/86889922
传真:86871991
网址:www. dphj. com
法定代表人:黄丙娣
质量体系:ISO 9001
产品情况:聚酯薄膜系列产品

★浙江润倍万灵润滑油有限公司
地址:浙江省宁波市北仑区霞浦云台山路 19 号
邮编:315807
电话:0574/86910023
传真:86910025
网址:www. lubyoil. com
电子信箱:luby@ lubyoil. com
法定代表人:张欣
质量体系:ISO 9001
产品情况:(润倍牌)
汽车用油、摩托车用油、工业用油、工程机械用油及润滑脂、制动油、不冻液、汽车护理品等

★宁波大榭开发区综研化学有限公司
地址:浙江省宁波市大榭开发区榭西工业区东湖路 7 号
邮编:315812
电话:0574/86768175、86764501
传真:86768176、86762483
网址:www. ningbo - soken. com
电子信箱:marketing@ ningbo - soken. com
法定代表人:陈亮
质量体系:ISO 9001、ISO 14001
产品情况:(综研牌)

生产高性能工业用胶带和胶黏剂,广泛应用于汽车等行业

★舟山市 7412 工厂
地址:浙江省舟山市定海区兴舟大道西段 508 号
邮编:316041
电话:0580/8807768
传真:2021001
网址:www.hj7412.com
电子信箱:hj7412@hj7412.com
法定代表人:陈益峰
单位人数:650
质量体系:IATF 16949、ISO 9001
产品情况:[海锚(HAIMAO)牌]
高强度紧固件、非标紧固件、异形件和同轴电缆
配套情况:为北京奔驰、上汽通用、一汽-大众、上汽大众、沃尔沃等全国 20 多家知名汽车厂、主机厂配套生产高强度紧固件、非标紧固件和异形件

★舟山海山机械密封材料股份有限公司
地址:浙江省岱山县东沙镇工业基地创业大道 5 号;
邮编:316216
电话:0580/7091439
传真:7091076
电子信箱:yby@hs-sealed.com
法定代表人:施中堂
质量体系:IATF 16949、ISO 14001
产品情况:汽缸垫、骨架橡胶密封件、隔热罩、排气歧管、模具等
配套情况:为福特、通用、大众、马自达、三菱、奇瑞汽车、江铃汽车、长安汽车、一汽集团、东风汽车公司、云内、玉柴等配套

★浙江铁马科技股份有限公司
地址:浙江省临海市创业大道 288 号
邮编:317000
电话:0576/85198039、85198036
传真:85198038
网址:www.chinaironhorse.com
电子信箱:tmc@chinaironhorse.com
法定代表人:王秀芬
质量体系:IATF 16949
产品情况:(铁马牌)
汽车液压制动软管总成、气压制动软管总成、气压(尼龙)制动软管总成
配套情况:为东风、一汽、金龙客车、柳汽、申沃、尼奥普兰等几十家汽车公司批量配套

★浙江洋平机械股份有限公司
地址:浙江省临海市上盘镇北洋工业区 5 路 3 号
邮编:317015
电话:0576/89118288
传真:85528688
网址:www.yangping.cn
电子信箱:ddj@yangping.cn
法定代表人:董官灯
单位人数:300
质量体系:IATF 16949、ISO 9001
产品情况:铝合金、不锈钢、碳钢等金属类各种锻件、机械配件
出口情况:远销北美洲、西欧、亚太等地区

★浙江同兴金属锻件股份有限公司
地址:浙江省临海市杜桥镇东海第三大道 2 号
邮编:317016
电话:0576/85662548、85667500
传真:85661598
网址:www.zgtx.net
电子信箱:zgtx@zgtx.net
法定代表人:葛良兴
单位人数:150
质量体系:IATF 16949
产品情况:汽车、摩托车等用铜、铝、钢材质精密模锻产品

★临海市振中汽车橡胶配件厂
地址:浙江省临海市杜桥镇汾东
邮编:317016
电话:0576/85503518、13806535038
传真:85503934
网址:www.zz-rubber.com
电子信箱:lhzz@zzrubber.com
法定代表人:蒋德中
质量体系:IATF 16949
产品情况:旋转轴唇形密封圈、O 形橡胶密封圈、滤清器橡胶密封圈、化油器橡胶件、汽油泵橡胶件、汽车刮水器胶条、往复运动橡胶密封制品、皮带轮、汽车及摩托车橡胶配件等产品
配套及出口情况:为大长江集团、索格菲滤清器、上海英特汽车配件、重庆宗申汽车发动机、绵阳新晨动力机械、浙江环球滤清器、蚌埠凤凰滤清器、蚌埠昊业滤清器等配套;部分产品出口东南亚、加拿大、欧美等市场

★临海市金鑫汽车配件有限公司
地址:浙江省临海市杜桥镇环城北路
邮编:317016
电话:0576/85528051、85528288
传真:85528508
网址:www.jinxincar.com
电子信箱:2088@jinxincar.com
法定代表人:金吕仙
单位人数:150
质量体系:IATF 16949
产品情况:螺母、螺栓、垫片、非标紧固件、销钉等

★台州吉谷胶业股份有限公司
地址:浙江省临海市沿江镇石牛工业区
邮编:317022
电话:0576/81101275、4001898011
传真:81101275
网址:www.g-good.com.cn
电子信箱:tiant@g-good.com.cn
法定代表人:郑茄
质量体系:ISO 9001、ISO 14001
产品情况:各类塑料、金属等不同材质的胶黏剂,应用在设备制造、汽车装饰等领域

★临海市四通制管有限公司
地址:浙江省临海市江南塘渡工业区
邮编:317025
电话:0576/85938005、85938395
传真:85938025
网址:www.sitongyouguan.com
电子信箱:st@st166.com
法定代表人:王俊定
单位人数:200
质量体系:IATF 16949
产品情况:(四通牌)
专业生产汽车各类油管及滤清器总成、汽车风扇叶
配套及出口情况:为广西玉柴、常柴、全柴、常州东风农机等柴油机厂配套;远销欧洲、东南亚等地区

★浙江三维橡胶制品股份有限公司
地址:浙江省三门县沙田洋经济开发区
邮编:317100
电话:0576/83518390
网址:www.three-v.com
电子信箱:sales@three-v.com
法定代表人:叶继跃
单位人数:1333
质量体系:ISO 9001、ISO 14001
产品情况:已经具备输送带年产 2500 万平方米、橡胶 V 带年产 2 亿 Am、汽车 V 带年产 500 万条的生产能力
出口情况:出口欧洲、南美洲、北美洲、大洋洲、非洲、亚洲等几十个国家和地区

★浙江三特科技股份有限公司
地址:浙江省三门县上叶北山开发区
邮编:317100
电话:0576/83231202、83351258
传真:83351185
网址:www.asiabelts.com
电子信箱:deyun@asiabelts.com
法定代表人:陈基昌
质量体系:IATF 16949
产品情况:(得运牌、三特牌)
同步带、切边式 V 带、变速 V 带、多楔带等汽车及摩托车传动带
出口情况:出口多个国家和地区

★浙江台基摩擦材料有限公司
地址:浙江省三门县珠岙工业区坎头路 9 号
邮编:317101
电话:0576/83112079、83112089
传真:83112088
网址:www.mocapian.com
电子信箱:taiji@mocapian.com

法定代表人:郑士洋
质量体系:IATF 16949
产品情况:年生产和销售摩擦片约1000万片
出口情况:出口欧美、中东、东南亚等地区

★浙江尊华胶带股份有限公司
地址:浙江省三门县高枧金湖洋经济开发区
邮编:317102
电话:0576/89311511、83118111
传真:83117199
网址:www.bantto.com
电子信箱:sales@bantto.com
法定代表人:郑素琴
单位人数:300
质量体系:ISO 9001、ISO 14001
产品情况:钢丝绳芯输送带、尼龙输送带、聚酯输送带、管状输送带、普通棉帆布输送带、耐热、耐高温带以及耐寒、耐油树洞带、一般用途难燃带等各种规格输送带及各种V带
出口情况:出口美洲、欧洲等30多个国家和地区,出口占总销售额的60%

★浙江凯欧传动带股份有限公司
地址:浙江省三门县高枧开发区
邮编:317102
电话:0576/83117118、83118388
传真:83119609、83117363
网址:www.kaioubelts.com
电子信箱:kaiou@126.com
法定代表人:叶维灼
质量体系:ISO 9001、ISO 14001
产品情况:(凯欧牌)
硬线芯包布V带、汽车V带、汽车同步带、工业用同步带、多楔带、普通V带、窄V带、联组V带
出口情况:出口欧洲、美洲、中东、南非、东南亚等地区

★浙江紫金港胶带有限公司
地址:浙江省三门县西区工业园区
邮编:317102
电话:0576/83117777、83117308
网址:www.firstbelt.com
法定代表人:郑有灿
质量体系:IATF 16949
产品情况:(珠屏牌)
汽车V带、多楔带、同步带
配套情况:为玉柴、朝柴、中国重汽、长丰猎豹、金龙客车等主机厂配套

★天台县银通铝业股份有限公司
地址:浙江省台州市天台县白鹤镇澄东路6号
邮编:317201
电话:0576/83179502、13757173395
网址:www.zjytly.com
法定代表人:齐君明
质量体系:IATF 16949
产品情况:高频焊管、散热器管、冷却管、内翅片、组件、挤压管等工业铝型材产品

★兴宇汽车零部件股份有限公司
地址:浙江省台州市仙居县下洋底工业园区
邮编:317300
电话:0576/87725689、87725876
传真:87725861
网址:www.xingyuseal.com
电子信箱:xyz@xing-ke.com
法定代表人:陈文杰
质量体系:ISO 14001、IATF 16949
产品情况:(兴科牌)
车用整车密封胶条系列(包括橡塑胶密封条、塑钢复合密封条、铝塑组合窗框总成等);金属滚压件系列(包括中滑门上、中、下导轨、门框总成等);新型密封产品系列(TPV、TPE、热塑性弹性体等);高档轿车亮饰条系列
配套及出口情况:与一汽集团、上汽集团、长安汽车(包括重庆长安、河北长安、南京长安)、沃尔沃汽车、帝豪汽车、吉利集团、北汽集团(江西昌河、合肥昌河)、东风小康、奇瑞汽车、比亚迪汽车、海马汽车、华泰汽车等十几家国内知名主机厂配套;远销美洲、欧洲、东南亚等地区

★浙江赛阳密封件有限公司
地址:浙江省仙居县城关镇迎晖路5号
邮编:317300
电话:0576/87819186、87819084
传真:87819177
网址:www.saiyang.cn
电子信箱:saiyang@vip.163.com
法定代表人:王真理
质量体系:IATF 16949
产品情况:各种密封件;年产能力1800万米汽车密封条
配套情况:为一汽集团、东风汽车公司、南京汽车集团、昌河汽车、上汽通用五菱、长安汽车等配套

★浙江仙通橡塑股份有限公司
地址:浙江省仙居县现代工业集聚区
邮编:317306
电话:0576/87684158、87684191
传真:87684299
电子信箱:zjxiantong@126.com
法定代表人:李起富
质量体系:IATF 16949、QS 9000
产品情况:橡胶、塑料及五金制品
配套情况:为上汽、五菱、一汽、长安、昌河、江淮、北汽、金杯、吉利等配套

★浙江省仙居县博达异型橡塑有限公司
地址:浙江省台州市仙居溪滨南路113号
邮编:317399
电话:0576/87723901
传真:87723969
网址:www.cn-boda.com
电子信箱:wzl@cn-boda.com
法定代表人:王真理
质量体系:IATF 16949、QS 9000
产品情况:中高档微车、轻客和其他家用轿车密封条

★浙江宏鑫减震系统股份有限公司
地址:浙江省温岭市新河长屿羊毛衫聚集区
邮编:317500
电话:0576/86552845
传真:86553798
网址:www.z-hx.com
电子信箱:rusun5@z-hx.com
法定代表人:章铭
单位人数:200
质量体系:IATF 16949
产品情况:主要有汽车减压盖、发动机悬置控制臂衬套、稳定杆衬套
配套情况:为台州新界、浙江利欧股份、钱江股份等配套

★浙江发光橡胶密封件股份有限公司
地址:浙江省温岭市新河镇楼岙村
邮编:317502
电话:0576/86565258、86565268
传真:86565179
电子信箱:zjfg@fgxj.com
法定代表人:赵玲方
质量体系:IATF 16949、QS 9000
产品情况:骨架油封、气门油封、减振器油封、制动皮碗等
配套情况:为广西玉柴、广西玉柴动力机械、亚新科天纬油泵油嘴、亚新科(衡阳)、江西汇尔油泵油嘴、马恒达(中国)拖拉机、合兴集团汽车电子、南京威孚金宁、北京佩特来电器配套

★浙江百利斯实业有限公司
地址:浙江省玉环市坎门街道双龙工业区
邮编:317600
电话:0576/81713502、81732668
传真:81732669
电子信箱:pallys@pallys.cc
法定代表人:章忠英
质量体系:IATF 16949
产品情况:隔振块、发动机支承、控制臂、衬套、防尘罩等2000多种橡胶金属减振件
出口情况:远销欧洲、南美洲、印度尼西亚、中东、非洲、东南亚等国家和地区

★台州兴华机械有限公司
地址:浙江省玉环市玉城街道三合潭工业区
邮编:317600
电话:0576/89928370
传真:87222472
网址:www.yhxinghua.com
电子信箱:web@yhxinghua.com
法定代表人:潘丕礼

质量体系:IATF 16949
产品情况:(XH 牌)
车轮螺栓、螺母、接头芯、外套等
配套情况:为南京依维柯、广西柳工机械、临沂金利液压科技等配套

★浙江强力螺栓股份有限公司
地址:浙江省玉环市珠港镇双港路
邮编:317600
电话:0576/87222690、87224231
传真:87224221
网址:www. zjspl. com
电子信箱:zjspl@ zjspl. com
法定代表人:潘叶
质量体系:IATF 16949
产品情况:[潘力(PL)牌]
连杆螺栓、飞轮螺栓、汽缸盖螺栓、主轴承螺栓等近 600 个品种规格
配套情况:为上海柴油机、奇瑞汽车、天津一汽夏利内燃机制造分公司、江淮汽车、宁波跃进汽车前桥、上海伦福德汽车等配套

★台州特耐尔轮毂轴承有限公司
地址:浙江省玉环市坎门科技工业园
邮编:317602
电话:0576/87371488、87372488
传真:87377558
网址:www. chinatruly. cn
电子信箱:sales@ chinatruly. cn
法定代表人:陈忠权
质量体系:IATF 16949
产品情况:以生产一、二、三代汽车轮毂轴承为主

★浙江山宝汽车部件有限公司
地址:浙江省玉环市坎门双龙工业区 1 号
邮编:317602
电话:0576/87553388、13706869356
传真:87561975
电子信箱:zjyxb@ shanbao - group. com
法定代表人:侯爱琴
质量体系:IATF 16949、ISO 14001
产品情况:各类汽车底盘、变速器等部位的非标高强度紧固件、拖钩总成、钢板吊耳、冲压件、焊接件等产品
配套情况:客户有江铃集团、庆铃集团、北汽集团、江淮汽车、广汽集团、比亚迪、意大利菲亚特、德国克诺尔、采埃孚等

★浙江启冠精工机械股份有限公司
地址:浙江省玉环市大麦屿经济开发区
邮编:317604
电话:0576/87330988、87339368
传真:87339379
网址:www. jinggongmm. com
电子信箱:yhjinggong@ 126. com
法定代表人:徐克章
质量体系:IATF 16949、ISO 14001
产品情况:柴油、汽油内燃机连杆螺栓、高强度螺栓、螺母、轴、销、供油角度自动提前器等产品
配套情况:为一汽大连柴油机厂、上汽通用五菱、陕汽通家集团、常州远东连杆集团等企业定点配套

★浙江赛特机械股份有限公司
地址:浙江省玉环市滨港工业城
邮编:317607
电话:0576/87277256
传真:87166999
网址:www. cn - saite. com
电子信箱:info@ zjsaite. cn
法定代表人:董西宛
单位人数:300
质量体系:IATF 16949
产品情况:(远特牌)
汽车轮胎螺母、螺栓轮胎螺栓、年生产量 600 万套,各种非标高强度螺母、螺栓年生产量 500 万只,摩托车转向栓螺母年生产量 1200 万套,各种冲压件年生产量 300 万件
配套及出口情况:主要为国内多家主机厂配套;远销欧美、中东、东南亚、澳大利亚的矿山机械配件等市场

★浙江中通汽车零部件有限公司
地址:浙江省玉环市滨港工业城
邮编:317607
电话:0576/87210806、87165888
传真:87223686
网址:www. czzt. com. cn
电子信箱:sales@ czzt. com. cn
法定代表人:赵秀东
质量体系:IATF 16949、QS 9000
产品情况:(CZZT 牌)
专业生产拖车、挂车、重型车等商用车轮毂、制动鼓紧固件
配套及出口情况:为中国知名商用车轮毂及车桥制造企业提供 OEM 配套;通过 OEM 的形式直接出口美国、欧洲及东南亚地区

★浙江崇富橡塑有限公司
地址:浙江省台州市经达路 118 号
邮编:318000
电话:0576/88889355、88883935
传真:88220895
网址:www. zj - jn. com
电子信箱:info@ zj - jn. com
法定代表人:苏招富
质量体系:IATF 16949、ISO 14001
产品情况:汽车及摩托车油封、O 形圈、防尘罩、皮碗、减振衬套、减振块、各种空滤器接头等
配套情况:为万向、株洲雅马哈、奇瑞、马自达、江西昌河、长安汽车、天津一汽夏利、柳州五菱等公司供货

★台州市东泰轴承有限公司
地址:浙江省台州市椒江区章安街道盈丰路 119 号
邮编:318050
电话:0576/89003181、89003182
传真:89003111
网址:www. yjbearings. com
电子信箱:market@ yjbearings. com
法定代表人:缪洪波
质量体系:IATF 16949
产品情况:(耀江牌)
低噪声深沟电动机轴承、精密低噪声轿车交流发电机轴承、双列角接触高性能环保空调压缩机轴承、汽车张紧轮轴承、汽车离合器分离轴承以及其他英制非标产品,年产各类轴承 2000 万套
出口情况:70% 的产品出口美国、欧洲、东南亚等国家和地区

★八环科技集团股份有限公司
地址:浙江省台州市路桥区新安西街 889 号
邮编:318050
电话:0576/82415676
网址:www. bahuan. com
电子信箱:bahuan@ bahuan. com
法定代表人:戴学利
质量体系:IATF 16949、ISO 14001
产品情况:(八环牌)
摩托车轴承、汽车变速器球轴承、汽车张紧轮轴承、汽车减振器轴承、汽车空调压缩机轴承、通用机轴承、特种精密轴承、新能源汽车轴承、机器人轴承等
出口情况:进入了本田、大众、通用、盖茨、天纳克、莱顿、爱信、蒂森克虏伯、铃木、惠而浦等跨国公司的全球采购体系

★浙江精力轴承科技有限公司
地址:浙江省台州市路桥区峰江街道桥洋工业区 7 号
邮编:318054
电话:0576/82685535、15057226999
传真:82685858
网址:www. jlbearing. com
电子信箱:sales@ jlbearing. com
法定代表人:蔡正力
单位人数:210
质量体系:ISO 14001、IATF 16949
产品情况:(RL 牌)
专业生产各种中型及中小型公制、英制圆锥滚子轴承
出口情况:出口北美洲、欧洲等十几个工业发达国家

★浙江三进科技有限公司
地址:浙江省台州市路桥区峰江镇路西村
邮编:318054
电话:0576/82688028、82688026
传真:82688777
电子信箱:gq - yang@ sanjin - casting. com
法定代表人:徐诗顺
质量体系:IATF 16949、ISO 14001
产品情况:具备生产精密铝合金压铸毛坯 15000 吨、重力、低压铸造毛坯 5000 吨的能力

★浙江诺达信汽车配件有限公司
地址:浙江省金华市金东经济开发区希望路136号
邮编:321000
电话:0579/82978577、82977225
传真:82977076
网址:www.noontimes.com/cn
电子信箱:noontimes@noontimes.com
法定代表人:应胜
质量体系:ISO 9001、IATF 16949
产品情况:专业从事模具开发、铝合金深加工,主要产品有发电机支架、起动机支架等
出口情况:面向欧美和亚太等多个地区出口

★金华市华尔汽车饰件有限公司
地址:浙江省兰溪市经济开发区雁州路99号
邮编:321100
电话:0579/88989966
传真:88989999
网址:www.cn-huar.com
法定代表人:林春雷
质量体系:IATF 16949、ISO 14001
产品情况:主营汽车内饰面料生产
配套情况:为大众汽车、通用汽车、福特汽车、Volvo汽车、菲亚特克莱斯勒、红旗、现代汽车、吉利汽车、长安汽车、长城汽车等多家汽车厂商配套

★义乌市恒翔无纺布有限公司
地址:浙江省义乌市经济开发区三期石鱼路169号
邮编:322000
电话:0579/85210066、85210077
传真:85210099
网址:www.ywhx.com.cn
电子信箱:ywhx2003@qq.com
法定代表人:成能翔
质量体系:IATF 16949、ISO 14001
产品情况:汽车主地毯、汽车行李舱衬垫绒布、汽车内饰顶棚绒布、玩具绒布等;已形成年产800万m高档轿车内装饰起绒材料的的生产能力
配套情况:产品目前已经装配到本田、大众、现代、福特、江铃、瑞丰、奇瑞、吉利、猎豹、华普、捷达、海南马自达等汽车上

★浙江昊晖制动系统有限公司
地址:浙江省丽水市水阁工业区仙霞路103号
邮编:323000
电话:0578/2909999
传真:2909998
网址:www.sunrichbrake.com
法定代表人:李曦旦
质量体系:IATF 16949
产品情况:专业生产各大车系盘式制动片
出口情况:远销北美洲、南美洲、欧洲、非洲、中东等地区

★浙江科马摩擦材料股份有限公司
地址:浙江省松阳县西屏镇望松工业区
邮编:323400
电话:0578/8068008
网址:www.kema.com.cn
法定代表人:王宗和
质量体系:ISO 14001、IATF 16949
产品情况:(科马牌)
汽车用离合器面片、特种机械摩擦材料
配套及出口情况:主要为一汽、东风、重汽、陕汽、天汽、欧曼、标致、雷诺、起亚等配套;部分产品出口土耳其、巴西、墨西哥、韩国、泰国、美国、法国、澳大利亚等14个国家和地区

★浙江环宇轴承有限公司
地址:浙江省常山县天马镇富足山工业区
邮编:324200
电话:0570/5689002、13867019345
传真:5125087
网址:www.huanbearing.com
电子信箱:huansaler1@126.com
法定代表人:罗庆
质量体系:IATF 16949
产品情况:(HUAN牌)
年产深沟球轴承车件500万套、成品轴承700万套
出口情况:远销欧美、非洲、东南亚、中东等地区

★浙江朝泰机车部件有限公司
地址:浙江省温州市瓯海区丽岙镇白门工业区(朝泰路1号)
邮编:325000
电话:0577/85385699
传真:85387212
网址:www.chooten.com
电子信箱:ct@chooten.com
法定代表人:程学良
质量体系:ISO 9001
产品情况:(朝泰牌)
汽车配件,闸把座开关等摩托车配件
配套及出口情况:摩托车闸把座总成主要为嘉陵、建设、宗申、力帆、隆鑫、天马、YAMAHA、DAELIM、PIAGGIO等中外大型摩托车主机厂配套;出口欧洲、美洲、日本等10多个国家和地区,并销往中国台湾地区

★温州三环橡塑制品有限公司
地址:浙江省温州市中国鞋都沿江工业区沿兴路123号
邮编:325008
电话:0577/88798805、88798806
传真:88798810
网址:www.wzshxs.com
电子信箱:wzshxs@wzshxs.com
法定代表人:赵景温
单位人数:200
质量体系:ISO 14001、IATF 16949
产品情况:丁腈橡胶、丁腈聚氯乙烯、丁基橡胶、氯醚橡胶、三元乙丙橡胶及氟橡胶等,广泛应用于汽车、电子、机械的膜片类制品
配套情况:为湛江德利、天津华博罗、南京京滨、上海坤孚、浙江钱江、重庆平山泰凯等配套

★中广核俊尔新材料有限公司
地址:浙江省温州市经济开发区高一路60号
邮编:325011
电话:0577/56818888-8046
传真:86581501
网址:www.juner.cn
电子信箱:wzhw@juner.cn
法定代表人:陈晓敏
质量体系:IATF 16949、ISO 9001
产品情况:(俊尔牌)
改性尼龙、改性聚碳酸酯、改性聚酯、改性聚烯烃、特种工程塑料和热塑性弹性体
配套情况:改性PP系列为上汽大众(帕萨特、桑塔纳)、一汽-大众(宝来)配套,改性PA系列为奇瑞汽车(东方之子)、吉利汽车(金刚)配套,改性TPE系列为北京现代(伊兰特)配套,改性PC合金及聚酯系列为长城(赛弗)、长安福特(福克斯)、上汽通用五菱(五菱之光)配套

★浙江欧福密封件有限公司
地址:浙江省温州市瓯海经济开发区三溪工业园富豪路39号
邮编:325016
电话:0577/86362236
传真:86362237
网址:www.chinaoufu.com
电子信箱:oufu@oufu.com
法定代表人:胡志根
质量体系:IATF 16949、ISO 14001
产品情况:(欧福牌)
转向器密封件、空调压缩机油封、气门油封、变速器密封
配套情况:为东风康明斯、上柴、江西五十铃、广西玉柴、东风传动轴等配套

★温州市华海密封件有限公司
地址:浙江省温州市龙湾区后章路168号
邮编:325024
电话:0577/86927988
传真:86936871
网址:www.zjhhmf.com
电子信箱:sale01@zjhhmf.com
法定代表人:张勇
质量体系:ISO 9001
产品情况:全系列金属环垫
出口情况:远销东南亚、中东、欧美等地区

★温州市恒力弹簧制造有限公司
地址:浙江省温州市龙湾区永兴街道空港新区兴邦路 21 号
邮编:325024
电话:0577/86656222、86656907
传真:86656566
网址:www. wzspring. com
电子信箱:info@ wzspring. com
法定代表人:李伟辉
质量体系:IATF 16949
产品情况:各类汽车弹簧、摩托车弹簧、液压件弹簧、涡卷弹簧、电器弹簧、压缩机弹簧等
配套及出口情况:和国内许多大中型企业建立了良好的配套协作关系;出口美洲、欧洲、东南亚等国家和地区

★浙江明泰控股发展股份有限公司
地址:浙江省温州经济技术开发区滨海八路 519 号
邮编:325025
电话:0577/85221162、56909512
传真:85221365
网址:www. zjmtkg. com
电子信箱:mingtai@ china - ruibiao. com
法定代表人:陈金明
质量体系:IATF 16949、ISO 14001
产品情况:(明泰牌)
汽车、摩托车、空调用紧固件
配套情况:为本田、铃木、川崎、雅马哈、大长江、成都珠峰、重庆力帆、上汽通用五菱、上汽通用、一汽集团等配套

★人本集团有限公司
地址:浙江省温州市经济技术开发区滨海五道 456 号
邮编:325025
电话:0577/86556100
网址:www. cugroup. com
电子信箱:service@ cugroup. com
法定代表人:张童生
单位人数:20000
质量体系:IATF 16949、ISO 14001
产品情况:(C&U 牌)
汽车轴承
配套及出口情况:为一汽集团、东风汽车公司、上汽大众、重庆宗申、大长江、钱江摩托、金城铃木等配套;在美国、日本和德国等地设有贸易公司

★浙江流遍机械润滑有限公司
地址:浙江省温州市永嘉县瓯北街道园区大道 776 号
邮编:325105
电话:0577/67352452、66995111
传真:66991879、67352180
网址:www. zjliubian. com
电子信箱:zjlb@ zjliubian. com
法定代表人:柯周列
质量体系:ISO 9001、IATF 16949
产品情况:(LIUBIAN 牌、YONGJIA 牌)
主要产品为机、电、液一体化润滑装置产品,其中 DBS(KHB)柱塞润滑泵与汽车底盘润滑系统配套
出口情况:出口美国、日本、韩国、东南亚等国家和地区

★新潮集团股份有限公司
地址:浙江省瑞安市安阳街道隆山东路 505 号新潮大厦
邮编:325200
电话:0577/65475999
传真:65476999
网址:www. xinchaogroup. com
电子信箱:xc - office@ zjnewtrend. com
法定代表人:项春潮
质量体系:ISO/TS 16949、QS 9000
产品情况:(新潮牌、御凤牌)
高档汽车面料、汽车内饰件、PVC 硬片等
配套情况:汽车面料产品进入李尔公司的配套销售网络

★温州方圆锻造有限公司
地址:浙江省瑞安市安阳镇潘岱前垟工业区
邮编:325200
电话:0577/65090620
传真:65092686
网址:www. fangyuanforging. com
电子信箱:fangyuan@ fangyuanforging. com
法定代表人:林长秋
质量体系:IATF 16949
产品情况:(FY 牌)
汽车转动轴叉、变速器拨叉、发动机连杆、轮毂轴承单元、制动系统下摆臂等
配套情况:为上汽大众、钱江集团、春兰集团、济南轻骑、海南新大洲、浙江万向集团等配套

★浙江双泰车辆配件有限公司
地址:浙江省瑞安市塘下鲍田工业区
邮编:325200
电话:0577/65219996、65219998
传真:65201062
电子信箱:info@ cnshuangtai. com
法定代表人:郑志祥
质量体系:IATF 16949
产品情况:螺栓、螺母、垫圈

★浙江正昌锻造股份有限公司
地址:浙江省瑞安市沿江西路 501 号
邮编:325200
电话:0577/58802030、58802019
传真:65663024、65662090
网址:www. zcforging. com
电子信箱:sally@ zcforging. com
法定代表人:陈维
单位人数:300
质量体系:IATF 16949、ISO 9001
产品情况:(正昌牌、ZCDZ 牌)
拨叉精模锻件、连杆精模锻件等各类锻造件、机加工零部件;年产各类锻件 18000 余吨,精加工件 500 万件
配套情况:为上汽集团、上汽大众、一汽集团、时代集团、上海汽车变速器、陕西法士特齿轮、韶关宏大齿轮、比亚迪汽车、宁波华晨汽车零部件、长城汽车、株洲建设南雅、英格索兰(吉林)工具、法国(北京、上海)施耐德、三一重工等企业配套

★瑞标集团有限公司
地址:浙江省瑞安市塘下国际汽摩配产业园区
邮编:325204
电话:0577/65338958、58812366
传真:65321828
网址:www. ruibiao. net
电子信箱:sales@ ruibiao. net
法定代表人:林德清
质量体系:IATF 16949、ISO 14001
产品情况:(瑞标牌)
汽车、摩托车及动力机械标准件、非标准紧固件
配套及出口情况:为上汽、一汽、广汽、长安汽车、北京汽车、长安福特、长安铃木、江淮汽车、华晨汽车、奇瑞汽车、一汽夏利、一汽海马、比亚迪汽车、大长江集团、钱江摩托、嘉陵集团等 80 多家单位配套,综合市场占有率达 60%;部分产品远销亚洲、欧洲、非洲等地区

★瑞安市聚邦汽车零部件有限公司
地址:浙江省瑞安市塘下镇花园工业区
邮编:325204
电话:0577/58906696
传真:58906695
网址:www. sinojubang. com
电子信箱:jubangqp@ 163. com
法定代表人:徐象龙
质量体系:IATF 16949
产品情况:主要产品有调节螺杆/调节螺套、导向杆/钢珠套、EPB 螺杆/螺套、高精度/高质量的偏心轴转动支架/固定支架、高品质制动高压油管等
配套情况:为国内著名汽车卡钳制造商配套,产品主要使用在吉利汽车、众泰汽车、奇瑞汽车、北汽等 OEM 车型以及国内外各种奔驰、宝马、奥迪等车型

★中精集团有限公司
地址:浙江省瑞安市塘下镇曙光一路 69 号
邮编:325204
电话:0577/58813027、65323868
传真:65321758、66070178
网址:www. chinazhongjing. com
电子信箱:sales@ chinazhongjing. com
法定代表人:刘金妹
质量体系:IATF 16949
产品情况:精冲齿轮,凸缘冲压件、拉伸件,紧固件、底盘件(摆臂),座椅滑轨,调角器等
配套情况:产品供给一汽集团、长安汽车、上汽大众、东风汽车、雷诺、Schaef-

fler、GM、FIAT、BOSCH、DAYCO、ENSA、CONTITECH、MMM、Audi、ArvinMeritor等全球知名汽车厂及零部件厂商

★温州市盖茨汽车配件有限公司
地址:浙江省瑞安市塘下镇肇平垟中村工业区
邮编:325204
电话:0577/65325655、65326989
传真:65326987
网址:www.gaici.net
电子信箱:china@gaici.net
法定代表人:陈勇
质量体系:IATF 16949
产品情况:主要生产非锁定气弹簧、可锁定气弹簧、阻尼器

★浙江科硕紧固件有限公司
地址:浙江省温州市经济开发区5道333号
邮编:325204
电话:0577/65277189
传真:65273089
网址:www.cosoks.com
电子信箱:sales@cosoks.com
法定代表人:戴克华
质量体系:ISO 14001、IATF 16949
产品情况:(RQ牌)
汽车及摩托车各类紧固件、冲压件、非标件等

★浙江力友汽车科技有限公司
地址:浙江省温州市塘下镇国际汽摩配产业园区
邮编:325204
电话:0577/65326161、65326168
传真:65350190
网址:www.zjliyou.cn
电子信箱:daisongyu888@qq.com
法定代表人:林长江
单位人数:260
质量体系:IATF 16949
产品情况:汽车用冲压件及其总成、紧固件高强度螺栓、螺母(标准件和非标件)、蜗杆传动式软管夹箍及U形螺栓四大类1000多个品种
配套情况:主要客户为一汽-大众、一汽丰田、一汽轿车、一汽解放、广西玉柴、格特拉克、陕西集团、汉德车桥、重汽集团、约翰·迪尔天拖、北京康明斯、杭州依维柯汽车变速器、株洲欧格瑞传动、吉利集团、亚新科公司、珀金斯雷沃动力天津等主机厂

★浙江丰华标准件制造有限公司
地址:浙江省瑞安市海安镇海阳工业区42号
邮编:325205
电话:0577/65273088、65270575
传真:65271797
电子信箱:fh8808@vip.163.com
法定代表人:蔡丰清
质量体系:IATF 16949、ISO 14001
产品情况:(FH牌)
螺栓、螺母、螺钉、扣压件,定做各种非标准紧固件

★浙江铭泰汽车零部件有限公司
地址:浙江省瑞安市汀田镇文华路
邮编:325206
电话:0577/65115333、65118687
传真:65116678
网址:www.cnmingtai.com
电子信箱:info@cnmingtai.com
法定代表人:陈瑜
质量体系:IATF 16949
产品情况:(YDL牌、MGI牌)
各式制动蹄片,年产量100万套以上
出口情况:远销欧洲、美洲、中东、东南亚等地区

★云顶控股集团有限公司
地址:浙江省瑞安市国际汽摩配产业园区
邮编:325215
电话:0577/65350077、65326565
传真:65350190
电子信箱:jituan@cnyunding.com
法定代表人:阮玉理
质量体系:IATF 16949、VDA 6.1
产品情况:中重型汽车、专用汽车、标准件、紧固件、冲压件、蜗杆传动式软管夹箍和U形螺栓等
配套情况:为一汽集团、美国约翰迪尔、三一重工、中国重汽、北汽福田、广西玉柴、陕西重型汽车、吉利汽车、陕汽汉德等60多家单位配套

★浙江跃进锻造有限公司
地址:浙江省瑞安市陶山镇工业区
邮编:325215
电话:0577/65475989、65479803
传真:65475008
网址:www.china-yuejin.com
电子信箱:yjdz@chinayuejin.com
法定代表人:吴建鑫
单位人数:820
质量体系:IATF 16949
产品情况:各种型号汽车及摩托车铝锻件、铜锻件等有色金属及合金锻造机加工产品(如曲轴、连杆、变挡拔叉、起动蹬杆系列、摇臂、曲柄、减振器摇臂、精锻齿轮、起动轴、转向球头及一些标准件等)
配套情况:被采埃孚、本田、潍柴动力、玉柴集团等国内外知名主流汽车及配件企业指定为定点锻件机械加工生产基地;并为宝马摩托、意大利比亚乔、新大洲本田、五羊本田、嘉陵本田、马来西亚雅马哈、大长江集团、济南轻骑摩托车集团等高端客户长期配套

★温州三联锻造有限公司
地址:浙江省瑞安市桐浦工业区
邮编:325216
电话:0577/65430066、65673030
传真:65430632、65437823
网址:www.china-sanlian.com
电子信箱:sgm3030@china-sanlian.com
法定代表人:孙国敏
质量体系:ISO 14001
产品情况:(SALN牌)
汽车锻件
配套情况:主要客户有德国ZF(上海)、德国FAG、美国BorgWarner、美国Modern、加拿大MAGNA、日本NSK(杭州)、日本NTN、日本光洋(厦门)、韩国万都、巴西DHB、比利时Sidem、白俄罗斯Fenox、俄罗斯OmegaJse,德国BOSCH、上汽大众、一汽海马、上海汇众、北京现代、广西玉柴、长安汽车、长城汽车等

★温州俱进五金制品有限公司
地址:浙江省乐清市温州大桥工业园区泰山路1号
邮编:325600
电话:0577/62888198、13587760756
传真:62872168
网址:www.wzjujin.net
电子信箱:2337410932@qq.com
法定代表人:陈景旺
质量体系:IATF 16949、ISO 14001
产品情况:主要生产的汽车用高强度标准件、非标件、异性件、低压电器用紧固件
配套情况:主要客户包括一汽奥迪、东风系列汽车、华晨宝马、吉利汽车、上汽通用五菱等汽车厂及博世、大陆、海拉等零部件企业

★浙江伟望精密工业有限公司
地址:浙江省温州市洞头南塘工业区经三路
邮编:325799
电话:0577/21016888、21016999
传真:21016789
网址:www.zjww.com.cn
电子信箱:sales@zjww.com.cn
法定代表人:苏友蓉
质量体系:IATF 16949
产品情况:汽车制动总泵油壶系列、转向助力泵油壶系列、清洁水壶等系列,制动泵进油管接头、真空助力器活塞阀体、真空单向阀等汽车储液罐和制动系统塑料零部件
配套及出口情况:为福特全顺、东风风神、郑州海马、比亚迪、吉利等汽车品牌提供原厂配套服务;并为多家台资汽车制动器厂商提供服务;远销欧洲、美国、中南美洲、中东、东南亚、非洲等国家和地区

★温州联益线束胶粘带有限公司
地址:浙江省温州市苍南县龙港镇新城发展路1-85号
邮编:325802

电话:0577/64456711
传真:64456710
网址:www. lyjnd. net
电子信箱:xsb@ lyjnd. com
法定代表人:吴尚剑
质量体系:IATF 16949、ISO 14001
产品情况:汽车电线束缠绕胶带系列产品
配套情况:产品广泛用于一汽-大众、上汽大众、上汽通用、上海汽车、奇瑞汽车、吉利汽车、长安汽车、长安福特等各种车型

安徽省

★合肥常青机械股份有限公司
地址:合肥市东油路 18 号
邮编:230022
电话:0551/63475077
网址:www. hfcqjx. com
法定代表人:吴应宏
单位人数:3000
质量体系:IATF 16949、ISO 14001
产品情况:汽车冲压及焊接零部件,可应用于乘用车、商用车、专用车等车辆驾驶室总成、发动机舱总成、四门两盖总成、底板总成、车架总成、保险杠总成
配套情况:与江淮汽车、福田戴姆勒汽车、奇瑞汽车、陕西重汽、东风商用车等知名厂商建立了良好稳定的合作关系

★安徽应流机电股份有限公司
地址:合肥市经济技术开发区繁华大道 566 号
邮编:230061
电话:0551/63737777
网址:www. yingliugroup. com
电子信箱:sales@ yingliugroup. cn
法定代表人:杜应流
质量体系:IATF 16949、ISO 9001
产品情况:阀门类、水泵类、仪表等铸锻件
出口情况:远销美国、欧洲等 30 多个国家和地区

★安徽安利材料科技股份有限公司
地址:合肥市经济技术开发区桃花工业园拓展区
邮编:230093
电话:0551/68992815、68991746
传真:63858888、68991640
网址:www. chinapuleather. com
电子信箱:nmb@ anli. cn
法定代表人:姚和平
单位人数:2500
质量体系:IATF 16949、ISO 9001
产品情况:具有年产生态功能性聚氨酯合成革 8850 万米、聚氨酯树脂 7 万吨的能力,产品用于汽车内饰等领域

★臼井管路系统(合肥)有限公司
地址:合肥市经济技术开发区蓬莱路 2353 号
邮编:230601
电话:0551/68168800
传真:68168770
网址:www. usui. co. jp
电子信箱:nannanchen@ usui. co. jp
法定代表人:水口茂
质量体系:ISO 14001、IATF 16949
产品情况:制动管、燃料管、其他油压配管等

★安徽晨阳橡塑股份有限公司
地址:合肥市长丰县岗集镇 206 国道旁
邮编:231139
电话:0551/66778337
网址:www. anhuichenyang. cn
电子信箱:xz@ ahcychina. com
法定代表人:周相庭
质量体系:IATF 16949、ISO 14001
产品情况:三元乙丙胶汽车密封条、PVC 橡塑密封条、汽车用吹塑件、注塑件、钢带滚压制品等
配套情况:为江淮汽车、上海汽车、广州汽车、华晨汽车、东风柳州汽车、北汽福田、吉利汽车等全国 50 多家汽车公司及零部件公司进行配套

★合肥市远大轴承锻造有限公司
地址:合肥市肥西县上派镇合铜公路边
邮编:231200
电话:0551/68893666、18955129666
传真:68893166
网址:www. hfyuanda. com
电子信箱:zhenming. ma@ 163. com
法定代表人:马桢明
单位人数:200
质量体系:IATF 16949、ISO 9001
产品情况:轴承套圈锻件、环形汽车配件、齿轮锻件、异形锻件、轴承套圈车加工件
出口情况:远销欧洲、美国、日本、马来西亚等国家和地区

★会通新材料股份有限公司
地址:合肥市高新技术开发区柏堰工业园芦花路 2 号
邮编:231202
电话:0551/65770518、65771551
网址:www. orinko. com. cn
法定代表人:李健益
质量体系:IATF 16949、ISO 9001
产品情况:改性聚苯乙烯类、聚烯烃类、聚酯类、聚酰胺类四大改性塑料产品

★安徽同丰橡塑工业有限公司
地址:安徽省桐城市范岗镇
邮编:231460
电话:0556/6012112
传真:6012211
电子信箱:29031220@ qq. com
法定代表人:项宗武
质量体系:ISO 14001、IATF 16949
产品情况:滤清器用橡胶密封件及橡胶杂件

★安徽微威胶件集团有限公司
地址:安徽省桐城市范岗镇范青路
邮编:231460
电话:0556/6018988、6021289
传真:6010888
网址:www. china - ww. com
法定代表人:李斌商
质量体系:ISO 14001、IATF 16949
产品情况:(微威牌)
胶管类、减振类、密封防尘类、线束保护类、其他类共五大系列汽车(工程机械)橡胶塑料零配件

★安徽新南港汽车内饰件有限公司
地址:安徽省淮南市经济技术开发区振兴北路
邮编:232007
电话:0554/3315785
传真:3315746
电子信箱:tongqingxuan@ yfgm. com. cn
法定代表人:童庆宣
质量体系:IATF 16949、QS 9000
产品情况:汽车工业用装饰布,具备年产 300 万米的生产能力
配套情况:为上汽大众、奇瑞、江淮等供货

★安徽中天石化股份有限公司
地址:安徽省宿松经济开发区兴业路 27 号
邮编:234000
电话:4008610298
网址:www. ahztsh. com
电子信箱:zhaopin@ ahztsh. com
法定代表人:高晓谋
质量体系:ISO 9001、ISO 14001
产品情况:(福满天牌、诺贝润牌)
润滑油、润滑脂
配套及出口情况:主要客户有江淮汽车、安凯客车、福田汽车、华菱星马、三一重工等;部分产品已随主机厂配套出口到俄罗斯、日本、沙特阿拉伯等国家

★巢湖宜安云海科技有限公司
地址:安徽省巢湖市夏阁镇工业区
邮编:238000
电话:0551/82882779、15992802824
电子信箱:hedh@ e - ande. com
法定代表人:汤铁装
质量体系:IATF 16949、ISO 9001
产品情况:主要生产汽车等的镁、铝合金精密压铸件

★安徽海立精密铸造有限公司
地址:安徽省马鞍山市含山县经济开发区褒禅山路 496 号
邮编:238101
电话:0555/4959219、13063201206
网址:www. ahhl. cc
法定代表人:郑敏
单位人数:1600

质量体系:ISO 9001、IATF 16949
产品情况:差速器壳、转向节、支架、飞轮、制动卡钳等汽车零部件的研发、铸造与精密加工等
配套情况:主要客户有上海日立、格力凌达、苏州三星、上海萨克斯、圣德曼、NVCC、日本东芝等国内外知名企业

★芜湖春风新材料有限公司
地址:安徽省芜湖市长江大桥综合经济开发区新区高安街道
邮编:241000
电话:0553/2670160、13695609351
传真:2670162
网址:www.mu-co2008.com
电子信箱:cfliuxiaoping@cf2008.onaliyun.com
法定代表人:金正北
质量体系:ISO 14001、IATF 16949
产品情况:专业生产水性汽车涂料油漆
配套情况:为上汽、一汽、奇瑞、江淮、长安、长城、中集、柯马、毅昌等多个汽车及工程机械品牌产品持续提供优质的产品和服务

★芜湖跃飞新型吸音材料股份有限公司
地址:安徽省芜湖市高新技术产业开发区天井山路21号
邮编:241000
电话:0553/3022819、3022815
传真:3022816
电子信箱:whyfgs@zgyuefei.com
法定代表人:王敏雪
质量体系:ISO 14001、IATF 16949
产品情况:汽车隔音、隔热、保温材料、汽车内饰件生产和销售;主要产品有双组分吸音棉(PP、PET)、PET纤维复合吸音棉、PET纤维直立吸音棉、发泡聚乙烯隔音垫、等密度空气填充法地毯隔音隔热垫等多种吸音、隔音材料等
配套情况:主要客户有华晨宝马、一汽-大众、一汽丰田、广汽本田、东风本田、马自达、广汽日产、通用五菱、长城汽车、奇瑞汽车、长安汽车、众泰汽车等国内知名整车制造商

★芜湖长信科技股份有限公司
地址:安徽省芜湖市经济技术开发区汽经二路以东
邮编:241000
电话:0553/2398888
网址:www.token-ito.com/cn
电子信箱:token@token-ito.com
法定代表人:高前文
质量体系:ISO 9001、IATF 16949
产品情况:各类ITO导电镀膜玻璃,具有镀膜、切割、磨边、倒角、抛光、减薄、光刻和化学强化等生产能力
配套情况:为小鹏供货

★天人汽车底盘(芜湖)股份有限公司
地址:安徽省芜湖市鸠江经济开发区飞翔路81号2号厂房
邮编:241000
电话:0553/5968888
传真:5968666
网址:www.skyman.com.cn
电子信箱:skyman@skyman.com.cn
法定代表人:龚量亮
质量体系:IATF 16949
产品情况:底盘冲压件等产品

★芜湖爱迪亚实业有限公司
地址:安徽省芜湖市鸠江区长江大桥综合经济开发区71号
邮编:241001
电话:0553/5868798、5877158
传真:5877158
电子信箱:whidea@163.com
法定代表人:陈华
质量体系:IATF 16949
产品情况:汽车橡塑产品

★镁联科技(芜湖)有限公司
地址:安徽省芜湖市高新技术开发区金山中路18号
邮编:241002
电话:0553/5650166、15005536698
传真:5650169
网址:www.thixomag.com
电子信箱:zaim.zhou@thixomag.com
法定代表人:林玉麟
质量体系:IATF 16949
产品情况:转向盘骨架、空调支架、发电机支架、汽车座椅支架、各种壳体等镁合金、铝合金汽车零部件产品

★震宇(芜湖)实业有限公司
地址:安徽省芜湖市经济技术开发区凤鸣湖南路8号
邮编:241006
电话:0553/7517776
网址:www.universalwuhu.com
法定代表人:冯祥来
单位人数:2000
质量体系:IATF 16949、ISO 9001
产品情况:汽车仪表、汽车供油、汽车发动机等精密塑胶零部件

★芜湖通和汽车管路系统股份有限公司
地址:安徽省芜湖市经济技术开发区衡山路26号
邮编:241009
电话:0553/5967565
传真:5967518
网址:www.whtonhe.com
电子信箱:tonhe@whtonhe.com
法定代表人:孙广
质量体系:IATF 16949
产品情况:制动系统管路、发动机冷却、润滑管路、空调热交换管路、汽车液压管路、汽车燃油管路和新能源汽车管路系统等
配套情况:为奇瑞汽车配套

★斯凯孚密封系统(芜湖)有限公司
地址:安徽省芜湖市经济技术开发区裕安路2号
邮编:241009
电话:0553/5841298、2391888
传真:5841298
网址:www.skf.com.cn
电子信箱:yehong.yang@skf.com
法定代表人:Werner Jürgen Dietrich Hoffmann
质量体系:ISO 14001、OHSAS 18001
产品情况:油封(火花塞油封、发动机油封、减振器油封、轮毂油封等)及其他橡胶塑料密封件

★芜湖宏明塑料制品有限公司
地址:安徽省芜湖市经济开发区凤鸣湖南路36号
邮编:241009
电话:0553/5849599、5844678
传真:5932088
电子信箱:xiabh@whhmsl.com
法定代表人:任杰君
质量体系:ISO/TS 16949、QS 9000
产品情况:奇瑞汽车面板、发动机舱盖、板扣、扶手、烟灰缸、升降器摇把总成等塑料配件
配套情况:为马瑞利汽车零部件(芜湖)公司、奇瑞汽车、美国爱科(常州)公司配套

★芜湖强振汽车紧固件有限公司
地址:安徽省芜湖市新芜开发区工业大道2598号
邮编:241100
电话:0553/8768222
传真:8768220
网址:www.chinaqiangzhen.com
电子信箱:info@chinaqiangzhen.com
法定代表人:戴其海
单位人数:380
质量体系:ISO 14001、IATF 16949
产品情况:高强度、耐高温、高精度类紧固件
配套情况:为奇瑞汽车、比亚迪、吉利、长城、重庆力帆、上汽、广汽、北汽、唐山爱信等20多家主机厂和零配件厂配套

★芜湖荣基密封系统有限公司
地址:安徽省芜湖县新芜经济开发区南次一路1000号
邮编:241100
电话:0553/8128339、8128338
传真:8128966
网址:www.esinna.com
电子信箱:info@esinna.com
法定代表人:林忠琴
质量体系:ISO 14001、IATF 16949
产品情况:各类车型的汽车发动机密封件,具备年产500万套的生产能力;主要产品包括:汽缸垫(乘用车、重型车)、气门室盖垫、油底壳垫、进气垫、排

气垫、油封
出口情况:远销欧洲、美洲、非洲、东南亚、中东等 60 多个国家和地区

★安徽中鼎精工技术有限公司
地址:安徽省宣城市经济技术开发区
邮编:242000
电话:0563/2290004、2290001
传真:2290000
网址:www.zhongdinggroup.com
电子信箱:zwp@zhongdinggroup.com
法定代表人:夏鼎湖
质量体系:IATF 16949
产品情况:主要生产各类五金制品和金属冲压件
配套情况:已经或正在开发的客户有神龙汽车、海南马自达、北京万都、四川铃江昭和、凯纳雅玛、德国 ZF-BOGE、美国 TOWER、TENNECO 等

★安徽耀强精轮机械有限公司
地址:安徽省广德县广德经济开发区文正路
邮编:242200
电话:0563/6985988、6987966
传真:6987688
电子信箱:628yq@163.com
法定代表人:骆耀斌
质量体系:IATF 16949
产品情况:(耀强牌、SAP 牌)
汽车发电机皮带轮、新型单向器皮带轮、曲轴减振皮带轮、转向泵轮、水泵轮、空调离合器皮带轮、张紧轮
出口情况:远销欧洲、美国、加拿大等国家和地区

★安徽润康橡塑科技股份有限公司
地址:安徽省广德县经济技术开发区光藻路 3 号
邮编:242200
电话:0563/6067082
传真:6067219
网址:www.runkanggroup.com
电子信箱:info@runkanggroup.com
法定代表人:张铭
质量体系:ISO 14001、IATF 16949
产品情况:汽车橡胶制品,如衬套、悬置、顶端连接板、隔振块、防尘罩、油封、垫圈等
配套及出口情况:为吉利、长城、华晨、北汽等配套;同时为博世华域、马瑞利、昭和、捷太格特、索格菲等零部件客户配套;远销美国、墨西哥、德国、法国、意大利、波兰、日本、韩国

★安徽日亮氟塑密封件有限公司
地址:安徽省宣城市广德县经济开发区德昌路 2 号
邮编:242200
电话:0563/6996087、6996088
传真:6996080
网址:www.chinaoilseal.com
电子信箱:sheen_oilseal@hotmail.com
法定代表人:徐益森
质量体系:ISO 14001、IATF 16949
产品情况:(日亮牌)
油封
配套及出口情况:与潍柴、重汽、东风公司、一汽解放、法士特、上柴、全柴、洛拖、綦齿等配套;批量进入北美洲、南美洲、欧洲、中东、东南亚等国际市场

★安徽中鼎橡塑制品有限公司
地址:安徽省宁国经济技术开发区
邮编:242300
电话:0563/4181800
传真:4181880
网址:www.zhongdinggroup.com
电子信箱:zwp@zhongdinggroup.com
法定代表人:夏玉洁
质量体系:IATF 16949、ISO 9001
产品情况:汽车用塑料制品及其他橡塑制品、机械零件产品

★安徽特思通管路技术有限公司
地址:安徽省宁国经济技术开发区河沥园区毛湾路 9 号
邮编:242300
电话:0563/4182055
传真:4181880
网址:www.zhongdinggroup.com
电子信箱:guoyk@zhongdinggroup.com
法定代表人:KARL AUGUST KUMPF
质量体系:IATF 16949
产品情况:汽车发动机冷却胶管、汽车转向系统、汽车燃油用胶管、涡轮增压胶管、制动软管等各类产品
配套及出口情况:主要客户有上汽通用、美国通用、上汽大众、武汉神龙、郑州日产等众多国内外的主机厂;为曼胡默尔、德国采埃孚、霍尼韦尔、康迪泰克等国外主要汽车零部件供应商配套

★安徽中鼎流体系统有限公司
地址:安徽省宁国经济技术开发区河沥园区梅村路 1 号
邮编:242300
电话:0563/2165883、2165882
传真:4181880-6196
网址:www.zhongdinggroup.com
电子信箱:zwp@zhongdinggroup.com
法定代表人:夏迎松
质量体系:IATF 16949
产品情况:中、高档轿车汽车动力转向系统油管总成产品
配套情况:已开发上汽通用、ZFSS、MANDO、DELPHI、TRW、豫北光洋、长城、长安、郑州日产、奇瑞、浙江青年、上汽大众等在内的主机厂和汽车制造厂家客户

★安徽中鼎减震橡胶技术有限公司
地址:安徽省宁国经济技术开发区中鼎工业园
邮编:242300
电话:0563/4185040
传真:4181880-6189
网址:www.zhongdinggroup.com
电子信箱:yxy@zhongdinggroup.com
法定代表人:夏鼎湖
质量体系:ISO 14001、IATF 16949
产品情况:各种衬套、充液悬置、发动机悬置、顶端连接板、变速器悬置、扭振减振器、各类减振件和底盘用橡胶件

★安徽宁国汉泰新型材料有限公司
地址:安徽省宁国市河沥工业园区兴盛路 6 号
邮编:242300
电话:0563/4034597、4000563158
传真:4430628
网址:www.nghantai.com
电子信箱:sales@htfiresleeve.com
法定代表人:曾照韦
质量体系:ISO 9001、IATF 16949
产品情况:高温防护材料、绝缘密封材料及金属涂层材料

★安徽中鼎控股(集团)股份有限公司
地址:安徽省宁国市经济技术开发区
邮编:242300
电话:0563/4181945
网址:www.zhongdinggroup.com
电子信箱:office@zhongdinggroup.com
法定代表人:夏鼎湖
质量体系:ISO/TS 16949、ISO 14001
产品情况:(鼎湖牌)
主导产品是橡胶密封件和特种橡胶制品
配套及出口情况:为一汽集团、上汽大众、上汽通用、南京汽车集团、神龙汽车、郑州日产、江铃汽车、江淮汽车配套;出口国外市场

★宁国市正道橡塑零部件有限公司
地址:安徽省宁国市经济技术开发区钓鱼台路 15 号
邮编:242300
电话:0563/4186366、4177786
传真:4186355
网址:www.zhengdaoparts.com
电子信箱:sales@zhengdaoparts.com
法定代表人:殷胜鸿
质量体系:ISO 14001、IATF 16949
产品情况:橡胶件、塑料件、五金制品
出口情况:出口欧洲、美洲

★安徽泰达汽车零部件有限公司
地址:安徽省宁国市经济技术开发区河沥园区富宁北路
邮编:242300
电话:0563/4305688、4170488
传真:4310600
网址:www.ahtaida.com
电子信箱:hzh@ahtaida.com
法定代表人:胡载辉

质量体系:IATF 16949
产品情况:汽车线束耐磨耐热护套管、汽车洗涤系统橡胶水管、水处理膜编织支撑管、耐高温硅橡胶电线等产品

★安徽美安密封件股份有限公司
地址:安徽省宁国市经济开发区创新路
邮编:242300
电话:0563/4186806、4186807
传真:4186800
网址:ahokmfj. com
电子信箱:okmfjxs@ 126. com
法定代表人:杨贵生
质量体系:IATF 16949、ISO 14001
产品情况:O 形圈、油封、气封等橡胶密封件,年橡胶密封件生产能力达 6 亿件以上

★德特威勒密封技术(安徽)有限公司
地址:安徽省宣城市宁国经济技术开发区
邮编:242300
电话:0563/2165800、2165281
网址:www. datwyler. com
电子信箱:sealing. cn@ datwyler. com
法定代表人:万耀胜
质量体系:IATF 16949、ISO 14001
产品情况:专业生产汽车制动系统用各类橡胶制品

★安徽红桥金属制造有限公司
地址:安徽省宁国市中溪镇
邮编:242343
电话:0563/2279508
传真:2279509
网址:hqsprings. com
电子信箱:xzb@ hqsprings. com
法定代表人:余昌国
质量体系:IATF 16949、ISO 14001
产品情况:冲压件产品、弹簧和金属表面处理,产品用于汽车零部件及家用电器
配套及出口情况:国内主要配套比亚迪、海马、奇瑞、美的、恩福、斯凯孚、亚太、亚新科、中鼎等客户;批量出口美国 Trostel, Stemco, Contitech, Freudenberg 和意大利 CORCOS 等欧美市场

★亚新科噪声与振动技术安徽有限公司
地址:安徽省宁国市中溪镇 2000 号
邮编:242344
电话:0563/4674815、4674800
传真:4674819、4674818
网址:www. asimco - ah. com. cn
电子信箱:it@ asicmo - ah. com. cn
法定代表人:汪滨
质量体系:IATF 16949、ISO 14001
产品情况:年橡胶密封件生产能力达 8 亿件以上,千斤顶产品达 300 万台
配套及出口情况:国内主要客户有神龙、东风日产、华晨、上汽通用五菱、奇瑞、吉利、比亚迪、重庆庆铃、东风汽车等主机厂,还为 150 余家一级零部件供应商配套;国际客户有 BOSCH、TENNECO、GM、HONEYWELL、BENDIX、BOMBARDIER、MAYTAG、KNORR、EMERSON、DANA 等 30 余家国际化大公司;在美国、加拿大、比利时等国家建有 10 多个仓储中心

★安徽中鼎密封件股份有限公司
地址:安徽省宣城市宣南公路口
邮编:242399
电话:0563/4181800
网址:www. zhongdinggroup. com
电子信箱:zwp@ zhongdinggroup. com
法定代表人:夏鼎湖
质量体系:ISO 14001、IATF 16949
产品情况:(鼎湖牌)
橡胶密封件和特种橡胶制品
配套及出口情况:为各大汽车主机厂配套;已打入欧美、日本等国际知名汽车公司的全球采购体系

★安瑞控股集团有限公司
地址:安徽省黄山市歙县经济开发区杨之路 1 号安瑞控股黄山轴承产业园
邮编:242700
电话:0559/6609886、4009936722
传真:6609899
网址:www. china - anrui. com
电子信箱:anruikonggu@ 163. com
法定代表人:翁一名
质量体系:ISO/TS 16949、ISO 14001
产品情况:汽车底盘、发动机、变速器等部位用深沟球轴承、双列角接触球轴承、圆锥轴承

★昌利锻造有限公司
地址:安徽省池州市青阳县经济开发区东河工业园
邮编:242800
电话:0577/59880302、59880306
传真:65095003、65090003
网址:www. xizheng. com
电子信箱:sale1@ xizheng. com
法定代表人:杨奎琦
质量体系:IATF 16949、ISO 14001
产品情况:年产各类模锻件产品约 1200 万件
配套及出口情况:为陕西法士特齿轮、美国伊顿货车/客车配件、德国采埃孚、日本爱心齿轮、长春一汽齿轮箱、重庆渝安汽车、三一重工等配套;远销美国、日本、意大利、印度、英国、法国、墨西哥、德国、巴西、瑞典、中东等国家和地区

★安徽盛达前亮铝业有限公司
地址:安徽省马鞍山市当涂经济开发区
邮编:243000
电话:0555/6826381
网址:www. shengda - alu. com
电子信箱:sales@ shengda - alu. com
法定代表人:彭松
质量体系:IATF 16949、ISO 9001
产品情况:高端铝挤压型材及深加工产品,覆盖汽车零部件、新能源等产业

★马钢(集团)控股有限公司
地址:安徽省马鞍山市九华西路 8 号
邮编:243003
电话:0555/2883492、2888756
网址:www. magang. com. cn
法定代表人:魏尧
单位人数:43000
质量体系:ISO 9001、ISO 14001
产品情况:冷热轧薄板、彩涂板、镀锌板、H 型钢、高速线材、高速棒材和车轮轮箍等,产品主要用于汽车等领域
出口情况:产品销往世界 50 多个国家

★安徽日飞轴承有限公司
地址:安徽省铜陵金桥工业园
邮编:244000
电话:0562/2109991
传真:2200082
网址:www. gbbco. cn
电子信箱:gbb@ gbbco. cn
法定代表人:荣超
质量体系:ISO 9001、IATF 16949
产品情况:高端汽车轴承和高精密电动机轴承

★黄山奔马集团有限公司
地址:安徽省黄山市徽州区永佳大道 92 号
邮编:245061
电话:0559/3588200、3588779
传真:3588888
网址:www. benmagroup. com
电子信箱:404852561@ qq. com
法定代表人:邵新安
质量体系:IATF 16949
产品情况:(HF 牌)
汽车、摩托车离合器摩擦材料,主导产品有摩托车离合器片、分离蹄块
配套及出口情况:为多家摩托车离合器生产厂家配套;出口欧洲、美洲、东南亚

★安徽菱湖漆股份有限公司
地址:安徽省安庆市大观经济开发区集贤工业园
邮编:246000
电话:0556/5597057、5208239
传真:5207484
网址:www. linghuqi. com
法定代表人:陈怀德
质量体系:IATF 16949、ISO 9001
产品情况:(菱湖牌、白莲牌)
汽车漆、氟碳漆、氯化橡胶漆、环氧系列漆、丙烯酸系列漆、有机硅系列漆、醇酸系列漆、电泳漆、乳胶漆、聚酯漆等系列产品
配套及出口情况:被江汽集团、奇瑞汽车、瑞典 ABB 公司、德国西门子公司、南汽集团和国家重点工程中国神舟 5 号飞船、芜湖长江大桥等用户指定为配

套产品;出口亚洲、东欧、非洲等地区

★安徽汉升工业部件股份有限公司
地址:安徽省安庆市文苑路 188 号筑梦新区
邮编:246000
电话:0556/5369888、13805562046
网址:www.100hs.com
电子信箱:ahhs99@126.com
法定代表人:严海龙
质量体系:IATF 16949
产品情况:金属复合材料、汽车轴套、汽车门铰链、限位器、IJBT 铝碳化硅基板

★安庆谢德尔汽车零部件有限公司
地址:安徽省安庆市经济技术开发区 3.9 平方公里工业园 24 号区
邮编:246005
电话:0556/5305980
传真:5305990
网址:www.scherdel.com
电子信箱:info@asp.scherdel.com
法定代表人:潘一新
质量体系:IATF 16949、ISO 9001
产品情况:汽车用工程弹簧、螺旋弹簧、气门弹簧、压缩弹簧、发条弹簧
配套情况:螺旋弹簧为 ATG、MAHLE、CYPR、NAMY、RKEN 等配套;气门弹簧为上汽大众、大连大众、一汽-大众、福特、北汽、比亚迪、江淮、奇瑞等配套;压缩弹簧为博格华纳、TCG Unitech、比亚迪等配套;发条弹簧为博格华纳、依纳、HILITE 等配套

★安庆帝伯功能塑料有限公司
地址:安徽省安庆市经济技术开发区 7-5 号区
邮编:246005
电话:0556/5520761
传真:5520761
网址:www.tpr.co.jp
电子信箱:zyp8369@atp.com
法定代表人:曹立新
质量体系:IATF 16949、ISO 14001
产品情况:高性能树脂密封环

★辉门环新(安庆)粉末冶金有限公司
地址:安徽省安庆市开发区 3.9 平方公里工业园 24 号区
邮编:246005
电话:0556/5037165
网址:www.federalmogul.com
电子信箱:hdp2601@aqarn.com
法定代表人:潘一新
质量体系:IATF 16949、ISO 14001
产品情况:汽车发动机的气门座圈导管、涡轮衬套等粉末冶金相关制品

福建省

★福建海源复合材料科技股份有限公司
地址:福州市西郊铁岭工业区一期铁岭北路 2 号(荆溪镇关口)
邮编:350101
电话:0591/22918999、22918969
网址:www.haiyuan-group.com
电子信箱:hyhrd@126.com
法定代表人:李良光
质量体系:ISO 9001、ISO 14001
产品情况:复合材料模板新产品,满足新能源汽车轻量化需求

★福州立洲弹簧有限公司
地址:福州市闽侯县祥谦工业区
邮编:350112
电话:0591/22278661
传真:22278675
网址:www.lizhou.com
电子信箱:bobo.li@lizhou.com
法定代表人:王亮
单位人数:500
质量体系:ISO 14001、IATF 16949
产品情况:(立洲牌、康山牌)
双质量飞轮弧形弹簧、植绒弹簧、离合器弹簧、油嘴油泵弹簧、发动机气门弹簧、制动器弹簧、前后稳定杆等
配套情况:为 ABB、艾默生、西门子、一汽丰田、松下、索尼、比亚迪等知名厂商配套

★福州帝都橡胶有限公司
地址:福州市闽侯县青口投资区
邮编:350119
电话:0591/22783256
传真:22783257
电子信箱:yanjinlan@teito-rubber.com
法定代表人:天羽胜久
质量体系:IATF 16949
产品情况:小轿车用的橡胶管、产业机器设备用的橡胶管
配套情况:为日产尼桑供货

★福州福裕橡塑工业有限公司
地址:福州市闽侯县青口投资区
邮编:350119
电话:0591/22761051、22761052
传真:22761050
网址:www.toyoda-gosei.com
电子信箱:fuyue@pub5.fz.fj.cn
法定代表人:张家豪
质量体系:IATF 16949、ISO 14001
产品情况:密封条全系列产品:车门密封条、车门框密封条、车门玻璃导槽、行李舱密封条、发动机罩密封条等
配套情况:为日本丰田、天津一汽丰田、四川一汽丰田、日本本田、东风本田、东南(福建)、沈阳金杯配套

★福州富全橡胶有限公司
地址:福州市闽侯县青口投资区
邮编:350119
电话:0591/87013688
传真:22760018
网址:www.fupen.com
电子信箱:fupen@fupen.com
法定代表人:颜仲健
质量体系:ISO 14001、IATF 16949
产品情况:(FFCR 牌、FPR 牌)
异形胶管、防振橡胶、高压油管、发泡橡胶等
配套情况:为东南汽车、长安福特、长安马自达、东风裕隆、众泰汽车、福建新龙马、东风柳州汽、山西成功汽车、福建奔驰、一汽海南、江南汽车、浙江零跑科技、云度新能源、江门大长江、豪爵铃木、宁德时代新能源等配套

★颖明(福州)标准件企业有限公司
地址:福州市闽侯县青口镇东南汽车城
邮编:350119
电话:0591/22760101
传真:22760103
网址:www.ymhiten.com.tw
电子信箱:fym@ymhiten.com.tw
法定代表人:刘文村
质量体系:IATF 16949、ISO 14001
产品情况:各种汽车标准件

★爱沃特玛铪橡胶制品(福建)有限公司
地址:福建省福清市融侨经济技术开发区宏路镇大埔
邮编:350301
电话:0591/85382971、85379443
传真:85380949
电子信箱:tianjin@awimach.com
法定代表人:都築康彦
质量体系:IATF 16949、ISO 9001
产品情况:O 形圈等橡胶密封制品

★福建冠良汽车配件工业有限公司
地址:福建省福清市融侨开发区福玉路 19 号
邮编:350301
电话:0591/85375258、85375356
传真:85375353
网址:www.guanlean.cn
电子信箱:marketing@guanlean.com
法定代表人:杨维庆
质量体系:IATF 16949、ISO 14001
产品情况:(冠良牌)
汽车盘式/鼓式制动片、离合器面片等
配套及出口情况:主要客户有上汽通用、上汽通用五菱、北汽福田、长安汽车、奇瑞汽车、比亚迪汽车、吉利汽车、浙江众泰、长城汽车、力帆汽车、重庆渝安、山东莱动、金旅客车、上海申龙、陕西重货、北方奔驰、金龙客车、黄海客车、宇通客车、东风、一汽、永力泰、湖南中联重科等;出口美洲、中东等地区

★福建优立盛油脂有限公司
地址:福建省福清市江阴经济开发区福隆路 2 号
邮编:350309
电话:0591/85617361

传真:85617360
网址:www. ulube. net
电子信箱:wrj@ universal - cn. cn
法定代表人:KONG POW LUM
质量体系:IATF 16949
产品情况:(优立盛牌)
车用润滑油、工业油、润滑脂等产品

★厦门百吉机电有限公司
地址:福建省厦门市湖里区高殿怡盛工业大厦
邮编:361006
电话:0592/6021502、5625423
传真:5752071、6021623
网址:www. xmbaiji. cn
电子信箱:13906025660@ 139. com
法定代表人:李嘉生
质量体系:ISO 9001、QS 9000
产品情况:(百吉牌)
车用密封条、内外装饰条、各种橡塑模压注塑杂件等
配套情况:为北方车辆厂、安凯客车、金龙联合、厦门金龙、宇通客车、昌河汽车等配套

★厦门立洲五金弹簧有限公司
地址:福建省厦门市前埔工业区前埔路496 - 500 号
邮编:361008
电话:0592/5024796、5024797
传真:5024298
网址:www. lizhou. com
电子信箱:mk14@ lizhou. com
法定代表人:李珊珊
质量体系:IATF 16949、ISO 9001
产品情况:精密弹簧、弹性元器件与冲压件等
配套及出口情况:主要客户包括北京西门子、松下电器、灿坤实业、ABB、厦华电子、万利达电子、厦门进雄、厦门建松、厦杏等;出口欧美、东南亚地区

★厦门诺瑞特实业股份有限公司
地址:福建省厦门市湖里区港中路1740 号
邮编:361011
电话:0592/5333710
传真:5332421
网址:www. san - dao. com. cn
电子信箱:xmsd@ san - dao. com. cn
法定代表人:郭毅荣
质量体系:ISO 9001、ISO 14001
产品情况:(三道牌)
聚氨酯密封胶、汽车专用硅酮密封胶、汽车环保喷胶、厌氧胶、PVC 密封胶、汽车维护产品等一系列产品
配套情况:客户有上汽集团、中车集团、广汽集团、山东重工、郑州宇通、厦门金龙、厦门金旅、苏州金龙、桂林大宇、厦工集团、上海申沃客车等知名企业

★厦门恒耀金属有限公司
地址:福建省厦门市集美北部工业区天凤路 75 - 83 号
邮编:361021
电话:0592/7118556
电子信箱:boltunsc@ xmboltun. com
法定代表人:吴荣彬
质量体系:ISO 9001、IATF 16949
产品情况:各种金属螺钉、螺帽和其他金属制品、精密模具、精密轴承等
配套及出口情况:国内客户为上汽大众、上海三立汇众、东南汽车、广汽本田、厦门金龙、海南马自达汽车、湖南长丰汽车等主机厂;主要出口美国、德国等各大汽车厂

★厦门固特友橡胶有限公司
地址:福建省厦门市集美北部工业区天凤路 85 - 89 号
邮编:361021
电话:0592/6060080、6060180
传真:6101039
电子信箱:marking@ xmgoodwill. com
法定代表人:宋春福
质量体系:IATF 16949、ISO 14001
产品情况:燃油管、供油管、溢油管、油泵油管、电喷管、散风器填充器、排水管、旁路软管、真空管、排气管、传动箱通气管、pvc 管、二次补气管、asv 管等
配套情况:为广汽三菱、东风柳汽、本田、林海股份、一汽海马、钱江摩托、雅马哈、隆鑫、华南飞鹰、东风裕隆配套

★华懋(厦门)新材料科技股份有限公司
地址:福建省厦门市集美区后溪镇苏山路 69 号
邮编:361024
电话:0592/7795189、7795187
传真:6228318
网址:www. hmtnew. com
电子信箱:hmt_info@ hmtnew. com
法定代表人:张初全
单位人数:1631
质量体系:IATF 16949
产品情况:汽车安全气囊布、汽车安全气囊袋/OPW、安全带、夹网布、防弹布等工业用布

★厦门市金汤橡塑有限公司
地址:福建省厦门市同安工业集中区马垵路 5 号
邮编:361100
电话:0592/5674359
传真:5742480
网址:www. kingtom. com. cn
电子信箱:joe@ kingtom. com. cn
法定代表人:李文金
质量体系:ISO 14001、IATF 16949
产品情况:[金汤(KINGTOM)牌]
汽车空气管橡胶制品、汽车线束橡胶制品、汽缸垫、汽车灯具等
出口情况:远销 20 多个国家和地区

★泉州昌隆汽车配件工业有限公司
地址:福建省泉州市金山新村北区 14 幢 103 室
邮编:362000
电话:0595/22384523、22387484
传真:22382166
网址:www. lidco. cn
电子信箱:lucky@ public. qz. fj. cn
法定代表人:洪珠玲
质量体系:IATF 16949
产品情况:(昌隆牌、SSK 牌)
鼓式制动片、盘式制动片、蹄铁、离合器面片等
配套情况:为东风车桥、恒力制动器、厦门金龙、东风日产柴、东风杭汽、美驰华阳制动器、广西方盛车桥等大型汽车车桥生产厂家配套

★福建省昌德胶业科技有限公司
地址:福建省泉州市南安康美工业区昌德工业园
邮编:362000
电话:0595/26521889、8008585557
传真:22478889、22444889
网址:www. chang - de. com
电子信箱:changde@ chang - de. com
法定代表人:吴培煌
质量体系:ISO 9001、ISO 14001
产品情况:(欣得力牌、威莱克牌、中华豚牌、翼尔盾牌)
密封胶、胶黏剂等产品

★泉州市德源轴承实业有限公司
地址:福建省泉州市洛江区河市镇溪浦工业区
邮编:362013
电话:0595/28022588、28022688
传真:28023366、28023388
网址:www. ldk - bearings. com
电子信箱:wxq@ ldk - bearings. com
法定代表人:林德庆
质量体系:ISO 14001、IATF 16949
产品情况:(LDK 牌)
各类高品质外球面带座轴承及杆端关节轴承
出口情况:远销 10 多个国家和地区

★晋江市中德顺机械有限公司
地址:福建省晋江市安海北环工业区
邮编:362261
电话:0595/85705378
传真:85706378
网址:www. zdszz. cn
电子信箱:info@ zdszz. cn
法定代表人:苏良磁
单位人数:300
质量体系:ISO 9001、ISO 14001
产品情况:(中德顺牌)
机械、铸件制造、配件生产、机械钢结构件产品

★福建省华盖机械制造有限公司
地址:福建省南安市大霞美滨江机械装备制造基地金河大道 11 号
邮编:362302
电话:0595/22455257、4000768696
传真:22459696
网址:www.china-huagai.com
电子信箱:hg@china-huagai.com
法定代表人:吴国灿
质量体系:IATF 16949
产品情况:(华盖牌、新盖牌、AFB 牌)
各种汽车紧固件螺栓
配套及出口情况:为一汽山东改装厂、东风德纳车桥、青特众力车桥、山东临沂工程机械等厂家配套;远销巴西、韩国、澳大利亚、俄罗斯、东南亚、中东、非洲等国家和地区

★福建莱克石化有限公司
地址:福建省南安市梅山工业区
邮编:362321
电话:0595/86588901、4001619901
传真:86585036
网址:www.chinalaike.com
电子信箱:lgh@chinalaike.com
法定代表人:李振生
质量体系:IATF 16949、ISO 9001
产品情况:(莱克牌)
莱克润滑油、901 汽车制动液、汽车养护品、莱克工业油等
配套及出口情况:为一汽集团、东风集团、中国重汽、上汽集团、北京公交、江淮汽车、金龙汽车等 40 多个国内汽车生产企业供货;获得奔驰、宝马、大众、通用、福特、康明斯、MAN 等国际发动机公司认可

★福建省鑫橡龙橡塑制品有限公司
地址:福建省漳州市台商投资区龙池大道 30 号
邮编:363000
电话:13606056921
网址:www.loongrubber.com
电子信箱:itn12345@163.com
法定代表人:李庆龙
质量体系:IATF 16949
产品情况:(龙兴牌)
汽车管路、工程机械管路及其他流体管路、汽车橡胶制品
配套情况:为厦门金旅、上海申龙、厦工集团、中国龙工、盐城中威集团、汉阳汽车厂、福建汽车厂、力佳柴油机厂、福建龙溪、龙马、龙江集团配套

★福建龙溪轴承(集团)股份有限公司
地址:福建省漳州市腾飞路 388 号
邮编:363000
电话:0596/2072156、2022320
传真:2051934
网址:www.ls.com.cn
电子信箱:sales@ls.com.cn
法定代表人:曾凡沛
单位人数:2563
质量体系:IATF 16949、ISO 9001
产品情况:(LS 牌)
具备年产关节轴承 1500 万套、汽车圆锥滚子轴承和 AG 轴承 800 万套、齿轮 200 万件、变速器 1 万台(套)、免维护十字轴 260 万件、滚动功能部件 182 万套、轴套 2000 万件及针织机械设备 2 万台(套)的生产能力

★福建鑫展旺集团有限公司
地址:福建省漳州市新华北路 33 号嘉华大厦 3 楼
邮编:363000
电话:4000265156
网址:www.fjxzwjt.cn
法定代表人:谢平展
质量体系:IATF 16949、ISO 14001
产品情况:(鑫展旺牌)
汽车涂料等产品
配套情况:被国内外众多知名客车制造企业指定为专用涂料

★福建省永安轴承有限责任公司
地址:福建省永安市埔岭路 699 号
邮编:366000
电话:0598/3634197、3607100
传真:3634884、3607086
网址:www.yazc.com.cn
电子信箱:yazc@yazc.com.cn
法定代表人:吴扬灶
质量体系:IATF 16949、ISO 14001
产品情况:[飞捷(FJ)牌]
英制圆锥滚子轴承、汽车轮毂轴承单元、圆柱滚子轴承、叉车门架轴承、深沟球轴承、AG 轴承、非标产品等
出口情况:远销美国、欧洲、大洋洲、南美洲、东南亚等国家和地区

江西省

★江西江铃集团奥威汽车零部件有限公司
地址:南昌市青云谱区迎宾北大道 417 号
邮编:330001
电话:0791/85208387
网址:www.awlbj.com
电子信箱:aowei@jmc.com
法定代表人:万明
单位人数:350
质量体系:IATF 16949
产品情况:冲压、机加工、焊接、装配、涂装、座椅海绵发泡、裁剪缝纫等
配套情况:客户有江铃货车、江铃皮卡、江铃全顺等

★方大特钢科技股份有限公司
地址:南昌市高新技术产业开发区火炬大道 31 号
邮编:330012
电话:0791/88392848、88396314
传真:88392848
网址:www.fangda-specialsteels.com、www.fdssteels.com
电子信箱:fdtg600507@163.com
法定代表人:徐志新
质量体系:ISO 9001、ISO 14001
产品情况:(长力牌、红岩牌、春鹰牌)
生产弹簧扁钢、汽车板簧、稳定杆、扭杆
配套及出口情况:与国内 10 多家主要汽车生产厂家板簧厂配套;远销 30 多个国家和地区

★南昌辉门密封件系统有限公司
地址:南昌市经济技术开发区金港路 1489 号
邮编:330013
电话:0791/88557084、83844435
网址:www.federalmogul.com
电子信箱:xinnian.wan@federalmogul.com
法定代表人:成音
质量体系:IATF 16949、QS 9000
产品情况:(培英牌)
主要生产汽车发动机上的密封垫片及原辅材料
配套情况:为上汽通用、上汽、大众、福特等配套

★江西省金沙汽车股份有限公司
地址:南昌市小蓝工业园金沙大道 388 号
邮编:330200
电话:0791/82076096、87082820
传真:82076097
网址:www.jxkingsa.com
电子信箱:ncgysy@163.com
法定代表人:万颖媛
质量体系:ISO 9001
产品情况:车用运输冷藏车、户外野营多功能拖车、汽车配件、达克罗表面处理

★江西富明弹簧制造有限公司
地址:南昌市小蓝工业园金沙一路南 168 号
邮编:330200
电话:0791/85950988、85950333
传真:85950966、85950980
电子信箱:jxfmsy@163.com
法定代表人:曹明
质量体系:IATF 16949、ISO 9001
产品情况:专业生产弹簧,主要用于汽车离合器、减振器、气门
配套及出口情况:主要配套国内外 OEM 主机市场;出口美国、加拿大、英国、德国、印度等国家

★江西久安铆钉有限公司
地址:江西省进贤县温圳镇环行路 29 号
邮编:331721
电话:0791/85548927、13870655506
网址:www.jxjiuan.com
电子信箱:jxjiuan@jxjiuan.com
法定代表人:武金和
单位人数:150

质量体系:IATF 16949
产品情况:(久安牌)
汽车车架用的半圆头铁铆钉、支撑限位铆钉;年生产各种铆钉可达10亿件
出口情况:出口东南亚、欧洲、美洲、非洲等地区

★瑞昌市人民冲压有限公司
地址:江西省瑞昌市人民北路138号
邮编:332200
电话:0792/4226625、4227292
传真:4221403
网址:www.rmcy.com
电子信箱:jjrmcy@vip.163.com
法定代表人:许钟斌
单位人数:150
质量体系:ISO 14001、IATF 16949
产品情况:各类冲压件及焊合件,如碗形塞、防尘盖、支架等
配套及出口情况:为江铃陆风、成都发动机、保定长城皮卡、四川开维内燃机等配套;远销欧洲、美洲等地区

★江西黑猫炭黑股份有限公司
地址:江西省景德镇市昌江区历尧
邮编:333032
电话:0798/8399125、8391028
网址:www.jx-blackcat.com
法定代表人:王耀
质量体系:ISO 14001、IATF 16949
产品情况:炭黑等产品,用于载重胎、乘用胎等胎面胶及需要高强度、高耐磨的橡胶制品

★江西景航航空锻铸有限公司
地址:江西省景德镇市陶瓷科技园唐英大道景航路一号
邮编:333039
电话:0798/2816917、2693160
传真:2816917
网址:www.jinghang.com.cn
电子信箱:jinhang@avic.com
法定代表人:万剑平
单位人数:550
质量体系:IATF 16949、ISO 9001
产品情况:[景航(jinghang)牌]
普通碳钢、不锈钢、合金钢、铝合金、钛合金、镁合金等锻件;汽车安全带压铸件、空调压缩机体等铸件;客车、轿车、微型车不锈钢车窗和窗框、消声器、散热器、保险杠、座椅等型材产品;锻模、精锻模、辊压模、冷冲模、铸模、压塑模、注射模等模具
配套情况:主要合作企业有沈飞、西飞集团、成飞集团、洪都集团、昌飞集团、GE、西屋、DBT、昌河汽车、江淮汽车、江铃汽车等

★江西英龙橡胶科技股份有限公司
地址:江西省宜春市经济开发区工业北大道
邮编:336000
电话:0795/3576396、3556666
传真:3556666
电子信箱:ycylxj01@163.com
法定代表人:闻一龙
质量体系:IATF 16949、QS 9000
产品情况:汽车液压、气压制动软管及总成、汽车输油胶管、工程车橡胶配件、汽车橡胶密封和防振制品
配套及出口情况:为一汽集团、东风、昌河、江铃、上汽通用五菱、华泰现代、长沙中联重科、三一重工、丹东黄海、厦门金龙等配套;出口欧美和东南亚市场

★明冠新材料股份有限公司
地址:江西省宜春市宜春经济技术开发区经发大道32号
邮编:336000
电话:0795/3666265
传真:7205383
网址:www.mg-crown.com
电子信箱:yeyong@mg_crown.com
法定代表人:闫洪嘉
单位人数:229
质量体系:IATF 16949、ISO 9001
产品情况:太阳能电池背板、铝塑膜、特种防护材料等新型复合膜材料
配套情况:客户有国电投、中节能、LG、REC、韩华、比亚迪等

★江西江锻重工有限公司
地址:江西省新余市分宜县城东工业园新城大道6号
邮编:336600
电话:0790/5887746、5899991
传真:5883604
网址:www.jxjdzg.com
电子信箱:tina@jxjdzg.com
法定代表人:袁根牙
单位人数:950
质量体系:ISO 14001、IATF 16949
产品情况:各类型汽车转向节、发动机曲轴以及工程机械等锻压件
配套情况:是江铃汽车、辽宁曙光集团、浙江万向集团、广汽集团、北汽集团、神开股份、沈阳普利司通、江淮汽车等企业的主要供应商

★新余绿洲橡塑有限公司
地址:江西省新余市分宜县宜城西工业园丹桂路
邮编:336600
电话:0790/5881751、5881458
传真:5881448
电子信箱:593192785@qq.com
法定代表人:赵帅
单位人数:200
质量体系:IATF 16949
产品情况:汽车及摩托车塑料件
配套情况:为南京依维柯、重汽集团、江铃汽车、长安汽车配套

山东省

★山东零公里润滑科技有限公司
地址:济南市天桥工业开发区蓝翔路1号
邮编:250032
电话:0531/85713823、4006186016
传真:85707670
网址:www.jnlgl.com
电子信箱:191016187@qq.com
法定代表人:陆涛
单位人数:181
质量体系:IATF 16949、ISO 9001
产品情况:各种润滑油
配套情况:为一汽解放、天津一汽、重汽集团配套

★山东北方现代化学工业有限公司
地址:济南市天桥区新城庄1号
邮编:250033
电话:0531/85951021、85951026
传真:85951026
网址:www.sdnmc.cn
电子信箱:scyx_234@126.com
法定代表人:孙敏
质量体系:IATF 16949、ISO 9001
产品情况:聚氨酯密封胶、胶黏剂、涂料、防护蜡、复合材料
出口情况:出口欧洲、美洲、亚洲

★福士汽车零部件(济南)有限公司
地址:济南市临港开发区机场路4277号
邮编:250105
电话:0531/89021518
网址:www.voss.net
电子信箱:hongmei.yu@voss.net
法定代表人:Carsten Beissel
质量体系:ISO 9001、IATF 16949
产品情况:气路、油路、液压及其他多种管路
配套情况:为中国重汽等配套

★济南慧成铸造有限公司
地址:济南市章丘区福安路51号
邮编:250200
电话:0531/83116799
传真:83116711
网址:www.hc-foundry.com
电子信箱:huicheng@hc-foundry.com
法定代表人:刘燕岭
单位人数:500
质量体系:IATF 16949、ISO 14001
产品情况:(慧成牌)
铝合金压铸件、重力铸造件、低压铸造件及机械加工件
出口情况:远销美国、法国、日本、韩国

★中国重汽集团济南橡塑件有限公司
地址:济南市长清区平安镇重汽黄河路688号
邮编:250300
电话:0531/85581777、58061610
传真:85581600

电子信箱:xsjzzb@ sinotruk. com
法定代表人:张树林
单位人数:840
质量体系:IATF 16949、QS 9000
产品情况:(STEYR 牌)
　　重型汽车橡塑件减振件、铝合金油箱、消声器、座椅、卧铺、暖风机、线束、内饰产品等
配套情况:为重汽集团、陕汽集团、川汽、北汽福田、柳汽、郑州宇通、安凯车桥等配套

★金能科技股份有限公司
地址:山东省齐河县工业园区西路 1 号
邮编:251199
电话:0534/2159822
传真:2159896
网址:www. jin – neng. com
电子信箱:office@ jin – neng. com
法定代表人:秦庆平
质量体系:IATF 16949、ISO 9001
产品情况:主要产品有对甲酚、山梨酸(钾)、炭黑、白炭黑、甲醇、焦炭、丙烯、聚丙烯等,应用于汽车、塑料等多个领域

★山东金驰霸节能环保科技有限公司
地址:山东省德州市(禹城)国家高新技术产业开发区
邮编:251200
电话:0534/7368381、13969255322
网址:www. jcbkm. com
电子信箱:jinchiba@ 163. com
法定代表人:张秀华
质量体系:ISO 9001
产品情况:(JINCHIBA 牌)
　　纳米陶瓷抗磨剂、纳米陶瓷润滑油和润滑油纳米陶瓷复合添加剂
配套情况:为吉利、长安、北汽、福田、解放军军委后勤部等供货

★济南金麒麟刹车系统有限公司
地址:济南市济北经济开发区安顺街 6 号
邮编:251400
电话:0531/81173999、2119878
传真:81173899
电子信箱:sunwh@ chinabrake. com
法定代表人:孙鹏
质量体系:IATF 16949、VDA 6. 1
产品情况:制动片、制动块
出口情况:远销欧洲、美洲、亚洲等地区

★聊城万合工业制造有限公司
地址:山东省聊城经济开发区辽河路 163 号
邮编:252022
电话:0635/8515571、8515590
传真:8515553
网址:www. lcwhgy. com
电子信箱:lcwhzhb@ 163. com
法定代表人:张洪泉
单位人数:1200
质量体系:IATF 16949、ISO 9001
产品情况:(强力牌、万合牌、亚高速牌)
　　铝材主导产品为汽车空调、民用空调及制冷行业用铝合金管、多孔微通道扁管、拉伸管、复合管、毛细管等上百种规格的管;铜材产品现有空调光管、空调配管、光面盘管、直条管、平板太阳能专用铜管、散热器专用铜管、冰箱无氟管、水道管、毛细管、镀锡管、波导管及异型管材等多种规格
配套及出口情况:已成为长春一汽、东风、比亚迪、江西新电、南京协众、伟世通全球公司、北汽福田、博耐尔、重庆超力、上海松芝、马勒、上汽大众汽车等主机厂商的 A 级配套企业,并且是三星、LG、丹佛斯、康迪泰克的全球配套商;与美国、俄罗斯、德国、日本、韩国、新加坡、新西兰、印度尼西亚、印度、埃及、泰国、墨西哥、菲律宾、孟加拉国、厄瓜多尔等多个国家开展国际贸易

★山东聊城昌工机械配件有限公司
地址:山东省聊城市东昌府区侯营工业园
邮编:252028
电话:0635/8568333、8568555
传真:8568686
网址:www. yaxsq. com
电子信箱:sd_huatong@ 163. com
法定代表人:闫小芹
单位人数:268
质量体系:IATF 16949
产品情况:各类油管和汽车消声器
配套情况:是国内 10 余家知名汽车、农用车、空调企业的主要配套厂家

★山东齐鲁漆业有限公司
地址:山东省聊城市东昌府区闫寺工业区 1 号
邮编:252042
电话:0635/8721110、4007087777
传真:8721153
网址:www. qilupaint. com
法定代表人:武林华
质量体系:ISO 9001、ISO 14001
产品情况:(齐鲁牌)
　　系列油漆、涂料,年生产能力达 30 万吨

★山东哈临集团有限公司
地址:山东省临清市东外环南首
邮编:252600
电话:0635/2556888、2555999
传真:2556777、2556918
网址:www. halinzc. com
电子信箱:hlb@ halinzc. com
法定代表人:马福庆
单位人数:200
质量体系:IATF 16949、ISO 9001
产品情况:(HLB 牌)
　　各种类型轴承,轴承年设计生产能达 1000 万套
配套及出口情况:为中国重汽、北汽福田、山东莱动等企业配套;出口欧盟、美洲、东南亚、中东等地区

★山东博特轴承有限公司
地址:山东省临清市烟店经济工业园
邮编:252665
电话:0635/2858333
传真:2858996
网址:www. bot – bearing. com
电子信箱:botbearings@ 163. com
法定代表人:杨庆生
质量体系:IATF 16949、ISO 9001
产品情况:(BOT 牌、博特牌牌)
　　薄壁系列轴承,深沟球轴承,角接触轴承,圆锥滚子轴承和钢厂专用轴承及挖掘机专用轴承,设计生产各种专用轴承和非标准轴承
配套及出口情况:客户有中联重科、陕西法士特齿轮、徐州矿山设备、青岛海力达齿轮箱、徐州德力传动机械等;远销美国、德国、俄罗斯、东南亚、北欧等 10 多个国家和地区

★山东汇新汽车轴承有限公司
地址:山东省高唐县卅里铺镇政府驻地
邮编:252873
电话:0635/3871686、15263513469
电子信箱:sdhxzc@ 163. com
法定代表人:姜玉桥
质量体系:IATF 16949、ISO 9001
产品情况:(汇新牌)
　　圆锥滚子轴承、圆柱滚子轴承、向心球轴承和非标轴承,年轴承生产能力可达 2000 万套
配套情况:为部分主机企业配套

★山东水星汽车部件集团股份有限公司
地址:山东省德州市武城工业园水星街 1 号
邮编:253300
电话:0534/6691916、6698395
传真:6551148、6698395
网址:www. sdsxjt. cn
电子信箱:shuixing188@ 163. com
法定代表人:杨延怀
质量体系:ISO/TS 16949、QS 9000
产品情况:以生产汽车装配用橡胶(橡塑)密封件、塑料件、装饰件、胶管以及玻璃升降器等产品为主
配套情况:为一汽解放、东风集团、北汽福田等国家大型汽车集团的战略合作伙伴,做为北京现代、金杯、宇通、中国重汽等企业的一级供应商

★山东琪胜汽车零部件有限公司
地址:山东省武城县甲马营乡工业园
邮编:253307
电话:0534/6392999、6393777
传真:6399688
网址:www. sdqslbj. com
电子信箱:dexing988@ 163. com

法定代表人:黄桂玉
质量体系:IATF 16949、ISO 9001
产品情况:(德兴牌)
橡胶密封条、装饰条、橡胶件、橡胶管、硅胶管等、铝合金窗框、阻燃隔音海绵、玻璃钢发动机罩、玻璃钢装饰顶等
出口情况:出口日本、韩国等国家

★山东汽车弹簧厂有限公司
地址:山东省淄博市桓台经济开发区和济路39号
邮编:255030
电话:0533/8526005、8526006、8526007
传真:8526005、8526006
网址:www. sdspring. com
电子信箱:spring@ sdspring. com
法定代表人:赵亮
单位人数:750
质量体系:ISO/TS 16949
产品情况:(山川牌)
年产钢板弹簧5万吨、轿车悬架弹簧300万件、发动机气门弹簧5000万件、稳定杆100万条
配套情况:为重汽集团、北汽福田、陕汽集团、江淮汽车、四川一汽丰田、一汽集团、东风汽车公司、奇瑞汽车、长安汽车等配套

★淄博海特曼新材料科技有限公司
地址:山东省淄博市高新区开发区北路7甲1号
邮编:255086
电话:0533/3918088、3918660
传真:3918660、3918826
网址:www. hitecmen. com
电子信箱:hitecmen@ hitecmen. com
法定代表人:郭进展
质量体系:IATF 16949、ISO 14001
产品情况:专业从事新型环保高档胶黏密封胶材料与混凝土外加剂产品的研发、生产
配套情况:主要客户包括长城汽车、河北长安汽车等

★山东美陵化工设备股份有限公司
地址:山东省淄博市临淄区牛山998号
邮编:255430
电话:0533/7088006
传真:7088688
网址:www. sdmeiling. com. cn
电子信箱:shandongmeiling@ sina. com
法定代表人:赵克强
单位人数:1000
质量体系:ISO 9001、ISO 14001
产品情况:(美陵牌、美力达牌)
高效节能换热器、压力容器及加氢内构件的设计与制造;汽车制动系统、排气歧管、涡轮增压器等汽车零部件、高强度紧固件、重型锻件的制造

★邹平伟瑞制冷材料有限公司
地址:山东省邹平市长山镇工业园传洋路117号
邮编:256206
电话:0543/4818992、4857678
传真:4857678
网址:www. zpweirui. com
电子信箱:cyweirui@ 126. com
法定代表人:刘翠华
质量体系:IATF 16949
产品情况:专业生产汽车及家用空调用铝管产品

★山东裕航特种合金装备有限公司
地址:山东省邹平县韩店镇工业园区
邮编:256209
电话:0543/8175971、13561560002
传真:4897786
网址:www. yuhang666. com
电子信箱:xiaxiaobo@ yuhangalloy. com
法定代表人:李前进
质量体系:IATF 16949、ISO 9001
产品情况:主导产品为各类铝及铝合金工业型材,其中包括轨道交通型材、航空航天型材、汽车型材等

★山东汽车弹簧厂淄博有限公司
地址:山东省淄博市桓台经济开发区和济路39号
邮编:256400
电话:0533/8526005、8526006
传真:8526005、8526006
网址:www. sdspring. com
电子信箱:zh@ sdzbspring. com
法定代表人:王正红
单位人数:115
质量体系:IATF 16949、ISO 14001
产品情况:汽车板簧
配套情况:为国内主流市场北汽福田、中国重汽、江淮汽车、中通客车、陕汽集团等配套

★山东仁丰特种材料股份有限公司
地址:山东省淄博市桓台县起凤镇南首仁丰路1号
邮编:256407
电话:0533/8698028、8698198
传真:8698028、8698158
网址:www. zbrenfeng. com
电子信箱:htsong81588@ 163. com
法定代表人:宋佃凤
单位人数:510
质量体系:IATF 16949、ISO 9001
产品情况:空气过滤材料、柴油过滤材料、机油过滤材料、机油阻燃过滤纸、油水分离燃油滤纸等

★滨州双峰石墨密封材料有限公司
地址:山东省滨州市渤海五路744号
邮编:256615
电话:0543/3371125、3373912
传真:3371937
网址:www. bz - graphite. com
电子信箱:sales@ bz - graphite. com
法定代表人:李寿海
质量体系:ISO 9001、ISO 14001
产品情况:(双峰牌)
柔性石墨卷材、板材、石墨带材、石墨线、石墨编织填料、石墨填料环、缠绕式垫片、包覆垫片、石墨金属复合板、石墨增强垫片、汽缸垫片等
配套及出口情况:为一汽集团、东风汽车公司等配套;出口美国、欧洲、日本、韩国、东南亚等国家和地区

★东营科力汽配有限责任公司
地址:山东省东营市广饶县李鹊经济开发区
邮编:257333
电话:0546/6289097、4008630456
传真:6289008
网址:www. sdkeliauto. com
电子信箱:keli@ keligroup. com
法定代表人:赵献忠
单位人数:500
质量体系:IATF 16949
产品情况:(科力特牌)
汽车制动片
配套及出口情况:为奇瑞汽车、昌河汽车、长安汽车、一汽佳宝、北汽福田、比亚迪汽车等多家汽车公司配套;远销海外市场

★东营信义制动系统有限公司
地址:山东省东营市大王经济技术开发区
邮编:257335
电话:4000546900、13605463657
网址:www. xinyiauto. com
电子信箱:xinyi@ xinyiauto. com
法定代表人:刘福祥
质量体系:QS 9000、ISO/TS 16949
产品情况:制动片
配套及出口情况:为戴姆勒、克莱斯勒、上汽大众、上汽通用、长春一汽、天津一汽、南汽集团、北汽集团、厦门金龙、郑州日产、吉利集团、奇瑞集团、通用五菱、江铃汽车、江淮、华泰现代、长城汽车、长丰集团、中国重汽、北汽福田等配套;畅销北美洲、南美洲、欧洲、中东等地区

★山东大王信义载重汽车配件有限公司
地址:山东省东营市大王经济技术开发区
邮编:257335
电话:0546/6873189、6879998
传真:6878889
网址:www. xinyizaizhong. cn
电子信箱:xinyizaizhong@ 126. com
法定代表人:张玉峰
单位人数:350
质量体系:IATF 16949
产品情况:重型汽车制动片、工程机械制动片、石油钻机制动片、作业机械制动片等系列产品;年产能力1800万片
配套及出口情况:为济南重汽集团、一汽山东改装厂、长春一汽集团、北汽福

田、青特集团、江淮汽车、奔驰汽车、海通车桥、江苏正宇、义和车桥、上海龙工、厦门厦工、临沂临工等20多家主机厂、车桥厂及制动器厂配套;出口欧美、中东、亚洲等27个国家和地区

★东营市信义化工有限公司
地址:山东省东营市大王经济开发区
邮编:257335
电话:0546/6880799、6880104
传真:6880799
网址:www.xinyihg.com
电子信箱:xinyilipu@163.com
法定代表人:于连芹
质量体系:ISO 9001、ISO 14001
产品情况:(信义力普牌)
润滑油、防冻液、齿轮油、制动油、工业用油,清洗剂及油田助剂,具备年产5万吨润滑油和2万吨防冻液的能力
配套情况:得到上汽大众、一汽的认可

★山东荣邦汽配有限公司
地址:山东省东营市广饶县西水工业园区
邮编:257336
电话:0546/6506616、4000546088
网址:www.suoyebrake.com
法定代表人:刘海玲
质量体系:ISO 14001、IATF 16949
产品情况:(索易牌)
具有年产盘式制动块1000万套,鼓式制动蹄总成200万套的能力
配套及出口情况:为国外标致,国内GM、奇瑞、长安、郑州海马、陕西通家、多家新能源OE制动件厂商等多家主机厂提供OEM配套;出口美洲、欧洲、中东、东南亚等地区

★山东耐斯特炭黑有限公司
地址:山东省东营市永莘路68号
邮编:257506
电话:0546/7730666、4006717369
传真:7731888
网址:www.nicestcarbonblack.com
法定代表人:王敏
质量体系:ISO 9001、IATF 16949
产品情况:橡胶用炭黑、色素炭黑、导电炭黑等,用于轮胎、塑料、橡胶等行业

★东营博瑞制动系统有限公司
地址:山东省东营市东营经济开发区湖州路南首
邮编:257901
电话:0546/8955198、8955193
传真:8955198
网址:www.boruiauto.com
电子信箱:info@boruiauto.com
法定代表人:张宏光
质量体系:ISO 14001、IATF 16949
产品情况:盘式制动片、鼓式制动片、精冲钢背;设计年产1000万套制动片
配套情况:已为华晨汽车正式批量供货

★潍坊美制汽车配件制造有限公司
地址:山东省潍坊市经济技术开发区泰祥街3号
邮编:261101
电话:0536/2293778、2293769
传真:2293778、2293769
网址:www.sdmzqp.com
电子信箱:mz@sdmzqp.com
法定代表人:武述文
单位人数:260
质量体系:IATF 16949
产品情况:全套发动机紧固件、货车车桥、底盘紧固件和制动辊轴、轿车制动盘高强度螺栓、轴承外环,已形成年产螺栓5000万只,轴承400万套的生产能力
出口情况:远销美国、日本、意大利、德国、澳大利亚、加拿大、荷兰,并销往中国台湾地区

★山东同大海岛新材料股份有限公司
地址:山东省昌邑市同大街522号
邮编:261300
电话:0536/7191960、7191936
传真:7126831 7191961
网址:www.td300321.com
电子信箱:td@td300321.com
法定代表人:孙俊成
单位人数:600
质量体系:IATF 16949、ISO 9001
产品情况:年产海岛超纤人工革系列产品1400万米,产品广泛用于汽车内饰等领域

★烟台亚通精工机械股份有限公司
地址:山东省莱州市开发区玉海街
邮编:261400
电话:0535/2715736、2175706
传真:2176239
网址:www.yatonggroup.com
电子信箱:yatong@group.com
法定代表人:焦召明
质量体系:ISO/TS 16949、VDA 6.1
产品情况:汽车零部件、模具、出口金属制品、标准件、现代物流包装器具制造等
配套情况:为上汽通用、上海延锋江森座椅、重汽济南、南汽罗孚等配套

★莱州长和粉末冶金有限公司
地址:山东省莱州市开发区云峰北路2188号
邮编:261411
电话:0535/2715506、2715516
传真:2715110
网址:www.pm-north.com
电子信箱:business001@chpm.com.cn
法定代表人:姜淑婷
单位人数:600
质量体系:IATF 16949、ISO 9001
产品情况:(三全牌)
年产各种铁基、铜基粉末冶金零件4000吨(5000万件)
配套及出口情况:为北内、北京奔驰、一汽集团、东风汽车公司、轻骑集团、常柴等配套;大量出口美国、加拿大、日本、西欧、南美洲等国家和地区

★莱州恒宇刹车制品有限公司
地址:山东省莱州市程郭镇东程村雄山路西
邮编:261437
电话:0535/2716896
传真:2716886
网址:www.hengyubrakes.com
电子信箱:forever@foreverbrake.com
法定代表人:王明曜
质量体系:IATF 16949
产品情况:专业制造汽车制动片,年产能力200万套

★山东美晨生态环境股份有限公司
地址:山东省诸城市东外环北首
邮编:262200
电话:0536/6320058
传真:6320138
网址:www.meichen.cc
电子信箱:meichen@meichen.cc
法定代表人:窦茂功
单位人数:2684
质量体系:IATF 16949、ISO 14001
产品情况:(MCRP牌)
系统集成悬架制品,发动机进气管、汽车空调通风管道、内饰件、外饰件、风窗洗涤器、防尘罩等工程塑料产品,动力总成悬置系统、底盘衬套、悬架衬套、稳定杆衬套、扭转减振器、散热器悬置系统、排气管吊耳、动力吸振器、推力杆、翼子板支架、限位块等多种品类的减振降噪弹性制品,汽车流体管路产品等

★诸城华日粉末冶金有限公司
地址:山东省诸城市经济开发区横五路北
邮编:262233
电话:0536/6218366
传真:6216152
电子信箱:huari@huaripm.com
法定代表人:田岛义巳
质量体系:ISO 9001、ISO 14001
产品情况:曲轴、连杆、轴瓦,发动机其他附件,其他底盘件,134a冷媒、空调管,其他汽车电器件

★山东高强紧固件有限公司
地址:山东省诸城市密州街道工业大道南路1号
邮编:262234
电话:0536/6550062、6062908
传真:6060952
网址:www.fastener.cc
电子信箱:gaoqiang@jingujian.cc
法定代表人:董超义
单位人数:1800

质量体系:IATF 16949、ISO 9001
产品情况:(鲁花牌)
汽车内燃机、工程机械用各种高强度紧固件及配件;钢结构用高强度大六角头螺栓连接副;钢结构用扭剪型螺栓连接副;GB、ISO、ANSI、DIN 等标准紧固件和各种异形紧固件
配套及出口情况:为潍坊柴油机厂、大连柴油机厂、一汽解放青岛汽车厂、一汽山东汽车改装厂、中国重型汽车集团、德国独资济南塞夫车桥厂、广州富华车桥厂、青特集团、青岛约克车桥厂、安徽车桥厂、沈阳华创、湘电风能、三一重工、甘肃白银中科宇能、连云港中复连众、内蒙古航天万源等供货;出口美国、俄罗斯、加拿大、印度、伊朗等多个国家

★山东华瑞丰机械有限公司
地址:山东省青州市猛山经济发展区
邮编:262505
电话:0536/2481019、13583607178
传真:2481009
网址:www.hrfauto.com
电子信箱:bufancun@huaruifengauto.com
法定代表人:刁玉臣
质量体系:IATF 16949
产品情况:后驱动桥总成,各种冲压、热压、铸造类金属模具,各种汽车摩擦材料,卡钳体、支架、差速器壳体、减速器壳体、后桥包壳、轴承座、制动鼓等各种型号精密铸造件
配套及出口情况:主要客户有新疆金风科技、一汽集团、上汽集团、福田重工、通用五菱、长安汽车、金龙客车等;部分产品远销美国、加拿大、欧洲、东南亚、非洲等国家和地区

★山东中坤石油科技股份有限公司
地址:山东省临朐县东城开发区夏西路1585 号
邮编:262600
电话:0536/3760001、3760002
传真:3710879
网址:www.zkpetro.com
电子信箱:zhongkunshiyou@163.com
法定代表人:林兆建
质量体系:IATF 16949
产品情况:(中坤牌)
防冻液、润滑油、润滑脂等
配套情况:与北汽福田、中通客车、一汽、重汽、潍柴动力、北京奔驰等汽车厂家达成合作意向

★山东华建铝业集团有限公司
地址:山东省临朐县东环路 5188 号
邮编:262600
电话:4000133888
网址:www.huajian-al.com
电子信箱:root@huajian-al.com
法定代表人:李本岗
质量体系:IATF 16949、ISO 9001
产品情况:铝型材年产能达 70 万吨
出口情况:远销亚洲、非洲、美洲、欧洲、大洋洲等 40 多个国家和地区

★山东龙德复合材料科技股份有限公司
地址:山东省临朐县华特路 5311 号
邮编:262600
电话:0536/3396782、3612026
传真:3612026
网址:www.longdekeji.cn
电子信箱:longde@longdekeji.cn
法定代表人:尹培农
质量体系:IATF 16949
产品情况:水溶性汽车滤纸、醇溶性汽车滤纸等

★山东横滨橡胶工业制品有限公司
地址:山东省临朐县辛寨镇驻地
邮编:262610
电话:0536/3440237、3343501
传真:3342597
网址:www.sdyokohama.net
电子信箱:2852135@sina.com
法定代表人:王永堂
质量体系:ISO 14001、OHSAS 18001
产品情况:橡胶输送带、胶黏剂及其他橡胶制品
出口情况:出口匈牙利、日本、韩国、澳大利亚等国家

★烟台春生滑动轴承有限公司
地址:山东省烟台市高新区经四路 27 号
邮编:264000
电话:0535/3942168、3942169
传真:3942179
网址:www.ytcszc.cn
电子信箱:chunshengslidingbearing@hotmail.com
法定代表人:孙素霞
质量体系:IATF 16949
产品情况:片瓦、翻边瓦及各类卷制衬套
配套及出口情况:为重汽、潍柴、杭发、大柴、锡柴、东风康明斯、重庆康明斯、道依茨、上柴、帕金斯等供货;远销美国、欧美、非洲、东南亚及中东等海外售后市场;为意大利 IVECO、伊朗 KIA 等国外主机厂配套的产品已成功通过台架实验,现已进入批量生产

★烟台铁姆肯有限公司
地址:山东省烟台市青年路 7 号
邮编:264000
电话:0535/6242411
传真:6242950
电子信箱:zang.zhen@timken.com
法定代表人:易波
质量体系:IATF 16949、ISO 14001
产品情况:各种轴承

★烟台石川密封科技股份有限公司
地址:山东省烟台市芝罘科技工业园冰轮路 5 号
邮编:264002
电话:0535/6856527、6856509
传真:6536245、6858928
网址:www.ytsc.cn
电子信箱:ytsc@ytsc.cn
法定代表人:曲志怀
单位人数:500
质量体系:IATF 16949、ISO 14001
产品情况:(樱花牌)
柴油机全金属汽缸垫等各种密封板材、密封垫片、隔热罩
配套及出口情况:主要客户有江淮汽车、潍柴、一汽、长城汽车、大众、上柴、天津雷沃动力、江铃汽车、广西玉柴、奇瑞汽车、哈东安、长安汽车、天津一汽夏利、广汽乘用车、比亚迪汽车、长安马自达、长安铃木、北汽福田、济南轻骑铃木、东风、一汽马自达、东风有限、新晨动力、潍柴道依茨、上汽通用五菱、朝柴、红旗、柳州五菱、福田康明斯、长安商用车、上汽荣威、东风裕隆等;出口日本、韩国、澳大利亚、东南亚、中东等国家和地区,并销往中国台湾地区

★烟台安国特紧固件有限公司
地址:山东省烟台市莱山区盛泉东路 2 号
邮编:264003
电话:0535/2107111
传真:2107980、2107979
网址:www.agrati.com
电子信箱:info@agrati.com
法定代表人:凯撒·阿尼巴莱·安哥拉提
质量体系:IATF 16949、ISO 14001
产品情况:汽车全车用紧固件

★烟台乐星汽车部件有限公司
地址:山东省烟台经济技术开发区中山街 8 号
邮编:264006
电话:0535/6955789、6955716
传真:6955726
电子信箱:yt_lexing@163.com
法定代表人:郭黎青
质量体系:IATF 16949、ISO 14001
产品情况:汽车制动软管总成、动力转向管路总成、涡轮增压管路总成等产品
配套情况:已成为韩国雷诺三星、现代起亚、通用大宇、美国 R&B、意大利 Imperial/Suzuki、英国 LDV、中国台湾 Rainbow/Yulon 等知名公司的一级供应商

★烟台西蒙西轴承有限公司
地址:山东省烟台市经济技术开发区长江路 181 号
邮编:264006
电话:0535/6374732、6371085
传真:6372887
网址:www.cmcbearing.com
电子信箱:ytcmc@cmcbearing.com
法定代表人:牟秀松

质量体系:ISO 14001、IATF 16949
产品情况:主要产品为单双列圆锥滚子轴承,双列角接触球轴承和第二、三、四代汽车轮毂单元,产品规格 800 余种,主要应用于轿车、货车、客车、拖车、工程机械等领域
配套及出口情况:客户包括雷诺、大众、奇瑞、东风、长安、标致、上海汽车、起亚、大陆、曙光汽车集团、依维柯、东风小康、一汽、金杯、长丰、福田、长城、长安商用等;产品 70% 以上用于美洲、欧洲以及亚洲汽车和工业 OEM 市场

★烟台路通精密科技股份有限公司
地址:山东省烟台市经济技术开发区南昌大街 8 号
邮编:264006
电话:0535/6399625
传真:6399620
网址:www. lutonggroup. com
电子信箱:info@ lutong - group. com
法定代表人:陈国诗
质量体系:IATF 16949、ISO 14001
产品情况:现具备年产 1.2 万吨精密铝合金铸件和相关铸造模具的设计、制造能力
配套情况:为湖柴等配套

★烟台福尔福密封垫板有限公司
地址:山东省烟台市经济开发区汽车工业园厦门大街 8 号
邮编:264006
电话:0535/6396128、6396138
传真:6396128
网址:www. fuerfu. com
电子信箱:frf@ fuerfu. com
法定代表人:崔玉春
单位人数:180
质量体系:IATF 16949
产品情况:(福尔福牌)
汽缸垫片,进气垫、排气垫、全车垫、隔热罩等系列产品

★烟台德邦科技有限公司
地址:山东省烟台市开发区开封路 3 - 3 号资源再生加工示范区
邮编:264006
电话:0535/3469927
网址:www. darbond. com
电子信箱:8978888888@ qq. com
法定代表人:解海华
质量体系:IATF 16949、ISO 9001
产品情况:(德邦牌)
厌氧密封剂、硅酮密封剂、氰基丙烯酸酯瞬干胶、工业修补剂、聚氨酯密封剂、紫外光/可见光固化胶黏剂、环氧胶黏剂等

★烟台恒邦化工有限公司
地址:山东省烟台市牟平区大窑镇莒城北
邮编:264117
电话:0535/4612528、4612517
传真:4656412
网址:www. ythengbang. com
电子信箱:ythbhg@ ythengbang. com
法定代表人:张吉学
质量体系:ISO 9001、IATF 16949
产品情况:工业润滑油、车用润滑油、润滑脂、汽车养护用品、车辆制动液等

★威海光威复合材料股份有限公司
地址:山东省威海市高区天津路 - 130 号
邮编:264200
电话:0631/5628100、5628771
网址:www. gwcfc. com
电子信箱:office@ gwcfc. com
法定代表人:陈亮
质量体系:ISO 9001、IATF 16949
产品情况:高性能碳纤维及复合材料,产品主要用于汽车零部件等领域

★山东鸿祥汽车内饰件股份有限公司
地址:山东省威海市张村工业园昌华路 66 号
邮编:264203
电话:0631/5753079
传真:5753077
网址:www. yrtg. com
法定代表人:杨立强
质量体系:IATF 16949
产品情况:各种高档汽车内装饰用顶棚布、地毯、衣帽架装饰布、行李舱装饰用布等;年生产能力 3000 万平方米
配套情况:为一汽-大众、上汽通用、福特、长安、沃尔沃、马自达、长城、比亚迪、奇瑞、江淮、长丰、东南、柳汽五菱等配套

★威海万丰镁业科技发展有限公司
地址:山东省威海市火炬高新技术产业开发区唐山路 8 号
邮编:264209
电话:0631/5625586、5666718
传真:5625526
网址:www. wfmg. cn
电子信箱:qinglan. wang@ wfjt. com
法定代表人:朱训明
质量体系:ISO 9001、IATF 16949
产品情况:(WFMG 牌)
轻合金材料、复合材料、机车轻轨、电子通讯等零部件
配套及出口情况:为哈雷、宝马、凯旋、杜卡迪、法拉利等国外知名主机厂供货,国内供货于中国中铁、中兴通讯等;远销美国、德国、英国、意大利等国家

★山东双连制动材料股份有限公司
地址:山东省乳山市经济开发区海城街 8 号
邮编:264500
电话:0631/6608099、6624667
传真:6633789
网址:www. brakechina. com
电子信箱:oem@ brakechina. com
法定代表人:姜涛
质量体系:ISO 14001、IATF 16949
产品情况:(双连牌)
各类盘式制动片、鼓式制动片
配套及出口情况:是美国通用、福特和克莱斯勒三大汽车公司配套的原配供应商;远销北美洲、欧洲、澳大利亚、中东、南美洲等 70 多个国家和地区

★烟台坤正密封制品有限公司
地址:山东省莱阳市柏林路 1 - 9 号
邮编:265200
电话:0535/7291757、7476757
传真:7291767
网址:www. kunzhengxs. com
电子信箱:kzyuzc@ sina. com
法定代表人:于志成
质量体系:IATF 16949
产品情况:生产汽车、摩托车减振器的骨架油封、发动机曲轴油封、气门阀杆油封、车桥和变速器油封,并能依据各种工程机械、油压设备的密封需求,设计生产相应的橡胶密封制品
配套情况:为东风汽车、奇瑞汽车、海马汽车、中华、长安汽车、东南汽车、东风雷诺配套

★山东克耐特油封有限公司
地址:山东省莱阳市经济技术开发区长江路北首 008 号
邮编:265200
电话:0535/7289688
网址:www. lyknt. com
电子信箱:lyknt88@ 126. com
法定代表人:张维蛟
质量体系:IATF 16949
产品情况:(克耐特牌)
生产各种汽车摩托车减振器往复油封、发动机曲轴油封、气门阀杆油封、车桥油封、变速器油封、气弹簧油封、空调压缩机油封、工程机械密封制品及橡胶杂件等产品

★烟台润蚨祥油封有限公司
地址:山东省莱阳市经济开发区龙门西路 587 号
邮编:265200
电话:0535/3361586、3361368
传真:3361369、3361351
网址:www. rfx. cn
电子信箱:rfxchina@ vip. 163. com
法定代表人:杜杰
质量体系:ISO 9001、IATF 16949
产品情况:(润蚨祥牌)
橡胶油封、PTFE 油封、聚氨酯高压油封等,年设计生产能力密封件 10000 万件、聚氨酯制品 1000 万件
配套及出口情况:为潍柴道依茨、大连道依茨、杭州采埃孚(ZF)、东风采埃孚(ZF)、上汽齿轮、一汽车桥、安凯车桥、方盛车桥、江淮汽车、金杯汽车、吉利汽车、奇瑞汽车、福田汽车、天津天德、河

南浙川、浙江正裕、浙江稳达 、宁江昭和、南方宁江、重庆中意、浙江中兴、江门豪爵、无锡拓普、江苏明星、斗山工程机械、襄阳加泰尔、纽尚轴承、浙江凯凌、江门兴江等厂家配套;远销美国、日本、德国、匈牙利、印度、韩国等国家

★山东莱阳市昌誉密封产品有限公司
地址:山东省莱阳市龙门西路 57 号
邮编:265200
电话:0535/3366261
传真:7335769
网址:www. lycy. com
电子信箱:sales@ lycy. com
法定代表人:杜福广
质量体系:ISO 9001 、IATF 16949
产品情况:(昌誉牌、CHY 牌)
各种类型的骨架油封及橡胶密封制品
配套及出口情况:是通用、福特、大众、马自达、舍弗勒、马勒、格特拉克及中国一汽、吉利、海马、比亚迪、奇瑞等知名公司的供应商;出口欧美、东南亚等多个国家和地区

★烟台市福山气缸垫有限公司
地址:山东省烟台市福山高新技术产业区松霞路 888 号
邮编:265500
电话:0535/6300803 、6300688
传真:6300688 、6300828
电子信箱:yantaishan@ yts - qgd. com
法定代表人:崔兆田
单位人数:160
质量体系:IATF 16949
产品情况:(烟台山牌)
汽缸垫片、隔热罩等
配套情况:为潍柴、潍坊道依茨、莱动、大柴、锡柴、玉柴等配套

★烟台海纳制动技术有限公司
地址:山东省烟台市福山区迎福路 27 号
邮编:265500
电话:4009966757
传真:0535/2130100
网址:www. hi - pad. com
电子信箱:an. jie@ hi - pad. com
法定代表人:邵春生
质量体系:ISO 14001 、IATF 16949
产品情况:汽车盘式制动片
配套情况:配套的车型包括上汽通用五菱宝骏 730/560/310/510, 五菱宏光尊享型,一汽森雅 R7,东风裕隆纳智捷 5 和 U6

★烟台亚通汽车零部件有限公司
地址:山东省莱州市开发区玉海街(近东苑路)
邮编:265503
电话:0535/6304012 、2715736
传真:2176239
网址:www. yatonggroup. com
电子信箱:yinhongying@ yatonggroup. com
法定代表人:焦召明
单位人数:1160
质量体系:IATF 16949
产品情况:汽车冲压件和焊接总成件
配套情况:是上汽通用、上海延锋江森座椅、中国重汽济南卡车、南京汽车集团(罗孚)等企业多种轿车、货车零部件 OEM 订单的主要供应商之一

★山东道恩高分子材料股份有限公司
地址:山东省龙口市振兴路北首道恩经济园工业园区
邮编:265700
电话:0535/8833988 、8831129
传真:8833788
网址:www. dawnprene. com
电子信箱:liu. y@ chinadawn. cn
法定代表人:于晓宁
单位人数:963
质量体系:ISO 14001 、IATF 16949
产品情况:高分子复合材料、高档 TPV
配套及出口情况:为一汽、东风、重汽、江铃等配套;出口欧美、东南亚、南非等地区

★山东南山铝业股份有限公司
地址:山东省龙口市南山工业园
邮编:265706
电话:0535/8666598 、8666607
传真:8666607
网址:www. nanshanalu. com
电子信箱:alu@ nanshan. com. cn
法定代表人:程仁策
质量体系:ISO 14001 、OHSAS 18001
产品情况:氧化铝、电解铝、铝型材、轻合金熔铸、热轧、冷轧、铝箔,用于汽车等行业

★龙口市通达油管有限公司
地址:山东省龙口市经济开发区
邮编:265716
电话:0535/8880186 、8880398
传真:8880186
电子信箱:zyfzszj@ vip. sina. com
法定代表人:赵玉凤
质量体系:IATF 16949
产品情况:各种柴油机、汽油机油管、水管、气管、聚四氟乙烯油管、汽车消声器、三元催化器及改装系列产品

★青岛鑫盈鑫包装材料有限公司
地址:山东省青岛市城阳区西城汇工业园
邮编:266000
电话:0532/80966296
传真:87744176 、87765997
网址:www. xyxvci. com
电子信箱:xinyingvci@ sina. com
法定代表人:李文强
质量体系:ISO 9001
产品情况:(鑫盾牌)
防锈材料
配套情况:为首钢集团、潍柴动力、美国康迈汽车、丰田汽车、东风日产等客户提供防锈包装材料

★山东力牌石油化学有限公司
地址:山东省青岛市崂山区海尔路 182-6 号财富大厦 7 楼
邮编:266000
电话:0532/88919702 、4006852717
传真:88919525
网址:www. ch - esc. com
电子信箱:xingweiwei@ ch - esc. com
法定代表人:王治远
质量体系:ISO 9001 、IATF 16949
产品情况:[力(ESC)牌]
汽车润滑油、工业润滑油、润滑脂、摩托车油、防冻液等 400 多个品种

★青岛昌誉密封有限公司
地址:山东省青岛市青大工业园荣海四路
邮编:266000
电话:0532/55677218
传真:55677233
网址:www. lycy. com
电子信箱:qdhr@ lycy. com
法定代表人:杜福广
质量体系:ISO 9001 、IATF 16949
产品情况:(昌誉牌、CHY 牌)
各种类型的骨架油封及橡胶密封制品
配套情况:是通用、福特、大众、马自达、舍弗勒、马勒、格特拉克及中国一汽、吉利、海马、比亚迪、奇瑞等知名公司的供应商

★中车青岛四方车辆研究所有限公司
地址:山东省青岛市四方区瑞昌路 231 号
邮编:266031
电话:0532/86083101
传真:84992961
网址:www. srsri. com
电子信箱:shichangbu@ srsri. com
法定代表人:孔军
单位人数:600
质量体系:ISO 9001 、IATF 16949
产品情况:空气弹簧、橡胶减振件等

★青岛泰德汽车轴承股份有限公司
地址:山东省青岛市李沧区兴华路 10 号
邮编:266041
电话:0532/84661787 、84661769
传真:84661787
网址:www. qdtaide. com
电子信箱:dushiqiang@ qdtaide. com
法定代表人:张新生
单位人数:453
质量体系:ISO 14001 、IATF 16949
产品情况:(泰德牌)
汽车空调压缩机电磁离合器轴承、汽车发动机张紧器轴承及单元和惰轮轴承及单元、汽车发动机智能风扇电磁离合器轴承、汽车硅油风扇轴承、汽车

水泵轴连轴承、汽车发动机辅助装置用精密轴承等，年生产能力超过 1200 万套
配套及出口情况：为上汽、一汽、东风、通用、南汽、长安、奇瑞、吉利等配套；出口美洲、欧洲、日本、东南亚，并销往中国台湾地区

★青岛北海密封技术有限公司
地址：山东省青岛市红岛经济区河套街道韶海路 63 号
邮编：266042
电话：0532/84895000、84883775
传真：84897940、84866549
电子信箱：beihai. qd@ vip. 163. com
法定代表人：陈学民
质量体系：IATF 16949
产品情况：发动机油封、散热器密封圈、O 形圈、橡胶垫片、橡胶管、减振件以及各种硫化机等
配套情况：为玉柴、一拖、中国重汽等企业配套

★固恩治（青岛）工程橡胶有限公司
地址：山东省青岛市黄岛区团结路 2877 号青岛中德生态园管委 271 房间
邮编：266042
电话：0532/84862669、84880982
传真：84863410
电子信箱：wang. 2. yan@ contitech. cn
法定代表人：段长安
单位人数：400
质量体系：IATF 16949、QS 9000
产品情况：（飞足牌）
车用 R134a 空调软管、异形软管、制动软管及总成等
配套情况：为神龙汽车、一汽集团、东风日产乘用车、长安福特、长安马自达、上汽通用五菱配套

★青岛冠军石油化学有限公司
地址：山东省青岛市崂山区株洲路 153 号高层次人才创业中心 A-502、503 室
邮编：266071
电话：0532/80866026、80866027
传真：80866029
网址：www. champlube. com
电子信箱：fangfei1212@ 163. com
法定代表人：万德
质量体系：ISO 9001、ISO 14001
产品情况：（CHAMP 牌）
润滑油和汽车养护品

★青岛信莱粉末冶金有限公司
地址：山东省青岛市高科园株洲路 139 号
邮编：266101
电话：0532/88605255、88605222
传真：88605261
网址：www. chinachain. com. cn
电子信箱：qdxlpm@ qdxlpm. com
法定代表人：薛建委
质量体系：ISO 14001、IATF 16949
产品情况：汽车、摩托车、电动气动工具、家用电器用粉末冶金零件

★青岛开世密封工业有限公司
地址：山东省青岛市崂山区枣山东路 121 号
邮编：266101
电话：0532/83753271、83713755
传真：83713756
网址：www. tks. cn
电子信箱：zhb@ tks. cn
法定代表人：王洪胜
单位人数：516
质量体系：IATF 16949、ISO 9001
产品情况：（TKS 牌）
油封、水封、O 形圈、气门导杆油封、混凝土泵活塞等橡塑制品

★青岛卡福莱汽车配件有限公司
地址：山东省青岛市城阳区玉皇岭工业园铁骑山路 377 号
邮编：266107
电话：0532/67731717、67731710
传真：67731719
网址：carflex. cn
电子信箱：info@ carflex. cn
法定代表人：张世阳
质量体系：IATF 16949
产品情况：汽车制动管总成，空调管总成，动力转向管总成，油冷管总成，硬管总成及管路接头

★立洲（青岛）五金弹簧有限公司
地址：山东省青岛市城阳区棘洪滩街道后海西社区青大工业园
邮编：266111
电话：0532/81107366、81107367
传真：81107369
网址：www. lizhou. com
电子信箱：mk12@ lizhou. com
法定代表人：李珊珊
质量体系：ISO 14001、IATF 16949
产品情况：专业从事各种精密弹簧及五金配件
配套情况：主要客户有三洋电机、松下电子、一汽丰田、荏原空调设备等

★青岛海力威新材料科技股份有限公司
地址：山东省青岛市城阳区河套街道上疃社区
邮编：266113
电话：0532/87922223、87922239
传真：87922123
网址：www. hilywill. com
电子信箱：commerce@ hilywill. com
法定代表人：张万明
单位人数：438
质量体系：ISO 9001、IATF 16949
产品情况：（环力牌、海力威牌）
橡胶密封制品、减振降噪橡胶制品及其他高分子材料类产品
配套及出口情况：为一汽集团、吉利汽车、北汽福田、一汽山汽改、玉柴、潍柴、扬柴、扬动、常柴、锡柴、全柴、莱动、曙光车桥等配套；远销美国、英国、中东、澳大利亚等国际市场

★青岛方冠摩擦材料有限公司
地址：山东省青岛市即墨区灵山工业园
邮编：266219
电话：0532/84531538
传真：84531089
网址：www. fulgoal. com. cn
电子信箱：hello5353@ 126. com
法定代表人：曲堂集
质量体系：ISO 14001、IATF 16949
产品情况：（方冠牌）
汽车制动片
配套情况：为一汽解放、福田戴姆勒汽车、东风柳汽、中国重汽、江淮汽车、鹏翔汽车、福田轻型货车系列等配套

★青岛三元德鑫塑胶科技有限公司
地址：山东省青岛市黄岛区王台镇崖逢村东北、黄张路北
邮编：266400
电话：0532/81731706、81731708
传真：81731700
电子信箱：sysj2005@ vip. 163. com
法定代表人：郑明学
质量体系：ISO 9001
产品情况：塑胶、橡胶制品及模具
配套情况：为圣度电子、美国 GE、烟台三立、海尔、海信等众多国内外知名企业配套

★青岛东方工业品（集团）有限公司
地址：山东省青岛市西海岸新区滨湖路 77 号
邮编：266423
电话：0532/82125998、82120388
传真：82125999
网址：www. xingyutyre. com
电子信箱：info@ xingyutyre. com
法定代表人：薛万孝
单位人数：2600
质量体系：ISO 9001、ISO 14001
产品情况：（星宇牌、东方牌、金沙滩牌）
工程车、叉车、沙滩车、高尔夫车、载重货车、轻型货车、农用车、摩托车、人力车等系列内外轮胎、胶轮、聚氨酯发泡轮和橡胶发泡轮以及手推车、货仓车、物流车等系列产品和各种规格的橡胶制品、塑料制品、金属制品及轴承
出口情况：出口 100 多个国家

★青岛三祥科技股份有限公司
地址：山东省胶南市王台镇临港产业区
邮编：266425
电话：0532/83113613、83113609
传真：83113911
网址：www. sun - song. cn
电子信箱：info@ sun - song. cn

法定代表人：魏增祥
单位人数：823
质量体系：ISO 14001、IATF 16949
产品情况：制动管及总成、动力转向管及总成、空调管及总成、油冷器管、燃油管、水管等
配套及出口情况：为多家汽车制造厂及摩托车制造厂配套；远销北美洲、欧洲、东南亚等多个国家和地区

★青岛睿智森油封有限公司
地址：山东省青岛市黄岛区东岳东路595号
邮编：266427
电话：0532/83187046、83181130
传真：83182293、83183298
网址：www. qd－jn. com
电子信箱：qdmrn@ 126. com
法定代表人：韩志刚
单位人数：380
质量体系：IATF 16949
产品情况：各类汽车、摩托车发动机油封、减振器油封、气门油封、防尘密封、波纹管、减振胶垫、组合垫圈及O形圈等
配套及出口情况：为中国航天、兵器所属企业及中国重汽等配套；远销欧美、日本、中东和东南亚地区

★青岛圣特泰密封有限公司
地址：山东省青岛市黄岛区富源工业园茂山路788号
邮编：266500
电话：0532/80987677
传真：80987608
网址：www. qdhuaguan. cn
电子信箱：huaguan999@ 126. com
法定代表人：薛敬新
单位人数：258
质量体系：IATF 16949
产品情况：骨架油封、O形密封圈、防尘套、减振套、密封杂件和橡胶制品等
配套及出口情况：为北汽福田、湖北三众车桥、陕西东风昌河车桥、一汽集团、东风汽车公司、重汽集团、潍柴动力、中国一拖、时风集团等配套；远销欧洲、非洲、东南亚等地区

★青岛征和工业股份有限公司
地址：山东省平度市香港路112号
邮编：266705
电话：0532/83301763、83351108
网址：www. chohogroup. com
电子信箱：export@ chohogroup. com
法定代表人：金玉谟
质量体系：ISO 9001、IATF 16949
产品情况：（CHOHO牌、征和牌）
摩托车链条、汽车链条、工业链条、农机链条和链轮等
配套情况：为本田、铃木、雅马哈、宝马、大长江、比亚乔、吉利、比亚迪、江铃福特、一汽、中国兵器集团等50多家企业提供产品和技术服务；农机链条为雷沃、金亿、克拉斯、爱科、迪尔等10多家知名厂家配套

★青岛欧美亚橡胶工业有限公司
地址：山东省青岛市平度崔家集镇中庄宏华工业园
邮编：266727
电话：13963912851
网址：www. worldeaa. com
电子信箱：lianghaining@ worldeaa. com
法定代表人：张国盛
单位人数：200
质量体系：ISO 9001、IATF 16949
产品情况：汽车橡胶空气弹簧等橡胶制品
出口情况：产品遍布美国、巴西、墨西哥、澳大利亚、南非、印度、马来西亚、缅甸等30多个国家

★山东新合源热传输科技有限公司
地址：山东省泰安市宁阳经济开发区
邮编：271000
电话：0538/6362799、6362988
传真：6366277
网址：www. the－tube. com. cn
电子信箱：sales@ the－tube. com. cn
法定代表人：朱明
质量体系：IATF 16949、ISO 9001
产品情况：薄壁精密高频焊管系列、汽车冷却系统冲压件等精密冲压产品
配套情况：与SBTS/DBTS/MAHLEB（贝洱系统）、QDTOYO（东洋）、KEIHIN京滨大洋等全球多家专业汽车零部件制造厂商保持长期稳定的合作关系，75%以上产品供主机配套和出口销售

★莱芜永驰橡塑有限责任公司
地址：山东省莱芜市莱城区高庄镇沙埠村东
邮编：271100
电话：0634/6040102、15020881134
传真：6040103
网址：www. laiwuyongchi. com
电子信箱：laiwuyongchi@ 163. com
法定代表人：李和生
质量体系：IATF 16949、QS 9000
产品情况：（永驰牌）
汽车V带、同步带、多楔带等，其中切边式汽车V带年生产能力500万条，多楔带年生产能力为300万条，汽车同步带年生产能力为72万条
配套情况：主要为中国重汽、潍柴动力、福田汽车、野马汽车、一拖集团、东风朝柴、一汽锡柴、福田康明斯、全柴动力、常柴动力、云内动力、雷沃动力、华源莱动、扬柴公司、一拖（姜堰）动力、豫新空调、江苏农华（江淮动力）、华丰动力、凯动动力、南京协众、宝成空调、济南奥汀卡、北方易初摩托、黄海客车等几十家发动机公司配套

★山东惠尔制革集团有限公司
地址：山东省泰安市宁阳县八仙桥经济技术开发区
邮编：271400
电话：0538/5637888、5679777
传真：5637699、5637888
电子信箱：huierzg@ 126. com
法定代表人：王建军
质量体系：IATF 16949
产品情况：人造革、注塑件以及塑膜
配套情况：为中国重汽集团、中国宇通集团、中国一汽集团、湖南亚太实业集团、金龙客车集团、福特公司、海马集团等配套

★山东星光实业有限公司
地址：山东省东平县工业园区
邮编：271500
电话：0538/2839577、13370613988
传真：2832277
网址：www. sd－starlights. com
电子信箱：sdxgsy@ 163. com
法定代表人：张尚生
质量体系：ISO 9001、ISO 14001
产品情况：塑料包装容器和工程塑料制品
配套情况：为东风商用车等大中型润滑油（脂）生产企业定点供货

★山东源根石油化工有限公司
地址：山东省济宁市国家高新技术产业开发区
邮编：272000
电话：0537/2613096
传真：2613096
网址：www. yuangensh. com
电子信箱：wangsp@ yuangensh. com
法定代表人：姚连志
质量体系：ISO 9001、IATF 16949
产品情况：（源根牌）
润滑油、润滑脂、防冻液、养护品等；具备年产各类润滑油、脂等产品35万吨的能力
配套情况：与中国石化、台塑石化、韩国SK、美国路博润公司达成了战略合作伙伴关系

★济宁精益轴承有限公司
地址：山东省济宁市开发区新元路
邮编：272000
电话：0537/2389325、2313834
传真：2313443、2164179
网址：www. jy－bearing. com
电子信箱：info@ jy－bearing. com
法定代表人：李兴强
质量体系：IATF 16949、ISO 14001
产品情况：（精益牌）
滚针轴承，滚子轴承、推力轴承、组合轴承及非标轴承、轴承座圈、汽车同步器齿环等，计1800余个规格品种，年产2500万套
配套情况：为一汽、东风、中国重汽、陕

西重汽、上汽红岩依维柯、北汽福田、陕西汉德车桥、东风柳汽、綦江齿轮传动、福田曙光车桥、山东重工集团、山推工程机械、杭州前进齿轮箱、广西柳工机械、三一重工、中联重科、株洲齿轮、山东时风、山东五征山拖多家汽车制造商和汽车变速器生产商及工程机械骨干企业配套

★济宁兴发弹簧有限公司

地址:山东省济宁市高新区第九工业园
邮编:272103
电话:0537/7972188、7972186
传真:7972186
网址:www. xfspring. com
电子信箱:manager@ xfspring. com
法定代表人:邵承玉
单位人数:2000
质量体系:ISO 9001、IATF 16949
产品情况:热卷弹簧和高档汽车弹簧

★山东裕隆金和精密机械有限公司

地址:山东省曲阜经济开发区创业大道16 号(发展大道东首)
邮编:273100
电话:0537/5052088
传真:5052098
网址:www. sdyljh. com
电子信箱:sdjhjmjx@ 126. com
法定代表人:燕国同
质量体系:IATF 16949
产品情况:新能源汽车电动机端盖、电动机壳、控制器壳、汽车自动变速器体、阀体及变矩器壳体、发动机缸体等铝合金关键零部件的压铸及精加工生产
配套及出口情况:为吉利汽车、盛瑞传动、北京汽车、吉盛国际动力、北汽动力、盛瑞传动、众泰旗下易辰孚特、北京精进电动科技、裕隆汽车、东风、众泰汽车、济宁帝盛、双林配套;远销澳大利亚

★山东华盛荣镁业科技有限公司

地址:山东省菏泽市高新开发区兰州路2166 号
邮编:274039
电话:0530/6339999
传真:6339666
网址:www. amgain. cn
电子信箱:info@ amgain. cn
法定代表人:刘雪生
质量体系:IATF 16949、ISO 9001
产品情况:镁合金锭、宽幅镁合金板带、大规格挤压型材、半固态压力铸造、镁合金军民用制品等高科技产品
配套及出口情况:为吉利汽车、北汽新能源、福田重汽、北汽越野车配套;远销美国、日本、韩国

★山东湖西王集团有限公司

地址:山东省单县湖西北路 1 号
邮编:274300
电话:0530/6108996、6108997
传真:6108995、6108986
网址:www. sdhxw. com
电子信箱:hxwzjb@ 163. com
法定代表人:朱启军
单位人数:1060
质量体系:IATF 16949
产品情况:(湖西王牌)
主要生产推力球轴承、汽车专用轴承及液压件三大系列
配套及出口情况:为国内外 60 余家大中型企业配套;出口美国、日本、韩国、欧洲等国家和地区

★山东尚舜化工有限公司

地址:山东省单县经济技术开发区
邮编:274300
电话:0530/4681927、4681717
传真:4681609
网址:www. sunsine. com
法定代表人:徐均
单位人数:2500
质量体系:ISO 14001、IATF 16949
产品情况:(尚舜牌)
橡胶促进剂、防老剂、硫化剂、防焦剂、预分散体(胶母粒)等五大类十几个品种
出口情况:出口欧洲、美洲、东南亚、非洲等 40 多个国家和地区

★临沂盖氏机械有限公司

地址:山东省临沂市工业园区大阳路与龙盛路交会处路西
邮编:276017
电话:0539/8418778
传真:8418738
网址:www. cngaishi. com
电子信箱:admin@ cngaishi. com
法定代表人:盖广柱
单位人数:600
质量体系:ISO 14001、IATF 16949
产品情况:年产盘式制动片 600 万套、钢背 9000 万片、鼓式制动片 200 万套、制动片模具 600 多套
出口情况:出口美国、加拿大、印度、韩国、哥伦比亚等国家和地区

★临沂开元轴承有限公司

地址:山东省沂南县西外环与樱花路交会处东 200 米
邮编:276300
电话:0539/3641049、3641035
传真:3223179
网址:www. ym - bearing. cn
电子信箱:sales@ ym - bearing. cn
法定代表人:张安喜
质量体系:IATF 16949
产品情况:(沂蒙牌)
圆锥滚子轴承、圆柱滚子轴承、深沟球轴承、推力轴承及非标准系列等轴承
配套及出口情况:为一汽、东风、陕汽、福田、金龙客车、时风等国内 100 多个主机厂家配套;出口东欧、中东、南非、丹麦、韩国、印度、乌克兰等国家和地区

★日照市正大三元橡胶有限公司

地址:山东省日照市岚山区中楼镇马亓河东村
邮编:276518
电话:0633/6432178、15863368911
传真:6432178
网址:www. zdsyxj. com
电子信箱:zdsy178@ 126. com
法定代表人:王彦省
单位人数:130
质量体系:ISO 9001
产品情况:专业生产多种橡胶密封制品
出口情况:部分产品已随机出口到东南亚及欧美市场

★山东驼风汽车科技股份有限公司

地址:山东省日照市东港区 204 国道东、山海三路南
邮编:276800
电话:0633/2273798
传真:2273799
网址:www. tofon. com. cn
电子信箱:sal@ tofon. com. cn
法定代表人:吴中增
单位人数:300
质量体系:ISO 14001、IATF 16949
产品情况:[驼风(TOFON)牌]
发动机进气系统连接软管、冷却液循环水管、燃油胶管、汽车空气滤清器总成、高位进气管系列、发动机悬置软垫总成、橡塑材料 TPE/TPV 等产品
配套情况:是国内上汽、重汽、一汽、北汽、福田汽车等多家汽车公司的一级配套供应商

★ 日照钢铁控股集团有限公司

地址:山东省日照市滨海路 600 号
邮编:276806
电话:0633/6188060
网址:www. rizhaosteel. com
电子信箱:rzgt@ rizhaosteel. com
法定代表人:杜双华
质量体系:IATF 16949、OHSAS 18001、ISO 9001、ISO 14001
产品情况:主营产品包括板材(热轧卷板、冷成型卷板、开平及纵切定尺板、酸洗板、镀锌板)、型钢、棒材、线材等,副产品包括水泥、钢渣微粉、水渣微粉等产品
出口情况:出口 70 多个国家和地区,出口钢材 426.7 万吨
☞ 详细情况请参阅彩色宣传版面

★日照三宝汽车配件有限公司

地址:山东省日照市经济技术开发区成都路和徐汇路交会处
邮编:276800
电话:0633/2931674、2931686

传真:2931676
网址:www.sambomotors.com
电子信箱:yinhz@sambomotors.com
法定代表人:蒋国焕
单位人数:140
质量体系:ISO 14001、IATF 16949
产品情况:发动机真空泵管、加热管、水管、机油滤网、机油尺、油轨;变速器冷却管总成、油管路、变速器摇臂、门把手、车钥匙、燃料油注管等
配套情况:主要客户有北京现代、东风悦达起亚等

★枣庄市天一实业有限公司
地址:山东省枣庄经济开发区西昌路10号
邮编:277000
电话:0632/3825888、13963202799
传真:3825886、3825878
网址:www.zztianyi.com
电子信箱:tysyco@vip.163.com
法定代表人:房敬东
质量体系:ISO 9001、IATF 16949
产品情况:各类高中液压橡胶软管、汽车空调和制动胶管等;年产各类液压橡胶软管1000万米
配套及出口情况:成为临工集团、徐工集团等大型集团公司的战略供应商;远销俄罗斯、土耳其、伊朗、迪拜、葡萄牙、韩国、巴西、南非等10多个国家和地区

河南省

★郑州优尼冲压有限公司
地址:郑州市经济技术开发区第21号大街10号
邮编:450016
电话:0371/55006888
传真:55001888
网址:www.unipres.com.cn
电子信箱:luo-hao@unipres.com.cn
法定代表人:小泉哲也
质量体系:ISO 9001、IATF 16949
产品情况:车身冲压件及模具
配套情况:主要为东风日产及郑州日产配套

★郑州白云实业有限公司
地址:河南省巩义市工业示范区永安路11号
邮编:451252
电话:0371/64108787、60195111
传真:64108887
网址:www.zzbaiyun.com
电子信箱:zzbaiyun@163.com
法定代表人:李双宪
质量体系:ISO 9001、IATF 16949
产品情况:(BY牌)
载重车、公交车、客车鼓式制动片
配套及出口情况:为东风汽车公司、一汽集团、陕汽、宇通、湖桥等配套;远销国外制动片生产企业

★长垣方元橡塑有限公司
地址:河南省长垣县樊相镇连铺经济技术开发区路东
邮编:453400
电话:13462225999、13849344322
网址:www.cyxfyxs.cn
法定代表人:郭新献
质量体系:IATF 16949
产品情况:生产车用、电子、通信等系列密封橡塑制品
配套及出口情况:主要客户有李尔、莱尼、莫仕、JST、德尔福、邦迪、天海、双飞等;直供整车厂的有长城汽车、陕西重汽、宇通客车、广汽集团、比亚迪等;出口日本、印度尼西亚、美国、德国、俄罗斯等国家

★河南省通联塑胶有限公司
地址:河南省长垣县人民路西段(汽车产业园)
邮编:453400
电话:0373/8950868、15237329666
网址:tonglian.xianshu.cn
电子信箱:hntl@188.com
法定代表人:杨凤娟
质量体系:IATF 16949
产品情况:橡胶件、密封塞、防水栓、密封件、橡胶制品、橡胶配件

★河南方亿密封科技有限公司
地址:河南省新乡市长垣县人民路西段汽车产业园141号
邮编:453400
电话:0373/8950618、13782561907
传真:8951764
网址:m.fy-top.com
电子信箱:ning.qin@fy-top.com
法定代表人:张丙奎
质量体系:ISO 14001、IATF 16949
产品情况:固态硅胶、液态硅胶产品以及塑料制品

★河南斯凯特汽车管路有限公司
地址:河南省原阳县工业园区原郑公路2号
邮编:453500
电话:0373/7522858、18937368852
传真:7522868
网址:www.hnskt.com
电子信箱:jia.shaoyong@hnskt.com
法定代表人:毛彦伟
单位人数:180
质量体系:ISO 14001、IATF 16949
产品情况:(SKT牌)
主要产品包括整车制动管路、供油硬管、燃油蒸汽排放硬管、离合器管路、加油通气管、尼龙燃油管、车用水管、空调管、动力转向管等汽车管路系统产品,年生产能力为100万台(套)
配套情况:主要客户为东风小康、比亚迪汽车、吉利汽车、海马汽车、郑州日产、奇瑞汽车、宇通客车、河北长安、小康动力、淮海动力、江麓荣大、吉利沃尔沃发动机等

★新乡辉簧弹簧有限公司
地址:河南省辉县市学院路北段路西
邮编:453600
电话:0373/5835554、13373764606
传真:6213187
网址:www.hxspring.com
电子信箱:wangshangbu@hxspring.com
法定代表人:元宇生
质量体系:ISO 9001、IATF 16949
产品情况:(五岳牌、辉簧牌)
汽车和摩托车电动机电器扁弹簧、平面涡卷簧、圆柱簧、卡簧和各类异形簧
配套情况:为德国博世(长沙)公司、日立(长沙)公司、北京佩特来、上海迪克斯、东风电气公司、神电公司、深圳泰祥(中国台湾)、航宇救生、无锡神力等配套

★新乡市美斯威精密机器有限公司
地址:河南省辉县徐村经济开发区
邮编:453621
电话:0373/5986900
传真:5986998
网址:www.xxsmsw.com
电子信箱:xxmsw@163.com
法定代表人:刘仁德
质量体系:IATF 16949、ISO 9001
产品情况:主要从事灰铸铁、球墨铸铁、合金铸铁的生产,主营产品有转向节、排气管、制动器、钳体、箱体、泵体、飞轮、支架等

★河南欧迪艾铸造有限公司
地址:河南省鹤壁市淇县铁西区工业路90号
邮编:456750
电话:0392/7275525
传真:7221719
网址:www.aoudi.cn
电子信箱:ryan_shi@aoudi.cn
法定代表人:石淇生
质量体系:IATF 16949、ISO 14001
产品情况:铸造件
配套及出口情况:为陕西汉德车桥、包头北奔重汽、东风德纳车桥、美国CNH、美国HOLLAND、意大利VOITH等供货;部分出口欧美市场,与国际汽车、农机、工程机械制造业知名的美国Navistar、美国AGCO、意大利BristAxle生产的产品配套

★濮阳市万泉化工有限公司
地址:河南省濮阳市黄河路西段
邮编:457000
电话:0393/4630398、4616858
传真:4634898、5388048
网址:www.chinawanquan.com
电子信箱:chinawanquan@163.com

法定代表人:任正义
质量体系:IATF 16949
产品情况:汽车用聚氨酯密封胶等化工产品
配套及出口情况:为中通客车、河南少林客车、广汽集团、重庆恒通客车、桂林大宇客车、广东福迪汽车等供货;出口多个国家和地区

★蔚林新材料科技股份有限公司
地址:河南省濮阳市化工产业集聚区
邮编:457163
电话:0393/5389904、8909096
网址:www. willingchem. com
电子信箱:willing@ willingchem. com
法定代表人:郭同新
质量体系:IATF 16949、ISO 9001
产品情况:(蔚林牌)
橡胶助剂、特种酚醛树脂及材料、有机化工中间体等,广泛应用于汽车工业等领域
配套情况:与国际前 20 大轮胎公司建设了稳定的合作关系

★河南倍佳润滑科技股份有限公司
地址:河南省漯河经济技术开发区燕山路 64 号
邮编:462500
电话:0395/3371969、4006603916
传真:3388886
网址:www. cndpowerup. com
电子信箱:china@ cpubj. com
法定代表人:赵淑玲
质量体系:ISO 9001
产品情况:(CPU 牌、倍佳牌)
多功能边界润滑保护剂、触变性多功能油脂,全合成系列工业高级润滑油

★洛阳巨创轴承科技有限公司
地址:河南省洛阳市高新区侯天路 1 号
邮编:471003
电话:0379/64325000、64336166
传真:64336133
网址:www. tto – bearing. com
电子信箱:ttojuchuang@ 163. com
法定代表人:寇广龙
质量体系:ISO 9001、IATF 16949
产品情况:(LYO 牌)
重型货车用各类轴承

★洛阳古城机械有限公司
地址:河南省洛阳市关林路 839 号
邮编:471023
电话:0379/65595999
传真:65599688
网址:www. lygcm. cn
电子信箱:lygcm@ lygcm. cn
法定代表人:王根成
单位人数:880
质量体系:IATF 16949、ISO 9001
产品情况:汽车制动系统(安全件)、发动机系统、传动系统及高铁、地铁用轨道减振器铸件等产品
配套情况:为一汽轿车、奇瑞汽车、吉利汽车、长城汽车、海马汽车等主机厂配套

★恩梯恩 LYC(洛阳)精密轴承有限公司
地址:河南省洛阳市洛龙区洛龙科技园张衡街 1 号
邮编:471023
电话:0379/64989602
网址:www. ntnlyc. com
电子信箱:lycntn_xsb@ 126. com
法定代表人:斋藤久夫
质量体系:IATF 16949、ISO 14001
产品情况:高品质的二、三代轿车轮毂轴承单元及变速器用滚针轴承

★洛阳轴研科技股份有限公司
地址:河南省洛阳市吉林路 1 号
邮编:471039
电话:0379/64881546、64367511
传真:64366221、64880153
网址:www. zys. com. cn
电子信箱:zhongdx@ zys. com. cn
法定代表人:朱峰
质量体系:ISO 9001
产品情况:精密及特种轴承、高速机床主轴、轴承专用装备和检测仪器、轴承试验机以及轴承特种材料,应用于汽车与轨道交通、工程机械等各个领域

★洛阳 LYC 轴承有限公司
地址:河南省洛阳市涧西区建设路 96 号
邮编:471039
电话:0379/64984087、4006379000
传真:64986287、64986732
网址:www. lyc. cn
电子信箱:lyc@ lyc. cn
法定代表人:王新莹
质量体系:ISO 9001、ISO 14001
产品情况:(LYC 牌)
汽车轴承
出口情况:在美国、印度、越南等国家设有子公司或办事处,产品出口美国、德国、意大利、澳大利亚、韩国、印度、越南等 70 多个国家和地区

★河南英威东风机械制造有限公司
地址:河南省南阳市高新区北环路 68 号
邮编:473000
电话:0377/63593792
传真:66651530
电子信箱:nydjbgs2018@ 163. com
法定代表人:宋长明
质量体系:IATF 16949
产品情况:年产汽车轴头 160 万件、液化石油气钢瓶 60 万只、灭火器材 10 万具、负离子发生器 1 万台
配套情况:为一汽集团、东风汽车公司、重汽集团、陕汽集团、柳汽、江淮集团、柳工、郑工、厦工等配套

★豫西工业集团有限公司
地址:河南省南阳市两相西路 569 号
邮编:473000
电话:0377/61168026、61168000
传真:61168222
网址:yxgyjt. norincogroup. com. cn
电子信箱:zgbqyxjt@ 163. com
法定代表人:陈建华
质量体系:ISO/TS 16949、GJB 9001B
产品情况:专用车、车用锻件

★南阳天一密封股份有限公司
地址:河南省内乡县产业集聚区长信路与德祥路交会处东南角(中段)
邮编:474350
电话:0377/83813889
网址:www. tymifeng. com
电子信箱:nytianmi@ 21cn. com
法定代表人:杨明祖
质量体系:ISO 14001、IATF 16949
产品情况:(天密牌)
各类密封板材及密封件
配套情况:为一汽集团、东风汽车公司、陕西法士特、上汽大众、上汽集团、中国一拖、东风康明斯、重庆康明斯、西安康明斯、天津珀金斯、中国核工业 407 厂、中国核工业 408 厂、南车集团、中国重汽、长安公司、柳微、南汽集团、北汽福田、菲亚特、比亚迪、燕山石化、神华集团、大庆油田、泽普油田、中原油田、胜利油田、日本龙野、正星加油机、亚新科廊坊美联制动公司、南阳防爆电气、淅川减振器、西峡水泵等 80 多家企业配套

★开封铁塔橡胶(集团)有限公司
地址:河南省开封市市辖区周天路 109 号
邮编:475000
电话:0371/23978315
传真:23961155
网址:www. tieta. cn
电子信箱:tietaxiangjiao@ 163. com
法定代表人:魏建国
单位人数:1000
质量体系:ISO 9001、ISO 14001
产品情况:(铁塔牌)
各种橡胶输送带、V 带、高压钢编管、夹布管、缠绕管、排、吸引胶管及其他橡胶制品
配套情况:为上汽集团、扬柴、珀金斯(天津)、合肥全柴、中国一拖等配套

★开封广佳汽车饰件有限公司
地址:河南自贸试验区开封片区郑开大道 296 号自贸大厦 A 座 204 室住所集中地
邮编:475000
电话:18530035217
传真:23321000
网址:www. hirosawa. com. cn
电子信箱:company@ hirosawa. com. cn
法定代表人:张家祥
质量体系:ISO 9001、IATF 16949
产品情况:汽车内饰件用主要塑料配件

★河南淮海精诚工业科技有限公司
地址:河南省夏邑县产业集聚区工业路西段南侧
邮编:476400
电话:0370/6582577、6581557
传真:6582057
电子信箱:ht6158@163.com
法定代表人:韩西武
质量体系:IATF 16949、ISO 9001
产品情况:具有年产铸件10万吨的生产加工能力
配套及出口情况:与一汽-大众、上汽大众、奇瑞等汽车厂家建立了业务合作关系;远销美国、加拿大、西欧、东南亚等国家和地区

湖北省

★武汉双虎涂料有限公司
地址:武汉市江南美装饰市场A区1号
邮编:430014
电话:027/82924329
传真:82924329
网址:www.whttc.net
法定代表人:蒋红升
质量体系:ISO 9001、IATF 16949
产品情况:汽车涂料、建筑涂料、木器涂料、工业涂料、防腐涂料、特种涂料

★武汉荒井密封件制造有限公司
地址:武汉市江汉区江发路15号
邮编:430023
电话:027/83560225、83560396
传真:83560476
电子信箱:wuhanars@vip.sina.com
法定代表人:渡边正则
质量体系:IATF 16949、ISO 14001
产品情况:油封、O形圈、密封圈、阀门杆密封圈、簧片式气阀及其他橡胶产品
出口情况:返销日本

★东风嘉实多油品有限公司
地址:武汉市汉阳区芳草二路江城大道口沌口总部基地华中电子商务产业园C1、C2栋
邮编:430056
电话:027/84289626、4008885916
传真:84289614
网址:www.dfmcastrol.com
电子信箱:wanght@dfmcastrol.com
法定代表人:卢锋
质量体系:ISO 9001、IATF 16949
产品情况:(劲达牌、佳驰牌、凌浚牌、全护牌)
　　发动机系统保护液等车用化工产品、车用润滑油、环保石油产品
配套情况:车用润滑油为东风汽车股份、郑州日产、安徽江淮、东风康明斯、东风朝柴、东风轻型发动机供货;发动机冷却液为东风商用车、东风汽车股份;东风越野车、神龙汽车、东风乘用车、广州汽车集团乘用车、东风小康汽车等供货

★武汉邦迪管路系统有限公司
地址:武汉市经济技术开发区15号工业地
邮编:430056
电话:027/59403820
传真:84896803、84212325
网址:www.tiautomotive.com
电子信箱:cchen@tifs.com
法定代表人:鲍建生
质量体系:ISO 14001、IATF 16949
产品情况:流体输送管路系统
配套情况:为神龙公司,东风日产、海南马自达、本田、通用、海南汽车厂、长丰猎豹、东风尼桑、柳州通用五菱等配套

★武汉旷达汽车饰件有限公司
地址:武汉市经济技术开发区3号工业区
邮编:430056
电话:027/84237039
传真:84893266
网址:www.kuangdacn.com
电子信箱:whhr@kuangdacn.com
法定代表人:沈介良
单位人数:2500
质量体系:ISO 9001、IATF 16949
产品情况:汽车座椅内饰面料、皮革制品的复合加工及座套、坐垫生产
配套情况:主要服务客户有东风汽车、神龙汽车、东风本田等

★辉门摩擦产品有限公司
地址:武汉市经济技术开发区创业三路
邮编:430056
电话:027/84892176
网址:www.federalmogul.com
电子信箱:millie.xiong@federalmogul.com
法定代表人:王志杰
质量体系:ISO 14001、IATF 16949
产品情况:(Ferodo牌)
　　汽车无石棉摩擦材料及制动蹄
配套情况:为上汽大众、一汽集团、一汽-大众、神龙汽车、天津一汽夏利、江铃汽车、上汽通用、广汽本田等配套

★哈金森(武汉)汽车橡胶制品有限公司
地址:武汉市经济技术开发区沌阳大道5号工业区
邮编:430056
电话:027/59805888
传真:84891975
电子信箱:hwarp@hutchinson-wuhan.cn
法定代表人:Eric ANTOLIN
质量体系:IATF 16949、ISO 14001
产品情况:车门密封条、玻璃导槽、刮水器、车身密封条、固定玻璃密封条、传动带、流体传输、多楔型传动带、各类高低压胶管
配套情况:为神龙汽车、三江雷诺、东风汽车公司、法雷奥空调配套

★武汉华森塑胶有限公司
地址:武汉市经济技术开发区全力四路105号
邮编:430056
电话:027/84891117、84897842
传真:84892953
电子信箱:hspl@huasenplastic.com
法定代表人:唐小林
质量体系:IATF 16949、ISO 14001
产品情况:泡沫塑料(EPP、EPS、PE、EVA、IXPE、PP、PVC、PU、PUR、EPDM、CR等),车门防水密封膜(板),吸音、隔音隔热衬垫,橡胶制品,注塑制品,吸塑制品,吹塑制品,阻尼材料,胶黏带、胶带制品,塑胶异型材,PVC密封胶、抗石击涂料

★湖北派克密封件有限公司
地址:武汉市沌口经济技术开发区后官湖大道537号
邮编:430064
电话:13995587158
网址:www.parkerhb.com
电子信箱:969767136@qq.com
法定代表人:王斌
单位人数:208
质量体系:ISO 9001
产品情况:(派克牌)
　　高分子橡胶密封件
配套情况:为上汽大众、天津一汽夏利、华晨金杯、北京奔驰、南京依维柯、柳州五菱、东风汽车公司、一汽集团等配套

★湖北博新材料保护有限公司
地址:武汉市洪山区青菱湖北路银湖白沙洲中小企业城23A栋12层
邮编:430065
电话:027/88142201、88323235
传真:88142176
网址:www.hbboxin.com.cn
电子信箱:hbbxsale@163.com
法定代表人:张辉涛
质量体系:IATF 16949、ISO 14001
产品情况:涂装前处理剂、硅烷陶化处理剂、无磷清洗剂及漆雾凝聚剂等产品

★武汉百乐仕汽车精密配件有限公司
地址:武汉市汉南区纱帽街汉南大道1148号
邮编:430090
电话:027/84737830
传真:84737833
网址:www.piolax-info.com
法定代表人:岛津幸彦
质量体系:ISO 9001、IATF 16949
产品情况:汽车用树脂和总成零件

★森织汽车内饰(武汉)有限公司
地址:武汉市蔡甸区博奇路1号
邮编:430100
电话:027/69844778
传真:69841778

网址:www. sageai. cn
电子信箱:marketing@ wuhanboqi. com
法定代表人:李玉波
质量体系:ISO 14001、IATF 16949
产品情况:(博奇牌)
内装饰面料、座椅面料
配套情况:为比亚迪汽车、神龙汽车、奇瑞汽车等配套

★武汉市必达机电实业有限公司
地址:武汉市东湖高新技术开发区庙山小区江夏大道35号
邮编:430223
电话:027/81800954
传真:81800954
电子信箱:wxl@ whbida. com
法定代表人:毕伟
质量体系:IATF 16949、ISO 14001
产品情况:焊接总成件、汽车铰链和汽车门等汽车金属结构件
配套情况:为神龙汽车、佛吉亚(武汉)汽车座椅、标致雪铁龙、海斯坦普金属成功(武汉)公司、东风乘用车、武汉万兴、上汽大众、东风(武汉)汽车零部件、郑州日产、艾联(上海)汽车零部件配套

★武汉帕克橡塑制品有限公司
地址:武汉市阳逻经济开发区晶港路2号
邮编:430415
电话:027/89651005
传真:89651102
网址:www. whpark. com
电子信箱:whpk. leibin@ 263. net
法定代表人:雷斌
质量体系:IATF 16949
产品情况:汽车用橡胶塑料制品的生产和加工
配套情况:是法雷奥、李尔等指定供应商

★湖北福星科技股份有限公司
地址:湖北省汉川市沉湖镇福星街一号
邮编:431608
电话:0712/8740098、8740068
传真:8740089
网址:www. chinafxkj. com
电子信箱:fxjtbgs808@ 126. com
法定代表人:谭少群
单位人数:6000
质量体系:ISO/TS 16949、ISO 9001
产品情况:(福星牌)
钢帘线、轮胎钢丝、钢丝绳、PC钢绞线等
出口情况:出口80多个国家和地区

★湖北京山轻工机械股份有限公司
地址:湖北省京山县京山经济技术开发区新阳大道京山轻机工业园
邮编:431800
电话:0724/7210773、7363158
传真:7363106
网址:www. js - foundry. com
电子信箱:foundry@ jspackmach. com
法定代表人:李健
单位人数:2858
质量体系:ISO 9001、ISO 14001
产品情况:产品涵盖卡钳体、卡钳支架、盘类、轮毂类、箱壳类、轴类等六大系列
配套情况:是东风汽车股份、神龙汽车、东风汽车有限公司各零部件子公司、东风风神汽车、东风康明斯发动机的供应商

★湖北茂鑫特种胶带有限公司
地址:湖北省广水市经济开发区107国道3号
邮编:432721
电话:0722/6429058、6429605
传真:6429255
电子信箱:gsmaoxin@ 163. com
法定代表人:徐丽萍
质量体系:ISO/TS 16949、QS 9000
产品情况:(茂鑫牌)
各种同步带、切边V带、多楔带
配套及出口情况:主要客户有一汽马自达、海马汽车(郑州)、东风朝阳朝柴动力、神龙汽车、恒天动力、广东科达机电、华晨汽车重庆鑫源动力、东风小康汽车渝安动力、北汽银翔汽车等;出口美国、澳大利亚、俄罗斯、马来西亚、泰国和伊朗

★瑞阳汽车零部件(仙桃)有限公司
地址:湖北省仙桃市工业园瑞阳大道一号
邮编:433010
电话:0728/3251676、3251623
传真:3251627、3269001
电子信箱:shaohua. liu@ braxe. com
法定代表人:张泽伟
质量体系:IATF 16949
产品情况:(FRICTION ONE牌、摩擦1号牌)
汽车盘式和鼓式制动片、钢背、减振片、五金件等,年产盘式制动片1200万套、鼓式制动片300万套

★荆大(荆州)汽车配件有限公司
地址:湖北省荆州市高新技术开发区东方大道127号
邮编:434000
电话:0716/8257126、8257085
传真:8258648
网址:www. hbjingda. com
电子信箱:jingda@ hbjingda. com
法定代表人:王建国
质量体系:ISO 14001、IATF 16949
产品情况:钢管表面镀锌管、镀锌+涂PVF(聚氟乙烯)管、镀锌+涂尼龙(PA12)管、热涂锌铝合金+涂富铝环氧树脂(ALGAL)管
配套及出口情况:产品覆盖中国90%以上汽车制造厂家,包括上汽大众、上汽通用五菱、一汽-大众、重庆长安、长安福特、长安马自达、长城汽车、长丰、江淮汽车、比亚迪汽车、奇瑞汽车、吉利汽车、海南马自达、东南汽车、五菱、夏利、众泰、金龙、江西五十铃等;远销美国、加拿大、墨西哥、巴西、英国、德国、西班牙、印度等国家和地区

★湖北金马汽车管路系统有限公司
地址:湖北省荆州市荆州开发区王家港路
邮编:434000
电话:0716/8319752
传真:8319752
网址:www. hbjmgl. com
电子信箱:jinmagongsi@ vip. 163. com
法定代表人:孟庆春
质量体系:IATF 16949、ISO 14001
产品情况:各类汽车底盘制动系统管路、转向系统管路、离合泵系统管路、燃油管路、发动机中冷器进出气管、水管、压差管和碳氢喷射管等,具有年产各类汽车管路总成1000万件、中冷不锈钢管50万件的生产能力
配套情况:为东风乘用车,东风商用车、东风轻型车、东风越野车、东风柳汽乘用车、东风柳汽商用车、易捷特新能源汽车、江铃重汽、上海克康、恒隆集团、玉柴、上柴、潍柴等国内30多家汽车厂家配套

★湖北鑫宝马弹簧有限公司
地址:湖北省江陵县江陵大道
邮编:434100
电话:0716/4738566、4727531
传真:4733509
网址:www. baoma - spring. com
电子信箱:hbbm@ vip. sina. com
法定代表人:马宝禄
质量体系:ISO 14001、IATF 16949
产品情况:汽车离合器弹簧、发动机气阀弹簧和悬架弹簧
配套情况:直接供神龙汽车、东风商用车、东风乘用车、一汽-大众、上汽大众、长安福特等主机厂装配

★湖北钱潮精密件有限公司
地址:湖北省石首市金平工业园万向园区
邮编:434400
电话:0716/7817677
电子信箱:158709570@ qq. com
法定代表人:顾福祥
单位人数:400
质量体系:IATF 16949、QS 9000
产品情况:钢球、滚柱、滚针、滚子、冷拔轴承钢和圆钢,汽车空调电磁离合器

★黄石赛福摩擦材料有限公司
地址:湖北省黄石市花园路45号
邮编:435000
电话:0714/6334214、6337646
传真:6335854
电子信箱:saife@ saife. com
法定代表人:王三全

质量体系：IATF 16949
产品情况：（黄摩牌）
各类汽车、摩托车、工程机械等用摩擦材料
配套情况：主要为国内企业原装配套

★湖北新冶钢有限公司
地址：湖北省黄石市黄石大道 316 号
邮编：435001
电话：0714/6297888
传真：6297792
网址：xyg. citicsteel. com
法定代表人：俞亚鹏
质量体系：ISO 9001、IATF 16949
产品情况：轴承钢、汽车用钢、能源用钢、先进制造业用钢、国防装备用钢等

★利富高（湖北）精密树脂制品有限公司
地址：湖北省葛店经济开发区创业大道宝业工业园
邮编：436070
电话：0711/3700122
传真：3700123
网址：www. nifco. co. jp
电子信箱：hr1@ nhb – nifco. com
法定代表人：山本利行
质量体系：IATF 16949
产品情况：汽车、摩托车零配件，滤清器，专用高强度紧固件

★湖北大帆汽车零部件有限公司
地址：湖北省麻城市黄金桥开发区
邮编：438300
电话：0713/2995218
传真：2995218
网址：hubeidafan. com
电子信箱：hubeidafan@ 163. com
法定代表人：宁立峥
质量体系：IATF 16949
产品情况：（大凡牌）
汽车离合器膜片弹簧、拖拉机碟形弹簧和各种工程机械内外齿轮，年生产能力 400 万片
配套及出口情况：为一汽、东风、重汽、陕汽等厂家配套；出口欧美多个国家和地区

★东普雷（襄阳）汽车部件有限公司
地址：湖北省襄阳市高新产业开发区东风汽车大道 82 号
邮编：441000
电话：0710/3330711
网址：www. topre. com. cn
电子信箱：zhangaojia@ topre. com. cn
法定代表人：山城活博
单位人数：220
质量体系：ISO 14001、IATF 16949
产品情况：主要从事汽车冲压零部件，汽车车身外板覆盖件模具及汽车夹具检具
配套情况：主要供应日产、本田等汽车厂商

★襄阳汽车轴承股份有限公司
地址：湖北省襄阳市高新区邓城大道 97 号
邮编：441000
电话：0710/3577888、3577999
传真：3564551、3564101
网址：www. zxy. com. cn
电子信箱：marketing@ zxy. com. cn
法定代表人：高少兵
单位人数：4500
质量体系：ISO 9001、IATF 16949
产品情况：（ZXY 牌）
重型、中型、轻型、微型、轿车等各种车型配套轴承，年生产能力 7000 万套
配套及出口情况：具备整车配套东风、解放、斯太尔、北方奔驰、江淮汽车、北汽福田、跃进、五十铃、宇通客车、比亚迪、广汽日野、东风柳汽等系列用轴承产品的能力；远销欧美和东南亚等地区

★湖北回天新材料股份有限公司
地址：湖北省襄阳市国家高新技术开发区航天路 7 号
邮编：441000
电话：0710/3626888
传真：3820881
网址：www. huitian. net. cn
法定代表人：章锋
质量体系：ISO 9001、IATF 16949
产品情况：（回天牌、赛福特牌）
汽车及摩托车胶黏剂、合成制动液、防锈松动剂、清洗剂等
配套情况：为一汽集团、东风汽车公司、神龙汽车、广西玉柴、天津一汽夏利、南方摩托等配套

★新兴重工湖北三六一一机械有限公司
地址：湖北省襄阳市人民西路 168 号
邮编：441002
电话：0710/3117315
传真：3110290
网址：www. 3611. com. cn
电子信箱：3611czhb@ 163. com
法定代表人：邵京城
质量体系：ISO 9001、IATF 16949
产品情况：轻合金汽车零部件、油料器材装备、应急救援特种装备等
配套及出口情况：为神龙汽车、东汽商用车、玉柴、东风康明斯发动机等配套；同美国沃尔德公司、美国摩丁公司以及英国康森曲克泵业有限公司建立长期合作关系

★湖北航鹏化学动力科技有限责任公司
地址：湖北省襄阳市清河路 58 号
邮编：441003
电话：0710/3219104、3219103
传真：3820378
网址：www. caschp. com
电子信箱：htscyxb@ 163. com
法定代表人：夏强
单位人数：302
质量体系：ISO 9001、IATF 16949
产品情况：（航鹏牌）
主要从事汽车安全气囊气体发生器（含气体发生剂）、氧气发生器、非标自动化装备三大类产品的研发、生产
配套情况：为一汽集团、东风汽车公司、三菱、康明斯等配套

★湖北新火炬科技有限公司
地址：湖北省襄阳市高新技术产业开发区汽车工业园新光路七号
邮编：441004
电话：0710/2305856、3332288
传真：2305856、3332725
网址：ntp. shuanglin. com
电子信箱：sales@ shuanglin. com
法定代表人：吴少伟
单位人数：1723
质量体系：IATF 16949、ISO 14001
产品情况：（NTP 牌）
主要研发生产汽车轮毂轴承、乘用车轮毂轴承单元
配套及出口情况：主要客户包括上汽大众、神龙、东风日产、广汽菲克、上汽通用五菱、长安福特等国内合资汽车；东风乘用车、广汽乘用车、北汽乘用车、一汽轿车、长城汽车、长安汽车、奇瑞汽车、华晨汽车、吉利汽车、比亚迪汽车等国内自主品牌乘用车；在美国底特律设有新火炬北美办事处，在德国杜塞尔多夫设有新火炬欧洲办事处

★湖北天鹅涂料股份有限公司
地址：湖北省襄阳市襄城经济开发区
邮编：441004
电话：0710/2393172
网址：www. hbstcl. cn
法定代表人：李凯丰
质量体系：ISO 9001、IATF 16949
产品情况：（天鹅牌）
主要产品有汽车漆、工业防腐漆、工业水性漆、黏胶剂等产品

★湖北新华光信息材料有限公司
地址：湖北省襄阳市长虹北路 67 号
邮编：441057
电话：0710/3349999
传真：3341939
网址：www. hbnhg. com
电子信箱：sales@ hbnhg. com
法定代表人：刘向东
质量体系：ISO 14001、ISO 9001
产品情况：年产无色光学玻璃材料 5000 吨，光学元件 1.5 亿件，红外光学玻璃 5 吨；广泛应用于视频监控、车载等消费电子、工业应用、红外成像等领域
出口情况：出口 20 多个国家和地区

★襄阳鹰牌荣华轴承有限公司
地址：湖北省襄阳市高新区新风路 6 号
邮编：441104
电话：0710/3381855、4000710833

传真:3381833
网址:www.ypbearing.com
电子信箱:ypbearing@163.com
法定代表人:殷肇晴
质量体系:IATF 16949
产品情况:(鹰牌)
公制轴承、英制轴承、镀膜轴承、货车轮毂单元及非标轴承,年产各种 P6 级以上轴承 800 万套
配套及出口情况:直接为东风德纳车桥、合肥车桥、北汽福田、宇通客车、金龙客车、中联重科车桥公司(湖南车桥厂)、湖北车桥、湖北远安永安车桥、湖北三环车桥、西安汉德车桥等多家知名企业配套;远销欧美、中东、东南亚等地区

★襄阳矗鑫机械有限公司
地址:湖北省襄阳市襄州区张湾镇洪头社区
邮编:441104
电话:0710/2388722、13807277218
传真:2388722
网址:www.chuxjx668.com
电子信箱:784558742@qq.com
法定代表人:徐建鹏
质量体系:ISO 9001、ISO 14001
产品情况:汽车轮毂铸造、汽车排气系统和制动油管总成制造、防冻防锈液制造
配套情况:为东风汽车股份、载重车公司各铸造厂、康明斯发动机厂配套

★枣阳四海道普化工有限公司
地址:湖北省枣阳市前进路北段西环四路
邮编:441200
电话:0710/6197851、13507274651
传真:6197855
网址:www.shdphg.com
电子信箱:sihaidaopu@163.com
法定代表人:刘锐
质量体系:IATF 16949、ISO 14001
产品情况:专业生产水溶性阳离子电沉积涂料(又称阴极电泳漆),主要适用于汽车、轿车等盐雾要求较高的工件
配套情况:主要客户包括望江摩托、大运三轮等

★枣阳兴亚摩擦材料有限公司
地址:湖北省枣阳市车站路 39 号
邮编:441202
电话:0710/6314652、6320578
传真:6314652
网址:www.xingyafm.com
电子信箱:mail@xingyafm.com
法定代表人:檀毅
质量体系:IATF 16949、QS 9000
产品情况:(兴亚牌、英利达牌)
中、重、轻、客、微型汽车用制动器衬片及轿车前盘、后鼓制动蹄总成、制动片、摩擦材料、盘蹄总成
出口情况:出口欧洲、美洲、非洲、中东、东南亚

★随州市万瑞汽车配件有限公司
地址:湖北省随州市高新技术产业园文帝大道 28 号
邮编:441300
电话:0722/3819628、3819728
传真:3819928
网址:www.hbwrqp.com
电子信箱:info@hbwrqp.com
法定代表人:朱国荣
单位人数:120
质量体系:ISO 14001、IATF 16949
产品情况:(WR 牌)
汽车塑料件产品研制改进、塑胶模具开发、塑料注射成型等
出口情况:服务的客户有博格华纳(Borgwarner)、京西重工(BWI)、东风富士汤姆森(DFT)、帝倜阿尔(DTR)、EKS、杰诺瑞(GNR)、吉尔希(GRC)、李尔(LEAR)、礼恩派(L&C)、马勒贝洱(Mahle)、Optimas、奥林巴斯(Olympus)、TR fastenings

★十堰风神汽车橡塑制品有限公司
地址:湖北省十堰市汉江中路 26 号
邮编:442011
电话:0719/8618296、8618516
传真:8652859
网址:www.syxj.net
电子信箱:syxjc@163.com
法定代表人:丁艳峰
质量体系:IATF 16949、ISO 14001
产品情况:(风神牌)
主要生产减振悬置类、胶管类、密封制品类和沥青阻尼片材等 3000 多个品种橡胶配件,年产能力 10000 万件
配套情况:橡胶件为东风汽车、东风有限商用车、东风日产配套

★十堰东森汽车密封件有限公司
地址:湖北省十堰市东风大道 18 号
邮编:442012
电话:0719/8455077、8236979
传真:8780471、8792546
电子信箱:lixp@dsmfj.com
法定代表人:薛志国
质量体系:IATF 16949、ISO 14001
产品情况:(东密牌)
油封、减振垫、橡胶压模制品,年产值 6500 万元
配套及出口情况:为东风汽车公司、神龙汽车、奇瑞汽车、长安汽车、长城汽车等配套;远销美国、德国、法国等国家

★丰田合成正奥橡塑密封科技有限公司
地址:湖北省十堰市茅箭区东风大道 9 号
邮编:442012
电话:0719/8784214、8784440
传真:8784440
网址:www.hbzhengao.com
电子信箱:rock@hbzhengao.com
法定代表人:福井博规
质量体系:IATF 16949、ISO 14001
产品情况:汽车橡塑密封条
配套情况:主要为神龙汽车、东风乘用车、江淮汽车、比亚迪汽车、力帆汽车、东风商用车等主机厂配套

★东风汽车有限公司通用铸锻厂
地址:湖北省十堰市车城西路 115 号
邮编:442020
电话:0719/8238109
传真:8260205、8260861
网址:www.dfl.com.cn
电子信箱:wangshuzhen@dfl.com.cn
法定代表人:袁三红
质量体系:IATF 16949、ISO 9001
产品情况:汽车冷冲模铸件、阀门铸件、DISA 线铸件、铝合金汽车零件及铜合金、锌合金铸件、中小型冲压汽车零件、锻模模块及其他自由锻件等

★东风(十堰)气缸垫有限公司
地址:湖北省十堰市红卫镜潭路 48 号
邮编:442021
电话:0719/8260168、8225569
传真:8260168、8521188
电子信箱:dfat@dfat.com.cn
法定代表人:季旭东
质量体系:IATF 16949、ISO 14001
产品情况:(盖特牌)
汽缸垫等密封垫片
配套及出口情况:为东风汽车公司发动机厂、东风康明斯发动机、东风德纳车桥、一汽锡柴、上汽通用五菱等配套;气缸垫系列产品已出口美国、印度和东南亚等国家和地区

★东风(十堰)汽车冲压件有限公司
地址:湖北省十堰市寺沟巷 2 号
邮编:442025
电话:0719/8227038、8238886
传真:8225085
电子信箱:guiheng@dfcpcs.com
法定代表人:谈政
质量体系:IATF 16949
产品情况:汽车冲压件、皮带张紧轮、操纵机构总成等
配套情况:客户有东风有限商用车、东风汽车股份、东风随州专汽、东风襄阳专汽

★十堰市隆泰源工贸有限公司
地址:湖北省十堰市武当路 68 号
邮编:442047
电话:0719/8236948、8209141
传真:8236948
网址:www.hbsylty.com
电子信箱:lty@hbsylty.com
法定代表人:陈龙湘
单位人数:300
质量体系:IATF 16949
产品情况:汽车驾驶室外饰件油漆涂

装,汽车注塑零部件
配套情况:为东风日产的天籁、L42L 系列轿车、神龙公司的世嘉轿车、东风乘用车自主品牌 S30、东风本田的注塑件生产配套供货

★东风汽车紧固件有限公司
地址:湖北省十堰市张湾区大岭路 40 号
邮编:442061
电话:0719/8217744、8223566
传真:8217714
法定代表人:叶征吾
质量体系:IATF 16949、QS 9000
产品情况:各类车用螺栓、螺母、螺柱、螺钉、铆钉、垫圈、挡圈、销轴、管接件、螺塞、滑脂嘴、通气塞及各类拉、压、卡、扭弹簧和专用件、异形件等

★东风汽车零部件集团东风粉末冶金公司
地址:湖北省丹江口市三官大道 26 号
邮编:442708
电话:0719/5520824
传真:5520824
网址:www. dfmpm. com. cn
电子信箱:fmyj - liyf@ dfl. com. cn
法定代表人:裴学宏
单位人数:200
质量体系:IATF 16949、ISO 14001
产品情况:年生产粉末冶金 3000 吨,配气机构总成部件 370 万件左右

★中南橡胶集团有限责任公司
地址:湖北省宜昌市中南路 55 号
邮编:443003
电话:0717/6370006、6370118
传真:6370388
网址:www. znrubber. cn
电子信箱:znrubberzgb@ 126. com
法定代表人:杨杰
单位人数:1200
质量体系:ISO 9001、ISO 14001
产品情况:(中字牌)
橡胶输送带、汽车配件、橡胶杂件等三大类 500 多种橡胶产品
配套及出口情况:为东风汽车公司、神龙汽车配套;出口欧洲、非洲、东南亚、中东等地区

湖南省

★长沙太平洋半谷汽车部件有限公司
地址:长沙市经济技术开发区泉塘街道东十一路 68 号
邮编:410100
电话:0731/82758459
传真:82758460
网址:www. pacific - ind. co. jp
电子信箱:chenyang@ cph. pacific - ind. com
法定代表人:石塚隆行
质量体系:ISO 14001、IATF 16949
产品情况:汽车冲压产品

★湖南湘江关西涂料有限公司
地址:长沙市经济开发区漓湘西路 16 号
邮编:410100
电话:0731/86246500
网址:www. hnksac. com
法定代表人:许愔
单位人数:1100
质量体系:IATF 16949、ISO 14001
产品情况:是全面供应阴极电泳底漆材料、溶剂型中面漆涂料、水性型中面漆材料、清漆、低温漆等一系列中高端汽车专用涂料的汽车原厂漆(OEM)供应商
配套情况:产品及服务覆盖了日系、欧美和国内自主品牌的 100 多家客户,近 200 条生产线,包括大众、本田、日产、福特、一汽、东风、长安等国内各大知名主机厂

★晟通科技集团有限公司
地址:长沙市望城经济技术开发区腾飞路二段 109 号晟通长沙产业园
邮编:410200
电话:4000562828
网址:www. chinasnto. com
电子信箱:snto@ chinasnto. com
法定代表人:薛新明
质量体系:IATF 16949、ISO 9001
产品情况:高级铝箔、轻量化货车、新型铝模板、高端铝型材、精密铸轧等

★湖南湘江涂料集团有限公司
地址:长沙市望城区马桥河路二段 279 号
邮编:410200
电话:4001881950
传真:0731/81877168
网址:www. xjpaint. com
电子信箱:scyx@ xjpaint. com
法定代表人:许愔
质量体系:ISO 9001、ISO 14001
产品情况:(湘江牌)
大客车涂料、树脂等

★湖南博云汽车制动材料有限公司
地址:长沙市高新开发区麓松路 500 号
邮编:410205
电话:0731/88122751、88122792
传真:88115258
网址:www. boyunbrake. com
电子信箱:bykf@ boyunbrake. com
法定代表人:廖翊
质量体系:IATF 16949
产品情况:制动片,年产 1800 多万套
配套情况:为一汽集团、东风汽车公司、长安汽车、上汽通用五菱、广汽三菱、昌河汽车、重汽集团等配套

★湖南博云新材料股份有限公司
地址:长沙市岳麓区高新技术产业开发区麓松路 500 号
邮编:410295
电话:0731/88122999、88122832
传真:88122777
网址:www. hnboyun. com. cn
电子信箱:hnboyun@ hnboyun. com. cn
法定代表人:李勇
单位人数:500
质量体系:ISO 9001
产品情况:汽车制动片

★磐吉奥(湖南)铸造工业有限公司
地址:长沙市宁乡经济技术开发区
邮编:410600
电话:0731/88391860
网址:www. pangeo. com
电子信箱:office@ pangeo. com
法定代表人:HAIRU PAN
质量体系:IATF 16949
产品情况:铝合金压铸及加工等

★株洲湘火炬火花塞公司汽车密封分公司
地址:湖南省株洲市湘火炬渌口工业园
邮编:412100
电话:0731/27622816、27622806
传真:27622800
网址:www. torchmf. com
电子信箱:neilljw@ 163. com
法定代表人:陈光云
质量体系:ISO 9001、IATF 16949
产品情况:(火炬牌、湘火炬牌)
汽车水泵水封等密封件
配套情况:为一汽、东风、陕汽、上汽依维柯红岩、重汽集团等国内主要汽车生产厂配套

★益阳西流气缸垫有限公司
地址:湖南省益阳市高新区梅岭工业园梅林路 272 号
邮编:413000
电话:0737/4223416
传真:4222416
网址:www. yyqgd. com
电子信箱:xl@ yyqgd. com
法定代表人:舒黄河
质量体系:IATF 16949
产品情况:(西流牌)
目前复合型汽缸垫生产能力达到年产 400 万片,全金属汽缸垫生产能力达到年产 100 万片
配套情况:与东风康明斯、玉柴、全柴、柳机、五菱、绵阳新晨、奇瑞等多家主机厂建立了良好的配套及合作关系

★湖南橡塑密封件厂有限公司
地址:湖南省益阳市南县武圣宫镇建材路
邮编:413212
电话:0737/5811408、4000737581
传真:5812107
网址:www. hnbps. com
电子信箱:1102284567@ qq. com
法定代表人:昌盛昌
质量体系:IATF 16949、ISO 9001
产品情况:油封、O 形密封圈、V 带、杂件等系列产品

★湖南常德嘉达摩擦材料有限公司
地址:湖南省常德市临江路 35 号
邮编:415000
电话:0736/7289184、7281750
传真:7172098
电子信箱:jiada@ cnjiada. cn
法定代表人:龚玉春
质量体系:IATF 16949
产品情况:(得俏牌)
各种轿车、载重汽车无石棉盘式、鼓式制动片的专业公司,现有年产 200 多万套无石棉盘式制动片和 5000 吨鼓式制动片生产能力
配套情况:为奇瑞汽车、一汽集团、上汽通用五菱、美国 TRW-LVLB、吉利汽车、武汉万向、浙江亚太、万安集团、廊坊瑞达、广州中博、比亚迪汽车等配套

★华菱安赛乐米塔尔汽车板有限公司
地址:湖南省娄底市娄底经济开发区吉星北路 88 号
邮编:417000
电话:0738/8992299
传真:8992299
网址:www. vamachina. com
电子信箱:admin@ vamachina. com
法定代表人:成沛祥
质量体系:IATF 16949、ISO 9001
产品情况:用于汽车行业的冷轧钢板、镀锌钢板产品和其他特殊钢制品
配套情况:为大众、通用、福特、PSA、戴姆勒 - 奔驰、宝马、丰田、本田、雷诺、菲亚特和日产配套

★湖南文昌新材科技股份有限公司
地址:湖南省娄底市万宝新区富厚街一号
邮编:417000
电话:0738/8321999
传真:8751066
网址:www. hwtcgroup. cn
电子信箱:marketing@ hwtc. cc
法定代表人:李献清
单位人数:150
质量体系:IATF 16949、ISO 14001
产品情况:产品主要包括铝合金材料和铝合金零部件两大系列,其中零件系列包括汽车空调压缩机用斜盘、双向和单向活塞、动盘、静盘、转子和轨道车辆用铝基复合材料制动盘等

★湖南华菱涟源钢铁有限公司
地址:湖南省娄底市黄泥塘
邮编:417009
电话:0738/8664303、8665406
传真:8661434
网址:www. lysteel. com
法定代表人:肖尊湖
质量体系:IATF 16949、ISO 9001
产品情况:冷轧汽车用钢、热轧汽车用钢等产品

★湖南中航紧固系统有限公司
地址:湖南省衡阳市松木经济开发区上倪路 19 号
邮编:421000
电话:0734/8200999
传真:8200999
网址:www. shbc. com. cn
电子信箱:fengzh@ shbc. com. cn
法定代表人:李林宏
质量体系:IATF 16949、ISO 9001
产品情况:汽车、摩托车等行业的高强度螺栓、精密螺钉、螺母、垫片及其他精密异形产品

广东省

★广州市广易实业有限公司
地址:广州市芳村大道中 443 号
邮编:510360
电话:020/81891948、81898528
传真:81893451
网址:www. granye. com
电子信箱:granye@ granye. com
法定代表人:王衍琦
质量体系:ISO 9001
产品情况:(大力牌、广易牌、玉羊牌)
汽车、摩托车制动蹄块总成
配套及出口情况:为广州五羊 - 本田摩托车(广州)、江门大长江摩托车、番禺华南摩托车、广州摩托车集团等配套;出口菲律宾、马来西亚、越南、中东、南美洲等国家和地区

★广州市世达密封实业有限公司
地址:广州市白云区机场路 2721 号
邮编:510425
电话:020/86082311、86111999
传真:86083390
网址:www. gz - star. com
电子信箱:gzstar@ gz - star. com
法定代表人:杨文平
单位人数:900
质量体系:IATF 16949、ISO 9001
产品情况:橡塑密封件、车用橡胶零部件
配套及出口情况:为日本鬼怒川橡胶工业株式会社、本田(中国)汽车、本田制锁(广东)、广州三叶电机、美国福特、欧洲威伯科、卡特彼勒、广汽本田、东风本田、柳州工程机械、广州昭和减振器、南京依维柯、惠州东风易进工业、惠州大金空调、中国香港保捷集团、TTI 公司等供货;出口日本、美国、欧洲等国家和地区,并销往中国台湾、中国香港地区

★广东铄金科技有限公司
地址:广州市天河区广园东路 2193 号时代新世界中心北塔 201 - 203
邮编:510500
电话:020/87225356、87225330
传真:87225247
网址:www. gotobearing. com
电子信箱:goto9@ sjbearing. com
法定代表人:吴旭毅
单位人数:300
质量体系:IATF 16949、ISO 9001
产品情况:(GOTO 牌)
汽车轮毂轴承、分离轴承、张紧轮轴承等
出口情况:远销北美洲、中东、东南亚等地区

★广州信粤新材料科技有限公司
地址:广州市白云区太和大源北路 88 号宝汇大厦 5 楼
邮编:510507
电话:020/62213889
传真:62213898
网址:www. sscigz. com
电子信箱:gt@ sscigz. com
法定代表人:王长杰
质量体系:ISO 9001
产品情况:免垫密封胶、汽车家居护理品、汽车养护产品等
出口情况:远销欧洲、美洲、东南亚、中东、澳大利亚、非洲等国家和地区

★广州旷达汽车饰件有限公司
地址:广州市番禺区化龙镇金山大道东 668 号
邮编:510510
电话:020/84751966
传真:82266360
网址:www. kuangdacn. com
电子信箱:zhangguang@ gaccalt. cn
法定代表人:龚旭东
质量体系:ISO/TS 16949、ISO 14001
产品情况:汽车座椅面料、门护杠面料、顶棚面料;主要是为广汽本田、东风日产、长安福特、长安铃木、海马汽车等主机厂供货
配套情况:为广汽本田、东风日产、长安福特、长安铃木、海马汽车等主机厂配套

★广州立邦涂料有限公司
地址:广州市经济技术开发区风华二路 1 号
邮编:510530
电话:020/22301552
传真:22301553
网址:www. nipponpaint. com. cn
电子信箱:situlisheng@ nipponpaint. com. cn
法定代表人:钟中林
质量体系:IATF 16949、ISO 9001
产品情况:(立邦牌)
汽车涂料、修补涂料
配套情况:为广汽本田、天津丰田、吉利等配套

★克恩里伯斯广州精密金属零件有限公司
地址:广州市萝岗区云埔工业区观达路

7号C幢1楼
邮编:510530
电话:020/82210915、82212995
传真:82210105
网址:www.kern-liebers.com.cn
电子信箱:kl-guangzhou@kern-liebers.com.cn
法定代表人:UDO SCHNELL
单位人数:450
质量体系:IATF 16949
产品情况:扭力弹簧、重力弹簧、恒力弹簧以及起动弹簧

★金发科技股份有限公司
地址:广州市萝岗区科学城科丰路33号
邮编:510663
电话:020/66818888
传真:66848888
网址:www.kingfa.com.cn
电子信箱:sales@kingfa.com.cn
法定代表人:袁志敏
质量体系:IATF 16949、ISO 9001
产品情况:(KINGFA牌)
主要产品包括改性塑料、完全生物降解塑料、高性能碳纤维及复合材料、特种工程塑料、轻烃及氢能源、环保高性能再生塑料等
配套及出口情况:为大众、通用、福特、天津一汽丰田、三菱、标致、雪铁龙、华晨、奇瑞汽车等配套;远销130多个国家和地区

★广州彩虹五金弹簧有限公司
地址:广州市黄埔夏园工业中区第6-7栋
邮编:510730
电话:020/62801168
传真:62801198
网址:www.rainbow-spring.com.cn
电子信箱:sales@rainbow-spring.com.cn
法定代表人:陆柳媚
单位人数:800
质量体系:ISO 9001、IATF 16949
产品情况:各种拉、压、卡、扭等弹簧,线成型、精密冲压件,拉杠、组装件及紧固件
出口情况:出口亚洲、北美洲、欧洲、中东、澳大利亚等20多个国家和地区

★广州奥图弹簧有限公司
地址:广州市经济技术开发区东区沧联小迳东路
邮编:510760
电话:020/82269332、38298993
传真:38298996
网址:www.autospring.cn
电子信箱:sales2@autospring.cn
法定代表人:阮国源
单位人数:560
质量体系:IATF 16949、ISO 9001
产品情况:汽车弹簧和金属精密冲压产品

★广州三樱制管有限公司
地址:广州市经济技术开发区云埔工业区埔南路沧联工业园D3地块厂房A
邮编:510760
电话:020/62952189、31602765
传真:82250082
电子信箱:zongwu@gzsanoh.com
法定代表人:NAGAI KUNIKAZU(永井邦和)
质量体系:IATF 16949、QS 9000
产品情况:汽车燃油管总成、ABS制动油管、动力转向器回油管、排水管、发动机用ATF管等零部件
配套情况:为广汽本田、东风日产汽车、广汽三菱、本田中国配套

★广州埃姆哈特紧固系统有限公司
地址:广州市花都区花东镇金港北四路9号J15栋首、二层
邮编:510800
电话:020/29156000
传真:36902528
网址:www.emhart.com
法定代表人:Fernando Kevin Vince
质量体系:IATF 16949、ISO 14001
产品情况:紧固系统产品及配套解决方案
配套情况:为通用汽车、广汽本田等配套

★广州优尼冲压有限公司
地址:广州市花都区花港大道77号
邮编:510800
电话:020/36867888
传真:36867966
网址:www.unipres.com.cn
电子信箱:huang.li@unipres.com
法定代表人:熊智斌
质量体系:IATF 16949、ISO 9001
产品情况:(UNIPRES牌)
主营汽车冲压部品及模具制造
配套及出口情况:主要客户有东风日产、东风雷诺及加特可;出口北美洲、南美洲、西欧、东亚

★广州西川密封件有限公司
地址:广州市花都区汽车城东风大道10号
邮编:510800
电话:020/86733255
传真:86733256
网址:www.nishikawa-rbr.co.jp
电子信箱:caiwu@g-nishikawa.com.cn
法定代表人:小川秀树
质量体系:ISO 9001、IATF 16949
产品情况:汽车类橡胶密封件产品
配套情况:为广汽本田、日产、马自达、福特等配套

★广州三池汽车配件有限公司
地址:广州市花都区汽车城东风大道东
邮编:510800
电话:020/86733758、86733720
传真:86733737
电子信箱:jiafengjiao@gz-mitsuike.com
法定代表人:小林亨仁
质量体系:IATF 16949、ISO 14001
产品情况:汽车车身冲压件
配套情况:为东风日产乘用车配套

★广州东昇机械有限公司
地址:广州市花都区新华街花岗大道69号
邮编:510800
电话:020/36867110、36867128
传真:36867125
电子信箱:dzhj@sunrise-gz.com.cn
法定代表人:朱辰
质量体系:IATF 16949、ISO 14001
产品情况:轿车冲压件和焊接件总成
配套情况:为东风日产乘用车配套

★广州回天新材料有限公司
地址:广州市花都区新华街岐北路6号
邮编:510800
电话:020/36867996
传真:36867996
网址:www.huitian.net.cn
电子信箱:hanxiang0401@163.com
法定代表人:章锋
质量体系:IATF 16949、ISO 9001
产品情况:动力电池用有机硅胶胶黏剂

★广州维金汽车零部件有限公司
地址:广州市从化明珠工业园大道北吉祥二路11号
邮编:510900
电话:020/87866788
传真:87866561
网址:www.vkairspring.com
电子信箱:info@vkairspring.com
法定代表人:彭建蓉
单位人数:150
质量体系:IATF 16949、ISO 9001
产品情况:客车空气弹簧、重型货车空气弹簧、轻型车辆空气弹簧、驾驶室空气弹簧等,年生产量可达70万支
配套及出口情况:为陕汽、大运、东风柳汽、福田等配套;远销美国、欧洲、中东、非洲、东南亚等地区

★广州帕卡汽车零部件有限公司
地址:广州市从化区鳌头镇星业路26号
邮编:510900
电话:020/87910088
传真:87912349
网址:www.gpap.cn
电子信箱:hxl@gpap.cn
法定代表人:徐晓
质量体系:IATF 16949、OHSAS 18001
产品情况:主要生产汽车隔音、隔热类产品
配套情况:为广汽本田、东风本田、本田中国、广汽乘用车等厂家配套

★广州市聚赛龙工程塑料股份有限公司
地址:广州市从化区鳌头镇龙潭聚宝工业区(村)
邮编:510940
电话:020/87886338、13808816256
传真:87886446
网址:www.gzselon.com
电子信箱:xuanchuanbu@gzselon.com
法定代表人:郝源增
质量体系:IATF 16949、ISO 9001
产品情况:通用料、工程塑料、特种工程塑料、功能高分子材料和功能母粒产品,产品主要应用于汽车和新能源材料等领域
配套情况:主要客户包括日产、长安、丰田、本田、东风、比亚迪、美的、苏泊尔、格兰仕、飞利浦、松下、九阳、三菱重工、康佳、海信科龙、海尔、富士康、美芝等知名品牌

★广州刚辉橡塑五金制品有限公司
地址:广州市从化区太平镇经济开发区福从路17号
邮编:510990
电话:020/37922222
传真:37922223
网址:www.kwongfai.com
电子信箱:kelvin@kwongfai.com.cn
法定代表人:许永贤
质量体系:IATF 16949、ISO 9001
产品情况:橡胶塑胶制品

★广州市埃弗克汽车配件有限公司
地址:广州市从化区太平镇屈洞工业园19号
邮编:510990
电话:020/372921119
网址:www.gzifk.com
电子信箱:ifk@gzifk.com
法定代表人:刘本初
质量体系:ISO 9001
产品情况:(IFK牌)
汽车制动片
配套及出口情况:为标致、雷诺、奔驰、福特、宝马、别克、本田、丰田、日产、起亚、现代等配套;远销欧洲、中东、南美洲、东南亚、北非

★广州市泰力高复合材料有限公司
地址:广州市经济技术开发区永和经济区田园东路3号
邮编:511300
电话:020/82246642
传真:82246642
网址:www.gzcc-technic.com
电子信箱:xsjl@gzcc-technic.com
法定代表人:麦华星
质量体系:IATF 16949、ISO 9001
产品情况:吸音隔热材料,应用于汽车等领域

★广州华德汽车弹簧有限公司
地址:广州市增城区永宁街创业大道158号
邮编:511339
电话:020/32981918
传真:32981918-8069
网址:www.huadespring.com
电子信箱:manager@huadespring.com
法定代表人:龚翰清
单位人数:954
质量体系:IATF 16949、ISO 9001
产品情况:汽车悬架弹簧、气门弹簧、汽车横向稳定杆、汽车座椅骨架总成、扭杆-铰链总成、支撑杆及卡拉扭异型弹簧等汽车弹簧部件
配套情况:为广汽本田、广汽丰田、上汽通用、长安汽车、一汽海马等配套

★广州市三泰汽车内饰材料有限公司
地址:广州市增城区经济技术开发区新祥路8号
邮编:511340
电话:020/82780055
传真:82780060
网址:www.ttt.com.cn
电子信箱:santai@ttt.com.cn
法定代表人:欧阳业东
质量体系:IATF 16949、ISO 9001
产品情况:(3T牌、三泰牌)
整车内饰吸音、减振、隔热基材【包括汽车环保PP超细吸音棉、阻燃毛毡、针刺热压棉、PET棉、成型地毯、PU发泡前围、PU再生发泡、EPDM发泡衬垫(密封条)、不织布衬垫、VOC双面胶带、空调压缩机衬垫等】
配套情况:主要为广汽本田、东风日产、广汽丰田、广汽乘用车、广汽菲克、广汽三菱、长丰汽车、神龙、比亚迪、长城、五菱、北汽等国内外著名汽车厂配套

★广州金邦有色合金有限公司
地址:广州市增城区新塘镇宁西工业园
邮编:511350
电话:020/81374873
传真:82968137
网址:www.gise.cn
法定代表人:谭锦棠
质量体系:ISO/TS 16949、ISO 9001
产品情况:(前进牌)
精密件、注塑件

★广东粤海华金科技股份有限公司
地址:广州市黄埔区广州开发区永和经济区禾丰路67号
邮编:511356
电话:020/66820909、62324608
传真:32225809
网址:www.hua-jin.com.cn
电子信箱:hj@hua-jin.com.cn
法定代表人:陈国基
质量体系:ISO 9001、ISO 14001
产品情况:主要生产高强韧耐磨铜合金系列(KK)、高强韧耐磨挤压铸造锌合金(ZMJ-JY)、高性能铁基粉末冶金结构件和电子封装制品等,产品主要供应于汽车等行业

★广州内山工业有限公司
地址:广州市经济技术开发区永丰路10号
邮编:511356
电话:020/82986777
传真:82986620
网址:umc-net.co.jp
电子信箱:a-takamatsu@umc-net.co.jp
法定代表人:KENZO UCHIYAMA
单位人数:959
质量体系:ISO 14001
产品情况:汽车密封件、轴承密封件

★广州普利司通化工制品有限公司
地址:广州市经济技术开发区永和经济开发区黄旗山路18号
邮编:511356
电话:020/32223085
传真:32223081
网址:www.bridgestone.com.cn
法定代表人:张平秀
质量体系:IATF 16949、ISO 14001
产品情况:汽车及摩托车等用各类聚氨酯泡沫制品,生产规模为45万台(套)/年
配套及出口情况:为广汽丰田、广汽本田、本田(中国)、东风日产配套;部分产品远销美国

★广州市骏怡汇汽车科技有限公司
地址:广州市永和开发区永盛路十号永兴轻工业园
邮编:511356
电话:4008555257
传真:020/26232853
网址:www.jyh-yod.com
电子信箱:admin@standard-yod.com
法定代表人:李超雄
质量体系:IATF 16949
产品情况:汽车隔音材料
配套情况:一级配套于广汽乘用车、广汽丰田、海马汽车、比亚迪汽车;二级配套于广汽本田、广汽菲克、广汽三菱、吉奥汽车、东风日产

★增城市初出日实业有限公司
地址:广州市增城区永宁街宁西下元村下元路2号
邮编:511358
电话:020/82962411
传真:82964063
网址:www.morningsun.com.hk
电子信箱:zcsun@morningsun.com.hk
法定代表人:邹益华
质量体系:IATF 16949
产品情况:(初出日牌)
铝合金压铸及数控加工服务、汽车燃气系统及其零部件
配套情况:客户主要有一汽海马、东风

柳汽及其他汽车厂等

★申雅密封件(广州)有限公司
地址:广州市番禺区化龙镇龙秀路1号
邮编:511434
电话:020/34750042、39118080
传真:34750043、34750044
电子信箱:shmilyzhezhen@163.com
法定代表人:Ramsey Changoo
质量体系:IATF 16949、ISO 14001
产品情况:(申雅牌)
轿车车门框密封条、车窗导槽、前后盖密封条等
配套情况:为上汽大众、广汽本田、上汽通用、一汽海马等配套

★广州JFE钢板有限公司
地址:广州市南沙开发区万顷沙工业园十六涌
邮编:511458
电话:020/84953388、84953330
传真:84953399
网址:www.gjss.com.cn
电子信箱:tangsy@gjss.com.cn
法定代表人:祖母井纪史
质量体系:IATF 16949、ISO 9001
产品情况:热镀锌汽车用钢板,年产能力40万吨
配套情况:主要供应国内日系、欧美系、广汽自主品牌等众多汽车生产厂家

★清远市实创涂料科技有限公司
地址:广州市清远市源潭镇峡山工业园
邮编:511533
电话:0763/3299988
传真:3299388
网址:www.cnscc.cn
电子信箱:scc@cnscc.cn
法定代表人:王俊鸿
质量体系:IATF 16949、ISO 9001
产品情况:(思卡夫牌、优尼克牌、丸田牌、金丸田牌、吉尼思牌等)
汽车漆
配套情况:为知名汽车制造厂配套

★广东泰强化工实业有限公司
地址:广东省清远市高新技术产业开发区泰基工业城10号
邮编:511542
电话:0763/6861338
传真:6861333
网址:www.taiqiang.com
电子信箱:769705534@qq.com
法定代表人:胡赞军
质量体系:ISO 9001、ISO 14001
产品情况:汽车真皮专用胶、汽车顶棚专用胶、汽车座椅专用胶、汽车专用手喷胶、环保水性喷胶、纳米净味喷胶、环保热熔胶等环保胶黏剂
出口情况:并远销北美洲、东南亚、中东、欧洲、大洋洲等地区

★韶关东南轴承有限公司
地址:广东省韶关市西联镇莞韶产业园
邮编:512029
电话:0751/8109765、8109390
传真:8109948、8109441
网址:www.ib-bearing.com
电子信箱:admin@ib-bearing.com
法定代表人:吴银来
单位人数:580
质量体系:IATF 16949
产品情况:(IB牌)
主要产品有第一、二、三代双列球汽车轮毂轴承,第一、二、三代双列滚子汽车轮毂轴承,汽车空调机压缩机电磁离合器轴承,汽车用张紧轮轴承,汽车离合器轴承等;具备800万套各类汽车轴承年生产能力
配套及出口情况:多个产品与国内外多家汽车主机厂配套;70%以上出口德国、美国、巴西等多个国家和地区

★惠州市杜科新材料有限公司
地址:广东省惠州大亚湾石化区石化大道中滨海十路北3号大亚湾科技企业加速器三楼
邮编:516000
电话:0752/5587776、5587120
传真:5587776
网址:www.docbondchina.com
电子信箱:mdf@docbondchina.com
法定代表人:莫华
质量体系:IATF 16949、ISO 9001
产品情况:胶黏剂、密封剂
配套情况:为中国一汽供货

★惠州麦丰密封科技有限公司
地址:广东省惠州大亚湾西区新寮村龙盛二路4号
邮编:516000
电话:0752/5716166
传真:5716266
网址:www.mfc.com.tw
电子信箱:hfcac_6@mail.mfc.com.tw
法定代表人:陈家维
质量体系:ISO 9001、IATF 16949
产品情况:O形环及其他精密橡胶产品

★广东恒大新材料科技有限公司
地址:广东省惠州市龙丰都田工业区
邮编:516001
电话:0752/2372656、2372653
传真:2372654
网址:www.kafuter.cn
电子信箱:kafuter@kafuter.cn
法定代表人:张国培
质量体系:IATF 16949
产品情况:(卡夫特牌、恒大牌)
紫外光固化(UV胶)系列、有机硅系列、改性丙烯酸酯AB胶系列、厌氧胶系列、环氧树脂系列、氰基丙烯酸酯系列、水性乳液聚合物(水性胶)系列和溶剂胶系列八大类

★友荣精密五金(惠州)有限公司
地址:广东省惠州市仲恺高新技术产业开发区盛华路1号
邮编:516006
电话:0752/5788789
传真:5788196
网址:www.yuei.com
电子信箱:yuei@yuei.com
法定代表人:AZUMA MAKOTO
质量体系:ISO 9001、IATF 16949
产品情况:高精度紧固螺钉、硬盘螺钉、自攻螺钉、防松涂胶螺钉、防水密封螺钉、头部喷涂螺钉等特殊用途螺钉以及精密轴销和其他紧固零件,年生产能力达到60亿颗以上
出口情况:远销日本、韩国、泰国、新加坡、马来西亚,并销往中国台湾、中国香港地区

★惠州市精工弹簧有限公司
地址:广东省惠州市汝湖镇东亚过沥村
邮编:516023
电话:0752/2796218、2800240
传真:2800974
网址:www.hzjinggong.cn
电子信箱:hzjg@hzjinggong.cn
法定代表人:刘金福
质量体系:ISO 9001、IATF 16949
产品情况:专业生产各种精密弹簧
出口情况:远销欧洲、美洲、日本等国家和地区,并销往中国香港、中国澳门、中国台湾地区

★惠州东风汽车零部件有限公司
地址:广东省惠州市大亚湾西区新寮东风车城龙海一路98号
邮编:516085
电话:0752/5200269
传真:5200049
网址:www.huizhoudongfeng.com
电子信箱:aomei@hotmail.com
法定代表人:张秋文
质量体系:ISO 14001
产品情况:汽车钣金件的冲压与焊接
配套情况:主要配套客户是东风日产、东风乘用车、江铃汽车等

★惠阳区施美克化工有限公司
地址:广东省惠州市惠阳区新圩镇约场工业区
邮编:516225
电话:0752/3524788、4000752758
网址:www.semeka.cn
电子信箱:sales@semeka.cn
法定代表人:李同勇
质量体系:IATF 16949、ISO 9001
产品情况:(施美克牌)
汽车漆

★展辰新材料集团股份有限公司
地址:广东省深圳市光明新区白花工业园区

邮编:518000
电话:0755/29089143
传真:27403403
网址:www. zhanchen. cn
电子信箱:jiangyingying@ zhanchen. cn
法定代表人:陈冰
质量体系:ISO 9001
产品情况:汽车零部件水性重防腐涂料等工业涂料

★深圳市超美化工科技有限公司
地址:广东省深圳市福田区深南大道4001 号时代金融中心 28 楼
邮编:518034
电话:4008305308
网址:www. jimmy - chem. com
电子信箱:sales@ jimmy - tech. com
法定代表人:陈瑞文
质量体系:ISO 9001、IATF 16949
产品情况:(JPLUS 牌、JIMMY 牌、OMRC 牌)
汽车深化养护用品、汽油、柴油和醇醚等燃料的高性能多功能添加剂系列产品
配套情况:为上汽乘用车、上汽通用、吉利汽车等企业售后配套

★岩田螺丝(深圳)有限公司
地址:广东省深圳市宝安区松岗街道塘下涌社区同富裕工业园
邮编:518105
电话:0755/27140442
传真:27140443
网址:www. iwatabolt. co. jp
电子信箱:390486998@ qq. com
法定代表人:岩田忍
质量体系:IATF 16949、ISO 9001
产品情况:紧固件

★深圳艺晶五金塑胶实业有限公司
地址:广东省深圳市南山区西丽街道阳光社区松白路 1008 号
邮编:518108
电话:0755/27652222
传真:27657766
网址:www. artprecision. com
电子信箱:account@ artprecision. com
法定代表人:马林枝
单位人数:3000
质量体系:IATF 16949、ISO 9001
产品情况:精密五金冲压件、塑胶件、机加工件、OEM 组装件
出口情况:远销欧美、日本、东南亚等国家和地区

★深圳航空标准件有限公司
地址:广东省深圳市宝安区大浪街道同富裕工业区第三功能区园富路
邮编:518109
电话:0755/61120833、61120888
传真:61120801
网址:www. shbc. com. cn
电子信箱:sales@ shbc. com. cn
法定代表人:李林宏
质量体系:IATF 16949、ISO 9001
产品情况:汽车、摩托车等行业的高强度螺栓、精密螺钉、螺母、垫片及其他精密异形产品
出口情况:远销美洲、欧洲、东南亚等地区

★利宾来塑胶工业(深圳)有限公司
地址:广东省深圳市宝安区龙华镇清湖第二工业区
邮编:518109
电话:0755/28122828、28122898
传真:28122892
网址:nadfinlo. 51pla. com
电子信箱:info@ nadfinlo. com
法定代表人:施良桥
质量体系:IATF 16949、ISO 9001
产品情况:散热器、油箱、空气管路等吹塑、滚塑产品

★深圳市华创威实业有限公司
地址:广东省深圳市龙岗区平湖镇鹅公岭求水岭工业区 A5 栋
邮编:518111
电话:0755/84012336、84012225
传真:84012202、84012478
网址:www. szwcw. com
电子信箱:wcw@ szwcw. com
法定代表人:宋华
质量体系:ISO 9001、IATF 16949
产品情况:树脂玻璃纤维套管、硅橡胶玻璃纤维(内纤外胶、内胶外纤)套管、聚丙烯酸酯玻璃纤维套管,耐高温特殊玻璃纤维套管、挤出纯硅橡胶软管、PET 编织套管、无卤环保热收缩套管、PVC 聚氯乙烯套管
出口情况:远销欧美、东南亚等 60 多个国家和地区

★迈高精细高新材料(深圳)有限公司
地址:广东省深圳市龙岗区坪地道六联社区长山工业区 11 号
邮编:518117
电话:0755/28483508、18948182032
传真:28483555
网址:www. midgold. com. cn
电子信箱:sales@ midgold. com. cn
法定代表人:辛宇
单位人数:200
质量体系:IATF 16949、ISO 9001
产品情况:甲基乙烯基硅橡胶、混炼胶、液体硅胶
配套及出口情况:主要客户有比亚迪等;远销东南亚

★深圳市富泰和精密制造股份有限公司
地址:广东省深圳市龙岗区坪地街道国际低碳城汇桥路二号
邮编:518117
电话:0755/84854510
网址:www. ppmsolution. com
电子信箱:aiwu. wang@ ppmsolution. com
法定代表人:朱江平
质量体系:IATF 16949、ISO 9001
产品情况:汽车轴承
配套情况:为德国奔驰、大众、奥迪、博世、大陆、马勒、通用、康明斯、采埃孚天合、博格华纳、伊顿、北极星、佛吉亚、马瑞利、神龙等配套

★元茂橡胶制品(深圳)有限公司
地址:广东省深圳市坪山新区坑梓街道办龙田社区龙兴北路 62 号
邮编:518122
电话:0755/89592651、89591621
传真:89591511
网址:www. sprubber. com
电子信箱:sp@ sprubber. com
法定代表人:许裴夫
单位人数:500
质量体系:IATF 16949
产品情况:密封胶圈、O 形圈及杂件

★珠海格莱利摩擦材料有限公司
地址:广东省珠海市斗门区斗门镇龙山工业区龙山三路 6 号
邮编:519000
电话:4008518160
网址:www. zhglory. com
电子信箱:info@ zhglory. com. cn
法定代表人:刘翌辉
单位人数:1000
质量体系:IATF 16949
产品情况:(CAC 牌、安世牌)
制动片、鼓式制动蹄总成、盘式制动块总成等
配套情况:为江铃、金杯、长城、奇瑞、长安、金龙等几十家汽车主机厂配套

★珠海嵘泰有色金属铸造有限公司
地址:广东省珠海市联港工业区双林片虹晖路 16 号
邮编:519045
电话:0756/7252832
传真:7252500
网址:www. rtco. com. cn
电子信箱:market@ rtco. com. cn
法定代表人:夏诚亮
单位人数:1700
质量体系:IATF 16949、ISO 14001
产品情况:汽车制动系统、滤清系统精密压铸件
配套情况:产品主要供应博世、博世华域、采埃孚、威伯科、蒂森克虏伯、捷成唯科等国际知名汽车部件总成企业,最终用户包括上汽大众、一汽-大众、一汽奥迪、奔驰、宝马、沃尔沃等知名汽车企业

★珠海利澳汽车涂料有限公司
地址:广东省珠海市南水镇临港工业区新珠海大道 203 号

邮编:519050
电话:0756/3985380
传真:3985316
网址:www. zhleo. com
电子信箱:zhliao007@ 126. com
法定代表人:孙庆滨
质量体系:ISO 9001、ISO 14001
产品情况:汽车修补漆

★卓益科技(广东)有限公司
地址:广东省东莞市东城街道同沙工业区同聚街8号
邮编:523000
电话:0769/22674643、18038293625
传真:22674642
网址:www. dgzhuoyi. com
电子信箱:1247614182@ qq. com
法定代表人:王长芝
质量体系:IATF 16949、ISO 9001
产品情况:汽车线束 PUR 软管等
配套情况:配套的汽车主要有大众、通用、长城、东风、广汽、马自达、吉利等

★东莞市利韬过滤材料有限公司
地址:广东省东莞市塘厦镇清湖头龙田路6A号
邮编:523000
电话:0769/87938608
传真:87937808
网址:www. retopfibre. com
电子信箱:sales1@ retopfibre. com
法定代表人:翁东
质量体系:ISO 9001、IATF 16949
产品情况:车用滤清器无纺布等,年产各种过滤无纺布3200多万平方米,产品主要应用于汽车空气过滤、汽车空调过滤等领域

★东莞海金杜门五金制品有限公司
地址:广东省东莞市南城宏图工业区
邮编:523080
电话:0769/88995599、21994567
传真:88995599-7137
网址:www. ht-group. com
电子信箱:anna. liu@ ht-group. com
法定代表人:莫大钧
质量体系:ISO 9001
产品情况:蜗杆传动管夹、环状带、卡箍等

★东莞市雄林新材料科技股份有限公司
地址:广东省东莞市道滘镇南丫村工业区
邮编:523170
电话:0769/81166017、82727059
网址:www. dgxionglin-tpufilm. com
电子信箱:wanghongbo@ dgxionglintpu. com
法定代表人:何建雄
质量体系:IATF 16949、ISO 9001
产品情况:TPU 薄膜产品,用于无车缝产品、汽车内饰、车体贴膜等

★东莞彩龙五金弹簧制造有限公司
地址:广东省东莞市横沥镇神山工业城20号
邮编:523231
电话:0769/88028028-6681
传真:81163599
网址:www. kc1970. com
电子信箱:sales@ kc1970. com
法定代表人:冼顺成
单位人数:340
质量体系:IATF 16949、ISO 9001
产品情况:精密弹簧、金属线成型、五金冲压、车削加工等
配套情况:为全球多家知名企业提供五金零件配套服务

★东莞利富高塑料制品有限公司
地址:广东省东莞市石龙镇黄洲方正大道
邮编:523326
电话:0769/86185767
传真:86185697
网址:www. nifco. co. jp
电子信箱:fjieying@ dgnifco. com. cn
法定代表人:山本利行
单位人数:1000
质量体系:IATF 16949、ISO 9001
产品情况:汽车塑料配件
配套情况:为广汽丰田及其配套商、广汽本田及本田配套商、日产汽车及日产配套商等供货

★东莞井上高分子材料有限公司
地址:广东省东莞市茶山镇茶山工业园
邮编:523380
电话:0769/86176861
传真:86170268
网址:www. inoac. co. jp
电子信箱:nancy@ dip. inoac. com
法定代表人:赤松政雄
质量体系:ISO 9001、ISO 14001
产品情况:聚氨酯海绵产品

★日立粉末冶金(东莞)有限公司
地址:广东省东莞市茶山镇兴韩路16号
邮编:523380
电话:0769/86170566
传真:86170808
网址:www. hitachi. com. cn
电子信箱:jg-zhou@ hitachi-pmd. com. cn
法定代表人:山岸刚
质量体系:IATF 16949、ISO 9001
产品情况:汽车、摩托车以及建筑机械用粉末冶金制品
配套及出口情况:为本田、丰田、LG、日产、松下、三星、铃木、赛格日立等配套;出口日本

★东京端一电子(东莞)有限公司
地址:广东省东莞市寮步镇良边管理区胡屋村
邮编:523403
电话:0769/83211170
传真:83211171
网址:www. totan. co. jp
电子信箱:1105373832@ qq. com
法定代表人:氏神裕一
质量体系:ISO 9001、ISO 14001
产品情况:精密冲压件、嵌件成型产品、拉伸产品

★路鑫科技(东莞)有限公司
地址:广东省东莞市寮步镇岭厦社区致富街86号
邮编:523408
电话:0769/83266379、83282707
传真:23618358
网址:www. dg-luxin. com
电子信箱:penghao@ dg-luxin. com
法定代表人:熊文
质量体系:IATF 16949、ISO 9001
产品情况:各种精密金属类零件

★东莞嘉骏橡塑制品有限公司
地址:广东省东莞市横沥镇山厦工业区
邮编:523460
电话:0769/83716631、83716621
传真:83716681
网址:optimum. com
电子信箱:jack@ optimum. com. hk
法定代表人:林鯱
质量体系:IATF 16949、ISO 14001
产品情况:三元乙丙、丁晴、丁级及天然橡胶制品,应用于汽车等工业

★东莞捷讯橡胶有限公司
地址:广东省东莞市企石镇铁岗村红棉工业区
邮编:523517
电话:0769/86724555-117、18925568822
传真:86724558
网址:www. irilsr. com
电子信箱:sales01_dg@ iri. com. tw
法定代表人:陈燕燕
单位人数:500
质量体系:IATF 16949、ISO 9001
产品情况:(IRILSR 牌)
硅胶汽车密封件、密封圈、连接器硅胶配件等
配套情况:为泰科、德尔福、美国特斯拉等供货

★东莞桥头特比克汽车零件有限公司
地址:广东省东莞市桥头镇禾坑村
邮编:523527
电话:0769/83439662、18664110110
传真:83439693
网址:www. tbkchina. com
电子信箱:qtbk_shenfang@ dgtbk. net
法定代表人:三好次夫
单位人数:100
质量体系:IATF 16949
产品情况:年生产汽车鼓式制动摩擦片达到300万片
配套情况:分别通过三一重工、华菱汽车、汉德车桥、重庆庆铃、无锡久保田等厂家的认可

★东莞大和化成汽车零配件有限公司
地址:广东省东莞市桥头镇邓屋村联盛工业区
邮编:523533
电话:0769/83569204
网址:www. kojima - tns. co. jp
电子信箱:min_xiao@ daiwa - dac. cn
法定代表人:河合邦彦
质量体系:ISO 14001、IATF 16949
产品情况:汽车关键零部件、紧固件

★东莞百乐仕汽车精密配件有限公司
地址:广东省东莞市塘厦镇林村西湖工业区西富街 8 号
邮编:523711
电话:0769/87987779
传真:87987780
网址:www. piolax - info. com
电子信箱:heyun@ dgpiolax. com
法定代表人:铃木徹(SUZUKI TORU)
质量体系:ISO 9001、IATF 16949
产品情况:汽车用夹子、紧固件等树脂成形品
配套及出口情况:为日产、本田、丰田及其配套企业,通用、福特等欧美企业以及自主品牌的奇瑞、长城等配套;出口日本、美国、墨西哥、英国、泰国、韩国等国家

★东莞奈那卡斯精密压铸有限公司
地址:广东省东莞市大朗镇富民工业二园
邮编:523797
电话:0769/82220638
传真:82221408
网址:www. dynacast. com
电子信箱:ljdeng@ dynacast. com
法定代表人:杨人南
质量体系:IATF 16949、ISO 9001
产品情况:多滑块及传统锌、铝合金压铸产品

★东莞富国橡塑工业有限公司
地址:广东省东莞市大岭山镇湖畔工业园
邮编:523820
电话:0769/85656968
传真:85656966
网址:dgfukoku. com
电子信箱:shaojinming@ dgfukoku. com
法定代表人:太田和树
单位人数:340
质量体系:IATF 16949、ISO 9001
产品情况:橡胶产品、硅胶产品、树脂产品及金属制品
配套情况:为电装、日产等配套

★台扣利富高塑胶制品(东莞)有限公司
地址:广东省东莞市长安镇涌头小区海怡路 8 号
邮编:523846
电话:0769/85350205、85391205
传真:85391203
网址:www. nifco. co. jp
电子信箱:beetle@ tifcodg. com
法定代表人:山本泰士
质量体系:IATF 16949、ISO 9001
产品情况:各式扣具

★东莞井上建上汽车部件有限公司
地址:广东省东莞市沙田镇穗丰年村
邮编:523996
电话:0769/88682171、13428422429
传真:88681993
网址:www. inoac. co. jp
电子信箱:yuanfenglian@ ihx. com. cn
法定代表人:河野培荣
单位人数:500
质量体系:ISO 14001、IATF 16949
产品情况:汽车关键零部件(组合仪表)、汽车塑胶零配件、汽车塑胶注射模具、吹塑模具、汽车塑胶发泡海绵品(PU)零配件
配套情况:为广汽本田、东风日产、天津一汽丰田、东南汽车等配套

★东莞井上福坤五金橡塑有限公司
地址:广东省东莞市沙田镇齐沙村
邮编:523997
电话:0769/88804001、88804002
传真:88804002
网址:www. inoac. co. jp
电子信箱:lisa@ inoac. com. cn
法定代表人:村川尚则
质量体系:IATF 16949、ISO 9001
产品情况:橡胶注塑汽车零部件、橡胶件、护套、海绵等
配套情况:为广汽丰田、东风日产、本田配套

★东莞井上五金橡塑有限公司
地址:广东省东莞市沙田镇齐沙村
邮编:523997
电话:0769/88863344
传真:88866544
网址:www. inoac. co. jp
电子信箱:dime - acc02@ inoacchina. com
法定代表人:村川尚则
单位人数:700
质量体系:IATF 16949、ISO 9001
产品情况:辊轴、橡胶辊成型、聚氨酯加工、ENDUR 辊、辊涂处理、工业橡胶制品、模塑橡胶海绵、二次加工聚氨酯和 PORON、墨粉瓶吹塑的二次加工研磨切削造型
配套及出口情况:为本田、丰田等配套;出口北美洲、东南亚、欧洲、亚洲

★广东骏驰科技股份有限公司
地址:广东省肇庆市端州区桂园路 13 号
邮编:526020
电话:0758/2718555
传真:2721222
网址:www. junchi - china. com
电子信箱:yx@ junchi - china. com
法定代表人:刘前锋
单位人数:400
质量体系:IATF 16949、ISO 9001
产品情况:管件(机油尺、吸油管、涡轮增压管、水管、气管、冷却水系统接头、加油管、机油输送管等),冲压件(油底壳、隔板等),连接件类,杆类等产品
配套情况:配套大众、通用、本田、日产等欧美和日系知名整车厂

★广东鸿图科技股份有限公司
地址:广东省高要市金渡世纪大道 168 号
邮编:526108
电话:0758/8512923、8512898
传真:8512996
网址:www. ght - china. com
电子信箱:office@ ght - china. com
法定代表人:黎柏其
质量体系:IATF 16949、ISO 9001
产品情况:铝合金压铸件年生产能力已达 48000 吨
配套及出口情况:为日产、康明斯、克莱斯勒、东风本田、奇瑞汽车等配套;出口国外市场

★高丘六和(云浮)工业有限公司
地址:广东省云浮市云城区都杨镇佛山(云浮)产业转移工业园 67 号
邮编:527300
电话:0766/8298076
传真:8298077
网址:www. atl. com. cn
电子信箱:dongzhiyi@ atl. com. cn
法定代表人:仁田野顺次
单位人数:569
质量体系:ISO 14001、IATF 16949
产品情况:汽车用品铸件、锻造素材品生产
配套情况:主要客户有广汽丰田、一汽丰田、东风日产、广汽本田、东风本田、一汽马自达、长安铃木、梅赛德斯 - 奔驰、华晨宝马、上汽大众、一汽-大众、一汽-大众奥迪、一汽集团、东南汽车、三菱汽车、采埃孚、天合汽车等

★佛山杜邦鸿基薄膜有限公司
地址:广东省佛山市禅城区东鄱南路 6 号
邮编:528000
电话:0757/82211988
传真:82210027、82211016
网址:www. dphj. com
电子信箱:peijing. huo@ mail. dphj. com
法定代表人:黄丙娣
质量体系:ISO 9001
产品情况:工业膜、电子材料、影像膜、特种膜、磁性材料
配套情况:为蔚来等供货

★臼井汽车零部件(佛山)有限公司
地址:广东省佛山市禅城区高新技术产业开发区吉利工业园
邮编:528061
电话:0757/85399780

传真:85399782
网址:www. usui. co. jp
电子信箱:guicailuo@ usui. co. jp
法定代表人:水口茂
质量体系:ISO 14001、IATF 16949
产品情况:制动油管、底盘集中配管、制动助力真空管、喷射油管等

★饭田(佛山)橡塑有限公司
地址:广东省佛山市南海区丹灶镇丹横路日本中小企业工业园
邮编:528061
电话:0757/85399777
传真:85399776
网址:www. orotex. com. cn
电子信箱:gary. li@ orotex. com. cn
法定代表人:饭田耕介
质量体系:ISO 14001、IATF 16949
产品情况:橡胶(树脂)发泡隔音材、减振材、钢板补强(加固)材以及密封材料等
配套情况:配套的国内汽车厂商有广汽丰田、天津一汽丰田、四川一汽丰田、广汽三菱、华晨金杯、东风日产、上汽通用五菱、广汽乘用车、东风本田、长安福特等

★佛山市旷达汽车内饰材料有限公司
地址:广东省佛山市三水区白坭镇汇金工业园汇盈路2号
邮编:528100
电话:0757/87571288
传真:87573098
网址:www. kuangdacn. com
电子信箱:jufang. luo@ kuangdacn. com
法定代表人:沈介良
质量体系:IATF 16949、ISO 9001
产品情况:汽车用纺织品、海绵制品、皮革、座套、座椅、塑料件、窗帘及汽车内饰件
配套情况:主要配套客户包括一汽-大众、东风日产、海南马自达等汽车公司

★佛山名奥弹簧开发有限公司
地址:广东省佛山市三水区白坭汇康路汇金工业城3号
邮编:528131
电话:0757/87572721、87572841
传真:83831696
网址:www. meioku. com. cn
电子信箱:yingxiaobu_123@ 163. com
法定代表人:招耀江
单位人数:150
质量体系:IATF 16949
产品情况:发动机气门弹簧、汽车摩托车用的减振器弹簧、离合器弹簧、柴油机用的弹簧、电器弹簧、各种拉扭类异形弹簧
配套情况:主要为丰田汽车、本田汽车、日产汽车、马自达汽车、比亚迪汽车、江门大长江、广州豪进、广州大阳、重庆宗申、嘉陵本田配套

★广东德联集团股份有限公司
地址:广东省佛山市南海区小塘狮山新城开发区
邮编:528200
电话:0757/63220235
传真:63220219
网址:www. delian. cn
电子信箱:csh@ delian. cn
法定代表人:徐咸大
单位人数:688
质量体系:IATF 16949、ISO 9001
产品情况:主营业务涵盖汽车精细化学品制造、汽车销售服务、汽车维护三大模块
配套情况:为上汽大众、一汽-大众、上汽通用、金杯通用、上汽集团、长安福特、长安汽车、华晨宝马、北京奔驰、北方奔驰、一汽轿车、保定中兴、奇瑞汽车、吉利汽车、比亚迪等国内大型汽车生产厂配套

★广东时利和汽车实业集团有限公司
地址:广东省佛山市南海区狮山镇小塘三环西路时利和工业园
邮编:528222
电话:0757/86633868
传真:86651363
网址:www. tgpm. com. cn
电子信箱:tgpm@ tgpm. com. cn
法定代表人:徐桥华
质量体系:IATF 16949、ISO 14001
产品情况:汽车油漆、汽车密封胶材料、汽车地毯、汽车纯正用品及汽车外装/内装/电装的零部件
配套情况:主要客户有广汽本田、广汽丰田、东风本田、东风日产、东风汽车、上汽通用等

★东普雷(佛山)汽车部件有限公司
地址:广东省佛山市南海区狮山镇南海科技工业园北园中路19号
邮编:528225
电话:0757/81208935
传真:81208930
网址:www. topre. com. cn
电子信箱:fanyunxia@ topre. com. cn
法定代表人:YAMASHIRO KATSUHIRO(山城活博)
单位人数:290
质量体系:ISO 14001、IATF 16949
产品情况:主要产品为汽车车身骨架冲压件
配套情况:主要客户为东风日产、广汽本田

★佛山市南海凯洋粉末冶金有限公司
地址:广东省佛山市南海区大沥颜峰工业区
邮编:528231
电话:0757/85502509、81188129
传真:85509000
网址:www. kaiyangfm. com
电子信箱:admin@ kaiyangfm. com
法定代表人:杨先作
质量体系:IATF 16949
产品情况:(凯洋牌)
铁基、铜基、不锈钢烧结件,粉末注射成型零件,电动工具齿轮箱等
出口情况:出口日本、韩国、西班牙、欧洲、美洲等国家和地区,并销往中国香港、中国台湾地区

★光洋六和(佛山)汽车配件有限公司
地址:广东省佛山市顺德区顺德工业园顺番公路五沙段12号
邮编:528300
电话:0757/22829700、22802035
传真:22829586
电子信箱:xiaoling@ klfap. com. cn
法定代表人:宫崎博之
质量体系:IATF 16949、ISO 14001
产品情况:精密轴承及各种主机轴承

★广东亿达汽车密封件股份有限公司
地址:广东省佛山市顺德区龙江镇大坝工业园E-05
邮编:528318
电话:0757/23883989、23883985
传真:23361832
网址:www. sdyida. com
电子信箱:sdyida@ sdyida. com
法定代表人:周文杰
单位人数:400
质量体系:IATF 16949、ISO 9001
产品情况:(GOOD STAR 牌)
旋转油封、往复油封、气门油封、O形圈等,年设计生产各型油封3000万件,其他密封件4500万件
配套及出口情况:为多家单位配套;远销美国、德国、韩国、阿根廷、埃及、沙特阿拉伯、印度尼西亚等26个国家

★广东志达精密管业制造有限公司
地址:广东省佛山市顺德区龙江镇龙江大坝工业园北华路E08之二地块
邮编:528318
电话:0757/23886958、23886997
传真:23886958
网址:zhida. com
电子信箱:steelpipe@ zhida. com
法定代表人:罗立新
质量体系:IATF 16949
产品情况:生产与汽车零部件制造配套使用的精密焊接钢管、电焊冷拔精密钢管、异形钢管以及钢管的深加工
配套情况:直接配套于G-max、全盛、F-tech等;间接配套于日产、丰田、本田、三菱、广汽、大众等

★东丽塑料精密(中山)有限公司
地址:广东省中山市中山火炬高技术产业开发区火炬大道14号
邮编:528400
电话:0760/85594368

网址:www. toray. cn
电子信箱:lixiujuan. rkz@ torayhk. com
法定代表人:中野和良
单位人数:500
质量体系:IATF 16949、ISO 9001
产品情况:汽车塑料部品及 TI 精密等树脂精密成形产品及组装品

★中山大桥化工集团有限公司
地址:广东省中山市东区中山四路宏宇大厦 19 楼
邮编:528403
电话:0760/88884388
传真:88884366
网址:www. daoqum. com. cn
法定代表人:刘欣
质量体系:ISO 9001、ISO 14001
产品情况:汽车涂料、水性汽车修补漆等

★中山市三民金属处理有限公司
地址:广东省中山市东升镇东成路 36 号
邮编:528414
电话:0760/22820896、22217281
传真:22820976
网址:www. sunmin. com. cn
电子信箱:sunmin@ sunmin. com. cn
法定代表人:廖德贵
单位人数:500
质量体系:IATF 16949、ISO 9001
产品情况:汽车零部件表面处理
配套情况:为福特和伊顿等众多国际知名企业的长期合作伙伴

★千代达电子制造(中山)有限公司
地址:广东省中山市火炬高技术产业开发区勤业路 8 号
邮编:528437
电话:0760/85592747
传真:85592747
网址:www. chiyoda - i. co. jp
电子信箱:zengyan@ ci - zn. com
法定代表人:蔡龙腾
质量体系:IATF 16949、ISO 9001
产品情况:各种垫片、双面胶、吸音材、遮光体、绝缘件、缓冲件

★中山市赛福特汽车配件有限公司
地址:广东省中山市三乡镇平东工业区
邮编:528463
电话:0760/23387717、4008752118
传真:86688017
网址:www. safety - brake. com
电子信箱:sales@ safety - brake. com
法定代表人:卢淦标
质量体系:IATF 16949
产品情况:(赛福特牌)
盘式和鼓式制动片
出口情况:出口北美洲、南美洲、南非、亚洲、中东等地区

★江门市本和机车配件实业有限公司
地址:广东省江门市丰裕路 6 号
邮编:529000
电话:0750/3902192、3905230
传真:3903186
网址:www. benheco. com
电子信箱:benhe@ benheco. com
法定代表人:冯剑锋
单位人数:300
质量体系:ISO 9001、IATF 16949
产品情况:汽车、摩托车汽缸垫,橡胶板衬垫等
配套情况:配套江门大长江、重庆隆鑫、重庆宗申、浙江钱江、广州大阳等客户

★江门市鑫辉密封科技有限公司
地址:广东省江门市江海区连海路 289 号
邮编:529040
电话:0750/2039182、2039183
网址:www. jmtck. com
电子信箱:xinhui@ jmtck. com
法定代表人:章宏清
单位人数:300
质量体系:IATF 16949
产品情况:油封、O 形环、密封垫、油管、燃油管头、喷嘴套头、减振垫
出口情况:远销北美洲、欧美、中东等地区

★巴斯夫涂料(广东)有限公司
地址:广东省江门市江海区新乐三路 81 号
邮编:529060
电话:0750/3631088、3636975
传真:3633723、3633592
网址:www. basf. com
电子信箱:master@ yfhx. cn
法定代表人:赵铮宇
质量体系:IATF 16949、ISO 9001
产品情况:(银帆牌)
涂料、汽车漆及辅料
配套及出口情况:为合肥江淮客车、扬州江淮宏运客车、北汽福田欧 V 客车、湖北衡山汽车、广州五十铃客车、广汽集团广汽客车、一汽红塔、一汽四环、北京汽车制造厂、贵州航天汽车等配套;远销越南、缅甸、俄罗斯等国家,并销往中国香港、中国澳门地区

★广东四方威凯新材料有限公司
地址:广东省江门市蓬江区棠下镇金桐二路 8 号
邮编:529085
电话:0750/3579385
传真:3579386
网址:www. sfwk. com
法定代表人:方芳
质量体系:IATF 16949、ISO 9001
产品情况:专业从事汽车及其配件涂料、摩托车及其发动机涂料、电动车及光固化涂料等高档工业涂料

★嘉宝莉化工集团股份有限公司
地址:广东省江门市蓬江区棠下镇金溪工业区
邮编:529085
电话:0750/3578000、3578001
网址:www. carpoly. com. cn
电子信箱:gd@ carpoly. com
法定代表人:仇东平
单位人数:3200
质量体系:ISO 9001、ISO 14001
产品情况:涂料及其配套使用产品

★顺昌润滑油(广东)有限公司
地址:广东省江门市新会区启超大道 169 号
邮编:529100
电话:0750/6396398
网址:www. repsol. net. cn
法定代表人:李德华
质量体系:IATF 16949、ISO 9001
产品情况:(睿烁牌)
润滑油及润滑脂

广 西

★北海玉柴马石油高级润滑油有限公司
地址:广西北海市香港路(北海工业园内)
邮编:530024
电话:0779/2295000
传真:2295128
网址:www. yc - petronas. com
法定代表人:谢裕强
质量体系:IATF 16949、ISO 14001
产品情况:(YC 牌、悍虎牌、骏龙牌、YC 重载王牌、YC 轻卡王牌、立得牌等)
主要有发动机油、车辅产品、工业油三大产品线,含柴油机油、汽油机油、公交专用油、液压油、齿轮油、润滑脂、防冻液等多个产品品种
配套情况:通过 Cummins(康明斯)、VOLVO(沃尔沃)、MAN(曼)、奔驰、卡特彼勒、MTU 等众多主流发动机 OEM 规范认证

★广西南南铝加工有限公司
地址:南宁市石柱岭一路 6 - 5 号
邮编:530031
电话:0771/6734097
传真:4950930
网址:www. alnanaluminium. com
电子信箱:sales@ alnan. com. cn
法定代表人:韦强
质量体系:IATF 16949
产品情况:铝合金材料,已广泛应用在新能源汽车发动机盖内外板、后尾箱盖内板、车门内板、电池 Pack 系统等零部件

★广西柳州银海铝业股份有限公司
地址:广西柳州市阳和工业新区阳泰路 11 号
邮编:545006
电话:0772/3511420、3858526
传真:3166032
网址:www. alzco. com. cn

电子信箱:liulv@ alzco. com. cn
法定代表人:王乃贤
质量体系:IATF 16949
产品情况:新能源大客车蒙皮板、汽车零部件用铝板带材、集装箱用铝合金带材、冷藏车用铝合金带材等
出口情况:远销美国、加拿大、澳大利亚、新加坡、印度尼西亚、泰国、越南等国家

★司能石油化工有限公司
地址:广西柳州市阳和工业新区阳泰路6号
邮编:545006
电话:0772/3510598
传真:3598018
网址:www. snsyhg. com
法定代表人:俞传芬
质量体系:IATF 16949、ISO 14001
产品情况:工业、车用、船舶、特种润滑油,年生产能力达10万吨
配套情况:主要客户包括广西柳工等

★广西轴承有限责任公司
地址:广西宜州市山谷路24号
邮编:546300
电话:0778/3219259
传真:3211250
网址:www. gxzcys. net
电子信箱:gxbearing@ 163. net
法定代表人:滕跃进
质量体系:ISO 9001
产品情况:(YS牌)
深沟球轴承、圆柱滚子轴承、汽车离合器分离轴承和圆锥滚子轴承
出口情况:远销欧洲、美洲、东南亚等34个国家和地区

重庆市

★重庆创鸿机电有限公司
地址:重庆市沙坪坝区歌乐山镇山洞村新房子经济合作社
邮编:400035
电话:023/65530351、13708301982
传真:65530351
电子信箱:cch_zyn@ 163. com
法定代表人:赵鸿荣
质量体系:IATF 16949
产品情况:前桥转向节用阻尼轴承、汽车轮毂轴承等
配套情况:合作伙伴有一汽集团、东风汽车股份、欧曼重型货车、上汽依维柯红岩、重庆铁马、北奔重汽、湖北三环车桥、柳州汽车、湖南中联重科、义和车桥、安徽华菱等企业

★重庆益弘工程塑料制品有限公司
地址:重庆市高新区二朗科技新城银杏路60号
邮编:400041
电话:023/61902900
传真:61902909、61902908
电子信箱:yihong@ yhpc. com. cn
法定代表人:胡曙炎
质量体系:QS 9000、IATF 16949
产品情况:(YHPC牌)
汽车、摩托车、通用动力机械塑料零部件和特种产品包装箱等
配套情况:与长安、福特、铃木、丰田、三菱、本田、大兴、建设、嘉陵、宗申等国内外20余家知名企业配套

★重庆庆铃塑料有限公司
地址:重庆市高新区科园二街56号
邮编:400041
电话:023/68620027
传真:68619814
网址:www. qlplastic. cn
电子信箱:qlplastic@ 163. com
法定代表人:郑琴
质量体系:IATF 16949
产品情况:主要生产五十铃N、T系列轻型商用车、700P系列中型商用车、F系列、VC46重型商用车及U系列多功能乘用车的大中型内、外饰塑料件
配套情况:为五十铃供货

★重庆长江电工工业集团有限公司
地址:重庆市南岸区茶园工业园
邮编:400069
电话:023/62489153、62489124
传真:62489555
网址:www. cjdgg. com
电子信箱:dzbgs@ cjdgg. com
法定代表人:张能
质量体系:ISO 9001、OHSAS 18001
产品情况:整车用高强度螺栓、车桥用高强度螺栓、制动器高强度螺栓及制动器导向销、减振器高强度螺栓系列等
配套及出口情况:为长安、上汽通用五菱、东风小康等配套;远销亚洲、非洲、拉丁美洲等地区

★重庆聚能粉末冶金股份有限公司
地址:重庆市大渡口互助工业园
邮编:400080
电话:023/68560297
网址:www. cqjnpm. cn
电子信箱:2435116381@ qq. com
法定代表人:骆大国
质量体系:ISO 9001、IATF 16949
产品情况:主要产品类型为中高密度、中高强度、中高精度的粉末冶金结构件,主要产品有摩托车从动齿轮系列、空调压缩机法兰系列、汽车零部件系列,已形成年产各类铁基粉末冶金结构件8000余吨的生产能力

★重庆安迪车用材料有限公司
地址:重庆市渝北区回兴街道科兰路79号
邮编:401120
电话:023/86090020
传真:67456107
网址:www. andysp. com
电子信箱:sales@ andysp. com、
法定代表人:石卫东
质量体系:QS 9000、IATF 16949
产品情况:汽车用抗石击涂料、汽车用焊缝密封胶、汽车用沥青阻尼板等汽车用胶黏剂和NVH材料
配套情况:为重庆长安、重庆长安铃木、重庆力帆乘用车、河北长安汽车、长安福特、郑州日产、吉利汽车集团、奇瑞汽车、重庆重型汽车集团、云南一汽红塔等40多家企业供货

★重庆恒伟林汽车零部件有限公司
地址:重庆市渝北区空港工业园区65号地块尚科路7号
邮编:401120
电话:023/67375888、4001111111
传真:67215781
网址:www. hwl. com. cn
电子信箱:sales@ hwl. com. cn
法定代表人:颜泽林
质量体系:ISO 14001、IATF 16949
产品情况:橡胶零部件,产品用于汽车整车、排气、减振、转向、电器线束、拉索、发动机等系统
配套及出口情况:主要为天津一汽丰田、广汽丰田、广汽本田、新大洲本田、上汽通用、上汽大众、东风雪铁龙、东风标致、东风日产、长安福特、长安马自达、一汽-大众、雅马哈、奔驰、法国雷诺、瑞典沃尔沃、英国铃木、英国丰田、德国宝马、德国福特等配套;远销欧洲、美洲、东南亚、日本

★萨固密渝锦(重庆)橡塑制品有限公司
地址:重庆市经济技术开发区云枣路1号
邮编:401122
电话:023/67478610、87108643
传真:67378611
电子信箱:yijin. guan@ saargummi. com
法定代表人:邓诚义
质量体系:IATF 16949、QS 9000
产品情况:汽车密封件
配套情况:主要客户包括长安福特、上汽通用、上海汽车、长安集团、长安铃木、上汽通用五菱、东风柳汽等主机厂

★重庆大江美利信压铸有限责任公司
地址:重庆市巴南区鱼洞大江工业园
邮编:401321
电话:023/66283015、66283180
传真:66283016
网址:www. djmillison. com
电子信箱:djmlx@ djmillison. com
法定代表人:余克飞
单位人数:2000
质量体系:IATF 16949、ISO 9001
产品情况:汽车系列、通机系列等铝合金压铸机加零部件,包含缸体、汽缸盖罩、变速器壳体、支架、油底壳、转向轴壳等;具有年产5万吨大型复杂高精度

压铸产品的生产能力
配套情况:与标致雪铁龙、爱立信、道依茨、特斯拉、蒂森克虏伯、上汽通用和吉利等世界 500 强企业建立战略合作伙伴关系

★重庆大江渝强塑料制品有限公司
地址:重庆市巴南区渔洞镇大江工业园区
邮编:401321
电话:023/66283398、66288101
传真:66288726
电子信箱:zhangzy@ dandt. com
法定代表人:吴永茂
单位人数:180
质量体系:IATF 16949、QS 9000
产品情况:(DandT 牌)
汽车外观件和内饰件、摩托车全套塑料覆盖件
配套情况:为长安汽车、长安铃木、株洲南方雅马哈、长安福特、长安马自达、嘉陵集团、建设集团、建设雅马哈、四川一汽丰田等配套

★重庆现代石油股份有限公司
地址:重庆市高新区西彭工业园区铝城大道 70 号附 3 号
邮编:401326
电话:4000230676
传真:023/88200695
网址:www. cqxdsy. com
电子信箱:cqxiandaishiyou@ 126. com
法定代表人:左安
质量体系:IATF 16949
产品情况:生产 200 多个品种的润滑产品
配套情况:成为长安铃木、徐工集团、西铝集团、上海金龙集团、綦齿传动、蓝黛动力传动机械、长安跨越、东风小康、力帆汽车、力帆摩托、隆鑫集团、恒通汽车、中国重汽云河专汽、渝江压铸、天助水泥集团、重钢集团等众多知名企业战略合作伙伴

★重庆中科力泰高分子材料股份有限公司
地址:重庆市南岸区茶园江峡路 8 号天海星 9 栋
邮编:401336
电话:023/67081261
传真:67113026
网址:www. zklt. org
法定代表人:杨皓东
质量体系:IATF 16949
产品情况:胶黏剂,品种涵盖了汽车内饰、电子等领域

★重庆长江轴承股份有限公司
地址:重庆市南岸区蔷薇路 11 号
邮编:401336
电话:023/88069999、88069992
传真:88069666、88069995
网址:www. cjb. com. cn
电子信箱:master@ cjb. com. cn
法定代表人:陈余
单位人数:1500
质量体系:IATF 16949、ISO 14001
产品情况:(CJB 牌)
高品质低噪声密封深沟球轴承、角接触球轴承、轮毂单元、圆锥滚子轴承及变形品种,具备年产 5000 万套轴承及 3500 万件汽车零部件的加工能力
配套情况:为通用、博格华纳、爱信精机、格特拉克、岱摩斯等主机企业服务

★重庆华辉涂料有限公司
地址:重庆市南岸区玉马路 20 号
邮编:401336
电话:023/62455872、68605888
传真:68605888
网址:www. huahuip. com
电子信箱:757104936@ qq. com
法定代表人:王平
单位人数:244
质量体系:IATF 16949、ISO 9001
产品情况:汽车漆、摩托车漆等油漆产品
配套情况:主要客户有渝安集团、东风渝安车辆、华晨汽车集团控股、重庆力帆汽车、重庆铁马、贵州航天成功汽车、重庆龙江汽车、重庆平伟科技(集团)、宗申产业集团、隆鑫控股、重庆新时代摩托车、广东比亚乔、嘉陵摩托、建设摩托、巴山摩托等

★重庆有研重冶新材料有限公司
地址:重庆市綦江区三江街道
邮编:401431
电话:023/48207600、48242058
传真:48207600
网址:www. gricy. com. cn
电子信箱:1311980098@ qq. com
法定代表人:李占荣
单位人数:130
质量体系:ISO 9001
产品情况:(川星牌)
有色金属、有色金属粉末、金属粉末制品、有色金属压延加工产品
出口情况:出口国外市场

★重庆标准件工业有限责任公司
地址:重庆市江津区双福街道祥福大道 656 号
邮编:402247
电话:023/85576000、85578026
传真:85576000
网址:www. cqfic. com
电子信箱:cqfic@ 163. com
法定代表人:李林
单位人数:500
质量体系:ISO 14001、OHSAS 18001
产品情况:(重标牌)
特种专用紧固件、非标异形件、钢结构紧固件,为汽车、摩托车、发动机、汽油机等行业配套

★重庆三峡油漆股份有限公司
地址:重庆市江津区德感工业园区
邮编:402260
电话:023/47262588、47262501
传真:47262595
网址:www. sanxia. com
电子信箱:sxyq000565@ 126. com
法定代表人:张伟林
单位人数:800
质量体系:IATF 16949、ISO 9001
产品情况:(三峡牌)
汽车漆等

★重庆汉宝水性漆有限公司
地址:重庆市江津区德感街道平溪路 5 号 3 幢 1 - 1 号
邮编:402260
电话:023/68913251、4006616508
传真:68913251
网址:www. cqhanbao. com
电子信箱:3361439851@ qq. com
法定代表人:陈鸿宇
质量体系:IATF 16949、ISO 9001
产品情况:水性工业漆,广泛应用于汽车零部件、机械制造等行业

★重庆金海标准件有限公司
地址:重庆市江津区珞璜工业园 B 区
邮编:402283
电话:023/47636555、47632250
传真:47632333
网址:www. cqjinhai. cn
电子信箱:jhsales@ ruibiao. net
法定代表人:林海
单位人数:400
质量体系:ISO 14001、IATF 16949
产品情况:标准件、非标件
配套情况:主要客户是长安集团、长安铃木、长安福特、南京长安马自达、光大等企业

★重庆江洲粉末冶金科技有限公司
地址:重庆市江津区德感镇正街 339 号
邮编:402284
电话:023/47833487、47833865
传真:47833487、47840038
网址:www. cqjzfm. com
电子信箱:cqjzfm@ 163. com
法定代表人:陈建中
质量体系:ISO 9001、IATF 16949
产品情况:(牛头牌)
摩托车各种从动齿轮及离合器总成,各种双联小齿轮,汽车同步器齿壳及组件,汽车各种链轮、带轮及电起动齿轮,电动车及减速机齿轮,各种型号量具、千分尺表架,空调压缩机粉末冶金零件
配套及出口情况:为嘉陵集团、华晨金杯等配套;摩托车产品随整机大量出口越南及东南亚、北美洲等地区,汽车、电动车产品随主机出口欧美地区

★重庆红宇摩擦制品有限公司
地址：重庆市璧城经济开发区
邮编：402760
电话：023/45587908
传真：45587901
网址：www.hongyufriction.com
电子信箱：sales@hongyufriction.com
法定代表人：刘启光
质量体系：IATF 16949、ISO 9001
产品情况：（川宇牌）
盘式制动片、鼓式制动片，中重型车摩擦材料
配套及出口情况：为长安福特、长安铃木、上汽集团、一汽、东风汽车、长安、北汽集团、广汽集团、长城汽车、奇瑞汽车、庆铃汽车、江铃汽车、力帆汽车、华泰汽车、众泰汽车等国内主要整车厂配套；是美国霍尼韦尔（Honeywell）、天合（TRW）等世界500强企业的OEM产品供应商

四川省

★四川万圣通实业有限公司
地址：成都市蛟龙工业港（双流园区）高新大道5段18座
邮编：610000
电话：028/85737280
传真：85737280
网址：www.wstsy.com
电子信箱：wst@wstsy.com
法定代表人：荣庆军
质量体系：IATF 16949、ISO 9001
产品情况：汽车用精密钢管及管件

★成都硅宝科技股份有限公司
地址：成都高新区新园大道16号
邮编：610041
电话：028/85317904
传真：85318066
网址：www.cnguibao.com
电子信箱：guibao@cnguibao.com
法定代表人：王有治
质量体系：IATF 16949、ISO 9001
产品情况：主要从事有机硅室温胶，硅烷及专用设备的研究开发、生产，用于汽车制造、新能源等领域

★中蓝晨光化工研究设计院有限公司
地址：成都市武侯区倪家桥路2号
邮编：610041
电话：028/85556475、85551955
传真：85583947
网址：www.chengrand.net
电子信箱：xfjb@bluestar.chemchina.com
法定代表人：王联合
质量体系：ISO 14001、IATF 16949
产品情况：有机硅及特种氟材料、改性塑料及助剂、特种纤维、树脂及其复合材料的科研生产、工程化研究及EPC、分析测试及信息等领域的服务
配套及出口情况：为陕汽集团、重庆重汽、长安汽车、贵州云雀等配套；出口德国、西班牙、意大利、以色列、土耳其、伊朗、马来西亚等国家，并销往中国台湾地区

★成都德联汽车用品有限公司
地址：成都市经济技术开发区（龙泉驿区）南四路400号
邮编：610100
电话：028/68910010
传真：68310000
网址：www.delian.cn
电子信箱：chengdu@delian.cn
法定代表人：徐咸大
质量体系：IATF 16949、ISO 14001
产品情况：制动液、冷却液、变速器油、机油、汽车养护用品等汽车系列化工用品
配套情况：为上汽大众、一汽-大众、上汽通用、长安福特、华晨宝马、北京奔驰、一汽轿车等配套

★劳士领汽车配件（成都）有限公司
地址：成都市经济技术开发区大连路38号
邮编：610100
电话：028/84858441
传真：84858443
网址：www.roechling.com
电子信箱：mengjia.fu@roechling-automotive.cn
法定代表人：GERHARD NEIDINGER
质量体系：ISO 14001、IATF 16949
产品情况：汽车底护板、上/下导气管、可调式进气格栅、缓冲板、进气歧管、塑料门板以及平衡水壶等
配套情况：为一汽-大众、长安福特、沃尔沃、博泽配套

★成都宏鼎汽车零部件有限公司
地址：成都市人民南路三段2号汇日央扩国际广场2605
邮编：610100
电话：028/85516660
传真：85516660
网址：www.mingjungroup.com
电子信箱：741970867@qq.com
法定代表人：徐小文
质量体系：IATF 16949、ISO 14001
产品情况：各类轿车冲压件、焊接合件
配套情况：主要客户为成都一汽-大众、一汽丰田、VOLVO公司等

★四川华德精工制造有限公司
地址：成都市蛟龙工业港双流园区水口路106号
邮编：610200
电话：028/85737389、85737226
传真：85737229
网址：www.cd-hd.com
电子信箱：hongwenzhu@headoilseal.com
法定代表人：李川
质量体系：IATF 16949
产品情况：［华德（HEAD）牌］
橡胶密封制品、塑料制品、金属压铸制品、金属锻造制品等
配套及出口情况：配套于长安汽车、上汽集团、雅马哈摩托车、比亚迪汽车、美的集团、德昌集团、松下集团、明阳集团、国电联合动力、西部石油机械等知名主机厂；以OEM、ODM等方式出口欧美等国家

★成都天府垫片科技有限公司
地址：成都市双流区西南航空港经济技术开发区双华路三段123号
邮编：610200
电话：028/85875538
传真：85651433
网址：www.teamful.net
电子信箱：sales@teamful.net
法定代表人：王德芳
质量体系：IATF 16949
产品情况：（天府牌、JQ牌）
环保型无石棉密封材料、石墨密封材料及各种发动机密封垫片
配套情况：为云内动力、重庆隆鑫、重庆力帆、广州力擎、内江峨柴等配套

★成都托克密封件有限责任公司
地址：成都市双流区西南航空港经济开发区工业集中区腾飞四路478号
邮编：610200
电话：028/85744349、85744327
传真：85744327
网址：www.cdtk.com.cn
电子信箱：tomseal@126.com
法定代表人：苏东
质量体系：IATF 16949、ISO 14001
产品情况：各型油封、O形圈、皮碗等橡胶制品

★成都盛帮密封件股份有限公司
地址：成都市双流区西南航空港经济开发区空港二路1388号
邮编：610200
电话：028/85774433
传真：85771133
网址：www.chsbs.com
电子信箱：sbs@chsbs.com
法定代表人：赖喜隆
质量体系：IATF 16949、GJB 9001B
产品情况：汽车动力总成橡胶密封胶
配套及出口情况：为沈阳航天三菱、上海五龙、陕西法士特、吉利汽车、江铃汽车、重庆康明斯、绵阳新晨、东方电机、江淮汽车、珀金斯动力、江苏瑞能、沈阳双福、东风朝柴、北汽福田、北京北内、无锡凯马、保定长城、浙江万丰等上百家企业配套；产品80%以上出口欧洲、美洲、大洋洲及中东等地区

★成都俊马密封科技股份有限公司
地址：成都市新都区石板滩镇光明村

邮编:610511
电话:028/83985024、83985161
网址:www.jmseal.com
电子信箱:jmsales@jmseal.com
法定代表人:马琼秀
单位人数:213
质量体系:ISO 9001、IATF 16949
产品情况:(俊秀牌、密克牌)
专业生产内燃机密封材料和密封制品
配套及出口情况:为美国 MTD、科勒公司、重庆宗申、隆鑫、嘉陵、润通等配套;远销欧美、中东、南美洲及东南亚地区

★四川什邡蓥山精密钢管制造有限公司
地址:四川省什邡市外西街 247 号
邮编:618400
电话:0838/8280747
传真:8281423、8280747
网址:www.sfyingshan.com
电子信箱:yingshan@sfyingshan.com
法定代表人:李方忠
质量体系:IATF 16949、ISO 9001
产品情况:(蓥山牌)
年产高精密度焊管和冷轧钢带各约 2 万吨,冷轧、冷拔精密钢管 8000 余吨,产品广泛使用在摩托车、汽车等领域
配套及出口情况:液压和气动缸筒用精密内径钢管通过用户加工后已使用在奥迪、红旗、捷达、富康、标致、马自达、五菱、长安、奇瑞等汽车上;摩托车用焊管通过用户加工后使用在嘉陵、嘉陵本田、建设、建设雅马哈、株洲雅马哈、洛阳北方、力帆、隆鑫、宗申等名牌摩托车上;出口欧美

★四川贝特尔橡胶科技有限公司
地址:四川省射洪县美丰工业园西部包装印刷城 1 栋
邮编:629200
电话:0825/6666688
传真:6662866
网址:www.beiteer.cn
电子信箱:sale@beiteer.cn
法定代表人:赖凯
质量体系:IATF 16949
产品情况:主要产品有 O 形环、橡胶条、橡胶管、橡胶包铁件、橡胶包铝件、减振器(座)、化油器进气管以及各类橡胶制品
配套及出口情况:客户主要有浙江吉利汽车、海南马自达、安徽奇瑞汽车等国内知名汽车厂家;主要销往欧洲、美洲、大洋洲及中东地区;在中国台湾设有 2 家外贸销售公司

★四川川环科技股份有限公司
地址:四川省达州市大竹县东柳工业园区
邮编:635100
电话:0818/6923358
传真:6231544
网址:www.chuanhuan.com
电子信箱:linli@chuanhuan.com
法定代表人:文谟统
单位人数:800
质量体系:IATF 16949、ISO 14001
产品情况:(川环牌)
燃油软管及总成、尼龙燃油管及总成、空调管及总成、动力转向管及总成、涡轮增压管及总成、制动软管及总成、水管及总成、混合动力新能源汽车发动机燃料管路系统等
配套及出口情况:主要客户有福特、三菱、马自达、吉利、长安、上汽五菱等 300 多家客户,进入了福特、法雷奥、菲亚特、百力通、比亚乔等大集团的国际采购体系;远销美国、加拿大、日本、越南、印度、南非、意大利、克罗地亚等国家

★四川鑫达企业集团有限公司
地址:四川省南充市顺庆区潆华工业园区
邮编:637000
电话:0817/2561011
传真:2561011
网址:www.chinaxd.net
电子信箱:scxd2014@163.com
法定代表人:杨鑫
质量体系:ISO 9001、IATF 16949
产品情况:(鑫达牌)
通用塑料:聚丙烯复合材料、ABS 复合材料,工程塑料:尼龙复合材料,塑料合金:PC/ABS 合金、PP/PE 合金,生物塑料:聚乳酸符合材料

★四川省简阳汽车配件有限公司
地址:四川省简阳市建设中路 62 号
邮编:641400
电话:028/27020165
电子信箱:zmrz@vip.sina.com
法定代表人:张安
质量体系:IATF 16949、ISO 14001
产品情况:(天骄牌)
汽车管道接头,年产 1000 万件(套)
配套情况:为重汽集团、济南商用车、陕汽集团、东风汽车公司、安凯客车、川汽等配套

★宜宾金川电子有限责任公司
地址:四川省宜宾市临港经济开发区
邮编:644005
电话:0831/3620059、3620254
传真:3620200、620899
网址:www.jc-elec.com.cn
电子信箱:zwd@jc-elec.com.cn
法定代表人:何军义
质量体系:IATF 16949、ISO 14001
产品情况:(金川牌)
具有年产永磁铁氧体料粉 1 万吨、永磁铁氧体元件 2 万吨,软磁铁氧体料粉 1.2 万吨、软磁铁氧体元件 1 万吨的生产规模
配套及出口情况:是大众、通用、华为、中兴、长虹等知名企业配套供应商;远销欧美、东南亚等地区,并销往中国台湾地区

贵州省

★贵州精忠橡塑实业有限公司
地址:贵阳市白云区沙文工业园区科创南路 150 号
邮编:550008
电话:0851/84761565、18985135129
传真:84761565
网址:www.gzjzxs.com
电子信箱:jingzhongrubber@163.com
法定代表人:戴红景
质量体系:IATF 16949
产品情况:(精忠牌)
各型国产及进口汽车制动缸橡胶皮碗、O 形圈、防尘罩、胶套、缓冲块、发动机胶垫、汽车制动气室橡胶隔膜(皮膜)、真空助力器橡胶隔膜(膜片)、油封、汽车 V 带、汽车软管等
配套及出口情况:为一汽集团配套;远销美国、日本、东南亚等国际市场

★贵州红林航空动力控制科技有限公司
地址:贵阳市经济技术开发区松花江路 111 号
邮编:550009
电话:0851/83897143、83895451
传真:83896453
电子信箱:143@avichl.com.cn
法定代表人:吴贵江
质量体系:ISO 14001、OHSAS 18001
产品情况:铝合金铸造
配套情况:目前主要客户有 UTAS、WOODWARD、GE、MOOG、AVIO、HONEYWELL 等公司

★贵州大众橡胶有限公司
地址:贵阳市白云区麦架镇白云北路 876 号纵支路 41 号
邮编:550014
电话:0851/84762930、84762731
传真:84760656、84762306
网址:www.autorubbers.cn
电子信箱:769079139@QQ.com
法定代表人:庄诚君
单位人数:256
质量体系:IATF 16949
产品情况:(前进牌)
汽车传动 V 带、液压制动橡胶皮碗、制动气室橡胶隔膜等橡胶制品
配套及出口情况:为一汽集团、东风汽车公司、玉柴、潍柴、华晨汽车、万向集团、长城汽车、南方天合、威伯科等配套;远销欧美地区

★贵州安大航空锻造有限责任公司
地址:贵州省安顺市西秀区东郊
邮编:561005
电话:0851/33393256

传真:33393676
网址:www. andaforging. com
电子信箱:develop@ andaforging. com
法定代表人:单振
单位人数:1200
质量体系:IATF 16949、ISO 9001
产品情况:各类锻件、环轧件,产品广泛应用于汽车领域
出口情况:远销日本、美国、英国、以色列、加拿大、德国等国家

陕西省

★西安北方华山机电有限公司
地址:西安市新城区幸福中路 123 号
邮编:710043
电话:029/82622088
传真:83231000
网址:www. norincogroup. com. cn
电子信箱:webmaster@ norincogroup. com. cn
法定代表人:孙守会
质量体系:ISO 9001
产品情况:汽车用双层卷焊钢管、PVS管及其他汽车专用管
配套情况:为长安汽车、一汽轿车配套

★西安华山精密制管有限公司
地址:西安市新城区幸福中路 123 号
邮编:710043
电话:029/83233635、13809182207
传真:83285199
网址:www. huashanpt. com
电子信箱:huang. xin2000@ 163. com
法定代表人:黄顺清
单位人数:310
质量体系:ISO 14001、IATF 16949
产品情况:主要产品为年产 5000 吨的双层卷焊钢管;年产 3000 吨表面镀锌、涂覆 PVF 的双层卷焊钢管的管材,年产 1000 万件的各种制动、燃油、动力转向、离合、空气等车用管路系统总成产品
配套及出口情况:与东风公司形成战略合作伙伴关系;远销北美洲、俄罗斯、中东等国家和地区

★西北橡胶塑料研究设计院有限公司
地址:陕西省咸阳市秦都区西华路 2 号
邮编:712023
电话:029/33621344、33621036
传真:33621360
网址:www. xbxj. chemchina. com
电子信箱:xby@ fastrubber. com
法定代表人:杨维章
单位人数:657
质量体系:IATF 16949
产品情况:[发思达(FAST)牌]
橡胶密封制品、汽车配套橡胶件、橡胶板、材、管制品等

★陕西万方汽车零部件有限公司
地址:西安市泾河工业园泾朴路 116 号
邮编:710200
电话:029/86096015、86096058
传真:86096013
网址:sxqc - wanfang. com
电子信箱:wfcwb@ 126. com
法定代表人:李隽杰
单位人数:1800
质量体系:IATF 16949、ISO 9001、ISO 14001、OHSAS 18001
产品情况:(泾渭牌)
各类重型汽车电器电路、管件管路、支架悬梁、机加工件、精密铸造、篷布内饰等六大系列
配套情况:为陕汽集团配套
☞ 详细情况请参阅彩色宣传版面

★咸阳海龙密封复合材料有限公司
地址:陕西省咸阳市乾县阳峪镇海龙路一号、陕西省咸阳市乾县工业园区 92 号
邮编:713000
电话:029/35367299、88830090
传真:35367399、88830052
网址:www. hlmf. net
电子信箱:xyhlmf@ 163. com
法定代表人:祝海峰
单位人数:109
质量体系:IATF 16949、ISO 9001
产品情况:橡胶密封制品
出口情况:远销韩国、日本、美国、欧盟等国家和地区,并销往中国台湾地区

★陕西宝塔山油漆股份有限公司
地址:陕西省咸阳市兴平市兴渝路 56 号
邮编:713100
电话:029/38811111
网址:www. baotashan. com
法定代表人:李斌
质量体系:ISO 9001、ISO 14001
产品情况:汽车漆等

★陕西奉航橡胶密封件有限责任公司
地址:陕西省兴平市金城路西段
邮编:713107
电话:029/38612527
传真:38624122
网址:www. shanxifenghang. com
电子信箱:fhxm8612527@ 126. com
法定代表人:王斌
单位人数:500
质量体系:IATF 16949、ISO 9001
产品情况:(fh 牌)
密封件、橡胶制品、铸造产品
配套及出口情况:主要用户有中国重汽、陕汽、陕西法士特、一汽解放、东风、安凯车桥、大同齿轮、北方动力、北奔车桥等国内重点企业;远销美国、德国、东南亚、南美洲等几十个国家和地区

★陕西方圆汽车标准件有限公司
地址:陕西省咸阳市三原县清河工业园
邮编:713800
电话:029/32252776、32252756
传真:32283407
电子信箱:sqbgs@ 163. com
法定代表人:刘玺斌
质量体系:IATF 16949
产品情况:(三园牌)
重型汽车高强度车轮螺栓总成、连杆螺栓总成、传动轴螺栓总成、飞轮螺栓总成、半轴螺栓总成等八大强力螺栓总成和螺纹直径为 M6 ~ M24,长度为 12 ~ 300mm,强度为 8. 8 ~ 12. 9 级的汽车标准紧固件、专用紧固件和异形固件等
配套情况:是陕西重汽、中国重汽商用车、陕西汉德车桥、陕西法士特齿轮、陕西华山工程车辆等全国大型汽车集团和零部件企业的定点协作 A 类配套单位

★陕汽榆林金帝润滑油有限公司
地址:陕西省榆林市榆阳区麻黄梁工业集中区
邮编:719000
电话:0912/2252609、7157700
传真:7158000
网址:www. yldongfang. com
电子信箱:jindn@ yldongfang. com
法定代表人:贺孟涛
质量体系:IATF 16949
产品情况:(金帝牌)
乘用车润滑油、商用车润滑油、汽车附属润滑油、摩托车润滑油、工业润滑油、防冻液、润滑脂及特种润滑油等
配套情况:为陕汽、北奔重汽等配套

★汉中秦宇密封材料有限责任公司
地址:陕西省汉中市铺镇铺汉路姜坝村
邮编:723000
电话:0916/2650698、15671900066
传真:2656099
网址:www. hzqinyu. com
电子信箱:hzqinyu@ vip. 163. com
法定代表人:王俊杰
质量体系:IATF 16949、ISO 14001
产品情况:(衮雪牌)
非金属密封垫片
配套情况:为北汽、东风汽车公司、江淮、全柴、上海龙工、天津雷沃、山东临工、福建厦工、徐工集团等配套

甘肃省

★甘肃海林中科科技股份有限公司
地址:甘肃省天水市秦州区岷山路 55 号
邮编:741018
电话:0938/4906138、8383654
传真:8384718
网址:www. hlbearing. com

电子信箱:lcx@ hlbearings. com
法定代表人:何克鸿
质量体系:ISO 9001、IATF 16949
产品情况:[海林(HL)牌]
　　圆锥滚子轴承、圆柱滚子轴承、深沟球轴承及非标、专用轴承、轮毂轴承等
出口情况:客户已覆盖世界各地 30 多个国家和地区

青海省

★西宁特殊钢股份有限公司
地址:西宁市柴达木西路52号
邮编:810005
电话:0971/5299186
传真:5217508
网址:www. xntg. com
电子信箱:xiningtegang@ 163. com
法定代表人:尹良求
质量体系:IATF 16949、ISO 9001
产品情况:汽车用钢等
配套情况:主要客户有东风商用车、东风德纳车桥、庆铃汽车、中国重汽、长城汽车、曙光汽车集团、法士特、三环集团等

★青海盐湖特立镁有限公司
地址:西宁经济技术开发区甘河工业园区西区
邮编:811600
电话:0971/2268173、2268161
传真:2268173
网址:www. trimag. cn
电子信箱:460418552@ qq. com
法定代表人:林占宏
质量体系:IATF 16949、ISO 14001
产品情况:金属镁、镁合金、金属铝、铝合金产品加工、塑料产品加工;汽车配件、镁、铝产品

宁　夏

★宝塔实业股份有限公司
地址:银川市西夏区北京西路630号
邮编:750004
电话:0951/2027091
网址:www. nxz. com. cn
电子信箱:nxz@ nxz. com. cn
法定代表人:王静波
质量体系:IATF 16949、ISO 9001
产品情况:(NXZ 牌)
　　推力球轴承、滚针与直线轴承、四点接触球轴承、组合轴承、推力滚子轴承、增压器轴承、整体偏心转臂轴承、机床主轴轴承、轧机专用轴承、双排滚子轴承、滑动轴承、外球面轴承、调心球轴承、滚针轴承、关节轴承、螺旋轴承、推力调心滚子轴承、调心滚子轴承、四列圆锥滚子轴承
配套及出口情况:为北奔重汽等配套;远销美国、英国、法国、俄国、德国、意大利等50多个国家和地区

新　疆

★新疆福克油品股份有限公司
地址:乌鲁木齐市头屯河工业园区沙坪西街52号
邮编:830026
电话:0991/3712408、4000068303
网址:www. xjfk. com
电子信箱:3475965592@ qq. com
法定代表人:涂登源
质量体系:ISO 9001、ISO 14001
产品情况:(福克牌、七喜牌、柏兰牌、木孜塔格牌、FK303 牌、迈驰牌)
　　节能润滑油、润滑脂、防冻液、合成型润滑油、制动液等产品,年产能力6万吨
出口情况:远销中亚地区

新能源与智能网联零部件生产企业

·查询导引·

企业详细介绍

新能源与智能网联零部件生产企业

☞ 企业如有变更,请与编辑部联系 ☎ 010/68426043、68420981

北京市

★萱柯氢能科技(北京)有限公司
地址:北京市东城区建国门北大街5号金成建国五号2121
邮编:100005
电话:010/85613566
网址:www.xk-hydrogen.com
电子信箱:tom.zchang@xk hydrogen.com
法定代表人:张楠
质量体系:ISO 9001
产品情况:燃料电池离子交换树脂过滤器、燃料电池专用防冻液、低压大功率水泵、化学空气过滤器等

★高通无线通信技术(中国)有限公司
地址:北京市东城区北三环东路36号环球贸易中心C栋601
邮编:100013
电话:010/57760777
网址:www.qualcomm.cn
电子信箱:dazhiw@qti.qualcomm.com
法定代表人:孟樸(Frank MENG)
质量体系:ISO 9001
产品情况:车载资讯系统:LTE调制解调器、ARM Cortex A7处理器、GNSS、Wi-Fi/蓝牙/DSRC;驾驶数据平台:骁龙820车用处理器、X12 LTE调制解调器、蜂窝V2X;车载娱乐信息平台:骁龙820A汽车级处理器、骁龙602A处理器等
配套情况:为奥迪、宝马、别克、凯迪拉克、雪佛兰、福特、本田、现代、林肯、奔驰、丰田、沃尔沃等国内外知名汽车厂商提供解决方案

★精进电动科技股份有限公司
地址:北京市朝阳区将台路5号普天实业科技园7座
邮编:100015
电话:010/85935151
网址:www.jjecn.com
电子信箱:min.an@jjecn.com
法定代表人:余平
质量体系:ISO 9001、ISO 14001
产品情况:电驱动系统解决方案:包括高功率密度水冷电动机、油冷电动机系统、机电耦合混合动力总成、新能源汽车专用变速器、减速器总成
配套情况:配套克莱斯勒、客车、菲斯科、长城华冠、吉利帝豪、依维柯等

★北京荣之联科技股份有限公司
地址:北京市朝阳区酒仙桥北路甲10号院106号楼荣之联大厦
邮编:100015
电话:010/62602000
网址:www.ronglian.com
电子信箱:marketing@ronglian.com
法定代表人:王东辉
质量体系:ISO 9001、ISO 14001
产品情况:是专业的数据中心解决方案和服务提供商,解决方案包括新能源汽车监控平台等
配套情况:主要客户包括广汽丰田、重庆长安、华晨宝马、佳通轮胎、宝钢集团等

★北方华创新能源锂电装备技术有限公司
地址:北京市朝阳区酒仙桥东路1号
邮编:100015
电话:010/64363680
传真:64363228
网址:www.naura.com
电子信箱:sales.nne@naura.com
法定代表人:顾为群
质量体系:ISO 9001、ISO 14001
产品情况:锂离子电池制造设备和系统解决方案,二次电池设备研发和制造的高端装备
配套及出口情况:为全国主要锂离子电池研究院所、生产企业提供电池制造装备;远销日本、德国、俄罗斯等国家

★北京车网互联科技有限公司
地址:北京市朝阳区酒仙桥路甲10号

院 106 号楼荣之联大厦 3 层
邮编:100015
电话:010/58978999、62602000
传真:58978988
电子信箱:xyliu02@ ronglian. com
法定代表人:程尧
质量体系:ISO 9001、ISO 27001
产品情况:以前沿的移动、定位、云计算、数据采集融合技术为工具的车载信息服务平台运营商

★北京中斗科技股份有限公司
地址:北京市朝阳区将台路 5 号院内 15 号楼(普天科技实业园)
邮编:100016
电话:010/59009266
传真:59009233
网址:www. ccompass. com. cn
电子信箱:ccompass@ ccompass. com. cn
法定代表人:张勇
质量体系:ISO 14001、ISO 9001
产品情况:卫星定位系统平台及终端

★京东方科技集团股份有限公司
地址:北京市朝阳区酒仙桥路 10 号
邮编:100016
电话:010/64318888
网址:www. boe. com
电子信箱:chenjiaqi@ boe. com. cn
法定代表人:陈炎顺
产品情况:传感器件、传感器及解决方案

★中祥新能源有限公司
地址:北京市朝阳区广渠路 23 号院 1 号楼 20 层 2307
邮编:100022
电话:13146269010
电子信箱:longzaijinzhao@ 163. com
法定代表人:刘祝成
产品情况:燃料电池、新能源车及配件的技术开发

★北京科泰克科技有限责任公司
地址:北京市朝阳区东军庄 1 号
邮编:100024
电话:010/85701532
传真:85701286
网址:www. ctctank. com
电子信箱:jalong@ ctic. cn
法定代表人:孙冬生
质量体系:ISO 9001、IATF 16949
产品情况:铝合金内胆、车用复合气瓶、呼吸气瓶、高压及超高压容器等

★亿利洁能股份有限公司
地址:北京市朝阳区光华路 15 号
邮编:100026
电话:010/56632432
传真:56632585
网址:www. elion. com. cn
电子信箱:mhj_cbb@ 163. com
法定代表人:王文彪
质量体系:ISO 9001、ISO 14001
产品情况:智能充电设施、充电桩等

★北京车联天下科技有限公司
地址:北京市朝阳区安定路 33 号化信大厦 A 座 15 层
邮编:100029
电话:010/84464565
网址:www. auto - link. com. cn
法定代表人:张晓冬
质量体系:ISO/TS 16949、ISO 9001
产品情况:车载智能终端(智能数字座舱、智能后视镜、AUTOLINK OS、智能中控、数字仪表、ADAS-BOX、T-BOX)和车联网服务平台的系统集成化开发与服务
配套情况:主要客户有北京汽车、东风汽车、北汽威旺、众泰汽车、吉利汽车、福田汽车、凯翼汽车、奇瑞汽车、观致汽车、一汽-大众、江铃汽车、北京现代、开瑞汽车、昌河汽车、捷途、合众新能源、NIO 等

★国家电网有限公司
地址:北京市西城区西长安街 86 号
邮编:100031
电话:95598
网址:www. sgcc. com. cn
电子信箱:sgcc - info@ sgcc. com. cn
法定代表人:毛伟明
产品情况:建设运营电网、电动汽车充电桩

★联通智网科技有限公司
地址:北京市西城区阜成门外大街 22 号外经贸大厦 18 层
邮编:100037
电话:18612687996
网址:www. cu - sc. com
电子信箱:renjh21@ chinaunicom. cn
法定代表人:辛克铎
质量体系:ISO 9001
产品情况:为行业提供以汽车联网和运营服务为核心的综合解决方案
配套情况:已经服务 63 个车厂,联网车辆数超过 3000 万,市场占有率超过 80%

★北京首钢自动化信息技术有限公司
地址:北京市石景山区石门路 1 号院 1 号楼
邮编:100041
电话:010/88293417、88291188
电子信箱:yuhaizhen@ sgai. com. cn
法定代表人:张宗先
单位人数:3000
质量体系:ISO 14001、OHSAS 18001
产品情况:电动汽车充电桩研发、生产制造、安装,充电站建设、充电运营及相关增值服务
配套情况:参与建设石景山区光伏超级充电站、首特绿能港充电站、中关村国际创客中心充电站

★北京易华录信息技术股份有限公司
地址:北京市石景山区阜石路 165 号中国华录大厦
邮编:100043
电话:010/52281111、4006101996
传真:52281188
网址:www. ehualu. com
法定代表人:林拥军
质量体系:ISO 9001、ISO 14001
产品情况:提供车辆安全性诊断基础平台,提供自动驾驶、V2X、安全辅助驾驶测试环境及测试报告,提供 4g/5g、DSRC、LET-V 通信技术研发测试环境
出口情况:服务 14 个“一带一路”国家

★北京九五智驾信息技术股份有限公司
地址:北京市海淀区上园村 3 号交大知行大厦 9 层
邮编:100044
电话:010/62695190
网址:www. yesway. cn
电子信箱:biz@ yesway. cn
法定代表人:朱文利
质量体系:ISO 9001
产品情况:车联网行业网联产品及解决方案提供商、服务运营商,为全球车厂提供产品化、定制化的解决方案
配套情况:为奔驰、保时捷、福特、捷豹路虎、本田、宝马、大众、北汽等超过 25 个汽车品牌、20 余个合作伙伴,440 个车型的国际品牌,合资品牌和国内自主品牌的 300 多万用户提供了车联网服务

★北京动力源科技股份有限公司
地址:北京市丰台区科技园区星火路 8 号
邮编:100070
电话:010/83682266、63783099
网址:www. dpc. com. cn
电子信箱:gyj@ dpc. com. cn
法定代表人:何振亚
质量体系:ISO 9001、ISO 14001
产品情况:电动车充电站设备暨充电柜、充电桩和充电监控系统,动力电池及储能电池管理系统等系列产品
出口情况:主要业务已经辐射美国、意大利、法国、俄罗斯、韩国、印度尼西亚、菲律宾、老挝、泰国、孟加拉国、尼泊尔、印度、斯里兰卡、沙特阿拉伯、埃塞俄比亚、加拿大、墨西哥、智利、巴西等几十个国家和地区

★北京中电丰业技术开发有限公司
地址:北京市丰台区总部基地时代财富天地航丰路 1 号 1201 室
邮编:100070
电话:010/80843871、80843872
传真:80843873
网址:www. bjzdfy. com. cn
电子信箱:sales@ bjzdfy. com. cn
法定代表人:王德军
质量体系:ISO 9001、ISO 14001
产品情况:水电解制氢及供氢系统

★北京佳朋创业科技有限公司
地址:北京市丰台区宋庄路71号院3号楼4层505
邮编:100079
电话:010/67678367、67637858
传真:67625066
电子信箱:jiapengfuwu@ 126. com
法定代表人:刘燕
质量体系:ISO 9001
产品情况:新能源汽车整车控制器、汽车电动机控制器、DC-DC电源变换器、车载空气压缩机、充电机等

★普天新能源有限责任公司
地址:北京市海淀区北二街6号中国普天大厦1002
邮编:100080
电话:010/62418060
传真:62683209
网址:www. ptne. cn
电子信箱:ptne@ potevio. com
法定代表人:王栋
质量体系:ISO 9001、ISO 14001
产品情况:(Potevlo 中国普天牌)
充电桩、充电机、充电站监控管理系统、动力蓄电池等
配套情况:与宝马等车企合作即时充电,机场油改电项目,央企分时租赁项目等

★北京市商汤科技开发有限公司
地址:北京市海淀区北四环西路58号理想国际大厦
邮编:100080
电话:4009005986
网址:www. sensetime. com
电子信箱:business@ sensetime. com
法定代表人:徐冰
质量体系:ISO 9001
产品情况:人脸识别、图像识别、文本识别、医疗影像识别、视频分析、无人驾驶和遥感等;涵盖智慧城市、智能手机、汽车等多个行业
配套情况:已与国内外700多家世界知名的企业和机构建立合作,包括本田、SNOW、阿里巴巴、苏宁、中国移动、OPPO、vivo、小米、微博、万科、融创等

★北京氢璞创能科技有限公司
地址:北京市海淀区黑泉路8号宝盛广场D座4003
邮编:100080
电话:010/51077219、62841090
网址:www. nowogen. com
电子信箱:qingpu@ nowogen. com
法定代表人:欧阳洵
产品情况:燃料电池电堆
配套情况:为申龙、开沃、达福迪、东风供货

★北京地平线机器人技术研发有限公司
地址:北京市海淀区中关村大街1号海龙大厦3层
邮编:100080
电话:010/82609725-1000
网址:www. horizon. ai
电子信箱:bd@ horizon. ai
法定代表人:余凯
质量体系:ISO 9001、ISO 14001
产品情况:高级别自动驾驶、360°视觉感知方案、激光雷达感知方案、众包高精地图采集与定位方案、高级驾驶辅助系统
配套情况:已赋能合作伙伴包括奥迪、博世、长安、比亚迪、上汽、广汽等国内外的顶级Tier1s、OEMs厂商

★北京蓝吉新能源科技有限公司
地址:北京市海淀区北三环西路66号理工国际教育交流大厦807室
邮编:100081
电话:010/68945611-8073
传真:68948556
网址:www. bluegtech. com
电子信箱:info@ bluegtech. com
法定代表人:李然
质量体系:ISO 9001、ISO 14001
产品情况:氢燃料电池发动机、DC/DC氢燃料直流转换器、控制系统、氢燃料电池动力总成、高压储氢供气系统

★北京理工华创电动车技术有限公司
地址:北京市海淀区西三环北路甲2号院中关村国防科技园6号楼17层
邮编:100081
电话:010/68910955
传真:68944475
网址:www. huachuangev. com
电子信箱:huachuang@ huachuangev. com
法定代表人:林程
质量体系:IATF 16949
产品情况:整车控制器、功率转换集成控制器、分布式驱动系统控制器及电驱动与传动系统等产品
配套及出口情况:为北汽、广汽、上汽、一汽、陕汽、福田、安凯、中通、宇通、苏州金龙等供货;远销欧洲、东南亚、中东、美洲

★安泰科技股份有限公司
地址:北京市海淀区学院南路76号
邮编:100081
电话:010/62180969
传真:62182695
网址:atmcn. com
电子信箱:webmaster@ atmcn. com
法定代表人:李军风
质量体系:ISO 9001、ISO 14001
产品情况:新能源汽车用高性能稀土永磁制品
配套及出口情况:合作伙伴有丰田汽车、大众汽车等;远销50多个国家和地区

★北京佳安氢源科技股份有限公司
地址:北京市海淀区中关村北大街151号燕园大厦920
邮编:100081
电话:010/58876981
网址:www. jaranh2. com
电子信箱:wanghuichao@ jaranh2. com
法定代表人:张佳平
产品情况:燃料氢气纯化、含氢尾气消纳、氢气杂质检测

★北京大椽科技有限公司
地址:北京市海淀区中关村南大街乙12号天作国际B座10层
邮编:100081
电话:010/88556853、17611272922
网址:www. dachuantek. com
电子信箱:yansu@ dachuantek. com
法定代表人:王涛涛
质量体系:ISO 9001
产品情况:车联网大数据管理及车载视频及主动安全预警设备、安全管理咨询培训,包括360全景环视系统、车载T-BOX、V2X、微波交通场景雷达、路侧停车系统、车载视频主动安全设备、H3高精度定位接收机等
配套情况:与北汽、福田、江淮、东风等合作

★北京海博思创科技有限公司
地址:北京市海淀区清华东路35号北京林业大学学研中心大厦C座二层208房间
邮编:100083
电话:010/82896288
网址:www. hyperstrong. com. cn
电子信箱:info@ hyperstrong. com. cn
法定代表人:张剑辉
质量体系:IATF 16949、ISO 9001
产品情况:电池管理系统、储能系统、动力电池系统、远程数据监测平台、云端大数据分析平台、车辆运营调度系统
配套情况:为南京金龙、东风襄旅配套

★中科创达软件股份有限公司
地址:北京市海淀区清华东路9号院3号楼创达大厦
邮编:100083
电话:010/62662686
网址:www. thundersoft. com
电子信箱:biz@ thundersoft. com
法定代表人:赵鸿飞
质量体系:ISO 9001、OHSAS 18001
产品情况:信息娱乐系统、智能驾驶舱、智能车载系统关键技术

★北京星云互联科技有限公司
地址:北京市海淀区学清路8号科技财富中心A座9层
邮编:100083
电话:010/82362687
网址:nebula-link. com
电子信箱:official@ nebula-link. com
法定代表人:潘军
质量体系:ISO 9001
产品情况:V2X车载设备和路侧系统
配套情况:主要合作伙伴有长安汽车、小鹏汽车、宇通、比亚迪、江铃汽车、东

风汽车、福特、通用、北京汽车、长江电动车、吉利汽车、四维图新等

★北京梆梆安全科技有限公司
地址:北京市海淀区学院路 30 号科大天工大厦 A 座 20 层
邮编:100083
电话:4008881881
网址:www. bangcle. com
电子信箱:service@ bangcle. com
法定代表人:阚志刚
质量体系:ISO 9001
产品情况:车联网安全、智能家居等相关解决方案

★大唐电信科技产业控股有限公司
地址:北京市海淀区学院路 40 号
邮编:100083
电话:010/62303100
传真:62301900
网址:www. datanggroup. cn
电子信箱:webmaster@ datanggroup. cn
法定代表人:童国华
质量体系:ISO 9001
产品情况:LTE-V 车联网自组织通信设备

★大唐高鸿数据网络技术股份有限公司
地址:北京市海淀区学院路 40 号大唐电信集团综合楼 11 层
邮编:100083
电话:010/62303100
传真:62301900
网址:www. gohigh. com. cn
法定代表人:付景林
质量体系:IATF 16949、ISO 9001
产品情况:车路协同关键技术,包括路侧感知技术、车辆高精度定位技术、高可靠车辆间通信技术、分级云控技术等,C-V2X 系列产品等

★北京富电科技有限公司
地址:北京市海淀区学院路甲 5 号 768 创意产业园 A 座西区 2 - 018
邮编:100083
电话:010/61199588、57105118
传真:61199699
网址:www. telluspowertech. cn
电子信箱:lihongquan@ xylife. com. cn
法定代表人:吕勤燕
产品情况:(小易充电牌)
充电站建设及运营(智能超级充电站、直流充电桩、交流充电桩、充电网络、开放平台)

★北京初速度科技有限公司
地址:北京市海淀区中关村东路 8 号东升大厦 A 座 501
邮编:100083
电话:010/82526609
网址:www. momenta. cn
电子信箱:contact@ momenta. ai
法定代表人:曹旭东
质量体系:ISO 9001
产品情况:利用深度学习技术研发实时环境感知、高精度地图以及自动驾驶决策算法,打造自动驾驶的大脑

★优智车联(北京)科技有限公司
地址:北京市海淀区双清路甲 79 号启迪之星 A204
邮编:100084
电话:4006905901
网址:www. usmartdata. com
电子信箱:admin@ ubi - china. com
法定代表人:高阳
产品情况:UBI 车险、车辆管理等车联网领域产品

★北京千方科技股份有限公司
地址:北京市海淀区东北旺西路 8 号中关村软件园 27 号院千方科技大厦 B 座
邮编:100085
电话:010/50821000
传真:50822000
网址:www. ctfo. com
法定代表人:夏曙东
产品情况:基于 5G 移动通信、大数据分析、人工智能及边缘计算等先进技术,提供 V2X(Vehicle to Everything,V2X)车端、路侧、云控管理服务平台、软件开发套件、路侧感知及边缘计算等全系列完整的智能网联产品和解决方案
配套情况:与高德、上汽、马自达、沃尔沃、日产、比亚迪、东风裕隆纳等合作,为百度、腾讯、搜狗、360 等提供数据服务

★北京凯源新能科技有限公司
地址:北京市海淀区清河小营桥西安宁庄东路 18 号光华创业园内
邮编:100085
电话:010/62305100、4006048917
网址:www. kaiyuanxinneng. com
电子信箱:sales@ kenergy - tech. com
法定代表人:马鸣飞
质量体系:ISO 9001
产品情况:大功率蓄电池充电机、充电桩、直流稳压电源、工业开关电源、直流/直流变换器(DC/DC)、逆变电源(DC/AC)、高压电源、电池管理系统(BMS)
配套情况:主要客户有科力远、南京嘉远电动汽车、安徽安凯、广通客车等

★北京合众汇能科技有限公司
地址:北京市海淀区上地七街 1 号
邮编:100085
电话:010/82897371、4000885906
传真:82897347
网址:www. hccenergy. com
电子信箱:hccenergy@ 163. com
法定代表人:王大志
质量体系:ISO 9001、ISO 14001
产品情况:超级电容器,用于电动/混合动力汽车等

★ 北京必创科技股份有限公司
地址:北京市海淀区上地七街 1 号汇众大厦 7 楼
邮编:100085
电话:010/82783640、82783641
传真:82784200
网址:www. beetech. cn
电子信箱:beetech@ beetech. cn
法定代表人:代啸宁
质量体系:ISO 9001、OHSAS 18001、ISO 14001
产品情况:工业过程无线监测系统解决方案(监测方案)、力学参数无限检测系统解决方案(检测方案)、MEMS 压力传感器芯片及模组产品(MEMS 产品)的研发、生产
☞ 详细情况请参阅彩色宣传版面

★北京双杰电气股份有限公司
地址:北京市海淀区上地三街 9 号 D 座 1111
邮编:100085
电话:010/62987100
传真:62988464
网址:www. sojoline. com
电子信箱:sojo@ sojoline. com
法定代表人:赵志宏
质量体系:ISO 9001、ISO 14001
产品情况:新能源汽车充放电及智能控制设备、充电桩、动力电池高端湿法隔膜

★北京有感科技有限责任公司
地址:北京市海淀区上地三街 9 号 D 座 3 层 D412 - 1
邮编:100085
电话:010/82899973、13269527116
网址:www. invispower. com
电子信箱:wangzhe@ invispower. com
法定代表人:王哲
产品情况:无线充电解决方案,多品类汽车电子前装高科技电子产品一级供应商
配套情况:客户有东风日产、长安、吉利、广汽、北汽、绿驰汽车等

★瑞萨半导体(北京)有限公司
地址:北京市海淀区上地信息产业基地 8 街 7 号
邮编:100085
电话:010/57525050
传真:57525002
网址:beijing. renesas. com
电子信箱:rsb - business@ lm. renesas. com
法定代表人:濱田裕之
质量体系:IATF 16949、ISO 9001
产品情况:从事半导体产品——MCU、MSIG、SCR-LM、SRAM 的制造,产品覆盖汽车等领域

★北京华盛源通科技有限公司
地址:北京市海淀区上地信息路 1 号金远见大楼 3 层 305 室

邮编:100085
电话:010/82318055、4000300809
传真:82318259
网址:www. huashengyuantong. com
电子信箱:sales@ huashengyuantong. com
法定代表人:杨重山
质量体系:ISO 9001
产品情况:新能源汽车动力总成及控制系统(包括电动机驱动器、动力总成控制器、电池管理系统等)和电力电子实验设备(可回馈大功率智能馈电源、电力测功机等)等
配套情况:目前合作的企业有北京新能源、吉利汽车研究院、乐视超级汽车、东风汽车电子(襄阳)、潍柴动力新能源、江铃新能源汽车、北京国能电池、中科院深圳先进技术研究院、深圳航天科研院、江苏常隆客车厂、北京安弗森新能源等几十家优秀企业

★中交智能科技股份有限公司
地址:北京市海淀区上地信息路26号中关村创业大厦
邮编:100085
电话:010/62979928
网址:www. ccico. cn
电子信箱:contact@ ccico. cn
法定代表人:周校宁
产品情况:路信通车路协同风险管理系统——路信通车路协同辅助平台等基于互联网的智能化系统解决方案、产品和服务

★北京旷视科技有限公司
地址:北京市海淀区科学院南路2号融科资讯中心A座3层
邮编:100086
电话:4006700866
网址:www. megvii. com
电子信箱:business@ megvii. com
法定代表人:印奇
质量体系:ISO 9001、ISO 14001
产品情况:研发的人脸识别技术、图像识别技术、智能视频云产品、智能传感器产品、智能机器人产品已经广泛应用于金融、手机、安防、物流、零售等领域

★北京疆探氢能科技集团有限公司
地址:北京市通州区中关村科技园区通州园金桥科技产业基地环科中路16号61号楼一层
邮编:100089
电话:010/52831218
网址:www. jangtan. com. cn
电子信箱:17600057027@ 163. com
法定代表人:邱允浩
产品情况:主导产品为分布式绿色氢能工业切割供气系统和绿色氢能(联合)工业数控切割机床

★北京小马智行科技有限公司
地址:北京市海淀区北清路68号院用友产业园西区1号楼B座2层
邮编:100094
电话:13261879688
网址:www. pony. ai
电子信箱:contacts@ pony. ai
法定代表人:李衡宇
产品情况:专注于自动驾驶解决方案,旗下产品Pony. ai基于雷达、光学雷达、GPS及电脑视觉等技术感测其环境,达到自动驾驶目的

★能科科技股份有限公司
地址:北京市海淀区西北旺东路10号院区5号楼中关村互联网创新中心
邮编:100094
电话:010/58741901
网址:www. nancal. com
电子信箱:marketing@ nancal. com
法定代表人:祖军
质量体系:ISO 9001、OHSAS 18001
产品情况:充电桩等

★北京世纪高通科技有限公司
地址:北京市海淀区西北旺永丰路与北清路交会处东南四维图新大厦A座
邮编:100094
电话:010/82306399-2165
网址:www. cennavi. com. cn
电子信箱:cennavi-marketing@ cennavi. com. cn
法定代表人:程鹏
质量体系:ISO 9001
产品情况:研发的MineData位置大数据平台,聚焦于数据、算法和服务,可提供企业级位置智能方案,服务于数百家政府、车厂、企事业单位等
配套情况:为丰田、雷克萨斯、日产、英菲尼迪、本田、讴歌、宝马、奔驰、大众等厂商提供解决方案

★北京北科天绘科技有限公司
地址:北京市海淀区永丰路5号院1号楼502
邮编:100094
电话:010/58717178
网址:www. isurestar. com
电子信箱:bkth@ isurestar. com
法定代表人:余佩艳
质量体系:ISO 9001
产品情况:智能车用激光雷达等激光雷达和航空遥感技术及产品
出口情况:部分产品出口俄罗斯、肯尼亚等国家

★大洋电机新动力科技有限公司
地址:北京市海淀区永丰路5号院2号楼101室
邮编:100094
电话:010/58711729
网址:www. broad-ocean-ev. com
电子信箱:bomev_hr@ broad-ocean. com
法定代表人:鲁清平
质量体系:ISO 9001、IATF 16949
产品情况:新能源动力及控制系统

★大唐电信科技股份有限公司
地址:北京市海淀区永嘉北路6号
邮编:100094
电话:010/58919000
传真:58919131
网址:www. datang. com
电子信箱:datang@ datang. com
法定代表人:黄志勤
单位人数:1886
质量体系:ISO 9001、ISO 14001
产品情况:车载终端、OBD车载自动诊断系统
出口情况:成功进入东南亚、欧洲、非洲等国际市场

★北京联动天翼科技股份有限公司
地址:北京市海淀区中关村环保园紫雀路联动大楼
邮编:100095
电话:010/59530088
传真:59530099
网址:www. linkdata. com. cn
法定代表人:阎紫电
质量体系:ISO 9001、ISO 14001
产品情况:生产车用动力蓄电池等产品,是新能源电池系统服务商和解决方案提供商
出口情况:远销欧洲、大洋洲、东南亚、中东等地区

★云知声智能科技股份有限公司
地址:北京市海淀区西三旗建材城内1幢一层101号
邮编:100096
电话:010/62369899
传真:82601009
网址:www. unisound. com
电子信箱:zhangli@ unisound. com
法定代表人:梁家恩
质量体系:ISO 9001
产品情况:智享未来车载UniCar

★北京欧百拓信息科技发展有限公司
地址:北京市朝阳区望京广顺北大街33号院临1号楼
邮编:100102
电话:13699113507
网址:www. oubaituo. com
电子信箱:sales@ oubaituo. com
法定代表人:剧学铭
产品情况:基于激光雷达自动驾驶技术方案
配套情况:主要客户有奥迪汽车、大众汽车、宝马汽车、长安汽车、上汽、一汽、北汽、东风汽车、理想汽车、吉利汽车、长城汽车、博世、电装、蔚来、威马等

★北京车和家信息技术有限公司
地址:北京市顺义区高丽营镇恒兴路4号院1幢101室
邮编:100102
电话:010/57425900、57425900
网址:www. lixiang. com
电子信箱:fengweili@ chehejia. com

法定代表人:李想
产品情况:理想 ONE,增程式智能电动车

★中航锂电(北京)有限公司
地址:北京市朝阳区立清路 7 号院 4 号楼 10 层 1 单元 1109
邮编:100107
电话:010/58677618
网址:www. calb - tech. com
电子信箱:liuwei@ calb - tech. com
法定代表人:杨碧琼
质量体系:IATF 16949
产品情况:动力电池及电源系统,涵盖磷酸铁锂和三元两大体系,单体容量覆盖了 10 ~ 500Ah,主要应用领域包括电动车辆、电力储能和特种电源等
配套情况:先后与长安汽车、宇通客车、中国一汽、东风汽车、苏州金龙、南京金龙、中通轻客、重庆瑞驰、扬州亚星等一流车企合作

★北京远特科技股份有限公司
地址:北京市朝阳区高井文化园路 8 号东亿国际传媒产业园区三期 C 座
邮编:100124
电话:010/59230666
传真:58874999
网址:www. chinatsp. com
法定代表人:徐林浩
质量体系:IATF 16949
产品情况:智能车载多媒体终端、T-BOX、HUD、数字虚拟仪表、ADAS,为将来汽车实现智能驾驶和无人驾驶奠定必要的技术基础、平台基础和数据基础
配套情况:主要客户包括长安汽车、吉利汽车、中国一汽、广汽集团、长安铃木、马自达、陆风汽车、北京汽车等制造商

★中国铁塔股份有限公司
地址:北京市海淀区阜成路 73 号裕惠大厦 A 座
邮编:100142
电话:10096
网址:www. china - tower. com
电子信箱:news@ chinatowercom. cn
法定代表人:佟吉禄
产品情况:梯级回收利用报废锂电池

★北京当升材料科技股份有限公司
地址:北京市丰台区南四环西路 188 号总部基地 18 区 21 号楼
邮编:100160
电话:010/52269500、52269644
传真:52269720
网址:www. easpring. com. cn
电子信箱:zjb@ easpring. com. cn
法定代表人:李建忠
质量体系:ISO 9001、ISO 14001
产品情况:锂电正极材料

★中航华源北京汽车智能科技有限公司
地址:北京市南四环西路 128 号总部基地诺德中心一号楼 6 层
邮编:100160
电话:010/56035898
传真:56036397
网址:www. c - aeb. com
电子信箱:cahyaeb@ 163. com
法定代表人:王玮
产品情况:自动驾驶智能汽车、汽车主动安全系统开发、CAHY-AEB 汽车高级驾驶辅助系统

★北京高陆通新能源科技有限公司
地址:北京市北京经济技术开发区经海三路 138 号
邮编:100176
电话:010/53779828、53779833
网址:www. gaolutong. cn
电子信箱:support@ gaolutong. com
法定代表人:张中阳
产品情况:小区定点式充电站、商业分布式充电站、地域集中式充电场站等

★北京卫蓝新能源科技有限公司
地址:北京市北京经济技术开发区康定街 1 号 1 幢 B3 二层 203 室
邮编:100176
电话:18500078440
传真:010/80310089
网址:www. solidstatelion. com
电子信箱:info@ solidstatelion. com
法定代表人:俞会根
产品情况:混合固液电解质电池和全固态锂电池

★北京天奈科技有限公司
地址:北京市北京经济技术开发区西环南路 18 号 C 幢 2 层 204 室
邮编:100176
电话:010/56866091
网址:www. cnanotechnology. com
电子信箱:zhaoning@ cnanotechnology. com
法定代表人:张美杰
质量体系:IATF 16949、ISO 9001
产品情况:碳纳米管与石墨烯,主要为锂电池导电浆料等应用

★北京稳力科技有限公司
地址:北京市大兴区亦庄经济开发区景园北街贵派大厦 8 层
邮编:100176
电话:010/63428305
网址:www. wenli - china. com
电子信箱:info@ wenli - china. com
法定代表人:华卿嵩
质量体系:ISO 9001
产品情况:氢燃料电池动力系统及其核心零部件
配套情况:为中车集团、华沃汽车、氢蓝动力、弗尔赛能源、楞次新能源等供货

★北京合康新能科技股份有限公司
地址:北京市经济技术开发区博兴二路 3 号
邮编:100176
电话:010/59180000
传真:59180035
网址:www. hiconics. com
电子信箱:service@ hiconics. com
法定代表人:叶进吾
质量体系:ISO 9001、ISO 14001
产品情况:(合康牌)
　　提供新能源汽车动力总成、电动机控制器、辅助动力系统、电动汽车智能充电桩及新能源汽车租赁平台建设等产品及服务
配套情况:打造亦庄奔驰充电站,向南京金龙纯电动公交车投入 40 套高压配电柜和 200 台车载充电机,望京畅的科技铁科充电项目等多地充电项目

★北京电控爱思开科技有限公司
地址:北京市经济技术开发区经海四路 9 号
邮编:100176
电话:010/59290999
网址:besk. cn
法定代表人:于立国
产品情况:车用动力电池
配套情况:主要配套北京新能源汽车的 ES210、EV200 车型

★海博瑞德(北京)汽车技术有限公司
地址:北京市经济技术开发区亦庄东区经海二路 27 号院国投尚科大厦二号院 2 - 02 单元
邮编:100176
电话:010/57160960
传真:59768798
网址:www. hiboridd. com
电子信箱:hr@ hiboridd. com
法定代表人:袁涛
质量体系:ISO/TS 16949
产品情况:节能汽油发动机控制管理系统(EMS)、CNG 燃气发动机控制管理系统、新一代发动机管理系统(32 位 EMS 及 TGDI EMS)、自动机械式变速器机构及控制器(AMT 及 TCU)、新能源汽车的电动机及控制器(MCU)、整车控制器(VCU)、混合动力汽车动力总成控制系统、增程式电动汽车增程器控制系统等产品,48V BSG 系统
配套情况:与吉利、奇瑞、奇瑞捷豹路虎、知豆、观致、郑州日产、上汽通用五菱、东风柳汽、北汽福田、潍柴动力、力帆汽车等多家主机厂合作

★北京中瑞蓝科电动汽车技术有限公司
地址:北京市经济技术开发区中和街 9 号院
邮编:100176
电话:010/67872328
网址:www. sinoev. com. cn
电子信箱:administrator@ sinoev. com. cn
法定代表人:林伯实
质量体系:ISO/TS 16949、ISO 9001
产品情况:纯电驱动电动汽车电源总成

系统、电驱动总成系统、智能化整车控制总成系统和关键零部件，覆盖客车、乘用车、专用车和特种车

★未来(北京)黑科技有限公司
地址:北京市亦庄经开大厦1701室
邮编:100176
电话:010/67894088
网址:www.futurus.co
电子信箱:marketing@futurus.co
法定代表人:徐俊峰
产品情况:(百路达牌)
汽车显示技术及相关产品研发

★北京中科三环高技术股份有限公司
地址:北京市海淀区中关村东路66号甲1号楼27层
邮编:100190
电话:010/82649988
传真:62533386
网址:www.san-huan.com.cn
电子信箱:zksh@@san-huan.com.cn
法定代表人:王震西
质量体系:IATF 16949、VDA 6.3
产品情况:(SANMAG牌)
以烧结钕铁硼磁体、黏结钕铁硼磁体、软磁铁氧体为主要产品，在混合动力汽车、电动汽车应用
配套情况:为特斯拉、奔驰、宝马、大众、大陆汽车、博世、法雷奥等供货

★北京经纬恒润科技有限公司
地址:北京市海淀区西小口路66号东升科技园北领地B1号楼
邮编:100192
电话:010/64840808
传真:82263100
网址:www.hirain.com
电子信箱:market_dept@hirain.com
法定代表人:吉英存
质量体系:ISO 14001、OHSAS 18001
产品情况:底盘与安全系统，车身及舒适域系统(无钥匙进入及起动系统、防夹天窗/车窗控制单元、汽车顶灯天窗控制器、氛围灯等)，动力总成系统，车载信息系统，车载摄像头模块，传感器
配套情况:为通用、福特、捷豹路虎、一汽、上汽、东风、北汽、广汽、吉利、江铃等国内外知名汽车厂商的供应商，并与英纳法、安通林、博格华纳、天纳克、佛吉亚等世界知名汽车供应商成为合作伙伴

★北京开元智信通软件有限公司
地址:北京市海淀区永泰中路25号329室
邮编:100192
电话:010/68239580、4000905050
网址:www.wiselink.net.cn
电子信箱:zhenglixin@wiselink.net.cn
法定代表人:李继亮
产品情况:智能控车车联网整体提供商
配套情况:为一汽-大众、北汽轻享等配套

★北京格灵深瞳信息技术有限公司
地址:北京市海淀区永泰庄北路1号天地邻枫创新产业园1号楼B栋
邮编:100192
电话:010/62950616
网址:www.deepglint.com
电子信箱:bd@deepglint.com
法定代表人:赵勇
质量体系:ISO 9001、ISO 14001
产品情况:在智慧安防、智能零售、智慧银行和新能源领域为客户提供包含智能传感器、智能识别、智能云计算和服务机器人的综合智能解决方案和服务

★北京海得利兹新技术有限公司
地址:北京市顺义区复兴四街3号金蝶软件园
邮编:100192
电话:010/53515016、13811049930
传真:53515016
网址:www.heracles-tec.com
电子信箱:Hers@heracels-tec.com
法定代表人:郭志斌
产品情况:PPtec系列高温质子交换膜，高温膜电极、高温燃料电池电堆模块、高温燃料电池系统等

★北京万集科技股份有限公司
地址:北京市海淀区东北旺西路8号院中关村软件园12号楼万集空间
邮编:100193
电话:010/59766766
传真:58858966
网址:www.wanji.net.cn
电子信箱:mk_wanji@126.com
法定代表人:翟军
单位人数:1000
质量体系:IATF 16949、ISO 9001
产品情况:(万集牌)
汽车电子标识、激光雷达、ETC系列、智能大数据
配套情况:为沃尔沃、宇通客车、东风乘用车、东风汽车配套

★中国电子科技集团有限公司
地址:北京市海淀区万寿路27号
邮编:100846
电话:010/68200821、68200880
传真:88216318
网址:www.cetc.com.cn
电子信箱:cetc@cetc.com.cn
法定代表人:熊群力
产品情况:ORIENTAIS诊断协议栈等汽车电子产品，公路车辆智能监测记录系统设备等交通电子产品，单锭行驶记录仪等通信网络和导航产品

★北京亿马先锋汽车科技有限公司
地址:北京市大兴区亦庄经济技术开发区兴海一街12号
邮编:101102
电话:010/87169767
传真:87169767
网址:www.emotoradvance.com
电子信箱:info@emotoradvance.com
法定代表人:何蔚
质量体系:IATF 16949
产品情况:纯电动汽车用电动机和控制器

★北京天海工业有限公司
地址:北京市通州区漷县镇漷县南四街1号
邮编:101102
电话:010/67383444、4006014658
传真:67367022
网址:www.btic.cn
电子信箱:world@btic.com.cn
法定代表人:李俊杰
质量体系:ISO 9001、IATF 16949
产品情况:钢质无缝气瓶、缠绕气瓶、蓄能器壳体、无石棉填料乙炔瓶、焊接绝热气瓶、碳纤维全缠绕复合气瓶(含车用)、低温罐箱及加气站等
出口情况:远销欧洲、中东、澳大利亚、新西兰、东南亚等国家和地区

★北京华商三优新能源科技有限公司
地址:北京市通州区经济开发区东区创益东路9号华商产业园
邮编:101106
电话:010/61511368、4006556620
网址:www.huashangsanyou.com
电子信箱:hssy@huashangsanyou.com
法定代表人:刘晓民
质量体系:ISO 9001、ISO 14001
产品情况:交流充电、直流充电、整车换电、新能源设备、传统配电等全需求范围的新能源电动汽车配套充电设施和产品
配套情况:主要工程包括首都机场充电站工程、APEC核心区充电站EPC工程、北京公交集团公交充电站工程、北京远郊区县出租车充电站EPC工程、北京高安屯、四惠、北土城、马家楼、航天桥换电站工程

★北京九州华海科技有限公司
地址:北京市经济技术开发区科创十三街29号院(天通泰)A座11层1101-03
邮编:101111
电话:010/84670398、4006856859
网址:www.ecucoder.com
电子信箱:sales@ecucoder.com
法定代表人:丁文超
产品情况:纯电动整车控制器、混合动力整车控制器、动力域控制器、混合动力控制器、发动机管理系统、燃料电池控制器、高级驾驶员辅助系统、纯电动及传统变速器控制器、电动机控制器、车载智能计算平台、多域控制器、机器视觉控制器等
配套及出口情况:主要客户有上汽、一汽、东风、北汽、三一重工、麦格纳斯太尔等客户;出口伊朗等国家

★普瑞斯玛新能源科技有限公司
地址:北京市通州区中关村科技园区通州园金桥科技产业基地景盛南二街12号1号楼B3层310室
邮编:101113
电话:010/69579998、81569126
传真:61506269
电子信箱:prsmev@prsmev.com
法定代表人:张国喜
质量体系:ISO 9001、ISO 14001
产品情况:主要产品有EVACP壁挂落地一体式交流充电桩、EVDCP壁挂式直流充电桩、一体式直流快速充电机与分体式直流快速充电机、锂电储能系统装置等

★中航复合材料有限责任公司
地址:北京市顺义区顺兴路航空产业园时骏南街
邮编:101300
电话:010/56515734、56515755
传真:56515858
网址:www.acc.avic.com
电子信箱:acc@avic.com
法定代表人:曹正华
质量体系:ISO 9001、ISO 14001
产品情况:全复合材料大客车车身,复合材料油罐、复合材料板簧、复合材料传动轴、复合材料发动机罩、轨道客车轻量化内外饰复合材料等产品

★北京华特时代电动汽车技术有限公司
地址:北京市顺义区仁和镇时骏北街3号院203号楼
邮编:101302
电话:010/80485511、18911098959
网址:www.huateelectric.com
电子信箱:chenyunhua@ch-auto.com
法定代表人:王克坚
质量体系:IATF 16949、ISO 14001
产品情况:标准电池箱、可再充能量存储系统(RESS)等
配套情况:主要合作伙伴有北京长城华冠汽车公司

★北京亚澳博信通信技术有限公司
地址:北京市顺义区林河工业开发区林河大街21号
邮编:101320
电话:010/89496341、8008102021
传真:89496346
网址:bjasau.cn.china.cn
电子信箱:support@asaupower.com.cn
法定代表人:于小冬
质量体系:ISO 9001、ISO 14001
产品情况:智能车载DC/DC、车载充电机、充电桩机智能信息网管系统等,广泛用于新能源汽车等领域
出口情况:出口法国、俄罗斯、印度、南非、古巴、孟加拉国等国家

★北京兰天达汽车清洁燃料技术有限公司
地址:北京市顺义区赵全营镇兆丰产业基地东盈路21号
邮编:101399
电话:010/60447450、60447460
传真:60447470
网址:www.lantianda.com
电子信箱:office@lantianda.com
法定代表人:徐焕恩
质量体系:ISO 14001、IATF 16949
产品情况:(兰天达牌)
高压气体增压系统(加氢站、CNG压缩机、气体增压系统)、燃料电池空压机、车载气体供应系统(氢供应系统、CNG供应系统、LNG供应系统)
配套情况:为上汽、福田、宇通等整车厂提供了完整的储氢系统

★国联汽车动力电池研究院有限责任公司
地址:北京市怀柔区雁栖经济开发区兴科东大街
邮编:101407
电话:010/82241193
传真:82241190
网址:www.glabat.com
电子信箱:linyz@glabat.com
法定代表人:熊柏青
质量体系:ISO 14001、IATF 16949
产品情况:动力电池的研究开发、测试验证、成果转化和行业服务

★北京京城压缩机有限公司
地址:北京市延庆县康庄镇康顺路1号
邮编:102101
电话:010/67142237
传真:67115365
网址:www.bjcc-bj.com.cn
电子信箱:214137421@qq.com
法定代表人:王军怀
质量体系:ISO 9001、ISO 14001
产品情况:活塞式压缩机、隔膜式压缩机和核级隔膜式压缩机,研发燃料电池汽车加氢站隔膜压缩机

★华夏龙晖北京汽车电子科技股份公司
地址:北京市昌平区昌平路97号新元科技园D座D门2层
邮编:102200
电话:010/80705218
网址:www.sun-teck.com
电子信箱:2793659592@qq.com
法定代表人:李朝晖
质量体系:IATF 16949、ISO 14001
产品情况:新能源汽车动力总成系统:增程式动力系统、电动机控制系统、检测设备等;汽油车发动机控制系统:32位国(Ⅴ、Ⅵ)ECU、摩托车和农用发动机ECU

★北京亿华通科技股份有限公司
地址:北京市昌平区丰润东路6号
邮编:102200
电话:010/62796419、17710506337
传真:62794725
网址:www.sinohytec.com
电子信箱:sinohytec@autoht.com
法定代表人:张国强
质量体系:ISO 9001、IATF 16949
产品情况:以氢燃料电池发动机为核心,包括双极板、电堆、智能DC/DC、氢系统、测试台等在内的纵向一体化产品体系,车企燃料电池实验室提供全套解决方案
配套情况:与宇通、福田、中通、申龙、苏州金龙、安凯、中植、东风、重汽、陕汽、北汽、广汽、长安等主流车企合作

★北京国网普瑞特高压输电技术有限公司
地址:北京市昌平区科技园区超前路37号院16号楼6层608-609室
邮编:102200
电话:010/52613715、52613770
传真:52613716
网址:www.sgepri.sgcc.com.cn
法定代表人:华定忠
质量体系:ISO 9001、ISO 14001
产品情况:交/直流充电桩、直流充电机、交/直流一体化充电设备、电池更换系统、充换电站运营监控系统、车载监控终端、移动检测平台、动力电池检测与维护设备

★北大先行科技产业有限公司
地址:北京市昌平区科技园区创新路35号
邮编:102200
电话:010/69727775
传真:69727776
网址:www.pulead.com.cn
电子信箱:pulead@pulead.com.cn
法定代表人:高力
质量体系:ISO 9001、ISO 14001
产品情况:锂离子电池材料、电动汽车动力电池组、储能电池组等产品
出口情况:出口韩国,并销往中国台湾地区

★北京智行者科技有限公司
地址:北京市昌平区回龙观东大街338号创客广场B416
邮编:102206
电话:010/80728832
传真:80728832
网址:www.idriverplus.com
电子信箱:public@idriverplus.com
法定代表人:张德兆
质量体系:ISO 9001
产品情况:提供无人驾驶系统多元解决方案
配套情况:为北汽、上汽、东风、知名互联网公司等企业提供智能驾驶技术解决方案

★荣盛盟固利新能源科技有限公司
地址:北京市昌平区白浮泉路18号
邮编:102299
电话:010/89743388、4006606280
传真:89747404
网址:www.mgldl.com.cn
电子信箱:market03@mgldl.com.cn
法定代表人:冯全玉

质量体系:ISO 9001、IATF 16949
产品情况:新能源汽车用锂离子动力电池、储能用锂离子电池及锂离子电池关键材料

★北京国能电池科技股份有限公司
地址:北京市房山区城关镇顾八路房山工业园一区6号
邮编:102400
电话:010/56980000、56980159
网址:www. nationalpower. com. cn
电子信箱:chpower_lizhou@ 163. com
法定代表人:郭伟
质量体系:ISO 9001、IATF 16949
产品情况:磷酸铁锂电池、锰酸锂系电池

★驭势科技(北京)有限公司
地址:北京市房山区弘安路85号2号楼401室
邮编:102400
电话:010/80303685
网址:www. uisee. com
电子信箱:hiring@ uisee. com
法定代表人:吴甘沙
产品情况:U-Drive M 智能驾驶系统
配套情况:为中国一汽、上汽大众、上汽通用五菱、宇通客车、奇瑞新能源、首汽共享汽车等配套

★北京上西电缆有限公司
地址:北京市大兴区滨河坊2-1-101
邮编:102600
电话:010/51265801
网址:www. wiresandcablechina. com
电子信箱:sales@ sanew - cable. com
法定代表人:胡先利
质量体系:ISO 9001
产品情况:硅橡胶线、铁氟龙线、电动汽车高压屏蔽电缆、新能源汽车电线、电池线、电动机引接线、点烟器超柔线、信号线、高压电缆
配套及出口情况:主要客户包括天津松正、沈阳长足、北京中科院、精创线束、营口阿部、大连海密、大连深榕;出口泰国、美国、澳大利亚、西班牙、墨西哥、印度

★集盛星泰(北京)科技有限公司
地址:北京市大兴区黄村镇北京印刷产业基地海鑫路8号
邮编:102600
电话:010/61274357、61274367
传真:61272268
网址:www. spscap. cn
电子信箱:info@ spscap. com
法定代表人:陈胜军
质量体系:ISO 9001、ISO/TS 16949
产品情况:超级电容单体、模组系列、储能系统等,用于新能源客车等领域
配套及出口情况:为宇通等供货;出口23个国家和地区

★安弗森北京新能源汽车技术有限公司
地址:北京市经济技术开发区科创二街10号新瀛工业园A3-2
邮编:102600
电话:010/67892561、4009191000
传真:67892761
电子信箱:afsentop@ 163. com
法定代表人:刘峰
质量体系:IATF 16949、ISO 9001
产品情况:电动汽车用整车控制器、驱动电动机及电动机控制器、DC/DC 电源变换器、DC/AC 逆变器、集成式PDU、制动气泵、电动液压助力转向泵、车载水泵、智能出行车联网解决方案、空调控制器等
配套情况:客户有北京公交、天津公交、上海巴士集团、深圳公交集团、北汽福田、中国中车、比亚迪、南京金龙、厦门金龙、上海申龙等

★北京和中普方新能源科技有限公司
地址:北京市采育经济技术开发区采和路1号
邮编:102606
电话:010/80278688
传真:80278677
网址:www. pride - power. com
电子信箱:support@ pride - power. com
法定代表人:张小虎
质量体系:IATF 16949、ISO 9001
产品情况:新能源动力电池系统、储能电池系统以及电池系统专用检测及维护设备

★北汽大洋电机科技有限公司
地址:北京市大兴区采育镇北京采育经济开发区采和路1号
邮编:102606
电话:010/80270575
电子信箱:jinjing@ prestolite - bj. com
法定代表人:张琴
质量体系:ISO 9001
产品情况:电动汽车驱动系统和整车控制系统研发及生产制造
配套情况:为北汽新能源汽车常州公司配套驱动电动机系统

天津市

★力容新能源技术(天津)有限公司
地址:天津市自贸试验区(空港经济区)航海路221号
邮编:300300
电话:022/60128189、60128180
网址:www. tjlicap. com
电子信箱:sales@ tjlicap. com
法定代表人:赵吉芳
质量体系:IATF 16949、ISO 9001
产品情况:专业从事超级电容器电极、超级电容器单体及模组、系统集成等的研发、制造

★安捷励电控技术南京有限公司
地址:天津市东丽区华明大道22号9-2号楼
邮编:300304
电话:022/24915050
传真:24915099
网址:www. agilitycontrols. com
电子信箱:info@ agilitycontrols. com
法定代表人:张羽能
质量体系:IATF 16949
产品情况:汽车电驱动控制系统

★天津天海高压容器有限责任公司
地址:天津市自贸试验区(天津港保税区)津滨大道268号
邮编:300308
电话:022/59816626
网址:www. btic. cn
电子信箱:tthpoffice@ 126. com
法定代表人:王义青
质量体系:IATF 16949、ISO 9001
产品情况:钢质无缝气瓶、车用压缩天然气钢瓶、缠绕气瓶和蓄能器壳体
出口情况:出口30多个国家和地区

★天津市松正电动汽车技术股份有限公司
地址:天津市空港经济区西十道1号
邮编:300308
电话:022/58218688-8025
传真:58218666
网址:www. santroll. com
电子信箱:cwb2@ santroll. com
法定代表人:孔昭松
单位人数:600
质量体系:IATF 16949
产品情况:纯电动商用车动力系统、混合动力公交车动力系统、混合动力及纯电动乘用车电动机定子及转子、电动叉车控制系统、商用车 EPAS 电动助力转向系统等

★天津普兰纳米科技有限公司
地址:天津市津南区北闸口镇高营路8号
邮编:300350
电话:022/59005996、59662061
网址:www. plannano. com
电子信箱:sales@ plannano. com
法定代表人:崔维国
质量体系:ISO 9001、ISO/TS 16949
产品情况:石墨烯、薄膜电极、钛酸锂、超级电容器、钛酸锂电池等

★天津市捷威动力工业有限公司
地址:天津市西青区汽车工业园开源路11号
邮编:300380
电话:022/58669000、4008011001
传真:58669111
网址:www. ejeve. com
法定代表人:郭春泰
质量体系:IATF 16949、ISO 9001
产品情况:动力单体电芯、动力电池组产品

配套及出口情况:已配套长安、奇瑞、东风、众泰等主机厂;远销欧洲、北美洲、亚洲等地区

★天津布尔科技有限公司
地址:天津市西青区中北镇万卉路3号新城市中心B座
邮编:300380
电话:022/60633233、60633227
网址:www.tjbool.com
电子信箱:bool@tjbool.com
法定代表人:闫方超
单位人数:100
质量体系:IATF 16949、ISO 9001
产品情况:智能网联汽车监测控制平台、汽车尾气排放诊断检测平台

★天津力神电池股份有限公司
地址:天津市滨海高新技术产业开发区海泰南道38号
邮编:300384
电话:022/23866002
传真:23866800、83710375
网址:www.lishen.com.cn
电子信箱:webmaster@lishen.com.cn
法定代表人:王泽深
质量体系:ISO 9001、OHSAS 18001
产品情况:(力神牌)
具有30亿Wh锂离子蓄电池的年生产能力,产品囊括了圆型、方型、聚合物电池、动力电池、光伏、超级电容器六大系列近千个型号
配套及出口情况:客户包括宇通、金龙、中通、江淮、现代、普天、华晨、东风、一汽、北汽、上汽、五洲龙、长安、吉利等;远销欧洲、北美洲、亚洲等地区

★力神动力电池系统有限公司
地址:天津市滨海高新技术产业开发区华苑科技园(环外)海泰南道38号
邮编:300384
电话:022/23866333
网址:www.lishen.com.cn
电子信箱:sunhongmei@lishen.com.cn
法定代表人:邹玉峰
质量体系:IATF 16949、ISO 9001
产品情况:三元材料高能量密度动力电池

★天津巴莫科技有限责任公司
地址:天津市滨海高新技术产业园区(环外)海泰大道8号
邮编:300384
电话:022/83712755、83712762
传真:83711793
网址:www.bamo-tech.com
电子信箱:market@bamo-tech.com
法定代表人:陈要忠
质量体系:ISO 9001、ISO 14001
产品情况:锂离子电池材料
出口情况:远销近40个国家和地区

★天津天瞳威势电子科技有限公司
地址:天津市西青区华天道2号国际创业中心7楼
邮编:300384
电话:022/23778482
网址:www.calmcar.com
电子信箱:contact@calmcar.com
法定代表人:王曦
产品情况:定位人工智能软硬件供应商和智能驾驶主动感知集成解决方案商,同时发力感知延长线上的功能,包括决策和控制,并与多个厂商合作量产高速道路自动驾驶、自主泊车、代客泊车产品

★飞思卡尔半导体(中国)有限公司
地址:天津市西青经济开发区兴华路15号
邮编:300385
电话:022/85686000
传真:85686555
网址:www.freescale.com
电子信箱:jessie.zhang@nxp.com
法定代表人:张虎昌
产品情况:驾驶员辅助收发器、能源与电源管理、车载网络、MCU和MPU、媒体和音频、汽车安全门禁、传感器、智能电源驱动器、系统基础芯片等

★天津易众腾动力技术有限公司
地址:天津市西青区中北镇开源路6号
邮编:300393
电话:18702283315、15922067308
网址:www.evpt.com.cn
电子信箱:yidingfeng@evpt.com.cn
法定代表人:李磊
质量体系:IATF 16949
产品情况:新能源汽车动力系统,整车控制系统(VCU)、电池管理系统(BMS)和动力电池系统(PACK)等核心零部件
配套情况:产品已进入东南汽车、一汽海马、江淮汽车、东风小康、汉腾汽车、华晨鑫源、厦门金龙、厦门金旅等10多家整车配套体系

★天津金牛电源材料有限责任公司
地址:天津市北辰区开发区双河道2号
邮编:300400
电话:022/26970782、26970887
传真:26970792
电子信箱:tjjinniu@tjjinniu.com
法定代表人:曹云颇
质量体系:IATF 16949、ISO 9001
产品情况:锂离子电池用六氟磷酸锂与锂离子电解液

★中科泰能科技发展有限公司
地址:天津市滨海高新区高新二路209号
邮编:300450
电话:18953366919
电子信箱:zktnvip@zktnjt.com
法定代表人:马少华
产品情况:高能镍碳超级电容器

★天津中聚新能源科技有限公司
地址:天津市滨海新区汉沽黄山北路20号
邮编:300480
电话:022/67158000、4009001080
传真:67158722
网址:www.sinopolybattery.com
法定代表人:李山河
质量体系:ISO 9001、IATF 16949
产品情况:40~400AH的单体大容量锂电池研发生产、电动汽车充放电系统与储能系统产品

★天津斯特兰能源科技有限公司
地址:天津市东丽开发区先锋东路109号
邮编:300480
电话:022/24828360、24828361
传真:24828369
电子信箱:stl@stl-energy.com.cn
法定代表人:李士祥
质量体系:ISO 9001
产品情况:新型高安全性磷酸盐体系锂离子电池正极材料——磷酸铁锂(LiFePO4)

河北省

★康明斯天远(河北)科技有限公司
地址:石家庄市高新技术开发区黄河大道227号
邮编:050035
电话:0311/85906818、67790927
传真:67790919
网址:www.ctygps.com
法定代表人:韩晓明
质量体系:ISO 9001
产品情况:合作开发车用和非公路用发动机远程控制解决方案,天远的车联网系统C-LINK

★石家庄通合电子科技股份有限公司
地址:石家庄市高新区漓江道350号
邮编:050035
电话:0311/66685650、66685657
传真:86080409
网址:www.sjzthdz.com
电子信箱:investor@sjzthdz.com
法定代表人:马晓峰
质量体系:IATF 16949、ISO 9001
产品情况:(TonHe牌)
电动汽车充换电站系统(充电桩)、电动汽车车载DC-DC转换器、电动汽车车载水冷充电机、燃料电池充电模块、五合一/四合一集成控制单元、驱动电动机控制器、辅助控制器等
配套及出口情况:供货单位有中山新巴换电站、中国重汽、南京金龙、海格客车、曙光汽车、厦门金龙、宇通客车、沂星电动汽车、金旅客车、亚星汽车、南京依维柯、安凯客车、福田汽车、卡威汽车、悍马中国;远销海外

★先控捷联电气股份有限公司
地址:石家庄市高新区湘江道 319 号第 14、15 幢
邮编:050035
电话:0311/85903717、4006129189
传真:85903718
网址:www. scupower. com
电子信箱:zhangwei123@ scupower. com
法定代表人:陈冀生
质量体系:ISO 9001、ISO 14001
产品情况:(先控牌)
直流充电桩、交流充电桩、分体式充电系统、车载充电机、储能电池、双向变流器、BMS 管理单元、储能式 UPS 等多种产品系列
出口情况:产品覆盖全球 50 多个国家和地区

★河北顶控新能源科技有限公司
地址:石家庄市恒山街 389 号
邮编:050035
电话:0311/68015801、13463988640
网址:www. hb - dk. com
电子信箱:hb - kingcon@ 163. com
法定代表人:刘卫东
质量体系:ISO 9001
产品情况:新能源电动车控制系统和电动空调控制系统

★河北优控新能源科技有限公司
地址:石家庄市新华区西三庄街 86 号互联网大厦 A 座 4 楼
邮编:050070
电话:0311/85388087、15131450946
传真:87726757
网址:eco - ev. com
法定代表人:廖明
产品情况:新能源汽车整车控制器、自动变速器控制器、增程器控制器、电动机控制器、自动驾驶域控制器等
配套及出口情况:与北汽集团、长城、吉利、长安、奇瑞、宇通客车、江铃、潍柴、华人运通、中兴智能汽车、奇点汽车、山东五征等合作;远销美国、欧洲、俄罗斯、东南亚等国家和地区

★河北凯翔电气科技股份有限公司
地址:石家庄市鹿泉经济开发区望山路 79 号
邮编:050221
电话:0311/85138390、85138380
传真:85138330
网址:www. kxload. com
电子信箱:sale@ kxdqkj. com
法定代表人:张阿敏
质量体系:ISO 9001
产品情况:智能电源检测仪、监测仪、放电仪、充电机和负载箱等
配套情况:为康明斯、瓦锡兰、潍柴重机、中车集团供货

★风焱蓄电池有限公司
地址:河北省邢台市宁晋县大陆村镇工业园区
邮编:055551
电话:0319/5668444
网址:www. hbfengyan. cn
电子信箱:hbfengyan@ tom. com
法定代表人:段青波
质量体系:OHSAS 18001
产品情况:(风炎牌、新超霸牌)
主要产品有新能源电动轿车蓄电池、电动三轮车蓄电池、太阳能储能型蓄电池,并匹配各类型极板生产销售

★河北金力新能源科技股份有限公司
地址:河北省邯郸市永年区工业园区装备制造区建设路 6 号
邮编:057150
电话:0310/6700089、6709999
传真:6700061
网址:www. gellec. com
电子信箱:gellecyx@ gellec. com
法定代表人:袁海朝
质量体系:IATF 16949、ISO 9001
产品情况:锂电池湿法隔膜

★沧州明珠塑料股份有限公司
地址:河北省沧州市吉林大道与永济西路交叉口处明珠大厦
邮编:061000
电话:0317/2075225
传真:2075236
网址:www. cz - mz. com
电子信箱:cz - mz@ cz - mz. com
法定代表人:陈宏伟
质量体系:ISO 9001、ISO 14001
产品情况:主导产品为 PE 管道系统、BOPA 薄膜和锂离子电池隔膜三大系列产品
配套情况:为比亚迪、中航锂电、ATL、A123、多氟多新能源科技等供货

★彩客电池材料(东光)有限公司
地址:河北省沧州市东光县连镇镇大张村 104 国道东侧
邮编:061600
电话:0317/7750199
电子信箱:yangfengjiao@ tsaker. com
法定代表人:张洪星
产品情况:电池材料、电芯及电池管理系统、电池包装材料铝塑膜、电池级碳纳米管导电浆料

★河北金星电源有限公司
地址:河北省沧州市金星工业园区
邮编:062650
电话:0317/4292668、8008036568
传真:4294488
网址:www. chinevenus. com
电子信箱:hbjxdy@ 126. com
法定代表人:张学礼
质量体系:ISO 14001、IATF 16949
产品情况:电动车全系列铅酸蓄电池、小型阀控密封式铅酸蓄电池、固定性阀控密封式铅酸蓄电池等蓄电池系列产品

★ 赛史品威奥(唐山)结构复合材料有限公司
地址:河北省唐山市丰润区林荫南路中国动车城
邮编:064000
电话:0315/5504000
传真:5594013
网址:www. csp - victall. com
电子信箱:sales@ csp - victall. com
法定代表人:孙汉本
质量体系:IATF 16949、ISO 14001
产品情况:(CSP Victall 牌)
研发并生产拥有专利的高科技复合材料以及复合材料制成的 A 级表面车体覆盖件、结构零部件、车底结构件、车体内饰件、空调系统的基座、建材和工业零部件等
☞ 详细情况请参阅彩色宣传版面

★中安信科技有限公司
地址:河北省廊坊市安次区新兴产业示范区凤翔路 66 号
邮编:065000
电话:0316/2559777
传真:2557077
网址:www. zaxgroup. com
法定代表人:钟玉
产品情况:工业及民用碳纤维及其复合材料制品,用于电动汽车、混合动力车、CNG 汽车等新能源汽车领域

★廊坊市永旺汽车部件有限公司
地址:河北省廊坊市广阳区光明西道 234 号
邮编:065000
电话:0316/2607893
电子信箱:wjp11958@ 163. com
法定代表人:张永
单位人数:500
质量体系:IATF 16949
产品情况:汽车整车高/低压线束总成、电池管理系统线束产品总成
配套及出口情况:主要客户有北汽新能源、福田欧辉、中通客车、北京公交集团等;远销日本、西欧、北美洲等国家和地区

★蜂巢电驱动科技河北有限公司
地址:河北省保定市莲池区东盛路 75 号
邮编:071000
电话:13601853007
网址:www. hycet - ec. com
电子信箱:wenjunzhang@ gwm. cn
法定代表人:唐海锋
产品情况:新能源汽车用电力驱动系统研发

★河北奥冠电源有限责任公司
地址:河北省故城县夏庄开发区
邮编:253800
电话:0318/5661666
传真:5661666

网址:www. aoguan. com
电子信箱:aoguan@ 126. com
法定代表人:孟繁友
质量体系:ISO 9001、ISO 14001
产品情况:(奥冠牌)
电动汽车、太阳能风能发电、电动助力车、UPS 等用途的动力型和储能胶体铅蓄电池
出口情况:远销北美洲、欧洲、非洲、东南亚等 60 多个国家和地区

山西省

★山西汾西电子科技股份有限公司
地址:太原市万柏林区万柏林区和平北路 131 号
邮编:030027
电话:0351/6529325、13753119297
网址:www. sxfxdz. com
电子信箱:13753119297@ 126. com
法定代表人:张志刚
质量体系:ISO 9001、ISO 14001
产品情况:电动汽车充电桩等
出口情况:在俄罗斯、挪威、捷克、尼日利亚、印度、巴西、越南、塔吉克斯坦等国家进行了合作与市场开拓

★山西示范区美锦氢源科技发展有限公司
地址:山西综改示范区太原唐槐园区东大街 8 号
邮编:030082
电话:0351/5785922
电子信箱:mjnycw@ 126. com
法定代表人:姚锦丽
产品情况:氢能源技术服务

内蒙古

★内蒙古稀奥科镍氢动力电池有限公司
地址:内蒙古包头市稀土高新技术产业开发区青工南路 1 号
邮编:014030
电话:0472/2207198、2207242
传真:2207242
网址:www. reobattery. com
电子信箱:reobattery@ 126. com
法定代表人:张志钢
质量体系:IATF 16949
产品情况:镍氢动力电池及配套产品

★内蒙古北工重型机电设备制造有限公司
地址:内蒙古包头市稀土高新区北重路 1 号
邮编:014030
电话:0472/2209033、2209717
传真:2209033
网址:www. nmbgjx. com
电子信箱:734348551@ qq. com
法定代表人:芦晓民
单位人数:136
质量体系:ISO 14001、OHSAS 18001
产品情况:纯电动矿用车 BT0650EV、并先后开发了新能源矿井无轨胶轮防爆运输车、运人车、液压搬运车;新能源汽车用一体化驱动系统;隔爆型锂离子蓄电池、启动电源等

辽宁省

★沈阳金阳光电气有限公司
地址:沈阳市于洪区鸭绿江东街 48 号
邮编:110016
电话:024/86623048、13804217017
传真:86629408
网址:www. syjyg. com
电子信箱:317420059@ qq. com
法定代表人:荣及峰
质量体系:ISO 9001
产品情况:主要生产城市电动汽车用全套电控系列产品:电动汽车制动能量回馈驱动调速系统、电动汽车智能快速充电站系统、电动汽车综合能量管理系统、电动汽车专用智能仪表系统、电动汽车专用电器部件系统
配套情况:主要合作伙伴有长春一汽、申沃客车、天津清源、宇通客车、中通客车、上汽集团、福田客车、恒通客车、济南重汽、南京金龙、沈飞客车、大连电车、中上汽车、上海公交、武汉公交、太原公交、青岛公交、兰州公交、济南公交、长春轻轨、三一重工、青年客车、哈尔滨电车、东风扬子江客车、百路佳客车等

★沈阳中复科金压力容器有限公司
地址:沈阳市经济技术开发区 15 号街 6 号
邮编:110023
电话:024/25298279、24509291
传真:25298280
网址:www. kjqp. cn
电子信箱:shixiaofei70@ sina. com
法定代表人:南洋
质量体系:ISO 9001
产品情况:车用压缩氢气瓶

★中汽动力(沈阳)有限公司
地址:沈阳市苏家屯区白松路 22 号
邮编:110101
电话:024/89101166、4000015180
传真:89812277
网址:www. cncge. cn
电子信箱:cge@ cncge. cn
法定代表人:宋继刚
质量体系:IATF 16949
产品情况:气电混合动力总成、氢燃料混合动力总成、车用天然气发动机、单燃料船用发动机等

★沈阳日新气化器有限公司
地址:沈阳市沈北新区道义经济开发区正良二路 26 号
邮编:110136
电话:024/89737144、89731359
传真:89731360
网址:www. syrixin. com. cn
电子信箱:lee@ rixin - cn. com
法定代表人:和田孝
质量体系:ISO 9001、ISO 14001
产品情况:车用气体燃料供给相关机器
配套及出口情况:为川崎重工、富士重工等供货;出口日本、美国、欧洲

★沈阳斯林达安科新技术有限公司
地址:沈阳市沈北新区蒲悦路 24 号
邮编:110136
电话:024/81312688 - 8057、8009
传真:81312588
网址:www. cldsy. com
电子信箱:cldxs@ cldsy. com
法定代表人:姜将
单位人数:200
质量体系:IATF 16949、ISO 14001
产品情况:(斯林达牌)
车用氢气全缠绕气瓶、车用液化天然气瓶、车用压缩天然气瓶、铝合金内胆全缠绕气瓶、车用压缩天然气钢瓶
出口情况:出口美国、法国、英国、澳大利亚、加拿大、俄罗斯等 60 多个国家

★沈阳兴华航空电器有限责任公司
地址:沈阳市经济技术开发区开发大路 30 号
邮编:110144
电话:024/25850449
传真:25850425
网址:www. hk117. cn
电子信箱:xinghua - 117@ avic. com
法定代表人:李伟
质量体系:ISO 14001、IATF 16949
产品情况:主要包括电连接器、电缆线束、电动机电器及集成产品,广泛应用于航空、航天、电子、汽车、新能源等领域

★ 沈阳美行科技有限公司

地址:沈阳市浑南新区沈阳国际软件园 E06
邮编:110169
电话:024/83780870、4008309011
传真:83781580
网址:www. mxnavi. com
电子信箱:mxnavi@ mxnavi. com
法定代表人:孙克文
质量体系:IATF 16949、ISO 9001a
产品情况:车载导航软件、车联网平台、车载惯导定位方案、智能停车场系统等
配套情况:主要合作伙伴包括大众、江淮、吉利、北汽、本田、马自达、众泰、奇瑞、宝马、一汽、长城、中华、广汽传祺、丰田、奔驰、标致、通用、福特、长安、三菱、日产、红旗、沃尔沃、斯柯达、东南汽车等

☞ 详细情况请参阅彩色宣传版面

★东软睿驰汽车技术(沈阳)有限公司
地址:辽宁省沈抚新区金枫街 75 - 1 号
邮编:110172
电话:024/83660308
网址:www. reachauto. com
电子信箱:reachfinance@ reachauto. com
法定代表人:王勇峰
质量体系:ISO 9001、ISO 14001
产品情况:电动汽车动力系统、高级驾驶辅助系统、汽车自动驾驶系统、轮毂电动机、电动机控制器及车联网相关产品、技术、软件的研发;电动汽车动力电池组;电动汽车充电桩

★东软集团股份有限公司
地址:沈阳市浑南新区新秀街 2 号东软软件园
邮编:110179
电话:024/83667788
传真:83660851
网址:www. neusoft. com
电子信箱:service@ neusoft. com
法定代表人:刘积仁
单位人数:20000
质量体系:ISO 9001、ISO 14001
产品情况:汽车辅助驾驶

★辽宁比科新能源股份有限公司
地址:辽宁省昌图工业园区比科产业园
邮编:112599
电话:024/79592222、79591555
网址:www. bico - energy. com
电子信箱:admin@ bico - energy. com
法定代表人:朱彬
单位人数:220
质量体系:ISO 9001、IATF 16949
产品情况:新能源锂离子动力电池(组)、电池管理系统、电池总成系统等

★鞍山新磁电子有限公司
地址:辽宁省鞍山市铁西区达和街 3 甲号
邮编:114014
电话:0412/8439281
传真:8438282
网址:www. xinci - ev. com
电子信箱:info@ as - core. com
法定代表人:朴清松
质量体系:IATF 16949、QS 9000
产品情况:新能源汽车电动空调压缩机、空调系统、电动空压机、铁芯等

★洺源科技(大连)有限公司
地址:辽宁省大连市经济技术开发区金港企业配套园二期 15B
邮编:116000
电话:0411/88703280
网址:www. mixwellfc. com
电子信箱:info@ mixwellfc. com
法定代表人:孟菲
产品情况:MX 系列燃料电池发动机,C 系列燃料电池电堆,S 系列 FCU 等核心系列产品

★大连楼兰科技股份有限公司
地址:辽宁省大连高新技术产业园区汇贤园 7 号 11 层#11 - 01/02 室
邮编:116011
电话:0411/66889595、4008833695
网址:www. roiland. com
电子信箱:lacey. zhang@ roiland. com
法定代表人:田雨农
单位人数:100
质量体系:IATF 16949
产品情况:车联网技术
配套情况:与一汽-大众、上汽大众、奥迪等合作

★大连锐格新能源科技有限公司
地址:辽宁省大连市甘井子区新水泥路 777 号
邮编:116035
电话:0411/83607879、83617879
传真:83897469
网址:www. rigorpower. com
电子信箱:rigor@ rigorpower. com
法定代表人:高鹏
质量体系:ISO 9001
产品情况:燃料电池和燃料电池系统测试产品

★新源动力股份有限公司
地址:辽宁省大连市高新技术产业园区黄浦路 907 号
邮编:116085
电话:0411/84617000
传真:84753456
网址:www. fuelcell. com. cn
电子信箱:sunrise@ fuelcell. com. cn
法定代表人:祖似杰
质量体系:IATF 16949
产品情况:(新源动力牌)
燃料电池膜电极、燃料电池电堆、燃料电池电堆模块、燃料电池系统、燃料电池测试系统

★大连松下汽车能源有限公司
地址:辽宁省大连保税区海明路 177 号
邮编:116102
电话:0411/87767777
法定代表人:刘国臣
质量体系:IATF 16949、ISO 14001
产品情况:高能量密度的能量型动力电池等环保汽车用能量型动力电池产品的设计、制造
配套情况:为特斯拉等供货

★辽宁思凯科技股份有限公司
地址:辽宁省丹东市江湾工业区 C 区黄海大街 14 号
邮编:118008
电话:0415/3144734、3123254
网址:www. china - sce. com
电子信箱:market@ chnsce. com
法定代表人:郑孚
单位人数:570
质量体系:ISO 9001、ISO 14001
产品情况:高能比纳米活性炭材料超级电容器等

★锦州凯美能源有限公司
地址:辽宁省锦州市凌河区重庆路 7 段 139 号
邮编:121000
电话:0416/3890026、3862933
传真:3886367
网址:www. kamcap. com
电子信箱:kamcap@ kamcap. com
法定代表人:才奇
质量体系:IATF 16949、ISO 9001
产品情况:超级电容器
出口情况:出口欧美、日本、韩国等多个国家和地区

★莱茵动力(锦州)有限公司
地址:辽宁省锦州经济技术开发区天山路一段 4 号
邮编:121007
电话:0416/3792819
网址:www. wonderauto. com. cn
电子信箱:2810670605@ qq. com
法定代表人:刘勇东
产品情况:新能源汽车驱动电动机、控制器及驱动系统总成;新能源混合动力驱动系统、驱动电动机及控制器;新能源电池管理系统,电池包及电池传感器
出口情况:远销委内瑞拉、美国、韩国、欧洲等国家和地区,配套国外售后市场三菱、电装、德科及福特等几大系列发电机 200 多个品种,起动机 50 多个品种

★辽宁百纳电气有限公司
地址:辽宁省朝阳市龙城区高新技术产业园区
邮编:122000
电话:0421/2654777、2724777
传真:2724555
网址:www. bainacap. com
电子信箱:baina@ bainacap. com
法定代表人:郑红
质量体系:ISO 9001、ISO 14001
产品情况:超级电容器,广泛用于新能源汽车等领域

吉林省

★长春精钰电子科技股份有限公司
地址:长春市高新技术开发区众恒路 456 号
邮编:130012
电话:0431/81797022
传真:81797091
网址:www. trarrii. com
法定代表人:吴中铭
单位人数:174
质量体系:ISO 9001、IATF 16949
产品情况:完整车用电子信息架构搭

建、整车电子电气构建、车载网络(CAN/AVB/TSN)系统设计与规划服务、驾驶辅助、高清产品与车联网产品开发服务及车用电子系统测试服务等
配套情况:已成为一汽、泛亚等设计、量产品供应商

★三星(长春)动力电池有限公司
地址:长春市高新开发区达新路 955 号
邮编:130012
电话:0431/81852619
网址:www. samsungsdi. com. cn
电子信箱:yao. fan@ samsung. com
法定代表人:郑世雄
质量体系:IATF 16949
产品情况:汽车用锂离子动力电池包的制造、研发

★长春丽明科技开发股份有限公司
地址:长春市高新区光谷大街 2388 号汽车电子产业园
邮编:130015
电话:0431/81961177 - 8011
传真:81961177 - 8011
网址:www. limingtech. com
电子信箱:limingservice@ limingtech. com
法定代表人:程传海
质量体系:ISO 9001、IATF 16949
产品情况:乐行系列产品、新能源汽车 VCU 产品、车载充电系统产品等
配套情况:客户涵盖一汽-大众、一汽吉林、一汽轿车、上汽集团、北汽新能源、吉利集团、比亚迪汽车、众泰汽车、合众汽车、中国电信、长久集团、欧创集团、启明信息、一汽富奥、比克新能源、庞大集团等知名企业

★吉林省寰旗科技股份有限公司
地址:长春市朝阳区建政路 815 号
邮编:130061
电话:0431/81033281、81033285
传真:81033287
网址:www. jlhuanqi. com
法定代表人:刘田影
质量体系:IATF 16949
产品情况:主要依托互联网、北斗导航、通信和汽车电子技术,研发并应用车辆管理系统平台,运用大数据和云计算,采集、分析、整理平台车辆多源数据信息,为行管部门、道路运输企业和个体车主提供基于车辆位置、轨迹、时速、导航、监控等信息化服务

★启明信息技术股份有限公司
地址:长春市净月经济开发区百合街启明软件园
邮编:130122
电话:0431/85861717
传真:85861717
网址:www. qm. cn
电子信箱:service_qm@ faw. com. cn
法定代表人:郭永锋
质量体系:IATF 16949、ISO 9001
产品情况:汽车行业管理软件、车载信息系统、汽车电子控制系统、车道偏离警告系统(LDW)和软件解决方案等
配套情况:为一汽轿车供应导航等车载电子零部件

★吉林华微电子股份有限公司
地址:吉林省吉林市高新区深圳街 99 号
邮编:132013
电话:0432/64678411、64684562
传真:64665812
网址:www. hwdz. com. cn
电子信箱:qiancheng@ hwdz. com. cn
法定代表人:夏增文
单位人数:2163
质量体系:IATF 16949、ISO 9001
产品情况:充电桩

★吉林中聚新能源科技有限公司
地址:吉林省辽源市经济开发区友谊园区
邮编:136200
电话:0437/5018333
传真:5018321
网址:www. sinopolybattery. com
电子信箱:hmiao@ sinopoly. cn
法定代表人:徐卫东
单位人数:186
质量体系:IATF 16949、ISO 9001
产品情况:生产锂离子电池及相关配套产品
出口情况:远销美国、英国、德国、意大利、澳大利亚、新西兰、法国等国家

★辽源汇丰电机制造有限公司
地址:吉林省辽源市福镇大路 125 号
邮编:136299
电话:0437/5028316、5028317
传真:5028316
网址:www. lyhfdj. com
电子信箱:lyhfxsb@ 163. com
法定代表人:范金辉
单位人数:180
质量体系:ISO 9001
产品情况:(白山牌)
　直流电动机、交流电动机
配套情况:为安徽合力、龙工叉车等供货

黑龙江省

★哈尔滨九洲电气股份有限公司
地址:哈尔滨市松北区九洲路 609 号
邮编:150028
电话:0451/58771888、4001136933
传真:58771345
网址:www. jze. com. cn
电子信箱:wangyouwei@ jze. com. cn
法定代表人:李寅
单位人数:800
质量体系:ISO 9001、ISO 14001
产品情况:动力型电动车专用蓄电池、交/直流电动汽车充电桩等

★哈尔滨光宇电源股份有限公司
地址:哈尔滨道里区迎宾路集中区滇池街 9 号
邮编:150078
电话:0451/86677970
传真:86678032
网址:www. cncoslight. com
电子信箱:1473129236@ qq. com
法定代表人:李延平
质量体系:IATF 16949
产品情况:磷酸铁锂动力型电池等

★哈尔滨巨容新能源有限公司
地址:哈尔滨市迎宾集中区青山路 8 号
邮编:150078
电话:0451/87090105
传真:55578099
网址:www. jurong - newpower. com. cn
电子信箱:shichang@ jurong - newpower. com. cn
法定代表人:王东
质量体系:ISO 9001、IATF 16949
产品情况:超级电容器及配套系列产品

★哈尔滨光宇集团股份有限公司
地址:哈尔滨市南岗区电缆街 68 号
邮编:150086
电话:0451/86677970
传真:86678032
网址:www. cncoslight. com
法定代表人:朱延春
质量体系:ISO 14001、ISO 9001
产品情况:电动汽车用动力锂电池等产品

★哈尔滨天源石化工程有限责任公司
地址:哈尔滨市南岗区嵩山路 9 号
邮编:150090
电话:0451/87007711、87006388
传真:87006622
电子信箱:hrbguli2008@ 163. com
法定代表人:戴世锋
单位人数:418
质量体系:ISO 14001、OHSAS 18001
产品情况:汽车 LPG、CNG 加气机及其他加气站系统

★黑龙江普莱德新材料科技有限公司
地址:黑龙江省鸡西市恒山区石墨工业园区
邮编:158100
电话:0467/8231777
网址:www. pride - liumao. com
电子信箱:hljpride@ pride - liumao. com
法定代表人:刘伟
质量体系:ISO 9001
产品情况:石墨精粉、锂电池负极材料及石墨深加工
配套情况:直接配套宁德时代、孚能科技,间接配套北汽新能源

上海市

★斑马网络技术有限公司
地址:上海市申长路1398弄虹桥阿里中心T4座
邮编:200030
电话:4008218811
网址:www.hellobanma.com
电子信箱:enquiry@hellobanma.com
法定代表人:张建锋
产品情况:智联网汽车整体解决方案,包含基于AliOS的智联网汽车开放平台等
配套情况:主要合作伙伴有上汽乘用车、神龙汽车、上汽斯柯达、迈克萨斯、福特汽车、观致汽车、宝骏汽车等

★得道车联网络科技(上海)有限公司
地址:上海市徐汇区龙腾大道2879号3楼3152室
邮编:200030
电话:021/64366082、64366016
电子信箱:dedaotsp@deren.com
法定代表人:邱建民
产品情况:车联网硬件终端、行业解决方案、数据分析模型、应用服务平台等

★联发科软件(上海)有限公司
地址:上海市徐汇区瑞平路275号保利西岸C栋20楼
邮编:200030
电话:021/54519650
传真:34601089
网址:www.mediatek.cn
电子信箱:jun.ni@mediatek.com
法定代表人:HAI WANG
产品情况:芯片整合系统解决方案:Autus车载通信系统

★上海博泰悦臻电子设备制造有限公司
地址:上海市徐汇区天钥桥路30号美罗大厦19楼、20楼
邮编:200033
电话:021/34184898
网址:www.pateo.com.cn
电子信箱:info@pateo.com.cn
法定代表人:应臻恺
质量体系:ISO 9001、IATF 16949
产品情况:可以提供从主动安全、汽车电子、底层汽车软件、智能操作系统、应用软件、国内国际互联网汽车生态、手机互联、通信运营、HMI与用户体验、TSP平台开发与运营服务、云计算、大数据、内容服务集成与运营、地图引擎软件与云端架构、语音嵌入式与云平台解决方案、PAAS平台、AI人工智能、IoT与穿戴式设备等综合车联网服务
配套情况:主要客户有奥迪、奔驰、北京汽车、北汽新能源、保时捷、宝沃、宾利、东风标致、东风雪铁龙、长安汽车、长城汽车、大众、长安标致雪铁龙、东风风神、神龙汽车、国机智骏、海马汽车、吉利汽车、捷豹路虎、兰博基尼、奇瑞汽车、上汽乘用车、上汽大众、上汽通用、上汽通用五菱、沃尔沃汽车、一汽-大众、中国一汽、红旗、云度汽车等

★上海正昀新能源技术有限公司
地址:上海市长宁区延安西路777号
邮编:200050
电话:021/80125156
网址:www.sunevtech.com
电子信箱:jackwang@sunevtech.com
法定代表人:汤文虎
质量体系:ISO 9001、ISO 14001
产品情况:从事纯电动汽车、混合电动汽车锂电子电池电源系统、电源管理系统(BMS)的研发及制造,储能领域应用的各种锂离子电池电源产品的研发和生产
配套情况:与江苏奥新新能源汽车、南京金龙、江苏亚星客车、江苏九龙客车、上汽大通、上海申沃、上海万象大宇等车企合作

★德州仪器半导体技术(上海)有限公司
地址:中国(上海)自由贸易试验区亮秀路72号2层及3层
邮编:200050
电话:021/23073288
传真:63509583
网址:www.ti.com.cn
电子信箱:daisy-tao@ti.com
法定代表人:胡煜华
单位人数:607
产品情况:集成电路、半导体、电动机控制、传感器、电子元件等

★威泊(上海)新能源科技有限公司
地址:上海市武宁路501号17楼
邮编:200063
电话:021/61311590
网址:www.wiposh.cn
电子信箱:1613507697@qq.com
法定代表人:刘跃进
产品情况:(路上充牌)
无线充电带、无线充电带控制器、无线充电带接收器、电流传导器、可充电轮胎、智能充电管理平台等产品

★上海依威能源科技有限公司
地址:上海市西藏北路199号3楼
邮编:200070
电话:021/56982108、4001800910
网址:www.evpowergroup.com
电子信箱:cs@evpowergroup.com
法定代表人:陈振雄
质量体系:ISO 9001、ISO 14001
产品情况:为新能源汽车车主提供充电服务(充电桩、充电网络服务及运营)
配套情况:在北京、上海、广州、深圳、杭州、成都等28个城市建成充电站3600多家,与各大汽车厂商合作,成为宝马BMW即时充电ChargeNow项目的充电服务供应商,与首汽分时租赁、EVCard和首汽租车等租车公司合作,为万科物业、中国保利集团、碧桂园等提供充电桩建设、运营等全方位服务和方案

★上海极奥网络科技有限公司
地址:上海市杨浦区杨树浦路2300号4B层A03-44室
邮编:200082
电话:021/66610156
网址:www.geoinfonet.com
电子信箱:69712406@qq.com
法定代表人:王东明
产品情况:主要提供高精度、高实时性、多空间维度的地图服务
配套情况:服务客户有戴姆勒、奥迪、上汽集团、中国一汽、博世、日本电装、大陆集团、米其林、法雷奥、四维图新等

★上海上汽安悦充电科技有限公司
地址:上海市虹口区花园路171号A3栋上汽安悦大楼
邮编:200083
电话:021/36363666、4009219000
传真:36363686
网址:www.anyocharging.com
电子信箱:anyocharging@saam.com.cn
法定代表人:蔡宾
单位人数:129
质量体系:ISO 9001
产品情况:从事充电系统及终端网络投资建设、充电及租赁系统管理、停车场资源整合、电子支付、互联网金融及新能源汽车相关产业链等方面业务

★哲弗智能系统(上海)有限公司
地址:上海市浦东新区陶桥路488号4幢1层
邮编:200120
电话:021/20989080、4007006278
网址:www.zephyr88.com
电子信箱:info@zephyr88.com
法定代表人:李飞
质量体系:IATF 16949、ISO 9001
产品情况:(泽福牌)
新能源汽车电池管理系统,包括电池智能热管理系统、电池智能灭火系统、电动机智能热管理系统等
配套情况:配套宇通客车、比亚迪汽车、福田欧辉、金龙客车、金旅客车、海格客车、南京金龙、申沃客车、中通客车、浙江中车电车、万向集团、申龙客车、上海万象、亚星客车、安凯客车、奇瑞万达、一汽青岛、上汽大通、飞驰客车、中国重汽、陕汽集团、云南五龙等

★中移智行网络科技有限公司
地址:中国(上海)自由贸易试验区川桥路399弄3号5层
邮编:200131
电话:021/31657111
网址:www.cm-iov.com

电子信箱:liulan_iov@ chinamobile. com
法定代表人:黄刚
质量体系:ISO 9001
产品情况:车联网技术的研发

★科比德(上海)软件技术有限公司
地址:上海市岚皋路 567 号 B 座
邮编:200135
电话:021/61692019、52920209
传真:61692021
网址:www. kpitchina. com
电子信箱:kpit_june@ 163. com
法定代表人:KISHOR PATIL
产品情况:高级辅助驾驶和无人驾驶、AUTOSAR 与车内网络、车载娱乐平台(KIVI)

★上海联桩新能源科技有限责任公司
地址:上海市古美路 1515 号漕河泾开发区凤凰园 19 号楼 23F
邮编:200233
电话:021/54106163 - 0、13910996745
传真:60731292
网址:www. chargedot. com
电子信箱:lv. qian@ chargedot. com
法定代表人:赵永占
质量体系:ISO 9001、ISO 14001
产品情况:(ChargeDot 联桩牌)
充电产品及 AC(交流)和 DC(直流)充电站
配套情况:客户有上汽乘用车、北汽新能源、东风日产、上汽大通、申沃客车、上汽集团、荣威、安悦充电、永达汽车

★安悦先锋汽车信息技术有限公司
地址:上海市虹漕路 456 号 12 号楼 7 楼
邮编:200233
电话:021/33323088
传真:33323111
网址:www. anyopioneer. com
电子信箱:ying_xu@ intl. pioneer. co. jp
法定代表人:贾健旭
产品情况:汽车 GPS 导航影音系统、智能信息系统等产品,提供车载信息服务
配套情况:为大众、斯巴鲁、荣威、上汽通用供货

★上海移远通信技术股份有限公司
地址:上海市闵行区田林路 1016 号科技绿洲 3 期(B 区)5 号楼
邮编:200233
电话:021/51086236、4009607678
传真:54453668
网址:www. quectel. com
电子信箱:info@ quectel. com
法定代表人:钱鹏鹤
质量体系:IATF 16949、ISO 9001
产品情况:与高通共同推进 C-V2X 新技术,为自动驾驶铺路,提供 LTE、WCDMA/HSPA、GSM/GPRS 和 GNSS 模块产品

★钛马信息网络技术有限公司
地址:上海市徐汇区田林路 200 号华鑫天地 2 号楼二层
邮编:200233
电话:021/53890000
网址:www. timanetworks. com
电子信箱:jing. men@ timanetworks. com
法定代表人:叶志华
单位人数:114
质量体系:ISO 9001
产品情况:钛马车联网、新能源车企车联网平台、商用车企车联网平台、车载终端、车联网应用、乘用车企车联网平台
配套情况:为广汽、一汽-大众、陆风汽车、宝沃汽车、上汽大众、江铃福特、凯翼汽车、雅骏汽车、上汽荣威、一汽奥迪等供货

★上海友衷科技有限公司
地址:上海市徐汇区田林路 200 号 A1 栋 701
邮编:200234
电话:021/61278070
网址:www. autoio. cn
电子信箱:info@ autoio. cn
法定代表人:张铮
质量体系:ISO 9001、IATF 16949
产品情况:车身智能控制系统及相关芯片、车用传感器等产品
配套情况:为吉利、汉腾供货

★东软睿驰汽车技术(上海)有限公司
地址:上海市嘉定区安拓路 56 弄 15 号楼 8 单元
邮编:200241
电话:021/60822023
传真:23782700
网址:www. reachauto. com
电子信箱:reachinfo@ rechauto. com
法定代表人:王勇峰
质量体系:ISO 9001
产品情况:新能源汽车动力电池系统、智能充电系统、高级辅助驾驶系统和无人驾驶以及基于云计算和大数据平台的车联网等先进的技术和产品

★京滨电子装置研究开发上海有限公司
地址:上海市闵行区紫星路 451 号
邮编:200241
电话:021/34290099
传真:34293234
网址:www. keihin - crd. com
电子信箱:info@ keihin - crd. com
法定代表人:ITO YASUTOSHI(伊藤康利)
质量体系:ISO 14001
产品情况:电动车用控制系统(电动机驱动控制单元、电池管理系统)、燃油车发动机管理系统(管理电子控制单元)、燃料电池车用产品(燃料电池堆发电控制用电子控制单元、电池堆内阻检测电子控制单元)、摩托车发动机管理系统
配套情况:为本田、大众、福特、通用等供货

★上海追日电气有限公司
地址:上海市普陀区武威路 88 弄 19 号
邮编:200331
电话:021/36395882、4000990605
网址:www. ssechina. com
电子信箱:info@ ssechina. com
法定代表人:潘非
质量体系:ISO 9001、ISO 14001
产品情况:智能型交流充电桩、电动汽车充放电及动力电池总成等

★上海创程车联网络科技有限公司
地址:上海市长宁区金钟路 658 号
邮编:200335
电话:021/50282655、50282656
网址:www. cntransun. com
法定代表人:黄书平
质量体系:ISO 9001
产品情况:商用车汽车电子产品研发、车联网应用软件研发与信息服务

★中颖电子股份有限公司
地址:上海市长宁区临空经济园区金钟路 767 弄 3 号
邮编:200335
电话:021/61219988
传真:61219989
网址:www. sinowealth. com
电子信箱:sales. sh@ sinowealth. com
法定代表人:傅启明
单位人数:334
质量体系:ISO 9001
产品情况:锂电池管理单片机、锂电池电量监控等锂电池管理和保护产品

★上海为森车载传感技术有限公司
地址:上海市长宁区淞虹路 207 号明基商务广场 D 座 7 楼
邮编:200335
电话:021/58888011
网址:www. wissenstar. com
电子信箱:chenfb@ wissenstar. com
法定代表人:叶辽宁
产品情况:专业从事车载安全感知系统与摄像模组开发、生产

★千寻位置网络有限公司
地址:上海市杨浦区国权北路 1688 弄 38 号湾谷科技园 C5 栋
邮编:200438
电话:4006681116
网址:www. qxwz. com
电子信箱:service@ qxwz. com
法定代表人:薛建国
产品情况:通过互联网技术进行大数据运算,为遍布全国的用户提供精准定位及延展服务

★上海海宝特种电源有限公司
地址:上海市闵行区中春路 7001 号第 2 幢 3 楼 3016 室
邮编:201101
电话:021/64193980
网址:www. hb – battery. com
电子信箱:hkszjt@ 126. com
法定代表人:沈维新
产品情况:(海宝牌)
电动车动力电池

★上海安吉星信息服务有限公司
地址:上海市徐汇区虹梅路 1801 号宏业大厦 B 座 3/4 层
邮编:201103
电话:4008201188
网址:www. onstar. com. cn
电子信箱:contactus@ onstar. com. cn
法定代表人:王永清
单位人数:333
质量体系:ISO 9001
产品情况:提供广泛的汽车安全信息服务,包括碰撞自动求助、路边救援协助、全音控免提电话、实时按需检测和全程音控领航等 10 多项
配套情况:为通用汽车、上汽集团、上汽通用汽车供货

★柯锐世电池科技(上海)有限公司
地址:上海市闵行区都会路 1951 弄 15 号 406 室
邮编:201108
电话:021/22856727
电子信箱:zhendong. xu@ clarios. com
法定代表人:PETAR OKLOBDZIJA
产品情况:研究和开发新能源电池产品及相关技术

★上海赢双电机有限公司
地址:上海市闵行区光中路 639 号
邮编:201108
电话:021/34023300、34202379
传真:34200075
网址:www. windouble. com. cn
电子信箱:sales@ windouble. com. cn
法定代表人:蔡懿
单位人数:119
质量体系:ISO 9001、IATF 16949
产品情况:电动汽车等电驱动系统所需的高可靠性磁阻式旋变产品

★思源电气股份有限公司
地址:上海市闵行区华宁路 3399 号
邮编:201108
电话:021/61610502、61610977
传真:61610900
网址:www. sieyuan. com
电子信箱:webmaster@ sieyuan. com
法定代表人:董增平
单位人数:5153
质量体系:ISO 9001、ISO 14001
产品情况:(Sieyuan 牌)
输配电一次、二次设备
出口情况:服务亚洲、美洲、欧洲、非洲全球 60 多个国家和地区

★上海易巴汽车动力系统有限公司
地址:上海市闵行区中春路 1288 号(金地威新科创园)20 幢
邮编:201108
电话:021/64309775
传真:64309775
网址:www. sh – ebus. com
法定代表人:谢伯元
质量体系:ISO 9001
产品情况:主要产品有商用车智能驾驶系统、新能源汽车的纯电动动力系统和混合动力系统,传统汽车的 AMT 系统、控制器(VCU、TCU、CCU、BCU 等)和 ADAS 产品

★上海大郡动力控制技术有限公司
地址:上海市闵行区浦江镇康华路 356 号
邮编:201112
电话:021/34978900
传真:34978955
网址:www. dajuntech. com
电子信箱:sales@ dajuntech. com
法定代表人:王庆凯
质量体系:IATF 16949、ISO 14001
产品情况:新能源汽车用电动机及其控制器,已形成年产 10 万台(套)系统总成的供货能力
配套情况:服务过北汽、广汽、东风等乘用车及金龙、中通、福田等商用车在内的 40 余家客户

★上海航天电源技术有限责任公司
地址:上海市闵行区三鲁公路 719 弄 58 号 1 幢第一层 116 室
邮编:201112
电话:021/33292329、33292366
传真:33883383
网址:www. sapt. cc
电子信箱:lj@ sapt. cc
法定代表人:朱凯
单位人数:132
质量体系:IATF 16949、ISO 9001
产品情况:新能源汽车动力电池
配套情况:与上海申龙、上海万象大宇、南京金龙、江西凯马百路佳等客车企业开展新能源商用车动力电池系统配套

★上海联孚新能源科技集团有限公司
地址:上海市浦东新区王桥路 1003 号
邮编:201200
电话:021/58381200
传真:58381202
网址:www. lianfugroup. com
电子信箱:lianfu_jthr@ 163. com
法定代表人:张根发
产品情况:已具备年产 30 万台新能源汽车专用电动机、30 万台新能源整车控制器、4 万台新能源整车生产能力
出口情况:远销德国、西班牙、比利时、墨西哥、荷兰等国际市场

★上海亿凯信息技术有限公司
地址:上海市浦东新区郭守敬路 498 号 11 号楼 401 室
邮编:201203
电话:021/51314558
传真:51314556
网址:www. china – ekai. com
电子信箱:info@ china – ekai. cn
法定代表人:徐峥
质量体系:ISO 9001
产品情况:主要从事智能车载系统、车联网解决方案以及相关服务平台的研发和系统集成,产品包括车载信息系统、车载操作系统、汽车 APP 信息平台、车载多媒体设备,分别应用于北美洲、中国(包括中国香港、中国澳门)、韩国、日本、大洋洲等国家和地区的一流品牌车型车系上

★环旭电子股份有限公司
地址:上海市浦东新区张东路 1558 号
邮编:201203
电话:021/58966996
传真:58968415
网址:www. usish. com
电子信箱:public@ usiglobal. com
法定代表人:陈昌益
质量体系:IATF 16949、ISO 9001
产品情况:为客户提供通信类及车用电子为主等电子产品,汽车电子产品包括汽车电子控制暨零配件模块、车载信息控制单元等车用信息与沟通产品
出口情况:销售服务据点遍布美洲、欧洲、亚洲

★上海奥威科技开发有限公司
地址:上海市浦东新区张江高科技园区郭守敬路 188 号
邮编:201203
电话:021/50802888
网址:www. aowei. com
电子信箱:aowei@ aowei. com
法定代表人:华黎
单位人数:160
质量体系:IATF 16949、ISO 9001
产品情况:超级电容器,广泛应用于超级电容电动城市客车、纯电动重型牵引车、电动游览车、混合动力汽车等
配套情况:为上海超级电容电动城市公交客车配套

★上海派能能源科技股份有限公司
地址:上海市浦东新区张江高科技园区祖冲之路 887 弄 73 号
邮编:201203
电话:021/51317697
传真:51317698
网址:www. pylontech. com. cn
电子信箱:info@ pylontech. com. cn

法定代表人:韦在胜
单位人数:100
质量体系:ISO 9001、ISO 14001
产品情况:专注于磷酸铁锂电池,正极材料、电芯、电池管理系统

★上海捷能汽车技术有限公司
地址:上海市张江高科技园区松涛路563 号 1 号楼 516 室
邮编:201203
电话:021/61380000
传真:61389931
法定代表人:杨晓东
质量体系:ISO 14001、OHSAS 18001
产品情况:致力于开发油电混合和纯电驱动技术,主要包括混合动力和电动车动力系统、控制集成、电驱变速器等的开发

★上海力信电气技术有限公司
地址:中国(上海)自由贸易试验区申江路 5709 号、秋月路 26 号 7 幢
邮编:201203
电话:021/58956061
传真:58956086
网址:www. leckon. com
电子信箱:yanghong_min@ leckon. com
法定代表人:鲁克银
质量体系:ISO/TS 16949
产品情况:混合动力及纯电动汽车(HEV/EV)用电动机及其控制系统

★上海汉标电子科技有限公司
地址:上海市浦东新区沪南路 3467 号 A 座 2505
邮编:201204
电话:021/38230399
传真:38230389
网址:www. chinaloadbank. com
电子信箱:sales@ sh - hanbiao. com
法定代表人:陆峰
质量体系:ISO 9001
产品情况:便携式充电桩测试仪、HB-BMS 直流充电桩测试系统、HB-ACC 交流充电桩测试系统(带引导)、HB-ACC-CONSOL E 充电桩综合测试系统

★联创汽车电子有限公司
地址:上海市浦东新区金吉路 33 弄
邮编:201206
电话:021/60305000
传真:60305488
网址:www. dias. com. cn
电子信箱:zhaoyueting@ dias. com. cn
法定代表人:祖似杰
单位人数:397
质量体系:IATF 16949、ISO 14001
产品情况:智能驾驶决策控制器、电动助力转向系统、智能制动系统、车载智能终端 T-BOX、胎压监测控制系统、增强现实抬头显示系统、驾驶员监测系统控制器、柴油发动机管理系统、新能源汽车电子控制、胎压监测的系统解决方案及零部件产品
配套情况:为上汽集团、上汽通用、上汽通用五菱、上汽商用车、采埃孚、福田汽车、奇瑞汽车、东风柳汽、天纳克、宝马、小鹏、上汽乘用车、上汽大众、上汽大通、吉利汽车、长城汽车、东风汽车、比亚迪等供货

★上海海立(集团)股份有限公司
地址:上海市浦东新区金桥出口加工区宁桥路 888 号
邮编:201206
电话:021/58547777
传真:50326960
网址:www. highly. cc
电子信箱:songtao@ highly. cc
法定代表人:董鑑华
单位人数:5337
产品情况:新能源车用压缩机、电动机及驱动控制以及冷暖关联产品

★上海海立新能源技术有限公司
地址:上海市浦东新区宁桥路 888 号
邮编:201206
电话:021/58996688
传真:58996169
网址:www. highly. cc
电子信箱:liym@ highly - hnet. com
法定代表人:郑建东
单位人数:270
质量体系:IATF 16949
产品情况:(海立牌)
新能源汽车用电驱动一体式涡旋压缩机,年产能 35 万台
配套情况:拥有客户 50 多家,是国内新能源汽车厂家的主要配套供应商

★英伟达半导体科技(上海)有限公司
地址:上海市浦东新区秋月路 26 号 2 号楼
邮编:201210
电话:021/61046088
网址:www. nvidia. cn
电子信箱:sarahy@ nvidia. com
法定代表人:KAREN BURNS
产品情况:汽车产品与解决方案:NVIDIA DRIVE、NVIDIA DGX 系统、DRIVE 开发者、DRIVE Constellation、NVIDIA DRIVE IX、高清地图绘制、高级驾驶员辅助系统(ADAS)、交通安全护航
配套情况:主要合作伙伴有奥迪、奔驰、丰田、沃尔沃、大众、小鹏 G3 等厂商

★纵目科技(上海)股份有限公司
地址:上海市浦东新区祥科路 111 号腾飞科技楼 3 号楼 7 - 9 层
邮编:201210
电话:021/20708600
网址:www. zongmutech. com
电子信箱:info@ zongmutech. com
法定代表人:RUI TANG
质量体系:IATF 16949、ISO 9001
产品情况:高级辅助驾驶系统产品
配套情况:为北汽集团、上汽集团、吉利汽车、奇瑞汽车、中国一汽、凯翼汽车、力帆汽车、猎豹汽车、野马汽车、宇通、江淮汽车配套

★上海恩捷新材料科技有限公司
地址:上海市浦东新区南芦公路 155 号
邮编:201314
电话:021/20977221 - 0
网址:www. semcorpglobal. com
电子信箱:info@ semcorpglobal. com
法定代表人:马伟华
质量体系:IATF 16949、ISO 9001
产品情况:高性能锂离子电池隔离膜
配套情况:为宁德时代、力神、比克、比亚迪、LG 化学、三星 SDI 等供货

★上海璞泰来新能源科技股份有限公司
地址:上海市浦东新区叠桥路 456 弄 G 区 116 号
邮编:201315
电话:021/61902901
传真:61902908
网址:www. putailai. com
电子信箱:public@ putailai. com
法定代表人:梁丰
产品情况:锂离子电池负极材料等

★奥动新能源汽车科技有限公司
地址:上海市浦东新区康桥秀浦路 2555 号漕河泾康桥商务绿洲 C5 号楼 12F
邮编:201315
电话:021/50296333
网址:www. aulton. com
电子信箱:gaoxiqian@ aulton. com
法定代表人:蔡东青
质量体系:IATF 16949、ISO 9001
产品情况:纯电动汽车换电站、电池 PACK
配套情况:为北汽集团供货

★上海蓝诺新能源技术有限公司
地址:上海市浦东新区秀浦路 2388 号 8 幢
邮编:201315
电话:021/61181183
传真:61183156
网址:www. azureve. com
电子信箱:public@ azureve. com
法定代表人:韩丽
质量体系:ISO 14001、IATF 16949
产品情况:混合动力汽车控制系统和混合动力汽车锂电池
配套情况:合作伙伴有北汽集团、上汽集团、恒润科技、微宏动力等

★华域汽车电动系统有限公司
地址:上海市浦东新区祝桥镇金闻路 88 号
邮编:201323
电话:021/20707777
传真:20707799

网址:www. hasco - eds. com
电子信箱:jiangleix@ hasco - eds. com
法定代表人:张海涛
单位人数:184
质量体系:IATF 16949、ISO 14001
产品情况:永磁同步电动机 PMSM、电力电子箱 PEB 及助力转向电动机 EPS 在内的多款新能源汽车核心零部件

★上海德朗能动力电池有限公司
地址:上海市奉贤区金钱公路 3492 号
邮编:201400
电话:021/57473666
网址:www. dlgbattery. cn
电子信箱:dlgsh@ dlgbattery. cn
法定代表人:吴江峰
质量体系:IATF 16949、OHSAS 18001
产品情况:(次世代牌、德朗能牌、DLG 牌、德朗牌、DLG Power 牌)
动力锂离子电池、电池控制系统等

★上海永铭电子股份有限公司
地址:上海市奉贤区南桥镇杨王工业园光村路 258 号
邮编:201400
电话:021/33617848
传真:33617128
网址:www. sh - ymin. com
电子信箱:zhyl@ sh - ymin. com
法定代表人:王永明
单位人数:500
质量体系:IATF 16949、ISO 9001
产品情况:电容器,用于新能源充电机等
配套情况:主要客户包括 GE、欧普、雷士、阳光、许继、易事特、伟创力等

★上海神力科技有限公司
地址:上海市奉浦区远东路 777 弄 28 号
邮编:201401
电话:021/37598059
网址:www. sl - power. com
电子信箱:marketing@ sl - power. com
法定代表人:张国强
质量体系:ISO 9001、IATF 16949
产品情况:低温质子交换膜燃料电池、高温质子交换膜燃料电池、全钒液流储能电池系统、关键原材料等
出口情况:在美国加州、英国和韩国等国家和地区示范运行

★西屋港能企业(上海)股份有限公司
地址:上海市奉贤区肖南路 518 号
邮编:201401
电话:021/67155752、67156999
传真:37599087
网址:www. whk. hk
电子信箱:whk@ whk. hk
法定代表人:陈松进
质量体系:ISO 9001、ISO 14001
产品情况:专业从事新能源电动汽车充电设施和高低压成套开关设备、箱式变电站等输配电设备的研发设计、生产制造

★上海本菱涡旋压缩机有限公司
地址:上海市奉贤区金汇镇大叶公路 5001 号
邮编:201404
电话:021/57483303
传真:57483358
网址:www. benling - sh. com
电子信箱:sales@ benling. cc
法定代表人:黄小林
质量体系:IATF 16949
产品情况:(本菱牌、BENLING 牌)
新能源汽车用电动涡旋空调压缩机,年产 50000 台
出口情况:出口电动涡旋空调压缩机 25000 台

★上海德朗能电子科技有限公司
地址:上海市奉贤区青村镇光明金钱公路 3492 号第 9 幢
邮编:201406
电话:021/57475847、57474361
网址:www. dlg - battery. com
电子信箱:det@ dlgbattery. cn
法定代表人:吕振国
单位人数:245
质量体系:ISO 9001、ISO 14001
产品情况:锂离子电池

★上海德朗能新能源有限公司
地址:上海市奉贤区青村镇光明金钱公路 3492 号第一幢第一层
邮编:201406
电话:021/57475526
网址:www. dlgbattery. cn
电子信箱:sales@ dlgenergy. com
法定代表人:郭康
单位人数:125
质量体系:ISO 9001、ISO/TS 16949
产品情况:锂离子电池
出口情况:远销中东、欧洲、中北美地区

★上海顶皓新材料科技有限公司
地址:上海市金山区山阳镇板桥东路 428 号 13 幢
邮编:201500
电话:021/60270089
传真:60270002
网址:www. dinhotech. com
电子信箱:sunxuefeng@ dinhotech. com
法定代表人:孙雪峰
质量体系:IATF 16949、ISO 9001
产品情况:为各大锂电池厂家提供各种隔膜定制

★上海康丘乐电子电器科技有限公司
地址:上海市金山区亭林镇南金公路 6788 号 126 室
邮编:201505
电话:021/62966661、17317222833
传真:62966991
电子信箱:2824544224@ qq. com
法定代表人:侯瑜颖
质量体系:ISO 9001
产品情况:(Controller 牌)
串励电动机控制器、永磁同步电动机控制器、永磁无刷电动机控制器、加速器、车载 DC 转换器、组合仪表、新能源整车控制系统、车联网、智能设备等相关产品
出口情况:远销美国、法国、韩国、新加坡、印度等国家

★上海一电集团有限公司
地址:上海市金山区朱泾工业园区鸿安路 666 号
邮编:201599
电话:021/37911260、33521113
传真:37911260
网址:www. shfe. net. cn
电子信箱:yqczhuping@ 126. com
法定代表人:何大荣
单位人数:500
质量体系:IATF 16949、ISO 9001
产品情况:(SHFE 牌)
汽车充电桩、新能源电池组、高低压成套设备等
出口情况:出口东南亚、中东、非洲等地区

★创驱(上海)新能源科技有限公司
地址:上海市松江区车阳路 331 号
邮编:201600
电话:021/57715688
网址:www. drive - inno. com
电子信箱:support@ drive - inno. com
法定代表人:应忠良
单位人数:208
质量体系:IATF 16949
产品情况:动力系统和辅助系统;动力系统产品包括电动机电控、整车控制器、电池管理系统;辅助系统产品包括充电机、DCDC、电动汽车空调控制器等
配套情况:为长安、众泰、吉奥、一汽、东风等供货

★上海精虹新能源科技有限公司
地址:上海市松江区小昆山工业区光华路 81 号
邮编:201600
电话:021/57860760、4001885118
传真:57860759
网址:www. eautopower. com
电子信箱:info@ eautopower. com
法定代表人:吴贵新
质量体系:IATF 16949、ISO 9001
产品情况:新能源汽车动力系统
配套情况:已配套长安、庆铃、江铃等整车企业

★上海鼎充新能源技术有限公司
地址:上海市莘砖公路 518 号松江漕河泾高科技园 24 号楼 6 楼

邮编:201601
电话:021/54610036
传真:54610037
网址:www. cdz360. com
电子信箱:info@ cdz360. cn
法定代表人:夏建中
单位人数:260
质量体系:ISO 9001
产品情况:(鼎充牌)
主要经营交/直流充电桩、新能源汽车充电站、电动汽车充电站整体解决方案、充电运营等产品和服务
配套及出口情况:为中国香港九龙巴士、海南航空、博鳌论坛、江苏、上海、陕西、四川、海南、山西、山东等众多公交、商旅提供整站建设和运营服务;配套奔驰、现代、九龙巴士、比亚迪、奇瑞、东风风神、东南汽车、黄海客车、通用电气汽车厂;出口以色列、白俄罗斯、保加利亚等国家,并销往中国香港地区

★上海鹰峰电子科技股份有限公司
地址:上海市松江区石湖荡工业园唐明路 258 号
邮编:201604
电话:021/57845718、57842298
传真:57847404
网址:www. eagtop. com
电子信箱:marker@ eagtop. com
法定代表人:洪英杰
单位人数:630
质量体系:IATF 16949、ISO 9001
产品情况:薄膜电容器、电抗器、叠层母排、水冷散热器、相变热管散热器、电阻器等,用于新能源汽车等行业
配套情况:为比亚迪等供货

★上海旦迪通信技术有限公司
地址:上海市松江区九亭镇盛龙路 951 号盛富产业园 1 号楼旦迪大厦
邮编:201615
电话:021/54793805、54793802
传真:57643095
网址:www. danditec. com
电子信箱:sky@ danditec. com
法定代表人:刘涛
质量体系:ISO 9001、IATF 16949
产品情况:北斗/GPS 天线、北斗/GPS 高精度测绘天线、2G/3G/4G/Wi-Fi/蓝牙通信天线、汽车天线、卫星广播天线、其他多类别行业天线,以及北斗/GPS 模块、北斗高精度惯导模块、蓝牙/Wi-Fi 模块、北斗 LNA 放大芯片、北斗 LNA 集成模块等产品
配套及出口情况:为吉利、金龙、宇通供货;远销印度、非洲、中东、中亚、东南亚地区

★上海循道新能源科技有限公司
地址:上海市松江区松汇西路 1799 号
邮编:201699
电话:021/31166669、4000120021
网址:www. shxundao. com
电子信箱:hushengwei@ shxundao. com
法定代表人:余建东
质量体系:IATF 16949、ISO 14001
产品情况:电动汽车交/直流充电桩、一体式直流充电机、车载充电机、充换电站电池内外箱、充电连接器等系列产品
配套情况:主要客户有江淮汽车、广汽、吉利汽车、奇瑞汽车、知豆电动汽车、上汽集团、北汽新能源等企业

★上海锐镁新能源科技有限公司
地址:上海市嘉定区安亭镇墨玉路 185 号 1 层 J2053 室
邮编:201800
电话:18914493045
法定代表人:韩东伟
产品情况:电动汽车系统电动机电控及电池管理系统集成
配套情况:与一汽轿车、长安汽车等合作

★上海恒动新能源有限公司
地址:上海市嘉定区安亭镇园区路 799 号
邮编:201800
电话:021/59595108
网址:www. evbattery. com. cn
电子信箱:info@ evbattery. com. cn
法定代表人:郑礼生
质量体系:ISO 9001、IATF 16949
产品情况:致力于研发与制造高安全、高能量密度、长寿命的锂离子电池,产品已广泛应用于电动汽车领域(客车、物流车、低速车、房车等)和电池储能领域(电力、铁路、船舶、UPS 及移动储能等)

★上海汽车电驱动有限公司
地址:上海市嘉定区恒裕路 300 号
邮编:201800
电话:021/31615888
传真:31615800
网址:www. chinaedrive. com
电子信箱:xiongxiaohui@ chinaedrive. com
法定代表人:张云龙
质量体系:IATF 16949
产品情况:节能与新能源汽车电动机驱动系统,形成了 3 ~ 200kW 功率系列化产品,为国内外整车企业和动力系统集成商配套开发电驱动系统产品 200 多个品种
配套情况:产品在一汽、奇瑞、长安、上汽、东风、吉利、江淮、华晨、长城、中华、广汽、中通、恒通、宇通、申沃、苏州金龙等国内整车中得到成功应用,同时为雷诺、通用、伊顿、邦奇等海外客户进行产品配套

★上海欧菲智能车联科技有限公司
地址:上海市嘉定区嘉行公路 222 号 1 幢 3 层 301 室
邮编:201800
电话:021/80210090
网址:www. o – film. com
法定代表人:海江
产品情况:主营产品为电容式触摸屏、摄像头模组、指纹识别模组等,并积极布局智慧城市领域和车联网领域

★上海埃而生电气股份有限公司
地址:上海市嘉定区南翔镇浏翔公路 955 号小美科技园 3 号楼 4 楼 B 座
邮编:201800
电话:021/51083699、13764391913
传真:51083990
网址:www. alson. cn
电子信箱:steven. kang@ alson. cn
法定代表人:康震
质量体系:IATF 16949
产品情况:主要提供低压配电盒、智能 CAN 总线控制系统、总线 IO 模块及控制器、视像系统、无线视频、数据传输系统等产品,用于消防车辆、混凝土机械、起重机等行业
配套情况:主要合作客户有三一重工、中联重科、山河智能、山重建机、HANGCHA、柳工、雷沃重工等

★上海舜华新能源系统有限公司
地址:上海市嘉定区外冈镇恒永路 8 号 6 幢
邮编:201800
电话:021/69503227
传真:69503227
网址:www. sunwise. sh. cn
电子信箱:email@ sunwise. sh. cn
法定代表人:高顶云
质量体系:IATF 16949、ISO 9001
产品情况:车载供氢系统及加氢设备
配套情况:与上汽、申龙、上汽大众、长城汽车、金龙、广汽、中通、亚星、东方电气、潍柴、新源、锋源、弗尔赛、国鸿和重塑等合作

★上海济平新能源科技有限公司
地址:上海市嘉定区园大路 268 号
邮编:201800
电话:15921980957
传真:021/66288633
电子信箱:176318055@ qq. com
法定代表人:陈惠容
质量体系:ISO/TS 16949
产品情况:主要研发生产燃料电池催化剂、气体扩散层

★上海重塑能源科技有限公司
地址:上海市嘉定区靖远路 1555 号
邮编:201803
电话:021/60257133
网址:www. re – fire. com
电子信箱:shirley. mai@ re – fire. com
法定代表人:林琦
质量体系:IATF 16949
产品情况:燃料电池系统、氢燃料电池

整车动力系统开发
配套情况：为一汽解放、东风、宇通、中通等国内一线商用车企，配套超过40款燃料电池车型

★上海伊控动力系统有限公司
地址：上海市嘉定区安亭镇安拓路56弄5幢3单元201室
邮编：201804
电话：021/59592058
电子信箱：duanrenshi@econpowersys.com
法定代表人：周用华
产品情况：以动力系统三电开发及退役动力电池梯级利用为核心业务
配套情况：已与南京依维柯、上汽大众、上汽通用、安吉物流等公司建立了良好的合作关系

★瀚德万安上海电控制动系统有限公司
地址：上海市嘉定区安拓路56弄15号5单元
邮编：201804
电话：021/61761323
传真：61761323
网址：www.haldex-vie.cn
电子信箱：linlin.zhang@haldex-vie.cn
法定代表人：陈锋
质量体系：IATF 16949
产品情况：车辆电控制动系统及其相关零件

★上海新源动力有限公司
地址：上海市嘉定区安亭镇新黄路4号1幢、2幢
邮编：201805
电话：021/69582477
网址：www.fuelcell.com.cn
电子信箱：shiguiyan@fuelcellglobal.com
法定代表人：刘常福
质量体系：IATF 16949、ISO 9001
产品情况：燃料电池产品和燃料电池测试设备
配套情况：为上汽集团供货

★上海捷新动力电池系统有限公司
地址：上海市嘉定区安亭镇于塘路815号
邮编：201805
电话：021/60563576
传真：60563535
网址：www.shanghai-atbs.com
电子信箱：zhengzhe@shanghai-atbs.com
法定代表人：王晓秋
质量体系：IATF 16949、ISO 14001
产品情况：车用动力电池系统

★上海皆泰新能源科技有限公司
地址：上海市嘉定区恒永路328弄8号三楼
邮编：201806
电话：021/59168911
网址：www.jte-amperex.com
电子信箱：13817804168@163.com
法定代表人：代拥军
质量体系：IATF 16949
产品情况：（JTE牌）
新能源汽车高压线束
配套情况：直接或间接配套长城、吉利、一汽、海马、众泰、东南、蔚来、小鹏等车型

★上海电驱动股份有限公司
地址：上海市嘉定区恒裕路300号
邮编：201806
电话：021/31615888
传真：31615800
网址：www.chinaedrive.com
电子信箱：edrive@chinaedrive.com
法定代表人：贡俊
质量体系：IATF 16949
产品情况：新能源汽车用电动机及控制器
配套情况：在一汽、奇瑞、长安、上汽、东风、吉利、江淮、华晨、长城、中华、广汽、中通、恒通、宇通、申沃、苏州金龙等国内整车中得到成功应用

★上海索锂科技股份有限公司
地址：上海市嘉定区江桥镇金园三路223号
邮编：201812
电话：021/69172222
网址：www.ruihuagroup.com.cn
电子信箱：ruihua@ruihuagroup.com.cn
法定代表人：刘庆凯
质量体系：ISO/TS 16949、ISO 14001
产品情况：全固态磷酸铁锂电池、电容

★上海爱卫蓝新能源科技有限公司
地址：上海市嘉定区泰众路88号
邮编：201814
电话：021/69990361
网址：www.evlandtec.com
电子信箱：sj@evlandtec.com
法定代表人：邱卫东
质量体系：IATF 16949
产品情况：新能源汽车空调压缩机及控制器总成
配套及出口情况：为重庆小康、南京金龙、江铃新能源、广汽蔚来、上汽大众等配套；远销西班牙、英国、美国、印度

★上海燃料电池汽车动力系统有限公司
地址：上海市嘉定区嘉松北路6755号
邮编：201814
电话：021/80258039、80258033
传真：80258031
网址：www.fcv-sh.com
法定代表人：唐海锋
质量体系：ISO/TS 16949
产品情况：新能源汽车平台化动力总成控制器、集成功率控制单元、远程监控数据采集系统、燃料电池动力系统等核心产品

★上海卡耐新能源有限公司
地址：上海市嘉定工业区兴邦路398号
邮编：201815
电话：021/67077062、67077111
传真：67077060
电子信箱：sales@catarc.ac.cn
法定代表人：刘永灼
质量体系：IATF 16949、ISO 9001
产品情况：三元软包装锂离子电池、电池模块、电池模组、电池包系统、电池成组技术等

★上海万宏动力能源有限公司
地址：上海市嘉定区叶城路1288号4号楼2楼
邮编：201822
电话：021/52392612
网址：www.shwhpower.com
电子信箱：410310212@qq.com
法定代表人：张毅
质量体系：ISO/TS 16949
产品情况：汽车混合动力能源电池、各类二次电池、电池组管理系统、电池极片、充电器及相关材料

江苏省

★南京国电南自新能源科技有限公司
地址：南京市江北新区星火路8号
邮编：210008
电话：025/51858016
电子信箱：28765565@qq.com
法定代表人：蒋衍君
质量体系：ISO 9001
产品情况：光伏逆变器产品和系统解决方案，充电桩产品解决方案等

★诚迈科技（南京）股份有限公司
地址：南京市雨花台区宁双路19号云密城B幢
邮编：210012
电话：025/51887700
传真：51887711
网址：www.archermind.com
电子信箱：bd@archermind.com
法定代表人：王继平
质量体系：ISO 9001、ISO 14001
产品情况：基于Android、Linux等操作系统上的丰富研发经验，提供车载信息娱乐、后视镜、数字仪表等车载电子产品的软件技术服务及解决方案；主要包括数字仪表，智能后视镜，智能驾驶舱（方案融合车载信息娱乐系统、全数字仪表盘、车载通信系统、高级辅助驾驶系统），DMS疲劳驾驶预警系统，DuerOS智能车载解决方案，车载测试业务等

★南京智行信息科技有限公司
地址：南京市安德门大街57号楚翘城2号楼8层
邮编：210019
电话：025/52213978
网址：www.zhixingit.com

电子信箱:info@ zhixingit. com
法定代表人:洪卫星
质量体系:ISO 9001
产品情况:提供多种云计算和大数据的平台与方案,以及一系列的交通行业应用产品和服务

★南京越博动力系统股份有限公司
地址:南京市建邺区新城科技园国际人才港
邮编:210019
电话:025/52661983
传真:89635189
网址:www. yuebooemt. com
电子信箱:yueboo@ yuebooemt. com
法定代表人:李占江
质量体系:IATF 16949、ISO 9001
产品情况:新能源汽车动力总成系统
配套情况:客户包括东风特汽、长安、一汽、金旅、陕汽、中通、大运等国内几十家知名新能源汽车整车制造商

★天泽信息产业股份有限公司
地址:南京市建邺区云龙山路 80 号
邮编:210019
电话:025/965180、4008007999
传真:84781688
网址:www. itrackstar. com
电子信箱:tianze@ tiza. com. cn
法定代表人:陈进
质量体系:IATF 16949、ISO 9001
产品情况:车联网 IT 服务平台

★国电南京自动化股份有限公司
地址:南京市江宁开发区水阁路 39 号
邮编:210032
电话:025/51859232、4001600268
网址:www. sac - china. com
电子信箱:contact@ sac - world. com
法定代表人:王凤蛟
质量体系:ISO 14001
产品情况:继电保护类产品、智能电网、充电桩等新能源相关产品和服务

★蔚隆(南京)汽车智能科技有限公司
地址:南京市江宁经济技术开发区水阁路 8 号
邮编:210038
电话:025/83286700
电子信箱:hui. pan@ nio. com
法定代表人:曾澍湘
产品情况:车载物联网、汽车电子及智能电子

★南京康尼新能源汽车零部件有限公司
地址:南京市经济技术开发区恒竞路 11 号
邮编:210038
电话:4008859017
网址:www. knn - nj. com
电子信箱:knn@ kn - nanjing. com
法定代表人:陈颖奇
质量体系:IATF 16949、ISO 14001
产品情况:内充接口(线束)、外充接口(线束)、高压接口插件(线束)、维修开关、充电桩、车载高压配电盒及整车高压线束等
配套情况:已成为国内主要自主品牌新能源汽车企业的重要供应商

★乐金化学南京信息电子材料有限公司
地址:南京市经济技术开发区恒谊路 17 号
邮编:210038
电话:025/85603000 - 2224
传真:85603000 - 2217
网址:www. lgchemnj. com
电子信箱:liujinfeng@ lgchem. com
法定代表人:KOO HO NAM
质量体系:IATF 16949、ISO 9001
产品情况:高容量/高安全性锂电池用三元正极材料、锂离子电池、几乎所有类型电池

★南京乐金化学新能源电池有限公司
地址:南京市经济技术开发区恒谊路 17 号
邮编:210038
电话:025/85603000 - 2224
网址:www. lgchemnj. com
电子信箱:lgcn_hr@ lgchem. com
法定代表人:郑容旭
单位人数:7000
质量体系:IATF 16949、ISO 14001
产品情况:主要产品为汽车动力电池,包括 HEV(混合动力)、PHEV(插电式混合动力)、EV(纯电动)使用的锂聚合物电池

★江苏索维尔新能源科技有限公司
地址:南京市江北新区科创大道 9 号
邮编:210044
电话:025/66206180
网址:www. soarwhale. com
电子信箱:services@ soarwhale. com
法定代表人:付瑜
单位人数:248
质量体系:IATF 16949
产品情况:温度传感器、高压配电盒、车载充电机/DC-DC 以及多功能集成模块等新能源汽车核心零部件
配套情况:为上汽、吉利、北汽、沃尔沃等整车企业供应商

★江苏南极星新能源技术股份有限公司
地址:南京市经济技术开发区兴友路 2 号
邮编:210046
电话:025/85700066、85700688
传真:83343268
网址:www. jsnjx. com
电子信箱:cw62001@ njzhishui. com
法定代表人:胡毓晓
质量体系:ISO 14001、ISO 9001
产品情况:新能源汽车充电桩、智能控制系统、机电产品等

★南京隼眼电子科技有限公司
地址:南京市江宁经济技术开发区秣周东路 9 号中国无线谷 A2 栋
邮编:211100
电话:025/87177300
传真:87177311
网址:www. ehawkeye. cn
电子信箱:business@ ehawkeye. net
法定代表人:施雪松
质量体系:ISO 9001
产品情况:专注于 76 ~ 81GHz 车载毫米波雷达技术研究与应用,对于汽车主动安全驾驶信息系统、汽车辅助自动驾驶系统进行开发

★南京能瑞电力科技有限公司
地址:南京市江宁区永宁路 9 号
邮编:211100
电话:025/69971639、4000605598
传真:68907838
网址:www. nengrui. com
电子信箱:njnengrui@ 163. com
法定代表人:孙益兵
质量体系:IATF 16949、ISO 9001
产品情况:电动汽车充电设备(含交流充电桩、直流充电机、智慧充电管理平台、储能及充电)、充电站整体解决方案、充电设施承建运营

★南京慧尔视智能科技有限公司
地址:南京市江宁区苏源大道 19 号九龙湖国际企业总部园 B1 座 7 层
邮编:211102
电话:025/84487706
网址:www. hurys. com
法定代表人:张军
质量体系:ISO 9001
产品情况:雷达智能感知在车联网、汽车安全、安防等新应用

★国电南瑞科技股份有限公司
地址:南京市江宁区诚信大道 19 号
邮编:211106
电话:4008288108
传真:025/58844337
网址:www. naritech. cn
电子信箱:qm@ sgepri. sgcc. com. cn
法定代表人:冷俊
质量体系:ISO 14001
产品情况:(国电南瑞牌)
电动汽车充换电设备及系统

★北方信息控制研究院集团有限公司
地址:南京市江宁区将军大道 528 号
邮编:211106
电话:025/52859999、52859002
传真:52859455
电子信箱:qiansongcan@ 163. com
法定代表人:柴玮岩
产品情况:北斗车辆管理系统、电动汽车热管理系统

★江苏塔菲尔新能源科技股份有限公司
地址:南京市江宁区空港经济开发区蓝天路 249 号

邮编:211106
电话:025/86151899
传真:86151899
网址:www. tafel. com. cn
电子信箱:marketing@ tafel. com. cn
法定代表人:龙绘锦
质量体系:IATF 16949、ISO 9001
产品情况:专注于新能源锂离子动力电池和储能电池的研发、生产

★特变电工南京智能电气有限公司
地址:南京市江宁区开源路298号
邮编:211112
电话:025/66696315、66696326
传真:58150205
网址:www. tbeasmart. com
电子信箱:tbeasale - nj@ tbea. com
法定代表人:谭黎军
质量体系:ISO 9001、ISO 14001
产品情况:全系列的新能源汽车充电产品(充电桩、充电机及相关元件)
配套情况:主要项目有新疆政府充电站、特变电工新疆总部充电站项目等

★南京绿索电子科技有限公司
地址:南京市江宁区秣陵街道祖堂社区
邮编:211112
电话:15251814887
网址:www. gscapacitor. com
电子信箱:james. zou@ gscapacitor. com
法定代表人:陈惠娜
质量体系:ISO 9001
产品情况:超级电容器及储能模块研发、生产

★南京寒锐钴业股份有限公司
地址:南京市江宁经济技术开发区静淮街115号
邮编:211116
电话:025/51181105
传真:52108165
网址:www. hrcobalt. com
电子信箱:hrgy@ hrcobalt. com
法定代表人:梁建坤
质量体系:ISO 9001、ISO 14001
产品情况:钴铜矿开采、冶炼、钴粉等,用于动力电池阳极
配套情况:为特斯拉等供货

★南京东焱氢能源科技有限公司
地址:南京市江宁区麒麟街道启迪大街华清园5号楼
邮编:211135
电话:025/85488887、18151288379
传真:85488887
网址:www. doinh2. com
电子信箱:doinpower@ 163. com
法定代表人:顾军
产品情况:氢燃料电池和工业催化材料
配套情况:与上汽集团、无锡威孚等合作

★江苏赫曦新能源有限公司
地址:南京市江宁区启迪大街华清园2号楼(启迪科技园内)
邮编:211135
电话:025/52635168
网址:www. vistra. cn
电子信箱:admim@ vistra. cn
法定代表人:徐辉
质量体系:IATF 16949
产品情况:新能源车用空调、车载压缩机、转向泵、驱动系统、高、低压线束总成等产品

★南京泓凯动力系统科技有限公司
地址:南京市溧水经济开发区柘宁东路399号
邮编:211299
电话:025/68723482
传真:68723482
网址:www. hk - power. cn
电子信箱:hr1@ hk - power. cn
法定代表人:狄小涛
质量体系:ISO 9001、IATF 16949
产品情况:纯电动汽车驱动总成、纯电动物流车驱动总成等

★天臣新能源有限公司
地址:南京市溧水经济开发区中兴东路18号
邮编:211299
电话:025/56606901
网址:www. tesson. cn
法定代表人:田钢
质量体系:IATF 16949、ISO 9001
产品情况:车载动力及储能电池PACK、BMS动力系统

★江苏中兴派能电池有限公司
地址:江苏省仪征市经济开发区闽泰大道9号
邮编:211400
电话:0514/80862910
传真:80862899
网址:www. pylontech. com. cn
电子信箱:li. qiuhong@ pylontech. com. cn
法定代表人:谈文
质量体系:IATF 16949、ISO 9001
产品情况:磷酸铁锂材料、极片、电池、电池系统

★江苏泽景汽车电子股份有限公司
地址:江苏省仪征市汽车园天越大道15号
邮编:211400
电话:0514/85719000
网址:www. zjautomotive. com
电子信箱:market@ zjautomotive. com
法定代表人:吕湘连
质量体系:ISO 9001、IATF 16949
产品情况:风窗式HUD及汽车智能设备
配套情况:为上汽大众、吉利汽车、蔚来汽车等配套

★南京世博电控技术有限公司
地址:南京市六合经济开发区
邮编:211500
电话:025/87120900
传真:57506728
网址:www. weecu. cn
电子信箱:enquirechina@ sevcon. com
法定代表人:阮浩
质量体系:ISO/TS 16949
产品情况:EMS、BMS、ECU、VCU、MCU、PDU、电动机,广泛用于传统汽车、新能源纯电动、增程式、混合动力等领域

★江苏由甲申田新能源科技有限公司
地址:南京市六合区中山科技园科创大道9号D2栋
邮编:211505
电话:025/66206180
电子信箱:xiuying. wang@ soarwhale. com
法定代表人:付瑜
单位人数:248
质量体系:OHSAS 18001、IATF 16949
产品情况:温度传感器、高压连接器、高压配电盒、车载充电机/DC-DC以及多功能集成模块等新能源汽车核心零部件
配套情况:已成为上汽、吉利、北汽、沃尔沃等整车企业供应商

★昌盛电气江苏有限公司
地址:江苏省盱眙经济开发区金源路
邮编:211700
电话:0517/88555599
电子信箱:chisen@ chisenpower. com
法定代表人:徐克成
质量体系:ISO 9001、ISO 14001
产品情况:电动车、电动自行车用密封铅酸动力蓄电池

★江苏天奈科技股份有限公司
地址:江苏省镇江新区青龙山路113号
邮编:212000
电话:0511/81989991、85588822
传真:85588822
网址:www. cnanotechnology. com
电子信箱:sales66@ cnanotechnology. com
法定代表人:TAO ZHENG
质量体系:IATF 16949、ISO 9001
产品情况:碳纳米管粉体、碳纳米管导电浆料、石墨烯复合导电浆料、碳纳米管导电母粒等
配套情况:为比亚迪、ATL、CATL、天津力神、孚能科技、欣旺达、珠海光宇、亿纬锂能、卡耐新能源、中航锂电、万向等供货

★力信(江苏)能源科技有限责任公司
地址:江苏省镇江市新区大港北山路28号
邮编:212132
电话:0511/88361888、4001511091
网址:www. etrustpower. com

电子信箱:sales@ etrustpower. com
法定代表人:侯小贺
质量体系:IATF 16949、ISO 14001
产品情况:年产磷酸铁锂及三元锂电池近 40 亿 Wh,产品广泛应用于新能源车辆及储能系统

★江苏鼎胜新能源材料股份有限公司
地址:江苏省镇江市京口工业园区
邮编:212141
电话:0511/83320199
传真:8331195、85580854
网址:www. dingshengxincai. com
电子信箱:dsly@ dingshengxincai. com
法定代表人:周贤海
质量体系:IATF 16949、ISO 9001
产品情况:锂电池用铝箔
配套情况:客户有比亚迪集团、深圳市沃特玛电池、CATL 集团、ATL 集团、合肥国轩高科动力能源、银隆新能源、微宏动力系统(湖州)等

★蜂巢电驱动系统(江苏)有限公司
地址:江苏省镇江市扬中经济开发区港兴路 868 号
邮编:212200
电话:0511/88221655
法定代表人:唐海锋
质量体系:IATF 16949
产品情况:新能源汽车用电力驱动系统研发;电动机、汽车零部件研发、加工、制造

★江苏永昌新能源科技有限公司
地址:江苏省丹阳市丹北镇后巷高桥
邮编:212300
电话:0511/86391768、86391758
传真:86391798
网址:www. jsyckj. com
电子信箱:jsyckj789@ 163. com
法定代表人:梅玉平
质量体系:ISO 9001
产品情况:锂离子电池相关产品

★坤泰车辆系统(常州)有限公司
地址:江苏省常州市戚墅堰轨道交通产业园 8 号楼北楼 7 层
邮编:213000
电话:0519/86789999
网址:www. kuntye. com
电子信箱:info@ kuntye. com
法定代表人:戎蓓
质量体系:OHSAS 18001、IATF 16949
产品情况:动力总成、四驱系统、智慧底盘和智能驾驶等四大产品

★江苏万帮德和新能源科技股份有限公司
地址:江苏省常州市武进国家高新区龙惠路 39 号
邮编:213003
电话:0519/83331376
网址:www. wbnegroup. com
电子信箱:dh@ wanbangauto. com
法定代表人:邵丹薇
质量体系:IATF 16949、ISO 9001
产品情况:车载充电机、充电桩等交/直流快慢充设备
配套情况:是北汽、广汽等 11 个车企新能源汽车的配套供应商

★常州博杰新能源材料有限公司
地址:江苏省常州市武进区遥观镇广电东路 95 号
邮编:213011
电话:0519/88389755
传真:88389655
网址:bojie. ktk. cc
电子信箱:13515277277@ qq. com
法定代表人:李兵
质量体系:IATF 16949、ISO 14001
产品情况:钴酸锂、三元等锂电池正极材料

★常州飞机制造有限公司
地址:江苏省常州市钟楼区龙城大道 2228 号
邮编:213012
电话:0519/83270421
传真:83270437
网址:www. lanyi - caec. cn
电子信箱:lanyi_tank@ 126. com
法定代表人:蒋志平
质量体系:ISO 9001
产品情况:车用 LPG 钢瓶
出口情况:出口西亚、中东、西欧、东南亚、日本、韩国等国家和地区

★江苏宏微科技股份有限公司
地址:江苏省常州市华山中路 18 号三晶科技园
邮编:213022
电话:0519/85166088 - 8083
传真:85162291
网址:www. macmicst. com
电子信箱:htian@ macmicst. com
法定代表人:赵善麒
质量体系:ISO 9001、IATF 16949
产品情况:电动汽车用 IGBT 模块、电动汽车用 MOSFET 和 IPMM 模块

★常州翊迈新材料科技有限公司
地址:江苏省常州市科教城天润大道
邮编:213161
电话:0519/85789333
网址:www. emt - cz. com
电子信箱:gh@ emt - cz. com
法定代表人:高华
产品情况:新能源(氢能)汽车燃料电池金属双极板涂层加工
配套情况:为上汽集团的荣威 750、950 及大通 V80 系列车型供货

★万帮新能源投资集团有限公司
地址:江苏省常州市武进高新区龙惠路 39 号
邮编:213161
电话:4008280768
网址:www. wbnegroup. com
电子信箱:starcharge@ wanbangauto. com
法定代表人:邵丹薇
产品情况:主营充电设备研发与制造(万帮德和)、充电设施城市运营(星星充电)、新能源品牌汽车销售(4S 店群)、为各大主机厂提供全国性私人充电桩安装服务(云安装)
配套情况:充电桩成为北汽、广汽等 11 个车企新能源汽车的配套供应商,云安装目前承揽了北汽、江淮、广汽、奇瑞、启辰、马自达、知豆等 11 个品牌的私人充电桩安装业务

★华霆(常州)动力技术有限公司
地址:江苏省常州市武进区常武中路 801 号常州科教城天润科技大厦 D 座一楼
邮编:213161
电话:0519/81003990
网址:www. sinoev. com
电子信箱:qxue@ sinoev. com
法定代表人:周鹏
产品情况:电池储能系统和电动汽车动力系统

★江苏如意高科新能源有限公司
地址:江苏省常州市武进区牛塘镇卢家巷湖滨南路与武南路交叉口
邮编:213163
电话:0519/86463888
电子信箱:996891068@ qq. com
法定代表人:陈志坚
质量体系:IATF 16949、ISO 14001
产品情况:锂离子电池及电池组的研发、制造

★万帮充电设备有限公司
地址:江苏省常州市武进高新区龙惠路 39 号
邮编:213164
电话:4008280768
网址:www. starcharge. com
电子信箱:starcharge@ wanbangauto. com
法定代表人:邵丹薇
质量体系:ISO 9001、ISO 14001
产品情况:涵盖交/直流设备、充电枪头、电源模块、智能电柜、换电设备等,为客户提供设备、平台、用户和数据运营服务,借助车辆销售、私人充电、公共充电、金融保险等业务打造用户充电全生命周期平台
配套情况:是全球近 60 家知名车企的战略合作伙伴,其中不仅包括奔驰、保时捷、宝马、捷豹路虎、大众等国际品牌,还包括比亚迪、北汽等国内车企

★常州市武进红光无线电有限公司
地址:江苏省常州市礼嘉镇青洋路桂阳路 1 号
邮编:213176

电话:0519/86735139、86736307
传真:86731270
网址:www. hgpower. com
电子信箱:xdh@ hgpower. com
法定代表人:徐东亮
质量体系:IATF 16949、ISO 9001
产品情况:智能高效电动汽车充电器、DC/DC 电源转换器、HGF 系列一体式直流快速充电机、立式充电桩等交换式电源产品

★江苏金坛绿能新能源科技有限公司
地址:江苏省常州市金坛区华城中路168 号
邮编:213200
电话:0519/68068111
电子信箱:296700185@ qq. com
法定代表人:吴潇
质量体系:IATF 16949、ISO 14001
产品情况:电池 PACK、电动机、电控等新能源汽车核心零部件产品,具备年产10 万台(套)的能力

★中航锂电科技有限公司
地址:江苏省常州市金坛区江东大道1 号
邮编:213222
电话:4000169588
网址:www. calbjs. com
法定代表人:刘静瑜
质量体系:IATF 16949
产品情况:主要生产动力电池及电源系统,涵盖磷酸铁锂和三元两大体系,单体容量覆盖了 10Ah 到 500Ah,主要应用领域包括电动车辆、电力储能和特种电源等
配套情况:为长安汽车等配套

★ 江苏上上电缆集团有限公司

地址:江苏省溧阳市上上路68 号
邮编:213300
电话:0519/87308866
网址:www. shangshang. com
电子信箱:284020767@ qq. com
法定代表人:丁山华
质量体系:IATF 16949
产品情况:(上上牌)
车内高压软电缆、低压电缆、充电桩电缆等
配套情况:为金龙、长安、北汽、吉利等配套
☞ 详细情况请参阅彩色宣传版面

★江苏荣盛盟固利新能源科技有限公司
地址:江苏省溧阳市昆仑街道码头西街618 号3 幢101 室
邮编:213300
电话:0519/87363966
网址:www. mgldl. com. cn
电子信箱:yuxiaoping@ mgldl. com. cn
法定代表人:安洪力
质量体系:ISO 9001、ISO 14001
产品情况:动力电池

★无锡丰晟科技有限公司
地址:江苏省无锡市新区汉江路1 号
邮编:214028
电话:0510/83483433、81815088
传真:85383400
网址:www. fullsave. cn
电子信箱:sales@ fullsave. cn
法定代表人:吴丛笑
质量体系:ISO/TS 16949、ISO 14001
产品情况:纯电动汽车动力电池
配套情况:与包括南车集团、宇通、金龙、郑州日产在内的公司形成了完整的纯电动车产业链,并与无锡国联、ABB、SK、IBM 等国内外著名企业建立了长期伙伴合作关系

★江苏葑全新能源动力科技有限公司
地址:江苏省无锡市滨湖区建筑路777号,国家集成电路设计中心,A10栋21 楼
邮编:214124
电话:0510/88570256
网址:www. fengchuenpower. com
电子信箱:qmx@ fengchuenpower. com
法定代表人:李龙德
产品情况:新能源汽车用三元高镍动力锂电池产品
配套情况:为威马汽车等供货

★格林美(无锡)能源材料有限公司
地址:江苏省无锡市新吴区硕放振发路235 号
邮编:214142
电话:0510/85253665
传真:85253662
网址:www. gemchina. com
法定代表人:张翔
质量体系:IATF 16949、ISO 9001
产品情况:车用锂离子电池三元正极材料、高端钴酸锂产品、新能源汽车废旧动力电池回收利用

★烯晶碳能电子科技无锡有限公司
地址:江苏省无锡市惠山经济开发区中惠路518 号9 座
邮编:214177
电话:0510/81026568
传真:85518610 - 8006
网址:www. gmccchina. com
电子信箱:wei. sun@ hypcap. com
法定代表人:王俊华
质量体系:IATF 16949、ISO 14001
产品情况:超级电容器

★无锡市锡联新能源动力有限公司
地址:江苏省无锡市惠山区堰桥工业园堰翔路6 号
邮编:214183
电话:0510/83575877、83570678
传真:83570789
电子信箱:hufangzhi@ 139. com
法定代表人:王国宪
质量体系:QS 9000
产品情况:(锡联牌)
车用燃气发动机
配套及出口情况:为苏州金龙、重庆恒通、深圳五洲龙、东风扬子江、丹东黄海等客车厂配套;出口泰国等东南亚国家

★远东电池江苏有限公司
地址:江苏省宜兴市高塍镇远东大道8 号
邮编:214214
电话:0510/87240212
网址:www. fe - first. com
电子信箱:87242500@ 600869. com
法定代表人:蒋承志
质量体系:IATF 16949
产品情况:新能源汽车动力电池

★宜兴市惠华复合材料有限公司
地址:江苏省宜兴市丁蜀镇白泥
邮编:214224
电话:0510/87770777、87464988
传真:87460798
网址:www. wx - winner. com
电子信箱:winner@ wx - winner. com
法定代表人:谢振华
质量体系:ISO 9001、ISO 14001
产品情况:锂电专用铝带
配套情况:为深圳 BYD、深圳比克、湖州微宏、北京国能、惠州亿维、江苏天鹏、横店东磁、天津力神等配套

★江苏中超控股股份有限公司
地址:江苏省宜兴市西郊工业园振丰东路999 号
邮编:214242
电话:0510/87696777、87694777
传真:87693777
网址:www. zcdlgf. com
电子信箱:zccable@ 126. com
法定代表人:俞雷
质量体系:ISO 9001、ISO 14001
产品情况:(冲超牌)
主要产品有 500kV 及以下环保型阻燃超高压交联电缆、500kV 及以下资源节约型铝合金架空线、35kV 及以下电线电缆等
出口情况:远销印度、越南、澳大利亚、阿曼、苏丹、坦桑尼亚、尼日利亚、肯尼亚、斯里兰卡、毛里求斯、南非、巴西、塞浦路斯等国家

★远东智慧能源股份有限公司
地址:江苏省宜兴市远东大道6 号
邮编:214257
电话:0510/87249788
网址:www. 600869. com
电子信箱:87242500@ 600869. com
法定代表人:蒋承志
质量体系:ISO/TS 16949
产品情况:(远东牌)
智能分布式电源技术和产品、数码

电芯、高性能动力锂电池组、新能源汽车产品与服务及互联网、物联网应用

★远东电缆有限公司
地址：江苏省宜兴市远东大道 8 号
邮编：214257
电话：0510/87242500、87241999
传真：87241518、87243200
网址：www. fe - cable. com
电子信箱：782980139@ qq. com
法定代表人：张希兰
质量体系：IATF 16949、ISO 9001
产品情况：新能源汽车用连接软电缆、新能源汽车用铝合金导体软电缆、公路车辆用低压电缆（电线）等线缆产品

★江阴中威电子有限公司
地址：江苏省江阴市周庄镇科技工业园云顾路 511 号
邮编：214423
电话：0510/86369628、86360095
传真：86369792、86369793
网址：www. junzl. com
电子信箱：miaojiaohong2007@ 163. com
法定代表人：卞娟娣
单位人数：800
质量体系：IATF 16949、ISO 9001
产品情况：（JUNZL 牌、君子兰牌）
年生产电解电容器 20 亿只，电容器引线 30 亿对，电容器铝壳 20 亿只

★江阴长仪集团有限公司
地址：江苏省江阴市新华路 281 号
邮编：214432
电话：0510/86256307、86256300
传真：86256357、86256309
网址：www. cyjt. cn
电子信箱：ci@ cyjt. cn、cytx@ cyit. cn
法定代表人：陈建章
质量体系：ISO 9001、ISO 14001
产品情况：（CY 牌）
电能计量仪表、用电信息采集系统、电动汽车充电设备和配电网自动化智能终端等产品

★江苏西比亚新能源科技有限公司
地址：江苏省江阴市镇澄路 2504 号
邮编：214441
电话：0510/86603888、86608509
传真：86601488
网址：www. cebea. com. cn
电子信箱：junius. zhu@ jscebea. com
法定代表人：毛玉龙
质量体系：ISO 9001、IATF 16949
产品情况：电动汽车充电传导接口——充电插座、充电插头
配套及出口情况：同吉利康迪电动汽车集团、北汽银翔、东风裕隆、湖北楚风等 7 家有业务往来；出口美国、英国、德国、法国等 20 多个国家

★江苏旭顺东明云智能科技有限公司
地址：江苏省靖江市东兴镇通江路 9 号
邮编：214533
电话：0523/84681498、84680999
传真：84685298
网址：www. jsxsdm. com
电子信箱：dongming_js@ vip. 163. com
法定代表人：冷智银
质量体系：IATF 16949、ISO 14001
产品情况：（旭顺牌）
平台化汽车车门中控闭合系统、车联网多媒体系统、前后双录高清行车影像记录仪系统、BCM 控制器、无钥匙进入、一键起动等
配套情况：主要客户有江铃五十铃、江铃股份、北汽福田、重庆五十铃、上汽南京依维柯、上汽依维柯红岩、陕重汽、广汽、长丰猎豹、浙江众泰、苏州金龙、厦门金龙

★苏州安靠电源有限公司
地址：江苏省苏州工业园区岸芷街 39 号
邮编：215000
电话：0512/62805708
网址：www. akbattery. cn
电子信箱：info@ akbattery. com
法定代表人：许玉林
质量体系：IATF 16949、ISO 9001
产品情况：动力锂电源系统，广泛应用到电动大客车、电动乘用车、电动物流车、电动摩托车、AGV、储能等领域
配套情况：主要客户有众泰汽车、力帆电动车、南京金龙、东风汽车等

★苏州威星能源科技有限公司
地址：江苏省苏州工业园区东富路 1 号东景工业坊 51 栋
邮编：215000
电话：0512/62653393、62653390
电子信箱：sale@ pleiadesbm. com
法定代表人：CARL EDWIN BERG
质量体系：ISO 9001
产品情况：磷酸铁锂（LFP）正极粉末的原材料研发、制备；电芯（能量型/功率型电芯、方形/圆柱型电芯）的开发、生产；标准化的电池模块；定制化电池系统（含电池管理及热管理）的设计、组装；纯电动/混合动力汽车和储能等领域的实际应用

★捷星新能源科技（苏州）有限公司
地址：江苏省苏州工业园区葑亭大道 568 号
邮编：215000
电话：0512/67990305
传真：67990315
网址：www. fast - star. cn
电子信箱：info@ fast - star. com. cn
法定代表人：彭华
质量体系：IATF 16949、ISO 9001
产品情况：动力电池系统集成、新能源汽车电动机电控系统、整车控制系统
配套情况：为一汽、东风、依维柯、金龙、申龙等整车汽车制造厂提供新能源汽车三大核心技术支持和产品配套

★苏州思必驰信息科技有限公司
地址：江苏省苏州工业园区新平街 388 号腾飞科技园 14 幢
邮编：215000
电话：15371860110
网址：cn. aispeech. com
电子信箱：qiaoyun. chen@ aispeech. com
法定代表人：高始兴
质量体系：ISO 9001、ISO 14001
产品情况：智能后视镜、智能车机、行车记录仪、HUD、车载音响、小硬件
配套情况：为小鹏汽车等配套

★江苏达胜高聚物股份有限公司
地址：江苏省苏州市吴江区黎里镇北厍社区厍西路 1288 号
邮编：215000
电话：0512/82859800
传真：82859808
网址：www. dasheng. com
电子信箱：dsgjw@ dasheng. com
法定代表人：陈勇
质量体系：IATF 16949、ISO 9001
产品情况：电动汽车（EV）线缆材料、PVC 电缆材料等

★苏州锂盾储能材料技术有限公司
地址：江苏省苏州市相城高新区春旺路 8 号
邮编：215000
电话：0512/65467776
传真：65467776
网址：www. leadermaterial. cn
电子信箱：szleeden@ 163. com
法定代表人：夏文进
质量体系：IATF 16949、ISO 9001
产品情况：软包电池封装铝塑膜

★辉创电子科技（苏州）有限公司
地址：江苏省苏州市苏州新区湘江路 457 号
邮编：215011
电话：0512/66613837
传真：66610258
电子信箱：vincent@ whetron. com. cn
法定代表人：江世丰
质量体系：IATF 16949、ISO 14001
产品情况：车道偏移警示系统 LDWS、行车影音记录器 DVR、抬头显示器、毫米波盲区侦测系统、胎压检测系统 TPMS、车侧安全眼；倒车雷达 PAS、车用摄影头、环车鸟瞰影像系统、自动停车辅助系统；汽车防盗器、无钥匙起动 PEPS、车辆入侵侦测（超音波式）、芯片防盗；多功能室内镜、发动机起动、遥控中控 RKE、自动点灯系统、速控锁与后视镜收折；车身控制模块等电装零部件
配套及出口情况：为上汽集团、长安汽车、一汽集团、东风汽车、广汽集团、北汽集团、华晨汽车集团、吉利集团、一汽

丰田、本田汽车、华晨金杯、东南汽车、一汽海马配套；是北美洲克莱斯勒、澳大利亚福特、中东丰田汽车等电装零部件供应商

★中材科技(苏州)有限公司
地址：江苏省苏州市工业园区长阳街68号
邮编：215021
电话：0512/88189375、88189366
传真：88189377、88189306
电子信箱：sales@ sinoma - sz. com
法定代表人：杨巍
质量体系：IATF 16949、ISO 14001
产品情况：(Sinoma牌)
车用管制CNG气瓶、车用钢板拉深CNG气瓶、车用液化天然气气瓶LNG等
出口情况：出口中东、东南亚、中亚、东欧等地区

★瑞萨半导体(苏州)有限公司
地址：江苏省苏州市苏州产业园区中新大道西176号
邮编：215021
电话：0512/67626056
传真：67625133
网址：www. renesas. com
法定代表人：EMOTO MITSUHIRO(江本三浩)
质量体系：IATF 16949、ISO 9001
产品情况：为客户提供尖端的半导体产品及其应用技术，用于汽车导航系统所使用的微控制器等领域

★苏州竞立制氢设备有限公司
地址：江苏省苏州市吴中区枫津路18号
邮编：215100
电话：0512/65636731、13328006688
网址：www. szjlzq. cn
电子信箱：sale@ jlzq. com
法定代表人：张碧航
质量体系：ISO 9001
产品情况：水电解制氢设备、气体纯化、回收设备及各种类型的氢能专业设备，应用于加氢站、新能源等领域
配套及出口情况：主要合作伙伴包括LDK、LESI、锋威硅业、曙光电子集团等；远销美国、韩国、白俄罗斯、印度、巴基斯坦、土耳其、沙特、越南、印度尼西亚、尼日利亚、南非等30多个，并销往中国台湾地区

★考克利尔竞立苏州氢能科技有限公司
地址：江苏省苏州市吴中区盛南路7-1号
邮编：215100
电话：4000512220
网址：www. cjhydrogen. com
电子信箱：jun. ma@ johncockerill. com
法定代表人：Jean Michel Gheeraerdts
质量体系：ISO 9001、OHSAS 18001
产品情况：水电解制氢设备、气体纯化、回收设备及各种类型的氢能专业设备

★苏州汇川联合动力系统有限公司
地址：江苏省苏州市吴中区越溪天鹅荡路52号
邮编：215104
电话：4007771260
传真：0755/29619897
网址：www. inovance - automotive. com
法定代表人：朱兴明
质量体系：IATF 16949、VDA 6.3
产品情况：电动动力总成系统
配套情况：主要合作客户包括吉利熊猫、江淮、海马、众泰、宇通

★苏州东山精密制造股份有限公司
地址：江苏省苏州市吴中区东山工业园石鹤山路8号
邮编：215107
电话：0512/66306201、66281215
传真：66307172
网址：www. sz - dsbj. com
电子信箱：inquiry@ dsbj. com
法定代表人：袁永刚
质量体系：IATF 16949
产品情况：LED封装及电子电路等核心器件供应商，用于汽车电子等
配套情况：为特斯拉等供货

★苏州工业园区和顺电气股份有限公司
地址：江苏省苏州市工业园区和顺路8号
邮编：215122
电话：0512/62862610、62862616
网址：www. cnheshun. com
法定代表人：姚建华
质量体系：ISO 9001、ISO 14001
产品情况：(和顺牌)
直流充电机、交流充电桩、充电站通信管理终端、充电站监控运营平台等

★苏州和鑫电气股份有限公司
地址：江苏省苏州相城经济开发区春兴路11号
邮编：215122
电话：0512/62746220、62746210
法定代表人：胡岗
质量体系：IATF 16949
产品情况：混合动力汽车电动机系统、汽车发电制冷电动机系统、镍氢动力电池等
出口情况：产品90%以上出口北美洲、日本、欧洲市场

★龙能科技(苏州)有限责任公司
地址：江苏省苏州工业园区华云路20号东坊产业园B区2号厂房
邮编：215123
电话：0512/62818888
传真：62650338
电子信箱：contact@ longpowers. com
法定代表人：徐劲松
质量体系：ISO 9001
产品情况：高动力和高性能的锂离子电池材料及相关电池产品

★威泰能源(苏州)有限公司
地址：江苏省苏州工业园区娄葑东区东景工业坊48号
邮编：215123
电话：0512/62609224
电子信箱：grace. yu@ valence. com
法定代表人：GEIR LOLLENG
质量体系：ISO 14001、ISO 9001
产品情况：锂离子电池、锂离子电池材料等

★苏州安科新能源有限公司
地址：江苏省苏州市东旺路8号安固工业园8号楼
邮编：215123
电话：18168990267
网址：www. safeconn. cn
电子信箱：nick. zou@ safeconn. cn
法定代表人：杨卫
质量体系：IATF 16949
产品情况：高压连接系统、安全防护系统、电池管理系统、充电变压系统等新能源汽车高压部件

★苏州瑞可达连接系统股份有限公司
地址：江苏省苏州市吴中区淞葭路998号
邮编：215124
电话：0512/89188688、13776081424
网址：www. recodeal. com
电子信箱：janney. qian@ recodeal. com
法定代表人：吴世均
质量体系：IATF 16949、ISO 9001
产品情况：主要产品分为连接器类、线缆组件类、系统模块类等，广泛应用于数据通信、电动汽车等领域；其中连接器类主要包括高频连接器、低频连接器、光纤连接器、高压大电流工业连接器、高速连接器、光电传感器等，线缆组件类主要包括射频线缆组件、信号线缆组件、电源线缆组件、光缆组件、汽车线束等，系统模块类主要包括高压配电盒、电池保护盒、手动维护开关、多合一控制器、电动机控制器、远程监控模块等
出口情况：部分产品远销到美洲、欧洲、大洋洲、亚洲等地区

★苏州智绿环保科技有限公司
地址：江苏省苏州工业园区兴浦路瑞恩巷2号
邮编：215126
电话：0512/69566053、69566052
传真：69566055
网址：www. chilye. com
电子信箱：info@ chilye. com
法定代表人：尹家彤
质量体系：IATF 16949、ISO 9001
产品情况：动力电池、驱动电动机、电控技术到整车制造、充换电设施整个新能源汽车产业链，包括高压连接器、充换电接口、高压配电单元、手动维修开关、高压线束总成、铜排母排等

配套及出口情况:为上汽、奇瑞、广汽、吉利、CATL、万向A123、许继电气等配套;出口德国、英国、法国、西班牙、美国、加拿大、日本、韩国、澳大利亚等国家

★凯博易控车辆科技苏州股份有限公司
地址:江苏省苏州市吴中区角直镇迎宾西路999号
邮编:215127
电话:0512/82060688
网址:www. auto - ekontrol. com
电子信箱:gufa. zhong@ auto - ekontrol. com
法定代表人:郝庆军
质量体系:IATF 16949
产品情况:主要产品包括高效纯电系统(EV)、高效混合动力系统(HEV)及智能双源无轨系统(CMS)等三大类商用车新能源高端驱动系统

★苏州维信电子有限公司
地址:江苏省苏州市吴中经济开发区东吴工业园南湖路68号
邮编:215128
电话:0512/82286000
网址:www. mflex. com
法定代表人:王晓峰
质量体系:IATF 16949、ISO 9001
产品情况:柔性线路板生产及组装
配套情况:为美国旭电、飞利普供货

★苏州松下半导体有限公司
地址:江苏省苏州市新区鹿山路666号
邮编:215129
电话:0512/66617787
传真:66673199
网址:panasonic. cn
法定代表人:小山一弘
质量体系:IATF 16949、ISO 9001
产品情况:(Panasonic牌)
半导体、半导体应用模块-车载摄像头、车载麦克风等

★法泰电器(江苏)股份有限公司
地址:江苏省苏州市相城区康元路666号
邮编:215131
电话:0512/85888888、4008876008
传真:88886789
网址:www. fatai. com
电子信箱:market@ fatai. com
法定代表人:虞国荣
质量体系:ISO 9001、ISO 14001
产品情况:(法泰牌)
充电站(桩)安全充电保护方案(能式断路器、塑壳式断路器、小型断路器、电源自动切换开关及电涌保护器及高低压电器成套设备)
配套情况:主要客户有比亚迪汽车等

★健和兴科技(苏州)有限公司
地址:江苏省苏州市相城经济开发区澄云路88号
邮编:215133
电话:0512/65785885
传真:65787881
网址:kstinc. com. cn
法定代表人:郑克彬
质量体系:ISO 9001、ISO 14001
产品情况:(K. S牌)
汽车端子、汽车连接器、大电流连接器(用于电动车辆)

★苏州安智汽车零部件有限公司
地址:江苏省苏州市相城区渭塘镇渭中路81号
邮编:215134
电话:0512/65448846、15078742557
网址:www. anzhi - auto. cn
电子信箱:contact@ anzhi - auto. cn
法定代表人:郭健
产品情况:驾驶员辅助系统及相关主动安全系统

★苏州达思灵新能源科技有限公司
地址:江苏省苏州市相城经济开发区漕湖产业园朝阳工业坊A3厂房
邮编:215143
电话:0512/69572305
传真:69570218
网址:www. dsmgreenpower. com
电子信箱:dsm_sz@ 126. com
法定代表人:吴德平(Walter Wu)
质量体系:IATF 16949、ISO 14001
产品情况:车载增程动力系统总成(增程器)、直流发电机等
出口情况:远销俄罗斯、印度、马来西亚、新加坡、东欧、北美市场等

★星恒电源股份有限公司
地址:江苏省苏州高新区金沙江路181号
邮编:215153
电话:0512/68094266
传真:68418341
网址:www. xingheng. com. cn
电子信箱:info@ xingheng. com. cn
法定代表人:冯笑
质量体系:IATF 16949、ISO 9001
产品情况:(星恒牌)
以锰酸锂为正极材料的动力锂电池的开发、生产
配套情况:配套的车企包括东风汽车、长安、重庆瑞驰、东风小康、柳州五菱等

★苏州安洁科技股份有限公司
地址:江苏省苏州市吴中区光福镇福锦路8号
邮编:215159
电话:0512/66513400
传真:66517803
网址:www. anjiesz. com
电子信箱:business@ anjiesz. com
法定代表人:吕莉
质量体系:IATF 16949、ISO 9001
产品情况:新能源电池,主要应用于新能源汽车、能源储能系统
配套情况:主要客户有通用、丰田、福特、大众等

★苏州先莱新能源汽车零部件有限公司
地址:江苏省苏州市吴中区胥口镇孙武路1028号4幢
邮编:215164
电话:0512/66930111
电子信箱:zhangmh@ slac. com. cn
法定代表人:单金秀(SHAN JINXIU)
质量体系:ISO 9001
产品情况:电动汽车的电池和零部件
配套情况:客户有天津力神电池、中国台湾能元、湖北金泉新材料、山东精工电子、广州丰江、河南新太行等

★怡利电子科技(江苏)有限公司
地址:江苏省苏州市吴江经济开发区锦湖西路167号
邮编:215200
电话:0512/63404789
传真:63404533
网址:www. e - lead. com. tw
电子信箱:sales@ e - lead. com. tw
法定代表人:陈锡勋
质量体系:ISO/TS 16949、ISO 9001
产品情况:(E-LEAD牌)
车载通信音响装置、汽车导航、防盗系统、后座娱乐系统、HUD系列、ADAS安全防护系统、TPMS胎压监测、车联网服务

★苏州恒美电子科技股份有限公司
地址:江苏省苏州市吴江区同里镇富华路388号
邮编:215217
电话:0512/82872280
网址:www. sz - hm. cn
电子信箱:yu. tang@ sz - hm. cn
法定代表人:杨晓锋
质量体系:IATF 16949
产品情况:新能源动力电池包、FPC采集板以及新能源汽车三电控制器(电池管理系统BMS、电动机控制器MCU和整车控制器VCU)
配套情况:客户有比亚迪、吉利、长城、北汽、新吉奥、电咖、卡威、郑州日产、驭势汽车

★苏州智华汽车电子有限公司
地址:江苏省苏州市吴江区经济技术开发区交通路1268号
邮编:215299
电话:0512/88812699
传真:88812601
网址:www. invo. cn
电子信箱:admin@ invo. cn
法定代表人:邓博
质量体系:IATF 16949、ISO 9001
产品情况:摄像头模组、Wi-Fi行车记录系统、车道偏离报警系统、前向碰撞预警系统、全景影像系统、倒车影像辅助

等汽车智能驾驶辅助系统的研发和生产
配套情况:主要合作伙伴包括宇通客车、安凯客车、金龙客车、陕汽重型、广汽集团、北汽银翔、长安汽车、日产、吉利汽车、众泰汽车、中国一汽、上汽通用五菱、德赛西威、航盛

★江苏氢电新能源有限公司
地址:江苏省昆山市玉山镇玉扬路299号平谦产业园A栋
邮编:215300
电话:0512/83663968
传真:83663978
网址:www.gptfc.com
电子信箱:liweihong@gptfc.com
法定代表人:孙新卫
质量体系:ISO 9001、ISO 14001
产品情况:电堆、燃料电池系统

★昆山利尔电气实业有限公司
地址:江苏省昆山市城北路1255号
邮编:215300
电话:0512/57931515、57757588
传真:57757555
网址:www.lear.com.cn
法定代表人:黄海峰
质量体系:ISO/TS 16949
产品情况:汽车用各类型传感器以及新能源汽车——超级电容和电动汽车ECU控制系统
配套情况:是美国通用、德国大众、上汽大众、一汽-大众、上汽通用、北京现代、北京奔驰、一汽轿车等国内外40多家国内汽车主机厂的供应商

★沪士电子股份有限公司
地址:江苏省昆山市东龙路1号
邮编:215300
电话:0512/57356888
传真:57312110-6436
网址:www.wuscn.com
法定代表人:吴礼淦
质量体系:IATF 16949、ISO 9001
产品情况:汽车等的印制电路板,用于制动系统、转向系统、动力系统、自动驾驶辅助系统(雷达、摄像头)、车身电子、车载娱乐设施、导航等

★昆山金鑫新能源科技股份有限公司
地址:江苏省昆山市高新区亿升路398号4#厂房1F&2F
邮编:215300
电话:0512/50361088
传真:50350271
网址:www.zgjinxin.cn
电子信箱:jinxin1668@163.com
法定代表人:张晓红
质量体系:IATF 16949、ISO 9001
产品情况:锂电池、纯电动车用电池、纯电动大客车用电池、汽车二合一智能启动电源

★ 苏州弗尔赛能源科技股份有限公司

地址:江苏省昆山市玉山镇山淞路66号
邮编:215300
电话:0512/83633061
传真:83633066
网址:www.foresight-energy.cn
电子信箱:contact@foresight-energy.cn
法定代表人:顾荣鑫
质量体系:IATF 16949、ISO 9001
产品情况:已形成车用燃料电池和固定电源系统两大产品开发平台,燃料电池模块、车用燃料电池发动机、固定式燃料电池电源三大产品系列;产品多功率等级覆盖:电堆技术上,具备1~80kW功率等级的自主开发能力,已具备千套级年产能力;系统从小功率开始,已陆续开发出12kW、15kW、30kW、45kW、60kW的产品;固定式电源领域,联合三大运营商开展了国内大规模的通信燃料电池的示范运营,形成了120余套的燃料电池电源在线运营网络;车用燃料电池模块与动力系统累计应用量已达400~500套;产品广泛应用于乘用车、客车、物流车、商用轻型/重型货车、专用车、观光车、通信电源等诸多领域
配套情况:与安凯客车、江苏奥新、亚星客车、中通客车、陕重汽、山东汽车、中国移动等大型企业建立了良好的合作关系
☞ 详细情况请参阅彩色宣传版面

★苏州中氢能源科技有限公司
地址:江苏省昆山市巴城镇学院路828号浦东软件园7号楼
邮编:215311
电话:0512/50191690
传真:50191690
网址:www.chinahydrogen.com.cn
电子信箱:ch01@chinahydrogen.com.cn
法定代表人:邓庆华
产品情况:氢燃料电池、氢燃料电池动力总成系统及相关核心部件,包括燃料电池堆、燃料电池堆系统、燃料电池部件、燃料电池测试平台、氢燃料电池试验车

★昆山特朗普新能源汽车零部件有限公司
地址:江苏省昆山市城北四方路28号
邮编:215316
电话:0512/50390233
网址:www.kstlp.cn
电子信箱:w@fl-mold.com
法定代表人:王俊
质量体系:IATF 16949
产品情况:新能源汽车金属零部件,如电池箱、箱盖、密封垫等

★昆山国力电子科技股份有限公司
地址:江苏省昆山市西湖路28号
邮编:215333
电话:0512/36872111、36872110
传真:36872122
网址:www.glvac.cn
电子信箱:e-sales@glvac.cn
法定代表人:尹剑平
质量体系:IATF 16949、ISO 9001
产品情况:高压直流接触器,用于新能源汽车、充电桩等

★嘉联益电子(昆山)有限公司
地址:江苏省昆山开发区金沙江南路18号
邮编:215335
电话:0512/57718998-845
网址:www.careergroups.com
电子信箱:jane.kang@careergroups.com
法定代表人:邱金龙
质量体系:QS 9000、IATF 16949
产品情况:柔性线路板
配套及出口情况:为上汽大众供货;远销欧洲、美洲、亚洲等地区

★江苏延长桑莱特新能源有限公司
地址:江苏省昆山市祖冲之南路1666号清华科技园
邮编:215347
电话:0512/55119101、17714264836
传真:55119102
网址:www.sunlaite.com
法定代表人:何长明
质量体系:ISO 9001、ISO 14001
产品情况:(皓朴牌、月之恒牌)
燃料电池关键材料催化剂、核心部件膜电极到燃料电池中端产品电堆、电源以及终端产品应用燃料电池教具、燃料电池车等

★江苏绿捷机电科技有限公司
地址:江苏省太仓市城厢镇弇山西路130号
邮编:215400
电话:0512/53559725、18051797920
网址:www.greentrans.com.cn
电子信箱:hsiang@greentrans.com.cn
法定代表人:朱陈兴
质量体系:ISO 14001、IATF 16949
产品情况:新能源汽车高压线束总成,CAN通信智能液晶仪表,电池PACK及管理系统,电动自行车(电摩)相关零部件(电动机,锂电池PACK电池管理系统BMS,仪表,扭矩传感器等),无人搬运车AGV
配套情况:为福建新龙马启腾车型、厦门金龙大海狮及凌特车型、上海电驱动、新乡蓝海新能、东南汽车V3供货

★科力美汽车动力电池有限公司
地址:江苏省常熟高新技术产业开发区东南大道969号
邮编:215500
电话:0512/52212228-2290
传真:52350278

网址:www. cpab. net. cn
电子信箱:sales@ cpab. net. cn
法定代表人:钟发平
单位人数:260
质量体系:ISO 14001、IATF 16949
产品情况:主要产品为汽车用镍氢动力电池

★新中源丰田汽车能源系统有限公司
地址:江苏省常熟市高新技术产业开发区东南大道 929 号
邮编:215500
电话:0512/52900588
电子信箱:xiaoli_wang@ staes. cn
法定代表人:曹芳
质量体系:IATF 16949、ISO 14001
产品情况:主要生产搭载于丰田卡罗拉、雷凌等混合动力车的电池箱系统

★苏州正力新能源科技有限公司
地址:江苏省常熟市高新技术产业开发区黄浦江路 133 号 2 幢
邮编:215500
电话:0512/88808567
网址:www. zenio. cn
电子信箱:ping. zhou@ zenio. cn
法定代表人:陈继程
单位人数:200
质量体系:IATF 16949、ISO 14001
产品情况:新能源动力电池系统
配套情况:为蔚来等供货

★苏州宇量电池有限公司
地址:江苏省常熟市高新技术产业开发区庐山路 158 号
邮编:215500
电话:0512/52789698
传真:52789109
电子信箱:youlionbattery@ youlionbattery. com
法定代表人:毛焕宇(MAO HUAN YU)
质量体系:IATF 16949、ISO 14001
产品情况:汽车动力锂电池和系统

★苏州和钧新能源有限公司
地址:江苏省常熟市高新技术产业园三亚路 2 号
邮编:215500
电话:0512/52866338
传真:52866336
网址:www. gcne. net
电子信箱:cloudwu@ gcne. net
法定代表人:颜至贤
质量体系:ISO 9001
产品情况:磷酸锂铁电芯及模块,用于电动大客车等

★常熟恒基科技有限公司
地址:江苏省常熟市海虞镇海阳路 7 号
邮编:215500
电话:0512/52888888
传真:52560818
网址:www. cshengji. com
法定代表人:孟学军
质量体系:ISO 14001、IATF 16949
产品情况:致力于汽车车身总线信息的处理与控制、车载设备硬件主板的设计与生产、新一代导航系统的研发与生产、数字多媒体系统的整合与集成、汽车人机交互控制器的设计与定制,以及车载信息平台一体化解决方案的提供和服务

★苏州新中能源科技有限公司
地址:江苏省常熟经济技术开发区富华路 12 号
邮编:215513
电话:0512/52267818
网址:www. durapowerbattery. com
电子信箱:jing. zhu@ dura – power. com
法定代表人:李万堂
质量体系:IATF 16949、ISO 9001
产品情况:锂电池及动力系统的研发、生产

★江苏中利集团股份有限公司
地址:江苏省常熟市东南开发区(沙家浜镇)常昆线 8 号
邮编:215542
电话:0512/52578888
传真:52572288
网址:www. zhongli. com
法定代表人:王柏兴
质量体系:IATF 16949、ISO 9001
产品情况:新能源汽车电缆、充电桩电缆等
出口情况:产品销往 20 多个国家

★苏州科宝光电科技有限公司
地址:江苏省常熟市沙家浜镇常昆工业园南新路 7 号
邮编:215542
电话:0512/52579665
传真:52571665
网址:www. cableplus – sz. com
电子信箱:sales2@ cableplus – sz. com
法定代表人:詹祖根
质量体系:IATF 16949、ISO 9001
产品情况:(CPLUS 牌)
汽车电线、新能源车用电线、车用数据总线等

★苏州金科发能源技术有限公司
地址:江苏省张家港市(塘市)金塘西路 1 号
邮编:215600
电话:0512/58163188
传真:58599296
网址:www. jinkefa. com. cn
电子信箱:jinkefa@ 126. com
法定代表人:肖辉
质量体系:ISO 9001、ISO 14001
产品情况:锂原电池,用于汽车防盗系统、轮胎压力监测系统(TPMS)等汽车电子领域

★江苏索尔新能源科技股份有限公司
地址:江苏省张家港市塘桥新能源产业园光明路 12 号
邮编:215600
电话:0512/35027979
传真:56739600
网址:www. soul – battery. com
电子信箱:sales@ soul – battery. com
法定代表人:季伟源
单位人数:320
质量体系:IATF 16949、ISO 9001
产品情况:汽车锂离子动力电池、氢燃料电池、驱动电动机
配套情况:被东风、华晨、南汽、扬子江、龙华汽车、卡威汽车、黄海汽车等大型车企大批量使用

★江苏华盛锂电材料股份有限公司
地址:江苏省张家港市扬子江国际化学工业园青海路 28 号
邮编:215600
电话:0512/58771604
网址:www. sinohsc. com
电子信箱:sales@ sinohsc. com
法定代表人:沈锦良
质量体系:ISO 9001、ISO 14001
产品情况:锂电池电解液和电解液添加剂
配套及出口情况:为特斯拉、比亚迪等供货;远销东南亚、欧洲、北美洲

★江苏国富氢能技术装备有限公司
地址:江苏省张家港市杨舍镇福新(晨新)路 19 号
邮编:215600
电话:0512/58982355
网址:www. furuihp. com
电子信箱:wuxifeng@ guofuhee. com
法定代表人:邬品芳
质量体系:ISO 9001、IATF 16949
产品情况:撬装式氢液化装置、液氢容器、液氢储运、氢气增压装置与加氢站、车载燃料供氢系统
配套情况:主要合作伙伴包括陆地方舟、东风汽车、宇通客车、金龙客车、南京金龙、青年汽车、中通客车、中国一汽、福田欧辉等

★江苏银河电子股份有限公司
地址:江苏省张家港市塘桥镇南环路 188 号
邮编:215611
电话:0512/58441519
传真:58441550
网址:www. yinhe. com
电子信箱:yinhe@ yinhe. com
法定代表人:张红
质量体系:IATF 16949、ISO 9001
产品情况:(银河牌)
电动汽车智能充电机、新能源电动汽车电动涡旋压缩机、电动汽车动力电池箱等精密钣金件

出口情况:出口全球多个国家和地区

★张家港友诚新能源科技股份有限公司
地址:江苏省张家港市塘桥镇妙桥永进路999号
邮编:215615
电话:0512/58439282
传真:58446503
网址:www. uchen. com. cn
电子信箱:china@ uchen. com. cn
法定代表人:宋高军
单位人数:400
质量体系:IATF 16949、ISO 9001
产品情况:电动汽车传导式充电连接装置、纯电动汽车的充电连接器及相关汽车内部连接产品,具有超过100万套(电动汽车充电接口)和2000万个/年(电源连接器)生产能力

★江苏天鹏电源有限公司
地址:江苏省张家港市锦丰镇新兴产业园区港丰公路/南港路
邮编:215624
电话:0512/80159928
传真:80159936
网址:www. tenpower. cc
电子信箱:info@ tenpowercell. com
法定代表人:CHEN KAI
质量体系:IATF 16949、ISO 9001
产品情况:主要生产用于电动汽车和电动工具用圆柱型锂离子电池及电池组
配套情况:已批量为东风、众泰等电动汽车主流厂家提供车用电池组

★江苏清能新能源技术股份有限公司
地址:江苏省张家港保税区新兴产业育成中心A栋3楼302-309室
邮编:215634
电话:0512/55371381
传真:55371381-102
网址:www. horizonfuelcell. com
电子信箱:sales@ horizonfuelcell. com
法定代表人:顾志军
质量体系:ISO 9001、ISO 14001
产品情况:质子交换膜燃料电池系统(燃料电池电堆)以及材料;氢气发生(甲醇重整、电解、化学制氢);氢气储存和压力相关设备

★张家港市国泰华荣化工新材料有限公司
地址:江苏省张家港市扬子江化学工业园南海路9号
邮编:215634
电话:0512/58780118、56357881
传真:58783699
网址:www. gthr. com. cn
电子信箱:market@ gthr. com. cn
法定代表人:王一明
质量体系:IATF 16949、ISO 14001
产品情况:(SHINESTAR牌、HUARONG牌)
产能:30000吨/年锂离子电池电解液、5000吨/年硅烷偶联剂

★张家港富瑞特种装备股份有限公司
地址:江苏省张家港市晨新路19号
邮编:215637
电话:0512/58982158、4001300228
网址:www. furuise. com
电子信箱:office@ furuise. com
法定代表人:黄锋
单位人数:1600
质量体系:ISO 9001
产品情况:主导产品有再制造油改气汽车发动机、LNG液化成套装置、LNG、LNG/CNG汽车加气站、LNG车用供气系统、LNG储罐、低温液体运输车、低温液体罐式集装箱、系列低温阀门、真空绝热管、气体分离液化等高端能源装备
配套情况:与国内重型货车生产企业(中国重汽、一汽、东风等)、客车生产企业(宇通、金龙、中通、安凯、黄海等)及国内三大汽车发动机制造企业(玉柴、潍柴、上柴)建立战略性合作

★麦格纳电子(张家港)有限公司
地址:江苏省张家港市杨舍镇省开发区振兴路11号
邮编:215699
电话:0512/58186806
网址:magna. 51job. com
电子信箱:cherry. zhou@ magna. com
法定代表人:Bruce Robert Cluney
质量体系:ISO 14001、OHSAS 18001
产品情况:控制器、车载电子技术(汽车信息系统和导航系统)、电子控制系统的输入(传感器和采样系统)输出(执行器)部件、摄像头、ADAS驾驶辅助系统
配套情况:为上汽通用、上汽大众、一汽-大众、北京奔驰、华晨宝马、长安福特、长安马自达、广汽本田、北京现代、吉利等配套

★江苏楚汉新能源科技有限公司
地址:江苏省徐州市金山桥经济开发区荆山路55号
邮编:221000
电话:4009287676、18136026969
电子信箱:amanda@ chuhanenergy. com
法定代表人:陆守田
质量体系:ISO 9001、ISO 14001
产品情况:锂离子电池及电池模组

★徐州帝意电子有限公司
地址:江苏省徐州经济技术开发区杨山路19号科技创业大厦1号楼1-101D409室
邮编:221003
电话:18505289226
电子信箱:de@ de-js. com
法定代表人:晏勋
质量体系:IATF 16949
产品情况:直流无刷电动机控制器、交流异步电动机控制器、永磁同步电动机控制器、车载充电器、BMS、GPS/GRPS等电动车辆关键零部件

★江苏福瑞士新能源有限公司
地址:江苏省徐州市国家高新技术产业开发区康平路10号
邮编:221008
电话:0516/83890362
传真:83306528
网址:www. chinafrey. com
电子信箱:frey_yhy@ 163. com
法定代表人:孔圣元
质量体系:ISO 9001
产品情况:磷酸铁锂动力电池及磷酸铁锂正极材料

★江苏省精创电气股份有限公司
地址:江苏省徐州市铜山经济开发区黄山路1号
邮编:221116
电话:4000675966
网址:www. e-elitech. com
电子信箱:1702209847@ qq. com
法定代表人:李超飞
质量体系:IATF 16949、ISO 9001
产品情况:DC-DC变换器、车载充电机、变频器、多合一集成驱动器、车用空调控制器等电动汽车热管理产品

★连云港正道新能源有限公司
地址:江苏省连云港市经济技术开发区黄海大道999号
邮编:222047
电话:0518/81155777
传真:81588282
网址:www. hkmotors. com
法定代表人:徐建国
产品情况:城市交通客车、城市物流车、出租汽车及其轿车等各类纯电动、增程电动等整车产品及动力电池、电动机、电控和自动变速器系统等新能源关键零部件

★江苏上淮动力股份有限公司
地址:江苏省淮安市经济技术开发区鸿海北路12号
邮编:223005
电话:0517/89959686
传真:89959686
网址:www. smapow. com
电子信箱:shdl@ smapow. com
法定代表人:ZHIYU HAN(韩志玉)
质量体系:IATF 16949
产品情况:新型高性能车用燃气发动机总成

★江苏康丽欣电池有限公司
地址:江苏省淮安市洪泽经济开发区东九街西侧、东三道北侧
邮编:223100
电话:0517/87802616
网址:www. kolixin. com

电子信箱:466510612@ qq. com
法定代表人:钱建平
质量体系:ISO 9001、ISO 14001
产品情况:(康丽恩牌)
铅酸蓄电池及极板、锂离子电池、氢燃料电池

★实联长宜淮安科技有限公司
地址:江苏省淮安市盐化工新区洪盐北路北段
邮编:223100
电话:0517/87616180
网址:www. sablfp. com
电子信箱:gd@ ha. sablfp. com
法定代表人:林伯实
单位人数:109
质量体系:ISO 9001、IATF 16949
产品情况:动力型、储能型等各种用途的三元锂、磷酸铁锂及钛酸锂电池
配套情况:主要客户有南京依维柯、凯盛集团、中国台湾太子汽车、中国台湾台塑集团、南通明诺科技、百路佳客车、宇通重工、上饶客车、中通客车、舒驰客车等

★江苏德恒新能源科技股份有限公司
地址:江苏省宿迁市经济开发区南区四海路 5 号
邮编:223814
电话:0527/82999839 - 803
传真:82999839 - 803
网址:www. js - deheng. com
法定代表人:吴键
质量体系:ISO 9001
产品情况:新能源动力和电源、电动汽车充电桩

★江苏科球新能源汽车科技有限公司
地址:江苏省盐城市湖上冈镇产业园纬一路
邮编:224000
电话:15365793319
传真:0515/80660555
网址:www. yckeqiu. com
电子信箱:info@ keqiu. com. cn
法定代表人:罗克秋
质量体系:ISO 9001
产品情况:电动扫地车、巡逻车、观光车、清运车、高压冲洗车、保洁车、特种改装车等系列电动车辆

★江苏正昀新能源技术有限公司
地址:江苏省盐城市盐都区世纪大道盐城中小企业(创业)园 2 - B - 3 第 2 层(D)
邮编:224000
电话:15298560889
网址:www. sunevtech. com
电子信箱:569689227@ qq. com
法定代表人:刘树友
质量体系:IATF 16949、ISO 9001
产品情况:纯电动汽车、混合电动汽车锂电子电池电源系统、电源管理系统(BMS)
配套情况:与南京金龙、江苏亚星客车、江苏奥新新能源汽车、江苏九龙客车、上汽大通、上海申沃、上海万象大宇等国内一流车企展开合作

★江苏兴邦能源科技有限公司
地址:江苏省盐城市盐都区纬七路与凤凰南路交会处
邮编:224000
电话:0515/67890385、13886662566
网址:www. xbqndl. com
电子信箱:1056694925@ qq. com
法定代表人:陈伟
质量体系:ISO 9001
产品情况:氢燃料电池电堆及其材料、模组及动力系统总成、电堆检测设备及模组检测设备

★华人运通(江苏)技术有限公司
地址:江苏省盐城经济技术开发区东环南路 69 号 1 幢 208 室
邮编:224002
电话:021/65900095
网址:www. huarenyuntong. com
电子信箱:info@ human - horizons. com
法定代表人:丁磊
单位人数:226
质量体系:ISO 9001、ISO/TS 16949
产品情况:新能源汽车、智能网联及共享交通系统的技术研发及产品开发

★江苏绿城信息技术有限公司
地址:江苏省盐城市亭湖区南映路 21 号
邮编:224002
电话:0515/69931556、4008378365
网址:www. sinocharge. com
电子信箱:jslcxx2015@ 126. com
法定代表人:焦玉华
质量体系:ISO 9001、ISO 14001
产品情况:(Sinocharge 牌)
电动汽车各类充电设备,包括直流快速充电机、交流充电桩、车载充电机等
配套及出口情况:主要合作伙伴有北汽新能源、高瞻电动车、众泰汽车、华晨汽车、一汽;远销欧美 8 个国家

★江苏中凌高科技股份有限公司
地址:江苏省扬州市蜀岗东路 168 号
邮编:225008
电话:0514/87852555
传真:87853555
网址:www. zhongling. com. cn
电子信箱:zl@ zhongling. com. cn
法定代表人:李莉
质量体系:ISO 9001、ISO 14001
产品情况:电动汽车充电站全站充电机等电动汽车智能充电系统
配套情况:为广西电力公司提供了首个电动汽车充电站全站充电机

★江苏罗思韦尔电气有限公司
地址:江苏省扬州市维扬经济开发区蜀岗东路 166 号
邮编:225008
电话:0514/87631866
传真:87756700
网址:www. rothwell. com. cn
电子信箱:marketing@ rothwell. com. cn
法定代表人:周祥东
质量体系:IATF 16949、ISO 14001
产品情况:CAN 总线控制系统、汽车空调系统、新能源三电系统三大类

★江苏明美新能源科技有限公司
地址:江苏省泰州市海陵区泰安路 31 号
邮编:225300
电话:0523/86270218
电子信箱:cai. huihui@ tws. com
法定代表人:梁昌明
质量体系:IATF 16949、ISO 9001
产品情况:锂离子电池控制系统、电池组、电池保护板、电池电箱及电池管理系统

★江苏智航新能源有限公司
地址:江苏省泰州市新能源产业园龙园路 213 号
邮编:225300
电话:0523/89602213、86988299
传真:89605633
网址:www. zhnewenergy. com
电子信箱:jszh@ zhnewenergy. com
法定代表人:徐德亮
质量体系:IATF 16949、ISO 9001
产品情况:动力型锂电池正极材料、锂电池、电池组等产品

★江苏春兰清洁能源研究院有限公司
地址:江苏省泰州市迎宾路 18 号
邮编:225300
电话:0523/82165016、18951171056
传真:82165068
网址:energy. chunlan. com
电子信箱:clas@ chunlan. com
法定代表人:沈华平
单位人数:300
质量体系:IATF 16949、ISO 9001
产品情况:动力锂离子电池、镍氢电池及能量管理系统

★江苏高德贝洱新能源汽车空调有限公司
地址:江苏省泰州市海陵区长兴路 168 号
邮编:225312
电话:0523/86266556
传真:86266556
网址:www. goldenbell. net. cn
电子信箱:41172885@ qq. com
法定代表人:许采文
产品情况:新能源汽车空调、车用空调压缩机、汽车零部件

★长虹三杰新能源有限公司
地址:江苏省泰兴市黄桥工业园区兴园

路8号
邮编:225400
电话:0523/87129166、17768627076
传真:87113099
网址:www.jssanjie.com
电子信箱:zhouzhijun@jssanjie.com
法定代表人:莫文伟
质量体系:IATF 16949、ISO 9001
产品情况:年产达2.5亿Ah动力型锂离子电池

★泰兴市威泷新能源科技有限公司
地址:江苏省泰州市泰兴市黄桥镇胜利东路13号
邮编:225411
电话:0523/87227188、18705298599
网址:www.txswlkj.com
电子信箱:txswlkj@163.com
法定代表人:张权
产品情况:(威泷牌)
新能源汽车空调系统

★江苏双登富朗特新能源有限公司
地址:江苏省姜堰经济开发区天目西路666号
邮编:225500
电话:0523/88022200、88022206
传真:88521244-006
网址:www.jsfront.cn
法定代表人:周平
质量体系:IATF 16949、ISO 9001
产品情况:(双登牌)
动力汽车用锂离子电池模块及管理系统
配套情况:为中国南车、中国北车、上汽通用、长城汽车、长安汽车、华晨汽车供货

★江苏华富储能新技术股份有限公司
地址:江苏省高邮经济开发区高邮市电池工业园
邮编:225600
电话:0514/85081977、4008899855
传真:82983173
网址:www.huafubattery.com
电子信箱:huafu@cnhuafu.com
法定代表人:居春山
质量体系:ISO 9001、ISO 14001
产品情况:铅蓄电池、锂离子电池、储能系统、逆变系统产品

★江苏欧力特能源科技有限公司
地址:江苏省高邮市波司登大道88号
邮编:225600
电话:0514/84433999、4001126006
传真:84472001
网址:www.oliter.com
电子信箱:yzolt@163.com
法定代表人:袁朝勇
单位人数:258
质量体系:ISO 9001、ISO 14001
产品情况:储能电源、动力电源、磷酸铁锂电源等

★扬州嘉和新能源科技有限公司
地址:江苏省高邮市苏中循环经济产业园
邮编:225600
电话:0514/85555082
法定代表人:李丽霞
质量体系:IATF 16949
产品情况:从事乘用车整车热管理(三电和空调热管理系统)、商用车热管理(三电热管理)及氢燃料电池动力冷却模块的生产;具有年产新能源乘用车整车热管理系统30万台(套),商用车动力系统热管理产品15万台(其中物流车10万台,大客车5万台),燃料电池汽车动力系统冷却模块1万台,电池液冷板30万台,Chiller(真空钎焊)20万台的生产能力
出口情况:远销欧美和日本

★江苏艾利克储能设备科技有限公司
地址:江苏省高邮市高邮城南经济新区外环路北侧
邮编:225601
电话:0514/84581888、80957331
传真:84540003
网址:www.eric-china.com
电子信箱:rq2888@163.com
法定代表人:周翠
质量体系:ISO 9001
产品情况:LNG车载气瓶等

★江苏有感科技有限责任公司
地址:江苏省南通市港闸区新宁路100号
邮编:226002
电话:0513/89189888、13823580421
网址:www.invispower.cn
电子信箱:wanqunying@szp-tech.com
法定代表人:王哲
质量体系:IATF 16949、ISO 14001
产品情况:电动汽车无线充电系统、车载无线充电模组
配套情况:与东风日产、长安、吉利、广汽、北汽、绿驰汽车等合作

★中天储能科技有限公司
地址:江苏省南通市如东县河口镇中天路1号
邮编:226015
电话:0513/68121605、68121607
传真:68121601
网址:www.zttes.com
电子信箱:wangxueyan@chinaztt.com
法定代表人:薛驰
质量体系:IATF 16949、ISO 9001
产品情况:新型锂离子动力电池和储能系统

★江苏鸿鹄电子科技有限公司
地址:江苏省南通市崇川区新胜路158号迈普科技园3幢南3楼
邮编:226019
电话:0513/81059249、4001785006
传真:81059349
网址:www.swanit.cn
法定代表人:杲先锋
质量体系:IATF 16949、ISO 14001
产品情况:主要产品包括车联网终端(T-BOX)、车联网大数据平台、V2X产品(在研)
配套情况:客户包括长安、北汽等

★江苏亨通电子线缆科技有限公司
地址:江苏省海门市经济技术开发区南海东路518号
邮编:226103
电话:0513/68189980
传真:68189999
网址:www.hengtonggroup.com
电子信箱:hmht@htgd.com.cn
法定代表人:钱大海
质量体系:IATF 16949、ISO 14001
产品情况:(亨通光电牌、葡萄牙阿尔卡布卡牌、印尼福士牌、南非阿伯代尔牌、西班牙萨拉戈萨牌)
汽车导线、耐热耐高温电线、屏蔽电缆、电动车新能源电缆、充电桩综合电缆、铝电缆等各种特种电缆产品
配套情况:与比亚迪长期合作

★江苏捷捷微电子股份有限公司
地址:江苏省启东科技创业园兴龙路8号
邮编:226200
电话:0513/83639677、83639777
传真:83244908
网址:www.jjwdz.com
电子信箱:jj@jjwdz.com
法定代表人:黄善兵
单位人数:350
质量体系:IATF 16949、ISO 9001
产品情况:(捷捷牌)
半导体分立器件、电力电子元器件
出口情况:远销日本、韩国、西班牙、新加坡

★江苏海四达新能源有限公司
地址:江苏省启东市撑架桥东侧3号
邮编:226200
电话:0513/83116047
网址:www.highstar.com
电子信箱:zhaohh@highstar.com
法定代表人:沈涛
产品情况:锂离子电池、电池材料

★江苏海四达电源股份有限公司
地址:江苏省启东市和平南路306号
邮编:226200
电话:0513/83355867、83319415
传真:83312306
网址:www.highstar-battery.net.cn
电子信箱:sales@highstar.com
法定代表人:沈晓彦
质量体系:IATF 16949、ISO 9001
产品情况:(海四达牌、HIGHSTAR牌)
专业生产锂离子、氢镍、镉镍等二

次电池产品
配套情况:主要客户包括百得、宝时得、南京德朔、上海普泰等国内外一流电动工具厂商;常隆客车、上海空间电源、国网电科院等电动汽车和新能源储能领域客户

★江苏海四达集团有限公司
地址:江苏省启东市汇龙镇南苑西路 899 号
邮编:226200
电话:0513/83116047、83312776
传真:83355343
网址:www.highstar.net.cn
电子信箱:highstar@highstar.net.cn
法定代表人:沈涛
质量体系:ISO 9001、ISO 14001
产品情况:高能二次蓄电池

★江苏神州碳制品有限公司
地址:江苏省启东天汾科技五金工业园
邮编:226299
电话:0513/83290500、13362771111
传真:83290208
网址:www.sq-shenzhou.com
电子信箱:shenzhou@sunki.cn
法定代表人:虞春生
质量体系:ISO 9001、ISO 14001
产品情况:燃料电池石墨板、风力发电机用碳刷、太阳能电池石墨舟等

★南通江海电容器股份有限公司
地址:江苏省南通市通州区平潮镇通扬南路 79 号
邮编:226361
电话:0513/86726012、4008891083
传真:86723859
网址:www.jianghai.com
电子信箱:sales@jianghai.com
法定代表人:陈卫东
质量体系:IATF 16949、ISO 9001
产品情况:电解电容器、薄膜电容器、超级电容器等电容器及其材料、配件

★大唐恩智浦半导体有限公司
地址:江苏省如东县县城黄河路南侧井冈山路西侧
邮编:226400
电话:0513/68926010
传真:68926999
网址:www.datangnxp.com
电子信箱:info@datangnxp.com
法定代表人:雷信生
质量体系:ISO 9001
产品情况:高级专用汽车电子 IC,用于新能源汽车、混合动力汽车电源管理和驱动等

★江苏中天科技股份有限公司
地址:江苏省南通市如东县河口镇中天路 1 号
邮编:226463
电话:0513/89191188
传真:83599686
网址:www.chinaztt.cn
电子信箱:yuhj@chinaztt.com
法定代表人:薛济萍
单位人数:16000
质量体系:IATF 16949、ISO 14001
产品情况:磷酸铁锂材料、锂电池、电动汽车充电桩
出口情况:远销欧盟、东南亚、南美洲、北美洲等地区

★江苏清能动力科技有限公司
地址:江苏省如皋市城北街道花市北路 20 号
邮编:226500
电话:0513/87501117
网址:www.qingnengfc.com
电子信箱:investors@horizonfuelcell.com
法定代表人:顾志军
产品情况:燃料电池系统

★珈伟隆能固态储能科技如皋有限公司
地址:江苏省如皋市城北街道益寿北路 889 号
邮编:226500
电话:0513/87508262
网址:www.jiawei.com
电子信箱:865862398@qq.com
法定代表人:丁孔贤
质量体系:ISO 9001、IATF 16949
产品情况:锂离子电池、锂离子电池生产设备、锂离子电池组件及系统

浙江省

★时空电动汽车股份有限公司
地址:杭州市下城区环城北路 303 号 501 室
邮编:310004
电话:4001281616
传真:0571/86894315
网址:www.skio.cn
电子信箱:luohuanhuan@skio.cn
法定代表人:陈峰
产品情况:业务涉及动力电池制造、电动汽车定制等领域,掌握纯电动汽车动力电池、电动机、电控三大核心技术
配套情况:是东风汽车在新能源领域的合作伙伴

★万马奔腾新能源产业集团有限公司
地址:杭州市天目山路 181 号天际大厦 11 楼
邮编:310007
电话:4000850006
传真:61067765
网址:www.wanma-cable.cn
电子信箱:wmxny@zjwanma.com
法定代表人:姚伟国
产品情况:(万马牌)
交流充电、直流充电、车载便携、广告桩、整车换电、新能源设备、传统配电等全需求范围的新能源电动汽车配套充电设施和产品的设计、研发制造、建设和服务
配套情况:主要客户有宇通客车、申龙客车、上汽集团、吉奥汽车、吉利、北汽集团、长安、宝骐、众泰、知豆、康迪、时空电动车、长城、腾势、恒天集团、万向等

★杭州中导科技开发有限公司
地址:杭州市天目山路 160 号国际花园 B 楼 14 层
邮编:310012
电话:0571/88211882、88211883
网址:sunleads.com
电子信箱:sales@sunleads.com
法定代表人:叶文宇
质量体系:ISO 9001
产品情况:汽车行驶记录仪、车载终端设备、CAN 智能模块 T-BOX

★杭州协能科技股份有限公司
地址:杭州市西湖区古翠路 80 号浙江科技产业大厦 8 层
邮编:310012
电话:0571/89712801、87203999
传真:89712816
网址:www.bmser.com
电子信箱:hr@bmser.com
法定代表人:周逊伟
质量体系:ISO 9001、IATF 16949
产品情况:电动汽车、风光储能、后备电源三大系列电池管理系统

★浙江水晶光电科技股份有限公司
地址:杭州市西湖区古墩路 702 号赞宇大厦 4 层
邮编:310012
电话:0571/89775688
网址:www.crystal-optech.com
法定代表人:林敏
质量体系:IATF 16949、ISO 14001
产品情况:HUD 抬头显示系统:C-HUD、后装 W-HUD、W-HUD

★西湖电子集团有限公司
地址:杭州市西湖区教工路一号
邮编:310012
电话:0571/88271157
网址:www.xhdzjt.com.cn
法定代表人:章国经
产品情况:新能源汽车充换电设备、车载智能中控、新能源汽车智能化安全运营管控系统、新能源汽车和充电设施

★杭州固恒能源科技有限公司
地址:杭州市西湖区文三路 199 号 7 号楼 410 室
邮编:310012
电话:0571/81023228
网址:www.hzguheng.com
电子信箱:tm@hzguheng.com
法定代表人:陈春飞

质量体系:ISO 9001
产品情况:动力锂电池
配套情况:为宁德时代、北汽新能源、上汽大众、上汽集团、力神、南都、佳华利道、中航锂电(洛阳)、知豆、亿纬锂能、中天科技、康迪、北京普莱德、长江电动车、德赛电池、万向电动汽车、巴士集团、万向123、青年汽车、塞恩斯、拓邦配套

★杭州富特科技股份有限公司
地址:杭州市西湖区西湖科技园振中路205号(振中路与西园路交叉口)
邮编:310013
电话:0571/89971698、85220370
网址:www.hzevt.com
电子信箱:market@hzevt.com
法定代表人:李宁川
单位人数:450
质量体系:ISO 9001、IATF 16949
产品情况:新能源汽车车载电源产品(OBC、DCDC和CDU)
配套情况:为东风、北汽、江淮、江铃、东南、广汽、长城、一汽、蔚来、吉利等配套

★杭州欧镭激光技术有限公司
地址:杭州市江干区九环路35号
邮编:310019
电话:4001025850
网址:www.ole-systems.com
电子信箱:sales@ole-systems.com
法定代表人:张瓯
产品情况:1D、2D、3D激光雷达,高精度激光扫描仪、姿态传感器,红外探测传感器等,用于自动驾驶等领域

★杭州天丰电源股份有限公司
地址:杭州市拱墅区临半路118号
邮编:310022
电话:0571/88368608、88368618
传真:88368922
网址:www.wanmabattery.com
电子信箱:sales@wanmabattery.com
法定代表人:陈刚
单位人数:500
质量体系:IATF 16949、ISO 9001
产品情况:汽车动力电池等(磷酸铁锂电池、三元电池、高倍率电池等)
配套情况:成功配套吉利知豆纯电动乘用车

★浙江南都电源动力股份有限公司
地址:杭州市文二西路822号C座
邮编:310030
电话:0571/56975900
传真:56975688
网址:www.naradabattery.com.cn
电子信箱:ndgf@narada.biz
法定代表人:王海光
质量体系:ISO 9001、OHSAS 18001
产品情况:(NARADA牌)
汽车动力锂电池、低速纯电动车用阀控电池等

★浙江高泰昊能科技有限公司
地址:杭州市余杭区莫干山路1418-50号电子机械功能区2幢3-5楼
邮编:310030
电话:0571/85826623
传真:88909603
网址:www.qualtech.com.cn
电子信箱:gthn@qualtech.com.cn
法定代表人:张伟峰
单位人数:7343
质量体系:IATF 16949
产品情况:电池管理系统、整车控制系统、高压配电箱和电池充换电站/储能站控制系统等

★浙江亿咖通科技有限公司
地址:杭州市滨江区江陵路1760号
邮编:310051
电话:0571/85306934、4001115555
网址:www.ecarx.com.cn
电子信箱:xiaonan.sun@ecarx.com.cn
法定代表人:沈子瑜
质量体系:ISO 9001
产品情况:聚焦于座舱智能化与整车智能化两大领域,座舱智能化的技术与产品包括:4G/5G通信技术、信息娱乐主机的多媒体开发设计;座舱内部的核心技术:语音助理、自然语义识别引擎、云、芯片、和智能穿戴设备;整车智能化的技术与产品:传感器、高精地图、摄像头、360全景影像、行车记录仪、毫米波雷达
配套情况:服务于吉利、领克、沃尔沃、宝腾等品牌车企

★盾安传感科技有限公司
地址:杭州市滨江区江陵路88号万轮科技园
邮编:310051
电话:0571/87113532
传真:87113505
网址:www.dunansensing.cn
电子信箱:info@dunan.cn
法定代表人:冯忠波
质量体系:ISO 9001、IATF 16949
产品情况:业务涵盖MEMS传感器在汽车、暖通空调与制冷等多个领域的应用

★福瑞泰克智能系统有限公司
地址:杭州市滨江区阡陌路459号聚光中心A座16层
邮编:310051
电话:0571/89720999、18911789032
传真:89720900
网址:www.autofreetech.com
电子信箱:info@autofreetech.com
法定代表人:张林
质量体系:ISO 9001
产品情况:高级驾驶辅助系统(ADAS)

★浙江零跑科技有限公司
地址:杭州市滨江区物联网街451号芯图大厦2楼
邮编:310051
电话:0571/87235756、4000081234
传真:87235723
网址:www.leapmotor.com
电子信箱:mt@leapmotor.com
法定代表人:朱江明
产品情况:(零跑牌)
智能纯电动汽车零跑S01

★AW(杭州)信息技术有限公司
地址:杭州市滨江区长河路590号(东忠科技园1号楼)5F
邮编:310052
电话:0571/28995755
传真:28995754
网址:www.aw-hangzhou.cn
电子信箱:iub607_fei@aw-hangzhou.cn
法定代表人:松野恒博
单位人数:338
质量体系:ISO 9001
产品情况:负责承接车载软件的设计、评测及相关开发业务

★杭州杰能动力有限公司
地址:杭州市滨江区环兴路415号
邮编:310052
电话:0571/28086888
网址:www.genwell-power.com
电子信箱:jacksha@qq.com
法定代表人:金浙勇
质量体系:IATF 16949
产品情况:电池管理系统、整车控制器、电动机、电动机控制器、车载DC/DC转换器、高压控制盒、车载充电机等

★杭州中恒电气股份有限公司
地址:杭州市滨江区东信大道69号中恒大厦
邮编:310053
电话:0571/86698999、56532188
传真:86698777
网址:www.hzzh.com
电子信箱:hzzh@hzzh.com
法定代表人:朱国锭
单位人数:1783
质量体系:ISO 9001、ISO 14001
产品情况:(中恒牌)
新能源电动汽车充/换电系统等产品
出口情况:出口亚洲、非洲、欧美、大洋洲等30多个国家和地区

★杭州奥能电源设备有限公司
地址:杭州市余杭区仁和街道临港路1号1幢
邮编:310053
电话:0571/88966622、4008809072
传真:88966986
网址:www.on-eps.com

电子信箱:onlypower@ vip. 163. com
法定代表人:陈虹
单位人数:220
质量体系:IATF 16949
产品情况:(奥能电源牌)
电源系统和电动汽车直流快速充电桩、交流充电桩、监控及整流模块
配套情况:为国家电网、南方电网、国电南自、南京南瑞科技、南瑞继保、北京四方、许继电气等配套

★杭州南都动力科技有限公司
地址:杭州市余杭经济开发区宏达路
邮编:311100
电话:0571/56975563
传真:56975868
网址:www. naradabattery. com. cn
电子信箱:nddl@ narada. biz
法定代表人:卢晓阳
质量体系:IATF 16949
产品情况:具备年产 1200MWh 锂离子电池、3000MWh 高能阀控蓄电池的生产能力

★浙江续航新能源科技有限公司
地址:杭州市余杭钱江经济开发区南公河路 1 号
邮编:311100
电话:0571/88572122、13588161832
传真:88562122
网址:www. ev - xh. com
电子信箱:xuhang@ ev. com
法定代表人:葛尧仙
质量体系:IATF 16949、ISO 9001
产品情况:非车载系列的直流充电桩、交流充电桩以及车载 AC/DC 充电机、DC/DC 电源变换器等新能源产品

★浙江日风电气股份有限公司
地址:杭州市余杭区仓前街道龙潭路 26 号
邮编:311100
电话:0571/89056758、87006565
网址:www. hrvpower. com
电子信箱:zrfe@ zrfe. com
法定代表人:卢钢
质量体系:ISO 9001、ISO 14001
产品情况:氢能源汽车用 DC

★华立科技股份有限公司
地址:杭州市余杭区五常大道 181 号
邮编:311100
电话:0571/89300088、4008817000
传真:89300620
网址:www. holleymeter. com
电子信箱:metering@ holley. cn
法定代表人:程卫东
质量体系:ISO 9001、ISO 14001
产品情况:(华立牌)
智慧能源管理、三相、单相远程费控智能电能表、物联网、智能电网等
出口情况:出口泰国、印度、乌兹别克斯坦、印度尼西亚 50 多个国家和地区

★中聚(杭州)新能源科技有限公司
地址:杭州市余杭经济技术开发区昌达路 108 号
邮编:311103
电话:18873551889
传真:89188882
网址:www. sinopolybattery. com
法定代表人:苗振国
质量体系:ISO 14001
产品情况:(Sinoploy 牌)
电动汽车充/放电系统、储能系统、电池系统产品
出口情况:出口英国、德国、澳大利亚、新西兰、马来西亚等国际市场

★浙江德洛电力设备股份有限公司
地址:杭州市余杭区仁和镇
邮编:311107
电话:0571/88537840、85021200
传真:88537847
网址:www. zjdeluo. com
电子信箱:wd@ hzdeluo. cn
法定代表人:范晓军
质量体系:ISO 9001、ISO 14001
产品情况:(德洛牌)
电力控制系统、电动汽车智能充电系统
配套及出口情况:主要合作伙伴有奔驰、宝马、保时捷等;出口欧美、韩国,并远销中国台湾地区

★杭州威衡科技有限公司
地址:杭州市余杭区良渚高新技术产业园义马漾路 5 号
邮编:311112
电话:0571/88096653、88096659
传真:88092753
网址:www. hz - vcon. com
电子信箱:sales@ weihengkj. com
法定代表人:路国卫
质量体系:ISO 9001、ISO 14001
产品情况:主要研究新能源汽车动力系统设计技术、新能源汽车电池成组及测试、车用电动机设计及控制技术、新能源汽车整车控制及测试技术

★杭州好好开车科技有限公司
地址:杭州市文一西路 998 号海创园 7 号楼 1 - 4 层
邮编:311121
电话:0571/26298310
网址:www. nicigo. com
电子信箱:hr@ nicigo. com
法定代表人:何崇中
产品情况:融合移动互联网、智能驾驶、智能交通及汽车大数据,倾力打造智能安全车联网与汽车大数据云平台

★杭州兴能互联技术有限公司
地址:杭州市余杭区仓前街道龙潭路 20 号
邮编:311121
电话:0571/88691991、4006900768
网址:www. xingnengpower. com
法定代表人:魏冰
质量体系:ISO 9001
产品情况:直流充电桩、交流充电桩、车载充电机、大功率电源模块、充电站运营管理系统等
配套情况:与国内多家知名企业建立了长期战略合作伙伴关系

★杭州世创电子技术股份有限公司
地址:杭州市余杭区未来科技城龙泉路 2 号
邮编:311121
电话:0571/56080666、56861576
传真:56861587
网址:www. cnhzsc. com
电子信箱:sales@ cnhzsc. com
法定代表人:陈涛
单位人数:300
质量体系:ISO 9001、ISO 14001
产品情况:新能源汽车充电系统整体解决方案、电动汽车充电桩、配电自动化系统、智能配电设备、用户用电安全设备等

★万向一二三股份公司
地址:杭州市萧山经济技术开发区建设二路 855 号
邮编:311215
电话:0571/82832999
传真:82606587
网址:www. a123systems. com
电子信箱:yzhang@ a123systems. com
法定代表人:鲁伟鼎
单位人数:3000
质量体系:IATF 16949、ISO 14001
产品情况:(A123 Systems 牌)
高能量密度三元动力电池系列产品、高性能磷酸铁锂动力电池系列产品、高功率 48V 微混动力系统产品,累计产量 1. 08GWh
配套情况:主要客户有保时捷、捷豹路虎、上汽通用、广汽、长安、吉利、奇瑞、海马

★杭州乐荣节能动力科技有限公司
地址:杭州市萧山区萧山经济技术开发区桥南区块高新八路 101 号
邮编:311215
电话:021/24088408
电子信箱:panr@ vanke. com
法定代表人:徐琳
质量体系:ISO 9001
产品情况:电动机及其零部件、动力电池模块

★杭州东建能源科技有限公司
地址:杭州市党山镇群力工业园
邮编:311245
电话:0571/83520908、82531298

传真:83520928
网址:www. oriental - steel. com
电子信箱:sales@ hang - dong. com
法定代表人:高关友
质量体系:ISO 9001
产品情况:电芯、电动车电池、磷酸铁锂电池等

★杭州天翔机电有限公司
地址:杭州市萧山区长春路1号
邮编:311256
电话:0571/82405317、82405666
传真:82406318
网址:www. hz - tx. com
电子信箱:tianxiang@ hz - tx. com
法定代表人:陆任奎
质量体系:IATF 16949、ISO 9001
产品情况:电动汽车锂电池连接件
配套及出口情况:客户有日本松下、德国博世电动工具、英国GMS公司等;远销英国、德国、日本、马来西亚等国家

★浙江万马股份有限公司
地址:杭州市临安区青山湖街道鹤亭街896号
邮编:311305
电话:15057130465
传真:63759008
网址:www. wanma - cable. cn
电子信箱:565791929@ qq. com
法定代表人:张珊珊
单位人数:3000
质量体系:ISO 14001、ISO 9001
产品情况:(万马牌)
电线电缆、高分子材料、特种线缆及新能源汽车充电设施(充电模块、车载充电机、交流充电桩 - 慢充、直流充电机 - 快充)

★浙江万马新能源有限公司
地址:杭州市临安区青山湖科技城市地街33号A幢
邮编:311305
电话:0571/88630605
网址:www. wmxny. com
电子信箱:wmxny@ wanmagroup. com
法定代表人:丁鼎
质量体系:IATF 16949、ISO 9001
产品情况:(万马新能源牌)
电动汽车充电设备:交流慢充、广告桩、直流快速充电桩、车载便携充电机
配套情况:合作项目包括杭州城西银泰充电站、苏州汇金广场大客车专用充电站、北京紫草坞充电站等7家充电站;合作伙伴有宇通客车、申龙客车、上汽集团、吉奥汽车、吉利汽车、北汽集团、长安汽车、宝琪汽车、众泰汽车、知豆电动车、时空电动汽车、腾势汽车、长城汽车、杭州公交、苏州公交

★浙江固微科技有限公司
地址:杭州市富阳区中国智谷富春园区C2号楼7楼
邮编:311400
电话:0571/87199933/9920
网址:www. kuwiit. com
电子信箱:kuwiit@ kuwiit. com
法定代表人:王一涛
质量体系:IATF 16949
产品情况:车载氢浓度传感器、手持式氢浓度传感器、固定式氢浓度传感器

★杭州富阳恒泰汽车电器有限公司
地址:杭州市富阳区经济技术开发区高新园区高尔夫路201号
邮编:311401
电话:0571/63432182、63167868
传真:63432710、63167833
网址:www. hzhengtai. com
电子信箱:hzhengtai@ vip. 163. com
法定代表人:张新校
质量体系:IATF 16949
产品情况:新能源汽车充电机AC/DC、电源转换器DC/DC,电动、自动空调控制器等
配套情况:为江淮汽车等配套

★杭州沈氏节能科技股份有限公司
地址:浙江省建德市航头镇大店口工业园
邮编:311612
电话:0571/64516888
传真:64515888
网址:www. hzssjn. com
电子信箱:xm@ hzssjn. com
法定代表人:沈卫立
质量体系:ISO 9001、ISO 14001
产品情况:高效节能换热器,用于氢能源领域
配套情况:与博世等合作

★浙江谷神能源科技股份有限公司
地址:杭州市淳安县千岛湖镇康盛路268号
邮编:311700
电话:0571/83893187
传真:83893187
网址:www. godsend - power. com
电子信箱:gmo@ godsend - power. com
法定代表人:孙建平
质量体系:IATF 16949、ISO 14001
产品情况:锂离子电池及电池系统集成产品,产品广泛应用于新能源汽车等领域

★浙江泓源汽车集团有限公司
地址:浙江省诸暨市陶朱街道望云西路50号
邮编:311801
电话:4000303733
网址:www. hyiev. com
电子信箱:zhanghm@ hyiev. com
法定代表人:邵国良

质量体系:IATF 16949、ISO 9001
产品情况:纯电动乘用车、纯电动SUV,中型客车和商用车、纯电动物流车、微型货车、轻型货车、高品质锂电城市低速车、锂电智能代步车,电池PACK成组、BMS电池管理系统、整车控制器、高压盒、DC-DC、充电机、充电桩等

★绍兴俊吉能源科技有限公司
地址:浙江省绍兴市柯桥区科技园科创大厦B座1607 - 1608室、起航楼2号楼203 - 204室
邮编:312000
电话:18057560909、18058680600
传真:0575/85518866
网址:www. sxjunji. com
电子信箱:sxjjkj@ 126. com
法定代表人:陈尧春
质量体系:ISO 9001
产品情况:氢燃料电池核心材料(催化剂、膜电极)、电堆以及控制系统

★卧龙电气驱动集团股份有限公司
地址:浙江省绍兴市上虞区经济开发区
邮编:312300
电话:0575/82176628
传真:82176718
网址:www. wolong. com. cn
电子信箱:mail@ wolong. com
法定代表人:陈建成
单位人数:18000
产品情况:(卧龙牌)
主要生产各类电动机、发电机、控制驱动及工业自动化等产品,用于新能源汽车等领域
配套及出口情况:是宇通客车、吉利、长安、北汽新能源等国内知名整车厂供应商;在越南、英国、德国、奥地利、意大利、波兰、塞尔维亚、墨西哥、印度等拥有39个制造厂和4个技术中心

★卧龙控股集团有限公司
地址:浙江省绍兴市上虞区人民西路1801号
邮编:312300
电话:4006025688
传真:0575/82176718
网址:www. wolong. com
电子信箱:mail@ wolong. com
法定代表人:陈建成
单位人数:18000
质量体系:ISO 9001、ISO 14001
产品情况:(卧龙牌、灯塔牌)
三相交流永磁同步电动机、动力锂离子电池、电动车专用胶体(EVF)蓄电池、起动型免维护铅酸蓄电池等

★天际汽车科技集团有限公司
地址:浙江省绍兴滨海新城沥海镇马欢路398号科创园A幢1403 - 1室
邮编:312366
电话:4009771777

网址:www. dearcc. cn
电子信箱:usercenter@ dearcc. cn
法定代表人:金迪
产品情况:EV10pro300 智能互联新能源汽车

★浙江奥龙电源有限公司
地址:浙江省绍兴市上虞区杭州湾上虞工业园区纬三东路3号
邮编:312369
电话:0575/82739968、4009261998
传真:82739806
网址:www. zjgd. com
电子信箱:xs@ zjgd. com
法定代表人:董春光
质量体系:ISO 9001、ISO 14001
产品情况:(金龙牌、鑫奥龙牌、双龙牌)

电动助力车电池、电动道路车用电池、电动汽车用动力铅酸蓄电池、汽车起动用铅酸电池、摩托车起动用铅酸电池等铅酸蓄电池五大系列上百种型号产品

配套情况:为广东大长江、浙江钱江摩托、洛阳北易大阳摩托车等国内知名摩托车企业配套

★浙江金开来新能源科技有限公司
地址:浙江省新昌县大市聚镇新柿路58号3幢
邮编:312500
电话:0575/86091800
传真:86091803
网址:www. jklbattery. com
电子信箱:jklbattery@ 163. com
法定代表人:黄亚东
质量体系:ISO 14001、OHSAS 18001
产品情况:高性能磷酸铁锂动力电池、高性能磷酸铁锂动力电池组系统

★浙江遨优动力系统有限公司
地址:浙江省湖州市东浜路588号
邮编:313000
电话:0572/2988999
网址:www. aoyoupower. com
法定代表人:莫宁佳
质量体系:IATF 16949
产品情况:新能源汽车用磷酸铁锂、三元、锰酸锂电池系统,主要应用在公交、通勤车、旅游车、物流车、特种车等车型
配套情况:为山东沂星、常州北汽、四川国宏、烟台舒驰、东风汽车、重庆力帆等

★微宏动力系统(湖州)有限公司
地址:浙江省湖州市红丰路2198号
邮编:313000
电话:0572/2756888
传真:2756889
网址:www. microvast. com
电子信箱:zhaicf@ microvast. com. cn
法定代表人:朱葵
质量体系:IATF 16949
产品情况:改性钛酸锂快速充电锂离子电池系统

★浙江东尼电子股份有限公司
地址:浙江省湖州市吴兴区织里镇中华东路88号
邮编:313000
电话:0572/2999999
传真:3256666
网址:www. tony-tech. com
电子信箱:tonysale@ tonytech. com
法定代表人:沈晓宇
质量体系:ISO 9001、IATF 16949
产品情况:主要产品为超微细导体、复膜线等电子线材,应用于新能源汽车等领域;极耳产品应用于新能源汽车软包动力电池等领域

★湖州南浔遨优电池有限公司
地址:浙江省湖州市南浔区练市镇京杭路8号3幢
邮编:313013
电话:0572/3560099
网址:www. aoyoupower. com
法定代表人:许娟
质量体系:IATF 16949
产品情况:锂电子动力电池
配套情况:合作客户有山东沂星、常州北汽、四川国宏、烟台舒驰、常州道清、安徽鑫盛、安徽安凯、东风柳汽、东风汽车集团、思驰汽车、福田欧辉、河北长安、河南中力、湖南中车、龙岩畅丰专用汽车、陆地方舟、南京金龙、奇瑞商用车(安徽)、山西皇城(宁航)、山西宁航、天津清源电动车辆、烟台舒驰、扬子江、一汽红塔、江苏新日

★天能电池集团股份有限公司
地址:浙江省长兴县画溪工业功能区包桥路18号
邮编:313100
电话:0572/6176698、4008788188
传真:6058018
网址:www. cn-tn. com
电子信箱:95323926@ qq. com
法定代表人:杨建芬
质量体系:ISO 9001、ISO 14001
产品情况:(天能牌)

以电动车环保动力电池制造为主,集新能源汽车锂电池、汽车起动启停电池、风能太阳能储能电池的研发、生产、销售,以及城市智能微电网建设、绿色智造产业园建设等为一体

配套情况:主要合作伙伴包括奇瑞、康迪、时风、雷丁汽车、大阳、御捷电动、金彭、永源汽车、骐风汽车、丽驰、道爵汽车、汉唐电动汽车、欧陆汽车、易咖电动等

★天能帅福得能源股份有限公司
地址:浙江省长兴县画溪工业功能区包桥路18号
邮编:313100
电话:0572/6216019、6216050
网址:www. tn-ny. com
电子信箱:ben@ tiannenggroup. com
法定代表人:李明钧
单位人数:1250
质量体系:IATF 16949、ISO 9001
产品情况:锂离子电池、模块及高端电池组,用于纯电动汽车、混合动力汽车
配套情况:与北汽、华晨、奇瑞、众泰、上汽、康迪车业等国内20余家汽车、电动自行车企业建立了战略合作关系

★浙江高成绿能科技有限公司
地址:浙江省长兴县经济开发区太湖大道2303号
邮编:313100
电话:0572/6875172-81
传真:6121380
网址:www. neksonpower. com
电子信箱:neksonpower2@ 163. com
法定代表人:李步高
质量体系:ISO 9001、GJB 9001B
产品情况:氢燃料电池及系统产品和制氢设备

★浙江长兴铁鹰电气有限公司
地址:浙江省长兴县小浦郎山工业集中区
邮编:313100
电话:0572/6709889、6709906
传真:6701777
网址:www. tybattery. cn
法定代表人:王金都
质量体系:ISO 9001、ISO 14001
产品情况:电动车用蓄电池,产品广泛于电动自行车、电动三轮车、电动轿车、高尔夫球车、电动巡逻车、观光车、电动清洁车等领域
配套情况:配套浙江康迪、山东时风等国内电动汽车知名厂商

★浙江超威动力能源有限公司
地址:浙江省长兴县雉城镇新兴工业园区
邮编:313100
电话:0572/6115081
法定代表人:董益锋
质量体系:ISO 9001、ISO 14001
产品情况:动力电池和储能电池

★超威电源集团有限公司
地址:浙江省长兴县雉城镇新兴工业园区
邮编:313124
电话:0572/6215106、4008573778
网址:www. chilwee. com
电子信箱:grace@ chilwee. com
法定代表人:周明明
单位人数:20000
质量体系:ISO 9001、ISO 14001
产品情况:(超威牌)

电动车用、电动道路车(电动汽车)用铅酸动力电池,太阳能、风能储能电池,新型动力锂电池

★浙江超威创元实业有限公司
地址:浙江省湖州市长兴县雉城镇雉洲大道12号
邮编:313124
电话:0572/6200170、6203305
网址:www.chaowei－lib.com
电子信箱:cwcy@chaowei－lib.com
法定代表人:范鸣
质量体系:IATF 16949、ISO 9001
产品情况:主要产品为三元、磷酸铁锂、锰酸锂三大体系多个系列动力与储能用锂电池,广泛应用于电动自行车、电动汽车、电动摩托车等电动车辆
配套及出口情况:与南京金龙、国宏汽车、重庆中力等多家电动汽车厂家配套;出口东南亚、欧美等国外市场

★浙江高领新能源科技有限公司
地址:浙江省德清县阜溪街道环城北路137号
邮编:313200
电话:0572/8206887、8206193
传真:8206192
电子信箱:postmaster@gaoling－cn.com
法定代表人:侯智伟
质量体系:IATF 16949、ISO 9001
产品情况:氢燃料电池压缩机等

★嘉兴斯达半导体股份有限公司
地址:浙江省嘉兴市南湖区科兴路988号
邮编:314000
电话:0573/82585600
传真:82585601
网址:www.powersemi.com
电子信箱:sales@powersemi.com
法定代表人:沈华
质量体系:IATF 16949、ISO 9001
产品情况:主要产品为功率半导体元器件,已成功开发近600种IGBT模块产品,产品已被成功应用于新能源汽车等领域

★嘉兴德燃动力系统有限公司
地址:浙江省嘉兴市南湖区亚太路705号B座2401室
邮编:314000
电话:0573/82586629－8006
网址:www.d－r－power.com
电子信箱:sales@d－r－power.com
法定代表人:倪淮生
质量体系:ISO 9001、IATF 16949
产品情况:氢燃料电池发动机及氢燃料发动机专用空压机、供氢－回氢组件等关键零部件

★闻泰科技股份有限公司
地址:浙江省嘉兴市南湖区亚中路777号
邮编:314000
电话:0573/89977888
网址:www.wingtech.com
法定代表人:张学政
产品情况:业务领域主要涵盖人工智能(AI)、物联网(IoT)、智能手机、平板电脑、智能硬件、笔记本电脑、汽车电子等智能终端设备;具备较强的软/硬件开发、专业测试等研发实力,包括车联网和汽车电子软硬件产品的研发设计和智能制造

★浙江联桩新能源科技有限公司
地址:浙江省嘉兴平湖市宏建路2368号
邮编:314200
电话:0573/85570886、4006570070
网址:www.chargedot.com
电子信箱:chao.qiu@chargedot.com
法定代表人:毛纯华
质量体系:IATF 16949
产品情况:(ChargeDot联桩牌)
智能直流、交流充电桩,车载便捷式充电器的设计和生产
配套情况:客户有上汽乘用车、北汽新能源、东风日产、上汽大通、申沃客车、上汽集团、荣威、安悦充电、永达汽车

★浙江华友钴业股份有限公司
地址:浙江省桐乡经济开发区二期梧振东路18号
邮编:314500
电话:0573/88587878、88585115
网址:www.huayou.com
电子信箱:hdm@huayou.com
法定代表人:陈雪华
质量体系:ISO 9001、ISO 14001
产品情况:锂电正极材料三元前驱体

★浙江新吉奥新能源汽车有限公司
地址:浙江省桐乡市同仁路468号
邮编:314500
电话:0573/88588708
法定代表人:陈君
产品情况:新能源物流车、新能源城市公交车及新能源关键零部件,含商用车、乘用车全系列产品

★宁波维科电池有限公司
地址:浙江省宁波保税区西区港西大道5号
邮编:315000
电话:0574/86823151、13316988927
网址:www.vekenbattery.com
电子信箱:shtang@mail.veken.com
法定代表人:陈良琴
质量体系:IATF 16949、ISO 9001
产品情况:锂离子电池、铝壳电池、聚合物电池、动力电池等

★宁波均联智行科技有限公司
地址:浙江省宁波高新区聚贤路1266号006幢2楼
邮编:315000
电话:0574/89076620
传真:89076620
网址:www.joyson.cn
法定代表人:刘元
质量体系:ISO 9001
产品情况:(PCC牌)
生产车载娱乐系统、车载导航系统、车联网、V2X技术以及信息处理领域的创新类产品及软件解决方案
配套及出口情况:为大众、吉利、宝沃等供货;在德国、葡萄牙、罗马尼亚、波兰、瑞典、美国、墨西哥均设有工厂

★浙江锋锂新能源科技有限公司
地址:浙江省宁波高新区清逸路66号044幢3楼305室
邮编:315000
电话:0574/87607216
网址:www.ganfenglithium.com
法定代表人:许晓雄
质量体系:ISO 9001
产品情况:动力电池、锂电池、镍氢电池、钠硫电池、蓄电池

★宁波三星智能电气有限公司
地址:浙江省宁波市江北区慈城镇枫湾路16号
邮编:315031
电话:0574/88072280
法定代表人:李维晴
质量体系:ISO 9001、ISO 14001
产品情况:充电桩、电动汽车充电和换电站及充电和换电设备、电动汽车充电和换电设备检定装置

★宁波永久磁业有限公司
地址:浙江省宁波市江北庄桥工业区康庄南路518号
邮编:315032
电话:0574/87581999－8805
传真:87580384、87581666
网址:www.pm－magnets.com
电子信箱:nbpm@pm－magnets.com
法定代表人:任荷芬
质量体系:IATF 16949、ISO 9001
产品情况:专业生产中高端钕铁硼永磁材料及其制品

★宁波均胜电子股份有限公司
地址:浙江省宁波市高新区清逸路99号
邮编:315040
电话:0574/89076620
传真:89076620
网址:www.joyson.cn
电子信箱:kai.yu@joyson.cn
法定代表人:王剑峰
质量体系:IATF 16949、ISO 9001
产品情况:智能驾驶系统、汽车安全系统、新能源汽车动力管理系统以及高端汽车功能件总成等
配套情况:客户有阿斯顿马丁、北京汽车、宾利、宝马、奔驰、保时捷、东风、法拉利、广汽集团、江淮、路虎、依维柯、奥迪、大众、通用、福特、本田、丰田、蔚来等

★宁波中车新能源科技有限公司
地址:浙江省宁波市鄞州区五乡镇时代

路 199 号
邮编:315112
电话:0574/55716111、4001867998
传真:55716216
网址:www.crrccap.com
法定代表人:陈胜军
质量体系:IATF 16949、ISO 9001
产品情况:提供超级电容器单体、超级电容模组、电池电容、储能系统等超级电容产品及储能解决方案,适用于新能源客车、乘用车等

★宁波杉杉股份有限公司
地址:浙江省宁波市望春工业园区云林中路 218 号
邮编:315177
电话:0574/88208375、88208337
传真:88208375
网址:www.ssgf.net
电子信箱:ssgf@shanshan.com
法定代表人:庄巍
质量体系:ISO 9001
产品情况:业务覆盖锂离子电池材料、电池系统集成(包括锂离子电容、动力电池 PACK)、能源管理服务和充电桩建设及新能源汽车运营等新能源业务

★宁波三星医疗电气股份有限公司
地址:浙江省宁波市鄞州区姜山镇
邮编:315191
电话:4008225776
网址:www.sanxing.com
法定代表人:郑坚江
质量体系:ISO 9001、ISO 14001
产品情况:(三星牌)
充电桩、智能计量、智能变电站、智能开关设备、电力箱和配网自动化设备
出口情况:拥有巴西、印尼两个海外研发制造基地,在全球 50 多个国家和地区开展营销渠道建设和战略合作项目

★宁波中科科创新能源科技有限公司
地址:浙江省慈溪市科技路 18 号(智慧谷)6 号楼
邮编:315300
电话:0574/63081905
传真:63081906
网址:www.electrocatalysts.com
电子信箱:info@electrocatalysts.com
法定代表人:杨辉
质量体系:ISO 9001
产品情况:燃料电池膜电极

★浙江金鹰瓦力新能源科技有限公司
地址:浙江省慈溪市新兴产业集群区宗汉街道新兴大道 256 号
邮编:315301
电话:0574/63226758
电子信箱:wellyenergy@163.com
法定代表人:乐学苗
质量体系:ISO 9001
产品情况:锂离子电池材料

★浙江佳贝思绿色能源有限公司
地址:浙江省余姚市北环东路 6 号
邮编:315400
电话:0574/58122555、58122572
传真:62655552
网址:www.gbsystem.com
电子信箱:gbs@gbsystem.com
法定代表人:闻人红雁
质量体系:IATF 16949、ISO 9001
产品情况:(GBSystem 牌、佳贝思牌)
磷酸铁锂动力电池,年产能 20 亿 Wh 以上
出口情况:远销美国、澳大利亚、德国、俄罗斯、韩国、意大利、英国、捷克等国家

★宁波容百新能源科技股份有限公司
地址:浙江省余姚市城区谭家岭东路 39 号
邮编:315400
电话:0574/62730995
传真:62727888
网址:www.ronbaymat.com
电子信箱:sales@ronbaymat.com
法定代表人:白厚善
质量体系:ISO 9001、IATF 16949
产品情况:钴盐及正极前驱体(硫酸钴、氯化钴、碳酸钴、球形四氧化三钴)、锂离子电池正极材料(钴酸锂、镍钴锰酸锂、氢氧化镍钴锰)、锂离子电池等三大系列产品

★宁波芯路通讯科技有限公司
地址:浙江省余姚市冶山路 479 号科创大厦 1709 室
邮编:315499
电话:0574/62606399
网址:www.chipways.com
电子信箱:sales@chipways.com
法定代表人:秦岭
质量体系:ISO 9001
产品情况:车联网 V2X 芯片

★宁波三安制阀有限公司
地址:浙江省象山经济开发区丹霞路 80 号
邮编:315700
电话:0574/65786859、657868595
传真:65820024
网址:www.savalve.com
电子信箱:trade@savalve.com
法定代表人:石金根
质量体系:IATF 16949、ISO 9001
产品情况:车用压缩天然气阀门

★宁波云控电气有限公司
地址:浙江省象山县墙头镇下塔村
邮编:315715
电话:0574/65825789、65820146
网址:www.wincontech.com
电子信箱:sales@nbwally.com
法定代表人:朱旌铭
质量体系:IATF 16949、ISO 9001
产品情况:电动汽车电动机及其驱动控制器
出口情况:部分产品远销国外

★宁波维科新能源科技有限公司
地址:浙江省宁波市北仑区纬五路 27 号
邮编:315800
电话:0574/55833763、86968135
网址:www.vekenner.com
电子信箱:vnet@mail.veken.com
法定代表人:陈良琴
质量体系:ISO 9001
产品情况:高品质方形铝壳电芯、软包聚合物电芯、BMS 和 PACK 一体化锂电池
配套情况:合作客户包括张飞充电、JOBO、比德文电动车、KEN 锐奇、阿里巴巴、杜亚 DOOYA、NOBLELIFT 诺力、爱普电器等

★宁波海天驱动有限公司
地址:浙江省宁波市北仑区小港镇小浃江中路 518 号
邮编:315803
电话:0574/86188886
传真:86186912
网址:www.haitian.com
电子信箱:haitiandrive@mail.haitian.com
法定代表人:张静章
质量体系:ISO 9001、ISO 14001
产品情况:专业制造控制器、驱动器、伺服电动机、新能源动力系统、功能部件、伺服机械手、液压电动机、液压泵、液压组件等电气传动和液压传动领域零部件

★浙江钱江锂电科技有限公司
地址:浙江省温岭市东部新区中小企业孵化园一期 2 号标准厂房
邮编:317500
电话:0576/89937225、86115088
电子信箱:lithium@qjev.net
法定代表人:陈俊灯
质量体系:IATF 16949、ISO 14001
产品情况:锂离子电池

★浙江康迪车业有限公司
地址:浙江省金华市工业园区康迪汽车城
邮编:321000
电话:0579/82239856
传真:82239856
网址:www.kandigroup.com
电子信箱:kandi@kandigroup.com
法定代表人:胡晓明
质量体系:ISO 9001
产品情况:纯电动汽车,全地形车和电池组、电动机、电控、汽车空调等电动汽车部件

★捷孚传动科技有限公司
地址:浙江省金华市金义都市经济开发区科技三街北 1 号

邮编:321001
电话:0579/82810166
传真:82810166
网址:www. powertronic. cn
电子信箱:hr@ powertronic. cn
法定代表人:任旻
质量体系:ISO/TS 16949
产品情况:混合动力、电动四驱等

★浙江衡远新能源科技有限公司
地址:浙江省金华市秋滨街道金星南街1288号
邮编:321016
电话:0579/83912626
电子信箱:fepartner@ geely. com
法定代表人:冯擎峰
质量体系:IATF 16949
产品情况:锂离子动力电池

★金大智能技术股份有限公司
地址:浙江省金华市仙华南街811号5号厂房
邮编:321016
电话:0579/82270858、82270868
传真:82276966
网址:www. kingdaychina. com
电子信箱:sale@ kingdaychina. com
法定代表人:章小理
质量体系:ISO 9001
产品情况:具有年产60万辆电动车的生产能力

★浙江中科正方电子技术有限公司
地址:浙江省金华市婺城区龙潭路589号
邮编:321025
电话:0579/82258205、82258158
传真:82258165
电子信箱:info@ zkzf. com
法定代表人:赵海波
质量体系:IATF 16949
产品情况:车用网络控制系统、数字仪表、汽车车身监控平台、轮胎胎压监测系统及多媒体控制中心、汽车电子总线产品、彩色摄像头等
配套及出口情况:为北汽福田等国内10多家生产厂商配套;随新能源车出口西班牙、新加坡、哈萨克斯坦等国家,并销往中国香港地区

★横店集团东磁股份有限公司
地址:浙江省东阳市横店工业区
邮编:322118
电话:0579/86588399
传真:86588395
网址:www. chinadmegc. com
电子信箱:hlf@ chinadmegc. com
法定代表人:何时金
质量体系:IATF 16949、ISO 9001
产品情况:(东磁牌)
主要生产磁瓦、喇叭磁钢、微波炉磁钢、磁粉芯、太阳能电池片、太阳能电池组件、碱性电池、硬质合金、锂离子动力电池等60大类上万种规格的产品
配套及出口情况:被德国博世、荷兰飞利浦、韩国三星、日本电产、美国库柏等国际知名企业评为最佳供应商;远销欧洲、美洲、韩国、日本、东南亚等60多个国家和地区

★浙江辉博电力设备制造有限公司
地址:浙江省衢州市柯城区双港中路38号
邮编:324002
电话:0570/3863566
电子信箱:huibodl@ 163. com
法定代表人:徐建清
质量体系:ISO 9001、ISO 14001
产品情况:电动汽车充电桩制造,新能源汽车充换电设施建设运营维护,新能源汽车充电、租赁服务及充换电技术咨询

★浙江斯瑞特电子科技有限公司
地址:浙江省江山市双塔街道文教西路15号
邮编:324100
电话:0570/4691088
传真:4691288
网址:www. serighten. com
电子信箱:3270527980@ qq. com
法定代表人:毛立波
质量体系:ISO 9001
产品情况:石墨烯储能器、超级电容器

★浙江利尔电气有限公司
地址:浙江省龙湾经济开发区滨海一道2158号青年电商工业园二栋301
邮编:325000
电话:0577/88337377
传真:88347075
网址:www. lear. com. cn
电子信箱:lear@ lear. com. cn
法定代表人:黄海鸣
质量体系:ISO 9001
产品情况:汽车用各类型传感器、新能源汽车超级电容、电动车ECU控制系统
配套情况:是美国通用、德国大众、一汽-大众、上汽大众、上汽通用、北京现代、北京奔驰、一汽轿车等国内外40余家国内汽车主机厂的供应商

★浙江晨泰科技股份有限公司
地址:浙江省温州市龙湾区空港新区通海大道五道777号
邮编:325025
电话:0577/86581118、86585858
传真:86581116
网址:www. risesungroup. com
电子信箱:risesun@ risesunchina. com
法定代表人:项超
质量体系:ISO 14001、OHSAS 18001
产品情况:(晨泰牌)
电能计量仪表、电动汽车充电桩研发及生产、线上APP+充电网络+线下充电设备的O2O闭环
出口情况:出口越南、秘鲁、巴基斯坦等多个国家和地区

★浙江凯业新能源科技有限公司
地址:浙江省乐清市柳市镇新光工业区寺前路9号
邮编:325604
电话:0577/62512001、4008776826
传真:62512002
电子信箱:kaiye@ china. com、
法定代表人:叶定志
质量体系:IATF 16949、ISO 9001
产品情况:便携式充电器、直流充电插头、交流充电插座、交流充电连接器等

★乐清市八达光电科技股份有限公司
地址:浙江省乐清市经济开发区纬六路196号
邮编:325699
电话:0577/61763160、62790020
传真:61763161、61763987
网址:www. badagd. com
电子信箱:bada@ china - bada. net
法定代表人:刘滨峰
质量体系:IATF 16949、ISO 14001
产品情况:主要为新能源汽车提供高控制装置,直流及交流充电总成,高压连接器,高压线束总成等系列产品及整车高压控制、传输、连接全套方案
配套情况:为北汽、长安、金龙、宇通、青年汽车、吉利、新大洋等十几家知名新能源车企服务

安徽省

★华霆(合肥)动力技术有限公司
地址:合肥市经开区蓬莱路1551号(蓬莱路与双龙路交口)峻凌电子内
邮编:230001
电话:0551/68778738
传真:68778750
网址:www. sinoev. com
法定代表人:周鹏
质量体系:ISO 14001、IATF 16949
产品情况:新能源汽车动力系统总成及关键部件,包括电池、电动机、减速装置、制动器和轮毂的一体化结构设计技术研究等

★合肥力翔电池科技有限责任公司
地址:合肥市新站区珍珠路7号
邮编:230001
电话:0551/64328990
传真:64328569
网址:www. hflxdc. cn
电子信箱:45610491@ qq. com
法定代表人:檀毛叶
单位人数:1500
质量体系:IATF 16949、ISO 9001
产品情况:锂电池铝壳及盖板

★安徽贵博新能科技有限公司
地址:合肥市高新区望江西路 800 号合肥创新产业园 C4 栋
邮编:230009
电话:0551/62589979
传真:62589978
网址:www. guibo. com. cn
电子信箱:gvb@ guibo. com. cn
法定代表人:孙路
质量体系:IATF 16949
产品情况:主要产品有电动交通电池管理系统(BMS)、电动交通车载充电机(OBC On Board Charge)、电动交通电池系统配电盒(BDU),并提供电池系统集成(PACK)、储能应用整体解决方案等服务

★中盐安徽红四方锂电有限公司
地址:合肥市肥东县合肥循环经济示范园纬四路南侧
邮编:230011
电话:0551/64528173、4000869579
传真:64528290
网址:www. hsfld. com
电子信箱:hsflidian@ 163. com
法定代表人:蒋森
质量体系:IATF 16949、ISO 14001
产品情况:磷酸铁锂动力电池和电池装配
配套及出口情况:产品已广泛应用于安徽安凯、上海申龙、厦门金旅、淄博正华、巢湖广通、江苏友谊等大型客车企业的纯电动大客车;产品还批量销往山东唐骏、芜湖宝骐、普拉格等车企,用于装配纯电动物流车、垃圾清扫车、垃圾转运车、环卫洒水车等;部分产品远销海外

★合肥德电新能源汽车股份有限公司
地址:合肥市新站区珍珠路 8 号长百控股大厦 A 座 11 楼
邮编:230011
电话:0551/64412108
网址:www. c – e – cars. com
电子信箱:service@ c – e – cars. com
法定代表人:秦强
产品情况:电动汽车及关键零部件,包含新能源纯电动物流车、纯电动校车等新能源整车;增程器模块自由活塞式直线发电机、电动机、变频器、双向充电器等整车组件;电动车高速变速器等

★合肥国轩高科动力能源有限公司
地址:合肥市新站区岱河路 599 号
邮编:230012
电话:0551/62100300、62100973
传真:62100915
网址:gotion. com. cn
电子信箱:hr@ hfgxgk. com
法定代表人:王强
质量体系:IATF 16949、ISO 9001
产品情况:主要产品为磷酸铁锂材料、电芯、动力电池组、BMS 系统及储能型电池组
配套情况:与北汽、上汽、江淮 IEV 系列、奇瑞、众泰等国内主流整车企业供货

★合肥迅启蓄电池有限公司
地址:合肥市望江东路 365 号
邮编:230022
电话:0551/63667090、13956088601
传真:63523891
网址:www. hfxunqi. com
电子信箱:hfxunqi@ 126. com
法定代表人:杨有款
产品情况:主要有电动叉车电池、电动道路车辆用铅酸蓄电池、电动汽车动力锂电池、电动汽车用动力电池、阀控式密封铅酸蓄电池、储能电池、有线充电桩和无线充电桩等 10 多个系列产品

★力高(山东)新能源技术有限公司
地址:合肥市高新区望江西路 800 号 C2 栋南楼
邮编:230031
电话:0551/66105555、66105521
网址:www. ligoo. cn
电子信箱:info@ ligoo. cn
法定代表人:王翰超
质量体系:IATF 16949、ISO 9001
产品情况:电池管理(大中型车用 BMS、轻型车用 BMS)、电池成组(智能电池包)、电力驱动(交流异步电动机控制器、无刷直流电动机控制器)、充电设备(车载智能充电机、交/直流充电桩)等产品
出口情况:客户覆盖美国、日本、英国、法国、德国、意大利等全球 46 个国家和地区

★安徽欧鹏巴赫新能源科技有限公司
地址:合肥市包河区延安路 35 号合肥航空产业园内 726 厂房
邮编:230051
电话:18616607999
电子信箱:cyq5236@ 163. com
法定代表人:吴德贵
质量体系:IATF 16949
产品情况:动力电池系统

★合肥协力仪表控制技术股份有限公司
地址:合肥市高新技术开发区柏堰科技园石楠路 9 号
邮编:230088
电话:0551/65316981
传真:65316977
网址:www. hfxlyb. com
电子信箱:myyx323@ 163. com
法定代表人:魏玉龙
单位人数:170
质量体系:ISO 9001、ISO 14001
产品情况:工业车辆控制系统、车辆新能源控制系统及车联网信息控制系统

★安徽易威斯新能源科技股份有限公司
地址:合肥市高新区创新大道 96 号
邮编:230088
电话:0551/63889199、4006698365
网址:www. evsge. com
电子信箱:sales@ evsge. com
法定代表人:曹雯钧
质量体系:IATF 16949、ISO 9001
产品情况:(易威斯牌)
直流充电桩、交流充电桩、其他充电桩产品(电动汽车配套充电设备、车载充电机、电动机、电控充电连接器等)
配套情况:主要客户有江淮汽车、北京汽车、奇瑞汽车、众泰汽车、合力汽车、金龙客车、昌河汽车、广通集团、中国莆田等

★安徽瑞吉安新能源汽车科技有限公司
地址:合肥市高新区望江西路 800 号合肥创新产业园 A1 楼 408 室
邮编:230088
电话:0551/6835017
电子信箱:1016955723@ qq. com
法定代表人:凌志祥
质量体系:IATF 16949、ISO 9001
产品情况:电动汽车动力总成及变速器

★合肥阳光电动力科技有限公司
地址:合肥市高新区梧桐路 88 号 2 栋
邮编:230088
电话:0551/65327878
传真:65327800
网址:www. sungrowpower. com
电子信箱:evsale@ sungrowpower. com
法定代表人:郑桂标
质量体系:IATF 16949、ISO 9001
产品情况:(阳光电源牌)
新能源汽车电动机控制器,年产 10 万台
配套情况:为吉利、奇瑞、江铃、安凯、金龙、金旅等主机厂配套

★阳光电源股份有限公司
地址:合肥市高新区习友路 1699 号
邮编:230088
电话:0551/65327878、65327877
网址:www. sungrowpower. com
电子信箱:info@ sungrowpower. com
法定代表人:曹仁贤
质量体系:ISO 9001、ISO 14001
产品情况:电动机控制器等新能源汽车驱动系统产品

★安徽中科海奥电气股份有限公司
地址:合肥市高新区习友路 2666 号中科院合肥创新院 4 层
邮编:230088
电话:0551/65379402、4008558265
传真:65379402 – 816
网址:www. hiau – et. cn
电子信箱:1617180303@ qq. com
法定代表人:陈滋健

质量体系:ISO 9001
产品情况:电动汽车充电桩及相关元件、充电机、电动乘用车和大客车用DC、DC转换器
配套情况:主要合作安徽高速香铺服务区、龙门寺服务区充电站工程、宏盛充电站、安庆火车站站前广场公交充电站工程等

★合肥思艾汽车科技有限公司
地址:合肥市蜀山区湖光路自主创新产业基地三期1号楼A区8层
邮编:230088
电话:0551/68996197
网址:www. seyeauto. com
电子信箱:divineye@ seyeauto. com
法定代表人:孙兴国
质量体系:IATF 16949、ISO 9001
产品情况:DSM驾驶员疲劳预警系统等商用车ADAS产品、乘用车ADAS产品
配套情况:为北京现代配套

★科大讯飞股份有限公司
地址:合肥市望江西路666号
邮编:230088
电话:4000199199
传真:0551/65331801、65331802
网址:www. iflytek. com
电子信箱:qifang@ iflytek. com
法定代表人:刘庆峰
质量体系:ISO 9001、ISO 14001
产品情况:具有语音合成、语音识别、口语评测、语言翻译、声纹识别、人脸识别、自然语言处理等智能语音与人工智能核心技术,人机交互平台

★安徽亿诺新能源有限责任公司
地址:安徽省舒城县省级经济开发区
邮编:231300
电话:0564/2787036
传真:2780555
网址:www. ahynxny. com
电子信箱:angelina@ ahynxny. com
法定代表人:李家梅
质量体系:ISO 9001
产品情况:镍氢和锂离子充电电池、电池组、电动摩托车、电动自行车等用动力电池

★国轩新能源(庐江)有限公司
地址:合肥市庐江县庐城镇城西大道111号
邮编:231500
电话:0551/82566280
电子信箱:yuewei@ gotion. com. cn
法定代表人:徐兴无
质量体系:IATF 16949
产品情况:新能源汽车用磷酸铁锂动力电池

★淮南市通霸蓄电池有限公司
地址:安徽省淮南市谢家集区合阜路北侧(工业园区)
邮编:232052
电话:0554/6664517、6647757
传真:6642230
电子信箱:314602023@ qq. com
法定代表人:左权
质量体系:IATF 16949、ISO 9001
产品情况:(TONGBA牌)
电动三轮车系列蓄电池、高尔夫车系列蓄电池、汽车用启动系列蓄电池等
出口情况:出口日本、韩国、欧盟等国家和地区,并销往中国台湾地区

★安徽千航新能源科技有限公司
地址:安徽省蚌埠市铜陵现代产业园梨园大道1号
邮编:233700
电话:0552/6091999、18955200911
传真:6648666
网址:www. ahqianhang. com
法定代表人:徐从本
质量体系:ISO 9001
产品情况:(千航牌)
电动摩托车锂电池、电动汽车锂电池组

★安徽轰达电源有限公司
地址:安徽省界首市田营工业区
邮编:236500
电话:0558/2858830、4737588
传真:4737588
电子信箱:753376745@ qq. com
法定代表人:杨新明
质量体系:ISO 9001、ISO 14001
产品情况:碱性镉镍袋式蓄电池和阀控式密封铅酸蓄电池
出口情况:出口东南亚及中东地区

★安徽中能电源有限公司
地址:安徽省界首市田营工业区
邮编:236510
电话:0558/4738777
网址:www. cn - tn. com
电子信箱:914979811@ qq. com
法定代表人:杨新明
质量体系:ISO 14001、ISO 9001
产品情况:新能源汽车锂电池、汽车起动启停电池、风能太阳能储能电池

★安徽明天氢能科技股份有限公司
地址:安徽省六安市集中示范园区管理委员会6楼
邮编:237161
电话:0564/3851960
网址:www. mth2. com
法定代表人:王朝云
产品情况:双极板、MEA、电堆、压缩机、氢气循环装置和燃料电池系统集成与控制等燃料电池系统产品

★安徽江天云控技术股份有限公司
地址:安徽省六安市金寨现代产业园江天路168号
邮编:237300
电话:13866117626
网址:www. ahjtyk. com
法定代表人:魏玉龙
质量体系:IATF 16949、GB/T 24001
产品情况:车辆燃油监控系统、车联网智能终端/传感器、矿用锂离子启动/动力电源、应急电源及各种防爆电源的BMS、矿用车辆防爆仪表、矿用胶轮车底盘总成及零部件等产品

★安徽海容电源动力股份有限公司
地址:合肥市巢湖经济开发区花山机械工业园裕丰路西侧
邮编:238000
电话:0551/82627777
传真:82362789
网址:www. hazanpower. com
电子信箱:hazanpower@ 163. com
法定代表人:傅宪东
质量体系:ISO 9001、ISO 14001
产品情况:阀控式密封铅酸蓄电池,用于智能电网、电动汽车、储能电站等领域

★星恒电源(滁州)有限公司
地址:安徽省滁州市苏滁现代产业园双城路689号
邮编:239064
电话:0550/3055888
网址:www. xingheng. com. cn
电子信箱:wangyu@ xingheng. com. cn
法定代表人:冯笑
质量体系:IATF 16949、ISO 9001
产品情况:锰系多元复合锂和三元材料的动力电池

★安徽省力霸动力锂电池科技有限公司
地址:安徽省滁州市来安县汊河经济开发区中山路6号
邮编:239200
电话:0550/5962086
传真:5965102
网址:www. libaldc. com
电子信箱:lxz - 1688@ 163. com
法定代表人:许静
质量体系:ISO 9001
产品情况:(键源牌)
固态高分子聚合物锂离子电池、钴酸锂电池、改性锰酸锂电池、磷酸铁锂电池等,主要由于新能源电动汽车、低速电动车等
出口情况:出口非洲、欧洲等地区

★芜湖易来达雷达科技有限公司
地址:安徽省芜湖市鸠江经济开发区万春中路156号
邮编:241000
电话:0553/7528210、7528227
网址:www. eradartech. com
电子信箱:sales@ eradartech. com
法定代表人:Chen Zejian

质量体系:IATF 16949
产品情况:汽车毫米波雷达、激光雷达、摄像、汽车智能驾驶辅助系统
配套情况:主要客户为奇瑞、上汽、金龙、吉利、江淮、大疆无人机等

★芜湖天弋能源科技有限公司
地址:安徽省芜湖市弋江区南纬一路中小企业创业园 7 栋(一期)
邮编:241000
电话:0553/2672266、2669318
传真:2672276
网址:www.etcbattery.com
电子信箱:sales@etcbattery.com
法定代表人:蔡捷
质量体系:ISO 9001、ISO 14001
产品情况:可充电锂离子电池(含动力电池、储能电池、消费产品电池)的电芯、封装和系统整合

★安徽天鑫能源科技有限公司
地址:安徽省芜湖市弋江高新技术产业园石硊路 58 号
邮编:241002
电话:0553/2303296
传真:5988533
网址:www.txpower.com.cn
电子信箱:admin@txpower.com.cn
法定代表人:张天锷
质量体系:IATF 16949
产品情况:EV 和 PHEV 动力电池系统,高压盒、BMS 和 HCU 等控制系统

★奇瑞安川电驱动系统有限公司
地址:安徽省芜湖市弋江区中山南路 717 号高新区服务外包产业园 2 期 3 号楼 12 层
邮编:241003
电话:0553/5637641、5620923
电子信箱:hua.jin@mycheryyaskawa.com
法定代表人:高立新
产品情况:新能源汽车用电动机及控制器、车用电驱动系统的相关产品

★安徽中电兴发与鑫龙科技股份有限公司
地址:安徽省芜湖市经济开发区九华北路 118 号
邮编:241008
电话:0553/2398999、4001020888
网址:www.ah-zdxl.com
法定代表人:瞿洪桂
质量体系:ISO 9001、ISO 14001
产品情况:(中电鑫龙牌、iChinaE 牌、中电兴发牌、非凡牌)
无线充电机、预装式充电站、智能直流充电桩、直流充电模块、智能交流充电桩等

★安徽沃杰斯汽车科技有限公司
地址:安徽省芜湖市鸠江区西芜湖经济技术开发区东区清水河路西侧 6 号厂房
邮编:241009
电话:4009280288
传真:0553/2662966
网址:www.woden.net.cn
电子信箱:woden301@163.com
法定代表人:黄大奎
质量体系:IATF 16949
产品情况:智能电动踏板等汽车电子智能产品

★芜湖森思泰克智能科技有限公司
地址:安徽省芜湖市鸠江区经济开发区东区万春高新技术创业园
邮编:241060
电话:0553/5656088
传真:5656086
网址:www.whstsensor.com
电子信箱:info@whst.com
法定代表人:秦屹
质量体系:IATF 16949、ISO 9001
产品情况:专注于毫米波及激光雷达传感器智能应用产品

★安徽益佳通电池有限公司
地址:安徽省宣城经济技术开发区宝城路 998 号
邮编:242000
电话:0563/2909388、4000880158
传真:2915190
网址:www.yjtkj.com
电子信箱:3256995325@qq.com
法定代表人:周德清
质量体系:IATF 16949、ISO 14001
产品情况:汽车动力锂电池、锂电池模组、储能锂电池
配套情况:主要合作伙伴有江淮重工、三菱重工等

★安徽源光电器有限公司
地址:安徽省宁国市外环东路 2 号
邮编:242300
电话:0563/4180988
传真:4180818
网址:www.jkdq.com
电子信箱:jk0ffice@jkdq.com
法定代表人:薛泽峰
质量体系:ISO 9001、ISO 14001
产品情况:生产电容器以及电光源产品
出口情况:远销北美洲、欧盟、中东、东南亚等地区

★安徽铜峰电子股份有限公司
地址:安徽省铜陵市开发区翠湖三路铜峰工业园
邮编:244000
电话:0562/5883728
网址:www.tong-feng.com
电子信箱:tfbgs@tong-feng.com
法定代表人:唐忠民
质量体系:ISO 9002、IATF 16949
产品情况:交流电动机运转电容器、电力电子电容器、电容器用聚丙烯薄膜、电容器用聚酯薄膜、金属化镀膜、电池隔膜和汽车座椅等产品
出口情况:在美国、墨西哥和东南亚等地设立多家仓库

★安徽绿动能源有限公司
地址:安徽省太湖县经济开发区观音路 318 号
邮编:246400
电话:0556/5125555
网址:www.cpte.cn
电子信箱:ldny@cpte.cn
法定代表人:黄凡
单位人数:120
质量体系:IATF 16949、ISO 9001
产品情况:(强力牌)
车用压缩天然气瓶
出口情况:出口意大利、巴西、伊朗、泰国、印度、乌兹别克斯坦等十几个国家

福建省

★福州欣联达电子科技有限公司
地址:福州市鼓楼区铜盘路软件大道 89 号 21 号楼 102 室
邮编:350003
电话:0591/87883660、87883760
传真:87883797
网址:www.slider-power.com
电子信箱:sales@slider-power.com
法定代表人:陈沈明
质量体系:IATF 16949、ISO 9001
产品情况:电动车控制器、叉车控制器、DC-DC 电源、电动车充电器及开关电源等系列产品
配套情况:先后与电动汽车领域知名企业——御捷、时风、丽驰、金彭、大河及海峡两岸的汽车合资企业——东南汽车等 20 多家新能源汽车厂商达成合作关系

★福建万润新能源科技有限公司
地址:福州市闽侯县高新区海西高新技术产业园创新园 4 号楼
邮编:350100
电话:0591/22891899、62705330
传真:22860722
网址:www.fjwanrun.com
电子信箱:sales@fjwanrun.com
法定代表人:陈志江
质量体系:IATF 16949
产品情况:整车控制器、电动机、电动机控制器、变速传动系统以及储能器等新能源汽车动力总成产品

★福建雪人股份有限公司
地址:福建省闽江口工业园洞山西路
邮编:350200
电话:0591/28701111、4001096660
传真:28709222
网址:www.snowkey.com
电子信箱:info@snowkey.com
法定代表人:林汝捷

单位人数:1000
质量体系:ISO 9001、ISO 14001
产品情况:氢燃料电池空气循环系统,应用于燃料电池汽车、燃料电池辅助电源组件和燃料电池实验室等方面
配套情况:为加拿大 Ballard、戴姆勒、克莱斯勒、美国通用、沃尔沃、丰田、本田等汽车生产商提供过燃料电池系统

★福建冠城瑞闽新能源科技有限公司
地址:福建省福清市宏路融侨经济开发区音西康达路 29 号
邮编:350301
电话:0591/86555670、86555620
传真:86555600
网址:gcrm. gcdt. net
电子信箱:caily@ gcrmne. com
法定代表人:韩孝捷
质量体系:IATF 16949、ISO 9001
产品情况:动力电池电芯、模组、电池包和电池回收

★中能电气股份有限公司
地址:福建省福清市融侨经济开发区(宏路街道周店村)
邮编:350301
电话:0591/86550308、4000620666
传真:86550380
网址:www. ceepower. com
电子信箱:ceescb@ ceepower. com
法定代表人:陈添旭
单位人数:1000
质量体系:ISO 9001、ISO 14001
产品情况:汽车充电设施建设及运营、智能电网等
出口情况:出口美国、墨西哥、澳大利亚、日本、韩国、英国、沙特阿拉伯、印度、巴西等 30 多个国家和地区

★旭成(福建)科技股份有限公司
地址:福建省福清市阳下街道洪宽工业村洪宽三路
邮编:350323
电话:0591/62839666、62839888
传真:85190885
网址:www. xuchengkeji. com
法定代表人:刘峥
质量体系:IATF 16949、ISO 9001
产品情况:动力锂电池隔膜

★福建亚南电机有限公司
地址:福建省宁德市东侨经济开发区漳湾工业园疏港路 6 号
邮编:352100
电话:0593/2589505、2589517
传真:2589778
网址:www. yanan - motor. cn
电子信箱:sales@ yanan - motor. com
法定代表人:郭健
质量体系:ISO 9001
产品情况:(YANAN 牌)
新能源汽车电动机及驱动总成系统、新能源质子交换膜燃料电池发电设备等

★宁德时代电机科技有限公司
地址:福建省宁德市蕉城区疏港路 118 号
邮编:352100
电话:0593/8991777、15060265007
传真:8991777
网址:www. cetlmotor. com
电子信箱:lyh@ cetlmotor. com
法定代表人:陈宁章
质量体系:IATF 16949
产品情况:主营 2 ~ 350kW 新能源汽车电动机电控及轮边电动机桥总成系统、轮毂电动机、低速大扭矩高效节能永磁电动机等产品,产品主要配套商用车领域的公交客车、物流车、邮政车、环保车辆和旅游公务专车等

★宁德新能源科技有限公司
地址:福建省宁德市蕉城区漳湾镇新港路 1 号
邮编:352100
电话:0593/2583888
传真:2583999
网址:www. atlbattery. com
电子信箱:ruanql@ atlbattery. com
法定代表人:左允文
质量体系:ISO 9001
产品情况:提供高质量可充电式锂离子电池的电芯、封装和系统整合产品,锂电产品包括高能量密度、高功率电芯和快充、异形电芯

★宁德时代新能源科技股份有限公司
地址:福建省宁德市蕉城区漳湾镇新港路 1 号
邮编:352106
电话:0593/2583668、4009180889
传真:2582663
网址:www. catlbattery. com
电子信箱:info@ catlbattery. com
法定代表人:周佳
单位人数:24875
质量体系:IATF 16949、ISO 9001
产品情况:电动汽车及储能系统的锂离子电池、电动汽车电池模组、电动汽车电池系统、动力总成及电池管理系统(BMS)

★福建福安闽东亚南电机有限公司
地址:福建省福安市阳泉景林路 14 号
邮编:355019
电话:0593/2589517、2589505
传真:2589506
网址:www. yanan - motor. cn
电子信箱:sales@ yanan - motor. com
法定代表人:郭健
质量体系:ISO 9001、ISO 14001
产品情况:氢燃料电池

★厦门首能科技有限公司
地址:福建省厦门火炬高新区(翔安)产业园区翔明路 28 号
邮编:361000
电话:0592/7292186
传真:7292369
网址:www. xmshouneng. com
电子信箱:1217648099@ qq. com
法定代表人:林章铜
质量体系:ISO 9001
产品情况:高性能锂离子电池用电解液、正极材料等系列产品,具备年产 5000 吨电解液和年产 1000 吨正极材料的产能

★铨柯(厦门)电子科技有限公司
地址:福建省厦门市同安工业集中区思明园 195 号
邮编:361000
电话:0592/5790339、5790369
传真:5564224
网址:www. q - solutions. com. cn
电子信箱:info@ qglobal. com. cn
法定代表人:乐可钦
质量体系:IATF 16949
产品情况:车载障碍探测系统(ODS)、影像行车泊车监控系统(IPS)、倒车雷达系统、后视镜显像系统、汽车电子防锈系统、美式拖车栓报警系统、前后两用数字式倒车雷达系统、前置式雷达系统等汽车障碍探测系统产品

★厦门钨业股份有限公司
地址:福建省厦门市展鸿路 81 号特房波特曼财富中心 21 层
邮编:361000
电话:0592/3351797
网址:www. cxtc. com
法定代表人:黄长庚
质量体系:IATF 16949、ISO 9001
产品情况:锂电正极材料和镍氢电池负极材料(储氢合金)

★同致电子科技(厦门)有限公司
地址:福建省厦门市湖里工业区华盛路 26 号
邮编:361006
电话:0592/6036783
传真:6036766
网址:www. tungthih. com
电子信箱:ttd@ tungthih. com. cn
法定代表人:陈信忠
质量体系:IATF 16949、QS 9000
产品情况:(TTE 牌)
超声波倒车辅助系统、自动泊车系统、防盗器、多功能型电子后视镜、车用摄像头 CCD/CMOS、电子防炫后视镜、免钥匙进入系统、无线胎压侦测系统、多功能抬头显示器等
配套情况:为上汽大众、上汽通用、郑州日产、东风日产、北汽福田、江铃汽车、奇瑞汽车等配套

★摩尔元数(厦门)科技有限公司
地址:福建省厦门市湖里区高新技术园汇金湖里大厦 808 室
邮编:361006
电话:0592/87010901、4008874949
网址:www. morewis. com
电子信箱:morewis@ morewis. com
法定代表人:刘平
产品情况:MC 云开发平台、N2 云智造、云标签、WMS 云仓、物联 IOT、智能 BI;为客户提供智能工厂规划、云端高效协同、数据驱动智造及智能决策和智能运营的专业解决方案,为 MES 厂商提供开放式的快速开发平台及方案支持
配套情况:主要客户有航天科工、许继集团、欣旺达、南都、遨优、九州、科华恒盛、ABB、宏发电声、新疆特变、紫金矿业、宇通、29 所、海信、长虹、康佳、美菱、魅力科技、盛路通信等

★科华恒盛股份有限公司
地址:福建省厦门市火炬高新区火炬园马垄路 457 号
邮编:361006
电话:0592/5160516、4008089966
传真:5162166
网址:www. kehua. com. cn
电子信箱:linxian@ kehua. com
法定代表人:陈成辉
质量体系:ISO 9001、ISO 14001
产品情况:(科华牌)
各种电源、电动汽车充电桩、云动力数据中心等
出口情况:服务于全球 80 多个国家和地区

★厦门意行半导体科技有限公司
地址:福建省厦门软件园二期观日路 22 号 A202
邮编:361008
电话:0592/3782500
传真:3782501
电子信箱:cs@ imsemi. com
法定代表人:陈晓东
质量体系:ISO 9001
产品情况:射频前端单片微波集成电路(MMIC)的研发和生产,用于车载雷达、智能交通等领域

★厦门雅迅网络股份有限公司
地址:福建省厦门市火炬高新区软件园创新大厦 C 区 303 – E
邮编:361008
电话:0592/5686888
网址:www. yaxon. com
电子信箱:admin@ yaxon. com
法定代表人:黄朝阳
质量体系:IATF 16949、ISO 9001
产品情况:卫星导航定位、车载终端及服务中心软件的生产与销售
配套情况:为福田、东风、金龙、宇通客车、柳汽、重汽、江淮、红岩、庆铃、江铃新能源、海马、云度、速达等供货

★汉纳森(厦门)数据股份有限公司
地址:福建省厦门市软件园二期观日路 28 号之二 501 室
邮编:361008
电话:0592/3923861
网址:www. xmhns. com
电子信箱:hns@ xmhns. com
法定代表人:王添辉
质量体系:IATF 16949
产品情况:(汉纳森牌)
车用电源智能化管理系统、车用智能总线控制系统、一种智能配电系统、汉纳森云平台、云总线处理器等
配套情况:合作客户有福田汽车、东风汽车、上汽红岩、上海申龙、中通客车、比亚迪汽车、苏州金龙、金旅、中国重汽、南京金龙、北京公交等

★厦门法拉电子股份有限公司
地址:福建省厦门市海沧区新园路 99 号
邮编:361022
电话:0592/6208505、6208586
传真:6208777
网址:www. faratronic. com
电子信箱:vitawang@ faratronic. com. cn
法定代表人:严春光
质量体系:IATF 16949、ISO 9001
产品情况:年产 45 亿只薄膜电容器及 2500 吨金属化膜

★厦门中星云智能科技有限公司
地址:福建省厦门市集美区凤岐路 168 号 301 室
邮编:361022
电话:0592/6026895
网址:www. amoyzxy. com
电子信箱:sales@ konbo. com. cn
法定代表人:黄卫平
质量体系:ISO 9001
产品情况:汽车智能驾驶中的单目摄像头、毫米波雷达、激光雷达等智能传感器领域和主动安全领域
配套情况:与凯迪拉克、保时捷、奥迪汽车、宝马汽车、奔驰汽车、本田汽车、福特汽车、路虎汽车、标致汽车、欧宝汽车、起亚汽车、三菱汽车、通用汽车、沃尔沃汽车、现代汽车、雪铁龙汽车、裕隆汽车等合作

★厦门澳仕达电子有限公司
地址:福建省厦门市同安工业集中区思明园 190 号 4 楼
邮编:361100
电话:0592/7238321、7239658
传真:7261811
网址:www. auto – star. com. cn
电子信箱:autostar@ auto – star. com. cn
法定代表人:刘建诚
质量体系:IATF 16949
产品情况:汽车盲点辅助系统 BSA、汽车防追尾雷达 RCW、数字式超声波探头、汽车电子驻车系统 EPB、汽车电子防锈装置 ECOAT、工程车高压电力接近报警系统、自动泊车探头等产品

★厦门瑞忆科技有限公司
地址:福建省厦门市同安区西柯镇环东海域湖里园 81 号
邮编:361110
电话:4006392999
传真:0592/6681370
网址:new. conqueror. cn
电子信箱:sales@ radarway. com. tw
法定代表人:高瑞忆
产品情况:汽车雷达安全警示器、GPS 卫星定位雷达、智能型导航雷达,安全警示器,影像记录器及车辆管理追踪器

★泉州开普勒车用电机有限公司
地址:福建省泉州市泉港区普安开发区驿峰西路
邮编:362000
电话:4006558226
传真:22463587、22491392
网址:www. kpl. cn
电子信箱:yida@ yida – co. com
法定代表人:陈孙艺
质量体系:IATF 16949、ISO 14001
产品情况:(开普勒牌)
新能源驱动电动机、喇叭、发电机、起动机

★福建纳川管材科技股份有限公司
地址:福建省泉州市泉港区普安工业区
邮编:362800
电话:0595/87770399
传真:87962111
网址:www. nachuan. com
电子信箱:nachuan@ nachuan. com
法定代表人:陈志江
单位人数:850
质量体系:ISO 9001、ISO 14001
产品情况:为乘用车、客车、物流车提供纯电动、混合动力及配套核心技术的动力总成解决方案;DAT 自动变速器;超级锰酸锂技术电动汽车电池

★福建冠龙新能源汽车科技有限公司
地址:福建省漳州市角美文圃工业园
邮编:363107
电话:0596/6769323、6767319
电子信箱:zhenggx@ fjglkj. com
法定代表人:刘水源
质量体系:ISO 9001、IATF 16949
产品情况:专业从事新能源客车驱动总成开发、生产

★东方醒狮新动力电池有限公司
地址:福建省漳州市长泰县经济开发区兴泰工业园区
邮编:363900
电话:0596/8186789
传真:8316200

网址:www. thundersky – winston. com
电子信箱:hr01@ thundersky – winston. com
法定代表人:钟旭航
质量体系:IATF 16949、ISO 14001
产品情况:(雷天牌、温斯顿牌)
水性锂钇动力电池

★福建卫东新能源股份有限公司
地址:福建省龙岩市永定县高陂镇莲花工业园区
邮编:364100
电话:0597/5680903、23200020
传真:5639266
网址:www. wdnewenergy. com
电子信箱:fjwdxny@ sina. com
法定代表人:李恒
质量体系:ISO 9001
产品情况:镍氢动力电池

★福建省长汀金龙稀土有限公司
地址:福建省龙岩市长汀县工贸新城汀州大道南路 31 号
邮编:366300
电话:0597/3160681、3160606
传真:6832800
网址:www. gdre. com. cn
电子信箱:lan. liu@ cxtc. com
法定代表人:钟可祥
质量体系:IATF 16949、ISO 9001
产品情况:主要从事稀土分离、稀土精深加工以及稀土功能材料的研发与应用

江西省

★江西恒动新能源有限公司
地址:南昌市临空经济区儒乐湖大街 1001 号
邮编:330114
电话:0791/82203830
网址:www. jxevbattery. com
电子信箱:info@ jxevbattery. com. cn
法定代表人:王伟
质量体系:IATF 16949、ISO 14001
产品情况:锂二次动力电池材料、电池、系统及装备

★江西京九电源科技有限公司
地址:南昌市小蓝经济开发区富山一路 1388 号
邮编:330200
电话:0791/85297195、15779574968
网址:www. kijo. com. cn
电子信箱:1725663085@ qq. com
法定代表人:王顺保
单位人数:3000
质量体系:ISO 9001、ISO 14001
产品情况:(京球牌、昌峡牌、京辉牌)
阀控式密封铅酸蓄电池、电动车用动力电池、起动电池、储能电池、铅酸蓄电池极板等
出口情况:远销欧美、日本、中东等 30 多个国家和地区,并销往中国台湾地区

★江西紫宸科技有限公司
地址:江西省宜春市奉新县奉新工业园区
邮编:330700
电话:0795/4509088
传真:4509982
网址:www. jxzichen. com
电子信箱:zcpublic@ jxzichen. com
法定代表人:陈卫
质量体系:IATF 16949、ISO 9001
产品情况:锂离子二次电池负极材料、石墨

★奉新赣锋锂业有限公司
地址:江西省奉新县高新技术产业园区长乐大道 599 号
邮编:330799
电话:0795/4604198
电子信箱:zhushigui@ ganfenglithium. com
法定代表人:朱实贵
单位人数:222
质量体系:OHSAS 18001
产品情况:催化剂专用金属锂、电池金属锂及锂材等锂产品

★中材科技(九江)有限公司
地址:江西省瑞昌市人民北路 138 号
邮编:332200
电话:0791/4226048、13755221307
网址:www. sinoma – jj. com
电子信箱:zcjj@ sinomatech. com
法定代表人:胡宁
单位人数:270
质量体系:ISO 9001、ISO 14001
产品情况:钢质无缝气瓶、高压复合气瓶
出口情况:远销美国、欧洲、俄罗斯、巴西、澳大利亚、中东、东南亚地区

★九江天赐高新材料有限公司
地址:江西省九江市湖口县金砂湾工业园
邮编:332500
电话:0792/7181000、15856623333
传真:6380900
网址:www. tinci. com
电子信箱:xuling@ tinci. com
法定代表人:赵经纬
单位人数:1000
质量体系:IATF 16949、ISO 9001
产品情况:锂离子电池材料等
配套情况:与比亚迪等合作

★江西安驰新能源科技有限公司
地址:江西省上饶经济技术开发区兴业大道 128 号
邮编:334000
电话:0793/8829888
传真:8571899
网址:www. anchitech. com
法定代表人:温显来
质量体系:IATF 16949
产品情况:新能源汽车动力电池

★江西捷控新能源科技有限公司
地址:江西省上饶经济技术开发区凤凰西大道 299 号
邮编:334199
电话:17770316170
网址:www. jecontech. com
电子信箱:jecon_huwq@ 163. com
法定代表人:徐晨阳
质量体系:ISO/TS 16949
产品情况:主要产品为新能源汽车动力系统和控制系统
配套情况:与恒天百路佳、上饶博能客车、江铃汽车、河南锂动、上海大郡控制等知名汽车制造企业及电池、新能源电动机企业开展技术合作

★江西得意丰帆新能源科技有限公司
地址:江西省宜春市经济技术开发区
邮编:336000
电话:0795/3575777
电子信箱:674054634@ qq. com
法定代表人:俞阿朵
质量体系:ISO 9001、ISO 14001
产品情况:锂离子电池、锂离子动力电池、新型电池电芯、锂电池新材料、新能源汽车动力锂电池等

★江西远东电池有限公司
地址:江西省宜春市经济技术开发区
邮编:336000
电话:4001018650、18307051172
网址:www. firstbattery. com
电子信箱:250716975@ qq. com
法定代表人:蒋承志
单位人数:2300
质量体系:IATF 16949、ISO 9001
产品情况:锂离子动力电池
配套情况:与江铃、东风、众泰、奇瑞、陕汽通家等新能源汽车厂商配套销售超过 4 万组动力电池组

★江西睿达新能源科技有限公司
地址:江西省宜春市万载县工业园区阳光大道西侧 8 号
邮编:336000
电话:0795/7102967、15180500277
传真:8913391
网址:www. jx – rdxny. com
电子信箱:rdxny2018@ 163. com
法定代表人:黎道坤
质量体系:ISO 9001、ISO 14001
产品情况:电池级硫酸钴,电池级硫酸镍,电池级碳酸锂,电池级硫酸锰

★宜春赣锋锂业有限公司
地址:江西省宜春市宜春经济开发区
邮编:336000
电话:0795/7206115
网址:www. chinalichem. com
电子信箱:gfsale@ ganfenglithium. com
法定代表人:朱实贵
单位人数:136

质量体系:OHSAS 18001
产品情况:锂电池材料

★江西特种电机股份有限公司
地址:江西省宜春市袁州区环城南路581号
邮编:336000
电话:0795/3283218
传真:3263554
网址:www.jiangte.com.cn
电子信箱:jtsales@263.net
法定代表人:梁云
单位人数:4456
质量体系:ISO 14001、ISO 9001
产品情况:电动汽车驱动电动机及控制系统、动力电池的锂电池正极材料－富锂锰基,以锂电池为动力的高尔夫球场电动车、助老助残电动车等产品

★江西江特电气集团有限公司
地址:江西省宜春市袁州区环城南路583号
邮编:336000
电话:0795/3285018、3285016
传真:3285015
网址:www.jiangte.net
电子信箱:jiangte@jiangte.net
法定代表人:卢顺民
质量体系:ISO 9001
产品情况:(江特牌)
电动汽车充电设备、电动汽车电驱动系统等

★江西正拓新能源科技股份有限公司
地址:江西省宜春市袁州区经济开发区春一路89号
邮编:336000
电话:0795/2183330、2181582
传真:2188004
网址:www.jxzeto.com
电子信箱:huangliqun@jxzeto.com
法定代表人:肖少贤
质量体系:IATF 16949、ISO 9001
产品情况:锂电池石墨负极材料,主要应用于锂离子动力电池(EV/HEV/PHEV、电动工具、电动客车等)、储能锂离子电池(储能电站、移动储能车、充电汽车等)等领域
配套情况:为比亚迪、力神、哈尔滨光宇、国轩高科等公司供货

★江西江特锂电池材料有限公司
地址:江西省宜春市袁州区医药工业园朝霞路
邮编:336000
电话:0795/7092575、7092574
传真:7092573
网址:www.jiangteld.cn
电子信箱:lidian@jiangte.com.cn
法定代表人:钟盛文
质量体系:ISO 9001、ISO 14001
产品情况:主营锂离子电池用富锂锰基正极材料、三元系列正极材料、正极材料前驱体、电池组;具有年产正极材料2400吨,年产前驱体3000吨,年产电池组3000万Wh的生产能力

★江西长新电源有限公司
地址:江西省宜丰县工业园
邮编:336300
电话:4001818308、18979596688
电子信箱:617994210@qq.com
法定代表人:袁文勇
质量体系:ISO 9001、ISO 14001
产品情况:(长新牌)
电动助力车电池、UPS电池、电动汽车电池、摩托车起动电池、储能电池等
配套情况:是超威动力、科士达科技、株冶集团等上市公司的重要合作伙伴

★江西振盟新能源有限公司
地址:江西省宜丰县绿色高效储能产业基地
邮编:336300
电话:0795/7133118、4001096168
传真:7290998
网址:www.zmxny.com
电子信箱:jxzmxny@163.com
法定代表人:楼志扬
质量体系:ISO 9001、ISO 14001
产品情况:(振盟牌、擎天柱牌)
电动汽车电池
出口情况:远销亚洲、欧美、非洲等国际市场

★江西众迪新能源有限公司
地址:江西省新余市渝水区袁河经济开发区景源路716号
邮编:336500
电话:0790/6869561、18979069798
网址:www.jxzdxny.com
电子信箱:la@laian0790.com
法定代表人:邓新根
质量体系:ISO 9001、IATF 16949
产品情况:ZD-18、ZD-25、ZD-32型等电动汽车空调压缩机,有24V、48V、60V、72V、108V、144V、160V、220V、320V、360V等系列,适用于各种电动乘用车

★江西赣锋锂电科技有限公司
地址:江西省新余市高新开发区阳光大道2551号
邮编:336600
电话:0790/69699082、13979054975
网址:www.ganfengbattery.com
电子信箱:270532613@qq.com
法定代表人:戈志敏
单位人数:162
质量体系:ISO 9001、IATF 16949
产品情况:磷酸铁锂电芯、动力电池组、电池管理系统、储能电池组及风光电储能系统等

★江西锋锂新能源科技有限公司
地址:江西省新余市高新开发区阳光大道2551号
邮编:338000
电话:0790/6969079、6969082
网址:www.ganfengbattery.com
法定代表人:秦小健
质量体系:IATF 16949、ISO 14001
产品情况:动力电池、锂电池、镍氢电池、钠硫电池、蓄电池

★江西赣锋锂业股份有限公司
地址:江西省新余市高新技术产业园区南源路608号
邮编:338015
电话:0795/4604680、6861197
网址:www.ganfenglithium.com
电子信箱:gfsale@ganfenglithium.com
法定代表人:李良彬
单位人数:4991
质量体系:ISO 9001、ISO 14001
产品情况:锂铷铯和锂电新材料系列产品
出口情况:远销美国、日本、韩国、欧盟、东南亚国家和地区,并销往中国台湾地区

★新余市益立新能源科技发展有限公司
地址:江西省新余市下村工业基地大一路9号
邮编:338019
电话:0790/6852225、6852229
传真:6852227
网址:www.xyyili.com
电子信箱:274721198@qq.com
法定代表人:林益立
质量体系:IATF 16949
产品情况:电驱动汽车空调、电动机、电驱动压缩机

★孚能科技(赣州)股份有限公司
地址:江西省赣州经济技术开发区金岭西路北侧彩蝶路西侧
邮编:341000
电话:0797/7329888、7326600
网址:www.farasis.com
电子信箱:sales@farasis.com
法定代表人:YU WANG
质量体系:IATF 16949、ISO 9001
产品情况:锂离子电池及模块系统、电池模块管理系统、充电系统等电动车储能及管理系统

山东省

★山东氢探新能源科技有限公司
地址:济南市历下区齐鲁文化创意基地17号楼124室1－2层
邮编:250014
电话:0531/88289902、18610567442
网址:www.fuelcellin.com
电子信箱:support@fuelcellin.com

法定代表人:陈忠言
产品情况:新能源汽车及燃料电池系统
配套情况:与中国重汽、潍柴、威马等合作

★山东宝雅新能源汽车股份有限公司
地址:济南市高新区春晖路1888号
邮编:250100
电话:0531/55701011、55701028
网址:www.baoya-ev.com
电子信箱:baoyajss@163.com
法定代表人:张建农
质量体系:ISO/TS 16949、ISO 9001
产品情况:新能源类电动汽车、特种电动车、电动摩托车、电动自行车四个系列30余种产品
出口情况:远销墨西哥、美国、英国、法国、泰国、尼泊尔等国家

★山东赛克赛斯氢能源有限公司
地址:济南市高新区孙村大正路1999号
邮编:250101
电话:0531/88759598
传真:88759599
网址:www.ql-spe.com
电子信箱:qlan@ql-spe.com
法定代表人:邹方明
质量体系:ISO 9001
产品情况:纯水电解制氢设备
出口情况:远销美国、英国、韩国、日本、意大利、土耳其、南非、韩国、瑞典、新加坡、尼日利亚、以色列、印度、沙特阿拉伯等20多个国家

★德州锦城电装股份有限公司
地址:山东省德州市临邑县城区开元西大街富民路东侧
邮编:251507
电话:0534/5058598、13386319000
网址:www.dzjincheng.com
电子信箱:andy_yu@hong-lin.com.cn
法定代表人:李建明
单位人数:1500
质量体系:IATF 16949、ISO 14001
产品情况:整车线束、新能源汽车充电管理系统、电池模组管理系统等核心领域的线束开发与配套
配套情况:为北京现代、重汽集团、北汽福田、华晨汽车、长城汽车、江淮汽车、江铃汽车、华泰汽车等主机厂提供整车线束开发与配套服务;为江淮朝柴、重汽动力、中国一拖、新晨动力、华源莱动、康明斯(中国)等发动机企业提供满足国4、国5要求的发动机与管理系统线束的开发与配套服务;为江铃新能源、智行鸿远等新能源汽车生产厂提供新能源汽车高低压系列线束设计与配套服务;为捷威动力、OE能源、波士顿、盟固利等新能源动力电池企业提供电池管理系统线束开发与配套服务;为汇通、吉利等汽车车载互联及多媒体产品系列提供专用线束配套业务

★山东上达稀土材料有限公司
地址:山东省冠县东外环工业园
邮编:252500
电话:0635/5873976、13806355728
传真:5289069
网址:www.sdsdxt.com
电子信箱:gzgfzhouhutai@126.com
法定代表人:周书台
质量体系:IATF 16949、ISO 14001
产品情况:高性能钕铁硼永磁材料

★山东奥冠新能源科技有限公司
地址:山东省德州市德州经济开发区
邮编:253000
电话:0534/2469788
网址:www.aoguan.com
电子信箱:sales@allgrand-battery.com
法定代表人:孟祥辉
质量体系:IATF 16949、ISO 9001
产品情况:胶体电池锂离子电池,涵盖光伏储能、电动汽车、电动助力车和UPS后备电源四大系列产品
出口情况:远销北美洲、欧洲、非洲、东南亚等60多个国家和地区

★汉格威新能源汽车电控制造有限公司
地址:山东省德州市平原县桃园南大道
邮编:253100
电话:0534/7886177
网址:www.hagerwin.com
电子信箱:service@hagerwin.com
法定代表人:姜杰
质量体系:IATF 16949、ISO 9001
产品情况:电池管理系统、电动机控制器、整车控制器、高压配电箱等

★德州东鸿制膜科技有限公司
地址:山东省平原县平原县经济开发区东区
邮编:253100
电话:0534/8210777
电子信箱:dzdhzm@126.com
法定代表人:李林
质量体系:ISO 9001、ISO 14001
产品情况:锂离子电池隔膜、涂覆改性隔膜、微孔膜、过滤膜

★山东联孚汽车电子有限公司
地址:山东省乐陵市德源北大街117号
邮编:253600
电话:0534/6848888、6847775
传真:6849999
电子信箱:762045250@qq.com
法定代表人:张根发
单位人数:100
质量体系:IATF 16949
产品情况:主要生产新能源汽车专用电动机和整车控制器

★山东汇海电子科技有限公司
地址:山东省乐陵市府前商贸街西侧(辛庄)
邮编:253600
电话:18653698979
网址:www.shandonghuihai.com
电子信箱:13475466961@163.com
法定代表人:陈昱廷
质量体系:ISO 9001、ISO 14001
产品情况:电动汽车充电设备(交流充电桩、直流充电桩)

★乐陵市禾田电动车零部件有限公司
地址:山东省乐陵市乐德路北侧
邮编:253600
电话:0534/6877787、18606406568
网址:www.tianhecheye.com
电子信箱:13375511257@163.com
法定代表人:田双喜
单位人数:320
质量体系:ISO 9001、IATF 16949
产品情况:增程器、电动汽车变频空调、增程式独立空调、锂电增程器、货车驻车空调、超节能直流变频空调压缩机等

★淄博国利新电源科技有限公司
地址:山东省淄博市高新区政通路135号高科技创业园D座613
邮编:255000
电话:0533/3582079
传真:3582079
网址:www.glxdy.com
电子信箱:guolixdy@163.com
法定代表人:林赛顺
质量体系:IATF 16949
产品情况:电容型镍氢动力电池等新能源汽车动力电池

★山东淄博迪生电源有限公司
地址:山东省淄博市淄川区松龄东路125号
邮编:255100
电话:0533/5286666、5287777
传真:5283333
网址:www.dison.com.cn
电子信箱:dsdyjib@126.com
法定代表人:殷海鸣
质量体系:ISO 9001、GJB 9001A
产品情况:高温锂离子、镍氢、镉镍电池
出口情况:远销美国、德国、英国、大洋洲、新加坡、中东等国家和地区,并销往中国香港地区

★山东得普达电机股份有限公司
地址:山东省淄博开发区北路52号先进制造产业园3号
邮编:255200
电话:0533/6287981、6287984
传真:6287983
网址:www.zbdepuda.cn
电子信箱:depuda@163.com
法定代表人:王福杰
质量体系:IATF 16949、ISO 9001
产品情况:电动车电动机、巡逻车电动机、高尔夫球车电动机、观光车电动机及其他电动车辆牵引电动机

★山东东岳未来氢能材料有限公司
地址:山东省淄博市桓台县唐山镇东岳氟硅材料产业园区
邮编:256401
电话:0533/8510210
网址:www. dongyuechem. com
电子信箱:zhouman@ dongyuechem. com
法定代表人:张恒
质量体系:IATF 16949
产品情况:氢能材料、制氢膜材料、锂电池材料等

★山东裴森动力新能源有限公司
地址:山东省滨州市黄河 12 路以北渤海 21 路以西
邮编:256600
电话:0543/5082211、5167030
传真:5167070
电子信箱:info@ pse - battery. com. cn
法定代表人:崔吉奎
质量体系:OHSAS 18001
产品情况:动力及储能方型铝壳、软包磷酸铁锂电池等,应用于新能源汽车等领域

★山东海容电源材料股份有限公司
地址:山东省滨州市沾化区城北工业园清风六路 7 号
邮编:256600
电话:0543/8192261、8192228
传真:8192229
网址:www. sdhirong. com
电子信箱:sdhirong@ 126. com
法定代表人:王吉峰
质量体系:IATF 16949、ISO 9001
产品情况:锂离子电池电解液

★山东高佳新能源有限公司
地址:山东省东营市东营区峄城路 7 号
邮编:257100
电话:0546/7757058、4006689369
传真:7759299
网址:www. gaojialib. com
电子信箱:381396590@ qq. com
法定代表人:刘泽锟
质量体系:IATF 16949
产品情况:具备年产 35 亿 Wh 高能锂离子动力电池、2 万吨正极材料的生产规模,年回收 2 万吨废旧锂电池
配套及出口情况:与大众、一汽、长安、奇瑞、东风日产、宇通、江淮、力帆、中通等国内外大型车企展开合作,并与山东沂星达成全面战略合作协议;营销网络覆盖欧洲、美洲、亚洲等 20 多个国家和地区

★潍柴西港新能源动力有限公司
地址:山东省潍坊市高新技术产业开发区福寿东街 197 号甲
邮编:261061
电话:0536/2297290、2297765
传真:8211003
网址:www. weichai. com
电子信箱:wwpgas@ weichai. com
法定代表人:邵思东
质量体系:ISO 9001、ISO 14001
产品情况:燃气发动机,应用于城市公交、公路客车、重型货车等领域

★山东久力工贸集团有限公司
地址:山东省日照市五莲县于里镇驻地
邮编:262300
电话:0633/5412369、5413888
传真:5413888
网址:www. sdjljt. cn
电子信箱:jl - sale@ sdjljt. cn
法定代表人:韦学忠
质量体系:IATF 16949、ISO 9001
产品情况:起动用蓄电池、动力电池
配套情况:为五征集团、江淮汽车、一汽解放合作

★山东梅拉德能源动力科技有限公司
地址:山东省潍坊市昌乐 309 国道雷丁工业园
邮编:262499
电话:0536/6666666、4001005111
网址:www. levdeo. com
电子信箱:gggxb@ byvin. cn
法定代表人:舒欣
质量体系:IATF 16949、ISO 9001
产品情况:电动汽车整车及关键零部件

★山东威能环保电源科技股份有限公司
地址:山东省寿光市东城工业园
邮编:262700
电话:0536/5675066、17753650421
网址:www. winabattery. com
电子信箱:info@ winabattery. com
法定代表人:张风太
质量体系:IATF 16949、ISO 9001
产品情况:(威能牌)
锂离子电芯、电控、电池组等
配套及出口情况:与中通客车、南京金龙、申沃客车、众泰、中国一汽、福田欧辉、沂星等长期合作;出口欧洲、美洲

★潍坊瑞驰汽车系统有限公司
地址:山东省潍坊市滨海经济技术开发区北海支路 002066 号
邮编:262737
电话:0536/2099200
传真:2099299
网址:www. wfrcauto. com
电子信箱:hr@ wfrcauto. com
法定代表人:徐进
质量体系:ISO 9001
产品情况:(瑞驰斯特牌)
A00 级两门两座电动汽车、A0 级四门五座电动汽车、微型客车、微型货车、MPV 等 5 种量产车型,场地观光车和电动超级跑车等以及电控系统和电池管理系统等新能源汽车关键技术产品

★东方电子股份有限公司
地址:山东省烟台市机场路 2 号
邮编:264000
电话:0535/5520001、4001802998
传真:5520174
网址:www. dongfangelec. com
电子信箱:lina@ dongfang - china. com
法定代表人:丁振华
单位人数:4564
质量体系:ISO 9001、ISO 14001
产品情况:(东方牌)
新能源汽车能源供给相关产品、电源线缆、汽车工具包等(电力设备及智能电网的设备供应商)
出口情况:产品遍及东南亚、南亚、中东、非洲、欧洲等多个国家和地区

★山东贝格新能源科技有限公司
地址:山东省烟台市莱山区明达西路 11 号
邮编:264003
电话:4001122019
电子信箱:nevbg@ aioute. com
法定代表人:王涛
产品情况:车载智能终端、贝咖车载定位防盗终端、贝咖 HUD 显示设备、贝咖手机无线充电套装、新能源物流车

★日立化成工业(烟台)有限公司
地址:山东省烟台经济技术开发区福州路 1 号
邮编:264006
电话:0535/6952777
传真:6952177
电子信箱:yumiao@ hitachi - chem. com. cn
法定代表人:严爱军
质量体系:ISO 14001、ISO 9001
产品情况:锂离子电池用负极材料的制造,汽车部品密封圈的研磨加工

★烟台正海磁性材料股份有限公司
地址:山东省烟台经济技术开发区珠江路 22 号
邮编:264006
电话:0535/6383782、6385813
传真:6387449
网址:www. zhmag. com
电子信箱:marketing@ zhmag. com
法定代表人:王庆凯
单位人数:1807
质量体系:ISO 14001、IATF 16949
产品情况:高端稀土永磁材料及元器件

★正海集团有限公司
地址:山东省烟台市开发区珠江路 66 号
邮编:264006
电话:0535/6397107
传真:6397100
网址:www. zhenghai. com
电子信箱:leifuyun@ zhenghai. com
法定代表人:秘波海
单位人数:4000
产品情况:稀土永磁、新能源汽车驱动

系统、电子信息、汽车内饰

★威海世高光电子有限公司
地址：山东省威海市齐鲁大道附60－2号
邮编：264205
电话：0631/3635808、3635808－151
网址：www.shigaoguang.com
电子信箱：zsnl2010@126.com
法定代表人：朴元羲
单位人数：750
质量体系：IATF 16949、ISO 9001
产品情况：车载镜头等各种光学成像镜头、LED照明光学系统，用于行车记录仪、倒车影像、车载照明系统以及安防监控等
出口情况：远销韩国、日本等国家

★荣成青木高新材料股份有限公司
地址：山东省威海市荣成市兴裕路8号
邮编：264300
电话：0631/7697888、7691670
网址：www.qm－ht.com
电子信箱：rcqingmu@163.com
法定代表人：孙朋波
质量体系：ISO 9001、ISO 14001
产品情况：锂电池电解液添加剂

★山东新焦点龙盛汽车配件有限公司
地址：山东省龙口市诸由观镇小姜家村
邮编：265712
电话：0535/8582166、8580768
传真：8581230
电子信箱：market@shanlong.com
法定代表人：黄运廷
质量体系：ISO 9001
产品情况：（山龙牌）
汽车充电电缆、汽车电瓶连接线、汽车、农用车和特种车线束总成、汽车应急电源、逆变器、电瓶测试仪等随车工具
出口情况：全部出口美国、欧洲、日本、大洋洲、南美洲、东南亚等国家和地区，并销往中国香港、中国台湾地区

★青岛华烁高科新能源技术有限公司
地址：山东省青岛市高新技术产业开发区秀园路1号
邮编：266000
电话：0532/88607099、13335062299
传真：88607066
网址：www.huashuochina.com
电子信箱：huashuogaoke@huashuochina.com
法定代表人：郭黎青
质量体系：IATF 16949、ISO 9001
产品情况：（华烁高科牌）
新能源电动汽车充电系统、车载充电系统、智能电网产品、智能物联网、互联网等

★青岛威能电动车辆电控有限公司
地址：山东省青岛高新技术产业开发区创业中心318－57室
邮编：266061
电话：0532/80698689
电子信箱：xhcaowina@163.com
法定代表人：张风太
质量体系：ISO 9001
产品情况：主要研发制造电动汽车锂离子动力电池组及其管理系统、锂离子动力电池模块、充电机、电动机控制器、整车控制器、汽车多媒体及导航系统等电动汽车关键零部件

★青岛海信网络科技股份有限公司
地址：山东省青岛市市南区东海西路17号
邮编：266071
电话：0532/80873176、4006180811
网址：www.hisense－transtech.com.cn
电子信箱：wlzjb@hisense.com
法定代表人：陈维强
质量体系：ISO 9001、ISO 14001
产品情况：主要从事智能车载终端、智慧公交解决方案、快速公交BRT智能系统解决方案、出租汽车服务管理信息系统解决方案等智能交通、公共安全、智慧城市行业整体解决方案、核心技术和产品的研究、开发和服务

★青岛特锐德电气股份有限公司
地址：山东省青岛市崂山区松岭路336号
邮编：266104
电话：0532/89083000
传真：89083066
网址：www.qdtgood.com
电子信箱：tgood@qdtgood.com
法定代表人：于德翔
质量体系：IATF 16949、ISO 9001
产品情况：（TGOOD牌）
新能源汽车充换电设备及相关产品、智能变电站、电动汽车群智能充电系统
出口情况：出口德国、澳大利亚、新加坡、墨西哥、阿联酋、南非、马来西亚、哥伦比亚、智利、哈萨克斯坦

★特来电新能源有限公司
地址：山东省青岛市崂山区松岭路336号
邮编：266104
电话：0532/55786283、4001300001
网址：www.teld.cn
电子信箱：service@teld.cn
法定代表人：郭永光
产品情况：新能源汽车充电网的建设、运营及互联网的增值服务（电动汽车群智能充电系统，充电网、车联网、互联网的三网融合的平台）
配套情况：与北汽新能源、长安汽车、东风电动汽车、宇通客车、金龙客车、海格客车、南京金龙、东南汽车、众泰汽车、江淮汽车、浙江时空等合作

★山东润峰集团有限公司
地址：山东省济宁市微山县奎文东路171号
邮编：272000
电话：0537/5038118
传真：5038118
网址：www.sdrealforce.com
电子信箱：rfzhglzx@realforce－power.com
法定代表人：王步峰
质量体系：IATF 16949、ISO 9001
产品情况：锂电池产品、锂电储能系统、准固态锂电

★山东诺力新能源科技有限公司
地址：山东省济宁市兖州经济开发区智源路
邮编：272100
电话：0537/3637771
电子信箱：sdnldy@163.com
法定代表人：陈中牛
质量体系：ISO 9001、ISO 14001
产品情况：聚合物锂离子电池、电芯、充电器的研究开发；蓄电池及配件、蓄电池极板的开发、生产

★山东联诚汽车混合动力科技有限公司
地址：山东省济宁市兖州区经济开发区创业路联诚工业园
邮编：272508
电话：0537/3959671
电子信箱：xingguang.pan@lmc－ind.com
法定代表人：郭元强
产品情况：汽车混合动力系统

★山东圣阳电源股份有限公司
地址：山东省曲阜市圣阳路1号
邮编：273100
电话：0537/4438666
传真：4428475
网址：www.sacredsun.cn
电子信箱：sydy@sacredsun.cn
法定代表人：宋斌
单位人数：2000
质量体系：IATF 16949、ISO 9001
产品情况：（圣阳牌、ABT牌、赛耐克牌、方信牌）
铅蓄电池、锂离子电池、电源系统、新能源集成系统等电池电源产品

★山东衡远新能源科技有限公司
地址：山东省邹城市三兴路2799号
邮编：273500
电话：0537/5181809、4009685669
传真：5181800
网址：www.aforever.cn
电子信箱：aforever@188.com
法定代表人：吕慧源
质量体系：IATF 16949、ISO 14001
产品情况：锂离子电池、汽车动力电池、新能源动力电池和电源系统研发、生产

★山东玉皇新能源科技有限公司
地址：山东省菏泽市中华东路888号
邮编：274000
电话：0530/5818833

网址:www. sdyhne. com
电子信箱:yhxnyldxs@ yhnewenergy. com
法定代表人:赵伟
单位人数:6000
质量体系:IATF 16949、ISO 14001
产品情况:动力电芯、动力电池系统和石墨烯
配套情况:与东风、中国重汽、一汽、众泰、长城、长安、常隆客车等合作

★山东德洋电子科技有限公司
地址:山东省临沂市沂南县澳柯玛大道西首
邮编:276300
电话:15725192266
传真:3277236
网址:dy. shuanglin. com
电子信箱:dy@ xdy. com
法定代表人:LEE CHUNG YONG
质量体系:ISO 14001、IATF 16949
产品情况:电动车电动机、智能控制器、整车管理系统(VMS)和电池管理系统(BMS)等
配套情况:为新日、绿源、雅迪、爱玛、泰美、捷安特、速派奇、富士达、澳柯玛等知名电动车制造商的优秀供方及合作伙伴

★海特电子集团有限公司
地址:山东省枣庄市高新区复元五路西侧
邮编:277020
电话:4008676881、18211040490
网址:www. heter - battery. com
电子信箱:18660769699@ 163. com
法定代表人:关成珍
质量体系:ISO 9001
产品情况:(友来牌)
锂离子电池、高能电池、动力电池及电池组,超级电容器
配套及出口情况:与西门子、美国通用电气(GE)、ATL、麦格纳等合作;远销德国、美国、加拿大等国家,并销往中国香港地区

★山东精工电子科技有限公司
地址:山东省枣庄市高新区泰国工业园复元三路
邮编:277020
电话:0632/5199698、4008125699
传真:5199218
网址:www. goldencellbattery. cn
电子信箱:market@ goldencell. biz
法定代表人:温福君
质量体系:IATF 16949、ISO 9001
产品情况:主要产品有磷酸铁锂正极材料、三元锂离子电池、磷酸铁锂动力和储能电池及电池管理系统、超级电容器等
配套情况:主要客户包括中船重工、中通客车、美国通用电器(GE)、英国 PK、德国 BMZ、GLP、CGG、BPL 等国内外知名企业

★山东嘉寓润峰新能源有限公司
地址:山东省济宁市微山经济开发区润峰工业园
邮编:277600
电话:0537/8699997、4001888968
网址:www. realforce. com. cn
电子信箱:sales@ realforce. com. cn
法定代表人:户长全
质量体系:ISO 14001、ISO/TS 16949
产品情况:锂离子动力电池、储能系统、移动电源的产品
配套及出口情况:为汉腾、奇瑞供货;在美国、德国、日本、韩国等国设立销售分支机构

河南省

★双新电器(郑州)制造有限公司
地址:郑州市高新技术产业开发区莲花街 338 号 11 幢 6 层 47、48 号
邮编:450001
电话:0371/67983238、68882778
传真:67575800
网址:www. zzsx. com
电子信箱:64526735@ qq. com
法定代表人:徐静云
质量体系:ISO 9001、ISO 14001
产品情况:智能充电机、电动汽车交/直流充电桩、小区电动车充电管理系统、汽车起动电源、逆变电源等产品
配套情况:已成为风帆蓄电池、河南森源集团、河南宇通客车、洛阳一拖等国内知名企业的设备供应商

★正星科技股份有限公司
地址:郑州市高新技术产业开发区雪松路 4 号
邮编:450001
电话:0371/56531566、67988780
传真:4007008882
网址:www. censtar. com
电子信箱:shaolei@ censtar. com
法定代表人:俞卫
质量体系:ISO 9001、ISO 14001
产品情况:油、气、氢、电合建站整站解决方案及设备,智慧加氢机、橇装压缩机、氢气在站提纯及监测设备等设备产品,充电桩

★河南正荣恒能源科技有限公司
地址:郑州市高新技术产业开发区雪松路 4 号 1 号楼
邮编:450001
电话:0371/56531791
网址:www. censtar. com
电子信箱:sunxl@ hnzrh. com
法定代表人:谢瀚鹏
质量体系:ISO 9001、ISO 14001
产品情况:CNG 加气机、CNG 加/卸气柱、CNG 加气站整站集成配套设备、LNG 加气机、LNG 加气站整站集成配套设备、整站及油气混合站控制系统

★郑州瑞能电气有限公司
地址:郑州市高新技术开发区玉兰街 101 号日立信工业园二号楼 3 楼
邮编:450001
电话:0371/55693710、55693713
传真:63766189
网址:www. zzrndq. com
电子信箱:marketing@ zzrunner. com
法定代表人:乔霞
质量体系:ISO 9001、ISO 14001
产品情况:飞轮储能装置、直流电能及采集子系统、智慧云计量统计管理子系统、热管热交换系统、蓄电池在线监测子系统等

★河南护航实业股份有限公司
地址:郑州市高新区梧桐街大学科技园孵化楼 1 号楼
邮编:450001
电话:0371/61770278、4006169928
传真:61770273
网址:www. acs007. com
电子信箱:huhang@ acs007. com
法定代表人:曲亚文
单位人数:150
质量体系:IATF 16949、ISO 14001
产品情况:汽车自动辅助驾驶方案提供、汽车自动防撞系统提供、汽车自动紧急制动系统(AEBS)产品

★河南省日立信股份有限公司
地址:郑州市高新区玉兰街 101 号
邮编:450001
电话:4006596699
网址:www. relations. com. cn
电子信箱:relations@ 126. com
法定代表人:李建国
单位人数:300
质量体系:ISO 9001、ISO 14001
产品情况:氢气露点、氢气纯度仪表

★郑州中电新能源汽车有限公司
地址:郑州市经济技术开发区航海东路 1356 号 617 室
邮编:450016
电话:0371/61270811
传真:61272066
电子信箱:354878084@ qq. com
法定代表人:李晓东
质量体系:ISO 9001
产品情况:(中电牌)
摩托车锌镍起动电池、汽车锌镍起停电池、电动汽车动力电池、电池管理系统、交/直流充电桩、车载/便携式充电机、高精度开关电源、电能计量装置远程校验及效能监测系统、系列化立体泊车位等产品

★郑州欧源电气有限公司
地址:河南省巩义市芝田开发区
邮编:451299

电话:4006826036、13485306628
网址:www.ouyuanbattery.com
电子信箱:13903825673@qq.com
法定代表人:常淑丛
单位人数:1000
质量体系:ISO 9001、ISO/TS 16949
产品情况:(冠维牌、欧得力牌)
专业生产免维护电动汽车电池
出口情况:远销欧洲、美洲、非洲、东南亚等国家和地区

★郑州比克新能源汽车有限公司
地址:郑州市中牟汽车工业园建设路南段
邮编:451450
电话:0371/62120005
网址:www.bakpower.com
电子信箱:zhangyl@bak.com.cn
法定代表人:李向前
产品情况:锂离子电池研发、生产、销售,涵盖纯电动乘用车、纯电动城市物流车和新能源特种专业车三大领域

★河南新太行电源股份有限公司
地址:河南省新乡市北外环东段太行工业园区
邮编:453000
电话:0373/5282915、4008606755
传真:5282916
网址:www.thdy.com
电子信箱:xthqgb@thdy.com
法定代表人:程迪
质量体系:ISO 9001、IATF 16949
产品情况:(太行牌)
拥有锂离子、铅酸、镉镍、铁镍、锌银蓄电池及电动汽车电源、电源管理系统、蓄电池专用设备等多系列产品
出口情况:远销欧美、中东、东南亚等地区

★新乡市中天新能源科技股份有限公司
地址:河南省新乡市大召营镇产业集聚区文召路
邮编:453000
电话:0373/5467586、13837399060
传真:5467999
网址:www.xxztgy.com
电子信箱:xxztgy@163.com
法定代表人:张学红
质量体系:IATF 16949、ISO 9001
产品情况:锂离子电池正极材料锰酸锂和磷酸铁锂

★河南锂动电源有限公司
地址:河南省新乡市化学与物理电源产业园创业路1号
邮编:453000
电话:0373/5862922、5862915
传真:5862926
网址:www.hnlddy.com
电子信箱:louk@gdcopper.cn
法定代表人:李长杰
质量体系:IATF 16949、ISO 14001
产品情况:锂离子动力电池(方形、圆柱形、软包装三种)等产品
出口情况:远销荷兰、美国、加拿大、墨西哥、韩国、日本等国家

★河南科隆集团有限公司
地址:河南省新乡市科隆大道甲1号
邮编:453000
电话:0373/5068913
传真:5068913
网址:www.hnkl.com.cn
电子信箱:group@hnkl.com.cn
法定代表人:程清丰
单位人数:8000
质量体系:ISO/TS 16949、ISO 14001
产品情况:(太行牌、科隆牌)
新能源产业:新能源材料、高性能动力电池、电源系统;制冷系统及配套产业:蒸发器、冷凝器;大型装备产业
配套情况:为博世、西门子、奇瑞、长安等供货

★河南豫氢装备有限公司
地址:河南省新乡市科隆大道与新二街交叉口
邮编:453000
电话:0373/7196251
网址:www.h2tech.cn
电子信箱:yqzb@h2tech.cn
法定代表人:邬敏忠
质量体系:ISO 9001、ISO 14001
产品情况:燃料电池汽车车载供氢系统及关键零部件、可移动式撬装加氢装置、加氢站及关键装备、高压储氢系统、各类增压系统、与燃料电池测试相关的非标定制设备
配套情况:与东风汽车、东风特汽、一汽红旗、安凯、重庆庆铃、长江客车、芜湖中型客车等合作

★新乡天力锂能股份有限公司
地址:河南省新乡市牧野区环宇大道中段
邮编:453000
电话:0373/2513996、13938716058
传真:2513996
网址:xxtl.cnpowder.com.cn
电子信箱:xxtlny@163.com
法定代表人:王瑞庆
质量体系:IATF 16949、ISO 9001
产品情况:锂电三元正极材料
配套情况:与比亚迪、珠海银隆、苏州星恒、深圳卓能、浙江天能、天津力神等合作

★河南环宇赛尔新能源科技有限公司
地址:河南省新乡市新辉路三里桥
邮编:453000
电话:0373/2688096、18236753929
传真:2688018
网址:huanyupower.diytrade.com
电子信箱:admin3@hyg.com.cn
法定代表人:程志杰
质量体系:ISO 9001、ISO 14001
产品情况:新型动力和储能锂离子电池、二次电池
配套及出口情况:实现与东风、大宇、沂星等整车企业的深入合作;长期为德国博世、美国百得、中国香港TTI、日本牧田等众多知名客户提供各种动力电池

★河南环宇集团有限公司
地址:河南省新乡市新辉路三里桥
邮编:453002
电话:0373/2512700、2688006
传真:2688012
电子信箱:market@huanyubattery.com
法定代表人:李中东
单位人数:10000
质量体系:ISO 9001、ISO 14001
产品情况:锂离子电池、镍电池、铅酸电池、电池配件、电池材料
配套及出口情况:为美国百得、德国博世、中国香港TTI、郑州日产、山东沂星等公司配套;出口欧洲、美洲、东南亚等30多个国家和地区

★河南平煤国能锂电有限公司
地址:河南省新乡市凤泉区产业集聚区
邮编:453011
电话:0373/5863863
网址:www.pmgnld.com
电子信箱:pmgnld@sina.com
法定代表人:刘宏伟
质量体系:IATF 16949、ISO 9001
产品情况:磷酸铁锂及三元锂离子动力电池
配套情况:为奇瑞新能源、南京金龙、秦星汽车等供货

★河南科隆新能源股份有限公司
地址:河南省新乡市科隆大道中段
邮编:453700
电话:0373/5068965、5068988
传真:5068952
网址:www.kelongenergy.com
电子信箱:xny@hnkl.cn
法定代表人:程迪
质量体系:IATF 16949、ISO 9001
产品情况:镍氢、锂离子电池正极材料前驱体等
配套情况:与松下、三星、LG、汤浅、比亚迪等国内外行业配套

★多氟多化工股份有限公司
地址:河南省焦作市中站区焦克路1号多氟多科技大厦
邮编:454003
电话:0391/2802615
传真:2802980
网址:www.dfdchem.com
电子信箱:duofuduo@dfdchem.com
法定代表人:李世江
单位人数:4000
质量体系:IATF 16949、ISO 9001

产品情况:锂离子电池材料、新能源锂离子动力电池定制、新能源汽车

★多氟多新能源科技有限公司
地址:河南省焦作市工业产业集聚区西部园区新园路北侧标准化厂房区
邮编:454150
电话:0391/2956015
网址:www.dfdxny.com
电子信箱:dfdxny@dfdxny.com
法定代表人:李云峰
质量体系:IATF 16949、ISO 9001
产品情况:电动汽车动力总成、动力电池

★济源市万洋绿色能源有限公司
地址:河南省济源市思礼镇思礼村北
邮编:459006
电话:0391/6766288
传真:6765067
网址:www.wanyanggroup.cn
电子信箱:wanyanggroup@126.com
法定代表人:蒋玉良
单位人数:3500
质量体系:ISO 9001、ISO 14001
产品情况:(万洋牌)
年产低速电动车蓄电池 360 万 KVAH、电动车电池 2000 万只、UPS 电源电池 110 万只

★许继电气股份有限公司
地址:河南省许昌市许继大道 1298 号
邮编:461000
电话:4000195598
网址:www.xjgc.com
电子信箱:yb@xjgc.sgcc.com.cn
法定代表人:张旭升
单位人数:10000
质量体系:ISO 9001、ISO 14001
产品情况:电动汽车智能充换电系统
配套及出口情况:主要合作北京、上海、南京、青岛等大中城市智能充换电示范工程等,京沪、京港澳、青银高速公路等城际快充站工程;先后进入东南亚、南亚、非洲、中东、南美洲等 48 多个国家和地区

★河南瑞尔智能电力设备有限公司
地址:河南省许昌市中原电气谷创业孵化园(许昌留学人员创业园)
邮编:461000
电话:0374/7386991、7386989
传真:7386992
网址:www.realintel.net
电子信箱:xingzhengrenshibu@realintel.net
法定代表人:朱桂涛
质量体系:ISO 9001、ISO 14001
产品情况:高低压开关柜、箱式变电站、高低压电气成套设备、智能汽车充电桩等等

★河南力旋科技股份有限公司
地址:河南省长葛市黄河工业园区
邮编:461500
电话:0374/6028989、6027989
网址:www.hhlxtech.com
电子信箱:lxkjhrm@163.com
法定代表人:乔秋生
质量体系:IATF 16949、ISO 14001
产品情况:动力锂电池、电池组、电池级单元、锂电池材料、充电器及零部件

★河南森源电气股份有限公司
地址:河南省长葛市魏武路南段西侧
邮编:461500
电话:0374/6108300、6108396
传真:6108369
网址:www.hnsyec.com
电子信箱:xsgs@hnsyec.com
法定代表人:杨合岭
质量体系:ISO 9001、ISO 14001
产品情况:交、直流智能充电桩(站)等
出口情况:远销美洲、中亚、东南亚等 30 多个国家和地区

★平高集团有限公司
地址:河南省平顶山市南环路东 22 号
邮编:467001
电话:0375/3507888、4006700312
网址:www.pinggaogroup.com
电子信箱:sales@pinggao.com
法定代表人:成卫
单位人数:10000
质量体系:ISO 9001、ISO 14001
产品情况:(平高牌)
电动汽车智能直流充电机和交流充电桩等
出口情况:远销东欧、东南亚、中东、非洲、南美洲、大洋洲等 60 多个国家和地区

★中航锂电(洛阳)有限公司
地址:河南省洛阳市高新区滨河北路 66 号
邮编:471000
电话:0379/60339688、4000169588
传真:60697684
网址:www.calb.cn
电子信箱:chenshuxia@calb-tech.com
法定代表人:杨碧琼
单位人数:2100
质量体系:IATF 16949、ISO 9001
产品情况:锂离子动力电池、电池管理系统

★洛阳嘉盛电源科技有限公司
地址:河南省洛阳市高新区延光路火炬园 C 座 4 层
邮编:471000
电话:0379/65189966、4009993995
传真:65189977
网址:www.grasenpower.cn
电子信箱:salesa@grasenpower.com
法定代表人:张家书
单位人数:400
质量体系:ISO 9001、ISO 14001
产品情况:直流充电桩系列、交流充电桩系列、大功率充电模块系列、车载充电机系列、汽车电源 DC-DC 系列
配套情况:与宇通、中通客车合作

★洛阳硕力信新能源科技有限公司
地址:河南省洛阳市国家高新技术产业开发区青城路 2 号
邮编:471000
电话:0379/69968666、4001139896
网址:www.shuolex.com
电子信箱:shuolex@163.com
法定代表人:周凡
质量体系:ISO 9001、ISO 14001
产品情况:(硕立信牌)
交流充电桩、一体式直流充电桩、电杆充电桩、分体式直流充电桩、移动式充电桩、智能群充系统、立体车库充电系统、充电站、充电监控管理系统等
配套情况:与宇通客车、少林客车、中通客车配套建桩

★中航光电科技股份有限公司
地址:河南省洛阳市涧西区周山路 10 号
邮编:471003
电话:0379/64323017
传真:64323761
网址:www.jonhon.cn
电子信箱:market@jonhon.cn
法定代表人:郭泽义
质量体系:IATF 16949、ISO 9001
产品情况:中高端光、电、流体连接技术与设备,广泛用于新能源汽车等领域
出口情况:远销欧洲、美国、加拿大、韩国、印度等海外 30 多个国家和地区

★凯迈(洛阳)测控有限公司
地址:河南省洛阳市解放路 105 号
邮编:471009
电话:0379/63385403、63387371
传真:63384972
网址:www.camamc.com
电子信箱:www@zhuohang.com
法定代表人:尚海林
质量体系:ISO 9001、ISO 14001
产品情况:新能源超级电容等

★洛阳交运集团工业有限公司
地址:河南省洛阳市宜阳产业集聚区西庄工业园
邮编:471600
电话:0379/65210668、65210672
传真:65210777
网址:lyjygy.com
电子信箱:lyjygy@163.com
法定代表人:李佑生
单位人数:345
质量体系:IATF 16949、ISO 9001
产品情况:(一运牌)

汽车车架、电动汽车充电一体机、交流充电桩、充电站
配套情况：是宇通客车、少林客车、中通客车、西沃客车等多家大型企业的主要车架供应商

★金冠电气股份有限公司
地址：河南省内乡县工业园区
邮编：473000
电话：0377/61638666
传真：61635555
网址：www.nyjinguan.com
电子信箱：jgdq@nyjinguan.com
法定代表人：樊崇
质量体系：ISO 14001、ISO 9001
产品情况：（金冠电气牌）
庭院式灯杆充电桩、路灯式充电桩、便携式智能充电线、多媒体型充电桩、分体式直流充电桩等、智慧城市充电网络云服务平台、移动互联智能 APP

湖北省

★武汉力行远方电源科技有限公司
地址：武汉东湖新技术开发区高新大道999号A5北C4栋9层901室
邮编：430014
电话：027/86635892－8026
网址：www.power－future.com
电子信箱：cowin@power－future.com
法定代表人：唐青松
质量体系：IATF 16949、ISO 9001
产品情况：电动汽车充电装置

★武汉科利尔氢能新能源汽车有限公司
地址：武汉市东西湖区将军路街办事处金银潭大道130号－2#(12)
邮编：430040
电话：027/85623523
电子信箱：563063312@qq.com
法定代表人：李再亮
产品情况：新能源氢燃料电池、氢能汽车

★武汉昊诚能源科技有限公司
地址：武汉市吴家山经济开发区高桥产业开发园台中大道特1号
邮编：430040
电话：027/83248452
传真：83248455
网址：www.cnhcb.com
电子信箱：sales@cnhcb.com
法定代表人：阮红林
质量体系：ISO 14001、ISO 9001
产品情况：锂一次电池：锂－亚硫酰氯柱式电池、锂－二氧化锰柱式电池、锂－二氧化锰软包装电池、高温锂－亚硫酰氯柱式电池、锂－二氧化硫柱式电池

★武汉众宇动力系统科技有限公司
地址：武汉市经济技术开发区枫树新路18号燕达工业园
邮编：430056
电话：027/84661326
传真：87204990
网址：www.troowin.com
电子信箱：noka.xia@troowin.com
法定代表人：李骁
质量体系：ISO 9001、ISO 14001
产品情况：燃料电池系统及氢能
配套情况：与一汽等合作

★武汉环宇智行科技有限公司
地址：武汉市经济技术开发区全力二路101号经开智造2045创新谷智能制造创新中心A301、B317、B318、B319
邮编：430056
电话：027/87384449
网址：www.in－driving.com
电子信箱：sunzp999@126.com
法定代表人：李明
产品情况：无人驾驶的规划算法和整车控制技术
配套情况：与威马汽车、金旅客车等合作

★武汉光庭信息技术股份有限公司
地址：武汉市东湖新技术开发区软件园中路4号光谷E城2号楼8F
邮编：430073
电话：027/59598171、59598172
传真：87690695
网址：www.kotei－info.com
电子信箱：kotei@kotei－navi.com.cn
法定代表人：朱敦尧
质量体系：ISO 14001、ISO 9001
产品情况：车载导航、智能显示、通信互联、自动驾驶等汽车IT服务

★武汉蓝星通用智能设备有限公司
地址：武汉市东湖高新技术开发区高新六路99号南山光谷自贸港E5栋
邮编：430074
电话：027/81616695
网址：www.bluestar－ty.com
电子信箱：tj@hiinfo.cn
法定代表人：陶俊杰
质量体系：IATF 16949、ISO 14001
产品情况：自主车载操作系统、自主一芯多屏系统方案等，可向主机厂、智能设备供货商、其他带屏智能设备供应商提供各类解决/定制方案及开发服务

★武汉力兴(火炬)电源有限公司
地址：武汉市东湖高新技术开发区关东科技工业园7号
邮编：430074
电话：027/87561817
传真：87801891
网址：www.lisun.com
电子信箱：sales@lisun.com
法定代表人：许斌
质量体系：IATF 16949、ISO 9001
产品情况：（力兴牌）
一次性锂电池、可充电锂电池（锂离子电池、聚合物电池、锂离子电池组）

★武汉梦芯科技有限公司
地址：武汉市东湖新技术开发区民族大道39号湖北测绘大厦15层
邮编：430074
电话：027/87871378
传真：87871378－8002
网址：www.wh－mx.com
电子信箱：info@wh－mx.com
法定代表人：韩绍伟
质量体系：ISO 9001
产品情况：MXT2702车规级多模多频高精度基带芯片、MXT906系列厘米级高精度定位导航模块、MXT909系列GNSS/INS组合导航模块、超小防水车载定位器等

★武汉力神动力电池系统科技有限公司
地址：武汉市江夏区大桥新区邢远长工业园1－2号楼
邮编：430200
电话：027/86698283－8000
传真：86695068
网址：lishen.com.cn
电子信箱：whls@lishen.com.cn
法定代表人：邹玉峰
质量体系：IATF 16949、ISO 9001
产品情况：动力电池，具备动力电池PACK自主开发能力和6亿WH动力电池PACK生产能力
配套情况：为Apple、Samsung、LG、Dell、HP、华为、联想、宇通、金龙、中通、江淮、现代、普天、华晨、东风、一汽、北汽、上汽、五洲龙、长安、吉利、中国国家电网、中国南方电网等国际国内一流企业配套

★武汉合康智能电气有限公司
地址：武汉市东湖高新开发区佛祖岭三路6号
邮编：430205
电话：027/81650667
传真：81650668
网址：www.hiconics－zn.com
电子信箱：znsw@hiconics－zn.com
法定代表人：叶权海
质量体系：ISO 9001、ISO 14001
产品情况：新能源电动汽车的智能充电桩的研发、生产，并提供新能源电动汽车的智能充电站及其重要设备系统的整体解决方案

★武汉高德红外股份有限公司
地址：武汉市东湖开发区黄龙山南路6号
邮编：430205
电话：027/81298738、4008822866
网址：www.wuhan－guide.com
电子信箱：marketing@guide－infrared.com
法定代表人：黄立
单位人数：2500

质量体系:ISO 9001
产品情况:(GuideIR 牌、MobIR 牌、Thermo Pro 牌)
　　红外热成像系统
出口情况:远销 70 多个国家和地区

★中冶南方(武汉)自动化有限公司
地址:武汉市东湖新技术开发区凤凰园一路 9 号
邮编:430205
电话:027/81999631、4008608070
网址:www. wisdriauto. com
电子信箱:44076@ wisdri. com
法定代表人:王胜勇
质量体系:IATF 16949、ISO 9001
产品情况:生产 EV5 系列电动控制器等产品

★武汉合康动力技术有限公司
地址:武汉市东湖新技术开发区佛祖岭三路六号
邮编:430205
电话:027/81650283、0755/26600161
传真:027/81650772
网址:www. hiconics - dl. com
电子信箱:zhaoshushu@ hiconics - dl. cn
法定代表人:杨志礴
质量体系:IATF 16949
产品情况:主营业务涉及新能源客车动力系统总成及关键零部件,系统包括纯电动及插电式混合动力系统总成,具有整车控制器、电动机及控制器、辅助电源和充电机等系列产品
配套情况:已与国内多家主流客车厂形成配套关系

★武汉电动汽车技术开发有限公司
地址:武汉市东湖新技术开发区流芳大道 12 号
邮编:430205
电话:027/87172725 - 8002
网址:www. whevt. com
电子信箱:2946413076@ qq. com
法定代表人:熊晓飞
质量体系:IATF 16949、ISO 9001
产品情况:北斗/GPS 系统产品研发、车辆工况监测平台研发、车辆安全系统平台研发、新能源汽车充电技术研发、汽车电子产品

★武汉蓝星科技股份有限公司
地址:武汉市东湖高新技术区东二产业园黄龙山西路
邮编:430223
电话:027/81616608
网址:www. hiinfo. cn
电子信箱:ccyu@ hiinfo. cn
法定代表人:陶振跃
质量体系:IATF 16949、ISO 14001
产品情况:智能座舱核心技术——车载智能 LINUX 操作系统底层方案及开发环境的提供

★立得空间信息技术股份有限公司
地址:武汉市东湖开发区华中科技大学科技园创新基地 12 栋
邮编:430223
电话:027/87492807、87492808
传真:87492852
网址:www. leador. com. cn
电子信箱:lijianhua2015@ leador. com. cn
法定代表人:郭晟
单位人数:500
质量体系:IATF 16949、ISO 9001
产品情况:移动测量、智慧城市大数据及行业应用、物联网地图

★武汉理工通宇新源动力有限公司
地址:武汉市东湖开发区理工大学科技园
邮编:430223
电话:027/87922915、87926306
传真:87859189
网址:www. wutep. com
电子信箱:postmaster@ wutep. com
法定代表人:王勇源
质量体系:IATF 16949、ISO 9001
产品情况:主要从事电驱动自动变速器及新能源汽车动力总成的研发、生产

★武汉惠强新能源材料科技有限公司
地址:武汉市临空产业园惠强科技园
邮编:432200
电话:027/59707698、59707798
传真:59707698
网址:www. whhuiqiang. com
电子信箱:whhq@ hqnem. com
法定代表人:王红兵
质量体系:ISO 14001、IATF 16949
产品情况:高品质锂离子电池隔膜

★武汉喜玛拉雅光电科技股份有限公司
地址:湖北省咸宁市经济开发区永安东路 38 号
邮编:437000
电话:0715/8069920、13329999935
传真:8069939
网址:www. whxmly. com
电子信箱:38424130@ qq. com
法定代表人:郭桂华
质量体系:ISO 9001
产品情况:燃料电池用催化剂、膜电极、双极板等关键材料

★湖北华声机电股份有限公司
地址:湖北省咸宁市咸安区经济开发区(凤凰工业园)
邮编:437000
电话:0715/8324688、8376679
传真:8312133
网址:www. hbhsjd. cn
电子信箱:1278637006@ qq. com
法定代表人:成康
质量体系:ISO 9001、ISO 14001
产品情况:纯电动汽车用电动机和控制器

★湖北中能锂电科技有限公司
地址:湖北省咸宁市嘉鱼县鱼岳镇发展大道
邮编:437299
电话:0715/88786789、6345999
网址:www. cnznb. cn
电子信箱:527920141@ qq. com
法定代表人:宋冬梅
质量体系:IATF 16949、ISO 9001
产品情况:动力汽车型锂离子电池以及磷酸锂铁材料等

★骆驼集团新能源电池有限公司
地址:湖北省襄阳市高新区无锡路 18 号
邮编:441000
电话:0710/3347337
网址:www. chinacamel. com
电子信箱:373976271@ qq. com
法定代表人:孙光忠
质量体系:IATF 16949、ISO 9001
产品情况:动力型锂离子电池和储能用锂离子电池
配套及出口情况:主要客户有东风扬子江、金龙客车、河北跃迪汽车、杭州电咖、山东凯马、江苏卡威、随州中天、随州程力、襄阳东润汽车、云南航天等汽车厂家;远销东欧、美国、东南亚等国家和地区

★湖北追日电气股份有限公司
地址:湖北省襄阳市高新区关羽路 59 号
邮编:441003
电话:4000990605
传真:0710/3063954
网址:www. ssechina. com
电子信箱:info@ ssechina. com
法定代表人:潘非
质量体系:ISO 9001、ISO 14001
产品情况:电动汽车充电站、电动汽车充电桩/充电机等

★中兴新能源汽车有限责任公司
地址:湖北省襄阳市高新区邓城大道 49 号国际创新产业基地六号楼
邮编:441004
电话:13714389261
网址:www. zxnenergy. com
电子信箱:0228000393@ zte. com. cn
法定代表人:王翔
质量体系:ISO 9001
产品情况:新能源汽车大功率(3 ~ 60kW)无线充电系列产品

★襄阳宇清电驱动科技有限公司
地址:湖北省襄阳市高新区汽车工业园新星路 2 号
邮编:441004
电话:0710/3333062、3334686
传真:3334529
电子信箱:27087428@ qq. com
法定代表人:康军
质量体系:IATF 16949

产品情况：已形成两大系列产品，包括高速异步电动机系列、永磁同步电动机系列以及与之相匹配的驱动控制系统；产品覆盖10～12米公交车、中型客车、小型客车以及总质量2～10吨的物流车、环卫车等
配套情况：为申沃客车、东风襄阳旅行车、东风特种车、南京金龙、武汉扬子江、云南航天、北京新长征、新楚风、凯马汽车等十几家整车企业配套

★湖北庆达科技有限责任公司
地址：湖北省襄阳市高新区追日路15号
邮编：441057
电话：0710/3058708、3058701
传真：3058718
电子信箱：huangag@ kindway. cn
法定代表人：葛懿
质量体系：IATF 16949
产品情况：（庆达牌）
从事机电运动平台、机电控制系统、机电动力系统的产品或项目研制，面向汽车、工控等领域
配套情况：为神龙公司和东风乘用车公司配套

★中克骆瑞新能源科技有限公司
地址：湖北自贸区(襄阳片区)新星路2号
邮编：441058
电话：0710/3318097
网址：www. chinacamel. com
电子信箱：sandra. su@ camel - rimac. com
法定代表人：康军
质量体系：IATF 16949、ISO 9001
产品情况：新能源汽车驱动系统、电池管理系统、汽车电子等

★湖北猛狮新能源科技有限公司
地址：湖北省宜城市经济开发区猛狮大道168号
邮编：441400
电话：18772112986
网址：www. menshine. cn
电子信箱：361990124@ qq. com
法定代表人：钟启仲
质量体系：ISO 9001、ISO 14001
产品情况：电动汽车核心部件，包括锂离子电池电芯及PACK组装等
出口情况：80%以上产品销往欧盟、美国、大洋洲市场

★湖北骆驼海峡新型蓄电池有限公司
地址：湖北省谷城县经济开发区胡家井村六组
邮编：441700
电话：0710/7335162
网址：www. chinacamel. com
电子信箱：13774166637@ 139. com
法定代表人：刘长来
单位人数：260
质量体系：ISO 9001、ISO 14001
产品情况：（骆驼牌）
以生产电动轿车、电动客车、电动观光游览车、高尔夫球车、电动叉车以及电动三轮车专用牵引型铅酸蓄电池为主

★宜昌力佳科技有限公司
地址：湖北省宜昌市猇亭区先锋路19号
邮编：443000
电话：0717/6736000、6533688
网址：www. szlijia. com
电子信箱：lx@ szlijia. com
法定代表人：王启明
质量体系：ISO 9001、ISO 14001
产品情况：锂锰一次性电池

★湖北晶福源电子科技有限公司
地址：湖北省荆门市东宝区长兴大道9号(东宝电子信息产业园D16栋)
邮编：448004
电话：0724/6077578
网址：www. jfy - tech. com
电子信箱：anlan - chen@ jfy - tech. com
法定代表人：陈恒华
质量体系：ISO 9001、ISO 14001
产品情况：DC/DC变换器、直流充电桩及充电模块、车载充电机、UPS不间断电源、通信电源等
出口情况：远销北美洲、欧盟、大洋洲在内的全球60多个国家和地区

★荆门市格林美新材料有限公司
地址：湖北省荆门市高新技术产业开发区迎春大道
邮编：448124
电话：0724/2499168
传真：2499158
网址：www. gemchina. com
法定代表人：许开华
质量体系：IATF 16949、ISO 9001
产品情况：从事废旧电池、电子废弃物与钴镍钨稀缺资源循环利用工作

湖南省

★金杯电工股份有限公司
地址：长沙市高新技术产业开发区东方红路580号
邮编：410013
电话：4009002533
网址：www. gold - cup. cn
电子信箱：zbgl@ gold - cup. cn
法定代表人：吴学愚
质量体系：IATF 16949、ISO 9001
产品情况：电线电缆、新能源汽车动力电池系统集成(PACK)和电池管理系统(BMS)等新能源汽车核心零部件，新能源汽车运营，充电设施运营等
出口情况：远销澳大利亚、越南、马来西亚、肯尼亚、利比里亚等国家

★湖南耐普恩科技有限公司
地址：长沙市经济技术开发区人民东路二段189号中部智谷产业园4栋102
邮编：410016
电话：0731/85684698、85684798
传真：85684098
网址：www. nepuenergy. com
电子信箱：nepuenergy@ 163. com
法定代表人：黄浩宇
质量体系：IATF 16949、ISO 9001
产品情况：超级电容器极片、单体到模组应用开发

★湖南瑞翔新材料股份有限公司
地址：长沙市经济技术开发区天华南路11号
邮编：410100
电话：0731/84064371、82951688
传真：84067706、82952052
网址：www. reshine. net
电子信箱：2217099323@ qq. com
法定代表人：胡家彦
质量体系：ISO 9001、ISO 14001
产品情况：（瑞翔牌、reshine牌）
专门从事锂离子电池正极材料的研发、生产，产品主要应用于动力电动汽车等储能型电池
配套情况：成为深圳比克、天津力神、深圳邦凯、深圳比亚迪、TCL、东莞新能源等国内主要电池企业的供应商

★湖南丰源业翔晶科新能源股份有限公司
地址：长沙市国家经济技术开发区漓湘西路20号
邮编：410200
电话：0731/84652871、84652881
传真：84652889
电子信箱：market@ king - co. com. cn
法定代表人：曾左
质量体系：ISO 9001
产品情况：锂离子电池和超级电容电池等动力电池、电池模块和电源系统及相关电池材料
出口情况：出口欧美、日本、韩国等国家和地区

★湖南华强电气股份有限公司
地址：长沙市高新开发区麓谷基地麓松路669号
邮编：410205
电话：0731/88796308
网址：www. vaqoung. com
法定代表人：罗岳华
质量体系：IATF 16949、ISO 9001
产品情况：新能源客车空调、轨道交通空调、车用空调控制系统、车用空调压缩机
配套情况：主要合作伙伴包括南京金龙、安凯客车、福田汽车、万向集团、比亚迪汽车、中车集团、北汽新能源、金龙客车、宇通客车、北京公交集团、巴士集团等

★华自科技股份有限公司
地址:长沙市高新开发区麓谷麓松路 609 号
邮编:410205
电话:0731/88238888 - 8612
传真:88907777
网址:www. cshnac. com
法定代表人:黄文宝
单位人数:1729
质量体系:ISO 9001、ISO 14001
产品情况:电动汽车充电系统解决方案、充电桩运营管理云平台

★湖南科霸汽车动力电池有限责任公司
地址:长沙市高新区麓谷工业园 348 号
邮编:410205
电话:0731/88796779
电子信箱:cpeve@ cpeve. com
法定代表人:匡德志
质量体系:IATF 16949、ISO 9001
产品情况:汽车动力电池及能量包
配套情况:客户包括丰田汽车、吉利汽车、佛山飞驰巴士、湖南南车巴士、上海青浦巴士、张家界黄龙洞旅游、宝峰湖旅游等

★湖南科力远新能源股份有限公司
地址:长沙市国家级高新技术产业开发区桐梓坡西路 348 号
邮编:410205
电话:0731/88983606、88983627
传真:88796798
网址:www. corun. com
电子信箱:303061789@ qq. com
法定代表人:钟发平
单位人数:3068
质量体系:ISO 9001、ISO 14001
产品情况:从先进储能材料、先进电池、汽车动力电池能量包到油电混合动力汽车总成系统、电池回收系统、混合动力汽车运营的完整产业链
出口情况:出口美国、日本、欧洲等国家和地区

★妙盛动力科技有限公司
地址:长沙市宁乡经开区新康路 8 号
邮编:410205
电话:0731/85862822
传真:85862822
网址:www. cnmspower. com
电子信箱:admin@ melsenpower. com
法定代表人:蒋敬宇
质量体系:IATF 16949、ISO 9001
产品情况:主要产品有锂离子动力电池、车储两用锂离子电池、混合动力锂离子电池、插电式混合动力锂离子电池、启停锂离子电池、起动锂离子电池

★湖南长远锂科股份有限公司
地址:长沙市岳麓区麓天路 18 号
邮编:410205
电话:0731/88998112
传真:88998122
网址:www. cylico. com
法定代表人:胡柳泉
质量体系:IATF 16949、ISO 9001
产品情况:多元材料前驱体、多元正极材料、钴酸锂等锂电正极材料和镍氢电池正极材料

★长沙市途趣网络科技有限公司
地址:长沙市高新开发区文轩路 27 号麓谷企业广场 A1 栋 1 单元 4 楼
邮编:410206
电话:0731/84433888、4008222788
网址:www. touchus. com
电子信箱:service@ touchus. com
法定代表人:罗理生
产品情况:途趣互联网车载智能导航系统

★湖南长高高压开关集团股份公司
地址:长沙市望城区金星北路三段 393 号
邮编:410219
电话:0731/88585001、88585095
传真:88585000
网址:www. gykg. cn
电子信箱:cgjt@ changgaogroup. com
法定代表人:马晓
单位人数:1596
质量体系:ISO 9001、ISO 14001
产品情况:新能源汽车零配件、新能源汽车充电桩和汽车充电设备
出口情况:业务范围已遍布亚洲、欧洲、南美洲、非洲等多个国家

★湖南邦普汽车循环有限公司
地址:长沙市金洲新区金沙东路 018 号
邮编:410600
电话:0731/87701819
传真:87701817
网址:www. brunp. com. cn
电子信箱:brunp@ brunp. com. cn
法定代表人:李和敏
质量体系:ISO 9001、ISO 14001
产品情况:报废汽车(含电动汽车)的回收、拆解,动力电池的回收、拆解,报废汽车、电动汽车及动力电池的再利用、再制造、梯级利用的技术研究,废旧电池、塑料及有色金属废物的收集、回收与销售

★湖南邦普循环科技有限公司
地址:长沙市金洲新区金沙东路 018 号
邮编:410600
电话:0731/88981808、88981818
传真:88981822
网址:www. brunp. com. cn
电子信箱:gs - hr@ brunp. com. cn
法定代表人:李景文
质量体系:ISO 9001、ISO 14001
产品情况:硫酸镍、氯化钴、电池正极复合材料、电池级四氧化三钴、镍铁合金

★湘电莱特电气有限公司
地址:湖南省湘潭市高新区茶园路 3 号
邮编:411100
电话:0731/58595662、52863886
传真:52863848
电子信箱:sales@ xele. com. cn
法定代表人:赵石平
质量体系:IATF 16949、ISO 9001
产品情况:电动机电控、驱动设备及零部件,电动车辆电动发电机及控制系统、增程器系统、整车控制及配套系统

★湘潭银河新能源有限公司
地址:湖南省湘潭市高新区火炬创新创业园
邮编:411100
电话:0731/58529399、58528789
传真:58528789
网址:www. yinhene. com
电子信箱:ghh2000@ 126. com
法定代表人:张冬娟
质量体系:IATF 16949、ISO 9001
产品情况:大容量圆柱型磷酸铁锂动力电池及配套产品,新能源汽车用一体化永磁同步驱动电动机及控制器、交流异步电动机及控制器系列、辅助系统控制器、车用节能电动空调、一体化电动气泵及一体化电动助力泵系列产品,各种大功率新能源客车专用充电机及多路充电站等设备

★桑顿新能源科技(长沙)有限公司
地址:湖南省湘潭市九华示范区白石西路(原奔驰西路)78 号
邮编:411100
电话:0731/58551766
传真:58551766
网址:www. e - soundon. com
法定代表人:文一波
质量体系:ISO 9001、ISO/TS 16949
产品情况:正极材料、单体电芯、电池系统集成(PACK)、储能技术
配套情况:为一汽集团配套

★桑顿新能源科技有限公司
地址:湖南省湘潭市九华示范区白石西路 78 号
邮编:411100
电话:0731/58551766
传真:58551766
网址:www. soundnewenergy. com
法定代表人:文一波
质量体系:IATF 16949、ISO 9001
产品情况:电芯生产、电池封装(PACK)、储能系统集成等锂电池产品等

★湘电集团有限公司
地址:湖南省湘潭市岳塘区电工北路 66 号
邮编:411101
电话:0731/58595114
网址:www. xemc. com. cn
电子信箱:25380235@ qq. com

法定代表人:周健君
质量体系:ISO 9001
产品情况:乘用车纯电驱动系统、商用车纯电动力系统、乘用车混合动力系统

★湖南宏迅亿安新能源科技有限公司
地址:湖南省株洲市天元区仙月环路899号新马动力创新园2.1期C研发厂房
邮编:412000
电话:0731/22335900、15111247914
网址:www.hnhxya.com
电子信箱:hr@hnhxya.com
法定代表人:尹会春
质量体系:ISO 9001
产品情况:动力电池、电池管理系统、整车控制器等

★湖南振邦氢能科技有限公司
地址:湖南省株洲市天元区中国动力谷自主创新园研发中心C栋110
邮编:412000
电话:0731/22500266
传真:22500366
网址:www.zenponfuelcell.com
电子信箱:zenpon@zenpon.com
法定代表人:王自团
质量体系:ISO 9001、ISO/TS 16949
产品情况:金属双极板为载体的质子交换膜氢燃料电池

★湖南升华科技有限公司
地址:湖南省醴陵市陶瓷科技工业园B区
邮编:412200
电话:0731/23555233、23526526
电子信箱:shenghua@shchina.net
法定代表人:蒲煦林
质量体系:IATF 16949、ISO 14001
产品情况:主要产品为锂电池正极材料磷酸铁锂,广泛应用于电动汽车电池、通信基站储能电池等领域
配套情况:与深圳沃特玛、哈尔滨光宇、浙江南都、中航锂电等国内知名电池企业有深度合作,为东风汽车、南京金龙、厦门金龙、奇瑞万达、一汽客车、中通客车、九龙客车、广东五洲龙、上海瑞华、桂林客车、宇通客车、新乡新能、蜀都客车、山东沂星等新能源汽车提供电池材料

★湖南艾华集团股份有限公司
地址:湖南省益阳市桃花仑东路
邮编:413000
电话:0737/6184466、6183333
传真:6180539
网址:www.aihuaglobal.com
电子信箱:aihua@aihuaglobal.com
法定代表人:艾立华
单位人数:3000
质量体系:IATF 16949、ISO 9001
产品情况:铝电解电容器

★湖南贝特新能源科技有限公司
地址:湖南省岳阳县生态工业园金信路8号
邮编:414100
电话:0730/7649999
传真:7603333
网址:www.hncbet.com
电子信箱:liuya@hncbet.com
法定代表人:王君林
质量体系:IATF 16949
产品情况:新能源电动汽车涡旋压缩机和空调系统

★湖南中锂新材料有限公司
地址:湖南省常德经济开发区松林路11号
邮编:415000
电话:0736/7307988、18216266123
传真:7727678
网址:www.chinalyhn.com
电子信箱:info@chinalyhn.com
法定代表人:薛忠民
单位人数:240
质量体系:ISO 9001、IATF 16949
产品情况:锂离子电池湿法隔膜及涂覆隔膜研发、生产
配套情况:客户有宁德时代CATL、比亚迪、沃特玛、ATL、亿纬锂能及韩国三星、SK、LG以及日本松下等

★湖南三迅新能源科技有限公司
地址:湖南省娄底市经济开发区第二工业园
邮编:417000
电话:0738/8963333
电子信箱:liang.zheng@3sun.com.cn
法定代表人:周文对
质量体系:ISO 9001、IATF 16949
产品情况:三元材料、磷酸铁锂动力电池研发及生产

★衡阳金化高压容器股份有限公司
地址:湖南省衡阳市石鼓区松木经济开发区松枫路15号
邮编:421000
电话:0734/8304208
网址:www.hyjhgr.com
电子信箱:wk@hyjhgy.com
法定代表人:彭琪
质量体系:ISO 9001、IATF 16949
产品情况:B1级品种有:钢质无缝气瓶,用于盛装永久气体或高压液化气体,如氧、氮、氩、二氧化碳等;B3级品种有:汽车用压缩天然气钢瓶和钢内胆环缠绕CNG气瓶,充装介质为压缩天然气

★邵阳市达力电源实业有限公司
地址:湖南省邵阳市建设南路(白马田)
邮编:422001
电话:0739/5161769、5161291
传真:5161291、5161769
网址:www.dalipower.com
电子信箱:dalipower@vip.163.com
法定代表人:晏毓达
质量体系:ISO 9001
产品情况:锂离子电池设备,镍氢电池设备
配套及出口情况:为比亚迪、多氟多、中聚电池、沃特玛等供货;出口巴基斯坦、俄罗斯等国家,并销往中国香港地区

广东省

★广州文远知行科技有限公司
地址:广州市中新广州知识城九佛建设路333号自编687室
邮编:510130
电话:020/29093399
网址:www.jing-chi.com
电子信箱:jinyu.liao@weride.ai
法定代表人:韩旭
产品情况:由人工智能驱动、以无人驾驶技术为核心,旨在打造面向中国市场的第四级别(L4)全自动驾驶系统

★高新兴科技集团股份有限公司
地址:广州市黄埔区科学城开创大道2819号六楼
邮编:510530
电话:020/32068888
传真:32032888
网址:www.gosuncn.com
电子信箱:purchase@gosuncn.com
法定代表人:刘双广
质量体系:ISO 9001、ISO 14001
产品情况:车联网通信产品和方案

★广州通达汽车电气股份有限公司
地址:广州市黄埔区枝山路13号
邮编:510530
电话:020/36471360
传真:36471423
网址:www.tongda.cc
电子信箱:tongda@tongda.cc
法定代表人:陈丽娜
单位人数:1071
质量体系:IATF 16949、ISO 9001
产品情况:新能源汽车直流无刷磁力泵、新能源车载远程终端,城市智慧交通管理云平台、车载信息屏、DSM驾驶员行为监控系统、多功能车载录像机(TH系列)等车载智能产品,后视镜、客车内/外饰灯等车载部件
配套及出口情况:主要客户有郑州宇通、厦门金龙、苏州金龙、安凯客车、中通客车、广汽客车等国内知名客车厂;出口亚洲、非洲、欧洲20多个国家和地区

★广州力柏能源科技有限公司
地址:广州市科学城开源大道11号科技企业加速器A1栋5层
邮编:510530
电话:020/32211936

传真:32211963
网址:www. lithiumforce. cn
电子信箱:xlcenjob@ lithiumforce. cn
法定代表人:李昶怡
质量体系:ISO 9001
产品情况:高质量锂离子动力电池和电池包
配套情况:是广汽、北汽、新大洋、南京金龙、舒驰、安凯、广客、山东昊宇、同捷超跑等的合作伙伴

★广东新快易通智能信息发展有限公司
地址:广州市天河区林和西路159号中泰广场北塔1702室
邮编:510620
电话:020/38913318
传真:38913317
网址:www. gdautotoll. com. cn
电子信箱:enquiry@ gdautotoll. com. cn
法定代表人:陈伟强
质量体系:ISO 9001
产品情况:专注于提供LBS(Location-Based Service)位置信息的综合信息服务,服务包括专为物流客户及商用车辆而设的北斗/GPS全球卫星定位车辆监控解决方案

★南方电网综合能源股份有限公司
地址:广州市天河区珠江新城华穗路6号大楼13-14层
邮编:510623
电话:020/38122715
传真:38122741
网址:ny. csg. cn
法定代表人:秦华
质量体系:ISO 9001、ISO 14001
产品情况:新能源车充换电服务

★广州亚美信息科技有限公司
地址:广州市天河区高唐路227号时代E-park3栋
邮编:510630
电话:4006608608
网址:www. iauto360. cn
电子信箱:service@ ecpark. cn
法定代表人:江勇
质量体系:ISO 9001、ISO 14001
产品情况:专注于车联网大数据研究及应用,覆盖汽车销售、汽车维保、汽车金融等多个领域

★广州亿程交通信息有限公司
地址:广州市番禺区石碁镇亚运大道1003号3号楼604、605、606号
邮编:510660
电话:020/38195390
传真:38195390
网址:www. e-trans. com. cn
电子信箱:denghui@ e-trans. com. cn
法定代表人:曾卓
质量体系:IATF 16949、ISO 9001
产品情况:北斗、GPS卫星定位服务及解决方案
配套情况:是广汽丰田、宇通客车等优质客户指定的合作伙伴

★捷西迪(广州)光学科技有限公司
地址:广州市高新技术产业开发区科学城科珠路202号
邮编:510660
电话:020/82082852、82075980
传真:82075931
网址:www. jcdo. com
电子信箱:jcd_service@ jcdo. com
法定代表人:金燕申
质量体系:IATF 16949、ISO 9001
产品情况:ADAS用镜头、车载360°环视镜头、行车记录仪用镜头、电子后视镜镜头等

★广州海格通信集团股份有限公司
地址:广州市科学城海云路88号
邮编:510663
电话:020/82085008
传真:82085008
网址:www. haige. com
电子信箱:13500015580@ 163. com
法定代表人:杨海洲
质量体系:ISO 9001
产品情况:高精度定位地图、芯片

★广东能创科技有限公司
地址:广州市天河智慧城软件路15号F楼5楼
邮编:510663
电话:020/83095000
传真:83576273
网址:www. co-win-hp. com
电子信箱:md@ createw. com
法定代表人:高继明
质量体系:ISO 9001
产品情况:MHC系列甲醇水制氢机,面向燃料电池研发生产厂家以及加氢站;MVS系列甲醇水车用系统

★广州飒特红外股份有限公司
地址:广州市经济技术开发区东江大道10号
邮编:510730
电话:020/82229980、82229981
传真:82229931、82229932
网址:www. sat. com. cn
电子信箱:market@ sat. com. cn
法定代表人:吴继平
质量体系:ISO 9001、ISO 14001
产品情况:夜驾辅助型、智能监控型等超过60种热像仪产品
出口情况:在法国、爱尔兰、英国分别设有研发、生产基地与销售中心,在30多个国家和地区拥有超过50家代理或分销商

★广州引力科视电子设备有限公司
地址:广州市经济技术开发区明珠路16号飞歌工业园
邮编:510730
电话:4008049998
传真:020/62246050
网址:www. goodview-gz. com
电子信箱:fly-audio@ 163. com
法定代表人:周辉
质量体系:ISO/TS 16949、ISO 9001
产品情况:安全行车记录智能后视镜

★广州天赐高新材料股份有限公司
地址:广州市黄埔区云埔工业区东诚片康达路8号
邮编:510760
电话:020/66601159
传真:82058669
网址:www. tinci. com
电子信箱:sales@ tinci. com
法定代表人:徐金富
质量体系:IATF 16949、ISO 9001
产品情况:锂离子电池材料包括动力含储能电池用电解液、锂电池电解质、正极材料等
配套情况:与宝洁、联合利华、欧莱雅、蓝月亮、比亚迪、ATL、SONY、哈光宇、万向、沃特玛等国内外知名企业建立了合作关系

★广州中海达卫星导航技术股份有限公司
地址:广州市番禺区番禺大道北555号天安节能科技园总部中心13号大楼
邮编:511400
电话:020/22883901、4006786690
传真:22883900
网址:www. zhdgps. com
电子信箱:675522298@ qq. com
法定代表人:廖定海
产品情况:高精度定位、高精度三维地图测绘

★广州勘帝德电子科技有限公司
地址:广州市番禺区石基镇金山村华创动漫产业园C12栋二楼
邮编:511400
电话:4007778133
传真:020/87686643
网址:www. candid86. com
电子信箱:sales@ candidelectronics. com
法定代表人:李标
质量体系:ISO 14001、IATF 16949
产品情况:(Candid牌)
倒车影像系统、3D全景影像系统、微波雷达防撞系统及ADAS高级驾驶辅助系统等高科技产品
配套情况:为北汽福田配套、批量供货;作为供应商给广汽丰田、广汽本田、东风车厂、柳州五菱、现代汽车、神龙汽车等配套

★广州优创电子有限公司
地址:广州市番禺区大龙街长沙路15号
邮编:511450

电话:020/39961750、39961753
传真:39961815
网址:www. ultronix. cn
电子信箱:market@ ultronix. cn
法定代表人:谭小球
单位人数:200
质量体系:ISO 14001、IATF 16949
产品情况:泊车辅助系统、车道变换辅助系统、车载摄像头、行车记录仪、360°环视系统、行车夜视系统等超声波传感技术与汽车泊车安全辅助应用产品
配套情况:与国内外 14 家 OEM 和 OES 客户建立了合作关系

★广州市融成锂能锂电池有限公司
地址:广州市南沙区榄核镇合沙村合沙路 8 号
邮编:511480
电话:020/39110552、13431905158
传真:39049748
网址:www. gzrcbattery. com
电子信箱:gzrcbattery@ gmail. com
法定代表人:曾毅
质量体系:ISO 9001
产品情况:汽车起动电源、储能电源等的锂离子电池

★广州鹏辉能源科技股份有限公司
地址:广州市番禺区沙湾镇市良路西村段 912 号
邮编:511483
电话:020/39196888
传真:39196767
网址:www. greatpower. net
电子信箱:info@ greatpower. net
法定代表人:夏信德
单位人数:3579
质量体系:IATF 16949、ISO 9001
产品情况:主要生产聚合物锂离子、锂离子、镍氢等二次充电电池,锂铁、锂锰、锂亚硫酰氯、锌空等一次性电池

★广东光华科技股份有限公司
地址:广东省汕头市大学路 295 号
邮编:515021
电话:0754/88213888
传真:88221999
网址:www. ghtech. com
电子信箱:yaoyousheng@ ghtech. com
法定代表人:郑靭
质量体系:ISO 9001、IATF 16949
产品情况:(GHTECH 牌)
新能源材料、动力电池综合利用
配套及出口情况:与北汽集团、南京金龙客车、广西华奥汽车等企业达成动力电池回收战略合作;远销东南亚、欧美等多个国家和地区

★众业达电气股份有限公司
地址:广东省汕头市龙湖区珠津工业区珠津一横街 1 号
邮编:515041
电话:0754/88739933
传真:88695366
网址:www. zyd. cn
电子信箱:yx. zou@ zyd. cn
法定代表人:吴开贤
质量体系:ISO 9001
产品情况:乘用车交/直流充电桩、充电管理后台系统、预装式充电站以及手机端 APP 软件等完整充电网络开发运营

★广东猛狮新能源科技股份有限公司
地址:广东省汕头市澄海区广益路 33 号猛狮国际广场综合商贸楼 A1501、A1601 号
邮编:515800
电话:0754/85882888、89866986
传真:85885757、85853970
网址:www. dynavolt. net
电子信箱:sales@ dynavolt. net
法定代表人:王少武
质量体系:ISO 14001
产品情况:(MENSHY 牌、DYNAVOLT 牌)
锂电池、铅蓄电池、汽车电池、电动汽车电池等
出口情况:远销欧洲、美国等 70 多个国家和地区

★广东普盛新能源科技有限公司
地址:广东省汕头市澄海区莱美路岭海工业区
邮编:515899
电话:0754/85886668
传真:85888168
网址:www. posung. net
电子信箱:gdps@ posung. net
法定代表人:李汉德
质量体系:ISO 9001、IATF 16949
产品情况:电动涡旋压缩机,主要用于电动汽车,混合动力汽车,各类货车及工程车用改装空调系统

★惠州市亿鹏能源科技有限公司
地址:广东省惠州市惠城区水口街道办事处东江工业区万福大街 3 号厂房 AB 栋
邮编:516000
电话:0752/5807022、3260332
传真:5807022、3260332
网址:www. kyipeng. com
电子信箱:yiling@ kyipeng. com
法定代表人:陈志海
质量体系:IATF 16949、ISO 9001
产品情况:插电式混合动力汽车和纯电动汽车快充锂离子动力电池系统

★惠州市亿能电子有限公司
地址:广东省惠州市仲恺高新区惠风东二路 40 号
邮编:516000
电话:0752/2629948、2629667
网址:www. hzepower. com. cn
电子信箱:sd01@ hzepower. com
法定代表人:石华辉
质量体系:IATF 16949、ISO 9001
产品情况:电池管理系统及电池系统总成
配套情况:在长安、长城、江淮、北汽、广汽、金龙、东风、福田等国内汽车厂的乘用车和商用车中批量应用

★深圳市德赛电池科技股份有限公司
地址:广东省惠州市江北云山西路 12 号德赛大厦
邮编:516003
电话:0752/2833888
传真:86299889
网址:www. desay. com
电子信箱:ir@ desaybattery. com
法定代表人:刘其
质量体系:ISO 9001
产品情况:电动汽车电源管理系统、动力电池等产品

★惠州市蓝微新源技术有限公司
地址:广东省惠州市仲恺高新技术产业开发区和畅五路西 101 号
邮编:516006
电话:0752/2629899、2629862
网址:www. desay. com
电子信箱:sales - bnet@ desay. com
法定代表人:丁春平
质量体系:IATF 16949、ISO 9001
产品情况:新能源汽车动力蓄电池系统(PACK)、电池管理系统(BMS)和储能系统(ESS System & BMS)

★惠州亿纬集能有限公司
地址:广东省惠州市仲恺高新区 71 号小区 B1、B2、B3 栋厂房
邮编:516006
电话:0752/5751988
网址:evebattery. com
电子信箱:053262@ evebattery. com
法定代表人:刘金成
质量体系:IATF 16949
产品情况:汽车用锂离子软包电池及汽车用锂离子软包电池模组

★广东亿纬赛恩斯新能源系统有限公司
地址:广东省惠州市仲恺高新区惠风七路 36 号
邮编:516006
电话:0752/2630809
传真:2606033
网址:www. evebattery. com
电子信箱:sales@ evebattery. com
法定代表人:刘金成
质量体系:IATF 16949、ISO 9001
产品情况:新能源汽车的动力系统研发和制造,新能源汽车相关零部件的研发和制造,动力电池及成组技术开发

★惠州亿纬锂能股份有限公司
地址:广东省惠州市仲恺高新区惠风七

路38号
邮编:516006
电话:0752/2630809
传真:2606256
网址:www. evebattery. com
电子信箱:sales@ evebattery. com
法定代表人:刘金成
质量体系:IATF 16949、ISO 9001
产品情况:生产各种规格的高性能锂一次及二次电池,包括聚合物锂离子电池、方形和柱形液态锂离子电池、锂离子动力与储能电池等
出口情况:远销美国、欧洲等国家和地区,并销往中国香港、中国台湾地区

★惠州博磊达新能源科技有限公司
地址:广东省惠州市大亚湾西区龙山七路博磊达科技园研发楼二楼
邮编:516083
电话:0752/5551668
传真:5551668
网址:www. bldne. com
电子信箱:bld@ bldne. com
法定代表人:王燕
质量体系:ISO 9001、ISO 14001
产品情况:超级电容器、钛酸锂电池、电容电池、新型动力电池和储能电池;电动汽车充/换电设备及运营设备;电源动力系统、储能系统

★惠州比亚迪电池有限公司
地址:广东省惠州市大亚湾响水河
邮编:516083
电话:0752/5118888
电子信箱:li. chunli3@ byd. com
法定代表人:何龙
质量体系:IATF 16949、ISO 9001
产品情况:锂电池材料、锂离子电池(铁动力锂离子电池)

★欣旺达电动汽车电池有限公司
地址:广东省惠州市博罗县园洲镇东坡大道欣旺达产业园8号厂房
邮编:516123
电话:4008898606
网址:www. sunwoda - evb. com
法定代表人:王明旺
质量体系:ISO 14001、OHSAS 18001
产品情况:电动汽车锂离子电池系统

★深圳市金菱通达电子有限公司
地址:广东省深圳市宝安区45区怡景大厦(华丰新安商务大厦)A栋六楼616、619号
邮编:518000
电话:0755/27579310、27579320
传真:27579350
网址:www. glpoly. com. cn
电子信箱:kemmy@ glpoly. com
法定代表人:康美宇
质量体系:IATF 16949
产品情况:(GLPOLY牌)轻量化动力电池导热硅胶片
配套情况:为蔚来、宁德时代、大疆创新等配套

★深圳市大地和电气股份有限公司
地址:广东省深圳市宝安区福海街道桥头社区福海信息港A7栋301
邮编:518000
电话:0755/86330861、29892290
传真:86330856
网址:www. glelec. com
电子信箱:xuyanmei@ glelec. com
法定代表人:张渠
质量体系:ISO 14001、OHSAS 18001
产品情况:新能源汽车用永磁同步电动机、交流异步电动机及其驱动控制系统
配套情况:与中通客车、厦门金龙、苏州金龙、东风柳汽、上汽通用五菱、东南汽车、河北御捷、一汽客车、保定长安、荣成华泰、中兴汽车、扬州亚星、珠海银隆、山东凯马、山西大运、山西成功、东风汽车、中国重汽、江西江铃、海马商务、南京金龙、浙江吉利、重庆瑞驰等大中型新能源汽车制造商建立了稳定的合作关系

★深圳市航盛新能源有限公司
地址:广东省深圳市宝安区福永街道福园一路39号航盛工业园
邮编:518000
电话:15813738766
网址:www. hangsheng. com. cn
电子信箱:284779731@ qq. com
法定代表人:杨洪
质量体系:ISO/TS 16949
产品情况:电动机控制器MCU、整车控制器VCU和电池系统BMS三大核心件,并辐射到起停控制器BSG、电源转换器DC-DC及车载充电器DCDC-OBCM等方面
配套情况:VCU配套小鹏G3等

★深圳市国创珈伟石墨烯科技有限公司
地址:广东省深圳市宝安区福永街道新和社区新和同富裕工业区19号厂房
邮编:518000
电话:0755/86525088
网址:www. jiawei. com
电子信箱:liruru@ jiawei. com
法定代表人:丁孔贤
质量体系:ISO 9001
产品情况:石墨烯材料开发、生产,石墨烯导热散热、石墨烯导电、石墨烯防腐及相关石墨烯功能应用产品

★深圳市凯路创新科技有限公司
地址:广东省深圳市宝安区固戍一路明金海工业区E栋3楼
邮编:518000
电话:0755/26460430、4000296826
传真:26460730
网址:www. klcxkj. com
法定代表人:周明望
质量体系:ISO 9001、ISO 14001
产品情况:双口交流电动汽车充电桩、家用电动汽车充电桩

★深圳市三讯电子有限公司
地址:广东省深圳市龙岗区宝龙工业城锦龙一路三讯电子工业园
邮编:518000
电话:0755/89968066
传真:89968981
网址:www. 3sun. com. cn
电子信箱:zh@ 3sun. com. cn
法定代表人:周文对
质量体系:IATF 16949、ISO 9001
产品情况:新能源汽车电池、电动机驱动控制器,产品广泛用于纯电动及混合动力类得乘用车和中大型车辆
配套情况:主要客户包括海格客车、中集、五洲龙、中国中车等

★深圳众为氢能科技有限公司
地址:广东省深圳市龙华区大浪街道新石社区华联工业园11号1层
邮编:518000
电话:0755/21045976、13510365781
网址:www. zwhydrogen. com
电子信箱:wangli@ zwhydrogen. com
法定代表人:王力
产品情况:燃料电池、燃料电池发动机、燃料电池热电联供系统,燃料电池测试设备,加氢站

★深圳珈伟龙能固态储能科技有限公司
地址:广东省深圳市罗湖区东门街道湖贝社区文锦中路1043号联兴大厦北座805
邮编:518000
电话:0755/86667833
网址:www. jiawei. com
电子信箱:liruru@ jiawei. com
法定代表人:丁孔贤
产品情况:快充类固态锂电池,主要有快充的纳米复合钛酸锂离子电池,新型纳米复合磷酸铁锂离子电池、快充的纳米高镍复合材料锂离子电池、高能量密度锂离子电池这四种类型

★深圳市斯诺实业发展有限公司
地址:广东省深圳市南山区高新科技园北区宝深路109号国民技术大厦7楼
邮编:518000
电话:0755/86911338、86911358
传真:27579526、26665740
网址:www. szsinuo. com
电子信箱:baohaiyou@ szsinuo. com
法定代表人:鲍海友
质量体系:IATF 16949、ISO 9001
产品情况:锂离子电池负极材料

★深圳市氢蓝时代动力科技有限公司
地址:广东省深圳市南山区南山大道2038号百仕成大厦5-6楼
邮编:518000
电话:0755/26562360
网址:www.hynovation.com
电子信箱:hao.wang@hynovation.com
法定代表人:金晓辉
产品情况:氢燃料电池系统,电堆、DC/DC升压转换器、系统控制器、离心式空压机等核心零部件

★深圳市聚电网络科技有限公司
地址:广东省深圳市南山区软件产业基地1栋B座1楼
邮编:518000
电话:0755/26406324、4008505185
传真:26406324
网址:www.ueee.cn
电子信箱:service@ueee.cn
法定代表人:严云
产品情况:囊括专业充电设施的研发生产、网络建设、充电运营服务、电动汽车售前售后等全产业链服务
配套情况:主要合作伙伴有北汽、腾势等汽车企业

★深圳市南科动力科技有限公司
地址:广东省深圳市南山区桃源街道长源社区学苑大道1001号南山智园A4栋201
邮编:518000
电话:0755/23205880
网址:www.snkp.cn
电子信箱:snkp@snkp.cn
法定代表人:叶江德
质量体系:ISO 9001、ISO/TS 16949
产品情况:膜电极核心材料、电堆到系统集成的氢燃料电池

★易充新能源(深圳)有限公司
地址:广东省深圳市南山区西丽街道南岗第一工业园第3栋
邮编:518000
电话:0755/26656876
传真:26656875
网址:www.echargingcn.com
电子信箱:sales@echargingcn.com
法定代表人:李习东
质量体系:ISO 9001、ISO 14001
产品情况:车载充电机、直流充电模块以及交/直流充电桩;产品全面覆盖电动大客车、乘用车、低速电动车的车载和非车载充电,提供充电设施的完整解决方案

★深圳塔菲尔新能源科技有限公司
地址:广东省深圳市南山区西丽街道沙河西路健兴科技大厦C座210室
邮编:518000
电话:0755/26912148
网址:www.tafel.com.cn
电子信箱:2650469035@qq.com
法定代表人:龙绘锦
质量体系:IATF 16949、ISO 9001
产品情况:新能源动力锂离子电池

★深圳市金霆正通科技有限公司
地址:广东省深圳市南山区西丽街道学苑大道1001号南山智园C1栋6层
邮编:518000
电话:0755/86715256
传真:86715256
电子信箱:info@jtzt-power.com
法定代表人:卫卓明
质量体系:IATF 16949
产品情况:高压直流远供电源系统、新能源汽车DC/DC转换器、AC/DC车载充电机,多合一控制柜、双向DC-DC、便携式充电机、大功率充电桩、LED电源等一系列产品
配套情况:主要合作伙伴有金龙客车、东风日产、力帆集团、江铃汽车、金旅客车、东风汽车、飞驰客车、五洲龙、吉利汽车、福田汽车、海格客车、宇通客车、海马汽车、英威腾、新同创空调、沃特玛等

★深圳珈伟储能科技有限公司
地址:广东省深圳市南山区粤海街道科苑南路3099号中国储能大厦33楼
邮编:518000
电话:0755/26902682
网址:www.jiawei.com
电子信箱:humeiqing@jiawei.com
法定代表人:LI LI
产品情况:锂离子电池材料、锂离子电池隔膜、锂离子电池及其他种类电池、锂离子电池生产设备、储能型锂离子电池、锂离子电池组件及系统

★深圳市通用氢能科技有限公司
地址:广东省深圳市坪山区坑梓街道秀新社区锦绣中路14号深福保现代光学厂区一期厂房101A区
邮编:518000
电话:0755/88018922、15815581009
网址:www.ghydrogen.com
电子信箱:pangkm@ghydrogen.com
法定代表人:WANG HAIJIANG
质量体系:ISO 9001、IATF 16949
产品情况:燃料电池气体扩散层、质子交换膜、催化剂和膜电极产品等

★深圳市山木新能源科技股份有限公司
地址:广东省深圳市坪山新区坑梓镇乌石路22号山木科技园
邮编:518000
电话:0755/84042755、84042756
传真:84042963
网址:www.mottcell.com
电子信箱:ganhuiguang@mottcell.com
法定代表人:杨定武
单位人数:200
质量体系:ISO 14001、ISO 9001
产品情况:锂离子电池(其中包括铁锂及三元动力锂电池)

★深圳市沃特玛电池有限公司
地址:广东省深圳市坪山新区兰景北路68号
邮编:518000
电话:0755/66835999
传真:84630785
网址:www.optimumnanoenergy.com
电子信箱:general@optimumchina.com
法定代表人:李瑶
质量体系:IATF 16949、ISO 9001
产品情况:磷酸铁锂动力电池、汽车起动电源等
配套及出口情况:与一汽集团、东风汽车、山西大运、上海申龙、厦门金旅、中国重汽豪沃、九龙汽车等国内一流车企展开合作;远销40多个国家和地区

★贝特瑞新材料集团股份有限公司
地址:广东省深圳市光明新区公明办事处西田社区贝特瑞高新技术工业园
邮编:518016
电话:0755/26514655
传真:29892816
网址:www.btrchina.com
电子信箱:sales@btrchina.com
法定代表人:贺雪琴
质量体系:IATF 16949、ISO 9001
产品情况:锂离子电池负极材料

★深圳市车元素实业有限公司
地址:广东省深圳市罗湖区笋岗东路2127号华通大厦1206
邮编:518022
电话:0755/25576766、1519243402
传真:25576799
网址:www.cheyuansu.com.cn
电子信箱:admin@cheyuansu.com.cn
法定代表人:李盛然
质量体系:ISO 9001
产品情况:主动安全预警设备、车联网大数据车队管理平台、ADAS防撞预警系统

★深圳臻宇新能源动力科技有限公司
地址:广东省深圳市罗湖区笋岗街道宝安北路2088号深业物流大厦1002-1室
邮编:518027
电话:18018778397
电子信箱:hushuangshuang@baonengmotor.com
法定代表人:孙莉
产品情况:新能源汽车动力总成、发动机及零件、变速器及零件、减速器及零件、用于车辆应用的电子控制系统及其

零部件

★深圳爱笛生智能互联网电动车有限公司
地址:广东省深圳市前海深港合作区前湾一路1号A栋201室
邮编:518027
电话:18039970012
电子信箱:lin. wang@ hnhxjt. com
法定代表人:冯长进
产品情况:新能源电动汽车,新能源汽车电动机,导航仪、车载显示屏幕、摄像头及汽车周边产品,新能源电动汽车电池,汽车无人驾驶技术,新能源汽车电气系统、倒车辅助系统、车联网无线通信系统、行车影音娱乐资讯系统

★深圳四海万联科技有限公司
地址:广东省深圳市前海深港合作区前湾一路1号A栋201室
邮编:518027
电话:0755/86665820
网址:www. oneiotworld. com
电子信箱:ting. liu@ oneiotworld. com
法定代表人:万海涛
产品情况:车联网服务提供、车联网技术平台、T-Box 车载智能终端、鹰眼 360-3D 全景行车记录仪
配套情况:为奔驰、大众、一汽奥迪、吉利、福特、捷豹路虎、北京汽车、北汽昌河、力帆、开沃汽车、长城华冠、奇点汽车、长江汽车、蔚来等配套

★深圳市国电科技通信有限公司
地址:广东省深圳市龙华区大浪街道新石社区华联工业区13号1层
邮编:518031
电话:0755/83046594
网址:www. sgitg. sgcc. com. cn
电子信箱:sgd@ sgitg. sgcc. com. cn
法定代表人:王祥
质量体系:ISO 9001、ISO 14001
产品情况:电动汽车充电运管管理系统、电动汽车车联网平台(对外网站、手机 APP)、电动汽车运营管理系统解决方案、电动汽车充换电设施产品(直流充电桩、交流充电桩、充换电站)

★深圳长城开发科技股份有限公司
地址:广东省深圳市福田区彩田路7006号
邮编:518035
电话:0755/83032000
传真:83275054
网址:www. kaifa. cn
法定代表人:周剑
质量体系:ISO 9001、ISO 14001
产品情况:致力于提供汽车电子产品等制造服务和自动化设备、计量系统及物联网系统的研发生产,主要用于新能源汽车方面以及汽车动力控制系统、安全控制系统、通信娱乐系统与车身电子系统等领域

★天臣新能源(深圳)有限公司
地址:广东省深圳市福田区深南大道6011号
邮编:518038
电话:0755/82788237
网址:www. tesson. cn
法定代表人:田钢
产品情况:锂离子电池、电池组件、动力电源及相关生产装备等产品

★深圳市有为信息技术发展有限公司
地址:广东省深圳市福田区梅林街道梅丰社区梅华路105号多丽工业区1层福田国际电子商务产业园3栋101B-A10-06房
邮编:518049
电话:0755/83101658
传真:83105544
网址:www. yuweitek. com
电子信箱:yuwei@ yuweitek. com
法定代表人:张耀华
质量体系:IATF 16949、ISO 9001
产品情况:新能源车载终端、卫星定位车载无线终端、卫星定位汽车行驶记录仪、多媒体汽车行驶记录仪、多媒体视频监控终端、高清摄像头、车联网智能终端

★深圳市快车道新能源发展有限公司
地址:广东省深圳市南山区关口二路智恒产业园8栋101
邮编:518052
电话:0755/86958185、86561431
传真:86958185
网址:www. evfreeway. com
电子信箱:weken@ 139. com
法定代表人:黄杨梓
产品情况:汽车智能液晶仪表、车身管理系统 BCM、电池管理系统 BMS 等汽车电子产品
配套情况:是一汽、东风、长安、海马、世纪中远、三环、齐星、华菱、重汽、东润等几十家汽车主机厂的车型零部件供应商

★深圳麦格米特电气股份有限公司
地址:广东省深圳市南山区学府路63号高新区联合总部大厦34层
邮编:518052
电话:0755/86600500
传真:86600999
网址:www. megmeet. com
电子信箱:megmeet@ megmeet. com
法定代表人:童永胜
质量体系:ISO 9001、ISO 14001
产品情况:新能源纯电乘用车用车载 OBC、DC-DC、MCU 电动机控制器及 PEU 功率集成单元,充电桩

★深圳市英可瑞科技股份有限公司
地址:广东省深圳市南山区中山园路1001号国际E城E1栋11楼
邮编:518052
电话:0755/26586000、4001188829
网址:www. increase - cn. com
电子信箱:increase@ szincrease. com
法定代表人:尹伟
质量体系:IATF 16949、ISO 9001
产品情况:充电桩、电力电源、通信电源、大功率可并联逆变电源、汽车充电站用电源、电力 UPS、EPS 及其他特殊工业电源
配套情况:主要合作北京 APEC 会议中心充电站、首都国际机场充电站、上海公交充电站、南京公交充电站、苏州公交充电站、国家高速公路充电站等项目

★深圳博磊达新能源科技有限公司
地址:广东省深圳市南山区侨香路智慧广场A1栋23层
邮编:518053
电话:0755/86036206、26069758
传真:26765140
网址:www. bldne. com
电子信箱:chelseaqian@ bldne. com
法定代表人:王荣安
质量体系:ISO 9001、ISO 14001
产品情况:钛酸锂电池和超级电容器等

★深圳市今朝时代股份有限公司
地址:广东省深圳市宝安区沙井街道新沙路安托山高科技园13栋
邮编:518055
电话:0755/33996111、4009992600
网址:www. tig - energy. com
电子信箱:info@ tigstor. com
法定代表人:张俊峰
单位人数:100
质量体系:ISO 9001、IATF 16949
产品情况:(TIGSTOR 品牌)
超级电容及高功率起停储能系统产品,批量使用于节能与新能源汽车(电驱动与制动能量回馈系统)等领域

★深圳市前海中电新能源科技有限公司
地址:广东省深圳市宝安区石岩街道天宝路13号雅丽工业园1栋二层
邮编:518055
电话:0755/26610815
网址:www. ce - newpower. com
电子信箱:2185479376@ qq. com
法定代表人:陈宗静
质量体系:ISO 9001
产品情况:电动汽车充电桩/站、变电站电源系统、机房工程、光伏发电、储能、电池化成检测、低压成套开关设备、电能质量解决方案及电力行业增值服务

★深圳市速腾聚创科技有限公司
地址:广东省深圳市南山区留仙大道3370号南山智园崇文园区3栋10-11层
邮编:518055
电话:0755/86325830、15338772453

网址:www. robosense. ai
电子信箱:service@ robosense. cn
法定代表人:邱纯鑫
质量体系:ISO 9001
产品情况:智能激光雷达系统

★国昱(深圳)电气科技有限公司
地址:广东省深圳市南山区西丽同沙路168号凯达尔集团大厦A座1208
邮编:518055
电话:0755/85011580、13682323590
传真:85011521
网址:gute - china. com
电子信箱:info@ gute - china. com
法定代表人:兰翠
质量体系:ISO/TS 16949
产品情况:基于钛酸锂电池和超级电容器为基础的动力与储能系统、电气系统相关配件
配套情况:为比亚迪、上汽集团、吉利汽车、金龙客车、中国中车、武汉地铁等供货

★深圳市锐明技术股份有限公司
地址:广东省深圳市南山区学苑大道1001号南山智园B1栋21-23楼
邮编:518055
电话:0755/33601988
传真:33605005
网址:www. streamax. com
电子信箱:info@ streamax. com
法定代表人:赵志坚
单位人数:1700
质量体系:ISO 9001、ISO 14001
产品情况:提供商用车综合监控和智能化解决方案
出口情况:远销北美洲、欧洲、中东等地区

★深圳市金霆新能源技术有限公司
地址:广东省深圳市南山区学苑大道1001号南山智园C1栋6层
邮编:518055
电话:0755/26981333
传真:26982688
网址:www. jinting - solar. com
电子信箱:luojb@ jinting - solar. com
法定代表人:卫卓明
质量体系:ISO 9001
产品情况:(金霆牌)
直流充电机、智能交流充电桩、电动汽车充电盒、直流充电机电源模块、车载充电机、车载DC/DC电源等汽车充电车载设备系统等

★云杉智慧新能源技术有限公司
地址:广东省深圳市福田区振华路111号中电迪富大厦8楼
邮编:518057
电话:4001118220
网址:www. win - sky. com. cn
电子信箱:ys@ win - sky. com. cn
法定代表人:徐征鹏
质量体系:ISO 9001、ISO 14001
产品情况:(驾贝牌)
新能源充换电建设(建设充电桩、充电站等)和运营服务、快速充换电网络、新能源汽车分时租赁网约、智能运营服务体系提供消费与支付服务、停车充电服务、新能源物流车、客车服务、新能源汽车一站式销售体验中心
配套情况:建设宁波杉杉产业园充电站、天津体育中心充电站、深圳凤凰雁盟充电站等

★深圳科士达科技股份有限公司
地址:广东省深圳市南山区高新北区科技中二路软件园1栋4楼
邮编:518057
电话:0755/86168476
传真:86168482
网址:www. kstar. com. cn
电子信箱:huangwx@ kstar. com. cn
法定代表人:刘程宇
单位人数:2723
质量体系:ISO 9001、ISO 14001
产品情况:新能源汽车充电桩(交流充电桩、直流充电桩、直流充电模块、充电桩运营平台)等
出口情况:远销亚洲、欧洲、北美洲、非洲80多个主要国家和地区

★长园深瑞继保自动化有限公司
地址:广东省深圳市南山区高新技术产业园北区科技北一路13号
邮编:518057
电话:0755/33018888、4006788099
传真:33018889
网址:www. sznari. com
电子信箱:market@ sznari. com
法定代表人:徐成斌
单位人数:3000
质量体系:ISO 9001、ISO 14001
产品情况:基于嵌入式系统的智能控制装置和实时计算机监控系统:PRS-757X电动汽车充电桩、PRS-7586系列动态无功补偿产品等
出口情况:远销亚洲、非洲、南美洲等地区

★深圳奥特迅电力设备股份有限公司
地址:广东省深圳市南山区高新技术产业园北区松坪山路3号奥特迅电力大厦
邮编:518057
电话:0755/26520500
传真:26615880、26615867
网址:www. atc - a. com
电子信箱:atcsz@ 163. net
法定代表人:廖晓霞
单位人数:614
质量体系:ISO 9001、ISO 14001
产品情况:(奥特迅牌)
矩阵式柔性充电堆、电动汽车一体化充电桩/充电机、系列电动汽车分体式充电桩/充电机、电动汽车交流充电桩、电动汽车充电站交钥匙工程等
配套情况:应用于第26届世界大学生运动会新能源汽车充电网络等重点项目

★深圳市美好幸福生活安全系统有限公司
地址:广东省深圳市南山区科发路金融基地1栋11楼
邮编:518057
电话:0755/86627775
传真:86627776
网址:www. adasleader. com
电子信箱:adasleader@ adasleader. com
法定代表人:郑金瑞
产品情况:专注于图像认知、图像理解、深度学习、汽车电子、无人驾驶、高速互联网生态系统等高新科技领域的研究,主要产品包括事故规避智能预警系统、智能驾驶系统、SOC系统、高速移动互联网生态系统等

★深圳太空科技有限公司
地址:广东省深圳市南山区科技北区松坪山路3号奥特迅电力大厦
邮编:518057
电话:0755/26520500、82737552
传真:26615880、26615867
网址:www. atc - a. com
电子信箱:atcsz@ 163. net
法定代表人:倪泽望
质量体系:ISO 9001
产品情况:(奥特迅牌)
矩阵式柔性充电堆、电动汽车一体化充电桩/充电机、系列电动汽车分体式充电桩/充电机、电动汽车交流充电桩等
配套情况:应用于第26届世界大学生运动会新能源汽车充电网络等重点项目

★深圳市科陆电子科技股份有限公司
地址:广东省深圳市南山区科技园北区宝深路科陆大厦
邮编:518057
电话:0755/33309999
传真:26719679
网址:www. szclou. com
电子信箱:marketing@ szclou. com
法定代表人:饶陆华
单位人数:3000
质量体系:ISO 9001、ISO 14001
产品情况:CL5231F系列能量型箱式储能产品(磷酸铁锂储能专用电池)、电动汽车充电站、充电桩、电动汽车电动机控制器、车电网(全球互联网时代的车+桩+网综合平台运营服务)、车电网云平台
配套情况:主要客户有上汽通用五菱、江铃新能源、上海申龙客车、陕汽集团、东风特汽等

★深圳市科列技术股份有限公司
地址:广东省深圳市南山区科技园北区齐民道2号庆邦电子大厦5、6楼
邮编:518057
电话:0755/26654525
传真:26654525-8819
网址:www.klclear.com
电子信箱:public@klclear.com
法定代表人:张泱渊
质量体系:ISO 14001
产品情况:动力锂电池管理系统(BMS)

★深圳市金溢科技股份有限公司
地址:广东省深圳市南山区粤海街道科技南路16号深圳湾科技生态园11栋A座18-20层
邮编:518057
电话:0755/26030288
传真:26030885
网址:www.genvict.com
电子信箱:qiums@genvict.com
法定代表人:罗瑞发
单位人数:728
质量体系:ISO 14001、ISO 9001
产品情况:车联网专用通信设备WBO1001车载单元

★深圳市正宇电动汽车技术有限公司
地址:广东省深圳市龙华新区观澜国家高新科技园益鹏工业园2栋
邮编:518060
电话:0755/28051279
电子信箱:service@zy-eds.com
法定代表人:梅凌云
质量体系:IATF 16949
产品情况:新能源汽车驱动电动机、电动机控制器、整车控制器等产品,为纯电动及混合动力车型提供驱动系统软硬件产品及整体解决方案和服务

★深圳前海辅驾宝车联网有限公司
地址:广东省深圳市南山区科园路1004号软件产业基地5栋E座701
邮编:518062
电话:0755/86626588
传真:86385088
电子信箱:topoto@topoto.cn
法定代表人:杨尧任
产品情况:汽车远程控制系统、夜视主动安全系统、ADAS、HUD、360°全景等相关汽车安防类产品

★深圳充电网科技有限公司
地址:广东省深圳市南山区高新南六路航盛科技大厦12楼
邮编:518063
电话:0755/86950122、4006105288
传真:26993278
网址:www.chargerlink.com
电子信箱:sales@chargerlink.com
法定代表人:王振飞
质量体系:ISO 9001
产品情况:加装充电桩、充电网APP,电动汽车微信充电解决方案、充电设施管理系统、智能车位、分时租赁解分时租赁、计费通信控制模块等
配套情况:充电网科技与皇冠假日酒店、凯德Mall、中海地产、民生银行、银泰百货、香格里拉酒店、招商证券等合作,配套车位加装充电桩的企业近200余家,并与滴滴代驾、宝马汽车等汽车厂合作

★深圳市金宏威技术有限责任公司
地址:广东省深圳市南山区高新区高新南九道9号威新软件园8号楼7层
邮编:518063
电话:0755/26506655、4008880018
传真:26506655
网址:www.jhw.com.cn
电子信箱:linaoling@jhw.com.cn
法定代表人:王桂琴
质量体系:ISO 9001、ISO 14001
产品情况:(金宏威牌)
　　交流充电桩、电动汽车非车载充电机、智能充电机综合控制与管理系统、非车载充电机充电模块等

★深圳市盛弘电气股份有限公司
地址:广东省深圳市南山区松白路1002号
邮编:518068
电话:0755/86511588
传真:86513100
网址:www.sinexcel.com
电子信箱:sales@sinexcel.com
法定代表人:方兴
质量体系:ISO 9001、ISO 14001
产品情况:(Sinexcel牌)
　　新能源汽车充电设备及运维系统
配套及出口情况:为全国43个城市的建筑体提供电动汽车充电桩;出口亚洲、大洋洲、欧洲、北美洲

★深圳欣锐科技股份有限公司
地址:广东省深圳市南山区学苑大道1001号南山智园C1栋14层
邮编:518071
电话:0755/86261588、4001806868
传真:86329100
网址:www.shinry.com
电子信箱:evcs@shinery.com
法定代表人:吴壬华
质量体系:IATF 16949、ISO 9001
产品情况:(SHINRY牌)
　　新能源汽车DC/DC变换器、车载充电机、快速充电系统等
配套及出口情况:主要合作伙伴有北汽集团、长安汽车、广汽集团、江淮汽车、奇瑞汽车、华泰汽车、华晨汽车、中国一汽、嘉远电动汽车、雁骏汽车、九龙汽车、亚星汽车、海德汽车、东风汽车、宇通客车、南京金龙、银隆客车、金龙客车、九龙汽车、比亚迪汽车、安凯客车、中国中车等;远销瑞典、美国、英国

★深圳创维汽车智能有限公司
地址:广东省深圳市宝安区石岩街道塘头路口创维科技工业园显示厂8楼
邮编:518100
电话:0755/86970336、86970313
网址:www.skyworthauto.com
法定代表人:常宝成
质量体系:IATF 16949、ISO 14001
产品情况:车载影音导航系列智能终端产品、行车辅助安全系统,车联网系统服务等
配套及出口情况:主要客户有江淮汽车、雷诺、东风悦达起亚、铃木、江铃汽车、南京金龙、长丰猎豹、长江电动车;远销欧盟、美国、日本、俄罗斯、东南亚、南美洲、中东等国家和地区

★深圳市理想节能电机有限公司
地址:广东省深圳市宝安区石岩街道塘头社区三联工业区C栋
邮编:518100
电话:0755/29032389
网址:www.gamshing.com
电子信箱:gamshing@gamshing.com
法定代表人:张辉明
质量体系:IATF 16949、ISO 9001
产品情况:新能源驱动电动机及其控制器

★深圳市创容新能源有限公司
地址:广东省深圳市宝安区松岗街道燕川社区燕川北部工业园研发中心6楼7楼
邮编:518100
电话:0755/29948883、29948998
传真:29948906
网址:www.csdcap.com
电子信箱:sales@csdcap.com
法定代表人:郑清明
质量体系:ISO 14001、IATF 16949
产品情况:薄膜电容器

★深圳市超思维电子股份有限公司
地址:广东省深圳市宝安区松岗罗田象山大道268号
邮编:518100
电话:0755/61189790、61130108
传真:61189794
网址:www.szcsw.cn
电子信箱:service@szcsw.cn
法定代表人:张家斌
单位人数:275
质量体系:ISO 9001
产品情况:储能电池管理系统(BMS)、动力电池管理系统(BMS)
配套情况:与卡威、猛狮科技、上饶客车、陕汽通家、河北御捷等达成战略合作关系

★深圳佳美新能源连接系统股份有限公司
地址:广东省深圳市宝安区松岗沙浦围

茅洲河工业区佳美科技园
邮编:518100
电话:0755/81734656
传真:81734658
网址:www. zhumei - china. com
电子信箱:yz@ zhumei - china. com
法定代表人:王红梅
单位人数:224
质量体系:IATF 16949
产品情况:EV 线束及连接线、EV 车用电线及充电线缆、EV 高性能连接器、EV 充电接口、EV 充电桩等新能源汽车互联产品
配套情况:为比亚迪 20 多款新能源车型提供配套产品

★深圳市智胜新电子技术有限公司
地址:广东省深圳市宝安区西乡固戍航城大道安乐工业区 B1 栋
邮编:518100
电话:0755/83526100
传真:83526199
网址:www. zste. com
电子信箱:sales@ zeasset. com
法定代表人:余秀娜
质量体系:IATF 16949、ISO 9001
产品情况:工业控制行业大型铝电解电容器(螺栓型、焊针型)、超级电容器(螺栓型、焊针型、引线型),用于电动汽车等领域

★深圳市冠力达电子有限公司
地址:广东省深圳市宝安沙井新和大道基达利工业园 C2 楼
邮编:518100
电话:0755/29979729、4006127088
传真:61640001
网址:www. glida. cn
电子信箱:2966006593@ qq. com
法定代表人:杨勇
质量体系:ISO 9001
产品情况:电动车用锂电池
配套情况:为佛山毅丰、建恒、中国兵器集团、博富能电池、泰尔茂医疗、三洋、三星、日本精工、比克配套

★深圳市三瑞电源有限公司
地址:广东省深圳市光明新区白花社区白花洞第一工业区一号路 B16
邮编:518100
电话:0755/81737203、81737205
传真:81737272
网址:www. sumry. com. cn
电子信箱:694845058@ qq. com
法定代表人:许兴权
质量体系:ISO 9001
产品情况:电动汽车充电系统等(如充电桩模块)等
出口情况:远销亚洲、欧洲、北美洲、非洲多个主要国家和地区

★深圳市康泰电气设备有限公司
地址:广东省深圳市光明新区冠城高新科技园 C 栋
邮编:518100
电话:0755/26513107、13728875459
传真:26513081
网址:www. szktdq. cn
电子信箱:kangtaidianqi@ yeah. net
法定代表人:彭康玉
单位人数:385
质量体系:ISO 9001、OHSAS 18001
产品情况:1. 5MWh 锂电池集装箱储能系统、JHC1000 多功能充电机、一体式直流充电桩等

★深圳市安和威电力科技股份有限公司
地址:广东省深圳市龙岗区同德社区吓坑二路 64 号第三工业区综合办公楼
邮编:518100
电话:0755/83145818、4008309038
传真:83146448
网址:www. szautoway. com
电子信箱:ahw@ szautoway. com
法定代表人:叶楚宇
质量体系:ISO 9001、ISO 14001
产品情况:电动汽车充/换电站及充/换电设备、电力、机电设备制造和建设,新能源汽车加电站(桩)的建设施工及部分设备供应
配套情况:合作伙伴有广州大金钟路充电站、海州物流园充电站、中山城轨充换电站、中山城南加电站等

★深圳市力通威电子科技有限公司
地址:广东省深圳市龙华大浪街道百富利工业园 C 栋
邮编:518100
电话:0755/81489958、15986757986
传真:81489955
网址:www. lt - power. com
电子信箱:dora2@ 163. com
法定代表人:何祝军
质量体系:IATF 16949、ISO 9001
产品情况:锂电池保护模组、锂动力电池保护模组、单片机控制智能型锂动力电池均衡保护模组、电池管理系统(BMS)、锂电池终端应用产品 UPS、应急电源、汽车备用电源、电动车 BMS、移动电源等
出口情况:远销日本、韩国、东南亚、欧美、南美洲、非洲等国家和地区,并销往中国台湾、中国香港、中国澳门地区

★深圳市国新动力科技有限公司
地址:广东省深圳市龙华新区大浪街道安丰工业区二期 D 栋 2 楼
邮编:518100
电话:0755/33564799
电子信箱:sales_gxdl@ 163. com
法定代表人:裴国忠
质量体系:IATF 16949、ISO 9001
产品情况:电动汽车动力电池管理系统、电力能源存储管理系统、新型能源应用管理系统

★深圳市锐深科技有限公司
地址:广东省深圳市龙华新区龙观路 39 号龙城工业区 C 栋
邮编:518100
电话:0755/83177476、18813649916
传真:83176461
网址:www. racern. com
电子信箱:raymond@ szruan. com. cn
法定代表人:张岳期
质量体系:ISO 9001
产品情况:专业从事电池管理系统及其配套产品生产

★深圳市汇川技术股份有限公司
地址:广东省深圳市宝安区宝城 70 区留仙二路鸿威工业园 E 栋
邮编:518101
电话:0755/29799595
传真:29619897
网址:www. inovance. cn
电子信箱:recruiter@ inovance. cn
法定代表人:朱兴明
单位人数:7769
质量体系:ISO 9001、OHSAS 18001
产品情况:服务于新能源汽车领域动力总成核心部件,包括各种电动机控制器、辅助动力系统等

★格林美股份有限公司
地址:广东省深圳市宝安新中心区兴华路南侧荣超滨海大厦 A 栋 20 层
邮编:518101
电话:0755/33386666
传真:33895777
网址:www. gemchina. com
法定代表人:许开华
单位人数:5000
产品情况:新能源汽车用动力电池材料循环再造

★深圳可立克科技股份有限公司
地址:广东省深圳市宝安区福永街道桥头村正中工业园 7 栋
邮编:518103
电话:0755/29918117
传真:29918005
网址:www. clickele. com
电子信箱:sales@ clickele. com
法定代表人:肖铿
单位人数:3532
质量体系:ISO 9001、ISO 14001
产品情况:(CLiCK 牌)
磁性元件和电源:充电电源、消费类终端适配器、传统磁性元件、新能源磁性器件、AC/DC 车载充电器、DC/DC 电源、逆变器
出口情况:80% 产品远销欧美、大洋洲、南美洲、亚洲等地区

★深圳市长盈精密技术股份有限公司
地址:广东省深圳市宝安区福永镇桥头富桥工业 3 区 3 号厂
邮编:518103
电话:0755/27347334
传真:27343856
网址:www. ewpt. com
电子信箱:zongjb@ ewpt. com
法定代表人:陈奇星
单位人数:35000
质量体系:IATF 16949、ISO 9001
产品情况:氢燃料电池、动力电池盖板、Busbar、精密汽车电子、充电设备相关、重载连接器
配套情况:为特斯拉等供货

★深圳智眸科技有限公司
地址:广东省深圳市南山区招商街道赤湾社区赤湾四路三号 A5 库(赤湾一号)B09
邮编:518103
电话:0755/22675493、13670284376
电子信箱:1049018605@ qq. com
法定代表人:顾梅玉
产品情况:车规级前装双目等产品,主要应用于汽车高级辅助驾驶和自动驾驶等市场

★大富科技(安徽)股份有限公司
地址:广东省深圳市宝安区沙井蚝乡路沙井工业公司第三工业区
邮编:518104
电话:0755/29816880
传真:29816518
网址:www. tatfook. com
电子信箱:legal@ tatfook. com
法定代表人:孙尚传
单位人数:6000
质量体系:IATF 16949、ISO 9001
产品情况:智能终端产品、新能源汽车电池、动力电池负极材料等
配套情况:为华为、爱立信、康普、苹果、博世等配套

★深圳市信维通信股份有限公司
地址:广东省深圳市南山区科技园科丰路 2 号特发信息港 A 座北三楼
邮编:518104
电话:0755/81773388
传真:86561715
网址:www. sz - sunway. com. cn
电子信箱:marketing@ sz - sunway. com
法定代表人:彭浩
质量体系:IATF 16949、ISO 9001
产品情况:电动汽车充电模组、充电桩

★深圳索瑞德电子有限公司
地址:广东省深圳市宝安区松岗镇潭头西部工业园区 B22 栋
邮编:518105
电话:0755/81495850、4006762755
传真:81495855
网址:www. soroups. com
电子信箱:info@ soroups. com
法定代表人:陈伟寰
质量体系:ISO 9001、ISO 14001
产品情况:(索瑞德牌)
新能源电动汽车交、直流充电桩等
出口情况:出口欧洲、北美洲、南美洲、非洲、中东、西亚、东南亚、大洋洲等国际市场

★深圳市星源材质科技股份有限公司
地址:广东省深圳市光明区公明办事处田园路北 5 号
邮编:518106
电话:0755/36800999
网址:www. senior798. com
法定代表人:陈秀峰
质量体系:IATF 16949、ISO 9001
产品情况:动力锂离子电池隔膜

★深圳市英威腾电气股份有限公司
地址:广东省深圳市光明区马田街道松白路英威腾光明科技大厦 B 栋 6 楼东侧
邮编:518106
电话:0755/23535777
传真:26499440
网址:www. invt. com. cn
电子信箱:imcsales@ invt. com. cn
法定代表人:黄申力
质量体系:ISO 9001、ISO 14001
产品情况:(INVT 品牌)
动力系统总成、主电动机控制器、辅助电动机控制器、驱动电动机、车载充电电源、充电桩
出口情况:远销海外 60 多个国家和地区

★力佳电源科技(深圳)股份有限公司
地址:广东省深圳市光明新区公明办事处合水口社区合水口新村西区一排 4 栋 306 室
邮编:518106
电话:0755/27543063、13757180224
网址:www. szlijia. com
电子信箱:sales@ szlijia. com
法定代表人:王建
质量体系:ISO 9001
产品情况:锂微型电源,用于汽车遥控器等

★深圳市蓝海华腾技术股份有限公司
地址:广东省深圳市光明区同观大道 7 号路科诺工业园科诺大厦
邮编:518107
电话:0755/26580810、4000801199
传真:26580821
网址:www. v - t. net. cn
电子信箱:lhht@ v - t. net. cn
法定代表人:邱文渊
质量体系:ISO/TS 16949、ISO 9001
产品情况:中低压变频器、伺服驱动器、电动汽车电动机控制器、逆变器等电力电子产品

★深圳市得润电子股份有限公司
地址:广东省深圳市光明新区光明街道三十三路 9 号得润电子工业园
邮编:518107
电话:0755/33260000
传真:33260333
网址:www. deren. com. cn
电子信箱:xiaoxiaoquan@ deren. com
法定代表人:邱建民
质量体系:QS 9000、IATF 16949
产品情况:主营汽车电子及新能源汽车零部件业务,主要产品包括安全和报警产品、电源管理系统和车载充电模块产品、电子功率模块产品和车联网产品
配套情况:主要客户包括大众、宝马、奔驰、BMW、大众集团、菲亚特集团、标致雪铁龙集团等整车厂商,以及部分一线汽车零部件供应商

★深圳市中工巨能科技有限公司
地址:广东省深圳市宝安区石岩街道坑尾大道 33 号磁通工业园 3 楼
邮编:518108
电话:0755/86531178、86531378
传真:86531178 - 619
电子信箱:june@ chinajune. com
法定代表人:林明
质量体系:IATF 16949
产品情况:电池管理系统、电池保护板、动力电池包、充电桩系统、大功率充电机等
配套情况:主要客户有金龙客车、五洲龙、航天神州等

★欣旺达电子股份有限公司
地址:广东省深圳市宝安区石岩街道石龙社区颐和路 2 号综合楼 1 楼、2 楼 A - B 区
邮编:518108
电话:0755/29516888
传真:29516999
网址:www. sunwoda. com
电子信箱:shixiaojun@ sunwoda. com
法定代表人:王威
质量体系:ISO 9001、ISO 14001
产品情况:电动汽车动力总成等
配套情况:与北汽福田等国内重点整车厂保持长期战略合作关系

★深圳市康灿新能源科技有限公司
地址:广东省深圳市宝安区石岩街道塘头大道宏发工业园 10 栋 2 楼
邮编:518108
电话:0755/29427789
网址:www. kcpowercar. com
法定代表人:杨荣华
质量体系:ISO 9001、IATF 16949
产品情况:产品涵盖新能源汽车 DC-DC 变换器、DC-AC 车载逆变器,三合一辅

驱动控制、三合一(PDU+DC+OBC)、移动充电设备、便携式充电机等一系列产品

★深圳英飞源技术有限公司
地址:广东省深圳市宝安区石岩街道塘头社区塘头1号路领亚工业园春生楼1楼
邮编:518108
电话:0755/86574800
传真:86588721
网址:www.infypower.com
电子信箱:fxq112y@infypower.com
法定代表人:朱春辉
质量体系:ISO 9001、ISO 14001
产品情况:充电模块、充电监控、充电管理系统、车载电源等

★深圳市蓝德汽车电源技术有限公司
地址:广东省深圳市宝安区石岩街道塘头一号路创维创新谷5号D栋301
邮编:518108
电话:0755/23272895、15889761081
网址:www.powercar.cc
电子信箱:xiaoliu.zhang@powercar.cc
法定代表人:张涛
质量体系:ISO/TS 16949、ISO 9001
产品情况:新能源汽车DC/DC变换器、车载充电机、充电站(桩)等
配套情况:与国内主流车厂以及新能源企业建立起战略合作关系

★深圳市拓邦锂电池有限公司
地址:广东省深圳市宝安区石岩梨园工业园拓邦工业园
邮编:518108
电话:0755/277651888
传真:81765047
网址:www.topbandbattery.com
电子信箱:li-power@topband-e.com
法定代表人:武永强
质量体系:OHSAS 18001、ISO 14001
产品情况:(Topband牌)
新能源汽车动力电池、储能系统等

★深圳拓邦股份有限公司
地址:广东省深圳市宝安区石岩镇塘头大道拓邦工业园
邮编:518108
电话:0755/27651888
网址:www.topband.com.cn
电子信箱:topband@topband.com.cn
法定代表人:武永强
单位人数:5000
质量体系:ISO 14001、OHSAS 18001
产品情况:磷酸铁锂方形电芯、锂离子动力电池等

★深圳市兆新能源股份有限公司
地址:广东省深圳市罗湖区笋岗梨园路8号HALO广场一期5层(笋岗三号仓库五层)509-514,516单元
邮编:518108
电话:0755/86922999、86922998
传真:86922988
网址:www.7cf.com
电子信箱:410649269@qq.com
法定代表人:张文
单位人数:549
质量体系:ISO 9001、ISO 14001
产品情况:(7CF牌、可立美牌)
传统业务(包括精细化工、生物基降解材料)、新能源业务(包括新能源光伏发电、新能源汽车运营、新能源汽车充电桩、储能、智慧停车)等领域
出口情况:出口美国、日本、欧洲等70多个国家和地区

★茂硕电源科技股份有限公司
地址:广东省深圳市南山区西丽茂硕科技园
邮编:518108
电话:0755/27657000、4008890018
传真:27657908
网址:www.mosopower.com
电子信箱:xiaoxiao.chen@mosopower.com
法定代表人:顾永德
质量体系:ISO 9001、ISO 14001
产品情况:(茂硕电源牌)
智能充电桩、新能源汽车充电运营等
出口情况:远销美国、日本、韩国、新加坡、欧洲等国家,并销往中国香港、中国台湾地区

★深圳晶福源科技股份有限公司
地址:广东省深圳市南山区西丽镇松白路南岗第二工业区12栋
邮编:518108
电话:0755/29868497、4006364006
传真:26505986
网址:www.jfy-tech.com
电子信箱:support@jfy-tech.com
法定代表人:陈恒留
质量体系:ISO 9001、ISO 14001
产品情况:(晶福源牌)
直流充电桩及充电模块、车载充电机、DC/DC变换器、锂电池管理系统(BMS)等
出口情况:远销北美洲、欧盟、大洋洲在内的全球60多个国家和地区

★深圳市格瑞普电池有限公司
地址:广东省深圳市龙华区大浪街道高峰社区华荣路格瑞普第1栋1层及2~4层、2栋(1~4层)、综合楼(1~3层)
邮编:518109
电话:0755/88376378、81700168
传真:88376585
网址:www.ace-pow.com
电子信箱:info@gensace.com
法定代表人:刘森
质量体系:ISO 9001、IATF 16949
产品情况:NIMH(镍氢电池)、LI-PO(锂聚合物电池)、LI-FE(锂铁)电池,用于电动自行车、电动汽车等领域

★深圳市科达利实业股份有限公司
地址:广东省深圳市龙华区大浪街道华兴路北侧中建工业区第一栋厂房三层
邮编:518109
电话:0755/61186666
传真:61189999
网址:www.kedali.com.cn
电子信箱:kedali@kedali.com.cn
法定代表人:励建立
单位人数:3616
质量体系:IATF 16949、ISO 9001
产品情况:动力电池主配件、动力电池结构件、锂电池结构件
配套情况:客户有松下、LG、三星、波士顿、德国大众微电池等国外知名客户,以及广汽集团、万向集团、ATL、比亚迪、力神、中航锂电、亿纬锂能、比克、宝马、宇通等国内客户

★深圳市豪恩汽车电子装备股份有限公司
地址:广东省深圳市龙华区大浪街道同胜社区同富裕第三功能区
邮编:518109
电话:0755/28032222
传真:28032666
网址:www.long-horn.com
电子信箱:service@long-horn.com
法定代表人:罗小平
质量体系:IATF 16949、ISO 9001
产品情况:摄像头、倒车雷达、360°全景系统、行车记录仪、行车电脑、HUD抬头显示器、自动泊车系统、盲点侦测系统、自动泊车等汽车电子产品
配套情况:与上汽大众、一汽-大众、吉利汽车、福特全球、东风小康、东风日产、长城汽车、比亚迪、上汽通用五菱、印度福特、PSA全球、现代汽车、印度TATA、印度铃木、印度马恒达等全球一流客户保持良好的合作关系

★深圳市朗道科技有限公司
地址:广东省深圳市龙华区观澜五和大道308号侨安科技工业园D栋501
邮编:518109
电话:0755/82534851
传真:852234851-111
网址:lanodo.com
电子信箱:lansion@21cn.com
法定代表人:王松
质量体系:ISO 9001
产品情况:生产移动通信设备、三防电子产品、行业定制设备及互联网智能终端等,其中智能巡检仪,可检测司机疲劳驾驶状态识别,及时警报提示
出口情况:产品覆盖30多个国家和地区

★欧赛新能源科技股份有限公司
地址:广东省深圳市龙华新区清湖清泉路硅谷大院 T1 栋 603 房
邮编:518109
电话:0755/21013185、81781377
传真:21013750
网址:www. ocelltech. com
电子信箱:marketing@ ocelltech. com
法定代表人:黄德勇
质量体系:IATF 16949、ISO 9001
产品情况:磷酸铁锂电池、电池组、电池管理系统和能源解决方案

★深圳市中天协创科技发展有限公司
地址:广东省深圳市龙华区观湖街道鹭湖社区观乐路 5 号多彩科技城 3 号楼 4 楼
邮编:518110
电话:0755/83730122、13530400508
网址:www. ztxc. cc
电子信箱:ztxc@ ztxc. cc
法定代表人:王凌云
质量体系:ISO 9001
产品情况:便捷式充电桩、交/直流充电桩和充电柜等新能源电动车智能化充电设备
出口情况:出口东南亚及欧美地区

★深圳市京泉华科技股份有限公司
地址:广东省深圳市龙华区观澜街道桂月路 325 号京泉华工业园
邮编:518110
电话:0755/27040011、4001688933
传真:27040555
网址:www. everrise. net
电子信箱:djh@ jqh. cc
法定代表人:张立品
单位人数:3154
质量体系:ISO 9001、ISO 14001
产品情况:充电桩、汽车电子

★深圳市旭明电力技术有限公司
地址:广东省深圳市龙华新区观澜街道桂花社区观光路 1193 号旭明科技园
邮编:518110
电话:0755/27600587、27608008
传真:27600047、27600390
网址:www. chinaxum. com
电子信箱:393486182@ qq. com
法定代表人:刘荣军
质量体系:ISO 9001、ISO 14001
产品情况:高压、低压、箱变、变压器、消防的配电成套设备

★亿曼丰科技(深圳)有限公司
地址:广东省深圳市龙华新区观澜街道横坑环观中路 59 - 69 号
邮编:518110
电话:0755/28035501、28035502
传真:28085122
网址:www. szymf. com
电子信箱:xiang@ szymf. cn
法定代表人:向荣
质量体系:ISO 9001、ISO 14001
产品情况:金属化薄膜电容器,应用于电源、工业控制、汽车电子

★深圳康普盾科技股份有限公司
地址:广东省深圳市龙华新区观澜街道星花社区品顺路 107 号
邮编:518110
电话:0755/26658915、4001082919
传真:86612522
网址:www. compton. com. cn
电子信箱:project@ compton. com. cn
法定代表人:吴波
单位人数:150
质量体系:ISO 9001、ISO 14001
产品情况:(康普盾牌)
新能源电动汽车充电桩、配电产品、配线产品等
配套情况:为中国铁塔、中国电信、中国联通、中国移动、南方电网、国家电网、中兴通讯、比亚迪等配套

★广东天劲新能源科技股份有限公司
地址:广东省深圳市龙华新区观澜黎光社区诚光工业园
邮编:518110
电话:0755/29815105
传真:29062582
网址:www. teamgiant. cn
电子信箱:zxw@ teamgiant. com. cn
法定代表人:曾洪华
单位人数:1655
质量体系:IATF 16949、ISO 9001
产品情况:新能源汽车动力电池系统整体解决方案(华南聚合物锂离子动力电池)
配套及出口情况:为奇瑞汽车、知豆汽车、长安汽车、国金汽车、华晨汽车、东风柳汽、东风小康、江特汽车、山东唐骏等配套;远销欧洲、北美洲、南美洲、东南亚、韩国等 30 多个国家和地区,并销往中国台湾、中国香港地区

★深圳核达中远通电源技术股份有限公司
地址:广东省深圳市龙岗区宝龙街道宝龙社区宝龙二路 36 号
邮编:518116
电话:0755/33599662、32886808
传真:33229850、33229851
网址:www. vapel. cn
电子信箱:market@ vapel. com
法定代表人:罗厚斌
单位人数:1200
质量体系:ISO 9001、ISO 14001
产品情况:(VAPEL 牌)
电动车供电电源、电动汽车交/直流智能充电桩、模组化全系列宽电压车载充电机、车载转换电源等
配套情况:是北汽福田、海马、宇通、长春一汽、长安汽车等企业的供应商

★深圳市聚马新能源汽车科技有限公司
地址:广东省深圳市龙岗区宝龙街道同乐社区南同大道 5 号 B 栋
邮编:518116
电话:0755/89386081
传真:89386082
网址:www. juma - eds. com
电子信箱:juma@ juma - eds. com
法定代表人:李金峰
质量体系:IATF 16949
产品情况:新能源汽车电驱动系统、高压配电盒、高压线束等三电系统产品

★雅士电业(深圳)有限公司
地址:广东省深圳市龙岗区龙岗镇杨田路龙岗村龙河工业区
邮编:518116
电话:0755/89905511
传真:89905733
网址:www. amchk. com
法定代表人:郑子威
质量体系:ISO 9001
产品情况:为车载电源和大功率充电解决方案提供商

★深圳市卓能新能源股份有限公司
地址:广东省深圳市龙岗区坪地国际低碳城银台高新产业园
邮编:518117
电话:0755/84072583
网址:www. szznp. com
电子信箱:web@ szznp. com
法定代表人:黄国文
单位人数:3000
质量体系:ISO 9001、ISO 14001
产品情况:锂离子电池及电动汽车电源系统
出口情况:远销欧洲、北美洲、东南亚等 30 多个国家和地区

★比亚迪股份有限公司
地址:广东省深圳市大鹏新区葵涌街道延安路一号
邮编:518118
电话:0755/89888888
传真:84202222
网址:www. byd. com
电子信箱:bydpo@ byd. com
法定代表人:王传福
单位人数:220152
质量体系:ISO 9001、ISO 14001
产品情况:整车控制器、电动机控制器、电池管理系统、电池、电芯等
配套情况:客户有比亚迪、上汽申沃、中通客车、一汽

★深圳沃尔新能源电气科技股份有限公司
地址:广东省深圳市坪山新区兰景北路沃尔工业园
邮编:518118
电话:0755/28299389、28299598
传真:28299595

网址:www. woerxny. com
电子信箱:woerxny@ woer. com
法定代表人:康树峰
质量体系:IATF 16949、ISO 9001
产品情况:新能源领域线束、连接器、叠层母排、软连接、配电箱等产品
配套情况:合作伙伴有东风柳汽、长江汽车、国金汽车、御捷、江铃汽车、银隆新能源、五洲龙、奥新新能源、力帆新能源、中植汽车、比亚迪、亿纬锂能、华商三优、科大智能等

★深圳巴斯巴科技发展有限公司
地址:广东省深圳市坪山新区兰竹东路8号
邮编:518118
电话:0755/89938488、4008811848
传真:89939188
网址:www. ebusbar. net
电子信箱:bsbgroup@ eubsbar. net
法定代表人:林国军
质量体系:IATF 16949、ISO 9001
产品情况:(巴斯巴牌)
充电连接器、电动汽车充电设备(充电桩)、电子母排、高压大电流连接器、电池连接系统专用母排、高压继电器、高压配电盒等系整车控制器多合一列产品
配套情况:主要合作企业有比亚迪、北汽、长安、华晨客车、宝马、奔驰、大众、广汽等,目前和国内外80%的整车厂建立了合作关系

★深圳华一汽车科技有限公司
地址:广东省深圳市坪山新区坪山碧岭金碧路528号
邮编:518118
电话:0755/82023869
网址:www. itas - hk. com
电子信箱:itas@ infotronic - int. com
法定代表人:余曦
质量体系:IATF 16949
产品情况:专注于研发汽车智能驾驶座舱、车联网、智能交通整体解决方案及相关产品,主要包括智能液晶仪表、车联网汽车系统、新能源汽车系统、汽车安全系统

★深圳新宙邦科技股份有限公司
地址:广东省深圳市坪山新区沙坣同富裕工业区
邮编:518118
电话:0755/89923768
传真:89924533
网址:www. capchem. com
电子信箱:capchem@ capchem. com
法定代表人:覃九三
质量体系:IATF 16949、ISO 9001
产品情况:主要生产锂电池化学品、电容器化学品、有机氟化学品、半导体化学品以及LED封装材料等
出口情况:批量出口日本、韩国、美国、巴西、欧洲等国家和地区

★ 深圳市比克电池有限公司
地址:广东省深圳市大鹏区葵涌街道比克工业园
邮编:518119
电话:0755/61886818
传真:89770062
网址:www. bak. com. cn
电子信箱:info@ bak. com. cn
法定代表人:李向前
单位人数:4000
质量体系:ISO 9001、ISO 14001
产品情况:(比克牌)
锂离子动力电池、电动汽车、电池回收
配套及出口情况:获得众泰、奇瑞、华晨宝马、吉利、一汽、宇通等国内外知名汽车厂商的肯定;出口欧洲、北美洲、南美洲、东南亚、韩国等国家和地区,并销往中国台湾地区
☞ 详细情况请参阅彩色宣传版面

★深圳市比克动力电池有限公司
地址:广东省深圳市大鹏区葵涌街道比克工业园
邮编:518119
电话:0755/61886818
传真:89770062
网址:www. bak. com. cn
电子信箱:info@ bak. com. cn
法定代表人:李向前
质量体系:IATF 16949、ISO 9001
产品情况:(比克牌)
圆柱、方型和聚合物电芯,电池封装、电池解决方案等,主要应用于新能源汽车、消费类产品及后备储能等领域
配套及出口情况:在动力电池领域的应用范围遍布全系车型,服务全球10余家一线汽车制造商;出口欧洲、亚太地区、北美洲等地区

★深圳市雄韬电源科技股份有限公司
地址:广东省深圳市大鹏新区大鹏镇同富工业区雄韬科技园
邮编:518120
电话:0755/66851118
传真:66850678
网址:www. senry - batt. com
电子信箱:sales@ vision - batt. com
法定代表人:王克田
单位人数:4000
质量体系:IATF 16949
产品情况:密封铅酸蓄电池、锂离子电池(钴酸锂、锰酸锂、磷酸铁锂)
配套及出口情况:为东风汽车、中通汽车、开沃汽车、申龙汽车、中车等配套;远销欧洲、北美洲、大洋洲、南美洲、南非、印度、东盟各国

★深圳市若腾科技有限公司
地址:广东省深圳市宝安区沙井街道上南东路恒昌荣高新产业园3栋6-7楼
邮编:518125
电话:0755/23221390、13923788330
网址:www. szruoteng. com
电子信箱:ripple_li@ szruoteng. com
法定代表人:江斌
质量体系:ISO 14001、ISO 9001
产品情况:主要从事开关磁阻电动机、汽车电尾门撑杆以及各种直流无刷电动机的研发和生产,产品广泛应用于新能源汽车部件等行业
出口情况:远销欧美、韩国等海外市场

★深圳安智杰科技有限公司
地址:广东省深圳市宝安区西乡街道宝田三路24栋
邮编:518126
电话:0755/83474671、83474672
传真:83474670
网址:www. anngic. com
电子信箱:anngic@ anngic. com
法定代表人:张勇
质量体系:IATF 16949、ISO 9001
产品情况:以毫米波雷达传感器为核心产品

★华为技术有限公司
地址:广东省深圳市龙岗区坂田华为总部办公楼
邮编:518129
电话:0755/28780808
传真:28560111
网址:www. huawei. com
电子信箱:liulinjun@ huawei. com
法定代表人:赵明路
质量体系:ISO 14001
产品情况:(华为牌)
在多终端互联互通、车载操作系统开发、车机芯片开发、车联网评价体系标准建设等领域开展业务合作
配套情况:已经服务50个车厂、覆盖10万网联车

★深圳市国耀电子科技股份有限公司
地址:广东省深圳市龙岗区坂田街道吉华路龙壁工业城10栋6楼
邮编:518129
电话:0755/84192418、84192718
传真:84192618
网址:www. szguoyao. com
电子信箱:szmarket@ szguoyao. com
法定代表人:张耀南
单位人数:164
质量体系:ISO 9001、ISO 14001
产品情况:(GYE牌)
电动汽车充电模块、电动汽车直流充电机、系列车载充电机、系列车载DC/DC电源、电动汽车交流充电桩、一体式直流充电桩

★深圳市中科久明新能源技术有限公司
地址:广东省深圳市龙岗区横岗镇红棉三路 242 号金圣涛工业园(原敏华工业城)三号厂房 3 楼
邮编:518129
电话:0755/89357673、4009941858
传真:89357673
网址:www.szzkjm.com
电子信箱:szcas_xs@163.com
法定代表人:张小金
质量体系:ISO 9001
产品情况:拥有动力类电池模组、储能类电池模组、BMS 电控系统三大主流产品
配套情况:与比亚迪、中航锂电、比克、慧通天下、亿纬等国内外知名电芯企业开展合作

★深圳市越洋达科技有限公司
地址:广东省深圳市宝安区公明街道西田社区第三工业区 20 栋
邮编:518132
电话:0755/81735197、15602431289
传真:81735196
网址:www.owpsata.com
电子信箱:juilu@owasata.com
法定代表人:刘有文
质量体系:IATF 16949、ISO 9001
产品情况:各类电连接器、新能源汽车连接器/连接线

★深圳市镭神智能系统有限公司
地址:广东省深圳市宝安区沙井街道蚝乡路运华时代大厦 4 楼
邮编:518132
电话:0755/23242821
传真:23244316
网址:www.leishen-lidar.com
电子信箱:1002768248@qq.com
法定代表人:胡小波
质量体系:ISO 9001
产品情况:激光导航避障雷达、激光成像雷达、激光防撞雷达、激光定高雷达、高精度三维激光扫描仪、激光位移传感器

★深圳天邦达科技有限公司
地址:广东省深圳市光明新区公明镇玉律第六工业区 26 栋
邮编:518132
电话:0755/29642889
传真:26526929
网址:www.tian-power.com
电子信箱:info@tian-power.com
法定代表人:孙宝岗
质量体系:IATF 16949、ISO 9001
产品情况:锂电池保护模组,电动汽车、储能电池管理系统(BMS)
配套情况:与国内锂电池行业排名居前的企业均有全面深入的合作,如德赛、力神、飞毛腿、光宇、ATL/NVT、超威、天能、南都、莱克等;直接或间接地成为华为、LG、Apple、联想、日产等国际一线品牌的供应商

★珠海丽亭智能科技有限公司
地址:广东省珠海市高新区新沙 5 路 168 号国机机器人科技园
邮编:519000
电话:0756/3689063
网址:www.serva-ts.cn
电子信箱:info@ltsmart.com.cn
法定代表人:李罡
产品情况:智能停车机器人系统等

★赛米控电子(珠海)有限公司
地址:广东省珠海市软件园路 1 号生产加工中心 2#一层 1 单元;5#一层 2、4、5、7 单元
邮编:519000
电话:0756/3396707
传真:3396773
网址:www.semikron.com
电子信箱:wing.huang@semikron.com
法定代表人:尹怀鹿
质量体系:ISO 9001
产品情况:用于电动汽车快速充电设施的电力电子元件

★银隆新能源股份有限公司
地址:广东省珠海市金湾区(青湾工业园)金湖路 16 号
邮编:519015
电话:4008361888
网址:www.zhyle.com
电子信箱:sale@zhyle.com
法定代表人:赖信华
质量体系:IATF 16949、ISO 9001
产品情况:大容量、高功率锂离子动力电池、电动汽车动力总成和大功率锂离子储能电池

★珠海泰坦科技股份有限公司
地址:广东省珠海市石花西路 60 号泰坦科技园
邮编:519015
电话:0756/3325899、4006236008
网址:www.titans.com.cn
电子信箱:titans@titans.com.cn
法定代表人:李欣青
单位人数:500
质量体系:ISO 9001、ISO 14001
产品情况:电力电源产品系列、电动汽车充电产品系列、动力电池化成产品系列、电能储能产品系列等
配套情况:为神舟系列载人飞船发射基地、三峡输变电工程、750kV 兰州东变电站、葛洲坝水利发电厂、南水北调工程、青藏高原铁路、天津地铁、株六铁路及复线、首都机场、中南海、北京奥运会、上海世博会、广州亚运会等配套

★珠海驿联新能源汽车有限公司
地址:广东省珠海市石花西路 60 号泰坦科技园
邮编:519015
电话:4008129338
传真:0756/3325889
网址:www.ev-link.com.cn
电子信箱:ev-link@ev-link.com.cn
法定代表人:陈向军
质量体系:ISO 9001、ISO 14001
产品情况:TEVC 系列模块式整车充电系统、TCZ-J 系列交流充电桩、TEV 系列分箱式充电机、TCZ-Y 系列直流户外一体化充电系统
配套情况:参与承办国内 50 多座充换电站工程如徐州公交充电站、莱西市充电站等

★珠海英搏尔电气股份有限公司
地址:广东省珠海市高新区科技六路七号
邮编:519085
电话:0756/3396961、6860806
传真:6860881
网址:www.in-powercar.com
电子信箱:enpower@vip.163.com
法定代表人:姜桂宾
质量体系:IATF 16949、ISO 9001
产品情况:以电动机控制器为主,车载充电机、DC-DC 转换器、电子加速踏板等为辅的电动车辆关键零部件
配套情况:为东风小康、福田、奇瑞、吉利、双环、山东泰汽、河北御捷车业、富路车业、河南森源鸿马、山东顺达翰等配套

★珠海全志科技股份有限公司
地址:广东省珠海市高新区唐家湾镇科技 2 路 9 号
邮编:519085
电话:0756/3818333
网址:www.allwinnertech.com
电子信箱:service@allwinnertech.com
法定代表人:张建辉
质量体系:ISO 9001
产品情况:智能应用处理器 SoC、高性能模拟器件和无线互联芯片,广泛适用于车联网(行车记录仪、智能后视镜、智能中控)等多个产品领域
配套情况:为吉利汽车、东南汽车、一汽、众泰汽车等厂商服务

★珠海鹏辉能源有限公司
地址:广东省珠海市斗门区新青科技工业园新青五路
邮编:519100
电话:0756/6333555
传真:3922218
网址:www.greatpower.net
电子信箱:li-ion@greatpower.net
法定代表人:夏信德
质量体系:IATF 16949、ISO 9001
产品情况:主要生产聚合物锂离子、锂离子、镍氢等二次充电电池,锂铁、锂锰、锂亚硫酰氯、锌空等一次电池;产品广泛应用于新能源汽车动力电池、汽车

起动电源等

★珠海冠宇电池股份有限公司
地址:广东省珠海市斗门新青科技园珠峰大道209号
邮编:519180
电话:0756/6321999、13324077588
传真:6321900
网址:www. cosmx. com
电子信箱:public@ cosmx. com
法定代表人:徐延铭
质量体系:IATF 16949、ISO 9001
产品情况:NCM三元锂离子电池

★东莞福泽尔电子科技有限公司
地址:广东省东莞市塘厦镇塘厦大道中94号新园大厦B栋3楼整层
邮编:523000
电话:0769/87900280
传真:87900163
网址:www. fther. com. cn
法定代表人:周成勇
质量体系:ISO 9001、IATF 16949
产品情况:自动破窗器、部标一体机、车载录像机、防疲劳驾驶系统、车道偏离预警系统、无人售票系统及公交智能调度等高科技产品

★东莞力朗电池科技有限公司
地址:广东省东莞市清溪镇科技路401号
邮编:523000
电话:0769/39016600、4008166036
传真:39016604
网址:www. plb. com. cn
电子信箱:sales@ plb. com. cn
法定代表人:韩永斌
质量体系:IATF 16949、ISO 9001
产品情况:26650锂电芯、BMS电池管理系统、PACK及成品
配套情况:为北汽云南瑞丽、江铃集团晶马汽车等供货

★东莞众创新能源科技有限公司
地址:广东省东莞市松山湖大学创新城B1栋409室
邮编:523000
电话:0769/23070137-8069
网址:www. zonetron. com
电子信箱:service@ zonetron. com
法定代表人:王磊
质量体系:ISO 9001
产品情况:氢燃料电池、氢燃料电池核心部件(膜电极、双极板)及氢燃料电池供电系统

★广东戈兰玛汽车系统有限公司
地址:广东省东莞市东城区桑园管理区龙樟路25号
邮编:523119
电话:0769/27287978、26626334
传真:27287708
网址:www. grandmark-hk. com
电子信箱:info@ grandmark-hk. com
法定代表人:陈汉雄
质量体系:IATF 16949
产品情况:机械式自动变速器(AMT)及零部件,混合动力、纯电动等新能源系统部件

★奕东电子科技股份有限公司
地址:广东省东莞市东城同沙科技园区
邮编:523129
电话:0769/22200329
传真:22294825
网址:mail. youpon. com. cn
电子信箱:yidong@ yidong. com. cn
法定代表人:邓玉泉
质量体系:IATF 16949、ISO 14001
产品情况:精密冲压件和塑胶件及其精密模具、各种表面处理、背光源、FPC及其补强板、圆形电芯盖帽、方形电芯盖板、新能源精密结构件等产品,产品广泛应用于新能源汽车、半导体等行业
配套情况:是比亚迪等的供应商

★广东鼎立汽车空调有限公司
地址:广东省东莞市寮步镇金兴路425号
邮编:523402
电话:0769/23616188、4000769398
传真:83865675
网址:www. compressorcoolers. com
电子信箱:eng16@ topleadergroup. com
法定代表人:陈贤渊
质量体系:IATF 16949、ISO 9001
产品情况:(鼎立牌)
直流压缩机控制器、新能源汽车空调系统、货车及特种车独立电动空调系统(分体式、一体顶置式)产品

★东莞市卓高电子科技有限公司
地址:广东省东莞市横沥镇康乐路东兴工业园H栋、K栋
邮编:523462
电话:0769/82817885
网址:www. putailai. com
法定代表人:陈卫
质量体系:IATF 16949、ISO 9001
产品情况:中、高端锂电池用涂覆隔膜(陶瓷涂覆隔膜、PVDF涂覆隔膜、混涂涂覆隔膜等)

★广东合通建业科技股份有限公司
地址:广东省东莞市松山湖园区南山路1号4栋4单元
邮编:523520
电话:0769/81383999、4008393266
传真:81383993
网址:www. hetongpcb. com
电子信箱:liusl@ hetongpcb. com
法定代表人:陈子安
单位人数:464
质量体系:IATF 16949、ISO 9001
产品情况:生产高精度、高密度的单面、双面、多层电路板以及LED灯条板、碳油板、铝基板及新能源汽车储能电池板、汽车中控板、汽车车灯板等新能源汽车板
配套情况:目前合作的客户有沃特玛、比亚迪等

★广东合即得能源科技有限公司
地址:广东省东莞市樟木头镇柏地柏兴二路18号
邮编:523622
电话:0769/82113228
网址:www. chinahydrogen. cn
电子信箱:service@ hejide. cn
法定代表人:向华
质量体系:ISO 9001
产品情况:甲醇水制氢和燃料电池发电

★东莞劲威新能源科技有限公司
地址:广东省东莞市凤岗镇竹塘村排红花园沙围天桥旁
邮编:523681
电话:0769/82850902
传真:82978515
网址:www. jw2016. com
电子信箱:linxiaojia@ jinvon. cc
法定代表人:李拥军
质量体系:IATF 16949
产品情况:锂离子电池、石墨烯、碳纤维材料

★东莞市振华新能源科技有限公司
地址:广东省东莞市凤岗镇玉泉工业区兴园路7号
邮编:523696
电话:0769/82695120、82695588
传真:89330788
网址:www. sinowatt. com
电子信箱:sales@ sinowatt. com
法定代表人:陈刚
质量体系:IATF 16949、ISO 9001
产品情况:圆柱动力电池单体和电池组(主要用于轻型电动车和小型静态储能)、大容量方型和圆柱动力电池单体和电池组(主要用于电动汽车和大型静态储能)

★东莞塔菲尔新能源科技有限公司
地址:广东省东莞市大朗象山工业园嘉源路9号
邮编:523700
电话:0769/81239661
传真:81239662
网址:www. tafel. com. cn
电子信箱:yuxiong@ tafel. com. cn
法定代表人:姚万浩
质量体系:IATF 16949、ISO 9001
产品情况:新能源锂离子动力电池和储能电池

★广东志成冠军集团有限公司
地址:广东省东莞市塘厦田心工业区
邮编:523718
电话:0769/87725486、87722374
传真:87927259

网址:www. zhicheng - champion. com
电子信箱:zcz@ zhicheng - champion. com
法定代表人:韩妹平
质量体系:ISO 14001、IATF 16949
产品情况:电动汽车充电设备及管理系统等
出口情况:远销 70 多个国家和地区

★东莞国耀新能源科技有限公司
地址:广东省东莞市黄江镇北岸工业区南
邮编:523750
电话:0769/83519266
传真:83519566
网址:www. szguoyao. com
电子信箱:finance@ szguoyao. com
法定代表人:张耀南
质量体系:ISO 9001
产品情况:电动汽车充电模块、电动汽车直流充电机、系列车载充电机、系列车载 DC/DC 电源、电动汽车交流充电桩、一体式直流充电桩
配套情况:主要客户有中国移动、中国铁塔、华为、中兴通讯等国内外知名企业

★东莞正扬电子机械有限公司
地址:广东省东莞市黄江镇东环三街 1 号
邮编:523750
电话:0769/83533290
传真:82300910
网址:www. kusauto. com
电子信箱:info@ kusauto. com
法定代表人:顾纯萍
质量体系:IATF 16949
产品情况:智能驾驶辅助系统、77GHz/79GHz 毫米波雷达、单目摄像头、3D 环景摄像头、77GHz/79GHz 雷达融合、驾驶状态监控,纯电动/油电混合/插电式新能源车用整车控制器(VCU)、PTC 加热器、电动机 & 电子水泵、电动机控制器
配套及出口情况:主要合作伙伴有奔驰、沃尔沃、德国曼、斯堪尼亚、依维柯、雷诺、帕卡、东风、一汽解放、重汽、福田、陕汽、江淮、东风柳汽、江铃、长城、宝沃、日野、现代、日产、宇通、金龙客车、TATA、卡特彼勒、约翰迪尔、CNH、小松、日立、三一、徐工、博世、德尔福、大陆、一汽锡柴等国际知名公司;远销欧洲、北美洲、亚洲、南美洲、大洋洲、非洲的主要国家和地区

★东莞市航盛新能源材料有限公司
地址:广东省东莞市大朗镇新马莲新马路 163 号
邮编:523797
电话:0769/87003465
网址:www. hisunxny. com
电子信箱:customer - service@ dghisun. com
法定代表人:黄继宏
质量体系:ISO 9001、IATF 16949
产品情况:锂离子电池专用电解液
配套情况:与瑞隆新能源、劲鹿电池、鹏辉、升新能源、光宇集团、天臣新能源等合作

★易事特集团股份有限公司
地址:广东省东莞市松山湖高新技术产业开发区工业北路 6 号
邮编:523808
电话:0769/22897777、4007001660
传真:22898866
网址:www. eastups. com
电子信箱:info@ eastups. com
法定代表人:何佳
单位人数:1626
产品情况:(易事特牌)
电动汽车充电桩等
出口情况:出口全球 100 多个国家和地区

★东莞钜威动力技术有限公司
地址:广东省东莞市松山湖高新技术产业开发区工业北路 7 号力优科技中心 1 栋 3 楼 B 区
邮编:523808
电话:0769/23076060
传真:23076063
网址:www. powerwise - technology. com
电子信箱:pw@ powerwise - technology. com
法定代表人:刘鲁新
质量体系:IATF 16949
产品情况:电池管理系统(BMS)的研发、制造

★广东高标电子科技有限公司
地址:广东省东莞市松山湖高新技术产业开发区工业西路 3 号
邮编:523808
电话:0769/22899968、15989607285
传真:22898668
网址:www. gobao. cn
电子信箱:gobao@ kjgb. net
法定代表人:陈清付
质量体系:ISO 9001
产品情况:(高标牌)
电动车控制器,主要服务电动车品牌前 30 强的整车制造商

★东莞市创明电池技术有限公司
地址:广东省东莞市松山湖高新技术产业开发区工业西三路 9 号
邮编:523808
电话:0769/23836666
传真:23076582
网址:www. cham. com. cn
电子信箱:info@ cham. com. cn
法定代表人:倪佳
单位人数:7000
质量体系:IATF 16949、ISO 9001
产品情况:18650 圆柱形锂电子电池、电池组等
配套情况:为吉利汽车、浙江豪情、南京金控、上海神龙、扬州亚星、珠海广通、陕汽通家、东风汽车、众泰汽车等供货

★深圳市创明新能源股份有限公司
地址:广东省东莞市松山湖高新技术产业园区工业西三路 9 号
邮编:523808
电话:0769/23836666、13902475992
传真:23076582
网址:www. cham. com. cn
电子信箱:info@ cham. com. cn
法定代表人:赵青
质量体系:ISO 9001、ISO/TS 16949
产品情况:锂电子动力电池、电池组等
配套情况:为吉利汽车、浙江豪情、南京金控、上海神龙、扬州亚星、珠海广通、陕汽通家、东风汽车、众泰汽车等供货

★东莞新能源科技有限公司
地址:广东省东莞市松山湖科技产业园区北部工业区工业西路 1 号
邮编:523808
电话:0769/88989001
网址:www. atlbattery. com
电子信箱:ssl - reception@ atlbattery. com
法定代表人:伍先帆
质量体系:ISO 9001、ISO 14001
产品情况:可充电锂离子电池的电芯、封装和系统整合

★肇庆绿宝石电子科技股份有限公司
地址:广东省肇庆市端州区端州八路
邮编:526000
电话:0758/2862871
传真:2862870
网址:www. zq - beryl. com
电子信箱:master@ zq - beryl. com
法定代表人:刘泳澎
单位人数:421
质量体系:IATF 16949、ISO 9001
产品情况:铝电解电容器、固态电容器和超级电容

★广东风华新能源股份有限公司
地址:广东省肇庆市睦岗工业区太和路 2 号
邮编:526020
电话:0758/2870507、2870355
传真:2870431
网址:www. fenghua - lib. com
电子信箱:fhld@ fenghua - lib. com
法定代表人:刘会冲
质量体系:ISO 9001
产品情况:(风华牌)
锂离子电池、锂离子聚合物电池

★广东风华高新科技股份有限公司
地址:广东省肇庆市风华路 18 号风华电子工业城
邮编:526040
电话:0758/2865325、2865248
传真:2865136、2865174
网址:www. china - fenghua. com
电子信箱:marketing@ china - fenghua. com

法定代表人:王金全
质量体系:ISO/TS 16949、ISO 9001
产品情况:车规叠层片式电感器、车规片式功率电感器、车规专用铝电解电容器、汽车用多层陶瓷电容器等新型电子元器件

★合普动力股份有限公司
地址:广东省肇庆市国家高新区迎宾大道26号
邮编:526238
电话:0758/3623237、3623278
网址:www.gd-hepu.com
法定代表人:李显平
质量体系:ISO 9001、IATF 16949
产品情况:永磁同步电动机、低压交流电动机、高压交流电动机等电动汽车用电动机
配套及出口情况:为北汽、吉利、比亚迪、长安、东风、江铃、海马、猎豹、众泰、通用、金龙、五菱、福田、菲亚特等配套;远销欧洲、美洲、印度、中东、非洲、东南亚

★广东国鸿氢能科技有限公司
地址:广东省云浮市云城区思劳镇佛山(云浮)产业转移工业园南区10号
邮编:527326
电话:0766/6931238
网址:www.sinosynergypower.com
电子信箱:public@sinosynergypower.com
法定代表人:马东生
质量体系:IATF 16949、ISO 9001
产品情况:燃料电池电堆、燃料电池模块、氢燃料备用电源、空气过滤器等

★佛山佛塑科技集团股份有限公司
地址:广东省佛山市禅城区汾江中路85号
邮编:528000
电话:0757/83988189
传真:83988186
网址:www.fspg.com.cn
电子信箱:dmb@fspg.com.cn
法定代表人:黄丙娣
单位人数:4000
质量体系:ISO 9001、ISO 14001
产品情况:(汾江牌、鸿基牌、双象牌、双龙牌、HG牌)
锂离子电池隔膜、偏光膜和电工电容薄膜等新型聚合物材料

★广东国鸿巴拉德氢能动力有限公司
地址:广东省云浮市云城区思劳镇佛山(云浮)产业转移工业园南园区9号
邮编:528000
电话:0766/6931238
网址:sinosynergypower.com
电子信箱:humuzhou@sinosynergypower.com
法定代表人:马东生
质量体系:IATF 16949、ISO 9001
产品情况:氢燃料电池堆、氢能动力设备

★广东盛路通信科技股份有限公司
地址:广东省佛山市三水区西南工业园进业二路4号
邮编:528100
电话:0757/87744996
传真:87744997
网址:www.shenglu.com
电子信箱:marketing@shenglu.com
法定代表人:杨华
单位人数:2269
质量体系:IATF 16949、ISO 9001
产品情况:产品以网络为载体,APP为控制,为车主提供一站式的人车互动体验,车载智能DA产品逐步拓展前装市场
配套情况:与中国联通、中兴、华为合作

★佛吉亚歌乐电子(佛山)有限公司
地址:广东省佛山市三水西南工业园C区
邮编:528133
电话:0757/86166950
网址:www.caskaglobal.com
电子信箱:252288198@qq.com
法定代表人:杨卫华
质量体系:IATF 16949、ISO 9001
产品情况:车载智能终端、车载互联终端等汽车电子产品
配套情况:为长安、吉利、江淮、众泰、东风小康、东南汽车、东风标致等供货

★广东华特气体股份有限公司
地址:广东省佛山市南海区里水和顺金逢路
邮编:528241
电话:0757/85123416、13927709916
传真:85123403
网址:www.huategas.com
电子信箱:sales@huategas.com
法定代表人:石平湘
单位人数:830
质量体系:ISO 9001、ISO 14001
产品情况:工业气体及气体设备
配套及出口情况:与国鸿氢能、飞驰汽车、上汽、中车四方等合作;远销50多个国家和地区

★广东兴泽尔新能源科技有限公司
地址:广东省佛山市南海里水镇胜利东部工业园河塱沙大道中庄3号主厂房首层之二
邮编:528244
电话:0757/63221934
网址:www.cenzell.com
电子信箱:cenzell@cenzell.com
法定代表人:刘赛男
质量体系:ISO 9001、IATF 16949
产品情况:新能源汽车压缩机

★广东邦普循环科技有限公司
地址:广东省佛山市三水区乐平镇智信大道6号
邮编:528244
电话:0757/85615818
传真:85627355
网址:www.brunp.com.cn
电子信箱:hr@brunp.com.cn
法定代表人:李长东
质量体系:IATF 16949、ISO 9001
产品情况:电池循环、载体循环和循环服务三大产业板块,专业从事动力电池(电动汽车用动力电池)回收处理、梯度储能利用;传统报废汽车回收拆解、关键零部件再制造;高端电池材料和汽车功能瓶颈材料

★广东精进能源有限公司
地址:广东省佛山市顺德高新区(容桂)华天南一路6号
邮编:528300
电话:0757/28307929、28308210
传真:28305901
网址:www.aeenergy.com
电子信箱:joni@aeenergy.com
法定代表人:林丛
单位人数:2000
质量体系:ISO 9001、ISO 14001
产品情况:锂离子动力电池

★广东万锦科技股份有限公司
地址:广东省佛山市顺德区容桂镇容里街道建丰路7号
邮编:528300
电话:0757/29229924、13534373967
电子信箱:markhamtech@126.com
法定代表人:张国庆
质量体系:ISO 9001
产品情况:生产具有热管理功能的动力电池模组产品

★佛山市顺德区创格电子实业有限公司
地址:广东省佛山市顺德区容桂高新开发区新有东路7号
邮编:528306
电话:0757/28378933、28399722
传真:28370050
网址:www.cgegd.com
电子信箱:cge@cgegd.com
法定代表人:尤枝辉
单位人数:450
质量体系:ISO 9001、ISO 14001
产品情况:薄膜电容器

★中山市润烨新能源科技有限公司
地址:广东省中山市坦洲镇第三工业区前进四路
邮编:528400
电话:0760/86280511-8001
传真:86281919
网址:www.gdrunye.com
电子信箱:rytimon@gdryxs.com
法定代表人:胡兆芳
质量体系:IATF 16949

产品情况:新能源汽车电池精密结构件、储能电池精密结构件、动力电池 PACK 箱、五金制品、塑胶制品、压铸制品等
配套情况:为比亚迪、鹏辉、银隆新能源、欣旺达、光宇集团、基泰克、格林美等供货

★中山大洋电机股份有限公司
地址:广东省中山市西区沙朗第三工业区
邮编:528411
电话:0760/88555123、88555306
传真:88559031
网址:www. broad－ocean. com
电子信箱:bom@ broad－ocean. com
法定代表人:鲁楚平
质量体系:IATF 16949、ISO 9001
产品情况:新能源汽车动力总成系统、氢燃料电池系统及氢能发动机系统以及车辆旋转电器
出口情况:远销五大洲 40 多个国家和地区

★中山市高远精密科技有限公司
地址:广东省中山市火炬开发区九洲大道 5 号
邮编:528437
电话:0760/88295023
传真:88295022
网址:gaoyuanchina. com
电子信箱:gy－bud3@ gaoyuanchina. com
法定代表人:廖海燕
质量体系:ISO 9001、ISO 14001
产品情况:燃料电池硅胶密封
配套情况:与泉峰汽配、延锋伟世通、飞利浦、富港电子等合作

★中山联合光电科技股份有限公司
地址:广东省中山市火炬开发区益围路 10 号
邮编:528437
电话:0760/86138999
传真:86138111
网址:www. union－optech. com
电子信箱:marketing@ union－optech. com
法定代表人:龚俊强
单位人数:1177
质量体系:IATF 16949、ISO 9001
产品情况:车载成像系统

★中山天贸电池有限公司
地址:广东省中山市坦洲镇前进一路 208 号
邮编:528467
电话:0760/86289888
传真:86210103
网址:www. zstmb. com
电子信箱:sale126@ zstmb. com
法定代表人:林俊颇
质量体系:ISO 9001、ISO 14001
产品情况:(TMB 牌)
产品包括有方型、圆柱型、塑料软包装和聚合物、动力电池四大系列上千个型号,产品应用于新能源电动汽车等领域

★广东领益智造股份有限公司
地址:广东省江门市龙湾路 8 号
邮编:529000
电话:0750/3506000、3503668
传真:3503666、3506002
网址:www. jpmf. com
电子信箱:zhao_yanmei@ jpmf. com. cn
法定代表人:曾芳勤
质量体系:IATF 16949、ISO 9001
产品情况:铁氧体永磁元件、铁氧体软磁元件,应用于汽车中微电机的铁氧体永磁元件
出口情况:远销日本、美国,并销往中国香港、中国台湾地区

★汉宇集团股份有限公司
地址:广东省江门市高新技术开发区清澜路 336 号
邮编:529040
电话:0750/3839000、3839522
传真:3839211、3839170
网址:www. idearhanyu. com
电子信箱:idearhanyu@ oceanhanyu. com
法定代表人:石华山
质量体系:IATF 16949、QS 9000
产品情况:充电桩、充电模块、车载充电机 OBC、电池管理系统 BMS、电动汽车电动机驱动控制器、电动汽车用驱动电动机、车载 DC-DC 变换器、车用循环泵等新能源汽车零部件

★广东道氏技术股份有限公司
地址:广东省恩平市圣堂镇三联佛仔坳
邮编:529441
电话:0750/7187333
传真:7186882
网址:www. dowstone. com. cn
法定代表人:荣继华
单位人数:1600
质量体系:ISO 9001、ISO 14001
产品情况:围绕氢燃料电池中的 MEA 研究、MEA 制造和电堆制造三大领域进行布局,成品 MEA 将被用于电堆制造当中

广　西

★广西三立科技发展有限公司
地址:南宁市高新区罗赖路 9 号南宁玉柴工程研究院内的 A 车间
邮编:530003
电话:0771/2796008、2796016
传真:2796008
电子信箱:glb@ dxsunlight. com
法定代表人:祝强
质量体系:IATF 16949、ISO 9001
产品情况:新能源汽车动力总成、汽车电子维修检测设备、柴油机电子控制器、后处理控制器等
配套情况:新能源汽车动力总成产品与苏州金龙、广州客车、重庆恒通、厦门金龙、东风扬子江、东风商用车、四川南骏、长春华奥、中通客车、江淮客车等整车厂合作

★广西卓能新能源科技有限公司
地址:广西钦州市钦北区卓能大道一区卓能产业园
邮编:535000
电话:0777/5812222
网址:www. szznp. com
电子信箱:huangwenye@ szznp. com
法定代表人:黄延新
单位人数:2300
质量体系:IATF 16949、ISO 9001
产品情况:锂离子动力电池、电池组

★广西安耐哲新材料科技有限公司
地址:广西玉林市陆川北部工业集中区
邮编:537000
电话:0775/3220062
传真:3220099
网址:www. hbenergy. cn
电子信箱:info@ anzfp. com
法定代表人:张秉祥
质量体系:ISO 9001
产品情况:动力锂离子电池及电池材料

★广西盛源行电子信息股份有限公司
地址:广西柳州市柳东新区初阳路 19 号标准厂房 A1 栋 3 层东半层
邮编:545026
电话:0772/2827385
网址:www. gxsyh. com
电子信箱:1070748418@ qq. com
法定代表人:谢世逸
单位人数:200
质量体系:ISO 9001
产品情况:整车物流智能监控系统(GPS＋北斗)、车载 GPS 无线定位控制平台系统、汽车制造业物联管理信息化平台等软件
配套情况:合作伙伴包括上汽通用五菱、东风柳汽、柳州特种汽车厂等

重庆市

★中汽院智能网联科技有限公司
地址:重庆市双桥经开区天星大道 9 号附 1 号
邮编:400900
电话:023/68662132、68662112
传真:68662112
电子信箱:sunguijun@ caeri. com. cn
法定代表人:陈涛
质量体系:VDA 6.4、IATF 16949
产品情况:产品覆盖纯电动及混合动力轿车、物流车、环卫车和客车的新能源汽车整车控制器与动力总成
配套情况:为小康汽车供货

★重庆裕祥新能源电池有限公司
地址:重庆市渝北区双凤桥街道高堡湖东路5号
邮编:401120
电话:023/61815288、61815286
传真:61815288
网址:www.ysdianchi.com
电子信箱:xsb@ysdianchi.com
法定代表人:施森树
单位人数:166
质量体系:ISO 9001
产品情况:电动道路车辆用铅蓄电池、电动助力车用密封铅蓄电池、阀控式免维护蓄电池、富液式免维护蓄电池等
配套情况:主要合作伙伴有五羊本田、力帆、宗申、轻骑铃木等

★重庆科鑫三佳车辆技术有限公司
地址:重庆市北碚区云汉大道两江云计算中心科创中心 G4 区5楼
邮编:401123
电话:023/86885688
传真:86885399
网址:www.cosunjoy.com
电子信箱:kj_denghy@163.com
法定代表人:刘林峰
单位人数:106
质量体系:IATF 16949
产品情况:纯电动整车控制器、电动机控制器、电池包、EPS、纯铝底盘等
配套情况:为重庆力帆、东风小康供货

★重庆重客汽车电子有限公司
地址:重庆市南岸区江峡路8号
邮编:401336
电话:023/62803599
传真:62803977
网址:ckecs.com
电子信箱:nick.bai@hotmail.com
法定代表人:柏凡淋
质量体系:IATF 16949、ISO 14001
产品情况:汽车发动机管理系统包含汽油系统、替代燃料系统、双燃料系统、混合动力系统,混合动力和纯电动汽车驱动控制系统包含整车管理、电动机管理、车联网解决方案等

★重庆万里新能源股份有限公司
地址:重庆市江津区双福街道创业路26号综合楼幢1-1
邮编:402246
电话:023/85551056
传真:85550913
网址:www.cqwanli.com
电子信箱:707602708@qq.com
法定代表人:莫天全
质量体系:IATF 16949、ISO 9001
产品情况:(万里 WANLI 牌)
起动用免维护铅酸蓄电池和电动车用铅酸蓄电池
配套情况:为东风商用车、东风小康、长安汽车、力帆汽车、上汽依维柯红岩、庆铃汽车、恒通客车、北汽银翔等配套

★重庆创祥电源有限公司
地址:重庆市铜梁区东城街道办事处金山大道8号
邮编:402560
电话:023/45365445
网址:www.cqcxiang.com
电子信箱:atapx@cqcxiang.com
法定代表人:谭海云
单位人数:200
质量体系:ISO 9001、ISO 14001
产品情况:汽车、摩托车电池及电池极板,电动汽车和电动自行车用动力电池
配套情况:与德国宝马、比亚乔、新大洲本田、五羊本田、雅马哈、轻骑标致、大长江、隆鑫、宗申、北方易初、建设、嘉陵等国内外知名企业合作

四川省

★成都新能电庄科技股份有限公司
地址:中国(四川)自由贸易试验区成都高新区吉泰五路88号2栋20层3号
邮编:610015
电话:028/69186689
网址:www.dz.tt
电子信箱:569257071@qq.com
法定代表人:朱滨彬
产品情况:交流充电桩、直流充电桩、智能充电平台

★天齐锂业股份有限公司
地址:成都市高新区高朋东路10号1栋
邮编:610041
电话:028/85146615
传真:85159451
网址:www.tianqilithium.com
电子信箱:zhujing@tianqilithium.com
法定代表人:蒋卫平
质量体系:ISO 9001、ISO 14001
产品情况:动力锂离子电池及集成系统、锂电新材料

★成都兴能新材料股份有限公司
地址:成都市高新区天府大道北段966号天府国际金融中心4号楼5层
邮编:610041
电话:028/85252455
传真:85182556
网址:www.nem-cn.com
电子信箱:xzb@nem-cn.com
法定代表人:符兵
质量体系:ISO 9001、ISO/TS 16949
产品情况:锂电材料和电芯的研发、生产和销售,系统集成及行业服务

★四川科陆新能电气有限公司
地址:成都市武侯区武科西四路99号
邮编:610046
电话:028/85330531、85330185
传真:85236218
网址:www.scclou.com
电子信箱:company@scnee.com
法定代表人:鄢爱华
质量体系:ISO 9001、ISO 14001
产品情况:电动汽车充电模块、汇流箱、光伏逆变器、储能变流器、高压变频器、低压变频器、微电网系统等设备及成熟领先的解决方案

★四川西部资源控股股份有限公司
地址:成都市锦江区工业开发区毕升路256号中加国际16层
邮编:610063
电话:028/85910202
传真:85910202-8160
网址:www.scxbzy.com
电子信箱:600139@scxbzy.com
法定代表人:夏勇
产品情况:锂电池正负极材料、电解液、隔膜、锂电芯生产、新能源汽车高效节能电动机系统及新能源整车制造等

★成都四威功率电子科技有限公司
地址:成都市青羊区苏坡西路35号四威电子大厦三楼
邮编:610074
电话:028/87366900、87365065
传真:81702738
电子信箱:siwidy@163.com
法定代表人:刘刚
质量体系:ISO 9001、ISO 14001
产品情况:高压电源、中频电源、直流电源、BMS 动力电池管理系统等,广泛应用于导航、测控、新能源汽车等领域

★成都富临精工新能源动力有限公司
地址:成都市经济技术开发区(龙泉驿区)文柏大道882号2号厂房
邮编:610105
电话:028/65087566
网址:www.fulinpm.com
电子信箱:cdhr@fulinpm.com
法定代表人:阳宇
单位人数:1800
质量体系:ISO/TS 16949
产品情况:集新能源电驱动总成(含电动机、电动机控制器、减速器及一体机)的研发、生产于一体,主要产品为乘用车动力总成、商用车及物流车动力总成
配套情况:为美国通用、上汽通用、大众、奥迪、标致雪铁龙、雷诺、三菱、福特、丰田、捷豹路虎等国际品牌及上汽、广汽、北汽、长安、吉利、东风、长城等国内客户配套

★四川亚联高科技股份有限公司
地址:成都市双流县西航港长城路一段201号
邮编:610200
电话:028/62590080
网址:www.allygas.com

电子信箱:tech@ allygas. com
法定代表人:王业勤
质量体系:ISO 9001
产品情况:制氢装置

★四川南都国舰新能源股份有限公司
地址:成都市双流区西航港大道二段939 号
邮编:610207
电话:028/85718319
网址:www. naradabattery. com. cn
电子信箱:444955162@ qq. com
法定代表人:李东
质量体系:ISO 9001、ISO 14001
产品情况:新能源储能电池

★华鼎国联动力电池有限公司
地址:成都市青白江区团结东路 311 号370 栋 1 楼
邮编:610300
电话:028/89300518
电子信箱:yuandingkai@ hdc - group. cn
法定代表人:熊思危
质量体系:IATF 16949
产品情况:锂离子动力电池和电池材料

★成都市新筑路桥机械股份有限公司
地址:成都市四川新津工业园区兴园三路 99 号
邮编:611430
电话:028/82556968
传真:82555955
网址:www. xinzhu. com
电子信箱:vendition@ xinzhu. com
法定代表人:肖光辉
质量体系:ISO 9001、ISO 14001
产品情况:超级电容器
出口情况:远销东南亚、中东、非洲、俄罗斯等国家和地区

★厚普清洁能源股份有限公司
地址:成都市高新区康隆路 555 号
邮编:611730
电话:028/63166222、4000002005
网址:www. hqhop. com
电子信箱:hqhop@ hqhop. com
法定代表人:王季文
质量体系:ISO 9001、ISO 14001
产品情况:天然气加气机、加气检定装置、智能脱枪检测装置等

★四川厚普卓越氢能科技有限公司
地址:成都市高新西区康隆路 555 号
邮编:611731
电话:028/61547258
网址:www. alhph2. com
电子信箱:h2@ hqhop. com
法定代表人:黄耀辉
产品情况:氢气压缩机、加氢机、换热系统等

★液空厚普氢能源装备有限公司
地址:成都市高新西区康隆路 555 号
邮编:611731
电话:18508197397、18584051393
网址:www. alhph2. cn
电子信箱:jun - alhp. li@ airliquide. com
法定代表人:陈绍义
质量体系:ISO 9001、ISO 14001
产品情况:氢气压缩机、加氢机等装备及关键部件

★东方电气股份有限公司
地址:成都市高新西区西芯大道 18 号
邮编:611731
电话:028/87898111
传真:87583551
网址:www. dec - ltd. cn
电子信箱:bsb@ dongfang. com
法定代表人:邹磊
质量体系:ISO 9001、ISO 14001
产品情况:氢能客车、新能源电池及储能系统
出口情况:出口美国、加拿大、印度、巴基斯坦、越南、印度尼西亚、沙特阿拉伯、波黑、瑞典、巴西等近 80 个国家和地区

★东方电气集团东风电机有限公司
地址:四川省乐山市五通桥区桥沟镇十字街 8 号
邮编:614802
电话:0833/3251195、3250888
传真:3251408
网址:www. dongfengem. com
电子信箱:dec_drive@ 163. com
法定代表人:冯健
质量体系:ISO 9001、ISO 14001
产品情况:交流异步电动机、永磁同步电动机、永磁同步电动机控制器、交流异步电动机控制器、交流异步系统总成等新能源电动车驱动系统
出口情况:出口日本、美国、加拿大、古巴、德国、奥地利、土耳其、朝鲜、巴基斯坦、越南、缅甸、尼泊尔等 30 多个国家和地区

★绵阳力神动力电池系统有限公司
地址:四川省绵阳市河北 - 平武工业园区
邮编:621000
电话:0816/8337777
网址:lishen. com. cn
电子信箱:xudanmy@ lishen. com. cn
法定代表人:孙伟
质量体系:IATF 16949、ISO 14001
产品情况:锂离子电池、电池组、电池组单元及新能源产品

★四川瑞可达连接系统有限公司
地址:四川省绵阳市经开区塘汛镇文跃西路 257 号 3 号楼
邮编:621000
电话:0816/2842377、13320892557
传真:6333156
网址:www. recodeal. com
电子信箱:many. zhang@ recodeal. com
法定代表人:吴世均
质量体系:IATF 16949、ISO 9001
产品情况:频连接器、低频连接器、线缆组件、新能源汽车连接系统和模具设计

★四川新纪元电动汽车动力总成有限公司
地址:四川省剑阁县剑门工业园区
邮编:628300
电话:13683351351
电子信箱:1406695971@ qq. com
法定代表人:赵子雄
产品情况:电动汽车动力总成研发、生产制造

★宜宾锂宝新材料有限公司
地址:四川省宜宾市兴港路东段 2 号
邮编:644000
电话:0831/7916278
传真:7916277
网址:www. libode. com. cn
电子信箱:lijing94713@ qq. com
法定代表人:张郑
质量体系:IATF 16949、ISO 9001
产品情况:三元锂离子电池、锂离子电池材料及其他高效电池材料

云南省

★贵研铂业股份有限公司
地址:昆明市高新技术产业开发区科技路 988 号
邮编:650106
电话:0871/68328190
网址:www. sino - platinum. com. cn
电子信箱:stock@ ipm. com. cn
法定代表人:郭俊梅
质量体系:IATF 16949、ISO 9001
产品情况:汽车尾气净化催化剂、燃料电池催化剂等贵金属特种功能材料

★云南恩捷新材料股份有限公司
地址:云南省玉溪市高新区抚仙路 125 号
邮编:653100
电话:0877/8888630、2076091
网址:www. cxxcl. cn
电子信箱:syglb@ cxxcl. cn
法定代表人:PAUL XIAOMING LEE
质量体系:ISO 9001、ISO 14001
产品情况:锂电池隔离膜
配套情况:国际客户有 LG Chem, Ltd. 、三星集团、日本知名厂商等,国内客户有宁德时代新能源科技、万向 A123 系统、合肥国轩高科动力、比亚迪、孚能(赣州)、天津力神电池、力信(江苏)能源科技、上海德朗能动力电池等

贵州省

★贵州贵安阳光新能源科技有限公司
地址:贵阳市贵安新区黔中大道电子信

息孵化园
邮编:550001
电话:0851/88900300
电子信箱:343871937@ qq. com
法定代表人:潘志雄
质量体系:ISO 9001、IATF 16949
产品情况:具备日产 100 台车的模组电池 PACK 生产能力,年产能 2 亿 Wh 新能源汽车动力电池系统

★贵州航天电器股份有限公司
地址:贵阳市经济技术开发区红河路 7 号
邮编:550009
电话:0851/88697412、88697419
传真:88697200
网址:www. gzhtdq. com. cn
电子信箱:htdq@ gzhtdq. com. cn
法定代表人:陈振宇
单位人数:4317
质量体系:ISO 14001、OHSAS 18001
产品情况:主要产品有新能源汽车用连接器等

★贵州振华新材料股份有限公司
地址:贵阳市白云区高跨路 1 号(沙文生态科技产业园)
邮编:550016
电话:0851/84352855
传真:84351877
网址:www. zh - echem. com
电子信箱:zec@ zh - echem. com
法定代表人:侯乔坤
质量体系:ISO/TS 16949、ISO 14001
产品情况:主要产品涵盖消费电子产品及电动汽车所用的锂离子电池正极材料领域,包括动力三元、钴酸锂、复合三元、钴镍锰酸锂三元、高锰多晶系列产品

陕西省

★西安迪威码半导体有限公司
地址:西安市高新区锦业一路宝德云谷 B 座 1205 室
邮编:518000
电话:029/88322505
网址:www. divimath. com
电子信箱:info@ divimath. com
法定代表人:CAIZHANG ZHOU
产品情况:专注于视频传输芯片研发制造

★渭南宇动新能源科技有限公司
地址:西安市雁塔区团结南路 32 号中国航天科技军民融合创新中心 15F
邮编:710021
电话:029/81773888
传真:81773888
网址:www. dfxny. com
电子信箱:info@ dfxny. com
法定代表人:李小民
单位人数:2000
产品情况:镍氢/锂离子充电电池、动力电池及相关配套产品

★三星环新(西安)动力电池有限公司
地址:西安市高新区毕原三路 2655 号
邮编:710065
电话:029/86409614
法定代表人:潘一新
单位人数:1000
质量体系:IATF 16949
产品情况:(Samsung 牌)
汽车用锂离子动力电池单元和模块
出口情况:主要向德国大众、宝马供货,出口锂离子动力电池 1776 万只

★三星(中国)半导体有限公司
地址:西安市高新区泬河北路 1999 号
邮编:710119
电话:029/88875419
网址:www. samsung. com/semiconductor
电子信箱:yunfeng. du@ samsung. com
法定代表人:HWANG HA SUB
质量体系:ISO 14001、OHSAS 18001
产品情况:嵌入式通用闪存、嵌入式多媒体卡、四代超低功耗双倍数据率同步动态随机存储器、调制解调器、汽车图像传感器、嵌入式安全芯片等

★美光半导体(西安)有限责任公司
地址:西安市高新区信息大道 28 号 -2 号
邮编:710119
电话:029/68916666
网址:www. micron. com
电子信箱:ninazhou@ micron. com
法定代表人:朱文菊
质量体系:IATF 16949、ISO 9001
产品情况:主要业务范围包括储存器集成电路测试和模块装配生产,已实现集成电路芯片测试产能每月超过 1 亿片、内存模块生产产能每月 400 万块的规模

★西安正昌电子股份有限公司
地址:西安市高新区草堂科技产业基地秦岭大道西 2 号科技企业加速器园区内 11 号楼
邮编:710304
电话:029/65660089、65660090
传真:65660095
网址:www. xazc. com
电子信箱:xazc029abs@ 163. com
法定代表人:韩琳
质量体系:IATF 16949、ISO 14001
产品情况:(内齿牌)
商用车制动防抱死系统(ABS)、商用车驱动防滑系统(ASR)、胎温胎压监测系统(TPMS)、混合动力汽车制动力控制系统(HEV-ABS)、商用车电子驻车制动系统(EPB)、盲区监控系统(BAMS)、先进驾驶辅助系统(ADAS)、制动器温度监控及预警系统(BODS)、转向防碰预警系统(SAWS)、上坡辅助系统(HSA)、制动片磨损检测系统(WMS)、高度限位预警系统等
配套情况:为陕西重汽、一汽集团、中集车辆配套

★天臣新能源渭南储能动力科技有限公司
地址:陕西省渭南市高新技术产业开发区 3D 打印孵化大楼 6 楼 601 室
邮编:714000
电话:0913/8133511
网址:www. tesson. cn
电子信箱:denghongxing@ tesson. com
法定代表人:田钢
产品情况:为新能源汽车提供动力电池解决方案,为大型智能储能电站及后备电源提供储能解决方案

★天臣新能源(渭南)有限公司
地址:陕西省渭南市高新技术产业开发区崇业路西侧
邮编:714000
电话:0913/8133506
网址:www. tesson. cn
法定代表人:田钢
质量体系:IATF 16949、ISO 9001
产品情况:三元锂离子电池、汽车动力电池等

★陕西心网新能源科技有限公司
地址:陕西省汉中市铺镇工业园
邮编:723000
电话:0916/8180529、4000064528
传真:8180539
网址:www. zhuangwang - tech. com
电子信箱:317314801@ qq. com
法定代表人:郑月芸
质量体系:IATF 16949、ISO 9001
产品情况:交流充电桩、直流充电桩、交流充电连接器、便携式交流充电机等

甘肃省

★天水二一三电器集团有限公司
地址:甘肃省天水市秦州区赤峪路 35 号
邮编:741001
电话:0938/8362888、15374486213
网址:www. ts213. com. cn
法定代表人:何建文
单位人数:1600
质量体系:ISO 9001、ISO 14001
产品情况:(二一三牌)
新能源汽车行业专用直流接触器、交流接触器、微型断路器、剩余电流动作断路器、塑料外壳式断路器、熔断器、电涌保护器等
出口情况:远销欧洲、亚洲、美洲、非洲的 36 个国家和地区

青海省

★青海时代新能源科技有限公司
地址:西宁市城中区创业路 182 号
邮编:810021
电话:0971/8582028
网址:www. catlbattery. com
电子信箱:1121803033@ qq. com
法定代表人:黄世霖
质量体系:IATF 16949、ISO 9001
产品情况:动力锂电池、储能锂电池等

宁　夏

★龙能科技(宁夏)有限责任公司
地址:宁夏宁东临河工业园 A 区中房物流园区
邮编:750002
电话:0951/3946977
网址:www. longpowers - nx. com
电子信箱:zhaopin@ longpowers - nx. com
法定代表人:徐劲松
质量体系:IATF 16949、ISO 9001
产品情况:锂离子动力电池、储能电池、储能电站及装置、动力及储能电池系统、电池管理系统等产品,形成年产 3.5 亿 Ah 高端锂离子电池的生产能力

汽车用品及工具生产企业

●查询导引●

汽车用品及工具生产企业

☞ 企业如有变更,请与编辑部联系 ☎ 010/68426043、68420981

北京市

★北京联飞翔科技股份有限公司
地址:北京市东城区安定门外大街138号皇城国际A507室
邮编:100011
电话:010/64097448、64259668
传真:64097234
网址:www.unifly.com.cn
电子信箱:qiyc@unifly.com.cn
法定代表人:郑淑芬
质量体系:ISO/TS 16949、ISO 9001
产品情况:(联飞翔牌)
环保节能滤清器、长效低碳润滑油、低张力环保玻璃清洗剂、防冻冷却液、助力转向液等多种车用养护系列产品
配套情况:合作伙伴包括重汽王牌、中国重汽、中国一汽、福田汽车、华泰汽车、东风汽车、欧曼、大运、中国铝业、德尔福等

★北京加安电子科技有限公司
地址:北京市石景山区苹果园路28号中铁创业大厦B座1002室
邮编:100043
电话:010/68889971、68889972
传真:56916286
网址:www.alarmsources.com
电子信箱:helen@alarmsources.com
法定代表人:林哲弘
质量体系:ISO 9001
产品情况:[捍将(RoboGuard)牌]
RF-ISM模块、Wi-Fi模块、BLE模块、ZigBee模块等
配套及出口情况:为迪马、奇瑞汽车等配套;远销20多个国家和地区

★东方河马(北京)科技有限公司
地址:北京市大兴区生物医药基地天贵大街3号院
邮编:102600
电话:010/87611373、4006009029
网址:www.hippo-cn.com
电子信箱:dongfanghema@163.com
法定代表人:雍小燕
质量体系:IATF 16949
产品情况:(HEMA牌)
车载饮水机

天津市

★天津佰安汽车用品有限公司
地址:天津市西青经济技术开发区赛达北二道19号
邮编:300381
电话:022/23979798
传真:23888779
网址:www.tjviam.com
法定代表人:松本隆司
质量体系:IATF 16949、ISO 14001
产品情况:汽车脚踏垫以及行李舱垫
配套情况:主要客户有丰田、日产、三菱、斯巴鲁、马自达、凌志等

★天津生隆纤维材料股份有限公司
地址:天津市宝坻区牛道口产业功能区
邮编:301800
电话:022/22556991、22557990
网址:www.slfibre.com
电子信箱:tiandongyan123@126.com
法定代表人:吴华伟
质量体系:IATF 16949、ISO 9001
产品情况:汽车靠垫、汽车卧铺垫、枕头、座椅垫等
配套及出口情况:与东风汽车、福田汽车、陕西汽车等合作;出口欧美和东亚地区

河北省

★廊坊市庆发工贸有限公司
地址:河北省廊坊市安次区葛渔城镇西街村
邮编:065004
电话:0316/2860619
传真:2861515
网址:www.lfqfgm.com
电子信箱:lu116@126.com
法定代表人:徐庆发
质量体系:IATF 16949、ISO 14001
产品情况:拖车钩、轮胎扳手、火花塞套筒、千斤顶丝杠、螺母、摇柄、反光背心、工具盒、工具包、工具袋等汽车随车工具类;座椅龙骨框线总成、扶手骨架总成、水杯盒龙骨总成、转向盘龙骨总成、头枕杆等系列金属、橡塑、毛毡、各种布料制品
配套及出口情况:主要客户有一汽-大众、北京现代、东风悦达起亚、华晨金杯、北汽福田、北方奔驰、长城汽车、山东时风;出口韩国(现代)、俄罗斯、日本(FUSO)、英国(Landrover)、法国、德国、土耳其、意大利、澳大利亚等10多个国家

★承德润韩汽车零部件有限公司
地址:河北省承德市高新技术产业开发

区东区
邮编:067000
电话:0314/2292028、2292016
传真:2292188
网址:www. cdrunhan. cn
电子信箱:runhan@ cdrunhan. com
法定代表人:林来顺
质量体系:IATF 16949
产品情况:(通润牌)
立式油压千斤顶、螺旋千斤顶及随车工具,年生产能力可达 300 万台(套)
配套及出口情况:为一汽-大众、北京现代、东风悦达起亚、华晨金杯、北汽福田、北奔重汽、长城汽车、山东时风等各大汽车厂配套生产千斤顶及随车工具;出口韩国(现代)、日本(FUSO)、英国(Landrover)、法国、德国、意大利、澳大利亚等 10 多个国家

吉林省

★长春富晟汽车饰件有限公司
地址:长春市朝阳经济开发区阜育大街与兴民南路交会处
邮编:130061
电话:0431/89869018、85025180
传真:89869018
网址:www. fawsn. com. cn
电子信箱:48946449@ qq. com
法定代表人:包亚忠
单位人数:407
质量体系:IATF 16949
产品情况:主要经营产品包括汽车地毯、汽车脚垫、后行李舱地毯及左右侧护面产品、汽车橡塑、发泡制品、汽车玻璃钢模压件等七大系列 530 多个品种;已具备年产 200 万套汽车地毯、50 万件汽车玻璃钢产品、1500 万件注塑发泡产品的生产能力
配套情况:是中国第一汽车集团的核心供应商,是一汽-大众的 A 级供应商,是一汽轿车、四川一汽丰田长春丰越公司、一汽解放、一汽吉林汽车、天津一汽夏利 、一汽通用轻型商用汽车、富维 - 江森自控的优秀供应商

★吉林恒昌科技股份有限公司
地址:吉林省吉林市高新区深圳街软件园 88 号
邮编:132013
电话:0432/65090188、65090177
传真:65090123
网址:www. jlhckj. com
电子信箱:yxb@ jlhckj. com
法定代表人:关淑艳
质量体系:ISO 14001、IATF 16949
产品情况:(恒昌牌)
汽车外装饰贴膜、功能性贴膜
配套情况:为一汽集团、江铃汽车、丹东黄海、北汽福田、郑州日产等 50 多家汽车厂配套

上海市

★上海云峰小伙伴汽车服务有限公司
地址:上海市宝山区长江西路 778 号
邮编:200441
电话:021/51258621、34552950
传真:51258720
电子信箱:qccyadmin@ 163. com
法定代表人:何桂成
质量体系:IATF 16949、QS 9000
产品情况:(小伙伴牌、通海牌)
车用遮阳帘、中央控制盒、车用急救锤、公交车乘客拉手柄、车(船)用蓄电池等
配套情况:为江铃汽车、郑州宇通、厦门金旅、中国重汽、陕西重汽、安徽安凯、南京依维柯、桂林大宇、丹东黄海、北汽福田、安徽江淮、无锡客车配套

★上海华汇机电有限公司
地址:上海市闵行区颛桥镇都会路 189 号
邮编:201109
电话:021/54468999
传真:54469088
网址:www. coido. com
电子信箱:huahui@ coidokb. net
法定代表人:王名宪
质量体系:IATF 16949、ISO 9001
产品情况:(风王牌)
汽车轮胎充气泵、汽车用打蜡机、吸尘器、空气净化器、吹气机、手压打气筒、脚踏打气筒等
出口情况:远销美国、日本、欧洲

★上海康耐司信号设备有限公司
地址:上海市浦东新区合庆镇汇庆路 286 号
邮编:201201
电话:021/68919099
传真:58978236
网址:www. comnex. com. cn
电子信箱:comnex@ comnex. com. cn
法定代表人:程其政
单位人数:122
质量体系:ISO 9001、IATF 16949
产品情况:LED 光源汽车信号灯

★上海俊达汽车装饰有限公司
地址:上海市奉贤区邬桥镇大叶公路 2189 号
邮编:201402
电话:021/57405988、31215519
网址:www. junda - auto. com
电子信箱:junda@ junda - auto. com
法定代表人:应文俊
质量体系:IATF 16949、ISO 9001
产品情况:各类汽车坐垫、座套、腰靠、脚垫、转向盘等汽车装饰产品
出口情况:90% 以上的产品出口西欧、东欧、美国、中东等 30 多个国家和地区

★合朝电器(上海)有限公司
地址:上海市奉贤区青村镇钱桥工业区奉柘公路 3510 号
邮编:201407
电话:021/57599068
传真:57599263
电子信箱:sales@ goodhope. com. hk
法定代表人:黄宗联
质量体系:IATF 16949
产品情况:快速补胎工具
配套及出口情况:为北京现代、东风悦达起亚、观致汽车等供货;出口德国、美国、韩国、日本等国家

★上海川方机电有限公司
地址:上海市金山区枫泾工业区环西一路 108 号
邮编:201501
电话:021/67356937、67356936
传真:67356939
网址:www. comeupwinch. com. cn
电子信箱:sales@ comeupwinch. com. cn
法定代表人:蔡林福
质量体系:ISO 9001
产品情况:各类车用绞盘、ATV/UTV 绞盘、液压绞盘
出口情况:畅销美国、英国、日本等十几个国家

★雅罗可斯汽车用品制造上海有限公司
地址:上海市松江工业区民益路 251 号
邮编:201612
电话:021/57686198
传真:57687223
电子信箱:xiulingh@ aeroflex. co. th
法定代表人:Mr. Tanawat Vitoorapakorn
质量体系:IATF 16949、QS 9000
产品情况:(AEROKLAS 牌)
AEROKLAS 货厢宝、备厢宝、HDPE 高分子复合材料皮卡车货厢宝(车厢保护总成)、TPO 高分子环保材料轿车行李舱垫
配套情况:为上汽通用、上汽大众、长城汽车、中兴汽车、江铃汽车等配套

★上海德联化工有限公司
地址:上海市嘉定区安亭镇方泰大众工业区三区泰涛路 199 号
邮编:201814
电话:021/59507558
传真:59506815
网址:www. delian. cn、www. shdelian. com
电子信箱:cs@ shdelian. com
法定代表人:徐咸大
质量体系:IATF 16949、ISO 9001
产品情况:防冻液、制动液、汽油清净剂、动力转向油、齿轮油、制冷剂、玻璃胶、增强阻尼垫、PVC 涂料、玻璃水等
配套情况:主要客户有上汽大众、上汽通用、金杯汽车、上汽集团、奇瑞汽车、沃尔沃、观致、吉利汽车等

★上海宝山千斤顶总厂有限公司
地址:上海市宝山区一二八纪念路 928 号 713 室
邮编:201900

电话:021/56797561
网址:www. baoshanqjd. com
电子信箱:380837945@ qq. com
法定代表人:李军军
质量体系:ISO/TS 16949、VDA 6.1
产品情况:(钢城牌、中联牌、通润牌)
主要产品有 QL 系列螺旋千斤顶、QYL 系列油压千斤顶、各类汽车配套千斤顶、随车工具、QT 系列液压机械式汽车举升机及裁纸机等
配套情况:为上汽大众、上汽通用、东风悦达起亚、奇瑞汽车、吉利汽车、美国福特汽车等配套千斤顶及随车工具

江苏省

★江苏恺之电子模塑有限公司
地址:江苏省丹阳市丹北镇新桥外资工业园
邮编:212300
电话:0511/86361666、15850195890
网址:www. chinajskz. com
电子信箱:sales@ chinajskz. com
法定代表人:汤桂凤
质量体系:ISO 14001、IATF 16949
产品情况:用于 SUV、MPV、吉普车、皮卡车的防撞杠、脚踏板、行李架、行李舱、挡泥板(胶)、拖车钩、整车包围等产品及用于轿车的轮眉、门边踏板、车门饰条等整车包围件、车门拉手、牌照灯、后尾翼、行李架等系列产品
配套情况:为上汽大众、保定长城、北汽、河北中兴、上海比亚迪等配套

★江苏高标科技发展有限公司
地址:江苏省丹阳市德翔路与 201 县道交叉口南 100 米
邮编:212300
电话:0511/86055040、80767397
传真:86381849
电子信箱:gbt@ cn - gaobiao. com
法定代表人:张虹
质量体系:IATF 16949
产品情况:(GBT 牌、高标牌、狮吼牌、CSE 牌)
开发品牌汽车全系外饰个性化升级改装产品,并提供整车升级系统化解决方案
出口情况:远销 20 多个国家和地区

★江苏鑫龙腾汽车部件有限公司
地址:江苏省常州市新北区孟河镇
邮编:212322
电话:13506102700
传真:83867971
电子信箱:sales@ czlongteng. com
法定代表人:杨帆
质量体系:IATF 16949
产品情况:侧踏板、行李架和护板等外饰改装件

★常州市凯德汽车部件有限公司
地址:江苏省常州市西夏墅工业园银山路 3 号
邮编:213000
电话:0519/81195886
传真:81191801
网址:www. kindle4x4. com
电子信箱:order@ kd - autoparts. com
法定代表人:汤庆峰
质量体系:IATF 16949
产品情况:汽车保险杠、内外饰件、中网、SUV 改装护杠、踏板、尾翼、镀铬塑料改装饰件等汽车内外饰件
出口情况:远销中东、东南亚、南美洲、欧美等几十个国家和地区

★江苏云昊电子科技有限公司
地址:江苏省常州市新北区孟河镇通江工业园明阳路
邮编:213138
电话:0519/83500165、13951231169
网址:www. jsyunhao. com
电子信箱:175229215@ qq. com
法定代表人:常伟霞
产品情况:吹塑前后杠、脚踏板、行李架、行李舱、备胎架、挡泥板(胶)、轮眉、射灯架及用于轿车的门边踏板、发动机下护板、车门饰条等系列汽车外观件

★常州山由帝杉防护材料制造有限公司
地址:江苏省常州市武进经济开发区稻香西路 3 号
邮编:213149
电话:0519/86362801、86362820
传真:86362802
网址:www. sanyoudissan. com
电子信箱:sales@ sanyoudissan. com
法定代表人:王舟浩
质量体系:ISO 14001、OHSAS 18001
产品情况:汽车膜、建筑玻璃用功能膜和特种防护膜
出口情况:远销多个国家和地区

★常州安宝宝儿童座椅有限公司
地址:江苏省常州市武进区雪堰镇潘家旷达路 3 号
邮编:213179
电话:4006063200
网址:www. myanbaby. com
电子信箱:abb@ anbabe. com
法定代表人:殷雪松
质量体系:ISO 9001
产品情况:儿童安全座椅
配套及出口情况:与英国的宝得适、日本的高田、美国的 Evenflo、西班牙 Babyauto 儿童安全座椅品牌等有多年良好的合作关系,并与一汽-大众达成战略合作;畅销欧洲、大洋洲、美国、日本等 60 多个国家和地区

★光洋化学应用材料科技昆山有限公司
地址:江苏省昆山市经济技术开发区吴淞江南路 168 号
邮编:215300
电话:0512/57638858
传真:57636011
网址:www. solartech. com. cn
电子信箱:sale@ solartech. com. cn
法定代表人:马坚勇
单位人数:300
质量体系:IATF 16949、ISO 9001
产品情况:汽车用尾气助剂、防冻液、制动液等汽车化学品

★昆山皇田汽车配件工业有限公司
地址:江苏省昆山市陆家镇金阳东路 369 号
邮编:215300
电话:0512/57876699
传真:57876600
电子信箱:efax@ mail. macauto. com. cn
法定代表人:周幼珊
质量体系:IATF 16949、ISO 14001
产品情况:汽车内饰窗帘、遮阳帘、卷帘
配套情况:为宝马、福特、通用、本田、三菱、现代、一汽集团等配套

★江苏中联地毯有限公司
地址:江苏省太仓市洛阳东路 81 号
邮编:215400
电话:0512/82705000、82705319
传真:82705656
电子信箱:zlb@ zhongliancarpet. com. cn
法定代表人:万玉峰
质量体系:IATF 16949
产品情况:(中联牌)
汽车针刺地毯及汽车成型地毯产品;年生产各类汽车针刺地毯 1800 万平方米
配套情况:产品广泛应用于上汽大众、一汽-大众、上汽通用、东风雪铁龙、东风标致、东风本田、北京奔驰、华晨宝马、长安福特、广汽本田、广汽丰田等多种车型

★苏州新沣复合纤维制品有限公司
地址:江苏省太仓市板桥经济开发区发达路 11 号
邮编:215413
电话:0512/53441030、18051239117
网址:www. szsingform. com
法定代表人:陈世文
质量体系:IATF 16949
产品情况:门垫、PVC 胶皮、汽车脚垫
配套情况:为日产、丰田、福特、三菱、起亚、铃木等供货

★张家港迪克汽车化学品有限公司
地址:江苏省张家港市江苏扬子江国际化学工业园华达路 90 号
邮编:215638
电话:0512/58670821
传真:58670823
网址:www. china - teec. com
电子信箱:teec@ china - teec. com
法定代表人:王兆银
单位人数:110
质量体系:IATF 16949
产品情况:(TEEC 牌)

具备年生产制动液10000吨,防冻液70000吨,车窗清洗液20000吨的能力
配套情况:为东风日产、天津丰田、东风本田、一汽海马、上汽通用五菱、华晨金杯、东风股份、长城汽车、郑州日产、河北长安、南京依维柯、金龙客车、三一重机、龙工集团、合肥日立挖掘机械等供货

★江苏艾文德悦达汽车内饰有限责任公司
地址:江苏省盐城市开发大道666号悦达纺织园内
邮编:224055
电话:0515/88583116
传真:88583115
电子信箱:info@ aundeyueda. com
法定代表人:凌良仲
质量体系:IATF 16949、ISO 14001
产品情况:纱线、织物及皮革类座椅套等

★扬州市联扬汽车装饰件有限公司
地址:江苏省扬州市广陵产业园董庄路19号
邮编:225000
电话:0514/87022388、87022363
传真:87235353
电子信箱:wth@ yzlyyc. com
法定代表人:谈技峰
质量体系:ISO 9001
产品情况:挡泥板、轮毂盖、牌照框、托架、螺母罩、进气管、灯具、排气管等

浙江省

★杭州恒宏机械有限公司
地址:杭州市萧山区高新技术开发区
邮编:311232
电话:0571/82645688、4009260170
网址:www. hzjx. com. cn
电子信箱:jixiangzj@ hzjx. com. cn
法定代表人:王国忠
单位人数:138
质量体系:ISO 9001、ISO 14001
产品情况:专用汽车、特种汽车及房车、拖车类电动支腿及其他机电和电子产品,专用汽车自动调平系统、车辆自动扩展装置等产品
配套及出口情况:已与美国的家得宝、卡斯特、Buyers、瑞玛士、DANZY等国外公司建立起长期的业务协作关系,并与国内的中国电子科技集团公司第二十八研究所、上海航空特种车辆、南汽专用车等单位合作;出口欧洲、美洲

★杭州博远实业有限公司
地址:杭州市萧山区义桥镇罗幕村许贤工业园区
邮编:311256
电话:18658899969
网址:gb. hzby. com
电子信箱:yuan@ hzby. com
法定代表人:姚元
质量体系:ISO 9001
产品情况:各类汽车椅套、坐垫及汽车内饰品
出口情况:远销欧美、东南亚、非洲等几十个国家和地区

★杭州天铭科技股份有限公司
地址:杭州市富阳区东洲工业功能区五号路5号
邮编:311401
电话:0571/87191166、87191005
传真:87191088
电子信箱:yjb0718@ 126. com
法定代表人:张松
质量体系:IATF 16949、ISO 14001
产品情况:(T-MAX牌)
车用绞盘和越野附件等产品
出口情况:远销欧洲、美洲、大洋、中东、东南亚、非洲等50多个国家和地区

★浙江何仕汽车工具有限公司
地址:浙江省诸暨市次坞高速路出口北100米
邮编:311814
电话:0575/87066108、87066088
传真:87066588
网址:www. heshitools. com
电子信箱:heshi@ heshitools. com
法定代表人:何建军
单位人数:400
质量体系:ISO 9001、ISO 14001
产品情况:(NT牌、KTG牌、heshitools牌)
工具箱、发动机专用工具,底盘专用工具,检测工具,制冷工具,轮胎护理工具等1000多种产品
出口情况:产品90%出口美国、欧洲、日本等国家和地区

★浙江天美汽车座套股份有限公司
地址:浙江省嘉兴市秀洲区油车港日商开发区怡纺路83号
邮编:314000
电话:0573/82099999
网址:www. tianmei. com
电子信箱:tianmei@ tianmei. com
法定代表人:施美莲
质量体系:IATF 16949
产品情况:(舒宁牌、卡帝斯牌、天美牌等)
汽车座套和坐垫;具有10万套/年的生产能力
配套及出口情况:为江淮汽车配套;远销美国、日本、韩国、英国等国家

★浙江雅迪汽车真皮座套制造有限公司
地址:浙江省嘉兴市东栅工业园区纺工路1948号
邮编:314050
电话:0573/82571822
传真:82618666
网址:www. china - yadi. com
电子信箱:yadi@ china - yadi. com
法定代表人:陈跃
质量体系:ISO 9001
产品情况:专业生产汽车座椅面套、客车座椅面套等
出口情况:远销海外多个国家

★浙江鑫鹿安防科技有限公司
地址:浙江省平湖市广陈镇广进路8号
邮编:314207
电话:0573/85827999、85827993
传真:85827990
网址:www. golddeer. net
电子信箱:frank@ golddeer. net
法定代表人:陈桂香
质量体系:ISO 9001
产品情况:特种车辆警灯、警示灯、LED警灯、大功率警报器、2004制式警车反光车徽车贴、刺针放气式路障、阻车路障、反光背心、防暴服、头盔、防暴盾牌等系列产品
出口情况:70%产品出口美国、欧洲、拉丁美洲、亚洲等国外市场

★海盐佳业机械工具有限公司
地址:浙江省海盐县海塘工业园区
邮编:314304
电话:0573/86855888、15988308088
传真:86855287
网址:www. jiasai. cn
电子信箱:jack@ cn - jiaye. com
法定代表人:姚佳
质量体系:ISO 9001
产品情况:专业生产各类油压千斤顶、卧式千斤顶、螺旋千斤顶、吊机、压机、弯管机、运送器、剪式千斤顶等

★宁波环球娃娃婴童用品股份有限公司
地址:浙江省宁波市海曙区石碶街道光文路288号
邮编:315000
电话:0574/82820371、40082685000
网址:www. global - kids. cn
法定代表人:王中楠
质量体系:ISO 9001、IATF 16949
产品情况:儿童汽车安全座椅
配套情况:为大众汽车集团、一汽集团、上汽集团、东风、通用汽车等供货

★宁波中哲儿童安全用品有限公司
地址:浙江省宁波市鄞州投资创业中心富强路505号
邮编:315105
电话:0574/88211895、88190010
传真:88211803
网址:www. abyy. com. cn
电子信箱:abyy@ chisage. com
法定代表人:杨和荣
质量体系:ISO 9001
产品情况:[ABYY(艾贝)牌]
汽车儿童安全座椅、汽车安全零部件、汽车安全系统设计和汽车用品

★麦克英孚(宁波)婴童用品有限公司
地址:浙江省宁波市鄞州投资创业中心

金辉西路188号
邮编:315105
电话:0574/56160088
传真:56117978
网址:www.cnwinwin.com
电子信箱:asia@max-inf.com
法定代表人:徐立宏
质量体系:VDA 6.1、QS 9000
产品情况:(宝贝第一牌、袋鼠爸爸牌、猫头鹰牌)
汽车儿童安全座椅
出口情况:远销50多个国家和地区

★宁波新宝工业有限公司
地址:浙江省慈溪市杭州湾新区金慈路
邮编:315336
电话:0574/63215790、63216666
传真:63213918、63213928
网址:www.sypo.com.cn
电子信箱:syposeat@sypo.com.cn
法定代表人:胡燕燕
质量体系:ISO 9001
产品情况:(SYPO牌)
儿童安全座椅
出口情况:出口多个国家

★宁波尤利特汽车用品股份有限公司
地址:浙江省余姚市丰南工业区
邮编:315400
电话:0574/62481172、4006003718
传真:62410275
网址:www.unit168.com
法定代表人:陈少军
质量体系:ISO 9001、ISO 14001
产品情况:(尤利特牌、凌拓牌)
车用轮胎充气泵、车用吸尘器、汽保组套工具系列汽车用品
出口情况:远销欧美、东南亚等地区

★宁波永佳汽车零部件有限公司
地址:浙江省余姚市马渚镇马朗公路5号
邮编:315453
电话:0574/62462628、62461319
传真:62463119
网址:www.cn-yj.com
电子信箱:tianyu@cn-yj.com
法定代表人:于莹
质量体系:IATF 16949、ISO 9001
产品情况:(永佳牌)
汽车及摩托车反射警示器、活动工具车、汽车配件
配套情况:与德国大众集团、德国奥迪、丰田本田、捷豹路虎等10多个主机厂配套

★宁波华盛电器有限公司
地址:浙江省余姚市泗门镇工业园区
邮编:315470
电话:0574/62159003
传真:62157188
网址:www.china-huasheng.com
电子信箱:sales@china-huasheng.com
法定代表人:高先苗
单位人数:500
质量体系:ISO 9001
产品情况:保温箱、保温桶、电子冷藏箱、车载吸尘器、空气泵等
出口情况:出口美洲、大洋洲、亚洲、非洲等地区

★宁波丰田纺织汽车部件有限公司
地址:浙江省宁波市保税区港西大道9号
邮编:315800
电话:0574/86820678
传真:86820916
网址:www.toyota-boshoku.com
法定代表人:庄志强
质量体系:IATF 16949、ISO 14001
产品情况:汽车座椅套
配套情况:为日本丰田、韩国起亚供货

★宁波雷顿科技有限公司
地址:浙江省宁波市北仑保税西区新留学生创业园6楼
邮编:315800
电话:0574/86868795
网址:www.leyton.cn
电子信箱:leytonjohn@163.com
法定代表人:陈泽兴
质量体系:ISO 9001
产品情况:GPS/GPRS(GPS/GSM)追踪防盗系统、双向远距离遥控防盗及起动、遥控汽车防盗、芯片防盗、倒车雷达、电动门锁
出口情况:出口日本、印度尼西亚、美国、大洋洲、东欧

★宁波福鼎工贸有限公司
地址:浙江省宁波市北仑区小港创富路6号
邮编:315803
电话:0574/86198985
网址:www.chinawarningtriangle.com
电子信箱:sale5@fudingcar.com
法定代表人:丁世海
质量体系:ISO 9001
产品情况:三角警示牌和反光背心、三脚架等汽车安全用品

★宁波骏达汽车配件制造有限公司
地址:浙江省宁波市北仑区大研庐山西路25号
邮编:315806
电话:0574/86803002、86803019
传真:86803008、86803006
网址:www.nbjunda.com
电子信箱:junda@nbjunda.com
法定代表人:王云波
质量体系:IATF 16949
产品情况:轮胎气门嘴、灯泡、护杠、中网、轮罩、转向盘、排气尾管、维修及美容工具等
配套及出口情况:与国外OEM配合,并与多家国际知名企业建立长期合作关系;出口美国、欧洲、大洋洲、东南亚、澳大利亚等国家和地区

★浙江明丰实业股份有限公司
地址:浙江省天台县八都工业园区
邮编:317000
电话:0576/83987818、83987888
传真:83987829
网址:www.manful.com
法定代表人:沈中明
单位人数:800
质量体系:ISO 9001、ISO 14001
产品情况:(明丰牌)
汽车及摩托车车罩等
配套情况:与杜邦等世界500强企业建立了长期合作关系

★浙江三门维艾尔工业有限公司
地址:浙江省台州市三门县岭口工业区
邮编:317100
电话:0576/83100318、83100316
传真:83100168
网址:www.viair-china.com
电子信箱:jacky@viair-china.com
法定代表人:俞鹏程
质量体系:ISO 9001、ISO 14001
产品情况:(Viair牌)
各种汽车脚垫等
出口情况:出口50多个国家和地区

★浙江省三门德慧工业有限公司
地址:浙江省台州市三门县高枧方下洋经济开发区
邮编:317102
电话:0576/83118608
传真:83117979
网址:www.cndehui.cn
电子信箱:4673012@qq.com
法定代表人:姚振德
单位人数:520
质量体系:ISO 9001
产品情况:系列橡胶脚垫、注塑脚垫、地毯与TPR复合脚垫等,具有年产汽车脚垫180万套的生产能力

★浙江利丰汽车用品有限公司
地址:浙江省天台县莪园工业区
邮编:317200
电话:0576/83937788、83937789
传真:83885799
网址:gb.zjlf.cc
电子信箱:lf02@zjlf.cc
法定代表人:徐松舟
单位人数:300
质量体系:ISO 9001、ISO 14001
产品情况:(利丰牌)
主要产品有汽车转向盘套、车罩、坐垫、椅套等
出口情况:远销欧美、中东、亚洲等地区

★浙江天盛汽车配件有限公司
地址:浙江省天台县工人东路799号
邮编:317200
电话:0576/83976666、83976888
传真:83976555
网址:www.zjtiansheng.cn
电子信箱:tscar@zjtiansheng.cn

法定代表人:许丽
质量体系:IATF 16949
产品情况:主要产品有汽车脚垫、椅套、座垫、轮盖、车罩、转向盘套及各种汽车附件等上千个品种
出口情况:畅销欧美、中东、东南亚等国际市场

★浙江茂源橡塑股份有限公司
地址:浙江省天台县三合工业园区(亭头)
邮编:317200
电话:0576/83089999
传真:83087869
网址:www. maoyuan - cn. com
电子信箱:maoyuancarmat@ vip. 163. com
法定代表人:奚仲先
质量体系:ISO 9001
产品情况:专业生产 PVC 汽车脚垫

★浙江鸿盛原汽车用品有限公司
地址:浙江省天台县上科山琼台路西工业区
邮编:317201
电话:0576/83777818、13968576908
传真:83779001
网址:www. hongshengyuan. com
电子信箱:master@ hongshengyuan. com
法定代表人:王卫兵
质量体系:IATF 16949、ISO 14001
产品情况:汽车脚垫、汽车行李舱垫
出口情况:全部出口欧洲、美洲、亚洲等30多个国家和地区

★台州市贝斯特汽车用品科技有限公司
地址:浙江省天台县坦头镇东横工业区
邮编:317206
电话:0576/83728635
传真:83728111
网址:www. taizhoubest. com
电子信箱:best@ taizhoubest. com
法定代表人:潘明坪
质量体系:ISO 9001
产品情况:坐垫、座套、转向盘套、太阳挡、汽车车罩、脚垫等汽车用品和装饰品
出口情况:远销美国、欧洲、澳大利亚、非洲等国家和地区

★浙江远程车饰股份有限公司
地址:浙江省天台县坦头镇东横上宅工业区
邮编:317206
电话:0576/83728009、83728799
网址:www. zjyccs. com
电子信箱:sales@ zjyccs. com
法定代表人:徐梦飞
质量体系:IATF 16949、ISO 9001
产品情况:(凉嘟嘟牌、酷嘟嘟牌等)
汽车脚垫、遮阳挡、雷挡、转向盘套、坐垫等汽车配件
出口情况:远销国外30多个国家,主要在欧洲、美国、东南亚、大洋洲市场

★浙江天鸿汽车用品股份有限公司
地址:浙江省天台县坦头镇西工业区
邮编:317206
电话:0576/83723666、83723388
传真:83723688、83723788
网址:www. zjth. com
电子信箱:ctc@ zjth. com
法定代表人:陈统钗
质量体系:ISO 14001
产品情况:(天鸿牌)
汽车座椅套、坐垫、脚垫、太阳挡、转向盘、转向盘套、车罩等

★浙江承康机电制造有限公司
地址:浙江省温岭市高新科技园区胜潘路
邮编:317500
电话:0576/86120238、86120538
传真:86223710
网址:www. chengkang. com
电子信箱:ck@ chengkang. com
法定代表人:洪小云
单位人数:200
质量体系:ISO 9001、ISO 14001
产品情况:(承康牌)
永磁直流微电动机、汽车打蜡机、真空吸尘器等环保型车用电动工具系列产品;年可生产汽车打蜡机100万台,各类电动机150万台
出口情况:出口美国、日本、英国、德国、澳大利亚、欧洲、美洲、东南亚等30多个国家和地区

★浙江震亚汽车用品有限公司
地址:浙江省台州市黄岩区北城西工业园区翔光路19号
邮编:318020
电话:0576/84636998、4006727022
传真:84636997
网址:www. zhenyacar. cn
电子信箱:zytz@ 163. com
法定代表人:谢菊清
质量体系:IATF 16949
产品情况:(3W牌、晟达牌)
主要产品有PVC通用汽车脚垫、PVC可裁剪式脚垫、丝圈脚垫、汽车挡泥板、汽车内饰件、改装件、隐藏式后储物箱系列
配套情况:合作伙伴包括一汽-大众、上汽大众、神龙、广汽本田、广汽丰田、广汽三菱

★浙江感恩科技股份有限公司
地址:浙江省台州市黄岩区江口街道蟠龙路3号
邮编:318020
电话:0576/84178417、4008700508
传真:84161515
网址:www. cnganen. com
电子信箱:info@ cnganen. com
法定代表人:郑辉
质量体系:ISO 9001、IATF 16949
产品情况:儿童安全座椅

★金华市华南机械制造有限公司
地址:浙江省金华市工业园区始丰路998号
邮编:321025
电话:0579/82389888、82256722
传真:82386908
电子信箱:hn_machine@ 126. com
法定代表人:赵建德
质量体系:ISO 9001
产品情况:(雪神牌)
汽车防滑链
出口情况:远销美国、欧洲市场

★浙江润华机电有限公司
地址:浙江省金华市婺城区白龙桥镇金龙路1号
邮编:321025
电话:0579/83930166
传真:83930900
网址:www. runva. com
电子信箱:sales@ runva. com
法定代表人:戴林吉
质量体系:IATF 16949、ISO 14001
产品情况:(Runva牌)
手动绞盘、电动绞盘、液压绞盘与汽油机绞盘等,具有年产各类绞盘20万台的生产能力
出口情况:产品出口北美洲、欧洲等60多个国家和地区

★道明光学股份有限公司
地址:浙江省永康市经济开发区东吴路581号
邮编:321313
电话:15058582717、13506798929
传真:0579/87311758
网址:www. chinadaoming. com
电子信箱:market@ chinadaoming. com
法定代表人:胡智彪
质量体系:ISO 9001、ISO 14001
产品情况:(DM牌)
车身反光标识系列、汽车乘员反光背心系列、三脚架系列、停车楔、车牌级反光膜系列、号牌半成品系列等产品
出口情况:远销全球主要的国家和地区

★浙江浦江伯虎链条股份有限公司
地址:浙江省浦江县亚太大道565号
邮编:322200
电话:0579/84201120、84201118
传真:84201121
网址:www. bohu. com
电子信箱:zjpj@ bohu. com
法定代表人:郑小根
质量体系:ISO 9001
产品情况:[伯虎(BOHU)牌]
汽车防滑链、焊接链条、不锈钢链条等

★浙江瑞飞交通器材有限公司
地址:浙江省龙游县湖镇工业新区腾昌路1号
邮编:324000
电话:0570/7781168

传真:8859803
网址:www. ruifeichina. cn
电子信箱:market@ ruifeichina. com
法定代表人:陈永丰
单位人数:150
质量体系:IATF 16949
产品情况:安全三角警示牌、回复反射器、车载收纳套装、反光衣、反光饰品等交通安全器材产品

★浙江永和制冷股份有限公司
地址:浙江省衢州市世纪大道 893 号
邮编:324022
电话:0570/8886807、4009262699
传真:8888401
网址:www. qhyh. com
电子信箱:yonghe_gas@ qhyh. com
法定代表人:童建国
质量体系:ISO 9001、ISO 14001
产品情况:(冰龙牌)
车用冷媒等

★浙江睿泰汽车零部件有限公司
地址:浙江省衢州市龙游城南开发区开源路 43 号
邮编:324400
电话:0570/7365777、7331760
传真:7331761
网址:www. outai. net
电子信箱:ds@ outai. net
法定代表人:何建东
质量体系:IATF 16949
产品情况:(欧泰牌、赫迪牌)
扶手箱、挡泥板、门槛条、车窗、后护板、加油口盖、外拉手、门碗、雾灯罩、中网饰条、尾灯罩、倒车镜盖、上窗饰条、后饰条、前饰条、门边条、前照灯罩、尾灯罩、边灯框、消声器、车牌架、遮物帘、车衣、LED 产品等
出口情况:出口欧洲、美洲、中东等几十个国家和地区

★浙江利益安防有限公司
地址:浙江省温州市高新区集云山路38 号
邮编:325000
电话:0577/88362888
网址:cn. liyi - signal. com
电子信箱:info@ liyi - signal. com
法定代表人:钱若谷
质量体系:ISO 9001
产品情况:(利益牌)
警示灯具、警报器、防盗警用器材、扬声器等
出口情况:远销美洲、亚洲、欧洲、非洲等地区

★浙江吉老大汽车用品有限公司
地址:浙江省温州市仙岩工业园群星路 10 号
邮编:325000
电话:0577/85313666、85339816
传真:85313555 - 8806
网址:www. jilaoda. com
电子信箱:zj@ jilaoda. com
法定代表人:孙光亮
单位人数:300
产品情况:(吉老大牌)
汽车芳香用品、汽车护理用品、汽车装饰用品
出口情况:远销欧洲、美洲、东南亚等40 多个国家和地区

★瑞安市盛尚汽车部件有限公司
地址:浙江省瑞安市南滨街道阁巷高新工业园区东三路
邮编:325200
电话:0577/51805191、51805191
传真:58802656
网址:www. fddz. com
电子信箱:zjl@ fddz. com
法定代表人:徐锦存
质量体系:ISO/TS 16949
产品情况:(安全卫仕牌、红色警戒牌、safeguard 牌)
GPS 单双向防盗器、倒车雷达、自动关窗器、中控锁、HID 氙气灯、雷达摄像机、无线遥控器、GPS 导航等
配套及出口情况:与国内外多个大型整车生产企业配套;远销欧洲、美洲、东南亚、中东等国家和地区

★浙江苍南县金乡徽章厂有限公司
地址:浙江省苍南县金乡镇金灵路 18 号
邮编:325805
电话:0577/64593243、64592947
传真:64593633
网址:www. china - badge. com
电子信箱:jxgxj@ 21cn. com
法定代表人:李时情
单位人数:452
质量体系:ISO 9001、ISO 14001
产品情况:摩托车、汽车标牌等产品
出口情况:远销亚洲、欧洲、北美洲等地区

安徽省

★安徽南澳地毯有限公司
地址:安徽省淮南市谢家集区
邮编:232072
电话:0554/5623726、5623736
传真:5617908
网址:www. ahnanao. com
电子信箱:nanao@ ahnanao. com
法定代表人:黄博强
质量体系:IATF 16949
产品情况:(八公山牌)
汽车内饰材料、民用地毯和地垫
配套及出口情况:为武汉神龙雪铁龙、标致系列、江淮瑞风、通用五菱、长安福特、广汽丰田、东风日产等配套;地垫出口欧美、日本等国家和地区

★圣和座套(蚌埠)有限公司
地址:安徽省蚌埠市怀远工业园区淮丰路南侧
邮编:233400
电话:0552/2217055
传真:2217058
网址:www. toyota - boshoku. com
法定代表人:入江重雄
产品情况:汽车座套
配套情况:终端客户有日本马自达、三菱等汽车公司

★安徽省阜阳市好希望工贸有限公司
地址:安徽省阜阳市经济技术开发区纬四路九期标准厂房
邮编:236000
电话:0558/2622267、13805683138
传真:2622267
网址:www. hxwcarseat. com
电子信箱:ahgoodhope@ 163. com
法定代表人:张峰
质量体系:ISO 9001、ISO 14001
产品情况:主要生产儿童汽车安全座椅和汽车用安全座椅

★安徽通润汽车零部件有限公司
地址:安徽省宁国市宁墩镇纽乐村
邮编:242341
电话:0563/2279802
传真:2279802
网址:www. tongrunah. com
电子信箱:ahtr@ tongrun. com
法定代表人:祝伟
质量体系:ISO 9001
产品情况:(BIGRED 牌)
主产品是轻型商用卧式千斤顶及汽车用支架,年产量是商用千斤顶及汽车用支架各 100 万台(对)
出口情况:远销北美洲地区

★安徽中胶工业材料有限公司
地址:安徽省宣城市泾县开发区财富东路 6 号
邮编:242500
电话:0563/5255888、15151617352
传真:5255988
网址:www. ahzhongjiao. com
电子信箱:ahzhongjiao126. com
法定代表人:汪加玉
质量体系:IATF 16949
产品情况:汽车黑膜、汽车改色膜、导热导电胶带、光学胶带(OCA)、亚克力泡棉胶带、绵纸胶带、PET 胶带、无基材胶带、集装箱贴膜等

★安徽青松工具有限公司
地址:安徽省岳西县温泉开发区长宁工业园
邮编:246620
电话:0556/2171299、2294028
传真:2181988
电子信箱:qsgj@ qsgj. com
法定代表人:储召才
质量体系:IATF 16949、ISO 14001
产品情况:(青松牌)
汽车、叉车、摩托车专用工具及五金工具,年设计生产随车工具 200 万套及五金工具 250 万只

配套情况:为奇瑞、江淮、北汽福田、长城、比亚迪、江铃汽车、龙工叉车等多家单位配套

福建省

★福建密斯盾轮胎安全装置科技有限公司
地址:福州市仓山区科技园高盛路 3 号活力大厦六层
邮编:350018
电话:4000591400
传真:0591/87319976
网址:www. fjmr – d. com
电子信箱:fjmisidun@ 126. com
法定代表人:魏吓新
质量体系:ISO 9001
产品情况:(密斯盾牌)
汽车爆胎应急安全装置

★厦门讯亨电子科技有限公司
地址:福建省厦门火炬高新区(翔安)产业区翔岳路 28 号 202 单元
邮编:361000
电话:0592/3575666
传真:3576966
网址:www. xun – heng. com
电子信箱:weijiang – wang@ xun – heng. com
法定代表人:陈清贵
质量体系:ISO 9001
产品情况:车载电源、电源板及定制开关电源等

★奥佳华智能健康科技集团股份有限公司
地址:福建省厦门市思明区前埔路 168 号
邮编:361008
电话:0592/3795700、3795235
网址:www. easepal. com. cn
电子信箱:trade@ easepal. com. cn
法定代表人:邹剑寒
质量体系:ISO 9001
产品情况:(OGAWA 奥佳华牌、Cozziat 牌)
汽车按摩垫
出口情况:远销美国、加拿大、欧盟、日本、东南亚等主要国家和地区

★厦门华庆轻工制品有限公司
地址:福建省厦门市集美北部工业区井泉路 125 – 129 号
邮编:361021
电话:0592/5623805、6292534
传真:5625208
电子信箱:sales@ ctbc. com. tw
法定代表人:刘德新
产品情况:窗刷、汽车清洁用刷、雪刷及冰刮片、汽车香精等

★厦门美时美克空气净化有限公司
地址:福建省厦门市同安区西柯福明路 288 号
邮编:361100
电话:0592/5765217、4008598580
传真:5763508
网址:www. maxmac. com. cn
电子信箱:amke@ vosson. com
法定代表人:陈鸿瑜
质量体系:ISO 9001、IATF 16949
产品情况:专注于车内空气净化领域,致力于提供全面的车内空气净化系统解决方案
配套情况:配套大众、长城、吉利等近 20 家乘用车整车厂以及宇通、金龙等众多主流客车厂

江西省

★抚州市森虎汽车用品有限公司
地址:江西省抚州市宜黄县丰厚工业园
邮编:344400
电话:0794/7659866
传真:7659876
网址:senhucn. com
电子信箱:yao@ senhucn. com
法定代表人:陈岳
质量体系:ISO 9001、ISO 14001
产品情况:产品主要包括汽车丝圈脚垫系列、汽车全包围脚垫、汽车防盗锁系列;年可生产丝圈脚垫 600 万平方米,汽车全包围脚垫 30 万套,汽车防盗锁 100 万把

山东省

★纯牌科技股份有限公司
地址:山东省青州市经济开发区益能街 718 号
邮编:262500
电话:0536/3922008
网址:www. cnchunpai. com
电子信箱:1513009085@ qq. com
法定代表人:刘雨修
质量体系:ISO 9001
产品情况:(纯牌)
防冻液

★青岛康普顿科技股份有限公司
地址:山东省青岛市深圳路 18 号
邮编:266101
电话:4001639006
传真:0532/58811820
网址:www. copton. com. cn
法定代表人:朱振华
质量体系:ISO 9001
产品情况:[COPTON(康普顿)牌、Roab(路邦)牌]
润滑油和汽车养护用品
配套情况:被中国重汽、三一重工、中航黑豹、福田汽车、天津雷沃动力、广汽乘用车、一汽轿车、申沃客车、亚星客车、海尔空调、山水水泥、中煤集团等多家汽车及设备厂商确立为首选装车或服务用油

★青岛三洋皮革有限公司
地址:山东省胶州市马店工业园
邮编:266314
电话:0532/83222223、83222225
传真:83225630
电子信箱:daohuapang@ 163. com
法定代表人:郑大洛
质量体系:ISO/TS 16949、ISO 9001
产品情况:汽车坐垫、皮革
配套情况:为北京现代、东风悦达起亚、吉利汽车等配套

★青岛新东洋车辆用品有限公司
地址:山东省青岛市黄岛区工业园珠山路以西,海滨 6 路以南
邮编:266400
电话:0532/86157656 – 8、85167296
传真:86157659
电子信箱:lisafeng. occ@ gmail. com
法定代表人:沈正燮
质量体系:ISO 9001
产品情况:遮蔽膜、遮蔽膜卷、塑料单张膜、挡尘膜、汽车防护用品、座椅套等产品

河南省

★河南尼罗河实业有限公司
地址:河南省焦作市武陟县工业园区工业南路 176 号
邮编:454981
电话:0391/7268449、4006899666
网址:www. nile. com. cn
电子信箱:852453726@ qq. com
法定代表人:段君瑞
单位人数:3000
质量体系:ISO 9001、IATF 16949
产品情况:(尼罗河 LINE 牌)
专业从事汽车坐垫、汽车脚垫、车饰精品等汽车用品

湖北省

★湖北超洁汽车用品有限公司
地址:湖北省随州市高新技术企业产业园区
邮编:441300
电话:4006087811
传真:7025007
网址:www. hbchaojie. com
电子信箱:szgaoqin@ 163. com
法定代表人:张高勤
质量体系:ISO 9001、IATF 16949
产品情况:(高勤牌)
汽车脚垫、3A 特固汽车脚垫、柔韧之星汽车脚垫、TPE 汽车脚垫、大包围行李舱垫、卡固行李舱垫、TPE 行李舱垫、PE 黑色行李舱垫、汽车护理用品、汽车塑料淋水器等系列产品
配套情况:与神龙汽车(标致、雪铁龙)、长城汽车、一汽轿车等整车厂配套;并与庞大集团、三环集团、九城集团、亚夏股份、东莞新东联等 4S 店进行配套

湖南省

★湖南金安昌科技有限公司
地址:长沙市麓谷高新技术产业开发区麓景路2号创新楼
邮编:410205
电话:0731/88330238、4000568178
传真:88330238
网址:hnjac. com
电子信箱:csjaxo@126. com
法定代表人:肖云华
产品情况:(金安昌牌)
生威宝燃油活化装置

广东省

★广州朝晖汽车用品有限公司
地址:广州市白云区钟落潭镇龙岗村中华路56号
邮编:510500
电话:020/87635005、37221972
传真:87635005
网址:www. bmgz. net
电子信箱:blue@bmgz. net
法定代表人:江桂洪
单位人数:400
质量体系:IATF 16949
产品情况:(朝晖牌)
各种汽车桃木饰件、椅套、窗帘、地毯等汽车用品
出口情况:远销日本、欧洲、美国等国家和地区

★广州市雄峰汽车电子有限公司
地址:广州市永福路49号福怡大厦A栋527室
邮编:510500
电话:020/87725785、87729529
传真:87790076
网址:www. gdhf. com
法定代表人:曾娜
质量体系:ISO/TS 16949
产品情况:(无极豹牌、金箍棒牌、凯迪娜牌)
汽车防盗报警器、汽车倒车雷达、一键起动等电子产品
出口情况:远销欧洲、美国、大洋洲、中东、非洲、东南亚、韩国等国家和地区

★广州市安途电器有限公司
地址:广州市黄埔区南湾西成中街33-35号
邮编:510730
电话:020/82514550、82514360
传真:82514335
网址:www. topair. com. cn
电子信箱:gzantu@126. com
法定代表人:邝新华
单位人数:450
质量体系:IATF 16949、ISO 9001
产品情况:[劲力王(TOPAIR)牌]
各种轮胎打气泵等
配套及出口情况:为通用、本田、丰田等汽车厂配套;出口欧美、俄罗斯、东南亚、中东等国家和地区

★泰极(广州)汽车内饰有限公司
地址:广州市花都区汽车城东风大道东
邮编:510800
电话:020/8673378、66220018
传真:8673377
电子信箱:personnel1@tachi - sgz. com. cn
法定代表人:小野纯生
质量体系:IATF 16949
产品情况:汽车座椅用椅套
配套情况:为东风日产、东风本田以及国外日本日产、本田、三菱等世界知名汽车厂家配套

★广州靓影化工科技有限公司
地址:广州市从化经济开发区福从路12号(津晖产业园)
邮编:510940
电话:020/66816818、66816828
网址:www. gzliangying. com
电子信箱:ly@gzliangying. com
法定代表人:王秀鹏
单位人数:600
产品情况:(靓影牌)
汽车美容清洁护理用品等

★广州保赐利化工有限公司
地址:广州市从化区经济技术开发区太源路11号
邮编:510990
电话:020/87879888、4007166558
传真:87879168、87817028
网址:www. botny. com
电子信箱:salesenquiry@botny. com
法定代表人:胡可荣
质量体系:ISO 9001、ISO 14001
产品情况:[BOTNY牌、ATM牌、NISSEI牌、狐狸(FOX-D)牌、派乐士(PARLUX)牌、已度明(ETOMAN)牌等]
各类汽车美容及维护产品

★增城市运豪五金塑料有限公司
地址:广州市增城区石滩镇沙庄街龙地村沿江西路18号
邮编:511328
电话:020/82915168
传真:82915968
网址:www. wan - ho. com
电子信箱:luoyp@wan - ho. com
法定代表人:谭哲豪
质量体系:ISO 9001
产品情况:高精密锌合金仿真模型车、合金塑料玩具、五金制品,彩膜(印刷)汽车彩绘等

★广州市雄兵汽车电器有限公司
地址:广州市增城区经济技术开发区新塘镇新和北路36号
邮编:511340
电话:020/86073608
传真:86073580
网址:www. spacekey. com. cn
电子信箱:sales@spacekey. com. cn
法定代表人:彭明玉
质量体系:IATF 16949
产品情况:(雄兵牌)
汽车智能钥匙(一键、远程起动系统)、专用型防盗器、中央控制门锁系统等
配套情况:为郑州日产、长城汽车配套

★广州德爱康纺织内饰制品有限公司
地址:广州市经济技术开发区永和经济区井泉一路3号
邮编:511356
电话:020/82970009
传真:82980216
网址:www. tstech. co. jp
电子信箱:nhelinda@163. com
法定代表人:张平秀
质量体系:ISO 14001、IATF 16949
产品情况:汽车座椅套
配套情况:主要客户有广州提爱思汽车内饰系统有限公司等

★广州市标榜汽车用品实业有限公司
地址:广州市增城区中新镇创业东路2号
邮编:511365
电话:020/32968886
传真:32968000
网址:www. biaobang. cn
电子信箱:bbzm@biaobang. cn
法定代表人:黄驱超
单位人数:400
质量体系:IATF 16949、ISO 9001
产品情况:(标榜牌)
汽车清洁、美容及维护产品
出口情况:出口东欧、东南亚等地区

★广州市吉中汽车装饰有限公司
地址:广州市南沙区黄阁镇黄阁中路30号
邮编:511400
电话:020/31156100、31156101
传真:31150891
网址:www. gzjizhong. com
电子信箱:w. luo@gzjizhong. com
法定代表人:罗积宗
质量体系:ISO/TS 16949
产品情况:真皮系列座套、仿皮系列座套、绒布/花色系列座套
配套情况:为奥迪、红旗、福特、桑塔纳、欧蓝德等多个汽车品牌配套

★广州市蓝彩实业有限公司
地址:广州市南沙区榄核镇民生路230号
邮编:511480
电话:020/86559020、86578096
网址:www. lancai - group. com
电子信箱:info@lancai - group. com
法定代表人:杨营升
质量体系:IATF 16949
产品情况:(蓝彩牌)
车身装饰彩条、交通安全标识等
配套及出口情况:车身装饰彩条主要配套于三菱、丰田、日产、东南汽车等企业;远销美国、中东等国家和地区

★深圳市华思旭科技有限公司
地址:广东省惠州市惠城区三栋数码园惠泰路 7 号赢合科技园 D 栋
邮编:516025
电话:0752/2566960、13413110017
传真:61673510
网址:www. car – ku. com
电子信箱:inquiry@ carku. com
法定代表人:雷云
质量体系:IATF 16949、ISO 9001
产品情况:多功能汽车应急起动电源

★惠州市车之骄汽车用品有限公司
地址:广东省惠州市博罗县石湾镇永石大道东侧科技产业园内
邮编:516127
电话:0752/6632062、4008036589
传真:6632062
网址:www. czjspoiler. com
电子信箱:2850325360@ qq. com
法定代表人:马瑞君
质量体系:ISO/TS 16949
产品情况:(车之骄牌)
专业生产汽车尾翼、前后护杠、踏板和行李架等外装饰件
出口情况:出口中东、欧洲、东南亚、非洲、南美洲等地区

★深圳市日日晖实业有限公司
地址:广东省深圳市观澜君子布日日晖工业园
邮编:518000
电话:0755/29679228、29679328
传真:29679968、29679398
网址:www. ririhui. cn
法定代表人:方楚光
质量体系:ISO 9001、ISO 14001
产品情况:(多特威牌、DTW 牌、多特赛牌、DTS 牌、日日威牌、RRH 牌、日日晖牌、比尔韦德牌)
汽车护理系列用品
出口情况:出口欧美、东南亚、中东、非洲等地区

★多美达(深圳)电器有限公司
地址:广东省深圳市福田区福华一路卓越大厦 15 楼 1507 – 1510 室
邮编:518033
电话:0755/25607722、4000865166
网址:www. mobicool. com
电子信箱:cs. cn@ dometic. com
法定代表人:钟启彬
质量体系:IATF 16949、ISO 9001
产品情况:(MOBICOOL 牌、MOBITRONIC 牌、WAECO 牌)
车用便携式冰箱、车载空调等
配套情况:为宝马、奔驰、路虎、曼和沃尔沃等提供嵌入式汽车冰箱

★深圳车仆汽车用品发展有限公司
地址:广东省深圳市宝安区石岩镇光辉路 17 号三九工业园
邮编:518106
电话:0755/27649666
传真:27649666
网址:www. chief. cc
电子信箱:service@ chief. cc
法定代表人:刘翔
单位人数:1400
质量体系:ISO 9001
产品情况:汽车护理用品和汽车装饰用品

★快美特汽车精品(深圳)有限公司
地址:广东省深圳市龙华区龙华街道富康社区东环二路 77 号厂房 1 栋 1 层 – 2 层
邮编:518109
电话:0755/28129233、28129955
传真:28129235、28129944
网址:www. carmate. com. cn
电子信箱:renshi@ carmate. com. cn
法定代表人:AKAHANE MICHIAKI
单位人数:580
质量体系:ISO 9001
产品情况:汽车香水、汽车化工、儿童座椅、汽车精品、DVD 精品、翼诺车顶架、赛车精品

★深圳市爱车屋汽车用品股份有限公司
地址:广东省深圳市龙华新区民治大道展滔科技大厦 C 座 12 层
邮编:518109
电话:0755/81798808、4006828328
传真:32907256
电子信箱:8888@ icaroom. com
法定代表人:李珩
质量体系:ISO 9001
产品情况:[爱车屋(ICAROOM)牌]
汽车坐垫、座椅套、车用香水、转向盘套、脚踏垫等
配套情况:与长城、比亚迪等品牌厂商达成战略合作

★深圳市元征科技股份有限公司
地址:广东省深圳市龙岗区坂田街道五和大道北 4012 号元征工业园
邮编:518129
电话:0755/84528013、4000666666
传真:84528889
网址:www. cnlaunch. com
电子信箱:yizhi. liu@ cnlaunch. com
法定代表人:刘新
质量体系:ISO 9001、IATF 16949
产品情况:(电眼睛牌、LAUNCH 牌)
汽车护理产品、汽车维修工具、诊断设备等

★深圳市警豹电子科技有限公司
地址:广东省深圳市宝安区西乡九围洲石公路富源工业城 C12 栋 3 楼
邮编:518216
电话:0755/33679988、33670528
传真:33679958
电子信箱:carsky@ carsky. com. cn
法定代表人:杨尧任
质量体系:ISO 9001
产品情况:(车真宝牌)
GSM 汽车防盗系统、GPS 汽车防盗系统、汽车音响、汽车防盗器、倒车雷达、GPS 导航
出口情况:出口欧洲、美洲、中东、非洲等 30 多个国家和地区

★多美达(珠海)科技有限公司
地址:广东省珠海市金湾区三灶镇金湖路 18 号
邮编:519041
电话:0756/7630098、4000865166
网址:www. dometic. com
电子信箱:cs. cn@ dometic. com
法定代表人:杨幸标
质量体系:IATF 16949、ISO 9001
产品情况:(DOMETIC 多美达牌)
生产移动空调、车载冰箱、酒店冰箱、医疗冷链运输箱、房车和游艇配套等上千种移动制冷产品

★珠海市金宜科环保材料有限公司
地址:广东省珠海市高栏港区精细化工区化联三路 11 号
邮编:519070
电话:4006281833
传真:0756/7792116
网址:www. kec – cn. com
电子信箱:fuwu@ kec – cn. com
法定代表人:黄靖山
质量体系:ISO 9001、IATF 16949
产品情况:(KEC 牌)
主导产品有汽车底盘胶、汽车养护品、汽车无水冷却液
配套情况:合作的主机厂有一汽丰田、北京现代、吉利汽车、江淮汽车、比亚迪、广汽传祺、一汽轿车等;合作的 4S 店集团有大连中升集团、北京嘉华集团、深圳鹏峰集团、广物汽贸集团、山东远通集团、山东润华集团、江苏润东集团、南京宝铁龙集团、安徽省汽贸集团、南宁广缘集团、湖南申湘集团等

★广东好顺欧迪斯科技股份有限公司
地址:广东省肇庆市国家高新技术产业开发区迎宾大道 12A 号
邮编:526238
电话:0758/3603620、3626666
传真:3603868
网址:www. gdhaoshun. cn
电子信箱:hr@ gdhaoshun. cn
法定代表人:卢广开
质量体系:IATF 16949、ISO 9001
产品情况:汽车环保节能产品、油品添加剂、汽车美容护理用品、前装深度保养产品、气雾剂产品及消毒类产品及其配套产品

★佛山市三水歌谷电器有限公司
地址:广东省佛山市三水区乐平中心科技工业园 B 区 84 号
邮编:528137
电话:0757/87363068、87363065
传真:87363067
网址:www. colku. cn

电子信箱：chenys@ colku. com
法定代表人：关耀干
质量体系：ISO 9001
产品情况：车载冰箱和车载空调以及直流变频压缩机，广泛适用于汽车、旅游房车、特种车等领域
出口情况：主要销往欧洲、澳大利亚、新西兰、南非、日本、加拿大、美国、东南亚等地区

★广东华钿勇士汽车用品有限公司
地址：广东省佛山市顺德区勒流龙眼工业区工业大道10号
邮编：528300
电话：0757/25636520、25638590
传真：25635918
网址：www. 4x4powerful. com
电子信箱：yxb@ 4x4powerful. com
法定代表人：洪伟添
单位人数：800
质量体系：IATF 16949
产品情况：汽车前后防撞杠、行李架、脚踏板、后爬梯、射灯架、备胎罩及其他汽车装饰件
配套及出口情况：国内配套有中兴汽车厂、江铃汽车厂以及全国银行防弹车前后护杠，经代理商自行配套有本田、丰田、三菱，日产系列；70% 销往全球109个国家，国外配套以色列丰田配件厂、伊朗丰田配件厂、美国本田附件厂、埃及现代附件厂、大洋洲越野车改装附件厂等

★佛山市顺德区实力汽车配件有限公司
地址：广东省佛山市顺德区伦教熹涌工业区
邮编：528308
电话：0757/26156166、4006039116
传真：27758520、26156181
网址：www. sdshili. com. cn
电子信箱：marketing@ sdshili. com. cn
法定代表人：吴汉根
质量体系：IATF 16949
产品情况：（实力立牌、STAND UPRIGHT 牌）
汽车千斤顶及其配件
配套情况：与美国福特、通用、北美日产、大洋洲福特及韩国双龙等多家知名汽车厂建立了长期的配套业务

★广东赛威智能汽车电子股份有限公司
地址：广东省佛山市顺德区大良古鉴金翔路1号
邮编：528309
电话：4000560399、13827723316
传真：0757/22309930
网址：www. safeway. com. cn
电子信箱：safuwe@ safuwe. com
法定代表人：邓国君
质量体系：IATF 16949、ISO 9001
产品情况：倒车监视器、车载摄像头、智能报站器、车载线材等
配套及出口情况：是宇通、金龙、南车、比亚迪等客车制造行业龙头企业的指定供应商；出口荷兰、芬兰、丹麦、德国、英国、美国、加拿大等国家

★广东东箭汽车科技股份有限公司
地址：广东省佛山市顺德区乐从镇乐从大道西 B333 号
邮编：528315
电话：0757/28082476
传真：28836191、28853911
网址：www. dongjian. cc
电子信箱：touziguanxi@ dongjiancorp. com
法定代表人：马永涛
质量体系：ISO 9001、IATF 16949
产品情况：［锐搏（WINBO）牌、飞酷（FALKOO）牌］
防撞杠、脚踏板、行李架、备胎罩、尾梯、挡泥板（胶）、拖车钩、射灯架及用于轿车的轮眉、门边踏板、排气管尾套、发动机下护板、换挡锁支架、车门饰条等
配套情况：为丰田、本田、日产、现代、五十铃、江铃、陆风、广汽三菱、北汽福田、长城汽车、福迪、丹东曙光、北汽制造等配套

★广东任我通汽车云智能科技股份公司
地址：广东省佛山市顺德区杏坛镇科技工业园科技四路1号
邮编：528325
电话：0757/27381807、4008828211
传真：27381802、27381806
网址：www. u - drive. cn
电子信箱：manager@ u - drive. cn
法定代表人：王安平
单位人数：800
质量体系：IATF 16949
产品情况：主要业务有前后护杠、电动踏板、智能电动尾门、电动座椅、大包围、排气、内饰等汽车内外饰件产品
配套及出口情况：为北京现代、广汽、华晨、江铃汽车、东风标致、比亚迪等配套；远销北美洲、东南亚等近百个国家和地区

★广东爱得乐集团有限公司
地址：广东省佛山市顺德区均安镇爱得乐工业城
邮编：528329
电话：0757/25383000、25383045
网址：www. adlo. net
电子信箱：adlo@ adlo. net
法定代表人：罗彦雄
产品情况：［爱得乐（ADLO）牌］
生产摩托车头盔、尾箱、防盗器等产品
出口情况：远销欧美、东南亚多个国家和地区

★广东莱雅化工有限公司
地址：广东省佛山市顺德区顺峰山工业区
邮编：528333
电话：0757/22325900、22322363
传真：22325993
网址：www. laya. com. cn
电子信箱：info@ laya. com. cn
法定代表人：梁伟明
质量体系：ISO 9001、ISO 14001
产品情况：（宝士德牌）
玻璃除尘雾清、轮胎光亮剂、低温启动剂、汽车空调除臭剂等汽车养护用品

★广东英得尔实业发展有限公司
地址：广东省中山市火炬开发区国家健康科技产业基地健康路23号
邮编：528400
电话：0760/88288668、4000820990
网址：www. indelb. cn
电子信箱：cy. liang@ indelb. cn
法定代表人：史杰君
单位人数：400
质量体系：IATF 16949、ISO 9001
产品情况：压缩机式车载冰箱
配套及出口情况：为奔驰、一汽解放等配套；畅销美国、德国等66个国家

★中山市非特永旺汽车用品有限公司
地址：广东省中山市南区渡头牛古埔工业小区
邮编：528400
电话：0760/88818278、4006328228
传真：88818278
网址：www. zsfeite. com. cn
电子信箱：zsft2008@ 163. com
法定代表人：詹四海
质量体系：IATF 16949
产品情况：（非特牌、车护宝牌）
汽车护理产品
配套情况：为吉利、东风雷诺、海南海马主机厂的指定供应商

★中山市贝奥斯金属制品有限公司
地址：广东省中山市小榄镇永宁工业大道南路永星工业村内
邮编：528400
电话：0760/22278615、22282059
传真：22278625、22281900
网址：www. plccar. com
电子信箱：sales@ beiaos. com
法定代表人：刘宛莲
单位人数：700
质量体系：IATF 16949、ISO 9001
产品情况：（PLC 牌、BEIAOS 牌）
防盗器、遥控器、中控锁、倒车雷达、换挡锁、喇叭
配套情况：为本田、五十铃、皮卡等多家知名整车企业配套防盗系列产品

★铁将军汽车电子股份有限公司
地址：广东省中山市东凤镇东阜路和平大道铁将军工业园
邮编：528425
电话：0760/22613886
网址：www. steel - mate. com
电子信箱：sysinfo@ steel - mate. net
法定代表人：李安培
质量体系：IATF 16949、ISO 9001

产品情况:汽车、摩托车防盗报警器,汽车倒车雷达、行车录像仪、无钥匙进入与起动系统、行李舱自动开启、车载安全辅助系统、盲区并线辅助系统等电子产品
出口情况:远销欧美、东南亚等国家和地区;与多家欧美一流汽车公司建立合作关系

★中山富士化工有限公司
地址:广东省中山市火炬开发区世纪三路2号
邮编:528436
电话:0760/85596999
传真:85596979
网址:www.fujichem.com
电子信箱:angel@fujichem.com
法定代表人:陈志威
质量体系:ISO 9001
产品情况:防虫剂、防潮剂、空气清新香座及塑料制品
出口情况:远销欧洲、东南亚、美洲等地区

★广州威迪仕汽车用品有限公司
地址:广州市黄埔区石化路1780号108
邮编:529100
电话:020/32056043
传真:6789192
电子信箱:494645472@qq.com
法定代表人:赖生伟
质量体系:ISO 9001
产品情况:WDS水性金属防腐漆、隔音系列等产品

广　西

★柳州旷达汽车饰件有限公司
地址:广西柳州市华云路1号(柳州市白露工业园B-2地块)
邮编:545001
电话:0772/8805006
网址:www.kuangdacn.com
电子信箱:jie.liliuzhou@kuangdacn.com
法定代表人:徐文健
质量体系:IATF 16949、ISO 9001
产品情况:织物座套、真皮座套、PVC/PU仿皮系列座套
配套情况:主要客户有柳州五菱汽车工业、柳州延锋江森汽车座椅等

第四部分

汽车制造设备及模具生产企业

汽车制造设备及模具生产企业

• 查询导引 •

汽车制造设备及模具生产企业

☞ 企业如有变更，请与编辑部联系 ☎ 010/68426043、68420981

北京市

★北京沃尔德金刚石工具股份有限公司
地址:北京市朝阳区酒仙桥路东路1号院7号厂房7-12东五层H-03室
邮编:100015
电话:010/58411388
传真:58411388-8002
网址:www.worldiatools.com
电子信箱:marketing@worldiatools.com
法定代表人:陈继锋
质量体系:ISO 9001、ISO 14001
产品情况:主营超高精密钻石刀轮及其配套产品、高精密PCD/PCBN/CVDD切削刀
配套情况:与国内外汽车主机厂、汽配等领域知名企业长期合作

★北京机电院机床有限公司
地址:北京市朝阳区工体北路4号
邮编:100027
电话:010/85236930、85235273
传真:85236733、85235277
网址:www.bmeimt.com
电子信箱:service@bmeimt.com
法定代表人:邹春生
质量体系:ISO 9001、ISO 14001
产品情况:五轴叶片加工中心、五轴叶轮加工中心、三/四轴立式加工中心、钻削中心、磨床及精密专机等

★北京星航机电装备有限公司
地址:北京市丰台区云岗东王佐北路9号
邮编:100074
电话:010/88539509、68743641
传真:88536769
电子信箱:bjxhjh@163.com
法定代表人:李鹤鹏
质量体系:ISO 9001、ISO 14001
产品情况:（星航牌）
数字焊机、电能质量、电动车充电管理系统、特种非标设备等一系列产品

★北京数码大方科技股份有限公司
地址:北京市海淀区丰秀中路3号院9号楼
邮编:100094
电话:010/62490300
传真:62490301
网址:www.caxa.com
电子信箱:service@caxa.com
法定代表人:雷毅
质量体系:ISO 9001
产品情况:主要提供数字化设计(CAD)、数字化制造(MES)、产品全生命周期管理(PLM)和工业云服务平台的产品和服务
配套情况:与中国二重、北汽福田、丰田、霍尼韦尔等合作

★北京瑞科恒业喷涂技术有限公司
地址:北京市建国门外高碑店北路甲5号
邮编:100123
电话:010/85773201、85773202
网址:www.recco.com.cn
电子信箱:recco@gmail.com
法定代表人:臧毅
质量体系:ISO 9001
产品情况:涂装生产线自动化输供漆系统及智能涂装设备
配套情况:用户有一汽、东风柳汽、重汽、金杯、北轻、神龙、昌河等汽车制造厂家

★北京东方中科集成科技股份有限公司
地址:北京市海淀区阜成路67号银都大厦12层
邮编:100142
电话:010/68715566、4006505566
传真:68728001
网址:www.jicheng.net.cn
电子信箱:webmaster@jicheng.net.cn
法定代表人:王戈
质量体系:ISO 9001
产品情况:为新能源汽车、工业物联网等国家战略新兴产业提供测试技术与服务

★北京泰诚信测控技术股份有限公司
地址:北京市经济技术开发区兴海三街16号
邮编:100176
电话:010/53503801、4000535383
传真:53503807
网址:www.tcxmt.com

电子信箱:tcxxs02@ tcxmt. com
法定代表人:陶发荀
质量体系:ISO 9001
产品情况:为动力总成(发动机、变速器、车桥)装配提供工艺规划、设计、制造、安装调试及交付服务等整套数字化解决方案
配套情况:主要客户有本特勒、上汽通用五菱、长安汽车、上海汇众、奇瑞汽车、义和车桥、AAM、DANA、江淮、东风汽车、曙光汽车、沃尔沃、阿文美驰、中国重汽、宇通、一汽、上汽通用、众泰汽车、北京汽车、华泰汽车、江铃汽车、云内动力等企业

★安川首钢机器人有限公司
地址:北京市经济技术开发区永昌北路7号
邮编:100176
电话:010/67880541、67880548
传真:67880542
网址:www. ysr – motoman. cn
电子信箱:ysr@ ysr – motoman. cn
法定代表人:小川昌宽
质量体系:ISO 9001
产品情况:机器人汽车风窗玻璃涂胶系统、汽车不见弧焊机器人系统、轿车悬架桥机器人焊接生产线、机器人点焊系统成套设备等
配套情况:为上海汇众汽车、一汽轿车等供货

★北京中戎华泰科技开发有限公司
地址:北京市亦庄经济技术开发区同济中路7号兴盛工业园5号楼
邮编:100176
电话:010/67862796
传真:67862496
电子信箱:zrht@ bjzrhtkj. com
法定代表人:袁波
质量体系:ISO 9001
产品情况:汽车焊接装备及生产线的设计制造、智能制造自动化系统集成
配套情况:主要客户包括北京奔驰、上汽大众、一汽-大众、一汽红旗、北京现代、京投集团等

★北京中科泛华测控技术有限公司
地址:北京市海淀区西小口路66号东升科技园·北领地A–5楼一层
邮编:100192
电话:010/82156688
传真:82156006
网址:www. pansino. com. cn
电子信箱:sales@ pansino. com. cn
法定代表人:左毅
质量体系:ISO 9001
产品情况:(泛华测控Pansino牌)
传感器测试系统(包括轮速、位置、压力、爆震、T-MAP等传感器)、仪表盘测试系统、ECU测试系统、点火线圈测试系统、车载ABS测试系统、发动机状态检测系统等
配套情况:为德尔福、马瑞利、大陆汽车、西门子VDO、霍尼韦尔、北汽福田、东风本田、上汽大众、上汽通用、长春一汽、重庆长安、泛亚汽车、伟世通、博世、博泽、玉柴、潍柴等供货

★北京敬业机械设备有限公司
地址:北京市海淀区栖云路9号院五矿观山25号楼
邮编:100194
电话:010/82035130、82035131
传真:82030016
网址:www. jingyie. com
电子信箱:jingyie@ jingyie. com
法定代表人:孙林
质量体系:ISO 9001
产品情况:轮胎成型机以及其他橡胶机械产品
配套及出口情况:客户包括国内主要的轮胎制造企业;出口日本、西班牙、泰国、越南、印度尼西亚、马来西亚、印度等国家,并销往中国台湾地区

★北京博科测试系统股份有限公司
地址:北京市通州区马驹桥镇金桥科技园区景盛中街20号
邮编:101102
电话:010/60571288
传真:60571010
网址:www. bbkco. com. cn
电子信箱:sales@ bbkco. com. cn
法定代表人:李景列
质量体系:ISO 9001、ISO 14001
产品情况:(博科牌)
汽车及其他领域的测试试验系统及相关设备
配套情况:用户包括一汽集团、上汽大众、上汽通用、北汽福田、四川现代等大型汽车生产企业

★北京比亚迪模具有限公司
地址:北京市通州区科创东五街1号
邮编:101111
电话:010/69508888
传真:69509999、67711363
电子信箱:bydbeijing@ byd. com. cn
法定代表人:王传福
单位人数:350
质量体系:QS 9000、ISO 9001
产品情况:(比亚迪牌)
汽车覆盖件及内板件模具、精冲模具、装焊夹具、冲压件检具等

★北京群菱能源科技有限公司
地址:北京市亦庄科创十三街汇龙森科技园33号楼B栋6层
邮编:101111
电话:010/56532098、56532099
网址:www. qunling. cc
电子信箱:innet@ china. com
法定代表人:姚承勇
质量体系:ISO 9001、ISO 14001
产品情况:新能源检测及系统集成、高校电气实验室建设集成、电动汽车充电站检测及系统集成、电源测试设备研发与制造

★尼玛克焊接技术(北京)有限公司
地址:北京市通州区张家湾镇光华路16号
邮编:101113
电话:010/61567119、4007001254
传真:61567640
网址:www. nimak. cn
法定代表人:迈克尔·汉斯·弗雷尔
质量体系:ISO 9001
产品情况:已成为年生产手动焊钳3000台、机器人焊钳3000台、焊接控制柜2000台、固定式电阻焊机200台的生产能力
配套情况:是一汽-大众、北京奔驰、上汽大众、一汽红旗、华晨宝马、吉利汽车、东风汽车、观致汽车、北京现代、北汽福田、宝沃汽车、广汽本田、长城汽车、奇瑞汽车、中华汽车、沃尔沃、宇通客车、柳汽等众多知名车企的优质焊接装备供应商

★北京北一法康生产线有限公司
地址:北京市顺义区林河工业开发区双河大街16号
邮编:101300
电话:010/89452203
传真:89452230
网址:www. byjc – doerfer. com. cn
电子信箱:contact@ byjc – fabricom. com. cn
法定代表人:修巍
质量体系:ISO 9001
产品情况:主要从事各类自动化装配生产线、加工生产线及各类非标、智能化设备的设计、制造、装配调试及服务工作
配套情况:主要客户有神龙汽车、一汽、北京汽车、德尔福、万向集团、采埃孚、马勒、法雷奥等

★北京北一机床股份有限公司
地址:北京市顺义区林河工业开发区双河大街16号
邮编:101300
电话:010/89496161
网址:www. byjc. com. cn
电子信箱:bysale@ byjc. com. cn
法定代表人:李忠波
质量体系:ISO 9001、ISO 14001
产品情况:(北一牌)
重型机床产品的数控龙门镗铣床、数控落地镗、数控立车、导轨磨床;中型机床产品的数控铣床、数控磨床、数控车床、加工中心、车铣复合机床、激光雕刻、钻削中心、五轴联动叶片/叶轮加工中心、数控珩磨机、高精度外圆磨床、数控磨床、普通外圆磨床、专用磨床、超精加工机床、自动生产线、普通铣床、成套设备、功能部件等
出口情况:远销50多个国家和地区

★北一大隈(北京)机床有限公司
地址:北京市顺义区林河工业开发区双河大街16号

邮编:101300
电话:010/89498533、89498551
传真:89498518、89498561
网址:www.okuma - byjc.com
法定代表人:彭效润
质量体系:ISO 9001、ISO 14001
产品情况:立式加工中心、数控车床、卧式加工中心等
出口情况:远销50多个国家和地区

★北京东方昊为工业装备有限公司
地址:北京市顺义区马坡镇姚店村幸福西街6号
邮编:101300
电话:010/84720180、4000609888
传真:69407640
网址:www.howail.cn
电子信箱:dfhwgs@126.com
法定代表人:彭建国
质量体系:ISO 9001、ISO 14001
产品情况:喷砂(丸)设备、抛丸设备、喷漆烘干设备、化学前处理生产线、涂装生产线、电泳生产线、粉末静电喷涂生产线、除湿机及空调机组、空气净化设备、柔性大门输送设备等

★北京第二机床厂有限公司
地址:北京市房山区长阳镇万兴路86-1号
邮编:102444
电话:010/83212490、83211074
传真:83211206
网址:www.bemtw.com
电子信箱:export@bemtw.com
法定代表人:李笑声
质量体系:ISO 9001、ISO 14001
产品情况:(北二牌)
数控磨床、专用磨床、发动机凸轮轴磨床等

★北京世茂机电科技有限公司
地址:北京市大兴开发区科苑路15号
邮编:102600
电话:010/60214861、60215175
传真:60214860
网址:www.bsm.com.cn
电子信箱:cw@bsm.com.cn
法定代表人:陈俊霖
单位人数:200
质量体系:ISO 9001
产品情况:冲压模具标准件
配套情况:为一汽-大众、东风汽车公司、华晨金杯、广汽本田供货

天津市

★天津汽车模具股份有限公司
地址:天津市空港经济区航天路77号
邮编:300308
电话:022/24890729
传真:24896985
网址:www.tqm.com.cn
电子信箱:tqm@tqm.com.cn
法定代表人:常世平
质量体系:ISO 9001、ISO 14001
产品情况:模具设计、制造;冲压件加工、铆焊加工;汽车车身及其工艺装备设计、制造
配套及出口情况:为奇瑞汽车、华晨金杯、长城汽车、北京汽车、上汽通用、上汽大众、一汽-大众、北京奔驰、天津丰田、广汽丰田、广汽本田、神龙汽车、长安铃木、长安汽车、上汽通用五菱、北京现代、北汽福田、东南汽车等配套;客户遍及全球20多个国家,主要有福特、通用、菲亚特、标致雪铁龙、沃尔沃、雷诺、路虎、大众、奥迪、奔驰、印度铃木、TATA、KUKA等

★天津精诚机床股份有限公司
地址:天津市津南区八里台工业园丰泽3大道4号
邮编:300350
电话:022/24981179
传真:24981170
网址:www.tj - jcmt.com
电子信箱:jingcheng@tj - jcmt.com
法定代表人:冷杰
质量体系:ISO 9001
产品情况:汽车桥齿轮成套加工设备、数控圆柱齿轮加工机床系列、汽车变速器齿轮加工机床系列、重型及小模数控铣齿机系列
出口情况:出口德国、美国、芬兰、意大利、日本、韩国等十几个国家和地区

★天津赛象科技股份有限公司
地址:天津市华苑新技术产业园区(环外)海泰发展四道九号
邮编:300384
电话:022/23788188
传真:23788199
网址:www.chinarpm.com
电子信箱:info@tst - group.com
法定代表人:张晓辰
质量体系:ISO 9001、ISO 14001
产品情况:(赛象牌)
子午线轮胎生产设备
出口情况:出口法国、美国、德国、日本、英国、意大利、印度等知名轮胎公司

★津伦(天津)精密机械股份有限公司
地址:天津市新技术产业园区华苑产业区鑫茂科技园C1一层D单元
邮编:300384
电话:022/23315666、83710016
传真:23329088
网址:www.keenland.net
电子信箱:info@keenland.net
法定代表人:陈钢毅
质量体系:ISO 9001、ISO 14001
产品情况:(津伦牌)
气密检测设备、含浸加工设备、数字化全自动生产线、随行夹具、汽车焊装夹具、检具、伺服全自动打胶机、拧紧机、压装机等;动力电池PACK线
配套及出口情况:为一汽集团、福特汽车、长城汽车、本田汽车、长安汽车、北汽、吉利汽车、马自达、东风汽车等公司供货;远销日本、澳大利亚等国家

★宜科(天津)电子有限公司
地址:天津市西青经济开发区赛达四支路12号
邮编:300385
电话:022/23888288、4006084005
传真:23788399
网址:www.elco - holding.com.cn
电子信箱:sales@elco.cn
法定代表人:张鑫
质量体系:ISO 14001、ISO 9001
产品情况:智慧工厂的整体规划实施提供自系统层、控制层、网络层到执行层自上而下的全系列服务

★天津七所高科技有限公司
地址:天津市北辰科技园区高新大道64号
邮编:300402
电话:022/86993577、86993513
传真:86993522
网址:www.707hi - tech.com
电子信箱:geyi_1027@163.com
法定代表人:陈建萍
单位人数:240
质量体系:ISO 9001
产品情况:(陆华牌)
焊接设备和焊装生产线、涂装生产线
配套及出口情况:与一汽、东风、上汽、长安、奇瑞、海尔、美的、格力、新飞、LG、三菱等上百家知名大型企业集团合作;远销欧洲、亚洲、非洲、拉丁美洲等10多个国家和地区

★天津银宝山新科技有限公司
地址:天津市经济技术开发区第十三大街46号
邮编:300457
电话:022/66237560、662375556
传真:66237180
网址:www.silverbasis.com
电子信箱:xingna.qin@silverbasis.com
法定代表人:李杰
质量体系:IATF 16949、ISO 9001
产品情况:汽车模具及零部件制造服务解决方案
配套及出口情况:为宝马、福特、大众、通用、丰田、本田、日产雷诺等服务;80%的模具出口欧美等发达国家

★丰田一汽(天津)模具有限公司
地址:天津市经济技术开发区黄海路228号
邮编:300457
电话:022/66230888
传真:66237144
网址:www.toyota.com.cn
电子信箱:lujing@tftd.com.cn
法定代表人:磯部利行(ISOBE TOSHIYUKI)
质量体系:ISO 14001

产品情况:汽车内外板件冲压模具(侧围、顶盖、翼子板、行李舱、前机盖等)及树脂模具、铸造模具

★川崎机器人(天津)有限公司
地址:天津市经济技术开发区信环西路19号6号楼1/2层
邮编:300457
电话:022/59831888
传真:59831889
网址:www. kawasakirobot. cn
法定代表人:磯部正史
质量体系:ISO 9001
产品情况:小到中型通用机器人、大型通用机器人、超大型通用机器人、大型码垛机器人、喷涂机器人及成套单元、高速分拣机器人、点焊机器人

河北省

★精达河北机床制造有限公司
地址:河北省泊头市经济技术开发区4号路数控产业园
邮编:062150
电话:0317/8290955、8199387
网址:www. btjdlj. com
电子信箱:btjdlj@ vip. 163. com
法定代表人:刘秀茹
单位人数:400
质量体系:IATF 16949、ISO 9001
产品情况:数控机床产品、通用机床产品、工量具产品
配套及出口情况:为江铃等供货;远销10多个国家和地区

★河北兴林车身制造集团有限公司
地址:河北省沧州市泊头经济开发区
邮编:062150
电话:0317/8386999、8262222
传真:8184999
网址:www. hbxinglin. com
电子信箱:xinglin@ vip. sina. com
法定代表人:张美英
质量体系:IATF 16949、ISO 9001
产品情况:涵盖汽车模具设计制造、汽车轻量化研发、整车车身设计、样车试制、汽车冲压零部件生产
配套及出口情况:为一汽-大众、日本H-ONE、西班牙MATRICI、长安马自达、雷诺、沃尔沃、一汽轿车、上汽集团、东风乘用车、长城汽车、奇瑞汽车、江淮汽车、吉利汽车等众多国内外知名企业的合作伙伴;出口欧洲、北美洲、日本

★唐山松下产业机器有限公司
地址:河北省唐山市高新技术开发区内
邮编:063020
电话:0315/3206055、4006125816
传真:3206018
网址:www. tsmi. com. cn
电子信箱:sales@ tsmi. cn
法定代表人:杜献平
质量体系:ISO 9001、ISO 14001
产品情况:(Panasonic 牌)
电焊机、切割机、机器人及激光焊接系统等
配套及出口情况:为很多汽车企业提供设备;出口美国、韩国、日本、印度、东南亚、沙特阿拉伯等国家和地区

★唐山开元自动焊接装备有限公司
地址:河北省唐山市高新区火炬路189号
邮编:063020
电话:0315/3859606
传真:3859644
网址:www. autoweld. com. cn
电子信箱:info@ autoweld. com. cn
法定代表人:柳铮
质量体系:ISO 9001
产品情况:(KAIYUAN 牌)
切割与弧焊系统、智能制造系统、数字化车间的设计、制造

★廊坊市北方天宇机电技术有限公司
地址:河北省廊坊市广阳区新华路193号
邮编:065000
电话:0316/2202918、2202893
传真:2202919
网址:www. lftianyu. cn
电子信箱:langfanggzj@ sina. com
法定代表人:魏俊
质量体系:ISO 9001、ISO 14001
产品情况:非标装备及生产线,涉及车用动力系统、汽车轮毂制造等领域

★天航智能机械有限公司
地址:河北省廊坊市固安县新兴产业示范区
邮编:065500
电话:0316/5927778、010/87925220
网址:www. bjnhlk. com
电子信箱:nhlk@ bjnhlk. com
法定代表人:李涛
质量体系:ISO 9001
产品情况:水平臂移动式坐标测量机系列及量产的桥移动式坐标测量机系列、龙门式坐标测量机系列等
配套情况:为南京长安汽车、郑州日产、广州风神、东风乘用车、北京现代、济南重汽供货

★河北朗威汽车零部件有限公司
地址:河北省霸州市煎茶铺经济技术开发区
邮编:065700
电话:0316/7195139
传真:7412368
网址:www. hblangwei. com
电子信箱:9999@ hblangwei. com
法定代表人:张青海
质量体系:IATF 16949
产品情况:塑胶模、注塑产品、汽车覆盖件模具和汽车冷冲压模具、汽车散热器等高端精密塑胶和五金模具产品
出口情况:远销美国、墨西哥、俄罗斯、马来西亚、菲律宾、非洲、中东等20多个国家和地区

★秦皇岛中秦智能装备有限公司
地址:河北省秦皇岛市经济技术开发区黑龙江西道15号
邮编:066000
电话:13623349493
网址:www. cnslem. com
电子信箱:hcl830722@ 163. com
法定代表人:胡忠臣
质量体系:ISO 9001、ISO 14001
产品情况:主要产品为轮毂生产配套的智能化装备,包括辊道物流输送系统、全尺寸轮毂去毛刺抛光机、自动放网机、视觉识别与测量系统、工业机器人系统集成、轮毂毛坯取料机械手、节能型全自动轮毂清洗风干机、节能型集中冷却风干机等自动化设备
配套情况:主要客户包括中信戴卡、戴卡兴龙、兴龙轮毂、立中车轮、重庆耀勇、一阳科技、九泰车轮、卓越圣龙等众多轮毂制造公司

★秦皇岛方华埃西姆机械有限公司
地址:河北省秦皇岛市经济技术开发区海河道2号
邮编:066004
电话:0335/8518200、8536133
传真:8518400
网址:www. fanghua - secm. com
电子信箱:fsm@ fsmautomation. com
法定代表人:周超
单位人数:1000
质量体系:ISO 9001
产品情况:辊压、拉弯、冲压设备,为欧美日汽车零部件供应商提供从型材辊压到拉弯及后序加工等成套工艺装备
出口情况:出口加拿大、法国、美国、印度、土耳其、巴西、韩国、摩纳哥、德国、墨西哥等国家

★承德华远自动化设备有限公司
地址:河北省承德市高新技术产业开发区东区
邮编:067000
电话:0314/2122196、13931421452
传真:2121697
网址:www. huayuanautomation. com
电子信箱:guixiuxin@ 126. com
法定代表人:柴世铎
质量体系:ISO 9001、ISO 14001
产品情况:汽车总装物流自动化系统、汽车焊装物流自动化系统、汽车涂装物流自动化系统
配套及出口情况:为大众、通用、神龙、华晨等供货;出口欧洲

山西省

★太原工具厂有限责任公司
地址:太原市尖草坪区丰源路18号
邮编:030008
电话:0351/3572225、2825099
传真:3180723
电子信箱:tytool@ taiyuantool. com

法定代表人:冯亚军
质量体系:ISO 9001
产品情况:(太牌)
拉削刀具、齿轮刀具、孔加工刀具、螺纹刀具、铣削刀具及硬质合金可转位刀具,广泛应用于汽车行业、机床行业等

内蒙古

★内蒙古一机集团瑞特精密工模具公司
地址:内蒙古包头市青山区民主路
邮编:014032
电话:0472/3117338、3117645
电子信箱:no.8@nmgyj.com
法定代表人:陈钧
质量体系:OHSAS 18001
产品情况:以冷冲模具、热铸模具、玻璃钢模具、大型高精度冲模为主
配套情况:为一汽、东风、江铃全顺、神龙富康、郑州日产、沈阳金杯海狮、上海科勒、江西昌河等厂家承制了大中型模具的设计与制造

辽宁省

★沈阳三丰电气有限公司
地址:沈阳市苏家屯区雪莲街10甲
邮编:110102
电话:024/23736484、23731661
传真:23736484
网址:www.sanfengelec.com
电子信箱:sfdq@sanfengelec.com
法定代表人:周俊峰
质量体系:ISO 9001、ISO 14001
产品情况:工业自动化产品的生产,汽车充电器、立体车库等电气产品、
配套情况:为北京奔驰、华晨宝马、奥迪、大众、天津一汽丰田、一汽解放、一汽轿车、比亚迪、北奔重汽、华晨金杯、上汽通用、厦门金龙、长安福特、柳州汽车、一汽富奥、弗吉尼亚等服务

★沈阳二四五厂有限责任公司
地址:沈阳市沈北新区八达路5号
邮编:110122
电话:024/86294000、15840270998
传真:86863610
电子信箱:306277712@qq.com
法定代表人:王珂
质量体系:ISO 14001、OHSAS 18001
产品情况:轮胎拆装机、自动镗制动鼓机、制动鼓盘切削机、液压举升机、镗磨缸机、电脑动平衡机系列等
出口情况:远销美国、加拿大、澳大利亚、埃及、东南亚等国家和地区

★沈阳恩斯克精密机器有限公司
地址:沈阳市经济技术开发区15号街7号
邮编:110141
电话:024/25505017
传真:25326082
网址:www.cn.nsk.com
电子信箱:gong-xiao@nsk.com
法定代表人:織户宏昌
质量体系:ISO 9001、ISO 14001
产品情况:精密滚珠丝杠和直线导轨、高档数控机床关键零部件

★沈阳金杯汽车模具制造有限公司
地址:沈阳市于洪区沈大路83号
邮编:110141
电话:024/25316210
传真:25315539
网址:www.jbzz.com
电子信箱:jbmjc@jbzz.com
法定代表人:于森
质量体系:ISO 9001、IATF 16949
产品情况:冷冲压模具、锻模、各种冷冲压件、机械加工零部件
出口情况:远销美国、加拿大、德国、意大利、日本等国家

★沈阳机床股份有限公司
地址:沈阳市经济技术开发区开发大路17甲1号
邮编:110142
电话:024/25199999、4006159999
传真:25878001
网址:www.smtcl.com
电子信箱:s1_sales@smtcl.com
法定代表人:赵彪
质量体系:ISO 9001、IATF 16949
产品情况:(沈一机牌、中捷牌)
各种型号卧式镗床、落地铣镗床、数控铣镗床、立卧加工中心、柔性制造单元及各种专用机床等产品
出口情况:远销60多个国家和地区

★沈阳新松机器人自动化股份有限公司
地址:沈阳市浑南新区金辉街16号
邮编:110168
电话:4008008666、4001057999
网址:www.siasun.com
电子信箱:market@siasun.com
法定代表人:曲道奎
质量体系:ISO 9001、ISO 14001
产品情况:关节机器人(弧焊机器人、电焊机器人、垂直多关节机器人、水平多关节机器人、搬运机器人),直角坐标机器人(搬运机械手、搬运机器人、激光加工机器人、研磨抛光机器人、切割机器人、注塑机械手)
出口情况:出口孟加拉国、墨西哥、印度、俄罗斯、加拿大等国家

★营口锻压机床有限责任公司
地址:辽宁省营口市西市区滨海路南98号
邮编:115001
电话:0417/3850666、3841944
传真:3857037
网址:www.ykdy.com
电子信箱:ykdy@ykdy.com
法定代表人:宋勇
单位人数:400
质量体系:ISO 9001
产品情况:(YINGDUAN牌)
16~2500吨25个系列160种规格的机械压力机

★亿达日平机床有限公司
地址:辽宁省大连市甘井子区软件园路11号
邮编:116023
电话:0411/84752375、84687628
传真:84752438
网址:www.ynccn.com
电子信箱:ync@ynccn.com
法定代表人:高桥正明
单位人数:580
质量体系:ISO 9001、ISO 14001
产品情况:(YNC牌)
主导产品有高精度组合机床、加工中心单元及由它们组成的高效率、柔性化、智能化、自动化的生产线
配套及出口情况:主要客户有东风本田、东风商用车、东风乘用车、重庆长安、福建新龙马、广汽本田、广汽乘用车、海马汽车、吉利汽车、江铃汽车、天津一汽夏利、重汽济南商用车、东风康明斯等;远销印度、日本、韩国、泰国等国家

★大连智云自动化装备股份有限公司
地址:辽宁省大连市甘井子区营日路32号-1
邮编:116036
电话:0411/86705656
传真:86705333
网址:www.zhiyun-cn.com
电子信箱:zhiyun@zhiyun-cn.com
法定代表人:师利全
质量体系:ISO 9001
产品情况:(ZHIYUN牌)
自动检测设备、自动装配设备、物流搬运设备、清洗过滤设备、专用切削加工设备
配套情况:装配线供广西玉柴机器、东风康明斯发动机,自动测漏机供上汽通用五菱、东风本田发动机,自动压装机供沈阳航天三菱汽车发动机、江铃汽车,自动涂胶机供北汽福田康明斯发动机、东风日产发动机,清洗机供昆明云内动力、上海日野发动机,冷却液集中处理系统供天津雷沃动力、蒙古欧意德发动机

★大连华工创新科技股份有限公司
地址:辽宁省大连市甘井子区姚北路25-18号
邮编:116037
电话:0411/39525022、39525021
传真:39525009
网址:www.hgcx.cn
电子信箱:info@hgcx.cn
法定代表人:韩旭
单位人数:101
质量体系:ISO 9001
产品情况:隔热铝型材注胶设备、发泡密封条涂胶设备、浇注密封垫圈设备、板材刷胶生产线

配套及出口情况:与巴斯夫建立合作伙伴关系;出口中美洲、北美洲、非洲、亚洲等20多个国家和地区

★丰田工机(大连)有限公司
地址:辽宁省大连经济技术开发区福安街2号
邮编:116600
电话:0411/87334601、4006504601
传真:87334602
网址:www.toyoda.com.cn
电子信箱:parts@toyoda.com.cn
法定代表人:加藤伸仁
质量体系:ISO 9001
产品情况:(KOYODA牌)
量产型立式加工单元(e640V)等机床,广泛应用于汽车零部件、工程机械等领域
配套情况:为天津一汽丰田发动机、长春一汽丰田发动机、广汽丰田汽车、哈尔滨东安发动机、哈尔滨东安动力、东风朝阳柴油机、大连柴油机、东风本田、东风日产、东风汽车、重庆秦安机电、潍柴动力、丹东五一八内燃机、无锡利纳马、天津雷沃动力等配套

★大连瑞达模塑有限公司
地址:辽宁省大连市保税区仓储加工区IC-33
邮编:116600
电话:0411/66771109
传真:66771106
网址:www.rdms.cc
电子信箱:fa-shi@dlrdms.com.cn
法定代表人:田毅
质量体系:ISO 9001、IATF 16949
产品情况:大、中型精密塑料模具及塑料制品
出口情况:80%以上产品出口日本及欧美国家

★大连因代克斯机床有限公司
地址:辽宁省大连市长兴路17号
邮编:116600
电话:0411/87619788
传真:87628877
网址:www.index-werke.de
电子信箱:danijel.pankovic@index-traub.com
法定代表人:迪尔克·普鲁斯特
质量体系:ISO 9001
产品情况:TNA系列机床

★盘起工业(大连)有限公司
地址:辽宁省大连市经济技术开发区锦州街5号
邮编:116600
电话:0411/87613087、8009151787
传真:87613050
网址:www.punch.com.cn
电子信箱:service@punch.com.cn
法定代表人:川崎丈二
单位人数:2700
质量体系:ISO 9001、ISO 14001
产品情况:冲压模具零部件、塑料模具零部件、汽车模具零部件、FA工厂自动化零件及客户定制零件等
出口情况:远销日本、欧洲、美洲

★山崎马扎克机床(辽宁)有限公司
地址:辽宁省大连市经济技术开发区铁山东路1号
邮编:116600
电话:0411/87963555、87963506
传真:87963599
网址:www.mazak.com.cn
电子信箱:xin_zhang@cn.mazak.com
法定代表人:NORIHIKO SHIMIZU
质量体系:ISO 9001
产品情况:立、卧式数控车床,世界标准激光加工机等中高档机床设备

★中京金刚工具(大连)有限公司
地址:辽宁省大连市经济技术开发区铁山中路49号
邮编:116600
电话:0411/87337070
传真:87337171
网址:www.chukyo.com.cn
电子信箱:taohuajian@chukyo.com.cn
法定代表人:川濑幸久
单位人数:125
质量体系:ISO 9001
产品情况:PCD刀具(聚晶金刚石刀具)和PCBN刀具(聚晶立方氮化硼刀具)等
出口情况:远销日本、东南亚、欧洲、美洲等国家和地区

★大连机床集团有限责任公司
地址:辽宁省大连市开发区双D港辽河东路100号
邮编:116620
电话:0411/87582182、87582183
网址:www.dmtg.com
电子信箱:web_admin@dmtg.com
法定代表人:陈永开
质量体系:ISO 9001、ISO 14001
产品情况:(DMTG牌)
主要产品包括高速精密车床、数控车床及车铣中心、立卧式加工中心及龙门加工中心、组合机床及柔性自动线、数控功能部件等
出口情况:远销100多个国家和地区

吉林省

★一汽模具制造有限公司
地址:长春市汽车经济技术开发区捷达大路1999号
邮编:130013
电话:0431/85901462、85905946
传真:85905984、85905953
电子信箱:bgs_cz@faw.com.cn
法定代表人:薛耀
单位人数:1380
质量体系:ISO 9001、IATF 16949
产品情况:汽车车身覆盖件模具、自动化焊装线、检具等汽车车身制造工艺装备及汽车车身冲压件、焊接总成等
配套及出口情况:为日本丰田、德国大众、一汽-大众、一汽轿车配套;远销欧洲、亚洲、非洲、美洲

★长春旭阳模具科技有限公司
地址:长春市净月经济开发区千朋路888号
邮编:130033
电话:0431/81685613、81685615
网址:www.xuyanggroup.com
电子信箱:louise_ls@163.com
法定代表人:许明哲
质量体系:IATF 16949、ISO 9001
产品情况:汽车金属冲压零部件及高精密多工位级进模具

★长春市智能仪器设备有限公司
地址:长春市净月开发区金碧街与银锦路交会南行50米
邮编:130033
电话:0431/81100855、4006611667
传真:84642037
网址:www.ccznyq.com
电子信箱:645860818@qq.com
法定代表人:张建民
质量体系:ISO 9001
产品情况:光机电一体化的试验仪器、分析仪以及汽车零部件的检测仪器
配套情况:为一汽等企业提供试验设备

★长春一汽宏鼎汽车股份有限公司
地址:长春市宽城区青年路3458号
邮编:130052
电话:0431/85805122、15104477790
传真:85805161
网址:www.hoedim.com
电子信箱:hoedim@163.com
法定代表人:李时钰
单位人数:708
质量体系:ISO 9001、IATF 16949
产品情况:组合机床、专用机床、自动线、非标设备和各种通用部件、数控设备、铸造产品、风扇离合器
配套情况:为一汽-大众、一汽解放、一汽夏利、上汽通用、山东黑豹汽车、湖南长丰猎豹汽车等国内众多汽车厂家提供了总装设备、汽车零部件、机加设备及非标设备安装、调试工程服务及装备产品的设计制造

★中机试验装备股份有限公司
地址:长春市高新区越达路1118号
邮编:130103
电话:4009651118
传真:0431/85171288
网址:www.ccss.com.cn
电子信箱:sales@ccss.com.cn
法定代表人:马敬春
单位人数:391
质量体系:ISO 9001
产品情况:电子万能试验机、电液伺服

液压万能试验机、扭转试验机、冲击试验机、蠕变试验机、动静疲劳试验机、高频疲劳试验机；汽车零部件检测、车辆航空工程试验系统；自动校直校正设备、自动压装生产线等200多种高水平设备
配套及出口情况：主要客户有一汽集团、东风汽车、比亚迪汽车、法士特齿轮、三一重工、柳工、龙工、杭州前进等；出口西班牙、加拿大、巴基斯坦、古巴等多个国家，并销往中国香港地区

黑龙江省

★哈尔滨量具刃具集团有限责任公司
地址：哈尔滨市香坊区和平路44号
邮编：150040
电话：0451/86792591、82648853
传真：82623555、82607698
网址：www. links - china. com
电子信箱：links@ links - china. com
法定代表人：由海燕
质量体系：ISO 9001
产品情况：（连环牌）
　　精密量仪、数控刀具及工具系统、数控机床、通用量具和标准刃具
出口情况：出口欧洲、美洲、东南亚等30多个国家和地区

★普威特涂层（哈尔滨）有限公司
地址：哈尔滨市开发区哈平路集中区机电工业园内同江路8号
邮编：150069
电话：0451/86786201、86786202
传真：86786202
网址：www. pvtvacuum. com
电子信箱：pvthrb@ pvtvacuum. com
法定代表人：加百利
质量体系：ISO 9001
产品情况：提供高质量涂层加工服务
配套情况：主要客户有哈东安汽车动力、哈东安汽车发动机、哈尔滨量具刃具集团、哈尔滨第一工具、一汽集团、牡丹江工具有限公司等

★哈尔滨岛田大鹏工业股份有限公司
地址：哈尔滨市利民经济技术开发区珠海路
邮编：150525
电话：0451/55582918、55582908
传真：55582913
网址：www. sbi - shimada. com
电子信箱：zhou. zhibin@ sbi - shimada. com
法定代表人：李鹏堂
单位人数：332
质量体系：ISO 9001、ISO 14001
产品情况：清洗机、清洗剂
配套及出口情况：为一汽集团、中航集团、菲亚特集团、广汽集团、通用、本田、现代、比亚迪、江淮、长城、江铃等供货；返销日本

★齐齐哈尔二机床（集团）有限责任公司
地址：黑龙江省齐齐哈尔市永安大街239号
邮编：161005
电话：0452/2478268、2472445
传真：2440990
网址：www. q2jcc. com
电子信箱：q2jichuang@ 163. com
法定代表人：杨平
单位人数：4572
质量体系：ISO 9001
产品情况：（齐二牌）
　　重点生产数控落地铣镗床系列产品、数控龙门镗铣床系列产品、数控立式车床系列产品、数控铣床及加工中心、机械压力机及自动锻压设备，以及大型数控缠绕机、五轴联动混联机床、数控龙门高速铝锭复合加工生产线等大型数控专机
配套及出口情况：为一汽集团、东风汽车、广东福迪、吉利汽车、北汽福田等重点企业提供大型装备；大重型数控产品已成功打入欧洲、美洲、东亚、南亚等国外市场

上海市

★上海机床工具（集团）有限公司
地址：上海市静安区奉贤路218号
邮编：200041
电话：021/66293302
传真：62176636
电子信箱：xue_ming88@ sina. com
法定代表人：黄超
质量体系：ISO/TS 16949、VDA 6.1
产品情况：各种金切机床、锻压设备、数控车、铣、镗、磨床，在汽车等很多领域应用

★上海工具厂有限公司
地址：上海市军工路1060号
邮编：200093
电话：021/65386538
网址：www. stwc. cn
电子信箱：shendemu@ stwc. cn
法定代表人：萧伟锋
单位人数：540
质量体系：ISO 9001、ISO 14001
产品情况：（上工牌）
　　金属切削刀具
出口情况：远销60多个国家和地区

★爱路华机电技术（上海）有限公司
地址：上海市漕河泾新兴技术开发区桂箐路69号24号厂房
邮编：200233
电话：021/64855028
传真：64850119
网址：cn. erowa. com
电子信箱：info@ erowa. cn
法定代表人：汉斯·汉迪根
质量体系：VDA 6.1、QS 9000
产品情况：工夹具系统是机床和工件间的接口、测量系统用于偏移值数据测定和品质控制、装载系统中的机器人可用于工件交换、所有软件产品可控制生产机床，属于数据传输系统

★上海协博精密模具有限公司
地址：上海市徐汇区桂平路471号9号楼底层C座
邮编：200233
电话：021/57646008、57643237
传真：57641977
电子信箱：superior@ superiormold. com. cn
法定代表人：吴幸昌
质量体系：ISO 9001
产品情况：专业从事各种塑料射出成型模具的加工制造以及塑料产品射出成型的加工制造
出口情况：远销美国、日本、德国、法国等国家

★上海沪辰自动化系统工程有限公司
地址：上海市闵行区申南路59弄3号楼2楼
邮编：200241
电话：021/52961966
网址：www. leadtechsh. com
电子信箱：info@ huchen - group. cn
法定代表人：周贵
质量体系：ISO 9001、ISO 14001
产品情况：工业定制化气体管道系统
配套情况：与埃克森美孚、泛亚汽车、无锡威孚、明天氢能等合作

★圣戈班磨料磨具（上海）有限公司
地址：上海市闵行经济开发区北斗路198号
邮编：200245
电话：021/64307002
传真：64302083
网址：www. saint - gobain - abrasives. com
电子信箱：abrasive@ saint - gobain. com
法定代表人：JAVIER GIMENO
质量体系：QS 9000、ISO 9001
产品情况：磨料磨具等

★上海申克机械有限公司
地址：上海市宝山区丰翔路1111号
邮编：200444
电话：021/66897200、4008809308
传真：66897391
网址：www. schenck. cn
电子信箱：sales. rotec@ schenck. cn
法定代表人：Peter Stefan Bartholomaeus Legner
单位人数：386
质量体系：ISO 9001
产品情况：（SCHENCK、申克牌）
　　曲轴平衡机、传动轴平衡机、制动盘立式平衡机、新能源汽车自动平衡机
配套及出口情况：为一汽集团（解放、大柴、一汽二发、海马）、东风汽车公司、上汽集团、大众（一汽-大众、上汽大众）、通用（上汽通用、上汽通用五菱、上汽通用东岳动力）、奇瑞汽车、潍柴、重汽集

团等配套;出口东南亚、美国、澳大利亚等国家和地区

★上海屹丰汽车模具制造有限公司
地址:上海市宝山工业园区罗宁路 1168 号
邮编:200949
电话:021/33851689
传真:33850999
网址:www. yifeng – mould. com
电子信箱:zjk@ yifeng – mould. com
法定代表人:张文瑾
单位人数:2000
质量体系:ISO 9001、IATF 16949
产品情况:汽车零部件及覆盖件模具
配套情况:为奔驰、宝马、大众、通用、上海汽车、长城汽车、北京汽车、北汽福田、东风裕隆等主机厂一级零部件及覆盖件模具供应商

★上海紫燕模具工业有限公司
地址:上海市闵行区北松公路 1383 号
邮编:201100
电话:021/50315031、50315666
传真:50315666、64098864
电子信箱:info@ chinamolder. com
法定代表人:唐继锋
质量体系:ISO 9001
产品情况:大中型精密注塑模、冷冲模
配套及出口情况:客户包括上汽大众、上汽通用、一汽-大众、北美福特、上海汽车、东风汽车、华晨汽车等;出口美洲、欧洲等地区

★上海瀚氏科技集团有限公司
地址:上海市闵行区友东路 355 号
邮编:201100
电话:021/54886185、54886080
传真:54886090
电子信箱:linyq@ hanmouldgroup. com
法定代表人:张荣福
质量体系:IATF 16949、QS 9000
产品情况:注塑模具、检具、保险杠、副仪表板、杂物箱、门板注塑件、座椅配件、仪表板等汽车内外饰件
配套及出口情况:为上汽大众、上汽通用、奇瑞汽车、北京现代、重庆福特等主机厂提供配套产品,并为上海延锋伟世通汽车饰件系统、上海延锋江森座椅、上海麦格纳·唐纳利汽车系统、上海新大洲本田摩托车、上海曼·胡默尔滤清器等供货;远销欧洲、美洲等地区,主要客户有瑞典 Husqvarna、博世、欧科 AQUA、宝适 BOS、法国 PLASTOHM、法雷奥、芬兰 FIBOX、德国 DURA

★江苏哈工智能机器人股份有限公司
地址:上海市闵行区吴中路 1799 号万象城 D 座 8 层 808 号
邮编:201103
电话:021/65336669
传真:65336669
网址:www. hgzngroup. com
电子信箱:brand@ hgzngroup. com
法定代表人:乔徽
质量体系:ISO 9001
产品情况:业务涵盖高端智能装备制造、机器人本体、工业机器人一站式服务平台等三大板块

★上海天菡空气处理设备有限公司
地址:上海市闵行区浦江镇联航路 1188 弄 10 号楼 4A
邮编:201112
电话:021/54335190、54335191
传真:54320500
网址:www. shanghaitianhan. com
电子信箱:zhaohlk@ 163. com
法定代表人:赵惠麟
质量体系:ISO 9001
产品情况:专业从事热工与制冷测试设备和空气处理设备生产,主要包括汽车燃料电池发动机环境仓、汽车空调综合性能台、汽车低温实验室等汽车用试验设备
配套情况:主要客户包括上汽集团、福田汽车、南方因特、上燃动力整车技术服务事业部、重庆建设车用空调器、泛亚汽车技术中心、牡丹江富通汽车空调、广西易德科技、上海加冷松芝汽车空调、同济大学、交通大学等

★欣阳精密模具(上海)有限公司
地址:上海市浦东新区王桥工业区利枝路 279 号
邮编:201201
电话:021/58388000、58382202
传真:58383000
电子信箱:peterlu@ sdale. com. cn
法定代表人:KHOO BOO HOR(邱武厚)
质量体系:ISO 9001、ISO 14001
产品情况:精密模具

★上海佐竹冷热控制技术有限公司
地址:上海市浦东新区陈春路 108 号
邮编:201204
电话:021/58434466
传真:68921472
网址:www. sh – satake. com
电子信箱:yechen@ sh – satake. com
法定代表人:郭俊
质量体系:ISO 9001
产品情况:设计制造高技术的冰箱、空调及冷冻等类产品的环境试验室、性能试验设备及其控制软件
配套情况:为长春一汽杰克赛尔汽车空调、重庆建设车用空调器、东风康明斯发动机、湖北法雷奥汽车空调、泛亚汽车技术中心、华达杰克赛尔汽车空调、江西新电汽车空调、联合汽车电子、麦克斯汽车空调、牡丹江富通汽车空调、上海德尔福汽车空调、上海日用 – 友捷、上海双桦汽车空调、上海协合汽车空调、苏州新同创汽车空调、天合上海公司、天津电装汽车空调、天津三电汽车空调、芜湖博耐尔、豫新汽车空调、岳阳恒立等配套

★多米诺标识科技有限公司
地址:上海市浦东新区金桥出口加工区云桥路 1150 号
邮编:201206
电话:4008216818
网址:www. domino. com. cn
电子信箱:marketing@ domino. com. cn
法定代表人:项敏
单位人数:141
质量体系:ISO 9001、ISO 14001
产品情况:(DOMINO 牌)
多米诺喷码机
出口情况:出口欧洲、美洲等 120 多个国家和地区

★上海美创力罗特维尔电子机械科技公司
地址:上海市浦东新区金桥加工区宁桥路 999 号 T15 – 1 – 4
邮编:201206
电话:021/58348225、4001090728
传真:58348193
网址:www. rottweil. com. cn
电子信箱:info@ metronic – handyware. com
法定代表人:WONG FRANCISCO LEE
质量体系:ISO 9001
产品情况:喷码机、激光雕刻机、模块化喷码着色系统、柔版印刷机等包装印刷机械
出口情况:远销 30 多个国家和地区

★延锋汽车饰件模具技术有限公司
地址:上海市浦东新区金穗路 778 号
邮编:201206
电话:021/38508302、20618600
传真:38508302
电子信箱:mengyan. wu@ yfai. com
法定代表人:王锡羚
单位人数:368
质量体系:ISO 9001、ISO 14001
产品情况:汽车模具
配套情况:为上汽大众、上汽通用、上海汽车、福特、华晨、宝马等供货

★上海米开罗那机电技术有限公司
地址:上海市浦东新区康桥东路 1388 号康桥工业园区 4A 厂房
邮编:201315
电话:021/67290813、67290852
网址:www. mikrouna. com
电子信箱:zhenghuimin@ mikrouna. cn
法定代表人:万新军
单位人数:102
质量体系:IATF 16949、ISO 9001
产品情况:汽车氙气灯生产线、汽车氙气灯及配套的电子镇流器等

★上海 ABB 工程有限公司
地址:上海市浦东创业路 369 弄 5 号
邮编:201319
电话:021/61056666、8008209696
网址:www. abb. com. cn
电子信箱:robotics@ cn. abb. com
法定代表人:CHUNYUAN GU(顾纯元)
单位人数:2265

质量体系:ISO 9001、ISO 14001
产品情况:(ABB 牌)
ABB 机器人自动化解决方案,包括动力总成、冲压自动化、白车身和涂装自动化在内的 4 大系统生产、涂装线
配套情况:为中国重汽、上汽大众、上汽通用、上海汇众、一汽-大众、一汽解放、一汽轿车、一汽海马、东风公司、北京奔驰、神龙汽车、吉利汽车、陕西重汽、瑞典沃尔沃、日本日产、本特勒、海斯坦普、博泽、上汽通用五菱、一汽解放无锡柴油机厂、一汽解放大连柴油机等供货

★上海千缘汽车车身模具有限公司
地址:上海市浦东新区康桥东路 1111 号
邮编:201319
电话:021/58138856、68183598
传真:58135969
网址:www. qymold. com
电子信箱:qianyuan@ qymold. com
法定代表人:许子林
单位人数:313
质量体系:IATF 16949、ISO 9001
产品情况:各类汽车大中型覆盖件冷冲压模具(包括高级轿车车身外板件模具、检具及主模型和冲压件)
配套情况:承担福特、通用、奔驰、宝马、克莱斯勒等公司项目

★上海善能机械有限公司
地址:上海市浦东新区康桥东路 889 号
邮编:201319
电话:021/58133990、58133322
传真:58133388、58132299
网址:www. sunnensh. com
电子信箱:sales@ sunnensh. com
法定代表人:FREDERICK CHRISTOPHER MILTENBERGER
质量体系:ISO 9001
产品情况:(SUNNEN 牌)
各种规格的珩磨机床、发动机再制造设备、磨料、工具、测量仪表、切削液等辅件

★上海通用电焊机股份有限公司
地址:上海市浦东新区申江南路 3888 号
邮编:201321
电话:021/51377777、51377070
传真:51377072
网址:www. sh - tayor. com
电子信箱:tayor@ tayor. cn
法定代表人:陈永强
单位人数:376
质量体系:ISO 9001、ISO 14001
产品情况:(TAYOR 牌)
汽车制造专用焊接设备等
配套情况:主要客户有海南马自达等

★上海明兴开城超音波科技有限公司
地址:上海市奉贤区南桥镇张翁庙路 199 号
邮编:201400
电话:021/33659237、33659219
传真:33659373
网址:www. minghsing. com. cn
电子信箱:zjc@ minghsing. com. cn
法定代表人:钟建成
质量体系:ISO 9001
产品情况:超声波清洗机、低压水喷射清洗机、高压水喷射清洗机、高压水去毛刺机;气体密封性试漏机;自动装配线;干燥固化炉等各种工业清洗设备
配套情况:成为国内外多家跨国公司清洗设备指定供应商,如博世汽车、一汽-大众、通用汽车、博格华纳、威伯科、GKN、美国康宁、美国爱科、霍尼韦尔等

★马勒汽车技术(中国)有限公司
地址:上海市奉贤区上海市工业综合开发区环城北路 1299 号 9 幢 1 层 A 部位
邮编:201401
电话:021/67589994
电子信箱:huhui. shen@ cn. mahle. com
法定代表人:Michael Karl Frick
单位人数:450
质量体系:ISO 14001
产品情况:设计和生产工装、模具和专用设备,生产滤清系统产品(燃油滤清器,机油滤清器和空气滤清器)、发动机周边系统及相应的工程样件

★德马格起重机械(上海)有限公司
地址:上海市奉贤区庄行镇欧洲工业园区叶庄公路 125 号
邮编:201415
电话:021/60259029、64702826
传真:57464558
网址:www. demagcranes. com. cn
电子信箱:marketing. cn@ demagcranes. com
法定代表人:陈浩
质量体系:ISO 9001、ISO 14001
产品情况:(精工牌、飞力牌)
标准起重机、环链电动葫芦、钢丝绳电动葫芦 DH 型、轻型起重机 KBK 型

★上海晓奥享荣汽车工业装备有限公司
地址:上海市松江高新技术产业园申徐路 66 号
邮编:201612
电话:021/31166766
传真:31166799
网址:www. chinajig. com
电子信箱:sales@ chinajig. com
法定代表人:田永鑫
质量体系:ISO 9001
产品情况:机器人七轴导轨、气动滑台、变位机、桁架式机器人等
配套及出口情况:主要客户包括一汽集团、上汽集团、长安汽车集团、东风集团、广汽集团、北汽集团、华晨汽车集团、江铃汽车、长城汽车、吉利汽车、奇瑞汽车、比亚迪汽车、力帆汽车等企业;部分产品远销国外

★丰汉电子(上海)有限公司
地址:上海市松江区新桥镇申港路 3799 号 1 幢
邮编:201612
电话:021/67671641、67671642
传真:57675070
网址:www. ytk - e. com. cn
电子信箱:service@ ytk - e. com. cn
法定代表人:盛田丰一
质量体系:ISO 14001
产品情况:主要产品包括用于压铸行业的机器人镶嵌机械手、取出机械手、喷涂装置以及有关制品冷却、切边、清洗、刻字、输送和离型剂稀释压送的周边装置;用于铸造行业的浇铸机器人系统;用于制品加工的机器人图像识别以及自动搬运系统;用于各类电气控制的控制柜和配电柜
配套情况:为丰田供货

★好富顿(上海)高级工业介质有限公司
地址:上海市松江工业区江田东路 188 号
邮编:201613
电话:021/67742570
传真:67742579
网址:www. houghtonintl. com
电子信箱:wongns@ houghton. com. cn
法定代表人:Dieter Theo Laininger
单位人数:144
质量体系:ISO 9001、ISO 14001
产品情况:切削液系列

★库卡机器人(上海)有限公司
地址:上海市松江区昆港公路 889 号
邮编:201614
电话:021/57072688
传真:57072605
网址:www. kuka - robotics. cn
电子信箱:info@ kuka - robotics. cn
法定代表人:PETER GEORG MOHNEN
质量体系:ISO 9001
产品情况:工业机器人(货盘堆垛机器人、洁净室机器人、龙门架机器人、高精度机器人、铸造机器人、冲压连线机器人、SCARA 机器人、机器人系统、控制系统、电弧焊机器人、架装式机器人、Jet 机器人、获得 ATEX 认证的防爆机器人、行业解决方案、线性滑轨)

★库卡柔性系统(上海)有限公司
地址:上海市松江区文翔路 4399 号
邮编:201616
电话:021/61799208
传真:61799203
网址:www. kuka - systems. com
电子信箱:info@ kuka - systems. cn
法定代表人:王辉
单位人数:417
质量体系:ISO 9001、ISO 14001
产品情况:(Kuka 牌)
库卡机器人集成、冲压自动化连线、白车身焊接线、机器人柔性包边、机器人焊接单元、分总成总装及汽车总装等
出口情况:是欧洲、北美洲、南美洲、亚洲的主要汽车配件及综合市场的主要供应商

★奎克化学(中国)有限公司
地址:上海市青浦工业园区天盈路619号
邮编:201700
电话:021/39201628、39201666
网址:www. quakerchem. com
电子信箱:gus@ quakerchem. com
法定代表人:DIETER THEO LAININGER
质量体系:ISO 9001、ISO 14001
产品情况:金属扎制液和金属加工液,QUAKERCOOL370KLG高性能重负荷级切削液

★上海沪工焊接集团股份有限公司
地址:上海市青浦区外青松路7177号
邮编:201700
电话:021/51215999
传真:59713132
网址:www. hugong. com
电子信箱:hugong@ hugong. com
法定代表人:舒宏瑞
质量体系:ISO 9001、ISO 14001
产品情况:(沪工牌、沪工之星牌)
主营弧焊设备、数控切割设备、机器人系统和激光切割设备
出口情况:远销全球100多个国家和地区

★上海山田刀具有限公司
地址:上海市青浦区练塘工业园区章练塘路265号
邮编:201701
电话:021/69209362、69209361
传真:69209361
网址:www. yamadachina. com
电子信箱:sales@ yamadachina. com
法定代表人:杨晓飞
质量体系:ISO 9001、ISO 14001
产品情况:(三磊牌)
主要生产各种标准和非标准聚晶金刚石(PCD)、聚晶立方氮化硼(PCBN)机床加工的切削刀具,产品广泛应用于汽车制造、航天航空、精密电子等精密加工行业
出口情况:出口美国、德国、意大利、法国、俄罗斯、东欧、中东地区

★上海冠致工业自动化有限公司
地址:上海市青浦区崧泽大道10800弄2号
邮编:201702
电话:021/69210777
传真:69211222
网址:automate - cn. com
电子信箱:marketing@ automate - cn. com
法定代表人:陆颖
质量体系:ISO 9001、ISO 14001
产品情况:业务范围覆盖冠致自动化智能车身焊接柔性生产系统、冠致高功率激光焊接系统集成、冠致柔性机器人自动滚边系统、冠致机器人弧焊工作站系统集成、冠致柔性定位系统、新能源行业集成解决方案等
配套情况:主要客户有长安福特、上汽大众等

★上海精元机械有限公司
地址:上海市青浦区徐泾镇盈港东路1369号
邮编:201702
电话:021/59766998、59767088
传真:59767067
网址:www. seyen. cn
法定代表人:陈应毅(TAN ENK EE)
质量体系:ISO 9001
产品情况:(佳通牌)
全钢一次法成型机、半钢成型机、密炼机、液压硫化机、小角度裁断机等轮胎生产设备
配套及出口情况:合作客户有佳通集团、倍耐力轮胎、库珀建大、泰丰轮胎、三角集团、荣成轮胎、杭州中策、昆山建大等;远销欧洲、亚洲

★上海岸本模具制造有限公司
地址:上海市青浦区朱家角镇工业园区901弄25号2栋
邮编:201713
电话:021/59248346、59247110
传真:59248347
网址:www. kishimoto. com. cn
电子信箱:chen@ kishimotocom. cn
法定代表人:岸本直树
质量体系:IATF 16949
产品情况:金属冲压模具,金属冲压、装配及焊接等
配套情况:为东陶机器(上海)、河村电子(上海)、杭州神林电子、杭芝机电、岸本工业株式会社(日本)、上海石田电子衡器、上海村田机械等供货

★杜尔涂装系统工程(上海)有限公司
地址:上海市青浦工业园区盈顺路665号
邮编:201799
电话:021/39791000
传真:62194519
网址:www. durr - china. com
电子信箱:general@ durr. com. cn
法定代表人:Reiner Schmid
质量体系:ISO 9001、ISO 14001
产品情况:油漆车间设备部件

★上海德梅柯汽车装备制造有限公司
地址:上海市嘉定工业区世盛路968号
邮编:201800
电话:021/60321888
传真:69590120 - 8999
网址:www. demc. com. cn
法定代表人:陈泽
质量体系:ISO 9001、ISO 14001
产品情况:为国内外知名车企提供白车身柔性焊装生产线、数字化工厂解决方案、智能输送装备、工厂自动化系统、机器人先进制造系统
配套情况:主要客户包括上汽通用、上汽大众、上汽集团、北汽、宝马、福特、沃尔沃、吉利、长安、众泰汽车、上汽通用五菱、福田戴姆勒汽车、宝马、纳智捷、江铃汽车、日产、本田、丰田等汽车厂商

★上海恒浥智能科技股份有限公司
地址:上海市嘉定区嘉戬公路500号上海国际健康产业园23号楼
邮编:201800
电话:021/39526226
传真:52672318
网址:www. hengyirobot. com
电子信箱:liuw@ hengyirobot. com
法定代表人:任宁
产品情况:可提供新能源汽车空调chiller检测装配线等智能工厂整体方案,已经服务于多家知名汽车行业客户
配套情况:为上汽集团、华域汽车等供货

★上海天实机电设备有限公司
地址:上海市嘉定区外冈工业园西冈身路286号
邮编:201800
电话:021/69968288、69968289
网址:www. china - tense. com
法定代表人:洪杰
质量体系:ISO 9001
产品情况:主要从事清洗设备的研发和生产制造,在汽车配件以及发动机再制造等多个行业开发了具有实际应用价值的产品

★上海名古屋精密工具股份有限公司
地址:上海市嘉定区马陆镇宝安公路2988号
邮编:201801
电话:021/59155664
传真:59157662
网址:www. snstc. com
电子信箱:sun_nastec@ snstc. com
法定代表人:孙国庆
质量体系:ISO 9001
产品情况:提供优质、高效、精密的刀具产品及解决方案,为客户提供发动机缸体缸盖,离合器、变速器、转向节壳体,ABS阀体和制动卡钳支架,车内空调的缸体后盖和活塞等产品的成熟可靠的加工方案
出口情况:80%以上的产品远销国外

★上海新时达机器人有限公司
地址:上海市嘉定区美裕路599号
邮编:201801
电话:021/80158579
传真:31010674
网址:www. steprobots. com
电子信箱:robot@ steprobots. com
法定代表人:纪翌
质量体系:ISO 9001
产品情况:(STEP牌)
全智能化的机器人及关键零部件与运动控制系统产品,应用于汽车零部件等行业

★亿森(上海)模具有限公司
地址:上海市嘉定区北和公路268号
邮编:201803
电话:021/33517796、33517660

网址:www. yesunsh. com
电子信箱:jinsenmoju@ vip. 163. com
法定代表人:黄金森
质量体系:ISO 9001、ISO 14001
产品情况:汽车覆盖件专业模具设计开发制造
配套及出口情况:是国内外主机厂、零部件厂的主要模、检具供应商;出口模具占 50% 以上

★上海和光模具有限公司
地址:上海市嘉定区安亭镇方园路 700 号
邮编:201805
电话:021/39508617
传真:39508717
网址:www. shwakogiken. com. cn
电子信箱:key@ shwakogien. com
法定代表人:杉浦和三郎
质量体系:ISO 9001、ISO 14001
产品情况:汽车用模具及治具的开发设计、制造
配套情况:为天津一汽丰田、东风日产乘用车、广汽本田等配套

★美诺精密压铸(上海)有限公司
地址:上海市嘉定区安亭镇嘉安公路 3939 号
邮编:201805
电话:021/59563939
传真:59563989
网址:www. mpds. com. cn
法定代表人:杉本润
质量体系:IATF 16949、ISO 9001
产品情况:铝合金压铸模具的设计制造、铝合金汽车零部件的开发和制造

★上海天永智能装备股份有限公司
地址:上海市嘉定区汇贤路 500 号
邮编:201806
电话:021/50676618
传真:50675578
网址:www. ty - industries. com
电子信箱:shdr_3572@ 163. com
法定代表人:荣俊林
质量体系:ISO 9001、ISO 14001
产品情况:主要从事智能型自动化生产线和智能型自动化装备的研发、设计、生产、装配等,并为各类用户提供智能化装备的综合系统总体解决方案
配套情况:与上汽集团、一汽集团、北汽集团、广汽集团、长安集团、东风集团、江铃集团、大众、福特、奔驰福田、日产、玉柴、马自达、长城、海马、吉利、力帆、依维柯、菲亚特、德尔福、法雷奥、法士特、美国伊顿等大型企业保持良好的合作

★磨致机械(上海)有限公司
地址:上海市嘉定区安亭镇泰顺路 1128 号
邮编:201814
电话:021/39587333
传真:39587338
网址:www. grinding. cn
电子信箱:info@ grinding. cn
法定代表人:Juergen Schock
质量体系:ISO 9001、ISO 14001
产品情况:[保宁(BLOHM)牌、琼格(JUNG)牌、肖特(SCHAUDT)牌、米克罗莎(MIKROSA)牌、瓦尔特(WALTER)牌、瑞士的美盖勒(MAEGERLE)牌、斯图特(STUDER)牌、伊瓦格(EWAG)牌]

K-PCompact 精密数控平面磨床和 K-33 数控万能内外圆磨床等平面及成型磨,内外圆磨和工具磨机床

★上海梅达焊接设备有限公司
地址:上海市宝山区富联路 1293 号
邮编:201906
电话:021/58382707
传真:58384377、58387301
网址:www. shmedar. com. cn
电子信箱:sales@ shmedar. com. cn
法定代表人:俞超明
质量体系:ISO 9001
产品情况:焊接变压器、微机型电阻焊焊接控制器和各类电阻焊焊接设备,主要用于汽车行业
配套情况:是上汽通用、上汽大众、武汉雪铁龙等大型汽车集团的焊接设备主要供应商

★上海发那科机器人有限公司
地址:上海市宝山区富联路 1500 号
邮编:201906
电话:021/50327700
传真:50327711
网址:www. shanghai - fanuc. com. cn
电子信箱:guohuili@ shanghai - fanuc. com
法定代表人:稻叶善治
质量体系:ISO 9001、ISO 14001
产品情况:工业机器人(点焊、弧焊、装配、码垛、材料加工、拾取及包装、机床上下料、喷涂及涂装)产品系列多达 240 种,负重 0.5 ~ 1350 千克,广泛应用在装配、搬运、焊接、铸造、喷涂、码垛等不同生产环节
配套情况:是德国大众公司指定的两家机器人供应商之一 ,是本田公司指定两家机器人供应商之一,日产汽车公司焊装车间唯一的指定供应商

江苏省

★赛科利南京汽车模具技术应用有限公司
地址:南京市江北新区龙山南路 3 号
邮编:210032
电话:025/68717888
网址:www. ssdt. com. cn
电子信箱:yu. wu@ ssdt. com. cn
法定代表人:余秀慧
质量体系:IATF 16949、ISO 9001
产品情况:汽车车身外覆盖件模具等
配套及出口情况:为通用、日产、丰田、广本、马自达、大众、福特、菲亚特、名爵、依维柯、奇瑞汽车、跃进集团、宝钢、一汽、海克斯康等供货;出口英国、日本、伊朗、以色列等国家

★东华汽车实业有限公司
地址:南京市鼓楼区芦席营 68 号,南汽大厦
邮编:210037
电话:025/83556080
网址:www. saicdh. com
电子信箱:zhengyawei@ saicdh. com
法定代表人:蔡宾
质量体系:QS 9000、ISO 9001
产品情况:模具及装备、铸锻毛坯、底盘相关系统(传动系统、动力系统、制动系统、转向系统、悬架系统等)、电子仪表及饰件配件
配套情况:主要客户是上汽集团在南京的整车企业,国内外其他整车企业

★小原(南京)机电有限公司
地址:南京市江宁经济技术开发区仁杰路 28 号
邮编:211100
电话:025/52106075、52104395
传真:52104305
网址:www. obara. com. cn
电子信箱:zhanghj@ obara. com. cn
法定代表人:SHUZAWA KEN(周泽健)
质量体系:ISO/TS 16949
产品情况:汽车焊接设备

★南京爱维斯物流装备制造有限公司
地址:南京市江宁经济技术开发区苏源大道 118 号
邮编:211100
电话:025/52140476、52140354
传真:52140351
网址:www. njaivis. com
电子信箱:sales@ aivisrack. com
法定代表人:陈前
质量体系:ISO 9001、ISO 14001
产品情况:汽配制造物流器具等
配套及出口情况:为本田、江淮汽车、五十铃、东风日产乘用车、上汽集团、雅马哈、大众、宇通客车、三一集团、华瑞集团、中远集装箱运输公司、环宇集团等供货;出口亚洲、非洲、拉丁美洲

★南京科润工业介质股份有限公司
地址:南京市江宁区秦淮路 31 号
邮编:211100
电话:025/87120711
传真:52101342
网址:www. njkerun. com
电子信箱:it@ njkerun. com
法定代表人:聂晓霖
质量体系:ISO 9001、ISO 14001
产品情况:[科润(KERUN)牌、普润(PURUN)牌]

热处理淬火介质(水溶性淬火剂、淬火油)、清洗剂、防锈剂、切削液、切削油、发黑剂、防渗碳涂料、冷墩油、磷化剂等金属加工介质
配套及出口情况:为东风汽车公司、比亚迪汽车、重汽集团、宝钢集团、万向等配套;出口东南亚地区

★南京二机齿轮机床有限公司
地址:南京市江宁区科学园醴泉路29 号
邮编:211103
电话:025/52215949、52215948
传真:52250733、52303545
网址:www. nmt2. com
电子信箱:sales@ nmt2. com
法定代表人:尹仁华
质量体系:ISO 9001
产品情况:(金菱牌)
金属切削机床、齿轮智能制造装备、车库及仓储机器人搬运器;齿轮及传动件自动生产设备的制造
配套情况:为一汽-大众、北方重工、时风集团、奇瑞汽车、双环传动、法士特等几十家大型企业提供批量设备,成为100 多家企业的供货商

★南京埃斯顿自动化股份有限公司
地址:南京市江宁经济开发区将军大道155 号
邮编:211106
电话:025/52785866、4000253336
传真:52785966
网址:www. estun. com
电子信箱:info@ estun. com
法定代表人:吴波
质量体系:ISO 9001、ISO 14001
产品情况:智能装备核心功能部件模块包括数控系统、电液伺服系统、交流伺服系统及运动控制解决方案;工业机器人及智能制造系统模块包括机器人本体、机器人标准化工作站及智能制造系统

★南京屹丰汽车部件有限公司
地址:南京市江宁区空港工业园将军大道656 号
邮编:211151
电话:025/58094008、52397691
传真:58094008
网址:www. yifeng - mould. com
电子信箱:njyf_dnn@ 163. com
法定代表人:张文瑾
质量体系:IATF 16949
产品情况:汽车车身冲压件及汽车车身外覆盖件冲压模具设计与制造
配套情况:为奔驰、宝马、大众、通用、上海汽车、长城汽车、北京汽车、北汽福田、东风裕隆等主机厂一级零部件及覆盖件模具供应商

★南京工艺装备制造有限公司
地址:南京市江宁区飞鹰路
邮编:211161
电话:025/86586207
电子信箱:jm@ njyigong. com
法定代表人:汪爱清
质量体系:ISO 9001、ISO 14001
产品情况:滚珠丝杠副、滚动导轨副、滚动导套副、滚动花键副、数控精密十字工作台、数控超高压水射流切割机、三维电脑雕铣机等数控装置与设备

★江苏舜天新盈轻工业有限公司
地址:南京市溧水开发区秦淮北路8 号
邮编:211200
电话:025/56619963、56619962
传真:56213379
网址:www. newwin. com. cn
电子信箱:sophia@ saintygroup. com
法定代表人:曹德平
质量体系:IATF 16949、ISO 14001
产品情况:电泳涂装及发泡密封弹性体供应
配套情况:为上汽、奇瑞、福特马自达、上汽大众等汽车零部件定点电泳供货商和上汽大众发泡密封定点供应商

★南京大地水刀股份有限公司
地址:南京市高淳区经济开发区茅山路39 号
邮编:211300
电话:025/57324298、4006004298
传真:57324297
网址:www. dardiwaterjet. com
电子信箱:sales@ dardiwaterjet. com
法定代表人:陈波
质量体系:ISO 9001、ISO 14001
产品情况:超高压平面水切割机系统、超高压空间水切割机系统、超高压水清洗系统
出口情况:远销美国、加拿大、中东、东南亚等30 多个国家和地区

★丹阳市荣飞自动化设备有限公司
地址:江苏省丹阳市新桥镇晨阳路南端18 号
邮编:212300
电话:13806101569
传真:86357408
电子信箱:lrf1569@ 163. com
法定代表人:何雪萍
质量体系:ISO 9001
产品情况:汽车车灯装配设备
配套情况:已经为40 多家车灯厂家供应过设备

★沃得精机(中国)有限公司
地址:江苏省丹阳市丹北镇埤城镇南
邮编:212311
电话:0511/86333855、86333622
传真:86342956、86342767
网址:www. worlddj. com. cn
电子信箱:sales@ worlddj. com. cn
法定代表人:邵建军
质量体系:ISO 9001、ISO 14001
产品情况:机械压力机、数控冲、剪板机、折弯机、油压机等金属成型锻压设备
出口情况:远销东南亚、南美洲、欧洲、南非等地区

★江苏骠马智能装备股份有限公司
地址:江苏省常州市天宁区青龙东路601 号
邮编:213017
电话:0519/85500908、85508008
传真:85506118、85501024
电子信箱:czpm@ piaoma. net
法定代表人:季松林
质量体系:IATF 16949
产品情况:涂装设备
配套情况:为上汽集团、南京汽车集团、长安汽车、一汽-大众、上汽大众、上汽通用、广汽本田、广汽丰田、北京现代、广汽三菱、江南模塑、宁波华翔、徐工科技、三一重工、ABB、DURR、EISENMANN 等供货

★钴领(常州)刀具有限公司
地址:江苏省常州市新北区峨眉山路19 号
邮编:213022
电话:0519/85109713
传真:85104832
网址:www. guhringchina. com
电子信箱:info@ guhringchina. com
法定代表人:李永峰
质量体系:ISO 9001
产品情况:各类金属加工刀具
配套及出口情况:刀具外包项目有沈阳宝马、上汽通用五菱、天津施洛特、上海交运、南京名爵、现代威亚等;与广大国内用户如一汽、东风、长安、奇瑞、长城、重汽、江淮等建立了稳定的合作关系;与大众、奔驰、宝马、通用、福特、菲亚特、博世、德尔福、空客等国外知名品牌有着良好的合作

★常州美翔超声波设备有限公司
地址:江苏省常州市新北区金沙江路2 号
邮编:213022
电话:0519/85126720、85126721
传真:85126723
网址:www. meisonics. com
电子信箱:liujifeng@ meisonics. com
法定代表人:高杰
质量体系:ISO 9001
产品情况:超声波焊接设备、超声波切割设备、热板焊接设备、热铆焊接设备以及冲孔焊接设备等
配套及出口情况:是江森、佛吉亚集团全球指定超声波焊接设备供应商;返销欧洲

★常州华威模具有限公司
地址:江苏省常州市新北区秦岭路155 号
邮编:213022
电话:0519/85166000、85166323
传真:85166677
网址:www. huawei - global. com
电子信箱:sales@ huawei - global. com
法定代表人:严全良
质量体系:ISO 9001、ISO 14001
产品情况:各种精密、大型塑模具
出口情况:出口德国、法国、意大利、澳大利亚、日本、韩国、泰国、印度、巴西、

马来西亚等国家

★常州市远东塑料科技股份有限公司
地址:江苏省常州市钟楼开发区水杉路61号
邮编:213023
电话:0519/83275353、83270918
传真:83273999
网址:www.czyd.com
电子信箱:info@czyd.com
法定代表人:朱志峰
质量体系:ISO 9001、ISO 14001
产品情况:(远东牌)
包装用聚酯捆扎带、汽车零件托盘等
出口情况:出口美洲、欧洲、亚洲等多个国家和地区

★瑞顾克斯(常州)机械制造有限公司
地址:江苏省常州市新北区创业路16号粤海工业园3C
邮编:213033
电话:0519/89880190、85602351
传真:89880191
网址:www.rix-cz.com
电子信箱:huajy@rix-cz.com
法定代表人:藤田诚
质量体系:ISO/TS 16949
产品情况:(RIX牌)
汽车、电子、半导体等行业精密高压、低压清洗装置、高压柱塞泵单元
配套情况:汽车行业客户有电装、丰田汽车、爱信AW、利优比压铸、高丘六和、爱德克斯、普利司通、三菱电机、东风日产、成都天兴山田、重庆渝江等;半导体行业客户有日本电产、罗姆半导体、松下等

★常州博帝汽车零部件有限公司
地址:江苏省常州市武进区礼新路81号
邮编:213100
电话:0519/83665229
传真:83660260
网址:www.buddy2005.com
法定代表人:谢小峰
质量体系:IATF 16949
产品情况:提供金属冷镦成形的一站式解决方案,客户以欧美知名一级配套商为主

★常州市武进涂装设备制造厂有限公司
地址:江苏省常州市武进区横山桥镇工业园
邮编:213119
电话:0519/88601531
网址:www.cztz.com
电子信箱:lp@cztz.com
法定代表人:是燕萍
质量体系:ISO 9001
产品情况:涂装设备
配套情况:为天津一汽丰田、东风悦达起亚、长安福特、长安马自达、广汽本田、北京现代等配套

★常州市大众涂装设备有限公司
地址:江苏省常州市武进区横山桥镇省庄
邮编:213119
电话:0519/88611118
传真:88601824
网址:www.czdztz.com
电子信箱:wjdazhong@aliyun.com
法定代表人:杨咪咪
质量体系:ISO 9001
产品情况:各种类型的涂装生产线及非标设备设计、制造、安装、调试于一体
配套及出口情况:参与了长安铃木、华晨宝马、一汽丰田、广汽丰田等公司多条大中型汽车涂装线的施工;出口日本丰田工厂和丰田海外工厂、日本高岗工厂、日本东京工厂、日本大阪工厂、加拿大工厂

★常州市三生机械有限公司
地址:江苏省常州市新北区春江镇安宁路49号
邮编:213126
电话:0519/83981115
传真:85977635
网址:www.cz-ss.com
电子信箱:czss@cz-ss.com
法定代表人:陆佳丽
质量体系:ISO 9001
产品情况:(三生牌)
主要承担涂装设备整厂工艺设计、制造、安装、调试、到整线交钥匙工程
配套情况:先后承建了一汽集团、东风集团、长安集团、哈轻厂、昌河汽车、扬州客车厂、沈飞日野、郑州日产、东南汽车、安凯汽车集团、湖南长丰、长春长岭、重庆力帆、北京奔驰、日立建机、三一重工、小松山推、吉利集团等大型企业建设的涂装项目工程近百余项

★江苏苏德涂层有限公司
地址:江苏省常州市新北区西夏墅镇微山湖路38号
邮编:213135
电话:0519/83435511、83434502
传真:83435500
网址:www.sudecoating.com
电子信箱:sude@sudecoating.com
法定代表人:高洁
质量体系:ISO 9001
产品情况:可提供TiN、AlTiN、TiAlN、AlCrN、AlTiCrN、TiSiN、CrN等各类单层或复合纳米涂层,应用于工具、模具制造、汽车制造等行业

★江苏新瑞重工科技有限公司
地址:江苏省常州市武进高新区凤栖路20号
邮编:213166
电话:0519/86226200、4008285508
传真:88385508
网址:www.shinri.cn
电子信箱:sales@shinri.cn
法定代表人:周立成
质量体系:ISO 9001、ISO 14001
产品情况:(新瑞重工牌、宁夏长城牌、江苏多棱牌)
立式加工中心、卧式加工中心、卧式数控车床、立式数控车床、龙门数控镗铣床/加工中心/五面体/五轴联动、落地数控镗铣床/加工中心、铣端面钻中心孔机床、钻床、柔性制造单元和柔性制造系统等
出口情况:远销美国、加拿大、英国、德国、俄罗斯、巴西、埃及、韩国、越南、新加坡、巴基斯坦、印度等国家

★江苏冠宇机械设备制造有限公司
地址:江苏省溧阳市中关村科技产业园吴潭渡路9号
邮编:213300
电话:4001005467
传真:0519/87036118
网址:www.gyjs.net
法定代表人:陈国顺
质量体系:ISO 9001、ISO 14001
产品情况:(冠宇牌)
自动化输送生产线集成
配套情况:客户有上汽大众、上汽通用、上汽、一汽-大众、北京奔驰、沈阳宝马、长沙菲亚特、沃尔沃、德国西门子、奇瑞等

★无锡富瑞德测控仪器股份有限公司
地址:江苏省无锡市锡山开发区蓉通路75号
邮编:214000
电话:4006118609
传真:0510/88264901
网址:www.wxfriedrich.com
电子信箱:sales@wxfriedrich.com
法定代表人:周丰伟
质量体系:ISO 9001
产品情况:(WUXI-FRIEDRICH牌)
专用检具、量仪、自动测量机、测量仪器,主要为汽车发动机、变速器、压缩机、摩托车、电子器件等加工制造业提供在线检测规划和制造配套
配套情况:为上汽大众、上汽通用、格特拉克(江西)传动系统、上汽通用东岳动力总成、大众变速器(上海)、上海汽车变速器、东风汽车、东风康明斯发动机、神龙汽车、一汽无锡柴、一汽大柴、一汽海马等提供包括整条零件加工线量检具或自动测量设备的设计与制造

★伟盈新能源科技(无锡)有限公司
地址:江苏省无锡市高新技术开发区新华路8号
邮编:214028
电话:0510/85344868
传真:85344368
网址:www.wellgainwuxi.cn
电子信箱:wxsales@wellgain.com
法定代表人:吴太和

质量体系:ISO 9001、IATF 16949
产品情况:模具设计及制造(精密模具制造)、精密注塑成型、压铸(铝,锌等合金)下阶段镁压铸、金属冲压
出口情况:远销欧美及日本等几十个国家和地区

★江苏亚威创科源激光装备有限公司
地址:江苏省无锡市国家高新技术产业开发区岷山路1号
邮编:214028
电话:0510/81815708、68556000
传真:81001279
网址:www.ckylaser.com
电子信箱:sales1@yawei-cky.com
法定代表人:冷志斌
质量体系:ISO 9001
产品情况:激光打标机、三维激光切割机、平面激光切割机、激光熔覆系统、激光焊接系统等

★无锡先导智能装备股份有限公司
地址:江苏省无锡市国家高新技术产业开发区新锡路20号
邮编:214028
电话:0510/81163688
传真:81163648
网址:www.chinaxiandao.com
电子信箱:lead@leadchina.cn
法定代表人:王燕清
质量体系:ISO 9001、ISO 14001
产品情况:锂电池装备、光伏装备、3C检测装备、智能仓储物流系统、汽车智能生产线等
配套情况:与比亚迪、中航锂电、国轩高科、特斯拉、宁德时代等合作

★瓦尔特(无锡)有限公司
地址:江苏省无锡市新区新畅南路3号
邮编:214028
电话:0510/82419399
传真:82441380
网址:www.walter-ag.com
电子信箱:hua.xu@walter-tools.com
法定代表人:唐玉安
质量体系:ISO 9001、ISO 14001
产品情况:主要生产硬质合金可转位刀具,包括车、铣、钻、扩、镗各类刀具及刀具附具

★科威信(无锡)洗净科技有限公司
地址:江苏省无锡市锡山区安镇胶阳路2929号
邮编:214105
电话:0510/88786861-8809
传真:88781573
网址:www.wxkws.com
电子信箱:cleaning@wxkws.com
法定代表人:方言卓
质量体系:ISO 9001
产品情况:[科威信(keweison)牌、博思杜尔(Bosduer)牌]
环保型工业清洗设备、清洗剂
出口情况:出口环保真空碳氢清洗机

★无锡先驱自动化科技有限公司
地址:江苏省无锡市新区金城东路504号
邮编:214112
电话:0510/85251630、4001018025
传真:85251660
网址:www.wxaca.com
电子信箱:sales@wxaca.com
法定代表人:王雅东
质量体系:ISO 9001
产品情况:汽车凸轮轴全自动压装及检测专机、全自动汽车活塞测量及智能分拣选配系统、汽车电动机转子在线测量、汽车零部件制造的追踪追溯系统(MTS系统)、川崎机器人等自动化装备及检测设备

★白山机工(无锡)机械有限公司
地址:江苏省无锡市新区梅村工业园锡达路230号
邮编:214112
电话:0510/88552180、88552181
传真:88550097
电子信箱:xuting@hakusankiko.com.cn
法定代表人:穐田竹男(TAKEO AKITA)
质量体系:ISO 9001
产品情况:切屑输送、机床切削液冷却过滤净化设备,用于内燃机、汽车等制造行业

★无锡市大金谊科技有限公司
地址:江苏省无锡市新区梅村新南中路6号
邮编:214112
电话:0510/88550240
传真:88550248
网址:www.daikinyi.com
电子信箱:daikinyi@daikinyi.com
法定代表人:于社章
质量体系:ISO 9001、ISO 14001
产品情况:传统汽车/摩托车动力传动系统的复杂汽车组件的装配与功能测试系统,新型电/混合动力汽车的动力传动系统的测试系统
配套情况:与吉利控股集团、德国穆勒(MOELLER)、德国西门子(SIEMENS)等合作

★无锡曙光模具有限公司
地址:江苏省无锡市新区鸿山镇机光电工业园鸿达路106号
邮编:214145
电话:0510/82403952
传真:82414974
网址:www.wuxi-dawn.com
电子信箱:ren_yong@wuxi-dawn.com
法定代表人:曹曙峰
质量体系:IATF 16949、ISO 9001
产品情况:(曙光牌)
汽车底盘、车身、排气系统等各类冲压模具及精密多工位级进模具
配套及出口情况:主要客户有上汽通用、上汽大众、上海汇众、克莱斯勒、阿文美驰、弗吉亚、安德鲁、本特勒、通用电器、格兰富、麦格纳、博世等;出口北美洲、欧洲

★无锡诺飞高新技术有限公司
地址:江苏省无锡市新吴区鸿山街道锡梅路175号
邮编:214145
电话:0510/85440008
传真:85440018
网址:www.nofailure.cn
电子信箱:jiawei.cao@nofailure.cn
法定代表人:曹嘉伟
质量体系:IATF 16949
产品情况:汽车零部件冲压、汽车零部件模具、模具备件的设计和生产

★无锡星亿智能环保装备股份有限公司
地址:江苏省无锡市惠山区钱桥南桥西路9号
邮编:214153
电话:0510/83292999、83293999
传真:83293128
网址:www.xenyi.com
电子信箱:xenyi@xenyi.com
法定代表人:匡优新
质量体系:ISO 9001
产品情况:表面处理设备及配套环保设备
配套情况:与江阴模塑集团、上海延康汽车零部件、上海太同电镀、上海杜行电镀厂、泰州市龙沟电镀、张家港丰田合成、上海萨克斯等合作

★无锡市阳通机械设备有限公司
地址:江苏省无锡市惠山区阳山镇
邮编:214155
电话:0510/83691941、83691884
传真:83691881
网址:www.yangtong.com
电子信箱:yt@yangtong.com
法定代表人:夏伟
质量体系:ISO 9001
产品情况:成套焊接装备、数控切割设备、钢结构生产线、清理涂装设备等
出口情况:远销东南亚、中东、欧美等地区

★无锡市科巨机械制造有限公司
地址:江苏省无锡市滨湖区胡埭镇鸿翔村环镇西路
邮编:214161
电话:0510/85593458、85590929
传真:85590456
网址:www.wxkeju.com
电子信箱:sales@wxkeju.com
法定代表人:闵建国
质量体系:ISO 9001
产品情况:制冷设备
配套及出口情况:为中国重汽、华锐重工等企业服务;出口其他国家

★无锡大力液压机械厂
地址:江苏省无锡市惠山区堰桥经济开发区堰丰路5号
邮编:214174
电话:0510/83743799、83570731
传真:83748583
网址:www.dlyyjx.com
电子信箱:sales@dlyyjx.com
法定代表人:李建勇
质量体系:ISO 9001
产品情况:(大力牌)
单柱液压机、液压校直机、四柱液压机、钢板校平液压机、多功能折边机、汽车桥校正液压机、整形液压机、压力传感液压机、非标液压机等
配套情况:为吉利汽车、青年汽车、保定长城、一汽锡柴、长春富奥依斯克拉汽车电器、上海新大洲等配套

★无锡蓝力智能装备有限公司
地址:江苏省无锡市堰桥镇堰玉路98号
邮编:214174
电话:0510/68915900、83741195
传真:83570667
网址:www.wxlanli.com
电子信箱:wxlanli@163.com
法定代表人:胡杰
质量体系:IATF 16949、ISO 9001
产品情况:(蓝力牌)
YS71系列玻璃钢制品液压机(四柱式、框架式)、YL96系列汽车内饰件成型液压机、汽车变速器装配流水线压机等液压机
配套及出口情况:主要客户有一汽集团、东风汽车公司、长安汽车、庆铃汽车、重庆建设雅马哈、林海雅马哈、泰州春兰、上汽大众、万向钱潮、锡柴等配套;远销欧洲、美洲、俄罗斯、东南亚、中东地区

★天奇自动化工程股份有限公司
地址:江苏省无锡市惠山区洛社镇洛藕路288号
邮编:214187
电话:0510/83311836、83313751
传真:83313751
网址:www.chinaconveyor.com
电子信箱:002009@jsmiracle.com
法定代表人:黄斌
质量体系:ISO 9001、ISO 14001
产品情况:汽车总装物流自动化系统、汽车焊装物流自动化系统、车身储存物流自动化系统、汽车涂装物流自动化系统等
配套及出口情况:为一汽-大众、一汽红旗、一汽解放、神龙汽车、上汽集团、广汽本田、长安铃木、长安福特、长安马自达、奇瑞汽车、吉利汽车等国内知名企业提供汽车制造装配成套自动化生产系统,被通用、大众、福特、丰田、本田、日产、铃木、现代等汽车公司纳入其全球采购体系;出口东南亚、日本、马来西亚、印度、泰国、越南等国家和地区

★无锡烨隆精密机械股份有限公司
地址:江苏省无锡市惠山区洛社镇双庙工业园区
邮编:214187
电话:0576/83831268
传真:83831851
网址:www.wuxiyelong.com
电子信箱:sales@qj-robot.com
法定代表人:吴云娇
质量体系:ISO 9001、IATF 16949
产品情况:工业机器人开发及其应用工程、自动化装配、智能检测生产线等多个领域
配套情况:与吉利汽车、钱江摩托等合作

★无锡汉神电气股份有限公司
地址:江苏省无锡市锡山经济开发区芙蓉东一路100号
邮编:214191
电话:0510/85470001、85470002
网址:www.hanshen.com.cn
电子信箱:cocolove888@126.com
法定代表人:何晓阳
质量体系:ISO 9001
产品情况:(汉神牌)
焊割设备
配套及出口情况:与三一重工、大众汽车、比亚迪等合作;远销美国、俄罗斯、白俄罗斯、印度、新加坡、澳大利亚、泰国、马来西亚、南非、以色列、拉美等30多个国家和地区

★江苏天骄汽车配套有限公司
地址:江苏省靖江市江平路新丰段7号
邮编:214500
电话:0523/84368888、84369999
传真:84366999
网址:www.jjtianjiao.com
电子信箱:jjtj@vip.163.com
法定代表人:刘巧明
质量体系:IATF 16949、ISO 14001
产品情况:(天骄牌)
模具制造、塑料成型及粉末金属表面涂装
配套情况:为广汽丰田、上汽大众、奇瑞、东风悦达起亚、合力股份、华晨金杯等配套

★靖江三鹏模具科技股份有限公司
地址:江苏省靖江市经济开发区靖城镇工业园区纬三路
邮编:214521
电话:0523/80506168、13812397799
传真:88971582
网址:www.jjspmj.com
电子信箱:sanpeng@jjspmj.com
法定代表人:李伯松
单位人数:260
质量体系:ISO/TS 16949
产品情况:各类汽车模具;重型货车、轿车离合器配件,发动机支架总成、脚踏板总成、底盘零部件、双质量飞轮等汽车零部件
配套情况:主要客户有上汽大众、上汽通用、韩国东熙、韩国瑞进、上海萨克斯、德国采埃孚、湖北三环、重庆EXEDY、桂林福达等

★苏州胜利精密制造科技股份有限公司
地址:江苏省苏州市高新区浒关工业园浒泾路55号
邮编:215000
电话:0512/66167000
传真:66160012
网址:www.vicsz.com
电子信箱:victory@vicsz.com
法定代表人:高玉根
质量体系:IATF 16949
产品情况:主要产品包括精密金属结构件、精密塑胶结构件、精密模具等,其中锂电池湿法隔膜产品广泛用于新能源汽车的动力电池

★华晓精密工业(苏州)有限公司
地址:江苏省苏州市新区科憬路110号
邮编:215000
电话:0512/68088856、62698601
网址:www.huaxiao.com.cn
电子信箱:sales@huaxiao.com.cn
法定代表人:刘晓静
质量体系:ISO 9001、ISO 14001
产品情况:致力于制造领域物流无人化、生产装配柔性化以及汽车检测智能化
配套及出口情况:与日产雷诺联盟、NEC、东方马达等知名公司发展广泛技术合作;远销法国、美国、墨西哥、巴西、日本、韩国、泰国、马来西亚、俄罗斯等国家

★苏州富强科技有限公司
地址:江苏省苏州市高新区浒关镇浒莲路68号
邮编:215010
电话:0512/68310116
传真:68310117
网址:www.rs-machining.com
电子信箱:sales@rs-machining.com
法定代表人:高玉根
单位人数:1800
质量体系:ISO 14001、ISO 9001
产品情况:要致力于非标自动化设备、高精密检测设备、工业视觉系统、人机交互系统等智能制造全方位解决方案的开发与应用

★星弧涂层新材料科技苏州股份有限公司
地址:江苏省苏州市工业园区唯亭星华产业园5号厂房
邮编:215121
电话:0512/62870909、62870910
传真:62870907
网址:www.stararc-coating.com
电子信箱:sales@stararc-coating.com
法定代表人:QIAN TAO(钱涛)

质量体系:ISO 13485、IATF 16949
产品情况:提供气相沉积涂层服务和相关设备,主要服务于汽车零部件等行业

★苏州阿诺精密切削技术有限公司
地址:江苏省苏州市工业园区科智路9号
邮编:215122
电话:0512/60877709、62877712
传真:62561293
网址:www. ahno - tool. com
电子信箱:hongwei. shi@ ahno - tool. com
法定代表人:柯亚仕
单位人数:600
质量体系:ISO 9001、ISO 13485
产品情况:从事各类高品质精密金属切削刀具的制造和修磨服务
配套情况:汽车制造业的销售额大约占60%,客户有一汽-大众、上汽大众、长安、通用、福特汽车、博世等

★苏州苏净安发空调有限公司
地址:江苏省苏州市工业园区中新科技城唯新路2号
邮编:215122
电话:0512/68257900、4008591686
网址:www. aimfar. com. cn
电子信箱:jf@ aimfar. com. cn
法定代表人:胡增
质量体系:ISO 9001、ISO 14001
产品情况:汽车涂装线专用空调机组制造商、厂房供暖通风与空气调节系统工程服务配套商
配套及出口情况:为一汽集团、东风汽车公司、上汽集团、长安集团、北汽集团、奇瑞汽车、长城汽车、吉利汽车、比亚迪汽车、宇通客车、金龙客车、徐工集团、中联重科等大中型汽车厂配套;远销巴西、南非、苏丹、韩国、越南、伊朗、斯里兰卡等国家,并销往中国香港、中国澳门地区

★江苏汇博机器人技术股份有限公司
地址:江苏省苏州市工业园区方洲路128号
邮编:215123
电话:0512/87171377、4001141377
传真:87171377 - 2003
网址:www. huiborobot. com
电子信箱:market@ huiborobot. com
法定代表人:成锐
质量体系:ISO 9001、ISO 14001
产品情况:教学机器人、柔性制造系统、工业机器人、智能移动及特种机器人
配套情况:主要合作伙伴包括通达动力、发那科等

★苏州通锦精密工业股份有限公司
地址:江苏省苏州市高新区建林路411号
邮编:215129
电话:0512/68416781
传真:66673556
网址:www. sztongjin. com
电子信箱:sales@ sztongjin. com
法定代表人:罗宿
单位人数:150
质量体系:ISO 14001
产品情况:伺服电动缸、智能伺服压装机、第七轴机器人,主要客户包括新能源电动机行业、汽车零部件制造行业
配套情况:主要客户包括吉利汽车、比亚迪、长安汽车、奇瑞汽车、宇通、精进电动、全兴精工、UAES、中材科技等

★苏州市和科达超声设备有限公司
地址:江苏省苏州市相城区黄桥镇兴旺路和科达工业园
邮编:215132
电话:0512/65781623、65780203
传真:65781823
网址:www. hekeda. net
电子信箱:suzhoua@ hekeda. net
法定代表人:龙小明
单位人数:1000
质量体系:ISO 9001、ISO 14001
产品情况:(和科达牌)
超声波清洗机、碳氢清洗机、高压喷淋机等清洗设备
配套及出口情况:合作伙伴包括长春康迪泰克、北京博世、北京京东方、武汉东风、杭州万向钱潮、上汽大众、苏州伊顿等;部分产品出口

★苏州益群模具有限公司
地址:江苏省苏州市高新区五台山路116号106室
邮编:215151
电话:0512/69202558、69202556
传真:69202559
电子信箱:yiqun@ yiqunmould. com
法定代表人:葛益军
质量体系:ISO 9002
产品情况:注塑模具、橡胶模具及压铸模具、检具
配套情况:为上汽大众、通用、神龙汽车等配套

★苏州东菱振动试验仪器有限公司
地址:江苏省苏州市高新区科技城龙山路2号东菱科技园
邮编:215163
电话:0512/66652225
传真:66655669
网址:www. testunit. com
电子信箱:xiaoshou@ donglingtech. com
法定代表人:府晓宏
质量体系:ISO 9001
产品情况:各种汽车测试与试验设备、动力总成测试设备
出口情况:远销美国、德国、法国、英国、韩国、日本等40多个国家和地区

★苏州天准科技股份有限公司
地址:江苏省苏州市高新区科技城培源路5号
邮编:215163
电话:4008852280
网址:www. tztek. com
电子信箱:sales@ tztek. com
法定代表人:徐一华
质量体系:ISO 9001、ISO 14001
产品情况:精密测量仪器、机器视觉产品、自动化解决方案、机器人与云服务等产品

★苏州明志科技股份有限公司
地址:江苏省苏州市吴江区同里镇同肖西路1999号
邮编:215217
电话:0512/63329988
网址:www. mingzhi - tech. com
电子信箱:marketing@ mingzhi - tech. com
法定代表人:吴勤芳
质量体系:IATF 16949、ISO 9001
产品情况:铝合金铸造设备、模具以及相关系统、铝镁合金铸件
配套情况:为一汽轿车、云内动力、采埃孚、福依特配套

★苏州信能精密机械有限公司
地址:江苏省苏州市吴江区菀坪同心东路32号
邮编:215223
电话:0512/63392098
传真:63397905
网址:www. szlugong. cn
电子信箱:szlugong@ 163. com
法定代表人:刘忠
质量体系:ISO 9001
产品情况:(鲈工牌)
珩磨机、珩磨工具,广泛应用于航空、航天、汽车、摩托车等领域
配套及出口情况:服务于中航工业西飞国际、中船重工红江机器厂、西安航空动力、三一重工、奇瑞汽车、比亚迪汽车、凤阳液压(183厂)、中国兵器装备建设机器厂、中国运载火箭研究院、中国航天5院、日本本田、德国博世、日本电装、韩国现代等一大批国内外知名企业;远销美国、日本、俄罗斯、韩国、意大利、新加坡等国家

★江苏荣腾精密组件科技股份有限公司
地址:江苏省昆山市城北大道红杨路东盛路318号
邮编:215300
电话:0512/57789406
传真:57789407
网址:www. rontem. com
电子信箱:sales@ rontem. com
法定代表人:冯建康
单位人数:160
质量体系:ISO/TS 16949、ISO 9001
产品情况:各类电动机铁芯(汽车电动机、空调压缩机、水泵等)、汽车电器、电表及变压器铁芯高速冲级进模、电动机冲片复合模及转子铝压铸模

★柯昆(昆山)自动化有限公司
地址:江苏省昆山市高新区机器人产业园元丰路232号
邮编:215300
电话:0512/36821000、82692766
电子信箱:juan. li@ comau. com. cn
法定代表人:SERENA SANSONETTI
质量体系:ISO 14001、OHSAS 18001
产品情况:机器人设计与制造、机械加工中心、生产制造自动化系统

★铁木真电子科技(昆山)有限公司
地址:江苏省昆山市开发区盛晞路9号
邮编:215300
电话:0512/82603337、18963670928
传真:82603330
网址:www. temak. com. cn
电子信箱:yuanh@ temak. com. cn
法定代表人:袁华
质量体系:ISO 9001、ISO 14001
产品情况:可靠度环境测试仪器,广泛用于汽车制造等产业
配套情况:客户有博世汽车、西门子VDIEO、海拉车灯、大亿、东南汽车、帝宝、全兴工业

★勋龙智造精密应用材料苏州股份公司
地址:江苏省昆山市张浦镇阳光中路2号
邮编:215300
电话:0512/36620512
网址:www. shinlone. com. cn
电子信箱:youngiant@ shinlone. com. cn
法定代表人:林万益
质量体系:IATF 16949
产品情况:汽车模具
配套情况:与丰田、一汽-大众等合作

★昆山美仑工业样机有限公司
地址:江苏省昆山市高新区城北中路1299号
邮编:215316
电话:0512/57176128
传真:57176129
网址:www. mekorp. com
电子信箱:meko@ mekorp. com
法定代表人:范力
质量体系:ISO 9001、IATF 16949
产品情况:工业原型样机制造、高精密零部件多样化小批量CNC机加工、3D打印、塑胶、压铸快速模具小批量生产、CNC钣金原型样机制作、工装夹、治具,测试仪器设备生产

★纳乐模具(昆山)有限公司
地址:江苏省昆山市玉山镇北门路3289号
邮编:215316
电话:0512/55187101、55187102
传真:55187111
网址:www. narakd. com
电子信箱:maskjang@ naramnd. com
法定代表人:KIM YOUNGJO(金英助)
质量体系:ISO/TS 16949、ISO 14001
产品情况:汽车模具等
配套情况:主要客户有POSCO、YUSHIN、AJIN、ZF-SACKS、NHK、MATSUMOTO、EATON、VALEO、LEAR等

★若宇检具股份有限公司
地址:江苏省昆山市张浦镇俱进路286号
邮编:215321
电话:0512/55255558、55255585
传真:55255535
网址:www. royalgauge. com
电子信箱:market@ royalgauge. com
法定代表人:郑敏
单位人数:507
质量体系:ISO 9001、ISO 14001
产品情况:大、中型汽车精密检具及焊装夹具
配套情况:客户是上汽大众、上汽通用、一汽-大众、一汽轿车、长安福特、标致雪铁龙、沃尔沃、东风雷诺、奇瑞、吉利、江淮等汽车主机厂以及Visteon(伟世通)和Faurecia(佛吉亚)等

★昆山众异特机械工业有限公司
地址:江苏省昆山市锦溪镇生态工业园锦昌路181号
邮编:215324
电话:0512/50170101、50170202
传真:50337373
网址:www. zhongyite. com
电子信箱:zhongyite@ vip. 163. com
法定代表人:高翔
质量体系:ISO 9001
产品情况:各种汽车铝轮毂模具、改装轮毂毅及个性化定制锻造轮、注塑模具、高压模具、汽车配件及车标、注塑产品、汽车工装检具等;各类模具年产量达2000套以上
配套及出口情况:国内合作的客户有一汽轿车、北汽集团、天津汽车、吉林汽车、戴卡集团、万丰奥威集团、昆山六和集团、重庆捷力集团、重庆耀勇集团、上海精元集团、立中集团、民享集团等;国际市场合作客户包括德国的ALCAR、美国的WHEELPROS、日本的WEDS、俄罗斯的SKAD、印尼ACI、马来西亚的JRD、泰国的PP国际等

★江苏拓米洛环境试验设备有限公司
地址:江苏省昆山市经济技术开发区三巷路427号
邮编:215335
电话:0512/50193800
网址:www. tomilo. com. cn
法定代表人:张艳军
质量体系:ISO 9001、ISO 14001
产品情况:恒温恒湿试验箱、冷热冲击试验箱、快速温变试验箱、步入式温湿度试验箱、盐雾试验箱、沙尘雨淋试验箱等,产品主要应用于消费类电子、汽车电子、军工制造三大行业

★昆山拿雅纳精密模具有限公司
地址:江苏省昆山市千灯镇宏洋路88号10栋
邮编:215341
电话:0512/82602801
传真:82602806
网址:layana. com. cn
电子信箱:cn01@ layana. com
法定代表人:赖银柱
质量体系:IATF 16949
产品情况:汽车模具设计、精密零件生产等

★苏州力得士磨具有限公司
地址:江苏省昆山市淀山湖镇新乐路915号
邮编:215345
电话:0512/57487028、57491318
传真:57487138
电子信箱:117420267@ qq. com
法定代表人:袁玉平
质量体系:ISO 9001
产品情况:抛光材料类产品
配套情况:与长城汽车、现代汽车、史丹利工具、东城机电等客户建立长期稳定的合作关系

★爱科空气处理技术(苏州)有限公司
地址:江苏省太仓市经济开发区青岛西路5号
邮编:215400
电话:0512/53996666
传真:53996669
网址:www. al - ko. cn
电子信箱:info. cn@ al - ko. cn
法定代表人:PETER KALTENSTADLER
质量体系:ISO 9001、ISO 14001
产品情况:空气处理系统产品,其中爱科AT系列机组适用于整装车间、制造和喷涂车间、汽车零部件制造商等需求大风量的场合
配套情况:主要客户有沈阳宝马、上汽大众、北京奔驰、长春一汽奥迪、法国标致、英国罗浮、德国保时捷、日本尼桑、瑞典沃尔沃

★江苏迎阳无纺机械有限公司
地址:江苏省常熟市支塘镇任阳工业园迎阳大道5号
邮编:215539
电话:0512/52584272、52588888
传真:52588372、52583880
网址:www. yingyang. cn
电子信箱:webmaster@ yingyang. cn
法定代表人:范伟
单位人数:400
质量体系:ISO 9001
产品情况:(迎阳牌)
汽车内饰生产线等
出口情况:远销德国、俄罗斯、波兰、美国、南美洲、中东、东南亚等60多个国家和地区

★优模技术信息(上海)有限公司
地址:江苏省张家港市凤凰镇凤恬路15号
邮编:215600
电话:0512/58490396、58490397

网址:www. unimodel. com. cn
电子信箱:pubilc@ unimodel. com. cn
法定代表人:吴嘉春
质量体系:IATF 16949
产品情况:汽车部件轻量化、工程塑料优化方案

★张家港华丰重型设备制造有限公司
地址:江苏省张家港市经济开发区
邮编:215600
电话:0512/58686628、58698967
传真:58686638
电子信箱:hfsales@ kingswel. com
法定代表人:罗绒战斗
质量体系:ISO 9001
产品情况:(王牌)
专业从事吹塑加工设备
出口情况:远销欧洲、美国、日本、东南亚、中东、俄罗斯等国家和地区

★江苏大族展宇新能源科技有限公司
地址:江苏张家港市杨舍镇金塘西路1号
邮编:215618
电话:0512/82593558、82593588
传真:82593568
网址:www. jsdzzy. com
电子信箱:admin@ jsdzzy. com
法定代表人:崔大维
质量体系:ISO 9001
产品情况:提供电芯制造装配前段设备和完整的锂电池产线解决方案及相关配套设备

★张家港力勤机械有限公司
地址:江苏省张家港市锦丰镇三兴经济开发区
邮编:215624
电话:0512/58578986、18906248978
传真:58536299
网址:www. zsim. com
电子信箱:liqin@ zsim. com
法定代表人:龚凯
质量体系:ISO 9001
产品情况:汽车内饰件发泡生产线等系列聚氨酯发泡设备

★和和机械(张家港)有限公司
地址:江苏省张家港市南丰镇海新北路2号
邮编:215628
电话:0512/58621380
传真:58620007
网址:www. soco. com. cn
电子信箱:patrick@ soco. cn
法定代表人:黄陈金玉
质量体系:ISO 9002
产品情况:(和和牌)
主要产品有激光切管机、切管机、弯管机、管子倒角机以及管端成型机等四大系列共 60 多种机型产品,广泛用于汽车、摩托车制造等行业
出口情况:出口欧洲、美洲、东南亚

★科泰科技(张家港)机械有限公司
地址:江苏省张家港市南丰镇兴园路
邮编:215628
电话:0512/58903600
传真:58902261
网址:www. coretecn. com
电子信箱:chk0317@ coretec - cn. com
法定代表人:名张凤海
质量体系:ISO 9001
产品情况:为发动机加工线、装配线、铸造线设计与制造装配压装设备、试漏检测设备、拧紧设备
配套情况:为东风日产、东风本田、东安三菱、东风雷诺、广汽本田、广汽传祺、长安福特、长安马自达、长安铃木等知名厂家提供了大量的成功案例

★江苏金帆电源科技有限公司
地址:江苏省张家港经济开发区(杨舍镇金塘西路)
邮编:215699
电话:0512/58599935
网址:www. jsjf. com. cn
电子信箱:public@ zsjf. com. cn
法定代表人:彭正雄
质量体系:ISO 9001
产品情况:蓄电池专用设备

★江苏长虹智能装备股份有限公司
地址:江苏省盐城市亭湖区环保大道 6 号
邮编:224000
电话:0515/68663128、68660530
传真:68666889
网址:www. echanghong. com
电子信箱:changhong@ echanghong. com
法定代表人:仇洪根
单位人数:600
质量体系:ISO 9001、ISO 14001
产品情况:(长虹牌)
专业从事汽车、工程机械的涂装、总装、焊装生产线的设计、制造、安装、调试和售后服务
配套情况:曾为北汽福田诸城车辆厂、吉利集团、吉奥汽车建立涂装或总装生产线

★江苏中宝机械科技有限公司
地址:江苏省盐城市盐都区大纵湖镇义丰工业集中区中宝路 1 号
邮编:224000
电话:0515/88588029、18005107888
网址:www. zbjx. cn
电子信箱:386805259@ qq. com
法定代表人:王林
单位人数:200
质量体系:ISO 14001
产品情况:(中宝牌)
承揽涂装设备、环保机械、化纤机械、电镀机械、电热电器等产品整套工程的设计、制作、安装、调试
配套情况:广泛应用于湖北福田汽车、安徽江淮乘用车、滁州扬子客车、通用集团太原专用车、山西长治清华机械厂等国内外 100 多家大型集团公司

★江苏中大工业涂装环保有限公司
地址:江苏省盐城市通榆南路 143 号
邮编:224002
电话:0515/66660888
传真:66669000
电子信箱:cxj@ zondatz. com
法定代表人:徐中大
质量体系:ISO 9001
产品情况:(中大牌)
涂装设备,包括前处理、电泳设备,各类喷漆、喷粉和烘干以及机械化物流等设备
配套及出口情况:承建的典型工程有北京现代、广汽本田、四川一汽丰田、广汽三菱、上汽大众、上海华普、长春顺华、金龙客车、重庆宇通、金陵双层客车、安凯客车、广州五十铃、北京汽车、陕西重汽、一汽锡柴、镇江汽车、湖北双龙、东风南充、徐工集团、三一重工、北方重工、长沙中联、通用电气、江南模塑、多保精密、曙光车桥、海通车桥等;出口美国、越南、德国、泰国、日本等国家

★扬州琼花涂装工程技术有限公司
地址:江苏省扬州市邗江区方巷工业园峰明大道 15 号
邮编:225000
电话:0514/87314737、87387141
传真:87320650
网址:www. qhhb. com. cn
电子信箱:yzqhtz@ 126. com
法定代表人:严峰
质量体系:ISO 9001
产品情况:(琼花牌)
汽车涂装环保设备等
配套情况:为日本雅马哈、韩国现代、中国香港亚美集团、泰国四环集团、加拿大庞巴迪 - 鲍尔、宗申集团、一汽集团、三江雷诺、重庆江南汽车、徐工集团、南京金城集团、江淮动力、北汽福田等配套

★江苏振世达汽车模具有限公司
地址:江苏省扬州市江都区丁沟镇振兴东路 27 号
邮编:225000
电话:0514/86388888、86381888
传真:86387777
网址:www. zhenshida. com
电子信箱:zsd@ zmc. cc
法定代表人:黄振荣
质量体系:ISO 9001
产品情况:主营汽车覆盖件模具,兼营汽车冲压件,为汽车、客车及工程机械制造企业提供钣金焊装、涂装、装潢、总装及客车、豪华客车四大工艺交钥匙工程,劳务加工承包服务
配套情况:为上汽、江淮、奇瑞、亚星商务车、大宇、徐工、临工、山工、柳工、卡特、五征集团等汽车、工程机械企业配套

★扬州市海力精密机械制造有限公司
地址:江苏省扬州市西区盘古工业园区

邮编:225009
电话:0514/83838366、13805270716
传真:83838399
网址:www.hailijixie.com
电子信箱:cpcp@hailijixie.com
法定代表人:曾同祥
质量体系:ISO 9001
产品情况:(CPCP牌)
全自动机械式粉末成型压机和精整机等
配套情况:宁波东睦、重庆华孚、东磁集团、日本浦和、保来得、厦门东金电子、中国香港裕丰、株硬集团、自贡科瑞特、飞达集团、长江工具等众多著名企业都成为海力的合作伙伴

★扬力集团股份有限公司
地址:江苏省扬州市经济开发区扬子江中路499号
邮编:225127
电话:0514/87848251、4000553999
传真:87848290、87846480
网址:www.yangli.com
电子信箱:yll@yangli.com
法定代表人:林国富
单位人数:5000
质量体系:ISO 9001、ISO 14001
产品情况:(扬力牌)
冲压、锻造、钣金等各类中高端金属成形装备及自动化装备
出口情况:出口欧洲、美洲、东南亚等几十个国家和地区

★扬州锻压机床有限公司
地址:江苏省扬州市邗江经济开发区华钢路1号
邮编:225128
电话:0514/87849888、80362361
传真:87849136
网址:www.duanya.com.cn
电子信箱:sales@yadonpress.com
法定代表人:OEMER AKYAZICI
单位人数:1000
质量体系:ISO 9001
产品情况:(YADON牌)
开式/闭式压力机、单/双/四点压力机、多连杆压力机、重型压力机、伺服压力机、高速冲床、热模锻、冷挤压机、粉末压机、精整机、精冲机、级进模/多工位压力机冲压线、单机/多机连线冲压生产线、锻压成套设备等

★扬州斯普莱机械制造有限公司
地址:江苏省扬州市江都区仙城工业园
邮编:225200
电话:0514/86854388、86850716
网址:www.spl.cn
电子信箱:spl@spl.cn
法定代表人:潘立峰
质量体系:ISO 9001、ISO 14001
产品情况:涂装工程系统、喷烤漆房系统、环保节能热洁炉系统、智能静电喷塑系统

★南通常测机电设备有限公司
地址:江苏省南通市港闸区黄海路618号
邮编:226006
电话:0513/85630288、85636555
传真:85636558
网址:www.ntccjd.com
电子信箱:nt-ct@163.com
法定代表人:赵爱国
质量体系:ISO 9001
产品情况:发动机测功机和台架、汽车尾气排放测试设备、汽车及零部件检测设备、测试设备辅助装置
配套情况:为潍柴动力、江铃VM发动机、一汽锡柴、常州亚美柯动力、奇瑞、常发、重庆长安铃木、比亚迪、上汽、重汽杭发等供货

★南通电熔爆科技股份有限公司
地址:江苏省南通市任港路35号
邮编:226006
电话:0513/83549136、83549118
传真:83549108
网址:www.china-drb.com
电子信箱:china_drb@163.com
法定代表人:唐峰峰
质量体系:ISO 9001
产品情况:电熔爆机床、模具等
配套情况:客户有美国通用电气、宝钢股份、安徽海螺集团等

浙江省

★史陶比尔杭州精密机械电子有限公司
地址:杭州市经济技术开发区围垦街123号
邮编:310018
电话:0571/86912161
传真:86912577
网址:www.staubli.com.cn
电子信箱:robots.cn@who-needs-spam.staubli.com
法定代表人:Patrick Iltis
质量体系:ISO 9001、ISO 14001
产品情况:全系列TX、RX系列机器人,4轴SCARA机器人,6轴机械手

★杭州合立机械有限公司
地址:杭州市余杭区良渚新兴产业园
邮编:311112
电话:0571/578726001
传真:88753177
网址:www.hz-hl.com
电子信箱:hl@hz-hl.com
法定代表人:黄成兴
单位人数:150
质量体系:ISO 9001
产品情况:各种汽车零部件模具,包括缸体、气缸盖、曲轴、飞轮壳、阀体、活塞、进气管等各种要求的精品模具
配套情况:客户有上汽大众、上汽通用、华东泰克西汽车铸造、江淮汽车铸造、奇瑞铸锻、杭州汽车发动机、上海柴油机、富士和机械(昆山)、浙江万向系统、浙江新昌柴油机等

★杭州集智机电股份有限公司
地址:杭州市余杭区良渚街道七贤路1-1号
邮编:311113
电话:0571/87203497、89988127
传真:88302639
网址:www.zjjizhi.com
电子信箱:balancing_machine@zjjizhi.com
法定代表人:楼荣伟
质量体系:ISO 9001
产品情况:全自动平衡机,已成功进入离合器、飞轮、制动盘、涡轮增压器等汽车回转零部件制造领域
配套情况:已进入博世、法雷奥、万宝至、百得、士林、美的、新宝、东成等国内外知名企业,广泛应用于汽车等多个行业电器制造领域

★杭州高品自动化设备有限公司
地址:杭州市余杭区仓前街道龙潭路2号世导科技园1号楼
邮编:311121
电话:0571/8396510、18969098818
网址:www.goupautomation.com
电子信箱:jessica@goupauto.com
法定代表人:张志刚
单位人数:300
质量体系:ISO 9001
产品情况:涡轮增压器装配线及检测设备、冷却器和EGR阀装配线及检测设备、车桥装配及检测设备和齿轮箱装配及检测设备、EPS装配线及检测设备、真空泵装配线和油泵及平衡轴测试台架、液压泵装配线及检测设备等非标装配及检测设备
配套情况:客户有博格华纳(BorgWarner)、爱科(AGCO)、博世力士乐(Bosch Rexroth)、采埃孚(ZF)、佛吉亚(FAURECIA)、恩斯克(NSK)、麦格纳(Magna)等国内外知名企业

★杭州沃镭智能科技股份有限公司
地址:杭州市经济技术开发区8号大街19号标准厂房10幢
邮编:311215
电话:0571/87786242、87792453
传真:88097635
网址:www.wolei-tech.com
电子信箱:sales@wolei-tech.com
法定代表人:郭斌
质量体系:ISO 9001、ISO 14001
产品情况:生产智能装备自动化、智能检测装备、生产制造执行系统产品,产品领域覆盖汽车电控与智能驾驶系统、新能源三电系统、高铁与轨道交通制动系统、汽车底盘安全与控制系统
配套情况:汽车行业的主要客户包括陕汽重型、万向集团、万安集团、江铃汽车、中国重汽、吉利汽车、江淮汽车、一汽、金龙、东风、宇通客车、曙光汽车、天合、MANDO、DELPHI、MAGNA、WABCO等

★杭州凯尔达机器人科技股份有限公司
地址:杭州市萧山经济技术开发区红垦农场垦辉五路 6 号
邮编:311215
电话:0571/82765555
传真:83789557
网址:www. robotweld. cn
电子信箱:robot@ kaierda. cn
法定代表人:侯润石
单位人数:800
质量体系:ISO 9001
产品情况:焊接、切割、搬运的各类机器人工作站/生产线以及机器人专用的焊接电源、变位机、行走轨道、接触传感等配套设备

★杭州友佳精密机械有限公司
地址:杭州市萧山区萧山经济技术开发区市心北路 120 号
邮编:311215
电话:0571/82831393
传真:82832353
网址:www. goodfriend. com. cn
电子信箱:feeler@ public. xs. hz. zj. cn
法定代表人:朱昱维
质量体系:ISO 9001、ISO 14001
产品情况:立式、卧式加工中心系列,龙门型五面五轴加工中心系列,CNC 车床系列,柔性制造系统(FMS),数控线切割机,电子加工设备等

★赛德克金属表面处理技术杭州有限公司
地址:杭州市萧山区红垦农场红五路以北、垦三路以西
邮编:311232
电话:0571/82696636
传真:82696395
网址:www. surtec. com/cn
电子信箱:shouyan. sun@ surtec. com
法定代表人:Dr. Karsten Grünke
单位人数:400
质量体系:ISO 9001、ISO 14001
产品情况:针对清洗、酸洗、电镀、钝化、铝阳极化、防蚀、除漆几大范围,专业研发、生产制造、行销高附加值的产品与工艺并提供相关完善的技术服务
出口情况:远销韩国、东南亚市场,并销往中国台湾地区

★先临三维科技股份有限公司
地址:杭州市萧山区闻堰街道湘滨路 1398 号
邮编:311258
电话:0571/83698017
传真:82999510
网址:www. shining3d. com
电子信箱:zq@ shining3d. com
法定代表人:李诚
质量体系:ISO 9001、ISO 14001
产品情况:三维数字化与 3D 打印,提供包括快速三维测绘、逆向设计、快速模具 RTM、快速原型 SLA、快速铸造 QC、三维检测和制造工艺开发等综合服务方案
出口情况:远销美洲、欧洲、东南亚、中东、澳大利亚等 50 多个国家和地区

★浙江杭机股份有限公司
地址:杭州市临安区经济开发区青山大道 68 号
邮编:311305
电话:0571/88926011、4001689999
网址:www. hzmtg. com
电子信箱:sale@ hzmtg. com
法定代表人:于立鹏
质量体系:ISO 9001
产品情况:(杭州牌)
各类平面磨床、数控高精度龙门式平面磨床、数控高精度龙门导轨磨床、数控高精度立式复合磨床、数控高精度成型磨床等
出口情况:出口欧洲、美洲、日本等国家和地区

★浙江万丰科技开发股份有限公司
地址:浙江省嵊州市官河南路 999 号
邮编:312400
电话:0575/89388668、89388669
传真:89388668
网址:www. wfauto. com. cn
电子信箱:wfjx@ wfjyjt. com
法定代表人:吴锦华
质量体系:ISO 9001、IATF 16949
产品情况:低压铸造机、重力铸造机、差压铸造机等有色铸造智能装备,工业机器人及自动化系统集成等
出口情况:出口澳大利亚、俄罗斯、马来西亚等国家

★浙江湖磨抛光磨具制造有限公司
地址:浙江省湖州市双林工业功能区
邮编:313012
电话:0572/3625702、3620565
传真:3620565
网址:www. chinahumo. com
电子信箱:chinahumo@ 163. com
法定代表人:许金凤
单位人数:350
质量体系:ISO 14001、OHSAS 18001
产品情况:(湖磨牌)
抛光磨具、抛光机械、抛光液
出口情况:50% 以上产品出口美国、日本、韩国、欧盟、土耳其、东南亚、南美洲等 50 多个国家和地区

★浙江恒立数控科技股份有限公司
地址:浙江省德清县武康镇逸仙路 265 号
邮编:313200
电话:0572/8832000、8832001
传真:8832222
网址:www. zjhlcnc. com
电子信箱:sales@ zjhlcnc. com
法定代表人:赵刚
质量体系:ISO 9001、ISO 14001
产品情况:汽车外覆板冲压成形自动化系统、专业在线机器人、高精度全自动金属板材剪切装备、工业在线自动化检测体系、电力电工自动化装备
配套及出口情况:为东风汽车、上海宝钢等供货;出口德国、意大利、美国

★嘉兴君权自动化设备有限公司
地址:浙江省嘉兴市经济开发区塘汇路 586 号
邮编:314000
电话:0573/82330999、82331888
传真:82301199
网址:www. junquan. com
电子信箱:xia. fang@ junquan. com
法定代表人:倪君权
质量体系:ISO 9001
产品情况:(君权牌)
生产汽车电线束加工自动化设备、电器连接器自动化设备等
出口情况:远销全球 50 多个国家和地区

★浙江精勇精锻机械有限公司
地址:浙江省嘉善县惠民街道成功路 9 号
邮编:314100
电话:0573/84631858
传真:84632555
电子信箱:jxjyjd@ 126. com
法定代表人:陈炯亨
质量体系:ISO 9001
产品情况:(精锻牌)
冷温热模锻机,热锻有 FP、FPG、HCP 系列,冷锻有 JKP 系列
配套及出口情况:中频炉为中国台湾应达、无锡应达配套;切断机为中国台湾桂全配套;热处理炉为三永电炉配套;全系列产品出口

★嘉兴屹丰汽车部件有限公司
地址:浙江省嘉兴市平湖市独山港镇海河路 1888 号
邮编:314203
电话:0573/85656950
传真:85656936
网址:www. yifeng - mould. com
法定代表人:张文瑾
质量体系:IATF 16949
产品情况:汽车零部件及覆盖件模具
配套情况:为奔驰、宝马、大众、通用、上海汽车、长城汽车、北京汽车、北汽福田、东风裕隆等主机厂一级零部件及覆盖件模具供应商

★宁波拜特测控技术股份有限公司
地址:浙江省宁波市北仑区保税西区创业一路 11 号
邮编:315000
电话:4001565756、18606862355
网址:www. nbttech. com. cn
电子信箱:nbtbate@ 163. com
法定代表人:宋军
质量体系:IATF 16949
产品情况:主要产品为动力电池生产化成分选设备及自动测试生产线,高电压、大电流的功率型电池/超级电容测试设备、燃料电池测试设备和电池管理系统(BMS)、移动基站备用电源、储能

电站、新能源项目系统集成等
配套及出口情况：主要客户包括锂电池企业：力神、星恒电源、宁波利维能、珠海银隆、上海卡耐、珈伟隆能、欣旺达、比克、沃特玛、维科、科霸、拓邦、长虹、春兰、四川绿鑫、淮安骏盛、哈光宇、中天科技、深圳贝特瑞、顺之航、远景、杭州协能、深圳能杰、海基、联动天翼、比亚迪、长安汽车、郑州日产、海马汽车、东风汽车集团、中通客车、中国重汽、北汽、福田汽车、上汽、北方车辆、江苏和网源、武汉中汽研、北京卫蓝、横店东磁；燃料电池客户：氢璞、中科院物理研究所、上海恒劲、擎动力、山东东岳、中广核、郑州中科、哈工业大学、清华能源、天津大学、上海交大等；批量产品出口印度 JMP 公司

★宁波米勒模具制造有限公司
地址：浙江省宁波市江北区（创业园 C 区）长兴路 525 号
邮编：315033
电话：0574/83006285
传真：83006233
网址：www. nbml. com. cn
电子信箱：pengjiao@ nbml. com. cn
法定代表人：舒荣启
质量体系：QS 9000、VDA 6. 1
产品情况：高、中档小汽车饰件模具
配套情况：为上汽大众、上汽通用、一汽-大众配套内饰件模具（如 Santna3000 项目的中内通道，中央通道加长件、手制动柄、踏脚板；GOL 项目中央通道、中央通道加长件、A 柱内饰、门内饰板；Passat lingyu、Polo、Touran、ModelXA 等项目的中央通道；奥迪 A4 双色胡桃木内饰件模、IMD 模具、橡塑铡窗玻璃注塑成型模、植物木皮热压成型模等）

★宁波南方塑料模具有限公司
地址：浙江省宁波市鄞州区集士港工业园区联丰中路与集横路交叉口
邮编：315171
电话：0574/28865500、18658289987
传真：28865501
网址：www. southmold. com
电子信箱：cris@ southmold. com
法定代表人：孟培红
质量体系：ISO 9001、ISO 14001
产品情况：大中型汽车塑料模具，涵盖保险杠、格栅、仪表盘、门板、ABC 柱、中央通道等车体关键部位
配套情况：为奇瑞汽车配套

★宁波屹丰汽车部件有限公司
地址：浙江省宁波市杭州湾经济开发区滨海六路 136 号
邮编：315336
电话：0574/82371232
传真：82371232
网址：www. yifeng – mould. com
法定代表人：张文瑾
质量体系：ISO 14001
产品情况：汽车零部件及覆盖件模具
配套情况：为奔驰、宝马、大众、通用、上海汽车、长城汽车、北京汽车、北汽福田、东风裕隆等主机厂一级零部件及覆盖件模具供应商

★宁波方正汽车模具股份有限公司
地址：浙江省宁波市宁海梅桥工业园区三省中路 1 号
邮编：315600
电话：0574/65331671、83538525
传真：83538525
网址：www. fzmould. com
电子信箱：cwb@ fzmould. com
法定代表人：方永杰
质量体系：ISO 9001、ISO 14001
产品情况：大型汽车注塑、吹塑、精密及发泡模具
配套情况：成为国际知名汽车品牌奔驰、宝马、奥迪、大众、通用、本田等公司的核心模具供应商

★宁波双林模具有限公司
地址：浙江省宁波市宁海县西店镇黄溪口 666 号
邮编：315600
电话：0574/65178888
网址：www. shuanglin. com
法定代表人：刘旭东
质量体系：ISO 9001、VDA 6. 1-6. 6
产品情况：可加工各类大、中、小型注塑、橡胶、冲压模具，可为汽车制造商承揽所有的模具开发项目及配套服务
配套情况：与通用、福特、丰田、大众、博世、法雷奥、佛吉亚、MAGNA、贝洱、李尔、INTIER、TRW、佳能、菲利浦、明基等知名公司建立了良好的合作关系

★宁波合力模具科技股份有限公司
地址：浙江省象山县工业园区西谷路 358 号
邮编：315700
电话：0574/65724681
传真：65724167
网址：www. helimould. com
电子信箱：sales@ helimould. com
法定代表人：施良才
质量体系：ISO 9001、IATF 16949
产品情况：大型压铸模具、低压铸造模具、重力铸造模具、各种造型线、冷热（壳）芯盒模具、热成型冲压模具
配套情况：为上海乾通汽车附件、一汽铸造、东风汽车公司、哈尔滨东安动力、北汽福田、天津一汽丰田汽车发动机、沈阳航天三菱汽车发动机、山西三联铸造、东风本田、江淮汽车、天津一汽夏利、六和铸造、上汽通用东岳动力总成、玉柴等供货

★宁波海天精工股份有限公司
地址：浙江省宁波经济技术开发区大港工业城黄山路 235 号
邮编：315800
电话：0574/86182525、86182580
传真：86182518
网址：www. haitian. com
电子信箱：hision@ mail. haitian. com
法定代表人：张静章
单位人数：1500
质量体系：ISO 9001、ISO 14001
产品情况：（海天牌）
　　主要产品包括龙门镗铣、卧式加工中心、数控车削中心、大型卧式镗铣床、数控床等五大系列、200 多个品种；广泛服务在汽车、模具、柴油机等行业

★宁波力劲科技有限公司
地址：浙江省宁波市北仑区沿山河北路 18 号
邮编：315806
电话：0574/86116588
传真：86116598
电子信箱：lknblk@ lknblk. com
法定代表人：钟玉明
质量体系：ISO 9001
产品情况：热室压铸机、冷室压铸机、镁合金压铸机、精密注塑机、周边设备及加工中心

★宁波海工集团公司
地址：浙江省宁波市北仑柴桥街道后所村对面
邮编：315834
电话：0574/86062209、86062811
传真：86062210、86062811
网址：www. nbhaigong. com. cn
电子信箱：webmaster@ nbhaigong. com. cn
法定代表人：盛延松
单位人数：600
质量体系：GB/T 24001、GB/T 28001
产品情况：精密卧式珩磨机，四轴互研机等，广泛应用于汽车、摩托车、油泵油嘴等行业中小孔径的精密加工
出口情况：远销北美洲（加拿大）、东亚（韩国）、东南亚（越南、泰国、缅甸、马来西亚）、南亚（印度、巴基斯坦）、俄罗斯、哈萨克斯坦等国家和地区

★浙江巨龙自动化设备股份有限公司
地址：浙江省三门县沙田洋开发区巨龙科技园
邮编：317100
电话：0576/83373277、83373050
网址：www. eastjl. com
电子信箱：jl@ eastjl. com
法定代表人：陈昭明
质量体系：ISO 9001
产品情况：（巨龙牌）
　　流水线装配线、新能源汽车电动机设备、起动机转子（定子）设备、感应电动机转子（定子）设备、微电机转子（定子）设备、无刷电动机设备、封焊设备、其他设备等
出口情况：出口伊朗、越南、韩国、美国、日本等国家

★浙江百纳橡塑设备有限公司
地址：浙江省仙居县经济开发区永安区块春晖东路 18 号

邮编:317300
电话:0576/87685299、87685300
传真:87685311
网址:www. zjbaina. com
电子信箱:xxw5832@ zjbaina. com
法定代表人:项军伟
质量体系:ISO 9001、IATF 16949
产品情况:刮水器胶条挤出生产线等橡塑挤出成套流水线及汽车空调管等橡胶制品
配套及出口情况:为国内外 1000 多家知名生产(橡胶制品)企业提供装备及技术支持,并保持长期合作伙伴关系;远销印度、土耳其、阿联酋、德国、意大利、瑞典、澳大利亚、阿根廷、俄罗斯等国家

★浙江钱江机器人有限公司
地址:浙江省温岭市温西工业园区二号路
邮编:317500
电话:0576/81623227、4001008551
传真:89960522、81623213
网址:www. qj - robot. com
电子信箱:sales@ qj - robat. com
法定代表人:陈文君
质量体系:ISO 9001
产品情况:Delta、6 轴、4 轴工业机器人
配套情况:合作伙伴包括爱仕达、吉利、钱江摩托、DAJIN、LOGBOT、ROBOTICS、三佑科技等

★浙江中亚实业有限公司
地址:浙江省台州市黄岩北城开发区拱新大道 30 号
邮编:318020
电话:0576/84229881、4006057608
传真:84229195
网址:www. chinazhongya. com
电子信箱:lin@ chinazhongya. com
法定代表人:林汝才
单位人数:300
质量体系:ISO 9001、ISO 14001
产品情况:汽车及摩托车车灯、内外饰件等塑料模具
配套及出口情况:为东风雪铁龙、比亚迪、中华汽车、长城汽车、雷诺等供货;出口欧美、中东、非洲、东南亚等 30 多个国家和地区

★浙江伟基模业有限公司
地址:浙江省台州市黄岩北城开发区庆丰大道 15 号
邮编:318020
电话:0576/84019999、84089772
传真:84089789
网址:www. weijimould. com
电子信箱:weiji@ weijimould. com
法定代表人:郑正江
单位人数:300
质量体系:VDA 6. 4、ISO 9001
产品情况:汽车车灯模具
配套情况:与上海小糸、全球法雷奥集团、东风三立、常州星宇、常州大茂伟世通、昆山帝宝等 10 余家知名车灯企业合作

★滨海模塑集团有限公司
地址:浙江省台州市黄岩黄椒路 131 - 8 号
邮编:318020
电话:0576/84275608
传真:84275686
网址:www. binhaichina. com
电子信箱:binhai@ binhaichina. com
法定代表人:牟能杰
质量体系:ISO 9001、ISO 14001
产品情况:大、中型汽车注塑模具
配套情况:与通用汽车、大众汽车、中国重汽、铃木汽车、东风汽车、奇瑞汽车、宾利汽车等众多国内外厂商合作

★浙江模具厂
地址:浙江省台州市黄岩区大桥路 626 号
邮编:318020
电话:0576/84112368、84080188
传真:84111094
网址:www. zjmold. com
电子信箱:sales@ zjmold. com
法定代表人:解珍妮
质量体系:IATF 16949、ISO 9001
产品情况:(正国牌)
汽车及摩托车塑料件模具及配件
配套情况:为丰田、广汽、上汽、奇瑞、华晨、北汽、南京依维柯等汽车厂,雅马哈、钱江等摩托车厂提供直接配套

★陶氏模具集团有限公司
地址:浙江省台州市黄岩区二环西路 356 号
邮编:318020
电话:0576/84111000
传真:84112778、84112968
网址:www. taoshimould. com
电子信箱:tsjt@ taoshimould. com
法定代表人:陶永忠
单位人数:480
质量体系:ISO 9001、ISO 14001
产品情况:汽车内外饰件模具
配套及出口情况:为宾利、宝马、奔驰、大众、奥迪、路虎、福特、法雷奥、大宇、雷洛、丰田、本田、LG、格力、海信、康佳、长虹、熊猫等多家中外著名公司的配套;远销日本、美国、法国、加拿大、意大利、西班牙、新加坡、埃及、印度等国家和地区

★浙江黄岩冲模有限公司
地址:浙江省台州市黄岩区西城工业区圣堂路 26 号
邮编:318020
电话:0576/84227084、84112306
传真:84036220
电子信箱:hch. zh@ china - die. com
法定代表人:黄良国
质量体系:VDA 6. 4、ISO 9001
产品情况:汽车冲压模具,检具等
配套及出口情况:是福特、大众、通用等客户的指定模、检具供应商;远销欧美、南美洲、东南亚等地区

★浙江赛豪实业有限公司
地址:浙江省台州市黄岩区西工业园区北院大道 36 号
邮编:318020
电话:0576/84062888
传真:84051089
网址:www. saihao. com
电子信箱:saihao@ china. com
法定代表人:虞伟炳
质量体系:ISO 9001、ISO 14001
产品情况:(赛豪牌)
汽车车灯模具、门板模具、塑料内外饰件模具、保险杠模具、仪表板模具、后视镜模具
配套情况:合作客户主要为法雷奥、德国海拉、意大利马瑞利等车灯行业知名跨国企业,产品通过配套进入奔驰、宝马、大众、沃尔沃、通用、福特、本田、丰田等知名企业

★浙江嘉仁模具有限公司
地址:浙江省台州市黄岩西城模具城
邮编:318020
电话:0576/84025826
传真:84025828、84081582
网址:www. jiarenmould. com
电子信箱:jr - shen@ 163. com
法定代表人:陶南苑
单位人数:165
质量体系:ISO 9001
产品情况:汽车前后保险杠、仪表台、内外饰件等塑料模具
配套情况:为宝马汽车、上汽大众、南京长安福特、重庆长安福特、三菱汽车、江铃汽车、东南汽车、长春一汽、河北中兴汽车、重庆长安汽车、重庆长安铃木、合肥汽车、安徽奇瑞、上汽通用五菱汽车、尼桑汽车、上汽 MG、海马汽车、克莱斯勒汽车公司等主要汽车厂建立了良好的合作关系

★浙江凯华模具有限公司
地址:浙江省台州市黄岩新前模具新城乐华路 301 号
邮编:318020
电话:0576/84025727、83586727
传真:84025929、83586737
网址:www. china - kaihua. com
电子信箱:intl@ china - kaihua. com
法定代表人:梁正华
质量体系:ISO 9001、ISO 14001
产品情况:(KAIHUA 牌)
汽车外饰系统模具、内饰系统模具以及冷却系统模具、其他汽车模具等
配套情况:为法雷奥、法国哈金森、中国台湾东阳事业集团、大众汽车等配套

★台州市黄岩星泰塑料模具有限公司
地址:浙江省台州市黄岩智能模具小镇建业路 58 号
邮编:318020
电话:0576/84081818
传真:84081225
网址:www. chinaxingtai. com

电子信箱:market@ chinaxingtai. com
法定代表人:胡卫民
单位人数:500
质量体系:IATF 16949、ISO 9001
产品情况:保险杠、双色模、仪表板、门板等大中型汽车注塑模具,具有年产各种大中型模具 300 余套和整车塑料饰件 2 万套的生产能力
配套情况:在国内汽车领域的主要合作伙伴有北京奔驰、华晨宝马、一汽集团、上汽集团、北汽集团、福特、铃木等;海外市场有奔驰、宝马、奥迪、丰田、日产、铃木、通用、福特等

★温州市德嘉滤清器设备有限公司
地址:浙江省温州市瓯海区仙岩镇霞林工业区莘一路
邮编:325035
电话:0577/86681742、86698118
传真:86687881
网址:www. cndejia. com
电子信箱:master@ cndejia. com
法定代表人:叶俊杰
产品情况:(德嘉牌)
粗、中、高效过滤器设备和汽车三滤、液压滤芯、水处理滤芯制造设备
出口情况:出口欧洲、美洲、东南亚

安徽省

★合肥井松自动化科技有限公司
地址:合肥市瑶海工业园经三路 2 号厂房一房
邮编:230012
电话:0551/64266328
网址:www. gen - song. net
电子信箱:fanlinlin@ gen - song. net
法定代表人:姚志坚
质量体系:ISO 9001、ISO 14001
产品情况:自动化立体仓库及企业内物料输送系统等软硬件系统的研究开发、规划设计、安装实施与技术服务等

★安徽巨一科技股份有限公司
地址:合肥市包河工业区上海路东大连路北
邮编:230022
电话:0551/62249981、62249878
网址:www. jee - cn. com
电子信箱:sales. biw@ jee - cn. com
法定代表人:林巨广
质量体系:ISO 9001、ISO 14001
产品情况:业务涵盖汽车及其关键组成部件智能制造成套装备和新能源汽车电驱动系统等,为汽车白车身、发动机与变速器的装配和测试以及军工、工程机械、家电等一般行业用户提供完善的自动化系统交钥匙
配套情况:广泛应用于一汽、东风汽车、长城汽车、中国重汽、神龙汽车、宇通重工、陕汽、北汽福田、中国一机、意大利卡拉罗、美国美驰、柳工、柳汽、长安汽车、奇瑞汽车、江淮汽车、星马汽车、安凯客车等企业

★合肥压力机械有限责任公司
地址:合肥市蜀山区岳西路 43 号
邮编:230031
电话:18709830268
网址:www. hfyljx. com
电子信箱:18709830268@ 163. com
法定代表人:蒋业成
质量体系:ISO 9001
产品情况:压力机等
配套及出口情况:为一汽集团、东风、重汽、上汽、江汽、成都银河等多家国内知名企业配套;出口越南等国家

★合肥科威尔电源系统股份有限公司
地址:合肥市高新区望江西路 4715 号沪浦工业园 2 栋
邮编:230088
电话:0551/65837951、400717808
传真:65837953 - 6006
网址:www. kewell. com. cn
电子信箱:yi. ren@ kewell. com. cn
法定代表人:傅仕涛
质量体系:ISO 9001、ISO 14001
产品情况:新能源汽车(纯电动、混合动力、燃料电池等)关键性测试装备(ATE)
配套情况:为中国中车、宇通、江淮、长城汽车、上汽集团、比亚迪、吉利、东风雪铁龙、蔚来、小鹏汽车、法雷奥、麦格纳、博世、博格华纳等配套

★安徽博为光电科技有限公司
地址:合肥市繁华西路工投立恒工业广场
邮编:230093
电话:0551/68779397、4006679397
传真:68779397
网址:www. ahbowei. cn
电子信箱:marketing@ ahbowei. com
法定代表人:刘张红
质量体系:ISO 9001、ISO 14001
产品情况:汽车行业氦检漏设备、新能源行业氦检漏设备等真空检测相关产品

★合肥海德数控液压设备有限公司
地址:合肥市经济技术开发区民营科技园齐云路 22 号
邮编:230601
电话:0551/63821828、63823717
传真:63821658
网址:www. hfhaide. com. cn
电子信箱:haide@ hfhaide. com. cn
法定代表人:许海平
质量体系:ISO 9001、GJB 9001B
产品情况:SHP25 系列车门包边液压机、SHP/HL96 系列汽车内饰专用型液压机及生产线、SHP98 系列模具研配液压机、60000KN 汽车纵梁液压机等大型数控、伺服、快速、专用液压机及成套装备
配套及出口情况:为一汽集团、东风汽车、东南汽车集团配套;远销欧美

★合肥合锻智能制造股份有限公司
地址:合肥市经济技术开发区紫云路 123 号
邮编:230601
电话:0551/65134522、65160109
传真:65139633
网址:www. hfpress. com
电子信箱:market@ hfpress. com
法定代表人:严建文
质量体系:ISO 9001、ISO 14001
产品情况:(华德牌)
液压机、机械压力机、色选机等各类高精专机床
出口情况:TZV 等系列液压机出口

★安徽鲲鹏装备模具制造有限公司
地址:安徽省滁州市南京北路 459 号
邮编:239200
电话:0550/3306666、3161356
传真:3162222
网址:www. ckpem. com
电子信箱:yzem@ vip. 163. com
法定代表人:宗海啸
单位人数:400
质量体系:ISO 9001
产品情况:汽车内饰成型设备、汽车座椅发泡设备等产品
出口情况:出口德国、意大利、波黑、印度、阿根廷、南非、巴基斯坦等 40 多个国家和地区

★埃夫特智能装备股份有限公司
地址:安徽省芜湖市鸠江区万春东路 96 号
邮编:241007
电话:4000528877
传真:5635270
网址:www. efort. com. cn
法定代表人:许礼进
质量体系:ISO 9001
产品情况:工业机器人与成套系统,非标自动化设备

★安徽瑞祥工业有限公司
地址:安徽省芜湖经济技术开发区汽经一路
邮编:241009
电话:0553/5652568
传真:5652520
网址:www. ahrxgy. com
电子信箱:ahrxgy@ ahrxgy. com
法定代表人:柴震
质量体系:VDA 6.4、ISO 9001
产品情况:汽车焊装夹具、汽车自动化柔性生产线制造及智能机器人集成于一体
配套情况:主要客户有大众南京工厂、奇瑞捷豹路虎、日本日产、郑州日产、丰田、法国标致、广汽本田、广汽乘用车、北京汽车、吉利汽车、奇瑞汽车、广汽三菱、福特、东风风行、东风柳汽、沃尔沃、福田汽车、长安汽车、江淮汽车、江铃汽车、中兴汽车、东风日产柴、三一重工、车和家等

★中安重工自动化装备有限公司
地址:安徽省芜湖市经济技术开发区汽经一路
邮编:241009
电话:0553/5923007
传真:5923016
网址:www. zazg. com. cn
电子信箱:atzp@ wuhuat. cn
法定代表人:陈长华
质量体系:ISO 9001
产品情况:主要从事机械压力机、伺服压力机、研配压力机、多工位压力机、多工位包边液压机及清洗机、涂油机、换模小车的等行业自动化生产线的研制;从事环保、焊装、涂装、总装等自动化流水线的研制;从事高速机械手、工业机器人的研制
配套情况:主要合作客户有奇瑞汽车、一汽-大众、中国一汽、华菱星马、福田汽车、上汽通用五菱、福特汽车、一汽模具、长安汽车、江淮汽车、成功汽车、上汽通用汽车、众泰汽车、敏安汽车、大运汽车、卡特彼勒等企业

★瑞鹄汽车模具股份有限公司
地址:安徽省芜湖市经济开发区银湖北路 22 号
邮编:241009
电话:0553/7517588、5623236
传真:5623209
网址:www. rayhoo. net
电子信箱:wangcd@ rayhoo. net
法定代表人:柴震
质量体系:ISO 9001
产品情况:SE 分析,汽车主模型、模具、夹具、检具等工装设备的设计制作,汽车小批量白车身与焊接总成件的生产制造以及工装的安装调试等服务环节

★安徽宁国中鼎模具制造有限公司
地址:安徽省宁国市经济技术开发区中鼎工业园
邮编:242300
电话:0563/4182121、4178758
网址:www. zhongdinggroup. com
电子信箱:zwp@ zhongdinggroup. com
法定代表人:夏鼎湖
质量体系:ISO 9001、ISO 14001
产品情况:专业制造橡塑制品产品模具,年生产模具能力达 14000 余套
配套及出口情况:为一汽、上汽大众、上汽通用、南汽集团、神龙公司、郑州日产、东风日产、一汽海马、奇瑞汽车、吉利汽车、重庆长安、比亚迪、江西江铃、广汽本田、安徽江汽等国内主要汽车生产厂配套;出口美国通用、福特、克莱斯勒、日本本田、三菱等国际知名汽车公司

★安徽安宁智能科技有限公司
地址:安徽省宁国市经济开发区河沥园区青山路 99 号
邮编:242300
电话:0563/4301656、4304668
传真:4302885
网址:www. annnin. com
电子信箱:support@ annnin. com
法定代表人:江武
质量体系:ISO 9001
产品情况:汽车检具、铝波纹管等产品

★昌辉精密模具(黄山)有限公司
地址:安徽省黄山市休宁溪口
邮编:245436
电话:0559/7588333、15755996851
传真:7588732
网址:www. changhui. com
电子信箱:chgf028@ changhui. com
法定代表人:王进丁
质量体系:IATF 16949
产品情况:精密模具及零件

★安庆安帝技益精机有限公司
地址:安徽省安庆市经济技术开发区迎宾大道 16 号区
邮编:246005
电话:0556/5305600、5305608
传真:5305600
网址:www. tpr. co. jp
电子信箱:zb8545@ atge. com. cn
法定代表人:刘铜庆
质量体系:ISO 14001
产品情况:设备机械、工夹具

福建省

★福建星云电子股份有限公司
地址:福建省自贸区福州片区马尾石狮路 6 号星云科技园
邮编:350015
电话:0591/28328897
传真:28328898
网址:www. e – nebula. com
电子信箱:market1@ e – nebula. com
法定代表人:李有财
单位人数:1016
质量体系:ISO 9001、ISO 14001
产品情况:动力锂电池组 BMS 测试设备、动力锂电池组 EOL 测试设备、动力锂电池组工况模拟测试设备
配套及出口情况:客户有一汽、东风、上汽、比亚迪、合肥国轩高科动力能源、中国汽车技术研究中心、微宏动力系统(湖州)、天津力神电池、上海捷新动力电池、深圳市比克电池、南京金龙客车、福建猛狮新能源科技等;远销韩国、美国、意大利、阿根廷等国家,并销往中国台湾、中国香港地区

★福州福耀模具科技有限公司
地址:福州市闽侯县上街镇创新路 3 号
邮编:350301
电话:0591/853837777、62813715
传真:85363983
电子信箱:huimin. chen@ triplexgroup. cn
法定代表人:曹德旺
质量体系:ISO 9001、ISO 14001
产品情况:汽车玻璃模具

★宁德嘉拓智能设备有限公司
地址:福建省宁德市东侨经济开发区福宁北路 47 号
邮编:352100
电话:0593/2831766
网址:www. ndkatop. cn
电子信箱:ndjt – sc@ katop. cn
法定代表人:陈卫
质量体系:ISO 9001、ISO 14001
产品情况:锂离子电池关键自动化设备

★福建宁德大扬工业有限公司
地址:福建省宁德市蕉城区七都镇六都村国道路 46 号
邮编:352107
电话:0593/2389100、2388001
传真:2388005
电子信箱:captain@ ms. captain. net. cn
法定代表人:杨德坚
质量体系:ISO 9001、ISO 14001
产品情况:热熔型及感压型电子传输胶带、塑胶盘、SMD 成型机、贴片机、模具

★厦门金鹭特种合金有限公司
地址:福建省厦门市湖里区兴隆路 69 号
邮编:361006
电话:0592/6022590、2650640
传真:6022396
网址:www. gesac. com. cn
电子信箱:gesac@ cxtc. com
法定代表人:吴其山
质量体系:ISO 9001、ISO 14001
产品情况:(金鹭牌)
钨粉、碳化钨粉、硬质合金、切削刀具等钨系列产品

★厦门鸿基伟业复材科技有限公司
地址:福建省厦门市同安工业集中区思明园 118 号
邮编:361100
电话:0592/3306517
传真:3306519
网址:www. strenbike. com
电子信箱:sales@ strenbike. com
法定代表人:王景山
质量体系:IATF 16949、ISO 9001
产品情况:为客户提供集成的自动化生产系统,先后为汽车板簧厂、汽车车圈厂等进行了整厂工艺规划设计,并得到了实施
配套情况:现有客户包括烟台中航复材、浙江精功等

★嘉泰数控科技股份公司
地址:福建省泉州市洛江区双阳西环路朝阳片区嘉泰产业园
邮编:362000
电话:0595/22890777、22388381
传真:22397381
网址:www. j – techcnc. com
电子信箱:693635994@ qq. com
法定代表人:苏亚帅

单位人数:558
质量体系:ISO 9001、ISO 14001
产品情况:数控机床整机、数控床身、分度盘、数控设备核心控制系统、钣金等精密机械产品

★泉州市泰达车轮设备有限公司
地址:福建省南安市水头镇海联创业园
邮编:362300
电话:0595/86001918、13959750886
传真:86001919
网址:www.taida-machine.com
电子信箱:taida@taida-machine.net
法定代表人:许家地
质量体系:ISO 9001
产品情况:车轮设备

山东省

★华明电力装备股份有限公司
地址:济南市高新区天辰路389号
邮编:200333
电话:0531/82685253、52708824
传真:52708824
网址:www.huaming.com
电子信箱:xuqiaolan@huaming.com
法定代表人:肖毅
单位人数:1662
质量体系:ISO 9001、ISO 14001
产品情况:光机电一体化数控成套加工设备等
配套及出口情况:为中国重汽、中国一重、陕西重汽、洛轴等企业供货;出口40多个国家和地区

★济南二机床集团有限公司
地址:济南市机床二厂路2号
邮编:250022
电话:0531/87964326、81616111
传真:87118787
网址:www.jiermt.com
电子信箱:info@jiermt.com
法定代表人:张志刚
质量体系:ISO 9001、ISO 14001
产品情况:锻压设备、数控金切机床、自动化设备、铸造机械、数控切割设备等
出口情况:远销60多个国家和地区

★济南易恒技术有限公司
地址:济南市高新区飞跃大道信息通信产业园
邮编:250100
电话:0531/88061988、88062988
传真:88061999
网址:www.sdyiheng.com
电子信箱:scb@jnyiheng.com
法定代表人:杨书桐
质量体系:ISO 9001、ISO 14001
产品情况:在线移动式加注设备、全系列轮毂单元装配线、等速驱动轴装配线等生产线专机
配套及出口情况:为一汽集团、东风汽车公司、天汽、中国重汽、吉利汽车、北汽福田、奇瑞汽车、江铃汽车、华晨金杯等配套;出口多个国家

★山东博奥斯能源科技有限公司
地址:济南市明水经济开发区世纪大道1617号
邮编:250100
电话:0531/88662200、88662211
传真:88662233
网址:www.bos-power.com
电子信箱:sdbospower@bos-power.com
法定代表人:耿传勇
质量体系:ISO 9001
产品情况:动力电池充放电检测设备

★济南中正金码科技有限公司
地址:济南市高新区新泺大街1166号奥盛大厦3号楼7层
邮编:250101
电话:4009992511、18769716106
传真:0531/88870900
网址:www.kinmark.com
电子信箱:mail@kinmark.com
法定代表人:许刚
单位人数:145
质量体系:ISO 9001
产品情况:(金未来牌、易久牌)
气动打标机、刻划打标机、压号机及激光打标机等四大系列20多个品种
配套情况:主要客户有一汽集团、东风汽车公司、一汽-大众、上汽通用、北京奔驰、广汽本田、天津一汽丰田、北京现代、华晨宝马、北汽福田、江淮汽车

★山东华云机电科技有限公司
地址:济南市明水经济开发区圣福路2999号
邮编:250200
电话:0531/88876555、4000662698
传真:88878560
网址:www.huawin.com
电子信箱:huawin@huawin.com
法定代表人:赵显华
质量体系:ISO 9001
产品情况:残余应力检测与消除产品和服务、豪克能-镜面加工与材料改性加工装备,并广泛应用于汽车等领域
配套情况:主要用户有一汽、东风等汽车企业

★济南第一机床有限公司
地址:济南市章丘区潘王路20333号
邮编:250200
电话:0531/85052206、4000181944
传真:87110496
网址:www.jfmt.com.cn
电子信箱:bgs@jfmt.com.cn
法定代表人:王德兴
质量体系:ISO 9001、ISO 14001
产品情况:轮毂机床,制动盘机床,中、高档数控车床/车削中心、立/卧式加工中心,数控镗铣床,复合数控机床,自动化产品,高速数控锯床,高速数控立式车削中心,普通车床等
出口情况:用户遍布全球五大洲

★山东凯帝斯工业系统有限公司
地址:山东省德州市经济技术开发区晶华大道
邮编:253082
电话:4000660534
传真:0534/2369012
网址:www.cnkts.com.cn
电子信箱:dzzthy@163.com
法定代表人:刘桂莲
质量体系:ISO 9001
产品情况:汽车零部件及整车的专业试验检测设备
配套及出口情况:上海采埃孚转向系统、上海航天汽车机电股份、豫北转向系统等国内知名零部件制造、整车厂等采用了凯帝斯专业汽车试验设备;远销伊朗、日本、美国等国家

★滨州博海精工机械有限公司
地址:山东省滨州市渤海二十一路569号
邮编:256606
电话:0543/3288728、3288779
传真:3289188
网址:www.bh-jj.com
电子信箱:bhjj@bhpiston.com
法定代表人:林风华
质量体系:ISO 9001、ISO 14001
产品情况:全自动活塞铸造机、全自动活塞生产线、全自动检测机异形销孔镗床、组合镗床、自动装环机、自动硬氧线、镶环/内冷探伤机、异形销孔连杆镗床、缸套铸造及机加设备

★山东万通模具有限公司
地址:山东省广饶县经济开发区广凯路10号
邮编:257300
电话:0546/6927060、6928181
传真:6925705
网址:www.wtmould.com
电子信箱:sd@wtmould.com
法定代表人:李强
单位人数:460
质量体系:ISO 9001、ISO 14001
产品情况:(万通牌)
全钢子午线轮胎活络模具、半钢子午线轮胎活络模具、轮胎侧板模具、活字块模具等轮胎模具
出口情况:远销印度、印度尼西亚、土耳其、非洲等国家和地区

★潍坊宏盛铸造机械有限公司
地址:山东省诸城市北外环路534号
邮编:262200
电话:0536/6480897
传真:6480899
网址:www.hongshengzhuji.cn
电子信箱:hongshengzhuji@163.com
法定代表人:丁炳仁
质量体系:ISO 9001
产品情况:抛(喷)丸清理设备
配套及出口情况:为一汽等配套;出口

东南亚、非洲等地区

★烟台屹丰汽车模具有限公司
地址:山东省烟台市芝罘科技工业园冰轮路23号
邮编:264000
电话:0535/6853675、6853705
传真:6853712
网址:www. yifeng - mould. com
电子信箱:yt - zs@ yifeng - mould. com
法定代表人:张文瑾
质量体系:ISO 9001、IATF 16949
产品情况:汽车覆盖件冷冲压模具和汽车零部件
配套情况:客户有奔驰、宝马、大众、通用、上海汽车、长城汽车、北京汽车、北汽福田、东风裕隆等

★烟台泰利汽车模具股份有限公司
地址:山东省烟台市高新区创业路42号
邮编:264003
电话:0535/5521008、5521057
传真:5521020
网址:www. yt - taili. com
电子信箱:info@ yt - taili. com
法定代表人:孙军强
单位人数:240
质量体系:ISO 9001、IATF 16949
产品情况:汽车车身开发快速试制、汽车覆盖件模具开发制造、汽车冲焊件开发制造以及汽车模具3D打印柔性制造技术及装备等高端智能装备技术研发与制造
配套及出口情况:成为一汽轿车、一汽解放青岛汽车、东风越野、华泰汽车冲焊件一级配套供应商以及上汽通用汽车车身开发快速试制配套供应商;出口日本、欧洲

★烟台霍富模具有限公司
地址:山东省烟台市经济技术开发区广州路2号
邮编:264006
电话:0535/6952676、6952009
传真:6952679
电子信箱:receptionist@ ythuf - tools. com
法定代表人:兰远红
质量体系:ISO 9001
产品情况:精密模具和专用生产检测设备

★飞迈(烟台)机械有限公司
地址:山东省烟台市福山高新区永福园路886号
邮编:265500
电话:0535/6300139
传真:6300136
电子信箱:sales@ vmi - tire. com
法定代表人:哈姆·沃特曼
单位人数:300
质量体系:ISO 9001、ISO 14001
产品情况:橡胶生产、轮胎部件制造、轮胎成型、轮胎硫化与轮胎检测等设备

★烟台怡和汽车科技有限公司
地址:山东省烟台市福山区福东产业园福潭路1号
邮编:265500
电话:0535/8019338
传真:8019335
网址:www. yiheqiche. com
电子信箱:ytyhmj@ 163. com
法定代表人:徐成勇
质量体系:IATF 16949、ISO 9001
产品情况:主要从事白车身的试制、汽车模具、检具、夹具、汽车零部件及配件、机械零部件及配件的设计、制造
配套情况:与一汽集团、一汽-大众、东风集团、上汽集团、北汽集团、斗山烟台机械建立了战略合作关系,为其提供整车车身的试制、汽车模具及汽车零部件的生产制造

★赛科利烟台汽车模具技术应用有限公司
地址:山东省烟台市经济技术开发区厦门大街31号
邮编:265611
电话:0535/3459888、13791240555
网址:www. ssdt. com. cn
电子信箱:tingting. zhang@ ssdt. com. cn
法定代表人:余秀慧
质量体系:IATF 16949、ISO 9001
产品情况:汽车白车身大型外覆盖件的冲压及复杂系统焊接总成和热成型零件冲压(如A/B柱、雪橇板及地板通道等)
配套情况:为上汽通用烟台东岳工厂、上汽通用沈阳北盛工厂配套

★青岛海通机器人系统有限公司
地址:山东省青岛市崂山区科苑经四路5号
邮编:266000
电话:4007089179
传真:0532/80866052
网址:www. htagv. com
电子信箱:service@ htagv. com
法定代表人:申作军
质量体系:ISO 9001
产品情况:无轨导航物流机器人系列产品、磁导航AGV产品和全自由度移动的惯性导航、激光导航AGV产品,用于汽车移动装配领域
配套情况:客户有中车集团、宝马、上汽、京东方、施耐德、五征集团、正泰集团、浪潮集团、高田汽配制造、凯萨制本、烟台正海等

★青岛美凯麟科技股份有限公司
地址:山东省青岛市高新技术产业开发区青岛国家大学科技园A-117
邮编:266061
电话:0532/68076378
网址:www. mklchina. com
电子信箱:cashier02@ mklchina. com
法定代表人:黄凯
质量体系:ISO 9001
产品情况:新能源电力电子装备:馈能型动力电池总成测试系统、I- Solution动力电池智能测试平台、动力电池EOL综合测试系统、馈能型动力电池模拟器、超高速充放电测试系统、馈能型储能电池簇测试系统、精密型储能电池单体测试系统、精密型储能电池模组测试系统、精密型超级电容测试系统、馈能型动力电池单体测试系统、精密型动力电池单体测试系统、馈能型动力电池模组测试系统、精密型动力电池模组测试系统、多通道数据采集器

★青岛海泰自动化仪表有限公司
地址:山东省青岛市崂山区深圳路17号西门A座2楼号
邮编:266101
电话:0532/88706060、88706069
传真:84891445
网址:www. qd - hitech. com
电子信箱:hitech@ hitechqd. com
法定代表人:窦昌花
质量体系:ISO 9001
产品情况:(轻翼牌)
各类电子、电磁、机械计数器和计时器、编码器、传感器、继电器,各类汽车电器试验台、发动机台架试验台、盘式测功机、燃油检测试验台
出口情况:大量出口美国、德国、日本、澳大利亚等国际市场

★海克斯康测量技术(青岛)有限公司
地址:山东省青岛市株洲路188号
邮编:266101
电话:0532/80895188、4006580400
传真:80895030
网址:www. hexagonmetrology. com. cn
电子信箱:info. cn@ hexagonmetrology. com
法定代表人:Norbert Hanke
质量体系:ISO 9001
产品情况:桥式三坐标测量机、超高精度三坐标测量机、悬臂式三坐标测量机、龙门式三坐标测量机、车间型三坐标测量机、关节臂三坐标测量机

★青岛英联精密模具有限公司
地址:山东省青岛市城阳区青大工业园
邮编:266111
电话:0532/87906600
网址:www. injelic. com. cn
电子信箱:youfeng@ injelic. com. cn
法定代表人:黄晓东
单位人数:300
质量体系:ISO 9001、ISO 14001
产品情况:汽车树脂成型模具、塑料件
配套及出口情况:与烟台通用、广汽日野、天津丰田、长安福特、奔驰、大众、北京现代、吉利、新都理光等合作;远销美国、墨西哥、巴西、西班牙、比利时、俄罗斯、日本、印度、新加坡、马来西亚等国家

★青岛双星橡塑机械有限公司
地址:山东省青岛市黄岛区泊里镇港兴大道88号

邮编:266400
电话:0532/86163764、4000176666
网址:www. doublestar. cc
电子信箱:info@ doublestar. cc
法定代表人:周志伟
质量体系:ISO 9001、ISO 14001
产品情况:橡胶装备(轮胎、胶带/青岛双星橡塑机械有限公司)、环保装备(除尘、除味/青岛双星环保设备有限公司)和工业机器人(智能物流、仓储/青岛星华智能装备有限公司)和铸造装备
出口情况:远销澳大利亚、俄罗斯、泰国、新加坡等十几个国家和地区

★山东水泊焊割设备制造有限公司
地址:山东省济宁市梁山县拳铺镇工业园
邮编:272613
电话:17865701700
网址:www. shuipo. com
电子信箱:shuipocom@ 163. com
法定代表人:刘帅
质量体系:ISO 9001、ISO 14001
产品情况:为汽车制造、汽车改装等行业提供焊接设备、切割设备和工艺专机;同时具备为专用汽车、板材加工、汽车配件等行业专业生产线的设计和制造能力
配套及出口情况:产品覆盖一汽、东风、中集集团、中航集团、兵器工业、山推股份、江铃、中通客车等国内 800 余家装备制造企业;远销美国、德国、加拿大、俄罗斯、以色列、土耳其、巴西、印度等 40 多个国家和地区

河南省

★河南孟电集团兴迪锻压设备有限公司
地址:河南省新乡市辉县孟庄镇孟庄村西
邮编:453621
电话:18923182287、18900875368
网址:www. xingdimc. com
电子信箱:ljm@ xingdimc. com
法定代表人:欧阳翎
质量体系:ISO 9001
产品情况:内高压成形设备、板材充液成形设备、管材液压成形设备、水胀液压成形设备、多工位连体液压设备、四柱液压设备、框架液压设备等;广泛用于汽车配件等行业

★安阳鑫盛机床股份有限公司
地址:河南省安阳市开发区弦歌大道西段
邮编:455000
电话:0372/2118811、2118882
传真:2118868
网址:www. ayxsjc. com
电子信箱:ayxsbgs@ 163. com
法定代表人:吕安相
单位人数:2000
质量体系:ISO 9001、ISO 14001
产品情况:(安机牌)
普通卧式车床、重型车床、经济型数控车床、全功能数控车床、立式数控车床、管螺纹车床、深孔镗床、球面车床、数控重型卧式车床、立式加工中心、车铣复合加工中心和自动生产线等 10 多个系列

★鹤壁海昌智能科技有限公司
地址:河南省鹤壁市淇滨区松江路003 号
邮编:458030
电话:0392/3357155、4006669321
传真:3313264
网址:www. thbhc. com. cn
电子信箱:sales@ thbhc. com. cn
法定代表人:杨勇军
质量体系:VDA 6. 4、ISO 9001
产品情况:全自动下线压接机、台式端子压接机、压接模具、导线剪剥机、拉力试验机、端子剖面工作室、线束组装流水线、线束检测系统等线束加工、检测设备产品,广泛应用于汽车等产业
配套及出口情况:为德尔福、莱尼、李尔、住电、长城、宇通、大陆、比亚迪、大众、江淮等供货;远销美国、墨西哥、巴西、埃及、俄罗斯、意大利等 10 多个国家和地区;在北美洲、印度、欧洲等国家和地区设有技术服务中心

★天鹤汽车模具有限公司
地址:河南省鹤壁市山城区新建街 8 号
邮编:458099
电话:0392/2620110
网址:www. hbtqm. cn
电子信箱:office@ hbtqm. cn
法定代表人:张玉山
单位人数:700
质量体系:IATF 16949、ISO 9001
产品情况:汽车冷冲压模及汽车部件为主
配套情况:与长城、奇瑞、郑州日产、沈阳华晨、北汽吉普、中国一汽、天津一汽、北京华泰、郑州日产、保定长城、奇瑞汽车、上海汇众、菲亚特、雷诺、威马等合作

★三门峡豫西机床有限公司
地址:河南省三门峡工业园
邮编:472000
电话:0398/3804947、3803668
传真:3811248、3803668
网址:www. yxjcc. com
电子信箱:yxjcxsc06@ 163. com
法定代表人:张炜东
单位人数:1250
质量体系:ISO 9001
产品情况:(豫西牌)
立、卧式单、双轴半自动车床,数控车床,组合机床和专用机床,广泛用于汽车、农用车、拖拉机等行业
配套情况:立式数控车床供一汽底盘厂、一汽轻型车厂、东风车桥,立式组合机床供陕汽、中国重汽,中间驱动双头数控车床供重庆红岩汽车,数控凸轮铣床供青岛众力车桥、柳汽、广东富华,转向节加工机床供北奔重汽、山西汤荣等公司

★三门峡中原量仪股份有限公司
地址:河南省三门峡市湖滨工业园区河堤北路东段
邮编:472000
电话:0398/2288850、4006593789
传真:2288996
网址:www. cnzyly. com
电子信箱:zylyrl@ 163. com
法定代表人:郭胜利
质量体系:ISO 9001
产品情况:(中字牌)
汽车和摩托车零件加工检测仪、空调压缩机零件检测仪等
配套及出口情况:为包括北京现代、上汽通用、一汽、东风、格力电器、美的空调等品牌在内的4000 多家国内用户服务的同时,还为包括美国通用、德国奔驰在内的众多国外知名企业服务;远销日本、朝鲜、印度、东南亚、非洲、罗马尼亚、荷兰、美国、澳大利亚等几十个国家和地区

湖北省

★武汉萨普科技股份有限公司
地址:武汉市经济技术开发区全力二路 101 号经开智造 2045 创新谷 1 号厂房
邮编:430056
电话:027/84650747
传真:84650747
网址:www. sapw. com. cn
电子信箱:sales@ sapw. com. cn
法定代表人:蒋晓冬
质量体系:ISO 9001
产品情况:汽车空调系统的设计开发、工业级 3D 打印 SLS/SLA/FDM 等多种快速成型工艺制作
配套情况:主要用户有东风汽车、江淮汽车、苏州奥杰、东风贝洱、艾斯达克等汽车企业、整车设计公司、汽车零部件企业

★东风模具冲压技术有限公司
地址:武汉市经济技术开发区神龙大道 69 号
邮编:430056
电话:027/84303922、84893125
传真:84893125
网址:www. df - ds. cn
电子信箱:dfds@ df - ds. cn
法定代表人:杨立群
单位人数:2400
质量体系:IATF 16949、QS 9000
产品情况:商用车整车及乘用车整车模具及零件

★武汉逸飞激光设备有限公司
地址:武汉市东湖开发区(中国光谷)佳园路鼎新工业园
邮编:430073
电话:027/87592246
传真:86772380

网址:www. yifilaser. com
电子信箱:market@ yifilaser. com
法定代表人:吴轩
质量体系:ISO 9001、ISO 14001
产品情况:专业从事精密激光焊接研发、生产,为客户提供智能焊接装备及智能化解决方案;客户已全面覆盖动力电池、储能电池、消费电池等领域;并在汽车零部件等领域获得广泛应用
配套情况:主要客户包括南都电源、捷威动力、超威集团、A123、万向集团、天能集团、吉利汽车、TATA、雷电汽车部件、同鑫汽配等

★武汉华工赛百数据系统有限公司
地址:武汉市东湖高新技术开发区华中科技大学科技园本部大楼4楼
邮编:430074
电话:027/87920181、4008296676
网址:www. hgcyberdata. com
电子信箱:marketing@ hgcyber. com. cn
法定代表人:熊文
质量体系:ISO 9001、ISO 14001
产品情况:是智能制造信息系统整体解决方案,用于汽车零部件、新能源/新材料等行业
配套情况:主要客户有东风康明斯等

★武汉和越装备技术有限公司
地址:武汉市东湖高新区光谷大道303号光谷芯中心2-1栋
邮编:430074
电话:027/87344229
传真:87344229-804
网址:www. hyzb-robot. com
电子信箱:ceo@ heyuee. com
法定代表人:方磊
质量体系:ISO 9001
产品情况:汽车及零部件制造的过程装备(物料的输送、在线非标加工、压装、自动装配、在线实时检测)研发与制造等
配套情况:主要客户有中国重汽集团、东风电驱动系统等

★武汉楚天工业激光设备有限公司
地址:武汉市洪山区关山二路楚天激光工业园
邮编:430074
电话:4009606856、87451307
电子信箱:ctlaser@ ct-laser. com
法定代表人:孙明睿
质量体系:ISO 9001
产品情况:激光焊接机、激光打标机、激光切割机、激光打孔机、激光太阳能设备
配套及出口情况:与国内多家汽车零部件和整车制造商合作将激光技术成功应用于滤清器、安全气囊、液压挺杆、火花塞、汽车碟圈、变速器等汽车部件的制造上;远销美国、英国、德国、马来西亚、韩国等20多个国家

★武汉三工光电设备制造有限公司
地址:武汉市东湖新技术开发区黄龙山北路4号
邮编:430079
电话:027/59722666
传真:59722966
网址:www. sunic. com. cn
电子信箱:info@ sunic. com. cn
法定代表人:何成鹏
质量体系:ISO 9001
产品情况:(ARGUS 牌)
激光划片机、全自动串焊机、全自动排版机、电池分选机、组件测试仪、EL缺陷检测仪;动态 CO_2 激光打标机、导光板激光打点机、光纤激光打标机、半导体激光打标机、绿光激光打标机、紫外激光打标机;激光雕刻机、激光切割机、激光膜切割机;红外激光器、紫外激光器、绿光激光器;激光调阻机、陶瓷激光划片机等
出口情况:远销美国、日本、韩国、印度、巴基斯坦、乌克兰、俄罗斯、土耳其、波兰、叙利亚、苏丹等国家和地区

★赛科利武汉汽车模具技术应用有限公司
地址:武汉市江夏区金港新区通用大道88号
邮编:430200
电话:027/50167628
网址:www. ssdt. com. cn
电子信箱:hrssdtwh@ ssdt. com. cn
法定代表人:余秀慧
单位人数:2000
质量体系:VDA 6.4、IATF 16949
产品情况:热成型冲压生产线、镭割生产线、结构件柔性焊接线、模具机加工
配套情况:与上汽通用等合作

★武汉奋进智能机器有限公司
地址:武汉市东湖开发区高新四路25号奋进产业园
邮编:430205
电话:027/86699335、86699335
传真:81715733
网址:www. fenjin. cn
电子信箱:robot@ fenjin. cn
法定代表人:徐击水
质量体系:ISO 9001、ISO 14001
产品情况:产品包括各类型通用机器人、云机器人、工匠机器人以及网络传感器等,产品广泛应用于汽车零部件、铸造等行业
配套情况:是东风汽车、长春一汽、华为、劲牌、海尔等公司的优秀供应商

★华工法利莱切焊系统工程有限公司
地址:武汉市东湖新技术开发区光谷未来科技城未来二路66号华工科技智能制造产业园
邮编:430205
电话:027/87180277、4008888866
传真:87180210
网址:www. farleylaserlab. cn
电子信箱:farleyinfo@ hglaser. com
法定代表人:邓家科
单位人数:200
质量体系:ISO 9001
产品情况:激光切焊设备、等离子切割设备等,设计汽车制造等领域
出口情况:远销大洋洲、美国、英国、德国、俄罗斯、印度等30多个国家和地区

★武汉先锋模具冲压有限公司
地址:武汉市东湖技术开发区关山大道汽车电子产业园
邮编:430223
电话:027/59712908、15727069084
传真:59712908
电子信箱:fxl666@ xfmj. com
法定代表人:付晓亮
质量体系:IATF 16949
产品情况:大型汽车覆盖件模具、检具

★武汉华工激光工程有限责任公司
地址:武汉市东湖新技术开发区光谷未来科技城未来二路66号华工科技精密微纳智能制造产业园
邮编:430223
电话:027/87180200、4008888866
传真:87180210
网址:www. hglaser. com
电子信箱:info@ hglaser. com
法定代表人:马新强
质量体系:ISO 9001、ISO 14001
产品情况:(华工激光牌、FARLEY·LASERLAB 牌)
光纤激光器、半导体激光器、高功率气体激光器、全功率系列的激光切割机、激光焊接机、激光打标机、激光打孔机、激光调阻机、激光精微细细加工系统、激光毛化成套设备、激光热处理系统、精细等离子切割设备
出口情况:出口澳大利亚、美国、英国、德国、俄罗斯、印度等国家

★武汉华夏精冲技术有限公司
地址:武汉市阳逻经济开发区工业园
邮编:430415
电话:027/89620492、89620553
传真:89620499
网址:www. hxfb. com. cn
电子信箱:hr@ hxfb. com. cn
法定代表人:许勇
质量体系:IATF 16949
产品情况:(HFB 牌)
精冲零件、精冲模具及精冲设备
配套情况:是一汽、比亚迪、东风康明斯、神龙汽车、长安福特等汽车及其零部件厂商的长期供应商

★湖北精川智能装备股份有限公司
地址:湖北省荆州市开发区深圳大道58号
邮编:434000
电话:0716/8303006、8304218
传真:8333606
网址:www. jcznzb. com
电子信箱:admin@ jcznzb. com

法定代表人:周海平
质量体系:ISO 9001
产品情况:以汽车制动系统装配线、汽车桥及传动系统装配线、工程机械桥及传动驱动系统装配线、发动机系统装配线为主
配套情况:为包括美国卡特彼勒、博世、康明斯、美国爱科、中国重汽、天合系统、布雷博、雷米电机、柳州五菱、亚太机电、万安科技以及陕汽汉德等近百家汽车及零部件制造商提供业内领先的装配线

★湖北三环锻压设备有限公司
地址:湖北省黄石市经济技术开发区金山大道158号
邮编:435000
电话:0714/6330461、6330179
传真:6333212
网址:www.hsdy.com.cn
电子信箱:sales@hsdy.com.cn
法定代表人:薛凌翔
单位人数:1860
质量体系:ISO 9001
产品情况:数控折弯机、数控剪板机、数控转塔冲床、激光切割机、数控冷镦机、精锻机、肋骨冷弯机、高能螺旋压力机、开卷校平线等
出口情况:出口欧洲、大洋洲、东南亚、南北美洲、中东、北非等50多个国家和地区

★湖北鄂丰模具有限公司
地址:湖北省鄂州市鄂州经济开发区创业大道6号
邮编:436070
电话:027/59370266、59370566
传真:59370299
网址:www.efeng.com
电子信箱:market@efeng.com
法定代表人:陈为群
质量体系:ISO 9001
产品情况:塑料管件模具及大口径管道接头成套注塑装备
出口情况:出口欧洲、美洲、非洲、亚洲等30多个国家和地区

★湖北银轮起重机械股份有限公司
地址:湖北省赤壁市河北大道419号
邮编:437399
电话:0715/5350607、5350236
传真:5353382
电子信箱:xsgs@hbyinlun.com
法定代表人:许绪武
质量体系:ISO 9001
产品情况:各种起重机
出口情况:出口东南亚、中东、非洲、欧洲、美洲、巴西、俄罗斯等国家和地区

★湖北十堰先锋模具股份有限公司
地址:湖北省十堰市高新技术产业开发区滨河东路66号
邮编:442013
电话:0719/8301883、8301886
传真:8301883
电子信箱:zhu.liping@xfmj.com
法定代表人:付晓亮
质量体系:ISO 14001、ISO 9001
产品情况:主营汽车大中型冲压模具的设计、制造
配套及出口情况:已为宝马、奔驰、沃尔沃、路虎、大众、福特、神龙、日产、海斯坦普知名汽车和零部件公司提供了数以千计的模具;出口美国、德国、法国、英国、西班牙、日本等国家

★东风专用设备科技有限公司
地址:湖北省十堰市镜潭路46号
邮编:442021
电话:0719/8261350、8238348
传真:8239868
网址:www.dfzysb.com
电子信箱:master@dfzysb.com
法定代表人:张群
单位人数:400
质量体系:ISO 9001、IATF 16949
产品情况:(东银牌)
各种搬运、装配、检测设备和机器人等
配套情况:为东风本田、东风日产、重庆长安、长安福特、神龙汽车、东风商用车、玉柴机器等多家国内知名公司提供产品

★东风汽车模具有限公司
地址:湖北省十堰市东岳路100号
邮编:442025
电话:0719/8221425、8223325
传真:8224527
网址:www.df-dmc.com
电子信箱:glb@df-dmc.com
法定代表人:李建华
单位人数:840
质量体系:ISO/TS 16949、ISO 14001
产品情况:冷冲模、汽车主模型、检验夹具、汽车零部件、模具标准件等
配套及出口情况:为东风汽车公司、神龙汽车、东风本田、江铃、庆铃汽车、四川一汽丰田、上汽大众、通用、奇瑞汽车等10多家汽车公司配套;出口日本、美国

湖南省

★湖南赛孚汽车科技股份有限公司
地址:长沙市国家高新区嘉运路299号
邮编:410000
电话:0731/84488719
网址:www.hnsaf.com
电子信箱:server@hnsaf.com
法定代表人:严逸先
质量体系:ISO 9001、ISO 14001
产品情况:生产混三系列,Q、P儿童假人系列,TNO-10安全带假人系列等汽车碰撞整体假人并能为损坏假人提供修补、重铸服务

★长沙长泰机器人有限公司
地址:长沙市雨花区振华路智庭园2栋
邮编:410007
电话:0731/89928216
传真:89928216
网址:www.ctrrobotics.com
电子信箱:market@hncsie.cn
法定代表人:杨漾
质量体系:ISO 9001、ISO 14001
产品情况:机器人柔性焊接生产线、全过程铸造生产线、桁架机械手、智能物流生产线等多门类产品
配套及出口情况:客户包括上汽通用、东风本田、东风汽车、吉利汽车、玉柴股份、东风电气、重庆机电、中车、三一重工、山推股份等国内多家知名装备制造企业;智能物流生产线产品出口亚太及中亚地区

★长沙一派数控股份有限公司
地址:长沙市经济技术开发区天华南路9号
邮编:410100
电话:0731/84021538
传真:84021534
网址:www.epochnc.com
电子信箱:epoch@epochnc.com
法定代表人:朱更红
质量体系:ISO 9001
产品情况:(一派牌)
专用数控机床及全自动活塞生产线,直线伺服电动机、驱动器及其延伸产品

★湖南顶立科技有限公司
地址:长沙市长沙县暮云经济开发区顶立科技园
邮编:410118
电话:0731/82819666、4006770098
传真:82861388
网址:www.chinaacme.net
电子信箱:sales@sinoacme.cn
法定代表人:戴煜
质量体系:ISO 9001、ISO 14001
产品情况:铁铜基粉末冶金设备、动力电池材料设备、钨钼材料及硬质合金设备、真空热处理设备、雾化制粉设备、碳及碳化硅复合材料系列设备等
配套及出口情况:与深圳比亚迪等合作;出口美国、日本、泰国,并销往中国台湾地区

★湖南海捷精密工业有限公司
地址:长沙市岳麓区谷苑路186号湖大科技园
邮编:410205
电话:0731/82234293、15973120124
网址:www.hdhjgc.cn
电子信箱:hdhjgc888@163.com
法定代表人:肖贤辉
质量体系:ISO 9001
产品情况:数控工具磨床、曲轴磨床、凸轮轴磨床、外圆磨床、研磨机等系列

★宇环数控机床股份有限公司
地址:长沙市浏阳制造产业基地(浏阳高新区)永阳路 9 号
邮编:410323
电话:0731/83201588、4008320220
传真:83201588
网址:www. yh - cn. com
电子信箱:yh@ yh - cn. com
法定代表人:许世雄
质量体系:ISO 9001、ISO 14001
产品情况:数控磨床、数控研磨抛光机和智能装备系列产品

★湘潭屹丰模具制造有限公司
地址:湖南省湘潭市高新区双马街道东二环以西
邮编:411100
电话:0731/55888801、55885199
传真:58391502
网址:www. yifeng - mould. com
法定代表人:张文瑾
单位人数:2000
质量体系:ISO 9001、ISO 14001
产品情况:汽车零部件及覆盖件模具
配套情况:为奔驰、宝马、大众、通用、上海汽车、长城汽车、北京汽车、北汽福田、东风裕隆等主机厂一级零部件及覆盖件模具供应商

★株洲钻石切削刀具股份有限公司
地址:湖南省株洲市天元区黄河南路 28 号钻石工业园
邮编:412007
电话:0731/22881671、22882430
传真:22887878、22885420
网址:www. zccct. com
电子信箱:zccct@ zccct. com
法定代表人:李屏
质量体系:GB/T 19001、ISO 14001
产品情况:(钻石牌)
高精度车削、铣削、镗削、钻削、切断切槽和螺纹铰削加工的数控刀片及配套刀具、硬质合金整体刀具及工具系统
出口情况:海外销售网覆盖美洲、欧洲、亚洲、大洋洲、非洲

广东省

★广州明珞汽车装备有限公司
地址:广州市黄埔区开源大道 11 号 C3 栋 2F
邮编:510530
电话:020/66356688
传真:66356699
网址:www. minotech. cn
电子信箱:sales@ minotech. cn
法定代表人:姚维兵
质量体系:ISO 9001、ISO 14001
产品情况:汽车白车身自动化焊接生产线、动力总成及新能源装备、电气自动化及机器人系统应用
配套及出口情况:为奔驰、宝马、奥迪、福特、大众、通用、长城、吉利、广汽、上汽、北汽等国内外汽车制造厂商配套;出口美国、德国、日本、墨西哥、南非、马来西亚等国家

★广州艾帕克汽车配件有限公司
地址:广州市经济技术开发区东区骏业路 172 号
邮编:510530
电话:020/82266490、82986960
网址:www. apac. com. cn
电子信箱:caiwu@ apac. com. cn
法定代表人:MIZUKI NAOKI(水木尚树)
质量体系:ISO 9001、IATF 16949
产品情况:汽车关键零部件(含组合仪表)、车身骨架制品、精冲模、精密型腔模、模具标准件、模具、夹具
配套情况:主要客户有广汽本田、中国本田、广汽丰田、东风日产、广汽三菱、爱信精机、福建奔驰、北汽

★广州三兴精密模具塑料工程有限公司
地址:广州市经济技术开发区东区开创大道 701 号
邮编:510530
电话:020/82264470
传真:82264217
网址:www. first - engr. com
电子信箱:sales@ sdaletech. com
法定代表人:Chan Tung Sing
质量体系:IATF 16949、ISO 9001
产品情况:集精密模具、喷涂、激光、注塑生产、加工及提供相关技术服务于一体
配套情况:为神龙汽车、东风汽车公司、法雷奥、德尔福、玛格纳、阿文美驰、英提尔等配套

★广州松兴电气股份有限公司
地址:广州市经济技术开发区云骏路 2 号
邮编:510530
电话:020/82266898
传真:82266182
网址:www. songxing. com
电子信箱:sales@ songxing. com
法定代表人:刘国瑛
单位人数:200
质量体系:ISO 9001
产品情况:电阻焊设备、激光焊接系统、机器人焊接系统、焊接控制系统
配套情况:为上汽通用、北京奔驰、一汽-大众、广汽乘用车、广汽本田、广汽菲克、长安标致雪铁龙、吉利汽车、比亚迪汽车、麦格纳集团(Cosma)等配套

★广东景中景工业涂装设备有限公司
地址:广州市白云区钟落潭镇红旗路丹公庄工业园 6 号之一 101
邮编:510545
电话:020/37410868、37410309
传真:37410290
网址:www. gz - btb. com
电子信箱:webmaster@ gz - btb. com
法定代表人:江海波
单位人数:500
质量体系:ISO 9001、ISO 14001
产品情况:(宝中宝牌)
车喷烤漆房、汽车钣喷流水线、涂装生产线、打磨房、淋雨房、喷吵抛丸机等系列产品
配套及出口情况:为大众、奥迪、一汽海马、一汽红旗、原装本田、原装日产、广汽丰田、东风标致、东风雪铁龙、东风本田、长安福特、长安马自达、东风日产乘用车、郑州日产、上汽乘用车、上汽大众等 16 家汽车生产企业配套;远销亚洲、欧洲、北美洲、南美洲、非洲、大洋洲等地区

★广州致远电子有限公司
地址:广州市天河区天河软件园高普路 1023 号 517 室
邮编:510660
电话:020/28267825、4008884005
传真:28267891
网址:www. zlg. cn
电子信箱:zycw@ zlg. cn
法定代表人:周立功
单位人数:500
质量体系:ISO 9001、ISO 14001
产品情况:CAN 总线分析仪与记录仪等

★广州东阳立松模具制造有限公司
地址:广州市经济技术开发区秀丽小区丽江街 2 号
邮编:510730
电话:020/82099988
传真:82098433、82098609
网址:www. tyg - tmw. cn
电子信箱:tygt@ tyg - tmw. com
法定代表人:吴明聪
质量体系:ISO 9001、ISO 14001
产品情况:大中型汽车内外饰件的塑料模具
出口情况:出口美国、加拿大、日本、法国、瑞典、土耳其等国家

★广州市加杰机械设备有限公司
地址:广州市花都区新华街花港大道西湖新村路口
邮编:510760
电话:020/36860788
传真:36865898
网址:www. gzjaj. com
电子信箱:gzjaj@ gzjaj. com
法定代表人:向德志
单位人数:150
质量体系:ISO 9001
产品情况:专业设计制造汽车外饰件自动喷漆生产线,包括前处理、涂装、烘干到输送自动化、净化及环境保护等成套设备以及电泳、喷粉自动涂装生产线
配套情况:同日产、柳州五菱、本田、敏实、福耀、日立、美的、志高等国内外优秀客户形成了长期合作伙伴关系

★本田生产技术(中国)有限公司
地址:广州市经济技术开发区东区联广路231号
邮编:510760
电话:020/32066301
网址:www.honda.com.cn
法定代表人:TOMOMI KOSAKA(神阪知己)
质量体系:ISO 9001
产品情况:模具、夹具、高效焊接生产设备、精冲模、精密型腔模、模具标准件、精密数控机床等产品

★康奈可(广州)汽车模具制造有限公司
地址:广州市花都区东风大道
邮编:510800
电话:020/66852899、66803328
传真:86733110
网址:www.calsonickansei.co.jp
电子信箱:chunmei_huang@ck-mail.com
法定代表人:HOMMEL Aymeric Laurent
质量体系:ISO 14001、ISO 9001
产品情况:大型汽车注塑模

★广州玖和模具有限公司
地址:广州市花都区花都汽车城东风大道东
邮编:510800
电话:020/22972261、22972262
传真:22972260
网址:www.geoho.com.tw
电子信箱:sales@geoho.com.tw
法定代表人:林俊福
质量体系:ISO 9001
产品情况:汽车车身覆盖件内饰件模具及各种冷冲模具
配套及出口情况:主要客户有东风日产、奇瑞汽车、柳州五菱、保定长城、广州优尼冲压、广州三池、广州爱机、广州双叶;出口印度、美国、墨西哥、西班牙

★广州麦迪水谷汽车模具有限公司
地址:广州市花都区汽车产业基地赤坭园区经三路西侧1号
邮编:510800
电话:020/86704230、13926231255
传真:86704229
电子信箱:kaikei1@gzmaity.com.cn
法定代表人:刘雪艳
质量体系:ISO 9001
产品情况:冲压及模具设计、制作

★广州亨龙智能装备股份有限公司
地址:广州市从化区太平镇新一路63号
邮编:510990
电话:020/87813325、87819588
传真:87813346
网址:www.heronwelder.com
电子信箱:bill@heronwelder.com
法定代表人:邹春芽
单位人数:300
质量体系:ISO 9001
产品情况:全系列电阻焊机及金属连接智能装备
配套情况:主要客户有北汽集团、广汽集团、一汽轿车、一汽、福田、东风乘用车、上汽通用、上汽大众、上汽通用五菱、长城汽车、奇瑞、广汽日野、比亚迪、北京奔驰、一汽海马等

★广州弘明汽车零部件有限公司
地址:广州市增城区新塘镇宁西中元村第一、二层
邮编:511300
电话:020/66260188
传真:82983381
网址:www.gzhongming.com
电子信箱:hm@gzhongming.com
法定代表人:朱春霞
单位人数:150
质量体系:IATF 16949
产品情况:汽车配件、模具、检具

★广州宁武科技股份有限公司
地址:广州市永和经济开发区春分路9号
邮编:511356
电话:020/32980700
传真:32980722
网址:www.neive.com.cn
电子信箱:info@neive.com.cn
法定代表人:张民
质量体系:ISO 9001、ISO 14001
产品情况:各类汽车生产用检查治具、工装夹具及其维修改造、CMM测量等

★广州市型腔模具制造有限公司
地址:广州市番禺区沙湾镇振业街42号
邮编:511400
电话:020/84419488
网址:www.gzmould.com
电子信箱:office@gzmould.com
法定代表人:马广兴
质量体系:ISO 9001
产品情况:大型压铸模具

★广州广汽荻原模具冲压有限公司
地址:广州市番禺区化龙镇金荷一路2号
邮编:511434
电话:020/83970333
网址:www.gzgaog.com
电子信箱:chenchushan@gzgaog.com
法定代表人:龚翰清
质量体系:ISO/TS 16949
产品情况:汽车车身冲压焊接零部件、汽车车身外覆盖件冲压模具、汽车夹具、检具
配套情况:为广汽乘用车、广汽本田、广汽三菱、广汽丰田、广汽菲克的多款车型配套

★广州中氢能源科技有限公司
地址:广州市南沙区东涌镇市鱼202号2栋3F、4F
邮编:514000
电话:020/36741480、18676630423
传真:36741481
网址:www.168qyj.com
电子信箱:admin@168qyj.com
法定代表人:王可全
质量体系:ISO 9001
产品情况:发动机增强动力节油器、汽车氢氧除碳机等系列产品

★巨轮智能装备股份有限公司
地址:广东省揭东县经济开发区龙港路中段
邮编:515500
电话:0663/3269366
传真:3269266
网址:www.greatoo.com
电子信箱:greatoo@greatoo.com
法定代表人:吴潮忠
单位人数:2651
质量体系:ISO 9001、ISO 14001
产品情况:(吉阳牌)
子午线轮胎活络模具、轮胎二半模具、巨型工程车胎活络模具、多种型号的液压式轮胎硫化机、轻载和重载工业机器人、精密机床等
配套及出口情况:被美国固特异、英国邓禄普、法国米其林、日本普利司通、意大利皮列里等国际轮胎巨头列入全球采购供应体系;远销美国、欧洲、东南亚、南美洲等国家和地区

★广东利元亨智能装备股份有限公司
地址:广东省惠州市惠城区马安镇惠州大道旁东江职校路2号(厂房)
邮编:516000
电话:0752/2819237
网址:www.liyuanheng.com
电子信箱:ir@liyuanheng.com
法定代表人:周俊雄
质量体系:ISO 9001、ISO 14001
产品情况:汽车车身部件的自动化生产线、动力锂电池电芯自动化生产线、动力锂电池模组及PACK自动生产线、轨道交通控制系统核心部件自动化生产线、感烟探头自动化生产线等

★伟业精密科技(惠州)有限公司
地址:广东省惠州市仲恺高新区陈江镇五一工业园
邮编:516000
电话:0752/5839388、5839389
传真:5839338、5839339
网址:www.hzweiye.com
电子信箱:wy@hzweiye.com
法定代表人:邓桂荣
质量体系:IATF 16949、ISO 14001
产品情况:专业从事各种精密模具制造及精密五金制造;广泛应用于汽车工业、电子电器、新能源等领域
配套情况:汽车工业主要客户有Autoliv、LV、CASCO、Valeo、Shinwa、TRW、BOSCH、TOYO TIRES、EGSTON、HUTCHINSON;新能源类主要客户有EVE、JSJ、GM等

★惠州市美林模具有限公司
地址:广东省惠州市博罗县园洲镇丰平乡工业区
邮编:516123

电话:0752/5711688
传真:5711680
网址:www. meilinmould. com
电子信箱:meilin6666@ 163. com
法定代表人:周美秀
质量体系:ISO 9001
产品情况:年生产汽车五金模具 450 余套
配套情况:为本田、日产、丰田提供各类专业汽车配件模具

★深圳吉阳智能科技有限公司
地址:广东省深圳市宝安区福海街道富桥三区华大威信 A 栋
邮编:518000
电话:0755/27885958
传真:27884110
网址:www. geesun. com
电子信箱:market@ geesun. com
法定代表人:阳如坤
质量体系:ISO 9001
产品情况:锂离子动力电池制造设备、工业机器人

★深圳市德星云科技有限公司
地址:广东省深圳市宝安区沙井街道大兴一路 10 号
邮编:518000
电话:0755/27695613
传真:23323178
网址:www. dxykj. com
电子信箱:marshal@ dxykj. com
法定代表人:朱有德
质量体系:ISO 9001
产品情况:新能源自动化生产装备,广泛应用于锂离子、聚合物等动力电池的各个生产工序
配套情况:与比亚迪、沃特玛电池等合作

★深圳市三多乐智能传动有限公司
地址:广东省深圳市龙华区龙华街道油松第十工业区民欢路 11 号
邮编:518009
电话:0755/28172809、13823164530
网址:www. santohno. com. cn
电子信箱:zzf@ santohno. com. cn
法定代表人:张宏伟
单位人数:600
质量体系:IATF 16949、ISO 9001
产品情况:精密齿轮、塑胶齿轮减速器、机能组装品、精密模具、精密插件成形品等产品
配套情况:为理光、施乐、西门子、麦格纳、斑马、广州小糸等世界 500 强企业的优秀供应商

★深圳市科晶智达科技有限公司
地址:广东省深圳市龙华区观湖街道松元厦社区虎地排 118 号锦绣大地 8 号楼 101、201
邮编:518027
电话:0755/26959531
电子信箱:2355900214@ qq. com
法定代表人:夏利
产品情况:电池研发实验制备装备(包括锂离子电池、固态电池、超级电容器等制备方案),电池安全测试装备

★中茂电子(深圳)有限公司
地址:广东省深圳市南山区南油登良路天安工业村四栋八层
邮编:518052
电话:0755/26644598
传真:26419620
网址:www. chroma. com. cn
电子信箱:info@ chromaate. com
法定代表人:黄钦明
质量体系:IATF 16949、ISO 14001
产品情况:为客户提供电力电子、新能源电动车、电池测试、LED/照明等自动测试解决方案
出口情况:营运据点遍布欧洲、美洲、日本、东南亚

★深圳众为兴技术股份有限公司
地址:广东省深圳市南山区艺园路马家龙田厦 IC 产业园 5 楼
邮编:518052
电话:0755/26722719、13828845315
传真:26722718
网址:www. adtechcn. com
电子信箱:tech@ adtechcn. com
法定代表人:纪德法
单位人数:500
质量体系:ISO 9001
产品情况:运动控制、电动机驱动、数控应用和工业机器人
出口情况:远销欧美、中东、东南亚等 103 个国家和地区,并销往中国香港、中国台湾地区

★深圳光韵达光电科技股份有限公司
地址:广东省深圳市南山区高新区北区朗山路 13 号清华紫光信息港 C 座 1 层
邮编:518057
电话:0755/26981000
传真:26981500
网址:www. sunshine - laser. com
电子信箱:tlz@ sunshine - laser. com
法定代表人:侯若洪
单位人数:1176
质量体系:ISO 9001、ISO 14001
产品情况:增材制造(3D 打印)、激光三维电路(3D-LDS)、精密激光模板、柔性电路板激光成型、精密激光钻孔、硬脆性材料激光加工、金属与非金属精密部件个性化设计与制造、测试治具、自动化测试设备、激光光源及关键零部件制造等

★大族激光科技产业集团股份有限公司
地址:广东省深圳市南山区深南大道 9988 号大族科技中心大厦
邮编:518057
电话:0755/86161000、4006664000
传真:86161088
网址:www. hanslaser. com
电子信箱:hans@ hanslaser. com
法定代表人:高云峰
单位人数:13030
质量体系:ISO 9001、ISO 14001
产品情况:(大族牌)
中高功率激光切割机、激光焊接机、自动化生产线、激光器与数控系统
出口情况:在海外设立了 10 多个分支机构

★大族激光智能装备集团有限公司
地址:广东省深圳市南山区深南大道 9988 号大族激光科技中心大厦
邮编:518063
电话:4000190219
网址:www. hansme. com
法定代表人:高云峰
质量体系:ISO 9001、ISO 14001
产品情况:专业从事中高功率激光切割装备、激光焊接装备、3D 打印装备、激光器、数控系统与功能部件的研发、制造

★深圳市华阳新材料科技有限公司
地址:广东省深圳市宝安区塘头一号路创维创新谷 C 栋 202
邮编:518100
电话:0755/27203801 - 882
网址:www. hylaser. cn
电子信箱:info@ hylaser. cn
法定代表人:韩向阳
质量体系:ISO 9001
产品情况:金属 3D 打印设备,成功打印产品有微型发动机、燃油喷嘴、散热器、异形件、模具等,用于汽车等领域

★深圳市中天超硬工具股份有限公司
地址:广东省深圳市宝安区新安 67 区留仙一路甲岸科技园 2 栋
邮编:518101
电话:0755/26073999
传真:26640035
网址:www. juntec. com
电子信箱:office@ juntec. com
法定代表人:刘敏
单位人数:200
质量体系:ISO 9001
产品情况:聚晶金刚石刀具、立方氮化硼刀具、硬质合金(钨钢)刀具、天然金刚石刀具和盾构工程刀具 ShieldTools 五大系列刀具产品及盾构用泡沫剂及油脂产品

★深圳市柳溪机械设备有限公司
地址:广东省深圳市宝安桃花源科技创新园
邮编:518102
电话:0755/27960058
传真:27697719
网址:www. liush. com
电子信箱:market@ liush. com
法定代表人:熊立斌
质量体系:ISO 9001、ISO 14001

产品情况:提供涂装前处理、烘干固化、油漆喷涂、粉末喷涂、电泳、氧化、机器人及自动化输送和控制等成套设备
出口情况:远销日本、韩国、俄罗斯、越南、印度、马来西亚、坦桑尼亚等国家

★日东电子发展(深圳)有限公司
地址:广东省深圳市宝安区福永街道白石厦东区新塘日东工业园
邮编:518103
电话:0755/27330313、4006111260
传真:27330323
网址:www. suneast. com. cn
电子信箱:marketfz@ suneast. com. cn
法定代表人:林晓新
单位人数:1800
质量体系:ISO 9001
产品情况:[日东(Suneast)牌]
汽车零部件装备、自动化物流系统、自动化生产线系统、环保超声波清洗设备并承接五金塑胶、钣金加工等业务
配套情况:汽车分动箱总成装配线为重庆北奔重汽变速器配套,轮胎输送线、座椅输送线以及仪表总成输送线为上汽通用(沈阳)北盛汽车配套,轮胎输送线、座椅输送线、仪表输送线以及副车架生产线为上汽集团(荣威550)配套,发动机组装线为玉柴配套,涡轮增压器生产为延锋伟世通配套

★维克多精密工业(深圳)有限公司
地址:广东省深圳市宝安区福永镇桥头村富桥工业区三区龙辉工业城2栋
邮编:518103
电话:0755/27347095、27347096
传真:27335860
网址:www. vem - tooling. com
电子信箱:mail@ vem - ltd. com
法定代表人:Marc Christopher Weinmann
质量体系:ISO 9001
产品情况:模具

★深圳东洋旺和实业有限公司
地址:广东省深圳市宝安区沙井街道和二鸿奔工业区4-9栋
邮编:518104
电话:0755/27224484、27224576
传真:27306400、27224495
网址:www. szowh. net
电子信箱:yinshl@ szowh. net
法定代表人:新田良弥
单位人数:1000
质量体系:ISO 9001、IATF 16949
产品情况:冲压、电镀、热处理、锻造、挤压成型、烧结、机电产品、各类小零件、精密继电器

★思瑞测量技术(深圳)有限公司
地址:广东省深圳市宝安区福永街道和平社区和泰工业区和丰工业园第6栋
邮编:518105
电话:0755/29718601、4008800268
传真:29710135
网址:www. serein. com. cn
电子信箱:sales@ serein. com. cn
法定代表人:NORBERT HANKE
质量体系:ISO 9001
产品情况:精密坐标测量机、影像测量仪、测高仪等专业计量设备与仪器
出口情况:出口韩国

★深圳市鹏准模具有限公司
地址:广东省深圳市宝安区松岗街道潭头社区松岗大道6号厂房
邮编:518105
电话:0755/9067602
传真:81461047
网址:cn. acuwaymold. com
电子信箱:info@ acuwaymold. com
法定代表人:罗繁
单位人数:240
质量体系:ISO 9001、IATF 16949
产品情况:汽车出风口组件、内饰件、控制面板、顶棚照明及控制、ABC柱、安全气囊总成、手套箱总成、杯架、烟灰缸、座椅调节器、内外门把手、变速器组件、格栅、车灯、冷却及空气管理系统等汽车模具

★深圳市瑞能实业股份有限公司
地址:广东省深圳市光明新区白花园路八佰工业园
邮编:518107
电话:0755/26703611、26703711
传真:21678812
网址:www. repower. cn
电子信箱:service@ repower. cn
法定代表人:毛广甫
质量体系:ISO 9001
产品情况:动力电池测试系统、智能电池测试系统、高功率电池测试设备、组合动力电池高电压大电流配套组件,包括电池组能量管理和配套的充电装置
配套情况:承担着比亚迪、力神、ATL、光宇、博世集团、上汽集团、中航集团等众多厂家相关制造和检测设备的测试工作

★深圳市银宝山新科技股份有限公司
地址:广东省深圳市宝安区石岩街道罗租社区建兴路5号
邮编:518108
电话:0755/27642891
传真:27642773
网址:www. silverbasis. com
电子信箱:market@ silverbasis. com
法定代表人:胡作寰
质量体系:ISO 14001、ISO 9001
产品情况:汽车模具,塑胶外饰件(前/后保险杠总成、翼子板、门槛条、尾门总成等),塑胶内饰件(AB柱、门板总成、中控总成、仪表板总成、多媒体面板),半固态铝合金功能件(燃油箱、进气格栅、前端模块等),安全系统零部件(安全气囊、座椅系统、转向盘骨架等)
配套情况:主要客户包括宝马、福特、大众、通用、丰田、本田、雷诺-日产、广汽乘用车等

★深圳市时代高科技设备股份有限公司
地址:广东省深圳市宝安区塘头第三工业区13栋
邮编:518108
电话:0755/27745666、13636388018
传真:27704518
网址:www. sztime. com. cn
电子信箱:sdgk@ time - cn. org
法定代表人:田汉溶
单位人数:335
质量体系:ISO 9001、ISO 14001
产品情况:动力电池全自动真空干燥设备(隧道式/单机组合式)、智能柔性自动化物流线、模组机器人、高端智能化清洗设备等自动化装备

★深圳市赢合科技股份有限公司
地址:广东省深圳市南山区软件产业基地5栋E座9楼
邮编:518109
电话:0755/86310555
网址:www. yhwins. com
法定代表人:王维东
单位人数:2000
质量体系:ISO 9001
产品情况:动力电池智能生产线等

★深圳市光大激光科技股份有限公司
地址:广东省深圳市龙华新区大浪街道华宁路颐丰华工业区14栋
邮编:518109
电话:0755/83126666、83119999
传真:83107533
网址:www. gdlaser. cn
电子信箱:gd@ gdlaser. cn
法定代表人:何林
质量体系:ISO 9001
产品情况:激光设备(激光打标、激光焊接、激光精密切割、钣金切割),量测设备(尺寸检测、外观检测及其他相关检测),自动化设备(电子行业、汽车行业、新能源行业等),其他设备(CNC、注塑设备,抛光、贴膜、包装等设备)
出口情况:远销20多个国家和地区

★双叶金属制品(深圳)有限公司
地址:广东省深圳市宝安区观澜街道观光路观城社区银星工业园内1号
邮编:518110
电话:0755/27990090
传真:29037578
网址:www. futabasangyo. com
电子信箱:liulijiao@ futabasz. com. cn
法定代表人:奥村健太郎
质量体系:ISO 9001、ISO 14001
产品情况:汽车部件、溶接设备治具等产品
配套情况:为深圳富士施乐、重庆长安、日本双叶产业株式会社供货

★深圳骏腾发自动焊接装备股份有限公司
地址:广东省深圳市光明新区光明街道观光路3009号留学人员创业园
邮编:518118
电话:0755/89718785、13923818869
网址:www. juntengfa. net
电子信箱:lxm1260@126. com
法定代表人:刘学明
质量体系:ISO 9001
产品情况:(HORSE牌)
全系列电阻焊机及自动焊接专用设备,用于汽车制造等行业
配套及出口情况:客户有法雷奥、艾美特、奇瑞汽车、比亚迪汽车、保定长城汽车股份、东风汽车制造(深圳分公司)、长春阿文美驰汽车配件、湖北神风汽车配件、重庆利时得汽车配件、内蒙古一机汽车配件、深圳爱默生电器威格机电等;远销英国、加拿大及东南亚

★深圳市佳士科技股份有限公司
地址:广东省深圳市坪山新区青兰一路3号
邮编:518118
电话:0755/29651666、36908069
传真:27364308
网址:www. jasic. com. cn
电子信箱:jasicmarket@jasic. com. cn
法定代表人:潘磊
单位人数:929
质量体系:ISO 9001、ISO 14001
产品情况:(佳士牌)
逆变焊机、切割机、直流手工弧焊机、直流脉冲氩弧焊机、交/直流方波焊机、数字化脉冲MIG焊机、逆变埋弧焊机以及各类内燃弧焊机、自动化焊接和切割设备等;为汽车等多行业提供设备
出口情况:出口东南亚、欧洲、美洲、中东市场,并销往中国香港、中国澳门、中国台湾地区

★震雄工业园(深圳)有限公司
地址:广东省深圳市坪山新区坑梓街道人民中路31号
邮编:518122
电话:0755/84139999
网址:chenhsong. com
电子信箱:comm@chenhsong. com
法定代表人:蒋丽苑
质量体系:ISO 9001、ISO 14001
产品情况:注塑机,适用于农业、汽车等领域
出口情况:远销欧洲、美洲、东南亚、中东等超过65个国家和地区

★深圳市劲拓自动化设备股份有限公司
地址:广东省深圳市宝安区西乡鹤州工业区北八路劲拓自动化工业园
邮编:518126
电话:0755/29586211
传真:29586336
网址:www. jt-ele. com
电子信箱:shenzhen@jt-ele. com
法定代表人:吴限
单位人数:700
质量体系:ISO 9001、ISO 14001
产品情况:(JT牌、劲拓牌)
智能焊接机器人、航空智能装备、智能机器视觉设备、高速点胶机、涂覆机等

★深圳市镭煜科技有限公司
地址:广东省深圳市光明新区公明街道塘尾村第三工业区塘民路3号
邮编:518132
电话:0755/23406016
传真:23406575
网址:www. leiyukeji. com
电子信箱:apt@leiyu-tech. com
法定代表人:臧伟
单位人数:200
质量体系:ISO 9001、ISO 14001
产品情况:锂电池精密烘烤干燥设备、高端激光自动化设备、内循环高真空极卷烘箱等

★珠海瑞凌焊接自动化有限公司
地址:广东省珠海市前山工业区华威路611号太川工业园一号楼首层
邮编:519000
电话:0756/8520988、13923363738
传真:8520989
网址:www. rilandauto. com
电子信箱:zhuhaigood@21cn. net
法定代表人:唐君才
质量体系:ISO 9001
产品情况:(固得牌)
专业从事机器人自动化焊接系统工程应用、自动化焊接工艺装备研发与制造、焊接技术咨询与服务
配套情况:主要客户有广东富华、BPW梅州车轴、浙江银轮、宁波继峰汽车、宇通客车、比亚迪汽车、福田汽车、宗申比亚乔、嘉陵摩托、建设摩托、豪爵摩托、雅马哈摩托、轻骑铃木、大阳摩托、格力电器、康宝电器、格兰仕、方太厨具、三一重工、中联重科、玉柴重工、江麓重工、湖南湘电、江南嘉捷电梯、南昌洪都飞机制造,中国兵器集团等多家下属企业

★祥鑫科技股份有限公司
地址:广东省东莞市长安镇建安路893号
邮编:523000
电话:0769/89953999
传真:89953999-8695
网址:www. luckyharvest. cn
电子信箱:luckyhr@luckyharvest. cn
法定代表人:陈荣
质量体系:IATF 16949、ISO 9001
产品情况:为客户提供精密冲压模具和金属结构件一体化解决方案

★广东莞绿环保工程有限公司
地址:广东省东莞市东莞道滘华科城11座6号
邮编:523182
电话:0769/22889705
传真:22880755
网址:www. dgglhb. cn
电子信箱:dgglhb@163. com
法定代表人:张玉岩
质量体系:ISO 9001、ISO 14001
产品情况:专业从事废水污染防治,用于能源电池行业废水处理等

★高森五金制品(东莞)有限公司
地址:广东省东莞市高埗镇低涌村第三工业区
邮编:523273
电话:0769/88704541
传真:88704571
网址:www. takamori. com. cn
电子信箱:tmc-sale@cntakamori. cn
法定代表人:原直昭
质量体系:ISO 9001、IATF 16949
产品情况:汽车微电机用金属冲压件、冲压模具

★广东鸿宝科技有限公司
地址:广东省东莞市东城温塘砖窑工业区狮长路口
邮编:523400
电话:0769/86212666
传真:22088589
网址:www. honbro. com
电子信箱:honbro@honbro. com
法定代表人:喻世民
质量体系:ISO 9001
产品情况:(HONBRO牌)
锂电池自动化生产设备

★东莞市中泰模具股份有限公司
地址:广东省东莞市横沥镇村头村桃子工业园
邮编:523400
电话:0769/87069018
传真:88971200
网址:www. vision-tool. com
电子信箱:marketing@vision-tool. com. cn
法定代表人:姚小春
质量体系:ISO 9001、IATF 16949
产品情况:五金模具、检具制造、冲压件

★东莞龙和松汽车配件有限公司
地址:广东省东莞市桥头镇邓屋村联盛工业区1号1幢
邮编:523533
电话:0769/81036711
电子信箱:tujinzhen@lhs-dg. com. cn
法定代表人:陈中贤
质量体系:IATF 16949
产品情况:以生产汽车、3C产品射出模具及汽车用检具为主
配套情况:主要客户有长安福特、天津丰田、东风日产、广汽丰田、东南汽车、富士康等

★东莞丰裕电机有限公司
地址:广东省东莞市塘厦镇清湖头管理区
邮编:523726

电话:0769/87902888
传真:87941888
网址:www. fungyu. com. hk
电子信箱:marketing@ fungyu. com. hk
法定代表人:郑锡辉
单位人数:1000
质量体系:ISO 9001
产品情况:(FUNG YU 牌)
汽车、摩托车涂装设备等表面处理设备
配套及出口情况:客户有比亚迪、东风、宝马、奔驰、大众、丰田、本田、沃尔沃、三菱等;出口东南亚、中东、欧洲、非洲、北美洲、南美洲等地区,并销往中国香港地区

★广东劲胜智能集团股份有限公司
地址:广东省东莞市长安镇上角村
邮编:523878
电话:0769/82888188
网址:www. januscn. com
电子信箱:humaofa@ januscn. com
法定代表人:蔡万峰
质量体系:ISO 9001、ISO 14001
产品情况:钻攻中心机、玻璃精雕机、3D热弯机、零件加工中心机、模具加工中心机、龙门加工中心机等设备,适用于汽车、模具和机床行业

★肇庆市丰驰精密金属制品有限公司
地址:广东省肇庆市端州一路二桥高速公路入口处北侧
邮编:526040
电话:0758/2839761、2839381
传真:6193398
电子信箱:fczcq@ zqfcjm. com
法定代表人:张长权
质量体系:IATF 16949
产品情况:铝合金零部件以及整体模具/模具配件、工装夹检具
配套情况:主要一级配套客户有广汽乘用车、广汽丰田、广汽本田、东风日产、东风本田汽车(武汉)、东风本田发动机(广州)、天津一汽丰田、江铃汽车、武汉东风乘用车 、长城汽车、美国车桥、华为技术 、中国中车(高铁动车组)等国内外世界500强知名企业

★佛山市金银河智能装备股份有限公司
地址:广东省佛山市三水区西南街道宝云路6号
邮编:528100
电话:0757/87323320、87323321
传真:87323323
网址:www. goldenyh. com
电子信箱:goldenyh@ chinagmk. com
法定代表人:张启发
质量体系:ISO 9001、IATF 16949
产品情况:锂离子电池全自动配料系统等锂离子电池行业装备等

★佛山日进塑料有限公司
地址:广东省佛山市南海区丹灶镇南海国家生态工业示范园区银海大道外资工业村3号
邮编:528216
电话:0757/85433701、13724629000
传真:85433710
电子信箱:huanghuifen@ fs. enissin. com
法定代表人:KAZUNORI OSADA(长田和德)
质量体系:IATF 16949、ISO 14001
产品情况:注塑成型及模具加工

★佛山市南海奔达模具有限公司
地址:广东省佛山市南海区松岗松夏工业园工业大道西
邮编:528234
电话:0757/85206888
传真:85206038
网址:www. superband. com. cn
电子信箱:superband@ 188. com
法定代表人:简伟文
单位人数:500
质量体系:ISO 9001、IATF 16949
产品情况:铝合金压铸件和各类型铸造模具,年产能达4000余吨

★高木汽车部件(佛山)有限公司
地址:广东省佛山市南海松岗松夏工业园创业南路
邮编:528247
电话:0757/85235690
传真:85235691
网址:www. tap - foshan. com. cn
电子信箱:master@ tap - foshan. com. cn
法定代表人:NAKAYASU YOSHINARI(仲安吉成)
单位人数:450
质量体系:ISO 14001、IATF 16949
产品情况:汽车用非金属部件的精密模具以及相关产品
配套情况:为本田、丰田、日产等日系汽车厂商供货

★佛山市南华仪器股份有限公司
地址:广东省佛山市南海区桂城街道科泓路1号
邮编:528251
电话:0757/86718778、86718618
传真:86718963、86718961
网址:www. nanhua. com. cn
电子信箱:sales@ nanhua. com. cn
法定代表人:杨耀光
单位人数:401
质量体系:ISO 9001、ISO 14001
产品情况:机动车排放气体系列分析仪器、烟度计、机动车前照灯全自动检测仪
出口情况:出口欧洲、美洲、亚洲等地区

★佛山市顺德区震德塑料机械有限公司
地址:广东省佛山市顺德区大良红岗工业区
邮编:528300
电话:0757/22338666、22338790
传真:22636255、22635870
网址:www. chende. com
电子信箱:chende@ chende. com
法定代表人:钟效良
单位人数:1000
质量体系:ISO 9001
产品情况:(CH 震雄牌)
电脑全自动精密注塑机
出口情况:远销美国、英国、法国、意大利、越南等国家

★佛山市诺迪精密模具有限公司
地址:广东省佛山市顺德区伦教镇顺达电脑厂(北门)
邮编:528300
电话:0757/27723988、27723176
传真:27732633
网址:www. fsnuodi. com
电子信箱:nd@ fsnuodi. com
法定代表人:李志辉
质量体系:ISO 9001、IATF 16949
产品情况:精密模具

★广东科龙模具有限公司
地址:广东省佛山市顺德区容桂容港路11号
邮编:528303
电话:0757/28362326、28362553
传真:28362305
电子信箱:mujuywb@ hisense. com
法定代表人:鲁韶磊
质量体系:ISO 9001
产品情况:各类大中型冲压、注塑、吸塑发泡模具
配套及出口情况:主要的国内客户有海信、广汽本田、东风汽车等;主要国际客户有 Arcelik、Whirlpool、IKEA、Renault、Franke、Dawlance、Emersun 等

★广东利迅达机器人系统股份有限公司
地址:广东省佛山市顺德区陈村镇广隆工业区仙涌大道2号
邮编:528313
电话:0757/23830657、4009918368
网址:www. lxdrobotics. cn
电子信箱:lxdhr@ lxdrobotics. com
法定代表人:霍锦添
质量体系:ISO 9001
产品情况:机器人系统集成,业务范围涵盖抛光打磨、焊接、搬运、装配以及机器人教育、服务等
配套情况:客户包括格力、美的、OPPO、VIVO、康佳、东风等300多家知名公司

★佛山顶锋日嘉模具有限公司
地址:广东省佛山市顺德区大良街道顺番公路五沙段37号
邮编:528333
电话:0757/28666115
网址:www. summit - nikka. com
电子信箱:chen. yuhua@ summit - nikka. com
法定代表人:OSADA TOMIYUKI(长田富行)
质量体系:ISO 9001、ISO 14001
产品情况:工模具钢、汽车模具、并提供

相应的热处理和机械加工服务

★中山三诚精密有限公司
地址:广东省中山市坦洲镇第三工业区
邮编:528400
电话:0760/86788033
传真:86280989
网址:www. zssansei. cn
电子信箱:zs. pcd103@ sansei. cn
法定代表人:雷建球
质量体系:ISO 9001、IATF 16949
产品情况:(SANSEI 牌)
精密齿轮模具及塑胶齿轮等
配套情况:主要客户有三菱、丰田、本田、日产、马自达等跨国著名企业

★中山市三锐压铸有限公司
地址:广东省中山市坦洲镇沙坦南路21 号 8 - 10 栋
邮编:528467
电话:0760/86218802、86218801
传真:86212006
网址:www. gdsanrui. com
电子信箱:sanrui@ gdsanrui. com
法定代表人:何诚
质量体系:ISO 9001、IATF 16949
产品情况:模具设计制造、铝合金压铸、表面处理、精密机械加工
配套情况:是国内多家知名企业的配套生产厂家

广　西

★桂林正菱第二机床有限责任公司
地址:广西桂林市环城西一路 31 号
邮编:541002
电话:0773/3904711、3905846
传真:3904839
网址:www. gl2mt. com
电子信箱:glzl_machine@ 163. com
法定代表人:闭大宁
单位人数:600
质量体系:ISO 9001
产品情况:数控立式铣镗床、数控龙门动柱式钻床、单柱端面铣床、数控立式钻床、摇臂钻床
出口情况:出口欧洲、美洲、东南亚等 50 多个国家和地区

★柳州福臻车体实业有限公司
地址:广西柳州市阳和工业新区工业园C - 24 号
邮编:545005
电话:0772/8852072、8857709
传真:8857997
电子信箱:lzfzct@ 163. com
法定代表人:张劲松
质量体系:ISO 9001、IATF 16949
产品情况:各类汽车覆盖件数模开发(逆向 - 正向)、模具及检具、各类汽车底盘零件冷冲压模具
配套情况:主要客户有东风柳汽、上汽通用五菱、海马(郑州)、上海华普汽车模具、一汽柳州特种汽车厂、吉利集团、江淮汽车、奇瑞汽车、长城汽车、陕西重汽、长安汽车、北汽福田、中兴汽车、南骏汽车集团等

★柳州广菱汽车技术有限公司
地址:广西柳州市新和路 15 号
邮编:545007
电话:0772/3750845
传真:3750841
电子信箱:lhwhr@ wuling. com. cn
法定代表人:文代志
质量体系:IATF 16949、ISO 9001
产品情况:汽车中高端模具及汽车外覆盖件总成等

重庆市

★重庆曙光涂装工业有限公司
地址:重庆市沙坪坝区大杨公桥 37 - 70 - 5 号
邮编:400030
电话:023/65303338
传真:65303779
网址:www. cqsgtz. com
电子信箱:sales@ cqsgtz. com
法定代表人:李吉
质量体系:ISO 9001
产品情况:(曙光牌)
为广大客户提供涂装成套生产线及涂装、环保设备的设计、制造、安装、改造的专业化整体服务
配套及出口情况:为长安汽车、庆铃汽车、重庆客车总厂、四川建安工业、重庆旭光化工等提供油漆类涂装生产线;为四川长虹、四川通达电器提供粉末类涂装生产线;为中国航天科技集团公司的特种车辆提供成套涂装生产线;为国营一六七、二一六厂提供兵装设备涂装生产线等;为越南 TMT 汽车公司、巴基斯坦卡拉昆仑汽车公司、越南合江机电公司建造了轻型货车及微车阴极电泳生产线

★重庆迪佳科技股份有限公司
地址:重庆市沙坪坝区歌乐山镇黄花园
邮编:400036
电话:023/65502663、65502636
传真:65500181
网址:www. cqdijia. com
电子信箱:cqdijia@ 163. com
法定代表人:王成
质量体系:IATF 16949
产品情况:工业气动标记打印机、动平衡设备故障诊断仪器、汽车、摩托车产品性能试验设备等

★重庆炬野科技发展有限公司
地址:重庆市高新技术开发区渝州路29 号 8 楼
邮编:400039
电话:023/68601315、4006812365
传真:68603315、68623183
网址:www. xb315. com
电子信箱:478215299@ qq. com
法定代表人:王键辉
质量体系:ISO 9001
产品情况:电子码防伪系统、产品物流管理系统、产品质量追溯系统、产品网络促销系统等
配套情况:客户包括长安汽车集团、三一重工集团、力帆集团、隆鑫集团等

★重庆数码模车身模具有限公司
地址:重庆市大渡口区建桥工业园建桥大道 1 号
邮编:400084
电话:023/61554601、61554600
传真:61554617
网址:www. digidie. com
电子信箱:digidie@ eva - chongqing. com
法定代表人:易爱玉
单位人数:400
质量体系:IATF 16949、ISO 9001
产品情况:汽车大型复杂高精度零件、高强度骨架零件、镁铝合金板零件模具
配套情况:为长安汽车、东风渝安、奇瑞汽车、长安铃木、江淮汽车、吉利汽车等配套

★重庆元创汽车整线集成有限公司
地址:重庆市渝北区空港开发区长凯支路 99 号
邮编:401120
电话:023/67181825、13527555915
传真:67181188
网址:www. cytc888. com
电子信箱:cytcgroup@ cytc888. cn
法定代表人:陈振丰
质量体系:ISO 9001
产品情况:主要经营汽车和摩托车模具、夹具、检具,汽车零部件和摩托车零部件的制造、销售;汽车和摩托车整车车身、底盘的研发、设计
配套情况:主要客户有长安汽车、长安福特、四川一汽丰田、广汽集团、BATZ、GTO、NTC、丰田铁工、海马汽车、吉利汽车、上汽依维柯红岩、北汽福田等

★重庆平伟汽车科技股份有限公司
地址:重庆市两江新区礼嘉镇礼洁路 20 号
邮编:401122
电话:023/86064666
传真:86889393
网址:www. pingwei. cn
电子信箱:yangjie@ pwtooling. com
法定代表人:侯昌元
单位人数:3000
质量体系:IATF 16949、QS 9000
产品情况:汽车外覆盖件模具、高强度钢板模具和多工位模具
配套情况:为长安福特、长安标致雪铁龙、长安马自达、长安汽车、奇瑞捷豹路虎、奔驰、宝马、海克力、本田、日产、沃尔沃、铃木、北汽银翔、东风小康、力帆、上汽通用五菱、长城汽车、斯威汽车、雷诺以及福特全球、美国海克利、日本马

自达等供货

★重庆长安民生物流股份有限公司
地址:重庆市渝北区金开大道1881号
邮编:401122
电话:023/88795959、88795600
网址:www.camsl.com
电子信箱:4006170555@camsl.com
法定代表人:谢世康
单位人数:6238
质量体系:ISO 9001、IATF 16949
产品情况:主要有整车物流、零部件物流、供应链物流、国际货运、流通加工和新生态业务六大业务板块
配套情况:主要客户除长安系外,还与一汽、东风、吉利、威马、知豆、南京金龙、宝钢、沙伯基础、舍佛勒、双汇、博世、伟巴斯特、米其林、固特异等国内外近千家汽车制造商、原材料供应商及零部件供应商建立了长期合作关系

★重庆江东机械有限责任公司
地址:重庆市万州区五桥百安坝百安大道
邮编:404020
电话:023/58555228
传真:58555389
网址:www.cqjdc.com
电子信箱:cqjdjxxzb@163.com
法定代表人:李永革
单位人数:570
质量体系:ISO 9001
产品情况:(江东牌)
液压成形设备及成套生产线、汽车连杆、铸件
配套及出口情况:为长安、力帆、奇瑞汽车、江淮、吉利等配套;出口德国、日本、韩国、埃及等20多个国家和地区

四川省

★四川宸宇涂装工程有限公司
地址:成都市仁寿县视高经济开发区
邮编:610046
电话:028/85750935、85750185
传真:85750535
法定代表人:张觉天
质量体系:ISO 9001
产品情况:(宸宇牌)
各类涂装设备、承建涂装工程
配套情况:为西藏珠峰摩托车、万友车辆配件厂等配套

★四川成焊宝玛焊接装备工程有限公司
地址:成都市成华区龙潭工业园成致路15号
邮编:610052
电话:17357453155
传真:028/84216565
网址:www.cbwee.com
法定代表人:何华
质量体系:ISO 9001、ISO 14001
产品情况:汽车白车身工艺装备规划设计及系统集成
配套情况:主要客户包括奔驰、大众、沃尔沃、通用、福特、标致雪铁龙、丰田、日产、长安、吉利、东风、长城、中国重汽等整车企业,以及汇众、凌云、英利、联伟、卡斯马、中汽汽配等汽车零部件企业

★成都焊研科技有限责任公司
地址:成都市东三环二段龙潭工业集中发展区航天路18号
邮编:610052
电话:4001006164
传真:028/84216701
网址:www.swelder.com
电子信箱:hykj@swelder.com
法定代表人:杨光
质量体系:ISO 9001
产品情况:焊接生产线、焊接机器人集成、各类直缝焊机、环缝焊机等自动焊接设备;汽车行业焊接设备有重型车、微型车、越野车后桥生产线,挂车桥焊接生产线,圆形、方形铝油箱焊接生产线,钢储气筒焊接生产线,汽车减振器自动焊接成套设备等
配套情况:为广东富华车桥、一汽解放车桥、济南重汽车桥、东风德纳车桥、柳州五菱车桥、四川建安车桥等供货

★成都宏明双新科技股份有限公司
地址:成都市青羊区工业集中发展区腾飞大道265号
邮编:610091
电话:028/87335511、87072927
传真:87073539
网址:www.cnhomin.com
电子信箱:hs@hm-sx.com
法定代表人:魏竞
质量体系:IATF 16949、QS 9000
产品情况:专业从事精密模具及精密零件的设计、开发,主要产品包含汽车发动机进排气系统的阀门、电子安全防盗器等

★四川成飞集成科技股份有限公司
地址:成都市日月大道666号附1号
邮编:610091
电话:028/87455121、87455322
传真:87455111
网址:www.cac-citc.com
电子信箱:office@cac-citc.cn
法定代表人:石晓卿
质量体系:ISO 9001
产品情况:主要产品是中高档轿车侧围、顶盖、车门、翼子板等外覆盖件模具、航空数控零件制造和汽车零部件冲压

★成都飞机工业(集团)有限责任公司
地址:成都市青羊区黄田坝纬一路88号
邮编:610092
电话:028/87405114、87407236
传真:87405990
网址:cac.avic.com
电子信箱:tigger@oa.cac.com
法定代表人:宋承志
质量体系:ISO 14001、OHSAS 18001
产品情况:(成飞牌)
汽车模具、天然气汽车减压调节器、重型汽车等装备部件的锻造和加工

★爱佩仪测量设备有限公司
地址:成都市龙泉经开区南一路333号
邮编:610101
电话:028/84644033、84644031
传真:84644034
网址:www.apizc.com
电子信箱:sales@apizc.com
法定代表人:刘锦潮
质量体系:ISO 9001
产品情况:水平臂三维测量划线机及三维测量、划线、切削、数字成像、激光扫描、极柱坐标测量、肖氏硬度计等系列化产品,广泛用于汽车、摩托车、模具等领域
出口情况:出口东南亚

★成都工具研究所有限公司
地址:成都市新都工业大道东段601号
邮编:610500
电话:028/83243828、83240704
传真:83932220
网址:www.ctri.com.cn
电子信箱:ctri@chinatool.net
法定代表人:商宏谟
质量体系:ISO 9001、ISO 14001
产品情况:硬质合金石油管螺纹刀具、数控刀具、超硬刀具、孔加工刀具、轴承刀具、汽车刀具、齿轮量仪系列、激光干涉仪系列、主动量仪、工位量仪及PVD、CVD、PCVD涂层技术与服务、QPQ盐浴复合处理技术与装备等

★成都成量工具集团有限公司
地址:成都市新都区绕城大道南一段199号
邮编:610500
电话:028/83059888、83059899
网址:www.chinachengliang.com
电子信箱:cl@chinachengliang.com
法定代表人:朱书林
质量体系:ISO 9001、ISO 14001
产品情况:(川牌)
通用量具、通用刃具、数控刀具、硬质合金刀片、数控专用机床、仪器以及汽摩检具
配套及出口情况:为东风本田、跃进汽车、庆铃汽车、长安汽车、神龙汽车、奇瑞汽车、四川一汽丰田、上汽大众、东风汽车、一汽-大众、比亚迪汽车、江淮汽车、江铃汽车、上海汇众、陕汽、玉柴、柳州汽车等供货;远销美国、德国、俄罗斯等10余个国家和地区

★四川省西核机电设备制造有限公司
地址:成都市新都区新工大道18号
邮编:610500
电话:028/84203618
传真:83909331
网址:www.ch853.com

电子信箱:xhjd@ ch853. com
法定代表人:陈建全
单位人数:150
质量体系:ISO 9001、ISO 14001
产品情况:智能汽车生产线
配套情况:客户有中国中车、西门子、丰田集团、新晨动力、云内动力、卡迪拉克、别克、一汽-大众、宝马、ABB、大众汽车等

★爱发科东方真空(成都)有限公司
地址:成都市高新西区百草路 1189 号
邮编:611731
电话:028/87980138、87980126
传真:87980139
网址:www. ulvac - cdoi. com
电子信箱:sales@ ucd. com. cn
法定代表人:张果
单位人数:469
质量体系:ISO 9001、ISO 14001
产品情况:真空箱在线泄漏检测装置、充氦回收装置、冷媒充注装置、防爆型充注机、超高真空排气台、真空阀门、EBA 系列间接式蒸发镀膜装置、EWA 系列真空卷绕式镀膜装置、车灯镀膜设备、高压氦检、氦浓度计、检漏仪、离子泵等
出口情况:出口美国、日本、墨西哥、印度、泰国、巴西、印度尼西亚、韩国、英国、韩国、俄罗斯等全球 70 多个国家和地区

★四川普什宁江机床有限公司
地址:四川省都江堰市永安大道南一段 179 号
邮编:611830
电话:028/87132411
网址:www. ningjiang. com
电子信箱:njzjb@ ningjiang. com
法定代表人:张子涛
单位人数:2000
质量体系:ISO 9001、ISO 14001
产品情况:(宁江牌)
　　卧式加工中心及柔性制造系统、坐标镗床及坐标磨床、数控车床及自动车床、小模数精密及数控滚齿机床、专用机床及生产线等

★四川长征机床集团有限公司
地址:四川省自贡市贡井区建设路 284 号
邮编:643020
电话:0813/3301270
传真:3301476
网址:www. cczmt. com
电子信箱:cx@ cczmt. com
法定代表人:仝捷
质量体系:ISO 9001、ISO 14001
产品情况:各类加工中心、数控机床、大型数控专用加工设备和普通铣床
出口情况:出口欧洲、美洲等地区

★四川省宜宾普什模具有限公司
地址:四川省宜宾市岷江西路 150 号
邮编:644007
电话:0831/3566364
传真:3565588
网址:www. pushmold. com
电子信箱:ca@ pushmold. com
法定代表人:杨明
单位人数:270
质量体系:ISO 14001、ISO 9001
产品情况:主要从事多型腔、高精密塑料模具,注塑系统的开发、设计和制造

云南省

★沈机集团昆明机床股份有限公司
地址:昆明市茨坝路 23 号
邮编:650203
电话:0871/66166660、66166661
传真:66166741
网址:www. kmtcl. com. cn
电子信箱:hexi@ kmtcl. com. cn
法定代表人:王鹤
单位人数:1755
质量体系:ISO 9001、ISO 14001
产品情况:(昆机牌)
　　卧式镗床、坐标镗床、加工中心、仿型铣床、精密检测设备、位移传感器、电脑绣花机、全可控涡节能压缩机、智能电器和激光快捷成型机

★云南 CY 集团有限公司
地址:昆明市国家经济技术开发区昆岭路 14 号
邮编:650217
电话:0871/67282299、67282260
传真:67282312
网址:www. cy - ymtw. com
电子信箱:cy_sales@ smtcl. com
法定代表人:李锐
单位人数:1761
质量体系:ISO 9001、ISO 14001
产品情况:CY 系列普车、数控机床、加工中心、数控立车、车铣复合中心产品
出口情况:远销 70 多个国家和地区

贵州省

★贵州西南工具(集团)有限公司
地址:贵阳市国家经济技术开发区清水江路 218 号
邮编:550009
电话:0851/88314006、88314008
传真:83834807
网址:www. swt. com. cn
电子信箱:swt@ swt. com. cn
法定代表人:凌志鸿
单位人数:3000
质量体系:ISO 9001、ISO 14001
产品情况:(SWT 牌)
　　硬质合金刀具、量具、机床附件、精密零部件、机床设备
出口情况:出口欧洲、北非、中亚、西亚、南亚、东南亚、韩国、日本、大洋洲、北美洲等国家和地区

★贵阳险峰机床有限责任公司
地址:贵州省惠水县高镇
邮编:550601
电话:0854/6328013、6328061
传真:6328052
网址:www. xfmtw. com
电子信箱:xiaoshouchuxf001@ 163. com
法定代表人:谭卫
单位人数:1200
质量体系:ISO 9001、ISO 10012
产品情况:轧辊磨床、导轨磨床、无心磨床、大型外圆磨床、压力辊锻机、楔横轧机、轧环机及各种专用机械设备

陕西省

★西安益翔航电科技有限公司
地址:西安市高新区创汇路 8 号
邮编:710048
电话:029/88880159、88880151
传真:88880120
网址:www. xaefly. com
电子信箱:xayxhd@ sina. com
法定代表人:侯迎团
质量体系:ISO 9001
产品情况:(格林·益翔牌)
　　制动与传动试验设备制造及制动与传动部件试验鉴定

★陕西恒通智能机器有限公司
地址:西安市雁塔区雁翔路 99 号交大曲江校区西五楼
邮编:710054
电话:029/83395062、83395068
传真:83395063
网址:www. china - rpm. com
电子信箱:3d@ china - rpm. com
法定代表人:卢秉恒
质量体系:ISO 9001
产品情况:3D 扫描设备、3D 打印机、金属喷涂机器人、激光设备、加工中心设备等

★西安增材制造国家研究院有限公司
地址:西安市雁塔区雁翔路 99 号交大曲江校区西五楼
邮编:710054
电话:029/83395062、85791828
传真:83395063
网址:www. china - rpm. com
电子信箱:3d@ china - rpm. com
法定代表人:卢秉恒
质量体系:ISO 9001、ISO 14001
产品情况:各种型号的激光快速成型设备、快速模具设备及逆向工程设备,同时从事快速原型制作、快速模具制造、快速铸造及逆向工程服务并提供快速制造技术整体解决方案(相关设备及工艺等),适用于汽车、摩托车行业

★西安北村精密机械有限公司
地址:西安市高新技术产业开发区上林苑三路 16 号

邮编:710075
电话:029/88452325
传真:88450115
网址:www. xaknc. com
电子信箱:xknc@ xknc. net
法定代表人:赵滨
质量体系:ISO 9001
产品情况:(XKNC 牌)
小型精密数控机床、纵切车床及小型立式加工中心等

★西安爱德华测量设备股份有限公司
地址:西安市高新区锦业路 69 号 C 区 22 号
邮编:710077
电话:029/81881570、81881109
传真:81881087
网址:www. china - aeh. com
电子信箱:sale@ china - aeh. com
法定代表人:宋建忠
质量体系:ISO 9001
产品情况:(爱德华牌)
桥式三坐标测量机、超高精度三坐标测量机、龙门式三坐标测量机、复合式三坐标测量机
出口情况:出口桥式坐标测量机、龙门式测量机、影像机、悬臂机等产品

★西安迅湃快速充电技术有限公司
地址:西安市高新区新型工业园创汇路 30 号 1 栋 1 层
邮编:710119
电话:029/88352955、15398016753
传真:88311182
网址:www. stropower. com
电子信箱:info@ stropower. com
法定代表人:蔡晓
质量体系:ISO 9001、ISO 14001
产品情况:动力电池模拟电源和动力电池测试系统等新能源汽车关键零部件测试设备
配套情况:主要客户有一汽-大众、比亚迪汽车、吉利汽车、广汽集团、上汽集团、宁德时代、天能集团、奇达动力等

★西安力德测量设备有限公司
地址:西安市高新区草堂科技产业基地秦岭大道 2 号科技企业加速器 18 号楼
邮编:710304
电话:4008780636
传真:029/89026301
网址:www. leadmetrology. com. cn
电子信箱:lead_market@ 126. com
法定代表人:唐小安
质量体系:ISO 9001
产品情况:EXPERT 系列、FLY 系列、GREAT 系列、GREAT-D 系列、S 系列、DRAGON 系列、TOP 系列等七大系列百余规格的三坐标测量机
出口情况:出口美国、欧洲、韩国、东南亚、印度等国家和地区,并销往中国台湾地区

★秦川机床工具集团股份公司
地址:陕西省宝鸡市姜谭路 22 号
邮编:721009
电话:0917/3670665
传真:3390960
网址:www. qinchuan. com
电子信箱:qinchuan@ qinchuan. com
法定代表人:严鉴铂
质量体系:ISO 14001、ISO 9001
产品情况:(秦川 QINCHUAN 牌)
齿轮磨床、螺纹磨床、外圆磨床(曲轴磨、球面磨、车轴磨)、滚齿机、通用数控车床及加工中心、龙门式车铣镗磨复合加工中心、塑料机械(中空机、木塑设备)、精密高效拉床等高端数控装备、数控复杂刀具;高档数控系统、滚动功能部件、汽车零部件、特种齿轮箱、机器人关节减速器、螺杆转子副、精密齿轮、精密仪器仪表、精密铸件等零部件产品
配套及出口情况:为重庆金辰机械、重庆明鑫机械、东风汽车变速器、东风汽车、重庆齿轮箱、长沙中南传动机械厂、成都发动机集团、成都成工工程机械、綦江齿轮、重庆秋田齿轮、重庆华陵工业、湖北襄阳江山汽车变速器、湖南机油泵、建设摩托、三江航天集团、贵州群建齿轮、柳州采埃孚、湘潭钢铁集团等供货;出口美国、韩国、日本、东南亚等 20 多个国家和地区

★宝鸡忠诚机床股份有限公司
地址:陕西省宝鸡市东高新区高新十四路
邮编:721013
电话:0917/3566909、4001199196
传真:3566932
网址:www. bjmtw. com
电子信箱:sales@ bjmtw. com
法定代表人:李强
单位人数:3500
质量体系:ISO 9001
产品情况:(忠诚牌)
各类柔性车削加工制造单元、复合车铣中心、车削中心、加工中心、数控车床、数控铣床、普通车床等
出口情况:出口美国、德国、俄罗斯、印度、墨西哥等 50 多个国家

★陕西渭河工模具有限公司
地址:陕西省宝鸡市岐山县蔡家坡经济技术开发区
邮编:722405
电话:0917/8583501
传真:8583593
电子信箱:weihe702bgs@ 163. com
法定代表人:牛军旗
质量体系:ISO 9001
产品情况:(雪菱牌、丰利牌)
小模数精密传动类、小规格刀具类、级进冷冲模具类、液压智能夹具类产品
出口情况:出口 15 个国家和地区

★汉川数控机床股份公司
地址:陕西省汉中市汉台区
邮编:723003
电话:0916/2262360、2262361
传真:2262373
网址:www. cnhlmt. com
电子信箱:hlmt@ cnhlmt. com
法定代表人:李金泉
质量体系:ISO 9001
产品情况:(汉川牌)
卧式铣镗床系列、卧式数控铣镗床系列、立式数控铣床/加工中心、卧式数控铣床/加工中心、龙门式数控铣床/加工中心、刨台式铣镗加工中心、落地式铣镗加工中心、数控立式车床、高速雕铣机、数控电火花成形机床等
出口情况:远销美国、德国、意大利、日本、澳大利亚、阿根廷、加拿大、巴西等国家

★陕西汉江机床有限公司
地址:陕西省汉中市河东店镇
邮编:723003
电话:0916/2298013、2298123
传真:2296207
网址:www. hjmtc. cn
电子信箱:hjmt2009@ 163. com
法定代表人:赵甲宝
质量体系:ISO 9001
产品情况:精密螺纹磨床、加工中心、精密测量仪器、CNC 精密机床和滚动功能部件等
出口情况:远销欧美、俄罗斯、东南亚、中东、拉丁美洲地区

甘肃省

★天水锻压机床(集团)有限公司
地址:甘肃省天水市麦积区渭滨北路 58 号
邮编:741020
电话:0938/2616873、2621183
传真:2615085
网址:www. tsdyc. com
电子信箱:tsdyjcc@ 126. com
法定代表人:陈鸿
质量体系:ISO 9001
产品情况:(TSD 牌)
剪板机、折弯机、液压机、卷板机和 JCOE 大口径直缝埋弧焊管成套设备

宁　夏

★宁夏小巨人机床有限公司
地址:银川市金凤区宁安大街 65 号
邮编:750002
电话:0951/5672462、5672333
传真:5672436
网址:www. mazak. com. cn
电子信箱:lgm@ lgmazak. com. cn
法定代表人:清水纪彦(NORIHIKO SHIMIZU)

质量体系:ISO 9001
产品情况:(LGMAZAK 牌)

立式加工中心系列、数控车床系列、车削中心系列;年产数控机床 2000 台左右

配套情况:为奇瑞汽车、广汽本田、哈东安、长城汽车、肇庆本田、惠州本田、马勒(南京、重庆、营口)、上海纳铁福、成都天兴山田、一汽集团(一汽铸造、一汽装备、一汽光洋、吉林通用、一汽长春齿轮厂)等配套,配套量达 400 多台

★宁夏银川大河数控机床有限公司

地址:银川市经济技术开发区济民东路 72 号
邮编:750021
电话:0951/2053333、2053332
传真:2053334、2053314
网址:www. nxdahe. com. cn
电子信箱:1424463357@ qq. com
法定代表人:张宏军
质量体系:ISO 9001
产品情况:(大河牌)

立、卧式加工中心,数控铣床,数控珩磨机床,数控组合专用机床和立式钻床

出口情况:出口美国、匈牙利等国家

第五部分

中国摩托车生产企业

摩托车生产企业

●查询导引●

摩托车生产企业

☞ **企业如有变更,请与编辑部联系** ☎ 010/68426043、68420981

河北省

★河北银翔群豪三轮摩托车有限公司
地址:河北省藁城市彭家庄群豪工业园
邮编:052160
电话:0311/88139969、88107028
传真:88113999
网址:hbyxqh. com. cn
电子信箱:407815852@ qq. com
法定代表人:彭东秀
单位人数:100
质量体系:ISO 9001
产品情况:(先风牌)
正三轮摩托车
出口情况:出口东南亚、非洲、南美洲等地区

★河北珠峰大江三轮摩托车有限公司
地址:河北省任丘市长丰工业区
邮编:062552
电话:0317/3369777、3369333
传真:3369345
网址:www. dajiangmotor. cn
电子信箱:945996358@ qq. com
法定代表人:王铁舵
质量体系:ISO 9001、ISO 14001
产品情况:(大江牌)
正三轮摩托车、三轮电动车等
出口情况:出口埃及、摩洛哥、东南亚、俄罗斯、尼日利亚等国家和地区

★河北恒胜金河摩托车有限公司
地址:河北省任丘市吕公堡镇金桥工业区
邮编:062555
电话:18632783831、15227579728
传真:0317/2832998
网址:www. hbhsjh. com
电子信箱:jinhemotuo@ 126. com
法定代表人:陈秋苓
单位人数:480
质量体系:ISO 9001
产品情况:(恒胜牌、金河星牌)
正三轮摩托车、电动车
出口情况:远销印度尼西亚、摩洛哥、伊拉克、尼日利亚等国家

山西省

★运城大运机车有限公司
地址:山西省运城市运城经济开发区关公街以南邑东路以西
邮编:044000
电话:0359/2380100
网址:www. dayunjiche. com
法定代表人:远勤山
质量体系:ISO 9001、ISO 14001
产品情况:(大运牌)
三轮摩托车、电动三轮车、电动四轮车

上海市

★上海建设摩托车科技有限公司
地址:上海市奉贤区红旗港路 1008 号
邮编:201406
电话:13386163333、18939963601
传真:33617970
网址:shanghaijianshe. cn
电子信箱:2603281790@ qq. com
法定代表人:石钱
质量体系:ISO 9001
产品情况:(麟龙牌)
摩托车

江苏省

★金城集团有限公司
地址:南京市白下区龙蟠中路 218 号
邮编:210002
电话:025/51815402、51815259
网址:www. jincheng. com
电子信箱:jc@ jincheng. com
法定代表人:李晓义
质量体系:ISO 9001、ISO 14001
产品情况:(金城牌、银光牌、SUZUKI 牌)
摩托车、摩托车发动机、新能源车等产品
出口情况:远销 80 多个国家和地区

★南京金城机械有限公司
地址:南京市江宁区湖熟镇瑞泽路 518 号
邮编:210002
电话:025/51833080、4008621626
传真:84603816
网址:www. jcmtxs. com
法定代表人:田爱军
质量体系:ISO 9001
产品情况:摩托车

★南京三叶金鹰摩托车有限公司
地址:南京市溧水经济开发区中兴东路 15 号
邮编:211200
电话:025/68811555
传真:68811552
网址:www. vmoto. com
电子信箱:info@ vmoto. com
法定代表人:周宇明
质量体系:ISO 9001

产品情况:(标本牌)
　　两轮摩托车

★金翌车业有限公司
地址:江苏省常州市钟楼区宣盛路4号
邮编:213016
电话:0519/83972111、83976111
传真:83292118
网址:www. jinyigroup. com. cn
电子信箱:jycy@ jinyigroup. com. cn
法定代表人:薛丹
质量体系:ISO 9001
产品情况:(金翌牌、大力神牌、福莱特牌、莱宝驰牌、三叶雅马王牌、中豪牌、众好牌等)
　　具备年产两轮摩托车120万辆、两轮电动车120万辆、三轮电动车35万辆、三轮摩托车20万辆、四轮电动车5万辆的生产能力
出口情况:远销国外市场

★江苏世纪兰翔摩托车有限公司
地址:江苏省常州市武进区横山桥镇芙蓉西柳塘村
邮编:213022
电话:0519/69996222、85107382
传真:85135872
网址:www. lxjcmotor. com
电子信箱:info@ lxjcmotor. com
法定代表人:王琦琏
质量体系:ISO 9001
产品情况:(金潮牌、劲可牌)
　　跨骑式、踏板式两轮摩托车,三轮摩托车,电动两轮、三轮助力车,燃油助力车,沙滩车,卡丁车等

★常州光阳摩托车有限公司
地址:江苏省常州市新北区薛家镇吕汤路10号
邮编:213022
电话:0519/85100697、4001802990
传真:85102167
网址:www. kymco. com. cn
电子信箱:cyf@ mail. kymco. com. cn
法定代表人:许世钟
单位人数:800
质量体系:ISO 9001
产品情况:(常光牌)
　　踏板车、骑式车、弯梁车等两轮摩托车,电动两轮摩托车

★常州山崎摩托车有限公司
地址:江苏省常州市新北区河海西路389号
邮编:213032
电话:0519/85087871
传真:83355999
网址:www. yamasakimotor. com
电子信箱:zqg@ yamasakimotor. com
法定代表人:张南刚
质量体系:ISO 9001
产品情况:(山崎牌)
　　两轮、三轮、四轮摩托车,电动车,残疾人车
出口情况:远销欧洲、美洲、东南亚

★江苏绿能电动车科技有限公司
地址:江苏省常州市武进区横山桥五一村委盛家村158号
邮编:213100
电话:0519/88666555
网址:www. lvneng. com
电子信箱:xuxiaoying@ 126. com
法定代表人:刘晓
质量体系:ISO 9001、ISO 14001
产品情况:电动摩托车

★常州洪都电动车有限公司
地址:江苏省常州市新北区奔牛镇工业园南区6号
邮编:213131
电话:0519/83127703、82918143
传真:83121196
网址:www. hongducz. com
电子信箱:hongdu@ hongducz. com
法定代表人:华秀玉
产品情况:(洪都牌)
　　高尔夫球车、旅游观光车、载货电动四轮车、休闲三轮车、特种三轮车和成体系的两轮车;电动机、控制器、充电器等主要电动车部件
出口情况:远销欧美、东南亚、东北亚等20多个国家和地区

★金翌宇锋车业有限公司
地址:江苏省常州市武进区湟里镇村前村
邮编:213154
电话:0519/83765811
网址:www. cnyufeng. com
电子信箱:903234920@ qq. com
法定代表人:薛建南
质量体系:ISO 9001、ISO 14001
产品情况:(航爵牌、宇锋牌)
　　两轮摩托车、电动正三轮摩托车
出口情况:出口海外多个国家和地区

★无锡小刀电动科技股份有限公司
地址:江苏省无锡市锡山区东港镇创业路56号
邮编:214000
电话:0510/88866966
网址:www. xdebike. com
电子信箱:xdebike@ 126. com
法定代表人:孙继江
质量体系:ISO 9001
产品情况:(小刀牌)
　　电动两轮摩托车

★江苏新日电动车股份有限公司
地址:江苏省无锡市锡山大道501号
邮编:214100
电话:0510/88530707、4008886999
网址:www. xinri. com
电子信箱:sunshine@ xinri. com
法定代表人:张崇舜
质量体系:ISO 9001、ISO 14001
产品情况:(新日牌)
　　电动两轮摩托车、电动三轮车、电动四轮车、电动双排2座/4座物流车、电动4座/6座警车等
出口情况:出口欧美和东南亚的70多个国家和地区

★江苏林芝山阳集团有限公司
地址:江苏省无锡市锡山经济开发区团结北路
邮编:214101
电话:0510/88266560、88266556
传真:88266589
网址:www. lzsy. com
电子信箱:lzsy03@ lzsy. com
法定代表人:许静芝
质量体系:IATF 16949、ISO 9001
产品情况:(新宝牌、山洋牌、喜力牌)
　　两轮、三轮摩托车,踏板摩托车,越野摩托车,电动车等
出口情况:远销印度尼西亚、越南等国家

★雅迪科技集团有限公司
地址:江苏省无锡市锡山区安镇街道大成工业园东盛路
邮编:214104
电话:0510/88101697、4009001212
网址:www. yadea. com. cn
电子信箱:sales@ yadea. com. cn
法定代表人:周超
产品情况:(雅迪牌)
　　电动自行车、电动摩托车及其零配件
出口情况:出口美国、德国等66个国家

★江苏国威摩托车有限公司
地址:江苏省无锡市锡山区安镇街道大成工业园铃威路6号
邮编:214104
电话:0510/88710037、88710222
传真:88712111
网址:www. guoweimotor. com
电子信箱:sales@ guoweimotor. com
法定代表人:靳六妹
单位人数:2000
质量体系:ISO 9001
产品情况:(国威牌)
　　摩托车、电动车、三轮车、助力车等,已形成摩托车年生产能力15万辆、电动车年生产能力20万辆、三轮车生产能力5万辆
出口情况:出口欧洲、南美洲、中东、非洲等国家和地区

★新蕾车业无锡有限公司
地址:江苏省无锡市锡山区羊尖机械装备产业园A区园大路10号
邮编:214105
电话:0510/88718221、4008288328
传真:88718220
网址:www. xlddc. cn、www. xlddc. com
电子信箱:sales@ xlddc. com
法定代表人:万里江
质量体系:ISO 9001
产品情况:(新蕾牌)

豪华车、简易车、锂电车、电动三轮车、电动两轮摩托车、特种车等

★江苏爱玛车业科技有限公司
地址:江苏省无锡市锡山区羊尖镇工业园区
邮编:214107
电话:0510/68555707
网址:www. aimatech. com
电子信箱:lizhoufang@ aimatech. com
法定代表人:张剑
质量体系:ISO 9001、ISO 14001
产品情况:(爱玛牌)
电动两轮摩托车

★江苏创新摩托车制造有限公司
地址:江苏省无锡市锡山区锡北镇泾新路9号
邮编:214192
电话:0510/68866666、68885555
传真:68885555
网址:www. creativemotor. com
电子信箱:568890298@ qq. com
法定代表人:泮丽琴
质量体系:ISO 9001
产品情况:(创新牌、菲鹰牌、嘉吉牌、天本牌、飞翎牌、华田牌)
两轮摩托车等
出口情况:远销欧洲、南美洲、南非、东南亚等国家和地区

★江苏大隆建豪新能源工业有限公司
地址:江苏省无锡市锡山区锡北镇张泾泾新路22号
邮编:214194
电话:0510/88711294、88719279
传真:88719593
网址:jian－hao. com
电子信箱:372966397@ qq. com
法定代表人:姚东存
质量体系:ISO 9001
产品情况:(建豪牌、双本牌、易主牌)
踏板车、骑式车等两轮摩托车

★江苏淮海新能源车辆有限公司
地址:江苏省徐州市高新技术产业开发区长安路2号
邮编:221006
电话:4006299859
网址:www. hhxnycl. com
法定代表人:江波
质量体系:ISO 9001、ISO 14001
产品情况:(淮海牌)
正三轮摩托车、电动正三轮摩托车等

★江苏林海雅马哈摩托有限公司
地址:江苏省泰州市九龙镇龙园路296号
邮编:225300
电话:0523/86555338
传真:86555348
网址:www. linhai. cn
电子信箱:lh@ linhaigroup. com
法定代表人:袁伟
质量体系:ISO 9001
产品情况:(林海·雅马哈牌、林海牌)
两轮摩托车、摩托车发动机

★江苏林海动力机械集团有限公司
地址:江苏省泰州市迎春西路199号
邮编:225310
电话:0523/86551888、86553305
传真:86551403、86601839
网址:www. linhaigroup. com
电子信箱:lh@ linhaigroup. com
法定代表人:孙峰
质量体系:ISO 9001、ISO 14001
产品情况:(林海牌、林海·雅马哈牌)
ATV、CUV等特种车辆,通用发动机,摩托车,摩托车发动机及电动车,低速电动汽车等

★江苏三迪机车制造有限公司
地址:江苏省泰兴市经济开发区高新技术产业园振兴路66号
邮编:225400
电话:0523/87605222、87605111
网址:www. sandicn. com
电子信箱:jiangsusandi@ sina. com
法定代表人:吕保华
质量体系:ISO 9001、ISO 14001
产品情况:(三迪牌)
四轮观光车、三轮摩托车、专用垃圾运输车、发动机等
出口情况:远销东南亚、中东、非洲、南美洲、欧美等地区

浙江省

★浙江春风动力股份有限公司
地址:杭州市余杭经济开发区五洲路116号
邮编:311100
电话:0571/86155555
传真:89265555
网址:www. cfmoto. com
电子信箱:cfmoto@ cfmoto. com
法定代表人:赖国贵
质量体系:ISO 9001、ISO 14001
产品情况:(春风牌)
水冷发动机、摩托车、全地形车(ATV)、轻型多功能车(UTV)等
出口情况:出口欧洲、美洲、澳大利亚、非洲等国家和地区

★立峰集团有限公司
地址:浙江省嘉善县经济开发区长江路28号
邮编:314100
电话:0573/89116788、89116888
传真:89116789
网址:www. regal－raptor. com
电子信箱:xs@ regal－raptor. com
法定代表人:张锋
质量体系:ISO 9001
产品情况:(大地鹰王牌、凯一路牌)
spyder巡航车系列、公务警用车系列、欧式跑车系列、尊贵太子车系列摩托车
出口情况:远销美国、欧洲等国家和地区

★宁波市龙嘉摩托车有限公司
地址:浙江省慈溪市宗汉工业区
邮编:315301
电话:0574/63218608
传真:63218605
网址:www. longjia. com. cn
电子信箱:longjia@ longjia. com. cn
法定代表人:陆永波
质量体系:ISO 9001
产品情况:(龙嘉牌)
踏板车、骑式车、越野车、电动车、摩托车发动机
出口情况:出口埃及、中东、南非、哥伦比亚等国家和地区

★浙江绿驹车业有限公司
地址:浙江省温岭市新河镇屏上工业园区
邮编:317502
电话:0576/86531111
传真:86518796
网址:www. lv－ju. com
电子信箱:info@ lv－ju. com
法定代表人:瞿国夫
质量体系:ISO 9001
产品情况:(绿驹牌)
电动两轮摩托车等

★中能机车集团有限公司
地址:浙江省台州市椒江区台州湾循环经济产业集聚区海秀路99号
邮编:318000
电话:0576/82435412
网址:cn. znen. com
电子信箱:znenmotor@ 163. com
法定代表人:陈华能
单位人数:1000
质量体系:ISO 9001、ISO 14001
产品情况:(摩登牌、摩途威牌、中能牌、佛斯弟牌、富先达牌)
具备年产发动机60万台,电动摩托车30万台,燃油摩托车50万台的生产能力
出口情况:50%的产品出口欧洲和美国等发达国家,其他主要出口市场为拉美、中东和北非

★巨能摩托车科技有限公司
地址:浙江省台州市经济开发区滨海工业园区甲南大道2689号
邮编:318000
电话:0576/82739972、4008264567
网址:www. jnen. cn
电子信箱:jnen@ jnen. cn
法定代表人:王振宇
质量体系:ISO 9001
产品情况:(巨能牌)
具有年产各类整车40万台、摩托车发动机/ATV发动机50万台、摩托车/电动车塑件500万套的生产能力

出口情况:远销德国、美国、俄罗斯、墨西哥、波兰等 30 多个国家

★台州市王野机车有限责任公司
地址:浙江省台州市黄岩区北城街道马鞍山村
邮编:318020
电话:0576/84067911
网址:www. wangye. com. cn
电子信箱:sales@ wangyemotor. com
法定代表人:王华正
质量体系:ISO 9001
产品情况:(越本牌)
两轮摩托车、两轮轻便摩托车

★浙江黄岩三叶集团有限公司
地址:浙江省台州市黄岩区城西新堂路 38 号
邮编:318020
电话:0576/84237601、8008546486
传真:84215444
网址:www. sanyegroup. com. cn
电子信箱:moto@ china - snow. com
法定代表人:叶尤宝
质量体系:ISO 9001
产品情况:(狮龙牌)
摩托车、电动两轮摩托车、发动机、摩托车配件、各种大中型塑料及模具等
配套及出口情况:为 96 家摩托车生产厂家配套各踏板车的全套塑件模具;出口韩国、意大利、中亚等国家和地区

★浙江永源摩托车制造有限公司
地址:浙江省台州市路桥区路南永源工业区
邮编:318050
电话:0576/89226332、82448666
传真:89226339
网址:www. jonway. cc
电子信箱:wg@ jonway. com
法定代表人:杨素华
单位人数:3500
质量体系:ISO 9001、ISO 14001
产品情况:(古思特牌、永源牌)
两轮摩托车、两轮轻便摩托车等

★台州市森隆摩托车制造有限公司
地址:浙江省台州市路桥区路桥街道辽洋村
邮编:318050
电话:0576/82353776
传真:82353776
网址:gb. senlongmotor. com
电子信箱:senlongmotor@ 163. com
法定代表人:郑雪青
单位人数:500
质量体系:ISO 9001、ISO 14001
产品情况:(乙本牌)
以 50 ~ 250mL 踏板、骑士、电动车等系列摩托车为主,年生产能力整车 30 万辆
出口情况:出口欧洲、美洲、非洲、东南亚等地区

★浙江日雅摩托车有限公司
地址:浙江省台州市路桥区路桥新安南街 689 号
邮编:318050
电话:0576/82521651、82511978
传真:82550978
网址:www. chinariya. com
电子信箱:info@ chinariya. com
法定代表人:黄小敏
质量体系:ISO 9001
产品情况:(日雅牌、战雅牌、天鹰牌、炫耀牌、弘州牌、重崎牌)
排量 50 ~ 300mL 的骑式车、踏板车、电动车和小型越野车
出口情况:40% 的产品出口欧洲、北美洲、中东、非洲、中美洲、南美洲、东南亚等地区

★浙江吉铭实业有限公司
地址:浙江省台州市路桥区螺洋灵山西街 588 号
邮编:318050
电话:0576/82520336、13736577752
传真:82520335
网址:www. geelymotor. cn
电子信箱:geelymoto@ 163. com
法定代表人:梁维斌
质量体系:ISO 9001
产品情况:(吉利牌、吉铭牌)
生产踏板式摩托车、骑式车等产品
出口情况:主要以出口为主,出口美国、欧洲、东南亚等国家和地区

★浙江嘉爵摩托车制造有限公司
地址:浙江省台州市路桥区卖芝桥东路 888 - 18 号
邮编:318050
电话:0576/82401176、15967025453
传真:89226109
网址:www. jiajue. com
电子信箱:admin@ jiajue. com
法定代表人:蔡卫民
单位人数:1000
质量体系:ISO 9001、ISO 14001
产品情况:(嘉爵牌、Joyrace 牌)
年生产摩托车 30 万台及发动机 50 万台
出口情况:出口欧洲、美国、南美洲、非洲、东南亚等 200 多个国家和地区

★浙江天鹰机车有限公司
地址:浙江省台州市路桥区新桥镇新大街 211 号
邮编:318055
电话:0576/80267000
网址:www. cntym. com
电子信箱:info@ cntym. com
法定代表人:张文祥
质量体系:ISO 9001、ISO 14001
产品情况:(天鹰牌、新本牌)
50mL、80mL、100mL、110mL、125mL、150mL、250mL 等排量摩托车;具备年产 30 万辆摩托车和 30 万台发动机生产能力

出口情况:出口亚洲、欧洲、美洲等地区近 40 个国家

★绿佳车业科技股份有限公司
地址:浙江省台州市临海杜桥镇南工业发展区
邮编:318057
电话:4001827777
传真:0576/82617999
网址:www. zj - lvjia. com
电子信箱:zjlvjia@ zj - lvjia. com
法定代表人:王云龙
质量体系:ISO 9001、ISO 14001
产品情况:(绿佳牌)
产品覆盖豪华电动摩托车、电动自行车、电动三轮车、电动四轮车

★立马车业集团有限公司
地址:浙江省台州市路桥区蓬街工业园区
邮编:318057
电话:0576/82725677、4008818777
网址:www. shanghailima. com
法定代表人:罗华列
单位人数:4000
质量体系:ISO 9001
产品情况:(立马牌)
电动两轮摩托车

★浙江顺骐车业有限公司
地址:浙江省台州市椒江区滨海工业园区聚明路 301 号
邮编:318058
电话:0576/82968000、82608010
网址:www. zjs7. com
法定代表人:黄元东
单位人数:200
质量体系:ISO 9001
产品情况:(华田牌、嘉吉牌、飞翎牌)
50 ~ 250mL 系列摩托车及配套发动机
出口情况:远销美国、德国、意大利、捷克、奥地利等 20 多个国家和地区

★金浪科技有限公司
地址:浙江省台州市路桥区金清镇金林路 1111 号
邮编:318058
电话:0576/82899159
传真:82899159
网址:www. jinlangkj. com
电子信箱:info@ ariic - scooter. com
法定代表人:吴华聪
单位人数:400
质量体系:ISO 9001
产品情况:(金浪牌、迅达牌、大力神牌)
两轮轻便摩托车、两轮摩托车,具有年产 30 万台摩托车和 80 万台发动机的生产能力

★浙江绿源电动车有限公司
地址:浙江省金华市开发区工业园石城街 168 号
邮编:321016

电话:0579/82272528、4008877505
传真:82272946
网址:www.luyuan.cn
电子信箱:luyuanvehicle@luyuan.cn
法定代表人:倪捷
质量体系:ISO 9001、ISO 14001
产品情况:(绿源牌)
电动摩托车等

★浙江阿波罗摩托车制造有限公司
地址:浙江省武义县泉溪镇金岩山工业区
邮编:321200
电话:0579/87720888、87720886
传真:87720707
网址:www.apollovehicle.com
电子信箱:apollo@apollovehicle.com
法定代表人:应儿
单位人数:330
质量体系:ISO 9001、ISO 14001
产品情况:(行星牌)
两轮摩托车、两轮轻便摩托车
出口情况:远销欧洲、美国、加拿大、澳大利亚、非洲、东南亚地区

★浙江长铃川豹摩托车有限公司
地址:浙江省永康市城西新区花城东路189号
邮编:321300
电话:0579/89265591、89265586
传真:87433388
网址:www.zjclcb.com
法定代表人:徐雄峰
质量体系:ISO 9001
产品情况:(长铃牌、川豹CB牌)
三轮摩托车、两轮摩托车

★浙江涛涛车业股份有限公司
地址:浙江省丽水市缙云县新碧街道新元路10号
邮编:321400
电话:0578/3185828、3185851
传真:3181898
网址:www.taotaoatv.com
电子信箱:info@taotaomotor.com
法定代表人:曹马涛
质量体系:ISO 9001、ISO 14001
产品情况:全地形车、摩托车、卡丁车、高尔夫球车、电动车、助力车、非公路用两轮摩托车及发动机
出口情况:在美国、加拿大投资建设了多家销售公司

福建省

★厦门厦杏摩托有限公司
地址:福建省厦门市集美区西滨路99号
邮编:361022
电话:0592/6211166、6211159
网址:www.xsmt.com
电子信箱:sym-xsmt@qq.com
法定代表人:吴清源
质量体系:ISO 9001、ISO 14001
产品情况:(厦杏三阳牌)
中华系列、中华狼系列、HUSKY、中华战马及警车系列、风速系列、悍将系列、GR系列、JET POWER、tini、CROX及魅力系列等30多个系列摩托车
出口情况:出口欧洲、美洲、日本、韩国、非洲、印度、东南亚等80多个国家和地区

山东省

★济南轻骑摩托车有限公司
地址:济南市历下区和平路34号
邮编:250014
电话:0531/86599882
传真:86599889
网址:www.qingqi.com.cn
电子信箱:jnqq@qingqi.com.cn
法定代表人:刘旭东
质量体系:ISO 9001
产品情况:(轻骑牌、标致牌、达飞尔牌、先锋牌)
年产摩托车80万辆、发动机100万台
出口情况:出口欧洲、美国市场

★济南轻骑铃木摩托车有限公司
地址:济南市高新技术开发区孙村片区科创路1999号
邮编:250101
电话:0531/88876861
传真:88876862
网址:www.qssuzuki.com.cn
电子信箱:ggkly@jnsuzuki.cn
法定代表人:宋乐刚
质量体系:ISO 9001、ISO 14001
产品情况:(轻骑·铃木牌)
两轮摩托车
出口情况:远销韩国、哥伦比亚、尼日利亚等国家,并返销日本

★济南轻骑标致摩托车有限公司
地址:济南市高新技术开发区孙村片区科航路1988号
邮编:250104
电话:0531/58839028
网址:www.peugeotscooters.com.cn
电子信箱:linrufeng@jnqqpm.com
法定代表人:刘旭东
质量体系:ISO 9001
产品情况:[标致(PEUGEOT)牌、轻骑牌]
两轮摩托车

★山东时风(集团)有限责任公司
地址:山东省高唐县时风路1号
邮编:252800
电话:0635/3953153、3959771
网址:www.shifeng.com.cn
电子信箱:sfjtpgz@163.com
法定代表人:刘成强
单位人数:30000
质量体系:ISO 9001
产品情况:(时风牌)
电动正三轮摩托车等

★雷沃重工股份有限公司
地址:山东省潍坊市坊子区北海南路192号
邮编:262200
电话:0536/7602065
网址:www.lovol.com.cn
电子信箱:ftgsdsb@163.com
法定代表人:王桂民
单位人数:15000
质量体系:ISO 9001
产品情况:(福田五星牌)
正三轮摩托车、电动正三轮摩托车等
出口情况:远销欧洲、非洲、南亚、东南亚等地区

★比德文控股集团有限公司
地址:山东省潍坊市昌乐比德文路比德文产业园
邮编:262404
电话:0536/68568850、4006583111
网址:www.byvin.cn
电子信箱:gggxb@byvin.cn
法定代表人:李国欣
质量体系:ISO 9001
产品情况:(比德文牌)
电动汽车、电动自行车、电动三轮车

★青州大金马摩托车有限公司
地址:山东省青州市经济开发区东京路3081号
邮编:262500
电话:0536/3524635、3524086
传真:3295102
网址:www.sinorunhorse.com
电子信箱:djinma@163.com
法定代表人:崔峰
质量体系:ISO 9001
产品情况:(金马牌)
斗式重型载货三轮摩托车、保温厢式重型三轮摩托车、客货两用车、助残车、老年车等

★山东中铃车辆制造有限公司
地址:山东省泰安市宁阳县城南外环路华阳大街中段768号
邮编:271400
电话:0538/5611888、13325279888
网址:www.zlddkj.cn
电子信箱:sdzlqc@163.com
法定代表人:王明东
质量体系:ISO 9001
产品情况:(恒阔牌、英鹤牌、真爱牌、中翎牌)
电动正三轮摩托车、电动两轮摩托车等

★山东北易车业有限公司
地址:山东省临沂市工业园区大阳路中段东侧
邮编:276006

电话:0539/8520129、8520200
网址:www. sdbeiyi. cn
电子信箱:sdbycyyxgs@ 126. com
法定代表人:贾丙余
单位人数:500
质量体系:ISO 9001
产品情况:(大阳牌)
货运车、老年车、助残车、旅游观光车、休闲娱乐车、全包三轮客车和半包货车等各种三轮摩托车、三轮电动车

河南省

★河南丰收新能源车辆有限公司
地址:河南省新乡市牧野区北环路西段
邮编:453000
电话:4000373300
传真:0373/2191100
网址:www. fengshou8888. com
电子信箱:feierxinxiang@ 163. com
法定代表人:武清绪
质量体系:ISO 9001、OHSAS 18001
产品情况:(丰收牌)
大功率电动载货三轮车、电动四轮观光车和电动四轮运输车

★河南力之星三轮摩托车制造有限公司
地址:河南省新乡市北环路西段 188 号
邮编:453002
电话:0373/2695333、4000373500
网址:www. hnlzx. cn
电子信箱:530418727@ qq. com
法定代表人:李文军
单位人数:1000
质量体系:ISO 9001、ISO 14001
产品情况:[力之星(ZIPSTAR)牌]
三轮摩托车、三轮电动车

★河南新鸽摩托车有限公司
地址:河南省新乡市牧野区新七街与纬七路交叉口向东 100 米
邮编:453002
电话:0373/2666088、4006592115
网址:www. xin - ge. com. cn
电子信箱:xinge11@ 163. com
法定代表人:宋方
质量体系:ISO 9001、ISO 14001
产品情况:(新鸽牌)
年产 10 万辆新能源四轮车,60 万辆三轮摩托车及三轮电动车

★河南富源鑫洋车业有限公司
地址:河南省新乡市北环路西段
邮编:453200
电话:0373/5272030、4007173731
传真:2191883
网址:www. xinyangdd. com
电子信箱:2448830680@ qq. com
法定代表人:李秀梅
单位人数:700
质量体系:ISO 9001、ISO 14001
产品情况:(富鑫洋牌、大义牌、鑫合力牌)
电动三轮摩托车、电动三轮车、电动平板车、半封闭电动三轮车、电动场地观光车

★河南力帆树民车业有限公司
地址:河南省平顶山市叶县产业集聚区
邮编:467200
电话:0375/8053568、13569580632
传真:8096758
网址:www. lifancheye. com
电子信箱:mail@ lifan. com
法定代表人:张兴余
质量体系:ISO 9001
产品情况:(力帆牌)
电动正三轮摩托车、正三轮摩托车,设计年产 20 万辆三轮摩托车和 15 万辆新能源车辆

★河南隆鑫机车有限公司
地址:河南省叶县文化路东段隆鑫工业园
邮编:467200
电话:0375/2311888、4008040377
传真:2311888
网址:www. henanloncin. com
电子信箱:351012328@ qq. com
法定代表人:曾长飞
单位人数:1300
质量体系:ISO 9001、ISO 14001
产品情况:(隆鑫牌)
正三轮摩托车、老年车、全封闭、半封闭、助残、工程等三轮摩托车
出口情况:出口东南亚、非洲等多个国家和地区

★河南北摩车业有限公司
地址:河南省洛阳市西工区中迈红东方 19 楼东
邮编:471000
电话:0379/61115551
网址:www. hnbmcy. com
电子信箱:1085894792@ qq. com
法定代表人:仝进峰
质量体系:ISO 9001
产品情况:(宝雕翔 BDX 牌)
三轮摩托车、电动三轮车、摩托车零部件等
出口情况:出口东南亚、非洲、欧美等国家和地区

★洛阳北方企业集团有限公司
地址:河南省洛阳市涧西区徐家营
邮编:471031
电话:0379/65111111、65111908
传真:64937881
网址:www. lybq. cn
电子信箱:ljmoto@ 126. com
法定代表人:张宏
质量体系:IATF 16949、ISO 9001
产品情况:(洛嘉牌、大阳牌)
弯梁、踏板、骑式系列摩托车,两轮轻便摩托车,正三轮摩托车,两轮摩托车,电动正三轮摩托车,电动两轮摩托车

★洛阳北方易初摩托车有限公司
地址:河南省洛阳市涧西区徐家营洛宜路
邮编:471031
电话:0379/65118403
传真:64937591、64937179
网址:www. dayangmotorcycle. com
电子信箱:dayang@ 126. com
法定代表人:张宏
质量体系:ISO 9001、OHSAS 18001
产品情况:(大阳牌)
年产 100 万辆摩托车、120 万台发动机和 60 万辆三轮车、50 万辆电动车、10 万辆四轮低速电动车
出口情况:远销美国、日本、英国、法国、荷兰等 20 多个国家和地区

★洛阳北易三轮摩托车有限公司
地址:河南省洛阳市岳滩工业区
邮编:471921
电话:0379/65101668、65070909
传真:67616589
网址:www. dayangsanlun. cn
电子信箱:1121938719@ qq. com
法定代表人:周笑三
单位人数:800
质量体系:ISO 9001
产品情况:(大阳牌)
50 ~ 250mL 的正三轮摩托车、老年休闲车、电动三轮车等
出口情况:远销多个国家和地区

★洛阳珠峰华鹰三轮摩托车有限公司
地址:河南省洛阳市珠峰工业园
邮编:471921
电话:0379/67621191、67611149
传真:67616593、67628766
网址:www. zf - ky. com
电子信箱:xuyanfang001@ 126. com
法定代表人:张耀卿
质量体系:ISO 9001、ISO 14001
产品情况:(华鹰牌、耀隆牌、珠峰牌)
正三轮摩托车、电动正三轮摩托车

★洛阳北方大河三轮摩托车有限公司
地址:河南省偃师市岳滩镇
邮编:471921
电话:0379/67619558、15290578882
网址:www. lydhmt. com
电子信箱:lybfdh_6199@ 163. com
法定代表人:张建伟
单位人数:400
质量体系:ISO 9001
产品情况:(大河牌、大阳牌、洛嘉牌、东方红牌)
正三轮摩托车、三轮助力车

广东省

★广州大运机车有限公司
地址:广州市花都区三东大道 12 号
邮编:510800
电话:020/86965966、36891006
传真:86965966、86965655

网址:www. gzdayang. com
电子信箱:office@ gzdayang. com
法定代表人:远勤山
单位人数:1800
质量体系:ISO 9001
产品情况:(大阳牌、大运牌、风驰牌)
跨骑式、踏板式、弯梁式摩托车,三轮摩托车,沙滩车,摩托车发动机、两轮摩托车
出口情况:远销亚洲、欧洲、美洲、非洲等地区

★广州大运摩托车有限公司
地址:广州市花都区新华街永发大道12号
邮编:510800
电话:020/86965966、4008890303
网址:www. gzdayang. com
电子信箱:397462745@ qq. com
法定代表人:远勤山
质量体系:ISO 9001、ISO 14001
产品情况:(大运牌、风驰牌)
具有年产150万辆整车和200万台发动机的生产能力
出口情况:出口亚洲、欧洲、美洲、非洲多个国家和地区

★广州三雅摩托车有限公司
地址:广州市从化区城郊街新开埔顶
邮编:510920
电话:020/87916128、4007003838
传真:87911823
网址:www. sanyamotor. com
电子信箱:syzzhj@ 126. com
法定代表人:李榕炘
单位人数:600
质量体系:ISO 9001、ISO 14001
产品情况:(三雅牌、SANYA牌)
摩托车和电动车
出口情况:出口60多个国家和地区

★广州天马集团天马摩托车有限公司
地址:广州市从化区从樟路3号
邮编:510925
电话:13926197589
网址:www. ktm. cn
电子信箱:office@ ktm. cn
法定代表人:刘维嘉
单位人数:700
质量体系:ISO 9001
产品情况:(天马TIANMA牌、KTM牌)
50~250mL排量的骑式、弯梁、踏板车系列摩托车
出口情况:远销欧洲、美洲、非洲、东南亚、中东等地区

★广州松铃工业有限公司
地址:广州市从化区明珠工业园宝聚路1-2号
邮编:510931
电话:020/87866273、37928102
传真:87866273
网址:www. sonlink - motor. com
电子信箱:business@ sonlink - motor. com
法定代表人:吴乐辉
单位人数:600
质量体系:ISO 9001、ISO 14001
产品情况:(松铃牌)
正三轮摩托车,具有年生产摩托车30万台,发动机40万台的能力
出口情况:远销南美洲、中东、欧亚、非洲等多个国家和地区

★康超集团广州摩托车制造有限公司
地址:广州市增城区石滩镇上塘村石三公路北侧
邮编:511325
电话:020/32803828
传真:32803838
网址:www. chinakangchao. com
电子信箱:yochixsgs@ 126. com
法定代表人:吕清波
质量体系:ISO 9001
产品情况:(洪雅牌、雅奇牌、冠军牌)
跨骑式、踏板式、弯梁式摩托车,越野车等摩托车,摩托车发动机
出口情况:出口非洲、南美洲、欧洲、亚洲等地区

★广州飞肯摩托车有限公司
地址:广州市增城区石滩镇新城大道8号
邮编:511330
电话:020/32896222、32899666
传真:32896205
网址:www. fekonmotor. com
电子信箱:fekon888@ 126. com
法定代表人:刘凯
质量体系:ISO 9001
产品情况:(飞肯牌)
汽油三轮车、电动三轮车和新能源电动四轮汽车、电动两轮摩托车
出口情况:出口中东、南美洲、非洲等多个国家和地区

★广州豪进摩托车股份有限公司
地址:广州市增城新塘镇荔新公路豪进工业园
邮编:511340
电话:020/82799999
传真:82799058
网址:www. haojin. com. cn
电子信箱:marketing@ haojin. com. cn
法定代表人:黄远东
单位人数:1800
质量体系:ISO 9001、ISO 14001
产品情况:(凌肯牌、豪进牌)
骑式车、踏板车、弯梁车、沙滩车、两轮摩托车,电动正三轮摩托车、电动两轮摩托车等
出口情况:远销世界五大洲60多个国家和地区

★五羊-本田摩托(广州)有限公司
地址:广州市增城区新塘镇永和新新六路1号
邮编:511356
电话:020/32989888
传真:3289782
网址:www. wuyang - honda. com
电子信箱:yangyang798@ wuyang - honda. com
法定代表人:陈茂善
质量体系:ISO 9001、IATF 16949
产品情况:[五羊-本田牌、本田(HONDA)牌、五羊牌]
骑式车、踏板车、弯梁车、新能源摩托车等
出口情况:出口近50个国家和地区

★广州五羊摩托有限公司
地址:广州市番禺区东环街市广路290号
邮编:511443
电话:020/31132242、85821006
传真:31132242、85821175
网址:www. wuyangmotor. com
电子信箱:wuyang@ wuyangmotor. com
法定代表人:梁君
单位人数:500
质量体系:ISO 9001、ISO 14001
产品情况:(五羊牌)
覆盖排量50~250mL的摩托车;已形成年产50万台发动机和50万辆整车的综合生产能力
出口情况:远销欧洲、东南亚、南美洲、非洲等多个国家和地区

★广州市华烨电瓶车科技有限公司
地址:广州市南沙区榄核镇民生路113-3,华纳工业园内
邮编:511480
电话:020/39189695、39189579
网址:www. huaye - ecar. com
电子信箱:syqmotor@ qq. com
法定代表人:黄永东
质量体系:ISO 9001
产品情况:(飞鹰牌、FYM牌)
专业生产两轮及四轮电动车系列产品;具有年产四轮电动车1.2万台、两轮摩托车12万台、摩托车车架20万台的生产能力
出口情况:成功进入美国、欧洲、大洋洲以及东南亚市场,并销往中国台湾地区

★广东富兴摩托车实业有限公司
地址:广东省兴宁市纺织路88号
邮编:514500
电话:0753/3351662、3351259
传真:3329668、3333668
网址:www. haobaomotor. com
电子信箱:haobao@ haobaomotor. com
法定代表人:徐毅坚
单位人数:300
质量体系:ISO 9001
产品情况:(豪豹牌)
摩托车及发动机

★珠海珠江车业有限公司
地址:广东省珠海市金湾区小林联港工业区双林片区创业北路1号
邮编:519045
电话:0756/3980665、3980666
传真:3980699
网址:www. zjmt. com

电子信箱:zhzjcy@ zjmt. com
法定代表人:简兆华
单位人数:400
质量体系:ISO 9001
产品情况:(珠江牌)
摩托车、摩托车发动机及其零配件
出口情况:远销非洲、亚洲、南美洲、东欧等 20 多个国家和地区

★东莞市台铃车业有限公司
地址:广东省东莞市大岭山镇百花洞村凤凰路 92 号
邮编:523828
电话:4000589988
传真:0769/38922980
网址:www. tailg. com. cn
电子信箱:327749884@ qq. com
法定代表人:孙金銮
质量体系:ISO 9001、ISO 45001
产品情况:(台铃牌)
电动自行车与电动摩托车,年产能逾 400 万辆
出口情况:远销欧美等 70 多个国家和地区

★宗申·比亚乔佛山摩托车企业有限公司
地址:广东省佛山市禅城区振兴路
邮编:528000
电话:0757/82309253
传真:82309520
网址:www. piaggio. com. cn
电子信箱:sales@ piaggio. com. cn
法定代表人:胡显源
质量体系:ISO 9001
产品情况:(宗申·比亚乔牌、力之星牌、宗申·艾普瑞利亚牌、宗申牌、比亚乔牌)
骑式、踏板式摩托车

★佛山市佛斯弟摩托车制造有限公司
地址:广东省佛山市三水区芦苞镇懿龙路 5 号
邮编:528000
电话:0757/88353977、88356861
网址:www. fosti. com. cn
电子信箱:fosti1@ fosti. com. cn
法定代表人:王雯
质量体系:ISO 9001
产品情况:(富先达牌、佛斯弟牌)
骑式、踏板、弯梁系列摩托车,摩托车发动机
出口情况:远销欧洲、美洲、非洲、中东等 20 多个国家和地区

★广东大冶摩托车技术有限公司
地址:广东省江门市江海区金瓯路 188 号
邮编:529000
电话:0750/3883333
传真:3883148、3883003
网址:www. tayomotor. com
电子信箱:xsb01@ tayomotor. com
法定代表人:景文玲
单位人数:1600
质量体系:ISO 9001、ISO 14001
产品情况:(豪江牌、升仕牌、启典牌、夏朋牌)
骑式车、踏板车、弯梁车等中小排量摩托车
出口情况:出口欧洲、东南亚、南美洲等地区

★江门市华龙摩托车有限公司
地址:广东省江门市蓬江区棠下镇富棠南路 15 号厂区
邮编:529000
电话:0750/3598586、3598366
传真:3598996
网址:www. hualongmotorcycle. cn
电子信箱:hualongmoto2008@ 163. com
法定代表人:李伟才
单位人数:200
质量体系:ISO 9001
产品情况:(奔野牌)
100mL、125mL、150mL 等排量跨骑式、踏板式、弯梁式、越野系列摩托车、两轮摩托车、正三轮摩托车

★江门市迪豪摩托车有限公司
地址:广东省江门市宏达工业区建达北路 7 号
邮编:529030
电话:0750/3210170
传真:3230960
网址:www. dihaomotor. com
电子信箱:dihao@ dihaomotor. com
法定代表人:黄爱国
质量体系:ISO 9001
产品情况:(豪天牌、火鸟牌)
骑式、弯梁式、踏板式摩托车及发动机、两轮轻便摩托车
出口情况:远销欧洲、中东、非洲、南美洲、东南亚等地区

★江门市大长江集团有限公司
地址:广东省江门市建达北路 5 号
邮编:529030
电话:0750/3288999
传真:3288333
网址:www. haojue. com
电子信箱:sale@ haojue. com
法定代表人:王大威
单位人数:9000
质量体系:ISO 9001、ISO 14001
产品情况:(SUZUKI 牌、豪爵牌)
豪爵系列骑式车、铃木系列骑式车、踏板车、弯梁车、警车、两轮摩托车
出口情况:出口 80 多个国家和地区

★江门市珠峰摩托车有限公司
地址:广东省江门市蓬江区杜阮南路 7 号骑龙山工业区
邮编:529075
电话:0750/3399950、3399939
传真:3399951
网址:www. newzf - ky. com
电子信箱:949582095@ qq. com
法定代表人:陈黎阳
单位人数:300
质量体系:ISO 9001
产品情况:(凯亚迪牌、珠峰牌、华鹰牌)
年产摩托车可达 20 万台,发动机 20 万台

★轻骑集团江门光速摩托车有限公司
地址:广东省江门市蓬江区凤飞云工业区 A - 1 号
邮编:529075
电话:0750/3656887、4006386669
传真:3658653
网址:www. gs - suzuki. cn
电子信箱:jmgs - qw@ gs - suzuki. com
法定代表人:宿明新
质量体系:ISO 9001
产品情况:(光速牌、凯剑牌)
涵盖重型街跑、弯梁系、跨骑系、街跑系、踏板系五大系列、30 多个车款

★江门市长华集团有限公司
地址:广东省江门市蓬江区棠下镇富棠二路 22 号
邮编:529085
电话:0750/3599133
传真:3599122
网址:www. motorchanghua. com
法定代表人:陈细池
质量体系:ISO 9001
产品情况:(三野 MISNO 牌、萝馬 MONMA 牌、田洋 TANYAN 牌、嘉迈 GAMY 牌、圣火神 SHUOS 牌)
中小排量两轮摩托车、三轮摩托车及电动摩托车
出口情况:远销欧洲、中东、非洲、南美洲、东南亚等地区

★鹤山国机南联摩托车工业有限公司
地址:广东省鹤山市沙坪莺朗工业区 680 号
邮编:529700
电话:0750/8828890、8826315
网址:www. senkemotor. com
电子信箱:senke@ 21cn. com
法定代表人:张小风
单位人数:490
质量体系:ISO 9001、ISO 14001
产品情况:(森科牌、哈里牌、SENKO 牌)
50 ~ 250mL 的骑式车、踏板车、儿童车、沙滩车、两轮摩托车等
出口情况:出口东南亚、南美洲、中东、非洲、欧洲等 60 多个国家和地区

★江门鸿雅科技有限公司
地址:广东省江门市鹤山沙坪石湖路 893 号
邮编:529799
电话:18688556709
网址:www. hongya - motor. com
电子信箱:yifeng@ hongya - motor. com
法定代表人:雷小虎
质量体系:ISO 9001
产品情况:(鸿雅牌、鸿怡牌)

两轮摩托车,具备年产20万台发动机、50万辆电动摩托车、30万辆摩托车的生产能力

广 西

★广西银钢南益制造有限公司
地址:南宁市东盟经济园区武华大道18号
邮编:530105
电话:0771/6301828、8008790008
传真:6301828
网址:www.nanyimotorcycles.net
法定代表人:潘德芬
质量体系:ISO 9001
产品情况:(南益牌)
两轮摩托车、三轮摩托车、电动车

重庆市

★重庆嘉陵嘉鹏工业有限公司
地址:重庆市井口工业园区
邮编:400033
电话:023/65189504、8008076007
网址:www.jiapeng.cn
电子信箱:jialing@public.cta.cq.cn
法定代表人:舒元勋
单位人数:155
质量体系:ISO 9001、ISO 14001
产品情况:(嘉陵牌、嘉鹏牌)
100~250mL系列摩托车、踏板车、发动机、通用机械等
出口情况:畅销10多个国家和地区

★重庆望江摩托车制造有限公司
地址:重庆市沙坪坝区井口镇兰溪经济园40号
邮编:400033
电话:023/65150111、4008899625
网址:www.wonjan.cn
电子信箱:cqwonjan@163.com
法定代表人:叶红兵
质量体系:ISO 9001
产品情况:(天地游侠牌、望江牌、望龙牌、望江-SUZUKI牌)
骑式、弯梁、踏板摩托车,警用摩托车等,具备年产摩托车50万辆、发动机60万台的能力
出口情况:远销南美洲、中东、东南亚等30多个国家和地区

★重庆环松科技工业有限公司
地址:重庆市长寿区晏家街道29号
邮编:400052
电话:023/61020566、13908367837
传真:61020581
网址:www.hisunmotor.cn
电子信箱:1010931156@qq.com
法定代表人:李松
单位人数:2500
质量体系:IATF 16949、ISO 9001
产品情况:(环松牌)
摩托车、两轮摩托车、摩托艇、沙滩车、雪地车、发动机、通用机械等
出口情况:远销北美洲、南美洲、欧洲、非洲、东南亚、大洋洲等地区

★隆鑫通用动力股份有限公司
地址:重庆市九龙坡区九龙工业园C区聚业路116号隆鑫C区
邮编:400052
电话:023/89067516、4006369980
传真:89028051
网址:www.loncinindustries.com
电子信箱:service@loncinindustries.com
法定代表人:涂建华
产品情况:(隆鑫牌、劲隆牌)
两轮摩托车、发动机、新能源机车及汽车零部件等

★重庆建设·雅马哈摩托车有限公司
地址:重庆市九龙坡区九龙园区B区华成路1号
邮编:400052
电话:023/86901030
网址:www.jym.com.cn
电子信箱:jymaster@yamaha-motor.com.cn
法定代表人:吕红献
单位人数:2300
质量体系:ISO 9001、ISO 14001
产品情况:(建设-雅马哈牌、劲豹牌、劲龙牌、风帆牌、天剑牌)
天剑YBR125,天剑王YBR250,天戟YBR125E,劲悍YBR125SP,劲龙JYM250太子车,劲飚JYM200城市跑车,劲豹JYM150,劲虎JYM150摩托车,TT-R50儿童越野车,劲龙JYM250J、JYM150J公安车、公务车等
出口情况:出口欧洲、美国、加拿大、菲律宾等国家和地区

★重庆赛科龙摩托车制造有限公司
地址:重庆市巴南区炒油场宗申工业园
邮编:400054
电话:023/66372927
网址:www.zongshenmotor.com
电子信箱:service@zongshen.cn
法定代表人:杨明发
质量体系:ISO 9001、ISO 14001
产品情况:(力之星牌)
LZX125-36、LZX125T-15等型摩托车

★重庆建设汽车系统股份有限公司
地址:重庆市巴南区花溪工业园建设大道1号
邮编:400054
电话:023/68627355、66297133
网址:www.jianshe.com.cn
电子信箱:js_xc@jianshe.com.cn
法定代表人:吕红献
质量体系:ISO 9001、IATF 16949
产品情况:(建隆牌、帅雅牌、建设牌、重庆牌)
专注于车用空调压缩机、摩托车及其零部件的研发、制造
配套及出口情况:为吉利汽车、长安汽车、上汽集团、法国标致、东风日产、长安铃木、长城汽车、东风小康、江淮、众泰汽车等知名企业配套;远销27个国家和地区

★重庆航天巴山摩托车制造有限公司
地址:重庆市巴南区康超路1号
邮编:400054
电话:023/89090611、13452111199
传真:89090611、89808383
网址:www.chinabashan.com
电子信箱:sale@chinabashan.com
法定代表人:吕清波
质量体系:ISO 9001
产品情况:(巴山牌、康超牌、雅奇牌)
两轮摩托车、三轮摩托车、沙滩车、正三轮摩托车、发动机

★重庆宗申机车工业制造有限公司
地址:重庆市巴南区渝南大道128号宗申工业园
邮编:400054
电话:023/66372907、4007003088
传真:66372200、66372151
网址:zongshen.cn
电子信箱:zongshen@zongshen.cn
法定代表人:刘钢
单位人数:1300
质量体系:ISO 9001、ISO 14001
产品情况:(宗申牌、力之星牌、赛科龙牌)
燃油摩托车、电动摩托车,摩托车零部件、汽车零部件等;具备年产燃油摩托车、电动摩托车和三轮摩托车400万辆、关键零部件700万件的生产能力
出口情况:出口80多个国家和地区,并在美国、菲律宾、巴基斯坦、哥伦比亚、尼日利亚、墨西哥等国家设立销售公司或办事处

★宗申产业集团有限公司
地址:重庆市巴南区渝南大道128号宗申工业园
邮编:400054
电话:4007003088
网址:www.zongshen.cn
电子信箱:zongshen@zongshen.cn
法定代表人:左宗申
质量体系:ISO 9001
产品情况:(宗申牌)
摩托车,摩托车发动机,电动三轮、四轮汽车,汽车、摩托车零部件,无线充电、电动动力等新能源产品
出口情况:远销欧洲、美洲、中东、东南亚、非洲100多个国家和地区

★重庆恒胜集团有限公司
地址:重庆市九龙坡区九龙园区火炬大道12号
邮编:400080
电话:023/68905688
传真:61669563
网址:www.hensim.com
电子信箱:hensim1998@126.com

法定代表人:万迅
质量体系:ISO 9001
产品情况:(恒胜牌、黄河牌、富威牌)
骑式车、弯梁车、太子车、两轮轻便摩托车、两轮摩托车、正三轮摩托车、越野车、沙滩车、卡丁车、发动机等
出口情况:远销美国、加拿大、越南、印度尼西亚、菲律宾、马来西亚、柬埔寨、老挝、缅甸、智利、尼日利亚、南非等国家和地区

★力帆实业(集团)股份有限公司
地址:重庆市北碚区蔡家岗镇凤栖路 16 号
邮编:400707
电话:023/61663000、4007350002
传真:61663777
网址:www. lifan. com
电子信箱:mail@ lifan. com
法定代表人:牟刚
单位人数:7381
质量体系:ISO 9001、ISO 14001
产品情况:(力帆牌、轰轰烈牌)
摩托车、汽车、发动机等
出口情况:出口俄罗斯、缅甸等 163 个国家

★重庆银钢科技(集团)有限公司
地址:重庆市北碚区同兴南路 71 号银钢科技园
邮编:400709
电话:023/68327019、4008096638
传真:68327097
网址:www. cqyingang. com
电子信箱:info@ cqyingang. com
法定代表人:伍毅
质量体系:ISO 9001
产品情况:(本一牌、银钢牌、YGC)
正三轮摩托车、两轮摩托车、电动两轮摩托车、发动机
出口情况:出口东南亚、美洲、欧洲、中东等几十个国家和地区

★重庆双庆产业集团有限公司
地址:重庆市渝北区空港工业园 A070-1、A093-1 号
邮编:401120
电话:023/67145723、67145005
传真:67145700、68431749
网址:www. hijoymotor. com
电子信箱:sale@ hijoymotor. com
法定代表人:冉庚枢
质量体系:ISO 9001
产品情况:(金山牌、双庆牌、嘉冠牌、东宏牌、华骏牌)
骑式、弯梁、踏板、太子系列摩托车,越野车,沙滩车,三轮车,正三轮摩托车,两轮轻便摩托车,两轮摩托车,发动机
出口情况:远销东南亚、中亚、中东、南美洲、北美洲、东欧、非洲、俄罗斯等 40 多个国家和地区

★重庆银翔摩托车(集团)有限公司
地址:重庆市渝北区空港经济开发区空港大道 822 号
邮编:401120
电话:023/81663023
网址:www. yinxianggroup. com
电子信箱:yinxiang@ yinxianggroup. com
法定代表人:张平
质量体系:ISO 9001
产品情况:[银翔牌、合速 HS 牌、先风牌、骥达牌、幻速(HS)牌]
年生产能力达 150 万辆摩托车、250 万台发动机、80 万台通机

★重庆大隆宇丰摩托车制造有限公司
地址:重庆市大足区万古工业园区
邮编:401300
电话:023/81986407
传真:65220055
网址:www. dalongyufeng. com
电子信箱:493886110@ qq. com
法定代表人:李静
单位人数:600
质量体系:ISO 9001
产品情况:(风火轮牌、凯撒牌)
FHL150、100、110、125、200 等系列摩托车;具备年产 30 万台发动机,20 万辆摩托车的生产能力
出口情况:出口东南亚、南美洲等地区

★重庆黄河摩托车有限公司
地址:重庆市九龙坡区铜陶北路 111 号
邮编:401300
电话:13883560350
网址:www. huanghemt. com
法定代表人:王保军
质量体系:ISO 9001
产品情况:(黄河牌、富威牌)
两轮摩托车、正三轮摩托车
出口情况:远销亚洲、非洲、拉丁美洲、南美洲等地区

★重庆双狮摩托车制造有限公司
地址:重庆市巴南区金竹街 3 号
邮编:401320
电话:023/6623083、13983883687
网址:www. cqssmt. com
电子信箱:574367451@ qq. com
法定代表人:陈厚智
质量体系:ISO 9001、ISO 14001
产品情况:(双狮牌)
生产骑式、座式、踏板、三轮系列摩托车 60 余个品种以及 100mL 卧立、CG125、150mL 系列发动机
出口情况:出口北美洲、南美洲、西欧、东亚、东南亚、中东、非洲

★重庆广益摩托车有限公司
地址:重庆市江津区珞璜工业园 B 区
邮编:401329
电话:023/68885387、13399837200
传真:68885387
网址:www. cqgymt. com
电子信箱:xyghgz@ 163. com
法定代表人:但功远
质量体系:ISO 9001
产品情况:(新阳光牌)
各种燃油/电动三轮摩托车
出口情况:远销沙特阿拉伯、巴基斯坦、墨西哥、巴西、南非、尼日利亚、俄罗斯、乌克兰等 30 多个国家和地区

★重庆鑫源摩托车股份有限公司
地址:重庆市九龙坡区含谷镇鑫源路 8 号
邮编:401329
电话:023/65733005
传真:65733599
网址:www. shineray. com. cn
电子信箱:dmd@ shineray. com
法定代表人:龚大兴
单位人数:6000
质量体系:ISO 9001、ISO 14001
产品情况:(鑫源牌)
两轮摩托车、沙滩车、正三轮摩托车,发动机
出口情况:远销全球 100 多个国家和地区

★重庆金翌昌博车业有限责任公司
地址:重庆市合川工业园区
邮编:401520
电话:023/47632348、13983205039
传真:47584671
网址:cn. champmotor. com
电子信箱:sales@ chang – ming. com
法定代表人:李洪荣
质量体系:ISO 9001
产品情况:(昌博牌)
正三轮摩托车、电动正三轮摩托车、两轮摩托车、电动两轮摩托车
出口情况:远销美国、欧洲、非洲等国家和地区

★重庆广本万强摩托车制造有限责任公司
地址:重庆市北碚区北汽银翔新城广本万强工业园
邮编:401533
电话:023/42653332
传真:42653332
网址:www. wqmoto. com
法定代表人:贾万和
质量体系:ISO 9001
产品情况:(克尔维特牌)
两轮摩托车等

★重庆众朋实业有限公司
地址:重庆市江津区珞璜工业园 B 区
邮编:402283
电话:023/47681166
网址:www. cqzpsy. com
电子信箱:470513051@ qq. com
法定代表人:肖阳
质量体系:ISO 9001
产品情况:(鹏田牌、琦丰牌、聖嘉牌、渝峰牌、长久牌、宗虎牌)
两、三轮摩托车及发动机等零配件,三轮车生产能力 15 万辆,两轮车生产能力 5 万辆,发动机生产能力 20 万台

★重庆众沃车业有限公司
地址:重庆市江津区珞璜工业园 B 区
邮编:402283
电话:023/47600372
传真:47600377
网址:www. cqzonlon. com
电子信箱:2374677371@ qq. com
法定代表人:郭庆均
单位人数:500
质量体系:ISO 9001
产品情况:(宗隆牌)
三轮摩托车及相关配套产品
出口情况:远销欧洲、北美洲、南美洲、大洋洲、亚洲、非洲等地区

★重庆万虎机电有限责任公司
地址:重庆市江津区珞璜工业园 B 区云港大道 6 号
邮编:402283
电话:023/47632668
传真:47632618
网址:www. wanhumotor. com
电子信箱:arthur_yabo@ 163. com
法定代表人:李平
质量体系:ISO 9001
产品情况:(万虎牌、宗申牌、力之星牌)
三轮摩托车(含两轮摩托车、电动三轮车),四轮电动车,摩托车发动机、零配件等产品
出口情况:远销巴基斯坦、斯里兰卡、埃及、尼日利亚、秘鲁、墨西哥等国家

★重庆宗申车辆有限公司
地址:重庆市璧山区璧城街道金剑路 366 号
邮编:402760
电话:023/87382505、87382536
网址:www. cqzongshencl. com
法定代表人:袁理
质量体系:ISO 9001、ISO 14001
产品情况:新能源车辆、三轮摩托车、三轮电动车等产品

★重庆嘉陵工业有限公司
地址:重庆市璧山区璧泉街道永嘉大道 111 号
邮编:402760
电话:023/61952012、61952013
网址:www. jialing. com. cn
电子信箱:headoffice@ jialing. com. cn
法定代表人:张钊
质量体系:ISO 9001
产品情况:(嘉陵牌)
具备中小排量摩托车整车 60 万辆、发动机 80 万台,特种车成车 4000 辆的生产能力
出口情况:出口 90 多个国家和地区

★重庆珠峰大江摩托车有限公司
地址:重庆市璧山区来凤安乐村
邮编:402761
电话:023/41478111、15723237288
网址:www. cqzfdj. com
电子信箱:gx222606@ autoinfo. gov. cn
法定代表人:肖福禄
质量体系:ISO 9001
产品情况:(大江牌)
两轮摩托车

西　藏

★西藏新珠峰摩托车有限公司
地址:拉萨市北京中路 65 号
邮编:850006
电话:13989030829
传真:87382867
网址:www. newzf - ky. com
电子信箱:393721897@ qq. com
法定代表人:秦江
单位人数:300
质量体系:ISO 9001
产品情况:(赛阳牌、珠峰牌、华晖牌、华鹰牌、圣峰牌)
年产摩托车可达 20 万台,发动机 20 万台

陕西省

★陕西银翔金元车业有限公司
地址:西安市未央区六村堡工业园(西坡村)
邮编:710086
电话:029/84340612
传真:84340612、84340693
网址:www. jinvan. cn
电子信箱:xajinyuan@ 163. com
法定代表人:曾宪君
单位人数:300
质量体系:ISO 9001
产品情况:(金元牌)
人力三轮车、助力三轮车、电动三轮车、三轮摩托车等

第六部分

外国（地区）汽车公司、商社驻中国办事机构

❊ 外国（地区）汽车公司驻中国办事机构

❊ 外国（地区）汽车零部件公司、商社驻中国办事机构

外国(地区)汽车公司驻中国办事机构

企业详细介绍

☞ 企业如有变更,请与编辑部联系 ☎ 010/68426043、68420981

◉通用汽车(中国)投资有限公司(GM)
地址:上海市浦东新区金皖路56号
邮编:201206
电话:021/28987000
网址:www.gmchina.com
上汽通用汽车金融有限责任公司
地址:上海市浦明路160号财富广场F座
邮编:200120
电话:4008816336
网址:www.gmacsaic.net

◉福特汽车(中国)有限公司(FORD)
地址:上海市浦东新区世纪大道211号上海信息大厦33楼
邮编:200120
电话:021/38581500
网址:www.ford.com.cn
福特汽车金融(中国)有限公司
地址:上海市浦东新区芳甸路1155号浦东嘉里城办公楼19层、20层
邮编:201204
电话:021/20894666、4008883231
福特汽车工程研究(南京)有限公司
地址:南京市江宁经济技术开发区将军大道118号
邮编:211100
电话:025/51187000
传真:51187328
电子信箱:njstaff@ford.com

★ 北京梅赛德斯－奔驰销售服务有限公司(MERCEDES-BENZ)
地址:北京市朝阳区望京街8号院戴姆勒大厦
邮编:100102
电话:010/84173001、4008181188
传真:84173915
网址:www.mercedes－benz.com.cn
电子信箱:mbpress@mbclpresscenter.com.cn
总裁:倪恺
☞ 详细情况请参阅彩色宣传版面

◉戴姆勒大中华区投资有限公司(DAIMLER)
地址:北京市朝阳区望京街8号院戴姆勒大厦
邮编:100102
电话:010/84178888
传真:84173996
网址:www.daimler.com
梅赛德斯－奔驰汽车金融有限公司
地址:北京市朝阳区望京街8号院利星行广场C座6－9层
邮编:100102
电话:4008981888
网址:www.mercedes－benz－finance.com.cn

◉菲亚特克莱斯勒亚太投资有限公司(FIAT-CHRYSLER)
地址:上海市长宁区红宝石路500号A栋12楼
邮编:201103
电话:021/22187481、4006500118
网址:www.fcagroup.com

◉大众汽车(中国)投资有限公司(VOLKSWAGEN)
地址:北京市朝阳区七圣中街12号院1号楼
邮编:100027
电话:010/65313000
传真:85323232
网址:www.vw.com.cn
大众汽车(北京)中心
地址:北京市丰台区南四环中路161号
邮编:100068
电话:010/67549988
大众汽车金融(中国)有限公司
地址:北京市朝阳区望京阜荣街15号院3号楼
邮编:100102
电话:010/65897000
网址:www.volkswagen－finance－china.com.cn

◉奥迪(中国)企业管理有限公司(AUDI)
地址:北京市朝阳区酒仙桥路4号正东集团院内B6楼(设计师大楼)3－6层
邮编:100015
电话:010/65315466
网址:www.audichina.cn

◉宝马(中国)汽车贸易有限公司(BMW)

地址:北京市朝阳区东三环北路霞光里 18 号佳程广场 B 座 28 层
邮编:100027
电话:010/84558000、4008006666
传真:84539595、84558028
网址:www. bmw. com. cn

◉保时捷(中国)汽车销售有限公司(Porsche)

地址:上海市自贸区世纪大道 826 号 13 层
邮编:200127
电话:4008205911
网址:www. porsche. com/china

◉捷豹路虎(中国)投资有限公司(JAGUAR)

地址:中国(上海)自由贸易试验区基隆路 6 号(C1 区 001 地块)7 楼 713 室
邮编:200135
电话:021/61562010、4008208955
网址:www. jaguar. com. cn

◉东风标致雪铁龙汽车销售有限责任公司(PEUGEOT-CITROEN)

地址:武汉市经济技术开发区神龙大道 165 号
邮编:430056
电话:4008877108
东风标致雪铁龙汽车金融有限公司
地址:北京市朝阳区光华路七号汉威大厦 9 层 9A6 - 9A12
邮编: 100004
电话: 4006502077
网址:www. dpcafc. com
电子信箱:customercare@ dpcafc. com

◉曼恩商用车辆贸易(中国)有限公司(MAN)

地址:北京市顺义区天竺空港工业区天柱东路乙 2 号
邮编:101312
电话:010/56310367
传真:80480916
网址:www. manchina. com. cn

◉本田技研工业(中国)投资有限公司(HONDA)

地址:北京市朝阳区东三环北路 5 号发展大厦 301 室
邮编:100004
电话:010/65909020

上海分公司

地址:上海市松江区松江工业区赵家泾路 128 号 1 幢
邮编:201611
电话:021/54275522、4008889035
网址:www. honda. com. cn

本田摩托车研究开发有限公司

地址:上海市松江区工业区赵家泾路 128 号
邮编:201611
电话:021/57748880

◉丰田汽车(中国)投资有限公司(TOYOTA)

地址:北京市朝阳区光华东里 8 号院 3 号楼 2001 室
邮编:100020
电话:010/57576666
网址:www. toyota. com. cn

丰田汽车技术研发(上海)有限公司

地址:上海市嘉定区黄渡镇嘉松北路 6333 号
邮编:201800
电话:021/69592200
传真:69592211

丰田汽车技术研究交流(广州)有限公司

地址:广州市高新技术产业开发区科学城科珠路 200 号
邮编:510663
电话:020/32290901
传真:32290902

丰田汽车技术中心(中国)有限公司

地址:天津市南开区新技术产业园区华苑产业区
邮编:300384
电话:022/83711111
传真:83710886

丰田汽车研发中心(中国)有限公司

地址:江苏省常熟市东四环路 55 号
邮编:215500
电话:0512/52912888

丰田汽车仓储贸易(上海)有限公司

地址:上海市自由贸易试验区日滨路 88 号 A 楼
邮编:200131
电话:021/58690363
传真:58690886

丰田汽车金融(中国)有限公司

地址:北京市朝阳区东三环中路 1 号环球金融中心西楼 7 层
邮编:100020
电话:8009906060
网址:www. toyota - finance. com. cn

一汽丰田汽车销售有限公司

地址:北京市朝阳区东三环中路 1 号环球金融中心西楼 3 层
邮编:100020
电话:010/59529000、4008101210
传真:59529087

◉日产(中国)投资有限公司(NISSAN)

地址:北京市朝阳区光华路 1 号嘉里中心办公楼北楼 8 层 801 室
邮编:100020
电话:010/59251957
网址:www. nissan. com. cn

东风日产汽车金融有限公司(中国)

地址:上海市浦东新区福山路 500 号城建国际中心 11 楼
邮编:200122
电话:021/38576000、4006031188
网址:www. df - nissanfc. com

◉马自达(中国)企业管理有限公司(Mazda)

地址:上海市浦东新区世纪大道 1168 号东方金融广场 A 座 1604 室
邮编:200120
电话:021/28933170
网址:www. mazda. com. cn

◉三菱汽车销售(中国)有限公司(MITSUBISHI)

地址:中国(上海)自由贸易试验区世纪大道 1568 号 1901 室
邮编:200135
电话:021/60963030、4009773030
传真:60963198
网址:www. gmmc. com. cn

◉铃木(中国)投资有限公司(SUZUKI)

地址:北京市朝阳区东三环北路 19 号中青大厦 910 室
邮编:100020
电话:010/64336516、4000680660

上海分公司

地址:上海市嘉定区米泉南路 26 号 2 层
邮编:201800
电话:021/69503210
网址:www. suzuki - china. com

◉三菱重工业(中国)有限公司(MITSUBISHI HEAVY INDUSTRIES)

北京总部

地址:北京市朝阳区建国门外大街甲 26 号长富宫办公楼 6 层
邮编:100022
电话:010/65124321
传真:65051222

上海分公司

地址:上海市长宁区长宁路 1133 号来福士广场 T1 办公楼 22 层 2206 单元
邮编:200050
电话:021/58703030
网址:www. mhi. com. cn

◉五十铃(中国)投资有限公司(ISUZU)

地址:北京市朝阳区东三环北路 5 号北京发展大厦 1510 室
邮编:100004
电话:010/65908951、65908950

传真:65908956
网址:www. isuzu – china. com

五十铃(中国)企业管理有限公司
地址:上海市长宁区娄山关路523号金虹桥国际中心5楼
邮编:200051
电话:021/68762717
传真:68762718
网址:www. isuzu – china. cn

◉日野汽车(中国)有限公司(HINO)

北京办事处
地址:北京市东三环北路5号发展大厦909室
邮编:100020
电话:010/65908858

◉现代汽车(中国)投资有限公司(HYUNDAI)

地址:北京市朝阳区霄云路38号现代汽车大厦25层
邮编:100027
电话:010/84539666
传真:84539951

◉沃尔沃(中国)投资有限公司(VOLVO)

地址:北京市朝阳区景华南街5号远洋光华中心C座26层
邮编:100020
电话:010/65829199
传真:65829299
网址:www. volvo. com. cn

沃尔沃汽车金融(中国)有限公司
地址:北京市朝阳区景华南街5号远洋光华中心C座11层
邮编:100020
电话:010/65982199、4000109966
传真:65911935
网址:www. vfsco. com. cn

◉玛莎拉蒂(中国)汽车贸易有限公司(MASERATI)

地址:上海市北京西路722号
邮编:200041
电话:021/60107000
网址:www. maserati. com. cn

外国(地区)汽车零部件公司、商社驻中国办事机构

企业详细介绍

☞ 企业如有变更,请与编辑部联系　☎ 010/68426043、68420981

◉奥科宁克(中国)投资有限公司(ARCONIC)
地址:北京市建国门外大街 2 号院 3 号楼 3118 室
邮编:100022
电话:0335/5302843
网址:www.alcoa.com

◉博格华纳(中国)投资有限公司(BORGWARNER)
地址:上海市闵行区紫星路 1188 号
邮编:200241
电话:021/60833000
传真:60833003
网址:www.borgwarner.com

◉亚新科工业技术(北京)有限公司(ASIMCO)
地址:北京市朝阳区亮马桥路甲 40 号二十一世纪大厦 A 座 13 层 1301 室
邮编:100125
电话:010/59355000
传真:59355199
网址:www.asimco.com.cn

◉卡特彼勒(中国)投资有限公司(CATERPILLAR)
地址:北京市朝阳区望京大街 8 号卡特彼勒大厦 2001 室
邮编:100102
电话:4008180030
网址:www.caterpillar.com

◉康宁(上海)管理有限公司/康宁大中华区总部(CORNING)
地址:上海市浦东新区金桥出口加工区鲁桥路 358 号(4 号门)
邮编:201206
电话:021/22152888
传真:62152988
网址:www.corning.com/cn

◉康明斯公司(CUMMINS)

康明斯(中国)投资有限公司
地址:北京市朝阳区广顺南大街 8 号院 3 号楼 H 区 7 层
邮编:100102
电话:010/84548888
传真:86478150、86478160

康明斯东亚研发有限公司
地址:武汉经济开发区车城北路 189 号
邮编:430056
电话:027/68848988、68848919
传真:68848999

康明斯发动机(上海)贸易服务有限公司
地址:上海市外高桥保税区日滨路 76 号 105 室
邮编:200131
电话:021/50461999、61693100
网址:www.cummins.com.cn

◉唐纳森(中国)投资有限公司(DONALDSON)
地址:江苏省无锡市无锡新区新都路 16 号
邮编: 214028
电话:0510/85282010
网址:www.donaldson.cn

◉杜邦中国集团有限公司(DUPONT)
地址:广东省深圳市福田区沙头街道泰然六路泰然苍松大厦北座 1901 - 13
邮编:518040
电话:0755/83307848、83591721
传真:83307047

杜邦(上海)采购中心有限公司
地址:上海市自贸区蔡伦路 600 号 B0406 室
邮编:201203
电话:021/28921000
网址:www.dupont.com.cn

◉科慕化学(上海)有限公司(CHEMOURS)
地址:上海市浦东新区樱花路 868 号建工大唐国际广场 9 楼

邮编:201204
电话:021/26120898、4008056528
传真:26120862
网址:chemours. com

◉伊顿(中国)投资有限公司
(EATON)
地址:上海市长宁区临虹路280弄3号
邮编:200335
电话:021/52000099、52000581
传真:52000500
网址:www. eaton. com/cn

◉埃克森美孚(中国)投资有限公司(EXXONMOBIL)
地址:上海市徐汇区天钥桥路30号美罗大厦17楼
电话:021/34116000
传真:23515968
网址:www. mobiloil. com. cn

◉辉门集团亚太区总部及技术中心
(FEDERAL-MOGUL)
地址:上海市浦东金桥开发区冀桥路118号
邮编:201206
电话:021/61827688
网址:www. federalmogul. com

◉霍尼韦尔(中国)有限公司
(HONEYWELL)
地址:上海市浦东新区张江高科技园区环科路555号
邮编:201203
电话:021/28942000、4008402233
网址:www. honeywell. com. cn

◉耐世特(中国)投资有限公司
(NEXTEER)
地址:上海市长宁区长宁路1018号龙之梦购物中心大厦2204-2211室
邮编:200042
电话:021/22157188
网址:www. chinese. nexteer. com

◉麦格纳汽车技术(上海)有限公司
(Magna)
地址:上海市浦东东方路69号裕景商务广场A座8楼
邮编:200120
电话:021/61651500、80369500
传真:61639098
网址:www. magna. com

◉美驰(中国)投资有限公司
(MERITOR)
地址:上海市静安区华山路2号静安高和大厦
邮编:200040
电话:021/22197777、22197728
传真:22197888
网址:www. meritor. com

◉立邦涂料(中国)有限公司
(NIPPON)
地址:上海市莘庄工业区金都路3688号1幢123室
邮编:201210
电话:021/58384799、4008851687
网址:www. nipponpaint. com. cn

◉瑞孚化工(上海)有限公司
(SHRIEVE)
地址:上海市徐汇区平福路188号聚鑫高科技园2号楼3楼
邮编:200231
电话:021/63598216
传真:63524607
网址:www. shrieve. com. cn

◉美国汽车工程师学会(SAE)
中国办事处
地址:上海市虹口区四川北路1350号利通广场2503室
邮编:200080
电话:021/61408900
传真:61408901
网址:sae. org. cn

◉铁姆肯(中国)投资有限公司
(TIMKEN)
地址:上海市虹桥路1号港汇中心1座27层
邮编:200030
电话:021/61138000
传真:61138001
网址:www. timken. com. cn

◉3M中国有限公司(3M)
总办事处
地址:上海市兴义路8号万都中心大厦38楼
邮编:200336
电话:021/62753535
网址:www. 3m. com. cn

◉AVL李斯特公司(AVL)
北京联络处
地址:北京市朝阳区酒仙桥路10号恒通商务园中央大厦B20座201~202室
邮编:100016
电话:010/58292800
传真:58292828
李斯特技术中心(上海)有限公司
地址:上海市浦东金海路1000号29号东区
邮编:201206
电话:021/20291600、20535500
传真:20291500

◉信昌精密模具(上海)有限公司
(ATT)
地址:上海市松江区新效路255号
邮编:201612
电话:021/33738146、33738148
传真:33738193
电子邮箱:info@ att - metal. com
网址:www. att - metal. com

◉贝卡尔特管理(上海)有限公司
(BEKAERT)
地址:上海市大渡河路168弄31号 Waterfront Place E栋17楼
邮编:200062
电话:021/22197000
传真:22197299
网址:www. bekaert. com. cn

◉巴斯夫(中国)有限公司(BASF)
地址:上海市浦东新区江心沙路333号
邮编:200137
电话:021/20391000
传真:20394306
网址:www. basf. com

★ **博世(中国)投资有限公司**
(BOSCH)
地址:上海市长宁区福泉北路333号
邮编:200120
电话:021/22181111
传真:22182388
网址:www. bosch. com. cn
☞详细情况请参阅彩色宣传版面

◉博泽汽车技术企业管理(中国)有限公司(BROSE)
地址:上海市安亭安辰路258号
邮编:201814
电话:021/39575555
传真:69502906
网址:www. brose. com

◉大陆投资(中国)有限公司
(CONTINENTAL)
地址:上海市杨浦区大连路538号
邮编:200082
电话:021/39165384、60804478
网址 www. continental - corporation. cn

◉道依茨(北京)发动机有限公司
(DEUTZ)
地址:北京市朝阳区建国门外大街19号国际大厦1102室
邮编:100004
电话:010/85262533、65254186
传真:65120042

◉海拉(上海)管理有限公司
(HELLA KGAA HUECK)
地址:上海市张江高科技园区海趣路

58 号 2 号楼 12 层
邮编:201203
电话:021/61606800、60586800
网址:www. hella. com. cn

★ 汉高股份有限公司
(HENKEL)
地址:上海市浦东新区张衡路 928 号
邮编:201203
电话:021/28918000
传真:28918944
网址:www. henkel. – vrm. com
☞ 详细情况请参阅彩色宣传版面

◉科世达(上海)管理有限公司
(KOSTAL)
地址:上海市嘉定区安亭镇园高路 77 号
邮编:201814
电话:021/59570077
网址:www. kostal. com

◉克诺尔商用车系统企业管理(上海)有限公司
(KNORR-BREMSE)
地址:上海市浦东新区盛夏路 666 号盛银大厦 B 座
邮编 201210
电话:021/38585800
传真:38585900
网址:www. knorr – bremse. com. cn/cn

◉马勒投资(中国)有限公司
(MAHLE)
地址:上海市奉贤区环城北路 1299 号
邮编:201401
电话:021/51360595
网址:www. cn. mahle. com

◉曼胡默尔管理(上海)有限公司
(MANN-HUMMEL)
地址:上海市嘉定区兴庆路 168 号
邮编:201815
电话: 021/61850130、61850000
传真: 61850400
网址:www. mann – hummel. com

◉欧司朗(中国)照明有限公司
(OSRAM)
地址:广东省佛山市工业北路 1 号
邮编: 528000
电话:0757/86482111

上海代表处
地址:上海市西藏中路 18 号港陆广场 29 楼
邮编:200001
电话:021/53318700
传真:53852022、53852858
网址:www. osram. com. cn

◉上海博韦德汽车零部件有限公司
(POWERED)
地址:上海市浦东新区新金桥路 58 号 19C
邮编:201206
电话:4008650008
网址:www. poweredchina. com

◉舍弗勒投资(中国)有限公司
(SCHAEFFLER)
地址:上海市嘉定区安亭镇安拓路 1 号
邮编:201804
电话:021/39576666
传真:39576600
网址:www. schaeffler. cn

◉斯太姆科车辆技术(上海)有限公司
(STEMCO)
地址:上海市闵行区吴宝路 255 号力国大楼 936 室
邮编:201100
电话:021/62787252
传真:62787255
电子信箱:maketing. svt@ stemco. com
网址:www. stemco. com. cn

◉蒂森克虏伯(中国)投资有限公司
(THYSSENKRUPP)
地址:北京市朝外大街 16 号中国人寿大厦 22 层
邮编:100020
电话: 010/85075666
传真: 85075720、85075721
网址:www. thyssenkrupp. com. cn

◉福斯润滑油(中国)有限公司
(FUCHS)
地址:上海市南翔嘉绣路 888 号
邮编:201802
电话:021/39122000
传真:39122100
网址:www. fuchs. com. cn

★ 采埃孚(中国)投资有限公司(ZF)
地址:上海市松江区九亭镇九泾路 889 号
邮编:201615
电话:021/37617152、37617000
传真:37617400
☞ 详细情况请参阅彩色宣传版面

◉菲亚特动力科技管理(上海)有限公司(FPT POWERTRAIN TECHNOLOGIES)
地址:上海市外高桥保税区马吉路 2 号 14 楼
邮编:200131
电话:021/20822020
传真:20822388
网址:www. fptindustrial. com. cn

◉马瑞利国际贸易(上海)有限公司
(MAGNETIMARELLI)
地址:上海市浦东新区俱进路 685 号
邮编:200131
电话:021/20506906、20500000
网址:www. magnetimarelli. com. cn

◉佛吉亚(中国)投资有限公司
(FAURECIA)
地址:上海市闵行区莘庄工业区元江路 3438 号
邮编:201111
电话:021/60576666
网址:www. faurecia. cn

◉米其林(中国)投资有限公司
(MICHELIN)
地址:上海市长宁区福泉北路 518 号 7 座
邮编:200335
电话:021/22855000
网址:www. michelin. com. cn

◉斯凯孚(中国)有限公司
(SKF)
地址:上海市嘉定区园汽路 1189 号
邮编:201814
电话:021/31067200
网址:www. skf. com. cn

◉多美达集团中国营销中心
(DOMETIC)
地址:上海市长宁区中山西路 1055 号 SOHO 中山广场 A 座 708 室
邮编:200051
电话:021/60325088
传真:6032 8691
网址:www. dometic. com
电子信箱:cs. cn@ dometic. com

◉科莱恩化工(中国)有限公司
(CLARIANT)
地址:上海市长宁区临虹路 168 弄 2 号 4 层
邮编:200335
电话:021/22483000
传真:22483480
网址:www. clariant. cn

◉阿尔派电子(中国)有限公司
(ALPINE)
地址:北京市朝阳区光华路 7 号汉威大厦 28 层 28A
邮编:100004
电话:010/65660308
传真:65660093
网址:www. alpine. com. cn

◉**爱信精机(中国)投资有限公司**
(AISIN SEIKI)
地址:天津市经济技术开发区第一大街79号泰达MSD-C区C3座1202-1205单元
邮编:300457
电话:022/59856677
网址:www.aisin-china.com.cn

◉**普利司通(中国)投资有限公司**
(BRIDGESTONE)
地址:上海市黄浦区淮海中路98号金钟广场9楼
电话:021/61321888
传真:61912721

普利司通中国培训中心
地址:江苏省无锡市国家高新技术产业开发区新梅路67号
电话:0510/85322287
传真:85322026

普利司通(中国)研发中心
地址:江苏省无锡市国家高新科技产业开发区新梅路67号
邮编:214028
电话:0510/85322282
传真:85322330

普利司通(中国)轮胎试验研发有限公司
地址:江苏省宜兴市张渚镇犊山村前笪118号
邮编:214231
电话:0510/66510082
传真:66510083
网址:www.bridgestone.com.cn

◉**电装(中国)投资有限公司**
(DENSO)
地址:北京市朝阳区东三环北路5号发展大厦518室
邮编:100004
电话:010/65908337
传真:57582781

上海技术中心
地址:上海市闵行区元电路35号
电话:021/23500000
传真:23500172
网址:www.denso.com.cn

◉**富士胶片(中国)投资有限公司**
(FUJIFILM)
地址:上海市浦东新区银城中路68号时代金融中心27-28楼
邮编:200120
电话:021/50106000
传真:50106750
网址:www.fujifilm.com.cn

◉**日立(中国)有限公司**
(HITACHI)
地址:北京市朝阳区东三环北路5号发展大厦18层
邮编:100004
电话:010/65908111、65399000
网址:www.hitachi.com.cn

◉**日立汽车系统(中国)有限公司**
(Hitachi Automotive Systems)
地址:上海市西藏中路168号都市总部大楼18层
邮编:200001
电话:021/54667002
传真:54667086
网址:www.hitachi-automotive.cn

◉**可乐丽国际贸易(上海)有限公司**
(KURARAY)
地址:上海市徐汇区虹桥路3号港汇总心二座2207单元
邮编:200030
电话:021/64079182、61198111
传真:64078051
电子信箱:syousei_so@kuraray.co.jp

◉**捷太格特(中国)投资有限公司**
(JTEKT)
地址:上海市长宁区仙霞路333号东方维京大厦25层A2室
邮编:200336
电话:021/51781000
传真:51781008
网址:www.jtekt.com.cn

◉**日本恩福集团(中国)**
(NOK-FREUDENBERG)
地址:上海市浦东大道720号国际航运大厦14楼B~H座
邮编:200120
电话:021/20508000
网址:www.nok-freudenberg.com

◉**恩斯克投资有限公司/恩斯克(中国)研究开发有限公司(NSK)**
地址:江苏省昆山市花桥经济技术开发区恩斯克路8号
邮编:215332
电话:0512/57963000
传真:57963300
网址:www.cn.nsk.com

◉**恩梯恩(中国)投资有限公司**
(NTN)
地址:上海市松江工业区南乐路1666号6号楼
邮编:201611
电话:021/57745500
传真:57782898
网址:www.ntn.com.cn

◉**奥林巴斯(中国)有限公司**
(OLYMPUS)
地址:北京市朝阳区新源南路1-3号商业写字楼A座801
邮编:100027
电话:010/58199000
网址:www.olympus-ims.com.cn

◉**罗姆半导体(上海)有限公司**
(ROHM)
地址:上海市岚皋路567号品尊国际中心22楼
邮编:200060
电话:021/60728612
传真:60728610
网址:www.rohm.com.cn

◉**住友电工管理(上海)有限公司**
(SUMITOMO ELECTRIC)
地址:上海市延安西路2201号上海国际贸易中心2015室
邮编:200336
电话:021/62785978
网址:global-sei.cn

◉**丰田纺织(中国)有限公司**
(TOYOTA BOSHOKU)
地址:上海市浦东新区外高桥意威路169号
邮编:200131
电话:021/20596266
网址:www.toyota-boshoku.com/china

◉**通伊欧轮胎(上海)贸易有限公司**
(TOYO TIRE)
地址:上海市长宁区协和路1033号文洋大厦A座204室
邮编:200335
电话:021/58820880
传真:58878846
网址:www.toyo-tire.com.cn

◉**雅马哈发动机株式会社**
(YAMAHA)

北京事务所
地址:北京市朝阳区东三环北路5号发展大厦1002室
邮编:100004
电话:010/65908473、65908471
传真:65908470

雅马哈发动机(中国)有限公司
地址:上海市闵行区紫月路1137号
电话:021/61612900

雅马哈发动机研发(上海)有限公司
地址:上海市闵行区紫月路1137号
电话:021/61612985
网址:www.yamaha-motor.com.cn

◉**上海韩泰轮胎销售有限公司**
(HANKOOK)
地址:上海市钦州北路1001号12幢光启大厦10楼
邮编:200233

电话:021/24225888
传真:24227180
网址:www.hankooktire.cn

◉翰昂汽车零部件(上海)有限公司(HANON)

地址:上海市徐汇区宜山路700号普天信息产业园B2座
邮编:200233
电话:021/80226900
网址:www.hanonsystems.com

◉现代汽车(上海)有限公司(HYUNDAI MOBIS)

地址:上海市九亭镇松江高科技园区九泾路1011号
邮编:201615
电话:021/67696769
传真:67696611
网址:www.mobis.co.kr

◉锦湖(中国)轮胎销售有限公司(KUMHO)

地址:上海市徐汇区桂平路391号新漕河泾国际商务中心A座30-31楼
邮编:200233
电话:021/61391100
网址:www.kumhotire.com.cn

◉万都(MANDO)

中国总部

地址:北京市朝阳区望京北路9号叶青大厦D座10层
邮编:100102
电话:010/84580751
传真:84580750

万都(北京)汽车部件研究开发中心有限公司

地址:北京市密云区经济开发区云西路7号
电话:010/84580715、61023600
传真:84580712
网址:www.mandochina.com

◉佳通轮胎(中国)投资有限公司(GITI TIRE)

地址:上海市长宁区临虹路280-2号楼
邮编:200335
电话:021/22073333、22073307
传真:22073000
网址:www.giti.com

◉丰田通商(中国)有限公司(TOYOTA TSUSHO)

地址:北京市朝阳区东三环北路5号北京发展大厦220-218室
邮编:100004
电话:010/65908920
网址:www.toyota-tsusho.com/chinese

◉三菱商事(中国)商业有限公司(MITSUBISHI)

地址:北京市朝阳区新源南路8号4号楼5层10-16单元
邮编:100027
电话:010/65183030
传真:65183040
网址:www.mitsubishicorp.com/cn

◉三井物产(中国)有限公司(MITSUI)

地址:北京市建国门外大街1号国贸大厦8层
邮编:100004
电话:010/59653331、59653338
传真:59653591
网址:www.mitsui.com

◉住友商事(中国)有限公司(SUMITOMO)

地址:北京市建国门外大街1号国贸大厦23楼01-06,16-25单元
邮编:100004
电话:010/57986800
传真:57987099、57987098
网址:www.sumitomocorpchina.com.cn

索引一

汽车、摩托车生产企业索引

乘用汽车

◉ 轿车

◉ MPV

◉ SUV、轻型越野车

商用车——客车

◉ 大中型客车

◉ 轻型客车

◉ 微型客车

商用车——货车

◉ 中重型货车

◉ 轻型货车

◉ 微型货车

◉ 皮卡、客货车

自卸车

牵引车

专用车

◉ 医疗用车

◉ 运钞车

◉ 军警用车

◉ 消防车

◉ 油田矿山用车

◉ 市政环卫用车

◉ 运输车(厢式、罐式、半挂)

◉ 路面维护用车

◉ 混凝土搅拌车

◉ 起重汽车

◉ 高空作业车

◉ 冷藏与保温车

◉ 电力、通信用车

◉ 其他专用车

新能源汽车

◉ 纯电动乘用车

◉ 纯电动客车

◉ 纯电动货车

◉ 纯电动专用车

◉ 混合动力乘用车

◉ 混合动力客车

◉ 燃料电池汽车

专用校车

摩托车

索引二

汽车零部件生产企业按产品索引

★ 发动机零部件

★ 底盘零部件

★ 车身零部件

★ 电子电器零部件

★ 智能网联汽车零部件

★ 新能源汽车零部件

★ 通用件和相关工业产品

★ 汽车用品及工具

★ 制造设备、模具

发动机零部件

◉ 发动机总成

◉ 汽缸体、汽缸盖、汽缸套

◉ 活塞

◉ 活塞环、活塞销

◉ 气门、气门组件

◉ 凸轮轴

◉ 曲轴、连杆、轴瓦

◉ 飞轮及其齿圈

◉ 发动机齿轮、带轮、张紧轮

◉ 燃油箱

◉ 滤清器

◉ 燃油泵、喷油器

◉ 机油泵

◉ 化油器、节气门体

◉ 电喷系统

◉ 涡轮增压器

◉ 散热器、中冷器、机油冷却器

◉ 水泵、节温器

◉ 风扇、风扇离合器

◉ 进排气管、消声器

◉ 催化转换器、尾气净化催化剂及其他

◉ 发动机支架、软垫、夹箍

◉ 油底壳、气门室罩

◉ 其他发动机配件

底盘零部件

◉ 离合器

◉ 离合器泵、离合器附件

◉ 变速器

◉ 变速器壳体

◉ 同步器、同步器齿环

◉ 传动齿轮

◉ 变速器其他配件

◉ 减速器、差速器、分动箱、取力器及其配件

◉ 传动轴、半轴

◉ 前后桥、桥壳、半轴套管

◉ 万向节、十字轴

◉ 悬架总成

◉ 减振器

◉ 悬架弹簧

◉ 其他悬架件(悬架摇臂等)

◉ 钢车轮及轮毂

◉ 铝/镁车轮及轮毂

◉ 轮胎

◉ 车轮附件

◉ 转向盘

◉ 转向器

◉ 转向泵

◉ 转向拉杆、球头

◉ 其他转向零件(转向节等)

◉ 制动器

◉ 制动盘、制动鼓

◉ 防抱死制动系统(ABS)

◉ 制动泵、真空助力器

◉ 空压机

◉ 制动气室、储气筒

◉ 电涡流缓速器

◉ 制动阀、制动间隙调整机构等

◉ 变速、离合、制动操纵装置

◉ 自卸车液压系统、其他液压件

◉ 车架、底盘

◉ 元宝梁、横梁

◉ 其他底盘件

车身零部件

◉ 驾驶室、车身

◉ 车厢

◉ 车门窗

◉ 天窗

◉ 车身结构件、覆盖件

◉ 车锁

◉ 车铰链

◉ 玻璃升降器

◉ 座椅及其配件

◉ 安全带、安全气囊

◉ 汽车玻璃

◉ 刮水器、洗涤器及其配件

◉ 汽车镜

◉ 其他车身附件(空气支撑、门泵等)

◉ 车门内板、顶棚

◉ 仪表板、保险杠

◉ 其他车身装饰件

◉ 空调

◉ 空调压缩机

◉ 蒸发器、冷凝器

◉ 暖风机、鼓风机

◉ 其他空调配件

电子电器零部件

◉ 蓄电池

◉ 电池附件及材料

◉ 发电机、起动机、微电机、磁电机

◉ 电机相关配件

◉ 分电器、点火线圈、点火器

◉ 火花塞

◉ 高压点火线

◉ 汽车灯具、灯泡

◉ 汽车仪表

◉ 组合开关、点火开关等

◉ 中央配电盒、继电器、闪光器、电磁阀、电压调节器

◉ 点烟器、电阻器

◉ 熔断器

◉ 汽车线束、插接器

◉ 汽车软轴、拉索

◉ 汽车音响、多媒体

◉ 汽车喇叭、扬声器

◉ 汽车天线

◉ 汽车显示屏及附件

◉ 汽车空调电器元件

◉ 汽车电子控制系统与模块

◉ 其他汽车电子电器件

智能网联汽车零部件

◉ 智能驾驶、辅助驾驶系统

◉ 摄像头、毫米波雷达、激光雷达、夜视系统

◉ 控制器、处理器、执行器、AI 芯片

◉ 智能车载设备(车载终端 T-BOX、HUD 抬头显示等)

◉ 智能座舱、车载电脑、车载通信、移动网络与信息娱乐系统

◉ 倒车雷达、影像监视系统

◉ 传感器

◉ 定位、导航系统、数字地图

◉ TPMS 胎压监测系统、汽车行驶记录仪

◉ 安全防护系统(车载诊断、碰撞救援、远程监控等)

◉ 其他车联网相关产品

新能源汽车零部件

◉ 动力总成系统

◉ 整车控制器

◉ 电机及控制系统

◉ 动力电池

◉ 超级电容器

◉ 电池管理系统

◉ 电池材料及配件

◉ 充电机

◉ 充电桩

◉ 其他充电系统设备及配件

◉ 氢燃料及相关部件

◉ 其他新能源汽车零部件

通用件和相关工业产品

◉ 摩擦材料

◉ 密封件

◉ V带、多楔带等橡胶传动带

◉ 其他橡胶、塑料制品

◉ 硬管、软管、波纹管

◉ 粉末冶金件

◉ 铸锻件、冲压件

◉ 标准件、紧固件

◉ 轴承、轴套

◉ 弹簧

◉ 链条、链轮

◉ 汽车涂料(车漆)、黏合剂

◉ 油品(油、脂、液)

◉ 汽车金属材料

◉ 纺织面料、皮革制品

◉ 其他材料及加工件

◉ 其他汽车配件

汽车用品及工具

◉ 防盗报警器、转向盘锁、排挡锁

◉ 车载电话、对讲机、充电器、应急启动电源

◉ 太阳膜、车身彩条、彩贴

◉ 护杠、行李架、尾翼、轮眉、大包围、挡泥板等

◉ 坐垫、腰靠、座套、窗帘、转向盘套等

◉ 脚踏垫、地胶、地毯

◉ 桃木内饰、储物箱

◉ 儿童座椅

◉ 车载冰箱、车载空气净化器

◉ 光触媒、消毒器、香座、氧吧

◉ 清洁、美容、护理用品、防冻液

◉ 其他汽车用品

◉ 汽车工具

制造设备、模具

◉ 涂装设备、生产线

◉ 汽车专用设备

◉ 机床等通用设备

◉ 测量设备

◉ 工业机器人

◉ 模具、成型制作

◉ 刀具、金属加工液

◉ 打标机、印码设备

◉ 其他设备及相关服务

索引三

零部件生产企业配套情况参考索引

★ 一汽集团

华北地区

东北地区

华东地区

华中地区

西南、西北地区

★ 一汽轿车

★ 一汽-大众

华北地区

东北地区

华东地区

华中地区

西南、西北地区

★ 天津一汽丰田

★ 东风汽车集团

华北地区

东北地区

华东地区

华中地区

西南、西北地区

★ 东风日产乘用车

★ 神龙汽车

★ 东风悦达起亚

★ 东风本田

★ 东风乘用车

★ 东风柳汽

★ 上汽集团

★ 上汽大众

华北地区

东北地区

华东地区

华中地区

西南、西北地区

★ 上汽通用

华北地区

东北地区

华东地区

华中地区

西南、西北地区

★ 上汽通用五菱

华北地区

东北地区

华东地区

华中地区

西南、西北地区

★ 上汽乘用车

★ 上汽大通

★ 南京依维柯

★ 北汽集团

★ 北汽福田

华北地区

东北地区

华东地区

华中地区

西南、西北地区

★ 北京奔驰

★ 北京现代

★ 昌河汽车

★ 长安汽车

华北地区

东北地区

华东地区

华中地区

西南、西北地区

★ 长安铃木

★ 长安福特、长安马自达

★ 广汽集团

★ 广汽丰田

★ 广汽本田

★ 广汽三菱

★ 广汽传祺

★ 吉利汽车

华北地区

东北地区

华东地区

华中地区

西南、西北地区

★ 奇瑞汽车

华北地区

东北地区

华东地区

华中地区

西南、西北地区

★ 比亚迪汽车

★ 华晨金杯

★ 华晨宝马

★ 东南汽车

★ 郑州日产

★ 长城汽车

★ 江铃汽车

★ 庆铃汽车

★ 重汽集团

华北地区

东北地区

华东地区

华中地区

西南、西北地区

★ 上汽依维柯红岩

★ 陕汽集团

★ 北奔重汽

★ 江淮汽车

华北地区

东北地区

华东地区

华中地区

西南、西北地区

★ 特斯拉、蔚来等造车新势力

★ 大中型客车配套企业

华北地区

东北地区

华东地区

华中地区

西南、西北地区

★ 其他汽车配套企业

华北地区

东北地区

华东地区

华中地区

西南、西北地区

★ 摩托车配套企业

★ 发动机主机厂配套企业

华北地区

东北地区

华东地区

华中地区

西南、西北地区

版权声明

《中国汽车工业企事业单位信息大全》是中国汽车行业连续性出版的权威工具书，为全国汽车行业通信联络、产品采购与供货、寻求合资合作等的主要依据。

近期发现一些正规或非正规出版物，部分或大部分抄袭《大全》的内容，以各种名义出版。这种行为不仅侵犯了编辑、出版单位的版权，而且混淆了读者的视听，给行业工作和汽车工业企事业单位造成了很大的不便。

在《中国汽车工业企事业单位信息大全（2020 版）》出版之际，《中国汽车工业企事业单位信息大全》编辑部和人民交通出版社股份有限公司联合发布版权保护声明：

对侵犯《中国汽车工业企事业单位信息大全（2020 版）》版权的单位、个人，我们将严肃追究其法律责任。

《中国汽车工业企事业单位信息大全》编辑部

人民交通出版社股份有限公司

2020 年 8 月

为避免给您的单位通信联络造成不便,书中登录内容如有变化或尚未收录,请准确填写下表:

《中国汽车工业企事业单位信息大全》(2021 版)

登 录 表

<table>
<tr><td rowspan="2">单位名称</td><td colspan="7">中文:</td></tr>
<tr><td colspan="7">英文:　　　　　　　　　　　　　　　　　　　　　　　　　　（盖公章处）</td></tr>
<tr><td>地址</td><td colspan="5"></td><td>邮编</td><td></td></tr>
<tr><td>电话</td><td></td><td>传真</td><td></td><td colspan="2">网址和 E - mail</td><td colspan="2"></td></tr>
<tr><td>法人代表</td><td></td><td>总经理(厂长)</td><td></td><td>单位人数</td><td></td><td>质量体系</td><td></td></tr>
<tr><td>产品
或职能情况</td><td colspan="7">主要产品或职能情况:</td></tr>
</table>

说明:填报时请随寄单位介绍一份,以作备案　　　　填表联系人:__________

☆ 填表时有问题,请拨打咨询电话:010-68426043　010-68420981

☆ 表格填好后,请选择以下方式返回编辑部

○ E - mail:service@ qcgys. com

○ 编辑部回函地址:北京市海淀区莲花苑 5 号楼华宝大厦 408 室　100036

中汽华轮公司《大全》编辑部

请及时预订——

《中国汽车工业企事业单位信息大全》(2021 版)宣传版面

《大全》(2021 版)宣传版面设置

□汽车专版　□摩托车专版

□汽车发动机零部件　□汽车底盘零部件　□汽车车身零部件

□汽车电子电器零部件　□通用件与相关工业产品　□新能源与智能网联零部件

□汽车用品及工具　□汽车制造设备及模具

★ 选择《大全》宣传版面的重要理由

(1)为汽车行业权威出版物,是汽车行业各单位采购订货、通信联络的主要依据;

(2)高频率的使用率,总使用率达到 500 万人次以上,为使用面最广的行业工具书;

(3)国内外汽车相关的专业读者集中,使产品推广和企业形象宣传价值倍增;

(4)多重检索方式使得入编宣传版面的单位迅速成为行业内外各界关注的焦点;

(5)与其他媒体相比,具有显著的广告投入产出价值。

☞ **预订宣传版面,请拨打电话:010-68426043　010-68420981**